Esta *Bíblia Aventura* foi dada a

____

por ______________________________

no dia ______________________________

Se você aceitar as minhas palavras e
guardar no coração os meus mandamentos
[...] se procurar a sabedoria como se
procura a prata e buscá-la como quem
busca um tesouro escondido, então
você entenderá o que é temer o SENHOR
e achará o conhecimento de Deus.

Provérbios 2:1,4,5

Como usar esta Bíblia

É o começo da sua jornada. Diante de você está a Bíblia inteira, repleta de aventuras, só esperando por você. Aqui vão algumas dicas de como usar sua Bíblia.

O sumário é como o seu mapa: conta onde você pode encontrar cada livro da Bíblia. O dicionário-concordância está ao final e o ajuda a entender palavras que você não conhece.

No meio está o texto da Bíblia. Ele é dividido em livros, capítulos e versículos. Isso ajuda você a encontrar exatamente o que está procurando. Se souber qual livro está procurando, é só ir até ele. (O sumário lhe dirá em qual página abrir.)

Depois você procura o número do capítulo dentro daquele livro. E então procura pelo número do versículo dentro daquele capítulo. Fácil, não? Ao longo do texto você encontrará os subtítulos, que lhe darão uma ideia do que está acontecendo naquele trecho.

Agora você tem tudo o que precisa para começar sua aventura. Vamos lá!

número da página

nome do livro e capítulo

título do capítulo ou seção

número do capítulo

número do versículo

nota textual da NVI

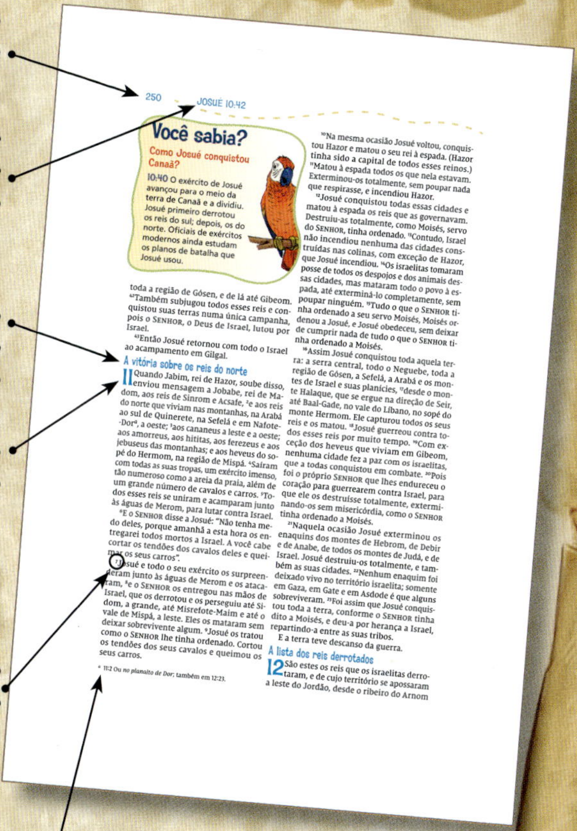

250 JOSUÉ 10:42

Você sabia?

Como Josué conquistou Canaã?

10:40 O exército de Josué avançou para o meio da terra de Canaã e a dividiu. Josué primeiro derrotou os reis do sul; depois, os do norte. Oficiais de exércitos modernos ainda estudam os planos de batalha que Josué usou.

toda a região de Gósen, e de lá até Gibeom.
42Também subjugou todos esses reis e con-
quistou suas terras numa única campanha,
pois o SENHOR, o Deus de Israel, lutou por
Israel.
43Então Josué retornou com todo o Israel
ao acampamento em Gilgal.

A vitória sobre os reis do norte

11 Quando Jabim, rei de Hazor, soube disso,
enviou mensagem a Jobabe, rei de Ma-
dom, aos reis de Sinrom e Acsafe, 2e aos reis
do norte que viviam nas montanhas, na Arabá
ao sul de Quinerete, na Sefelá e em Nafote-
-Dor[a], a oeste; 3aos cananeus a leste e a oeste;
aos amorreus, aos hititas, aos ferezeus e aos
jebuseus das montanhas; e aos heveus do so-
pé do Hermom, na região de Mispá. 4Saíram
com todas as suas tropas, um exército imenso,
tão numeroso como a areia da praia, além de
um grande número de cavalos e carros. 5To-
dos esses reis se uniram e acamparam junto
às águas de Merom, para lutar contra Israel.
6E o SENHOR disse a Josué: "Não tenha me-
do deles, porque amanhã a esta hora os en-
tregarei todos mortos a Israel. A você cabe
cortar os tendões dos cavalos deles e quei-
mar os seus carros".
7Josué e todo o seu exército os surpreen-
deram junto às águas de Merom e os ataca-
ram, 8e o SENHOR os entregou nas mãos de
Israel, que os derrotou e os perseguiu até Si-
dom, a grande, até Misrefote-Maim e até o
vale de Mispá, a leste. Eles os mataram sem
deixar sobrevivente algum. 9Josué os tratou
como o SENHOR lhe tinha ordenado. Cortou
os tendões dos seus cavalos e queimou os
seus carros.
10Na mesma ocasião Josué voltou, conquis-
tou Hazor e matou o seu rei à espada. (Hazor
tinha sido a capital de todos esses reinos.)
11Matou à espada todos os que nela estavam.
Exterminou-os totalmente, sem poupar nada
que respirasse, e incendiou Hazor.
12Josué conquistou todas essas cidades e
matou à espada os reis que as governavam.
Destruiu-as totalmente, como Moisés, servo
do SENHOR, tinha ordenado. 13Contudo, Israel
não incendiou nenhuma das cidades cons-
truídas nas colinas, com exceção de Hazor,
que Josué incendiou. 14Os israelitas tomaram
posse de todos os despojos e dos animais des-
sas cidades, mas mataram todo o povo à es-
pada, até exterminá-lo completamente, sem
poupar ninguém. 15Tudo o que o SENHOR ti-
nha ordenado a seu servo Moisés, Moisés or-
denou a Josué, e Josué obedeceu, sem deixar
de cumprir nada de tudo o que o SENHOR ti-
nha ordenado a Moisés.
16Assim Josué conquistou toda aquela ter-
ra: a serra central, todo o Neguebe, toda a
região de Gósen, a Sefelá, a Arabá e os mon-
tes de Israel e suas planícies, 17desde o mon-
te Halaque, que se ergue na direção de Seir,
até Baal-Gade, no vale do Líbano, no sopé do
monte Hermom. Ele capturou todos os seus
reis e os matou. 18Josué guerreou contra to-
dos esses reis por muito tempo. 19Com ex-
ceção dos heveus que viviam em Gibeom,
nenhuma cidade fez a paz com os israelitas,
que a todas conquistou em combate. 20Pois
foi o próprio SENHOR que lhes endureceu o
coração para guerrearem contra Israel, para
que ele os destruísse totalmente, extermi-
nando-os sem misericórdia, como o SENHOR
tinha ordenado a Moisés.
21Naquela ocasião Josué exterminou os
enaquins dos montes de Hebrom, de Debir
e de Anabe, de todos os montes de Judá, e de
Israel. Josué destruiu-os totalmente, e tam-
bém as suas cidades. 22Nenhum enaquim foi
deixado vivo no território israelita; somente
em Gaza, em Gate e em Asdode é que alguns
sobreviveram. 23Foi assim que Josué conquis-
tou toda a terra, conforme o SENHOR tinha
dito a Moisés, e deu-a por herança a Israel,
repartindo-a entre as suas tribos.
E a terra teve descanso da guerra.

A lista dos reis derrotados

12 São estes os reis que os israelitas derro-
taram, e de cujo território se apossaram
a leste do Jordão, desde o ribeiro do Arnom

[a] 11:2 *Ou no planalto de Dor; também em 12:23.*

Como saber se você é um cristão

Tornar-se um cristão (alguém que segue Jesus Cristo) é simples. Basta seguir o ABC! Procure os versículos listados a seguir usando o sumário, logo no começo desta Bíblia. Você pode ler os versículos e conversar com Deus onde você estiver, agora mesmo. Ele está sempre de boa vontade para ouvir.

A - Admita que você é pecador

Reconheça honestamente para Deus que você é um pecador e que não lhe tem obedecido.
Romanos 3:23; Romanos 6:23; 1João 1:9

B - Busque crer em Jesus

Creia que Jesus Cristo é o Filho de Deus, que ele morreu na cruz e depois voltou à vida. Ele morreu pelos seus pecados, para que você pudesse ser perdoado.
1Coríntios 15:3,4; João 3:16; Atos 4:12; Romanos 5:8

C - Comece a testemunhar

Compartilhe sua fé em Jesus. Converse sobre Jesus com alguém que você conheça (como um pastor, seus pais ou outro cristão). Depois, celebre! Se você ainda não frequenta uma igreja, procure por uma. Essa ajuda é importante para o seu crescimento na nova vida em Cristo.
Romanos 10:9,10; Romanos 10:13

BÍBLIA Aventura

Comentários escritos por
Lawrence O. Richards

Nova Versão Internacional

THOMAS NELSON
BRASIL

Título original: *NIV adventure Bible, revised.*

Tradução dos recursos	Talita Nunes e Bruna Cavalieri (encartes)
Preparação de texto	Gisele Múfalo
Revisão de provas	Hugo Reis, Jean Carlos Xavier e Jéssica Cos Lux
Diagramação	Aldair Dutra de Assis
Adaptação de capa	Rafael Brum

Dados Internacionais de Catalogação na Publicação (CIP)
(BENITEZ Catalogação Ass. Editorial, MS, Brasil)

B477
1. ed. Bíblia aventura, NVI / [Thomas Nelson Brasil.]. - 1. ed. -
Rio de Janeiro, RJ : Thomas Nelson Brasil, 2025.
1440 p.; 13,6 x 21,5 cm.

ISBN 978-65-5217-400-0 (capa dura tigre com fechamento em imã)
ISBN 978-65-5217-201-3 (capa dura com fechamento em ímã)
ISBN 978-65-5217-197-9 (capa brochura com mochila azul)
ISBN 978-65-5217-196-2 (capa brochura com mochila rosa)

1. Bíblia – Nova Versão Internacional. I. Thomas Nelson Brasil.

10-2024/134 CDD-220.52081

Índice para catálogo sistemático:
1. Bíblia Sagrada : Nova Versão Internacional 220.52081
Bibliotecária responsável: Aline Graziele Benitez - Bibliotecária - CRB-1/3129

Rua da Quitanda, 86, sala 601A - Centro,
Rio de Janeiro/RJ - CEP 20091-005
Tel.: (21) 3175-1030
www.thomasnelson.com.br

Printed in China.

Sumário

ANTIGO TESTAMENTO

NOVO TESTAMENTO

Livros da Bíblia em ordem alfabética

Os livros do Novo Testamento estão em itálico.

Bem-vindo!

Seja bem-vindo à grande aventura de ler, explorar e descobrir a Bíblia por si mesmo.

Você está pronto para descobrir a Palavra de Deus e aplicá-la a sua vida? Então a *Bíblia Aventura* é para você!

Cada quadro da *Bíblia Aventura* foi pensado para apresentar a você as maravilhosas mensagens e promessas da Palavra de Deus. Tire alguns minutos para ler sobre os recursos, assim você saberá usar a *Bíblia Aventura* da melhor maneira.

RECURSOS QUE VOCÊ PRECISA CONHECER

Palavras para memorizar

Versículos importantes ao longo de toda a Bíblia estão destacados como "Palavras para memorizar". Esses versículos valem a pena ser memorizados. A melhor maneira de viver para Jesus é guardar a Palavra dele no coração.

Você sabia?

Esta seção aponta vários pequenos fatos interessantes encontrados na Bíblia. Aprenda esses fatos e surpreenda seus pais, professores e amigos com seu conhecimento da Bíblia.

A vida nos tempos da Bíblia

Você já se perguntou como era a vida nos tempos de Abraão ou de Rute ou de Jesus? Que tipo de comida eles comiam? Onde eles dormiam? Que tipo de trabalho eles faziam? "A vida nos tempos da Bíblia" contará isso para você — e lhe mostrará! Cada um dos empolgantes comentários desta seção inclui uma ilustração.

Pessoas nos tempos da Bíblia

A Bíblia é cheia de pessoas maravilhosas. Você provavelmente está bem familiarizado com algumas histórias delas, mas talvez nunca tenha ouvido outras. "Pessoas nos tempos da Bíblia" ajuda a tornar esses personagens ainda mais reais e faz suas histórias verdadeiras ganharem vida para você. Pode ser divertido tentar imaginar-se nas situações deles. O que você faria?

Experimente!

É importante ler e memorizar a Palavra de Deus. Mas o que realmente conta é vivê-la, permitindo que a Bíblia afete o modo como você trabalha, brinca e vive. "Experimente!" lhe contará o que a Bíblia tem a dizer sobre sua vida *agora mesmo*!

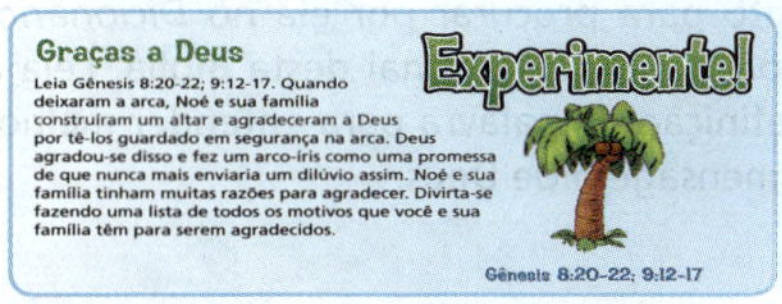

Introdução aos livros

Se precisar dos fatos básicos sobre um livro da Bíblia (quem escreveu, onde aconteceu a história, por que ela foi escrita), você encontrará essas informações no começo de cada um deles. A introdução também lhe dará uma lista das histórias e dos ensinamentos que você pode encontrar naquele livro.

Índice de assuntos

Ao final da *Bíblia Aventura*, há um índice de diferentes pessoas e assuntos abordados nesta Bíblia. Se você precisar fazer um trabalho para a escola ou estiver pensando sobre algum assunto ou pessoa em especial, procure no índice e depois leia sobre isso nas páginas listadas.

Índice de atividades

Se você quer não apenas ler a *Bíblia Aventura*, mas também fazer algo com o que aprendeu, consulte o *Índice de atividades* ao final desta Bíblia. Lá você encontrará muitas ideias de coisas para fazer e sobre as quais conversar.

Dicionário-concordância

Quando estiver lendo a *Bíblia Aventura*, você pode deparar com uma palavra cujo significado ainda não entende. Tire um minuto para procurar por ela no *Dicionário-concordância*, ao final desta Bíblia. Leia a definição da palavra para entender melhor a mensagem de Deus.

Mapas

Ao final desta Bíblia, há oito mapas coloridos. Eles o ajudarão a entender onde transcorreram os acontecimentos na Bíblia. Confira o *Índice de mapas* também.

POR ONDE COMEÇAR

Não se preocupe sobre por onde se deve começar. Comece por qualquer lugar. Siga pela Bíblia e veja quais recursos lhe interessam. Depois comece a explorar e ler tanto os comentários como o texto da Bíblia. Use a *Bíblia Aventura* todos os dias para começar a grande aventura de viver para Jesus!

Observação aos pais e professores:

Os comentários especiais da *Bíblia Aventura* podem ser usados por pais e professores como ferramenta de ensino e de devocional, mas também podem ser usados para encorajar a criança a explorar a Bíblia por conta própria e para ter seu tempo a sós com Deus.

Prefácio à Nova Versão Internacional (NVI)

A *Nova Versão Internacional (NVI)* da Bíblia é a mais recente tradução das Escrituras Sagradas em língua portuguesa a partir das línguas originais.

A realização deste empreendimento tornou-se possível pelos esforços da Sociedade Bíblica Internacional que, em 1990, reuniu uma comissão de estudiosos dedicados a um projeto de quase uma década.

Milhares de horas foram gastas no trabalho individual e em grupo. Muitas foram as reuniões da comissão realizadas em São Paulo, Campinas, Atibaia, Caraguatatuba, Curitiba, São Bento do Sul, Miami, Dallas, Denver e Colorado Springs. Quase vinte estudiosos de diferentes especialidades teológicas e linguísticas empreenderam o projeto de tradução da NVI. Esses peritos representavam os mais diferentes segmentos denominacionais; todos, porém, plenamente convictos da inspiração e da autoridade das Escrituras Sagradas.

À erudição representada pela Comissão da NVI, além da diversidade teológica e regional (de várias partes do Brasil), aliou-se o que há de mais elevado em pesquisas teológicas e linguísticas disponíveis atualmente em hebraico, alemão, inglês, holandês, espanhol, italiano, francês e português. Dezenas de comentários, dicionários, obras de consulta e modernos *softwares* foram consultados durante o projeto.

A também diversidade do grupo de tradutores muito contribuiu para a qualidade da nova tradução. Formou-se uma comissão composta de tradutores brasileiros e estrangeiros (teólogos de vários países: EUA, Inglaterra, Holanda), três de seus membros residindo fora do Brasil (EUA, Israel e Portugal). Convém também ressaltar que dezenas de outras pessoas participaram direta ou indiretamente do projeto, nas mais diversas tarefas.

O propósito dos estudiosos que traduziram a NVI foi somar à lista das várias traduções existentes em português um texto novo que se definisse por quatro elementos fundamentais: *precisão, beleza de estilo, clareza* e *dignidade*. Sem dúvida alguma, a língua portuguesa é privilegiada pelo fato de contar com tantas boas traduções das Escrituras Sagradas. A NVI pretende fazer coro a tais esforços, prosseguindo a tarefa de transmitir a Palavra de Deus com fidelidade e com clareza, reconhecendo ao mesmo tempo a necessidade de uma nova tradução das Escrituras em português. Essa necessidade comprova-se particularmente em razão de dois fatores:

- a dinâmica de transformação constante da linguagem, tanto no vocabulário como na organização de frases (sintaxe);
- o aperfeiçoamento científico no campo da arqueologia bíblica, do estudo das línguas originais e de línguas cognatas, da crítica textual e da própria ciência linguística.

A NVI define-se como tradução evangélica, fiel e contemporânea. Não se trata de tradução literal do texto bíblico, muito menos de mera paráfrase. O alvo da NVI é comunicar a Palavra de Deus ao leitor moderno com tanta clareza e impacto quanto os exercidos pelo texto bíblico original entre os primeiros leitores. Por essa razão, alguns textos bíblicos foram traduzidos com maior ou menor grau de literalidade, levando sempre em conta a compreensão do leitor. O texto da NVI não se caracteriza por alta erudição vernacular nem por um estilo muito popular. Regionalismos, termos vulgares, anacronismos e arcaísmos foram também deliberadamente evitados.

Quanto ao texto original, a NVI baseou-se no trabalho erudito mais respeitado em todo o mundo na área da crítica textual, tanto no caso dos manuscritos hebraico e aramaico do Antigo Testamento (AT) como no caso dos manuscritos gregos do Novo Testamento (NT). Não obstante, a avaliação das opções textuais nunca foi acrítica. Estudiosos da área poderão constatar que, tanto nas notas de rodapé como no texto bíblico, a comissão foi criteriosa e sensata em sua avaliação.

O processo de tradução importou inicialmente no trabalho individual dos tradutores, que sempre se submeteram à visão da Comissão e às suas diretrizes. As questões gerais, mais difíceis e teologicamente muito relevantes, sempre foram discutidas e avaliadas em conjunto, para que fossem consideradas de todos os ângulos e não refletissem nenhuma perspectiva particular. Os enfoques teológico, linguístico, histórico, eclesiástico e estilístico sempre encontraram espaço na avaliação das decisões do grupo.

Com o propósito de melhor apresentar o perfil da NVI, queremos enumerar suas peculiaridades:

1. Fluência de linguagem

Em razão da grande diferença entre a sintaxe do português atual e a das línguas originais, a NVI entende não ser possível comunicar de modo adequado a Palavra de Deus prendendo-se à estrutura frasal do hebraico, do aramaico e do grego. Por essa razão, os versículos são organizados em períodos menores, pontuados conforme as exigências da língua portuguesa e apresentando uma fluência de leitura da qual a Bíblia é digna.

2. Nível da linguagem

O nível de linguagem da NVI prima ao mesmo tempo pela dignidade e pela compreensão. Trata-se de uma versão útil para o estudo aprofundado, para a leitura pessoal, para a leitura pública e para a evangelização. É muito importante destacar que o nível de formalidade da linguagem foi definido de acordo com o contexto. Para exemplificar, lembramos ao leitor que o tratamento de um servo para com o rei deve necessariamente ser diferente daquele utilizado pelos servos entre si.

3. Imparcialidade teológica

Por ser versão evangélica, a NVI procura apresentar uma tradução livre de interpretações particulares e denominacionais. No que diz respeito a questões menores que marcam a diversidade do mundo evangélico, a NVI não se permitiu traduzir nenhum texto bíblico com a intenção de ajustá-lo à doutrina particular de qualquer denominação ou corrente teológica.

4. Atenção aos diferentes gêneros de composição

Além da divisão em versículos, comum a todas as traduções da Bíblia, a NVI também organiza o texto bíblico seguindo padrões já estabelecidos de estruturação textual. O leitor encontrará a divisão em parágrafos, muito importante para a subdivisão do texto em unidades menores completas, e a diagramação diferenciada dos gêneros básicos de composição do texto bíblico. Os estilos narrativo, poético e epistolar apresentam diagramação distinta, facilmente identificável em cada caso.

5. Honestidade científica

Nem sempre a melhor tradução será a mais aceita. Em alguns textos haverá leitores que acharão a tradução da NVI muito diferente. Todavia, conscientes da responsabilidade de traduzir fielmente as Escrituras, os membros da Comissão da NVI preferiram seguir o sentido do original, ainda que alguns venham a estranhar a nova tradução. Nos casos em que o texto original apresenta dificuldades especiais de tradução ou permite mais de uma forma de verter o texto, foram incluídas notas de rodapé com a informação necessária.

6. Riqueza exegética

Muitos textos bíblicos, quando avaliados mais profundamente à luz da linguística e da exegese, transmitem seu conteúdo com muito mais clareza e impacto. O leitor poderá verificar na leitura da NVI a riqueza exegética da tradução. Muitos textos explicitarão mais nitidamente o campo semântico de determinadas palavras, bem como a função de certas construções gramaticais para o benefício de todos.

7. Notas de rodapé

As notas de rodapé são frequentes na NVI. Tais notas enriquecedoras atendem a várias necessidades: a) tratam de questões de crítica textual, isto é, de leituras alternativas nas línguas originais; b) apresentam traduções alternativas; c) oferecem explicações; e, d) mostram qual seria a opção literal de tradução. Não há dúvida de que permitirão ao leitor uma compreensão muito maior do texto sagrado.

8. Pesos e medidas

Levando em conta as diferenças culturais entre o mundo atual e o mundo bíblico, a NVI traduziu os pesos e as medidas do texto sagrado levando em conta o leitor de hoje. Portanto, o sistema métrico decimal foi utilizado para tornar claras as distâncias. Também as medidas de peso e de capacidade receberam equivalentes contemporâneos.

9. A relação com a New International Version (NIV)

A NVI segue o mesmo ponto de partida da *NIV*, versão em língua inglesa reconhecida internacionalmente. A filosofia de tradução é muito semelhante. Todavia, não se deve imaginar que a variante anglófona foi a única fonte de referência da NVI. Muito da contribuição exegética da versão irmã em língua inglesa foi incorporada à NVI. No entanto, a Comissão de Tradução da NVI preferiu em muitos textos opções exegéticas bem distintas da versão inglesa. Jamais houve dependência obrigatória da NVI em relação à *NIV* (ou em relação a qualquer outra versão estrangeira) em qualquer âmbito: teológico, exegético, hermenêutico etc.

Estamos conscientes de que a *Nova Versão Internacional* terá imperfeições e dificilmente terá atingido todos os seus alvos. No entanto, estamos certos de que essa tradução será uma grande bênção para todos os falantes da língua portuguesa em todos os continentes em que ela marca a sua presença. Se milhões de vidas forem abençoadas, compreendendo melhor a Revelação escrita de Deus aos homens e conhecendo de modo profundo a bendita pessoa de nosso Senhor e Salvador Jesus Cristo, nosso propósito terá sido alcançado.

Dezembro de 2000
Comissão de Tradução

Antigo Testamento

Gênesis

Quem escreveu este livro?

Há certo debate sobre quem escreveu Gênesis. Entretanto, muitos estudiosos acreditam que foi Moisés.

Por que este livro foi escrito?

Gênesis conta como Deus criou o universo e os seres humanos. Também trata das promessas especiais que Deus fez a Abraão.

O que aprendemos sobre Deus neste livro?

Deus criou todas as coisas. Ele ama as pessoas, mas punirá o pecado. Deus, entretanto, promete salvar as pessoas que confiam nele.

Quem são os personagens principais deste livro?

As pessoas mais importantes neste livro são Adão e Eva, Noé, Abraão e Sara, Isaque e Rebeca, Jacó e Raquel, e José.

Quando isto aconteceu?

Ninguém sabe quando a criação ou o dilúvio ocorreram. Abraão nasceu por volta de 2150 a.C. Seu bisneto José morreu por volta de 1800 a.C.

Onde isto aconteceu?

Gênesis 1—11 aconteceu na Mesopotâmia. Gênesis 12—36 se passou em Canaã, que também é chamada de "Terra Prometida". O restante de Gênesis aconteceu no Egito. (Veja o *Índice de mapas*, ao final desta Bíblia, para saber onde fica o Egito.)

Algumas das histórias deste livro:

Deus cria o universo	Gênesis 1
Deus cria Adão e Eva	Gênesis 2
Adão e Eva pecam	Gênesis 3
Noé constrói uma arca	Gênesis 6
Deus envia um dilúvio para punir o pecado	Gênesis 7—8
Deus faz promessas a Abraão	Gênesis 12
Abraão ora por uma cidade	Gênesis 18
Jacó rouba a bênção de Esaú	Gênesis 27
O nome de Jacó é mudado	Gênesis 32
José é vendido como escravo pelos irmãos	Gênesis 37
José se torna um governador	Gênesis 39—41

O princípio

1 No princípio Deus criou os céus e a terra.[a]
[2]Era a terra sem forma e vazia; trevas co-
briam a face do abismo, e o Espírito de Deus
se movia sobre a face das águas.
[3]Disse Deus: "Haja luz", e houve luz. [4]Deus
viu que a luz era boa, e separou a luz das tre-
vas. [5]Deus chamou à luz dia, e às trevas cha-
mou noite. Passaram-se a tarde e a manhã;
esse foi o primeiro dia.
[6]Depois disse Deus: "Haja entre as águas
um firmamento que separe águas de águas".
[7]Então Deus fez o firmamento e separou as
águas que ficaram abaixo do firmamento das
que ficaram por cima. E assim foi. [8]Ao firma-
mento Deus chamou céu. Passaram-se a tarde
e a manhã; esse foi o segundo dia.
[9]E disse Deus: "Ajuntem-se num só lugar
as águas que estão debaixo do céu, e apareça
a parte seca". E assim foi. [10]À parte seca Deus
chamou terra, e chamou mares ao conjunto
das águas. E Deus viu que ficou bom.
[11]Então disse Deus: "Cubra-se a terra de
vegetação: plantas que deem sementes e ár-
vores cujos frutos produzam sementes de
acordo com as suas espécies". E assim foi. [12]A
terra fez brotar a vegetação: plantas que dão
sementes de acordo com as suas espécies, e
árvores cujos frutos produzem sementes de
acordo com as suas espécies. E Deus viu que
ficou bom. [13]Passaram-se a tarde e a manhã;
esse foi o terceiro dia.
[14]Disse Deus: "Haja luminares no firma-
mento do céu para separar o dia da noite.
Sirvam eles de sinais para marcar estações,
dias e anos, [15]e sirvam de luminares no fir-
mamento do céu para iluminar a terra". E as-
sim foi. [16]Deus fez os dois grandes luminares:
o maior para governar o dia e o menor pa-
ra governar a noite; fez também as estrelas.
[17]Deus os colocou no firmamento do céu para
iluminar a terra, [18]governar o dia e a noite, e
separar a luz das trevas. E Deus viu que ficou
bom. [19]Passaram-se a tarde e a manhã; esse
foi o quarto dia.
[20]Disse também Deus: "Encham-se as
águas de seres vivos, e voem as aves sobre
a terra, sob o firmamento do céu". [21]Assim
Deus criou os grandes animais aquáticos e os
demais seres vivos que povoam as águas, de
acordo com as suas espécies; e todas as aves,
de acordo com as suas espécies. E Deus viu
que ficou bom. [22]Então Deus os abençoou, di-
zendo: "Sejam férteis e multipliquem-se! En-
cham as águas dos mares! E multipliquem-se
as aves na terra". [23]Passaram-se a tarde e a
manhã; esse foi o quinto dia.
[24]E disse Deus: "Produza a terra seres vi-
vos de acordo com as suas espécies: rebanhos
domésticos, animais selvagens e os demais
seres vivos da terra, cada um de acordo com
a sua espécie". E assim foi. [25]Deus fez os ani-
mais selvagens de acordo com as suas espé-
cies, os rebanhos domésticos de acordo com
as suas espécies, e os demais seres vivos da
terra de acordo com as suas espécies. E Deus
viu que ficou bom.
[26]Então disse Deus: "Façamos o homem à
nossa imagem, conforme a nossa semelhan-
ça. Domine ele[b] sobre os peixes do mar, sobre
as aves do céu, sobre os grandes animais de
toda a terra[c] e sobre todos os pequenos ani-
mais que se movem rente ao chão".

[27]Criou Deus o homem à sua imagem,
à imagem de Deus o criou;
homem e mulher[d] os criou.

[28]Deus os abençoou, e lhes disse: "Se-
jam férteis e multipliquem-se! Encham e

[a] 1:1-3 Ou *Quando Deus começou a criar os céus e a terra* [2]*sendo a terra...,* [3]*disse Deus:* ...

[b] 1:26 Hebraico: *Dominem eles.*

[c] 1:26 A Versão Siríaca diz *sobre todos os animais selvagens da terra.*

[d] 1:27 Hebraico: *macho e fêmea.*

Você sabia?

O que significa *criar*?

1:1 A palavra *criar* significa "fazer algo novo". Foi exatamente o que Deus fez quando criou o universo. Gênesis nos conta que Deus criou tudo. Leia este capítulo 1 e veja quantas coisas Deus criou.

Palavras para memorizar

"No princípio Deus criou os céus e a terra."

(Gênesis 1:1)

subjuguem a terra! Dominem sobre os peixes
do mar, sobre as aves do céu e sobre todos os
animais que se movem pela terra".
29 Disse Deus: "Eis que lhes dou todas as
plantas que nascem em toda a terra e pro-
duzem sementes, e todas as árvores que dão
frutos com sementes. Elas servirão de ali-
mento para vocês. 30 E dou todos os vegetais
como alimento a tudo o que tem em si fôlego
de vida: a todos os grandes animais da terra[a],
a todas as aves do céu e a todas as criaturas
que se movem rente ao chão". E assim foi.
31 E Deus viu tudo o que havia feito, e tudo
havia ficado muito bom. Passaram-se a tarde
e a manhã; esse foi o sexto dia.
2 Assim foram concluídos os céus e a terra,
e tudo o que neles há.
2 No sétimo dia Deus já havia concluído a
obra que realizara, e nesse dia descansou.
3 Abençoou Deus o sétimo dia e o santificou,
porque nele descansou de toda a obra que
realizara na criação.

A origem da humanidade

4 Esta é a história das origens[b] dos céus e
da terra, no tempo em que foram criados:
Quando o SENHOR Deus fez a terra e os
céus, 5 ainda não tinha brotado nenhum ar-
busto no campo, e nenhuma planta havia
germinado, porque o SENHOR Deus ainda
não tinha feito chover sobre a terra, e tam-
bém não havia homem para cultivar o solo.
6 Todavia brotava água[c] da terra e irrigava to-
da a superfície do solo. 7 Então o SENHOR Deus
formou o homem[d] do pó da terra e soprou
em suas narinas o fôlego de vida, e o homem
se tornou um ser vivente.
8 Ora, o SENHOR Deus tinha plantado um
jardim no Éden, para os lados do leste, e ali
colocou o homem que formara. 9 Então o SE-
NHOR Deus fez nascer do solo todo tipo de
árvores agradáveis aos olhos e boas para ali-
mento. E no meio do jardim estavam a ár-
vore da vida e a árvore do conhecimento do
bem e do mal.
10 No Éden nascia um rio que irrigava o jar-
dim, e depois se dividia em quatro. 11 O nome
do primeiro é Pisom. Ele percorre toda a ter-
ra de Havilá, onde existe ouro. 12 O ouro da-
quela terra é excelente; lá também existem
o bdélio e a pedra de ônix. 13 O segundo, que
percorre toda a terra de Cuxe, é o Giom. 14 O
terceiro, que corre pelo lado leste da Assíria,
é o Tigre. E o quarto rio é o Eufrates.
15 O SENHOR Deus colocou o homem no jar-
dim do Éden para cuidar dele e cultivá-lo.
16 E o SENHOR Deus ordenou ao homem: "Co-
ma livremente de qualquer árvore do jardim,
17 mas não coma da árvore do conhecimento
do bem e do mal, porque no dia em que dela
comer, certamente você morrerá".
18 Então o SENHOR Deus declarou: "Não é
bom que o homem esteja só; farei para ele

[a] 1:30 Ou *os animais selvagens*
[b] 2:4 Hebraico: *história da descendência*; a mesma expressão aparece em 5:1; 6:9; 10:1; 11:10,27; 25:12,19; 36:1,9 e 37:2.
[c] 2:6 Ou *brotavam fontes*; ou ainda *surgia uma neblina*
[d] 2:7 Os termos homem e Adão (*adam*) assemelham-se à palavra terra (*adamah*) no hebraico.

Você é especial

Experimente!

Leia Gênesis 1:26-27. Deus o criou à imagem dele. Você não é como as outras criaturas que Deus fez — os humanos são o único ser que Deus criou à imagem e semelhança dele. Isso não significa que você *se parece* com Deus ou que você é *igual* a Deus, mas sim que você é uma criação muito especial.

Olhe fotos de seus pais quando tinham a sua idade. Em que eles se pareciam com você? Em que eles eram diferentes? Seus pais o amam muito porque você é filho deles, e você é como eles em alguns aspectos importantes. Peça que seus pais lhe contem por que acham que você é especial.

Gênesis 1:26-27

Deus o ama muito porque você é filho dele e é uma criação de um tipo especial. Você foi feito à imagem dele, mas ainda é você mesmo. Escreva uma carta para Deus e agradeça-o por adotá-lo como seu filho, por criá-lo à sua imagem e por amá-lo tanto.

Pessoas nos tempos da Bíblia

Adão

Deus criou Adão, o primeiro ser humano, à sua própria imagem. Isso significa que, em vários aspectos, Adão era como Deus. E ele fez Adão do pó da terra e soprou vida nele. Deus colocou Adão e Eva no jardim do Éden para cuidarem do jardim.

alguém que o auxilie e lhe corresponda".
19 Depois que formou da terra todos os ani-
mais do campo e todas as aves do céu, o SE-
NHOR Deus os trouxe ao homem para ver
como este lhes chamaria; e o nome que o
homem desse a cada ser vivo, esse seria o
seu nome. 20 Assim o homem deu nomes a
todos os rebanhos domésticos, às aves do céu
e a todos os animais selvagens. Todavia não
se encontrou para o homem[a] alguém que o
auxiliasse e lhe correspondesse.
21 Então o SENHOR Deus fez o homem cair
em profundo sono e, enquanto este dor-
mia, tirou-lhe uma das costelas[b], fechando
o lugar com carne. 22 Com a costela que ha-
via tirado do homem, o SENHOR Deus fez
uma mulher e a levou até ele. 23 Disse então
o homem:

"Esta, sim, é osso dos meus ossos
e carne da minha carne!
Ela será chamada mulher,
porque do homem[c] foi tirada".

24 Por essa razão, o homem deixará pai e
mãe e se unirá à sua mulher, e eles se torna-
rão uma só carne.
25 O homem e sua mulher viviam nus, e não
sentiam vergonha.

O relato da queda

3 Ora, a serpente era o mais astuto de todos
os animais selvagens que o SENHOR Deus
tinha feito. E ela perguntou à mulher: "Foi
isto mesmo que Deus disse: 'Não comam de
nenhum fruto das árvores do jardim'?"
2 Respondeu a mulher à serpente: "Pode-
mos comer do fruto das árvores do jardim,
3 mas Deus disse: 'Não comam do fruto da ár-
vore que está no meio do jardim, nem to-
quem nele; do contrário vocês morrerão'".
4 Disse a serpente à mulher: "Certamen-
te não morrerão! 5 Deus sabe que, no dia em
que dele comerem, seus olhos se abrirão, e
vocês, como Deus[d], serão conhecedores do
bem e do mal".
6 Quando a mulher viu que a árvore parecia
agradável ao paladar, era atraente aos olhos
e, além disso, desejável para dela se obter dis-
cernimento, tomou do seu fruto, comeu-o e
o deu a seu marido, que comeu[e] também.
7 Os olhos dos dois se abriram, e perceberam
que estavam nus; então juntaram folhas de
figueira para cobrir-se.
8 Ouvindo o homem e sua mulher os pas-
sos[f] do SENHOR Deus que andava pelo jardim
quando soprava a brisa do dia, esconderam-
-se da presença do SENHOR Deus entre as
árvores do jardim. 9 Mas o SENHOR Deus cha-
mou o homem, perguntando: "Onde está vo-
cê?"
10 E ele respondeu: "Ouvi teus passos no jar-
dim e fiquei com medo, porque estava nu;
por isso me escondi".
11 E Deus perguntou: "Quem lhe disse que
você estava nu? Você comeu do fruto da ár-
vore da qual lhe proibi comer?"
12 Disse o homem: "Foi a mulher que me
deste por companheira que me deu do fruto
da árvore, e eu comi".
13 O SENHOR Deus perguntou então à mu-
lher: "Que foi que você fez?"

[a] 2:20 Ou *Adão*
[b] 2:21 Ou *parte de um dos lados do homem*; também no versículo 22.
[c] 2:23 Os termos homem (*ish*) e mulher (*ishah*) formam um jogo de palavras no hebraico.

[d] 3:5 Ou *deuses*
[e] 3:6 Ou *comeu e estava com ela*
[f] 3:8 Ou *a voz*; também no versículo 10.

Pessoas nos tempos da Bíblia

Eva

Deus não queria que Adão ficasse sozinho, por isso criou uma ajudadora para ele. O nome dela era Eva, e Deus formou-a de uma das costelas de Adão. O casal vivia junto no jardim do Éden.

Você sabia?

Que tipo de fruta Adão e Eva comeram?

3:6 A Bíblia não dá o nome da fruta que eles comeram, pois isso não é realmente importante. O ponto importante da história é que Adão e Eva desobedeceram a Deus. Ele havia lhes dito que não comessem o fruto daquela árvore em particular, mas os dois comeram mesmo assim. O texto de Gênesis 3 conta o que aconteceu por causa dessa desobediência.

Respondeu a mulher: "A serpente me enganou, e eu comi".

[14]Então o SENHOR Deus declarou à serpente:

"Uma vez que você fez isso,
maldita é você
entre todos os rebanhos domésticos
e entre todos os animais selvagens!
Sobre o seu ventre você rastejará,
e pó comerá todos os dias da sua vida.
[15]Porei inimizade
entre você e a mulher,
entre a sua descendência
e o descendente[a] dela;
este lhe ferirá a cabeça,
e você lhe ferirá o calcanhar".

[16]À mulher, ele declarou:
"Multiplicarei grandemente
o seu sofrimento na gravidez;
com sofrimento você dará à luz filhos.
Seu desejo será para o seu marido,
e ele[b] a dominará".

[17]E ao homem declarou:
"Visto que você deu ouvidos à sua mulher
e comeu do fruto da árvore
da qual eu lhe ordenara
que não comesse,
maldita é a terra por sua causa;
com sofrimento você
se alimentará dela
todos os dias da sua vida.
[18]Ela lhe dará espinhos e ervas daninhas,
e você terá que alimentar-se
das plantas do campo.

[a] 3:15 Ou *a descendência*. Hebraico: *semente*.
[b] 3:16 Ou *será contra o seu marido, mas ele*; ou ainda *a impelirá ao seu marido, e ele*

Decisões erradas

Adão e Eva tomaram uma decisão errada e comeram da árvore que Deus havia dito para deixarem quieta. Você já se perguntou por que eles fizeram isso? Para ver algumas respostas, leia Gênesis 3:1-13. Adão e Eva tomaram a decisão errada porque:

- alguém disse a eles que não tinha problema fazer a coisa errada (3:4);
- parecia ser uma boa ideia na hora (3:5);
- um amigo próximo fez primeiro (3:6).

Depois que fizeram essa escolha errada, Adão e Eva sentiram culpa e medo e se esconderam de Deus quando ele entrou no jardim. Eles sabiam que haviam feito algo errado, mas era tarde demais.

Pense sobre o que você deve responder quando alguém lhe disser que não há problema em fazer uma coisa errada, quando ela parecer empolgante ou quando um amigo cometer um erro primeiro e quiser que você também o cometa. Se você não conseguir pensar em uma boa resposta, peça conselho a um amigo mais velho ou aos seus pais.

Experimente!

Gênesis 3:1-13

19Com o suor do seu rosto
você comerá o seu pão,
até que volte à terra,
visto que dela foi tirado;
porque você é pó,
e ao pó voltará".

20Adão deu à sua mulher o nome de Eva,
pois ela seria mãe de toda a humanidade. 21O
SENHOR Deus fez roupas de pele e com elas
vestiu Adão e sua mulher.
22Então disse o SENHOR Deus: "Agora o ho-
mem se tornou como um de nós, conhecen-
do o bem e o mal. Não se deve, pois, permitir
que ele tome também do fruto da árvore da
vida e o coma, e viva para sempre". 23Por isso
o SENHOR Deus o mandou embora do jardim
do Éden para cultivar o solo do qual fora tira-
do. 24Depois de expulsar o homem, colocou
a leste do jardim do Éden querubins e uma
espada flamejante que se movia, guardando
o caminho para a árvore da vida.

Caim mata Abel

4 Adão teve relações com Eva, sua mulher,
e ela engravidou e deu à luz Caim. Disse
ela: "Com o auxílio do SENHOR tive um filho
homem". 2Voltou a dar à luz, desta vez a Abel,
irmão dele.
Abel tornou-se pastor de ovelhas, e Caim,
agricultor. 3Passado algum tempo, Caim trou-
xe do fruto da terra uma oferta ao SENHOR.
4Abel, por sua vez, trouxe as partes gordas
das primeiras crias do seu rebanho. O SE-
NHOR aceitou com agrado Abel e sua oferta,
5mas não aceitou Caim e sua oferta. Por is-
so Caim se enfureceu e o seu rosto se trans-
tornou.
6O SENHOR disse a Caim: "Por que você está
furioso? Por que se transtornou o seu rosto?
7Se você fizer o bem, não será aceito? Mas se
não o fizer, saiba que o pecado o ameaça à
porta; ele deseja conquistá-lo, mas você de-
ve dominá-lo".
8Disse, porém, Caim a seu irmão Abel:
"Vamos para o campo".[a] Quando estavam lá,
Caim atacou seu irmão Abel e o matou.
9Então o SENHOR perguntou a Caim: "Onde
está seu irmão Abel?"
Respondeu ele: "Não sei; sou eu o respon-
sável por meu irmão?"
10Disse o SENHOR: "O que foi que você fez?
Escute! Da terra o sangue do seu irmão está
clamando. 11Agora amaldiçoado é você pela
terra[b], que abriu a boca para receber da sua
mão o sangue do seu irmão. 12Quando você
cultivar a terra, esta não lhe dará mais da
sua força. Você será um fugitivo errante pe-
lo mundo".
13Disse Caim ao SENHOR: "Meu castigo é
maior do que posso suportar. 14Hoje me ex-
pulsas desta terra, e terei que me esconder da
tua face; serei um fugitivo errante pelo mun-
do, e qualquer que me encontrar me matará".
15Mas o SENHOR lhe respondeu: "Não será
assim[c]; se alguém matar Caim, sofrerá sete
vezes a vingança". E o SENHOR colocou em
Caim um sinal, para que ninguém que viesse
a encontrá-lo o matasse. 16Então Caim afas-
tou-se da presença do SENHOR e foi viver na
terra de Node[d], a leste do Éden.

Os descendentes de Caim

17Caim teve relações com sua mulher, e ela
engravidou e deu à luz Enoque. Depois Caim
fundou uma cidade, à qual deu o nome do
seu filho Enoque. 18A Enoque nasceu Irade,
Irade gerou a Meujael, Meujael a Metusael, e
Metusael a Lameque.
19Lameque tomou duas mulheres: uma
chamava-se Ada e a outra, Zilá. 20Ada deu à
luz Jabal, que foi o pai daqueles que moram
em tendas e criam rebanhos. 21O nome do ir-
mão dele era Jubal, que foi o pai de todos os
que tocam harpa e flauta. 22Zilá também deu
à luz um filho, chamado Tubalcaim, que fa-
bricava todo tipo de ferramentas de bronze
e de ferro[e]. Tubalcaim teve uma irmã cha-
mada Naamá.
23Disse Lameque às suas mulheres:

"Ada e Zilá, ouçam-me;
mulheres de Lameque,
escutem minhas palavras:
Eu matei um homem porque me feriu,
e um menino, porque me machucou.
24Se Caim é vingado sete vezes,
Lameque o será setenta e sete".

O nascimento de Sete

25Novamente Adão teve relações com sua
mulher, e ela deu à luz outro filho, a quem
chamou Sete, dizendo: "Deus me concedeu
um filho no lugar de Abel, visto que Caim o
matou". 26Também a Sete nasceu um filho, a
quem deu o nome de Enos.

[a] 4:8 Conforme o Pentateuco Samaritano, a Septuaginta, a Vulgata e a Versão Siríaca. O Texto Massorético não traz *"Vamos para o campo"*.

[b] 4:11 Ou *amaldiçoado é você e expulso da terra*; ou ainda *amaldiçoado é você mais do que a terra*

[c] 4:15 Conforme a Septuaginta, a Vulgata e a Versão Siríaca.

[d] 4:16 *Node* significa *peregrinação*.

[e] 4:22 Ou *que ensinou todos os que trabalham o bronze e o ferro*

Nessa época começou-se a invocar[a] o no-
me do SENHOR.

A descendência de Adão

5 Este é o registro da descendência de Adão:
Quando Deus criou o homem, à semelhan-
ça de Deus o fez; 2homem e mulher os criou.
Quando foram criados, ele os abençoou e os
chamou Homem[b].
3Aos 130 anos, Adão gerou um filho à sua
semelhança, conforme a sua imagem; e deu-
-lhe o nome de Sete. 4Depois que gerou Sete,
Adão viveu 800 anos e gerou outros filhos
e filhas. 5Viveu ao todo 930 anos e morreu.
6Aos 105 anos, Sete gerou[c] Enos. 7Depois
que gerou Enos, Sete viveu 807 anos e ge-
rou outros filhos e filhas. 8Viveu ao todo 912
anos e morreu.
9Aos 90 anos, Enos gerou Cainã. 10Depois
que gerou Cainã, Enos viveu 815 anos e ge-
rou outros filhos e filhas. 11Viveu ao todo 905
anos e morreu.
12Aos 70 anos, Cainã gerou Maalaleel. 13De-
pois que gerou Maalaleel, Cainã viveu 840
anos e gerou outros filhos e filhas. 14Viveu ao
todo 910 anos e morreu.
15Aos 65 anos, Maalaleel gerou Jarede. 16De-
pois que gerou Jarede, Maalaleel viveu 830
anos e gerou outros filhos e filhas. 17Viveu ao
todo 895 anos e morreu.
18Aos 162 anos, Jarede gerou Enoque. 19De-
pois que gerou Enoque, Jarede viveu 800
anos e gerou outros filhos e filhas. 20Viveu
ao todo 962 anos e morreu.
21Aos 65 anos, Enoque gerou Matusalém.
22Depois que gerou Matusalém, Enoque an-
dou com Deus 300 anos e gerou outros filhos
e filhas. 23Viveu ao todo 365 anos. 24Enoque
andou com Deus; e já não foi encontrado,
pois Deus o havia arrebatado.
25Aos 187 anos, Matusalém gerou Lameque.
26Depois que gerou Lameque, Matusalém vi-
veu 782 anos e gerou outros filhos e filhas.
27Viveu ao todo 969 anos e morreu.
28Aos 182 anos, Lameque gerou um filho.
29Deu-lhe o nome de Noé e disse: "Ele nos
aliviará do nosso trabalho e do sofrimento
de nossas mãos, causados pela terra que o SE-
NHOR amaldiçoou". 30Depois que Noé nasceu,
Lameque viveu 595 anos e gerou outros filhos
e filhas. 31Viveu ao todo 777 anos e morreu.
32Aos 500 anos, Noé tinha gerado Sem, Cam
e Jafé.

[a] 4:26 Ou *proclamar*
[b] 5:2 Hebraico: *Adam*.
[c] 5:6 *Gerar* pode ter o sentido de *ser ancestral*; também nos versículos 7-26.

A corrupção da humanidade

6 Quando os homens começaram a multipli-
car-se na terra e lhes nasceram filhas, 2os
filhos de Deus viram que as filhas dos homens
eram bonitas, e escolheram para si aquelas
que lhes agradaram. 3Então disse o SENHOR:
"Por causa da perversidade do homem[d], meu
Espírito[e] não contenderá com ele[f] para sem-
pre; ele só viverá cento e vinte anos".
4Naqueles dias havia nefilins[g] na terra, e
também posteriormente, quando os filhos
de Deus possuíram as filhas dos homens e
elas lhes deram filhos. Eles foram os heróis
do passado, homens famosos.
5O SENHOR viu que a perversidade do ho-
mem tinha aumentado na terra e que toda a
inclinação dos pensamentos do seu coração
era sempre e somente para o mal. 6Então o
SENHOR arrependeu-se de ter feito o homem
sobre a terra, e isso cortou-lhe o coração. 7Dis-
se o SENHOR: "Farei desaparecer da face da
terra o homem que criei, os homens e tam-
bém os grandes animais e os pequenos e as
aves do céu. Arrependo-me de havê-los feito".
8A Noé, porém, o SENHOR mostrou bene-
volência.

A arca de Noé

9Esta é a história da família de Noé:
Noé era homem justo, íntegro entre o po-
vo da sua época; ele andava com Deus. 10Noé
gerou três filhos: Sem, Cam e Jafé.
11Ora, a terra estava corrompida aos olhos
de Deus e cheia de violência. 12Ao ver como a
terra se corrompera, pois toda a humanidade
havia corrompido a sua conduta, 13Deus dis-
se a Noé: "Darei fim a todos os seres huma-
nos, porque a terra encheu-se de violência
por causa deles. Eu os destruirei com a ter-
ra. 14Você, porém, fará uma arca de madeira
de cipreste[h]; divida-a em compartimentos
e revista-a de piche por dentro e por fora.
15Faça-a com cento e trinta e cinco metros de
comprimento, vinte e dois metros e meio de
largura e treze metros e meio de altura[i]. 16Fa-
ça-lhe um teto com um vão de quarenta e
cinco centímetros[j] entre o teto e corpo da ar-

[d] 6:3 Ou *Por ser o homem mortal*
[e] 6:3 Ou *o espírito que lhe dei*
[f] 6:3 Ou *não permanecerá nele*
[g] 6:4 Possivelmente *gigantes* ou *homens poderosos*. Veja também Nm 13:33.
[h] 6:14 Ou *de cipreste e de juncos*
[i] 6:15 Hebraico: *300 côvados de comprimento, 50 côvados de largura e 30 côvados de altura*. O côvado era uma medida linear de cerca de 45 centímetros.
[j] 6:16 Ou *Faça-lhe uma abertura para a luz no topo, de 45 centímetros,*

Você sabia?

Quanto tempo demorou para a construção da arca?

6:15 Provavelmente levou cerca de 120 anos. A fim de salvar o fiel Noé e sua família, Deus esperou até que a arca estivesse pronta para então enviar o dilúvio.

ca. Coloque uma porta lateral na arca e faça
um andar superior, um médio e um inferior.
17"Eis que vou trazer águas sobre a terra,
o Dilúvio, para destruir debaixo do céu toda
criatura que tem fôlego de vida. Tudo o que
há na terra perecerá. 18Mas com você estabe-
lecerei a minha aliança, e você entrará na ar-
ca com seus filhos, sua mulher e as mulheres
de seus filhos. 19Faça entrar na arca um casal
de cada um dos seres vivos, macho e fêmea,
para conservá-los vivos com você. 20De cada
espécie de ave, de cada espécie de animal
grande e de cada espécie de animal peque-
no que se move rente ao chão virá um casal
a você para que sejam conservados vivos. 21E
armazene todo tipo de alimento, para que
você e eles tenham mantimento".
22Noé fez tudo exatamente como Deus lhe
tinha ordenado.

7Então o SENHOR disse a Noé: "Entre na ar-
ca, você e toda a sua família, porque você
é o único justo que encontrei nesta geração.
2Leve com você sete casais de cada espécie
de animal puro, macho e fêmea, e um casal
de cada espécie de animal impuro, macho e
fêmea, 3e leve também sete casais de aves de
cada espécie, macho e fêmea, a fim de preser-
vá-las em toda a terra. 4Daqui a sete dias farei
chover sobre a terra quarenta dias e quaren-
ta noites, e farei desaparecer da face da terra
todos os seres vivos que fiz".
5E Noé fez tudo como o SENHOR lhe tinha
ordenado.

O dilúvio

6Noé tinha seiscentos anos de idade quan-
do as águas do Dilúvio vieram sobre a terra.
7Noé, seus filhos, sua mulher e as mulheres
de seus filhos entraram na arca, por causa das
águas do Dilúvio. 8Casais de animais gran-
des, puros e impuros, de aves e de todos os
animais pequenos que se movem rente ao
chão 9vieram a Noé e entraram na arca, co-
mo Deus tinha ordenado a Noé. 10E depois
dos sete dias, as águas do Dilúvio vieram so-
bre a terra.
11No dia em que Noé completou seiscentos
anos, um mês e dezessete dias, nesse mesmo
dia todas as fontes das grandes profundezas
jorraram, e as comportas do céu se abriram.
12E a chuva caiu sobre a terra quarenta dias e
quarenta noites.
13Naquele mesmo dia, Noé e seus filhos,
Sem, Cam e Jafé, com sua mulher e com as
mulheres de seus três filhos, entraram na ar-
ca. 14Com eles entraram todos os animais de
acordo com as suas espécies: todos os ani-
mais selvagens, todos os rebanhos domés-
ticos, todos os demais seres vivos que se
movem rente ao chão e todas as criaturas
que têm asas: todas as aves e todos os ou-
tros animais que voam. 15Casais de todas as
criaturas que tinham fôlego de vida vieram
a Noé e entraram na arca. 16Os animais que
entraram foram um macho e uma fêmea de
cada ser vivo, conforme Deus ordenara a Noé.
Então o SENHOR fechou a porta.
17Quarenta dias durou o Dilúvio, e as águas
aumentaram e elevaram a arca acima da
terra. 18As águas prevaleceram, aumentan-
do muito sobre a terra, e a arca flutuava na
superfície das águas. 19As águas dominavam
cada vez mais a terra, e foram cobertas to-
das as altas montanhas debaixo do céu. 20As
águas subiram até quase sete metros[a] acima
das montanhas. 21Todos os seres vivos que se
movem sobre a terra pereceram: aves, reba-
nhos domésticos, animais selvagens, todas as

[a] 7:20 Hebraico: *15 côvados*. O côvado era uma medida linear de cerca de 45 centímetros.

Pessoas nos tempos da Bíblia

Noé

Noé era um homem bom e que amava a Deus mesmo quando ninguém mais amava. Ele confiou em Deus e seguiu suas instruções para construir uma arca, e Deus salvou Noé e sua família de um dilúvio que destruiu o mundo.

pequenas criaturas que povoam a terra e toda a humanidade. 22Tudo o que havia em terra seca e tinha nas narinas o fôlego de vida morreu. 23Todos os seres vivos foram exterminados da face da terra; tanto os homens, como os animais grandes, os animais pequenos que se movem rente ao chão e as aves do céu foram exterminados da terra. Só restaram Noé e aqueles que com ele estavam na arca.

24E as águas prevaleceram sobre a terra cento e cinquenta dias.

O fim do dilúvio

8 Então Deus lembrou-se de Noé e de todos os animais selvagens e rebanhos domésticos que estavam com ele na arca, e enviou um vento sobre a terra, e as águas começaram a baixar.

2As fontes das profundezas e as comportas do céu se fecharam, e a chuva parou. 3As águas foram baixando pouco a pouco sobre a terra. Ao fim de cento e cinquenta dias, as águas tinham diminuído, 4e, no décimo sétimo dia do sétimo mês, a arca pousou nas montanhas de Ararate. 5As águas continuaram a baixar até o décimo mês, e no primeiro dia do décimo mês apareceram os topos das montanhas.

6Passados quarenta dias, Noé abriu a janela que fizera na arca. 7Esperando que a terra já tivesse aparecido, Noé soltou um corvo, mas este ficou dando voltas. 8Depois soltou uma pomba para ver se as águas tinham diminuído na superfície da terra. 9Mas a pomba não encontrou lugar onde pousar os pés porque as águas ainda cobriam toda a superfície da terra e, por isso, voltou para a arca, a Noé. Ele estendeu a mão para fora, apanhou a pomba e a trouxe de volta para dentro da arca. 10Noé esperou mais sete dias e soltou novamente a pomba. 11Ao entardecer, quando a pomba voltou, trouxe em seu bico uma folha nova de oliveira. Noé então ficou sabendo que as águas tinham diminuído sobre a terra. 12Esperou ainda outros sete dias e de novo soltou a pomba, mas desta vez ela não voltou.

13No primeiro dia do primeiro mês do ano seiscentos e um da vida de Noé, secaram-se

Você sabia?

Por quanto tempo o mundo ficou coberto com água?

8:3 Noé e sua família deixaram a arca pouco mais de um ano depois de terem entrado nela. Quando saiu, Noé construiu um altar e sacrificou animais ali para agradecer a Deus por haver salvado sua família.

A vida nos tempos da Bíblia

A arca de Noé

Noé construiu a arca de madeira na qual ele, sua família e os animais escaparam das águas do dilúvio. A arca tinha mais ou menos 140 metros de comprimento, mais longa que um campo de futebol (um campo oficial mede entre 90 e 120 metros). Tinha mais ou menos 15 metros de altura, tão alta quanto uma construção de cinco andares. Ela tinha janelas — provavelmente janelas longas e contínuas — posicionadas no comprimento da arca, logo abaixo do telhado. A porta devia ser bem ampla, para permitir a entrada dos grandes animais.

as águas na terra. Noé então removeu o teto
da arca e viu que a superfície da terra esta-
va seca. 14No vigésimo sétimo dia do segun-
do mês, a terra estava completamente seca.
15Então Deus disse a Noé: 16"Saia da arca,
você e sua mulher, seus filhos e as mulheres
deles. 17Faça que saiam também todos os ani-
mais que estão com você: as aves, os grandes
animais e os pequenos que se movem rente
ao chão. Faça-os sair para que se espalhem
pela terra, sejam férteis e se multipliquem".
18Então Noé saiu da arca com sua mulher
e seus filhos e as mulheres deles, 19e com to-
dos os grandes animais e os pequenos que se
movem rente ao chão e todas as aves. Tudo o
que se move sobre a terra saiu da arca, uma
espécie após outra.
20Depois Noé construiu um altar dedicado
ao SENHOR e, tomando alguns animais e aves
puros, ofereceu-os como holocausto[a], quei-
mando-os sobre o altar. 21O SENHOR sentiu o
aroma agradável e disse a si mesmo: "Nunca
mais amaldiçoarei a terra por causa do ho-
mem, pois o seu coração é inteiramente in-
clinado para o mal desde a infância. E nunca
mais destruirei todos os seres vivos[b] como
fiz desta vez.

22"Enquanto durar a terra,
plantio e colheita,
frio e calor,
verão e inverno,
dia e noite
jamais cessarão".

A aliança de Deus com Noé

9 Deus abençoou Noé e seus filhos, dizen-
do-lhes: "Sejam férteis, multipliquem-se

[a] 8:20 Isto é, sacrifício totalmente queimado.
[b] 8:21 Ou *toda a raça humana*

e encham a terra. 2Todos os animais da terra
tremerão de medo diante de vocês: os ani-
mais selvagens, as aves do céu, as criaturas
que se movem rente ao chão e os peixes do
mar; eles estão entregues em suas mãos. 3Tu-
do o que vive e se move servirá de alimento
para vocês. Assim como lhes dei os vegetais,
agora lhes dou todas as coisas.
4"Mas não comam carne com sangue, que
é vida. 5A todo aquele que derramar sangue,
tanto homem como animal, pedirei contas;
a cada um pedirei contas da vida do seu pró-
ximo.

6"Quem derramar sangue do homem,
pelo homem seu sangue será
derramado;
porque à imagem de Deus
foi o homem criado.

7"Mas vocês, sejam férteis e multipliquem-
-se; espalhem-se pela terra e proliferem nela[c]".
8Então disse Deus a Noé e a seus filhos, que
estavam com ele: 9"Vou estabelecer a minha
aliança com vocês e com os seus futuros des-
cendentes, 10e com todo ser vivo que está com
vocês: as aves, os rebanhos domésticos e os
animais selvagens, todos os que saíram da
arca com vocês, todos os seres vivos da ter-
ra. 11Estabeleço uma aliança com vocês: Nun-
ca mais será ceifada nenhuma forma de vida
pelas águas de um dilúvio; nunca mais have-
rá dilúvio para destruir a terra".
12E Deus prosseguiu: "Este é o sinal da
aliança que estou fazendo entre mim e vo-
cês e com todos os seres vivos que estão com
vocês, para todas as gerações futuras: 13o meu
arco que coloquei nas nuvens. Será o sinal

[c] 9:7 Possivelmente *e a dominem*

Graças a Deus

Experimente!

Leia Gênesis 8:20-22; 9:12-17. Quando deixaram a arca, Noé e sua família construíram um altar e agradeceram a Deus por tê-los guardado em segurança na arca. Deus agradou-se disso e fez um arco-íris como uma promessa de que nunca mais enviaria um dilúvio assim. Noé e sua família tinham muitas razões para agradecer. Divirta-se fazendo uma lista de todos os motivos que você e sua família têm para serem agradecidos.

Gênesis 8:20-22; 9:12-17

da minha aliança com a terra. 14Quando eu
trouxer nuvens sobre a terra e nelas apare-
cer o arco-íris, 15então me lembrarei da mi-
nha aliança com vocês e com os seres vivos
de todas as espécies[a]. Nunca mais as águas se
tornarão um dilúvio para destruir toda forma
de vida[b]. 16Toda vez que o arco-íris estiver nas
nuvens, olharei para ele e me lembrarei da
aliança eterna entre Deus e todos os seres vi-
vos de todas as espécies que vivem na terra".
17Concluindo, disse Deus a Noé: "Esse é o
sinal da aliança que estabeleci entre mim e
toda forma de vida que há sobre a terra".

Os filhos de Noé

18Os filhos de Noé que saíram da arca fo-
ram Sem, Cam e Jafé. Cam é o pai de Canaã.
19Esses foram os três filhos de Noé; a partir
deles toda a terra foi povoada.
20Noé, que era agricultor, foi o primeiro a
plantar uma vinha. 21Bebeu do vinho, embria-
gou-se e ficou nu dentro da sua tenda. 22Cam,
pai de Canaã, viu a nudez do pai e foi contar
aos dois irmãos que estavam do lado de fo-
ra. 23Mas Sem e Jafé pegaram a capa, levanta-
ram-na sobre os ombros e, andando de costas
para não verem a nudez do pai, cobriram-no.
24Quando Noé acordou do efeito do vinho
e descobriu o que seu filho caçula lhe havia
feito, 25disse:

"Maldito seja Canaã!
Escravo de escravos
será para os seus irmãos".
26Disse ainda:
"Bendito seja o SENHOR,
o Deus de Sem!
E seja Canaã seu escravo.
27Amplie Deus o território de Jafé;
habite ele nas tendas de Sem,
e seja Canaã seu escravo".

28Depois do Dilúvio Noé viveu trezentos e
cinquenta anos. 29Viveu ao todo novecentos
e cinquenta anos e morreu.

A origem dos povos

10 Este é o registro da descendência de Sem,
Cam e Jafé, filhos de Noé. Os filhos deles
nasceram depois do Dilúvio.

Os jafetitas

2Estes foram os filhos[c] de Jafé:
Gômer, Magogue, Madai, Javã, Tubal,
Meseque e Tirás.
3Estes foram os filhos de Gômer:
Asquenaz, Rifate e Togarma.
4Estes foram os filhos de Javã:
Elisá, Társis, Quitim e Rodanim[d]. 5De-
les procedem os povos marítimos, os
quais se separaram em seu território,
conforme a sua língua, cada um se-
gundo os clãs de suas nações.

Os camitas

6Estes foram os filhos de Cam:
Cuxe, Mizraim[e], Fute e Canaã.
7Estes foram os filhos de Cuxe:
Sebá, Havilá, Sabtá, Raamá e Sabtecá.
Estes foram os filhos de Raamá:
Sabá e Dedã.

8Cuxe gerou[f] também Ninrode, o primei-
ro homem poderoso na terra. 9Ele foi o mais
valente dos caçadores[g], e por isso se diz: "Va-
lente como Ninrode". 10No início o seu reino
abrangia Babel, Ereque, Acade e Calné[h], na
terra de Sinear[i]. 11Dessa terra ele partiu para
a Assíria, onde fundou Nínive, Reobote-Ir[j],
Calá 12e Resém, que fica entre Nínive e Calá,
a grande cidade.
13Mizraim gerou os luditas, os anamitas, os
leabitas, os naftuítas, 14os patrusitas, os cas-
luítas, dos quais se originaram os filisteus, e
os caftoritas.
15Canaã gerou Sidom, seu filho mais ve-
lho, e Hete[k], 16como também os jebuseus, os
amorreus, os girgaseus, 17os heveus, os ar-
queus, os sineus, 18os arvadeus, os zemareus
e os hamateus.
Posteriormente, os clãs cananeus se espa-
lharam. 19As fronteiras de Canaã estendiam-
-se desde Sidom, iam até Gerar, e chegavam
a Gaza e, de lá, prosseguiam até Sodoma, Go-
morra, Admá e Zeboim, chegando até Lasa.
20São esses os descendentes de Cam, con-
forme seus clãs e línguas, em seus territó-
rios e nações.

Os semitas

21Sem, irmão mais velho de Jafé[l], também
gerou filhos. Sem foi o antepassado de todos
os filhos de Héber.

22Estes foram os filhos de Sem:
Elão, Assur, Arfaxade, Lude e Arã.

[a] 9:15 Hebraico: *de toda carne*; também no versículo 16.
[b] 9:15 Hebraico: *toda carne*; também no versículo 17.
[c] 10:2 *Filhos* pode significar *descendentes* ou *sucessores* ou *nações*; também nos versículos 3, 4, 6, 7, 20-23 e 29.
[d] 10:4 Alguns manuscritos dizem *Dodanim*.
[e] 10:6 Isto é, Egito; também no versículo 13.
[f] 10:8 *Gerar* pode ter o sentido de *ser ancestral* ou *predecessor*; também nos versículos 13, 15, 24 e 26.
[g] 10:9 Hebraico: *valente caçador diante do Senhor*.
[h] 10:10 Ou *e todos eles*
[i] 10:10 Isto é, Babilônia.
[j] 10:11 Ou *Nínive com as praças da cidade*
[k] 10:15 Ou *os sidônios, os primeiros, e os hititas*
[l] 10:21 Ou *Sem, cujo irmão mais velho era Jafé*

[23]Estes foram os filhos de Arã:
Uz, Hul, Géter e Meseque[a].
[24]Arfaxade gerou Salá[b], e este gerou
Héber.
[25]A Héber nasceram dois filhos:
um deles se chamou Pelegue, porque
em sua época a terra foi dividida;
seu irmão chamou-se Joctã.
[26]Joctã gerou Almodá, Salefe, Hazarmavé,
Jerá, [27]Adorão, Uzal, Dicla, [28]Obal, Abimael,
Sabá, [29]Ofir, Havilá e Jobabe. Todos esses fo-
ram filhos de Joctã.
[30]A região onde viviam estendia-se de Mes-
sa até Sefar, nas colinas ao leste.
[31]São esses os descendentes de Sem, con-
forme seus clãs e línguas, em seus territó-
rios e nações.
[32]São esses os clãs dos filhos de Noé, distri-
buídos em suas nações, conforme a história
da sua descendência. A partir deles, os povos
se dispersaram pela terra, depois do Dilúvio.

A torre de Babel

11 No mundo todo havia apenas uma língua,
um só modo de falar.
[2]Saindo os homens do[c] Oriente, encontra-
ram uma planície em Sinear e ali se fixaram.
[3]Disseram uns aos outros: "Vamos fazer ti-
jolos e queimá-los bem". Usavam tijolos em
lugar de pedras, e piche em vez de argamas-
sa. [4]Depois disseram: "Vamos construir uma
cidade, com uma torre que alcance os céus.
Assim nosso nome será famoso e não sere-
mos espalhados pela face da terra".
[5]O SENHOR desceu para ver a cidade e a tor-
re que os homens estavam construindo. [6]E
disse o SENHOR: "Eles são um só povo e fa-
lam uma só língua, e começaram a construir
isso. Em breve nada poderá impedir o que
planejam fazer. [7]Venham, desçamos e con-
fundamos a língua que falam, para que não
entendam mais uns aos outros".
[8]Assim o SENHOR os dispersou dali por to-
da a terra, e pararam de construir a cidade.
[9]Por isso foi chamada Babel[d], porque ali o SE-
NHOR confundiu a língua de todo o mundo.
Dali o SENHOR os espalhou por toda a terra.

A descendência de Sem

[10]Este é o registro da descendência de Sem:

Dois anos depois do Dilúvio, aos 100 anos
de idade, Sem gerou[e] Arfaxade. [11]E depois
de ter gerado Arfaxade, Sem viveu 500 anos
e gerou outros filhos e filhas.
[12]Aos 35 anos, Arfaxade gerou Salá. [13]Depois
que gerou Salá, Arfaxade viveu 403 anos e
gerou outros filhos e filhas.[f]
[14]Aos 30 anos, Salá gerou Héber. [15]Depois
que gerou Héber, Salá viveu 403 anos e ge-
rou outros filhos e filhas.
[16]Aos 34 anos, Héber gerou Pelegue. [17]Depois
que gerou Pelegue, Héber viveu 430 anos e
gerou outros filhos e filhas.
[18]Aos 30 anos, Pelegue gerou Reú. [19]Depois

[a] 10:23 Alguns manuscritos dizem *Más*.
[b] 10:24 A Septuaginta diz *gerou Cainã, e Cainã gerou Salá*.
[c] 11:2 Ou *para o Oriente*
[d] 11:9 Isto é, Babilônia.
[e] 11:10 *Gerar* pode ter o sentido de *ser ancestral* ou *predecessor*; também nos versículos 11-25.
[f] 11:12-13 A Septuaginta diz *Aos 35 anos, Arfaxade gerou Cainã. [13]Depois que gerou Cainã, Arfaxade viveu 430 anos e gerou outros filhos e filhas, e então morreu. Aos 130 anos, Cainã gerou Salá. Depois que gerou Salá, Cainã viveu 330 anos e gerou outros filhos e filhas.* Veja Gn 10:24 e Lc 3:35-36.

A vida nos tempos da Bíblia

Torre de Babel

A torre de Babel era provavelmente um zigurate, uma estrutura alta, como uma pirâmide, com escadas do lado de fora. Essas torres geralmente tinham um templo no topo, onde as pessoas tentavam "alcançar o céu" com orações a deuses falsos. Deus queria que as pessoas amassem e adorassem a *ele*, não a deuses falsos.

que gerou Reú, Pelegue viveu 209 anos e
gerou outros filhos e filhas.
20Aos 32 anos, Reú gerou Serugue. 21Depois
que gerou Serugue, Reú viveu 207 anos e
gerou outros filhos e filhas.
22Aos 30 anos, Serugue gerou Naor. 23Depois
que gerou Naor, Serugue viveu 200 anos e
gerou outros filhos e filhas.
24Aos 29 anos, Naor gerou Terá. 25Depois que
gerou Terá, Naor viveu 119 anos e gerou ou-
tros filhos e filhas.
26Aos 70 anos, Terá havia gerado Abrão,
Naor e Harã.

27Esta é a história da família de Terá:

Terá gerou Abrão, Naor e Harã. E Harã gerou
Ló. 28Harã morreu em Ur dos caldeus, sua
terra natal, quando ainda vivia Terá, seu
pai. 29Tanto Abrão como Naor casaram-se.
O nome da mulher de Abrão era Sarai, e o
nome da mulher de Naor era Milca; esta era
filha de Harã, pai de Milca e de Iscá. 30Ora,
Sarai era estéril; não tinha filhos.
31Terá tomou seu filho Abrão, seu neto Ló,
filho de Harã, e sua nora Sarai, mulher de
seu filho Abrão, e juntos partiram de Ur dos
caldeus para Canaã. Mas, ao chegarem a Ha-
rã, estabeleceram-se ali.
32Terá viveu 205 anos e morreu em Harã.

O chamado de Abrão

12 Então o SENHOR disse a Abrão: "Saia da
sua terra, do meio dos seus parentes e
da casa de seu pai, e vá para a terra que eu
lhe mostrarei.

2"Farei de você um grande povo,
e o abençoarei.

Você sabia?

Por que Abrão é importante?

12:2 Abrão, mais tarde conhecido como Abraão, é o ancestral do povo de Deus. Os primeiros 11 capítulos da Bíblia tratam da humanidade toda, enquanto o restante do Antigo Testamento foca nos descendentes de Abraão, o povo hebreu. Jesus, que veio para salvar todos os povos, é também um descendente de Abraão.

Pessoas nos tempos da Bíblia

Abraão

Abraão obedeceu a Deus e deixou seus parentes e sua nação, porque o Senhor tinha mandado que ele fosse a uma nova terra, bem distante. Deus prometeu dar a Abraão muitos filhos; ele creu nas promessas de Deus, e o Senhor deu um filho a ele e à esposa quando já eram velhos. Esse filho, mais tarde, teve os próprios filhos e, desse modo, Abraão se tornou "o pai de muitas pessoas" (Gênesis 17:5).

Tornarei famoso o seu nome,
e você será uma bênção.
3Abençoarei os que o abençoarem
e amaldiçoarei os que o amaldiçoarem;
e por meio de vocêtodos os povos da
terraserão abençoados".

4Partiu Abrão, como lhe ordenara o SE-
NHOR, e Ló foi com ele. Abrão tinha seten-
ta e cinco anos quando saiu de Harã. 5Levou
sua mulher Sarai, seu sobrinho Ló, todos os
bens que haviam acumulado e os seus servos,
comprados em Harã; partiram para a terra
de Canaã e lá chegaram. 6Abrão atravessou
a terra até o lugar do carvalho de Moré, em
Siquém. Naquela época os cananeus habita-
vam essa terra.
7O SENHOR apareceu a Abrão e disse: "À sua
descendência darei esta terra". Abrão cons-
truiu ali um altar dedicado ao SENHOR, que
lhe havia aparecido. 8Dali prosseguiu em
direção às colinas a leste de Betel, onde ar-
mou acampamento, tendo Betel a oeste e Ai
a leste. Construiu ali um altar dedicado ao
SENHOR e invocou o nome do SENHOR. 9De-
pois Abrão partiu e prosseguiu em direção
ao Neguebe.

Abrão no Egito

10Houve fome naquela terra, e Abrão des-
ceu ao Egito para ali viver algum tempo, pois
a fome era rigorosa. 11Quando estava chegan-
do ao Egito, disse a Sarai, sua mulher: "Bem
sei que você é bonita. 12Quando os egípcios

Pessoas nos tempos da Bíblia

Sara

Sara era a esposa de Abraão, mas era uma mulher triste porque não tinha nenhum filho. Deus prometeu a Sara um filho, mas ela riu, porque já estava velha. Deus manteve sua promessa e Isaque, o filho de Sara, nasceu.

a virem, dirão: 'Esta é a mulher dele'. E me matarão, mas deixarão você viva. 13Diga que é minha irmã, para que me tratem bem por amor a você e minha vida seja poupada por sua causa".

14Quando Abrão chegou ao Egito, viram os egípcios que Sarai era uma mulher muito bonita. 15Vendo-a, os homens da corte do faraó a elogiaram diante do faraó, e ela foi levada ao seu palácio. 16Ele tratou bem a Abrão por causa dela, e Abrão recebeu ovelhas e bois, jumentos e jumentas, servos e servas, e camelos.

17Mas o SENHOR puniu o faraó e sua corte com graves doenças, por causa de Sarai, mulher de Abrão. 18Por isso o faraó mandou chamar Abrão e disse: "O que você fez comigo? Por que não me falou que ela era sua mulher? 19Por que disse que era sua irmã? Foi por isso que eu a tomei para ser minha mulher. Aí está a sua mulher. Tome-a e vá!" 20A seguir o faraó deu ordens para que providenciassem o necessário para que Abrão partisse, com sua mulher e com tudo o que possuía.

A desavença entre Abrão e Ló

13 Saiu, pois, Abrão do Egito e foi para o Neguebe, com sua mulher e com tudo o que possuía, e Ló foi com ele. 2Abrão tinha enriquecido muito, tanto em gado como em prata e ouro.

3Ele partiu do Neguebe em direção a Betel, indo de um lugar a outro, até que chegou ao lugar entre Betel e Ai onde já havia armado acampamento anteriormente 4e onde, pela primeira vez, tinha construído um altar. Ali Abrão invocou o nome do SENHOR.

5Ló, que acompanhava Abrão, também possuía rebanhos e tendas. 6E não podiam morar os dois juntos na mesma região, porque possuíam tantos bens que a terra não podia sustentá-los. 7Por isso surgiu uma desavença entre os pastores dos rebanhos de Abrão e os de Ló. Nessa época os cananeus e os ferezeus habitavam aquela terra.

8Então Abrão disse a Ló: "Não haja desavença entre mim e você, ou entre os seus pastores e os meus; afinal somos irmãos! 9Aí está a terra inteira diante de você. Vamos

Como parar brigas de família

Experimente!

Gênesis 13:1-18

Os pastores de Abrão e Ló brigavam por causa do uso da terra e sobre onde suas ovelhas pastavam e bebiam água. Simplesmente não havia espaço suficiente para os dois grupos viverem e criarem seus animais, contudo, Abrão decidiu parar a briga. Leia Gênesis 13:1-18 para descobrir como ele fez isso.

A maioria dos irmãos briga às vezes, mas aqui vai uma sugestão para ajudar a parar com a briga: a partir da história de Abrão, crie regras como: deixe a outra pessoa escolher primeiro; fique satisfeito com o que sobrar; e não ofenda e não agrida.

Faça um crachá com o nome de Abrão e, quando houver uma briga na família, escolha uma pessoa para usar esse crachá. Deixe "Abrão" usar as regras que você criou para decidir como parar a briga.

Vocês podem até revezar a função de "Abrão", pois, assim, cada um aprenderá a agradar a Deus, como Abrão fez.

separar-nos. Se você for para a esquerda, irei
para a direita; se for para a direita, irei para
a esquerda".
10Olhou então Ló e viu todo o vale do Jor-
dão, todo ele bem irrigado, até Zoar; era co-
mo o jardim do SENHOR, como a terra do
Egito. Isto se deu antes de o SENHOR destruir
Sodoma e Gomorra. 11Ló escolheu todo o vale
do Jordão e partiu em direção ao leste. Assim
os dois se separaram: 12Abrão ficou na terra
de Canaã, mas Ló mudou seu acampamento
para um lugar próximo a Sodoma, entre as
cidades do vale. 13Ora, os homens de Sodoma
eram extremamente perversos e pecadores
contra o SENHOR.

A promessa de Deus a Abrão

14Disse o SENHOR a Abrão, depois que Ló se-
parou-se dele: "De onde você está, olhe para o
norte, para o sul, para o leste e para o oeste:
15toda a terra que você está vendo darei a você
e à sua descendência para sempre. 16Tornarei
a sua descendência tão numerosa como o pó
da terra. Se for possível contar o pó da terra,
também se poderá contar a sua descendên-
cia. 17Percorra esta terra de alto a baixo, de
um lado a outro, porque eu a darei a você".
18Então Abrão mudou seu acampamento
e passou a viver próximo aos carvalhos de
Manre, em Hebrom, onde construiu um al-
tar dedicado ao SENHOR.

Abrão socorre Ló

14 Naquela época Anrafel, rei de Sinear,
Arioque, rei de Elasar, Quedorlaomer, rei
de Elão, e Tidal, rei de Goim, 2foram à guer-
ra contra Bera, rei de Sodoma, contra Birsa,
rei de Gomorra, contra Sinabe, rei de Admá,
contra Semeber, rei de Zeboim, e contra o rei
de Belá, que é Zoar. 3Todos esses últimos jun-
taram suas tropas no vale de Sidim, onde fica
o mar Salgado[a]. 4Doze anos estiveram sujei-
tos a Quedorlaomer, mas no décimo terceiro
ano se rebelaram.
5No décimo quarto ano, Quedorlaomer e os
reis que a ele tinham-se aliado derrotaram os
refains em Asterote-Carnaim, os zuzins em
Hã, os emins em Savé-Quiriataim 6e os ho-
reus desde os montes de Seir até El-Parã, pró-
ximo ao deserto. 7Depois, voltaram e foram
para En-Mispate, que é Cades, e conquista-
ram todo o território dos amalequitas e dos
amorreus que viviam em Hazazom-Tamar.
8Então os reis de Sodoma, de Gomorra,
de Admá, de Zeboim e de Belá, que é Zoar,
marcharam e tomaram posição de combate
no vale de Sidim 9contra Quedorlaomer, rei
de Elão, contra Tidal, rei de Goim, contra An-
rafel, rei de Sinear, e contra Arioque, rei de
Elasar. Eram quatro reis contra cinco. 10Ora,
o vale de Sidim era cheio de poços de betu-
me e, quando os reis de Sodoma e de Gomor-
ra fugiram, alguns dos seus homens caíram
nos poços e o restante escapou para os mon-
tes. 11Os vencedores saquearam todos os bens
de Sodoma e de Gomorra e todo o seu man-
timento, e partiram. 12Levaram também Ló,
sobrinho de Abrão, e os bens que ele possuía,
visto que morava em Sodoma.
13Mas alguém que tinha escapado veio e re-
latou tudo a Abrão, o hebreu, que vivia pró-
ximo aos carvalhos de Manre, o amorreu.
Manre e os seus irmãos[b] Escol e Aner eram
aliados de Abrão. 14Quando Abrão ouviu que
seu parente fora levado prisioneiro, mandou
convocar os trezentos e dezoito homens trei-
nados, nascidos em sua casa, e saiu em per-
seguição aos inimigos até Dã. 15Atacou-os
durante a noite em grupos, e assim os der-
rotou, perseguindo-os até Hobá, ao norte[c] de
Damasco. 16Recuperou todos os bens e trou-
xe de volta seu parente Ló com tudo o que
possuía, com as mulheres e o restante dos
prisioneiros.

Melquisedeque abençoa Abrão

17Voltando Abrão da vitória sobre Quedor-
laomer e sobre os reis que a ele se haviam
aliado, o rei de Sodoma foi ao seu encontro
no vale de Savé, isto é, o vale do Rei.
18Então Melquisedeque, rei de Salém[d] e sa-
cerdote do Deus Altíssimo, trouxe pão e vi-
nho 19e abençoou Abrão, dizendo:

"Bendito seja Abrão
pelo Deus Altíssimo,
Criador[e] dos céus e da terra.
20E bendito seja o Deus Altíssimo,
que entregou seus inimigos
em suas mãos".

E Abrão lhe deu o dízimo de tudo.

21O rei de Sodoma disse a Abrão: "Dê-me as
pessoas e pode ficar com os bens".
22Mas Abrão respondeu ao rei de Sodoma:
"De mãos levantadas ao SENHOR, o Deus Al-
tíssimo, Criador dos céus e da terra, juro 23que
não aceitarei nada do que lhe pertence, nem

[a] 14:3 Isto é, o mar Morto.

[b] 14:13 Ou *parentes*; ou ainda *aliados*
[c] 14:15 Hebraico: *à esquerda*.
[d] 14:18 Isto é, Jerusalém.
[e] 14:19 Ou *Dono*; também no versículo 22.

mesmo um cordão ou uma correia de sandá-
lia, para que você jamais venha a dizer: 'Eu
enriqueci Abrão'. 24Nada aceitarei, a não ser
o que os meus servos comeram e a porção
pertencente a Aner, Escol e Manre, os quais
me acompanharam. Que eles recebam a sua
porção".

A aliança de Deus com Abrão

15 Depois dessas coisas o SENHOR falou a
Abrão numa visão:

"Não tenha medo, Abrão!
Eu sou o seu escudo;
grande será a sua recompensa!"

2Mas Abrão perguntou: "Ó Soberano SE-
NHOR, que me darás, se continuo sem filhos
e o herdeiro do que possuo é Eliézer de Da-
masco?" 3E acrescentou: "Tu não me deste
filho algum! Um servo da minha casa será o
meu herdeiro!".

4Então o SENHOR deu-lhe a seguinte res-
posta: "Seu herdeiro não será esse. Um filho
gerado por você mesmo será o seu herdei-
ro". 5Levando-o para fora da tenda, disse-lhe:
"Olhe para o céu e conte as estrelas, se é que
pode contá-las". E prosseguiu: "Assim será a
sua descendência".

6Abrão creu no SENHOR, e isso lhe foi cre-
ditado como justiça.

7Disse-lhe ainda: "Eu sou o SENHOR, que o
tirei de Ur dos caldeus para dar-lhe esta ter-
ra como herança".

8Perguntou-lhe Abrão: "Ó Soberano SE-
NHOR, como posso saber que tomarei pos-
se dela?"

Palavras para memorizar

"Abrão creu no SENHOR, e isso lhe foi creditado como justiça."

(Gênesis 15:6)

9Respondeu-lhe o SENHOR: "Traga-me uma
novilha, uma cabra e um carneiro, todos com
três anos de vida, e também uma rolinha e
um pombinho".

10Abrão trouxe todos esses animais, cor-
tou-os ao meio e colocou cada metade em
frente à outra; as aves, porém, ele não cortou.
11Nisso, aves de rapina começaram a descer
sobre os cadáveres, mas Abrão as enxotava.

12Ao pôr do sol, Abrão foi tomado de sono
profundo, e eis que vieram sobre ele trevas
densas e apavorantes. 13Então o SENHOR lhe
disse: "Saiba que os seus descendentes se-
rão estrangeiros numa terra que não lhes
pertencerá, onde também serão escravi-
zados e oprimidos por quatrocentos anos.
14Mas eu castigarei a nação a quem servi-
rão como escravos e, depois de tudo, sai-
rão com muitos bens. 15Você, porém, irá em
paz a seus antepassados e será sepultado
em boa velhice. 16Na quarta geração, os seus

Creia nas promessas de Deus

Experimente!

Gênesis 15:1-6

Deus prometeu que Abrão teria um filho e mais descendentes do que conseguiria contar. Leia Gênesis 15:1-6. Abrão tinha 85 anos de idade e nem um filho quando Deus lhe fez essa promessa, mas Deus então disse que a fé de Abrão o fazia justo diante de Deus.

Você pode se tornar justo diante de Deus crendo em Jesus, o Filho de Deus, pois Jesus morreu na cruz para salvar você e torná-lo justo diante de Deus. Se você nunca creu que Jesus é seu Salvador, ou se você não tem certeza disso, escreva esta oração em um pedaço de papel e assine embaixo: "Eu creio que Jesus é meu Salvador. Obrigado, Deus, porque eu agora sou justo diante de ti e porque tu me levarás ao céu quando eu morrer."

descendentes voltarão para cá, porque a maldade dos amorreus ainda não atingiu a medida completa".

[17]Depois que o sol se pôs e veio a escuridão, eis que um fogareiro esfumaçante, com uma tocha acesa, passou por entre os pedaços dos animais. [18]Naquele dia o SENHOR fez a seguinte aliança com Abrão: "Aos seus descendentes dei esta terra, desde o ribeiro do Egito até o grande rio, o Eufrates: [19]a terra dos queneus, dos quenezeus, dos cadmoneus, [20]dos hititas, dos ferezeus, dos refains, [21]dos amorreus, dos cananeus, dos girgaseus e dos jebuseus".

O nascimento de Ismael

16 Ora, Sarai, mulher de Abrão, não lhe dera nenhum filho. Como tinha uma serva egípcia, chamada Hagar, [2]disse a Abrão: "Já que o SENHOR me impediu de ter filhos, possua a minha serva; talvez eu possa formar família por meio dela". Abrão atendeu à proposta de Sarai. [3]Quando isso aconteceu, já fazia dez anos que Abrão, seu marido, vivia em Canaã. Foi nessa ocasião que Sarai, sua mulher, lhe entregou sua serva egípcia Hagar. [4]Ele possuiu Hagar, e ela engravidou.

Quando se viu grávida, começou a olhar com desprezo para a sua senhora. [5]Então Sarai disse a Abrão: "Caia sobre você a afronta que venho sofrendo. Coloquei minha serva em seus braços e, agora que ela sabe que engravidou, despreza-me. Que o SENHOR seja o juiz entre mim e você".

[6]Respondeu Abrão a Sarai: "Sua serva está em suas mãos. Faça com ela o que achar melhor". Então Sarai tanto maltratou Hagar que esta acabou fugindo.

[7]O Anjo do SENHOR encontrou Hagar perto de uma fonte no deserto, no caminho de Sur,

Pessoas nos tempos da Bíblia

Hagar

Hagar era escrava de Sara. Como Sara não tinha filhos, ela deu sua escrava Hagar para ser esposa de Abrão. Essa era uma prática bem comum nos tempos da Bíblia. Entretanto, se a escrava tivesse um filho, como Hagar teve, a criança pertenceria à primeira esposa, não à escrava.

[8]e perguntou-lhe: "Hagar, serva de Sarai, de onde você vem? Para onde vai?"

Respondeu ela: "Estou fugindo de Sarai, a minha senhora".

[9]Disse-lhe então o Anjo do SENHOR: "Volte à sua senhora e sujeite-se a ela". [10]Disse mais o Anjo: "Multiplicarei tanto os seus descendentes que ninguém os poderá contar".

[11]Disse-lhe ainda o Anjo do SENHOR:

"Você está grávida e terá um filho,
e lhe dará o nome de Ismael,
porque o SENHOR a ouviu
em seu sofrimento.
[12]Ele será como jumento selvagem;
sua mão será contra todos,
e a mão de todos contra ele,
e ele viverá em hostilidade[a]
contra todos os seus irmãos".

[13]Este foi o nome que ela deu ao SENHOR que lhe havia falado: "Tu és o Deus que me vê", pois dissera: "Teria eu visto Aquele que me vê?" [14]Por isso o poço, que fica entre Cades e Berede, foi chamado Beer-Laai-Roi.[b]

[15]Hagar teve um filho de Abrão, e este lhe deu o nome de Ismael. [16]Abrão estava com oitenta e seis anos de idade quando Hagar lhe deu Ismael.

A circuncisão: o sinal da aliança

17 Quando Abrão estava com noventa e nove anos de idade o SENHOR lhe apareceu e disse: "Eu sou o Deus todo-poderoso[c]; ande segundo a minha vontade e seja íntegro. [2]Estabelecerei a minha aliança entre mim e

Você sabia?

O que é uma aliança?

15:18 Nos tempos da Bíblia, uma aliança era como um contrato ou um acordo legal. Era a promessa mais forte possível que uma pessoa ou uma nação poderiam fazer. As promessas que Deus fez a Abrão são sua aliança com ele.

[a] 16:12 Ou *defronte de todos*
[b] 16:14 Isto é, *poço daquele que vive e me vê*.
[c] 17:1 Hebraico: *El-Shaddai*.

você e multiplicarei muitíssimo a sua descendência".

3Abrão prostrou-se com o rosto em terra, e Deus lhe disse: 4"De minha parte, esta é a minha aliança com você. Você será o pai de muitas nações. 5Não será mais chamado Abrão; seu nome será Abraão[a], porque eu o constituí pai de muitas nações. 6Eu o tornarei extremamente prolífero; de você farei nações e de você procederão reis. 7Estabelecerei a minha aliança como aliança eterna entre mim e você e os seus futuros descendentes, para ser o seu Deus e o Deus dos seus descendentes. 8Toda a terra de Canaã, onde agora você é estrangeiro, darei como propriedade perpétua a você e a seus descendentes; e serei o Deus deles.

9"De sua parte", disse Deus a Abraão, "guarde a minha aliança, tanto você como os seus futuros descendentes. 10Esta é a minha aliança com você e com os seus descendentes, aliança que terá que ser guardada: Todos os do sexo masculino entre vocês serão circuncidados na carne. 11Terão que fazer essa marca, que será o sinal da aliança entre mim e vocês. 12Da sua geração em diante, todo menino de oito dias de idade entre vocês terá que ser circuncidado, tanto os nascidos em sua casa quanto os que forem comprados de estrangeiros e que não forem descendentes de vocês. 13Sejam nascidos em sua casa, sejam comprados, terão que ser circuncidados. Minha aliança, marcada no corpo de vocês, será uma aliança perpétua. 14Qualquer do sexo masculino que for incircunciso, que não tiver sido circuncidado, será eliminado do meio do seu povo; quebrou a minha aliança".

15Disse também Deus a Abraão: "De agora em diante sua mulher já não se chamará Sarai; seu nome será Sara[b]. 16Eu a abençoarei e também por meio dela darei a você um filho. Sim, eu a abençoarei e dela procederão nações e reis de povos".

17Abraão prostrou-se com o rosto em terra; riu-se e disse a si mesmo: "Poderá um homem de cem anos de idade gerar um filho? Poderá Sara dar à luz aos noventa anos?" 18E Abraão disse a Deus: "Permite que Ismael seja o meu herdeiro![c]"

19Então Deus respondeu: "Na verdade Sara, sua mulher, lhe dará um filho, e você lhe chamará Isaque[d]. Com ele estabelecerei a minha aliança, que será aliança eterna para os seus futuros descendentes. 20E no caso de Ismael, levarei em conta o seu pedido. Também o abençoarei; eu o farei prolífero e multiplicarei muito a sua descendência. Ele será pai de doze príncipes e dele farei um grande povo. 21Mas a minha aliança, eu a estabelecerei com Isaque, filho que Sara lhe dará no ano que vem, por esta época". 22Quando terminou de falar com Abraão, Deus subiu e retirou-se da presença dele.

23Naquele mesmo dia Abraão tomou seu filho Ismael, todos os nascidos em sua casa e os que foram comprados, todos os do sexo masculino de sua casa, e os circuncidou, como Deus lhe ordenara. 24Abraão tinha noventa e nove anos quando foi circuncidado, 25e seu filho Ismael tinha treze; 26Abraão e seu filho Ismael foram circuncidados naquele mesmo dia. 27E com Abraão foram circuncidados todos os de sua casa, tanto os nascidos em casa como os comprados de estrangeiros.

Deus promete um filho a Abraão

18 O SENHOR apareceu a Abraão perto dos carvalhos de Manre, quando ele estava sentado à entrada de sua tenda, na hora mais quente do dia. 2Abraão ergueu os olhos e viu três homens em pé, a pouca distância. Quando os viu, saiu da entrada de sua tenda, correu ao encontro deles e curvou-se até o chão.

3Disse ele: "Meu senhor, se mereço o seu favor, não passe pelo seu servo sem fazer uma parada. 4Mandarei buscar um pouco d'água para que lavem os pés e descansem debaixo desta árvore. 5Vou trazer-lhes também o que comer, para que recuperem as forças e prossigam pelo caminho, agora que já chegaram até este seu servo".

[a] 17:5 *Abrão* significa *pai exaltado; Abraão* significa *pai de muitas nações.*

[b] 17:15 *Sara* significa *princesa.*
[c] 17:18 Hebraico: *Que Ismael viva na tua presença!*
[d] 17:19 *Isaque* significa *ele riu.*

Você sabia?

O que significa o nome *Abraão?*

17:5 *Abrão* significa "pai". *Abraão* significa "pai de muitos". Por haver crido em Deus, Abraão, esse homem velho e sem filhos, se tornou o ancestral de milhões de pessoas.

"Está bem; faça como está dizendo", responderam.

6 Abraão foi apressadamente à tenda e disse a Sara: "Depressa, pegue três medidas[a] da melhor farinha, amasse-a e faça uns pães".

7 Depois correu ao rebanho e escolheu o melhor novilho, e o deu a um servo, que se apressou em prepará-lo. 8 Trouxe então coalhada, leite e o novilho que havia sido preparado, e os serviu. Enquanto comiam, ele ficou perto deles em pé, debaixo da árvore.

9 "Onde está Sara, sua mulher?", perguntaram.

"Ali na tenda", respondeu ele.

10 Então disse o SENHOR[b]: "Voltarei a você na primavera, e Sara, sua mulher, terá um filho".

Sara escutava à entrada da tenda, atrás dele. 11 Abraão e Sara já eram velhos, de idade bem avançada, e Sara já tinha passado da idade de ter filhos. 12 Por isso riu consigo mesma, quando pensou: "Depois de já estar velha e meu senhor[c] já idoso, ainda terei esse prazer?"

13 Mas o SENHOR disse a Abraão: "Por que Sara riu e disse: 'Poderei realmente dar à luz, agora que sou idosa?' 14 Existe alguma coisa impossível para o SENHOR? Na primavera voltarei a você, e Sara terá um filho".

15 Sara teve medo, e por isso mentiu: "Eu não ri".

Mas ele disse: "Não negue, você riu".

[a] 18:6 Hebraico: *3 seás*. O seá era uma medida de capacidade para secos. As estimativas variam entre 7 e 14 litros.
[b] 18:10 Hebraico: *disse ele*.
[c] 18:12 Ou *marido*

Abraão intercede por Sodoma

16 Quando os homens se levantaram para partir, avistaram lá embaixo Sodoma; e Abraão os acompanhou para despedir-se. 17 Então o SENHOR disse: "Esconderei de Abraão o que estou para fazer? 18 Abraão será o pai de uma nação grande e poderosa, e por meio dele todas as nações da terra serão abençoadas. 19 Pois eu o escolhi, para que ordene aos seus filhos e aos seus descendentes que se conservem no caminho do SENHOR, fazendo o que é justo e direito, para que o SENHOR faça vir a Abraão o que lhe prometeu".

20 Disse-lhe, pois, o SENHOR: "As acusações contra Sodoma e Gomorra são tantas e o seu pecado é tão grave 21 que descerei para ver se o que eles têm feito corresponde ao que tenho ouvido. Se não, eu saberei".

22 Os homens partiram dali e foram para Sodoma, mas Abraão permaneceu diante do SENHOR.[d] 23 Abraão aproximou-se dele e disse: "Exterminarás o justo com o ímpio? 24 E se houver cinquenta justos na cidade? Ainda a destruirás e não pouparás o lugar por amor aos cinquenta justos que nele estão? 25 Longe de ti fazer tal coisa: matar o justo com o ímpio, tratando o justo e o ímpio da mesma maneira. Longe de ti! Não agirá com justiça o Juiz[e] de toda a terra?"

26 Respondeu o SENHOR: "Se eu encontrar cinquenta justos em Sodoma, pouparei a cidade toda por amor a eles".

[d] 18:22 Os massoretas indicam que a ordem original do texto era *o* SENHOR*, porém, permaneceu diante de Abraão.*
[e] 18:25 Ou *Soberano*

Orar pelos outros

Experimente!

Leia Gênesis 18:16-33 na sua Bíblia. Essa é uma história importante sobre orar pelos outros. Agora tente responder às três questões a seguir. Se você precisar de ajuda, converse sobre a pergunta com um amigo ou com seus pais.

- Como eu sei que Deus se importa com as pessoas pelas quais eu oro?
- Por quem mais eu deveria orar além das pessoas que conheço e das quais eu gosto?
- De que modo esta história mostra que Deus responderá a minhas orações pelas outras pessoas?

Gênesis 18:16-33

Faça uma lista de pessoas pelas quais orar e de coisas para pedir que Deus faça por elas, e, depois, use a lista quando for orar todos os dias.

27 Mas Abraão tornou a falar: "Sei que já fui muito ousado ao ponto de falar ao Senhor, eu que não passo de pó e cinza. 28 Ainda assim pergunto: E se faltarem cinco para completar os cinquenta justos? Destruirás a cidade por causa dos cinco?"

Disse ele: "Se encontrar ali quarenta e cinco, não a destruirei".

29 "E se encontrares apenas quarenta?", insistiu Abraão.

Ele respondeu: "Por amor aos quarenta não a destruirei".

30 Então continuou ele: "Não te ires, Senhor, mas permite-me falar. E se apenas trinta forem encontrados ali?"

Ele respondeu: "Se encontrar trinta, não a destruirei".

31 Prosseguiu Abraão: "Agora que já fui tão ousado falando ao Senhor, pergunto: E se apenas vinte forem encontrados ali?"

Ele respondeu: "Por amor aos vinte não a destruirei".

32 Então Abraão disse ainda: "Não te ires, Senhor, mas permite-me falar só mais uma vez. E se apenas dez forem encontrados?"

Ele respondeu: "Por amor aos dez não a destruirei".

33 Tendo acabado de falar com Abraão, o SENHOR partiu, e Abraão voltou para casa.

A destruição de Sodoma e Gomorra

19 Os dois anjos chegaram a Sodoma ao anoitecer, e Ló estava sentado à porta da cidade. Quando os avistou, levantou-se e foi recebê-los. Prostrou-se com o rosto em terra, 2 e disse: "Meus senhores, por favor, acompanhem-me à casa do seu servo. Lá poderão lavar os pés, passar a noite e, pela manhã, seguir caminho".

"Não, passaremos a noite na praça", responderam.

3 Mas ele insistiu tanto com eles que, finalmente, o acompanharam e entraram em sua casa. Ló mandou preparar-lhes uma refeição e assar pão sem fermento, e eles comeram.

4 Ainda não tinham ido deitar-se, quando todos os homens de toda parte da cidade de Sodoma, dos mais jovens aos mais velhos, cercaram a casa. 5 Chamaram Ló e lhe disseram: "Onde estão os homens que vieram à sua casa esta noite? Traga-os para nós aqui fora para que tenhamos relações com eles".

6 Ló saiu da casa, fechou a porta atrás de si 7 e lhes disse: "Não, meus amigos! Não façam essa perversidade! 8 Olhem, tenho duas filhas que ainda são virgens. Vou trazê-las para que vocês façam com elas o que bem entenderem. Mas não façam nada a estes homens, porque se acham debaixo da proteção do meu teto".

9 "Saia da frente!", gritaram. E disseram: "Este homem chegou aqui como estrangeiro, e agora quer ser o juiz! Faremos a você pior do que a eles". Então empurraram Ló com violência e avançaram para arrombar a porta. 10 Nisso, os dois visitantes agarraram Ló, puxaram-no para dentro e fecharam a porta. 11 Depois feriram de cegueira os homens que estavam à porta da casa, dos mais jovens aos mais velhos, de maneira que não conseguiam encontrar a porta.

12 Os dois homens perguntaram a Ló: "Você tem mais alguém na cidade — genros, filhos ou filhas, ou qualquer outro parente? Tire-os daqui, 13 porque estamos para destruir este lugar. As acusações feitas ao SENHOR contra este povo são tantas que ele nos enviou para destruir a cidade".

14 Então Ló foi falar com seus genros, os quais iam casar-se com suas filhas, e lhes disse: "Saiam imediatamente deste lugar, porque o SENHOR está para destruir a cidade!" Mas eles pensaram que ele estava brincando.

15 Ao raiar do dia, os anjos insistiam com Ló, dizendo: "Depressa! Leve daqui sua mulher e suas duas filhas, ou vocês também serão mortos quando a cidade for castigada".

16 Tendo ele hesitado, os homens o agarraram pela mão, como também a mulher e as duas filhas, e os tiraram dali à força e os deixaram fora da cidade, porque o SENHOR teve misericórdia deles. 17 Assim que os tiraram da cidade, um deles disse a Ló: "Fuja por amor à vida! Não olhe para trás e não pare em lugar nenhum da planície! Fuja para as montanhas, ou você será morto!"

18 Ló, porém, lhes disse: "Não, meu senhor! 19 Seu servo foi favorecido por sua benevolência, pois o senhor foi bondoso comigo, poupando-me a vida. Não posso fugir para as montanhas, senão esta calamidade cairá sobre mim, e morrerei. 20 Aqui perto há uma cidade pequena. Está tão próxima que dá para correr até lá. Deixe-me ir para lá! Mesmo sendo tão pequena, lá estarei a salvo".

21 "Está bem", respondeu ele. "Também lhe atenderei esse pedido; não destruirei a cidade da qual você fala. 22 Fuja depressa, porque nada poderei fazer enquanto você não chegar lá". Por isso a cidade foi chamada Zoar[a].

[a] 19:22 *Zoar* significa *pequena*.

23Quando Ló chegou a Zoar, o sol já havia nascido sobre a terra. 24Então o SENHOR, o próprio SENHOR, fez chover do céu fogo e enxofre sobre Sodoma e Gomorra. 25Assim ele destruiu aquelas cidades e toda a planície, com todos os habitantes das cidades e a vegetação. 26Mas a mulher de Ló olhou para trás e se transformou numa coluna de sal.

27Na manhã seguinte, Abraão se levantou e voltou ao lugar onde tinha estado diante do SENHOR. 28E olhou para Sodoma e Gomorra, para toda a planície, e viu uma densa fumaça subindo da terra, como fumaça de uma fornalha.

29Quando Deus arrasou as cidades da planície, lembrou-se de Abraão e tirou Ló do meio da catástrofe que destruiu as cidades onde Ló vivia.

Os descendentes de Ló

30Ló partiu de Zoar com suas duas filhas e passou a viver nas montanhas, porque tinha medo de permanecer em Zoar. Ele e suas duas filhas ficaram morando numa caverna.

31Um dia, a filha mais velha disse à mais jovem: "Nosso pai já está velho, e não há homens nas redondezas que nos possuam, segundo o costume de toda a terra. 32Vamos dar vinho a nosso pai e então nos deitaremos com ele para preservar a sua linhagem". 33Naquela noite deram vinho ao pai, e a filha mais velha entrou e se deitou com ele. E ele não percebeu quando ela se deitou nem quando se levantou.

34No dia seguinte a filha mais velha disse à mais nova: "Ontem à noite deitei-me com meu pai. Vamos dar-lhe vinho também esta noite, e você se deitará com ele, para que preservemos a linhagem de nosso pai". 35Então, outra vez deram vinho ao pai naquela noite, e a mais nova foi e se deitou com ele. E ele não percebeu quando ela se deitou nem quando se levantou.

36Assim, as duas filhas de Ló engravidaram do próprio pai. 37A mais velha teve um filho, e deu-lhe o nome de Moabe[a]; este é o pai dos moabitas de hoje. 38A mais nova também teve um filho, e deu-lhe o nome de Ben-Ami[b]; este é o pai dos amonitas de hoje.

Abraão em Gerar

20 Abraão partiu dali para a região do Neguebe e foi viver entre Cades e Sur. Depois morou algum tempo em Gerar. 2Ele dizia que Sara, sua mulher, era sua irmã. Então Abimeleque, rei de Gerar, mandou buscar Sara e tomou-a para si.

3Certa noite Deus veio a Abimeleque num sonho e lhe disse: "Você morrerá! A mulher que você tomou é casada".

4Mas Abimeleque, que ainda não havia tocado nela, disse: "Senhor, destruirias um povo inocente? 5Não foi ele que me disse: 'Ela é minha irmã'? E ela também não disse: 'Ele é meu irmão'? O que fiz foi de coração puro e de mãos limpas".

6Então Deus lhe respondeu no sonho: "Sim, eu sei que você fez isso de coração puro. Eu mesmo impedi que você pecasse contra mim e por isso não lhe permiti tocá-la. 7Agora devolva a mulher ao marido dela. Ele é profeta, e orará em seu favor, para que você não morra. Mas se não a devolver, esteja certo de que você e todos os seus morrerão".

8Na manhã seguinte, Abimeleque convocou todos os seus conselheiros e, quando lhes contou tudo o que acontecera, tiveram muito medo. 9Depois Abimeleque chamou Abraão e disse: "O que fizeste conosco? Em que foi que pequei contra ti para que trouxesses tamanha culpa sobre mim e sobre o meu reino? O que me fizeste não se faz a ninguém!" 10E perguntou Abimeleque a Abraão: "O que te levou a fazer isso?"

11Abraão respondeu: "Eu disse a mim mesmo: Certamente ninguém teme a Deus neste lugar, e irão matar-me por causa da minha mulher. 12Além disso, na verdade ela é minha irmã por parte de pai, mas não por parte de

Você sabia?

Onde ficam Sodoma e Gomorra?

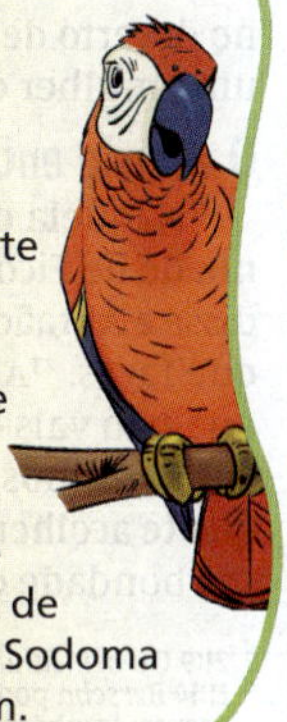

19:28 As ruínas dessas duas cidades muito provavelmente estão sob as águas rasas da extremidade sul do mar Morto. Deus provavelmente destruiu as cidades com uma grande explosão de gases e um terremoto. Hoje a nação de Israel tem poços de petróleo próximos de onde Sodoma e Gomorra um dia estiveram.

[a] 19:37 *Moabe* assemelha-se à expressão hebraica que significa *do pai*.
[b] 19:38 *Ben-Ami* significa *filho do meu povo*.

mãe; e veio a ser minha mulher. 13E quando
Deus me fez sair errante da casa de meu pai,
eu disse a ela: Assim você me provará sua
lealdade: em qualquer lugar aonde formos,
diga que sou seu irmão".
14Então Abimeleque trouxe ovelhas e bois,
servos e servas, deu-os a Abraão e devolveu-
-lhe Sara, sua mulher. 15E disse Abimeleque:
"Minha terra está diante de ti; podes ficar on-
de quiseres".
16A Sara ele disse: "Estou dando a seu ir-
mão mil peças de prata, para reparar a ofensa
feita a você[a] diante de todos os seus; assim
todos saberão que você é inocente".
17A seguir Abraão orou a Deus, e Deus curou
Abimeleque, sua mulher e suas servas, de
forma que puderam novamente ter filhos,
18porque o SENHOR havia tornado estéreis to-
das as mulheres da casa de Abimeleque por
causa de Sara, mulher de Abraão.

O nascimento de Isaque

21 O SENHOR foi bondoso com Sara, como
lhe dissera, e fez por ela o que promete-
ra. 2Sara engravidou e deu um filho a Abraão
em sua velhice, na época fixada por Deus em
sua promessa. 3Abraão deu o nome de Isaque
ao filho que Sara lhe dera. 4Quando seu filho
Isaque tinha oito dias de vida, Abraão o cir-
cuncidou, conforme Deus lhe havia ordenado.
5Estava ele com cem anos de idade quando
lhe nasceu Isaque, seu filho.
6E Sara disse: "Deus me encheu de riso, e
todos os que souberem disso rirão comigo".
7E acrescentou: "Quem diria a Abraão que
Sara amamentaria filhos? Contudo eu lhe dei
um filho em sua velhice!"

[a] 20:16 Hebraico: *para que lhe seja um véu para os olhos.*

Pessoas nos tempos da Bíblia

Isaque

Isaque era filho de Abraão e Sara, e ele confiava em Deus. Por causa da bênção de Deus, Isaque tornou-se muito rico. Quando tinha 40 anos, ele se casou com Rebeca e juntos tiveram filhos gêmeos, Esaú e Jacó.

Abraão expulsa Hagar e Ismael

8O menino cresceu e foi desmamado. No
dia em que Isaque foi desmamado, Abraão
deu uma grande festa. 9Sara, porém, viu que
o filho que Hagar, a egípcia, dera a Abraão
estava rindo de[b] Isaque, 10e disse a Abraão:
"Livre-se daquela escrava e do seu filho, por-
que ele jamais será herdeiro com o meu fi-
lho Isaque".
11Isso perturbou demais Abraão, pois en-
volvia um filho seu. 12Mas Deus lhe disse:
"Não se perturbe por causa do menino e da
escrava. Atenda a tudo o que Sara lhe pedir,
porque será por meio de Isaque que a sua
descendência há de ser considerada. 13Mas
também do filho da escrava farei um povo;
pois ele é seu descendente".
14Na manhã seguinte, Abraão pegou alguns
pães e uma vasilha de couro cheia d'água, en-
tregou-os a Hagar e, tendo-os colocado nos
ombros dela, despediu-a com o menino. Ela
se pôs a caminho e ficou vagando pelo deser-
to de Berseba[c].
15Quando acabou a água da vasilha, ela dei-
xou o menino debaixo de um arbusto 16e foi
sentar-se perto dali, à distância de um tiro
de flecha, porque pensou: "Não posso ver o
menino morrer". Sentada ali perto, começou
a chorar[d].
17Deus ouviu o choro do menino, e o anjo
de Deus, do céu, chamou Hagar e lhe disse:
"O que a aflige, Hagar? Não tenha medo; Deus
ouviu o menino chorar, lá onde você o dei-
xou. 18Levante o menino e tome-o pela mão,
porque dele farei um grande povo".
19Então Deus lhe abriu os olhos, e ela viu
uma fonte. Foi até lá, encheu de água a vasi-
lha e deu de beber ao menino.
20Deus estava com o menino. Ele cresceu,
viveu no deserto e tornou-se flecheiro. 21Vivia
no deserto de Parã, e sua mãe conseguiu-lhe
uma mulher da terra do Egito.

O acordo entre Abraão e Abimeleque

22Naquela ocasião, Abimeleque, acompa-
nhado de Ficol, comandante do seu exército,
disse a Abraão: "Deus está contigo em tudo o
que fazes. 23Agora, jura-me, diante de Deus,
que não vais enganar-me, nem a mim nem
a meus filhos e descendentes. Trata a nação
que te acolheu como estrangeiro com a mes-
ma bondade com que te tratei".

[b] 21:9 Ou *brincando com*
[c] 21:14 *Berseba* pode significar *poço dos sete* ou *poço do juramento*; também em 21:31-33; 22:19; 26:23,33 e 28:10.
[d] 21:16 A Septuaginta diz *e o menino começou a chorar.*

24Respondeu Abraão: "Eu juro!"
25Todavia Abraão reclamou com Abime-
leque a respeito de um poço que os servos
de Abimeleque lhe tinham tomado à força.
26Mas Abimeleque lhe respondeu: "Não sei
quem fez isso. Nunca me disseste nada, e só
fiquei sabendo disso hoje".
27Então Abraão trouxe ovelhas e bois, deu-
-os a Abimeleque, e os dois firmaram um
acordo. 28Abraão separou sete ovelhas do re-
banho, 29pelo que Abimeleque lhe pergun-
tou: "Que significam estas sete ovelhas que
separaste das demais?"
30Ele respondeu: "Aceita estas sete ovelhas
de minhas mãos como testemunho de que eu
cavei este poço".
31Por isso aquele lugar foi chamado Berse-
ba, porque ali os dois fizeram um juramento.
32Firmado esse acordo em Berseba, Abime-
leque e Ficol, comandante das suas tropas,
voltaram para a terra dos filisteus. 33Abraão,
por sua vez, plantou uma tamargueira em
Berseba e ali invocou o nome do SENHOR, o
Deus Eterno. 34E morou Abraão na terra dos
filisteus por longo tempo.

Deus prova Abraão

22 Passado algum tempo, Deus pôs Abraão
à prova, dizendo-lhe: "Abraão!"
Ele respondeu: "Eis-me aqui".
2Então disse Deus: "Tome seu filho, seu
único filho, Isaque, a quem você ama, e vá
para a região de Moriá. Sacrifique-o ali co-
mo holocausto[a] num dos montes que lhe in-
dicarei".
3Na manhã seguinte, Abraão levantou-se e
preparou o seu jumento. Levou consigo dois
de seus servos e Isaque, seu filho. Depois de
cortar lenha para o holocausto, partiu em di-
reção ao lugar que Deus lhe havia indicado.
4No terceiro dia de viagem, Abraão olhou e
viu o lugar ao longe. 5Disse ele a seus servos:
"Fiquem aqui com o jumento enquanto eu e
o rapaz vamos até lá. Depois de adorarmos,
voltaremos".
6Abraão pegou a lenha para o holocausto
e a colocou nos ombros de seu filho Isaque,
e ele mesmo levou as brasas para o fogo, e a
faca. E caminhando os dois juntos, 7Isaque
disse a seu pai Abraão: "Meu pai!"
"Sim, meu filho", respondeu Abraão.
Isaque perguntou: "As brasas e a lenha es-
tão aqui, mas onde está o cordeiro para o ho-
locausto?"
8Respondeu Abraão: "Deus mesmo há de
prover o cordeiro para o holocausto, meu
filho". E os dois continuaram a caminhar
juntos.
9Quando chegaram ao lugar que Deus lhe
havia indicado, Abraão construiu um altar e
sobre ele arrumou a lenha. Amarrou seu fi-
lho Isaque e o colocou sobre o altar, em cima
da lenha. 10Então estendeu a mão e pegou a
faca para sacrificar seu filho. 11Mas o Anjo do
SENHOR o chamou do céu: "Abraão! Abraão!"
"Eis-me aqui", respondeu ele.
12"Não toque no rapaz", disse o Anjo. "Não
lhe faça nada. Agora sei que você teme a
Deus, porque não me negou seu filho, o seu
único filho."
13Abraão ergueu os olhos e viu um carneiro
preso pelos chifres num arbusto. Foi lá pegá-
-lo, e o sacrificou como holocausto em lugar
de seu filho. 14Abraão deu àquele lugar o no-
me de "O SENHOR Proverá". Por isso até ho-
je se diz: "No monte do SENHOR se proverá".
15Pela segunda vez o Anjo do SENHOR cha-
mou do céu a Abraão 16e disse: "Juro por mim
mesmo", declara o SENHOR, "que por ter feito
o que fez, não me negando seu filho, o seu
único filho, 17esteja certo de que o abençoa-
rei e farei seus descendentes tão numerosos
como as estrelas do céu e como a areia das
praias do mar. Sua descendência conquista-
rá as cidades dos que lhe forem inimigos 18e,
por meio dela, todos os povos da terra se-
rão abençoados, porque você me obedeceu".
19Então voltou Abraão a seus servos, e
juntos partiram para Berseba, onde passou
a viver.

Os filhos de Naor

20Passado algum tempo, disseram a Abraão
que Milca dera filhos a seu irmão Naor: 21Uz, o
mais velho, Buz, seu irmão, Quemuel, pai de
Arã, 22Quésede, Hazo, Pildas, Jidlafe e Betuel,
23pai de Rebeca. Estes foram os oito filhos que

Palavras para memorizar

"Esteja certo de que o abençoarei [...] porque você me obedeceu."
(Gênesis 22:17-18)

[a] 22:2 Isto é, sacrifício totalmente queimado; também nos versículos 3, 6-8 e 13.

Milca deu a Naor, irmão de Abraão. 24E sua
concubina, chamada Reumá, teve os seguin-
tes filhos: Tebá, Gaã, Taás e Maaca.

A morte de Sara

23 Sara viveu cento e vinte e sete anos 2e
morreu em Quiriate-Arba, que é He-
brom, em Canaã; e Abraão foi lamentar e cho-
rar por ela.
3Depois Abraão deixou ali o corpo de sua
mulher e foi falar com os hititas: 4"Sou ape-
nas um estrangeiro entre vocês. Cedam-me
alguma propriedade para sepultura, para que
eu tenha onde enterrar a minha mulher".
5Responderam os hititas a Abraão: 6"Ou-
ça-nos, senhor; o senhor é um príncipe de
Deus[a] em nosso meio. Enterre a sua mulher
numa de nossas sepulturas, na que lhe pa-
recer melhor. Nenhum de nós recusará ce-
der-lhe sua sepultura para que enterre a sua
mulher".
7Abraão levantou-se, curvou-se perante o
povo daquela terra, os hititas, 8e disse-lhes:
"Já que vocês me dão permissão para sepul-
tar minha mulher, peço que intercedam por
mim junto a Efrom, filho de Zoar, 9a fim de
que ele me ceda a caverna de Macpela, que
lhe pertence e se encontra na divisa do seu
campo. Peçam-lhe que a ceda a mim pelo
preço justo, para que eu tenha uma proprie-
dade para sepultura entre vocês".
10Efrom, o hitita, estava sentado no meio
do seu povo e respondeu a Abraão, sendo ou-
vido por todos os hititas que tinham vindo
à porta da cidade: 11"Não, meu senhor. Ou-
ça-me, eu lhe cedo o campo e também a ca-
verna que nele está. Cedo-os na presença do
meu povo. Sepulte a sua mulher".
12Novamente Abraão curvou-se perante o
povo daquela terra 13e disse a Efrom, sendo
ouvido por todos: "Ouça-me, por favor. Paga-
rei o preço do campo. Aceite-o, para que eu
possa sepultar a minha mulher".
14Efrom respondeu a Abraão: 15"Ouça-me,
meu senhor: aquele pedaço de terra vale qua-
trocentas peças de prata, mas o que significa
isso entre mim e você? Sepulte a sua mulher".
16Abraão concordou com Efrom e pesou-lhe
o valor por ele estipulado diante dos hititas:
quatrocentas peças de prata, de acordo com
o peso corrente entre os mercadores.
17Assim o campo de Efrom em Macpela,
perto de Manre, o próprio campo com a ca-
verna que nele há e todas as árvores dentro
das divisas do campo, foi transferido 18a
Abraão como sua propriedade diante de to-
dos os hititas que tinham vindo à porta da
cidade. 19Depois disso, Abraão sepultou sua
mulher Sara na caverna do campo de Macpe-
la, perto de Manre, que se encontra em He-
brom, na terra de Canaã. 20Assim o campo e
a caverna que nele há foram transferidos a
Abraão pelos hititas como propriedade pa-
ra sepultura.

Uma esposa para Isaque

24 Abraão já era velho, de idade bem avan-
çada, e o SENHOR em tudo o abençoa-
ra. 2Disse ele ao servo mais velho de sua casa,
que era o responsável por tudo quanto tinha:
"Ponha a mão debaixo da minha coxa 3e ju-
re pelo SENHOR, o Deus dos céus e o Deus da
terra, que não buscará mulher para meu fi-
lho entre as filhas dos cananeus, no meio dos
quais estou vivendo, 4mas irá à minha terra e
buscará entre os meus parentes uma mulher
para meu filho Isaque".
5O servo lhe perguntou: "E se a mulher não
quiser vir comigo a esta terra? Devo então le-
var teu filho de volta à terra de onde vieste?"
6"Cuidado!", disse Abraão, "Não deixe o
meu filho voltar para lá.
7"O SENHOR, o Deus dos céus, que me tirou
da casa de meu pai e de minha terra natal e
que me prometeu sob juramento que à mi-
nha descendência daria esta terra, enviará o
seu anjo adiante de você para que de lá tra-
ga uma mulher para meu filho. 8Se a mulher
não quiser vir, você estará livre do juramen-
to. Mas não leve o meu filho de volta para
lá." 9Então o servo pôs a mão debaixo da co-
xa de Abraão, seu senhor, e jurou cumprir
aquela palavra.
10O servo partiu, com dez camelos do seu
senhor, levando também do que o seu senhor
tinha de melhor. Partiu para a Mesopotâmia[b],
em direção à cidade onde Naor tinha mora-
do. 11Ao cair da tarde, quando as mulheres
costumam sair para buscar água, ele fez os
camelos se ajoelharem junto ao poço que fi-
cava fora da cidade.
12Então orou: "SENHOR, Deus do meu se-
nhor Abraão, dá-me neste dia bom êxito e
seja bondoso com o meu senhor Abraão. 13Co-
mo vês, estou aqui ao lado desta fonte, e as
jovens do povo desta cidade estão vindo pa-
ra tirar água. 14Concede que a jovem a quem
eu disser: Por favor, incline o seu cântaro e

[a] 23:6 Ou *príncipe poderoso;* ou ainda *príncipe dos deuses*

[b] 24:10 Hebraico: *Arã Naaraim.*

dê-me de beber, e ela me responder: 'Bebe. Também darei água aos teus camelos', seja essa a que escolheste para teu servo Isaque. Saberei assim que foste bondoso com o meu senhor".

15Antes que ele terminasse de orar, surgiu Rebeca, filha de Betuel, filho de Milca, mulher de Naor, irmão de Abraão, trazendo no ombro o seu cântaro. 16A jovem era muito bonita e virgem; nenhum homem tivera relações com ela. Rebeca desceu à fonte, encheu seu cântaro e voltou.

17O servo apressou-se ao encontro dela e disse: "Por favor, dê-me um pouco de água do seu cântaro".

18"Beba, meu senhor", disse ela, e tirou rapidamente dos ombros o cântaro e o serviu.

19Depois que lhe deu de beber, disse: "Tirarei água também para os seus camelos até saciá-los". 20Assim ela esvaziou depressa seu cântaro no bebedouro e correu de volta ao poço para tirar mais água para todos os camelos. 21Sem dizer nada, o homem a observava atentamente para saber se o Senhor tinha ou não coroado de êxito a sua missão.

22Quando os camelos acabaram de beber, o homem deu à jovem um pendente de ouro de seis gramas[a] e duas pulseiras de ouro de cento e vinte gramas[b], 23e perguntou: "De quem você é filha? Diga-me, por favor, se há lugar na casa de seu pai para eu e meus companheiros passarmos a noite".

24"Sou filha de Betuel, o filho que Milca deu a Naor", respondeu ela; 25e acrescentou: "Temos bastante palha e forragem, e também temos lugar para vocês passarem a noite".

26Então o homem curvou-se em adoração ao Senhor, 27dizendo: "Bendito seja o Senhor, o Deus do meu senhor Abraão, que não retirou sua bondade e sua fidelidade do meu senhor. Quanto a mim, o Senhor me conduziu na jornada até a casa dos parentes do meu senhor".

28A jovem correu para casa e contou tudo à família de sua mãe. 29Rebeca tinha um irmão chamado Labão. Ele saiu apressado à fonte para conhecer o homem, 30pois tinha visto o pendente e as pulseiras no braço de sua irmã, e ouvira Rebeca contar o que o homem lhe dissera. Saiu, pois, e foi encontrá-lo parado junto à fonte, ao lado dos camelos. 31E disse: "Venha, bendito do Senhor! Por que ficar aí fora? Já arrumei a casa e um lugar para os camelos".

32Assim o homem dirigiu-se à casa, e os camelos foram descarregados. Deram palha e forragem aos camelos, e água ao homem e aos que estavam com ele para lavarem os pés. 33Depois lhe trouxeram comida, mas ele disse: "Não comerei enquanto não disser o que tenho para dizer".

Disse Labão: "Então fale".

34E ele disse: "Sou servo de Abraão. 35O Senhor o abençoou muito, e ele se tornou muito rico. Deu-lhe ovelhas e bois, prata e ouro, servos e servas, camelos e jumentos. 36Sara, mulher do meu senhor, na velhice lhe deu um filho, que é o herdeiro de tudo o que

[a] 24:22 Hebraico: *1 beca*.
[b] 24:22 Hebraico: *10 siclos*. Um siclo equivalia a 12 gramas.

Oração no coração

Experimente!

Orar no coração significa orar a Deus sem dizer nada em voz alta. Em Gênesis 24:1-21, lemos o que aconteceu quando o servo de Abraão possivelmente orou no coração.

Aqui vão sugestões de alguns lugares onde talvez você queira orar no coração, e não em voz alta:

- na escola, antes de fazer uma prova;
- quando você tiver de fazer uma apresentação em frente a uma plateia;
- no transporte escolar, se começarem a incomodá-lo.

Gênesis 24:1-21

Liste três outros lugares ou situações em que você pode preferir orar no coração e, em seguida, liste três lugares ou situações em que você oraria em voz alta.

Abraão possui. 37E meu senhor fez-me jurar, dizendo: 'Você não buscará mulher para meu filho entre as filhas dos cananeus, em cuja terra estou vivendo, 38mas irá à família de meu pai, ao meu próprio clã, buscar uma mulher para meu filho'.

39"Então perguntei a meu senhor: E se a mulher não quiser me acompanhar?

40"Ele respondeu: 'O SENHOR, a quem tenho servido, enviará seu anjo com você e coroará de êxito a sua missão, para que você traga para meu filho uma mulher do meu próprio clã, da família de meu pai. 41Quando chegar aos meus parentes, você estará livre do juramento se eles se recusarem a entregá-la a você. Só então você estará livre do juramento'.

42"Hoje, quando cheguei à fonte, eu disse: Ó SENHOR, Deus do meu senhor Abraão, se assim desejares, dá êxito à missão de que fui incumbido. 43Aqui estou em pé diante desta fonte; se uma moça vier tirar água e eu lhe disser: Por favor, dê-me de beber um pouco de seu cântaro, 44e ela me responder: 'Bebe. Também darei água aos teus camelos', seja essa a que o SENHOR escolheu para o filho do meu senhor.

45"Antes de terminar de orar em meu coração, surgiu Rebeca, com o cântaro ao ombro. Dirigiu-se à fonte e tirou água, e eu lhe disse: Por favor, dê-me de beber.

46"Ela se apressou a tirar o cântaro do ombro e disse: 'Bebe. Também darei água aos teus camelos'. Eu bebi, e ela deu de beber também aos camelos.

47"Depois lhe perguntei: De quem você é filha?

"Ela me respondeu: 'De Betuel, filho de Naor e Milca'.

"Então coloquei o pendente em seu nariz e as pulseiras em seus braços, 48e curvei-me em adoração ao SENHOR. Bendisse ao SENHOR, o Deus do meu senhor Abraão, que me guiou pelo caminho certo para buscar para o filho dele a neta do irmão do meu senhor. 49Agora, se quiserem mostrar fidelidade e bondade a meu senhor, digam-me; e, se não quiserem, digam-me também, para que eu decida o que fazer".

O casamento de Isaque e Rebeca

50Labão e Betuel responderam: "Isso vem do SENHOR; nada lhe podemos dizer, nem a favor, nem contra. 51Aqui está Rebeca; leve-a com você e que ela se torne a mulher do filho do seu senhor, como disse o SENHOR".

Pessoas nos tempos da Bíblia

Rebeca

Rebeca era uma moça bondosa e bonita. Ela concordou em deixar a família para se casar com Isaque, que vivia em uma terra muito distante chamada Canaã. Isaque amava Rebeca, e ela o confortou depois que a mãe dele morreu.

52Quando o servo de Abraão ouviu o que disseram, curvou-se até o chão diante do SENHOR. 53Então o servo deu joias de ouro e de prata e vestidos a Rebeca; deu também presentes valiosos ao irmão dela e à sua mãe. 54Depois ele e os homens que o acompanhavam comeram, beberam e ali passaram a noite.

Ao se levantarem na manhã seguinte, ele disse: "Deixem-me voltar ao meu senhor".

55Mas o irmão e a mãe dela responderam: "Deixe a jovem ficar mais uns dez dias conosco; então você[a] poderá partir".

56Mas ele disse: "Não me detenham, agora que o SENHOR coroou de êxito a minha missão. Vamos despedir-nos, e voltarei ao meu senhor".

57Então lhe disseram: "Vamos chamar a jovem e ver o que ela diz". 58Chamaram Rebeca e lhe perguntaram: "Você quer ir com este homem?"

"Sim, quero", respondeu ela.

59Despediram-se, pois, de sua irmã Rebeca, de sua ama, do servo de Abraão e dos que o acompanhavam. 60E abençoaram Rebeca, dizendo-lhe:

"Que você cresça, nossa irmã,
até ser milhares de milhares;
e que a sua descendência conquiste
as cidades dos seus inimigos".

61Então Rebeca e suas servas se aprontaram, montaram seus camelos e partiram com o homem. E assim o servo partiu levando Rebeca.

62Isaque tinha voltado de Beer-Laai-Roi[b], pois habitava no Neguebe. 63Certa tarde, saiu

[a] 24:55 Ou *ela*

[b] 24:62 Isto é, *poço daquele que vive e me vê*; também em 25:11.

ao campo para meditar. Ao erguer os olhos,
viu que se aproximavam camelos. 64Rebeca
também ergueu os olhos e viu Isaque. Ela
desceu do camelo 65e perguntou ao servo:
“Quem é aquele homem que vem pelo cam-
po ao nosso encontro?”
“É meu senhor”, respondeu o servo. Então
ela se cobriu com o véu.
66Depois o servo contou a Isaque tudo o
que havia feito. 67Isaque levou Rebeca para a
tenda de sua mãe Sara; fez dela sua mulher,
e a amou; assim Isaque foi consolado após a
morte de sua mãe.

A morte de Abraão

25 Abraão casou-se com outra mulher, cha-
mada Quetura. 2Ela lhe deu os seguin-
tes filhos: Zinrã, Jocsã, Medã, Midiã, Isbaque
e Suá. 3Jocsã gerou Sabá e Dedã; os descen-
dentes de Dedã foram os assuritas, os letusi-
tas e os leumitas. 4Os filhos de Midiã foram
Efá, Éfer, Enoque, Abida e Elda. Todos esses
foram descendentes de Quetura.
5Abraão deixou tudo o que tinha para Isa-
que. 6Mas para os filhos de suas concubinas
deu presentes; e, ainda em vida, enviou-os
para longe de Isaque, para a terra do oriente.
7Abraão viveu cento e setenta e cinco anos.
8Morreu em boa velhice, em idade bem avan-
çada, e foi reunido aos seus antepassados.
9Seus filhos, Isaque e Ismael, o sepultaram na
caverna de Macpela, perto de Manre, no cam-
po de Efrom, filho de Zoar, o hitita, 10campo
que Abraão comprara dos hititas. Foi ali que
Abraão e Sara, sua mulher, foram sepultados.
11Depois da morte de Abraão, Deus abençoou
seu filho Isaque. Isaque morava próximo a
Beer-Laai-Roi.

Os filhos de Ismael

12Este é o registro da descendência de Is-
mael, o filho de Abraão que Hagar, a serva
egípcia de Sara, deu a ele.
13São estes os nomes dos filhos de Ismael,
alistados por ordem de nascimento: Ne-
baiote, o filho mais velho de Ismael, Que-
dar, Adbeel, Mibsão, 14Misma, Dumá, Massá,
15Hadade, Temá, Jetur, Nafis e Quedemá. 16Fo-
ram esses os doze filhos de Ismael, que se
tornaram os líderes de suas tribos; os seus
povoados e acampamentos receberam os
seus nomes. 17Ismael viveu cento e trinta e
sete anos. Morreu e foi reunido aos seus an-
tepassados. 18Seus descendentes se estabe-
leceram na região que vai de Havilá a Sur,
próximo à fronteira com o Egito, na direção
de quem vai para Assur. E viveram em hosti-
lidade[a] contra todos os seus irmãos.

Esaú e Jacó

19Esta é a história da família de Isaque, fi-
lho de Abraão:
Abraão gerou Isaque, 20o qual aos quarenta
anos se casou com Rebeca, filha de Betuel, o
arameu de Padã-Arã[b], e irmã de Labão, tam-
bém arameu.
21Isaque orou ao SENHOR em favor de sua
mulher, porque era estéril. O SENHOR res-
pondeu à sua oração, e Rebeca, sua mulher,
engravidou. 22Os meninos se empurravam
dentro dela, pelo que disse: “Por que está
me acontecendo isso?” Foi então consultar
o SENHOR.

23Disse-lhe o SENHOR:

“Duas nações estão em seu ventre,
já desde as suas entranhas
dois povos se separarão;
um deles será mais forte que o outro,
mas o mais velho servirá ao mais
novo”.

24Ao chegar a época de dar à luz, confir-
mou-se que havia gêmeos em seu ventre. 25O
primeiro a sair era ruivo[c], e todo o seu cor-
po era como um manto de pelos; por isso lhe
deram o nome de Esaú[d]. 26Depois saiu seu
irmão, com a mão agarrada no calcanhar de
Esaú; pelo que lhe deram o nome de Jacó[e].
Tinha Isaque sessenta anos de idade quando
Rebeca os deu à luz.
27Os meninos cresceram. Esaú tornou-se
caçador habilidoso e vivia percorrendo os
campos, ao passo que Jacó cuidava do re-
banho[f] e vivia nas tendas. 28Isaque preferia
Esaú, porque gostava de comer de suas caças;
Rebeca preferia Jacó.
29Certa vez, quando Jacó preparava um en-
sopado, Esaú chegou faminto, voltando do
campo, 30e pediu-lhe: “Dê-me um pouco des-
se ensopado vermelho aí. Estou faminto!” Por
isso também foi chamado Edom[g].
31Respondeu-lhe Jacó: “Venda-me primeiro
o seu direito de filho mais velho”.
32Disse Esaú: “Estou quase morrendo. De
que me vale esse direito?”

[a] 25:18 Ou *defronte de todos*
[b] 25:20 Provavelmente na região noroeste da Mesopotâmia; também em 28:2 e 5-7.
[c] 25:25 Ou *moreno*
[d] 25:25 *Esaú* pode significar *peludo, cabeludo*.
[e] 25:26 *Jacó* significa *ele agarra o calcanhar* ou *ele age traiçoeiramente*; também em 27:36.
[f] 25:27 Hebraico: *era homem pacato*.
[g] 25:30 *Edom* significa *vermelho*.

Pessoas nos tempos da Bíblia

Jacó

Jacó era um homem quieto e esperto, que passou a perna em seu irmão gêmeo, Esaú, para ficar com a herança. Jacó deixou seu lar e foi para uma região bem distante, a fim de escapar da ira de seu irmão. Deus prometeu cuidar de Jacó por onde quer que ele fosse.

33 Jacó, porém, insistiu: "Jure primeiro". Ele
fez um juramento, vendendo o seu direito de
filho mais velho a Jacó.
34 Então Jacó serviu a Esaú pão com enso-
pado de lentilhas. Ele comeu e bebeu, levan-
tou-se e se foi.

Assim Esaú desprezou o seu direito de fi-
lho mais velho.

Isaque em Gerar

26 Houve fome naquela terra, como tinha
acontecido no tempo de Abraão. Por
isso Isaque foi para Gerar, onde Abimeleque
era o rei dos filisteus. 2 O SENHOR apareceu
a Isaque e disse: "Não desça ao Egito; pro-
cure estabelecer-se na terra que eu lhe indi-
car. 3 Permaneça nesta terra mais um pouco,
e eu estarei com você e o abençoarei. Porque
a você e a seus descendentes darei todas es-
tas terras e confirmarei o juramento que fiz a
seu pai, Abraão. 4 Tornarei seus descendentes
tão numerosos como as estrelas do céu e lhes
darei todas estas terras; e por meio da sua
descendência todos os povos da terra serão
abençoados, 5 porque Abraão me obedeceu e
guardou meus preceitos, meus mandamentos,
meus decretos e minhas leis". 6 Assim Isaque
ficou em Gerar.
7 Quando os homens do lugar lhe pergun-
taram sobre a sua mulher, ele disse: "Ela é
minha irmã". Teve medo de dizer que era sua
mulher, pois pensou: "Os homens deste lu-
gar podem matar-me por causa de Rebeca,
por ser ela tão bonita".
8 Isaque estava em Gerar já fazia muito
tempo. Certo dia, Abimeleque, rei dos filis-
teus, estava olhando do alto de uma janela
quando viu Isaque acariciando Rebeca, sua
mulher. 9 Então Abimeleque chamou Isaque
e lhe disse: "Na verdade ela é tua mulher!
Por que me disseste que ela era tua irmã?"

Isaque respondeu: "Porque pensei que eu
poderia ser morto por causa dela".

Deus é importante

Experimente!

Esaú tinha privilégios especiais de filho mais velho e herdaria as promessas que Deus havia feito ao seu avô Abraão. Leia Gênesis 25:27-34. Que atitude de Esaú demonstrou que Deus não era importante para ele?

O modo como uma pessoa age mostra aos outros o quanto Deus é importante para essa pessoa. Crie um final para cada uma destas historinhas a seguir, mas lembrando que esse final deve mostrar como a pessoa age quando Deus é importante para ela. Conte para um amigo ou para seus pais o final que você criou.

Gênesis 25:27-34

- Os meninos estavam jogando pedra nos carros que passavam. "Venha, Dudu", eles disseram. "É divertido. Venha aqui, pegue uma pedra."
- Janaína disse: "Sara, eu não vou à sua festa se Cíntia estiver lá. Ela veste roupas velhas e tem uma cara engraçada."
- "Ei, Júlio", sussurrou seu melhor amigo, "qual é a resposta da questão cinco?".

Você consegue contar uma cena verdadeira de algo que fez que demonstrou como Deus é importante para você?

[10]Então disse Abimeleque: "Tens ideia do
que nos fizeste? Qualquer homem bem po-
deria ter-se deitado com tua mulher, e terias
trazido culpa sobre nós".
[11]E Abimeleque advertiu todo o povo:
"Quem tocar neste homem ou em sua mu-
lher certamente morrerá!"
[12]Isaque formou lavoura naquela terra e no
mesmo ano colheu a cem por um, porque o
SENHOR o abençoou. [13]O homem enriqueceu,
e a sua riqueza continuou a aumentar, até
que ficou riquíssimo. [14]Possuía tantos reba-
nhos e servos que os filisteus o invejavam.
[15]Estes taparam todos os poços que os servos
de Abraão, pai de Isaque, tinham cavado na
sua época, enchendo-os de terra.
[16]Então Abimeleque pediu a Isaque: "Sai
de nossa terra, pois já és poderoso demais
para nós".
[17]Por isso Isaque mudou-se de lá, acampou
no vale de Gerar e ali se estabeleceu. [18]Isaque
reabriu os poços cavados no tempo de seu pai
Abraão, os quais os filisteus fecharam depois
que Abraão morreu, e deu-lhes os mesmos
nomes que seu pai lhes tinha dado.
[19]Os servos de Isaque cavaram no vale e
descobriram um veio d'água. [20]Mas os pas-
tores de Gerar discutiram com os pastores
de Isaque, dizendo: "A água é nossa!" Por is-
so Isaque deu ao poço o nome de Eseque,
porque discutiram por causa dele. [21]Então
os seus servos cavaram outro poço, mas eles
também discutiram por causa dele; por is-
so o chamou Sitna. [22]Isaque mudou-se dali
e cavou outro poço, e ninguém discutiu por
causa dele. Deu-lhe o nome de Reobote, di-
zendo: "Agora o SENHOR nos abriu espaço e
prosperaremos na terra".
[23]Dali Isaque foi para Berseba. [24]Naquela
noite, o SENHOR lhe apareceu e disse: "Eu sou
o Deus de seu pai Abraão. Não tema, porque
estou com você; eu o abençoarei e multipli-
carei os seus descendentes por amor ao meu
servo Abraão".
[25]Isaque construiu nesse lugar um altar
e invocou o nome do SENHOR. Ali armou
acampamento, e os seus servos cavaram
outro poço.

O acordo entre Isaque e Abimeleque

[26]Por aquele tempo, veio a ele Abimeleque,
de Gerar, com Auzate, seu conselheiro pes-
soal, e Ficol, o comandante dos seus exér-
citos. [27]Isaque lhes perguntou: "Por que me
vieram ver, uma vez que foram hostis e me
mandaram embora?"
[28]Eles responderam: "Vimos claramente
que o SENHOR está contigo; por isso disse-
mos: Façamos um juramento entre nós. Que-
remos firmar um acordo contigo: [29]Tu não
nos farás mal, assim como nada te fizemos,
mas sempre te tratamos bem e te despedi-
mos em paz. Agora sabemos que o SENHOR
te tem abençoado".
[30]Então Isaque ofereceu-lhes um banque-
te, e eles comeram e beberam. [31]Na manhã
seguinte os dois fizeram juramento. Depois
Isaque os despediu e partiram em paz.
[32]Naquele mesmo dia os servos de Isaque

Experimente!

Fugindo

Sempre que Isaque cavava um poço, outra pessoa queria tomá-lo dele, e todas as vezes, Isaque simplesmente deixava que tomassem o poço. Como você acha que Isaque se sentia? Você acha que fugir era uma boa coisa a fazer? Por quê?

Leia Gênesis 26:17-33 para descobrir o que ajudou Isaque a parar de fugir. Dica: a resposta está no versículo 24.

Depois que Deus lhe falou que não temesse, Isaque enfrentou seus inimigos, e, no final, em vez de lutar, eles fizeram um acordo para ficarem em paz um com o outro.

Se alguém ameaçar você, do modo como Isaque foi ameaçado, converse com um amigo adulto e seja honesto sobre como você está se sentindo. Ore e peça a Deus que o ajude a não ter medo, e peça também que ele lhe dê ideias para resolver o problema.

Gênesis 26:17-33

vieram falar-lhe sobre o poço que tinham
cavado, e disseram: "Achamos água!" 33Isa-
que deu-lhe o nome de Seba e, por isso, até
o dia de hoje aquela cidade é conhecida co-
mo Berseba.
34Tinha Esaú quarenta anos de idade quan-
do escolheu por mulher a Judite, filha de
Beeri, o hitita, e também a Basemate, filha
de Elom, o hitita. 35Elas amarguraram a vida
de Isaque e de Rebeca.

Isaque abençoa Jacó

27 Tendo Isaque envelhecido, seus olhos
ficaram tão fracos que ele já não podia
enxergar. Certo dia chamou Esaú, seu filho
mais velho, e lhe disse: "Meu filho!"
Ele respondeu: "Estou aqui".
2Disse-lhe Isaque: "Já estou velho e não sei
o dia da minha morte. 3Pegue agora suas ar-
mas, o arco e a aljava, e vá ao campo caçar
alguma coisa para mim. 4Prepare-me aquela
comida saborosa que tanto aprecio e traga-
-me, para que eu a coma e o abençoe antes
de morrer".
5Ora, Rebeca estava ouvindo o que Isaque
dizia a seu filho Esaú. Quando Esaú saiu ao
campo para caçar, 6Rebeca disse a seu filho
Jacó: "Ouvi seu pai dizer a seu irmão Esaú:
7'Traga-me alguma caça e prepare-me aque-
la comida saborosa, para que eu a coma e o
abençoe na presença do SENHOR antes de
morrer'. 8Agora, meu filho, ouça bem e faça
o que lhe ordeno: 9Vá ao rebanho e traga-me
dois cabritos escolhidos, para que eu prepa-
re uma comida saborosa para seu pai, como
ele aprecia. 10Leve-a então a seu pai, para
que ele a coma e o abençoe antes de morrer".
11Disse Jacó a Rebeca, sua mãe: "Mas o meu
irmão Esaú é homem peludo, e eu tenho a
pele lisa. 12E se meu pai me apalpar? Vai pa-
recer que estou tentando enganá-lo, fazendo-
-o de tolo e, em vez de bênção, trarei sobre
mim maldição".
13Disse-lhe sua mãe: "Caia sobre mim a
maldição, meu filho. Faça apenas o que eu
digo: Vá e traga-os para mim".
14Então ele foi, apanhou-os e os trouxe à
sua mãe, que preparou uma comida saboro-
sa, como seu pai apreciava. 15Rebeca pegou as
melhores roupas de Esaú, seu filho mais ve-
lho, roupas que tinha em casa, e colocou-as
em Jacó, seu filho mais novo. 16Depois cobriu-
-lhe as mãos e a parte lisa do pescoço com as
peles dos cabritos, 17e por fim entregou a Jacó
a refeição saborosa e o pão que tinha feito.
18Ele se dirigiu ao pai e disse: "Meu pai".
Respondeu ele: "Sim, meu filho. Quem é
você?"
19Jacó disse a seu pai: "Sou Esaú, seu filho
mais velho. Fiz como o senhor me disse. Ago-
ra, assente-se e coma do que cacei para que
me abençoe".
20Isaque perguntou ao filho: "Como encon-
trou a caça tão depressa, meu filho?"
Ele respondeu: "O SENHOR, o seu Deus, a
colocou no meu caminho".
21Então Isaque disse a Jacó: "Chegue mais
perto, meu filho, para que eu possa apalpá-
-lo e saber se você é realmente meu filho
Esaú".
22Jacó aproximou-se do seu pai Isaque,
que o apalpou e disse: "A voz é de Jacó, mas
os braços são de Esaú". 23Não o reconheceu,
pois seus braços estavam peludos como os
de Esaú, seu irmão; e o abençoou.
24Isaque perguntou-lhe outra vez: "Você é
mesmo meu filho Esaú?"
E ele respondeu: "Sou".
25Então lhe disse: "Meu filho, traga-me da
sua caça para que eu coma e o abençoe".
Jacó a trouxe, e seu pai comeu; também
trouxe vinho, e ele bebeu. 26Então seu pai
Isaque lhe disse: "Venha cá, meu filho, dê-
-me um beijo".
27Ele se aproximou e o beijou. Quando sen-
tiu o cheiro de suas roupas, Isaque o aben-
çoou, dizendo:

"Ah, o cheiro de meu filho
é como o cheiro de um campo
que o SENHOR abençoou.
28Que Deus lhe conceda

Você sabia?

Por que a bênção de Isaque era tão importante para Esaú e Jacó?

27:4 A bênção de um pai era como uma oração poderosa, e as pessoas acreditavam que a bênção garantia sucesso e prosperidade. Por isso Jacó e Esaú queriam a bênção de seu pai, Isaque. De acordo com a lei daquele tempo, as declarações faladas — incluindo as instruções dadas no leito de morte — eram consideradas irreversíveis.

do céu o orvalho
e da terra a riqueza,
com muito cereal e muito vinho.
29Que as nações o sirvam
e os povos se curvem diante de você.
Seja senhor dos seus irmãos,
e curvem-se diante de você
os filhos de sua mãe.
Malditos sejam os que o amaldiçoarem
e benditos sejam
os que o abençoarem".

30Quando Isaque acabou de abençoar Jacó,
mal tendo ele saído da presença do pai, seu
irmão Esaú chegou da caçada. 31Ele também
preparou uma comida saborosa e a trouxe a
seu pai. E lhe disse: "Meu pai, levante-se e
coma da minha caça, para que o senhor me
dê sua bênção".

32Perguntou-lhe seu pai Isaque: "Quem é
você?"

Ele respondeu: "Sou Esaú, seu filho mais
velho".

33Profundamente abalado, Isaque começou
a tremer muito e disse: "Quem então apa-
nhou a caça e a trouxe para mim? Acabei de
comê-la antes de você entrar e a ele abençoei;
e abençoado ele será!"

34Quando Esaú ouviu as palavras de seu
pai, deu um forte grito e, cheio de amargura,
implorou ao pai: "Abençoe também a mim,
meu pai!"

35Mas ele respondeu: "Seu irmão chegou
astutamente e recebeu a bênção que perten-
cia a você".

36E disse Esaú: "Não é com razão que o seu
nome é Jacó? Já é a segunda vez que ele me
engana! Primeiro tomou o meu direito de
filho mais velho, e agora recebeu a minha
bênção!" Então perguntou ao pai: "O senhor
não reservou nenhuma bênção para mim?"

37Isaque respondeu a Esaú: "Eu o constituí
senhor sobre você, e a todos os seus parentes
tornei servos dele; a ele supri de cereal e de
vinho. Que é que eu poderia fazer por você,
meu filho?"

38Esaú pediu ao pai: "Meu pai, o senhor
tem apenas uma bênção? Abençoe-me tam-
bém, meu pai!" Então chorou Esaú em al-
ta voz.

39Seu pai Isaque respondeu-lhe:

"Sua habitação será
longe das terras férteis,
distante do orvalho
que desce do alto céu.
40Você viverá por sua espada
e servirá a seu irmão.
Mas quando você não suportar mais,
arrancará do pescoço o jugo".

A fuga de Jacó

41Esaú guardou rancor contra Jacó por cau-
sa da bênção que seu pai lhe dera. E disse a si
mesmo: "Os dias de luto pela morte de meu
pai estão próximos; então matarei meu ir-
mão Jacó".

42Quando contaram a Rebeca o que seu fi-
lho Esaú dissera, ela mandou chamar Jacó,
seu filho mais novo, e lhe disse: "Esaú está
se consolando com a ideia de matá-lo. 43Ou-
ça, pois, o que lhe digo, meu filho: Fuja ime-
diatamente para a casa de meu irmão Labão,
em Harã. 44Fique com ele algum tempo, até
que passe o furor de seu irmão. 45Quando
seu irmão não estiver mais irado contra
você e esquecer o que você lhe fez, manda-
rei buscá-lo. Por que perderia eu vocês dois
num só dia?"

46Então Rebeca disse a Isaque: "Estou des-
gostosa da vida, por causa destas mulheres
hititas. Se Jacó escolher esposa entre as mu-
lheres desta terra, entre mulheres hititas co-
mo estas, perderei a razão de viver".

28 Então Isaque chamou Jacó, deu-lhe sua
bênção[a] e lhe ordenou: "Não se case
com mulher cananeia. 2Vá a Padã-Arã, à casa
de Betuel, seu avô materno, e case-se com
uma das filhas de Labão, irmão de sua mãe.
3Que o Deus todo-poderoso[b] o abençoe, faça-o
prolífero e multiplique os seus descendentes,
para que você se torne uma comunidade de
povos. 4Que ele dê a você e a seus descenden-
tes a bênção de Abraão, para que você tome
posse da terra na qual vive como estrangei-
ro, a terra dada por Deus a Abraão". 5Então
Isaque despediu Jacó e este foi a Padã-Arã, a
Labão, filho do arameu Betuel, irmão de Re-
beca, mãe de Jacó e Esaú.

6Esaú viu que Isaque havia abençoado a
Jacó e o havia mandado a Padã-Arã para es-
colher ali uma mulher e que, ao abençoá-lo,
dera-lhe a ordem de não se casar com mulher
cananeia. 7Também soube que Jacó obedece-
ra a seu pai e a sua mãe e fora para Padã-Arã.
8Percebendo então Esaú que seu pai Isaque
não aprovava as mulheres cananeias, 9foi à
casa de Ismael e tomou a Maalate, irmã de
Nebaiote, filha de Ismael, filho de Abraão,
além das outras mulheres que já tinha.

[a] 28:1 Ou *saudou-o*
[b] 28:3 Hebraico: *El-Shaddai*.

O sonho de Jacó em Betel

10 Jacó partiu de Berseba e foi para Harã.
11 Chegando a determinado lugar, parou pa-
ra pernoitar, porque o sol já se havia posto.
Tomando uma das pedras dali, usou-a como
travesseiro e deitou-se. 12 E teve um sonho no
qual viu uma escada apoiada na terra; o seu
topo alcançava os céus, e os anjos de Deus
subiam e desciam por ela. 13 Ao lado dele[a] es-
tava o SENHOR, que lhe disse: "Eu sou o SE-
NHOR, o Deus de seu pai Abraão e o Deus de
Isaque. Darei a você e a seus descendentes a
terra na qual você está deitado. 14 Seus des-
cendentes serão como o pó da terra, e se es-
palharão para o Oeste e para o Leste, para o
Norte e para o Sul. Todos os povos da terra
serão abençoados por meio de você e da sua
descendência. 15 Estou com você e cuidarei de
você, aonde quer que vá; e eu o trarei de vol-
ta a esta terra. Não o deixarei enquanto não
fizer o que lhe prometi".
16 Quando Jacó acordou do sono, disse:
"Sem dúvida o SENHOR está neste lugar, mas
eu não sabia!" 17 Teve medo e disse: "Temível é
este lugar! Não é outro, senão a casa de Deus;
esta é a porta dos céus".
18 Na manhã seguinte, Jacó pegou a pedra
que tinha usado como travesseiro, colocou-a
em pé como coluna e derramou óleo sobre
o seu topo. 19 E deu o nome de Betel[b] àque-
le lugar, embora a cidade anteriormente se
chamasse Luz.
20 Então Jacó fez um voto, dizendo: "Se
Deus estiver comigo, cuidar de mim nes-
ta viagem que estou fazendo, prover-me de
comida e roupa, 21 e levar-me de volta em
segurança à casa de meu pai, então o SENHOR
será o meu Deus. 22 E esta pedra que hoje co-
loquei como coluna servirá de santuário[c] de
Deus; e de tudo o que me deres certamente
te darei o dízimo".

[a] 28:13 Ou *Acima dela*
[b] 28:19 *Betel* significa *casa de Deus.*

Palavras para memorizar

"Estou com você e cuidarei de você, aonde quer que vá."

(Gênesis 28:15)

Jacó encontra-se com Raquel

29 Então Jacó seguiu viagem e chegou à
Mesopotâmia[d]. 2 Certo dia, olhando ao
redor, viu um poço no campo e três rebanhos
de ovelhas deitadas por perto, pois os reba-
nhos bebiam daquele poço, que era tapado
por uma grande pedra. 3 Por isso, quando to-
dos os rebanhos se reuniam ali, os pastores
rolavam a pedra da boca do poço e davam
água às ovelhas. Depois recolocavam a pedra
em seu lugar, sobre o poço.
4 Jacó perguntou aos pastores: "Meus ami-
gos, de onde são vocês?"
"Somos de Harã", responderam.
5 "Vocês conhecem Labão, neto de Naor?",
perguntou-lhes Jacó.

[c] 28:22 Hebraico: *será a casa.*
[d] 29:1 Hebraico: *à terra dos filhos do oriente.*

O que é importante?

Faça uma lista das coisas mais importantes que você pode pedir a Deus quando orar. Agora leia Gênesis 28:10-22.

Jacó queria três coisas de Deus, as quais podem ser encontradas nessa passagem. Jacó queria que Deus fosse com ele e cuidasse dele na jornada, que desse a ele comida para comer e roupas para vestir, e também que o fizesse retornar à casa de seu pai.

Deus deu a Jacó as coisas importantes que ele queria e precisava. Você consegue pensar em três coisas realmente importantes que Deus lhe deu? Agradeça a ele por essas coisas quando você orar.

Experimente!

Gênesis 28:10-22

Eles responderam: “Sim, nós o conhece-
mos”.
6Então Jacó perguntou: “Ele vai bem?”
“Sim, vai bem”, disseram eles, “e ali vem
sua filha Raquel com as ovelhas.”
7Disse ele: “Olhem, o sol ainda vai alto e
não é hora de recolher os rebanhos. Deem
de beber às ovelhas e levem-nas de volta ao
pasto”.
8Mas eles responderam: “Não podemos,
enquanto os rebanhos não se agruparem e a
pedra não for removida da boca do poço. Só
então daremos de beber às ovelhas”.
9Ele ainda estava conversando, quando
chegou Raquel com as ovelhas de seu pai,
pois ela era pastora. 10Quando Jacó viu Ra-
quel, filha de Labão, irmão de sua mãe, e as
ovelhas de Labão, aproximou-se, removeu a
pedra da boca do poço e deu de beber às ove-
lhas de seu tio Labão. 11Depois Jacó beijou Ra-
quel e começou a chorar bem alto. 12Então
contou a Raquel que era parente do pai dela
e filho de Rebeca. E ela foi correndo contar
tudo a seu pai.
13Logo que Labão ouviu as notícias acerca
de Jacó, seu sobrinho, correu ao seu encon-
tro, abraçou-o e o beijou. Depois, levou-o para
casa, e Jacó contou-lhe tudo o que havia ocor-
rido. 14Então Labão lhe disse: “Você é sangue
do meu sangue[a]”.

O casamento de Jacó

Já fazia um mês que Jacó estava na casa
de Labão, 15quando este lhe disse: “Só por ser
meu parente você vai trabalhar de graça? Di-
ga-me qual deve ser o seu salário”.
16Ora, Labão tinha duas filhas; o nome da
mais velha era Lia, e o da mais nova, Raquel.
17Lia tinha olhos meigos[b], mas Raquel era bo-
nita e atraente. 18Como Jacó gostava muito de
Raquel, disse: “Trabalharei sete anos em tro-
ca de Raquel, sua filha mais nova”.
19Labão respondeu: “Será melhor dá-la a
você do que a algum outro homem. Fique
aqui comigo”. 20Então Jacó trabalhou sete
anos por Raquel, mas lhe pareceram poucos
dias, pelo tanto que a amava.
21Então disse Jacó a Labão: “Entregue-me
a minha mulher. Cumpri o prazo previsto e
quero deitar-me com ela”.
22Então Labão reuniu todo o povo daquele
lugar e deu uma festa. 23Mas quando a noite
chegou, deu sua filha Lia a Jacó, e Jacó dei-
tou-se com ela. 24Labão também entregou
sua serva Zilpa à sua filha, para que ficasse
a serviço dela.
25Quando chegou a manhã, lá estava Lia.
Então Jacó disse a Labão: “Que foi que você
me fez? Eu não trabalhei por Raquel? Por que
você me enganou?”
26Labão respondeu: “Aqui não é costume
entregar em casamento a filha mais nova an-
tes da mais velha. 27Deixe passar esta semana
de núpcias e lhe daremos também a mais no-
va, em troca de mais sete anos de trabalho”.
28Jacó concordou. Passou aquela semana
de núpcias com Lia, e Labão lhe deu sua fi-
lha Raquel por mulher. 29Labão deu a Raquel
sua serva Bila, para que ficasse a serviço de-
la. 30Jacó deitou-se também com Raquel, que
era a sua preferida. E trabalhou para Labão
outros sete anos.

Os filhos de Jacó

31Quando o SENHOR viu que Lia era despre-
zada, concedeu-lhe filhos; Raquel, porém, era
estéril. 32Lia engravidou, deu à luz um filho, e
deu-lhe o nome de Rúben, pois dizia: “O SE-
NHOR viu a minha infelicidade. Agora, certa-
mente o meu marido me amará”.
33Lia engravidou de novo e, quando deu à
luz outro filho, disse: “Porque o SENHOR ou-
viu que sou desprezada, deu-me também es-
te”. Pelo que o chamou Simeão.
34De novo engravidou e, quando deu à luz
mais um filho, disse: “Agora, finalmente, meu
marido se apegará a mim, porque já lhe dei
três filhos”. Por isso deu-lhe o nome de Levi.
35Engravidou ainda outra vez e, quando
deu à luz mais outro filho, disse: “Desta vez
louvarei o SENHOR”. Assim deu-lhe o nome
de Judá. Então parou de ter filhos.

Você sabia?

Por que Jacó teve de trabalhar para Labão?

29:18 Nos tempos da Bíblia, o homem dava um presente ao pai da mulher com quem se casava, em geral dinheiro, ou joias, ou gado, ou alguma outra mercadoria. Jacó não tinha nada disso, mas ele amava tanto Raquel que estava disposto a trabalhar durante 14 anos por ela.

[a] 29:14 Hebraico: *meu osso e minha carne.*
[b] 29:17 Ou *sem brilho*

Pessoas nos tempos da Bíblia

Raquel

Raquel era a bela filha caçula do tio de Jacó, Labão. Jacó amava Raquel e prometeu trabalhar para Labão por sete anos, a fim de casar-se com ela, mas Labão o enganou e Jacó acabou trabalhando durante 14 anos por sua esposa.

30 Quando Raquel viu que não dava filhos
a Jacó, teve inveja de sua irmã. Por is-
so disse a Jacó: “Dê-me filhos ou morrerei!”
2Jacó ficou irritado e disse: “Por acaso es-
tou no lugar de Deus, que a impediu de ter
filhos?”
3Então ela respondeu: “Aqui está Bila, mi-
nha serva. Deite-se com ela, para que tenha
filhos em meu lugar[a] e por meio dela eu tam-
bém possa formar família”.
4Por isso ela deu a Jacó sua serva Bila por
mulher. Ele deitou-se com ela, 5Bila engravi-
dou e deu-lhe um filho. 6Então Raquel disse:
“Deus me fez justiça, ouviu o meu clamor e
deu-me um filho”. Por isso deu-lhe o nome
de Dã.
7Bila, serva de Raquel, engravidou nova-
mente e deu a Jacó o segundo filho. 8Então
disse Raquel: “Tive grande luta com minha
irmã e venci”. Pelo que o chamou Naftali.
9Quando Lia viu que tinha parado de ter
filhos, tomou sua serva Zilpa e a deu a Jacó
por mulher. 10Zilpa, serva de Lia, deu a Jacó
um filho. 11Então disse Lia: “Que grande sor-
te!”[b] Por isso o chamou Gade.
12Zilpa, serva de Lia, deu a Jacó mais um
filho. 13Então Lia exclamou: “Como sou feliz!
As mulheres dirão que sou feliz”. Por isso lhe
deu o nome de Aser.
14Durante a colheita do trigo, Rúben saiu ao
campo, encontrou algumas mandrágoras[c] e
as trouxe a Lia, sua mãe. Então Raquel dis-
se a Lia: “Dê-me algumas mandrágoras do
seu filho”.
15Mas ela respondeu: “Não lhe foi suficiente
tomar de mim o marido? Vai tomar também
as mandrágoras que o meu filho trouxe?” En-
tão disse Raquel: “Jacó se deitará com você
esta noite, em troca das mandrágoras trazi-
das pelo seu filho”.
16Quando Jacó chegou do campo naquela
tarde, Lia saiu ao seu encontro e lhe disse:
“Hoje você me possuirá, pois eu comprei esse
direito com as mandrágoras do meu filho”. E
naquela noite ele se deitou com ela.
17Deus ouviu Lia, e ela engravidou e deu a
Jacó o quinto filho. 18Disse Lia: “Deus me re-
compensou por ter dado a minha serva ao
meu marido”. Por isso deu-lhe o nome de Is-
sacar.
19Lia engravidou de novo e deu a Jacó o
sexto filho. 20Disse Lia: “Deus presenteou-me
com uma dádiva preciosa. Agora meu mari-
do me tratará melhor[d]; afinal já lhe dei seis
filhos”. Por isso deu-lhe o nome de Zebulom.
21Algum tempo depois, ela deu à luz uma
menina a quem chamou Diná.
22Então Deus lembrou-se de Raquel. Deus
ouviu o seu clamor e a tornou fértil. 23Ela en-
gravidou, e deu à luz um filho e disse: “Deus
tirou de mim a minha humilhação”. 24Deu-
-lhe o nome de José e disse: “Que o SENHOR
me acrescente ainda outro filho”.

A riqueza de Jacó

25Depois que Raquel deu à luz José, Jacó
disse a Labão: “Deixe-me voltar para a mi-
nha terra natal. 26Dê-me as minhas mulhe-
res, pelas quais o servi, e os meus filhos, e
partirei. Você bem sabe quanto trabalhei pa-
ra você”.

[a] 30:3 Hebraico: *nos meus joelhos*.
[b] 30:11 Ou *“Uma tropa está vindo!”*
[c] 30:14 Isto é, plantas tidas por afrodisíacas e capazes de favorecer a fertilidade feminina.
[d] 30:20 Ou *me honrará*

Você sabia?

O que é uma mandrágora?

30:14 Mandrágora é uma planta com flores roxas ou brancas que possui uma raiz larga e, algumas vezes, tem um formato semelhante a um ser humano. Muitas Pessoas nos tempos da Bíblia pensavam que ela tinha poderes mágicos, e provavelmente foi por esse motivo que Lia e Raquel discutiram sobre as mandrágoras que Rúben havia levado para casa.

27Mas Labão lhe disse: "Se mereço sua consideração, peço-lhe que fique. Por meio de adivinhação descobri que o SENHOR me abençoou por sua causa". 28E acrescentou: "Diga o seu salário, e eu lhe pagarei".

29Jacó lhe respondeu: "Você sabe quanto trabalhei para você e como os seus rebanhos cresceram sob os meus cuidados. 30O pouco que você possuía antes da minha chegada aumentou muito, pois o SENHOR o abençoou depois que vim para cá. Contudo, quando farei algo em favor da minha própria família?"

31Então Labão perguntou: "Que você quer que eu lhe dê?" "Não me dê coisa alguma", respondeu Jacó. "Voltarei a cuidar dos seus rebanhos se você concordar com o seguinte: 32hoje passarei por todos os seus rebanhos e tirarei do meio deles todas as ovelhas salpicadas e pintadas, todos os cordeiros pretos e todas as cabras pintadas e salpicadas. Eles serão o meu salário. 33E a minha honestidade dará testemunho de mim no futuro, toda vez que você resolver verificar o meu salário. Se estiver em meu poder alguma cabra que não seja salpicada ou pintada, e algum cordeiro que não seja preto, poderá considerá-los roubados."

34E disse Labão: "De acordo. Seja como você disse". 35Naquele mesmo dia Labão separou todos os bodes que tinham listras[a] ou manchas brancas, todas as cabras que tinham pintas ou manchas brancas, e todos os cordeiros pretos e os colocou aos cuidados de seus filhos. 36Afastou-se então de Jacó, à distância equivalente a três dias de viagem, e Jacó continuou a apascentar o resto dos rebanhos de Labão.

37Jacó pegou galhos verdes de estoraque, amendoeira e plátano e neles fez listras brancas, descascando-os parcialmente e expondo assim a parte branca interna dos galhos. 38Depois fixou os galhos descascados junto aos bebedouros, na frente dos rebanhos, no lugar onde costumavam beber água. Na época do cio, os rebanhos vinham beber e 39se acasalavam diante dos galhos. E geravam filhotes listrados, salpicados e pintados. 40Jacó separava os filhotes do rebanho dos demais, e fazia com que esses ficassem juntos dos animais listrados e pretos de Labão. Assim foi formando o seu próprio rebanho que separou do de Labão. 41Toda vez que as fêmeas mais fortes estavam no cio, Jacó colocava os galhos nos bebedouros, em frente dos animais, para que se acasalassem perto dos galhos; 42mas, se os animais eram fracos, não os colocava ali. Desse modo, os animais fracos ficavam para Labão e os mais fortes para Jacó. 43Assim o homem ficou extremamente rico, tornando-se dono de grandes rebanhos e de servos e servas, camelos e jumentos.

Jacó foge de Labão

31 Jacó, porém, ouviu falar que os filhos de Labão estavam dizendo: "Jacó tomou tudo que o nosso pai tinha e juntou toda a sua riqueza à custa do nosso pai". 2E Jacó percebeu que a atitude de Labão para com ele já não era a mesma de antes.

3E o SENHOR disse a Jacó: "Volte para a terra de seus pais e de seus parentes, e eu estarei com você".

4Então Jacó mandou chamar Raquel e Lia para virem ao campo onde estavam os seus rebanhos, 5e lhes disse: "Vejo que a atitude do seu pai para comigo não é mais a mesma, mas o Deus de meu pai tem estado comigo. 6Vocês sabem que trabalhei para seu pai com todo o empenho, 7mas ele tem me feito de tolo, mudando o meu salário dez vezes. Contudo, Deus não permitiu que ele me prejudicasse. 8Se ele dizia: 'As crias salpicadas serão o seu salário', todos os rebanhos geravam filhotes salpicados; e se ele dizia: 'As que têm listras serão o seu salário', todos os rebanhos geravam filhotes com listras. 9Foi assim que Deus tirou os rebanhos de seu pai e os deu a mim.

10"Na época do acasalamento, tive um sonho em que olhei e vi que os machos que fecundavam o rebanho tinham listras, eram salpicados e malhados. 11O Anjo de Deus me disse no sonho: 'Jacó!' Eu respondi: Eis-me aqui! 12Então ele disse: 'Olhe e veja que todos os machos que fecundam o rebanho têm listras, são salpicados e malhados, porque tenho visto tudo o que Labão lhe fez. 13Sou o Deus de Betel, onde você ungiu uma coluna e me fez um voto. Saia agora desta terra e volte para a sua terra natal'".

14Raquel e Lia disseram a Jacó: "Temos ainda parte na herança dos bens de nosso pai? 15Não nos trata ele como estrangeiras? Não apenas nos vendeu como também gastou tudo o que foi pago por nós! 16Toda a riqueza que Deus tirou de nosso pai é nossa e de nossos filhos. Portanto, faça tudo quanto Deus lhe ordenou".

17Então Jacó ajudou seus filhos e suas mulheres a montar nos camelos, 18e conduziu

[a] 30:35 Ou *cauda retorcida*; também em 30:39,40; 31:8,10 e 12.

todo o seu rebanho, junto com todos os bens que havia acumulado em Padã-Arã[a], para ir à terra de Canaã, à casa de seu pai, Isaque.

[19]Enquanto Labão tinha saído para tosquiar suas ovelhas, Raquel roubou de seu pai os ídolos do clã. [20]Foi assim que Jacó enganou a Labão, o arameu, fugindo sem lhe dizer nada. [21]Ele fugiu com tudo o que tinha e, atravessando o Eufrates[b], foi para os montes de Gileade.

Labão persegue Jacó

[22]Três dias depois, Labão foi informado de que Jacó tinha fugido. [23]Tomando consigo os homens de sua família, perseguiu Jacó por sete dias e o alcançou nos montes de Gileade. [24]Então, de noite, Deus veio em sonho a Labão, o arameu, e o advertiu: "Cuidado! Não diga nada a Jacó, não lhe faça promessas nem ameaças".

[25]Labão alcançou Jacó, que estava acampado nos montes de Gileade. Então Labão e os homens se acamparam ali também. [26]Ele perguntou a Jacó: "Que foi que você fez? Não só me enganou como também raptou minhas filhas como se fossem prisioneiras de guerra. [27]Por que você me enganou, fugindo em segredo, sem avisar-me? Eu teria celebrado a sua partida com alegria e cantos, ao som dos tamborins e das harpas. [28]Você sequer me deixou beijar meus netos e minhas filhas para despedir-me deles. Você foi insensato. [29]Tenho poder para prejudicá-los; mas, na noite passada, o Deus do pai de vocês me advertiu: 'Cuidado! Não diga nada a Jacó, não lhe faça promessas nem ameaças'. [30]Agora, se você partiu porque tinha saudade da casa de seu pai, por que roubou meus deuses?"

[31]Jacó respondeu a Labão: "Tive medo, pois pensei que você tiraria suas filhas de mim à força. [32]Quanto aos seus deuses, quem for encontrado com eles não ficará vivo. Na presença dos nossos parentes, veja você mesmo se está aqui comigo qualquer coisa que lhe pertença, e, se estiver, leve-a de volta". Ora, Jacó não sabia que Raquel os havia roubado.

[33]Então Labão entrou na tenda de Jacó, e nas tendas de Lia e de suas duas servas, mas nada encontrou. Depois de sair da tenda de Lia, entrou na tenda de Raquel. [34]Raquel tinha colocado os ídolos dentro da sela do seu camelo e estava sentada em cima. Labão vasculhou toda a tenda, mas nada encontrou.

[35]Raquel disse ao pai: "Não se irrite, meu senhor, por não poder me levantar em sua presença, pois estou com o fluxo das mulheres". Ele procurou os ídolos, mas não os encontrou.

[36]Jacó ficou irado e queixou-se a Labão: "Qual foi meu crime? Que pecado cometi para que você me persiga furiosamente? [37]Você já vasculhou tudo o que me pertence. Encontrou algo que lhe pertença? Então coloque tudo aqui na frente dos meus parentes e dos seus, e que eles julguem entre nós dois.

[38]"Vinte anos estive com você. Suas ovelhas e cabras nunca abortaram, e jamais comi um só carneiro do seu rebanho. [39]Eu nunca levava a você os animais despedaçados por feras; eu mesmo assumia o prejuízo. E você pedia contas de todo animal roubado de dia ou de noite. [40]O calor me consumia de dia, e o frio de noite, e o sono fugia dos meus olhos. [41]Foi assim nos vinte anos em que fiquei em sua casa. Trabalhei para você catorze anos em troca de suas duas filhas e seis anos por seus rebanhos, e dez vezes você alterou o meu salário. [42]Se o Deus de meu pai, o Deus de Abraão, o Temor de Isaque, não estivesse comigo, certamente você me despediria de mãos vazias. Mas Deus viu o meu sofrimento e o trabalho das minhas mãos e, na noite passada, ele manifestou a sua decisão".

O acordo entre Labão e Jacó

[43]Labão respondeu a Jacó: "As mulheres são minhas filhas, os filhos são meus, os rebanhos são meus. Tudo o que você vê é meu. Que posso fazer por essas minhas filhas ou pelos filhos que delas nasceram? [44]Façamos agora, eu e você, um acordo que sirva de testemunho entre nós dois".

[45]Então Jacó tomou uma pedra e a colocou em pé como coluna. [46]E disse aos seus parentes: "Juntem algumas pedras". Eles apanharam pedras e as amontoaram. Depois comeram ali, ao lado do monte de pedras. [47]Labão o chamou Jegar-Saaduta, e Jacó o chamou Galeede[c].

[48]Labão disse: "Este monte de pedras é uma testemunha entre mim e você, no dia de hoje". Por isso foi chamado Galeede. [49]Foi também chamado Mispá[d], porque ele declarou: "Que o SENHOR nos vigie, a mim e a você, quando estivermos separados um do outro. [50]Se você maltratar minhas filhas ou

[a] 31:18 Provavelmente na região noroeste da Mesopotâmia; também em 33:18, 35:9 e 26.
[b] 31:21 Hebraico: *o Rio*.
[c] 31:47 Tanto *Jegar-Saaduta* (aramaico) como *Galeede* (hebraico) significam *monte de pedras do testemunho*.
[d] 31:49 *Mispá* significa *torre de vigia*.

menosprezá-las, tomando outras mulheres
além delas, ainda que ninguém saiba, lem-
bre-se de que Deus é testemunha entre mim
e você".
51 Disse ainda Labão a Jacó: "Aqui estão este
monte de pedras e esta coluna que coloquei
entre mim e você. 52 São testemunhas de que
não passarei para o lado de lá para prejudi-
cá-lo, nem você passará para o lado de cá pa-
ra prejudicar-me. 53 Que o Deus de Abraão, o
Deus de Naor, o Deus do pai deles, julgue[a]
entre nós".

Então Jacó fez um juramento em nome do
Temor de seu pai Isaque. 54 Ofereceu um sa-
crifício no monte e chamou os parentes que
lá estavam para uma refeição. Depois de co-
merem, passaram a noite ali.
55 Na manhã seguinte, Labão beijou seus
netos e suas filhas e os abençoou, e depois
voltou para a sua terra.

Jacó prepara-se para o encontro com Esaú

32 Jacó também seguiu o seu caminho, e
anjos de Deus vieram ao encontro de-
le. 2 Quando Jacó os avistou, disse: "Este é o
exército de Deus!" Por isso deu àquele lugar
o nome de Maanaim.[b]
3 Jacó mandou mensageiros adiante dele
a seu irmão Esaú, na região de Seir, territó-
rio de Edom. 4 E lhes ordenou: "Vocês dirão o
seguinte ao meu senhor Esaú: Assim diz teu
servo Jacó: Morei na casa de Labão e com ele
permaneci até agora. 5 Tenho bois e jumen-
tos, ovelhas e cabras, servos e servas. Envio
agora esta mensagem ao meu senhor, para
que me recebas bem".
6 Quando os mensageiros voltaram a Jacó,
disseram-lhe: "Fomos até seu irmão Esaú, e
ele está vindo ao seu encontro, com quatro-
centos homens".
7 Jacó encheu-se de medo e foi tomado de
angústia. Então dividiu em dois grupos to-
dos os que estavam com ele, bem como as
ovelhas, as cabras, os bois e os camelos, 8 pois
assim pensou: "Se Esaú vier e atacar um dos
grupos, o outro poderá escapar".
9 Então Jacó orou: "Ó Deus de meu pai
Abraão, Deus de meu pai Isaque, ó SENHOR
que me disseste: 'Volte para a sua terra e para
os seus parentes e eu o farei prosperar'; 10 não
sou digno de toda a bondade e lealdade com
que trataste o teu servo. Quando atravessei
o Jordão eu tinha apenas o meu cajado, mas
agora possuo duas caravanas. 11 Livra-me, ro-
go-te, das mãos de meu irmão Esaú, porque
tenho medo que ele venha nos atacar, tanto
a mim como às mães e às crianças. 12 Pois tu
prometeste: 'Esteja certo de que eu o farei
prosperar e farei os seus descendentes tão
numerosos como a areia do mar, que não se
pode contar' ".
13 Depois de passar ali a noite, escolheu en-
tre os seus rebanhos um presente para o seu
irmão Esaú: 14 duzentas cabras e vinte bodes,

[a] 31:53 Conforme a Septuaginta e o Pentateuco Samaritano. O Texto Massorético permite que o versículo seja entendido no plural.
[b] 32:2 *Maanaim* significa *dois exércitos*.

A vida nos tempos da Bíblia

As tendas de Jacó

As tendas em que vivia Jacó (assim como as de Isaque e de Abraão) eram feitas de tecido escuro ou de peles de animais. Esses homens e suas famílias viviam em tendas porque viajavam para lá e para cá pelo território. As tendas eram fáceis de desmontar e de levar sobre um animal de carga, então, quando o povo parava de novo, eles facilmente descarregavam e armavam a tenda e sentiam-se em casa.

duzentas ovelhas e vinte carneiros, 15 trinta fêmeas de camelo com seus filhotes, quarenta vacas e dez touros, vinte jumentas e dez jumentos. 16 Colocou cada rebanho sob o cuidado de um servo, e disse-lhes: "Vão à minha frente e mantenham certa distância entre um rebanho e outro".

17 Ao que ia à frente deu a seguinte instrução: "Quando meu irmão Esaú encontrar-se com você e lhe perguntar: 'A quem você pertence, para onde vai e de quem é todo este rebanho à sua frente?', 18 você responderá: É do teu servo Jacó. É um presente para o meu senhor Esaú; e ele mesmo está vindo atrás de nós".

19 Também instruiu o segundo, o terceiro e todos os outros que acompanhavam os rebanhos: "Digam também a mesma coisa a Esaú quando o encontrarem. 20 E acrescentem: Teu servo Jacó está vindo atrás de nós". Porque pensava: "Eu o apaziguarei com esses presentes que estou enviando antes de mim; mais tarde, quando eu o vir, talvez me receba". 21 Assim os presentes de Jacó seguiram à sua frente; ele, porém, passou a noite no acampamento.

Jacó luta com Deus

22 Naquela noite Jacó levantou-se, tomou suas duas mulheres, suas duas servas e seus onze filhos para atravessar o lugar de passagem do Jaboque. 23 Depois de havê-los feito atravessar o ribeiro, fez passar também tudo o que possuía. 24 E Jacó ficou sozinho. Então veio um homem que se pôs a lutar com ele até o amanhecer. 25 Quando o homem viu que não poderia dominá-lo, tocou na articulação da coxa de Jacó, de forma que lhe deslocou a coxa, enquanto lutavam. 26 Então o homem disse: "Deixe-me ir, pois o dia já desponta". Mas Jacó lhe respondeu: "Não te deixarei ir, a não ser que me abençoes".

27 O homem lhe perguntou: "Qual é o seu nome?"

"Jacó[a]", respondeu ele.

28 Então disse o homem: "Seu nome não será mais Jacó, mas sim Israel[b], porque você lutou com Deus e com homens e venceu".

29 Prosseguiu Jacó: "Peço-te que digas o teu nome".

Mas ele respondeu: "Por que pergunta o meu nome?" E o abençoou ali.

30 Jacó chamou àquele lugar Peniel, pois disse: "Vi a Deus face a face e, todavia, minha vida foi poupada".

31 Ao nascer do sol atravessou Peniel, mancando por causa da coxa. 32 Por isso, até o dia de hoje, os israelitas não comem o músculo

[a] 32:27 *Jacó* significa *ele agarra o calcanhar* ou *ele age traiçoeiramente*; também em 35:10.
[b] 32:28 *Israel* significa *ele luta com Deus*; também em 35:10.

Um novo nome

Experimente!

Gênesis 32:22-30

Esta história da Bíblia conta como Jacó ganhou o nome de Israel, que provavelmente significa "ele lutou com Deus".

Muitas pessoas na Bíblia têm nomes que contam algo sobre elas. Por exemplo, *Abraão* significa "pai de muitos". O povo judeu, assim como o povo árabe, é descendente de Abraão, que foi, de fato, pai de *muitos*.

Imagine que Deus deixasse você escolher um nome para contar como você é. Aqui está uma lista de possíveis nomes:

Obediente	Contente	Pacífico
Sorridente	Intercessor	Atencioso
Puro	Ajudador	Verdadeiro
Paciente	Alegre	Grato
Trabalhador	Confiável	Amoroso

Escolha aquele que você quer que o descreva e, só por diversão, peça a sua família para chamá-lo usando esse novo nome por um ou dois dias, para lembrá-lo do tipo de pessoa que você quer ser.

ligado à articulação do quadril, porque nesse músculo Jacó foi ferido.

O encontro de Esaú e Jacó

33 Quando Jacó olhou e viu que Esaú estava se aproximando, com quatrocentos homens, dividiu as crianças entre Lia, Raquel e as duas servas. 2 Colocou as servas e os seus filhos à frente, Lia e seus filhos depois, e Raquel com José por último. 3 Ele mesmo passou à frente e, ao aproximar-se do seu irmão, curvou-se até o chão sete vezes.

4 Mas Esaú correu ao encontro de Jacó e abraçou-se ao seu pescoço, e o beijou. E eles choraram. 5 Então Esaú ergueu o olhar e viu as mulheres e as crianças. E perguntou: "Quem são estes?"

Jacó respondeu: "São os filhos que Deus concedeu ao teu servo".

6 Então as servas e os seus filhos se aproximaram e se curvaram. 7 Depois, Lia e os seus filhos vieram e se curvaram. Por último, chegaram José e Raquel, e também se curvaram.

8 Esaú perguntou: "O que você pretende com todos os rebanhos que encontrei pelo caminho?"

"Ser bem recebido por ti, meu senhor", respondeu Jacó.

9 Disse, porém, Esaú: "Eu já tenho muito, meu irmão. Guarde para você o que é seu".

10 Mas Jacó insistiu: "Não! Se te agradaste de mim, aceita este presente de minha parte, porque ver a tua face é como contemplar a face de Deus; além disso, tu me recebeste tão bem! 11 Aceita, pois, o presente que te foi trazido, pois Deus tem sido favorável para comigo, e eu já tenho tudo o que necessito". Jacó tanto insistiu que Esaú acabou aceitando.

12 Então disse Esaú: "Vamos seguir em frente. Eu o acompanharei".

13 Jacó, porém, lhe disse: "Meu senhor sabe que as crianças são frágeis e que estão sob os meus cuidados ovelhas e vacas que amamentam suas crias. Se forçá-las demais na caminhada, um só dia que seja, todo o rebanho morrerá. 14 Por isso, meu senhor, vai à frente do teu servo, e eu sigo atrás, devagar, no passo dos rebanhos e das crianças, até que eu chegue ao meu senhor em Seir".

15 Esaú sugeriu: "Permita-me, então, deixar alguns homens com você".

Jacó perguntou: "Mas para quê, meu senhor? Ter sido bem recebido já me foi suficiente!"

16 Naquele dia Esaú voltou para Seir. 17 Jacó, todavia, foi para Sucote, onde construiu uma casa para si e abrigos para o seu gado. Foi por isso que o lugar recebeu o nome de Sucote.

18 Tendo voltado de Padã-Arã, Jacó chegou a salvo à[a] cidade de Siquém, em Canaã, e acampou próximo da cidade. 19 Por cem peças de prata[b] comprou dos filhos de Hamor, pai de Siquém, a parte do campo onde tinha armado acampamento. 20 Ali edificou um altar e lhe chamou El Elohe Israel[c].

O conflito entre os filhos de Jacó e os siquemitas

34 Certa vez, Diná, a filha que Lia dera a Jacó, saiu para conhecer as mulheres daquela terra. 2 Siquém, filho de Hamor, o heveu, governador daquela região, viu-a, agarrou-a e a violentou. 3 Mas o seu coração foi atraído por Diná, filha de Jacó, e ele amou a moça e falou-lhe com ternura. 4 Por isso Siquém foi dizer a seu pai Hamor: "Consiga-me aquela moça para que seja minha mulher".

5 Quando Jacó soube que sua filha Diná tinha sido desonrada, seus filhos estavam no campo, com os rebanhos; por isso esperou calado até que regressassem.

6 Então Hamor, pai de Siquém, foi conversar com Jacó. 7 Quando os filhos de Jacó voltaram do campo e souberam de tudo, ficaram profundamente entristecidos e irados, porque Siquém tinha cometido um ato vergonhoso em [d]Israel, ao deitar-se com a filha de Jacó — coisa que não se faz.

8 Mas Hamor lhes disse: "Meu filho Siquém apaixonou-se pela filha de vocês. Por favor, entreguem-na a ele para que seja sua mulher. 9 Casem-se entre nós; deem-nos suas filhas e tomem para si as nossas. 10 Estabeleçam-se entre nós. A terra está aberta para vocês: habitem-na, façam comércio[e] nela e adquiram propriedades".

11 Então Siquém disse ao pai e aos irmãos de Diná: "Concedam-me este favor, e eu lhes darei o que me pedirem. 12 Aumentem quanto quiserem o preço e o presente pela noiva, e pagarei o que me pedirem. Tão somente me deem a moça por mulher".

13 Os filhos de Jacó, porém, responderam com falsidade a Siquém e a seu pai Hamor, por ter Siquém desonrado Diná, a irmã deles. 14 Disseram: "Não podemos fazer isso; jamais entregaremos nossa irmã a um homem que

[a] 33:18 Ou *chegou a Salém, uma cidade de Siquém,*
[b] 33:19 Hebraico: *100 quesitas.* Uma *quesita* era uma unidade monetária de peso e valor desconhecidos.
[c] 33:20 Isto é, Deus, o Deus de Israel ou poderoso é o Deus de Israel.
[d] 34:7 Ou *contra*
[e] 34:10 Ou *movam-se livremente*; também no versículo 21.

não seja circuncidado. Seria uma vergonha para nós. 15 Daremos nosso consentimento a vocês com uma condição: que vocês se tornem como nós, circuncidando todos os do sexo masculino. 16 Só então lhes daremos as nossas filhas e poderemos casar-nos com as suas. Nós nos estabeleceremos entre vocês e seremos um só povo. 17 Mas se não aceitarem circuncidar-se, tomaremos nossa irmã[a] e partiremos". 18 A proposta deles pareceu boa a Hamor e a seu filho Siquém. 19 O jovem, que era o mais respeitado de todos os da casa de seu pai, não demorou em cumprir o que pediram, porque realmente gostava da filha de Jacó.

20 Assim Hamor e seu filho Siquém dirigiram-se à porta da cidade para conversar com os seus concidadãos. E disseram: 21 "Esses homens são de paz. Permitam que eles habitem em nossa terra e façam comércio entre nós; a terra tem bastante lugar para eles. Poderemos casar com as suas filhas, e eles com as nossas. 22 Mas eles só consentirão em viver conosco como um só povo sob a condição de que todos os nossos homens sejam circuncidados, como eles. 23 Lembrem-se de que os seus rebanhos, os seus bens e todos os seus outros animais passarão a ser nossos. Aceitemos então a condição para que se estabeleçam em nosso meio".

24 Todos os que saíram para reunir-se à porta da cidade concordaram com Hamor e com seu filho Siquém, e todos os homens e meninos da cidade foram circuncidados.

25 Três dias depois, quando ainda sofriam dores, dois filhos de Jacó, Simeão e Levi, irmãos de Diná, pegaram suas espadas e atacaram a cidade desprevenida, matando todos os homens. 26 Mataram ao fio da espada Hamor e seu filho Siquém, tiraram Diná da casa de Siquém e partiram. 27 Vieram então os outros filhos de Jacó e, passando pelos corpos, saquearam a cidade onde[b] sua irmã tinha sido desonrada. 28 Apoderaram-se das ovelhas, dos bois e dos jumentos, e de tudo o que havia na cidade e no campo. 29 Levaram as mulheres e as crianças, e saquearam todos os bens e tudo o que havia nas casas.

30 Então Jacó disse a Simeão e a Levi: "Vocês me puseram em grandes apuros, atraindo sobre mim o ódio[c] dos cananeus e dos ferezeus, habitantes desta terra. Somos poucos, e se eles juntarem suas forças e nos atacarem, eu e a minha família seremos destruídos".

31 Mas eles responderam: "Está certo ele tratar nossa irmã como uma prostituta?"

O retorno de Jacó a Betel

35 Deus disse a Jacó: "Suba a Betel[d] e estabeleça-se lá, e faça um altar ao Deus que lhe apareceu quando você fugia do seu irmão Esaú".

2 Disse, pois, Jacó aos de sua casa e a todos os que estavam com ele: "Livrem-se dos deuses estrangeiros que estão entre vocês, purifiquem-se e troquem de roupa. 3 Venham! Vamos subir a Betel, onde farei um altar ao Deus que me ouviu no dia da minha angústia e que tem estado comigo por onde tenho andado". 4 Então entregaram a Jacó todos os deuses estrangeiros que possuíam e os brincos que usavam nas orelhas, e Jacó os enterrou ao pé da grande árvore, próximo a Siquém. 5 Quando eles partiram, o terror de Deus caiu de tal maneira sobre as cidades ao redor que ninguém ousou perseguir os filhos de Jacó.

6 Jacó e todos os que com ele estavam chegaram a Luz, que é Betel, na terra de Canaã. 7 Nesse lugar construiu um altar e lhe deu o nome de El-Betel[e], porque ali Deus havia se revelado[f] a ele, quando fugia do seu irmão.

8 Débora, ama de Rebeca, morreu e foi sepultada perto de Betel, ao pé do Carvalho, que por isso foi chamado Alom-Bacute[g].

9 Depois que Jacó retornou de Padã-Arã,

[a] 34:17 Hebraico: *filha.*
[b] 34:27 Ou *porque*
[c] 34:30 Hebraico: *transformando-me em mau cheiro para os.*

[d] 35:1 *Betel* significa *casa de Deus.*
[e] 35:7 El-Betel significa *Deus de Betel.*
[f] 35:7 Ou ali os seres celestiais se revelaram
[g] 35:8 *Alom-Bacute* significa *carvalho do pranto.*

Você sabia?

O que significa *Betel*?

35:1 *Betel* significa "casa de Deus". Jacó deu ao lugar esse nome porque Deus falou com ele ali. Este capítulo conta algumas das maravilhosas coisas que Deus revelou a Jacó em Betel, onde Deus mudou o nome de Jacó para Israel e fez as mesmas promessas que havia feito antes a Abraão. Posteriormente, Betel tornou-se uma importante cidade e um lugar onde os israelitas adoravam a Deus.

Deus lhe apareceu de novo e o abençoou, 10di-
zendo: "Seu nome é Jacó, mas você não será
mais chamado Jacó; seu nome será Israel".
Assim lhe deu o nome de Israel.
11E Deus ainda lhe disse: "Eu sou o Deus to-
do-poderoso[a]; seja prolífero e multiplique-se.
De você procederão uma nação e uma comu-
nidade de nações, e reis estarão entre os seus
descendentes. 12A terra que dei a Abraão e a
Isaque, dou a você; e também aos seus futu-
ros descendentes darei esta terra". 13A seguir,
Deus elevou-se do lugar onde estivera falan-
do com Jacó.
14Jacó levantou uma coluna de pedra no
lugar em que Deus lhe falara, e derramou so-
bre ela uma oferta de bebidas[b] e a ungiu com
óleo. 15Jacó deu o nome de Betel ao lugar on-
de Deus tinha falado com ele.

A morte de Isaque e de Raquel

16Eles partiram de Betel, e quando ainda
estavam a certa distância de Efrata, Raquel
começou a dar à luz com grande dificulda-
de. 17E, enquanto sofria muito, tentando dar
à luz, a parteira lhe disse: "Não tenha me-
do, pois você ainda terá outro menino". 18Já a
ponto de sair-lhe a vida, quando estava mor-
rendo, deu ao filho o nome de Benoni[c]. Mas o
pai deu-lhe o nome de Benjamim[d].
19Assim morreu Raquel e foi sepultada
junto do caminho de Efrata, que é Belém.
20Sobre a sua sepultura Jacó levantou uma
coluna, e até o dia de hoje aquela coluna mar-
ca o túmulo de Raquel.
21Israel partiu novamente e armou acam-
pamento adiante de Migdal-Éder[e]. 22Na épo-
ca em que Israel vivia naquela região, Rúben
deitou-se com Bila, concubina de seu pai. E
Israel ficou sabendo disso.
Jacó teve doze filhos:
23Estes foram seus filhos com Lia:
Rúben, o filho mais velho de Jacó,
Simeão, Levi, Judá, Issacar e Zebulom.
24Estes foram seus filhos com Raquel:
José e Benjamim.
25Estes foram seus filhos com Bila, serva
de Raquel:
Dã e Naftali.
26Estes foram seus filhos com Zilpa, serva
de Lia:
Gade e Aser.
Foram esses os filhos de Jacó, nascidos em
Padã-Arã.
27Depois Jacó foi visitar seu pai Isaque em
Manre, perto de Quiriate-Arba, que é He-
brom, onde Abraão e Isaque tinham morado.
28Isaque viveu cento e oitenta anos. 29Mor-
reu em idade bem avançada e foi reunido
aos seus antepassados. E seus filhos Esaú e
Jacó o sepultaram.

Os descendentes de Esaú

36 Esta é a história da família de Esaú,
que é Edom.
2Esaú casou-se com mulheres de Canaã:
com Ada, filha de Elom, o hitita, e com Ooli-
bama, filha de Aná e neta de Zibeão, o heveu;
3e também com Basemate, filha de Ismael e
irmã de Nebaiote.
4Ada deu a Esaú um filho chamado Elifaz;
Basemate deu-lhe Reuel; 5e Oolibama deu-
-lhe Jeús, Jalão e Corá. Esses foram os filhos
de Esaú que lhe nasceram em Canaã.
6Esaú tomou suas mulheres, seus filhos e
filhas e todos os de sua casa, assim como os
seus rebanhos, todos os outros animais e to-
dos os bens que havia adquirido em Canaã,
e foi para outra região, para longe do seu ir-
mão Jacó. 7Os seus bens eram tantos que eles
já não podiam morar juntos; a terra onde es-
tavam vivendo não podia sustentá-los, por
causa dos seus rebanhos. 8Por isso Esaú, que
é Edom, fixou-se nos montes de Seir.
9Este é o registro da descendência de Esaú,
pai dos edomitas, nos montes de Seir.
10Estes são os nomes dos filhos de Esaú:
Elifaz, filho de Ada, mulher de Esaú; e
Reuel, filho de Basemate, mulher de Esaú.
11Estes foram os filhos de Elifaz:
Temã, Omar, Zefô, Gaetã e Quenaz.
12Elifaz, filho de Esaú, tinha uma concubina
chamada Timna, que lhe deu um filho cha-
mado Amaleque. Foram esses os netos de
Ada, mulher de Esaú.
13Estes foram os filhos de Reuel:
Naate, Zerá, Samá e Mizá. Foram esses os
netos de Basemate, mulher de Esaú.
14Estes foram os filhos de Oolibama, mu-
lher de Esaú, filha de Aná e neta de Zibeão,
os quais ela deu a Esaú:
Jeús, Jalão e Corá.
15Foram estes os chefes dentre os descen-
dentes de Esaú:
Os filhos de Elifaz, filho mais velho de
Esaú:

[a] 35:11 Hebraico: *El-Shaddai*.
[b] 35:14 Veja Nm 28:7.
[c] 35:18 *Benoni* significa *filho da minha aflição*.
[d] 35:18 *Benjamim* significa *filho da minha direita*.
[e] 35:21 *Migdal-Éder* significa *torre do rebanho*.

Temã, Omar, Zefô, Quenaz, 16Corá[a], Gaetã e Amaleque. Foram esses os chefes descendentes de Elifaz em Edom; eram netos de Ada.

17Foram estes os filhos de Reuel, filho de Esaú:

Os chefes Naate, Zerá, Samá e Mizá. Foram esses os chefes descendentes de Reuel em Edom; netos de Basemate, mulher de Esaú.

18Foram estes os filhos de Oolibama, mulher de Esaú:

Os chefes Jeús, Jalão e Corá. Foram esses os chefes descendentes de Oolibama, mulher de Esaú, filha de Aná.

19Foram esses os filhos de Esaú, que é Edom, e esses foram os seus chefes.

Os descendentes de Seir

20Estes foram os filhos de Seir, o horeu, que estavam habitando aquela região: Lotã, Sobal, Zibeão e Aná, 21Disom, Ézer e Disã. Esses filhos de Seir foram chefes dos horeus no território de Edom.

22Estes foram os filhos de Lotã:

Hori e Hemã. Timna era irmã de Lotã.

23Estes foram os filhos de Sobal:

Alvã, Manaate, Ebal, Sefô e Onã.

24Estes foram os filhos de Zibeão:

Aiá e Aná. Foi este Aná que descobriu as fontes de águas quentes[b] no deserto, quando levava para pastar os jumentos de Zibeão, seu pai.

25Estes foram os filhos de Aná:

Disom e Oolibama, a filha de Aná.

26Estes foram os filhos de Disom:

Hendã, Esbã, Itrã e Querã.

27Estes foram os filhos de Ézer:

Bilã, Zaavã e Acã.

28Estes foram os filhos de Disã:

Uz e Arã.

29Estes foram os chefes dos horeus:

Lotã, Sobal, Zibeão, Aná, 30Disom, Ézer e Disã. Esses foram os chefes dos horeus, de acordo com as suas divisões tribais na região de Seir.

Os reis e os chefes de Edom

31Estes foram os reis que reinaram no território de Edom antes de haver rei entre os israelitas:

32Belá, filho de Beor, reinou em Edom. Sua cidade chamava-se Dinabá. 33Quando Belá morreu, foi sucedido por Jobabe, filho de Zerá, de Bozra.

34Jobabe morreu, e Husã, da terra dos temanitas, foi o seu sucessor.

35Husã morreu, e Hadade, filho de Bedade, que tinha derrotado os midianitas na terra de Moabe, foi o seu sucessor. Sua cidade chamava-se Avite.

36Hadade morreu, e Samlá de Masreca foi o seu sucessor.

37Samlá morreu, e Saul, de Reobote, próxima ao Eufrates[c], foi o seu sucessor.

38Saul morreu, e Baal-Hanã, filho de Acbor, foi o seu sucessor.

39Baal-Hanã, filho de Acbor, morreu, e Hadade[d] foi o seu sucessor. Sua cidade chamava-se Paú, e o nome de sua mulher era Meetabel, filha de Matrede, neta de Mezaabe.

40Estes foram os chefes descendentes de Esaú, conforme os seus nomes, clãs e regiões:

Timna, Alva, Jetete, 41Oolibama, Elá, Pinom, 42Quenaz, Temã, Mibzar, 43Magdiel e Irã. Foram esses os chefes de Edom; cada um deles fixou-se numa região da terra que ocuparam.

Os edomitas eram descendentes de Esaú.

Os sonhos de José

37 Jacó habitou na terra de Canaã, onde seu pai tinha vivido como estrangeiro.

2Esta é a história da família de Jacó:

Quando José tinha dezessete anos, pastoreava os rebanhos com os seus irmãos. Ajudava os filhos de Bila e os filhos de Zilpa, mulheres de seu pai; e contava ao pai a má fama deles.

3Ora, Israel gostava mais de José do que de qualquer outro filho, porque lhe havia nascido em sua velhice; por isso mandou fazer para ele uma túnica longa[e]. 4Quando os seus irmãos viram que o pai gostava mais dele do que de qualquer outro filho, odiaram-no e não conseguiam falar com ele amigavelmente.

5Certa vez, José teve um sonho e, quando o contou a seus irmãos, eles passaram a odiá-lo ainda mais.

6"Ouçam o sonho que tive", disse-lhes. 7"Estávamos amarrando os feixes de trigo no campo, quando o meu feixe se levantou e ficou em pé, e os seus feixes se ajuntaram ao redor do meu e se curvaram diante dele."

8Seus irmãos lhe disseram: "Então você vai reinar sobre nós? Quer dizer que você vai nos

[a] 36:16 Alguns manuscritos não trazem *Corá*. Veja também o versículo 11 e 1Cr 1:36.
[b] 36:24 Ou *descobriu água*
[c] 36:37 Hebraico: *ao Rio*.
[d] 36:39 Vários manuscritos dizem *Hadar*. Veja 1Cr 1:50.
[e] 37:3 Ou *de diversas cores*; também nos versículos 23 e 32.

governar?" E o odiaram ainda mais, por cau-
sa do sonho e do que tinha dito.
9Depois teve outro sonho e o contou aos
seus irmãos: "Tive outro sonho, e desta vez
o sol, a lua e onze estrelas se curvavam dian-
te de mim".
10Quando o contou ao pai e aos irmãos, o
pai o repreendeu e lhe disse: "Que sonho foi
esse que você teve? Será que eu, sua mãe, e
seus irmãos viremos a nos curvar até o chão
diante de você?" 11Assim seus irmãos tive-
ram ciúmes dele; o pai, no entanto, refletia
naquilo.

Vendido pelos irmãos

12Os irmãos de José tinham ido cuidar dos
rebanhos do pai, perto de Siquém, 13e Israel
disse a José: "Como você sabe, seus irmãos
estão apascentando os rebanhos perto de Si-
quém. Quero que você vá até lá".
"Sim, senhor", respondeu ele.
14Disse-lhe o pai: "Vá ver se está tudo bem
com os seus irmãos e com os rebanhos, e tra-
ga-me notícias". Jacó o enviou quando estava
no vale de Hebrom.
Mas José se perdeu quando se aproxima-
va de Siquém; 15um homem o encontrou va-
gueando pelos campos e lhe perguntou: "Que
é que você está procurando?"
16Ele respondeu: "Procuro meus irmãos.
Pode me dizer onde eles estão apascentan-
do os rebanhos?"
17Respondeu o homem: "Eles já partiram
daqui. Eu os ouvi dizer: 'Vamos para Dotã' ".
Assim José foi em busca dos seus irmãos
e os encontrou perto de Dotã. 18Mas eles o
viram de longe e, antes que chegasse, pla-
nejaram matá-lo.
19"Lá vem aquele sonhador!", diziam uns
aos outros. 20"É agora! Vamos matá-lo e jo-
gá-lo num destes poços, e diremos que um
animal selvagem o devorou. Veremos então
o que será dos seus sonhos."
21Quando Rúben ouviu isso, tentou livrá-
-lo das mãos deles, dizendo: "Não lhe tire-
mos a vida!" 22E acrescentou: "Não derramem
sangue. Joguem-no naquele poço no deser-
to, mas não toquem nele". Rúben propôs isso
com a intenção de livrá-lo e levá-lo de vol-
ta ao pai.
23Chegando José, seus irmãos lhe arranca-
ram a túnica longa, 24agarraram-no e o joga-
ram no poço, que estava vazio e sem água.
25Ao se assentarem para comer, viram ao
longe uma caravana de ismaelitas que vinha
de Gileade. Seus camelos estavam carregados
de especiarias, bálsamo e mirra, que eles le-
vavam para o Egito.
26Judá disse então a seus irmãos: "Que ga-
nharemos se matarmos o nosso irmão e es-
condermos o seu sangue? 27Vamos vendê-lo
aos ismaelitas. Não tocaremos nele, afinal é
nosso irmão, é nosso próprio sangue[a]". E seus
irmãos concordaram.
28Quando os mercadores ismaelitas de Mi-
diã se aproximaram, seus irmãos tiraram José
do poço e o venderam por vinte peças de pra-
ta aos ismaelitas, que o levaram para o Egito.
29Quando Rúben voltou ao poço e viu que
José não estava lá, rasgou suas vestes 30e, vol-
tando a seus irmãos, disse: "O jovem não está
lá! Para onde irei agora?"
31Então eles mataram um bode, mer-
gulharam no sangue a túnica de José 32e a

[a] 37:27 Hebraico: *nossa carne*.

Favoritismo na família

Experimente!

Leia Gênesis 37:1-11. Jacó mostrou que amava mais seu filho José do que os outros quando lhe deu uma túnica bonita. A história diz que os irmãos de José o odiavam, mas ele não melhorou a situação, orgulhando-se de seus sonhos.

Você alguma vez já sentiu que seus pais amavam mais um de seus irmãos do que amavam você? Pergunte a seus pais se eles alguma vez sentiram isso quando eram mais novos.

Leia em voz alta esta história da Bíblia e converse com sua família sobre como José e o pai dele poderiam ter ajudado a família a se sentir mais próxima e feliz.

Gênesis 37:1-11

Você sabia?

Por que José é importante?

37:36 José é importante porque ele, um dos últimos filhos de Jacó, salvou a família de uma fome e levou os israelitas para viverem no Egito. José não foi tratado de modo justo por seus irmãos nem pelos outros, mas Deus ajudou-o a se tornar a segunda pessoa mais poderosa do Egito, que era, naquele tempo, uma nação poderosa.

mandaram ao pai com este recado: "Achamos
isto. Veja se é a túnica de teu filho".
33Ele a reconheceu e disse: "É a túnica de
meu filho! Um animal selvagem o devorou!
José foi despedaçado!"
34Então Jacó rasgou suas vestes, vestiu-se
de pano de saco e chorou muitos dias por seu
filho. 35Todos os seus filhos e filhas vieram
consolá-lo, mas ele recusou ser consolado, di-
zendo: "Não! Chorando descerei à sepultura[a]
para junto de meu filho". E continuou a cho-
rar por ele.
36Nesse meio tempo, no Egito, os midiani-
tas venderam José a Potifar, oficial do faraó
e capitão da guarda.

A história de Judá e Tamar

38 Por essa época, Judá deixou seus ir-
mãos e passou a viver na casa de um
homem de Adulão, chamado Hira. 2Ali Judá
encontrou a filha de um cananeu chamado
Suá, e casou-se com ela. Ele a possuiu, 3ela
engravidou e deu à luz um filho, ao qual ele
deu o nome de Er. 4Tornou a engravidar, teve
um filho e deu-lhe o nome de Onã. 5Quando
estava em Quezibe, ela teve ainda outro filho
e chamou-o Selá.
6Judá escolheu uma mulher chamada
Tamar para Er, seu filho mais velho. 7Mas
o SENHOR reprovou a conduta perversa de
Er, filho mais velho de Judá, e por isso o
matou.
8Então Judá disse a Onã: "Case-se com a
mulher do seu irmão, cumpra as suas obri-
gações de cunhado para com ela e dê uma
descendência a seu irmão". 9Mas Onã sabia
que a descendência não seria sua; assim, to-
da vez que possuía a mulher do seu irmão,
derramava o sêmen no chão para evitar que
seu irmão tivesse descendência. 10O SENHOR
reprovou o que ele fazia, e por isso o matou
também.

[a] 37:35 Hebraico: *Sheol.* Essa palavra também pode ser traduzida por profundezas, pó ou morte.

A vida nos tempos da Bíblia

A túnica de José

As pessoas na Bíblia gostavam de roupas bonitas e elas faziam suas vestes com pano preto, branco ou com tecidos de cores mais brilhantes, como púrpura, vermelho, azul e amarelo. A túnica de José era, provavelmente, trabalhada com bordados em fios coloridos, formando estampas no tecido. Talvez o próprio tecido fosse tramado com estampas também. Essa túnica não era apenas um presente bonito dado a José por Jacó; ela, provavelmente, mostrava sua posição na família, colocando-o acima de seus irmãos mais velhos. A figura mostra roupas ornamentadas usadas por egípcios no tempo de José. A túnica dele possivelmente se parecia com esta.

11 Disse então Judá à sua nora Tamar: "More como viúva na casa de seu pai até que o meu filho Selá cresça", porque temia que ele viesse a morrer, como os seus irmãos. Assim Tamar foi morar na casa do pai.

12 Tempos depois morreu a mulher de Judá, filha de Suá. Passado o luto, Judá foi ver os tosquiadores do seu rebanho em Timna com o seu amigo Hira, o adulamita.

13 Quando foi dito a Tamar: "Seu sogro está a caminho de Timna para tosquiar suas ovelhas", 14 ela trocou suas roupas de viúva, cobriu-se com um véu para se disfarçar e foi sentar-se à entrada de Enaim, que fica no caminho de Timna. Ela fez isso porque viu que, embora Selá já fosse crescido, ela não lhe tinha sido dada em casamento.

15 Quando a viu, Judá pensou que fosse uma prostituta, porque ela havia encoberto o rosto.

16 Não sabendo que era a sua nora, dirigiu-se a ela, à beira da estrada, e disse: "Venha cá, quero deitar-me com você".

Ela lhe perguntou: "O que você me dará para deitar-se comigo?" 17 Disse ele: "Eu lhe mandarei um cabritinho do meu rebanho".

E ela perguntou: "Você me deixará alguma coisa como garantia até que o mande?"

18 Disse Judá: "Que garantia devo dar-lhe?"

Respondeu ela: "O seu selo com o cordão, e o cajado que você tem na mão". Ele os entregou e a possuiu, e Tamar engravidou dele. 19 Ela se foi, tirou o véu e tornou a vestir as roupas de viúva.

20 Judá mandou o cabritinho por meio de seu amigo adulamita, a fim de reaver da mulher sua garantia, mas ele não a encontrou, 21 e perguntou aos homens do lugar: "Onde está a prostituta cultual que costuma ficar à beira do caminho de Enaim?"

Eles responderam: "Aqui não há nenhuma prostituta cultual".

22 Assim ele voltou a Judá e disse: "Não a encontrei. Além disso, os homens do lugar disseram que lá não há nenhuma prostituta cultual".

23 Disse Judá: "Fique ela com o que lhe dei. Não quero que nos tornemos objeto de zombaria. Afinal de contas, mandei a ela este cabritinho, mas você não a encontrou".

24 Cerca de três meses mais tarde, disseram a Judá: "Sua nora Tamar prostituiu-se, e na sua prostituição ficou grávida".

Disse Judá: "Tragam-na para fora e queimem-na viva!"

25 Quando ela estava sendo levada para fora, mandou o seguinte recado ao sogro: "Estou grávida do homem que é dono destas coisas". E acrescentou: "Veja se o senhor reconhece a quem pertencem este selo, este cordão e este cajado".

26 Judá os reconheceu e disse: "Ela é mais justa do que eu, pois eu devia tê-la entregue a meu filho Selá". E não voltou a ter relações com ela.

27 Quando lhe chegou a época de dar à luz, havia gêmeos em seu ventre. 28 Enquanto ela dava à luz, um deles pôs a mão para fora; então a parteira pegou um fio vermelho e amarrou o pulso do menino, dizendo: "Este saiu primeiro". 29 Mas quando ele recolheu a mão, seu irmão saiu e ela disse: "Então você conseguiu uma brecha para sair!" E deu-lhe o nome de Perez. 30 Depois saiu seu irmão que estava com o fio vermelho no pulso, e foi-lhe dado o nome de Zerá.

José é assediado pela mulher de Potifar

39 José havia sido levado para o Egito, onde o egípcio Potifar, oficial do faraó e capitão da guarda, comprou-o dos ismaelitas que o tinham levado para lá.

2 O SENHOR estava com José, de modo que este prosperou e passou a morar na casa do seu senhor egípcio. 3 Quando este percebeu que o SENHOR estava com ele e que o fazia prosperar em tudo o que realizava, 4 agradou-se de José e tornou-o administrador de seus bens. Potifar deixou a seu cuidado a sua casa e lhe confiou tudo o que possuía. 5 Desde que o deixou cuidando de sua casa e de todos os seus bens, o SENHOR abençoou a casa do egípcio por causa de José. A bênção do SENHOR estava sobre tudo o que Potifar possuía, tanto em casa como no campo. 6 Assim, deixou ele aos cuidados de José tudo o que tinha, e não se preocupava com coisa alguma, exceto com sua própria comida.

José era atraente e de boa aparência, 7 e, depois de certo tempo, a mulher do seu senhor começou a cobiçá-lo e o convidou: "Venha, deite-se comigo!" 8 Mas ele se recusou e lhe disse: "Meu senhor não se preocupa com coisa alguma de sua casa, e tudo o que tem deixou aos meus cuidados. 9 Ninguém desta casa está acima de mim. Ele nada me negou, a não ser a senhora, porque é a mulher dele. Como poderia eu, então, cometer algo tão perverso e pecar contra Deus?" 10 Assim, embora ela insistisse com José dia após dia,

ele se recusava a deitar-se com ela e evitava
ficar perto dela.
11Um dia ele entrou na casa para fazer suas
tarefas, e nenhum dos empregados ali se en-
contrava. 12Ela o agarrou pelo manto e vol-
tou a convidá-lo: "Vamos, deite-se comigo!"
Mas ele fugiu da casa, deixando o manto na
mão dela.
13Quando ela viu que, ao fugir, ele tinha
deixado o manto em sua mão, 14chamou os
empregados e lhes disse: "Vejam, este hebreu
nos foi trazido para nos insultar! Ele entrou
aqui e tentou abusar de mim, mas eu gritei.
15Quando me ouviu gritar por socorro, largou
seu manto ao meu lado e fugiu da casa".
16Ela conservou o manto consigo até que
o senhor de José chegasse à casa. 17Então re-
petiu-lhe a história: "Aquele escravo hebreu
que você nos trouxe aproximou-se de mim
para me insultar. 18Mas, quando gritei por
socorro, ele largou seu manto ao meu la-
do e fugiu".
19Quando o seu senhor ouviu o que a sua
mulher lhe disse: "Foi assim que o seu es-
cravo me tratou", ficou indignado. 20Man-
dou buscar José e lançou-o na prisão em que
eram postos os prisioneiros do rei.
José ficou na prisão, 21mas o SENHOR estava
com ele e o tratou com bondade, conceden-
do-lhe a simpatia do carcereiro. 22Por isso o
carcereiro encarregou José de todos os que
estavam na prisão, e ele se tornou responsá-
vel por tudo o que lá sucedia. 23O carcereiro
não se preocupava com nada do que estava
a cargo de José, porque o SENHOR estava com
José e lhe concedia bom êxito em tudo o que
realizava.

José interpreta os sonhos de dois prisioneiros

40 Algum tempo depois, o copeiro e o
padeiro do rei do Egito fizeram uma
ofensa ao seu senhor, o rei do Egito. 2O faraó
irou-se com os dois oficiais, o chefe dos copei-
ros e o chefe dos padeiros, 3e mandou pren-
dê-los na casa do capitão da guarda, na prisão
em que José estava. 4O capitão da guarda os
deixou aos cuidados de José, que os servia.
Depois de certo tempo, 5o copeiro e o pa-
deiro do rei do Egito, que estavam na prisão,
sonharam. Cada um teve um sonho, ambos
na mesma noite, e cada sonho tinha a sua
própria interpretação.
6Quando José foi vê-los na manhã seguin-
te, notou que estavam abatidos. 7Por isso
perguntou aos oficiais do faraó, que tam-
bém estavam presos na casa do seu senhor:
"Por que hoje vocês estão com o semblan-
te triste?"
8Eles responderam: "Tivemos sonhos, mas
não há quem os interprete".
Disse-lhes José: "Não são de Deus as inter-
pretações? Contem-me os sonhos".
9Então o chefe dos copeiros contou o seu
sonho a José: "Em meu sonho vi diante de
mim uma videira, 10com três ramos. Ela bro-
tou, floresceu e deu uvas que amadureciam
em cachos. 11A taça do faraó estava em minha
mão. Peguei as uvas, e as espremi na taça do
faraó, e a entreguei em sua mão".
12Disse-lhe José: "Esta é a interpretação: os

Quando a vida não é justa

Experimente!

Desenhe uma história em quadrinhos contando sobre uma ocasião em que a vida não foi justa com você. Mostre nos dois últimos quadrinhos o que você fez após ter sido tratado injustamente.

A vida também não foi justa com José, tendo em vista que irmãos o venderam como escravo e depois as coisas só pioraram. Leia Gênesis 39. O que aconteceu com José? O que José fez quando a vida não foi justa com ele? Fechou a cara e parou de tentar ou continuou trabalhando duro?

Olhe novamente para sua história em quadrinhos e pense no seguinte: quando foi tratado de modo injusto, você agiu como José? Se não, redesenhe os dois últimos quadrinhos para mostrar o que José teria feito.

Gênesis 39

Você sabia?

Os sonhos são mensagens de Deus?

40:8 A maior parte dos sonhos não são uma mensagem de Deus, mas Deus *já* falou em sonhos com algumas pessoas. Deus deu sonhos ao copeiro, ao padeiro e a faraó em Gênesis 40 e 41, e José conseguiu explicar o que significavam os sonhos. Quando as interpretações de José se mostraram verdadeiras, os egípcios souberam que Deus havia dado grande sabedoria a ele.

três ramos são três dias. 13Dentro de três dias
o faraó vai exaltá-lo e restaurá-lo à sua po-
sição, e você servirá a taça na mão dele, co-
mo costumava fazer quando era seu copeiro.
14Quando tudo estiver indo bem com você,
lembre-se de mim e seja bondoso comigo;
fale de mim ao faraó e tire-me desta prisão,
15pois fui trazido à força da terra dos hebreus,
e também aqui nada fiz para ser jogado nes-
te calabouço".
16Ouvindo o chefe dos padeiros essa inter-
pretação favorável, disse a José: "Eu também
tive um sonho: sobre a minha cabeça havia
três cestas de pão branco. 17Na cesta de cima
havia todo tipo de pães e doces que o faraó
aprecia, mas as aves vinham comer da cesta
que eu trazia na cabeça".
18E disse José: "Esta é a interpretação: as
três cestas são três dias. 19Dentro de três dias
o faraó vai decapitá-lo e pendurá-lo numa ár-
vore[a]. E as aves comerão a sua carne".
20Três dias depois era o aniversário do fa-
raó, e ele ofereceu um banquete a todos os
seus conselheiros. Na presença deles reapre-
sentou o chefe dos copeiros e o chefe dos pa-
deiros; 21restaurou à sua posição o chefe dos
copeiros, de modo que ele voltou a ser aquele
que servia a taça do faraó, 22mas ao chefe dos
padeiros mandou enforcar[b], como José lhes
dissera em sua interpretação.
23O chefe dos copeiros, porém, não se lem-
brou de José; ao contrário, esqueceu-se dele.

[a] 40:19 Ou *empalar você numa estaca*
[b] 40:22 Ou *empalar*

José interpreta os sonhos do faraó

41 Ao final de dois anos, o faraó teve um so-
nho. Ele estava em pé junto ao rio Nilo,
2quando saíram do rio sete vacas belas e gor-
das, que começaram a pastar entre os juncos.
3Depois saíram do rio mais sete vacas, feias e
magras, que foram para junto das outras, à
beira do Nilo. 4Então as vacas feias e magras
comeram as sete vacas belas e gordas. Nisso
o faraó acordou.
5Tornou a adormecer e teve outro sonho.
Sete espigas de trigo, graúdas e boas, cres-
ciam no mesmo pé. 6Depois brotaram ou-
tras sete espigas, mirradas e ressequidas pelo
vento leste. 7As espigas mirradas engoliram
as sete espigas graúdas e cheias. Então o fa-
raó acordou; era um sonho.
8Pela manhã, perturbado, mandou chamar
todos os magos e sábios do Egito e lhes con-
tou os sonhos, mas ninguém foi capaz de in-
terpretá-los.
9Então o chefe dos copeiros disse ao faraó:
"Hoje me lembro de minhas faltas. 10Certa
vez o faraó ficou irado com os seus dois ser-
vos e mandou prender-me junto com o chefe
dos padeiros, na casa do capitão da guarda.
11Certa noite cada um de nós teve um sonho,
e cada sonho tinha uma interpretação. 12Pois
bem, havia lá conosco um jovem hebreu, ser-
vo do capitão da guarda. Contamos a ele os
nossos sonhos, e ele os interpretou, dando a
cada um de nós a interpretação do seu pró-
prio sonho. 13E tudo aconteceu conforme ele
nos dissera: eu fui restaurado à minha posi-
ção e o outro foi enforcado[c]".
14O faraó mandou chamar José, que foi
trazido depressa do calabouço. Depois de se
barbear e trocar de roupa, apresentou-se ao
faraó.
15O faraó disse a José: "Tive um sonho que
ninguém consegue interpretar. Mas ouvi fa-
lar que você, ao ouvir um sonho, é capaz de
interpretá-lo".
16Respondeu-lhe José: "Isso não depende
de mim, mas Deus dará ao faraó uma res-
posta favorável".
17Então o faraó contou o sonho a José:
"Sonhei que estava em pé, à beira do Ni-
lo, 18quando saíram do rio sete vacas, belas
e gordas, que começaram a pastar entre os
juncos. 19Depois saíram outras sete, raquí-
ticas, muito feias e magras. Nunca vi vacas
tão feias em toda a terra do Egito. 20As vacas

[c] 41:13 Ou *empalado*

magras e feias comeram as sete vacas gordas que tinham aparecido primeiro. 21Mesmo depois de havê-las comido, não parecia que o tivessem feito, pois continuavam tão magras como antes. Então acordei.

22"Depois tive outro sonho. Vi sete espigas de cereal, cheias e boas, que cresciam num mesmo pé. 23Depois delas, brotaram outras sete, murchas e mirradas, ressequidas pelo vento leste. 24As espigas magras engoliram as sete espigas boas. Contei isso aos magos, mas ninguém foi capaz de explicá-lo".

25"O faraó teve um único sonho", disse-lhe José. "Deus revelou ao faraó o que ele está para fazer. 26As sete vacas boas são sete anos, e as sete espigas boas são também sete anos; trata-se de um único sonho. 27As sete vacas magras e feias que surgiram depois das outras, e as sete espigas mirradas, queimadas pelo vento leste, são sete anos. Serão sete anos de fome.

28"É exatamente como eu disse ao faraó: Deus mostrou ao faraó aquilo que ele vai fazer. 29Sete anos de muita fartura estão para vir sobre toda a terra do Egito, 30mas depois virão sete anos de fome. Então todo o tempo de fartura será esquecido, pois a fome arruinará a terra. 31A fome que virá depois será tão rigorosa que o tempo de fartura não será mais lembrado na terra. 32O sonho veio ao faraó duas vezes porque a questão já foi decidida por Deus, que se apressa em realizá-la.

33"Procure agora o faraó um homem criterioso e sábio e coloque-o no comando da terra do Egito. 34O faraó também deve estabelecer supervisores para recolher um quinto da colheita do Egito durante os sete anos de fartura. 35Eles deverão recolher o que puderem nos anos bons que virão e fazer estoques de trigo que, sob o controle do faraó, serão armazenados nas cidades. 36Esse estoque servirá de reserva para os sete anos de fome que virão sobre o Egito, para que a terra não seja arrasada pela fome."

José no governo do Egito

37O plano pareceu bom ao faraó e a todos os seus conselheiros. 38Por isso o faraó lhes perguntou: "Será que vamos achar alguém como este homem, em quem está o espírito divino?"

39Disse, pois, o faraó a José: "Uma vez que Deus lhe revelou todas essas coisas, não há ninguém tão criterioso e sábio como você. 40Você terá o comando de meu palácio, e todo o meu povo se sujeitará às suas ordens. Somente em relação ao trono serei maior que você". 41E o faraó prosseguiu: "Entrego a você agora o comando de toda a terra do Egito". 42Em seguida o faraó tirou do dedo o seu anel-selo e o colocou no dedo de José. Mandou-o vestir linho fino e colocou uma corrente de ouro em seu pescoço. 43Também o fez subir em sua segunda carruagem real, e à frente os arautos iam gritando: "Abram caminho!"[a] Assim José foi colocado no comando de toda a terra do Egito.

[a] 41:43 Ou *"Curvem-se!"*

A vida nos tempos da Bíblia

O Nilo

O rio Nilo é um dos mais extensos do mundo. O povo do Egito vivia ao longo do topo, ou da parte norte, do rio. Todo ano o rio inundava, deixando um rico solo novo, onde brotos poderiam crescer. Enquanto outras terras que dependiam da chuva para o suprimento de água sofriam com a fome, havia ainda muita comida no Egito.

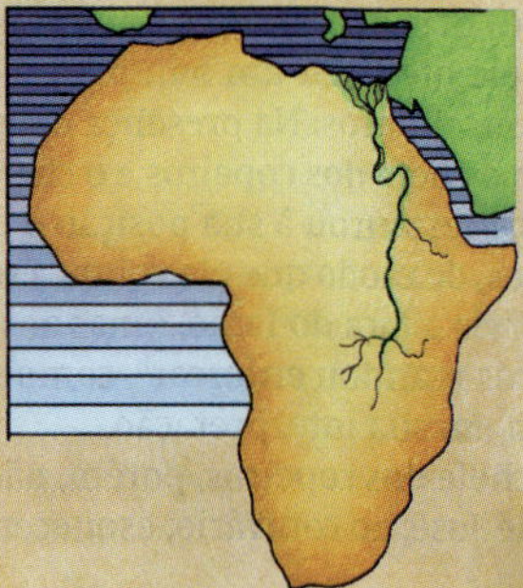

44Disse ainda o faraó a José: "Eu sou o faraó, mas sem a sua palavra ninguém poderá levantar a mão nem o pé em todo o Egito". 45O faraó deu a José o nome de Zafenate-Paneia e lhe deu por mulher Azenate, filha de Potífera, sacerdote de Om[a]. Depois José foi inspecionar toda a terra do Egito.

46José tinha trinta anos de idade quando começou a servir[b] ao faraó, rei do Egito. Ele se ausentou da presença do faraó e foi percorrer todo o Egito. 47Durante os sete anos de fartura a terra teve grande produção. 48José recolheu todo o excedente dos sete anos de fartura no Egito e o armazenou nas cidades. Em cada cidade ele armazenava o trigo colhido nas lavouras das redondezas. 49Assim José estocou muito trigo, como a areia do mar. Tal era a quantidade que ele parou de anotar, porque ia além de toda medida.

50Antes dos anos de fome, Azenate, filha de Potífera, sacerdote de Om, deu a José dois filhos. 51Ao primeiro, José deu o nome de Manassés, dizendo: "Deus me fez esquecer todo o meu sofrimento e toda a casa de meu pai". 52Ao segundo filho chamou Efraim, dizendo: "Deus me fez prosperar na terra onde tenho sofrido".

53Assim chegaram ao fim os sete anos de fartura no Egito, 54e começaram os sete anos de fome, como José tinha predito. Houve fome em todas as terras, mas em todo o Egito havia alimento. 55Quando todo o Egito começou a sofrer com a fome, o povo clamou ao faraó por comida, e este respondeu a todos os egípcios: "Dirijam-se a José e façam o que ele disser".

56Quando a fome já se havia espalhado por toda a terra, José mandou abrir os locais de armazenamento e começou a vender trigo aos egípcios, pois a fome se agravava em todo o Egito. 57E de toda a terra vinha gente ao Egito para comprar trigo de José, porquanto a fome se agravava em toda parte.

Os irmãos de José no Egito

42 Quando Jacó soube que no Egito havia trigo, disse a seus filhos: "Por que estão aí olhando uns para os outros?" 2Disse ainda: "Ouvi dizer que há trigo no Egito. Desçam até lá e comprem trigo para nós, para que possamos continuar vivos e não morramos de fome".

3Assim dez dos irmãos de José desceram ao Egito para comprar trigo. 4Jacó não deixou que Benjamim, irmão de José, fosse com eles, temendo que algum mal lhe acontecesse. 5Os filhos de Israel estavam entre outros que também foram comprar trigo, por causa da fome na terra de Canaã.

6José era o governador do Egito e era ele que vendia trigo a todo o povo da terra. Por isso, quando os irmãos de José chegaram, curvaram-se diante dele com o rosto em terra. 7José reconheceu os seus irmãos logo que os viu, mas agiu como se não os conhecesse, e lhes falou asperamente: "De onde vocês vêm?"

Responderam eles: "Da terra de Canaã, para comprar comida".

8José reconheceu os seus irmãos, mas eles não o reconheceram. 9Lembrou-se então dos sonhos que tivera a respeito deles e lhes disse: "Vocês são espiões! Vieram para ver onde a nossa terra está desprotegida".

10Eles responderam: "Não, meu senhor. Teus servos vieram comprar comida. 11Todos nós somos filhos do mesmo pai. Teus servos são homens honestos, e não espiões".

12Mas José insistiu: "Não! Vocês vieram ver onde a nossa terra está desprotegida".

13E eles disseram: "Teus servos eram doze irmãos, todos filhos do mesmo pai, na terra de Canaã. O caçula está agora em casa com o pai, e o outro já morreu".

14José tornou a afirmar: "É como lhes falei: Vocês são espiões! 15Vocês serão postos à prova. Juro pela vida do faraó que vocês não sairão daqui, enquanto o seu irmão caçula não vier para cá. 16Mandem algum de vocês buscar o seu irmão enquanto os demais aguardam presos. Assim ficará provado se as suas palavras são verdadeiras ou não. Se não

[a] 41:45 Isto é, Heliópolis; também no versículo 50.
[b] 41:46 Ou *quando se apresentou ao faraó*

Você sabia?

Por que José fingiu ser um estranho para com seus irmãos?

42:8 José queria descobrir se seus irmãos perceberam que foi errado aquilo que haviam feito com ele. José continuou testando os irmãos até que, por fim, eles mostraram que realmente se importavam com o pai e também uns com os outros.

forem, juro pela vida do faraó que ficará con-
firmado que vocês são espiões!" 17E os deixou
presos três dias.
18No terceiro dia, José lhes disse: "Eu tenho
temor de Deus. Se querem salvar sua vida,
façam o seguinte: 19se vocês são homens ho-
nestos, deixem um dos seus irmãos aqui na
prisão, enquanto os demais voltam, levando
trigo para matar a fome das suas famílias.
20Tragam-me, porém, o seu irmão caçula, pa-
ra que se comprovem as suas palavras e vocês
não tenham que morrer".
21Eles se prontificaram a fazer isso e dis-
seram uns aos outros: "Certamente estamos
sendo punidos pelo que fizemos a nosso ir-
mão. Vimos como ele estava angustiado,
quando nos implorava por sua vida, mas não
lhe demos ouvidos; por isso nos sobreveio
esta angústia".
22Rúben respondeu: "Eu não lhes disse que
não maltratassem o menino? Mas vocês não
quiseram me ouvir! Agora teremos que pres-
tar contas do seu sangue".
23Eles, porém, não sabiam que José podia
compreendê-los, pois ele lhes falava por meio
de um intérprete.
24Nisso José retirou-se e começou a chorar,
mas logo depois voltou e conversou de novo
com eles. Então escolheu Simeão e mandou
acorrentá-lo diante deles.

A volta para Canaã

25Em seguida, José deu ordem para que en-
chessem de trigo suas bagagens, devolves-
sem a prata de cada um deles, colocando-a
nas bagagens, e lhes dessem mantimentos
para a viagem. E assim foi feito. 26Eles puse-
ram a carga de trigo sobre os seus jumentos
e partiram.
27No lugar onde pararam para pernoitar,
um deles abriu a bagagem para pegar forra-
gem para o seu jumento e viu a prata na boca
da bagagem. 28E disse a seus irmãos: "Devol-
veram a minha prata. Está aqui em minha
bagagem".
Tomados de pavor em seu coração e tre-
mendo, disseram uns aos outros: "Que é isto
que Deus fez conosco?"
29Ao chegarem à casa de seu pai Jacó, na
terra de Canaã, relataram-lhe tudo o que lhes
acontecera, dizendo: 30"O homem que gover-
na aquele país falou asperamente conosco e
nos tratou como espiões. 31Mas nós lhe asse-
guramos que somos homens honestos e não
espiões. 32Dissemos também que éramos do-
ze irmãos, filhos do mesmo pai, e que um já
havia morrido e que o caçula estava com o
nosso pai, em Canaã.
33"Então o homem que governa aquele país
nos disse: 'Vejamos se vocês são honestos:
um dos seus irmãos ficará aqui comigo, e os
outros poderão voltar e levar mantimentos
para matar a fome das suas famílias. 34Tra-
gam-me, porém, o seu irmão caçula, para que
eu comprove que vocês não são espiões, mas
sim, homens honestos. Então lhes devolve-
rei o irmão e os autorizarei a fazer negócios
nesta terra' ".
35Ao esvaziarem as bagagens, dentro da ba-
gagem de cada um estava a sua bolsa cheia
de prata. Quando eles e seu pai viram as bol-
sas cheias de prata, ficaram com medo. 36E
disse-lhes seu pai Jacó: "Vocês estão tirando
meus filhos de mim! Já fiquei sem José, agora
sem Simeão e ainda querem levar Benjamim.
Tudo está contra mim!"
37Então Rúben disse ao pai: "Podes matar
meus dois filhos se eu não o trouxer de vol-
ta. Deixa-o aos meus cuidados, e eu o trarei".
38Mas o pai respondeu: "Meu filho não des-
cerá com vocês; seu irmão está morto, e ele é
o único que resta. Se qualquer mal lhe acon-
tecer na viagem que estão por fazer, vocês
farão estes meus cabelos brancos descerem
à sepultura[a] com tristeza".

De volta ao Egito

43 A fome continuava rigorosa na terra.
2Assim, quando acabou todo o trigo que
os filhos de Jacó tinham trazido do Egito, seu
pai lhes disse: "Voltem e comprem um pouco
mais de comida para nós".
3Mas Judá lhe disse: "O homem nos ad-
vertiu severamente: 'Não voltem à minha
presença, a não ser que tragam o seu irmão'.
4Se enviares o nosso irmão conosco, desce-
remos e compraremos comida para ti. 5Mas
se não o enviares conosco, não iremos, por-
que foi assim que o homem falou: 'Não vol-
tem à minha presença, a não ser que tragam
o seu irmão' ".
6Israel perguntou: "Por que me causaram
esse mal, contando àquele homem que ti-
nham outro irmão?"
7E lhe responderam: "Ele nos interrogou
sobre nós e sobre nossa família. E também
nos perguntou: 'O pai de vocês ainda es-
tá vivo? Vocês têm outro irmão?' Nós sim-
plesmente respondemos ao que ele nos

[a] 42:38 Hebraico: *Sheol*. Essa palavra também pode ser tra-
duzida por profundezas, pó ou morte.

perguntou. Como poderíamos saber que ele exigiria que levássemos o nosso irmão?"

8Então disse Judá a Israel, seu pai: "Deixa o jovem ir comigo e partiremos imediatamente, a fim de que tu, nós e nossas crianças sobrevivamos e não venhamos a morrer. 9Eu me comprometo pessoalmente pela segurança dele; podes me considerar responsável por ele. Se eu não o trouxer de volta e não o colocar bem aqui na tua presença, serei culpado diante de ti pelo resto da minha vida. 10Como se vê, se não tivéssemos demorado tanto, já teríamos ido e voltado duas vezes".

11Então Israel, seu pai, lhes disse: "Se tem que ser assim, que seja! Coloquem alguns dos melhores produtos da nossa terra na bagagem e levem-nos como presente ao tal homem: um pouco de bálsamo, um pouco de mel, algumas especiarias e mirra, algumas nozes de pistache e amêndoas. 12Levem prata em dobro, e devolvam a prata que foi colocada de volta na boca da bagagem de vocês. Talvez isso tenha acontecido por engano. 13Peguem também o seu irmão e voltem àquele homem. 14Que o Deus todo-poderoso[a] lhes conceda misericórdia diante daquele homem, para que ele permita que o seu outro irmão e Benjamim voltem com vocês. Quanto a mim, se ficar sem filhos, sem filhos ficarei".

15Então os homens desceram ao Egito, levando o presente, prata em dobro e Benjamim, e foram à presença de José. 16Quando José viu Benjamim com eles, disse ao administrador de sua casa: "Leve estes homens à minha casa, mate um animal e prepare-o; eles almoçarão comigo ao meio-dia".

17Ele fez o que lhe fora ordenado e levou-os à casa de José. 18Eles ficaram com medo quando foram levados à casa de José, e pensaram: "Trouxeram-nos aqui por causa da prata que foi devolvida às nossas bagagens na primeira vez. Ele quer atacar-nos, subjugar-nos, tornar-nos escravos e tomar de nós os nossos jumentos".

19Por isso, dirigiram-se ao administrador da casa de José e lhe disseram à entrada da casa: 20"Ouça, senhor! A primeira vez que viemos aqui foi realmente para comprar comida. 21Mas no lugar em que paramos para pernoitar, abrimos nossas bagagens e cada um de nós encontrou a prata que tinha trazido, na quantia exata. Por isso a trouxemos de volta conosco, 22além de mais prata, para comprar comida. Não sabemos quem pôs a prata em nossa bagagem".

23"Fiquem tranquilos", disse o administrador. "Não tenham medo. O seu Deus, o Deus de seu pai, foi quem lhes deu um tesouro em suas bagagens, porque a prata de vocês eu recebi." Então soltou Simeão e o levou à presença deles. 24Em seguida os levou à casa de José, deu-lhes água para lavarem os pés e forragem para os seus jumentos. 25Eles então prepararam o presente para a chegada de José ao meio-dia, porque ficaram sabendo que iriam almoçar ali.

26Quando José chegou, eles o presentearam com o que tinham trazido e curvaram-se diante dele até o chão. 27Ele então lhes perguntou como passavam e disse em seguida: "Como vai o pai de vocês, o homem idoso de quem me falaram? Ainda está vivo?"

28Eles responderam: "Teu servo, nosso pai, ainda vive e passa bem". E se curvaram para prestar-lhe honra.

29Olhando ao redor e vendo seu irmão Benjamim, filho de sua mãe, José perguntou: "É este o irmão caçula de quem me falaram?" E acrescentou: "Deus lhe conceda graça, meu filho". 30Profundamente emocionado por causa de seu irmão, José apressou-se em sair à procura de um lugar para chorar, e entrando em seu quarto, chorou.

31Depois de lavar o rosto, saiu e, controlando-se, disse: "Sirvam a comida".

32Serviram a ele em separado dos seus irmãos e também dos egípcios que comiam com ele, porque os egípcios não podiam comer com os hebreus, pois isso era sacrilégio para eles. 33Seus irmãos foram colocados à mesa perante ele por ordem de idade, do mais velho ao mais moço, e olhavam perplexos uns para os outros. 34Então lhes serviram da comida da mesa de José, e a porção de Benjamim era cinco vezes maior que a dos outros. E eles festejaram e beberam à vontade.

A taça de José na bagagem de Benjamim

44 José deu as seguintes ordens ao administrador de sua casa: "Encha as bagagens desses homens com todo o mantimento que puderem carregar e coloque a prata de cada um na boca de sua bagagem. 2Depois coloque a minha taça, a taça de prata, na boca da bagagem do caçula, junto com a prata paga pelo trigo". E ele fez tudo conforme as ordens de José.

3Assim que despontou a manhã, despediram os homens com os seus jumentos.

[a] 43:14 Hebraico: *El-Shaddai*; também em 48:3 e 49:25.

4 Ainda não tinham se afastado da cidade,
quando José disse ao administrador de sua
casa: “Vá atrás daqueles homens e, quando
os alcançar, diga-lhes: Por que retribuíram o
bem com o mal? 5 Não é esta a taça que o meu
senhor usa para beber e para fazer adivinha-
ções? Vocês cometeram grande maldade!”
6 Quando ele os alcançou, repetiu-lhes es-
sas palavras. 7 Mas eles lhe responderam: “Por
que o meu senhor diz isso? Longe dos seus
servos fazer tal coisa! 8 Nós lhe trouxemos de
volta, da terra de Canaã, a prata que encon-
tramos na boca de nossa bagagem. Como
roubaríamos prata ou ouro da casa do seu
senhor? 9 Se algum dos seus servos for en-
contrado com ela, morrerá; e nós, os demais,
seremos escravos do meu senhor”.
10 E disse ele: “Concordo. Somente quem for
encontrado com ela será meu escravo; os de-
mais estarão livres”.
11 Cada um deles descarregou depressa a sua
bagagem e abriu-a. 12 O administrador come-
çou então a busca, desde a bagagem do mais
velho até a do mais novo. E a taça foi encon-
trada na bagagem de Benjamim. 13 Diante dis-
so, eles rasgaram as suas vestes. Em seguida,
todos puseram a carga de novo em seus ju-
mentos e retornaram à cidade.
14 Quando Judá e seus irmãos chegaram à
casa de José, ele ainda estava lá. Então eles
se lançaram ao chão perante ele. 15 E José lhes
perguntou: “Que foi que vocês fizeram? Vo-
cês não sabem que um homem como eu tem
poder para adivinhar?”
16 Respondeu Judá: “O que diremos a meu
senhor? Que podemos falar? Como podemos
provar nossa inocência? Deus trouxe à luz a
culpa dos teus servos. Agora somos escravos
do meu senhor, como também aquele que
foi encontrado com a taça”.
17 Disse, porém, José: “Longe de mim fazer
tal coisa! Somente aquele que foi encontra-
do com a taça será meu escravo. Os demais
podem voltar em paz para a casa do seu pai”.
18 Então Judá dirigiu-se a ele, dizendo: “Por
favor, meu senhor, permite-me dizer-te uma
palavra. Não se acenda a tua ira contra o teu
servo, embora sejas igual ao próprio faraó.
19 Meu senhor perguntou a estes seus servos
se ainda tínhamos pai e algum outro irmão.
20 E nós respondemos: Temos um pai já ido-
so, cujo filho caçula nasceu-lhe em sua velhi-
ce. O irmão deste já morreu, e ele é o único
filho da mesma mãe que restou, e seu pai o
ama muito.
21 “Então disseste a teus servos que o trou-
xessem a ti para que os teus olhos pudessem
vê-lo. 22 E nós respondemos a meu senhor que
o jovem não poderia deixar seu pai, pois, caso
o fizesse, seu pai morreria. 23 Todavia disses-
te a teus servos que se o nosso irmão caçu-
la não viesse conosco, nunca mais veríamos
a tua face. 24 Quando voltamos a teu servo, a
meu pai, contamos-lhe o que o meu senhor
tinha dito.
25 “Quando o nosso pai nos mandou vol-
tar para comprar um pouco mais de comi-
da, 26 nós lhe dissemos: Só poderemos voltar
para lá, se o nosso irmão caçula for conosco.
Pois não poderemos ver a face daquele ho-
mem, a não ser que o nosso irmão caçula es-
teja conosco.
27 “Teu servo, meu pai, nos disse então: ‘Vo-
cês sabem que minha mulher me deu apenas
dois filhos. 28 Um deles se foi, e eu disse: Com
certeza foi despedaçado. E até hoje, nunca
mais o vi. 29 Se agora vocês também levarem
este de mim, e algum mal lhe acontecer, a
tristeza que me causarão fará com que os
meus cabelos brancos desçam à sepultura[a]’.
30 “Agora, pois, se eu voltar a teu servo, a
meu pai, sem levar o jovem conosco, logo que
meu pai, que é tão apegado a ele, 31 perceber
que o jovem não está conosco, morrerá. Teus
servos farão seu velho pai descer seus cabelos
brancos à sepultura com tristeza.
32 “Além disso, teu servo garantiu a segu-
rança do jovem a seu pai, dizendo-lhe: Se eu
não o trouxer de volta, suportarei essa culpa
diante de ti pelo resto da minha vida!
33 “Por isso agora te peço, por favor, deixa o
teu servo ficar como escravo do meu senhor
no lugar do jovem e permite que ele volte
com os seus irmãos. 34 Como poderei eu vol-
tar a meu pai sem levar o jovem comigo? Não!
Não posso ver o mal que sobreviria a meu pai”.

José revela a verdade

45 A essa altura, José já não podia mais
conter-se diante de todos os que ali es-
tavam, e gritou: “Façam sair a todos!” Assim,
ninguém mais estava presente quando José
se revelou a seus irmãos. 2 E ele se pôs a cho-
rar tão alto que os egípcios o ouviram, e a
notícia chegou ao palácio do faraó.
3 Então disse José a seus irmãos: “Eu sou
José! Meu pai ainda está vivo?” Mas os seus
irmãos ficaram tão pasmados diante dele que
não conseguiam responder-lhe.

[a] 44:29 Hebraico: *Sheol*; também no versículo 31. Essa palavra também pode ser traduzida por profundezas, pó ou morte.

4“Cheguem mais perto”, disse José a seus
irmãos. Quando eles se aproximaram, disse-
-lhes: “Eu sou José, seu irmão, aquele que vo-
cês venderam ao Egito! 5Agora, não se aflijam
nem se recriminem por terem me vendido
para cá, pois foi para salvar vidas que Deus
me enviou adiante de vocês. 6Já houve dois
anos de fome na terra, e nos próximos cinco
anos não haverá cultivo nem colheita. 7Mas
Deus me enviou à frente de vocês para lhes
preservar um remanescente nesta terra e pa-
ra salvar-lhes a vida com grande livramento[a].
8“Assim, não foram vocês que me manda-
ram para cá, mas sim o próprio Deus. Ele me
tornou ministro[b] do faraó, e me fez admi-
nistrador de todo o palácio e governador de
todo o Egito. 9Voltem depressa a meu pai e
digam-lhe: Assim diz o seu filho José: Deus
me fez senhor de todo o Egito. Vem para cá,
não te demores. 10Tu viverás na região de Gó-
sen e ficarás perto de mim — tu, os teus fi-
lhos, os teus netos, as tuas ovelhas, os teus
bois e todos os teus bens. 11Eu te sustentarei
ali, porque ainda haverá cinco anos de fome.
Do contrário, tu, a tua família e todos os teus
rebanhos acabarão na miséria.
12“Vocês estão vendo com os seus próprios
olhos, e meu irmão Benjamim também, que
realmente sou eu que estou falando com vo-
cês. 13Contem a meu pai quanta honra me
prestam no Egito e tudo o que vocês mes-
mos testemunharam. E tragam meu pai pa-
ra cá depressa”.
14Então ele se lançou chorando sobre o seu
irmão Benjamim e o abraçou, e Benjamim
também o abraçou, chorando. 15Em seguida
beijou todos os seus irmãos e chorou com
eles. E só depois os seus irmãos conseguiram
conversar com ele.
16Quando se ouviu no palácio do faraó que
os irmãos de José haviam chegado, o faraó e
todos os seus conselheiros se alegraram. 17Dis-
se então o faraó a José: “Diga a seus irmãos
que ponham as cargas nos seus animais, vol-
tem para a terra de Canaã 18e retornem para
cá, trazendo seu pai e suas famílias. Eu lhes
darei o melhor da terra do Egito e vocês po-
derão desfrutar a fartura desta terra.
19“Mande-os também levar carruagens do
Egito para trazerem as suas mulheres, os seus
filhos e seu pai. 20Não se preocupem com os
seus bens, pois o melhor de todo o Egito se-
rá de vocês”.

[a] 45:7 Ou *salvá-los como a um grande grupo de sobreviventes*
[b] 45:8 Hebraico: *pai*.

21Assim fizeram os filhos de Israel. José
lhes providenciou carruagens, como o faraó
tinha ordenado, e também mantimentos pa-
ra a viagem. 22A cada um deu uma muda de
roupa nova, mas a Benjamim deu trezentas
peças de prata e cinco mudas de roupa nova.
23E a seu pai enviou dez jumentos carregados
com o melhor do que havia no Egito e dez
jumentas carregadas de trigo, pão e outras
provisões para a viagem. 24Depois despediu-
-se dos seus irmãos e, ao partirem, disse-lhes:
“Não briguem pelo caminho!”
25Assim partiram do Egito e voltaram a seu
pai Jacó, na terra de Canaã, 26e lhe deram a
notícia: “José ainda está vivo! Na verdade ele
é o governador de todo o Egito”. O coração de
Jacó quase parou! Não podia acreditar neles.
27Mas, quando lhe relataram tudo o que Jo-
sé lhes dissera, e vendo Jacó, seu pai, as car-
ruagens que José enviara para buscá-lo, seu
espírito reviveu. 28E Israel disse: “Basta! Meu
filho José ainda está vivo. Irei vê-lo antes que
eu morra”.

Jacó emigra para o Egito

46 Israel partiu com tudo o que lhe per-
tencia. Ao chegar a Berseba[c], ofereceu
sacrifícios ao Deus de Isaque, seu pai. 2E Deus
falou a Israel por meio de uma visão notur-
na: “Jacó! Jacó!”
“Eis-me aqui”, respondeu ele.
3“Eu sou Deus, o Deus de seu pai”, disse ele.
“Não tenha medo de descer ao Egito, porque
lá farei de você uma grande nação. 4Eu mes-
mo descerei ao Egito com você e certamen-
te o trarei de volta. E a mão de José fechará
os seus olhos.”
5Então Jacó partiu de Berseba. Os filhos de
Israel levaram seu pai Jacó, seus filhos e as
suas mulheres nas carruagens que o faraó ti-
nha enviado. 6Também levaram os seus re-
banhos e os bens que tinham adquirido em
Canaã. Assim Jacó foi para o Egito com to-
da a sua descendência. 7Levou consigo para
o Egito seus filhos, seus netos, suas filhas e
suas netas, isto é, todos os seus descendentes.
8Estes são os nomes dos israelitas, Jacó e
seus descendentes, que foram para o Egito:

Rúben, o filho mais velho de Jacó.
9Estes foram os filhos de Rúben:
Enoque, Palu, Hezrom e Carmi.
10Estes foram os filhos de Simeão:
Jemuel, Jamim, Oade, Jaquim, Zoar

[c] 46:1 *Berseba* pode significar *poço dos sete* ou *poço do juramento*; também no versículo 5.

e Saul, filho de uma cananeia.
11 Estes foram os filhos de Levi:
Gérson, Coate e Merari.
12 Estes foram os filhos de Judá:
Er, Onã, Selá, Perez e Zerá.
Er e Onã morreram na terra de Canaã.
Estes foram os filhos de Perez:
Hezrom e Hamul.
13 Estes foram os filhos de Issacar:
Tolá, Puá[a], Jasube[b] e Sinrom.
14 Estes foram os filhos de Zebulom:
Serede, Elom e Jaleel.
15 Foram esses os filhos que Lia deu a Jacó
em PadãArã[c], além de sua filha Diná. Seus
descendentes eram ao todo trinta e três.
16 Estes foram os filhos de Gade:
Zefom[d], Hagi, Suni, Esbom,
Eri, Arodi e Areli.
17 Estes foram os filhos de Aser:
Imna, Isvá, Isvi e Berias,
e a irmã deles, Sera.
Estes foram os filhos de Berias:
Héber e Malquiel.
18 Foram esses os dezesseis descendentes
que Zilpa, serva que Labão tinha dado à
sua filha Lia, deu a Jacó.
19 Estes foram os filhos de Raquel, mulher
de Jacó:
José e Benjamim.
20 Azenate, filha de Potífera, sacerdote de
Om[e], deu dois filhos a José no Egito: Ma-
nassés e Efraim.
21 Estes foram os filhos de Benjamim:
Belá, Bequer, Asbel, Gera, Naamã,
Eí, Rôs, Mupim, Hupim e Arde.
22 Foram esses os catorze descendentes que
Raquel deu a Jacó.
23 O filho de Dã foi Husim.
24 Estes foram os filhos de Naftali:
Jazeel, Guni, Jezer e Silém.
25 Foram esses os sete descendentes que Bi-
la, serva que Labão tinha dado à sua filha
Raquel, deu a Jacó.

26 Todos os que foram para o Egito com Ja-
có, todos os seus descendentes, sem contar as
mulheres de seus filhos, totalizaram sessen-
ta e seis pessoas. 27 Com mais os dois filhos[f]
que nasceram a José no Egito, os membros
da família de Jacó que foram para o Egito
chegaram a setenta[g].

[a] 46:13 Alguns manuscritos dizem *Puva*. Veja 1Cr 7:1.
[b] 46:13 Alguns manuscritos dizem *Jó*. Veja Nm 26:24 e 1Cr 7:1.
[c] 46:15 Provavelmente na região noroeste da Mesopotâmia; também em 48:7.
[d] 46:16 Alguns manuscritos dizem *Zifiom*. Veja Nm 26:15.
[e] 46:20 Isto é, Heliópolis.
[f] 46:27 A Septuaginta diz *nove filhos*.
[g] 46:27 A Septuaginta diz *setenta e cinco*. Veja Êx 1:5 e At 7:14.

Você sabia?

Por que Deus enviou a família de Jacó para o Egito?

46:27 Para que eles pudessem crescer em segurança. Havia muitas guerras e também fome em Canaã. Mas, no Egito, as setenta pessoas da família de Jacó multiplicaram-se até se tornarem milhões durante os quatrocentos anos seguintes.

28 Ora, Jacó enviou Judá à sua frente a José,
para saber como ir a Gósen. Quando lá che-
garam, 29 José, de carruagem pronta, partiu
para Gósen para encontrar-se com seu pai Is-
rael. Assim que o viu, correu para abraçá-lo e,
abraçado a ele, chorou longamente.
30 Israel disse a José: "Agora já posso mor-
rer, pois vi o seu rosto e sei que você ainda
está vivo".
31 Então José disse aos seus irmãos e a toda
a família de seu pai: "Vou partir e informar
ao faraó que os meus irmãos e toda a famí-
lia de meu pai, que viviam em Canaã, vieram
para cá. 32 Direi que os homens são pastores,
cuidam de rebanhos, e trouxeram consigo
suas ovelhas, seus bois e tudo quanto lhes
pertence. 33 Quando o faraó mandar chamá-
-los e perguntar: 'Em que vocês trabalham?',
34 respondam-lhe assim: 'Teus servos criam
rebanhos desde pequenos, como o fizeram
nossos antepassados'. Assim lhes será permi-
tido habitar na região de Gósen, pois todos
os pastores são desprezados pelos egípcios".

Jacó se estabelece no Egito

47 José foi dar as notícias ao faraó: "Meu
pai e meus irmãos chegaram de Canaã
com suas ovelhas, seus bois e tudo o que lhes
pertence, e estão agora em Gósen". 2 Depois
escolheu cinco de seus irmãos e os apresen-
tou ao faraó.
3 Perguntou-lhes o faraó: "Em que vocês
trabalham?"
Eles lhe responderam: "Teus servos são
pastores, como os nossos antepassados".
4 Disseram-lhe ainda: "Viemos morar aqui
por uns tempos, porque a fome é rigorosa
em Canaã, e os rebanhos de teus servos não

têm pastagem. Agora, por favor, permite que teus servos se estabeleçam em Gósen".

5 Então o faraó disse a José: "Seu pai e seus irmãos vieram a você, 6 e a terra do Egito está a sua disposição; faça com que seu pai e seus irmãos habitem na melhor parte da terra. Deixe-os morar em Gósen. E se você vir que alguns deles são competentes, coloque-os como responsáveis por meu rebanho".

7 Então José levou seu pai Jacó ao faraó e o apresentou a ele. Depois Jacó abençoou[a] o faraó, 8 e este lhe perguntou: "Quantos anos o senhor tem?"

9 Jacó respondeu ao faraó: "São cento e trinta os anos da minha peregrinação. Foram poucos e difíceis e não chegam aos anos da peregrinação dos meus antepassados". 10 Então, Jacó abençoou[b] o faraó e retirou-se.

11 José instalou seu pai e seus irmãos e deu-lhes propriedade na melhor parte das terras do Egito, na região de Ramessés, conforme a ordem do faraó. 12 Providenciou também sustento para seu pai, para seus irmãos e para toda a sua família, de acordo com o número de filhos de cada um.

Os anos de fome

13 Não havia mantimento em toda a região, pois a fome era rigorosa; tanto o Egito como Canaã desfaleciam por causa da fome. 14 José recolheu toda a prata que circulava no Egito e em Canaã, dada como pagamento do trigo que o povo comprava, e levou-a ao palácio do faraó. 15 Quando toda a prata do Egito e de Canaã se esgotou, todos os egípcios foram suplicar a José: "Dá-nos comida! Não nos deixes morrer só porque a nossa prata acabou".

16 E José lhes disse: "Tragam então os seus rebanhos, e em troca lhes darei trigo, uma vez que a prata de vocês acabou". 17 E trouxeram a José os rebanhos, e ele deu-lhes trigo em troca de cavalos, ovelhas, bois e jumentos. Durante aquele ano inteiro ele os sustentou em troca de todos os seus rebanhos.

18 O ano passou, e no ano seguinte voltaram a José, dizendo: "Não temos como esconder de ti, meu senhor, que uma vez que a nossa prata acabou e os nossos rebanhos lhe pertencem, nada mais nos resta para oferecer, a não ser os nossos próprios corpos e as nossas terras. 19 Não deixes que morramos e que as nossas terras pereçam diante dos teus olhos! Compra-nos, e compra as nossas terras, em troca de trigo, e nós, com as nossas terras, seremos escravos do faraó. Dá-nos sementes para que sobrevivamos e não morramos de fome, a fim de que a terra não fique desolada".

20 Assim, José comprou todas as terras do Egito para o faraó. Todos os egípcios tiveram que vender os seus campos, pois a fome os obrigou a isso. A terra tornou-se propriedade do faraó. 21 Quanto ao povo, José o reduziu à servidão[c], de uma à outra extremidade do Egito. 22 Somente as terras dos sacerdotes não foram compradas, porque, por lei, esses recebiam sustento regular do faraó, e disso viviam. Por isso não tiveram que vender as suas terras.

23 Então José disse ao povo: "Ouçam! Hoje comprei vocês e suas terras para o faraó; aqui estão as sementes para que cultivem a terra. 24 Mas vocês darão a quinta parte das suas colheitas ao faraó. Os outros quatro quintos ficarão para vocês como sementes para os campos e como alimento para vocês, seus filhos e os que vivem em suas casas".

25 Eles disseram: "Meu senhor, tu nos salvaste a vida. Visto que nos favoreceste, seremos escravos do faraó".

26 Assim, quanto à terra, José estabeleceu o seguinte decreto no Egito, que permanece até hoje: um quinto da produção pertence ao faraó. Somente as terras dos sacerdotes não se tornaram propriedade do faraó.

O último desejo de Jacó

27 Os israelitas se estabeleceram no Egito, na região de Gósen. Lá adquiriram propriedades, foram prolíferos e multiplicaram-se muito.

28 Jacó viveu dezessete anos no Egito, e os anos da sua vida chegaram a cento e quarenta e sete. 29 Aproximando-se a hora da sua morte, Israel chamou seu filho José e lhe disse: "Se quer agradar-me, ponha a mão debaixo da minha coxa e prometa que será bondoso e fiel comigo: Não me sepulte no Egito. 30 Quando eu descansar com meus pais, leve-me daqui do Egito e sepulte-me junto a eles".

José respondeu: "Farei como o senhor me pede".

31 Mas Jacó insistiu: "Jure-me". E José lhe jurou, e Israel curvou-se apoiado em seu bordão[d].

[a] 47:7 Ou *saudou*
[b] 47:10 Ou *despediu-se do*

[c] 47:21 Conforme o Pentateuco Samaritano e a Septuaginta. O Texto Massorético diz *mudou-o para as cidades*.
[d] 47:31 Conforme a Septuaginta. O Texto Massorético diz *curvou-se à cabeceira de sua cama*.

Jacó abençoa Manassés e Efraim

48 Algum tempo depois, disseram a José:
"Seu pai está doente"; e ele foi vê-lo,
levando consigo seus dois filhos, Manassés e
Efraim. 2E anunciaram a Jacó: "Seu filho José
veio vê-lo". Israel reuniu suas forças e assen-
tou-se na cama.
3Então disse Jacó a José: "O Deus todo-
-poderoso apareceu-me em Luz, na terra de
Canaã, e ali me abençoou, 4dizendo: 'Eu o fa-
rei prolífero e o multiplicarei. Farei de você
uma comunidade de povos e darei esta ter-
ra por propriedade perpétua aos seus des-
cendentes'.
5"Agora, pois, os seus dois filhos que lhe
nasceram no Egito, antes da minha vinda
para cá, serão reconhecidos como meus;
Efraim e Manassés serão meus, como são
meus Rúben e Simeão. 6Os filhos que lhe
nascerem depois deles serão seus; serão con-
vocados sob o nome dos seus irmãos para
receberem sua herança. 7Quando eu voltava
de Padã, para minha tristeza Raquel mor-
reu em Canaã, quando ainda estávamos a
caminho, a pouca distância de Efrata. Eu a
sepultei ali, ao lado do caminho para Efra-
ta, que é Belém".
8Quando Israel viu os filhos de José, per-
guntou: "Quem são estes?"
9Respondeu José a seu pai: "São os filhos
que Deus me deu aqui".
Então Israel disse: "Traga-os aqui para que
eu os abençoe".
10Os olhos de Israel já estavam enfraque-
cidos por causa da idade avançada, e ele mal
podia enxergar. Por isso José levou seus fi-
lhos para perto dele, e seu pai os beijou e
os abraçou.
11E Israel disse a José: "Nunca pensei que
veria a sua face novamente, e agora Deus me
concede ver também os seus filhos!"
12Em seguida, José os tirou do colo de Is-
rael e curvou-se com o rosto em terra. 13E Jo-
sé tomou os dois, Efraim à sua direita, perto
da mão esquerda de Israel, e Manassés à sua
esquerda, perto da mão direita de Israel, e os
aproximou dele. 14Israel, porém, estendeu a
mão direita e a pôs sobre a cabeça de Efraim,
embora este fosse o mais novo e, cruzando
os braços, pôs a mão esquerda sobre a cabe-
ça de Manassés, embora Manassés fosse o fi-
lho mais velho.
15E abençoou a José, dizendo:
"Que o Deus, a quem serviram
meus pais Abraão e Isaque,
o Deus que tem sido o meu pastor
em toda a minha vida até o dia de
hoje,
16o Anjo que me redimiu de todo o mal,
abençoe estes meninos.
Sejam eles chamados pelo meu nome
e pelos nomes de meus pais
Abraão e Isaque,
e cresçam muito na terra".
17Quando José viu seu pai colocar a mão di-
reita sobre a cabeça de Efraim, não gostou;
por isso pegou a mão do pai, a fim de mu-
dá-la da cabeça de Efraim para a de Manas-
sés, 18e lhe disse: "Não, meu pai, este aqui é
o mais velho; ponha a mão direita sobre a
cabeça dele".
19Mas seu pai recusou-se e respondeu: "Eu
sei, meu filho, eu sei. Ele também se tornará
um povo, também será grande. Apesar dis-
so, seu irmão mais novo será maior do que
ele, e seus descendentes se tornarão muitos[a]
povos". 20Assim, Jacó os abençoou naquele
dia, dizendo:
"O povo de Israel usará os seus nomes para
abençoar uns aos outros com esta expressão:
Que Deus faça a você como fez a Efraim e
a Manassés!"
E colocou Efraim à frente de Manassés.
21A seguir, Israel disse a José: "Estou para
morrer, mas Deus estará com vocês e os le-
vará de volta à terra de seus antepassados.
22E a você, como alguém que está acima de
seus irmãos, dou a região montanhosa[b] que
tomei dos amorreus com a minha espada e
com o meu arco".

Jacó abençoa seus filhos

49 Então Jacó chamou seus filhos e dis-
se: "Ajuntem-se a meu lado para que
eu lhes diga o que lhes acontecerá nos dias
que virão.
2"Reúnam-se para ouvir, filhos de Jacó;
ouçam o que diz seu pai Israel.
3"Rúben, você é meu primogênito,
minha força,
o primeiro sinal do meu vigor,
superior em honra, superior em
poder.
4Turbulento como as águas,
já não será superior,
porque você subiu à cama de seu pai,
ao meu leito, e o desonrou.

[a] 48:19 Hebraico: *uma plenitude de povos.*
[b] 48:22 Ou *E a você dou uma porção a mais do que a seus irmãos, a porção que tomei*

5Simeão e Levi são irmãos;
suas espadas são armas de violência.
6Que eu não entre no conselho deles,
nem participe da sua assembleia,
porque em sua ira mataram homens
e a seu bel-prazer aleijaram bois,
cortando-lhes o tendão.
7Maldita seja a sua ira, tão tremenda,
e a sua fúria, tão cruel!
Eu os dividirei pelas terras de Jacó
e os dispersarei em Israel.
8Judá, seus irmãos o louvarão,
sua mão estará sobre o pescoço
dos seus inimigos;
os filhos de seu pai se curvarão
diante de você.
9Judá é um leão novo.
Você vem subindo, filho meu,
depois de matar a presa.
Como um leão, ele se assenta;
e deita-se como uma leoa;
quem tem coragem de acordá-lo?
10O cetro não se apartará de Judá,
nem o bastão de comando
de seus descendentes[a],
até que venha aquele
a quem ele pertence[b],
e a ele as nações obedecerão.
11Ele amarrará seu jumento
a uma videira
e o seu jumentinho,
ao ramo mais seleto;
lavará no vinho as suas roupas,
no sangue das uvas,
as suas vestimentas.
12Seus olhos serão mais escuros
que o vinho;
seus dentes, mais brancos que o leite[c].
13Zebulom morará à beira-mar
e se tornará um porto para os navios;
suas fronteiras se estenderão até
Sidom.
14Issacar é um jumento forte,
deitado entre as suas cargas[d].
15Quando ele perceber como é bom
o seu lugar de repouso
e como é aprazível a sua terra,
curvará seus ombros ao fardo
e se submeterá a trabalhos forçados.
16Dã defenderá o direito do seu povo
como qualquer das tribos de Israel.

Você sabia?

O que há de especial na bênção de Jacó a seus filhos?

49:1 A bênção de Jacó é tanto uma profecia como uma oração e conta o que acontecerá e o que haverá de especial em cada família muitos anos depois. A profecia sobre Judá é muitíssimo importante, pois o rei Davi e Jesus vieram da família desse grupo. Jesus é aquele que reinará sobre todas as nações (Gênesis 49:10).

17Dã será uma serpente
à beira da estrada,
uma víbora à margem do caminho,
que morde o calcanhar do cavalo
e faz cair de costas o seu cavaleiro.
18Ó SENHOR, eu espero a tua libertação!
19Gade será atacado por um bando,
mas é ele que o atacará e o
perseguirá[e].
20A mesa de Aser será farta;
ele oferecerá manjares de rei.
21Naftali é uma gazela solta,
que por isso faz festa[f].
22José é uma árvore frutífera,
árvore frutífera à beira de uma
fonte,
cujos galhos passam por cima do
muro[g].
23Com rancor arqueiros o atacaram,
atirando-lhe flechas com hostilidade.
24Mas o seu arco permaneceu firme,
os seus braços fortes, ágeis para
atirar,
pela mão do Poderoso de Jacó,
pelo nome do Pastor, a Rocha de
Israel,
25pelo Deus de seu pai, que ajuda você,
o Todo-poderoso[h], que o abençoa
com bênçãos dos altos céus,
bênçãos das profundezas,

[a] 49:10 Hebraico: *de entre seus pés.*
[b] 49:10 Ou *até que Siló venha*; ou ainda *até que venha aquele a quem pertence o tributo*
[c] 49:12 Ou *ficarão vermelhos por causa do vinho, seus dentes branqueados pelo leite*
[d] 49:14 Ou *os seus currais*; ou ainda *as suas fogueiras*
[e] 49:19 Hebraico: *atacará nos calcanhares.*
[f] 49:21 Ou *solta, que pronuncia lindas palavras*
[g] 49:22 Ou *José é um potro selvagem, um potro selvagem à beira de uma fonte, um asno selvagem numa colina aterrada.*
[h] 49:25 O Pentateuco Samaritano, a Septuaginta, a Versão Siríaca e alguns manuscritos do Texto Massorético dizem *Deus todo-poderoso.*

bênçãos da fertilidade e da fartura[a].
26As bênçãos de seu pai são superiores
às bênçãos dos montes antigos,
às delícias das colinas eternas[b].
Que todas essas bênçãos repousem
sobre a cabeça de José,
sobre a fronte daquele que foi separado
de entre[c] os seus irmãos.
27Benjamim é um lobo predador;
pela manhã devora a presa
e à tarde divide o despojo".

28São esses os que formaram as doze tribos
de Israel, e foi isso que seu pai lhes disse, ao
abençoá-los, dando a cada um a bênção que
lhe pertencia.

A morte de Jacó

29A seguir, Jacó deu-lhes estas instruções:
"Estou para ser reunido aos meus antepas-
sados. Sepultem-me junto aos meus pais na
caverna do campo de Efrom, o hitita, 30na ca-
verna do campo de Macpela, perto de Manre,
em Canaã, campo que Abraão comprou de
Efrom, o hitita, como propriedade para se-
pultura. 31Ali foram sepultados Abraão e Sara,
sua mulher, e Isaque e Rebeca, sua mulher;
ali também sepultei Lia.
32"Tanto o campo como a caverna que nele
está foram comprados dos hititas".
33Ao acabar de dar essas instruções a seus
filhos, Jacó deitou-se[d], expirou e foi reunido
aos seus antepassados.

[a] 49:25 Hebraico: *dos seios e do ventre.*
[b] 49:26 Ou *superiores às bênçãos dos meus antepassados, até os limites das colinas eternas*
[c] 49:26 Ou *a fronte do príncipe entre*
[d] 49:33 Hebraico: *recolheu seus pés na cama.*

50 José atirou-se sobre seu pai, chorou
sobre ele e o beijou. 2Em seguida deu
ordens aos médicos, que estavam ao seu ser-
viço, que embalsamassem seu pai Israel. E
eles o embalsamaram. 3Levaram quarenta
dias completos, pois esse era o tempo para
o embalsamamento. E os egípcios choraram
sua morte setenta dias.
4Passados os dias de luto, José disse à cor-
te do faraó: "Se posso contar com a bondade
de vocês, falem com o faraó em meu favor.
Digam-lhe que 5meu pai fez-me prestar-lhe
o seguinte juramento: 'Estou à beira da mor-
te; sepulte-me no túmulo que preparei para
mim na terra de Canaã'. Agora, pois, peçam-
-lhe que me permita partir e sepultar meu
pai; logo depois voltarei".
6Respondeu o faraó: "Vá e faça o sepulta-
mento de seu pai como este o fez jurar".
7Então José partiu para sepultar seu pai.
Com ele foram todos os conselheiros do fa-
raó, as autoridades da sua corte e todas as
autoridades do Egito, 8e, além deles, todos
os da família de José, os seus irmãos e todos
os da casa de seu pai. Somente as crianças, as
ovelhas e os bois foram deixados em Gósen.
9Carruagens e cavaleiros[e] também o acom-
panharam. A comitiva era imensa.
10Chegando à eira de Atade, perto do Jor-
dão, lamentaram-se em alta voz, com gran-
de amargura; e ali José guardou sete dias
de pranto pela morte do seu pai. 11Quando
os cananeus que lá habitavam viram aque-
le pranto na eira de Atade, disseram: "Os
egípcios estão celebrando uma cerimônia

[e] 50:9 Ou *condutores de carruagem*

Pedir perdão

Você consegue se lembrar de uma ocasião em que fez algo errado a alguém? Você alguma vez já falou algo maldoso ou fez algo mau a um amigo ou irmão? Você alguma vez já magoou seus pais ou avós com um comportamento mau?

Leia Gênesis 50:15-21. Se você fez mal a alguém, use o plano dos irmãos de José. Primeiro, escreva para aquela pessoa e peça que ela lhe perdoe e, depois, vá até ela pessoalmente e peça perdão.

Os irmãos de José sentiram-se muito melhor quando ficaram sabendo que José lhes havia perdoado. Você se sentirá bem melhor quando for perdoado também.

Experimente!

Gênesis 50:15-21

de luto solene". Por essa razão, aquele lu-
gar, próximo ao Jordão, foi chamado Abel-
-Mizraim.
12Assim fizeram os filhos de Jacó o que es-
te lhes havia ordenado: 13Levaram-no à terra
de Canaã e o sepultaram na caverna do cam-
po de Macpela, perto de Manre, que, com o
campo, Abraão tinha comprado de Efrom, o
hitita, para que lhe servisse de propriedade
para sepultura. 14Depois de sepultar seu pai,
José voltou ao Egito, com os seus irmãos e
com todos os demais que o tinham acom-
panhado.

A bondade de José

15Vendo os irmãos de José que seu pai ha-
via morrido, disseram: "E se José tiver rancor
contra nós e resolver retribuir todo o mal que
lhe causamos?" 16Então mandaram um reca-
do a José, dizendo: "Antes de morrer, teu pai
nos ordenou 17que te disséssemos o seguinte:
'Peço-lhe que perdoe os erros e pecados de
seus irmãos que o trataram com tanta malda-
de!' Agora, pois, perdoa os pecados dos servos
do Deus do teu pai". Quando recebeu o reca-
do, José chorou.
18Depois vieram seus irmãos, prostraram-
-se diante dele e disseram: "Aqui estamos.
Somos teus escravos!"
19José, porém, lhes disse: "Não tenham
medo. Estaria eu no lugar de Deus? 20Vocês
planejaram o mal contra mim, mas Deus o
tornou em bem, para que hoje fosse preser-
vada a vida de muitos. 21Por isso, não tenham
medo. Eu sustentarei vocês e seus filhos". E
assim os tranquilizou e lhes falou amavel-
mente.

A morte de José

22José permaneceu no Egito, com toda a
família de seu pai. Viveu cento e dez anos 23e
viu a terceira geração dos filhos de Efraim.
Além disso, recebeu como seus[a] os filhos de
Maquir, filho de Manassés.
24Antes de morrer José disse a seus irmãos:
"Estou à beira da morte. Mas Deus certamen-
te virá em auxílio de vocês e os tirará desta
terra, levando-os para a terra que prometeu
com juramento a Abraão, a Isaque e a Jacó".
25E José fez que os filhos de Israel lhe prestas-
sem um juramento, dizendo-lhes: "Quando
Deus intervier em favor de vocês, levem os
meus ossos daqui".
26Morreu José com a idade de cento e dez
anos. E, depois de embalsamado, foi coloca-
do num sarcófago no Egito.

[a] 50:23 Hebraico: *nasceram sobre os joelhos de José.*

Êxodo

Quem escreveu este livro?

Moisés.

Por que este livro foi escrito?

Êxodo mostra como Deus usou seu poder para resgatar os israelitas da escravidão.

O que acontece neste livro?

Deus envia dez pragas terríveis ao Egito e ele força o faraó a deixar seu povo sair de lá. Deus dá aos israelitas os Dez Mandamentos e outras leis para seguir.

O que aprendemos sobre Deus neste livro?

Deus usa seu poder para resgatar pessoas indefesas. Ele espera que seu povo viva de modo moral e justo.

Quem são os personagens principais deste livro?

As pessoas mais importantes neste livro são Moisés e Arão.

Quando isto aconteceu?

Os israelitas deixaram o Egito por volta de 1446 a.C. A Lei foi dada no monte Sinai logo depois disso.

Onde isto aconteceu?

Êxodo 1—12 se passou no Egito. A maioria dos outros acontecimentos sucedeu no monte Sinai. (Veja o *Índice de mapas*, ao final desta Bíblia, para saber onde fica o monte Sinai.)

Algumas das histórias deste livro:

O bebê Moisés	Êxodo 2
A sarça ardente	Êxodo 3
As dez pragas	Êxodo 7—11
A Páscoa	Êxodo 12
A travessia do mar Vermelho	Êxodo 14
Os Dez Mandamentos	Êxodo 20
A construção do tabernáculo	Êxodo 25—27
O bezerro de ouro	Êxodo 32

A opressão no Egito

1 São estes, pois, os nomes dos filhos de Israel que entraram com Jacó no Egito, cada um com a sua respectiva família: 2Rúben, Simeão, Levi e Judá; 3Issacar, Zebulom e Benjamim; 4Dã, Naftali, Gade e Aser. 5Ao todo, os descendentes de Jacó eram setenta[a]; José, porém, já estava no Egito.

6Ora, morreram José, todos os seus irmãos e toda aquela geração. 7Os israelitas, porém, eram férteis, proliferaram, tornaram-se numerosos e fortaleceram-se muito, tanto que encheram o país.

8Então subiu ao trono do Egito um novo rei, que nada sabia sobre José. 9Disse ele ao seu povo: "Vejam! O povo israelita é agora numeroso e mais forte que nós. 10Temos que agir com astúcia, para que não se tornem ainda mais numerosos e, no caso de guerra, aliem-se aos nossos inimigos, lutem contra nós e fujam do país".

11Estabeleceram, pois, sobre eles chefes de trabalhos forçados, para os oprimir com tarefas pesadas. E assim os israelitas construíram para o faraó as cidades-celeiros de Pitom e Ramessés. 12Todavia, quanto mais eram oprimidos, mais numerosos se tornavam e mais se espalhavam. Por isso os egípcios passaram a temer os israelitas, 13e os sujeitaram a cruel escravidão. 14Tornaram-lhes a vida amarga, impondo-lhes a árdua tarefa de preparar o barro e fazer tijolos, e executar todo tipo de trabalho agrícola; em tudo os egípcios os sujeitaram a cruel escravidão.

15O rei do Egito ordenou às parteiras dos hebreus, que se chamavam Sifrá e Puá: 16"Quando vocês ajudarem as hebreias a dar à luz, verifiquem se é menino[b]. Se for, matem-no; se for menina, deixem-na viver". 17Todavia, as parteiras temeram a Deus e não obedeceram às ordens do rei do Egito; deixaram viver os meninos. 18Então o rei do Egito convocou as parteiras e lhes perguntou: "Por que vocês fizeram isso? Por que deixaram viver os meninos?"

19Responderam as parteiras ao faraó: "As mulheres hebreias não são como as egípcias. São cheias de vigor e dão à luz antes de chegarem as parteiras".

20Deus foi bondoso com as parteiras; e o povo ia se tornando ainda mais numeroso, cada vez mais forte. 21Visto que as parteiras temeram a Deus, ele concedeu-lhes que tivessem suas próprias famílias.

22Por isso o faraó ordenou a todo o seu povo: "Lancem ao Nilo todo menino recém-nascido[c], mas deixem viver as meninas".

O nascimento de Moisés

2 Um homem da tribo de Levi casou-se com uma mulher da mesma tribo, 2e ela engravidou e deu à luz um filho. Vendo que era bonito, ela o escondeu por três meses. 3Quando já não podia mais escondê-lo, pegou um cesto feito de junco e o vedou com piche e betume. Colocou nele o menino e deixou o cesto entre os juncos, à margem do Nilo. 4A irmã do

[a] 1:5 Os manuscritos do mar Morto e a Septuaginta dizem *setenta e cinco*. Veja Gn 46:27 e At 7:14.

[b] 1:16 Hebraico: *as duas pedras*. Possível eufemismo para os órgãos genitais ou ainda uma referência a um assento onde as mulheres davam à luz.

[c] 1:22 O Pentateuco Samaritano, a Septuaginta e os Targuns dizem *recém-nascido hebreu*.

A vida nos tempos da Bíblia

O cesto flutuante de Moisés

Os egípcios construíam barcos amarrando feixes de cana seca de papiro. A cesta de cana de papiro que a mãe de Moisés fez provavelmente se parecia com um desses barcos.

Pessoas nos tempos da Bíblia

Moisés

Moisés foi um hebreu resgatado quando criança e criado como príncipe egípcio. Deus escolheu Moisés para resgatar os israelitas, que eram escravos dos egípcios, mas Moisés teve medo de não conseguir fazer o que Deus pediu que ele fizesse.

menino ficou observando de longe para ver
o que lhe aconteceria.
5 A filha do faraó descera ao Nilo para tomar
banho. Enquanto isso, as suas servas anda-
vam pela margem do rio. Nisso viu o cesto
entre os juncos e mandou sua criada apa-
nhá-lo. 6 Ao abri-lo, viu um bebê chorando.
Ficou com pena dele e disse: "Este menino
é dos hebreus".
7 Então a irmã do menino aproximou-se e
perguntou à filha do faraó: "A senhora quer
que eu vá chamar uma mulher dos hebreus
para amamentar e criar o menino?"
8 "Quero", respondeu ela. E a moça foi cha-
mar a mãe do menino. 9 Então a filha do faraó
disse à mulher: "Leve este menino e ama-
mente-o para mim, e eu lhe pagarei por isso".
A mulher levou o menino e o amamentou.
10 Tendo o menino crescido, ela o levou à fi-
lha do faraó, que o adotou e lhe deu o nome
de Moisés, dizendo: "Porque eu o tirei das
águas".

Moisés mata um egípcio e foge para Midiã

11 Certo dia, sendo Moisés já adulto, foi ao
lugar onde estavam os seus irmãos hebreus
e descobriu como era pesado o trabalho que
realizavam. Viu também um egípcio espan-
car um dos hebreus. 12 Correu o olhar por to-
dos os lados e, não vendo ninguém, matou
o egípcio e o escondeu na areia.
13 No dia seguinte saiu e viu dois hebreus
brigando. Então perguntou ao agressor: "Por
que você está espancando o seu companhei-
ro?" 14 O homem respondeu: "Quem o no-
meou líder e juiz sobre nós? Quer matar-me
como matou o egípcio?" Moisés teve medo e
pensou: "Com certeza tudo já foi descoberto!"
15 Quando o faraó soube disso, procurou
matar Moisés, mas este fugiu e foi morar na
terra de Midiã. Ali assentou-se à beira de um
poço. 16 Ora, o sacerdote de Midiã tinha sete
filhas. Elas foram buscar água para encher os
bebedouros e dar de beber ao rebanho de seu
pai. 17 Alguns pastores se aproximaram e co-
meçaram a expulsá-las dali; Moisés, porém,
veio em auxílio delas e deu água ao rebanho.
18 Quando as moças voltaram a seu pai
Reuel[a], este lhes perguntou: "Por que volta-
ram tão cedo hoje?"
19 Elas responderam: "Um egípcio defen-
deu-nos dos pastores e ainda tirou água do
poço para nós e deu de beber ao rebanho".
20 "Onde está ele?", perguntou o pai a elas.
"Por que o deixaram lá? Convidem-no para
comer conosco."
21 Moisés aceitou e concordou também em
morar na casa daquele homem; este lhe deu
por mulher sua filha Zípora. 22 Ela deu à luz
um menino, a quem Moisés deu o nome de
Gérson, dizendo: "Sou imigrante em terra es-
trangeira".
23 Muito tempo depois, morreu o rei do Egi-
to. Os israelitas gemiam e clamavam debaixo
da escravidão; e o seu clamor subiu até Deus.
24 Ouviu Deus o lamento deles e lembrou-se
da aliança que fizera com Abraão, Isaque e
Jacó. 25 Deus olhou para os israelitas e viu a
situação deles.

Moisés e a sarça em chamas

3 Moisés pastoreava o rebanho de seu sogro
Jetro, que era sacerdote de Midiã. Um dia
levou o rebanho para o outro lado do deserto
e chegou a Horebe, o monte de Deus. 2 Ali o
Anjo do SENHOR lhe apareceu numa chama de
fogo que saía do meio de uma sarça. Moisés
viu que, embora a sarça estivesse em chamas,
não era consumida pelo fogo. 3 "Que impres-
sionante!", pensou. "Por que a sarça não se
queima? Vou ver isso de perto."
4 O SENHOR viu que ele se aproximava pa-
ra observar. E então, do meio da sarça Deus
o chamou: "Moisés, Moisés!"
"Eis-me aqui", respondeu ele.
5 Então disse Deus: "Não se aproxime. Tire
as sandálias dos pés, pois o lugar em que vo-
cê está é terra santa". 6 Disse ainda: "Eu sou o
Deus de seu pai, o Deus de Abraão, o Deus de
Isaque, o Deus de Jacó". Então Moisés cobriu
o rosto, pois teve medo de olhar para Deus.
7 Disse o SENHOR: "De fato tenho visto a
opressão sobre o meu povo no Egito, tenho

[a] 2:18 Também chamado *Jetro*. Veja 3:1.

escutado o seu clamor, por causa dos seus feitores, e sei quanto eles estão sofrendo. [8]Por isso desci para livrá-los das mãos dos egípcios e tirá-los daqui para uma terra boa e vasta, onde há leite e mel com fartura: a terra dos cananeus, dos hititas, dos amorreus, dos ferezeus, dos heveus e dos jebuseus. [9]Pois agora o clamor dos israelitas chegou a mim, e tenho visto como os egípcios os oprimem. [10]Vá, pois, agora; eu o envio ao faraó para tirar do Egito o meu povo, os israelitas". [11]Moisés, porém, respondeu a Deus: "Quem sou eu para apresentar-me ao faraó e tirar os israelitas do Egito?"

[12]Deus afirmou: "Eu estarei com você. Esta é a prova de que sou eu quem o envia: quando você tirar o povo do Egito, vocês prestarão culto a Deus neste monte".

[13]Moisés perguntou: "Quando eu chegar diante dos israelitas e lhes disser: O Deus dos seus antepassados me enviou a vocês, e eles me perguntarem: 'Qual é o nome dele?' Que lhes direi?"

[14]Disse Deus a Moisés: "Eu Sou o que Sou. É isto que você dirá aos israelitas: Eu Sou me enviou a vocês".

[15]Disse também Deus a Moisés: "Diga aos israelitas: O SENHOR[a], o Deus dos seus antepassados, o Deus de Abraão, o Deus de Isaque, o Deus de Jacó, enviou-me a vocês. Esse é o meu nome para sempre, nome pelo qual serei lembrado de geração em geração.

[16]"Vá, reúna as autoridades de Israel e diga-lhes: O SENHOR, o Deus dos seus antepassados, o Deus de Abraão, de Isaque e de Jacó, apareceu a mim e disse: Eu virei em auxílio de vocês; pois vi o que lhes tem sido feito no Egito. [17]Prometi tirá-los da opressão do Egito para a terra dos cananeus, dos hititas, dos amorreus, dos ferezeus, dos heveus e dos jebuseus, terra onde há leite e mel com fartura.

[18]"As autoridades de Israel o atenderão. Depois você irá com elas ao rei do Egito e lhe dirá: O SENHOR, o Deus dos hebreus, veio ao nosso encontro. Agora, deixe-nos fazer uma caminhada de três dias, adentrando o deserto, para oferecermos sacrifícios ao SENHOR, o nosso Deus. [19]Eu sei que o rei do Egito não os deixará sair, a não ser que uma poderosa mão o force. [20]Por isso estenderei a minha mão e ferirei os egípcios com todas as maravilhas que realizarei no meio deles. Depois disso ele os deixará sair.

[21]"E farei que os egípcios tenham boa vontade para com o povo, de modo que, quando vocês saírem, não sairão de mãos vazias. [22]Todas as israelitas pedirão às suas vizinhas, e às mulheres que estiverem hospedando em casa, objetos de prata e de ouro, e roupas, que vocês porão em seus filhos e em suas filhas. Assim vocês despojarão os egípcios".

[a] 3:15 Hebraico: *YHWH*. O termo assemelha-se à expressão *Eu sou* em hebraico.

Não desista

Experimente!

Êxodo 3:1-12

Sara tinha dez anos e todos os seus amigos usavam patins. Mas, quando se firmou sobre seus novos patins, ela ficou com medo e, em vez de relaxar e se divertir, endureceu as pernas e movia-se para frente com pequenos movimentos desajeitados. Frustrada, Sara, por fim, parou de tentar. "Eu realmente não sou boa nisto", ela pensou, "não consigo fazer isso."

Leia Êxodo 3:1-12. No versículo 11, as palavras de Moisés, "quem sou eu?", significam a mesma coisa que as de Sara, "eu realmente não sou boa nisto". Leia Êxodo 3:12 e encontre uma promessa, de quatro palavras, que Deus deu a Moisés. De que modo lembrar-se disso ajudaria Moisés a não desistir? Como isso poderia ajudar Sara ou ajudar você quando estivesse querendo desistir?

Envie uma mensagem a você mesmo com essa promessa de quatro palavras para ajudá-lo a lembrar-se dela. Imprima-a e cole na porta de seu quarto. Sempre que você começar o dia, deixe que isso o lembre de nunca desistir.

Os sinais concedidos a Moisés

4 Moisés respondeu: "E se eles não acredi-
tarem em mim nem quiserem me ouvir
e disserem: 'O SENHOR não lhe apareceu'?"
2Então o SENHOR lhe perguntou: "Que é is-
so em sua mão?"
"Uma vara", respondeu ele.
3Disse o SENHOR: "Jogue-a ao chão".
Moisés jogou-a, e ela se transformou numa
serpente. Moisés fugiu dela, 4mas o SENHOR
lhe disse: "Estenda a mão e pegue-a pela cau-
da". Moisés estendeu a mão, pegou a serpen-
te e esta se transformou numa vara em sua
mão. 5E disse o SENHOR: "Isso é para que eles
acreditem que o Deus dos seus antepassados,
o Deus de Abraão, o Deus de Isaque, o Deus
de Jacó, apareceu a você".
6Disse-lhe mais o SENHOR: "Coloque a mão
no peito". Moisés obedeceu e, quando a reti-
rou, ela estava leprosa[a]; parecia neve.
7Ordenou-lhe depois: "Agora, coloque de
novo a mão no peito". Moisés tornou a pôr
a mão no peito e, quando a tirou, ela esta-
va novamente como o restante da sua pele.
8Prosseguiu o SENHOR: "Se eles não acre-
ditarem em você nem derem atenção ao
primeiro sinal milagroso, acreditarão no se-
gundo. 9E se ainda assim não acreditarem
nestes dois sinais nem lhe derem ouvidos,
tire um pouco de água do Nilo e derrame-a
em terra seca. Quando você derramar essa
água em terra seca ela se transformará em
sangue".
10Disse, porém, Moisés ao SENHOR: "Ó Se-
nhor! Nunca tive facilidade para falar, nem
no passado nem agora que falaste a teu ser-
vo. Não consigo falar bem!"
11Disse-lhe o SENHOR: "Quem deu boca ao
homem? Quem o fez surdo ou mudo? Quem
lhe concede vista ou o torna cego? Não sou
eu, o SENHOR? 12Agora, pois, vá; eu estarei
com você, ensinando-lhe o que dizer".

[a] 4:6 O termo hebraico não se refere somente à lepra, mas também a diversas doenças da pele.

Palavras para memorizar

"Eu estarei com você, ensinando-lhe o que dizer."
(Êxodo 4:12)

Pessoas nos tempos da Bíblia

Arão

Arão, irmão de Moisés, não tinha medo de dizer ao povo o que Deus havia dito. Arão foi o primeiro sumo sacerdote dos israelitas, e ele obedeceu às instruções de Deus, dizendo ao faraó, o governador do Egito, que Deus o estava punindo para que deixasse os israelitas irem embora.

13Respondeu-lhe, porém, Moisés: "Ah, Se-
nhor! Peço-te que envies outra pessoa".
14Então o SENHOR se irou com Moisés e lhe
disse: "Você não tem o seu irmão Arão, o le-
vita? Eu sei que ele fala bem. Ele já está vindo
ao seu encontro e se alegrará ao vê-lo. 15Você
falará com ele e lhe dirá o que ele deve di-
zer; eu estarei com vocês quando falarem, e
lhes direi o que fazer. 16Assim como Deus fa-
la ao profeta, você falará a seu irmão, e ele
será o seu porta-voz diante do povo. 17E leve
na mão esta vara; com ela você fará os sinais
milagrosos".

A volta de Moisés ao Egito

18Depois Moisés voltou a Jetro, seu sogro,
e lhe disse: "Preciso voltar ao Egito para ver
se meus parentes ainda vivem".
Jetro lhe respondeu: "Vá em paz!"
19Ora, o SENHOR tinha dito a Moisés, em Mi-
diã: "Volte ao Egito, pois já morreram todos
os que procuravam matá-lo". 20Então Moi-
sés levou sua mulher e seus filhos monta-
dos num jumento e partiu de volta ao Egito.
Levava na mão a vara de Deus.
21Disse mais o SENHOR a Moisés: "Quando
você voltar ao Egito, tenha o cuidado de fazer
diante do faraó todas as maravilhas que con-
cedi a você o poder de realizar. Mas eu vou
endurecer o coração dele, para não deixar o
povo ir. 22Depois diga ao faraó que assim diz
o SENHOR: Israel é o meu primeiro filho, 23e
eu já lhe disse que deixe o meu filho ir para
prestar-me culto. Mas você não quis deixá-
-lo ir; por isso matarei o seu primeiro filho!"
24Numa hospedaria ao longo do caminho, o
SENHOR foi ao encontro de Moisés[b] e procurou

[b] 4:24 Ou *do filho de Moisés*

matá-lo. 25Mas Zípora pegou uma pedra afia-
da, cortou o prepúcio de seu filho e tocou os
pés de Moisés[a]. E disse: “Você é para mim
um marido de sangue!” 26Ela disse “marido
de sangue”, referindo-se à circuncisão. Nessa
ocasião o SENHOR o deixou.
27Então o SENHOR disse a Arão: “Vá ao de-
serto encontrar-se com Moisés”. Ele foi, en-
controu-se com Moisés no monte de Deus, e o
saudou com um beijo. 28Moisés contou a Arão
tudo o que o SENHOR lhe tinha mandado di-
zer, e também falou-lhe de todos os sinais
milagrosos que lhe havia ordenado realizar.
29Assim Moisés e Arão foram e reuniram
todas as autoridades dos israelitas, 30e Arão
lhes contou tudo o que o SENHOR dissera a
Moisés. Em seguida Moisés também reali-
zou os sinais diante do povo, 31e eles creram.
Quando o povo soube que o SENHOR decidira
vir em seu auxílio, tendo visto a sua opres-
são, curvou-se em adoração.

O faraó aumenta a opressão

5 Depois disso Moisés e Arão foram falar com
o faraó e disseram: “Assim diz o SENHOR,
o Deus de Israel: ‘Deixe o meu povo ir para
celebrar-me uma festa no deserto’ ”.
2O faraó respondeu: “Quem é o SENHOR, pa-
ra que eu lhe obedeça e deixe Israel sair? Não
conheço o SENHOR, e não deixarei Israel sair”.
3Eles insistiram: “O Deus dos hebreus veio
ao nosso encontro. Agora, permite-nos ca-
minhar três dias no deserto, para oferecer
sacrifícios ao SENHOR, o nosso Deus; caso con-
trário, ele nos atingirá com pragas ou com
a espada”.
4Mas o rei do Egito respondeu: “Moisés
e Arão, por que vocês estão fazendo o po-
vo interromper suas tarefas? Voltem ao tra-
balho!” 5E acrescentou: “Essa gente já é tão
numerosa, e vocês ainda os fazem parar de
trabalhar!”
6No mesmo dia o faraó deu a seguinte or-
dem aos feitores e capatazes responsáveis pe-
lo povo: 7“Não forneçam mais palha ao povo
para fazer tijolos, como faziam antes. Eles
que tratem de ajuntar palha! 8Mas exijam
que continuem a fazer a mesma quantida-
de de tijolos; não reduzam a cota. São pre-
guiçosos, e por isso estão clamando: ‘Iremos
oferecer sacrifícios ao nosso Deus’. 9Aumen-
tem a carga de trabalho dessa gente para que
cumpram suas tarefas e não deem atenção
a mentiras”.
10Os feitores e os capatazes foram dizer ao
povo: “Assim diz o faraó: ‘Já não lhes darei
palha. 11Saiam e recolham-na onde puderem
achá-la, pois o trabalho de vocês em nada se-
rá reduzido’ ”. 12O povo, então, espalhou-se
por todo o Egito, a fim de ajuntar restolho
em lugar da palha. 13Enquanto isso, os feito-
res os pressionavam, dizendo: “Completem
a mesma tarefa diária que lhes foi exigida
quando tinham palha”. 14Os capatazes israe-
litas indicados pelos feitores do faraó eram
espancados e interrogados: “Por que não
completaram ontem e hoje a mesma cota
de tijolos dos dias anteriores?”

[a] 4:25 Hebraico: *pés dele*. Possível eufemismo para os órgãos genitais.

A vida nos tempos da Bíblia

Fabricação de tijolos

As pessoas faziam tijolos misturando barro com palha, colocando em moldes e depois deixando secar ao sol. Um ácido na palha deixava os tijolos mais fortes. Uma pessoa conseguia fazer mais ou menos 65 tijolos por dia. Há ruínas no Egito que em toda a sua estrutura, têm tijolos feitos de palha, tijolos de restolhos ou capim e tijolos de barro puro.

15Então os capatazes israelitas foram apelar
para o faraó: "Por que tratas os teus servos
dessa maneira? 16Nós, teus servos, não rece-
bemos palha, e, contudo, nos dizem: 'Façam
tijolos!' Os teus servos têm sido espancados,
mas a culpa é do teu próprio povo[a]".
17Respondeu o faraó: "Preguiçosos é o que
vocês são! Preguiçosos! Por isso andam di-
zendo: 'Iremos oferecer sacrifícios ao SE-
NHOR'. 18Agora, voltem ao trabalho. Vocês
não receberão palha alguma! Continuem a
produzir a cota integral de tijolos!"
19Os capatazes israelitas se viram em difi-
culdade quando lhes disseram que não pode-
riam reduzir a quantidade de tijolos exigida
a cada dia. 20Ao saírem da presença do faraó,
encontraram-se com Moisés e Arão, que es-
tavam à espera deles, 21e lhes disseram: "O
SENHOR os examine e os julgue! Vocês atraí-
ram o ódio[b] do faraó e dos seus conselheiros
sobre nós, e lhes puseram nas mãos uma es-
pada para que nos matem".

Deus anuncia libertação

22Moisés voltou-se para o SENHOR e pergun-
tou: "Senhor, por que maltrataste este povo?
Afinal, por que me enviaste? 23Desde que me
dirigi ao faraó para falar em teu nome, ele
tem maltratado este povo, e tu de modo al-
gum libertaste o teu povo!"

6 Então o SENHOR disse a Moisés: "Agora vo-
cê verá o que farei ao faraó: Por minha
mão poderosa, ele os deixará ir; por minha
mão poderosa, ele os expulsará do seu país".
2Disse Deus ainda a Moisés: "Eu sou o SE-
NHOR. 3Apareci a Abraão, a Isaque e a Jacó
como o Deus todo-poderoso[c], mas pelo meu
nome, o SENHOR[d], não me revelei a eles[e]. 4De-
pois estabeleci com eles a minha aliança para
dar-lhes a terra de Canaã, terra onde viveram
como estrangeiros. 5E agora ouvi o lamento
dos israelitas, a quem os egípcios mantêm es-
cravos, e lembrei-me da minha aliança.
6"Por isso, diga aos israelitas: Eu sou o SE-
NHOR. Eu os livrarei do trabalho imposto pe-
los egípcios. Eu os libertarei da escravidão e
os resgatarei com braço forte e com podero-
sos atos de juízo. 7Eu os farei meu povo e se-
rei o Deus de vocês. Então vocês saberão que
eu sou o SENHOR, o seu Deus, que os livra do
trabalho imposto pelos egípcios. 8E os farei
entrar na terra que, com mão levantada, ju-
rei que daria a Abraão, a Isaque e a Jacó. Eu
a darei a vocês como propriedade. Eu sou o
SENHOR".
9Moisés declarou isso aos israelitas, mas
eles não lhe deram ouvidos, por causa da
angústia e da cruel escravidão que sofriam.

[a] 5:16 Ou *a culpa é tua*; ou ainda *tu estás pecando contra o teu próprio povo*
[b] 5:21 Hebraico: *transformaram-nos em mau cheiro para o.*
[c] 6:3 Hebraico: *El-Shaddai.*
[d] 6:3 Hebraico: *YHWH.* O termo assemelha-se à expressão *Eu sou* em hebraico.
[e] 6:3 Ou *não fui conhecido por eles*

Experimente!

Quando as coisas saem errado

Êxodo 5:1-21

Leia Êxodo 5:1-21 e, depois, responda às perguntas:

1. Quando Moisés fez o que Deus mandou, alguma coisa boa aconteceu imediatamente?
2. Quem os israelitas culparam quando receberam ordens de trabalhar mais duro?
3. Como Moisés se sentiu quando obedeceu a Deus e o problema de escravidão dos israelitas ficou pior?

Algumas vezes as coisas pioram antes de melhorar. No final, Moisés conduziu os israelitas à liberdade.

Desenhe um cenário com montanhas altas e também vales baixos e, registre no desenho os "altos" (tempos felizes) e "baixos" (tempos tristes) de sua vida. Se você continuar fazendo o que Deus diz, como Moisés fez, você acha que terá mais montanhas ou mais vales?

10 Então o SENHOR ordenou a Moisés: 11 "Vá
dizer ao faraó, rei do Egito, que deixe os is-
raelitas saírem do país".
12 Moisés, porém, disse na presença do SE-
NHOR: "Se os israelitas não me dão ouvidos,
como me ouvirá o faraó? Ainda mais que não
tenho facilidade para falar[a]!"
13 Mas o SENHOR ordenou a Moisés e a Arão
que dissessem aos israelitas e ao faraó, rei do
Egito, que tinham ordem para tirar do Egi-
to os israelitas.

A genealogia de Moisés e Arão

14 Estes foram os chefes das famílias israe-
litas:

Os filhos de Rúben, filho mais velho de Is-
rael, foram: Enoque, Palu, Hezrom e Carmi.
Esses foram os clãs de Rúben.
15 Os filhos de Simeão foram: Jemuel, Ja-
mim, Oade, Jaquim, Zoar e Saul, filho de
uma cananeia. Esses foram os clãs de Si-
meão.
16 Estes são os nomes dos filhos de Levi, por
ordem de nascimento: Gérson, Coate e Me-
rari. Levi viveu cento e trinta e sete anos.
17 Os filhos de Gérson, conforme seus clãs,
foram Libni e Simei.
18 Os filhos de Coate foram Anrão, Isar, He-
brom e Uziel. Coate viveu cento e trinta e
três anos.
19 Os filhos de Merari foram Mali e Musi.
Esses foram os clãs de Levi, por ordem de
nascimento.
20 Anrão tomou por mulher sua tia Joquebe-
de, que lhe deu à luz Arão e Moisés. Anrão
viveu cento e trinta e sete anos.
21 Os filhos de Isar foram Corá, Nefegue e
Zicri.
22 Os filhos de Uziel foram Misael, Elzafã e
Sitri.
23 Arão tomou por mulher a Eliseba, filha de
Aminadabe, irmã de Naassom, e ela lhe deu
à luz Nadabe, Abiú, Eleazar e Itamar.
24 Os filhos de Corá foram Assir, Elcana e
Abiasafe. Esses foram os clãs dos coraítas.
25 Eleazar, filho de Arão, tomou por mulher
uma das filhas de Futiel, e ela lhe deu à luz
Fineias.
Esses foram os chefes das famílias dos levi-
tas, conforme seus clãs.
26 Foi a este Arão e a este Moisés que o SE-
NHOR disse: "Tirem os israelitas do Egito,
organizados segundo as suas divisões".
27 Foram eles, Moisés e Arão, que falaram ao
faraó, rei do Egito, a fim de tirarem os is-
raelitas do Egito.

Arão: o porta-voz de Moisés

28 Ora, quando o SENHOR falou com Moisés
no Egito, 29 disse-lhe: "Eu sou o SENHOR. Di-
ga ao faraó, rei do Egito, tudo o que eu lhe
disser".
30 Moisés, porém, perguntou ao SENHOR:
"Como o faraó me dará ouvidos, se não te-
nho facilidade para falar?"
7 O SENHOR lhe respondeu: "Dou-lhe a minha
autoridade[b] perante o faraó, e seu irmão
Arão será seu porta-voz. 2 Você falará tudo o
que eu lhe ordenar, e o seu irmão Arão dirá ao
faraó que deixe os israelitas saírem do país.
3 Eu, porém, farei o coração do faraó resistir;
e, embora multiplique meus sinais e maravi-
lhas no Egito, 4 ele não os ouvirá. Então porei
a minha mão sobre o Egito, e com poderosos
atos de juízo tirarei do Egito os meus exérci-
tos, o meu povo, os israelitas. 5 E os egípcios
saberão que eu sou o SENHOR, quando eu es-
tender a minha mão contra o Egito e tirar de
lá os israelitas".
6 Moisés e Arão fizeram como o SENHOR
lhes havia ordenado. 7 Moisés tinha oitenta
anos de idade e Arão oitenta e três, quando
falaram com o faraó.

A vara de Arão transforma-se em serpente

8 Disse o SENHOR a Moisés e a Arão: 9 "Quan-
do o faraó lhes pedir que façam algum

[a] 6:12 Hebraico: *Eu sou incircunciso de lábios*; também no versículo 30.

[b] 7:1 Hebraico: *Eu o coloco por Deus*.

Você sabia?

Quais são os "poderosos atos de juízo" de Deus?

7:4 Esses atos são as dez terríveis pragas que Deus enviou sobre o Egito. Eles são chamados atos de juízo porque Deus usou-os para punir os egípcios. Também são chamados de "sinais e maravilhas". Cada uma das pragas foi pior do que qualquer outra na história do Egito e todas elas vieram e se foram ao comando de Moisés. Mas todas elas mostraram ao faraó o poder de Deus.

milagre, diga a Arão que tome a sua vara e
jogue-a diante do faraó; e ela se transforma-
rá numa serpente".
10 Moisés e Arão dirigiram-se ao faraó e fi-
zeram como o SENHOR tinha ordenado. Arão
jogou a vara diante do faraó e seus conse-
lheiros, e ela se transformou em serpente.
11 O faraó, porém, mandou chamar os sábios
e feiticeiros; e também os magos do Egito fi-
zeram a mesma coisa por meio das suas ciên-
cias ocultas. 12 Cada um deles jogou ao chão
uma vara, e estas se transformaram em ser-
pentes. Mas a vara de Arão engoliu as varas
deles. 13 Contudo, o coração do faraó se endu-
receu e ele não quis dar ouvidos a Moisés e a
Arão, como o SENHOR tinha dito.

A primeira praga: sangue

14 Disse o SENHOR a Moisés: "O coração do
faraó está obstinado; ele não quer deixar o
povo ir. 15 Vá ao faraó de manhã, quando ele
estiver indo às águas. Espere-o na margem
do rio para encontrá-lo e leve também a vara
que se transformou em serpente. 16 Diga-lhe:
O SENHOR, o Deus dos hebreus, mandou-me
dizer-lhe: Deixe ir o meu povo, para prestar-
-me culto no deserto. Mas até agora você não
me atendeu. 17 Assim diz o SENHOR: Nisto você
saberá que eu sou o SENHOR: com a vara que
trago na mão ferirei as águas do Nilo, e elas se
transformarão em sangue. 18 Os peixes do Ni-
lo morrerão, o rio ficará cheirando mal, e os
egípcios não suportarão beber das suas águas".
19 Disse o SENHOR a Moisés: "Diga a Arão
que tome a sua vara e estenda a mão sobre
as águas do Egito, dos rios, dos canais, dos
açudes e de todos os reservatórios, e elas se
transformarão em sangue. Haverá sangue
por toda a terra do Egito, até nas vasilhas de
madeira e nas vasilhas de pedra".
20 Moisés e Arão fizeram como o SENHOR ti-
nha ordenado. Arão levantou a vara e feriu
as águas do Nilo na presença do faraó e dos
seus conselheiros; e toda a água do rio trans-
formou-se em sangue. 21 Os peixes morreram
e o rio cheirava tão mal que os egípcios não
conseguiam beber das suas águas. Havia san-
gue por toda a terra do Egito.
22 Mas os magos do Egito fizeram a mes-
ma coisa por meio de suas ciências ocultas.
O coração do faraó se endureceu, e ele não
deu ouvidos a Moisés e a Arão, como o SE-
NHOR tinha dito. 23 Ao contrário, deu-lhes as
costas e voltou para o seu palácio. Nem assim
o faraó levou isso a sério. 24 Todos os egípcios
cavaram buracos às margens do Nilo para en-
contrar água potável, pois da água do rio não
podiam mais beber.
25 Passaram-se sete dias depois que o SE-
NHOR feriu o Nilo.

A segunda praga: rãs

8 O SENHOR falou a Moisés: "Vá ao faraó e
diga-lhe que assim diz o SENHOR: Deixe
o meu povo ir para que me preste culto. 2 Se
você não quiser deixá-lo ir, mandarei sobre
todo o seu território uma praga de rãs. 3 O Ni-
lo ficará infestado de rãs. Elas subirão e en-
trarão em seu palácio, em seu quarto, e até
em sua cama; estarão também nas casas dos

Coração duro, coração macio

Experimente!

Uma pessoa com um coração inflexível ou duro é alguém que não faz o que Deus diz. Leia esta história e respondia: o que você acha que fez o coração do faraó ficar duro?

Em um dia quente e ensolarado, pegue duas tigelas de plástico: em uma delas coloque um marshmallow e, na outra, um cubo de gelo. Ponha as duas ao sol por uma hora. Depois disso, responda à seguinte pergunta: o que acontece com o cubo de gelo? O que acontece com o marshmallow? Neste experimento, o sol quente é como a Palavra de Deus e o gelo é como o coração do povo que confia em Deus; já o marshmallow é como o coração do faraó.

Permita que o gelo derretido e o marshmallow endurecido sejam um lembrete para você manter seu coração amolecido e obedecer a Deus quando ouvir a Palavra.

Êxodo 7:14-24

seus conselheiros e do seu povo, dentro dos
seus fornos e nas suas amassadeiras. 4As rãs
subirão em você, em seus conselheiros e em
seu povo".
5Depois o SENHOR disse a Moisés: "Diga a
Arão que estenda a mão com a vara sobre os
rios, sobre os canais e sobre os açudes, e faça
subir deles rãs sobre a terra do Egito".
6Assim Arão estendeu a mão sobre as
águas do Egito, e as rãs subiram e cobriram a
terra do Egito. 7Mas os magos fizeram a mes-
ma coisa por meio das suas ciências ocultas:
fizeram subir rãs sobre a terra do Egito.
8O faraó mandou chamar Moisés e Arão e
disse: "Orem ao SENHOR para que ele tire es-
tas rãs de mim e do meu povo; então deixa-
rei o povo ir e oferecer sacrifícios ao SENHOR".
9Moisés disse ao faraó: "Tua é a honra de
dizer-me quando devo orar por ti, por teus
conselheiros e por teu povo, para que tu e
tuas casas fiquem livres das rãs e sobrem
apenas as que estão no rio".
10"Amanhã", disse o faraó.
Moisés respondeu: "Será como tu dizes, pa-
ra que saibas que não há ninguém como o
SENHOR, o nosso Deus. 11As rãs deixarão a ti,
a tuas casas, a teus conselheiros e a teu povo;
sobrarão apenas as que estão no rio".
12Depois que Moisés e Arão saíram da pre-
sença do faraó, Moisés clamou ao SENHOR
por causa das rãs que enviara sobre o faraó.
13E o SENHOR atendeu o pedido de Moisés;
morreram as rãs que estavam nas casas, nos
pátios e nos campos. 14Foram ajuntadas em
montões e, por isso, a terra cheirou mal. 15Mas
quando o faraó percebeu que houve alívio,
obstinou-se em seu coração e não deu mais
ouvidos a Moisés e a Arão, conforme o SE-
NHOR tinha dito.

A terceira praga: piolhos

16Então o SENHOR disse a Moisés: "Diga a
Arão que estenda a sua vara e fira o pó da
terra, e o pó se transformará em piolhos[a]
por toda a terra do Egito". 17Assim fizeram e,
quando Arão estendeu a mão e com a vara
feriu o pó da terra, surgiram piolhos nos ho-
mens e nos animais. Todo o pó de toda a terra
do Egito transformou-se em piolhos. 18Mas,
quando os magos tentaram fazer surgir pio-
lhos por meio das suas ciências ocultas, não
conseguiram. E os piolhos infestavam os ho-
mens e os animais.
19Os magos disseram ao faraó: "Isso é o de-
do de Deus". Mas o coração do faraó perma-
neceu endurecido, e ele não quis ouvi-los,
conforme o SENHOR tinha dito.

A quarta praga: moscas

20Depois o SENHOR disse a Moisés: "Le-
vante-se bem cedo e apresente-se ao faraó,
quando ele estiver indo às águas. Diga-lhe
que assim diz o SENHOR: Deixe o meu povo
ir para que me preste culto. 21Se você não dei-
xar meu povo ir, enviarei enxames de moscas
para atacar você, os seus conselheiros, o seu

[a] 8:16 Ou *mosquitos*

A vida nos tempos da Bíblia

O faraó e seu trono

Quando convocou Moisés, o faraó provavelmente se sentava em um trono impressionante, segurando os símbolos de seu poder. Muito embora o faraó fosse o governador de todo o Egito, ele não conseguia fazer nada contra o poder de Deus.

povo e as suas casas. As casas dos egípcios e
o chão em que pisam se encherão de moscas.
22“Mas naquele dia tratarei de maneira di-
ferente a terra de Gósen, onde habita o meu
povo; nenhum enxame de moscas se acha-
rá ali, para que você saiba que eu, o SENHOR,
estou nessa terra. 23Farei distinção[a] entre o
meu povo e o seu. Este sinal milagroso acon-
tecerá amanhã”.
24E assim fez o SENHOR. Grandes enxames
de moscas invadiram o palácio do faraó e as
casas de seus conselheiros, e em todo o Egito
a terra foi arruinada pelas moscas.
25Então o faraó mandou chamar Moisés e
Arão e disse: “Vão oferecer sacrifícios ao seu
Deus, mas não saiam do país”.
26“Isso não seria sensato”, respondeu Moi-
sés; “os sacrifícios que oferecemos ao SE-
NHOR, o nosso Deus, são um sacrilégio para
os egípcios. Se oferecermos sacrifícios que
lhes pareçam sacrilégio, isso não os levará a
nos apedrejar? 27Faremos três dias de viagem
no deserto, e ofereceremos sacrifícios ao SE-
NHOR, o nosso Deus, como ele nos ordena.”
28Disse o faraó: “Eu os deixarei ir e ofere-
cer sacrifícios ao SENHOR, o seu Deus, no de-
serto, mas não se afastem muito e orem por
mim também”.
29Moisés respondeu: “Assim que sair da
tua presença, orarei ao SENHOR, e amanhã
os enxames de moscas deixarão o faraó, teus
conselheiros e teu povo. Mas que o faraó não
volte a agir com falsidade, impedindo que o
povo vá oferecer sacrifícios ao SENHOR”.
30Então Moisés saiu da presença do faraó
e orou ao SENHOR, 31e o SENHOR atendeu o
seu pedido: as moscas deixaram o faraó, seus
conselheiros e seu povo; não restou uma só
mosca. 32Mas também dessa vez o faraó obs-
tinou-se em seu coração e não deixou que o
povo saísse.

A quinta praga: morte dos rebanhos

9 Depois o SENHOR disse a Moisés: “Vá ao fa-
raó e diga-lhe que assim diz o SENHOR, o
Deus dos hebreus: Deixe o meu povo ir para
que me preste culto. 2Se você ainda não qui-
ser deixá-lo ir e continuar a impedi-lo, 3saiba
que a mão do SENHOR trará uma praga terrí-
vel sobre os rebanhos do faraó que estão nos
campos: os cavalos, os jumentos, os camelos,
os bois e as ovelhas. 4Mas o SENHOR fará dis-
tinção entre os rebanhos de Israel e os do Egi-
to. Nenhum animal dos israelitas morrerá”.
5O SENHOR estabeleceu um prazo: “Ama-
nhã o SENHOR fará o que prometeu nesta
terra”. 6No dia seguinte o SENHOR o fez. To-
dos os rebanhos dos egípcios morreram, mas
nenhum rebanho dos israelitas morreu. 7O
faraó mandou verificar e constatou que ne-
nhum animal dos israelitas havia morrido.
Mesmo assim, seu coração continuou obsti-
nado e não deixou o povo ir.

A sexta praga: feridas purulentas

8Disse mais o SENHOR a Moisés e a Arão:
“Tirem um punhado de cinza de uma for-
nalha, e Moisés a espalhará no ar, diante do
faraó. 9Ela se tornará como um pó fino so-
bre toda a terra do Egito, e feridas purulen-
tas surgirão nos homens e nos animais em
todo o Egito”.
10Eles tiraram cinza duma fornalha e se
puseram diante do faraó. Moisés a espalhou
pelo ar, e feridas purulentas começaram a es-
tourar nos homens e nos animais. 11Nem os
magos podiam manter-se diante de Moisés,
porque ficaram cobertos de feridas, como os
demais egípcios. 12Mas o SENHOR endureceu
o coração do faraó, e ele se recusou a aten-
der Moisés e Arão, conforme o SENHOR tinha
dito a Moisés.

A sétima praga: granizo

13Disse o SENHOR a Moisés: “Levante-se
logo cedo, apresente-se ao faraó e diga-lhe
que assim diz o SENHOR, o Deus dos hebreus:
Deixe o meu povo ir para que me preste cul-
to. 14Caso contrário, mandarei desta vez to-
das as minhas pragas contra você, contra os
seus conselheiros e contra o seu povo, para
que você saiba que em toda a terra não há
ninguém como eu. 15Porque eu já poderia ter
estendido a mão, ferindo você e o seu povo
com uma praga que teria eliminado você da
terra. 16Mas eu o mantive em pé exatamente
com este propósito: mostrar-lhe o meu poder
e fazer que o meu nome seja proclamado em
toda a terra. 17Contudo você ainda insiste em
colocar-se contra o meu povo e não o deixa
ir. 18Amanhã, a esta hora, enviarei a pior tem-
pestade de granizo que já caiu sobre o Egito,
desde o dia da sua fundação até hoje. 19Ago-
ra, mande recolher os seus rebanhos e tudo o
que você tem nos campos. Todos os homens e
animais que estiverem nos campos, que não
tiverem sido abrigados, serão atingidos pelo
granizo e morrerão”.
20Os conselheiros do faraó que temiam
a palavra do SENHOR apressaram-se em

[a] 8:23 Conforme a Septuaginta e a Vulgata. O Texto Masso-
rético diz *Porei uma libertação*.

recolher aos abrigos os seus rebanhos e os
seus escravos. 21Mas os que não se importa-
ram com a palavra do SENHOR deixaram os
seus escravos e os seus rebanhos no campo.
22Então o SENHOR disse a Moisés: "Estenda
a mão para o céu, e cairá granizo sobre toda a
terra do Egito: sobre homens, sobre animais
e sobre toda a vegetação do Egito". 23Quando
Moisés estendeu a vara para o céu, o SENHOR
fez vir trovões e granizo, e raios caíam sobre
a terra. Assim o SENHOR fez chover granizo
sobre a terra do Egito. 24Caiu granizo, e raios
cortavam o céu em todas as direções. Nun-
ca houve uma tempestade de granizo como
aquela em todo o Egito, desde que este se tor-
nou uma nação. 25Em todo o Egito o granizo
atingiu tudo o que havia nos campos, tanto
homens como animais; destruiu toda a ve-
getação, além de quebrar todas as árvores.
26Somente na terra de Gósen, onde estavam
os israelitas, não caiu granizo.
27Então o faraó mandou chamar Moisés e
Arão e disse-lhes: "Desta vez eu pequei. O SE-
NHOR é justo; eu e o meu povo é que somos
culpados. 28Orem ao SENHOR! Os trovões de
Deus e o granizo já são demais. Eu os deixa-
rei ir; não precisam mais ficar aqui".
29Moisés respondeu: "Assim que eu tiver
saído da cidade, erguerei as mãos em oração
ao SENHOR. Os trovões cessarão e não cairá
mais granizo, para que saibas que a terra per-
tence ao SENHOR. 30Mas eu bem sei que tu e
os teus conselheiros ainda não sabem o que
é tremer diante do SENHOR Deus!"
31(O linho e a cevada foram destruídos, pois
a cevada já havia amadurecido e o linho esta-
va em flor. 32Todavia, o trigo e o centeio nada
sofreram, pois só amadurecem mais tarde.)
33Assim Moisés deixou o faraó, saiu da ci-
dade, e ergueu as mãos ao SENHOR. Os tro-
vões e o granizo cessaram, e a chuva parou.
34Quando o faraó viu que a chuva, o granizo e
os trovões haviam cessado, pecou novamen-
te e obstinou-se em seu coração, ele e os seus
conselheiros. 35O coração do faraó continuou
endurecido, e ele não deixou que os israeli-
tas saíssem, como o SENHOR tinha dito por
meio de Moisés.

A oitava praga: gafanhotos

10 O SENHOR disse a Moisés: "Vá ao faraó,
pois tornei obstinado o coração dele e
o de seus conselheiros, a fim de realizar es-
tes meus prodígios entre eles, 2para que vo-
cê possa contar a seus filhos e netos como
zombei dos egípcios e como realizei meus
milagres entre eles. Assim vocês saberão que
eu sou o SENHOR".
3Dirigiram-se, pois, Moisés e Arão ao faraó
e lhe disseram: "Assim diz o SENHOR, o Deus
dos hebreus: 'Até quando você se recusará a
humilhar-se perante mim? Deixe ir o meu
povo, para que me preste culto. 4Se você não
quiser deixá-lo ir, farei vir gafanhotos sobre
o seu território amanhã. 5Eles cobrirão a fa-
ce[a] da terra até não se poder enxergar o solo.
Devorarão o pouco que ainda lhes restou da
tempestade de granizo e todas as árvores que
estiverem brotando nos campos. 6Encherão
os seus palácios e as casas de todos os seus
conselheiros e de todos os egípcios: algo que
os seus pais e os seus antepassados jamais
viram, desde o dia em que se fixaram nes-
ta terra até o dia de hoje' ". A seguir Moisés
virou as costas e saiu da presença do faraó.
7Os conselheiros do faraó lhe disseram:
"Até quando este homem será uma ameaça
para nós? Deixa os homens irem prestar culto
ao SENHOR, o Deus deles. Não percebes que o
Egito está arruinado?"
8Então Moisés e Arão foram trazidos de
volta à presença do faraó, que lhes disse: "Vão
e prestem culto ao SENHOR, o seu Deus. Mas,
digam-me, quem irá?"
9Moisés respondeu: "Temos que levar to-
dos: os jovens e os velhos, os nossos filhos e
as nossas filhas, as nossas ovelhas e os nos-
sos bois, porque vamos celebrar uma festa
ao SENHOR".
10Disse-lhes o faraó: "Vocês vão mesmo
precisar do SENHOR quando eu deixá-los ir
com as mulheres e crianças! É claro que vo-
cês estão com más intenções. 11De forma al-
guma! Só os homens podem ir prestar culto
ao SENHOR, como vocês têm pedido". E Moisés
e Arão foram expulsos da presença do faraó.
12Mas o SENHOR disse a Moisés: "Estenda
a mão sobre o Egito para que os gafanhotos
venham sobre a terra e devorem toda a vege-
tação, tudo o que foi deixado pelo granizo".
13Moisés estendeu a vara sobre o Egito, e
o SENHOR fez soprar sobre a terra um vento
oriental durante todo aquele dia e toda aque-
la noite. Pela manhã, o vento havia trazido os
gafanhotos, 14os quais invadiram todo o Egi-
to e desceram em grande número sobre to-
da a sua extensão. Nunca antes houve tantos
gafanhotos, nem jamais haverá. 15Eles cobri-
ram toda a face da terra de tal forma que ela
escureceu. Devoraram tudo o que o granizo

[a] 10:5 Hebraico: *olho*; também no versículo 15.

tinha deixado: toda a vegetação e todos os frutos das árvores. Não restou nada verde nas árvores nem nas plantas do campo, em toda a terra do Egito.

[16]O faraó mandou chamar Moisés e Arão imediatamente e disse-lhes: "Pequei contra o SENHOR, o seu Deus, e contra vocês! [17]Agora perdoem ainda esta vez o meu pecado e orem ao SENHOR, o seu Deus, para que leve esta praga mortal para longe de mim".

[18]Moisés saiu da presença do faraó e orou ao SENHOR. [19]E o SENHOR fez soprar com muito mais força o vento ocidental, e este envolveu os gafanhotos e os lançou no mar Vermelho. Não restou um gafanhoto sequer em toda a extensão do Egito. [20]Mas o SENHOR endureceu o coração do faraó, e ele não deixou que os israelitas saíssem.

A nona praga: trevas

[21]O SENHOR disse a Moisés: "Estenda a mão para o céu, e trevas cobrirão o Egito, trevas tais que poderão ser apalpadas". [22]Moisés estendeu a mão para o céu, e por três dias houve densas trevas em todo o Egito. [23]Ninguém pôde ver ninguém, nem sair do seu lugar durante três dias. Todavia, todos os israelitas tinham luz nos locais em que habitavam.

[24]Então o faraó mandou chamar Moisés e disse: "Vão e prestem culto ao SENHOR. Deixem somente as ovelhas e os bois; as mulheres e as crianças podem ir".

[25]Mas Moisés contestou: "Tu mesmo nos darás os animais para os nossos sacrifícios e holocaustos[a] que ofereceremos ao SENHOR. [26]Além disso, os nossos rebanhos também irão conosco; nem um casco de animal será deixado. Temos que escolher alguns deles para prestar culto ao SENHOR, o nosso Deus, e, enquanto não chegarmos ao local, não saberemos quais animais sacrificaremos".

[27]Mas o SENHOR endureceu o coração do faraó, e ele se recusou a deixá-los ir. [28]Disse o faraó a Moisés: "Saia da minha presença! Trate de não aparecer nunca mais diante de mim! No dia em que vir a minha face, você morrerá".

[29]Respondeu Moisés: "Será como disseste; nunca mais verei a tua face".

O anúncio da décima praga

11 Disse então o SENHOR a Moisés: "Enviarei ainda mais uma praga sobre o faraó e sobre o Egito. Somente depois desta ele os deixará sair daqui e até os expulsará totalmente. [2]Diga ao povo, tanto aos homens como às mulheres, que peça aos seus vizinhos objetos de prata e de ouro". [3]O SENHOR tornou os egípcios favoráveis ao povo, e o próprio Moisés era tido em alta estima no Egito pelos conselheiros do faraó e pelo povo.

[4]Disse, pois, Moisés ao faraó: "Assim diz o SENHOR: 'Por volta da meia-noite, passarei por todo o Egito. [5]Todos os primogênitos do Egito morrerão, desde o filho mais velho do faraó, herdeiro do trono, até o filho mais velho da escrava que trabalha no moinho, e também todas as primeiras crias do gado. [6]Haverá grande pranto em todo o Egito, como nunca houve antes nem jamais haverá. [7]Entre os israelitas, porém, nem sequer um cão latirá contra homem ou animal'. Então vocês saberão que o SENHOR faz distinção entre o Egito e Israel! [8]Todos esses seus conselheiros virão a mim e se ajoelharão diante de mim, suplicando: 'Saiam você e todo o povo que o segue!' Só então eu sairei". E, com grande ira, Moisés saiu da presença do faraó.

[9]O SENHOR tinha dito a Moisés: "O faraó não lhes dará ouvidos, a fim de que os meus prodígios se multipliquem no Egito". [10]Moisés e Arão realizaram todos esses prodígios diante do faraó, mas o SENHOR lhe endureceu o coração, e ele não quis deixar os israelitas saírem do país.

A Páscoa

12 O SENHOR disse a Moisés e a Arão, no Egito: [2]"Este deverá ser o primeiro mês do ano para vocês. [3]Digam a toda a comunidade de Israel que no décimo dia deste mês todo homem deverá separar um cordeiro ou um cabrito, para a sua família, um para cada casa. [4]Se uma família for pequena demais para um animal inteiro, deve dividi-lo com seu vizinho mais próximo, conforme o número de pessoas e conforme o que cada um puder comer. [5]O animal escolhido será macho de um ano, sem defeito, e pode ser cordeiro ou cabrito. [6]Guardem-no até o décimo quarto dia do mês, quando toda a comunidade de Israel irá sacrificá-lo, ao pôr do sol. [7]Passem, então, um pouco do sangue nas laterais e nas vigas superiores das portas das casas nas quais vocês comerão o animal. [8]Naquela mesma noite comerão a carne assada no fogo, com ervas amargas e pão sem fermento. [9]Não comam a carne crua, nem cozida em água, mas assada no fogo: cabeça, pernas e vísceras. [10]Não deixem sobrar nada até pela manhã; caso isso

[a] 10:25 Isto é, sacrifícios totalmente queimados; também em 18:12.

Você sabia?

O que é a Páscoa?

12:11 *Páscoa*, que significa "passar sobre", é o nome dado à noite em que Deus matou os primogênitos dos egípcios. Deus "passou sobre" as famílias israelitas que colocaram o sinal de sangue nas vigas da porta e mandou que os israelitas fizessem uma refeição especial naquela noite e em todos os anos seguintes na mesma data. Essa refeição da Páscoa ajuda as famílias judias a lembrarem-se de que Deus salvou seus ancestrais quando eram escravos no Egito.

aconteça, queimem o que restar. 11Ao come-
rem, estejam prontos para sair: cinto no lugar,
sandálias nos pés e cajado na mão. Comam
apressadamente. Esta é a Páscoa do SENHOR.
12"Naquela mesma noite passarei pelo Egi-
to e matarei todos os primogênitos, tanto dos
homens como dos animais, e executarei juí-
zo sobre todos os deuses do Egito. Eu sou o
SENHOR! 13O sangue será um sinal para indi-
car as casas em que vocês estiverem; quan-
do eu vir o sangue, passarei adiante. A praga
de destruição não os atingirá quando eu fe-
rir o Egito.
14"Este dia será um memorial que vocês e
todos os seus descendentes celebrarão como
festa ao SENHOR. Celebrem-no como decre-
to perpétuo. 15Durante sete dias comam pão
sem fermento. No primeiro dia tirem de ca-
sa o fermento, porque quem comer qualquer
coisa fermentada, do primeiro ao sétimo dia,
será eliminado de Israel. 16Convoquem uma
reunião santa no primeiro dia e outra no séti-
mo. Não façam nenhum trabalho nesses dias,
exceto o da preparação da comida para todos.
É só o que poderão fazer.
17"Celebrem a festa dos pães sem fermen-
to, porque foi nesse mesmo dia que eu tirei
os exércitos de vocês do Egito. Celebrem es-
se dia como decreto perpétuo por todas as
suas gerações. 18No primeiro mês comam pão
sem fermento, desde o entardecer do décimo
quarto dia até o entardecer do vigésimo pri-
meiro. 19Durante sete dias vocês não deverão
ter fermento em casa. Quem comer qualquer
coisa fermentada será eliminado da comu-
nidade de Israel, seja estrangeiro, seja natu-
ral da terra. 20Não comam nada fermentado.
Onde quer que morarem, comam apenas pão
sem fermento".

A décima praga: a morte dos primogênitos

21Então Moisés convocou todas as autori-
dades de Israel e lhes disse: "Escolham um
cordeiro ou um cabrito para cada família. Sa-
crifiquem-no para celebrar a Páscoa! 22Mo-
lhem um feixe de hissopo no sangue que
estiver na bacia e passem o sangue na viga
superior e nas laterais das portas. Nenhum
de vocês poderá sair de casa até o amanhe-
cer. 23Quando o SENHOR passar pela terra pa-
ra matar os egípcios, verá o sangue na viga
superior e nas laterais da porta e passará so-
bre aquela porta, e não permitirá que o des-
truidor entre na casa de vocês para matá-los.
24"Obedeçam a estas instruções como de-
creto perpétuo para vocês e para os seus des-
cendentes. 25Quando entrarem na terra que
o SENHOR prometeu lhes dar, celebrem essa
cerimônia. 26Quando os seus filhos lhes per-
guntarem: 'O que significa esta cerimônia?',
27respondam-lhes: É o sacrifício da Páscoa ao
SENHOR, que passou sobre as casas dos israe-
litas no Egito e poupou nossas casas quando
matou os egípcios". Então o povo curvou-se
em adoração. 28Depois os israelitas se retira-
ram e fizeram conforme o SENHOR tinha or-
denado a Moisés e a Arão.
29Então, à meia-noite, o SENHOR matou to-
dos os primogênitos do Egito, desde o filho
mais velho do faraó, herdeiro do trono, até
o filho mais velho do prisioneiro que estava
no calabouço, e também todas as primeiras
crias do gado. 30No meio da noite o faraó, to-
dos os seus conselheiros e todos os egípcios
se levantaram. E houve grande pranto no
Egito, pois não havia casa que não tivesse
um morto.

O Êxodo

31Naquela mesma noite o faraó mandou
chamar Moisés e Arão e lhes disse: "Saiam
imediatamente do meio do meu povo, vo-
cês e os israelitas! Vão prestar culto ao SE-
NHOR, como vocês pediram. 32Levem os seus
rebanhos, como tinham dito, e abençoem a
mim também".
33Os egípcios pressionavam o povo para
que se apressasse em sair do país, dizendo:

"Todos nós morreremos!" 34Então o povo to-
mou a massa de pão ainda sem fermento e
a carregou nos ombros, nas amassadeiras
embrulhadas em suas roupas. 35Os israeli-
tas obedeceram à ordem de Moisés e pedi-
ram aos egípcios objetos de prata e de ouro,
bem como roupas. 36O SENHOR concedeu ao
povo uma disposição favorável da parte dos
egípcios, de modo que lhes davam o que pe-
diam; assim eles despojaram os egípcios.
37Os israelitas foram de Ramessés até Su-
cote. Havia cerca de seiscentos mil homens
a pé, além de mulheres e crianças. 38Grande
multidão de estrangeiros de todo tipo seguiu
com eles, além de grandes rebanhos, tanto de
bois como de ovelhas e cabras. 39Com a mas-
sa que haviam trazido do Egito, fizeram pães
sem fermento. A massa não tinha fermenta-
do, pois eles foram expulsos do Egito e não
tiveram tempo de preparar comida.
40Ora, o período que os israelitas viveram
no Egito[a] foi de quatrocentos e trinta anos.
41No dia em que se completaram os quatro-
centos e trinta anos, todos os exércitos do
SENHOR saíram do Egito. 42Assim como o SE-
NHOR passou em vigília aquela noite para
tirar do Egito os israelitas, estes também de-
vem passar em vigília essa mesma noite, para
honrar o SENHOR, por todas as suas gerações.

As leis sobre a participação na Páscoa

43Disse o SENHOR a Moisés e a Arão: "Estas
são as leis da Páscoa: Nenhum estrangeiro
poderá comê-la. 44O escravo comprado pode-
rá comer da Páscoa, depois de circuncidado,
45mas o residente temporário e o trabalhador
contratado dela não comerão.
46"Vocês a comerão numa só casa; não le-
vem nenhum pedaço de carne para fora da
casa, nem quebrem nenhum dos ossos. 47To-
da a comunidade de Israel terá que celebrar
a Páscoa.
48"Qualquer estrangeiro residente entre
vocês que quiser celebrar a Páscoa do SE-
NHOR terá que circuncidar todos os do sexo
masculino da sua família; então poderá par-
ticipar como o natural da terra. Nenhum in-
circunciso poderá participar. 49A mesma lei
se aplicará ao natural da terra e ao estran-
geiro residente".
50Todos os israelitas fizeram como o SE-
NHOR tinha ordenado a Moisés e a Arão. 51No
mesmo dia o SENHOR tirou os israelitas do
Egito, organizados segundo as suas divisões.

[a] 12:40 O Pentateuco Samaritano e a Septuaginta dizem *no Egito e em Canaã.*

A consagração dos primogênitos

13 E disse o SENHOR a Moisés: 2"Consagre a
mim todos os primogênitos. O primeiro
filho israelita me pertence, não somente entre
os homens, mas também entre os animais".
3Então disse Moisés ao povo: "Comemorem
esse dia em que vocês saíram do Egito, da ter-
ra da escravidão, porque o SENHOR os tirou
dali com mão poderosa. Não comam nada
fermentado. 4Neste dia do mês de abibe[b] vo-
cês estão saindo. 5Quando o SENHOR os fizer
entrar na terra dos cananeus, dos hititas, dos
amorreus, dos heveus e dos jebuseus — terra
que ele jurou aos seus antepassados que da-
ria a vocês, terra onde há leite e mel com far-
tura — vocês deverão celebrar esta cerimônia
neste mesmo mês. 6Durante sete dias comam
pão sem fermento e, no sétimo dia, façam
uma festa dedicada ao SENHOR. 7Comam pão
sem fermento durante os sete dias; não haja
nada fermentado entre vocês, nem fermento
algum dentro do seu território.
8"Nesse dia cada um dirá a seu filho: Assim
faço pelo que o SENHOR fez por mim quando
saí do Egito. 9Isto lhe será como sinal em sua
mão e memorial em sua testa, para que a lei
do SENHOR esteja em seus lábios, porque o
SENHOR o tirou do Egito com mão poderosa.
10Cumpra esta determinação na época certa,
de ano em ano.
11"Depois que o SENHOR os fizer entrar na
terra dos cananeus e entregá-la a vocês, como
jurou a vocês e aos seus antepassados, 12se-
parem para o SENHOR o primeiro nascido de
todo ventre. Todos os primeiros machos dos
seus rebanhos pertencem ao SENHOR. 13Res-
gatem com um cordeiro toda primeira cria
dos jumentos, mas se não quiserem resgatá-
-la, quebrem-lhe o pescoço. Resgatem tam-
bém todo primogênito entre os seus filhos.
14"No futuro, quando os seus filhos lhes
perguntarem: 'Que significa isto?', digam-
-lhes: Com mão poderosa o SENHOR nos ti-
rou do Egito, da terra da escravidão. 15Quando
o faraó resistiu e recusou deixar-nos sair, o
SENHOR matou todos os primogênitos do Egi-
to, tanto os de homens como os de animais.
Por isso sacrificamos ao SENHOR os primei-
ros machos de todo ventre e resgatamos os
nossos primogênitos.
16"Isto será como sinal em sua mão e sím-
bolo em sua testa de que o SENHOR nos tirou
do Egito com mão poderosa".

[b] 13:4 Aproximadamente março/abril.

A partida dos israelitas

17 Quando o faraó deixou sair o povo, Deus
não o guiou pela rota da terra dos filisteus,
embora este fosse o caminho mais curto, pois
disse: "Se eles se defrontarem com a guerra,
talvez se arrependam e voltem para o Egito".
18 Assim, Deus fez o povo dar a volta pelo de-
serto, seguindo o caminho que leva ao mar
Vermelho. Os israelitas saíram do Egito pre-
parados para lutar.
19 Moisés levou os ossos de José, porque Jo-
sé havia feito os filhos de Israel prestarem
um juramento, quando disse: "Deus certa-
mente virá em auxílio de vocês; levem então
os meus ossos daqui".
20 Os israelitas partiram de Sucote e acam-
param em Etã, junto ao deserto. 21 Durante o
dia o SENHOR ia adiante deles, numa coluna
de nuvem, para guiá-los no caminho, e de
noite, numa coluna de fogo, para iluminá-
-los, e assim podiam caminhar de dia e de
noite. 22 A coluna de nuvem não se afastava do
povo de dia, nem a coluna de fogo, de noite.

A perseguição dos egípcios

14 Disse o SENHOR a Moisés: 2 "Diga aos is-
raelitas que mudem o rumo e acampem
perto de Pi-Hairote, entre Migdol e o mar.
Acampem à beira-mar, defronte de Baal-Ze-
fom. 3 O faraó pensará que os israelitas estão
vagando confusos, cercados pelo deserto. 4 En-
tão endurecerei o coração do faraó, e ele os
perseguirá. Todavia, eu serei glorificado por
meio do faraó e de todo o seu exército; e os
egípcios saberão que eu sou o SENHOR". E as-
sim fizeram os israelitas.
5 Contaram ao rei do Egito que o povo ha-
via fugido. Então o faraó e os seus conselhei-
ros mudaram de ideia e disseram: "O que foi
que fizemos? Deixamos os israelitas saírem e
perdemos os nossos escravos!" 6 Então o faraó
mandou aprontar a sua carruagem e levou
consigo o seu exército. 7 Levou todos os car-
ros de guerra do Egito, inclusive seiscentos
dos melhores desses carros, cada um com um
oficial no comando. 8 O SENHOR endureceu o
coração do faraó, rei do Egito, e este perse-
guiu os israelitas, que marchavam triunfan-
temente. 9 Os egípcios, com todos os cavalos
e carros de guerra do faraó, os cavaleiros[a] e a
infantaria, saíram em perseguição aos

[a] 14:9 Ou *condutores dos carros de guerra*; também nos versículos 17, 18, 23, 26 e 28.

Terra e mar

Experimente!

Aqui vai um jogo divertido para você brincar em uma festa de aniversário ou em outra ocasião qualquer. Marque parte do seu quintal como sendo "terra", mas a maior parte dele como "mar". Faça dois times: um dos israelitas e o outro dos egípcios. Os egípcios tentam recapturar os escravos israelitas antes que soe o apito e o mar os cubra.

Sigam estas regras:

1. Todos devem andar, ninguém pode correr.
2. Os israelitas têm três segundos de vantagem para andar para dentro do "mar".
3. Os egípcios devem pegar os israelitas no "mar" para capturá-los e, então, andar lentamente com eles até a "terra". Um israelita levado até a "terra" está fora do jogo.
4. No começo, decidam quantos segundos cada jogada durará. Soem um apito quando a rodada terminar.
5. O egípcio que estiver no "mar" quando o apito soar, terá se afogado e estará fora do jogo. Os israelitas não se machucam com a água.
6. O time que tiver todos os seus membros capturados ou afogados perde.

Após o jogo, conversem sobre a história de Êxodo 14. Na história da Bíblia, quantos israelitas foram capturados? Quantos soldados egípcios escaparam do afogamento? Deus realmente cuida de seu povo.

Êxodo 14

israelitas e os alcançaram quando estavam
acampados à beira-mar, perto de Pi-Hairote,
defronte de Baal-Zefom.

A travessia do mar

10 Ao aproximar-se o faraó, os israelitas
olharam e avistaram os egípcios que mar-
chavam na direção deles. E, aterrorizados,
clamaram ao SENHOR. 11 Disseram a Moisés:
"Foi por falta de túmulos no Egito que vo-
cê nos trouxe para morrermos no deserto?
O que você fez conosco, tirando-nos de lá?
12 Já lhe tínhamos dito no Egito: Deixe-nos
em paz! Seremos escravos dos egípcios! An-
tes ser escravos dos egípcios do que morrer
no deserto!"
13 Moisés respondeu ao povo: "Não tenham
medo. Fiquem firmes e vejam o livramen-
to que o SENHOR lhes trará hoje, porque vo-
cês nunca mais verão os egípcios que hoje
veem. 14 O SENHOR lutará por vocês; tão so-
mente acalmem-se".
15 Disse então o SENHOR a Moisés: "Por que
você está clamando a mim? Diga aos israe-
litas que sigam avante. 16 Erga a sua vara e
estenda a mão sobre o mar, e as águas se di-
vidirão para que os israelitas atravessem o
mar em terra seca. 17 Eu, porém, endurecerei o
coração dos egípcios e eles os perseguirão. E
serei glorificado com a derrota do faraó e de
todo o seu exército, com seus carros de guer-
ra e seus cavaleiros. 18 Os egípcios saberão que
eu sou o SENHOR quando eu for glorificado
com a derrota do faraó, com seus carros de
guerra e seus cavaleiros".
19 A seguir o anjo de Deus que ia à frente
dos exércitos de Israel retirou-se, colocando-
-se atrás deles. A coluna de nuvem também
saiu da frente deles e se pôs atrás, 20 entre os
egípcios e os israelitas. A nuvem trouxe tre-
vas para um e luz para o outro, de modo que
os egípcios não puderam aproximar-se dos
israelitas durante toda a noite.
21 Então Moisés estendeu a mão sobre o
mar, e o SENHOR afastou o mar e o tornou em
terra seca, com um forte vento oriental que
soprou toda aquela noite. As águas se dividi-
ram, 22 e os israelitas atravessaram pelo meio
do mar em terra seca, tendo uma parede de
água à direita e outra à esquerda.
23 Os egípcios os perseguiram, e todos os ca-
valos, carros de guerra e cavaleiros do faraó
foram atrás deles até o meio do mar. 24 No fim
da madrugada, do alto da coluna de fogo e de
nuvem, o SENHOR viu o exército dos egípcios
e o pôs em confusão. 25 Fez que as rodas dos
seus carros começassem a soltar-se[a], de for-
ma que tinham dificuldade em conduzi-los.
E os egípcios gritaram: "Vamos fugir dos is-
raelitas! O SENHOR está lutando por eles con-
tra o Egito".
26 Mas o SENHOR disse a Moisés: "Estenda
a mão sobre o mar para que as águas vol-
tem sobre os egípcios, sobre os seus carros
de guerra e sobre os seus cavaleiros". 27 Moi-
sés estendeu a mão sobre o mar, e ao raiar
do dia o mar voltou ao seu lugar. Quando os
egípcios estavam fugindo, foram de encontro
às águas, e o SENHOR os lançou ao mar. 28 As
águas voltaram e encobriram os seus carros
de guerra e os seus cavaleiros, todo o exérci-
to do faraó que havia perseguido os israelitas
mar adentro. Ninguém sobreviveu.
29 Mas os israelitas atravessaram o mar pi-
sando em terra seca, tendo uma parede de
água à direita e outra à esquerda. 30 Naque-
le dia o SENHOR salvou Israel das mãos dos
egípcios, e os israelitas viram os egípcios
mortos na praia. 31 Israel viu o grande poder
do SENHOR contra os egípcios, temeu o SE-
NHOR e pôs nele a sua confiança, como tam-
bém em Moisés, seu servo.

O cântico de Moisés

15 Então Moisés e os israelitas entoaram
este cântico ao SENHOR:

"Cantarei ao SENHOR,
pois triunfou gloriosamente.
Lançou ao mar o cavalo
e o seu cavaleiro!
2 O SENHOR é a minha força
e a minha canção;
ele é a minha salvação!
Ele é o meu Deus e eu o louvarei,
é o Deus de meu pai, e eu o exaltarei!
3 O SENHOR é guerreiro,
o seu nome é SENHOR.
4 Ele lançou ao mar

[a] 14:25 Ou *carros emperrassem*

Palavras para memorizar

"O SENHOR é a minha força e a minha canção."

(Êxodo 15:2)

os carros de guerra
e o exército do faraó.
Os seus melhores oficiais
afogaram-se no mar Vermelho.
5Águas profundas os encobriram;
como pedra desceram ao fundo.

6"SENHOR, a tua mão direita
foi majestosa em poder.
SENHOR, a tua mão direita
despedaçou o inimigo.
7Em teu triunfo grandioso,
derrubaste os teus adversários.
Enviaste o teu furor flamejante,
que os consumiu como palha.
8Pelo forte sopro das tuas narinas
as águas se amontoaram.
As águas turbulentas
firmaram-se como muralha;
as águas profundas
congelaram-se no coração do mar.

9"O inimigo se gloriava:
'Eu os perseguirei e os alcançarei,
dividirei o despojo e os devorarei.
Com a espada na mão,
eu os destruirei'.
10Mas enviaste o teu sopro,
e o mar os encobriu.
Afundaram como chumbo
nas águas volumosas.

11"Quem entre os deuses
é semelhante a ti, SENHOR?
Quem é semelhante a ti?
Majestoso em santidade,
terrível em feitos gloriosos,
autor de maravilhas?
12Estendes a tua mão direita
e a terra os engole.
13Com o teu amor
conduzes o povo que resgataste;
com a tua força
tu o levas à tua santa habitação.
14As nações ouvem e estremecem;
angústia se apodera
do povo da Filístia.
15Os chefes de Edom
ficam aterrorizados,
os poderosos de Moabe
são tomados de tremor,
o povo de Canaã esmorece;
16terror e medo caem sobre eles;
pelo poder do teu braço
ficam paralisados como pedra,
até que passe o teu povo,
ó SENHOR,
até que passe
o povo que tu compraste[a].
17Tu o farás entrar e o plantarás
no monte da tua herança,
no lugar, ó SENHOR,
que fizeste para a tua habitação,
no santuário, ó Senhor,
que as tuas mãos estabeleceram.
18O SENHOR reinará eternamente".

19Quando os cavalos, os carros de guerra e
os cavaleiros[b] do faraó entraram no mar, o
SENHOR fez que as águas do mar se voltassem
sobre eles, mas os israelitas atravessaram o
mar pisando em terra seca. 20Então Miriã, a
profetisa, irmã de Arão, pegou um tambo-
rim e todas as mulheres a seguiram, tocando
tamborins e dançando. 21E Miriã lhes respon-
dia, cantando:

"Cantem ao SENHOR,
pois triunfou gloriosamente.
Lançou ao mar o cavalo
e o seu cavaleiro".

As águas de Mara e de Elim

22Depois Moisés conduziu Israel desde o
mar Vermelho até o deserto de Sur. Durante
três dias caminharam no deserto sem encon-
trar água. 23Então chegaram a Mara, mas não
puderam beber das águas de lá porque eram
amargas. Esta é a razão por que o lugar cha-
ma-se Mara. 24E o povo começou a reclamar
a Moisés, dizendo: "Que beberemos?"

25Moisés clamou ao SENHOR, e este lhe indi-
cou um arbusto. Ele o lançou na água, e esta
se tornou boa.

Em Mara o SENHOR lhes deu leis e orde-
nanças, e os colocou à prova, 26dizendo-lhes:
"Se vocês derem atenção ao SENHOR, o seu
Deus, e fizerem o que ele aprova, se derem
ouvidos aos seus mandamentos e obedece-
rem a todos os seus decretos, não trarei sobre
vocês nenhuma das doenças que eu trouxe
sobre os egípcios, pois eu sou o SENHOR que
os cura".

27Depois chegaram a Elim, onde havia doze
fontes de água e setenta palmeiras; e acam-
param junto àquelas águas.

O maná e as codornizes

16 Toda a comunidade de Israel partiu de
Elim e chegou ao deserto de Sim, que fica
entre Elim e o Sinai. Foi no décimo quinto dia
do segundo mês, depois que saíram do Egito.

[a] 15:16 Ou *criaste*
[b] 15:19 Ou *condutores dos carros de guerra*

2No deserto, toda a comunidade de Israel re-
clamou a Moisés e Arão. 3Disseram-lhes os is-
raelitas: “Quem dera a mão do SENHOR nos
tivesse matado no Egito! Lá nos sentávamos
ao redor das panelas de carne e comíamos
pão à vontade, mas vocês nos trouxeram a
este deserto para fazer morrer de fome toda
esta multidão!”
4Disse, porém, o SENHOR a Moisés: “Eu lhes
farei chover pão do céu. O povo sairá e reco-
lherá diariamente a porção necessária para
aquele dia. Com isso os porei à prova para ver
se seguem ou não as minhas instruções. 5No
sexto dia trarão para ser preparado o dobro
do que recolhem nos outros dias”.
6Assim Moisés e Arão disseram a todos os
israelitas: “Ao entardecer, vocês saberão que
foi o SENHOR quem os tirou do Egito, 7e ama-
nhã cedo verão a glória do SENHOR, porque o
SENHOR ouviu a queixa de vocês contra ele.
Quem somos nós para que vocês reclamem
a nós?” 8Disse ainda Moisés: “O SENHOR lhes
dará carne para comer ao entardecer e pão
à vontade pela manhã, porque ele ouviu as
suas queixas contra ele. Quem somos nós?
Vocês não estão reclamando de nós, mas do
SENHOR”.
9Disse Moisés a Arão: “Diga a toda a comu-
nidade de Israel que se apresente ao SENHOR,
pois ele ouviu as suas queixas”.
10Enquanto Arão falava a toda a comunida-
de, todos olharam em direção ao deserto, e a
glória do SENHOR apareceu na nuvem.
11E o SENHOR disse a Moisés: 12“Ouvi as quei-
xas dos israelitas. Responda-lhes que ao pôr
do sol vocês comerão carne, e ao amanhecer
se fartarão de pão. Assim saberão que eu sou
o SENHOR, o seu Deus”.
13No final da tarde, apareceram codornizes
que cobriram o lugar onde estavam acam-
pados; ao amanhecer havia uma camada de
orvalho ao redor do acampamento. 14Depois
que o orvalho secou, flocos finos semelhan-
tes a geada estavam sobre a superfície do
deserto. 15Quando os israelitas viram aquilo,
começaram a perguntar uns aos outros: “Que
é isso?”, pois não sabiam do que se tratava.
Disse-lhes Moisés: “Este é o pão que o SE-
NHOR lhes deu para comer. 16Assim ordenou o
SENHOR: ‘Cada chefe de família recolha quan-
to precisar: um jarro[a] para cada pessoa da
sua tenda’ ”.
17Os israelitas fizeram como lhes fora di-
to; alguns recolheram mais, outros menos.
18Quando mediram com o jarro, quem tinha
recolhido muito não teve demais, e não fal-
tou a quem tinha recolhido pouco. Cada um
recolheu quanto precisava.
19“Ninguém deve guardar nada para a ma-
nhã seguinte”, ordenou-lhes Moisés.
20Todavia, alguns deles não deram atenção
a Moisés e guardaram um pouco até a manhã
seguinte, mas aquilo criou bicho e começou

[a] 16:16 Hebraico: *ômer*. O ômer era uma medida de capacidade para secos. As estimativas variam entre 2 e 4 litros.

A vida nos tempos da Bíblia

Maná

O maná era uma comida especial dada por Deus a seu povo, os israelitas, durante todo o tempo em que eles estiveram no deserto. As pessoas coletavam o maná do chão todos os dias, exceto no sábado. O significado em hebraico para a palavra *maná* era, provavelmente, “o que é isto?”. Os israelitas, assim que viram o maná, não sabiam exatamente o que era aquilo, mas eles logo perceberam que era uma comida deliciosa e saudável dada a eles por Deus.

a cheirar mal. Por isso Moisés irou-se con-
tra eles.
21Cada manhã todos recolhiam quanto
precisavam, pois, quando o sol esquentava,
aquilo se derretia. 22No sexto dia recolheram
o dobro: dois jarros para cada pessoa; e os
líderes da comunidade foram contar isso a
Moisés, 23que lhes explicou: "Foi isto que o
SENHOR ordenou: 'Amanhã será dia de des-
canso, sábado consagrado ao SENHOR. Assem
e cozinhem o que quiserem. Guardem o que
sobrar até a manhã seguinte' ".
24E eles o guardaram até a manhã se-
guinte, como Moisés tinha ordenado, e não
cheirou mal nem criou bicho. 25"Comam-no
hoje", disse Moisés, "pois hoje é o sábado do
SENHOR. Hoje, vocês não o encontrarão no
terreno. 26Durante seis dias vocês podem re-
colhê-lo, mas, no sétimo dia, o sábado, na-
da acharão."
27Apesar disso, alguns deles saíram no sé-
timo dia para recolhê-lo, mas não encontra-
ram nada. 28Então o SENHOR disse a Moisés:
"Até quando vocês se recusarão a obedecer
aos meus mandamentos e às minhas instru-
ções? 29Vejam que o SENHOR lhes deu o sába-
do; e por isso, no sexto dia, ele lhes dá pão
para dois dias. No sétimo dia, fiquem todos
onde estiverem; ninguém deve sair". 30Então
o povo descansou no sétimo dia.
31O povo de Israel chamou maná[a] àquele
pão. Era branco como semente de coentro e
tinha gosto de bolo de mel. 32Disse Moisés: "O
SENHOR ordenou-lhes que recolham um jar-
ro de maná e que o guardem para as futuras
gerações, para que vejam o pão que lhes dei
no deserto, quando os tirei do Egito".
33Então Moisés disse a Arão: "Ponha numa
vasilha a medida de um jarro de maná, e co-
loque-a diante do SENHOR, para que seja con-
servado para as futuras gerações".
34Em obediência ao que o SENHOR tinha
ordenado a Moisés, Arão colocou o maná
junto às tábuas da aliança, para ali ser guar-
dado. 35Os israelitas comeram maná duran-
te quarenta anos, até chegarem a uma terra
habitável; comeram maná até chegarem às
fronteiras de Canaã. 36(O jarro é a décima par-
te de uma arroba[b].)

Água jorra da rocha

17 Toda a comunidade de Israel partiu do
deserto de Sim, andando de um lugar
para outro, conforme a ordem do SENHOR.
Acamparam em Refidim, mas lá não havia
água para beber. 2Por essa razão queixaram-
-se a Moisés e exigiram: "Dê-nos água pa-
ra beber".

[a] 16:31 *Maná* significa *Que é isso?*
[b] 16:36 Hebraico: *efa*. O efa era uma medida de capacidade para secos. As estimativas variam entre 20 e 40 litros.

Experimente!

Pão de cada dia

Moisés provavelmente liderou cerca de 2 milhões de israelitas no deserto e Deus proveu a eles um tipo especial de comida chamada maná. Leia Êxodo 16:13-31 e responda estas perguntas:

1. O que aconteceu quando as pessoas pegaram mais maná do que conseguiam comer em um dia?
2. O que aconteceu quando elas pegaram a mais no sexto dia?

Êxodo 16:13-31

Deus poderia ter dado em um dia aos israelitas maná suficiente para uma semana inteira, mas ele queria que seu povo confiasse nele todos os dias e ficasse satisfeito com a comida de cada dia.

Você está pronto para sempre confiar que Deus suprirá tudo que você precisa para aquele dia? Tente isso durante uma semana. Ore sobre algo específico cada dia (uma prova de matemática, uma aula de piano, uma viagem segura em uma excursão ou qualquer coisa) e não se preocupe com o amanhã. Mantenha o registro de como Deus responde a essas orações diárias.

Ele respondeu: "Por que se queixam a
mim? Por que colocam o SENHOR à prova?"
3Mas o povo estava sedento e reclamou a
Moisés: "Por que você nos tirou do Egito? Foi
para matar de sede a nós, aos nossos filhos e
aos nossos rebanhos?"
4Então Moisés clamou ao SENHOR: "Que
farei com este povo? Estão a ponto de ape-
drejar-me!"
5Respondeu-lhe o SENHOR: "Passe à frente
do povo. Leve com você algumas das autori-
dades de Israel, tenha na mão a vara com a
qual você feriu o Nilo e vá adiante. 6Eu esta-
rei à sua espera no alto da rocha do monte
Horebe. Bata na rocha, e dela sairá água para
o povo beber". Assim fez Moisés, à vista das
autoridades de Israel. 7E chamou aquele lu-
gar Massá[a] e Meribá[b], porque ali os israelitas
reclamaram e puseram o SENHOR à prova, di-
zendo: "O SENHOR está entre nós, ou não?"

A vitória sobre os amalequitas

8Sucedeu que os amalequitas vieram ata-
car os israelitas em Refidim. 9Então Moisés
disse a Josué: "Escolha alguns dos nossos ho-
mens e lute contra os amalequitas. Amanhã
tomarei posição no alto da colina, com a vara
de Deus em minhas mãos".
10Josué foi então lutar contra os amalequi-
tas, conforme Moisés tinha ordenado. Moisés,
Arão e Hur, porém, subiram ao alto da colina.
11Enquanto Moisés mantinha as mãos ergui-
das, os israelitas venciam; quando, porém, as
abaixava, os amalequitas venciam. 12Quando
as mãos de Moisés já estavam cansadas, eles
pegaram uma pedra e a colocaram debaixo
dele, para que nela se assentasse. Arão e Hur
mantiveram erguidas as mãos de Moisés, um
de cada lado, de modo que as mãos permane-
ceram firmes até o pôr do sol. 13E Josué der-
rotou o exército amalequita ao fio da espada.
14Depois o SENHOR disse a Moisés: "Escre-
va isto num rolo, como memorial, e declare
a Josué que farei que os amalequitas sejam
esquecidos para sempre debaixo do céu".
15Moisés construiu um altar e chamou-lhe
"o SENHOR é minha bandeira". 16E jurou: "Pelo
trono do SENHOR![c] O SENHOR fará guerra con-
tra os amalequitas de geração em geração".

A visita de Jetro

18 Jetro, sacerdote de Midiã e sogro de Moi-
sés, soube de tudo o que Deus tinha fei-
to por Moisés e pelo povo de Israel, como o
SENHOR havia tirado Israel do Egito.
2Moisés tinha mandado Zípora, sua mu-
lher, para a casa de seu sogro Jetro, que a
recebeu 3com os seus dois filhos. Um deles
chamava-se Gérson, pois Moisés dissera:
"Tornei-me imigrante em terra estrangei-
ra"; 4e o outro chamava-se Eliézer, pois dis-
sera: "O Deus de meu pai foi o meu ajudador;
livrou-me da espada do faraó".
5Jetro, sogro de Moisés, veio com os filhos
e a mulher de Moisés encontrá-lo no deser-
to, onde estava acampado, perto do monte
de Deus. 6E Jetro mandou dizer-lhe: "Eu, seu
sogro Jetro, estou indo encontrá-lo, e comigo
vão sua mulher e seus dois filhos".
7Então Moisés saiu ao encontro do sogro,
curvou-se e beijou-o; trocaram saudações e
depois entraram na tenda. 8Então Moisés
contou ao sogro tudo quanto o SENHOR ti-
nha feito ao faraó e aos egípcios por amor
a Israel e também todas as dificuldades que
tinham enfrentado pelo caminho e como o
SENHOR os livrara.
9Jetro alegrou-se ao ouvir todas as coisas
boas que o SENHOR tinha feito a Israel, liber-
tando-o das mãos dos egípcios. 10Disse ele:
"Bendito seja o SENHOR que libertou vocês
das mãos dos egípcios e do faraó; que livrou
o povo das mãos dos egípcios! 11Agora sei
que o SENHOR é maior do que todos os ou-
tros deuses, pois ele os superou exatamente
naquilo de que se vangloriavam". 12Então Je-
tro, sogro de Moisés, ofereceu um holocausto

[a] 17:7 *Massá* significa *provação*.
[b] 17:7 *Meribá* significa *rebelião*.
[c] 17:16 Ou "*Mão levantada contra o trono do Senhor!*

Você sabia?

Por que Moisés ficou com as mãos levantadas quando os israelitas estavam em guerra?

17:9-11 Quando Moisés ficava com as mãos levantadas, os israelitas venciam, mas, quando ele as abaixava, os israelitas eram derrotados. Levantar as mãos simbolizava um pedido de ajuda a Deus, e isso mostrava aos israelitas que Deus lhes daria a vitória, pois somente a força deles não seria suficiente para vencerem.

e sacrifícios a Deus, e Arão veio com todas as autoridades de Israel para comerem com o sogro de Moisés na presença de Deus.

O conselho de Jetro

13No dia seguinte Moisés assentou-se para julgar as questões do povo, e este permaneceu em pé diante dele, desde a manhã até o cair da tarde. 14Quando o seu sogro viu tudo o que ele estava fazendo pelo povo, disse: "Que é que você está fazendo? Por que só você se assenta para julgar, e todo este povo o espera em pé, desde a manhã até o cair da tarde?"

15Moisés lhe respondeu: "O povo me procura para que eu consulte a Deus. 16Toda vez que alguém tem uma questão, esta me é trazida, e eu decido entre as partes, e ensino-lhes os decretos e leis de Deus".

17Respondeu o sogro de Moisés: "O que você está fazendo não é bom. 18Você e o seu povo ficarão esgotados, pois essa tarefa lhe é pesada demais. Você não pode executá-la sozinho. 19Agora, ouça-me! Eu lhe darei um conselho, e que Deus esteja com você! Seja você o representante do povo diante de Deus e leve a Deus as suas questões. 20Oriente-os quanto aos decretos e leis, mostrando-lhes como devem viver e o que devem fazer. 21Mas escolha dentre todo o povo homens capazes, tementes a Deus, dignos de confiança e inimigos de ganho desonesto. Estabeleça-os como chefes de mil, de cem, de cinquenta e de dez. 22Eles estarão sempre à disposição do povo para julgar as questões. Trarão a você apenas as questões difíceis; as mais simples decidirão sozinhos. Isso tornará mais leve o seu fardo, porque eles o dividirão com você. 23Se você assim fizer, e se assim Deus ordenar, você será capaz de suportar as dificuldades, e todo este povo voltará para casa satisfeito".

24Moisés aceitou o conselho do sogro e fez tudo como ele tinha sugerido. 25Escolheu homens capazes de todo o Israel e colocou-os como líderes do povo: chefes de mil, de cem, de cinquenta e de dez. 26Estes ficaram como juízes permanentes do povo. As questões difíceis levavam a Moisés; as mais simples, porém, eles mesmos resolviam.

27Então Moisés e seu sogro se despediram, e este voltou para a sua terra.

Israel chega ao monte Sinai

19 No dia em que se completaram três meses que os israelitas haviam saído do Egito, chegaram ao deserto do Sinai. 2Depois de saírem de Refidim, entraram no deserto do Sinai, e Israel acampou ali, diante do monte.

3Logo Moisés subiu o monte para encontrar-se com Deus. E o SENHOR o chamou do monte, dizendo: "Diga o seguinte aos descendentes de Jacó e declare aos israelitas: 4Vocês viram o que fiz ao Egito e como os transportei sobre asas de águias e os trouxe para junto de mim. 5Agora, se me obedecerem fielmente e guardarem a minha aliança, vocês serão o meu tesouro pessoal dentre todas as nações. Embora toda a terra seja minha, 6vocês[a] serão para mim um reino de sacerdotes e uma nação santa. Essas são as palavras que você dirá aos israelitas".

7Moisés voltou, convocou as autoridades do povo e lhes expôs tudo o que o SENHOR havia-lhe mandado falar. 8O povo todo respondeu unânime: "Faremos tudo o que o SENHOR ordenou". E Moisés levou ao SENHOR a resposta do povo.

9Disse o SENHOR a Moisés: "Virei a você numa densa nuvem, a fim de que o povo, ouvindo-me falar-lhe, passe a confiar sempre em você". Então Moisés relatou ao SENHOR o que o povo lhe dissera.

10E o SENHOR disse a Moisés: "Vá ao povo e consagre-o hoje e amanhã. Eles deverão lavar as suas vestes 11e estar prontos no terceiro dia, porque nesse dia o SENHOR descerá sobre o monte Sinai, à vista de todo o povo. 12Estabeleça limites em torno do monte e diga ao povo: Tenham o cuidado de não subir ao monte e de não tocar na sua base. Quem tocar no monte certamente será morto; 13será apedrejado ou morto a flechadas. Ninguém deverá tocá-lo com a mão. Seja homem, seja animal, não viverá. Somente quando a corneta soar um toque longo eles poderão subir ao monte".

14Tendo Moisés descido do monte, consagrou o povo; e eles lavaram as suas vestes. 15Disse ele então ao povo: "Preparem-se para o terceiro dia, e até lá não se acheguem a mulher".

16Ao amanhecer do terceiro dia houve trovões e raios, uma densa nuvem cobriu o monte, e uma trombeta ressoou fortemente. Todos no acampamento tremeram de medo. 17Moisés levou o povo para fora do acampamento, para encontrar-se com Deus, e eles ficaram ao pé do monte. 18O monte Sinai estava coberto de fumaça, pois o SENHOR tinha descido sobre ele em chamas de fogo. Dele subia fumaça como que de uma fornalha;

[a] 19:5-6 Ou *nações, pois toda a terra é minha.* 6Vocês

todo o monte[a] tremia violentamente, 19e
o som da trombeta era cada vez mais for-
te. Então Moisés falou, e a voz de Deus lhe
respondeu[b].
20O SENHOR desceu ao topo do monte Si-
nai e chamou Moisés para o alto do monte.
Moisés subiu 21e o SENHOR lhe disse: "Desça
e alerte o povo que não ultrapasse os limites,
para ver o SENHOR, e muitos deles pereçam.
22Mesmo os sacerdotes que se aproximarem
do SENHOR devem consagrar-se; senão o SE-
NHOR os fulminará".
23Moisés disse ao SENHOR: "O povo não po-
de subir ao monte Sinai, pois tu mesmo nos
avisaste: 'Estabeleça um limite em torno do
monte e declare-o santo' ".
24O SENHOR respondeu: "Desça e depois
torne a subir, acompanhado de Arão. Quan-
to aos sacerdotes e ao povo, não devem ultra-
passar o limite para subir ao SENHOR; senão,
o SENHOR os fulminará".
25Então Moisés desceu e avisou o povo.

Os Dez Mandamentos

20 E Deus falou todas estas palavras:
2"Eu sou o SENHOR, o teu Deus, que te
tirou do Egito, da terra da escravidão.
3"Não terás outros deuses além de mim.
4"Não farás para ti nenhum ídolo, ne-
nhuma imagem de qualquer coisa no
céu, na terra, ou nas águas debaixo da
terra. 5Não te prostrarás diante deles
nem lhes prestarás culto, porque eu, o
SENHOR, o teu Deus, sou Deus zeloso, que
castigo os filhos pelos pecados de seus
pais até a terceira e quarta geração da-
queles que me desprezam, 6mas trato
com bondade até mil gerações[c] aos que
me amam e obedecem aos meus man-
damentos.
7"Não tomarás em vão o nome do SE-
NHOR, o teu Deus, pois o SENHOR não
deixará impune quem tomar o seu no-
me em vão.
8"Lembra-te do dia de sábado, para san-
tificá-lo. 9Trabalharás seis dias e neles
farás todos os teus trabalhos, 10mas o sé-
timo dia é o sábado dedicado ao SENHOR,
o teu Deus. Nesse dia não farás trabalho
algum, nem tu, nem teus filhos ou filhas,
nem teus servos ou servas, nem teus ani-
mais, nem os estrangeiros que morarem
em tuas cidades. 11Pois em seis dias o SE-
NHOR fez os céus e a terra, o mar e tudo o
que neles existe, mas no sétimo dia des-
cansou. Portanto, o SENHOR abençoou o
sétimo dia e o santificou.
12"Honra teu pai e tua mãe, a fim de que
tenhas vida longa na terra que o SENHOR,
o teu Deus, te dá.
13"Não matarás.
14"Não adulterarás.
15"Não furtarás.
16"Não darás falso testemunho contra o
teu próximo.
17"Não cobiçarás a casa do teu próximo.
Não cobiçarás a mulher do teu próximo,
nem seus servos ou servas, nem seu boi
ou jumento, nem coisa alguma que lhe
pertença".
18Vendo-se o povo diante dos trovões e
dos relâmpagos, e do som da trombeta e do
monte fumegando, todos tremeram assusta-
dos. Ficaram a distância 19e disseram a Moi-
sés: "Fala tu mesmo conosco, e ouviremos.
Mas que Deus não fale conosco, para que não
morramos".
20Moisés disse ao povo: "Não tenham me-
do! Deus veio prová-los, para que o temor de
Deus esteja em vocês e os livre de pecar".
21Mas o povo permaneceu a distância, ao
passo que Moisés aproximou-se da nuvem
escura em que Deus se encontrava.

A lei sobre o altar do SENHOR

22O SENHOR disse a Moisés: "Diga o seguin-
te aos israelitas: Vocês viram por si mesmos
que do céu lhes falei: 23não façam ídolos de
prata nem de ouro para me representarem.
24"Façam-me um altar de terra e nele sa-
crifiquem-me os seus holocaustos[d] e as suas
ofertas de comunhão[e], as suas ovelhas e os
seus bois. Onde quer que eu faça celebrar o
meu nome, virei a vocês e os abençoarei. 25Se
me fizerem um altar de pedras, não o façam
com pedras lavradas, porque o uso de ferra-
mentas o profanaria. 26Não subam por de-
graus ao meu altar, para que nele não seja
exposta a sua nudez.

Leis acerca dos escravos hebreus

21 "São estas as leis que você proclamará
ao povo:
2"Se você comprar um escravo hebreu, ele
o servirá por seis anos. Mas no sétimo ano

[a] 19:18 Conforme a maioria dos manuscritos do Texto Massorético. Alguns manuscritos do Texto Massorético e a Septuaginta dizem *o povo*.
[b] 19:19 Ou *e Deus lhe respondeu com um trovão*
[c] 20:6 Ou *a milhares que*
[d] 20:24 Isto é, sacrifícios totalmente queimados; também em 24:5; 29:18,25 e 42.
[e] 20:24 Ou *de paz*; também em 24:5 e 29:28.

será liberto, sem precisar pagar nada. 3Se che-
gou solteiro, solteiro receberá liberdade; mas
se chegou casado, sua mulher irá com ele. 4Se
o seu senhor lhe tiver dado uma mulher, e
esta lhe tiver dado filhos ou filhas, a mulher
e os filhos pertencerão ao senhor; somente
o homem sairá livre.

5"Se, porém, o escravo declarar: 'Eu amo o
meu senhor, a minha mulher e os meus filhos,
e não quero sair livre', 6o seu senhor o levará
perante os juízes[a]. Terá que levá-lo à porta ou
à lateral da porta e furar a sua orelha. Assim,
ele será seu escravo por toda a vida.

7"Se um homem vender sua filha como es-
crava, ela não será liberta como os escravos
homens. 8Se ela não agradar ao seu senhor
que a escolheu, ele deverá permitir que ela
seja resgatada. Não poderá vendê-la a estran-
geiros, pois isso seria deslealdade para com
ela. 9Se o seu senhor a escolher para seu fi-
lho, lhe dará os direitos de uma filha. 10Se o
senhor tomar uma segunda mulher para si,
não poderá privar a primeira de alimento, de
roupas e dos direitos conjugais. 11Se não lhe
garantir essas três coisas, ela poderá ir em-
bora sem precisar pagar nada.

Leis acerca da violência e dos acidentes

12"Quem ferir um homem e o matar terá
que ser executado. 13Todavia, se não o fez
intencionalmente, mas Deus o permitiu,
designei um lugar para onde poderá fugir.

[a] 21:6 Ou *perante Deus*

Dez Mandamentos

Experimente!

Os Dez Mandamentos de Deus nos mostram como amar a Deus e às outras pessoas. Aqui vai uma lista dos mandamentos, com uma explicação sobre o significado de cada um e sobre como você pode obedecer a esses mandamentos a cada dia. Agora, leia Êxodo 20:1-17.

Êxodo 20:1-17

Mandamento:	**Significado:**	**Como eu obedeço:**
Como mostrar amor a Deus		
1. Não tenha deuses diante de mim.	Confie somente em Deus.	Orando sobre minhas necessidades.
2. Não tenha ídolos.	Adore somente a Deus.	Agradecendo e louvando a Deus.
3. Não tome o nome de Deus em vão.	Use o nome de Deus com respeito.	Não usando o nome de Deus para amaldiçoar.
4. Guarde o sábado santo.	Descanse e pense sobre Deus.	Prestando atenção na igreja.
Como mostrar amor pelas pessoas		
5. Honre pai e mãe.	Respeite os pais.	Obedecendo a minha mãe e a meu pai.
6. Não mate.	Proteja a vida humana.	Ajudando os outros a não se machucarem.
7. Não adultere.	Seja fiel ao marido ou à esposa.	Mantendo as promessas que eu fizer aos outros.
8. Não roube.	Não pegue o que pertence ao outro.	Não pegando coisas que não são minhas.
9. Não dê falso testemunho.	Não minta sobre os outros.	Sendo verdadeiro e não fazendo fofoca.
10. Não cobice.	Não queira o que os outros têm.	Estando satisfeito com o que eu tenho.

14Mas se alguém tiver planejado matar outro
deliberadamente, tire-o até mesmo do meu
altar e mate-o.
15"Quem agredir o próprio pai ou a própria
mãe terá que ser executado.
16"Aquele que sequestrar alguém e vendê-
-lo ou for apanhado com ele em seu poder,
terá que ser executado.
17"Quem amaldiçoar seu pai ou sua mãe te-
rá que ser executado.
18"Se dois homens brigarem e um deles
ferir o outro com uma pedra ou com o pu-
nho[a] e o outro não morrer, mas cair de ca-
ma, 19aquele que o feriu será absolvido, se o
outro se levantar e caminhar com o auxílio
de uma bengala; todavia, ele terá que inde-
nizar o homem ferido pelo tempo que este
perdeu e responsabilizar-se por sua comple-
ta recuperação.
20"Se alguém ferir seu escravo ou escrava
com um pedaço de pau, e como resultado o
escravo morrer, será punido; 21mas se o es-
cravo sobreviver um ou dois dias, não será
punido, visto que é sua propriedade.
22"Se homens brigarem e ferirem uma
mulher grávida, e ela der à luz prematura-
mente[b], não havendo, porém, nenhum da-
no sério, o ofensor pagará a indenização que
o marido daquela mulher exigir, conforme
a determinação dos juízes[c]. 23Mas, se hou-
ver danos graves, a pena será vida por vida,
24olho por olho, dente por dente, mão por
mão, pé por pé, 25queimadura por queimadu-
ra, ferida por ferida, contusão por contusão.
26"Se alguém ferir o seu escravo ou sua es-
crava no olho e o cegar, terá que libertar o
escravo como compensação pelo olho. 27Se
quebrar um dente de um escravo ou de uma
escrava, terá que libertar o escravo como
compensação pelo dente.
28"Se um boi chifrar um homem ou uma
mulher, causando-lhe a morte, o boi terá
que ser apedrejado até a morte, e a sua car-
ne não poderá ser comida. Mas o dono do boi
será absolvido. 29Se, todavia, o boi costuma-
va chifrar e o dono, ainda que alertado, não o
manteve preso, e o boi matar um homem ou
uma mulher, o boi será apedrejado e o dono
também terá que ser morto. 30Caso, porém,
lhe peçam um pagamento, poderá resgatar
a sua vida pagando o que for exigido. 31Esta
sentença também se aplica no caso de um
boi chifrar um menino ou uma menina. 32Se
o boi chifrar um escravo ou escrava, o dono
do animal terá que pagar trezentos e sessenta
gramas[d] de prata ao dono do escravo, e o boi
será apedrejado.
33"Se alguém abrir ou deixar aberta uma
cisterna, não tendo o cuidado de tampá-la,
e um jumento ou um boi nela cair, 34o do-
no da cisterna terá que pagar o prejuízo,

[a] 21:18 Ou *com uma ferramenta*
[b] 21:22 Hebraico: *e a criança sair.*
[c] 21:22 Ou *de Deus*
[d] 21:32 Hebraico: *30 siclos*. Um siclo equivalia a 12 gramas.

Proteja os outros

Experimente!

Leia Êxodo 21:28-36. As leis mostram que o povo de Deus deve ser cuidadoso em proteger a vida e a propriedade das outras pessoas.

Faça uma vistoria de segurança em sua casa e seu quintal. Há brinquedos espalhados que podem fazer alguém tropeçar? As ferramentas estão guardadas? Há algum risco de incêndio em sua casa, como uma lâmpada oscilante ou latas de tinta e trapos empilhados em um canto? As tomadas estão tapadas? Se você tiver um cachorro que morde, ele está bem preso? Os remédios estão fora do alcance de crianças?

Dê a si mesmo dez pontos cada vez que fizer algo para tornar sua casa um lugar mais seguro para sua família e para os outros:

10 pontos — Continue!
30 pontos — Está indo bem!
50 pontos — Formidável!

Êxodo 21:28-36

indenizando o dono do animal, e ficará com o animal morto.

35“Se o boi de alguém ferir o boi de outro e o matar, venderão o boi vivo e dividirão em partes iguais, tanto o valor do boi vivo como o animal morto. 36Contudo, se o boi costumava chifrar, e o dono não o manteve preso, este terá que pagar boi por boi, e ficará com o que morreu.

Leis acerca da proteção da propriedade

22 “Se alguém roubar um boi ou uma ovelha e abatê-lo ou vendê-lo, terá que restituir cinco bois pelo boi e quatro ovelhas pela ovelha.

2“Se o ladrão que for pego arrombando for ferido e morrer, quem o feriu não será culpado de homicídio, 3mas se isso acontecer depois do nascer do sol, será culpado de homicídio.

“O ladrão terá que restituir o que roubou, mas, se não tiver nada, será vendido para pagar o roubo. 4Se o que foi roubado for encontrado vivo em seu poder, seja boi, seja jumento, seja ovelha, ele deverá restituí-lo em dobro.

5“Se alguém levar seu rebanho para pastar num campo ou numa vinha e soltá-lo de modo que venha a pastar no campo de outro homem, fará restituição com o melhor do seu campo ou da sua vinha.

6“Se um fogo se espalhar e alcançar os espinheiros, e queimar os feixes colhidos ou o trigo plantado ou até a lavoura toda, aquele que iniciou o incêndio restituirá o prejuízo.

7“Se alguém entregar ao seu próximo prata ou bens para serem guardados e estes forem roubados da casa deste, o ladrão, se for encontrado, terá que restituí-los em dobro. 8Mas se o ladrão não for encontrado, o dono da casa terá que comparecer perante os juízes[a] para que se determine se ele não lançou mão dos bens do outro. 9Sempre que alguém se apossar de boi, jumento, ovelha, roupa ou qualquer outro bem perdido, mas alguém disser: ‘Isto me pertence’, as duas partes envolvidas levarão o caso aos juízes. Aquele a quem os juízes declararem[b] culpado restituirá o dobro ao seu próximo.

10“Se alguém der ao seu próximo o seu jumento, ou boi, ou ovelha ou qualquer outro animal para ser guardado, e o animal morrer, for ferido ou for levado, sem que ninguém o veja, 11a questão entre eles será resolvida prestando-se um juramento diante do SENHOR de que um não lançou mão da propriedade do outro. O dono terá que aceitar isso e nenhuma restituição será exigida. 12Mas se o animal tiver sido roubado do seu próximo, este terá que fazer restituição ao dono. 13Se tiver sido despedaçado por um animal selvagem, ele trará como prova o que restou dele; e não terá que fazer restituição.

14“Se alguém pedir emprestado ao seu próximo um animal, e este for ferido ou morrer na ausência do dono, terá que fazer restituição. 15Mas se o dono estiver presente, o que tomou emprestado não terá que restituí-lo. Se o animal tiver sido alugado, o preço do aluguel cobrirá a perda.

Leis acerca das responsabilidades sociais

16“Se um homem seduzir uma virgem que ainda não tenha compromisso de casamento e deitar-se com ela, terá que pagar o preço do seu dote, e ela será sua mulher. 17Mas se o pai recusar-se a entregá-la, ainda assim o homem terá que pagar o equivalente ao dote das virgens.

18“Não deixem viver a feiticeira.

19“Todo aquele que tiver relações sexuais com animal terá que ser executado.

20“Quem oferecer sacrifício a qualquer outro deus, e não unicamente ao SENHOR, será destruído.

21“Não maltratem nem oprimam o estrangeiro, pois vocês foram estrangeiros no Egito.

22“Não prejudiquem as viúvas nem os órfãos; 23porque se o fizerem, e eles clamarem a mim, eu certamente atenderei ao seu clamor. 24Com grande ira matarei vocês à espada; suas mulheres ficarão viúvas e seus filhos, órfãos.

Você sabia?

De que modo a lei de Deus punia os ladrões?

22:1 A pessoa que roubasse de outra não ia para a cadeira; em vez disso, ela tinha de pagar de volta o que havia roubado — duas ou até cinco vezes o tanto que fora tomado! Esse tipo de punição é chamado de “fazer restituição”.

[a] 22:8 Ou *perante Deus*; também no versículo 9.
[b] 22:9 Ou *a quem Deus declarar*

25“Se fizerem empréstimo a alguém do
meu povo, a algum necessitado que viva
entre vocês, não cobrem juros dele; não
emprestem visando a lucro. 26Se tomarem
como garantia o manto do seu próximo, de-
volvam-no até o pôr do sol, 27porque o man-
to é a única coberta que ele possui para o
corpo. Em que mais se deitaria? Quando ele
clamar a mim, eu o ouvirei, pois sou mise-
ricordioso.
28“Não blasfemem contra Deus[a] nem amal-
diçoem uma autoridade do seu povo.
29“Não retenham as ofertas de suas co-
lheitas[b].
“Consagrem-me o primeiro filho de vo-
cês 30e a primeira cria das vacas, das ovelhas
e das cabras. Durante sete dias a cria ficará
com a mãe, mas, no oitavo dia, entreguem-
-na a mim.
31“Vocês serão meu povo santo. Não comam
a carne de nenhum animal despedaçado por
feras no campo; joguem-na aos cães.

Leis acerca do exercício da justiça

23 “Ninguém faça declarações[c] falsas e não
seja cúmplice do ímpio, sendo-lhe tes-
temunha mal-intencionada.
2“Não acompanhe a maioria para fazer o
mal. Ao testemunhar num processo, não per-
verta a justiça para apoiar a maioria, 3nem
para favorecer o pobre num processo.
4“Se você encontrar perdido o boi ou o ju-
mento que pertence ao seu inimigo, leve-o de
volta a ele. 5Se você vir o jumento de alguém
que o odeia caído sob o peso de sua carga,
não o abandone, procure ajudá-lo.
6“Não perverta o direito dos pobres em
seus processos. 7Não se envolva em falsas
acusações nem condene à morte o inocente
e o justo, porque não absolverei o culpado.
8“Não aceite suborno, pois o suborno cega
até os que têm discernimento[d] e prejudica a
causa do justo.
9“Não oprima o estrangeiro. Vocês sabem
o que é ser estrangeiro, pois foram estran-
geiros no Egito.

Leis acerca do sábado

10“Plantem e colham em sua terra durante
seis anos, 11mas no sétimo deixem-na descan-
sar sem cultivá-la. Assim os pobres do povo
poderão comer o que crescer por si, e o que
restar ficará para os animais do campo. Fa-
çam o mesmo com as suas vinhas e com os
seus olivais.
12“Em seis dias façam os seus trabalhos,
mas no sétimo não trabalhem, para que o
seu boi e o seu jumento possam descansar,
e o seu escravo e o estrangeiro renovem as
forças.
13“Tenham o cuidado de fazer tudo o que
lhes ordenei. Não invoquem o nome de ou-
tros deuses; não se ouçam tais nomes dos
seus lábios.

Leis acerca das grandes festas anuais

14“Três vezes por ano vocês me celebrarão
festa.
15“Celebrem a festa dos pães sem fermento;
durante sete dias comam pão sem fermento,
como eu lhes ordenei. Façam isso na época
determinada do mês de abibe[e], pois nesse
mês vocês saíram do Egito.
“Ninguém se apresentará a mim de mãos
vazias.
16“Celebrem a festa da colheita dos primei-
ros frutos do seu trabalho de semeadura.
“Celebrem a festa do encerramento da co-
lheita quando, no final do ano, vocês arma-
zenarem as colheitas.
17“Três vezes por ano todos os homens de-
vem comparecer diante do SENHOR, o Sobe-
rano.
18“Não ofereçam o sangue de um sacrifício
feito em minha honra com pão fermentado.
“A gordura das ofertas de minhas festas
não deverá ser guardada até a manhã se-
guinte.

[a] 22:28 Ou *“Não insultem os juízes*
[b] 22:29 Ou *do trigo, do vinho e do azeite*. Hebraico: *a sua prosperidade e as suas lágrimas*.
[c] 23:1 Ou *não espalhe notícias*
[d] 23:8 Ou *os juízes*
[e] 23:15 Aproximadamente março/abril.

Você sabia?

O que significa *justiça*?

23:2 *Justiça* significa fazer a coisa certa para com outra pessoa. Os primeiros nove versículos de Êxodo 23 listam 12 maneiras pelas quais o povo de Deus pode fazer a coisa certa pelos outros. Perceba que há dois alertas em Êxodo 23:2 contra seguir a multidão. A pressão dos colegas pode acabar levando a uma falta de justiça.

19“Tragam ao santuário do SENHOR, o seu
Deus, o melhor dos primeiros frutos das suas
colheitas.
“Não cozinhem o cabrito no leite da pró-
pria mãe.

Promessas e advertências sobre a conquista de Canaã

20“Eis que envio um anjo à frente de vo-
cês para protegê-los por todo o caminho e
fazê-los chegar ao lugar que preparei. 21Pres-
tem atenção e ouçam o que ele diz. Não se re-
belem contra ele, pois não perdoará as suas
transgressões, pois nele está o meu nome.
22Se vocês ouvirem atentamente o que ele
disser e fizerem tudo o que lhes ordeno, se-
rei inimigo dos seus inimigos, e adversário
dos seus adversários. 23O meu anjo irá à fren-
te de vocês e os fará chegar à terra dos amor-
reus, dos hititas, dos ferezeus, dos cananeus,
dos heveus e dos jebuseus, e eu os extermi-
narei. 24Não se curvem diante dos deuses
deles, nem lhes prestem culto, nem sigam
as suas práticas. Destruam-nos totalmente
e quebrem as suas colunas sagradas. 25Pres-
tem culto ao SENHOR, o Deus de vocês, e ele
os abençoará, dando-lhes alimento e água.
Tirarei a doença do meio de vocês. 26Em sua
terra nenhuma grávida perderá o filho, nem
haverá mulher estéril. Farei completar-se o
tempo de duração da vida de vocês.

27“Mandarei adiante de vocês o meu ter-
ror, que porá em confusão todas as nações
que vocês encontrarem. Farei que todos os
seus inimigos virem as costas e fujam. 28Cau-
sarei pânico[a] entre os heveus, os cananeus e
os hititas para expulsá-los de diante de vo-
cês. 29Não os expulsarei num só ano, pois a
terra se tornaria desolada e os animais sel-
vagens se multiplicariam, ameaçando vocês.
30Eu os expulsarei aos poucos, até que vocês
sejam numerosos o suficiente para tomarem
posse da terra.

31“Estabelecerei as suas fronteiras desde o
mar Vermelho até o mar dos filisteus[b], e des-
de o deserto até o Eufrates[c]. Entregarei em
suas mãos os povos que vivem na terra, os
quais vocês expulsarão de diante de vocês.
32Não façam aliança com eles nem com os
seus deuses. 33Não deixem que esses povos
morem na terra de vocês, senão eles os le-
varão a pecar contra mim, porque prestar
culto aos deuses deles será uma armadilha
para vocês”.

[a] 23:28 Ou *mandarei vespas*; ou ainda *mandarei uma praga*
[b] 23:31 Isto é, o Mediterrâneo.
[c] 23:31 Hebraico: o Rio.

A confirmação da aliança

24 Depois Deus disse a Moisés: “Subam
o monte para encontrar-se com o SE-
NHOR, você e Arão, Nadabe e Abiú, e seten-
ta autoridades de Israel. Adorem à distância.
2Somente Moisés se aproximará do SENHOR;
os outros não. O povo também não subirá
com ele”.

3Quando Moisés se dirigiu ao povo e trans-
mitiu-lhes todas as palavras e ordenanças do
SENHOR, eles responderam em uníssono: “Fa-
remos tudo o que o SENHOR ordenou”. 4Moi-
sés, então, escreveu tudo o que o SENHOR
dissera.

Na manhã seguinte Moisés levantou-se,
construiu um altar ao pé do monte e ergueu
doze colunas de pedra, representando as do-
ze tribos de Israel. 5Em seguida enviou jovens
israelitas, que ofereceram holocaustos e no-
vilhos como sacrifícios de comunhão ao SE-
NHOR. 6Moisés colocou metade do sangue em
tigelas e a outra metade derramou sobre o al-
tar. 7Em seguida, leu o Livro da Aliança para
o povo, e eles disseram: “Faremos fielmente
tudo o que o SENHOR ordenou”.

8Depois Moisés aspergiu o sangue sobre o
povo, dizendo: “Este é o sangue da aliança
que o SENHOR fez com vocês de acordo com
todas essas palavras”.

9Moisés, Arão, Nadabe, Abiú e setenta au-
toridades de Israel subiram 10e viram o Deus
de Israel, sob cujos pés havia algo semelhan-
te a um pavimento de safira, como o céu em
seu esplendor. 11Deus, porém, não estendeu
a mão para punir esses líderes do povo de
Israel; eles viram a Deus, e depois comeram
e beberam.

Moisés na presença de Deus

12Disse o SENHOR a Moisés: “Suba o monte,
venha até mim, e fique aqui; e lhe darei as
tábuas de pedra com a lei e os mandamentos
que escrevi para a instrução do povo”.

13Moisés partiu com Josué, seu auxiliar, e

Palavras para memorizar

“Faremos fielmente tudo o que o SENHOR ordenou.”
(Êxodo 24:7)

subiu ao monte de Deus. 14Disse ele às au-
toridades de Israel: "Esperem-nos aqui, até
que retornemos. Arão e Hur ficarão com vo-
cês; quem tiver alguma questão para resol-
ver, poderá procurá-los".
15Quando Moisés subiu, a nuvem cobriu o
monte, 16e a glória do SENHOR permaneceu
sobre o monte Sinai. Durante seis dias a nu-
vem cobriu o monte. No sétimo dia o SENHOR
chamou Moisés do interior da nuvem. 17Aos
olhos dos israelitas a glória do SENHOR pa-
recia um fogo consumidor no topo do mon-
te. 18Moisés entrou na nuvem e foi subindo
o monte. E permaneceu no monte quarenta
dias e quarenta noites.

As ofertas para o tabernáculo

25 Disse o SENHOR a Moisés: 2"Diga aos is-
raelitas que me tragam uma oferta. Re-
ceba-a de todo aquele cujo coração o compelir
a dar. 3Estas são as ofertas que deverá receber
deles: ouro, prata e bronze, 4fios de tecidos
azul, roxo e vermelho, linho fino, pelos de ca-
bra, 5peles de carneiro tingidas de vermelho,
couro[a], madeira de acácia, 6azeite para ilumi-
nação; especiarias para o óleo da unção e para
o incenso aromático; 7pedras de ônix e outras
pedras preciosas para serem encravadas no
colete sacerdotal e no peitoral.
8"E farão um santuário para mim, e eu ha-
bitarei no meio deles. 9Façam tudo como eu
lhe mostrar, conforme o modelo do taberná-
culo e de cada utensílio.

A arca da aliança

10"Faça uma arca de madeira de acácia com
um metro e dez centímetros de comprimen-
to, setenta centímetros de largura e setenta
centímetros de altura[b]. 11Revista-a de ouro
puro, por dentro e por fora, e faça uma mol-
dura de ouro ao seu redor. 12Mande fundir
quatro argolas de ouro para ela e prenda-as
em seus quatro pés, com duas argolas de um
lado e duas do outro. 13Depois faça varas de
madeira de acácia, revista-as de ouro 14e colo-
que-as nas argolas laterais da arca, para que
possa ser carregada. 15As varas permanecerão
nas argolas da arca; não devem ser retiradas.
16Então coloque dentro da arca as tábuas da
aliança que lhe darei.
17"Faça uma tampa[c] de ouro puro com um
metro e dez centímetros de comprimento

[a] 25:5 Possivelmente de animais marinhos; também em 26:14.

[b] 25:10 Hebraico: *2,5 côvados de comprimento, 1,5 côvados de largura e 1,5 côvados de altura*. O côvado era uma medida linear de cerca de 45 centímetros.

[c] 25:17 Tradicionalmente *um propiciatório*; também no restante do capítulo e em 26:34.

A vida nos tempos da Bíblia

A arca da aliança

A arca da aliança era o objeto mais importante no tabernáculo. Ela ficava no Lugar Santíssimo e, apenas uma vez por ano, no Dia da Expiação, um sacerdote entraria e derramaria sangue de um sacrifício sobre a tampa da arca. A "tampa da expiação", ou propiciatório, era feita de ouro puro e em cima dela havia dois querubins de ouro, voltados de frente um para o outro e com as asas abertas para cima. De acordo com Hebreus 9:4, a arca continha as duas tábuas de pedra com a lei que Deus havia dado a Moisés, um vaso de ouro contendo maná, além da vara de Arão que produziu botões e flores e amêndoas (veja Números 17:8).

por setenta centímetros de largura, 18com dois querubins de ouro batido nas extremidades da tampa. 19Faça um querubim numa extremidade e o segundo na outra, formando uma só peça com a tampa. 20Os querubins devem ter suas asas estendidas para cima, cobrindo com elas a tampa. Ficarão de frente um para o outro, com o rosto voltado para a tampa. 21Coloque a tampa sobre a arca, e dentro dela as tábuas da aliança que darei a você. 22Ali, sobre a tampa, no meio dos dois querubins que se encontram sobre a arca da aliança[a], eu me encontrarei com você e lhe darei todos os meus mandamentos destinados aos israelitas.

A mesa e seus utensílios

23"Faça uma mesa de madeira de acácia com noventa centímetros de comprimento, quarenta e cinco centímetros de largura e setenta centímetros de altura. 24Revista-a de ouro puro e faça uma moldura de ouro ao seu redor. 25Faça também ao seu redor uma borda com a largura de quatro dedos e uma moldura de ouro para essa borda. 26Faça quatro argolas de ouro para a mesa e prenda-as nos quatro cantos dela, onde estão os seus quatro pés. 27As argolas devem ser presas próximas da borda para que sustentem as varas usadas para carregar a mesa. 28Faça as varas de madeira de acácia, revestindo-as de ouro; com elas se carregará a mesa. 29Faça de ouro puro os seus pratos e o recipiente para incenso, as suas tigelas e as bacias nas quais se derramam as ofertas de bebidas[b]. 30Coloque sobre a mesa os pães da Presença, para que estejam sempre diante de mim.

O candelabro de ouro

31"Faça um candelabro de ouro puro e batido. O pedestal, a haste, as taças, as flores e os botões do candelabro formarão com ele uma só peça. 32Seis braços sairão do candelabro: três de um lado e três do outro. 33Haverá três taças com formato de flor de amêndoa num dos braços, cada uma com botão e flor, e três taças com formato de flor de amêndoa no braço seguinte, cada uma com botão e flor. Assim será com os seis braços que saem do candelabro. 34Na haste do candelabro haverá quatro taças com formato de flor de amêndoa, cada uma com botão e flor. 35Haverá um botão debaixo de cada par dos seis braços que saem do candelabro. 36Os braços com seus botões formarão uma só peça com o candelabro, tudo feito de ouro puro e batido.

37"Faça-lhe também sete lâmpadas e coloque-as nele para que iluminem a frente dele. 38Seus cortadores de pavio e seus apagadores serão de ouro puro. 39Com trinta e cinco quilos[c] de ouro puro faça o candelabro e todos esses utensílios. 40Tenha o cuidado de fazê-lo segundo o modelo que lhe foi mostrado no monte.

O tabernáculo

26 "Faça o tabernáculo com dez cortinas internas de linho fino trançado e de fios de tecidos azul, roxo e vermelho, e nelas mande bordar querubins. 2Todas as cortinas internas terão a mesma medida: doze metros e sessenta centímetros de comprimento e um metro e oitenta centímetros de largura[d]. 3Prenda cinco dessas cortinas internas uma com a outra e faça o mesmo com as outras cinco. 4Faça laçadas de tecido azul ao longo da borda da cortina interna, na extremidade do primeiro conjunto de cortinas internas; o mesmo será feito à cortina interna na extremidade do outro conjunto. 5Faça cinquenta laçadas numa cortina interna e cinquenta laçadas na cortina interna que está na extremidade do outro conjunto, de modo que as laçadas estejam opostas umas às outras. 6Faça também cinquenta colchetes de ouro com os quais se prenderão as cortinas internas uma na outra, para que o tabernáculo seja um todo.

7"Com o total de onze cortinas internas de pelos de cabra faça uma tenda para cobrir o tabernáculo. 8As onze cortinas internas terão o mesmo tamanho: treze metros e meio de comprimento e um metro e oitenta centímetros de largura. 9Prenda de um lado cinco cortinas internas e também as outras seis do outro lado. Dobre em duas partes a sexta cortina interna na frente da tenda. 10Faça cinquenta laçadas ao longo da borda da cortina interna na extremidade do primeiro conjunto de cortinas, e também ao longo da borda da cortina interna do outro conjunto. 11Em seguida faça cinquenta colchetes de bronze e ponha-os nas laçadas para unir a tenda como um todo. 12Quanto à sobra no comprimento das cortinas internas da tenda, a meia cortina interna que sobrar será pendurada na parte de trás do tabernáculo. 13As

[a] 25:22 Hebraico: *do Testemunho*. Isto é, das tábuas da aliança; também em 26:33 e 34.
[b] 25:29 Veja Nm 28:7.
[c] 25:39 Hebraico: *1 talento*.
[d] 26:2 Hebraico: *28 côvados de comprimento e 4 côvados de largura*. O côvado era uma medida linear de cerca de 45 centímetros.

dez cortinas internas serão quarenta e cinco
centímetros mais compridas de cada lado; e
o que sobrar será pendurado nos dois lados
do tabernáculo, para cobri-lo. 14Faça também
para a tenda uma cobertura de pele de car-
neiro tingida de vermelho, e por cima desta
uma cobertura de couro.

As armações do tabernáculo

15"Faça armações verticais de madeira
de acácia para o tabernáculo. 16Cada arma-
ção terá quatro metros e meio de compri-
mento por setenta centímetros de largura,
17com dois encaixes paralelos um ao outro.
Todas as armações do tabernáculo devem ser
feitas dessa maneira. 18Faça vinte armações
para o lado sul do tabernáculo 19e quarenta
bases de prata debaixo delas: duas bases para
cada armação, uma debaixo de cada encaixe.
20Para o outro lado, o lado norte do taber-
náculo, faça vinte armações 21e quarenta ba-
ses de prata, duas debaixo de cada armação.
22Faça seis armações para o lado ocidental do
tabernáculo, 23e duas armações na parte de
trás, nos cantos. 24As armações nesses dois
cantos serão duplas, desde a parte inferior
até a superior, colocadas numa única argola;
ambas serão assim. 25Desse modo, haverá oi-
to armações e dezesseis bases de prata, duas
debaixo de cada armação.

26"Faça também travessões de madeira de
acácia: cinco para as armações de um lado do
tabernáculo, 27cinco para as do outro lado e
cinco para as do lado ocidental, na parte de
trás do tabernáculo. 28O travessão central se
estenderá de uma extremidade à outra entre
as armações. 29Revista de ouro as armações
e faça argolas de ouro para sustentar os tra-
vessões, os quais também terão que ser re-
vestidos de ouro.

30"Faça o tabernáculo de acordo com o mo-
delo que lhe foi mostrado no monte.

O véu

31"Faça um véu de linho fino trançado e de
fios de tecidos azul, roxo e vermelho, e man-
de bordar nele querubins. 32Pendure-o com
ganchos de ouro em quatro colunas de ma-
deira de acácia revestidas de ouro e fincadas
em quatro bases de prata. 33Pendure o véu
pelos colchetes e coloque atrás do véu a arca
da aliança. O véu separará o Lugar Santo do
Lugar Santíssimo. 34Coloque a tampa sobre
a arca da aliança no Lugar Santíssimo. 35Co-
loque a mesa do lado de fora do véu, no la-
do norte do tabernáculo; e o candelabro em
frente dela, no lado sul.

36"Para a entrada da tenda faça uma cor-
tina de linho fino trançado e de fios de teci-
dos azul, roxo e vermelho, obra de bordador.
37Faça ganchos de ouro para essa cortina e
cinco colunas de madeira de acácia revesti-
das de ouro. Mande fundir para eles cinco
bases de bronze.

O altar dos holocaustos

27 "Faça um altar de madeira de acácia.
Será quadrado, com dois metros e vin-
te e cinco centímetros de largura e um metro
e trinta e cinco centímetros de altura[a]. 2Faça
uma ponta em forma de chifre em cada um
dos quatro cantos, formando uma só peça com
o altar, que será revestido de bronze. 3Faça de
bronze todos os seus utensílios: os recipien-
tes para recolher cinzas, as pás, as bacias de
aspersão, os garfos para carne e os braseiros.
4Faça também para ele uma grelha de bronze
em forma de rede e uma argola de bronze em
cada um dos quatro cantos da grelha. 5Colo-
que-a abaixo da beirada do altar, de maneira
que fique a meia altura do altar. 6Faça varas
de madeira de acácia para o altar e revista-
-as de bronze. 7Estas varas serão colocadas
nas argolas, dos dois lados do altar, quando
este for carregado. 8Faça o altar oco e de tá-
buas, conforme lhe foi mostrado no monte.

O pátio

9"Faça um pátio para o tabernáculo. O la-
do sul terá quarenta e cinco metros de com-
primento, e cortinas externas de linho fino
trançado, 10com vinte colunas e vinte bases
de bronze, com ganchos e ligaduras de pra-
ta nas colunas. 11O lado norte também terá
quarenta e cinco metros de comprimento e
cortinas externas, com vinte colunas e vinte
bases de bronze, com ganchos e ligaduras de
prata nas colunas.

12"O lado ocidental, com as suas cortinas
externas, terá vinte e dois metros e meio de
largura, com dez colunas e dez bases. 13O lado
oriental, que dá para o nascente, também te-
rá vinte e dois metros e meio de largura. 14Ha-
verá cortinas de seis metros e setenta e cinco
centímetros de comprimento num dos la-
dos da entrada, com três colunas e três bases,
15e cortinas externas de seis metros e setenta
e cinco centímetros de comprimento no outro
lado, também com três colunas e três bases.

16"À entrada do pátio, haverá uma cortina
de nove metros de comprimento, de linho

[a] 27:1 Hebraico: *5 côvados de largura e 3 côvados de altura.* O côvado era uma medida linear de cerca de 45 centímetros.

fino trançado e de fios de tecidos azul, roxo e vermelho, obra de bordador, com quatro colunas e quatro bases. 17Todas as colunas ao redor do pátio terão ligaduras, ganchos de prata e bases de bronze. 18O pátio terá quarenta e cinco metros de comprimento e vinte e dois metros e meio de largura, com cortinas de linho fino trançado de dois metros e vinte e cinco centímetros de altura e bases de bronze. 19Todos os utensílios para o serviço do tabernáculo, inclusive todas as estacas da tenda e as do pátio, serão feitos de bronze.

O óleo para o candelabro

20"Ordene aos israelitas que lhe tragam azeite puro de olivas batidas para a iluminação, para que as lâmpadas fiquem sempre acesas. 21Na Tenda do Encontro, do lado de fora do véu que se encontra diante das tábuas da aliança, Arão e seus filhos manterão acesas as lâmpadas diante do SENHOR, do entardecer até de manhã. Este será um decreto perpétuo entre os israelitas, geração após geração.

As vestes sacerdotais

28 "Chame seu irmão Arão e separe-o dentre os israelitas, e também os seus filhos Nadabe e Abiú, Eleazar e Itamar, para que me sirvam como sacerdotes. 2Para o seu irmão Arão, faça vestes sagradas que lhe confiram dignidade e honra. 3Diga a todos os homens capazes, aos quais dei habilidade, que façam vestes para a consagração de Arão, para que me sirva como sacerdote. 4São estas as vestes que farão: um peitoral, um colete sacerdotal, um manto, uma túnica bordada, um turbante e um cinturão. Para que o sacerdote Arão e seus filhos me sirvam como sacerdotes, eles farão essas vestes sagradas 5e usarão linho fino, fios de ouro e fios de tecidos azul, roxo e vermelho.

O colete sacerdotal

6"Faça o colete sacerdotal de linho fino trançado, de fios de ouro e de fios de tecidos azul, roxo e vermelho, trabalho artesanal. 7Terá duas ombreiras atadas às suas duas extremidades para uni-lo bem. 8O cinturão e o colete que por ele é preso serão feitos da mesma peça. O cinturão também será de linho fino trançado, de fios de ouro e de fios de tecidos azul, roxo e vermelho.

9"Grave em duas pedras de ônix os nomes dos filhos de Israel, 10por ordem de nascimento: seis nomes numa pedra e seis na outra. 11Grave os nomes dos filhos de Israel nas duas pedras como o lapidador grava um selo. Em seguida prenda-as com filigranas de ouro, 12costurando-as nas ombreiras do colete sacerdotal, como pedras memoriais para os filhos de Israel. Assim Arão levará os nomes em seus ombros como memorial diante do SENHOR. 13Faça filigranas de ouro 14e duas correntes de ouro puro, entrelaçadas como uma corda; e prenda as correntes às filigranas.

O peitoral

15"Faça um peitoral de decisões, trabalho artesanal. Faça-o como o colete sacerdotal: de linho fino trançado, de fios de ouro e de fios de tecidos azul, roxo e vermelho. 16Será quadrado, com um palmo de comprimento e um palmo de largura, e dobrado em dois. 17Em seguida, fixe nele quatro fileiras de pedras preciosas. Na primeira fileira haverá um rubi, um topázio e um berilo; 18na segunda, uma turquesa, uma safira e um diamante; 19na terceira, um jacinto, uma ágata e uma ametista; 20na quarta, um crisólito, um ônix e um jaspe.[a] 21Serão doze pedras, uma para cada um dos nomes dos filhos de Israel, cada uma gravada como um selo, com o nome de uma das doze tribos.

[a] 28:20 A identificação precisa de algumas destas pedras não é conhecida.

Pessoas nos tempos da Bíblia

O sumo sacerdote de Israel

Arão, irmão de Moisés, foi o primeiro sumo sacerdote, que era o líder sobre todos os outros sacerdotes. Ele estava encarregado dos sacrifícios no tabernáculo: devia tanto fazê-los ele mesmo quanto garantir que os outros os fizessem de modo adequado. Ele era o único sacerdote com permissão de entrar no Lugar Santíssimo, no tabernáculo, e isso só era permitido uma vez por ano, no Dia da Expiação. O sumo sacerdote era quem usava o urim e o tumim para descobrir a vontade de Deus (veja Êxodo 28:30).

22“Faça para o peitoral correntes de ouro puro trançadas como cordas. 23Faça também duas argolas de ouro e prenda-as às duas extremidades do peitoral. 24Prenda as duas correntes de ouro às argolas nas extremidades do peitoral, 25e as outras extremidades das correntes, às duas filigranas, unindo-as às peças das ombreiras do colete sacerdotal, na parte da frente. 26Faça outras duas argolas de ouro e prenda-as às outras duas extremidades do peitoral, na borda interna, próxima ao colete sacerdotal. 27Faça mais duas argolas de ouro e prenda-as na parte inferior das ombreiras, na frente do colete sacerdotal, próximas da costura, logo acima do cinturão do colete sacerdotal. 28As argolas do peitoral serão amarradas às argolas do colete com um cordão azul, ligando o peitoral ao cinturão, para que não se separe do colete sacerdotal.

29“Toda vez que Arão entrar no Lugar Santo, levará os nomes dos filhos de Israel sobre o seu coração no peitoral de decisões, como memorial permanente perante o SENHOR. 30Ponha também o Urim e o Tumim[a] no peitoral das decisões, para que estejam sobre o coração de Arão sempre que ele entrar na presença do SENHOR. Assim, Arão levará sempre sobre o coração, na presença do SENHOR, os meios para tomar decisões em Israel.

Outras vestes sacerdotais

31“Faça o manto do colete sacerdotal inteiramente de fios de tecido azul, 32com uma abertura para a cabeça no centro. Ao redor dessa abertura haverá uma dobra tecida, como uma gola, para que não se rasgue. 33Faça romãs de fios de tecidos azul, roxo e vermelho em volta da borda do manto, intercaladas com pequenos sinos de ouro. 34Os sinos de ouro e as romãs se alternarão por toda a volta da borda do manto. 35Arão o vestirá quando ministrar. O som dos sinos será ouvido quando ele entrar no Lugar Santo diante do SENHOR e quando sair, para que não morra.

36“Faça um diadema de ouro puro e grave nele como se grava um selo: Consagrado ao SENHOR. 37Prenda-o na parte da frente do turbante com uma fita azul. 38Estará sobre a testa de Arão; assim ele levará a culpa de qualquer pecado que os israelitas cometerem em relação às coisas sagradas, ao fazerem todas as suas ofertas. Estará sempre sobre a testa de Arão, para que as ofertas sejam aceitas pelo SENHOR.

39“Teça a túnica e o turbante com linho fino. O cinturão será feito por um bordador. 40Faça também túnicas, cinturões e gorros para os filhos de Arão, para conferir-lhes honra e dignidade. 41Depois de vestir seu irmão Arão e os filhos dele, unja-os e consagre-os, para que me sirvam como sacerdotes.

42“Faça-lhes calções de linho que vão da cintura até a coxa, para cobrirem a sua nudez. 43Arão e seus filhos terão que vesti-los sempre que entrarem na Tenda do Encontro ou quando se aproximarem do altar para ministrar no Lugar Santo, para que não incorram em culpa e morram.

“Este é um decreto perpétuo para Arão e para os seus descendentes.

A consagração dos sacerdotes

29 “Assim você os consagrará, para que me sirvam como sacerdotes: separe um novilho e dois cordeiros sem defeito. 2Com a melhor farinha de trigo, sem fermento, faça pães e bolos amassados com azeite, e pães finos, untados com azeite. 3Coloque-os numa cesta e ofereça-os dentro dela; também ofereça o novilho e os dois cordeiros. 4Depois traga Arão e seus filhos à entrada da Tenda do Encontro e mande-os lavar-se. 5Pegue as vestes e vista Arão com a túnica e o peitoral. Prenda o colete sacerdotal sobre ele com o cinturão. 6Ponha-lhe o turbante na cabeça e prenda a coroa sagrada ao turbante. 7Unja-o com o óleo da unção, derramando-o sobre a cabeça de Arão. 8Traga os filhos dele, vista cada um com uma túnica 9e um gorro na cabeça. Ponha também os cinturões em Arão e em seus filhos. O sacerdócio lhes pertence como ordenança perpétua. Assim você dedicará Arão e seus filhos.

Você sabia?

O que significa *consagrar*?

29:1 A palavra *consagrar* significa “separar algo para o uso especial de Deus”. Todas as coisas no tabernáculo deviam ser usadas no culto a Deus, e os sacerdotes eram consagrados porque deviam conduzir Israel na adoração. Qualquer item ou animal usado por Deus devia ser perfeito, ou seja, “sem defeito”.

[a] 28:30 Objetos utilizados para se conhecer a vontade de Deus.

10“Traga o novilho para a frente da Tenda do Encontro. Arão e seus filhos colocarão as mãos sobre a cabeça do novilho, 11e você o sacrificará na presença do SENHOR, defronte da Tenda do Encontro. 12Com o dedo, coloque um pouco do sangue do novilho nas pontas do altar e derrame o resto do sangue na base do altar. 13Depois tire toda a gordura que cobre as vísceras, o lóbulo do fígado, e os dois rins com a gordura que os envolve, e queime-os no altar. 14Mas queime a carne, o couro e o excremento do novilho fora do acampamento; é oferta pelo pecado.

15“Separe um dos cordeiros sobre cuja cabeça Arão e seus filhos terão que colocar as mãos. 16Sacrifique-o, pegue o sangue e jogue-o nos lados do altar. 17Corte o cordeiro em pedaços, lave as vísceras e as pernas e coloque-as ao lado da cabeça e das outras partes. 18Depois queime o cordeiro inteiro sobre o altar; é holocausto dedicado ao SENHOR; é oferta de aroma agradável dedicada ao SENHOR preparada no fogo.

19“Pegue depois o outro cordeiro. Arão e seus filhos colocarão as mãos sobre a cabeça do animal, 20e você o sacrificará. Pegue do sangue e coloque-o na ponta da orelha direita de Arão e dos seus filhos, no polegar da mão direita e do pé direito de cada um deles. Depois derrame o resto do sangue nos lados do altar. 21Pegue, então, um pouco do sangue do altar e um pouco do óleo da unção, e faça aspersão com eles sobre Arão e suas vestes, sobre seus filhos e as vestes deles. Assim serão consagrados, ele e suas vestes, seus filhos e as vestes deles.

22“Tire desse cordeiro a gordura, a parte gorda da cauda, a gordura que cobre as vísceras, o lóbulo do fígado, os dois rins e a gordura que os envolve, e a coxa direita. Este é o cordeiro da oferta de ordenação. 23Da cesta de pães sem fermento, que está diante do SENHOR, tire um pão, um bolo assado com azeite e um pão fino. 24Coloque tudo nas mãos de Arão e de seus filhos, e apresente-os como oferta ritualmente movida perante o SENHOR. 25Em seguida retome-o das mãos deles e queime os pães no altar com o holocausto de aroma agradável ao SENHOR; é oferta dedicada ao SENHOR preparada no fogo. 26Tire o peito do cordeiro para a ordenação de Arão e mova-o perante o SENHOR, como gesto ritual de apresentação; essa parte pertencerá a você.

27“Consagre aquelas partes do cordeiro da ordenação que pertencem a Arão e a seus filhos: o peito e a coxa movidos como oferta. 28Essas partes sempre serão dadas pelos israelitas a Arão e a seus filhos. É a contribuição obrigatória que lhes farão, das suas ofertas de comunhão ao SENHOR.

29“As vestes sagradas de Arão passarão aos seus descendentes, para que as vistam quando forem ungidos e consagrados. 30O filho que o suceder como sacerdote e vier à Tenda do Encontro para ministrar no Lugar Santo terá que usá-las durante sete dias.

31“Pegue o cordeiro da ordenação e cozinhe a sua carne num lugar sagrado. 32À entrada da Tenda do Encontro, Arão e seus filhos deverão comer a carne do cordeiro e o pão que está na cesta. 33Eles comerão dessas ofertas com as quais se fez propiciação para sua ordenação e consagração; somente os sacerdotes poderão comê-las, pois são sagradas. 34Se sobrar carne do cordeiro da ordenação ou pão até a manhã seguinte, queime a sobra. Não se deve comê-los, visto que são sagrados.

35“Para a ordenação de Arão e seus filhos, faça durante sete dias tudo o que lhe mandei. 36Sacrifique um novilho por dia como oferta pelo pecado para fazer propiciação. Purifique o altar, fazendo propiciação por ele, e unja-o para consagrá-lo. 37Durante sete dias faça propiciação pelo altar, consagrando-o. Então o altar será santíssimo, e tudo o que nele tocar será santo.

Os dois holocaustos diários

38“Eis o que você terá que sacrificar regularmente sobre o altar: a cada dia dois cordeiros de um ano. 39Ofereça um de manhã e o outro ao entardecer. 40Com o primeiro cordeiro ofereça um jarro[a] da melhor farinha misturada com um litro[b] de azeite de olivas batidas, e um litro de vinho como oferta derramada. 41Ofereça o outro cordeiro ao entardecer com uma oferta de cereal e uma oferta derramada, como de manhã. É oferta de aroma agradável ao SENHOR preparada no fogo.

42“De geração em geração esse holocausto deverá ser feito regularmente à entrada da Tenda do Encontro, diante do SENHOR. Nesse local eu os encontrarei e falarei com você; 43ali me encontrarei com os israelitas, e o lugar será consagrado pela minha glória.

[a] 29:40 Hebraico: *1/10 de efa.* O efa era uma medida de capacidade para secos. As estimativas variam entre 20 e 40 litros.

[b] 29:40 Hebraico: *1/4 de him.* O him era uma medida de capacidade para líquidos. As estimativas variam entre 3 e 6 litros.

44"Assim consagrarei a Tenda do Encontro
e o altar, e consagrarei também Arão e seus
filhos para me servirem como sacerdotes. 45E
habitarei no meio dos israelitas e serei o seu
Deus. 46Saberão que eu sou o SENHOR, o seu
Deus, que os tirou do Egito para habitar no
meio deles. Eu sou o SENHOR, o seu Deus.

O altar do incenso

30 "Faça um altar de madeira de acácia
para queimar incenso. 2Será quadra-
do, com quarenta e cinco centímetros de cada
lado[a] e noventa centímetros de altura; suas
pontas formarão com ele uma só peça. 3Re-
vista de ouro puro a parte superior, todos os
lados e as pontas, e faça uma moldura de ou-
ro ao seu redor. 4Faça duas argolas de ouro
de cada lado do altar, abaixo da moldura, que
sustentem as varas utilizadas para carregá-lo,
5e use madeira de acácia para fazer as varas e
revista-as de ouro. 6Coloque o altar em fren-
te do véu que se encontra diante da arca da
aliança[b], diante da tampa[c] que está sobre ele,
onde me encontrarei com você.

7"Arão queimará incenso aromático sobre
o altar todas as manhãs, quando vier cuidar
das lâmpadas, 8e também quando acendê-las
ao entardecer. Será queimado incenso conti-
nuamente perante o SENHOR, pelas suas ge-
rações. 9Não ofereçam nesse altar nenhum
outro tipo de incenso nem holocausto[d] nem
oferta de cereal nem derramem sobre ele
ofertas de bebidas[e]. 10Uma vez por ano, Arão
fará propiciação sobre as pontas do altar. Essa
propiciação anual será realizada com o san-
gue da oferta para propiciação pelo pecado,
geração após geração. Esse altar é santíssi-
mo ao SENHOR".

O preço da propiciação

11Disse então o SENHOR a Moisés: 12"Quan-
do você fizer o recenseamento dos israelitas,
cada um deles terá que pagar ao SENHOR um
preço pelo resgate por sua vida quando for
contado. Dessa forma nenhuma praga virá
sobre eles quando você os contar. 13Cada re-
censeado contribuirá com seis gramas[f], com
base no peso padrão[g] do santuário, que tem
doze gramas[h]. Os seis gramas são uma ofer-
ta ao SENHOR. 14Todos os alistados, da idade
de vinte anos para cima, darão ao SENHOR
essa oferta. 15Os ricos não contribuirão com
mais, nem os pobres darão menos que seis
gramas, quando apresentarem a oferta ao SE-
NHOR como propiciação por sua vida. 16Re-
ceba dos israelitas o preço da propiciação e
use-o para o serviço da Tenda do Encontro.
Será um memorial perante o SENHOR em fa-
vor dos israelitas, para fazerem propiciação
por suas vidas".

A bacia de bronze

17Disse então o SENHOR a Moisés: 18"Fa-
ça uma bacia de bronze com uma base de
bronze, para se lavarem. Coloque-a entre a
Tenda do Encontro e o altar, e mande en-
chê-la de água. 19Arão e seus filhos lavarão
as mãos e os pés com a água da bacia. 20To-
da vez que entrarem na Tenda do Encontro,
terão que lavar-se com água, para que não
morram. Quando também se aproximarem
do altar para ministrar ao SENHOR, apresen-
tando uma oferta preparada no fogo, 21lava-
rão as mãos e os pés para que não morram.
Esse é um decreto perpétuo, para Arão e os
seus descendentes, geração após geração".

O óleo para as unções

22Em seguida o SENHOR disse a Moisés:
23"Junte as seguintes especiarias: seis qui-
los de mirra líquida, a metade disso, ou se-
ja, três quilos de canela, três quilos de cana
aromática, 24seis quilos de cássia, com base
no peso padrão do santuário, e um galão[i] de
azeite de oliva. 25Faça com eles o óleo sagra-
do para as unções, uma mistura de aromas,
obra de perfumista. Este será o óleo sagrado
para as unções. 26Use-o para ungir a Tenda

[a] 30:2 Hebraico: *1 côvado de comprimento e de largura.*
[b] 30:6 Hebraico: *do Testemunho*. Isto é, das tábuas da aliança; também em 30:26; 31:7; 39:35; 40:3,5 e 21.
[c] 30:6 Tradicionalmente *um propiciatório*; também em 31:7; 35:12; 37:6-9; 39:35 e 40:20.
[d] 30:9 Isto é, sacrifício totalmente queimado; também em 30:28; 31:9; 32:6; 35:16; 38:1; 40:6,10 e 29.
[e] 30:9 Veja Nm 28:7.

[f] 30:13 Hebraico: *1/2 siclo*. Um siclo equivalia a 12 gramas.
[g] 30:13 Hebraico: *no siclo*; também no versículo 24 e em 38:24 e 25.
[h] 30:13 Hebraico: *20 geras*. Uma gera equivalia a 0,6 gramas.
[i] 30:24 Hebraico: *1 him*. O him era uma medida de capacidade para líquidos. As estimativas variam entre 3 e 6 litros.

Você sabia?

O que é incenso?

30:7 O incenso é similar a um perfume, mas é um pó que é queimado, não um líquido colocado sobre o corpo de uma pessoa. O incenso e o perfume têm um cheiro gostoso.

do Encontro, a arca da aliança, 27a mesa e todos os seus utensílios, o candelabro e os seus utensílios, o altar do incenso, 28o altar do holocausto e todos os seus utensílios, e a bacia com a sua base. 29Você os consagrará e serão santíssimos, e tudo o que neles tocar se tornará santo.

30"Unja Arão e seus filhos e consagre-os para que me sirvam como sacerdotes. 31Diga aos israelitas: Este será o meu óleo sagrado para as unções, geração após geração. 32Não o derramem sobre nenhum outro homem, e não façam nenhum outro óleo com a mesma composição. É óleo sagrado, e assim vocês devem considerá-lo. 33Quem fizer óleo como esse ou usá-lo em alguém que não seja sacerdote, será eliminado do meio do seu povo".

O incenso

34Disse ainda o SENHOR a Moisés: "Junte as seguintes essências: bálsamo, ônica, gálbano e incenso puro, todos em quantidades iguais, 35e faça um incenso de mistura aromática, obra de perfumista. Levará sal e será puro e santo. 36Moa parte dele, até virar pó, e coloque-o diante das tábuas da aliança, na Tenda do Encontro, onde me encontrarei com você. O incenso lhes será santíssimo. 37Não façam nenhum outro incenso com a mesma composição para uso pessoal; considerem-no sagrado, reservado para o SENHOR. 38Quem fizer um incenso semelhante, para usufruir sua fragrância, será eliminado do seu povo".

A escolha dos artesãos do tabernáculo

31 Disse então o SENHOR a Moisés: 2"Eu escolhi Bezalel, filho de Uri, filho de Hur, da tribo de Judá, 3e o enchi do Espírito de Deus, dando-lhe destreza, habilidade e plena capacidade artística 4para desenhar e executar trabalhos em ouro, prata e bronze, 5para talhar e esculpir pedras, para entalhar madeira e executar todo tipo de obra artesanal. 6Além disso, designei Aoliabe, filho de Aisamaque, da tribo de Dã, para auxiliá-lo. Também capacitei todos os artesãos para que executem tudo o que lhe ordenei: 7a Tenda do Encontro, a arca da aliança e a tampa que está sobre ela, e todos os outros utensílios da tenda — 8a mesa com os seus utensílios, o candelabro de ouro puro e os seus utensílios, o altar do incenso, 9o altar do holocausto com os seus utensílios, a bacia com a sua base — 10as vestes litúrgicas, tanto as vestes sagradas para Arão, o sacerdote, como as vestes para os seus filhos, quando servirem como sacerdotes, 11e o óleo para as unções e o incenso aromático para o Lugar Santo. Tudo deve ser feito exatamente como eu lhe ordenei".

O dia de sábado

12Disse ainda o SENHOR a Moisés: 13"Diga aos israelitas que guardem os meus sábados. Isso será um sinal entre mim e vocês, geração após geração, a fim de que saibam que eu sou o SENHOR, que os santifica.

14"Guardem o sábado, pois para vocês é santo. Aquele que o profanar terá que ser executado; quem fizer algum trabalho nesse dia será eliminado do meio do seu povo. 15Em seis dias qualquer trabalho poderá ser feito, mas o sétimo dia é o sábado, o dia de descanso, consagrado ao SENHOR. Quem fizer algum trabalho no sábado terá que ser executado. 16Os israelitas terão que guardar o sábado, eles e os seus descendentes, como uma aliança perpétua. 17Isso será um sinal perpétuo entre mim e os israelitas, pois em seis dias o SENHOR fez os céus e a terra, e no sétimo dia ele não trabalhou e descansou".

18Quando o SENHOR terminou de falar com Moisés no monte Sinai, deu-lhe as duas tábuas da aliança, tábuas de pedra, escritas pelo dedo de Deus.

O bezerro de ouro

32 O povo, ao ver que Moisés demorava a descer do monte, juntou-se ao redor de Arão e lhe disse: "Venha, faça para nós deuses[a] que nos conduzam, pois a esse Moisés, o homem que nos tirou do Egito, não sabemos o que lhe aconteceu".

2Respondeu-lhes Arão: "Tirem os brincos de ouro de suas mulheres, de seus filhos e de suas filhas e tragam-nos a mim". 3Todos tiraram os seus brincos de ouro e os levaram a Arão. 4Ele os recebeu e os fundiu, transformando tudo num ídolo, que modelou com uma ferramenta própria, dando-lhe a forma de um bezerro. Então disseram: "Eis aí os seus deuses[b], ó Israel, que tiraram vocês do Egito!"

5Vendo isso, Arão edificou um altar diante do bezerro e anunciou: "Amanhã haverá uma festa dedicada ao SENHOR". 6Na manhã seguinte, ofereceram holocaustos e sacrifícios de comunhão[c]. O povo se assentou para comer e beber, e levantou-se para se entregar à farra.

7Então o SENHOR disse a Moisés: "Desça, porque o seu povo, que você tirou do Egito,

[a] 32:1 Ou *um deus*; também nos versículos 23 e 31.
[b] 32:4 Ou *o seu deus*; também no versículo 8.
[c] 32:6 Ou *de paz*

corrompeu-se. [8]Muito depressa se desviaram
daquilo que lhes ordenei e fizeram um ído-
lo em forma de bezerro, curvaram-se diante
dele, ofereceram-lhe sacrifícios, e disseram:
'Eis aí, ó Israel, os seus deuses que tiraram
vocês do Egito' ".

[9]Disse o SENHOR a Moisés: "Tenho visto que
este povo é um povo obstinado. [10]Deixe-me
agora, para que a minha ira se acenda con-
tra eles, e eu os destrua. Depois farei de você
uma grande nação".

[11]Moisés, porém, suplicou ao SENHOR, o seu
Deus, clamando: "Ó SENHOR, por que se acen-
deria a tua ira contra o teu povo, que tiras-
te do Egito com grande poder e forte mão?
[12]Por que diriam os egípcios: 'Foi com inten-
ção maligna que ele os libertou, para matá-
-los nos montes e bani-los da face da terra'?
Arrepende-te do fogo da tua ira! Tem pieda-
de, e não tragas este mal sobre o teu povo!
[13]Lembra-te dos teus servos Abraão, Isaque e
Israel, aos quais juraste por ti mesmo: 'Farei
que os seus descendentes sejam numerosos
como as estrelas do céu e lhes darei toda esta
terra que lhes prometi, que será a sua heran-
ça para sempre' ". [14]E sucedeu que o SENHOR
arrependeu-se do mal que ameaçara trazer
sobre o povo.

[15]Então Moisés desceu do monte, levando
nas mãos as duas tábuas da aliança; estavam
escritas em ambos os lados, frente e verso.
[16]As tábuas tinham sido feitas por Deus; o que
nelas estava gravado fora escrito por Deus.

[17]Quando Josué ouviu o barulho do po-
vo gritando, disse a Moisés: "Há barulho de
guerra no acampamento".

[18]Respondeu Moisés:

"Não é canto de vitória,
nem canto de derrota;
mas ouço o som de canções!"

[19]Quando Moisés aproximou-se do acam-
pamento e viu o bezerro e as danças, irou-se
e jogou as tábuas no chão, ao pé do monte,
quebrando-as. [20]Pegou o bezerro que eles ti-
nham feito e o destruiu no fogo; depois de
moê-lo até virar pó, espalhou-o na água e fez
com que os israelitas a bebessem.

[21]E perguntou a Arão: "Que lhe fez esse povo
para que você o levasse a tão grande pecado?"

[22]Respondeu Arão: "Não te enfureças, meu
senhor; tu bem sabes como esse povo é pro-
penso para o mal. [23]Eles me disseram: 'Faça
para nós deuses que nos conduzam, pois não
sabemos o que aconteceu com esse Moisés,
o homem que nos tirou do Egito'. [24]Então eu
lhes disse: Quem tiver enfeites de ouro, tra-
ga-os para mim. O povo trouxe-me o ouro,
eu o joguei no fogo e surgiu esse bezerro!"

[25]Moisés viu que o povo estava desenfrea-
do e que Arão o tinha deixado fora de con-
trole, tendo se tornado objeto de riso para os
seus inimigos. [26]Então ficou em pé, à entra-
da do acampamento, e disse: "Quem é pelo
SENHOR, junte-se a mim". Todos os levitas se
juntaram a ele.

A vida nos tempos da Bíblia

O bezerro de ouro

Moisés estava há tanto tempo no monte que o povo não sabia o que havia acontecido com ele. As pessoas pediram a Arão que fizesse um deus para elas, e ele então fez um bezerro de ouro ao pé do monte Sinai. Para isso, tomou as joias de ouro que as pessoas lhe deram e transformou-as em um ídolo para o povo adorar. Os ídolos adorados naquele tempo tinham, frequentemente, a forma de bezerro ou de touro.

27 Declarou-lhes também: "Assim diz o SE-
NHOR, o Deus de Israel: 'Pegue cada um sua
espada, percorra o acampamento, de tenda
em tenda, e mate o seu irmão, o seu amigo e
o seu vizinho' ". 28 Fizeram os levitas confor-
me Moisés ordenou, e naquele dia morreram
cerca de três mil dentre o povo. 29 Disse então
Moisés: "Hoje vocês se consagraram ao SE-
NHOR, pois nenhum de vocês poupou o seu
filho e o seu irmão, de modo que o SENHOR
os abençoou neste dia".

30 No dia seguinte Moisés disse ao povo:
"Vocês cometeram um grande pecado. Mas
agora subirei ao SENHOR, e talvez possa ofere-
cer propiciação pelo pecado de vocês".

31 Assim, Moisés voltou ao SENHOR e disse:
"Ah, que grande pecado cometeu este povo!
Fizeram para si deuses de ouro. 32 Mas agora,
eu te rogo, perdoa-lhes o pecado; se não, ris-
ca-me do teu livro que escreveste".

33 Respondeu o SENHOR a Moisés: "Riscarei
do meu livro todo aquele que pecar contra
mim. 34 Agora vá, guie o povo ao lugar de que
lhe falei, e meu anjo irá à sua frente. Toda-
via, quando chegar a hora de puni-los, eu os
punirei pelos pecados deles".

35 E o SENHOR feriu o povo com uma praga
porque quiseram que Arão fizesse o bezerro.

33 Depois ordenou o SENHOR a Moisés:
"Saia deste lugar, com o povo que vo-
cê tirou do Egito, e vá para a terra que pro-
meti com juramento a Abraão, a Isaque e a
Jacó, dizendo: Eu a darei a seus descendentes.
2 Mandarei à sua frente um anjo e expulsarei
os cananeus, os amorreus, os hititas, os fere-
zeus, os heveus e os jebuseus. 3 Vão para a terra
onde há leite e mel com fartura. Mas eu não
irei com vocês, pois vocês são um povo obs-
tinado, e eu poderia destruí-los no caminho".

4 Quando o povo ouviu essas palavras terrí-
veis, começou a chorar, e ninguém usou en-
feite algum. 5 Isso porque o SENHOR ordenara
que Moisés dissesse aos israelitas: "Vocês são
um povo obstinado. Se eu fosse com vocês,
ainda que por um só momento, eu os des-
truiria. Agora tirem os seus enfeites, e eu de-
cidirei o que fazer com vocês". 6 Por isso, do
monte Horebe em diante, os israelitas não
usaram mais nenhum enfeite.

A Tenda do Encontro

7 Moisés costumava montar uma tenda do
lado de fora do acampamento; ele a chamava
Tenda do Encontro. Quem quisesse consultar
o SENHOR ia à tenda, fora do acampamento.
8 Sempre que Moisés ia até lá, todo o povo se
levantava e ficava em pé à entrada de suas
tendas, observando-o, até que ele entrasse
na tenda. 9 Assim que Moisés entrava, a co-
luna de nuvem descia e ficava à entrada da
tenda, enquanto o SENHOR falava com Moi-
sés. 10 Quando o povo via a coluna de nuvem
parada à entrada da tenda, todos prestavam
adoração em pé, cada qual na entrada de sua
própria tenda. 11 O SENHOR falava com Moisés
face a face, como quem fala com seu amigo.
Depois Moisés voltava ao acampamento; mas
Josué, filho de Num, que lhe servia como au-
xiliar, não se afastava da tenda.

Moisés diante da glória de Deus

12 Disse Moisés ao SENHOR: "Tu me ordenas-
te: 'Conduza este povo', mas não me permites
saber quem enviarás comigo. Disseste: 'Eu o
conheço pelo nome e de você tenho me agra-
dado'. 13 Se me vês com agrado, revela-me os
teus propósitos, para que eu te conheça e
continue sendo aceito por ti. Lembra-te de
que esta nação é o teu povo".

14 Respondeu o SENHOR: "Eu mesmo o
acompanharei, e lhe darei descanso".

15 Então Moisés lhe declarou: "Se não fo-
res conosco, não nos envies. 16 Como se sabe-
rá que eu e o teu povo podemos contar com
o teu favor, se não nos acompanhares? Que
mais poderá distinguir a mim e a teu povo
de todos os demais povos da face da terra?"

17 O SENHOR disse a Moisés: "Farei o que me
pede, porque tenho me agradado de você e o
conheço pelo nome".

18 Então disse Moisés: "Peço-te que me mos-
tres a tua glória".

19 E Deus respondeu: "Diante de você farei
passar toda a minha bondade, e diante de vo-
cê proclamarei o meu nome: o SENHOR. Terei
misericórdia de quem eu quiser ter miseri-
córdia, e terei compaixão de quem eu quiser
ter compaixão". 20 E acrescentou: "Você não
poderá ver a minha face, porque ninguém
poderá ver-me e continuar vivo".

Palavras para memorizar

"Eu mesmo o acompanharei, e lhe darei descanso."

(Êxodo 33:14)

21E prosseguiu o SENHOR: "Há aqui um lu-
gar perto de mim, onde você ficará, em cima
de uma rocha. 22Quando a minha glória pas-
sar, eu o colocarei numa fenda da rocha e o
cobrirei com a minha mão até que eu tenha
acabado de passar. 23Então tirarei a minha
mão e você verá as minhas costas; mas a mi-
nha face ninguém poderá ver".

As novas tábuas da lei

34 Disse o SENHOR a Moisés: "Talhe duas
tábuas de pedra semelhantes às primei-
ras, e nelas escreverei as palavras que estavam
nas primeiras tábuas que você quebrou. 2Es-
teja pronto pela manhã para subir ao monte
Sinai. E lá mesmo, no alto do monte, apre-
sente-se a mim. 3Ninguém poderá ir com vo-
cê nem ficar em lugar algum do monte; nem
mesmo ovelhas e bois deverão pastar diante
do monte".

4Assim Moisés lavrou duas tábuas de pedra
semelhantes às primeiras e subiu ao mon-
te Sinai, logo de manhã, como o SENHOR lhe
havia ordenado, levando nas mãos as duas
tábuas de pedra. 5Então o SENHOR desceu na
nuvem, permaneceu ali com ele e proclamou
o seu nome: o SENHOR. 6E passou diante de
Moisés, proclamando:

"SENHOR, SENHOR,
Deus compassivo e misericordioso,
paciente, cheio de amor e de
fidelidade,
7que mantém o seu amor a milhares
e perdoa a maldade,
a rebelião e o pecado.
Contudo, não deixa de punir o culpado;
castiga os filhos e os netos
pelo pecado de seus pais,
até a terceira e a quarta gerações".

8Imediatamente Moisés prostrou-se com
o rosto em terra, e o adorou, dizendo: 9"Se-
nhor, se de fato me aceitas com agrado, que
o Senhor nos acompanhe. Mesmo sendo esse
um povo obstinado, perdoa a nossa maldade
e o nosso pecado e faze de nós a tua herança".

A renovação da aliança

10"Faço com você uma aliança", disse o SE-
NHOR. "Diante de todo o seu povo farei ma-
ravilhas jamais realizadas na presença de
nenhum outro povo do mundo. O povo no
meio do qual você habita verá a obra maravi-
lhosa que eu, o SENHOR, farei. 11Obedeça às or-
dens que hoje lhe dou. Expulsarei de diante
de você os amorreus, os cananeus, os hititas,
os ferezeus, os heveus e os jebuseus. 12Acaute-
le-se para não fazer acordo com aqueles que
vivem na terra para a qual você está indo,
pois eles se tornariam uma armadilha. 13Ao
contrário, derrube os altares deles, quebre as
suas colunas sagradas e corte os seus postes
sagrados. 14Nunca adore nenhum outro deus,
porque o SENHOR, cujo nome é Zeloso, é de
fato Deus zeloso.

15"Acautele-se para não fazer acordo com
aqueles que já vivem na terra; pois quando
eles se prostituírem, seguindo os seus deu-
ses e lhes oferecerem sacrifícios, convidarão
você e poderão levá-lo a comer dos seus sa-
crifícios 16e a escolher para os seus filhos mu-
lheres dentre as filhas deles. Quando elas se
prostituírem, seguindo os seus deuses, po-
derão levar os seus filhos a se prostituírem
também.

17"Não faça ídolos de metal para você.

18"Celebre a festa dos pães sem fermento.
Durante sete dias coma pão sem fermento,
como lhe ordenei. Faça isso no tempo certo,
no mês de abibe[a], porquanto naquele mês
você saiu do Egito.

19"O primeiro a nascer de cada ventre me
pertence, todos os machos dentre as primei-
ras crias dos seus rebanhos: bezerros, cordei-
ros e cabritos. 20Resgate com um cordeiro
cada primeiro jumentinho que nascer; mas
se não o resgatar, quebre-lhe o pescoço. Res-
gate todos os seus primogênitos.

"Ninguém compareça perante mim de
mãos vazias.

21"Trabalhe seis dias, mas descanse no sé-
timo; tanto na época de arar como na da co-
lheita.

22"Celebre a festa das semanas[b], na ocasião
dos primeiros frutos da colheita do trigo, e a
festa do encerramento da colheita, no fim do
ano. 23Três vezes por ano todos os homens do
seu povo comparecerão diante do Soberano,
o SENHOR, o Deus de Israel. 24Expulsarei na-
ções de diante de você e ampliarei o seu ter-
ritório. Quando você subir três vezes por ano
para apresentar-se ao SENHOR, o seu Deus,
ninguém cobiçará a sua terra.

25"Não me ofereça o sangue de nenhum sa-
crifício misturado com algo fermentado, e
não deixe sobra alguma do sacrifício da festa
da Páscoa até a manhã seguinte.

26"Traga o melhor dos primeiros frutos da
terra ao santuário do SENHOR, o seu Deus.

[a] 34:18 Aproximadamente março/abril.
[b] 34:22 Isto é, do Pentecoste.

"Não cozinhe o cabrito no leite da própria
mãe."
27Disse o SENHOR a Moisés: "Escreva essas
palavras; porque é de acordo com elas que
faço aliança com você e com Israel". 28Moi-
sés ficou ali com o SENHOR quarenta dias e
quarenta noites, sem comer pão e sem be-
ber água. E escreveu nas tábuas as palavras
da aliança: os Dez Mandamentos.

O rosto resplandecente de Moisés

29Ao descer do monte Sinai com as duas tá-
buas da aliança nas mãos, Moisés não sabia
que o seu rosto resplandecia por ter conver-
sado com o SENHOR. 30Quando Arão e todos
os israelitas viram Moisés com o rosto res-
plandecente, tiveram medo de aproximar-
-se dele. 31Ele, porém, os chamou; Arão e os
líderes da comunidade atenderam, e Moisés
falou com eles. 32Depois, todos os israelitas se
aproximaram, e ele lhes transmitiu todos os
mandamentos que o SENHOR lhe tinha dado
no monte Sinai.
33Quando acabou de falar com eles, cobriu
o rosto com um véu. 34Mas toda vez que en-
trava para estar na presença do SENHOR e fa-
lar com ele, tirava o véu até sair. Sempre que
saía e contava aos israelitas tudo o que lhe
havia sido ordenado, 35eles viam que o seu
rosto resplandecia. Então, de novo Moisés co-
bria o rosto com o véu até entrar de novo pa-
ra falar com o SENHOR.

A lei do sábado

35 Moisés reuniu toda a comunidade de
Israel e lhes disse: "Estas são as coi-
sas que o SENHOR os mandou fazer: 2Em seis
dias qualquer trabalho poderá ser feito, mas
o sétimo dia lhes será santo, um sábado de
descanso consagrado ao SENHOR. Todo aquele
que trabalhar nesse dia terá que ser morto.
3Nem sequer acendam fogo em nenhuma de
suas casas no dia de sábado!"

O material para o tabernáculo

4Disse Moisés a toda a comunidade de Is-
rael: "Foi isto que o SENHOR ordenou: 5'Sepa-
rem dentre os seus bens uma oferta para o
SENHOR. Todo aquele que, de coração, estiver
disposto, trará como oferta ao SENHOR ouro,
prata e bronze; 6fios de tecidos azul, roxo e
vermelho; linho fino e pelos de cabra; 7peles
de carneiro tingidas de vermelho e couro[a];
madeira de acácia; 8óleo para a iluminação;
especiarias para o óleo da unção e para o in-
censo aromático; 9pedras de ônix e outras
pedras preciosas para serem encravadas no
colete sacerdotal e no peitoral.
10"Todos os que dentre vocês forem capazes
virão fazer tudo quanto o SENHOR ordenou:
11o tabernáculo com sua tenda e sua cober-
tura, os ganchos, as armações, os travessões,
as colunas e as bases; 12a arca com suas va-
ras, a tampa e o véu que a protege; 13a mesa
com suas varas e todos os seus utensílios, e
os pães da Presença; 14o candelabro com seus
utensílios, as lâmpadas e o óleo para ilumi-
nação; 15o altar do incenso com suas varas, o
óleo da unção e o incenso aromático; a corti-
na divisória à entrada do tabernáculo; 16o al-
tar de holocaustos com sua grelha de bronze,
suas varas e todos os seus utensílios; a bacia
de bronze e sua base; 17as cortinas externas
do pátio com suas colunas e bases, e a cor-
tina da entrada para o pátio; 18as estacas do

[a] 35:7 Possivelmente de animais marinhos; também em 35:23, 36:19 e 39:34.

Você sabia?

O que era o tabernáculo?

35:11 O tabernáculo era uma tenda grande e especial onde os israelitas prestavam culto a Deus. Era o local no qual Deus disse que habitaria (Êxodo 25:8). Quando chegou o tempo de construir o tabernáculo, todos os que estavam dispostos e que eram habilidosos puderam ajudar.

Você sabia?

O que é o sábado do descanso?

35:2 O sétimo dia da semana é o *shabbat* do Antigo Testamento, ou o sábado. Nesse dia santo os israelitas não podiam trabalhar, tinham de descansar e refletir sobre as coisas de Deus. Hoje muitos cristãos guardam o domingo como um dia especial, porque Jesus ressuscitou dos mortos em uma manhã de domingo.

tabernáculo e do pátio e suas cordas; [19]as ves-
tes litúrgicas para ministrar no Lugar Santo,
tanto as vestes sagradas de Arão, o sacerdote,
como as vestes de seus filhos, para quando
servirem como sacerdotes'".
[20]Então toda a comunidade de Israel saiu
da presença de Moisés, [21]e todos os que es-
tavam dispostos, cujo coração os impeliu a
isso, trouxeram uma oferta ao SENHOR para
a obra da Tenda do Encontro, para todos os
seus serviços e para as vestes sagradas. [22]To-
dos os que se dispuseram, tanto homens co-
mo mulheres, trouxeram joias de ouro de
todos os tipos: broches, brincos, anéis e or-
namentos; e apresentaram seus objetos de
ouro como oferta ritualmente movida peran-
te o SENHOR. [23]Todos os que possuíam fios de
tecidos azul, roxo e vermelho, ou linho fino,
ou pelos de cabra, peles de carneiro tingi-
das de vermelho, ou couro, trouxeram-nos.
[24]Aqueles que apresentaram oferta de prata
ou de bronze trouxeram-na como oferta ao
SENHOR, e todo aquele que possuía madeira
de acácia para qualquer das partes da obra,
também a trouxe. [25]Todas as mulheres capa-
zes teceram com suas mãos e trouxeram o
que haviam feito: tecidos azul, roxo e ver-
melho e linho fino. [26]Todas as mulheres que
se dispuseram e que tinham habilidade te-
ceram os pelos de cabra. [27]Os líderes trouxe-
ram pedras de ônix e outras pedras preciosas
para serem encravadas no colete sacerdotal
e no peitoral. [28]Trouxeram também especia-
rias e azeite de oliva para a iluminação, para
o óleo da unção e para o incenso aromáti-
co. [29]Todos os israelitas que se dispuseram,
tanto homens como mulheres, trouxeram ao
SENHOR ofertas voluntárias para toda a obra
que o SENHOR, por meio de Moisés, ordenou-
-lhes que fizessem.

Os artesãos do tabernáculo

[30]Disse então Moisés aos israelitas: "O SE-
NHOR escolheu Bezalel, filho de Uri, neto de
Hur, da tribo de Judá, [31]e o encheu do Espí-
rito de Deus, dando-lhe destreza, habilidade
e plena capacidade artística, [32]para desenhar
e executar trabalhos em ouro, prata e bron-
ze, [33]para talhar e lapidar pedras e entalhar
madeira para todo tipo de obra artesanal. [34]E
concedeu tanto a ele como a Aoliabe, filho de
Aisamaque, da tribo de Dã, a habilidade de
ensinar os outros. [35]A todos esses deu capa-
cidade para realizar todo tipo de obra como
artesãos, projetistas, bordadores de linho fi-
no e de fios de tecidos azul, roxo e vermelho,
e como tecelões. Eram capazes de projetar e
executar qualquer trabalho artesanal.

36 "Assim Bezalel, Aoliabe e todos os ho-
mens capazes, a quem o SENHOR conce-
deu destreza e habilidade para fazerem toda
a obra de construção do santuário, realizarão
a obra como o SENHOR ordenou".
[2]Então Moisés chamou Bezalel e Aoliabe e
todos os homens capazes a quem o SENHOR
dera habilidade e que estavam dispostos a
vir realizar a obra. [3]Receberam de Moisés to-
das as ofertas que os israelitas tinham trazi-
do para a obra de construção do santuário. E
o povo continuava a trazer voluntariamente
ofertas, manhã após manhã. [4]Por isso, todos
os artesãos habilidosos que trabalhavam no
santuário interromperam o trabalho [5]e dis-
seram a Moisés: "O povo está trazendo mais
do que o suficiente para realizar a obra que
o SENHOR ordenou".
[6]Então Moisés ordenou que fosse feita esta
proclamação em todo o acampamento: "Ne-
nhum homem ou mulher deverá fazer mais
nada para ser oferecido ao santuário". Assim,
o povo foi impedido de trazer mais, [7]pois o
que já haviam recebido era mais que sufi-
ciente para realizar toda a obra.

A construção do tabernáculo

[8]Todos os homens capazes dentre os tra-
balhadores fizeram o tabernáculo com dez
cortinas internas de linho fino trançado e de
fios de tecidos azul, roxo e vermelho, com
os querubins bordados sobre eles. [9]Todas as
cortinas internas tinham o mesmo tamanho:
doze metros e sessenta centímetros de com-
primento por um metro e oitenta centíme-
tros de largura[a]. [10]Prenderam cinco cortinas
internas, e fizeram o mesmo com as outras
cinco. [11]Em seguida fizeram laçadas de teci-
do azul ao longo da borda da última corti-
na interna do primeiro conjunto de cortinas
internas, fazendo o mesmo com o segundo
conjunto. [12]Fizeram também cinquenta laça-
das na primeira cortina interna e cinquenta
laçadas na última cortina interna do segundo
conjunto; as laçadas estavam opostas umas
às outras. [13]Depois fizeram cinquenta ganchos
de ouro e com eles prenderam um conjunto
de cortinas internas ao outro, para que o ta-
bernáculo formasse um todo.
[14]Com o total de onze cortinas internas de
pelos de cabra fizeram uma tenda para co-
brir o tabernáculo. [15]As onze cortinas internas

[a] 36:9 Hebraico: *28 côvados de comprimento por 4 côvados de largura*. O côvado era uma medida linear de cerca de 45 centímetros.

tinham a mesma medida: treze metros e
meio de comprimento por um metro e oiten-
ta centímetros de largura. 16Prenderam cinco
cortinas internas num conjunto e as outras
seis noutro conjunto. 17Depois fizeram cin-
quenta laçadas em volta da borda da última
cortina interna de um dos conjuntos e tam-
bém na borda da última cortina interna do
outro conjunto. 18Fizeram também cinquen-
ta ganchos de bronze para unir a tenda, for-
mando um todo. 19Em seguida fizeram para
a tenda uma cobertura de pele de carneiro
tingida de vermelho, e por cima desta uma
cobertura de couro.
20Fizeram ainda armações verticais de ma-
deira de acácia para o tabernáculo. 21Cada
armação tinha quatro metros e meio de com-
primento por setenta centímetros de largura,
22com dois encaixes paralelos um ao outro.
E fizeram todas as armações do tabernáculo
dessa madeira. 23Fizeram também vinte ar-
mações para o lado sul do tabernáculo 24e
quarenta bases de prata para serem coloca-
das debaixo delas; duas bases para cada ar-
mação, uma debaixo de cada encaixe. 25Para
o outro lado, o lado norte do tabernáculo, fi-
zeram vinte armações 26e quarenta bases de
prata, duas debaixo de cada armação. 27Fize-
ram ainda seis armações na parte de trás do
tabernáculo, isto é, para o lado ocidental, 28e
duas armações foram montadas nos cantos,
na parte de trás do tabernáculo. 29Nesses dois
cantos as armações eram duplas, desde a par-
te inferior até a mais alta, colocadas numa só
argola, ambas feitas do mesmo modo. 30Ha-
via, pois, oito armações e dezesseis bases de
prata, duas debaixo de cada armação.
31Também fizeram travessões de madeira
de acácia: cinco para as armações de um lado
do tabernáculo, 32cinco para as do outro la-
do e cinco para as do lado ocidental, na parte
de trás do tabernáculo. 33Fizeram o travessão
central de uma extremidade à outra, passan-
do pelo meio das armações. 34Revestiram de
ouro as armações e fizeram argolas de ouro
para sustentar os travessões, os quais tam-
bém revestiram de ouro.
35Fizeram o véu de linho fino trançado e de
fios de tecidos azul, roxo e vermelho e man-
daram bordar nele querubins. 36Fizeram-lhe
quatro colunas de madeira de acácia e as re-
vestiram de ouro. Fizeram-lhe ainda ganchos
de ouro e fundiram as suas bases de prata.
37Para a entrada da tenda fizeram uma corti-
na de linho fino trançado e de fios de tecidos
azul, roxo e vermelho, obra de bordador, 38e
fizeram-lhe cinco colunas com ganchos. Re-
vestiram de ouro as partes superior e lateral
das colunas e fizeram de bronze as suas cin-
co bases.

A arca da aliança

37 Bezalel fez a arca com madeira de acá-
cia, com um metro e dez centímetros de
comprimento, setenta centímetros de largura
e setenta centímetros de altura[a]. 2Revestiu-a

[a] 37:1 Hebraico: *2,5 côvados de comprimento e 1,5 côvados de largura e de altura.* O côvado era uma medida linear de cerca de 45 centímetros.

Faça um modelo da arca

A arca era uma caixa de madeira coberta com ouro e que tinha a escultura de dois anjos na tampa. Longas varas eram usadas para carregá-la.

Em Israel, a arca era o símbolo, ou sinal, da presença de Deus e fazia parte do tabernáculo, onde Israel cultuava. Leia sobre isso em Êxodo 37:1-9.

Faça um modelo da arca para lembrá-lo de que nosso Deus é poderoso e que ele está com você. Pegue uma caixa pequena e revista-a com papel dourado, e então corte anjos no papelão e pinte-os de dourado ou cubra-os com papel dourado. Depois, cole-os no topo da caixa. Você pode colar palitinhos de churrasco nas laterais de sua arca.

Coloque o modelo em seu quarto para servir como um lembrete da presença de Deus.

Êxodo 37:1-9

de ouro puro, por dentro e por fora, e fez uma moldura de ouro ao seu redor. 3Fundiu quatro argolas de ouro para ela, prendendo-as a seus quatro pés, com duas argolas de um lado e duas do outro. 4Depois fez varas de madeira de acácia, revestiu-as de ouro 5e colocou-as nas argolas laterais da arca para que pudesse ser carregada.

6Fez a tampa de ouro puro com um metro e dez centímetros de comprimento por setenta centímetros de largura. 7Fez também dois querubins de ouro batido nas extremidades da tampa. 8Fez ainda um querubim numa extremidade e o segundo na outra, formando uma só peça com a tampa. 9Os querubins tinham as asas estendidas para cima, cobrindo com elas a tampa. Estavam de frente um para o outro, com o rosto voltado para a tampa.

A mesa e seus utensílios

10Fez a mesa com madeira de acácia com noventa centímetros de comprimento, quarenta e cinco centímetros de largura e setenta centímetros de altura. 11Revestiu-a de ouro puro e fez uma moldura de ouro ao seu redor. 12Fez também ao seu redor uma borda com a largura de quatro dedos e uma moldura de ouro para essa borda. 13Fundiu quatro argolas de ouro para a mesa e prendeu-as nos quatro cantos, onde estavam os seus quatro pés. 14As argolas foram presas próximas da borda, para que sustentassem as varas usadas para carregar a mesa. 15Fez as varas para carregar a mesa de madeira de acácia, revestidas de ouro. 16E de ouro puro fez os utensílios para a mesa: seus pratos e recipientes para incenso, as tigelas e as bacias nas quais se derramam as ofertas de bebidas[a].

O candelabro de ouro

17Fez o candelabro de ouro puro e batido. O pedestal, a haste, as taças, as flores e os botões formavam com ele uma só peça. 18Seis braços saíam do candelabro: três de um lado e três do outro. 19Havia três taças com formato de flor de amêndoa, num dos braços, cada uma com botão e flor, e três taças com formato de flor de amêndoa no braço seguinte, cada uma com botão e flor. Assim era com os seis braços que saem do candelabro. 20Na haste do candelabro havia quatro taças com formato de flor de amêndoa, cada uma com flor e botão. 21Havia um botão debaixo de cada par dos seis braços que saíam do candelabro. 22Os braços com seus botões formavam uma só peça com o candelabro, tudo feito de ouro puro e batido.

23Fez de ouro puro suas sete lâmpadas, seus cortadores de pavio e seus apagadores. 24Com trinta e cinco quilos[b] de ouro puro fez o candelabro com seus botões e todos esses utensílios.

O altar do incenso

25Fez ainda o altar do incenso de madeira de acácia. Era quadrado, com quarenta e cinco centímetros de cada lado e noventa centímetros de altura; suas pontas formavam com ele uma só peça. 26Revestiu de ouro puro a parte superior, todos os lados e as pontas, e fez uma moldura de ouro ao seu redor. 27Fez também duas argolas de ouro de cada lado do altar, abaixo da moldura, para sustentar as varas utilizadas para carregá-lo, 28e usou madeira de acácia para fazer as varas e revestiu-as de ouro.

29Fez ainda o óleo sagrado para as unções e o incenso puro e aromático, obra de perfumista.

O altar dos holocaustos

38 Fez um altar de madeira de acácia para os holocaustos, com um metro e trinta e cinco centímetros[c] de altura; era quadrado, com dois metros e vinte e cinco centímetros de cada lado. 2E fez uma ponta em forma de chifre em cada um dos quatro cantos, formando uma só peça com o altar, o qual revestiu de bronze. 3De bronze fez todos os seus utensílios: os recipientes para recolher cinzas, as pás, as bacias de aspersão, os garfos para carne e os braseiros. 4Fez uma grelha de bronze para o altar em forma de rede, abaixo da sua beirada, a meia altura do altar. 5Fundiu quatro argolas de bronze para sustentar as varas nos quatro cantos da grelha de bronze. 6Fez as varas de madeira de acácia, revestiu-as de bronze 7e colocou-as nas argolas, nos dois lados do altar, para que o pudessem carregar. O altar era oco, feito de tábuas.

8Fez a bacia de bronze e a sua base com os espelhos das mulheres que serviam à entrada da Tenda do Encontro.

O pátio

9Fez também o pátio. O lado sul tinha quarenta e cinco metros de comprimento e cortinas externas de linho fino trançado, 10com

[a] 37:16 Veja Nm 28:7.

[b] 37:24 Hebraico: *1 talento*.

[c] 38:1 Hebraico: *3 côvados de altura*. O côvado era uma medida linear de cerca de 45 centímetros.

vinte colunas e vinte bases de bronze, com ganchos e ligaduras de prata nas colunas. 11O lado norte também tinha quarenta e cinco metros de comprimento, com vinte colunas e vinte bases de bronze. Os ganchos e as ligaduras das colunas eram de prata.

12O lado ocidental, com suas cortinas externas, tinha vinte e dois metros e meio de largura, com dez colunas e dez bases, com ganchos e ligaduras de prata nas colunas. 13O lado oriental, que dá para o nascente, também tinha vinte e dois metros e meio de largura. 14Havia cortinas de seis metros e setenta e cinco centímetros de comprimento num dos lados da entrada, com três colunas e três bases, 15e cortinas de seis metros e setenta e cinco centímetros de comprimento no outro lado da entrada do pátio, também com três colunas e três bases. 16Todas as cortinas ao redor do pátio eram feitas de linho fino trançado. 17As bases das colunas eram de bronze. Os ganchos e as ligaduras das colunas eram de prata, e o topo das colunas também eram revestidos de prata; de modo que todas as colunas do pátio tinham ligaduras de prata.

18Na entrada do pátio havia uma cortina de linho fino trançado e de fios de tecidos azul, roxo e vermelho, obra de bordador. Tinha nove metros de comprimento e, à semelhança das cortinas do pátio, tinha dois metros e vinte e cinco centímetros de altura, 19com quatro colunas e quatro bases de bronze. Seus ganchos e ligaduras eram de prata, e o topo das colunas também era revestido de prata. 20Todas as estacas da tenda do tabernáculo e do pátio que o rodeava eram de bronze.

O material para a construção do tabernáculo

21Esta é a relação do material usado para o tabernáculo, o tabernáculo da aliança, registrada por ordem de Moisés pelos levitas, sob a direção de Itamar, filho de Arão, o sacerdote. 22Bezalel, filho de Uri, neto de Hur, da tribo de Judá, fez tudo o que o SENHOR tinha ordenado a Moisés. 23Com ele estava Aoliabe, filho de Aisamaque, da tribo de Dã, artesão e projetista, e também bordador em linho fino e de fios de tecidos azul, roxo e vermelho. 24O peso total do ouro recebido na oferta movida e utilizado para a obra do santuário foi de uma tonelada[a], com base no peso padrão do santuário.

25O peso da prata recebida dos que foram contados no recenseamento da comunidade foi superior a três toneladas e meia[b], com base no peso padrão do santuário: 26seis gramas[c] para cada um dos recenseados, isto é, para seiscentos e três mil, quinhentos e cinquenta homens de vinte anos de idade para cima. 27As três toneladas e meia de prata foram usadas para fundir as bases do santuário e do véu: cem bases feitas das três toneladas e meia, trinta e cinco quilos para cada base. 28Vinte quilos e trezentos gramas foram usados para fazer os ganchos para as colunas, para revestir a parte superior das colunas e para fazer as suas ligaduras.

29O peso do bronze da oferta movida foi de duas toneladas e meia[d]. 30Ele o utilizou para fazer as bases da entrada da Tenda do Encontro, o altar de bronze, a sua grelha e todos os seus utensílios, 31as bases do pátio ao redor e da sua entrada, e todas as estacas do tabernáculo e do pátio em derredor.

As vestes sacerdotais

39 Com fios de tecidos azul, roxo e vermelho fizeram as vestes litúrgicas para ministrar no Lugar Santo. Também fizeram as vestes sagradas de Arão, como o SENHOR tinha ordenado a Moisés.

O colete sacerdotal

2Fizeram o colete sacerdotal de linho fino trançado e de fios de ouro e de fios de tecidos azul, roxo e vermelho. 3E bateram o ouro em finas placas das quais cortaram fios de ouro para serem bordados no linho fino com os fios de tecidos azul, roxo e vermelho, trabalho artesanal. 4Fizeram as ombreiras para o colete sacerdotal, atadas às suas duas extremidades, para que pudessem ser amarradas. 5O cinturão e o colete por ele preso foram feitos da mesma peça. O cinturão também foi feito de linho fino trançado, de fios de ouro e de fios de tecidos azul, roxo e vermelho, como o SENHOR tinha ordenado a Moisés.

6Prenderam as pedras de ônix em filigranas de ouro e nelas gravaram os nomes dos filhos de Israel, como um lapidador grava um selo. 7Então as costuraram nas ombreiras do colete sacerdotal, como pedras memoriais para os filhos de Israel, como o SENHOR tinha ordenado a Moisés.

[a] 38:24 Hebraico: *29 talentos e 730 siclos, segundo o siclo do santuário.* O talento equivalia a 35 quilos e o siclo, a 12 gramas.

[b] 38:25 Hebraico: *100 talentos e 1.775 siclos, segundo o siclo do santuário.*

[c] 38:26 Hebraico: *1 beca por cabeça, ou seja, 1/2 siclo, segundo o siclo do santuário.*

[d] 38:29 Hebraico: *70 talentos e 2.400 siclos.*

O peitoral

8Fizeram o peitoral, trabalho artesanal, co-
mo o colete sacerdotal: de linho fino trança-
do, de fios de ouro e de fios de tecidos azul,
roxo e vermelho. 9Era quadrado, com um pal-
mo de comprimento e um palmo de largura,
e dobrado em dois. 10Em seguida fixaram ne-
le quatro fileiras de pedras preciosas. Na pri-
meira fileira havia um rubi, um topázio e um
berilo; 11na segunda, uma turquesa, uma sa-
fira e um diamante; 12na terceira, um jacinto,
uma ágata e uma ametista; 13na quarta, um
crisólito, um ônix e um jaspe,[a] todas fixadas
em filigranas de ouro. 14Havia doze pedras,
uma para cada nome dos filhos de Israel, ca-
da uma gravada como um lapidador grava
um selo, com o nome de uma das doze tribos.
15Para o peitoral fizeram correntes trança-
das de ouro puro, como cordas. 16De ouro fi-
zeram duas filigranas e duas argolas, as quais
prenderam às duas extremidades do peito-
ral. 17Prenderam as duas correntes de ouro
às duas argolas nas extremidades do peito-
ral, 18e as outras extremidades das corren-
tes, às duas filigranas, unindo-as às peças das
ombreiras do colete sacerdotal, na parte da
frente. 19Fizeram outras duas argolas de ou-
ro e as prenderam às duas extremidades do
peitoral na borda interna, próxima ao colete
sacerdotal. 20Depois fizeram mais duas argo-
las de ouro e as prenderam na parte inferior
das ombreiras, na frente do colete sacerdotal,
próximas da costura, logo acima do cinturão
do colete sacerdotal. 21Amarraram as argolas
do peitoral às argolas do colete com um cor-
dão azul, ligando-o ao cinturão, para que o
peitoral não se separasse do colete sacerdo-
tal, como o SENHOR tinha ordenado a Moisés.

Outras vestes sacerdotais

22Fizeram o manto do colete sacerdotal
inteiramente de fios de tecido azul, obra de
tecelão, 23com uma abertura no centro. Ao
redor dessa abertura havia uma dobra teci-
da, como uma gola, para que não se rasgas-
se. 24Fizeram romãs de linho fino trançado
e de fios de tecidos azul, roxo e vermelho
em volta da borda do manto. 25Fizeram ain-
da pequenos sinos de ouro puro, atando-os
em volta da borda, entre as romãs. 26Os sinos
e as romãs se alternavam por toda a borda
do manto. Tudo feito para ser usado ao se
ministrar, como o SENHOR tinha ordenado
a Moisés.
27Para Arão e seus filhos fizeram de linho
fino as túnicas, obra de tecelão, 28o turbante,
os gorros, e os calções, de linho fino trançado.
29O cinturão também era de linho fino tran-
çado e de fios de tecidos azul, roxo e verme-
lho, obra de bordador, como o SENHOR tinha
ordenado a Moisés.
30Fizeram de ouro puro o diadema sagra-
do, e gravaram nele como se grava um selo:
Consagrado ao SENHOR. 31Depois usaram um
cordão azul para prendê-lo na parte de cima
do turbante, como o SENHOR tinha ordena-
do a Moisés.

A condução do trabalho

32Assim foi encerrada toda a obra do ta-
bernáculo, a Tenda do Encontro. Os israeli-
tas fizeram tudo conforme o SENHOR tinha
ordenado a Moisés. 33Então trouxeram o ta-
bernáculo a Moisés; a tenda e todos os seus
utensílios, os ganchos, as molduras, os tra-
vessões, as colunas e as bases, 34a cobertura
de pele de carneiro tingida de vermelho, a
cobertura de couro e o véu protetor, 35a ar-
ca da aliança com as suas varas e a tampa,
36a mesa com todos os seus utensílios e os
pães da Presença, 37o candelabro de ouro puro
com a sua fileira de lâmpadas e todos os seus
utensílios e o óleo para iluminação, 38o altar
de ouro, o óleo da unção, o incenso aromá-
tico e a cortina de entrada para a tenda, 39o
altar de bronze com a sua grelha, as suas va-
ras e todos os seus utensílios, a bacia e a sua
base, 40as cortinas externas do pátio com as
suas colunas e bases e a cortina para a entra-
da do pátio, as cordas e estacas da tenda do
pátio, todos os utensílios para o tabernáculo,
a Tenda do Encontro, 41e as vestes litúrgicas
para ministrar no Lugar Santo, tanto as ves-
tes sagradas para Arão, o sacerdote, como as
vestes de seus filhos, para quando servissem
como sacerdotes.
42Os israelitas fizeram todo o trabalho con-
forme o SENHOR tinha ordenado a Moisés.
43Moisés inspecionou a obra e viu que tinham
feito tudo como o SENHOR tinha ordenado.
Então Moisés os abençoou.

O tabernáculo é armado

40 Disse o SENHOR a Moisés: 2"Arme o ta-
bernáculo, a Tenda do Encontro, no pri-
meiro dia do primeiro mês. 3Coloque nele a
arca da aliança e proteja-a com o véu. 4Traga
a mesa e arrume sobre ela tudo o que lhe per-
tence. Depois traga o candelabro e coloque as
suas lâmpadas. 5Ponha o altar de ouro para o

[a] 39:13 A identificação precisa de algumas destas pedras não é conhecida.

incenso diante da arca da aliança e coloque a
cortina à entrada do tabernáculo.
6"Coloque o altar dos holocaustos em fren-
te da entrada do tabernáculo, da Tenda do
Encontro; 7ponha a bacia entre a Tenda do
Encontro e o altar, e encha-a de água. 8Arme
ao seu redor o pátio e coloque a cortina na
entrada do pátio.
9"Unja com o óleo da unção o tabernáculo
e tudo o que nele há; consagre-o, e com ele
tudo o que lhe pertence, e ele será sagrado.
10Depois unja o altar dos holocaustos e todos
os seus utensílios; consagre o altar, e ele será
santíssimo. 11Unja também a bacia com a sua
base e consagre-a.
12"Traga Arão e seus filhos à entrada da
Tenda do Encontro e mande-os lavar-se. 13Vis-
ta depois Arão com as vestes sagradas, unja-o
e consagre-o para que me sirva como sacer-
dote. 14Traga os filhos dele e vista-os com tú-
nicas. 15Unja-os como você ungiu o pai deles,
para que me sirvam como sacerdotes. A un-
ção deles será para um sacerdócio perpétuo,
geração após geração". 16Moisés fez tudo con-
forme o SENHOR lhe havia ordenado.
17Assim, o tabernáculo foi armado no pri-
meiro dia do primeiro mês do segundo ano.
18Moisés armou o tabernáculo, colocou as ba-
ses em seus lugares, armou as molduras, co-
locou as vigas e levantou as colunas. 19Depois
estendeu a tenda sobre o tabernáculo e co-
locou a cobertura sobre ela, como o SENHOR
tinha ordenado.
20Colocou também as tábuas da alian-
ça na arca, fixou nela as varas, e pôs sobre
ela a tampa. 21Em seguida trouxe a arca pa-
ra dentro do tabernáculo e pendurou o véu
protetor, cobrindo a arca da aliança, como o
SENHOR tinha ordenado.
22Moisés colocou a mesa na Tenda do En-
contro, no lado norte do tabernáculo, do lado
de fora do véu, 23e sobre ela colocou os pães
da Presença, diante do SENHOR, como o SE-
NHOR tinha ordenado.
24Pôs o candelabro na Tenda do Encon-
tro, em frente da mesa, no lado sul do taber-
náculo, 25e colocou as lâmpadas diante do
SENHOR, como o SENHOR tinha ordenado.
26Moisés também pôs o altar de ouro na
Tenda do Encontro, diante do véu, 27e nele
queimou incenso aromático, como o SENHOR
tinha ordenado. 28Pôs também a cortina à en-
trada do tabernáculo.
29Montou o altar de holocaustos à entrada
do tabernáculo, a Tenda do Encontro, e sobre
ele ofereceu holocaustos e ofertas de cereal,
como o SENHOR tinha ordenado.
30Colocou a bacia entre a Tenda do Encon-
tro e o altar, e encheu-a de água; 31Moisés,
Arão e os filhos deste usavam-na para lavar

A vida nos tempos da Bíblia

O tabernáculo

O tabernáculo era o lugar onde Israel prestava culto a Deus e também era chamado de "Tenda do Encontro", pois ali Deus se encontrava com seu povo escolhido. O tabernáculo tinha muitas partes, mas todas eram construídas para serem facilmente movidas conforme Israel peregrinava no deserto. O pátio tinha apenas uma porta, para lembrar ao povo de que há apenas um caminho para chegar a Deus, e tinha duas divisões internas, chamadas de Lugar Santo e Lugar Santíssimo. Leia Êxodo 40:34-38 para ver como Deus mostrava sua presença no tabernáculo.

as mãos e os pés. 32Sempre que entravam na
Tenda do Encontro e se aproximavam do al-
tar, eles se lavavam, como o Senhor tinha
ordenado a Moisés.

33Finalmente, Moisés armou o pátio ao re-
dor do tabernáculo e colocou a cortina à en-
trada do pátio. Assim, Moisés terminou a obra.

A glória do Senhor: o guia de Israel

34Então a nuvem cobriu a Tenda do Encon-
tro, e a glória do Senhor encheu o taberná-
culo. 35Moisés não podia entrar na Tenda do
Encontro, porque a nuvem estava sobre ela,
e a glória do Senhor enchia o tabernáculo.
36Sempre que a nuvem se erguia sobre o
tabernáculo os israelitas seguiam viagem;
37mas se a nuvem não se erguia, eles não
prosseguiam; só partiam no dia em que ela
se erguia. 38De dia a nuvem do Senhor ficava
sobre o tabernáculo, e de noite havia fogo na
nuvem, à vista de toda a nação de Israel, em
todas as suas viagens.

Levítico

Quem escreveu este livro?

Moisés.

Por que este livro foi escrito?

Levítico mostra aos israelitas como adorar a Deus e viver uma vida santa.

O que acontece neste livro?

Moisés dá as instruções de Deus ao povo e aos sacerdotes de Israel.

O que aprendemos sobre Deus neste livro?

Deus é santo e espera que seu povo seja santo. Deus aceita sacrifícios e perdoa ao pecador.

Quem são os personagens principais deste livro?

As pessoas mais importantes neste livro são Moisés e Arão.

Quando isto aconteceu?

As instruções de Deus foram dadas por volta de 1445 a.C.

Onde isto aconteceu?

Os israelitas estavam acampados ao pé do monte Sinai, onde estas instruções lhes foram dadas. (Veja o *Índice de mapas*, ao final desta Bíblia, para saber onde fica o monte Sinai.)

Algumas das histórias deste livro:

Arão é ordenado sumo sacerdote	Levítico 8
Os filhos de Arão desobedecem a Deus	Levítico 10
Deus estabelece feriados especiais	Levítico 23

O holocausto

1 Da Tenda do Encontro o SENHOR chamou
Moisés e lhe ordenou: 2“Diga o seguinte aos
israelitas: Quando alguém trouxer um animal
como oferta ao SENHOR, que seja do gado ou
do rebanho de ovelhas.
3“Se o holocausto[a] for de gado, oferecerá
um macho sem defeito. Ele o apresentará à
entrada da Tenda do Encontro, para que se-
ja aceito pelo SENHOR, 4e porá a mão sobre
a cabeça do animal do holocausto para que
seja aceito como propiciação em seu lugar.
5Então o novilho será morto perante o SE-
NHOR, e os sacerdotes, descendentes de Arão,
trarão o sangue e o derramarão em todos os
lados do altar, que está à entrada da Tenda
do Encontro. 6Depois se tirará a pele do ani-
mal, que será cortado em pedaços. 7Então os
descendentes do sacerdote Arão acenderão
o fogo do altar e arrumarão a lenha sobre
o fogo. 8Em seguida arrumarão os pedaços,
inclusive a cabeça e a gordura, sobre a lenha
que está no fogo do altar. 9As vísceras e as
pernas serão lavadas com água. E o sacerdo-
te queimará tudo isso no altar. É um holo-
causto, oferta preparada no fogo, de aroma
agradável ao SENHOR.
10“Se a oferta for um holocausto do reba-
nho, quer de cordeiros quer de cabritos, ofe-
recerá um macho sem defeito. 11O animal será
morto no lado norte do altar, perante o SE-
NHOR; os sacerdotes, descendentes de Arão,

[a] 1:3 Isto é, sacrifício totalmente queimado; também em todo o livro de Levítico.

Você sabia?

O que é um holocausto?

1:9 Quando faziam um sacrifício ou uma oferta a Deus, os israelitas queimavam um animal num altar especial - isso era um holocausto. Leis especiais diziam aos sacerdotes e ao povo exatamente como fazer os holocaustos. Essas ofertas eram oferecidas a cada manhã e a cada tarde, e um holocausto duplo era apresentado no sábado. Holocaustos extras eram oferecidos também em dias festivos.

derramarão o sangue nos lados do altar.
12Então o animal será cortado em pedaços.
O sacerdote arrumará os pedaços, inclusive
a cabeça e a gordura, sobre a lenha que está
no fogo do altar. 13As vísceras e as pernas se-
rão lavadas com água. O sacerdote trará tu-
do isso como oferta e o queimará no altar. É
um holocausto, oferta preparada no fogo, de
aroma agradável ao SENHOR.
14“Se a sua oferta ao SENHOR for um ho-
locausto de aves, traga uma rolinha ou um
pombinho. 15O sacerdote trará a ave ao altar,
destroncará o pescoço dela e a queimará, e
deixará escorrer o sangue da ave na parede
do altar. 16Ele retirará o papo com o seu con-
teúdo[b] e o jogará no lado leste do altar, on-
de ficam as cinzas. 17Rasgará a ave pelas asas,
sem dividi-la totalmente, e então o sacerdo-
te a queimará sobre a lenha acesa no altar. É
um holocausto, oferta preparada no fogo, de
aroma agradável ao SENHOR.

A oferta de cereal

2 “Quando alguém trouxer uma oferta de
cereal ao SENHOR, terá que ser da melhor
farinha. Sobre ela derramará óleo, colocará
incenso 2e a levará aos descendentes de Arão,
os sacerdotes. Um deles apanhará um punha-
do da melhor farinha com óleo e com todo
o incenso, e os queimará no altar como por-
ção memorial. É oferta preparada no fogo,
de aroma agradável ao SENHOR. 3O que restar
da oferta de cereal pertence a Arão e a seus
descendentes; é parte santíssima das ofer-
tas dedicadas ao SENHOR preparadas no fogo.
4“Se um de vocês trouxer uma oferta de ce-
real assada no forno, seja da melhor farinha:
bolos feitos sem fermento, amassados com
óleo, ou[c] pães finos sem fermento e untados
com óleo. 5Se a sua oferta de cereal for prepa-
rada numa assadeira, seja da melhor farinha,
amassada com óleo e sem fermento. 6Divida-a
em pedaços e derrame óleo sobre ela; é uma
oferta de cereal. 7Se a sua oferta de cereal for
cozida numa panela, seja da melhor farinha
com óleo. 8Traga ao SENHOR a oferta de cereal
feita desses ingredientes e apresente-a ao sa-
cerdote, que a levará ao altar. 9Ele apanhará a
porção memorial da oferta de cereal e a quei-
mará no altar; é oferta preparada no fogo, de
aroma agradável ao SENHOR. 10O restante da
oferta de cereal pertence a Arão e a seus des-
cendentes; é parte santíssima das ofertas de-
dicadas ao SENHOR preparadas no fogo.

[b] 1:16 Ou *o papo e as penas*
[c] 2:4 Ou *e*

11“Nenhuma oferta de cereal que vocês trouxerem ao SENHOR será feita com fermento, pois vocês não queimarão fermento nem mel como oferta preparada no fogo ao SENHOR. 12Podem trazê-los como oferta dos primeiros frutos ao SENHOR, mas não podem oferecê-los no altar como aroma agradável. 13Temperem com sal todas as suas ofertas de cereal. Não excluam de suas ofertas de cereal o sal da aliança do seu Deus; acrescentem sal a todas as suas ofertas.

14“Se você trouxer ao SENHOR uma oferta de cereal dos primeiros frutos, ofereça grãos esmagados de cereal novo, tostados no fogo. 15Sobre ela derrame óleo e coloque incenso; é oferta de cereal. 16O sacerdote queimará a porção memorial do cereal esmagado e do óleo, juntamente com todo o incenso, como uma oferta ao SENHOR preparada no fogo.

A oferta de comunhão

3 “Quando a oferta de alguém for sacrifício de comunhão[a], assim se fará: se oferecer um animal do gado, seja macho ou fêmea, apresentará ao SENHOR um animal sem defeito. 2Porá a mão sobre a cabeça do animal, que será morto à entrada da Tenda do Encontro. Os descendentes de Arão, os sacerdotes, derramarão o sangue nos lados do altar. 3Desse sacrifício de comunhão, oferta preparada no fogo, ele trará ao SENHOR toda a gordura que cobre as vísceras e está ligada a elas, 4os dois rins com a gordura que os cobre e que está perto dos lombos, e o lóbulo do fígado, que ele removerá junto com os rins. 5Os descendentes de Arão queimarão tudo isso em cima do holocausto que está sobre a lenha acesa no altar como oferta preparada no fogo, de aroma agradável ao SENHOR.

6“Se oferecer um animal do rebanho como sacrifício de comunhão ao SENHOR, trará um macho ou uma fêmea sem defeito. 7Se oferecer um cordeiro, ele o apresentará ao SENHOR. 8Porá a mão sobre a cabeça do animal, que será morto diante da Tenda do Encontro. Então os descendentes de Arão derramarão o sangue nos lados do altar. 9Desse sacrifício de comunhão, oferta preparada no fogo, ele trará ao SENHOR a gordura, tanto a da cauda gorda cortada rente à espinha, como toda a gordura que cobre as vísceras e está ligada a elas, 10os dois rins com a gordura que os cobre e que está perto dos lombos, e o lóbulo do fígado, que ele removerá junto com os rins. 11O sacerdote os queimará no altar como alimento oferecido ao SENHOR, preparado no fogo.

12“Se a sua oferta for um cabrito, ele o apresentará ao SENHOR. 13Porá a mão sobre a cabeça do animal, que será morto diante da Tenda do Encontro. Então os descendentes de Arão derramarão o sangue nos lados do altar. 14Desse animal, que é uma oferta preparada no fogo, trará ao SENHOR a gordura que cobre as vísceras e está ligada a elas, 15os dois rins com a gordura que os cobre e que está perto dos lombos, e o lóbulo do fígado, que ele removerá junto com os rins. 16O sacerdote os queimará no altar como alimento, como oferta preparada no fogo, de aroma agradável. Toda a gordura será do SENHOR.

17“Este é um decreto perpétuo para as suas gerações, onde quer que vivam: Não comam gordura alguma, nem sangue algum”.

A oferta pelo pecado

4 O SENHOR ordenou a Moisés: 2“Diga aos israelitas: Quando alguém pecar sem intenção, fazendo o que é proibido em qualquer dos mandamentos do SENHOR, assim se fará:

3“Se for o sacerdote ungido que pecar, trazendo culpa sobre o povo, trará ao SENHOR um novilho sem defeito como oferta pelo pecado que cometeu. 4Apresentará ao SENHOR o novilho à entrada da Tenda do Encontro. Porá a mão sobre a cabeça do novilho, que será morto perante o SENHOR. 5Então o sacerdote ungido pegará um pouco do sangue do novilho e o levará à Tenda do Encontro; 6molhará o dedo no sangue e o aspergirá sete vezes perante o SENHOR, diante do véu do santuário. 7O sacerdote porá um pouco do sangue nas pontas do altar do incenso aromático que

[a] 3:1 Ou *de paz*; também em todo o livro de Levítico.

Você sabia?

O que acontecia com a carne do sacrifício de comunhão?

3:6 Um pouco da carne era queimado como oferta a Deus, e a pessoa que oferecia esse sacrifício comia junto com sua família o resto da carne. Era como participar de uma refeição de amizade com o próprio Deus.

está perante o SENHOR na Tenda do Encontro. Derramará todo o restante do sangue do novilho na base do altar do holocausto, na entrada da Tenda do Encontro. 8Então retirará toda a gordura do novilho da oferta pelo pecado: a gordura que cobre as vísceras e está ligada a elas, 9os dois rins com a gordura que os cobre e que está perto dos lombos, e o lóbulo do fígado, que ele removerá junto com os rins, 10como se retira a gordura do boi[a] sacrificado como oferta de comunhão. Então o sacerdote queimará essas partes no altar dos holocaustos. 11Mas o couro do novilho e toda a sua carne, bem como a cabeça e as pernas, as vísceras e os excrementos, 12isto é, tudo o que restar do novilho, ele levará para fora do acampamento, a um local cerimonialmente puro, onde se lançam as cinzas. Ali os queimará sobre a lenha de uma fogueira, sobre o monte de cinzas.

13"Se for toda a comunidade de Israel que pecar sem intenção, fazendo o que é proibido em qualquer dos mandamentos do SENHOR, ainda que não tenha consciência disso, a comunidade será culpada. 14Quando tiver consciência do pecado que cometeu, a comunidade trará um novilho como oferta pelo pecado e o apresentará diante da Tenda do Encontro. 15As autoridades da comunidade porão as mãos sobre a cabeça do novilho perante o SENHOR. E o novilho será morto perante o SENHOR. 16Então o sacerdote ungido levará um pouco do sangue do novilho para a Tenda do Encontro; 17molhará o dedo no sangue e o aspergirá sete vezes perante o SENHOR, diante do véu. 18Porá o sangue nas pontas do altar que está perante o SENHOR na Tenda do Encontro e derramará todo o restante do sangue na base do altar dos holocaustos, na entrada da Tenda do Encontro. 19Então retirará toda a gordura do animal e a queimará no altar, 20e fará com este novilho como se faz com o novilho da oferta pelo pecado. Assim o sacerdote fará propiciação por eles, e serão perdoados. 21Depois levará o novilho para fora do acampamento e o queimará como queimou o primeiro. É oferta pelo pecado da comunidade.

22"Quando for um líder que pecar sem intenção, fazendo o que é proibido em qualquer dos mandamentos do SENHOR, o seu Deus, será culpado. 23Quando o conscientizarem do seu pecado, trará como oferta um bode sem defeito. 24Porá a mão sobre a cabeça do bode, que será morto no local onde o holocausto é sacrificado, perante o SENHOR. Esta é a oferta pelo pecado. 25Então o sacerdote pegará com o dedo um pouco do sangue da oferta pelo pecado e o porá nas pontas do altar dos holocaustos, e derramará o restante do sangue na base do altar. 26Queimará toda a gordura no altar, como queimou a gordura do sacrifício de comunhão. Assim o sacerdote fará propiciação pelo pecado do líder, e este será perdoado.

27"Se for alguém da comunidade que pecar sem intenção, fazendo o que é proibido em qualquer dos mandamentos do SENHOR, o seu Deus, será culpado. 28Quando o conscientizarem do seu pecado, trará como oferta

[a] 4:10 A palavra hebraica pode significar *boi* ou *vaca*.

Esqueci!

— Tiago, você pegou meu martelo?

O menino concordou com a cabeça.

— Sim, papai. Eu tive de consertar uma tábua na casinha do cachorro.

Papai parecia bravo.

— Você deixou o martelo lá fora quando terminou o serviço? Eu já não falei para, quando você usar minhas ferramentas, guardá-las de volta?

"Ah, não", pensou Tiago. Então falou ao pai:

— Sinto muito. Esqueci!

Tiago não fez errado de propósito. Mas ele *fez* errado. Você é o juiz: Tiago é culpado? Ele deveria ser punido? Leia Levítico 4:22-31. O que isso diz sobre os pecados que não são intencionais, ou seja, que não são de propósito?

Experimente!

Levítico 4:22-31

pelo pecado que cometeu uma cabra sem de-
feito. 29Porá a mão sobre a cabeça do animal
da oferta pelo pecado, que será morto no lu-
gar dos holocaustos. 30Então o sacerdote pe-
gará com o dedo um pouco do sangue e o
porá nas pontas do altar dos holocaustos, e
derramará o restante do sangue na base do
altar. 31Então retirará toda a gordura, como se
retira a gordura do sacrifício de comunhão;
o sacerdote a queimará no altar como aro-
ma agradável ao SENHOR. Assim o sacerdote
fará propiciação por esse homem, e ele será
perdoado.

32"Se trouxer uma ovelha como oferta pe-
lo pecado, terá que ser sem defeito. 33Porá a
mão sobre a cabeça do animal, que será mor-
to como oferta pelo pecado no lugar onde é
sacrificado o holocausto. 34Então o sacerdo-
te pegará com o dedo um pouco do sangue
da oferta pelo pecado e o porá nas pontas
do altar dos holocaustos, e derramará o res-
tante do sangue na base do altar. 35Retirará
toda a gordura, como se retira a gordura do
cordeiro do sacrifício de comunhão; o sacer-
dote a queimará no altar, em cima das ofer-
tas dedicadas ao SENHOR, preparadas no fogo.
Assim o sacerdote fará em favor dele propi-
ciação pelo pecado que cometeu, e ele será
perdoado.

5 "Se alguém pecar porque, tendo sido tes-
temunha de algo que viu ou soube, não
o declarou, sofrerá as consequências da sua
iniquidade.

2"Se alguém tocar qualquer coisa impura,
seja um cadáver de animal selvagem ou de
animal do rebanho ou de uma das pequenas
criaturas que povoam a terra, ainda que não
tenha consciência disso, ele se tornará impu-
ro e será culpado.

3"Se alguém tocar impureza humana, qual-
quer coisa que o torne impuro, sem ter cons-
ciência disso, quando o souber será culpado.

4"Se alguém impensadamente jurar fazer
algo bom ou mau, em qualquer assunto que
alguém possa jurar descuidadamente, ainda
que não tenha consciência disso, quando o
souber será culpado.

5"Quando alguém for culpado de qualquer
dessas coisas, confessará em que pecou 6e,
pelo pecado que cometeu, trará ao SENHOR
uma ovelha ou uma cabra do rebanho como
oferta de reparação; e em favor dele o sacer-
dote fará propiciação pelo pecado.

7"Se não tiver recursos para oferecer uma
ovelha, trará pela culpa do seu pecado duas
rolinhas ou dois pombinhos ao SENHOR: um
como oferta pelo pecado e o outro como ho-
locausto. 8Ele os trará ao sacerdote, que apre-
sentará primeiro a oferta de sacrifício pelo
pecado. Ele destroncará o pescoço da ave,
sem arrancar-lhe a cabeça totalmente. 9A
seguir aspergirá no lado do altar o sangue
da oferta pelo pecado e deixará escorrer o
restante do sangue na base do altar. É oferta
pelo pecado. 10O sacerdote então oferecerá a
outra ave como holocausto, de acordo com
a forma prescrita, e fará propiciação em fa-
vor dele pelo pecado que cometeu, e ele se-
rá perdoado.

11"Se, contudo, não tiver recursos para ofe-
recer duas rolinhas ou dois pombinhos, trará
como oferta pelo pecado um jarro[a] da me-
lhor farinha como oferta pelo pecado. Mas
sobre ela não derramará óleo nem coloca-
rá incenso, porquanto é oferta pelo pecado.
12Ele a trará ao sacerdote, que apanhará um
punhado dela como porção memorial e quei-
mará essa porção no altar, em cima das ofer-
tas dedicadas ao SENHOR, preparadas no fogo.
É oferta pelo pecado. 13Assim o sacerdote fa-
rá propiciação em favor dele por qualquer
desses pecados que tiver cometido, e ele se-
rá perdoado. O restante da oferta pertence ao
sacerdote, como no caso da oferta de cereal".

A oferta pela culpa

14O SENHOR disse a Moisés: 15"Quando al-
guém cometer um erro, pecando sem in-
tenção em qualquer coisa consagrada ao
SENHOR, trará ao SENHOR um carneiro do re-
banho, sem defeito, avaliado em prata com
base no peso padrão[b] do santuário, como
oferta pela culpa. 16Fará restituição pelo que
deixou de fazer em relação às coisas consa-
gradas, acrescentará um quinto do valor e o
entregará ao sacerdote. Este fará propiciação
por ele com o carneiro da oferta pela culpa, e
ele será perdoado.

17"Se alguém pecar, fazendo o que é proi-
bido em qualquer dos mandamentos do SE-
NHOR, ainda que não o saiba, será culpado e
sofrerá as consequências da sua iniquidade.
18Do rebanho ele trará ao sacerdote um car-
neiro, sem defeito e devidamente avaliado,
como oferta pela culpa. Assim o sacerdote fa-
rá propiciação em favor dele pelo erro que
cometeu sem intenção, e ele será perdoado.

[a] 5:11 Hebraico: *1/10 de efa*. O efa era uma medida de capacidade para secos. As estimativas variam entre 20 e 40 litros.

[b] 5:15 Hebraico: *no siclo*. Um siclo equivalia a 12 gramas.

19É oferta pela culpa, pois com certeza tor-
nou-se culpado perante o SENHOR".

6 Disse ainda o SENHOR a Moisés: 2"Se al-
guém pecar, cometendo um erro contra o
SENHOR, enganando o seu próximo no que diz
respeito a algo que lhe foi confiado ou deixa-
do como penhor ou roubado, ou se lhe extor-
quir algo, 3ou se achar algum bem perdido e
mentir a respeito disso, ou se jurar falsamente
a respeito de qualquer coisa, cometendo pe-
cado; 4quando assim pecar, tornando-se por
isso culpado, terá que devolver o que roubou
ou tomou mediante extorsão, ou o que lhe
foi confiado, ou os bens perdidos que achou,
5ou qualquer coisa sobre a qual tenha jurado
falsamente. Fará restituição plena, acrescen-
tará a isso um quinto do valor e dará tudo ao
proprietário no dia em que apresentar a sua
oferta pela culpa. 6E por sua culpa trará ao
sacerdote uma oferta dedicada ao SENHOR:
um carneiro do rebanho, sem defeito e devi-
damente avaliado. 7Dessa forma o sacerdote
fará propiciação por ele perante o SENHOR, e
ele será perdoado de qualquer dessas coisas
que fez e que o tornou culpado".

A regulamentação acerca do holocausto

8O SENHOR disse a Moisés: 9"Dê este man-
damento a Arão e a seus filhos, a regulamen-
tação acerca do holocausto: Ele terá que ficar
queimando até de manhã sobre as brasas do
altar, onde o fogo terá que ser mantido aceso.
10O sacerdote vestirá suas roupas de linho e
os calções de linho por baixo, retirará as cin-
zas do holocausto que o fogo consumiu no
altar e as colocará ao lado do altar. 11Depois
trocará de roupa e levará as cinzas para fo-
ra do acampamento, a um lugar cerimonial-
mente puro. 12Mantenha-se aceso o fogo no
altar; não deve ser apagado. Toda manhã o
sacerdote acrescentará lenha, arrumará o ho-
locausto sobre o fogo e queimará sobre ele a
gordura das ofertas de comunhão. 13Mante-
nha-se o fogo continuamente aceso no altar;
não deve ser apagado.

A regulamentação da oferta de cereal

14"Esta é a regulamentação da oferta de
cereal: Os filhos de Arão a apresentarão ao
SENHOR, em frente do altar. 15O sacerdote apa-
nhará um punhado da melhor farinha com
óleo, juntamente com todo o incenso que
está sobre a oferta de cereal, e queimará no
altar a porção memorial como aroma agradá-
vel ao SENHOR. 16Arão e seus filhos comerão
o restante da oferta, mas deverão comê-lo
sem fermento e em lugar sagrado, no pátio
da Tenda do Encontro. 17Essa oferta não será
assada com fermento; eu a dei a eles como
porção das ofertas feitas a mim com fogo.
É santíssima, como a oferta pelo pecado e
como a oferta pela culpa. 18Somente os ho-
mens descendentes de Arão poderão comer
da porção das ofertas dedicadas ao SENHOR,
preparadas no fogo. É um decreto perpétuo
para as suas gerações. Tudo o que nelas tocar
se tornará santo[a]".

[a] 6:18 Ou *Todo aquele que nelas tocar deve ser santo*; também no versículo 27.

Achado não é roubado?

Você já ouviu dizerem: "Achado não é roubado, quem perdeu foi relaxado"? Isso significa que, se eu encontro algo que você perdeu, azar o seu. Eu fico com o objeto e você só fica lamentando por tê-lo perdido.

Agora leia Levítico 6:1-7. O que você pensa que deveria fazer em cada uma das situações a seguir?

1. você encontrou uma nota de cinco reais no corredor da escola;
2. você pegou emprestado de um amigo uma caneta muito boa e esqueceu-se de devolver;
3. você descobriu que o casaco que trouxe para casa depois do jogo não era seu.

O que você acha que Deus pensa sobre "achado não é roubado, quem perdeu foi relaxado"?

Experimente!

Levítico 6:1-7

19O SENHOR disse também a Moisés: 20"Esta
é a oferta que Arão e os seus descendentes te-
rão que trazer ao SENHOR no dia em que ele[a]
for ungido: um jarro[b] da melhor farinha, co-
mo na oferta regular de cereal, metade pe-
la manhã e metade à tarde. 21Prepare-a com
óleo numa assadeira; traga-a bem mistura-
da e apresente a oferta de cereal partida em
pedaços, como aroma agradável ao SENHOR.
22Todo sacerdote ungido, dos descendentes
de Arão, também preparará essa oferta. É a
porção do SENHOR por decreto perpétuo e se-
rá totalmente queimada. 23Toda oferta de ce-
real do sacerdote será totalmente queimada;
não será comida".

A regulamentação da oferta pelo pecado

24O SENHOR disse a Moisés: 25"Diga a Arão
e aos seus filhos a regulamentação da ofer-
ta pelo pecado: O animal da oferta pelo pe-
cado será morto perante o SENHOR no local
onde é sacrificado o holocausto; é uma ofer-
ta santíssima. 26O sacerdote que oferecer o
animal o comerá em lugar sagrado, no pátio
da Tenda do Encontro. 27Tudo o que tocar na
carne se tornará santo; se o sangue respin-
gar na roupa, será lavada em lugar sagrado.
28A vasilha de barro em que a carne for co-
zida deverá ser quebrada; mas, se for cozi-
da numa vasilha de bronze, a vasilha deverá
ser esfregada e enxaguada com água. 29So-
mente os homens da família dos sacerdotes
poderão comê-la; é uma oferta santíssima.
30Mas toda oferta pelo pecado, cujo sangue
for trazido para a Tenda do Encontro para
propiciação no Lugar Santo, não será comi-
da; terá que ser queimada.

A regulamentação da oferta pela culpa

7 "Esta é a regulamentação da oferta pela
culpa, que é oferta santíssima: 2O animal
da oferta pela culpa será morto no local onde
são sacrificados os holocaustos, e seu sangue
será derramado nos lados do altar. 3Toda a sua
gordura será oferecida: a parte gorda da cau-
da e a gordura que cobre as vísceras, 4os dois
rins com a gordura que os cobre e que está
perto dos lombos, e o lóbulo do fígado, que
será removido juntamente com os rins. 5O
sacerdote os queimará no altar como ofer-
ta dedicada ao SENHOR, preparada no fogo.
É oferta pela culpa. 6Somente os homens da
família dos sacerdotes poderão comê-la, mas
deve ser comida em lugar sagrado; é oferta
santíssima.
7"A mesma regulamentação aplica-se tan-
to à oferta pelo pecado quanto à oferta pela
culpa: a carne pertence ao sacerdote que faz
propiciação pela culpa. 8O sacerdote que ofe-
recer um holocausto por alguém ficará com o
couro do animal. 9Toda oferta de cereal, as-
sada num forno ou cozida numa panela ou
numa assadeira, pertence ao sacerdote que a
oferecer, 10e toda oferta de cereal, amassada
com óleo ou não, pertence igualmente aos
descendentes de Arão.

A regulamentação da oferta de comunhão

11"Esta é a regulamentação da oferta de
comunhão que pode ser apresentada ao SE-
NHOR:
12"Se alguém a fizer por gratidão, então,
junto com sua oferta de gratidão, terá que
oferecer bolos sem fermento e amassados
com óleo, pães finos sem fermento e unta-
dos com óleo, e bolos da melhor farinha bem
amassados e misturados com óleo. 13Junta-
mente com sua oferta de comunhão por
gratidão, apresentará uma oferta que inclua
bolos com fermento. 14De cada oferta trará
uma contribuição ao SENHOR, que será dada
ao sacerdote que asperge o sangue das ofer-
tas de comunhão. 15A carne da sua oferta de
comunhão por gratidão será comida no dia
em que for oferecida; nada poderá sobrar até
o amanhecer.
16"Se, contudo, sua oferta for resultado
de um voto ou for uma oferta voluntária,
a carne do sacrifício será comida no dia em
que for oferecida, e o que sobrar poderá ser

Você sabia?

O que acontecia com a carne das ofertas pela culpa e pelo pecado?

7:7 Grande parte da carne dessas ofertas era queimada, mas a porção da gordura era oferecida a Deus. A parte que não era queimada pertencia aos sacerdotes. Os israelitas receberam a ordem de fazer essas ofertas sempre que, acidentalmente, descumprissem as leis de Deus.

[a] 6:20 Ou *cada um*
[b] 6:20 Hebraico: *1/10 de efa*. O efa era uma medida de capacidade para secos. As estimativas variam entre 20 e 40 litros.

comido no dia seguinte. 17Mas a carne que
sobrar do sacrifício até o terceiro dia será
queimada no fogo. 18Se a carne da oferta de
comunhão for comida ao terceiro dia, ela não
será aceita. A oferta não será atribuída àquele
que a ofereceu, pois a carne estará estragada;
e quem dela comer sofrerá as consequências
da sua iniquidade.
19"A carne que tocar em qualquer coisa im-
pura não será comida; será queimada no fo-
go. A carne do sacrifício, porém, poderá ser
comida por quem estiver puro. 20Mas se al-
guém que, estando impuro, comer da carne
da oferta de comunhão que pertence ao SE-
NHOR, será eliminado do meio do seu povo.
21Se alguém tocar em alguma coisa impura,
seja impureza humana, seja de animal, se-
ja qualquer outra coisa impura e proibida, e
comer da carne da oferta de comunhão que
pertence ao SENHOR, será eliminado do meio
do seu povo".

A proibição de comer gordura e sangue

22E disse o SENHOR a Moisés: 23"Diga aos is-
raelitas: Não comam gordura alguma de boi,
carneiro ou cabrito. 24A gordura de um ani-
mal encontrado morto ou despedaçado por
animais selvagens pode ser usada para qual-
quer outra finalidade, mas nunca poderá ser
comida. 25Quem comer a gordura de um ani-
mal dedicado ao SENHOR numa oferta pre-
parada no fogo, será eliminado do meio do
seu povo. 26Onde quer que vocês vivam, não
comam o sangue de nenhuma ave nem de
animal. 27Quem comer sangue será elimina-
do do meio do seu povo".

A porção dos sacerdotes

28Disse mais o SENHOR a Moisés: 29"Diga aos
israelitas: Todo aquele que trouxer sacrifí-
cio de comunhão ao SENHOR terá que dedicar
parte dele ao SENHOR. 30Com suas próprias
mãos trará ao SENHOR as ofertas preparadas
no fogo; trará a gordura juntamente com o
peito, e o moverá perante o SENHOR como
gesto ritual de apresentação. 31O sacerdo-
te queimará a gordura no altar, mas o peito
pertence a Arão e a seus descendentes. 32Vo-
cês deverão dar a coxa direita das ofertas
de comunhão ao sacerdote como contribui-
ção. 33O descendente de Arão que oferecer o
sangue e a gordura da oferta de comunhão
receberá a coxa direita como porção. 34Das
ofertas de comunhão dos israelitas, tomei o
peito que é movido ritualmente e a coxa que
é ofertada, e os dei ao sacerdote Arão e a seus
descendentes por decreto perpétuo para os
israelitas".
35Essa é a parte das ofertas dedicadas ao SE-
NHOR, preparadas no fogo, destinada a Arão
e a seus filhos no dia em que foram apresen-
tados para servirem ao SENHOR como sacer-
dotes. 36Foi isso que o SENHOR ordenou dar
a eles, no dia em que foram ungidos dentre
os israelitas. É um decreto perpétuo para as
suas gerações.
37Essa é a regulamentação acerca do ho-
locausto, da oferta de cereal, da oferta pe-
lo pecado, da oferta pela culpa, da oferta de
ordenação e da oferta de comunhão. 38O SE-
NHOR entregou-a a Moisés no monte Sinai, no
dia em que ordenou aos israelitas que trou-
xessem suas ofertas ao SENHOR, no deserto
do Sinai.

A ordenação de Arão e de seus filhos

8 O SENHOR disse a Moisés: 2"Traga Arão e
seus filhos, suas vestes, o óleo da unção,
o novilho para a oferta pelo pecado, os dois
carneiros e o cesto de pães sem fermento; 3e
reúna toda a comunidade à entrada da Tenda
do Encontro". 4Moisés fez como o SENHOR lhe
tinha ordenado, e a comunidade reuniu-se à
entrada da Tenda do Encontro.
5Então Moisés disse à comunidade: "Foi
isto que o SENHOR mandou fazer"; 6e levou
Arão e seus filhos à frente e mandou-os ba-
nhar-se com água; 7pôs a túnica em Arão, co-
locou-lhe o cinto e o manto, e pôs sobre ele
o colete sacerdotal; depois a ele prendeu o
manto sacerdotal com o cinturão; 8colocou
também o peitoral, e nele pôs o Urim e o
Tumim[a]; 9e colocou o turbante na cabeça de
Arão com a lâmina de ouro, isto é, a coroa
sagrada, na frente do turbante, conforme o
SENHOR tinha ordenado a Moisés.

[a] 8:8 Objetos utilizados para se conhecer a vontade de Deus.

Você sabia?

Qual era o trabalho dos sacerdotes em Israel?

8:2 Os sacerdotes faziam os sacrifícios que Deus havia ordenado e também cuidavam do tabernáculo e ensinavam as regras de Deus aos israelitas, para viverem de modo santo.

10Depois Moisés pegou o óleo da unção e ungiu o tabernáculo e tudo o que nele havia, e assim os consagrou. 11Aspergiu sete vezes o óleo sobre o altar, ungindo o altar e todos os seus utensílios e a bacia com o seu suporte, para consagrá-los. 12Derramou o óleo da unção sobre a cabeça de Arão para ungi-lo e consagrá-lo. 13Trouxe então os filhos de Arão à frente, vestiu-os com suas túnicas e cintos, e colocou-lhes gorros, conforme o SENHOR lhe havia ordenado.

14Em seguida trouxe o novilho para a oferta pelo pecado, e Arão e seus filhos puseram as mãos sobre a cabeça do novilho. 15Moisés sacrificou o novilho, e com o dedo pôs um pouco do sangue em todas as pontas do altar para purificá-lo. Derramou o restante do sangue na base do altar e assim o consagrou para fazer propiciação por ele. 16Moisés pegou também toda a gordura que cobre as vísceras, o lóbulo do fígado e os dois rins com a gordura que os cobre, e os queimou no altar. 17Mas o novilho com o seu couro, a sua carne e o seu excremento, ele queimou fora do acampamento, conforme o SENHOR lhe havia ordenado.

18Mandou trazer então o carneiro para o holocausto, e Arão e seus filhos puseram as mãos sobre a cabeça do carneiro. 19A seguir Moisés sacrificou o carneiro e derramou o sangue nos lados do altar. 20Depois, cortou o carneiro em pedaços; queimou a cabeça, os pedaços e a gordura. 21Lavou as vísceras e as pernas, e queimou o carneiro inteiro sobre o altar, como holocausto, oferta de aroma agradável ao SENHOR, preparada no fogo, conforme o SENHOR lhe havia ordenado.

22A seguir mandou trazer o outro carneiro, o carneiro para a oferta de ordenação, e Arão e seus filhos colocaram as mãos sobre a cabeça do carneiro. 23Moisés sacrificou o carneiro e pôs um pouco do sangue na ponta da orelha direita de Arão, no polegar da sua mão direita e no polegar do seu pé direito. 24Moisés também mandou que os filhos de Arão se aproximassem, e sobre cada um pôs um pouco do sangue na ponta da orelha direita, no polegar da mão direita e no polegar do pé direito; e derramou o restante do sangue nos lados do altar. 25Apanhou a gordura, a cauda gorda, toda a gordura que cobre as vísceras, o lóbulo do fígado, os dois rins e a gordura que os cobre e a coxa direita. 26Então, do cesto de pães sem fermento que estava perante o SENHOR, apanhou um pão comum, outro feito com óleo e um pão fino, e os colocou sobre as porções de gordura e sobre a coxa direita. 27Pôs tudo nas mãos de Arão e de seus filhos e moveu esses alimentos perante o SENHOR como gesto ritual de apresentação. 28Depois Moisés os pegou de volta das mãos deles e queimou tudo no altar, em cima do holocausto, como uma oferta de ordenação, preparada no fogo, de aroma agradável ao SENHOR. 29Moisés pegou também o peito que era a sua própria porção do carneiro da ordenação, e o moveu perante o SENHOR como gesto ritual de apresentação, como o SENHOR lhe havia ordenado.

30A seguir pegou um pouco do óleo da unção e um pouco do sangue que estava no altar e os aspergiu sobre Arão e suas vestes, bem como sobre seus filhos e suas vestes. Assim consagrou Arão e suas vestes, e seus filhos e suas vestes.

31Moisés então disse a Arão e a seus filhos: "Cozinhem a carne na entrada da Tenda do Encontro, onde a deverão comer com o pão do cesto das ofertas de ordenação, conforme me foi ordenado[a]: 'Arão e seus filhos deverão comê-la'. 32Depois queimem o restante da carne e do pão. 33Não saiam da entrada da Tenda do Encontro por sete dias, até que se completem os dias da ordenação de vocês, pois essa cerimônia de ordenação durará sete dias. 34O que se fez hoje foi ordenado pelo SENHOR para fazer propiciação por vocês. 35Vocês terão que permanecer dia e noite à entrada da Tenda do Encontro por sete dias e obedecer às exigências do SENHOR, para que não morram; pois isso me foi ordenado". 36Arão e seus filhos fizeram tudo o que o SENHOR tinha ordenado por meio de Moisés.

Os sacerdotes começam o seu ministério

9 Oito dias depois Moisés convocou Arão, seus filhos e as autoridades de Israel. 2E disse a Arão: "Traga um bezerro para a oferta pelo pecado e um carneiro para o holocausto, ambos sem defeito, e apresente-os ao SENHOR. 3Depois diga aos israelitas: Tragam um bode para oferta pelo pecado; um bezerro e um cordeiro, ambos de um ano de idade e sem defeito, para holocausto; 4e um boi[b] e um carneiro para oferta de comunhão, para os sacrificar perante o SENHOR, juntamente com a oferta de cereal amassada com óleo; pois hoje o SENHOR aparecerá a vocês".

5Levaram então tudo o que Moisés tinha determinado para a frente da Tenda

[a] 8:31 Ou *conforme ordenei*
[b] 9:4 A palavra hebraica pode significar *boi* ou *vaca*.

do Encontro, e a comunidade inteira apro-
ximou-se e ficou em pé perante o SENHOR.
6Disse-lhes Moisés: "Foi isso que o SENHOR
ordenou que façam, para que a glória do SE-
NHOR apareça a vocês".
7Disse Moisés a Arão: "Venha até o altar e
ofereça o seu sacrifício pelo pecado e o seu
holocausto, e faça propiciação por você mes-
mo e pelo povo; ofereça o sacrifício pelo po-
vo e faça propiciação por ele, conforme o
SENHOR ordenou".
8Arão foi até o altar e ofereceu o bezerro
como sacrifício pelo pecado por si mesmo.
9Seus filhos levaram-lhe o sangue, e ele mo-
lhou o dedo no sangue e o pôs nas pontas do
altar; depois derramou o restante do sangue
na base do altar, 10onde queimou a gordura,
os rins e o lóbulo do fígado da oferta pelo pe-
cado, conforme o SENHOR tinha ordenado a
Moisés; 11a carne e o couro, porém, queimou
fora do acampamento.
12Depois sacrificou o holocausto. Seus filhos
lhe entregaram o sangue, e ele o derramou
nos lados do altar. 13Entregaram-lhe em se-
guida o holocausto pedaço por pedaço, in-
clusive a cabeça, e ele os queimou no altar.
14Lavou as vísceras e as pernas e as queimou
em cima do holocausto sobre o altar.
15Depois Arão apresentou a oferta pelo po-
vo. Pegou o bode para a oferta pelo pecado
do povo e o ofereceu como sacrifício pelo pe-
cado, como fizera com o primeiro.
16Apresentou o holocausto e ofereceu-o
conforme fora prescrito. 17Também apresen-
tou a oferta de cereal, pegou um punhado de-
la e a queimou no altar, além do holocausto
da manhã.
18Matou o boi e o carneiro como sacri-
fício de comunhão pelo povo. Seus filhos le-
varam-lhe o sangue, e ele o derramou nos
lados do altar. 19Mas as porções de gordura
do boi e do carneiro, a cauda gorda, a gor-
dura que cobre as vísceras, os rins e o lóbu-
lo do fígado, 20puseram em cima do peito; e
Arão queimou essas porções no altar. 21Em
seguida, Arão moveu o peito e a coxa direi-
ta do animal perante o SENHOR como gesto
ritual de apresentação, conforme Moisés ti-
nha ordenado.
22Depois Arão ergueu as mãos em direção
ao povo e o abençoou. E, tendo oferecido o
sacrifício pelo pecado, o holocausto e o sacri-
fício de comunhão, desceu.
23Assim Moisés e Arão entraram na Tenda
do Encontro. Quando saíram, abençoaram o
povo; e a glória do SENHOR apareceu a to-
dos eles. 24Saiu fogo da presença do SENHOR
e consumiu o holocausto e as porções de gor-
dura sobre o altar. E, quando todo o povo viu
isso, gritou de alegria e prostrou-se com o
rosto em terra.

A morte de Nadabe e de Abiú

10 Nadabe e Abiú, filhos de Arão, pegaram
cada um o seu incensário, nos quais
acenderam fogo, acrescentaram incenso, e
trouxeram fogo profano perante o SENHOR,
sem que tivessem sido autorizados. 2Então
saiu fogo da presença do SENHOR e os consu-
miu. Morreram perante o SENHOR. 3Moisés en-
tão disse a Arão: "Foi isto que o SENHOR disse:

'Aos que de mim se aproximam
santo me mostrarei;
à vista de todo o povo
glorificado serei' ".

Arão, porém, ficou em silêncio.
4Então Moisés chamou Misael e Elzafã, fi-
lhos de Uziel, tio de Arão, e lhes disse: "Ve-
nham cá; tirem os seus primos da frente do
santuário e levem-nos para fora do acampa-
mento". 5Eles foram e os puxaram pelas tú-
nicas, para fora do acampamento, conforme
Moisés tinha ordenado.
6Então Moisés disse a Arão e a seus filhos
Eleazar e Itamar: "Não andem descabela-
dos, nem rasguem as roupas em sinal de lu-
to, senão vocês morrerão e a ira do SENHOR
cairá sobre toda a comunidade. Mas os seus
parentes, e toda a nação de Israel, poderão
chorar por aqueles que o SENHOR destruiu

Você sabia?

Por que o pecado de Nadabe e Abiú foi tão terrível?

10:1 Nadabe e Abiú eram filhos de Arão. Eles eram sacerdotes, que, supostamente, deviam ensinar aos outros a lei de Deus, mas, em vez disso, eles desobedeciam de modo intencional à lei sobre como deveriam adorar a Deus, queimando incenso de um jeito, ou em um momento, que não era permitido por Deus.

pelo fogo. 7Não saiam da entrada da Tenda do Encontro, senão vocês morrerão, porquanto o óleo da unção do SENHOR está sobre vocês". E eles fizeram conforme Moisés tinha ordenado.

8Depois o SENHOR disse a Arão: 9"Você e seus filhos não devem beber vinho nem outra bebida fermentada antes de entrar na Tenda do Encontro, senão vocês morrerão. É um decreto perpétuo para as suas gerações. 10Vocês têm que fazer separação entre o santo e o profano, entre o puro e o impuro, 11e ensinar aos israelitas todos os decretos que o SENHOR lhes deu por meio de Moisés".

12Então Moisés disse a Arão e aos seus filhos que ficaram vivos, Eleazar e Itamar: "Peguem a oferta de cereal que sobrou das ofertas dedicadas ao SENHOR, preparadas no fogo, e comam-na sem fermento junto ao altar, pois é santíssima. 13Comam-na em lugar sagrado, porquanto é a porção que lhes cabe por decreto, a você e a seus filhos, das ofertas dedicadas ao SENHOR, preparadas no fogo; pois assim me foi ordenado. 14O peito ritualmente movido e a coxa ofertada, você, seus filhos e suas filhas poderão comer num lugar cerimonialmente puro; essa porção foi dada a você e a seus filhos como parte das ofertas de comunhão dos israelitas. 15A coxa ofertada e o peito ritualmente movido devem ser trazidos junto com as porções de gordura das ofertas preparadas no fogo, para serem movidos perante o SENHOR como gesto ritual de apresentação. Esta será a porção por decreto perpétuo para você e seus descendentes, conforme o SENHOR tinha ordenado".

16Quando Moisés procurou por toda parte o bode da oferta pelo pecado e soube que já fora queimado, irou-se contra Eleazar e Itamar, os filhos de Arão que ficaram vivos, e perguntou: 17"Por que vocês não comeram a carne da oferta pelo pecado no Lugar Santo? É santíssima; foi-lhes dada para retirar a culpa da comunidade e fazer propiciação por ela perante o SENHOR. 18Como o sangue do animal não foi levado para dentro do Lugar Santo, vocês deviam tê-lo comido ali, conforme ordenei".

19Arão respondeu a Moisés: "Hoje eles ofereceram o seu sacrifício pelo pecado e o seu holocausto perante o SENHOR; mas, e essas coisas que aconteceram comigo? Será que teria agradado ao SENHOR se eu tivesse comido a oferta pelo pecado hoje?" 20Essa explicação foi satisfatória para Moisés.

Animais puros e impuros

11 Disse o SENHOR a Moisés e a Arão: 2"Digam aos israelitas: De todos os animais que vivem na terra, estes são os que vocês poderão comer: 3qualquer animal que tem casco fendido e dividido em duas unhas, e que rumina.

4"Vocês não poderão comer aqueles que só ruminam nem os que só têm o casco fendido. O camelo, embora rumine, não tem casco fendido; considerem-no impuro. 5O coelho,

A vida nos tempos da Bíblia

A refeição nos tempos bíblicos

Nos tempos da Bíblia, era importante receber bem os visitantes e mostrar hospitalidade, e as pessoas no Antigo Testamento faziam isso servindo a refeição às visitas. Todos se sentavam, provavelmente, sobre uma esteira circular de junco ou ao redor de uma "mesa" de couro colocada sobre o piso. A comida era servida em cumbucas grandes e cada pessoa servia-se dessas cumbucas com a mão ou mergulhando um pedaço de pão.

embora rumine, não tem casco fendido; é impuro para vocês. 6A lebre, embora rumine, não tem casco fendido; considerem-na impura. 7E o porco, embora tenha casco fendido e dividido em duas unhas, não rumina; considerem-no impuro. 8Vocês não comerão a carne desses animais nem tocarão em seus cadáveres; considerem-nos impuros.

9"De todas as criaturas que vivem nas águas do mar e dos rios, vocês poderão comer todas as que possuem barbatanas e escamas. 10Mas todas as criaturas que vivem nos mares ou nos rios, que não possuem barbatanas e escamas, quer dentre todas as pequenas criaturas que povoam as águas, quer dentre todos os outros animais das águas, serão proibidas para vocês. 11Por isso, não poderão comer sua carne e considerarão impuros os seus cadáveres. 12Tudo o que vive na água e não possui barbatanas e escamas será proibido para vocês.

13"Estas são as aves que vocês considerarão impuras, das quais não poderão comer porque são proibidas: a águia, o urubu, a águia-marinha, 14o milhafre, o falcão, 15qualquer espécie de corvo, 16a coruja-de-chifre[a], a coruja-de-orelha-pequena, a coruja-orelhuda[b], qualquer espécie de gavião, 17o mocho, a coruja-pescadora e o corujão, 18a coruja-branca[c], a coruja-do-deserto, o abutre, 19a cegonha, qualquer tipo de garça, a poupa e o morcego.[d]

20"Todas as pequenas criaturas que enxameiam, que têm asas mas que se movem pelo chão[e] serão proibidas para vocês. 21Dentre estas, porém, vocês poderão comer aquelas que têm pernas articuladas para saltar no chão. 22Dessas vocês poderão comer os diversos tipos de gafanhotos. 23Mas considerarão impuras todas as outras criaturas que enxameiam, que têm asas e se movem pelo chão.

24"Por meio delas vocês ficarão impuros; todo aquele que tocar em seus cadáveres estará impuro até a tarde. 25Todo o que carregar o cadáver de alguma delas lavará as suas roupas e estará impuro até a tarde.

26"Todo animal de casco não dividido em duas unhas ou que não rumina é impuro para vocês; quem tocar qualquer um deles ficará impuro. 27Todos os animais de quatro pés, que andam sobre a planta dos pés, são impuros para vocês; todo o que tocar os seus cadáveres ficará impuro até a tarde. 28Quem carregar o cadáver de algum deles lavará suas roupas, e estará impuro até a tarde. São impuros para vocês.

29"Dos animais que se movem rente ao chão, estes vocês considerarão impuros: a doninha, o rato, qualquer espécie de lagarto grande, 30a lagartixa, o lagarto-pintado, o lagarto, o lagarto da areia e o camaleão. 31De

[a] 11:16 Ou *avestruz*
[b] 11:16 Ou *gaivota*
[c] 11:18 Ou *pelicano*
[d] 11:19 A identificação exata de algumas das aves, insetos e animais deste capítulo é desconhecida.
[e] 11:20 Hebraico: *sobre quatro pés*; também no versículo 23.

A vida nos tempos da Bíblia

Animais puros e impuros

Deus estabeleceu certas regras sobre quais animais os israelitas podiam e não podiam comer ou sacrificar. Os animais aceitos como sacrifício ou comida eram chamados de animais puros. Não era permitido aos israelitas comer ou sacrificar animais impuros. Veja na ilustração alguns animais puros e impuros.

todos os que se movem rente ao chão, esses
vocês considerarão impuros. Quem neles to-
car depois de mortos estará impuro até a tar-
de. 32E tudo sobre o que um deles cair depois
de morto, qualquer que seja o seu uso, ficará
impuro, seja objeto feito de madeira, de pa-
no, de couro ou de pano de saco. Deverá ser
posto em água e estará impuro até a tarde,
e então ficará puro. 33Se um deles cair den-
tro de uma vasilha de barro, tudo o que ne-
la houver ficará impuro, e vocês quebrarão a
vasilha. 34Qualquer alimento sobre o qual cair
essa água ficará impuro, e qualquer bebida
que estiver dentro da vasilha ficará impura.
35Tudo aquilo sobre o que o cadáver de um
desses animais cair ficará impuro; se for um
forno ou um fogão de barro vocês o quebra-
rão. Estão impuros, e vocês os considerarão
como tais. 36Mas, se cair numa fonte ou numa
cisterna onde se recolhe água, ela permanece
pura; mas quem tocar no cadáver ficará im-
puro. 37Se um cadáver cair sobre alguma se-
mente a ser plantada, ela permanece pura;
38mas se foi derramada água sobre a semen-
te, vocês a considerarão impura.

39"Quando morrer um animal que vocês
têm permissão para comer, quem tocar no
seu cadáver ficará impuro até a tarde. 40Quem
comer da carne do animal morto terá que la-
var as suas roupas e ficará impuro até a tar-
de. Quem carregar o cadáver do animal terá
que lavar as suas roupas, e ficará impuro até
a tarde.

41"Todo animal que se move rente ao chão
lhes será proibido e não poderá ser comido.
42Vocês não poderão comer animal algum
que se move rente ao chão, quer se arras-
te sobre o ventre quer ande de quatro ou
com o auxílio de muitos pés; são proibidos
a vocês. 43Não se contaminem com qualquer
desses animais. Não se tornem impuros com
eles nem deixem que eles os tornem impu-
ros. 44Pois eu sou o SENHOR, o Deus de vocês;
consagrem-se e sejam santos, porque eu sou
santo. Não se tornem impuros com qualquer
animal que se move rente ao chão. 45Eu sou
o SENHOR que os tirou da terra do Egito para
ser o seu Deus; por isso, sejam santos, por-
que eu sou santo.

46"Essa é a regulamentação acerca dos ani-
mais, das aves, de todos os seres vivos que
se movem na água e de todo animal que se
move rente ao chão. 47Vocês farão separação
entre o impuro e o puro, entre os animais
que podem ser comidos e os que não podem".

A purificação após o parto

12 Disse o SENHOR a Moisés: 2"Diga aos israe-
litas: Quando uma mulher engravidar e
der à luz um menino, estará impura por sete
dias, assim como está impura durante o seu
período menstrual. 3No oitavo dia o menino
terá que ser circuncidado. 4Então a mulher
aguardará trinta e três dias para ser purifi-
cada do seu sangramento. Não poderá tocar
em nenhuma coisa sagrada e não poderá ir
ao santuário, até que se completem os dias
da sua purificação. 5Se der à luz uma meni-
na, estará impura por duas semanas, como
durante o seu período menstrual. Nesse caso
aguardará sessenta e seis dias para ser puri-
ficada do seu sangramento.

6"Quando se completarem os dias da sua
purificação pelo nascimento de um menino
ou de uma menina, ela trará ao sacerdote, à
entrada da Tenda do Encontro, um cordeiro
de um ano para o holocausto e um pombi-
nho ou uma rolinha como oferta pelo pecado.
7Ele os oferecerá ao SENHOR para fazer pro-
piciação por ela, que ficará pura do fluxo do
seu sangramento. Essa é a regulamentação
para a mulher que der à luz um menino ou
uma menina. 8Se ela não tiver recursos pa-
ra oferecer um cordeiro, poderá trazer duas
rolinhas ou dois pombinhos, um para o ho-
locausto e o outro para a oferta pelo pecado.
Assim o sacerdote fará propiciação por ela, e
ela ficará pura".

Leis acerca da lepra

13 Disse o SENHOR a Moisés e a Arão: 2"Quan-
do alguém tiver um inchaço, uma erup-
ção ou uma mancha brilhante na pele que
possa ser sinal de lepra[a], será levado ao sa-
cerdote Arão ou a um dos seus filhos[b] que
seja sacerdote. 3Este examinará a parte afe-
tada da pele, e, se naquela parte o pelo tiver
se tornado branco e o lugar parecer mais pro-
fundo do que a pele, é sinal de lepra. Depois
de examiná-lo, o sacerdote o declarará im-
puro. 4Se a mancha na pele for branca, mas
não parecer mais profunda do que a pele e
sobre ela o pelo não tiver se tornado branco,
o sacerdote o porá em isolamento por sete
dias. 5No sétimo dia o sacerdote o examina-
rá e, se verificar que a parte afetada não se
alterou nem se espalhou pela pele, o man-
terá em isolamento por mais sete dias. 6Ao

[a] 13:2 O termo hebraico não se refere somente à lepra, mas também a diversas doenças da pele; também no restante do capítulo.
[b] 13:2 Ou *descendentes*

sétimo dia o sacerdote o examinará de novo e, se a parte afetada diminuiu e não se espalhou pela pele, o sacerdote o declarará puro; é apenas uma erupção. Então ele lavará as suas roupas, e estará puro. 7Mas, se depois que se apresentou ao sacerdote para ser declarado puro a erupção se espalhar pela pele, ele terá que se apresentar novamente ao sacerdote. 8O sacerdote o examinará e, se a erupção espalhou-se pela pele, ele o declarará impuro; trata-se de lepra.

9"Quando alguém apresentar sinal de lepra, será levado ao sacerdote. 10Este o examinará e, se houver inchaço branco na pele, o qual tornou branco o pelo, e se houver carne viva no inchaço, 11é lepra crônica na pele, e o sacerdote o declarará impuro. Não o porá em isolamento, porquanto já está impuro.

12"Se a doença se alastrar e cobrir toda a pele da pessoa infectada, da cabeça aos pés, até onde é possível ao sacerdote verificar, 13este a examinará e, se observar que a lepra cobriu todo o corpo, ele a declarará pura. Visto que tudo ficou branco, ela está pura. 14Mas quando nela aparecer carne viva, ficará impura. 15Quando o sacerdote vir a carne viva, ele a declarará impura. A carne viva é impura; trata-se de lepra. 16Se a carne viva retroceder e a pele se tornar branca, a pessoa voltará ao sacerdote. 17Este a examinará e, se a parte afetada se tornou branca, o sacerdote declarará pura a pessoa infectada, a qual então estará pura.

18"Quando alguém tiver uma ferida purulenta em sua pele e ela sarar, 19e no lugar da ferida aparecer um inchaço branco ou uma mancha avermelhada, ele se apresentará ao sacerdote. 20Este examinará o local e, se parecer mais profundo do que a pele e o pelo ali tiver se tornado branco, o sacerdote o declarará impuro. É sinal de lepra que se alastrou onde estava a ferida. 21Mas se, quando o sacerdote o examinar não houver nenhum pelo branco e o lugar não estiver mais profundo do que a pele e tiver diminuído, então o sacerdote o porá em isolamento por sete dias. 22Se de fato estiver se espalhando pela pele, o sacerdote o declarará impuro; é sinal de lepra. 23Mas, se a mancha não tiver se alterado nem se espalhado, é apenas a cicatriz da ferida, e o sacerdote o declarará puro.

24"Quando alguém tiver uma queimadura na pele, e uma mancha avermelhada ou branca aparecer na carne viva da queimadura, 25o sacerdote examinará a mancha e, se o pelo sobre ela tiver se tornado branco e ela parecer mais profunda do que a pele, é lepra que surgiu na queimadura. O sacerdote o declarará impuro; é sinal de lepra na pele. 26Mas, se o sacerdote examinar a mancha e nela não houver pelo branco e esta não estiver mais profunda do que a pele e tiver diminuído, então o sacerdote o porá em isolamento por sete dias. 27No sétimo dia o sacerdote o examinará e, se a mancha tiver se espalhado pela pele, o sacerdote o declarará impuro; é sinal de lepra. 28Se, todavia, a mancha não tiver se alterado nem se espalhado pela pele, mas tiver diminuído, é um inchaço da queimadura, e o sacerdote o declarará puro; é apenas a cicatriz da queimadura.

29"Quando um homem ou uma mulher tiver uma ferida na cabeça ou no queixo, 30o sacerdote examinará a ferida e, se ela parecer mais profunda do que a pele e o pelo nela for amarelado e fino, o sacerdote declarará impura aquela pessoa; é sarna, isto é, lepra da cabeça ou do queixo. 31Mas se, quando o sacerdote examinar o sinal de sarna este não parecer mais profundo do que a pele e não houver pelo escuro nela, então o sacerdote porá a pessoa infectada em isolamento por sete dias. 32No sétimo dia o sacerdote examinará a parte afetada e, se a sarna não tiver se espalhado e não houver pelo amarelado nela e não parecer mais profunda do que a pele, 33a pessoa rapará os pelos, exceto na parte afetada, e o sacerdote a porá em isolamento por mais sete dias. 34No sétimo dia o sacerdote examinará a sarna e, se não tiver se espalhado mais e não parecer mais profunda

Você sabia?

Qual é a pior doença infecciosa de pele?

13:9 A pior das doenças descritas aqui é a lepra. A pessoa com lepra podia perder os dedos das mãos, dos pés, o nariz ou as orelhas. O Antigo Testamento exigia que as pessoas com doenças infecciosas de pele vivessem separadas dos outros, pois isso protegia as pessoas de pegar a doença.

do que a pele, o sacerdote declarará pura a pessoa. Esta lavará suas roupas e estará pura. 35Mas, se a sarna se espalhar pela pele depois que a pessoa for declarada pura, 36o sacerdote a examinará e, se a sarna tiver se espalhado pela pele, o sacerdote não precisará procurar pelo amarelado; a pessoa está impura. 37Se, entretanto, verificar que não houve alteração e cresceu pelo escuro, a sarna está curada. A pessoa está pura, e o sacerdote a declarará pura.

38"Quando um homem ou uma mulher tiver manchas brancas na pele, 39o sacerdote examinará as manchas; se forem brancas e sem brilho, é um eczema que se alastrou; essa pessoa está pura.

40"Quando os cabelos de um homem caírem, ele está calvo, todavia puro. 41Se lhe caírem os cabelos da frente da cabeça, ele está meio-calvo, porém puro. 42Mas, se tiver uma ferida avermelhada na parte calva da frente ou de trás da cabeça, é lepra que se alastra pela calva da frente ou de trás da cabeça. 43O sacerdote o examinará e, se a ferida inchada na parte da frente ou de trás da calva for avermelhada como a lepra de pele, 44o homem está leproso e impuro. O sacerdote terá que declará-lo impuro devido à ferida na cabeça.

45"Quem ficar leproso, apresentando quaisquer desses sintomas, usará roupas rasgadas, andará descabelado, cobrirá a parte inferior do rosto e gritará: 'Impuro! Impuro!' 46Enquanto tiver a doença, estará impuro. Viverá separado, fora do acampamento.

A lei acerca do mofo

47"Quando aparecer mancha de mofo[a] em alguma roupa, seja de lã, seja de linho, 48ou em qualquer peça tecida ou entrelaçada de linho ou de lã, ou em algum pedaço ou objeto de couro, 49se a mancha na roupa, ou no pedaço de couro, ou na peça tecida ou entrelaçada, ou em qualquer objeto de couro, for esverdeada ou avermelhada, é mancha de mofo que deverá ser mostrada ao sacerdote. 50O sacerdote examinará a mancha e isolará o objeto afetado por sete dias. 51No sétimo dia examinará a mancha e, se ela tiver se espalhado pela roupa, ou pela peça tecida ou entrelaçada, ou pelo pedaço de couro, qualquer que seja o seu uso, é mofo corrosivo; o objeto está impuro. 52Ele queimará a roupa, ou a peça tecida ou entrelaçada, ou qualquer objeto de couro que tiver a mancha, pois é mofo corrosivo; o objeto será queimado.

53"Mas se, quando o sacerdote o examinar, a mancha não tiver se espalhado pela roupa, ou pela peça tecida ou entrelaçada, ou pelo objeto de couro, 54ordenará que o objeto afetado seja lavado. Então ele o isolará por mais sete dias. 55Depois de lavado o objeto afetado, o sacerdote o examinará e, se a mancha não tiver alterado sua cor, ainda que não tenha se espalhado, o objeto estará impuro. Queime-o com fogo, quer o mofo corrosivo tenha afetado um lado, quer o outro do objeto. 56Se, quando o sacerdote o examinar, a mancha tiver diminuído depois de lavado o objeto, ele cortará a parte afetada da roupa, ou do pedaço de couro, ou da peça tecida ou entrelaçada. 57Mas, se a mancha ainda aparecer na roupa, ou na peça tecida ou entrelaçada, ou no objeto de couro, é mofo que se alastra, e tudo o que tiver o mofo será queimado com fogo. 58Mas se, depois de lavada, a mancha desaparecer da roupa, ou da peça tecida ou entrelaçada, ou do objeto de couro, o objeto afetado será lavado de novo, e então estará puro".

59Essa é a regulamentação acerca da mancha de mofo nas roupas de lã ou de linho, nas peças tecidas ou entrelaçadas, ou nos objetos de couro, para que sejam declarados puros ou impuros.

A purificação da lepra

14 Disse também o SENHOR a Moisés: 2"Esta é a regulamentação acerca da purificação de um leproso: Ele será levado ao sacerdote, 3que sairá do acampamento e o examinará. Se a pessoa foi curada da lepra[b], 4o sacerdote ordenará que duas aves puras, vivas, um pedaço de madeira de cedro, um pano vermelho e um ramo de hissopo sejam trazidos em favor daquele que será purificado. 5Então o sacerdote ordenará que uma das aves seja morta numa vasilha de barro com água da fonte. 6Então pegará a ave viva e a molhará, com o pedaço de madeira de cedro, com o pano vermelho e com o ramo de hissopo, no sangue da ave morta em água corrente. 7Sete vezes ele aspergirá aquele que está sendo purificado da lepra e o declarará puro. Depois soltará a ave viva em campo aberto.

8"Aquele que estiver sendo purificado lavará as suas roupas, rapará todos os seus pelos

[a] 13:47 O termo hebraico é o mesmo traduzido por *lepra* nos versículos anteriores.

[b] 14:3 O termo hebraico não se refere somente à lepra, mas também a diversas doenças da pele; também no restante do capítulo.

Você sabia?

O que significa *purificação*?

14:2 *Purificação* na Bíblia não significa higienizar alguma coisa, como lavar as mãos. Essa palavra refere-se à cerimônia que permitia que os israelitas curados de doenças infecciosas de pele pudessem viver e adorar com os outros novamente. A primeira parte da cerimônia ocorria fora do acampamento e a segunda parte, dentro do acampamento. Se a pessoa curada fosse pobre, eram dadas regras menos dispendiosas a ela.

e se banhará com água; e assim estará puro.
Depois disso poderá entrar no acampamen-
to, mas ficará fora da sua tenda por sete dias.
9No sétimo dia rapará todos os seus pelos: o
cabelo, a barba, as sobrancelhas e o restan-
te dos pelos. Lavará suas roupas e banhará o
corpo com água; então ficará puro.
10"No oitavo dia pegará dois cordeiros sem
defeito e uma cordeira de um ano sem defei-
to, juntamente com três jarros[a] da melhor
farinha amassada com óleo, como oferta de
cereal, e uma caneca[b] de óleo. 11O sacerdo-
te que faz a purificação apresentará ao SE-
NHOR, à entrada da Tenda do Encontro, tanto
aquele que estiver para ser purificado como
as suas ofertas.
12"Então o sacerdote pegará um dos cor-
deiros e o sacrificará como oferta pela culpa,
juntamente com a caneca de óleo; ele os mo-
verá perante o SENHOR como gesto ritual de
apresentação e 13matará o cordeiro no Lugar
Santo, onde são sacrificados a oferta pelo pe-
cado e o holocausto. Como se dá com a ofer-
ta pelo pecado, também a oferta pela culpa
pertence ao sacerdote; é santíssima. 14O sa-
cerdote porá um pouco do sangue da oferta
pela culpa na ponta da orelha direita daquele
que será purificado, no polegar da sua mão
direita e no polegar do seu pé direito. 15En-
tão o sacerdote pegará um pouco de óleo da
caneca e o derramará na palma da sua pró-
pria mão esquerda, 16molhará o dedo direito
no óleo que está na palma da mão esquer-
da, e com o dedo o aspergirá sete vezes pe-
rante o SENHOR. 17O sacerdote ainda porá um
pouco do óleo restante na palma da sua mão,
na ponta da orelha direita daquele que está
sendo purificado, no polegar da sua mão di-
reita e no polegar do seu pé direito, em ci-
ma do sangue da oferta pela culpa. 18O óleo
que restar na palma da sua mão, o sacerdote
derramará sobre a cabeça daquele que está
sendo purificado e fará propiciação por ele
perante o SENHOR.
19"Então o sacerdote sacrificará a oferta
pelo pecado e fará propiciação em favor da-
quele que está sendo purificado da sua im-
pureza. Depois disso, o sacerdote matará o
animal do holocausto 20e o oferecerá sobre
o altar, juntamente com a oferta de cereal; e
assim fará propiciação pelo ofertante, o qual
estará puro.
21"Se, todavia, for alguém pobre, sem re-
cursos para isso, pegará um cordeiro como
oferta pela culpa, para ser movido e para fa-
zer propiciação por ele, juntamente com um
jarro da melhor farinha, amassada com óleo,
como oferta de cereal, uma caneca de óleo 22e
duas rolinhas ou dois pombinhos, conforme
os seus recursos, um como oferta pelo peca-
do e o outro como holocausto.
23"No oitavo dia ele os trará ao sacerdote,
para a sua purificação, à entrada da Tenda do
Encontro, perante o SENHOR. 24O sacerdote
pegará o cordeiro da oferta pela culpa, com
uma caneca de óleo, e os moverá perante o
SENHOR como gesto ritual de apresentação.
25Matará o cordeiro da oferta pela culpa e pe-
gará um pouco do sangue e o porá na pon-
ta da orelha direita daquele que está sendo
purificado, no polegar da sua mão direita e
no polegar do seu pé direito. 26O sacerdote
derramará um pouco do óleo na palma da
sua mão esquerda, 27e com o dedo indicador
direito aspergirá um pouco do óleo da palma
da sua mão esquerda sete vezes perante o SE-
NHOR. 28Ele porá o óleo da palma da sua mão
nos mesmos lugares em que pôs o sangue da
oferta pela culpa: na ponta da orelha direita
daquele que está sendo purificado, no pole-
gar da sua mão direita e no polegar do seu
pé direito. 29O que restar do óleo na palma da
sua mão, o sacerdote derramará sobre a ca-
beça daquele que está sendo purificado, para
fazer propiciação por ele perante o SENHOR.

[a] 14:10 Hebraico: *3/10 de efa*. O efa era uma medida de capacidade para secos. As estimativas variam entre 20 e 40 litros.
[b] 14:10 Hebraico: *1 logue*. O logue era uma medida de capacidade. As estimativas variam entre 1/4 de litro e 1/2 litro.

30Depois sacrificará uma das rolinhas ou um
dos pombinhos, conforme os seus recursos,
31um como oferta pelo pecado e o outro co-
mo holocausto, juntamente com a oferta de
cereal. Assim o sacerdote fará propiciação pe-
rante o SENHOR em favor daquele que está
sendo purificado".
32Essa é a regulamentação para todo aquele
que tem lepra e não tem recursos para fazer
a oferta da sua purificação.

A purificação do mofo

33O SENHOR disse a Moisés e a Arão:
34"Quando vocês entrarem na terra de Ca-
naã, que lhes dou como propriedade, e eu
puser mancha de mofo numa casa, na terra
que lhes pertence, 35o dono da casa irá ao sa-
cerdote e dirá: Parece-me que há mancha de
mofo em minha casa. 36Antes de examinar o
mofo, o sacerdote ordenará que desocupem
a casa para que nada que houver na casa se
torne impuro. Depois disso, o sacerdote irá
examinar a casa. 37Examinará as manchas
nas paredes e, se elas forem esverdeadas ou
avermelhadas e parecerem mais profundas
do que a superfície da parede, 38o sacerdo-
te sairá da casa e a deixará fechada por sete
dias. 39No sétimo dia voltará para examinar
a casa. Se as manchas se houverem espalha-
do pelas paredes da casa, 40ordenará que as
pedras contaminadas pelas manchas sejam
retiradas e jogadas num local impuro, fora da
cidade. 41Fará que a casa seja raspada por den-
tro e que o reboco raspado seja jogado num
local impuro, fora da cidade. 42Depois colo-
carão outras pedras no lugar das primeiras,
e rebocarão a casa com barro novo.
43"Se as manchas tornarem a alastrar-se
na casa depois de retiradas as pedras e de
raspada e rebocada a casa, 44o sacerdote irá
examiná-la e, se as manchas se espalharam
pela casa, é mofo corrosivo; a casa está impu-
ra. 45Ela terá que ser demolida: as pedras, as
madeiras e todo o reboco da casa; tudo será
levado para um local impuro, fora da cidade.
46"Quem entrar na casa enquanto estiver
fechada estará impuro até a tarde. 47Aquele
que dormir ou comer na casa terá que lavar
as suas roupas.
48"Mas, se o sacerdote for examiná-la e as
manchas não se houverem espalhado depois
de rebocada a casa, declarará pura a casa, pois
as manchas de mofo desapareceram. 49Para
purificar a casa, ele pegará duas aves, um pe-
daço de madeira de cedro, um pano verme-
lho e hissopo. 50Depois matará uma das aves
numa vasilha de barro com água da fonte.
51Então pegará o pedaço de madeira de cedro,
o hissopo, o pano vermelho e a ave viva, e os
molhará no sangue da ave morta e na água
da fonte, e aspergirá a casa sete vezes. 52Ele
purificará a casa com o sangue da ave, com a
água da fonte, com a ave viva, com o pedaço
de madeira de cedro, com o hissopo e com
o pano vermelho. 53Depois soltará a ave vi-
va em campo aberto, fora da cidade. Assim
fará propiciação pela casa, e ela ficará pura".
54Essa é a regulamentação acerca de qual-
quer tipo de lepra, de sarna, 55de mofo nas
roupas ou numa casa 56e de inchaço, erupção
ou mancha brilhante, 57para se determinar
quando uma coisa é pura ou impura.
Essa é a regulamentação acerca de qual-
quer tipo de lepra e de mofo.

Impurezas do homem e da mulher

15 O SENHOR disse a Moisés e a Arão: 2"Di-
gam o seguinte aos israelitas: Quando
um homem tiver um fluxo que sai do corpo,
o fluxo é impuro. 3Ele ficará impuro por causa
do seu fluxo, quer continue, quer fique retido.
4"A cama em que um homem com fluxo
se deitar ficará impura, e qualquer coisa em
que se sentar ficará impura. 5Quem tocar na
cama dele, lavará as suas roupas e se banha-
rá com água, e ficará impuro até a tarde. 6To-
do aquele que se sentar sobre qualquer coisa
na qual esse homem se sentou, lavará suas
roupas e se banhará com água, e estará im-
puro até a tarde.
7"Quem tocar no homem que tiver um flu-
xo lavará as suas roupas e se banhará com
água, e ficará impuro até a tarde.
8"Se o homem cuspir em alguém que está
puro, este lavará as suas roupas e se banhará
com água, e ficará impuro até a tarde. 9Tudo
aquilo em que o homem se sentar quando
montar um animal estará impuro, 10e todo
aquele que tocar em qualquer coisa que te-
nha estado debaixo dele ficará impuro até a
tarde; quem pegar essas coisas lavará as suas
roupas e se banhará com água, e ficará im-
puro até a tarde.
11"Qualquer pessoa em quem o homem
com fluxo tocar sem lavar as mãos, lavará as
suas roupas e se banhará com água, e ficará
impura até a tarde.
12"A vasilha de barro na qual ele tocar será
quebrada; se tocar numa vasilha de madeira,
ela será lavada.
13"Quando um homem sarar de seu flu-
xo, contará sete dias para a sua purificação;

lavará as suas roupas e se banhará em água corrente, e ficará puro. 14No oitavo dia pegará duas rolinhas ou dois pombinhos e irá perante o SENHOR, à entrada da Tenda do Encontro, e os dará ao sacerdote. 15O sacerdote os sacrificará, um como oferta pelo pecado e o outro como holocausto, e assim fará propiciação perante o SENHOR em favor do homem, por causa do fluxo.

16"Quando de um homem sair o sêmen, banhará todo o seu corpo com água, e ficará impuro até a tarde. 17Qualquer peça de roupa ou de couro em que houver sêmen será lavada com água, e ficará impura até a tarde.

18"Quando um homem se deitar com uma mulher e lhe sair o sêmen, ambos terão que se banhar com água, e estarão impuros até a tarde.

19"Quando uma mulher tiver fluxo de sangue que sai do corpo, a impureza da sua menstruação durará sete dias, e quem nela tocar ficará impuro até a tarde.

20"Tudo sobre o que ela se deitar durante a sua menstruação ficará impuro, e tudo sobre o que ela se sentar ficará impuro. 21Todo aquele que tocar em sua cama lavará as suas roupas e se banhará com água, e ficará impuro até a tarde. 22Quem tocar em alguma coisa sobre a qual ela se sentar lavará as suas roupas e se banhará com água, e estará impuro até a tarde. 23Quer seja a cama, quer seja qualquer coisa sobre a qual ela esteve sentada, quando alguém nisso tocar estará impuro até a tarde.

24"Se um homem se deitar com ela e a menstruação dela nele tocar, estará impuro por sete dias; qualquer cama sobre a qual ele se deitar estará impura.

25"Quando uma mulher tiver um fluxo de sangue por muitos dias fora da sua menstruação normal, ou um fluxo que continue além desse período, ela ficará impura enquanto durar o corrimento, como nos dias da sua menstruação. 26Qualquer cama em que ela se deitar enquanto continuar o seu fluxo estará impura, como acontece com a sua cama durante a sua menstruação, e tudo sobre o que ela se sentar estará impuro, como durante a sua menstruação. 27Quem tocar em alguma dessas coisas ficará impuro; lavará as suas roupas e se banhará com água, e ficará impuro até a tarde.

28"Quando sarar do seu fluxo, contará sete dias, e depois disso estará pura. 29No oitavo dia pegará duas rolinhas ou dois pombinhos e os levará ao sacerdote, à entrada da Tenda do Encontro. 30O sacerdote sacrificará um como oferta pelo pecado e o outro como holocausto, e assim fará propiciação em favor dela, perante o SENHOR, devido à impureza do seu fluxo.

31"Mantenham os israelitas separados das coisas que os tornam impuros, para que não morram por contaminar com sua impureza o meu tabernáculo, que está entre eles".

32Essa é a regulamentação acerca do homem que tem fluxo e daquele de quem sai o sêmen, tornando-se impuro, 33da mulher em sua menstruação, do homem ou da mulher que têm fluxo e do homem que se deita com uma mulher que está impura.

O Dia da Expiação

16 O SENHOR falou com Moisés depois que morreram os dois filhos de Arão, por haverem se aproximado do SENHOR. 2O SENHOR disse a Moisés: "Diga a seu irmão Arão que não entre a toda hora no Lugar Santíssimo, atrás do véu, diante da tampa da arca, para que não morra; pois aparecerei na nuvem, acima da tampa.

3"Arão deverá entrar no Lugar Santo com um novilho como oferta pelo pecado e com um carneiro como holocausto. 4Ele vestirá a túnica sagrada de linho, com calções também de linho por baixo; porá o cinto de linho na cintura e também o turbante de linho. Essas vestes são sagradas; por isso ele se banhará com água antes de vesti-las. 5Receberá da comunidade de Israel dois bodes como oferta pelo pecado e um carneiro como holocausto.

6"Arão sacrificará o novilho como oferta pelo seu próprio pecado, para fazer propiciação por si mesmo e por sua família. 7Depois pegará os dois bodes e os apresentará ao SENHOR, à entrada da Tenda do Encontro. 8E lançará sortes quanto aos dois bodes: uma para o SENHOR e a outra para Azazel[a]. 9Arão trará o bode cuja sorte caiu para o SENHOR e o sacrificará como oferta pelo pecado. 10Mas o bode sobre o qual caiu a sorte para Azazel será apresentado vivo ao SENHOR para fazer propiciação, e será enviado para Azazel no deserto.

11"Arão trará o novilho como oferta por seu próprio pecado para fazer propiciação por si mesmo e por sua família, e ele o oferecerá como sacrifício pelo seu próprio pecado. 12Pegará o incensário cheio de brasas do altar que

[a] 16:8 Ou *o bode emissário*; também nos versículos 10 e 26.

está perante o SENHOR e dois punhados de incenso aromático em pó, e os levará para trás do véu. 13 Porá o incenso no fogo perante o SENHOR, e a fumaça do incenso cobrirá a tampa que está acima das tábuas da aliança, a fim de que não morra. 14 Pegará um pouco do sangue do novilho e com o dedo o aspergirá sobre a parte da frente da tampa; depois, com o dedo aspergirá o sangue sete vezes, diante da tampa.

15 "Então sacrificará o bode da oferta pelo pecado, em favor do povo, e trará o sangue para trás do véu; fará com o sangue o que fez com o sangue do novilho; ele o aspergirá sobre a tampa e na frente dela. 16 Assim fará propiciação pelo Lugar Santíssimo por causa das impurezas e das rebeliões dos israelitas, quaisquer que tenham sido os seus pecados. Fará o mesmo em favor da Tenda do Encontro, que está entre eles no meio das suas impurezas. 17 Ninguém estará na Tenda do Encontro quando Arão entrar para fazer propiciação no Lugar Santíssimo, até a saída dele, depois que fizer propiciação por si mesmo, por sua família e por toda a assembleia de Israel.

18 "Depois irá ao altar que está perante o SENHOR e pelo altar fará propiciação. Pegará um pouco do sangue do novilho e do sangue do bode e o porá em todas as pontas do altar. 19 Com o dedo aspergirá o sangue sete vezes sobre o altar para purificá-lo e santificá-lo das impurezas dos israelitas.

Você sabia?

O que era o Dia da Expiação?

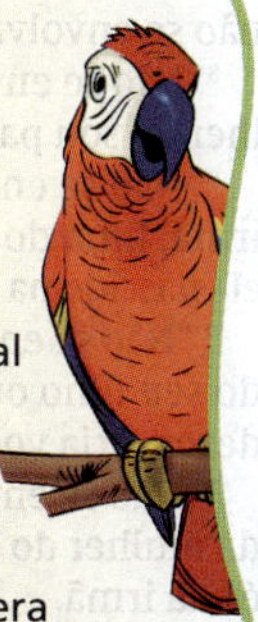

16:16 O Dia da Expiação ocorria uma vez por ano. Nesse dia, o sumo sacerdote oferecia um sacrifício especial e levava o sangue daquele sacrifício para dentro do Lugar Santíssimo e aspergia sobre a tampa da arca de Deus. Esse sacrifício era especial porque fazia expiação por todos os pecados dos israelitas, mesmo os pecados não cometidos intencionalmente — mas apenas se a pessoa estivesse arrependida no coração.

20 "Quando Arão terminar de fazer propiciação pelo Lugar Santíssimo, pela Tenda do Encontro e pelo altar, trará para a frente o bode vivo. 21 Então colocará as duas mãos sobre a cabeça do bode vivo e confessará todas as iniquidades e rebeliões dos israelitas, todos os seus pecados, e os porá sobre a cabeça do bode. Em seguida enviará o bode para o deserto aos cuidados de um homem designado para isso. 22 O bode levará consigo todas as iniquidades deles para um lugar solitário. E o homem soltará o bode no deserto.

23 "Depois Arão entrará na Tenda do Encontro, tirará as vestes de linho que usou para entrar no Santo dos Santos e as deixará ali. 24 Ele se banhará com água num lugar sagrado e vestirá as suas próprias roupas. Então sairá e sacrificará o holocausto por si mesmo e o holocausto pelo povo, para fazer propiciação por si mesmo e pelo povo. 25 Também queimará sobre o altar a gordura da oferta pelo pecado.

26 "Aquele que soltar o bode para Azazel lavará as suas roupas e se banhará com água, e depois poderá entrar no acampamento. 27 O novilho e o bode da oferta pelo pecado, cujo sangue foi trazido ao Lugar Santíssimo para fazer propiciação, serão levados para fora do acampamento; o couro, a carne e o excremento deles serão queimados com fogo. 28 Aquele que os queimar lavará as suas roupas e se banhará com água; depois poderá entrar no acampamento.

29 "Este é um decreto perpétuo para vocês: No décimo dia do sétimo mês vocês se humilharão[a] e não poderão realizar trabalho algum, nem o natural da terra, nem o estrangeiro residente. 30 Porquanto nesse dia se fará propiciação por vocês, para purificá-los. Então, perante o SENHOR, vocês estarão puros de todos os seus pecados. 31 Este lhes será um sábado de descanso, quando vocês se humilharão; é um decreto perpétuo. 32 O sacerdote que for ungido e ordenado para suceder seu pai como sumo sacerdote fará a propiciação. Porá as vestes sagradas de linho 33 e fará propiciação pelo Lugar Santíssimo, pela Tenda do Encontro, pelo altar, por todos os sacerdotes e por todo o povo da assembleia.

34 "Este é um decreto perpétuo para vocês: A propiciação será feita uma vez por ano, por todos os pecados dos israelitas".

E tudo foi feito conforme o SENHOR tinha ordenado a Moisés.

[a] 16:29 Ou *jejuarão*; também no versículo 31.

A proibição de comer sangue

17 O SENHOR disse a Moisés: 2“Diga a Arão
e seus filhos e a todos os israelitas o que
o SENHOR ordenou: 3Qualquer israelita que
sacrificar um boi[a], um cordeiro ou um cabri-
to dentro ou fora do acampamento, 4e não o
trouxer à entrada da Tenda do Encontro para
apresentá-lo como oferta ao SENHOR, dian-
te do tabernáculo do SENHOR, será conside-
rado culpado de sangue; derramou sangue
e será eliminado do meio do seu povo. 5Os
sacrifícios, que os israelitas agora fazem em
campo aberto, passarão a trazer ao SENHOR,
entregando-os ao sacerdote, para oferecê-los
ao SENHOR, à entrada da Tenda do Encontro,
e os sacrificarão como ofertas de comunhão.
6O sacerdote aspergirá o sangue no altar do
SENHOR, à entrada da Tenda do Encontro, e
queimará a gordura como aroma agradável
ao SENHOR. 7Não oferecerão mais sacrifícios
aos ídolos em forma de bode, aos quais pres-
tam culto imoral. Este é um decreto perpétuo
para eles e para as suas gerações.

8“Diga-lhes: Todo israelita ou estrangeiro
residente que oferecer holocausto ou sacri-
fício, 9e não o trouxer à entrada da Tenda do
Encontro para oferecê-lo ao SENHOR, será eli-
minado do meio do seu povo.

10“Todo israelita ou estrangeiro residente
que comer sangue de qualquer animal, con-
tra esse eu me voltarei e o eliminarei do meio
do seu povo. 11Pois a vida da carne está no
sangue, e eu o dei a vocês para fazerem pro-
piciação por si mesmos no altar; é o sangue
que faz propiciação pela vida. 12Por isso di-
go aos israelitas: Nenhum de vocês poderá
comer sangue, nem também o estrangeiro
residente.

13“Qualquer israelita ou estrangeiro resi-
dente que caçar um animal ou ave que se
pode comer, derramará o sangue e o cobrirá
com terra, 14porque a vida de toda carne é o
seu sangue. Por isso eu disse aos israelitas:
Vocês não poderão comer o sangue de ne-
nhum animal, porque a vida de toda carne
é o seu sangue; todo aquele que o comer se-
rá eliminado.

15“Todo aquele que, natural da terra ou
estrangeiro, comer um animal encontrado
morto ou despedaçado por animais selva-
gens, lavará suas roupas e se banhará com
água, e ficará impuro até a tarde; então esta-
rá puro. 16Mas, se não lavar suas roupas nem
se banhar, sofrerá as consequências da sua
iniquidade”.

As relações sexuais ilícitas

18 Disse o SENHOR a Moisés: 2“Diga o se-
guinte aos israelitas: Eu sou o SENHOR,
o Deus de vocês. 3Não procedam como se pro-
cede no Egito, onde vocês moraram, nem co-
mo se procede na terra de Canaã, para onde
os estou levando. Não sigam as suas práticas.
4Pratiquem as minhas ordenanças, obedeçam
aos meus decretos e sigam-nos. Eu sou o SE-
NHOR, o Deus de vocês. 5Obedeçam aos meus
decretos e ordenanças, pois o homem que
os praticar viverá por eles. Eu sou o SENHOR.

6“Ninguém poderá se aproximar de uma
parenta próxima para se envolver sexual-
mente[b] com ela. Eu sou o SENHOR.

7“Não desonre o seu pai, envolvendo-se se-
xualmente com a sua mãe. Ela é sua mãe;
não se envolva sexualmente com ela.

8“Não se envolva sexualmente com a mu-
lher do seu pai; isso desonraria seu pai.

9“Não se envolva sexualmente com a sua
irmã, filha do seu pai ou da sua mãe, tenha
ela nascido na mesma casa ou em outro lugar.

10“Não se envolva sexualmente com a filha
do seu filho ou com a filha da sua filha; isso
desonraria você.

11“Não se envolva sexualmente com a filha
da mulher do seu pai, gerada por seu pai; ela
é sua irmã.

12“Não se envolva sexualmente com a irmã
do seu pai; ela é parenta próxima do seu pai.

13“Não se envolva sexualmente com a ir-
mã da sua mãe; ela é parenta próxima da
sua mãe.

[a] 17:3 A palavra hebraica pode significar *boi* ou *vaca*.

[b] 18:6 Hebraico: *descobrir a nudez*; também nos versículos de 7 a 20 e no capítulo 20.

Você sabia?

Por que foi dito aos israelitas que não bebessem sangue?

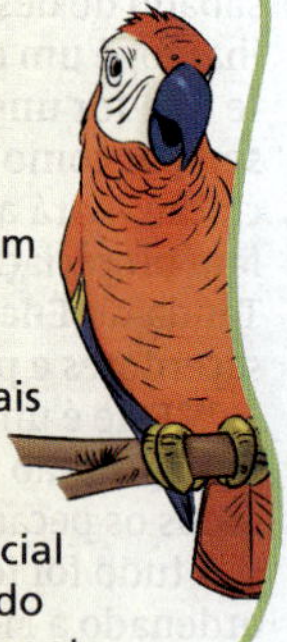

17:12 Os israelitas não podiam ingerir sangue porque representava a vida de um animal. O sangue dos animais sacrificados no altar purificava os israelitas dos pecados, e isso era tão especial que o sangue podia ser usado apenas para esse propósito santo.

14“Não desonre o irmão do seu pai aproximando-se da sua mulher para com ela se envolver sexualmente; ela é sua tia.

15“Não se envolva sexualmente com a sua nora. Ela é mulher do seu filho; não se envolva sexualmente com ela.

16“Não se envolva sexualmente com a mulher do seu irmão; isso desonraria seu irmão.

17“Não se envolva sexualmente com uma mulher e sua filha. Não se envolva sexualmente com a filha do seu filho ou com a filha da sua filha; são parentes próximos. É perversidade.

18“Não tome por mulher a irmã da sua mulher, tornando-a rival, envolvendo-se sexualmente com ela, estando a sua mulher ainda viva.

19“Não se aproxime de uma mulher para se envolver sexualmente com ela quando ela estiver na impureza da sua menstruação.

20“Não se deite com a mulher do seu próximo, contaminando-se com ela.

21“Não entregue os seus filhos para serem sacrificados a Moloque[a]. Não profanem o nome do seu Deus. Eu sou o SENHOR.

22“Não se deite com um homem como quem se deita com uma mulher; é repugnante.

23“Não tenha relações sexuais com um animal, contaminando-se com ele. Mulher nenhuma se porá diante de um animal para ajuntar-se com ele; é depravação.

24“Não se contaminem com nenhuma dessas coisas, porque assim se contaminaram as nações que vou expulsar da presença de vocês. 25Até a terra ficou contaminada; e eu castiguei a sua iniquidade, e a terra vomitou os seus habitantes. 26Mas vocês obedecerão aos meus decretos e às minhas leis. Nem o natural da terra nem o estrangeiro residente entre vocês farão nenhuma dessas abominações, 27pois todas estas abominações foram praticadas pelos que habitaram essa terra antes de vocês; por isso a terra ficou contaminada. 28E, se vocês contaminarem a terra, ela os vomitará, como vomitou os povos que ali estavam antes de vocês.

29“Todo aquele que fizer alguma destas abominações, aqueles que assim procederem serão eliminados do meio do seu povo. 30Obedeçam aos meus preceitos, e não pratiquem os costumes repugnantes praticados antes de vocês, nem se contaminem com eles. Eu sou o SENHOR, o Deus de vocês”.

[a] 18:21 Ou *a Moloque fazendo-os passar pelo fogo*

Diversas leis

19 Disse ainda o SENHOR a Moisés: 2“Diga o seguinte a toda comunidade de Israel: Sejam santos porque eu, o SENHOR, o Deus de vocês, sou santo.

3“Respeite cada um de vocês a sua mãe e o seu pai, e guarde os meus sábados. Eu sou o SENHOR, o Deus de vocês.

4“Não se voltem para os ídolos, nem façam para si deuses de metal. Eu sou o SENHOR, o Deus de vocês.

5“Quando vocês oferecerem um sacrifício de comunhão ao SENHOR, ofereçam-no de modo que seja aceito em favor de vocês. 6Terá que ser comido no dia em que o oferecerem, ou no dia seguinte; o que sobrar até o terceiro dia será queimado. 7Se alguma coisa for comida no terceiro dia, estará estragada e não será aceita. 8Quem a comer sofrerá as consequências da sua iniquidade, porque profanou o que é santo ao SENHOR; será eliminado do meio do seu povo.

9“Quando fizerem a colheita da sua terra, não colham até as extremidades da sua lavoura, nem ajuntem as espigas caídas de sua colheita. 10Não passem duas vezes pela sua vinha, nem apanhem as uvas que tiverem caído. Deixem-nas para o necessitado e para o estrangeiro. Eu sou o SENHOR, o Deus de vocês.

11“Não furtem.

“Não mintam.

“Não enganem uns aos outros.

12“Não jurem falsamente pelo meu nome, profanando assim o nome do seu Deus. Eu sou o SENHOR.

13“Não oprimam nem roubem o seu próximo.

“Não retenham até a manhã do dia seguinte o pagamento de um diarista.

14“Não amaldiçoem o surdo nem ponham pedra de tropeço à frente do cego, mas temam o seu Deus. Eu sou o SENHOR.

Palavras para memorizar

“Sejam santos porque eu, o SENHOR, o Deus de vocês, sou santo.”

(Levítico 19:2)

15“Não cometam injustiça num julgamento; não favoreçam os pobres, nem procurem agradar os grandes, mas julguem o seu próximo com justiça.

16“Não espalhem calúnias entre o seu povo.

“Não se levantem contra a vida do seu próximo. Eu sou o SENHOR.

17“Não guardem ódio contra o seu irmão no coração; antes repreendam com franqueza o seu próximo para que, por causa dele, não sofram as consequências de um pecado.

18“Não procurem vingança, nem guardem rancor contra alguém do seu povo, mas ame cada um o seu próximo como a si mesmo. Eu sou o SENHOR.

19“Obedeçam às minhas leis.

“Não cruzem diferentes espécies de animais.

“Não plantem duas espécies de sementes na sua lavoura.

“Não usem roupas feitas com dois tipos de tecido.

20“Se um homem deitar-se com uma escrava prometida a outro homem, mas que não tenha sido resgatada nem tenha recebido sua liberdade, aplique-se a devida punição. Contudo não serão mortos, porquanto ela não havia sido libertada. 21O homem, porém, trará ao SENHOR, à entrada da Tenda do Encontro, um carneiro como oferta pela culpa. 22Com o carneiro da oferta pela culpa o sacerdote fará propiciação por ele perante o SENHOR, pelo pecado que cometeu; assim o pecado que ele cometeu será perdoado.

23“Quando vocês entrarem na terra e plantarem qualquer tipo de árvore frutífera, considerem proibidas[a] as suas frutas. Durante três anos vocês as considerarão proibidas; não poderão comê-las. 24No quarto ano todas as suas frutas serão santas; será uma oferta de louvor ao SENHOR. 25No quinto ano, porém, vocês poderão comer as suas frutas. Assim a sua colheita aumentará. Eu sou o SENHOR, o Deus de vocês.

26“Não comam nada com sangue.

“Não pratiquem adivinhação nem feitiçaria.

27“Não cortem o cabelo dos lados da cabeça, nem aparem as pontas da barba.

28“Não façam cortes no corpo por causa dos mortos, nem tatuagens em si mesmos. Eu sou o SENHOR.

29“Ninguém desonre a sua filha tornando-a uma prostituta, se não, a terra se entregará à prostituição e se encherá de perversidade.

30“Guardem os meus sábados e reverenciem o meu santuário. Eu sou o SENHOR.

31“Não recorram aos médiuns, nem busquem a quem consulta espíritos, pois vocês serão contaminados por eles. Eu sou o SENHOR, o Deus de vocês.

32“Levantem-se na presença dos idosos, honrem os anciãos, temam o seu Deus. Eu sou o SENHOR.

33“Quando um estrangeiro viver na terra de vocês, não o maltratem. 34O estrangeiro

[a] 19:23 Hebraico: *incircuncisas*.

A vida nos tempos da Bíblia

Comida para o pobre

A lei de Deus mandava que os fazendeiros deixassem para os pobres todos os grãos que caíssem no chão e todas as uvas que não fossem colhidas. Muitas leis no Antigo Testamento mostram que Deus se importa muito com as pessoas pobres.

residente que viver com vocês deverá ser tra-
tado como o natural da terra. Amem-no como
a si mesmos, pois vocês foram estrangeiros
no Egito. Eu sou o SENHOR, o Deus de vocês.
35“Não usem medidas desonestas quando
medirem comprimento, peso ou quantida-
de. 36Usem balanças de pesos honestos, tanto
para cereais quanto para líquidos[a]. Eu sou o
SENHOR, o Deus de vocês, que os tirei da ter-
ra do Egito.
37“Obedeçam a todos os meus decretos e
a todas as minhas leis e pratiquem-nos. Eu
sou o SENHOR”.

Punições para o pecado

20 Disse o SENHOR a Moisés: 2“Diga aos
israelitas: Qualquer israelita ou es-
trangeiro residente em Israel que entregar[b]
um dos seus filhos a Moloque, terá que ser
executado. O povo da terra o apedrejará. 3Vol-
tarei o meu rosto contra ele e o eliminarei do
meio do seu povo; pois deu os seus filhos a
Moloque, contaminando assim o meu san-
tuário e profanando o meu santo nome. 4Se o
povo deliberadamente fechar os olhos quan-
do alguém entregar um dos seus filhos a Mo-
loque, e deixar de executá-lo, 5voltarei o meu
rosto contra aquele homem e contra o seu clã,
e eliminarei do meio do seu povo tanto ele
quanto todos os que o seguem, prostituindo-
-se com Moloque.
6“Voltarei o meu rosto contra quem con-
sulta espíritos e contra quem procurar mé-
diuns para segui-los, prostituindo-se com
eles. Eu o eliminarei do meio do seu povo.
7“Consagrem-se, porém, e sejam santos,
porque eu sou o SENHOR, o Deus de vocês.
8Obedeçam aos meus decretos e pratiquem-
-nos. Eu sou o SENHOR que os santifica.
9“Se alguém amaldiçoar seu pai ou sua
mãe, terá que ser executado. Por ter amal-
diçoado o seu pai ou a sua mãe, merece a
morte.
10“Se um homem cometer adultério com a
mulher de outro homem, com a mulher do
seu próximo, tanto o adúltero quanto a adúl-
tera terão que ser executados.
11“Se um homem se deitar com a mulher
do seu pai, desonrou seu pai. Tanto o homem
quanto a mulher terão que ser executados,
pois merecem a morte.
12“Se um homem se deitar com a sua nora,
ambos terão que ser executados. O que fize-
ram é depravação; merecem a morte.
13“Se um homem se deitar com outro ho-
mem como quem se deita com uma mulher,
ambos praticaram um ato repugnante. Terão
que ser executados, pois merecem a morte.
14“Se um homem tomar uma mulher e a
mãe dela, comete perversidade. Tanto ele
quanto elas serão queimados com fogo, pa-
ra que não haja perversidade entre vocês.
15“Se um homem tiver relações sexuais
com um animal, terá que ser executado, e
vocês matarão também o animal.
16“Se uma mulher se aproximar de algum
animal para ajuntar-se com ele, vocês mata-
rão a mulher e o animal. Ambos terão que ser
executados, pois merecem a morte.
17“Se um homem tomar por mulher sua ir-
mã, filha de seu pai ou de sua mãe, e se en-
volver sexualmente com ela, pratica um ato
vergonhoso. Serão eliminados à vista de to-
do o povo. Esse homem desonrou sua irmã e
sofrerá as consequências da sua iniquidade.
18“Se um homem se deitar com uma mu-
lher durante a menstruação e com ela se en-
volver sexualmente, ambos serão eliminados
do meio do seu povo, pois expuseram o san-
gramento dela.
19“Não se envolva sexualmente com a irmã
de sua mãe, nem com a irmã de seu pai; pois
quem se envolver sexualmente com uma pa-
renta próxima sofrerá as consequências da
sua iniquidade.
20“Se um homem se deitar com a mulher
do seu tio, desonrou seu tio. Eles sofrerão
as consequências do seu pecado; morrerão
sem filhos.
21“Se um homem tomar por mulher a mu-
lher do seu irmão, comete impureza; deson-
rou seu irmão. Ficarão sem filhos.
22“Obedeçam a todos os meus decretos e
leis e pratiquem-nos, para que a terra para
onde os estou levando para nela habitarem
não os vomite. 23Não sigam os costumes dos
povos que vou expulsar de diante de vocês.
Por terem feito todas essas coisas, causam-
-me repugnância. 24Mas a vocês prometi que
herdarão a terra deles; eu a darei a vocês co-
mo herança, terra onde há leite e mel com
fartura. Eu sou o SENHOR, o Deus de vocês,
que os separou dentre os povos.
25“Portanto, façam separação entre animais
puros e impuros e entre aves puras e impu-
ras. Não se contaminem com animal, ou ave,
ou com qualquer criatura que se move rente
ao chão, os quais separei de vocês por serem
eles impuros. 26Vocês serão santos para mim,

[a] 19:36 Hebraico: *efa honesto e him honesto*.
[b] 20:2 Ou *sacrificar*; também nos versículos 3 e 4.

porque eu, o SENHOR, sou santo, e os separei dentre os povos para serem meus.

27"Os homens ou mulheres que, entre vocês, forem médiuns ou consultarem os espíritos, terão que ser executados. Serão apedrejados, pois merecem a morte".

Regulamentação para os sacerdotes

21 Disse ainda o SENHOR a Moisés: "Diga o seguinte aos sacerdotes, os filhos de Arão: Um sacerdote não poderá tornar-se impuro por causa de alguém do seu povo que venha a morrer, 2a não ser por um parente próximo, como mãe ou pai, filho ou filha, irmão, 3ou irmã virgem dependente dele por ainda não ter marido; por causa dela, poderá tornar-se impuro. 4Não poderá tornar-se impuro e contaminar-se por causa de parentes por casamento[a].

5"Os sacerdotes não raparão a cabeça, nem apararão as pontas da barba, nem farão cortes no corpo. 6Serão santos ao seu Deus, e não profanarão o nome do seu Deus. Pelo fato de apresentarem ao SENHOR as ofertas preparadas no fogo, ofertas de alimento do seu Deus, serão santos.

7"Não poderão tomar por mulher uma prostituta, uma moça que tenha perdido a virgindade, ou uma mulher divorciada do seu marido, porque o sacerdote é santo ao seu Deus. 8Considerem-no santo, porque ele oferece o alimento do seu Deus. Considerem-no santo, porque eu, o SENHOR, que os santifico, sou santo.

9"Se a filha de um sacerdote se corromper, tornando-se prostituta, desonra seu pai; deverá morrer queimada.

10"O sumo sacerdote, aquele entre seus irmãos sobre cuja cabeça tiver sido derramado o óleo da unção, e que tiver sido consagrado para usar as vestes sacerdotais, não andará descabelado, nem rasgará as roupas em sinal de luto. 11Não entrará onde houver um cadáver. Não se tornará impuro, nem mesmo por causa do seu pai ou da sua mãe; 12e não deixará o santuário do seu Deus, nem o profanará, porquanto foi consagrado pelo óleo da unção do seu Deus. Eu sou o SENHOR.

13"A mulher que ele tomar terá que ser virgem. 14Não poderá ser viúva, nem divorciada, nem moça que perdeu a virgindade, nem prostituta, mas terá que ser uma virgem do seu próprio povo, 15assim ele não profanará a sua descendência entre o seu povo. Eu sou o SENHOR, que o santifico".

16Disse ainda o SENHOR a Moisés: 17"Diga a Arão: Pelas suas gerações, nenhum dos seus descendentes que tenha algum defeito poderá aproximar-se para trazer ao seu Deus ofertas de alimento. 18Nenhum homem que tenha algum defeito poderá aproximar-se: ninguém que seja cego ou aleijado, que tenha o rosto defeituoso ou o corpo deformado; 19ninguém que tenha o pé ou a mão defeituosos, 20ou que seja corcunda ou anão, ou que tenha qualquer defeito na vista, ou que esteja com feridas purulentas ou com fluxo, ou que tenha testículos defeituosos. 21Nenhum descendente do sacerdote Arão que tenha qualquer defeito poderá aproximar-se para apresentar ao SENHOR ofertas preparadas no fogo. Tem defeito; não poderá aproximar-se para trazê-las ao seu Deus. 22Poderá comer o alimento santíssimo de seu Deus, e também o alimento santo; 23contudo, por causa do seu defeito, não se aproximará do véu nem do altar, para que não profane o meu santuário. Eu sou o SENHOR, que os santifico".

24Foi isso que Moisés falou a Arão e a seus filhos e a todos os israelitas.

22 Disse o SENHOR a Moisés: 2"Diga a Arão e a seus filhos que tratem com respeito as ofertas sagradas que os israelitas me consagrarem, para que não profanem o meu santo nome. Eu sou o SENHOR.

3"Avise-lhes que se, em suas futuras gerações, algum dos seus descendentes estiver impuro quando se aproximar das ofertas sagradas que os israelitas consagrarem ao SENHOR, será eliminado da minha presença. Eu sou o SENHOR.

4"Nenhum descendente de Arão que tenha lepra[b] ou fluxo no corpo poderá comer das ofertas sagradas até que esteja purificado. Também estará impuro se tocar em algo contaminado por um cadáver, ou se lhe sair o sêmen, 5ou se tocar em alguma criatura, ou em alguém que o torne impuro, seja qual for a impureza. 6Aquele que neles tocar ficará impuro até a tarde. Não poderá comer das ofertas sagradas, a menos que se tenha banhado com água. 7Depois do pôr do sol estará puro, e então poderá comer as ofertas sagradas, pois são o seu alimento. 8Também não poderá comer animal encontrado morto ou despedaçado por animais selvagens, pois se tornaria impuro por causa deles. Eu sou o SENHOR.

[a] 21:4 Ou *impuro como líder no meio de seu povo*

[b] 22:4 O termo hebraico não se refere somente à lepra, mas também a diversas doenças da pele.

9“Os sacerdotes obedecerão aos meus preceitos, para que não sofram as consequências do seu pecado nem sejam executados por tê-los profanado. Eu sou o SENHOR, que os santifico.

10“Somente o sacerdote e a sua família poderão comer da oferta sagrada; não poderá comê-la o seu hóspede, nem o seu empregado. 11Mas, se um sacerdote comprar um escravo, ou se um escravo nascer em sua casa, esse escravo poderá comer do seu alimento. 12Se a filha de um sacerdote se casar com alguém que não seja sacerdote, não poderá comer das ofertas sagradas. 13Mas, se a filha de um sacerdote ficar viúva ou se divorciar, e não tiver filhos, e voltar a viver na casa do pai como na sua juventude, poderá comer do alimento do pai, mas dele não poderá comer ninguém que não seja da família do sacerdote.

14“Se alguém, sem intenção, comer uma oferta sagrada, fará restituição da oferta ao sacerdote e lhe acrescentará um quinto do seu valor.

15“Os sacerdotes não profanarão as ofertas sagradas que os israelitas apresentam ao SENHOR, 16permitindo-lhes comê-las e trazendo assim sobre eles culpa que exige reparação. Eu sou o SENHOR que os santifico”.

Os sacrifícios inaceitáveis

17Disse o SENHOR a Moisés: 18“Diga o seguinte a Arão e a seus filhos e a todos os israelitas: Se algum de vocês, seja israelita, seja estrangeiro residente em Israel, apresentar uma oferta como holocausto ao SENHOR, quer para cumprir voto, quer como oferta voluntária, 19apresentará um macho sem defeito do rebanho, isto é, um boi, um carneiro ou um bode, a fim de que seja aceito em seu favor. 20Não tragam nenhum animal defeituoso, porque não será aceito em favor de vocês. 21Quando alguém trouxer um animal do gado ou do rebanho de ovelhas como oferta de comunhão para o SENHOR, em cumprimento de voto, ou como oferta voluntária, para ser aceitável o animal terá que ser sem defeito e sem mácula. 22Não ofereçam ao SENHOR animal cego, aleijado, mutilado, ulceroso, cheio de feridas purulentas ou com fluxo. Não coloquem nenhum desses animais sobre o altar como oferta ao SENHOR, preparada no fogo. 23Todavia, poderão apresentar como oferta voluntária um boi ou um carneiro ou um cabrito deformados ou atrofiados, mas no caso do cumprimento de voto não serão aceitos. 24Não poderão oferecer ao SENHOR um animal cujos testículos estejam machucados, esmagados, despedaçados ou cortados. Não façam isso em sua própria terra, 25nem aceitem animais como esses das mãos de um estrangeiro para oferecê-los como alimento do seu Deus. Não serão aceitos em favor de vocês, pois são deformados e apresentam defeitos”.

26Disse ainda o SENHOR a Moisés: 27“Quando nascer um bezerro, um cordeiro ou um cabrito, ficará sete dias com sua mãe. Do oitavo dia em diante será aceito como oferta ao SENHOR preparada no fogo. 28Não matem uma vaca ou uma ovelha ou uma cabra e sua cria no mesmo dia.

29“Quando vocês oferecerem um sacrifício de gratidão ao SENHOR, ofereçam-no de maneira que seja aceito em favor de vocês. 30Será comido naquele mesmo dia; não deixem nada até a manhã seguinte. Eu sou o SENHOR.

31“Obedeçam aos meus mandamentos e coloquem-nos em prática. Eu sou o SENHOR. 32Não profanem o meu santo nome. Eu serei reconhecido como santo pelos israelitas. Eu sou o SENHOR, eu os santifico, 33eu os tirei do Egito para ser o Deus de vocês. Eu sou o SENHOR”.

23 Disse o SENHOR a Moisés: 2“Diga o seguinte aos israelitas: Estas são as minhas festas, as festas fixas do SENHOR, que vocês proclamarão como reuniões sagradas:

O sábado

3“Em seis dias realizem os seus trabalhos, mas o sétimo dia é sábado, dia de descanso e de reunião sagrada. Não realizem trabalho algum; onde quer que morarem, será sábado dedicado ao SENHOR.

A Páscoa e os pães sem fermento

4“Estas são as festas fixas do SENHOR, as reuniões sagradas que vocês proclamarão no tempo devido: 5a Páscoa do SENHOR, que começa no entardecer do décimo quarto dia do primeiro mês. 6No décimo quinto dia daquele mês começa a festa do SENHOR, a festa dos pães sem fermento; durante sete dias vocês comerão pães sem fermento. 7No primeiro dia façam uma reunião sagrada e não realizem trabalho algum. 8Durante sete dias apresentem ao SENHOR ofertas preparadas no fogo. E no sétimo dia façam uma reunião sagrada e não realizem trabalho algum”.

Os primeiros frutos

9Disse o SENHOR a Moisés: 10“Diga o seguinte aos israelitas: Quando vocês entrarem na terra que lhes dou e fizerem colheita, tragam

Você sabia?

O que significa *festa* no Antigo Testamento?

23:6,34 A palavra *festa* é frequentemente usada para descrever os feriados religiosos especiais que Deus ordenou que seu povo guardasse. Eles eram chamados de festas ou festivais por ser um tempo de alegria e, nessas ocasiões, os israelitas adoravam seu maravilhoso e amoroso Deus.

ao sacerdote um feixe do primeiro cereal
que colherem. 11O sacerdote moverá ritual-
mente o feixe perante o SENHOR para que
seja aceito em favor de vocês; ele o moverá
no dia seguinte ao sábado. 12No dia em que
moverem o feixe, vocês oferecerão em holo-
causto ao SENHOR um cordeiro de um ano de
idade e sem defeito. 13Apresentem também
uma oferta de cereal de dois jarros[a] da me-
lhor farinha amassada com óleo, oferta ao
SENHOR preparada no fogo, de aroma agradá-
vel, e uma oferta derramada de um litro[b] de
vinho. 14Vocês não poderão comer pão algum,
nem cereal tostado, nem cereal novo, até o
dia em que trouxerem essa oferta ao Deus
de vocês. Este é um decreto perpétuo para
as suas gerações, onde quer que morarem.

A festa das semanas

15"A partir do dia seguinte ao sábado, o dia
em que vocês trarão o feixe da oferta ritual-
mente movida, contem sete semanas com-
pletas. 16Contem cinquenta dias, até um dia
depois do sétimo sábado, e então apresentem
uma oferta de cereal novo ao SENHOR. 17On-
de quer que morarem, tragam de casa dois
pães feitos com dois jarros da melhor fari-
nha, cozidos com fermento, como oferta mo-
vida dos primeiros frutos ao SENHOR. 18Junto
com os pães apresentem sete cordeiros, ca-
da um com um ano de idade e sem defeito,
um novilho e dois carneiros. Eles serão um
holocausto ao SENHOR, juntamente com as
suas ofertas de cereal e ofertas derramadas;
é oferta preparada no fogo, de aroma agradá-
vel ao SENHOR. 19Depois sacrifiquem um bode
como oferta pelo pecado e dois cordeiros, ca-
da um com um ano de idade, como oferta de
comunhão. 20O sacerdote moverá os dois cor-
deiros perante o SENHOR como gesto ritual
de apresentação, juntamente com o pão dos
primeiros frutos. São uma oferta sagrada ao
SENHOR e pertencem ao sacerdote. 21Naquele
mesmo dia vocês proclamarão uma reunião
sagrada e não realizarão trabalho algum. Este
é um decreto perpétuo para as suas gerações,
onde quer que vocês morarem.
22"Quando fizerem a colheita da sua ter-
ra, não colham até as extremidades da sua
lavoura, nem ajuntem as espigas caídas da
sua colheita. Deixem-nas para o necessita-
do e para o estrangeiro. Eu sou o SENHOR, o
Deus de vocês".

A festa das trombetas

23Disse o SENHOR a Moisés: 24"Diga tam-
bém aos israelitas: No primeiro dia do sé-
timo mês vocês terão um dia de descanso,
uma reunião sagrada, celebrada com toques
de trombeta. 25Não realizem trabalho algum,
mas apresentem ao SENHOR uma oferta pre-
parada no fogo".

O Dia da Expiação

26Disse o SENHOR a Moisés: 27"O décimo dia
deste sétimo mês é o Dia da Expiação[c]. Fa-
çam uma reunião sagrada e humilhem-se[d], e
apresentem ao SENHOR uma oferta preparada
no fogo. 28Não realizem trabalho algum nesse
dia, porque é o Dia da Expiação, quando se
faz propiciação por vocês perante o SENHOR,
o Deus de vocês. 29Quem não se humilhar
nesse dia será eliminado do seu povo. 30Eu
destruirei do meio do seu povo todo aquele
que realizar algum trabalho nesse dia. 31Vo-
cês não realizarão trabalho algum. Este é um
decreto perpétuo para as suas gerações, onde
quer que vocês morarem. 32É um sábado de
descanso para vocês, e vocês se humilharão.
Desde o entardecer do nono dia do mês até
o entardecer do dia seguinte vocês guarda-
rão esse sábado".

A festa das cabanas

33Disse o SENHOR a Moisés: 34"Diga ainda
aos israelitas: No décimo quinto dia deste

[a] 23:13 Hebraico: *2/10 de efa*; também no versículo 17. O efa era uma medida de capacidade para secos. As estimativas variam entre 20 e 40 litros.

[b] 23:13 Hebraico: *1/4 de him*. O him era uma medida de capacidade para líquidos. As estimativas variam entre 3 e 6 litros.

[c] 23:27 O termo hebraico é o mesmo traduzido por *propiciação*.

[d] 23:27 Ou *e jejuem*; também nos versículos 29 e 32.

sétimo mês começa a festa das cabanas[a] do
SENHOR, que dura sete dias. 35No primeiro dia
haverá reunião sagrada; não realizem trabalho algum. 36Durante sete dias apresentem
ao SENHOR ofertas preparadas no fogo, e no
oitavo dia façam outra reunião sagrada, e
também apresentem ao SENHOR uma oferta preparada no fogo. É reunião solene; não
realizem trabalho algum.

37(Estas são as festas fixas do SENHOR, que
vocês proclamarão como reuniões sagradas
para trazerem ao SENHOR ofertas preparadas
no fogo, holocaustos e ofertas de cereal, sacrifícios e ofertas derramadas exigidas para
cada dia. 38Isso fora as do sábado do SENHOR
e fora as[b] dádivas e os votos de vocês, e todas as ofertas voluntárias que vocês derem
ao SENHOR.)

39"Assim, começando no décimo quinto
dia do sétimo mês, depois de terem colhido
o que a terra produziu, celebrem a festa do
SENHOR durante sete dias; o primeiro dia e
também o oitavo serão dias de descanso. 40No
primeiro dia vocês apanharão os melhores
frutos das árvores, folhagem de tamareira,
galhos frondosos e salgueiros, e se alegrarão
perante o SENHOR, o Deus de vocês, durante
sete dias. 41Celebrem essa festa do SENHOR
durante sete dias todos os anos. Este é um
decreto perpétuo para as suas gerações; celebrem-na no sétimo mês. 42Morem em tendas durante sete dias; todos os israelitas de
nascimento morarão em tendas, 43para que
os descendentes de vocês saibam que eu fiz
os israelitas morarem em tendas quando os
tirei da terra do Egito. Eu sou o SENHOR, o
Deus de vocês".

44Assim anunciou Moisés aos israelitas as
festas fixas do SENHOR.

O candelabro e os pães sagrados

24 Disse o SENHOR a Moisés: 2"Ordene aos
israelitas que lhe tragam azeite puro
de oliva batida para as lâmpadas, para que
fiquem sempre acesas. 3Na Tenda do Encontro, do lado de fora do véu que esconde as tábuas da aliança, Arão manterá as lâmpadas
continuamente acesas diante do SENHOR, desde o entardecer até a manhã seguinte. Este é
um decreto perpétuo para as suas gerações.
4Mantenha sempre em ordem as lâmpadas no
candelabro de ouro puro perante o SENHOR.

5"Apanhe da melhor farinha e asse doze pães, usando dois jarros[c] para cada pão.
6Coloque-os em duas fileiras, com seis pães
em cada uma, sobre a mesa de ouro puro
perante o SENHOR. 7Junto a cada fileira coloque um pouco de incenso puro como porção memorial para representar o pão e ser
uma oferta ao SENHOR preparada no fogo.
8Esses pães serão colocados regularmente
perante o SENHOR, cada sábado, em nome
dos israelitas, como aliança perpétua. 9Pertencem a Arão e a seus descendentes, que os
comerão num lugar sagrado, porque é parte

[a] 23:34 Ou *dos tabernáculos*; hebraico: *sucote*.
[b] 23:38 Ou *Estas festas são além dos sábados do Senhor, e estas ofertas são as*
[c] 24:5 Hebraico: *2/10 de efa*. O efa era uma medida de capacidade para secos. As estimativas variam entre 20 e 40 litros.

A vida nos tempos da Bíblia

Cabanas

Todo ano, durante a Festa das Cabanas, ou Festa dos Tabernáculos, as famílias israelitas moravam ao ar livre por uma semana, em abrigos feitos de galhos. Isso as lembrava de que Deus havia guardado em segurança seus ancestrais no deserto quando eles peregrinaram do Egito à Terra Prometida.

santíssima de sua porção regular das ofertas
dedicadas ao SENHOR, preparadas no fogo. É
decreto perpétuo".

O castigo da blasfêmia

10Aconteceu que o filho de uma israelita e
de um egípcio saiu e foi para o meio dos is-
raelitas. No acampamento houve uma briga
entre ele e um israelita. 11O filho da israelita
blasfemou o Nome com uma maldição; en-
tão o levaram a Moisés. O nome de sua mãe
era Selomite, filha de Dibri, da tribo de Dã.
12Deixaram-no preso até que a vontade do SE-
NHOR lhes fosse declarada.
13Então o SENHOR disse a Moisés: 14"Leve o
que blasfemou para fora do acampamento.
Todos aqueles que o ouviram colocarão as
mãos sobre a cabeça dele, e a comunidade
toda o apedrejará. 15Diga aos israelitas: Se al-
guém amaldiçoar seu Deus, será responsável
pelo seu pecado; 16quem blasfemar o nome
do SENHOR terá que ser executado. A comu-
nidade toda o apedrejará. Seja estrangeiro,
seja natural da terra, se blasfemar o Nome,
terá que ser morto.
17"Se alguém ferir uma pessoa ao ponto
de matá-la, terá que ser executado. 18Quem
matar um animal fará restituição: vida por
vida. 19Se alguém ferir seu próximo, deixan-
do-o defeituoso, assim como fez lhe será fei-
to: 20fratura por fratura, olho por olho, dente
por dente. Assim como feriu o outro, deixan-
do-o defeituoso, assim também será ferido.
21Quem matar um animal fará restituição,
mas quem matar um homem será morto.
22Vocês terão a mesma lei para o estrangeiro
e para o natural da terra. Eu sou o SENHOR,
o Deus de vocês".
23Depois que Moisés falou aos israelitas,
levaram o que blasfemou para fora do acam-
pamento e o apedrejaram. Os israelitas fize-
ram conforme o SENHOR tinha ordenado a
Moisés.

Você sabia?

Um homem foi realmente apedrejado por blasfemar?

24:14 A Bíblia diz que ele "blasfemou o Nome com uma maldição" (Levítico 24:11). Isso significa que ele usou o nome de Deus de uma maneira que insultou a Deus. Foi por esse pecado terrível que aquele homem foi morto.

O ano sabático

25 Então disse o SENHOR a Moisés no mon-
te Sinai: 2"Diga o seguinte aos israeli-
tas: Quando vocês entrarem na terra que lhes
dou, a própria terra guardará um sábado pa-
ra o SENHOR. 3Durante seis anos semeiem as
suas lavouras, aparem as suas vinhas e façam
a colheita de suas plantações. 4Mas no sétimo
ano a terra terá um sábado de descanso, um
sábado dedicado ao SENHOR. Não semeiem
as suas lavouras, nem aparem as suas vinhas.
5Não colham o que crescer por si, nem colham
as uvas das suas vinhas, que não serão poda-
das. A terra terá um ano de descanso. 6Vocês
se sustentarão do que a terra produzir no ano
de descanso, você, o seu escravo, a sua escra-
va, o trabalhador contratado e o residente
temporário que vive entre vocês, 7bem como
os seus rebanhos e os animais selvagens de
sua terra. Tudo o que a terra produzir pode-
rá ser comido.

O ano do jubileu

8"Contem sete semanas de anos, sete vezes
sete anos; essas sete semanas de anos totali-
zam quarenta e nove anos. 9Então façam soar
a trombeta no décimo dia do sétimo mês; no
Dia da Expiação façam soar a trombeta por
toda a terra de vocês. 10Consagrem o quin-
quagésimo ano e proclamem libertação por
toda a terra a todos os seus moradores. Este
lhes será um ano de jubileu, quando cada um
de vocês voltará para a propriedade da sua
família e para o seu próprio clã. 11O quinqua-
gésimo ano lhes será jubileu; não semeiem
e não ceifem o que cresce por si mesmo nem
colham das vinhas não podadas. 12É jubileu,
e lhes será santo; comam apenas o que a ter-
ra produzir.
13"Nesse ano do Jubileu cada um de vocês
voltará para a sua propriedade.
14"Se vocês venderem alguma proprieda-
de ao seu próximo ou se comprarem algu-
ma propriedade dele, não explorem o seu
irmão. 15O que comprarem do seu próximo
será avaliado com base no número de anos
desde o Jubileu. E ele fará a venda com ba-
se no número de anos que restam de colhei-
tas. 16Quando os anos forem muitos, vocês
deverão aumentar o preço, mas quando fo-
rem poucos, deverão diminuir o preço, pois

o que ele está lhes vendendo é o número de
colheitas. 17 Não explorem um ao outro, mas
temam o Deus de vocês. Eu sou o SENHOR, o
Deus de vocês.

18 "Pratiquem os meus decretos e obedeçam
às minhas ordenanças, e vocês viverão com
segurança na terra. 19 Então a terra dará o seu
fruto, e vocês comerão até fartar-se e ali vive-
rão em segurança. 20 Vocês poderão pergun-
tar: 'Que iremos comer no sétimo ano, se não
plantarmos nem fizermos a colheita?' 21 Sai-
bam que eu lhes enviarei a minha bênção
no sexto ano, e a terra produzirá o suficien-
te para três anos. 22 Quando vocês estiverem
plantando no oitavo ano, comerão ainda da
colheita anterior e dela continuarão a comer
até a colheita do nono ano.

23 "A terra não poderá ser vendida defini-
tivamente, porque ela é minha, e vocês são
apenas estrangeiros e imigrantes. 24 Em toda
terra em que tiverem propriedade, concedam
o direito de resgate da terra.

25 "Se alguém do seu povo empobrecer e
vender parte da sua propriedade, seu parente
mais próximo virá e resgatará aquilo que o
seu compatriota vendeu. 26 Se, contudo, um
homem não tiver quem lhe resgate a terra,
mas ele mesmo prosperar e adquirir recur-
sos para resgatá-la, 27 calculará os anos desde
que a vendeu e devolverá a diferença àquele
a quem a vendeu; então poderá voltar para a
sua propriedade. 28 Mas, se não adquirir recur-
sos para devolver-lhe o valor, a propriedade
que vendeu permanecerá em posse do com-
prador até o ano do Jubileu. Será devolvida
no Jubileu, e ele então poderá voltar para a
sua propriedade.

29 "Se um homem vender uma casa numa
cidade murada, terá o direito de resgate até
que se complete um ano após a venda. Nesse
período poderá resgatá-la. 30 Se não for resga-
tada antes de se completar um ano, a casa da
cidade murada pertencerá definitivamente
ao comprador e aos seus descendentes; não
será devolvida no Jubileu. 31 Mas as casas dos
povoados sem muros ao redor serão conside-
radas campo aberto. Poderão ser resgatadas
e serão devolvidas no Jubileu.

32 "No caso das cidades dos levitas, eles
sempre terão direito de resgatar suas casas
nas cidades que lhes pertencem. 33 Assim, a
propriedade dos levitas, isto é, uma casa ven-
dida em qualquer cidade deles, é resgatável
e deverá ser devolvida no Jubileu, porque as
casas das cidades dos levitas são propriedade
deles entre os israelitas. 34 Mas as pastagens
pertencentes às suas cidades não serão ven-
didas; são propriedade permanente deles.

35 "Se alguém do seu povo empobrecer e
não puder sustentar-se, ajudem-no como se
faz ao estrangeiro e ao residente temporário,
para que possa continuar a viver entre vocês.
36 Não cobrem dele juro algum, mas temam o
seu Deus, para que o seu próximo continue a
viver entre vocês. 37 Vocês não poderão exigir
dele juros nem emprestar-lhe mantimento
visando lucro. 38 Eu sou o SENHOR, o Deus de
vocês, que os tirou da terra do Egito para dar-
-lhes a terra de Canaã e para ser o seu Deus.

39 "Se alguém do seu povo empobrecer e se
vender a algum de vocês, não o façam traba-
lhar como escravo. 40 Ele deverá ser tratado
como trabalhador contratado ou como resi-
dente temporário; trabalhará para quem o
comprou até o ano do Jubileu. 41 Então ele e
os seus filhos estarão livres, e ele poderá vol-
tar para o seu próprio clã e para a proprieda-
de dos seus antepassados. 42 Pois os israelitas
são meus servos, a quem tirei da terra do Egi-
to; não poderão ser vendidos como escravos.
43 Não dominem impiedosamente sobre eles,
mas temam o seu Deus.

44 "Os seus escravos e as suas escravas deve-
rão vir dos povos que vivem ao redor de vo-
cês; deles vocês poderão comprar escravos e
escravas. 45 Também poderão comprá-los en-
tre os filhos dos residentes temporários que
vivem entre vocês e entre os que pertencem
aos clãs deles, ainda que nascidos na terra
de vocês; eles se tornarão sua propriedade.
46 Vocês poderão deixá-los como herança pa-
ra os seus filhos e poderão fazê-los escravos
para sempre, mas sobre os seus irmãos is-
raelitas vocês não poderão dominar impie-
dosamente.

47 "Se um estrangeiro ou um residente tem-
porário entre vocês enriquecer e alguém do
seu povo empobrecer e se vender a esse es-
trangeiro ou a alguém que pertence ao clã
desse estrangeiro, 48 manterá o direito de
resgate mesmo depois de se vender. Um dos
seus parentes poderá resgatá-lo: 49 ou tio, ou
primo, ou qualquer parente próximo pode-
rá resgatá-lo. Se, todavia, prosperar, poderá
resgatar a si mesmo. 50 Ele e o seu comprador
contarão o tempo desde o ano em que se ven-
deu até o ano do Jubileu. O preço do resga-
te se baseará no salário de um empregado
contratado por aquele número de anos. 51 Se
restarem muitos anos, pagará o seu resgate

proporcionalmente ao preço de compra. 52Se
restarem apenas poucos anos até o ano do
Jubileu, fará o cálculo, e pagará o seu resga-
te proporcionalmente aos anos. 53Ele deverá
ser tratado como um empregado contratado
anualmente; não permitam que o seu senhor
domine impiedosamente sobre ele.
54"Se não for resgatado por nenhuma des-
sas maneiras, ele e os seus filhos estarão li-
vres no ano do Jubileu, 55porque os israelitas
são meus servos, os quais tirei da terra do
Egito. Eu sou o SENHOR, o Deus de vocês.

A recompensa da obediência

26 "Não façam ídolos, nem imagens, nem
colunas sagradas para vocês, e não colo-
quem nenhuma pedra esculpida em sua terra
para curvar-se diante dela. Eu sou o SENHOR,
o Deus de vocês.
2"Guardem os meus sábados e reverenciem
o meu santuário. Eu sou o SENHOR.
3"Se vocês seguirem os meus decretos e
obedecerem aos meus mandamentos, e os
colocarem em prática, 4eu lhes mandarei
chuva na estação certa, e a terra dará a sua
colheita e as árvores do campo darão o seu
fruto. 5A debulha prosseguirá até a colheita
das uvas, e a colheita das uvas prosseguirá
até a época da plantação, e vocês comerão
até ficarem satisfeitos e viverão em seguran-
ça em sua terra.
6"Estabelecerei paz na terra, e vocês se
deitarão, e ninguém os amedrontará. Farei
desaparecer da terra os animais selvagens,
e a espada não passará pela sua terra. 7Vo-
cês perseguirão os seus inimigos, e estes cai-
rão à espada diante de vocês. 8Cinco de vocês
perseguirão cem, cem de vocês perseguirão
dez mil, e os seus inimigos cairão à espada
diante de vocês.
9"Eu me voltarei para vocês e os farei prolí-
feros; e os multiplicarei e guardarei a minha
aliança com vocês. 10Vocês ainda estarão co-
mendo da colheita armazenada no ano ante-
rior, quando terão que se livrar dela para dar
espaço para a nova colheita. 11Estabelecerei a
minha habitação entre vocês e não os rejeita-
rei. 12Andarei entre vocês e serei o seu Deus,
e vocês serão o meu povo. 13Eu sou o SENHOR,
o Deus de vocês, que os tirou da terra do Egi-
to para que não mais fossem escravos deles;
quebrei as traves do jugo que os prendia e os
fiz andar de cabeça erguida.

O castigo da desobediência

14"Mas, se vocês não me ouvirem e não
colocarem em prática todos esses manda-
mentos, 15e desprezarem os meus decretos,
rejeitarem as minhas ordenanças, deixarem
de colocar em prática todos os meus man-
damentos e forem infiéis à minha aliança,
16então assim os tratarei: eu lhes trarei pavor
repentino, doenças e febre que lhes tirarão a
visão e lhes definharão a vida. Vocês semea-
rão inutilmente, porque os seus inimigos co-
merão as suas sementes. 17O meu rosto estará
contra vocês, e vocês serão derrotados pelos
inimigos; os seus adversários os dominarão,
e vocês fugirão mesmo quando ninguém os
estiver perseguindo.
18"Se depois disso tudo vocês não me ou-
virem, eu os castigarei sete vezes mais pelos
seus pecados. 19Eu lhes quebrarei o orgulho
rebelde e farei que o céu sobre vocês fique

Recompensas e punições

Experimente!

Leia Levítico 26:3-22 para descobrir o que Deus disse aos israelitas sobre recompensas e punições. Deus amava os israelitas, e ele ama você e quer que você o ame e lhe obedeça. Se você o fizer, ele enviará recompensas, assim como prometeu aos israelitas, mas a punição também é certa se você lhe desobedecer.

Faça uma lista de todas as recompensas e punições que você consegue encontrar nesse trecho de Levítico e dê a si mesmo dez pontos a cada recompensa ou punição encontrada.

200 pontos — Está indo bem.
250 pontos — Formidável!

Levítico 26:3-22

como ferro e a terra de vocês fique como bronze. 20A força de vocês será gasta em vão, porque a terra não lhes dará colheita, nem as árvores da terra lhes darão fruto.

21"Se continuarem se opondo a mim e recusarem ouvir-me, eu os castigarei sete vezes mais, conforme os seus pecados. 22Mandarei contra vocês animais selvagens que matarão os seus filhos, acabarei com os seus rebanhos e reduzirei vocês a tão poucos que os seus caminhos ficarão desertos.

23"Se apesar disso vocês não aceitarem a minha disciplina, mas continuarem a opor-se a mim, 24eu mesmo me oporei a vocês e os castigarei sete vezes mais por causa dos seus pecados. 25E trarei a espada contra vocês para vingar a aliança. Quando se refugiarem em suas cidades, eu lhes mandarei uma praga, e vocês serão entregues em mãos inimigas. 26Quando eu lhes cortar o suprimento de pão, dez mulheres assarão o pão num único forno e repartirão o pão a peso. Vocês comerão, mas não ficarão satisfeitos.

27"Se apesar disso tudo vocês ainda não me ouvirem, mas continuarem a opor-se a mim, 28então com furor me oporei a vocês, e eu mesmo os castigarei sete vezes mais por causa dos seus pecados. 29Vocês comerão a carne dos seus filhos e das suas filhas. 30Destruirei os seus altares idólatras, despedaçarei os seus altares de incenso[a] e empilharei os seus cadáveres sobre os seus ídolos mortos, e rejeitarei vocês. 31Deixarei as cidades de vocês em ruínas e arrasarei os seus santuários, e não terei prazer no aroma das suas ofertas. 32Desolarei a terra ao ponto de ficarem perplexos os seus inimigos que vierem ocupá-la. 33Espalharei vocês entre as nações e empunharei a espada contra vocês. Sua terra ficará desolada, e as suas cidades, em ruínas. 34Então a terra desfrutará os seus anos sabáticos enquanto estiver desolada e enquanto vocês estiverem na terra dos seus inimigos; e a terra descansará e desfrutará os seus sábados. 35Enquanto estiver desolada, a terra terá o descanso sabático que não teve quando vocês a habitavam.

36"Quanto aos que sobreviverem, eu lhes encherei o coração de tanto medo na terra do inimigo, que o som de uma folha levada pelo vento os porá em fuga. Correrão como quem foge da espada, e cairão, sem que ninguém os persiga. 37Tropeçarão uns nos outros, como que fugindo da espada, sem que ninguém os esteja perseguindo. Assim vocês não poderão subsistir diante dos inimigos. 38Vocês perecerão entre as nações, e a terra dos seus inimigos os devorará. 39Os que sobreviverem apodrecerão na terra do inimigo por causa dos seus pecados, e também por causa dos pecados dos seus antepassados.

40"Mas, se confessarem os seus pecados e os pecados dos seus antepassados, sua infidelidade e oposição a mim, 41que me levaram a opor-me a eles e a enviá-los para a terra dos seus inimigos; se o seu coração obstinado[b] se humilhar, e eles aceitarem o castigo do seu pecado, 42eu me lembrarei da minha aliança com Jacó, da minha aliança com Isaque, e da minha aliança com Abraão, e também me lembrarei da terra, 43que por eles será abandonada e desfrutará os seus sábados enquanto permanecer desolada. Receberão o castigo pelos seus pecados porque desprezaram as minhas ordenanças e rejeitaram os meus decretos. 44Apesar disso, quando estiverem na terra do inimigo, não os desprezarei, nem os rejeitarei, para destruí-los totalmente, quebrando a minha aliança com eles, pois eu sou o SENHOR, o Deus deles. 45Mas por amor deles eu me lembrarei da aliança com os seus antepassados que tirei da terra do Egito à vista das nações, para ser o Deus deles. Eu sou o SENHOR".

46São esses os decretos, as ordenanças e as leis que o SENHOR estabeleceu no monte Sinai entre ele próprio e os israelitas, por intermédio de Moisés.

O resgate do que pertence ao SENHOR

27 Disse também o SENHOR a Moisés: 2"Diga o seguinte aos israelitas: Se alguém fizer um voto especial, dedicando pessoas ao SENHOR, faça-o conforme o devido valor; 3atribua aos homens entre vinte e sessenta anos o valor de seiscentos gramas[c] de prata, com base no peso padrão[d] do santuário; 4e, se for mulher, atribua-lhe o valor de trezentos e sessenta gramas. 5Se for alguém que tenha entre cinco e vinte anos, atribua aos homens o valor de duzentos e quarenta gramas e às mulheres o valor de cento e vinte gramas. 6Se for alguém que tenha entre um mês e cinco anos de idade, atribua aos meninos o valor de sessenta gramas de prata e às meninas o valor de trinta e seis gramas de prata. 7Se for alguém que tenha de sessenta anos para

[a] 26:30 Provavelmente colunas dedicadas ao deus sol.

[b] 26:41 Hebraico: *incircunciso*.
[c] 27:3 Hebraico: *50 siclos*. Um siclo equivalia a 12 gramas.
[d] 27:3 Hebraico: *no siclo*.

cima, atribua aos homens o valor de cento e
oitenta gramas e às mulheres o valor de cen-
to e vinte gramas. 8Se quem fizer o voto for
pobre demais para pagar o valor especificado,
apresentará a pessoa ao sacerdote, que esta-
belecerá o valor de acordo com as possibili-
dades do homem que fez o voto.

9"Se o que ele prometeu mediante voto for
um animal aceitável como oferta ao SENHOR,
um animal assim dado ao SENHOR torna-se
santo. 10Ele não poderá trocá-lo nem substi-
tuir um animal ruim por um bom, nem um
animal bom por um ruim; caso troque um
animal por outro, tanto o substituto quanto o
substituído se tornarão santos. 11Se o que ele
prometeu mediante voto for um animal im-
puro, não aceitável como oferta ao SENHOR, o
animal será apresentado ao sacerdote, 12que o
avaliará por suas qualidades. A avaliação do
sacerdote determinará o valor do animal. 13Se
o dono desejar resgatar o animal, terá que
acrescentar um quinto ao seu valor.

14"Se um homem consagrar a sua casa ao
SENHOR, o sacerdote avaliará a casa por suas
qualidades. A avaliação do sacerdote deter-
minará o valor da casa. 15Se o homem que
consagrar a sua casa quiser resgatá-la, terá
que acrescentar um quinto ao seu valor, e a
casa voltará a ser sua.

16"Se um homem consagrar ao SENHOR
parte das terras da sua família, sua avalia-
ção será de acordo com a semeadura: seis-
centos gramas de prata para cada barril[a]
de semente de cevada. 17Se consagrar a sua
terra durante o ano do Jubileu, o valor será
integral. 18Mas, se a consagrar depois do Ju-
bileu, o sacerdote calculará o valor de acordo
com o número de anos que faltarem para o
ano do Jubileu seguinte, e o valor será re-
duzido. 19Se o homem que consagrar a sua
terra desejar resgatá-la, terá que acrescen-
tar um quinto ao seu valor, e a terra voltará
a ser sua. 20Mas se não a resgatar, ou se a ti-
ver vendido, não poderá mais ser resgatada;
21quando a terra for liberada no Jubileu, será
santa, consagrada ao SENHOR, e se tornará
propriedade dos sacerdotes[b].

22"Se um homem consagrar ao SENHOR ter-
ras que tenha comprado, terras que não fa-
zem parte da propriedade da sua família, 23o
sacerdote determinará o valor de acordo com
o tempo que falta para o ano do Jubileu; o
homem pagará o valor no mesmo dia, consa-
grando-o ao SENHOR. 24No ano do Jubileu as
terras serão devolvidas àquele de quem ele
as comprou. 25Todos os valores serão calcula-
dos com base no peso padrão do santuário,
que são doze gramas[c].

26"Ninguém poderá consagrar a primeira
cria de um animal, pois já pertence ao SE-
NHOR; seja cria de vaca, seja de cabra, seja
de ovelha, pertence ao SENHOR. 27Mas se for
a cria de um animal impuro, poderá resga-
tá-la pelo valor estabelecido, acrescentando
um quinto a esse valor. Se não for resgatada,
será vendida pelo valor estabelecido.

28"Todavia, nada que um homem possua e
consagre ao SENHOR, seja homem, seja ani-
mal, sejam terras de sua propriedade, poderá
ser vendido ou resgatado; todas as coisas as-
sim consagradas são santíssimas ao SENHOR.

29"Nenhuma pessoa consagrada para a
destruição poderá ser resgatada; terá que
ser executada.

30"Todos os dízimos da terra, seja dos ce-
reais, seja das frutas, pertencem ao SENHOR;
são consagrados ao SENHOR. 31Se um ho-
mem desejar resgatar parte do seu dízimo,
terá que acrescentar um quinto ao seu va-
lor. 32O dízimo dos seus rebanhos, um de ca-
da dez animais que passem debaixo da vara
do pastor, será consagrado ao SENHOR. 33O
dono não poderá retirar os bons dentre os
ruins, nem fazer qualquer troca. Se fizer al-
guma troca, tanto o animal quanto o substi-
tuto se tornarão consagrados e não poderão
ser resgatados".

34São esses os mandamentos que o SENHOR
ordenou a Moisés, no monte Sinai, para os
israelitas.

[a] 27:16 Hebraico: *hômer*. O hômer era uma medida de capacidade para secos. As estimativas variam entre 200 e 400 litros.

[b] 27:21 Ou *do sacerdote*

[c] 27:25 Hebraico: *no siclo do santuário, que são 20 geras*. Um gera equivalia a 0,6 gramas.

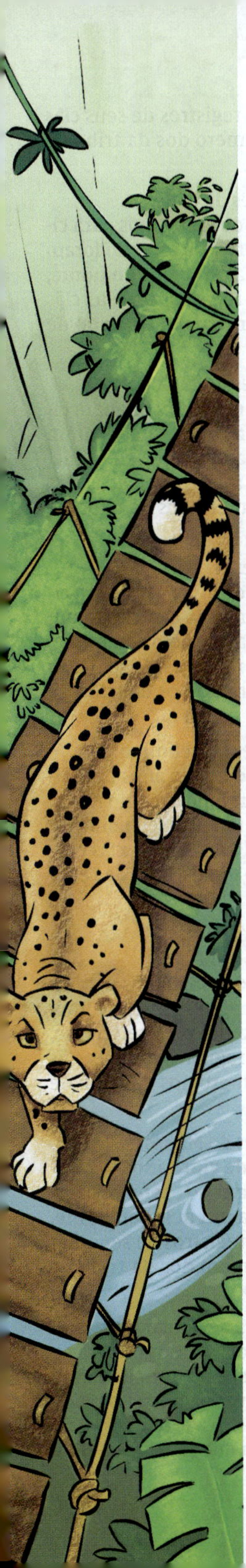

Números

Quem escreveu este livro?

Moisés.

Por que este livro foi escrito?

Números conta como a desobediência dos israelitas os impediu de entrar na Terra Prometida.

O que acontece neste livro?

Os israelitas estão apavorados pelo poder dos cananeus. Eles desobedecem quando Deus os manda atacar os cananeus. Os israelitas vagueiam pelo deserto por quarenta anos, até que todos os adultos que desobedeceram a Deus tenham morrido.

O que aprendemos sobre Deus neste livro?

Deus não abençoa as pessoas que se recusam a confiar nele e a lhe obedecer.

Quem são os personagens principais deste livro?

As pessoas mais importantes neste livro são Moisés e Arão.

Quando isto aconteceu?

Os acontecimento deste livro transcorreram entre 1445 e 1405 a.C.

Onde isto aconteceu?

Números 1—10 aconteceu no monte Sinai. Números 11—14 aconteceu fora de Canaã. O restante do livro se passou no deserto e no caminho de volta a Canaã, quarenta anos depois. (Veja o *Índice de mapas*, ao final desta Bíblia, para saber onde fica Canaã.)

Algumas das histórias deste livro:

Os israelitas reclamam	Números 11
Arão e Miriã voltam-se contra Moisés	Números 12
Os espiões exploram Canaã	Números 13
Os israelitas desobedecem a Deus	Números 14
Coré lidera uma rebelião	Números 16
A vara de Arão floresce	Números 17
Balaão tenta amaldiçoar Israel	Números 22—24
Israel derrota os midianitas	Números 31

O recenseamento

1 O SENHOR falou a Moisés na Tenda do Encon-
tro, no deserto do Sinai, no primeiro dia do
segundo mês do segundo ano, depois que os
israelitas saíram do Egito. Ele disse: 2“Façam
um recenseamento de toda a comunidade de
Israel, pelos seus clãs e famílias, alistando to-
dos os homens, um a um, pelo nome. 3Você e
Arão contarão todos os homens que possam
servir no exército, de vinte anos para cima,
organizados segundo as suas divisões. 4Um
homem de cada tribo, o chefe dos grupos de
famílias, deverá ajudá-los. 5Estes são os no-
mes dos homens que os ajudarão:

de Rúben, Elizur, filho de Sedeur;
6de Simeão, Selumiel,
filho de Zurisadai;
7de Judá, Naassom,
filho de Aminadabe;
8de Issacar, Natanael, filho de Zuar;
9de Zebulom, Eliabe, filho de Helom;
10dos filhos de José:
de Efraim, Elisama, filho de Amiúde;
de Manassés, Gamaliel,
filho de Pedazur;
11de Benjamim, Abidã,
filho de Gideoni;
12de Dã, Aieser, filho de Amisadai;
13de Aser, Pagiel, filho de Ocrã;
14de Gade, Eliasafe, filho de Deuel;
15de Naftali, Aira, filho de Enã”.

16Foram esses os escolhidos dentre a comu-
nidade, líderes das tribos dos seus antepas-
sados, chefes dos clãs de Israel.

17Moisés e Arão reuniram os homens no-
meados 18e convocaram toda a comunidade
no primeiro dia do segundo mês. Os homens
de vinte anos para cima inscreveram-se con-
forme os seus clãs e as suas famílias, um a
um, pelo nome, 19conforme o SENHOR tinha
ordenado a Moisés. E assim ele os contou no
deserto do Sinai, na seguinte ordem:

20Dos descendentes de Rúben, o filho
mais velho de Israel:
Todos os homens de vinte anos para ci-
ma que podiam servir no exército foram
relacionados, cada um pelo seu nome,
de acordo com os registros de seus clãs
e famílias. 21O número dos da tribo de
Rúben foi 46.500.

22Dos descendentes de Simeão:
Todos os homens de vinte anos para ci-
ma que podiam servir no exército foram
relacionados, cada um pelo seu nome,
de acordo com os registros de seus clãs
e famílias. 23O número dos da tribo de
Simeão foi 59.300.

24Dos descendentes de Gade:
Todos os homens de vinte anos para ci-
ma que podiam servir no exército foram
relacionados, cada um pelo seu nome,
de acordo com os registros de seus clãs
e famílias. 25O número dos da tribo de
Gade foi 45.650.

26Dos descendentes de Judá:
Todos os homens de vinte anos para ci-
ma que podiam servir no exército foram
relacionados, cada um pelo seu nome,
de acordo com os registros de seus clãs
e famílias. 27O número dos da tribo de
Judá foi 74.600.

28Dos descendentes de Issacar:
Todos os homens de vinte anos para ci-
ma que podiam servir no exército foram
relacionados, cada um pelo seu nome,
de acordo com os registros de seus clãs
e famílias. 29O número dos da tribo de
Issacar foi 54.400.

30Dos descendentes de Zebulom:
Todos os homens de vinte anos para ci-
ma que podiam servir no exército foram
relacionados, cada um pelo seu nome, de
acordo com os registros de seus clãs e fa-
mílias. 31O número dos da tribo de Zebu-
lom foi 57.400.

32Dos filhos de José:
Dos descendentes de Efraim:
Todos os homens de vinte anos para ci-
ma que podiam servir no exército foram
relacionados, cada um pelo seu nome,
de acordo com os registros de seus clãs
e famílias. 33O número dos da tribo de
Efraim foi 40.500.

34Dos descendentes de Manassés:
Todos os homens de vinte anos para ci-
ma que podiam servir no exército foram
relacionados, cada um pelo seu nome,
de acordo com os registros de seus clãs
e famílias. 35O número dos da tribo de
Manassés foi 32.200.

36Dos descendentes de Benjamim:
Todos os homens de vinte anos para ci-
ma que podiam servir no exército foram
relacionados, cada um pelo seu nome, de
acordo com os registros de seus clãs e fa-
mílias. 37O número dos da tribo de Ben-
jamim foi 35.400.

38Dos descendentes de Dã:
Todos os homens de vinte anos para cima que podiam servir no exército foram relacionados, cada um pelo seu nome, de acordo com os registros de seus clãs e famílias. 39O número dos da tribo de Dã foi 62.700.

40Dos descendentes de Aser:
Todos os homens de vinte anos para cima que podiam servir no exército foram relacionados, cada um pelo seu nome, de acordo com os registros de seus clãs e famílias. 41O número dos da tribo de Aser foi 41.500.

42Dos descendentes de Naftali:
Todos os homens de vinte anos para cima que podiam servir no exército foram relacionados, cada um pelo seu nome, de acordo com os registros de seus clãs e famílias. 43O número dos da tribo de Naftali foi 53.400.

44Esses foram os homens contados por Moisés e por Arão e pelos doze líderes de Israel, cada um representando a sua família. 45Todos os israelitas de vinte anos para cima que podiam servir no exército foram contados de acordo com as suas famílias. 46O total foi 603.550 homens.

A função dos levitas

47As famílias da tribo de Levi, porém, não foram contadas juntamente com as outras, 48pois o SENHOR tinha dito a Moisés: 49"Não faça o recenseamento da tribo de Levi nem a relacione entre os demais israelitas. 50Em vez disso, designe os levitas como responsáveis pelo tabernáculo que guarda as tábuas da aliança, por todos os seus utensílios e por tudo o que pertence a ele. Eles transportarão o tabernáculo e todos os seus utensílios; cuidarão dele e acamparão ao seu redor. 51Sempre que o tabernáculo tiver que ser removido, os levitas o desmontarão e, sempre que tiver que ser armado, os levitas o farão. Qualquer pessoa não autorizada que se aproximar do tabernáculo terá que ser executada. 52Os israelitas armarão as suas tendas organizadas segundo as suas divisões, cada um em seu próprio acampamento e junto à sua bandeira. 53Os levitas, porém, armarão as suas tendas ao redor do tabernáculo que guarda as tábuas da aliança, para que a ira divina não caia sobre a comunidade de Israel. Os levitas terão a responsabilidade de cuidar do tabernáculo que guarda as tábuas da aliança".

54Os israelitas fizeram tudo exatamente como o SENHOR tinha ordenado a Moisés.

Você sabia?

Dá para saber quantos israelitas saíram do Egito?

1:46 Este capítulo fala o número de homens de vinte anos para cima que deixaram o Egito. A maioria dos homens dessa idade estavam casados e muitos tinham família. Sendo assim, se cada homem tivesse uma esposa e dois filhos, você pode multiplicar por quatro o número total de pessoas registrado em Números 1:46. Você descobrirá aproximadamente quantos israelitas Moisés tirou da escravidão no Egito. Cerca de 2 milhões!

A disposição das tribos no acampamento

2 O SENHOR disse a Moisés e a Arão: 2"Os israelitas acamparão ao redor da Tenda do Encontro, a certa distância, cada homem junto à sua bandeira com os emblemas da sua família".

3A leste, os exércitos de Judá acamparão junto à sua bandeira. O líder de Judá será Naassom, filho de Aminadabe. 4Seu exército é de 74.600 homens.
5A tribo de Issacar acampará ao lado de Judá. O líder de Issacar será Natanael, filho de Zuar. 6Seu exército é de 54.400 homens.
7A tribo de Zebulom virá em seguida. O líder de Zebulom será Eliabe, filho de Helom. 8Seu exército é de 57.400 homens.
9O número total dos homens recenseados do acampamento de Judá, de acordo com os seus exércitos, foi 186.400. Esses marcharão primeiro.

10Ao sul estarão os exércitos do acampamento de Rúben, junto à sua bandeira. O líder de Rúben será Elizur, filho de Sedeur. 11Seu exército é de 46.500 homens.
12A tribo de Simeão acampará ao lado de Rúben. O líder de Simeão será Selumiel, filho de Zurisadai. 13Seu exército é de 59.300 homens.

14 A tribo de Gade virá em seguida. O líder de Gade será Eliasafe, filho de Deuel[a]. 15 Seu exército é de 45.650 homens.

16 O número total dos homens recenseados do acampamento de Rúben, de acordo com os seus exércitos, foi 151.450. Esses marcharão em segundo lugar.

17 Em seguida os levitas marcharão levando a Tenda do Encontro no meio dos outros acampamentos, na mesma ordem em que acamparem, cada um em seu próprio lugar, junto à sua bandeira.

18 A oeste estarão os exércitos do acampamento de Efraim, junto à sua bandeira. O líder de Efraim será Elisama, filho de Amiúde. 19 Seu exército é de 40.500 homens.

20 A tribo de Manassés acampará ao lado de Efraim. O líder de Manassés será Gamaliel, filho de Pedazur. 21 Seu exército é de 32.200 homens.

22 A tribo de Benjamim virá em seguida. O líder de Benjamim será Abidã, filho de Gideoni. 23 Seu exército é de 35.400 homens.

24 O número total dos homens recenseados do acampamento de Efraim, de acordo com os seus exércitos, foi 108.100. Esses marcharão em terceiro lugar.

25 Ao norte estarão os exércitos do acampamento de Dã, junto à sua bandeira. O líder de Dã será Aieser, filho de Amisadai. 26 Seu exército é de 62.700 homens.

[a] 2:14 Alguns manuscritos dizem *Reuel*.

Você sabia?

O que estava no centro do acampamento israelita?

2:17 O tabernáculo ficava no centro do acampamento. Aqui o tabernáculo é chamado de Tenda do Encontro, porque era onde Deus se encontrava com seu povo. Cada tribo israelita tinha sua posição própria ao norte, sul, leste ou oeste do tabernáculo, que ficava no centro para simbolizar a presença de Deus no coração do acampamento.

27 A tribo de Aser acampará ao lado de Dã. O líder de Aser será Pagiel, filho de Ocrã. 28 Seu exército é de 41.500 homens.

29 A tribo de Naftali virá em seguida. O líder de Naftali será Aira, filho de Enã. 30 Seu exército é de 53.400 homens.

31 O número total dos homens recenseados do acampamento de Dã, de acordo com os seus exércitos, foi 157.600. Esses marcharão por último, junto às suas bandeiras.

32 Foram esses os israelitas contados de acordo com as suas famílias. O número total dos que foram contados nos acampamentos, de acordo com os seus exércitos, foi 603.550. 33 Os levitas, contudo, não foram contados com os outros israelitas, conforme o SENHOR tinha ordenado a Moisés.

34 Assim os israelitas fizeram tudo o que o SENHOR tinha ordenado a Moisés; eles acampavam junto às suas bandeiras e depois partiam, cada um com o seu clã e com a sua família.

Os levitas e suas responsabilidades

3 Esta é a história da descendência de Arão e de Moisés, quando o SENHOR falou com Moisés no monte Sinai.

2 Os nomes dos filhos de Arão são Nadabe, o mais velho, Abiú, Eleazar e Itamar. 3 São esses os nomes dos filhos de Arão, que foram ungidos para o sacerdócio e que foram ordenados sacerdotes. 4 Nadabe e Abiú, entretanto, caíram mortos perante o SENHOR quando lhe trouxeram uma oferta com fogo profano, no deserto do Sinai. Como não tinham filhos, somente Eleazar e Itamar serviram como sacerdotes durante a vida de Arão, seu pai.

5 O SENHOR disse a Moisés: 6 "Mande chamar a tribo de Levi e apresente-a ao sacerdote Arão para auxiliá-lo. 7 Eles cuidarão das obrigações próprias da Tenda do Encontro, fazendo o serviço do tabernáculo para Arão e para toda a comunidade. 8 Tomarão conta de todos os utensílios da Tenda do Encontro, cumprindo as obrigações dos israelitas no serviço do tabernáculo. 9 Dedique os levitas a Arão e a seus filhos; eles serão escolhidos entre os israelitas para serem inteiramente dedicados a Arão[b]. 10 Encarregue Arão e os seus filhos de cuidar do sacerdócio; qualquer

[b] 3:9 Conforme a maioria dos manuscritos do Texto Massorético. Alguns manuscritos do Texto Massorético, o Pentateuco Samaritano e a Septuaginta dizem *a mim*. Veja Nm 8:16.

Você sabia?

De que modo os levitas eram especiais?

3:6 A tribo de Levi foi separada. Alguns dos membros dessa tribo (os da família de Arão) eram sacerdotes, enquanto outros ajudavam a cuidar do tabernáculo e a mudá-lo de lugar. O texto de Números 3—4 conta os diferentes serviços dados às famílias levitas.

pessoa não autorizada que se aproximar do santuário terá que ser executada".

11Disse também o SENHOR a Moisés: 12"Eu mesmo escolho os levitas dentre os israelitas em lugar do primeiro filho de cada mulher israelita. Os levitas são meus, 13pois todos os primogênitos são meus. Quando feri todos os primogênitos no Egito, separei para mim mesmo todo primogênito de Israel, tanto entre os homens como entre os rebanhos. Serão meus. Eu sou o SENHOR".

O recenseamento dos levitas

14E o SENHOR disse ainda a Moisés no deserto do Sinai: 15"Conte os levitas pelas suas famílias e clãs. Serão contados todos os do sexo masculino de um mês de idade para cima". 16Então Moisés os contou, conforme a ordem que recebera do SENHOR.

17São estes os nomes
dos filhos de Levi:
Gérson, Coate e Merari.
18São estes os nomes
dos clãs gersonitas:
Libni e Simei.
19São estes os nomes
dos clãs coatitas:
Anrão, Isar, Hebrom e Uziel.
20E estes são os nomes
dos clãs meraritas:
Mali e Musi.

Foram esses os líderes dos clãs levitas.

21A Gérson pertenciam os clãs dos libnitas e dos simeítas; eram esses os clãs gersonitas. 22O número de todos os que foram contados do sexo masculino, de um mês de idade para cima, foi 7.500. 23Os clãs gersonitas tinham que acampar a oeste, atrás do tabernáculo. 24O líder das famílias dos gersonitas era Eliasafe, filho de Lael. 25Na Tenda do Encontro os gersonitas tinham a responsabilidade de cuidar do tabernáculo, da tenda, da sua cobertura, da cortina da entrada da Tenda do Encontro, 26das cortinas externas do pátio, da cortina da entrada do pátio que rodeia o tabernáculo e o altar, das cordas, e de tudo o que estava relacionado com esse serviço.

27A Coate pertenciam os clãs dos anramitas, dos isaritas, dos hebronitas e dos uzielitas; eram esses os clãs coatitas. 28O número de todos os do sexo masculino, de um mês de idade para cima, foi 8.600[a]. Os coatitas tinham a responsabilidade de cuidar do santuário. 29Os clãs coatitas tinham que acampar no lado sul do tabernáculo. 30O líder das famílias dos clãs coatitas era Elisafã, filho de Uziel. 31Tinham a responsabilidade de cuidar da arca, da mesa, do candelabro, dos altares, dos utensílios do santuário com os quais ministravam, da cortina e de tudo o que estava relacionado com esse serviço. 32O principal líder dos levitas era Eleazar, filho do sacerdote Arão. Ele tinha a responsabilidade de supervisionar os encarregados de cuidar do santuário.

33A Merari pertenciam os clãs dos malitas e dos musitas; eram esses os clãs meraritas. 34O número de todos os que foram contados do sexo masculino, de um mês de idade para cima, foi 6.200. 35O líder das famílias dos clãs meraritas era Zuriel, filho de Abiail; eles tinham que acampar no lado norte do tabernáculo. 36Os meraritas tinham a responsabilidade de cuidar das armações do tabernáculo, de seus travessões, das colunas, das bases, de todos os seus utensílios e de tudo o que estava relacionado com esse serviço, 37bem como das colunas do pátio ao redor, com suas bases, suas estacas e suas cordas.

38E acamparam a leste do tabernáculo, em frente da Tenda do Encontro, Moisés, Arão e seus filhos. Tinham a responsabilidade de cuidar do santuário em favor dos israelitas. Qualquer pessoa não autorizada que se aproximasse do santuário teria que ser executada.

39O número total de levitas contados por Moisés e Arão, conforme a ordem do SENHOR, segundo os clãs deles, todos os do sexo masculino, de um mês de idade para cima, foi 22.000.

[a] 3:28 Alguns manuscritos da Septuaginta dizem *8.300*.

O resgate dos primogênitos

40E o SENHOR disse a Moisés: "Conte todos os primeiros filhos dos israelitas, do sexo masculino, de um mês de idade para cima e faça uma relação de seus nomes. 41Dedique a mim os levitas em lugar de todos os primogênitos dos israelitas, e os rebanhos dos levitas, em lugar de todas as primeiras crias dos rebanhos dos israelitas. Eu sou o SENHOR".

42E Moisés contou todos os primeiros filhos dos israelitas, conforme o SENHOR lhe havia ordenado. 43O número total dos primeiros filhos do sexo masculino, de um mês de idade para cima, relacionados pelo nome, foi 22.273.

44Disse também o SENHOR a Moisés: 45"Dedique os levitas em lugar de todos os primogênitos dos israelitas, e os rebanhos dos levitas em lugar dos rebanhos dos israelitas. Os levitas serão meus. Eu sou o SENHOR. 46Para o resgate dos primeiros 273 filhos dos israelitas que excedem o número de levitas, 47recolha sessenta gramas de prata[a], com base no peso padrão do santuário, que são doze gramas[b]. 48Entregue a Arão e aos seus filhos a prata para o resgate do número excedente de israelitas".

49Assim Moisés recolheu a prata para o resgate daqueles que excederam o número dos levitas. 50Dos primeiros filhos dos israelitas ele recolheu prata no peso de quase dezesseis quilos e meio[c], com base no peso padrão do santuário. 51Moisés entregou a Arão e aos filhos dele a prata para o resgate, conforme a ordem que recebera do SENHOR.

Os coatitas e suas responsabilidades

4 Disse o SENHOR a Moisés e a Arão: 2"Façam um recenseamento dos coatitas na tribo de Levi, pelos seus clãs e famílias; 3contem todos os homens entre trinta e cinquenta anos, aptos para servir, para que façam o serviço da Tenda do Encontro.

4"O serviço dos coatitas na Tenda do Encontro será o cuidado das coisas santíssimas. 5Quando o acampamento tiver que mudar, Arão e os seus filhos entrarão e descerão o véu protetor e com ele cobrirão a arca da aliança[d]. 6Depois a cobrirão com couro[e], estenderão um pano inteiramente azul sobre ela e colocarão as varas no lugar.

7"Sobre a mesa da Presença eles estenderão um pano azul e colocarão os pratos, os recipientes para incenso, as tigelas e as bacias para as ofertas derramadas, e os pães da Presença, que devem estar sempre sobre ela. 8Sobre tudo isso estenderão um pano vermelho e o cobrirão com couro. Depois colocarão as varas no lugar.

9"Pegarão também um pano azul e cobrirão o candelabro usado para iluminação, as suas candeias, as suas tesouras de aparo, os seus apagadores e todos os jarros para o seu suprimento de óleo. 10Em seguida o embrulharão com todos os seus utensílios numa cobertura de couro e o colocarão num suporte para carregar.

11"Sobre o altar de ouro estenderão um pano azul e o cobrirão com couro. E colocarão as suas varas no lugar.

12"Apanharão todos os utensílios usados na ministração no santuário, depois os embrulharão num pano azul e os cobrirão com couro; a seguir os colocarão num suporte para carregar.

13"Tirarão a cinza do altar de bronze e estenderão sobre ele um pano roxo. 14Colocarão sobre ele todos os utensílios usados na ministração no altar: os braseiros, os garfos de carne, as pás e as bacias da aspersão. Sobre ele estenderão uma cobertura de couro e colocarão as varas no lugar.

15"Quando Arão e os seus filhos terminarem de cobrir os utensílios sagrados e todos os artigos sagrados, e o acampamento estiver pronto para partir, os coatitas virão carregá-los. Mas não tocarão nas coisas sagradas; se o fizerem, morrerão. São esses os utensílios da Tenda do Encontro que os coatitas carregarão.

16"Eleazar, filho do sacerdote Arão, ficará encarregado do azeite para a iluminação, do incenso aromático, da oferta costumeira de cereal e do óleo da unção. Ficará encarregado de todo o tabernáculo e de tudo o que nele há, isto é, seus utensílios e seus artigos sagrados".

17O SENHOR disse ainda a Moisés e a Arão: 18"Não permitam que o ramo dos clãs coatitas seja eliminado dentre os levitas. 19Mas, para que continuem vivos e não morram quando se aproximarem das coisas santíssimas, Arão e os seus filhos entrarão no santuário e designarão a cada homem a sua

[a] 3:47 Hebraico: *5 siclos*. Um siclo equivalia a 12 gramas.
[b] 3:47 Hebraico: *no siclo do santuário, 20 geras por siclo*. Um gera equivalia a 0,6 gramas.
[c] 3:50 Hebraico: *1.365 siclos, de acordo com o siclo do santuário*.
[d] 4:5 Hebraico: *do Testemunho*. Isto é, das tábuas da aliança; também em 7:89.
[e] 4:6 Possivelmente peles de animais marinhos; também nos versículos 8, 10-12, 14 e 25.

tarefa e o que deverá carregar. 20Os coatitas não entrarão para ver as coisas sagradas, nem por um breve momento, para que não morram".

Os gersonitas e as suas responsabilidades

21E o SENHOR disse a Moisés: 22"Faça também um recenseamento dos gersonitas, pelas suas famílias e clãs; 23conte todos os homens entre trinta e cinquenta anos, aptos para servir, para que façam o serviço da Tenda do Encontro.

24"Este é o serviço dos clãs gersonitas, o que devem fazer e carregar: 25Eles levarão as cortinas internas do tabernáculo, a Tenda do Encontro, a sua cobertura, a cobertura externa de couro, as cortinas da entrada da Tenda do Encontro. 26Farão tudo o que for necessário com aquelas coisas e com as cortinas externas do pátio que rodeia o tabernáculo e o altar, com a cortina da entrada, com as cordas e com todos os utensílios usados em seu serviço. 27Todo o serviço deles, tudo o que devem fazer e carregar estará sob a direção de Arão e de seus filhos. Designe como responsabilidade deles tudo o que tiverem que carregar. 28Esse é o serviço dos clãs gersonitas na Tenda do Encontro. Suas atividades estarão sob a supervisão de Itamar, filho do sacerdote Arão.

Os meraritas e as suas responsabilidades

29"Conte os meraritas conforme os seus clãs e famílias, 30todos os homens entre trinta e cinquenta anos, aptos para servir, para que façam o serviço da Tenda do Encontro. 31Esta é a responsabilidade deles no serviço que deverão realizar na Tenda do Encontro: carregar as armações do tabernáculo, seus travessões, suas colunas e suas bases, 32bem como as colunas do pátio, que rodeia a tenda, com suas bases, suas estacas e suas cordas; todos os seus utensílios e tudo o que está relacionado com o seu uso. Designe a cada um aquilo que deverá levar. 33Esse é o serviço dos clãs meraritas. Todo o serviço deles na Tenda do Encontro estará sob a supervisão de Itamar, filho do sacerdote Arão".

O recenseamento dos levitas

34Moisés, Arão e os líderes da comunidade contaram os coatitas, conforme seus clãs e famílias, 35todos os homens entre trinta e cinquenta anos, aptos para servir, para que fizessem o serviço da Tenda do Encontro. 36Foram contados, conforme os seus clãs, 2.750 homens. 37Esse foi o total de recenseados dos clãs coatitas que serviam na Tenda do Encontro. Moisés e Arão os contaram de acordo com a ordem do SENHOR, anunciada por Moisés.

38Os gersonitas foram contados conforme os seus clãs e famílias, 39todos os homens entre trinta e cinquenta anos, aptos para servir, para fazer o serviço da Tenda do Encontro. 40Foram contados conforme os seus clãs e famílias 2.630. 41Esse foi o total de recenseados dos clãs gersonitas que serviam na Tenda do Encontro. Moisés e Arão os contaram de acordo com a ordem do SENHOR.

42Os meraritas foram contados conforme

A vida nos tempos da Bíblia

O candelabro

Chamado de *menorá*, o candelabro, que, de acordo com Êxodo 37:17-24 era feito de 34 quilos de ouro puro tinha de ser embalado com muito cuidado pelos levitas que cuidavam do tabernáculo e, futuramente, do templo de Deus.

os seus clãs e famílias, 43todos os homens entre trinta e cinquenta anos, aptos para servir, para fazer o serviço da Tenda do Encontro. 44Foram contados conforme os seus clãs 3.200. 45Esse foi o total de recenseados dos clãs meraritas que serviam na Tenda do Encontro. Moisés e Arão os contaram de acordo com a ordem do SENHOR, anunciada por Moisés.

46Assim Moisés, Arão e os líderes de Israel contaram todos os levitas conforme os seus clãs e famílias; 47todos os homens entre trinta e cinquenta anos de idade que vieram para servir e carregar a Tenda do Encontro 48somavam 8.580. 49Conforme a ordem do SENHOR anunciada por Moisés, a cada um foi designado o seu trabalho e foi dito o que deveria carregar.

Assim foram todos contados, conforme o SENHOR tinha ordenado a Moisés.

A pureza do acampamento

5 O SENHOR disse a Moisés: 2"Ordene aos israelitas que mandem para fora do acampamento todo aquele que tiver lepra[a], ou que tiver um fluxo, ou que se tornar impuro por tocar um cadáver. 3Mande-os para fora do acampamento, tanto homens como mulheres, para que não contaminem o seu próprio acampamento, onde habito entre eles". 4Os israelitas assim fizeram e os mandaram para fora do acampamento, como o SENHOR tinha ordenado a Moisés.

A restituição por danos e prejuízos

5E o SENHOR disse a Moisés: 6"Diga aos israelitas: Quando um homem ou uma mulher prejudicar outra pessoa[b] e, portanto, ofender o SENHOR, será culpado. 7Confessará o pecado que cometeu, fará restituição total, acrescentará um quinto a esse valor e entregará tudo isso a quem ele prejudicou. 8Mas, se o prejudicado não tiver nenhum parente próximo para receber a restituição, esta pertencerá ao SENHOR e será entregue ao sacerdote, juntamente com o carneiro com o qual se faz propiciação pelo culpado. 9Todas as contribuições, ou seja, todas as dádivas sagradas que os israelitas trouxerem ao sacerdote, pertencerão a ele. 10As dádivas sagradas de cada pessoa pertencem a ela, mas o que ela der ao sacerdote pertencerá ao sacerdote".

O teste da mulher suspeita de adultério

11Então o SENHOR disse a Moisés: 12"Diga o seguinte aos israelitas: Se a mulher de alguém se desviar e lhe for infiel, 13e outro homem deitar-se com ela, e isso estiver oculto de seu marido, e a impureza dela não for descoberta, por não haver testemunha contra ela nem ter ela sido pega no ato; 14se o marido dela tiver ciúmes e suspeitar de sua mulher, esteja ela pura ou impura, 15ele a levará ao sacerdote, com uma oferta de um jarro[c] de farinha de cevada em favor dela. Não derramará azeite nem porá incenso sobre a farinha, porque é uma oferta de cereal pelo ciúme, para que se revele a verdade sobre o pecado.

16"O sacerdote trará a mulher e a colocará perante o SENHOR. 17Então apanhará um pouco de água sagrada num jarro de barro e colocará na água um pouco do pó do chão do tabernáculo. 18Depois de colocar a mulher perante o SENHOR, o sacerdote soltará o cabelo dela e porá nas mãos dela a oferta memorial, a oferta pelo ciúme, enquanto ele mesmo terá em sua mão a água amarga que traz maldição. 19Então o sacerdote fará a mulher jurar e lhe dirá: Se nenhum outro homem se deitou com você e se você não foi infiel nem se tornou impura enquanto casada, que esta água amarga que traz maldição não lhe faça mal. 20Mas, se você foi infiel enquanto casada e se contaminou por ter se deitado com um homem que não é seu marido — 21então o sacerdote fará a mulher pronunciar este juramento com maldição — que o SENHOR faça de você objeto de maldição e de desprezo no meio do povo fazendo que a sua barriga inche e que você jamais tenha filhos[d]. 22Que esta água que traz maldição entre em seu corpo, inche a sua barriga e a impeça de ter filhos.

"Então a mulher dirá: Amém. Assim seja.

23"O sacerdote escreverá essas maldições num documento e depois as lavará na água amarga. 24Ele a fará beber a água amarga que traz maldição, e essa água entrará nela, causando-lhe amargo sofrimento. 25O sacerdote apanhará das mãos dela a oferta de cereal pelo ciúme, a moverá ritualmente perante o SENHOR e a trará ao altar. 26Então apanhará um punhado da oferta de cereal como oferta memorial e a queimará sobre o altar;

[a] 5:2 O termo hebraico não se refere somente à lepra, mas também a diversas doenças da pele.

[b] 5:6 Ou *cometer qualquer pecado que os homens cometem*

[c] 5:15 Hebraico: *1/10 de efa*. O efa era uma medida de capacidade para secos. As estimativas variam entre 20 e 40 litros.

[d] 5:21 Hebraico: *que a sua coxa caia e seu ventre inche*; também nos versículos 22 e 27.

depois disso fará a mulher beber a água. 27 Se
ela houver se contaminado, sendo infiel ao
seu marido, quando o sacerdote fizer que ela
beba a água que traz maldição, essa água en-
trará nela e causará um amargo sofrimento;
sua barriga inchará e ela, incapaz de ter fi-
lhos, se tornará objeto de maldição entre o
seu povo. 28 Se, porém, a mulher não houver
se contaminado, mas estiver pura, não sofre-
rá punição e será capaz de ter filhos.

29 "Esse é, pois, o ritual quanto ao ciúme,
quando uma mulher for infiel e se contami-
nar enquanto casada, 30 ou quando o ciúme se
apoderar de um homem porque suspeita de
sua mulher. O sacerdote a colocará perante
o SENHOR e a fará passar por todo esse ritual.
31 Se a suspeita se confirmar ou não, o mari-
do estará inocente; mas a mulher sofrerá as
consequências da sua iniquidade".

As regulamentações do voto de nazireu

6 O SENHOR disse ainda a Moisés: 2 "Diga o
seguinte aos israelitas: Se um homem ou
uma mulher fizer um voto especial, um voto
de separação para o SENHOR como nazireu, 3 te-
rá que se abster de vinho e de outras bebidas
fermentadas e não poderá beber vinagre feito
de vinho ou de outra bebida fermentada. Não
poderá beber suco de uva nem comer uvas
nem passas. 4 Enquanto for nazireu, não po-
derá comer nada que venha da videira, nem
mesmo as sementes ou as cascas.

5 "Durante todo o período de seu voto de
separação, nenhuma lâmina será usada em
sua cabeça. Até que termine o período de sua
separação para o SENHOR ele estará consa-
grado e deixará crescer o cabelo de sua cabe-
ça. 6 Durante todo o período de sua separação
para o SENHOR, não poderá aproximar-se de
um cadáver. 7 Mesmo que o seu próprio pai
ou mãe ou irmã ou irmão morra, ele não po-
derá tornar-se impuro por causa deles, pois
traz sobre a cabeça o símbolo de sua separa-
ção para Deus. 8 Durante todo o período de
sua separação, estará consagrado ao SENHOR.

9 "Se alguém morrer repentinamente perto
dele, contaminando assim o cabelo que con-
sagrou, ele terá que rapar a cabeça sete dias
depois, dia da sua purificação. 10 No oitavo
dia, trará duas rolinhas ou dois pombinhos
ao sacerdote, à entrada da Tenda do Encon-
tro. 11 O sacerdote oferecerá um como oferta
pelo pecado e o outro como holocausto[a], pa-
ra fazer propiciação por ele, pois pecou ao se
aproximar de um cadáver. Naquele mesmo
dia o nazireu reconsagrará a sua cabeça. 12 Ele
se dedicará ao SENHOR pelo período de sua
separação e trará um cordeiro de um ano de
idade como oferta de reparação. Não se con-
tarão os dias anteriores porque ficou conta-
minado durante a sua separação.

[a] 6:11 Isto é, sacrifício totalmente queimado; também em todo o livro de Números.

A vida nos tempos da Bíblia

O corte de cabelo masculino

A maioria dos homens em Israel não tinha o cabelo muito longo, entretanto, eles deixavam a barba crescer, ao contrário dos egípcios, que mantinham o rosto bem barbeado. Um homem que fizesse a Deus um voto especial de nazireu tinha de deixar seu cabelo crescer. O nazireu mais famoso da Bíblia foi Sansão, o qual perdeu sua incrível força quando teve o cabelo cortado. Você pode ler sobre Sansão em Juízes 16.

13“Este é o ritual do nazireu quando ter-
minar o período de sua separação: ele se-
rá trazido à entrada da Tenda do Encontro.
14Ali apresentará a sua oferta ao SENHOR: um
cordeiro de um ano e sem defeito como ho-
locausto, uma cordeira de um ano e sem de-
feito como oferta pelo pecado, um carneiro
sem defeito como oferta de comunhão[a],
15juntamente com a sua oferta de cereal, com
a oferta derramada e com um cesto de pães
sem fermento, bolos feitos da melhor fari-
nha amassada com azeite e pães finos unta-
dos com azeite.
16“O sacerdote os apresentará ao SENHOR
e oferecerá o sacrifício pelo pecado e o ho-
locausto. 17Apresentará o cesto de pães sem
fermento e oferecerá o cordeiro como sacri-
fício de comunhão ao SENHOR, juntamente
com a oferta de cereal e a oferta derramada.
18“Em seguida, à entrada da Tenda do En-
contro, o nazireu rapará o cabelo que consa-
grou e o jogará no fogo que está embaixo do
sacrifício da oferta de comunhão.
19“Depois que o nazireu rapar o cabelo da
sua consagração, o sacerdote lhe colocará nas
mãos um ombro cozido do carneiro, um bolo
e um pão fino tirados do cesto, ambos sem
fermento. 20O sacerdote os moverá perante
o SENHOR como gesto ritual de apresentação;
são santos e pertencem ao sacerdote, bem co-
mo o peito que foi movido e a coxa. Depois
disso o nazireu poderá beber vinho.
21“Esse é o ritual do voto de nazireu e da
oferta dedicada ao SENHOR de acordo com a
sua separação, sem contar qualquer outra coi-
sa que ele possa dedicar. Cumprirá o voto que
tiver feito de acordo com o ritual do nazireu”.

[a] 6:14 Ou *de paz*; também em 6:17,18 e em todo o capítulo 7.

Palavras para memorizar

“O SENHOR te abençoe e te guarde; o SENHOR faça resplandecer o seu rosto sobre ti e te conceda graça; o SENHOR volte para ti o seu rosto e te dê paz.”

(Números 6:24-26)

A bênção sacerdotal

22O SENHOR disse a Moisés: 23“Diga a Arão
e aos seus filhos: Assim vocês abençoarão os
israelitas:

24“O SENHOR te abençoe e te guarde;
25o SENHOR faça resplandecer
o seu rosto sobre ti[b]
e te conceda graça;
26o SENHOR volte para ti o seu rosto
e te dê paz.

27“Assim eles invocarão o meu nome sobre
os israelitas, e eu os abençoarei”.

Ofertas por ocasião da dedicação do tabernáculo

7 Quando Moisés acabou de armar o taber-
náculo, ele o ungiu e o consagrou, junta-
mente com todos os seus utensílios. Também
ungiu e consagrou o altar com todos os seus
utensílios. 2Então os líderes de Israel, os che-
fes das famílias que eram os líderes das tribos
encarregados do recenseamento, apresenta-
ram ofertas. 3Trouxeram as suas dádivas ao
SENHOR: seis carroças cobertas e doze bois,
um boi de cada líder e uma carroça de cada
dois líderes; e as apresentaram diante do ta-
bernáculo.
4O SENHOR disse a Moisés: 5“Aceite as ofer-
tas deles para que sejam usadas no trabalho
da Tenda do Encontro. Entregue-as aos levi-
tas, conforme exigir o trabalho de cada ho-
mem”.
6Então Moisés recebeu as carroças e os bois
e os entregou aos levitas. 7Deu duas carroças
e quatro bois aos gersonitas, conforme exi-
gia o trabalho deles, 8e quatro carroças e oito
bois aos meraritas, conforme exigia o traba-
lho deles. Estavam todos sob a supervisão de
Itamar, filho do sacerdote Arão. 9Mas aos coa-
titas Moisés não deu nada, pois eles deveriam
carregar nos ombros os objetos sagrados pe-
los quais eram responsáveis.
10Quando o altar foi ungido, os líderes trou-
xeram as suas ofertas para a dedicação do
altar, e as apresentaram diante dele. 11Pois
o SENHOR tinha dito a Moisés: “Cada dia um
líder deverá trazer a sua oferta para a dedi-
cação do altar”.

12No primeiro dia, Naassom, filho de Ami-
nadabe, da tribo de Judá, trouxe a sua oferta.
13A oferta dele foi um prato de prata de um
quilo e quinhentos e sessenta gramas[c] e uma

[b] 6:25 Isto é, mostre a sua bondade para contigo.
[c] 7:13 Hebraico: *130 siclos*. Um siclo equivalia a 12 gramas.

bacia de prata para as aspersões, de oitocen-
tos e quarenta gramas, ambos pesados com
base no peso padrão do santuário, cada um
cheio da melhor farinha amassada com óleo,
como oferta de cereal; [14]uma vasilha de ou-
ro de cento e vinte gramas, cheia de incenso;
[15]um novilho, um carneiro e um cordeiro de
um ano como holocausto; [16]um bode como
oferta pelo pecado; [17]e dois bois, cinco carnei-
ros, cinco bodes e cinco cordeiros de um ano
para serem oferecidos como sacrifício de co-
munhão. Essa foi a oferta de Naassom, filho
de Aminadabe.

[18]No segundo dia, Natanael, filho de Zuar e
líder de Issacar, trouxe a sua oferta.

[19]A oferta dele foi um prato de prata de um
quilo e quinhentos e sessenta gramas e uma
bacia de prata para as aspersões, de oitocen-
tos e quarenta gramas, ambos pesados com
base no peso padrão do santuário, cada um
cheio da melhor farinha amassada com óleo,
como oferta de cereal; [20]uma vasilha de ou-
ro de cento e vinte gramas, cheia de incenso;
[21]um novilho, um carneiro e um cordeiro de
um ano como holocausto; [22]um bode como
oferta pelo pecado; [23]e dois bois, cinco car-
neiros, cinco bodes e cinco cordeiros de um
ano para serem oferecidos como sacrifício de
comunhão. Essa foi a oferta de Natanael, fi-
lho de Zuar.

[24]No terceiro dia, Eliabe, filho de Helom e
líder de Zebulom, trouxe a sua oferta.

[25]A oferta dele foi um prato de prata de um
quilo e quinhentos e sessenta gramas e uma
bacia de prata para as aspersões, de oitocen-
tos e quarenta gramas, ambos pesados com
base no peso padrão do santuário, cada um
cheio da melhor farinha amassada com óleo,
como oferta de cereal; [26]uma vasilha de ou-
ro de cento e vinte gramas, cheia de incen-
so; [27]um novilho, um carneiro e um cordeiro
de um ano como holocausto; [28]um bode co-
mo oferta pelo pecado; [29]e dois bois, cinco
carneiros, cinco bodes e cinco cordeiros de
um ano para serem oferecidos como sacri-
fício de comunhão. Essa foi a oferta de Elia-
be, filho de Helom.

[30]No quarto dia, Elizur, filho de Sedeur e
líder de Rúben, trouxe a sua oferta.

[31]A oferta dele foi um prato de prata de um
quilo e quinhentos e sessenta gramas e uma
bacia de prata para as aspersões, de oitocen-
tos e quarenta gramas, ambos pesados com
base no peso padrão do santuário, cada um
cheio da melhor farinha amassada com óleo,
como oferta de cereal; [32]uma vasilha de ou-
ro de cento e vinte gramas, cheia de incenso;
[33]um novilho, um carneiro e um cordeiro de
um ano como holocausto; [34]um bode como
oferta pelo pecado; [35]e dois bois, cinco car-
neiros, cinco bodes e cinco cordeiros de um
ano para serem oferecidos como sacrifício de
comunhão. Essa foi a oferta de Elizur, filho
de Sedeur.

[36]No quinto dia, Selumiel, filho de Zurisa-
dai e líder de Simeão, trouxe a sua oferta.

[37]A oferta dele foi um prato de prata de um
quilo e quinhentos e sessenta gramas e uma
bacia de prata para as aspersões, de oitocen-
tos e quarenta gramas, ambos pesados com
base no peso padrão do santuário, cada um
cheio da melhor farinha amassada com óleo,
como oferta de cereal; [38]uma vasilha de ou-
ro de cento e vinte gramas, cheia de incenso;
[39]um novilho, um carneiro e um cordeiro de
um ano como holocausto; [40]um bode como
oferta pelo pecado; [41]e dois bois, cinco car-
neiros, cinco bodes e cinco cordeiros de um
ano para serem oferecidos como sacrifício de
comunhão. Essa foi a oferta de Selumiel, fi-
lho de Zurisadai.

[42]No sexto dia, Eliasafe, filho de Deuel e lí-
der de Gade, trouxe a sua oferta.

[43]A oferta dele foi um prato de prata de
um quilo e quinhentos e sessenta gramas e
uma bacia de prata para as aspersões, de oi-
tocentos e quarenta gramas, ambos pesados
com base no peso padrão do santuário, cada
um cheio da melhor farinha amassada com
óleo, como oferta de cereal; [44]uma vasilha de
ouro de cento e vinte gramas, cheia de incen-
so; [45]um novilho, um carneiro e um cordei-
ro de um ano como holocausto; [46]um bode
como oferta pelo pecado; [47]e dois bois, cinco
carneiros, cinco bodes e cinco cordeiros de
um ano para serem oferecidos como sacrifí-
cio de comunhão. Essa foi a oferta de Eliasa-
fe, filho de Deuel.

[48]No sétimo dia, Elisama, filho de Amiúde
e líder de Efraim, trouxe a sua oferta.

[49]A oferta dele foi um prato de prata de um
quilo e quinhentos e sessenta gramas e uma
bacia de prata para as aspersões, de oitocen-
tos e quarenta gramas, ambos pesados com
base no peso padrão do santuário, cada um
cheio da melhor farinha amassada com óleo,
como oferta de cereal; [50]uma vasilha de ou-
ro de cento e vinte gramas, cheia de incenso;

51 um novilho, um carneiro e um cordeiro de um ano como holocausto; 52 um bode como oferta pelo pecado; 53 e dois bois, cinco carneiros, cinco bodes e cinco cordeiros de um ano para serem oferecidos como sacrifício de comunhão. Essa foi a oferta de Elisama, filho de Amiúde.

54 No oitavo dia, Gamaliel, filho de Pedazur e líder de Manassés, trouxe a sua oferta.

55 A oferta dele foi um prato de prata de um quilo e quinhentos e sessenta gramas e uma bacia de prata para as aspersões, de oitocentos e quarenta gramas, ambos pesados com base no peso padrão do santuário, cada um cheio da melhor farinha amassada com óleo, como oferta de cereal; 56 uma vasilha de ouro de cento e vinte gramas, cheia de incenso; 57 um novilho, um carneiro e um cordeiro de um ano como holocausto; 58 um bode como oferta pelo pecado; 59 e dois bois, cinco carneiros, cinco bodes e cinco cordeiros de um ano para serem oferecidos como sacrifício de comunhão. Essa foi a oferta de Gamaliel, filho de Pedazur.

60 No nono dia, Abidã, filho de Gideoni e líder de Benjamim, trouxe a sua oferta.

61 A oferta dele foi um prato de prata de um quilo e quinhentos e sessenta gramas e uma bacia de prata para as aspersões, de oitocentos e quarenta gramas, ambos pesados com base no peso padrão do santuário, cada um cheio da melhor farinha amassada com óleo, como oferta de cereal; 62 uma vasilha de ouro de cento e vinte gramas, cheia de incenso; 63 um novilho, um carneiro e um cordeiro de um ano como holocausto; 64 um bode como oferta pelo pecado; 65 e dois bois, cinco carneiros, cinco bodes e cinco cordeiros de um ano para serem oferecidos como sacrifício de comunhão. Essa foi a oferta de Abidã, filho de Gideoni.

66 No décimo dia, Aieser, filho de Amisadai e líder de Dã, trouxe a sua oferta.

67 A oferta dele foi um prato de prata de um quilo e quinhentos e sessenta gramas e uma bacia de prata para as aspersões, de oitocentos e quarenta gramas, ambos pesados com base no peso padrão do santuário, cada um cheio da melhor farinha amassada com óleo, como oferta de cereal; 68 uma vasilha de ouro de cento e vinte gramas, cheia de incenso; 69 um novilho, um carneiro e um cordeiro de um ano como holocausto; 70 um bode como oferta pelo pecado; 71 e dois bois, cinco carneiros, cinco bodes e cinco cordeiros de um ano para serem oferecidos como sacrifício de comunhão. Essa foi a oferta de Aieser, filho de Amisadai.

72 No décimo primeiro dia, Pagiel, filho de Ocrã e líder de Aser, trouxe a sua oferta.

73 A oferta dele foi um prato de prata de um quilo e quinhentos e sessenta gramas e uma bacia de prata para as aspersões, de oitocentos e quarenta gramas, ambos pesados com base no peso padrão do santuário, cada um cheio da melhor farinha amassada com óleo, como oferta de cereal; 74 uma vasilha de ouro de cento e vinte gramas, cheia de incenso; 75 um novilho, um carneiro e um cordeiro de um ano como holocausto; 76 um bode como oferta pelo pecado; 77 e dois bois, cinco carneiros, cinco bodes e cinco cordeiros de um ano para serem oferecidos como sacrifício de comunhão. Essa foi a oferta de Pagiel, filho de Ocrã.

78 No décimo segundo dia, Aira, filho de Enã e líder de Naftali, trouxe a sua oferta.

79 A oferta dele foi um prato de prata de um quilo e quinhentos e sessenta gramas e uma bacia de prata para as aspersões, de oitocentos e quarenta gramas, ambos pesados com base no peso padrão do santuário, cada um cheio da melhor farinha amassada com óleo, como oferta de cereal; 80 uma vasilha de ouro de cento e vinte gramas, cheia de incenso; 81 um novilho, um carneiro e um cordeiro de um ano como holocausto; 82 um bode como oferta pelo pecado; 83 e dois bois, cinco carneiros, cinco bodes e cinco cordeiros de um ano para serem oferecidos como sacrifício de comunhão. Essa foi a oferta de Aira, filho de Enã.

84 Essas foram as ofertas dos líderes israelitas para a dedicação do altar quando este foi ungido. Ao todo foram: doze pratos de prata, doze bacias de prata para as aspersões e doze vasilhas de ouro. 85 Cada prato de prata pesava um quilo e quinhentos e sessenta gramas, e cada bacia para as aspersões pesava oitocentos e quarenta gramas. O total de peças de prata pesava vinte e oito quilos e oitocentos gramas, com base no peso padrão do santuário. 86 As doze vasilhas de ouro cheias de incenso pesavam cada uma cento e vinte gramas, com base no peso padrão do santuário. O total de vasilhas de ouro pesava um quilo e quatrocentos e quarenta gramas. 87 O total de animais oferecidos em holocausto

foi doze novilhos, doze carneiros e doze cor-
deiros de um ano, juntamente com as ofertas
de cereal. Doze bodes foram trazidos para a
oferta pelo pecado. 88O total de animais ofe-
recidos em sacrifício de comunhão foi vinte e
quatro bois, sessenta carneiros, sessenta bo-
des e sessenta cordeiros de um ano. Foram
essas as ofertas trazidas para a dedicação do
altar depois que este foi ungido.
89Quando entrava na Tenda do Encontro
para falar com o SENHOR, Moisés ouvia a voz
que lhe falava do meio dos dois querubins,
de cima da tampa da arca da aliança. Era as-
sim que o SENHOR falava com ele.

A preparação das lâmpadas do candelabro

8 Disse também o SENHOR a Moisés: 2"Diga
o seguinte a Arão: Quando você preparar
as sete lâmpadas, estas deverão iluminar a
área da frente do candelabro".
3Arão assim fez; dispôs as lâmpadas de mo-
do que estivessem voltadas para a frente do
candelabro, como o SENHOR tinha ordenado
a Moisés. 4O candelabro foi feito de ouro ba-
tido, do pedestal às flores, conforme o mo-
delo que o SENHOR tinha mostrado a Moisés.

A consagração dos levitas

5O SENHOR disse a Moisés: 6"Separe os le-
vitas do meio dos israelitas e purifique-os.
7A purificação deles será assim: você aspergi-
rá a água da purificação sobre eles; fará com
que rapem o corpo todo e lavem as roupas,
para que se purifiquem. 8Depois eles trarão
um novilho com a oferta de cereal da melhor
farinha amassada com óleo; e você trará um
segundo novilho como oferta pelo pecado.
9Você levará os levitas para a frente da Ten-
da do Encontro e reunirá toda a comunida-
de de Israel. 10Levará os levitas à presença
do SENHOR, e os israelitas imporão as mãos
sobre eles. 11Arão apresentará os levitas ao
SENHOR como oferta ritualmente movida da
parte dos israelitas: eles serão dedicados ao
trabalho do SENHOR.
12"Depois que os levitas impuserem as
mãos sobre a cabeça dos novilhos, você ofe-
recerá um novilho como oferta pelo pecado
e o outro como holocausto ao SENHOR, pa-
ra fazer propiciação pelos levitas. 13Dispo-
nha os levitas em frente de Arão e dos filhos
dele e apresente-os como oferta movida ao
SENHOR. 14Dessa maneira você separará os
levitas do meio dos israelitas, e os levitas
serão meus.
15"Depois que você purificar os levitas e os
apresentar como oferta movida, eles entra-
rão na Tenda do Encontro para ministrar.
16Eles são os israelitas que deverão ser intei-
ramente dedicados a mim. Eu os separei pa-
ra serem meus em lugar dos primogênitos,
do primeiro filho homem de cada mulher is-
raelita. 17Todo primogênito em Israel, entre
os homens e entre os rebanhos, é meu. Eu os
separei para mim quando feri todos os pri-
mogênitos no Egito, 18e escolhi os levitas em
lugar de todos os primogênitos em Israel.
19Dentre todos os israelitas, dediquei os le-
vitas como dádivas a Arão e aos seus filhos;
eles ministrarão na Tenda do Encontro em
nome dos israelitas e farão propiciação por
eles, para que nenhuma praga atinja os israe-
litas quando se aproximarem do santuário".
20Moisés, Arão e toda a comunidade de Is-
rael fizeram com os levitas como o SENHOR
tinha ordenado a Moisés. 21Os levitas se pu-
rificaram e lavaram suas roupas; e Arão os
apresentou como oferta ritualmente movi-
da perante o SENHOR e fez propiciação por
eles para purificá-los. 22Depois disso os levitas
passaram a ministrar na Tenda do Encontro
sob a supervisão de Arão e dos seus filhos. Fi-
zeram com os levitas como o SENHOR tinha
ordenado a Moisés.
23O SENHOR disse ainda a Moisés: 24"Isto
diz respeito aos levitas: os homens de vinte
e cinco anos para cima, aptos para servir, to-
marão parte no trabalho que se faz na Tenda
do Encontro, 25mas aos cinquenta anos deve-
rão afastar-se do serviço regular e nele não
mais trabalharão. 26Poderão ajudar seus com-
panheiros de ofício na responsabilidade de
cuidar da Tenda do Encontro, mas eles mes-
mos não deverão fazer o trabalho. Assim você
designará as responsabilidades dos levitas".

A celebração da Páscoa

9 O SENHOR falou com Moisés no deserto do
Sinai, no primeiro mês do segundo ano
depois que o povo saiu do Egito. Ele disse:
2"Os israelitas devem celebrar a Páscoa na
ocasião própria. 3Celebrem-na no tempo de-
terminado, ao pôr do sol do décimo quarto
dia deste mês, de acordo com todas as suas
leis e ordenanças".
4Então Moisés ordenou aos israelitas que
celebrassem a Páscoa; 5eles a celebraram no
deserto do Sinai, ao pôr do sol do décimo
quarto dia do primeiro mês. Os israelitas fi-
zeram tudo conforme o SENHOR tinha orde-
nado a Moisés.

6Mas alguns deles não puderam celebrar a
Páscoa naquele dia porque se haviam torna-
do impuros por terem tocado num cadáver.
Por isso procuraram Moisés e Arão naquele
mesmo dia 7e disseram a Moisés: “Nós nos
tornamos impuros por termos tocado num
cadáver, mas por que deveríamos ser im-
pedidos de apresentar a nossa oferta ao SE-
NHOR na ocasião própria, como os demais
israelitas?”
8Moisés respondeu-lhes: “Esperem até que
eu saiba o que o SENHOR ordena a respeito
de vocês”.
9Então o SENHOR disse a Moisés: 10“Di-
ga o seguinte aos israelitas: Quando algum
de vocês ou dos seus descendentes se tor-
nar impuro por tocar algum cadáver ou es-
tiver distante por motivo de viagem, ainda
assim poderá celebrar a Páscoa do SENHOR.
11Deverão celebrá-la no décimo quarto dia do
segundo mês, ao pôr do sol. Comerão o cor-
deiro com pães sem fermento e com ervas
amargas. 12Não deixarão sobrar nada até o
amanhecer e não quebrarão nenhum osso do
cordeiro. Quando a celebrarem, obedeçam a
todas as leis da Páscoa. 13Se, porém, um ho-
mem estiver puro e não estiver distante por
motivo de viagem e ainda assim não celebrar
a Páscoa, ele será eliminado do meio do seu
povo porque não apresentou a oferta do SE-
NHOR na ocasião própria. Ele sofrerá as con-
sequências do seu pecado.
14“Um estrangeiro residente entre vocês,
que queira celebrar a Páscoa do SENHOR, de-
verá fazê-lo de acordo com as leis e ordenan-
ças da Páscoa. Vocês terão as mesmas leis
para o estrangeiro e para o natural da terra”.

A nuvem sobre o tabernáculo

15No dia em que foi armado o tabernáculo,
a tenda que guarda as tábuas da aliança, a
nuvem o cobriu. Desde o entardecer até o
amanhecer a nuvem por cima do taber-
náculo tinha a aparência de fogo. 16Era as-
sim que sempre acontecia: de dia a nuvem
o cobria, e de noite tinha a aparência de fo-
go. 17Sempre que a nuvem se levantava de
cima da Tenda, os israelitas partiam; no lu-
gar em que a nuvem descia, ali acampavam.
18Conforme a ordem do SENHOR os israelitas
partiam, e conforme a ordem do SENHOR,
acampavam. Enquanto a nuvem estives-
se por cima do tabernáculo, eles permane-
ciam acampados. 19Quando a nuvem ficava
sobre o tabernáculo por muito tempo, os is-
raelitas cumpriam suas responsabilidades
para com o SENHOR, e não partiam. 20Às
vezes a nuvem ficava sobre o tabernáculo
poucos dias; conforme a ordem do SENHOR
eles acampavam, e também conforme a or-
dem do SENHOR, partiam. 21Outras vezes a
nuvem permanecia somente desde o entar-
decer até o amanhecer, e quando se levan-
tava pela manhã, eles partiam. De dia ou
de noite, sempre que a nuvem se levantava,
eles partiam. 22Quer a nuvem ficasse sobre
o tabernáculo dois dias, quer um mês, quer
mais tempo, os israelitas permaneciam no
acampamento e não partiam; mas, quando
ela se levantava, partiam. 23Conforme a or-
dem do SENHOR acampavam, e conforme a
ordem do SENHOR partiam. Nesse meio tem-
po, cumpriam suas responsabilidades para
com o SENHOR, de acordo com as suas or-
dens, anunciadas por Moisés.

As cornetas de prata

10 O SENHOR disse a Moisés: 2“Faça duas
cornetas de prata batida a fim de usá-
-las para reunir a comunidade e para dar aos
acampamentos o sinal para partirem. 3Quan-
do as duas cornetas tocarem, a comunidade
inteira se reunirá diante de você, à entrada
da Tenda do Encontro. 4Se apenas uma tocar,
os líderes, chefes dos clãs de Israel, se reuni-
rão diante de você. 5Quando a corneta der um
toque de alerta, as tribos acampadas a leste
deverão partir. 6Ao som do segundo toque, os
acampamentos do lado sul partirão. O toque
de alerta será o sinal para partir. 7Para reunir
a assembleia, faça soar as cornetas, mas não
com o mesmo toque.
8“Os filhos de Arão, os sacerdotes, tocarão
as cornetas. Este é um decreto perpétuo para

Você sabia?

Por que Deus colocou uma nuvem sobre o tabernáculo?

9:22 A nuvem lembrava aos israelitas que Deus estava com eles e também guiava os viajantes no deserto. Os israelitas seguiam a nuvem quando ela se movia e paravam quando ela parava. A nuvem era o símbolo visível da presença de Deus.

vocês e para as suas gerações. 9 Quando em sua terra vocês entrarem em guerra contra um adversário que os esteja oprimindo, toquem as cornetas; e o SENHOR, o Deus de vocês, se lembrará de vocês e os libertará dos seus inimigos. 10 Também em seus dias festivos, nas festas fixas e no primeiro dia de cada mês, vocês deverão tocar as cornetas por ocasião dos seus holocaustos e das suas ofertas de comunhão[a], e elas serão um memorial em favor de vocês perante o seu Deus. Eu sou o SENHOR, o Deus de vocês".

Os israelitas partem do Sinai

11 "No vigésimo dia do segundo mês do segundo ano, a nuvem se levantou de cima do tabernáculo que guarda as tábuas da aliança. 12 Então os israelitas partiram do deserto do Sinai e viajaram por etapas, até que a nuvem pousou no deserto de Parã. 13 Assim partiram pela primeira vez, conforme a ordem do SENHOR anunciada por Moisés.

14 Os exércitos do acampamento de Judá partiram primeiro, junto à sua bandeira. Naassom, filho de Aminadabe, estava no comando. 15 Natanael, filho de Zuar, comandava os exércitos da tribo de Issacar, 16 e Eliabe, filho de Helom, chefiava os exércitos da tribo de Zebulom. 17 Quando o tabernáculo era desmontado, os gersonitas e os meraritas o carregavam e partiam.

18 Os exércitos do acampamento de Rúben partiram em seguida, junto à sua bandeira. Elizur, filho de Sedeur, estava no comando. 19 Selumiel, filho de Zurisadai, comandava os exércitos da tribo de Simeão, 20 e Eliasafe, filho de Deuel, chefiava os exércitos da tribo de Gade. 21 Então os coatitas partiam carregando as coisas sagradas. Antes que eles chegassem, o tabernáculo já deveria estar armado.

22 Os exércitos do acampamento de Efraim partiram em seguida, junto à sua bandeira. Elisama, filho de Amiúde, estava no comando. 23 Gamaliel, filho de Pedazur, comandava os exércitos da tribo de Manassés, 24 e Abidã, filho de Gideoni, os exércitos da tribo de Benjamim.

25 Finalmente, partiram os exércitos do acampamento de Dã, junto à sua bandeira, como retaguarda para todos os acampamentos. Aieser, filho de Amisadai, estava no comando. 26 Pagiel, filho de Ocrã, comandava os exércitos da tribo de Aser, 27 e Aira, filho de Enã, a divisão da tribo de Naftali. 28 Essa era a ordem que os exércitos israelitas seguiam quando se punham em marcha.

29 Então Moisés disse a Hobabe, filho do midianita Reuel, sogro de Moisés: "Estamos partindo para o lugar a respeito do qual o SENHOR disse: 'Eu o darei a vocês'. Venha conosco e o trataremos bem, pois o SENHOR prometeu boas coisas para Israel".

30 Ele respondeu: "Não, não irei; voltarei para a minha terra e para o meu povo".

31 Moisés, porém, disse: "Por favor, não nos deixe. Você sabe onde devemos acampar no deserto e pode ser o nosso guia[b]. 32 Se vier conosco, partilharemos com você todas as coisas boas que o SENHOR nos der".

33 Então eles partiram do monte do SENHOR e viajaram três dias. A arca da aliança do SENHOR foi à frente deles durante aqueles três dias para encontrar um lugar para descansarem. 34 A nuvem do SENHOR estava sobre eles de dia, sempre que partiam de um acampamento.

35 Sempre que a arca partia, Moisés dizia:

"Levanta-te, ó SENHOR!
Sejam espalhados os teus inimigos
e fujam de diante de ti
os teus adversários".

36 Sempre que a arca parava, ele dizia:

"Volta, ó SENHOR,
para os incontáveis milhares
de Israel".

O fogo da ira do SENHOR

11 Aconteceu que o povo começou a queixar-se das suas dificuldades aos ouvidos do SENHOR. Quando ele os ouviu, a sua ira acendeu-se e fogo da parte do SENHOR queimou entre eles e consumiu algumas extremidades do acampamento. 2 Então o povo clamou a Moisés, este orou ao SENHOR, e o fogo extinguiu-se. 3 Por isso aquele lugar foi chamado Taberá, porque o fogo da parte do SENHOR queimou entre eles.

A reclamação do povo

4 Um bando de estrangeiros que havia no meio deles encheu-se de gula, e até os próprios israelitas tornaram a queixar-se, e diziam: "Ah, se tivéssemos carne para comer! 5 Nós nos lembramos dos peixes que comíamos de graça no Egito, e também dos pepinos, das melancias, dos alhos-porós, das cebolas e dos alhos. 6 Mas agora perdemos

[a] 10:10 Ou *de paz*; também em 15:8.

[b] 10:31 Hebraico: *os nossos olhos*.

o apetite; nunca vemos nada, a não ser es-
te maná!"
[7]O maná era como semente de coentro e
tinha aparência de resina. [8]O povo saía re-
colhendo o maná nas redondezas, e o moía
num moinho manual ou socava-o num pi-
lão; depois cozinhava o maná e com ele fa-
zia bolos. Tinha gosto de bolo amassado
com azeite de oliva. [9]Quando o orvalho caía
sobre o acampamento à noite, também caía
o maná.
[10]Moisés ouviu gente de todas as famílias
se queixando, cada uma à entrada de sua ten-
da. Então acendeu-se a ira do SENHOR, e isso
pareceu mal a Moisés. [11]E ele perguntou ao
SENHOR: "Por que trouxeste este mal sobre o
teu servo? Foi por não te agradares de mim,
que colocaste sobre os meus ombros a res-
ponsabilidade de todo esse povo? [12]Por acaso
fui eu quem o concebeu? Fui eu quem o deu
à luz? Por que me pedes para carregá-lo nos
braços, como uma ama carrega um recém-
-nascido, para levá-lo à terra que prometeste
sob juramento aos seus antepassados? [13]Onde
conseguirei carne para todo esse povo? Eles
ficam se queixando contra mim, dizendo:
'Dê-nos carne para comer!' [14]Não posso levar
todo esse povo sozinho; essa responsabilida-
de é grande demais para mim. [15]Se é assim
que vais me tratar, mata-me agora mesmo;
se te agradas de mim, não me deixes ver a
minha própria ruína".

A missão dada a setenta autoridades do povo

[16]E o SENHOR disse a Moisés: "Reúna seten-
ta autoridades de Israel, que você sabe que
são líderes e supervisores entre o povo. Le-
ve-os à Tenda do Encontro, para que estejam
ali com você. [17]Eu descerei e falarei com vo-
cê; e tirarei do Espírito que está sobre você
e o porei sobre eles. Eles o ajudarão na ár-
dua responsabilidade de conduzir o povo,
de modo que você não tenha que assumir
tudo sozinho.
[18]"Diga ao povo: Consagrem-se para ama-
nhã, pois vocês comerão carne. O SENHOR os
ouviu quando se queixaram a ele, dizendo:
'Ah, se tivéssemos carne para comer! Estáva-
mos melhor no Egito!' Agora o SENHOR lhes
dará carne, e vocês a comerão. [19]Vocês não co-
merão carne apenas um dia, ou dois, ou cin-
co, ou dez ou vinte, [20]mas um mês inteiro, até
que lhes saia carne pelo nariz e vocês tenham
nojo dela, porque rejeitaram o SENHOR, que
está no meio de vocês, e se queixaram a ele,
dizendo: 'Por que saímos do Egito?'"
[21]Disse, porém, Moisés: "Aqui estou eu no
meio de seiscentos mil homens em pé, e di-
zes: 'Darei a eles carne para comerem du-
rante um mês inteiro!' [22]Será que haveria o
suficiente para eles se todos os rebanhos fos-
sem abatidos? Será que haveria o suficiente
para eles se todos os peixes do mar fossem
apanhados?"

Seja grato

Experimente!

Números 11:1-9,31-34

Antes de ler a história da Bíblia, pense sobre o que Deus tem dado a você. Conte (ou imagine) quantas unidades de cada item da lista a seguir você tem:

___ camiseta(s)
___ jeans
___ par(es) de meia
___ par(es) de tênis
___ blusa(s) de frio
___ brinquedo(s)
___ livro(s)
___ refeição (ou refeições) e lanchinho(s) todos os dias
___ DVD(s) e videogame(s)

Agradeça a Deus por tudo o que você tem. Se sua lista mostra que há algo de que você realmente precisa, então ore por isso.

Leia Números 11:1-9,31-34. Os israelitas tinham tudo de que precisavam, mas eles ainda reclamavam e queriam mais. Você tem tudo de que precisa? Você ainda fica emburrado ou reclama?

23 O SENHOR respondeu a Moisés: "Estará limitado o poder do SENHOR? Agora você verá se a minha palavra se cumprirá ou não".

24 Então Moisés saiu e contou ao povo o que o SENHOR tinha dito. Reuniu setenta autoridades dentre eles e as dispôs ao redor da Tenda. 25 O SENHOR desceu na nuvem e lhe falou, e tirou do Espírito que estava sobre Moisés e o pôs sobre as setenta autoridades. Quando o Espírito veio sobre elas, profetizaram, mas depois nunca mais tornaram a fazê-lo[a].

26 Entretanto, dois homens, chamados Eldade e Medade, tinham ficado no acampamento. Ambos estavam na lista das autoridades, mas não tinham ido para a Tenda. O Espírito também veio sobre eles, e profetizaram no acampamento. 27 Então, certo jovem correu e contou a Moisés: "Eldade e Medade estão profetizando no acampamento".

28 Josué, filho de Num, que desde jovem era auxiliar de Moisés, interferiu e disse: "Moisés, meu senhor, proíba-os!"

29 Mas Moisés respondeu: "Você está com ciúmes por mim? Quem dera todo o povo do SENHOR fosse profeta e que o SENHOR pusesse o seu Espírito sobre eles!" 30 Então Moisés e as autoridades de Israel voltaram para o acampamento.

O SENHOR envia codornizes

31 Depois disso, veio um vento da parte do SENHOR que trouxe codornizes do mar e as fez cair por todo o acampamento, a uma altura de noventa centímetros[b], espalhando-as em todas as direções num raio de um dia de caminhada[c]. 32 Durante todo aquele dia e aquela noite e durante todo o dia seguinte, o povo saiu e recolheu codornizes. Ninguém recolheu menos de dez barris[d]. Então eles as estenderam para secar ao redor de todo o acampamento. 33 Mas, enquanto a carne ainda estava entre os seus dentes e antes que a ingerissem, a ira do SENHOR acendeu-se contra o povo, e ele o feriu com uma praga terrível. 34 Por isso o lugar foi chamado Quibrote-Hataavá, porque ali foram enterrados os que tinham sido dominados pela gula.

35 De Quibrote-Hataavá o povo partiu para Hazerote, e lá ficou.

Miriã e Arão criticam Moisés

12 Miriã e Arão começaram a criticar Moisés porque ele havia se casado com uma mulher etíope[e]. 2 "Será que o SENHOR tem falado apenas por meio de Moisés?", perguntaram. "Também não tem ele falado por meio de nós?" E o SENHOR ouviu isso.

3 Ora, Moisés era um homem muito paciente, mais do que qualquer outro que havia na terra.

4 Imediatamente o SENHOR disse a Moisés, a Arão e a Miriã: "Dirijam-se à Tenda do Encontro, vocês três". E os três foram para lá. 5 Então o SENHOR desceu numa coluna de nuvem e, pondo-se à entrada da Tenda, chamou Arão e Miriã. Os dois vieram à frente, 6 e ele disse:

"Ouçam as minhas palavras:
Quando entre vocês
há um profeta do SENHOR[f],
a ele me revelo em visões,
em sonhos falo com ele.
7 Não é assim, porém,
com meu servo Moisés,
que é fiel em toda a minha casa[g].
8 Com ele falo face a face,
claramente, e não por enigmas;
e ele vê a forma do SENHOR.
Por que não temeram
criticar meu servo Moisés?"

9 Então a ira do SENHOR acendeu-se contra eles, e ele os deixou.

10 Quando a nuvem se afastou da Tenda, Miriã estava leprosa[h]; sua aparência era como a da neve. Arão voltou-se para Miriã, viu que ela estava com lepra 11 e disse a Moisés: "Por favor, meu senhor, não nos castigue pelo pecado que tão tolamente cometemos. 12 Não permita que ela fique como um feto abortado que sai do ventre de sua mãe com a metade do corpo destruída".

13 Então Moisés clamou ao SENHOR: "Ó Deus, por misericórdia, concede-lhe cura!"

14 O SENHOR respondeu a Moisés: "Se o pai dela lhe tivesse cuspido no rosto, não estaria ela envergonhada sete dias? Que fique isolada fora do acampamento sete dias; depois ela poderá ser trazida de volta". 15 Então Miriã ficou isolada sete dias fora do acampamento,

[a] 11:25 Ou *profetizaram e continuaram a fazê-lo*
[b] 11:31 Hebraico: *2 côvados*. O côvado era uma medida linear de cerca de 45 centímetros.
[c] 11:31 Isto é, cerca de 30 quilômetros.
[d] 11:32 Hebraico: *hômeres*. O hômer era uma medida de capacidade para secos. As estimativas variam entre 200 e 400 litros.
[e] 12:1 Hebraico: *cuxita*.
[f] 12:6 Ou *profeta, eu, o Senhor*
[g] 12:7 Ou *é o líder de todo o meu povo*; ou ainda *é o mais fiel dos meus servos*
[h] 12:10 O termo hebraico não se refere somente à lepra, mas também a diversas doenças da pele.

e o povo não partiu enquanto ela não foi tra-
zida de volta.
16Depois disso, partiram de Hazerote e
acamparam no deserto de Parã.

A missão de reconhecimento de Canaã

13 E o SENHOR disse a Moisés: 2"Envie al-
guns homens em missão de reconheci-
mento à terra de Canaã, terra que dou aos
israelitas. Envie um líder de cada tribo dos
seus antepassados".
3Assim Moisés os enviou do deserto de Pa-
rã, conforme a ordem do SENHOR. Todos eles
eram chefes dos israelitas. 4São estes os seus
nomes:

da tribo de Rúben, Samua,
filho de Zacur;
5da tribo de Simeão, Safate,
filho de Hori;
6da tribo de Judá, Calebe,
filho de Jefoné;
7da tribo de Issacar, Igal,
filho de José;
8da tribo de Efraim, Oseias,
filho de Num;
9da tribo de Benjamim, Palti,
filho de Rafu;
10da tribo de Zebulom, Gadiel,
filho de Sodi;
11da tribo de José, isto é,
da tribo de Manassés, Gadi,
filho de Susi;
12da tribo de Dã, Amiel,
filho de Gemali;
13da tribo de Aser, Setur,
filho de Micael;
14da tribo de Naftali, Nabi,
filho de Vofsi;
15da tribo de Gade, Guel,
filho de Maqui.

16São esses os nomes dos homens que Moi-
sés enviou em missão de reconhecimento do
território. (A Oseias, filho de Num, Moisés
deu o nome de Josué.)
17Quando Moisés os enviou para obser-
varem Canaã, disse: "Subam pelo Neguebe
e prossigam até a região montanhosa. 18Ve-
jam como é a terra e se o povo que vive lá é
forte ou fraco, se são muitos ou poucos; 19se a
terra em que habitam é boa ou ruim; se as ci-
dades em que vivem são cidades sem muros
ou fortificadas; 20se o solo é fértil ou pobre;
se existe ali floresta ou não. Sejam corajosos!
Tragam alguns frutos da terra". Era a época
do início da colheita das uvas.
21Eles subiram e observaram a terra desde
o deserto de Zim até Reobe, na direção de
Lebo-Hamate. 22Subiram do Neguebe e che-
garam a Hebrom, onde viviam Aimã, Sesai e
Talmai, descendentes de Enaque. (Hebrom
havia sido construída sete anos antes de Zoã,
no Egito.) 23Quando chegaram ao vale de Es-
col[a], cortaram um ramo do qual pendia um
único cacho de uvas. Dois deles carregaram o
cacho, pendurado numa vara. Colheram tam-
bém romãs e figos. 24Aquele lugar foi cha-
mado vale de Escol por causa do cacho de
uvas que os israelitas cortaram ali. 25Ao fim
de quarenta dias eles voltaram da missão de
reconhecimento daquela terra.

O relatório da expedição

26Eles então retornaram a Moisés e a Arão
e a toda a comunidade de Israel em Cades,
no deserto de Parã, onde prestaram relató-
rio a eles e a toda a comunidade de Israel, e
lhes mostraram os frutos da terra. 27E deram
o seguinte relatório a Moisés: "Entramos na
terra à qual você nos enviou, onde há leite
e mel com fartura! Aqui estão alguns frutos
dela. 28Mas o povo que lá vive é poderoso,
e as cidades são fortificadas e muito gran-
des. Também vimos descendentes de Ena-
que. 29Os amalequitas vivem no Neguebe; os
hititas, os jebuseus e os amorreus vivem na
região montanhosa; os cananeus vivem per-
to do mar e junto ao Jordão".
30Então Calebe fez o povo calar-se perante
Moisés e disse: "Subamos e tomemos posse
da terra. É certo que venceremos!"
31Mas os homens que tinham ido com ele
disseram: "Não podemos atacar aquele povo;
é mais forte do que nós". 32E espalharam en-
tre os israelitas um relatório negativo acerca
daquela terra. Disseram: "A terra para a qual
fomos em missão de reconhecimento devora
os que nela vivem. Todos os que vimos são de
grande estatura. 33Vimos também os gigan-
tes, os descendentes de Enaque, diante de
quem parecíamos gafanhotos, a nós e a eles".

A revolta do povo

14 Naquela noite toda a comunidade come-
çou a chorar em alta voz. 2Todos os is-
raelitas queixaram-se contra Moisés e contra
Arão, e toda a comunidade lhes disse: "Quem
dera tivéssemos morrido no Egito! Ou neste
deserto! 3Por que o SENHOR está nos trazendo
para esta terra? Só para nos deixar cair à es-
pada? Nossas mulheres e nossos filhos serão

[a] 13:23 *Escol* significa *cacho*; também no versículo 24.

tomados como despojo de guerra. Não seria
melhor voltar para o Egito?" 4E disseram uns
aos outros: "Escolheremos um chefe e volta-
remos para o Egito!"
5Então Moisés e Arão prostraram-se com o
rosto em terra, diante de toda a assembleia
dos israelitas. 6Josué, filho de Num, e Calebe,
filho de Jefoné, dentre os que haviam obser-
vado a terra, rasgaram as suas vestes 7e dis-
seram a toda a comunidade dos israelitas:
"A terra que percorremos em missão de re-
conhecimento é excelente. 8Se o SENHOR se
agradar de nós, ele nos fará entrar nessa ter-
ra, onde há leite e mel com fartura, e a dará
a nós. 9Somente não sejam rebeldes contra
o SENHOR. E não tenham medo do povo da
terra, porque nós os devoraremos como se
fossem pão. A proteção deles se foi, mas o SE-
NHOR está conosco. Não tenham medo deles!"
10Mas a comunidade toda falou em apedre-
já-los. Então a glória do SENHOR apareceu a
todos os israelitas na Tenda do Encontro. 11E o
SENHOR disse a Moisés: "Até quando este po-
vo me tratará com pouco caso? Até quando se
recusará a crer em mim, apesar de todos os
sinais que realizei entre eles? 12Eu os ferirei
com praga e os destruirei, mas farei de você
uma nação maior e mais forte do que eles".
13Moisés disse ao SENHOR: "Então os
egípcios ouvirão que pelo teu poder fizeste
este povo sair dentre eles, 14e falarão disso
aos habitantes desta terra. Eles ouviram que
tu, ó SENHOR, estás com este povo e que te
veem face a face, SENHOR, e que a tua nuvem
paira sobre eles, e que vais adiante deles nu-
ma coluna de nuvem de dia e numa coluna
de fogo de noite. 15Se exterminares este po-
vo, as nações que ouvirem falar do que fizeste
dirão: 16'O SENHOR não conseguiu levar esse
povo à terra que lhes prometeu em juramen-
to; por isso os matou no deserto'.
17"Mas agora, que a força do Senhor se ma-
nifeste, segundo prometeste: 18'O SENHOR é
muito paciente e grande em fidelidade, e per-
doa a iniquidade e a rebelião, se bem que não
deixa o pecado sem punição, e castiga os fi-
lhos pela iniquidade dos pais até a terceira e
quarta geração'. 19Segundo a tua grande fide-
lidade, perdoa a iniquidade deste povo, como
a este povo tens perdoado desde que saíram
do Egito até agora".
20O SENHOR respondeu: "Eu o perdoei,
conforme você pediu. 21No entanto, juro pe-
la glória do SENHOR que enche toda a terra,
22que nenhum dos que viram a minha glória
e os sinais milagrosos que realizei no Egito e
no deserto, e me puseram à prova e me de-
sobedeceram dez vezes — 23nenhum deles
chegará a ver a terra que prometi com jura-
mento aos seus antepassados. Ninguém que

Consequências

Experimente!

Leia Números 14:1-24. Deus perdoou às pessoas do seu povo quando desobedeceram, mas elas tiveram de viver no deserto por quarenta anos até que todos os adultos desobedientes tivessem morrido.

Ser perdoado significa que a pessoa a quem fizemos mal não está mais brava conosco, mas nós ainda temos de aceitar as consequências pelo que fizemos. Leia a história a seguir e decida o que este pai deveria fazer.

O pai disse a Carlos: "Não jogue bola do lado da casa". Porém, mais tarde, Carlos sentiu-se entediado. Ele jogou a bola em direção à lateral da casa e — *crás!* — acertou uma janela! A bola atravessou a janela e o pai chamou: "Carlos! Venha cá!"

Números 14:1-24

O que você acha que o pai de Carlos deveria fazer? Colocá-lo de castigo? Perdoar-lhe e depois colocá-lo de castigo? Fazer o filho pagar pela janela? Perdoar a Carlos e fazê-lo pagar pela janela? Simplesmente dizer ao filho: "Eu lhe perdoo"?

Conte a seus pais a história de Carlos e depois explique a eles o que você acha que esse pai deveria fazer e justifique.

me tratou com desprezo a verá. [24]Mas, como o meu servo Calebe tem outro espírito e me segue com integridade, eu o farei entrar na terra que foi observar, e seus descendentes a herdarão. [25]Visto que os amalequitas e os cananeus habitam nos vales, amanhã deem meia-volta e partam em direção ao deserto pelo caminho que vai para o mar Vermelho".

O castigo do povo

[26]Disse mais o SENHOR a Moisés e a Arão: [27]"Até quando esta comunidade ímpia se queixará contra mim? Tenho ouvido as queixas desses israelitas murmuradores. [28]Diga-lhes: Juro pelo meu nome, declara o SENHOR, que farei a vocês tudo o que pediram: [29]Cairão neste deserto os cadáveres de todos vocês, de vinte anos para cima, que foram contados no recenseamento e que se queixaram contra mim. [30]Nenhum de vocês entrará na terra que, com mão levantada, jurei dar-lhes para sua habitação, exceto Calebe, filho de Jefoné, e Josué, filho de Num. [31]Mas, quanto aos seus filhos, sobre os quais vocês disseram que seriam tomados como despojo de guerra, eu os farei entrar para desfrutarem a terra que vocês rejeitaram. [32]Os cadáveres de vocês, porém, cairão neste deserto. [33]Seus filhos serão pastores[a] aqui durante quarenta anos, sofrendo pela infidelidade de vocês, até que o último cadáver de vocês seja destruído no deserto. [34]Durante quarenta anos vocês sofrerão a consequência dos seus pecados e experimentarão a minha rejeição; cada ano corresponderá a cada um dos quarenta dias em que vocês observaram a terra. [35]Eu, o SENHOR, falei, e certamente farei essas coisas a toda esta comunidade ímpia, que conspirou contra mim. Encontrarão o seu fim neste deserto; aqui morrerão".

[36]Os homens enviados por Moisés em missão de reconhecimento daquela terra voltaram e fizeram toda a comunidade queixar-se contra ele ao espalharem um relatório negativo; [37]esses homens responsáveis por espalhar o relatório negativo sobre a terra morreram subitamente de praga perante o SENHOR. [38]De todos os que foram observar a terra, somente Josué, filho de Num, e Calebe, filho de Jefoné, sobreviveram.

[39]Quando Moisés transmitiu essas palavras a todos os israelitas, eles choraram amargamente. [40]Na madrugada seguinte subiram para o alto da região montanhosa, e disseram: "Subiremos ao lugar que o SENHOR prometeu, pois cometemos pecado".

[41]Moisés, porém, disse: "Por que vocês estão desobedecendo à ordem do SENHOR? Isso não terá sucesso! [42]Não subam, porque o SENHOR não está com vocês. Vocês serão derrotados pelos inimigos, [43]pois os amalequitas e os cananeus os enfrentarão ali, e vocês cairão à espada. Visto que deixaram de seguir o SENHOR, ele não estará com vocês".

[44]Apesar disso, eles subiram desafiadoramente ao alto da região montanhosa, mas nem Moisés nem a arca da aliança do SENHOR saíram do acampamento. [45]Então os amalequitas e os cananeus que lá viviam desceram, derrotaram-nos e os perseguiram até Hormá.

Ofertas suplementares

15 O SENHOR disse a Moisés: [2]"Diga o seguinte aos israelitas: Quando entrarem na terra que lhes dou para sua habitação, [3]e apresentarem ao SENHOR uma oferta, de bois ou de ovelhas, preparada no fogo como aroma agradável ao SENHOR, seja holocausto, seja sacrifício, para cumprir um voto ou como oferta voluntária ou como oferta relativa a uma festa, [4]aquele que trouxer a sua oferta apresentará também ao SENHOR uma oferta de cereal de um jarro[b] da melhor farinha amassada com um litro[c] de óleo. [5]Para cada cordeiro do holocausto ou do sacrifício, prepare um litro de vinho como oferta derramada.

[6]"Para um carneiro, prepare uma oferta de cereal de dois jarros da melhor farinha com um litro de óleo, [7]e um litro de vinho como oferta derramada. Apresente-a como aroma agradável ao SENHOR.

[8]"Quando algum de vocês preparar um novilho para holocausto ou para sacrifício, para cumprir voto especial ou como oferta de comunhão ao SENHOR, [9]traga com o novilho uma oferta de cereal de três jarros da melhor farinha amassada com meio galão[d] de óleo. [10]Traga também meio galão de vinho para a oferta derramada. Será uma oferta preparada no fogo, de aroma agradável ao SENHOR. [11]Cada novilho ou carneiro ou cordeiro ou cabrito deverá ser preparado dessa maneira. [12]Façam isso para cada animal, para tantos quantos vocês prepararem.

[a] 14:33 Possivelmente nômades. Veja Nm 32:13.

[b] 15:4 Hebraico: *1/10 de efa*. O efa era uma medida de capacidade para secos. As estimativas variam entre 20 e 40 litros.

[c] 15:4 Hebraico: *1/4 de him*. O him era uma medida de capacidade para líquidos. As estimativas variam entre 3 e 6 litros.

[d] 15:9 Hebraico: *him*.

13“Todo o que for natural da terra deverá proceder dessa maneira quando trouxer uma oferta preparada no fogo, de aroma agradável ao SENHOR. 14E se um estrangeiro que vive entre vocês, ou entre os descendentes de vocês, apresentar uma oferta preparada no fogo, de aroma agradável ao SENHOR, deverá fazer o mesmo. 15A assembleia deverá ter as mesmas leis, que valerão tanto para vocês como para o estrangeiro que vive entre vocês; este é um decreto perpétuo pelas suas gerações, que, perante o SENHOR, valerá tanto para vocês quanto para o estrangeiro residente. 16A mesma lei e ordenança se aplicará tanto a vocês como ao estrangeiro residente”.

17O SENHOR disse ainda a Moisés: 18“Diga aos israelitas: Quando vocês entrarem na terra para onde os levo 19e comerem do fruto da terra, apresentem uma porção como contribuição ao SENHOR. 20Apresentem um bolo feito das primícias da farinha de vocês. Apresentem-no como contribuição da sua colheita. 21Em todas as suas gerações vocês apresentarão das primícias da farinha uma contribuição ao SENHOR.

Ofertas pelos pecados involuntários

22“Mas se vocês pecarem e deixarem de cumprir todos esses mandamentos 23— tudo o que o SENHOR lhes ordenou por meio de Moisés, desde o dia em que o ordenou e para todas as suas gerações — 24e se isso for feito sem intenção e não for do conhecimento da comunidade, toda a comunidade terá que oferecer um novilho para o holocausto de aroma agradável ao SENHOR. Também apresentarão com sua oferta de cereal uma oferta derramada, conforme as prescrições, e um bode como oferta pelo pecado. 25O sacerdote fará propiciação por toda a comunidade de Israel, e eles serão perdoados, pois o seu pecado não foi intencional e eles trouxeram ao SENHOR uma oferta preparada no fogo e uma oferta pelo pecado. 26A comunidade de Israel toda e os estrangeiros residentes entre eles serão perdoados, porque todo o povo esteve envolvido num pecado involuntário.

27“Se, contudo, apenas uma pessoa pecar sem intenção, ela terá que trazer uma cabra de um ano como oferta pelo pecado. 28O sacerdote fará propiciação pela pessoa que pecar, cometendo uma falta involuntária perante o SENHOR, e ela será perdoada. 29Somente uma lei haverá para todo aquele que pecar sem intenção, seja ele israelita de nascimento, seja estrangeiro residente.

30“Mas todo aquele que pecar com atitude desafiadora, seja natural da terra, seja estrangeiro residente, insulta o SENHOR, e será eliminado do meio do seu povo. 31Por ter desprezado a palavra do SENHOR e quebrado os seus mandamentos, terá que ser eliminado; sua culpa estará sobre ele”.

O castigo pela transgressão do sábado

32Certo dia, quando os israelitas estavam no deserto, encontraram um homem recolhendo lenha no dia de sábado. 33Aqueles que o encontraram recolhendo lenha levaram-no a Moisés, a Arão e a toda a comunidade, 34que o prenderam, porque não sabiam o que deveria ser feito com ele. 35Então o SENHOR disse a Moisés: “O homem terá que ser executado. Toda a comunidade o apedrejará fora do acampamento”. 36Assim, toda a comunidade o levou para fora do acampamento e o apedrejou até a morte, conforme o SENHOR tinha ordenado a Moisés.

As borlas das roupas

37O SENHOR disse a Moisés: 38“Diga o seguinte aos israelitas: Façam borlas nas extremidades das suas roupas e ponham um cordão azul em cada uma delas; façam isso por todas as suas gerações. 39Quando virem essas borlas vocês se lembrarão de todos os mandamentos do SENHOR, para que lhes obedeçam e não se prostituam nem sigam as inclinações do seu coração e dos seus olhos. 40Assim vocês se lembrarão de obedecer a todos os meus mandamentos, e para o seu Deus vocês serão um povo consagrado. 41Eu sou o SENHOR, o seu Deus, que os trouxe do Egito para ser o Deus de vocês. Eu sou o SENHOR, o seu Deus”.

A rebelião de Corá, Datã e Abirão

16 Corá, filho de Isar, neto de Coate, bisneto de Levi, reuniu Datã e Abirão, filhos de Eliabe, e Om, filho de Pelete, todos da tribo de Rúben, 2e eles se insurgiram contra Moisés. Com eles estavam duzentos e cinquenta israelitas, líderes bem conhecidos na comunidade e que haviam sido nomeados membros do concílio. 3Eles se ajuntaram contra Moisés e Arão, e lhes disseram: “Basta! A assembleia toda é santa, cada um deles é santo, e o SENHOR está no meio deles. Então, por que vocês se colocam acima da assembleia do SENHOR?”

4Quando ouviu isso, Moisés prostrou-se com o rosto em terra. 5Depois disse a Corá e a todos os seus seguidores: “Pela manhã o SENHOR mostrará quem lhe pertence

e fará aproximar-se dele aquele que é santo,
o homem a quem ele escolher. 6Você, Corá, e
todos os seus seguidores deverão fazer o se-
guinte: peguem incensários 7e amanhã colo-
quem neles fogo e incenso perante o SENHOR.
Quem o SENHOR escolher será o homem con-
sagrado. Basta, levitas!"
8Moisés disse também a Corá: "Agora ou-
çam-me, levitas! 9Não lhes é suficiente que o
Deus de Israel os tenha separado do restante
da comunidade de Israel e os tenha trazido
para junto de si a fim de realizarem o traba-
lho no tabernáculo do SENHOR e para estarem
preparados para servir a comunidade? 10Ele
trouxe você e todos os seus irmãos levitas pa-
ra junto dele, e agora vocês querem também
o sacerdócio? 11É contra o SENHOR que você e
todos os seus seguidores se ajuntaram! Quem
é Arão, para que se queixem contra ele?"
12Então Moisés mandou chamar Datã e
Abirão, filhos de Eliabe. Mas eles disseram:
"Nós não iremos! 13Não lhe basta nos ter ti-
rado de uma terra onde há leite e mel com
fartura para matar-nos no deserto? E ainda
quer se fazer chefe sobre nós? 14Além disso,
você não nos levou a uma terra onde há lei-
te e mel com fartura, nem nos deu uma he-
rança de campos e vinhas. Você pensa que
pode cegar os olhos destes homens? Nós não
iremos!"
15Moisés indignou-se e disse ao SENHOR:
"Não aceites a oferta deles. Não tomei deles
nem sequer um jumento, nem prejudiquei
a nenhum deles".
16Moisés disse a Corá: "Você e todos os seus
seguidores terão que apresentar-se amanhã
ao SENHOR, você, eles e Arão. 17Cada homem
pegará o seu incensário, nele colocará incen-
so e o apresentará ao SENHOR. Serão duzentos
e cinquenta incensários ao todo. Você e Arão
também apresentarão os seus incensários".
18Assim, cada um deles pegou o seu incen-
sário, acendeu o incenso, e se colocou com
Moisés e com Arão à entrada da Tenda do En-
contro. 19Quando Corá reuniu todos os seus
seguidores à entrada da Tenda do Encontro,
incitando-os contra Moisés e Arão, a glória
do SENHOR apareceu a toda a comunidade.
20E o SENHOR disse a Moisés e a Arão: 21"Afas-
tem-se dessa comunidade para que eu acabe
com eles imediatamente".
22Mas Moisés e Arão prostraram-se com o
rosto em terra, e disseram: "Ó Deus, Deus que
a todos dá vida[a], ficarás tu irado contra toda a
comunidade quando um só homem pecou?"
23Então o SENHOR disse a Moisés: 24"Diga à
comunidade que se afaste das tendas de Co-
rá, Datã e Abirão".
25Moisés levantou-se e foi para onde es-
tavam Datã e Abirão, e as autoridades de
Israel o seguiram. 26Ele advertiu a comuni-
dade: "Afastem-se das tendas desses ímpios!
Não toquem em nada do que pertence a eles,

[a] 16:22 Hebraico: *Deus dos espíritos de toda a humanidade.*

A vida nos tempos da Bíblia

Borlas na roupa

Os israelitas costuravam fios azuis, ou longas franjas contendo fio azul, nas pontas das roupas. Essas borlas, ou franjas, serviam para os israelitas lembrarem o dia todo dos mandamentos de Deus e de obedecer-lhes. As borlas também indicavam que a pessoa que as usava era um israelita e também costumavam fazer parte da vestimenta no tempo do Novo Testamento.

senão vocês serão eliminados por causa dos pecados deles". 27Eles se afastaram das tendas de Corá, Datã e Abirão. Datã e Abirão tinham saído e estavam em pé, à entrada de suas tendas, junto com suas mulheres, seus filhos e suas crianças pequenas.

28E disse Moisés: "Assim vocês saberão que o SENHOR me enviou para fazer todas essas coisas e que isso não partiu de mim. 29Se estes homens tiverem morte natural e experimentarem somente aquilo que normalmente acontece aos homens, então o SENHOR não me enviou. 30Mas, se o SENHOR fizer acontecer algo totalmente novo, e a terra abrir a sua boca e os engolir, junto com tudo o que é deles, e eles descerem vivos ao Sheol[a], então vocês saberão que estes homens desprezaram o SENHOR".

31Assim que Moisés acabou de dizer tudo isso, o chão debaixo deles fendeu-se 32e a terra abriu a sua boca e os engoliu juntamente com suas famílias, com todos os seguidores de Corá e com todos os seus bens. 33Desceram vivos à sepultura, com tudo o que possuíam; a terra fechou-se sobre eles, e pereceram, desaparecendo do meio da assembleia. 34Diante dos seus gritos, todos os israelitas ao redor fugiram, gritando: "A terra vai nos engolir também!"

35Então veio fogo da parte do SENHOR e consumiu os duzentos e cinquenta homens que ofereciam incenso.

36O SENHOR disse a Moisés: 37"Diga a Eleazar, filho do sacerdote Arão, que apanhe os incensários dentre os restos fumegantes e espalhe as brasas, porque os incensários são santos. 38Os incensários dos homens que pelo seu pecado perderam a vida serão batidos em forma de lâminas e servirão de revestimento do altar, pois foram apresentados ao SENHOR e se tornaram sagrados. Que sejam um sinal para os israelitas".

39O sacerdote Eleazar juntou os incensários de bronze que tinham sido apresentados pelos que foram consumidos pelo fogo. Os incensários foram batidos e serviram de revestimento do altar, 40como o SENHOR tinha dito por meio de Moisés. Isso foi feito como memorial para os israelitas, a fim de que ninguém que não fosse descendente de Arão queimasse incenso perante o SENHOR, para não sofrer o que Corá e os seus seguidores sofreram.

41No dia seguinte toda a comunidade de Israel começou a queixar-se contra Moisés e Arão, dizendo: "Vocês mataram o povo do SENHOR".

A revolta do povo contra Moisés e Arão

42Quando, porém, a comunidade se ajuntou contra Moisés e contra Arão, e eles se voltaram para a Tenda do Encontro, repentinamente a nuvem a cobriu e a glória do SENHOR apareceu. 43Então Moisés e Arão foram para a frente da Tenda do Encontro, 44e o SENHOR disse a Moisés: 45"Saia do meio dessa comunidade para que eu acabe com eles imediatamente". Mas eles se prostraram com o rosto em terra; 46e Moisés disse a Arão: "Pegue o seu incensário e ponha incenso nele,

[a] 16:30 Essa palavra pode ser traduzida por sepultura, profundezas, pó ou morte; também no versículo 33.

A vida nos tempos da Bíblia

Incensários

Os sacerdotes de Israel queimavam incensos de odor adocicado nos incensários, que pareciam pequenas pás ou colheres. O incenso era queimado com fogo do altar de sacrifício. Os incensários usados no tabernáculo eram feitos de bronze, enquanto os usados no templo construído por Salomão eram feitos de ouro puro.

com fogo tirado do altar, e vá depressa até a
comunidade para fazer propiciação por eles,
porque saiu grande ira da parte do SENHOR
e a praga começou". 47Arão fez o que Moisés
ordenou e correu para o meio da assembleia.
A praga já havia começado entre o povo, mas
Arão ofereceu o incenso e fez propiciação por
eles. 48Arão se pôs entre os mortos e os vi-
vos, e a praga cessou. 49Foram catorze mil e
setecentos os que morreram daquela praga,
além dos que haviam morrido por causa de
Corá. 50Então Arão voltou a Moisés, à entra-
da da Tenda do Encontro, pois a praga já ha-
via cessado.

A vara de Arão floresce

17 O SENHOR disse a Moisés: 2"Peça aos is-
raelitas que tragam doze varas, uma de
cada líder das tribos. Escreva o nome de cada
líder em sua vara. 3Na vara de Levi escreva o
nome de Arão, pois é preciso que haja uma
vara para cada chefe das tribos. 4Deposite-as
na Tenda do Encontro, em frente da arca das
tábuas da aliança, onde eu me encontro com
vocês. 5A vara daquele que eu escolher flores-
cerá, e eu me livrarei dessa constante queixa
dos israelitas contra vocês".

6Assim Moisés falou aos israelitas, e seus
líderes deram-lhe doze varas, uma de cada
líder das tribos, e a vara de Arão estava en-
tre elas. 7Moisés depositou as varas peran-
te o SENHOR na tenda que guarda as tábuas
da aliança.

8No dia seguinte Moisés entrou na tenda
e viu que a vara de Arão, que representava
a tribo de Levi, tinha brotado, produzindo
botões e flores, além de amêndoas madu-
ras. 9Então Moisés retirou todas as varas da
presença do SENHOR e as levou a todos os is-
raelitas. Eles viram as varas, e cada líder pe-
gou a sua.

10O SENHOR disse a Moisés: "Ponha de volta
a vara de Arão em frente da arca das tábuas
da aliança, para ser guardada como uma ad-
vertência para os rebeldes. Isso porá fim à
queixa deles contra mim, para que não mor-
ram". 11Moisés fez conforme o SENHOR lhe ha-
via ordenado.

12Os israelitas disseram a Moisés: "Nós
morreremos! Estamos perdidos, estamos
todos perdidos! 13Todo aquele que se aproxi-
mar do santuário do SENHOR morrerá. Será
que todos nós vamos morrer?"

Os deveres dos sacerdotes e dos levitas

18 O SENHOR disse a Arão: "Você, os seus fi-
lhos e a família de seu pai serão respon-
sáveis pelas ofensas contra o santuário; você
e seus filhos serão responsáveis pelas ofensas
cometidas no exercício do sacerdócio. 2Tra-
ga também os seus irmãos levitas, que per-
tencem à tribo de seus antepassados, para se
unirem a você e o ajudarem quando você e
seus filhos ministrarem perante a tenda que
guarda as tábuas da aliança. 3Eles ficarão a
seu serviço e cuidarão também do serviço
da Tenda, mas não poderão aproximar-se dos
utensílios do santuário ou do altar; se o fize-
rem morrerão, tanto eles como vocês. 4Eles
se unirão a vocês e terão a responsabilidade
de cuidar da Tenda do Encontro, realizando

Ser responsável

A família de Arão era responsável por cuidar da tenda especial na qual os israelitas prestavam culto, mas havia muito trabalho para pouca gente fazer. Leia Números 18:1-7. Quem Deus deu à família de Arão para ter "a responsabilidade de cuidar da Tenda do Encontro"? (Se você quiser descobrir o que os levitas faziam, leia Números 3:21; 4:49.)

Deus fez os pais responsáveis pela família e lhes deu filhos para os ajudarem. Peça a seus pais que ajudem você a fazer uma lista das coisas pelas quais eles são responsáveis na casa e, após fazerem a lista juntos, peça a eles que escolham algumas coisas pelas quais você pode ser responsável, como um ajudador dado a eles por Deus.

Experimente!

Números 18:1-7

todos os trabalhos necessários. Ninguém mais poderá aproximar-se de vocês.

5“Vocês terão a responsabilidade de cuidar do santuário e do altar, para que não torne a cair a ira divina sobre os israelitas. 6Eu mesmo escolhi os seus irmãos, os levitas, dentre os israelitas, como um presente para vocês, dedicados ao SENHOR para fazerem o trabalho da Tenda do Encontro. 7Mas somente você e seus filhos poderão servir como sacerdotes em tudo o que se refere ao altar e ao que se encontra além do véu. Dou a vocês o serviço do sacerdócio como um presente. Qualquer pessoa não autorizada que se aproximar do santuário terá que ser executada”.

As ofertas destinadas aos sacerdotes e aos levitas

8Então o SENHOR disse a Arão: “Eu mesmo o tornei responsável pelas contribuições trazidas a mim; todas as ofertas sagradas que os israelitas me derem, eu as dou como porção a você e a seus filhos. 9Das ofertas santíssimas vocês terão a parte que é poupada do fogo. Dentre todas as dádivas que me trouxerem como ofertas santíssimas, seja oferta de cereal, seja pelo pecado, seja de reparação, tal parte pertence a você e a seus filhos. 10Comam-na como algo santíssimo; todos os do sexo masculino a comerão. Considerem-na santa.

11“Também dou a você, e a seus filhos e filhas, por decreto perpétuo, as contribuições que lhes cabe de todas as ofertas dos israelitas e que devem ser ritualmente movidas. Todos os da sua família que estiverem cerimonialmente puros poderão comê-las.

12“Dou a você o melhor azeite e o melhor vinho novo e o melhor trigo que eles apresentarem ao SENHOR como primeiros frutos da colheita. 13Todos os primeiros frutos da terra que trouxerem ao SENHOR serão de você. Todos os da sua família que estiverem cerimonialmente puros poderão comê-los.

14“Tudo o que em Israel for consagrado a Deus pertencerá a você. 15O primeiro nascido de todo ventre, oferecido ao SENHOR, seja homem, seja animal, será seu. Mas você deverá resgatar todo filho mais velho, como também toda primeira cria de animais impuros. 16Quando tiverem um mês de idade, você deverá resgatá-los pelo preço de resgate estabelecido em sessenta gramas[a] de prata, com base no peso padrão do santuário, que são doze gramas[b].

17“Não resgate, porém, a primeira cria de uma vaca, de uma ovelha ou de uma cabra. Derrame o sangue deles sobre o altar e queime a sua gordura como uma oferta preparada no fogo, de aroma agradável ao SENHOR. 18A carne desses animais pertence a você, como também o peito da oferta movida e a coxa direita. 19Tudo aquilo que for separado dentre todas as dádivas sagradas que os israelitas apresentarem ao SENHOR eu dou a você e a seus filhos e filhas como decreto perpétuo. É uma aliança de sal perpétua perante o SENHOR, para você e para os seus descendentes”.

20Disse ainda o SENHOR a Arão: “Você não terá herança na terra deles, nem terá porção entre eles; eu sou a sua porção e a sua herança entre os israelitas.

21“Dou aos levitas todos os dízimos em Israel como retribuição pelo trabalho que fazem ao servirem na Tenda do Encontro. 22De agora em diante os israelitas não poderão aproximar-se da Tenda do Encontro, caso contrário, sofrerão as consequências do seu pecado e morrerão. 23É dever dos levitas fazer o trabalho na Tenda do Encontro e assumir a responsabilidade pelas ofensas contra ela. Este é um decreto perpétuo pelas suas gerações. Eles não receberão herança alguma entre os israelitas. 24Em vez disso, dou como herança aos levitas os dízimos que os israelitas apresentarem como contribuição ao SENHOR. É por isso que eu disse que eles não teriam herança alguma entre os israelitas”.

25O SENHOR disse depois a Moisés: 26“Diga o seguinte aos levitas: Quando receberem dos israelitas o dízimo que lhes dou como herança, vocês deverão apresentar um décimo daquele dízimo como contribuição pertencente ao SENHOR. 27Essa contribuição será considerada equivalente à do trigo tirado da eira e do vinho do tanque de prensar uvas. 28Assim, vocês apresentarão uma contribuição ao SENHOR de todos os dízimos recebidos dos israelitas. Desses dízimos vocês darão a contribuição do SENHOR ao sacerdote Arão. 29E deverão apresentar como contribuição ao SENHOR a melhor parte, a parte sagrada de tudo o que for dado a vocês.

30“Diga aos levitas: Quando vocês apresentarem a melhor parte, ela será considerada

[a] 18:16 Hebraico: *5 siclos*. Um siclo equivalia a 12 gramas.

[b] 18:16 Hebraico: *no siclo do santuário, que são 20 geras*. Um gera equivalia a 0,6 gramas.

equivalente ao produto da eira e do tanque
de prensar uvas. [31]Vocês e suas famílias pode-
rão comer dessa porção em qualquer lugar,
pois é o salário pelo trabalho de vocês na Ten-
da do Encontro. [32]Ao apresentarem a melhor
parte, vocês não se tornarão culpados e não
profanarão as ofertas sagradas dos israelitas,
para que não morram".

A água da purificação

19 Disse também o SENHOR a Moisés e a
Arão: [2]"Esta é uma exigência da lei que
o SENHOR ordenou: Mande os israelitas tra-
zerem uma novilha vermelha, sem defeito e
sem mancha, sobre a qual nunca tenha sido
colocada uma canga. [3]Vocês a darão ao sa-
cerdote Eleazar; ela será levada para fora do
acampamento e sacrificada na presença dele.
[4]Então o sacerdote Eleazar pegará um pou-
co do sangue com o dedo e o aspergirá se-
te vezes, na direção da entrada da Tenda do
Encontro. [5]Na presença dele a novilha será
queimada: o couro, a carne, o sangue e o ex-
cremento. [6]O sacerdote apanhará um pedaço
de madeira de cedro, hissopo e lã vermelha
e os atirará ao fogo que estiver queimando a
novilha. [7]Depois disso o sacerdote lavará as
suas roupas e se banhará com água. Então
poderá entrar no acampamento, mas estará
impuro até o cair da tarde. [8]Aquele que quei-
mar a novilha também lavará as suas roupas
e se banhará com água, e também estará im-
puro até o cair da tarde.

[9]"Um homem cerimonialmente puro reco-
lherá as cinzas da novilha e as colocará num
local puro, fora do acampamento. Serão guar-
dadas pela comunidade de Israel para uso na
água da purificação, para a purificação de pe-
cados. [10]Aquele que recolher as cinzas da no-
vilha também lavará as suas roupas, e ficará
impuro até o cair da tarde. Este é um decreto
perpétuo, tanto para os israelitas como para
os estrangeiros residentes.

[11]"Quem tocar num cadáver humano fica-
rá impuro durante sete dias. [12]Deverá purifi-
car-se com essa água no terceiro e no sétimo
dia; então estará puro. Mas, se não se puri-
ficar no terceiro e no sétimo dia, não esta-
rá puro. [13]Quem tocar num cadáver humano
e não se purificar, contamina o tabernáculo
do SENHOR e será eliminado de Israel. Fica-
rá impuro porque a água da purificação não
foi derramada sobre ele; sua impureza per-
manece sobre ele.

[14]"Esta é a lei que se aplica quando alguém
morre numa tenda: quem entrar na tenda e
quem nela estiver ficará impuro sete dias, [15]e
qualquer recipiente que não estiver bem fe-
chado ficará impuro.

[16]"Quem estiver no campo e tocar em al-
guém que tenha sido morto à espada, ou em
alguém que tenha sofrido morte natural, ou
num osso humano, ou num túmulo, ficará
impuro durante sete dias.

[17]"Pela pessoa impura, colocarão um pou-
co das cinzas do holocausto de purificação
num jarro e derramarão água da fonte por
cima. [18]Então um homem cerimonialmente
puro pegará hissopo, molhará na água e a as-
pergirá sobre a tenda, sobre todos os utensí-
lios e sobre todas as pessoas que estavam ali.
Também a aspergirá sobre todo aquele que
tiver tocado num osso humano, ou num tú-
mulo, ou em alguém que tenha sido morto
ou que tenha sofrido morte natural. [19]Aquele
que estiver puro a aspergirá sobre a pessoa
impura no terceiro e no sétimo dia, e no sé-
timo dia deverá purificá-la. Aquele que esti-
ver sendo purificado lavará as suas roupas e
se banhará com água, e naquela tarde estará
puro. [20]Mas, se aquele que estiver impuro não
se purificar, será eliminado da assembleia,
pois contaminou o santuário do SENHOR. A
água da purificação não foi aspergida sobre
ele, e ele está impuro. [21]Este é um decreto
perpétuo para eles.

"O homem que aspergir a água da purifi-
cação também lavará as suas roupas, e todo
aquele que tocar na água da purificação ficará
impuro até o cair da tarde. [22]Qualquer coisa
na qual alguém que estiver impuro tocar se
tornará impura, e qualquer pessoa que nela
tocar ficará impura até o cair da tarde".

As águas de Meribá

20 No primeiro mês toda a comunidade de
Israel chegou ao deserto de Zim e ficou
em Cades. Ali Miriã morreu e foi sepultada.

[2]Não havia água para a comunidade, e o
povo se juntou contra Moisés e contra Arão.
[3]Discutiram com Moisés e disseram: "Quem
dera tivéssemos morrido quando os nossos
irmãos caíram mortos perante o SENHOR!
[4]Por que vocês trouxeram a assembleia do SE-
NHOR a este deserto, para que nós e os nossos
rebanhos morrêssemos aqui? [5]Por que vocês
nos tiraram do Egito e nos trouxeram para
este lugar terrível? Aqui não há cereal, nem
figos, nem uvas, nem romãs, nem água pa-
ra beber!"

[6]Moisés e Arão saíram de diante da assem-
bleia para a entrada da Tenda do Encontro e

se prostraram com o rosto em terra, e a glória
do SENHOR lhes apareceu. 7E o SENHOR disse
a Moisés: 8"Pegue a vara, e com o seu irmão
Arão reúna a comunidade e diante desta fa-
le àquela rocha, e ela verterá água. Vocês ti-
rarão água da rocha para a comunidade e os
rebanhos beberem".
9Então Moisés pegou a vara que estava
diante do SENHOR, como este lhe havia or-
denado. 10Moisés e Arão reuniram a assem-
bleia em frente da rocha, e Moisés disse:
"Escutem, rebeldes, será que teremos que
tirar água desta rocha para lhes dar?" 11En-
tão Moisés ergueu o braço e bateu na rocha
duas vezes com a vara. Jorrou água, e a co-
munidade e os rebanhos beberam.
12O SENHOR, porém, disse a Moisés e a Arão:
"Como vocês não confiaram em mim para
honrar minha santidade à vista dos israeli-
tas, vocês não conduzirão esta comunidade
para a terra que lhes dou".
13Essas foram as águas de Meribá[a], onde
os israelitas discutiram com o SENHOR e on-
de ele manifestou sua santidade entre eles.

Edom nega passagem a Israel

14De Cades, Moisés enviou mensageiros ao
rei de Edom, dizendo:
"Assim diz o teu irmão Israel: Tu sabes de
todas as dificuldades que vieram sobre nós.
15Os nossos antepassados desceram para o
Egito, e ali vivemos durante muitos anos.
Os egípcios, porém, nos maltrataram, como
também a eles, 16mas quando clamamos ao
SENHOR, ele ouviu o nosso clamor, enviou um
anjo e nos tirou do Egito.
"Agora estamos em Cades, cidade na fron-
teira do teu território. 17Deixa-nos atravessar
a tua terra. Não passaremos por nenhuma
plantação ou vinha, nem beberemos água de
poço algum. Passaremos pela estrada do rei e
não nos desviaremos nem para a direita nem
para a esquerda, até que tenhamos atraves-
sado o teu território".
18Mas Edom respondeu:
"Vocês não poderão passar por aqui; se
tentarem, nós os atacaremos com a espada".
19E os israelitas disseram:
"Iremos pela estrada principal; se nós e os
nossos rebanhos bebermos de tua água, pa-
garemos por ela. Queremos apenas atraves-
sar a pé, e nada mais".
20Mas Edom insistiu:
"Vocês não poderão atravessar".
Então Edom os atacou com um exército
grande e poderoso. 21Visto que Edom se re-
cusou a deixá-los atravessar o seu território,
Israel desviou-se dele.

A morte de Arão

22Toda a comunidade israelita partiu de Ca-
des e chegou ao monte Hor. 23Naquele monte,
perto da fronteira de Edom, o SENHOR disse a
Moisés e a Arão: 24"Arão será reunido aos seus
antepassados. Não entrará na terra que dou
aos israelitas, porque vocês dois se rebela-
ram contra a minha ordem junto às águas de
Meribá. 25Leve Arão e seu filho Eleazar para
o alto do monte Hor. 26Tire as vestes de Arão
e coloque-as em seu filho Eleazar, pois Arão
será reunido aos seus antepassados; ele mor-
rerá ali".
27Moisés fez conforme o SENHOR ordenou;
subiram o monte Hor à vista de toda a co-
munidade. 28Moisés tirou as vestes de Arão e
as colocou em seu filho Eleazar. E Arão mor-
reu no alto do monte. Depois disso, Moisés e
Eleazar desceram do monte, 29e, quando toda
a comunidade soube que Arão tinha morri-
do, toda a nação de Israel pranteou por ele
durante trinta dias.

A vitória sobre o rei de Arade

21 Quando o rei cananeu de Arade, que vi-
via no Neguebe, soube que Israel vinha
pela estrada de Atarim, atacou os israelitas e
capturou alguns deles. 2Então Israel fez este
voto ao SENHOR: "Se entregares este povo em
nossas mãos, destruiremos totalmente as suas
cidades". 3O SENHOR ouviu o pedido de Israel e

[a] 20:13 *Meribá* significa *rebelião*.

Você sabia?

Por que Deus não permitiu que Moisés entrasse na Terra Prometida?

20:12 Deus puniu a desobediência de Moisés. O Senhor havia dito a ele que falasse a uma rocha, a qual daria água aos israelitas, mas, em vez disso, Moisés tomou sua vara e bateu na rocha duas vezes. É importante obedecer a Deus completamente, não apenas um pouco, pois nós mostramos respeito por Deus ao obedecer-lhe em todas as coisas.

lhes entregou os cananeus. Israel os destruiu
completamente, a eles e às suas cidades; de
modo que o lugar foi chamado Hormá.

A serpente de bronze

4Partiram eles do monte Hor pelo cami-
nho do mar Vermelho, para contornarem a
terra de Edom. Mas o povo ficou impacien-
te no caminho 5e falou contra Deus e contra
Moisés, dizendo: "Por que vocês nos tiraram
do Egito para morrermos no deserto? Não
há pão! Não há água! E nós detestamos esta
comida miserável!"
6Então o SENHOR enviou serpentes vene-
nosas que morderam o povo, e muitos mor-
reram. 7O povo foi a Moisés e disse: "Pecamos
quando falamos contra o SENHOR e contra
você. Ore pedindo ao SENHOR que tire as ser-
pentes do meio de nós". E Moisés orou pe-
lo povo.
8O SENHOR disse a Moisés: "Faça uma ser-
pente e coloque-a no alto de um poste; quem
for mordido e olhar para ela viverá".
9Moisés fez então uma serpente de bronze
e a colocou num poste. Quando alguém era
mordido por uma serpente e olhava para a
serpente de bronze, permanecia vivo.

A viagem para Moabe

10Os israelitas partiram e acamparam em
Obote. 11Depois partiram de Obote e acampa-
ram em Ijé-Abarim, no deserto defronte de
Moabe, ao leste. 12Dali partiram e acamparam
no vale de Zerede. 13Partiram dali e acampa-
ram do outro lado do Arnom, que fica no de-
serto que se estende até o território amorreu.
O Arnom é a fronteira de Moabe, entre Moabe
e os amorreus. 14É por isso que se diz no Livro
das Guerras do SENHOR:

"... Vaebe, em Sufá, e os vales,
o Arnom 15e as ravinas dos vales
que se estendem até a cidade de Ar
e chegam até a fronteira de Moabe".

16De lá prosseguiram até Beer, o poço on-
de o SENHOR disse a Moisés: "Reúna o povo,
e eu lhe darei água".
17Então Israel cantou esta canção:

"Brote água, ó poço!
Cantem a seu respeito,
18a respeito do poço
que os líderes cavaram,
que os nobres abriram
com cetros e cajados".

Então saíram do deserto para Matanã, 19de
Matanã para Naaliel, de Naaliel para Bamo-
te, 20e de Bamote para o vale de Moabe, on-
de o topo do Pisga defronta com o deserto
de Jesimom.

A vitória sobre Seom e Ogue

21Israel enviou mensageiros para dizer a
Seom, rei dos amorreus: 22"Deixa-nos atra-
vessar a tua terra. Não entraremos em ne-
nhuma plantação, em nenhuma vinha, nem
beberemos água de poço algum. Passaremos
pela estrada do rei até que tenhamos atraves-
sado o teu território".
23Seom, porém, não deixou Israel atra-
vessar o seu território. Convocou todo o seu
exército e atacou Israel no deserto. Quando
chegou a Jaza, lutou contra Israel. 24Porém
Israel o destruiu com a espada e tomou-lhe
as terras desde o Arnom até o Jaboque, até
o território dos amonitas, pois Jazar estava
na fronteira dos amonitas. 25Israel capturou
todas as cidades dos amorreus e as ocupou,
inclusive Hesbom e todos os seus povoa-
dos. 26Hesbom era a cidade de Seom, rei dos
amorreus, que havia lutado contra o antigo
rei de Moabe, tendo tomado todas as suas
terras até o Arnom.
27É por isso que os poetas dizem:

"Venham a Hesbom!
Seja ela reconstruída;
seja restaurada a cidade de Seom!

28"Fogo saiu de Hesbom,
uma chama da cidade de Seom;
consumiu Ar, de Moabe,
os senhores do alto Arnom.

Você sabia?

O que Jesus disse sobre a serpente de bronze?

21:9 Jesus disse que ele seria levantado (João 3:14) como a serpente de bronze que Moisés fez. Com isso, ele estava referindo-se a sua morte na cruz. As pessoas no tempo de Moisés que cressem o suficiente em Deus para olhar para a serpente seriam salvas do veneno das serpentes. As pessoas que hoje creem o suficiente em Deus para olharem para Jesus buscando perdão são salvas de seus pecados.

29 Ai de você, Moabe!
Você está destruído, ó povo de
Camos!
Ele fez de seus filhos, fugitivos,
e de suas filhas,
prisioneiras de Seom,
rei dos amorreus.

30 "Mas nós os derrotamos;
Hesbom está destruída
por todo o caminho até Dibom.
Nós os arrasamos até Nofá,
e até Medeba".

31 Assim Israel habitou na terra dos amor-
reus.
32 Moisés enviou espiões a Jazar, e os israe-
litas tomaram os povoados ao redor e expul-
saram os amorreus que ali estavam. 33 Depois
voltaram e subiram pelo caminho de Basã, e
Ogue, rei de Basã, com todo o seu exército,
marchou para enfrentá-los em Edrei.
34 Mas o SENHOR disse a Moisés: "Não te-
nha medo dele, pois eu o entreguei a você,
juntamente com todo o seu exército e com
a sua terra. Você fará com ele o que fez com
Seom, rei dos amorreus, que habitava em
Hesbom".
35 Então eles o derrotaram, bem como os
seus filhos e todo o seu exército, não lhes dei-
xando sobrevivente algum. E tomaram pos-
se da terra dele.

Balaque manda chamar Balaão

22 Os israelitas partiram e acamparam nas
campinas de Moabe, para além do Jor-
dão, perto de Jericó[a].

[a] 22:1 Hebraico: *Jordão de Jericó*. Possivelmente um antigo nome do rio Jordão; também em 26:3 e 63.

2 Balaque, filho de Zipor, viu tudo o que Is-
rael tinha feito aos amorreus, 3 e Moabe teve
muito medo do povo, porque era muita gen-
te. Moabe teve pavor dos israelitas.
4 Então os moabitas disseram aos líderes de
Midiã: "Essa multidão devorará tudo o que
há ao nosso redor, como o boi devora o ca-
pim do pasto".
Balaque, filho de Zipor, rei de Moabe na-
quela época, 5 enviou mensageiros para cha-
mar Balaão, filho de Beor, que estava em
Petor, perto do Eufrates[b], em sua terra na-
tal. A mensagem de Balaque dizia:
"Um povo que saiu do Egito cobre a face da
terra e se estabeleceu perto de mim. 6 Venha
agora lançar uma maldição contra ele, pois
é forte demais para mim. Talvez então eu te-
nha condições de derrotá-lo e de expulsá-lo
da terra. Pois sei que aquele que você aben-
çoa é abençoado, e aquele que você amaldi-
çoa é amaldiçoado".
7 Os líderes de Moabe e os de Midiã parti-
ram, levando consigo a quantia necessária
para pagar os encantamentos mágicos. Quan-
do chegaram, comunicaram a Balaão o que
Balaque tinha dito.
8 Disse-lhes Balaão: "Passem a noite aqui,
e eu lhes trarei a resposta que o SENHOR me
der". E os líderes moabitas ficaram com ele.
9 Deus veio a Balaão e lhe perguntou:
"Quem são esses homens que estão com
você?"
10 Balaão respondeu a Deus: "Balaque, fi-
lho de Zipor, rei de Moabe, enviou-me esta
mensagem: 11 'Um povo que saiu do Egito co-
bre a face da terra. Venha agora lançar uma

[b] 22:5 Hebraico: o Rio.

Quem está no controle?

Experimente!

Leia esta história sobre Balaão. Balaque, rei de Moabe, queria que Balaão amaldiçoasse os israelitas, para que coisas ruins acontecessem a eles. Assim, eles não seriam capazes de conquistar Moabe.

Mas Balaão não conseguiu amaldiçoá-los; em vez disso, somente conseguia dizer o que Deus o mandava dizer: boas coisas sobre os israelitas e o seu Deus.

O Senhor controla o que você diz? Na próxima refeição, ouça o que cada membro de sua família diz. O que é algo bom para dizer e o que não é? Deus está no controle da conversa em sua família?

Números 22:1-20; 24:10-14

maldição contra ele. Talvez então eu tenha
condições de derrotá-lo e de expulsá-lo' ".
12 Mas Deus disse a Balaão: "Não vá com
eles. Você não poderá amaldiçoar este povo,
porque é povo abençoado".
13 Na manhã seguinte Balaão se levantou e
disse aos líderes de Balaque: "Voltem para a
sua terra, pois o SENHOR não permitiu que
eu os acompanhe".
14 Os líderes moabitas voltaram a Balaque
e lhe disseram: "Balaão recusou-se a acom-
panhar-nos".
15 Balaque enviou outros líderes, em maior
número e mais importantes do que os pri-
meiros. 16 Eles foram a Balaão e lhe disseram:
"Assim diz Balaque, filho de Zipor: 'Que
nada o impeça de vir a mim, 17 porque o re-
compensarei generosamente e farei tudo o
que você me disser. Venha, por favor, e lance
para mim uma maldição contra este povo' ".
18 Balaão, porém, respondeu aos conselhei-
ros de Balaque: "Mesmo que Balaque me des-
se o seu palácio cheio de prata e de ouro, eu
não poderia fazer coisa alguma, grande ou
pequena, que vá além da ordem do SENHOR,
o meu Deus. 19 Agora, fiquem vocês também
aqui esta noite, e eu descobrirei o que mais
o SENHOR tem para dizer-me".
20 Naquela noite Deus veio a Balaão e lhe
disse: "Visto que esses homens vieram cha-
má-lo, vá com eles, mas faça apenas o que
eu lhe disser".

O Anjo do SENHOR e a jumenta de Balaão

21 Balaão levantou-se pela manhã, pôs a sela
sobre a sua jumenta e foi com os líderes de
Moabe. 22 Mas acendeu-se a ira de Deus quan-
do ele foi, e o Anjo do SENHOR pôs-se no ca-
minho para impedi-lo de prosseguir. Balaão
ia montado em sua jumenta, e seus dois ser-
vos o acompanhavam. 23 Quando a jumenta
viu o Anjo do SENHOR parado no caminho,
empunhando uma espada, saiu do caminho
e prosseguiu pelo campo. Balaão bateu nela
para fazê-la voltar ao caminho.
24 Então o Anjo do SENHOR se pôs num ca-
minho estreito entre duas vinhas, com mu-
ros dos dois lados. 25 Quando a jumenta viu o
Anjo do SENHOR, encostou-se no muro, aper-
tando o pé de Balaão contra ele. Por isso ele
bateu nela de novo.
26 O Anjo do SENHOR foi adiante e se colo-
cou num lugar estreito, onde não havia es-
paço para desviar-se, nem para a direita nem
para a esquerda. 27 Quando a jumenta viu o
Anjo do SENHOR, deitou-se debaixo de Ba-
laão. Acendeu-se a ira de Balaão, que bateu
nela com uma vara. 28 Então o SENHOR abriu
a boca da jumenta, e ela disse a Balaão: "Que
foi que eu lhe fiz, para você bater em mim
três vezes?"
29 Balaão respondeu à jumenta: "Você me
fez de tolo! Quem dera eu tivesse uma espada
na mão; eu a mataria agora mesmo".

A vida nos tempos da Bíblia

Jumentos

Nos tempos da Bíblia, mesmo as pessoas importantes andavam em jumentinhos. Quando um rei entrava em uma nação ou cidade montado em um jumentinho, isso significava que ele estava vindo em paz, pois um rei que estivesse indo à batalha montaria um cavalo. A pessoa mais importante que já andou em um jumento foi Jesus, que montava um jumento quando entrou em Jerusalém, para mostrar que vinha em paz. O capítulo 21 de Mateus conta que o povo que estava em Jerusalém aquele dia adorou a Deus e colocou ramos e capas na estrada em frente de Jesus.

30Mas a jumenta disse a Balaão: "Não sou
sua jumenta, que você sempre montou até
o dia de hoje? Tenho eu o costume de fazer
isso com você?"
"Não", disse ele.
31Então o SENHOR abriu os olhos de Balaão,
e ele viu o Anjo do SENHOR parado no caminho,
empunhando a sua espada. Então Balaão
inclinou-se e prostrou-se com o rosto
em terra.
32E o Anjo do SENHOR lhe perguntou: "Por
que você bateu três vezes em sua jumenta?
Eu vim aqui para impedi-lo de prosseguir
porque o seu caminho me desagrada. 33A jumenta
me viu e se afastou de mim por três
vezes. Se ela não se afastasse, certamente eu
já o teria matado; mas a jumenta eu teria
poupado".
34Balaão disse ao Anjo do SENHOR: "Pequei.
Não percebi que estavas parado no caminho
para me impedires de prosseguir. Agora, se o
que estou fazendo te desagrada, eu voltarei".
35Então o Anjo do SENHOR disse a Balaão:
"Vá com os homens, mas fale apenas o que
eu lhe disser". Assim Balaão foi com os príncipes
de Balaque.

Balaque reencontra-se com Balaão

36Quando Balaque soube que Balaão estava
chegando, foi ao seu encontro na cidade
moabita da fronteira do Arnom, no limite
do seu território. 37E Balaque disse a Balaão:
"Não mandei chamá-lo urgentemente? Por
que não veio? Acaso não tenho condições de
recompensá-lo?"
38"Aqui estou!", respondeu Balaão. "Mas,
seria eu capaz de dizer alguma coisa? Direi
somente o que Deus puser em minha boca".
39Então Balaão foi com Balaque até Quiriate-Huzote.
40Balaque sacrificou bois e
ovelhas, e deu parte da carne a Balaão e aos
líderes que com ele estavam. 41Na manhã seguinte
Balaque levou Balaão até o alto de Bamote-Baal,
de onde viu uma parte do povo.

O primeiro oráculo de Balaão

23 Balaão disse a Balaque: "Construa para
mim aqui sete altares e prepare-me
sete novilhos e sete carneiros". 2Balaque fez
o que Balaão pediu, e os dois ofereceram um
novilho e um carneiro em cada altar.
3E Balaão disse a Balaque: "Fique aqui junto
ao seu holocausto, enquanto eu me retiro.
Talvez o SENHOR venha ao meu encontro. O
que ele me revelar eu lhe contarei". E foi para
um monte.
4Deus o encontrou, e Balaão disse: "Preparei
sete altares, e em cada altar ofereci um
novilho e um carneiro".
5O SENHOR pôs uma mensagem na boca de
Balaão e disse: "Volte a Balaque e dê-lhe essa
mensagem".
6Ele voltou a Balaque e o encontrou ao lado
de seu holocausto, e com ele todos os líderes
de Moabe. 7Então Balaão pronunciou
este oráculo:

"Balaque trouxe-me de Arã,
o rei de Moabe
 buscou-me nas montanhas do
  oriente.
'Venha, amaldiçoe a Jacó para mim',
 disse ele,
'venha, pronuncie ameaças
 contra Israel!'
8Como posso amaldiçoar
 a quem Deus não amaldiçoou?
Como posso pronunciar ameaças
 contra quem o SENHOR não quis
  ameaçar?
9Dos cumes rochosos eu os vejo,
 dos montes eu os avisto.
Vejo um povo que vive separado
 e não se considera
 como qualquer nação.
10Quem pode contar o pó de Jacó
 ou o número da quarta parte de
  Israel?
Morra eu a morte dos justos,
e seja o meu fim como o deles!"

11Então Balaque disse a Balaão: "Que foi
que você me fez? Eu o chamei para amaldiçoar
meus inimigos, mas você nada fez senão
abençoá-los!"
12E ele respondeu: "Será que não devo dizer
o que o SENHOR põe em minha boca?"

Você sabia?

O que é um oráculo?

23:7 Um oráculo é uma mensagem de Deus, frequentemente um aviso de julgamento. Ainda que Balaão quisesse fazer mal a Israel, a única mensagem que Deus deu a ele foi para abençoar o povo.

O segundo oráculo de Balaão

13Balaque lhe disse: "Venha comigo a ou-
tro lugar de onde você poderá vê-los; você
verá só uma parte, mas não todos eles. E dali
amaldiçoe este povo para mim". 14Então ele o
levou para o campo de Zofim, no topo do Pis-
ga, e ali construiu sete altares e ofereceu um
novilho e um carneiro em cada altar.

15Balaão disse a Balaque: "Fique aqui ao la-
do de seu holocausto enquanto vou me en-
contrar com ele ali adiante".

16Encontrando-se o SENHOR com Balaão,
pôs uma mensagem em sua boca e disse:
"Volte a Balaque e dê-lhe essa mensagem".

17Ele voltou e o encontrou ao lado de seu
holocausto, e com ele os líderes de Moabe.
Balaque perguntou-lhe: "O que o SENHOR
disse?"

18Então ele pronunciou este oráculo:

"Levante-se, Balaque, e ouça-me;
escute-me, filho de Zipor.
19Deus não é homem para que minta,
nem filho de homem
para que se arrependa.
Acaso ele fala, e deixa de agir?
Acaso promete, e deixa de cumprir?
20Recebi uma ordem para abençoar;
ele abençoou, e não o posso mudar.
21Nenhuma desgraça se vê em Jacó,
nenhum sofrimento em Israel.[a]
O SENHOR, o seu Deus, está com eles;
o brado de aclamação do Rei
está no meio deles.
22Deus os está trazendo do Egito;
eles têm a força do boi selvagem.
23Não há magia que possa contra Jacó,
nem encantamento contra Israel.
Agora se dirá de Jacó e de Israel:
'Vejam o que Deus tem feito!'
24O povo se levanta como leoa;
levanta-se como o leão,
que não se deita
até que devore a sua presa
e beba o sangue das suas vítimas".

25Balaque disse então a Balaão: "Não os
amaldiçoe nem os abençoe!"

26Balaão respondeu: "Não lhe disse que de-
vo fazer tudo o que o SENHOR disser?"

O terceiro oráculo de Balaão

27Balaque disse a Balaão: "Venha, deixe-me
levá-lo a outro lugar. Talvez Deus se agrade
que dali você os amaldiçoe para mim". 28E Ba-
laque levou Balaão para o topo do Peor, de
onde se vê o deserto de Jesimom.

29Balaão disse a Balaque: "Edifique-me
aqui sete altares e prepare-me sete novilhos
e sete carneiros". 30Balaque fez o que Balaão
disse, e ofereceu um novilho e um carneiro
em cada altar.

24 Quando Balaão viu que agradava ao SE-
NHOR abençoar Israel, não recorreu à
magia como nas outras vezes, mas voltou o
rosto para o deserto. 2Então viu Israel acam-
pado, tribo por tribo; e o Espírito de Deus
veio sobre ele, 3e ele pronunciou este oráculo:

"Palavra de Balaão, filho de Beor,
palavra daquele cujos olhos
veem claramente,
4palavra daquele que ouve
as palavras de Deus,
daquele que vê a visão
que vem do Todo-poderoso[b],
daquele que cai prostrado
e vê com clareza:
5"Quão belas são as suas tendas,
ó Jacó,
as suas habitações, ó Israel!
6Como vales estendem-se,
como jardins que margeiam rios,
como aloés plantados pelo SENHOR,
como cedros junto às águas.
7Seus reservatórios de água
transbordarão;
suas lavouras serão bem irrigadas.

"O seu rei será maior do que Agague;
o seu reino será exaltado.
8Deus os está trazendo do Egito;
eles têm a força do boi selvagem.
Devoram nações inimigas
e despedaçam seus ossos;
com suas flechas os atravessam.
9Como o leão e a leoa
eles se abaixam e se deitam,
quem ousará despertá-los?
Sejam abençoados
os que os abençoarem,
e amaldiçoados
os que os amaldiçoarem!"

10Então acendeu-se a ira de Balaque contra
Balaão, e, batendo as palmas das mãos, dis-
se: "Eu o chamei para amaldiçoar meus ini-
migos, mas você já os abençoou três vezes!
11Agora, fuja para a sua casa! Eu disse que lhe

[a] 23:21 Ou *Ele não olhou para as ofensas de Jacó, nem para os erros encontrados em Israel.*

[b] 24:4 Hebraico: *Shaddai*; também no versículo 16.

daria generosa recompensa, mas o SENHOR o
impediu de recebê-la".
12 Mas Balaão respondeu a Balaque: "Eu
bem que avisei aos mensageiros que você
me enviou: 13 'Mesmo que Balaque me desse
o seu palácio cheio de prata e de ouro, eu não
poderia fazer coisa alguma de minha própria
vontade, boa ou má, que vá além da ordem
do SENHOR, e devo dizer somente o que o SE-
NHOR disser.' 14 Agora estou voltando para o
meu povo, mas venha, deixe-me adverti-lo
do que este povo fará ao seu povo nos dias
futuros".

O quarto oráculo de Balaão

15 Então pronunciou este seu oráculo:

"Palavra de Balaão, filho de Beor,
palavra daquele cujos olhos
veem claramente,
16 daquele que ouve
as palavras de Deus,
que possui o conhecimento
do Altíssimo,
daquele que vê a visão
que vem do Todo-poderoso,
daquele que cai prostrado,
e vê com clareza:
17 Eu o vejo, mas não agora;
eu o avisto, mas não de perto.
Uma estrela surgirá de Jacó;
um cetro se levantará de Israel.
Ele esmagará as frontes de Moabe
e o crânio[a] de todos
os descendentes de Sete[b].
18 Edom será dominado;
Seir, seu inimigo,
também será dominado;
mas Israel se fortalecerá.
19 De Jacó sairá o governo;
ele destruirá os sobreviventes
das cidades".

Os últimos oráculos de Balaão

20 Balaão viu Amaleque e pronunciou es-
te oráculo:

"Amaleque foi o primeiro
entre as nações,
mas o seu fim será destruição".

21 Depois viu os queneus e pronunciou es-
te oráculo:

"Sua habitação é segura,
seu ninho está firmado na rocha;
22 todavia, vocês, queneus,
serão destruídos
quando Assur
os levar prisioneiros".

23 Finalmente pronunciou este oráculo:

"Ah, quem poderá viver
quando Deus fizer isto?[c]
24 Navios virão da costa de Quitim
e subjugarão Assur e Héber,
mas o seu fim
também será destruição".

25 Então Balaão se levantou e voltou para
casa, e Balaque seguiu o seu caminho.

A adoração a Baal-Peor

25 Enquanto Israel estava em Sitim, o po-
vo começou a entregar-se à imoralidade
sexual com mulheres moabitas, 2 que os con-
vidavam aos sacrifícios de seus deuses. O po-
vo comia e se prostrava perante esses deuses.
3 Assim Israel se juntou à adoração a Baal-Peor.
E a ira do SENHOR acendeu-se contra Israel.
4 E o SENHOR disse a Moisés: "Prenda todos
os chefes desse povo, enforque-os diante do
SENHOR, à luz do sol, para que o fogo da ira
do SENHOR se afaste de Israel".
5 Então Moisés disse aos juízes de Israel:
"Cada um de vocês terá que matar aqueles
que dentre os seus homens se juntaram à
adoração a Baal-Peor".
6 Um israelita trouxe para casa uma mulher
midianita, na presença de Moisés e de toda
a comunidade de Israel, que choravam à en-
trada da Tenda do Encontro. 7 Quando Fineias,
filho de Eleazar, neto do sacerdote Arão, viu
isso, apanhou uma lança, 8 seguiu o israelita
até o interior da tenda e atravessou os dois
com a lança; atravessou o corpo do israelita e
o da mulher. Então cessou a praga contra os
israelitas. 9 Mas os que morreram por causa
da praga foram vinte e quatro mil.
10 E o SENHOR disse a Moisés: 11 "Fineias, fi-
lho de Eleazar, neto do sacerdote Arão, des-
viou a minha ira de sobre os israelitas, pois
foi zeloso, com o mesmo zelo que tenho por
eles, para que em meu zelo eu não os consu-
misse. 12 Diga-lhe, pois, que estabeleço com
ele a minha aliança de paz. 13 Dele e dos seus
descendentes será a aliança do sacerdócio
perpétuo, porque ele foi zeloso pelo seu Deus
e fez propiciação pelos israelitas".
14 O nome do israelita que foi morto com
a midianita era Zinri, filho de Salu, líder de

[a] 24:17 Conforme o Pentateuco Samaritano. Veja Jr 48:45.
[b] 24:17 Ou *todos os arrogantes*
[c] 24:23 Ou *"Um povo se ajuntará vindo do norte.*

uma família simeonita. 15E o nome da mulher
midianita que morreu era Cosbi, filha de Zur,
chefe de um clã midianita.
16O SENHOR disse a Moisés: 17"Tratem os mi-
dianitas como inimigos e matem-nos, 18por-
que trataram vocês como inimigos quando os
enganaram no caso de Peor e de Cosbi, filha
de um líder midianita, mulher do povo de-
les que foi morta pela praga que enviei por
causa de Peor".

O segundo recenseamento

26 Depois da praga, o SENHOR disse a Moi-
sés e a Eleazar, filho do sacerdote Arão:
2"Façam um recenseamento de toda a comu-
nidade de Israel, segundo as suas famílias;
contem todos os de vinte anos para cima que
possam servir no exército de Israel". 3Nas cam-
pinas de Moabe, junto ao Jordão, frente a Jeri-
có, Moisés e o sacerdote Eleazar falaram com
eles e disseram: 4"Façam um recenseamento
dos homens de vinte anos para cima", con-
forme o SENHOR tinha ordenado a Moisés.

Estes foram os israelitas que saíram do
Egito:

5Os descendentes de Rúben, filho mais ve-
lho de Israel, foram:

de Enoque, o clã enoquita;
de Palu, o clã paluíta;
6de Hezrom, o clã hezronita;
de Carmi, o clã carmita.

7Esses foram os clãs de Rúben; foram con-
tados 43.730 homens.
8O filho de Palu foi Eliabe, 9e os filhos de
Eliabe foram Nemuel, Datã e Abirão. Estes,
Datã e Abirão, foram os líderes da comuni-
dade que se rebelaram contra Moisés e con-
tra Arão, estando entre os seguidores de Corá
quando se rebelaram contra o SENHOR. 10A
terra abriu a boca e os engoliu juntamen-
te com Corá, cujos seguidores morreram
quando o fogo devorou duzentos e cinquen-
ta homens, que serviram como sinal de ad-
vertência. 11A descendência de Corá, contudo,
não desapareceu.

12Os descendentes de Simeão segundo os
seus clãs foram:

de Nemuel, o clã nemuelita;
de Jamim, o clã jaminita;
de Jaquim, o clã jaquinita;
13de Zerá, o clã zeraíta;
de Saul, o clã saulita.

14Esses foram os clãs de Simeão; havia
22.200 homens.

15Os descendentes de Gade segundo os seus
clãs foram:

de Zefom, o clã zefonita;
de Hagi, o clã hagita;
de Suni, o clã sunita;
16de Ozni, o clã oznita;
de Eri, o clã erita;
17de Arodi[a], o clã arodita;
de Areli, o clã arelita.

18Esses foram os clãs de Gade; foram con-
tados 40.500 homens.

19Er e Onã eram filhos de Judá, mas mor-
reram em Canaã.

20Os descendentes de Judá segundo os seus
clãs foram:

de Selá, o clã selanita;
de Perez, o clã perezita;
de Zerá, o clã zeraíta.
21Os descendentes de Perez foram:
de Hezrom, o clã hezronita;
de Hamul, o clã hamulita.

22Esses foram os clãs de Judá; foram con-
tados 76.500 homens.

23Os descendentes de Issacar segundo os
seus clãs foram:

de Tolá, o clã tolaíta;
de Puá, o clã punita[b];
24de Jasube, o clã jasubita;
de Sinrom, o clã sinronita.

25Esses foram os clãs de Issacar; foram con-
tados 64.300 homens.

26Os descendentes de Zebulom segundo os
seus clãs foram:

de Serede, o clã seredita;
de Elom, o clã elonita;
de Jaleel, o clã jaleelita.

27Esses foram os clãs de Zebulom; foram
contados 60.500 homens.

28Os descendentes de José segundo os seus
clãs, por meio de Manassés e Efraim, foram:

29Os descendentes de Manassés:
de Maquir, o clã maquirita
(Maquir foi o pai de Gileade);
de Gileade, o clã gileadita.
30Estes foram os descendentes de Gilea-
de:
de Jezer, o clã jezerita;
de Heleque, o clã helequita;
31de Asriel, o clã asrielita;
de Siquém, o clã siquemita;

[a] 26:17 Alguns manuscritos dizem *Arode*. Veja Gn 46:16.
[b] 26:23 Alguns manuscritos dizem *por meio de Puva, o clã puvita*. Veja 1Cr 7:1.

[32]de Semida, o clã semidaíta;
de Héfer, o clã heferita.
[33](Zelofeade, filho de Héfer,
não teve filhos; teve somente filhas,
cujos nomes eram
Maalá, Noa, Hogla, Milca e Tirza.)
[34]Esses foram os clãs de Manassés; foram
contados 52.700 homens.

[35]Os descendentes de Efraim segundo os
seus clãs foram:
de Sutela, o clã sutelaíta;
de Bequer, o clã bequerita;
de Taã, o clã taanita.
[36]Estes foram os descendentes de Sutela:
de Erã, o clã eranita.
[37]Esses foram os clãs de Efraim; foram con-
tados 32.500 homens.

Esses foram os descendentes de José se-
gundo os seus clãs.

[38]Os descendentes de Benjamim segundo
os seus clãs foram:
de Belá, o clã belaíta;
de Asbel, o clã asbelita;
de Airã, o clã airamita;
[39]de Sufã[a], o clã sufamita;
de Hufã, o clã hufamita.
[40]Os descendentes de Belá, por meio de Ar-
de e Naamã, foram:
de Arde[b], o clã ardita;
de Naamã, o clã naamanita.
[41]Esses foram os clãs de Benjamim; foram
contados 45.600 homens.

[42]Os descendentes de Dã segundo os seus
clãs foram:
de Suã, o clã suamita.
Esses foram os clãs de Dã, [43]todos eles clãs
suamitas; foram contados 64.400 homens.

[44]Os descendentes de Aser segundo os seus
clãs foram:
de Imna, o clã imnaíta;
de Isvi, o clã isvita;
de Berias, o clã beriaíta;
[45]e dos descendentes de Berias:
de Héber, o clã heberita;
de Malquiel, o clã malquielita.
[46]Aser teve uma filha chamada Sera.
[47]Esses foram os clãs de Aser; foram conta-
dos 53.400 homens.

[48]Os descendentes de Naftali segundo os
seus clãs foram:
de Jazeel, o clã jazeelita;
de Guni, o clã gunita;
[49]de Jezer, o clã jezerita;
de Silém, o clã silemita.
[50]Esses foram os clãs de Naftali; foram con-
tados 45.400 homens.

[51]O número total dos homens de Israel foi
601.730.

As normas para a repartição da terra

[52]Disse ainda o SENHOR a Moisés: [53]"A terra
será repartida entre eles como herança, de
acordo com o número dos nomes alistados.
[54]A um clã maior dê uma herança maior, e a
um clã menor, uma herança menor; cada um
receberá a sua herança de acordo com o seu
número de recenseados. [55]A terra, porém, se-
rá distribuída por sorteio. Cada um herdará
sua parte de acordo com o nome da tribo de
seus antepassados. [56]Cada herança será dis-
tribuída por sorteio entre os clãs maiores e
os menores".

O segundo recenseamento dos levitas

[57]Estes foram os levitas contados segundo
os seus clãs:
de Gérson, o clã gersonita;
de Coate, o clã coatita;
de Merari, o clã merarita.
[58]Estes também eram clãs levitas:
o clã libnita;
o clã hebronita;
o clã malita;
o clã musita;
o clã coreíta.
Coate foi o pai de Anrão; [59]o nome da mu-
lher de Anrão era Joquebede, descendente
de Levi, que nasceu no Egito. Ela lhe deu à
luz Arão, Moisés e Miriã, irmã deles. [60]Arão
foi o pai de Nadabe, Abiú, Eleazar e Itamar.
[61]Mas Nadabe e Abiú morreram quando apre-
sentaram uma oferta com fogo profano pe-
rante o SENHOR.

[62]O total de levitas do sexo masculino, de
um mês de idade para cima, que foram con-
tados foi 23.000. Não foram contados junto
com os outros israelitas porque não recebe-
ram herança entre eles.

[63]São esses os que foram recenseados por
Moisés e pelo sacerdote Eleazar quando con-
taram os israelitas nas campinas de Moabe,
junto ao Jordão, frente a Jericó. [64]Nenhum
deles estava entre os que foram contados por
Moisés e pelo sacerdote Arão quando conta-
ram os israelitas no deserto do Sinai. [65]Pois

[a] 26:39 Muitos manuscritos dizem *Sefufã*.
[b] 26:40 Conforme o Pentateuco Samaritano e a Vulgata. O Texto Massorético não traz *de Arde*.

o SENHOR tinha dito àqueles israelitas que eles iriam morrer no deserto, e nenhum deles sobreviveu, exceto Calebe, filho de Jefoné, e Josué, filho de Num.

A herança das filhas de Zelofeade

27 Aproximaram-se as filhas de Zelofeade, filho de Héfer, neto de Gileade, bisneto de Maquir, trineto de Manassés; pertencia aos clãs de Manassés, filho de José. Os nomes das suas filhas eram Maalá, Noa, Hogla, Milca e Tirza. 2Elas se prostraram à entrada da Tenda do Encontro diante de Moisés, do sacerdote Eleazar, dos líderes de toda a comunidade, e disseram: 3"Nosso pai morreu no deserto. Ele não estava entre os seguidores de Corá, que se ajuntaram contra o SENHOR, mas morreu por causa do seu próprio pecado e não deixou filhos. 4Por que o nome de nosso pai deveria desaparecer de seu clã por não ter tido um filho? Dê-nos propriedade entre os parentes de nosso pai".

5Moisés levou o caso perante o SENHOR, 6e o SENHOR lhe disse: 7"As filhas de Zelofeade têm razão. Você lhes dará propriedade como herança entre os parentes do pai delas, e lhes passará a herança do pai.

8"Diga aos israelitas: Se um homem morrer e não deixar filho, transfiram a sua herança para a sua filha. 9Se ele não tiver filha, deem a sua herança aos irmãos dele. 10Se não tiver irmãos, deem-na aos irmãos de seu pai. 11Se ainda seu pai não tiver irmãos, deem a herança ao parente mais próximo em seu clã". Esta será uma exigência legal para os israelitas, como o SENHOR ordenou a Moisés.

Você sabia?

Por que as filhas de Zelofeade são importantes?

27:1 Em Israel, os filhos homens recebiam a propriedade da família. As filhas de Zelofeade pediram a propriedade de seu pai, porque elas não tinham irmãos, e Deus disse a Moisés que as mulheres estavam certas: tanto elas quanto os homens poderiam herdar propriedades.

Josué, sucessor de Moisés

12Então o SENHOR disse a Moisés: "Suba este monte da serra de Abarim e veja a terra que dei aos israelitas. 13Depois de vê-la, você também será reunido ao seu povo, como seu irmão Arão, 14pois, quando a comunidade se rebelou nas águas do deserto de Zim, vocês dois desobedeceram à minha ordem de honrar minha santidade perante eles". Isso aconteceu nas águas de Meribá, em Cades, no deserto de Zim.

15Moisés disse ao SENHOR: 16"Que o SENHOR, o Deus que a todos dá vida[a], designe um homem como líder desta comunidade 17para conduzi-los em suas batalhas, para que a comunidade do SENHOR não seja como ovelhas sem pastor".

18Então o SENHOR disse a Moisés: "Chame Josué, filho de Num, homem em quem está o Espírito[b], e imponha as mãos sobre ele. 19Faça-o apresentar-se ao sacerdote Eleazar e a toda a comunidade e o comissione na presença deles. 20Dê-lhe parte da sua autoridade para que toda a comunidade de Israel lhe obedeça. 21Ele deverá apresentar-se ao sacerdote Eleazar, que lhe dará diretrizes ao consultar o Urim[c] perante o SENHOR. Josué e toda a comunidade dos israelitas seguirão suas instruções quando saírem para a batalha".

22Moisés fez como o SENHOR lhe ordenou. Chamou Josué e o apresentou ao sacerdote Eleazar e a toda a comunidade. 23Impôs as mãos sobre ele e o comissionou. Tudo conforme o SENHOR tinha dito por meio de Moisés.

As ofertas diárias

28 O SENHOR disse a Moisés: 2"Ordene aos israelitas e diga-lhes: Tenham o cuidado de apresentar-me na época designada a comida para as minhas ofertas preparadas no fogo, como um aroma que me seja agradável. 3Diga-lhes: Esta é a oferta preparada no fogo que vocês apresentarão ao SENHOR: dois cordeiros de um ano, sem defeito, como holocausto diário. 4Ofereçam um cordeiro pela manhã e um ao cair da tarde, 5juntamente com uma oferta de cereal de um jarro[d] da melhor farinha amassada com um litro[e] de azeite de olivas batidas. 6Este é o holocausto diário

[a] 27:16 Hebraico: *o Deus dos espíritos de toda a humanidade.*
[b] 27:18 Ou *homem capaz*
[c] 27:21 Objeto usado para se conhecer a vontade de Deus.
[d] 28:5 Hebraico: *1/10 de efa.* O efa era uma medida de capacidade para secos. As estimativas variam entre 20 e 40 litros.
[e] 28:5 Hebraico: *1/4 de him.* O him era uma medida de capacidade para líquidos. As estimativas variam entre 3 e 6 litros.

instituído no monte Sinai, de aroma agradá-
vel; é oferta dedicada ao SENHOR, preparada
no fogo. 7A oferta derramada que a acompa-
nha será um litro de bebida fermentada para
cada cordeiro. Derramem a oferta de bebida
para o SENHOR no Lugar Santo. 8Ofereçam o
segundo cordeiro ao cair da tarde, juntamen-
te com o mesmo tipo de oferta de cereal e
de oferta derramada que vocês prepararem
de manhã. É uma oferta preparada no fogo,
de aroma agradável ao SENHOR.

As ofertas do sábado

9"No dia de sábado, façam uma oferta de
dois cordeiros de um ano de idade e sem de-
feito, juntamente com a oferta derramada e
com uma oferta de cereal de dois jarros da
melhor farinha amassada com óleo. 10Este é
o holocausto para cada sábado, além do ho-
locausto diário e da oferta derramada.

As ofertas mensais

11"No primeiro dia de cada mês, apresen-
tem ao SENHOR um holocausto de dois novi-
lhos, um carneiro e sete cordeiros de um ano,
todos sem defeito. 12Para cada novilho deverá
haver uma oferta de cereal de três jarros da
melhor farinha amassada com óleo; para o
carneiro, uma oferta de cereal de dois jarros
da melhor farinha amassada com óleo; 13e pa-
ra cada cordeiro, uma oferta de cereal de um
jarro da melhor farinha amassada com óleo.
É um holocausto, de aroma agradável, uma
oferta dedicada ao SENHOR, preparada no
fogo. 14Para cada novilho deverá haver uma
oferta derramada de meio galão[a] de vinho;
para o carneiro, um litro; e para cada cordei-
ro, um litro. É o holocausto mensal, que de-
ve ser oferecido cada lua nova durante o ano.
15Além do holocausto diário com a oferta der-
ramada, um bode será oferecido ao SENHOR
como sacrifício pelo pecado.

As ofertas da Páscoa

16"No décimo quarto dia do primeiro mês
é a Páscoa do SENHOR. 17No décimo quinto
dia desse mês haverá uma festa; durante se-
te dias comam pão sem fermento. 18No pri-
meiro dia convoquem uma santa assembleia
e não façam trabalho algum. 19Apresentem ao
SENHOR uma oferta preparada no fogo, um
holocausto de dois novilhos, um carneiro e
sete cordeiros de um ano, todos sem defei-
to. 20Para cada novilho preparem uma ofer-
ta de cereal de três jarros da melhor farinha
amassada com óleo; para o carneiro, dois jar-
ros; 21e para cada cordeiro, um jarro. 22Ofe-
reçam um bode como sacrifício pela culpa,
para fazer propiciação por vocês. 23Apresen-
tem essas ofertas além do holocausto diário
oferecido pela manhã. 24Façam assim dia-
riamente, durante sete dias: apresentem a
comida para a oferta preparada no fogo, de
aroma agradável ao SENHOR; isso será feito
além do holocausto diário e da sua oferta
derramada. 25No sétimo dia convoquem uma
santa reunião e não façam trabalho algum.

As ofertas da festa das semanas

26"No dia da festa da colheita dos primeiros
frutos, a festa das semanas[b], quando apresen-
tarem ao SENHOR uma oferta do cereal novo,
convoquem uma santa assembleia e não fa-
çam trabalho algum. 27Apresentem um holo-
causto de dois novilhos, de um carneiro e de
sete cordeiros de um ano, como aroma agra-
dável ao SENHOR. 28Para cada novilho deve-
rá haver uma oferta de cereal de três jarros
da melhor farinha amassada com óleo; para
o carneiro, dois jarros; 29e para cada um dos
cordeiros, um jarro. 30Ofereçam também um
bode para fazer propiciação por vocês. 31Pre-
parem tudo isso junto com a oferta derra-
mada, além do holocausto diário e da oferta
de cereal. Verifiquem que os animais sejam
sem defeito.

As ofertas da festa das trombetas

29 "No primeiro dia do sétimo mês con-
voquem uma santa assembleia e não
façam trabalho algum. Nesse dia vocês to-
carão as trombetas. 2Como aroma agradável
ao SENHOR, ofereçam um holocausto de um
novilho, um carneiro e sete cordeiros de um
ano, todos sem defeito. 3Para o novilho pre-
parem uma oferta de cereal de três jarros[c]
da melhor farinha amassada com óleo; para
o carneiro, dois jarros; 4e para cada um dos
sete cordeiros, um jarro. 5Ofereçam também
um bode como sacrifício pelo pecado, para
fazer propiciação por vocês, 6além dos holo-
caustos mensais e diários com as ofertas de
cereal e com as ofertas derramadas, conforme
prescritas. São ofertas preparadas no fogo, de
aroma agradável ao SENHOR.

As ofertas do Dia da Expiação

7"No décimo dia desse sétimo mês con-
voquem uma santa assembleia. Vocês se

[a] 28:14 Hebraico: *him*.

[b] 28:26 Isto é, do Pentecoste.

[c] 29:3 Hebraico: *3/10 de efa*. O efa era uma medida de capacidade para secos. As estimativas variam entre 20 e 40 litros.

humilharão[a] e não farão trabalho algum. 8Apresentem como aroma agradável ao SENHOR um holocausto de um novilho, de um carneiro e de sete cordeiros de um ano de idade, todos sem defeito. 9Para o novilho preparem uma oferta de cereal de três jarros da melhor farinha amassada com óleo; para o carneiro, dois jarros; 10e para cada um dos sete cordeiros, um jarro. 11Ofereçam também um bode como sacrifício pelo pecado, além do sacrifício pelo pecado para fazer propiciação e do holocausto diário com a oferta de cereal e com as ofertas derramadas.

As ofertas da festa dos tabernáculos

12"No décimo quinto dia do sétimo mês convoquem uma santa assembleia e não façam trabalho algum. Celebrem uma festa ao SENHOR durante sete dias. 13Apresentem a seguinte oferta preparada no fogo, de aroma agradável ao SENHOR: um holocausto de treze novilhos, dois carneiros e catorze cordeiros de um ano de idade, todos sem defeito. 14Para cada um dos treze novilhos preparem uma oferta de cereal de três jarros da melhor farinha amassada com óleo; para cada um dos carneiros, dois jarros; 15e para cada um dos catorze cordeiros, um jarro. 16Ofereçam também um bode como sacrifício pelo pecado, além do holocausto diário com a oferta de cereal e com a oferta derramada.

17"No segundo dia preparem doze novilhos, dois carneiros e catorze cordeiros de um ano de idade, todos sem defeito. 18Para a oferta de novilhos, carneiros e cordeiros, preparem ofertas derramadas e de cereal, de acordo com o número especificado. 19Ofereçam também um bode como sacrifício pelo pecado, além do holocausto diário com a oferta derramada e com a oferta de cereal.

20"No terceiro dia preparem onze novilhos, dois carneiros e catorze cordeiros de um ano de idade, todos sem defeito. 21Para a oferta de novilhos, carneiros e cordeiros, preparem ofertas derramadas e de cereal, de acordo com o número especificado. 22Ofereçam também um bode como sacrifício pelo pecado, além do holocausto diário com a oferta derramada e com a oferta de cereal.

23"No quarto dia preparem dez novilhos, dois carneiros e catorze cordeiros de um ano de idade, todos sem defeito. 24Para a oferta de novilhos, carneiros e cordeiros, preparem ofertas derramadas e de cereal, de acordo com o número especificado. 25Ofereçam também um bode como sacrifício pelo pecado, além do holocausto diário com a oferta derramada e com a oferta de cereal.

26"No quinto dia preparem nove novilhos, dois carneiros e catorze cordeiros de um ano de idade, todos sem defeito. 27Para a oferta de novilhos, carneiros e cordeiros, preparem ofertas derramadas e de cereal, de acordo com o número especificado. 28Ofereçam também um bode como sacrifício pelo pecado, além do holocausto diário com a oferta derramada e com a oferta de cereal.

29"No sexto dia preparem oito novilhos, dois carneiros e catorze cordeiros de um ano de idade, todos sem defeito. 30Para a oferta de novilhos, carneiros e cordeiros, preparem ofertas derramadas e de cereal, de acordo com o número especificado. 31Ofereçam também um bode como sacrifício pelo pecado, além do holocausto diário com a oferta derramada e com a oferta de cereal.

32"No sétimo dia preparem sete novilhos, dois carneiros e catorze cordeiros de um ano de idade, todos sem defeito. 33Para a oferta de novilhos, carneiros e cordeiros, preparem ofertas derramadas e de cereal, de acordo com o número especificado. 34Ofereçam também um bode como sacrifício pelo pecado, além do holocausto diário com a oferta derramada e com a oferta de cereal.

35"No oitavo dia convoquem uma assembleia e não façam trabalho algum. 36Apresentem uma oferta preparada no fogo, de aroma agradável ao SENHOR, um holocausto de um novilho, um carneiro e sete cordeiros de um ano, todos sem defeito. 37Para a oferta do novilho, do carneiro e dos cordeiros, preparem ofertas derramadas e de cereal, de acordo com o número especificado. 38Ofereçam também um bode como sacrifício pelo pecado, além do holocausto diário com a oferta derramada e com a oferta de cereal.

39"Além dos votos que fizerem e das ofertas voluntárias, preparem isto para o SENHOR nas festas que lhes são designadas: os holocaustos, as ofertas derramadas, de cereal e de comunhão[b]".

40E Moisés comunicou aos israelitas tudo o que o SENHOR lhe tinha ordenado.

A regulamentação dos votos

30 Moisés disse aos chefes das tribos de Israel: "É isto que o SENHOR ordena:

[a] 29:7 Ou *devem jejuar*

[b] 29:39 Ou *de paz*

2Quando um homem fizer um voto ao SENHOR
ou um juramento que o obrigar a algum com-
promisso, não poderá quebrar a sua palavra,
mas terá que cumprir tudo o que disse.
3"Quando uma moça que ainda vive na
casa de seu pai fizer um voto ao SENHOR ou
obrigar-se por um compromisso 4e seu pai
souber do voto ou compromisso, mas nada
lhe disser, então todos os votos e cada um
dos compromissos pelos quais se obrigou se-
rão válidos. 5Mas, se o pai a proibir quando
souber do voto, nenhum dos votos ou dos
compromissos pelos quais se obrigou será
válido; o SENHOR a livrará porque o seu pai
a proibiu.
6"Se ela se casar depois de fazer um vo-
to ou depois de seus lábios proferirem uma
promessa precipitada pela qual se obriga a
si mesma 7e o seu marido o souber, mas na-
da lhe disser no dia em que ficar sabendo,
então os seus votos ou compromissos pe-
los quais ela se obrigou serão válidos. 8Mas,
se o seu marido a proibir quando o souber,
anulará o voto que a obriga ou a promessa
precipitada pela qual ela se obrigou, e o SE-
NHOR a livrará.
9"Qualquer voto ou compromisso assumi-
do por uma viúva ou por uma mulher divor-
ciada será válido.
10"Se uma mulher que vive com o seu mari-
do fizer um voto ou obrigar-se por juramento
a um compromisso 11e o seu marido o souber,
mas nada lhe disser e não a proibir, então
todos os votos ou compromissos pelos quais
ela se obrigou serão válidos. 12Mas, se o seu
marido os anular quando deles souber, en-
tão nenhum dos votos ou compromissos que
saíram de seus lábios será válido. Seu marido
os anulou, e o SENHOR a livrará. 13O marido
poderá confirmar ou anular qualquer voto ou
qualquer compromisso que a obrigue a hu-
milhar-se[a]. 14Mas, se o marido nada lhe dis-
ser a respeito disso até o dia seguinte, com
isso confirma todos os seus votos ou compro-
missos pelos quais se obrigou. Ele os confir-
ma por nada lhe dizer quando os ouviu. 15Se,
contudo, ele os anular algum tempo depois
de ouvi-los, ele sofrerá as consequências de
sua iniquidade".
16São essas as ordenanças que o SENHOR
deu a Moisés a respeito do relacionamento

[a] 30:13 Ou *jejuar*

Por que não posso fazer o que eu quero?

Experimente!

Números 30:1-5

— Papai, eu falei para Bia que vou à casa dela — disse Ana quando chegou da escola.

— A sua lição de casa já está feita? — perguntou o pai.

Ana balançou a cabeça.

— Eu faço mais tarde — tentou ela.

— Não. Ligue para Bia e fale que você não pode ir à casa dela.

Você acha que é justo o pai de Ana dizer "não" depois que ela prometeu ir visitar Bia? Leia Números 30:1-5. Em Israel, um homem era responsável por sua família inteira. O marido poderia até dizer "não" às promessas (votos) que a esposa ou os filhos fizessem a Deus! Hoje o pai e a mãe ainda são responsáveis pelos filhos, por isso às vezes eles têm de dizer "não".

Aqui vão algumas regras para os pais e os filhos sobre dizer "não". Converse sobre elas com seus pais. Vocês acham que são regras justas?

- Ouça-me antes de dizer "não".
- Tenha uma boa razão para dizer "não".
- Explique a razão para dizer "não".
- Não discuta depois que a razão foi explicada.
- Não continue pedindo depois que o "não" foi dito.

entre um homem e sua mulher, e entre um pai e sua filha moça que ainda vive na casa do pai.

A vingança contra os midianitas

31 O SENHOR disse a Moisés: 2“Vingue-se dos midianitas pelo que fizeram aos israelitas. Depois disso você será reunido aos seus antepassados”.

3Então Moisés disse ao povo: “Armem alguns dos homens para irem à guerra contra os midianitas e executarem a vingança do SENHOR contra eles. 4Enviem à batalha mil homens de cada tribo de Israel”. 5Doze mil homens armados para a guerra, mil de cada tribo, foram mandados pelos clãs de Israel. 6Moisés os enviou à guerra, mil de cada tribo, juntamente com Fineias, filho do sacerdote Eleazar, que levou consigo objetos do santuário e as cornetas para o toque de guerra.

7Lutaram então contra Midiã, conforme o SENHOR tinha ordenado a Moisés, e mataram todos os homens. 8Entre os mortos estavam os cinco reis de Midiã: Evi, Requém, Zur, Hur e Reba. Também mataram à espada Balaão, filho de Beor. 9Os israelitas capturaram as mulheres e as crianças midianitas e tomaram como despojo todos os rebanhos e bens dos midianitas. 10Queimaram todas as cidades em que os midianitas haviam se estabelecido, bem como todos os seus acampamentos. 11Tomaram todos os despojos, incluindo pessoas e animais, 12e levaram os prisioneiros, homens e mulheres, e os despojos a Moisés, ao sacerdote Eleazar e à comunidade de Israel, em seu acampamento, nas campinas de Moabe, frente a Jericó[a].

13Moisés, o sacerdote Eleazar e todos os líderes da comunidade saíram para recebê-los fora do acampamento. 14Mas Moisés indignou-se contra os oficiais do exército que voltaram da guerra, os líderes de milhares e os líderes de centenas.

15“Vocês deixaram todas as mulheres vivas?”, perguntou-lhes. 16“Foram elas que seguiram o conselho de Balaão e levaram Israel a ser infiel ao SENHOR no caso de Peor, de modo que uma praga feriu a comunidade do SENHOR. 17Agora matem todos os meninos. E matem também todas as mulheres que se deitaram com homem, 18mas poupem todas as meninas virgens.

19“Todos vocês que mataram alguém ou que tocaram em algum morto ficarão sete dias fora do acampamento. No terceiro e no sétimo dia vocês deverão purificar-se a si mesmos e aos seus prisioneiros. 20Purifiquem toda roupa e também tudo o que é feito de couro, de pelo de bode ou de madeira.”

21Depois o sacerdote Eleazar disse aos soldados que tinham ido à guerra: “Esta é a exigência da lei que o SENHOR ordenou a Moisés: 22Ouro, prata, bronze, ferro, estanho, chumbo 23e tudo o que resista ao fogo, vocês terão que passar pelo fogo para purificá-los, mas também deverão purificá-los com a água da purificação. E tudo o que não resistir ao fogo terá que passar pela água. 24No sétimo dia lavem as suas roupas, e vocês ficarão puros. Depois poderão entrar no acampamento”.

A divisão dos despojos

25O SENHOR disse a Moisés: 26“Você, o sacerdote Eleazar e os chefes das famílias da comunidade deverão contar todo o povo e os animais capturados. 27Dividam os despojos entre os guerreiros que participaram da batalha e o restante da comunidade. 28Daquilo que os guerreiros trouxeram da guerra, separem como tributo ao SENHOR um de cada quinhentos, sejam pessoas, bois, jumentos, ovelhas ou bodes. 29Tomem esse tributo da metade que foi dada como porção a eles e entreguem-no ao sacerdote Eleazar como a porção do SENHOR. 30Da metade dada aos israelitas, escolham um de cada cinquenta, sejam pessoas, bois, jumentos, ovelhas ou bodes. Entreguem-nos aos levitas, encarregados de cuidar do tabernáculo do SENHOR”. 31Moisés e o sacerdote Eleazar fizeram como o SENHOR tinha ordenado a Moisés.

32Os despojos que restaram da presa tomada pelos soldados foram 675.000 ovelhas, 3372.000 cabeças de gado, 3461.000 jumentos 35e 32.000 mulheres virgens.

36A metade dada aos que lutaram na guerra foi esta:
337.500 ovelhas, 37das quais o tributo para o SENHOR foram 675;
3836.000 cabeças de gado, das quais o tributo para o SENHOR foram 72;
3930.500 jumentos, dos quais o tributo para o SENHOR foram 61;
4016.000 pessoas, das quais o tributo para o SENHOR foram 32.

41Moisés deu o tributo ao sacerdote Eleazar como contribuição ao SENHOR, conforme o SENHOR tinha ordenado a Moisés.

42A outra metade, pertencente aos israelitas, Moisés separou da dos combatentes;

[a] 31:12 Hebraico: *Jordão de Jericó*. Possivelmente um antigo nome do rio Jordão; também em 33:48,50; 34:15; 35:1 e 36:13.

Você sabia?

Quais são as tribos transjordânicas?

32:1 As tribos de Rúben, Gade e uma parte da de Manassés são as tribos da Transjordânia. Os homens nessas tribos construíram fazenda e casa no lado leste do rio Jordão, ao passo que as outras tribos se estabeleceram no lado oeste do rio. O nome *transjordânico* significa "que está do outro lado do Jordão", do ponto de vista dos outros israelitas.

[43]essa era a metade pertencente à comuni-
dade, com 337.500 ovelhas, [44]36.000 cabeças
de gado, [45]30.500 jumentos [46]e 16.000 pes-
soas. [47]Da metade pertencente aos israelitas,
Moisés escolheu um de cada cinquenta, tanto
de pessoas como de animais, conforme o SE-
NHOR lhe tinha ordenado, e os entregou aos
levitas, encarregados de cuidar do taberná-
culo do SENHOR.
[48]Então os oficiais que estavam sobre as
unidades do exército, os líderes de milhares
e os líderes de centenas foram a Moisés [49]e
lhe disseram: "Seus servos contaram os sol-
dados sob o nosso comando, e não está fal-
tando ninguém. [50]Por isso trouxemos como
oferta ao SENHOR os artigos de ouro dos quais
cada um de nós se apossou: braceletes, pul-
seiras, anéis-selo, brincos e colares; para fa-
zer propiciação por nós perante o SENHOR".
[51]Moisés e o sacerdote Eleazar receberam
deles todas as joias de ouro. [52]Todo o ouro da-
do pelos líderes de milhares e pelos líderes
de centenas que Moisés e Eleazar apresenta-
ram como contribuição ao SENHOR pesou du-
zentos quilos[a]. [53]Cada soldado tinha tomado
despojos para si mesmo. [54]Moisés e o sacer-
dote Eleazar receberam o ouro dado pelos lí-
deres de milhares e pelos líderes de centenas
e o levaram para a Tenda do Encontro como
memorial, para que o SENHOR se lembrasse
dos israelitas.

As tribos de Rúben e de Gade se estabelecem na Transjordânia

32 As tribos de Rúben e de Gade, donas de
numerosos rebanhos, viram que as ter-
ras de Jazar e de Gileade eram próprias para
a criação de gado. [2]Por isso foram a Moisés,
ao sacerdote Eleazar e aos líderes da comu-
nidade, e disseram: [3]"Atarote, Dibom, Jazar,
Ninra, Hesbom, Eleale, Sebã, Nebo e Beom,
[4]terras que o SENHOR subjugou perante a co-
munidade de Israel, são próprias para a cria-
ção de gado, e os seus servos possuem gado".
[5]E acrescentaram: "Se podemos contar com
o favor de vocês, deixem que essa terra seja
dada a estes seus servos como herança. Não
nos façam atravessar o Jordão".
[6]Moisés respondeu aos homens de Gade
e de Rúben: "E os seus compatriotas irão à
guerra enquanto vocês ficam aqui? [7]Por que
vocês desencorajam os israelitas de entrar na
terra que o SENHOR lhes deu? [8]Foi isso que os
pais de vocês fizeram quando os enviei de
Cades-Barneia para verem a terra. [9]Depois de
subirem ao vale de Escol e examinarem a ter-
ra, desencorajaram os israelitas de entrar na
terra que o SENHOR lhes tinha dado. [10]A ira
do SENHOR se acendeu naquele dia, e ele fez
este juramento: [11]'Como não me seguiram de
coração íntegro, nenhum dos homens de vin-
te anos para cima que saíram do Egito verá a
terra que prometi sob juramento a Abraão, a
Isaque e a Jacó, [12]com exceção de Calebe, filho
de Jefoné, o quenezeu, e Josué, filho de Num,
que seguiram o SENHOR com integridade de
coração'. [13]A ira do SENHOR acendeu-se contra
Israel, e ele os fez andar errantes no deserto
durante quarenta anos, até que passou toda
a geração daqueles que lhe tinham desagra-
dado com seu mau procedimento.
[14]"E aí estão vocês, raça de pecadores,
pondo-se no lugar dos seus antepassados e
acendendo ainda mais a ira do SENHOR con-
tra Israel. [15]Se deixarem de segui-lo, de novo
ele os abandonará no deserto, e vocês serão
o motivo da destruição de todo este povo".
[16]Então se aproximaram de Moisés e disse-
ram: "Gostaríamos de construir aqui currais
para o nosso gado e cidades para as nossas
mulheres e para os nossos filhos. [17]Mas nós
nos armaremos e estaremos prontos para ir
à frente dos israelitas até que os tenhamos
levado ao seu lugar. Enquanto isso, nossas
mulheres e nossos filhos morarão em cidades
fortificadas para se protegerem dos habitan-
tes da terra. [18]Não retornaremos aos nossos
lares enquanto todos os israelitas não recebe-
rem a sua herança. [19]Não receberemos heran-
ça alguma com eles do outro lado do Jordão,

[a] 31:52 Hebraico: *16.750 siclos*. Um siclo equivalia a 12 gramas.

uma vez que a nossa herança nos seja dada
no lado leste do Jordão".
20Disse-lhes Moisés: "Se fizerem isso, se
perante o SENHOR vocês se armarem para a
guerra, 21e se, armados, todos vocês atraves-
sarem o Jordão perante o SENHOR até que
ele tenha expulsado os seus inimigos da
frente dele, 22então, quando a terra estiver
subjugada perante o SENHOR, vocês pode-
rão voltar e estarão livres da sua obrigação
para com o SENHOR e para com Israel. E es-
ta terra será propriedade de vocês perante
o SENHOR.
23"Mas, se vocês não fizerem isso, estarão
pecando contra o SENHOR; e estejam certos
de que vocês não escaparão do pecado co-
metido. 24Construam cidades para as suas
mulheres e crianças, e currais para os seus re-
banhos, mas façam o que vocês prometeram".
25Então os homens de Gade e de Rúben dis-
seram a Moisés: "Nós, seus servos, faremos
como o meu senhor ordena. 26Nossos filhos e
nossas mulheres, e todos os nossos rebanhos
ficarão aqui nas cidades de Gileade. 27Mas os
seus servos, todos os homens armados para
a batalha, atravessarão para lutar perante o
SENHOR, como o meu senhor está dizendo".
28Moisés deu as seguintes instruções acer-
ca deles ao sacerdote Eleazar, a Josué, filho
de Num, e aos chefes de família das tribos is-
raelitas: 29"Se os homens de Gade e de Rúben,
todos eles armados para a batalha, atravessa-
rem o Jordão com vocês perante o SENHOR,
então, quando a terra for subjugada perante
vocês, entreguem-lhes como propriedade a
terra de Gileade. 30Mas, se não atravessarem
armados com vocês, terão que aceitar a pro-
priedade deles com vocês em Canaã".
31Os homens de Gade e de Rúben respon-
deram: "Os seus servos farão o que o SENHOR
disse. 32Atravessaremos o Jordão perante o
SENHOR e entraremos armados em Canaã,
mas a propriedade que receberemos como
herança estará deste lado do Jordão".
33Então Moisés deu às tribos de Gade e de
Rúben e à metade da tribo de Manassés, filho
de José, o reino de Seom, rei dos amorreus, e
o reino de Ogue, rei de Basã, toda a terra com
as suas cidades e o território ao redor delas.
34A tribo de Gade construiu Dibom, Ataro-
te, Aroer, 35Atarote-Sofã, Jazar, Jogbeá, 36Bete-
-Ninra e Bete-Harã como cidades fortificadas,
e fez currais para os seus rebanhos. 37E a tri-
bo de Rúben reconstruiu Hesbom, Eleale e
Quiriataim, 38bem como Nebo e Baal-Meom
(esses nomes foram mudados) e Sibma. E deu
outros nomes a essas cidades.
39Os descendentes de Maquir, filho de Ma-
nassés, foram a Gileade, tomaram posse de-
la e expulsaram os amorreus que lá estavam.
40Então Moisés deu Gileade aos maquiritas,
descendentes de Manassés, e eles passaram
a habitar ali. 41Jair, descendente de Manassés,
conquistou os povoados deles e os chamou
Havote-Jair[a]. 42E Noba conquistou Quenate e
os seus povoados e a chamou Noba, dando-
-lhe seu próprio nome.

As etapas da viagem desde o Egito

33 Estas são as jornadas dos israelitas
quando saíram do Egito, organizados
segundo as suas divisões, sob a liderança de
Moisés e Arão. 2Por ordem do SENHOR Moisés
registrou as etapas da jornada deles. Esta foi
a jornada deles, por etapas:
3Os israelitas partiram de Ramessés no
décimo quinto dia do primeiro mês, no dia
seguinte ao da Páscoa. Saíram, marchando
desafiadoramente à vista de todos os egíp-
cios, 4enquanto estes sepultavam o primeiro
filho de cada um deles, que o SENHOR ma-
tou. O SENHOR impôs castigo aos seus deuses.
5Os israelitas partiram de Ramessés e
acamparam em Sucote.
6Partiram de Sucote e acamparam em Etã,
nos limites do deserto.
7Partiram de Etã, voltaram para Pi-Hairo-
te, a leste de Baal-Zefom, e acamparam per-
to de Migdol.
8Partiram de Pi-Hairote e atravessaram o
mar, chegando ao deserto, e, depois de via-
jarem três dias no deserto de Etã, acampa-
ram em Mara.
9Partiram de Mara e foram para Elim, on-
de havia doze fontes e setenta palmeiras, e
acamparam ali.
10Partiram de Elim e acamparam junto ao
mar Vermelho.
11Partiram do mar Vermelho e acamparam
no deserto de Sim.
12Partiram do deserto de Sim e acamparam
em Dofca.
13Partiram de Dofca e acamparam em Alus.
14Partiram de Alus e acamparam em Refi-
dim, onde não havia água para o povo beber.
15Partiram de Refidim e acamparam no de-
serto do Sinai.
16Partiram do deserto do Sinai e acampa-
ram em Quibrote-Hataavá.

[a] 32:41 Ou *povoados de Jair*

17 Partiram de Quibrote-Hataavá e acamparam em Hazerote.

18 Partiram de Hazerote e acamparam em Ritmá.

19 Partiram de Ritmá e acamparam em Rimom-Perez.

20 Partiram de Rimom-Perez e acamparam em Libna.

21 Partiram de Libna e acamparam em Rissa.

22 Partiram de Rissa e acamparam em Queelata.

23 Partiram de Queelata e acamparam no monte Séfer.

24 Partiram do monte Séfer e acamparam em Harada.

25 Partiram de Harada e acamparam em Maquelote.

26 Partiram de Maquelote e acamparam em Taate.

27 Partiram de Taate e acamparam em Terá.

28 Partiram de Terá e acamparam em Mitca.

29 Partiram de Mitca e acamparam em Hasmona.

30 Partiram de Hasmona e acamparam em Moserote.

31 Partiram de Moserote e acamparam em Bene-Jaacã.

32 Partiram de Bene-Jaacã e acamparam em Hor-Gidgade.

33 Partiram de Hor-Gidgade e acamparam em Jotbatá.

34 Partiram de Jotbatá e acamparam em Abrona.

35 Partiram de Abrona e acamparam em Eziom-Geber.

36 Partiram de Eziom-Geber e acamparam em Cades, no deserto de Zim.

37 Partiram de Cades e acamparam no monte Hor, na fronteira de Edom. 38 Por ordem do SENHOR, o sacerdote Arão subiu o monte Hor, onde morreu no primeiro dia do quinto mês do quadragésimo ano depois que os israelitas saíram do Egito. 39 Arão tinha cento e vinte e três anos de idade quando morreu no monte Hor.

40 O rei cananeu de Arade, que vivia no Neguebe, na terra de Canaã, soube que os israelitas estavam chegando.

41 Eles partiram do monte Hor e acamparam em Zalmona.

42 Partiram de Zalmona e acamparam em Punom.

43 Partiram de Punom e acamparam em Obote.

44 Partiram de Obote e acamparam em Ijé-Abarim, na fronteira de Moabe.

45 Partiram de Ijim[a] e acamparam em Dibom-Gade.

46 Partiram de Dibom-Gade e acamparam em Almom-Diblataim.

47 Partiram de Almom-Diblataim e acamparam nos montes de Abarim, defronte de Nebo.

48 Partiram dos montes de Abarim e acamparam nas campinas de Moabe junto ao Jordão, frente a Jericó. 49 Nas campinas de Moabe eles acamparam junto ao Jordão, desde Bete-Jesimote até Abel-Sitim.

As normas para a ocupação e distribuição de Canaã

50 Nas campinas de Moabe, junto ao Jordão, frente a Jericó, o SENHOR disse a Moisés: 51 "Diga aos israelitas: Quando vocês atravessarem o Jordão para entrar em Canaã, 52 expulsem da frente de vocês todos os habitantes da terra. Destruam todas as imagens esculpidas e todos os ídolos fundidos, e derrubem todos os altares idólatras deles. 53 Apoderem-se da terra e instalem-se nela, pois eu lhes dei a terra para que dela tomem posse. 54 Distribuam a terra por sorteio, de acordo com os seus clãs. Aos clãs maiores vocês darão uma herança maior, e aos menores, uma herança menor. Cada clã receberá a terra que lhe cair por sorte. Distribuam-na entre as tribos dos seus antepassados.

55 "Se, contudo, vocês não expulsarem os habitantes da terra, aqueles que vocês permitirem ficar se tornarão farpas em seus olhos e espinhos em suas costas. Eles lhes causarão problemas na terra em que vocês irão morar. 56 Então farei a vocês o mesmo que planejo fazer a eles".

As fronteiras de Canaã

34 Disse mais o SENHOR a Moisés: 2 "Dê ordem aos israelitas e diga-lhes: Quando vocês entrarem em Canaã, a terra que lhes será sorteada como herança terá estas fronteiras:

3 "O lado sul começará no deserto de Zim, junto à fronteira de Edom. No leste, sua fronteira sul começará na extremidade do mar Salgado[b], 4 passará pelo sul da subida de Acrabim[c], prosseguirá até Zim e irá para o sul de Cades-Barneia. Depois passará por Hazar-Adar e irá até Azmom, 5 onde fará uma curva

[a] 33:45 Isto é, Ijé-Abarim.
[b] 34:3 Isto é, o mar Morto; também no versículo 12.
[c] 34:4 Isto é, dos Escorpiões.

e se juntará ao ribeiro do Egito, indo terminar no Mar[a].
[6]A fronteira ocidental de vocês será o litoral do mar Grande. Será essa a fronteira do oeste.
[7]Esta será a fronteira norte: façam uma linha desde o mar Grande até o monte Hor,
[8]e do monte Hor até Lebo-Hamate. O limite da fronteira será Zedade, [9]prosseguirá até Zifrom e terminará em Hazar-Enã. Será essa a fronteira norte de vocês.
[10]Esta será a fronteira oriental: façam uma linha de Hazar-Enã até Sefã. [11]A fronteira descerá de Sefã até Ribla, no lado oriental de Aim, e prosseguirá ao longo das encostas a leste do mar de Quinerete[b]. [12]A fronteira descerá ao longo do Jordão e terminará no mar Salgado.

Será essa a terra de vocês, com as suas fronteiras de todos os lados".
[13]Moisés ordenou aos israelitas: "Distribuam a terra por sorteio como herança. O SENHOR ordenou que seja dada às nove tribos e meia, [14]porque as famílias da tribo de Rúben, da tribo de Gade e da metade da tribo de Manassés já receberam a herança delas. [15]Estas duas tribos e meia receberam sua herança no lado leste do Jordão, frente a Jericó, na direção do nascer do sol".
[16]O SENHOR disse a Moisés: [17]"Estes são os nomes dos homens que deverão distribuir a terra a vocês como herança: o sacerdote Eleazar e Josué, filho de Num. [18]Designem um líder de cada tribo para ajudar a distribuir a terra. [19]Estes são os seus nomes:

Calebe, filho de Jefoné,
da tribo de Judá;
[20]Samuel, filho de Amiúde,
da tribo de Simeão;
[21]Elidade, filho de Quislom,
da tribo de Benjamim;
[22]Buqui, filho de Jogli,
o líder da tribo de Dã;
[23]Haniel, filho de Éfode,
o líder da tribo de Manassés,
filho de José;
[24]Quemuel, filho de Siftã,
o líder da tribo de Efraim,
filho de José;
[25]Elisafã, filho de Parnaque,
o líder da tribo de Zebulom;
[26]Paltiel, filho de Azã,
o líder da tribo de Issacar;
[27]Aiúde, filho de Selomi,
o líder da tribo de Aser;
[28]Pedael, filho de Amiúde,
o líder da tribo de Naftali".

[29]Foram esses os homens a quem o SENHOR ordenou que distribuíssem a herança aos israelitas na terra de Canaã.

As cidades dos levitas

35 Nas campinas de Moabe, junto ao Jordão, frente a Jericó, o SENHOR disse a
Moisés: [2]"Ordene aos israelitas que, da herança que possuem, deem cidades para os levitas morarem. E deem-lhes também pastagens ao redor das cidades. [3]Assim eles terão cidades para habitar e pastagens para o gado, para os rebanhos e para todos os seus outros animais de criação.
[4]"As pastagens ao redor das cidades que vocês derem aos levitas se estenderão para fora quatrocentos e cinquenta metros[c], a partir do muro da cidade. [5]Do lado de fora da cidade, meçam novecentos metros para o lado leste, para o lado sul, para o lado oeste e para o lado norte, tendo a cidade no centro. Eles terão essa área para pastagens das cidades.
[6]"Seis das cidades que vocês derem aos levitas serão cidades de refúgio, para onde poderá fugir quem tiver matado alguém. Além disso, deem a eles outras quarenta e duas cidades. [7]Ao todo, vocês darão aos levitas quarenta e oito cidades, juntamente com as suas pastagens. [8]As cidades que derem aos levitas, das terras dos israelitas, deverão ser dadas proporcionalmente à herança de cada tribo; tomem muitas cidades da tribo que tem muitas, mas poucas da que tem poucas".

As cidades de refúgio

[9]Disse também o SENHOR a Moisés: [10]"Diga aos israelitas: Quando vocês atravessarem o Jordão e entrarem em Canaã, [11]escolham algumas cidades para serem suas cidades de refúgio, para onde poderá fugir quem tiver matado alguém sem intenção. [12]Elas serão locais de refúgio contra o vingador da vítima, a fim de que alguém acusado de assassinato não morra antes de apresentar-se para julgamento perante a comunidade. [13]As seis cidades que vocês derem serão suas cidades de refúgio. [14]Designem três cidades de refúgio deste lado do Jordão e três outras em Canaã.
[15]As seis cidades servirão de refúgio para os israelitas, para os estrangeiros residentes e

[a] 34:5 Isto é, o Mediterrâneo; também nos versículos 6 e 7.
[b] 34:11 Isto é, mar da Galileia.
[c] 35:4 Hebraico: *1.000 côvados*. O côvado era uma medida linear de cerca de 45 centímetros.

para quaisquer outros estrangeiros que vi-
vam entre eles, para que todo aquele que ti-
ver matado alguém sem intenção possa fugir
para lá.
16“Se um homem ferir alguém com um ob-
jeto de ferro de modo que essa pessoa morra,
ele é assassino; o assassino terá que ser exe-
cutado. 17Ou, se alguém tiver nas mãos uma
pedra que possa matar, e ferir uma pessoa
de modo que ela morra, é assassino; o assas-
sino terá que ser executado. 18Ou, se alguém
tiver nas mãos um pedaço de madeira que
possa matar, e ferir uma pessoa de modo que
ela morra, é assassino; o assassino terá que
ser executado. 19O vingador da vítima mata-
rá o assassino; quando o encontrar o matará.
20Se alguém, com ódio, empurrar uma pes-
soa premeditadamente ou atirar alguma coi-
sa contra ela de modo que ela morra, 21ou se
com hostilidade der-lhe um soco provocan-
do a sua morte, ele terá que ser executado;
é assassino. O vingador da vítima matará o
assassino quando encontrá-lo.
22“Todavia, se alguém, sem hostilidade,
empurrar uma pessoa ou atirar alguma coi-
sa contra ela sem intenção, 23ou se, sem vê-
-la, deixar cair sobre ela uma pedra que possa
matá-la, e ela morrer, então, como não era
sua inimiga e não pretendia feri-la, 24a comu-
nidade deverá julgar entre ele e o vingador
da vítima de acordo com essas leis. 25A comu-
nidade protegerá o acusado de assassinato
do vingador da vítima e o enviará de volta à
cidade de refúgio para onde tinha fugido. Ali
permanecerá até a morte do sumo sacerdote,
que foi ungido com o óleo santo.
26“Se, contudo, o acusado sair dos limites
da cidade de refúgio para onde fugiu 27e o
vingador da vítima o encontrar fora da ci-
dade, ele poderá matar o acusado sem ser
culpado de assassinato. 28O acusado deverá
permanecer em sua cidade de refúgio até a
morte do sumo sacerdote; somente depois
da morte do sumo sacerdote poderá voltar à
sua propriedade.
29“Estas exigências legais serão para vocês
e para as suas futuras gerações, onde quer
que vocês vivam.
30“Quem matar uma pessoa terá que ser
executado como assassino mediante depoi-
mento de testemunhas. Mas ninguém será
executado mediante o depoimento de ape-
nas uma testemunha.
31“Não aceitem resgate pela vida de um as-
sassino; ele merece morrer. Certamente terá
que ser executado.
32“Não aceitem resgate por alguém que
tenha fugido para uma cidade de refúgio,
permitindo que ele retorne e viva em sua
própria terra antes da morte do sumo sa-
cerdote.
33“Não profanem a terra onde vocês estão.
O derramamento de sangue profana a terra,
e só se pode fazer propiciação em favor da

A vida nos tempos da Bíblia

Cidades de refúgio

Deus disse que a pessoa que assassinasse alguém deveria morrer (Números 35:16-21), mas uma pessoa que matasse alguém por acidente não morreria (Números 35:22-25). Algumas vezes, a família do indivíduo que morreu acidentalmente queria dar o troco na pessoa que matou seu parente. Nesse caso, a pessoa responsável pela morte poderia fugir para uma das seis cidades de refúgio e estaria a salvo. Ninguém em Israel morava mais longe do que um dia de viagem de uma cidade de refúgio.

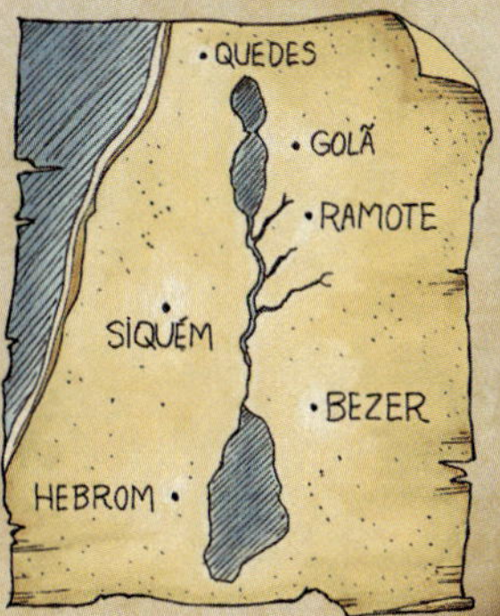

terra em que se derramou sangue, median-
te o sangue do assassino que o derramou.
34Não contaminem a terra onde vocês vivem
e onde eu habito, pois eu, o SENHOR, habito
entre os israelitas".

A lei da herança das mulheres: o caso das filhas de Zelofeade

36 Os chefes de família do clã de Gileade,
filho de Maquir, neto de Manassés, que
pertenciam aos clãs dos descendentes de Jo-
sé, foram falar com Moisés e com os líderes,
os chefes das famílias israelitas. 2E disseram:
"Quando o SENHOR ordenou ao meu senhor
que, por sorteio, desse a terra como herança
aos israelitas, ordenou que vocês dessem a
herança de nosso irmão Zelofeade às suas
filhas. 3Agora, suponham que elas se casem
com homens de outras tribos israelitas; nesse
caso a herança delas será tirada da herança
dos nossos antepassados e acrescentada à
herança da tribo com a qual se unirem pelo
casamento. 4Quando chegar o ano do Jubi-
leu para os israelitas, a herança delas será
acrescentada à da tribo com a qual se uni-
rem pelo casamento, e a propriedade delas
será tirada da herança da tribo de nossos
antepassados".
5Então, instruído pelo SENHOR, Moisés deu
esta ordem aos israelitas: "A tribo dos descen-
dentes de José tem razão. 6É isto que o SE-
NHOR ordena quanto às filhas de Zelofeade:
Elas poderão casar-se com quem lhes agra-
dar, contanto que se casem dentro do clã da
tribo de seu pai. 7Nenhuma herança em Israel
poderá passar de uma tribo para outra, pois
todos os israelitas manterão as terras das tri-
bos que herdaram de seus antepassados. 8To-
da filha que herdar terras em qualquer tribo
israelita se casará com alguém do clã da tri-
bo de seu pai, para que cada israelita possua
a herança dos seus antepassados. 9Nenhuma
herança poderá passar de uma tribo para ou-
tra, pois cada tribo israelita deverá manter as
terras que herdou".

10As filhas de Zelofeade fizeram conforme
o SENHOR havia ordenado a Moisés. 11As fi-
lhas de Zelofeade, Maalá, Tirza, Hogla, Milca
e Noa, casaram-se com seus primos paternos,
12dentro dos clãs dos descendentes de Manas-
sés, filho de José, e a herança delas permane-
ceu no clã e na tribo de seu pai.

13São esses os mandamentos e as ordenan-
ças que o SENHOR deu aos israelitas por in-
termédio de Moisés nas campinas de Moabe,
junto ao Jordão, frente a Jericó.

Deuteronômio

Quem escreveu este livro?

Moisés.

Por que este livro foi escrito?

Deuteronômio conta à nova geração de israelitas como agradar a Deus, para que ele os abençoe.

O que acontece neste livro?

Moisés fala aos israelitas. Ele conta o que Deus havia feito por eles e relembra as regras de Deus para um viver santo. Os israelitas prometem obedecer a Deus.

O que aprendemos sobre Deus neste livro?

Deus ajuda as pessoas, porque ele as ama. As regras de Deus para a vida são dadas com amor, e ele abençoa as pessoas que guardam suas regras.

Quem é o personagem principal deste livro?

A pessoa mais importante neste livro é Moisés.

Quando isto aconteceu?

Estes acontecimentos transcorrem por volta de 1405 a.C.

Onde isto aconteceu?

Durante este tempo, os israelitas estavam acampados do outro lado do Jordão, em relação a Canaã, a Terra Prometida. (Veja o *Índice de mapas*, ao final desta Bíblia, para saber onde fica o rio Jordão.)

Algumas histórias deste livro:

Moisés fala da jornada de Israel	Deuteronômio 1—3
Moisés fala do bezerro de ouro	Deuteronômio 9
Moisés dá instruções para a construção de um altar	Deuteronômio 27
Israel promete obedecer a Deus	Deuteronômio 29
Moisés morre	Deuteronômio 34

A ordem para partir de Horebe

1 Estas são as palavras ditas por Moisés a todo o Israel no deserto, a leste do Jordão, na Arabá, defronte de Sufe, entre Parã e Tofel, Labã, Hazerote e Di-Zaabe. 2Em onze dias se vai de Horebe a Cades-Barneia pelo caminho dos montes de Seir.

3No quadragésimo ano, no primeiro dia do décimo primeiro mês, Moisés proclamou aos israelitas todas as ordens do SENHOR acerca deles. 4Isso foi depois que ele derrotou Seom, rei dos amorreus, que habitava em Hesbom, e, em Edrei, derrotou Ogue, rei de Basã, que habitava em Asterote.

5A leste do Jordão, na terra de Moabe, Moisés tomou sobre si a responsabilidade de expor esta lei:

6"O SENHOR, o nosso Deus, disse-nos em Horebe: 'Vocês já ficaram bastante tempo nesta montanha. 7Levantem acampamento e avancem para a serra dos amorreus; vão a todos os povos vizinhos na Arabá, nas montanhas, na Sefelá[a] no Neguebe e ao longo do litoral, à terra dos cananeus e ao Líbano, até o grande rio, o Eufrates.

8" 'Ponho esta terra diante de vocês. Entrem e tomem posse da terra que o SENHOR prometeu sob juramento dar aos seus antepassados, Abraão, Isaque e Jacó, e aos seus descendentes'.

A nomeação de líderes

9"Naquela ocasião eu lhes disse: Não posso levá-los sozinho. 10O SENHOR, o seu Deus, os fez multiplicar-se de tal modo que hoje vocês são tão numerosos quanto as estrelas do céu. 11Que o SENHOR, o Deus dos seus antepassados, os multiplique mil vezes mais e os abençoe, conforme lhes prometeu! 12Mas como poderei levar sozinho as suas cargas, os seus problemas, e as suas disputas? 13Escolham homens sábios, criteriosos e experientes de cada uma de suas tribos, e eu os colocarei como chefes de vocês.

14"Vocês me disseram que essa era uma boa proposta.

15"Então convoquei os chefes das tribos, homens sábios e experientes, e os designei para chefes de mil, de cem, de cinquenta e de dez, além de oficiais para cada tribo.

16"Naquela ocasião ordenei aos seus juízes: Atendam as demandas de seus irmãos e julguem com justiça, não só as questões entre os seus compatriotas mas também entre um israelita e um estrangeiro. 17Não sejam parciais no julgamento! Atendam tanto o pequeno como o grande. Não se deixem intimidar por ninguém, pois o veredicto pertence a Deus. Tragam-me os casos mais difíceis e eu os ouvirei. 18Naquela ocasião eu lhes ordenei tudo o que deveriam fazer.

A expedição de reconhecimento da terra

19"Depois, conforme o SENHOR, o nosso Deus, nos tinha ordenado, partimos de Horebe e fomos para a serra dos amorreus, passando por todo aquele imenso e terrível deserto que vocês viram, e assim chegamos a Cades-Barneia. 20Então eu lhes disse: Vocês chegaram à serra dos amorreus, a qual o SENHOR, o nosso Deus, nos dá. 21Vejam, o SENHOR, o seu Deus, põe diante de vocês esta terra. Entrem na terra e tomem posse dela, conforme o SENHOR, o Deus dos seus antepassados, lhes disse. Não tenham medo nem desanimem.

22"Vocês todos vieram dizer-me: 'Mandemos alguns homens à nossa frente em missão de reconhecimento da região, para que nos indiquem por qual caminho subiremos e a quais cidades iremos'.

23"A sugestão pareceu-me boa; por isso escolhi doze de vocês, um homem de cada tribo. 24Eles subiram a região montanhosa, chegaram ao vale de Escol e o exploraram. 25Trouxeram alguns frutos da região, com o seguinte relato: 'Essa terra que o SENHOR, o nosso Deus, nos dá é boa'.

A rebelião contra o SENHOR

26"Vocês, contudo, não quiseram ir, e se rebelaram contra a ordem do SENHOR, o seu Deus. 27Queixaram-se em suas tendas, dizendo: 'O SENHOR nos odeia; por isso nos trouxe do Egito para nos entregar nas mãos dos amorreus e destruir-nos. 28Para onde iremos? Nossos compatriotas nos desanimaram quando disseram: "O povo é mais forte e mais alto do que nós; as cidades são grandes, com muros que vão até o céu. Vimos ali os enaquins" '.

29"Então eu lhes disse: Não fiquem apavorados; não tenham medo deles. 30O SENHOR, o seu Deus, que está indo à frente de vocês, lutará por vocês, diante de seus próprios olhos, como fez no Egito. 31Também no deserto vocês viram como o SENHOR, o seu Deus, os carregou, como um pai carrega seu filho, por todo o caminho que percorreram até chegarem a este lugar.

32"Apesar disso, vocês não confiaram no SENHOR, o seu Deus, 33que foi à frente de vocês,

[a] 1:7 Pequena faixa de terra de relevo variável entre a planície costeira e as montanhas.

Palavras para memorizar

"Não fiquem apavorados; não tenham medo deles. O SENHOR, o seu Deus, [...] lutará por vocês."

(Deuteronômio 1:29-30)

numa coluna de fogo de noite e numa nu-
vem de dia, procurando lugares para vocês
acamparem e mostrando-lhes o caminho que
deviam seguir.

O castigo dos israelitas

34"Quando o SENHOR ouviu o que vocês di-
ziam, irou-se e jurou: 35'Ninguém desta gera-
ção má verá a boa terra que jurei dar aos seus
antepassados, 36exceto Calebe, filho de Jefo-
né. Ele a verá, e eu darei a ele e a seus des-
cendentes a terra em que pisou, pois seguiu
o SENHOR de todo o coração'.

37"Por causa de vocês o SENHOR irou-se con-
tra mim e me disse: 'Você também não entra-
rá na terra. 38Mas o seu auxiliar, Josué, filho
de Num, entrará. Encoraje-o, pois ele fará
com que Israel tome posse dela. 39E as crian-
ças que vocês disseram que seriam levadas
como despojo, os seus filhos que ainda não
distinguem entre o bem e o mal, eles entra-
rão na terra. Eu a darei a eles, e eles tomarão
posse dela. 40Mas quanto a vocês, deem meia-
-volta e partam para o deserto pelo caminho
do mar Vermelho'.

41"Então vocês responderam: 'Pecamos
contra o SENHOR. Nós subiremos e lutaremos,
conforme tudo o que o SENHOR, o nosso Deus,
nos ordenou'. Cada um de vocês preparou-se
com as suas armas de guerra, achando que
seria fácil subir a região montanhosa.

42"Mas o SENHOR me disse: 'Diga-lhes que
não subam nem lutem, porque não estarei
com eles. Serão derrotados pelos seus ini-
migos'.

43"Eu lhes disse isso, mas vocês não me de-
ram ouvidos, rebelaram-se contra o SENHOR
e, com presunção, subiram a região monta-
nhosa. 44Os amorreus que lá viviam os ata-
caram, os perseguiram como um enxame de
abelhas e os arrasaram desde Seir até Hor-
má. 45Vocês voltaram e choraram perante o
SENHOR, mas ele não ouviu o seu clamor nem
lhes deu atenção. 46Então vocês ficaram em
Cades, onde permaneceram muito tempo.

Os anos no deserto

2 "Então demos meia-volta e partimos pa-
ra o deserto pelo caminho do mar Verme-
lho, como o SENHOR me havia ordenado. E
por muitos anos caminhamos em redor dos
montes de Seir.

2"Então o SENHOR me disse: 3'Vocês já ca-
minharam bastante tempo ao redor destas
montanhas; agora vão para o norte. 4E diga
ao povo: Vocês estão passando pelo territó-
rio de seus irmãos, os descendentes de Esaú,
que vivem em Seir. Eles terão medo de vocês,
mas tenham muito cuidado. 5Não os provo-
quem, pois não darei a vocês parte alguma
da terra deles, nem mesmo o espaço de um
pé. Já dei a Esaú a posse dos montes de Seir.
6Vocês lhes pagarão com prata a comida que
comerem e a água que beberem'.

7"Pois o SENHOR, o seu Deus, os tem aben-
çoado em tudo o que vocês têm feito. Ele
cuidou de vocês em sua jornada por este
grande deserto. Nestes quarenta anos o SE-
NHOR, o seu Deus, tem estado com vocês, e
não lhes tem faltado coisa alguma.

8"Assim, passamos ao largo de nossos ir-
mãos, os descendentes de Esaú, que habitam
em Seir. Saímos da rota da Arabá, de Elate e
de Eziom-Geber. Voltamos e fomos pela rota
do deserto de Moabe.

9"Então o SENHOR me disse: 'Não pertur-
bem os moabitas nem os provoquem à guer-
ra, pois não darei a vocês parte alguma da
terra deles, pois já entreguei a região de Ar
aos descendentes de Ló'.

10(Antigamente os emins habitavam nessa
terra; eram um povo forte e numeroso, alto
como os enaquins. 11Como os enaquins, eles
também eram considerados refains, mas os
moabitas os chamavam emins. 12Também em
Seir antigamente habitavam os horeus. Mas
os descendentes de Esaú os expulsaram e os
exterminaram e se estabeleceram no seu lu-
gar, tal como Israel fez com a terra que o SE-
NHOR lhe deu.)

13" 'Agora levantem-se! Atravessem o vale
de Zerede.' Assim atravessamos o vale.

14"Passaram-se trinta e oito anos entre a
época em que partimos de Cades-Barneia, e
a nossa travessia do vale de Zerede, período
no qual pereceu do acampamento toda aque-
la geração de homens de guerra, conforme o
SENHOR lhes havia jurado. 15A mão do SENHOR

caiu sobre eles e por fim os eliminou comple-
tamente do acampamento.
16“Depois que todos os guerreiros do povo
tinham morrido, 17o SENHOR me disse: 18‘Vo-
cês estão prestes a passar pelo território de
Moabe, pela região de Ar, 19e vão chegar perto
da fronteira dos amonitas. Não sejam hostis
a eles, pois não darei a vocês parte alguma da
terra dos amonitas, pois eu a entreguei aos
descendentes de Ló’.
20(Essa região também era considerada ter-
ra dos refains, que ali habitaram no passa-
do. Os amonitas os chamavam zanzumins.
21Eram fortes, numerosos e altos como os
enaquins. O SENHOR os exterminou, e os
amonitas os expulsaram e se estabeleceram
em seu lugar. 22O SENHOR fez o mesmo em fa-
vor dos descendentes de Esaú que vivem em
Seir, quando exterminou os horeus diante
deles. Os descendentes de Esaú os expulsa-
ram e se estabeleceram em seu lugar até ho-
je. 23Foi o que também aconteceu aos aveus,
que viviam em povoados próximos de Gaza;
os caftoritas, vindos de Caftor[a], os destruíram
e se estabeleceram em seu lugar.)

A vitória sobre Seom, rei de Hesbom

24“ ‘Vão agora e atravessem o ribeiro do Ar-
nom. Vejam que eu entreguei em suas mãos
o amorreu Seom, rei de Hesbom, e a terra de-
le. Comecem a ocupação, entrem em guerra
contra ele. 25Hoje mesmo começarei a infun-
dir pavor e medo de vocês em todos os povos
debaixo do céu. Quando ouvirem da fama de
vocês, tremerão e ficarão angustiados.’
26“Do deserto de Quedemote enviei men-
sageiros a Seom, rei de Hesbom, oferecen-
do paz e dizendo: 27Deixa-nos passar pela tua
terra. Iremos somente pela estrada; não nos
desviaremos nem para a direita nem para a
esquerda. 28Por prata nos venderás tanto a co-
mida que comermos como a água que beber-
mos. Apenas deixa-nos passar a pé, 29como
fizeram os descendentes de Esaú, que habi-
tam em Seir, e os moabitas, que habitam em
Ar. Assim chegaremos ao Jordão, e, atraves-
sando-o, à terra que o SENHOR, o nosso Deus,
nos dá. 30Mas Seom, rei de Hesbom, não quis
deixar-nos passar; pois o SENHOR, o Deus de
vocês, tornou-lhe obstinado o espírito e en-
dureceu-lhe o coração, para entregá-lo nas
mãos de vocês, como hoje se vê.
31“O SENHOR me disse: ‘Estou entregando
a você Seom e sua terra. Comece a ocupação,
tome posse da terra dele!’
32“Então Seom saiu à batalha contra nós
em Jaza, com todo o seu exército. 33Mas o SE-
NHOR, o nosso Deus, entregou-o a nós, e o
derrotamos, a ele, aos seus filhos e a todo
o seu exército. 34Naquela ocasião conquista-
mos todas as suas cidades e as destruímos
totalmente, matando homens, mulheres e
crianças, sem deixar nenhum sobrevivente.
35Tomamos como presa somente os animais
e o despojo das cidades que conquistamos.
36Desde Aroer, junto ao ribeiro do Arnom, e
a cidade que fica no mesmo vale, até Gileade,
não houve cidade de muros altos demais pa-
ra nós. O SENHOR, o nosso Deus, entregou-nos
tudo. 37Somente da terra dos amonitas vocês
não se aproximaram, ou seja, toda a exten-
são do vale do rio Jaboque, e as cidades da
região montanhosa, conforme o SENHOR, o
nosso Deus, tinha ordenado.

A vitória sobre Ogue, rei de Basã

3 “Depois, voltamos e subimos rumo a Basã.
Ogue, rei de Basã, atacou-nos com todo o
seu exército, em Edrei. 2O SENHOR me disse:
‘Não tenha medo dele, pois eu o entreguei em
suas mãos, com todo o seu exército, e dei-lhe
também a terra dele. Você fará com ele como
fez com Seom, rei dos amorreus, que habita-
va em Hesbom’.
3“Então o SENHOR, o nosso Deus, também
entregou em nossas mãos Ogue, rei de Basã,
e todo o seu exército. Nós os derrotamos, sem
deixar nenhum sobrevivente. 4Naquela oca-
sião conquistamos todas as suas cidades. Não
houve cidade que não tomássemos. Foram
sessenta em toda a região de Argobe, o reino
de Ogue, em Basã. 5Todas elas eram fortifica-
das com muros altos, portas e trancas. Além
delas havia muitas cidades sem muros. 6Nós
as destruímos completamente, tal como ha-
víamos feito com Seom, rei de Hesbom, des-
truindo todas as cidades, matando também
os homens, as mulheres e as crianças. 7Mas
os animais todos e o despojo das cidades to-
mamos como espólio de guerra.
8“Foi assim que, naquela ocasião, toma-
mos desses dois reis amorreus o território
a leste do Jordão, que vai desde o ribeiro do
Arnom até o monte Hermom. 9(Os sidônios
chamam o Hermom de Siriom; os amorreus
o chamam Senir.) 10Conquistamos todas as ci-
dades do planalto, toda a Gileade, e também
toda a Basã, até Salcá e Edrei, cidades do rei-
no de Ogue, em Basã. 11Ogue, rei de Basã, era
o único sobrevivente dos refains. Sua cama[b]

[a] 2:23 Isto é, Creta.

[b] 3:11 Ou *sarcófago*

era de ferro e tinha, pela medida comum,
quatro metros de comprimento e um metro
e oitenta centímetros de largura[a]. Ela ainda
está em Rabá dos amonitas.

A divisão da terra

12“Da terra da qual tomamos posse naque-
la época, o território que vai de Aroer, junto
ao ribeiro do Arnom, até mais da metade dos
montes de Gileade com as suas cidades, dei-
-o às tribos de Rúben e de Gade. 13O restan-
te de Gileade e também toda a Basã, o reino
de Ogue, dei-o à metade da tribo de Manas-
sés. (Toda a região de Argobe em Basã era co-
nhecida no passado como a terra dos refains.
14Jair, um descendente de Manassés, conquis-
tou toda a região de Argobe até a fronteira
dos gesuritas e dos maacatitas; essa região
recebeu o seu nome, de modo que até ho-
je Basã é chamada povoados de Jair.) 15E dei
Gileade a Maquir. 16Às tribos de Rúben e de
Gade dei a região que vai de Gileade até o
ribeiro do Arnom (a fronteira passava bem
no meio do vale) e até o vale do Jaboque, na
fronteira dos amonitas. 17Dei-lhes também
a Arabá, tendo como fronteira ocidental o
Jordão, desde Quinerete até o mar da Ara-
bá, que é o mar Salgado[b], abaixo das encos-
tas do Pisga.

18“Naquela ocasião eu lhes ordenei o se-
guinte: O SENHOR, o Deus de vocês, deu-lhes
esta terra para que dela tomem posse. To-
dos os guerreiros devem marchar à frente
dos seus irmãos israelitas, armados para a
guerra! 19Deixem nas cidades que lhes dei as
mulheres, as crianças e os grandes rebanhos,
que eu sei que vocês possuem, 20até que o SE-
NHOR conceda descanso aos seus outros ir-
mãos israelitas como deu a vocês, e tomem
eles posse da terra que o SENHOR, o Deus de
vocês, está dando a eles do outro lado do Jor-
dão. Depois vocês poderão retornar, cada um
à propriedade que lhe dei.

21“Naquela ocasião também ordenei a Jo-
sué: Você viu com os seus próprios olhos tudo
o que o SENHOR, o Deus de vocês, fez com es-
tes dois reis. Assim o SENHOR fará com todos
os reinos pelos quais vocês terão que passar.
22Não tenham medo deles. O SENHOR, o seu
Deus, é quem lutará por vocês.

Moisés é impedido de entrar em Canaã

23“Naquela ocasião implorei ao SENHOR: 24Ó
Soberano SENHOR, tu começaste a mostrar ao
teu servo a tua grandeza e a tua mão pode-
rosa! Que Deus existe no céu ou na terra que
possa realizar as tuas obras e os teus feitos
poderosos? 25Deixa-me atravessar, eu te su-
plico, e ver a boa terra do outro lado do Jor-
dão, a bela região montanhosa e o Líbano!

26“Todavia, por causa de vocês, o SENHOR
irou-se contra mim e não quis me atender.
‘Basta!’, ele disse. ‘Não me fale mais sobre is-
so. 27Suba ao ponto mais alto do Pisga e olhe
para o norte, para o sul, para o leste, e para o
oeste. Veja a terra com os seus próprios olhos,
pois você não atravessará o Jordão. 28Portan-
to, dê ordens a Josué, fortaleça-o e encoraje-
-o; porque será ele que atravessará à frente
deste povo, e lhes repartirá por herança a ter-
ra que você apenas verá.’

29“Então ficamos acampados no vale, dian-
te de Bete-Peor.

Exortação à obediência

4 “E agora, ó Israel, ouça os decretos e as leis
que lhes estou ensinando a cumprir, pa-
ra que vivam e tomem posse da terra, que o
SENHOR, o Deus dos seus antepassados, dá a
vocês. 2Nada acrescentem às palavras que eu
lhes ordeno e delas nada retirem, mas obe-
deçam aos mandamentos do SENHOR, o seu
Deus, que eu lhes ordeno.

3“Vocês viram com os seus próprios olhos
o que o SENHOR fez em Baal-Peor. O SENHOR,
o seu Deus, destruiu do meio de vocês todos
os que seguiram a Baal-Peor, 4mas vocês, que
permaneceram fiéis ao SENHOR, o seu Deus,
hoje estão todos vivos.

5“Eu lhes ensinei decretos e leis, como me
ordenou o SENHOR, o meu Deus, para que se-
jam cumpridos na terra na qual vocês estão
entrando para dela tomar posse. 6Vocês de-
vem obedecer-lhes e cumpri-los, pois assim
os outros povos verão a sabedoria e o discer-
nimento de vocês. Quando eles ouvirem to-
dos estes decretos dirão: ‘De fato esta grande
nação é um povo sábio e inteligente’. 7Pois,
que grande nação tem um Deus tão próximo
como o SENHOR, o nosso Deus, sempre que o
invocamos? 8Ou, que grande nação tem de-
cretos e preceitos tão justos como esta lei que
estou apresentando a vocês hoje?

9“Apenas tenham cuidado! Tenham muito
cuidado para que vocês nunca se esqueçam
das coisas que os seus olhos viram; con-
servem-nas por toda a sua vida na memó-
ria. Contem-nas a seus filhos e a seus netos.
10Lembrem-se do dia em que vocês estiveram
diante do SENHOR, o seu Deus, em Horebe,

[a] 3:11 Hebraico: *9 côvados de comprimento e 4 côvados de largura.* O côvado era uma medida linear de cerca de 45 centímetros.

[b] 3:17 Isto é, o mar Morto.

quando o SENHOR me disse: ‘Reúna o povo
diante de mim para ouvir as minhas pala-
vras, a fim de que aprendam a me temer en-
quanto viverem sobre a terra, e as ensinem a
seus filhos’. 11“Vocês se aproximaram e ficaram
ao pé do monte. O monte ardia em chamas
que subiam até o céu, e estava envolvido por
uma nuvem escura e densa. 12Então o SENHOR
falou a vocês do meio do fogo. Vocês ouviram
as palavras, mas não viram forma alguma;
apenas se ouvia a voz. 13Ele lhes anunciou a
sua aliança, os Dez Mandamentos. Escreveu-
-os sobre duas tábuas de pedra e ordenou que
os cumprissem. 14Naquela ocasião, o SENHOR
mandou-me ensinar-lhes decretos e leis pa-
ra que vocês os cumprissem na terra da qual
vão tomar posse.

A proibição da idolatria

15“No dia em que o SENHOR lhes falou do
meio do fogo em Horebe, vocês não viram
forma alguma. Portanto, tenham muito cui-
dado, 16para que não se corrompam fazendo
para si um ídolo, uma imagem de alguma
forma semelhante a homem ou mulher, 17ou
a qualquer animal da terra, a qualquer ave
que voa no céu, 18a qualquer criatura que se
move rente ao chão ou a qualquer peixe que
vive nas águas debaixo da terra. 19E para que,
ao erguerem os olhos ao céu e virem o sol, a
lua e as estrelas, todos os corpos celestes, vo-
cês não se desviem e se prostrem diante de-
les, e prestem culto àquilo que o SENHOR, o
seu Deus, distribuiu a todos os povos debaixo
do céu. 20A vocês, porém, o SENHOR tomou e
tirou da fornalha de fundir ferro, do Egito,
para serem o povo de sua herança, como ho-
je se pode ver.

21“O SENHOR irou-se contra mim por cau-
sa de vocês e jurou que eu não atravessaria o
Jordão e não entraria na boa terra que o SE-
NHOR, o seu Deus, está lhes dando por heran-
ça. 22Eu morrerei nesta terra; não atravessarei
o Jordão. Mas vocês atravessarão e tomarão
posse daquela boa terra. 23Tenham o cuidado
de não esquecer a aliança que o SENHOR, o seu
Deus, fez com vocês; não façam para si ídolo
algum com a forma de qualquer coisa que o
SENHOR, o seu Deus, proibiu. 24Pois o SENHOR,
o seu Deus, é Deus zeloso; é fogo consumidor.

25“Quando vocês tiverem filhos e netos, e já
estiverem há muito tempo na terra, e se cor-
romperem e fizerem ídolos de qualquer tipo,
fazendo o que o SENHOR, o seu Deus, repro-
va, provocando a sua ira, 26invoco hoje o céu
e a terra como testemunhas contra vocês de
que vocês serão rapidamente eliminados da
terra, da qual estão tomando posse ao atra-
vessar o Jordão. Vocês não viverão muito ali;
serão totalmente destruídos. 27O SENHOR os
espalhará entre os povos, e restarão apenas
alguns de vocês entre as nações às quais o SE-
NHOR os levará. 28Lá vocês prestarão culto a
deuses de madeira e de pedra, deuses feitos
por mãos humanas, deuses que não podem
ver, nem ouvir, nem comer, nem cheirar. 29E
lá procurarão o SENHOR, o seu Deus, e o acha-
rão, se o procurarem de todo o seu coração
e de toda a sua alma. 30Quando vocês esti-
verem sofrendo e todas essas coisas tiverem

A vida nos tempos da Bíblia

Ídolos pagãos

Os ídolos que os povos pagãos, no tempo de Moisés, adoravam como se fossem deuses eram feitos de madeira ou metal. Esses ídolos, obviamente, não podiam ouvir, nem ver e falar. Deus não queria que os israelitas adorassem ídolos; em vez disso, Deus prometeu às pessoas do seu povo que, se elas o amassem e o seguissem, ele as protegeria e cuidaria delas — algo que nenhum ídolo jamais poderia fazer.

acontecido com vocês, então, em dias fu-
turos, vocês voltarão para o SENHOR, o seu
Deus, e lhe obedecerão. 31Pois o SENHOR, o
seu Deus, é Deus misericordioso; ele não os
abandonará, nem os destruirá, nem se es-
quecerá da aliança que com juramento fez
com os seus antepassados.

O SENHOR é Deus

32“Perguntem, agora, aos tempos antigos,
antes de vocês existirem, desde o dia em que
Deus criou o homem sobre a terra; pergun-
tem de um lado ao outro do céu: Já aconte-
ceu algo tão grandioso ou já se ouviu algo
parecido? 33Que povo ouviu a voz de Deus[a]
falando do meio do fogo, como vocês ouvi-
ram, e continua vivo? 34Ou que deus decidiu
tirar uma nação do meio de outra para lhe
pertencer, com provas, sinais, maravilhas e
lutas, com mão poderosa e braço forte, e com
feitos temíveis e grandiosos, conforme tudo
o que o SENHOR fez por vocês no Egito, co-
mo vocês viram com os seus próprios olhos?
35“Tudo isso foi mostrado a vocês para que
soubessem que o SENHOR é Deus, e que não
há outro além dele. 36Do céu ele fez com que
vocês ouvissem a sua voz, para discipliná-
-los. Na terra, mostrou-lhes o seu grande fo-
go, e vocês ouviram as suas palavras vindas
do meio do fogo. 37E porque amou os seus
antepassados e escolheu a descendência de-
les, ele foi em pessoa tirá-los do Egito com o
seu grande poder, 38para expulsar de diante
de vocês nações maiores e mais fortes, a fim
de fazê-los entrar e possuir como herança a
terra delas, como hoje se vê.
39“Reconheçam isso hoje, e ponham no co-
ração que o SENHOR é Deus em cima nos céus
e embaixo na terra. Não há nenhum outro.
40Obedeçam aos seus decretos e mandamen-
tos que hoje eu lhes ordeno, para que tudo
vá bem com vocês e com seus descendentes,
e para que vivam muito tempo na terra que
o SENHOR, o seu Deus, lhes dá para sempre”.

As cidades de refúgio

41Então Moisés separou três cidades a les-
te do Jordão, 42para onde poderia fugir quem
tivesse matado alguém sem intenção e sem
premeditação. O perseguido poderia fugir pa-
ra uma dessas cidades a fim de salvar sua vi-
da. 43As cidades eram as seguintes: Bezer, no
planalto do deserto, para a tribo de Rúben;
Ramote, em Gileade, para a tribo de Gade;
e Golã, em Basã, para a tribo de Manassés.

Palavras para memorizar

“O SENHOR é Deus [...] não há outro além dele.” (Deuteronômio 4:35)

A introdução da lei

44Esta é a lei que Moisés apresentou aos
israelitas. 45Estes são os mandamentos, os
decretos e as ordenanças que Moisés pro-
mulgou como leis para os israelitas quando
saíram do Egito. 46Estavam do outro lado do
Jordão, no vale fronteiro a Bete-Peor, na ter-
ra de Seom, rei dos amorreus, que habitava
em Hesbom, a quem Moisés e os israelitas
derrotaram quando saíram do Egito. 47Eles
tomaram posse da terra dele e da terra de
Ogue, rei de Basã, os dois reis amorreus que
viviam a leste do Jordão. 48Essa terra esten-
dia-se desde Aroer, na margem do ribeiro do
Arnom, até o monte Siom[b], isto é, o Hermom,
49e incluía toda a região da Arabá, a leste do
Jordão, até o mar da Arabá[c], abaixo das en-
costas do Pisga.

Os Dez Mandamentos

5 Então Moisés convocou todo o Israel e lhe
disse:
“Ouça, ó Israel, os decretos e as ordenanças
que hoje lhe estou anunciando. Aprenda-os
e tenha o cuidado de cumpri-los. 2O SENHOR,
o nosso Deus, fez conosco uma aliança em
Horebe. 3Não foi com os nossos antepassa-
dos que o SENHOR fez essa aliança, mas co-
nosco, com todos nós que hoje estamos vivos
aqui. 4O SENHOR falou com você face a face,
do meio do fogo, no monte. 5Naquela oca-
sião eu fiquei entre o SENHOR e você para de-
clarar-lhe a palavra do SENHOR, porque você
teve medo do fogo e não subiu o monte. E
ele disse:
6“ ‘Eu sou o SENHOR, o teu Deus, que te
tirei do Egito, da terra da escravidão.
7“ ‘Não terás outros deuses além de mim.
8“ ‘Não farás para ti nenhum ídolo, ne-
nhuma imagem de qualquer coisa no
céu, na terra ou nas águas debaixo da
terra. 9Não te prostrarás diante deles

[a] 4:33 Ou *de um deus*

[b] 4:48 A Versão Siríaca diz *Siriom*. Veja Dt 3:9.
[c] 4:49 Isto é, o mar Morto.

nem lhes prestarás culto, porque eu, o
SENHOR, o teu Deus, sou Deus zeloso, que
castigo os filhos pelo pecado de seus pais
até a terceira e quarta geração daqueles
que me desprezam, 10mas trato com bon-
dade até mil gerações os[a] que me amam
e obedecem aos meus mandamentos.
11" 'Não tomarás em vão o nome do SE-
NHOR, o teu Deus, pois o SENHOR não
deixará impune quem usar o seu nome
em vão.
12" 'Guardarás o dia de sábado a fim de
santificá-lo, conforme o SENHOR, o teu
Deus, te ordenou. 13Trabalharás seis dias
e neles farás todos os teus trabalhos,
14mas o sétimo dia é um sábado para o
SENHOR, o teu Deus. Nesse dia não farás
trabalho algum, nem tu nem teu filho
ou filha, nem o teu servo ou serva, nem
o teu boi, teu jumento ou qualquer dos
teus animais, nem o estrangeiro que es-
tiver em tua propriedade; para que o teu
servo e a tua serva descansem como tu.
15Lembra-te de que foste escravo no Egito
e que o SENHOR, o teu Deus, te tirou de
lá com mão poderosa e com braço forte.
Por isso o SENHOR, o teu Deus, te orde-
nou que guardes o dia de sábado.
16" 'Honra teu pai e tua mãe, como te or-
denou o SENHOR, o teu Deus, para que
tenhas longa vida e tudo te vá bem na
terra que o SENHOR, o teu Deus, te dá.
17" 'Não matarás.
18" 'Não adulterarás.
19" 'Não furtarás.
20" 'Não darás falso testemunho contra
o teu próximo.
21" 'Não cobiçarás a mulher do teu próxi-
mo. Não desejarás a casa do teu próximo,
nem sua propriedade, nem seu servo ou
serva, nem seu boi ou jumento, nem coi-
sa alguma que lhe pertença'.

22"Essas foram as palavras que o SENHOR
falou a toda a assembleia de vocês, em alta
voz, no monte, do meio do fogo, da nuvem e
da densa escuridão; e nada mais acrescentou.
Então as escreveu em duas tábuas de pedra
e as deu a mim.
23"Quando vocês ouviram a voz que vinha
do meio da escuridão, estando o monte em
chamas, aproximaram-se de mim todos os
chefes das tribos de vocês, com as suas au-
toridades. 24E vocês disseram: 'O SENHOR, o

Você sabia?

O que são os Dez Mandamentos?

5:22 São regras especiais que Deus deu aos israelitas, mas se aplicam a nós também. Seguir essas regras ajuda as pessoas a demonstrarem seu amor por Deus e pelos outros.

nosso Deus, mostrou-nos sua glória e sua
majestade, e nós ouvimos a sua voz vinda
de dentro do fogo. Hoje vimos que Deus fala
com o homem e que este ainda continua vi-
vo! 25Mas, agora, por que deveríamos morrer?
Este grande fogo por certo nos consumirá.
Se continuarmos a ouvir a voz do SENHOR,
o nosso Deus, morreremos. 26Pois, que ho-
mem mortal chegou a ouvir a voz do Deus
vivo falando de dentro do fogo, como nós o
ouvimos, e sobreviveu? 27Aproxime-se você,
Moisés, e ouça tudo o que o SENHOR, o nosso
Deus, disser; você nos relatará tudo o que o
SENHOR, o nosso Deus, lhe disser. Nós ouvi-
remos e obedeceremos'.
28"O SENHOR ouviu quando vocês me fa-
laram e me disse: 'Ouvi o que este povo lhe
disse, e eles têm razão em tudo o que disse-
ram. 29Quem dera eles tivessem sempre no
coração esta disposição para temer-me e para
obedecer a todos os meus mandamentos. As-
sim tudo iria bem com eles e com seus des-
cendentes para sempre!
30" 'Vá, diga-lhes que voltem às suas ten-
das. 31Você ficará aqui comigo, e lhe anun-
ciarei toda a lei, isto é, os decretos e as
ordenanças que você lhes ensinará e que eles
deverão cumprir na terra que eu dou a eles
como propriedade'.
32"Por isso, tenham o cuidado de fazer tu-
do como o SENHOR, o seu Deus, lhes ordenou;
não se desviem, nem para a direita, nem para
a esquerda. 33Andem sempre pelo caminho
que o SENHOR, o seu Deus, lhes ordenou, pa-
ra que tenham vida, tudo lhes vá bem e os
seus dias se prolonguem na terra da qual to-
marão posse.

O grande mandamento: amar a Deus

6 "Esta é a lei, isto é, os decretos e as orde-
nanças, que o SENHOR, o seu Deus, ordenou

[a] 5:10 Ou *até milhares os que*

que eu lhes ensinasse, para que vocês os cumpram na terra para a qual estão indo para dela tomar posse. 2Desse modo vocês, seus filhos e seus netos temerão o SENHOR, o seu Deus, e obedecerão a todos os seus decretos e mandamentos, que eu lhes ordeno, todos os dias da sua vida, para que tenham vida longa. 3Ouça e obedeça, ó Israel! Assim tudo lhe irá bem e você será muito numeroso numa terra onde há leite e mel com fartura, como lhe prometeu o SENHOR, o Deus dos seus antepassados.

4"Ouça, ó Israel: O SENHOR, o nosso Deus, é o único SENHOR.[a] 5Ame o SENHOR, o seu Deus, de todo o seu coração, de toda a sua alma e de todas as suas forças. 6Que todas estas palavras que hoje lhe ordeno estejam em seu coração. 7Ensine-as com persistência a seus filhos. Converse sobre elas quando estiver sentado em casa, quando estiver andando pelo caminho, quando se deitar e quando se levantar. 8Amarre-as como um sinal nos braços e prenda-as na testa. 9Escreva-as nos batentes das portas de sua casa e em seus portões.

Exortação à obediência

10"O SENHOR, o seu Deus, os conduzirá à terra que jurou aos seus antepassados, Abraão, Isaque e Jacó, dar a vocês, terra com grandes e boas cidades que vocês não construíram, 11com casas cheias de tudo o que há de melhor, de coisas que vocês não produziram, com cisternas que vocês não cavaram, com vinhas e oliveiras que vocês não plantaram. Quando isso acontecer, e vocês comerem e ficarem satisfeitos, 12tenham cuidado! Não esqueçam o SENHOR que os tirou do Egito, da terra da escravidão. 13Temam o SENHOR, o seu Deus, e só a ele prestem culto, e jurem somente pelo seu nome. 14Não sigam outros deuses, os deuses dos povos ao redor; 15pois o SENHOR, o seu Deus, que está no meio de vocês, é Deus zeloso; a ira do SENHOR, o seu Deus, se acenderá contra vocês, e ele os banirá da face da terra. 16Não ponham à prova o SENHOR, o seu Deus, como fizeram em Massá. 17Obedeçam cuidadosamente aos mandamentos do SENHOR, o seu Deus, e aos preceitos e decretos que ele lhes ordenou. 18Façam o que é justo e bom perante o SENHOR, para que tudo lhes vá bem e vocês entrem e tomem posse da boa terra que o SENHOR prometeu, sob juramento, a seus antepassados, 19expulsando todos os seus inimigos de diante de vocês, conforme o SENHOR prometeu.

20"No futuro, quando os seus filhos lhes perguntarem: 'O que significam estes preceitos, decretos e ordenanças que o SENHOR, o nosso Deus, ordenou a vocês?' 21Vocês lhes responderão: 'Fomos escravos do faraó no Egito, mas o SENHOR nos tirou de lá com mão poderosa. 22O SENHOR realizou, diante dos nossos olhos, sinais e maravilhas grandiosas e terríveis contra o Egito e contra o faraó e toda a sua família. 23Mas ele nos tirou do Egito para nos trazer para cá e nos dar a terra que, sob juramento, prometeu a nossos antepassados. 24O SENHOR nos ordenou que obedecêssemos a todos estes decretos e que temêssemos o SENHOR, o nosso Deus, para que sempre fôssemos bem-sucedidos e que fôssemos preservados em vida, como hoje se pode ver. 25E, se nós nos aplicarmos a obedecer a toda esta lei perante o SENHOR, o nosso Deus, conforme ele nos ordenou, esta será a nossa justiça'.

[a] 6:4 Ou *O Senhor, o nosso Deus, é um só Senhor;* ou *O Senhor é nosso Deus, o Senhor é um só;* ou ainda *O Senhor é nosso Deus, o Senhor somente.*

Obrigado, mamãe e papai

Experimente!

Seus pais têm a grande responsabilidade de ensinar a você sobre Deus. Leia Deuteronômio 6:1-9 com sua família e veja quantas coisas que os pais devem ensinar aos filhos você consegue encontrar.

Surpreenda seus pais com um bilhete de agradecimento, diga-lhes alguma coisa especial sobre Deus que você aprendeu com eles e lhes agradeça por ensiná-lo sobre Deus.

Deuteronômio 6:1-9

As nações idólatras serão expulsas

7 “Quando o SENHOR, o seu Deus, os fizer en-
trar na terra, para a qual vocês estão indo
para dela tomarem posse, ele expulsará de
diante de vocês muitas nações: os hititas, os
girgaseus, os amorreus, os cananeus, os fe-
rezeus, os heveus e os jebuseus. São sete na-
ções maiores e mais fortes do que vocês; 2e
quando o SENHOR, o seu Deus, as tiver dado
a vocês, e vocês as tiverem derrotado, então
vocês as destruirão totalmente. Não façam
com elas tratado algum, e não tenham pie-
dade delas. 3Não se casem com pessoas de lá.
Não deem suas filhas aos filhos delas, nem to-
mem as filhas delas para os seus filhos, 4pois
elas desviariam seus filhos de seguir-me pa-
ra servir a outros deuses e, por causa disso,
a ira do SENHOR se acenderia contra vocês e
rapidamente os destruiria. 5Assim vocês tra-
tarão essas nações: derrubem os seus altares,
quebrem as suas colunas sagradas, cortem
os seus postes sagrados e queimem os seus
ídolos. 6Pois vocês são um povo santo para o
SENHOR, o seu Deus. O SENHOR, o seu Deus, os
escolheu dentre todos os povos da face da ter-
ra para ser o seu povo, o seu tesouro pessoal.
7“O SENHOR não se afeiçoou a vocês nem os
escolheu por serem mais numerosos do que
os outros povos, pois vocês eram o menor de
todos os povos. 8Mas foi porque o SENHOR os
amou e por causa do juramento que fez aos
seus antepassados. Por isso ele os tirou com
mão poderosa e os redimiu da terra da escra-
vidão, do poder do faraó, rei do Egito. 9Sai-
bam, portanto, que o SENHOR, o seu Deus, é
Deus; ele é o Deus fiel, que mantém a aliança
e a bondade por mil gerações daqueles que o
amam e obedecem aos seus mandamentos.
10Mas àqueles que o desprezam, retribuirá
com destruição; ele não demora em retri-
buir àqueles que o desprezam. 11Obedeçam,
pois, à lei, isto é, aos decretos e às ordenan-
ças que hoje lhes ordeno.

As bênçãos da obediência

12“Se vocês obedecerem a essas ordenan-
ças, as guardarem e as cumprirem, então o
SENHOR, o seu Deus, manterá com vocês a
aliança e a bondade que prometeu sob jura-
mento aos seus antepassados. 13Ele os amará,
os abençoará e fará com que vocês se multi-
pliquem. Ele abençoará os seus filhos e os
frutos da sua terra: o cereal, o vinho novo e
o azeite, as crias das vacas e das ovelhas, na
terra que aos seus antepassados jurou dar a
vocês. 14Vocês serão mais abençoados do que
qualquer outro povo! Nenhum dos seus ho-
mens ou mulheres será estéril, nem mes-
mo os animais do seu rebanho. 15O SENHOR
os guardará de todas as doenças. Não infli-
girá a vocês as doenças terríveis que, como
sabem, atingiram o Egito, mas as infligirá a
todos os seus inimigos. 16Vocês destruirão to-
dos os povos que o SENHOR, o seu Deus, lhes
entregar. Não olhem com piedade para eles,
nem sirvam aos seus deuses, pois isso lhes
seria uma armadilha.
17“Talvez vocês digam a si mesmos: ‘Essas
nações são mais fortes do que nós. Como po-
deremos expulsá-las?’ 18Não tenham medo
delas! Lembrem-se bem do que o SENHOR, o
seu Deus, fez ao faraó e a todo o Egito. 19Vocês
viram com os seus próprios olhos as grandes
provas, os sinais miraculosos e as maravilhas,
a mão poderosa e o braço forte com que o SE-
NHOR, o seu Deus, os tirou de lá. O SENHOR,
o seu Deus, fará o mesmo com todos os po-
vos que agora vocês temem. 20Além disso, o
SENHOR, o seu Deus, causará pânico[a] entre
eles até destruir o restante deles, os que se
esconderem de vocês. 21Não fiquem apavo-
rados por causa deles, pois o SENHOR, o seu
Deus, que está com vocês, é Deus grande e
temível. 22O SENHOR, o seu Deus, expulsará,
aos poucos, essas nações de diante de vocês.
Vocês não deverão eliminá-las de uma só vez,
se não os animais selvagens se multiplicarão,
ameaçando-os. 23Mas o SENHOR, o seu Deus,
as entregará a vocês, lançando-as em gran-
de confusão, até que sejam destruídas. 24Ele
entregará nas mãos de vocês os reis dessas

Você sabia?

Por que Deus falou para seu povo matar os cananeus?

7:2 Os cananeus eram muito perversos. Eles praticavam feitiçaria e até queimavam os próprios filhos como sacrifício aos deuses pagãos. Deus planejou destruí-los como punição pelos pecados deles e, ao mesmo tempo, queria impedi-los de fazer Israel desviar-se dele.

[a] 7:20 Ou *mandará vespas*; ou ainda *a praga*

nações, e vocês apagarão o nome deles de debaixo do céu. Ninguém conseguirá resistir a vocês até que os tenham destruído. 25Vocês queimarão as imagens dos deuses dessas nações. Não cobicem a prata e o ouro de que são revestidas; isso lhes seria uma armadilha. Para o SENHOR, o seu Deus, isso é detestável. 26Não levem coisa alguma que seja detestável para dentro de casa, se não também vocês serão separados para a destruição. Considerem tudo isso proibido e detestem-no totalmente, pois está separado para a destruição.

A disciplina do SENHOR no caminho para a boa terra

8 "Tenham o cuidado de obedecer a toda a lei que eu hoje lhes ordeno, para que vocês vivam, multipliquem-se e tomem posse da terra que o SENHOR prometeu, com juramento, aos seus antepassados.

2"Lembrem-se de como o SENHOR, o seu Deus, os conduziu por todo o caminho no deserto, durante estes quarenta anos, para humilhá-los e pô-los à prova, a fim de conhecer suas intenções, se iriam obedecer aos seus mandamentos ou não. 3Assim, ele os humilhou e os deixou passar fome. Mas depois os sustentou com maná, que nem vocês nem os seus antepassados conheciam, para mostrar-lhes que nem só de pão viverá o homem, mas de toda palavra que procede da boca do SENHOR. 4As roupas de vocês não se gastaram e os seus pés não incharam durante esses quarenta anos. 5Saibam, pois, em seu coração que, assim como um homem disciplina o seu filho, da mesma forma o SENHOR, o seu Deus, os disciplina.

6"Obedeçam aos mandamentos do SENHOR, o seu Deus, andando em seus caminhos e dele tendo temor. 7Pois o SENHOR, o seu Deus, os está levando a uma boa terra, cheia de riachos e tanques de água, de fontes que jorram nos vales e nas colinas; 8terra de trigo e cevada, videiras e figueiras, de romãzeiras, azeite de oliva e mel; 9terra onde não faltará pão e onde não terão falta de nada; terra onde as rochas têm ferro e onde vocês poderão extrair cobre das colinas.

Advertência contra a ingratidão

10"Depois que tiverem comido até ficarem satisfeitos, louvem o SENHOR, o seu Deus, pela boa terra que lhes deu. 11Tenham o cuidado de não se esquecer do SENHOR, o seu Deus, deixando de obedecer aos seus mandamentos, às suas ordenanças e aos seus decretos

Você sabia?

Por que Deus nos deu leis e regras para a vida?

8:1 Porque Deus nos ama. Quando nós fazemos o que é certo, Deus pode nos abençoar, mas quando fazemos o que é errado, Deus tem de nos punir, porque a natureza justa dele exige justiça. Porém nenhum de nós consegue guardar a lei de Deus de modo perfeito; por isso Jesus veio para morrer na cruz, para levar a punição pelo nosso pecado. As pessoas que obedecem a Deus são felizes, pois ele quer o melhor para os seus.

que hoje lhes ordeno. 12Não aconteça que, depois de terem comido até ficarem satisfeitos, de terem construído boas casas e nelas morado, 13de aumentarem os seus rebanhos, a sua prata e o seu ouro, e todos os seus bens, 14o seu coração fique orgulhoso e vocês se esqueçam do SENHOR, o seu Deus, que os tirou do Egito, da terra da escravidão. 15Ele os conduziu pelo imenso e pavoroso deserto, por aquela terra seca e sem água, de serpentes e escorpiões venenosos. Ele tirou água da rocha para vocês, 16e os sustentou no deserto com maná, que os seus antepassados não conheciam, para humilhá-los e prová-los, a fim de que tudo fosse bem com vocês. 17Não digam, pois, em seu coração: 'A minha capacidade e a força das minhas mãos ajuntaram para mim toda esta riqueza'. 18Mas, lembrem-se do SENHOR, o seu Deus, pois é ele que lhes dá a capacidade de produzir riqueza, confirmando a aliança que jurou aos seus antepassados, conforme hoje se vê.

19"Mas se vocês se esquecerem do SENHOR, o seu Deus, e seguirem outros deuses, prestando-lhes culto e curvando-se diante deles, asseguro-lhes hoje que vocês serão destruídos. 20Por não obedecerem ao SENHOR, o seu Deus, vocês serão destruídos como o foram as outras nações que o SENHOR destruiu perante vocês.

O mérito não foi de Israel

9 "Ouça, ó Israel: Hoje você está atravessando o Jordão para entrar na terra e

conquistar nações maiores e mais poderosas
do que você, as quais têm cidades grandes,
com muros que vão até o céu. 2O povo é forte
e alto. São enaquins! Você já ouviu falar de-
les e até conhece o que se diz: 'Quem é capaz
de resistir aos enaquins?' 3Esteja, hoje, certo
de que o SENHOR, o seu Deus, ele mesmo, vai
adiante de você como fogo consumidor. Ele
os exterminará e os subjugará diante de vo-
cê. E você os expulsará e os destruirá, como
o SENHOR lhe prometeu.

4"Depois que o SENHOR, o seu Deus, os ti-
ver expulsado da presença de você, não diga
a si mesmo: 'O SENHOR me trouxe aqui para
tomar posse desta terra por causa da minha
justiça'. Não! É devido à impiedade destas na-
ções que o SENHOR vai expulsá-las da presen-
ça de você. 5Não é por causa de sua justiça ou
de sua retidão que você conquistará a terra
delas. Mas é por causa da maldade destas na-
ções que o SENHOR, o seu Deus, as expulsará
de diante de você, para cumprir a palavra que
o SENHOR prometeu, sob juramento, aos seus
antepassados, Abraão, Isaque e Jacó. 6Portan-
to, esteja certo de que não é por causa de sua
justiça que o SENHOR, o seu Deus, lhe dá esta
boa terra para dela tomar posse, pois você é
um povo obstinado.

O bezerro de ouro

7"Lembrem-se disto e jamais esqueçam co-
mo vocês provocaram a ira do SENHOR, o seu
Deus, no deserto. Desde o dia em que saíram
do Egito até chegarem aqui, vocês têm sido
rebeldes contra o SENHOR. 8Até mesmo em
Horebe vocês provocaram a ira do SENHOR, e
ele ficou furioso, ao ponto de querer exter-
miná-los. 9Quando subi o monte para rece-
ber as tábuas de pedra, as tábuas da aliança
que o SENHOR tinha feito com vocês, fiquei
no monte quarenta dias e quarenta noites;
não comi pão, nem bebi água. 10O SENHOR
me deu as duas tábuas de pedra escritas pe-
lo dedo de Deus. Nelas estavam escritas to-
das as palavras que o SENHOR proclamou a
vocês no monte, de dentro do fogo, no dia
da assembleia.

11"Passados os quarenta dias e quarenta
noites, o SENHOR me deu as duas tábuas de
pedra, as tábuas da aliança, 12e me disse: 'Des-
ça imediatamente, pois o seu povo, que você
tirou do Egito, corrompeu-se. Eles se afasta-
ram bem depressa do caminho que eu lhes
ordenei e fizeram um ídolo de metal para si'.

13"E o SENHOR me disse: 'Vejo que este povo
é realmente um povo obstinado! 14Deixe que
eu os destrua e apague o nome deles de de-
baixo do céu. E farei de você uma nação mais
forte e mais numerosa do que eles'.

15"Então voltei e desci do monte, enquan-
to este ardia em chamas. E as duas tábuas
da aliança estavam em minhas mãos.[a] 16E vi
que vocês tinham pecado contra o SENHOR, o
seu Deus. Fizeram para si um ídolo de metal
em forma de bezerro. Bem depressa vocês se
desviaram do caminho que o SENHOR, o Deus
de vocês, lhes tinha ordenado. 17Então peguei

[a] 9:15 Ou *E eu tinha as duas tábuas da aliança comigo, uma em cada mão.*

Experimente!

Longe dos olhos, longe do coração

Moisés subiu ao monte Sinai para falar com Deus e ficou lá por quarenta dias. Em Êxodo 32 nós podemos ler sobre o bezerro de ouro que os israelitas construíram e adoraram enquanto Moisés estava longe. Agora leia Deuteronômio 9:7-21. Você acha que Deus e Moisés ficaram bravos?

Algumas crianças, quando os adultos não estão vendo, fazem coisas que nunca fariam se eles estivessem por perto. Você conhece alguém que age assim?

Converse sobre essa história da Bíblia com seus pais e pergunte como eles se sentiriam se você fizesse alguma coisa ruim pelas costas deles. Peça que lhe digam qual é a coisa mais importante que eles querem que você lembre quando não estiverem por perto.

Deuteronômio 9:7-21

as duas tábuas e as lancei das minhas mãos,
quebrando-as diante dos olhos de vocês.
18 "Depois prostrei-me perante o SENHOR
outros quarenta dias e quarenta noites; não
comi pão, nem bebi água, por causa do gran-
de pecado que vocês tinham cometido, fa-
zendo o que o SENHOR reprova, provocando
a ira dele. 19 Tive medo da ira e do furor do SE-
NHOR, pois ele estava irado ao ponto de des-
truí-los, mas de novo o SENHOR me escutou.
20 O SENHOR irou-se contra Arão a ponto de
querer destruí-lo, mas naquela ocasião tam-
bém orei por Arão. 21 Então peguei o bezerro,
o bezerro do pecado de vocês, e o queimei no
fogo; depois o esmigalhei e o moí até virar
pó, e o joguei no riacho que desce do monte.
22 "Além disso, vocês tornaram a provocar
a ira do SENHOR em Taberá, em Massá e em
Quibrote-Hataavá.
23 "E, quando o SENHOR os enviou de Cades-
-Barneia, disse: 'Entrem lá e tomem posse da
terra que lhes dei'. Mas vocês se rebelaram
contra a ordem do SENHOR, o seu Deus. Não
confiaram nele, nem lhe obedeceram. 24 Vo-
cês têm sido rebeldes contra o SENHOR desde
que os conheço.
25 "Fiquei prostrado perante o SENHOR
durante aqueles quarenta dias e quarenta
noites porque o SENHOR tinha dito que ia
destruí-los. 26 Foi quando orei ao SENHOR, di-
zendo: Ó Soberano SENHOR, não destruas o
teu povo, a tua própria herança! Tu o redi-
miste com a tua grandeza e o tiraste da ter-
ra do Egito com mão poderosa. 27 Lembra-te
de teus servos Abraão, Isaque e Jacó. Não le-
ves em conta a obstinação deste povo, a sua
maldade e o seu pecado, 28 se não os habitan-
tes da terra de onde nos tiraste dirão: 'Como
o SENHOR não conseguiu levá-los à terra que
lhes havia prometido, e como ele os odia-
va, tirou-os para fazê-los morrer no deser-
to'. 29 Mas eles são o teu povo, a tua herança,
que tiraste do Egito com o teu grande poder
e com o teu braço forte.

Tábuas iguais às primeiras

10 "Naquela ocasião o SENHOR me ordenou:
'Corte duas tábuas de pedra, como as pri-
meiras, e suba para encontrar-se comigo no
monte. Faça também uma arca de madeira.
2 Eu escreverei nas tábuas as palavras que es-
tavam nas primeiras, que você quebrou, e vo-
cê as colocará na arca'.
3 "Então fiz a arca de madeira de acácia, cor-
tei duas tábuas de pedra como as primeiras e
subi o monte com as duas tábuas nas mãos.
4 O SENHOR escreveu nelas o que tinha escri-
to anteriormente, os Dez Mandamentos que
havia proclamado a vocês no monte, do meio
do fogo, no dia em que estavam todos reuni-
dos. O SENHOR as entregou a mim, 5 e eu vol-
tei, desci do monte e coloquei as tábuas na
arca que eu tinha feito. E lá ficaram, confor-
me o SENHOR tinha ordenado.
6 (Os israelitas partiram dos poços dos jaa-
canitas e foram até Moserá. Ali Arão mor-
reu e foi sepultado, e o seu filho Eleazar foi
o seu sucessor como sacerdote. 7 Dali foram
para Gudgodá e de lá para Jotbatá, terra de
riachos. 8 Naquela ocasião o SENHOR separou
a tribo de Levi para carregar a arca da alian-
ça do SENHOR, para estar perante o SENHOR
a fim de ministrar e pronunciar bênçãos em

A vida nos tempos da Bíblia

Tábuas de pedra

Moisés cortou duas tábuas de pedra, e Deus escreveu os Dez Mandamentos nelas. Não sabemos com certeza com o que essas tábuas se pareciam. As letras nas tábuas desenhadas aqui são hebraicas. Moisés colocou ambas as tábuas dentro da arca da aliança que ele fizera.

Palavras para memorizar

"Que é que o Senhor, o seu Deus, lhe pede, senão que tema o Senhor, o seu Deus, que ande em todos os seus caminhos, que o ame e que sirva ao Senhor, o seu Deus, de todo o seu coração e de toda a sua alma?"

(Deuteronômio 10:12)

seu nome, como se faz ainda hoje. 9É por isso que os levitas não têm nenhuma porção de terra ou herança entre os seus irmãos; o Senhor é a sua herança, conforme o Senhor, o seu Deus, lhes prometeu.)

10"Assim eu fiquei no monte quarenta dias e quarenta noites, como da primeira vez; e também desta vez o Senhor me atendeu e não quis destruí-los. 11'Vá', o Senhor me disse. 'Conduza o povo em seu caminho, para que tome posse da terra que jurei aos seus antepassados dar a você.'

Exortação ao temor do Senhor

12"E agora, ó Israel, que é que o Senhor, o seu Deus, lhe pede, senão que tema o Senhor, o seu Deus, que ande em todos os seus caminhos, que o ame e que sirva ao Senhor, o seu Deus, de todo o seu coração e de toda a sua alma, 13e que obedeça aos mandamentos e aos decretos do Senhor, que hoje lhe dou para o seu próprio bem?

14"Ao Senhor, o seu Deus, pertencem os céus e até os mais altos céus, a terra e tudo o que nela existe. 15No entanto, o Senhor se afeiçoou aos seus antepassados e os amou, e a vocês, descendentes deles, escolheu entre todas as nações, como hoje se vê. 16Sejam fiéis, de coração[a], à sua aliança; e deixem de ser obstinados. 17Pois o Senhor, o seu Deus, é o Deus dos deuses e o Soberano dos soberanos, o grande Deus, poderoso e temível, que não age com parcialidade nem aceita suborno. 18Ele defende a causa do órfão e da viúva e ama o estrangeiro, dando-lhe alimento e roupa. 19Amem os estrangeiros, pois vocês mesmos foram estrangeiros no Egito. 20Temam o Senhor, o seu Deus, e sirvam-no. Apeguem-se a ele e façam os seus juramentos somente em nome dele. 21Seja ele o motivo do seu louvor, pois ele é o seu Deus, que por vocês fez aquelas grandes e temíveis maravilhas que vocês viram com os próprios olhos. 22Os seus antepassados que desceram ao Egito eram setenta ao todo, mas agora o Senhor, o seu Deus, os tornou tão numerosos quanto as estrelas do céu.

Exortação ao amor e à obediência

11 "Amem o Senhor, o seu Deus e obedeçam sempre aos seus preceitos, aos seus decretos, às suas ordenanças e aos seus mandamentos. 2Lembrem-se hoje de que não foram os seus filhos que experimentaram e viram a disciplina do Senhor, o seu Deus, a sua majestade, a sua mão poderosa, o seu braço forte. 3Vocês viram os sinais que ele realizou e tudo o que fez no coração do Egito, tanto com o faraó, rei do Egito, quanto com toda a sua terra; 4o que fez com o exército egípcio, com os seus cavalos e carros, como os surpreendeu com as águas do mar Vermelho, quando estavam perseguindo vocês, e como o Senhor os destruiu para sempre. 5Vocês também viram o que ele fez por vocês no deserto até chegarem a este lugar, 6e o que fez a Datã e a Abirão, filhos de Eliabe, da tribo de Rúben, quando a terra abriu a boca no meio de todo o Israel e os engoliu com suas famílias, suas tendas e tudo o que lhes pertencia. 7Vocês mesmos viram com os seus próprios olhos todas essas coisas grandiosas que o Senhor fez.

8"Obedeçam, portanto, a toda a lei que hoje lhes estou dando, para que tenham forças para invadir e conquistar a terra para onde estão indo, 9e para que vivam muito tempo na terra que o Senhor jurou dar aos seus antepassados e aos descendentes deles, terra onde há leite e mel com fartura. 10A terra da qual vocês vão tomar posse não é como a terra do Egito, de onde vocês vieram e onde plantavam as sementes e tinham que fazer a irrigação a pé, como numa horta. 11Mas a terra em que vocês, atravessando o Jordão, vão entrar para dela tomar posse, é terra de montes e vales, que bebe chuva do céu. 12É uma terra da qual o Senhor, o seu Deus, cuida; os olhos do Senhor, o seu Deus, estão continuamente sobre ela, do início ao fim do ano.

13"Portanto, se vocês obedecerem fielmente aos mandamentos que hoje lhes dou,

[a] 10:16 Hebraico: *Circuncidem o coração de vocês.*

amando o SENHOR, o seu Deus, e servindo-o
de todo o coração e de toda a alma, 14então,
no devido tempo, enviarei chuva sobre a sua
terra, chuva de outono e de primavera, para
que vocês recolham o seu cereal, e tenham
vinho novo e azeite. 15Ela dará pasto nos cam-
pos para os seus rebanhos, e quanto a vocês,
terão o que comer e ficarão satisfeitos.
16"Por isso, tenham cuidado para não se-
rem enganados e levados a desviar-se para
adorar outros deuses e a prostrar-se peran-
te eles. 17Caso contrário, a ira do SENHOR se
acenderá contra vocês e ele fechará o céu
para que não chova e para que a terra nada
produza, e assim vocês logo desaparecerão
da boa terra que o SENHOR lhes está dando.
18Gravem estas minhas palavras no coração e
na mente; amarrem-nas como sinal nas mãos
e prendam-nas na testa. 19Ensinem-nas a seus
filhos, conversando a respeito delas quando
estiverem sentados em casa e quando estive-
rem andando pelo caminho, quando se deita-
rem e quando se levantarem. 20Escrevam-nas
nos batentes das portas de suas casas, e nos
seus portões, 21para que, na terra que o SE-
NHOR jurou que daria aos seus antepassados,
os seus dias e os dias dos seus filhos sejam
muitos, sejam tantos como os dias durante
os quais o céu está acima da terra.
22"Se vocês obedecerem a todos os manda-
mentos que lhes mando cumprir, amando o
SENHOR, o seu Deus, andando em todos os
seus caminhos e apegando-se a ele, 23então
o SENHOR expulsará todas essas nações da
presença de vocês, e vocês despojarão nações
maiores e mais fortes do que vocês. 24Todo
lugar onde vocês puserem os pés será de vo-
cês. O seu território se estenderá do deserto
do Líbano e do rio Eufrates ao mar Ociden-
tal[a]. 25Ninguém conseguirá resisti-los. O SE-
NHOR, o seu Deus, conforme lhes prometeu,
trará pavor e medo de vocês a todos os povos
daquela terra, aonde quer que vocês forem.
26"Prestem atenção! Hoje estou pondo
diante de vocês a bênção e a maldição. 27Vo-
cês terão bênção, se obedecerem aos manda-
mentos do SENHOR, o seu Deus, que hoje lhes
estou dando; 28mas terão maldição, se deso-
bedecerem aos mandamentos do SENHOR,
o seu Deus, e se afastarem do caminho que
hoje lhes ordeno, para seguir deuses desco-
nhecidos. 29Quando o SENHOR, o seu Deus, os
tiver levado para a terra da qual vão tomar
posse, vocês terão que proclamar a bênção no
monte Gerizim, e a maldição no monte Ebal.
30Como sabem, esses montes estão do outro
lado do Jordão, a oeste da estrada[b], na dire-
ção do poente, perto dos carvalhos de Moré,
no território dos cananeus que vivem na Ara-
bá, próximos de Gilgal. 31Vocês estão a ponto

[a] 11:24 Isto é, o Mediterrâneo.
[b] 11:30 Ou *Jordão, na direção oeste*

A vida nos tempos da Bíblia

A mezuzá

O texto de Deuteronômio 11:20 fala para os hebreus escreverem a Palavra de Deus no batente das portas da casa. Muitos copiavam versículos da Bíblia em pedacinhos de papel e os colocavam em pequenas caixas presas à porta. As crianças judias eram ensinadas a tocar nessa mezuzá sempre que entravam ou saíam de casa, para se lembrarem de obedecer ao Senhor.

de atravessar o Jordão e de tomar posse da
terra que o SENHOR, o seu Deus, lhes está
dando. Quando vocês a tiverem conquistado
e estiverem vivendo nela, 32tenham o cuida-
do de obedecer a todos os decretos e orde-
nanças que hoje estou dando a vocês.

O único local de adoração

12 "Estes são os decretos e ordenanças que
vocês devem ter o cuidado de cumprir
enquanto viverem na terra que o SENHOR, o
Deus dos seus antepassados, deu a vocês como
herança. 2Destruam completamente todos os
lugares nos quais as nações que vocês estão
desalojando adoram os seus deuses, tanto nos
altos montes como nas colinas e à sombra de
toda árvore frondosa. 3Derrubem os seus al-
tares, esmigalhem as suas colunas sagradas
e queimem os seus postes sagrados; despe-
dacem os ídolos dos seus deuses e eliminem
os nomes deles daqueles lugares.
4"Vocês, porém, não adorarão o SENHOR, o
seu Deus, como eles adoram os seus deuses.
5Mas procurarão o local que o SENHOR, o seu
Deus, escolher dentre todas as tribos para ali
pôr o seu Nome e sua habitação. Para lá vocês
deverão ir 6e levar holocaustos[a] e sacrifícios,
dízimos e dádivas especiais, o que em voto ti-
verem prometido, as suas ofertas voluntárias
e a primeira cria de todos os rebanhos. 7Ali,
na presença do SENHOR, o seu Deus, vocês e
suas famílias comerão e se alegrarão com tu-
do o que tiverem feito, pois o SENHOR, o seu
Deus, os terá abençoado.
8"Vocês não agirão como estamos agindo
aqui, cada um fazendo o que bem entende,
9pois ainda não chegaram ao lugar de descan-
so e à herança que o SENHOR, o seu Deus, lhes
está dando. 10Mas vocês atravessarão o Jordão
e se estabelecerão na terra que o SENHOR, o
seu Deus, lhes dá como herança, e ele lhes
concederá descanso de todos os inimigos que
os cercam, para que vocês vivam em seguran-
ça. 11Então, para o lugar que o SENHOR, o seu
Deus, escolher como habitação do seu Nome,
vocês levarão tudo o que eu lhes ordenar: ho-
locaustos e sacrifícios, dízimos e dádivas es-
peciais e tudo o que tiverem prometido em
voto ao SENHOR. 12E regozijem-se ali perante
o SENHOR, o seu Deus, vocês, os seus filhos e
filhas, os seus servos e servas, e os levitas que
vivem nas cidades de vocês por não terem re-
cebido terras nem propriedades. 13Tenham o
cuidado de não sacrificar os seus holocaustos
em qualquer lugar que lhes agrade. 14Ofere-
çam-nos somente no local que o SENHOR es-
colher numa das suas tribos, e ali ponham em
prática tudo o que eu lhes ordenar.
15"No entanto, vocês poderão abater os seus
animais em qualquer das suas cidades e co-
mer quanta carne desejarem, como se fosse
carne de gazela ou de veado, de acordo com
a bênção que o SENHOR, o seu Deus, lhes der.
Tanto quem estiver cerimonialmente impu-
ro quanto quem estiver puro poderá comê-la.
16Mas não poderão comer o sangue; derra-
mem-no no chão como se fosse água. 17Vocês
não poderão comer em suas próprias cidades
o dízimo do cereal, do vinho novo e do azeite,
nem a primeira cria dos rebanhos, nem o que,
em voto, tiverem prometido, nem as suas
ofertas voluntárias ou dádivas especiais. 18Ao
invés disso, vocês os comerão na presença do
SENHOR, o seu Deus, no local que o SENHOR, o
seu Deus, escolher; vocês, os seus filhos e fi-
lhas, os seus servos e servas, e os levitas das
suas cidades. Alegrem-se perante o SENHOR, o
seu Deus, em tudo o que fizerem. 19Tenham o
cuidado de não abandonar os levitas enquan-
to vocês viverem na sua própria terra.
20"Quando o SENHOR, o seu Deus, tiver
aumentado o seu território conforme lhes
prometeu, e vocês desejarem comer carne e
disserem: 'Gostaríamos de um pouco de car-
ne', poderão comer o quanto quiserem. 21Se
o local que o SENHOR, o seu Deus, escolher
para pôr o seu Nome ficar longe demais, vo-
cês poderão abater animais de todos os reba-
nhos que o SENHOR lhes der, conforme lhes
ordenei, e em suas próprias cidades pode-
rão comer quanta carne desejarem. 22Vocês
a comerão como comeriam carne de gazela
ou de veado. Tanto os cerimonialmente im-
puros quanto os puros poderão comer. 23Mas
não comam o sangue, porque o sangue é a vi-
da, e vocês não poderão comer a vida com o
sangue. 24Vocês não comerão o sangue; der-
ramem-no no chão como se fosse água. 25Não
o comam, para que tudo vá bem com vocês e
com os seus filhos, porque estarão fazendo o
que é justo perante o SENHOR.
26"Todavia, apanhem os seus objetos con-
sagrados e o que, em voto, tiverem prome-
tido, e dirijam-se ao local que o SENHOR
escolher. 27Apresentem os seus holocaus-
tos colocando-os no altar do SENHOR, o seu
Deus, tanto a carne quanto o sangue. O san-
gue dos seus sacrifícios será derramado ao la-
do do altar do SENHOR, o seu Deus, mas vocês

[a] 12:6 Isto é, sacrifícios totalmente queimados.

Palavras para memorizar

"Alegrem-se perante o SENHOR, o seu Deus, em tudo o que fizerem."

(Deuteronômio 12:18)

poderão comer a carne. 28 Tenham o cuidado
de obedecer a todos estes regulamentos que
lhes estou dando, para que sempre vá tudo
bem com vocês e com os seus filhos, porque
estarão fazendo o que é bom e certo perante
o SENHOR, o seu Deus.
29 "O SENHOR, o seu Deus, eliminará da sua
presença as nações que vocês estão a ponto
de invadir e expulsar. Mas, quando vocês as
tiverem expulsado e tiverem se estabeleci-
do na terra delas, 30 e depois que elas forem
destruídas, tenham cuidado para não serem
enganados e para não se interessarem pelos
deuses delas, dizendo: 'Como essas nações
servem aos seus deuses? Faremos o mes-
mo!' 31 Não adorem o SENHOR, o seu Deus, da
maneira como fazem essas nações, porque,
ao adorarem os seus deuses, elas fazem to-
do tipo de coisas repugnantes que o SENHOR
odeia, como queimar seus filhos e filhas no
fogo em sacrifícios aos seus deuses.
32 "Apliquem-se a fazer tudo o que eu lhes
ordeno; não acrescentem nem tirem coisa
alguma.

A adoração a outros deuses

13 "Se aparecer entre vocês um profeta ou
alguém que faz predições por meio de
sonhos e lhes anunciar um sinal miraculoso
ou um prodígio, 2 e se o sinal ou prodígio de
que ele falou acontecer, e ele disser: 'Vamos
seguir outros deuses que vocês não conhecem
e vamos adorá-los', 3 não deem ouvidos às pala-
vras daquele profeta ou sonhador. O SENHOR,
o seu Deus, está pondo vocês à prova para ver
se o amam de todo o coração e de toda a al-
ma. 4 Sigam somente o SENHOR, o seu Deus,
e temam a ele somente. Cumpram os seus
mandamentos e obedeçam-lhe; sirvam-no e
apeguem-se a ele. 5 Aquele profeta ou sonha-
dor terá que ser morto, pois pregou rebelião
contra o SENHOR, o seu Deus, que os tirou do
Egito e os redimiu da terra da escravidão; ele
tentou afastá-los do caminho que o SENHOR,
o seu Deus, lhes ordenou que seguissem. Eli-
minem o mal do meio de vocês.
6 "Se o seu próprio irmão ou filho ou filha,
ou a mulher que você ama ou o seu amigo
mais chegado secretamente instigá-lo, dizen-
do: 'Vamos adorar outros deuses!' — deuses
que nem você nem os seus antepassados co-
nheceram, 7 deuses dos povos que vivem ao
seu redor, quer próximos, quer distantes, de
um ao outro lado da terra — 8 não se deixe
convencer nem ouça o que ele diz. Não tenha
piedade nem compaixão dele e não o prote-
ja. 9 Você terá que matá-lo. Seja a sua mão a
primeira a levantar-se para matá-lo, e depois
as mãos de todo o povo. 10 Apedreje-o até a
morte, porque tentou desviá-lo do SENHOR,
o seu Deus, que o tirou do Egito, da terra da
escravidão. 11 Então todo o Israel saberá disso;
todos temerão e ninguém tornará a cometer
uma maldade dessas.
12 "Se vocês ouvirem dizer que numa das ci-
dades que o SENHOR, o seu Deus, lhes dá para
nelas morarem, 13 surgiram homens perver-
sos e desviaram os seus habitantes, dizendo:
'Vamos adorar outros deuses!', deuses que vo-
cês não conhecem, 14 vocês deverão verificar
e investigar. Se for verdade e ficar compro-
vado que se praticou esse ato detestável en-
tre vocês, 15 matem ao fio da espada todos os
que viverem naquela cidade. Destruam total-
mente a cidade, matando tanto os seus ha-
bitantes quanto os seus animais. 16 Ajuntem
todos os despojos no meio da praça públi-
ca e queimem totalmente a cidade e todos
os seus despojos, como oferta ao SENHOR, o
seu Deus. Fique ela em ruínas para sempre,
e nunca mais seja reconstruída. 17 Não seja
encontrado em suas mãos nada do que foi
destinado à destruição, para que o SENHOR
se afaste do fogo da sua ira. Ele terá miseri-
córdia e compaixão de vocês, e os fará multi-
plicar-se, conforme prometeu sob juramento
aos seus antepassados, 18 somente se obedece-
rem ao SENHOR, o seu Deus, guardando todos
os seus mandamentos, que lhes estou dando,
e fazendo o que é justo para ele.

Animais puros e impuros

14 "Vocês são os filhos do SENHOR, o seu
Deus. Não façam cortes no corpo nem ra-
pem a frente da cabeça por causa dos mortos,
2 pois vocês são povo consagrado ao SENHOR,
o seu Deus. Dentre todos os povos da face da
terra, o SENHOR os escolheu para serem o seu
tesouro pessoal.

3“Não comam nada que seja proibido. 4São
estes os animais que vocês podem comer: o
boi, a ovelha, o bode, 5o veado, a gazela, a
corça, o bode montês, o antílope, o bode sel-
vagem e a ovelha montês.[a] 6Vocês poderão
comer qualquer animal que tenha o casco
fendido e dividido em duas unhas e que ru-
mine. 7Contudo, dos que ruminam ou têm o
casco fendido, vocês não poderão comer o ca-
melo, o coelho e o rato silvestre. Embora ru-
minem, não têm casco fendido; são impuros
para vocês. 8O porco também é impuro; em-
bora tenha casco fendido, não rumina. Vocês
não poderão comer a carne desses animais
nem tocar em seus cadáveres.

9“De todas as criaturas que vivem nas
águas vocês poderão comer as que possuem
barbatanas e escamas. 10Mas não poderão co-
mer nenhuma criatura que não tiver barbata-
nas nem escamas; é impura para vocês.

11“Vocês poderão comer qualquer ave pu-
ra. 12Mas estas vocês não poderão comer: a
águia, o urubu, a águia-marinha, 13o milhafre,
qualquer espécie de falcão, 14qualquer espécie
de corvo, 15a coruja-de-chifre[b], a coruja-de-o-
relha-pequena, a coruja-orelhuda[c], qualquer
espécie de gavião, 16o mocho, o corujão, a co-
ruja-branca[d], 17a coruja-do-deserto, o abutre,
a coruja-pescadora, 18a cegonha, qualquer ti-
po de garça, a poupa e o morcego.

19“Todas as pequenas criaturas que enxa-
meiam e têm asas são impuras para vocês;
não as comam. 20Mas qualquer criatura que
tem asas, sendo pura, vocês poderão comer.

21“Não comam nada que encontrarem mor-
to. Vocês poderão dá-lo a um estrangeiro re-
sidente de qualquer cidade de vocês, e ele
poderá comê-lo, ou vocês poderão vendê-lo a
outros estrangeiros. Mas vocês são povo con-
sagrado ao SENHOR, o seu Deus.

“Não cozinhem o cabrito no leite da pró-
pria mãe.

A entrega dos dízimos

22“Separem o dízimo de tudo o que a ter-
ra produzir anualmente. 23Comam o dízimo
do cereal, do vinho novo e do azeite, e a pri-
meira cria de todos os seus rebanhos na pre-
sença do SENHOR, o seu Deus, no local que
ele escolher como habitação do seu Nome,
para que aprendam a temer sempre o SE-
NHOR, o seu Deus. 24Mas, se o local for longe
demais e vocês tiverem sido abençoados pe-
lo SENHOR, o seu Deus, e não puderem car-
regar o dízimo, pois o local escolhido pelo
SENHOR para ali pôr o seu Nome é longe de-
mais, 25troquem o dízimo por prata, e levem
a prata ao local que o SENHOR, o seu Deus, ti-
ver escolhido. 26Com prata comprem o que
quiserem: bois, ovelhas, vinho ou outra bebi-
da fermentada, ou qualquer outra coisa que
desejarem. Então juntamente com suas fa-
mílias comam e alegrem-se ali, na presença
do SENHOR, o seu Deus. 27E nunca se esque-
çam dos levitas que vivem em suas cidades,
pois eles não possuem propriedade nem he-
rança próprias.

28“Ao final de cada três anos, tragam to-
dos os dízimos da colheita do terceiro ano,

[a] 14:5 A identificação exata de algumas aves, insetos e animais deste capítulo não é conhecida.
[b] 14:15 Ou *o avestruz*
[c] 14:15 Ou *a gaivota*
[d] 14:16 Ou *o pelicano*

Dar a Deus

Experimente!

Leia Deuteronômio 14:22-29. Quanto Deus ordenou que os israelitas ofertassem ao Senhor? Como o dinheiro era usado?

As crianças podem ofertar a Deus também. Consiga duas caixas, ou dois potes, para colocar dinheiro. Escreva em uma “Dar” e na outra, “Gastar”. Quando você ganhar dinheiro ou receber sua mesada, coloque um pouco na caixa de “Dar”. Quanto você acha que deve ofertar daquilo que ganha?

Perguntе a um líder na sua igreja como esse seu presente ao Senhor pode ser usado. Faça um desenho mostrando uma das maneiras como seu dinheiro pode ser usado. Cole esse desenho na sua caixa de “Dar”.

Deuteronômio 14:22-29

armazenando-os em sua própria cidade, 29para que os levitas, que não possuem propriedade nem herança, e os estrangeiros, os órfãos e as viúvas que vivem na sua cidade venham comer e saciar-se, e para que o SENHOR, o seu Deus, os abençoe em todo o trabalho das suas mãos.

O ano do cancelamento das dívidas

15 "No final de cada sete anos as dívidas deverão ser canceladas. 2Isso deverá ser feito da seguinte forma: todo credor cancelará o empréstimo que fez ao seu próximo. Nenhum israelita exigirá pagamento de seu próximo ou de seu parente, porque foi proclamado o tempo do SENHOR para o cancelamento das dívidas. 3Vocês poderão exigir pagamento do estrangeiro, mas terão que cancelar qualquer dívida de seus irmãos israelitas. 4Assim, não deverá haver pobre algum no meio de vocês, pois na terra que o SENHOR, o seu Deus, lhes está dando como herança para que dela tomem posse, ele os abençoará ricamente, 5contanto que obedeçam em tudo ao SENHOR, o seu Deus, e ponham em prática toda esta lei que hoje lhes estou dando. 6Pois o SENHOR, o seu Deus, os abençoará conforme prometeu, e vocês emprestarão a muitas nações, mas de nenhuma tomarão emprestado. Vocês dominarão muitas nações, mas por nenhuma serão dominados.

7"Se houver algum israelita pobre em qualquer das cidades da terra que o SENHOR, o seu Deus, lhes está dando, não endureçam o coração, nem fechem a mão para com o seu irmão pobre. 8Ao contrário, tenham mão aberta e emprestem-lhe liberalmente o que ele precisar. 9Cuidado! Que nenhum de vocês alimente este pensamento ímpio: 'O sétimo ano, o ano do cancelamento das dívidas, está se aproximando, e não quero ajudar o meu irmão pobre'. Ele poderá apelar para o SENHOR contra você, e você será culpado desse pecado. 10Dê-lhe generosamente, e sem relutância no coração; pois, por isso, o SENHOR, o seu Deus, o abençoará em todo o seu trabalho e em tudo o que você fizer. 11Sempre haverá pobres na terra. Portanto, eu lhe ordeno que abra o coração para o seu irmão israelita, tanto para o pobre como para o necessitado de sua terra.

A libertação de escravos

12"Se seu compatriota hebreu, homem ou mulher, vender-se a você e servi-lo seis anos, no sétimo ano dê-lhe a liberdade. 13E, quando o fizer, não o mande embora de mãos vazias. 14Dê-lhe com generosidade dos animais do seu rebanho e do produto da sua eira e do seu tanque de prensar uvas. Dê-lhe conforme a bênção que o SENHOR, o seu Deus, lhe tem dado. 15Lembre-se de que você foi escravo no Egito e que o SENHOR, o seu Deus, o redimiu. É por isso que hoje lhe dou essa ordem.

16"Mas se o seu escravo lhe disser que não quer deixá-lo, porque ama você e sua família e não tem falta de nada, 17então apanhe um furador e fure a orelha dele contra a porta, e ele se tornará seu escravo para o resto da vida. Faça o mesmo com a sua escrava.

18"Não se sinta prejudicado ao libertar o seu escravo, pois o serviço que ele prestou a você nesses seis anos custou a metade do serviço de um trabalhador contratado. Além disso, o SENHOR, o seu Deus, o abençoará em tudo o que você fizer.

As primeiras crias

19"Separe para o SENHOR, o seu Deus, todo primeiro macho de todos os seus rebanhos. Não use a primeira cria das suas vacas para trabalhar, nem tosquie a primeira cria das suas ovelhas. 20Todo ano você e a sua família as comerão na presença do SENHOR, o seu Deus, no local que ele escolher. 21Se o animal tiver defeito, ou for manco ou cego, ou tiver qualquer outro defeito grave, você não poderá sacrificá-lo ao SENHOR, o seu Deus. 22Coma-o na cidade onde estiver morando. Tanto

Você sabia?

De que modo Deus mostra na lei que se importa com os pobres?

15:7-8,12 A lei de Deus falava aos israelitas para emprestarem dinheiro aos pobres sem cobrar juros. Algumas vezes o único modo de um israelita se livrar de uma dívida era se vendendo como escravo. Mas ele apenas servia por seis anos; após esse tempo, o israelita era livre e recebia dinheiro para começar uma nova vida. Essas e outras leis mostram que Deus se importa com os pobres e ele espera que nós ajudemos os outros também.

o cerimonialmente impuro quanto o puro o
comerão, como se come a carne da gazela ou
do veado. 23 Mas não poderá comer o sangue;
derrame-o no chão como se fosse água.

A Páscoa

16 "Observem o mês de abibe[a] e celebrem
a Páscoa do SENHOR, o seu Deus, pois no
mês de abibe, de noite, ele os tirou do Egito.
2 Ofereçam como sacrifício da Páscoa ao SE-
NHOR, o seu Deus, um animal dos rebanhos
de bois ou de ovelhas, no local que o SENHOR
escolher para habitação do seu Nome. 3 Não
o comam com pão fermentado, mas durante
sete dias comam pães sem fermento, o pão da
aflição, pois foi às pressas que vocês saíram
do Egito, para que todos os dias da sua vida
vocês se lembrem da época em que saíram do
Egito. 4 Durante sete dias não permitam que
seja encontrado fermento com vocês em toda
a sua terra. Tampouco permitam que algu-
ma carne sacrificada à tarde do primeiro dia
permaneça até a manhã seguinte.
5 "Não ofereçam o sacrifício da Páscoa
em nenhuma das cidades que o SENHOR, o
seu Deus, lhes der; 6 sacrifiquem-na apenas
no local que ele escolher para habitação do
seu Nome. Ali vocês oferecerão o sacrifício
da Páscoa à tarde, ao pôr do sol, na data[b] da
sua partida do Egito. 7 Vocês cozinharão a car-
ne do animal e a comerão no local que o SE-
NHOR, o seu Deus, escolher. E, pela manhã,
cada um de vocês voltará para a sua tenda.
8 Durante seis dias comam pão sem fermen-
to, e no sétimo dia façam uma assembleia
em honra ao SENHOR, o seu Deus; não façam
trabalho algum.

A festa das semanas

9 "Contem sete semanas a partir da época
em que vocês começarem a colheita do ce-
real. 10 Celebrem então a festa das semanas[c]
ao SENHOR, o seu Deus, e tragam uma oferta
voluntária conforme às bênçãos recebidas do
SENHOR, o seu Deus. 11 E alegrem-se perante
o SENHOR, o seu Deus, no local que ele esco-
lher para habitação do seu Nome, junto com
os seus filhos e as suas filhas, os seus servos
e as suas servas, os levitas que vivem na sua
cidade, os estrangeiros, os órfãos e as viúvas
que vivem com vocês. 12 Lembrem-se de que
vocês foram escravos no Egito e obedeçam
fielmente a estes decretos.

[a] 16:1 Aproximadamente março/abril.
[b] 16:6 Ou *hora*
[c] 16:10 Isto é, do Pentecoste; também no versículo 16.

A festa das cabanas

13 "Celebrem também a festa das cabanas[d]
durante sete dias, depois que ajuntarem o
produto da eira e do tanque de prensar uvas.
14 Alegrem-se nessa festa com os seus filhos e
as suas filhas, os seus servos e as suas servas,
os levitas, os estrangeiros, os órfãos e as viú-
vas que vivem na sua cidade. 15 Durante sete
dias celebrem a festa, dedicada ao SENHOR,
o seu Deus, no local que o SENHOR escolher.
Pois o SENHOR, o seu Deus, os abençoará em
toda a sua colheita e em todo o trabalho de
suas mãos, e a sua alegria será completa.
16 "Três vezes por ano todos os seus ho-
mens se apresentarão ao SENHOR, o seu
Deus, no local que ele escolher, por ocasião
da festa dos pães sem fermento, da festa das
semanas e da festa das cabanas. Nenhum
deles deverá apresentar-se ao SENHOR de
mãos vazias: 17 cada um de vocês trará uma
dádiva conforme as bênçãos recebidas do
SENHOR, o seu Deus.

Os juízes e suas funções

18 "Nomeiem juízes e oficiais para cada uma
de suas tribos em todas as cidades que o SE-
NHOR, o seu Deus, lhes dá, para que eles jul-
guem o povo com justiça. 19 Não pervertam a
justiça nem mostrem parcialidade. Não acei-
tem suborno, pois o suborno cega até os sá-
bios[e] e prejudica a causa dos justos. 20 Sigam
única e exclusivamente a justiça, para que

[d] 16:13 Ou *dos tabernáculos*; hebraico: *sucote*; também no versículo 16.
[e] 16:19 Ou *juízes*

Você sabia?

Quais são as três festas que todos os israelitas deviam celebrar juntos?

16:16 Todos os israelitas celebravam juntos a Festa dos Pães sem Fermento, a Festa das Semanas e a Festa das Cabanas. Esses feriados deviam ser celebrados no lugar que Deus escolhesse.
O lugar escolhido depois por Deus foi Jerusalém. O rei Davi, cerca de quatrocentos anos depois da morte de Moisés, tornou Jerusalém a capital de Israel.

tenham vida e tomem posse da terra que o SENHOR, o seu Deus, lhes dá.

Advertência contra a idolatria

21“Não ergam nenhum poste sagrado além do altar que construírem em honra ao SENHOR, o seu Deus, 22e não levantem nenhuma coluna sagrada, pois isto é detestável para o SENHOR, o seu Deus.

17 “Não sacrifiquem para o SENHOR, o seu Deus, um boi ou uma ovelha que tenha qualquer defeito ou imperfeição; isso seria detestável para ele.

2“Se um homem ou uma mulher que vive numa das cidades que o SENHOR lhes dá, for encontrado fazendo o que o SENHOR, o seu Deus, reprova, violando a sua aliança, 3e, desobedecendo ao meu mandamento, estiver adorando outros deuses, prostrando-se diante deles, ou diante do sol, ou diante da lua, ou diante das estrelas do céu, 4e vocês ficarem sabendo disso, investiguem o caso a fundo. Se for verdade e ficar comprovado que se fez tal abominação em Israel, 5levem o homem ou a mulher que tiver praticado esse pecado à porta da sua cidade e apedreje-o até morrer. 6Pelo depoimento de duas ou três testemunhas tal pessoa poderá ser morta, mas ninguém será morto pelo depoimento de uma única testemunha. 7As mãos das testemunhas serão as primeiras a proceder à sua execução, e depois as mãos de todo o povo. Eliminem o mal do meio de vocês.

O julgamento dos casos difíceis

8“Se para os seus tribunais vierem casos difíceis demais de julgar, sejam crimes de sangue, litígios ou agressões, dirijam-se ao local escolhido pelo SENHOR, o seu Deus, 9e procurem os sacerdotes levitas e o juiz que estiver exercendo o cargo na ocasião. Apresentem-lhes o caso, e eles lhes darão o veredicto. 10Procedam de acordo com a decisão que eles proclamarem no local que o SENHOR escolher. Tratem de fazer tudo o que eles ordenarem. 11Procedam de acordo com a sentença e as orientações que eles lhes derem. Não se desviem daquilo que eles lhes determinarem, nem para a direita, nem para a esquerda. 12Mas quem agir com rebeldia contra o juiz ou contra o sacerdote que ali estiver no serviço do SENHOR, terá que ser morto. Eliminem o mal do meio de Israel. 13Assim, todo o povo temerá e não ousará mais agir com rebeldia.

Os decretos do rei

14“Se quando entrarem na terra que o SENHOR, o seu Deus, lhes dá, tiverem tomado posse dela, e nela tiverem se estabelecido, vocês disserem: ‘Queremos um rei que nos governe, como têm todas as nações vizinhas’, 15tenham o cuidado de nomear o rei que o SENHOR, o seu Deus, escolher. Ele deve vir dentre os seus próprios irmãos israelitas. Não coloquem um estrangeiro como rei, alguém que não seja israelita. 16Esse rei, porém, não deverá adquirir muitos cavalos, nem fazer o povo voltar ao Egito para conseguir mais cavalos, pois o SENHOR lhes disse: ‘Jamais voltem por este caminho’. 17Ele não deverá tomar para si muitas mulheres; se o fizer, desviará o seu coração. Também não deverá acumular muita prata e muito ouro.

18“Quando subir ao trono do seu reino, mandará fazer num rolo, para o seu uso pessoal, uma cópia da lei que está aos cuidados dos sacerdotes levitas. 19Trará sempre essa cópia consigo e terá que lê-la todos os dias da sua vida, para que aprenda a temer o SENHOR, o seu Deus, e a cumprir fielmente todas as palavras desta lei, e todos estes decretos. 20Isso fará que ele não se considere superior aos seus irmãos israelitas e que não se desvie da lei, nem para a direita, nem para a esquerda. Assim prolongará o seu reinado sobre Israel, bem como o dos seus descendentes.

A herança dos sacerdotes e dos levitas

18 “Os sacerdotes levitas e todo o restante da tribo de Levi não terão posse nem herança em Israel. Viverão das ofertas sacrificadas para o SENHOR, preparadas no fogo, pois esta é a sua herança. 2Não terão herança alguma entre os seus compatriotas; o SENHOR é a sua herança, conforme lhes prometeu.

3“Quando o povo sacrificar um novilho ou uma ovelha, os sacerdotes receberão a porção devida: a espádua, a queixada e o estômago. 4Vocês terão que dar-lhes as primícias do trigo, do vinho e do azeite, e a primeira lã da tosquia das ovelhas, 5pois, de todas as tribos, o SENHOR, o seu Deus, escolheu os levitas e os seus descendentes para estarem na presença do SENHOR e para ministrarem sempre em seu nome.

6“Se um levita que estiver morando em qualquer cidade de Israel desejar ir ao local escolhido pelo SENHOR, 7poderá ministrar em nome do SENHOR, o seu Deus, à semelhança de todos os outros levitas que ali servem na presença do SENHOR. 8Ele receberá uma porção de alimento igual à dos outros levitas; além disso, ficará com o que receber com a venda dos bens da sua família.

Advertência contra práticas pagãs

9"Quando entrarem na terra que o SENHOR, o seu Deus, lhes dá, não procurem imitar as coisas repugnantes que as nações de lá praticam. 10Não permitam que se ache alguém entre vocês que queime em sacrifício o seu filho ou a sua filha; que pratique adivinhação, ou se dedique à magia, ou faça presságios, ou pratique feitiçaria 11ou faça encantamentos; que seja médium, consulte os espíritos ou consulte os mortos. 12O SENHOR tem repugnância por quem pratica essas coisas, e é por causa dessas abominações que o SENHOR, o seu Deus, vai expulsar aquelas nações da presença de vocês. 13Permaneçam inculpáveis perante o SENHOR, o seu Deus.

O profeta do SENHOR

14"As nações que vocês vão expulsar dão ouvidos aos que praticam magia e adivinhação. Mas, a vocês, o SENHOR, o seu Deus, não permitiu tais práticas. 15O SENHOR, o seu Deus, levantará do meio de seus próprios irmãos um profeta como eu; ouçam-no. 16Pois foi isso que pediram ao SENHOR, o seu Deus, em Horebe, no dia em que se reuniram, quando disseram: 'Não queremos ouvir a voz do SENHOR, do nosso Deus, nem ver o seu grande fogo, senão morreremos!'

17"O SENHOR me disse: 'Eles têm razão! 18Levantarei do meio dos seus irmãos um profeta como você; porei minhas palavras na sua boca, e ele lhes dirá tudo o que eu lhe ordenar. 19Se alguém não ouvir as minhas palavras, que o profeta falará em meu nome, eu mesmo lhe pedirei contas. 20Mas o profeta que ousar falar em meu nome alguma coisa que não lhe ordenei, ou que falar em nome de outros deuses, terá que ser morto'.

21"Mas talvez vocês perguntem a si mesmos: 'Como saberemos se uma mensagem não vem do SENHOR?' 22Se o que o profeta proclamar em nome do SENHOR não acontecer nem se cumprir, essa mensagem não vem do SENHOR. Aquele profeta falou com presunção. Não tenham medo dele.

As cidades de refúgio

19 "Quando o SENHOR, o seu Deus, tiver destruído as nações cuja terra lhes dá, e quando vocês as expulsarem e ocuparem as cidades e as casas dessas nações, 2separem três cidades de refúgio na parte central da terra que o SENHOR, o seu Deus, está dando a vocês para que dela tomem posse. 3Dividam em três partes a terra que o SENHOR, o seu Deus, lhes está dando como herança e façam nela vias de acesso, para que aquele que matar alguém possa fugir para lá.

4"Este é o caso em que um homem que matar outro poderá fugir para lá para salvar a vida: se matar o seu próximo sem intenção, sem que houvesse inimizade entre eles. 5Por exemplo, se um homem for com o seu amigo cortar lenha na floresta e, ao levantar o machado para derrubar uma árvore, o ferro escapar e atingir o seu amigo e matá-lo, ele poderá fugir para uma daquelas cidades para salvar a vida. 6Do contrário, o vingador da vítima poderia persegui-lo enfurecido e alcançá-lo, caso a distância fosse grande demais, e poderia matá-lo, muito embora este não merecesse morrer, pois não havia inimizade entre ele e o seu próximo. 7É

Bons filmes?

Algumas pessoas gostam de filme de terror sobre demônios e feiticeiros.

No tempo de Moisés, na terra de Canaã, havia feiticeiros de verdade. Leia Deuteronômio 18:9-13 para ver o que Deus disse sobre eles.

Agora converse sobre estas perguntas primeiro com um amigo e, depois, com um adulto:

- Há algum problema em assistir a filmes de terror com elementos supostamente sobrenaturais?
- Deus gostaria que assistíssemos a coisas que ele diz serem más, mesmo que não planejássemos fazê-las? Por quê?

Experimente!

Deuteronômio 18:9-13

por isso que lhes ordeno que separem três
cidades.
8“Se o SENHOR, o seu Deus, aumentar o seu
território, como prometeu sob juramento aos
seus antepassados, e lhes der toda a terra que
prometeu a eles, 9separem então mais três ci-
dades. Isso acontecerá se vocês obedecerem
fielmente a toda esta lei que hoje lhes orde-
no: Amar o SENHOR, o seu Deus, e sempre
andar nos seus caminhos. 10Façam isso para
que não se derrame sangue inocente na sua
terra, a qual o SENHOR, o seu Deus, lhes dá
por herança, e para que não sejam culpados
de derramamento de sangue.
11“Mas, se alguém odiar o seu próximo, fi-
car à espreita dele, atacá-lo e matá-lo, e fugir
para uma dessas cidades, 12as autoridades da
sua cidade mandarão buscá-lo na cidade de
refúgio, e o entregarão nas mãos do vinga-
dor da vítima, para que morra. 13Não tenham
piedade dele. Eliminem de Israel a culpa pelo
derramamento de sangue inocente, para que
tudo lhes vá bem.
14“Não mudem os marcos de divisa da pro-
priedade do seu vizinho, que os seus ante-
cessores colocaram na herança que vocês
receberão na terra que o SENHOR, o seu Deus,
lhes dá para que dela tomem posse.

As testemunhas

15“Uma só testemunha não é suficiente
para condenar alguém de algum crime ou
delito. Qualquer acusação precisa ser confir-
mada pelo depoimento de duas ou três tes-
temunhas.
16“Se uma testemunha falsa quiser acusar
um homem de algum crime, 17os dois envol-
vidos na questão deverão apresentar-se ao
SENHOR, diante dos sacerdotes e juízes que
estiverem exercendo o cargo naquela oca-
sião. 18Os juízes investigarão o caso e, se ficar
provado que a testemunha mentiu e deu fal-
so testemunho contra o seu próximo, 19deem-
-lhe a punição que ele planejava para o seu
irmão. Eliminem o mal do meio de vocês. 20O
restante do povo saberá disso e terá medo, e
nunca mais se fará uma coisa dessas entre
vocês. 21Não tenham piedade. Exijam vida por
vida, olho por olho, dente por dente, mão por
mão, pé por pé.

As leis sobre a guerra

20 “Quando vocês forem à guerra contra os
seus inimigos e virem cavalos e carros,
e um exército maior do que o seu, não tenham
medo, pois o SENHOR, o seu Deus, que os tirou
do Egito, estará com vocês. 2Quando chegar
a hora da batalha, o sacerdote virá à frente e
dirá ao exército: 3‘Ouça, ó Israel. Hoje vocês
vão lutar contra os seus inimigos. Não desa-
nimem nem tenham medo; não fiquem apa-
vorados nem aterrorizados por causa deles,
4pois o SENHOR, o seu Deus, os acompanha-
rá e lutará por vocês contra os seus inimigos,
para lhes dar a vitória’.
5“Os oficiais dirão ao exército: ‘Há alguém
que construiu uma casa e ainda não a dedi-
cou? Volte ele para sua casa, para que não
morra na guerra e outro a dedique. 6Há al-
guém que plantou uma vinha e ainda não
desfrutou dela? Volte ele para sua casa, pa-
ra que não morra na guerra e outro desfru-
te da vinha. 7Há alguém comprometido para
casar-se que ainda não recebeu sua mulher?
Volte ele para sua casa, para que não morra
na guerra e outro se case com ela’. 8Por fim
os oficiais acrescentarão: ‘Alguém está com
medo e não tem coragem? Volte ele para sua
casa, para que os seus irmãos israelitas tam-
bém não fiquem desanimados’. 9Quando os
oficiais terminarem de falar ao exército, de-
signarão chefes para comandar as tropas.
10“Quando vocês avançarem para atacar
uma cidade, enviem-lhe primeiro uma pro-
posta de paz. 11Se os seus habitantes acei-
tarem e abrirem suas portas, serão seus
escravos e se sujeitarão a trabalhos forçados.
12Mas se eles recusarem a paz e entrarem em
guerra contra vocês, sitiem a cidade. 13Quan-
do o SENHOR, o seu Deus, entregá-la em suas
mãos, matem ao fio da espada todos os ho-
mens que nela houver. 14Mas as mulheres, as
crianças, os rebanhos e tudo o que acharem

Você sabia?

Quem não lutaria quando Israel fosse à guerra?

20:5-8 Quando Israel saísse para a guerra, o homem que tivesse acabado de se casar ou de construir uma casa nova era liberado. Os homens que estivessem com medo também recebiam ordens de voltar para casa. Além disso, também não era exigido que os homens com uma vinha nova fossem para guerra.

na cidade, será de vocês; vocês poderão ficar com os despojos dos seus inimigos dados pelo SENHOR, o seu Deus. 15É assim que vocês tratarão todas as cidades distantes que não pertencem às nações vizinhas de vocês.

16"Contudo, nas cidades das nações que o SENHOR, o seu Deus, lhes dá por herança, não deixem vivo nenhum ser que respira. 17Conforme a ordem do SENHOR, o seu Deus, destruam totalmente os hititas, os amorreus, os cananeus, os ferezeus, os heveus e os jebuseus. 18Se não, eles os ensinarão a praticar todas as coisas repugnantes que fazem quando adoram os seus deuses, e vocês pecarão contra o SENHOR, o seu Deus.

19"Quando sitiarem uma cidade por um longo período, lutando contra ela para conquistá-la, não destruam as árvores dessa cidade a golpes de machado, pois vocês poderão comer as suas frutas. Não as derrubem. Por acaso as árvores são gente, para que vocês as sitiem?[a] 20Entretanto, poderão derrubar as árvores que vocês sabem que não são frutíferas, para utilizá-las em obras que ajudem o cerco, até que caia a cidade que está em guerra contra vocês.

Os casos de homicídio não desvendado

21 "Se alguém for encontrado morto no campo, na terra que o SENHOR, o seu Deus, lhes dá para dela tomarem posse, sem que se saiba quem o matou, 2as autoridades e os juízes sairão e medirão a distância do corpo até as cidades vizinhas. 3Então as autoridades da cidade mais próxima do corpo apanharão uma novilha que nunca foi usada no trabalho e sobre a qual nunca foi posto jugo, 4e a levarão a um vale de terras nunca aradas nem semeadas e onde haja um ribeiro de águas perenes. Vocês quebrarão o pescoço da novilha. 5Depois, os sacerdotes, descendentes de Levi, se aproximarão, pois o SENHOR, o seu Deus, os escolheu para ministrarem e para pronunciarem bênçãos em nome do SENHOR e resolverem todos os casos de litígio e de violência. 6Então todas as autoridades da cidade mais próxima do corpo lavarão as mãos sobre a novilha cujo pescoço foi quebrado no vale, 7e declararão: 'As nossas mãos não derramaram este sangue, nem os nossos olhos viram quem fez isso. 8Aceita, SENHOR, esta propiciação em favor de Israel, o teu povo, a quem resgataste, e não consideres o teu povo culpado do sangue de um inocente'. Assim a culpa do derramamento de sangue será propiciada. 9Desse modo vocês eliminarão de vocês mesmos a culpa pelo derramamento de sangue inocente, pois fizeram o que o SENHOR aprova.

O casamento com uma prisioneira

10"Quando vocês guerrearem contra os seus inimigos e o SENHOR, o seu Deus, os entregar em suas mãos e vocês fizerem prisioneiros, 11um de vocês poderá ver entre eles uma mulher muito bonita, agradar-se dela e tomá-la como esposa. 12Leve-a para casa; ela rapará a cabeça, cortará as unhas 13e se desfará das roupas que estava usando quando foi capturada. Ficará em casa e pranteará seu pai e sua mãe um mês inteiro. Depois você poderá chegar-se a ela e tornar-se o seu marido, e ela será sua mulher. 14Se você já não se agradar dela, deixe-a ir para onde quiser, mas não poderá vendê-la nem tratá-la como escrava, pois você a desonrou.

O direito do filho mais velho

15"Se um homem tiver duas mulheres e preferir uma delas, e ambas lhe derem filhos, e o filho mais velho for filho da mulher que ele não prefere, 16quando der a herança de sua propriedade aos filhos, não poderá dar os direitos do filho mais velho ao filho da mulher preferida, se o filho da mulher que ele não prefere for de fato o mais velho. 17Ele terá que reconhecer como primogênito o filho da mulher que ele não prefere, dando-lhe porção dupla de tudo o que possui. Aquele filho é o primeiro sinal da força de seu pai e o direito do filho mais velho lhe pertence.

O castigo dos filhos rebeldes

18"Se um homem tiver um filho obstinado e rebelde que não obedece ao seu pai nem à sua mãe e não os escuta quando o disciplinam, 19o pai e a mãe o levarão aos líderes da sua comunidade, à porta da cidade, 20e dirão aos líderes: 'Este nosso filho é obstinado e rebelde. Não nos obedece! É devasso e vive bêbado'. 21Então todos os homens da cidade o apedrejarão até a morte. Eliminem o mal do meio de vocês. Todo o Israel saberá disso e temerá.

Diversas leis

22"Se um homem culpado de um crime que merece a morte for morto e pendurado num madeiro, 23não deixem o corpo no madeiro durante a noite. Enterrem-no naquele mesmo dia, porque qualquer que for pendurado

[a] 20:19 Ou *derrubem para utilizá-las no cerco, pois as árvores frutíferas são para o benefício do homem.*

num madeiro está debaixo da maldição de
Deus. Não contaminem a terra que o SENHOR,
o seu Deus, lhes dá por herança.
22 “Se o boi ou a ovelha de um israelita se
extraviar e você o vir, não ignore o fato,
mas faça questão de levar o animal de volta
ao dono. 2Se este não morar perto de você ou
se você não o conhecer, leve o animal para ca-
sa e fique com ele até que o seu compatrio-
ta venha procurá-lo e você possa devolvê-lo.
3Faça o mesmo com o jumento, com a capa e
com qualquer coisa perdida que encontrar.
Não ignore o fato.
4“Se você vir o jumento ou o boi de um is-
raelita caído no caminho, não o ignore. Aju-
de-o a pôr o animal em pé.
5“A mulher não usará roupas de homem, e
o homem não usará roupas de mulher, pois
o SENHOR, o seu Deus, tem aversão por todo
aquele que assim procede.
6“Se você passar por um ninho de pássaros,
numa árvore ou no chão, e a mãe estiver so-
bre os filhotes ou sobre os ovos, não apanhe a
mãe com os filhotes. 7Você poderá apanhar os
filhotes, mas deixe a mãe solta, para que tu-
do vá bem com você e você tenha vida longa.
8“Quando você construir uma casa nova,
faça um parapeito em torno do terraço, para
que não traga sobre a sua casa a culpa pelo
derramamento de sangue inocente, caso al-
guém caia do terraço.
9“Não plante dois tipos de semente em sua
vinha; se o fizer, tanto a semente que plantar
como o fruto da vinha estarão contaminados[a].
10“Não are a terra usando um boi e um ju-
mento sob o mesmo jugo.
11“Não use roupas de lã e de linho mistura-
dos no mesmo tecido.
12“Faça borlas nas quatro pontas do manto
que você usa para cobrir-se.

As violações do casamento

13“Se um homem casar-se e, depois de dei-
tar-se com a mulher, rejeitá-la 14e falar mal
dela e difamá-la, dizendo: ‘Casei-me com
esta mulher, mas quando me cheguei a ela,
descobri que não era virgem’, 15o pai e a mãe
da moça trarão aos líderes da cidade, junto
à porta, a prova da sua virgindade. 16Então o
pai da moça dirá aos líderes: ‘Dei a minha fi-
lha em casamento a este homem, mas ele a
rejeita. 17Ele também a difamou e disse: “Des-
cobri que a sua filha não era virgem”. Mas
aqui está a prova da virgindade da minha
filha’. Então os pais dela apresentarão a pro-
va aos líderes da cidade, 18e eles castigarão o
homem. 19Aplicarão a ele a multa de cem pe-
ças de prata, que serão dadas ao pai da moça,
pois aquele homem prejudicou a reputação
de uma virgem israelita. E ele não poderá di-
vorciar-se dela enquanto viver.
20“Se, contudo, a acusação for verdadeira e
não se encontrar prova de virgindade da mo-
ça, 21ela será levada à porta da casa do seu pai
e ali os homens da sua cidade a apedrejarão
até a morte. Ela cometeu um ato vergonho-
so em Israel, prostituindo-se enquanto es-
tava na casa de seu pai. Eliminem o mal do
meio de vocês.
22“Se um homem for surpreendido deita-
do com a mulher de outro, os dois terão que
morrer, o homem e a mulher com quem se
deitou. Eliminem o mal do meio de Israel.
23“Se numa cidade um homem se encon-
trar com uma jovem prometida em casamen-
to e se deitar com ela, 24levem os dois à porta
daquela cidade e apedrejem-nos até a morte:
a moça porque estava na cidade e não gritou
por socorro, e o homem porque desonrou a
mulher doutro homem. Eliminem o mal do
meio de vocês.
25“Se, contudo, um homem encontrar no
campo uma jovem prometida em casamento
e a forçar, somente o homem morrerá. 26Não
façam nada à moça, pois ela não cometeu pe-
cado algum que mereça a morte. Este caso é
semelhante ao daquele que ataca e mata o
seu próximo, 27pois o homem encontrou a
moça virgem no campo, e, ainda que a jovem
prometida em casamento gritasse, ninguém
poderia socorrê-la.
28“Se um homem se encontrar com uma
moça sem compromisso de casamento e a
violentar, e eles forem descobertos, 29ele pa-
gará ao pai da moça cinquenta peças de prata
e terá que casar-se com a moça, pois a violen-
tou. Jamais poderá divorciar-se dela.
30“Nenhum homem poderá tomar por mu-
lher a mulher do seu pai, pois isso desonraria
a cama de seu pai.

Os casos de exclusão da assembleia

23 “Qualquer que tenha os testículos es-
magados ou tenha amputado o mem-
bro viril, não poderá entrar na assembleia
do SENHOR.
2“Quem nasceu de união ilícita não pode-
rá entrar na assembleia do SENHOR, como
também os seus descendentes, até a décima
geração.

[a] 22:9 Ou *serão confiscados para o santuário*

Palavras para memorizar

"O Senhor, o seu Deus, os ama."
(Deuteronômio 23:5)

3"Nenhum amonita ou moabita ou qual-
quer dos seus descendentes, até a décima
geração, poderá entrar na assembleia do
Senhor. 4Pois eles não vieram encontrar-
-se com vocês com pão e água no caminho,
quando vocês saíram do Egito; além disso
convocaram Balaão, filho de Beor, para vir
de Petor, na Mesopotâmia[a], para pronun-
ciar maldição contra vocês. 5No entanto, o
Senhor, o seu Deus, não atendeu Balaão, e
transformou a maldição em bênção para vo-
cês, pois o Senhor, o seu Deus, os ama. 6Não
façam um tratado de amizade com eles en-
quanto vocês viverem.
7"Não rejeitem o edomita, pois ele é seu
irmão. Também não rejeitem o egípcio, pois
vocês viveram como estrangeiros na terra de-
les. 8A terceira geração dos filhos deles pode-
rá entrar na assembleia do Senhor.

A pureza do acampamento

9"Quando estiverem acampados, em guer-
ra contra os seus inimigos, mantenham-se
afastados de todas as coisas impuras. 10Se um
de seus homens estiver impuro devido à po-
lução noturna, ele terá que sair do acampa-
mento. 11Mas ao entardecer ele se lavará, e ao
pôr do sol poderá voltar ao acampamento.
12"Determinem um local fora do acampa-
mento onde se possa evacuar. 13Como parte
do seu equipamento, tenham algo com que
cavar, e quando evacuarem, façam um bura-
co e cubram as fezes. 14Pois o Senhor, o seu
Deus, anda pelo seu acampamento para pro-
tegê-los e entregar-lhes os seus inimigos. O
acampamento terá que ser santo, para que
ele não veja no meio de vocês alguma coisa
desagradável e se afaste de vocês.

Diversas leis

15"Se um escravo refugiar-se entre vocês,
não o entreguem nas mãos do seu senhor.
16Deixem-no viver no meio de vocês pelo
tempo que ele desejar e em qualquer cidade
que ele escolher. Não o oprimam.
17"Nenhum israelita, homem ou mulher,
poderá tornar-se prostituto cultual. 18Não tra-
gam ao santuário do Senhor, o seu Deus, os
ganhos de uma prostituta ou de um prostitu-
to[b], a fim de pagar algum voto, pois o Senhor,
o seu Deus, por ambos tem repugnância.
19"Não cobrem juros de um israelita, por
dinheiro, alimento, ou qualquer outra coisa
que possa render juros. 20Vocês poderão co-
brar juros do estrangeiro, mas não do seu ir-
mão israelita, para que o Senhor, o seu Deus,
os abençoe em tudo o que vocês fizerem na
terra em que estão entrando para dela to-
mar posse.
21"Se um de vocês fizer um voto ao Senhor,
o seu Deus, não demore a cumpri-lo, pois o
Senhor, o seu Deus, certamente lhe pedirá
contas, e você será culpado de pecado se não
o cumprir. 22Mas se você não fizer o voto, de
nada será culpado. 23Faça tudo para cumprir
o que os seus lábios prometeram, pois com a
sua própria boca você fez, espontaneamente,
o seu voto ao Senhor, o seu Deus.
24"Se vocês entrarem na vinha do seu pró-
ximo, poderão comer as uvas que desejarem,
mas nada poderão levar em sua cesta. 25Se
entrarem na plantação de trigo do seu pró-
ximo, poderão apanhar espigas com as mãos,
mas nunca usem foice para ceifar o trigo do
seu próximo.

24 "Se um homem casar-se com uma mu-
lher e depois não a quiser mais por
encontrar nela algo que ele reprova, dará cer-
tidão de divórcio à mulher e a mandará em-
bora. 2Se, depois de sair da casa, ela se tornar
mulher de outro homem, 3e este não gostar
mais dela, lhe dará certidão de divórcio, e a
mandará embora. Ou se o segundo marido
morrer, 4o primeiro, que se divorciou dela,
não poderá casar-se com ela de novo, visto que
ela foi contaminada. Seria detestável para o
Senhor. Não tragam pecado sobre a terra que
o Senhor, o seu Deus, lhes dá por herança.
5"Se um homem tiver se casado recente-
mente, não será enviado à guerra, nem assu-
mirá nenhum compromisso público. Durante
um ano estará livre para ficar em casa e fazer
feliz a mulher com quem se casou.
6"Não tomem as duas pedras de moinho,
nem mesmo apenas a pedra de cima, como
garantia de uma dívida, pois isso seria tomar

[a] 23:4 Hebraico: *Arã Naaraim*.

[b] 23:18 Hebraico: *de um cachorro*. Forma depreciativa de se referir a homens que se prostituíam.

como garantia o meio de subsistência do de-
vedor.
7“Se um homem for pego sequestrando um
dos seus irmãos israelitas, tratando-o como
escravo ou vendendo-o, o sequestrador te-
rá que morrer. Eliminem o mal do meio de
vocês.
8“Nos casos de doenças de lepra[a], te-
nham todo o cuidado de seguir exatamente
as instruções dos sacerdotes levitas. Sigam
cuidadosamente o que eu ordenei a eles.
9Lembrem-se do que o SENHOR, o seu Deus,
fez com Miriã no caminho, depois que vocês
saíram do Egito.
10“Quando um de vocês fizer um emprés-
timo de qualquer tipo ao seu próximo, não
entre na casa dele para apanhar o que ele lhe
oferecer como penhor. 11Fique do lado de fora
e deixe que o homem, a quem você está fa-
zendo o empréstimo, traga a você o penhor.
12Se o homem for pobre, não vá dormir ten-
do com você o penhor. 13Devolva-lhe o manto
ao pôr do sol, para que ele possa usá-lo para
dormir, e lhe seja grato. Isso será considerado
um ato de justiça pelo SENHOR, o seu Deus.
14“Não se aproveitem do pobre e necessi-
tado, seja ele um irmão israelita ou um es-
trangeiro que viva numa das suas cidades.
15Paguem-lhe o seu salário diariamente, an-
tes do pôr do sol, pois ele é necessitado e de-
pende disso. Se não, ele poderá clamar ao
SENHOR contra você, e você será culpado de
pecado.
16“Os pais não serão mortos em lugar dos
filhos, nem os filhos em lugar dos pais; cada
um morrerá pelo seu próprio pecado.
17“Não neguem justiça ao estrangeiro e ao
órfão, nem tomem como penhor o manto de
uma viúva. 18Lembrem-se de que vocês foram
escravos no Egito e de que o SENHOR, o seu
Deus, os libertou; por isso lhes ordeno que
façam tudo isso.
19“Quando vocês estiverem fazendo a co-
lheita de sua lavoura e deixarem um feixe
de trigo para trás, não voltem para apanhá-
-lo. Deixem-no para o estrangeiro, para o ór-
fão e para a viúva, para que o SENHOR, o seu
Deus, os abençoe em todo o trabalho das suas
mãos. 20Quando sacudirem as azeitonas das
suas oliveiras, não voltem para colher o que
ficar nos ramos. Deixem o que sobrar para o
estrangeiro, para o órfão e para a viúva. 21E
quando colherem as uvas da sua vinha, não
passem de novo por ela. Deixem o que so-
brar para o estrangeiro, para o órfão e para
a viúva. 22Lembrem-se de que vocês foram
escravos no Egito; por isso lhes ordeno que
façam tudo isso.

25“Quando dois homens se envolverem
numa briga, terão que levar a causa ao
tribunal, e os juízes decidirão a questão, ab-
solvendo o inocente e condenando o culpa-
do. 2Se o culpado merecer açoitamento, o juiz
ordenará que ele se deite e seja açoitado em
sua presença com o número de açoites que o
seu crime merecer, 3desde que nunca ultra-
passe quarenta açoites. Açoitá-lo além disso
seria humilhar publicamente um israelita.
4“Não amordacem o boi enquanto está de-
bulhando o cereal.
5“Se dois irmãos morarem juntos, e um de-
les morrer sem deixar filhos, a sua viúva não
se casará com alguém de fora da família. O
irmão do marido se casará com ela e cumpri-
rá com ela o dever de cunhado. 6O primeiro
filho que ela tiver levará o nome do irmão
falecido, para que o seu nome não seja apa-
gado de Israel.
7“Se, todavia, ele não quiser casar-se com
a mulher do seu irmão, ela irá aos líderes do
lugar, à porta da cidade, e dirá: ‘O irmão do
meu marido está se recusando a dar conti-
nuidade ao nome do seu irmão em Israel.
Ele não quer cumprir para comigo o dever
de cunhado’. 8Os líderes da cidade o convo-
carão e conversarão com ele. Se ele insistir
em dizer: ‘Não quero me casar com ela’, 9a
viúva do seu irmão se aproximará dele, na
presença dos líderes, tirará uma das sandá-
lias dele, cuspirá no seu rosto e dirá: ‘É isso
que se faz com o homem que não perpetua a
descendência do seu irmão’. 10E a descendên-
cia daquele homem será conhecida em Israel
como ‘a família do descalçado’.
11“Se dois homens estiverem brigando, e a
mulher de um deles vier para livrar o mari-
do daquele que o ataca e pegá-lo pelos órgãos
genitais, 12cortem a mão dela. Não tenham
piedade.
13“Não tenham na bolsa dois padrões para o
mesmo peso, um maior e outro menor. 14Não
tenham em casa dois padrões para a mesma
medida, um maior e outro menor. 15Tenham
pesos e medidas exatos e honestos, para que
vocês vivam muito tempo na terra que o SE-
NHOR, o seu Deus, lhes dá. 16Pois o SENHOR,
o seu Deus, detesta quem faz essas coisas,
quem negocia desonestamente.
17“Lembrem-se do que os amalequitas lhes

[a] 24:8 O termo hebraico não se refere somente à lepra, mas também a diversas doenças da pele.

fizeram no caminho, quando vocês saíram
do Egito. [18]Quando vocês estavam cansados
e exaustos, eles se encontraram com vocês
no caminho e eliminaram todos os que fica-
ram para trás; não tiveram temor de Deus.
[19]Quando o SENHOR, o seu Deus, der a vocês
o descanso de todos os inimigos ao seu redor,
na terra que ele lhes dá para dela tomarem
posse como herança, vocês farão que os ama-
lequitas sejam esquecidos debaixo do céu.
Não se esqueçam!

Os primeiros frutos e os dízimos

26 “Quando vocês tiverem entrado na ter-
ra que o SENHOR, o seu Deus, lhes dá
por herança e dela tiverem tomado posse e
lá estiverem estabelecidos, [2]apanhem alguns
dos primeiros frutos de tudo o que produzi-
rem na terra que o SENHOR, o seu Deus, lhes
dá e ponham tudo numa cesta. Depois vo-
cês deverão ir ao local que o SENHOR, o seu
Deus, escolher para habitação do seu Nome
[3]e dizer ao sacerdote que estiver exercendo
o cargo naquela ocasião: ‘Declaro hoje ao SE-
NHOR, o seu Deus, que vim para a terra que o
SENHOR jurou aos nossos antepassados que
nos daria’. [4]O sacerdote apanhará a cesta das
suas mãos e a colocará em frente do altar
do SENHOR, o seu Deus. [5]Então vocês decla-
rarão perante o SENHOR, o seu Deus: ‘O meu
pai era um arameu errante. Ele desceu ao
Egito com pouca gente e ali viveu e se tor-
nou uma grande nação, poderosa e numero-
sa. [6]Mas os egípcios nos maltrataram e nos
oprimiram, sujeitando-nos a trabalhos for-
çados. [7]Então clamamos ao SENHOR, o Deus
dos nossos antepassados, e o SENHOR ouviu
a nossa voz e viu o nosso sofrimento, a nos-
sa fadiga e a opressão que sofríamos. [8]Por
isso o SENHOR nos tirou do Egito com mão
poderosa e braço forte, com feitos temíveis
e com sinais e maravilhas. [9]Ele nos trouxe
a este lugar e nos deu esta terra, terra onde
há leite e mel com fartura. [10]E agora trago os
primeiros frutos do solo que tu, ó SENHOR,
me deste’. Ponham a cesta perante o SENHOR,
o seu Deus, e curvem-se perante ele. [11]Vocês
e os levitas e os estrangeiros que estiverem
no meio de vocês se alegrarão com todas as
coisas boas que o SENHOR, o seu Deus, dá a
vocês e às suas famílias.

[12]“Quando tiverem separado o dízimo de
tudo quanto produziram no terceiro ano, o
ano do dízimo, entreguem-no ao levita, ao
estrangeiro, ao órfão e à viúva, para que pos-
sam comer até saciar-se nas cidades de vocês.

Você sabia?

O que eram os dízimos e para que serviam?

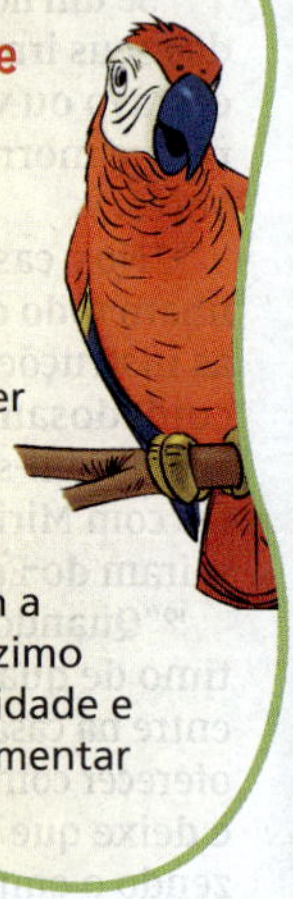

26:12 Para um israelita, o dízimo era 10%, ou um décimo, de sua colheita ou de seus ganhos. Durante dois anos, o dízimo devia ser levado ao tabernáculo ou ao templo e era usado para sustentar os levitas e os sacerdotes que serviam a Deus. No terceiro ano, o dízimo era armazenado em cada cidade e também era usado para alimentar os pobres.

[13]Depois digam ao SENHOR, o seu Deus: ‘Re-
tirei da minha casa a porção sagrada e dei-a
ao levita, ao estrangeiro, ao órfão e à viúva,
de acordo com tudo o que ordenaste. Não me
afastei dos teus mandamentos nem esque-
ci nenhum deles. [14]Não comi nada da por-
ção sagrada enquanto estive de luto, nada
retirei dela enquanto estive impuro, e dela
não ofereci nada aos mortos. Obedeci ao SE-
NHOR, o meu Deus; fiz tudo o que me orde-
naste. [15]Olha dos céus, da tua santa habitação,
e abençoa Israel, o teu povo, e a terra que nos
deste, conforme prometeste sob juramento
aos nossos antepassados, terra onde há leite
e mel com fartura’.

Exortação à obediência

[16]“O SENHOR, o seu Deus, lhes ordena ho-
je que sigam esses decretos e ordenanças;
obedeçam-lhes atentamente, de todo o seu
coração e de toda a sua alma. [17]Hoje vocês de-
clararam que o SENHOR é o seu Deus e que
vocês andarão nos seus caminhos, que guar-
darão os seus decretos, os seus mandamentos
e as suas ordenanças, e que vocês lhe obede-
cerão. [18]E hoje o SENHOR declarou que vocês
são o seu povo, o seu tesouro pessoal, con-
forme ele prometeu, e que vocês terão que
obedecer a todos os seus mandamentos. [19]Ele
declarou que lhes dará uma posição de gló-
ria, fama e honra muito acima de todas as na-
ções que ele fez, e que vocês serão um povo
santo para o SENHOR, o seu Deus, conforme
ele prometeu”.

O altar no monte Ebal

27 Moisés, acompanhado das autoridades
de Israel, ordenou ao povo: "Obede-
çam a toda esta lei que hoje lhes dou. 2Quan-
do vocês atravessarem o Jordão, e entrarem
na terra que o SENHOR, o seu Deus, lhes dá,
levantem algumas pedras grandes e pin-
tem-nas com cal. 3Escrevam nelas todas as
palavras desta lei, assim que tiverem atra-
vessado para entrar na terra que o SENHOR,
o seu Deus, lhes dá, terra onde há leite e mel
com fartura, como o SENHOR, o Deus dos seus
antepassados, lhes prometeu. 4E, quando ti-
verem atravessado o Jordão, levantem essas
pedras no monte Ebal, como hoje lhes orde-
no, e pintem-nas com cal. 5Construam ali um
altar ao SENHOR, o seu Deus, um altar de pe-
dras. Não utilizem ferramenta de ferro nas
pedras. 6Façam o altar do SENHOR, o seu Deus,
com pedras brutas, e sobre ele ofereçam ho-
locaustos[a] ao SENHOR, o seu Deus. 7Ofereçam
também sacrifícios de comunhão[b], e comam
e alegrem-se na presença do SENHOR, o seu
Deus. 8E nessas pedras que levantarem, vo-
cês escreverão com bastante clareza todas as
palavras desta lei".

As maldições proferidas do monte Ebal

9Então Moisés, tendo ao seu lado os sacer-
dotes levitas, disse a todo o Israel: "Faça si-
lêncio e escute, ó Israel! Agora você se tornou
o povo do SENHOR, o seu Deus. 10Obedeça ao
SENHOR, o seu Deus, e siga os seus manda-
mentos e decretos que hoje lhe dou".
11No mesmo dia Moisés ordenou ao povo:
12"Quando vocês tiverem atravessado o Jor-
dão, as tribos que estarão no monte Gerizim
para abençoar o povo serão: Simeão, Levi,
Judá, Issacar, José e Benjamim. 13E as tribos
que estarão no monte Ebal para declararem
maldições serão: Rúben, Gade, Aser, Zebu-
lom, Dã e Naftali.

[a] 27:6 Isto é, sacrifícios totalmente queimados.
[b] 27:7 Ou *de paz*

Palavras para memorizar

"Obedeça ao SENHOR, o seu Deus."
(Deuteronômio 27:10)

14"E os levitas recitarão a todo o povo de
Israel em alta voz:

15" 'Maldito quem esculpir uma
imagem ou fizer um ídolo
fundido, obra de artesãos,
detestável ao SENHOR, e levantá-lo
secretamente'.
Todo o povo dirá: 'Amém!'
16'Maldito quem desonrar o seu pai ou
a sua mãe'.
Todo o povo dirá: 'Amém!'
17'Maldito quem mudar o marco de
divisa da propriedade do seu
próximo'.
Todo o povo dirá: 'Amém!'
18'Maldito quem fizer o cego errar o
caminho'.
Todo o povo dirá: 'Amém!'
19'Maldito quem negar justiça ao
estrangeiro, ao órfão ou à viúva'.
Todo o povo dirá: 'Amém!'
20'Maldito quem se deitar com a
mulher do seu pai, desonrando a
cama do seu pai'.
Todo o povo dirá: 'Amém!'
21'Maldito quem tiver relações sexuais
com algum animal'.
Todo o povo dirá: 'Amém!'
22'Maldito quem se deitar com a sua
irmã, filha do seu pai ou da sua
mãe'.
Todo o povo dirá: 'Amém!'
23'Maldito quem se deitar com a sua
sogra'.
Todo o povo dirá: 'Amém!'
24'Maldito quem matar secretamente o
seu próximo'.
Todo o povo dirá: 'Amém!'
25'Maldito quem aceitar pagamento
para matar um inocente'.
Todo o povo dirá: 'Amém!'
26'Maldito quem não puser em prática
as palavras desta lei'.
Todo o povo dirá: 'Amém!'

As bênçãos da obediência

28 "Se vocês obedecerem fielmente ao
SENHOR, o seu Deus, e seguirem cui-
dadosamente todos os seus mandamentos
que hoje lhes dou, o SENHOR, o seu Deus, os
colocará muito acima de todas as nações da
terra. 2Todas estas bênçãos virão sobre vocês
e os acompanharão, se vocês obedecerem ao
SENHOR, o seu Deus:

3"Vocês serão abençoados na cidade
e serão abençoados no campo.

Você sabia?

Que diferença faria se os israelitas obedecessem a Deus?

28:1,15 O texto de Deuteronômio 28 conta que Deus abençoaria os israelitas se eles o obedecessem. Também conta que Deus os puniria se eles o desobedecessem. Realmente fazia muita diferença se eles obedecessem ou não a Deus. Perceba que as bênçãos em Deuteronômio 28:1-14 são o contrário das maldições em Deuteronômio 28:15-44.

4Os filhos do seu ventre
serão abençoados,
como também as colheitas da sua terra
e os bezerros e os cordeiros
dos seus rebanhos.
5A sua cesta e a sua amassadeira
serão abençoadas.
6Vocês serão abençoados
em tudo o que fizerem.

7"O SENHOR concederá que sejam derrota-
dos diante de vocês os inimigos que os ata-
carem. Virão a vocês por um caminho, e por
sete fugirão.
8"O SENHOR enviará bênçãos aos seus ce-
leiros e a tudo o que as suas mãos fizerem.
O SENHOR, o seu Deus, os abençoará na ter-
ra que lhes dá.
9"O SENHOR fará de vocês o seu povo santo,
conforme prometeu sob juramento, se obe-
decerem aos mandamentos do SENHOR, o seu
Deus, e andarem nos caminhos dele. 10Então
todos os povos da terra verão que vocês per-
tencem ao SENHOR e terão medo de vocês. 11O
SENHOR lhes concederá grande prosperidade,
no fruto do seu ventre, nas crias dos seus ani-
mais e nas colheitas da sua terra, nesta ter-
ra que ele jurou aos seus antepassados que
daria a vocês.
12"O SENHOR abrirá o céu, o depósito do
seu tesouro, para enviar chuva à sua terra
no devido tempo e para abençoar todo o tra-
balho das suas mãos. Vocês emprestarão a
muitas nações, e de nenhuma tomarão em-
prestado. 13O SENHOR fará de vocês a cabeça
das nações, e não a cauda. Se obedecerem aos
mandamentos do SENHOR, o seu Deus, que
hoje lhes dou e os seguirem cuidadosamen-
te, vocês estarão sempre por cima, nunca por
baixo. 14Não se desviem, nem para a direita
nem para a esquerda, de qualquer dos man-
damentos que hoje lhes dou, para seguir ou-
tros deuses e prestar-lhes culto.

As maldições da desobediência

15"Entretanto, se vocês não obedecerem ao
SENHOR, o seu Deus, e não seguirem cuida-
dosamente todos os seus mandamentos e
decretos que hoje lhes dou, todas estas mal-
dições cairão sobre vocês e os atingirão:

16"Vocês serão amaldiçoados na cidade
e serão amaldiçoados no campo.
17A sua cesta e a sua amassadeira
serão amaldiçoadas.
18Os filhos do seu ventre
serão amaldiçoados,
como também as colheitas da sua
terra,
e os bezerros e os cordeiros
dos seus rebanhos.
19Vocês serão amaldiçoados
em tudo o que fizerem.

20"O SENHOR enviará sobre vocês maldi-
ções, confusão e repreensão em tudo o que
fizerem, até que vocês sejam destruídos e
sofram repentina ruína pelo mal que prati-
caram ao se esquecerem dele[a]. 21O SENHOR
os encherá de doenças até bani-los da terra
em que vocês estão entrando para dela to-
mar posse. 22O SENHOR os ferirá com doenças
devastadoras, febre e inflamação, com calor
abrasador e seca, com ferrugem e mofo, que
os infestarão até que morram. 23O céu sobre a
sua cabeça será como bronze; o chão debaixo
de vocês, como ferro. 24Na sua terra o SENHOR
transformará a chuva em cinza e pó, que des-
cerão do céu até que vocês sejam destruídos.
25"O SENHOR fará que vocês sejam derrota-
dos pelos inimigos. Vocês irão a eles por um
caminho, e por sete fugirão, e vocês se torna-
rão motivo de horror para todos os reinos da
terra. 26Os seus cadáveres servirão de alimen-
to para todas as aves do céu e para os animais
da terra e não haverá quem os espante. 27O
SENHOR os castigará com as úlceras do Egito
e com tumores, feridas purulentas e sarna,
males dos quais vocês não poderão curar-se.
28O SENHOR os afligirá com loucura, cegueira

[a] 28:20 Hebraico: *de mim*.

e confusão mental. 29 Ao meio-dia vocês fica-
rão tateando às voltas, como um cego na es-
curidão. Vocês não serão bem-sucedidos em
nada que fizerem; dia após dia serão oprimi-
dos e roubados, sem que ninguém os salve.
30 "Você ficará noivo de uma mulher, mas
outro homem a possuirá. Construirá uma ca-
sa, mas não morará nela. Plantará uma vinha,
mas não provará dos seus frutos. 31 O seu boi
será abatido diante dos seus olhos, mas você
não comerá da sua carne. O seu jumento lhe
será tirado à força e não lhe será devolvido.
As suas ovelhas serão dadas aos inimigos, e
ninguém as livrará. 32 Os seus filhos e as suas
filhas serão entregues a outra nação e os seus
olhos se consumirão à espera deles, dia após
dia, sem que você possa erguer uma só mão
para trazê-los de volta. 33 Um povo que vocês
não conhecem comerá aquilo que a terra e
o seu trabalho produzirem, e vocês sofrerão
opressão cruel todos os seus dias. 34 Aquilo
que os seus olhos virem os levará à loucura.
35 O SENHOR afligirá os seus joelhos e as suas
pernas com feridas dolorosas e incuráveis,
que se espalharão sobre vocês desde a sola
do pé até o alto da cabeça.
36 "O SENHOR os levará, e também o rei que
os governar, a uma nação que vocês e seus
antepassados nunca conheceram. Lá vocês
adorarão outros deuses, deuses de madeira
e de pedra. 37 Vocês serão motivo de horror e
objeto de zombaria e de riso para todas as
nações para onde o SENHOR os levar.
38 "Vocês semearão muito em sua terra, mas
colherão bem pouco, porque gafanhotos de-
vorarão quase tudo. 39 Plantarão vinhas e as
cultivarão, mas não beberão o vinho nem co-
lherão as uvas, porque os vermes as come-
rão. 40 Vocês terão oliveiras em todo o país,
mas vocês mesmos não utilizarão o azeite,
porque as azeitonas cairão. 41 Os seus filhos
e filhas não ficarão com vocês, porque serão
levados para o cativeiro. 42 Enxames de gafa-
nhotos se apoderarão de todas as suas árvo-
res e das plantações da sua terra.
43 "Os estrangeiros que vivem no meio de
vocês progredirão cada vez mais, e cada vez
mais vocês regredirão. 44 Eles lhes empresta-
rão dinheiro, mas vocês não emprestarão a
eles. Eles serão a cabeça, e vocês serão a cauda.
45 "Todas essas maldições cairão sobre vo-
cês. Elas os perseguirão e os alcançarão até
que sejam destruídos, porque não obedece-
ram ao SENHOR, o seu Deus, nem guardaram
os mandamentos e decretos que ele lhes deu.
46 Essas maldições serão um sinal e um pro-
dígio para vocês e para os seus descendentes
para sempre. 47 Uma vez que vocês não ser-
viram com júbilo e alegria ao SENHOR, o seu
Deus, na época da prosperidade, 48 então, em
meio à fome e à sede, em nudez e pobreza
extrema, vocês servirão aos inimigos que o
SENHOR enviará contra vocês. Ele porá um
jugo de ferro sobre o seu pescoço, até que os
tenha destruído.
49 "O SENHOR trará de um lugar longínquo,
dos confins da terra, uma nação que virá con-
tra vocês como a águia em mergulho, nação
cujo idioma não compreenderão, 50 nação de
aparência feroz, sem respeito pelos idosos
nem piedade para com os moços. 51 Ela devo-
rará as crias dos seus animais e as plantações
da sua terra até que vocês sejam destruídos.
Ela não lhes deixará cereal, vinho, azeite,
como também nenhum bezerro ou cordeiro
dos seus rebanhos, até que vocês sejam ar-
ruinados. 52 Ela sitiará todas as cidades da sua
terra, até que caiam os altos muros fortifica-
dos em que vocês confiam. Sitiará todas as
suas cidades, em toda a terra que o SENHOR,
o seu Deus, lhes dá.
53 "Por causa do sofrimento que o seu ini-
migo lhes infligirá durante o cerco, vocês co-
merão o fruto do seu próprio ventre, a carne
dos filhos e filhas que o SENHOR, o seu Deus,
lhes deu. 54 Até mesmo o homem mais gentil
e educado entre vocês não terá compaixão do
seu irmão, da mulher que ama e dos filhos
que sobreviverem, 55 de modo que não dará
a nenhum deles nenhum pedaço da carne
dos seus filhos que estiver comendo, pois na-
da lhe sobrará devido aos sofrimentos que o
seu inimigo lhe infligirá durante o cerco de
todas as suas cidades. 56 A mulher mais gentil
e delicada entre vocês, tão delicada e gentil
que não ousaria encostar no chão a sola do
pé, será mesquinha com o marido a quem
ama e com o filho e a filha, 57 não lhes dando
a placenta do ventre nem os filhos que ge-
rar. Pois a intenção dela é comê-los secreta-
mente durante o cerco e no sofrimento que o
seu inimigo infligirá a vocês em suas cidades.
58 "Se vocês não seguirem fielmente todas
as palavras desta lei, escritas neste livro, e
não temerem este nome glorioso e terrível,
o SENHOR, o seu Deus, 59 ele enviará pestes
terríveis sobre vocês e sobre os seus descen-
dentes, desgraças horríveis e prolongadas,
doenças graves e persistentes. 60 Ele trará so-
bre vocês todas as temíveis doenças do Egito,

e vocês as contrairão. 61O SENHOR também fará vir sobre vocês todo tipo de enfermidade e desgraça não registradas neste Livro da Lei, até que sejam destruídos. 62Vocês, que no passado foram tantos quanto as estrelas do céu, ficarão reduzidos a um pequeno número, porque não obedeceram ao SENHOR, o seu Deus. 63Assim como foi agradável ao SENHOR fazê-los prosperar e aumentar em número, também lhe será agradável arruiná-los e destruí-los. Vocês serão desarraigados da terra em que estão entrando para dela tomar posse.

64"Então o SENHOR os espalhará pelas nações, de um lado ao outro da terra. Ali vocês adorarão outros deuses; deuses de madeira e de pedra, que vocês e os seus antepassados nunca conheceram. 65No meio daquelas nações vocês não encontrarão repouso, nem mesmo um lugar de descanso para a sola dos pés. Lá o SENHOR lhes dará coração desesperado, olhos exaustos de tanto esperar, e alma ansiosa. 66Vocês viverão em constante incerteza, cheios de terror, dia e noite, sem nenhuma segurança na vida. 67De manhã dirão: 'Quem me dera fosse noite!' E de noite: 'Ah, quem me dera fosse dia!', por causa do terror que lhes encherá o coração e por aquilo que os seus olhos verão. 68O SENHOR os enviará de volta ao Egito, ou em navios ou pelo caminho que eu lhes disse que nunca mais poderiam percorrer. Lá vocês serão postos à venda como escravos e escravas, mas ninguém os comprará".

A renovação da aliança

29 São estes os termos da aliança que o SENHOR ordenou que Moisés fizesse com os israelitas em Moabe, além da aliança que tinha feito com eles em Horebe.

2Moisés convocou todos os israelitas e lhes disse:

"Os seus olhos viram tudo o que o SENHOR fez no Egito ao faraó, a todos os seus oficiais e a toda a sua terra. 3Com os seus próprios olhos vocês viram aquelas grandes provas, aqueles sinais e grandes maravilhas. 4Mas até hoje o SENHOR não lhes deu mente que entenda, olhos que vejam, e ouvidos que ouçam. 5'Durante os quarenta anos em que os conduzi pelo deserto', disse ele, 'nem as suas roupas, nem as sandálias dos seus pés se gastaram. 6Vocês não comeram pão, nem beberam vinho, nem qualquer outra bebida fermentada. Fiz isso para que vocês soubessem que eu sou o SENHOR, o seu Deus.'

7"Quando vocês chegaram a este lugar, Seom, rei de Hesbom, e Ogue, rei de Basã, atacaram-nos, mas nós os derrotamos. 8Conquistamos a terra deles e a demos por herança às tribos de Rúben e de Gade e à metade da tribo de Manassés.

9"Sigam fielmente os termos desta aliança, para que vocês prosperem em tudo o que fizerem. 10Hoje todos vocês estão na presença do SENHOR, o seu Deus: os seus chefes e homens destacados, os seus líderes e oficiais, e todos os demais homens de Israel, 11juntamente com os seus filhos e as suas mulheres e os estrangeiros que vivem nos seus acampamentos cortando lenha e carregando água para vocês. 12Vocês estão aqui presentes para entrar em aliança com o SENHOR, o seu Deus, aliança que ele está fazendo com vocês hoje, selando-a sob juramento, 13para hoje confirmá-los como seu povo, para que ele seja o seu Deus, conforme lhes prometeu e jurou aos seus antepassados, Abraão, Isaque e Jacó. 14Não faço esta aliança, sob juramento, somente com vocês 15que estão aqui conosco na presença do SENHOR, o nosso Deus, mas também com aqueles que não estão aqui hoje.

16"Vocês mesmos sabem como vivemos no Egito e como passamos por várias nações até chegarmos aqui. 17Vocês viram nelas as suas imagens e os seus ídolos detestáveis, feitos de madeira, de pedra, de prata e de ouro. 18Cuidem que não haja entre vocês nenhum homem ou mulher, clã ou tribo cujo coração se afaste do SENHOR, o nosso Deus, para adorar os deuses daquelas nações, e para que não haja no meio de vocês nenhuma raiz que produza esse veneno amargo.

19"Se alguém, cujo coração se afastou do SENHOR para adorar outros deuses, ouvir as palavras deste juramento, invocar uma bênção sobre si mesmo e pensar: 'Estarei em segurança, muito embora persista em seguir o meu próprio caminho', trará desgraça tanto à terra irrigada quanto à terra seca. 20O SENHOR jamais se disporá a perdoá-lo; a sua ira e o seu zelo se acenderão contra tal pessoa. Todas as maldições escritas neste livro cairão sobre ela, e o SENHOR apagará o seu nome de debaixo do céu. 21O SENHOR a separará de todas as tribos de Israel para que sofra desgraça, de acordo com todas as maldições da aliança escrita neste Livro da Lei.

22"Os seus filhos, os seus descendentes e os estrangeiros que vierem de terras distantes

verão as desgraças que terão caído sobre a
terra e as doenças com que o SENHOR a te-
rá afligido. 23A terra inteira será um deser-
to abrasador de sal e enxofre, no qual nada
que for plantado brotará, onde nenhuma ve-
getação crescerá. Será como a destruição de
Sodoma e Gomorra, de Admá e Zeboim, que
o SENHOR destruiu com ira e furor. 24Todas
as nações perguntarão: 'Por que o SENHOR
fez isto a esta terra? Por que tanta ira e tan-
to furor?'

25"E a resposta será: 'Foi porque este po-
vo abandonou a aliança do SENHOR, o Deus
dos seus antepassados, aliança feita com
eles quando os tirou do Egito. 26Eles foram
adorar outros deuses e se prostraram diante
deles, deuses que eles não conheciam antes,
deuses que o SENHOR não lhes tinha dado.
27Por isso a ira do SENHOR acendeu-se con-
tra esta terra, e ele trouxe sobre ela todas
as maldições escritas neste livro. 28Cheio de
ira, indignação e grande furor, o SENHOR os
desarraigou da sua terra e os lançou numa
outra terra, como hoje se vê'.

29"As coisas encobertas pertencem ao SE-
NHOR, o nosso Deus, mas as reveladas perten-
cem a nós e aos nossos filhos para sempre,
para que sigamos todas as palavras desta lei.

Misericórdia para quem se arrepende

30 "Quando todas essas bênçãos e mal-
dições que coloquei diante de vocês
lhes sobrevierem, e elas os atingirem onde
quer que o SENHOR, o seu Deus, os dispersar
entre as nações, 2e quando vocês e os seus fi-
lhos voltarem para o SENHOR, o seu Deus, e
lhe obedecerem de todo o coração e de toda
a alma, de acordo com tudo o que hoje lhes
ordeno, 3então o SENHOR, o seu Deus, lhes
trará restauração[a], terá compaixão de vocês
e os reunirá novamente de todas as nações
por onde os tiver espalhado. 4Mesmo que te-
nham sido levados para a terra mais distante
debaixo do céu, de lá o SENHOR, o seu Deus, os
reunirá e os trará de volta. 5Ele os trará para a
terra dos seus antepassados, e vocês tomarão
posse dela. Ele fará com que vocês sejam mais
prósperos e mais numerosos do que os seus
antepassados. 6O SENHOR, o seu Deus, dará
um coração fiel a vocês[b] e aos seus descenden-
tes, para que o amem de todo o coração e de
toda a alma e vivam. 7O SENHOR, o seu Deus,
enviará então todas essas maldições sobre
os inimigos que os odeiam e os perseguem.

Palavras para memorizar

"Quando vocês e os seus filhos voltarem para o SENHOR, o seu Deus, e lhe obedecerem de todo o coração e de toda a alma [...] então o SENHOR, o seu Deus, lhes trará restauração, terá compaixão de vocês."

(Deuteronômio 30:2-3)

8Vocês obedecerão de novo ao SENHOR e se-
guirão todos os seus mandamentos que lhes
dou hoje. 9Então o SENHOR, o seu Deus, aben-
çoará o que as suas mãos fizerem, os filhos
do seu ventre, a cria dos seus animais e as
colheitas da sua terra. O SENHOR se alegrará
novamente em vocês e os tornará prósperos,
como se alegrou em seus antepassados, 10se
vocês obedecerem ao SENHOR, o seu Deus, e
guardarem os seus mandamentos e decretos
que estão escritos neste Livro da Lei, e se vo-
cês se voltarem para o SENHOR, o seu Deus,
de todo o coração e de toda a alma.

Vida ou morte

11"O que hoje lhes estou ordenando não é
difícil fazer, nem está além do seu alcance.
12Não está lá em cima no céu, de modo que
vocês tenham que perguntar: "Quem subirá
ao céu para trazê-lo e proclamá-lo a nós a fim
de que lhe obedeçamos?" 13Nem está além
do mar, de modo que vocês tenham que per-
guntar: "Quem atravessará o mar para tra-
zê-lo e, voltando, proclamá-lo a nós a fim de
que lhe obedeçamos?" 14Nada disso! A pala-
vra está bem próxima de vocês; está em sua
boca e em seu coração; por isso vocês pode-
rão obedecer-lhe.

15"Vejam que hoje ponho diante de vocês
vida e prosperidade, ou morte e destruição.
16Pois hoje lhes ordeno que amem o SENHOR,
o seu Deus, andem nos seus caminhos e guar-
dem os seus mandamentos, decretos e orde-
nanças; então vocês terão vida e aumentarão
em número, e o SENHOR, o seu Deus, os aben-
çoará na terra em que vocês estão entrando
para dela tomar posse.

[a] 30:3 Ou *Deus os trará de volta do exílio*
[b] 30:6 Hebraico: *circuncidará o coração de vocês.*

Palavras para memorizar

“Agora escolham a vida, para que vocês e os seus filhos vivam, e para que vocês amem o SENHOR, o seu Deus, ouçam a sua voz e se apeguem firmemente a ele.”

(Deuteronômio 30:19-20)

17“Se, todavia, o seu coração se desviar e vocês não forem obedientes, e se deixarem levar, prostrando-se diante de outros deuses para adorá-los, 18eu hoje lhes declaro que, sem dúvida, vocês serão destruídos. Vocês não viverão muito tempo na terra em que vão entrar e da qual vão tomar posse, depois de atravessarem o Jordão.

19“Hoje invoco os céus e a terra como testemunhas contra vocês, de que coloquei diante de vocês a vida e a morte, a bênção e a maldição. Agora escolham a vida, para que vocês e os seus filhos vivam, 20e para que vocês amem o SENHOR, o seu Deus, ouçam a sua voz e se apeguem firmemente a ele. Pois o SENHOR é a sua vida, e ele lhes dará muitos anos na terra que jurou dar aos seus antepassados, Abraão, Isaque e Jacó”.

Josué, o sucessor de Moisés

31 Moisés disse ainda estas palavras a todo o Israel: 2“Estou com cento e vinte anos de idade e já não sou capaz de liderá-los. O SENHOR me disse: ‘Você não atravessará o Jordão’. 3O SENHOR, o seu Deus, o atravessará pessoalmente à frente de vocês. Ele destruirá estas nações perante vocês, e vocês tomarão posse da terra delas. Josué também atravessará à frente de vocês, conforme o SENHOR disse. 4E o SENHOR fará com elas como fez com Seom e Ogue, os reis dos amorreus, os quais destruiu juntamente com a sua terra. 5O SENHOR as entregará a vocês, e vocês deverão fazer com elas tudo o que lhes ordenei. 6Sejam fortes e corajosos. Não tenham medo nem fiquem apavorados por causa delas, pois o SENHOR, o seu Deus, vai com vocês; nunca os deixará, nunca os abandonará”.

7Então Moisés convocou Josué e lhe disse na presença de todo o Israel: “Seja forte e corajoso, pois você irá com este povo para a terra que o SENHOR jurou aos seus antepassados que lhes daria, e você a repartirá entre eles como herança. 8O próprio SENHOR irá à sua frente e estará com você; ele nunca o deixará, nunca o abandonará. Não tenha medo! Não desanime!”

A leitura da lei

9Moisés escreveu esta lei e a deu aos sacerdotes, filhos de Levi, que transportavam a arca da aliança do SENHOR, e a todos os líderes de Israel. 10E Moisés lhes ordenou: “Ao final de cada sete anos, no ano do cancelamento das dívidas, durante a festa das cabanas[a], 11quando todo o Israel vier apresentar-se ao SENHOR, o seu Deus, no local que ele escolher, vocês lerão esta lei perante eles para que a escutem. 12Reúnam o povo, homens, mulheres e crianças, e os estrangeiros que morarem nas suas cidades, para que ouçam e aprendam a temer o SENHOR, o seu Deus, e sigam fielmente todas as palavras desta lei. 13Os seus filhos, que não conhecem esta lei, terão que ouvi-la e aprender a temer o SENHOR, o seu Deus, enquanto vocês viverem na terra da qual tomarão posse quando atravessarem o Jordão”.

A predição da rebeldia de Israel

14O SENHOR disse a Moisés: “O dia da sua morte se aproxima. Chame Josué e apresentem-se na Tenda do Encontro, onde darei incumbências a ele”. Então Moisés e Josué vieram e se apresentaram na Tenda do Encontro.

15Então o SENHOR apareceu na Tenda, numa coluna de nuvem, e a coluna pairou sobre a entrada da Tenda. 16E o SENHOR disse a Moisés: “Você vai descansar com os seus antepassados, e este povo logo irá prostituir-se, seguindo aos deuses estrangeiros da terra em que vão entrar. Eles se esquecerão de mim e quebrarão a aliança que fiz com eles. 17Naquele dia se acenderá a minha ira contra eles e eu me esquecerei deles; esconderei deles o meu rosto, e eles serão destruídos. Muitas desgraças e sofrimentos os atingirão, e naquele dia perguntarão: ‘Será que essas desgraças não estão acontecendo conosco porque o nosso Deus não está mais conosco?’ 18E com certeza esconderei deles o meu rosto naquele dia, por causa de todo o mal que praticaram, voltando-se para outros deuses.

[a] 31:10 Ou *dos tabernáculos*; hebraico: *sucote*.

19"Agora escrevam para vocês esta canção,
ensinem-na aos israelitas e façam-nos can-
tá-la, para que seja uma testemunha a meu
favor contra eles. 20Quando eu os tiver intro-
duzido na terra onde há leite e mel com far-
tura, terra que prometi sob juramento aos
seus antepassados, e quando tiverem comi-
do à vontade e tiverem prosperado, eles se
voltarão para outros deuses e os adorarão,
rejeitando-me e quebrando a minha aliança.
21E, quando muitas desgraças e dificuldades
lhes sobrevierem, esta canção testemunhará
contra eles, porque não será esquecida pelos
seus descendentes. Sei o que estão dispostos
a fazer antes mesmo de levá-los para a ter-
ra que lhes prometi sob juramento". 22Então,
naquele dia, Moisés escreveu esta canção e
ensinou-a aos israelitas.

23O SENHOR deu esta ordem a Josué, filho
de Num: "Seja forte e corajoso, pois você con-
duzirá os israelitas à terra que lhes prome-
ti sob juramento, e eu mesmo estarei com
você".

24Depois que Moisés terminou de escrever
num livro as palavras desta lei do início ao
fim, 25deu esta ordem aos levitas que trans-
portavam a arca da aliança do SENHOR: 26"Co-
loquem este Livro da Lei ao lado da arca da
aliança do SENHOR, do seu Deus, onde fica-
rá como testemunha contra vocês. 27Pois sei
quão rebeldes e obstinados vocês são. Se

Você sabia?

Quem se tornou o líder de Israel após a morte de Moisés?

31:14 Josué tornou-se o líder de Israel. Ele havia liderado os soldados de Israel quando saíram do Egito, e ele foi um dos espiões enviados por Moisés a Canaã. Apenas Josué e outro espião, chamado Calebe, quiseram obedecer a Deus sobre atacar os cananeus. Deus recompensou Josué e Calebe. Todos os outros adultos que saíram do Egito morreram antes de Israel entrar em Canaã, com exceção deles dois. Josué é um dos maiores heróis do Antigo Testamento.

Você sabia?

Por que Moisés ensinou esta música a Israel?

31:30 Porque ele sabia que era fácil lembrar-se de músicas e queria que os israelitas se lembrassem da história do povo e de tudo o que Deus havia feito por eles.

vocês têm sido rebeldes contra o SENHOR en-
quanto ainda estou vivo, quanto mais depois
que eu morrer! 28Reúnam na minha presen-
ça todos os líderes das suas tribos e todos os
seus oficiais, para que eu fale estas palavras
de modo que ouçam, e ainda invoque os céus
e a terra para testemunharem contra eles.
29Pois sei que depois da minha morte vocês
com certeza se corromperão e se afastarão do
caminho que lhes ordenei. Nos dias futuros
a desgraça cairá sobre vocês, porque vocês
farão o que o SENHOR reprova e o provoca-
rão à ira por aquilo que as mãos de vocês te-
rão feito".

A canção de Moisés

30E Moisés recitou as palavras desta can-
ção, do começo ao fim, na presença de toda
a assembleia de Israel:

32 "Escutem, ó céus, e eu falarei;
ouça, ó terra, as palavras da minha
boca.

2Que o meu ensino caia como chuva
e as minhas palavras
desçam como orvalho,
como chuva branda sobre o pasto novo,
como garoa sobre tenras plantas.

3"Proclamarei o nome do SENHOR.
Louvem a grandeza do nosso Deus!
4Ele é a Rocha,
as suas obras são perfeitas,
e todos os seus caminhos são justos.
É Deus fiel, que não comete erros;
justo e reto ele é.

5"Seus filhos têm agido corruptamente
para com ele,
e não como filhos;
que vergonha!
São geração corrompida e depravada.[a]

[a] 32:5 Ou *Corruptos são eles e não os seus filhos, uma geração corrompida e depravada para a sua vergonha.*

6É assim que retribuem ao SENHOR,
povo insensato e ignorante?
Não é ele o Pai de vocês, o seu Criador[a],
que os fez e os formou?

7"Lembrem-se dos dias do passado;
considerem as gerações
há muito passadas.
Perguntem aos seus pais,
e estes lhes contarão,
aos seus líderes, e eles lhes explicarão.
8Quando o Altíssimo deu às nações
a sua herança,
quando dividiu toda a humanidade,
estabeleceu fronteiras para os povos
de acordo com o número
dos filhos de Israel[b].
9Pois o povo preferido do SENHOR
é este povo,
Jacó é a herança que lhe coube.

10"Numa terra deserta ele o encontrou,
numa região árida e de ventos
uivantes.
Ele o protegeu e dele cuidou;
guardou-o como
a menina dos seus olhos,
11como a águia
que desperta a sua ninhada,
paira sobre os seus filhotes,
e depois estende as asas
para apanhá-los,
levando-os sobre elas.
12O SENHOR sozinho o levou;
nenhum deus estrangeiro o ajudou.
13Ele o fez cavalgar
nos lugares altos da terra
e o alimentou com o fruto dos campos.
Ele o nutriu com mel tirado da rocha,
e com óleo extraído
do penhasco pedregoso,
14com coalhada e leite
do gado e do rebanho,
e com cordeiros e bodes cevados;
com os melhores carneiros de Basã
e com as mais excelentes
sementes de trigo.
Você bebeu o espumoso
sangue das uvas.

15"Jesurum[c] engordou e deu pontapés;
você engordou, tornou-se pesado
e farto de comida.
Abandonou o Deus que o fez
e rejeitou a Rocha, que é o seu
Salvador.
16Eles o deixaram com ciúmes
por causa dos deuses estrangeiros,
e o provocaram
com os seus ídolos abomináveis.
17Sacrificaram a demônios
que não são Deus,
a deuses que não conheceram,
a deuses que surgiram recentemente,
a deuses que os seus antepassados
não adoraram.
18Vocês abandonaram a Rocha,
que os gerou;
vocês se esqueceram do Deus
que os fez nascer.

19"O SENHOR viu isso e os rejeitou,
porque foi provocado
pelos seus filhos e suas filhas.
20'Esconderei o meu rosto deles', disse,
'e verei qual o fim que terão;
pois são geração perversa,
filhos infiéis.
21Provocaram-me os ciúmes
com aquilo que nem deus é
e irritaram-me
com seus ídolos inúteis.
Farei que tenham ciúmes
de quem não é meu povo;
eu os provocarei à ira
por meio de uma nação insensata.
22Pois um fogo foi aceso pela minha ira,
fogo que queimará
até as profundezas do Sheol[d].
Ele devorará a terra e as suas colheitas
e consumirá os alicerces dos montes.

23" 'Amontoarei desgraças sobre eles
e contra eles gastarei as minhas
flechas.
24Enviarei dentes de feras,
uma fome devastadora,
uma peste avassaladora
e uma praga mortal;
enviarei contra eles
dentes de animais selvagens,
e veneno de víboras
que se arrastam no pó.
25Nas ruas a espada
os deixará sem filhos;
em seus lares reinará o terror.
Morrerão moços e moças,
crianças e homens já grisalhos.

[a] 32:6 Ou *que os comprou*
[b] 32:8 Os manuscritos do mar Morto dizem *filhos de Deus*.
[c] 32:15 *Jesurum* (nome poético de Israel) significa *o íntegro*; também em 33:5 e 26.
[d] 32:22 Essa palavra pode ser traduzida por sepultura, profundezas, pó ou morte.

26Eu disse que os dispersaria
e que apagaria da humanidade
a lembrança deles.
27Mas temi a provocação do inimigo,
que o adversário entendesse mal
e dissesse: "A nossa mão triunfou;
o SENHOR nada fez".
28"É uma nação sem juízo
e sem discernimento.
29Quem dera fossem sábios
e entendessem;
e compreendessem qual será o seu fim!
30Como poderia um só homem
perseguir mil,
ou dois porem em fuga dez mil,
a não ser que a sua Rocha
os tivesse vendido,
a não ser que o SENHOR
os tivesse abandonado?
31Pois a rocha deles
não é como a nossa Rocha,
com o que até mesmo
os nossos inimigos concordam.
32A vinha deles é de Sodoma
e das lavouras de Gomorra.
Suas uvas estão cheias de veneno,
e seus cachos, de amargura.
33O vinho deles
é a peçonha das serpentes,
o veneno mortal das cobras.

34" 'Acaso não guardei isto em segredo?
Não o selei em meus tesouros?
35A mim pertence a vingança
e a retribuição.
No devido tempo
os pés deles escorregarão;
o dia da sua desgraça está chegando
e o seu próprio destino
se apressa sobre eles.'

36"O SENHOR defenderá o seu povo
e terá compaixão dos seus servos,
quando vir que a força deles se esvaiu
e que ninguém sobrou,
nem escravo nem livre.
37Ele dirá:
'Agora, onde estão os seus deuses,
a rocha em que se refugiaram,
38os deuses que comeram
a gordura dos seus sacrifícios
e beberam o vinho
das suas ofertas derramadas?
Que eles se levantem para ajudá-los!
Que eles lhes ofereçam abrigo!

39" 'Vejam agora que eu sou o único,
eu mesmo.
Não há Deus além de mim.
Faço morrer e faço viver,
feri e curarei,
e ninguém é capaz
de livrar-se da minha mão.
40Ergo a minha mão para os céus
e declaro:
Juro pelo meu nome que,
41quando eu afiar
a minha espada refulgente
e a minha mão empunhá-la para
julgar,
eu me vingarei dos meus adversários
e retribuirei àqueles que me odeiam.
42Embeberei as minhas flechas
em sangue,
enquanto a minha espada devorar
carne:
o sangue dos mortos e dos cativos,
as cabeças dos líderes inimigos'.

43"Cantem de alegria, ó nações,
com o povo dele,[a b]
pois ele vingará
o sangue dos seus servos;
retribuirá com vingança
aos seus adversários
e fará propiciação
por sua terra e por seu povo".

44Moisés veio com Josué[c], filho de Num, e
recitou todas as palavras dessa canção na pre-
sença do povo. 45Quando Moisés terminou de
recitar todas essas palavras a todo o Israel,
46disse-lhes: "Guardem no coração todas as
palavras que hoje lhes declarei solenemente,
para que ordenem aos seus filhos que obede-
çam fielmente a todas as palavras desta lei.
47Elas não são palavras inúteis. São a sua vi-
da. Por meio delas vocês viverão muito tem-
po na terra da qual tomarão posse do outro
lado do Jordão".

A morte de Moisés no monte Nebo

48Naquele mesmo dia o SENHOR disse a
Moisés: 49"Suba as montanhas de Abarim, até
o monte Nebo, em Moabe, em frente de Je-
ricó, e contemple Canaã, a terra que dou aos
israelitas como propriedade. 50Ali, na mon-
tanha que você tiver subido, você morrerá e
será reunido aos seus antepassados, assim

[a] 32:43 Ou *Façam o povo dele cantar de alegria, ó nações,*
[b] 32:43 Os manuscritos do mar Morto dizem *povo dele, e todos os anjos o adorem,*
[c] 32:44 Hebraico: *Oseias*, variante de *Josué*.

como o seu irmão Arão morreu no monte Hor e foi reunido aos seus antepassados.
51Assim será porque vocês dois foram infiéis
para comigo na presença dos israelitas, junto às águas de Meribá, em Cades, no deserto de Zim, e porque vocês não sustentaram a minha santidade no meio dos israelitas. 52Por-
tanto, você verá a terra somente a distância, mas não entrará na terra que estou dando ao povo de Israel".

A bênção de Moisés

33 Esta é a bênção com a qual Moisés, homem de Deus, abençoou os israelitas
antes da sua morte. 2Ele disse:

"O SENHOR veio do Sinai
e alvoreceu sobre eles desde o Seir,
resplandeceu desde o monte Parã.
Veio com miríades de santos desde o sul,
desde as encostas de suas montanhas.
3Certamente és tu que amas o povo;
todos os santos estão em tuas mãos.
A teus pés todos eles se prostram
e de ti recebem instrução,
4a lei que Moisés nos deu,
a herança da assembleia de Jacó.
5Ele era rei sobre Jesurum,
quando os chefes do povo se reuniam,
juntamente com as tribos de Israel.

6"Que Rúben viva e não morra,
mesmo sendo poucos os seus homens".

7E disse a respeito de Judá:

"Ouve, ó SENHOR, o grito de Judá;
traze-o para o seu povo.
Que as suas próprias mãos
sejam suficientes,
e que haja auxílio
contra os seus adversários!"

8A respeito de Levi disse:

"O teu Urim e o teu Tumim[a] pertencem
ao homem a quem favoreceste.
Tu o provaste em Massá[b];
disputaste com ele
junto às águas de Meribá[c].
9Levi disse do seu pai e da sua mãe:
'Não tenho consideração por eles'.
Não reconheceu os seus irmãos,
nem conheceu os próprios filhos,
apesar de que guardaram a tua palavra
e observaram a tua aliança.
10Ele ensina as tuas ordenanças a Jacó
e a tua lei a Israel.
Ele te oferece incenso
e holocaustos completos no teu altar.
11Abençoa todos os seus esforços,
ó SENHOR,
e aprova a obra das suas mãos.
Despedaça os lombos
dos seus adversários,
dos que o odeiam,
sejam quem forem".

12A respeito de Benjamim disse:

"Que o amado do SENHOR
descanse nele em segurança,
pois ele o protege o tempo inteiro,
e aquele a quem o SENHOR ama
descansa nos seus braços".

13A respeito de José disse:

"Que o SENHOR abençoe a sua terra
com o precioso orvalho
que vem de cima, do céu,
e com as águas das profundezas;
14com o melhor que o sol amadurece
e com o melhor que a lua possa dar;
15com as dádivas mais bem escolhidas
dos montes antigos
e com a fertilidade das colinas eternas;
16com os melhores frutos da terra
e a sua plenitude,
e com o favor daquele
que apareceu na sarça ardente.
Que tudo isso repouse
sobre a cabeça de José,
sobre a fronte do escolhido
entre os seus irmãos.
17É majestoso como a primeira cria
de um touro;
seus chifres são os chifres
de um boi selvagem,
com os quais ferirá as nações
até os confins da terra.
Assim são as dezenas de milhares
de Efraim;
assim são os milhares de Manassés".

18A respeito de Zebulom disse:

"Alegre-se, Zebulom,
em suas viagens,
e você, Issacar, em suas tendas.
19Eles convocarão povos para o monte

[a] 33:8 Objetos utilizados para se conhecer a vontade de Deus.
[b] 33:8 *Massá* significa *provação*.
[c] 33:8 *Meribá* significa *rebelião*.

e ali oferecerão sacrifícios de justiça;
farão um banquete
com a riqueza dos mares,
com os tesouros ocultos das praias".

20 A respeito de Gade disse:

"Bendito é aquele
que amplia os domínios de Gade!
Gade fica à espreita como um leão;
despedaça um braço e também a
cabeça.
21 Escolheu para si o melhor;
a porção do líder lhe foi reservada.
Tornou-se o chefe do povo
e executou a justa vontade do
SENHOR
e os seus juízos sobre Israel".

22 A respeito de Dã disse:

"Dã é um filhote de leão,
que vem saltando desde Basã".

23 A respeito de Naftali disse:

"Naftali tem fartura do favor do
SENHOR
e está repleto de suas bênçãos;
suas posses estendem-se para o sul,
em direção ao mar".

24 A respeito de Aser disse:

"Bendito é Aser entre os filhos;
seja ele favorecido por seus irmãos,
e banhe os seus pés no azeite!
25 Sejam de ferro e bronze
as trancas das suas portas,
e dure a sua força como os seus dias.

26 "Não há ninguém
como o Deus de Jesurum,
que cavalga os céus para ajudá-lo,
e cavalga as nuvens em sua majestade!
27 O Deus eterno é o seu refúgio,
e para segurá-lo
estão os braços eternos.
Ele expulsará os inimigos
da sua presença,
dizendo: 'Destrua-os!'
28 Somente Israel viverá em segurança;
a fonte de Jacó está segura
numa terra de trigo e de vinho novo,
onde os céus gotejam orvalho.
29 Como você é feliz, Israel!
Quem é como você,
povo salvo pelo SENHOR?
Ele é o seu abrigo, o seu ajudador
e a sua espada gloriosa.
Os seus inimigos se encolherão
diante de você,
mas você pisará as suas colinas".

A morte de Moisés

34 Então, das campinas de Moabe Moisés
subiu ao monte Nebo, ao topo do Pisga,
em frente de Jericó. Ali o SENHOR lhe mostrou
a terra toda: de Gileade a Dã, 2 toda a região
de Naftali, o território de Efraim e Manassés,
toda a terra de Judá até o mar ocidental[a], 3 o
Neguebe e toda a região que vai do vale de
Jericó, a cidade das Palmeiras, até Zoar. 4 E
o SENHOR lhe disse: "Esta é a terra que pro-
meti sob juramento a Abraão, a Isaque e a
Jacó, quando lhes disse: Eu a darei a seus

[a] 34:2 Isto é, o mar Mediterrâneo.

Quando uma pessoa amada morre

Experimente!

Leia Deuteronômio 34:1-8. Essa passagem conta o que aconteceu quando Moisés morreu. As pessoas de Israel choraram, pois ele havia sido um líder maravilhoso e também havia conduzido as pessoas para fora do Egito e da escravidão. Moisés viu Deus face a face e fizera muitas coisas incríveis.

Não tem problema chorar quando uma pessoa amada morre. Se ela pertence a Deus, você a verá novamente no céu, mas não tem problema sentir a falta dela agora.

Converse com seus pais sobre sua tristeza quando alguém morre e tente responder a perguntas como: o que tornava aquela pessoa especial para você? Você se lembra de algo bom sobre ela? O quê?

Deuteronômio 34:1-8

descendentes. Permiti que você a visse com
os seus próprios olhos, mas você não atraves-
sará o rio, não entrará nela".
5Moisés, o servo do SENHOR, morreu ali,
em Moabe, como o SENHOR dissera. 6Ele o
sepultou[a] em Moabe, no vale que fica diante
de Bete-Peor, mas até hoje ninguém sabe on-
de está localizado seu túmulo. 7Moisés tinha
cento e vinte anos de idade quando morreu;
todavia, nem os seus olhos nem o seu vigor
tinham se enfraquecido. 8Os israelitas chora-
ram Moisés nas campinas de Moabe duran-
te trinta dias, até passar o período de pranto
e luto.

9Ora, Josué, filho de Num, estava cheio do
Espírito[b] de sabedoria, porque Moisés tinha
imposto as suas mãos sobre ele. De modo que
os israelitas lhe obedeceram e fizeram o que
o SENHOR tinha ordenado a Moisés.
10Em Israel nunca mais se levantou profe-
ta como Moisés, a quem o SENHOR conheceu
face a face, 11e que fez todos aqueles sinais e
maravilhas que o SENHOR o tinha enviado pa-
ra fazer no Egito, contra o faraó, contra todos
os seus servos e contra toda a sua terra. 12Pois
ninguém jamais mostrou tamanho poder co-
mo Moisés nem executou os feitos temíveis
que Moisés realizou aos olhos de todo o Israel.

[a] 34:6 Ou *Ele foi sepultado*

[b] 34:9 Ou *cheio de sabedoria*

Josué

Quem escreveu este livro?

O autor de Josué não é citado, mas provavelmente foi alguém que testemunhou os acontecimentos descritos.

Por que este livro foi escrito?

Josué conta como Deus ajudou os israelitas a derrotarem os cananeus.

O que acontece neste livro?

Josué se torna o líder de Israel e leva os exércitos de Israel à vitória. Ele distribui terras às 12 tribos de Israel.

O que aprendemos sobre Deus neste livro?

Deus dará vitória a seu povo quando este lhe obedecer.

Quem é o personagem principal neste livro?

A pessoa mais importante é Josué.

Quando isto aconteceu?

Os israelitas conquistaram Canaã provavelmente entre 1405 a.C. e 1390 a.C.

Onde isto aconteceu?

Os acontecimentos neste livro transcorreram na terra de Canaã. Hoje chamamos essa região de Israel. (Veja o *Índice de mapas*, ao final desta Bíblia, para saber onde fica Israel.)

Algumas das histórias deste livro:

O Senhor instrui Josué	Josué 1
Raabe protege os espiões	Josué 2
Israel atravessa o Jordão	Josué 3—4
As muralhas de Jericó caem	Josué 6
O pecado de Acã traz derrota ao povo	Josué 7
Os gibeonitas enganam Josué	Josué 9
O sol fica parado	Josué 10
Josué se despede	Josué 24

Pessoas nos tempos da Bíblia

Josué

Josué, um homem forte e corajoso, foi um dos 12 espiões que Moisés enviou para Canaã. Ele liderou os israelitas depois que Moisés morreu e foi um líder sábio e justo que obedeceu a Deus e venceu muitas batalhas.

Palavra do SENHOR a Josué

1 Depois da morte de Moisés, servo do SENHOR, disse o SENHOR a Josué, filho de Num, auxiliar de Moisés: 2“Meu servo Moisés está morto. Agora, pois, você e todo este povo preparem-se para atravessar o rio Jordão e entrar na terra que eu estou para dar aos israelitas. 3Como prometi a Moisés, todo lugar onde puserem os pés eu darei a vocês. 4Seu território se estenderá do deserto ao Líbano[a], e do grande rio, o Eufrates, toda a terra dos hititas, até o mar Grande[b], no oeste. 5Ninguém conseguirá resistir a você todos os dias da sua vida. Assim como estive com Moisés, estarei com você; nunca o deixarei, nunca o abandonarei.

6“Seja forte e corajoso, porque você conduzirá este povo para herdar a terra que prometi sob juramento aos seus antepassados. 7Somente seja forte e muito corajoso! Tenha o cuidado de obedecer a toda a lei que o meu servo Moisés lhe ordenou; não se desvie dela, nem para a direita nem para a esquerda, para que você seja bem-sucedido por onde quer que andar. 8Não deixe de falar as palavras deste Livro da Lei e de meditar nelas de dia e de noite, para que você cumpra fielmente tudo o que nele está escrito. Só então os seus caminhos prosperarão e você será bem-sucedido. 9Não fui eu que lhe ordenei? Seja forte e corajoso! Não se apavore, nem desanime, pois o SENHOR, o seu Deus, estará com você por onde você andar”.

Os preparativos para a conquista da terra

10Assim Josué ordenou aos oficiais do povo: 11“Percorram o acampamento e ordenem ao povo que prepare as provisões. Daqui a três dias vocês atravessarão o Jordão neste ponto, para entrar e tomar posse da terra que o SENHOR, o seu Deus, lhes dá”.

12Mas às tribos de Rúben, de Gade e à metade da tribo de Manassés Josué disse: 13“Lembrem-se da ordem que Moisés, servo do SENHOR, deu a vocês, quando o SENHOR, o seu Deus, lhes prometeu descanso e dar-lhes esta terra: 14‘As suas mulheres, os seus filhos e os seus rebanhos poderão ficar na terra que Moisés lhes deu a leste do Jordão, mas todos os homens de guerra, preparados para lutar, atravessarão à frente dos seus irmãos israelitas’. Vocês os ajudarão 15até que o SENHOR conceda um lugar de descanso para eles, como deu a vocês, e até que eles também tenham tomado posse da terra que o SENHOR, o seu Deus, lhes dá. Depois disso vocês poderão voltar e ocupar a sua própria terra, que Moisés, servo do SENHOR, lhes deu a leste do Jordão, na direção do nascer do sol”.

16Então eles responderam a Josué: “Tudo o que você nos ordenar faremos, e aonde quer que nos enviar iremos. 17Assim como obedecemos totalmente a Moisés, também obedeceremos a você. Somente que o SENHOR, o seu Deus, seja com você, como foi com Moisés. 18Todo aquele que se rebelar contra as suas instruções e não obedecer às suas ordens, seja o que for que você lhe ordenar, será morto. Somente seja forte e corajoso!”

Raabe e os espiões

2 Então Josué, filho de Num, enviou secretamente de Sitim dois espiões e lhes disse: “Vão examinar a terra, especialmente Jericó”. Eles foram e entraram na casa de uma prostituta chamada Raabe, e ali passaram a noite.

2Todavia, o rei de Jericó foi avisado: “Alguns israelitas vieram aqui esta noite para espionar a terra”. 3Diante disso, o rei de Jericó enviou esta mensagem a Raabe: “Mande embora os homens que entraram em sua casa, pois vieram espionar a terra toda”.

4Mas a mulher que tinha escondido os dois homens respondeu: “É verdade que os homens vieram a mim, mas eu não sabia de onde tinham vindo. 5Ao anoitecer, na hora de fechar a porta da cidade, eles partiram. Não sei por onde foram. Corram atrás deles. Talvez os alcancem”. 6Ela, porém, os tinha levado para o terraço e os tinha escondido sob os talos de linho que havia arrumado lá.

[a] 1:4 Hebraico: *a este Líbano*. Provavelmente montanhas do Líbano.
[b] 1:4 Isto é, o mar Mediterrâneo; também em 9:1; 15:12,47 e 23:4.

7 Os perseguidores partiram atrás deles pe-
lo caminho que vai para o lugar de passa-
gem do Jordão. E logo que saíram, a porta
foi trancada.
8 Antes de os espiões se deitarem, Raabe
subiu ao terraço 9 e lhes disse: "Sei que o SE-
NHOR lhes deu esta terra. Vocês nos causaram
um medo terrível, e todos os habitantes des-
ta terra estão apavorados por causa de vocês.
10 Pois temos ouvido como o SENHOR secou as
águas do mar Vermelho perante vocês quan-
do saíram do Egito, e o que vocês fizeram a
leste do Jordão com Seom e Ogue, os dois reis
amorreus que vocês aniquilaram. 11 Quando
soubemos disso, o povo desanimou-se com-
pletamente, e por causa de vocês todos per-
deram a coragem, pois o SENHOR, o seu Deus,
é Deus em cima nos céus e embaixo na terra.
12 Jurem-me pelo SENHOR que, assim como eu
fui bondosa com vocês, vocês também serão
bondosos com a minha família. Deem-me um
sinal seguro 13 de que pouparão a vida de meu
pai e de minha mãe, de meus irmãos e de mi-
nhas irmãs, e de tudo o que lhes pertence.
Livrem-nos da morte".
14 "A nossa vida pela de vocês!", os homens
lhe garantiram. "Se você não contar o que
estamos fazendo, nós a trataremos com bon-
dade e fidelidade quando o SENHOR nos der
a terra."
15 Então Raabe os ajudou a descer pela jane-
la com uma corda, pois a casa em que morava
fazia parte do muro da cidade, 16 e lhes disse:
"Vão para aquela montanha, para que os per-
seguidores não os encontrem. Escondam-se
lá por três dias, até que eles voltem; depois
poderão seguir o seu caminho".
17 Os homens lhe disseram: "Estaremos li-
vres do juramento que você nos levou a fazer
18 se, quando entrarmos na terra, você não ti-
ver amarrado este cordão vermelho na janela
pela qual nos ajudou a descer, e se não tiver
trazido para a sua casa o seu pai e a sua mãe,
os seus irmãos e toda a sua família. 19 Qual-
quer pessoa que sair da casa será responsável
por sua própria morte; nós seremos inocen-
tes. Mas, seremos responsáveis pela morte de
quem estiver na casa com você, caso alguém
toque nessa pessoa. 20 E se você contar o que
estamos fazendo, estaremos livres do jura-
mento que você nos levou a fazer".

Pessoas nos tempos da Bíblia

Raabe

Mesmo morando em Jericó, entre os inimigos de Israel que não adoravam a Deus, Raabe creu nele. Ela foi corajosa e escondeu os espiões de Josué, para que ficassem seguros. Porque ela mostrou ter fé em Deus, foi salva junto com sua família quando Jericó foi destruída pelas tropas de Josué.

A vida nos tempos da Bíblia

Secar linho

As casas de Canaã tinham telhados planos, que eram usados para muitas coisas. Hastes de linho eram espalhadas ali para secar, e as fibras tiradas de hastes secas de linho eram tecidas para fazer roupas. Em Jericó, os espiões israelitas se esconderam sob pilhas dessas hastes.

21“Seja como vocês disseram”, respondeu
Raabe. Assim ela os despediu, e eles parti-
ram. Depois ela amarrou o cordão vermelho
na janela.
22Quando partiram, foram para a mon-
tanha e ali ficaram três dias, até que os
seus perseguidores regressassem. Estes os
procuraram ao longo de todo o caminho e
não os acharam. 23Por fim os dois homens
voltaram; desceram a montanha, atravessa-
ram o rio e chegaram a Josué, filho de Num,
e lhe contaram tudo o que lhes havia aconte-
cido. 24E disseram a Josué: “Sem dúvida o SE-
NHOR entregou a terra toda em nossas mãos;
todos estão apavorados por nossa causa”.

A travessia do Jordão

3 De manhã bem cedo Josué e todos os is-
raelitas partiram de Sitim e foram para o
Jordão, onde acamparam antes de atravessar o
rio. 2Três dias depois, os oficiais percorreram o
acampamento, 3e deram esta ordem ao povo:
“Quando virem a arca da aliança do SENHOR,
o seu Deus, e os sacerdotes levitas[a] carregan-
do a arca, saiam das suas posições e sigam-na.
4Mas mantenham a distância de cerca de no-
vecentos metros[b] entre vocês e a arca; não se
aproximem! Desse modo saberão que cami-
nho seguir, pois vocês nunca passaram por lá”.
5Josué ordenou ao povo: “Santifiquem-se,
pois amanhã o SENHOR fará maravilhas en-
tre vocês”.
6E disse aos sacerdotes: “Levantem a arca
da aliança e passem à frente do povo”. Eles a
levantaram e foram na frente.

[a] 3:3 Alguns manuscritos do Texto Massorético e as Versões Grega, Siríaca e Aramaica dizem *e os levitas*.
[b] 3:4 Hebraico: *cerca de 2.000 côvados*. O côvado era uma medida linear de cerca de 45 centímetros.

7E o SENHOR disse a Josué: “Hoje começa-
rei a exaltá-lo à vista de todo o Israel, para
que saibam que estarei com você como esti-
ve com Moisés. 8Portanto, você é quem dará
a seguinte ordem aos sacerdotes que carre-
gam a arca da aliança: Quando chegarem às
margens das águas do Jordão, parem junto
ao rio”.
9Então Josué disse aos israelitas: “Venham
ouvir as palavras do SENHOR, o seu Deus. 10As-
sim saberão que o Deus vivo está no meio de
vocês e que certamente expulsará de diante
de vocês os cananeus, os hititas, os heveus, os
ferezeus, os girgaseus, os amorreus e os jebu-
seus. 11Vejam, a arca da aliança do Soberano
de toda a terra atravessará o Jordão à fren-
te de vocês. 12Agora, escolham doze israeli-
tas, um de cada tribo. 13Quando os sacerdotes
que carregam a arca do SENHOR, o Soberano
de toda a terra, puserem os pés no Jordão, a
correnteza será represada e as águas forma-
rão uma muralha”.
14Quando, pois, o povo desmontou o acam-
pamento para atravessar o Jordão, os sacer-
dotes que carregavam a arca da aliança foram
adiante. 15(O Jordão transborda em ambas as
margens na época da colheita.) Assim que os
sacerdotes que carregavam a arca da alian-
ça chegaram ao Jordão e seus pés tocaram
as águas, 16a correnteza que descia parou de
correr e formou uma muralha a grande dis-
tância, perto de uma cidade chamada Adã,
nas proximidades de Zaretã; e as águas que
desciam para o mar da Arabá, o mar Salga-
do[c], escoaram totalmente. E assim o povo
atravessou o rio em frente de Jericó. 17Os sa-
cerdotes que carregavam a arca da aliança

[c] 3:16 Isto é, o mar Morto; também em 12:3; 15:2,5 e 18:19.

Fé como a de Raabe

Experimente!

Raabe era uma mulher que tinha fé no Deus de Israel, mesmo vivendo em Jericó. Leia Josué 2:1-21. O versículo 18 fala do cordão vermelho que ela amarrou na janela para salvar a própria vida e a vida de sua família.

Escreva em um cartão: “Eu posso confiar em Deus!”. Então, carregue-o sempre com você (na carteira, na mochila, no estojo...), para o lembrar de confiar sempre em Deus, como Raabe fez.

Josué 2:1-21

do SENHOR ficaram parados em terra seca no
meio do Jordão, enquanto todo o Israel pas-
sava, até que toda a nação o atravessou pi-
sando em terra seca.

O memorial das doze pedras

4 Quando toda a nação terminou de atra-
vessar o Jordão, o SENHOR disse a Josué:
2“Escolha doze homens dentre o povo, um
de cada tribo, 3e mande que apanhem doze
pedras do meio do Jordão, do lugar onde os
sacerdotes ficaram parados. Levem-nas com
vocês para o local onde forem passar a noite”.
4Josué convocou os doze homens que es-
colhera dentre os israelitas, um de cada tri-
bo, 5e lhes disse: “Passem adiante da arca do
SENHOR, o seu Deus, até o meio do Jordão.
Ponha cada um de vocês uma pedra nos om-
bros, conforme o número das tribos dos is-
raelitas. 6Elas servirão de sinal para vocês.
No futuro, quando os seus filhos lhes per-
guntarem: ‘Que significam essas pedras?’,
7respondam que as águas do Jordão foram
interrompidas diante da arca da aliança do
SENHOR. Quando a arca atravessou o Jordão,
as águas foram interrompidas. Essas pedras
serão um memorial perpétuo para o povo de
Israel”.
8Os israelitas fizeram como Josué lhes ha-
via ordenado. Apanharam doze pedras do
meio do Jordão, conforme o número das tri-
bos de Israel, como o SENHOR tinha ordenado
a Josué; e as levaram ao acampamento, onde
as deixaram. 9Josué ergueu também doze
pedras no meio[a] do Jordão, no local onde os
sacerdotes que carregavam a arca da aliança
tinham ficado. E elas estão lá até hoje.
10Os sacerdotes que carregavam a arca per-
maneceram em pé no meio do Jordão até
que o povo fez tudo o que o SENHOR orde-
nara a Josué, por meio de Moisés. E o povo
atravessou apressadamente. 11Quando todos
tinham acabado de atravessar, a arca do SE-
NHOR e os sacerdotes passaram para o outro
lado, diante do povo. 12Os homens das tri-
bos de Rúben, de Gade e da metade da tribo
de Manassés atravessaram preparados pa-
ra lutar, à frente dos israelitas, como Moi-
sés os tinha orientado. 13Cerca de quarenta
mil homens preparados para a guerra pas-
saram perante o SENHOR, rumo à planície
de Jericó.
14Naquele dia o SENHOR exaltou Josué à
vista de todo o Israel; e eles o respeitaram
enquanto viveu, como tinham respeitado
Moisés.
15Então o SENHOR disse a Josué: 16“Ordene
aos sacerdotes que carregam a arca da alian-
ça[b] que saiam do Jordão”.
17E Josué lhes ordenou que saíssem.
18Quando os sacerdotes que carregavam a
arca da aliança do SENHOR saíram do Jordão,
mal tinham posto os pés em terra seca, as

[a] 4:9 Ou *ergueu as doze pedras que haviam estado no meio*
[b] 4:16 Hebraico: *do Testemunho*. Isto é, das tábuas da aliança.

A vida nos tempos da Bíblia

Memoriais

Quando os israelitas cruzaram o rio Jordão para a Terra Prometida, Deus separou as águas do rio para que o povo pudesse passar com segurança. Josué disse que um homem de cada uma das 12 tribos de Israel deveria pegar uma pedra no meio do rio e levá-la para o outro lado. Ali, ele empilhou as pedras como um “memorial”, ou lembrete especial. As pedras lembrariam aos israelitas de como Deus separou as águas e os fez atravessar o rio em terra seca.

águas do Jordão voltaram ao seu lugar, e co-
briram como antes as suas margens.
19 No décimo dia do primeiro mês o povo
subiu do Jordão e acampou em Gilgal, na
fronteira leste de Jericó. 20 E em Gilgal Josué
ergueu as doze pedras tiradas do Jordão.
21 Disse ele aos israelitas: "No futuro, quan-
do os filhos perguntarem aos seus pais: 'Que
significam essas pedras?', 22 expliquem a eles:
Aqui Israel atravessou o Jordão em terra seca.
23 Pois o SENHOR, o seu Deus, secou o Jordão
perante vocês até que o tivessem atravessa-
do. O SENHOR, o seu Deus, fez com o Jordão
como fizera com o mar Vermelho, quando
o secou diante de nós até que o tivéssemos
atravessado. 24 Ele assim fez para que todos os
povos da terra saibam que a mão do SENHOR
é poderosa e para que vocês sempre temam
o SENHOR, o seu Deus".

A circuncisão dos israelitas em Gilgal

5 Todos os reis amorreus que habitavam a
oeste do Jordão e todos os reis cananeus
que viviam ao longo do litoral souberam co-
mo o SENHOR tinha secado o Jordão diante
dos israelitas até que tivéssemos atravessa-
do. Por isso, desanimaram-se e perderam a
coragem de enfrentar os israelitas.
2 Naquela ocasião o SENHOR disse a Josué:
"Faça facas de pedra e circuncide os israeli-
tas". 3 Josué fez facas de pedra e circuncidou
os israelitas em Gibeate-Aralote[a].
4 Ele fez isso porque todos os homens aptos
para a guerra morreram no deserto depois
de terem saído do Egito. 5 Todos os que saí-
ram haviam sido circuncidados, mas todos
os que nasceram no deserto, no caminho,
depois da saída do Egito, não passaram pela
circuncisão. 6 Os israelitas andaram quarenta
anos pelo deserto, até que todos os guerrei-
ros que tinham saído do Egito morressem,
visto que não tinham obedecido ao SENHOR.
Pois o SENHOR lhes havia jurado que não ve-
riam a terra que prometera aos seus antepas-
sados que nos daria, terra onde há leite e mel
com fartura. 7 Assim, em lugar deles colocou
os seus filhos, e estes foram os que Josué cir-
cuncidou. Ainda estavam incircuncisos por-
que não tinham sido circuncidados durante
a viagem. 8 E, depois que a nação inteira foi
circuncidada, eles ficaram onde estavam, no
acampamento, até se recuperarem.
9 Então o SENHOR disse a Josué: "Hoje re-
movi de vocês a humilhação sofrida no Egi-
to". Por isso até hoje o lugar se chama Gilgal.
10 Na tarde do décimo quarto dia do mês,
enquanto estavam acampados em Gilgal,
na planície de Jericó, os israelitas celebra-
ram a Páscoa. 11 No dia seguinte ao da Páscoa,
nesse mesmo dia, eles comeram pães sem
fermento e grãos de trigo tostados, produ-
tos daquela terra. 12 Um dia depois de come-
rem do produto da terra, o maná cessou. Já
não havia maná para os israelitas, e naquele
mesmo ano eles comeram do fruto da ter-
ra de Canaã.

[a] 5:3 *Gibeate-Aralote* significa *colina dos prepúcios*.

A vida nos tempos da Bíblia

O muro de Jericó

Jericó não era uma cidade muito grande, mas tinha sido construída sobre um monte. Seu muro era alto e largo, tanto que era possível construir casas sobre ele (veja Josué 2:15)! Os soldados israelitas provavelmente viram Jericó e se perguntaram como poderiam subir a colina e depois atravessar um muro tão grande. Mas Deus cuidou do alto muro de Jericó. Você pode ler sobre isso em Josué 6.

A queda de Jericó

13Estando Josué já perto de Jericó, olhou
para cima e viu um homem em pé, empu-
nhando uma espada. Aproximou-se dele e
perguntou-lhe: "Você é por nós, ou por nos-
sos inimigos?"
14"Nem uma coisa nem outra", respondeu
ele. "Venho na qualidade de comandante do
exército do SENHOR." Então Josué prostrou-
-se com o rosto em terra, em sinal de respei-
to, e lhe perguntou: "Que mensagem o meu
senhor tem para o seu servo?"
15O comandante do exército do SENHOR
respondeu: "Tire as sandálias dos pés, pois
o lugar em que você está é santo". E Josué
as tirou.

6 Jericó estava completamente fechada por
causa dos israelitas. Ninguém saía nem
entrava.
2Então o SENHOR disse a Josué: "Saiba que
entreguei nas suas mãos Jericó, seu rei e seus
homens de guerra. 3Marche uma vez ao redor
da cidade, com todos os homens armados.
Faça isso durante seis dias. 4Sete sacerdotes
levarão cada um uma trombeta de chifre de
carneiro à frente da arca. No sétimo dia, mar-
chem todos sete vezes ao redor da cidade, e
os sacerdotes toquem as trombetas. 5Quando
as trombetas soarem um longo toque, todo
o povo dará um forte grito; o muro da cida-
de cairá e o povo atacará, cada um do lugar
onde estiver".
6Josué, filho de Num, chamou os sacerdo-
tes e lhes disse: "Levem a arca da aliança do
SENHOR. Sete de vocês levarão trombetas à
frente da arca". 7E ordenou ao povo: "Avan-
cem! Marchem ao redor da cidade! Os solda-
dos armados irão à frente da arca do SENHOR".
8Quando Josué terminou de falar ao povo,
os sete sacerdotes que levavam suas trom-
betas perante o SENHOR saíram à frente, to-
cando as trombetas. E a arca da aliança do
SENHOR ia atrás deles. 9Os soldados armados
marchavam à frente dos sacerdotes que toca-
vam as trombetas, e o restante dos soldados
seguia a arca. Durante todo esse tempo toca-
vam-se as trombetas. 10Mas, Josué tinha orde-
nado ao povo: "Não deem o brado de guerra,
não levantem a voz, não digam palavra algu-
ma, até o dia em que eu lhes ordenar. Então
vocês gritarão!" 11Assim se fez a arca do SE-
NHOR rodear a cidade, dando uma volta em
torno dela. Então o povo voltou para o acam-
pamento, onde passou a noite.
12Josué levantou-se na manhã seguinte, e
os sacerdotes levaram a arca do SENHOR. 13Os
sete sacerdotes que levavam as trombetas
iam adiante da arca do SENHOR, tocando as
trombetas. Os homens armados iam à frente
deles, e o restante dos soldados seguia a arca
do SENHOR, enquanto as trombetas tocavam
continuamente. 14No segundo dia também
rodearam a cidade uma vez, e voltaram ao
acampamento. E durante seis dias repetiram
aquela ação.
15No sétimo dia, levantaram-se ao romper
da manhã e marcharam da mesma manei-
ra sete vezes ao redor da cidade; foi apenas
nesse dia que rodearam a cidade sete vezes.
16Na sétima vez, quando os sacerdotes deram

Experimente!

Confiar e obedecer

Quando atacavam cidades muradas, os exércitos empilhavam os escombros contra os muros para subir por eles. Leia Josué 6:1-15. O que você acha que as pessoas em Jericó pensaram quando os israelitas ficaram apenas caminhando ao redor do muro? Imagine três coisas que o povo de Jericó poderia ter gritado aos israelitas para provocá-los ou para tentar assustá-los.

Agora, leia Josué 6:16-21. Os israelitas não sabiam por que lhes foi dito que marchassem ao redor da cidade, mas obedeceram a Deus e venceram!

Há muitas coisas que os adultos entendem melhor que as crianças. Não é bobagem obedecer a sua mãe e a seu pai, mesmo que você nem sempre entenda por que eles querem que você faça o que pedem.

Josué 6:1-21

o toque de trombeta, Josué ordenou ao povo:
"Gritem! O SENHOR lhes entregou a cidade!
17A cidade, com tudo o que nela existe, será
consagrada ao SENHOR para destruição. So-
mente a prostituta Raabe e todos os que es-
tão com ela em sua casa serão poupados, pois
ela escondeu os espiões que enviamos. 18Mas
fiquem longe das coisas consagradas, não se
apossem de nenhuma delas, para que não
sejam destruídos. Do contrário trarão des-
truição e desgraça ao acampamento de Is-
rael. 19Toda a prata, todo o ouro e todos os
utensílios de bronze e de ferro são sagrados
e pertencem ao SENHOR e deverão ser leva-
dos para o seu tesouro".

20Quando soaram as trombetas o povo gri-
tou. Ao som das trombetas e do forte grito,
o muro caiu. Cada um atacou do lugar onde
estava, e tomaram a cidade. 21Consagraram
a cidade ao SENHOR, destruindo ao fio da es-
pada homens, mulheres, jovens, velhos, bois,
ovelhas e jumentos; todos os seres vivos que
nela havia.

22Josué disse aos dois homens que tinham
espionado a terra: "Entrem na casa da pros-
tituta e tirem-na de lá com todos os seus pa-
rentes, conforme o juramento que fizeram a
ela". 23Então os jovens que tinham espionado
a terra entraram e trouxeram Raabe, seu pai,
sua mãe, seus irmãos e todos os seus paren-
tes. Tiraram de lá todos os da sua família e
os deixaram num local fora do acampamen-
to de Israel.

24Depois incendiaram a cidade inteira e tu-
do o que nela havia, mas entregaram a prata,
o ouro e os utensílios de bronze e de ferro ao
tesouro do santuário do SENHOR. 25E Josué
poupou a prostituta Raabe, a sua família, e
todos os seus pertences, pois ela escondeu
os homens que Josué tinha enviado a Jericó
como espiões. E Raabe vive entre os israeli-
tas até hoje.

26Naquela ocasião Josué pronunciou este
juramento solene: "Maldito seja diante do
SENHOR o homem que reconstruir a cidade
de Jericó:

"Ao preço de seu filho mais velho
lançará os alicerces da cidade;
ao preço de seu filho mais novo
porá suas portas!"

27Assim o SENHOR esteve com Josué, cuja
fama espalhou-se por toda a região.

O pecado de Acã e suas consequências

7 Mas os israelitas foram infiéis com relação
às coisas consagradas. Acã, filho de Carmi,

Você sabia?

Por que o pecado de Acã era tão sério?

7:1 Deus ajudaria os israelitas a lutar contra os inimigos apenas se eles o obedecessem completamente. Acã lhe desobedeceu e, por causa desse pecado, Deus não ajudou o povo, e 36 soldados israelitas morreram em Ai. Depois que Acã confessou seu pecado e foi punido, Deus novamente esteve com os soldados israelitas na batalha.

filho de Zinri[a], filho de Zerá, da tribo de Ju-
dá, apossou-se de algumas delas. E a ira do
SENHOR acendeu-se contra Israel.

2Sucedeu que Josué enviou homens de Je-
ricó a Ai, que fica perto de Bete-Áven, a leste
de Betel, e ordenou-lhes: "Subam e espio-
nem a região". Os homens subiram e espio-
naram Ai.

3Quando voltaram a Josué, disseram: "Não
é preciso que todos avancem contra Ai. En-
vie uns dois ou três mil homens para atacá-
-la. Não canse todo o exército, pois eles são
poucos". 4Por isso cerca de três mil homens
atacaram a cidade; mas os homens de Ai os
puseram em fuga, 5chegando a matar trinta
e seis deles. Eles perseguiram os israelitas
desde a porta da cidade até Sebarim[b], e os
feriram na descida. Diante disso o povo de-
sanimou-se completamente.

6Então Josué, com as autoridades de Is-
rael, rasgou as vestes, prostrou-se com o rosto
em terra, diante da arca do SENHOR, cobrin-
do de terra a cabeça, e ali permaneceu até a
tarde. 7Disse então Josué: "Ah, Soberano SE-
NHOR, por que fizeste este povo atravessar o
Jordão? Foi para nos entregar nas mãos dos
amorreus e nos destruir? Antes nos conten-
tássemos em continuar no outro lado do Jor-
dão! 8Que poderei dizer, Senhor, agora que
Israel foi derrotado por seus inimigos? 9Os
cananeus e os demais habitantes desta ter-
ra saberão disso, nos cercarão e eliminarão o
nosso nome da terra. Que farás, então, pelo
teu grande nome?"

[a] 7:1 Alguns manuscritos dizem *Zabdi*; também nos versículos 17 e 18. Veja 1Cr 2:6.
[b] 7:5 Ou *as pedreiras*

10O SENHOR disse a Josué: "Levante-se! Por
que você está aí prostrado? 11Israel pecou.
Violou a aliança que eu lhe ordenei. Apossou-
-se de coisas consagradas, roubou-as, escon-
deu-as e as colocou junto de seus bens. 12Por
isso os israelitas não conseguem resistir aos
inimigos; fogem deles porque se tornaram
merecedores da sua destruição. Não estarei
mais com vocês, se não destruírem do meio
de vocês o que foi consagrado à destruição.
13"Vá, santifique o povo! Diga-lhes: Santifi-
quem-se para amanhã, pois assim diz o SE-
NHOR, o Deus de Israel: Há coisas consagradas
à destruição no meio de vocês, ó Israel. Vocês
não conseguirão resistir aos seus inimigos
enquanto não as retirarem.
14"Apresentem-se de manhã, uma tribo de
cada vez. A tribo que o SENHOR escolher virá
à frente, um clã de cada vez; o clã que o SE-
NHOR escolher virá à frente, uma família de
cada vez; e a família que o SENHOR escolher
virá à frente, um homem de cada vez. 15Aque-
le que for pego com as coisas consagradas
será queimado no fogo com tudo o que lhe
pertence. Violou a aliança do SENHOR e come-
teu loucura em Israel!"
16Na manhã seguinte Josué mandou os is-
raelitas virem à frente segundo as suas tri-
bos, e a de Judá foi a escolhida. 17Os clãs de
Judá vieram à frente, e ele escolheu os zeraí-
tas. Fez o clã dos zeraítas vir à frente, família
por família, e o escolhido foi Zinri. 18Josué fez
a família de Zinri vir à frente, homem por ho-
mem, e Acã, filho de Carmi, filho de Zinri, fi-
lho de Zerá, da tribo de Judá, foi o escolhido.
19Então Josué disse a Acã: "Meu filho, pa-
ra a glória do SENHOR, o Deus de Israel, diga
a verdade. Conte-me o que você fez; não me
esconda nada".
20Acã respondeu: "É verdade que pequei
contra o SENHOR, o Deus de Israel. O que fiz
foi o seguinte: 21quando vi entre os despojos
uma bela capa feita na Babilônia[a], dois quilos
e quatrocentos gramas de prata e uma barra
de ouro de seiscentos gramas[b], eu os cobi-
cei e me apossei deles. Estão escondidos no
chão da minha tenda, com a prata por baixo".
22Josué enviou alguns homens que corre-
ram à tenda de Acã; lá estavam escondidas
as coisas, com a prata por baixo. 23Retiraram-
-nas da tenda e as levaram a Josué e a todos
os israelitas, e as puseram perante o SENHOR.
24Então Josué, junto com todo o Israel,
levou Acã, bisneto de Zerá, e a prata, a ca-
pa, a barra de ouro, seus filhos e filhas, seus
bois, seus jumentos, suas ovelhas, sua tenda
e tudo o que lhe pertencia, ao vale de Acor.
25Disse Josué: "Por que você nos causou es-
ta desgraça? Hoje o SENHOR lhe causará des-
graça[c]". E todo o Israel o apedrejou, e depois
apedrejou também os seus, e queimou tudo e
todos eles no fogo. 26Sobre Acã ergueram um
grande monte de pedras, que existe até ho-
je. Então o SENHOR se afastou do fogo da sua
ira. Por isso foi dado àquele lugar o nome de
vale de Acor, nome que permanece até hoje.

A destruição de Ai

8 E disse o SENHOR a Josué: "Não tenha me-
do! Não desanime! Leve todo o exército
com você e avance contra Ai. Eu entreguei nas
suas mãos o rei de Ai, seu povo, sua cidade e
sua terra. 2Você fará com Ai e seu rei o que fez
com Jericó e seu rei; e desta vez vocês poderão
se apossar dos despojos e dos animais. Prepa-
re uma emboscada atrás da cidade".
3Então Josué e todo o exército se prepa-
raram para atacar a cidade de Ai. Ele esco-
lheu trinta mil dos seus melhores homens de
guerra e os enviou de noite 4com a seguinte
ordem: "Atenção! Preparem uma emboscada
atrás da cidade, e não se afastem muito dela.
Fiquem todos alerta. 5Eu e todos os que esti-
verem comigo nos aproximaremos da cida-
de. Quando os homens nos atacarem como
fizeram antes, fugiremos deles. 6Eles nos per-
seguirão até que os tenhamos atraído para
longe da cidade, pois dirão: 'Estão fugindo
de nós como fizeram antes'. Quando estiver-
mos fugindo, 7vocês sairão da emboscada e
tomarão a cidade. O SENHOR, o seu Deus, a
entregará em suas mãos. 8Depois que toma-
rem a cidade, vocês a incendiarão. Façam o
que o SENHOR ordenou. Atentem bem para
as minhas instruções".
9Então Josué os enviou. Eles foram e fica-
ram de emboscada entre Betel e Ai, a oes-
te de Ai. Josué, porém, passou aquela noite
com o povo.
10Na manhã seguinte Josué passou em re-
vista os homens, e ele e os líderes de Israel
partiram à frente deles para atacar a cidade.
11Todos os homens de guerra que estavam
com ele avançaram, aproximaram-se da ci-
dade pela frente e armaram acampamento
ao norte de Ai, onde o vale os separava da
cidade. 12Josué pôs de emboscada cerca de

[a] 7:21 Hebraico: *capa de Sinear*.
[b] 7:21 Hebraico: *200 siclos de prata e 50 siclos de ouro*. Um siclo equivalia a 12 gramas.
[c] 7:25 O termo aqui traduzido por *desgraça* está relacionado no hebraico com os nomes *Acã e Acor*.

cinco mil homens entre Betel e Ai, a oeste da cidade. 13 Os que estavam no acampamento ao norte da cidade, e os que estavam na emboscada a oeste, tomaram posição. Naquela noite Josué foi ao vale.

14 Quando o rei de Ai viu isso, ele e todos os homens da cidade se apressaram, levantaram-se logo cedo e saíram para enfrentar Israel no campo de batalha, no local de onde se avista a Arabá. Ele não sabia da emboscada armada contra ele atrás da cidade. 15 Josué e todo o Israel deixaram-se perseguir por eles e fugiram para o deserto. 16 Todos os homens de Ai foram chamados para persegui-los. Eles perseguiram Josué e foram atraídos para longe da cidade. 17 Nem um só homem ficou em Ai e em Betel; todos foram atrás de Israel. Deixaram a cidade aberta e saíram em perseguição de Israel.

18 Disse então o SENHOR a Josué: "Estende a lança que você tem na mão na direção de Ai, pois nas suas mãos entregarei a cidade". Josué estendeu a lança na direção de Ai, 19 e assim que o fez, os homens da emboscada saíram correndo da sua posição, entraram na cidade, tomaram-na e depressa a incendiaram.

20 Quando os homens de Ai olharam para trás e viram a fumaça da cidade subindo ao céu, não tinham para onde escapar, pois os israelitas que fugiam para o deserto se voltaram contra os seus perseguidores. 21 Vendo Josué e todo o Israel que os homens da emboscada tinham tomado a cidade e que desta subia fumaça, deram meia-volta e atacaram os homens de Ai. 22 Os outros israelitas também saíram da cidade para lutar contra eles, de modo que foram cercados, tendo os israelitas dos dois lados. Então os israelitas os mataram, sem deixar sobreviventes nem fugitivos, 23 mas prenderam vivo o rei de Ai e o levaram a Josué.

24 Israel terminou de matar os habitantes de Ai no campo e no deserto, onde os tinha perseguido; eles morreram ao fio da espada. Depois disso, todos os israelitas voltaram à cidade de Ai e mataram os que lá haviam ficado. 25 Doze mil homens e mulheres caíram mortos naquele dia. Era toda a população de Ai. 26 Pois Josué não recuou a lança até exterminar todos os habitantes de Ai. 27 Mas Israel se apossou dos animais e dos despojos daquela cidade, conforme a ordem que o SENHOR tinha dado a Josué.

28 Assim Josué incendiou Ai e fez dela um perpétuo monte de ruínas, um lugar abandonado até hoje. 29 Enforcou o rei de Ai numa árvore e ali o deixou até a tarde. Ao pôr do sol Josué ordenou que tirassem o corpo da árvore e que o atirassem à entrada da cidade. E sobre ele ergueram um grande monte de pedras, que perdura até hoje.

A renovação da aliança no monte Ebal

30 Então Josué construiu no monte Ebal um altar ao SENHOR, o Deus de Israel, 31 conforme Moisés, servo do SENHOR, tinha ordenado aos israelitas. Ele o construiu de acordo com o que está escrito no Livro da Lei de Moisés: um altar de pedras não lavradas, nas quais não se usou ferramenta de ferro. Sobre ele ofereceram ao SENHOR holocaustos[a] e sacrifícios de comunhão[b]. 32 Ali, na presença dos israelitas, Josué copiou nas pedras a Lei que Moisés havia escrito. 33 Todo o Israel, estrangeiros e naturais da terra, com os seus líderes, os seus oficiais e os seus juízes, estavam em pé dos dois lados da arca da aliança do SENHOR, diante dos sacerdotes levitas, que a carregavam. Metade do povo estava em pé, defronte do monte Gerizim, e metade, defronte do monte Ebal. Tudo conforme Moisés, servo do SENHOR, tinha ordenado anteriormente, para que o povo de Israel fosse abençoado.

34 Em seguida Josué leu todas as palavras da lei, a bênção e a maldição, segundo o que está escrito no Livro da Lei. 35 Não houve uma só palavra de tudo o que Moisés tinha ordenado que Josué não lesse para toda a assembleia de Israel, inclusive mulheres, crianças, e os estrangeiros que viviam no meio deles.

A astúcia dos gibeonitas: o acordo com Josué

9 E souberam disso todos os reis que viviam a oeste do Jordão, nas montanhas, na Sefelá[c] e em todo o litoral do mar Grande, até o Líbano. Eram os reis dos hititas, dos amorreus, dos cananeus, dos ferezeus, dos heveus e dos jebuseus. 2 Eles se ajuntaram para guerrear contra Josué e contra Israel.

3 Contudo, quando os habitantes de Gibeom souberam o que Josué tinha feito com Jericó e Ai, 4 recorreram a um ardil. Enviaram uma delegação, trazendo jumentos carregados de sacos gastos e vasilhas de couro velhas, rachadas e remendadas. 5 Os homens calçavam

[a] 8:31 Isto é, sacrifícios totalmente queimados.
[b] 8:31 Ou *de paz*
[c] 9:1 Pequena faixa de terra de relevo variável entre a planície costeira e as montanhas; também em 10:40; 11:2,16; 12:8 e 15:33.

sandálias gastas e remendadas e vestiam rou-
pas velhas. Todos os pães do suprimento de-
les estavam secos e esmigalhados. 6Foram a
Josué, no acampamento de Gilgal, e disse-
ram a ele e aos homens de Israel: “Viemos
de uma terra distante. Queremos que façam
um acordo conosco”.
7Os israelitas disseram aos heveus: “Talvez
vocês vivam perto de nós. Como poderemos
fazer um acordo com vocês?”
8“Somos seus servos”, disseram a Josué.
Josué, porém, perguntou: “Quem são vo-
cês? De onde vocês vêm?”
9Eles responderam: “Seus servos vieram de
uma terra muito distante por causa da fama
do SENHOR, o seu Deus. Pois ouvimos falar
dele, de tudo o que fez no Egito, 10e de tudo o
que fez aos dois reis dos amorreus a leste do
Jordão: Seom, rei de Hesbom, e Ogue, rei de
Basã, que reinava em Asterote. 11E os nossos
líderes e todos os habitantes da nossa terra
nos disseram: ‘Juntem provisões para a via-
gem, vão encontrar-se com eles e digam-lhes:
Somos seus servos, façam um acordo conos-
co’. 12Este nosso pão estava quente quando o
embrulhamos em casa no dia em que saímos
de viagem para cá. Mas vejam como agora
está seco e esmigalhado. 13Estas vasilhas de
couro que enchemos de vinho eram novas,
mas agora estão rachadas. E as nossas rou-
pas e sandálias estão gastas por causa da lon-
ga viagem”.
14Os israelitas examinaram[a] as provisões
dos heveus, mas não consultaram o SENHOR.
15Então Josué fez um acordo de paz com eles,
garantindo poupar-lhes a vida, e os líderes da
comunidade o confirmaram com juramento.
16Três dias depois de fazerem o acordo com
os gibeonitas, os israelitas souberam que
eram vizinhos e que viviam perto deles. 17Por
isso partiram de viagem, e três dias depois
chegaram às cidades dos heveus, que eram
Gibeom, Quefira, Beerote e Quiriate-Jearim.
18Mas não os atacaram, porque os líderes da
comunidade lhes haviam feito um juramento
em nome do SENHOR, o Deus de Israel.
Toda a comunidade, porém, queixou-se
contra os líderes, 19que lhes responderam:
“Fizemos a eles o nosso juramento em no-
me do SENHOR, o Deus de Israel; por isso não
podemos tocar neles. 20Todavia, nós os tra-
taremos assim: vamos deixá-los viver, para
que não caia sobre nós a ira divina por que-
brarmos o juramento que lhes fizemos”. 21E
acrescentaram: “Eles ficarão vivos, mas se-
rão lenhadores e carregadores de água para
toda a comunidade”. E assim se manteve a
promessa dos líderes.
22Então Josué convocou os gibeonitas e
disse: “Por que vocês nos enganaram dizen-
do que viviam muito longe de nós, quando
na verdade vivem perto? 23Agora vocês estão

[a] 9:14 Ou *provaram*

Pergunte primeiro

Experimente!

Josué 9:1-18

Deus ordenou a Josué que expulsasse todos os diferentes povos da terra de Canaã, mas um grupo de pessoas, os gibeonitas, enganou Josué e os israelitas. Leia Josué 9:1-18 para descobrir como aconteceu.

A Bíblia diz que os israelitas “não consultaram o SENHOR” (Josué 9:14), o que significa que eles não perguntaram antes de agir. Quando uma pessoa não tem certeza de alguma coisa, ela deve perguntar primeiro.

Aqui estão algumas perguntas que você pode fazer antes de agir: posso usar a caneta se eu colocá-la de volta quando terminar? Há algum problema em usar a internet? Posso jogar videogame depois de terminar a lição de casa?

Pense no que mais você deve se perguntar antes de decidir fazer alguma coisa e dê três pontos para cada pergunta em que você pensar. Veja quantos pontos você pode ganhar em dez minutos. Ou jogue com toda a sua família, pedindo que ajudem você a pensar em perguntas a serem feitas antes de agir.

debaixo de maldição: nunca deixarão de ser
escravos, rachando lenha e carregando água
para a casa do meu Deus".
24Eles responderam a Josué: "Os seus ser-
vos ficaram sabendo como o SENHOR, o seu
Deus, ordenou que o seu servo Moisés lhes
desse toda esta terra e que eliminasse todos
os seus habitantes da presença de vocês. Ti-
vemos medo do que poderia acontecer co-
nosco por causa de vocês. Por isso agimos
assim. 25Estamos agora nas suas mãos. Faça
conosco o que lhe parecer bom e justo".
26Josué então os protegeu e não permi-
tiu que os matassem. 27Mas naquele dia fez
dos gibeonitas lenhadores e carregadores de
água para a comunidade e para o altar do SE-
NHOR, no local que o SENHOR escolhesse. É o
que eles são até hoje.

O dia em que o sol parou

10 Sucedeu que Adoni-Zedeque, rei de Jeru-
salém, soube que Josué tinha conquista-
do Ai e a tinha destruído totalmente, fazendo
com Ai e seu rei o que fizera com Jericó e seu
rei, e que o povo de Gibeom tinha feito a paz
com Israel e estava vivendo no meio deles.
2Ele e o seu povo ficaram com muito medo,
pois Gibeom era tão importante como uma
cidade governada por um rei; era maior do
que Ai, e todos os seus homens eram bons
guerreiros. 3Por isso Adoni-Zedeque, rei de
Jerusalém, fez o seguinte apelo a Hoão, rei de
Hebrom, a Piram, rei de Jarmute, a Jafia, rei
de Laquis, e a Debir, rei de Eglom: 4"Venham
para cá e ajudem-me a atacar Gibeom, pois
ela fez a paz com Josué e com os israelitas".
5Então os cinco reis dos amorreus, os reis
de Jerusalém, de Hebrom, de Jarmute, de La-
quis e de Eglom reuniram-se e vieram com
todos os seus exércitos. Cercaram Gibeom e
a atacaram.
6Os gibeonitas enviaram esta mensagem
a Josué, no acampamento de Gilgal: "Não
abandone os seus servos. Venha depres-
sa! Salve-nos! Ajude-nos, pois todos os reis
amorreus que vivem nas montanhas se uni-
ram contra nós!"
7Josué partiu de Gilgal com todo o seu
exército, inclusive com os seus melhores
guerreiros. 8E disse o SENHOR a Josué: "Não
tenha medo desses reis; eu os entreguei nas
suas mãos. Nenhum deles conseguirá resis-
tir a você".
9Depois de uma noite inteira de marcha
desde Gilgal, Josué os apanhou de surpresa.
10O SENHOR os lançou em confusão diante de
Israel, que lhes impôs grande derrota em Gi-
beom. Os israelitas os perseguiram pela subi-
da para Bete-Horom e os mataram por todo
o caminho, até Azeca e Maquedá. 11Enquanto
fugiam de Israel na descida de Bete-Horom
para Azeca, do céu o SENHOR lançou sobre
eles grandes pedras de granizo, que mataram
mais gente do que as espadas dos israelitas.
12No dia em que o SENHOR entregou os
amorreus aos israelitas, Josué exclamou ao
SENHOR, na presença de Israel:

"Sol, pare sobre Gibeom!
E você, ó lua, sobre o vale de Aijalom!"
13O sol parou,
e a lua se deteve,
até a nação vingar-se
dos[a] seus inimigos,

como está escrito no Livro de Jasar.
O sol parou no meio do céu e por quase
um dia inteiro não se pôs. 14Nunca antes nem
depois houve um dia como aquele, quando o
SENHOR atendeu a um homem. Sem dúvida
o SENHOR lutava por Israel!
15Então Josué voltou com todo o Israel ao
acampamento em Gilgal.

Os cinco reis amorreus são mortos

16Os cinco reis fugiram e se esconderam
na caverna de Maquedá. 17Avisaram a Josué
que eles tinham sido achados numa caverna
em Maquedá. 18Disse ele: "Rolem grandes pe-
dras até a entrada da caverna, e deixem ali
alguns homens de guarda. 19Mas não se de-
tenham! Persigam os inimigos. Ataquem-nos
pela retaguarda e não os deixem chegar às
suas cidades, pois o SENHOR, o seu Deus, os
entregou em suas mãos".
20Assim Josué e os israelitas os derrotaram
por completo, quase exterminando-os. Mas
alguns conseguiram escapar e se refugiaram
em suas cidades fortificadas. 21O exército in-
teiro voltou então em segurança a Josué, ao
acampamento de Maquedá, e depois disso,
ninguém mais ousou abrir a boca para pro-
vocar os israelitas.
22Então disse Josué: "Abram a entrada da
caverna e tragam-me aqueles cinco reis". 23Os
cinco reis foram tirados da caverna. Eram os
reis de Jerusalém, de Hebrom, de Jarmute,
de Laquis e de Eglom. 24Quando os levaram
a Josué, ele convocou todos os homens de
Israel e disse aos comandantes do exército
que o tinham acompanhado: "Venham aqui

[a] 10:13 Ou *derrotar os*

e ponham o pé no pescoço destes reis". E eles
obedeceram.
25 Disse-lhes Josué: "Não tenham medo!
Não desanimem! Sejam fortes e corajosos! É
isso que o SENHOR fará com todos os inimigos
que vocês tiverem que combater". 26 Depois
Josué matou os reis e mandou pendurá-los
em cinco árvores, onde ficaram até a tarde.
27 Ao pôr do sol, sob as ordens de Josué, eles
foram tirados das árvores e jogados na caver-
na onde haviam se escondido. Na entrada da
caverna colocaram grandes pedras, que lá es-
tão até hoje.
28 Naquele dia Josué tomou Maquedá. Ata-
cou a cidade e matou o seu rei à espada e
exterminou todos os que nela viviam, sem
deixar sobreviventes. E fez com o rei de Ma-
quedá o que tinha feito com o rei de Jericó.

A conquista das cidades do sul

29 Então Josué, e todo o Israel com ele,
avançou de Maquedá para Libna e a atacou.
30 O SENHOR entregou também aquela cidade
e seu rei nas mãos dos israelitas. Josué ata-
cou a cidade e matou à espada todos os que
nela viviam, sem deixar nenhum sobreviven-
te ali. E fez com o seu rei o que fizera com o
rei de Jericó.
31 Depois Josué, e todo o Israel com ele,
avançou de Libna para Laquis, cercou-a e a
atacou. 32 O SENHOR entregou Laquis nas mãos
dos israelitas, e Josué tomou-a no dia seguin-
te. Atacou a cidade e matou à espada todos os
que nela viviam, como tinha feito com Lib-
na. 33 Nesse meio tempo Horão, rei de Gezer,
fora socorrer Laquis, mas Josué o derrotou,
a ele e ao seu exército, sem deixar sobrevi-
vente algum.
34 Josué, e todo o Israel com ele, avançou
de Laquis para Eglom, cercou-a e a atacou.
35 Eles a conquistaram naquele mesmo dia,
feriram-na à espada e exterminaram os que
nela viviam, como tinham feito com Laquis.
36 Então Josué, e todo o Israel com ele, foi
de Eglom para Hebrom e a atacou. 37 Toma-
ram a cidade e a feriram à espada, como tam-
bém o seu rei, os seus povoados e todos os
que nela viviam, sem deixar sobrevivente al-
gum. Destruíram totalmente a cidade e to-
dos os que nela viviam, como tinham feito
com Eglom.
38 Depois Josué, e todo o Israel com ele, vol-
tou e atacou Debir. 39 Tomaram a cidade, seu
rei e seus povoados, e os mataram à espada.
Exterminaram os que nela viviam, sem dei-
xar sobrevivente algum. Fizeram com Debir
e seu rei o que tinham feito com Libna e seu
rei e com Hebrom.
40 Assim Josué conquistou a região toda, in-
cluindo a serra central, o Neguebe, a Sefelá
e as vertentes, e derrotou todos os seus reis,
sem deixar sobrevivente algum. Exterminou
tudo o que respirava, conforme o SENHOR,
o Deus de Israel, tinha ordenado. 41 Josué os
derrotou desde Cades-Barneia até Gaza, e

A vida nos tempos da Bíblia

Reis derrotados

Quando os israelitas venceram a batalha, os comandantes do exército de Josué colocaram um pé no pescoço dos reis inimigos. Isso era um sinal de que os inimigos não tinham como se defender do exército israelita e de seu Deus.

Isso também lembrava aos israelitas de que Deus havia prometido estar com eles nas batalhas e lhes dar vitória sobre os inimigos.

Você sabia?

Como Josué conquistou Canaã?

10:40 O exército de Josué avançou para o meio da terra de Canaã e a dividiu. Josué primeiro derrotou os reis do sul; depois, os do norte. Oficiais de exércitos modernos ainda estudam os planos de batalha que Josué usou.

toda a região de Gósen, e de lá até Gibeom.
42Também subjugou todos esses reis e conquistou suas terras numa única campanha,
pois o SENHOR, o Deus de Israel, lutou por
Israel.
43Então Josué retornou com todo o Israel
ao acampamento em Gilgal.

A vitória sobre os reis do norte

11 Quando Jabim, rei de Hazor, soube disso,
enviou mensagem a Jobabe, rei de Madom, aos reis de Sinrom e Acsafe, 2e aos reis
do norte que viviam nas montanhas, na Arabá
ao sul de Quinerete, na Sefelá e em Nafote-Dor[a], a oeste; 3aos cananeus a leste e a oeste;
aos amorreus, aos hititas, aos ferezeus e aos
jebuseus das montanhas; e aos heveus do sopé do Hermom, na região de Mispá. 4Saíram
com todas as suas tropas, um exército imenso,
tão numeroso como a areia da praia, além de
um grande número de cavalos e carros. 5Todos esses reis se uniram e acamparam junto
às águas de Merom, para lutar contra Israel.
6E o SENHOR disse a Josué: "Não tenha medo deles, porque amanhã a esta hora os entregarei todos mortos a Israel. A você cabe
cortar os tendões dos cavalos deles e queimar os seus carros".
7Josué e todo o seu exército os surpreenderam junto às águas de Merom e os atacaram, 8e o SENHOR os entregou nas mãos de
Israel, que os derrotou e os perseguiu até Sidom, a grande, até Misrefote-Maim e até o
vale de Mispá, a leste. Eles os mataram sem
deixar sobrevivente algum. 9Josué os tratou
como o SENHOR lhe tinha ordenado. Cortou
os tendões dos seus cavalos e queimou os
seus carros.

10Na mesma ocasião Josué voltou, conquistou Hazor e matou o seu rei à espada. (Hazor
tinha sido a capital de todos esses reinos.)
11Matou à espada todos os que nela estavam.
Exterminou-os totalmente, sem poupar nada
que respirasse, e incendiou Hazor.
12Josué conquistou todas essas cidades e
matou à espada os reis que as governavam.
Destruiu-as totalmente, como Moisés, servo
do SENHOR, tinha ordenado. 13Contudo, Israel
não incendiou nenhuma das cidades construídas nas colinas, com exceção de Hazor,
que Josué incendiou. 14Os israelitas tomaram
posse de todos os despojos e dos animais dessas cidades, mas mataram todo o povo à espada, até exterminá-lo completamente, sem
poupar ninguém. 15Tudo o que o SENHOR tinha ordenado a seu servo Moisés, Moisés ordenou a Josué, e Josué obedeceu, sem deixar
de cumprir nada de tudo o que o SENHOR tinha ordenado a Moisés.
16Assim Josué conquistou toda aquela terra: a serra central, todo o Neguebe, toda a
região de Gósen, a Sefelá, a Arabá e os montes de Israel e suas planícies, 17desde o monte Halaque, que se ergue na direção de Seir,
até Baal-Gade, no vale do Líbano, no sopé do
monte Hermom. Ele capturou todos os seus
reis e os matou. 18Josué guerreou contra todos esses reis por muito tempo. 19Com exceção dos heveus que viviam em Gibeom,
nenhuma cidade fez a paz com os israelitas,
que a todas conquistou em combate. 20Pois
foi o próprio SENHOR que lhes endureceu o
coração para guerrearem contra Israel, para
que ele os destruísse totalmente, exterminando-os sem misericórdia, como o SENHOR
tinha ordenado a Moisés.
21Naquela ocasião Josué exterminou os
enaquins dos montes de Hebrom, de Debir
e de Anabe, de todos os montes de Judá, e de
Israel. Josué destruiu-os totalmente, e também as suas cidades. 22Nenhum enaquim foi
deixado vivo no território israelita; somente
em Gaza, em Gate e em Asdode é que alguns
sobreviveram. 23Foi assim que Josué conquistou toda a terra, conforme o SENHOR tinha
dito a Moisés, e deu-a por herança a Israel,
repartindo-a entre as suas tribos.
E a terra teve descanso da guerra.

A lista dos reis derrotados

12 São estes os reis que os israelitas derrotaram, e de cujo território se apossaram
a leste do Jordão, desde o ribeiro do Arnom

[a] 11:2 Ou *no planalto de Dor*; também em 12:23.

até o monte Hermom, inclusive todo o lado
leste da Arabá:

2Seom, rei dos amorreus, que reinou em
Hesbom. Governou desde Aroer, na borda do
ribeiro do Arnom, desde o meio do ribeiro,
até o rio Jaboque, que é a fronteira dos amo-
nitas. Esse território incluía a metade de Gi-
leade. 3Também governou a Arabá oriental,
desde o mar de Quinerete[a] até o mar da Ara-
bá, o mar Salgado, até Bete-Jesimote, e mais
ao sul, ao pé das encostas do Pisga.

4Tomaram o território de Ogue, rei de Ba-
sã, um dos últimos refains, que reinou em
Asterote e Edrei. 5Ele governou o monte Her-
mom, Salcá, toda a Basã, até a fronteira do
povo de Gesur e de Maaca, e metade de Gilea-
de, até a fronteira de Seom, rei de Hesbom.

6Moisés, servo do SENHOR, e os israelitas
os derrotaram. E Moisés, servo do SENHOR,
deu a terra deles como propriedade às tri-
bos de Rúben, de Gade e à metade da tribo
de Manassés.

7São estes os reis que Josué e os israelitas
derrotaram no lado ocidental do Jordão, des-
de Baal-Gade, no vale do Líbano, até o monte
Halaque, que se ergue na direção de Seir. Jo-
sué deu a terra deles por herança às tribos de
Israel, repartindo-a entre elas — 8a serra cen-
tral, a Sefelá, a Arabá, as encostas das monta-
nhas, o deserto e o Neguebe — as terras dos
hititas, dos amorreus, dos cananeus, dos fe-
rezeus, dos heveus e dos jebuseus:

9o rei de Jericó, o rei de Ai, próxima a Betel,
10o rei de Jerusalém, o rei de Hebrom, 11o rei
de Jarmute, o rei de Laquis, 12o rei de Eglom,
o rei de Gezer, 13o rei de Debir, o rei de Geder,
14o rei de Hormá, o rei de Arade, 15o rei de Li-
bna, o rei de Adulão, 16o rei de Maquedá, o
rei de Betel, 17o rei de Tapua, o rei de Héfer,
18o rei de Afeque, o rei de Lasarom, 19o rei de
Madom, o rei de Hazor, 20o rei de Sinrom-Me-
rom, o rei de Acsafe, 21o rei de Taanaque, o rei
de Megido, 22o rei de Quedes, o rei de Jocneão
do Carmelo, 23o rei de Dor em Nafote-Dor, o
rei de Goim de Gilgal, 24e o rei de Tirza. Trin-
ta e um reis ao todo.

Terras a serem conquistadas

13 Sendo Josué já velho, de idade bastan-
te avançada, o SENHOR lhe disse: "Você
já está velho, e ainda há muita terra para ser
conquistada.

[a] 12:3 Isto é, o mar da Galileia; também em 13:27.

Você sabia?

Todos os cananeus foram mortos por Josué?

13:1 Não. Os exércitos cananeus foram derrotados, mas muitos daqueles povos ainda viviam na terra. Cada tribo israelita deveria lutar contra os cananeus que ainda estavam na terra que lhe havia sido dada.

2"Esta é a terra que resta: todas as regiões
dos filisteus e dos gesuritas; 3desde o rio Sior,
próximo ao Egito, até o território de Ecrom,
ao norte, todo esse território considerado ca-
naneu. Abrange a região dos aveus, isto é, dos
cinco chefes filisteus, governantes de Gaza,
de Asdode, de Ascalom, de Gate e de Ecrom.
4Resta ainda, desde o sul, toda a terra dos ca-
naneus, desde Ara dos sidônios até Afeque, a
região dos amorreus, 5a dos gibleus e todo o
Líbano, para o leste, desde Baal-Gade, ao pé
do monte Hermom, até Lebo-Hamate.

6"Todos os habitantes das montanhas, des-
de o Líbano até Misrefote-Maim, isto é, todos
os sidônios; eu mesmo os expulsarei da pre-
sença dos israelitas. Você, porém, distribuirá
essa terra a Israel por herança, como lhe or-
denei, 7repartindo-a agora entre as nove tri-
bos e a metade da tribo de Manassés".

A divisão das terras a leste do Jordão

8Com a outra metade da tribo de Manas-
sés, as tribos de Rúben e de Gade já haviam
recebido a herança a leste do Jordão, confor-
me Moisés, servo do SENHOR, lhes tinha de-
signado.

9Esse território se estendia de Aroer, na
margem do ribeiro do Arnom, e da cidade si-
tuada no meio do vale desse ribeiro, incluin-
do todo o planalto de Medeba, até Dibom, 10e
todas as cidades de Seom, rei dos amorreus,
que governava em Hesbom, e prosseguia até
a fronteira dos amonitas. 11Também incluía
Gileade, o território dos gesuritas e maacati-
tas, toda a região do monte Hermom e toda a
Basã, até Salcá, 12isto é, todo o reino de Ogue,
em Basã, que tinha reinado em Asterote e
Edrei, um dos últimos refains sobreviventes.
Moisés os tinha derrotado e tomado as suas

terras. 13Mas os israelitas não expulsaram os
gesuritas e maacatitas, de modo que até hoje
continuam a viver no meio deles.

14Mas à tribo de Levi não deu herança algu-
ma, visto que as ofertas preparadas no fogo
ao SENHOR, o Deus de Israel, são a herança
deles, como já lhes dissera.

15À tribo de Rúben, clã por clã, Moisés dera
o seguinte território:

16Desde Aroer, na margem do ribeiro do
Arnom, e desde a cidade situada no meio do
vale desse ribeiro, e todo o planalto depois
de Medeba, 17até Hesbom e todas as suas ci-
dades no planalto, inclusive Dibom, Bamo-
te-Baal, Bete-Baal-Meom, 18Jaza, Quedemote,
Mefaate, 19Quiriataim, Sibma, Zerete-Saar, na
encosta do vale, 20Bete-Peor, as encostas do
Pisga, e Bete-Jesimote: 21todas as cidades do
planalto e todo o domínio de Seom, rei dos
amorreus, que governava em Hesbom. Moi-
sés o tinha derrotado, bem como aos líde-
res midianitas Evi, Requém, Zur, Hur e Reba,
aliados de Seom, que viviam naquela terra.
22Além dos que foram mortos na guerra, os
israelitas mataram à espada Balaão, filho de
Beor, que praticava adivinhação. 23A frontei-
ra da tribo de Rúben era a margem do Jor-
dão. Essas cidades e os seus povoados foram
a herança de Rúben, clã por clã.

24À tribo de Gade, clã por clã, Moisés dera
o seguinte território:

25O território de Jazar, todas as cidades
de Gileade e metade do território amonita
até Aroer, perto de Rabá. 26Estendia-se des-
de Hesbom até Ramate-Mispá e Betonim, e
desde Maanaim até o território de Debir. 27No
vale do Jordão incluía Bete-Arã, Bete-Ninra,
Sucote e Zafom; o restante do domínio de
Seom, rei de Hesbom. Abrangia a margem
leste do Jordão até o mar de Quinerete. 28Es-
sa região com suas cidades e povoados foram
a herança de Gade, clã por clã.

29À metade da tribo de Manassés, isto é, à
metade dos descendentes de Manassés, clã
por clã, Moisés dera o seguinte território:

30O seu território se estendia desde Maa-
naim e incluía toda a região de Basã, to-
do o domínio de Ogue, rei de Basã: todos
os povoados de Jair em Basã, sessenta ci-
dades; 31metade de Gileade, e Asterote e
Edrei, cidades do reino de Ogue, em Basã.
Esse foi o território destinado à metade dos
descendentes de Maquir, filho de Manassés,
clã por clã.

32Essa foi a herança que Moisés lhes deu
quando estava na planície de Moabe, do ou-
tro lado do Jordão, a leste de Jericó. 33Mas à
tribo de Levi Moisés não deu herança algu-
ma; o SENHOR, o Deus de Israel, é a herança
deles, como já lhes dissera.

A divisão das terras a oeste do Jordão

14 Foram estas as terras que os israelitas re-
ceberam por herança em Canaã, e que o
sacerdote Eleazar, Josué, filho de Num, e os
chefes dos clãs das tribos dos israelitas re-
partiram entre eles. 2A divisão da herança
foi decidida por sorteio entre as nove tribos
e meia, como o SENHOR tinha ordenado por
meio de Moisés, 3pois Moisés já tinha dado
herança às duas tribos e meia a leste do Jor-
dão. Mas aos levitas não dera herança entre
os demais. 4Os filhos de José formaram as
duas tribos de Manassés e Efraim. Os levitas
não receberam porção alguma da terra; rece-
beram apenas cidades onde viver, com pas-
tagens para os seus rebanhos. 5Os israelitas
dividiram a terra conforme o SENHOR tinha
ordenado a Moisés.

Calebe recebe Hebrom

6Os homens de Judá vieram a Josué em
Gilgal, e Calebe, filho do quenezeu Jefoné,
lhe disse: "Você sabe o que o SENHOR disse a
Moisés, homem de Deus, em Cades-Barneia,
sobre mim e sobre você. 7Eu tinha quarenta
anos quando Moisés, servo do SENHOR, en-
viou-me de Cades-Barneia para espionar a
terra. Eu lhe dei um relatório digno de con-
fiança, 8mas os meus irmãos israelitas que
foram comigo fizeram o povo desanimar-se
de medo. Eu, porém, fui inteiramente fiel
ao SENHOR, o meu Deus. 9Por isso naquele
dia Moisés me jurou: 'Certamente a terra em
que você pisou será uma herança perpétua
para você e para os seus descendentes, por-
quanto você foi inteiramente fiel ao SENHOR,
o meu Deus'.

10"Pois bem, o SENHOR manteve-me vivo,
como prometeu. E foi há quarenta e cinco
anos que ele disse isso a Moisés, quando Is-
rael caminhava pelo deserto. Por isso aqui
estou hoje, com oitenta e cinco anos de ida-
de! 11Ainda estou tão forte como no dia em
que Moisés me enviou; tenho agora tanto vi-
gor para ir à guerra como tinha naquela épo-
ca. 12Dê-me, pois, a região montanhosa que
naquela ocasião o SENHOR me prometeu. Na

Pessoas nos tempos da Bíblia

Calebe

Calebe foi com Josué e os dez outros espiões explorar Canaã. Eles foram os únicos dois espiões que obedeceram a Deus e atacaram Canaã, e Deus os recompensou deixando que vivessem, enquanto os outros israelitas adultos morreram no deserto. Quando Calebe era idoso e os israelitas estavam em Canaã, Deus lhe deu uma cidade chamada Hebrom.

época, você ficou sabendo que os enaquins lá viviam com suas cidades grandes e fortificadas; mas, se o SENHOR estiver comigo, eu os expulsarei de lá, como ele prometeu".

13 Então Josué abençoou Calebe, filho de Je-
foné, e lhe deu Hebrom por herança. 14 Por
isso, até hoje, Hebrom pertence aos descendentes de Calebe, filho do quenezeu Jefoné,
pois ele foi inteiramente fiel ao SENHOR, o
Deus de Israel. 15 Hebrom era chamada Quiriate-Arba, em homenagem a Arba, o maior dos enaquins.

E a terra teve descanso da guerra.

As terras da tribo de Judá

15 As terras distribuídas à tribo de Judá, clã por clã, estendiam-se para o sul até a fronteira com Edom, até o deserto de Zim, no extremo sul.

2 Sua fronteira sul começava na ponta de
terra do extremo sul do mar Salgado, 3 pas-
sava pelo sul da subida de Acrabim[a], prosseguia até Zim e daí até o sul de Cades-Barneia. Depois passava por Hezrom, indo até Adar
e fazia uma curva em direção a Carca. 4 Dali
continuava até Azmom, indo até o ribeiro do Egito e terminando no mar. Essa era a fronteira sul deles[b].

5 A fronteira oriental era o mar Salgado, até a foz do Jordão.

A fronteira norte começava na enseada, na foz do Jordão, 6 subia até Bete-Hogla
e passava ao norte de Bete-Arabá, até a Pedra de Boã, filho de Rúben. 7 A fronteira su-
bia então do vale de Acor até Debir, e virava para o norte, na direção de Gilgal, que fica defronte da subida de Adumim, ao sul do ribeiro. Passava pelas águas de En-Semes, in-
do até En-Rogel. 8 Depois subia pelo vale de
Ben-Hinom, ao longo da encosta sul da cidade dos jebuseus, isto é, Jerusalém. Dali subia até o alto da montanha, a oeste do vale de Hinom, no lado norte do vale de Refaim.
9 Do alto da montanha a fronteira prosseguia
para a fonte de Neftoa, ia para as cidades do monte Efrom e descia na direção de Baalá,
que é Quiriate-Jearim. 10 De Baalá fazia uma
curva em direção ao oeste, até o monte Seir, prosseguia pela encosta norte do monte Jearim, isto é, Quesalom; em seguida continuava descendo até Bete-Semes e passava por Tim-
na. 11 Depois ia para a encosta norte de Ecrom,
virava na direção de Sicrom, continuava até o monte Baalá e chegava a Jabneel, terminando no mar.

12 A fronteira ocidental era o litoral do mar Grande.

Eram essas as fronteiras que demarcavam Judá por todos os lados, de acordo com os seus clãs.

13 Conforme a ordem dada pelo SENHOR, Jo-
sué deu a Calebe, filho de Jefoné, uma porção de terra em Judá, que foi Quiriate-Arba, isto é, Hebrom. Arba era antepassado de Enaque.
14 Calebe expulsou de Hebrom os três ena-
quins: Sesai, Aimã e Talmai, descendentes
de Enaque. 15 Dali avançou contra o povo de
Debir, anteriormente chamada Quiriate-Se-
fer. 16 E Calebe disse: "Darei minha filha Acsa
por mulher ao homem que atacar e conquis-
tar Quiriate-Sefer". 17 Otoniel, filho de Quenaz,
irmão de Calebe, a conquistou; e Calebe lhe deu sua filha Acsa por mulher.

18 Quando Acsa foi viver com Otoniel, ela o[c] pressionou para que pedisse um campo ao pai dela. Assim que ela desceu do jumento, perguntou-lhe Calebe: "O que você quer?"

19 "Quero um presente", respondeu ela. "Já que me deu terras no Neguebe, dê-me também fontes de água." Então Calebe lhe deu as fontes superiores e as inferiores.

20 Esta é a herança da tribo de Judá, clã por clã:

[a] 15:3 Isto é, dos Escorpiões.
[b] 15:4 Hebraico: *de vocês*.
[c] 15:18 Conforme o Texto Massorético e alguns manuscritos da Septuaginta. Alguns manuscritos da Septuaginta dizem *ele a*. Veja Jz 1:14 e a nota.

21As cidades que ficavam no extremo sul
da tribo de Judá, no Neguebe, na direção da
fronteira de Edom, eram:
Cabzeel, Éder, Jagur, 22Quiná, Dimona, Ada-
da, 23Quedes, Hazor, Itnã, 24Zife, Telém, Bea-
lote, 25Hazor-Hadata, Queriote-Hezrom, que
é Hazor, 26Amã, Sema, Moladá, 27Hazar-Gada,
Hesmom, Bete-Pelete, 28Hazar-Sual, Berseba,
Biziotiá, 29Baalá, Iim, Azém, 30Eltolade, Que-
sil, Hormá, 31Ziclague, Madmana, Sansana,
32Lebaote, Silim, Aim e Rimom. Eram vinte
e nove cidades com seus povoados.

33Na Sefelá:
Estaol, Zorá, Asná, 34Zanoa, En-Ganim, Ta-
pua, Enã, 35Jarmute, Adulão, Socó, Azeca,
36Saaraim, Aditaim, e Gederá ou[a] Gederotaim.
Eram catorze cidades com seus povoados.
37Zenã, Hadasa, Migdal-Gade, 38Dileã,
Mispá, Jocteel, 39Laquis, Bozcate, Eglom,
40Cabom, Laamás, Quitlis, 41Gederote, Bete-
-Dagom, Naamá e Maquedá. Eram dezesseis
cidades com seus povoados.
42Libna, Eter, Asã, 43Iftá, Asná, Nezibe,
44Queila, Aczibe e Maressa. Eram nove cida-
des com seus povoados.
45Ecrom, com suas vilas e seus povoados;
46de Ecrom até o mar, todas as cidades nas
proximidades de Asdode, com os seus povoa-
dos; 47Asdode, com suas vilas e seus povoados;
e Gaza, com suas vilas e seus povoados, até
o ribeiro do Egito e o litoral do mar Grande.

48Na região montanhosa:
Samir, Jatir, Socó, 49Daná, Quiriate-Sana,
que é Debir, 50Anabe, Estemo, Anim, 51Gósen,
Holom e Gilo. Eram onze cidades com seus
povoados.
52Arabe, Dumá, Esã, 53Janim, Bete-Tapua,
Afeca, 54Hunta, Quiriate-Arba, que é He-
brom e Zior. Eram nove cidades com seus
povoados.
55Maom, Carmelo, Zife, Jutá, 56Jezreel, Jo-
cdeão, Zanoa, 57Caim, Gibeá e Timna. Eram
dez cidades com seus povoados.
58Halul, Bete-Zur, Gedor, 59Maarate, Bete-A-
note e Eltecom. Eram seis cidades com seus
povoados.
60Quiriate-Baal, que é Quiriate-Jearim e
Rabá. Eram duas cidades com seus povoados.

61No deserto:
Bete-Arabá, Midim, Secacá, 62Nibsã, Cida-
de do Sal e En-Gedi. Eram seis cidades com
seus povoados.

63Os descendentes de Judá não consegui-
ram expulsar os jebuseus, que viviam em Je-
rusalém; até hoje os jebuseus vivem ali com
o povo de Judá.

As terras das tribos de Efraim e Manassés

16 As terras distribuídas aos descendentes
de José iam desde o Jordão, perto de Je-
ricó, a leste das águas de Jericó, e daí subiam
pelo deserto até a serra que vai de Jericó a Be-
tel. 2De Betel, que é Luz[b], iam para o territó-
rio dos arquitas, em Atarote, 3desciam para o
oeste, até o território dos jafletitas, chegando
à região de Bete-Horom Baixa, e prosseguiam
até Gezer, terminando no mar.
4Assim os descendentes de Manassés e
Efraim, filhos de José, receberam a sua he-
rança.

A herança de Efraim

5Este era o território de Efraim, clã por clã:
A fronteira da sua herança ia de Atarote-
-Adar, a leste, até Bete-Horom Alta, 6e pros-
seguia até o mar. De Micmetá, ao norte, fazia
uma curva para o leste, até Taanate-Siló, e,
passando por ela, ia até Janoa, a leste. 7De-
pois descia de Janoa para Atarote e Naarate,
encostava em Jericó e terminava no Jordão.
8De Tapua a fronteira seguia rumo oeste até
o ribeiro de Caná e terminava no mar. Essa
foi a herança da tribo dos efraimitas, clã por
clã, 9que incluía todas as cidades com os seus
povoados, separadas para os efraimitas na
herança dos manassitas.
10Os cananeus de Gezer não foram expul-
sos, e até hoje vivem no meio do povo de
Efraim, mas são sujeitos a trabalhos forçados.

A herança de Manassés

17 Estas foram as terras distribuídas à tribo
de Manassés, filho mais velho de José.
Foram entregues a Maquir, filho mais velho
de Manassés. Maquir, pai de Gileade, guerrei-
ro valente, recebeu Gileade e Basã. 2Também
foram dadas terras para os clãs dos outros
filhos de Manassés: Abiezer, Heleque, Asriel,
Siquém, Héfer e Semida. Esses são os filhos
homens de Manassés, filho de José, de acor-
do com os seus clãs.
3Zelofeade, porém, filho de Héfer, neto de
Gileade, bisneto de Maquir, trineto de Manas-
sés, não teve nenhum filho, somente filhas.
Seus nomes eram Maalá, Noa, Hogla, Milca
e Tirza. 4Elas foram ao sacerdote Eleazar, a

[a] 15:36 Ou *e*

[b] 16:2 Conforme a Septuaginta. O Texto Massorético diz *De Betel vai até Luz*.

Josué, filho de Num, e aos líderes, e disseram: "O SENHOR ordenou a Moisés que nos desse uma herança entre os nossos parentes". Josué deu-lhes então uma herança entre os irmãos de seu pai, de acordo com a ordem do SENHOR. 5A tribo de Manassés recebeu dez quinhões de terra, além de Gileade e Basã, que ficam a leste do Jordão, 6pois tanto as descendentes de Manassés como os filhos dele receberam herança. A terra de Gileade ficou para os outros descendentes de Manassés.

7O território de Manassés estendia-se desde Aser até Micmetá, a leste de Siquém. A fronteira ia dali para o sul, chegando até o povo que vivia em En-Tapua. 8As terras de Tapua eram de Manassés, mas a cidade de Tapua, na fronteira de Manassés, pertencia aos efraimitas. 9Depois a fronteira descia até o ribeiro de Caná. Ao sul do ribeiro havia cidades pertencentes a Efraim que ficavam em meio às cidades de Manassés, mas a fronteira de Manassés ficava ao norte do ribeiro e terminava no mar. 10Do lado sul a terra pertencia a Efraim; do lado norte, a Manassés. O território de Manassés chegava até o mar e alcançava Aser, ao norte, e Issacar, a leste.

11Em Issacar e Aser, Manassés tinha também Bete-Seã, Ibleã e as populações de Dor, En-Dor, Taanaque e Megido, com os seus respectivos povoados. A terceira da lista, isto é, Dor, é Nafote[a].

12Mas os manassitas não conseguiram expulsar os habitantes dessas cidades, pois os cananeus estavam decididos a viver naquela região. 13Entretanto, quando os israelitas se fortaleceram, submeteram os cananeus a trabalhos forçados, mas não os expulsaram totalmente.

14Os descendentes de José disseram então a Josué: "Por que nos deste apenas um quinhão, uma só porção de herança? Somos um povo numeroso, e o SENHOR nos tem abençoado ricamente".

15Respondeu Josué: "Se vocês são tão numerosos, e se os montes de Efraim têm pouco espaço para vocês, subam, entrem na floresta e limpem o terreno para vocês na terra dos ferezeus e dos refains".

16Os descendentes de José responderam: "Os montes não são suficientes para nós; além disso todos os cananeus que vivem na planície possuem carros de ferro, tanto os que vivem em Bete-Seã e seus povoados como os que vivem no vale de Jezreel".

17Josué, porém, disse à tribo de José, a Efraim e a Manassés: "Vocês são numerosos e poderosos. Vocês não terão apenas um quinhão. 18Os montes cobertos de floresta serão de vocês. Limpem o terreno, e será de vocês, até os seus limites mais distantes. Embora os cananeus possuam carros de ferro e sejam fortes, vocês poderão expulsá-los".

A divisão do restante da terra

18 Toda a comunidade dos israelitas reuniu-se em Siló e ali armou a Tenda do Encontro. A terra foi dominada por eles; 2mas sete tribos ainda não tinham recebido a sua herança.

3Então Josué disse aos israelitas: "Até quando vocês vão negligenciar a posse da terra que o SENHOR, o Deus dos seus antepassados, lhes deu? 4Escolham três homens de cada tribo, e eu os enviarei. Eles vão examinar a terra e mapeá-la, conforme a herança de cada tribo. Depois voltarão a mim. 5Dividam a terra em sete partes. Judá ficará em seu território ao sul, e a tribo de José em seu território ao norte. 6Depois que fizerem um mapa das sete partes da terra, tragam-no para mim, e eu farei sorteio para vocês na presença do SENHOR, o nosso Deus. 7Mas os levitas nada receberão entre vocês, pois o sacerdócio do SENHOR é a herança deles. Gade, Rúben e a metade da tribo de Manassés já receberam a sua herança no lado leste do Jordão, dada a eles por Moisés, servo do SENHOR".

8Quando os homens estavam de partida para mapear a terra, Josué os instruiu: "Vão examinar a terra e façam uma descrição dela. Depois voltem, e eu farei um sorteio para vocês aqui em Siló, na presença do SENHOR". 9Os homens partiram e percorreram a terra. Descreveram-na num rolo, cidade por cidade, em sete partes, e retornaram a Josué, ao acampamento de Siló. 10Josué fez então um sorteio para eles em Siló, na presença do SENHOR, e ali distribuiu a terra aos israelitas, conforme a porção devida a cada tribo.

As terras da tribo de Benjamim

11Saiu a sorte para a tribo de Benjamim, clã por clã. O território sorteado ficava entre as tribos de Judá e de José.

12No lado norte a sua fronteira começava no Jordão, passava pela encosta norte de Jericó e prosseguia para o oeste, para a região montanhosa, terminando no deserto de Bete-Áven.

[a] 17:11 Isto é, Nafote-Dor, ou planalto de Dor.

13Dali ia para a encosta sul de Luz, que é Betel,
e descia para Atarote-Adar, na montanha que
está ao sul de Bete-Horom Baixa.
14Da montanha que fica defronte de Bete-
-Horom, no sul, a fronteira virava para o sul,
ao longo do lado ocidental, e terminava em
Quiriate-Baal, que é Quiriate-Jearim, cidade
do povo de Judá. Esse era o lado ocidental.
15A fronteira sul começava no oeste, nos ar-
redores de Quiriate-Jearim, e chegava à fonte
de Neftoa. 16A fronteira descia até o sopé da
montanha que fica defronte do vale de Ben-
-Hinom, ao norte do vale de Refaim. Depois,
prosseguia, descendo pelo vale de Hinom ao
longo da encosta sul da cidade dos jebuseus e
chegava até En-Rogel. 17Fazia então uma cur-
va para o norte, ia para En-Semes, continuava
até Gelilote, que fica defronte da subida de
Adumim, e descia até a Pedra de Boã, filho de
Rúben. 18Prosseguia para a encosta norte de
Bete-Arabá[a], e daí descia para a Arabá. 19De-
pois ia para a encosta norte de Bete-Hogla e
terminava na baía norte do mar Salgado, na
foz do Jordão, no sul. Essa era a fronteira sul.
20O Jordão delimitava a fronteira oriental.
Essas eram as fronteiras que demarcavam
por todos os lados a herança dos clãs de Ben-
jamim.
21A tribo de Benjamim, clã por clã, recebeu
as seguintes cidades:
Jericó, Bete-Hogla, Emeque-Queziz,
22Bete-Arabá, Zemaraim, Betel, 23Avim, Pará,
Ofra, 24Quefar-Amonai, Ofni e Geba. Eram do-
ze cidades com os seus povoados.
25Gibeom, Ramá, Beerote, 26Mispá, Quefi-
ra, Mosa, 27Requém, Irpeel, Tarala, 28Zela, Ele-
fe, Jebus, que é Jerusalém, Gibeá e Quiriate.
Eram catorze cidades com os seus povoados.
Essa foi a herança dos clãs de Benjamim.

As terras da tribo de Simeão

19 Na segunda vez, a sorte saiu para a tri-
bo de Simeão, clã por clã. A herança de-
les ficava dentro do território de Judá. 2Eles
receberam:
Berseba ou Seba, Moladá, 3Hazar-Sual, Ba-
lá, Azém, 4Eltolade, Betul, Hormá, 5Ziclague,
Bete-Marcabote, Hazar-Susa, 6Bete-Lebaote
e Saruém. Eram treze cidades com os seus
povoados.
7Aim, Rimom, Eter e Asã, quatro cidades
com os seus povoados, 8e todos os povoados
ao redor dessas cidades, até Baalate-Beer, que
é Ramá, no Neguebe.
Essa foi a herança da tribo dos simeoni-
tas, clã por clã. 9A herança dos simeonitas
foi tirada de Judá, pois Judá recebera mais
terras do que precisava. Assim os simeoni-
tas receberam a sua herança dentro do ter-
ritório de Judá.

As terras da tribo de Zebulom

10Na terceira vez, a sorte saiu para Zebu-
lom, clã por clã.
A fronteira da sua herança ia até Saride.

[a] 18:18 Conforme a Septuaginta. O Texto Massorético diz *encosta norte defronte da Arabá.*

A vida nos tempos da Bíblia

A terra dividida

Quando os israelitas entraram na Terra Prometida, Josué a dividiu entre eles: deu a cada tribo uma área específica para viver. A única tribo que não recebeu uma área assim foi Levi, mas os levitas receberam 48 cidades e as terras ao redor. Essas cidades estavam dentro da área dada às outras tribos; assim, alguns levitas viveriam dentro de cada tribo de Israel.

11De lá ia para o oeste, chegava a Maralá, alcançava Dabesete, e se estendia até o ribeiro próximo a Jocneão. 12De Saride fazia uma curva para o leste, para o lado do nascente, em direção ao território de Quislote-Tabor, prosseguia até Daberate e subia para Jafia. 13Depois continuava para o leste, até Gate-Héfer e Ete-Cazim, chegava a Rimom e fazia uma curva na direção de Neá. 14Do norte a fronteira voltava até Hanatom e terminava no vale de Iftá-El. 15Aí também estavam Catate, Naalal, Sinrom, Idala e Belém. Eram doze cidades com os seus povoados.

16Essas cidades com os seus povoados foram a herança de Zebulom, clã por clã.

As terras da tribo de Issacar

17Na quarta vez, a sorte saiu para Issacar, clã por clã. 18Seu território abrangia:

Jezreel, Quesulote, Suném, 19Hafaraim, Siom, Anaarate, 20Rabite, Quisiom, Ebes, 21Remete, En-Ganim, En-Hadá e Bete-Pazes. 22A fronteira chegava a Tabor, Saazima e Bete-Semes, e terminava no Jordão. Eram dezesseis cidades com os seus povoados.

23Essas cidades com os seus povoados foram a herança da tribo de Issacar, clã por clã.

As terras da tribo de Aser

24Na quinta vez, a sorte saiu para Aser, clã por clã. 25Seu território abrangia:

Helcate, Hali, Béten, Acsafe, 26Alameleque, Amade e Misal. A oeste a fronteira alcançava o Carmelo e Sior-Libnate. 27De lá virava para o leste em direção a Bete-Dagom, alcançava Zebulom e o vale de Iftá-El, e ia para o norte, para Bete-Emeque e Neiel, passando por Cabul, à esquerda, 28Ebrom, Reobe, Hamom e Caná, até Sidom, a grande. 29Depois a fronteira voltava para Ramá e ia para a cidade fortificada de Tiro, virava na direção de Hosa e terminava no mar, na região de Aczibe, 30Umá, Afeque e Reobe. Eram vinte e duas cidades com os seus povoados.

31Essas cidades com os seus povoados foram a herança da tribo de Aser, clã por clã.

As terras da tribo de Naftali

32Na sexta vez, a sorte saiu para Naftali, clã por clã.

33Sua fronteira ia desde Helefe e do carvalho de Zaanim, passava por Adami-Neguebe e Jabneel, e ia até Lacum, terminando no Jordão. 34Voltando para o oeste, a fronteira passava por Aznote-Tabor e ia para Hucoque. Atingia Zebulom ao sul, Aser a oeste e o Jordão[a] a leste. 35As cidades fortificadas eram Zidim, Zer, Hamate, Racate, Quinerete, 36Adamá, Ramá, Hazor, 37Quedes, Edrei, En-Hazor, 38Irom, Migdal-El, Horém, Bete-Anate e Bete-Semes. Eram dezenove cidades com os seus povoados.

39Essas cidades com os seus povoados foram a herança da tribo de Naftali, clã por clã.

As terras da tribo de Dã

40Na sétima vez, a sorte saiu para Dã, clã por clã. 41O território da sua herança abrangia:

Zorá, Estaol, Ir-Semes, 42Saalabim, Aijalom, Itla, 43Elom, Timna, Ecrom, 44Elteque, Gibetom, Baalate, 45Jeúde, Bene-Beraque, Gate-Rimom, 46Me-Jarcom e Racom, e a região situada defronte de Jope.

47Mas a tribo de Dã teve dificuldade para tomar posse do seu território. Por isso atacaram Lesém, conquistaram-na, passaram-na ao fio da espada e a ocuparam. Estabeleceram-se em Lesém e lhe deram o nome de Dã, por causa do seu antepassado. 48Essas cidades com os seus povoados foram a herança da tribo de Dã, clã por clã.

As terras dadas a Josué

49Quando terminaram de dividir a terra em territórios delimitados, os israelitas deram a Josué, filho de Num, uma herança no meio deles, 50como o SENHOR tinha ordenado. Deram-lhe a cidade que ele havia pedido, Timnate-Sera[b], nos montes de Efraim, onde ele reconstruiu a cidade e se estabeleceu.

51Foram esses os territórios que o sacerdote Eleazar, Josué, filho de Num, e os chefes dos clãs das tribos de Israel repartiram por sorteio em Siló, na presença do SENHOR, à entrada da Tenda do Encontro. E assim terminaram de dividir a terra.

As cidades de refúgio

20 Disse o SENHOR a Josué: 2"Diga aos israelitas que designem as cidades de refúgio, como lhes ordenei por meio de Moisés, 3para que todo aquele que matar alguém sem intenção e acidentalmente possa fugir para lá e proteger-se do vingador da vítima.

4"Quando o homicida involuntário fugir para uma dessas cidades, terá que colocar-se junto à porta da cidade e expor o caso às autoridades daquela cidade. Eles o receberão e lhe darão um local para morar entre eles. 5Caso o vingador da vítima o persiga,

[a] 19:34 Conforme a Septuaginta. O Texto Massorético diz *oeste, e Judá, o Jordão.*

[b] 19:50 Também conhecida como *Timnate-Heres.* Veja Jz 2:9.

eles não o entregarão, pois matou seu próximo acidentalmente, sem maldade e sem premeditação. 6Todavia, ele terá que permanecer naquela cidade até comparecer a julgamento perante a comunidade e até morrer o sumo sacerdote que estiver servindo naquele período. Então poderá voltar para a sua própria casa, à cidade de onde fugiu".

7Assim eles separaram Quedes, na Galileia, nos montes de Naftali, Siquém, nos montes de Efraim, e Quiriate-Arba, que é Hebrom, nos montes de Judá. 8No lado leste do Jordão, perto de Jericó, designaram Bezer, no planalto desértico da tribo de Rúben; Ramote, em Gileade, na tribo de Gade; e Golã, em Basã, na tribo de Manassés. 9Qualquer israelita ou estrangeiro residente que matasse alguém sem intenção, poderia fugir para qualquer dessas cidades para isso designadas e escapar do vingador da vítima, antes de comparecer a julgamento perante a comunidade.

As cidades dos levitas

21 Os chefes de família dos levitas se aproximaram do sacerdote Eleazar, de Josué, filho de Num, e dos chefes das outras famílias das tribos dos israelitas 2em Siló, na terra de Canaã, e lhes disseram: "O SENHOR ordenou por meio de Moisés que vocês nos dessem cidades onde pudéssemos habitar, e pastagens para os nossos animais". 3Por isso, de acordo com a ordem do SENHOR, os israelitas deram da sua própria herança as seguintes cidades com suas pastagens aos levitas:

4A sorte saiu primeiro para os coatitas, clã por clã. Os levitas, que eram descendentes do sacerdote Arão, receberam treze cidades das tribos de Judá, de Simeão e de Benjamim. 5Os outros descendentes de Coate receberam dez cidades dos clãs das tribos de Efraim e de Dã, e da metade da tribo de Manassés.

6Os descendentes de Gérson receberam treze cidades dos clãs das tribos de Issacar, de Aser e de Naftali, e da metade da tribo de Manassés estabelecida em Basã.

7Os descendentes de Merari, clã por clã, receberam doze cidades das tribos de Rúben, de Gade e de Zebulom.

8Dessa maneira os israelitas deram aos levitas essas cidades com suas pastagens, como o SENHOR tinha ordenado por meio de Moisés.

9Das tribos de Judá e de Simeão, os israelitas deram as seguintes cidades, indicadas nominalmente. 10Foram dadas aos descendentes de Arão que pertenciam aos clãs coatitas dos levitas, pois para eles saiu a primeira sorte:

11Quiriate-Arba, que é Hebrom, com as suas pastagens ao redor, nos montes de Judá. (Arba era antepassado de Enaque.) 12Mas os campos e os povoados em torno da cidade foram dados a Calebe, filho de Jefoné, como sua propriedade.

13Assim, aos descendentes do sacerdote Arão deram Hebrom, cidade de refúgio para os acusados de homicídio, Libna, 14Jatir, Estemoa, 15Holom, Debir, 16Aim, Jutá e Bete-Semes, cada qual com os seus arredores. Foram nove cidades dadas por essas duas tribos.

17Da tribo de Benjamim deram-lhes Gibeom, Geba, 18Anatote e Almom, cada qual com os seus arredores. Eram quatro cidades.

19Todas as cidades dadas aos sacerdotes, descendentes de Arão, foram treze; cada qual com os seus arredores.

20Os outros clãs coatitas dos levitas receberam cidades da tribo de Efraim.

21Nos montes de Efraim receberam Siquém, cidade de refúgio para os acusados de homicídio, Gezer, 22Quibzaim e Bete-Horom, cada qual com os seus arredores. Foram quatro cidades.

23Também da tribo de Dã receberam Elteque, Gibetom, 24Aijalom e Gate-Rimom, cada qual com os seus arredores. Foram quatro cidades.

25Da meia tribo de Manassés receberam Taanaque e Gate-Rimom, cada qual com os seus arredores. Foram duas cidades.

26Todas essas dez cidades e seus arredores foram dadas aos outros clãs coatitas.

27Os clãs levitas gersonitas receberam da metade da tribo de Manassés: Golã, em Basã, cidade de refúgio para os acusados de homicídio, e Beesterá, cada qual com os seus arredores. Foram duas cidades.

28Receberam da tribo de Issacar:

Quisiom, Daberate, 29Jarmute e En-Ganim, cada qual com os seus arredores. Foram quatro cidades.

30Receberam da tribo de Aser:

Misal, Abdom, 31Helcate e Reobe, cada qual com os seus arredores. Foram quatro cidades.

32Receberam da tribo de Naftali:

Quedes, na Galileia, cidade de refúgio dos acusados de homicídio, Hamote-Dor e Cartã, cada qual com os seus arredores. Foram três cidades.

33Todas as cidades dos clãs gersonitas foram treze.

34Os clãs meraritas, o restante dos levitas, receberam as seguintes cidades:

Da tribo de Zebulom:

Jocneão, Cartá, 35Dimna e Naalal, cada qual com os seus arredores. Foram quatro cidades.

36Da tribo de Rúben:

Bezer, Jaza, 37Quedemote e Mefaate, cada qual com os seus arredores. Foram quatro cidades.

38Da tribo de Gade:

em Gileade, Ramote, cidade de refúgio dos acusados de homicídio, Maanaim, 39Hesbom e Jazar, cada qual com os seus arredores. Foram quatro cidades ao todo.

40Todas as cidades dadas aos clãs meraritas, que eram o restante dos levitas, foram doze.

41No total, as cidades dos levitas nos territórios dos outros israelitas foram quarenta e oito cidades com os seus arredores. 42Cada uma de todas essas cidades tinha pastagens ao seu redor.

43Assim o SENHOR deu aos israelitas toda a terra que tinha prometido sob juramento aos seus antepassados, e eles tomaram posse dela e se estabeleceram ali. 44O SENHOR lhes concedeu descanso de todos os lados, como tinha jurado aos seus antepassados. Nenhum dos seus inimigos pôde resistir-lhes, pois o SENHOR entregou todos eles em suas mãos. 45De todas as boas promessas do SENHOR à nação de Israel, nenhuma delas falhou; todas se cumpriram.

O regresso das tribos do leste

22 Josué convocou as tribos de Rúben, de Gade e a metade da tribo de Manassés 2e lhes disse: "Vocês fizeram tudo o que Moisés, servo do SENHOR, ordenou. 3Durante muito tempo, e até hoje, vocês não abandonaram os seus irmãos, mas cumpriram a missão que o SENHOR, o seu Deus, lhes entregou. 4Agora que o SENHOR, o seu Deus, já concedeu descanso aos seus irmãos israelitas, como tinha prometido, voltem para casa, para a terra que Moisés, servo do SENHOR, lhes deu no outro lado do Jordão. 5Mas guardem fielmente o mandamento e a lei que Moisés, servo do SENHOR, lhes deu, que amem o SENHOR, o seu Deus, andem em todos os seus caminhos, obedeçam aos seus mandamentos, apeguem-se a ele e o sirvam de todo o coração e de toda a alma".

6Então Josué os abençoou e os despediu, e eles foram para casa. 7(À metade da tribo de Manassés Moisés dera terras em Basã, e à

Palavras para memorizar

"De todas as boas promessas do SENHOR à nação de Israel, nenhuma delas falhou; todas se cumpriram."

(Josué 21:45)

outra metade da tribo Josué dera terras no lado oeste do Jordão, junto com os outros israelitas.) Ao mandá-los para casa, Josué os abençoou, 8dizendo: "Voltem para casa com as riquezas que juntaram: grandes rebanhos, prata, ouro, bronze e ferro, e muitas roupas. Dividam com os seus irmãos os despojos de seus inimigos".

9Assim as tribos de Rúben, de Gade e a metade da tribo de Manassés deixaram os outros israelitas em Siló, na terra de Canaã, para voltarem para Gileade, sua própria terra, da qual se apossaram de acordo com a ordem do SENHOR, dada por meio de Moisés.

10Quando chegaram a Gelilote, perto do Jordão, em Canaã, as tribos de Rúben, de Gade e a metade da tribo de Manassés construíram um imponente altar ali, junto ao Jordão. 11Quando os outros israelitas souberam que eles tinham construído o altar na fronteira de Canaã, em Gelilote, perto do Jordão, no lado israelita, 12toda a comunidade de Israel reuniu-se em Siló para guerrear contra eles.

13Então os israelitas enviaram Fineias, filho do sacerdote Eleazar, à terra de Gileade, às tribos de Rúben e Gade e à metade da tribo de Manassés. 14Com ele enviaram dez líderes, um de cada tribo de Israel, sendo cada um deles chefe de suas respectivas famílias dentre os clãs israelitas.

15Quando chegaram a Gileade, às tribos de Rúben e de Gade e à metade da tribo de Manassés, disseram-lhes: 16"Assim diz toda a comunidade do SENHOR: 'Como foi que vocês cometeram essa infidelidade para com o Deus de Israel? Como foi que se afastaram do SENHOR, construindo um altar para vocês, rebelando-se assim contra ele? 17Já não nos bastou o pecado de Peor? Até hoje não nos purificamos daquele pecado, muito embora uma praga tenha caído sobre a comunidade

do SENHOR! 18E agora vocês estão abando-
nando o SENHOR!
" 'Se hoje vocês se rebelarem contra o SE-
NHOR, amanhã a sua ira cairá sobre toda a
comunidade de Israel. 19Se a terra que vocês
receberam como propriedade está contami-
nada, passem então para a terra que pertence
ao SENHOR, onde está o tabernáculo do SE-
NHOR, e se apossem de um território entre
nós. Mas não se rebelem contra o SENHOR
nem contra nós, construindo para vocês um
altar que não seja o altar do SENHOR, o nosso
Deus. 20Quando Acã, filho de Zerá, foi infiel
com relação às coisas consagradas, não caiu
a ira sobre toda a comunidade de Israel? E
ele não foi o único que morreu por causa do
seu pecado' ".
21Então as tribos de Rúben, de Gade e a me-
tade da tribo de Manassés responderam aos
chefes dos clãs de Israel: 22"O Poderoso, Deus,
o SENHOR! O Poderoso, Deus, o SENHOR! Ele
sabe! E que Israel o saiba! Se agimos com re-
belião ou infidelidade para com o SENHOR,
não nos poupem hoje. 23Se construímos nos-
so próprio altar para nos afastarmos do SE-
NHOR e para oferecermos holocaustos[a] e
ofertas de cereal, ou sacrifícios de comu-
nhão[b] sobre ele, que o próprio SENHOR nos
peça contas disso!
24"Ao contrário! Fizemos isso temendo que
no futuro os seus descendentes digam aos
nossos: 'Que relação vocês têm com o SE-
NHOR, com o Deus de Israel? 25Homens de
Rúben e de Gade! O SENHOR fez do Jordão
uma fronteira entre nós e vocês. Vocês não
têm parte com o SENHOR'. Assim os seus des-
cendentes poderiam levar os nossos a deixa-
rem de temer o SENHOR.
26"É por isso que resolvemos construir um
altar, não para holocaustos ou sacrifícios,
27mas, para que esse altar sirva de testemu-
nho entre nós e vocês e as gerações futuras,
de que cultuaremos o SENHOR em seu santuá-
rio com nossos holocaustos, sacrifícios e ofer-
tas de comunhão. Então, no futuro, os seus
descendentes não poderão dizer aos nossos:
'Vocês não têm parte com o SENHOR'.
28"E dissemos: Se algum dia disserem isso a
nós ou aos nossos descendentes, respondere-
mos: Vejam a réplica do altar do SENHOR que
os nossos antepassados construíram, não pa-
ra holocaustos ou sacrifícios, mas como tes-
temunho entre nós e vocês.

[a] 22:23 Isto é, sacrifícios totalmente queimados; também nos versículos 26-29.
[b] 22:23 Ou *de paz*; também no versículo 27.

29"Longe de nós nos rebelarmos contra o
SENHOR e nos afastarmos dele, construindo
para holocaustos, ofertas de cereal e sacri-
fícios um altar que não seja o altar do SE-
NHOR, o nosso Deus, que está diante do seu
tabernáculo!"
30Quando o sacerdote Fineias e os líderes
da comunidade, os chefes dos clãs dos israe-
litas, ouviram o que os homens de Rúben,
de Gade e de Manassés disseram, deram-se
por satisfeitos. 31E Fineias, filho do sacerdote
Eleazar, disse a Rúben, a Gade e a Manassés:
"Hoje sabemos que o SENHOR está conosco,
pois vocês não foram infiéis para com o SE-
NHOR. Assim vocês livraram os israelitas da
mão do SENHOR".
32Então Fineias, filho do sacerdote Elea-
zar, e os líderes voltaram do encontro com
os homens de Rúben e de Gade em Gileade,
e foram para Canaã dar relatório aos outros
israelitas. 33Estes se alegraram com o rela-
tório e louvaram a Deus. E não mais fala-
ram em guerrear contra as tribos de Rúben
e de Gade, nem em devastar a região onde
eles viviam.
34Os homens de Rúben e de Gade deram ao
altar este nome: Um Testemunho Entre Nós
de que o SENHOR é Deus.

A despedida de Josué

23 Passado muito tempo, depois que o SE-
NHOR concedeu a Israel descanso de to-
dos os inimigos ao redor, Josué, agora velho,
de idade muito avançada, 2convocou todo o
Israel, com as autoridades, os líderes, os juí-
zes e os oficiais, e lhes disse: "Estou velho,
com idade muito avançada. 3Vocês mesmos
viram tudo o que o SENHOR, o seu Deus, fez
com todas essas nações por amor a vocês; foi
o SENHOR, o seu Deus, que lutou por vocês.
4Lembrem-se de que eu reparti por herança
para as tribos de vocês toda a terra das na-
ções, tanto as que ainda restam como as que
conquistei entre o Jordão e o mar Grande, a
oeste. 5O SENHOR, o seu Deus, as expulsará da
presença de vocês. Ele as empurrará de diante
de vocês, e vocês se apossarão da terra delas,
como o SENHOR lhes prometeu.
6"Façam todo o esforço para obedecer e
cumprir tudo o que está escrito no Livro da
Lei de Moisés, sem se desviar, nem para a
direita nem para a esquerda. 7Não se asso-
ciem com essas nações que restam no meio
de vocês. Não invoquem os nomes dos seus
deuses nem jurem por eles. Não lhes pres-
tem culto nem se inclinem perante eles. 8Mas

apeguem-se somente ao SENHOR, o seu Deus, como fizeram até hoje.

9"O SENHOR expulsou de diante de vocês nações grandes e poderosas; até hoje ninguém conseguiu resistir a vocês. 10Um só de vocês faz fugir mil, pois o SENHOR, o seu Deus, luta por vocês, conforme prometeu. 11Por isso dediquem-se com zelo a amar o SENHOR, o seu Deus.

12"Se, todavia, vocês se afastarem e se aliarem aos sobreviventes dessas nações que restam no meio de vocês, e se casarem com eles e se associarem com eles, 13estejam certos de que o SENHOR, o seu Deus, já não expulsará essas nações de diante de vocês. Ao contrário, elas se tornarão armadilhas e laços para vocês, chicote em suas costas e espinhos em seus olhos, até que vocês desapareçam desta boa terra que o SENHOR, o seu Deus, deu a vocês.

14"Agora estou prestes a ir pelo caminho de toda a terra. Vocês sabem, lá no fundo do coração e da alma, que nenhuma das boas promessas que o SENHOR, o seu Deus, lhes fez deixou de cumprir-se. Todas se cumpriram; nenhuma delas falhou. 15Mas, assim como cada uma das boas promessas do SENHOR, o seu Deus, se cumpriu, também o SENHOR fará cumprir-se em vocês todo o mal com que os ameaçou, até eliminá-los desta boa terra que lhes deu. 16Se violarem a aliança que o SENHOR, o seu Deus, lhes ordenou, e passarem a cultuar outros deuses e a inclinar-se diante deles, a ira do SENHOR se acenderá contra vocês, e vocês logo desaparecerão da boa terra que ele lhes deu".

A renovação da aliança em Siquém

24 Então Josué reuniu todas as tribos de Israel em Siquém. Convocou as autoridades, os líderes, os juízes e os oficiais de Israel, e eles compareceram diante de Deus.

2Josué disse a todo o povo: "Assim diz o SENHOR, o Deus de Israel: 'Há muito tempo, os seus antepassados, inclusive Terá, pai de Abraão e de Naor, viviam além do Eufrates[a] e prestavam culto a outros deuses. 3Mas eu tirei seu pai Abraão da terra que fica além do Eufrates e o conduzi por toda a Canaã e lhe dei muitos descendentes. Dei-lhe Isaque, 4e a Isaque dei Jacó e Esaú. A Esaú dei os montes de Seir, mas Jacó e seus filhos desceram para o Egito.

5" 'Então enviei Moisés e Arão e feri os egípcios com pragas, com as quais os castiguei, e depois tirei vocês de lá. 6Quando tirei os seus antepassados do Egito, vocês vieram para o mar, e os egípcios os perseguiram com carros de guerra e cavaleiros[b] até o mar Vermelho. 7Mas os seus antepassados clamaram a mim, e eu coloquei trevas entre vocês e os egípcios; fiz voltar o mar sobre eles e os encobrir. Vocês viram com os seus próprios olhos o que eu fiz com os egípcios. Depois disso vocês viveram no deserto longo tempo.

8" 'Eu os trouxe para a terra dos amorreus que viviam a leste do Jordão. Eles lutaram contra vocês, mas eu os entreguei nas suas mãos. Eu os destruí diante de vocês, e vocês se apossaram da terra deles. 9Quando Balaque, rei de Moabe, filho de Zipor, se preparava para lutar contra Israel, mandou buscar Balaão, filho de Beor, para lançar maldição sobre vocês. 10Mas eu não quis ouvir Balaão, de modo que ele os abençoou vez após vez, e eu os livrei das mãos dele.

11" 'Depois vocês atravessaram o Jordão e chegaram a Jericó. Os chefes de Jericó lutaram contra vocês, assim como os amorreus, os ferezeus, os cananeus, os hititas, os girgaseus, os heveus e os jebuseus, mas eu os entreguei nas mãos de vocês. 12Eu lhes causei pânico[c] para expulsá-los de diante de vocês, como fiz aos dois reis amorreus. Não foram a espada e o arco que lhes deram a vitória. 13Foi assim que lhes dei uma terra que vocês não cultivaram e cidades que vocês não construíram. Nelas vocês moram, e comem de vinhas e olivais que não plantaram'.

14"Agora temam o SENHOR e sirvam-no com integridade e fidelidade. Joguem fora os deuses que os seus antepassados adoraram além do Eufrates e no Egito, e sirvam ao SENHOR. 15Se, porém, não lhes agrada servir ao SENHOR, escolham hoje a quem irão servir, se aos deuses que os seus antepassados serviram além do Eufrates, ou aos deuses dos amorreus, em cuja terra vocês estão vivendo. Mas, eu e a minha família serviremos ao SENHOR".

16Então o povo respondeu: "Longe de nós abandonar o SENHOR para servir outros deuses! 17Foi o próprio SENHOR, o nosso Deus, que nos tirou, a nós e a nossos pais, do Egito, daquela terra de escravidão, e realizou aquelas grandes maravilhas diante dos nossos olhos.

[a] 24:2 Hebraico: *do Rio*; também nos versículos 3, 14 e 15.

[b] 24:6 Ou *condutores de carros de guerra*

[c] 24:12 Ou *enviei vespas à sua frente*; ou ainda *enviei praga à sua frente*

Palavras para memorizar

"Eu e a minha família serviremos ao SENHOR."

(Josué 24:15)

Ele nos protegeu no caminho e entre as na-
ções pelas quais passamos. [18]Além disso, o
SENHOR expulsou de diante de nós todas as
nações, inclusive os amorreus, que viviam
nesta terra. Nós também serviremos ao SE-
NHOR, porque ele é o nosso Deus".
[19]Josué disse ao povo: "Vocês não têm con-
dições de servir ao SENHOR. Ele é Deus santo!
É Deus zeloso! Ele não perdoará a rebelião e
o pecado de vocês. [20]Se abandonarem o SE-
NHOR e servirem a deuses estrangeiros, ele
se voltará contra vocês e os castigará. Mesmo
depois de ter sido bondoso com vocês, ele os
exterminará".
[21]O povo, porém, respondeu a Josué: "De
maneira nenhuma! Nós serviremos ao
SENHOR".
[22]Disse então Josué: "Vocês são testemu-
nhas contra vocês mesmos de que escolhe-
ram servir ao SENHOR".
"Somos", responderam eles.
[23]Disse Josué: "Agora, então, joguem fora
os deuses estrangeiros que estão com vocês e
voltem-se de coração para o SENHOR, o Deus
de Israel".
[24]E o povo disse a Josué: "Serviremos ao
SENHOR, o nosso Deus, e lhe obedeceremos".
[25]Naquele dia Josué firmou um acordo com
o povo em Siquém, e lhe deu decretos e leis.
[26]Josué registrou essas coisas no Livro da Lei
de Deus. Depois ergueu uma grande pedra
ali, sob a Grande Árvore, perto do santuário
do SENHOR.
[27]Então disse ele a todo o povo: "Vejam esta
pedra! Ela será uma testemunha contra nós,
pois ouviu todas as palavras que o SENHOR
nos disse. Será uma testemunha contra vo-
cês, caso sejam infiéis ao seu Deus".

A morte de Josué

[28]Depois Josué despediu o povo, e cada um
foi para a sua propriedade.
[29]Passado algum tempo, Josué, filho de
Num, servo do SENHOR, morreu. Tinha cento
e dez anos de idade. [30]E o sepultaram na ter-
ra que tinha recebido por herança, em Tim-
nate-Sera, nos montes de Efraim, ao norte
do monte Gaás.
[31]Israel serviu ao SENHOR durante toda a
vida de Josué e dos líderes que lhe sobrevi-
veram e que sabiam de tudo o que o SENHOR
fizera em favor de Israel.
[32]Os ossos de José, que os israelitas ha-
viam trazido do Egito, foram enterrados em
Siquém, no quinhão de terra que Jacó havia
comprado dos filhos de Hamor, pai de Si-
quém, por cem peças de prata[a]. Aquele ter-
reno tornou-se herança dos descendentes
de José.
[33]Sucedeu também que Eleazar, filho de
Arão, morreu e foi sepultado em Gibeá, que
fora dada a seu filho Fineias, nos montes de
Efraim.

[a] 24:32 Hebraico: *100 quesitas*. A quesita era uma unidade monetária de peso e valor desconhecidos.

Escolhendo servir a Deus

Experimente!

Leia Josué 24:14-27. Quando já estava idoso, Josué convocou todos os israelitas. O que ele lhes pediu que fizessem?

Josué, então, fez esta declaração: "Eu e a minha família serviremos ao SENHOR". Esse versículo especial está em Josué 24:15. Pergunte a seus pais ou avós: "Quando você escolheu servir ao Senhor? Por que você decidiu servi-lo?". Depois que eles responderem, pergunte também: "Por que você quer que eu escolha servir a Deus?"

Josué 24:14-27

Juízes

Quem escreveu este livro?

Ninguém sabe ao certo. Muitas pessoas acham que foi Samuel.

Por que este livro foi escrito?

Juízes mostra o que aconteceu quando os israelitas abandonaram Deus para adorar ídolos.

O que acontece neste livro?

O povo de Deus peca constantemente, então Deus permite que os inimigos de Israel vençam. Quando sofrem, os israelitas se voltam para Deus, e ele então envia um "juiz" para derrotar o inimigo e liderar Israel.

O que aprendemos sobre Deus neste livro?

Deus está pronto para perdoar e ajudar as pessoas que pecaram desde que elas se voltem para ele.

Quem são os personagens principais deste livro?

As pessoas mais importantes deste livro são Débora, Gideão, Jefté e Sansão.

Quando isto aconteceu?

Os acontecimentos deste livro sucederam entre 1390 a.C. e 1050 a.C.

Onde isto aconteceu?

Os acontecimentos deste livro sucederam em diferentes partes de Canaã.

Algumas histórias deste livro:

Débora lidera Israel	Juízes 4—5
Gideão pede a Deus um sinal	Juízes 6
Gideão derrota os midianitas	Juízes 7
Jefté derrota os amonitas	Juízes 11—12
O nascimento especial de Sansão	Juízes 13
O casamento de Sansão	Juízes 14
A vingança de Sansão	Juízes 15
Sansão e Dalila	Juízes 16

A guerra contra os cananeus restantes

1 Depois da morte de Josué, os israelitas perguntaram ao SENHOR: "Quem de nós será o primeiro a atacar os cananeus?"

2O SENHOR respondeu: "Judá será o primeiro; eu entreguei a terra em suas mãos".

3Então os homens de Judá disseram aos seus irmãos de Simeão: "Venham conosco ao território que nos foi designado por sorteio, e lutemos contra os cananeus. Iremos com vocês para o território que lhes foi dado". E os homens de Simeão foram com eles.

4Quando os homens de Judá atacaram, o SENHOR entregou os cananeus e os ferezeus nas mãos deles, e eles mataram dez mil homens em Bezeque. 5Foi lá que encontraram Adoni-Bezeque, lutaram contra ele e derrotaram os cananeus e os ferezeus. 6Adoni-Bezeque fugiu, mas eles o perseguiram e o prenderam, e lhe cortaram os polegares das mãos e dos pés.

7Então Adoni-Bezeque disse: "Setenta reis com os polegares das mãos e dos pés cortados apanhavam migalhas debaixo da minha mesa. Agora Deus me retribuiu aquilo que lhes fiz". Eles o levaram para Jerusalém, onde morreu.

8Os homens de Judá atacaram também Jerusalém e a conquistaram. Mataram seus habitantes ao fio da espada e a incendiaram.

9Depois disso eles desceram para lutar contra os cananeus que viviam na serra, no Neguebe e na Sefelá[a]. 10Avançaram contra os cananeus que viviam em Hebrom, anteriormente chamada Quiriate-Arba, e derrotaram Sesai, Aimã e Talmai.

11Dali avançaram contra o povo que morava em Debir, anteriormente chamada Quiriate-Sefer. 12E disse Calebe: "Darei minha filha Acsa em casamento ao homem que atacar e conquistar Quiriate-Sefer". 13Otoniel, filho de Quenaz, irmão mais novo de Calebe, conquistou a cidade; por isso Calebe lhe deu sua filha Acsa por mulher.

14Um dia, quando já vivia com Otoniel, ela o persuadiu[b] a pedir um campo ao pai dela. Assim que ela desceu do jumento, Calebe lhe perguntou: "O que você quer?"

15Ela respondeu: "Dê-me um presente. Já que o senhor me deu terras no Neguebe, dê-me também fontes de água". E Calebe lhe deu as fontes superiores e as inferiores.

16Os descendentes do sogro de Moisés, o queneu, saíram da Cidade das Palmeiras[c] com os homens de Judá e passaram a viver entre o povo do deserto de Judá, no Neguebe, perto de Arade.

17Depois os homens de Judá foram com seus irmãos de Simeão e derrotaram os cananeus que viviam em Zefate, e destruíram totalmente a cidade. Por essa razão ela foi chamada Hormá[d]. 18Os homens de Judá também conquistaram[e] Gaza, Ascalom e Ecrom, com os seus territórios.

19O SENHOR estava com os homens de Judá. Eles ocuparam a serra central, mas não conseguiram expulsar os habitantes dos vales, pois estes possuíam carros de guerra feitos de ferro. 20Conforme Moisés havia prometido, Hebrom foi dada a Calebe, que expulsou de lá os três filhos de Enaque. 21Já os benjamitas deixaram de expulsar os jebuseus que estavam morando em Jerusalém. Os jebuseus vivem ali com os benjamitas até o dia de hoje.

22Os homens das tribos de José, por sua vez, atacaram Betel, e o SENHOR estava com eles. 23Enviaram espias a Betel, anteriormente chamada Luz. 24Quando os espias viram um homem saindo da cidade disseram-lhe: "Mostre-nos como entrar na cidade, e nós lhe pouparemos a vida". 25Ele mostrou como entrar, e eles mataram os habitantes da cidade ao fio da espada, mas pouparam o homem e toda a sua família. 26Ele foi, então, para a terra dos hititas, onde fundou uma cidade e lhe deu o nome de Luz, que é o seu nome até o dia de hoje.

27Manassés, porém, não expulsou o povo de Bete-Seã, o de Taanaque, o de Dor, o de Ibleã, o de Megido, nem tampouco o dos povoados ao redor dessas cidades, pois os cananeus estavam decididos a permanecer naquela terra. 28Quando Israel se tornou forte, impôs trabalhos forçados aos cananeus, mas não os expulsou completamente. 29Efraim também não expulsou os cananeus que viviam em Gezer, mas os cananeus continuaram a viver entre eles. 30Nem Zebulom expulsou os cananeus que viviam em Quitrom e em Naalol, mas estes permaneceram entre eles, e foram submetidos a trabalhos forçados. 31Nem Aser expulsou os que viviam em Aco, Sidom, Alabe, Aczibe, Helba, Afeque e Reobe, 32e, por esse motivo, o povo de Aser vivia

[a] 1:9 Pequena faixa de terra de relevo variável entre a planície costeira e as montanhas.

[b] 1:14 Conforme o Texto Massorético. A Septuaginta e a Vulgata dizem *ele a persuadiu*.

[c] 1:16 Isto é, Jericó.

[d] 1:17 Hormá significa destruição.

[e] 1:18 A Septuaginta diz *Judá não conquistaram*.

entre os cananeus que habitavam naquela
terra. 33Nem Naftali expulsou os que viviam
em Bete-Semes e em Bete-Anate; mas o povo
de Naftali também vivia entre os cananeus
que habitavam a terra, e aqueles que viviam
em Bete-Semes e em Bete-Anate passaram a
fazer trabalhos forçados para eles. 34Os amor-
reus confinaram a tribo de Dã à serra central,
não permitindo que descessem ao vale. 35E
os amorreus igualmente estavam decididos
a resistir no monte Heres, em Aijalom e em
Saalbim, mas, quando as tribos de José fi-
caram mais poderosas, eles também foram
submetidos a trabalhos forçados. 36A frontei-
ra dos amorreus ia da subida de Acrabim[a] até
Selá, e mais adiante.

O Anjo do SENHOR em Boquim

2 O Anjo do SENHOR subiu de Gilgal a Boquim
e disse: "Tirei vocês do Egito e os trouxe
para a terra que prometi com juramento dar
a seus antepassados. Eu disse: Jamais que-
brarei a minha aliança com vocês. 2E vocês
não farão acordo com o povo desta terra, mas
demolirão os seus altares. Por que vocês não
me obedeceram? 3Portanto, agora lhes digo
que não os expulsarei da presença de vocês;
eles serão seus adversários, e os deuses deles
serão uma armadilha para vocês".

4Quando o Anjo do SENHOR acabou de falar
a todos os israelitas, o povo chorou em alta
voz, 5e ao lugar chamaram Boquim[b]. Ali ofe-
receram sacrifícios ao SENHOR.

Desobediência e derrota

6Depois que Josué despediu os israelitas,
eles saíram para ocupar a terra, cada um a
sua herança. 7O povo prestou culto ao SENHOR
durante toda a vida de Josué e dos líderes
que sobreviveram a Josué e que tinham vis-
to todos os grandes feitos do SENHOR em fa-
vor de Israel.

8Josué, filho de Num, servo do SENHOR,
morreu com a idade de cento e dez anos. 9Foi
sepultado na terra de sua herança, em Tim-
nate-Heres[c], nos montes de Efraim, ao norte
do monte Gaás.

10Depois que toda aquela geração foi reu-
nida a seus antepassados, surgiu uma nova
geração que não conhecia o SENHOR e o que
ele havia feito por Israel. 11Então os israelitas
fizeram o que o SENHOR reprova e prestaram
culto aos baalins. 12Abandonaram o SENHOR,
o Deus dos seus antepassados, que os havia
tirado do Egito, e seguiram e adoraram vários
deuses dos povos ao seu redor, provocando
a ira do SENHOR. 13Abandonaram o SENHOR
e prestaram culto a Baal e a Astarote. 14A ira
do SENHOR se acendeu contra Israel, e ele os
entregou nas mãos de invasores que os sa-
quearam. Ele os entregou aos inimigos ao seu

[a] 1:36 Isto é, dos Escorpiões.

[b] 2:5 *Boquim* significa *pranteadores*.

[c] 2:9 Também conhecida como *Timnate-Sera*. Veja Js 19:50 e 24:30.

A vida nos tempos da Bíblia

Carros de guerra cananeus

Nas guerras, os cananeus usavam pesados carros cobertos de ferro que, podemos dizer, eram os tanques dos exércitos antigos. Os carros de guerra podiam ser usados apenas em terreno plano, não em encostas rochosas. Os israelitas não tinham carros de ferro.

Você sabia?

Quem eram os juízes?

2:18 Os juízes da Bíblia eram governantes que lideravam os israelitas na guerra e os governavam nos tempos de paz.

redor, aos quais já não conseguiam resistir.
15Sempre que os israelitas saíam para a ba-
talha, a mão do SENHOR era contra eles para
derrotá-los, conforme lhes havia advertido e
jurado. Grande angústia os dominava.
16Então o SENHOR levantou juízes[a], que os
libertaram das mãos daqueles que os ataca-
vam. 17Mesmo assim eles não quiseram ouvir
os juízes, antes se prostituíram com outros
deuses e os adoraram. Ao contrário dos seus
antepassados, logo se desviaram do caminho
pelo qual os seus antepassados tinham anda-
do, o caminho da obediência aos mandamen-
tos do SENHOR. 18Sempre que o SENHOR lhes
levantava um juiz, ele estava com o juiz e os
salvava das mãos de seus inimigos enquanto
o juiz vivia; pois o SENHOR tinha misericórdia
por causa dos gemidos deles diante daqueles
que os oprimiam e os afligiam. 19Mas, quando
o juiz morria, o povo voltava a caminhos ainda
piores do que os caminhos dos seus antepas-
sados, seguindo outros deuses, prestando-lhes
culto e adorando-os. Recusavam-se a abando-
nar suas práticas e seu caminho obstinado.
20Por isso a ira do SENHOR acendeu-se con-
tra Israel, e ele disse: "Como este povo violou
a aliança que fiz com os seus antepassados e
não tem ouvido a minha voz, 21não expulsa-
rei de diante dele nenhuma das nações que
Josué deixou quando morreu. 22Eu as usarei
para pôr Israel à prova e ver se guardará o
caminho do SENHOR e se andará nele como
o fizeram os seus antepassados". 23O SENHOR
havia permitido que essas nações permane-
cessem; não as expulsou de imediato, e não
as entregou nas mãos de Josué.

3 São estas as nações que o SENHOR deixou
para pôr à prova todos os israelitas que
não tinham visto nenhuma das guerras em
Canaã 2(fez isso apenas para treinar na guer-
ra os descendentes dos israelitas, pois não ti-
nham tido experiência anterior de combate):
3os cinco governantes dos filisteus, todos os
cananeus, os sidônios e os heveus que viviam
nos montes do Líbano, desde o monte Baal-
-Hermom até Lebo-Hamate. 4Essas nações fo-
ram deixadas para que por elas os israelitas
fossem postos à prova, se obedeceriam aos
mandamentos que o SENHOR dera aos seus
antepassados por meio de Moisés.
5Os israelitas viviam entre os cananeus, os
hititas, os amorreus, os ferezeus, os heveus e
os jebuseus. 6Tomaram as filhas deles em ca-
samento e deram suas filhas aos filhos deles,
e prestaram culto aos deuses deles.

Otoniel

7Os israelitas fizeram o que o SENHOR re-
prova, pois esqueceram-se do SENHOR, o seu
Deus, e prestaram culto aos baalins e a Ase-
rá. 8Acendeu-se a ira do SENHOR de tal forma
contra Israel que ele os entregou nas mãos

[a] 2:16 Ou *líderes*; também nos versículos 17-19.

Experimente!

Uma história familiar

Se seus pais, avós e tios são cristãos, registre a história de sua família para ajudá-lo a lembrar o que Deus significa para ela. Faça assim: peça a seus pais um álbum de fotografias e, então, tire fotos de seus pais, avós, tios e outros parentes cristãos. Peça a cada um que lhe escreva uma carta contando sobre a própria vida e o que Deus significa para ele ou ela. Coloque as fotos e as cartas no álbum, pois, assim, você nunca esquecerá o que Deus fez por sua família.

É realmente muito importante lembrar-se de Deus. Leia Juízes 2:10-23 para ver o que aconteceu quando os jovens israelitas não se lembraram de Deus.

Juízes 2:6-23

de Cuchã-Risataim, rei da Mesopotâmia[a],
por quem os israelitas foram subjugados
durante oito anos. 9Mas, quando clamaram
ao SENHOR, ele lhes levantou um libertador,
Otoniel, filho de Quenaz, o irmão mais no-
vo de Calebe, que os libertou. 10O Espírito
do SENHOR veio sobre ele, de modo que li-
derou Israel e foi à guerra. O SENHOR entre-
gou Cuchã-Risataim, rei da Mesopotâmia, nas
mãos de Otoniel, que prevaleceu contra ele.
11E a terra teve paz durante quarenta anos, até
a morte de Otoniel, filho de Quenaz.

Eúde

12Mais uma vez os israelitas fizeram o que
o SENHOR reprova, e por isso o SENHOR deu
a Eglom, rei de Moabe, poder sobre Israel.
13Conseguindo uma aliança com os amonitas
e com os amalequitas, Eglom veio e derro-
tou Israel, e conquistou a Cidade das Palmei-
ras[b]. 14Os israelitas ficaram sob o domínio de
Eglom, rei de Moabe, durante dezoito anos.
15Novamente os israelitas clamaram ao SE-
NHOR, que lhes deu um libertador chamado
Eúde, homem canhoto, filho do benjamita
Gera. Os israelitas o enviaram com o paga-
mento de tributos a Eglom, rei de Moabe.
16Eúde havia feito uma espada de dois gumes,
de quarenta e cinco centímetros[c] de compri-
mento, e a tinha amarrado na coxa direita,
debaixo da roupa. 17Ele entregou o tributo a
Eglom, rei de Moabe, homem muito gordo.
18Em seguida, Eúde mandou embora os car-
regadores. 19Junto aos ídolos[d] que estão per-
to de Gilgal, ele voltou e disse: "Tenho uma
mensagem secreta para ti, ó rei".

O rei respondeu: "Calado!" E todos os seus
auxiliares saíram de sua presença.

20Eúde aproximou-se do rei, que estava
sentado sozinho na sala superior do palácio
de verão, e repetiu: "Tenho uma mensagem
de Deus para ti". Quando o rei se levantou do
trono, 21Eúde estendeu a mão esquerda, apa-
nhou a espada de sua coxa direita e cravou-a
na barriga do rei. 22Até o cabo penetrou com
a lâmina; e, como não tirou a espada, a gor-
dura se fechou sobre ela. 23Então Eúde saiu
para o pórtico, depois de fechar e trancar as
portas da sala atrás de si.

24Depois que ele saiu, vieram os servos e
encontraram trancadas as portas da sala su-
perior, e disseram: "Ele deve estar fazendo
suas necessidades em seu cômodo privativo".
25Cansaram-se de esperar, e como ele não abria
a porta da sala, pegaram a chave e a abriram.
E lá estava o seu senhor, caído no chão, morto!
26Enquanto esperavam, Eúde escapou. Pas-
sou pelos ídolos e fugiu para Seirá. 27Quan-
do chegou, tocou a trombeta nos montes de
Efraim, e os israelitas desceram dos montes,
com ele à sua frente.

28"Sigam-me", ordenou, "pois o SENHOR en-
tregou Moabe, o inimigo de vocês, em suas
mãos." Eles o seguiram, tomaram posse do
lugar de passagem do Jordão que levava a
Moabe e não deixaram ninguém atravessar o
rio. 29Naquela ocasião mataram cerca de dez
mil moabitas, todos eles fortes e vigorosos;
nem um só homem escapou. 30Naquele dia
Moabe foi subjugado por Israel, e a terra teve
paz durante oitenta anos.

Sangar

31Depois de Eúde veio Sangar, filho de
Anate, que matou seiscentos filisteus com
uma aguilhada de bois. Ele também liber-
tou Israel.

Débora

4 Depois da morte de Eúde, mais uma vez os
israelitas fizeram o que o SENHOR reprova.
2Assim o SENHOR os entregou nas mãos de Ja-
bim, rei de Canaã, que reinava em Hazor. O
comandante do seu exército era Sísera, que
habitava em Harosete-Hagoim. 3Os israelitas
clamaram ao SENHOR, porque Jabim, que ti-
nha novecentos carros de ferro, os havia opri-
mido cruelmente durante vinte anos.

4Débora, uma profetisa, mulher de Lapido-
te, liderava Israel naquela época. 5Ela se sen-
tava debaixo da tamareira de Débora, entre
Ramá e Betel, nos montes de Efraim, e os is-
raelitas a procuravam, para que ela decidisse
as suas questões. 6Débora mandou chamar
Baraque, filho de Abinoão, de Quedes, em
Naftali, e lhe disse: "O SENHOR, o Deus de Is-
rael, lhe ordena que reúna dez mil homens
de Naftali e Zebulom e vá ao monte Tabor.
7Ele fará que Sísera, o comandante do exér-
cito de Jabim, vá atacá-lo, com seus carros
de guerra e tropas, junto ao rio Quisom, e os
entregará em suas mãos".

8Baraque disse a ela: "Se você for comigo,
irei; mas, se não for, não irei".

9Respondeu Débora: "Está bem, irei com
você. Mas saiba que, por causa do seu mo-
do de agir[e], a honra não será sua; porque o

[a] 3:8 Hebraico: *Arã Naaraim;* também no versículo 10.
[b] 3:13 Isto é, Jericó.
[c] 3:16 Hebraico: *1 côvado.*
[d] 3:19 Ou *às pedreiras;* também no versículo 26.
[e] 4:9 Ou *saiba que, quanto à expedição que você está assumindo*

SENHOR entregará Sísera nas mãos de uma
mulher". Então Débora foi a Quedes com Ba-
raque, 10onde ele convocou Zebulom e Naf-
tali. Dez mil homens o seguiram, e Débora
também foi com ele.
11Ora, o queneu Héber se havia separado
dos outros queneus, descendentes de Ho-
babe, sogro de Moisés, e tinha armado sua
tenda junto ao carvalho de Zaanim, perto de
Quedes.
12Quando disseram a Sísera que Baraque,
filho de Abinoão, tinha subido o monte Ta-
bor, 13Sísera reuniu seus novecentos carros de
ferro e todos os seus soldados, de Harosete-
-Hagoim ao rio Quisom.
14E Débora disse também a Baraque: "Vá!
Este é o dia em que o SENHOR entregou Síse-
ra em suas mãos. O SENHOR está indo à sua
frente!" Então Baraque desceu o monte Ta-
bor, seguido por dez mil homens. 15Diante do
avanço de Baraque, o SENHOR derrotou Síse-
ra e todos os seus carros de guerra e o seu
exército ao fio da espada, e Sísera desceu do
seu carro e fugiu a pé. 16Baraque perseguiu os
carros de guerra e o exército até Harosete-Ha-
goim. Todo o exército de Sísera caiu ao fio da
espada; não sobrou um só homem.
17Sísera, porém, fugiu a pé para a tenda
de Jael, mulher do queneu Héber, pois ha-
via paz entre Jabim, rei de Hazor, e o clã do
queneu Héber.
18Jael saiu ao encontro de Sísera e o con-
vidou: "Venha, entre na minha tenda, meu
senhor. Não tenha medo!" Ele entrou, e ela
o cobriu com um pano.
19"Estou com sede", disse ele. "Por favor,
dê-me um pouco de água." Ela abriu uma va-
silha de leite feita de couro, deu-lhe de beber,
e tornou a cobri-lo.
20E Sísera disse à mulher: "Fique à entrada
da tenda. Se alguém passar e perguntar se há
alguém aqui, responda que não".
21Entretanto, Jael, mulher de Héber, apa-
nhou uma estaca da tenda e um martelo e
aproximou-se silenciosamente enquanto ele,
exausto, dormia um sono profundo. E cra-
vou-lhe a estaca na têmpora até penetrar o
chão, e ele morreu.
22Baraque passou à procura de Sísera, e
Jael saiu ao seu encontro. "Venha", disse ela,
"eu lhe mostrarei o homem que você está
procurando." E entrando ele na tenda, viu ali
caído Sísera, morto, com a estaca atravessa-
da nas têmporas.

Pessoas nos tempos da Bíblia

Débora

A profetisa Débora foi uma mulher sábia e valente e está entre os juízes que governaram Israel. Quando os israelitas tiveram problemas, ela os ajudou, e também os ajudou a vencer uma importante batalha.

Só para garotas

Experimente!

A palavra *juiz* neste livro da Bíblia significa "líder", "governante". Débora era uma profetisa que falava em nome de Deus, mas também era uma juíza que governava os israelitas. As pessoas contavam tanto com Débora que o general Baraque, comandante do exército, disse que não iria lutar contra o inimigo a menos que ela o acompanhasse! Leia Juízes 4:1-10 para saber mais sobre essa importante mulher da Bíblia.

As mulheres são importantes também na igreja hoje. Fale com uma mulher líder em sua igreja e pergunte o que ela faz para servir a Deus. Pergunte também como outras mulheres podem servir a Deus. Se você é uma menina, pergunte-lhe como você poderá servir a Deus quando crescer e, depois, escreva-lhe uma carta dizendo de que modo você quer servir a Deus quando crescer.

Juízes 4:1-10

23 Naquele dia Deus subjugou Jabim, o rei
cananeu, perante os israelitas. 24 E os israeli-
tas atacaram cada vez mais a Jabim, o rei ca-
naneu, até que eles o destruíram.

O cântico de Débora

5 Naquele dia Débora e Baraque, filho de
Abinoão, entoaram este cântico:

2 "Consagrem-se para a guerra
os chefes de Israel.
Voluntariamente o povo se apresenta.
Louvem o SENHOR!

3 "Ouçam, ó reis!
Governantes, escutem!
Cantarei ao[a] SENHOR, cantarei;
comporei músicas ao[b] SENHOR,
o Deus de Israel.

4 "Ó SENHOR, quando saíste de Seir,
quando marchaste
desde os campos de Edom,
a terra estremeceu, os céus gotejaram,
as nuvens despejaram água!
5 Os montes tremeram
perante o SENHOR, o Deus do Sinai,
perante o SENHOR, o Deus de Israel.

6 "Nos dias de Sangar, filho de Anate,
nos dias de Jael,
as estradas estavam desertas;
os que viajavam seguiam
caminhos tortuosos.
7 Já tinham desistido
os camponeses de Israel,[c]

[a] 5:3 Ou *sobre o*
[b] 5:3 Ou *Com cânticos louvarei o*
[c] 5:7 Ou *Desapareceram os guerreiros em Israel,*

Palavras para memorizar

"Cantarei ao SENHOR, cantarei; comporei músicas ao SENHOR, o Deus de Israel."
(Juízes 5:3)

já tinham desistido,
até que eu, Débora, me levantei;[d]
levantou-se uma mãe em Israel.
8 Quando escolheram novos deuses,
a guerra chegou às portas,
e não se via um só escudo ou lança
entre quarenta mil de Israel.
9 Meu coração está
com os comandantes de Israel,
com os voluntários dentre o povo.
Louvem o SENHOR!

10 "Vocês, que cavalgam
em brancos jumentos,
que se assentam em ricos tapetes,
que caminham pela estrada,
considerem!
11 Mais alto que a voz
dos que distribuem água[e]
junto aos bebedouros,
recitem-se os justos feitos do SENHOR,

[d] 5:7 Ou *até que você, Débora, se levantou;*
[e] 5:11 Ou *dos flecheiros*

A vida nos tempos da Bíblia

Vasilhas de couro

Nos tempos bíblicos, os líquidos eram, muitas vezes, guardados em recipientes feitos de couro de cabra. O couro era costurado com os pelos para o lado de fora, e o leite era colocado nestas vasilhas para se tornar iogurte. Água e vinho eram colocados em vasilhas de couro para serem transportados nas viagens.

os justos feitos
em favor dos camponeses[a] de Israel.

"Então o povo do SENHOR
desceu às portas.
12'Desperte, Débora! Desperte!
Desperte, desperte, irrompa em
cânticos!
Levante-se, Baraque!
Leve presos os seus prisioneiros,
ó filho de Abinoão!'

13"Então desceram os restantes
e foram aos nobres;
o povo do SENHOR
veio a mim contra os poderosos.
14Alguns vieram de Efraim,
das raízes de Amaleque;
Benjamim estava com o povo
que seguiu você.
De Maquir desceram comandantes;
de Zebulom, os que levam
a vara de oficial.
15Os líderes de Issacar
estavam com Débora;
sim, Issacar também estava
com Baraque,
apressando-se após ele até o vale.
Nas divisões de Rúben
houve muita inquietação.
16Por que vocês permaneceram
entre as fogueiras[b]
a ouvir o balido dos rebanhos?
Nas divisões de Rúben
houve muita indecisão.
17Gileade permaneceu
do outro lado do Jordão.
E Dã, por que se deteve
junto aos navios?
Aser permaneceu no litoral
e em suas enseadas ficou.
18O povo de Zebulom arriscou a vida,
como o fez Naftali
nas altas regiões do campo.

19"Vieram reis e lutaram.
Os reis de Canaã lutaram
em Taanaque, junto às águas de
Megido,
mas não levaram prata alguma,
despojo algum.
20Desde o céu lutaram as estrelas,
desde as suas órbitas
lutaram contra Sísera.
21O rio Quisom os levou,
o antigo rio, o rio Quisom.

[a] 5:11 Ou *guerreiros*
[b] 5:16 Ou *os alforjes*

Avante, minh'alma! Seja forte!
22Os cascos dos cavalos
faziam tremer o chão;
galopavam,
galopavam os seus poderosos cavalos.
23'Amaldiçoem Meroz',
disse o anjo do SENHOR.
'Amaldiçoem o seu povo,
pois não vieram ajudar o SENHOR,
ajudar o SENHOR contra os poderosos.'

24"Que Jael seja
a mais bendita das mulheres,
Jael, mulher de Héber, o queneu!
Seja ela bendita entre as mulheres
que habitam em tendas!
25Ele pediu água, e ela lhe deu leite;
numa tigela digna de príncipes
trouxe-lhe coalhada.
26Ela estendeu a mão e apanhou
a estaca da tenda;
e com a mão direita
o martelo do trabalhador.
Golpeou Sísera, esmigalhou sua cabeça,
esmagou e traspassou suas
têmporas.
27Aos seus pés ele se curvou,
caiu e ali ficou prostrado.
Aos seus pés ele se curvou e caiu;
onde caiu, ali ficou. Morto!

28"Pela janela olhava a mãe de Sísera;
atrás da grade ela exclamava:
'Por que o seu carro
se demora tanto?
Por que custa a chegar
o ruído de seus carros?'
29As mais sábias de suas damas
respondiam,
e ela continuava falando consigo
mesma:
30'Estarão achando e repartindo
os despojos?
Uma ou duas moças
para cada homem,
roupas coloridas
como despojo para Sísera,
roupas coloridas e bordadas,
tecidos bordados
para o meu pescoço,
tudo isso como despojo?'

31"Assim pereçam
todos os teus inimigos, ó SENHOR!
Mas os que te amam sejam como o sol
quando se levanta na sua força".

E a terra teve paz durante quarenta anos.

Gideão

6 De novo os israelitas fizeram o que o SENHOR reprova, e durante sete anos ele os entregou nas mãos dos midianitas. 2Os midianitas dominaram Israel; por isso os israelitas fizeram para si esconderijos nas montanhas, nas cavernas e nas fortalezas. 3Sempre que os israelitas faziam as suas plantações, os midianitas, os amalequitas e outros povos da região a leste deles as invadiam. 4Acampavam na terra e destruíam as plantações ao longo de todo o caminho, até Gaza, e não deixavam nada vivo em Israel, nem ovelhas nem gado nem jumentos. 5Eles subiam trazendo os seus animais e suas tendas, e vinham como enxames de gafanhotos; era impossível contar os homens e os seus camelos. Invadiam a terra para devastá-la. 6Por causa de Midiã, Israel empobreceu tanto que os israelitas clamaram por socorro ao SENHOR.

7Quando os israelitas clamaram ao SENHOR por causa de Midiã, 8ele lhes enviou um profeta, que disse: "Assim diz o SENHOR, o Deus de Israel: 'Tirei vocês do Egito, da terra da escravidão. 9Eu os livrei do poder do Egito e das mãos de todos os seus opressores. Expulsei-os e dei a vocês a terra deles. 10E também disse a vocês: Eu sou o SENHOR, o seu Deus; não adorem os deuses dos amorreus, em cuja terra vivem, mas vocês não me deram ouvidos'".

11Então o Anjo do SENHOR veio e sentou-se sob a grande árvore de Ofra, que pertencia ao abiezrita Joás. Gideão, filho de Joás, estava malhando o trigo num tanque de prensar uvas, para escondê-lo dos midianitas. 12Então o Anjo do SENHOR apareceu a Gideão e lhe disse: "O SENHOR está com você, poderoso guerreiro".

13"Ah, Senhor", Gideão respondeu, "se o SENHOR está conosco, por que aconteceu tudo isso? Onde estão todas as suas maravilhas que os nossos pais nos contam quando dizem: 'Não foi o SENHOR que nos tirou do Egito?' Mas agora o SENHOR nos abandonou e nos entregou nas mãos de Midiã".

14O SENHOR se voltou para ele e disse: "Com a força que você tem, vá libertar Israel das mãos de Midiã. Não sou eu quem o está enviando?"

15"Ah, Senhor[a]", respondeu Gideão, "como posso libertar Israel? Meu clã é o menos importante de Manassés, e eu sou o menor da minha família."

[a] 6:15 Ou *senhor*

Pessoas nos tempos da Bíblia

Gideão

Gideão foi um poderoso guerreiro que confiou em Deus e obedeceu a ele mesmo quando estava com medo. Gideão liderou um exército de apenas trezentos homens, que salvaram os israelitas dos midianitas, seus inimigos. Ele foi um grande juiz, e o povo viveu em paz por muitos anos enquanto ele foi seu líder.

16"Eu estarei com você", respondeu o SENHOR, "e você derrotará todos os midianitas como se fossem um só homem".

17E Gideão prosseguiu: "Se de fato posso contar com o teu favor, dá-me um sinal de que és tu que estás falando comigo. 18Peço-te que não vás embora até que eu volte e traga minha oferta e a coloque diante de ti".

E o SENHOR respondeu: "Esperarei até você voltar".

19Gideão foi para casa, preparou um cabrito, e com uma arroba[b] de farinha fez pães sem fermento. Pôs a carne num cesto e o caldo numa panela, trouxe-os para fora e ofereceu-os a ele sob a grande árvore.

20E o Anjo de Deus lhe disse: "Apanhe a carne e os pães sem fermento, ponha-os sobre esta rocha e derrame o caldo". Gideão assim o fez. 21Com a ponta do cajado que estava em sua mão, o Anjo do SENHOR tocou a carne e os pães sem fermento. Fogo subiu da rocha, consumindo a carne e os pães. E o Anjo do SENHOR desapareceu. 22Quando Gideão viu que era o Anjo do SENHOR, exclamou: "Ah, SENHOR Soberano! Vi o Anjo do SENHOR face a face!"

23Disse-lhe, porém, o SENHOR: "Paz seja com você! Não tenha medo. Você não morrerá".

24Gideão construiu ali um altar em honra ao SENHOR e lhe deu este nome: O SENHOR é Paz. Até hoje o altar está em Ofra dos abiezritas.

25Naquela mesma noite o SENHOR lhe disse: "Separe o segundo novilho[c] do rebanho

[b] 6:19 Hebraico: *1 efa.* O efa era uma capacidade de medidas para secos. As estimativas variam entre 20 e 40 litros.

[c] 6:25 Ou *um touro bem crescido*; também nos versículos 26 e 28.

de seu pai, aquele de sete anos de idade. Des-
pedace o altar de Baal, que pertence a seu pai,
e corte o poste sagrado de Aserá que está ao
lado do altar. 26Depois faça um altar para o SE-
NHOR, o seu Deus, no topo desta elevação. Ofe-
reça o segundo novilho em holocausto[a] com a
madeira do poste sagrado que você irá cortar".
27Assim Gideão chamou dez dos seus ser-
vos e fez como o SENHOR lhe ordenara. Mas,
com medo da sua família e dos homens da
cidade, fez tudo de noite, e não durante o dia.
28De manhã, quando os homens da cidade
se levantaram, lá estava demolido o altar de
Baal, com o poste sagrado ao seu lado, corta-
do, e com o segundo novilho sacrificado no
altar recém-construído!
29Perguntaram uns aos outros: "Quem fez
isso?"

Depois de investigar, concluíram: "Foi Gi-
deão, filho de Joás".
30Os homens da cidade disseram a Joás:
"Traga seu filho para fora. Ele deve morrer,
pois derrubou o altar de Baal e quebrou o
poste sagrado que ficava ao seu lado".
31Joás, porém, respondeu à multidão hostil
que o cercava: "Vocês vão defender a causa
de Baal? Estão tentando salvá-lo? Quem lutar
por ele será morto pela manhã! Se Baal fos-
se realmente um deus, poderia defender-se
quando derrubaram o seu altar". 32Por isso
naquele dia chamaram Gideão de "Jerubaal",
dizendo: "Que Baal dispute com ele, pois der-
rubou o seu altar".

[a] 6:26 Isto é, sacrifício totalmente queimado; também em 11:31; 13:16,23; 20:26 e 21:4.

33Nesse meio tempo, todos os midianitas,
amalequitas e outros povos que vinham do
leste uniram os seus exércitos, atravessaram
o Jordão e acamparam no vale de Jezreel.
34Então o Espírito do SENHOR apoderou-se de
Gideão, e ele, com toque de trombeta, convo-
cou os abiezritas para segui-lo. 35Enviou men-
sageiros a todo o Manassés, chamando-o às
armas, e também a Aser, a Zebulom e a Naf-
tali, que também subiram ao seu encontro.
36E Gideão disse a Deus: "Quero saber se
vais libertar Israel por meu intermédio, co-
mo prometeste. 37Vê, colocarei uma porção
de lã na eira. Se o orvalho molhar apenas a
lã e todo o chão estiver seco, saberei que tu
libertarás Israel por meu intermédio, como
prometeste". 38E assim aconteceu. Gideão le-
vantou-se bem cedo no dia seguinte, torceu
a lã e encheu uma tigela de água do orvalho.
39Disse ainda Gideão a Deus: "Não se acen-
da a tua ira contra mim. Deixa-me fazer só
mais um pedido. Permite-me fazer mais um
teste com a lã. Desta vez faze ficar seca a lã
e o chão coberto de orvalho". 40E Deus assim
fez naquela noite. Somente a lã estava seca;
o chão estava todo coberto de orvalho.

A vitória de Gideão sobre os midianitas

7De madrugada Jerubaal, isto é, Gideão, e
todo o seu exército acampou junto à fonte
de Harode. O acampamento de Midiã estava
ao norte deles, no vale, perto do monte Moré.
2E o SENHOR disse a Gideão: "Você tem gen-
te demais, para eu entregar Midiã nas suas
mãos. A fim de que Israel não se orgulhe

A vida nos tempos da Bíblia

Baal e Aserá

Baal era o principal deus cananeu nos tempos do Antigo Testamento, e Aserá era a principal deusa. Seu símbolo era um poste alto de madeira. Gideão destruiu o altar de Baal e cortou o poste de Aserá. Depois, ele construiu um altar para usar na adoração ao Deus verdadeiro (Juízes 6:26), não para adorar aqueles deuses falsos.

contra mim, dizendo que a sua própria força
o libertou, [3]anuncie, pois, ao povo que todo
aquele que estiver tremendo de medo pode-
rá ir embora do monte Gileade". Então vinte
e dois mil homens partiram, e ficaram ape-
nas dez mil.
[4]Mas o SENHOR tornou a dizer a Gideão:
"Ainda há gente demais. Desça com eles à
beira d'água, e eu separarei os que ficarão
com você. Se eu disser: Este irá com você, ele
irá; mas, se eu disser: Este não irá com você,
ele não irá".
[5]Assim Gideão levou os homens à beira
d'água, e o SENHOR lhe disse: "Separe os que
beberem a água lambendo-a como faz o ca-
chorro, daqueles que se ajoelharem para be-
ber". [6]O número dos que lamberam a água
levando-a com as mãos à boca foi de trezen-
tos homens. Todos os demais se ajoelharam
para beber.
[7]O SENHOR disse a Gideão: "Com os tre-
zentos homens que lamberam a água livra-
rei vocês e entregarei os midianitas nas suas
mãos. Mande para casa todos os outros ho-
mens". [8]Gideão mandou os israelitas para as
suas tendas, mas reteve os trezentos. E estes
ficaram com as provisões e as trombetas dos
que partiram.
O acampamento de Midiã ficava abaixo de-
les, no vale. [9]Naquela noite o SENHOR disse a
Gideão: "Levante-se e desça ao acampamen-
to, pois vou entregá-lo nas suas mãos. [10]Se
você está com medo de atacá-los, desça ao
acampamento com o seu servo Pura [11]e ouça
o que estiverem dizendo. Depois disso você
terá coragem para atacar". Então ele e o seu
servo Pura desceram até os postos avançados
do acampamento. [12]Os midianitas, os amale-
quitas e todos os outros povos que vinham
do leste haviam se instalado no vale; eram
numerosos como nuvens de gafanhotos. As-
sim como não se pode contar a areia da praia,
também não se podia contar os seus camelos.
[13]Gideão chegou bem no momento em que
um homem estava contando seu sonho a um
amigo. "Tive um sonho", dizia ele. "Um pão
de cevada vinha rolando dentro do acampa-
mento midianita, e atingiu a tenda com tanta
força que ela tombou e se desmontou."
[14]Seu amigo respondeu: "Não pode ser ou-
tra coisa senão a espada de Gideão, filho de
Joás, o israelita. Deus entregou os midiani-
tas e todo o acampamento nas mãos dele".
[15]Quando Gideão ouviu o sonho e a sua
interpretação, adorou a Deus. Voltou para
o acampamento de Israel e gritou: "Levan-
tem-se! O SENHOR entregou o acampamen-
to midianita nas mãos de vocês". [16]Dividiu os
trezentos homens em três companhias e pôs
nas mãos de todos eles trombetas e jarros va-
zios, com tochas dentro.
[17]E ele lhes disse: "Observem-me. Façam o
que eu fizer. Quando eu chegar à extremida-
de do acampamento, façam o que eu fizer.
[18]Quando eu e todos os que estiverem comi-
go tocarmos as nossas trombetas ao redor do
acampamento, toquem as suas, e gritem: Pe-
lo SENHOR e por Gideão!"

Assustado, mas disposto

Experimente!

Embora Gideão tivesse medo, ele confiava em Deus. Leia Juízes 7:1-21. Os trezentos homens de Gideão também deviam estar com medo. Mas ele lhes disse: "Observem-me. Façam o que eu fizer" (Juízes 7:17). Existe alguém que seja um bom exemplo para você? Escreva a essa pessoa uma carta ou um e-mail de agradecimento. Veja uma sugestão sobre como começar sua carta:

"Amigo ________,

Acabei de ler a história de Gideão em Juízes 7. Ele foi um bom exemplo para seus soldados, pois os ajudou a confiar em Deus e lhes mostrou o que fazer para agradar a Deus. Essa história da Bíblia me fez pensar em você. Você é um bom exemplo para mim. Quando crescer, eu quero ser como você nestas coisas:..."

Quando terminar de escrever, não se esqueça de enviar!

Juízes 7:1-21

19Gideão e os cem homens que o acompa-
nhavam chegaram aos postos avançados do
acampamento pouco depois da meia-noite[a],
assim que foram trocadas as sentinelas. En-
tão tocaram as suas trombetas e quebraram
os jarros que tinham nas mãos; 20as três com-
panhias tocaram as trombetas e despedaça-
ram os jarros. Empunhando as tochas com a
mão esquerda e as trombetas com a direita,
gritaram: "À espada, pelo SENHOR e por Gi-
deão!" 21Cada homem mantinha a sua posição
em torno do acampamento, e todos os midia-
nitas fugiam correndo e gritando.

22Quando as trezentas trombetas soaram,
o SENHOR fez que em todo o acampamento
os homens se voltassem uns contra os ou-
tros com as suas espadas. Mas muitos fu-
giram para Bete-Sita, na direção de Zererá,
até a fronteira de Abel-Meolá, perto de Ta-
bate. 23Os israelitas de Naftali, de Aser e de
todo o Manassés foram convocados, e per-
seguiram os midianitas. 24Gideão enviou
mensageiros a todos os montes de Efraim,
dizendo: "Desçam para atacar os midianitas
e cerquem as águas do Jordão à frente deles
até Bete-Bara".

Foram, pois, convocados todos os homens
de Efraim, e eles ocuparam as águas do Jor-
dão até Bete-Bara. 25Eles prenderam dois lí-
deres midianitas, Orebe e Zeebe. Mataram
Orebe na rocha de Orebe, e Zeebe no tanque
de prensar uvas de Zeebe. E, depois de per-
seguir os midianitas, trouxeram a cabeça de
Orebe e a de Zeebe a Gideão, que estava do
outro lado do Jordão.

A derrota de Zeba e Zalmuna

8 Os efraimitas perguntaram, então, a Gi-
deão: "Por que você nos tratou dessa for-
ma? Por que não nos chamou quando foi lutar
contra Midiã?" E o criticaram duramente.

2Ele, porém, lhes respondeu: "Que é que
eu fiz, em comparação com vocês? O resto
das uvas de Efraim não são melhores do
que toda a colheita de Abiezer? 3Deus en-
tregou os líderes midianitas Orebe e Zeebe
nas mãos de vocês. O que pude fazer não se
compara com o que vocês fizeram!" Diante
disso, acalmou-se a indignação deles con-
tra Gideão.

4Gideão e seus trezentos homens, já exaus-
tos, continuaram a perseguição, chegaram ao
Jordão e o atravessaram. 5Em Sucote, disse
ele aos homens dali: "Peço-lhes um pouco de
pão para as minhas tropas; os homens estão
cansados, e eu ainda estou perseguindo os
reis de Midiã, Zeba e Zalmuna".

6Os líderes de Sucote, porém, disseram:
"Ainda não estão em seu poder Zeba e Zal-
muna? Por que deveríamos dar pão às suas
tropas?"

7"É assim?", replicou Gideão. "Quando o SE-
NHOR entregar Zeba e Zalmuna em minhas
mãos, rasgarei a carne de vocês com espinhos
e espinheiros do deserto."

8Dali subiu a Peniel e fez o mesmo pedido
aos homens de Peniel, mas eles responde-
ram como os de Sucote. 9Aos homens de Pe-
niel ele disse: "Quando eu voltar triunfante,
destruirei esta fortaleza".

10Ora, Zeba e Zalmuna estavam em Carcor,
e com eles cerca de quinze mil homens. Estes
foram todos os que sobraram dos exércitos
dos povos que vinham do leste, pois cento e
vinte mil homens que portavam espada ti-
nham sido mortos. 11Gideão subiu pela rota
dos nômades, a leste de Noba e Jogbeá, e ata-
cou de surpresa o exército. 12Zeba e Zalmu-
na, os dois reis de Midiã, fugiram, mas ele
os perseguiu e os capturou, derrotando tam-
bém o exército.

13Depois Gideão, filho de Joás, voltou da
batalha, pela subida de Heres. 14Ele captu-
rou um jovem de Sucote e o interrogou, e
o jovem escreveu para Gideão os nomes dos
setenta e sete líderes e autoridades da cida-
de. 15Gideão foi então a Sucote e disse aos
homens de lá: "Aqui estão Zeba e Zalmuna,
acerca dos quais vocês zombaram de mim,
dizendo: 'Ainda não estão em seu poder Zeba
e Zalmuna? Por que deveríamos dar pão aos
seus homens exaustos?'" 16Gideão prendeu
os líderes da cidade de Sucote, castigando-os
com espinhos e espinheiros do deserto; 17de-
pois derrubou a fortaleza de Peniel e matou
os homens daquela cidade.

18Então perguntou a Zeba e a Zalmuna:
"Como eram os homens que vocês mataram
em Tabor?"

"Eram como você", responderam, "cada um
tinha o porte de um príncipe."

19Gideão prosseguiu: "Aqueles homens
eram meus irmãos, filhos de minha pró-
pria mãe. Juro pelo nome do SENHOR que,
se vocês tivessem poupado a vida deles, eu
não mataria vocês". 20E Gideão voltou-se pa-
ra Jéter, seu filho mais velho, e lhe disse:
"Mate-os!" Jéter, porém, teve medo e não de-
sembainhou a espada, pois era muito jovem.

21Mas Zeba e Zalmuna disseram: "Venha,

[a] 7:19 Hebraico: *no início da vigília da meia-noite.*

mate-nos você mesmo. Isso exige coragem de homem". Então Gideão avançou e os matou, e tirou os enfeites do pescoço dos camelos deles.

O manto sacerdotal de Gideão

22Os israelitas disseram a Gideão: "Reine sobre nós, você, seu filho e seu neto, pois você nos libertou das mãos de Midiã".

23"Não reinarei sobre vocês", respondeu-lhes Gideão, "nem meu filho reinará sobre vocês. O SENHOR reinará sobre vocês." 24E prosseguiu: "Só lhes faço um pedido: que cada um de vocês me dê um brinco da sua parte dos despojos". (Os ismaelitas[a] costumavam usar brincos de ouro.)

25Eles responderam: "De boa vontade os daremos a você!" Então estenderam uma capa, e cada homem jogou sobre ela um brinco tirado de seus despojos. 26O peso dos brincos de ouro chegou a vinte quilos e meio[b], sem contar os enfeites, os pendentes e as roupas de púrpura que os reis de Midiã usavam e os colares que estavam no pescoço de seus camelos. 27Gideão usou o ouro para fazer um manto sacerdotal, que ele colocou em sua cidade, em Ofra. Todo o Israel prostituiu-se, fazendo dele objeto de adoração; e veio a ser uma armadilha para Gideão e sua família.

A morte de Gideão

28Assim Midiã foi subjugado pelos israelitas, e não tornou a erguer a cabeça. Durante a vida de Gideão a terra desfrutou paz quarenta anos.

29Jerubaal, filho de Joás, retirou-se e foi para casa, onde ficou morando. 30Teve setenta filhos, todos gerados por ele, pois tinha muitas mulheres. 31Sua concubina, que morava em Siquém, também lhe deu um filho, a quem ele deu o nome de Abimeleque. 32Gideão, filho de Joás, morreu em idade avançada e foi sepultado no túmulo de seu pai, Joás, em Ofra dos abiezritas.

33Logo depois que Gideão morreu, os israelitas voltaram a prostituir-se com os baalins, cultuando-os. Ergueram Baal-Berite como seu deus, e 34não se lembraram do SENHOR, o seu Deus, que os tinha livrado das mãos dos seus inimigos em redor. 35Também não foram bondosos com a família de Jerubaal, isto é, Gideão, pois não reconheceram todo o bem que ele tinha feito a Israel.

Abimeleque

9 Abimeleque, filho de Jerubaal, foi aos irmãos de sua mãe em Siquém e disse a eles e a todo o clã da família de sua mãe: 2"Perguntem a todos os cidadãos de Siquém o que é melhor para eles, ter todos os setenta filhos de Jerubaal governando sobre eles, ou somente um homem? Lembrem-se de que eu sou sangue do seu sangue[c]".

3Os irmãos de sua mãe repetiram tudo aos cidadãos de Siquém, e estes se mostraram propensos a seguir Abimeleque, pois disseram: "Ele é nosso irmão". 4Deram-lhe setenta peças[d] de prata tiradas do templo de Baal-Berite, as quais Abimeleque usou para contratar alguns desocupados e vadios, que se tornaram seus seguidores. 5Foi à casa de seu pai em Ofra e matou seus setenta irmãos, filhos de Jerubaal, sobre uma rocha. Mas Jotão, o filho mais novo de Jerubaal, escondeu-se e escapou. 6Então todos os cidadãos de Siquém e de Bete-Milo reuniram-se ao lado do Carvalho, junto à coluna de Siquém, para coroar Abimeleque rei.

7Quando Jotão soube disso, subiu ao topo do monte Gerizim e gritou para eles: "Ouçam-me, cidadãos de Siquém, para que Deus os ouça. 8Certo dia as árvores saíram para ungir um rei para si. Disseram à oliveira: 'Seja o nosso rei!'

9"A oliveira, porém, respondeu: 'Deveria eu renunciar ao meu azeite, com o qual se presta honra aos deuses e aos homens, para dominar sobre as árvores?'

10"Então as árvores disseram à figueira: 'Venha ser o nosso rei!'

11"A figueira, porém, respondeu: 'Deveria eu renunciar ao meu fruto saboroso e doce, para dominar sobre as árvores?'

[a] 8:24 Os ismaelitas eram parentes dos midianitas.
[b] 8:26 Hebraico: *1.700 siclos*. Um siclo equivalia a 12 gramas.

[c] 9:2 Hebraico: *osso e carne de vocês*.
[d] 9:4 Hebraico: *siclos*. Um siclo equivalia a 12 gramas.

Você sabia?

O que é um manto sacerdotal?

8:27 É uma roupa parecida com um colete, a qual geralmente era usada pelos sacerdotes quando lideravam o culto. O manto que Gideão fez não foi usado pelos sacerdotes e, mais tarde, alguns israelitas começaram a adorar esse manto.

Pessoas nos tempos da Bíblia

Abimeleque

Abimeleque era um dos filhos de Gideão, o qual não amava nem a seus familiares e nem a Deus. Ele decidiu que seria rei e, para isso, matou os irmãos. Deus puniu Abimeleque por suas más ações: ele foi morto em uma batalha.

12“Depois as árvores disseram à videira:
‘Venha ser o nosso rei!’
13“A videira, porém, respondeu: ‘Deveria eu
renunciar ao meu vinho, que alegra os deu-
ses e os homens, para ter domínio sobre as
árvores?’
14“Finalmente todas as árvores disseram ao
espinheiro: ‘Venha ser o nosso rei!’
15“O espinheiro disse às árvores: ‘Se que-
rem realmente ungir-me rei sobre vocês,
venham abrigar-se à minha sombra; do con-
trário, sairá fogo do espinheiro e consumirá
até os cedros do Líbano!’
16“Será que vocês agiram de fato com since-
ridade quando fizeram Abimeleque rei? Fo-
ram justos com Jerubaal e sua família, como
ele merecia? 17Meu pai lutou por vocês e arris-
cou a vida para livrá-los das mãos de Midiã.
18Hoje, porém, vocês se revoltaram contra a
família de meu pai, mataram seus setenta
filhos sobre a mesma rocha, e proclamaram
Abimeleque, o filho de sua escrava, rei sobre
os cidadãos de Siquém pelo fato de ser irmão
de vocês. 19Se hoje vocês de fato agiram com
sinceridade para com Jerubaal e sua famí-
lia, alegrem-se com Abimeleque, e alegre-se
ele com vocês! 20Entretanto, se não foi assim,
que saia fogo de Abimeleque e consuma os
cidadãos de Siquém e de Bete-Milo, e que saia
fogo dos cidadãos de Siquém e de Bete-Milo,
e consuma Abimeleque!”
21Depois Jotão fugiu para Beer, onde ficou
morando, longe de seu irmão Abimeleque.
22Fazia três anos que Abimeleque governa-
va Israel, 23quando Deus enviou um espírito
maligno entre Abimeleque e os cidadãos de
Siquém, e estes agiram traiçoeiramente con-
tra Abimeleque. 24Isso aconteceu para que o
crime contra os setenta filhos de Jerubaal,
o derramamento do sangue deles, fosse vin-
gado em seu irmão Abimeleque e nos cida-
dãos de Siquém que o ajudaram a assassinar
os seus irmãos. 25Os cidadãos de Siquém en-
viaram homens para o alto das colinas para
emboscarem os que passassem por ali, e Abi-
meleque foi informado disso.
26Nesse meio tempo Gaal, filho de Ebede,
mudou-se com seus parentes para Siquém,
cujos cidadãos confiavam nele. 27Sucedeu
que foram ao campo, colheram uvas, pisa-
ram-nas, e fizeram uma festa no templo do
seu deus. Comendo e bebendo, amaldiçoa-
ram Abimeleque. 28Então Gaal, filho de Ebe-
de, disse: “Quem é Abimeleque para que o
sirvamos? E quem é Siquém? Não é ele o filho
de Jerubaal, e não é Zebul o seu representan-
te? Sirvam aos homens de Hamor, o pai de
Siquém! Por que servir a Abimeleque? 29Ah!
Se eu tivesse esse povo sob o meu comando!
Eu me livraria de Abimeleque e lhe diria: Mo-
bilize o seu exército e venha![a]”
30Quando Zebul, o governante da cidade,
ouviu o que dizia Gaal, filho de Ebede, ficou
indignado. 31Secretamente enviou mensa-
geiros a Abimeleque dizendo: “Gaal, filho
de Ebede, e seus parentes vieram a Siquém
e estão agitando a cidade contra você. 32Ve-
nha de noite, você e seus homens, e fiquem
à espera no campo. 33De manhã, ao nascer
do sol, avance contra a cidade. Quando Gaal
e sua tropa atacarem, faça com eles o que
achar melhor”.
34E assim Abimeleque e todas as suas tro-
pas partiram de noite e prepararam embosca-
das perto de Siquém, em quatro companhias.
35Ora, Gaal, filho de Ebede, tinha saído e es-
tava à porta da cidade quando Abimeleque e
seus homens saíram da sua emboscada.

[a] 9:29 Conforme a Septuaginta. O Texto Massorético diz *E ele disse a Abimeleque: Convoque todo o seu exército!*

Você sabia?

Abimeleque era juiz?

9:22 Não. Ele era um filho de Gideão que queria se tornar rei. Ele matou os irmãos e, mais tarde, foi morto em batalha. A história de Abimeleque mostra como Deus pune as pessoas que fazem coisas perversas.

36Quando Gaal os viu, disse a Zebul: "Veja, vem gente descendo do alto das colinas!"

Zebul, porém, respondeu: "Você está confundindo as sombras dos montes com homens".

37Mas Gaal tornou a falar: "Veja, vem gente descendo da parte central do território[a], e uma companhia está vindo pelo caminho do carvalho dos Adivinhadores".

38Disse-lhe Zebul: "Onde está toda aquela sua conversa? Você dizia: 'Quem é Abimeleque, para que o sirvamos?' Não são estes os homens que você ridicularizou? Saia e lute contra eles!"

39Então Gaal conduziu para fora os[b] cidadãos de Siquém e lutou contra Abimeleque. 40Abimeleque o perseguiu, e ele fugiu. Muitos dos homens de Siquém caíram mortos ao longo de todo o caminho, até a porta da cidade. 41Abimeleque permaneceu em Arumá, e Zebul expulsou Gaal e os seus parentes de Siquém.

42No dia seguinte o povo de Siquém saiu aos campos, e Abimeleque ficou sabendo disso. 43Então dividiu os seus homens em três companhias e armou emboscadas no campo. Quando viu o povo saindo da cidade, levantou-se contra ele e atacou-o. 44Abimeleque e as tropas que estavam com ele avançaram até a porta da cidade. Então duas companhias avançaram sobre os que estavam nos campos e os mataram. 45E Abimeleque atacou a cidade o dia todo, até conquistá-la e matar o seu povo. Depois destruiu a cidade e espalhou sal sobre ela.

46Ao saberem disso, os cidadãos que estavam na torre de Siquém entraram na fortaleza do templo de El-Berite. 47Quando Abimeleque soube que se haviam reunido lá, 48ele e todos os seus homens subiram o monte Zalmom. Ele apanhou um machado, cortou um galho de árvore e o pôs nos ombros. Então deu esta ordem aos homens que estavam com ele: "Rápido! Façam o que eu estou fazendo!" 49Todos os homens cortaram galhos e seguiram Abimeleque. Empilharam os galhos junto à fortaleza e a incendiaram. Assim morreu também o povo que estava na torre de Siquém, cerca de mil homens e mulheres.

50A seguir Abimeleque foi a Tebes, sitiou-a e conquistou-a. 51Mas dentro da cidade havia uma torre bastante forte, para a qual fugiram todos os homens e mulheres, todo o povo da cidade. Trancaram-se por dentro e subiram para o telhado da torre. 52Abimeleque foi para a torre e atacou-a. E, quando se aproximava da entrada da torre para incendiá-la, 53uma mulher jogou uma pedra de moinho na cabeça dele, e lhe rachou o crânio.

54Imediatamente ele chamou seu escudeiro e lhe ordenou: "Tire a espada e mate-me, para que não digam que uma mulher me matou". Então o jovem o atravessou, e ele morreu. 55Quando os israelitas viram que Abimeleque estava morto, voltaram para casa.

56Assim Deus retribuiu a maldade que Abimeleque praticara contra o seu pai, matando os seus setenta irmãos. 57Deus fez também os homens de Siquém pagarem por toda a sua maldade. A maldição de Jotão, filho de Jerubaal, caiu sobre eles.

Tolá

10 Depois de Abimeleque, um homem de Issacar chamado Tolá, filho de Puá, filho de Dodô, levantou-se para libertar Israel. Ele morava em Samir, nos montes de Efraim, 2e liderou Israel durante vinte e três anos; então morreu e foi sepultado em Samir.

Jair

3Depois dele veio Jair, de Gileade, que liderou Israel durante vinte e dois anos. 4Teve trinta filhos, que montavam trinta jumentos. Eles tinham autoridade sobre trinta cidades, as quais até hoje são chamadas "povoados de Jair" e ficam em Gileade. 5Quando Jair morreu, foi sepultado em Camom.

Jefté

6Mais uma vez os israelitas fizeram o que o SENHOR reprova. Serviram aos baalins, às imagens de Astarote, aos deuses de Arã, aos deuses de Sidom, aos deuses de Moabe, aos deuses dos amonitas e aos deuses dos filisteus. E como os israelitas abandonaram o SENHOR e não mais lhe prestaram culto, 7a ira do SENHOR se acendeu contra eles. Ele os entregou nas mãos dos filisteus e dos amonitas, 8que naquele ano os humilharam e os oprimiram. Durante dezoito anos oprimiram todos os israelitas do lado leste do Jordão, em Gileade, terra dos amorreus. 9Os amonitas também atravessaram o Jordão para lutar contra Judá, contra Benjamim e contra a tribo de Efraim; e grande angústia dominou Israel. 10Então os israelitas clamaram ao SENHOR, dizendo: "Temos pecado contra ti,

[a] 9:37 Hebraico: *do Umbigo da Terra*.
[b] 9:39 Ou *Gaal saiu à vista dos*

pois abandonamos o nosso Deus e prestamos
culto aos baalins!"
11 O SENHOR respondeu: "Quando os egípcios,
os amorreus, os amonitas, os filisteus, 12 os
sidônios, os amalequitas e os maonitas[a] os
oprimiram, e vocês clamaram a mim, eu os
libertei das mãos deles. 13 Mas vocês me aban-
donaram e prestaram culto a outros deu-
ses. Por isso não os livrarei mais. 14 Clamem
aos deuses que vocês escolheram. Que eles
os livrem na hora do aperto!"
15 Os israelitas, porém, disseram ao SENHOR:
"Nós pecamos. Faze conosco o que achares
melhor, mas te rogamos, livra-nos agora".
16 Então eles se desfizeram dos deuses estran-
geiros que havia entre eles e prestaram culto
ao SENHOR. E ele não pôde mais suportar o
sofrimento de Israel.
17 Quando os amonitas foram convocados e
acamparam em Gileade, os israelitas reuni-
ram-se e acamparam em Mispá. 18 Os líderes
do povo de Gileade disseram uns aos outros:
"Quem iniciar o ataque contra os amonitas
será chefe dos que vivem em Gileade".
11 Jefté, o gileadita, era um guerreiro valente.
Sua mãe era uma prostituta; seu pai chama-
va-se Gileade. 2 A mulher de Gileade também
lhe deu filhos, que, quando já estavam grandes,
expulsaram Jefté, dizendo: "Você não vai rece-
ber nenhuma herança de nossa família, pois
é filho de outra mulher". 3 Então Jefté fugiu
dos seus irmãos e se estabeleceu em Tobe. Ali
um bando de vadios uniu-se a ele e o seguia.
4 Algum tempo depois, quando os amoni-
tas entraram em guerra contra Israel, 5 os lí-
deres de Gileade foram buscar Jefté em Tobe.
6 "Venha", disseram. "Seja nosso comandante,
para que possamos combater os amonitas."
7 Disse-lhes Jefté: "Vocês não me odiavam
e não me expulsaram da casa de meu pai?
Por que me procuram agora, quando estão
em dificuldades?"
8 "Apesar disso, agora estamos apelando
para você", responderam os líderes de Gilea-
de. "Venha conosco combater os amonitas,
e você será o chefe de todos os que vivem
em Gileade."
9 Jefté respondeu: "Se vocês me levarem de
volta para combater os amonitas e o SENHOR
os entregar a mim, serei o chefe de vocês?"
10 Os líderes de Gileade responderam: "O SE-
NHOR é nossa testemunha; faremos conforme
você diz". 11 Assim Jefté foi com os líderes de
Gileade, e o povo o fez chefe e comandante

Pessoas nos tempos da Bíblia

Jefté

Jefté era um grande guerreiro, mas sua família o odiava por uma coisa que não era culpa dele. Ele foi para outro país, para estar em segurança. Mais tarde, Jefté liderou os israelitas na batalha, e eles venceram os amonitas, seus inimigos. Jefté amava a Deus e mantinha as promessas que fazia.

sobre todos. E ele repetiu perante o SENHOR,
em Mispá, todas as palavras que tinha dito.
12 Jefté enviou mensageiros ao rei amoni-
ta com a seguinte pergunta: "Que é que tens
contra nós, para teres atacado a nossa terra?"
13 O rei dos amonitas respondeu aos mensa-
geiros de Jefté: "Quando Israel veio do Egito
tomou as minhas terras, desde o Arnom até
o Jaboque e até o Jordão. Agora, devolvam-
-me essas terras pacificamente".
14 Jefté mandou de novo mensageiros ao
rei amonita, 15 dizendo:

"Assim diz Jefté: Israel não tomou a ter-
ra de Moabe, e tampouco a terra dos amo-
nitas. 16 Quando veio do Egito, Israel foi pelo
deserto até o mar Vermelho e daí para Cades.
17 Então Israel enviou mensageiros ao rei de
Edom, dizendo: 'Deixa-nos atravessar a tua
terra', mas o rei de Edom não quis ouvi-lo.
Enviou o mesmo pedido ao rei de Moabe, e
ele também não consentiu. Assim Israel per-
maneceu em Cades.
18 "Em seguida os israelitas viajaram pelo
deserto e contornaram Edom e Moabe; passa-
ram a leste de Moabe e acamparam do outro
lado do Arnom. Não entraram no território
de Moabe, pois o Arnom era a sua fronteira.
19 "Depois Israel enviou mensageiros a
Seom, rei dos amorreus, em Hesbom, e lhe
pediu: 'Deixa-nos atravessar a tua terra para
irmos ao lugar que nos pertence!' 20 Seom, po-
rém, não acreditou que Israel fosse apenas[b]
atravessar o seu território; assim convocou

[a] 10:12 Alguns manuscritos da Septuaginta dizem *midianitas*.

[b] 11:20 Ou *porém, não quis fazer acordo com Israel, permitindo-lhe*

todos os seus homens, acampou em Jaza e
lutou contra Israel.
21“Então o SENHOR, o Deus de Israel, entre-
gou Seom e todos os seus homens nas mãos
de Israel, e este os derrotou. Israel tomou
posse de todas as terras dos amorreus que
viviam naquela região, 22conquistando-a por
inteiro, desde o Arnom até o Jaboque, e des-
de o deserto até o Jordão.
23“Agora que o SENHOR, o Deus de Israel,
expulsou os amorreus da presença de Israel,
seu povo, queres tu tomá-la? 24Acaso não to-
mas posse daquilo que o teu deus Camos te
dá? Da mesma forma tomaremos posse do
que o SENHOR, o nosso Deus, nos deu. 25És tu
melhor do que Balaque, filho de Zipor, rei de
Moabe? Entrou ele alguma vez em conflito
com Israel ou lutou com ele? 26Durante tre-
zentos anos Israel ocupou Hesbom, Aroer, os
povoados ao redor e todas as cidades às mar-
gens do Arnom. Por que não os reconquistas-
te todo esse tempo? 27Nada fiz contra ti, mas
tu estás cometendo um erro, lutando con-
tra mim. Que o SENHOR, o Juiz, julgue hoje
a disputa entre os israelitas e os amonitas”.
28Entretanto, o rei de Amom não deu aten-
ção à mensagem de Jefté.
29Então o Espírito do SENHOR se apossou
de Jefté. Este atravessou Gileade e Manassés,
passou por Mispá de Gileade, e daí avançou
contra os amonitas. 30E Jefté fez este voto ao
SENHOR: “Se entregares os amonitas nas mi-
nhas mãos, 31aquele que estiver saindo da por-
ta da minha casa ao meu encontro, quando
eu retornar da vitória sobre os amonitas, será
do SENHOR, e eu o oferecerei em holocausto”.
32Então Jefté foi combater os amonitas, e
o SENHOR os entregou nas suas mãos. 33Ele
conquistou vinte cidades, desde Aroer até as
vizinhanças de Minite, chegando a Abel-Que-
ramim. Assim os amonitas foram subjugados
pelos israelitas.
34Quando Jefté chegou à sua casa em Mis-
pá, sua filha saiu ao seu encontro, dançando
ao som de tamborins. E ela era filha única.
Ele não tinha outro filho ou filha. 35Quando
a viu, rasgou suas vestes e gritou: “Ah, minha
filha! Estou angustiado e desesperado por sua
causa, pois fiz ao SENHOR um voto que não
posso quebrar”.
36“Meu pai”, respondeu ela, “sua palavra foi
dada ao SENHOR. Faça comigo o que prome-
teu, agora que o SENHOR o vingou dos seus
inimigos, os amonitas.” 37E prosseguiu: “Mas
conceda-me dois meses para vagar pelas
colinas e chorar com as minhas amigas, por-
que jamais me casarei”.
38“Vá!”, disse ele. E deixou que ela fosse por
dois meses. Ela e suas amigas foram para as
colinas e choraram porque ela jamais se ca-
saria. 39Passados os dois meses, ela voltou a
seu pai, e ele fez com ela o que tinha pro-
metido no voto. Assim, ela nunca deixou de
ser virgem.
Daí vem o costume em Israel 40de saírem
as moças durante quatro dias, todos os anos,
para celebrar a memória da filha de Jefté, o
gileadita.

O conflito de Jefté contra Efraim

12 Os homens de Efraim foram convocados
para a batalha; dirigiram-se para Zafom e
disseram a Jefté: “Por que você foi lutar contra
os amonitas sem nos chamar para irmos jun-
tos? Vamos queimar a sua casa e você junto!”
2Jefté respondeu: “Eu e meu povo estáva-
mos envolvidos numa grande contenda com
os amonitas, e, embora eu os tenha chama-
do, vocês não me livraram das mãos deles.
3Quando vi que vocês não ajudariam, arris-
quei a vida e fui lutar contra os amonitas,
e o SENHOR me deu a vitória sobre eles. E,
por que vocês vieram para cá hoje? Para lu-
tar contra mim?”
4Jefté reuniu então todos os homens de
Gileade e lutou contra Efraim. Os gileaditas
feriram os efraimitas porque estes tinham
dito: “Vocês, gileaditas, são desertores de
Efraim e de Manassés”. 5Os gileaditas toma-
ram as passagens do Jordão que conduziam
a Efraim. Sempre que um fugitivo de Efraim
dizia: “Deixem-me atravessar”, os homens de
Gileade perguntavam: “Você é efraimita?” Se
respondesse que não, 6diziam: “Então diga:
Chibolete”. Se ele dissesse: “Sibolete”, sem
conseguir pronunciar corretamente a pala-
vra, prendiam-no e matavam-no no lugar
de passagem do Jordão. Quarenta e dois mil
efraimitas foram mortos naquela ocasião.
7Jefté liderou Israel durante seis anos. En-
tão o gileadita Jefté morreu, e foi sepultado
numa cidade de Gileade.

Ibsã, Elom e Abdom

8Depois de Jefté, Ibsã, de Belém, liderou
Israel. 9Teve trinta filhos e trinta filhas. Deu
suas filhas em casamento a homens de fora
do seu clã, e trouxe para os seus filhos trinta
mulheres de fora do seu clã. Ibsã liderou Is-
rael durante sete anos. 10Então Ibsã morreu,
e foi sepultado em Belém.

11 Depois dele, Elom, da tribo de Zebulom, liderou Israel durante dez anos. 12 Elom morreu, e foi sepultado em Aijalom, na terra de Zebulom.

13 Depois dele, Abdom, filho de Hilel, de Piratom, liderou Israel. 14 Teve quarenta filhos e trinta netos, que montavam setenta jumentos. Abdom liderou Israel durante oito anos. 15 Então Abdom, filho de Hilel, morreu, e foi sepultado em Piratom, na terra de Efraim, na serra dos amalequitas.

O nascimento de Sansão

13 Os israelitas voltaram a fazer o que o SENHOR reprova, e por isso o SENHOR os entregou nas mãos dos filisteus durante quarenta anos.

2 Certo homem de Zorá, chamado Manoá, do clã da tribo de Dã, tinha mulher estéril. 3 Certo dia o Anjo do SENHOR apareceu a ela e lhe disse: "Você é estéril, não tem filhos, mas engravidará e dará à luz um filho. 4 Todavia, tenha cuidado, não beba vinho nem outra bebida fermentada, e não coma nada impuro; 5 e não se passará navalha na cabeça do filho que você vai ter, porque o menino será nazireu, consagrado a Deus desde o nascimento; ele iniciará a libertação de Israel das mãos dos filisteus".

6 Então a mulher foi contar tudo ao seu marido: "Um homem de Deus veio falar comigo. Era como um anjo de Deus, de aparência impressionante. Não lhe perguntei de onde tinha vindo, e ele não me disse o seu nome, 7 mas ele me assegurou: 'Você engravidará e dará à luz um filho. Todavia, não beba vinho nem outra bebida fermentada, e não coma nada impuro, porque o menino será nazireu, consagrado a Deus, desde o nascimento até o dia da sua morte' ".

8 Então Manoá orou ao SENHOR: "Senhor, eu te imploro que o homem de Deus que enviaste volte para nos instruir sobre o que fazer com o menino que vai nascer".

9 Deus ouviu a oração de Manoá, e o Anjo de Deus veio novamente falar com a mulher quando ela estava sentada no campo; Manoá, seu marido, não estava com ela. 10 Mas ela foi correndo contar ao marido: "O homem que me apareceu outro dia está aqui!"

11 Manoá levantou-se e seguiu a mulher. Quando se aproximou do homem, perguntou: "Foste tu que falaste com a minha mulher?"

"Sim", disse ele.

12 "Quando as tuas palavras se cumprirem", Manoá perguntou, "como devemos criar o menino? O que ele deverá fazer?"

13 O Anjo do SENHOR respondeu: "Sua mulher terá que seguir tudo o que eu lhe ordenei. 14 Ela não poderá comer nenhum produto da videira, nem vinho ou bebida fermentada, nem comer nada impuro. Terá que obedecer a tudo o que lhe ordenei".

15 Manoá disse ao Anjo do SENHOR: "Gostaríamos que ficasses conosco; queremos oferecer-te um cabrito".

16 O Anjo do SENHOR respondeu: "Se eu

A vida nos tempos da Bíblia

Casas do Antigo Testamento

As casas na época dos juízes eram geralmente de pedra, com telhado de palha ou de galhos cortados. A maioria tinha apenas quatro ou cinco cômodos pequenos e seis a oito pessoas costumavam morar em uma casa. O teto das casas tinha menos de dois metros de altura, e a maioria das pessoas daquele tempo era muito mais baixa que as de hoje em dia.

ficar, não comerei nada. Mas, se você prepa-
rar um holocausto, ofereça-o ao SENHOR". Ma-
noá não sabia que ele era o Anjo do SENHOR.
17Então Manoá perguntou ao Anjo do SE-
NHOR: "Qual é o teu nome, para que te pres-
temos homenagem quando se cumprir a tua
palavra?"
18Ele respondeu: "Por que pergunta o meu
nome? Meu nome está além do entendimen-
to[a]". 19Então Manoá apanhou um cabrito e a
oferta de cereal, e os ofereceu ao SENHOR so-
bre uma rocha. E o SENHOR fez algo estranho
enquanto Manoá e sua mulher observavam:
20quando a chama do altar subiu ao céu, o
Anjo do SENHOR subiu na chama. Vendo is-
so, Manoá e sua mulher prostraram-se com
o rosto em terra. 21Como o Anjo do SENHOR
não voltou a manifestar-se a Manoá e à sua
mulher, Manoá percebeu que era o Anjo do
SENHOR.
22"Sem dúvida vamos morrer!" disse ele à
mulher, "pois vimos a Deus!"
23Mas a mulher respondeu: "Se o SENHOR
tivesse a intenção de nos matar, não teria
aceitado o holocausto e a oferta de cereal das
nossas mãos, não nos teria mostrado todas
essas coisas e não nos teria revelado o que
agora nos revelou".
24A mulher deu à luz um menino e pôs-lhe
o nome de Sansão. Ele cresceu, e o SENHOR o
abençoou, 25e o Espírito do SENHOR começou
a agir nele quando ele se achava em Maané-
-Dã, entre Zorá e Estaol.

[a] 13:18 Ou *nome é maravilhoso*

O casamento de Sansão

14 Sansão desceu a Timna e viu ali uma mu-
lher do povo filisteu. 2Quando voltou pa-
ra casa, disse a seu pai e a sua mãe: "Vi uma
mulher filisteia em Timna; consigam essa
mulher para ser minha esposa".
3Seu pai e sua mãe lhe perguntaram: "Será
que não há mulher entre os seus parentes ou
entre todo o seu povo? Você tem que ir aos fi-
listeus incircuncisos para conseguir esposa?"
Sansão, porém, disse ao pai: "Consiga-a pa-
ra mim. É ela que me agrada". 4Seus pais não
sabiam que isso vinha do SENHOR, que bus-
cava ocasião contra os filisteus; pois naque-
la época eles dominavam Israel. 5Sansão foi
para Timna com seu pai e sua mãe. Quan-
do se aproximavam das vinhas de Timna, de
repente um leão forte veio rugindo na dire-
ção dele. 6O Espírito do SENHOR apossou-se
de Sansão, e ele, sem nada nas mãos, rasgou
o leão como se fosse um cabrito. Mas não
contou nem ao pai nem à mãe o que fizera.
7Então foi conversar com a mulher de quem
gostava.
8Algum tempo depois, quando voltou pa-
ra casar-se com ela, Sansão saiu do caminho
para olhar o cadáver do leão, e nele havia
um enxame de abelhas e mel. 9Tirou o mel
com as mãos e o foi comendo pelo caminho.
Quando voltou aos seus pais, repartiu com
eles o mel, e eles também comeram. Mas não
lhes contou que tinha tirado o mel do cadá-
ver do leão.
10Seu pai desceu à casa da mulher, e Sansão

Dedicar crianças ao Senhor

Experimente!

Juízes 13:1-14

Um "nazireu" era uma pessoa dedicada a Deus por meio de uma promessa especial, ou "voto". Leia Juízes 13:1-14 para descobrir quais detalhes especiais Deus pediu à mãe e ao pai de Sansão para fazerem a fim de dedicar o filho.

Os cristãos também costumar consagrar os filhos ao Senhor, mas muitos pais consagram ou batizam crianças ainda bebês. Pergunte a seus pais se você foi consagrado ou batizado quando bebê. Pergunte-lhes por que fizeram isso e quais promessas fizeram naquela ocasião.

Um exemplo de culto de consagração ou de batismo pode estar impresso no hinário da sua igreja. Se estiver, leia o culto especial que seus pais podem ter realizado quando você era um bebê.

Pessoas nos tempos da Bíblia

Sansão

Sansão foi um juiz de Israel. Ele era muito forte, porque Deus lhe havia dado grande poder, mas algumas vezes foi tolo e tomou decisões ruins. Por não obedecer sempre a Deus, Sansão não pôde ajudar os israelitas a escapar dos filisteus, seus inimigos.

deu ali uma festa, como era costume dos noi-
vos. 11Quando ele chegou, trouxeram-lhe trin-
ta rapazes para o acompanharem na festa.
12"Vou propor-lhes um enigma", disse-lhes
Sansão. "Se vocês puderem dar-me a resposta
certa durante os sete dias da festa, então eu
lhes darei trinta vestes de linho e trinta mu-
das de roupas. 13Se não conseguirem dar-me
a resposta, vocês me darão trinta vestes de
linho e trinta mudas de roupas."

"Proponha-nos o seu enigma", disseram.
"Vamos ouvi-lo."
14Disse ele então:

"Do que come saiu comida;
do que é forte saiu doçura".

Durante três dias eles não conseguiram dar a resposta.

15No quarto[a] dia disseram à mulher de
Sansão: "Convença o seu marido a explicar
o enigma. Caso contrário, poremos fogo em
você e na família de seu pai, e vocês mor-
rerão. Você nos convidou para nos roubar?"
16Então a mulher de Sansão implorou-lhe
aos prantos: "Você me odeia! Você não me
ama! Você deu ao meu povo um enigma, mas
não me contou a resposta!"

"Nem a meu pai nem à minha mãe expli-
quei o enigma", respondeu ele. "Por que de-
veria explicá-lo a você?" 17Ela chorou durante
o restante da semana da festa. Por fim, no sé-
timo dia, ele lhe contou, pois ela continua-
va a perturbá-lo. Ela, por sua vez, revelou o
enigma ao seu povo.
18Antes do pôr do sol do sétimo dia, os ho-
mens da cidade vieram lhe dizer:

"O que é mais doce que o mel?
O que é mais forte que o leão?"

Sansão lhes disse:

"Se vocês não tivessem arado
com a minha novilha,
não teriam solucionado o meu
enigma".

19Então o Espírito do SENHOR apossou-se de
Sansão. Ele desceu a Ascalom, matou trinta
homens, pegou as suas roupas e as deu aos
que tinham explicado o enigma. Depois, en-
furecido, foi para a casa do seu pai. 20E a mu-
lher de Sansão foi dada ao amigo que tinha
sido o acompanhante dele no casamento.

A vingança de Sansão

15 Algum tempo depois, na época da colhei-
ta do trigo, Sansão foi visitar a sua mu-
lher e levou-lhe um cabrito. "Vou ao quarto
da minha mulher", disse ele. Mas o pai dela
não quis deixá-lo entrar.
2"Eu estava tão certo de que você a odiava",
disse ele, "que a dei ao seu amigo. A sua irmã
mais nova não é mais bonita? Fique com ela
no lugar da irmã".
3Sansão lhes disse: "Desta vez ninguém po-
derá me culpar quando eu acertar as contas
com os filisteus!" 4Então saiu, capturou tre-
zentas raposas e as amarrou aos pares pela
cauda. Depois prendeu uma tocha em cada
par de caudas, 5acendeu as tochas e soltou as
raposas no meio das plantações dos filisteus.
Assim ele queimou os feixes, o cereal que
iam colher, e também as vinhas e os olivais.
6Os filisteus perguntaram: "Quem fez is-
so?" Responderam-lhes: "Foi Sansão, o genro
do timnita, porque a sua mulher foi dada ao
seu amigo". Então os filisteus foram e quei-
maram a mulher e seu pai.
7Sansão lhes disse: "Já que fizeram isso,
não sossegarei enquanto não me vingar de
vocês". 8Ele os atacou sem dó nem piedade e
fez terrível matança. Depois desceu e ficou
numa caverna da rocha de Etã.
9Os filisteus foram para Judá e lá acampa-
ram, espalhando-se pelas proximidades de
Leí. 10Os homens de Judá perguntaram: "Por
que vocês vieram lutar contra nós?"

Eles responderam: "Queremos levar San-
são amarrado, para tratá-lo como ele nos
tratou".
11Três mil homens de Judá desceram então
à caverna da rocha de Etã e disseram a San-
são: "Você não sabe que os filisteus dominam
sobre nós? Você viu o que nos fez?"

[a] 14:15 Conforme alguns manuscritos da Septuaginta e a Versão Siríaca. O Texto Massorético diz *sétimo*.

Ele respondeu: "Fiz a eles apenas o que
eles me fizeram".
12Disseram-lhe: "Viemos amarrá-lo para en-
tregá-lo aos filisteus".
Sansão disse: "Jurem-me que vocês mes-
mos não me matarão".
13"Certamente que não!", responderam. "So-
mente vamos amarrá-lo e entregá-lo nas mãos
deles. Não o mataremos." E o prenderam com
duas cordas novas e o fizeram sair da rocha.
14Quando ia chegando a Leí, os filisteus foram
ao encontro dele aos gritos. Mas o Espírito do
SENHOR apossou-se dele. As cordas em seus
braços se tornaram como fibra de linho quei-
mada, e os laços caíram das suas mãos. 15En-
contrando a carcaça de um jumento, pegou a
queixada e com ela matou mil homens.
16Disse ele então:

"Com uma queixada de jumento
fiz deles montões[a].
Com uma queixada de jumento
matei mil homens".

17Quando acabou de falar, jogou fora a
queixada; e o local foi chamado Ramate-Leí[b].
18Sansão estava com muita sede e clamou
ao SENHOR: "Deste pela mão de teu servo esta
grande vitória. Morrerei eu agora de sede para
cair nas mãos dos incircuncisos?" 19Deus então
abriu a rocha que há em Leí, e dela saiu água.
Sansão bebeu, suas forças voltaram, e ele re-
cobrou o ânimo. Por esse motivo essa fonte foi
chamada En-Hacoré[c], e ainda lá está, em Leí.

[a] 15:16 Ou *jumentos*. Há um jogo de palavras no hebraico entre jumento e montão.
[b] 15:17 *Ramate-Leí* significa *colina da queixada*.
[c] 15:19 *En-Hacoré* significa *a fonte do que clama*.

20Sansão liderou Israel durante vinte anos,
no tempo do domínio dos filisteus.

Sansão e Dalila

16 Certa vez Sansão foi a Gaza, viu ali uma
prostituta, e passou a noite com ela. 2Dis-
seram ao povo de Gaza: "Sansão está aqui!"
Então cercaram o local e ficaram à espera dele
a noite toda, junto à porta da cidade. Não se
moveram a noite inteira, dizendo: "Ao ama-
nhecer o mataremos".
3Sansão, porém, ficou deitado só até a
meia-noite. Levantou-se, agarrou firme
a porta da cidade, com os dois batentes, e os
arrancou, com tranca e tudo. Pôs tudo nos
ombros e o levou ao topo da colina que fica
defronte de Hebrom.
4Depois dessas coisas, ele se apaixonou por
uma mulher do vale de Soreque, chamada
Dalila. 5Os líderes dos filisteus foram dizer a
ela: "Veja se você consegue induzi-lo a mos-
trar-lhe o segredo da sua grande força e como
poderemos dominá-lo, para que o amarre-
mos e o subjuguemos. Cada um de nós dará
a você treze quilos[d] de prata".
6Disse, pois, Dalila a Sansão: "Conte-me,
por favor, de onde vem a sua grande força e
como você pode ser amarrado e subjugado".
7Respondeu-lhe Sansão: "Se alguém me
amarrar com sete tiras de couro[e] ainda úmi-
das, ficarei tão fraco quanto qualquer outro
homem".
8Então os líderes dos filisteus trouxeram
a ela sete tiras de couro ainda úmidas, e
Dalila o amarrou com elas. 9Tendo homens

[d] 16:5 Hebraico: *1.100 siclos*. Um siclo equivalia a 12 gramas.
[e] 16:7 Ou *sete cordas de arco*; também nos versículos 8 e 9.

Vingança

Sansão era forte, mas nem sempre era bom ou sábio. Uma vez, quando os filisteus o enganaram, ele ficou muito irritado e decidiu se vingar.

Leia Juízes 15:1-17. A vingança de Sansão ajudou alguém? Os filisteus? Os israelitas? Ele mesmo?

Considere as três situações a seguir em que você pode ficar tentado a se irar. O que você deve fazer?

1. Sua irmã pega emprestado seus fones de ouvido e os quebra.
2. Enquanto você está andando pelo corredor na escola, um colega passa correndo e acidentalmente o faz derrubar seus livros.
3. Seus pais o punem por algo que não é sua culpa.

Experimente!

Juízes 15:1-17

escondidos no quarto, ela o chamou: "San-
são, os filisteus o estão atacando!" Mas ele
arrebentou as tiras de couro como se fos-
sem um fio de estopa posto perto do fogo.
Assim, não se descobriu de onde vinha a sua
força.
10Disse Dalila a Sansão: "Você me fez de bo-
ba; mentiu para mim! Agora conte-me, por
favor, como você pode ser amarrado".
11Ele disse: "Se me amarrarem firmemen-
te com cordas que nunca tenham sido usa-
das, ficarei tão fraco quanto qualquer outro
homem".
12Dalila o amarrou com cordas novas. De-
pois, tendo homens escondidos no quarto,
ela o chamou: "Sansão, os filisteus o estão
atacando!" Mas ele arrebentou as cordas de
seus braços como se fossem uma linha.
13Disse Dalila a Sansão: "Até agora você me
fez de boba e mentiu para mim. Diga-me co-
mo pode ser amarrado".
Ele respondeu: "Se você tecer num pano
as sete tranças da minha cabeça e o prender
com uma lançadeira, ficarei tão fraco quan-
to qualquer outro homem". Assim, enquan-
to ele dormia, Dalila teceu as sete tranças da
sua cabeça num pano 14e[a] o prendeu com a
lançadeira.
Novamente ela o chamou: "Sansão, os fi-
listeus o estão atacando!" Ele despertou do
sono e arrancou a lançadeira e o tear, com
os fios.
15Então ela lhe disse: "Como você pode di-
zer que me ama, se não confia em mim? Esta
é a terceira vez que você me fez de boba e não
contou o segredo da sua grande força". 16Im-
portunando-o o tempo todo, ela o cansava
dia após dia, ficando ele a ponto de morrer.
17Por isso ele lhe contou o segredo: "Jamais
se passou navalha em minha cabeça", disse
ele, "pois sou nazireu, desde o ventre mater-
no. Se fosse rapado o cabelo da minha cabeça,
a minha força se afastaria de mim, e eu fica-
ria tão fraco quanto qualquer outro homem".
18Quando Dalila viu que Sansão lhe tinha
contado todo o segredo, enviou esta mensa-
gem aos líderes dos filisteus: "Subam mais
esta vez, pois ele me contou todo o segredo".
Os líderes dos filisteus voltaram a ela levan-
do a prata. 19Fazendo-o dormir no seu colo,
ela chamou um homem para cortar as sete
tranças do cabelo dele, e assim começou a
subjugá-lo[b]. E a sua força o deixou.
20Então ela chamou: "Sansão, os filisteus o
estão atacando!"
Ele acordou do sono e pensou: "Sairei

[a] 16:13-14 Conforme alguns manuscritos da Septuaginta. O Texto Massorético diz *"Só se você tecer num pano as sete tranças da minha cabeça". [14]Assim, ela.*

[b] 16:19 Alguns manuscritos da Septuaginta dizem *e ele começou a enfraquecer.*

O homem mais forte do mundo?

Experimente!

Leia Juízes 16:1-3. Nos tempos bíblicos, as portas da cidade eram feitas de pedra, de metal ou de madeira grossa unida com tiras de ferro. A distância de Gaza ao topo da colina que está diante de Hebrom é de quase cinquenta quilômetros, mas Sansão carregou uma porta pesada até lá!

Mas será que Sansão era realmente forte? Este capítulo nos diz que ele estava tentado a ficar com uma mulher com a qual não estava casado e sabia que isso era errado, mas cedeu à tentação. Interiormente, Sansão era fraco, não forte! Se você está sendo tentado a fazer algo que sabe que é errado, mas faz o que é certo, você é mais forte que Sansão!

Juízes 16:1-3

Escolha sete adesivos de que você goste e coloque-os na gaveta de meias.

Quando você for tentado a fazer algo errado e fizer o que é certo, diga a seus pais o que aconteceu. Coloque um dos adesivos em um calendário como lembrete de que naquele dia você foi mais forte que Sansão. Veja se você consegue usar todos os adesivos de "Mais forte que Sansão!" em apenas uma ou duas semanas.

como antes e me livrarei". Mas não sabia que
o SENHOR o tinha deixado.
21Os filisteus o prenderam, furaram os seus
olhos e o levaram para Gaza. Prenderam-no
com algemas de bronze, e o puseram a girar
um moinho na prisão. 22Mas, logo o cabelo da
sua cabeça começou a crescer de novo.

A morte de Sansão

23Os líderes dos filisteus se reuniram para
oferecer um grande sacrifício a seu deus Da-
gom e para festejar. Comemorando sua vitó-
ria, diziam: "O nosso deus entregou o nosso
inimigo Sansão em nossas mãos".
24Quando o povo o viu, louvou o seu deus:

"O nosso deus nos entregou
  o nosso inimigo,
o devastador da nossa terra,
  aquele que multiplicava
  os nossos mortos".

25Com o coração cheio de alegria, grita-
ram: "Tragam-nos Sansão para nos diver-
tir!" E mandaram trazer Sansão da prisão, e
ele os divertia.
Quando o puseram entre as colunas, 26San-
são disse ao jovem que o guiava pela mão:
"Ponha-me onde eu possa apalpar as colu-
nas que sustentam o templo, para que eu me
apoie nelas". 27Homens e mulheres lotavam o
templo; todos os líderes dos filisteus estavam
presentes e, no alto, na galeria, havia cerca de
três mil homens e mulheres vendo Sansão,
que os divertia. 28E Sansão orou ao SENHOR:
"Ó Soberano SENHOR, lembra-te de mim! Ó
Deus, eu te suplico, dá-me forças, mais uma
vez, e faze com que eu me vingue dos filis-
teus por causa dos meus dois olhos!" 29En-
tão Sansão forçou as duas colunas centrais
sobre as quais o templo se firmava. Apoian-
do-se nelas, tendo a mão direita numa co-
luna e a esquerda na outra, 30disse: "Que eu
morra com os filisteus!" Em seguida ele as
empurrou com toda a força, e o templo desa-
bou sobre os líderes e sobre todo o povo que
ali estava. Assim, na sua morte, Sansão ma-
tou mais homens do que em toda a sua vida.
31Foram, então, os seus irmãos e toda a fa-
mília do seu pai para buscá-lo. Trouxeram-no
e o sepultaram entre Zorá e Estaol, no túmu-
lo de Manoá, seu pai. Sansão liderou Israel
durante vinte anos.

Os ídolos de Mica

17 Havia um homem chamado Mica, dos
montes de Efraim, 2que disse certa vez
à sua mãe: "Os treze quilos[a] de prata que lhe
foram roubados e pelos quais eu a ouvi pro-
nunciar uma maldição, na verdade a prata
está comigo; eu a peguei".
Disse-lhe sua mãe: "O SENHOR o abençoe,
meu filho!"
3Quando ele devolveu os treze quilos de
prata à mãe, ela disse: "Consagro solenemen-
te a minha prata ao SENHOR para que o meu
filho faça uma imagem esculpida e um ídolo
de metal. Eu a devolvo a você".
4Mas ele devolveu a prata à sua mãe, e ela
separou dois quilos e quatrocentos gramas,
e os deu a um ourives, que deles fez a ima-
gem e o ídolo. E estes foram postos na casa
de Mica.
5Ora, esse homem, Mica, possuía um san-
tuário, fez um manto sacerdotal e alguns ído-
los da família e pôs um dos seus filhos como
seu sacerdote. 6Naquela época não havia rei
em Israel; cada um fazia o que lhe parecia
certo.
7Um jovem levita de Belém de Judá, pro-
cedente do clã de Judá, 8saiu daquela cidade
em busca de outro lugar para morar. Em sua
viagem[b], chegou à casa de Mica, nos montes
de Efraim.
9Mica lhe perguntou: "De onde você vem?"
"Sou levita, de Belém de Judá", respondeu
ele. "Estou procurando um lugar para morar."
10"Fique comigo", disse-lhe Mica. "Seja meu
pai e sacerdote, e eu lhe darei cento e vin-
te gramas de prata por ano, roupas e comi-
da." 11O jovem levita concordou em ficar com
Mica, e tornou-se como um dos seus filhos.
12Mica acolheu o levita, e o jovem se tornou
seu sacerdote, e ficou morando em sua casa.

[a] 17:2 Hebraico: *1.100 siclos*. Um siclo equivalia a 12 gramas.
[b] 17:8 Ou *Querendo exercer a sua profissão*

Você sabia?

Como Sansão morreu?

16:30 Os filisteus, inimigos dos israelitas, capturaram Sansão e arrancaram-lhe os olhos. Sansão quis vingar-se dos filisteus e derrubou um dos templos deles sem ter nada nas mãos. Muitos filisteus morreram quando o edifício caiu, assim como Sansão.

13E Mica disse: "Agora sei que o SENHOR me
tratará com bondade, pois esse levita se tor-
nou meu sacerdote".

A tribo de Dã se estabelece em Laís

18 Naquela época não havia rei em Israel, e
a tribo de Dã estava procurando um local
onde estabelecer-se, pois ainda não tinha re-
cebido herança entre as tribos de Israel. 2En-
tão enviaram cinco guerreiros de Zorá e de
Estaol para espionarem a terra e explorá-la.
Esses homens representavam todos os clãs da
tribo. Disseram-lhes: "Vão, explorem a terra".
Os homens chegaram aos montes de
Efraim e foram à casa de Mica, onde passa-
ram a noite. 3Quando estavam perto da casa
de Mica, reconheceram a voz do jovem levita;
aproximaram-se e lhe perguntaram: "Quem
o trouxe para cá? O que você está fazendo
neste lugar? Por que você está aqui?"
4O jovem lhes contou o que Mica fizera por
ele, e disse: "Ele me contratou, e eu sou seu
sacerdote".
5Então eles lhe pediram: "Pergunte a Deus
se a nossa viagem será bem-sucedida".
6O sacerdote lhes respondeu: "Vão em paz.
Sua viagem tem a aprovação do SENHOR".
7Os cinco homens partiram e chegaram a
Laís, onde viram que o povo vivia em segu-
rança, como os sidônios, despreocupado e
tranquilo, e gozava prosperidade, pois a sua
terra não lhe deixava faltar nada. Viram tam-
bém que o povo vivia longe dos sidônios e
não tinha relações com nenhum outro povo[a].
8Quando voltaram a Zorá e a Estaol, seus
irmãos lhes perguntaram: "O que descobri-
ram?"
9Eles responderam: "Vamos atacá-los! Vi-
mos que a terra é muito boa. Vocês vão ficar
aí sem fazer nada? Não hesitem em ir apos-
sar-se dela. 10Chegando lá, vocês encontrarão
um povo despreocupado e uma terra espa-
çosa que Deus pôs nas mãos de vocês, terra
onde não falta coisa alguma!"
11Então seiscentos homens da tribo de Dã
partiram de Zorá e de Estaol, armados para
a guerra. 12Na viagem armaram acampamen-
to perto de Quiriate-Jearim, em Judá. É por
isso que até hoje o local, a oeste de Quiria-
te-Jearim, é chamado Maané-Dã[b]. 13Dali fo-
ram para os montes de Efraim e chegaram
à casa de Mica.
14Os cinco homens que haviam espionado a
terra de Laís disseram a seus irmãos: "Vocês
sabiam que numa dessas casas há um man-
to sacerdotal, ídolos da família, uma ima-
gem esculpida e um ídolo de metal? Agora
vocês sabem o que devem fazer". 15Então eles
se aproximaram e foram à casa do jovem le-
vita, à casa de Mica, e o saudaram. 16Os seis-
centos homens de Dã, armados para a guerra,
ficaram junto à porta. 17Os cinco homens que
haviam espionado a terra entraram e apa-
nharam a imagem, o manto sacerdotal, os
ídolos da família e o ídolo de metal, enquan-
to o sacerdote e os seiscentos homens arma-
dos permaneciam à porta.
18Quando os homens entraram na casa de
Mica e apanharam a imagem, o manto sacer-
dotal, os ídolos da família e o ídolo de metal,
o sacerdote lhes perguntou: "Que é que vocês
estão fazendo?"
19Eles lhe responderam: "Silêncio! Não diga
nada. Venha conosco, e seja nosso pai e sacer-
dote. Não será melhor para você servir como
sacerdote uma tribo e um clã de Israel do que
apenas a família de um só homem?" 20En-
tão o sacerdote se alegrou, apanhou o manto
sacerdotal, os ídolos da família e a imagem
esculpida e se juntou à tropa. 21Pondo os seus
filhos, os seus animais e os seus bens na fren-
te deles, partiram de volta.
22Quando já estavam a certa distância da
casa, os homens que moravam perto de Mi-
ca foram convocados e alcançaram os ho-
mens de Dã. 23Como vinham gritando atrás
deles, estes se voltaram e perguntaram a Mi-
ca: "Qual é o seu problema? Por que convocou
os seus homens para lutar?"
24Ele respondeu: "Vocês estão levando em-
bora os deuses que fiz e o meu sacerdote. O
que me sobrou? Como é que ainda podem
perguntar: 'Qual é o seu problema?' "
25Os homens de Dã responderam: "Não dis-
cuta conosco, senão alguns homens de tem-
peramento violento o atacarão, e você e a sua
família perderão a vida". 26E assim os homens
de Dã seguiram seu caminho. Vendo que eles
eram fortes demais para ele, Mica virou-se e
voltou para casa.
27Os homens de Dã levaram o que Mica
fizera e o seu sacerdote, e foram para Laís,
lugar de um povo pacífico e despreocupa-
do. Eles mataram todos ao fio da espada e
queimaram a cidade. 28Não houve quem os
livrasse, pois viviam longe de Sidom e não
tinham relações com nenhum outro povo.
A cidade ficava num vale que se estende até
Bete-Reobe.

[a] 18:7 Alguns manuscritos da Septuaginta dizem *com os arameus*.
[b] 18:12 *Maané-Dã* significa *campo de Dã*.

Os homens de Dã reconstruíram a cidade e
se estabeleceram nela. 29Deram à cidade an-
teriormente chamada Laís o nome de Dã, em
homenagem a seu antepassado Dã, filho de
Israel. 30Eles levantaram para si o ídolo, e Jô-
natas, filho de Gérson, neto de Moisés[a], e os
seus filhos foram sacerdotes da tribo de Dã
até que o povo foi para o exílio. 31Ficaram com
o ídolo feito por Mica durante todo o tempo
em que o santuário de Deus esteve em Siló.

O levita e a morte da sua concubina

19 Naquela época não havia rei em Israel.
Aconteceu que um levita que vivia nos
montes de Efraim, numa região afastada, to-
mou para si uma concubina, que era de Be-
lém de Judá. 2Mas ela lhe foi infiel. Deixou-o
e voltou para a casa do seu pai, em Belém de
Judá. Quatro meses depois, 3seu marido foi
convencê-la a voltar. Ele tinha levado o seu
servo e dois jumentos. A mulher o levou para
dentro da casa do seu pai, e quando seu pai
o viu, alegrou-se. 4O sogro dele o convenceu
a ficar ali; e ele permaneceu com eles três
dias; todos comendo, bebendo e dormindo ali.
5No quarto dia, eles se levantaram cedo,
e o levita se preparou para partir, mas o pai
da moça disse ao genro: “Coma alguma coi-
sa, e depois vocês poderão partir”. 6Os dois
se assentaram para comer e beber juntos.
Mas o pai da moça disse: “Eu lhe peço que
fique esta noite, e que se alegre”. 7E, quando
o homem se levantou para partir, seu sogro
o convenceu a ficar ainda aquela noite. 8Na
manhã do quinto dia, quando ele se prepa-
rou para partir, o pai da moça disse: “Vamos
comer! Espere até a tarde!” E os dois come-
ram juntos.
9Então, quando o homem, sua concubina e
seu servo levantaram-se para partir, o pai da
moça, disse outra vez: “Veja, o dia está quase
acabando, é quase noite; passe a noite aqui.
Fique e alegre-se. Amanhã de madrugada vo-
cês poderão levantar-se e ir para casa”. 10Não
desejando ficar outra noite, o homem partiu
rumo a Jebus, isto é, Jerusalém, com dois ju-
mentos selados e com a sua concubina.
11Quando estavam perto de Jebus e já se
findava o dia, o servo disse a seu senhor: “Ve-
nha. Vamos parar nesta cidade dos jebuseus
e passar a noite aqui”.
12O seu senhor respondeu: “Não. Não va-
mos entrar numa cidade estrangeira, cujo
povo não é israelita. Iremos para Gibeá”. 13E

Você sabia?

O que é uma concubina?

19:1 Nos tempos do Antigo
Testamento, alguns homens
tinham mais de uma
esposa ao mesmo tempo.
A primeira esposa tinha
direitos especiais; as outras
normalmente eram
chamadas de concubinas.

acrescentou: “Ande! Vamos tentar chegar a
Gibeá ou a Ramá e passar a noite num des-
ses lugares”. 14Então prosseguiram, e o sol
se pôs quando se aproximavam de Gibeá de
Benjamim. 15Ali entraram para passar a noi-
te. Foram sentar-se na praça da cidade. E nin-
guém os convidou para passarem a noite em
sua casa.
16Naquela noite um homem idoso proce-
dente dos montes de Efraim e que estava mo-
rando em Gibeá (os homens do lugar eram
benjamitas), voltava de seu trabalho no cam-
po. 17Quando viu o viajante na praça da cida-
de, o homem idoso perguntou: “Para onde
você está indo? De onde vem?”
18Ele respondeu: “Estamos de viagem, indo
de Belém de Judá para uma região afastada,
nos montes de Efraim, onde moro. Fui a Be-
lém de Judá, e agora estou indo ao santuário
do SENHOR[b]. Mas aqui ninguém me recebeu
em casa. 19Temos palha e forragem para os
nossos jumentos, e para nós mesmos, que
somos seus servos, temos pão e vinho, para
mim, para a sua serva e para o jovem que es-
tá conosco. Não temos falta de nada”.
20“Você é bem-vindo em minha casa”, disse
o homem idoso. “Vou atendê-lo no que você
precisar. Não passe a noite na praça.” 21E os
levou para a sua casa e alimentou os jumen-
tos. Depois de lavarem os pés, comeram e be-
beram alguma coisa.
22Quando estavam entretidos, alguns va-
dios da cidade cercaram a casa. Esmurrando
a porta, gritaram para o homem idoso, do-
no da casa: “Traga para fora o homem que
entrou em sua casa para que tenhamos re-
lações com ele!”
23O dono da casa saiu e lhes disse: “Não se-
jam tão perversos, meus amigos. Já que esse

[a] 18:30 Conforme uma antiga tradição de escribas hebreus. O Texto Massorético diz *Manassés*.

[b] 19:18 A Septuaginta diz *para a minha casa*.

homem é meu hóspede, não cometam essa
loucura. [24]Vejam, aqui está minha filha vir-
gem e a concubina do meu hóspede. Eu as
trarei para vocês, e vocês poderão usá-las e fa-
zer com elas o que quiserem. Mas, nada façam
com esse homem, não cometam tal loucura!"
[25]Mas os homens não quiseram ouvi-lo. En-
tão o levita mandou a sua concubina para
fora, e eles a violentaram e abusaram dela
a noite toda. Ao alvorecer a deixaram. [26]Ao
romper do dia a mulher voltou para a casa
onde o seu senhor estava hospedado, caiu
junto à porta e ali ficou até o dia clarear.

[27]Quando o seu senhor se levantou de ma-
nhã, abriu a porta da casa e saiu para prosse-
guir viagem, lá estava a sua concubina, caída
à entrada da casa, com as mãos na soleira da
porta. [28]Ele lhe disse: "Levante-se, vamos!"
Não houve resposta. Então o homem a pôs
em seu jumento e foi para casa.

[29]Quando chegou, apanhou uma faca e cor-
tou o corpo da sua concubina em doze par-
tes, e as enviou a todas as regiões de Israel.
[30]Todos os que viram isso disseram: "Nunca
se viu nem se fez uma coisa dessas desde o
dia em que os israelitas saíram do Egito. Pen-
sem! Reflitam! Digam o que se deve fazer!"

A guerra entre os israelitas e os benjamitas

20 Então todos os israelitas, de Dã a Ber-
seba, e de Gileade, saíram como um só
homem e se reuniram em assembleia perante
o SENHOR, em Mispá. [2]Os líderes de todo o po-
vo das tribos de Israel tomaram seus lugares
na assembleia do povo de Deus, quatrocentos
mil soldados armados de espada. [3](Os ben-
jamitas souberam que os israelitas haviam
subido a Mispá.) Os israelitas perguntaram:
"Como aconteceu essa perversidade?"
[4]Então o levita, marido da mulher assassi-
nada, disse: "Eu e a minha concubina chega-
mos a Gibeá de Benjamim para passar a noite.
[5]Durante a noite os homens de Gibeá vieram
para atacar-me e cercaram a casa, com a inten-
ção de matar-me. Então violentaram minha
concubina, e ela morreu. [6]Peguei minha con-
cubina, cortei-a em pedaços e enviei um peda-
ço a cada região da herança de Israel, pois eles
cometeram essa perversidade e esse ato ver-
gonhoso em Israel. [7]Agora, todos vocês israe-
litas, manifestem-se e deem o seu veredicto".
[8]Todo o povo se levantou como se fosse
um só homem, dizendo: "Nenhum de nós
irá para casa. Nenhum de nós voltará para o
seu lar. [9]Mas é isto que faremos agora contra
Gibeá: separaremos, por sorteio, de todas as
tribos de Israel, [10]de cada cem homens dez,
de cada mil homens cem, de cada dez mil ho-
mens mil, para conseguirem provisões para
o exército poder chegar a Gibeá[a] de Benja-
mim e dar a eles o que merecem por esse ato

[a] 20:10 Muitos manuscritos dizem *Geba*, variante de *Gibeá*.

A vida nos tempos da Bíblia

Funda

Também conhecido como atiradeira, esse instrumento tinha duas cordas ligadas a um pequeno pedaço de couro. Uma pedra lisa era colocada ali e girada muitas vezes, e, quando uma das cordas era solta, a pedra voava muito rápido em direção ao alvo. Pastores usavam fundas para proteger os rebanhos e muitos exércitos tinham soldados cuja arma principal era a funda. Davi é o homem que ficou mais famoso por usar funda. Você pode ler sobre ele em 1Samuel 17.

Os Dez Mandamentos para crianças

(Baseado em Êxodo 20:1-17 e em Deuteronômio 5:7-21)

1 Não ame alguém ou algo mais do que ama a Deus.

2 Não adore nem dê mais importância a alguém ou a algo que não seja Deus. Você deve adorar somente ao Senhor, não seus amigos ou alguém famoso, nem carros ou skates. Nada.

3 Não xingue. Use o nome sagrado de Deus de maneira amorosa, nunca para expressar raiva ou frustração.

4 Separe um dia da semana para descansar e adorar a Deus.

5 Respeite seus pais. Ame-os, e Deus o recompensará.

6 Não odeie outras pessoas. Não pense em machucar alguém de nenhuma forma.

7 Mantenha seus pensamentos e ações em santidade. Maridos e mulheres devem partilhar de seu amor especial somente um com o outro.

8 Não pegue nada que não te pertença.

9 Não minta, especialmente quando a mentira pode ferir terceiros.

10 Não tenha inveja do que os outros possuem. Não tenha inveja dos brinquedos ou roupas novas de seus amigos, ou da casa grande em que seu vizinho mora. Fique satisfeito com o que você tem.

Versículos bíblicos

para quando você se sentir...

Profetas famosos do Antigo Testamento

ISAÍAS
Profetizou em Judá durante os reinados dos reis Urias, Jotão, Acaz e Ezequias. Seu livro prevê punição para a perversidade, mas também promete o consolo de Deus.

JEREMIAS
Profetizou a Judá e, por muitas vezes, esteve em perigo porque suas previsões irritavam os poderosos da época. Seu livro nos dá um bom panorama de como Judá era antes do Cativeiro.

EZEQUIEL
Falou com os judeus que estavam exilados na Babilônia. Seu livro contém descrições de muitas visões estranhas.

DANIEL
Foi levado como prisioneiro para Babilônia e conquistou poder graças à sabedoria que lhe foi dada por Deus. Seu livro relata as experiências que teve na Babilônia, como também dos sonhos e visões que teve.

OSEIAS
Profetizou a Israel, provavelmente pouco depois da queda de Samaria. O livro usa a história da esposa infiel de Oseias para descrever a infidelidade de Israel para com Deus.

AMÓS
Foi um pastor de ovelhas de Judá que profetizou o castigo divino que viria a Israel. Seu livro chama as pessoas para se voltarem para Deus e deixarem para trás a vida de egoísmo e crueldade.

JONAS
Foi chamado para pregar às pessoas de Nínive, mas acabou fugindo de Deus. Seu livro conta a história de sua viagem e o que aconteceu quando finalmente chegou a Nínive.

SOFONIAS
Ministrou durante o reinado do rei Josias, em Judá. Seu livro previu punição para Judá e para as nações vizinhas.

AGEU E ZACARIAS
Profetizaram durante o tempo em que o templo estava sendo reconstruído. Seus livros exortam as pessoas a manter um relacionamento de proximidade com Deus.

vergonhoso cometido em Israel". 11E todos os
israelitas se ajuntaram e se uniram como um
só homem contra a cidade.

12As tribos de Israel enviaram homens a
toda a tribo de Benjamim, dizendo: "O que
vocês dizem dessa maldade terrível que foi
cometida no meio de vocês? 13Agora, entre-
guem esses canalhas de Gibeá, para que os
matemos e eliminemos esse mal de Israel".

Mas os benjamitas não quiseram ouvir
seus irmãos israelitas. 14Vindos de suas cida-
des, reuniram-se em Gibeá para lutar contra
os israelitas. 15Naquele dia os benjamitas mo-
bilizaram vinte e seis mil homens armados
de espada que vieram das suas cidades, além
dos setecentos melhores soldados que viviam
em Gibeá. 16Dentre todos esses soldados ha-
via setecentos canhotos, muito hábeis, e ca-
da um deles podia atirar com a funda uma
pedra num cabelo sem errar.

17Israel, sem os de Benjamim, convocou
quatrocentos mil homens armados de espa-
da, todos eles homens de guerra.

18Os israelitas subiram a Betel[a] e consulta-
ram a Deus. "Quem de nós irá lutar primeiro
contra os benjamitas?", perguntaram.

O SENHOR respondeu: "Judá irá primeiro".

19Na manhã seguinte os israelitas se le-
vantaram e armaram acampamento perto
de Gibeá.

20Os homens de Israel saíram para lutar
contra os benjamitas e tomaram posição de
combate contra eles em Gibeá. 21Os benja-
mitas saíram de Gibeá e naquele dia mata-
ram vinte e dois mil israelitas no campo de
batalha. 22Mas os homens de Israel procura-
ram animar-se uns aos outros, e novamente
ocuparam as mesmas posições do primeiro
dia. 23Os israelitas subiram, choraram peran-
te o SENHOR até a tarde, e consultaram o SE-
NHOR: "Devemos atacar de novo os nossos
irmãos benjamitas?"

O SENHOR respondeu: "Vocês devem atacar".

24Então os israelitas avançaram contra
os benjamitas no segundo dia. 25Dessa vez,
quando os benjamitas saíram de Gibeá pa-
ra enfrentá-los, derrubaram outros dezoito
mil israelitas, todos eles armados de espada.

26Então todos os israelitas subiram a Be-
tel, e ali se assentaram, chorando perante o
SENHOR. Naquele dia jejuaram até a tarde e
apresentaram holocaustos e ofertas de co-
munhão[b] ao SENHOR. 27E os israelitas consul-
taram ao SENHOR. (Naqueles dias a arca da
aliança estava ali, 28e Fineias, filho de Eleazar,
filho de Arão, ministrava perante ela.) Per-
guntaram: "Sairemos de novo ou não, para
lutar contra os nossos irmãos benjamitas?"

O SENHOR respondeu: "Vão, pois amanhã
eu os entregarei nas suas mãos".

29Então os israelitas armaram uma embos-
cada em torno de Gibeá. 30Avançaram contra
os benjamitas no terceiro dia e tomaram po-
sição contra Gibeá, como tinham feito antes.
31Os benjamitas saíram para enfrentá-los e fo-
ram atraídos para longe da cidade. Começa-
ram a ferir alguns dos israelitas como tinham
feito antes, e uns trinta homens foram mor-
tos em campo aberto e nas estradas, uma que
vai para Betel e a outra que vai para Gibeá.

32Enquanto os benjamitas diziam: "Nós os
derrotamos como antes", os israelitas diziam:
"Vamos retirar-nos e atraí-los para longe da
cidade, para as estradas".

33Todos os homens de Israel saíram dos
seus lugares e ocuparam posições em Baal-
-Tamar, e a emboscada israelita atacou da
sua posição a oeste[c] de Gibeá. 34Então dez mil
dos melhores soldados de Israel iniciaram
um ataque frontal contra Gibeá. O combate
foi duro, e os benjamitas não perceberam que
a desgraça estava próxima deles. 35O SENHOR
derrotou Benjamim perante Israel, e naque-
le dia os israelitas feriram vinte e cinco mil
e cem benjamitas, todos armados de espada.
36Então os benjamitas viram que estavam
derrotados.

Os israelitas bateram em retirada diante
de Benjamim, pois confiavam na emboscada
que tinham preparado perto de Gibeá. 37Os
da emboscada avançaram repentinamente
para dentro de Gibeá, espalharam-se e mata-
ram todos os habitantes da cidade à espada.
38Os israelitas tinham combinado com os da
emboscada que estes fariam subir da cidade
uma grande nuvem de fumaça, 39e então os
israelitas voltariam a combater.

Os benjamitas tinham começado a ferir os
israelitas, matando cerca de trinta deles, e
disseram: "Nós os derrotamos como na pri-
meira batalha". 40Mas, quando a coluna de
fumaça começou a se levantar da cidade, os
benjamitas se viraram e viram a fumaça su-
bindo ao céu. 41Então os israelitas se voltaram
contra eles, e os homens de Benjamim fica-
ram apavorados, pois perceberam que a sua

[a] 20:18 Ou *subiram à casa de Deus*; também no versículo 26.
[b] 20:26 Ou *de paz*
[c] 20:33 Conforme alguns manuscritos da Septuaginta e a Vulgata.

desgraça havia chegado. 42Assim, fugiram da presença dos israelitas tomando o caminho do deserto, mas não conseguiram escapar do combate. E os homens de Israel que saíram das cidades os mataram ali. 43Cercaram os benjamitas e os perseguiram, e facilmente os alcançaram nas proximidades de Gibeá, no lado leste. 44Dezoito mil benjamitas morreram, todos eles soldados valentes. 45Quando se viraram e fugiram rumo ao deserto, para a rocha de Rimom, os israelitas abateram cinco mil homens ao longo das estradas. Até Gidom eles pressionaram os benjamitas e mataram mais de dois mil homens.

46Naquele dia vinte e cinco mil benjamitas que portavam espada morreram, todos eles soldados valentes. 47Seiscentos homens, porém, viraram as costas e fugiram para o deserto, para a rocha de Rimom, onde ficaram durante quatro meses. 48Os israelitas voltaram a Benjamim e passaram todas as cidades à espada, matando inclusive os animais e tudo o que encontraram nelas. E incendiaram todas as cidades por onde passaram.

Mulheres para os benjamitas

21 Os homens de Israel tinham feito este juramento em Mispá: "Nenhum de nós dará sua filha em casamento a um benjamita".

2O povo foi a Betel[a], onde esteve sentado perante Deus até a tarde, chorando alto e amargamente. 3"Ó SENHOR Deus de Israel", lamentaram, "por que aconteceu isso em Israel? Por que teria que faltar hoje uma tribo em Israel?"

4Na manhã do dia seguinte o povo se levantou cedo, construiu um altar e apresentou holocaustos e ofertas de comunhão[b].

5Os israelitas perguntaram: "Quem dentre todas as tribos de Israel deixou de vir à assembleia perante o SENHOR?" Pois tinham feito um juramento solene de que qualquer que deixasse de se reunir perante o SENHOR em Mispá seria morto.

6Os israelitas prantearam pelos seus irmãos benjamitas. "Hoje uma tribo foi eliminada de Israel", diziam. 7"Como poderemos conseguir mulheres para os sobreviventes, visto que juramos pelo SENHOR não lhes dar em casamento nenhuma de nossas filhas?" 8Então perguntaram: "Qual das tribos de Israel deixou de reunir-se perante o SENHOR em Mispá?" Descobriu-se então que ninguém de Jabes-Gileade tinha vindo ao acampamento para a assembleia. 9Quando contaram o povo, verificaram que ninguém do povo de Jabes-Gileade estava ali.

10Então a comunidade enviou doze mil homens de guerra com instruções para irem a Jabes-Gileade e matarem à espada todos os que viviam lá, inclusive mulheres e crianças. 11"É isto o que vocês deverão fazer", disseram, "matem todos os homens e todas as mulheres que não forem virgens." 12Entre o povo que vivia em Jabes-Gileade encontraram quatrocentas moças virgens e as levaram para o acampamento de Siló, em Canaã.

13Depois a comunidade toda enviou uma oferta de comunhão aos benjamitas que estavam na rocha de Rimom. 14Os benjamitas voltaram naquela ocasião e receberam as mulheres de Jabes-Gileade que tinham sido poupadas. Mas não havia mulheres suficientes para todos eles.

15O povo pranteou Benjamim, pois o SENHOR tinha aberto uma lacuna nas tribos de Israel. 16E os líderes da comunidade disseram: "Mortas as mulheres de Benjamim, como conseguiremos mulheres para os homens que restaram? 17Os benjamitas sobreviventes precisam ter herdeiros, para que uma tribo de Israel não seja destruída. 18Não podemos dar-lhes nossas filhas em casamento, pois nós, israelitas, fizemos este juramento: Maldito seja todo aquele que der mulher a um benjamita. 19Há, porém, a festa anual do SENHOR em Siló, ao norte de Betel, a leste da estrada que vai de Betel a Siquém, e ao sul de Lebona".

20Então mandaram para lá os benjamitas, dizendo: "Vão, escondam-se nas vinhas 21e fiquem observando. Quando as moças de Siló forem para as danças, saiam correndo das vinhas e cada um de vocês apodere-se de uma das moças de Siló e vá para a terra de Benjamim. 22Quando os pais ou irmãos delas se queixarem a nós, diremos: Tenham misericórdia deles, pois não conseguimos mulheres para eles durante a guerra, e vocês são inocentes, visto que não lhes deram suas filhas".

23Foi o que os benjamitas fizeram. Quando as moças estavam dançando, cada homem tomou uma para fazer dela sua mulher. Depois voltaram para a sua herança, reconstruíram as cidades e se estabeleceram nelas.

24Na mesma ocasião os israelitas saíram daquele local e voltaram para as suas tribos e para os seus clãs, cada um para a sua própria herança.

25Naquela época não havia rei em Israel; cada um fazia o que lhe parecia certo.

[a] 21:2 Ou *foi à casa de Deus*

[b] 21:4 Ou *de paz*; também no versículo 13.

Rute

Quem escreveu este livro?

O autor do livro de Rute é desconhecido.

Por que este livro foi escrito?

Rute mostra que algumas pessoas confiavam em Deus mesmo nos tempos dos juízes.

O que acontece neste livro?

Rute, uma jovem viúva moabita, viaja para Israel com sua sogra judia e ali se casa com um homem bom.

O que aprendemos sobre Deus neste livro?

Deus ama as pessoas, de todas as nações, que colocam a confiança nele.

Quem são os personagens principais neste livro?

As pessoas mais importantes neste livro são Noemi, Rute e Boaz.

Quando isto aconteceu?

A história de Rute aconteceu nos dias dos juízes, provavelmente por volta de 1100 a.C.

Onde isto aconteceu?

Rute e Noemi viveram em Belém, a cidade em que Davi e Jesus nascem posteriormente. (Veja o *Índice de mapas*, ao final desta Bíblia, para saber onde fica Belém.)

Algumas histórias deste livro:

Rute segue Noemi	Rute 1
Rute encontra Boaz	Rute 2
Boaz se casa com Rute	Rute 4

A família de Elimeleque em Moabe

1 Na época dos juízes houve fome na terra. Um
homem de Belém de Judá, com a mulher e
os dois filhos, foi viver por algum tempo nas
terras de Moabe. [2]O homem chamava-se Eli-
meleque, sua mulher Noemi e seus dois filhos
Malom e Quiliom. Eram efrateus de Belém de
Judá. Chegaram a Moabe, e lá ficaram.
[3]Morreu Elimeleque, marido de Noemi, e
ela ficou sozinha, com seus dois filhos. [4]Eles
se casaram com mulheres moabitas, uma
chamada Orfa e a outra Rute. Depois de te-
rem morado lá por quase dez anos, [5]mor-
reram também Malom e Quiliom, e Noemi
ficou sozinha, sem os seus dois filhos e sem
o seu marido.

Noemi e Rute voltam para Belém

[6]Quando Noemi soube em Moabe que o
SENHOR viera em auxílio do seu povo, dan-
do-lhe alimento, decidiu voltar com suas
duas noras para a sua terra. [7]Assim, ela, com
as duas noras, partiu do lugar onde tinha
morado.

Enquanto voltavam para a terra de Judá,
[8]disse-lhes Noemi: "Vão! Retornem para a ca-
sa de suas mães! Que o SENHOR seja leal com
vocês, como vocês foram leais com os fale-
cidos e comigo. [9]O SENHOR conceda que ca-
da uma de vocês encontre segurança no lar
doutro marido".

Então deu-lhes beijos de despedida. Mas
elas começaram a chorar alto [10]e lhe dis-
seram:

"Não! Voltaremos com você para junto de
seu povo!"

[11]Disse, porém, Noemi: "Voltem, minhas fi-
lhas! Por que viriam comigo? Poderia eu ain-
da ter filhos, que viessem a ser seus maridos?
[12]Voltem, minhas filhas! Vão! Estou velha de-
mais para ter outro marido. E mesmo que eu
pensasse que ainda há esperança para mim
— ainda que eu me casasse esta noite e de-
pois desse à luz filhos, [13]iriam vocês esperar
até que eles crescessem? Ficariam sem se ca-
sar à espera deles? De jeito nenhum, minhas
filhas! Para mim é mais amargo do que para
vocês, pois a mão do SENHOR voltou-se con-
tra mim!"

[14]Elas, então, começaram a chorar alto de
novo. Depois Orfa deu um beijo de despedida
em sua sogra, mas Rute ficou com ela.
[15]Então Noemi a aconselhou: "Veja, sua
concunhada está voltando para o seu povo
e para o seu deus. Volte com ela!"
[16]Rute, porém, respondeu:

Palavras para memorizar

"Aonde fores irei, onde ficares ficarei! O teu povo será o meu povo e o teu Deus será o meu Deus!"

(Rute 1:16)

"Não insistas comigo que te deixe
e que não mais te acompanhe.
Aonde fores irei,
onde ficares ficarei!
O teu povo será o meu povo
e o teu Deus será o meu Deus!
[17]Onde morreres morrerei,
e ali serei sepultada.
Que o SENHOR me castigue
com todo o rigor,
se outra coisa que não a morte
me separar de ti!"

[18]Quando Noemi viu que Rute estava de
fato decidida a acompanhá-la, não insis-
tiu mais.
[19]Prosseguiram, pois, as duas até Belém. Ali
chegando, todo o povoado ficou alvoroçado
por causa delas. "Será que é Noemi?", per-
guntavam as mulheres. [20]Mas ela respondeu:

"Não me chamem Noemi[a],
melhor que me chamem de Mara[b],
pois o Todo-poderoso[c]
tornou minha vida muito amarga!
[21]De mãos cheias eu parti,
mas de mãos vazias
o SENHOR me trouxe de volta.
Por que me chamam Noemi?
O SENHOR colocou-se contra mim![d]
O Todo-poderoso me trouxe desgraça!"

[22]Foi assim que Noemi voltou das terras de
Moabe, com sua nora Rute, a moabita. Elas
chegaram a Belém no início da colheita da
cevada.

Rute nas plantações de Boaz

2 Noemi tinha um parente por parte do
marido. Era um homem rico e influente,

[a] 1:20 *Noemi* significa *agradável*; também no versículo 21.
[b] 1:20 *Mara* significa *amarga*.
[c] 1:20 Hebraico: *Shaddai*; também no versículo 21.
[d] 1:21 Ou *me trouxe sofrimento!*

Pessoas nos tempos da Bíblia

Noemi

Noemi e a família mudaram-se para Moabe para escapar da fome em Israel. O marido de Noemi e seus dois filhos morreram, e ela ficou triste e sozinha. Ela decidiu retornar a Israel e sua nora Rute foi junto.

pertencia ao clã de Elimeleque e chamava-
-se Boaz.
²Rute, a moabita, disse a Noemi: "Vou re-
colher espigas no campo daquele que me
permitir".
"Vá, minha filha", respondeu-lhe Noemi.
³Então ela foi e começou a recolher espigas
atrás dos ceifeiros. Casualmente entrou justo
na parte da plantação que pertencia a Boaz,
que era do clã de Elimeleque.
⁴Naquele exato momento, Boaz chegou de
Belém e saudou os ceifeiros: "O SENHOR es-
teja com vocês!"
Eles responderam: "O SENHOR te abençoe!"
⁵Boaz perguntou ao capataz dos ceifeiros:
"A quem pertence aquela moça?"
⁶O capataz respondeu: "É uma moabita que
voltou de Moabe com Noemi. ⁷Ela me pediu
que a deixasse recolher e juntar espigas entre
os feixes, após os ceifeiros. Ela chegou cedo e
está em pé até agora. Só sentou-se um pou-
co no abrigo".
⁸Disse então Boaz a Rute: "Ouça bem, mi-
nha filha, não vá colher noutra lavoura, nem
se afaste daqui. Fique com minhas servas.
⁹Preste atenção onde os homens estão ceifan-
do, e vá atrás das moças que vão colher. Darei
ordem aos rapazes para que não toquem em
você. Quando tiver sede, beba da água dos
potes que os rapazes encheram".
¹⁰Ela inclinou-se e, prostrada com o rosto
em terra, exclamou: "Por que achei favor a
seus olhos, ao ponto de o senhor se importar
comigo, uma estrangeira?"
¹¹Boaz respondeu: "Contaram-me tudo o
que você tem feito por sua sogra, depois que
você perdeu o seu marido: como deixou seu
pai, sua mãe e sua terra natal para viver com
um povo que você não conhecia bem. ¹²O SE-
NHOR lhe retribua o que você tem feito! Que
seja ricamente recompensada pelo SENHOR,
o Deus de Israel, sob cujas asas você veio bus-
car refúgio!"
¹³E disse ela: "Continue eu a ser bem aco-
lhida, meu senhor! O senhor me deu ânimo e
encorajou sua serva[a] — e eu sequer sou uma
de suas servas!"
¹⁴Na hora da refeição, Boaz lhe disse: "Ve-
nha cá! Pegue um pedaço de pão e molhe-o
no vinagre".
Quando ela se sentou junto aos ceifeiros,
Boaz lhe ofereceu grãos tostados. Ela comeu
até ficar satisfeita e ainda sobrou. ¹⁵Quando
ela se levantou para recolher espigas, Boaz
deu estas ordens a seus servos: "Mesmo que

[a] 2:13 Ou *falou com carinho à sua serva*

Escolha bem seus amigos

Experimente!

Faça uma lista da amizade e escreva o nome de dois ou três amigos próximos. Em seguida, escreva algumas coisas que um bom amigo faz e coisas que não faz. Aqui vão algumas ideias: um bom amigo entende quando você está tendo um dia ruim; um bom amigo não faz piada de você; um bom amigo o ajuda e não o abandona quando você está com problemas.

Leia Rute 1:11—2:3. Rute era uma boa amiga para Noemi. Quando as duas perderam alguém que amavam, Rute não abandonou Noemi. Ela estabeleceu seu lar com Noemi e lhe fez companhia.

Continue olhando para sua lista da amizade e permita que ela o ajude a escolher com sabedoria seus amigos e a tratá-los bem.

Rute 1:11—2:3

Pessoas nos tempos da Bíblia

Rute

Rute era uma mulher leal e altruísta que amava a sogra, Noemi. Quando o marido de Rute morreu, ela prometeu ficar com Noemi enquanto vivesse. Elas foram para Israel, onde Rute encontrou e casou-se com um homem bondoso chamado Boaz.

ela recolha entre os feixes, não a repreen-
dam! 16Ao contrário, quando estiverem co-
lhendo, tirem para ela algumas espigas dos
feixes e deixem-nas cair para que ela as re-
colha, e não a impeçam".
17E assim Rute colheu na lavoura até o
entardecer. Depois debulhou o que tinha
ajuntado: quase uma arroba[a] de cevada.
18Carregou-a para o povoado, e sua sogra viu
quanto Rute havia recolhido quando ela lhe
ofereceu o que havia sobrado da refeição.
19A sogra lhe perguntou: "Onde você colheu
hoje? Onde trabalhou? Bendito seja aquele
que se importou com você!"
Então Rute contou à sogra com quem tinha
trabalhado: "O nome do homem com quem
trabalhei hoje é Boaz".
20E Noemi exclamou: "Seja ele abençoado
pelo SENHOR, que não deixa de ser leal e bon-
doso com os vivos e com os mortos!" E acres-
centou: "Aquele homem é nosso parente; é
um de nossos resgatadores[b]"
21E Rute, a moabita, continuou: "Pois ele
mesmo me disse também: 'Fique com os
meus ceifeiros até que terminem toda a mi-
nha colheita' ".
22Então Noemi aconselhou à sua nora Ru-
te: "É melhor mesmo você ir com as servas
dele, minha filha. Noutra lavoura poderiam
molestá-la".
23Assim Rute ficou com as servas de Boaz
para recolher espigas, até acabarem as colhei-
tas de cevada e de trigo. E continuou moran-
do com a sua sogra.

Na eira de Boaz

3 Certo dia, Noemi, sua sogra, lhe disse:
"Minha filha, tenho que procurar um lar
segcro[c], para a sua felicidade. 2Boaz, senhor
das servas com quem você esteve, é nosso
parente próximo. Esta noite ele estará lim-
pando cevada na eira. 3Lave-se, perfume-se,
vista sua melhor roupa e desça para a eira.
Mas não deixe que ele perceba você até que
tenha comido e bebido. 4Quando ele for dor-
mir, note bem o lugar em que ele se deitar.
Então vá, descubra os pés dele e deite-se. Ele
lhe dirá o que fazer".
5Respondeu Rute: "Farei tudo o que você
está me dizendo".
6Então ela desceu para a eira e fez tudo o
que a sua sogra lhe tinha recomendado.
7Quando Boaz terminou de comer e beber,
ficou alegre e foi deitar-se perto do monte
de grãos. Rute aproximou-se sem ser notada,
descobriu os pés dele, e deitou-se. 8No meio
da noite, o homem acordou de repente. Ele se
virou e assustou-se ao ver uma mulher dei-
tada a seus pés.
9"Quem é você?", perguntou ele.
"Sou sua serva Rute", disse ela. "Estenda
a sua capa sobre a sua serva, pois o senhor
é resgatador."
10Boaz lhe respondeu: "O SENHOR a aben-
çoe, minha filha! Este seu gesto de bondade
é ainda maior do que o primeiro, pois você
poderia ter ido atrás dos mais jovens, ricos ou
pobres! 11Agora, minha filha, não tenha medo;
farei por você tudo o que me pedir. Todos os
meus concidadãos sabem que você é mulher
virtuosa. 12É verdade que sou resgatador, mas
há um outro que é parente mais próximo do
que eu. 13Passe a noite aqui. De manhã ve-
remos: se ele quiser resgatá-la, muito bem,
que resgate. Se não quiser, juro pelo nome
do SENHOR que eu a resgatarei. Deite-se aqui
até de manhã".
14Ela ficou deitada aos pés dele até de ma-
nhã, mas levantou-se antes de clarear para
não ser reconhecida.
Boaz pensou: "Ninguém deve saber que es-
ta mulher esteve na eira".
15Por isso disse: "Traga-me o manto que vo-
cê está usando e segure-o". Ela o segurou, e o
homem despejou nele seis medidas de ceva-
da e o pôs sobre os ombros dela. Depois ele[d]
voltou para a cidade.

[a] 2:17 Hebraico: *efa*. O efa era uma medida de capacidade para secos; as estimativas variam entre 20 e 40 litros.
[b] 2:20 Isto é, o responsável por garantir os direitos de subsistência, descendência e propriedade; também nos capítulos 3 e 4.
[c] 3:1 Hebraico: *encontrar descanso*. Veja Rt 1:9.
[d] 3:15 Conforme a maioria dos manuscritos do Texto Massorético. Muitos manuscritos do Texto Massorético, a Vulgata e a Versão Siríaca dizem *ela*.

[16]Quando Rute voltou à sua sogra, esta lhe
perguntou: "Como foi, minha filha?"
Rute lhe contou tudo o que Boaz lhe tinha
feito, [17]e acrescentou: "Ele me deu estas seis
medidas de cevada, dizendo: 'Não volte para
a sua sogra de mãos vazias' ".
[18]Disse então Noemi: "Agora espere, minha
filha, até saber o que acontecerá. Sem dúvida
aquele homem não descansará enquanto não
resolver esta questão hoje mesmo".

O resgate de Noemi e de Rute

4 Enquanto isso, Boaz subiu à porta da ci-
dade e sentou-se, exatamente quando o
resgatador que ele havia mencionado esta-
va passando por ali. Boaz o chamou e disse:
"Meu amigo, venha cá e sente-se". Ele foi e
sentou-se.
[2]Boaz reuniu dez líderes da cidade e disse:
"Sentem-se aqui". E eles se sentaram. [3]Depois
disse ao resgatador: "Noemi, que voltou de
Moabe, está vendendo o pedaço de terra que
pertencia ao nosso irmão Elimeleque. [4]Pen-
sei que devia apresentar-lhe o assunto, na
presença dos líderes do povo, e sugerir-lhe
que adquira o terreno. Se quiser resgatar es-
ta propriedade, resgate-a. Se não[a], diga-me,
para que eu o saiba. Pois ninguém tem esse
direito, a não ser você; e depois eu".
"Eu a resgatarei", respondeu ele.
[5]Boaz, porém, lhe disse: "No dia em que vo-
cê adquirir as terras de Noemi e da moabita
Rute, estará adquirindo[b] também a viúva do
falecido, para manter o nome dele em sua
herança".
[6]Diante disso, o resgatador respondeu:
"Nesse caso não poderei resgatá-la, pois po-
ria em risco a minha propriedade. Resgate-a
você mesmo. Eu não poderei fazê-lo!"
[7](Antigamente, em Israel, para que o res-
gate e a transferência de propriedade fossem
válidos, a pessoa tirava a sandália e a dava
ao outro. Assim oficializavam os negócios
em Israel.)
[8]Quando, pois, o resgatador disse a Boaz:
"Adquira-a você mesmo!", tirou a sandália.
[9]Então Boaz anunciou aos líderes e a todo
o povo ali presente: "Vocês hoje são testemu-
nhas de que estou adquirindo de Noemi to-
da a propriedade de Elimeleque, de Quiliom
e de Malom. [10]Também estou adquirindo o
direito de ter como mulher a moabita Rute,
viúva de Malom, para manter o nome do fa-
lecido sobre a sua herança e para que o seu
nome não desapareça do meio da sua famí-
lia ou dos registros da cidade. Vocês hoje são
testemunhas disso!"
[11]Os líderes e todos os que estavam na por-
ta confirmaram: "Somos testemunhas! Faça o
SENHOR com essa mulher que está entrando
em sua família como fez com Raquel e Lia,
que, juntas, formaram as tribos de Israel. Seja
poderoso em Efrata e ganhe fama em Belém!
[12]E com os filhos que o SENHOR lhe conceder

[a] 4:4 Conforme muitos manuscritos do Texto Massorético, a Septuaginta, a Vulgata e a Versão Siríaca. A maioria dos manuscritos do Texto Massorético diz *se ele não*.

[b] 4:5 Conforme o Texto Massorético. A Vulgata e a Versão Siríaca dizem *Noemi, você estará adquirindo a moabita Rute.*

A vida nos tempos da Bíblia

Tirando as sandálias

Hoje as pessoas assinam papéis para mostrar que fizeram um acordo. Nos dias dos juízes, uma pessoa mostrava que aceitava o acordo quando tirava a sandália e a dava para a outra. Quem visse a sandália sendo entregue poderia ser testemunha no tribunal caso o acordo fosse quebrado.

dessa jovem, seja a sua família como a de Pe-
rez, que Tamar deu a Judá!"

O casamento de Boaz e Rute

13 Boaz casou-se com Rute, e ela se tornou
sua mulher. Boaz a possuiu e o SENHOR con-
cedeu que ela engravidasse dele e desse à luz
um filho.
14 As mulheres disseram a Noemi: "Louva-
do seja o SENHOR, que hoje não a deixou sem
resgatador! Que o seu nome seja celebrado
em Israel! 15 O menino lhe dará nova vida e
a sustentará na velhice, pois é filho da sua
nora, que a ama e que lhe é melhor do que
sete filhos!"
16 Noemi pôs o menino no colo[a], e passou
a cuidar dele. 17 As mulheres da vizinhança
celebraram o seu nome e disseram: "Noemi
tem um filho!", e lhe deram o nome de Obe-
de. Este foi o pai de Jessé, pai de Davi.

A genealogia de Davi

18 Esta é a história dos antepassados de Da-
vi, desde Perez:

Perez gerou Hezrom;
19 Hezrom gerou Rão;
Rão gerou Aminadabe;
20 Aminadabe gerou Naassom;
Naassom gerou Salmom[b];
21 Salmom gerou Boaz;
Boaz gerou Obede;
22 Obede gerou Jessé;
e Jessé gerou Davi.

[a] 4:16 Possivelmente adotou o menino.

[b] 4:20 Muitos manuscritos dizem *Salma*. Veja Rt 4:21 e 1Cr 2:11.

Rica recompensa

Experimente!

Tanto Rute como Noemi haviam sido casadas, mas o marido de cada uma havia morrido. Rute decidiu permanecer ao lado de Noemi, pois era amiga e ajudadora dela, e também sua nora, embora não quisesse nenhuma recompensa.

Entretanto, as pessoas em Belém percebiam como Rute era amável e a elogiavam. Até o rico Boaz elogiou-a, dizendo: "O SENHOR lhe retribua o que você tem feito! Que seja ricamente recompensada pelo SENHOR" (Rute 2:12). Tempos depois, Boaz casou-se com Rute e eles tiveram um filho, Obede, que foi o avô do rei Davi, o qual se tornou o rei mais famoso de Israel. No futuro, Jesus também nasceria dessa família.

Rute 4

É importante valorizar os amigos verdadeiros, tratá-los com bondade e mostrar-lhes que são importantes para nós. Pergunte a seus pais se você pode fazer sua festa de aniversário com dois ou três amigos. Sirva uma comida gostosa e compre presentinhos com o seu dinheiro, e também faça um cartão para cada convidado e escreva-lhe o motivo de você estar feliz por ele ser seu amigo.

Samuel

Quem escreveu este livro?

O autor deste livro é desconhecido.

Por que este livro foi escrito?

O Primeiro Livro de Samuel mostra como os israelitas se tornaram um reino.

O que acontece neste livro?

Samuel serve como o último juiz de Israel. Saul torna-se o primeiro rei de Israel. Davi mata Golias e junta-se ao exército de Saul. O rei Saul desobedece a Deus e é morto.

O que aprendemos sobre Deus neste livro?

Deus quer líderes que o obedeçam.

Quem são os personagens principais deste livro?

As pessoas mais importantes neste livro são Samuel, Saul e Davi.

Quando isto aconteceu?

Os acontecimentos deste livro transcorreram entre 1105 a.C. e 1010 a.C.

Onde isto aconteceu?

As histórias deste livro se passam na terra de Israel (Veja o *Índice de mapas*, ao final desta Bíblia, para saber onde fica Israel.)

Algumas histórias deste livro:

Deus chama o menino Samuel	1Samuel 3
A arca é capturada	1Samuel 4
A arca é recuperada	1Samuel 5—6
Samuel unge Saul como rei	1Samuel 9
Saul desobedece	1Samuel 13; 15
Samuel unge Davi como rei	1Samuel 16
Davi mata Golias	1Samuel 17
Saul tem inveja de Davi	1Samuel 18
A amizade de Davi e Jônatas	1Samuel 20
Davi poupa a vida de Saul	1Samuel 24
Abigail vai ao encontro de Davi	1Samuel 25
Davi poupa a vida de Saul novamente	1Samuel 26
A morte de Saul em batalha	1Samuel 31

O nascimento de Samuel

1Havia certo homem de Ramataim, zufita[a],
dos montes de Efraim, chamado Elcana, fi-
lho de Jeroão, neto de Eliú e bisneto de Toú,
filho do efraimita Zufe. 2Ele tinha duas mu-
lheres: uma se chamava Ana, e a outra Penina.
Penina tinha filhos, Ana, porém, não tinha.
3Todos os anos esse homem subia de sua
cidade a Siló para adorar e sacrificar ao SE-
NHOR dos Exércitos. Lá, Hofni e Fineias, os
dois filhos de Eli, eram sacerdotes do SE-
NHOR. 4No dia em que Elcana oferecia sacri-
fícios, dava porções à sua mulher Penina e a
todos os filhos e filhas dela. 5Mas a Ana dava
uma porção dupla, porque a amava, apesar
de que o SENHOR a tinha deixado estéril. 6E
porque o SENHOR a tinha deixado estéril, sua
rival a provocava continuamente, a fim de ir-
ritá-la. 7Isso acontecia ano após ano. Sempre
que Ana subia à casa do SENHOR, sua rival a
provocava e ela chorava e não comia. 8Elcana,
seu marido, lhe perguntava: "Ana, por que
você está chorando? Por que não come? Por
que está triste? Será que eu não sou melhor
para você do que dez filhos?"
9Certa vez quando terminou de comer e
beber em Siló, estando o sacerdote Eli sen-
tado numa cadeira junto à entrada do san-
tuário do SENHOR, Ana se levantou 10e, com
a alma amargurada, chorou muito e orou ao
SENHOR. 11E fez um voto, dizendo: "Ó SENHOR
dos Exércitos, se tu deres atenção à humilha-
ção de tua serva, te lembrares de mim e não
te esqueceres de tua serva, mas lhe deres um
filho, então eu o dedicarei ao SENHOR por to-
dos os dias de sua vida, e o seu cabelo e a sua
barba nunca serão cortados".

[a] 1:1 Ou *de Ramataim-Zofim*

12Enquanto ela continuava a orar diante
do SENHOR, Eli observava sua boca. 13Como
Ana orava silenciosamente, seus lábios se
mexiam mas não se ouvia sua voz. Então Eli
pensou que ela estivesse embriagada 14e lhe
disse: "Até quando você continuará embria-
gada? Abandone o vinho!"
15Ana respondeu: "Não se trata disso, meu
senhor. Sou uma mulher muito angustiada.
Não bebi vinho nem bebida fermentada; eu
estava derramando minha alma diante do SE-
NHOR. 16Não julgues tua serva uma mulher
vadia; estou orando aqui até agora por causa
de minha grande angústia e tristeza".
17Eli respondeu: "Vá em paz, e que o Deus
de Israel lhe conceda o que você pediu".
18Ela disse: "Espero que sejas benevolen-
te para com tua serva!" Então ela seguiu seu
caminho, comeu, e seu rosto já não estava
mais abatido.
19Na manhã seguinte, eles se levantaram
e adoraram o SENHOR; então voltaram pa-
ra casa, em Ramá. Elcana teve relações com
sua mulher Ana, e o SENHOR se lembrou dela.
20Assim Ana engravidou e, no devido tempo,
deu à luz um filho. E deu-lhe o nome de Sa-
muel[b], dizendo: "Eu o pedi ao SENHOR".

Ana consagra Samuel

21Quando no ano seguinte Elcana subiu
com toda a família para oferecer o sacrifício
anual ao SENHOR e para cumprir o seu voto,
22Ana não foi e disse a seu marido: "Depois
que o menino for desmamado, eu o levarei
e o apresentarei ao SENHOR, e ele morará ali
para sempre".

[b] 1:20 *Samuel* assemelha-se à palavra hebraica para *ouvido por Deus*.

Um presente de Deus e para Deus

Experimente!

Você sabia que muitas mães oram por seus filhos antes de eles nascerem? Pergunte a sua mãe se ela orou por você antes do seu nascimento e também se ela ora por você hoje em dia.

Então, leia 1Samuel 1:1-20 e responda às seguintes perguntas: o que Ana disse quando orou a Deus pelo filho? Há alguma coisa em comum com a oração de Ana e as orações de sua mãe por você?

1Samuel 1:1-20

Pessoas nos tempos da Bíblia

Samuel

Quando Samuel nasceu, sua mãe o consagrou a Deus, e ele cresceu no templo, servindo a Deus. Samuel tornou-se profeta e um sábio e justo juiz em Israel. Deus o instruiu a ungir Saul como o primeiro rei de Israel, e, mais tarde, ele ungiu Davi como futuro rei.

23Disse Elcana, seu marido: "Faça o que lhe
parecer melhor. Fique aqui até desmamá-lo;
que o SENHOR apenas confirme a palavra[a] de-
le!" Então ela ficou em casa e criou seu filho
até que o desmamou.
24Depois de desmamá-lo, levou o menino,
ainda pequeno, à casa do SENHOR, em Siló,
com um novilho de três anos de idade,[b] uma
arroba[c] de farinha e uma vasilha de couro
cheia de vinho. 25Eles sacrificaram o novilho
e levaram o menino a Eli, 26e ela lhe disse:
"Meu senhor, juro por tua vida que eu sou
a mulher que esteve aqui a teu lado, orando
ao SENHOR. 27Era este menino que eu pedia,
e o SENHOR concedeu-me o pedido. 28Por is-
so, agora, eu o dedico ao SENHOR. Por toda a
sua vida será dedicado ao SENHOR". E ali ado-
rou o SENHOR.

A oração de Ana

2 Então Ana orou assim:

"Meu coração exulta no SENHOR;
no SENHOR minha força[d] é exaltada.
Minha boca se exalta
sobre os meus inimigos,
pois me alegro em tua libertação.

2"Não há ninguém santo[e]
como o SENHOR;
não há outro além de ti;
não há rocha alguma
como o nosso Deus.

3"Não falem tão orgulhosamente,
nem saia de suas bocas tal arrogância,
pois o SENHOR é Deus sábio;
é ele quem julga os atos dos homens.

4"O arco dos fortes é quebrado,
mas os fracos são revestidos de força.
5Os que tinham muito,
agora trabalham por comida,
mas os que estavam famintos,
agora não passam fome.
A que era estéril deu à luz sete filhos,
mas a que tinha muitos filhos
ficou sem vigor.

6"O SENHOR mata e preserva a vida;
ele faz descer à sepultura[f] e dela
resgata.
7O SENHOR é quem dá
pobreza e riqueza;
ele humilha e exalta.
8Levanta do pó o necessitado
e do monte de cinzas ergue o pobre;
ele os faz sentar-se com príncipes
e lhes dá lugar de honra.

"Pois os alicerces da terra
são do SENHOR;
sobre eles estabeleceu o mundo.
9Ele guardará os pés dos seus santos,
mas os ímpios
serão silenciados nas trevas,
pois não é pela força
que o homem prevalece.
10Aqueles que se opõem ao SENHOR
serão despedaçados.
Ele trovejará do céu contra eles;
o SENHOR julgará
até os confins da terra.

"Ele dará poder a seu rei
e exaltará a força do seu ungido".

11Então Elcana voltou para casa em Ramá,
mas o menino começou a servir o SENHOR
sob a direção do sacerdote Eli.

A maldade dos filhos de Eli

12Os filhos de Eli eram ímpios; não se im-
portavam com o SENHOR 13nem cumpriam os
deveres de sacerdotes para com o povo; sem-
pre que alguém oferecia um sacrifício, o au-
xiliar do sacerdote vinha com um garfo de
três dentes, 14e, enquanto a carne estava cozi-
nhando, ele enfiava o garfo na panela, ou tra-
vessa, ou caldeirão, ou caçarola, e o sacerdote

[a] 1:23 Os manuscritos do mar Morto, a Septuaginta e a Versão Siríaca dizem *a palavra que você disse.*
[b] 1:24 Conforme os manuscritos do mar Morto, a Septuaginta e a Versão Siríaca. O Texto Massorético diz *com três novilhos.*
[c] 1:24 Hebraico: *1 efa.* O efa era uma medida de capacidade para secos. As estimativas variam entre 20 e 40 litros.
[d] 2:1 Hebraico: *meu chifre*; também no versículo 10.
[e] 2:2 Ou *Não há nenhum Santo*
[f] 2:6 Hebraico: *Sheol.* Essa palavra também pode ser traduzida por profundezas, pó ou morte.

Você sabia?

Qual foi o pecado de Eli?

2:12 Eli era um sumo sacerdote e seus filhos eram sacerdotes. Os filhos de Eli forçavam os israelitas a lhes darem a porção que pertencia a Deus no sacrifício, o que era um grande insulto a Deus. Este capítulo 2 conta o que aconteceu a Eli por haver falhado em disciplinar seus filhos e, também, o que aconteceu aos filhos de Eli.

pegava para si tudo o que vinha no garfo. Assim faziam com todos os israelitas que iam a Siló. 15Mas, antes mesmo de queimarem a gordura, vinha o auxiliar do sacerdote e dizia ao homem que estava oferecendo o sacrifício: "Dê um pedaço desta carne para o sacerdote assar; ele não aceitará de você carne cozida, somente crua".

16Se o homem lhe dissesse: "Deixe primeiro a gordura se queimar e então pegue o que quiser", o auxiliar respondia: "Não. Entregue a carne agora. Se não, eu a tomarei à força".

17O pecado desses jovens era muito grande à vista do SENHOR, pois eles estavam tratando com desprezo a oferta do SENHOR.

18Samuel, contudo, ainda menino, ministrava perante o SENHOR, vestindo uma túnica de linho. 19Todos os anos sua mãe fazia uma pequena túnica e a levava para ele, quando subia a Siló com o marido para oferecer o sacrifício anual. 20Eli abençoava Elcana e sua mulher, dizendo: "O SENHOR dê a você filhos desta mulher no lugar daquele por quem ela pediu e dedicou ao SENHOR". Então voltavam para casa. 21O SENHOR foi bondoso com Ana; ela engravidou e deu à luz três filhos e duas filhas. Enquanto isso, o menino Samuel crescia na presença do SENHOR.

22Eli, já bem idoso, ficou sabendo de tudo o que seus filhos faziam a todo o Israel e que eles se deitavam com as mulheres que serviam junto à entrada da Tenda do Encontro. 23Por isso lhes perguntou: "Por que vocês fazem estas coisas? De todo o povo ouço a respeito do mal que vocês fazem. 24Não, meus filhos; não é bom o que escuto se espalhando entre o povo do SENHOR. 25Se um homem pecar contra outro homem, os juízes poderão[a] intervir em seu favor; mas, se pecar contra o SENHOR, quem intercederá por ele?" Seus filhos, contudo, não deram atenção à repreensão de seu pai, pois o SENHOR queria matá-los.

26E o menino Samuel continuava a crescer, sendo cada vez mais estimado pelo SENHOR e pelo povo.

Profecia contra a família de Eli

27E veio um homem de Deus a Eli e lhe disse: "Assim diz o SENHOR: 'Acaso não me revelei claramente à família de seu pai, quando eles estavam no Egito, sob o domínio do faraó? 28Escolhi seu pai dentre todas as tribos de Israel para ser o meu sacerdote, subir ao meu altar, queimar incenso e usar um colete sacerdotal na minha presença. Também dei à família de seu pai todas as ofertas preparadas no fogo pelos israelitas. 29Por que vocês zombam de meu sacrifício e da oferta que determinei para a minha habitação? Por que você honra seus filhos mais do que a mim, deixando-os engordar com as melhores partes de todas as ofertas feitas por Israel, o meu povo?'

30"Portanto, o SENHOR, o Deus de Israel, declara: 'Prometi à sua família e à linhagem de seu pai, que ministrariam diante de mim para sempre'. Mas agora o SENHOR declara: 'Longe de mim tal coisa! Honrarei aqueles que me honram, mas aqueles que me desprezam serão tratados com desprezo. 31É chegada a hora em que eliminarei a sua força e a força da família[b] de seu pai, e não haverá mais nenhum idoso na sua família, 32e você verá aflição na minha habitação. Embora Israel prospere, na sua família ninguém alcançará idade avançada. 33E todo descendente seu que eu não eliminar de meu altar será poupado apenas para lhe consumir os olhos com lágrimas[c] e para lhe entristecer o coração, e todos os seus descendentes morrerão no vigor da vida.

34" 'E o que acontecer a seus dois filhos, Hofni e Fineias, será um sinal para você: os dois morrerão no mesmo dia. 35Levantarei para mim um sacerdote fiel, que agirá de acordo com o meu coração e o meu pensamento. Edificarei firmemente a família dele, e ele ministrará sempre perante o meu rei ungido. 36Então todo o que restar da sua família virá

[a] 2:25 Ou *Deus poderá*
[b] 2:31 Hebraico: *cortarei o seu braço e o braço da casa.*
[c] 2:33 Ou *cegar os olhos*; ou ainda *consumir os olhos de inveja*

e se prostrará perante ele, para obter uma
moeda de prata e um pedaço de pão. E lhe
implorará que o ponha em alguma função
sacerdotal, para ter o que comer' ".

O chamado de Samuel

3 O menino Samuel ministrava perante o
SENHOR, sob a direção de Eli; naqueles dias
raramente o SENHOR falava, e as visões não
eram frequentes.
2Certa noite, Eli, cujos olhos estavam fi-
cando tão fracos que já não conseguia mais
enxergar, estava deitado em seu lugar de cos-
tume. 3A lâmpada de Deus ainda não havia
se apagado, e Samuel estava deitado no san-
tuário do SENHOR, onde se encontrava a arca
de Deus. 4Então o SENHOR chamou Samuel.
Samuel respondeu: "Estou aqui". 5E cor-
reu até Eli e disse: "Estou aqui; o senhor me
chamou?"
Eli, porém, disse: "Não o chamei; volte e
deite-se". Então, ele foi e se deitou.
6De novo o SENHOR chamou: "Samuel!" E
Samuel se levantou e foi até Eli e disse: "Es-
tou aqui; o senhor me chamou?"
Disse Eli: "Meu filho, não o chamei; volte
e deite-se".
7Ora, Samuel ainda não conhecia o SENHOR.
A palavra do SENHOR ainda não lhe havia si-
do revelada.
8O SENHOR chamou Samuel pela terceira
vez. Ele se levantou, foi até Eli e disse: "Es-
tou aqui; o senhor me chamou?"
Eli percebeu que o SENHOR estava chaman-
do o menino 9e lhe disse: "Vá e deite-se; se ele
chamá-lo, diga: 'Fala, SENHOR, pois o teu ser-
vo está ouvindo' ". Então Samuel foi deitar-se.
10O SENHOR voltou a chamá-lo como nas
outras vezes: "Samuel, Samuel!"
Samuel disse: "Fala, pois o teu servo es-
tá ouvindo".
11E o SENHOR disse a Samuel: "Vou realizar
em Israel algo que fará tinir os ouvidos de to-
dos os que ficarem sabendo. 12Nessa ocasião
executarei contra Eli tudo o que falei contra
sua família, do começo ao fim. 13Pois eu lhe
disse que julgaria sua família para sempre,
por causa do pecado dos seus filhos, do qual
ele tinha consciência; seus filhos se fizeram
desprezíveis[a], e ele não os puniu. 14Por isso
jurei à família de Eli: 'Jamais se fará propi-
ciação pela culpa da família de Eli mediante
sacrifício ou oferta' ".
15Samuel ficou deitado até de manhã e en-
tão abriu as portas da casa do SENHOR. Ele te-
ve medo de contar a visão a Eli, 16mas este o
chamou e disse: "Samuel, meu filho".
"Estou aqui", respondeu Samuel.
17Eli perguntou: "O que o SENHOR lhe dis-
se? Não esconda de mim. Deus o castigue, e
o faça com muita severidade, se você escon-
der de mim qualquer coisa que ele lhe falou".
18Então, Samuel lhe contou tudo, e nada es-
condeu. Então Eli disse: "Ele é o SENHOR; que
faça o que lhe parecer melhor".
19Enquanto Samuel crescia, o SENHOR esta-
va com ele, e fazia com que todas as suas pa-
lavras se cumprissem. 20Todo o Israel, desde
Dã até Berseba, reconhecia que Samuel es-
tava confirmado como profeta do SENHOR.
21O SENHOR continuou aparecendo em Siló,
onde havia se revelado a Samuel por meio
de sua palavra.
4 E a palavra de Samuel espalhou-se por to-
do o Israel.

Os filisteus tomam a arca

Nessa época os israelitas saíram à guer-
ra contra os filisteus. Eles acamparam em
Ebenézer, e os filisteus em Afeque. 2Os filis-
teus dispuseram suas forças em linha para
enfrentar Israel, e, intensificando-se o com-
bate, Israel foi derrotado pelos filisteus, que
mataram cerca de quatro mil deles no campo
de batalha. 3Quando os soldados voltaram ao
acampamento, as autoridades de Israel per-
guntaram: "Por que o SENHOR deixou que os
filisteus nos derrotassem?" E acrescentaram:
"Vamos a Siló buscar a arca da aliança do SE-
NHOR, para que ele vá conosco e nos salve das
mãos de nossos inimigos".
4Então mandaram trazer de Siló a arca da
aliança do SENHOR dos Exércitos, que tem o

[a] 3:13 Uma antiga tradição dos escribas hebreus e a Septuaginta dizem *filhos blasfemaram contra Deus.*

Você sabia?

Quantos anos tinha Samuel na noite em que Deus falou com ele?

3:1 A palavra hebraica para "menino" significa que Samuel tinha mais ou menos 12 anos quando Deus falou com ele. Isso nos prova que não é preciso ser um adulto para ouvir a Deus e obedecer-lhe.

seu trono entre os querubins. E os dois filhos de Eli, Hofni e Fineias, acompanharam a arca da aliança de Deus.

5Quando a arca da aliança do SENHOR entrou no acampamento, todos os israelitas gritaram tão alto que o chão estremeceu. 6Os filisteus, ouvindo os gritos, perguntaram: "O que significam todos esses gritos no acampamento dos hebreus?"

Quando souberam que a arca do SENHOR viera para o acampamento, 7os filisteus ficaram com medo e disseram: "Deuses chegaram ao acampamento. Ai de nós! Nunca nos aconteceu uma coisa dessas! 8Ai de nós! Quem nos livrará das mãos desses deuses poderosos? São os deuses que feriram os egípcios com toda espécie de pragas, no deserto. 9Sejam fortes, filisteus! Sejam homens, ou vocês se tornarão escravos dos hebreus, assim como eles foram escravos de vocês. Sejam homens e lutem!"

10Então os filisteus lutaram e Israel foi derrotado; cada homem fugiu para a sua tenda. O massacre foi muito grande: Israel perdeu trinta mil homens de infantaria. 11A arca de Deus foi tomada, e os dois filhos de Eli, Hofni e Fineias, morreram.

A morte de Eli

12Naquele mesmo dia um benjamita correu da linha de batalha até Siló, com as roupas rasgadas e terra na cabeça. 13Quando ele chegou, Eli estava sentado em sua cadeira, ao lado da estrada. Estava preocupado, pois em seu coração temia pela arca de Deus. O homem entrou na cidade, contou o que havia acontecido, e a cidade começou a gritar.

14Eli ouviu os gritos e perguntou: "O que significa esse tumulto?"

O homem correu para contar tudo a Eli. 15Eli tinha noventa e oito anos de idade e seus olhos estavam imóveis; ele já não conseguia enxergar. 16O homem lhe disse: "Acabei de chegar da linha de batalha; fugi de lá hoje mesmo".

Eli perguntou: "O que aconteceu, meu filho?"

17O mensageiro respondeu: "Israel fugiu dos filisteus, e houve uma grande matança entre os soldados. Também os seus dois filhos, Hofni e Fineias, estão mortos, e a arca de Deus foi tomada".

18Quando ele mencionou a arca de Deus, Eli caiu da cadeira para trás, ao lado do portão, quebrou o pescoço, e morreu, pois era velho e pesado. Ele liderou Israel durante quarenta anos.

19Sua nora, a mulher de Fineias, estava grávida e perto de dar à luz. Quando ouviu a notícia de que a arca de Deus havia sido tomada e que seu sogro e seu marido estavam mortos, entrou em trabalho de parto e deu à luz, mas não resistiu às dores do parto. 20Enquanto morria, as mulheres que a ajudavam disseram: "Não se desespere; você teve um menino". Mas ela não respondeu nem deu atenção.

21Ela deu ao menino o nome de Icabode[a], e disse: "A glória se foi de Israel", porque a arca foi tomada e por causa da morte do sogro e do marido. 22E ainda acrescentou: "A glória se foi de Israel, pois a arca de Deus foi tomada".

A arca em Asdode e Ecrom

5 Depois que os filisteus tomaram a arca de Deus, eles a levaram de Ebenézer para Asdode 2e a colocaram dentro do templo de Dagom, ao lado de sua estátua. 3Quando o povo de Asdode se levantou na madrugada do dia seguinte, lá estava Dagom caído com o rosto em terra, diante da arca do SENHOR! Eles levantaram Dagom e o colocaram de volta em seu lugar. 4Mas, na manhã seguinte, quando se levantaram de madrugada, lá estava Dagom caído com o rosto em terra, diante da arca do SENHOR! Sua cabeça e mãos tinham sido quebradas e estavam sobre a soleira; só o seu corpo ficou no lugar. 5Por isso, até hoje, os sacerdotes de Dagom e todos os que entram em seu templo, em Asdode, não pisam na soleira.

6Depois disso a mão do SENHOR pesou sobre o povo de Asdode e dos arredores, trazendo devastação sobre eles e afligindo-os com tumores.[b] 7Quando os homens de Asdode viram o que estava acontecendo, disseram: "A

[a] 4:21 *Icabode* significa *glória nenhuma*.
[b] 5:6 A Septuaginta e a Vulgata acrescentam *E ratos surgiram na região, e a morte e a destruição estavam por toda a cidade.*

Você sabia?

Onde ficavam Asdode e Ecrom?

5:6,10 Asdode e Ecrom eram cidades filisteias. Os filisteus tinham cinco grandes cidades, e essas eram dois dos importantes centros do poder filisteu.

arca do deus de Israel não deve ficar aqui conosco, pois a mão dele pesa sobre nós e sobre nosso deus Dagom". 8 Então reuniram todos os governantes dos filisteus e lhes perguntaram: "O que faremos com a arca do deus de Israel?"

Eles responderam: "Levem a arca do deus de Israel para Gate". E então levaram a arca do Deus de Israel.

9 Mas, quando a arca chegou, a mão do SENHOR castigou aquela cidade e lhe trouxe grande pânico. Ele afligiu o povo da cidade, jovens e velhos, com uma epidemia de tumores[a]. 10 Então enviaram a arca de Deus para Ecrom.

Quando a arca de Deus estava entrando na cidade de Ecrom, o povo começou a gritar: "Eles trouxeram a arca do deus de Israel para cá a fim de matar a nós e a nosso povo". 11 Então reuniram todos os governantes dos filisteus e disseram: "Levem embora a arca do deus de Israel; que ela volte ao seu lugar; caso contrário ela[b] matará a nós e a nosso povo". Pois havia pânico mortal em toda a cidade; a mão de Deus pesava muito sobre ela. 12 Aqueles que não morreram foram afligidos com tumores, e o clamor da cidade subiu até o céu.

O retorno da arca a Israel

6 Quando já fazia sete meses que a arca do SENHOR estava em território filisteu, 2 os filisteus chamaram os sacerdotes e adivinhos e disseram: "O que faremos com a arca do SENHOR? Digam-nos com o que devemos mandá-la de volta a seu lugar".

3 Eles responderam: "Se vocês devolverem a arca do deus de Israel, não mandem de volta só a arca, mas enviem também uma oferta pela culpa. Então vocês serão curados e saberão por que a sua mão não tem se afastado de vocês".

4 Os filisteus perguntaram: "Que oferta pela culpa devemos enviar-lhe?"

Eles responderam: "Cinco tumores de ouro e cinco ratos de ouro, de acordo com o número de governantes filisteus, porquanto a mesma praga atingiu vocês e todos os seus governantes. 5 Façam imagens dos tumores e dos ratos que estão assolando o país e deem glória ao deus de Israel. Talvez ele alivie a sua mão de sobre vocês, seus deuses e sua terra. 6 Por que ter o coração obstinado como os egípcios e o faraó? Só quando esse deus[c] os tratou severamente, eles deixaram os israelitas seguirem o seu caminho.

7 "Agora, então, preparem uma carroça nova, com duas vacas que deram cria e sobre as quais nunca foi colocado jugo. Amarrem-nas à carroça, mas afastem delas os seus bezerros e ponham-nos no curral. 8 Coloquem a arca do SENHOR sobre a carroça, e ponham numa caixa ao lado os objetos de ouro que vocês

[a] 5:9 Ou *com tumores na virilha*
[b] 5:11 Ou *ele*
[c] 6:6 Isto é, Deus.

A vida nos tempos da Bíblia

Um ídolo quebrado

Os filisteus adoravam um ídolo feito de barro e chamavam-no de deus Dagom. Esse falso deus tinha muitas características humanas, como cabeça e mãos, mas caiu e quebrou-se diante da arca de Deus. Isso mostrou que o Senhor é o verdadeiro Deus.

estão lhe enviando como oferta pela culpa.
Enviem a carroça, 9e fiquem observando. Se
ela for para o seu próprio território, na dire-
ção de Bete-Semes, então foi o SENHOR quem
trouxe essa grande desgraça sobre nós. Mas,
se ela não for, então saberemos que não foi
a sua mão que nos atingiu e que isso acon-
teceu conosco por acaso".

10E assim fizeram. Pegaram duas vacas com
cria, amarraram-nas a uma carroça e pren-
deram seus bezerros no curral. 11Colocaram
a arca do SENHOR na carroça e junto dela a
caixa com os ratos de ouro e as imagens dos
tumores. 12Então as vacas foram diretamente
para Bete-Semes, mantendo-se na estrada e
mugindo por todo o caminho; não se desvia-
ram nem para a direita nem para a esquerda.
Os governantes dos filisteus as seguiram até
a fronteira de Bete-Semes.

13Ora, o povo de Bete-Semes estava co-
lhendo trigo no vale e, quando viram a arca,
alegraram-se muito. 14A carroça chegou ao
campo de Josué, de Bete-Semes, e ali parou
ao lado de uma grande rocha. Então cortaram
a madeira da carroça e ofereceram as vacas
como holocausto[a] ao SENHOR. 15Os levitas ti-
nham descido a arca do SENHOR e a caixa com
os objetos de ouro e as tinham colocado so-
bre a grande rocha. Naquele dia, o povo de
Bete-Semes ofereceu holocaustos e sacrifí-
cios ao SENHOR. 16Os cinco governantes dos
filisteus viram tudo isso e voltaram naquele
mesmo dia a Ecrom.

17Os filisteus enviaram ao SENHOR como
oferta pela culpa estes tumores de ouro: um
por Asdode, outro por Gaza, outro por Asca-
lom, outro por Gate e outro por Ecrom. 18O
número dos ratos de ouro foi conforme o
número das cidades filisteias que perten-
ciam aos cinco governantes; tanto as cida-
des fortificadas como os povoados do campo.
A grande rocha, sobre a qual puseram[b] a arca
do SENHOR, é até hoje uma testemunha no
campo de Josué, de Bete-Semes.

19O SENHOR, contudo, feriu alguns dos ho-
mens de Bete-Semes, matando setenta[c] de-
les, por terem olhado para dentro da arca do
SENHOR. O povo chorou por causa da gran-
de matança que o SENHOR fizera, 20e os ho-
mens de Bete-Semes perguntaram: "Quem

[a] 6:14 Isto é, sacrifício totalmente queimado; também em todo o livro de 1Samuel.

[b] 6:18 Conforme alguns manuscritos do Texto Massorético. A maioria dos manuscritos do Texto Massorético diz *povoados do campo até Abel Maior, onde puseram*.

[c] 6:19 Conforme alguns manuscritos do Texto Massorético. A maioria dos manuscritos do Texto Massorético e a Septuaginta dizem *50.070*.

pode permanecer na presença do SENHOR,
esse Deus santo? A quem enviaremos a arca,
para que ele se afaste de nós?"

21Então enviaram mensageiros ao povo de
Quiriate-Jearim, dizendo: "Os filisteus devol-
veram a arca do SENHOR. Venham e levem-
-na para vocês".

7 Os homens de Quiriate-Jearim vieram pa-
ra levar a arca do SENHOR. Eles a levaram
para a casa de Abinadabe, na colina, e consa-
graram seu filho Eleazar para guardar a arca
do SENHOR.

Samuel subjuga os filisteus em Mispá

2A arca permaneceu em Quiriate-Jearim
muito tempo; foram vinte anos. E todo o
povo de Israel buscava o SENHOR com súpli-
cas[d]. 3E Samuel disse a toda a nação de Israel:
"Se vocês querem voltar-se para o SENHOR
de todo o coração, livrem-se então dos deu-
ses estrangeiros e das imagens de Astarote,
consagrem-se ao SENHOR e prestem culto so-
mente a ele, e ele os libertará das mãos dos
filisteus". 4Assim, os israelitas se livraram dos
baalins e dos postes sagrados, e começaram
a prestar culto somente ao SENHOR.

5E Samuel prosseguiu: "Reúnam todo o Is-
rael em Mispá, e eu intercederei ao SENHOR
a favor de vocês". 6Quando eles se reuniram
em Mispá, tiraram água e a derramaram pe-
rante o SENHOR. Naquele dia jejuaram e ali
disseram: "Temos pecado contra o SENHOR".
E foi em Mispá que Samuel liderou os israe-
litas como juiz.

7Quando os filisteus souberam que os is-
raelitas estavam reunidos em Mispá, os go-
vernantes dos filisteus saíram para atacá-los.
Quando os israelitas souberam disso, ficaram
com medo. 8E disseram a Samuel: "Não pares
de clamar por nós ao SENHOR, o nosso Deus,
para que nos salve das mãos dos filisteus".
9Então Samuel pegou um cordeiro ainda não
desmamado e o ofereceu inteiro como holo-
causto ao SENHOR. Ele clamou ao SENHOR em
favor de Israel, e o SENHOR lhe respondeu.

10Enquanto Samuel oferecia o holocausto,
os filisteus se aproximaram para combater Is-
rael. Naquele dia, porém, o SENHOR trovejou
com fortíssimo estrondo contra os filisteus e
os colocou em pânico, e foram derrotados por
Israel. 11Os soldados de Israel saíram de Mispá
e perseguiram os filisteus até um lugar abai-
xo de Bete-Car, matando-os pelo caminho.

12Então Samuel pegou uma pedra e a

[d] 7:2 Hebraico: *lamentava-se após o Senhor*.

Você sabia?

Como os israelitas derrotaram os filisteus?

7:14 Os israelitas estavam adorando deuses falsos, mas Samuel disse-lhes que adorassem o único e verdadeiro Deus. Quando os israelitas adoraram o único Deus, o Senhor lhes deu vitória em Mispá. Enquanto Samuel viveu, e enquanto Israel adorou a Deus, o povo esteve a salvo dos filisteus.

ergueu entre Mispá e Sem; e deu-lhe o no-
me de Ebenézer[a], dizendo: "Até aqui o SE-
NHOR nos ajudou". 13Assim os filisteus foram
dominados e não voltaram a invadir o terri-
tório israelita.
A mão do SENHOR esteve contra os filisteus
durante toda a vida de Samuel. 14As cidades
que os filisteus haviam conquistado foram
devolvidas a Israel, desde Ecrom até Gate. Is-
rael libertou os territórios ao redor delas do
poder dos filisteus. E houve também paz en-
tre Israel e os amorreus.
15Samuel continuou como juiz de Israel du-
rante todos os dias de sua vida. 16A cada ano
percorria Betel, Gilgal e Mispá, decidindo as
questões de Israel em todos esses lugares.
17Mas sempre retornava a Ramá, onde fica-
va sua casa; ali ele liderava Israel como juiz
e naquele lugar construiu um altar em hon-
ra ao SENHOR.

Israel pede um rei

8 Quando envelheceu, Samuel nomeou seus
filhos como líderes de Israel. 2Seu filho
mais velho chamava-se Joel e o segundo,
Abias. Eles eram líderes em Berseba. 3Mas os
filhos dele não andaram em seus caminhos.
Eles se tornaram gananciosos, aceitavam su-
borno e pervertiam a justiça.
4Por isso todas as autoridades de Israel re-
uniram-se e foram falar com Samuel, em Ra-
má. 5E disseram-lhe: "Tu já estás idoso, e teus
filhos não andam em teus caminhos; escolhe
agora um rei para que nos lidere, à seme-
lhança das outras nações".
6Quando, porém, disseram: "Dá-nos um
rei para que nos lidere", isso desagradou a
Samuel; então ele orou ao SENHOR. 7E o SE-
NHOR lhe respondeu: "Atenda a tudo o que
o povo está lhe pedindo; não foi a você que
rejeitaram; foi a mim que rejeitaram como
rei. 8Assim como fizeram comigo desde o dia
em que os tirei do Egito, até hoje, abando-
nando-me e prestando culto a outros deu-
ses, também estão fazendo com você. 9Agora
atenda-os; mas advirta-os solenemente e di-
ga-lhes quais direitos reivindicará o rei que
os governará".
10Samuel transmitiu todas as palavras do
SENHOR ao povo, que estava lhe pedindo um
rei, 11dizendo: "O rei que reinará sobre vo-
cês reivindicará como seu direito o seguin-
te: ele tomará os filhos de vocês para servi-lo
em seus carros de guerra e em sua cavala-
ria, e para correr à frente dos seus carros
de guerra. 12Colocará alguns como coman-
dantes de mil e outros como comandantes
de cinquenta. Ele os fará arar as terras dele,
fazer a colheita, e fabricar armas de guer-
ra e equipamentos para os seus carros de
guerra. 13Tomará as filhas de vocês para se-
rem perfumistas, cozinheiras e padeiras.
14Tomará de vocês o melhor das plantações,
das vinhas e dos olivais, e o dará aos cria-
dos dele. 15Tomará um décimo dos cereais e
da colheita das uvas e o dará a seus oficiais
e a seus criados. 16Também tomará de vocês
para seu uso particular os servos e as ser-
vas, e o melhor do gado[b] e dos jumentos. 17E
tomará de vocês um décimo dos rebanhos,
e vocês mesmos se tornarão escravos dele.
18Naquele dia, vocês clamarão por causa do
rei que vocês mesmos escolheram, e o SE-
NHOR não os ouvirá".
19Todavia, o povo recusou-se a ouvir

[a] 7:12 *Ebenézer* significa *pedra de ajuda.*

[b] 8:16 Conforme a Septuaginta. O Texto Massorético diz *jovens.*

Você sabia?

Por que os israelitas queriam um rei?

8:5 Os israelitas queriam ser como as outras nações, mas *não* eram, pois tinham Deus como rei e líder. Não era errado ter um rei, mas Israel queria um rei pelos motivos errados.

Samuel, e disse: "Não! Queremos ter um rei. [20]Seremos como todas as outras nações; um rei nos governará, e sairá à nossa frente para combater em nossas batalhas".

[21]Depois de ter ouvido tudo o que o povo disse, Samuel o repetiu perante o SENHOR. [22]E o SENHOR respondeu: "Atenda-os e dê-lhes um rei".

Então Samuel disse aos homens de Israel: "Volte cada um para a sua cidade".

O encontro entre Saul e Samuel

9 Havia um homem de Benjamim, rico e influente, chamado Quis, filho de Abiel, neto de Zeror, bisneto de Becorate e trineto de Afia. [2]Ele tinha um filho chamado Saul, jovem de boa aparência, sem igual entre os israelitas; os mais altos batiam nos seus ombros.

[3]E aconteceu que as jumentas de Quis, pai de Saul, extraviaram-se. E ele disse a Saul: "Chame um dos servos e vá procurar as jumentas". [4]Eles atravessaram os montes de Efraim e a região de Salisa, mas não as encontraram. Prosseguindo, entraram no distrito de Saalim, mas as jumentas não estavam lá. Então atravessaram o território de Benjamim, e mesmo assim não as encontraram.

[5]Chegando ao distrito de Zufe, disse Saul ao seu servo: "Vamos voltar, ou meu pai deixará de pensar nas jumentas para começar a preocupar-se conosco".

[6]O servo, contudo, respondeu: "Nesta cidade mora um homem de Deus que é muito respeitado. Tudo o que ele diz acontece. Vamos falar com ele. Talvez ele nos aponte o caminho a seguir".

[7]Saul disse a seu servo: "Se formos, o que lhe poderemos dar? A comida de nossos sacos de viagem acabou. Não temos nenhum presente para levar ao homem de Deus. O que temos para oferecer?"

[8]O servo lhe respondeu: "Tenho três gramas[a] de prata. Darei isto ao homem de Deus para que ele nos aponte o caminho a seguir". [9](Antigamente em Israel, quando alguém ia consultar a Deus, dizia: "Vamos ao vidente", pois o profeta de hoje era chamado vidente.)

[10]E Saul concordou: "Muito bem, vamos!" Assim, foram em direção à cidade onde estava o homem de Deus.

[11]Ao subirem a colina para chegar à cidade, encontraram algumas jovens que estavam saindo para buscar água e perguntaram a elas: "O vidente está na cidade?"

[12]Elas responderam: "Sim. Ele está ali adiante. Apressem-se; ele chegou hoje à nossa cidade, porque o povo vai oferecer um sacrifício no altar que há no monte. [13]Assim que entrarem na cidade, vocês o encontrarão antes que suba ao altar do monte para comer. O povo não começará a comer antes que ele chegue, pois ele deve abençoar o sacrifício; depois disso, os convidados irão comer. Subam agora e vocês logo o encontrarão".

[14]Eles foram à cidade e, ao entrarem, Samuel vinha na direção deles a caminho do altar do monte.

[15]No dia anterior à chegada de Saul, o SENHOR havia revelado isto a Samuel: [16]"Amanhã, por volta desta hora, enviarei a você um homem da terra de Benjamim. Unja-o como líder sobre Israel, o meu povo; ele libertará o meu povo das mãos dos filisteus. Atentei para o meu povo, pois o seu clamor chegou a mim".

[17]Quando Samuel viu Saul, o SENHOR lhe disse: "Este é o homem de quem lhe falei; ele governará o meu povo".

[18]Saul aproximou-se de Samuel na entrada da cidade e lhe perguntou: "Por favor, pode me dizer onde é a casa do vidente?"

[19]Respondeu Samuel: "Eu sou o vidente. Vá na minha frente para o altar, pois hoje você comerá comigo. Amanhã cedo eu lhe contarei tudo o que você quer saber e o deixarei ir. [20]Quanto às jumentas que você perdeu há três dias, não se preocupe com elas; já foram encontradas. E a quem pertencerá tudo o que é precioso em Israel, senão a você e a toda a família de seu pai?"

Você sabia?

Quem foi o primeiro rei de Israel?

9:17 Saul foi o primeiro rei da nação. O povo ficou impressionado com Saul porque ele era muito alto, e no início ele até foi um bom rei, uma vez que confiava em Deus e mostrava bom senso. Mas depois ele começou a esquecer-se de Deus.

[a] 9:8 Hebraico: 1/4 *de siclo*. Um siclo equivalia a 12 gramas.

[21]Saul respondeu: "Acaso não sou eu um benjamita, da menor das tribos de Israel, e não é o meu clã o mais insignificante de todos os clãs da tribo de Benjamim? Por que estás me dizendo tudo isso?"

[22]Então Samuel levou Saul e seu servo para a sala e lhes deu o lugar de honra entre os convidados, cerca de trinta pessoas. [23]E disse ao cozinheiro: "Traga-me a porção de carne que lhe entreguei e mandei reservar".

[24]O cozinheiro pegou a coxa do animal com o que estava sobre ela e colocou tudo diante de Saul. E disse Samuel: "Aqui está o que lhe foi reservado. Coma, pois desde o momento em que eu disse: Tenho convidados, essa parte foi separada para você para esta ocasião". E Saul comeu com Samuel naquele dia.

[25]Depois que desceu do altar do monte para a cidade, Samuel conversou com Saul no terraço de sua casa. [26]Ao romper do dia, quando se levantaram, Samuel chamou Saul no terraço e disse: "Levante-se, e eu o acompanharei, e depois você seguirá viagem". Saul se levantou e saiu junto com Samuel. [27]Enquanto desciam para a saída da cidade, Samuel disse a Saul: "Diga ao servo que vá na frente". O servo foi e Samuel prosseguiu: "Fique você aqui um instante, para que eu lhe dê uma mensagem da parte de Deus".

Saul é ungido rei

10 Samuel apanhou um jarro de óleo, derramou-o sobre a cabeça de Saul e o beijou, dizendo: "O SENHOR o ungiu como líder da herança dele.[a] [2]Hoje, quando você partir, encontrará dois homens perto do túmulo de Raquel, em Zelza, na fronteira de Benjamim. Eles lhe dirão: 'As jumentas que você foi procurar já foram encontradas. Agora seu pai deixou de se importar com elas e está preocupado com vocês. Ele está perguntando: "Como encontrarei meu filho?" '

[3]"Então, dali, você prosseguirá para o carvalho de Tabor. Três homens virão subindo ao santuário de Deus em Betel, e encontrarão você ali. Um estará levando três cabritos, outro três pães, e outro uma vasilha de couro cheia de vinho. [4]Eles o cumprimentarão e lhe oferecerão dois pães, que você deve aceitar.

[5]"Depois você irá a Gibeá de Deus, onde há um destacamento filisteu. Ao chegar à cidade, você encontrará um grupo de profetas que virão descendo do altar do monte tocando liras, tamborins, flautas e harpas; e eles estarão profetizando. [6]O Espírito do SENHOR se apossará de você, e com eles você profetizará[b], e será um novo homem. [7]Assim que esses sinais se cumprirem, faça o que achar melhor, pois Deus está com você.

[8]"Vá na minha frente até Gilgal. Depois eu irei também, para oferecer holocaustos e

[a] 10:1 A Septuaginta e a Vulgata dizem *líder de Israel, o seu povo. Você reinará sobre o povo do* SENHOR *e o salvará do poder de seus inimigos ao redor. E isto lhe será um sinal de que o* SENHOR *o ungiu como líder sobre a herança dele.*

[b] 10:6 Ou *você estará em transe*; também no versículo 10 e em 19:24. Veja 18:10.

A vida nos tempos da Bíblia

Ungir com óleo

Nos tempos do Antigo Testamento, derramar óleo sobre a cabeça de uma pessoa era um ato especial. Isso era feito quando Deus dava a essa pessoa um trabalho importante, como ser rei ou sumo sacerdote. Samuel ungiu a cabeça de Saul para mostrar que ele havia sido escolhido por Deus para ser o primeiro rei de Israel. Nosso maior sumo sacerdote e Rei dos reis é Jesus Cristo. O nome *Cristo* significa "ungido".

sacrifícios de comunhão[a], mas você deve esperar sete dias, até que eu chegue e lhe diga o que fazer".

9Quando se virou para afastar-se de Samuel, Deus mudou o coração de Saul, e todos aqueles sinais se cumpriram naquele dia. 10Chegando a Gibeá, um grupo veio em sua direção; o Espírito de Deus se apossou dele, e ele profetizou no meio deles. 11Quando os que já o conheciam viram-no profetizando com os profetas, perguntaram uns aos outros: "O que aconteceu ao filho de Quis? Saul também está entre os profetas?"

12Um homem daquele lugar respondeu: "E quem é o pai deles?" De modo que isto se tornou um ditado: "Saul também está entre os profetas?" 13Depois que Saul parou de profetizar, foi para o altar do monte.

14Então o tio de Saul perguntou a ele e ao seu servo: "Aonde vocês foram?"

Ele respondeu: "Procurar as jumentas. Quando, porém, vimos que não seriam encontradas, fomos falar com Samuel".

15"O que Samuel lhes disse?", perguntou o tio.

16Saul respondeu: "Ele nos garantiu que as jumentas tinham sido encontradas". Todavia, Saul não contou ao tio o que Samuel tinha dito sobre o reino.

17Samuel convocou o povo de Israel ao SENHOR, em Mispá, 18e lhes disse: "Assim diz o SENHOR, o Deus de Israel: 'Eu tirei Israel do Egito, e libertei vocês do poder do Egito e de todos os reinos que os oprimiam'. 19Mas vocês agora rejeitaram o Deus que os salva de todas as suas desgraças e angústias. E disseram: 'Não! Escolhe um rei para nós'. Por isso, agora, apresentem-se perante o SENHOR, de acordo com as suas tribos e os seus clãs".

20Tendo Samuel feito todas as tribos de Israel se aproximarem, a de Benjamim foi escolhida. 21Então fez ir à frente a tribo de Benjamim, clã por clã, e o clã de Matri foi escolhido. Finalmente foi escolhido Saul, filho de Quis. Quando, porém, o procuraram, ele não foi encontrado. 22Consultaram novamente o SENHOR: "Ele já chegou?"

E o SENHOR disse: "Sim, ele está escondido no meio da bagagem".

23Correram e o tiraram de lá. Quando ficou em pé no meio do povo, os mais altos só chegavam aos seus ombros. 24E Samuel disse a todos: "Vocês veem o homem que o SENHOR escolheu? Não há ninguém como ele entre todo o povo".

Então todos gritaram: "Viva o rei!"

25Samuel expôs ao povo as leis do reino. Ele as escreveu num livro e o pôs perante o SENHOR. Depois disso, Samuel mandou o povo de volta para as suas casas.

26Saul também foi para sua casa em Gibeá, acompanhado por guerreiros, cujo coração Deus tinha tocado. 27Alguns vadios, porém, disseram: "Como este homem pode nos salvar?" Desprezaram-no e não lhe trouxeram presente algum. Mas Saul ficou calado.

Saul liberta a cidade de Jabes

11 O amonita Naás avançou contra a cidade de Jabes-Gileade e a cercou. E os homens de Jabes lhe disseram: "Faça um tratado conosco, e nos sujeitaremos a você".

2Contudo, Naás, o amonita, respondeu: "Só farei um tratado com vocês sob a condição de que eu arranque o olho direito de cada um de vocês e assim humilhe todo o Israel".

3As autoridades de Jabes lhe disseram: "Dê-nos sete dias para que possamos enviar mensageiros a todo o Israel; se ninguém vier nos socorrer, nós nos renderemos".

4Quando os mensageiros chegaram a Gibeá, cidade de Saul, e relataram essas coisas ao povo, todos choraram em alta voz. 5Naquele momento, Saul estava trazendo o gado do campo e perguntou: "O que há com o povo? Por que estão chorando?" Então lhe contaram o que os homens de Jabes tinham dito.

6Quando Saul ouviu isso, o Espírito de Deus apoderou-se dele, e ele ficou furioso. 7Apanhou dois bois, cortou-os em pedaços e, por meio dos mensageiros, enviou os pedaços a todo o Israel, proclamando: "Isto é o que acontecerá aos bois de quem não seguir Saul e Samuel". Então o temor do SENHOR caiu sobre o povo, e eles vieram unânimes. 8Quando Saul os reuniu em Bezeque, havia trezentos mil homens de Israel e trinta mil de Judá.

9E disseram aos mensageiros de Jabes: "Digam aos homens de Jabes-Gileade: 'Amanhã, na hora mais quente do dia, haverá libertação para vocês' ". Quando relataram isso aos habitantes de Jabes, eles se alegraram. 10Então, os homens de Jabes disseram aos amonitas: "Amanhã nós nos renderemos a vocês, e poderão fazer conosco o que quiserem".

11No dia seguinte, Saul dividiu seus soldados em três grupos; entraram no acampamento amonita na alta madrugada e os mataram até a hora mais quente do dia.

[a] 10:8 Ou *de paz*

Aqueles que sobreviveram se dispersaram
de tal modo que não ficaram dois juntos.

Saul confirmado como rei

12Então o povo disse a Samuel: "Quem foi
que perguntou: 'Será que Saul vai reinar so-
bre nós?' Traze-nos esses homens, e nós os
mataremos".
13Saul, porém, disse: "Hoje ninguém será
morto, pois neste dia o SENHOR trouxe liber-
tação a Israel".
14Então Samuel disse ao povo: "Venham,
vamos a Gilgal e reafirmemos ali o reino".
15Assim, todo o povo foi a Gilgal e procla-
mou Saul como rei na presença do SENHOR.
Ali ofereceram sacrifícios de comunhão[a] ao
SENHOR, e Saul e todos os israelitas tiveram
momentos de grande alegria.

A palavra de despedida de Samuel

12 Samuel disse a todo o Israel: "Atendi tudo
o que vocês me pediram e estabeleci um
rei para vocês. 2Agora vocês têm um rei que
os governará. Quanto a mim, estou velho e
de cabelos brancos, e meus filhos estão aqui
com vocês. Tenho vivido diante de vocês des-
de a minha juventude até agora. 3Aqui estou.
Se tomei um boi ou um jumento de alguém,
ou se explorei ou oprimi alguém, ou se das
mãos de alguém aceitei suborno, fechando os
olhos para a sua culpa, testemunhem contra
mim na presença do SENHOR e do seu ungi-
do. Se alguma dessas coisas pratiquei, eu fa-
rei restituição".
4E responderam: "Tu não nos exploraste
nem nos oprimiste. Tu não tiraste coisa al-
guma das mãos de ninguém".
5Samuel lhes disse: "O SENHOR é testemu-
nha diante de vocês, como também o seu un-
gido é hoje testemunha, de que vocês não
encontraram culpa alguma em minhas mãos".
E disseram: "Ele é testemunha".
6Então Samuel disse ao povo: "O SENHOR
designou Moisés e Arão e tirou os seus ante-
passados do Egito. 7Agora, pois, fiquem aqui,
porque vou entrar em julgamento com vocês
perante o SENHOR, com base nos atos justos
realizados pelo SENHOR em favor de vocês e
dos seus antepassados.
8"Depois que Jacó entrou no Egito, eles
clamaram ao SENHOR, e ele enviou Moisés e
Arão para tirar os seus antepassados do Egi-
to e os estabelecer neste lugar.
9"Seus antepassados, porém, se esque-
ceram do SENHOR seu Deus; então ele os
vendeu a Sísera, o comandante do exército
de Hazor, aos filisteus e ao rei de Moabe, que
lutaram contra eles. 10Eles clamaram ao SE-
NHOR, dizendo: 'Pecamos, abandonando o
SENHOR e prestando culto aos baalins e aos
postes sagrados. Agora, porém, liberta-nos
das mãos dos nossos inimigos, e nós pres-
taremos culto a ti'. 11Então o SENHOR enviou
Jerubaal[b], Baraque[c], Jefté e Samuel[d], e os
libertou das mãos dos inimigos que os ro-
deavam, de modo que vocês viveram em
segurança.
12"Quando porém, vocês viram que Naás,
rei dos amonitas, estava avançando contra
vocês, me disseram: 'Não! Escolha um rei pa-
ra nós', embora o SENHOR, o seu Deus, fosse
o rei. 13Agora, aqui está o rei que vocês esco-
lheram, aquele que vocês pediram; o SENHOR
deu um rei a vocês. 14Se vocês temerem, ser-
virem e obedecerem ao SENHOR, e não se re-
belarem contra suas ordens, e, se vocês e o rei
que reinar sobre vocês seguirem o SENHOR,
o seu Deus, tudo lhes irá bem! 15Todavia, se
vocês desobedecerem ao SENHOR e se rebe-
larem contra o seu mandamento, sua mão se
oporá a vocês da mesma forma como se opôs
aos seus antepassados.
16"Agora, preparem-se para ver este gran-
de feito que o SENHOR vai realizar diante de
vocês! 17Não estamos na época da colheita do
trigo? Pedirei ao SENHOR que envie trovões
e chuva para que vocês reconheçam que fi-
zeram o que o SENHOR reprova totalmente,
quando pediram um rei".
18Então Samuel clamou ao SENHOR, e

[a] 11:15 Ou *de paz*

[b] 12:11 Também chamado *Gideão*.
[c] 12:11 Conforme alguns manuscritos da Septuaginta e a Versão Siríaca. O Texto Massorético diz *Bedã*.
[d] 12:11 Alguns manuscritos da Septuaginta e a Versão Siríaca dizem *Sansão*.

Você sabia?

Por que um rei não conseguiria ajudar os israelitas?

12:17 Somente adorar a Deus e obedecer-lhe de verdade ajudaria Israel. Quando as pessoas de Deus o servem, ele cuida delas e as abençoa. Além disso, um rei não conseguiria ser um líder melhor do que Deus.

naquele mesmo dia o SENHOR enviou trovões
e chuva. E assim todo o povo temeu grande-
mente o SENHOR e Samuel.
19E todo o povo disse a Samuel: "Ora ao SE-
NHOR, o teu Deus, em favor dos teus servos,
para que não morramos, pois a todos os nos-
sos pecados acrescentamos o mal de pedir
um rei".
20Respondeu Samuel: "Não tenham medo.
De fato, vocês fizeram todo esse mal. Con-
tudo, não deixem de seguir o SENHOR, mas
sirvam o SENHOR de todo o coração. 21Não se
desviem, para seguir ídolos inúteis, que de
nada valem nem podem livrá-los, pois são
inúteis. 22Por causa de seu grande nome, o
SENHOR não os rejeitará, pois o SENHOR te-
ve prazer em torná-los o seu próprio povo.
23E longe de mim esteja pecar contra o SE-
NHOR, deixando de orar por vocês. Também
lhes ensinarei o caminho que é bom e direi-
to. 24Somente temam o SENHOR e sirvam-no
fielmente de todo o coração; e considerem
as grandes coisas que ele tem feito por vo-
cês. 25Todavia, se insistirem em fazer o mal,
vocês e o seu rei serão destruídos".

Samuel repreende Saul

13 Saul tinha trinta[a] anos de idade quando
começou a reinar, e reinou sobre Israel
quarenta[b] e dois anos.
2Saul[c] escolheu três mil homens de Israel;
dois mil ficaram com ele em Micmás e nos
montes de Betel, e mil ficaram com Jônatas
em Gibeá de Benjamim. O restante dos ho-
mens ele mandou de volta para suas tendas.
3Jônatas atacou os destacamentos dos fi-
listeus em Gibeá[d], e os filisteus foram in-
formados disso. Então Saul mandou tocar a
trombeta por todo o país dizendo: "Que os
hebreus fiquem sabendo disto!" 4E todo o Is-
rael ouviu a notícia de que Saul tinha ataca-
do o destacamento dos filisteus, atraindo o
ódio dos filisteus sobre Israel[e]. Então os ho-
mens foram convocados para se unirem a
Saul em Gilgal.
5Os filisteus reuniram-se para lutar contra
Israel, com três mil[f] carros de guerra, seis mil
condutores de carros e tantos soldados quan-
to a areia da praia. Eles foram a Micmás, a
leste de Bete-Áven e lá acamparam. 6Quando
os soldados de Israel viram que a situação era
difícil e que o seu exército estava sendo mui-
to pressionado, esconderam-se em cavernas e
buracos, entre as rochas e em poços e cister-
nas. 7Alguns hebreus até atravessaram o Jor-
dão para chegar à terra de Gade e de Gileade.
Saul ficou em Gilgal, e os soldados que es-
tavam com ele tremiam de medo. 8Ele es-
perou sete dias, o prazo estabelecido por
Samuel; mas este não chegou a Gilgal, e os

[a] 13:1 Conforme alguns manuscritos da Septuaginta. O Texto Massorético não traz *trinta*.
[b] 13:1 Veja o número arredondado em At 13:21. O Texto Massorético não traz *quarenta*.
[c] 13:1-2 Ou *com dois anos de reinado*, [2]*Saul*
[d] 13:3 Conforme dois manuscritos do Texto Massorético. A maioria dos manuscritos do Texto Massorético diz *Geba*, variante de *Gibeá*; também no versículo 16.
[e] 13:4 Hebraico: *transformando Israel em mau cheiro para os filisteus.*
[f] 13:5 Conforme alguns manuscritos da Septuaginta e a Versão Siríaca. O Texto Massorético diz *trinta mil.*

Agindo como tolo

Experimente!

O pai de Miguel deveria chegar em casa de tarde para levá-lo para pescar. Mas, no meio da tarde, Miguel cansou-se de esperar e, então, pegou sua vara, encontrou algumas minhocas, subiu na bicicleta e foi pescar sozinho no rio.

Meia hora depois, o pai de Miguel o encontrou: "Filho, por que você não esperou? Nós íamos pescar com o senhor Almeida em seu barco a motor até de madrugada. Era uma surpresa especial para você, mas o senhor Almeida já saiu e agora é tarde demais. Você deveria ter esperado."

1Samuel 13:5-14

Leia 1Samuel 13:5-14. Saul não quis esperar. Miguel perdeu uma boa pescaria porque não quis esperar, e o que Saul perdeu está registrado em 1Samuel 13:14.

Miguel e Saul foram impacientes. Mais do que isso, eles foram desobedientes. Você consegue ver, a partir dessas histórias, a importância de ser paciente e de obedecer?

soldados de Saul começaram a se dispersar.
9E ele ordenou: "Tragam-me o holocausto
e os sacrifícios de comunhão[a]". Saul então
ofereceu o holocausto; 10quando terminou
de oferecê-lo, Samuel chegou, e Saul foi saudá-lo.
11Perguntou-lhe Samuel: "O que você fez?"
Saul respondeu: "Quando vi que os soldados estavam se dispersando e que não tinhas
chegado no prazo estabelecido, e que os filisteus estavam reunidos em Micmás, 12pensei:
Agora, os filisteus me atacarão em Gilgal, e
eu não busquei o SENHOR. Por isso senti-me
obrigado a oferecer o holocausto".
13Disse Samuel: "Você agiu como tolo, desobedecendo ao mandamento que o SENHOR,
o seu Deus, lhe deu; se você tivesse obedecido, ele teria estabelecido para sempre o seu
reinado sobre Israel. 14Mas agora o seu reinado não permanecerá; o SENHOR procurou um
homem segundo o seu coração e o designou
líder de seu povo, pois você não obedeceu ao
mandamento do SENHOR".
15Então Samuel partiu de Gilgal[b] e foi a
Gibeá de Benjamim, e Saul contou os soldados que estavam com ele. Eram cerca de
seiscentos.

A desvantagem militar de Israel

16Saul e seu filho Jônatas, acompanhados
de seus soldados, ficaram em Gibeá de Benjamim, enquanto os filisteus estavam acampados em Micmás. 17Uma tropa de ataque saiu
do acampamento filisteu em três divisões.
Uma foi em direção a Ofra, nos arredores de
Sual, 18outra em direção a Bete-Horom, e a
terceira em direção à região fronteiriça de
onde se avista o vale de Zeboim, diante do
deserto.
19Naquela época não havia nem mesmo um
único ferreiro em toda a terra de Israel, pois
os filisteus não queriam que os hebreus fizessem espadas e lanças. 20Assim, eles tinham
que ir aos filisteus para afiar seus arados, enxadas, machados e foices[c]. 21O preço para afiar
rastelos e enxadas era oito gramas[d] de prata,
e quatro gramas[e] de prata para afiar tridentes, machados e pontas de aguilhadas.
22Por isso, no dia da batalha, nenhum soldado de Saul e Jônatas tinha espada ou lança
nas mãos, exceto o próprio Saul e seu filho
Jônatas.

Jônatas ataca os filisteus

23Aconteceu que um destacamento filisteu
foi para o desfiladeiro de Micmás.
14 Certo dia, Jônatas, filho de Saul, disse ao
seu jovem escudeiro: "Vamos ao destacamento filisteu, do outro lado". Ele, porém,
não contou isso a seu pai.
2Saul estava sentado debaixo de uma romãzeira na fronteira de Gibeá, em Migrom.
Com ele estavam uns seiscentos soldados,
3entre os quais Aías, que levava o colete sacerdotal. Ele era filho de Aitube, irmão de
Icabode, filho de Fineias e neto de Eli, o sacerdote do SENHOR em Siló. Ninguém sabia
que Jônatas havia saído.
4Em cada lado do desfiladeiro que Jônatas
pretendia atravessar para chegar ao destacamento filisteu, havia um penhasco íngreme;
um se chamava Bozez, o outro, Sené. 5Havia
um penhasco ao norte, na direção de Micmás,
e outro ao sul, na direção de Geba.
6E Jônatas disse a seu escudeiro: "Vamos
ao destacamento daqueles incircuncisos. Talvez o SENHOR aja em nosso favor, pois nada
pode impedir o SENHOR de salvar, seja com
muitos ou com poucos".
7Disse o seu escudeiro: "Faze tudo o que
tiveres em mente; eu irei contigo".
8Jônatas disse: "Venha, vamos atravessar
na direção dos soldados e deixaremos que
nos avistem. 9Se nos disserem: 'Esperem aí
até que cheguemos perto', ficaremos onde estivermos e não avançaremos. 10Mas, se disserem: 'Subam até aqui', subiremos, pois este

Você sabia?

Por que os israelitas não tinham nenhuma espada ou lança?

13:19 Os israelitas usavam atiradeiras, arcos e flechas, mas não tinham quem soubesse manejar o ferro como os filisteus. Por isso, eles não podiam fazer espadas de ferro para lutar, nem mesmo fazer ferramentas afiadas para lavrar a terra.

[a] 13:9 Ou *de paz*
[b] 13:15 A Septuaginta diz *Gilgal e seguiu seu caminho; o restante do povo foi com Saul encontrar-se com o exército, e saíram de Gilgal.*
[c] 13:20 Conforme a Septuaginta. O Texto Massorético diz *arados.*
[d] 13:21 Hebraico: *1 pim.*
[e] 13:21 Hebraico: *1/3 de siclo.* Um siclo equivalia a 12 gramas.

Pessoas nos tempos da Bíblia

Jônatas

Jônatas, filho de Saul, era um guerreiro valente e ousado. Ele sabia que seu pai causava problemas em Israel por não seguir a Deus e, posteriormente, tornou-se o amigo mais próximo e mais leal de Davi.

será um sinal para nós de que o SENHOR os entregou em nossas mãos".

11 Então os dois se deixaram ver pelo destacamento dos filisteus, que disseram: "Vejam, os hebreus estão saindo dos buracos onde estavam escondidos". 12 E gritaram para Jônatas e seu escudeiro: "Subam até aqui e lhes daremos uma lição".

Diante disso, Jônatas disse a seu escudeiro: "Siga-me; o SENHOR os entregou nas mãos de Israel".

13 Jônatas escalou o desfiladeiro, usando as mãos e os pés, e o escudeiro foi logo atrás. Jônatas os derrubava e seu escudeiro, logo atrás dele, os matava. 14 Naquele primeiro ataque, Jônatas e seu escudeiro mataram cerca de vinte homens numa pequena área de terra[a].

A vitória de Israel sobre os filisteus

15 Então caiu terror sobre todo o exército, tanto sobre os que estavam no acampamento e no campo, como sobre os que estavam nos destacamentos, e até mesmo nas tropas de ataque. O chão tremeu e houve um pânico terrível[b].

16 As sentinelas de Saul em Gibeá de Benjamim viram o exército filisteu se dispersando, correndo em todas as direções. 17 Então Saul disse aos seus soldados: "Contem os soldados e vejam quem está faltando". Quando o fizeram, viram que Jônatas e seu escudeiro não estavam presentes.

18 Saul ordenou a Aías: "Traga a arca de Deus". Naquele tempo ela estava com os israelitas.[c] 19 Enquanto Saul falava com o sacerdote, o tumulto no acampamento filisteu ia crescendo cada vez mais. Então Saul disse ao sacerdote: "Não precisa trazer a arca"[d].

20 Na mesma hora Saul e todos os soldados se reuniram e foram para a batalha. Encontraram os filisteus em total confusão, ferindo uns aos outros com suas espadas. 21 Alguns hebreus que antes estavam do lado dos filisteus e que com eles tinham ido ao acampamento filisteu, passaram para o lado dos israelitas que estavam com Saul e Jônatas. 22 Quando todos os israelitas que haviam se escondido nos montes de Efraim ouviram que os filisteus batiam em retirada, também entraram na batalha, perseguindo-os. 23 Assim o SENHOR concedeu vitória a Israel naquele dia, e a batalha se espalhou para além de Bete-Áven.

O juramento impensado de Saul

24 Os homens de Israel estavam exaustos naquele dia, pois Saul lhes havia imposto um juramento, dizendo: "Maldito seja todo o que comer antes do anoitecer, antes que eu tenha me vingado de meus inimigos!" Por isso ninguém tinha comido nada.

25 O exército inteiro entrou num bosque, onde havia mel no chão. 26 Eles viram o mel escorrendo, contudo ninguém comeu, pois temiam o juramento. 27 Jônatas, porém, não sabia do juramento que seu pai havia imposto ao exército, de modo que estendeu a ponta da vara que tinha na mão e a molhou no favo de mel. Quando comeu, seus olhos brilharam[e]. 28 Então um dos soldados lhe disse: "Seu pai impôs ao exército um juramento severo, dizendo: 'Maldito seja todo o que comer hoje!' Por isso os homens estão exaustos".

29 Jônatas disse: "Meu pai trouxe desgraça para nós. Veja como meus olhos brilham[f] desde que provei um pouco deste mel. 30 Como teria sido bem melhor se os homens tivessem comido hoje um pouco do que tomaram dos seus inimigos. A matança de filisteus não teria sido ainda maior?"

31 Naquele dia, depois de derrotarem os filisteus, desde Micmás até Aijalom, os israelitas estavam completamente exaustos. 32 Eles então se lançaram sobre os despojos e pegaram ovelhas, bois e bezerros, e mataram-nos ali mesmo e comeram a carne com o sangue. 33 E alguém disse a Saul: "Veja, os soldados estão pecando contra o SENHOR, comendo carne com sangue".

Ele disse: "Vocês foram infiéis. Rolem uma

[a] 14:14 Isto é, a terra arada por um jugo de bois num dia.
[b] 14:15 Ou *um pânico de Deus*
[c] 14:18 A Septuaginta diz *"Traga o colete sacerdotal". Naquele tempo ele usava o colete sacerdotal diante dos israelitas.*
[d] 14:19 Hebraico: *"Retire a sua mão".*
[e] 14:27 Ou *suas forças se renovaram*
[f] 14:29 Ou *como minhas forças se renovaram*

grande pedra até aqui. 34Saiam entre os soldados e digam-lhes: Cada um traga a mim seu boi ou sua ovelha, abatam-nos e comam a carne aqui. Não pequem contra o SENHOR comendo carne com sangue".

Assim, cada um levou seu boi naquela noite e ali o abateu. 35Então, Saul edificou um altar para o SENHOR; foi a primeira vez que fez isso.

36Saul disse ainda: "Desçamos atrás dos filisteus à noite; vamos saqueá-los até o amanhecer, e não deixemos vivo nem um só deles".

Eles responderam: "Faze o que achares melhor".

O sacerdote, porém, disse: "Consultemos aqui a Deus".

37Então Saul perguntou a Deus: "Devo perseguir os filisteus? Tu os entregarás nas mãos de Israel?" Mas naquele dia Deus não lhe respondeu.

38Disse então Saul: "Venham cá, todos vocês que são líderes do exército, e descubramos que pecado foi cometido hoje. 39Juro pelo nome do SENHOR, o libertador de Israel; mesmo que seja meu filho Jônatas, ele morrerá". Mas ninguém disse uma só palavra.

40A seguir disse Saul a todos os israelitas: "Fiquem vocês de um lado; eu e meu filho Jônatas ficaremos do outro".

E eles responderam: "Faze o que achares melhor".

41E Saul orou ao SENHOR, ao Deus de Israel: "Dá-me a resposta certa"[a]. A sorte caiu em Jônatas e Saul, e os soldados saíram livres.

[a] 14:41 A Septuaginta diz *"Por que não respondeste a teu servo hoje? Se a falta está em mim ou no meu filho Jônatas, responde pelo Urim, mas, se os homens de Israel pecaram, responde pelo Tumim"*.

Você sabia?

Por que Jônatas foi condenado a morrer quando comeu mel?

14:39 O pai de Jônatas havia feito o exército prometer que não comeria o dia todo. Jônatas não sabia disso e comeu um pouco de mel. Saul estava pronto para matar Jônatas, mas os soldados não deixaram isso acontecer.

42Saul disse: "Lancem sortes entre mim e meu filho Jônatas". E Jônatas foi indicado.

43Então Saul disse a Jônatas: "Diga-me o que você fez".

E Jônatas lhe contou: "Eu provei um pouco de mel com a ponta de minha vara. Estou pronto para morrer".

44Saul disse: "Que Deus me castigue com todo rigor, caso você não morra, Jônatas!"

45Os soldados, porém, disseram a Saul: "Será que Jônatas, que trouxe esta grande libertação para Israel, deve morrer? Nunca! Juramos pelo nome do SENHOR: Nem um só cabelo de sua cabeça cairá ao chão, pois o que ele fez hoje foi com o auxílio de Deus". Então os homens resgataram Jônatas, e ele não foi morto.

46E Saul parou de perseguir os filisteus, e eles voltaram para a sua própria terra.

47Quando Saul assumiu o reinado sobre Israel, lutou contra os seus inimigos em redor: moabitas, amonitas, edomitas, os reis[b] de Zobá e os filisteus. Para qualquer lado que fosse, infligia-lhes castigo[c]. 48Lutou corajosamente e derrotou os amalequitas, libertando Israel das mãos daqueles que os saqueavam.

A família de Saul

49Os filhos de Saul foram Jônatas, Isvi e Malquisua. O nome de sua filha mais velha era Merabe, e o da mais nova era Mical. 50Sua mulher chamava-se Ainoã e era filha de Aimaás. O nome do comandante do exército de Saul era Abner, filho de Ner, tio de Saul. 51Quis, pai de Saul, e Ner, pai de Abner, eram filhos de Abiel.

52Houve guerra acirrada contra os filisteus durante todo o reinado de Saul. Por isso, sempre que Saul conhecia um homem forte e corajoso, alistava-o no seu exército.

O SENHOR rejeita Saul como rei

15 Samuel disse a Saul: "Eu sou aquele a quem o SENHOR enviou para ungi-lo como rei de Israel, o povo dele; por isso escute agora a mensagem do SENHOR. 2Assim diz o SENHOR dos Exércitos: 'Castigarei os amalequitas pelo que fizeram a Israel, atacando-o quando saía do Egito. 3Agora vão, ataquem os amalequitas e consagrem ao SENHOR para destruição tudo o que lhes pertence. Não os poupem; matem homens, mulheres, crianças, recém-nascidos, bois, ovelhas, camelos e jumentos' ".

4Então convocou Saul os homens e os

[b] 14:47 Os manuscritos do mar Morto e a Septuaginta dizem *o rei*.
[c] 14:47 A Septuaginta diz *era vitorioso*.

Você sabia?

Por que Deus rejeitou Saul como rei?

15:11 Deus rejeitou-o porque Saul não lhe obedeceu. Qualquer um que lidere o povo de Deus deve ter certeza de sempre obedecer completamente a Deus.

reuniu em Telaim: duzentos mil soldados de infantaria e dez mil homens de Judá. 5Saul foi à cidade de Amaleque e armou uma emboscada no vale. 6Depois disse aos queneus: "Retirem-se, saiam do meio dos amalequitas para que eu não os destrua junto com eles; pois vocês foram bondosos com os israelitas, quando eles estavam vindo do Egito". Então os queneus saíram do meio dos amalequitas.

7E Saul atacou os amalequitas por todo o caminho, desde Havilá até Sur, a leste do Egito. 8Capturou vivo Agague, rei dos amalequitas, e exterminou o seu povo. 9Mas Saul e o exército pouparam Agague e o melhor das ovelhas e dos bois, os bezerros gordos e os cordeiros. Pouparam tudo o que era bom, mas tudo o que era desprezível e inútil destruíram por completo.

10Então o SENHOR falou a Samuel: 11"Arrependo-me de ter posto Saul como rei, pois ele me abandonou e não seguiu as minhas instruções". Samuel ficou irado e clamou ao SENHOR toda aquela noite.

12De madrugada Samuel foi ao encontro de Saul, mas lhe disseram: "Saul foi para o Carmelo, onde ergueu um monumento em sua própria honra e depois foi para Gilgal".

13Quando Samuel o encontrou, Saul disse: "O SENHOR te abençoe! Eu segui as instruções do SENHOR".

14Samuel, porém, perguntou: "Então que balido de ovelhas é esse que ouço com meus próprios ouvidos? Que mugido de bois é esse que estou ouvindo?"

15Respondeu Saul: "Os soldados os trouxeram dos amalequitas; eles pouparam o melhor das ovelhas e dos bois para sacrificarem ao SENHOR, o teu Deus, mas destruímos totalmente o restante".

16Samuel disse a Saul: "Fique quieto! Eu lhe direi o que o SENHOR me falou esta noite".

Respondeu Saul: "Dize-me".

17E Samuel disse: "Embora pequeno aos seus próprios olhos, você não se tornou o líder das tribos de Israel? O SENHOR o ungiu como rei sobre Israel 18e o enviou numa missão, ordenando: 'Vá e destrua completamente aquele povo ímpio, os amalequitas; guerreie contra eles até que os tenha eliminado'. 19Por que você não obedeceu ao SENHOR? Por que se lançou sobre os despojos e fez o que o SENHOR reprova?"

20Disse Saul: "Mas eu obedeci ao SENHOR! Cumpri a missão que o SENHOR me designou. Trouxe Agague, o rei dos amalequitas, mas exterminei os amalequitas. 21Os soldados tomaram ovelhas e bois do despojo, o melhor do que estava consagrado a Deus para destruição, a fim de os sacrificarem ao SENHOR seu Deus, em Gilgal".

22Samuel, porém, respondeu:

"Acaso tem o SENHOR tanto prazer
em holocaustos e em sacrifícios
quanto em que se obedeça
à sua palavra?
A obediência é melhor
do que o sacrifício,
e a submissão é melhor
do que a gordura de carneiros.
23Pois a rebeldia
é como o pecado da feitiçaria,
e a arrogância como o mal da idolatria.
Assim como você rejeitou
a palavra do SENHOR,
ele o rejeitou como rei".

24"Pequei", disse Saul. "Violei a ordem do SENHOR e as instruções que tu me deste. Tive medo dos soldados e os atendi. 25Agora eu te imploro, perdoa o meu pecado e volta comigo, para que eu adore o SENHOR."

26Samuel, contudo, lhe disse: "Não voltarei com você. Você rejeitou a palavra do SENHOR, e o SENHOR o rejeitou como rei de Israel!"

27Quando Samuel se virou para sair, Saul agarrou-se à barra do manto dele, e o manto

Palavras para memorizar

"A obediência é melhor do que o sacrifício."

(1Samuel 15:22)

se rasgou. 28E Samuel lhe disse: “O SENHOR rasgou de você, hoje, o reino de Israel, e o entregou a alguém que é melhor que você. 29Aquele que é a Glória de Israel não mente nem se arrepende, pois não é homem para se arrepender”.

30Saul repetiu: “Pequei. Agora, honra-me perante as autoridades do meu povo e perante Israel; volta comigo, para que eu possa adorar o SENHOR, o teu Deus”. 31E assim Samuel voltou com ele, e Saul adorou o SENHOR.

32Então Samuel disse: “Traga-me Agague, o rei dos amalequitas”.

Agague veio confiante, pensando[a]: “Com certeza já passou a amargura da morte”.

33Samuel, porém, disse:

“Assim como a sua espada
deixou mulheres sem filhos,
também sua mãe, entre as mulheres,
ficará sem o seu filho”.

E Samuel despedaçou Agague perante o SENHOR, em Gilgal.

34Então Samuel partiu para Ramá, e Saul foi para a sua casa, em Gibeá de Saul. 35Nunca mais Samuel viu Saul, até o dia de sua morte, embora se entristecesse por causa dele porque o SENHOR arrependeu-se de ter estabelecido Saul como rei de Israel.

Samuel unge Davi

16 O SENHOR disse a Samuel: “Até quando você irá se entristecer por causa de Saul? Eu o rejeitei como rei de Israel. Encha um chifre com óleo e vá a Belém; eu o enviarei a Jessé. Escolhi um de seus filhos para fazê-lo rei”.

2Samuel, porém, disse: “Como poderei ir? Saul saberá disto e me matará”.

O SENHOR disse: “Leve um novilho com você e diga que foi sacrificar ao SENHOR. 3Convide Jessé para o sacrifício, e eu lhe mostrarei o que fazer. Você irá ungir para mim aquele que eu indicar”.

4Samuel fez o que o SENHOR disse. Quando chegou a Belém, as autoridades da cidade foram encontrar-se com ele, tremendo de medo, e perguntaram: “Vens em paz?”

5Respondeu Samuel: “Sim, venho em paz; vim sacrificar ao SENHOR. Consagrem-se e venham ao sacrifício comigo”. Então ele consagrou Jessé e os filhos dele e os convidou para o sacrifício.

6Quando chegaram, Samuel viu Eliabe e pensou: “Com certeza é este que o SENHOR quer ungir”.

7O SENHOR, contudo, disse a Samuel: “Não considere sua aparência nem sua altura, pois eu o rejeitei. O SENHOR não vê como o homem: o homem vê a aparência, mas o SENHOR vê o coração”.

8Então Jessé chamou Abinadabe e o levou a Samuel. Ele, porém, disse: “O SENHOR também não escolheu este”. 9Em seguida Jessé levou Samá a Samuel, mas este disse: “Também não foi este que o SENHOR escolheu”. 10Jessé levou a Samuel sete de seus filhos, mas Samuel lhe disse: “O SENHOR não escolheu nenhum destes”. 11Então perguntou

[a] 15:32 Ou *veio tremendo, mas ao mesmo tempo pensava*

O que é importante em você?

Experimente!

Leia 1Samuel 16:1-13. Quando viu o primeiro filho de Jessé, Samuel pensou que sabia quem seria o próximo rei de Israel, mas ele estava olhando para a característica errada: o exterior, a aparência. Que parte de uma pessoa é importante para Deus?

Recorte um coração em uma cartolina vermelha, e faça-o maior que o seu rosto. No coração, escreva algo que Deus pensa ser importante em alguém que o ama, como “ajudador”, “cuidadoso”, “honesto”, “amigável”.

Cole o coração em um espelho, de modo que cubra seu rosto, para que você veja e se lembre de que o que realmente é importante em você é o tipo de pessoa que é por dentro.

1Samuel 16:1-13

Palavras para memorizar

"O homem vê a aparência, mas o SENHOR vê o coração."

(1Samuel 16:7)

a Jessé: "Estes são todos os filhos que você tem?"

Jessé respondeu: "Ainda tenho o caçula, mas ele está cuidando das ovelhas".

Samuel disse: "Traga-o aqui; não nos sentaremos para comer enquanto ele não chegar".

12Jessé mandou chamá-lo e ele veio. Ele era ruivo[a], de belos olhos e boa aparência.

Então o SENHOR disse a Samuel: "É este! Levante-se e unja-o".

13Samuel apanhou o chifre cheio de óleo e o ungiu na presença de seus irmãos, e, a partir daquele dia, o Espírito do SENHOR apoderou-se de Davi. E Samuel voltou para Ramá.

Davi a serviço de Saul

14O Espírito do SENHOR se retirou de Saul, e um espírito maligno, vindo da parte do SENHOR, o atormentava.

15Os oficiais de Saul lhe disseram: "Há um espírito maligno[b], mandado por Deus, te atormentando. 16Que o nosso soberano mande estes seus servos procurar um homem que saiba tocar harpa. Quando o espírito maligno, vindo da parte de Deus, se apoderar de ti, o homem tocará harpa e tu te sentirás melhor".

17E Saul respondeu aos que o serviam: "Encontrem alguém que toque bem e tragam-no até aqui".

18Um dos oficiais respondeu: "Conheço um filho de Jessé, de Belém, que sabe tocar harpa. É um guerreiro valente, sabe falar bem, tem boa aparência e o SENHOR está com ele".

19Então Saul mandou mensageiros a Jessé com a seguinte mensagem: "Envie-me seu filho Davi, que cuida das ovelhas". 20Jessé apanhou um jumento e o carregou de pães, uma vasilha de couro cheia de vinho e um cabrito e os enviou a Saul por meio de Davi, seu filho.

21Davi apresentou-se a Saul e passou a trabalhar para ele. Saul gostou muito dele, e Davi tornou-se seu escudeiro. 22Então Saul enviou a seguinte mensagem a Jessé: "Deixe que Davi continue trabalhando para mim, pois estou satisfeito com ele".

23Sempre que o espírito mandado por Deus se apoderava de Saul, Davi apanhava sua harpa e tocava. Então Saul sentia alívio e melhorava, e o espírito maligno o deixava.

Davi e Golias

17 Os filisteus juntaram suas forças para a guerra e se reuniram em Socó, de Judá. E acamparam em Efes-Damim, entre Socó e Azeca. 2Saul e os israelitas reuniram-se e acamparam no vale de Elá, posicionando-se em linha de batalha para enfrentar os filisteus. 3Os filisteus ocuparam uma colina e os israelitas outra, estando o vale entre eles.

4Um guerreiro chamado Golias, que era de Gate, veio do acampamento filisteu. Tinha dois metros e noventa centímetros[c] de altura. 5Ele usava um capacete de bronze e vestia uma couraça de escamas de bronze que pesava sessenta quilos[d]; 6nas pernas usava caneleiras de bronze e tinha um dardo de bronze pendurado nas costas. 7A haste de sua lança era parecida com uma lançadeira de tecelão, e sua ponta de ferro pesava sete quilos e duzentos gramas. Seu escudeiro ia à frente dele.

8Golias parou e gritou às tropas de Israel: "Por que vocês estão se posicionando para a batalha? Não sou eu um filisteu, e vocês os servos de Saul? Escolham um homem para lutar comigo. 9Se ele puder lutar e vencer-me, nós seremos seus escravos; todavia, se eu o vencer e o puser fora de combate, vocês serão nossos escravos e nos servirão". 10E acrescentou: "Eu desafio hoje as tropas de Israel! Mandem-me um homem para lutar sozinho comigo". 11Ao ouvirem as palavras do filisteu, Saul e todos os israelitas ficaram atônitos e apavorados.

12Davi era filho de Jessé, o efrateu de Belém de Judá. Jessé tinha oito filhos e já era idoso na época de Saul. 13Os três filhos mais velhos de Jessé tinham ido para a guerra com Saul: Eliabe, o mais velho, Abinadabe, o segundo, e Samá, o terceiro. 14Davi era o caçula. Os três mais velhos seguiram Saul, 15mas Davi ia ao acampamento de Saul e voltava para apascentar as ovelhas de seu pai, em Belém.

[a] 16:12 Ou *moreno*
[b] 16:15 Ou *arruinador*
[c] 17:4 Hebraico: *tinha 6 côvados e 1 palmo*. O côvado era uma medida linear de cerca de 45 centímetros.
[d] 17:5 Hebraico: *5.000 siclos*. Um siclo equivalia a 12 gramas.

Pessoas nos tempos da Bíblia

Golias, o gigante

Davi era apenas um garoto, mas, com a ajuda de Deus, ele ousou lutar com o gigante Golias, que tinha cerca de três metros de altura! Mesmo os homens grandes no exército de Saul estavam com medo de lutar com Golias, mas Davi sabia que Deus estava com ele e, então, usou apenas uma funda para derrotar o gigante. Veja em 1Samuel 17:45-47 essa história incrível.

16 Durante quarenta dias o filisteu aproximou-se, de manhã e de tarde, e tomou posição.

17 Nessa ocasião Jessé disse a seu filho Davi: "Pegue uma arroba[a] de grãos tostados e dez pães e leve-os depressa a seus irmãos no acampamento. 18 Leve também estes dez queijos ao comandante da unidade[b] deles. Veja como estão seus irmãos e traga-me alguma garantia[c] de que estão bem. 19 Eles estão com Saul e com todos os homens de Israel no vale de Elá, lutando contra os filisteus".

20 Levantando-se de madrugada, Davi deixou o rebanho com outro pastor, pegou a carga e partiu, conforme Jessé lhe havia ordenado. Chegou ao acampamento na hora em que, com o grito de batalha, o exército estava saindo para suas posições de combate. 21 Israel e os filisteus estavam se posicionando em linha de batalha, frente a frente. 22 Davi deixou o que havia trazido com o responsável pelos suprimentos e correu para a linha de batalha para saber como estavam seus irmãos. 23 Enquanto conversava com eles, Golias, o guerreiro filisteu de Gate, avançou e lançou seu desafio habitual; e Davi o ouviu. 24 Quando os israelitas viram o homem, todos fugiram cheios de medo.

25 Os israelitas diziam entre si: "Vocês viram aquele homem? Ele veio desafiar Israel. O rei dará grandes riquezas a quem o vencer. Também lhe dará sua filha em casamento e isentará de impostos em Israel a família de seu pai".

26 Davi perguntou aos soldados que estavam ao seu lado: "O que receberá o homem que matar esse filisteu e salvar a honra de Israel? Quem é esse filisteu incircunciso para desafiar os exércitos do Deus vivo?"

27 Repetiram a Davi o que haviam comentado e lhe disseram: "É isso que receberá o homem que matá-lo".

28 Quando Eliabe, o irmão mais velho, ouviu Davi falando com os soldados, ficou muito irritado com ele e perguntou: "Por que você veio até aqui? Com quem deixou aquelas poucas ovelhas no deserto? Sei que você é presunçoso e que o seu coração é mau; você veio só para ver a batalha".

29 E disse Davi: "O que fiz agora? Será que não posso nem mesmo conversar?" 30 Ele então se virou para outro e perguntou a mesma coisa, e os homens responderam-lhe como antes.

31 As palavras de Davi chegaram aos ouvidos de Saul, que o mandou chamar.

32 Davi disse a Saul: "Ninguém deve ficar com o coração abatido por causa desse filisteu; teu servo irá e lutará com ele".

33 Respondeu Saul: "Você não tem condições de lutar contra esse filisteu; você é apenas um rapaz, e ele é um guerreiro desde a mocidade".

34 Davi, entretanto, disse a Saul: "Teu servo toma conta das ovelhas de seu pai. Quando aparece um leão ou um urso e leva uma ovelha do rebanho, 35 eu vou atrás dele, dou-lhe golpes e livro a ovelha de sua boca. Quando se vira contra mim, eu o pego pela juba e lhe dou golpes até matá-lo. 36 Teu servo pôde matar um leão e um urso; esse filisteu incircunciso será como um deles, pois desafiou os exércitos do Deus vivo. 37 O SENHOR que me livrou das garras do leão e das garras do urso me livrará das mãos desse filisteu".

Diante disso Saul disse a Davi: "Vá, e que o SENHOR esteja com você".

38 Saul vestiu Davi com sua própria túnica, colocou-lhe uma armadura e lhe pôs um capacete de bronze na cabeça. 39 Davi prendeu sua espada sobre a túnica e tentou andar, pois não estava acostumado com aquilo.

E disse a Saul: "Não consigo andar com isto, pois não estou acostumado". Então tirou tudo aquilo 40 e em seguida pegou seu

[a] 17:17 Hebraico: *1 efa*. O efa era uma medida de capacidade para secos. As estimativas variam entre 20 e 40 litros.
[b] 17:18 Hebraico: *dos mil*.
[c] 17:18 Ou *algum sinal*

cajado, escolheu no riacho cinco pedras lisas,
colocou-as na bolsa, isto é, no seu alforje de
pastor, e, com sua atiradeira na mão, aproxi-
mou-se do filisteu.
41 Enquanto isso, o filisteu, com seu escudei-
ro à frente, vinha se aproximando de Davi.
42 Olhou para Davi com desprezo, viu que era
só um rapaz, ruivo[a] e de boa aparência, e fez
pouco caso dele. 43 Disse ele a Davi: "Por acaso
sou um cão, para que você venha contra mim
com pedaços de pau?" E o filisteu amaldiçoou
Davi, invocando seus deuses, 44 e disse: "Ve-
nha aqui, e darei sua carne às aves do céu e
aos animais do campo!"
45 Davi, porém, disse ao filisteu: "Você vem
contra mim com espada, com lança e com
dardos, mas eu vou contra você em nome
do SENHOR dos Exércitos, o Deus dos exér-
citos de Israel, a quem você desafiou. 46 Ho-
je mesmo o SENHOR o entregará nas minhas
mãos, eu o matarei e cortarei a sua cabeça.
Hoje mesmo darei os cadáveres do exército
filisteu às aves do céu e aos animais selva-
gens, e toda a terra saberá que há Deus em
Israel. 47 Todos os que estão aqui saberão que
não é por espada ou por lança que o SENHOR
concede vitória; pois a batalha é do SENHOR,
e ele entregará todos vocês em nossas mãos".
48 Quando o filisteu começou a vir na dire-
ção de Davi, este correu para a linha de ba-
talha para enfrentá-lo. 49 Tirando uma pedra
de seu alforje, arremessou-a com a atiradeira
e atingiu o filisteu na testa, de tal modo que
ela ficou encravada, e ele caiu, dando com o
rosto no chão.

[a] 17:42 Ou *moreno*

50 Assim Davi venceu o filisteu com uma
atiradeira e uma pedra; sem espada na mão,
derrubou o filisteu e o matou.
51 Davi correu, pôs os pés sobre ele, e, de-
sembainhando a espada do filisteu, acabou
de matá-lo, cortando-lhe a cabeça com ela.
Quando os filisteus viram que o seu guer-
reiro estava morto, recuaram e fugiram.
52 Então os homens de Israel e de Judá de-
ram o grito de guerra e perseguiram os fi-
listeus até a entrada de Gate[b], e até as portas
de Ecrom. Cadáveres de filisteus ficaram es-
palhados ao longo da estrada de Saaraim até
Gate e Ecrom. 53 Quando os israelitas voltaram
da perseguição aos filisteus, levaram tudo o
que havia no acampamento deles. 54 Davi pe-
gou a cabeça do filisteu, levou-a para Jerusa-
lém e guardou as armas do filisteu em sua
própria tenda.
55 Quando Saul viu Davi avançando para en-
frentar o filisteu, perguntou a Abner, o co-
mandante do exército: "Abner, quem é o pai
daquele rapaz?"
Abner respondeu: "Juro por tua vida, ó rei,
que eu não sei".
56 E o rei ordenou-lhe: "Descubra quem é
o pai dele".
57 Logo que Davi voltou, depois de ter mata-
do o filisteu, Abner levou-o perante Saul. Davi
ainda segurava a cabeça de Golias.
58 E Saul lhe perguntou: "De quem você é
filho, meu jovem?"
Respondeu Davi: "Sou filho de teu servo
Jessé, de Belém".

[b] 17:52 Conforme alguns manuscritos da Septuaginta. O Texto Massorético diz *até um vale*.

Experimente!

A história bíblica que todo mundo conhece

Será que todo mundo conhece a história de Davi e do gigante Golias? Divirta-se perguntando a cinco vizinhos ou colegas de escola se eles conhecem essa história.

Leia 1Samuel 17 para ter certeza de que você se lembra de todas as partes dessa famosa história da Bíblia. É um capítulo longo, mas é muito empolgante lê-lo.

O que é mais importante nessa história? Davi foi capaz de enfrentar o gigante porque confiava em Deus e não teve medo, porque sabia que Deus poderia ajudá-lo a vencer o inimigo de Israel.

1Samuel 17

A inveja de Saul

18 Depois dessa conversa de Davi com Saul,
surgiu tão grande amizade entre Jônatas
e Davi que Jônatas tornou-se o seu melhor
amigo. 2 Daquele dia em diante, Saul manteve
Davi consigo e não o deixou voltar à casa de
seu pai. 3 E Jônatas fez um acordo de amizade
com Davi, pois se tornara o seu melhor amigo.
4 Jônatas tirou o manto que estava vestindo
e o deu a Davi, com sua túnica, e até sua es-
pada, seu arco e seu cinturão.

5 Tudo o que Saul lhe ordenava fazer, Da-
vi fazia com tanta habilidade[a] que Saul lhe
deu um posto elevado no exército. Isso agra-
dou a todo o povo, bem como aos conselhei-
ros de Saul.

6 Quando os soldados voltavam para casa,
depois que Davi matou o filisteu, as mulhe-
res saíram de todas as cidades de Israel ao
encontro do rei Saul com cânticos e danças,
com tamborins, com músicas alegres e ins-
trumentos de três cordas. 7 As mulheres dan-
çavam e cantavam:

"Saul matou milhares,
e Davi, dezenas de milhares".

8 Saul ficou muito irritado com esse refrão
e, aborrecido, disse: "Atribuíram a Davi de-
zenas de milhares, mas a mim apenas milha-
res. O que mais lhe falta senão o reino?" 9 Daí
em diante Saul olhava com inveja para Davi.

10 No dia seguinte, um espírito maligno[b]
mandado por Deus apoderou-se de Saul e
ele entrou em transe[c] em sua casa, enquan-
to Davi tocava harpa, como costumava fazer.
Saul estava com uma lança na mão 11 e a ati-
rou, dizendo: "Encravarei Davi na parede".
Mas Davi desviou-se duas vezes.

12 Saul tinha medo de Davi porque o SE-
NHOR o havia abandonado e agora estava
com Davi. 13 Então afastou Davi de sua presen-
ça e deu-lhe o comando de uma tropa de mil
soldados, que Davi conduzia em suas campa-
nhas. 14 Ele tinha êxito[d] em tudo o que fazia,
pois o SENHOR estava com ele. 15 Vendo isso,
Saul teve muito medo dele. 16 Todo o Israel e
todo o Judá, porém, gostavam de Davi, pois
ele os conduzia em suas batalhas.

17 Saul disse a Davi: "Aqui está a minha filha
mais velha, Merabe. Eu a darei em casamento
a você; apenas sirva-me com bravura e lute as

[a] 18:5 Ou *sabedoria*; também nos versículos 15 e 30.
[b] 18:10 Ou *arruinador*
[c] 18:10 Ou *e ele profetizou*; também em 19:20,21 e 23. Veja 10:6.
[d] 18:14 Ou *Ele era muito sábio*

Você sabia?

Por que Saul tinha inveja de Davi?

18:8 Davi foi tão bem-sucedido como líder do exército que o povo elogiava a ele mais do que a Saul, o que o deixou com inveja. Ele também estava com medo de Davi, pois havia desobedecido a Deus e sabia que o Senhor o rejeitara como rei de Israel. Além disso, também sabia que Davi obedecia a Deus e que era vitorioso porque Deus estava com ele.

batalhas do SENHOR". Pois Saul pensou: "Não
o matarei. Deixo isso para os filisteus!"

18 Mas Davi disse a Saul: "Quem sou eu, e o
que é minha família ou o clã de meu pai em
Israel, para que eu me torne genro do rei?"
19 Por isso,[e] quando chegou a época de Mera-
be, a filha de Saul, ser dada em casamento a
Davi, ela foi dada a Adriel, de Meolá.

20 Mical, a outra filha de Saul, gostava de
Davi. Quando disseram isso a Saul, ele ficou
contente e pensou: 21 "Eu a darei a ele, para
que lhe sirva de armadilha, fazendo-o cair
nas mãos dos filisteus". Então Saul disse a
Davi: "Hoje você tem uma segunda oportu-
nidade de tornar-se meu genro".

22 Então Saul ordenou aos seus conselheiros
que falassem em particular com Davi, dizen-
do: "O rei está satisfeito com você, e todos os
seus conselheiros o estimam. Torne-se, ago-
ra, seu genro".

23 Quando falaram com Davi, ele disse: "Vo-
cês acham que tornar-se genro do rei é fácil?
Sou homem pobre e sem recursos".

24 Quando os conselheiros de Saul lhe con-
taram o que Davi tinha dito, 25 Saul ordenou
que dissessem a Davi: "O rei não quer outro
preço pela noiva além de cem prepúcios de
filisteus, para vingar-se de seus inimigos". O
plano de Saul era que Davi fosse morto pe-
los filisteus.

26 Quando os conselheiros falaram no-
vamente com Davi, ele gostou da ideia de
tornar-se genro do rei. Por isso, antes de
terminar o prazo estipulado, 27 Davi e seus

[e] 18:19 Ou *Todavia*,

soldados saíram e mataram duzentos filisteus. Ele trouxe os prepúcios e apresentou-os ao rei para que se tornasse seu genro. Então Saul lhe deu em casamento sua filha Mical.

28Quando Saul viu claramente que o SENHOR estava com Davi e que sua filha Mical o amava, 29temeu-o ainda mais e continuou seu inimigo pelo resto de sua vida.

30Os comandantes filisteus continuaram saindo para a batalha, e, todas as vezes que o faziam, Davi tinha mais habilidade do que os outros oficiais de Saul, e assim tornou-se ainda mais famoso.

Você sabia?

O que é um "espírito maligno mandado pelo SENHOR"?

19:9 O Senhor tem controle sobre tudo — inclusive sobre os espíritos malignos. Por haver desobedecido a Deus, Saul foi punido com a presença de um espírito maligno dentro dele, o qual o fazia invejoso, raivoso e até violento.

Saul procura matar Davi

19 Saul falou a seu filho Jônatas e a todos os seus conselheiros sobre a sua intenção de matar Davi. Jônatas, porém, gostava muito de Davi 2e o alertou: "Meu pai está procurando uma oportunidade para matá-lo. Tenha cuidado amanhã cedo. Vá para um esconderijo e fique por lá. 3Sairei e ficarei com meu pai no campo onde você estiver. Falarei a ele sobre você e, depois, contarei a você o que eu descobrir".

4Jônatas falou bem de Davi a Saul, seu pai, e lhe disse: "Que o rei não faça mal a seu servo Davi; ele não lhe fez mal nenhum. Ao contrário, o que ele fez trouxe grandes benefícios ao rei. 5Ele arriscou a vida quando matou o filisteu. O SENHOR trouxe grande vitória para todo o Israel; tu mesmo viste tudo e ficaste contente. Por que, então, farias mal a um inocente como Davi, matando-o sem motivo?"

6Saul atendeu a Jônatas e fez este juramento: "Juro pelo nome do SENHOR que Davi não será morto".

7Então Jônatas chamou Davi e lhe contou a conversa toda. Levou-o até Saul, e Davi voltou a servir a Saul como anteriormente.

8E houve guerra outra vez, e Davi foi lutar contra os filisteus. Ele lhes impôs uma grande derrota, e eles fugiram dele.

9Mas um espírito maligno[a] mandado pelo SENHOR apoderou-se de Saul quando ele estava sentado em sua casa, com sua lança na mão. Enquanto Davi estava tocando harpa, 10Saul tentou encravá-lo na parede com sua lança, mas Davi desviou-se e a lança encravou na parede. E Davi conseguiu escapar. Naquela mesma noite, 11Saul enviou alguns homens à casa de Davi para vigiá-lo e matá-lo de manhã; mas Mical, a mulher de Davi, o alertou: "Se você não fugir esta noite para salvar sua vida, amanhã estará morto". 12Então Mical fez Davi descer por uma janela, e ele fugiu. 13Depois Mical pegou um ídolo do clã e o deitou na cama, pôs uma almofada de pelos de cabra na cabeceira e o cobriu com um manto.

14Quando chegaram os homens que Saul tinha enviado para prenderem Davi, Mical disse: "Ele está doente".

15Então Saul enviou os homens de volta para verem Davi, dizendo: "Tragam-no até aqui em sua cama para que eu o mate". 16Quando, porém, os homens entraram, o ídolo do clã estava na cama, e na cabeceira havia uma almofada de pelos de cabra.

17Saul disse a Mical: "Por que você me enganou desse modo e deixou que o meu inimigo escapasse?"

Ela lhe respondeu: "Ele me disse que o deixasse fugir, se não me mataria."

18Depois que fugiu, Davi foi falar com Samuel em Ramá e lhe contou tudo o que Saul lhe havia feito. Então ele e Samuel foram a Naiote e ficaram lá. 19E Saul foi informado: "Davi está em Naiote, em Ramá", disseram-lhe. 20Então Saul enviou alguns homens para capturá-lo. Todavia, quando viram um grupo de profetas profetizando, dirigidos por Samuel, o Espírito de Deus apoderou-se dos mensageiros de Saul, e eles também entraram em transe. 21Contaram isso a Saul, e ele enviou mais mensageiros, e estes também entraram em transe. Depois mandou um terceiro grupo e eles também entraram em transe. 22Finalmente, ele mesmo foi para Ramá. Chegando à grande cisterna do lugar

[a] 19:9 Ou *arruinador*

chamado Seco, perguntou onde estavam Samuel e Davi. E lhe responderam: "Em Naiote de Ramá".

23Então Saul foi para lá. Entretanto, o Espírito de Deus apoderou-se dele, e ele foi andando pelo caminho em transe, até chegar a Naiote. 24Despindo-se de suas roupas, também profetizou na presença de Samuel, e, despido, ficou deitado todo aquele dia e toda aquela noite. Por isso, o povo diz: "Está Saul também entre os profetas?"

A amizade entre Davi e Jônatas

20 Depois Davi fugiu de Naiote, em Ramá, foi falar com Jônatas e lhe perguntou: "O que foi que eu fiz? Qual é o meu crime? Qual foi o pecado que cometi contra seu pai para que ele queira tirar a minha vida?"

2"Nem pense nisso", respondeu Jônatas; "você não será morto! Meu pai não fará coisa alguma sem antes me avisar, seja importante ou não. Por que ele iria esconder isso de mim? Não é nada disso!"

3Davi, contudo, fez um juramento e disse: "Seu pai sabe muito bem que eu conto com a sua simpatia, e pensou: 'Jônatas não deve saber disso para não se entristecer'. No entanto, eu juro pelo nome do SENHOR e por sua vida que estou a um passo da morte".

4Jônatas disse a Davi: "Eu farei o que você achar necessário".

5Então disse Davi: "Amanhã é a festa da lua nova, e devo jantar com o rei; mas deixe que eu vá esconder-me no campo até o final da tarde de depois de amanhã. 6Se seu pai sentir minha falta, diga-lhe: Davi insistiu comigo que lhe permitisse ir a Belém, sua cidade natal, por causa do sacrifício anual que está sendo feito lá por todo o seu clã. 7Se ele disser: 'Está bem', então seu servo estará seguro. Se ele, porém, ficar muito irado, você pode estar certo de que está decidido a me fazer mal. 8Mas seja leal a seu servo, porque fizemos um acordo perante o SENHOR. Se sou culpado, mate-me você mesmo! Por que entregar-me a seu pai?"

9Disse Jônatas: "Nem pense nisso! Se eu tiver a menor suspeita de que meu pai está decidido a matá-lo, certamente o avisarei!"

10Davi perguntou: "Quem irá contar-me, se seu pai lhe responder asperamente?"

11Jônatas disse: "Venha, vamos ao campo". Eles foram, 12e Jônatas disse a Davi: "Pelo SENHOR, o Deus de Israel, prometo que sondarei meu pai, a esta hora, depois de amanhã! Saberei se as suas intenções são boas ou não para com você, e mandarei avisá-lo. 13E, se meu pai quiser fazer-lhe mal, que o SENHOR me castigue com todo o rigor, se eu não lhe informar disso e não deixá-lo ir em segurança. O SENHOR esteja com você assim como esteve com meu pai. 14Se eu continuar vivo, seja leal comigo, com a lealdade do SENHOR; mas se eu morrer, 15jamais deixe de ser leal com a minha família, mesmo quando o SENHOR eliminar da face da terra todos os inimigos de Davi".

16Assim Jônatas fez uma aliança com a família de Davi, dizendo: "Que o SENHOR chame os inimigos de Davi para prestarem contas". 17E Jônatas fez Davi reafirmar seu juramento de amizade, pois era seu amigo leal.

18Então Jônatas disse a Davi: "Amanhã é a festa da lua nova. Vão sentir sua falta, pois sua cadeira estará vazia. 19Depois de amanhã, vá ao lugar onde você se escondeu quando tudo isto começou, e espere junto à pedra de Ezel. 20Atirarei três flechas para o lado dela, como se estivesse atirando num alvo, 21e mandarei um menino procurar as flechas. Se eu gritar para ele: As flechas estão mais para cá, traga-as aqui, você poderá vir, pois juro pelo nome do SENHOR que você estará seguro; não haverá perigo algum. 22Mas, se eu gritar para ele: Olhe, as flechas estão mais para lá, vá embora, pois o SENHOR o manda ir. 23Quanto ao nosso acordo, o SENHOR é testemunha entre mim e você para sempre". 24Então Davi escondeu-se no campo. Quando chegou a festa da lua nova, o rei sentou-se à mesa. 25Ocupou o lugar de costume, junto à parede, em frente de Jônatas,[a] e Abner sentou-se ao lado de Saul, mas o lugar de Davi ficou vazio. 26Saul não disse nada naquele dia, pois pensou: "Algo deve ter acontecido a Davi, deixando-o cerimonialmente impuro. Com certeza ele está impuro". 27No dia seguinte, o segundo dia da festa da lua nova, o lugar de Davi continuou vazio. Então Saul perguntou a seu filho Jônatas: "Por que o filho de Jessé não veio para a refeição, nem ontem nem hoje?"

28Jônatas respondeu: "Davi me pediu, com insistência, permissão para ir a Belém, 29dizendo: 'Deixe-me ir, pois nossa família oferecerá um sacrifício na cidade, e meu irmão ordenou que eu estivesse lá. Se conto com a sua simpatia, deixe-me ir ver meus irmãos'. Por isso ele não veio à mesa do rei".

[a] 20:25 Conforme a Septuaginta. O Texto Massorético diz *parede. Jônatas se levantou.*

30A ira de Saul se acendeu contra Jônatas,
e ele lhe disse: "Filho de uma mulher per-
versa e rebelde! Será que eu não sei que você
tem apoiado o filho de Jessé para a sua pró-
pria vergonha e para vergonha daquela que
o deu à luz? 31Enquanto o filho de Jessé viver,
nem você nem seu reino serão estabelecidos.
Agora mande chamá-lo e traga-o a mim, pois
ele deve morrer!"
32Jônatas perguntou a seu pai: "Por que ele
deve morrer? O que ele fez?" 33Então Saul ati-
rou sua lança contra Jônatas para matá-lo. E
assim Jônatas viu que seu pai estava mesmo
decidido a matar Davi.
34Jônatas levantou-se da mesa muito ira-
do; naquele segundo dia da festa da lua nova
ele não comeu, entristecido porque seu pai
havia humilhado Davi.
35Pela manhã, Jônatas saiu ao campo pa-
ra o encontro combinado com Davi. Levava
consigo um menino 36e lhe disse: "Vá corren-
do buscar as flechas que eu atirar". O meni-
no correu, e Jônatas atirou uma flecha para
além dele. 37Quando o menino chegou ao lu-
gar onde a flecha havia caído, Jônatas gritou:
"A flecha não está mais para lá? 38Vamos! Rá-
pido! Não pare!" O menino apanhou a flecha
e voltou 39sem saber de nada, pois somente
Jônatas e Davi sabiam do que tinham combi-
nado. 40Então Jônatas deu suas armas ao me-
nino e disse: "Vá, leve-as de volta à cidade".
41Depois que o menino foi embora, Davi
saiu do lado sul da pedra e inclinou-se três
vezes perante Jônatas com o rosto em terra.
Então despediram-se beijando um ao outro
e chorando; Davi chorou ainda mais do que
Jônatas.
42E ele disse a Davi: "Vá em paz, pois temos
jurado um ao outro, em nome do SENHOR,
quando dissemos: O SENHOR para sempre é
testemunha entre nós e entre os nossos des-
cendentes". 43Então Davi partiu, e Jônatas vol-
tou à cidade.

Davi vai para Nobe

21 Davi foi falar com o sacerdote Aimele-
que, em Nobe. Aimeleque tremia de me-
do quando se encontrou com ele, e perguntou:
"Por que você está sozinho? Ninguém veio
com você?"
2Respondeu Davi: "O rei me encarregou
de uma certa missão e me disse: 'Ninguém
deve saber coisa alguma sobre sua missão e
sobre as suas instruções'. E eu ordenei aos
meus soldados que se encontrassem comi-
go num certo lugar. 3Agora, então, o que vo-
cê pode oferecer-me? Dê-me cinco pães ou
algo que tiver".
4O sacerdote, contudo, respondeu a Davi:
"Não tenho pão comum; somente pão con-
sagrado; se os soldados não tiveram relações
com mulheres recentemente, podem comê-lo".
5Davi respondeu: "Certamente que não,
pois esse é o nosso costume sempre que saí-
mos em campanha. Não tocamos em mulher.
Esses homens mantêm o corpo puro mesmo
em missões comuns. Quanto mais hoje!" 6En-
tão, o sacerdote lhe deu os pães consagra-
dos, visto que não havia outro além do pão
da Presença, que era retirado de diante do
SENHOR e substituído por pão quente no dia
em que era tirado.
7Aconteceu que um dos servos de Saul es-
tava ali naquele dia, cumprindo seus deve-
res diante do SENHOR; era o edomita Doegue,
chefe dos pastores de Saul.
8Davi perguntou a Aimeleque: "Você tem
uma lança ou uma espada aqui? Não trouxe

Demonstração de amizade

Experimente!

Davi e Jônatas eram amigos especiais. Leia 1Samuel 20. Jônatas ajudava muito Davi, ouvia os problemas do amigo e o amava, e Davi tratava Jônatas da mesma maneira.

Escreva este versículo da Bíblia em um pedaço de papel: "O amigo ama em todos os momentos" (Provérbios 17:17). Agora cole em seu caderno ou estojo da escola.

Lembre-se de ser um bom amigo, como foram Jônatas e Davi.

1Samuel 20

minha espada nem qualquer outra arma,
pois o rei exigiu urgência".
9O sacerdote respondeu: "A espada de Go-
lias, o filisteu que você matou no vale de Elá,
está enrolada num pano atrás do colete sa-
cerdotal. Se quiser, pegue-a; não há nenhu-
ma outra espada".
Davi disse: "Não há outra melhor; dê-me
essa espada".

Davi foge para Gate

10Naquele dia, Davi fugiu de Saul e foi pro-
curar Aquis, rei de Gate. 11Todavia os conse-
lheiros de Aquis lhe disseram: "Não é este
Davi, o rei da terra de Israel? Não é aquele
acerca de quem cantavam em suas danças:

'Saul abateu seus milhares,
e Davi suas dezenas de milhares'?"

12Davi levou a sério aquelas palavras e ficou
com muito medo de Aquis, rei de Gate. 13Por
isso, na presença deles fingiu que estava lou-
co; enquanto esteve com eles, agiu como um
louco, riscando as portas da cidade e deixan-
do escorrer saliva pela barba.
14Aquis disse a seus conselheiros: "Vejam
este homem! Ele está louco! Por que trazê-
-lo aqui? 15Será que me faltam loucos para
que vocês o tragam para agir como doido na
minha frente? O que ele veio fazer no meu
palácio?"

Davi refugia-se em Adulão e em Mispá

22 Davi fugiu da cidade de Gate e foi para
a caverna de Adulão. Quando seus ir-
mãos e a família de seu pai souberam disso,
foram até lá para encontrá-lo. 2Também jun-
taram-se a ele todos os que estavam em difi-
culdades, os endividados e os descontentes;
e ele se tornou o líder deles. Havia cerca de
quatrocentos homens com ele.
3De lá Davi foi para Mispá, em Moabe, e dis-
se ao rei de Moabe: "Posso deixar meu pai e
minha mãe virem para cá e ficarem contigo
até que eu saiba o que Deus fará comigo?"
4E assim ele os deixou com o rei de Moabe, e
lá eles ficaram enquanto Davi permaneceu
na fortaleza.
5Contudo, o profeta Gade disse a Davi: "Não
fique na fortaleza. Vá para Judá". Então Davi
foi para a floresta de Herete.

Saul mata os sacerdotes de Nobe

6Saul ficou sabendo que Davi e seus ho-
mens tinham sido descobertos. Saul estava
sentado, com a lança na mão, debaixo da ta-
margueira, na colina de Gibeá, com todos os
seus oficiais ao redor, 7e ele lhes disse: "Ou-
çam, homens de Benjamim! Será que o filho
de Jessé dará a todos vocês terras e vinhas?
Será que ele os fará todos comandantes de
mil e comandantes de cem? 8É por isso que
todos vocês têm conspirado contra mim?
Ninguém me informa quando meu filho faz
acordo com o filho de Jessé. Nenhum de vo-
cês se preocupa comigo nem me avisa que
meu filho incitou meu servo a ficar à minha
espreita, como ele está fazendo hoje".
9Entretanto, Doegue, o edomita, que esta-
va com os oficiais de Saul, disse: "Vi o filho
de Jessé chegar em Nobe e encontrar-se com
Aimeleque, filho de Aitube. 10Aimeleque con-
sultou o SENHOR em favor dele; também lhe
deu provisões e a espada de Golias, o filisteu".
11Então o rei mandou chamar o sacerdote
Aimeleque, filho de Aitube, e toda a família
de seu pai, que eram os sacerdotes em Nobe,
e todos foram falar com o rei. 12E Saul disse:
"Ouça agora, filho de Aitube".
Ele respondeu: "Sim, meu senhor".
13Saul lhe disse: "Por que vocês conspi-
raram contra mim, você e o filho de Jessé?
Porque você lhe deu comida e espada, e con-
sultou a Deus em favor dele, para que se re-
belasse contra mim e me armasse cilada,
como ele está fazendo?"
14Aimeleque respondeu ao rei: "Quem den-
tre todos os teus oficiais é tão leal quanto
Davi, o genro do rei, capitão de sua guarda
pessoal e altamente respeitado em sua casa?
15Será que foi essa a primeira vez que consul-
tei a Deus em favor dele? Certamente que
não! Que o rei não acuse a mim, seu servo,
nem a qualquer um da família de meu pai,
pois seu servo nada sabe acerca do que está
acontecendo".
16O rei, porém, disse: "Com certeza você se-
rá morto, Aimeleque, você e toda a família
de seu pai".
17Em seguida o rei ordenou aos guardas
que estavam ao seu lado: "Matem os sacer-
dotes do SENHOR, pois eles também apoiam
Davi. Sabiam que ele estava fugindo, mas na-
da me informaram".
Contudo, os oficiais do rei recusaram er-
guer as mãos para matar os sacerdotes do
SENHOR.
18Então o rei ordenou a Doegue: "Mate os
sacerdotes", e ele os matou. E naquele dia,
matou oitenta e cinco homens que vestiam
túnica de linho. 19Além disso, Saul mandou
matar os habitantes de Nobe, a cidade dos

sacerdotes: homens, mulheres, crianças, recém-nascidos, bois, jumentos e ovelhas.

20 Entretanto, Abiatar, filho de Aimeleque e neto de Aitube, escapou e fugiu para juntar-se a Davi, 21 e lhe contou que Saul havia matado os sacerdotes do SENHOR. 22 Então Davi disse a Abiatar: "Naquele dia, quando o edomita Doegue estava ali, eu sabia que ele não deixaria de levar a informação a Saul. Sou responsável pela morte de toda a família de seu pai. 23 Fique comigo, não tenha medo; o homem que está atrás de sua vida também está atrás da minha. Mas você estará a salvo comigo".

Davi liberta o povo de Queila

23 Quando disseram a Davi que os filisteus estavam atacando a cidade de Queila e saqueando as eiras, 2 ele perguntou ao SENHOR: "Devo atacar esses filisteus?"

O SENHOR lhe respondeu: "Vá, ataque os filisteus e liberte Queila".

3 Os soldados de Davi, porém, lhe disseram: "Aqui em Judá estamos com medo. Quanto mais, se formos a Queila lutar contra as tropas dos filisteus!"

4 Davi consultou o SENHOR novamente. "Levante-se", disse o SENHOR, "vá à cidade de Queila, pois estou entregando os filisteus em suas mãos." 5 Então Davi e seus homens foram a Queila, combateram os filisteus e se apoderaram de seus rebanhos, impondo-lhes grande derrota e libertando o povo daquela cidade. 6 Ora, Abiatar, filho de Aimeleque, tinha levado o colete sacerdotal quando fugiu para se juntar a Davi, em Queila.

Saul persegue Davi

7 Foi dito a Saul que Davi tinha ido a Queila, e ele disse: "Deus o entregou nas minhas mãos, pois Davi se aprisionou ao entrar numa cidade com portas e trancas". 8 E Saul convocou todo o seu exército para a batalha, para irem a Queila e cercarem Davi e os homens que o seguiam.

9 Quando Davi soube que Saul tramava atacá-lo, disse a Abiatar: "Traga o colete sacerdotal". 10 Então orou: "Ó SENHOR, Deus de Israel, este teu servo ouviu claramente que Saul planeja vir a Queila e destruir a cidade por minha causa. 11 Será que os cidadãos de Queila me entregarão a ele? Saul virá de fato, conforme teu servo ouviu? Ó SENHOR, Deus de Israel, responde-me".

E o SENHOR lhe disse: "Ele virá".

12 E Davi, novamente, perguntou: "Será que os cidadãos de Queila entregarão a mim e a meus soldados a Saul?"

E o SENHOR respondeu: "Entregarão".

13 Então Davi e seus soldados, que eram cerca de seiscentos, partiram de Queila, e ficaram andando sem direção definida. Quando informaram a Saul que Davi tinha fugido de Queila, ele interrompeu a marcha.

14 Davi permaneceu nas fortalezas do deserto e nas colinas do deserto de Zife. Dia após dia Saul o procurava, mas Deus não entregou Davi em suas mãos.

15 Quando Davi estava em Horesa, no deserto de Zife, soube que Saul tinha saído para matá-lo. 16 E Jônatas, filho de Saul, foi falar com ele, em Horesa, e o ajudou a encontrar forças em Deus. 17 "Não tenha medo", disse ele, "meu pai não porá as mãos em você. Você será rei de Israel, e eu lhe serei o segundo em comando. Até meu pai sabe disso." 18 Os dois fizeram um acordo perante o SENHOR. Então, Jônatas foi para casa, mas Davi ficou em Horesa.

19 Alguns zifeus foram dizer a Saul, em Gibeá: "Davi está se escondendo entre nós nas fortalezas de Horesa, na colina de Haquilá, ao sul do deserto de Jesimom. 20 Agora, ó rei, vai quando quiseres, e nós seremos responsáveis por entregá-lo em tuas mãos".

21 Saul respondeu: "O SENHOR os abençoe por terem compaixão de mim. 22 Vão e façam mais preparativos. Descubram aonde Davi geralmente vai e quem o tem visto ali. Dizem que ele é muito astuto. 23 Descubram todos os esconderijos dele e voltem aqui com informações exatas[a]. Então irei com vocês; se ele estiver na região, eu o procurarei entre todos os clãs de Judá".

24 E eles voltaram para Zife, antes de Saul. Davi e seus soldados estavam no deserto de Maom, na Arabá, ao sul do deserto de Jesimom. 25 Depois, Saul e seus soldados saíram e começaram a busca, e, ao ser informado, Davi desceu à rocha e permaneceu no deserto de Maom. Sabendo disso, Saul foi para lá em perseguição a Davi.

26 Saul ia por um lado da montanha, e, pelo outro, Davi e seus soldados fugiam depressa para escapar de Saul. Quando Saul e suas tropas estavam cercando Davi e seus soldados para capturá-los, 27 um mensageiro veio dizer a Saul: "Venha depressa! Os filisteus estão atacando Israel". 28 Então Saul interrompeu a perseguição a Davi e foi enfrentar os filisteus. Por isso chamam esse lugar

[a] 23:23 Ou *a mim em Nacom*

Selá-Hamalecote[a]. 29E Davi saiu daquele lugar
e foi viver nas fortalezas de En-Gedi.

Davi poupa a vida de Saul

24 Saul voltou da luta contra os filisteus
e disseram-lhe que Davi estava no de-
serto de En-Gedi. 2Então Saul tomou três mil
de seus melhores soldados de todo o Israel e
partiu à procura de Davi e seus homens, perto
dos rochedos dos Bodes Selvagens.
3Ele foi aos currais de ovelhas que ficavam
junto ao caminho; havia ali uma caverna, e
Saul entrou nela para fazer suas necessida-
des. Davi e seus soldados estavam bem no
fundo da caverna. 4Eles disseram: "Este é o
dia sobre o qual o SENHOR lhe falou:[b] 'En-
tregarei nas suas mãos o seu inimigo para
que você faça com ele o que quiser' ". En-
tão Davi foi com muito cuidado e cortou
uma ponta do manto de Saul, sem que este
percebesse.
5Mas Davi sentiu bater-lhe o coração de re-
morso por ter cortado uma ponta do manto
de Saul, 6e então disse a seus soldados: "Que
o SENHOR me livre de fazer tal coisa a meu
senhor, de erguer a mão contra ele, pois é o
ungido do SENHOR". 7Com essas palavras Davi
repreendeu os soldados e não permitiu que
atacassem Saul. E este saiu da caverna e se-
guiu seu caminho.
8Então Davi saiu da caverna e gritou pa-
ra Saul: "Ó rei, meu senhor!" Quando Saul
olhou para trás, Davi inclinou-se com o rosto
em terra, 9e depois disse: "Por que o rei dá
atenção aos que dizem que eu pretendo fa-
zer-lhe mal? 10Hoje o rei pode ver com seus
próprios olhos como o SENHOR o entregou
em minhas mãos na caverna. Alguns insisti-
ram que eu o matasse, mas eu o poupei, pois
disse: Não erguerei a mão contra meu se-
nhor, pois ele é o ungido do SENHOR. 11Olha,
meu pai, olha para este pedaço de teu manto
em minha mão! Cortei a ponta de teu man-
to, mas não te matei. Agora entende e reco-
nhece que não sou culpado de fazer-te mal
ou de rebelar-me. Não te fiz mal algum, em-
bora estejas à minha procura para tirar-me a
vida. 12O SENHOR julgue entre mim e ti. Vin-
gue ele os males que tens feito contra mim,
mas não levantarei a mão contra ti. 13Como
diz o provérbio antigo: 'Dos ímpios vêm coi-
sas ímpias'; por isso não levantarei a minha
mão contra ti.
14"Contra quem saiu o rei de Israel? A quem
está perseguindo? A um cão morto! A uma
pulga! 15O SENHOR seja o juiz e nos julgue.
Considere ele minha causa e a sustente; que
ele me julgue, livrando-me de tuas mãos".
16Tendo Davi falado todas essas palavras,
Saul perguntou: "É você, meu filho Davi?" E
chorou em alta voz. 17"Você é mais justo do
que eu", disse a Davi. "Você me tratou bem,
mas eu o tratei mal. 18Você acabou de mostrar
o bem que me tem feito; o SENHOR me entre-
gou em suas mãos, mas você não me matou.
19Quando um homem encontra um inimigo e
o deixa ir sem fazer-lhe mal? O SENHOR o re-
compense com o bem, pelo modo como você
me tratou hoje. 20Agora tenho certeza de que
você será rei e de que o reino de Israel será
firmado em suas mãos. 21Portanto, jure-me
pelo SENHOR que você não eliminará meus
descendentes nem fará meu nome desapa-
recer da família de meu pai".
22Então Davi fez seu juramento a Saul. E es-
te voltou para casa, mas Davi e seus soldados
foram para a fortaleza.

A morte de Samuel

25 Samuel morreu, e todo o Israel se reu-
niu e o pranteou; e o sepultaram onde
tinha vivido, em Ramá.

Davi e Abigail

Depois Davi foi para o deserto de Maom[c].
2Certo homem de Maom, que tinha seus bens
na cidade de Carmelo, era muito rico. Possuía

[a] 23:28 *Selá-Hamalecote* significa *rocha da separação.*
[b] 24:4 Ou *"Hoje o Senhor está dizendo:*

[c] 25:1 Conforme alguns manuscritos da Septuaginta. O Texto Massorético diz *Parã*.

Você sabia?

Por que o coração de Davi bateu de remorso por cortar a ponta do manto de Saul?

24:5 Naqueles dias, tocar na roupa de uma pessoa era visto como tocar (ou ferir) na própria pessoa. Davi sabia que Deus havia eleito Saul como rei e somente Deus poderia tirar esse poder dele. Quando cortou a ponta do manto do rei, Davi sentiu que não estava respeitando a Deus.

mil cabras e três mil ovelhas, as quais esta-
vam sendo tosquiadas em Carmelo. 3Seu no-
me era Nabal e o nome de sua mulher era
Abigail, mulher inteligente e bonita; mas
seu marido, descendente de Calebe, era ru-
de e mau.
4No deserto, Davi ficou sabendo que Na-
bal estava tosquiando as ovelhas. 5Por isso,
enviou dez rapazes, dizendo-lhes: "Levem
minha mensagem a Nabal, em Carmelo, e
cumprimentem-no em meu nome. 6Digam-
-lhe: Longa vida para o senhor! Muita paz
para o senhor e sua família! E muita prospe-
ridade para tudo o que é seu!
7"Sei que você está tosquiando suas ove-
lhas. Quando os seus pastores estavam conos-
co, nós não os maltratamos, e durante todo
o tempo em que estiveram em Carmelo não
se perdeu nada que fosse deles. 8Pergunte a
eles, e eles lhe dirão. Por isso, seja favorável,
pois estamos vindo em época de festa. Por
favor, dê a nós, seus servos, e a seu filho Da-
vi o que puder".
9Os rapazes foram e deram a Nabal essa
mensagem, em nome de Davi. E ficaram es-
perando.
10Nabal respondeu então aos servos de Da-
vi: "Quem é Davi? Quem é esse filho de Jes-
sé? Hoje em dia muitos servos estão fugindo
de seus senhores. 11Por que deveria eu pegar
meu pão e minha água, e a carne do gado que
abati para meus tosquiadores, e dá-los a ho-
mens que vêm não se sabe de onde?"
12Então, os mensageiros de Davi voltaram
e lhe relataram cada uma dessas palavras.
13Davi ordenou a seus homens: "Ponham
suas espadas na cintura!" Assim eles fizeram
e também Davi. Cerca de quatrocentos ho-
mens acompanharam Davi, enquanto duzen-
tos permaneceram com a bagagem.
14Um dos servos disse a Abigail, mulher de
Nabal: "Do deserto, Davi enviou mensageiros
para saudar o nosso senhor, mas ele os in-
sultou. 15No entanto, aqueles homens foram
muito bons para conosco. Não nos maltrata-
ram, e, durante todo o tempo em que estive-
mos com eles nos campos, nada perdemos.
16Dia e noite eles eram como um muro ao
nosso redor, durante todo o tempo em que
estivemos com eles cuidando de nossas ove-
lhas. 17Agora, leve isso em consideração e veja
o que a senhora pode fazer, pois a destruição
paira sobre o nosso senhor e sobre toda a sua
família. Ele é um homem tão mau que nin-
guém consegue conversar com ele".
18Imediatamente, Abigail pegou duzentos
pães, duas vasilhas de couro cheias de vinho,
cinco ovelhas preparadas, cinco medidas[a] de
grãos torrados, cem bolos de uvas passas e
duzentos bolos de figos prensados, e os car-
regou em jumentos. 19E disse a seus servos:
"Vocês vão na frente; eu os seguirei". Ela, po-
rém, nada disse a Nabal, seu marido.
20Enquanto ela ia montada num jumento,
encoberta pela montanha, Davi e seus sol-
dados estavam descendo em sua direção, e
ela os encontrou. 21Davi tinha dito: "De na-
da adiantou proteger os bens daquele ho-
mem no deserto, para que nada se perdesse.
Ele me pagou o bem com o mal. 22Que Deus

[a] 25:18 Hebraico: *5 seás*. O seá era uma medida de capacidade para secos. As estimativas variam entre 7 e 14 litros.

Mulher especial merece louvor

Abigail é uma mulher famosa na Bíblia. Leia 1Samuel 25:1-19,35-42. De que modo essa história mostra que ela era corajosa e sábia? Quando Davi viu como Abigail era especial, ele fez duas coisas: louvou (agradeceu) a Deus por ela (versículo 32) e louvou Abigail pelo bom senso (versículo 33).

Você pode honrar as mulheres que conhece, assim como Davi louvou Abigail. Pense sobre o que torna cada uma delas especial e agradeça a Deus por elas. Agora, escolha uma dessas mulheres e escreva-lhe uma carta contando por que você acha que ela é especial.

Experimente!

1Samuel 25:1-19,35-42

castigue Davi[a], e o faça com muita severi-
dade, caso até de manhã eu deixe vivo um
só do sexo masculino[b] de todos os que per-
tencem a Nabal!"
23Quando Abigail viu Davi, desceu depressa
do jumento e prostrou-se perante Davi com
o rosto em terra. 24Ela caiu a seus pés e disse:
"Meu senhor, a culpa é toda minha. Por favor,
permite que tua serva te fale; ouve o que ela
tem a dizer. 25Meu senhor, não dês atenção
àquele homem mau, Nabal. Ele é insensato,
conforme o significado do seu nome; e a in-
sensatez o acompanha. Contudo, eu, tua ser-
va, não vi os rapazes que meu senhor enviou.
26"Agora, meu senhor, juro pelo nome do
SENHOR e por tua vida que foi o SENHOR que
te impediu de derramar sangue e de te vin-
gares com tuas próprias mãos. Que teus ini-
migos e todos os que pretendem fazer-te mal
sejam castigados como Nabal. 27E que este
presente que esta tua serva trouxe ao meu
senhor seja dado aos homens que te seguem.
28Esquece, eu te suplico, a ofensa de tua ser-
va, pois o SENHOR certamente fará um reino
duradouro para ti, que travas os combates
do SENHOR. E em toda a tua vida, nenhuma
culpa se ache em ti. 29Mesmo que alguém te
persiga para tirar-te a vida, a vida de meu se-
nhor estará firmemente segura como a dos
que são protegidos pelo SENHOR, o teu Deus.
Mas a vida de teus inimigos será atirada pa-
ra longe como por uma atiradeira. 30Quan-
do o SENHOR tiver feito a meu senhor todo o
bem que prometeu e te tiver nomeado líder
sobre Israel, 31meu senhor não terá no cora-
ção o peso de ter derramado sangue desne-
cessariamente, nem de ter feito justiça com
tuas próprias mãos. E, quando o SENHOR ti-
ver abençoado a ti, lembra-te de tua serva".
32Davi disse a Abigail: "Bendito seja o SE-
NHOR, o Deus de Israel, que hoje a enviou ao
meu encontro. 33Seja você abençoada pelo seu
bom senso e por evitar que eu hoje derrame
sangue e me vingue com minhas próprias
mãos. 34De outro modo, juro pelo nome do
SENHOR, o Deus de Israel, que evitou que eu
lhe fizesse mal, que, se você não tivesse vin-
do depressa encontrar-me, nem um só do se-
xo masculino pertencente a Nabal teria sido
deixado vivo ao romper do dia".
35Então Davi aceitou o que Abigail lhe tinha
trazido e disse: "Vá para sua casa em paz. Ou-
vi o que você disse e atenderei o seu pedido".
36Quando Abigail retornou a Nabal, ele es-
tava dando um banquete em casa, como um
banquete de rei. Ele estava alegre e bastante
bêbado, e ela nada lhe falou até o amanhe-
cer. 37De manhã, quando Nabal estava sóbrio,
sua mulher lhe contou tudo; ele sofreu um
ataque e ficou paralisado como uma pedra.
38Cerca de dez dias depois, o SENHOR feriu
Nabal, e ele morreu.

[a] 25:22 Conforme alguns manuscritos da Septuaginta. O texto Massorético diz *os inimigos de Davi*.
[b] 25:22 Hebraico: *dos que urinam na parede*; também no versículo 34.

A vida nos tempos da Bíblia

Comida para Davi

O que as pessoas comiam no Antigo Testamento? Elas costumavam comer alimentos do mesmo tipo que Abigail levou para Davi. Todo mundo consumia pão todos os dias, e figos e uvas passas eram frutas comuns. Grãos torrados eram cozidos na sopa ou comidos como aperitivo. As pessoas gostavam de carne, mas ela era comida apenas em celebrações especiais.

39Quando Davi soube que Nabal estava morto, disse: "Bendito seja o SENHOR, que defendeu a minha causa contra Nabal, por ter me tratado com desprezo. O SENHOR impediu seu servo de praticar o mal e fez com que a maldade de Nabal caísse sobre a sua própria cabeça".

Então Davi enviou uma mensagem a Abigail, pedindo-lhe que se tornasse sua mulher. 40Seus servos foram a Carmelo e disseram a Abigail: "Davi nos mandou buscá-la para que seja sua mulher".

41Ela se levantou, inclinou-se com o rosto em terra, e disse: "Aqui está a sua serva, pronta para servi-los e lavar os pés dos servos de meu senhor". 42Abigail logo montou num jumento e, acompanhada por suas cinco servas, foi com os mensageiros de Davi e tornou-se sua mulher. 43Davi também casou-se com Ainoã, de Jezreel; as duas foram suas mulheres. 44Saul, porém, tinha dado sua filha Mical, mulher de Davi, a Paltiel[a], filho de Laís, de Galim.

Davi poupa novamente a vida de Saul

26 Os zifeus foram falar com Saul, em Gibeá, e disseram: "Davi está escondido na colina de Haquilá, em frente do deserto de Jesimom".

2Então Saul desceu ao deserto de Zife com três mil dos melhores soldados de Israel, em busca de Davi. 3Saul acampou ao lado da estrada, na colina de Haquilá, em frente do deserto de Jesimom, mas Davi permaneceu no deserto. Quando viu que Saul o estava seguindo, 4enviou espiões e soube que Saul havia, de fato, chegado.[b]

5Então Davi foi para onde Saul estava acampado. E viu o lugar onde Saul e Abner, filho de Ner, comandante de seu exército, haviam se deitado. Saul estava deitado no acampamento, com o exército acampado ao redor.

6Davi perguntou ao hitita Aimeleque e a Abisai, filho de Zeruia, irmão de Joabe: "Quem descerá comigo ao acampamento de Saul?"

Disse Abisai: "Irei com você".

7Davi e Abisai entraram à noite no acampamento. Saul estava dormindo, e tinha fincado sua lança no chão, perto da cabeça. Abner e os soldados estavam deitados à sua volta.

8Abisai disse a Davi: "Hoje Deus entregou o seu inimigo nas suas mãos. Agora deixe que eu crave a lança nele até o chão, com um só golpe; não precisarei de outro".

9Davi, contudo, disse a Abisai: "Não o mate! Quem pode levantar a mão contra o ungido do SENHOR e permanecer inocente? 10Juro pelo nome do SENHOR", disse ele, "o SENHOR mesmo o matará; ou chegará a sua hora e ele morrerá, ou ele irá para a batalha e perecerá. 11O SENHOR me livre de levantar a mão contra o seu ungido. Agora, vamos pegar a lança e o jarro com água que estão perto da cabeça dele, e vamos embora".

12Dito isso, Davi apanhou a lança e o jarro que estavam perto da cabeça de Saul, e eles foram embora. Ninguém os viu, ninguém percebeu nada e ninguém acordou. Estavam todos dormindo, pois um sono pesado vindo do SENHOR havia caído sobre eles.

13Então Davi foi para o outro lado e colocou-se no topo da colina, ao longe, a uma boa distância deles. 14E gritou para o exército e para Abner, filho de Ner: "Você não vai me responder, Abner?"

Abner respondeu: "Quem é que está gritando para o rei?"

15Disse Davi: "Você é homem, não é? Quem é como você em Israel? Por que você não protegeu o rei, seu senhor? Alguém foi até aí para matá-lo. 16Não é bom isso que você fez! Juro pelo SENHOR que todos vocês merecem morrer, pois não protegeram o seu rei, o ungido do SENHOR. Agora, olhem! Onde estão a lança e o jarro de água do rei, que estavam perto da cabeça dele?"

17Saul reconheceu a voz de Davi e disse: "É você, meu filho Davi?"

Davi respondeu: "Sim, ó rei, meu senhor". 18E acrescentou: "Por que meu senhor está perseguindo este seu servo? O que eu fiz, e de que mal sou culpado? 19Que o rei, meu senhor, escute as palavras de seu servo. Se o SENHOR o instigou contra mim, queira ele aceitar uma oferta; se, porém, são homens que o fizeram, que sejam amaldiçoados perante o SENHOR! Eles agora me afastaram de minha porção na herança do SENHOR e disseram: 'Vá, preste culto a outros deuses'. 20Agora, que o meu sangue não seja derramado longe da presença do SENHOR. O rei de Israel saiu à procura de uma pulga, como alguém que sai à caça de uma perdiz nos montes".

21Então Saul disse: "Pequei! Volte, meu filho Davi! Como hoje você considerou preciosa a minha vida, não lhe farei mal de novo. Tenho agido como um tolo e cometi um grande erro".

[a] 25:44 Hebraico: *Palti*, variante de *Paltiel*.
[b] 26:4 Ou *tinha vindo a Nacom*.

Você sabia?

Quantas chances Davi teve de matar o rei Saul?

26:21 Davi teve pelo menos duas chances de matar Saul (veja 1Samuel 24; 26), mas ele sabia que Deus havia eleito Saul como rei. Davi não queria ferir o homem a quem Deus tornara rei, mesmo que ele tivesse tentado matar Davi.

22Respondeu Davi: "Aqui está a lança do rei.
Venha um de seus servos pegá-la. 23O SENHOR
recompensa a justiça e a fidelidade de cada
um. Ele te entregou nas minhas mãos hoje,
mas eu não levantaria a mão contra o ungido
do SENHOR. 24Assim como eu hoje conside-
rei a tua vida de grande valor, que o SENHOR
também considere a minha vida e me livre
de toda a angústia".
25Então Saul disse a Davi: "Seja você aben-
çoado, meu filho Davi; você fará muitas coi-
sas e em tudo será bem-sucedido".
Assim Davi seguiu seu caminho, e Saul vol-
tou para casa.

Davi entre os filisteus

27 Davi, contudo, pensou: "Algum dia serei
morto por Saul. É melhor fugir para a
terra dos filisteus. Então Saul desistirá de pro-
curar-me por todo o Israel, e escaparei dele".
2Assim, Davi e os seiscentos homens que
estavam com ele foram até Aquis, filho de
Maoque, rei de Gate. 3Davi e seus soldados
se estabeleceram em Gate, acolhidos por
Aquis. Cada homem levou sua família, e Da-
vi, suas duas mulheres: Ainoã, de Jezreel, e
Abigail, que fora mulher de Nabal, de Carme-
lo. 4Quando contaram a Saul que Davi havia
fugido para Gate, ele parou de persegui-lo.
5Então Davi disse a Aquis: "Se eu conto com
a tua simpatia, dá-me um lugar numa das
cidades desta terra onde eu possa viver. Por
que este teu servo viveria contigo na cida-
de real?"
6Naquele dia Aquis deu-lhe Ziclague. Por
isso, Ziclague pertence aos reis de Judá até
hoje. 7Davi morou em território filisteu du-
rante um ano e quatro meses.
8Ele e seus soldados atacavam os gesuritas,
os gersitas e os amalequitas, povos que, des-
de tempos antigos, habitavam a terra que se
estende de Sur até o Egito. 9Quando Davi
atacava a região, não poupava homens nem
mulheres, e tomava ovelhas, bois, jumentos,
camelos e roupas. Depois retornava a Aquis.
10Quando Aquis perguntava: "Quem você
atacou hoje?" Davi respondia: "O Neguebe
de Judá" ou "O Neguebe de Jerameel" ou "O
Neguebe dos queneus". 11Ele matava todos,
homens e mulheres, para que não fossem
levados a Gate, pois pensava: "Eles poderão
denunciar-me". Este foi o seu procedimento
enquanto viveu em território filisteu. 12Aquis
confiava em Davi e dizia: "Ele se tornou tão
odiado por seu povo, os israelitas, que será
meu servo para sempre".

Saul e a médium de En-Dor

28 Naqueles dias os filisteus reuniram suas
tropas para lutar contra Israel. Aquis
disse a Davi: "Saiba que você e seus soldados
me acompanharão no exército".
2Disse Davi a Aquis: "Então tu saberás o
que teu servo é capaz de fazer".
Aquis respondeu-lhe: "Muito bem, eu o
colocarei como minha guarda pessoal per-
manente".
3Samuel já havia morrido, e todo o Israel o
havia pranteado e sepultado em Ramá, sua
cidade natal. Saul havia expulsado do país os
médiuns e os que consultavam os espíritos.
4Depois que os filisteus se reuniram, vie-
ram e acamparam em Suném, enquanto
Saul reunia todos os israelitas e acampava
em Gilboa. 5Quando Saul viu o acampamen-
to filisteu, teve medo; ficou apavorado. 6Ele
consultou o SENHOR, mas este não lhe res-
pondeu nem por sonhos nem por Urim[a] nem
por profetas. 7Então Saul disse aos seus au-
xiliares: "Procurem uma mulher que invoca
espíritos, para que eu a consulte".
Eles disseram: "Existe uma em En-Dor".
8Saul então se disfarçou, vestindo outras
roupas, e foi à noite, com dois homens, até a
casa da mulher. Ele disse a ela: "Invoque um
espírito para mim, fazendo subir aquele cujo
nome eu disser".
9A mulher, porém, lhe disse: "Certamen-
te você sabe o que Saul fez. Ele eliminou os
médiuns e os que consultam os espíritos da
terra de Israel. Por que você está preparan-
do uma armadilha contra mim, que me le-
vará à morte?"

[a] 28:6 Objeto utilizado para se conhecer a vontade de Deus.

Você sabia?

Por que era errado Saul consultar uma médium?

28:7 Médium é alguém que alega conversar com os mortos ou com os espíritos. Deus disse ao seu povo para não procurar feiticeiros ou adivinhadores do futuro ou qualquer um desse tipo. Saul conhecia essa lei, e o que ele fez foi muito errado.

10 Saul jurou-lhe pelo SENHOR: "Juro pelo
nome do SENHOR que você não será punida
por isso".
11 "Quem devo fazer subir?", perguntou a
mulher.
Ele respondeu: "Samuel".
12 Quando a mulher viu Samuel, gritou
e disse a Saul: "Por que me enganaste? Tu
mesmo és Saul!"
13 O rei lhe disse: "Não tenha medo. O que
você está vendo?"
A mulher respondeu: "Vejo um ser[a] que
sobe do chão".
14 Ele perguntou: "Qual a aparência dele?"
E disse ela: "Um ancião vestindo um manto está subindo".
Então Saul ficou sabendo que era Samuel,
inclinou-se e prostrou-se com o rosto em terra.
15 Samuel perguntou a Saul: "Por que você
me perturbou, fazendo-me subir?"
Respondeu Saul: "Estou muito angustiado. Os filisteus estão me atacando e Deus se afastou de mim. Ele já não responde nem por profetas nem por sonhos; por isso te chamei para me dizeres o que fazer".
16 Disse Samuel: "Por que você me chamou,
já que o SENHOR se afastou de você e se tornou seu inimigo?
17 O SENHOR fez o que predisse por meu intermédio: rasgou de suas mãos o reino e o deu a seu próximo, a Davi.
18 Porque você não obedeceu ao SENHOR nem
executou a grande ira dele contra os amalequitas, ele lhe faz isso hoje.
19 O SENHOR entregará você e o povo de Israel nas mãos dos filisteus, e amanhã você e seus filhos estarão comigo. O SENHOR também entregará o exército de Israel nas mãos dos filisteus".

[a] 28:13 Ou *deuses*; ou ainda *um espírito*. Hebraico: *Vejo elohim subindo do chão.*

20 Na mesma hora Saul caiu estendido no
chão, aterrorizado pelas palavras de Samuel. Suas forças se esgotaram, pois ele tinha passado todo aquele dia e toda aquela noite sem comer.
21 Quando a mulher se aproximou de Saul
e viu que ele estava profundamente perturbado, disse: "Olha, tua serva te obedeceu. Arrisquei minha vida e fiz o que me ordenaste.
22 Agora, por favor, ouve tua serva e come um
pouco para que tenhas forças para seguir teu caminho".
23 Ele recusou e disse: "Não vou comer".
Seus homens, porém, insistiram com ele, e a mulher também; e ele os atendeu. Ele se levantou do chão e sentou-se na cama.
24 A mulher matou depressa um bezerro
gordo que tinha em casa; apanhou um pouco de farinha, amassou-a e assou pão sem fermento.
25 Então ela serviu a Saul e a seus
homens, e eles comeram. E naquela mesma noite eles partiram.

Os filisteus desconfiam de Davi

29 Os filisteus reuniram todas as suas tropas em Afeque, e Israel acampou junto à fonte de Jezreel.
2 Enquanto os governan-
tes filisteus avançavam com seus grupos de cem e de mil, Davi e seus homens iam na retaguarda com Aquis.
3 Os comandantes dos
filisteus perguntaram: "O que estes hebreus fazem aqui?"
Aquis respondeu: "Este é Davi, que era oficial de Saul, rei de Israel. Ele já está comigo há mais de um ano e, desde o dia em que deixou Saul, nada fez que mereça desconfiança".
4 Contudo, os comandantes filisteus se ira-
ram contra ele e disseram: "Mande embora este homem para a cidade que você lhe designou. Ele não deve ir para a guerra conosco, senão se tornará nosso adversário durante o combate. Qual seria a melhor maneira de recuperar a boa vontade de seu senhor, senão à custa da cabeça de nossos homens?
5 Não é
ele o Davi de quem cantavam em suas danças:

'Saul abateu seus milhares,
e Davi, suas dezenas de milhares'?"

6 Então Aquis chamou Davi e lhe disse: "Ju-
ro, pelo nome do SENHOR, que você tem sido leal, e ficaria contente em tê-lo servindo comigo no exército. Desde o dia em que você veio a mim, nunca desconfiei de você, mas os governantes não o aprovam.
7 Agora, volte e
vá em paz! Não faça nada que desagrade os governantes filisteus".

Você sabia?

Por que os comandantes filisteus não queriam Davi no exército deles?

29:4 Os filisteus iam guerrear contra os israelitas e temiam que, quando estivessem na batalha, Davi lutasse *contra* eles e não *com* eles. Por isso os filisteus mandaram Davi para casa. Assim, ele não teve de lutar contra seu próprio povo.

8Davi perguntou: "O que foi que eu fiz? O
que descobriste contra teu servo, desde o dia
em que cheguei? Por que não posso ir lutar
contra os inimigos do rei, meu senhor?"
9Aquis respondeu: "Reconheço que você
tem feito o que eu aprovo, como um anjo de
Deus. Os comandantes filisteus, no entanto,
dizem que você não deve ir à batalha conos-
co. 10Agora, levante-se bem cedo, junto com os
servos de seu senhor que vieram com você, e
partam de manhã, assim que clarear o dia".
11Então Davi e seus soldados levantaram-se
de madrugada para voltar à terra dos filis-
teus. E os filisteus foram para Jezreel.

Davi derrota os amalequitas

30 Quando Davi e seus soldados che-
garam a Ziclague, no terceiro dia, os
amalequitas tinham atacado o Neguebe e in-
cendiado a cidade de Ziclague. 2Levaram co-
mo prisioneiros todos os que lá estavam: as
mulheres, os jovens e os idosos. A ninguém
mataram, mas os levaram consigo, quando
prosseguiram seu caminho.
3Ao chegarem a Ziclague, Davi e seus sol-
dados encontraram a cidade destruída pelo
fogo e viram que suas mulheres, seus filhos
e suas filhas tinham sido levados como pri-
sioneiros. 4Então Davi e seus soldados cho-
raram em alta voz até não terem mais forças.
5As duas mulheres de Davi também tinham
sido levadas: Ainoã, de Jezreel, e Abigail, de
Carmelo, a que fora mulher de Nabal. 6Da-
vi ficou profundamente angustiado, pois os
homens falavam em apedrejá-lo; todos esta-
vam amargurados por causa de seus filhos e
de suas filhas. Davi, porém, fortaleceu-se no
SENHOR, o seu Deus.
7Então Davi disse ao sacerdote Abiatar,
filho de Aimeleque: "Traga-me o colete sa-
cerdotal". Abiatar o trouxe a Davi, 8e ele per-
guntou ao SENHOR: "Devo perseguir esse
bando de invasores? Irei alcançá-los?"
E o SENHOR respondeu: "Persiga-os; é cer-
to que você os alcançará e conseguirá libertar
os prisioneiros".
9Davi e os seiscentos homens que estavam
com ele foram ao ribeiro de Besor, onde fi-
caram alguns, 10pois duzentos deles estavam
exaustos demais para atravessar o ribeiro. To-
davia, Davi e quatrocentos homens continua-
ram a perseguição.
11Encontraram um egípcio no campo e o
trouxeram a Davi. Deram-lhe água e comi-
da: 12um pedaço de bolo de figos prensados
e dois bolos de uvas passas. Ele comeu e re-
cobrou as forças, pois tinha ficado três dias e
três noites sem comer e sem beber.
13Davi lhe perguntou: "A quem você per-
tence e de onde vem?"
Ele respondeu: "Sou um jovem egípcio, ser-
vo de um amalequita. Meu senhor me aban-
donou quando fiquei doente há três dias.
14Nós atacamos o Neguebe dos queretitas, o
território que pertence a Judá e o Neguebe de
Calebe. E incendiamos a cidade de Ziclague".
15Davi lhe perguntou: "Você pode levar-me
até esse bando de invasores?"
Ele respondeu: "Jura, diante de Deus, que
não me matarás nem me entregarás nas
mãos de meu senhor, e te levarei até eles".
16Quando ele levou Davi até lá, os amale-
quitas estavam espalhados pela região, co-
mendo, bebendo e festejando os muitos bens
que haviam tomado da terra dos filisteus e de
Judá. 17Davi os atacou no dia seguinte, desde
o amanhecer até a tarde, e nenhum deles es-
capou, com exceção de quatrocentos jovens
que montaram em camelos e fugiram. 18Davi
recuperou tudo o que os amalequitas tinham
levado, incluindo suas duas mulheres. 19Nada
faltou: nem jovens, nem velhos, nem filhos,
nem filhas, nem bens, nem qualquer outra
coisa que fora levada. Davi recuperou tudo.
20E tomou também todos os rebanhos dos
amalequitas, e seus soldados os conduziram
à frente dos outros animais, dizendo: "Estes
são os despojos de Davi".
21Então Davi foi até os duzentos homens
que estavam exaustos demais para segui-lo
e tinham ficado no ribeiro de Besor. Eles saí-
ram para receber Davi e os que estavam com
ele. Ao se aproximar com seus soldados, Davi

os saudou. 22Mas todos os elementos maus e
vadios que tinham ido com Davi disseram:
“Uma vez que não saíram conosco, não re-
partiremos com eles os bens que recupera-
mos. No entanto, cada um poderá pegar sua
mulher e seus filhos e partir”.
23Davi respondeu: “Não, meus irmãos! Não
façam isso com o que o SENHOR nos deu. Ele
nos protegeu e entregou em nossas mãos
os bandidos que vieram contra nós. 24Quem
concordará com o que vocês estão dizendo?
A parte de quem ficou com a bagagem será a
mesma de quem foi à batalha. Todos recebe-
rão partes iguais”. 25Davi fez disso um decreto
e uma ordenança para Israel, desde aquele
dia até hoje.
26Quando Davi chegou a Ziclague, enviou
parte dos bens às autoridades de Judá, que
eram seus amigos, dizendo: “Eis um presen-
te para vocês, tirado dos bens dos inimigos
do SENHOR”.
27Ele enviou esse presente às autoridades
de Betel, de Ramote do Neguebe, de Jatir,
28de Aroer, de Sifmote, de Estemoa, 29de Ra-
cal, das cidades dos jerameelitas e dos que-
neus, 30de Hormá, de Corasã, de Atace, 31de
Hebrom e de todos os lugares onde Davi e
seus soldados tinham passado.

O suicídio de Saul

31 E aconteceu que, em combate com os
filisteus, os israelitas foram postos em
fuga e muitos caíram mortos no monte Gil-
boa. 2Os filisteus perseguiram Saul e seus
filhos, e mataram Jônatas, Abinadabe e Mal-
quisua, filhos de Saul. 3O combate foi fican-
do cada vez mais violento em torno de Saul,
até que os flecheiros o alcançaram e o feri-
ram gravemente.
4Então Saul ordenou ao seu escudeiro:
“Tire sua espada e mate-me com ela, senão

Você sabia?

Quem matou o rei Saul?

31:3 Não sabemos com certeza. Saul foi gravemente ferido por uma flecha dos filisteus, e ele não queria que eles o encontrassem vivo. Assim, ele caiu sobre a própria espada. Mais tarde, Davi ouviu um amalequita dizer que estava passando e que Saul lhe pediu que terminasse de matá-lo, mas não sabemos se isso era ou não verdade. O homem podia estar querendo uma recompensa de Davi por matar Saul, mas, em vez disso, Davi matou o amalequita!

A vida nos tempos da Bíblia

A armadura de Saul

Nos tempos do Antigo Testamento, a armadura era geralmente feita de pedaços de metal unidos, e um capacete pesado de metal protegia a cabeça. Saul era um homem grande, e sua armadura era, provavelmente, muito forte e pesada. É possível que seu escudeiro carregasse um grande escudo que protegia Saul dos inimigos e deixava as mãos de Saul livres para a luta. Você pode ler sobre um garoto que vestiu a armadura de Saul em 1Samuel 17.

sofrerei a vergonha de cair nas mãos desses
incircuncisos".
Mas seu escudeiro estava apavorado e
não quis fazê-lo. Saul, então, pegou sua pró-
pria espada e jogou-se sobre ela. 5Quando o
escudeiro viu que Saul estava morto, jogou-
-se também sobre sua espada e morreu com
ele. 6Assim foi que Saul, seus três filhos, seu
escudeiro e todos os seus soldados morre-
ram naquele dia.
7Quando os israelitas que habitavam do
outro lado do vale e a leste do Jordão vi-
ram que o exército tinha fugido e que Saul e
seus filhos estavam mortos, fugiram, aban-
donando suas cidades. Depois os filisteus fo-
ram ocupá-las.
8No dia seguinte, quando os filisteus foram
saquear os mortos, encontraram Saul e seus
três filhos caídos no monte Gilboa. 9Cortaram
a cabeça de Saul, pegaram suas armas, e en-
viaram mensageiros por toda a terra dos filis-
teus para proclamarem a notícia nos templos
de seus ídolos e entre o seu povo. 10Expuse-
ram as armas de Saul no templo de Astarote e
penduraram seu corpo no muro de Bete-Seã.
11Quando os habitantes de Jabes-Gileade fi-
caram sabendo o que os filisteus tinham fei-
to com Saul, 12os mais corajosos dentre eles
foram durante a noite a Bete-Seã. Baixaram
os corpos de Saul e de seus filhos do muro
de Bete-Seã e os levaram para Jabes, onde
os queimaram. 13Depois enterraram seus os-
sos debaixo de uma tamargueira em Jabes,
e jejuaram durante sete dias.

2Samuel

Quem escreveu este livro?
O autor deste livro é desconhecido.

Por que este livro foi escrito?
O Segundo Livro de Samuel conta a história dos quarenta anos de Davi como rei de Israel.

O que acontece neste livro?
Davi torna-se rei de Israel. Durante seu reinado, inimigos estrangeiros são derrotados e Israel torna-se uma grande nação.

O que aprendemos sobre Deus neste livro?
Deus usa pessoas que o amam e querem agradar-lhe, como o rei Davi queria.

Quem é o personagem principal deste livro?
A pessoa mais importante neste livro é o rei Davi.

Quando isto aconteceu?
Os acontecimentos deste livro transcorreram entre 1010 a.C. e 970 a.C.

Onde isto aconteceu?
As histórias deste livro se passam na terra de Israel. (Veja o *Índice de mapas*, ao final desta Bíblia, para saber onde fica Israel.)

Algumas histórias deste livro:

Davi conquista Jerusalém	2Samuel 5
Davi leva a arca para Jerusalém	2Samuel 6
Davi ajuda Mefibosete	2Samuel 9
Davi peca com Bate-Seba	2Samuel 11
Davi confessa seu pecado	2Samuel 12
Absalão lidera uma rebelião	2Samuel 15—18
Davi constrói um altar	2Samuel 24

Davi recebe a notícia da morte de Saul

1 Depois da morte de Saul, Davi retornou de
sua vitória sobre os amalequitas. Fazia dois
dias que ele estava em Ziclague 2quando, no
terceiro dia, chegou um homem que vinha
do acampamento de Saul, com as roupas ras-
gadas e terra na cabeça. Ao aproximar-se de
Davi, prostrou-se com o rosto em terra, em
sinal de respeito.
3Davi então lhe perguntou: "De onde vo-
cê vem?"
Ele respondeu: "Fugi do acampamento is-
raelita".
4Disse Davi: "Conte-me o que aconteceu".
E o homem contou: "O nosso exército fu-
giu da batalha, e muitos morreram. Saul e
Jônatas também estão mortos".
5Então Davi perguntou ao jovem que lhe
trouxera as notícias: "Como você sabe que
Saul e Jônatas estão mortos?"
6O jovem respondeu: "Cheguei por acaso
ao monte Gilboa, e lá estava Saul, apoiado
em sua lança. Os carros de guerra e os oficiais
da cavalaria estavam a ponto de alcançá-lo.
7Quando ele se virou e me viu, chamou-me
gritando, e eu disse: Aqui estou.
8"Ele me perguntou: 'Quem é você?'
"Sou amalequita, respondi.
9"Então ele me ordenou: 'Venha aqui e ma-
te-me! Estou na angústia da morte!'.
10"Por isso aproximei-me dele e o matei,
pois sabia que ele não sobreviveria ao feri-
mento. Peguei a coroa e o bracelete dele e
trouxe-os a ti, meu senhor".
11Então Davi rasgou suas vestes; e os ho-
mens que estavam com ele fizeram o mes-
mo. 12E se lamentaram, chorando e jejuando
até o fim da tarde, por Saul e por seu filho Jô-
natas, pelo exército do SENHOR e pelo povo
de Israel, porque muitos haviam sido mor-
tos à espada.
13E Davi perguntou ao jovem que lhe trou-
xera as notícias: "De onde você é?"
E ele respondeu: "Sou filho de um estran-
geiro, sou amalequita".
14Davi lhe perguntou: "Como você não te-
meu levantar a mão para matar o ungido do
SENHOR?"
15Então Davi chamou um dos seus solda-
dos e lhe disse: "Venha aqui e mate-o!" O
servo o feriu, e o homem morreu. 16Davi ti-
nha dito ao jovem: "Você é responsável por
sua própria morte. Sua boca testemunhou
contra você, quando disse: 'Matei o ungido
do SENHOR'".

Você sabia?

O que é um lamento?

1:17 Um lamento é uma canção triste. A melodia de um lamento é muito melancólica, e as palavras contam por que o cantor está se sentindo infeliz. Davi amava Jônatas e respeitava Saul, por isso ele escreveu este lamento para ajudar Israel a lembrar-se de boas coisas sobre Saul e Jônatas.

Davi lamenta-se por Saul e Jônatas

17Davi cantou este lamento sobre Saul e seu
filho Jônatas, 18e ordenou que se ensinasse
aos homens de Judá; é o Lamento do Arco,
que foi registrado no Livro de Jasar:

19"O seu esplendor, ó Israel,
está morto sobre os seus montes.
Como caíram os guerreiros!
20"Não conte isso em Gate,
não o proclame nas ruas de Ascalom,
para que não se alegrem
as filhas dos filisteus
nem exultem as filhas dos
incircuncisos.

21"Ó colinas de Gilboa,
nunca mais haja orvalho
nem chuva sobre vocês,
nem campos que produzam trigo
para as ofertas.
Porque ali foi profanado
o escudo dos guerreiros,
o escudo de Saul,
que nunca mais será polido com óleo.
22Do sangue dos mortos,
da carne[a] dos guerreiros,
o arco de Jônatas nunca recuou,
a espada de Saul
sempre cumpriu a sua tarefa.
23"Saul e Jônatas, mui amados,
nem na vida nem na morte
foram separados.
Eram mais ágeis que as águias,
mais fortes que os leões.

[a] 1:22 Hebraico: *gordura.*

24“Chorem por Saul,
ó filhas de Israel!
Chorem aquele que as vestia
de rubros ornamentos,
e suas roupas enfeitava
com adornos de ouro.

25“Como caíram os guerreiros
no meio da batalha!
Jônatas está morto
sobre os montes de Israel.
26Como estou triste por você,
Jônatas, meu irmão!
Como eu lhe queria bem!
Sua amizade era, para mim, mais
preciosa
que o amor das mulheres!

27“Caíram os guerreiros!
As armas de guerra foram destruídas!”

Davi é ungido rei de Judá

2 Passado algum tempo, Davi perguntou ao
SENHOR: “Devo ir para uma das cidades de
Judá?” O SENHOR respondeu que sim, e Davi
perguntou para qual delas.
“Para Hebrom”, respondeu o SENHOR.
2Então Davi foi para Hebrom com suas
duas mulheres, Ainoã, de Jezreel, e Abigail,
viúva de Nabal, o carmelita. 3Davi também
levou os homens que o acompanhavam, cada
um com sua família, e estabeleceram-se em
Hebrom e nos povoados vizinhos. 4Então os
homens de Judá foram a Hebrom e ali ungi-
ram Davi rei da tribo de Judá.
Informado de que os habitantes de Jabes-
-Gileade tinham sepultado Saul, 5Davi en-
viou-lhes mensageiros que lhes disseram:
“O SENHOR os abençoe pelo seu ato de leal-
dade, dando sepultura a Saul, seu rei. 6Seja o
SENHOR leal e fiel para com vocês. Também
eu firmarei minha amizade com vocês, por
terem feito essa boa ação. 7Mas, agora, sejam
fortes e corajosos, pois Saul, seu senhor, está
morto, e já fui ungido rei pela tribo de Judá”.

Is-Bosete proclamado rei de Israel

8Enquanto isso, Abner, filho de Ner, co-
mandante do exército de Saul, levou Is-
-Bosete, filho de Saul, a Maanaim, 9onde o
proclamou rei sobre Gileade, Assuri[a], Jezreel,
Efraim, Benjamim e sobre todo o Israel.
10Is-Bosete, filho de Saul, tinha quarenta
anos de idade quando começou a reinar em
Israel, e reinou dois anos. Entretanto, a tri-
bo de Judá seguia Davi, 11que a governou em
Hebrom por sete anos e seis meses.

A guerra entre Judá e Israel

12Abner, filho de Ner, e os soldados de Is-
-Bosete, filho de Saul, partiram de Maanaim
e marcharam para Gibeom. 13Joabe, filho de
Zeruia, e os soldados de Davi foram ao en-
contro deles no açude de Gibeom. Um gru-
po posicionou-se num lado do açude, o outro
grupo, no lado oposto.
14Então Abner disse a Joabe: “Vamos fazer
alguns soldados lutarem diante de nós”.

[a] 2:9 *Ou* Aser

Evite a amargura

As pessoas de Israel eram descendentes de Abraão, Isaque e Jacó; então, eram realmente uma família. Mas elas brigavam umas com as outras, e essa briga levava a amargura e a sentimentos ruins.

Você briga com seus irmãos? Isso acontece com todo mundo. Aqui vão algumas regras para ajudá-lo a acabar com as brigas e evitar a amargura:

1.ª regra: afaste-se da outra pessoa quando você estiver tentado a brigar;

2.ª regra: se alguém se recusar a parar, diga: “Pare, por favor”;

3.ª regra: após o fim de uma briga, tire algum tempo sozinho para acalmar-se e pensar sobre a situação.

Pergunte a seus pais se concordam com essas regras e depois as escreva em um cartaz e prenda-o na porta do seu quarto.

Experimente!

2Samuel 2:8-28

Joabe respondeu: "De acordo".
15 Então doze soldados aliados de Benjamim
e Is-Bosete, filho de Saul, atravessaram o açu-
de para enfrentar doze soldados aliados de
Davi. 16 Cada soldado pegou o adversário pela
cabeça e fincou-lhe o punhal no lado, e juntos
caíram mortos. Por isso aquele lugar, situado
em Gibeom, foi chamado Helcate-Hazurim[a].
17 Houve uma violenta batalha naquele dia,
e Abner e os soldados de Israel foram derro-
tados pelos soldados de Davi.
18 Estavam lá Joabe, Abisai e Asael, os três
filhos de Zeruia. E Asael, que corria como
uma gazela em terreno plano, 19 perseguiu
Abner, sem se desviar nem para a direita
nem para a esquerda. 20 Abner olhou para
trás e perguntou: "É você, Asael?"
"Sou eu", respondeu ele.
21 Disse-lhe então Abner: "É melhor você se
desviar para a direita ou para a esquerda, cap-
turar um dos soldados e ficar com as armas
dele". Mas Asael não quis parar de persegui-lo.
22 Então Abner advertiu Asael mais uma
vez: "Pare de me perseguir! Não quero ma-
tá-lo. Como eu poderia olhar seu irmão Joabe
nos olhos de novo?"
23 Como, porém, Asael não desistiu de per-
segui-lo, Abner cravou no estômago dele a
ponta da lança, que saiu pelas costas. E ele
caiu, morrendo ali mesmo. E paravam todos
os que chegavam ao lugar onde Asael esta-
va caído.
24 Então Joabe e Abisai perseguiram Abner.
Ao pôr do sol, chegaram à colina de Amá, de-
fronte de Gia, no caminho para o deserto de
Gibeom. 25 Os soldados de Benjamim, seguin-
do Abner, reuniram-se formando um só gru-
po e ocuparam o alto de uma colina.
26 Então Abner gritou para Joabe: "O derra-
mamento de sangue vai continuar? Não vê
que isso vai trazer amargura? Quando é que
você vai mandar o seu exército parar de per-
seguir os seus irmãos?"
27 Respondeu Joabe: "Juro pelo nome de
Deus que, se você não tivesse falado, o meu
exército perseguiria os seus irmãos até de
manhã".
28 Então Joabe tocou a trombeta, e o exérci-
to parou de perseguir Israel e de lutar.
29 Abner e seus soldados marcharam pela
Arabá durante toda a noite. Atravessaram o
Jordão, marcharam durante a manhã[b] intei-
ra e chegaram a Maanaim.

[a] 2:16 *Helcate-Hazurim* significa *campo de punhais* ou *campo de hostilidades*.

[b] 2:29 Ou *por toda a região de Bitrom*; ou ainda *pelo vale*

30 Quando Joabe voltou da perseguição a
Abner, reuniu todo o exército. E viram que
faltavam dezenove soldados, além de Asael.
31 Mas os soldados de Davi tinham matado tre-
zentos e sessenta benjamitas que estavam
com Abner. 32 Levaram Asael e o sepultaram
no túmulo de seu pai, em Belém. Depois dis-
so, Joabe e seus soldados marcharam durante
toda a noite e chegaram a Hebrom ao ama-
nhecer.

3 A guerra entre as famílias de Saul e de
Davi durou muito tempo. Davi tornava-se
cada vez mais forte, enquanto que a família
de Saul se enfraquecia.

Os filhos de Davi em Hebrom

2 Estes foram os filhos de Davi
nascidos em Hebrom:
O seu filho mais velho era Amnom,
filho de Ainoã, de Jezreel;
3 o segundo, Quileabe,
de Abigail, viúva de Nabal,
de Carmelo;
o terceiro, Absalão, de Maaca,
filha de Talmai, rei de Gesur;
4 o quarto, Adonias, de Hagite;
o quinto, Sefatias, de Abital;
5 e o sexto, Itreão, de sua mulher Eglá.
Esses foram os filhos de Davi
que lhe nasceram em Hebrom.

O apoio de Abner a Davi

6 Enquanto transcorria a guerra entre as
famílias de Saul e de Davi, Abner foi ficando
poderoso na família de Saul. 7 Saul tivera uma
concubina chamada Rispa, filha de Aiá. Certa

Pessoas nos tempos da Bíblia

Abner

Abner era um líder destemido e o comandante do exército de Saul. Ele fez de Is-Bosete, filho de Saul, rei sobre dez das 12 tribos de Israel. Abner e Is-Bosete lutaram contra Davi, que era rei sobre as duas outras tribos. Mais tarde, Abner ficou bravo com Is-Bosete e ajudou Davi a tornar-se rei de todas as 12 tribos de Israel.

vez Is-Bosete perguntou a Abner: "Por que
você se deitou com a concubina de meu pai?"
8Abner ficou furioso com a pergunta de Is-
-Bosete e exclamou: "Por acaso eu sou um cão
a serviço de Judá? Até agora tenho sido leal
à família de Saul, seu pai, e aos parentes e
amigos dele, e não deixei que você caísse nas
mãos de Davi; agora você me acusa de um de-
lito envolvendo essa mulher! 9Que Deus me
castigue com todo o rigor, se eu não fizer por
Davi o que o SENHOR lhe prometeu sob jura-
mento: 10tirar o reino da família de Saul e es-
tabelecer o trono de Davi sobre Israel e Judá,
de Dã a Berseba". 11Is-Bosete não respondeu
nada a Abner, pois tinha medo dele.
12Então Abner enviou mensageiros a Da-
vi com esta proposta: "A quem pertence esta
terra? Faze um acordo comigo e eu te aju-
darei a conseguir o apoio de todo o Israel".
13"Está bem", disse Davi. "Farei um acor-
do com você, mas com uma condição: não
compareça à minha presença, quando vier
me ver, sem trazer-me Mical, filha de Saul."
14E Davi enviou mensageiros a Is-Bosete, fi-
lho de Saul, exigindo: "Entregue-me minha
mulher Mical, com quem me casei pelo preço
de cem prepúcios de filisteus".
15Diante disso, Is-Bosete mandou que a ti-
rassem do seu marido Paltiel, filho de Laís.
16Mas Paltiel foi atrás dela, e a seguiu choran-
do até Baurim. Então Abner ordenou-lhe que
voltasse para casa, e ele voltou.
17Nesse meio tempo, Abner enviou esta
mensagem às autoridades de Israel: "Já faz
algum tempo que vocês querem Davi como
rei. 18Agora é o momento de agir! Porque o
SENHOR prometeu a Davi: 'Por meio de Davi,
meu servo, livrarei Israel do poder dos filis-
teus e de todos os seus inimigos' ".
19Abner também falou pessoalmente com
os benjamitas. Depois foi a Hebrom dizer a
Davi tudo o que Israel e a tribo de Benjamim
haviam aprovado. 20Quando Abner, acompa-
nhado de vinte homens, apresentou-se a Davi
em Hebrom, este ofereceu um banquete para
ele e para os homens que o acompanhavam.
21Disse então Abner a Davi: "Deixa que eu me
vá e reúna todo o Israel, meu senhor, para
que façam um acordo contigo, ó rei, e reines
sobre tudo o que desejares". Davi o deixou ir,
e ele se foi em paz.

Joabe mata Abner

22Naquele momento os soldados de Davi e
Joabe voltavam de um ataque, trazendo mui-
tos bens. Abner, porém, já não estava com

Pessoas nos tempos da Bíblia

Joabe

Joabe era o comandante do exército de Davi. Ele era um guerreiro forte, mas tinha ciúme da atenção que o rei Davi dava aos outros. Quando Abner juntou-se ao exército de Davi, Joabe o assassinou, porque Abner matara o irmão de Joabe. Além disso, ele também impediu Abner de tornar-se o novo comandante. Joabe e sua família foram amaldiçoados por causa desse homicídio.

Davi em Hebrom, porque Davi o tinha dei-
xado partir em paz. 23Quando Joabe chegou
com todo o seu exército, contaram-lhe que
Abner, filho de Ner, se apresentara ao rei, que
o tinha deixado ir em paz.
24Então Joabe foi falar com o rei e lhe dis-
se: "Que foi que fizeste? Abner veio à tua pre-
sença e o deixaste ir? 25Conheces Abner, filho
de Ner; ele veio para enganar-te, observar os
teus movimentos e descobrir tudo o que es-
tás fazendo".
26Saindo da presença de Davi, Joabe enviou
mensageiros atrás de Abner, e eles o trouxe-
ram de volta, desde a cisterna de Sirá. Mas
Davi não ficou sabendo disso. 27Quando Ab-
ner retornou a Hebrom, Joabe o chamou à
parte, na porta da cidade, sob o pretexto de
falar-lhe em particular, e ali mesmo o feriu
no estômago. E Abner morreu por ter der-
ramado o sangue de Asael, irmão de Joabe.
28Mais tarde, quando Davi soube o que ti-
nha acontecido, disse: "Eu e o meu reino, pe-
rante o SENHOR, somos para sempre inocentes
do sangue de Abner, filho de Ner. 29Caia a res-
ponsabilidade pela morte dele sobre a cabeça
de Joabe e de toda a sua família! Jamais falte
entre os seus descendentes quem sofra fluxo
ou lepra[a], quem use muletas, quem morra à
espada, ou quem passe fome".
30Assim, Joabe e seu irmão Abisai mataram
Abner, porque ele havia matado Asael, irmão
deles, na batalha de Gibeom.

[a] 3:29 O termo hebraico não se refere somente à lepra, mas também a diversas doenças da pele.

31 Então Davi disse a Joabe e a todo o exér-
cito que o acompanhava: "Rasguem suas ves-
tes, vistam roupas de luto e vão chorando à
frente de Abner". E o rei Davi seguiu atrás da
maca que levava o corpo. 32 Enterraram-no em
Hebrom, e o rei chorou em alta voz junto ao
túmulo de Abner, como também todo o povo.
33 Então o rei cantou este lamento por
Abner:

"Por que morreu Abner
como morrem os insensatos?
34 Suas mãos não estavam algemadas,
nem seus pés acorrentados.
Você caiu como quem cai
perante homens perversos".

E todo o povo chorou ainda mais por ele.
35 Depois, quando o povo insistiu com Davi
que comesse alguma coisa enquanto ainda
era dia, Davi fez este juramento: "Deus me
castigue com todo o rigor, caso eu prove pão
ou qualquer outra coisa antes do pôr do sol!"
36 Todo o povo ouviu isso e o aprovou; de
fato, tudo o que o rei fazia o povo aprovava.
37 Assim, naquele dia, todo o povo e todo o Is-
rael reconheceram que o rei não tivera parti-
cipação no assassinato de Abner, filho de Ner.
38 Então o rei disse aos seus conselheiros:
"Não percebem que caiu hoje em Israel um
líder, um grande homem? 39 Embora rei un-
gido, ainda sou fraco, e esses filhos de Zeruia
são mais fortes do que eu. Que o SENHOR re-
tribua ao malfeitor de acordo com as suas
más obras!"

O assassinato de Is-Bosete

4 Ao saber que Abner havia morrido em He-
brom, Is-Bosete, filho de Saul, perdeu a co-
ragem, e todo o Israel ficou alarmado. 2 Ora, o
filho de Saul tinha a seu serviço dois líderes de
grupos de ataque. Um deles chamava-se Baa-
ná e o outro, Recabe; ambos filhos de Rimom,
de Beerote, da tribo de Benjamim; a cidade
de Beerote era considerada parte de Benja-
mim. 3 O povo de Beerote fugiu para Gitaim e
até hoje vive ali como estrangeiro.
4 (Jônatas, filho de Saul, tinha um filho alei-
jado dos pés. Ele tinha cinco anos de idade
quando chegou a notícia de Jezreel de que
Saul e Jônatas haviam morrido. Sua ama o
apanhou e fugiu, mas, na pressa, ela o dei-
xou cair, e ele ficou manco. Seu nome era Me-
fibosete.)
5 Aconteceu então que Recabe e Baaná, fi-
lhos de Rimom, de Beerote, foram à casa de
Is-Bosete na hora mais quente do dia, na hora
do seu descanso do meio-dia. 6 Os dois en-
traram na casa como se fossem buscar tri-
go, transpassaram-lhe o estômago e depois
fugiram.
7 Eles haviam entrado na casa enquanto Is-
-Bosete estava deitado em seu quarto. Depois
de o transpassarem e o matarem, cortaram-
-lhe a cabeça. E, levando-a, viajaram toda a
noite pela rota da Arabá. 8 Levaram a cabeça
de Is-Bosete a Davi, em Hebrom, e lhe disse-
ram: "Aqui está a cabeça de Is-Bosete, filho de
Saul, teu inimigo, que tentou tirar-te a vida.
Hoje o SENHOR vingou o nosso rei e senhor,
de Saul e de sua descendência".
9 Davi respondeu a Recabe e a Baaná, seu
irmão, filhos de Rimom, de Beerote: "Juro
pelo nome do SENHOR, que me tem livrado
de todas as aflições: 10 quando um homem me
disse que Saul estava morto, pensando que
me trazia boa notícia, eu o agarrei e o matei
em Ziclague, como recompensa pela notícia
que trouxe! 11 Muito mais agora, que homens
ímpios mataram um inocente em sua própria
casa e em sua própria cama! Vou castigá-los
e eliminá-los da face da terra porque vocês
fizeram correr o sangue dele!"
12 Então Davi deu ordem a seus soldados, e
eles os mataram. Depois cortaram as mãos e
os pés deles e penduraram os corpos junto
ao açude de Hebrom. Mas sepultaram a ca-
beça de Is-Bosete no túmulo de Abner, em
Hebrom.

Davi torna-se rei de Israel

5 Representantes de todas as tribos de Israel
foram dizer a Davi, em Hebrom: "Somos
sangue do teu sangue[a]. 2 No passado, mesmo

Você sabia?

Como Davi recompensou os homens que mataram Is-Bosete, filho de Saul?

4:11 Davi não os recompensou; em vez disso, ele mandou matá-los. A morte de Is-Bosete significava que Davi se tornaria rei sobre todo Israel, mas aqueles homens foram perversos matando Is-Bosete. Além do mais, Davi nunca recompensaria alguém por fazer coisas perversas.

[a] 5:1 Hebraico: *teu osso e tua carne*.

quando Saul era rei, eras tu quem liderava
Israel em suas batalhas. E o SENHOR te disse:
'Você pastoreará Israel, o meu povo, e será o
seu governante' ".
3Então todas as autoridades de Israel foram
ao encontro do rei Davi em Hebrom; o rei fez
um acordo com eles em Hebrom perante o SE-
NHOR, e eles ungiram Davi rei de Israel.
4Davi tinha trinta anos de idade quando
começou a reinar, e reinou durante quaren-
ta anos. 5Em Hebrom, reinou sobre Judá sete
anos e meio, e em Jerusalém reinou sobre to-
do o Israel e Judá trinta e três anos.

A conquista de Jerusalém

6O rei e seus soldados marcharam para Je-
rusalém para atacar os jebuseus que viviam
lá. E os jebuseus disseram a Davi: "Você não
entrará aqui! Até os cegos e os aleijados po-
dem se defender de você". Eles achavam que
Davi não conseguiria entrar, 7mas Davi con-
quistou a fortaleza de Sião, que veio a ser a
Cidade de Davi.
8Naquele dia disse Davi: "Quem quiser ven-
cer os jebuseus terá que utilizar a passagem
de água para chegar àqueles cegos e aleija-
dos, inimigos de Davi[a]". É por isso que di-
zem: "Os 'cegos e aleijados' não entrarão no
palácio[b]".
9Davi passou a morar na fortaleza e cha-
mou-a Cidade de Davi. Construiu defesas na
parte interna da cidade desde o Milo[c]. 10E ele
se tornou cada vez mais poderoso, pois o SE-
NHOR, o Deus dos Exércitos estava com ele.

[a] 5:8 Ou *odiados por Davi*
[b] 5:8 Ou *templo*
[c] 5:9 Ou *desde o aterro*

11Pouco depois Hirão, rei de Tiro, enviou a
Davi uma delegação, que trouxe toras de ce-
dro e também carpinteiros e pedreiros que
construíram um palácio para Davi. 12Então Da-
vi teve certeza de que o SENHOR o confirma-
ra como rei de Israel e que seu reino estava
prosperando por amor de Israel, o seu povo.
13Depois de mudar-se de Hebrom para Je-
rusalém, Davi tomou mais concubinas e es-
posas, e gerou mais filhos e filhas. 14Estes são
os nomes dos que lhe nasceram ali: Samua,
Sobabe, Natã, Salomão, 15Ibar, Elisua, Nefe-
gue, Jafia, 16Elisama, Eliada e Elifelete.

Davi derrota os filisteus

17Ao saberem que Davi tinha sido ungido
rei de Israel, os filisteus foram com todo o
exército prendê-lo, mas Davi soube disso e
foi para a fortaleza. 18Tendo os filisteus se es-
palhado pelo vale de Refaim, 19Davi pergun-
tou ao SENHOR: "Devo atacar os filisteus? Tu
os entregarás nas minhas mãos?"
O SENHOR lhe respondeu: "Vá, eu os entre-
garei nas suas mãos".
20Então Davi foi a Baal-Perazim e lá os der-
rotou. E disse: "Assim como as águas de uma
enchente causam destruição, pelas minhas
mãos o SENHOR destruiu os meus inimigos
diante de mim". Então aquele lugar passou a
ser chamado Baal-Perazim[d]. 21Como os filis-
teus haviam abandonado os seus ídolos ali,
Davi e seus soldados os apanharam.
22Mais uma vez os filisteus marcharam e
se espalharam pelo vale de Refaim; 23então
Davi consultou o SENHOR de novo, que lhe

[d] 5:20 *Baal-Perazim* significa *o senhor que destrói.*

A vida nos tempos da Bíblia

A cidade de Davi

Davi capturou a cidade de Jerusalém dos jebuseus e a tornou sua capital. Apenas cerca de 3.500 pessoas viviam ali quando ele a capturou. Na Bíblia, Jerusalém frequentemente é chamada de Sião ou de cidade de Davi.

respondeu: "Não ataque pela frente, mas dê a volta por trás deles e ataque-os em frente das amoreiras. [24]Assim que você ouvir um som de passos por cima das amoreiras, saia rapidamente, pois será esse o sinal de que o SENHOR saiu à sua frente para ferir o exército filisteu". [25]Davi fez como o SENHOR lhe tinha ordenado, e derrotou os filisteus por todo o caminho, desde Gibeom[a] até Gezer.

A arca é levada para Jerusalém

6 De novo Davi reuniu os melhores guerreiros de Israel, trinta mil ao todo. [2]Ele e todos os que o acompanhavam partiram para Baalá, em Judá[b], para buscar a arca de Deus, arca sobre a qual é invocado o Nome, o nome do SENHOR dos Exércitos, que tem o seu trono entre os querubins acima dela. [3]Puseram a arca de Deus num carroção novo e a levaram da casa de Abinadabe, na colina. Uzá e Aiô, filhos de Abinadabe, conduziam o carroção [4]com a arca de Deus[c]; Aiô andava na frente dela. [5]Davi e todos os israelitas iam cantando e dançando perante o SENHOR, ao som de todo tipo de instrumentos de pinho: harpas, liras, tamborins, chocalhos e címbalos.

[6]Quando chegaram à eira de Nacom, Uzá esticou o braço e segurou a arca de Deus, porque os bois haviam tropeçado. [7]A ira do SENHOR acendeu-se contra Uzá por seu ato de irreverência. Por isso Deus o feriu, e ele morreu ali mesmo, ao lado da arca de Deus.

[8]Davi ficou contrariado porque o SENHOR, em sua ira, havia fulminado Uzá. Até hoje aquele lugar é chamado Perez-Uzá[d].

[9]Naquele dia Davi teve medo do SENHOR e se perguntou: "Como vou conseguir levar a arca do SENHOR?" [10]Por isso ele desistiu de levar a arca do SENHOR para a Cidade de Davi. Em vez disso, levou-a para a casa de Obede-Edom, de Gate. [11]A arca do SENHOR ficou na casa dele por três meses, e o SENHOR o abençoou e a toda a sua família.

[12]E disseram ao rei Davi: "O SENHOR tem abençoado a família de Obede-Edom e tudo o que ele possui, por causa da arca de Deus". Então Davi, com grande festa, foi à casa de Obede-Edom e ordenou que levassem a arca de Deus para a Cidade de Davi. [13]Quando os que carregavam a arca do SENHOR davam seis passos, ele sacrificava um boi e um novilho gordo. [14]Davi, vestindo o colete sacerdotal de linho, foi dançando com todas as suas forças perante o SENHOR, [15]enquanto ele e todos os israelitas levavam a arca do SENHOR ao som de gritos de alegria e de trombetas.

[16]Aconteceu que, entrando a arca do SENHOR na Cidade de Davi, Mical, filha de Saul, observava de uma janela. E, ao ver o rei Davi dançando e celebrando perante o SENHOR, ela o desprezou em seu coração.

[a] 5:25 Conforme a Septuaginta. O Texto Massorético diz *Geba*. Veja 1Cr 14:16.
[b] 6:2 Isto é, Quiriate-Jearim.
[c] 6:3-4 Conforme os manuscritos do mar Morto e alguns manuscritos da Septuaginta. O Texto Massorético diz *carroção* [4]*e o trouxeram com a arca de Deus desde a casa de Abinadabe, na colina.*
[d] 6:8 *Perez-Uzá* significa *destruição de Uzá*.

Mostre respeito por Deus

Experimente!

Davi queria levar a arca de Deus para Jerusalém. Essa caixa especial era o objeto santo mais importante em Israel. Leia 2Samuel 6:1-11. Essa história conta algo que aconteceu e que deixou Davi com medo e raiva.

Por que Uzá foi morto? A lei de Deus dizia que a arca devia ser carregada de modo muito cuidadoso, com varas, e ninguém podia tocar nela. As pessoas tinham de mostrar respeito a Deus fazendo exatamente o que ele dissera, e não o que elas achavam que podiam. Mais tarde, Davi fez com que os homens carregassem a arca para Jerusalém exatamente do modo como Deus mandou. A história de Uzá nos lembra de demonstrar respeito por Deus, porque ele é muito grande. Nós mostramos respeito a Deus, como Davi fez ao final, quando lhe obedecemos completamente.

2Samuel 6:1-11

17Eles trouxeram a arca do SENHOR e a colo-
caram na tenda que Davi lhe havia prepara-
do; e Davi ofereceu holocaustos[a] e sacrifícios
de comunhão[b] perante o SENHOR. 18Após ofe-
recer os holocaustos e os sacrifícios de co-
munhão, ele abençoou o povo em nome do
SENHOR dos Exércitos, 19e deu um pão, um
bolo de tâmaras[c] e um bolo de uvas passas
a cada homem e a cada mulher israelita. De-
pois todo o povo partiu, cada um para a sua
casa.
20Voltando Davi para casa para abençoar
sua família, Mical, filha de Saul, saiu ao seu
encontro e lhe disse: "Como o rei de Israel
se destacou hoje, tirando o manto na fren-
te das escravas de seus servos, como um ho-
mem vulgar!"
21Mas Davi disse a Mical: "Foi perante o SE-
NHOR que eu dancei, perante aquele que me
escolheu em lugar de seu pai ou de qualquer
outro da família dele, quando me designou
soberano sobre o povo do SENHOR, sobre Is-
rael; perante o SENHOR celebrarei 22e me re-
baixarei ainda mais, e me humilharei aos
meus próprios olhos. Mas serei honrado por
essas escravas que você mencionou".
23E até o dia de sua morte, Mical, filha de
Saul, jamais teve filhos.

A promessa de Deus a Davi

7 O rei Davi já morava em seu palácio e o SE-
NHOR lhe dera descanso de todos os seus
inimigos ao redor. 2Certo dia ele disse ao
profeta Natã: "Aqui estou eu, morando num
palácio de cedro, enquanto a arca de Deus
permanece numa simples tenda".
3Natã respondeu ao rei: "Faze o que tive-
res em mente, pois o SENHOR está contigo".
4E naquela mesma noite o SENHOR falou
a Natã:

5"Vá dizer a meu servo Davi que assim diz
o SENHOR: Você construirá uma casa para eu
morar? 6Não tenho morado em nenhuma ca-
sa desde o dia em que tirei os israelitas do
Egito. Tenho ido de uma tenda para outra,
de um tabernáculo para outro. 7Por onde te-
nho acompanhado os israelitas, alguma vez
perguntei a algum líder deles, a quem or-
denei que pastoreasse Israel, o meu povo:
Por que você não me construiu um templo
de cedro?
8"Agora, pois, diga ao meu servo Davi: As-
sim diz o SENHOR dos Exércitos: Eu o tirei das
pastagens, onde você cuidava dos rebanhos,
para ser o soberano de Israel, o meu povo.
9Sempre estive com você por onde você an-
dou, e eliminei todos os seus inimigos. Ago-
ra eu o farei tão famoso quanto os homens
mais importantes da terra. 10E providenciarei
um lugar para Israel, o meu povo, e os plan-
tarei lá, para que tenham o seu próprio lar
e não mais sejam incomodados. Povos ím-
pios não mais os oprimirão, como fizeram
no início 11e têm feito desde a época em que
nomeei juízes sobre Israel, o meu povo. Tam-
bém subjugarei todos os seus inimigos. Saiba
também que eu, o SENHOR, lhe estabelecerei
uma dinastia. 12Quando a sua vida chegar ao

[a] 6:17 Isto é, sacrifícios totalmente queimados.
[b] 6:17 Ou *de paz*
[c] 6:19 Ou *um pedaço de carne*; ou ainda *um pouco de vinho*

Amado para sempre

Experimente!

Leia 2Samuel 7:1-16 e depois memorize esta parte do versículo: "Nunca retirarei dele o meu amor".

Deus nos ama dessa maneira. Para não se esquecer disso, corte uma tira de papel de 1,5 centímetros de largura por 20 ou 30 centímetros de comprimento. Torça a tira uma vez e cole as pontas, unindo-as, para formar um número 8. Depois pegue uma caneta e comece a traçar uma linha no lado de dentro do papel e siga riscando e virando a tira, mas não levante a caneta. Você verá que traçou uma linha nos dois lados do papel sem tirar a caneta do papel!

2Samuel 7:1-16

Guarde essa tira "mágica" para lembrá-lo de que Deus nunca tirará o amor dele de você. Você está marcado como alguém a quem Deus ama, e esse amor continua para sempre.

fim e você descansar com os seus antepassa-
dos, escolherei um dos seus filhos para su-
cedê-lo, um fruto do seu próprio corpo, e eu
estabelecerei o reino dele. 13Será ele quem
construirá um templo em honra ao meu no-
me, e eu firmarei o trono dele para sempre.
14Eu serei seu pai, e ele será meu filho. Quan-
do ele cometer algum erro, eu o punirei com
o castigo dos homens, com açoites aplicados
por homens. 15Mas nunca retirarei dele o meu
amor, como retirei de Saul, a quem tirei do
seu caminho. 16Quanto a você, sua dinastia e
seu reino permanecerão para sempre diante
de mim[a]; o seu trono será estabelecido pa-
ra sempre".

17E Natã transmitiu a Davi tudo o que o SE-
NHOR lhe tinha falado e revelado.

A oração de Davi

18Então o rei Davi entrou no tabernáculo,
assentou-se diante do SENHOR, e orou:

"Quem sou eu, ó Soberano SENHOR, e o que
é a minha família, para que me trouxesses
a este ponto? 19E, como se isso não bastasse
para ti, ó Soberano SENHOR, também falaste
sobre o futuro da família deste teu servo. É
assim que procedes com os homens, ó Sobe-
rano SENHOR?

20"Que mais Davi poderá dizer-te? Tu co-
nheces o teu servo, ó Soberano SENHOR. 21Por
amor de tua palavra e de acordo com tua
vontade, realizaste este feito grandioso e o
revelaste ao teu servo.

22"Quão grande és tu, ó Soberano SENHOR!
Não há ninguém como tu, nem há outro Deus
além de ti, conforme tudo o que sabemos. 23E
quem é como Israel, o teu povo, a única na-
ção da terra que tu, ó Deus, resgataste para
dela fazeres um povo para ti mesmo, e as-
sim tornaste o teu nome famoso, realizaste
grandes e impressionantes maravilhas ao ex-
pulsar nações e seus deuses de diante desta
mesma nação que libertaste do Egito[b]? 24Tu
mesmo fizeste de Israel o teu povo particular
para sempre, e tu, ó SENHOR, te tornaste o
seu Deus.

25"Agora, SENHOR Deus, confirma para sem-
pre a promessa que fizeste a respeito de teu
servo e de sua descendência. Faze conforme
prometeste, 26para que o teu nome seja en-
grandecido para sempre e os homens digam:
'O SENHOR dos Exércitos é o Deus de Israel!' E
a descendência de teu servo Davi se manterá
firme diante de ti.

27"Ó SENHOR dos Exércitos, Deus de Israel,
tu mesmo o revelaste a teu servo, quando
disseste: 'Estabelecerei uma dinastia para vo-
cê'. Por isso o teu servo achou coragem para
orar a ti. 28Ó Soberano SENHOR, tu és Deus!
Tuas palavras são verdadeiras, e tu fizeste es-
sa boa promessa a teu servo. 29Agora, por tua
bondade, abençoa a família de teu servo, para
que ela continue para sempre na tua presen-
ça. Tu, ó Soberano SENHOR, o prometeste! E,
abençoada por ti, bendita será para sempre
a família de teu servo".

As vitórias militares de Davi

8 Depois disso Davi derrotou os filisteus,
subjugou-os, e tirou do controle deles
Metegue-Amá.

2Davi derrotou também os moabitas. Ele os
fez deitar-se no chão e mandou que os me-
dissem com uma corda; os moabitas que fi-
cavam dentro das duas primeiras medidas
da corda eram mortos, mas os que ficavam
dentro da terceira eram poupados. Assim, os
moabitas ficaram sujeitos a Davi, pagando-
-lhe impostos.

3Além disso, Davi derrotou Hadadezer, fi-
lho de Reobe, rei de Zobá, quando Hadade-
zer tentava recuperar o controle na região
do rio Eufrates. 4Davi se apossou de mil dos
seus carros de guerra, sete mil[c] cavaleiros[d] e
vinte mil soldados de infantaria. Ainda levou

[a] 7:16 Conforme alguns manuscritos do Texto Massorético e a Septuaginta. A maioria dos manuscritos do Texto Massorético diz *de você*.

[b] 7:23 O Texto Massorético diz *maravilhas para tua terra e perante teu povo, o qual resgataste do Egito, das nações e de seus deuses*. Veja 1Cr 17:21.

[c] 8:4 Conforme a Septuaginta. O Texto Massorético diz *capturou mil e setecentos*. Veja 1Cr 18:4.

[d] 8:4 Ou *condutores de carros*

Você sabia?

Por que Davi aleijou cavalos capturados?

8:4 Aleijar um cavalo significa cortar o tendão da pata para que o animal não consiga correr ou puxar um carro de guerra. A lei de Deus dizia que os reis de Israel não deviam ter muitos cavalos (veja Deuteronômio 17:16), e Deus deu aos israelitas essa lei porque ele queria que confiassem no Senhor, não na força militar.

cem cavalos de carros de guerra, e aleijou to-
dos os outros.
5Quando os arameus de Damasco vieram
ajudar Hadadezer, rei de Zobá, Davi matou
vinte e dois mil deles. 6Em seguida esta-
beleceu guarnições militares no reino dos
arameus de Damasco, sujeitando-os a lhe pa-
garem impostos. E o SENHOR dava vitórias a
Davi em todos os lugares aonde ia.
7Davi também levou para Jerusalém os
escudos de ouro usados pelos oficiais de Ha-
dadezer. 8De Tebá[a] e Berotai, cidades que per-
tenciam a Hadadezer, o rei Davi levou grande
quantidade de bronze.
9Quando Toú, rei de Hamate, soube que
Davi tinha derrotado todo o exército de Ha-
dadezer, 10enviou seu filho Jorão[b] ao rei Davi
para saudá-lo e parabenizá-lo por sua vitó-
ria na batalha contra Hadadezer, que tinha
estado em guerra contra Toú. E, com Jorão,
mandou todo tipo de utensílios de prata, de
ouro e de bronze. 11O rei Davi consagrou es-
ses utensílios ao SENHOR, como fizera com a
prata e com o ouro tomados de todas as na-
ções que havia subjugado: 12Edom[c] e Moabe,
os amonitas e os filisteus, e Amaleque. Tam-
bém consagrou os bens tomados de Hadade-
zer, filho de Reobe, rei de Zobá.
13Davi ficou ainda mais famoso ao retornar
da batalha em que matou dezoito mil edo-
mitas[d] no vale do Sal.
14Ele estabeleceu guarnições militares por
todo o território de Edom, sujeitando todos
os edomitas. O SENHOR dava vitórias a Davi
em todos os lugares aonde ia.

Os oficiais de Davi

15Davi reinou sobre todo o Israel, adminis-
trando o direito e a justiça a todo o seu po-
vo. 16Joabe, filho de Zeruia, era comandante
do exército; Josafá, filho de Ailude, era o ar-
quivista real; 17Zadoque, filho de Aitube, e Ai-
meleque, filho de Abiatar, eram sacerdotes;
Seraías era secretário; 18Benaia, filho de Joia-
da, comandava os queretitas e os peletitas; e
os filhos de Davi eram sacerdotes.

Davi e Mefibosete

9 Certa ocasião Davi perguntou: "Resta ain-
da alguém da família de Saul a quem eu
possa mostrar lealdade, por causa de minha
amizade com Jônatas?"
2Então chamaram Ziba, um dos servos de
Saul, para apresentar-se a Davi, e o rei lhe
perguntou: "Você é Ziba?"
"Sou teu servo", respondeu ele.
3Perguntou-lhe Davi: "Resta ainda alguém
da família de Saul a quem eu possa mostrar
a lealdade de Deus?"
Respondeu Ziba: "Ainda há um filho de Jô-
natas, aleijado dos pés".
4"Onde está ele?", perguntou o rei.
Ziba respondeu: "Na casa de Maquir, filho
de Amiel, em Lo-Debar".
5Então o rei Davi mandou trazê-lo de Lo-
Debar.
6Quando Mefibosete, filho de Jônatas e ne-
to de Saul, compareceu diante de Davi, pros-
trou-se com o rosto em terra.
"Mefibosete?", perguntou Davi.
Ele respondeu: "Sim, sou teu servo".
7"Não tenha medo", disse-lhe Davi, "pois é
certo que eu o tratarei com bondade por cau-
sa de minha amizade com Jônatas, seu pai.

[a] 8:8 Muitos manuscritos dizem *Betá*. Veja 1Cr 18:8.
[b] 8:10 Variante de *Adorão*.
[c] 8:12 Muitos manuscritos dizem *Arã*. Veja 1Cr 18:11.
[d] 8:13 Muitos manuscritos dizem *arameus*. Veja 1Cr 18:12.

Experimente!

Mostrando bondade

Leia 2Samuel 9, que conta a história de Mefibosete, o único filho de Jônatas que ainda estava vivo, mas era aleijado dos pés. Davi foi bom para ele, tratando-o como seu próprio filho, pois Mefibosete era filho do melhor amigo de Davi.

Você conhece alguma criança com deficiência? Se sim, ela precisa que você demonstre um carinho especial. Você pode conversar com ela ou encontrar uma maneira de vocês brincarem juntos, pois seu carinho pode ser a melhor coisa no dia dela!

2Samuel 9

Vou devolver-lhe todas as terras que pertenciam a seu avô Saul, e você comerá sempre à minha mesa."

8Mefibosete prostrou-se e disse: "Quem é o teu servo, para que te preocupes com um cão morto como eu?"

9Então o rei convocou Ziba e disse-lhe: "Devolvi ao neto de Saul, seu senhor, tudo o que pertencia a ele e à família dele. 10Você, seus filhos e seus servos cultivarão a terra para ele. Você trará a colheita para que haja provisões na casa do neto de seu senhor. Mas Mefibosete comerá sempre à minha mesa". Ziba tinha quinze filhos e vinte servos.

11Então Ziba disse ao rei: "O teu servo fará tudo o que o rei, meu senhor, ordenou". Assim, Mefibosete passou a comer à mesa de Davi[a] como se fosse um dos seus filhos.

12Mefibosete tinha um filho ainda jovem chamado Mica. E todos os que moravam na casa de Ziba tornaram-se servos de Mefibosete. 13Então Mefibosete, que era aleijado dos pés, foi morar em Jerusalém, pois passou a comer sempre à mesa do rei.

A guerra contra os amonitas

10 Algum tempo depois o rei dos amonitas morreu, e seu filho Hanum foi o seu sucessor. 2Davi pensou: "Serei bondoso com Hanum, filho de Naás, como seu pai foi bondoso comigo". Então Davi enviou uma delegação para transmitir a Hanum seu pesar pela morte do pai dele.

Mas, quando os mensageiros de Davi chegaram à terra dos amonitas, 3os líderes amonitas disseram a Hanum, seu senhor: "Achas que Davi está honrando teu pai ao enviar mensageiros para expressar condolências? Não é nada disso! Davi os enviou como espiões para examinarem a cidade, a fim de destruí-la". 4Então Hanum prendeu os mensageiros de Davi, rapou metade da barba de cada um, cortou metade de suas roupas até as nádegas, e os mandou embora.

5Quando Davi soube disso, enviou mensageiros ao encontro deles, pois haviam sido profundamente humilhados, e lhes mandou dizer: "Fiquem em Jericó até que a barba cresça, e então voltem para casa".

6Vendo que tinham atraído sobre si o ódio de[b] Davi, os amonitas contrataram vinte mil soldados de infantaria dos arameus de Bete-Reobe e de Zobá, mil homens do rei de Maaca e doze mil dos homens de Tobe.

7Ao saber disso, Davi ordenou a Joabe que marchasse com todo o exército. 8Os amonitas saíram e se puseram em posição de combate à entrada da cidade, e os arameus de Zobá e de Reobe e os homens de Tobe e de Maaca posicionaram-se em campo aberto.

9Vendo Joabe que estava cercado pelas linhas de combate, escolheu alguns dos melhores soldados de Israel e os posicionou contra os arameus. 10Pôs o restante dos homens sob o comando de seu irmão Abisai e os posicionou contra os amonitas. 11E Joabe disse a Abisai: "Se os arameus forem fortes demais para mim, venha me ajudar; mas, se os amonitas forem fortes demais para você, eu irei ajudá-lo. 12Seja forte e lutemos com bravura pelo nosso povo e pelas cidades do nosso Deus. E que o SENHOR faça o que for de sua vontade".

13Então Joabe e seus soldados avançaram contra os arameus, que fugiram dele. 14Quando os amonitas viram que os arameus estavam fugindo de Joabe, também fugiram de seu irmão Abisai e entraram na cidade. Assim, Joabe parou a batalha contra os amonitas e voltou para Jerusalém.

15Vendo-se derrotados por Israel, os arameus tornaram a agrupar-se. 16Hadadezer mandou trazer os arameus que viviam do outro lado do Eufrates[c]. Estes chegaram a Helã, tendo à frente Soboque, comandante do exército de Hadadezer.

17Informado disso, Davi reuniu todo o Israel, atravessou o Jordão e chegou a Helã. Os arameus estavam em posição de combate para enfrentá-lo, 18mas acabaram fugindo de diante de Israel. E Davi matou setecentos condutores de carros de guerra e quarenta mil soldados de infantaria[d] dos arameus.

[a] 9:11 Conforme a Septuaginta. O Texto Massorético diz *à minha mesa.*
[b] 10:6 Hebraico: *se transformado em mau cheiro para.*
[c] 10:16 Hebraico: *do Rio.*
[d] 10:18 Conforme alguns manuscritos da Septuaginta. O Texto Massorético diz *cavaleiros*. Veja 1Cr 19:18.

Palavras para memorizar

"E que o SENHOR faça o que for de sua vontade."

(2Samuel 10:12)

Soboque, o comandante do exército, também
foi ferido e morreu ali mesmo. 19Quando to-
dos os reis vassalos de Hadadezer viram que
tinham sido derrotados por Israel, fizeram a
paz com os israelitas e sujeitaram-se a eles.
E os arameus ficaram com medo de voltar
a ajudar os amonitas.

Davi comete adultério

11 Na primavera, época em que os reis saíam
para a guerra, Davi enviou para a bata-
lha Joabe com seus oficiais e todo o exérci-
to de Israel; e eles derrotaram os amonitas
e cercaram Rabá. Mas Davi permaneceu em
Jerusalém.
2Uma tarde Davi levantou-se da cama e foi
passear pelo terraço do palácio. Do terraço
viu uma mulher muito bonita tomando ba-
nho, 3e mandou alguém procurar saber quem
era. Disseram-lhe: "É Bate-Seba, filha de Eliã
e mulher de Urias, o hitita". 4Davi mandou
que a trouxessem, e se deitou com ela, que
havia acabado de se purificar da impureza da
sua menstruação. Depois, voltou para casa. 5A
mulher engravidou e mandou um recado a
Davi, dizendo que estava grávida.
6Em face disso, Davi mandou esta men-
sagem a Joabe: "Envie-me Urias, o hitita". E
Joabe o enviou. 7Quando Urias chegou, Da-
vi perguntou-lhe como estavam Joabe e os
soldados e como estava indo a guerra; 8e lhe
disse: "Vá descansar um pouco em sua casa".
Urias saiu do palácio e logo lhe foi mandado
um presente da parte do rei. 9Mas Urias dor-
miu na entrada do palácio, onde dormiam os
guardas de seu senhor, e não foi para casa.
10Quando informaram a Davi que Urias não
tinha ido para casa, ele lhe perguntou: "De-
pois da viagem que você fez, por que não foi
para casa?"
11Urias respondeu: "A arca e os homens de
Israel e de Judá repousam em tendas; o meu
senhor Joabe e os seus soldados estão acam-
pados ao ar livre. Como poderia eu ir para ca-
sa para comer, beber e deitar-me com minha
mulher? Juro por teu nome e por tua vida
que não farei uma coisa dessas!"
12Então Davi lhe disse: "Fique aqui mais
um dia; amanhã eu o mandarei de volta".
Urias ficou em Jerusalém, mas no dia se-
guinte 13Davi o convidou para comer e be-
ber, e o embriagou. À tarde, porém, Urias saiu
para dormir em sua esteira onde os guardas
de seu senhor dormiam, e não foi para casa.
14De manhã, Davi enviou uma carta a Joabe
por meio de Urias. 15Nela escreveu: "Ponha
Urias na linha de frente e deixe-o onde o
combate estiver mais violento, para que se-
ja ferido e morra".
16Como Joabe tinha cercado a cidade, colo-
cou Urias no lugar onde sabia que os inimi-
gos eram mais fortes. 17Quando os homens da
cidade saíram e lutaram contra Joabe, alguns
dos oficiais da guarda de Davi morreram, e
morreu também Urias, o hitita.
18Joabe enviou a Davi um relatório comple-
to da batalha, 19dando a seguinte instrução ao
mensageiro: "Ao acabar de apresentar ao rei
este relatório, 20pode ser que o rei fique mui-
to indignado e lhe pergunte: 'Por que vocês
se aproximaram tanto da cidade para com-
bater? Não sabiam que eles atirariam flechas
da muralha? 21Em Tebes, quem matou Abi-
meleque, filho de Jerubesete[a]? Não foi uma
mulher que da muralha atirou-lhe uma pe-
dra de moinho, e ele morreu? Por que vocês
se aproximaram tanto da muralha?' Se ele
perguntar isso, diga-lhe: E morreu também
o teu servo Urias, o hitita".
22O mensageiro partiu e, ao chegar, contou
a Davi tudo o que Joabe lhe havia manda-
do falar, 23dizendo: "Eles nos sobrepujaram
e saíram contra nós em campo aberto, mas
nós os fizemos retroceder para a porta da ci-
dade. 24Então os flecheiros atiraram do alto
da muralha contra os teus servos, e mataram
alguns deles. E morreu também o teu servo
Urias, o hitita".
25Davi mandou o mensageiro dizer a Joabe:
"Não fique preocupado com isso, pois a es-
pada não escolhe a quem devorar. Reforce o
ataque à cidade até destruí-la". E ainda insis-
tiu com o mensageiro que encorajasse Joabe.
26Quando a mulher de Urias soube que o

[a] 11:21 Também conhecido como *Jerubaal* (isto é, Gideão).

Você sabia?

Davi alguma vez pecou?

11:27 Sim. Todas as pessoas são pecadoras, e nós todos pecamos diariamente. O capítulo 11 de 2Samuel fala sobre o pecado de adultério de Davi. Mas ele confessou seu pecado, e Deus lhe perdoou. Você pode ler sobre a confissão de Davi em 2Samuel 12 e em Salmos 51.

seu marido havia morrido, chorou por ele.
27Passado o luto, Davi mandou que a trouxes-
sem para o palácio; ela se tornou sua mulher
e teve um filho dele. Mas o que Davi fez de-
sagradou ao SENHOR.

Natã repreende Davi

12 E o SENHOR enviou a Davi o profeta Natã.
Ao chegar, ele disse a Davi: "Dois homens
viviam numa cidade, um era rico e o outro,
pobre. 2O rico possuía muitas ovelhas e bois,
3mas o pobre nada tinha, senão uma cordei-
rinha que havia comprado. Ele a criou, e ela
cresceu com ele e com seus filhos. Ela comia
junto dele, bebia do seu copo e até dormia
em seus braços. Era como uma filha para ele.
4"Certo dia, um viajante chegou à casa do
rico, e este não quis pegar uma de suas pró-
prias ovelhas ou de seus bois para preparar-
-lhe uma refeição. Em vez disso, preparou
para o visitante a cordeira que pertencia ao
pobre".
5Então Davi encheu-se de ira contra o ho-
mem e disse a Natã: "Juro pelo nome do SE-
NHOR que o homem que fez isso merece a
morte! 6Deverá pagar quatro vezes o preço da
cordeira, porquanto agiu sem misericórdia".
7"Você é esse homem!", disse Natã a Davi.
E continuou: "Assim diz o SENHOR, o Deus
de Israel: 'Eu o ungi rei de Israel e o livrei
das mãos de Saul. 8Dei-lhe a casa e as mulhe-
res do seu senhor. Dei-lhe a nação de Israel
e Judá. E, se tudo isso não fosse suficiente,
eu lhe teria dado mais ainda. 9Por que você
desprezou a palavra do SENHOR, fazendo o
que ele reprova? Você matou Urias, o hitita,
com a espada dos amonitas e ficou com a mu-
lher dele. 10Por isso, a espada nunca se afas-
tará de sua família, pois você me desprezou
e tomou a mulher de Urias, o hitita, para ser
sua mulher'.
11"Assim diz o SENHOR: 'De sua própria fa-
mília trarei desgraça sobre você. Tomarei as
suas mulheres diante dos seus próprios olhos
e as darei a outro; e ele se deitará com elas
em plena luz do dia. 12Você fez isso às escon-
didas, mas eu o farei diante de todo o Israel,
em plena luz do dia' ".
13Então Davi disse a Natã: "Pequei contra
o SENHOR!"
E Natã respondeu: "O SENHOR perdoou o
seu pecado. Você não morrerá. 14Entretanto,
uma vez que você insultou o SENHOR[a], o me-
nino morrerá".
15Depois que Natã foi para casa, o SENHOR
fez adoecer o filho que a mulher de Urias de-
ra a Davi. 16E Davi implorou a Deus em favor
da criança. Ele jejuou e, entrando em casa,
passou a noite deitado no chão. 17Os oficiais
do palácio tentaram fazê-lo levantar-se do
chão, mas ele não quis, e recusou comer.
18Sete dias depois a criança morreu. Os
conselheiros de Davi ficaram com medo de
dizer-lhe que a criança estava morta, e co-
mentaram: "Enquanto a criança ainda es-
tava viva, falamos com ele, e ele não quis
escutar-nos. Como vamos dizer-lhe que a
criança morreu? Ele poderá cometer algu-
ma loucura!"

[a] 12:14 Conforme um manuscrito da Septuaginta. O Texto Massorético diz *os inimigos do* SENHOR.

Perdão de pecado

Experimente!

Mesmo pessoas que amam a Deus, como o rei Davi, cometem pecados. Deus perdoa nosso pecado, mas o erro ainda tem consequências. Leia 2Samuel 12:1-14 e veja:

1. o momento em que Davi confessa o pecado;
2. o momento em que Davi é perdoado;
3. o que acontece por causa do pecado de Davi.

Davi pecou, mas foi perdoado, e Deus perdoará os pecados de qualquer um que estiver arrependido e pedir perdão.

Há algum pecado em sua vida pelo qual você não pediu perdão? Agora é uma ótima hora para pedir que Deus lhe perdoe, pois ele o ama e perdoa àqueles que se arrependem e pedem perdão.

2Samuel 12:1-14

19 Davi, percebendo que seus conselheiros
cochichavam entre si, compreendeu que a
criança estava morta e perguntou: "A crian-
ça morreu?"
"Sim, morreu", responderam eles.
20 Então Davi levantou-se do chão, lavou-
-se, perfumou-se e trocou de roupa. Depois
entrou no santuário do SENHOR e o adorou.
E, voltando ao palácio, pediu que lhe prepa-
rassem uma refeição e comeu.
21 Seus conselheiros lhe perguntaram: "Por
que ages assim? Enquanto a criança estava
viva, jejuaste e choraste; mas, agora que a
criança está morta, te levantas e comes!"
22 Ele respondeu: "Enquanto a criança ain-
da estava viva, jejuei e chorei. Eu pensava:
Quem sabe? Talvez o SENHOR tenha miseri-
córdia de mim e deixe a criança viver. 23 Mas
agora que ela morreu, por que deveria jejuar?
Poderia eu trazê-la de volta à vida? Eu irei até
ela, mas ela não voltará para mim".
24 Depois Davi consolou sua mulher Bate-
-Seba e deitou-se com ela, e ela teve um me-
nino, a quem Davi deu o nome de Salomão.
O SENHOR o amou 25 e enviou o profeta Natã
com uma mensagem a Davi. E Natã deu ao
menino o nome de Jedidias[a].
26 Enquanto isso, Joabe atacou Rabá dos
amonitas e conquistou a fortaleza real. 27 Feito
isso, mandou mensageiros a Davi, dizendo:
"Lutei contra Rabá e apoderei-me dos seus
reservatórios de água. 28 Agora, convoca o
restante do exército, cerca a cidade e con-
quista-a. Senão, eu terei a fama de havê-la
conquistado".
29 Então Davi convocou todo o exército, foi
a Rabá, atacou a cidade e a conquistou. 30 A
seguir tirou a coroa da cabeça de Moloque[b],
uma coroa de ouro de trinta e cinco quilos[c];
ornamentada com pedras preciosas. E ela
foi colocada na cabeça de Davi. Ele trouxe
uma grande quantidade de bens da cidade
31 e trouxe também os seus habitantes, desig-
nando-lhes trabalhos com serras, picaretas e
machados, além da fabricação de tijolos. Da-
vi fez assim com todas as cidades amonitas.
Depois voltou com todo o seu exército para
Jerusalém.

Tamar é violentada por Amnom

13 Depois de algum tempo, Amnom, filho
de Davi, apaixonou-se por Tamar; ela era
muito bonita e era irmã de Absalão, outro fi-
lho de Davi.
2 Amnom ficou angustiado ao ponto de
adoecer por causa de sua meia-irmã Tamar,
pois ela era virgem, e parecia-lhe impossível
aproximar-se dela.
3 Amnom tinha um amigo muito astuto
chamado Jonadabe, filho de Simeia, irmão
de Davi. 4 Ele perguntou a Amnom: "Filho do

[a] 12:25 *Jedidias* significa *amado pelo* SENHOR.
[b] 12:30 Conforme a Septuaginta. O Texto Massorético diz *do rei deles.*
[c] 12:30 Hebraico: *1 talento.*

A vida nos tempos da Bíblia

Jejum e oração

As pessoas no Antigo Testamento vestiam roupas velhas e rasgadas e recusavam-se a comer quando estavam orando. Isso era para mostrar que elas lamentavam muito pelo próprio pecado e queriam desesperadamente a ajuda de Deus. Davi jejuou, ou seja, ficou sem comida, enquanto orava pelo filho doente.

rei, por que todo dia você está abatido? Quer me contar o que se passa?”

Amnom lhe disse: “Estou apaixonado por Tamar, irmã de meu irmão Absalão”.

5“Vá para a cama e finja estar doente”, disse Jonadabe. “Quando seu pai vier visitá-lo, diga-lhe: Permite que minha irmã Tamar venha dar-me de comer. Gostaria que ela preparasse a comida aqui mesmo e me servisse. Assim poderei vê-la.”

6Amnom aceitou a ideia e deitou-se, fingindo-se doente. Quando o rei foi visitá-lo, Amnom lhe disse: “Eu gostaria que minha irmã Tamar viesse e preparasse dois bolos aqui mesmo e me servisse”.

7Davi mandou dizer a Tamar no palácio: “Vá à casa de seu irmão Amnom e prepare algo para ele comer”. 8Tamar foi à casa de seu irmão, que estava deitado. Ela amassou a farinha, preparou os bolos na presença dele e os assou. 9Depois pegou a assadeira e lhe serviu os bolos, mas ele não quis comer.

Então Amnom deu ordem para que todos saíssem e, depois que todos saíram, 10disse a Tamar: “Traga os bolos e sirva-me aqui no meu quarto”. Tamar levou os bolos que havia preparado ao quarto de seu irmão. 11Mas quando ela se aproximou para servi-lo, ele a agarrou e disse: “Deite-se comigo, minha irmã”.

12Mas ela lhe disse: “Não, meu irmão! Não me faça essa violência. Não se faz uma coisa dessas em Israel! Não cometa essa loucura. 13O que seria de mim? Como eu poderia livrar-me da minha desonra? E o que seria de você? Você cairia em desgraça em Israel. Fale com o rei; ele deixará que eu me case com você”. 14Mas Amnom não quis ouvi-la e, sendo mais forte que ela, violentou-a.

15Logo depois Amnom sentiu uma forte aversão por ela, mais forte que a paixão que sentira. E lhe disse: “Levante-se e saia!”

16Mas ela lhe disse: “Não, meu irmão, mandar-me embora seria pior do que o mal que você já me fez”.

Ele, porém, não quis ouvi-la 17e, chamando seu servo, disse-lhe: “Ponha esta mulher para fora daqui e tranque a porta”. 18Então o servo a pôs para fora e trancou a porta. Ela estava vestindo uma túnica longa[a], pois esse era o tipo de roupa que as filhas virgens do rei usavam desde a puberdade. 19Tamar pôs cinza na cabeça, rasgou a túnica longa que estava usando e se pôs a caminho, com as mãos sobre a cabeça e chorando em alta voz.

[a] 13:18 Ou *de diversas cores*; também no versículo 19.

Você sabia?

Davi foi um bom pai?

13:21 Embora Davi fosse um ótimo soldado e um ótimo rei, ele não era um bom pai e também não disciplinava os filhos quando erravam. O capítulo 13 de 2Samuel mostra o que acontece quando um pai falha em disciplinar os filhos.

20Absalão, seu irmão, lhe perguntou: “Seu irmão, Amnom, lhe fez algum mal? Acalme-se, minha irmã; ele é seu irmão! Não se deixe dominar pela angústia”. E Tamar, muito triste, ficou na casa de seu irmão Absalão.

21Ao saber de tudo isso, o rei Davi ficou indignado. 22E Absalão não falou nada com Amnom, nem bem, nem mal, embora o odiasse por ter violentado sua irmã Tamar.

Absalão mata Amnom

23Dois anos depois, quando os tosquiadores de ovelhas de Absalão estavam em Baal-Hazor, perto da fronteira de Efraim, Absalão convidou todos os filhos do rei para se reunirem com ele. 24Absalão foi ao rei e lhe disse: “Eu, teu servo, estou tosquiando as ovelhas e gostaria que o rei e os seus conselheiros estivessem comigo”.

25Respondeu o rei: “Não, meu filho. Não iremos todos, pois isso seria um peso para você”. Embora Absalão insistisse, ele se recusou a ir, mas o abençoou.

26Então Absalão lhe disse: “Se não queres ir, permite, por favor, que o meu irmão Amnom vá conosco”.

O rei perguntou: “Por que ele iria com você?” 27Mas Absalão insistiu tanto que o rei acabou deixando que Amnom e os seus outros filhos fossem com ele.

28Absalão ordenou aos seus homens: “Ouçam! Quando Amnom estiver embriagado de vinho e eu disser: Matem Amnom!, vocês o matarão. Não tenham medo; eu assumo a responsabilidade. Sejam fortes e corajosos!” 29Assim os homens de Absalão mataram Amnom, obedecendo às suas ordens. Então todos os filhos do rei montaram em suas mulas e fugiram.

30Estando eles ainda a caminho, chegou a seguinte notícia ao rei: “Absalão matou

Pessoas nos tempos da Bíblia

Absalão

Absalão era um dos filhos de Davi. Ele planejou vingar-se de seu irmão Amnom e o matou. Absalão ficou com medo do pai e fugiu, mas Davi sentiu falta dele. Depois, Absalão fez os israelitas pensarem que ele deveria ser rei e liderou uma rebelião contra seu pai, durante a qual muitas pessoas foram mortas, inclusive o próprio Absalão.

todos os teus filhos; nenhum deles escapou". 31O rei levantou-se, rasgou as suas vestes, prostrou-se com o rosto em terra, e todos os conselheiros que estavam com ele também rasgaram as vestes.

32Mas Jonadabe, filho de Simeia, irmão de Davi, disse: "Não pense o meu senhor que mataram todos os seus filhos. Somente Amnom foi morto. Essa era a intenção de Absalão desde o dia em que Amnom violentou Tamar, irmã dele. 33O rei, meu senhor, não deve acreditar que todos os seus filhos estão mortos. Apenas Amnom morreu".

34Enquanto isso, Absalão fugiu.

Nesse meio tempo a sentinela viu muita gente que vinha pela estrada de Horonaim, descendo pela encosta da colina, e disse ao rei: "Vejo homens vindo pela estrada de Horonaim, na encosta da colina"[a].

35E Jonadabe disse ao rei: "São os filhos do rei! Aconteceu como o teu servo disse".

36Acabando de falar, os filhos do rei chegaram, chorando em alta voz. Também o rei e todos os seus conselheiros choraram muito.

37Absalão fugiu para o território de Talmai, filho de Amiúde, rei de Gesur. E o rei Davi pranteava por seu filho todos os dias.

38Depois que Absalão fugiu para Gesur e lá permaneceu três anos, 39a ira do rei contra Absalão cessou[b], pois ele se sentia consolado da morte de Amnom.

[a] 13:34 Conforme a Septuaginta. O Texto Massorético não traz esta sentença.

[b] 13:39 Ou *o rei teve saudade de Absalão.* Conforme os manuscritos do mar Morto e alguns manuscritos da Septuaginta.

Absalão volta para Jerusalém

14 Joabe, filho de Zeruia, percebendo que o rei estava com saudade de Absalão, 2mandou buscar uma mulher astuta em Tecoa, e lhe disse: "Finja que está de luto: vista-se de preto e não se perfume. Aja como uma mulher que há algum tempo está de luto. 3Vá dizer ao rei estas palavras", e a instruiu sobre o que ela deveria dizer.

4Quando a mulher apresentou-se[c] ao rei, prostrou-se com o rosto em terra, em sinal de respeito, e lhe disse: "Ajuda-me, ó rei!"

5"Qual é o seu problema?", perguntou-lhe o rei, e ela respondeu:

"Sou viúva, meu marido morreu 6deixando-me com dois filhos. Eles brigaram no campo e, não havendo ninguém para separá-los, um acabou matando o outro. 7Agora, todo o clã levantou-se contra a tua serva, exigindo: 'Entregue o assassino, para que o matemos pela vida do irmão, e nos livremos também do herdeiro'. Eles querem apagar a última centelha que me restou, deixando meu marido sem nome nem descendência na face da terra".

8O rei disse à mulher: "Vá para casa. Eu mandarei que cuidem do seu caso".

9Mas a mulher de Tecoa lhe disse: "Ó rei, meu senhor, é sobre mim e sobre a família de meu pai que pesará a iniquidade; não pesa culpa sobre o rei e sobre o seu trono".

10O rei respondeu: "Se alguém ameaçá-la, traga-o a mim, e ele não mais a incomodará".

11Ela acrescentou: "Peço então ao rei que, em nome do SENHOR, o seu Deus, não permita que o vingador da vítima cause maior destruição, matando meu outro filho".

E disse ele: "Eu juro pelo nome do SENHOR: Nem um só fio de cabelo da cabeça de seu filho cairá".

12Disse-lhe ainda a mulher: "Permite que a tua serva fale mais uma coisa ao rei, meu senhor".

"Fale", respondeu ele.

13Disse então a mulher: "Por que terá o rei agido contra o povo de Deus? O rei está se condenando com o que acaba de dizer, pois não permitiu a volta do que foi banido. 14Que teremos que morrer um dia, é tão certo como não se pode recolher a água que se espalhou pela terra. Mas Deus não tira a vida; ao contrário, cria meios para que o banido não permaneça afastado dele.

[c] 14:4 Conforme muitos manuscritos do Texto Massorético, a Septuaginta, a Vulgata e a Versão Siríaca. A maioria dos manuscritos do Texto Massorético diz *falou.*

15"E eu vim falar sobre isso ao rei, meu se-
nhor, porque o povo me ameaçou. Tua ser-
va pensou que se falasse com o rei, talvez ele
atendesse o seu pedido 16e concordasse em
livrar a sua serva das mãos do homem que
está tentando eliminar tanto a mim como
a meu filho da herança que Deus nos deu.
17"E agora a tua serva diz: Traga-me descan-
so a decisão do rei, o meu senhor, pois o rei,
meu senhor, é como um anjo de Deus, capaz
de discernir entre o bem e o mal. Que o SE-
NHOR, o teu Deus, esteja contigo!"
18Então o rei disse à mulher: "Não me es-
conda nada do que vou lhe perguntar".
"Fale o rei, meu senhor", disse a mulher.
19O rei perguntou: "Não é Joabe que está
por trás de tudo isso?"
A mulher respondeu: "Juro por tua vida, ó
rei, ninguém é capaz de desviar-se para a di-
reita ou para a esquerda do que tu dizes. Sim,
foi o teu servo Joabe que me mandou aqui
para dizer tudo isso. 20O teu servo Joabe agiu
assim para mudar essa situação. Mas o meu
senhor é sábio como um anjo de Deus, e nada
lhe escapa de tudo o que acontece no país".
21Depois o rei disse a Joabe: "Muito bem,
atenderei esse pedido. Vá e traga de volta o
jovem Absalão".
22Joabe prostrou-se com o rosto em terra,
abençoou o rei e disse: "Hoje o teu servo ficou
sabendo que o vês com bons olhos, pois o rei
atendeu o pedido de seu servo".
23Então Joabe foi a Gesur e trouxe Absa-
lão de volta para Jerusalém. 24Mas o rei dis-
se: "Ele irá para a casa dele; não virá à minha
presença". Assim, Absalão foi para a sua ca-
sa e não compareceu mais à presença do rei.
25Em todo o Israel não havia homem tão
elogiado por sua beleza como Absalão. Da ca-
beça aos pés não havia nele nenhum defei-
to. 26Sempre que o cabelo lhe ficava pesado
demais, ele o cortava e o pesava: eram dois
quilos e quatrocentos gramas[a], segundo o pa-
drão do rei.
27Ele teve três filhos e uma filha, chama-
da Tamar, que se tornou uma linda mulher.
28Absalão morou dois anos em Jerusalém
sem ser recebido pelo rei. 29Então mandou
chamar Joabe para enviá-lo ao rei, mas Joabe
não quis ir. Mandou chamá-lo pela segunda
vez, mas ele, novamente, não quis ir. 30En-
tão Absalão disse a seus servos: "Vejam, a
propriedade de Joabe é vizinha da minha, e
ele tem uma plantação de cevada. Tratem de
incendiá-la". E os servos de Absalão puseram
fogo na plantação.
31Então Joabe foi à casa de Absalão e lhe
perguntou: "Porque os seus servos puseram
fogo na minha propriedade?"
32Absalão respondeu: "Mandei chamá-lo
para enviá-lo ao rei com a seguinte mensa-
gem: Por que voltei de Gesur? Melhor seria
que eu lá permanecesse! Quero ser recebido
pelo rei; e, se eu for culpado de alguma coi-
sa, que ele mande me matar".
33Então Joabe foi contar tudo ao rei, que
mandou chamar Absalão. Ele entrou e pros-
trou-se com o rosto em terra, perante o rei.
E o rei saudou-o com um beijo.

A conspiração de Absalão

15 Algum tempo depois, Absalão adquiriu
uma carruagem, cavalos e uma escolta
de cinquenta homens. 2Ele se levantava cedo
e ficava junto ao caminho que levava à por-
ta da cidade. Sempre que alguém trazia uma
causa para ser decidida pelo rei, Absalão o
chamava e perguntava de que cidade vinha.
A pessoa respondia que era de uma das tri-
bos de Israel, 3e Absalão dizia: "A sua causa
é válida e legítima, mas não há nenhum re-
presentante do rei para ouvi-lo". 4E Absalão
acrescentava: "Quem me dera ser designado
juiz desta terra! Todos os que tivessem uma
causa ou uma questão legal viriam a mim, e
eu lhe faria justiça".
5E sempre que alguém se aproximava dele
para prostrar-se em sinal de respeito, Absa-
lão estendia a mão, abraçava-o e beijava-o.
6Absalão agia assim com todos os israelitas
que vinham pedir que o rei lhes fizesse jus-
tiça. Assim ele foi conquistando a lealdade
dos homens de Israel.
7Ao final de quatro[b] anos, Absalão disse ao
rei: "Deixa-me ir a Hebrom para cumprir um
voto que fiz ao SENHOR. 8Quando o teu servo
estava em Gesur, na Síria, fez este voto: Se o
SENHOR me permitir voltar a Jerusalém, pres-
tarei culto a ele em Hebrom[c]".
9"Vá em paz!", disse o rei. E ele foi para He-
brom.
10Absalão enviou secretamente mensa-
geiros a todas as tribos de Israel, dizendo:
"Assim que vocês ouvirem o som das trom-
betas, digam: Absalão é rei em Hebrom". 11Ab-
salão levou duzentos homens de Jerusalém.
Eles tinham sido convidados e nada sabiam

[a] 14:26 Hebraico: *200 siclos*. Um siclo equivalia a 12 gramas.

[b] 15:7 Conforme alguns manuscritos da Septuaginta, a Versão Siríaca e Josefo. O Texto Massorético diz *quarenta*.

[c] 15:8 Conforme alguns manuscritos da Septuaginta. O Texto Massorético não traz *em Hebrom*.

nem suspeitavam do que estava acontecen-
do. 12Depois de oferecer sacrifícios, Absalão
mandou chamar Aitofel, da cidade de Gilo,
conselheiro de Davi. A conspiração ganhou
força, e cresceu o número dos que seguiam
Absalão.

A fuga de Davi

13Então um mensageiro chegou e disse a
Davi: "Os israelitas estão com Absalão!"
14Em vista disso, Davi disse aos conselhei-
ros que estavam com ele em Jerusalém: "Va-
mos fugir; caso contrário não escaparemos
de Absalão. Se não partirmos imediatamen-
te ele nos alcançará, causará a nossa ruína e
matará o povo à espada".
15Os conselheiros do rei lhe responderam:
"Teus servos estão dispostos a fazer tudo o
que o rei, nosso senhor, decidir".
16O rei partiu, seguido por todos os de sua
família; deixou, porém, dez concubinas para
tomarem conta do palácio. 17Assim, o rei par-
tiu com todo o povo. Pararam na última casa
da cidade, 18e todos os seus soldados marcha-
ram, passando por ele: todos os queretitas e
peletitas, e os seiscentos giteus que o acom-
panhavam desde Gate.
19O rei disse então a Itai, de Gate: "Por que
você está indo conosco? Volte e fique com o
novo rei, pois você é estrangeiro, um exi-
lado de sua terra. 20Faz pouco tempo que
você chegou. Como eu poderia fazê-lo acom-
panhar-me? Volte e leve consigo os seus ir-
mãos. Que o SENHOR o trate com bondade
e fidelidade!"
21Itai, contudo, respondeu ao rei: "Juro pe-
lo nome do SENHOR e por tua vida que onde
quer que o rei, meu senhor, esteja, ali esta-
rá o seu servo, para viver ou para morrer!"
22Então Davi disse a Itai: "Está bem, pode
ir adiante". E Itai, o giteu, marchou, com to-
dos os seus soldados e com as famílias que
estavam com ele.
23Todo o povo do lugar chorava em alta voz
enquanto o exército passava. O rei atraves-
sou o vale do Cedrom e todo o povo foi com
ele em direção ao deserto.
24Zadoque também estava lá, e com ele
todos os levitas que carregavam a arca da
aliança de Deus; Abiatar também estava lá.
Puseram no chão a arca de Deus até que todo
o povo saísse da cidade.
25Então o rei disse a Zadoque: "Leve a arca
de Deus de volta para a cidade. Se o SENHOR
mostrar benevolência a mim, ele me trará de
volta e me deixará ver a arca e o lugar onde
ela deve permanecer. 26Mas, se ele disser que
já não sou do seu agrado, aqui estou! Faça ele
comigo a sua vontade".
27Disse ainda o rei ao sacerdote Zadoque:
"Fique alerta! Volte em paz para a cidade,
você, Aimaás, seu filho, e Jônatas, filho de
Abiatar. 28Pelos desfiladeiros do deserto fi-
carei esperando notícias de vocês". 29Então
Zadoque e Abiatar levaram a arca de Deus
de volta para Jerusalém, e lá permaneceram.
30Davi, porém, continuou subindo o monte
das Oliveiras, caminhando e chorando, com
a cabeça coberta e os pés descalços. E todos
os que iam com ele também tinham a ca-
beça coberta e subiam chorando. 31Quando
informaram a Davi que Aitofel era um dos
conspiradores que apoiavam Absalão, Davi
orou: "Ó SENHOR, transforma em loucura os
conselhos de Aitofel".
32Quando Davi chegou ao alto do monte, ao
lugar onde o povo costumava adorar a Deus,
veio ao seu encontro o arquita Husai, com a
roupa rasgada e com terra sobre a cabeça. 33E
Davi lhe disse: "Não adianta você vir comigo.
34Mas se voltar à cidade, poderá dizer a Ab-
salão: Estarei a teu serviço, ó rei. No passado
estive a serviço de teu pai, mas agora estarei
a teu serviço. Assim você me ajudará, frus-
trando o conselho de Aitofel. 35Os sacerdo-
tes Zadoque e Abiatar estarão lá com você.
Informe-os do que você souber no palácio.
36Também estão lá os dois filhos deles: Ai-
maás e Jônatas. Por meio deles me informe
de tudo o que você ouvir".
37Husai, amigo de Davi, chegou a Jerusalém
quando Absalão estava entrando na cidade.

Davi e Ziba

16 Mal Davi tinha passado pelo alto do mon-
te, lá estava à sua espera Ziba, criado de
Mefibosete. Ele trazia dois jumentos carregan-
do duzentos pães, cem bolos de uvas passas,
cem frutas da estação e uma vasilha de cou-
ro cheia de vinho.
2O rei perguntou a Ziba: "Por que você
trouxe essas coisas?"
Ziba respondeu: "Os jumentos servirão
de montaria para a família do rei, os pães e
as frutas são para os homens comerem, e o
vinho servirá para reanimar os que ficarem
exaustos no deserto".
3"Onde está Mefibosete, neto de seu se-
nhor?", perguntou o rei.
Respondeu-lhe Ziba: "Ele ficou em Jerusa-
lém, pois acredita que os israelitas lhe resti-
tuirão o reino de seu avô".

4Então o rei disse a Ziba: "Tudo o que per-
tencia a Mefibosete agora é seu".
"Humildemente me prostro", disse Ziba.
"Que o rei, meu senhor, agrade-se de mim".

Simei amaldiçoa Davi

5Chegando o rei Davi a Baurim, um homem
do clã da família de Saul chamado Simei, fi-
lho de Gera, saiu da cidade proferindo mal-
dições contra ele. 6Ele atirava pedras em Davi
e em todos os conselheiros do rei, embora
todo o exército e a guarda de elite estives-
sem à direita e à esquerda de Davi. 7Enquan-
to amaldiçoava, Simei dizia: "Saia daqui, saia
daqui! Assassino! Bandido! 8O SENHOR retri-
buiu a você todo o sangue derramado na fa-
mília de Saul, em cujo lugar você reinou. O
SENHOR entregou o reino nas mãos de seu
filho Absalão. Você está arruinado porque é
um assassino!"
9Então Abisai, filho de Zeruia, disse ao rei:
"Por que esse cão morto amaldiçoa o rei, meu
senhor? Permite que eu lhe corte a cabeça".
10Mas o rei disse: "Que é que vocês têm com
isso, filhos de Zeruia? Ele me amaldiçoa por-
que o SENHOR lhe disse que amaldiçoasse Da-
vi. Portanto, quem poderá questioná-lo?"
11Disse então Davi a Abisai e a todos os seus
conselheiros: "Até meu filho, sangue do meu
sangue[a], procura matar-me. Quanto mais es-
te benjamita! Deixem-no em paz! Que amal-
diçoe, pois foi o SENHOR que mandou fazer
isso. 12Talvez o SENHOR considere a minha
aflição e me retribua com o bem a maldição
que hoje recebo".
13Assim, Davi e os seus soldados prosse-
guiram pela estrada, enquanto Simei ia pela
encosta do monte, no lado oposto, amaldi-
çoando e jogando pedras e terra. 14O rei e
todo o povo que estava com ele chegaram
exaustos a seu destino. E lá descansaram.

O conselho de Husai e de Aitofel

15Enquanto isso, Absalão e todos os homens
de Israel entraram em Jerusalém, e Aitofel
estava com eles. 16Então Husai, o arquita,
amigo de Davi, aproximou-se de Absalão e
exclamou: "Viva o rei! Viva o rei!"
17Mas Absalão disse a Husai: "É essa a leal-
dade que você tem para com o seu amigo?
Por que você não foi com ele?"
18Respondeu Husai: "Não! Sou do escolhido
do SENHOR, deste povo e de todos os israeli-
tas, e com ele permanecerei. 19Além disso, a
quem devo servir? Não deveria eu servir ao
filho? Assim como servi a teu pai, também
te servirei".
20Então Absalão disse a Aitofel: "Dê-nos o
seu conselho. Que devemos fazer?"
21Aitofel respondeu: "Aconselho que te-
nhas relações com as concubinas de teu pai,
que ele deixou para tomar conta do palácio.
Então todo o Israel ficará sabendo que te tor-
naste repugnante para teu pai, e todos os
que estão contigo se encherão de coragem".
22E assim armaram uma tenda no terraço do

[a] 16:11 Hebraico: *que saiu das minhas entranhas.*

Quando xingam você

Experimente!

Você já ouviu alguém dizer: "Pode falar o que quiser, o que vem de baixo não me atinge"? Mas não é verdade, pois ser xingado nos atinge e machuca. O que você faz quando alguém o xinga?

Nesta história da Bíblia, um homem chamado Simei falou coisas feias para o rei Davi e até jogou pedras nele. Leia 2Samuel 16:5-14 e julgue se as afirmações a seguir são verdadeiras ou falsas.

2Samuel 16:5-14

1. Davi mandou seus soldados matarem Simei.
2. Davi mandou seus amigos não darem atenção a Simei.
3. Davi disse que Deus ouviria e pagaria com bem a Davi por todas as coisas ruins que Simei falou.
4. Davi xingou Simei e correu atrás dele.

Agora decida o que você vai fazer da próxima vez que alguém xingá-lo.

palácio para Absalão, e ele teve relações com as
concubinas de seu pai à vista de todo o Israel.
23Naquela época, tanto Davi como Absalão
consideravam os conselhos de Aitofel como
se fossem a palavra do próprio Deus.

17 Aitofel disse a Absalão: "Permite-me es-
colher doze mil homens, e partirei esta
noite em perseguição a Davi. 2Eu o atacarei
enquanto ele está exausto e fraco; vou cau-
sar-lhe pânico, e seu exército fugirá. Depois
matarei somente o rei, 3e trarei todo o exér-
cito de volta a ti. É somente um homem que
procuras matar. Assim, todo o exército ficará
em paz". 4Esse plano pareceu bom a Absalão
e a todas as autoridades de Israel.

5Entretanto, Absalão disse: "Chamem tam-
bém Husai, o arquita, para que ouçamos a
opinião dele". 6Quando Husai entrou, Absa-
lão lhe disse: "Aitofel deu-nos o conselho de-
le. Devemos fazer o que ele diz, ou você tem
outra opinião?"

7Husai respondeu: "O conselho que Aitofel
deu desta vez não é bom. 8Sabes que o teu pai
e os homens que estão com ele são guerrei-
ros e estão furiosos como uma ursa selvagem
da qual roubaram os filhotes. Além disso, teu
pai é um soldado experiente e não passará a
noite com o exército. 9Ele, agora, já deve es-
tar escondido numa caverna ou nalgum ou-
tro lugar. Se alguns dos teus soldados forem
mortos no primeiro ataque,[a] quem souber
disso dirá: 'Houve matança no meio do exér-
cito de Absalão'. 10Então, até o mais bravo sol-
dado, corajoso como leão, ficará morrendo
de medo, pois todo o Israel sabe que teu pai
é um guerreiro valente e que seus soldados
são corajosos.

11"Por isso, dou o seguinte conselho: que se
reúnam a ti todos os homens de Israel, desde
Dã até Berseba, tantos como a areia da praia,
e que tu mesmo os conduzas na batalha. 12En-
tão o atacaremos onde quer que ele se en-
contre, e cairemos sobre ele como o orvalho
cai sobre a terra. Ele e todos os seus homens
não escaparão. 13Se ele se refugiar em alguma
cidade, todo o Israel levará cordas para lá, e
arrastaremos aquela cidade para o vale, até
que não reste ali sequer uma pequena pedra".

14Absalão e todos os homens de Israel con-
sideraram o conselho de Husai, o arquita,
melhor do que o de Aitofel; pois o SENHOR ti-
nha decidido frustrar o eficiente conselho de
Aitofel, a fim de trazer ruína sobre Absalão.

15Husai contou aos sacerdotes Zadoque e
Abiatar o conselho que Aitofel dera a Ab-
salão e às autoridades de Israel, e o que ele
mesmo lhes tinha aconselhado em seguida.
16Então pediu que enviassem imediatamen-
te esta mensagem a Davi: "Não passe a noite
nos pontos de travessia do Jordão, no deser-
to, mas atravesse logo o rio, senão o rei e todo
o seu exército serão exterminados".

17Jônatas e Aimaás estavam em En-Rogel, e
uma serva os informava regularmente, pois
não podiam arriscar-se a serem vistos na ci-
dade. Eles, por sua vez, iam relatar ao rei Davi
o que tinham ouvido. 18Mas um jovem os viu
e avisou Absalão. Então eles partiram rapida-
mente e foram para a casa de um habitante
de Baurim, que tinha um poço no quintal.
Eles desceram ao poço, 19e a dona da casa co-
locou a tampa no poço. Para disfarçar, espa-
lhou grãos de cereal por cima.

20Os soldados de Absalão chegaram à casa
da mulher e lhe perguntaram: "Onde estão
Aimaás e Jônatas?"

A mulher respondeu: "Eles atravessaram
as águas"[b]. Os homens os procuraram sem
sucesso, e voltaram a Jerusalém.

21Tendo eles ido embora, os dois saíram do
poço e foram informar o rei Davi. Falaram-
-lhe do conselho que Aitofel dera contra ele, e
lhe disseram que atravessasse imediatamen-
te o Jordão. 22Então Davi e todo o seu exército
saíram e, quando o sol nasceu, todos tinham
atravessado o Jordão.

23Vendo Aitofel que o seu conselho não ha-
via sido aceito, selou seu jumento e foi para
casa, para a sua cidade natal; pôs seus ne-
gócios em ordem e depois se enforcou. Ele
foi sepultado no túmulo de seu pai.

24Davi já tinha chegado a Maanaim quan-
do Absalão atravessou o Jordão com todos os
homens de Israel. 25Absalão havia nomeado
Amasa comandante do exército em lugar de
Joabe. Amasa era filho de Jéter[c], um israeli-
ta[d] que havia possuído Abigail, filha de Naás
e irmã de Zeruia, mãe de Joabe. 26Absalão e
os israelitas acamparam em Gileade.

27Quando Davi chegou a Maanaim, Sobi,
filho de Naás, de Rabá dos amonitas, Ma-
quir, filho de Amiel, de Lo-Debar, e o gilea-
dita Barzilai, de Rogelim, 28trouxeram a Davi
e ao seu exército camas, bacias e utensílios

[a] 17:9 Ou *Quando alguns dos homens caírem no primeiro ataque,*

[b] 17:20 Ou *"Passaram pelo curral de ovelhas e foram na direção da água"*.

[c] 17:25 Hebraico: *Itra*, variante de *Jéter*.

[d] 17:25 Conforme o Texto Massorético e alguns manuscritos da Septuaginta. Outros manuscritos da Septuaginta dizem *ismaelita*. Veja 1Cr 2:17.

de cerâmica e também trigo, cevada, farinha, grãos torrados, feijão e lentilha[a], 29mel e coalhada, ovelhas e queijo de leite de vaca; pois sabiam que o exército estava cansado, com fome e com sede no deserto.

A morte de Absalão

18 Davi passou em revista o exército e nomeou comandantes de batalhões de mil e de cem. 2Depois dividiu o exército em três companhias: uma sob o comando de Joabe, outra sob o comando de Abisai, irmão de Joabe, filho de Zeruia, e outra sob o comando de Itai, o giteu. Disse então o rei ao exército: "Eu também marcharei com vocês".

3Mas os homens disseram: "Não faças isso! Se tivermos que fugir, eles não se preocuparão conosco, e mesmo que metade de nós morra em batalha, eles não se importarão. Tu, porém, vales por dez mil de nós.[b] Melhor será que fiques na cidade e dali nos dês apoio".

4O rei respondeu: "Farei o que acharem melhor".

E o rei ficou junto à porta, enquanto os soldados marchavam, saindo em unidades de cem e de mil. 5O rei ordenou a Joabe, a Abisai e a Itai: "Por amor a mim, tratem bem o jovem Absalão!" E todo o exército ouviu quando o rei deu essa ordem sobre Absalão a cada um dos comandantes.

6O exército saiu a campo para enfrentar Israel, e a batalha aconteceu na floresta de Efraim, 7onde o exército de Israel foi derrotado pelos soldados de Davi. Houve grande matança naquele dia, elevando-se o número de mortos a vinte mil. 8A batalha espalhou-se por toda a região e, naquele dia, a floresta matou mais que a espada.

9Durante a batalha, Absalão, montado em sua mula, encontrou-se com os soldados de Davi. Passando a mula debaixo dos galhos de uma grande árvore, Absalão ficou preso nos galhos pela cabeça. Ficou pendurado entre o céu e a terra, e a mula prosseguiu.

10Um homem o viu e informou a Joabe: "Acabei de ver Absalão pendurado numa grande árvore".

11"Você o viu?", perguntou Joabe ao homem. "E por que não o matou ali mesmo? Eu teria dado a você dez peças de prata e um cinturão de guerreiro!"

12Mas o homem respondeu: "Mesmo que fossem pesadas e colocadas em minhas mãos mil peças de prata, eu não levantaria a mão contra o filho do rei. Ouvimos o rei ordenar a ti, a Abisai e a Itai: 'Protejam, por amor a mim, o jovem Absalão'[c]. 13Por outro lado, se eu tivesse atentado traiçoeiramente contra a vida dele, o rei ficaria sabendo, pois não se pode esconder nada dele, e tu mesmo ficarias contra mim".

14E Joabe disse: "Não vou perder mais tempo com você". Então pegou três dardos e com eles traspassou o coração de Absalão, quando ele ainda estava vivo na árvore. 15E dez dos escudeiros de Joabe cercaram Absalão e acabaram de matá-lo.

16A seguir Joabe tocou a trombeta para que o exército parasse de perseguir Israel, e assim deteve o exército. 17Retiraram o corpo de Absalão, jogaram-no num grande fosso na floresta e fizeram um grande monte de pedras sobre ele. Enquanto isso, todos os israelitas fugiam para casa.

18Quando em vida, Absalão tinha levantado um monumento para si mesmo no vale do Rei, dizendo: "Não tenho nenhum filho para preservar a minha memória". Por isso deu à coluna o seu próprio nome. Chama-se ainda hoje Monumento de Absalão.

A tristeza de Davi

19Então Aimaás, filho de Zadoque, disse: "Deixa-me correr e levar ao rei a notícia de que o SENHOR lhe fez justiça, livrando-o de seus inimigos".

20"Não é você quem deve levar a notícia hoje", disse-lhe Joabe. "Deixe isso para outra ocasião. Hoje não, porque o filho do rei morreu."

21Então Joabe ordenou a um etíope[d]: "Vá dizer ao rei o que você viu". O etíope inclinou-se diante de Joabe e saiu correndo para levar a notícia.

22Todavia Aimaás, filho de Zadoque, disse de novo a Joabe: "Não importa o que aconteça, deixa-me ir com o etíope".

Joabe, porém, respondeu: "Por que está querendo tanto ir, meu filho? Você não receberá nenhuma recompensa pela notícia".

23Mas ele insistiu: "Não importa o que aconteça, quero ir".

Disse então Joabe: "Pois vá!" E Aimaás

[a] 17:28 Conforme a maioria dos manuscritos da Septuaginta e a Versão Siríaca. O Texto Massorético diz *lentilha, e grãos torrados*.

[b] 18:3 Conforme dois manuscritos do Texto Massorético, alguns manuscritos da Septuaginta e a Vulgata. A maioria dos manuscritos do Texto Massorético diz *importarão, pois agora existem dez mil como nós*.

[c] 18:12 Conforme alguns manuscritos do Texto Massorético, a Septuaginta, a Vulgata e a Versão Siríaca. A maioria dos manuscritos do Texto Massorético diz *'Protejam o jovem Absalão, não importa quem vocês sejam'*.

[d] 18:21 Hebraico: *cuxita*; também em 18:21-23, 31 e 32.

correu pelo caminho da planície[a] e passou à
frente do etíope.
24 Davi estava sentado entre a porta inter-
na e a externa da cidade. E quando a sentine-
la subiu ao terraço que havia sobre a porta,
junto à muralha, viu um homem que vinha
correndo sozinho. 25 A sentinela gritou, avi-
sando o rei.
O rei disse: "Se ele está sozinho, deve tra-
zer boa notícia". E o homem aproximou-se.
26 Então a sentinela viu outro homem que
vinha correndo e gritou ao porteiro: "Vem
outro homem correndo sozinho!"
"Esse também deve estar trazendo boa no-
tícia!", exclamou o rei.
27 A sentinela disse: "Está me parecendo,
pelo jeito de correr, que o da frente é Aimaás,
filho de Zadoque".
"É um bom homem", disse o rei. "Ele traz
boas notícias."
28 Então Aimaás aproximou-se do rei e o
saudou. Prostrou-se com o rosto em terra,
diante do rei e disse: "Bendito seja o SENHOR,
o teu Deus! Ele entregou os homens que se
rebelaram contra o rei, meu senhor".
29 O rei perguntou: "O jovem Absalão está
bem?"
Aimaás respondeu: "Vi que houve grande
confusão quando Joabe, o servo do rei, ia en-
viar teu servo, mas não sei o que aconteceu".

[a] 18:23 Isto é, a planície do Jordão.

30 O rei disse: "Fique ali ao lado esperando".
E Aimaás ficou esperando.
31 Então o etíope chegou e disse: "Ó rei, meu
senhor, ouve a boa notícia! Hoje o SENHOR
te livrou de todos os que se levantaram con-
tra ti".
32 O rei perguntou ao etíope: "O jovem Ab-
salão está bem?"
O etíope respondeu: "Que os inimigos do
rei, meu senhor, e todos os que se levan-
tam para te fazer mal acabem como aque-
le jovem!"
33 Então o rei, abalado, subiu ao quarto que
ficava por cima da porta e chorou. Foi subin-
do e clamando: "Ah, meu filho Absalão! Meu
filho, meu filho Absalão! Quem me dera ter
morrido em seu lugar! Ah, Absalão, meu fi-
lho, meu filho!"

O luto de Davi

19 Informaram a Joabe que o rei estava cho-
rando e se lamentando por Absalão. 2 Para
todo o exército a vitória daquele dia se trans-
formou em luto, porque as tropas ouviram
dizer: "O rei está de luto por seu filho". 3 Na-
quele dia o exército ficou em silêncio na ci-
dade, como fazem os que fogem humilhados
da batalha. 4 O rei, com o rosto coberto, grita-
va: "Ah, meu filho Absalão! Ah, Absalão, meu
filho, meu filho!"

Joabe repreende Davi

5 Então Joabe entrou no palácio e foi falar
com o rei: "Hoje humilhaste todos os teus

A vida nos tempos da Bíblia

A porta da cidade

As portas, ou portões, nos muros de uma cidade eram muito pesadas. Algumas eram feitas de pedra, bem grossas, medindo três metros de altura; outras eram feitas de madeira grossa e reforçadas com faixas de ferro. Nos tempos da Bíblia, os homens se encontravam nas portas da cidade para conversar e fazer negócios. Em Juízes 16 você pode ler sobre um homem forte que carregou a porta de uma cidade por cinquenta quilômetros.

soldados, os quais salvaram a tua vida, bem como a de teus filhos e filhas, e de tuas mulheres e concubinas. [6]Amas os que te odeiam e odeias os que te amam. Hoje deixaste claro que os comandantes e os seus soldados nada significam para ti. Vejo que ficarias satisfeito se, hoje, Absalão estivesse vivo e todos nós, mortos. [7]Agora, vai e encoraja teus soldados! Juro pelo SENHOR que, se não fores, nem um só deles permanecerá contigo esta noite, o que para ti seria pior do que todas as desgraças que já te aconteceram desde a tua juventude".

[8]Então o rei levantou-se e sentou-se junto à porta da cidade. Quando o exército soube que o rei estava sentado junto à porta, todos os soldados juntaram-se a ele.

Davi retorna para Jerusalém

Enquanto isso os israelitas fugiam para casa. [9]Em todas as tribos de Israel o povo discutia, dizendo: "Davi nos livrou das mãos de nossos inimigos; foi ele que nos libertou dos filisteus. Mas agora fugiu do país por causa de Absalão; [10]e Absalão, a quem tínhamos ungido rei, morreu em combate. E, por que não falam em trazer o rei de volta?"

[11]Quando chegou aos ouvidos do rei o que todo o Israel estava comentando, Davi mandou a seguinte mensagem aos sacerdotes Zadoque e Abiatar: "Perguntem às autoridades de Judá: Por que vocês seriam os últimos a conduzir o rei de volta ao seu palácio? [12]Vocês são meus irmãos, sangue do meu sangue[a]! Por que seriam os últimos a ajudar no meu retorno?" [13]E digam a Amasa: "Você é sangue do meu sangue! Que Deus me castigue com todo o rigor se, de agora em diante, você não for o comandante do meu exército em lugar de Joabe".

[14]As palavras de Davi conquistaram a lealdade unânime de todos os homens de Judá. E eles mandaram dizer ao rei que voltasse com todos os seus servos. [15]Então o rei voltou e chegou ao Jordão.

E os homens de Judá foram a Gilgal, ao encontro do rei, para ajudá-lo a atravessar o Jordão. [16]Simei, filho de Gera, benjamita de Baurim, foi depressa com os homens de Judá para encontrar-se com o rei Davi. [17]Com ele estavam outros mil benjamitas e também Ziba, supervisor da casa de Saul, com seus quinze filhos e vinte servos. Eles entraram no Jordão antes do rei [18]e atravessaram o rio a fim de ajudar a família real na travessia e fazer o que o rei desejasse.

Simei, filho de Gera, atravessou o Jordão, prostrou-se perante o rei [19]e lhe disse: "Que o meu senhor não leve em conta o meu crime. E que não te lembres do mal que o teu servo cometeu no dia em que o rei, meu senhor, saiu de Jerusalém. Que o rei não pense mais nisso! [20]Eu, teu servo, reconheço que pequei. Por isso, de toda a tribo de José, fui o primeiro a vir ao encontro do rei, meu senhor".

[21]Então Abisai, filho de Zeruia, disse: "Simei amaldiçoou o ungido do SENHOR; ele deve ser morto!"

[22]Davi respondeu: "Que é que vocês têm com isso, filhos de Zeruia? Acaso se tornaram agora meus adversários? Deve alguém ser morto hoje em Israel? Ou não tenho hoje a garantia de que voltei a reinar sobre Israel?" [23]E o rei prometeu a Simei, sob juramento: "Você não será morto".

[24]Mefibosete, neto de Saul, também foi ao encontro do rei. Ele não havia lavado os pés nem aparado a barba nem lavado as roupas, desde o dia em que o rei partira até o dia em que voltou em segurança. [25]Quando chegou de Jerusalém e encontrou-se com o rei, este lhe perguntou: "Por que você não foi comigo, Mefibosete?"

[26]Ele respondeu: "Ó rei, meu senhor! Eu, teu servo, sendo aleijado, mandei selar o meu jumento para montá-lo e acompanhar o rei. Mas o meu servo me enganou. [27]Ele falou mal de mim ao rei, meu senhor. Tu és como um anjo de Deus! Faze o que achares melhor. [28]Todos os descendentes do meu avô nada mereciam do meu senhor e rei, senão a morte. Entretanto, deste a teu servo um lugar entre os que comem à tua mesa. Que direito tenho eu, pois, de te pedir qualquer outro favor?"

[29]Disse-lhe então o rei: "Você já disse o suficiente. Minha decisão é que você e Ziba dividam a propriedade".

[30]Mas Mefibosete disse ao rei: "Deixa que ele fique com tudo, agora que o rei, meu senhor, chegou em segurança ao seu lar".

[31]Barzilai, de Gileade, também saiu de Rogelim, acompanhando o rei até o Jordão, para despedir-se dele. [32]Barzilai era bastante idoso; tinha oitenta anos. Foi ele que sustentou o rei durante a sua permanência em Maanaim, pois era muito rico. [33]O rei disse a Barzilai: "Venha comigo para Jerusalém, e eu cuidarei de você".

[a] 19:12 Hebraico: *meu osso e minha carne*; também no versículo 13.

34 Barzilai, porém, respondeu: "Quantos
anos de vida ainda me restam, para que eu
vá com o rei e viva com ele em Jerusalém?
35 Já fiz oitenta anos. Como eu poderia distin-
guir entre o que é bom e o que é mau? Teu
servo mal pode sentir o gosto daquilo que
come e bebe. Nem consigo apreciar a voz de
homens e mulheres cantando! Eu seria mais
um peso para o rei, meu senhor. 36 Teu ser-
vo acompanhará o rei um pouco mais, atra-
vessando o Jordão, mas não há motivo para
uma recompensa dessas. 37 Permite que o teu
servo volte! E que eu possa morrer na minha
própria cidade, perto do túmulo de meu pai
e de minha mãe. Mas aqui está o meu servo
Quimã. Que ele vá com o meu senhor e rei.
Faze por ele o que achares melhor!"
38 O rei disse: "Quimã virá comigo! Farei por
ele o que você achar melhor. E tudo o mais
que desejar de mim, eu o farei por você".
39 Então todo o exército atravessou o Jor-
dão, e também o rei o atravessou. O rei bei-
jou Barzilai e o abençoou. E Barzilai voltou
para casa.
40 O rei seguiu para Gilgal; e com ele foi
Quimã. Todo o exército de Judá e a metade
do exército de Israel acompanharam o rei.
41 Logo os homens de Israel chegaram ao rei
para reclamar: "Por que os nossos irmãos, os
de Judá, sequestraram o rei e o levaram para
o outro lado do Jordão, como também a fa-
mília dele e todos os seus homens?"
42 Todos os homens de Judá responderam
aos israelitas: "Fizemos isso porque o rei é
nosso parente mais chegado. Por que vo-
cês estão irritados? Acaso comemos das
provisões do rei ou tomamos dele alguma
coisa?"
43 Então os israelitas disseram aos homens
de Judá: "Somos dez com o rei; e muito
maior é o nosso direito sobre Davi do que o
de vocês. Por que nos desprezam? Nós fomos
os primeiros a propor o retorno do nosso rei!"
Mas os homens de Judá falaram ainda
mais asperamente do que os israelitas.

A rebelião de Seba contra Davi

20 Também estava lá um desordeiro cha-
mado Seba, filho de Bicri, de Benja-
mim. Ele tocou a trombeta e gritou:

"Não temos parte alguma com Davi,
nenhuma herança com o filho de Jessé!
Para casa todos, ó Israel!"

2 Então todos os de Israel abandonaram Da-
vi para seguir Seba, filho de Bicri. Mas os de
Judá permaneceram com seu rei e o acompa-
nharam desde o Jordão até Jerusalém.
3 Quando Davi voltou ao palácio, em Je-
rusalém, mandou confinar numa casa, sob
guarda, as dez concubinas que tinha deixado
tomando conta do palácio. Ele as sustentou,
mas nunca mais as possuiu. Ficaram confina-
das, vivendo como viúvas até a morte.
4 E o rei disse a Amasa: "Convoque os
homens de Judá e, dentro de três dias,

A vida nos tempos da Bíblia

Ataque a uma cidade murada

Quando atacavam uma cidade murada, os exércitos de antigamente construíam rampas de cerco empilhando terra e pedras contra o muro. Os soldados subiam pela rampa e usavam toras pesadas para bater no topo do muro até quebrá-lo, tendo em vista que os muros das cidades antigas eram mais finos e mais fracos no topo.

apresente-se aqui com eles". 5Mas Amasa le-
vou mais tempo para convocar Judá do que
o prazo estabelecido pelo rei.
6Disse então Davi a Abisai: "Agora Seba, fi-
lho de Bicri, será pior para nós do que Ab-
salão. Chame os meus soldados e persiga-o,
antes que ele encontre alguma cidade for-
tificada e, depois, nos arranque os olhos".
7Assim, os soldados de Joabe, os quereti-
tas, os peletitas e todos os guerreiros saí-
ram de Jerusalém para perseguir Seba, filho
de Bicri.
8Quando estavam junto à grande rocha de
Gibeom, Amasa encontrou-se com eles. Joabe
vestia seu traje militar e tinha um cinto com
um punhal na bainha. Ao aproximar-se de
Amasa, deixou cair a adaga.
9"Como vai, meu irmão?", disse Joabe, pe-
gando Amasa pela barba com a mão direita,
para beijá-lo. 10E Amasa, não percebendo o
punhal na mão esquerda de Joabe, foi por
ele golpeado no estômago. Suas entranhas
se derramaram no chão, e ele morreu, sem
necessidade de um segundo golpe. Então
Joabe e Abisai, seu irmão, perseguiram Se-
ba, filho de Bicri.
11Um dos soldados de Joabe ficou ao lado
do corpo de Amasa e disse: "Quem estiver
do lado de Joabe e de Davi, que siga Joabe!"
12Amasa jazia numa poça de sangue no meio
da estrada. Quando o homem viu que todos
os que se aproximavam do corpo de Amasa
paravam, arrastou-o para fora da estrada e o
cobriu com uma coberta. 13Depois que o cor-
po de Amasa foi retirado da estrada, todos os
homens seguiram com Joabe em perseguição
a Seba, filho de Bicri.
14Seba atravessou todas as tribos de Israel e
chegou até Abel-Bete-Maaca,[a] e todos os bicri-
tas[b] se reuniram para segui-lo. 15O exército de
Joabe veio, cercou Seba em Abel-Bete-Maa-
ca e construiu contra a cidade uma rampa
que chegou até a muralha externa. Quando
o exército de Joabe estava para derrubar a
muralha, 16uma mulher sábia gritou da ci-
dade: "Ouçam! Ouçam! Digam a Joabe que
venha aqui para que eu fale com ele". 17Quan-
do ele se aproximou, a mulher perguntou:
"Tu és Joabe?"

Ele respondeu: "Sim".

Ela disse: "Ouve o que a tua serva tem pa-
ra dizer-te".

"Estou ouvindo", disse ele.
18E ela prosseguiu: "Antigamente se dizia:
'Peça conselho na cidade de Abel', e isso re-
solvia a questão. 19Nós somos pacíficos e fieis
em Israel. Tu procuras destruir uma cidade
que é mãe em Israel. Por que queres arruinar
a herança do SENHOR?"
20Respondeu Joabe: "Longe de mim uma
coisa dessas! Longe de mim arruinar e des-
truir esta cidade! 21Não é esse o problema.
Mas um homem chamado Seba, filho de Bi-
cri, dos montes de Efraim, rebelou-se con-
tra o rei Davi. Entreguem-me esse homem,
e iremos embora".

A mulher disse a Joabe: "A cabeça dele te
será jogada do alto da muralha".
22Então a mulher foi falar com todo o povo,
dando o seu sábio conselho, e eles cortaram
a cabeça de Seba, filho de Bicri, e a jogaram
para Joabe. Ele tocou a trombeta, e seus ho-
mens se dispersaram, abandonaram o cerco
da cidade e cada um voltou para sua casa. E
Joabe voltou ao rei, em Jerusalém.
23Joabe comandava todo o exército de Is-
rael; Benaia, filho de Joiada, comandava os
queretitas e os peletitas; 24Adonirão[c] era che-
fe do trabalho forçado; Josafá, filho de Ailu-
de, era arquivista real; 25Seva era secretário;
Zadoque e Abiatar eram sacerdotes; 26e Ira,
de Jair, era sacerdote de Davi.

Os gibeonitas são vingados

21 Durante o reinado de Davi houve uma
fome que durou três anos. Davi consul-
tou o SENHOR, que lhe disse: "A fome veio por
causa de Saul e de sua família sanguinária,
por terem matado os gibeonitas".

[a] 20:14 Ou *Abel, inclusive Bete-Maaca*; também no versículo 15.

[b] 20:14 Conforme a Septuaginta e a Vulgata. O Texto Massorético diz *beritas*.

[c] 20:24 Conforme alguns manuscritos da Septuaginta. O Texto Massorético diz *Adorão*. Veja 1Rs 4:6 e 5:14.

Você sabia?

Quem eram os gibeonitas?

21:1 Eles eram cananeus que haviam enganado Josué para fazerem um acordo de paz (veja Josué 9), mas o rei Saul quebrou esse acordo e tentou acabar com eles. O capítulo 21 de 2Samuel conta que Davi teve de compensar o dano do pecado de Saul contra os gibeonitas.

2O rei então mandou chamar os gibeoni-
tas e falou com eles. (Os gibeonitas não eram
de origem israelita, mas remanescentes dos
amorreus. Os israelitas tinham feito com eles
um acordo sob juramento; mas Saul, em seu
zelo por Israel e Judá, havia tentado extermi-
ná-los.) 3Davi perguntou aos gibeonitas: “Que
posso fazer por vocês? Como posso reparar o
que foi feito, para que abençoem a herança
do SENHOR?”
4Os gibeonitas responderam: “Não exigi-
mos de Saul ou de sua família prata ou ouro,
nem queremos matar ninguém em Israel”.
Davi perguntou: “O que querem que eu fa-
ça por vocês?”, 5e eles responderam: “Quanto
ao homem que quase nos exterminou e que
pretendia destruir-nos, para que não tivésse-
mos lugar em Israel, 6que sete descendentes
dele sejam executados perante o SENHOR, em
Gibeá de Saul, no monte do SENHOR”.
“Eu os entregarei a vocês”, disse o rei.
7O rei poupou Mefibosete, filho de Jônatas
e neto de Saul, por causa do juramento feito
perante o SENHOR entre Davi e Jônatas, filho
de Saul. 8Mas o rei mandou buscar Armoni e
Mefibosete, os dois filhos que Rispa, filha de
Aiá, tinha dado a Saul. Com eles também os
cinco filhos que Merabe[a], filha de Saul, tinha
dado a Adriel, filho de Barzilai, de Meolá. 9Ele
os entregou aos gibeonitas, que os executa-
ram no monte, perante o SENHOR. Os sete fo-
ram mortos ao mesmo tempo, nos primeiros
dias da colheita de cevada.
10Então Rispa, filha de Aiá, pegou um pano
de saco e o estendeu para si sobre uma ro-
cha. Desde o início da colheita até cair chuva
do céu sobre os corpos, ela não deixou que
as aves de rapina os tocassem de dia, nem
os animais selvagens à noite. 11Quando Da-
vi foi informado do que Rispa, filha de Aiá,
concubina de Saul, havia feito, 12mandou re-
colher os ossos de Saul e de Jônatas, toman-
do-os dos cidadãos de Jabes-Gileade. (Eles
haviam roubado os ossos da praça de Bete-
-Seã, onde os filisteus os tinham pendurado,
no dia em que mataram Saul no monte Gil-
boa.) 13Davi trouxe de lá os ossos de Saul e de
seu filho Jônatas, recolhidos dentre os ossos
dos que haviam sido executados.
14Enterraram os ossos de Saul e de Jôna-
tas no túmulo de Quis, pai de Saul, em Ze-
la, na terra de Benjamim, e fizeram tudo o
que o rei tinha ordenado. Depois disso Deus
respondeu as orações em favor da terra de
Israel.

Guerras contra os filisteus

15Houve, ainda, outra batalha entre os filis-
teus e Israel; Davi e seus soldados foram lu-
tar contra os filisteus. Davi se cansou muito,
16e Isbi-Benobe, descendente de Rafa, prome-
teu matar Davi. (A ponta de bronze da lança
de Isbi-Benobe pesava três quilos e seiscen-
tos gramas[b], e, além disso, ele estava arma-
do com uma espada nova.) 17Mas Abisai, filho
de Zeruia, foi em socorro de Davi e matou o
filisteu. Então os soldados de Davi lhe jura-
ram, dizendo: “Nunca mais sairás conosco à
guerra, para que não apagues a lâmpada de
Israel”.
18Houve depois outra batalha contra os fi-
listeus, em Gobe. Naquela ocasião Sibecai,
de Husate, matou Safe, um dos descenden-
tes de Rafa.
19Noutra batalha contra os filisteus em Go-
be, Elanã, filho de Jaaré-Oregim,[c] de Belém,
matou Golias,[d] de Gate, que possuía uma lan-
ça cuja haste parecia uma lançadeira de te-
celão.
20Noutra batalha, em Gate, havia um ho-
mem de grande estatura e que tinha seis de-
dos em cada mão e seis dedos em cada pé,
vinte e quatro dedos ao todo. Ele também
era descendente de Rafa, 21e desafiou Israel,
mas Jônatas, filho de Simeia, irmão de Da-
vi, o matou.
22Esses quatro eram descendentes de Ra-
fa, em Gate, e foram mortos por Davi e seus
soldados.

Cântico de louvor de Davi

22 Davi cantou ao SENHOR este cântico,
quando ele o livrou das mãos de todos
os seus inimigos e das mãos de Saul, 2dizendo:

“O SENHOR é a minha rocha,
a minha fortaleza e o meu
libertador;
3o meu Deus é a minha rocha,
em que me refugio;
o meu escudo
e o meu poderoso[e] salvador.
Ele é a minha torre alta,
o meu abrigo seguro.
Tu, Senhor,
és o meu salvador,

[a] 21:8 Conforme dois manuscritos do Texto Massorético, alguns manuscritos da Septuaginta e a Versão Siríaca. A maioria dos manuscritos do Texto Massorético e da Septuaginta diz *Mical*. Veja 1Sm 18:19.

[b] 21:16 Hebraico: *300 siclos*. Um siclo equivalia a 12 gramas.
[c] 21:19 Ou *filho do tecelão Jair*,
[d] 21:19 Conforme o Texto Massorético e a Septuaginta. 1Cr 20:5 diz *filho de Jair, matou Lami, o irmão de Golias*.
[e] 22:3 Hebraico: *chifre*, que aqui simboliza a força.

Você sabia?

Que outro nome se dá para um cântico de louvor?

22:1 Um cântico de louvor pode também ser chamado de salmo. Davi escreveu muitos salmos da Bíblia, sendo o mais famoso deles o Salmo 23, no qual ele diz: "O SENHOR é o meu pastor."

e me salvas dos violentos.
4Clamo ao SENHOR,
que é digno de louvor,
e sou salvo dos meus inimigos.

5"As ondas da morte me cercaram;
as torrentes da destruição
me aterrorizaram.
6As cordas da sepultura[a] me
envolveram,
as armadilhas da morte
me confrontaram.
7Na minha angústia, clamei ao SENHOR;
clamei ao meu Deus.
Do seu templo ele ouviu a minha voz;
o meu grito de socorro
chegou aos seus ouvidos.

8"A terra abalou-se e tremeu,
os alicerces dos céus[b] estremeceram;
tremeram porque ele estava irado.
9Das suas narinas saiu fumaça;
da sua boca saiu fogo consumidor;
dele saíram brasas vivas e flamejantes.
10Ele abriu os céus e desceu;
nuvens escuras estavam debaixo
dos seus pés.
11Montou sobre um querubim e voou;
elevou-se[c] sobre as asas do vento.
12Pôs as trevas ao seu redor;
das densas[d] nuvens de chuva
fez o seu abrigo.
13Do brilho da sua presença
flamejavam carvões em brasa.
14Dos céus o SENHOR trovejou;
ressoou a voz do Altíssimo.
15Ele atirou flechas
e dispersou os inimigos,
arremessou raios
e os fez bater em retirada.
16Os vales apareceram,
e os fundamentos da terra
foram expostos,
diante da repreensão do SENHOR,
com o forte sopro de suas narinas.

17"Das alturas estendeu a mão
e me segurou;
tirou-me de águas profundas.
18Livrou-me do meu inimigo poderoso,
dos meus adversários,
que eram fortes demais para mim.
19Eles me atacaram
no dia da minha calamidade,
mas o SENHOR foi o meu amparo.
20Deu-me ampla liberdade;
livrou-me, pois me quer bem.

21"O SENHOR me tratou
conforme a minha retidão;
conforme a pureza das minhas mãos
me recompensou.
22Pois guardei os caminhos do SENHOR;
não cometi a perversidade
de afastar-me do meu Deus.
23Todos os seus mandamentos
estão diante de mim;
não me afastei dos seus decretos.
24Tenho sido irrepreensível
para com ele
e guardei-me de pecar.
25O SENHOR recompensou-me
segundo a minha retidão,
conforme a pureza das minhas mãos
perante ele.

26"Ao fiel te revelas fiel,
ao irrepreensível
te revelas irrepreensível,
27ao puro te revelas puro,
mas ao perverso te revelas astuto.
28Salvas os humildes,
mas os teus olhos
estão sobre os orgulhosos
para os humilhar[e].
29Tu és a minha lâmpada, ó SENHOR!
O SENHOR ilumina-me as trevas.
30Contigo posso avançar
contra uma tropa[f];
com o meu Deus
posso transpor muralhas.

[a] 22:6 Hebraico: *Sheol*. Essa palavra também pode ser traduzida por profundezas, pó ou morte.
[b] 22:8 A Vulgata e a Versão Siríaca dizem *montes*. Veja Sl 18:7.
[c] 22:11 Conforme muitos manuscritos do Texto Massorético. A maioria dos manuscritos do Texto Massorético diz *apareceu*. Veja Sl 18:10.
[d] 22:12 Conforme a Septuaginta e a Vulgata. O Texto Massorético diz *escuras*. Veja Sl 18:11.
[e] 22:28 Um manuscrito da Septuaginta e o texto paralelo do Sl 18:27 dizem *mas humilhas os de olhos altivos*.
[f] 22:30 Ou *posso vencer uma barricada*

31 "Este é o Deus
cujo caminho é perfeito;
a palavra do SENHOR
é comprovadamente genuína.
Ele é escudo
para todos os que nele se refugiam.
32 Pois quem é Deus além do SENHOR?
E quem é Rocha senão o nosso Deus?
33 É Deus quem me reveste de força[a] e
torna perfeito o meu caminho.
34 Ele me faz correr veloz como a
gazela
e me firma os passos nos lugares
altos.
35 É ele que treina as minhas mãos
para a batalha,
e assim os meus braços vergam
o arco de bronze.
36 Tu me dás o teu escudo de
livramento;
a tua ajuda me fez forte.
37 Alargas sob mim o meu caminho,
para que os meus tornozelos
não se torçam.

38 "Persegui os meus inimigos
e os derrotei;
não voltei
enquanto não foram destruídos.
39 Esmaguei-os completamente,
e não puderam levantar-se;
caíram debaixo dos meus pés.
40 Tu me revestiste de força
para a batalha;
fizeste cair aos meus pés
os meus adversários.
41 Fizeste que os meus inimigos
fugissem de mim;
destruí os que me odiavam.
42 Gritaram por socorro,
mas não havia quem os salvasse;
gritaram ao SENHOR,
mas ele não respondeu.
43 Eu os reduzi a pó, como o pó da
terra;
esmaguei-os
e os amassei como a lama das ruas.

44 "Tu me livraste dos ataques
do meu povo;
preservaste-me como líder de nações.
Um povo que eu não conhecia
me é sujeito.
45 Estrangeiros me bajulam;
assim que me ouvem, me obedecem.
46 Todos eles perdem a coragem;
saem tremendo das suas fortalezas[b].

47 "O SENHOR vive!
Bendita seja a minha Rocha!
Exaltado seja Deus,
a Rocha que me salva!
48 Este é o Deus que em meu favor
executa vingança,
que sujeita nações ao meu poder,

[a] 22:33 Conforme alguns manuscritos do mar Morto, alguns manuscritos da Septuaginta, a Vulgata e a Versão Siríaca. O Texto Massorético diz *Deus que é minha fortaleza*. Veja Sl 18:32.

[b] 22:46 Conforme alguns manuscritos da Septuaginta e a Vulgata. O Texto Massorético diz *desde suas fortalezas eles se armam*. Veja Sl 18:45.

Louve a Deus com poemas

Experimente!

Davi escreveu muitos salmos, ou poemas, para louvar a Deus. O capítulo 22 de 2Samuel é um desses poemas de louvor e nele Davi lista muitas das coisas boas que Deus havia feito por ele. Davi louva e agradece a Deus pelo bem que ele havia trazido a sua vida.

Você também pode escrever um poema. Use 2Samuel 22:47-51 como exemplo. Seu poema de louvor pode ter cinco versos, em vez de cinquenta.

Escreva o primeiro verso como um louvor a Deus.
Escreva o segundo e o terceiro falando sobre algo que Deus fez por você.
Escreva o quarto verso contando como você vai louvar a Deus.
E escreva o quinto contando algo mais que Deus fez por você.

2Samuel 22:47-51

[49]que me livrou dos meus inimigos.
Tu me exaltaste
acima dos meus agressores;
de homens violentos me libertaste.
[50]Por isso te louvarei entre as nações,
ó SENHOR;
cantarei louvores ao teu nome.
[51]Ele concede grandes vitórias ao seu rei;
é bondoso com o seu ungido,
com Davi e seus descendentes para
sempre".

As últimas palavras de Davi

23 Estas são as últimas palavras de Davi:
"Palavras de Davi, filho de Jessé;
palavras do homem que foi exaltado,
do ungido pelo Deus de Jacó,
do cantor dos cânticos de Israel[a]:

[2]"O Espírito do SENHOR
falou por meu intermédio;
sua palavra esteve em minha língua.
[3]O Deus de Israel falou,
a Rocha de Israel me disse:
'Quem governa o povo com justiça,
quem o governa com o temor de Deus,
[4]é como a luz da manhã
ao nascer do sol,
numa manhã sem nuvens.
É como a claridade depois da chuva,
que faz crescer as plantas da terra'.

[5]"A minha dinastia
está de bem com Deus.
Ele fez uma aliança eterna comigo,
firmada e garantida
em todos os aspectos.
Certamente me fará prosperar em tudo
e me concederá tudo quanto eu desejo.
[6]Mas os perversos serão lançados fora
como espinhos,
que não se ajuntam com as mãos;
[7]quem quer tocá-los usa uma
ferramenta
ou o cabo de madeira da lança.
Os espinhos serão totalmente
queimados
onde estiverem".

Os principais guerreiros de Davi

[8]Estes são os nomes dos principais guer-
reiros de Davi:
Jabesão[b], um tacmonita[c], chefe dos três

Você sabia?

Quem eram os principais guerreiros de Davi?

23:8 Eles eram heróis de guerra. Cada um deles foi um guerreiro famoso que ajudou a conquistar uma grande vitória sobre os inimigos de Israel. Alguns desses heróis e de seus atos de coragem estão destacados em 2Samuel 23.

guerreiros principais; numa ocasião, com
uma lança, enfrentou[d] oitocentos homens
numa mesma batalha e os matou.
[9]Depois dele, Eleazar, filho do aoíta Dodô.
Ele era um dos três principais guerreiros e
esteve com Davi quando os filisteus se reu-
niram em Pas-Damim para a batalha. Os is-
raelitas recuaram, [10]mas ele manteve a sua
posição e feriu os filisteus até a sua mão fi-
car dormente e grudar na espada. O SENHOR
concedeu uma grande vitória a Israel naque-
le dia, e o exército voltou para onde Eleazar
estava, mas somente para saquear os mortos.
[11]Depois dele, Samá, filho de Agé, de Harar.
Os filisteus reuniram-se em Leí, onde havia
uma plantação de lentilha. O exército de Is-
rael fugiu dos filisteus, [12]mas Samá tomou
posição no meio da plantação, defendeu-a e
derrotou os filisteus. O SENHOR concedeu-lhe
uma grande vitória.
[13]Durante a colheita, três chefes do ba-
talhão dos Trinta foram encontrar Davi na
caverna de Adulão, enquanto um grupo de
filisteus acampava no vale de Refaim. [14]Es-
tando Davi nessa fortaleza e o destacamento
filisteu em Belém, [15]Davi expressou este forte
desejo: "Quem me dera me trouxessem água
da cisterna da porta de Belém!" [16]Então aque-
les três atravessaram o acampamento filis-
teu, tiraram água da cisterna e a trouxeram
a Davi. Mas ele se recusou a beber; em vez
disso, derramou-a como uma oferta ao SE-
NHOR e disse: [17]"O SENHOR me livre de beber
desta água! Seria como beber o sangue dos

[a] 23:1 Ou *o amado cantor de Israel*
[b] 23:8 Alguns manuscritos da Septuaginta sugerem *Is-Bosete*, isto é, Esbaal ou Josebe-Bassebete. Veja 1Cr 11:11.
[c] 23:8 Provavelmente variante de *hacmonita*. Veja 1Cr 11:11.
[d] 23:8 Conforme alguns manuscritos da Septuaginta. O Texto Massorético e outros manuscritos da Septuaginta dizem *três; foi o esnita Adino que matou oitocentos homens*. Veja 1Cr 11:11.

que arriscaram a vida para trazê-la!” E Davi
não bebeu daquela água.

Foram esses os feitos dos três principais
guerreiros.
18 Abisai, irmão de Joabe e filho de Zeruia,
era o chefe do batalhão dos Trinta[a]. Cer-
ta ocasião, com sua lança matou trezentos
homens, tornando-se tão famoso quanto os
três. 19 Foi mais honrado que o batalhão dos
Trinta e tornou-se o chefe deles. Mas nun-
ca igualou-se aos três principais guerreiros.
20 Benaia, filho de Joiada, era um corajo-
so soldado de Cabzeel, que realizou grandes
feitos. Matou dois dos melhores guerreiros
de Moabe e, num dia de neve, desceu num
buraco e matou um leão. 21 Também matou
um egípcio de grande estatura. O egípcio ti-
nha na mão uma lança, e Benaia o enfrentou
com um cajado. Arrancou a lança da mão do
egípcio e com ela o matou. 22 Esses foram os
grandes feitos de Benaia, filho de Joiada, que
também teve fama como os três principais
guerreiros de Davi. 23 Foi mais honrado do que
qualquer dos Trinta, mas nunca igualou-se
aos três. E Davi lhe deu o comando da sua
guarda pessoal.

24 Entre os Trinta estavam:
Asael, irmão de Joabe;
Elanã, filho de Dodô, de Belém;
25 Samá e Elica, de Harode;
26 Helez, de Pelete;
Ira, filho de Iques, de Tecoa;
27 Abiezer, de Anatote;
Mebunai[b], de Husate;
28 Zalmom, de Aoí;
Maarai, de Netofate;
29 Helede[c], filho de Baaná, de Netofate;
Itai, filho de Ribai,
de Gibeá de Benjamim;
30 Benaia, de Piratom;
Hidai[d], dos riachos de Gaás;
31 Abi-Albom, de Arbate;
Azmavete, de Baurim;
32 Eliaba, de Saalbom;
os filhos de Jasém;
Jônatas,
33 filho de[e] Samá, de Harar;
Aião, filho de Sarar[f], de Harar;
34 Elifelete, filho de Aasbai, de Maaca;
Eliã, filho de Aitofel, de Gilo;
35 Hezrai, de Carmelo;
Paarai, de Arabe;
36 Igal, filho de Natã, de Zobá;
o filho de Hagri[g];
37 Zeleque, de Amom;
Naarai, de Beerote,
escudeiro de Joabe, filho de Zeruia;
38 Ira e Garebe, de Jatir,
39 e o hitita Urias.

Foram ao todo trinta e sete.

O recenseamento e a sua punição

24 Mais uma vez irou-se o SENHOR contra
Israel e incitou Davi contra o povo, le-
vando-o a fazer um censo de Israel e de Judá.
2 Então o rei disse a Joabe e aos outros co-
mandantes do exército[h]: “Vão por todas as
tribos de Israel, de Dã a Berseba, e contem o
povo, para que eu saiba quantos são”.
3 Joabe, porém, respondeu ao rei: “Que o
SENHOR, o teu Deus, multiplique o povo por
cem, e que os olhos do rei, meu senhor, o ve-
jam! Mas, por que o rei, meu senhor, deseja
fazer isso?”
4 Mas a palavra do rei prevaleceu sobre a de
Joabe e sobre a dos comandantes do exérci-
to; então eles saíram da presença do rei para
contar o povo de Israel.
5 E atravessando o Jordão, começaram em

[a] 23:18 Conforme a maioria dos manuscritos do Texto Massorético. Dois manuscritos do Texto Massorético e a Versão Siríaca dizem *chefe dos três*. Veja 1Cr 11:20.
[b] 23:27 Alguns manuscritos da Septuaginta dizem *Sibecai*. Veja 1Cr 11:29.
[c] 23:29 Muitos manuscritos dizem *Helebe*. Veja 1Cr 11:30.
[d] 23:30 Alguns manuscritos da Septuaginta dizem *Hurai*. Veja 1Cr 11:32.
[e] 23:33 Conforme alguns manuscritos da Septuaginta. O Texto Massorético não diz *filho de*. Veja 1Cr 11:34.
[f] 23:33 Alguns manuscritos dizem *Sacar*. Veja 1Cr 11:35.
[g] 23:36 Vários manuscritos dizem *Hagadi*. Veja 1Cr 11:38.
[h] 24:2 Conforme a Septuaginta. O Texto Massorético diz *Joabe, o comandante do exército*. Veja o versículo 4 e 1Cr 21:2.

Você sabia?

Por que foi errado Davi contar seu exército?

24:3 A Bíblia não diz por que foi errado, mas muitas pessoas acreditam que esse foi um sinal de orgulho de Davi sobre o grande crescimento de seu exército. Outros acreditam que Davi começou a confiar no poder militar em vez de confiar no Senhor. Mas Joabe sabia que isso era errado e, por isso, ele tentou impedir Davi de organizar o censo.

Aroer, ao sul da cidade, no vale; depois foram
para Gade e de lá para Jazar, 6Gileade e Cades
dos hititas[a], chegaram a Dã-Jaã e às proximi-
dades de Sidom. 7Dali seguiram na direção da
fortaleza de Tiro e de todas as cidades dos he-
veus e dos cananeus. Por último, foram até
Berseba, no Neguebe de Judá.
8Percorreram todo o país e voltaram a Je-
rusalém ao fim de nove meses e vinte dias.
9Então Joabe apresentou ao rei o relató-
rio do recenseamento do povo: havia em Is-
rael oitocentos mil homens habilitados para
o serviço militar, e em Judá, quinhentos mil.
10Depois de contar o povo, Davi sentiu re-
morso e disse ao SENHOR: "Pequei gravemen-
te com o que fiz! Agora, SENHOR, eu imploro
que perdoes o pecado do teu servo, porque
cometi uma grande loucura!"
11Levantando-se Davi pela manhã, o SE-
NHOR já tinha falado a Gade, o vidente dele:
12"Vá dizer a Davi: Assim diz o SENHOR: 'Estou
lhe dando três opções de punição; escolha
uma delas, e eu a executarei contra você' ".
13Então Gade foi a Davi e lhe perguntou: "O
que você prefere: três[b] anos de fome em sua
terra; três meses fugindo de seus adversários,
que o perseguirão; ou três dias de praga em
sua terra? Pense bem e diga-me o que deverei
responder àquele que me enviou".
14Davi respondeu: "É grande a minha an-
gústia! Prefiro cair nas mãos do SENHOR, pois
grande é a sua misericórdia, a cair nas mãos
dos homens".
15Então o SENHOR enviou uma praga sobre
Israel, desde aquela manhã até a hora que
tinha determinado. E morreram setenta mil
homens do povo, de Dã a Berseba. 16Quan-
do o anjo estendeu a mão para destruir Je-
rusalém, o SENHOR arrependeu-se de trazer
essa catástrofe, e disse ao anjo destruidor:
"Pare! Já basta!" Naquele momento o anjo
do SENHOR estava perto da eira de Araúna,
o jebuseu.
17Ao ver o anjo que estava matando o po-
vo, disse Davi ao SENHOR: "Fui eu que pe-
quei e cometi iniquidade. Estes não passam
de ovelhas. O que eles fizeram? Que o teu
castigo caia sobre mim e sobre a minha
família!"

Davi constrói um altar

18Naquele mesmo dia Gade foi dizer a Da-
vi: "Vá e edifique um altar ao SENHOR na eira
de Araúna, o jebuseu". 19Davi foi para lá, em
obediência à ordem que Gade tinha dado em
nome do SENHOR. 20Quando Araúna viu o rei
e seus soldados vindo ao encontro dele, saiu
e prostrou-se perante o rei com o rosto em
terra, 21e disse: "Por que o meu senhor e rei
veio ao seu servo?"
Respondeu Davi: "Para comprar sua eira
e edificar nela um altar ao SENHOR, para que
cesse a praga no meio do povo".
22Araúna disse a Davi: "O meu senhor e
rei pode ficar com o que desejar e oferecê-lo
em sacrifício. Aqui estão os bois para o ho-
locausto[c], e o debulhador e o jugo dos bois

[a] 24:6 Hebraico: *Tatim-Hodsi*.
[b] 24:13 Conforme a Septuaginta. O Texto Massorético diz *sete*. Veja 1Cr 21:12.
[c] 24:22 Isto é, sacrifício totalmente queimado; também nos versículos 24 e 25.

Usando o próprio dinheiro

Experimente!

Davi queria uma terra onde pudesse construir um altar e oferecer sacrifícios a Deus. Leia 2Samuel 24:18-25 e descubra por que ele próprio insistiu em pagar pela terra e pelos animais.

Qual das três opções você acha que agradaria mais a Deus?

1. Usar o dinheiro que você ganhou de seus pais para ofertar na igreja.
2. Usar o dinheiro da sua mesada para ofertar.
3. Usar como oferta o dinheiro pelo qual você trabalhou.

2Samuel 24:18-25

Converse com seus pais sobre a sua escolha e decida com eles o que fazer.

para a lenha. [23]Ó rei, eu dou tudo isso a ti".
E acrescentou: "Que o SENHOR, o teu Deus,
aceite a tua oferta".
[24]Mas o rei respondeu a Araúna: "Não! Fa-
ço questão de pagar o preço justo. Não ofe-
recerei ao SENHOR, o meu Deus, holocaustos
que não me custem nada", e comprou a eira
e os bois por cinquenta peças[a] de prata. [25]Da-
vi edificou ali um altar ao SENHOR e ofereceu
holocaustos e sacrifícios de comunhão[b]. En-
tão o SENHOR aceitou as súplicas em favor da
terra e terminou a praga que destruía Israel.

[a] 24:24 Hebraico: *50 siclos*. Um siclo equivalia a 12 gramas.
[b] 24:25 Ou *de paz*

1Reis

Quem escreveu este livro?

O autor deste livro é desconhecido.

Por que este livro foi escrito?

O Primeiro Livro dos Reis mostra os reis de Israel e de Judá obedecendo e desobedecendo a Deus.

O que acontece neste livro?

Salomão governa por quarenta anos e, quando morre, o reino é dividido. As dez tribos do norte são chamadas de Israel e as duas tribos do sul são chamadas de Judá.

O que aprendemos sobre Deus neste livro?

Deus envia profetas para fazer as pessoas desobedientes voltarem-se para ele.

Quem são os personagens principais deste livro?

As pessoas mais importantes neste livro são Salomão, Elias e o perverso rei Acabe, de Israel.

Quando isto aconteceu?

As histórias deste livro se passaram entre 970 a.C. e 853 a.C.

Onde isto aconteceu?

Estas histórias aconteceram em Israel e Judá. (Veja o *Índice de mapas*, ao final desta Bíblia, para saber onde fica Israel e Judá.)

Algumas histórias deste livro:

Salomão pede por sabedoria	1Reis 3
Salomão constrói o templo	1Reis 6
Salomão consagra o templo	1Reis 8
Uma rainha visita Salomão	1Reis 10
Um profeta alerta Jeroboão	1Reis 13
Elias é alimentado por corvos	1Reis 17
Elias no monte Carmelo	1Reis 18
Elias foge	1Reis 19
Acabe rouba uma vinha	1Reis 21
Acabe morre em batalha	1Reis 22

Adonias declara-se rei

1 Quando o rei Davi envelheceu, estando já de idade bem avançada, cobriam-no de cobertores, mas ele não se aquecia. 2Por isso os seus servos lhe propuseram: "Vamos procurar uma jovem virgem para servir e cuidar do rei. Ela se deitará ao seu lado, a fim de aquecer o rei".

3Então procuraram em todo o território de Israel uma jovem que fosse bonita e encontraram Abisague, uma sunamita, e a levaram ao rei. 4A jovem, muito bonita, cuidava do rei e o servia, mas o rei não teve relações com ela.

5Ora, Adonias, cuja mãe se chamava Hagite, tomou a dianteira e disse: "Eu serei o rei". Providenciou uma carruagem e cavalos[a], além de cinquenta homens para correrem à sua frente. 6Seu pai nunca o havia contrariado; nunca lhe perguntava: "Por que você age assim?" Adonias também tinha boa aparência e havia nascido depois de Absalão.

7Adonias fez acordo com Joabe, filho de Zeruia, e com o sacerdote Abiatar, e eles o seguiram e o apoiaram. 8Mas o sacerdote Zadoque, Benaia, filho de Joiada, o profeta Natã, Simei, Reí e a guarda especial de Davi não deram apoio a Adonias.

9Então Adonias sacrificou ovelhas, bois e novilhos gordos junto à pedra de Zoelete, próximo a En-Rogel. Convidou todos os seus irmãos, filhos do rei, e todos os homens de Judá que eram conselheiros do rei, 10mas não convidou o profeta Natã nem Benaia nem a guarda especial nem o seu irmão Salomão.

11Natã perguntou então a Bate-Seba, mãe de Salomão: "Você ainda não sabe que Adonias, o filho de Hagite, tornou-se rei, sem que o nosso senhor Davi ficasse sabendo? 12Agora, vou dar-lhe um conselho para salvar a sua vida e também a vida do seu filho Salomão. 13Vá perguntar ao rei Davi: Ó rei, meu senhor, não juraste a esta tua serva, prometendo: 'Pode estar certa de que o seu filho Salomão me sucederá como rei, e se assentará no meu trono'? Por que foi, então, que Adonias se tornou rei? 14Enquanto você ainda estiver conversando com o rei, eu entrarei e confirmarei as suas palavras".

15Então Bate-Seba foi até o quarto do rei, já idoso, onde a sunamita Abisague cuidava dele. 16Bate-Seba ajoelhou-se e prostrou-se com o rosto em terra, diante do rei.

"O que você quer?", o rei perguntou.

[a] 1:5 Ou *condutores de carros*

Pessoas nos tempos da Bíblia

Adonias

Adonias foi o quarto filho de Davi. Ele decidiu que coroaria rei a si mesmo, mas Davi anunciou que o irmão mais novo de Adonias, Salomão, seria rei. Adonias ficou com medo de seu irmão, o novo rei.

17Ela respondeu: "Meu senhor, tu mesmo juraste a esta tua serva, pelo SENHOR, o teu Deus: 'Seu filho Salomão me sucederá como rei e se assentará no meu trono'. 18Mas agora Adonias se tornou rei, sem que o rei, meu senhor, o soubesse. 19Ele sacrificou muitos bois, novilhos gordos e ovelhas, e convidou todos os filhos do rei, o sacerdote Abiatar, e Joabe, o comandante do exército, mas não convidou o teu servo Salomão. 20Agora, ó rei, meu senhor, os olhos de todo o Israel estão sobre ti para saber de tua parte quem sucederá ao rei, meu senhor, no trono. 21De outro modo, tão logo o rei, meu senhor, descanse com os seus antepassados, eu e o meu filho Salomão seremos tratados como traidores".

22Ela ainda conversava com o rei, quando o profeta Natã chegou. 23Assim que informaram o rei que o profeta Natã havia chegado, ele entrou e prostrou-se com o rosto em terra, diante do rei.

24E Natã lhe perguntou: "Ó rei, meu senhor, por acaso declaraste que Adonias te sucederia como rei e que ele se assentaria no teu trono? 25Hoje ele foi matar muitos bois, novilhos gordos e ovelhas. Convidou todos os filhos do rei, os comandantes do exército e o sacerdote Abiatar. Agora eles estão comendo e bebendo com ele e celebrando: 'Viva o rei Adonias!' 26Mas ele não convidou a mim, que sou teu servo, nem ao sacerdote Zadoque, nem a Benaia, filho de Joiada, nem a teu servo Salomão. 27Seria isto algo que o rei, meu senhor, fez sem deixar que os seus conselheiros soubessem quem sucederia ao rei, meu senhor, no trono?"

O início do reinado de Salomão

28Então o rei Davi ordenou: "Chamem Bate-Seba". Ela entrou e ficou em pé diante dele.

29 O rei fez um juramento: "Juro pelo no-
me do SENHOR, o qual me livrou de todas as
adversidades, 30 que, sem dúvida, hoje mes-
mo vou executar o que jurei pelo SENHOR, o
Deus de Israel. O meu filho Salomão me su-
cederá como rei e se assentará no meu trono
em meu lugar".
31 Então Bate-Seba prostrou-se com o ros-
to em terra, e, ajoelhando-se diante do rei,
disse: "Que o rei Davi, meu senhor, viva pa-
ra sempre!"
32 O rei Davi ordenou: "Chamem o sacerdo-
te Zadoque, o profeta Natã e Benaia, filho de
Joiada". Quando eles chegaram à presença do
rei, 33 ele os instruiu: "Levem os conselheiros
do seu senhor com vocês, ponham o meu fi-
lho Salomão sobre a minha mula e levem-no
a Giom. 34 Ali o sacerdote Zadoque e o profe-
ta Natã o ungirão rei sobre Israel. Nesse mo-
mento toquem a trombeta e gritem: Viva o
rei Salomão! 35 Depois acompanhem-no, e ele
virá assentar-se no meu trono e reinará em
meu lugar. Eu o designei para governar Is-
rael e Judá".
36 Benaia, filho de Joiada, respondeu ao rei:
"Assim se fará! Que o SENHOR, o Deus do rei,
meu senhor, o confirme. 37 Assim como o SE-
NHOR esteve com o rei, meu senhor, também
esteja ele com Salomão para que ele tenha
um reinado ainda mais glorioso[a] que o rei-
nado de meu senhor, o rei Davi!"
38 Então o sacerdote Zadoque, o profeta Na-
tã, Benaia, filho de Joiada, os queretitas e os
peletitas fizeram Salomão montar a mula do
rei Davi e o escoltaram até Giom. 39 O sacerdo-
te Zadoque pegou na Tenda o chifre com óleo
e ungiu Salomão. A seguir tocaram a trombe-
ta e todo o povo gritou: "Viva o rei Salomão!"
40 E todo o povo o acompanhou, tocando flau-
tas e celebrando, de tal forma que o chão tre-
mia com o barulho.
41 Adonias e todos os seus convidados sou-
beram disso quando estavam terminando o
banquete. Ao ouvir o toque da trombeta,
Joabe perguntou: "O que significa essa gri-
taria, esse alvoroço na cidade?"
42 Falava ele ainda, quando chegou Jônatas,
filho do sacerdote Abiatar. E Adonias lhe dis-
se: "Entre, pois um homem digno como você
deve estar trazendo boas notícias!"
43 "De modo algum", respondeu Jônatas a
Adonias. "Davi, o nosso rei e senhor, consti-
tuiu rei a Salomão. 44 O rei enviou com ele o
sacerdote Zadoque, o profeta Natã, Benaia,
filho de Joiada, os queretitas e os peletitas,
e eles o fizeram montar a mula do rei. 45 De-
pois o sacerdote Zadoque e o profeta Natã o
ungiram rei em Giom. De lá eles saíram ce-
lebrando, e a cidade está alvoroçada. É es-
se o barulho que vocês ouvem. 46 Além disso,
Salomão já se assentou no trono real. 47 Até
mesmo os oficiais do rei foram cumprimen-
tar Davi, o nosso rei e senhor, dizendo: 'Que
o teu Deus torne o nome de Salomão mais
famoso que o teu, e o seu reinado mais glo-
rioso do que o teu!' E o rei curvou-se reve-
rentemente em sua cama, 48 e disse: 'Bendito
seja o SENHOR, o Deus de Israel, que permitiu
que os meus olhos vissem hoje um sucessor
em meu trono' ".
49 Diante disso, todos os convidados de
Adonias entraram em pânico e se dispersa-
ram. 50 Mas Adonias, com medo de Salomão,
foi agarrar-se às pontas do altar. 51 Então in-
formaram a Salomão: "Adonias está com me-
do do rei Salomão e está agarrado às pontas
do altar. Ele diz: 'Que o rei Salomão jure que
não matará este seu servo pela espada' ".
52 Salomão respondeu: "Se ele se mostrar
confiável, não cairá nem um só fio de cabelo
da sua cabeça; mas se nele se descobrir algu-
ma maldade, ele morrerá". 53 Então o rei en-
viou alguns soldados, e eles o fizeram descer
do altar. E Adonias veio e se curvou solene-
mente perante o rei Salomão, que lhe disse:
"Vá para casa".

As instruções de Davi a Salomão

2 Quando se aproximava o dia de sua morte,
Davi deu instruções ao seu filho Salomão:
2 "Estou para seguir o caminho de toda a
terra. Por isso, seja forte e seja homem. 3 Obe-
deça ao que o SENHOR, o seu Deus, exige:

Palavras para memorizar

"Obedeça ao que o SENHOR, o seu Deus, exige: ande nos seus caminhos e obedeça aos seus decretos, aos seus mandamentos, às suas ordenanças e aos seus testemunhos."

(1Reis 2:3)

[a] 1:37 Hebraico: *torne o seu trono ainda maior*; também no versículo 47.

ande nos seus caminhos e obedeça aos seus
decretos, aos seus mandamentos, às suas
ordenanças e aos seus testemunhos, confor-
me se acham escritos na Lei de Moisés; as-
sim você prosperará em tudo o que fizer e
por onde quer que for, 4e o SENHOR manterá
a promessa que me fez: 'Se os seus descen-
dentes cuidarem de sua conduta, e se me se-
guirem fielmente de todo o coração e de toda
a alma, você jamais ficará sem descendente
no trono de Israel'.
5"Você sabe muito bem o que Joabe, filho
de Zeruia, me fez; o que fez com os dois co-
mandantes dos exércitos de Israel, Abner,
filho de Ner, e Amasa, filho de Jéter. Ele os
matou, derramando sangue em tempos de
paz; agiu como se estivesse em guerra, e com
aquele sangue manchou o seu cinto e as suas
sandálias. 6Proceda com a sabedoria que vo-
cê tem, e não o deixe envelhecer e descer em
paz à sepultura[a].
7"Mas seja bondoso com os filhos de Bar-
zilai, de Gileade; admita-os entre os que
comem à mesa com você, pois eles me apoia-
ram quando fugi do seu irmão Absalão.
8"Saiba que também está com você Simei,
filho de Gera, o benjamita de Baurim. Ele lan-
çou terríveis maldições contra mim no dia
em que fui a Maanaim. Mas depois desceu
ao meu encontro no Jordão e lhe prometi,
jurando pelo SENHOR, que não o mataria à es-
pada. 9Mas, agora, não o considere inocente.
Você é um homem sábio e saberá o que fa-
zer com ele. Apesar de ele já ser idoso, faça-o
descer ensanguentado à sepultura".
10Então Davi descansou com os seus ante-
passados e foi sepultado na Cidade de Davi.
11Ele reinou quarenta anos em Israel: sete
anos em Hebrom e trinta e três em Jerusa-
lém. 12Salomão assentou-se no trono de Da-
vi, seu pai, e o seu reinado foi firmemente
estabelecido.

O reinado de Salomão

13Adonias, o filho de Hagite, foi até Bate-
-Seba, mãe de Salomão, que lhe perguntou:
"Você vem em paz?"
Ele respondeu: "Sim". 14E acrescentou: "Te-
nho algo para lhe dizer".
Ela disse: "Fale!"
15"Você sabe", disse ele, "que o reino era
meu. Todo o Israel me via como o seu rei.
Mas as circunstâncias mudaram, e o reino foi
para o meu irmão; pois o SENHOR o concedeu
a ele. 16Agora, quero fazer-lhe um pedido e
espero que não me seja negado."
Ela disse: "Fale!"
17Então ele prosseguiu: "Peça, por favor,
ao rei Salomão que me dê a sunamita Abi-
sague por mulher, pois ele não deixará de
atender você".
18"Está bem", respondeu Bate-Seba, "falarei
com o rei em seu favor."
19Quando Bate-Seba foi falar ao rei em fa-
vor de Adonias, Salomão levantou-se para
recebê-la e inclinou-se diante dela. Depois
assentou-se no seu trono, mandou que trou-
xessem um trono para a sua mãe, e ela se as-
sentou à sua direita.
20"Tenho um pequeno pedido para lhe fa-
zer", disse ela. "Não deixe de me atender."
O rei respondeu: "Faça o pedido, minha
mãe; não deixarei de atendê-lo".
21Então ela disse: "Dê a sunamita Abisague
por mulher a seu irmão Adonias".
22O rei Salomão perguntou à sua mãe: "Por
que você pede somente a sunamita Abisague

[a] 2:6 Hebraico: *Sheol*. Essa palavra também pode ser traduzida por profundezas, pó ou morte; também no versículo 9.

Algo para lembrar

Quando ficou velho, Davi deu instruções (ou seja, conselhos) a seu filho Salomão, falando para ele as coisas realmente importantes das quais queria que o filho se lembrasse. Leia 1Reis 2:1-4 e escreva as coisas de que Davi queria que Salomão lembrasse.

Peça a seus pais para lhe darem instruções, como Davi deu a Salomão, para que você saiba do que eles querem que você lembre por toda a vida.

Experimente!

1Reis 2:1-4

Você sabia?

Por que Adonias queria casar-se com Abisague?

2:17 Abisague foi a moça que cuidou do rei Davi, e o homem que se casasse com ela afirmaria ter o direito ao trono de Israel. O pedido de Adonias mostrava sua intenção de tentar roubar o trono que Deus dera para Salomão, seu irmão mais novo.

para Adonias? Peça logo o reino para ele, pa-
ra o sacerdote Abiatar e para Joabe, filho de
Zeruia; afinal ele é o meu irmão mais velho!"
23Então o rei Salomão jurou pelo SENHOR:
"Que Deus me castigue com todo o rigor, se
isso que Adonias falou não lhe custar a sua
própria vida! 24E agora eu juro pelo nome
do SENHOR, que me estabeleceu no trono de
meu pai Davi, e, conforme prometeu, fun-
dou uma dinastia para mim, que hoje mesmo
Adonias será morto!" 25E o rei Salomão deu
ordem a Benaia, filho de Joiada, e este feriu
e matou Adonias.
26Ao sacerdote Abiatar o rei ordenou: "Vá
para Anatote, para as suas terras! Você me-
rece morrer, mas hoje eu não o matarei, pois
você carregou a arca do Soberano, o SENHOR,
diante de Davi, meu pai, e partilhou de todas
as aflições dele". 27Então Salomão expulsou
Abiatar do sacerdócio do SENHOR, cumprin-
do a palavra que o SENHOR tinha dito em Siló
a respeito da família de Eli.
28Quando a notícia chegou a Joabe, que ha-
via conspirado com Adonias, ainda que não
com Absalão, ele fugiu para a Tenda do SE-
NHOR e agarrou-se às pontas do altar. 29Foi
dito ao rei Salomão que Joabe havia se refu-
giado na Tenda do SENHOR e estava ao lado
do altar. Então Salomão ordenou a Benaia,
filho de Joiada: "Vá matá-lo!"
30Então Benaia entrou na Tenda do SENHOR
e disse a Joabe: "O rei lhe ordena que saia".
"Não", respondeu ele, "Vou morrer aqui."
Benaia relatou ao rei a resposta de Joabe.
31Então o rei ordenou a Benaia: "Faça o que
ele diz. Mate-o e sepulte-o, e assim você re-
tirará de mim e da minha família a culpa do
sangue inocente que Joabe derramou. 32O SE-
NHOR fará recair sobre a cabeça dele o sangue
que derramou: ele atacou dois homens mais
justos e melhores do que ele, sem o conheci-
mento de meu pai Davi, e os matou à espa-
da. Os dois homens eram Abner, filho de Ner,
comandante do exército de Israel, e Amasa,
filho de Jéter, comandante do exército de Ju-
dá. 33Que o sangue deles recaia sobre a cabe-
ça de Joabe e sobre a dos seus descendentes
para sempre. Mas que a paz do SENHOR es-
teja para sempre sobre Davi, sobre os seus
descendentes, sobre a sua dinastia e sobre
o seu trono".
34Então Benaia, filho de Joiada, atacou
Joabe e o matou, e ele foi sepultado em sua
casa no campo[a]. 35No lugar dele o rei nomeou
Benaia, filho de Joiada, para o comando do
exército, e o sacerdote Zadoque no lugar de
Abiatar.
36Depois o rei mandou chamar Simei e lhe
ordenou: "Construa para você uma casa em
Jerusalém. Você morará nela e não poderá
ir para nenhum outro lugar. 37Esteja certo de
que no dia em que sair e atravessar o vale de
Cedrom, você será morto; e você será respon-
sável por sua própria morte".
38Simei respondeu ao rei: "A ordem do rei
é boa! O teu servo te obedecerá". E Simei per-
maneceu em Jerusalém por muito tempo.
39Mas três anos depois, dois escravos de Si-
mei fugiram para a casa de Aquis, filho de
Maaca, rei de Gate. Alguém contou a Simei:

[a] 2:34 Ou *sepultado em seu túmulo no deserto*

Pessoas nos tempos da Bíblia

Simei

Simei, que era parente de Saul, amaldiçoou horrivelmente o rei Davi quando este saía de Jerusalém para escapar de Absalão. Quando o rei Davi voltou a Israel, Simei implorou por perdão e não foi punido. Mais tarde, Salomão (o novo rei) ordenou que Simei ficasse em Jerusalém para sempre e, quando ele desobedeceu, Salomão mandou matá-lo.

“Seus escravos estão em Gate”. 40 Então Simei
selou um jumento e foi até Aquis, em Gate,
procurar os seus escravos. E de lá Simei trou-
xe os escravos de volta.
41 Quando Salomão soube que Simei tinha
ido a Gate e voltado a Jerusalém, 42 mandou
chamá-lo e lhe perguntou: “Eu não fiz você
jurar pelo SENHOR e não o adverti: No dia em
que for para qualquer outro lugar, esteja cer-
to de que você morrerá? E você me respon-
deu: ‘Esta ordem é boa! Obedecerei’. 43 Por que
não manteve o juramento ao SENHOR e não
obedeceu à ordem que lhe dei?”
44 E acrescentou: “No seu coração você sa-
be quanto você prejudicou o meu pai Davi.
Agora o SENHOR faz recair sua maldade sobre
a sua cabeça. 45 Mas o rei Salomão será aben-
çoado, e o trono de Davi será estabelecido
perante o SENHOR para sempre”.
46 Então o rei deu ordem a Benaia, filho de
Joiada, e este atacou Simei e o matou.
Assim o reino ficou bem estabelecido nas
mãos de Salomão.

Salomão pede sabedoria

3 Salomão aliou-se ao faraó, rei do Egito, ca-
sando-se com a filha dele. Ele a trouxe à Ci-
dade de Davi até terminar a construção do seu
palácio e do templo do SENHOR, e do muro em
torno de Jerusalém. 2 O povo, porém, sacrifica-
va nos lugares sagrados, pois ainda não tinha
sido construído um templo em honra ao nome
do SENHOR. 3 Salomão amava o SENHOR, o que
demonstrava andando de acordo com os de-
cretos do seu pai Davi; mas oferecia sacrifícios
e queimava incenso nos lugares sagrados.
4 O rei Salomão foi a Gibeom para ofere-
cer sacrifícios, pois ali ficava o principal lugar
sagrado, e ofereceu naquele altar mil holo-
caustos[a]. 5 Em Gibeom o SENHOR apareceu a
Salomão num sonho, à noite, e lhe disse: “Pe-
ça-me o que quiser, e eu lhe darei”.
6 Salomão respondeu: “Tu foste muito bon-
doso para com o teu servo, o meu pai Davi,
pois ele foi fiel a ti, e foi justo e reto de cora-
ção. Tu mantiveste grande bondade para com
ele e lhe deste um filho que hoje se assenta
no seu trono.
7 “Agora, SENHOR, meu Deus, fizeste o teu
servo reinar em lugar de meu pai Davi. Mas
eu não passo de um jovem e não sei o que
fazer. 8 Teu servo está aqui entre o povo que
escolheste, um povo tão grande que nem se
pode contar. 9 Dá, pois, ao teu servo um cora-
ção cheio de discernimento para governar o
teu povo e capaz de distinguir entre o bem
e o mal. Pois, quem pode governar este teu
grande povo?”
10 O pedido que Salomão fez agradou ao Se-
nhor. 11 Por isso Deus lhe disse: “Já que você
pediu isso e não uma vida longa nem rique-
za, nem pediu a morte dos seus inimigos,
mas discernimento para ministrar a justiça,

[a] 3:4 Isto é, sacrifícios totalmente queimados; também no versículo 15.

Quatro orações que Deus responde

Experimente!

Deus ouve todas as orações, mas ele nem sempre responde com um sim. Leia 1Reis 3:4-15 e descubra qual foi a oração de Salomão.

Aqui vão quatro orações que você pode fazer. Elas são como as de Salomão. Encontre a opção a seguir que melhor completa cada oração: a. obediente; b. bondoso; c. dedicado; d. generoso.

1. Deus, ajuda-me a ser um estudante ___ na escola.
2. Deus, ajuda-me a ser um filho ___ a meus pais.
3. Deus, ajuda-me a ser um irmão ___ com meus irmãos.
4. Deus, ajuda-me a ser um amigo ___ quando brincar com meus amigos.

Escreva cada oração em um papelzinho e cada dia escolha uma e faça desse pedido parte das suas orações aquele dia.

1Reis 3:4-15

12farei o que você pediu. Eu lhe darei um co-
ração sábio e capaz de discernir, de modo que
nunca houve nem haverá ninguém como vo-
cê. 13Também lhe darei o que você não pediu:
riquezas e fama, de forma que não haverá rei
igual a você durante toda a sua vida. 14E, se
você andar nos meus caminhos e obedecer
aos meus decretos e aos meus mandamentos,
como o seu pai Davi, eu prolongarei a sua vi-
da". 15Então Salomão acordou e percebeu que
tinha sido um sonho.

A seguir voltou a Jerusalém, pôs-se pe-
rante a arca da aliança do Senhor, sacrificou
holocaustos e apresentou ofertas de comu-
nhão[a]. Depois ofereceu um banquete a toda
a sua corte.

Um sábio veredicto

16Certo dia duas prostitutas compareceram
diante do rei. 17Uma delas disse: "Ah meu se-
nhor! Esta mulher mora comigo na mesma
casa. Eu dei à luz um filho e ela estava comi-
go na casa. 18Três dias depois de nascer o meu
filho, esta mulher também deu à luz um fi-
lho. Estávamos sozinhas; não havia mais nin-
guém na casa.

19"Certa noite esta mulher se deitou sobre
o seu filho, e ele morreu. 20Então ela se levan-
tou no meio da noite e pegou o meu filho en-
quanto eu, tua serva, dormia, e o pôs ao seu
lado. E pôs o filho dela, morto, ao meu lado.
21Ao levantar-me de madrugada para ama-
mentar o meu filho, ele estava morto. Mas
quando olhei bem para ele de manhã, vi que
não era o filho que eu dera à luz".

22A outra mulher disse: "Não! O que está
vivo é meu filho; o morto é seu".

Mas a primeira insistia: "Não! O morto é
seu; o vivo é meu". Assim elas discutiram
diante do rei.

23O rei disse: "Esta afirma: 'Meu filho es-
tá vivo, e o seu filho está morto', enquanto
aquela diz: 'Não! Seu filho está morto, e o
meu está vivo' ".

24Então o rei ordenou: "Tragam-me uma
espada". Trouxeram-lhe. 25Ele ordenou: "Cor-
tem a criança viva ao meio e deem metade a
uma e metade à outra".

26A mãe do filho que estava vivo, movida
pela compaixão materna, clamou: "Por fa-
vor, meu senhor, dê a criança viva a ela! Não
a mate!"

A outra, porém, disse: "Não será nem mi-
nha nem sua. Cortem-na ao meio!"

27Então o rei deu o seu veredicto: "Não ma-
tem a criança! Deem-na à primeira mulher.
Ela é a mãe".

28Quando todo o Israel ouviu o veredicto
do rei, passou a respeitá-lo profundamente,
pois viu que a sabedoria de Deus estava nele
para fazer justiça.

Os assessores de Salomão

4 E assim o rei Salomão tornou-se rei sobre
todo o Israel. 2Estes foram os seus princi-
pais assessores:

Azarias, filho de Zadoque: o sacerdote;
3Eliorefe e Aías, filhos de Sisa: secretá-
rios;
Josafá, filho de Ailude: arquivista real;
4Benaia, filho de Joiada: comandante do
exército;
Zadoque e Abiatar: sacerdotes;
5Azarias, filho de Natã: responsável pelos
governadores distritais;
Zabude, filho de Natã: sacerdote e con-
selheiro pessoal do rei;
6Aisar: responsável pelo palácio;
Adonirão, filho de Abda: chefe do traba-
lho forçado.

7Salomão tinha também doze governado-
res distritais em todo o Israel, que forneciam
provisões para o rei e para o palácio real. Ca-
da um deles tinha que fornecer suprimentos
durante um mês do ano. 8Estes são os seus
nomes:

Ben-Hur, nos montes de Efraim;
9Ben-Dequer, em Macaz, Saalbim, Bete-
-Semes e Elom-Bete-Hanã;
10Ben-Hesede, em Arubote, Socó e em to-
da a terra de Héfer;
11Ben-Abinadabe, em Nafote-Dor[b]. Tafate,
filha de Salomão, era sua mulher;
12Baaná, filho de Ailude, em Taanaque e
em Megido, e em toda a Bete-Seã, pró-
xima de Zaretã, abaixo de Jezreel, desde
Bete-Seã até Abel-Meolá, indo além dos
limites de Jocmeão;
13Ben-Geder, em Ramote-Gileade e nos
povoados de Jair, filho de Manassés, em
Gileade, bem como no distrito de Argo-
be, em Basã, e em suas sessenta grandes
cidades muradas com trancas de bronze
em suas portas;
14Ainadabe, filho de Ido, em Maanaim;
15Aimaás, em Naftali. Ele se casou com
Basemate, filha de Salomão;

[a] 3:15 Ou *de paz*

[b] 4:11 Ou *no planalto de Dor*

[16]Baaná, filho de Husai, em Aser e em Bealote;
[17]Josafá, filho de Parua, em Issacar;
[18]Simei, filho de Elá, em Benjamim;
[19]Geber, filho de Uri, em Gileade, a terra de Seom, rei dos amorreus, e de Ogue, rei de Basã. Ele era o único governador desse distrito.

As provisões diárias de Salomão

[20]O povo de Judá e de Israel era tão numeroso como a areia da praia; eles comiam, bebiam e eram felizes. [21]E Salomão governava todos os reinos, desde o Eufrates[a] até a terra dos filisteus, chegando até a fronteira do Egito. Esses reinos traziam tributos e foram submissos a Salomão durante toda a sua vida.

[22]As provisões diárias de Salomão eram trinta tonéis[b] da melhor farinha e sessenta tonéis de farinha comum, [23]dez cabeças de gado engordado em cocheiras, vinte de gado engordado no pasto e cem ovelhas e bodes, bem como cervos, gazelas, corças e aves escolhidas. [24]Ele governava todos os reinos a oeste do Eufrates, desde Tifsa até Gaza, e tinha paz em todas as fronteiras. [25]Durante a vida de Salomão, Judá e Israel viveram em segurança, cada homem debaixo da sua videira e da sua figueira, desde Dã até Berseba.

[26]Salomão possuía quatro[c] mil cocheiras para cavalos de carros de guerra, e doze mil cavalos[d].

[27]Todo mês um dos governadores distritais fornecia provisões ao rei Salomão e a todos os que vinham participar de sua mesa. Cuidavam para que não faltasse nada. [28]Também traziam ao devido lugar suas quotas de cevada e de palha para os cavalos de carros de guerra e para os outros cavalos.

A sabedoria de Salomão

[29]Deus deu a Salomão sabedoria, discernimento extraordinário e uma abrangência de conhecimento tão imensurável quanto a areia do mar. [30]A sabedoria de Salomão era maior do que a de todos os homens do oriente, e do que toda a sabedoria do Egito. [31]Ele era mais sábio do que qualquer outro homem, mais do que o ezraíta Etã; mais sábio do que Hemã, Calcol e Darda, filhos de Maol. Sua fama espalhou-se por todas as nações em redor. [32]Ele compôs três mil provérbios, e os seus cânticos chegaram a mil e cinco. [33]Descreveu as plantas, desde o cedro do Líbano até o hissopo que brota nos muros. Também discorreu sobre os quadrúpedes, as aves, os animais que se movem rente ao chão e os peixes. [34]Homens de todas as nações vinham ouvir a sabedoria de Salomão. Eram enviados por todos os reis que tinham ouvido falar de sua sabedoria.

Os preparativos para a construção do templo

5 Quando Hirão, rei de Tiro, soube que Salomão tinha sido ungido rei, mandou seus conselheiros a Salomão, pois sempre tinha sido amigo leal de Davi. [2]Salomão enviou esta mensagem a Hirão:

[3]"Tu bem sabes que foi por causa das guerras travadas de todos os lados contra meu pai Davi que ele não pôde construir um templo em honra ao nome do SENHOR, o seu Deus, até que o SENHOR pusesse os seus inimigos debaixo dos seus pés. [4]Mas agora o SENHOR, o meu Deus, concedeu-me paz em todas as fronteiras, e não tenho que enfrentar nem inimigos nem calamidades. [5]Pretendo, por isso, construir um templo em honra ao nome do SENHOR, o meu Deus, conforme o SENHOR disse a meu pai Davi: 'O seu filho, a quem colocarei no trono em seu lugar, construirá o templo em honra ao meu nome'.

[6]"Agora te peço que ordenes que cortem para mim cedros do Líbano. Os meus servos trabalharão com os teus, e eu pagarei a teus servos o salário que determinares. Sabes que

Você sabia?

Qual era o tamanho da sabedoria de Salomão?

4:34 Salomão era muito sábio e escreveu muitas instruções encontradas no livro de Provérbios. Ele estudou plantas e animais, fez grandes construções e manteve Israel em paz durante todos os quarenta anos de seu reinado. Salomão também escreveu o livro de Eclesiastes, que diz que a sabedoria não é tão importante quanto lembrar-se de Deus e tentar agradar-lhe.

[a] 4:21 Hebraico: *o Rio*; também no versículo 24.
[b] 4:22 Hebraico: *30 coros*. O coro era uma medida de capacidade. As estimativas variam entre 200 e 400 litros.
[c] 4:26 Conforme alguns manuscritos da Septuaginta. O Texto Massorético diz *40*. Veja 2Cr 9:25.
[d] 4:26 Ou *condutores de carros*

não há entre nós ninguém tão hábil em cor-
tar árvores quanto os sidônios".
7Hirão ficou muito alegre quando ouviu a
mensagem de Salomão, e exclamou: "Ben-
dito seja o SENHOR, pois deu a Davi um fi-
lho sábio para governar essa grande nação".
8E Hirão respondeu a Salomão:

"Recebi a mensagem que me enviaste e
atenderei ao teu pedido, enviando-te ma-
deira de cedro e de pinho. 9Meus servos le-
varão a madeira do Líbano até o mar, e eu a
farei flutuar em jangadas até o lugar que me
indicares. Ali eu a deixarei e tu poderás le-
vá-la. E em troca, fornecerás alimento para
a minha corte".

10Assim Hirão se tornou fornecedor de toda
a madeira de cedro e de pinho que Salomão
desejava, 11e Salomão deu a Hirão vinte mil
tonéis[a] de trigo para suprir de mantimento a
sua corte, além de vinte mil tonéis[b] de azeite
de oliva puro. Era o que Salomão dava anual-
mente a Hirão. 12O SENHOR deu sabedoria a
Salomão, como lhe havia prometido. Houve
paz entre Hirão e Salomão, e os dois fizeram
um tratado.
13O rei Salomão arregimentou trinta mil
trabalhadores de todo o Israel. 14Ele os man-
dou para o Líbano em grupos de dez mil por
mês, e eles se revezavam: passavam um mês
no Líbano e dois em casa. Adonirão chefiava
o trabalho. 15Salomão tinha setenta mil car-
regadores e oitenta mil cortadores de pedra
nas colinas, 16e três mil e trezentos[c] capatazes
que supervisionavam o trabalho e comanda-
vam os operários. 17Por ordem do rei retira-
vam da pedreira grandes blocos de pedra de
ótima qualidade para servirem de alicerce de
pedras lavradas para o templo. 18Os constru-
tores de Salomão e de Hirão e os homens de
Gebal[d] cortavam e preparavam a madeira e as
pedras para a construção do templo.

A construção do templo

6 Quatrocentos e oitenta[e] anos depois que os
israelitas saíram do Egito, no quarto ano
do reinado de Salomão em Israel, no mês de
zive[f], o segundo mês, ele começou a construir
o templo do SENHOR.
2O templo que o rei Salomão construiu pa-
ra o SENHOR media vinte e sete metros de
comprimento, nove metros de largura e treze
metros e meio de altura[g]. 3O pórtico da en-
trada do santuário tinha a largura do templo,
que era de nove metros, e avançava quatro
metros e meio à frente do templo. 4Ele fez

[a] 5:11 Hebraico: *20.000 coros*. O coro era uma medida de capacidade. As estimativas variam entre 200 e 400 litros.
[b] 5:11 Conforme a Septuaginta. O Texto Massorético diz *20 coros*. Veja 2Cr 2:10.
[c] 5:16 Alguns manuscritos da Septuaginta dizem *3.600*. Veja 2Cr 2:2,18.
[d] 5:18 Isto é, Biblos.
[e] 6:1 A Septuaginta diz *440*.
[f] 6:1 Aproximadamente abril/maio; também no versículo 37.
[g] 6:2 Hebraico: *60 côvados de comprimento, 20 de largura e 30 de altura*. O côvado era uma medida linear de cerca de 45 centímetros.

A vida nos tempos da Bíblia

O templo de Salomão

Salomão construiu o templo muito bonito em Jerusalém e nele usou pedra, madeira esculpida e muito ouro. Por ser a casa de Deus, todo o trabalho de martelar e entalhar teve de ser feito longe do lugar do templo, pois nenhuma ferramenta barulhenta de ferro pôde ser usada ali (veja 1Reis 6:7).

Deus prometeu viver entre os israelitas se Salomão obedecesse e construísse o templo como Deus havia mandado.

para o templo janelas com grades estreitas. 5Junto às paredes do átrio principal e do santuário interior, construiu uma estrutura em torno do edifício, na qual havia salas laterais. 6O andar inferior tinha dois metros e vinte e cinco centímetros de largura, o andar intermediário tinha dois metros e setenta centímetros e o terceiro andar tinha três metros e quinze centímetros. Ele fez saliências de apoio nas paredes externas do templo, de modo que não houve necessidade de perfurar as paredes.

7Na construção do templo só foram usados blocos lavrados nas pedreiras, e não se ouviu no templo nenhum barulho de martelo, nem de talhadeira, nem de qualquer outra ferramenta de ferro durante a sua construção.

8A entrada para o andar inferior[a] ficava no lado sul do templo; uma escada conduzia até o andar intermediário e dali ao terceiro. 9Assim ele construiu o templo e o terminou, fazendo-lhe um forro com vigas e tábuas de cedro. 10E fez as salas laterais ao longo de todo o templo. Cada uma tinha dois metros e vinte e cinco centímetros de altura, e elas estavam ligadas ao templo por vigas de cedro.

11E a palavra do SENHOR veio a Salomão dizendo: 12"Quanto a este templo que você está construindo, se você seguir os meus decretos, executar os meus juízos e obedecer a todos os meus mandamentos, cumprirei por meio de você a promessa que fiz ao seu pai Davi, 13viverei no meio dos israelitas e não abandonarei Israel, o meu povo".

14Assim Salomão concluiu a construção do templo. 15Forrou as paredes do templo por dentro com tábuas de cedro, cobrindo-as desde o chão até o teto, e fez o soalho do templo com tábuas de pinho. 16Separou nove metros na parte de trás do templo, fazendo uma divisão com tábuas de cedro, do chão ao teto, para formar dentro do templo o santuário interno, o Lugar Santíssimo. 17O átrio principal em frente dessa sala media dezoito metros de comprimento. 18O interior do templo era de cedro, com figuras entalhadas de frutos e flores abertas. Tudo era de cedro; não se via pedra alguma.

19Preparou também o santuário interno no templo para ali colocar a arca da aliança do SENHOR. 20O santuário interno tinha nove metros de comprimento, nove de largura e nove de altura. Ele revestiu o interior de ouro puro, e também revestiu de ouro o altar de cedro. 21Salomão cobriu o interior do templo de ouro puro, e estendeu correntes de ouro em frente do santuário interno, que também foi revestido de ouro. 22Assim, revestiu de ouro todo o interior do templo e também o altar que pertencia ao santuário interno.

23No santuário interno ele esculpiu dois querubins de madeira de oliveira, cada um com quatro metros e meio de altura. 24As asas abertas dos querubins mediam dois metros e vinte e cinco centímetros: quatro metros e meio da ponta de uma asa à ponta da outra. 25Os dois querubins tinham a mesma medida e a mesma forma. 26A altura de cada querubim era de quatro metros e meio. 27Ele colocou os querubins, com as asas abertas, no santuário interno do templo. A asa de um querubim encostava numa parede, e a do outro encostava na outra. As suas outras asas encostavam uma na outra no meio do santuário. 28Ele revestiu os querubins de ouro.

29Nas paredes ao redor do templo, tanto na parte interna como na externa, ele esculpiu querubins, tamareiras e flores abertas. 30Também revestiu de ouro os pisos, tanto na parte interna como na externa do templo.

31Para a entrada do santuário interno fez portas de oliveira com batentes de cinco lados. 32E nas duas portas de madeira de oliveira esculpiu querubins, tamareiras e flores abertas, e revestiu os querubins e as tamareiras de ouro batido. 33Também fez pilares de quatro lados, de madeira de oliveira para a entrada do templo. 34Fez também duas portas de pinho, cada uma com duas folhas que se articulavam por meio de dobradiças. 35Entalhou figuras de querubins, de tamareiras e de flores abertas nas portas e as revestiu de ouro batido.

36E construiu o pátio interno com três camadas de pedra lavrada e uma de vigas de cedro.

37O alicerce do templo do SENHOR foi lançado no mês de zive, do quarto ano. 38No mês de bul[b], o oitavo mês, do décimo primeiro ano, o templo foi terminado em todos os seus detalhes, de acordo com as suas especificações. Salomão levou sete anos para construí-lo.

A construção do palácio de Salomão

7 Salomão levou treze anos para terminar a construção do seu palácio. 2Ele construiu

[a] 6:8 Conforme a Septuaginta. O Texto Massorético diz *intermediário*.

[b] 6:38 Aproximadamente outubro/novembro.

o Palácio da Floresta do Líbano com quarenta e cinco metros de comprimento, vinte e dois metros e meio de largura e treze metros e meio de altura[a], sustentado por quatro fileiras de colunas de cedro sobre as quais apoiavam-se vigas de cedro aparelhadas. 3O forro, de cedro, ficava sobre as quarenta e cinco vigas, quinze por fileira, que se apoiavam nas colunas. 4Havia janelas dispostas de três em três, uma em frente da outra. 5Todas as portas tinham estrutura retangular; ficavam na parte da frente, dispostas de três em três, uma em frente da outra.

6Fez um pórtico de colunas de vinte e dois metros e meio de comprimento e treze metros e meio de largura. Em frente havia outro pórtico com colunas e uma cobertura que se estendia além das colunas.

7Construiu a Sala do Trono, isto é, a Sala da Justiça, onde iria julgar, e revestiu-a de cedro desde o chão até o teto[b]. 8E o palácio para sua moradia, no outro pátio, tinha um formato semelhante. Salomão fez também um palácio como esse para a filha do faraó, com quem tinha se casado.

9Todas essas construções, desde o lado externo até o grande pátio e do alicerce até o beiral, foram feitas de pedra de qualidade superior, cortadas sob medida e desbastadas com uma serra nos lados interno e externo. 10Os alicerces foram lançados com pedras grandes de qualidade superior, algumas medindo quatro metros e meio e outras três metros e sessenta centímetros. 11Na parte de cima havia pedras de qualidade superior, cortadas sob medida, e vigas de cedro. 12O grande pátio era cercado por um muro de três camadas de pedras lavradas e uma camada de vigas de cedro aparelhadas, da mesma maneira que o pátio interior do templo do SENHOR, com o seu pórtico.

Os utensílios do templo

13O rei Salomão enviara mensageiros a Tiro e trouxera Hurão[c], 14filho de uma viúva da tribo de Naftali e de um cidadão de Tiro, artífice em bronze. Hurão era extremamente hábil e experiente, e sabia fazer todo tipo de trabalho em bronze. Apresentou-se ao rei Salomão e fez depois todo o trabalho que lhe foi designado.

15Ele fundiu duas colunas de bronze, cada uma com oito metros e dez centímetros de altura e cinco metros e quarenta centímetros de circunferência, medidas pelo fio apropriado. 16Também fez dois capitéis de bronze fundido para colocar no alto das colunas; cada capitel tinha dois metros e vinte e cinco centímetros de altura. 17Conjuntos de correntes entrelaçadas ornamentavam os capitéis no alto das colunas, sete em cada capitel. 18Fez também romãs em duas fileiras[d] que circundavam cada conjunto de correntes para cobrir os capitéis no alto das colunas[e]. Fez o mesmo com cada capitel. 19Os capitéis no alto das colunas do pórtico tinham o formato de lírios, com um metro e oitenta centímetros de altura. 20Nos capitéis das duas colunas, acima da parte que tinha formato de taça, perto do conjunto de correntes, havia duzentas romãs enfileiradas ao redor. 21Ele levantou as colunas na frente do pórtico do templo. Deu o nome de Jaquim[f] à coluna ao sul e de Boaz[g] à coluna ao norte. 22Os capitéis no alto tinham a forma de lírios. E assim completou-se o trabalho das colunas.

23Fez o tanque de metal fundido, redondo, medindo quatro metros e meio de diâmetro e dois metros e vinte e cinco centímetros de altura. Era preciso um fio de treze metros e meio para medir a sua circunferência. 24Abaixo da borda e ao seu redor havia duas fileiras de frutos, de cinco em cinco centímetros, fundidas numa só peça com o tanque.

25O tanque ficava sobre doze touros, três voltados para o norte, três para o oeste, três para o sul e três para o leste. Ficava em cima deles, e as pernas traseiras dos touros eram voltadas para o centro. 26A espessura do tanque era de quatro dedos, e sua borda era como a borda de um cálice, como uma flor de lírio. Sua capacidade era de quarenta mil litros[h].

27Também fez dez carrinhos de bronze; cada um tinha um metro e oitenta centímetros de comprimento e de largura, e um metro e trinta e cinco centímetros de altura. 28Os carrinhos eram feitos assim: tinham placas laterais presas a armações. 29Nas placas, entre as armações, havia figuras de leões, bois e querubins; sobre as armações, acima e abaixo

[a] 7:2 Hebraico: *100 côvados de comprimento, 50 de largura e 30 de altura*. O côvado era uma medida linear de cerca de 45 centímetros.

[b] 7:7 Conforme a Vulgata e a Versão Siríaca. O Texto Massorético diz *de cedro desde o chão*.

[c] 7:13 Hebraico: *Hirão*, variante de *Hurão*; também nos versículos 40 e 45.

[d] 7:18 Muitos manuscritos dizem *Fez as colunas, e havia duas fileiras*.

[e] 7:18 Muitos manuscritos dizem *das romãs*.

[f] 7:21 *Jaquim* provavelmente significa *ele firma*.

[g] 7:21 *Boaz* provavelmente significa *nele há força*.

[h] 7:26 Hebraico: *2.000 batos*. O bato era uma medida de capacidade para líquidos. As estimativas variam entre 20 e 40 litros. A Septuaginta não traz esta sentença.

dos leões e bois, havia grinaldas de metal batido. 30Em cada carrinho havia quatro rodas de bronze com eixos de bronze, cada um com uma bacia apoiada em quatro pés e fundida ao lado de cada grinalda. 31No lado de dentro do carrinho havia uma abertura circular com quarenta e cinco centímetros de profundidade. Essa abertura era redonda e, com sua base, media setenta centímetros. Havia esculturas em torno da abertura. As placas dos carrinhos eram quadradas, e não redondas. 32As quatro rodas ficavam sob as placas, e os eixos das rodas ficavam presos ao estrado. O diâmetro de cada roda era de setenta centímetros. 33As rodas eram feitas como rodas de carros; os eixos, os aros, os raios e os cubos eram todos de metal fundido.

34Havia quatro cabos que se projetavam do carrinho, um em cada canto. 35No alto do carrinho havia uma lâmina circular de vinte e dois centímetros de altura. Os apoios e as placas estavam fixados no alto do carrinho. 36Ele esculpiu figuras de querubins, leões e tamareiras na superfície dos apoios e nas placas, em cada espaço disponível, com grinaldas ao redor. 37Foi assim que fez os dez carrinhos. Foram todos fundidos nos mesmos moldes e eram idênticos no tamanho e na forma.

38Depois ele fez dez pias de bronze, cada uma com capacidade de oitocentos litros, medindo um metro e oitenta centímetros de diâmetro; uma pia para cada um dos dez carrinhos. 39Ele pôs cinco carrinhos no lado sul do templo e cinco no lado norte. Pôs o tanque no lado sul, no canto sudeste do templo. 40Também fez os jarros, as pás e as bacias para aspersão.

Assim, Hurão completou todo o trabalho de que fora encarregado pelo rei Salomão, no templo do SENHOR:

41as duas colunas;
os dois capitéis em forma de taça no alto das colunas;
os dois conjuntos de correntes que decoravam os dois capitéis;
42as quatrocentas romãs para os dois conjuntos de correntes, sendo duas fileiras de romãs para cada conjunto;
43os dez carrinhos com as suas dez pias;
44o tanque e os doze touros debaixo dele;
45e os jarros, as pás e as bacias de aspersão.

Todos esses utensílios que Hurão fez a pedido do rei Salomão para o templo do SENHOR eram de bronze polido. 46Foi na planície do Jordão, entre Sucote e Zaretã, que o rei os mandou fundir, em moldes de barro. 47Salomão não mandou pesar esses utensílios; eram tantos que o peso do bronze não foi determinado.

48Além desses, Salomão mandou fazer também estes outros utensílios para o templo do SENHOR:

O altar de ouro;
a mesa de ouro sobre a qual ficavam os pães da Presença;
49os candelabros de ouro puro, cinco à direita e cinco à esquerda, em frente do santuário interno;
as flores, as lâmpadas e as tenazes de ouro;
50as bacias, os cortadores de pavio, as bacias para aspersão, as tigelas e os incensários;
e as dobradiças de ouro para as portas da sala interna, isto é, o Lugar Santíssimo, e também para as portas do átrio principal.

51Terminada toda a obra que Salomão realizou para o templo do SENHOR, ele trouxe tudo o que seu pai havia consagrado e colocou junto com os tesouros do templo do SENHOR: a prata, o ouro e os utensílios.

O transporte da arca para o templo

8 Então o rei Salomão reuniu em Jerusalém as autoridades de Israel, todos os líderes das tribos e os chefes das famílias israelitas, para levarem de Sião, a Cidade de Davi, a arca da aliança do SENHOR. 2E todos os homens de Israel uniram-se ao rei Salomão por ocasião da festa, no mês de etanim[a], que é o sétimo mês. 3Quando todas as autoridades de Israel chegaram, os sacerdotes pegaram 4a arca do SENHOR e a levaram, com a Tenda do Encontro e com todos os seus utensílios sagrados. Foram os sacerdotes e os levitas que levaram tudo. 5O rei Salomão e toda a comunidade de Israel, que se havia reunido a ele diante da arca, sacrificaram tantas ovelhas e bois que nem era possível contar.

6Os sacerdotes levaram a arca da aliança do SENHOR para o seu lugar no santuário interno do templo, isto é, no Lugar Santíssimo, e a colocaram debaixo das asas dos querubins. 7Os querubins tinham suas asas estendidas sobre o lugar da arca e cobriam a arca e as

[a] 8:2 Aproximadamente setembro/outubro.

varas utilizadas para o transporte. 8Essas va-
ras eram tão compridas que as suas pontas,
que se estendiam para fora da arca, podiam
ser vistas da frente do santuário interno, mas
não de fora dele; e elas estão lá até hoje. 9Na
arca havia só as duas tábuas de pedra que
Moisés tinha colocado quando estava em Ho-
rebe, onde o SENHOR fez uma aliança com os
israelitas depois que saíram do Egito.
10Quando os sacerdotes se retiraram do Lu-
gar Santo, uma nuvem encheu o templo do
SENHOR, 11de forma que os sacerdotes não po-
diam desempenhar o seu serviço, pois a gló-
ria do SENHOR encheu o seu templo.
12E Salomão exclamou: "O SENHOR disse
que habitaria numa nuvem escura! 13Na rea-
lidade construí para ti um templo magnífico,
um lugar para nele habitares para sempre!"
14Depois o rei virou-se e abençoou toda a
assembleia de Israel, que estava ali em pé.
15E disse:

"Bendito seja o SENHOR, o Deus de Israel,
que com sua mão cumpriu o que com sua
própria boca havia prometido a meu pai Da-
vi, quando lhe disse: 16'Desde o dia em que
tirei Israel, o meu povo, do Egito, não esco-
lhi nenhuma cidade das tribos de Israel para
nela construir um templo em honra ao meu
nome. Mas escolhi Davi para governar Israel,
o meu povo'.
17"Meu pai Davi tinha no coração o propó-
sito de construir um templo em honra ao
nome do SENHOR, o Deus de Israel. 18Mas o
SENHOR lhe disse: 'Você fez bem em ter no
coração o plano de construir um templo em
honra ao meu nome; 19no entanto, não será
você que o construirá, mas o seu filho, que
procederá de você; ele construirá o templo
em honra ao meu nome'.
20"E o SENHOR cumpriu a sua promes-
sa: Sou o sucessor de meu pai Davi, e ago-
ra ocupo o trono de Israel, como o SENHOR
tinha prometido, e construí o templo em
honra ao nome do SENHOR, o Deus de Israel.

Palavras para memorizar

"E o SENHOR cumpriu a sua promessa."

(1Reis 8:20)

21Providenciei nele um lugar para a arca, na
qual estão as tábuas da aliança do SENHOR,
aliança que fez com os nossos antepassados
quando os tirou do Egito".

A oração de dedicação

22Depois Salomão colocou-se diante do al-
tar do SENHOR, diante de toda a assembleia
de Israel, levantou as mãos para o céu 23e
orou:
"SENHOR, Deus de Israel, não há Deus co-
mo tu em cima nos céus nem embaixo na
terra! Tu que guardas a tua aliança de amor
com os teus servos que, de todo o coração,
andam segundo a tua vontade. 24Cumpris-
te a tua promessa a teu servo Davi, meu pai;
com tua boca prometeste e com tua mão a
cumpriste, conforme hoje se vê.
25"Agora, SENHOR, Deus de Israel, cumpre
a outra promessa que fizeste a teu servo Da-
vi, meu pai, quando disseste: 'Você nunca
deixará de ter, diante de mim, um descen-
dente que se assente no trono de Israel, se
tão somente os seus descendentes tiverem o
cuidado de, em tudo, andarem segundo a mi-
nha vontade, como você tem feito'. 26Agora, ó
Deus de Israel, que se confirme a palavra que
falaste a teu servo Davi, meu pai.
27"Mas será possível que Deus habite na ter-
ra? Os céus, mesmo os mais altos céus, não
podem conter-te. Muito menos este templo
que construí! 28Ainda assim, atende à oração
do teu servo e ao seu pedido de misericór-
dia, ó SENHOR, meu Deus. Ouve o clamor e
a oração que o teu servo faz hoje na tua pre-
sença. 29Estejam os teus olhos voltados dia e
noite para este templo, lugar do qual disseste
que nele porias o teu nome, para que ouças a
oração que o teu servo fizer voltado para este
lugar. 30Ouve as súplicas do teu servo e de Is-
rael, o teu povo, quando orarem voltados para
este lugar. Ouve dos céus, lugar da tua habita-
ção, e, quando ouvires, dá-lhes o teu perdão.
31"Quando um homem pecar contra seu
próximo e tiver que fazer um juramento, e
vier jurar diante do teu altar neste templo,
32ouve dos céus e age. Julga os teus servos;
condena o culpado, fazendo recair sobre a
sua própria cabeça a consequência da sua
conduta, e declara sem culpa o inocente, dan-
do-lhe o que a sua inocência merece.
33"Quando Israel, o teu povo, for derrota-
do por um inimigo por ter pecado contra ti, e
voltar-se para ti e invocar o teu nome, oran-
do e suplicando a ti neste templo, 34ouve dos
céus e perdoa o pecado de Israel, o teu povo,

e traze-o de volta à terra que deste aos seus
antepassados.
35"Quando se fechar o céu, e não houver
chuva por haver o teu povo pecado contra
ti, e, se o teu povo, voltado para este lugar,
invocar o teu nome e afastar-se do seu peca-
do por o haveres castigado, 36ouve dos céus
e perdoa o pecado dos teus servos, de Israel,
teu povo. Ensina-lhes o caminho certo e en-
via chuva sobre a tua terra, que deste por he-
rança ao teu povo.
37"Quando houver fome ou praga no país,
ferrugem e mofo, gafanhotos peregrinos e
gafanhotos devastadores, ou quando inimi-
gos sitiarem suas cidades, quando, em meio
a qualquer praga ou epidemia, 38uma oração
ou súplica por misericórdia for feita por um
israelita ou por todo o Israel, teu povo, ca-
da um sentindo as suas próprias aflições e
dores, estendendo as mãos na direção deste
templo, 39ouve dos céus, o lugar da tua habi-
tação. Perdoa e age; trata cada um de acordo
com o que merece, visto que conheces o seu
coração. Sim, só tu conheces o coração do ho-
mem. 40Assim eles te temerão durante todo
o tempo em que viverem na terra que deste
aos nossos antepassados.
41"Quanto ao estrangeiro, que não pertence
a Israel, o teu povo, e que veio de uma terra
distante por causa do teu nome — 42pois ou-
virão acerca do teu grande nome, da tua mão
poderosa e do teu braço forte — quando ele
vier e orar voltado para este templo, 43ouve
dos céus, lugar da tua habitação, e atende o
pedido do estrangeiro, a fim de que todos os
povos da terra conheçam o teu nome e te te-
mam, como faz Israel, o teu povo, e saibam
que este templo que construí traz o teu nome.
44"Quando o teu povo for à guerra con-
tra os seus inimigos, por onde quer que tu
o enviares, e orar ao SENHOR voltado para a
cidade que escolheste e para o templo que
construí em honra ao teu nome, 45ouve dos
céus a sua oração e a sua súplica, e defende
a sua causa.
46"Quando pecarem contra ti, pois não há
ninguém que não peque, e ficares irado com
eles e os entregares ao inimigo, que os leve
prisioneiros para a sua terra, distante ou pró-
xima; 47se eles caírem em si, na terra para a
qual tiverem sido deportados, e se arrepen-
derem e lá orarem: 'Pecamos, praticamos o
mal e fomos rebeldes'; 48e se lá eles se volta-
rem para ti de todo o seu coração e de toda
a sua alma, na terra dos inimigos que os ti-
verem levado como prisioneiros, e orarem
voltados para a terra que deste aos seus an-
tepassados, para a cidade que escolheste e
para o templo que construí em honra ao teu
nome, 49então, desde os céus, o lugar da tua
habitação, ouve a sua oração e a sua súplica, e
defende a sua causa. 50Perdoa o teu povo, que
pecou contra ti; perdoa todas as transgres-
sões que cometeram contra ti, e faze com que
os seus conquistadores tenham misericórdia

Lembrar-se de orações respondidas

Experimente!

O rei Salomão orou quando consagrou o grande templo para Deus em Jerusalém. Leia 1Reis 8:41-43 e responda a seguinte pergunta: "Por que Salomão queria que Deus respondesse as orações de estrangeiros?".

A oração respondida continua sendo uma boa maneira de ajudar as pessoas a ver que Deus é real. Sendo assim, ore pelo problema de um amigo, porque, quando Deus responder a oração, isso ajudará seu amigo a saber que Deus é real.

Em um caderninho, faça a lista de pessoas ou problemas pelos quais você está orando, e, quando Deus responder a suas orações, escreva a data e a resposta perto do pedido. Isso o ajudará a lembrar-se de louvar a Deus pelas orações respondidas, e você terá mais e mais certeza de que Deus é real.

1Reis 8:41-43

deles; 51pois são o teu povo e a tua herança, que tiraste do Egito, da fornalha de fundição.

52"Que os teus olhos estejam abertos para a súplica do teu servo e para a súplica de Israel, o teu povo, e que os ouças sempre que clamarem a ti. 53Pois tu os escolheste dentre todos os povos da terra para serem a tua herança, como declaraste por meio do teu servo Moisés, quando tu, ó Soberano SENHOR, tiraste os nossos antepassados do Egito".

54Quando Salomão terminou a oração e a súplica ao SENHOR, levantou-se diante do altar do SENHOR, onde tinha se ajoelhado e estendido as mãos para o céu. 55Pôs-se em pé e abençoou em alta voz toda a assembleia de Israel, dizendo:

56"Bendito seja o SENHOR, que deu descanso a Israel, o seu povo, como havia prometido. Não ficou sem cumprimento nem uma de todas as boas promessas que ele fez por meio do seu servo Moisés. 57Que o SENHOR, o nosso Deus, esteja conosco, assim como esteve com os nossos antepassados. Que ele jamais nos deixe nem nos abandone! 58E faça com que de coração nos voltemos para ele, a fim de andarmos em todos os seus caminhos e obedecermos aos seus mandamentos, decretos e ordenanças, que deu aos nossos antepassados. 59E que as palavras da minha súplica ao SENHOR tenham acesso ao SENHOR, o nosso Deus, dia e noite, para que ele defenda a causa do seu servo e a causa de Israel, o seu povo, de acordo com o que precisarem. 60Assim, todos os povos da terra saberão que o SENHOR é Deus e que não há nenhum outro. 61Mas vocês, tenham coração íntegro para com o SENHOR, o nosso Deus, para viverem por seus decretos e obedecerem aos seus mandamentos, como acontece hoje".

A dedicação do templo

62Então o rei Salomão e todo o Israel ofereceram sacrifícios ao SENHOR; 63ele ofereceu em sacrifício de comunhão[a] ao SENHOR vinte e dois mil bois e cento e vinte mil ovelhas. Assim o rei e todos os israelitas fizeram a dedicação do templo do SENHOR.

64Naquele mesmo dia o rei consagrou a parte central do pátio, que ficava na frente do templo do SENHOR, e ali ofereceu holocaustos[b], ofertas de cereal e a gordura das ofertas de comunhão, pois o altar de bronze diante do SENHOR era pequeno demais para comportar os holocaustos, as ofertas de cereal e a gordura das ofertas de comunhão.

65E foi assim que Salomão, com todo o Israel, celebrou a festa naquela data; era uma grande multidão, gente vinda desde Lebo-Hamate até o ribeiro do Egito. Celebraram-na diante do SENHOR, o nosso Deus, durante sete dias[c]. 66No oitavo dia Salomão mandou o povo para casa. Eles abençoaram o rei e foram embora, jubilosos e de coração alegre por todas as coisas boas que o SENHOR havia feito por seu servo Davi e por Israel, o seu povo.

O SENHOR aparece a Salomão

9 Quando Salomão acabou de construir o templo do SENHOR, o palácio real e tudo mais que desejara construir, 2o SENHOR lhe apareceu pela segunda vez, como lhe havia aparecido em Gibeom. 3O SENHOR lhe disse:

"Ouvi a oração e a súplica que você fez diante de mim; consagrei este templo que você construiu, para que nele habite o meu nome para sempre. Os meus olhos e o meu coração estarão sempre nele.

4"E se você andar segundo a minha vontade, com integridade de coração e com retidão, como fez o seu pai Davi, se fizer tudo o que eu lhe ordeno, obedecendo aos meus decretos e às minhas ordenanças, 5firmarei para sempre sobre Israel o seu trono, conforme prometi a Davi, seu pai, quando lhe disse: Nunca lhe faltará descendente para governar Israel.

6"Mas, se você ou seus filhos se afastarem de mim e não obedecerem aos mandamentos e aos decretos que lhes dei, e prestarem culto a outros deuses e adorá-los, 7desarraigarei Israel da terra que lhes dei, e lançarei para longe da minha presença este templo que consagrei ao meu nome. Israel se tornará então objeto de zombaria entre todos os povos. 8E, embora este templo seja agora imponente, todos os que passarem por ele ficarão espantados e perguntarão: 'Por que o SENHOR fez uma coisa dessas a esta terra e a este templo?' 9E a resposta será: 'Porque abandonaram o SENHOR, o seu Deus, que tirou os seus antepassados do Egito, e se apegaram a outros deuses, adorando-os e prestando-lhes culto; por isso o SENHOR trouxe sobre eles toda esta desgraça' ".

[a] 8:63 Ou *de paz*
[b] 8:64 Isto é, sacrifícios totalmente queimados.
[c] 8:65 Conforme a Septuaginta. O Texto Massorético acrescenta *e mais 7 dias, 14 no total.*

Outros feitos de Salomão

10Depois de vinte anos, durante os quais construiu estes dois edifícios, o templo do SENHOR e o palácio real, 11o rei Salomão deu vinte cidades da Galileia a Hirão, rei de Tiro, pois Hirão lhe havia fornecido toda a madeira de cedro e de pinho e o ouro de que ele precisou. 12Mas, quando este veio de Tiro para ver as cidades que Salomão lhe dera, não gostou. 13"Que cidades são essas que tu me deste, meu irmão?", ele perguntou. E as chamou terra de Cabul[a], nome que elas têm até hoje. 14Hirão tinha enviado ao rei quatro mil e duzentos quilos[b] de ouro!

15O rei Salomão impôs trabalhos forçados para que se construísse o templo do SENHOR, seu próprio palácio, o Milo[c], o muro de Jerusalém, bem como Hazor, Megido e Gezer. 16O faraó, rei do Egito, havia atacado e conquistado Gezer. Incendiou a cidade e matou os seus habitantes, que eram cananeus, e a deu como presente de casamento à sua filha, mulher de Salomão. 17E Salomão reconstruiu Gezer. Ele construiu Bete-Horom Baixa, 18Baalate, e Tadmor[d], no deserto dessa região, 19bem como todas as cidades-armazéns e as cidades onde ficavam os seus carros de guerra e os seus cavalos[e]. Construiu tudo o que desejou em Jerusalém, no Líbano e em todo o território que governou.

20Salomão recrutou para o trabalho forçado todos os não israelitas, descendentes dos amorreus, dos hititas, dos ferezeus, dos heveus e dos jebuseus, 21que não tinham sido mortos pelos israelitas, e nesse trabalho continuam. 22Mas Salomão não obrigou nenhum israelita a trabalhos forçados; eles eram seus homens de guerra, seus capitães, os comandantes dos seus carros de guerra e os condutores de carros. 23Também eram israelitas os principais oficiais encarregados das construções de Salomão: quinhentos e cinquenta oficiais que supervisionavam os trabalhadores.

24Somente depois que a filha do faraó mudou-se da Cidade de Davi para o palácio que Salomão havia construído para ela, foi que ele construiu o Milo.

25Três vezes por ano Salomão oferecia holocaustos[f] e sacrifícios de comunhão[g] no altar que havia construído para o SENHOR, e ao mesmo tempo queimava incenso diante do SENHOR. E Salomão concluiu o templo.

26O rei Salomão também construiu navios em Eziom-Geber, que fica perto de Elate, na terra de Edom, às margens do mar Vermelho. 27E Hirão enviou em navios os seus marinheiros, homens experimentados que conheciam o mar, para trabalharem com os marinheiros de Salomão. 28Navegaram até Ofir, e de lá trouxeram catorze mil e setecentos quilos de ouro para o rei Salomão.

A rainha de Sabá visita Salomão

10 A rainha de Sabá soube da fama que Salomão tinha alcançado, graças ao nome do SENHOR, e foi a Jerusalém para pô-lo à prova com perguntas difíceis. 2Quando chegou, acompanhada de uma enorme caravana, com camelos carregados de especiarias, grande quantidade de ouro e pedras preciosas, fez a Salomão todas as perguntas que tinha em mente. 3Salomão respondeu a todas; nenhuma lhe foi tão difícil que não pudesse responder. 4Vendo toda a sabedoria de Salomão, bem como o palácio que ele havia construído, 5o que era servido em sua mesa, o alojamento de seus oficiais, os criados e os copeiros, todos uniformizados, e os holocaustos[h] que ele fazia no[i] templo do SENHOR, a visitante ficou impressionada.

6Então ela disse ao rei: "Tudo o que ouvi em meu país acerca de tuas realizações e de tua sabedoria é verdade. 7Mas eu não acreditava no que diziam, até ver com os meus próprios olhos. Na realidade, não me contaram nem a metade; tu ultrapassas em muito o que ouvi, tanto em sabedoria como em riqueza. 8Como devem ser felizes os homens da tua corte, que continuamente estão diante de ti e ouvem a tua sabedoria! 9Bendito seja o SENHOR, o teu Deus, que se agradou de ti e te colocou no trono de Israel. Por causa do amor eterno do SENHOR para com Israel, ele te fez rei, para manter a justiça e a retidão".

10E ela deu ao rei quatro mil e duzentos quilos[j] de ouro e grande quantidade de especiarias e pedras preciosas. Nunca mais foram trazidas tantas especiarias quanto as que a rainha de Sabá deu ao rei Salomão.

11(Os navios de Hirão, que carregavam ouro de Ofir, também trouxeram de lá grande

[a] 9:13 *Cabul* assemelha-se à palavra hebraica que significa *inútil*.
[b] 9:14 Hebraico: *120 talentos*. Um talento equivalia a 35 quilos.
[c] 9:15 Ou *aterro*; também no versículo 24.
[d] 9:18 Ou *Tamar*
[e] 9:19 Ou *condutores de carros*
[f] 9:25 Isto é, sacrifícios totalmente queimados; também em 10:5.
[g] 9:25 Ou *de paz*
[h] 10:5 Isto é, sacrifícios totalmente queimados.
[i] 10:5 Ou *e o caminho pelo qual subia até o*
[j] 10:10 Hebraico: *120 talentos*. Um talento equivalia a 35 quilos.

quantidade de madeira de junípero e pedras
preciosas. 12 O rei utilizou a madeira para fa-
zer a escadaria do templo do SENHOR e a do
palácio real, além de harpas e liras para os
músicos. Nunca mais foi importada nem se
viu tanta madeira de junípero.)
13 O rei Salomão deu à rainha de Sabá tu-
do o que ela desejou e pediu, além do que
já lhe tinha dado por sua generosidade real.
Então ela e os seus servos voltaram para o
seu país.

O esplendor do reino de Salomão

14 O peso do ouro que Salomão recebia
anualmente era de vinte e três mil e trezen-
tos quilos, 15 fora os impostos pagos por mer-
cadores e comerciantes, por todos os reis da
Arábia e pelos governadores do país.
16 O rei Salomão fez duzentos escudos gran-
des de ouro batido, utilizando três quilos e
seiscentos gramas[a] de ouro em cada um.
17 Também fez trezentos escudos pequenos
de ouro batido, com um quilo e oitocentos
gramas de ouro em cada um. O rei os colocou
no Palácio da Floresta do Líbano.
18 O rei mandou fazer ainda um grande tro-
no de marfim revestido de ouro puro. 19 O tro-
no tinha seis degraus, e o seu encosto tinha
a parte alta arredondada. Nos dois lados do
assento havia braços, com um leão junto a
cada braço. 20 Havia doze leões nos seis de-
graus, um em cada ponta de cada degrau. Na-
da igual havia sido feito em nenhum outro
reino. 21 Todas as taças do rei Salomão eram
de ouro, bem como todos os utensílios do
Palácio da Floresta do Líbano. Não havia na-
da de prata, pois a prata quase não tinha va-
lor nos dias de Salomão. 22 O rei tinha no mar
uma frota de navios mercantes[b] junto com os
navios de Hirão. Cada três anos a frota vol-
tava, trazendo ouro, prata, marfim, macacos
e pavões.
23 O rei Salomão era o mais rico e o mais
sábio de todos os reis da terra. 24 Gente de
todo o mundo pedia audiência a Salomão
para ouvir a sabedoria que Deus lhe tinha
dado. 25 Ano após ano, todos os visitantes tra-
ziam algum presente: utensílios de prata e
de ouro, mantos, armas e especiarias, cava-
los e mulas.
26 Salomão juntou carros e cavalos; possuía
mil e quatrocentos carros e doze mil cavalos[c],
dos quais mantinha uma parte nas guarni-
ções de algumas cidades e a outra perto de-
le, em Jerusalém. 27 O rei tornou a prata tão
comum em Jerusalém quanto as pedras, e o
cedro tão numeroso quanto as figueiras bra-
vas da Sefelá[d]. 28 Os cavalos de Salomão eram

[a] 10:16 Hebraico: *6 minas*. Uma mina equivalia a 600 gramas.

[b] 10:22 Hebraico: *de Társis*.

[c] 10:26 Ou *condutores de carros*

[d] 10:27 Pequena faixa de terra de relevo variável entre a planície costeira e as montanhas.

A vida nos tempos da Bíblia

Camelos

Os camelos eram os "caminhões" dos tempos bíblicos. Um camelo conseguia carregar 180 quilos e viajar mais de 1,5 quilômetro por hora. Os camelos carregavam especiarias e outras mercadorias pelas rotas comerciais milhares de anos antes de Jesus nascer e, por conseguirem guardar quase 20 litros de água em cada estômago, esses animais podiam ficar sem beber água durante três dias. Água, e não gordura, é armazenada nas corcovas. O leite de camelo era usado para fazer queijo, e o pelo virava tecido para tenda ou era usado para fazer corda.

importados do Egito[a] e da Cilícia[b], onde os
fornecedores do rei os compravam. 29Impor-
tavam do Egito um carro por sete quilos e du-
zentos gramas[c] de prata, e um cavalo por um
quilo e oitocentos gramas, e os exportavam
para todos os reis dos hititas e dos arameus.

As mulheres de Salomão

11 O rei Salomão amou muitas mulheres es-
trangeiras, além da filha do faraó. Eram
mulheres moabitas, amonitas, edomitas, sidô-
nias e hititas. 2Elas eram das nações a respeito
das quais o SENHOR tinha dito aos israelitas:
"Vocês não poderão tomar mulheres dentre
essas nações, porque elas os farão desviar-se
para seguir os seus deuses". No entanto, Salo-
mão apegou-se amorosamente a elas. 3Casou
com setecentas princesas e trezentas concubi-
nas, e as suas mulheres o levaram a desviar-
-se. 4À medida que Salomão foi envelhecendo,
suas mulheres o induziram a voltar-se para
outros deuses, e o seu coração já não era to-
talmente dedicado ao SENHOR, o seu Deus,
como fora o coração do seu pai Davi. 5Ele se-
guiu Astarote, a deusa dos sidônios, e Molo-
que, o repugnante deus dos amonitas. 6Dessa
forma Salomão fez o que o SENHOR reprova;
não seguiu completamente o SENHOR, como
o seu pai Davi.

7No monte que fica a leste de Jerusalém,
Salomão construiu um altar para Camos, o
repugnante deus de Moabe, e para Moloque,
o repugnante deus dos amonitas. 8Também
fez altares para os deuses de todas as suas
outras mulheres estrangeiras, que queima-
vam incenso e ofereciam sacrifícios a eles.

9O SENHOR irou-se contra Salomão por ter
se desviado do SENHOR, o Deus de Israel, que
lhe havia aparecido duas vezes. 10Embora ele
tivesse proibido Salomão de seguir outros
deuses, Salomão não lhe obedeceu. 11Então
o SENHOR lhe disse: "Já que essa é a sua ati-
tude e você não obedeceu à minha aliança
e aos meus decretos, os quais lhe ordenei,

[a] 10:28 Ou *Muzur*, região da Cilícia; também no versículo 29.
[b] 10:28 Hebraico: *Cuve*.
[c] 10:29 Hebraico: *600 siclos*. Um siclo equivalia a 12 gramas.

Você sabia?

Por que Salomão se casou com tantas mulheres?

11:1 Os acordos com outras nações eram frequentemente selados oferecendo a filha de um governante em casamento ao rei do outro país. Muitas esposas de Salomão vieram de tais casamentos arranjados, mas Deus havia dito aos israelitas que não se casassem com mulheres estrangeiras. As esposas estrangeiras de Salomão o afastaram de Deus.

A vida nos tempos da Bíblia

Os navios de Salomão

O rei Salomão tinha uma frota de navios comerciais que traziam muitos itens interessantes e valiosos para Israel. Os navios voltavam com coisas como "ouro, prata, marfim, macacos e pavões" (1Reis 10:22). Cada viagem durava três anos! De acordo com Ezequiel 27, esses navios de Tiro eram obras lindas, com velas bordadas, plataformas incrustadas de marfim e toldos em azul e roxo.

certamente lhe tirarei o reino e o darei a um dos seus servos. 12No entanto, por amor a Davi, seu pai, não farei isso enquanto você viver. Eu o tirarei da mão do seu filho. 13Mas, não tirarei dele o reino inteiro, eu lhe darei uma tribo por amor de Davi, meu servo, e por amor de Jerusalém, a cidade que escolhi”.

Os adversários de Salomão

14Então o SENHOR levantou contra Salomão um adversário, o edomita Hadade, da linhagem real de Edom. 15Anteriormente, quando Davi estava lutando contra Edom, Joabe, o comandante do exército, que tinha ido para lá enterrar os mortos, exterminara todos os homens de Edom. 16Joabe e todo o exército israelita permaneceram lá seis meses, até matarem todos os edomitas. 17Mas Hadade, sendo ainda menino, fugiu para o Egito com alguns dos oficiais edomitas que tinham servido a seu pai. 18Partiram de Midiã e foram a Parã. Lá reuniram alguns homens e foram ao Egito, até o faraó, rei do Egito, que deu uma casa e terras a Hadade e lhe forneceu alimento.

19O faraó acolheu bem a Hadade, ao ponto de dar-lhe em casamento uma irmã de sua própria mulher, a rainha Tafnes. 20A irmã de Tafnes deu-lhe um filho, chamado Genubate, que fora criado por Tafnes no palácio real. Ali Genubate viveu com os próprios filhos do faraó.

21Enquanto estava no Egito, Hadade soube que Davi tinha descansado com seus antepassados e que Joabe, o comandante do exército, também estava morto. Então Hadade disse ao faraó: “Deixa-me voltar para a minha terra”.

22“O que lhe falta aqui para que você queira voltar para a sua terra?”, perguntou o faraó.

“Nada me falta”, respondeu Hadade, “mas deixa-me ir!”

23E Deus fez um outro adversário levantar-se contra Salomão: Rezom, filho de Eliada, que tinha fugido do seu senhor, Hadadezer, rei de Zobá. 24Quando Davi destruiu o exército de Zobá, Rezom reuniu alguns homens e tornou-se líder de um bando de rebeldes. Eles foram para Damasco, onde se instalaram e assumiram o controle. 25Rezom foi adversário de Israel enquanto Salomão viveu, e trouxe-lhe muitos problemas, além dos causados por Hadade. Assim Rezom governou a Síria e foi hostil a Israel.

A rebelião de Jeroboão contra Salomão

26Também Jeroboão, filho de Nebate, rebelou-se contra o rei. Ele era um dos oficiais de Salomão, um efraimita de Zeredá, e a sua mãe era uma viúva chamada Zerua.

27Foi assim que ele se revoltou contra o rei: Salomão tinha construído o Milo[a] e havia tapado a abertura no muro da Cidade de Davi, seu pai. 28Ora, Jeroboão era homem capaz, e, quando Salomão viu como ele fazia bem o seu trabalho, encarregou-o de todos os que faziam trabalho forçado, pertencentes às tribos de José.

29Naquela ocasião, Jeroboão saiu de Jerusalém, e Aías, o profeta de Siló, que estava usando uma capa nova, encontrou-se com ele no caminho. Os dois estavam sozinhos no campo, 30e Aías segurou firmemente a capa que estava usando, rasgou-a em doze pedaços 31e disse a Jeroboão: “Apanhe dez pedaços para você, pois assim diz o SENHOR, o Deus de Israel: ‘Saiba que vou tirar o reino das mãos de Salomão e dar a você dez tribos. 32Mas, por amor ao meu servo Davi e à cidade de Jerusalém, a qual escolhi dentre todas as tribos de Israel, ele terá uma tribo. 33Farei isso porque eles me abandonaram[b] e adoraram Astarote, a deusa dos sidônios, Camos, deus dos moabitas, e Moloque, deus dos amonitas, e não andaram nos meus caminhos, nem fizeram o que eu aprovo, nem obedeceram aos meus decretos e às minhas ordenanças, como fez Davi, pai de Salomão.

34“ ‘Mas não tirarei o reino todo das mãos de Salomão; eu o fiz governante todos os dias de sua vida por amor ao meu servo Davi, a quem escolhi e que obedeceu aos meus mandamentos e aos meus decretos. 35Tirarei

[a] 11:27 Ou *aterro*
[b] 11:33 A Septuaginta, a Vulgata e a Versão Siríaca dizem *porque ele me abandonou.*

Pessoas nos tempos da Bíblia

Jeroboão

Jeroboão era um dos oficiais do rei. Ele se rebelou contra Salomão e se tornou rei de dez tribos de Israel. Jeroboão foi um governante fraco e acabou se voltando contra Deus, o qual o puniu e destruiu sua família.

o reino das mãos do seu filho e darei dez tribos a você. 36Darei uma tribo ao seu filho a fim de que o meu servo Davi sempre tenha diante de mim um descendente no trono[a] em Jerusalém, a cidade onde eu quis pôr o meu nome. 37Quanto a você, eu o farei reinar sobre tudo o que o seu coração desejar; você será rei de Israel. 38Se você fizer tudo o que eu lhe ordenar e andar nos meus caminhos e fizer o que eu aprovo, obedecendo aos meus decretos e aos meus mandamentos, como fez o meu servo Davi, estarei com você. Edificarei para você uma dinastia tão permanente quanto a que edifiquei para Davi, e darei Israel a você. 39Humilharei os descendentes de Davi por causa disso, mas não para sempre' ".

40Salomão tentou matar Jeroboão, mas ele fugiu para o Egito, para o rei Sisaque, e lá permaneceu até a morte de Salomão.

A morte de Salomão

41Os demais acontecimentos do reinado de Salomão, tudo o que fez e a sabedoria que teve, estão todos escritos nos registros históricos de Salomão. 42Salomão reinou quarenta anos em Jerusalém sobre todo o Israel. 43Então descansou com os seus antepassados e foi sepultado na Cidade de Davi, seu pai. E o seu filho Roboão foi o seu sucessor.

A revolta de Israel contra Roboão

12 Roboão foi a Siquém, onde todos os israelitas tinham se reunido para proclamá-lo rei. 2Assim que Jeroboão, filho de Nebate, que estava no Egito para onde tinha fugido do rei Salomão, soube disso, voltou de lá. 3Depois disso mandaram chamá-lo. Então ele e toda a assembleia de Israel foram ao encontro de Roboão e disseram: 4"Teu pai colocou sobre nós um jugo pesado, mas agora diminui o trabalho árduo e este jugo pesado, e nós te serviremos".

5Roboão respondeu: "Voltem a mim daqui a três dias". Então o povo foi embora.

6O rei Roboão perguntou às autoridades que haviam servido ao seu pai Salomão durante a vida dele: "Como vocês me aconselham a responder a este povo?"

7Eles responderam: "Se hoje fores um servo deste povo e servi-lo, dando-lhe uma resposta favorável, eles sempre serão teus servos".

8Roboão, contudo, rejeitou o conselho que as autoridades de Israel lhe tinham dado e consultou os jovens que haviam crescido com ele e o estavam servindo. 9Perguntou-lhes: "Que conselho vocês me dão? Como devemos responder a este povo que me diz: 'Diminui o jugo que teu pai colocou sobre nós'?"

10Os jovens que haviam crescido com ele responderam: "A este povo que te disse: 'Teu pai colocou sobre nós um jugo pesado; torna-o mais leve', dize: Meu dedo mínimo é mais grosso do que a cintura do meu pai. 11Pois bem, meu pai lhes impôs um jugo pesado; eu o tornarei ainda mais pesado. Meu pai os castigou com simples chicotes; eu os castigarei com chicotes pontiagudos[b]".

12Três dias depois, Jeroboão e todo o povo voltaram a Roboão, segundo a orientação dada pelo rei: "Voltem a mim daqui a três dias". 13E o rei lhes respondeu asperamente. Rejeitando o conselho das autoridades de Israel, 14seguiu o conselho dos jovens e disse: "Meu pai lhes tornou pesado o jugo; eu o tornarei ainda mais pesado. Meu pai os castigou com simples chicotes; eu os castigarei com chicotes pontiagudos". 15E o rei não ouviu o povo, pois esta mudança nos acontecimentos vinha da parte do SENHOR, para que se cumprisse a palavra que o SENHOR havia falado a Jeroboão, filho de Nebate, por meio do silonita Aías.

16Quando todo o Israel viu que o rei se recusava a ouvi-los, respondeu ao rei:

"Que temos em comum com Davi?
Que temos em comum
com o filho de Jessé?
Para as suas tendas, ó Israel!
Cuide da sua própria casa, ó Davi!"

E assim os israelitas foram para as suas casas. 17Quanto, porém, aos israelitas que moravam nas cidades de Judá, Roboão continuou como rei deles.

18O rei Roboão enviou Adonirão[c], chefe do trabalho forçado, mas todo o Israel o apedrejou até a morte. O rei, contudo, conseguiu subir em sua carruagem e fugir para Jerusalém. 19Dessa forma Israel se rebelou contra a dinastia de Davi, e assim permanece até hoje.

20Quando todos os israelitas souberam que Jeroboão tinha voltado, mandaram chamá-lo para a reunião da comunidade e o fizeram rei sobre todo o Israel. Somente a tribo de Judá permaneceu leal à dinastia de Davi.

21Quando Roboão, filho de Salomão, chegou a Jerusalém, convocou cento e oitenta

[a] 11:36 Hebraico: *haja uma lâmpada para Davi.*

[b] 12:11 Ou *com escorpiões*; também no versículo 14.

[c] 12:18 Conforme alguns manuscritos da Septuaginta e a Versão Siríaca. O Texto Massorético diz *Adorão*. Veja 1Rs 4:6 e 5:14.

mil homens de combate, das tribos de Judá e
de Benjamim, para guerrearem contra Israel
e recuperarem o reino.
22Entretanto, veio esta palavra de Deus a
Semaías, homem de Deus: 23"Diga a Roboão,
filho de Salomão, rei de Judá, às tribos de Ju-
dá e Benjamim, e ao restante do povo: 24As-
sim diz o SENHOR: Não saiam à guerra contra
os seus irmãos israelitas. Voltem para casa,
todos vocês, pois fui eu que fiz isso". E eles
obedeceram à palavra do SENHOR e voltaram
para as suas casas, conforme o SENHOR tinha
ordenado.

Bezerros de ouro em Betel e em Dã

25Jeroboão fortificou Siquém, nos montes
de Efraim, onde passou a morar. Depois saiu
e fortificou Peniel.
26Jeroboão pensou: "O reino agora prova-
velmente voltará para a dinastia de Davi. 27Se
este povo subir a Jerusalém para oferecer sa-
crifícios no templo do SENHOR, novamente
dedicarão sua lealdade ao senhor deles, Ro-
boão, rei de Judá. Eles vão me matar e vão
voltar para o rei Roboão".
28Depois de aconselhar-se, o rei fez dois be-
zerros de ouro e disse ao povo: "Vocês já su-
biram muito a Jerusalém. Aqui estão os seus
deuses, ó Israel, que tiraram vocês do Egito".
29Mandou pôr um bezerro em Betel, e o ou-
tro em Dã. 30E isso veio a ser um pecado, pois
o povo ia até Dã para adorar aquele bezerro.
31Jeroboão construiu altares idólatras e
designou sacerdotes dentre o povo, apesar
de não serem levitas. 32Instituiu uma festa
no décimo quinto dia do oitavo mês, seme-
lhante à festa realizada em Judá, e ofereceu
sacrifícios no altar. Ele fez isso em Betel, on-
de sacrificou aos bezerros que havia feito.
Também estabeleceu lá sacerdotes nos seus
altares idólatras. 33No décimo quinto dia do
oitavo mês, data que ele mesmo escolheu,
ofereceu sacrifícios no altar que havia cons-
truído em Betel. Assim ele instituiu a festa
para os israelitas e foi ao altar para queimar
incenso.

O homem de Deus que veio de Judá

13 Por ordem do SENHOR um homem de
Deus foi de Judá a Betel, quando Jero-
boão estava em pé junto ao altar para queimar
incenso. 2Ele clamou contra o altar, segundo
a ordem do SENHOR: "Ó altar, ó altar! Assim
diz o SENHOR: 'Um filho nascerá na família de
Davi e se chamará Josias. Sobre você ele sacri-
ficará os sacerdotes dos altares idólatras que
agora queimam incenso aqui, e ossos huma-
nos serão queimados sobre você'". 3Naquele
mesmo dia o homem de Deus deu um sinal:
"Este é o sinal que o SENHOR declarou: O al-
tar se fenderá, e as cinzas que estão sobre ele
se derramarão".
4Quando o rei Jeroboão ouviu o que o ho-
mem de Deus proclamava contra o altar de
Betel, apontou para ele e ordenou: "Pren-
dam-no!" Mas o braço que ele tinha estendi-
do ficou paralisado, e não voltava ao normal.
5Além disso, o altar se fendeu, e as suas cin-
zas se derramaram, conforme o sinal dado
pelo homem de Deus por ordem do SENHOR.
6Então o rei disse ao homem de Deus: "In-
terceda junto ao SENHOR, o seu Deus, e ore
por mim para que meu braço se recupere".
O homem de Deus intercedeu junto ao SE-
NHOR, e o braço do rei recuperou-se e voltou
ao normal.
7O rei disse ao homem de Deus: "Venha
à minha casa e coma algo, e eu o recom-
pensarei".
8Mas o homem de Deus respondeu ao rei:
"Mesmo que me desse a metade dos seus
bens, eu não iria com você, nem comeria,
nem beberia nada neste lugar. 9Pois recebi
estas ordens pela palavra do SENHOR: 'Não
coma pão nem beba água nem volte pelo
mesmo caminho por onde foi' ". 10Por isso,
quando ele voltou, não foi pelo caminho por
onde tinha vindo a Betel.
11Ora, havia um certo profeta, já idoso, que
morava em Betel. Seus filhos lhe contaram

Você sabia?

Qual o mal que o rei Jeroboão cometeu?

12:33 Jeroboão estabeleceu uma falsa religião para o seu reino. Ele construiu dois bezerros de ouro para os israelitas adorarem e dizia ao povo que não era necessário ir até Jerusalém para adorar. Ele também criou novos feriados religiosos em lugar dos que a lei de Deus estabelecia. Durante os duzentos anos seguintes, cada rei das dez tribos de Israel levaria o povo a adorar a Deus de maneira falsa e maligna.

tudo o que o homem de Deus havia feito naquele dia e também o que ele dissera ao rei. 12O pai lhes perguntou: "Por qual caminho ele foi?" E os seus filhos lhe mostraram por onde tinha ido o homem de Deus que viera de Judá. 13Então disse aos filhos: "Selem o jumento para mim". E, depois de selarem o jumento, ele montou 14e cavalgou à procura do homem de Deus, até que o encontrou sentado embaixo da Grande Árvore. E lhe perguntou: "Você é o homem de Deus que veio de Judá?"

"Sou", respondeu.

15Então o profeta lhe disse: "Venha à minha casa comer alguma coisa".

16O homem de Deus disse: "Não posso ir com você, nem posso comer pão ou beber água neste lugar. 17A palavra do SENHOR deu-me esta ordem: 'Não coma pão nem beba água lá, nem volte pelo mesmo caminho por onde você foi' ".

18O profeta idoso respondeu: "Eu também sou profeta como você. E um anjo me disse por ordem do SENHOR: 'Faça-o voltar com você para a sua casa para que coma pão e beba água' ". Mas ele estava mentindo. 19E o homem de Deus voltou com ele e foi comer e beber em sua casa.

20Enquanto ainda estavam sentados à mesa, a palavra do SENHOR veio ao profeta idoso que o havia feito voltar 21e ele bradou ao homem de Deus que tinha vindo de Judá: "Assim diz o SENHOR: 'Você desafiou a palavra do SENHOR e não obedeceu à ordem que o SENHOR, o seu Deus, lhe deu. 22Você voltou e comeu pão e bebeu água no lugar onde ele lhe falou que não comesse nem bebesse. Por isso o seu corpo não será sepultado no túmulo dos seus antepassados' ".

23Quando o homem de Deus acabou de comer e beber, o profeta idoso selou seu jumento para ele. 24No caminho, um leão o atacou e o matou, e o seu corpo ficou estendido no chão, ao lado do leão e do jumento. 25Algumas pessoas que passaram viram o cadáver estendido ali, com o leão ao lado, e foram dar a notícia na cidade onde o profeta idoso vivia. 26Quando este soube disso, exclamou: "É o homem de Deus que desafiou a palavra do SENHOR! O SENHOR o entregou ao leão, que o feriu e o matou, conforme a palavra do SENHOR o tinha advertido".

27O profeta disse aos seus filhos: "Selem o jumento para mim", e eles o fizeram. 28Ele foi e encontrou o cadáver caído no caminho, com o jumento e o leão ao seu lado. O leão

Você sabia?

Jeroboão foi punido pelo mal que fez?

13:34 Sim, Deus castigou Jeroboão. Você pode ler sobre esses horríveis castigos em 1Reis 14:10-18. Deus também puniu as pessoas de Israel, porque elas permitiram que Jeroboão as afastasse do Senhor.

não tinha comido o corpo nem ferido o jumento. 29O profeta apanhou o corpo do homem de Deus, colocou-o sobre o jumento, e o levou de volta para Betel[a], a fim de chorar por ele e sepultá-lo. 30Ele o pôs no seu próprio túmulo, e se lamentaram por ele, cada um exclamando: "Ah, meu irmão!"

31Depois de sepultá-lo, disse aos seus filhos: "Quando eu morrer, enterrem-me no túmulo onde está sepultado o homem de Deus; ponham os meus ossos ao lado dos ossos dele. 32Pois a mensagem que declarou por ordem do SENHOR contra o altar de Betel e contra todos os altares idólatras das cidades de Samaria certamente se cumprirá".

33Mesmo depois disso Jeroboão não mudou o seu mau procedimento, mas continuou a nomear dentre o povo sacerdotes para os altares idólatras. Ele consagrava para esses altares todo aquele que quisesse tornar-se sacerdote. 34Esse foi o pecado da família de Jeroboão, que levou à sua queda e à sua eliminação da face da terra.

A profecia de Aías contra Jeroboão

14 Naquela época, Abias, filho de Jeroboão, ficou doente, 2e este disse à sua mulher: "Use um disfarce para não ser reconhecida como a mulher de Jeroboão, e vá a Siló, onde vive o profeta Aías, aquele que me disse que eu seria rei sobre este povo. 3Leve para ele dez pães, alguns bolos e uma garrafa de mel. Ele lhe dirá o que vai acontecer com o menino". 4A mulher de Jeroboão atendeu o seu pedido e foi à casa de Aías, em Siló.

Ora, Aías já não conseguia enxergar; tinha ficado cego por causa da idade. 5Mas o SENHOR lhe tinha dito: "A mulher de Jeroboão está vindo para lhe perguntar acerca do filho

[a] 13:29 Hebraico: *para a cidade*.

dela, pois ele está doente, e você deve responder-lhe assim e assim. Quando ela chegar, vai fingir que é outra pessoa".

6Quando Aías ouviu o som dos passos junto da porta, disse: "Entre, mulher de Jeroboão. Por que esse fingimento? Fui encarregado de lhe dar más notícias. 7Vá dizer a Jeroboão que é isto o que o SENHOR, o Deus de Israel, diz: 'Tirei-o dentre o povo e o tornei líder sobre Israel, o meu povo. 8Tirei o reino da família de Davi e o dei a você, mas você não tem sido como o meu servo Davi, que obedecia aos meus mandamentos e me seguia de todo o coração, fazendo apenas o que eu aprovo. 9Você tem feito mais mal do que todos os que viveram antes de você, pois fez para si outros deuses, ídolos de metal; você provocou a minha ira e voltou as costas para mim.

10" 'Por isso, trarei desgraça à família de Jeroboão. Matarei de Jeroboão até o último indivíduo do sexo masculino[a] em Israel, seja escravo ou livre. Queimarei a família de Jeroboão até o fim como quem queima esterco. 11Dos que pertencem a Jeroboão, os cães comerão os que morrerem na cidade, e as aves do céu se alimentarão dos que morrerem no campo. O SENHOR falou!'

12"Quanto a você, volte para casa. Quando você puser os pés na cidade, o menino morrerá. 13Todo o Israel chorará por ele e o sepultará. Ele é o único da família de Jeroboão que será sepultado, pois é o único da família de Jeroboão em quem o SENHOR, o Deus de Israel, encontrou alguma coisa boa.

14"O SENHOR levantará para si um rei sobre Israel que eliminará a família de Jeroboão. O dia virá! Quando? Agora mesmo. 15E o SENHOR ferirá Israel, de maneira que ficará como junco balançando na água. Ele desarraigará Israel desta boa terra que deu aos seus antepassados e os espalhará para além do Eufrates[b], pois provocaram a ira do SENHOR com os postes sagrados que fizeram. 16E ele abandonará Israel por causa dos pecados que Jeroboão cometeu e tem feito Israel cometer".

17Então a mulher de Jeroboão levantou-se e voltou para Tirza. Assim que entrou em casa, o menino morreu. 18Eles o sepultaram, e todo o Israel chorou por ele, conforme o SENHOR predissera por meio do seu servo, o profeta Aías.

[a] 14:10 Hebraico: *dos que urinam na parede.*
[b] 14:15 Hebraico: *do Rio.*

19Os demais acontecimentos do reinado de Jeroboão, suas guerras e como governou, estão escritos nos registros históricos dos reis de Israel. 20Ele reinou durante vinte e dois anos, e então descansou com os seus antepassados. E o seu filho Nadabe foi o seu sucessor.

O reinado de Roboão, rei de Judá

21Roboão, filho de Salomão, foi rei de Judá. Tinha quarenta e um anos de idade quando começou a reinar, e reinou dezessete anos em Jerusalém, cidade que o SENHOR havia escolhido dentre todas as tribos de Israel para nela pôr o seu nome. Sua mãe, uma amonita, chamava-se Naamá.

22Judá fez o que o SENHOR reprova. Pelos pecados que cometeram, eles despertaram a sua ira zelosa mais do que os seus antepassados o tinham feito. 23Também construíram para si altares idólatras, colunas sagradas e postes sagrados sobre todos os montes e debaixo de todas as árvores frondosas. 24Havia no país até prostitutos cultuais; o povo se envolvia em todas as práticas detestáveis das nações que o SENHOR havia expulsado de diante dos israelitas.

25No quinto ano do reinado de Roboão, Sisaque, rei do Egito, atacou Jerusalém. 26Levou embora todos os tesouros do templo do SENHOR e do palácio real, inclusive os escudos de ouro que Salomão havia feito. 27Por isso o rei Roboão mandou fazer escudos de bronze para substituí-los, e os entregou aos chefes da guarda da entrada do palácio real. 28Sempre que o rei ia ao templo do SENHOR, os guardas empunhavam os escudos, e, em seguida, os devolviam à sala da guarda.

29Os demais acontecimentos do reinado de Roboão, e tudo o que fez, estão escritos nos registros históricos dos reis de Judá. 30Houve guerra constante entre Roboão e Jeroboão. 31Roboão descansou com os seus antepassados e foi sepultado com eles na Cidade de Davi. Sua mãe, uma amonita, chamava-se Naamá. E o seu filho Abias foi o seu sucessor.

O reinado de Abias, rei de Judá

15 No décimo oitavo ano do reinado de Jeroboão, filho de Nebate, Abias tornou-se rei de Judá, 2e reinou três anos em Jerusalém. O nome de sua mãe era Maaca, filha de Absalão.

3Ele cometeu todos os pecados que o seu pai tinha cometido; seu coração não era inteiramente consagrado ao SENHOR, ao seu Deus, quanto fora o coração de Davi, seu predecessor. 4No entanto, por amor de Davi, o SENHOR, o seu Deus, concedeu-lhe uma lâmpada em Jerusalém, dando-lhe um filho como sucessor e fortalecendo Jerusalém. 5Pois Davi fizera o que o SENHOR aprova e não deixara de obedecer a nenhum dos mandamentos do SENHOR durante todos os dias da sua vida, exceto no caso de Urias, o hitita.

6E houve guerra entre Roboão e Jeroboão durante toda a vida de Abias[a]. 7Os demais acontecimentos do reinado de Abias e todas as suas realizações estão escritos nos registros históricos dos reis de Judá. Também houve guerra entre Abias e Jeroboão. 8E Abias descansou com os seus antepassados e foi sepultado na Cidade de Davi. E o seu filho Asa foi o seu sucessor.

O reinado de Asa, rei de Judá

9No vigésimo ano do reinado de Jeroboão, rei de Israel, Asa tornou-se rei de Judá, 10e reinou quarenta e um anos em Jerusalém. O nome da sua avó era Maaca, filha de Absalão.

11Asa fez o que o SENHOR aprova, tal como Davi, seu predecessor. 12Expulsou do país os prostitutos cultuais e se desfez de todos os ídolos que seu pai havia feito. 13Chegou até a depor sua avó Maaca da posição de rainha-mãe, pois ela havia feito um poste sagrado repugnante. Asa derrubou o poste e o queimou no vale do Cedrom. 14Embora os altares idólatras não tenham sido eliminados, o coração de Asa foi totalmente dedicado ao SENHOR durante toda a sua vida. 15Ele trouxe para o templo do SENHOR a prata, o ouro e os utensílios que ele e seu pai haviam consagrado.

16Houve guerra entre Asa e Baasa, rei de Israel, durante todo o reinado deles. 17Baasa, rei de Israel, invadiu Judá e fortificou Ramá, para que ninguém pudesse entrar nem sair do território de Asa, rei de Judá.

18Então Asa ajuntou a prata e o ouro que haviam sobrado no tesouro do templo do SENHOR e do seu próprio palácio. Confiou tudo isso a alguns dos seus oficiais e os enviou a Ben-Hadade, filho de Tabriom e neto de Heziom, rei da Síria, que governava em Damasco, 19com uma mensagem que dizia: "Façamos um tratado, como fizeram meu pai e o teu. Estou te enviando como presente prata e ouro. Agora, rompe o tratado que tens com Baasa, rei de Israel, para que ele saia do meu país".

20Ben-Hadade aceitou a proposta do rei Asa e ordenou aos comandantes das suas forças que atacassem as cidades de Israel. Ele conquistou Ijom, Dã, Abel-Bete-Maaca e todo o Quinerete, além de Naftali. 21Quando Baasa soube disso, abandonou a construção dos muros de Ramá e foi para Tirza. 22Então o rei Asa reuniu todos os homens de Judá — ninguém foi isentado — e eles retiraram de Ramá as pedras e a madeira que Baasa estivera usando. Com esse material Asa fortificou Geba, em Benjamim, e também Mispá.

23Os demais acontecimentos do reinado de Asa, todas as suas realizações, todos os seus atos e todas as cidades que construiu, tudo isso está escrito nos registros históricos dos reis de Judá. Na velhice Asa sofreu uma doença nos pés, 24e quando descansou com os seus antepassados, foi sepultado com eles na Cidade de Davi, seu predecessor. E seu filho Josafá foi o seu sucessor.

O reinado de Nadabe, rei de Israel

25Nadabe, filho de Jeroboão, tornou-se rei de Israel no segundo ano do reinado de Asa, rei de Judá, e reinou dois anos sobre Israel. 26Fez o que o SENHOR reprova, andando nos caminhos do seu pai e no pecado que ele tinha levado Israel a cometer.

27Baasa, filho de Aías, da tribo de Issacar, conspirou contra ele, e o matou na cidade filisteia de Gibetom, enquanto Nadabe e todo o exército de Israel a sitiavam. 28Baasa matou Nadabe no terceiro ano do reinado de Asa, rei de Judá, e foi o seu sucessor.

29Assim que começou a reinar, matou toda a família de Jeroboão. Dos pertencentes a Jeroboão não deixou ninguém vivo; destruiu

Você sabia?

O que era Israel e Judá?

15:1,25 Depois que Salomão morreu, o reino foi dividido. A parte sul tornou-se uma nação separada chamada Judá, e a parte norte, uma nação separada chamada Israel. O primeiro rei de Judá foi Roboão e o primeiro rei de Israel, Jeroboão. Na continuação de 1Reis, e em 2 Reis, Israel e Judá são os nomes dados a essas duas nações.

[a] 15:6 Alguns manuscritos dizem *Abião*, variante de *Abias*.

todos, de acordo com a palavra do SENHOR
anunciada por seu servo, o silonita Aías. 30Is-
so aconteceu por causa dos pecados que Je-
roboão havia cometido e havia feito Israel
cometer, e porque ele tinha provocado a ira
do SENHOR, o Deus de Israel.
31Os demais acontecimentos do reinado de
Nadabe e tudo o que fez, estão escritos nos
registros históricos dos reis de Israel. 32Hou-
ve guerra entre Asa e Baasa, rei de Israel, du-
rante todo o reinado deles.

O reinado de Baasa, rei de Israel

33No terceiro ano do reinado de Asa, rei de
Judá, Baasa, filho de Aías, tornou-se rei de to-
do o Israel, em Tirza, e reinou vinte e quatro
anos. 34Fez o que o SENHOR reprova, andando
nos caminhos de Jeroboão e nos pecados que
ele tinha levado Israel a cometer.
16 Então a palavra do SENHOR contra Baa-
sa veio a Jeú, filho de Hanani: 2"Eu o le-
vantei do pó e o tornei líder de Israel, o meu
povo, mas você andou nos caminhos de Je-
roboão e fez o meu povo pecar e provocar a
minha ira por causa dos pecados deles. 3Por
isso estou na iminência de destruir Baasa e
a sua família, fazendo a ela o que fiz à de Je-
roboão, filho de Nebate. 4Cães comerão os da
família de Baasa que morrerem na cidade, e
as aves do céu se alimentarão dos que mor-
rerem no campo".
5Os demais acontecimentos do reinado
de Baasa, seus atos e suas realizações, estão
escritos nos registros históricos dos reis de
Israel. 6Baasa descansou com os seus ante-
passados e foi sepultado em Tirza. E seu filho
Elá foi o seu sucessor.
7A palavra do SENHOR veio por meio do
profeta Jeú, filho de Hanani, a Baasa e sua fa-
mília, por terem feito o que o SENHOR repro-
va, provocando a sua ira, tornando-se como
a família de Jeroboão — e também porque
Baasa destruiu a família de Jeroboão.

O reinado de Elá, rei de Israel

8No vigésimo sexto ano do reinado de Asa,
rei de Judá, Elá, filho de Baasa, tornou-se rei
de Israel, e reinou dois anos em Tirza.
9Zinri, um dos seus oficiais, que comanda-
va metade dos seus carros de guerra, conspi-
rou contra ele. Elá estava em Tirza naquela
ocasião, embriagando-se na casa de Arsa, o
encarregado do palácio de Tirza. 10Zinri en-
trou, feriu-o e matou-o, no vigésimo sétimo
ano do reinado de Asa, rei de Judá. E foi o
seu sucessor.
11Assim que começou a reinar, logo que se
assentou no trono, eliminou toda a família
de Baasa. Não poupou uma só pessoa do se-
xo masculino[a], fosse parente ou amigo. 12As-
sim Zinri destruiu toda a família de Baasa,
de acordo com a palavra do SENHOR que o
profeta Jeú dissera contra Baasa, 13por causa
de todos os pecados que este e seu filho Elá
haviam cometido e levado Israel a cometer,
pois, com os seus ídolos inúteis, provocaram
a ira do SENHOR, o Deus de Israel.
14Os demais acontecimentos do reinado de
Elá e tudo o que fez estão escritos nos regis-
tros históricos dos reis de Israel.

O reinado de Zinri, rei de Israel

15No vigésimo sétimo ano do reinado de
Asa, rei de Judá, Zinri reinou sete dias em
Tirza. O exército estava acampado perto
da cidade filisteia de Gibetom. 16Quando os
acampados souberam que Zinri havia cons-
pirado contra o rei e o tinha assassinado, no
mesmo dia, ali no acampamento, proclama-
ram Onri, o comandante do exército, rei so-
bre Israel. 17Então Onri e todo o seu exército
saíram de Gibetom e sitiaram Tirza. 18Quando
Zinri viu que a cidade tinha sido tomada, en-
trou na cidadela do palácio real e incendiou o
palácio em torno de si, e morreu. 19Tudo por
causa dos pecados que ele havia cometido,
fazendo o que o SENHOR reprova e andando
nos caminhos de Jeroboão e no pecado que
ele tinha cometido e levado Israel a cometer.
20Os demais acontecimentos do reinado
de Zinri e a rebelião que liderou estão escri-
tos nos registros históricos dos reis de Israel.

O reinado de Onri, rei de Israel

21Então o povo de Israel dividiu-se em duas
facções: metade apoiava Tibni, filho de Gina-
te, para fazê-lo rei, e a outra metade apoiava
Onri. 22Mas os seguidores de Onri revelaram-
-se mais fortes do que os de Tibni, filho de
Ginate. E aconteceu que Tibni morreu e On-
ri tornou-se rei.
23No trigésimo primeiro ano do reinado de
Asa, rei de Judá, Onri tornou-se rei de Israel
e reinou doze anos, seis deles em Tirza. 24Por
setenta quilos[b] de prata ele comprou de Sêmer
a colina de Samaria, onde construiu uma cida-
de, a qual chamou Samaria, por causa de Sê-
mer, o nome do antigo proprietário da colina.
25Onri, porém, fez o que o SENHOR reprova
e pecou mais do que todos os que reinaram
antes dele. 26Andou nos caminhos de Jero-
boão, filho de Nebate, e no pecado que ele

[a] 16:11 Hebraico: *dos que urinam na parede.*
[b] 16:24 Hebraico: *2 talentos.* Um talento equivalia a 35 quilos.

tinha levado Israel a cometer, e assim, com os seus ídolos inúteis, provocou a ira do SENHOR, o Deus de Israel.

[27]Os demais acontecimentos do reinado de Onri, seus atos e suas realizações, tudo está escrito nos registros históricos dos reis de Israel. [28]Onri descansou com os seus antepassados e foi sepultado em Samaria. E seu filho Acabe foi o seu sucessor.

O reinado de Acabe, rei de Israel

[29]No trigésimo oitavo ano do reinado de Asa, rei de Judá, Acabe, filho de Onri, tornou-se rei de Israel, e reinou vinte e dois anos sobre Israel, em Samaria. [30]Acabe, filho de Onri, fez o que o SENHOR reprova, mais do que qualquer outro antes dele. [31]Ele não apenas achou que não tinha importância cometer os pecados de Jeroboão, filho de Nebate, mas também se casou com Jezabel, filha de Etbaal, rei dos sidônios, e passou a prestar culto a Baal e a adorá-lo. [32]No templo de Baal, que ele mesmo tinha construído em Samaria, Acabe ergueu um altar para Baal. [33]Fez também um poste sagrado. Ele provocou a ira do SENHOR, o Deus de Israel, mais do que todos os reis de Israel antes dele.

[34]Durante o seu reinado, Hiel, de Betel, reconstruiu Jericó. Lançou os alicerces à custa da vida do seu filho mais velho, Abirão, e instalou as suas portas à custa da vida do seu filho mais novo, Segube, de acordo com a palavra que o SENHOR tinha falado por meio de Josué, filho de Num.

Elias alimentado por corvos

17 Ora, Elias, de Tisbe[a], em Gileade, disse a Acabe: "Juro pelo nome do SENHOR, o Deus de Israel, a quem sirvo, que não cairá orvalho nem chuva nos anos seguintes, exceto mediante a minha palavra".

[2]Depois disso a palavra do SENHOR veio a Elias: [3]"Saia daqui, vá para o leste e esconda-se perto do riacho de Querite, a leste do Jordão. [4]Você beberá do riacho, e dei ordens aos corvos para o alimentarem lá".

[5]E ele fez o que o SENHOR lhe tinha dito. Foi para o riacho de Querite, a leste do Jordão, e ficou lá. [6]Os corvos lhe traziam pão e carne de manhã e de tarde, e ele bebia água do riacho.

A viúva de Sarepta

[7]Algum tempo depois, o riacho secou-se por falta de chuva. [8]Então a palavra do SENHOR veio a Elias: [9]"Vá imediatamente para a cidade de Sarepta de Sidom e fique por lá. Ordenei a uma viúva daquele lugar que lhe forneça comida". [10]E ele foi. Quando chegou à porta da cidade, encontrou uma viúva que estava colhendo gravetos. Ele a chamou e perguntou: "Pode me trazer um pouco d'água numa jarra para eu beber?" [11]Enquanto ela ia buscar água, ele gritou: "Por favor, traga também um pedaço de pão".

[12]Mas ela respondeu: "Juro pelo nome do SENHOR, o teu Deus, que não tenho nenhum pedaço de pão; só um punhado de farinha num jarro e um pouco de azeite numa botija. Estou colhendo uns dois gravetos para levar para casa e preparar uma refeição para mim e para o meu filho, para que comamos e depois morramos."

[13]Elias, porém, lhe disse: "Não tenha medo. Vá para casa e faça o que disse. Mas primeiro faça um pequeno bolo com o que você tem e traga para mim, e depois faça algo para você e para o seu filho. [14]Pois assim diz o SENHOR, o Deus de Israel: 'A farinha na vasilha não se acabará e o azeite na botija não se secará até o dia em que o SENHOR fizer chover sobre a terra' ".

[15]Ela foi e fez conforme Elias lhe dissera. E aconteceu que a comida durou muito tempo, para Elias e para a mulher e sua família. [16]Pois a farinha na vasilha não se acabou e o azeite na botija não se secou, conforme a palavra do SENHOR proferida por Elias.

[17]Algum tempo depois o filho da mulher, dona da casa, ficou doente, foi piorando e finalmente parou de respirar. [18]E a mulher reclamou a Elias: "Que foi que eu te fiz, ó homem de Deus? Vieste para lembrar-me do meu pecado e matar o meu filho?"

[19]"Dê-me o seu filho", respondeu Elias. Ele o apanhou dos braços dela, levou-o para o quarto de cima onde estava hospedado, e o

[a] *17:1 Ou o tesbita Elias, dos colonizadores*

Você sabia?

Quantos reis bons Israel teve?

16:30 Nenhum rei de Israel adorou a Deus. Todos fizeram "o que o SENHOR reprova". Muitos desses reis maus estão listados em 1Reis 15—16. O pior rei de todos foi Acabe, o inimigo do profeta Elias.

Pessoas nos tempos da Bíblia

Elias

Elias era um profeta que amava e obedecia a Deus e não temia o malvado rei Acabe ou a perversa rainha Jezabel. Deus deu a Elias o poder de fazer grandes milagres para mostrar às pessoas que o Senhor era o único Deus verdadeiro.

pôs na cama. 20Então clamou ao SENHOR: "Ó
SENHOR, meu Deus, trouxeste também des-
graça sobre esta viúva, com quem estou hos-
pedado, fazendo morrer o seu filho?" 21Então
ele se deitou sobre o menino três vezes e cla-
mou ao SENHOR: "Ó SENHOR, meu Deus, faze
voltar a vida a este menino!"
22O SENHOR ouviu o clamor de Elias, e a
vida voltou ao menino, e ele viveu. 23Então
Elias levou o menino para baixo, entregou-
-o à mãe e disse: "Veja, seu filho está vivo!"
24Então a mulher disse a Elias: "Agora sei
que tu és um homem de Deus e que a palavra
do SENHOR, vinda da tua boca, é a verdade".

Elias e Obadias

18 Depois de um longo tempo, no terceiro
ano da seca, a palavra do SENHOR veio a
Elias: "Vá apresentar-se a Acabe, pois envia-
rei chuva sobre a terra". 2E Elias foi.
Como a fome era grande em Samaria, 3Aca-
be convocou Obadias, o responsável por seu
palácio, homem que temia muito o SENHOR.
4Jezabel estava exterminando os profetas do
SENHOR. Por isso Obadias reuniu cem profe-
tas e os escondeu em duas cavernas, cinquen-
ta em cada uma, e lhes forneceu comida e
água. 5Certa vez Acabe disse a Obadias: "Va-
mos a todas as fontes e vales do país. Talvez
consigamos achar um pouco de capim para
manter vivos os cavalos e as mulas e assim
não será preciso matar nenhum animal". 6Pa-
ra isso dividiram o território que iam percor-
rer; Acabe foi numa direção e Obadias noutra.
7Quando Obadias estava a caminho, Elias o
encontrou. Obadias o reconheceu, inclinou-se
até o chão e perguntou: "És tu mesmo, meu
senhor Elias?"
8"Sou", respondeu Elias. "Vá dizer ao seu
senhor: Elias está aqui."
9"O que eu fiz de errado", perguntou Oba-
dias, "para que entregues o teu servo a Acabe
para ser morto? 10Juro pelo nome do SENHOR,
o teu Deus, que não há uma só nação ou reino
aonde o rei, meu senhor, não enviou alguém
para procurar por ti. E, sempre que uma na-
ção ou reino afirmava que tu não estavas lá,

O cuidado de Deus

Experimente!

1Reis 17:1-6

Às vezes, Deus usa modos incomuns de cuidar daqueles que ama. Leia 1Reis 17:1-6 e responda à seguinte pergunta: Como Deus cuidou de Elias?

Geralmente Deus cuida das crianças por meio dos pais, dando a eles trabalho para que haja dinheiro para o que a família precisa. Mas nem sempre é assim que ocorre. Às vezes, Deus usa o governo para ajudar uma família pobre; outras vezes, uma família pode ajudar a outra.

Há muitas maneiras pelas quais você pode ser usado por Deus para ajudar alguém. Por exemplo, se você tiver revistas cristãs em casa, na escola ou na biblioteca, procure nelas propaganda pedindo aos leitores que sustentem (ajudem financeiramente) crianças pobres em países estrangeiros. Talvez sua cidade tenha um banco de alimentos para o qual você possa doar alguns produtos não perecíveis. Ou pode ser que você conheça uma família em sua igreja ou cidade que possa aproveitar roupas ou brinquedos que não servem mais em você.

ele os fazia jurar que não conseguiram en-
contrar-te. 11Mas agora me dizes para ir dizer
ao meu senhor: 'Elias está aqui'. 12Não sei pa-
ra onde o Espírito do SENHOR poderá levar-
-te quando eu te deixar. Se eu for dizer isso a
Acabe e ele não te encontrar, ele me matará.
E eu, que sou teu servo, tenho adorado o SE-
NHOR desde a minha juventude. 13Por acaso
não ouviste, meu senhor, o que eu fiz enquan-
to Jezabel estava matando os profetas do SE-
NHOR? Escondi cem dos profetas do SENHOR
em duas cavernas, cinquenta em cada uma,
e os abasteci de comida e água. 14E agora me
dizes que vá dizer ao meu senhor: 'Elias está
aqui'. Ele vai me matar!"

15E disse Elias: "Juro pelo nome do SENHOR
dos Exércitos, a quem eu sirvo, que hoje eu
me apresentarei a Acabe".

Elias no monte Carmelo

16Então Obadias dirigiu-se a Acabe, passou-
-lhe a informação, e Acabe foi ao encontro de
Elias. 17Quando viu Elias, disse-lhe: "É você
mesmo, perturbador de Israel?"

18"Não tenho perturbado Israel", Elias res-
pondeu. "Mas você e a família do seu pai têm.
Vocês abandonaram os mandamentos do SE-
NHOR e seguiram os baalins. 19Agora convo-
que todo o povo de Israel para encontrar-se
comigo no monte Carmelo. E traga os qua-
trocentos e cinquenta profetas de Baal e os
quatrocentos profetas de Aserá, que comem
à mesa de Jezabel."

20Acabe convocou então todo o Israel e re-
uniu os profetas no monte Carmelo. 21Elias
dirigiu-se ao povo e disse: "Até quando vo-
cês vão oscilar para um lado e para o outro?
Se o SENHOR é Deus, sigam-no; mas, se Baal
é Deus, sigam-no".

O povo, porém, nada respondeu.

22Disse então Elias: "Eu sou o único que
restou dos profetas do SENHOR, mas Baal tem
quatrocentos e cinquenta profetas. 23Tragam
dois novilhos. Escolham eles um, cortem-no
em pedaços e o ponham sobre a lenha, mas
não acendam fogo. Eu prepararei o outro no-
vilho e o colocarei sobre a lenha, e também
não acenderei fogo nela. 24Então vocês invo-
carão o nome do seu deus, e eu invocarei o
nome do SENHOR. O deus que responder por
meio do fogo, esse é Deus".

Então todo o povo disse: "O que você dis-
se é bom".

25Elias disse aos profetas de Baal: "Esco-
lham um dos novilhos e preparem-no pri-
meiro, visto que vocês são tantos. Clamem
pelo nome do seu deus, mas não acendam o
fogo". 26Então pegaram o novilho que lhes foi
dado e o prepararam.

E clamaram pelo nome de Baal desde a
manhã até o meio-dia. "Ó Baal, responde-
-nos!", gritavam. E dançavam em volta do
altar que haviam feito. Mas não houve ne-
nhuma resposta; ninguém respondeu.

27Ao meio-dia Elias começou a zombar de-
les. "Gritem mais alto!", dizia, "já que ele é
um deus. Quem sabe está meditando, ou
ocupado, ou viajando. Talvez esteja dormin-
do e precise ser despertado." 28Então passa-
ram a gritar ainda mais alto e a ferir-se com
espadas e lanças, de acordo com o costume
deles, até sangrarem. 29Passou o meio-dia, e
eles continuaram profetizando em transe até
a hora do sacrifício da tarde. Mas não houve
resposta alguma; ninguém respondeu, nin-
guém deu atenção.

30Então Elias disse a todo o povo: "Apro-
ximem-se de mim". O povo aproximou-se,
e Elias reparou o altar do SENHOR, que esta-
va em ruínas. 31Depois apanhou doze pedras,
uma para cada tribo dos descendentes de Ja-
có, a quem a palavra do SENHOR tinha sido
dirigida, dizendo-lhe: "Seu nome será Israel".
32Com as pedras construiu um altar em honra
ao nome do SENHOR e cavou ao redor do altar
uma valeta na qual poderiam ser semeadas
duas medidas[a] de sementes. 33Depois arru-
mou a lenha, cortou o novilho em pedaços
e o pôs sobre a lenha. Então lhes disse: "En-
cham de água quatro jarras grandes e derra-
mem-na sobre o holocausto[b] e sobre a lenha".

34"Façam-no novamente", disse, e eles o fi-
zeram de novo.

[a] 18:32 Hebraico: *2 seás*. O seá era uma medida de capacidade para secos. As estimativas variam entre 7 e 14 litros.
[b] 18:33 Isto é, sacrifício totalmente queimado.

Você sabia?

Por que os profetas de Baal se cortavam?

18:28 Algumas pessoas se cortavam com facas para demonstrar sofrimento (algo que o verdadeiro Deus nunca exige). Os profetas do falso deus Baal se cortavam em uma tentativa de chamar a atenção desse deus.

"Façam-no pela terceira vez", ordenou, e
eles o fizeram pela terceira vez. 35A água es-
corria do altar, chegando a encher a valeta.
36À hora do sacrifício, o profeta Elias colo-
cou-se à frente do altar e orou: "Ó SENHOR,
Deus de Abraão, de Isaque e de Israel, que ho-
je fique conhecido que tu és Deus em Israel e
que sou o teu servo e que fiz todas estas coi-
sas por ordem tua. 37Responde-me, ó SENHOR,
responde-me, para que este povo saiba que
tu, ó SENHOR, és Deus, e que fazes o coração
deles voltar para ti".
38Então o fogo do SENHOR caiu e queimou
completamente o holocausto, a lenha, as pe-
dras e o chão, e também secou totalmente a
água na valeta.
39Quando o povo viu isso, todos caíram
prostrados e gritaram: "O SENHOR é Deus! O
SENHOR é Deus!"
40Então Elias ordenou-lhes: "Prendam os
profetas de Baal. Não deixem nenhum esca-
par!" Eles os prenderam, e Elias os fez descer
ao riacho de Quisom e lá os matou.
41E Elias disse a Acabe: "Vá comer e beber,
pois já ouço o barulho de chuva pesada". 42En-
tão Acabe foi comer e beber, mas Elias subiu
até o alto do Carmelo, dobrou-se até o chão
e pôs o rosto entre os joelhos.
43"Vá e olhe na direção do mar", disse ao
seu servo. E ele foi e olhou.
"Não há nada lá", disse ele.
Sete vezes Elias mandou: "Volte para ver".
44Na sétima vez o servo disse: "Uma nuvem
tão pequena quanto a mão de um homem es-
tá se levantando do mar".
Então Elias disse: "Vá dizer a Acabe: Pre-
pare o seu carro e desça, antes que a chuva
o impeça".
45Enquanto isso, nuvens escuras aparece-
ram no céu, começou a ventar e a chover for-
te, e Acabe partiu de carro para Jezreel. 46O
poder do SENHOR veio sobre Elias, e ele, pren-
dendo a capa com o cinto, correu à frente de
Acabe por todo o caminho até Jezreel.

A fuga de Elias para Horebe

19 Ora, Acabe contou a Jezabel tudo o que
Elias tinha feito e como havia matado
todos aqueles profetas à espada. 2Por isso Je-
zabel mandou um mensageiro a Elias para
dizer-lhe: "Que os deuses me castiguem com
todo o rigor, se amanhã nesta hora eu não fi-
zer com a sua vida o que você fez com a deles".
3Elias teve medo e fugiu para salvar a vida.
Em Berseba de Judá ele deixou o seu servo
4e entrou no deserto, caminhando um dia.
Chegou a um pé de giesta, sentou-se debai-
xo dele e orou, pedindo a morte: "Já tive o
bastante, SENHOR. Tira a minha vida; não sou
melhor do que os meus antepassados". 5De-
pois se deitou debaixo da árvore e dormiu.
De repente um anjo tocou nele e disse: "Le-
vante-se e coma". 6Elias olhou ao redor e ali,
junto à sua cabeça, havia um pão assado so-
bre brasas quentes e um jarro de água. Ele
comeu, bebeu e deitou-se de novo.
7O anjo do SENHOR voltou, tocou nele e
disse: "Levante-se e coma, pois a sua via-
gem será muito longa". 8Então ele se levan-
tou, comeu e bebeu. Fortalecido com aquela
comida, viajou quarenta dias e quarenta noi-
tes, até chegar a Horebe, o monte de Deus.
9Ali entrou numa caverna e passou a noite.

O SENHOR aparece a Elias

E a palavra do SENHOR veio a ele: "O que
você está fazendo aqui, Elias?"
10Ele respondeu: "Tenho sido muito zelo-
so pelo SENHOR, o Deus dos Exércitos. Os is-
raelitas rejeitaram a tua aliança, quebraram
os teus altares, e mataram os teus profetas à
espada. Sou o único que sobrou, e agora tam-
bém estão procurando matar-me".
11O SENHOR lhe disse: "Saia e fique no mon-
te, na presença do SENHOR, pois o SENHOR
vai passar".
Então veio um vento fortíssimo que sepa-
rou os montes e esmigalhou as rochas dian-
te do SENHOR, mas o SENHOR não estava no
vento. Depois do vento houve um terremo-
to, mas o SENHOR não estava no terremoto.
12Depois do terremoto houve um fogo, mas
o SENHOR não estava nele. E depois do fo-
go houve o murmúrio de uma brisa suave.
13Quando Elias ouviu, puxou a capa para co-
brir o rosto, saiu e ficou à entrada da caverna.
E uma voz lhe perguntou: "O que você está
fazendo aqui, Elias?"
14Ele respondeu: "Tenho sido muito zelo-
so pelo SENHOR, o Deus dos Exércitos. Os is-
raelitas rejeitaram a tua aliança, quebraram
os teus altares, e mataram os teus profetas à
espada. Sou o único que sobrou, e agora tam-
bém estão procurando matar-me".
15O SENHOR lhe disse: "Volte pelo caminho
por onde veio, e vá para o deserto de Damas-
co. Chegando lá, unja Hazael como rei da Sí-
ria. 16Unja também Jeú, filho de Ninsi, como
rei de Israel, e unja Eliseu, filho de Safate, de
Abel-Meolá, para suceder a você como profe-
ta. 17Jeú matará todo aquele que escapar da
espada de Hazael, e Eliseu matará todo aquele

que escapar da espada de Jeú. 18No entanto, fiz
sobrar sete mil em Israel, todos aqueles cujos
joelhos não se inclinaram diante de Baal e to-
dos aqueles cujas bocas não o beijaram".

O chamado de Eliseu

19Então Elias saiu de lá e encontrou Eliseu,
filho de Safate. Ele estava arando com do-
ze parelhas de bois, e estava conduzindo a
décima segunda parelha. Elias o alcançou e
lançou sua capa sobre ele. 20Eliseu deixou os
bois e correu atrás de Elias. "Deixa-me dar
um beijo de despedida em meu pai e minha
mãe", disse, "e então irei contigo."

"Vá e volte", respondeu Elias; "lembre-se
do que lhe fiz."

21E Eliseu voltou, apanhou a sua parelha de
bois e os matou. Queimou o equipamento de
arar para cozinhar a carne e a deu ao povo, e
eles comeram. Depois partiu com Elias, tor-
nando-se o seu auxiliar.

Ben-Hadade ataca Samaria

20 O rei Ben-Hadade, da Síria, convocou
todo o seu exército e, acompanhado de
trinta e dois reis com seus cavalos e carros de
guerra, cercou e atacou Samaria. 2Ele enviou
mensageiros à cidade, a Acabe, o rei de Israel,
que lhe disseram: "Isto é o que diz Ben-Ha-
dade: 3'A sua prata e o seu ouro são meus, e o
melhor de suas mulheres e filhos também' ".

4O rei respondeu: "Que seja conforme tu
dizes, ó rei, meu senhor. Eu e tudo o que te-
nho somos teus".

5Os mensageiros voltaram ao rei e disse-
ram: "Assim diz Ben-Hadade: 'Mandei tomar
sua prata e seu ouro, suas mulheres e seus
filhos. 6Mas amanhã, a esta hora, enviarei
meus oficiais para vasculharem o seu palácio
e as casas dos seus oficiais. Eles me trarão tu-
do o que você considera de valor' ".

7O rei de Israel convocou todas as autori-
dades de Israel e lhes disse: "Vejam como es-
se homem está querendo a nossa desgraça!
Quando mandou tomar as minhas mulheres
e os meus filhos, a minha prata e o meu ouro,
eu não lhe neguei!"

8As autoridades e todo o povo responde-
ram: "Não lhe dês atenção nem concordes
com as suas exigências".

9E ele respondeu aos mensageiros de Ben-
-Hadade: "Digam ao rei, meu senhor: Teu ser-
vo fará tudo o que exigiste na primeira vez,
mas não posso atender a esta exigência". E
eles levaram a resposta a Ben-Hadade.

10Então Ben-Hadade mandou esta ou-
tra mensagem a Acabe: "Que os deuses me
castiguem com todo o rigor, caso fique em
Samaria pó suficiente para dar um punhado
a cada um dos meus homens".

11O rei de Israel respondeu: "Digam-lhe:
'Quem está vestindo a sua armadura não de-
ve se gabar como aquele que a está tirando' ".

12Ben-Hadade recebeu essa mensagem
quando ele e os reis estavam bebendo em
suas tendas[a], e ordenou aos seus homens:
"Preparem-se para atacar a cidade". E eles
lhe obedeceram.

A derrota de Ben-Hadade

13Nessa ocasião, um profeta foi até Acabe,
rei de Israel, e anunciou: "Assim diz o SE-
NHOR: 'Vê este exército enorme? Hoje eu o
entregarei nas suas mãos, e então você sa-
berá que eu sou o SENHOR' ".

14"Mas quem fará isso?", perguntou Acabe.

O profeta respondeu: "Assim diz o SENHOR:
'Os jovens soldados dos líderes das provín-
cias o farão' ".

"E quem começará a batalha?", perguntou.

O profeta respondeu: "Você".

15Então Acabe convocou os jovens soldados
dos líderes das províncias, duzentos e trinta
e dois homens. Em seguida reuniu o restante
dos israelitas, sete mil ao todo. 16Eles partiram
ao meio-dia, enquanto Ben-Hadade e os trin-
ta e dois reis aliados a ele estavam se embria-
gando nas suas tendas. 17Os jovens soldados
dos líderes das províncias saíram primeiro.

Nisso, uma patrulha de Ben-Hadade infor-
mou: "Saíram alguns homens de Samaria".

18Ele disse: "Quer tenham saído para a paz,
quer para a guerra, tragam-nos vivos".

19Os jovens soldados dos líderes das pro-
víncias marcharam para fora da cidade, com
o exército na retaguarda, 20e cada um matou
o seu adversário. Diante disso, os arameus
fugiram, perseguidos pelos israelitas. Mas
Ben-Hadade, rei da Síria, escapou a cavalo
com alguns de seus cavaleiros. 21O rei de Is-
rael avançou e matou os cavalos e destruiu
os carros de guerra e infligiu pesadas baixas
aos arameus.

22Depois disso, o profeta foi ao rei de Israel
e disse: "Fortaleça a sua posição e veja o que
deve ser feito, pois na próxima primavera o
rei da Síria o atacará de novo".

23Enquanto isso, os conselheiros do rei da
Síria lhe diziam: "Os deuses deles são deu-
ses das montanhas. É por isso que eles foram
fortes demais para nós. Mas, se os combater-
mos nas planícies, com certeza seremos mais

[a] 20:12 Ou *em Sucote*

fortes do que eles. 24Deves tirar todos os reis
dos seus comandos e substituí-los por outros
comandantes. 25Também deves organizar um
exército como o que perdeste, cavalo por ca-
valo e carro por carro, para que possamos
combater Israel nas planícies. Então é certo
que os venceremos". Ele concordou com eles
e fez como foi aconselhado.
26Na primavera seguinte Ben-Hadade con-
vocou os arameus e marchou até Afeque pa-
ra lutar contra Israel. 27Os israelitas foram
convocados e, tendo recebido provisões,
saíram para enfrentar os arameus. Os israe-
litas acamparam no lado oposto como dois
pequenos rebanhos de cabras, enquanto os
arameus cobriam todo o campo.
28O homem de Deus foi ao rei de Israel e
lhe disse: "Assim diz o SENHOR: 'Como os ara-
meus pensam que o SENHOR é um deus das
montanhas e não um deus dos vales, eu en-
tregarei esse exército enorme nas suas mãos,
e vocês saberão que eu sou o SENHOR' ".
29Durante sete dias estiveram acampados
em frente um do outro, e no sétimo dia en-
traram em combate. Num só dia os israeli-
tas mataram cem mil soldados de infantaria
arameus. 30O restante deles escapou para a
cidade de Afeque, onde o muro caiu sobre
vinte e sete mil deles. Ben-Hadade também
fugiu para a cidade e se escondeu, ora numa
casa, ora noutra.
31Seus oficiais lhe disseram: "Soubemos
que os reis do povo de Israel são misericor-
diosos. Nós vamos até o rei de Israel vestidos
com panos de saco e com cordas no pescoço.
Talvez ele poupe a tua vida".
32Vestindo panos de saco e tendo cordas
envolvendo o pescoço, foram ao rei de Israel
e disseram: "Teu servo Ben-Hadade diz: 'Ro-
go-te que me deixes viver' ".

O rei respondeu: "Ele ainda está vivo? Ele
é meu irmão!"
33Os homens interpretaram isso como um
bom sinal e de imediato aproveitaram o que
ele tinha dito. "Isso mesmo, teu irmão Ben-
-Hadade!", disseram.

"Tragam-no aqui", disse o rei. Quando Ben-
-Hadade chegou, Acabe o fez subir no seu carro.
34"Devolverei as cidades que o meu pai to-
mou do teu pai", ofereceu Ben-Hadade. "Tu
poderás estabelecer os teus próprios mercados
em Damasco, como fez meu pai em Samaria."

Acabe disse: "Mediante um tratado, liber-
tarei você". Então fizeram um tratado, e Aca-
be o deixou ir.

Um profeta condena Acabe

35Por ordem do SENHOR um dos discípulos
dos profetas disse ao seu companheiro: "Fi-
ra-me", mas o homem se recusou a fazê-lo.
36Então o profeta disse: "Como você não
obedeceu ao SENHOR, assim que você sair da-
qui um leão o ferirá". E, logo que o homem
partiu, um leão o atacou e o feriu.
37O profeta encontrou outro homem e lhe
disse: "Fira-me, por favor". Este o atingiu e o
feriu. 38Então o profeta saiu e ficou ao lado
da estrada, à espera do rei. Ele se disfarçou,
cobrindo os olhos com sua testeira. 39Quando
o rei ia passando, o profeta gritou para ele:
"Em pleno combate teu servo entrou, e al-
guém veio a mim com um prisioneiro e me
disse: 'Vigie este homem. Se ele escapar, se-
rá a sua vida pela dele, ou você deverá pagar
trinta e cinco quilos[a] de prata'. 40Enquanto o
teu servo estava ocupado com outras coisas,
o homem desapareceu".

"Essa é a sua sentença", disse o rei de Is-
rael. "Você mesmo a pronunciou."
41Então o profeta rapidamente removeu a
testeira dos olhos, e o rei o reconheceu como
um dos profetas. 42Ele disse ao rei: "Assim diz
o SENHOR: 'Você libertou um homem que eu
havia decidido que devia morrer. Por isso,
é a sua vida pela vida dele, o seu povo pelo
povo dele' ". 43Aborrecido e irritado, o rei de
Israel voltou para o seu palácio em Samaria.

A vinha de Nabote

21 Algum tempo depois houve um incidente
envolvendo uma vinha que pertencia a
Nabote, de Jezreel. A vinha ficava em Jezreel,
ao lado do palácio de Acabe, rei de Samaria.
2Acabe tinha dito a Nabote: "Dê-me a sua vi-
nha para eu usar como horta, já que fica ao
lado do meu palácio. Em troca eu lhe darei
uma vinha melhor ou, se preferir, eu lhe pa-
garei, seja qual for o seu valor".
3Nabote, contudo, respondeu: "O SENHOR
me livre de dar a ti a herança dos meus pais!"
4Então Acabe foi para casa aborrecido e in-
dignado porque Nabote, de Jezreel, lhe dis-
sera: "Não te darei a herança dos meus pais".
Deitou-se na cama, virou o rosto para a pare-
de e recusou-se a comer.
5Sua mulher Jezabel entrou e lhe pergun-
tou: "Por que você está tão aborrecido? Por
que não come?"
6Ele respondeu-lhe: "Porque eu disse a Na-
bote, de Jezreel: Venda-me a sua vinha; ou,

[a] 20:39 Hebraico: *1 talento.*

se preferir, eu lhe darei outra vinha em lu-
gar dessa. Mas ele disse: 'Não te darei mi-
nha vinha' ".
7Disse-lhe Jezabel, sua mulher: "É assim
que você age como rei de Israel? Levante-se
e coma! Anime-se. Conseguirei para você a
vinha de Nabote, de Jezreel".
8Então ela escreveu cartas em nome de
Acabe, pôs nelas o selo do rei, e as enviou às
autoridades e aos nobres da cidade de Nabo-
te. 9Naquelas cartas ela escreveu:

"Decretem um dia de jejum e ponham Na-
bote sentado num lugar de destaque entre o
povo. 10E mandem dois homens vadios sen-
tar-se em frente dele e façam com que teste-
munhem que ele amaldiçoou tanto a Deus
quanto ao rei. Levem-no para fora e apedre-
jem-no até a morte".

11As autoridades e os nobres da cidade de
Nabote fizeram conforme Jezabel os orien-
tara nas cartas que lhes tinha escrito. 12De-
cretaram jejum e fizeram Nabote sentar-se
num local destacado no meio do povo. 13En-
tão dois homens vadios vieram e se senta-
ram em frente dele e o acusaram diante do
povo, dizendo: "Nabote amaldiçoou tanto a
Deus quanto ao rei". Por isso o levaram para
fora da cidade e o apedrejaram até a morte.
14Então mandaram informar a Jezabel: "Na-
bote foi apedrejado e está morto".
15Assim que Jezabel soube que Nabote ti-
nha sido apedrejado até a morte, disse a Aca-
be: "Levante-se e tome posse da vinha que
Nabote, de Jezreel, recusou-se a vender-lhe.
Ele não está mais vivo; está morto!" 16Quando
Acabe ouviu que Nabote estava morto, levan-
tou-se e foi tomar posse da vinha.
17Então a palavra do SENHOR veio ao tesbita
Elias: 18"Vá encontrar-se com Acabe, o rei de
Israel, que reina em Samaria. Agora ele está
na vinha de Nabote para tomar posse dela.
19Diga-lhe que assim diz o SENHOR: 'Você as-
sassinou um homem e ainda se apossou de
sua propriedade?' E acrescente: Assim diz o
SENHOR: 'No local onde os cães lamberam o
sangue de Nabote, lamberão também o seu
sangue; isso mesmo, o seu sangue!' "
20Acabe disse a Elias: "Então você me en-
controu, meu inimigo!"
"Eu o encontrei", ele respondeu, "porque
você se vendeu para fazer o que o SENHOR
reprova. 21E ele diz: 'Vou trazer desgraça so-
bre você. Devorarei os seus descendentes e
eliminarei da sua família todos os do sexo
masculino[a] em Israel, sejam escravos ou li-
vres. 22Farei à sua família o que fiz à de Jero-
boão, filho de Nebate, e à de Baasa, filho de
Aías, pois você provocou a minha ira e fez
Israel pecar'.
23"E acerca de Jezabel o SENHOR diz: 'Os
cães devorarão Jezabel junto ao muro de[b]
Jezreel'.
24"Os cães comerão os que pertencem a
Acabe e que morrerem na cidade, e as aves
do céu se alimentarão dos que morrerem no
campo".
25(Nunca existiu ninguém como Acabe
que, pressionado por sua mulher Jezabel,

[a] 21:21 Hebraico: *os que urinam na parede.*
[b] 21:23 Conforme a maioria dos manuscritos do Texto Massorético. Alguns manuscritos do Texto Massorético, a Vulgata e a Versão Siríaca dizem *no campo de.* Veja 2Rs 9:26.

A vida nos tempos da Bíblia

Videiras

Acabe pensou que a vinha de Nabote merecia ser roubada. As uvas eram uma das culturas mais importantes de Israel e eram espremidas para fazer suco ou secas para fazer passas.

vendeu-se para fazer o que o SENHOR repro-
va. 26Ele se comportou da maneira mais de-
testável possível, indo atrás de ídolos, como
faziam os amorreus, que o SENHOR tinha ex-
pulsado de diante de Israel.)
27Quando Acabe ouviu essas palavras, ras-
gou as suas vestes, vestiu-se de pano de saco
e jejuou. Passou a dormir sobre panos de sa-
co e agia com mansidão.
28Então a palavra do SENHOR veio ao tesbita
Elias: 29"Você notou como Acabe se humilhou
diante de mim? Visto que se humilhou, não
trarei essa desgraça durante o seu reinado,
mas durante o reinado de seu filho".

A profecia contra Acabe

22 Durante três anos não houve guerra
entre a Síria e Israel. 2Mas no terceiro
ano, Josafá, rei de Judá, foi visitar o rei de
Israel. 3Este havia perguntado aos seus ofi-
ciais: "Por acaso vocês não sabem que Ra-
mote-Gileade nos pertence, e ainda assim
não estamos fazendo nada para retomá-la
do rei da Síria?"
4Então perguntou a Josafá: "Irás comigo
lutar contra Ramote-Gileade?"
Josafá respondeu ao rei de Israel: "Sou co-
mo tu, e meu povo é como o teu povo, e os
meus cavalos são como se fossem teus". 5Mas
acrescentou: "Peço-te que busques primeiro
o conselho do SENHOR".
6Então o rei de Israel reuniu quatrocentos
profetas, e lhes perguntou: "Devo ir à guerra
contra Ramote-Gileade, ou não?"
Eles responderam: "Sim, pois o Senhor a
entregará nas mãos do rei".
7Josafá, porém, perguntou: "Não exis-
te aqui mais nenhum profeta do SENHOR, a
quem possamos consultar?"
8O rei de Israel respondeu a Josafá: "Ainda
há um homem por meio de quem podemos
consultar o SENHOR, mas eu o odeio, porque
nunca profetiza coisas boas a meu respei-
to, mas sempre coisas ruins. É Micaías, filho
de Inlá".
"O rei não deveria dizer isso", Josafá res-
pondeu.
9Então o rei de Israel chamou um dos seus
oficiais e disse: "Traga Micaías, filho de Inlá,
imediatamente".
10Usando vestes reais, o rei de Israel e Jo-
safá, rei de Judá, estavam sentados em seus
tronos, na eira, junto à porta de Samaria,
e todos os profetas estavam profetizando
em transe diante deles. 11E Zedequias, filho
de Quenaaná, tinha feito chifres de ferro, e
declarou: "Assim diz o SENHOR: 'Com estes
chifres tu ferirás os arameus até que sejam
destruídos' ".
12Todos os outros profetas estavam pro-
fetizando a mesma coisa, dizendo: "Ataca

Querer muito alguma coisa

Experimente!

O último dos Dez Mandamentos diz que você não deve cobiçar, o que significa que não devemos querer algo que pertença a outra pessoa. Nesta história da Bíblia, o rei Acabe cobiçou um campo de vinha que pertencia a Nabote.

Leia 1Reis 21 e responda estas perguntas:

1. Como Acabe se sentiu por cobiçar algo (versículo 4)?
2. O que a esposa de Acabe fez para presenteá-lo com o campo que ele cobiçou (versículos 7-16)?
3. O que Deus disse a Acabe que aconteceria e por quê (versículos 17-22)?

1Reis 21

Aqui estão algumas coisas que você pode fazer para deixar de cobiçar. Liste todas as coisas boas que você tem, escolha um brinquedo ou jogo favorito, convide um amigo para brincar com você e compartilhe com ele seu brinquedo ou jogo favorito. Quando você agradece a Deus por todas as coisas boas que tem, o que você queria não parece mais tão importante.

Ramote-Gileade, e serás vitorioso, pois o SE-
NHOR a entregará nas mãos do rei".
13O mensageiro que tinha ido chamar Mi-
caías lhe disse: "Veja, todos os outros profetas
estão predizendo que o rei terá sucesso. Sua
palavra também deve ser favorável".
14Micaías, porém, disse: "Juro pelo nome
do SENHOR que direi o que o SENHOR me
mandar".
15Quando ele chegou, o rei lhe perguntou:
"Micaías, devemos ir à guerra contra Ramo-
te-Gileade, ou não?"
Ele respondeu: "Ataca, e serás vitorioso,
pois o SENHOR a entregará nas mãos do rei".
16O rei lhe disse: "Quantas vezes devo fazer
você jurar que irá me dizer somente a verda-
de em nome do SENHOR?"
17Então Micaías respondeu: "Vi todo o Is-
rael espalhado pelas colinas, como ovelhas
sem pastor, e ouvi o SENHOR dizer: 'Estes
não têm dono. Cada um volte para casa em
paz' ".
18O rei de Israel disse a Josafá: "Não lhe dis-
se que ele nunca profetiza nada de bom a
meu respeito, mas apenas coisas ruins?"
19Micaías prosseguiu: "Ouça a palavra
do SENHOR: Vi o SENHOR assentado em seu
trono, com todo o exército dos céus ao seu
redor, à sua direita e à sua esquerda. 20E o SE-
NHOR disse: 'Quem enganará Acabe para que
ataque Ramote-Gileade e morra lá?'
"E um sugeria uma coisa, outro sugeria
outra, 21até que, finalmente, um espírito co-
locou-se diante do SENHOR e disse: 'Eu o en-
ganarei'.
22" 'De que maneira?', perguntou o SENHOR.
"Ele respondeu: 'Irei e serei um espíri-
to mentiroso na boca de todos os profetas
do rei'.
"Disse o SENHOR: 'Você conseguirá enga-
ná-lo; vá e engane-o'.
23"E o SENHOR pôs um espírito mentiroso
na boca destes seus profetas. O SENHOR de-
cretou a sua desgraça".
24Então Zedequias, filho de Quenaaná,
aproximou-se, deu um tapa no rosto de Mi-
caías e perguntou: "Por qual caminho foi o
espírito da parte do[a] SENHOR, quando saiu de
mim para falar a você?"
25Micaías respondeu: "Você descobrirá no
dia em que estiver se escondendo de quar-
to em quarto".
26O rei então ordenou: "Enviem Micaías de
volta a Amom, o governador da cidade, e a
Joás, filho do rei, 27e digam: Assim diz o rei:
Ponham este homem na prisão a pão e água,
até que eu volte em segurança".
28Micaías declarou: "Se você de fato voltar
em segurança, o SENHOR não falou por meu
intermédio". E acrescentou: "Ouçam o que es-
tou dizendo, todos vocês!"

A morte de Acabe

29Então o rei de Israel e Josafá, rei de Judá,
foram atacar Ramote-Gileade. 30E o rei de Is-
rael disse a Josafá: "Entrarei disfarçado em
combate, mas tu, usa as tuas vestes reais". O
rei de Israel disfarçou-se, e ambos foram pa-
ra o combate.
31O rei da Síria havia ordenado aos seus
trinta e dois chefes de carros de guerra: "Não
lutem contra ninguém, seja soldado, seja ofi-
cial, senão contra o rei de Israel". 32Quando
os chefes dos carros viram Josafá, pensaram:
"É o rei de Israel", e o cercaram para atacá-lo,
mas Josafá gritou, 33e quando os comandan-
tes dos carros viram que não era o rei de Is-
rael, deixaram de persegui-lo.
34De repente, um soldado disparou seu ar-
co ao acaso e atingiu o rei de Israel entre os
encaixes da sua armadura. Então o rei dis-
se ao condutor do seu carro: "Tire-me do
combate. Fui ferido!" 35A batalha foi violen-
ta durante todo o dia e, assim, o rei teve que
enfrentar os arameus em pé no seu carro. O
sangue de seu ferimento ficou escorrendo até
o piso do carro de guerra, e ao cair da tarde,
ele morreu. 36Quando o sol estava se pondo,
propagou-se um grito por todo o exército:
"Cada homem para a sua cidade; cada um
para a sua terra!"
37Assim o rei morreu e foi levado para Sa-
maria, e ali o sepultaram. 38Lavaram o seu
carro de guerra num açude em Samaria onde
as prostitutas se banhavam,[b] e os cães lam-
beram o seu sangue, conforme a palavra do
SENHOR havia declarado.
39Os demais acontecimentos do reinado de
Acabe, e tudo o que fez, o palácio que cons-
truiu com revestimento de marfim, e as ci-
dades que fortificou, tudo está escrito nos
registros históricos dos reis de Israel. 40Aca-
be descansou com os seus antepassados, e
seu filho Acazias foi o seu sucessor.

O reinado de Josafá, rei de Judá

41Josafá, filho de Asa, tornou-se rei de Ju-
dá no quarto ano do reinado de Acabe, rei de
Israel. 42Josafá tinha trinta e cinco anos de

[a] 22:24 Ou *o Espírito do*

[b] 22:38 Ou *Samaria e limparam as armas,*

idade quando se tornou rei, e reinou vinte e cinco anos em Jerusalém. O nome da sua mãe era Azuba, filha de Sili. [43]Em tudo andou nos caminhos de seu pai Asa, e não se desviou deles; fez o que o SENHOR aprova. Contudo, não acabou com os altares idólatras, nos quais o povo continuou a oferecer sacrifícios e a queimar incenso. [44]Josafá teve paz com o rei de Israel.

[45]Os demais acontecimentos do reinado de Josafá, suas realizações e suas façanhas militares, tudo está escrito nos registros históricos dos reis de Judá. [46]Ele livrou o país dos prostitutos cultuais que restaram depois do reinado de seu pai Asa. [47]Ora, na época não havia rei em Edom, mas sim um governador nomeado.

[48]Josafá construiu uma frota de navios mercantes[a] para buscar ouro em Ofir, mas nunca o trouxeram, pois eles naufragaram em Eziom-Geber. [49]Naquela ocasião, Acazias, filho de Acabe, disse a Josafá: "Os meus marinheiros poderão navegar com os teus", mas Josafá recusou.

[50]Josafá descansou com os seus antepassados e foi sepultado junto deles na Cidade de Davi, seu predecessor. E seu filho Jeorão foi o seu sucessor.

O reinado de Acazias, rei de Israel

[51]Acazias, filho de Acabe, tornou-se rei de Israel em Samaria no décimo sétimo ano do reinado de Josafá, rei de Judá, e reinou dois anos sobre Israel. [52]Fez o que o SENHOR reprova, pois andou nos caminhos de seu pai e de sua mãe e nos caminhos de Jeroboão, filho de Nebate, que fez Israel pecar. [53]Prestou culto a Baal e o adorou, provocando assim a ira do SENHOR, o Deus de Israel, como o seu pai tinha feito.

[a] 22:48 Hebraico: *navios de Társis.*

2Reis

Quem escreveu este livro?
O autor deste livro é desconhecido.

Por que este livro foi escrito?
O Segundo Livro dos Reis mostra por que Deus, por fim, mandou o povo de Israel e de Judá para um exílio fora da Terra Prometida.

O que acontece neste livro?
As histórias de muitos reis de Judá e de Israel são contadas neste livro.

O que aprendemos sobre Deus neste livro?
Deus é muito paciente, mas ele punirá aqueles que continuarem desobedecendo-o.

Quem são os personagens principais neste livro?
As pessoas mais importantes neste livro são Eliseu, Joás, Ezequias e Josias.

Quando isto aconteceu?
Os acontecimentos deste livro sucederam entre 853 a.C. e 586 a.C.

Onde isto aconteceu?
Estas histórias aconteceram em Israel e Judá. (Veja o *Índice de mapas*, ao final desta Bíblia, para saber onde fica Israel e Judá.)

Algumas histórias deste livro:

Elias sobe ao céu	2Reis 2
Naamã é curado da lepra	2Reis 5
Jeú mata a família de Acabe	2Reis 9—10
Joás repara o templo	2Reis 12
Israel é exilado	2Reis 17
Jerusalém é ameaçada	2Reis 18
Jerusalém é salva	2Reis 19
Josias lê o livro de Deus	2Reis 22
Jerusalém é destruída	2Reis 25

O julgamento do SENHOR contra Acazias

1 Depois da morte de Acabe, Moabe rebelou-
-se contra Israel.
2Certo dia, Acazias caiu da sacada do seu
quarto no palácio de Samaria e ficou muito
ferido. Então enviou mensageiros para con-
sultar Baal-Zebube, deus de Ecrom, para sa-
ber se ele se recuperaria.
3Mas o anjo do SENHOR disse ao tesbita
Elias: "Vá encontrar-se com os mensageiros
do rei de Samaria e pergunte a eles: Acaso
não há Deus em Israel? Por que vocês vão
consultar Baal-Zebube, deus de Ecrom? 4Por
isso, assim diz o SENHOR: 'Você não se levan-
tará mais dessa cama e certamente morrerá!'
" E Elias foi embora.
5Quando os mensageiros voltaram ao rei,
ele lhes perguntou: "Por que vocês voltaram?"
6Eles responderam: "Um homem veio ao
nosso encontro e nos disse: 'Voltem ao rei
que os enviou e digam-lhe: Assim diz o SE-
NHOR: "Acaso não há Deus em Israel? Por que
você mandou consultar Baal-Zebube, deus de
Ecrom? Por isso você não se levantará mais
dessa cama e certamente morrerá!" ' "
7O rei lhes perguntou: "Como era o homem
que os encontrou e lhes disse isso?"
8Eles responderam: "Ele vestia roupas de
pelos[a] e usava um cinto de couro".
O rei concluiu: "Era o tesbita Elias".
9Em seguida mandou um oficial com cin-
quenta soldados procurar Elias. O oficial o
encontrou sentado no alto de uma colina, e
lhe disse: "Homem de Deus, o rei ordena que
tu desças".
10Elias respondeu ao oficial: "Se sou ho-
mem de Deus, que desça fogo do céu e con-
suma você e seus cinquenta soldados!" E
desceu fogo do céu e consumiu o oficial e
seus soldados.
11Depois disso o rei enviou outro oficial
com mais cinquenta soldados. E ele disse a
Elias: "Homem de Deus, o rei ordena que tu
desças imediatamente".
12Respondeu Elias: "Se sou homem de
Deus, que desça fogo do céu e consuma você
e seus cinquenta soldados!" De novo, fogo
de Deus desceu do céu e consumiu o oficial
e seus soldados.
13Então o rei enviou um terceiro oficial com
outros cinquenta soldados. O oficial subiu o
monte, caiu de joelhos diante de Elias e im-
plorou: "Homem de Deus, tem consideração
por minha vida e pela vida destes cinquenta
soldados, teus servos! 14Sei que desceu fogo
do céu e consumiu os dois primeiros oficiais
com todos os seus soldados. Mas agora, tem
consideração por minha vida!"
15O anjo do SENHOR disse a Elias: "Acompa-
nhe-o; não tenha medo dele". Então Elias se
levantou, desceu com ele e foi falar com o rei.
16Ao chegar, disse ao rei: "Assim diz o SE-
NHOR: 'Acaso não há Deus em Israel? Por que
você mandou consultar Baal-Zebube, deus
de Ecrom? Por isso você não se levantará
mais dessa cama e certamente morrerá!' " 17E
Acazias morreu, conforme a palavra do SE-
NHOR anunciada por Elias. Como não tinha
filhos, Jorão foi o seu sucessor no segundo
ano do reinado de Jeorão, rei de Judá, filho
de Josafá. 18Os demais acontecimentos do
reinado de Acazias e suas realizações estão
escritos nos registros históricos dos reis de
Israel.

Elias é levado aos céus

2 Quando o SENHOR levou Elias aos céus num
redemoinho, aconteceu o seguinte: Elias
e Eliseu saíram de Gilgal, 2e no caminho dis-
se-lhe Elias: "Fique aqui, pois o SENHOR me
enviou a Betel".
Eliseu, porém, disse: "Juro pelo nome do
SENHOR e por tua vida que não te deixarei ir
só". Então foram a Betel.
3Em Betel os discípulos dos profetas foram
falar com Eliseu e perguntaram: "Você sabe
que hoje o SENHOR vai levar para os céus o
seu mestre, separando-o de você?"
Respondeu Eliseu: "Sim, eu sei, mas não
falem nisso".
4Então Elias lhe disse: "Fique aqui, Eliseu,
pois o SENHOR me enviou a Jericó".
Ele respondeu: "Juro pelo nome do SE-
NHOR e por tua vida que não te deixarei ir
só". Desceram então a Jericó.
5Em Jericó os discípulos dos profetas foram
falar com Eliseu e lhe perguntaram: "Você sa-
be que hoje o SENHOR vai levar para os céus o
seu mestre, separando-o de você?"
Respondeu Eliseu: "Sim, eu sei, mas não
falem nisso".
6Em seguida Elias lhe disse: "Fique aqui,
pois o SENHOR me enviou ao rio Jordão".
Ele respondeu: "Juro pelo nome do SE-
NHOR e por tua vida que não te deixarei ir
só!" Então partiram juntos.
7Cinquenta discípulos dos profetas os
acompanharam e ficaram olhando a distân-
cia, quando Elias e Eliseu pararam à mar-
gem do Jordão. 8Então Elias tirou o manto,

[a] 1:8 Ou *Era um homem cabeludo*

Você sabia?

Quantas pessoas foram diretamente para o céu sem morrer?

2:11 A Bíblia menciona apenas duas pessoas que foram para o céu sem morrer. O texto de Gênesis 5:24 diz que Enoque "já não foi encontrado, pois Deus o havia arrebatado". Essa frase substitui a "e morreu" dos outros parágrafos de Gênesis 5. Enoque, assim como Elias em 2Reis 2, foi "levado" sem morrer primeiro.

enrolou-o e com ele bateu nas águas. As
águas se dividiram, e os dois atravessaram
em chão seco.
9Depois de atravessar, Elias disse a Eliseu:
"O que posso fazer em seu favor antes que eu
seja levado para longe de você?"
Respondeu Eliseu: "Faze de mim o princi-
pal herdeiro[a] de teu espírito profético".
10Disse Elias: "Seu pedido é difícil; mas, se
você me vir quando eu for separado de vo-
cê, terá o que pediu; do contrário, não será
atendido".
11De repente, enquanto caminhavam e con-
versavam, apareceu um carro de fogo e pu-
xado por cavalos de fogo que os separou, e
Elias foi levado aos céus num redemoinho.
12Quando viu isso, Eliseu gritou: "Meu pai!
Meu pai! Tu eras como os carros de guerra e
os cavaleiros de Israel!" E quando já não po-
dia mais vê-lo, Eliseu pegou as próprias ves-
tes e as rasgou ao meio.
13Depois pegou o manto de Elias, que ti-
nha caído, e voltou para a margem do Jordão.
14Então bateu nas águas do rio com o manto
e perguntou: "Onde está agora o SENHOR, o
Deus de Elias?" Tendo batido nas águas, elas
se dividiram e ele atravessou.
15Quando os discípulos dos profetas, vin-
dos de Jericó, viram isso, disseram: "O espí-
rito profético de Elias repousa sobre Eliseu".
Então foram ao seu encontro, prostraram-
-se diante dele e disseram: 16"Olha, nós, teus
servos, temos cinquenta homens fortes. Dei-
xa-os sair à procura do teu mestre. Talvez o

[a] 2:9 Hebraico: *Dá-me porção dupla do teu espírito.*

Espírito do SENHOR o tenha levado e deixado
em algum monte ou em algum vale".
Respondeu Eliseu: "Não mandem nin-
guém".
17Mas eles insistiram até que, constrangi-
do, consentiu: "Podem mandar os homens". E
mandaram cinquenta homens, que procura-
ram Elias por três dias, mas não o encontra-
ram. 18Quando voltaram a Eliseu, que tinha
ficado em Jericó, ele lhes falou: "Não lhes dis-
se que não fossem?"

A purificação da água

19Alguns homens da cidade foram dizer
a Eliseu: "Como podes ver, esta cidade está
bem localizada, mas a água não é boa e a ter-
ra é improdutiva".
20E disse ele: "Ponham sal numa tigela
nova e tragam-na para mim". Quando a le-
varam, 21ele foi à nascente, jogou o sal ali e
disse: "Assim diz o SENHOR: 'Purifiquei esta
água. Não causará mais mortes nem deixará
a terra improdutiva' ". 22E até hoje a água per-
manece pura, conforme a palavra de Eliseu.

O castigo dos zombadores

23De Jericó Eliseu foi para Betel. No cami-
nho, alguns meninos que vinham da cidade
começaram a caçoar dele, gritando: "Suma
daqui, careca!" 24Voltando-se, olhou para eles
e os amaldiçoou em nome do SENHOR. En-
tão, duas ursas saíram do bosque e despe-
daçaram quarenta e dois meninos. 25De Betel
prosseguiu até o monte Carmelo e dali vol-
tou a Samaria.

A rebelião de Moabe

3 Jorão, filho de Acabe, tornou-se rei de Is-
rael em Samaria no décimo oitavo ano de
Josafá, rei de Judá, e reinou doze anos. 2Fez
o que o SENHOR reprova, mas não como seu
pai e sua mãe, pois derrubou a coluna sagrada
de Baal, que seu pai havia feito. 3No entanto,
persistiu nos pecados que Jeroboão, filho de
Nebate, levara Israel a cometer e deles não
se afastou.
4Ora, Messa, rei de Moabe, tinha muitos
rebanhos e pagava como tributo ao rei de
Israel cem mil cordeiros e a lã de cem mil
carneiros. 5Mas, depois que Acabe morreu,
o rei de Moabe rebelou-se contra o rei de
Israel. 6Então, naquela ocasião, o rei Jorão
partiu de Samaria e mobilizou todo o Israel.
7Também enviou esta mensagem a Josafá,
rei de Judá: "O rei de Moabe rebelou-se con-
tra mim. Irás acompanhar-me na luta con-
tra Moabe?"

Ele respondeu: "Sim, eu irei. Serei teu aliado, os meus soldados e os teus, os meus cavalos e os teus serão um só exército".

[8]E perguntou: "Por qual caminho atacaremos?"

Respondeu Jorão: "Pelo deserto de Edom".

[9]Então o rei de Israel partiu com os reis de Judá e de Edom. Depois de uma marcha de sete dias, já havia acabado a água para os homens e para os animais.

[10]Exclamou, então, o rei de Israel: "E agora? Será que o SENHOR ajuntou a nós, os três reis, para nos entregar nas mãos de Moabe?"

[11]Mas Josafá perguntou: "Será que não há aqui profeta do SENHOR, para que possamos consultar o SENHOR por meio dele?"

Um conselheiro do rei de Israel respondeu: "Eliseu, filho de Safate, está aqui. Ele era auxiliar[a] de Elias".

[12]Josafá prosseguiu: "A palavra do SENHOR está com ele". Então o rei de Israel, Josafá e o rei de Edom foram falar com ele.

[13]Eliseu disse ao rei de Israel: "Nada tenho que ver com você. Vá consultar os profetas de seu pai e de sua mãe".

Mas o rei de Israel insistiu: "Não, pois foi o SENHOR que nos ajuntou, três reis, para entregar-nos nas mãos de Moabe".

[14]Então Eliseu disse: "Juro pelo nome do SENHOR dos Exércitos, a quem sirvo, que se não fosse por respeito a Josafá, rei de Judá, eu não olharia para você nem mesmo lhe daria atenção. [15]Mas agora tragam-me um harpista".

Enquanto o harpista estava tocando, o poder do SENHOR veio sobre Eliseu, [16]e ele disse: "Assim diz o SENHOR: Cavem muitas cisternas neste vale. [17]Pois assim diz o SENHOR: Vocês não verão vento nem chuva; contudo, este vale ficará cheio de água, e vocês, seus rebanhos e seus outros animais beberão. [18]Mas para o SENHOR isso ainda é pouco; ele também lhes entregará Moabe nas suas mãos. [19]Vocês destruirão todas as suas cidades fortificadas e todas as suas cidades importantes. Derrubarão toda árvore frutífera, taparão todas as fontes e encherão de pedras todas as terras de cultivo".

[20]No dia seguinte, na hora do sacrifício da manhã, a água veio descendo da direção de Edom e alagou a região.

[21]Quando os moabitas ficaram sabendo que os reis tinham vindo para atacá-los, todos os que eram capazes de empunhar armas, do mais jovem ao mais velho, foram convocados e posicionaram-se na fronteira. [22]Ao se levantarem na manhã seguinte, o sol refletia na água. Para os moabitas que estavam defronte dela, a água era vermelha como sangue. [23]Então gritaram: "É sangue! Os reis lutaram entre si e se mataram. Agora, ao saque, Moabe!"

[24]Quando, porém, os moabitas chegaram ao acampamento de Israel, os israelitas os atacaram e os puseram em fuga. Entraram no território de Moabe e o arrasaram. [25]Destruíram as cidades e, quando passavam por um campo cultivável, cada homem atirava uma pedra até que ficasse coberto. Taparam todas as fontes e derrubaram toda árvore frutífera. Só Quir-Haresete ficou com as pedras no lugar, mas homens armados de atiradeiras a cercaram e também a atacaram.

[26]Quando o rei de Moabe viu que estava perdendo a batalha, reuniu setecentos homens armados de espadas para forçar a passagem, para alcançar o rei de Edom, mas fracassou. [27]Então pegou seu filho mais velho, que devia sucedê-lo como rei, e o sacrificou sobre o muro da cidade. Isso trouxe grande ira contra Israel, de modo que eles se retiraram e voltaram para a sua própria terra.

O milagre do azeite

4 Certo dia, a mulher de um dos discípulos dos profetas foi falar a Eliseu: "Teu servo, meu marido, morreu, e tu sabes que ele temia o SENHOR. Mas agora veio um credor que está querendo levar meus dois filhos como escravos".

[2]Eliseu perguntou-lhe: "Como posso ajudá-la? Diga-me, o que você tem em casa?"

E ela respondeu: "Tua serva não tem nada além de uma vasilha de azeite".

[3]Então disse Eliseu: "Vá pedir emprestadas vasilhas a todos os vizinhos. Mas peça muitas. [4]Depois entre em casa com seus filhos e feche a porta. Derrame daquele azeite em cada vasilha e vá separando as que você for enchendo".

[5]Depois disso ela foi embora, fechou-se em casa com seus filhos e começou a encher as vasilhas que eles lhe traziam. [6]Quando todas as vasilhas estavam cheias, ela disse a um dos filhos: "Traga-me mais uma".

Mas ele respondeu: "Já acabaram". Então o azeite parou de correr.

[7]Ela foi e contou tudo ao homem de Deus, que lhe disse: "Vá, venda o azeite e pague suas dívidas. E você e seus filhos ainda poderão viver do que sobrar".

[a] 3:11 Hebraico: *Ele costumava derramar água nas mãos.*

A ressurreição do filho da sunamita

8Certo dia, Eliseu foi a Suném, onde uma
mulher rica insistiu que ele fosse tomar uma
refeição em sua casa. Depois disso, sempre
que passava por ali, ele parava para uma re-
feição. 9Em vista disso, ela disse ao marido:
"Sei que esse homem que sempre vem aqui é
um santo homem de Deus. 10Vamos construir
lá em cima um quartinho de tijolos e colocar
nele uma cama, uma mesa, uma cadeira e
uma lamparina para ele. Assim, sempre que
nos visitar ele poderá ocupá-lo".
11Um dia, quando Eliseu chegou, subiu ao
seu quarto e deitou-se. 12Ele mandou o seu
servo Geazi chamar a sunamita. Ele a cha-
mou e, quando ela veio, 13Eliseu mandou Gea-
zi dizer-lhe: "Você teve todo este trabalho por
nossa causa. O que podemos fazer por você?
Quer que eu interceda por você junto ao rei
ou ao comandante do exército?"
Ela respondeu: "Estou bem entre a minha
própria gente".
14Mais tarde Eliseu perguntou a Geazi: "O
que se pode fazer por ela?"
Ele respondeu: "Bem, ela não tem filhos, e
seu marido é idoso".
15Então Eliseu mandou chamá-la de no-
vo. Geazi a chamou, ela veio até a porta 16e
ele disse: "Por volta desta época, no ano que
vem, você estará com um filho nos braços".
Ela contestou: "Não, meu senhor. Não ilu-
das a tua serva, ó homem de Deus!"
17Mas, como Eliseu lhe dissera, a mulher
engravidou e, no ano seguinte, por volta da-
quela mesma época, deu à luz um filho.
18O menino cresceu e, certo dia, foi encon-
trar-se com seu pai, que estava com os cei-
feiros. 19De repente ele começou a chamar o
pai, gritando: "Ai, minha cabeça! Ai, minha
cabeça!"
O pai disse a um servo: "Leve-o para a mãe
dele". 20O servo o pegou e o levou à mãe. O
menino ficou no colo dela até o meio-dia, e
morreu. 21Ela subiu ao quarto do homem de
Deus, deitou o menino na cama, saiu e fe-
chou a porta.
22Ela chamou o marido e disse: "Preciso de
um servo e de uma jumenta para ir falar com
o homem de Deus. Vou e volto logo".
23Ele perguntou: "Mas, por que hoje? Não
é lua nova nem sábado!"
Ela respondeu: "Não se preocupe".
24Ela mandou selar a jumenta e disse ao
servo: "Vamos rápido; só pare quando eu
mandar". 25Assim ela partiu para encontrar-se
com o homem de Deus no monte Carmelo.
Quando ele a viu a distância, disse a seu
servo Geazi: "Olhe! É a sunamita! 26Corra ao
seu encontro e pergunte a ela: 'Está tudo bem
com você? Tudo bem com seu marido? E com
seu filho?' "
Ela respondeu a Geazi: "Está tudo bem".
27Ao encontrar o homem de Deus no mon-
te, ela se abraçou aos seus pés. Geazi veio pa-
ra afastá-la, mas o homem de Deus lhe disse:

A vida nos tempos da Bíblia

Jarras e vasilhas

As vasilhas de olaria, feitas de argila endurecida, eram usadas em todos os lugares durante os tempos bíblicos. A olaria é uma das artes mais antigas nas terras da Bíblia. Ao olhar as formas dos objetos de cerâmica, os arqueólogos (que estudam o passado) podem dizer quando e onde foram feitos! As jarras e vasilhas de barro eram utilizadas para todo tipo de armazenamento e também para nelas comer e cozinhar. Algumas eram bem simples, enquanto outras eram lindamente decoradas.

"Deixe-a em paz! Ela está muito angustiada,
mas o SENHOR nada me revelou e escondeu
de mim a razão de sua angústia".
28E disse a mulher: "Acaso eu te pedi um
filho, meu senhor? Não te disse para não me
dar falsas esperanças?"
29Então Eliseu disse a Geazi: "Ponha a ca-
pa por dentro do cinto, pegue o meu cajado e
corra. Se você encontrar alguém, não o cum-
primente e, se alguém o cumprimentar, não
responda. Quando lá chegar, ponha o meu
cajado sobre o rosto do menino".
30Mas a mãe do menino disse: "Juro pelo
nome do SENHOR e por tua vida que, se fica-
res, não irei". Então ele foi com ela.
31Geazi chegou primeiro e pôs o cajado so-
bre o rosto do menino, mas ele não falou
nem reagiu. Então Geazi voltou para encon-
trar-se com Eliseu e lhe disse: "O menino não
voltou a si".
32Quando Eliseu chegou à casa, lá estava o
menino, morto, estendido na cama. 33Ele en-
trou, fechou a porta e orou ao SENHOR. 34De-
pois deitou-se sobre o menino, boca a boca,
olhos com olhos, mãos com mãos. Enquanto
se debruçava sobre ele, o corpo do menino ia
se aquecendo. 35Eliseu levantou-se e come-
çou a andar pelo quarto; depois subiu na ca-
ma e debruçou-se mais uma vez sobre ele. O
menino espirrou sete vezes e abriu os olhos.
36Eliseu chamou Geazi e o mandou chamar
a sunamita. E ele obedeceu. Quando ela che-
gou, Eliseu disse: "Pegue seu filho". 37Ela en-
trou, prostrou-se a seus pés, curvando-se até
o chão. Então pegou o filho e saiu.

A morte na panela

38Depois Eliseu voltou a Gilgal. Nesse tem-
po a fome assolava a região. Quando os discí-
pulos dos profetas estavam reunidos com ele,
ordenou ao seu servo: "Ponha o caldeirão no
fogo e faça um ensopado para estes homens".
39Um deles foi ao campo apanhar legu-
mes e encontrou uma trepadeira. Apanhou
alguns de seus frutos e encheu deles o seu
manto. Quando voltou, cortou-os em peda-
ços e colocou-os no caldeirão do ensopado,
embora ninguém soubesse o que era. 40O
ensopado foi servido aos homens, mas, lo-
go que o provaram, gritaram: "Homem de
Deus, há morte na panela!" E não puderam
mais tomá-lo.
41Então Eliseu pediu um pouco de farinha,
colocou no caldeirão e disse: "Sirvam a to-
dos". E já não havia mais perigo no caldeirão.

O milagre dos pães

42Veio um homem de Baal-Salisa, trazen-
do ao homem de Deus vinte pães de cevada,
feitos dos primeiros grãos da colheita, e tam-
bém algumas espigas verdes. Então Eliseu or-
denou ao seu servo: "Sirva a todos".
43O auxiliar de Eliseu perguntou: "Como
poderei servir isso a cem homens?"
Eliseu, porém, respondeu: "Sirva a todos,
pois assim diz o SENHOR: 'Eles comerão, e
ainda sobrará' ". 44Então ele serviu a todos e,
conforme a palavra do SENHOR, eles come-
ram e ainda sobrou.

A cura da lepra de Naamã

5 Naamã, comandante do exército do rei da
Síria, era muito respeitado e honrado pelo
seu senhor, pois por meio dele o SENHOR de-
ra vitória à Síria. Mas esse grande guerreiro
ficou leproso[a].
2Ora, tropas da Síria haviam atacado Israel
e levado cativa uma menina, que passou a
servir à mulher de Naamã. 3Um dia ela disse
à sua senhora: "Se o meu senhor procurasse
o profeta que está em Samaria, ele o cura-
ria da lepra".
4Naamã foi contar ao seu senhor o que a
menina israelita dissera. 5O rei da Síria res-
pondeu: "Vá. Eu lhe darei uma carta que vo-
cê entregará ao rei de Israel". Então Naamã
partiu, levando consigo trezentos e cinquen-
ta quilos[b] de prata, setenta e dois quilos[c] de
ouro e dez mudas de roupas finas. 6A carta
que levou ao rei de Israel dizia: "Junto com
esta carta estou te enviando meu oficial Naa-
mã, para que o cures da lepra".
7Assim que o rei de Israel leu a carta, ras-
gou as vestes e disse: "Por acaso sou Deus, ca-
paz de conceder vida ou morte? Por que este
homem me envia alguém para que eu o cure
da lepra? Vejam como ele procura um motivo
para se desentender comigo!"
8Quando Eliseu, o homem de Deus, soube
que o rei de Israel havia rasgado suas vestes,
mandou-lhe esta mensagem: "Por que ras-
gaste tuas vestes? Envia o homem a mim, e
ele saberá que há profeta em Israel". 9Então
Naamã foi com seus cavalos e carros e parou
à porta da casa de Eliseu. 10Eliseu enviou um
mensageiro para lhe dizer: "Vá e lave-se sete
vezes no rio Jordão; sua pele[d] será restaurada
e você ficará purificado".

[a] 5:1 O termo hebraico não se refere somente à lepra, mas também a diversas doenças da pele; também nos versículos 3, 6, 7, 11 e 27.
[b] 5:5 Hebraico: *10 talentos*. Um talento equivalia a 35 quilos.
[c] 5:5 Hebraico: *6.000 siclos*. Um siclo equivalia a 12 gramas.
[d] 5:10 Hebraico: *carne*.

[11]Mas Naamã ficou indignado e saiu dizen-
do: "Eu estava certo de que ele sairia para
receber-me, invocaria em pé o nome do SE-
NHOR, o seu Deus, moveria a mão sobre o lu-
gar afetado e me curaria da lepra. [12]Não são
os rios Abana e Farfar, em Damasco, melho-
res do que todas as águas de Israel? Será que
não poderia lavar-me neles e ser purificado?"
E foi embora dali furioso.
[13]Mas os seus servos lhe disseram: "Meu
pai, se o profeta lhe tivesse pedido alguma
coisa difícil, o senhor não faria? Quanto mais
quando ele apenas lhe diz que se lave, e se-
rá purificado!" [14]Assim ele desceu ao Jordão,
mergulhou sete vezes conforme a ordem do
homem de Deus e foi purificado; sua pele tor-
nou-se como a de uma criança.
[15]Então Naamã e toda a sua comitiva vol-
taram à casa do homem de Deus. Ao chegar
diante do profeta, Naamã lhe disse: "Agora
sei que não há Deus em nenhum outro lugar,
senão em Israel. Por favor, aceita um presen-
te do teu servo".
[16]O profeta respondeu: "Juro pelo nome do
SENHOR, a quem sirvo, que nada aceitarei".
Embora Naamã insistisse, ele recusou.
[17]E disse Naamã: "Já que não aceitas o pre-
sente, ao menos permite que eu leve duas
mulas carregadas de terra, pois teu servo
nunca mais fará holocaustos[a] e sacrifícios a
nenhum outro deus senão ao SENHOR. [18]Mas
que o SENHOR me perdoe por uma única
coisa: quando meu senhor vai adorar no
templo de Rimom, eu também tenho que
me ajoelhar ali, pois ele se apoia em meu
braço. Que o SENHOR perdoe o teu servo
por isso".
[19]Disse Eliseu: "Vá em paz".

O castigo de Geazi

Quando Naamã já estava a certa distância,
[20]Geazi, servo de Eliseu, o homem de Deus,
pensou: "Meu senhor foi bom demais para
Naamã, aquele arameu, não aceitando o que
ele lhe ofereceu. Juro pelo nome do SENHOR
que correrei atrás dele para ver se ganho al-
guma coisa".
[21]Então Geazi correu para alcançar Naamã,
que, vendo-o se aproximar, desceu da car-
ruagem para encontrá-lo e perguntou: "Está
tudo bem?"
[22]Geazi respondeu: "Sim, tudo bem. Mas o
meu senhor enviou-me para dizer que dois
jovens, discípulos dos profetas, acabaram de
chegar, vindos dos montes de Efraim. Por fa-
vor, dê-lhes trinta e cinco quilos de prata e
duas mudas de roupas finas".
[23]"Claro", respondeu Naamã, "leve setenta
quilos". Ele insistiu com Geazi para que os
aceitasse e colocou os setenta quilos de prata
em duas sacolas, com as duas mudas de rou-
pas, entregando tudo a dois de seus servos,
os quais foram à frente de Geazi, levando as
sacolas. [24]Quando Geazi chegou à colina on-
de morava, pegou as sacolas das mãos dos
servos e as guardou em casa. Mandou os ho-
mens de volta, e eles partiram. [25]Depois en-
trou e apresentou-se ao seu senhor Eliseu.
E este perguntou: "Onde você esteve,
Geazi?"
Geazi respondeu: "Teu servo não foi a lu-
gar algum".
[26]Mas Eliseu lhe disse: "Você acha que eu

[a] 5:17 Isto é, sacrifícios totalmente queimados.

Conte as boas-novas

Leia em 2Reis 5:1-14, que fala de uma menina ainda criança como você. Ela era escrava da esposa de Naamã, o comandante do exército do rei da Síria. Naamã tinha um problema de pele terrível chamado lepra, e a menina nesta história da Bíblia queria ajudá-lo. Ela simplesmente contou o que sabia sobre Deus.

Escreva cinco coisas importantes que você sabe sobre Deus e mostre a lista para seu professor de escola dominical ou sabatina, ou para seus pais, e pergunte a eles se você deixou de fora alguma coisa importante. Depois, conte a um amigo o que você sabe sobre Deus e Jesus.

Experimente!

2Reis 5:1-14

não estava com você em espírito quando o
homem desceu da carruagem para encon-
trar-se com você? Este não era o momento
de aceitar prata nem roupas, nem de cobiçar
olivais, vinhas, ovelhas, bois, servos e servas.
27 Por isso a lepra de Naamã atingirá você e os
seus descendentes para sempre". Então Gea-
zi saiu da presença de Eliseu já leproso, pa-
recendo neve.

Eliseu faz flutuar um machado

6 Os discípulos dos profetas disseram a Eli-
seu: "Como vês, o lugar onde nos reunimos
contigo é pequeno demais para nós. 2 Vamos
ao rio Jordão onde cada um de nós poderá
cortar um tronco para construirmos ali um
lugar de reuniões".
Eliseu disse: "Podem ir".
3 Então um deles perguntou: "Não gostarias
de ir com os teus servos?"
"Sim", ele respondeu. 4 E foi com eles.
Foram ao Jordão e começaram a derru-
bar árvores. 5 Quando um deles estava cor-
tando um tronco, o ferro do machado caiu
na água. E ele gritou: "Ah, meu senhor, era
emprestado!"
6 O homem de Deus perguntou: "Onde
caiu?" Quando o homem lhe mostrou o lu-
gar, Eliseu cortou um galho e o jogou ali, fa-
zendo o ferro flutuar, 7 e disse: "Pegue-o". O
homem esticou o braço e o pegou.

O exército arameu é ferido de cegueira

8 Ora, o rei da Síria estava em guerra con-
tra Israel. Depois de reunir-se com os seus
conselheiros, disse: "Montarei o meu acam-
pamento em tal lugar".
9 Mas o homem de Deus mandava uma
mensagem ao rei de Israel: "Evite passar por
tal lugar, pois os arameus estão descendo pa-
ra lá". 10 Assim, o rei de Israel investigava o
lugar indicado pelo homem de Deus. Repe-
tidas vezes Eliseu alertou o rei, que tomava
as devidas precauções.
11 Isso enfureceu o rei da Síria, que, convo-
cando seus conselheiros, perguntou-lhes:
"Vocês não me apontarão qual dos nossos
está do lado do rei de Israel?"
12 Respondeu um dos conselheiros: "Ne-
nhum de nós, majestade. É Eliseu, o profeta
que está em Israel, que revela ao rei de Israel
até as palavras que tu falas em teu quarto".
13 Ordenou o rei: "Descubram onde ele está,
para que eu mande capturá-lo". Quando lhe
informaram que o profeta estava em Dotã,
14 ele enviou para lá uma grande tropa com
cavalos e carros de guerra. Eles chegaram de
noite e cercaram a cidade.
15 O servo do homem de Deus levantou-se
bem cedo pela manhã e, quando saía, viu que
uma tropa com cavalos e carros de guerra
havia cercado a cidade. Então ele exclamou:
"Ah, meu senhor! O que faremos?"
16 O profeta respondeu: "Não tenha medo.
Aqueles que estão conosco são mais nume-
rosos do que eles".
17 E Eliseu orou: "SENHOR, abre os olhos dele
para que veja". Então o SENHOR abriu os olhos
do rapaz, que olhou e viu as colinas cheias de
cavalos e carros de fogo ao redor de Eliseu.
18 Quando os arameus desceram na direção
de Eliseu, ele orou ao SENHOR: "Fere estes ho-
mens de cegueira". Então ele os feriu de ce-
gueira, conforme Eliseu havia pedido.
19 Eliseu lhes disse: "Este não é o caminho
nem esta é a cidade que procuram. Sigam-
-me, e eu os levarei ao homem que vocês es-
tão procurando". E os guiou até a cidade de
Samaria.
20 Assim que entraram na cidade, Eliseu
disse: "SENHOR, abre os olhos destes homens
para que possam ver". Então o SENHOR abriu-
-lhes os olhos, e eles viram que estavam den-
tro de Samaria.
21 Quando o rei de Israel os viu, perguntou
a Eliseu: "Devo matá-los, meu pai? Devo ma-
tá-los?"
22 Ele respondeu: "Não! O rei costuma ma-
tar prisioneiros que captura com a espada e
o arco? Ordena que lhes sirvam comida e be-
bida e deixe que voltem ao seu senhor". 23 En-
tão o rei preparou-lhes um grande banquete
e, terminando eles de comer e beber, man-
dou-os de volta para o seu senhor. Assim, as
tropas da Síria pararam de invadir o territó-
rio de Israel.

Fome durante o cerco de Samaria

24 Algum tempo depois, Ben-Hadade, rei
da Síria, mobilizou todo o seu exército e cer-
cou Samaria. 25 O cerco durou tanto e causou
tamanha fome que uma cabeça de jumen-
to chegou a valer oitenta peças[a] de prata, e
uma caneca[b] de esterco de pomba, cinco pe-
ças de prata.
26 Um dia, quando o rei de Israel inspecio-
nava os muros da cidade, uma mulher gritou
para ele: "Socorro, majestade!"

[a] 6:25 Hebraico: *80 siclos*. Um siclo equivalia a 12 gramas.
[b] 6:25 Hebraico: *1/4 de cabo*. O cabo era uma medida de capacidade para líquidos. As estimativas variam entre 1 e 2 litros.

27 O rei respondeu: "Se o SENHOR não a socorrer, como poderei ajudá-la? Acaso há trigo na eira ou vinho no tanque de prensar uvas?" 28 Contudo ele perguntou: "Qual é o problema?"

Ela respondeu: "Esta mulher me disse: 'Vamos comer o seu filho hoje, e amanhã comeremos o meu'. 29 Então cozinhamos o meu filho e o comemos. No dia seguinte eu disse a ela que era a vez de comermos o seu filho, mas ela o havia escondido".

30 Quando o rei ouviu as palavras da mulher, rasgou as próprias vestes. Como estava sobre os muros, o povo viu que ele estava usando pano de saco por baixo, junto ao corpo. 31 E ele disse: "Deus me castigue com todo o rigor, se a cabeça de Eliseu, filho de Safate, continuar hoje sobre seus ombros!"

32 Ora, Eliseu estava sentado em sua casa, reunido com as autoridades de Israel. O rei havia mandado um mensageiro à sua frente, mas, antes que ele chegasse, Eliseu disse às autoridades: "Aquele assassino mandou alguém para cortar-me a cabeça? Quando o mensageiro chegar, fechem a porta e mantenham-na trancada. Vocês não estão ouvindo os passos do seu senhor que vem atrás dele?"

33 Enquanto ainda lhes falava, o mensageiro chegou. Na mesma hora o rei disse: "Esta desgraça vem do SENHOR. Por que devo ainda ter esperança no SENHOR?"

7 Eliseu respondeu: "Ouçam a palavra do SENHOR! Assim diz o SENHOR: 'Amanhã, por volta desta hora, na porta de Samaria, tanto uma medida[a] de farinha como duas medidas de cevada serão vendidas por uma peça[b] de prata' ".

2 O oficial, em cujo braço o rei estava se apoiando, disse ao homem de Deus: "Ainda que o SENHOR abrisse as comportas do céu, será que isso poderia acontecer?"

Mas Eliseu advertiu: "Você o verá com os próprios olhos, mas não comerá coisa alguma!"

O cerco

3 Havia quatro leprosos[c] junto à porta da cidade. Eles disseram uns aos outros: "Por que ficar aqui esperando a morte? 4 Se resolvermos entrar na cidade, morreremos de fome, mas se ficarmos aqui, também morreremos. Vamos, pois, ao acampamento dos arameus para nos render. Se eles nos pouparem, viveremos; se nos matarem, morreremos".

5 Ao anoitecer, eles foram ao acampamento dos arameus. Quando chegaram às imediações do acampamento, viram que não havia ninguém ali, 6 pois o Senhor tinha feito os arameus ouvirem o ruído de um grande exército com cavalos e carros de guerra, de modo que disseram uns aos outros: "Ouçam, o rei de Israel contratou os reis dos hititas e dos egípcios para nos atacarem!" 7 Então, para salvar sua vida, fugiram ao anoitecer, abandonando tendas, cavalos e jumentos, deixando o acampamento como estava.

8 Tendo chegado às imediações do acampamento, os leprosos entraram numa das tendas. Comeram e beberam, pegaram prata,

[a] 7:1 Hebraico: *1 seá*. O seá era uma medida de capacidade para secos. As estimativas variam entre 7 e 14 litros.

[b] 7:1 Hebraico: *1 siclo*. Um siclo equivalia a 12 gramas.

[c] 7:3 O termo hebraico não se refere somente à lepra, mas também a diversas doenças da pele; também no versículo 8.

Guardar para si mesmo?

Experimente!

Os arameus estavam acampados ao redor de toda a cidade de Samaria e não deixavam nada nem ninguém entrar nem sair da cidade, por isso o povo dentro dela estava morrendo de fome. Leia 2Reis 7:3-11 para descobrir o que fizeram quatro homens leprosos.

Agora leia o versículo 9 novamente e responda: você acha que os cristãos de hoje fazem a mesma coisa? Jesus morreu para nos salvar do pecado e, assim, podermos ir para o céu, mas as pessoas que não acreditam em Jesus não vão para o céu. Se você não contar às pessoas sobre as boas-novas, elas talvez nunca ouçam isso. Sendo assim, responda: você acha que Deus quer que você conte a elas?

2Reis 7:3-11

ouro e roupas e saíram para esconder tudo.
Depois voltaram e entraram noutra tenda,
pegaram o que quiseram e esconderam is-
so também.
9Então disseram uns aos outros: "Não es-
tamos agindo certo. Este é um dia de boas
notícias, e não podemos ficar calados. Se es-
perarmos até o amanhecer, seremos castiga-
dos. Vamos imediatamente contar tudo no
palácio do rei".
10Então foram, chamaram as sentinelas da
porta da cidade e lhes contaram: "Entramos
no acampamento arameu e não vimos nem
ouvimos ninguém. Havia apenas cavalos e ju-
mentos amarrados, e tendas abandonadas".
11As sentinelas da porta proclamaram a no-
tícia, e ela foi anunciada dentro do palácio.
12O rei se levantou de noite e disse aos seus
conselheiros: "Eu lhes explicarei o que os ara-
meus planejaram. Como sabem que estamos
passando fome, deixaram o acampamento e
se esconderam no campo, pensando: 'Com
certeza eles sairão, e então os pegaremos vi-
vos e entraremos na cidade' ".
13Um de seus conselheiros respondeu:
"Manda que alguns homens apanhem cin-
co dos cavalos que restam na cidade. O des-
tino desses homens será o mesmo de todos
os israelitas que ficarem, sim, como toda esta
multidão condenada. Por isso vamos enviá-
-los para descobrir o que aconteceu".
14Assim que prepararam dois carros de
guerra com seus cavalos, o rei os enviou atrás
do exército arameu, ordenando aos conduto-
res: "Vão e descubram o que aconteceu". 15Eles
seguiram as pegadas do exército até o Jordão
e encontraram todo o caminho cheio de rou-
pas e armas que os arameus haviam deixado
para trás enquanto fugiam. Os mensageiros
voltaram e relataram tudo ao rei. 16Então o
povo saiu e saqueou o acampamento dos ara-
meus. Assim, tanto uma medida de farinha
como duas medidas de cevada passaram a ser
vendidas por uma peça de prata, conforme o
SENHOR tinha dito.
17Ora, o rei havia posto o oficial em cujo
braço tinha se apoiado como encarregado
da porta da cidade, mas quando o povo saiu,
atropelou-o junto à porta, e ele morreu, con-
forme o homem de Deus havia predito quan-
do o rei foi à sua casa. 18Aconteceu conforme
o homem de Deus dissera ao rei: "Amanhã,
por volta desta hora, na porta de Samaria,
tanto uma medida de farinha como duas me-
didas de cevada serão vendidas por uma pe-
ça de prata".
19O oficial tinha contestado o homem de
Deus perguntando: "Ainda que o SENHOR
abrisse as comportas do céu, será que isso
poderia acontecer?" O homem de Deus havia
respondido: "Você verá com os próprios olhos,
mas não comerá coisa alguma!" 20E foi exata-
mente isso que lhe aconteceu, pois o povo o
pisoteou junto à porta da cidade, e ele morreu.

A sunamita recebe de volta sua propriedade

8 Eliseu tinha prevenido a mãe do menino
que ele havia ressuscitado: "Saia do país
com sua família e vá morar onde puder, pois
o SENHOR determinou para esta terra uma
fome, que durará sete anos". 2A mulher se-
guiu o conselho do homem de Deus, partiu
com sua família e passou sete anos na terra
dos filisteus.
3Ao final dos sete anos ela voltou a Israel e
fez um apelo ao rei para readquirir sua casa
e sua propriedade. 4O rei estava conversando
com Geazi, servo do homem de Deus, e disse:
"Conte-me todos os prodígios que Eliseu tem
feito". 5Enquanto Geazi contava ao rei como
Eliseu havia ressuscitado o menino, a pró-
pria mãe chegou para apresentar sua peti-
ção ao rei a fim de readquirir sua casa e sua
propriedade.
Geazi exclamou: "Esta é a mulher, ó rei,
meu senhor, e este é o filho dela, a quem Eli-
seu ressuscitou". 6O rei pediu que ela contas-
se o ocorrido, e ela confirmou os fatos.
Então ele designou um oficial para cuidar
do caso dela e lhe ordenou: "Devolva tudo o
que lhe pertencia, inclusive toda a renda das
colheitas, desde que ela saiu do país até hoje".

A morte de Ben-Hadade

7Certa ocasião, Eliseu foi a Damasco. Ben-
-Hadade, rei da Síria, estava doente. Quando
disseram ao rei: "O homem de Deus está na
cidade", 8ele ordenou a Hazael: "Vá encon-
trar-se com o homem de Deus e leve-lhe um
presente. Consulte o SENHOR por meio de-
le; pergunte-lhe se vou me recuperar desta
doença".
9Hazael foi encontrar-se com Eliseu, levan-
do consigo de tudo o que havia de melhor em
Damasco, um presente carregado por qua-
renta camelos. Ao chegar diante dele, Hazael
disse: "Teu filho Ben-Hadade, rei da Síria, en-
viou-me para perguntar se ele vai recuperar-
-se da sua doença".
10Eliseu respondeu: "Vá e diga-lhe: 'Com cer-
teza te recuperarás', no entanto[a] o SENHOR me

[a] 8:10 Ou *'Com certeza não te recuperarás', pois*

Pessoas nos tempos da Bíblia

Hazael

Hazael era um soldado cruel que fazia qualquer coisa para ganhar poder. Ele matou o rei da Síria e se tornou rei daquele país, e também Hazael foi um forte inimigo de Israel e matou muitos israelitas.

revelou que de fato ele vai morrer". 11Eliseu ficou olhando fixamente para Hazael até deixá-lo constrangido. Então o homem de Deus começou a chorar.

12E perguntou Hazael: "Por que meu senhor está chorando?"

Ele respondeu: "Porque sei das coisas terríveis que você fará aos israelitas. Você incendiará suas fortalezas, matará seus jovens à espada, esmagará as crianças e rasgará o ventre das suas mulheres grávidas".

13Hazael disse: "Como poderia teu servo, que não passa de um cão, realizar algo assim?"

Respondeu Eliseu: "O SENHOR me mostrou que você se tornará rei da Síria".

14Então Hazael saiu dali e voltou para seu senhor. Quando Ben-Hadade perguntou: "O que Eliseu lhe disse?", Hazael respondeu: "Ele me falou que certamente te recuperarás". 15Mas, no dia seguinte, ele apanhou um cobertor, encharcou-o e com ele sufocou o rei, até matá-lo. E assim Hazael foi o seu sucessor.

O reinado de Jeorão, rei de Judá

16No quinto ano de Jorão, filho de Acabe, rei de Israel, sendo ainda Josafá rei de Judá, Jeorão, seu filho, começou a reinar em Judá. 17Ele tinha trinta e dois anos de idade quando começou a reinar, e reinou oito anos em Jerusalém. 18Andou nos caminhos dos reis de Israel, como a família de Acabe havia feito, pois se casou com uma filha de Acabe. E fez o que o SENHOR reprova. 19Entretanto, por amor ao seu servo Davi, o SENHOR não quis destruir Judá. Ele havia prometido manter para sempre um descendente de Davi no trono[a].

20Nos dias de Jeorão, os edomitas rebelaram-se contra o domínio de Judá, proclamando seu próprio rei. 21Por isso Jeorão foi a Zair com todos os seus carros de guerra. Lá os edomitas cercaram Jeorão e os chefes dos seus carros de guerra, mas ele os atacou de noite e rompeu o cerco inimigo, e seu exército conseguiu fugir para casa. 22E até hoje Edom continua independente de Judá. Nessa mesma época, a cidade de Libna também tornou-se independente.

23Os demais acontecimentos do reinado de Jeorão e todas as suas realizações estão escritos nos registros históricos dos reis de Judá. 24Jeorão descansou com seus antepassados e foi sepultado com eles na Cidade de Davi. E seu filho Acazias foi o seu sucessor.

O reinado de Acazias, rei de Judá

25No décimo segundo ano do reinado de Jorão, filho de Acabe, rei de Israel, Acazias, filho de Jeorão, rei de Judá, começou a reinar. 26Ele tinha vinte e dois anos de idade quando começou a reinar, e reinou um ano em Jerusalém. O nome de sua mãe era Atalia, neta de Onri, rei de Israel. 27Ele andou nos caminhos da família de Acabe e fez o que o SENHOR reprova, como a família de Acabe havia feito, pois casou-se com uma mulher da família de Acabe.

28Acazias aliou-se a Jorão, filho de Acabe, e saiu à guerra contra Hazael, rei da Síria, em Ramote-Gileade. Jorão foi ferido 29e voltou a Jezreel para recuperar-se dos ferimentos sofridos em Ramote[b], na batalha contra Hazael, rei da Síria.

Acazias, rei de Judá, foi a Jezreel visitar Jorão, que se recuperava de seus ferimentos.

Jeú é consagrado rei de Israel

9 Enquanto isso o profeta Eliseu chamou um dos discípulos dos profetas e lhe disse: "Ponha a capa por dentro do cinto, pegue este frasco de óleo e vá a Ramote-Gileade. 2Quando lá chegar, procure Jeú, filho de Josafá e neto de Ninsi. Dirija-se a ele e leve-o para uma sala, longe dos seus companheiros. 3Depois pegue o frasco, derrame o óleo sobre a cabeça dele e declare: 'Assim diz o SENHOR: Eu o estou ungindo rei sobre Israel'. Em seguida abra a porta e fuja sem demora!"

4Então o jovem profeta foi a Ramote-Gileade. 5Ao chegar, encontrou os comandantes do exército reunidos e disse: "Trago uma mensagem para ti, comandante".

"Para qual de nós?", perguntou Jeú.

Ele respondeu: "Para ti, comandante".

[a] 8:19 Hebraico: *uma lâmpada para ele e seus descendentes.*

[b] 8:29 Hebraico: *Ramá*, variante de *Ramote*.

Pessoas nos tempos da Bíblia

Jeú

Jeú era um general destemido. Deus enviou um profeta para ungi-lo rei de Israel, e ele matou o perverso Acabe e sua família, e também todos os sacerdotes do falso deus Baal. Mas Jeú não seguiu a lei de Deus com todo o coração, e Israel continuou a ser derrotado pelos inimigos.

6 Jeú levantou-se e entrou na casa. Então o jovem profeta derramou o óleo na cabeça de Jeú e declarou-lhe: "Assim diz o SENHOR, o Deus de Israel: 'Eu o estou ungindo rei de Israel, o povo do SENHOR. 7 Você dará fim à família de Acabe, seu senhor, e assim eu vingarei o sangue de meus servos, os profetas, e o sangue de todos os servos do SENHOR, derramado por Jezabel. 8 Toda a família de Acabe perecerá. Eliminarei todos os de sexo masculino[a] de sua família em Israel, seja escravo seja livre. 9 Tratarei a família de Acabe como tratei a de Jeroboão, filho de Nebate, e a de Baasa, filho de Aías. 10 E Jezabel será devorada por cães num terreno em Jezreel, e ninguém a sepultará' ". Então ele abriu a porta e saiu correndo.

11 Quando Jeú voltou para junto dos outros oficiais do rei, um deles lhe perguntou: "Está tudo bem? O que esse louco queria com você?"

Jeú respondeu: "Vocês conhecem essa gente e sabem as coisas que eles dizem".

12 Mas insistiram: "Não nos engane! Conte-nos o que ele disse".

Então Jeú contou: "Ele me disse o seguinte: 'Assim diz o SENHOR: Eu o estou ungindo rei sobre Israel' ".

13 Imediatamente eles pegaram os seus mantos e os estenderam sobre os degraus diante dele. Em seguida tocaram a trombeta e gritaram: "Jeú é rei!"

A morte de Jorão e de Acazias

14 Então Jeú, filho de Josafá e neto de Ninsi, começou uma conspiração contra o rei Jorão, na época em que este defendeu, com todo o Israel, Ramote-Gileade contra Hazael, rei da Síria. 15 O rei Jorão tinha voltado a Jezreel para recuperar-se dos ferimentos sofridos na batalha contra Hazael, rei da Síria. Jeú propôs: "Se vocês me apoiam, não deixem ninguém sair escondido da cidade para nos denunciar em Jezreel". 16 Então ele subiu em seu carro e foi para Jezreel, porque Jorão estava lá se recuperando; e Acazias, rei de Judá, tinha ido visitá-lo.

17 Quando a sentinela que estava na torre de vigia de Jezreel percebeu a tropa de Jeú se aproximando, gritou: "Estou vendo uma tropa!"

Jorão ordenou: "Envie um cavaleiro ao encontro deles para perguntar se eles vêm em paz".

18 O cavaleiro foi ao encontro de Jeú e disse: "O rei pergunta: 'Vocês vêm em paz?' "

Jeú respondeu: "Não me venha falar em paz. Saia da minha frente".

A sentinela relatou: "O mensageiro chegou a eles, mas não está voltando".

19 Então o rei enviou um segundo cavaleiro. Quando chegou a eles disse: "O rei pergunta: 'Vocês vêm em paz?' "

Jeú respondeu: "Não me venha falar em paz. Saia da minha frente".

20 A sentinela relatou: "Ele chegou a eles, mas também não está voltando". E acrescentou: "O jeito do chefe da tropa guiar o carro é como o de Jeú, neto de Ninsi; dirige como louco".

21 Jorão ordenou que preparassem seu carro de guerra. Assim que ficou pronto, Jorão, rei de Israel, e Acazias, rei de Judá, saíram, cada um em seu carro, ao encontro de Jeú. Eles o encontraram na propriedade que havia pertencido a Nabote, de Jezreel. 22 Quando Jorão viu Jeú, perguntou: "Você vem em paz, Jeú?"

Jeú respondeu: "Como pode haver paz, enquanto continuam toda a idolatria e as feitiçarias de sua mãe Jezabel?"

23 Jorão deu meia-volta e fugiu, gritando para Acazias: "Traição, Acazias!"

24 Então Jeú disparou seu arco com toda a força e atingiu Jorão nas costas. A flecha atravessou-lhe o coração e ele caiu morto. 25 Jeú disse a Bidcar, seu oficial: "Pegue o cadáver e jogue-o nesta propriedade que pertencia a Nabote, de Jezreel. Lembre-se da advertência que o SENHOR proferiu contra Acabe, pai dele, quando juntos acompanhávamos sua comitiva. Ele disse: 26 'Ontem, vi o sangue de Nabote

[a] 9:8 Hebraico: *os que urinam na parede*.

e o sangue dos seus filhos, declara o SENHOR, e com certeza farei você pagar por isso nesta mesma propriedade, declara o SENHOR'. Agora, então, pegue o cadáver e jogue-o nesta propriedade, conforme a palavra do SENHOR".

27 Vendo isso, Acazias, rei de Judá, fugiu na direção de Bete-Hagã. Mas Jeú o perseguiu, gritando: "Matem-no também!" Eles o atingiram em seu carro de guerra na subida para Gur, perto de Ibleã, mas ele conseguiu refugiar-se em Megido, onde morreu. 28 Seus oficiais o levaram a Jerusalém e o sepultaram com seus antepassados em seu túmulo, na Cidade de Davi. 29 Acazias havia se tornado rei de Judá no décimo primeiro ano de Jorão, filho de Acabe.

A morte de Jezabel

30 Em seguida Jeú entrou em Jezreel. Ao saber disso, Jezabel pintou os olhos, arrumou o cabelo e ficou olhando de uma janela do palácio. 31 Quando Jeú passou pelo portão, ela gritou: "Como vai, Zinri, assassino do seu senhor?"

32 Ele ergueu os olhos para a janela e gritou: "Quem de vocês está do meu lado?" Dois ou três oficiais olharam para ele. 33 Então Jeú ordenou: "Joguem essa mulher para baixo!" Eles a jogaram e o sangue dela espirrou na parede e nos cavalos, e Jeú a atropelou.

34 Jeú entrou, comeu, bebeu e ordenou: "Peguem aquela maldita e sepultem-na; afinal era filha de rei". 35 Mas, quando foram sepultá-la, só encontraram o crânio, os pés e as mãos. 36 Então voltaram e contaram isso a Jeú, que disse: "Cumpriu-se a palavra do SENHOR anunciada por meio do seu servo Elias, o tesbita: Num terreno em Jezreel cães devorarão a carne de Jezabel, 37 os seus restos mortais serão espalhados num terreno em Jezreel, como esterco no campo, de modo que ninguém será capaz de dizer: 'Esta é Jezabel' ".

A morte da família de Acabe

10 Ora, viviam em Samaria setenta descendentes de Acabe. Jeú escreveu uma carta e a enviou a Samaria, aos líderes da cidade[a], às autoridades e aos tutores dos descendentes de Acabe. A carta dizia: 2 "Assim que receberem esta carta, vocês, que cuidam dos filhos do rei e que têm carros de guerra e cavalos, uma cidade fortificada e armas, 3 escolham o melhor e o mais capaz dos filhos do rei e coloquem-no no trono de seu pai. E lutem pela dinastia de seu senhor".

4 Eles, porém, estavam aterrorizados e disseram: "Se dois reis não puderam enfrentá-lo, como poderemos nós?"

5 Por isso o administrador do palácio, o governador da cidade, as autoridades e os tutores enviaram esta mensagem a Jeú: "Somos teus servos e faremos tudo o que exigires de nós. Não proclamaremos nenhum rei. Faze o que achares melhor".

6 Então Jeú escreveu-lhes uma segunda carta que dizia: "Se vocês estão do meu lado e estão dispostos a obedecer-me, tragam-me as cabeças dos descendentes de seu senhor a Jezreel, amanhã a esta hora".

Os setenta descendentes de Acabe estavam sendo criados pelas autoridades da cidade. 7 Logo que receberam a carta, decapitaram todos os setenta, colocaram as cabeças em cestos e as enviaram a Jeú, em Jezreel. 8 Ao ser informado de que tinham trazido as cabeças, Jeú ordenou: "Façam com elas dois montes junto à porta da cidade, para que fiquem expostas lá até amanhã".

9 Na manhã seguinte Jeú saiu e declarou a todo o povo: "Vocês são inocentes! Fui eu que conspirei contra meu senhor e o matei, mas quem matou todos estes? 10 Saibam, então, que não deixará de se cumprir uma só palavra que o SENHOR falou contra a família de Acabe. O SENHOR fez o que prometeu por meio de seu servo Elias". 11 Então Jeú matou todos os que restavam da família de Acabe em Jezreel, bem como todos os seus aliados influentes, os seus amigos pessoais e os seus sacerdotes, não lhe deixando sobrevivente algum.

12 Depois Jeú partiu para Samaria. Em Bete-Equede dos Pastores 13 encontrou alguns parentes de Acazias, rei de Judá, e perguntou: "Quem são vocês?"

Eles responderam: "Somos parentes de Acazias e estamos indo visitar as famílias do rei e da rainha-mãe".

14 Então Jeú ordenou aos seus soldados: "Peguem-nos vivos!" Então os pegaram e os mataram junto ao poço de Bete-Equede. Eram quarenta e dois homens, e nenhum deles foi deixado vivo.

15 Saindo dali, Jeú encontrou Jonadabe, filho de Recabe, que tinha ido falar com ele. Depois de saudá-lo Jeú perguntou: "Você está de acordo com o que estou fazendo?"

Jonadabe respondeu: "Estou".

[a] 10:1 Conforme alguns manuscritos da Septuaginta e a Vulgata. O Texto Massorético diz *de Jezreel*.

E disse Jeú: "Então, dê-me a mão". Jona-
dabe estendeu-lhe a mão, e Jeú o ajudou a
subir no carro, 16e lhe disse: "Venha comigo
e veja o meu zelo pelo SENHOR". E o levou
em seu carro.
17Quando Jeú chegou a Samaria, matou to-
dos os que restavam da família de Acabe na
cidade; ele os exterminou, conforme a pala-
vra que o SENHOR tinha dito a Elias.

A morte dos ministros de Baal

18Jeú reuniu todo o povo e declarou: "Acabe
não cultuou o deus Baal o bastante; eu, Jeú, o
cultuarei muito mais. 19Por isso convoquem
todos os profetas de Baal, todos os seus mi-
nistros e todos os seus sacerdotes. Ninguém
deverá faltar, pois oferecerei um grande sa-
crifício a Baal. Quem não vier, morrerá". Mas
Jeú estava agindo traiçoeiramente, a fim de
exterminar os ministros de Baal.
20Então Jeú ordenou: "Convoquem uma as-
sembleia em honra a Baal". Foi feita a procla-
mação 21e ele enviou mensageiros por todo
o Israel. Todos os ministros de Baal vieram;
nem um deles faltou. Eles se reuniram no
templo de Baal, que ficou completamente lo-
tado. 22E Jeú disse ao encarregado das vestes
cultuais: "Traga os mantos para todos os mi-
nistros de Baal". E ele os trouxe.
23Depois Jeú entrou no templo com Jona-
dabe, filho de Recabe, e disse aos ministros
de Baal: "Olhem em volta e certifiquem-se
de que nenhum servo do SENHOR está aqui
com vocês, mas somente ministros de Baal".
24E eles se aproximaram para oferecer sacri-
fícios e holocaustos[a]. Jeú havia posto oiten-
ta homens do lado de fora, fazendo-lhes esta
advertência: "Se um de vocês deixar escapar
um só dos homens que estou entregando a
vocês, será a sua vida pela dele".
25Logo que Jeú terminou de oferecer o ho-
locausto, ordenou aos guardas e oficiais: "En-
trem e matem todos! Não deixem ninguém
escapar!" E eles os mataram ao fio da espada,
jogaram os corpos para fora e depois entra-
ram no santuário interno do templo de Baal.
26Levaram a coluna sagrada para fora do tem-
plo de Baal e a queimaram. 27Assim destruí-
ram a coluna sagrada de Baal e demoliram o
seu templo, e até hoje o local tem sido usado
como latrina.
28Assim Jeú eliminou a adoração a Baal em
Israel. 29No entanto, não se afastou dos peca-
dos de Jeroboão, filho de Nebate, pois levou
Israel a cometer o pecado de adorar os bezer-
ros de ouro em Betel e em Dã.
30E o SENHOR disse a Jeú: "Como você
executou corretamente o que eu aprovo, fa-
zendo com a família de Acabe tudo o que eu
queria, seus descendentes ocuparão o trono
de Israel até a quarta geração". 31Entretanto,
Jeú não se preocupou em obedecer de todo o
coração à lei do SENHOR, Deus de Israel, nem
se afastou dos pecados que Jeroboão levara
Israel a cometer.
32Naqueles dias, o SENHOR começou a re-
duzir o tamanho de Israel. O rei Hazael con-
quistou todo o território israelita 33a leste
do Jordão, incluindo toda a terra de Gileade.
Conquistou desde Aroer, junto à garganta do
Arnom, até Basã, passando por Gileade, terras
das tribos de Gade, de Rúben e de Manassés.
34Os demais acontecimentos do reinado de
Jeú, todos os seus atos e todas as suas reali-
zações, estão escritos nos registros históri-
cos dos reis de Israel. 35Jeú descansou com
os seus antepassados e foi sepultado em Sa-
maria. Seu filho Jeoacaz foi seu sucessor.
36Reinou Jeú vinte e oito anos sobre Israel
em Samaria.

Joás escapa de Atalia

11 Quando Atalia, mãe de Acazias, soube que
seu filho estava morto, mandou matar toda
a família real. 2Mas Jeoseba, filha do rei Jeorão
e irmã de Acazias, pegou Joás, um dos filhos
do rei que iam ser assassinados, e o colocou
num quarto, junto com a sua ama, para escon-
dê-lo de Atalia; assim ele não foi morto. 3Seis
anos ele ficou escondido com ela no templo
do SENHOR, enquanto Atalia governava o país.
4No sétimo ano, o sacerdote Joiada man-
dou chamar à sua presença no templo do
SENHOR os líderes dos batalhões de cem dos
cários[b] e dos guardas. E fez um acordo com
eles no templo do SENHOR, com juramento.
Depois lhes mostrou o filho do rei 5e lhes or-
denou: "Vocês vão fazer o seguinte: Quando
entrarem de serviço no sábado, uma compa-
nhia ficará de guarda no palácio real, 6outra,
na porta de Sur e a terceira, na porta que fi-
ca atrás das outras companhias. Elas monta-
rão guarda no templo por turnos. 7As outras
duas companhias, que normalmente não es-
tão de serviço[c] no sábado, ficarão de guarda
no templo, para proteger o rei. 8Posicionem-
-se ao redor do rei, de armas na mão. Matem

[a] 10:24 Isto é, sacrifícios totalmente queimados; também no versículo 25.

[b] 11:4 Isto é, mercenários que vinham da Ásia Menor; também no versículo 19.

[c] 11:7 Ou *As duas companhias que saírem do serviço*

todo o que se aproximar de suas fileiras[a]. Acompanhem o rei aonde quer que ele for". 9Os líderes dos batalhões de cem fizeram como o sacerdote Joiada havia ordenado. Cada um levou seus soldados, tanto os que estavam entrando em serviço no sábado como os que estavam saindo, ao sacerdote Joiada. 10Então ele deu aos líderes dos batalhões de cem as lanças e os escudos que haviam pertencido ao rei Davi e que estavam no templo do SENHOR. 11Os guardas, todos armados, posicionaram-se em volta do rei, junto do altar e em torno do templo, desde o lado sul até o lado norte do templo.

12Depois Joiada trouxe para fora Joás, o filho do rei, colocou nele a coroa e lhe entregou uma cópia da aliança. Então o proclamaram rei, ungindo-o, e o povo aplaudia e gritava: "Viva o rei!"

13Quando Atalia ouviu o barulho dos guardas e do povo, foi ao templo do SENHOR, onde estava o povo, 14e onde ela viu o rei, em pé junto à coluna, conforme o costume. Os oficiais e os tocadores de corneta estavam ao lado do rei, e todo o povo se alegrava ao som das cornetas. Então Atalia rasgou suas vestes e gritou: "Traição! Traição!"

15O sacerdote Joiada ordenou aos líderes dos batalhões de cem que estavam no comando das tropas: "Levem-na para fora por entre as fileiras, e matem à espada quem a seguir". Pois o sacerdote dissera: "Ela não será morta no templo do SENHOR". 16Então eles a prenderam e a levaram ao lugar onde os cavalos entram no terreno do palácio, e lá a mataram.

17E Joiada fez uma aliança entre o SENHOR, o rei e o povo, para que fossem o povo do SENHOR; também fez um acordo entre o rei e o povo. 18Depois todo o povo foi ao templo de Baal e o derrubou. Despedaçaram os altares e os ídolos e mataram Matã, sacerdote de Baal, em frente dos altares.

A seguir o sacerdote Joiada colocou guardas no templo do SENHOR. 19Levou consigo os líderes dos batalhões de cem cários, os guardas e todo o povo e, juntos, conduziram o rei do templo ao palácio, passando pela porta da guarda. O rei então ocupou seu lugar no trono real, 20e todo o povo se alegrou. E a cidade acalmou-se depois que Atalia foi morta à espada no palácio.

21Joás tinha sete anos de idade quando começou a reinar.

[a] 11:8 Ou *do local*; também no versículo 15.

A reparação do templo

12 No sétimo ano do reinado de Jeú, Joás começou a reinar, e reinou quarenta anos em Jerusalém. O nome de sua mãe era Zíbia; ela era de Berseba. 2Joás fez o que o SENHOR aprova durante todos os anos em que o sacerdote Joiada o orientou. 3Contudo, os altares idólatras não foram derrubados; o povo continuava a oferecer sacrifícios e a queimar incenso neles.

A vida nos tempos da Bíblia

A coroa de Joás

O pequeno Joás tinha apenas sete anos de idade quando foi coroado rei de Judá. Os reis de muitos impérios antigos usavam pesadas coroas feitas de prata ou ouro, as quais, às vezes, eram cobertas com joias. Entretanto, os reis de Israel tinham um tipo diferente de coroa, que era formada por uma tira circular lisa e fina de ouro, a qual era presa à mantilha de pano fofa sobre a cabeça do rei.

4Joás ordenou aos sacerdotes: "Reúnam
toda a prata trazida como dádiva sagrada ao
templo do SENHOR: a prata recolhida no re-
censeamento, a prata recebida de votos pes-
soais e a que foi trazida voluntariamente ao
templo. 5Cada sacerdote recolha a prata de
um dos tesoureiros para que seja usada na
reforma do templo".
6Contudo, no vigésimo terceiro ano do rei-
nado de Joás, os sacerdotes ainda não tinham
feito as reformas. 7Por isso o rei Joás chamou
o sacerdote Joiada e os outros sacerdotes e
lhes perguntou: "Por que vocês não estão
fazendo as reformas no templo? Não reco-
lham mais prata com seus tesoureiros, mas
deixem-na para as reformas". 8Os sacerdotes
concordaram em não mais receberem ne-
nhuma prata do povo e em não serem mais
os encarregados dessas reformas.
9Então o sacerdote Joiada pegou uma cai-
xa, fez um furo na tampa e colocou-a ao lado
do altar, à direita de quem entra no templo
do SENHOR. Os sacerdotes que guardavam
a entrada colocavam na caixa toda a prata
trazida ao templo do SENHOR. 10Sempre que
havia uma grande quantidade de prata na
caixa, o secretário real e o sumo sacerdote
vinham, pesavam a prata trazida ao templo
do SENHOR e a colocavam em sacolas. 11Depois
de pesada, entregavam a prata aos supervi-
sores do trabalho no templo. Assim pagavam
aqueles que trabalhavam no templo do SE-
NHOR: os carpinteiros e os construtores, 12os
pedreiros e os cortadores de pedras. Também
compravam madeira e pedras lavradas pa-
ra os consertos a serem feitos no templo do
SENHOR e cobriam todas as outras despesas.
13A prata trazida ao templo não era utiliza-
da na confecção de bacias de prata, cortado-
res de pavio, bacias para aspersão, cornetas
ou quaisquer outros utensílios de ouro ou
prata para o templo do SENHOR; 14era usa-
da como pagamento dos trabalhadores, e
eles a empregavam para o reparo do tem-
plo. 15Não se exigia prestação de contas dos
que pagavam os trabalhadores, pois agiam
com honestidade. 16Mas a prata das ofertas
pela culpa e das ofertas pelo pecado não era
levada ao templo do SENHOR, pois pertencia
aos sacerdotes.
17Nessa época, Hazael, rei da Síria, atacou
Gate e a conquistou. Depois decidiu atacar Je-
rusalém. 18Então Joás, rei de Judá, apanhou
todos os objetos consagrados por seus ante-
passados Josafá, Jeorão e Acazias, reis de Ju-
dá, e os que ele mesmo havia consagrado, e
todo o ouro encontrado no depósito do tem-
plo do SENHOR e do palácio real, e enviou tu-
do a Hazael, rei da Síria, que, assim, desistiu
de atacar Jerusalém.
19Os demais acontecimentos do reinado de
Joás e as suas realizações estão todos escri-
tos no livro dos registros históricos dos reis
de Judá. 20Dois de seus oficiais conspiraram
contra ele e o assassinaram em Bete-Milo,
no caminho que desce para Sila. 21Os oficiais

Um programa para construir uma igreja

Experimente!

Joás tornou-se rei quando tinha apenas sete anos de idade. Leia 2Reis 12:1-12 e descubra o que ele fez para mostrar que amava a Deus. De que modo os outros que amavam a Deus o ajudaram?

Às vezes as igrejas precisam ser reparadas, e muitas igrejas têm programas de construção para fazerem mais salas para a escola da igreja ou uma sala maior para cultos de adoração. Aqui vão algumas sugestões de trabalhos para ganhar dinheiro para ofertar, assim como as pessoas ofertaram para ajudar Joás a reparar o templo de Deus: 1) coletar latinhas e garrafas de refrigerante; 2) lavar carros; 3) passear com cachorros; 4) coletar coisas para fazer um bazar; 5) fazer uma cantina na igreja.

O que você fará para ganhar dinheiro para sua igreja?

2Reis 12:1-12

que o assassinaram foram Jozabade, filho
de Simeate, e Jeozabade, filho de Somer. Ele
morreu e foi sepultado junto aos seus ante-
passados na Cidade de Davi. E seu filho Ama-
zias foi o seu sucessor.

O reinado de Jeoacaz, rei de Israel

13 No vigésimo terceiro ano do reinado de
Joás, filho de Acazias, rei de Judá, Jeoa-
caz, filho de Jeú, tornou-se rei de Israel em
Samaria, e reinou dezessete anos. 2Ele fez
o que o SENHOR reprova, seguindo os pe-
cados que Jeroboão, filho de Nebate, leva-
ra Israel a cometer; e não se afastou deles.
3Por isso a ira do SENHOR se acendeu contra
Israel, e por longo tempo ele os manteve
sob o poder de Hazael, rei da Síria, e de seu
filho Ben-Hadade.

4Então Jeoacaz buscou o favor do SENHOR,
e este o atendeu, pois viu quanto o rei da Sí-
ria oprimia Israel. 5O SENHOR providenciou
um libertador para Israel, que escapou do po-
der da Síria. Assim os israelitas moraram em
suas casas como anteriormente. 6Mas conti-
nuaram a praticar os pecados que a dinastia
de Jeroboão havia levado Israel a cometer,
permanecendo neles. Inclusive o poste sa-
grado permanecia em pé em Samaria.

7De todo o exército de Jeoacaz só restaram
cinquenta cavaleiros, dez carros de guerra e
dez mil soldados de infantaria, pois o rei da
Síria havia destruído a maior parte, reduzin-
do-a a pó.

8Os demais acontecimentos do reinado de
Jeoacaz, os seus atos e tudo o que realizou,
estão escritos nos registros históricos dos reis
de Israel. 9Jeoacaz descansou com os seus an-
tepassados e foi sepultado em Samaria. Seu
filho Jeoás foi o seu sucessor.

O reinado de Jeoás, rei de Israel

10No trigésimo sétimo ano do reinado de
Joás, rei de Judá, Jeoás, filho de Jeoacaz, tor-
nou-se rei de Israel em Samaria, e reinou de-
zesseis anos. 11Ele fez o que o SENHOR reprova
e não se desviou de nenhum dos pecados
que Jeroboão, filho de Nebate, levara Israel
a cometer; antes permaneceu neles.

12Os demais acontecimentos do reinado
de Jeoás, os seus atos e as suas realizações,
inclusive sua guerra contra Amazias, rei de
Judá, estão escritos no livro dos registros his-
tóricos dos reis de Israel. 13Jeoás descansou
com os seus antepassados e Jeroboão o su-
cedeu no trono. Jeoás foi sepultado com os
reis de Israel em Samaria.

14Ora, Eliseu estava sofrendo da doença da
qual morreria. Então Jeoás, rei de Israel, foi
visitá-lo e, curvado sobre ele, chorou gritan-
do: "Meu pai! Meu pai! Tu és como os carros
e os cavaleiros de Israel!"

15E Eliseu lhe disse: "Traga um arco e algu-
mas flechas", e ele assim fez. 16"Pegue o arco
em suas mãos", disse ao rei de Israel. Quando
pegou, Eliseu pôs suas mãos sobre as mãos
do rei 17e lhe disse: "Abra a janela que dá pa-
ra o leste e atire". O rei o fez, e Eliseu decla-
rou: "Esta é a flecha da vitória do SENHOR, a
flecha da vitória sobre a Síria! Você destruirá
totalmente os arameus, em Afeque".

18Em seguida Eliseu mandou o rei pegar as
flechas e golpear o chão. Ele golpeou o chão
três vezes e parou. 19O homem de Deus ficou
irado com ele e disse: "Você deveria ter gol-
peado o chão cinco ou seis vezes; assim iria
derrotar a Síria e a destruiria completamen-
te. Mas agora você a vencerá somente três
vezes".

20Então Eliseu morreu e foi sepultado.

Ora, tropas moabitas costumavam entrar
no país a cada primavera. 21Certa vez, en-
quanto alguns israelitas sepultavam um ho-
mem, viram de repente uma dessas tropas;
então jogaram o corpo do homem no túmulo
de Eliseu e fugiram. Assim que o cadáver en-
costou nos ossos de Eliseu, o homem voltou
à vida e se levantou.

22Hazael, rei da Síria, oprimiu os israelitas
durante todo o reinado de Jeoacaz. 23Mas o
SENHOR foi bondoso para com eles, teve com-
paixão e mostrou preocupação por eles, por
causa da sua aliança com Abraão, Isaque e
Jacó. Até hoje ele não se dispôs a destruí-los
ou a eliminá-los de sua presença.

24E Hazael, rei da Síria, morreu, e seu filho
Ben Hadade foi o seu sucessor. 25Então Jeoás,
filho de Jeoacaz, conquistou de Ben-Hadade,
filho de Hazael, as cidades que em combate
Hazael havia tomado de seu pai Jeoacaz. Três
vezes Jeoás o venceu e, assim, reconquistou
aquelas cidades israelitas.

O reinado de Amazias, rei de Judá

14 No segundo ano do reinado de Jeoás, fi-
lho de Jeoacaz, rei de Israel, Amazias,
filho de Joás, rei de Judá, começou a reinar.
2Ele tinha vinte e cinco anos de idade quan-
do começou a reinar, e reinou vinte e nove
anos em Jerusalém. O nome de sua mãe era
Jeoadã; ela era de Jerusalém. 3Ele fez o que o
SENHOR aprova, mas não como Davi, seu pre-
decessor. Em tudo seguiu o exemplo do seu

pai Joás. 4 Mas os altares não foram derrubados; o povo continuava a oferecer sacrifícios e a queimar incenso neles.

5 Quando Amazias sentiu que tinha o reino sob pleno controle, mandou executar os oficiais que haviam assassinado o rei, seu pai. 6 Contudo, não matou os filhos dos assassinos, de acordo com o que está escrito no Livro da Lei de Moisés, onde o SENHOR ordenou: "Os pais não morrerão no lugar dos filhos, nem os filhos no lugar dos pais; cada um morrerá pelo seu próprio pecado"[a].

7 Foi ele que derrotou dez mil edomitas no vale do Sal e conquistou a cidade de Selá em combate, dando-lhe o nome de Jocteel, nome que tem até hoje.

8 Então Amazias enviou mensageiros a Jeoás, filho de Jeoacaz e neto de Jeú, rei de Israel, com este desafio: "Venha me enfrentar".

9 Jeoás, porém, respondeu a Amazias: "O espinheiro do Líbano enviou uma mensagem ao cedro do Líbano: 'Dê sua filha em casamento a meu filho'. Mas um animal selvagem do Líbano veio e pisoteou o espinheiro. 10 De fato, você derrotou Edom e agora está arrogante. Comemore a sua vitória, mas fique em casa! Por que provocar uma desgraça que levará você e também Judá à ruína?"

11 Amazias não quis ouvi-lo, e Jeoás, rei de Israel, o atacou. Ele e Amazias, rei de Judá, enfrentaram-se em Bete-Semes, em Judá. 12 Judá foi derrotado por Israel, e seus soldados fugiram para as suas casas. 13 Jeoás capturou Amazias, filho de Joás e neto de Acazias, em Bete-Semes. Então Jeoás foi a Jerusalém e derrubou cento e oitenta metros[b] do muro da cidade, desde a porta de Efraim até a porta da Esquina. 14 Ele se apoderou de todo o ouro, de toda a prata e de todos os utensílios encontrados no templo do SENHOR e nos depósitos do palácio real. Também fez reféns e, então, voltou para Samaria.

15 Os demais acontecimentos do reinado de Jeoás, os seus atos e todas as suas realizações, inclusive sua guerra contra Amazias, rei de Judá, estão escritos nos registros históricos dos reis de Israel. 16 Jeoás descansou com seus antepassados e foi sepultado com os reis de Israel em Samaria. E seu filho Jeroboão foi o seu sucessor.

17 Amazias, filho de Joás, rei de Judá, viveu ainda mais quinze anos depois da morte de Jeoás, filho de Jeoacaz, rei de Israel. 18 Os demais acontecimentos do reinado de Amazias estão escritos nos registros históricos dos reis de Judá.

19 Vítima de uma conspiração em Jerusalém, ele fugiu para Laquis, mas o perseguiram até lá e o mataram. 20 Seu corpo foi trazido de volta a cavalo e sepultado em Jerusalém, junto aos seus antepassados, na Cidade de Davi.

21 Então todo o povo de Judá proclamou rei a Azarias[c], de dezesseis anos de idade, no lugar de seu pai, Amazias. 22 Foi ele que reconquistou e reconstruiu a cidade de Elate para Judá, depois que Amazias descansou com os seus antepassados.

O reinado de Jeroboão, rei de Israel

23 No décimo quinto ano do reinado de Amazias, filho de Joás, rei de Judá, Jeroboão, filho de Jeoás, rei de Israel, tornou-se rei em Samaria e reinou quarenta e um anos. 24 Ele fez o que o SENHOR reprova e não se desviou de nenhum dos pecados que Jeroboão, filho de Nebate, levara Israel a cometer. 25 Foi ele que restabeleceu as fronteiras de Israel desde Lebo-Hamate até o mar da Arabá[d], conforme a palavra do SENHOR, Deus de Israel, anunciada pelo seu servo Jonas, filho de Amitai, profeta de Gate-Héfer.

26 O SENHOR viu a amargura com que todos em Israel, tanto escravos quanto livres, estavam sofrendo; não havia ninguém para socorrê-los. 27 Visto que o SENHOR não dissera que apagaria o nome de Israel de debaixo

[a] 14:6 Dt 24:16.
[b] 14:13 Hebraico: *400 côvados*. O côvado era uma medida linear de cerca de 45 centímetros.

[c] 14:21 Também chamado *Uzias*.
[d] 14:25 Isto é, o mar Morto.

Pessoas nos tempos da Bíblia

Jeroboão II

Jeroboão, filho de Jeoás, foi um poderoso rei que conquistou de volta as terras que Israel havia perdido para os inimigos. Enquanto esse Jeroboão foi rei, Israel tornou-se poderoso e rico, mas ele escolheu seguir os caminhos maus dos outros reis de Israel.

do céu, ele os libertou pela mão de Jeroboão, filho de Jeoás.

28 Os demais acontecimentos do reinado de Jeroboão, os seus atos e as suas realizações militares, inclusive a maneira pela qual recuperou para Israel Damasco e Hamate, que haviam pertencido a Iaudi[a], estão escritos nos registros históricos dos reis de Israel. 29 Jeroboão descansou com os seus antepassados, os reis de Israel. Seu filho Zacarias foi o seu sucessor.

O reinado de Azarias, rei de Judá

15 No vigésimo sétimo ano do reinado de Jeroboão, rei de Israel, Azarias, filho de Amazias, rei de Judá, começou a reinar. 2 Tinha dezesseis anos de idade quando se tornou rei, e reinou cinquenta e dois anos em Jerusalém. Sua mãe era de Jerusalém e chamava-se Jecolias. 3 Ele fez o que o SENHOR aprova, tal como o seu pai Amazias. 4 Contudo, os altares idólatras não foram derrubados; o povo continuava a oferecer sacrifícios e a queimar incenso neles.

5 O SENHOR feriu o rei com lepra[b], até o dia de sua morte. Durante todo esse tempo ele morou numa casa separada[c]. Jotão, filho do rei, tomava conta do palácio e governava o povo.

6 Os demais acontecimentos do reinado de Azarias e todas as suas realizações estão escritos nos registros históricos dos reis de Judá. 7 Azarias descansou com os seus antepassados e foi sepultado junto a eles na Cidade de Davi. Seu filho Jotão foi o seu sucessor.

O reinado de Zacarias, rei de Israel

8 No trigésimo oitavo ano do reinado de Azarias, rei de Judá, Zacarias, filho de Jeroboão, tornou-se rei de Israel em Samaria, e reinou seis meses. 9 Ele fez o que o SENHOR reprova, como seus antepassados haviam feito. Não se desviou dos pecados que Jeroboão, filho de Nebate, levara Israel a cometer.

10 Salum, filho de Jabes, conspirou contra Zacarias. Ele o atacou na frente do povo[d], assassinou-o e foi o seu sucessor. 11 Os demais acontecimentos do reinado de Zacarias estão escritos nos registros históricos dos reis de Israel. 12 Assim se cumpriu a palavra do SENHOR anunciada a Jeú: "Seus descendentes ocuparão o trono de Israel até a quarta geração".

O reinado de Salum, rei de Israel

13 Salum, filho de Jabes, começou a reinar no trigésimo oitavo ano do reinado de Uzias, rei de Judá, e reinou um mês em Samaria. 14 Então Menaém, filho de Gadi, foi de Tirza a Samaria e atacou Salum, filho de Jabes, assassinou-o e foi o seu sucessor. 15 Os demais acontecimentos do reinado de Salum e a conspiração que liderou estão escritos nos registros históricos dos reis de Israel.

16 Naquela ocasião Menaém, partindo de Tirza, atacou Tifsa e todos que estavam na cidade e seus arredores, porque eles se recusaram a abrir as portas da cidade. Saqueou Tifsa e rasgou ao meio todas as mulheres grávidas.

O reinado de Menaém, rei de Israel

17 No trigésimo nono ano do reinado de Azarias, rei de Judá, Menaém, filho de Gadi, tornou-se rei de Israel, e reinou dez anos em Samaria. 18 Ele fez o que o SENHOR reprova. Durante todo o seu reinado não se desviou dos pecados que Jeroboão, filho de Nebate, levara Israel a cometer.

19 Então Pul[e], rei da Assíria, invadiu o país, e Menaém lhe deu trinta e cinco toneladas[f] de prata para obter seu apoio e manter-se no trono. 20 Menaém cobrou essa quantia de Israel. Todos os homens de posses tiveram de contribuir com seiscentos gramas[g] de prata no pagamento ao rei da Assíria. Então ele interrompeu a invasão e foi embora.

21 Os demais acontecimentos do reinado de Menaém e todas as suas realizações estão escritos nos registros históricos dos reis de Israel. 22 Menaém descansou com os seus antepassados, e seu filho Pecaías foi o seu sucessor.

O reinado de Pecaías, rei de Israel

23 No quinquagésimo ano do reinado de Azarias, rei de Judá, Pecaías, filho de Menaém, tornou-se rei de Israel em Samaria, e reinou dois anos. 24 Pecaías fez o que o SENHOR reprova. Não se desviou dos pecados que Jeroboão, filho de Nebate, levara Israel a cometer. 25 Um dos seus principais oficiais, Peca, filho de Remalias, conspirou contra ele. Levando consigo cinquenta homens de

[a] 14:28 Ou *Judá*
[b] 15:5 O termo hebraico não se refere somente à lepra, mas também a diversas doenças da pele.
[c] 15:5 Ou *casa onde estava desobrigado de suas responsabilidades*
[d] 15:10 Alguns manuscritos da Septuaginta dizem *atacou em Ibleã*.
[e] 15:19 Também chamado *Tiglate-Pileser*.
[f] 15:19 Hebraico: *1.000 talentos*. Um talento equivalia a 35 quilos.
[g] 15:20 Hebraico: *50 siclos*. Um siclo equivalia a 12 gramas.

Gileade, assassinou Pecaías e também Argobe e Arié, na cidadela do palácio real em Samaria. Assim Peca matou Pecaías e foi o seu sucessor.

26Os demais acontecimentos do reinado de Pecaías e todas as suas realizações estão escritos nos registros históricos dos reis de Israel.

O reinado de Peca, rei de Israel

27No quinquagésimo segundo ano do reinado de Azarias, rei de Judá, Peca, filho de Remalias, tornou-se rei de Israel em Samaria, e reinou vinte anos. 28Ele fez o que o SENHOR reprova. Não se desviou dos pecados que Jeroboão, filho de Nebate, levara Israel a cometer.

29Durante o seu reinado, Tiglate-Pileser, rei da Assíria, invadiu e conquistou Ijom, Abel-Bete-Maaca, Janoa, Quedes e Hazor. Tomou Gileade e a Galileia, inclusive toda a terra de Naftali, e deportou o povo para a Assíria. 30Então Oseias, filho de Elá, conspirou contra Peca, filho de Remalias. Ele o atacou e o assassinou, tornando-se o seu sucessor no vigésimo ano do reinado de Jotão, filho de Uzias.

31Os demais acontecimentos do reinado de Peca e todas as suas realizações estão escritos nos registros históricos dos reis de Israel.

O reinado de Jotão, rei de Judá

32No segundo ano do reinado de Peca, filho de Remalias, rei de Israel, Jotão, filho de Uzias, rei de Judá, começou a reinar. 33Ele tinha vinte e cinco anos de idade quando começou a reinar, e reinou dezesseis anos em Jerusalém. O nome da sua mãe era Jerusa, filha de Zadoque. 34Ele fez o que o SENHOR aprova, tal como seu pai Uzias. 35Contudo, os altares idólatras não foram derrubados; o povo continuou a oferecer sacrifícios e a queimar incenso neles. Jotão reconstruiu a porta superior do templo do SENHOR.

36Os demais acontecimentos do reinado de Jotão e as suas realizações estão escritos nos registros históricos dos reis de Judá. 37(Naqueles dias o SENHOR começou a enviar Rezim, rei da Síria, e Peca, filho de Remalias, contra Judá.) 38Jotão descansou com os seus antepassados e foi sepultado junto a eles na Cidade de Davi, seu predecessor. Seu filho Acaz foi o seu sucessor.

O reinado de Acaz, rei de Judá

16 No décimo sétimo ano do reinado de Peca, filho de Remalias, Acaz, filho de Jotão, rei de Judá, começou a reinar. 2Acaz tinha vinte anos de idade quando começou a reinar e reinou dezesseis anos em Jerusalém. Ao contrário de Davi, seu predecessor, não fez o que o SENHOR, o seu Deus, aprova. 3Andou nos caminhos dos reis de Israel e chegou até a queimar o seu filho em sacrifício, imitando os costumes detestáveis das nações que o SENHOR havia expulsado de diante dos israelitas. 4Também ofereceu sacrifícios e queimou incenso nos altares idólatras, no alto das colinas e debaixo de toda árvore frondosa.

5Então Rezim, rei da Síria, e Peca, filho de Remalias, rei de Israel, saíram para lutar contra Acaz e sitiaram Jerusalém, mas não conseguiram vencê-lo. 6Naquela ocasião, Rezim recuperou Elate para a Síria, expulsando os homens de Judá. Os edomitas então se mudaram para Elate, onde vivem até hoje.

7Acaz enviou mensageiros para dizer a Tiglate-Pileser, rei da Assíria: "Sou teu servo e teu vassalo. Vem salvar-me das mãos do rei da Síria e do rei de Israel, que estão me atacando". 8Acaz ajuntou a prata e o ouro encontrados no templo do SENHOR e nos depósitos do palácio real e enviou-os como presente ao rei da Assíria. 9Este atendeu o pedido, atacou Damasco e a conquistou. Deportou seus habitantes para Quir e matou Rezim.

10Então o rei Acaz foi a Damasco encontrar-se com Tiglate-Pileser, rei da Assíria. Ele viu o altar que havia em Damasco e mandou ao sacerdote Urias um modelo do altar, com informações detalhadas para a sua construção. 11O sacerdote Urias construiu um altar conforme as instruções que o rei Acaz tinha enviado de Damasco e o terminou antes do retorno do rei Acaz. 12Quando o rei voltou de Damasco e viu o altar, aproximou-se dele e apresentou ofertas[a] sobre ele. 13Ofereceu seu holocausto[b] e sua oferta de cereal, derramou sua oferta de bebidas[c] e aspergiu sobre o altar o sangue dos seus sacrifícios de comunhão[d]. 14Ele tirou da frente do templo, da parte entre o altar e o templo do SENHOR, o altar de bronze que ficava diante do SENHOR e o colocou no lado norte do altar.

15Então o rei Acaz deu estas ordens ao sacerdote Urias: "No altar grande, ofereça o holocausto da manhã e a oferta de cereal da tarde, o holocausto do rei e sua oferta de cereal, e o holocausto, a oferta de cereal e a oferta derramada de todo o povo. Espalhe

[a] 16:12 Ou *e subiu*
[b] 16:13 Isto é, sacrifício totalmente queimado.
[c] 16:13 Veja Nm 28:7.
[d] 16:13 Ou *de paz*

sobre o altar todo o sangue dos holocaus-
tos e dos sacrifícios. Mas utilizarei o altar de
bronze para buscar orientação". 16E o sacerdo-
te Urias fez como o rei Acaz tinha ordenado.
17O rei tirou os painéis laterais e retirou as
pias dos estrados móveis. Tirou o tanque de
cima dos touros de bronze que o sustenta-
vam e o colocou sobre uma base de pedra.
18Por causa do rei da Assíria, tirou a cobertura
que se usava no sábado[a], que fora construída
no templo, e suprimiu a entrada real do lado
de fora do templo do SENHOR.
19Os demais acontecimentos do reinado
de Acaz e suas realizações estão escritos nos
registros históricos dos reis de Judá. 20Acaz
descansou com os seus antepassados e foi se-
pultado junto a eles na Cidade de Davi. Seu
filho Ezequias foi o seu sucessor.

O reinado de Oseias, o último rei de Israel

17 No décimo segundo ano do reinado de
Acaz, rei de Judá, Oseias, filho de Elá, tor-
nou-se rei de Israel em Samaria, e reinou no-
ve anos. 2Ele fez o que o SENHOR reprova, mas
não como os reis de Israel que o precederam.
3Salmaneser, rei da Assíria, foi atacar Oseias,
que fora seu vassalo e lhe pagara tributo. 4Mas
o rei da Assíria descobriu que Oseias era um
traidor, pois havia mandado emissários a Sô,
rei do Egito, e já não pagava mais o tributo,
como costumava fazer anualmente. Por isso,
Salmaneser mandou lançá-lo na prisão. 5O rei
da Assíria invadiu todo o país, marchou contra
Samaria e a sitiou por três anos. 6No nono ano
do reinado de Oseias, o rei assírio conquistou
Samaria e deportou os israelitas para a Assíria.
Ele os colocou em Hala, em Gozã do rio Habor
e nas cidades dos medos.

Israel é castigado com o exílio

7Tudo isso aconteceu porque os israeli-
tas haviam pecado contra o SENHOR, o seu
Deus, que os tirara do Egito, de sob o poder
do faraó, rei do Egito. Eles prestaram culto a
outros deuses 8e seguiram os costumes das
nações que o SENHOR havia expulsado de
diante deles, bem como os costumes que os
reis de Israel haviam introduzido. 9Os israe-
litas praticaram o mal secretamente contra
o SENHOR, o seu Deus. Em todas as suas ci-
dades, desde as torres das sentinelas até as
cidades fortificadas, eles construíram alta-
res idólatras. 10Ergueram colunas sagradas e
postes sagrados em todo monte alto e de-
baixo de toda árvore frondosa. 11Em todos os
altares idólatras queimavam incenso, como
faziam as nações que o SENHOR havia expul-
sado de diante deles. Fizeram males que pro-
vocaram o SENHOR à ira. 12Prestaram culto a
ídolos, embora o SENHOR houvesse dito: "Não
façam isso". 13O SENHOR advertiu Israel e Ju-
dá por meio de todos os seus profetas e vi-
dentes: "Desviem-se de seus maus caminhos.
Obedeçam às minhas ordenanças e aos meus
decretos, de acordo com toda a Lei que orde-
nei aos seus antepassados que obedecessem
e que lhes entreguei por meio de meus ser-
vos, os profetas".

[a] 16:18 Ou *a plataforma de seu trono*

Punição

Leia 2Reis 17:1-23. Como Deus puniu os israelitas? O que eles fizeram para merecer esse castigo? Antes de castigar Israel...

1. ... Deus disse aos israelitas o que eles não deviam fazer, pois, assim, eles saberiam o que era certo e o que era errado (versículo 12);
2. ... Deus alertou-os para que deixassem de fazer o mal (versículo 13).

Só depois Deus puniu Israel (versículo 18).

Mostre a seus pais essa história e pergunte a eles sobre quando eles eram crianças e foram punidos. Os pais deles seguiam o exemplo de Deus, de dizer, alertar e só depois punir? Fale sobre as vezes em que você foi punido. Você consegue ver como seus pais seguiram o exemplo de Deus quando o puniram?

Experimente!

2Reis 17:1-23

14Mas eles não quiseram ouvir e foram obs-
tinados como seus antepassados, que não
confiaram no SENHOR, o seu Deus. 15Rejei-
taram os seus decretos, a aliança que ele ti-
nha feito com os seus antepassados e as suas
advertências. Seguiram ídolos inúteis, tor-
nando-se eles mesmos inúteis. Imitaram as
nações ao seu redor, embora o SENHOR lhes
tivesse ordenado: "Não as imitem".

16Abandonaram todos os mandamentos do
SENHOR, o seu Deus, e fizeram para si dois
ídolos de metal na forma de bezerros e um
poste sagrado de Aserá. Inclinaram-se diante
de todos os exércitos celestiais e prestaram
culto a Baal. 17Queimaram seus filhos e filhas
em sacrifício. Praticaram adivinhação e fei-
tiçaria e venderam-se para fazer o que o SE-
NHOR reprova, provocando-o à ira.

18Então o SENHOR indignou-se muito con-
tra Israel e os expulsou da sua presença. Só
a tribo de Judá escapou, 19mas nem ela obe-
deceu aos mandamentos do SENHOR, o seu
Deus. Seguiram os costumes que Israel havia
introduzido. 20Por isso o SENHOR rejeitou to-
do o povo de Israel; ele o afligiu e o entregou
nas mãos de saqueadores, até expulsá-lo da
sua presença.

21Quando o SENHOR separou Israel da di-
nastia de Davi, os israelitas escolheram co-
mo rei Jeroboão, filho de Nebate, que induziu
Israel a deixar de seguir o SENHOR e o levou
a cometer grande pecado. 22Os israelitas per-
maneceram em todos os pecados de Jeroboão
e não se desviaram deles, 23até que o SENHOR
os afastou de sua presença, conforme os ha-
via advertido por meio de todos os seus ser-
vos, os profetas. Assim, o povo de Israel foi
tirado de sua terra e levado para o exílio na
Assíria, onde ainda hoje permanecem.

O repovoamento de Samaria

24O rei da Assíria trouxe gente da Babilônia,
de Cuta, de Ava, de Hamate e de Sefarvaim e
os estabeleceu nas cidades de Samaria para
substituir os israelitas. Eles ocuparam Sama-
ria e habitaram em suas cidades. 25Quando co-
meçaram a viver ali, não adoravam o SENHOR;
por isso ele enviou leões para o meio deles,
que mataram alguns dentre o povo. 26Então
informaram o rei da Assíria: "Os povos que
deportaste e fizeste morar nas cidades de Sa-
maria não sabem o que o Deus daquela ter-
ra exige. Ele enviou leões para matá-los, pois
desconhecem as suas exigências".

27Então o rei da Assíria deu esta ordem:
"Façam um dos sacerdotes de Samaria que
vocês levaram prisioneiros retornar e viver
ali para ensinar as exigências do deus da ter-
ra". 28Então um dos sacerdotes exilados de
Samaria veio morar em Betel e lhes ensinou
a adorar o SENHOR.

29No entanto, cada grupo fez seus próprios
deuses nas diversas cidades em que mora-
vam e os puseram nos altares idólatras que
o povo de Samaria havia feito. 30Os da Babi-
lônia fizeram Sucote-Benote, os de Cuta fize-
ram Nergal e os de Hamate fizeram Asima;
31os aveus fizeram Nibaz e Tartaque; os sefar-
vitas queimavam seus filhos em sacrifício a
Adrameleque e Anameleque, deuses de Se-
farvaim. 32Eles adoravam o SENHOR, mas tam-
bém nomeavam qualquer pessoa para lhes
servir como sacerdote nos altares idólatras.
33Adoravam o SENHOR, mas também presta-
vam culto aos seus próprios deuses, confor-
me os costumes das nações de onde haviam
sido trazidos.

34Até hoje eles continuam em suas antigas
práticas. Não adoram o SENHOR nem se com-
prometem com os decretos, com as ordenan-
ças, com as leis e com os mandamentos que
o SENHOR deu aos descendentes de Jacó, a
quem deu o nome de Israel. 35Quando o SE-
NHOR fez uma aliança com os israelitas, ele
lhes ordenou: "Não adorem outros deuses,
não se inclinem diante deles, não lhes pres-
tem culto nem lhes ofereçam sacrifício. 36Mas
o SENHOR, que os tirou do Egito com grande
poder e com braço forte, é quem vocês ado-
rarão. Diante dele vocês se inclinarão e lhe
oferecerão sacrifícios. 37Vocês sempre toma-
rão o cuidado de obedecer aos decretos, às
ordenanças, às leis e aos mandamentos que
lhes prescreveu. Não adorem outros deuses.
38Não esqueçam a aliança que fiz com vocês e
não adorem outros deuses. 39Antes, adorem o
SENHOR, o seu Deus; ele os livrará das mãos
de todos os seus inimigos".

40Contudo, eles não lhe deram atenção,
mas continuaram em suas antigas práticas.
41Mesmo quando esses povos adoravam o
SENHOR, também prestavam culto aos seus
ídolos. Até hoje seus filhos e seus netos con-
tinuam a fazer o que os seus antepassados
faziam.

O reinado de Ezequias, rei de Judá

18 No terceiro ano do reinado de Oseias,
filho de Elá, rei de Israel, Ezequias, fi-
lho de Acaz, rei de Judá, começou a reinar.
2Ele tinha vinte e cinco anos de idade quan-
do começou a reinar, e reinou vinte e nove

anos em Jerusalém. O nome de sua mãe era
Abia[a], filha de Zacarias. [3]Ele fez o que o SE-
NHOR aprova, tal como tinha feito Davi, seu
predecessor. [4]Removeu os altares idólatras,
quebrou as colunas sagradas e derrubou os
postes sagrados. Despedaçou a serpente de
bronze que Moisés havia feito, pois até aquela
época os israelitas lhe queimavam incenso.
Era chamada[b] Neustã.

[5]Ezequias confiava no SENHOR, o Deus de
Israel. Nunca houve ninguém como ele entre
todos os reis de Judá, nem antes nem depois
dele. [6]Ele se apegou ao SENHOR e não deixou
de segui-lo; obedeceu aos mandamentos que
o SENHOR tinha dado a Moisés. [7]E o SENHOR
estava com ele; era bem-sucedido em tudo
o que fazia. Rebelou-se contra o rei da As-
síria e deixou de submeter-se a ele. [8]Desde
as torres das sentinelas até a cidade fortifi-
cada, ele derrotou os filisteus, até Gaza e o
seu território.

[9]No quarto ano do reinado do rei Ezequias,
o sétimo ano do reinado de Oseias, filho de
Elá, rei de Israel, Salmaneser, rei da Assíria,
marchou contra Samaria e a cercou. [10]Ao fim
de três anos, os assírios a tomaram. Assim a
cidade foi conquistada no sexto ano do rei-
nado de Ezequias, o nono ano do reinado de
Oseias, rei de Israel. [11]O rei assírio deportou
os israelitas para a Assíria e os estabeleceu
em Hala, em Gozã do rio Habor e nas cidades

[a] 18:2 Hebraico: *Abi*, variante de *Abia*.
[b] 18:4 Ou *Ele lhe deu o nome de*

Pessoas nos tempos da Bíblia

Ezequias

Ezequias tinha apenas 25 anos quando se tornou rei de Judá (as duas tribos do sul, depois que Israel se dividiu). Por Ezequias haver confiado em Deus e seguido-o fielmente, Deus o fez bem-sucedido em todas as coisas. Ele governou Judá no tempo em que os assírios destruíram o reino de Israel e, embora eles tenham tentado invadir Judá, não tiveram sucesso.

dos medos. [12]Isso aconteceu porque os israe-
litas não obedeceram ao SENHOR, o seu Deus,
mas violaram a sua aliança: tudo o que Moi-
sés, o servo do SENHOR, tinha ordenado. Não
o ouviram nem lhe obedeceram.

[13]No décimo quarto ano do reinado do rei
Ezequias, Senaqueribe, rei da Assíria, atacou
todas as cidades fortificadas de Judá e as con-
quistou. [14]Então Ezequias, rei de Judá, enviou
esta mensagem ao rei da Assíria, em Laquis:
"Cometi um erro. Para de atacar-me, e eu pa-
garei tudo o que exigires". O rei da Assíria co-
brou de Ezequias, rei de Judá, dez toneladas
e meia[c] de prata e um mil e cinquenta qui-
los de ouro. [15]Assim, Ezequias lhes deu toda
a prata que se encontrou no templo e na te-
souraria do palácio real.

[16]Nessa ocasião Ezequias, rei de Judá, reti-
rou o ouro com que havia coberto as portas
e os batentes do templo do SENHOR, e o deu
ao rei da Assíria.

A ameaça de Senaqueribe a Jerusalém

[17]De Laquis o rei da Assíria enviou ao rei
Ezequias, em Jerusalém, seu general, seu
oficial principal e seu comandante de cam-
po com um grande exército. Eles subiram a
Jerusalém e pararam no aqueduto do açu-
de superior, na estrada que leva ao campo
do Lavandeiro. [18]Eles chamaram pelo rei; e
o administrador do palácio, Eliaquim, filho
de Hilquias, o secretário Sebna e o arqui-
vista real Joá, filho de Asafe, foram ao seu
encontro.

[19]O comandante de campo lhes disse: "Di-
gam isto a Ezequias:

"Assim diz o grande rei, o rei da Assíria:
'Em que você baseia sua confiança? [20]Você
pensa que meras palavras já são estratégia e
poderio militar. Em quem você está confian-
do para se rebelar contra mim? [21]Você está
confiando no Egito, aquele caniço quebrado
que espeta e perfura a mão do homem que
nele se apoia! Assim o faraó, rei do Egito, re-
tribui a quem confia nele. [22]Mas, se vocês me
disserem: "Estamos confiando no SENHOR, o
nosso Deus"; não é ele aquele cujos santuá-
rios e altares Ezequias removeu, dizendo a
Judá e Jerusalém: "Vocês devem adorar dian-
te deste altar em Jerusalém"?'

[23]"Aceite, pois, agora, o desafio do meu
senhor, o rei da Assíria: 'Eu lhe darei dois
mil cavalos, se você tiver cavaleiros pa-
ra eles!' [24]Como você pode derrotar o mais

[c] 18:14 Hebraico: *300 talentos*. Um talento equivalia a 35 quilos.

insignificante guerreiro do meu senhor? Você
confia no Egito para lhe dar carros de guer-
ra e cavaleiros? [25]Além disso, será que vim
atacar e destruir este local sem uma pala-
vra da parte do SENHOR? O próprio SENHOR
me disse que marchasse contra este país e o
destruísse".
[26]Então Eliaquim, filho de Hilquias, Seb-
na e Joá disseram ao comandante de campo:
"Por favor, fala com teus servos em aramai-
co, porque entendemos essa língua. Não fa-
les em hebraico, pois assim o povo que está
sobre os muros o entenderá".
[27]O comandante, porém, respondeu: "Será
que meu senhor enviou-me para dizer essas
coisas somente para o seu senhor e para vo-
cê, e não para os que estão sentados no muro,
que, como vocês, terão que comer as próprias
fezes e beber a própria urina?"
[28]Então o comandante levantou-se e gri-
tou em hebraico: "Ouçam a palavra do gran-
de rei, o rei da Assíria! [29]Assim diz o rei: 'Não
deixem que Ezequias os engane. Ele não po-
derá livrá-los de minha mão. [30]Não deixem
Ezequias convencê-los a confiar no SENHOR,
quando diz: "Com certeza o SENHOR nos livra-
rá; esta cidade não será entregue nas mãos
do rei da Assíria"'.
[31]"Não deem ouvidos a Ezequias. Assim diz
o rei da Assíria: 'Façam paz comigo e rendam-
-se. Então cada um de vocês comerá de sua
própria videira e de sua própria figueira e
beberá água de sua própria cisterna, [32]até
que eu venha e os leve para uma terra igual
à de vocês, terra de cereais, de vinho, terra de
pão e de vinhas, terra de oliveiras e de mel.
Escolham a vida e não a morte! Não deem
ouvidos a Ezequias, pois ele os está iludindo,
quando diz: "O SENHOR nos livrará"'.
[33]"Será que o deus de alguma nação conse-
guiu livrar sua terra das mãos do rei da Assí-
ria? [34]Onde estão os deuses de Hamate e de
Arpade? Onde estão os deuses de Sefarvaim,
de Hena e de Iva? Acaso livraram Samaria das
minhas mãos? [35]Qual dentre todos os deuses
dessas nações conseguiu livrar sua terra do
meu poder? Como então o SENHOR poderá
livrar Jerusalém das minhas mãos?"
[36]Mas o povo permaneceu calado e nada
disse em resposta, pois o rei tinha ordenado:
"Não lhe respondam".
[37]Então o administrador do palácio, Elia-
quim, filho de Hilquias, o secretário Sebna
e o arquivista real Joá, filho de Asafe, retor-
naram com as vestes rasgadas a Ezequias e
lhe relataram o que o comandante de cam-
po tinha dito.

A predição da libertação de Jerusalém

19 Ao ouvir o relato, o rei Ezequias rasgou
as suas vestes, pôs roupas de luto e en-
trou no templo do SENHOR. [2]Ele enviou o ad-
ministrador do palácio, Eliaquim, o secretário
Sebna e os sacerdotes principais, todos vesti-
dos com pano de saco, ao profeta Isaías, filho
de Amoz. [3]Eles lhe disseram: "Assim diz Eze-
quias: 'Hoje é dia de angústia, de repreensão
e de humilhação; estamos como a mulher que
está para dar à luz filhos, mas não tem forças
para fazê-los nascer. [4]Talvez o SENHOR, o teu
Deus, ouça todas as palavras do comandan-
te de campo, a quem o senhor dele, o rei da
Assíria, enviou para zombar do Deus vivo. E
que o SENHOR, o teu Deus, o repreenda pelas

Ore quando tiver medo

Leia em 2Reis 18:13-16 como o terrível exército assírio atacou Jerusalém. Pense em como as pessoas em Jerusalém devem ter se sentido quando o inimigo se aproximou.

Antes de ler mais da história, pense em outras crianças da sua idade e faça uma lista de coisas que as crianças de hoje temem.

Agora leia 2Reis 19:1-19 e responda o seguinte: o que o rei Ezequias fez quando teve medo? Para descobrir o que aconteceu a seguir, leia 2Reis 19:35-37.

Escolha algo na sua lista que muitas crianças temem hoje e escreva uma oração, como fez Ezequias, pedindo ao Senhor para protegê-lo daquilo que você teme.

Experimente!

2Reis 18:13-16; 19:1-19,35-37

palavras que ouviu. Portanto, suplica a Deus
pelo remanescente que ainda sobrevive' ".
5Quando os oficiais do rei Ezequias chega-
ram a Isaías, 6este lhes disse: "Digam a seu
senhor que assim diz o SENHOR: 'Não tenha
medo das palavras que você ouviu, das blas-
fêmias que os servos do rei da Assíria lan-
çaram contra mim. 7Ouça! Eu o farei tomar
a decisão de[a] retornar ao seu próprio país,
quando ele ouvir certa notícia. E lá o farei
morrer à espada' ".
8Quando o comandante de campo soube
que o rei da Assíria havia partido de Laquis,
retirou-se e encontrou o rei lutando contra
Libna.
9Ora, Senaqueribe fora informado de que
Tiraca, rei etíope[b] do Egito, estava vindo lutar
contra ele, de modo que mandou novamen-
te mensageiros a Ezequias com este recado:
10"Digam a Ezequias, rei de Judá: 'Não dei-
xe que o Deus no qual você confia o engane,
quando diz: "Jerusalém não cairá nas mãos
do rei da Assíria". 11Com certeza você ouviu
o que os reis da Assíria têm feito a todas as
nações, como as destruíram por completo. E
você haveria de livrar-se? 12Acaso os deuses
das nações que foram destruídas por meus
antepassados as livraram: os deuses de Gozã,
Harã, Rezefe e do povo de Éden, que estava
em Telassar? 13Onde estão o rei de Hamate, o
rei de Arpade, o rei da cidade de Sefarvaim,
de Hena e de Iva?' "

A oração de Ezequias

14Ezequias recebeu a carta das mãos dos
mensageiros e a leu. Então subiu ao templo
do SENHOR e estendeu-a perante o SENHOR.
15E Ezequias orou ao SENHOR: "SENHOR, Deus
de Israel, que reinas em teu trono, entre
os querubins, só tu és Deus sobre todos os
reinos da terra. Tu criaste os céus e a terra.

[a] 19:7 Ou *Colocarei nele um espírito que o fará*
[b] 19:9 Hebraico: *cuxita*.

Palavras para memorizar

"Só tu és Deus sobre todos os reinos da terra. Tu criaste os céus e a terra."

(2Reis 19:15)

16Dá ouvidos, SENHOR, e vê; ouve as pala-
vras que Senaqueribe enviou para insultar
o Deus vivo.
17"É verdade, SENHOR, que os reis assírios
fizeram de todas essas nações e seus territó-
rios um deserto. 18Atiraram os deuses delas
no fogo e os destruíram, pois não eram deu-
ses; eram apenas madeira e pedra moldadas
por mãos humanas. 19Agora, SENHOR nosso
Deus, salva-nos das mãos dele, para que to-
dos os reinos da terra saibam que só tu, SE-
NHOR, és Deus".

A profecia de Isaías sobre a queda de Senaqueribe

20Então Isaías, filho de Amoz, enviou uma
mensagem a Ezequias: "Assim diz o SENHOR,
o Deus de Israel: 'Ouvi a sua oração acerca de
Senaqueribe, o rei da Assíria'. 21Esta é a pala-
vra que o SENHOR falou contra ele:

" 'A virgem, a filha de Sião,
o despreza e zomba de você.
A filha de Jerusalém
meneia a cabeça enquanto você foge.
22De quem você zombou
e contra quem blasfemou?
Contra quem você levantou a voz
e contra quem ergueu o
seu olhar arrogante?
Contra o Santo de Israel!
23Sim, você insultou o Senhor
por meio dos seus mensageiros.
E declarou:
"Com carros sem conta subi,
aos pontos mais elevados
e às inacessíveis alturas do Líbano.
Derrubei os seus mais altos cedros,
os seus melhores pinheiros.
Entrei em suas regiões mais remotas,
e nas suas mais densas florestas.
24Em terras estrangeiras
cavei poços e bebi água.
Com as solas de meus pés
sequei todos os rios do Egito".

25" 'Você não percebe
que há muito tempo
eu já havia determinado tudo isso.
Desde a antiguidade planejei
o que agora faço acontecer,
que você deixaria cidades
fortificadas em ruínas.
26Seus habitantes, sem forças,
desanimam-se envergonhados.
São como pastagens,
como brotos tenros e verdes,

como ervas no telhado,
queimadas antes de crescer.
27Eu, porém, sei onde você está,
sei quando você sai e quando retorna;
e como você se enfurece contra mim.
28Sim, contra mim você se enfureceu
e o seu atrevimento
chegou aos meus ouvidos.
Por isso porei o meu anzol
em seu nariz
e o meu freio em sua boca,
e o farei voltar
pelo caminho por onde veio.

29" 'A você, Ezequias, darei este sinal:
Neste ano vocês comerão
do que crescer por si,
e no próximo o que daquilo brotar.
Mas no terceiro ano
semeiem e colham,
plantem vinhas e comam o seu fruto.
30Mais uma vez, um remanescente
da tribo de Judá sobreviverá,
lançará raízes na terra
e se encherão de frutos
os seus ramos.
31De Jerusalém sairão sobreviventes,
e um remanescente do monte Sião.
O zelo do SENHOR dos Exércitos
o executará'.

32"Portanto, assim diz o SENHOR
acerca do rei da Assíria:
'Ele não invadirá esta cidade
nem disparará contra ela
uma só flecha.
Não a enfrentará com escudo
nem construirá rampas de cerco
contra ela.
33Pelo caminho por onde veio voltará;
não invadirá esta cidade',
declara o SENHOR.
34'Eu a defenderei e a salvarei,
por amor de mim mesmo
e do meu servo Davi' ".

35Naquela noite o anjo do SENHOR saiu e
matou cento e oitenta e cinco mil homens no
acampamento assírio. Quando o povo se le-
vantou na manhã seguinte, o lugar estava re-
pleto de cadáveres! 36Então Senaquerib, rei
da Assíria, desmontou o acampamento e foi
embora. Voltou para Nínive e lá ficou. 37Certo
dia, enquanto ele estava adorando no tem-
plo de seu deus Nisroque, seus filhos Adra-
meleque e Sarezer mataram-no à espada e
fugiram para a terra de Ararate. Seu filho
Esar-Hadom foi o seu sucessor.

A doença de Ezequias

20 Naquele tempo Ezequias ficou doente
e quase morreu. O profeta Isaías, filho
de Amoz, foi visitá-lo e lhe disse: "Assim diz
o SENHOR: 'Ponha em ordem a sua casa, pois
você vai morrer; não se recuperará' ".
2Ezequias virou o rosto para a parede e
orou ao SENHOR: 3"Lembra-te, SENHOR, como
tenho te servido com fidelidade e com devo-
ção sincera. Tenho feito o que tu aprovas". E
Ezequias chorou amargamente.
4Antes de Isaías deixar o pátio intermediá-
rio, a palavra do SENHOR veio a ele: 5"Volte e
diga a Ezequias, líder do meu povo: Assim

Experimente!

Ore quando estiver doente

Ezequias orou quando Jerusalém estava para ser atacada pela Assíria (veja 2Reis 18—19). Deus respondeu sua oração e salvou a cidade, e então, quando Ezequias ficou doente e estava prestes a morrer, orou novamente.

Leia 2Reis 20:1-11. Depois escreva o nome "Ezequias" num papel e, em seguida, escreva as palavras de Salmos 30:2: "SENHOR meu Deus, a ti clamei por socorro, e tu me curaste". Agora cole um curativo acima do nome de Ezequias.

Cole esse recado no lugar em que sua família guarda remédios, para lembrá-lo de orar quando você ou um membro da família ficar doente.

2Reis 20:1-11

diz o SENHOR, Deus de Davi, seu predecessor:
Ouvi sua oração e vi suas lágrimas; eu o cura-
rei. Daqui a três dias você subirá ao templo
do SENHOR. 6Acrescentarei quinze anos à sua
vida. E livrarei você e esta cidade das mãos
do rei da Assíria. Defenderei esta cidade por
causa de mim mesmo e do meu servo Davi".
7Então disse Isaías: "Preparem um emplas-
tro de figos". Eles o fizeram e o aplicaram na
úlcera; e ele se recuperou.
8Ezequias havia perguntado a Isaías: "Qual
será o sinal de que o SENHOR me curará e de
que de hoje a três dias subirei ao templo do
SENHOR?"
9Isaías respondeu: "O sinal de que o SE-
NHOR vai cumprir o que prometeu é este: vo-
cê prefere que a sombra avance ou recue dez
degraus na escadaria?"
10Disse Ezequias: "Como é fácil a sombra
avançar dez degraus, prefiro que ela recue
dez degraus".
11Então o profeta Isaías clamou ao SENHOR,
e este fez a sombra recuar os dez degraus que
havia descido na escadaria de Acaz.

Mensageiros da Babilônia

12Naquela época, o rei da Babilônia, Mero-
daque-Baladã, filho de Baladã, enviou cartas
e um presente para Ezequias, pois soubera da
sua doença. 13Ezequias recebeu em audiência
os mensageiros e mostrou-lhes tudo o que
havia em seus armazéns: a prata, o ouro, as
especiarias e o azeite finíssimo, o seu arse-
nal e tudo o que havia em seus tesouros. Não
houve nada em seu palácio ou em seu reino
que Ezequias não lhes mostrasse.
14Então o profeta Isaías foi ao rei Ezequias
e lhe perguntou: "O que esses homens disse-
ram? De onde vieram?"
Ezequias respondeu: "De uma terra distan-
te. Vieram da Babilônia".
15O profeta perguntou: "O que eles viram
em seu palácio?"
Disse Ezequias: "Viram tudo em meu pa-
lácio. Não há nada em meus tesouros que eu
não lhes tenha mostrado".
16Então Isaías disse a Ezequias: "Ouça a pa-
lavra do SENHOR: 17'Um dia, tudo o que se en-
contra em seu palácio, bem como tudo o que
os seus antepassados acumularam até hoje,
será levado para a Babilônia. Nada restará',
diz o SENHOR. 18'Alguns dos seus próprios des-
cendentes serão levados, e eles se tornarão
eunucos no palácio do rei da Babilônia' ".
19Respondeu Ezequias ao profeta: "Boa é a
palavra do SENHOR que anunciaste", pois ele
entendeu que durante sua vida haveria paz
e segurança.
20Os demais acontecimentos do reinado de
Ezequias, todas as suas realizações, inclusive
a construção do açude e do túnel que canali-
zou água para a cidade, estão escritos no li-
vro dos registros históricos dos reis de Judá.
21Ezequias descansou com os seus antepassa-
dos, e seu filho Manassés foi o seu sucessor.

O reinado de Manassés, rei de Judá

21 Manassés tinha doze anos de idade quan-
do começou a reinar, e reinou cinquenta
e cinco anos em Jerusalém. O nome de sua
mãe era Hefzibá. 2Ele fez o que o SENHOR re-
prova, imitando as práticas detestáveis das
nações que o SENHOR havia expulsado de
diante dos israelitas. 3Reconstruiu os alta-
res idólatras que seu pai Ezequias havia de-
molido e também ergueu altares para Baal e
fez um poste sagrado para Aserá, como fizera
Acabe, rei de Israel. Inclinou-se diante de to-
dos os exércitos celestes e lhes prestou culto.
4Construiu altares no templo do SENHOR, do
qual este havia dito: "Em Jerusalém porei o
meu nome". 5Nos dois pátios do templo do
SENHOR ele construiu altares para todos os
exércitos celestes. 6Chegou a queimar o pró-
prio filho em sacrifício, praticou feitiçaria e
adivinhação e recorreu a médiuns e a quem
consultava os espíritos. Fez o que o SENHOR
reprova, provocando-o à ira.
7Ele tomou o poste sagrado que havia fei-
to e o pôs no templo, do qual o SENHOR ti-
nha dito a Davi e a seu filho Salomão: "Neste
templo e em Jerusalém, que escolhi dentre
todas as tribos de Israel, porei o meu nome
para sempre. 8Não farei os pés dos israelitas
andarem errantes novamente, longe da ter-
ra que dei aos seus antepassados, se tão so-
mente tiverem o cuidado de fazer tudo o que
lhes ordenei e de obedecer a toda a Lei que
meu servo Moisés lhes deu". 9Mas o povo não
quis ouvir. Manassés os desviou, ao ponto de
fazerem pior do que as nações que o SENHOR
havia destruído diante dos israelitas.
10E o SENHOR disse por meio dos seus ser-
vos, os profetas: 11"Manassés, rei de Judá,
cometeu esses atos repugnantes. Agiu pior
do que os amorreus que o antecederam e
também levou Judá a pecar com os ídolos
que fizera. 12Portanto, assim diz o SENHOR,
o Deus de Israel: Causarei uma tal desgra-
ça em Jerusalém e em Judá que os ouvidos
de quem ouvir a respeito ficarão zumbindo.
13Estenderei sobre Jerusalém o fio de medir

utilizado contra Samaria e o fio de prumo usado contra a família de Acabe. Limparei Jerusalém como se limpa um prato, lavando-o e virando-o de cabeça para baixo. 14Abandonarei o remanescente da minha herança e o entregarei nas mãos de seus inimigos. Serão despojados e saqueados por todos os seus adversários, 15pois fizeram o que eu reprovo e me provocaram à ira, desde o dia em que os seus antepassados saíram do Egito até hoje".

16Manassés também derramou tanto sangue inocente que encheu Jerusalém de um extremo ao outro; além disso levou Judá a cometer pecado e fazer o que o SENHOR reprova.

17Os demais acontecimentos do reinado de Manassés e todas as suas realizações, inclusive o pecado que cometeu, estão escritos no livro dos registros históricos dos reis de Judá. 18Manassés descansou com os seus antepassados e foi sepultado no jardim do seu palácio, o jardim de Uzá. E seu filho Amom foi o seu sucessor.

O reinado de Amom, rei de Judá

19Amom tinha vinte e dois anos de idade quando começou a reinar, e reinou dois anos em Jerusalém. O nome de sua mãe era Mesulemete, filha de Haruz; ela era de Jotbá. 20Ele fez o que o SENHOR reprova, como fizera Manassés, seu pai. 21Imitou o seu pai em tudo; prestou culto aos ídolos aos quais seu pai havia cultuado e inclinou-se diante deles. 22Abandonou o SENHOR, o Deus dos seus antepassados, e não andou no caminho do SENHOR.

23Os oficiais de Amom conspiraram contra ele e o assassinaram em seu palácio. 24Mas o povo matou todos os que haviam conspirado contra o rei Amom, e a seu filho Josias proclamou rei em seu lugar.

25Os demais acontecimentos do reinado de Amom e as suas realizações estão escritos no livro dos registros históricos dos reis de Judá. 26Ele foi sepultado em seu túmulo no jardim de Uzá. Seu filho Josias foi o seu sucessor.

O Livro da Lei é encontrado

22 Josias tinha oito anos de idade quando começou a reinar, e reinou trinta e um anos em Jerusalém. O nome de sua mãe era Jedida, filha de Adaías; ela era de Bozcate. 2Ele fez o que o SENHOR aprova e andou nos caminhos de Davi, seu predecessor, sem desviar-se nem para a direita nem para a esquerda.

3No décimo oitavo ano do seu reinado, o rei Josias enviou o secretário Safã, filho de Azalias e neto de Mesulão, ao templo do SENHOR, dizendo: 4"Vá ao sumo sacerdote Hilquias e mande-o ajuntar a prata que foi trazida ao templo do SENHOR, que os guardas das portas recolheram do povo. 5Eles deverão entregar a prata aos homens nomeados para supervisionar a reforma do templo, para poderem pagar os trabalhadores que fazem os reparos no templo do SENHOR: 6os carpinteiros, os construtores e os pedreiros. Além disso comprarão madeira e pedras lavradas para os reparos no templo. 7Mas eles não precisarão prestar contas da prata que lhes foi confiada, pois estão agindo com honestidade".

8Então o sumo sacerdote Hilquias disse ao secretário Safã: "Encontrei o Livro da Lei no templo do SENHOR". Ele o entregou a Safã, que o leu. 9O secretário Safã voltou ao rei e lhe informou: "Teus servos entregaram a prata que havia no templo do SENHOR e a confiaram aos trabalhadores e aos supervisores no

Até uma criança

O texto de Provérbios 20:11 diz: "Até a criança mostra o que é por suas ações; o seu procedimento revelará se ela é pura e justa". Josias tinha apenas oito anos quando se tornou rei sobre Judá. Leia sobre ele em 2Reis 22. Quantos anos você tem? Você consegue se imaginar sendo rei com essa idade?

Agora leia 2Reis 22:2 e responda: o que esse versículo lhe diz sobre Josias? Durante o dia de hoje, faça o que fizer, pense no jovem Josias. Você pode não ser um rei, mas não importa o quanto seja jovem, você pode fazer o que Deus quer.

Experimente!

2Reis 22

templo". 10E o secretário Safã acrescentou: "O
sacerdote Hilquias entregou-me um livro". E
Safã o leu para o rei.
11Assim que o rei ouviu as palavras do Livro
da Lei, rasgou suas vestes 12e deu estas ordens
ao sacerdote Hilquias, a Aicam, filho de Safã,
a Acbor, filho de Micaías, ao secretário Safã e
ao auxiliar real Asaías: 13"Vão consultar o SE-
NHOR por mim, pelo povo e por todo o Judá
acerca do que está escrito neste livro que foi
encontrado. A ira do SENHOR contra nós de-
ve ser grande, pois os nossos antepassados
não obedeceram às palavras deste livro, nem
agiram de acordo com tudo o que nele está
escrito a nosso respeito".
14O sacerdote Hilquias, Aicam, Acbor, Safã
e Asaías foram falar com a profetisa Hulda,
mulher de Salum, filho de Ticvá e neto de Ha-
rás, responsável pelo guarda-roupa do tem-
plo. Ela morava no bairro novo de Jerusalém.
15Ela lhes disse: "Assim diz o SENHOR, o
Deus de Israel: 'Digam ao homem que os en-
viou a mim 16que assim diz o SENHOR: Trarei
desgraça sobre este lugar e sobre os seus ha-
bitantes; tudo o que está escrito no livro que
o rei de Judá leu. 17Porque me abandonaram
e queimaram incenso a outros deuses, pro-
vocando a minha ira por meio de todos os
ídolos que as mãos deles têm feito[a], a chama
da minha ira arderá contra este lugar e não
será apagada'. 18Digam ao rei de Judá, que os
enviou para consultar o SENHOR: Assim diz
o SENHOR, o Deus de Israel, acerca das pala-
vras que você ouviu: 19'Já que o seu coração se
abriu e você se humilhou diante do SENHOR
ao ouvir o que falei contra este lugar e con-
tra os seus habitantes, que seriam arrasados
e amaldiçoados, e porque você rasgou as ves-
tes e chorou na minha presença, eu o ouvi',
declara o SENHOR. 20'Portanto, eu o reunirei
aos seus antepassados, e você será sepultado
em paz. Seus olhos não verão toda a desgraça
que vou trazer sobre este lugar' ".
Então eles levaram a resposta ao rei.

Josias renova a aliança

23 Depois disso, o rei convocou todas as
autoridades de Judá e de Jerusalém.
2Em seguida o rei subiu ao templo do SENHOR
acompanhado por todos os homens de Judá,
todo o povo de Jerusalém, os sacerdotes e os
profetas; todo o povo, dos mais simples aos
mais importantes[b]. Para todos o rei leu em
alta voz todas as palavras do Livro da Aliança

Você sabia?

O que era o Livro da Aliança?

23:2 O Livro da Aliança era provavelmente o livro de Deuteronômio das Bíblias de hoje. *Aliança* significa "acordo" ou "promessa". Josias e seu povo prometeram fazer o que Deus ordenara e o Senhor poderia, então, abençoar Judá.

que havia sido encontrado no templo do SE-
NHOR. 3O rei colocou-se junto à coluna real
e, na presença do SENHOR, fez uma aliança,
comprometendo-se a seguir o SENHOR e a obe-
decer de todo o coração e de toda a alma aos
seus mandamentos, aos seus preceitos e aos
seus decretos, confirmando assim as palavras
da aliança escritas naquele livro. Então todo o
povo se comprometeu com a aliança.
4O rei deu ordens ao sumo sacerdote Hil-
quias, aos sacerdotes auxiliares e aos guar-
das das portas que retirassem do templo do
SENHOR todos os utensílios feitos para Baal
e Aserá e para todos os exércitos celestes.
Ele os queimou fora de Jerusalém, nos cam-
pos do vale de Cedrom e levou as cinzas para
Betel. 5E eliminou os sacerdotes pagãos no-
meados pelos reis de Judá para queimarem
incenso nos altares idólatras das cidades de
Judá e dos arredores de Jerusalém, aqueles
que queimavam incenso a Baal, ao sol e à lua,
às constelações e a todos os exércitos celes-
tes. 6Também mandou levar o poste sagrado
do templo do SENHOR para o vale de Cedrom,
fora de Jerusalém, para ser queimado e redu-
zido a cinzas, que foram espalhadas sobre os
túmulos de um cemitério público. 7Também
derrubou as acomodações dos prostitutos
cultuais, que ficavam no templo do SENHOR,
onde as mulheres teciam para Aserá.
8Josias trouxe todos os sacerdotes das ci-
dades de Judá e, desde Geba até Berseba,
profanou os altares onde os sacerdotes ha-
viam queimado incenso. Derrubou os alta-
res idólatras junto às portas, inclusive o altar
da entrada da porta de Josué, o governador
da cidade, que fica à esquerda da porta da ci-
dade. 9Embora os sacerdotes dos altares não
servissem no altar do SENHOR em Jerusalém,

[a] 22:17 Ou *por meio de tudo o que eles têm feito*
[b] 23:2 Ou *dos mais jovens aos mais velhos*

comiam pães sem fermento junto com os sa-
cerdotes, seus colegas.
10 Também profanou Tofete, que ficava no
vale de Ben-Hinom, de modo que ninguém
mais pudesse usá-lo para sacrificar seu filho
ou sua filha a Moloque.[a] 11 Acabou com os ca-
valos, que os reis de Judá tinham consagrado
ao sol, e que ficavam na entrada do templo
do SENHOR, perto da sala de um oficial cha-
mado Natã-Meleque. Também queimou as
carruagens consagradas ao sol.
12 Derrubou os altares que os seus anteces-
sores haviam erguido no terraço, em cima
do quarto superior de Acaz, e os altares que
Manassés havia construído nos dois pátios do
templo do SENHOR. Retirou-os dali, despeda-
çou-os e atirou o entulho no vale de Cedrom.
13 O rei também profanou os altares que fica-
vam a leste de Jerusalém, ao sul do monte da
Destruição[b], os quais Salomão, rei de Israel,
havia construído para Astarote, a detestável
deusa dos sidônios, para Camos, o detestável
deus de Moabe, e para Moloque, o detestável
deus do povo de Amom. 14 Josias despedaçou
as colunas sagradas, derrubou os postes sa-
grados e cobriu os locais com ossos humanos.
15 Até o altar de Betel, o altar idólatra edifi-
cado por Jeroboão, filho de Nebate, que levou
Israel a pecar; até aquele altar e o seu santuá-
rio ele os demoliu. Queimou o santuário e o
reduziu a pó, queimando também o poste sa-
grado. 16 Quando Josias olhou em volta e viu
os túmulos que havia na encosta da colina,
mandou retirar os ossos dos túmulos e quei-
má-los no altar a fim de contaminá-lo, con-
forme a palavra do SENHOR proclamada pelo
homem de Deus que predisse essas coisas.
17 O rei perguntou: "Que monumento é este
que estou vendo?"

Os homens da cidade disseram: "É o tú-
mulo do homem de Deus que veio de Judá e
proclamou estas coisas que tu fizeste ao al-
tar de Betel".
18 Então ele disse: "Deixem-no em paz. Nin-
guém toque nos seus ossos". Assim poupa-
ram seus ossos bem como os do profeta que
tinha vindo de Samaria.
19 Como havia feito em Betel, Josias tirou e
profanou todos os santuários idólatras que
os reis de Israel haviam construído nas ci-
dades de Samaria e que provocaram a ira do
SENHOR. 20 Josias também mandou sacrificar
todos os sacerdotes daqueles altares idólatras
e queimou ossos humanos sobre os altares.
Depois voltou a Jerusalém.
21 Então o rei deu a seguinte ordem a todo
o povo: "Celebrem a Páscoa ao SENHOR, o seu
Deus, conforme está escrito neste Livro da
Aliança". 22 Nem nos dias dos juízes que lide-
raram Israel, nem durante todos os dias dos
reis de Israel e dos reis de Judá, foi celebrada
uma Páscoa como esta. 23 Mas no décimo oita-
vo ano do reinado de Josias, esta Páscoa foi
celebrada ao SENHOR em Jerusalém.
24 Além disso, Josias eliminou os médiuns,
os que consultavam espíritos, os ídolos da fa-
mília, os outros ídolos e todas as outras coisas
repugnantes que havia em Judá e em Jerusa-
lém. Ele fez isto para cumprir as exigências da
Lei escritas no livro que o sacerdote Hilquias
havia descoberto no templo do SENHOR. 25 Nem
antes nem depois de Josias houve um rei co-
mo ele, que se voltasse para o SENHOR de todo
o coração, de toda a alma e de todas as suas
forças, de acordo com toda a Lei de Moisés.
26 Entretanto, o SENHOR manteve o furor de
sua grande ira, que se acendeu contra Judá
por causa de tudo o que Manassés fizera para
provocar a sua ira. 27 Por isso o SENHOR disse:
"Também retirarei Judá da minha presença,
tal como retirei Israel, e rejeitarei Jerusalém,
a cidade que escolhi, e este templo, do qual
eu disse: 'Ali porei o meu nome' ".
28 Os demais acontecimentos do reinado de
Josias e todas as suas realizações estão escri-
tos no livro dos registros históricos dos reis
de Judá.
29 Durante o seu reinado, o faraó Neco, rei
do Egito, avançou até o rio Eufrates ao encon-
tro do rei da Assíria. O rei Josias marchou pa-
ra combatê-lo, mas o faraó Neco o enfrentou
e o matou em Megido. 30 Os oficiais de Josias
levaram o seu corpo de Megido para Jerusa-
lém e o sepultaram em seu próprio túmulo.
O povo tomou Jeoacaz, filho de Josias, un-
giu-o e o proclamou rei no lugar de seu pai.

O reinado de Jeoacaz, rei de Judá

31 Jeoacaz tinha vinte e três anos de idade
quando começou a reinar, e reinou três me-
ses em Jerusalém. O nome de sua mãe era
Hamutal, filha de Jeremias; ela era de Libna.
32 Ele fez o que o SENHOR reprova, tal como os
seus antepassados. 33 O faraó Neco o prendeu
em Ribla, na terra de Hamate,[c] de modo que
não mais reinou em Jerusalém. O faraó
também impôs a Judá um tributo de três

[a] 23:10 Ou *Moloque, fazendo-os passar pelo fogo*
[b] 23:13 Isto é, o monte das Oliveiras.
[c] 23:33 A Septuaginta diz *Neco, em Ribla de Hamate, o levou.* Veja 2Cr 36:3.

toneladas e meia[a] de prata e trinta e cinco
quilos de ouro. 34Colocou Eliaquim, filho de
Josias, como rei no lugar do seu pai Josias, e
mudou o nome de Eliaquim para Jeoaquim.
Mas levou Jeoacaz consigo para o Egito, onde
ele morreu. 35Jeoaquim pagou ao faraó Neco
a prata e o ouro. Mas, para cumprir as exi-
gências do faraó, Jeoaquim impôs tributos
ao povo, cobrando a prata e o ouro de cada
um conforme suas posses.

O reinado de Jeoaquim, rei de Judá

36Jeoaquim tinha vinte e cinco anos de ida-
de quando começou a reinar, e reinou on-
ze anos em Jerusalém. O nome de sua mãe
era Zebida, filha de Pedaías; ela era de Ruma.
37Ele fez o que o SENHOR reprova, tal como os
seus antepassados.

24 Durante o reinado de Jeoaquim, Nabu-
codonosor, rei da Babilônia, invadiu o
país, e Jeoaquim tornou-se seu vassalo por
três anos. Então ele voltou atrás e rebelou-
-se contra Nabucodonosor. 2O SENHOR enviou
contra ele tropas babilônicas[b], aramaicas,
moabitas e amonitas para destruir Judá, de
acordo com a palavra do SENHOR proclamada
por seus servos, os profetas. 3Isso aconteceu
a Judá conforme a ordem do SENHOR, a fim
de removê-los da sua presença, por causa de
todos os pecados que Manassés cometeu, 4in-
clusive o derramamento de sangue inocente.
Pois ele havia enchido Jerusalém de sangue
inocente, e o SENHOR não o quis perdoar.

5Os demais acontecimentos do reinado de
Jeoaquim e todas as suas realizações estão
escritos no livro dos registros históricos dos
reis de Judá. 6Jeoaquim descansou com os
seus antepassados. Seu filho Joaquim foi o
seu sucessor.

7O rei do Egito não mais se atreveu a sair
com seu exército de suas próprias fronteiras,
pois o rei da Babilônia havia ocupado todo o
território entre o ribeiro do Egito e o rio Eu-
frates, que antes pertencera ao Egito.

O reinado de Joaquim, rei de Judá

8Joaquim tinha dezoito anos de idade
quando começou a reinar, e reinou três meses
em Jerusalém. O nome da sua mãe era Neus-
ta, filha de Elnatã; ela era de Jerusalém. 9Ele
fez o que o SENHOR reprova, tal como seu pai.

10Naquela ocasião os oficiais de Nabuco-
donosor, rei da Babilônia, avançaram até
Jerusalém e a cercaram. 11Enquanto os seus
oficiais a cercavam, o próprio Nabucodono-
sor veio à cidade. 12Então Joaquim, rei de Ju-
dá, sua mãe, seus conselheiros, seus nobres
e seus oficiais se entregaram; todos se ren-
deram a ele.

No oitavo ano do reinado do rei da Babi-
lônia, Nabucodonosor levou Joaquim como
prisioneiro. 13Conforme o SENHOR tinha de-
clarado, ele retirou todos os tesouros do tem-
plo do SENHOR e do palácio real, quebrando
todos os utensílios de ouro que Salomão, rei
de Israel, fizera para o templo do SENHOR.
14Levou para o exílio toda Jerusalém: todos
os líderes e os homens de combate, todos os
artesãos e artífices. Era um total de dez mil
pessoas; só ficaram os mais pobres.

15Nabucodonosor levou prisioneiro Joa-
quim para a Babilônia. Também levou de Je-
rusalém para a Babilônia a mãe do rei, suas
mulheres, seus oficiais e os líderes do país.
16O rei da Babilônia também deportou para a
Babilônia toda a força de sete mil homens de
combate, homens fortes e preparados para a
guerra, e mil artífices e artesãos. 17Fez Mata-
nias, tio de Joaquim, reinar em seu lugar, e
mudou seu nome para Zedequias.

O reinado de Zedequias, rei de Judá

18Zedequias tinha vinte e um anos de ida-
de quando começou a reinar, e reinou onze
anos em Jerusalém. O nome de sua mãe era
Hamutal, filha de Jeremias; ela era de Libna.
19Ele fez o que o SENHOR reprova, tal como fi-
zera Jeoaquim. 20Por causa da ira do SENHOR
tudo isso aconteceu a Jerusalém e a Judá; por
fim ele os lançou para longe da sua presença.

A queda de Jerusalém

Ora, Zedequias rebelou-se contra o rei da
Babilônia.

Você sabia?

O que aconteceu à nação de Judá?

24:20 Os últimos reis de Judá foram maus e afastaram o povo do caminho de Deus. Para puni-los, Deus permitiu que os babilônios atacassem Jerusalém. Então, a cidade foi destruída e as pessoas foram levadas cativas para Babilônia ou fugiram para o Egito.

[a] 23:33 Hebraico: *100 talentos*. Um talento equivalia a 35 quilos.
[b] 24:2 Ou *caldaicas*

25 Então, no nono ano do reinado de Zedequias, no décimo dia do décimo mês, Nabucodonosor, rei da Babilônia, marchou contra Jerusalém com todo o seu exército. Ele acampou em frente da cidade e construiu rampas de ataque ao redor dela. 2A cidade foi mantida sob cerco até o décimo primeiro ano do reinado de Zedequias. 3No nono dia do quarto mês, a fome na cidade havia se tornado tão rigorosa que não havia nada para o povo comer. 4Então o muro da cidade foi rompido, e todos os soldados fugiram de noite pela porta entre os dois muros próximos ao jardim do rei, embora os babilônios[a] estivessem em torno da cidade. Fugiram na direção da Arabá[b], 5mas o exército babilônio perseguiu o rei e o alcançou nas planícies de Jericó. Todos os seus soldados o abandonaram, 6e ele foi capturado. Foi levado ao rei da Babilônia, em Ribla, onde pronunciaram a sentença contra ele. 7Executaram os filhos de Zedequias na sua frente, furaram os seus olhos, prenderam-no com algemas de bronze e o levaram para a Babilônia.

8No sétimo dia do quinto mês do décimo nono ano do reinado de Nabucodonosor, rei da Babilônia, Nebuzaradã, comandante da guarda imperial, conselheiro do rei da Babilônia, foi a Jerusalém. 9Incendiou o templo do SENHOR, o palácio real, todas as casas de Jerusalém e todos os edifícios importantes. 10Todo o exército babilônio que acompanhava Nebuzaradã derrubou os muros de Jerusalém. 11E ele levou para o exílio o povo que sobrou na cidade, os que passaram para o lado do rei da Babilônia e o restante da população. 12Mas o comandante deixou para trás alguns dos mais pobres do país, para trabalharem nas vinhas e nos campos.

13Os babilônios destruíram as colunas de bronze, os suportes e o tanque de bronze que estavam no templo do SENHOR, e levaram o bronze para a Babilônia. 14Também levaram as panelas, as pás, os cortadores de pavio, as vasilhas e todos os utensílios de bronze utilizados no serviço do templo. 15O comandante da guarda imperial levou os incensários e as bacias de aspersão, tudo o que era feito de ouro puro ou de prata.

16As duas colunas, o tanque e os suportes, que Salomão fizera para o templo do SENHOR, eram mais do que podia ser pesado. 17Cada coluna tinha oito metros e dez centímetros[c] de altura. O capitel de bronze no alto de cada coluna tinha um metro e trinta e cinco centímetros de altura e era decorado com uma fileira de romãs de bronze ao redor.

18O comandante da guarda levou como prisioneiros o sumo sacerdote Seraías, Sofonias, o segundo sacerdote, e os três guardas da porta. 19Dos que ainda estavam na cidade, ele levou o oficial responsável pelos homens de combate e cinco conselheiros reais. Também levou o secretário, principal líder responsável pelo alistamento militar no país, e sessenta homens do povo. 20O comandante Nebuzaradã levou todos ao rei da Babilônia, em Ribla. 21Lá, em Ribla, na terra de Hamate, o rei mandou executá-los.

Assim Judá foi para o exílio, para longe da sua terra.

22Nabucodonosor, rei da Babilônia, nomeou Gedalias, filho de Aicam e neto de Safã, como governador do povo que havia sido deixado em Judá. 23Quando Ismael, filho de Netanias, Joanã, filho de Careá, Seraías, filho do netofatita Tanumete, e Jazanias, filho de um maacatita, todos os líderes do exército, souberam que o rei da Babilônia havia nomeado Gedalias como governador, eles e os seus soldados foram falar com Gedalias em Mispá. 24Gedalias fez um juramento a esses líderes e a seus soldados, dizendo: “Não tenham medo dos oficiais babilônios. Estabeleçam-se nesta terra e sirvam o rei da Babilônia, e tudo lhes irá bem”.

25Mas no sétimo mês, Ismael, filho de Netanias e neto de Elisama, que tinha sangue real, foi com dez homens e assassinou Gedalias e os judeus e os babilônios que estavam com ele em Mispá. 26Então todo o povo, desde as crianças até os velhos, inclusive os líderes do exército, fugiram para o Egito, com medo dos babilônios.

Joaquim é libertado da prisão

27No trigésimo sétimo ano do exílio de Joaquim, rei de Judá, no ano em que Evil-Merodaque[d] se tornou rei da Babilônia, ele tirou Joaquim da prisão, no vigésimo sétimo dia do décimo segundo mês. 28Ele o tratou com bondade e deu-lhe o lugar mais honrado entre os outros reis que estavam com ele na Babilônia. 29Assim, Joaquim deixou suas vestes de prisão e pelo resto de sua vida comeu à mesa do rei. 30E diariamente, enquanto viveu, Joaquim recebeu uma pensão do rei.

[a] 25:4 Ou *caldeus*; também nos versículos 5, 10, 13 e 24-26.
[b] 25:4 Ou *direção do vale do Jordão*
[c] 25:17 Hebraico: *18 côvados*. O côvado era uma medida linear de cerca de 45 centímetros.
[d] 25:27 Também chamado *Amel-Marduque*.

1 Crônicas

Quem escreveu este livro?

O autor deste livro é desconhecido, mas muitos acreditam que foi escrito por Esdras.

Por que este livro foi escrito?

O Primeiro Livro das Crônicas dá a avaliação de Deus sobre o governo de Davi.

O que acontece neste livro?

Davi torna-se rei de Israel, derrota os inimigos e trabalha para tornar Israel uma nação poderosa.

O que aprendemos sobre Deus neste livro?

Deus dá às pessoas que o servem muitas habilidades diferentes.

Quem é o personagem principal deste livro?

A pessoa mais importante neste livro é Davi.

Quando isto aconteceu?

Os acontecimentos deste livro sucederam entre 1010 a.C. e 970 a.C.

Onde isto aconteceu?

Estes acontecimentos se passaram na terra de Israel, unida por Davi como uma poderosa nação. (Veja o *Índice de mapas*, ao final desta Bíblia, para saber onde fica Israel.)

Algumas histórias deste livro:

A arca vai para Jerusalém	1Crônicas 15
A promessa de Deus para Davi	1Crônicas 17
Davi conta seu exército	1Crônicas 21
Os planos de Davi para o templo	1Crônicas 28

A descendência de Adão

1 Adão, Sete, Enos,
2 Cainã, Maalaleel, Jarede,
3 Enoque, Matusalém, Lameque, Noé.
4 Estes foram os filhos de Noé[a]:
Sem, Cam e Jafé.

Os descendentes dos filhos de Noé

5 Estes foram os filhos[b] de Jafé:
Gômer, Magogue, Madai, Javã,
Tubal, Meseque e Tirás.
6 Estes foram os filhos de Gômer:
Asquenaz, Rifate[c] e Togarma.
7 Estes foram os filhos de Javã:
Elisá, Társis, Quitim e Rodanim[d].

8 Estes foram os filhos de Cam:
Cuxe, Mizraim[e], Fute e Canaã.
9 Estes foram os filhos de Cuxe:
Sebá, Havilá, Sabtá, Raamá e Sabtecá.
Estes foram os filhos de Raamá:
Sabá e Dedã.
10 Cuxe gerou[f] Ninrode,
o primeiro homem poderoso na terra.
11 Mizraim gerou os luditas, os anamitas,
os leabitas, os naftuítas,
12 os patrusitas, os casluítas,
dos quais se originaram os filisteus
e os caftoritas.
13 Canaã gerou Sidom,
seu filho mais velho[g], e Hete[h],
14 como também os jebuseus,
os amorreus, os girgaseus,
15 os heveus, os arqueus, os sineus,
16 os arvadeus, os zemareus
e os hamateus.

17 Estes foram os filhos de Sem:
Elão, Assur, Arfaxade, Lude e Arã.
Estes foram os filhos de Arã:[i]
Uz, Hul, Géter e Meseque.
18 Arfaxade gerou Salá,
e este gerou Héber.
19 A Héber nasceram dois filhos:
um deles se chamou Pelegue[j],
porque em sua época
a terra foi dividida;
seu irmão chamou-se Joctã.
20 Joctã gerou Almodá, Salefe,
Hazarmavé, Jerá,
21 Adorão, Uzal, Dicla,
22 Obal[k], Abimael, Sabá,
23 Ofir, Havilá e Jobabe.
Todos esses foram filhos de Joctã.

A descendência de Sem

24 Sem, Arfaxade[l], Salá,
25 Héber, Pelegue, Reú,
26 Serugue, Naor, Terá,
27 e Abrão, que é Abraão.

Os descendentes de Abraão

28 Estes foram os filhos de Abraão:
Isaque e Ismael.
29 Foram estes os seus descendentes:
Nebaiote, o filho mais velho de Ismael,
Quedar, Adbeel, Mibsão,
30 Misma, Dumá, Massá, Hadade, Temá,
31 Jetur, Nafis e Quedemá.
Esses foram os filhos de Ismael.
32 Estes foram os filhos de Abraão
com sua concubina Quetura:
Zinrã, Jocsã, Medã, Midiã,
Isbaque e Suá.
Foram estes os filhos de Jocsã:
Sabá e Dedã.
33 Foram estes os filhos de Midiã:
Efá, Éfer, Enoque, Abida e Elda.
Todos esses foram
descendentes de Quetura.
34 Abraão gerou Isaque.
Estes foram os filhos de Isaque:
Esaú e Israel.

[a] 1:4 Conforme a Septuaginta. O Texto Massorético não traz *os filhos de Noé*.
[b] 1:5 *Filhos* pode significar *descendentes* ou *sucessores* ou *nações*; também nos versículos 6, 9, 17 e 23.
[c] 1:6 Muitos manuscritos dizem *Difate*.
[d] 1:7 Muitos manuscritos dizem *Dodanim*.
[e] 1:8 Isto é, Egito; também no versículo 11.
[f] 1:10 *Gerar* pode ter o sentido de *ser ancestral* ou *ser predecessor*; também nos versículos 11, 13, 18 e 20.
[g] 1:13 Ou *os sidônios, os primeiros*
[h] 1:13 Ou *e os hititas*
[i] 1:17 Muitos manuscritos não trazem essa linha. Veja Gn 10:23.
[j] 1:19 *Pelegue* significa *divisão*.
[k] 1:22 Muitos manuscritos dizem *Ebal*.
[l] 1:24 Conforme o Texto Massorético. Alguns manuscritos da Septuaginta dizem *Arfaxade, Cainã*. Veja Gn 11:12-13.

Você sabia?

Quem são todas estas pessoas?

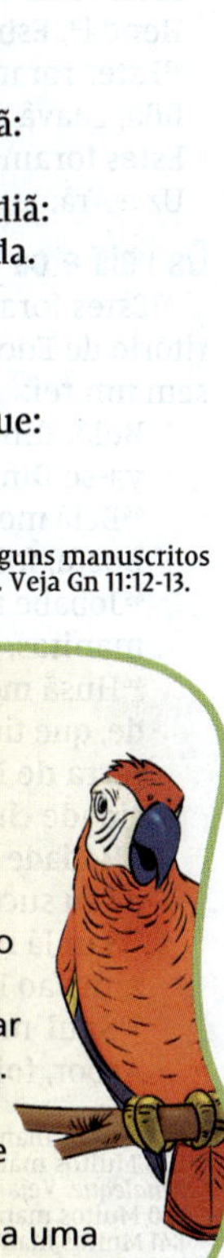

1:18 Os nomes aqui listados são da linhagem familiar do rei Davi. As listas fazem o caminho de volta até chegar a Adão, o primeiro homem. Essas pessoas podem significar apenas um monte de nomes para você, mas Deus amou e conheceu cada uma delas.

Os descendentes de Esaú

35Estes foram os filhos de Esaú:
Elifaz, Reuel, Jeús, Jalão e Corá.
36Estes foram os filhos de Elifaz:
Temã, Omar, Zefô[a], Gaetã e Quenaz;
e Amaleque, de Timna,
sua concubina[b].
37Estes foram os filhos de Reuel:
Naate, Zerá, Samá e Mizá.

Os descendentes de Seir

38Estes foram os filhos de Seir:
Lotã, Sobal, Zibeão, Aná,
Disom, Ézer e Disã.
39Estes foram os filhos de Lotã:
Hori e Homã.

Lotã tinha uma irmã chamada Timna.

40Estes foram os filhos de Sobal:
Alvã[c], Manaate, Ebal, Sefô e Onã.
Estes foram os filhos de Zibeão:
Aiá e Aná.
41Este foi o filho de Aná: Disom.
Estes foram os filhos de Disom:
Hendã[d], Esbã, Itrã e Querã.
42Estes foram os filhos de Ézer:
Bilã, Zaavã e Acã[e].
Estes foram os filhos de Disã[f]:
Uz e Arã.

Os reis e os chefes de Edom

43Estes foram os reis que reinaram no ter-
ritório de Edom antes que os israelitas tives-
sem um rei:

Belá, filho de Beor. Sua cidade chama-
va-se Dinabá.
44Belá morreu, e Jobabe, filho de Zerá, de
Bozra, foi o seu sucessor.
45Jobabe morreu, e Husã, da terra dos te-
manitas, foi o seu sucessor.
46Husã morreu, e Hadade, filho de Beda-
de, que tinha derrotado os midianitas na
terra de Moabe, foi o seu sucessor. Sua
cidade chamava-se Avite.
47Hadade morreu, e Samlá de Masreca foi
o seu sucessor.
48Samlá morreu, e Saul, de Reobote, pró-
xima ao Eufrates[g], foi o seu sucessor.
49Saul morreu, e Baal-Hanã, filho de
Acbor, foi o seu sucessor.
50Baal-Hanã morreu, e Hadade foi o seu
sucessor. Sua cidade chamava-se Paú, [h]e
o nome de sua mulher era Meetabel, fi-
lha de Matrede e neta de Mezaabe.

51Após a morte de Hadade, Edom foi gover-
nada pelos seguintes chefes:

Timna, Alva, Jetete, 52Oolibama, Elá, Pi-
nom, 53Quenaz, Temã, Mibzar, 54Magdiel
e Irã. Foram esses os chefes de Edom.

Os filhos de Israel

2 Estes foram os filhos de Israel:
Rúben, Simeão, Levi, Judá, Issacar, Zebu-
lom, 2Dã, José, Benjamim, Naftali, Gade e
Aser.

Os descendentes de Judá

3Estes foram os filhos de Judá:
Er, Onã e Selá. Ele teve esses três filhos com
uma mulher cananeia, a filha de Suá. Mas
o SENHOR reprovou a conduta perversa de
Er, filho mais velho de Judá, e por isso o
matou. 4Tamar, nora de Judá, deu-lhe os fi-
lhos Perez e Zerá. A Judá nasceram ao todo
cinco filhos.

5Estes foram os filhos de Perez:
Hezrom e Hamul.
6Estes foram os filhos de Zerá:
Zinri, Etã, Hemã, Calcol e Darda[i]. Foram cin-
co ao todo.
7O filho de Carmi foi Acar[j]. Ele causou des-
graça a Israel ao violar a proibição de se
apossar das coisas consagradas.
8Este foi o filho de Etã: Azarias.
9Os filhos que nasceram a Hezrom foram
Jerameel, Rão e Calebe[k].

10Rão gerou Aminadabe, e Aminadabe
gerou Naassom, o líder da tribo de Judá.
11Naassom gerou Salmom[l], Salmom gerou
Boaz, 12Boaz gerou Obede, e Obede gerou
Jessé. 13Jessé gerou Eliabe, o seu filho mais
velho; o segundo foi Abinadabe, o terceiro
Simeia, 14o quarto Natanael, o quinto Ra-
dai, 15o sexto Ozém, e o sétimo Davi. 16As
irmãs deles foram Zeruia e Abigail. Os três
filhos de Zeruia foram Abisai, Joabe e Asael.
17Abigail deu à luz Amasa, filho do ismae-
lita Jéter.

18Calebe, filho de Hezrom, teve, com sua
mulher Azuba, uma filha chamada Jeriote.

[a] 1:36 Muitos manuscritos dizem *Zefi*. Veja Gn 36:11.
[b] 1:36 Muitos manuscritos dizem *Gaetã, Quenaz, Timna e Amaleque*. Veja Gn 36:12.
[c] 1:40 Muitos manuscritos dizem *Aliã*. Veja Gn 36:23.
[d] 1:41 Muitos manuscritos dizem *Hanrão*. Veja Gn 36:26.
[e] 1:42 Muitos manuscritos dizem *Jaacã*. Veja Gn 36:27.
[f] 1:42 Hebraico: *Disom*, variante de *Disã*.
[g] 1:48 Hebraico: *ao Rio*.
[h] 1:50 Muitos manuscritos dizem *Paí*. Veja Gn 36:39.
[i] 2:6 Muitos manuscritos dizem *Dara*. Veja 1Rs 4:31.
[j] 2:7 *Acar*, também conhecido por *Acã*, significa *desgraça*. Veja Js 7:1.
[k] 2:9 Hebraico: *Quelubai*, variante de *Calebe*.
[l] 2:11 Conforme a Septuaginta. O Texto Massorético diz *Salma*. Veja Rt 4:21.

Estes foram os filhos de Azuba: Jeser, So-
babe e Ardom. 19Quando Azuba morreu,
Calebe tomou por mulher a Efrate, com
quem teve Hur. 20Hur gerou Uri, e Uri ge-
rou Bezalel.
21Depois disso, Hezrom, aos sessenta anos,
tomou por mulher a filha de Maquir, pai[a]
de Gileade, e ela deu-lhe um filho chamado
Segube. 22Segube gerou Jair, que governou
vinte e três cidades em Gileade. 23Gesur e
Arã conquistaram Havote-Jair[b], bem como
Quenate e os povoados ao redor; ao todo
sessenta cidades. Todos esses foram descen-
dentes de Maquir, pai de Gileade.

24Depois que Hezrom morreu em Calebe-
-Efrata, Abia, a mulher de Hezrom, deu-lhe
Asur, fundador[c] de Tecoa.
25Estes foram os filhos de Jerameel, o filho
mais velho de Hezrom:
Rão, o mais velho, Buna, Orém, Ozém e
Aías[d]. 26Jerameel teve outra mulher, cha-
mada Atara, que foi a mãe de Onã.
27Estes foram os filhos de Rão, o filho mais
velho de Jerameel:
Maaz, Jamim e Equer.
28Estes foram os filhos de Onã:
Samai e Jada.
Estes foram os filhos de Samai:
Nadabe e Abisur.
29O nome da mulher de Abisur era Abiail.
Ela deu-lhe dois filhos: Abã e Molide.
30Estes foram os filhos de Nadabe:
Selede e Apaim. Selede morreu sem filhos.
31O filho de Apaim foi Isi,
pai de Sesã, pai de Alai.
32Estes foram os filhos de Jada, irmão de
Samai:
Jéter e Jônatas. Jéter morreu sem filhos.
33Estes foram os filhos de Jônatas:
Pelete e Zaza.
Foram esses os descendentes de Jerameel.
34Sesã não teve filhos, apenas filhas. Tinha
ele um escravo egípcio chamado Jará, 35a
quem deu uma de suas filhas por mulher.
E ela deu-lhe um filho chamado Atai.
36Atai gerou Natã, Natã gerou Zabade, 37Za-
bade gerou Eflal, Eflal gerou Obede, 38Obe-
de gerou Jeú, Jeú gerou Azarias, 39Azarias
gerou Helez, Helez gerou Eleasa, 40Eleasa
gerou Sismai, Sismai gerou Salum, 41Salum
gerou Jecamias, e Jecamias gerou Elisama.

42Estes foram os filhos de Calebe, irmão de
Jerameel:
Messa, o mais velho, que foi o pai de Zife, e
seu filho Maressa, pai de Hebrom.
43Estes foram os filhos de Hebrom:
Corá, Tapua, Requém e Sema. 44Sema gerou
Raão, pai de Jorqueão. Requém gerou Sa-
mai. 45O filho de Samai foi Maom, e Maom
foi o pai de Bete-Zur.
46A concubina de Calebe, Efá, teve três fi-
lhos: Harã, Mosa e Gazez. Harã gerou Gazez.
47Estes foram os filhos de Jadai:
Regém, Jotão, Gesã, Pelete, Efá e Saafe.
48A concubina de Calebe, Maaca, teve dois
filhos: Seber e Tiraná.
49Ela também teve Saafe, pai de Madmana,
e Seva, pai de Macbena e de Gibeá. A filha
de Calebe chamava-se Acsa.
50Calebe teve também estes outros descen-
dentes.
Os filhos de Hur, o filho mais velho de Efra-
te:
Sobal, fundador de Quiriate-Jearim, 51Sal-
ma, fundador de Belém, e Harefe, funda-
dor de Bete-Gader.
52Os descendentes de Sobal, fundador de
Quiriate-Jearim:
O povo de Haroé, metade dos manaatitas,
53e os clãs de Quiriate-Jearim: os itritas, os
fateus, os sumateus e os misraeus. Desses
descenderam os zoratitas e os estaoleus.
54Os descendentes de Salma:
O povo de Belém e de Atarote-Bete-Joabe,
os netofatitas, metade dos manaatitas, os
zoreus, 55e os clãs dos escribas[e] que viviam
em Jabez: os tiratitas, os simeatitas e os su-
catitas. Esses foram os queneus, descenden-
tes de Hamate, antepassado da família de
Recabe[f].

Os filhos de Davi

3 Estes foram os filhos de Davi nascidos em
Hebrom:
O seu filho mais velho era Amnom, filho de
Ainoã de Jezreel;
o segundo, Daniel, de Abigail, de Carmelo;
2o terceiro, Absalão, de Maaca, filha de Tal-
mai, rei de Gesur;
o quarto, Adonias, de Hagite;
3o quinto, Sefatias, de Abital;
e o sexto, Itreão, de sua mulher Eglá.

4São esses os seis filhos de Davi que nasce-
ram em Hebrom, onde ele reinou sete anos e

[a] 2:21 *Pai* pode significar *líder civil* ou *líder militar*; também no restante do capítulo. Veja 2:24, 4:4, 4:5 e 8:29.
[b] 2:23 Ou *os povoados de Jair*
[c] 2:24 Hebraico: *pai*; também nos versículos 50-52. Veja 2:21, 4:4, 4:5 e 8:29.
[d] 2:25 Ou *por meio de Aías*
[e] 2:55 Ou *dos soferitas*
[f] 2:55 Ou *Bete-Recabe*

seis meses. E, em Jerusalém, 5onde Davi rei-
nou trinta e três anos, nasceram-lhe os se-
guintes filhos:

Simeia, Sobabe, Natã e Salomão, os qua-
tro filhos que ele teve com Bate-Seba[a], fi-
lha de Amiel. 6Davi teve ainda mais nove
filhos: Ibar, Elisua[b], Elpalete, 7Nogá, Nefe-
gue, Jafia, 8Elisama, Eliada e Elifelete. 9To-
dos esses foram filhos de Davi, além dos
que teve com suas concubinas, e a filha Ta-
mar, irmã deles.

Os reis de Judá

10O filho de Salomão foi Roboão;
o filho de Roboão foi Abias;
o filho de Abias, Asa;
o filho de Asa, Josafá;
11o filho de Josafá, Jeorão;
o filho de Jeorão, Acazias;
o filho de Acazias, Joás;
12o filho de Joás, Amazias;
o filho de Amazias, Azarias;
o filho de Azarias, Jotão;
13o filho de Jotão, Acaz;
o filho de Acaz, Ezequias;
o filho de Ezequias, Manassés;
14o filho de Manassés, Amom;
o filho de Amom, Josias.
15Os filhos de Josias foram:
Joanã, o primeiro,
Jeoaquim, o segundo,
Zedequias, o terceiro,
e Salum, o quarto.
16Os sucessores de Jeoaquim foram:
Joaquim[c] e Zedequias.

A linhagem real após o exílio

17Estes foram os filhos de Joaquim, que foi
levado para o cativeiro:
Sealtiel, 18Malquirão, Pedaías,
Senazar, Jecamias, Hosama e Nedabias.
19Estes foram os filhos de Pedaías:
Zorobabel e Simei.
Estes foram os filhos de Zorobabel:
Mesulão, Hananias e
Selomite, irmã deles.
20Teve ainda mais cinco filhos:
Hasubá, Oel, Berequias,
Hasadias e Jusabe-Hesede.
21Estes foram os descendentes de Hananias:
Pelatias e Jesaías, e os filhos de Refaías,
de Arnã, de Obadias e de Secanias.
22Estes foram os descendentes de Secanias:
Semaías e seus filhos Hatus, Igal, Bariá,
Nearias e Safate; seis descendentes ao todo.
23Estes foram os três filhos de Nearias:
Elioenai, Ezequias e Azricão.
24Estes foram os sete filhos de Elioenai:
Hodavias, Eliasibe, Pelaías, Acube,
Joanã, Delaías e Anani.

[a] 3:5 Muitos manuscritos dizem *Bate-Sua*. Veja 2Sm 11:3.
[b] 3:6 Muitos manuscritos dizem *Elisama*. Veja 2Sm 5:15 e 1Cr 14:5.
[c] 3:16 Hebraico: *Jeconias*, também conhecido como *Joaquim*; também no versículo 17.

Seu galho na árvore genealógica

Experimente!

As listas de nomes na Bíblia parecem muito chatas, mas o povo hebreu tinha orgulho de seus antepassados. Eles mantinham registros cuidadosos chamados de genealogias, listando os avós, bisavós, tataravós, e assim por diante.

Hoje chamamos os registros genealógicos de "árvores genealógicas". Faça uma árvore genealógica em uma pequena árvore artificial de Natal ou algum outro tipo de suporte e peça para seus pais o ajudarem a conseguir fotos de cada pessoa da família. Prenda as fotografias à sua árvore genealógica e, na parte de trás da foto, escreva um fato interessante sobre aquela pessoa.

Depois escolha com seus pais um título para sua árvore genealógica, que pode ser algo como "trabalhadores dedicados" ou "fazendeiros Mendonça" ou "ajudadores de Souza" ou, ainda, "cristãos de oração". Escolha um título que diga algo sobre sua família.

1Crônicas 3:1-16

Os outros descendentes de Judá

4 Estes também foram os descendentes de
Judá:
Perez, Hezrom, Carmi, Hur e Sobal.
2Reaías, filho de Sobal, gerou Jaate, e Jaate
gerou Aumai e Laade. Esses foram os clãs
dos zoratitas.
3Estes foram os filhos[a] de Etã:
Jezreel, Isma e Idbás. A irmã deles chama-
va-se Hazelelponi. 4E ainda Penuel, pai[b] de
Gedor, e Ézer, pai de Husá. Esses foram os
descendentes de Hur, o filho mais velho de
Efrate e pai de Belém.
5Asur, fundador[c] de Tecoa, teve duas mu-
lheres: Helá e Naará.
6Naará lhe deu Auzã, Héfer, Temeni e Haas-
tari. Esses foram os filhos de Naará.
7Estes foram os filhos de Helá:
Zerete, Zoar, Etnã 8e Coz, que gerou Anube
e Zobeba e os clãs de Aarel, filho de Harum.

9Jabez foi o homem mais respeitado de sua
família. Sua mãe lhe deu o nome de Jabez,
dizendo: "Com muitas dores o dei à luz".
10Jabez orou ao Deus de Israel: "Ah, abençoa-
-me e aumenta as minhas terras! Que a tua
mão esteja comigo, guardando-me de males
e livrando-me de dores". E Deus atendeu ao
seu pedido.

11Quelube, irmão de Suá, gerou Meir, pai
de Estom. 12Estom gerou Bete-Rafa, Paseia
e Teína, fundador de Ir-Naás. Esses habita-
ram em Reca.

13Estes foram os filhos de Quenaz:
Otoniel e Seraías.
Estes foram os filhos de Otoniel:
Hatate e Meonotai[d].
14Meonotai gerou Ofra.
Seraías gerou Joabe,
fundador de Ge-Harasim[e],
que recebeu esse nome
porque os seus habitantes eram artesãos.
15Estes foram os filhos de Calebe, filho de
Jefoné:
Iru, Elá e Naã.
O filho de Elá foi Quenaz.
16Estes foram os filhos de Jealelel:
Zife, Zifa, Tiria e Asareel.
17Estes foram os filhos de Ezra:
Jéter, Merede, Éfer e Jalom. Merede ca-
sou-se com Bitia, filha do faraó, e teve os
seguintes filhos: Miriã, Samai e Isbá, fun-
dador de Estemoa. 18Sua mulher judia deu
à luz a Jerede, fundador de Gedor, a Héber,
fundador de Socó, e a Jecutiel, fundador de
Zanoa.
19Estes foram os filhos da mulher de Hodias,
irmã de Naã:
o pai de Queila, o garmita, e Estemoa, o
maacatita.
20Estes foram os filhos de Simão:
Amnom, Rina, Bene-Hanã e Tilom.
Estes foram os filhos de Isi:
Zoete e Ben-Zoete.
21Estes foram os filhos de Selá, filho de Judá:
Er, pai de Leca; Lada, pai de Maressa. Selá
também foi antepassado dos clãs daqueles
que trabalhavam com linho em Bete-As-
beia, 22de Joquim, dos homens de Cozeba,
de Joás e de Sarafe, que governavam em
Moabe e em Jasubi-Leém. (Estes registros
são de épocas antigas.) 23Eles eram oleiros
e habitavam em Netaim e em Gederá, perto
do rei, para quem trabalhavam.

Os descendentes de Simeão

24Estes foram os filhos de Simeão:
Nemuel, Jamim, Jaribe, Zerá e Saul.
25O filho de Saul era Salum, pai de Mibsão,
que foi o pai de Misma.
26Estes foram os descendentes de Misma:
seu filho Hamuel, pai de Zacur, que foi o
pai de Simei.

27Simei teve dezesseis filhos e seis filhas,
mas seus irmãos não tiveram muitos filhos;
por isso todos os seus clãs não se igualam
em número à tribo de Judá. 28Eles viviam em
Berseba, Moladá, Hazar-Sual, 29Bila, Azém, To-
lade, 30Betuel, Hormá, Ziclague, 31Bete-Marca-
bote, Hazar-Susim, Bete-Biri e Saaraim. Essas
foram as suas cidades até o reinado de Davi.
32Tinham também as cinco cidades de Etã,
Aim, Rimom, Toquém e Asã, 33com todos os
povoados ao redor delas até Baalate[f]. Nes-
sas cidades viviam e mantinham um regis-
tro genealógico.

34Mesobabe, Janleque, Josa,
filho de Amazias,
35Joel, Jeú, filho de Josibias,
neto de Seraías e bisneto de Asiel;
36também Elioenai, Jaacobá, Jesoaias,

[a] 4:3 Conforme alguns manuscritos da Septuaginta. O Texto Massorético diz *pai*.
[b] 4:4 *Pai* pode significar *líder civil* ou *líder militar*; também no restante do capítulo. Veja 2:21, 2:24, 4:5 e 8:29.
[c] 4:5 Hebraico: *pai*; também nos versículos 12, 14, 17 e 18. Veja 2:21, 2:24, 4:4 e 8:29.
[d] 4:13 Conforme alguns manuscritos da Septuaginta e a Vulgata. O Texto Massorético não traz *e Meonotai*.
[e] 4:14 *Ge-Harasim* significa *vale dos Artesãos*.
[f] 4:33 Conforme alguns manuscritos da Septuaginta. O Texto Massorético diz *Baal*. Veja Js 19:8.

Asaías, Adiel, Jesimiel, Benaia
37 e Ziza, filho de Sifi, neto de Alom,
bisneto de Jedaías, trineto de Sinri
e tetraneto de Semaías.

38 Essa é a lista dos líderes dos seus clãs.
Suas famílias cresceram muito 39 e, por isso,
foram para os arredores de Gedor, a leste do
vale, em busca de pastagens para os seus re-
banhos. 40 Encontraram muitas pastagens
boas, numa região vasta, pacífica e tranqui-
la, onde alguns camitas tinham vivido an-
teriormente.
41 Durante o reinado de Ezequias, rei de Ju-
dá, esses homens aqui alistados chegaram e
atacaram os camitas e os meunitas da região
e os destruíram totalmente, como até hoje se
pode ver. Depois ocuparam o lugar daque-
les povos, pois havia pastagens para os seus
rebanhos. 42 E quinhentos desses simeoni-
tas, liderados por Pelatias, Nearias, Refaías
e Uziel, filhos de Isi, invadiram as colinas de
Seir. 43 Eles mataram o restante dos amalequi-
tas que tinha escapado, e ali vivem até hoje.

Os descendentes de Rúben

5 Estes são os filhos de Rúben, o filho mais
velho de Israel. (De fato ele era o mais ve-
lho, mas, por ter desonrado o leito de seu pai,
seus direitos de filho mais velho foram dados
aos filhos de José, filho de Israel, de modo
que não foi alistado nos registros genealó-
gicos como o primeiro filho. 2 Embora Judá
tenha sido o mais poderoso de seus irmãos
e dele tenha vindo um líder, os direitos de fi-
lho mais velho foram dados a José.) 3 Os filhos
de Rúben, filho mais velho de Israel, foram:

Enoque, Palu, Hezrom e Carmi.

4 Estes foram os descendentes de Joel:
Seu filho Semaías, pai de Gogue, que foi o
pai de Simei, 5 pai de Mica, que foi o pai de
Reaías, pai de Baal, 6 que foi o pai de Beera,
a quem Tiglate-Pileser, rei da Assíria, levou
para o exílio. Beera era um líder da tribo
de Rúben.

7 Estes foram os parentes dele, de acordo
com seus clãs, alistados conforme os seus re-
gistros genealógicos:

Jeiel, o chefe, Zacarias 8 e Belá, filho de
Azaz, neto de Sema e bisneto de Joel. Eles fo-
ram viver na região que vai desde Aroer até o
monte Nebo e Baal-Meom. 9 A leste ocuparam
a terra que vai até o deserto que se estende
na direção do rio Eufrates, pois os seus reba-
nhos tinham aumentado muito em Gileade.
10 Durante o reinado de Saul eles entraram
em guerra contra os hagarenos e os derrota-
ram, passando a ocupar o acampamento de-
les por toda a região a leste de Gileade.

Os descendentes de Gade

11 Ao lado da tribo de Rúben ficou a tribo de
Gade, desde a região de Basã até Salcá.
12 Joel foi o primeiro chefe de clãs em Ba-
sã, Safã, o segundo; os outros foram Ja-
nai e Safate.
13 Estes foram os parentes deles, por fa-
mílias:
Micael, Mesulão, Seba, Jorai, Jacã, Zia e
Héber. Eram sete ao todo.

14 Eles eram descendentes de Abiail, filho de
Huri, neto de Jaroa, bisneto de Gileade e tri-
neto de Micael, que foi filho de Jesisai, neto
de Jado e bisneto de Buz. 15 Aí, filho de Abdiel
e neto de Guni, foi o chefe dessas famílias.
16 A tribo de Gade habitou em Gileade, em
Basã e seus povoados, e em toda a extensão
das terras de pastagem de Sarom.
17 Todos esses entraram nos registros ge-
nealógicos durante os reinados de Jotão, rei
de Judá, e de Jeroboão, rei de Israel.
18 As tribos de Rúben, Gade e a metade da
tribo de Manassés tinham juntas quarenta e
quatro mil e setecentos e sessenta homens
de combate, capazes de empunhar escudo
e espada, de usar o arco, e treinados para a
guerra. 19 Eles entraram em guerra contra os
hagarenos e seus aliados Jetur, Nafis e No-
dabe. 20 Durante a batalha clamaram a Deus,
que os ajudou, entregando os hagarenos e
todos os seus aliados nas suas mãos. Deus os
atendeu, porque confiaram nele. 21 Tomaram
dos hagarenos o rebanho de cinquenta mil
camelos, duzentas e cinquenta mil ovelhas
e dois mil jumentos. Também fizeram cem
mil prisioneiros. 22 E muitos foram os inimi-
gos mortos, pois a batalha era de Deus. Eles
ocuparam aquela terra até a época do exílio.

Os descendentes da metade da tribo de Manassés

23 A metade da tribo de Manassés era nu-
merosa e se estabeleceu na região que vai
de Basã a Baal-Hermom, isto é, até Senir, o
monte Hermom.
24 Estes eram os chefes das famílias dessa
tribo: Éfer, Isi, Eliel, Azriel, Jeremias, Hoda-
vias e Jadiel. Eram soldados valentes, ho-
mens famosos, e chefes das famílias. 25 Mas
foram infiéis para com o Deus dos seus

antepassados e se prostituíram, seguindo os
deuses dos povos que Deus tinha destruído
diante deles. 26 Por isso o Deus de Israel inci-
tou Pul, que é Tiglate-Pileser, rei da Assíria,
a levar as tribos de Rúben, de Gade e a me-
tade da tribo de Manassés para Hala, Habor,
Hara e para o rio Gozã, onde estão até hoje.

Os descendentes de Levi

6 Estes foram os filhos de Levi:
Gérson, Coate e Merari.
2 Estes foram os filhos de Coate:
Anrão, Isar, Hebrom e Uziel.
3 Estes foram os filhos de Anrão:
Arão, Moisés e Miriã.
Estes foram os filhos de Arão:
Nadabe, Abiú, Eleazar e Itamar.
4 Eleazar gerou Fineias,
Fineias gerou Abisua,
5 Abisua gerou Buqui,
Buqui gerou Uzi,
6 Uzi gerou Zeraías,
Zeraías gerou Meraiote,
7 Meraiote gerou Amarias,
Amarias gerou Aitube,
8 Aitube gerou Zadoque,
Zadoque gerou Aimaás,
9 Aimaás gerou Azarias,
Azarias gerou Joanã,
10 Joanã gerou Azarias,
que foi sacerdote no templo
construído por Salomão em Jerusalém;
11 Azarias gerou Amarias,
Amarias gerou Aitube,
12 Aitube gerou Zadoque,
Zadoque gerou Salum,
13 Salum gerou Hilquias,
Hilquias gerou Azarias,
14 Azarias gerou Seraías,
e Seraías gerou Jeozadaque.

15 Jeozadaque foi levado prisioneiro
quando o SENHOR enviou Judá
e Jerusalém para o exílio
por meio de Nabucodonosor.

16 Estes foram os filhos de Levi:
Gérson, Coate e Merari.
17 Estes são os nomes
dos filhos de Gérson:
Libni e Simei.
18 Estes foram os filhos de Coate:
Anrão, Isar, Hebrom e Uziel.
19 Estes foram os filhos de Merari:
Mali e Musi.
Estes são os clãs dos levitas alistados
de acordo com os seus antepassados:
20 De Gérson:
Seu filho Libni, que foi o pai de Jaate,
pai de Zima,
21 que foi o pai de Joá,
pai de Ido, pai de Zerá,
que foi o pai de Jeaterai.
22 De Coate:
Seu filho Aminadabe, pai de Corá,
que foi o pai de Assir,

A vida nos tempos da Bíblia

Cativeiro

Registros da Babilônia mostram cativos judeus sendo levados para longe de Jerusalém. Centenas de anos antes, Moisés havia chamado os israelitas a obedecerem a Deus e havia advertido que, se não obedecessem, eles seriam "desarraigados da terra em que [estavam] entrando para dela tomar posse" (Deuteronômio 28:63). O povo de Deus não lhe obedeceu e o cativeiro na Babilônia foi o castigo deles.

23 pai de Elcana, pai de Ebiasafe,
que foi o pai de Assir,
24 pai de Taate, pai de Uriel,
pai de Uzias,
que foi o pai de Saul.
25 De Elcana:
Amasai, Aimote
26 e Elcana, pai de Zofai,[a] pai de Naate,
27 que foi o pai de Eliabe,
pai de Jeroão,
pai de Elcana,
que foi o pai de Samuel.[b]
28 De Samuel:
Joel[c], o mais velho,
e Abias, o segundo.
29 De Merari:
Mali, pai de Libni,
pai de Simei,
que foi o pai de Uzá,
30 pai de Simeia,
pai de Hagias,
que foi o pai de Asaías.

Os músicos do templo

31 Estes são os homens a quem Davi en-
carregou de dirigir os cânticos no templo
do SENHOR depois que a arca foi levada pa-
ra lá. 32 Eles ministraram o louvor diante do
tabernáculo, da Tenda do Encontro, até quan-
do Salomão construiu o templo do SENHOR
em Jerusalém. Eles exerciam suas funções de
acordo com as normas estabelecidas.
33 Estes são os que ministravam, junto com
seus filhos:

Dentre os coatitas:
O músico Hemã, filho de Joel,

filho de Samuel,
34 filho de Elcana, filho de Jeroão,
filho de Eliel, filho de Toá,
35 filho de Zufe, filho de Elcana,
filho de Maate, filho de Amasai,
36 filho de Elcana, filho de Joel,
filho de Azarias, filho de Sofonias,
37 filho de Taate, filho de Assir,
filho de Ebiasafe, filho de Corá,
38 filho de Isar, filho de Coate,
filho de Levi, filho de Israel.

39 À direita de Hemã
ficava seu parente Asafe,

filho de Berequias,
filho de Simeia,
40 filho de Micael, filho de Baaseias[d],
filho de Malquias, 41 filho de Etni,
filho de Zerá, filho de Adaías,
42 filho de Etã, filho de Zima,
filho de Simei, 43 filho de Jaate,
filho de Gérson, filho de Levi.

44 Dentre os meraritas:
À esquerda de Hemã,
parente dos meraritas,

ficava Etã, filho de Quisi, filho de Abdi,
filho de Maluque, 45 filho de Hasabias,
filho de Amazias, filho de Hilquias,
46 filho de Anzi, filho de Bani,
filho de Sêmer, 47 filho de Mali,
filho de Musi, filho de Merari,
filho de Levi.

48 Seus parentes, os outros levitas, foram
encarregados de cuidar de todo o serviço do
tabernáculo, o templo de Deus. 49 Mas eram
Arão e seus descendentes que cuidavam dos
sacrifícios no altar do holocausto[e], das ofertas
no altar de incenso e de todo o serviço do Lu-
gar Santíssimo, como também dos sacrifícios
de propiciação por Israel, conforme tudo o
que Moisés, servo de Deus, tinha ordenado.

50 Estes foram os descendentes de Arão:
o seu filho Eleazar, pai de Fineias,
que foi o pai de Abisua,

[a] 6:26 Muitos manuscritos dizem *e Elcana. De Elcana. Seu filho Zofai.*
[b] 6:27 Conforme alguns manuscritos da Septuaginta. O Texto Massorético não traz essa linha. Veja 1Sm 1:19-20 e 1Cr 6:33-34.
[c] 6:28 Muitos manuscritos não trazem *Joel*. Veja 1Sm 8:2 e 1Cr 6:33.
[d] 6:40 Alguns manuscritos dizem *Maaseias*.
[e] 6:49 Isto é, sacrifício totalmente queimado.

Pessoas nos tempos da Bíblia

Músicos do templo

No tempo do rei Davi, os músicos eram encarregados da música para o culto. Eles faziam música em frente ao tabernáculo e, depois, no templo construído por Salomão. Os músicos usavam instrumentos como harpa, flauta, címbalo, tambor e trombeta, e todos esses eram tocados com exultações de alegria para adorar o Senhor (Salmos 33:1-3).

[51]pai de Buqui, pai de Uzi,
que foi o pai de Zeraías,
[52]pai de Meraiote, pai de Amarias,
que foi o pai de Aitube,
[53]pai de Zadoque, pai de Aimaás.

As cidades dos levitas

[54]Estas foram as cidades e as regiões dadas
aos levitas para nelas habitarem. Dentre os
descendentes de Arão, o clã coatita foi sortea-
do primeiro; [55]foi-lhe dada Hebrom, em Judá,
com suas pastagens ao redor. [56]Mas os cam-
pos e os povoados em torno da cidade foram
dados a Calebe, filho de Jefoné.

[57]Assim os descendentes de Arão recebe-
ram Hebrom, cidade de refúgio, e Libna,
Jatir, Estemoa, [58]Hilém, Debir, [59]Asã, Ju-
tá[a] e Bete-Semes, com suas respectivas
pastagens. [60]E da tribo de Benjamim re-
ceberam Gibeão[b], Geba, Alemete e Anato-
te, com suas respectivas pastagens.

Ao todo treze cidades foram distribuídas entre os seus clãs.

[61]Para os demais descendentes de Coate fo-
ram sorteadas dez cidades pertencentes aos
clãs da metade da tribo de Manassés.
[62]Para os descendentes de Gérson, clã por
clã, foram sorteadas treze cidades das tribos
de Issacar, de Aser e de Naftali, e da metade
da tribo de Manassés que fica em Basã.
[63]Para os descendentes de Merari, clã por
clã, foram sorteadas doze cidades das tribos
de Rúben, de Gade e de Zebulom.
[64]Assim os israelitas deram aos levitas es-
sas cidades com suas respectivas pastagens.
[65]As cidades anteriormente mencionadas dos
territórios de Judá, de Simeão e de Benjamim
também lhes foram dadas por sorteio.
[66]Alguns dos clãs coatitas receberam as
seguintes cidades no território da tribo de
Efraim:
[67]Siquém, cidade de refúgio, nos montes
de Efraim, e Gezer, [68]Jocmeão, Bete-Horom,
[69]Aijalom e Gate-Rimom, com suas respecti-
vas pastagens.
[70]E da metade da tribo de Manassés o res-
tante dos clãs coatitas recebeu Aner e Bileã,
com suas respectivas pastagens.

[71]Os gersonitas receberam as seguintes
cidades:
Do clã da metade da tribo de Manassés,
Golã, em Basã, e também Asterote, com
suas respectivas pastagens;
[72]da tribo de Issacar,
Quedes, Daberate, [73]Ramote e Aném, com
suas respectivas pastagens;
[74]da tribo de Aser,
Masal, Abdom, [75]Hucoque e Reobe, com
suas respectivas pastagens;
[76]e da tribo de Naftali,
Quedes, na Galileia, Hamom e Quiria-
taim, com suas respectivas pastagens.

[77]E estas foram as cidades que os outros
meraritas receberam:
Da tribo de Zebulom,
Rimono e Tabor, com suas respectivas
pastagens;
[78]da tribo de Rúben, do outro lado do
Jordão, a leste de Jericó,
Bezer, no deserto, Jaza, [79]Quedemote e
Mefaate, com suas respectivas pastagens;
[80]e da tribo de Gade,
Ramote, em Gileade, Maanaim, [81]Hesbom
e Jazar, com suas respectivas pastagens.

Os descendentes de Issacar

7 Estes foram os quatro filhos de Issacar:
Tolá, Puá, Jasube e Sinrom.
[2]Estes foram os filhos de Tolá:
Uzi, Refaías, Jeriel, Jamai, Ibsão e Samuel,
chefes dos seus clãs. No reinado de Davi, os
descendentes de Tolá alistados em suas ge-
nealogias como homens de combate eram
22.600.
[3]O filho de Uzi foi Israías.
Estes foram os filhos de Israías:
Micael, Obadias, Joel e Issias. Todos os cinco
eram chefes [4]que tinham muitas mulheres
e muitos filhos. Por isso, conforme a genea-
logia de sua família, eles contavam com
36.000 homens prontos para o combate.
[5]Incluindo seus parentes, os homens de
combate de todos os clãs de Issacar, con-
forme alistados em sua genealogia, eram
ao todo 87.000.

Os descendentes de Benjamim

[6]Estes foram os três filhos de Benjamim:
Belá, Bequer e Jediael.
[7]Estes foram os filhos de Belá:
Esbom, Uzi, Uziel, Jeremote e Iri, cinco che-
fes de famílias. Seu registro genealógico
alistava 22.034 homens de combate.
[8]Estes foram os filhos de Bequer:
Zemira, Joás, Eliézer, Elioenai, Onri, Jere-
mote, Abias, Anatote e Alemete. Todos esses
eram filhos de Bequer. [9]O registro genealó-
gico deles alistava os chefes de famílias e
20.200 homens de combate.

[a] 6:59 Conforme a Versão Siríaca. O Texto Massorético não traz *Jutá*. Veja Js 21:16.
[b] 6:60 O Texto Massorético não traz *Gibeão*. Veja Js 21:17.

10 O filho de Jediael foi Bilã.
Estes foram os filhos de Bilã:
Jeús, Benjamim, Eúde, Quenaaná, Zetã, Társis e Aisaar. 11 Todos esses descendentes de
Jediael eram chefes de famílias que contavam com 17.200 homens de combate prontos para a guerra.
12 Supim e Hupim eram filhos de Ir; e Husim
era filho de Aer.

Os descendentes de Naftali

13 Estes foram os filhos de Naftali:
Jaziel, Guni, Jezer e Silém[a], netos de Bila.

Os descendentes de Manassés

14 Estes foram os descendentes de Manassés:
Asriel, filho de sua concubina arameia, que
também deu à luz Maquir, pai de Gileade.
15 Maquir casou-se com Maaca, irmã de Hupim e Supim.
Outro descendente de Manassés chamava-se Zelofeade, o qual só teve filhas.
16 Maaca, mulher de Maquir, deu à luz um filho, a quem deu o nome de Perez. O nome
de seu irmão era Seres, cujos filhos chamavam-se Ulão e Requém.
17 O filho de Ulão foi Bedã.
Esses foram os descendentes de Gileade,
filho de Maquir e neto de Manassés. 18 Sua
irmã Hamolequete deu à luz Isode, Abiezer e Maalá.
19 Estes foram os filhos de Semida:
Aiã, Siquém, Liqui e Anião.

Os descendentes de Efraim

20 Estes foram os descendentes de Efraim:
Sutela, que foi o pai de Berede,
pai de Taate, pai de Eleada,
que foi o pai de Taate, 21 pai de Zabade, pai
de Sutela.
Ézer e Eleade, filhos de Efraim, foram mortos por homens da cidade de Gate, quando tentavam roubar os rebanhos deles.
22 Efraim chorou muitos dias por eles, e seus
parentes vieram consolá-lo. 23 Depois ele se
deitou de novo com sua mulher, ela engravidou e deu à luz um filho. Ele o chamou
Berias, pois tinha acontecido uma desgraça
em sua família. 24 Sua filha chamava-se Seerá. Foi ela que fundou Bete-Horom Alta e
Bete-Horom Baixa, e também Uzém-Seerá.
25 O filho de Berias foi Refa, pai de Resefe[b],
que foi o pai de Telá, pai de Taã,
26 pai de Ladã, pai de Amiúde,
que foi o pai de Elisama, 27 pai de Num, que
foi o pai de Josué.

28 Suas terras e cidades incluíam Betel e os
povoados ao redor, Naarã a leste, Gezer e seus
povoados a oeste, e Siquém e Aiá com os seus
povoados. 29 A tribo de Manassés controlava
as cidades de Bete-Seã, Taanaque, Megido e
Dor, com seus respectivos povoados. Os descendentes de José, filho de Israel, viviam nessas cidades.

Os descendentes de Aser

30 Estes foram os filhos de Aser:
Imna, Isvá, Isvi e Berias. A irmã deles chamava-se Sera.
31 Estes foram os filhos de Berias:
Héber e Malquiel, que foi o pai de Birzavite.
32 Héber gerou Jaflete, Somer e Hotão, e a
irmã deles, Suá.
33 Estes foram os filhos de Jaflete:
Pasaque, Bimal e Asvate.
Esses foram os filhos de Jaflete.
34 Estes foram os filhos de Somer:
Aí, Roga, Jeubá e Arã.
35 Estes foram os filhos de Helém[c], irmão de
Somer:
Zofa, Imna, Seles e Amal.
36 Estes foram os filhos de Zofa:
Suá, Harnefer, Sual, Beri, Inra, 37 Bezer, Hode, Samá, Silsa, Itrã e Beera.
38 Estes foram os filhos de Jéter:
Jefoné, Pispa e Ara.
39 Estes foram os filhos de Ula:
Ara, Haniel e Rizia.

40 Todos esses foram descendentes de Aser.
Eram chefes de famílias, homens escolhidos,

[a] 7:13 Muitos manuscritos dizem *Salum*. Veja Gn 46:24 e Nm 26:49.
[b] 7:25 Conforme alguns manuscritos da Septuaginta. O Texto Massorético não traz *pai de*.
[c] 7:35 Chamado *Hotão* no versículo 32.

Você sabia?

Por que há tantos nomes listados neste livro?

7:40 Para o povo judeu era importante conhecer quem eram seus ancestrais. Por esse motivo, eles mantinham registros cuidadosos de suas árvores genealógicas, os quais eram chamados de genealogia e podem ser encontrados em 1Crônicas 1—9.

soldados valentes e líderes de destaque. O
número dos alistados para combate no exér-
cito deles foi 26.000.

Os descendentes de Benjamim

8 Benjamim gerou Belá, seu filho mais velho;
Asbel, seu segundo filho, Aará, o terceiro,
2Noá, o quarto, e Rafa, o quinto.
3Estes foram os filhos de Belá:
Adar, Gera, pai de Eúde, 4Abisua, Naamã,
Aoá, 5Gera, Sefufá e Hurão.
6Estes foram os descendentes de Eúde, che-
fes das famílias dos habitantes de Geba, que
foram deportados para Manaate:
7Naamã, Aías e Gera. Esse Gera, pai de Uzá e
de Aiúde, foi quem os deportou.
8Depois de ter se divorciado de suas mu-
lheres Husim e Baara, Saaraim teve filhos
na terra de Moabe. 9Com sua mulher Ho-
des ele gerou Jobabe, Zíbia, Messa, Malcã,
10Jeús, Saquias e Mirma. Esses foram seus
filhos, chefes de famílias. 11Com Husim ele
gerou Abitube e Elpaal.
12Estes foram os filhos de Elpaal:
Héber, Misã, Semede, que fundou Ono e Lo-
de com seus povoados. 13Berias e Sema fo-
ram os chefes das famílias dos habitantes
de Aijalom, e foram eles que expulsaram os
habitantes de Gate.
14Aiô, Sasaque, Jeremote, 15Zebadias, Arade,
Éder, 16Micael, Ispa e Joá foram descenden-
tes de Berias.
17Zebadias, Mesulão, Hizqui, Héber, 18Isme-
rai, Izlias e Jobabe foram descendentes de
Elpaal.
19Jaquim, Zicri, Zabdi, 20Elienai, Ziletai,
Eliel, 21Adaías, Beraías e Sinrate foram des-
cendentes de Simei.
22Ispã, Héber, Eliel, 23Abdom, Zicri, Hanã,
24Hananias, Elão, Antotias, 25Ifdeias e Pe-
nuel foram descendentes de Sasaque.
26Sanserai, Searias, Atalias, 27Jaaresias, Elias
e Zicri foram descendentes de Jeroão.

28Todos esses foram chefes de famílias, lí-
deres conforme alistados em suas genealo-
gias, e moravam em Jerusalém.

29Jeiel[a], pai[b] de Gibeom, morou na cidade
de Gibeom. O nome de sua mulher era Maa-
ca, 30o de seu filho mais velho, Abdom, e o
de seus outros filhos, Zur, Quis, Baal, Ner[c],
Nadabe, 31Gedor, Aiô, Zequer 32e Miclote, que
gerou Simeia. Eles também moravam perto
de seus parentes, em Jerusalém.
33Ner gerou Quis, que gerou Saul. Saul gerou
Jônatas, Malquisua, Abinadabe e Esbaal[d].
34O filho de Jônatas foi Meribe-Baal[e], que
gerou Mica.
35Estes foram os filhos de Mica:
Pitom, Meleque, Tareia e Acaz.
36Acaz gerou Jeoada, Jeoada gerou Alemete,
Azmavete e Zinri, e Zinri gerou Mosa. 37Mo-
sa gerou Bineá, pai de Rafa, que foi o pai de
Eleasa, pai de Azel.
38Azel teve seis filhos chamados Azricão, Bo-
cru, Ismael, Searias, Obadias e Hanã. Todos
esses foram filhos de Azel. 39Estes foram os
filhos de Eseque, seu irmão:
Ulão, o mais velho, Jeús, o segundo e Eli-
felete, o terceiro.
40Os filhos de Ulão eram soldados valentes
e bons flecheiros. Tiveram muitos filhos e
netos; eram cento e cinquenta ao todo.

Todos esses foram descendentes de Ben-
jamim.

9 Todos os israelitas foram alistados nas
genealogias dos registros históricos dos
reis de Israel.

O povo de Jerusalém

Por sua infidelidade o povo de Judá foi le-
vado prisioneiro para a Babilônia. 2Os pri-
meiros a voltarem às suas propriedades e às
suas cidades foram algumas pessoas do po-
vo e alguns sacerdotes, levitas e servidores
do templo.
3Os de Judá, de Benjamim e de Efraim e
Manassés que se instalaram em Jerusalém
foram:
4Utai, filho de Amiúde, neto de Onri, bis-
neto de Inri e trineto de Bani, um des-
cendente de Perez, filho de Judá.
5Dos descendentes de Selá:
O primogênito Asaías com seus filhos.
6Dos descendentes de Zerá:
Jeuel.
Os de Judá eram 690.
7Dos benjamitas:
Salu, filho de Mesulão, neto de Hodavias
e bisneto de Hassenua;
8Ibneias, filho de Jeroão; Elá, filho de Uzi,
filho de Micri; e Mesulão, filho de Sefa-
tias, filho de Reuel, filho de Ibnias.
9Da tribo de Benjamim, relacionados em
sua genealogia, eram 956. Todos esses ho-
mens eram chefes de suas famílias.

[a] 8:29 Conforme alguns manuscritos da Septuaginta. O Texto Massorético não traz *Jeiel*. Veja 1Cr 9:35.
[b] 8:29 Ou *líder*; ou ainda *fundador*. Veja 2:21, 2:24, 4:4 e 4:5.
[c] 8:30 Conforme alguns manuscritos da Septuaginta. O Texto Massorético não traz *Ner*. Veja 1Cr 9:36.
[d] 8:33 Também conhecido como *Is-Bosete*; também em 9:39.
[e] 8:34 Também conhecido como *Mefibosete*; também em 9:40.

10 Dos sacerdotes:

Jedaías, Jeoiaribe, Jaquim;

11 Azarias, filho de Hilquias, neto de Mesulão, bisneto de Zadoque, trineto de Meraiote e tetraneto de Aitube, o líder encarregado do templo de Deus;

12 Adaías, filho de Jeroão, neto de Pasur e bisneto de Malquias; e Masai, filho de Adiel, neto de Jazera, bisneto de Mesulão, trineto de Mesilemite e tetraneto de Imer.

13 O número de sacerdotes que eram chefes de famílias era 1.760. Eram homens capazes, e sua responsabilidade era ministrar no templo de Deus.

14 Dos levitas:

Semaías, filho de Hassube, neto de Azricão e bisneto de Hasabias, um merarita; 15 Baquebacar, Heres, Galal e Matanias, filho de Mica, neto de Zicri e bisneto de Asafe; 16 Obadias, filho de Semaías, neto de Galal e bisneto de Jedutum; e Berequias, filho de Asa e neto de Elcana, que vivia nos povoados dos netofatitas.

17 Os guardas das portas eram:

Salum, o chefe, Acube, Talmom, Aimã e os irmãos deles, sendo até hoje 18 os guardas da porta do Rei, a leste. Salum era o chefe. Esses eram os guardas das portas, que pertenciam ao acampamento dos levitas. 19 Salum, filho de Coré, neto de Ebiasafe e bisneto de Corá, e seus parentes, os coreítas, guardas das portas, responsáveis por guardar as entradas da Tenda[a], como os seus antepassados tinham sido responsáveis por guardar a entrada da habitação do SENHOR. 20 Naquela época, Fineias, filho de Eleazar, estivera encarregado dos guardas das portas, e o SENHOR estava com ele. 21 Zacarias, filho de Meselemias, era o guarda das portas da entrada da Tenda do Encontro.

22 A soma total dos escolhidos para serem guardas das portas, registrados nas genealogias dos seus povoados, era de 212. Eles haviam sido designados para esses postos de confiança por Davi e pelo vidente Samuel. 23 Eles e os seus descendentes foram encarregados de vigiar as portas do templo do SENHOR, o templo chamado Tenda. 24 Os guardas vigiavam as portas nos quatro lados: norte, sul, leste e oeste. 25 Seus parentes, residentes em seus povoados, tinham que vir de tempos em tempos e trabalhar com eles por períodos de sete dias. 26 Mas os quatro principais guardas das portas, que eram levitas, receberam a responsabilidade de tomar conta das salas e da tesouraria do templo de Deus. 27 Eles passavam a noite perto do templo de Deus, pois tinham o dever de vigiá-lo e de abrir as portas todas as manhãs.

28 Alguns levitas estavam encarregados dos utensílios utilizados no culto no templo; eles os contavam quando eram retirados e quando eram devolvidos. 29 Outros eram responsáveis pelos móveis e por todos os demais utensílios do santuário, bem como pela farinha, pelo vinho, pelo óleo, pelo incenso e pelas especiarias. 30 E ainda outros cuidavam da manipulação das especiarias. 31 Um levita chamado Matitias, filho mais velho do coreíta Salum, tinha a responsabilidade de assar os pães para as ofertas. 32 E dentre os coatitas, seus irmãos, alguns estavam encarregados de preparar os pães que eram postos sobre a mesa todo sábado.

33 Os cantores, chefes de famílias levitas, permaneciam nas salas do templo e estavam isentos de outros deveres, pois dia e noite se dedicavam à sua própria tarefa.

34 Todos esses eram chefes de famílias levitas, alistados como líderes em suas genealogias, e moravam em Jerusalém.

A genealogia de Saul

35 Jeiel, pai[b] de Gibeom,
morava em Gibeom.
O nome de sua mulher era Maaca,
36 e o de seu filho mais velho, Abdom.
Depois nasceram Zur, Quis, Baal,
Ner, Nadabe, 37 Gedor, Aiô,
Zacarias e Miclote.
38 Miclote gerou Simeia.
Eles também moravam perto
de seus parentes em Jerusalém.
39 Ner gerou Quis, Quis gerou Saul,
Saul gerou Jônatas, Malquisua,
Abinadabe e Esbaal.
40 Este foi o filho de Jônatas:
Meribe-Baal, que gerou Mica.
41 Estes foram os filhos de Mica:
Pitom, Meleque, Tareia e Acaz[c].
42 Acaz gerou Jadá, Jadá[d] gerou Alemete,
Azmavete e Zinri, e Zinri gerou Mosa.
43 Mosa gerou Bineá,

[a] 9:19 Isto é, do templo; também nos versículos 21 e 23.

[b] 9:35 *Pai* pode significar *líder civil ou líder militar*.

[c] 9:41 Conforme a Vulgata e a Versão Siríaca. O Texto Massorético não traz *e Acaz*. Veja 1Cr 8:35.

[d] 9:42 Muitos manuscritos dizem *Jaerá*. Veja 1Cr 8:36.

cujo filho foi Refaías;
o filho deste foi Eleasa, pai de Azel.
44 Azel teve seis filhos,
e os nomes deles foram:
Azricão, Bocru, Ismael, Searias,
Obadias e Hanã.
Esses foram os filhos de Azel.

O suicídio de Saul

10 E aconteceu que, em combate com os filisteus, os israelitas foram postos em fuga, e muitos caíram mortos no monte Gilboa. 2 Os filisteus perseguiram Saul e seus filhos, e mataram Jônatas, Abinadabe e Malquisua, filhos de Saul. 3 O combate foi ficando cada vez mais violento em torno de Saul, até que os flecheiros o alcançaram e o feriram gravemente.

4 Então Saul ordenou ao seu escudeiro: "Tire sua espada e mate-me, se não sofrerei a vergonha de cair nas mãos desses incircuncisos".

Mas o seu escudeiro estava apavorado e não quis fazê-lo. Saul, então, apanhou a própria espada e jogou-se sobre ela. 5 Quando o escudeiro viu que Saul estava morto, jogou-se também sobre sua espada e morreu. 6 Dessa maneira Saul e seus três filhos morreram e, assim, toda a descendência real.

7 Quando os israelitas que habitavam no vale viram que o exército tinha fugido e que Saul e seus filhos estavam mortos, fugiram, abandonando suas cidades. Depois os filisteus foram ocupá-las.

8 No dia seguinte, quando os filisteus foram saquear os mortos, encontraram Saul e seus filhos caídos no monte Gilboa. 9 Cortaram a cabeça de Saul, pegaram suas armas e enviaram mensageiros por toda a terra dos filisteus proclamando a notícia entre os seus ídolos e o seu povo. 10 Expuseram suas armas num dos templos dos seus deuses e penduraram sua cabeça no templo de Dagom.

11 Quando os habitantes de Jabes-Gileade ficaram sabendo o que os filisteus haviam feito com Saul, 12 os mais corajosos dentre eles foram e apanharam os corpos de Saul e de seus filhos e os levaram a Jabes. Lá sepultaram seus ossos sob a Grande Árvore, e jejuaram por sete dias.

13 Saul morreu dessa forma porque foi infiel ao SENHOR; não foi obediente à palavra do SENHOR e chegou a consultar uma médium em busca de orientação, 14 em vez de consultar o SENHOR. Por isso o SENHOR o entregou à morte e deu o reino a Davi, filho de Jessé.

O reinado de Davi, rei de Israel

11 Todo o Israel reuniu-se com Davi em Hebrom e disse: "Somos sangue do teu sangue[a]. 2 No passado, mesmo quando Saul era rei, eras tu quem liderava Israel em suas batalhas. E o SENHOR, o teu Deus, te disse: 'Você pastoreará Israel, o meu povo, e será o seu governante' ".

3 Então todas as autoridades de Israel foram ao encontro do rei Davi em Hebrom, onde este fez um acordo com elas perante o SENHOR, e ali ungiram Davi rei de Israel, conforme o SENHOR havia anunciado por meio de Samuel.

A conquista de Jerusalém

4 Davi e todos os israelitas marcharam para Jerusalém, que é Jebus. Os jebuseus, habitantes da cidade, 5 disseram a Davi: "Você não entrará aqui". No entanto, Davi conquistou a fortaleza de Sião, a Cidade de Davi.

6 Naquele dia Davi disse: "O primeiro que atacar os jebuseus se tornará o comandante do exército". Joabe, filho de Zeruia, foi o primeiro e por isso recebeu o comando do exército.

7 Davi passou a morar na fortaleza e por isso ela foi chamada Cidade de Davi. 8 Ele reconstruiu a cidade ao redor da fortaleza, desde o Milo[b] até os muros ao redor, e Joabe restaurou o restante da cidade. 9 E Davi ia se tornando cada vez mais poderoso, pois o SENHOR dos Exércitos estava com ele.

Os principais guerreiros de Davi

10 Estes foram os chefes dos principais guerreiros de Davi, que junto com todo o Israel, deram um grande apoio para estender o seu reinado a todo o país, conforme o SENHOR havia prometido. 11 Esta é a lista deles:

Jasobeão[c], um hacmonita, chefe dos oficiais[d]; foi ele que, empunhando sua lan-

[a] 11:1 Hebraico: *teu osso e tua carne.*
[b] 11:8 Ou *desde o aterro*
[c] 11:11 Possivelmente variante de *Jasobe-Baal.*
[d] 11:11 Ou *Trinta.* Veja 2Sm 23:8.

Você sabia?

O que era a cidade de Davi?

11:7 Jerusalém era chamada de cidade de Davi porque ele capturou a cidade e viveu ali. Além disso, Davi também fez dela a capital de seu reino.

ça, matou trezentos homens numa mesma
batalha.
12 Depois, Eleazar, filho de Dodô, de Aoí,
um dos três principais guerreiros. 13 Ele esta-
va com Davi na plantação de cevada de Pas-
-Damim, onde os filisteus se reuniram para
a guerra. As tropas israelitas fugiram dos fi-
listeus, 14 mas eles mantiveram sua posição
no meio da plantação. Eles a defenderam e
feriram os filisteus, e o SENHOR lhes deu uma
grande vitória.
15 Quando um grupo de filisteus estava
acampado no vale de Refaim, três chefes do
batalhão dos Trinta foram encontrar Davi
na rocha que há perto da caverna de Adulão.
16 Estando Davi nessa fortaleza e o destaca-
mento filisteu em Belém, 17 Davi expressou
seu desejo: "Quem me dera me trouxessem
água da cisterna que fica junto à porta de Be-
lém!" 18 Então aqueles três infiltraram-se no
acampamento filisteu, tiraram água daque-
la cisterna e a trouxeram a Davi. Mas ele se
recusou a bebê-la; em vez disso, derramou-
-a como uma oferta ao SENHOR. 19 "Longe de
mim fazer isso, ó meu Deus!", disse Davi. "Es-
ta água representa o sangue desses homens
que arriscaram a própria vida!" Eles arrisca-
ram a vida para trazê-la. E não quis bebê-la.
Foram essas as proezas dos três principais
guerreiros.
20 Abisai, o irmão de Joabe, era o chefe do
batalhão dos Trinta[a]. Com uma lança enfren-
tou trezentos homens e os matou, tornando-
-se famoso como os três. 21 Foi honrado duas
vezes mais do que o batalhão dos Trinta e se
tornou chefe deles, mas nunca igualou-se aos
três principais guerreiros.
22 Benaia, filho de Joiada, era um corajoso
soldado de Cabzeel, e realizou grandes fei-
tos. Matou dois dos melhores guerreiros de
Moabe e, num dia de neve, desceu ao fun-
do de uma cova e matou um leão. 23 Tam-
bém matou um egípcio de dois metros e
vinte e cinco centímetros[b] de altura. Embo-
ra o egípcio tivesse na mão uma lança pare-
cida com uma lançadeira de tecelão, Benaia
o enfrentou com um cajado. Arrancou a lança
da mão do egípcio e com ela o matou. 24 Esses
foram os grandes feitos de Benaia, filho de
Joiada, que também foi famoso como os três
principais guerreiros de Davi. 25 Foi mais hon-
rado do que qualquer dos Trinta, mas nunca
igualou-se aos três. E Davi lhe deu o coman-
do da sua guarda pessoal.
26 Os outros guerreiros foram:
Asael, irmão de Joabe;
Elanã, filho de Dodô, de Belém;

[a] 11:20 Conforme a Versão Siríaca e muitas versões. O Texto Massorético diz *chefe dos três*. Também no versículo 21.
[b] 11:23 Hebraico: *5 côvados*. O côvado era uma medida linear de cerca de 45 centímetros.

Trabalho em equipe

Experimente!

O rei Davi era forte e corajoso. Quando menino, ele lutou contra um leão e um urso que tentaram matar suas ovelhas, e, quando adolescente, matou o gigante Golias. Mas, quando se tornou rei, Davi precisava de um exército para ajudá-lo. Leia 1Crônicas 11:10-25 para descobrir quem ajudava Davi.

Aqui vão três coisas para tentar fazer sozinho:

1. carregar dez moedas, uma de cada vez, de um lado para o outro da sala;
2. jogar um jogo de tabuleiro;
3. pegar um bastão longo e atravessar o quintal carregando-o.

1Crônicas 11:10-25

Agora faça as mesmas três coisas com outra pessoa e, quando tiver terminado, responda estas perguntas: "Qual dessas coisas é mais fácil quando você tem um ajudante? Qual é mais divertida com um ajudante? Qual é mais rápido de fazer quando você tem um ajudante?".

Pense sobre isso. Quais tarefas suas e de seus irmãos seriam mais fáceis ou mais divertidas ou feitas mais rápido se vocês se ajudassem?

[27]Samote, de Haror;
Helez, de Pelom;
[28]Ira, filho de Iques, de Tecoa;
Abiezer, de Anatote;
[29]Sibecai, de Husate;
Ilai, de Aoí;
[30]Maarai, de Netofate;
Helede, filho de Baaná, de Netofate;
[31]Itai, filho de Ribai,
de Gibeá de Benjamim;
Benaia, de Piratom;
[32]Hurai, dos riachos de Gaás;
Abiel, de Arbate;
[33]Azmavete, de Baurim;
Eliaba, de Saalbom;
[34]os filhos de Hasém, de Gizom;
Jônatas, filho de Sage, de Harar;
[35]Aião, filho de Sacar, de Harar;
Elifal, filho de Ur;
[36]Héfer, de Mequerate;
Aías, de Pelom;
[37]Hezro, de Carmelo;
Naarai, filho de Ezbai;
[38]Joel, irmão de Natã;
Mibar, filho de Hagri;
[39]o amonita Zeleque;
Naarai, de Beerote, escudeiro de Joabe,
filho de Zeruia;
[40]Ira e Garebe, de Jatir;
[41]Urias, o hitita;
Zabade, filho de Alai;
[42]Adina, filho de Siza, de Rúben,
chefe dos rubenitas
e do batalhão dos Trinta;
[43]Hanã, filho de Maaca;
Josafá, de Mitene;
[44]Uzia, de Asterote;
Sama e Jeiel, filhos de Hotão,
de Aroer;
[45]Jediael, filho de Sinri;
seu irmão, Joá, de Tiz;
[46]Eliel, de Maave;
Jeribai e Josavias, filhos de Elnaão;
Itma, um moabita,
[47]e Eliel, Obede e Jaasiel, de Mezoba.

Os aliados de Davi

12 Estes são os que se juntaram a Davi em
Ziclague, onde se escondia de Saul, filho
de Quis. Eles estavam entre os combatentes
que o ajudaram na guerra; [2]tanto com a mão
direita como com a esquerda utilizavam arco
e flecha, e a funda para atirar pedras; pertenciam à tribo de Benjamim e eram parentes
de Saul:

[3]Aiezer, o chefe deles,
e Joás, filhos de Semaá, de Gibeá;
Jeziel e Pelete, filhos de Azmavete;
Beraca, Jeú, de Anatote,
[4]e Ismaías, de Gibeom,
um grande guerreiro
do batalhão dos Trinta,
e chefe deles;
Jeremias, Jaaziel, Joanã,
Jozabade, de Gederate,
[5]Eluzai, Jeremote, Bealias,
Semarias e Sefatias, de Harufe;
[6]os coreítas Elcana, Issias, Azareel,
Joezer e Jasobeão;
[7]e Joela e Zebadias,
filhos de Jeroão, de Gedor.

[8]Da tribo de Gade alguns aliaram-se a Davi
em sua fortaleza no deserto. Eram guerreiros corajosos, prontos para o combate, e sabiam lutar com escudo e com lança. Tinham
a bravura de um leão e eram ágeis como gazelas nos montes.

[9]Ézer era o primeiro;
Obadias, o segundo; Eliabe, o terceiro;
[10]Mismana, o quarto; Jeremias, o quinto;
[11]Atai, o sexto; Eliel, o sétimo;
[12]Joanã, o oitavo; Elzabade, o nono;
[13]Jeremias, o décimo; e Macbanai era o
décimo primeiro.

[14]Todos esses de Gade eram chefes de exército; o menor valia por[a] cem, e o maior enfrentava mil. [15]Foram eles que atravessaram
o Jordão no primeiro mês do ano, quando o
rio transborda em todas as suas margens, e
puseram em fuga todos os que moravam nos
vales, a leste e a oeste.

[16]Alguns outros benjamitas e certos homens de Judá também vieram a Davi em
sua fortaleza. [17]Davi saiu ao encontro deles
e lhes disse: "Se vocês vieram em paz, para me ajudarem, estou pronto a recebê-los.
Mas, se querem trair-me e entregar-me aos
meus inimigos, sendo que as minhas mãos
não cometeram violência, que o Deus de nossos antepassados veja isso e julgue vocês".
[18]Então o Espírito veio sobre Amasai, chefe
do batalhão dos Trinta, e ele disse:

"Somos teus, ó Davi!
Estamos contigo, ó filho de Jessé!
Paz, paz seja contigo,
e com os teus aliados,
pois o teu Deus te ajudará".

[a] 12:14 Ou *comandava*

Davi os recebeu e os nomeou chefes dos seus grupos de ataque.

19 Alguns soldados de Manassés desertaram para Davi quando ele foi com os filisteus guerrear contra Saul. Eles não ajudaram os filisteus, porque os seus chefes os aconselharam e os mandaram embora, dizendo: "Pagaremos com a vida, caso Davi deserte e passe para Saul, seu senhor". 20 Estes foram os homens de Manassés que desertaram para Davi quando ele foi a Ziclague: Adna, Jozabade, Jediael, Micael, Jozabade, Eliú e Ziletai, chefes de batalhões de mil em Manassés. 21 Eles ajudaram Davi contra grupos de ataque, pois todos eles eram guerreiros valentes, e eram líderes no exército dele. 22 Diariamente chegavam soldados para ajudar Davi, até que o seu exército tornou-se tão grande como o exército de Deus[a].

O crescimento do exército de Davi

23 Este é o número dos soldados armados para a guerra que vieram a Davi em Hebrom para lhe entregar o reino de Saul, conforme o SENHOR tinha dito:

24 da tribo de Judá, 6.800 armados para a guerra, com escudo e lança;

25 da tribo de Simeão, 7.100 guerreiros prontos para o combate;

26 da tribo de Levi, 4.600, 27 inclusive Joiada, líder da família de Arão, com 3.700 homens, 28 e Zadoque, um jovem e valente guerreiro, com 22 oficiais de sua família;

29 da tribo de Benjamim, parentes de Saul, 3.000, a maioria dos quais era até então fiel à família de Saul;

30 da tribo de Efraim, 20.800 soldados valentes, famosos em seus próprios clãs;

31 da metade da tribo de Manassés, 18.000, indicados por nome para fazerem Davi rei;

32 da tribo de Issacar, 200 chefes que sabiam como Israel deveria agir em qualquer circunstância. Comandavam todos os seus parentes;

33 da tribo de Zebulom, 50.000 soldados experientes, preparados para guerrear com qualquer tipo de arma, totalmente decididos a ajudar Davi;

34 da tribo de Naftali, 1.000 líderes com 37.000 homens armados de escudos e lanças;

35 da tribo de Dã, 28.600 preparados para o combate;

36 da tribo de Aser, 40.000 soldados experientes, preparados para o combate;

37 e do leste do Jordão, das tribos de Rúben e de Gade, e da metade da tribo de Manassés, 120.000 completamente armados.

38 Todos esses eram homens de combate e se apresentaram voluntariamente para servir nas fileiras. Vieram a Hebrom totalmente decididos a fazer de Davi rei sobre todo o Israel. E todos os outros israelitas tinham esse mesmo propósito. 39 Ficaram com Davi três dias, comendo e bebendo, pois as suas famílias haviam fornecido provisões para eles. 40 Os habitantes das tribos vizinhas e também de lugares distantes como Issacar, Zebulom e Naftali, trouxeram-lhes muitas provisões em jumentos, camelos, mulas e bois. Havia grande fartura de suprimentos: farinha, bolos de figo, bolos de uvas passas, vinho, azeite, bois e ovelhas, pois havia grande alegria em Israel.

O retorno da arca

13 Depois de consultar todos os seus oficiais, os comandantes de mil e de cem, 2 Davi disse a toda a assembleia de Israel: "Se vocês estão de acordo e se esta é a vontade do SENHOR, o nosso Deus, enviemos uma mensagem a nossos irmãos em todo o território de Israel, e também aos sacerdotes e aos levitas que estão com eles em suas cidades, para virem unir-se a nós. 3 Vamos trazer de volta a arca de nosso Deus, pois não nos importamos com ela[b] durante o reinado de Saul". 4 Toda a assembleia concordou, pois isso pareceu bom a todo o povo.

5 Então Davi reuniu todos os israelitas, desde o rio Sior, no Egito, até Lebo-Hamate, para trazerem de Quiriate-Jearim a arca de Deus. 6 Davi e todos os israelitas foram a Baalá, que é Quiriate-Jearim, em Judá, para buscar a arca de Deus, o SENHOR, que tem o seu trono entre os querubins; a arca sobre a qual o seu nome é invocado.

7 Da casa de Abinadabe levaram a arca de Deus num carroção novo, conduzido por Uzá e Aiô. 8 Davi e todos os israelitas iam dançando e cantando com todo o vigor diante de Deus, ao som de harpas, liras, tamborins, címbalos e cornetas.

9 Quando chegaram à eira de Quidom, Uzá esticou o braço e segurou a arca, porque os bois haviam tropeçado. 10 A ira do SENHOR acendeu-se contra Uzá, e ele o feriu por ter

[a] 12:22 Ou *um exército grande e poderoso*

[b] 13:3 Ou *a consultamos*; ou ainda *o consultamos*

Você sabia?

Por que Deus matou Uzá?

13:10 Algumas pessoas acham que foi injusto Deus matar Uzá, que estava apenas tentando impedir a arca de cair do carroção. Mas a arca era santa, e ninguém tinha permissão de tocar nela; além disso, ela devia ter sido carregada com varas, não em um carroção. As varas deviam ser passadas pelo meio dos aros em cada lado da arca, e os sacerdotes deviam carregar as varas sobre os ombros. A morte de Uzá lembrou todo mundo de que Deus é santo e deve ser obedecido.

tocado na arca. Uzá morreu ali mesmo, diante de Deus.
11Davi ficou contrariado porque o SENHOR,
em sua ira, havia fulminado Uzá. Até hoje
aquele lugar é chamado Perez-Uzá[a].
12Naquele dia Davi teve medo de Deus e
se perguntou: "Como vou conseguir levar a
arca de Deus?" 13Por isso desistiu de trazer a
arca para a Cidade de Davi. Em vez disso, levou-a para a casa de Obede-Edom, de Gate.
14A arca de Deus ficou na casa dele por três
meses, e o SENHOR abençoou sua família e
tudo o que possuía.

O palácio e a família de Davi

14 Hirão, rei de Tiro, enviou a Davi uma delegação, que lhe trouxe toras de cedro,
e também pedreiros e carpinteiros para lhe
construírem um palácio. 2Então Davi teve certeza de que o SENHOR o confirmara como rei
de Israel e que estava fazendo prosperar o seu
reino por amor de Israel, seu povo.
3Em Jerusalém Davi tomou para si mais
mulheres e gerou mais filhos e filhas. 4Estes são os nomes dos que lhe nasceram ali:
Samua, Sobabe, Natã, Salomão, 5Ibar, Elisua,
Elpalete, 6Nogá, Nefegue, Jafia, 7Elisama, Beeliada[b] e Elifelete.

Davi derrota os filisteus

8Quando os filisteus ficaram sabendo que
Davi tinha sido ungido rei de todo o Israel,
foram com todo o exército prendê-lo, mas
Davi soube disso e saiu para enfrentá-los.
9Tendo os filisteus invadido o vale de Refaim,
10Davi perguntou a Deus: "Devo atacar os filisteus? Tu os entregarás nas minhas mãos?"
O SENHOR lhe respondeu: "Vá, eu os entregarei nas suas mãos".
11Então Davi e seus soldados foram a Baal-Perazim, e Davi os derrotou e disse: "Assim
como as águas de uma enchente causam destruição, pelas minhas mãos Deus destruiu os
meus inimigos". E aquele lugar passou a ser
chamado Baal-Perazim[c]. 12Como os filisteus
haviam abandonado os seus ídolos ali, Davi
ordenou que fossem queimados.
13Os filisteus voltaram a atacar o vale; 14de
novo Davi consultou Deus, que lhe respondeu: "Não ataque pela frente, mas dê a volta por trás deles e ataque-os em frente das
amoreiras. 15Assim que você ouvir um som
de passos por cima das amoreiras, saia para
o combate, pois este é o sinal de que Deus
saiu à sua frente para ferir o exército filisteu".
16E Davi fez como Deus lhe tinha ordenado, e
eles derrotaram o exército filisteu por todo o
caminho, desde Gibeom até Gezer.
17Assim a fama de Davi espalhou-se por todas as terras, e o SENHOR fez com que todas
as nações o temessem.

A arca é levada para Jerusalém

15 Depois que Davi tinha construído casas[d]
para si na Cidade de Davi, ele preparou
um lugar para a arca de Deus e armou uma
tenda para ela. 2Então Davi disse: "Somente
os levitas poderão carregar a arca de Deus,
pois para isso o SENHOR os escolheu e para
ficarem sempre a seu serviço".
3Davi reuniu todo o Israel em Jerusalém
para trazer a arca do SENHOR para o lugar que
ele lhe havia preparado. 4Reuniu também os
descendentes de Arão e os levitas:

5dos descendentes de Coate, Uriel, liderando 120;
6dos descendentes de Merari, Asaías, liderando 220;
7dos descendentes de Gérson, Joel, liderando 130;
8dos descendentes de Elisafã, Semaías, liderando 200;
9dos descendentes de Hebrom, Eliel, liderando 80;
10dos descendentes de Uziel, Aminadabe, liderando 112.

[a] 13:11 *Perez-Uzá* significa *destruição de Uzá.*
[b] 14:7 Variante de *Eliada.*
[c] 14:11 *Baal-Perazim* significa *o senhor que destrói.*
[d] 15:1 Ou *um palácio*

[11]Em seguida Davi convocou os sacerdotes
Zadoque e Abiatar, os levitas Uriel, Asaías,
Joel, Semaías, Eliel e Aminadabe, e [12]lhes
disse: "Vocês são os chefes das famílias levi-
tas; vocês e seus companheiros levitas deve-
rão consagrar-se e trazer a arca do SENHOR, o
Deus de Israel, para o local que preparei para
ela. [13]Pelo fato de vocês não terem carrega-
do a arca na primeira vez, a ira do SENHOR,
o nosso Deus, causou destruição entre nós.
Nós não o tínhamos consultado sobre como
proceder". [14]Então os sacerdotes e os levitas
se consagraram para transportar a arca do SE-
NHOR, o Deus de Israel. [15]E os levitas carrega-
ram a arca de Deus apoiando as varas da arca
sobre os ombros, conforme Moisés tinha or-
denado, de acordo com a palavra do SENHOR.
[16]Davi também ordenou aos líderes dos
levitas que encarregassem os músicos que
havia entre eles de cantar músicas alegres,
acompanhados por instrumentos musicais:
liras, harpas e címbalos sonoros.
[17]Assim, os levitas escolheram Hemã, filho
de Joel, e Asafe, um parente dele; dentre os
meraritas, seus parentes, escolheram Etã, fi-
lho de Cuxaías; [18]e com eles seus parentes
que estavam no segundo escalão: Zacarias[a],
Jaaziel, Semiramote, Jeiel, Uni, Eliabe, Be-
naia, Maaseias, Matitias, Elifeleu, Micneias,
Obede-Edom e Jeiel[b], os porteiros.
[19]Os músicos Hemã, Asafe e Etã deviam to-
car os címbalos de bronze; [20]Zacarias, Aziel,
Semiramote, Jeiel, Uni, Eliabe, Maaseias e
Benaia deviam tocar as liras, acompanhan-
do o soprano, [21]e Matitias, Elifeleu, Micneias,
Obede-Edom, Jeiel e Azazias deviam tocar as
harpas em oitava, marcando o ritmo. [22]Que-
nanias, o chefe dos levitas, ficou encarregado
dos cânticos; essa era sua responsabilidade,
pois ele tinha competência para isso.
[23]Berequias e Elcana seriam porteiros e de-
veriam proteger a arca. [24]Os sacerdotes Se-
banias, Josafá, Natanael, Amasai, Zacarias,
Benaia e Eliézer deviam tocar as cornetas
diante da arca de Deus. Obede-Edom e Jeías
também deviam ser porteiros e vigiar a arca.
[25]Assim, com grande festa, Davi, as autori-
dades de Israel e os líderes dos batalhões de
mil foram buscar a arca da aliança do SENHOR
que estava na casa de Obede-Edom. [26]Como
Deus havia poupado os levitas que carrega-
vam a arca da aliança do SENHOR, sete no-
vilhos e sete carneiros foram sacrificados.
[27]Davi vestia um manto de linho fino, como
também todos os levitas que carregavam a
arca, os músicos e Quenanias, chefe dos mú-
sicos. Davi vestia também o colete sacerdotal
de linho. [28]E todo o Israel acompanhou a arca
da aliança do SENHOR alegremente, ao som
de trombetas, cornetas e címbalos, ao toque
de liras e de harpas.
[29]Quando a arca da aliança do SENHOR esta-
va entrando na Cidade de Davi, Mical, filha de
Saul, observava de uma janela. E, aconteceu
que ao ver o rei Davi dançando e celebrando,
ela o desprezou em seu coração.
16 Eles trouxeram a arca de Deus e a coloca-
ram na tenda que Davi lhe havia prepa-
rado, e ofereceram holocaustos[c] e sacrifícios
de comunhão[d] diante de Deus. [2]Após oferecer

[a] 15:18 Muitos manuscritos dizem *Zacarias filho e* ou *Zacarias, Bene e*. Veja o versículo 20 e 1Cr 16:5.
[b] 15:18 A Septuaginta diz *Jeiel e Azarias*. Veja o versículo 21.
[c] 16:1 Isto é, sacrifícios totalmente queimados; também no versículo 40.
[d] 16:1 Ou *de paz*

Cante músicas alegres

Experimente!

Leia 1Crônicas 15:16-22 e responda o seguinte: o que Davi fez para melhorar o culto em Jerusalém?

Aqui vai algo que sua família pode fazer para tornar a adoração melhor e mais divertida. Encontrem um hinário ou um livro de canções e escolham músicas que vocês cantam na igreja ou na escola dominical. Peguem algumas que sejam novas para vocês, bem como aquelas que são suas favoritas, e então, no horário do jantar ou na hora de dormir, cantem uma ou duas músicas juntos. Em breve vocês conhecerão melhor as canções e poderão adorar a Deus com mais alegria.

1Crônicas 15:16-22

os holocaustos e os sacrifícios de comunhão,
Davi abençoou o povo em nome do SENHOR
3 e deu um pão, um bolo de tâmaras[a] e um
bolo de uvas passas a cada homem e a cada
mulher israelita.

4 Davi nomeou alguns dos levitas para mi-
nistrarem diante da arca do SENHOR, fazendo
petições, dando graças e louvando o SENHOR,
o Deus de Israel. 5 Desses, Asafe era o chefe,
Zacarias vinha em seguida, e depois Jeiel,
Semiramote, Jeiel, Matitias, Eliabe, Benaia,
Obede-Edom e Jeiel. Eles deviam tocar lira
e harpa, enquanto Asafe tocava os címbalos.
6 Os sacerdotes Benaia e Jaaziel deviam tocar
diariamente as trombetas diante da arca da
aliança de Deus.

O salmo de gratidão de Davi

7 Foi naquele dia que, pela primeira vez, Da-
vi encarregou Asafe e seus parentes de louva-
rem o SENHOR com salmos de gratidão:

8 "Deem graças ao SENHOR,
clamem pelo seu nome,
divulguem entre as nações
o que ele tem feito.
9 Cantem para ele, louvem-no;
contem todos os seus atos
maravilhosos.
10 Gloriem-se no seu santo nome;
alegre-se o coração
dos que buscam o SENHOR.
11 Olhem para o SENHOR
e para a sua força;
busquem sempre a sua face.
12 Lembrem-se das maravilhas
que ele fez,
dos seus prodígios
e das ordenanças que pronunciou,
13 ó descendentes de Israel, seu servo,
ó filhos de Jacó, seus escolhidos.

14 "Ele é o SENHOR, o nosso Deus;
seu domínio alcança toda a terra.
15 Para sempre se lembra[b] da sua
aliança,
da palavra que ordenou
para mil gerações,
16 da aliança que fez com Abraão,
do juramento que fez a Isaque,
17 que confirmou para Jacó
como um decreto,
e para Israel como uma aliança eterna,
dizendo:

18 'A vocês darei a terra de Canaã,
a herança que possuirão'.
19 "Quando eles ainda eram poucos,
muito poucos,
sendo estrangeiros nela,
20 e vagueando de nação em nação,
de um reino a outro,
21 ele não permitiu que ninguém
os oprimisse;
por causa deles repreendeu reis,
ordenando:
22 'Não maltratem os meus ungidos;
não façam mal aos meus profetas'.

23 "Cantem ao SENHOR, todas as terras!
Proclamem a sua salvação dia após dia!
24 Anunciem a sua glória entre as
nações,
seus feitos maravilhosos
entre todos os povos!
25 Pois o SENHOR é grande
e muitíssimo digno de louvor;
ele deve ser mais temido
que todos os deuses.
26 Pois todos os deuses das nações
não passam de ídolos,
mas o SENHOR fez os céus.
27 O esplendor e a majestade
estão diante dele;
força e alegria na sua habitação.
28 Deem ao SENHOR,
ó famílias das nações,
deem ao SENHOR glória e força!
29 Deem ao SENHOR
a glória devida ao seu nome.
Tragam ofertas
e venham à sua presença.
Adorem o SENHOR
no esplendor da sua santidade,
30 tremam diante dele, todas as nações!
Firmou o mundo, e este não se abalará!

Palavras para memorizar

"Deem ao SENHOR a glória devida ao seu nome. Tragam ofertas e venham à sua presença."
(1Crônicas 16:29)

[a] 16:3 Ou *um pedaço de carne*; ou ainda *um pouco de vinho*
[b] 16:15 Conforme alguns manuscritos da Septuaginta. O Texto Massorético diz *lembrem-se*. Veja Sl 105:8.

31Que os céus se alegrem
e a terra exulte,
e diga-se entre as nações:
'O SENHOR reina!'
32Ressoe o mar,
e tudo o que nele existe;
exultem os campos,
e tudo o que neles há!
33Então as árvores da floresta
cantarão de alegria,
cantarão diante do SENHOR,
pois ele vem julgar a terra.
34"Rendam graças ao SENHOR,
pois ele é bom;
o seu amor dura para sempre.
35Clamem: 'Salva-nos, ó Deus,
nosso Salvador!
Reúne-nos e livra-nos das nações,
para que demos graças
ao teu santo nome
e façamos do teu louvor a nossa glória'.
36Bendito seja o SENHOR,
o Deus de Israel,
de eternidade a eternidade".

Então todo o povo exclamou: "Amém!" e
"Louvado seja o SENHOR!"

37Davi deixou Asafe e seus parentes dian-
te da arca da aliança do SENHOR para ali mi-
nistrarem regularmente, de acordo com as
prescrições para cada dia. 38Também deixou
Obede-Edom e seus sessenta e oito parentes
para ministrarem com eles. Obede-Edom, filho
de Jedutum, e também Hosa, foram porteiros.
39Davi deixou o sacerdote Zadoque e seus
parentes sacerdotes diante do tabernáculo do
SENHOR em Gibeom 40para, regularmente, de
manhã e à tarde, apresentarem holocaustos
no altar de holocaustos, de acordo com tudo
o que está escrito na Lei do SENHOR, que ele
deu a Israel. 41Com eles estavam Hemã e Je-
dutum e os outros designados para darem
graças ao SENHOR, exclamando: "O seu amor
dura para sempre". 42Hemã e Jedutum eram
responsáveis pelas trombetas, pelos címbalos
e pelos outros instrumentos musicais para o
culto. Os filhos de Jedutum foram nomeados
como porteiros.
43Então todo o povo partiu, cada um para a
sua casa, e Davi voltou para casa para aben-
çoar sua família.

A promessa de Deus a Davi

17 O rei Davi já morava em seu palácio
quando, certo dia, disse ao profeta Na-
tã: "Aqui estou eu, morando num palácio de
cedro, enquanto a arca da aliança do SENHOR
permanece numa simples tenda".
2Natã respondeu a Davi: "Faze o que tiveres
em mente, pois Deus está contigo".
3E naquela mesma noite Deus falou a Natã:
4"Vá dizer ao meu servo Davi que as-
sim diz o SENHOR: Não é você que vai
construir uma casa para eu morar.
5Não tenho morado em nenhuma ca-
sa, desde o dia em que tirei Israel do
Egito, mas fui de uma tenda para ou-
tra, e de um tabernáculo para outro.
6Por onde tenho acompanhado todo o
Israel, alguma vez perguntei a algum
líder deles, que mandei pastorear o
meu povo: Por que você não me cons-
truiu um templo de cedro?
7"Agora pois, diga ao meu servo Davi:
Assim diz o SENHOR dos Exércitos: Eu
o tirei das pastagens, onde você cuida-
va dos rebanhos, para ser o soberano
sobre Israel, o meu povo. 8Sempre es-
tive com você por onde você andou, e
eliminei todos os seus inimigos. Ago-
ra eu o farei tão famoso quanto os ho-
mens mais importantes da terra. 9E
providenciarei um lugar para Israel,
o meu povo, e os plantarei lá, para que
tenham o seu próprio lar e não mais
sejam incomodados. Povos ímpios
não mais os oprimirão, como fizeram
no início 10e têm feito desde a época
em que nomeei juízes sobre Israel, o
meu povo. Também subjugarei todos
os seus inimigos. Saiba também que
eu, o SENHOR, lhe estabelecerei uma
dinastia. 11Quando a sua vida chegar

Você sabia?

O que Deus prometeu a Davi?

17:11 Deus prometeu a Davi que um de seus descendentes sempre se assentaria no trono e Deus manteve essa promessa. Hoje Jesus, que é descendente de Davi, está vivo no céu, mas um dia virá novamente para governar a terra e o universo inteiro.

ao fim e você se juntar aos seus ante-
passados, escolherei um dos seus fi-
lhos para sucedê-lo, e eu estabelecerei
o reino dele. 12É ele que vai construir
um templo para mim, e eu firmarei o
trono dele para sempre. 13Eu serei seu
pai, e ele será meu filho. Nunca retira-
rei dele o meu amor, como retirei de
Saul. 14Eu o farei líder do meu povo
e do meu reino para sempre; seu rei-
nado será estabelecido para sempre".
15E Natã transmitiu a Davi tudo o que o SE-
NHOR lhe tinha falado e revelado.

A oração de Davi

16Então o rei Davi entrou no tabernáculo,
assentou-se diante do SENHOR, e orou:
"Quem sou eu, ó SENHOR Deus, e o que
é a minha família, para que me trou-
xesses a este ponto? 17E, como se isso
não bastasse para ti, ó Deus, tu falas-
te sobre o futuro da família deste teu
servo. Tens me tratado como um ho-
mem de grande importância, ó SE-
NHOR Deus.
18"O que mais Davi poderá dizer-te
por honrares o teu servo? Tu conhe-
ces o teu servo, 19ó SENHOR. Por amor
do teu servo e de acordo com tua von-
tade, realizaste este feito grandioso e
tornaste conhecidas todas essas gran-
des promessas.
20"Não há ninguém como tu, ó SENHOR,
nem há outro Deus além de ti, confor-
me tudo o que sabemos. 21E quem é co-
mo Israel, o teu povo, a única nação da
terra que tu, ó Deus, resgataste para ti
mesmo, e assim tornaste o teu nome
famoso, realizando grandes e impres-
sionantes maravilhas ao expulsar na-
ções de diante do povo que libertaste
do Egito? 22Tu fizeste de Israel o teu
povo especial para sempre, e tu, ó SE-
NHOR, te tornaste o seu Deus.
23"Agora, SENHOR, que a promessa que
fizeste a respeito de teu servo e de sua
descendência se confirme para sem-
pre. Faze conforme prometeste, 24para
que tudo se confirme, para que o teu
nome seja engrandecido para sempre e
os homens digam: 'O SENHOR dos Exér-
citos, o Deus de Israel, é Deus para Is-
rael!' E a descendência de teu servo
Davi se manterá firme diante de ti.
25"Tu, meu Deus, revelaste a teu servo
que formarás uma dinastia para ele.
Por isso teu servo achou coragem pa-
ra orar a ti. 26Ó SENHOR, tu és Deus! Tu
fizeste essa boa promessa a teu servo.
27Agora, por tua bondade, abençoa a
família de teu servo, para que ela
continue para sempre na tua presen-
ça; pois o que tu, SENHOR, abençoas,
abençoado está para sempre".

As vitórias militares de Davi

18 Depois disso Davi derrotou os filisteus
e os subjugou, e tirou do controle deles
a cidade de Gate e seus povoados.
2Davi derrotou também os moabitas, que
ficaram sujeitos a ele, pagando-lhe impostos.
3Além disso, Davi derrotou Hadadezer, rei
de Zobá, nas proximidades de Hamate, quan-
do Hadadezer tentava obter o controle na re-
gião do rio Eufrates. 4Davi se apossou de mil
dos seus carros de guerra, sete mil cavalei-
ros[a] e vinte mil soldados de infantaria. Ain-
da levou cem cavalos de carros de guerra e
aleijou todos os outros.
5Quando os arameus de Damasco vieram
ajudar Hadadezer, rei de Zobá, Davi matou
vinte e dois mil deles. 6Em seguida esta-
beleceu guarnições militares no reino dos
arameus de Damasco, sujeitando-os a lhe pa-
garem impostos. E o SENHOR dava vitórias a
Davi em todos os lugares aonde ia.
7Davi também trouxe para Jerusalém os
escudos de ouro usados pelos oficiais de
Hadadezer. 8De Tebá[b] e Cum, cidades que
pertenciam a Hadadezer, o rei Davi trouxe
grande quantidade de bronze, que Salomão
usou para fazer o tanque de bronze, as colu-
nas e vários utensílios.
9Quando Toú, rei de Hamate, soube que
Davi tinha derrotado todo o exército de
Hadadezer, rei de Zobá, 10enviou seu filho

[a] 18:4 Ou *condutores de carros*
[b] 18:8 Hebraico: *Tibate*, variante de *Tebá*. Veja 2Sm 8:8.

Palavras para memorizar

"Ó SENHOR, tu és Deus! Tu fizeste essa boa promessa a teu servo."
(1Crônicas 17:26)

Adorão ao rei Davi para saudá-lo e parabe-
nizá-lo por sua vitória na batalha contra Ha-
dadezer, que tinha estado em guerra contra
Toú. Com Adorão, mandou todo tipo de uten-
sílios de ouro, de prata e de bronze. 11O rei
Davi consagrou esses utensílios ao SENHOR,
como fizera com a prata e o ouro tomados de
todas estas nações: Edom e Moabe, os amo-
nitas e os filisteus, e Amaleque.
12Abisai, filho de Zeruia, derrotou dezoito
mil edomitas no vale do Sal. 13Depois colocou
guarnições militares em Edom, sujeitando
todos os edomitas a Davi. O SENHOR dava vi-
tórias a Davi em todos os lugares aonde ia.

Os oficiais de Davi

14Davi reinou sobre todo o Israel, adminis-
trando o direito e a justiça a todo o seu po-
vo. 15Joabe, filho de Zeruia, era comandante
do exército; Josafá, filho de Ailude, era o ar-
quivista real; 16Zadoque, filho de Aitube, e Ai-
meleque[a], filho de Abiatar, eram sacerdotes;
Sausa era secretário; 17Benaia, filho de Joiada,
comandava os queretitas e os peletitas; e os fi-
lhos do rei Davi eram seus principais oficiais.

A guerra contra os amonitas

19 Algum tempo depois, Naás, rei dos amo-
nitas, morreu, e seu filho foi o seu su-
cessor. 2Davi pensou: "Serei bondoso com
Hanum, filho de Naás, porque seu pai foi
bondoso comigo". Então Davi enviou uma
delegação para transmitir a Hanum seu pe-
sar pela morte do pai.
Mas, quando os mensageiros de Davi che-
garam à terra dos amonitas para expressar
condolências a Hanum, 3os líderes amonitas
lhe disseram: "Achas que Davi está honrando
teu pai ao enviar mensageiros para expres-
sar condolências? Não é nada disso! Davi os
enviou como espiões para examinar o país e
destruí-lo". 4Então Hanum prendeu os men-
sageiros de Davi, rapou-lhes a barba, cortou
metade de suas roupas até as nádegas, e os
mandou embora.
5Quando Davi soube disso, enviou mensa-
geiros ao encontro deles, pois haviam sido
profundamente humilhados, e lhes man-
dou dizer: "Fiquem em Jericó até que a bar-
ba cresça, e então voltem para casa".
6Vendo Hanum e os amonitas que tinham
atraído sobre si o ódio de[b] Davi, alugaram
da Mesopotâmia[c], de Arã Maaca e de Zobá,
carros de guerra e condutores de carros, por
trinta e cinco toneladas[d] de prata. 7Alugaram
trinta e dois mil carros e seus condutores,
contrataram o rei de Maaca com suas tropas,
o qual veio e acampou perto de Medeba, e os
amonitas foram convocados de suas cidades
e partiram para a batalha.
8Ao saber disso, Davi ordenou a Joabe que
marchasse com todo o exército. 9Os amonitas
saíram e se puseram em posição de comba-
te na entrada da cidade, e os reis que tinham
vindo posicionaram-se em campo aberto.
10Vendo Joabe que estava cercado pelas li-
nhas de combate, escolheu alguns dos me-
lhores soldados de Israel e os posicionou
contra os arameus. 11Pôs o restante dos ho-
mens sob o comando de seu irmão Abisai e
os posicionou contra os amonitas. 12E Joabe
disse a Abisai: "Se os arameus forem fortes
demais para mim, venha me ajudar; mas, se
os amonitas forem fortes demais para você,
eu irei ajudá-lo. 13Seja forte e lutemos com
bravura pelo nosso povo e pelas cidades do
nosso Deus. E que o SENHOR faça o que for
de sua vontade".
14Então Joabe e seus soldados avançaram
contra os arameus, que fugiram dele. 15Quan-
do os amonitas viram que os arameus esta-
vam fugindo de Joabe, também fugiram de
seu irmão Abisai e entraram na cidade. As-
sim, Joabe voltou para Jerusalém.
16Ao perceberem os arameus que haviam si-
do derrotados por Israel, enviaram mensagei-
ros para trazer arameus que viviam do outro
lado do Eufrates[e], e Sofaque, o comandante
do exército de Hadadezer, veio à frente deles.
17Informado disso, Davi reuniu todo o Is-
rael e atravessou o Jordão; avançou contra
eles e formou linhas de combate defronte
deles. Mas, começado o combate, 18eles fu-
giram de diante de Israel, e Davi matou sete
mil dos seus condutores de carros de guerra
e quarenta mil dos seus soldados de infanta-
ria. Também matou Sofaque, o comandante
do exército deles.
19Quando os vassalos de Hadadezer viram
que tinham sido derrotados por Israel, fi-
zeram a paz com Davi e se sujeitaram a ele.
E os arameus não quiseram mais ajudar os
amonitas.

A conquista de Rabá

20 Na primavera seguinte, na época em
que os reis saem à guerra, Joabe con-
duziu o seu exército até a terra dos amonitas

[a] 18:16 Muitos manuscritos dizem *Abimeleque*. Veja 2Sm 8:17.
[b] 19:6 Hebraico: *se transformado em mau cheiro para*.
[c] 19:6 Hebraico: *Arã Naaraim*.
[d] 19:6 Hebraico: *1000 talentos*. Um talento equivalia a 35 quilos.
[e] 19:16 Hebraico: *do Rio*.

Você sabia?

As guerras de Davi eram bem-sucedidas?

20:1 Davi alcançou tanto sucesso militar que o reino de Israel tinha dez vezes mais terra quando ele morreu do que tinha antes de ele começar a reinar!

e a arrasou. Enquanto Davi ainda estava em
Jerusalém, Joabe cercou Rabá, a capital, ata-
cou-a e deixou-a em ruínas. 2Davi tirou a co-
roa da cabeça de Moloque[a], uma coroa de
ouro de trinta e cinco quilos[b], ornamentada
com pedras preciosas. E ela foi colocada na
cabeça de Davi. Ele trouxe uma grande quan-
tidade de bens da cidade, 3e trouxe também
os seus habitantes, designando-lhes trabalhos
com serras, picaretas de ferro e machados.
Davi fez assim com todas as cidades amo-
nitas. Depois voltou com todo seu exército
para Jerusalém.

Guerras contra os filisteus

4Houve depois disso uma guerra contra os
filisteus, em Gezer. Naquela época, Sibecai, de
Husate, matou Sipai, um dos descendentes
dos refains, e os filisteus foram subjugados.
5Noutra batalha contra os filisteus, Elanã,
filho de Jair, matou Lami, irmão de Golias, de
Gate, que possuía uma lança cuja haste pare-
cia uma lançadeira de tecelão.
6Noutra batalha, em Gate, havia um ho-
mem de grande estatura e que tinha seis de-
dos em cada mão e seis dedos em cada pé;
vinte e quatro dedos ao todo. Ele também
era descendente de Rafa, 7e desafiou Israel,
mas Jônatas, filho de Simeia, irmão de Da-
vi, o matou.
8Esses eram descendentes de Rafa, em Ga-
te, e foram mortos por Davi e seus soldados.

O recenseamento e a sua punição

21 Satanás levantou-se contra Israel e levou
Davi a fazer um recenseamento do povo.
2Davi disse a Joabe e aos outros comandantes
do exército: "Vão e contem os israelitas des-
de Berseba até Dã e tragam-me um relatório
para que eu saiba quantos são".
3Joabe, porém, respondeu: "Que o SENHOR
multiplique o povo dele por cem. Ó rei, meu
senhor, não são, porventura, todos eles sú-
ditos do meu senhor? Por que o meu senhor
deseja fazer isso? Por que deveria trazer culpa
sobre Israel?"
4Mas a palavra do rei prevaleceu, de mo-
do que Joabe partiu, percorreu todo o Israel
e então voltou a Jerusalém. 5Joabe apresen-
tou a Davi o relatório com o número dos ho-
mens de combate: Em todo o Israel havia um
milhão e cem mil homens habilitados para o
serviço militar, sendo quatrocentos e seten-
ta mil de Judá.
6Mas Joabe não incluiu as tribos de Levi e
de Benjamim na contagem, pois a ordem do
rei lhe parecera absurda. 7Essa ordem foi re-
provada por Deus, e por isso ele puniu Israel.
8Então Davi disse a Deus: "Pequei grave-
mente com o que fiz. Agora eu te imploro
que perdoes o pecado do teu servo, porque
cometi uma grande loucura!"
9O SENHOR disse a Gade, o vidente de Davi:
10"Vá dizer a Davi: Assim diz o SENHOR: Estou
lhe dando três opções. Escolha uma delas, e
eu a executarei contra você".
11Gade foi a Davi e lhe disse: "Assim diz o
SENHOR: 'Escolha entre 12três anos de fome,
três meses fugindo de seus adversários, per-
seguido pela espada deles, ou três dias da es-
pada do SENHOR, isto é, três dias de praga,
com o anjo do SENHOR assolando todas as re-
giões de Israel'. Decida agora como devo res-
ponder àquele que me enviou".
13Davi respondeu: "É grande a minha an-
gústia! Prefiro cair nas mãos do SENHOR, pois
é grande a sua misericórdia, a cair nas mãos
dos homens".
14O SENHOR enviou, assim, uma praga sobre
Israel, e setenta mil homens de Israel morre-
ram. 15E Deus enviou um anjo para destruir
Jerusalém. Mas quando o anjo ia fazê-lo, o
SENHOR olhou e arrependeu-se de trazer a ca-
tástrofe, e disse ao anjo destruidor: "Pare! Já
basta!" Naquele momento o anjo do SENHOR
estava perto da eira de Araúna[c], o jebuseu.
16Davi olhou para cima e viu o anjo do SE-
NHOR entre o céu e a terra, com uma espada
na mão, erguida sobre Jerusalém. Então Davi
e as autoridades de Israel, vestidos de luto,
prostraram-se com o rosto em terra.
17Davi disse a Deus: "Não fui eu que orde-
nei contar o povo? Fui eu que pequei e fiz o

[a] 20:2 Conforme a Septuaginta. O Texto Massorético diz *do rei deles*
[b] 20:2 Hebraico: *1 talento*.
[c] 21:15 Hebraico: *Ornã*, variante de *Araúna*; também nos versículos 18-28.

mal. Estes não passam de ovelhas. O que eles
fizeram? Ó SENHOR meu Deus, que o teu cas-
tigo caia sobre mim e sobre a minha família,
mas não sobre o teu povo!"
[18]Depois disso, o anjo do SENHOR mandou
Gade dizer a Davi que construísse um altar ao
SENHOR na eira de Araúna, o jebuseu. [19]Davi
foi para lá, em obediência à palavra que Gade
havia falado em nome do SENHOR.
[20]Araúna estava debulhando o trigo; viran-
do-se, viu o anjo, e ele e seus quatro filhos
que estavam com ele se esconderam. [21]Nisso
chegou Davi e, quando Araúna o viu, saiu da
eira e prostrou-se diante de Davi com o ros-
to em terra.
[22]E Davi lhe pediu: "Ceda-me o terreno da
sua eira para eu construir um altar em hon-
ra ao SENHOR, para que cesse a praga sobre o
povo. Venda-me o terreno pelo preço justo".
[23]Mas Araúna disse a Davi: "Considera-o
teu! Que o meu rei e senhor faça dele o que
desejar. Eu darei os bois para os holocaustos[a],
o debulhador para servir de lenha, e o trigo
para a oferta de cereal. Tudo isso eu dou a ti".
[24]O rei Davi, porém, respondeu a Araúna:
"Não! Faço questão de pagar o preço justo.
Não darei ao SENHOR aquilo que pertence a
você, nem oferecerei um holocausto que não
me custe nada".
[25]Então Davi pagou a Araúna sete quilos e
duzentos gramas[b] de ouro pelo terreno. [26]E
Davi edificou ali um altar ao SENHOR e ofere-
ceu holocaustos e sacrifícios de comunhão[c].
Davi invocou o SENHOR, e o SENHOR lhe res-
pondeu com fogo que veio do céu sobre o al-
tar de holocaustos.
[27]O SENHOR ordenou ao anjo que pusesse
a espada na bainha. [28]Nessa ocasião viu Davi
que o SENHOR lhe havia respondido na eira
de Araúna, o jebuseu, e passou a oferecer sa-
crifícios ali. [29]Naquela época, o tabernáculo
do SENHOR que Moisés fizera no deserto e o
altar de holocaustos estavam em Gibeom[d].
[30]Mas Davi não podia consultar a Deus lá, pois
tinha medo da espada do anjo do SENHOR.

22 Então disse Davi: "Este é o lugar para
o templo de Deus, o SENHOR, e do altar
de holocaustos[e] para Israel".

Preparativos para o templo

[2]Davi deu ordens para que se reunissem os
estrangeiros que viviam em Israel, e dentre
eles designou cortadores de pedra para pre-
pararem pedras lavradas para a construção
do templo de Deus. [3]Ele providenciou gran-
de quantidade de ferro para a fabricação de
pregos e dobradiças para as portas, e mais
bronze do que se podia pesar. [4]Também pro-
videnciou mais toras de cedro do que se po-
dia contar, pois os sidônios e os tírios haviam
trazido muito cedro para Davi.
[5]Davi pensava: "Meu filho Salomão é jo-
vem e inexperiente, e o templo que será
construído para o SENHOR deve ser extraor-
dinariamente magnífico, famoso e cheio de
esplendor à vista de todas as nações. Por isso
deixarei tudo preparado para a construção".
Assim, Davi deixou tudo preparado antes de
morrer.
[6]Davi mandou chamar seu filho Salomão
e ordenou que ele construísse um templo
para o SENHOR, o Deus de Israel, [7]dizendo:
"Meu filho, eu tinha no coração o propósito
de construir um templo em honra ao nome
do SENHOR, o meu Deus. [8]Mas veio a mim
esta palavra do SENHOR: 'Você matou muita
gente e empreendeu muitas guerras. Por isso
não construirá um templo em honra ao meu
nome, pois derramou muito sangue na terra,
diante de mim. [9]Mas você terá um filho que
será um homem de paz, e eu farei com que
ele tenha paz com todos os inimigos ao redor
dele. Seu nome será Salomão, e eu darei paz e
tranquilidade a Israel durante o reinado dele.

Pessoas nos tempos da Bíblia

Cortadores de pedra

Blocos gigantes de pedra para o templo de Deus foram cortados e moldados a quilômetros de distância de Jerusalém. Os pedreiros possuíam apenas martelos e cinzéis, junto com ferramentas de marcação e medição. No entanto, eles cortavam as pedras tão cuidadosamente que elas se encaixaram perfeitamente quando o templo foi montado.

[a] 21:23 Isto é, sacrifícios totalmente queimados; também nos versículos 24, 26 e 29.
[b] 21:25 Hebraico: *600 siclos*. Um siclo equivalia a 12 gramas.
[c] 21:26 Ou *de paz*
[d] 21:29 Hebraico: *no alto de Gibeom*.
[e] 22:1 Isto é, sacrifícios totalmente queimados.

10É ele que vai construir um templo em hon-
ra ao meu nome. Eu serei seu pai e ele será
meu filho. E eu firmarei para sempre o trono
do reinado dele sobre Israel'.
11"Agora, meu filho, que o SENHOR seja
com você, para que você consiga construir
o templo do SENHOR, o seu Deus, conforme
ele disse que você faria. 12Que o SENHOR lhe
dê prudência e entendimento para que você
obedeça à lei do SENHOR, o seu Deus, quan-
do ele o puser como líder de Israel. 13E você
prosperará se for cuidadoso em obedecer aos
decretos e às leis que o SENHOR deu a Israel
por meio de Moisés. Seja forte e corajoso! Não
tenha medo nem se desanime!
14"Com muito esforço providenciei para o
templo do SENHOR três mil e quinhentas to-
neladas[a] de ouro, trinta e cinco mil tonela-
das de prata, e mais bronze e ferro do que se
pode calcular, além de madeira e pedra. E
você ainda poderá aumentar a quantidade
desse material. 15Você tem muitos trabalha-
dores: cortadores de pedras, pedreiros e car-
pinteiros, bem como especialistas em todo
tipo de trabalho 16em ouro, prata, bronze e
ferro. Agora comece o trabalho, e que o SE-
NHOR esteja com você".
17Então Davi ordenou a todos os líderes de
Israel que ajudassem seu filho Salomão. 18Dis-
se ele: "Certamente o SENHOR, o seu Deus,
está com vocês, e lhes concedeu paz. Pois ele
entregou os habitantes dessa terra em mi-
nhas mãos, e ela foi submetida ao SENHOR e
ao seu povo. 19Agora consagrem o coração e
a alma para buscarem o SENHOR, o seu Deus.
Comecem a construir o santuário de Deus, o
SENHOR, para que vocês possam trazer a ar-
ca da aliança do SENHOR e os utensílios sa-
grados que pertencem a Deus para dentro
do templo que será construído em honra ao
nome do SENHOR".

[a] 22:14 Hebraico: *100.000 talentos*. Um talento equivalia a 35 quilos.

Palavras para memorizar

"Agora consagrem o coração e a alma para buscarem o SENHOR, o seu Deus."
(1Crônicas 22:19)

Você sabia?

Quem eram os levitas?

23:2 Os levitas eram uma tribo, ou um grupo familiar, de israelitas que foram separados por Deus para servirem ao Senhor. Davi organizou os levitas para servirem a Deus no tempo que Salomão construiria.

Os levitas

23 Já envelhecido, de idade avançada,
Davi fez do seu filho Salomão rei so-
bre Israel.
2Ele reuniu todos os líderes de Israel, bem
como os sacerdotes e os levitas. 3Os levitas
de trinta anos para cima foram contados, e o
número total deles chegou a trinta e oito mil.
4Davi escolheu vinte e quatro mil deles para
supervisionarem o trabalho do templo do SE-
NHOR e seis mil para serem oficiais e juízes,
5quatro mil para serem guardas das portas e
quatro mil para louvarem o SENHOR com os
instrumentos musicais que Davi tinha pre-
parado com esse propósito.
6Davi repartiu os levitas em grupos que
descendiam de Gérson, Coate e Merari, fi-
lhos de Levi.

Os descendentes de Gérson

7Dos filhos de Gérson:
Ladã e Simei.
8Estes foram os filhos de Ladã:
Jeiel, o primeiro, Zetã e Joel,
três ao todo.
9Estes foram os filhos de Simei:
Selomote, Haziel e Harã, três ao todo.
Esses foram os chefes
das famílias de Ladã.
10E os filhos de Simei foram:
Jaate, Ziza[b], Jeús e Berias.
Esses foram os filhos de Simei,
quatro ao todo.
11Jaate foi o primeiro e Ziza, o segundo,
mas Jeús e Berias
não tiveram muitos descendentes,
por isso foram contados
como uma única família.

[b] 23:10 Muitos manuscritos dizem *Zina*.

Os descendentes de Coate

12 Dos filhos de Coate:
Anrão, Isar, Hebrom e Uziel,
quatro ao todo.
13 Estes foram os filhos de Anrão:
Arão e Moisés.
Arão foi separado,
ele e seus descendentes, para sempre,
para consagrar as coisas santíssimas,
oferecer sacrifícios ao SENHOR,
ministrar diante dele
e pronunciar bênçãos
em seu nome.
14 Os filhos de Moisés,
homem de Deus,
foram contados
como parte da tribo de Levi.
15 Estes foram os filhos de Moisés:
Gérson e Eliézer.
16 Sebuel foi o chefe
dos descendentes de Gérson.
17 Reabias foi o chefe
dos descendentes de Eliézer.
Eliézer não teve nenhum outro filho,
mas Reabias teve muitos filhos.
18 Selomite foi o chefe
dos filhos de Isar.
19 Estes foram os filhos de Hebrom:
Jerias foi o primeiro,
Amarias, o segundo,
Jaaziel, o terceiro,
e Jecameão foi o quarto.
20 Estes foram os filhos de Uziel:
Mica, o primeiro,
e Issias, o segundo.

Os descendentes de Merari

21 Dos filhos de Merari:
Mali e Musi.
Estes foram os filhos de Mali:
Eleazar e Quis.
22 Eleazar morreu sem ter filhos,
teve apenas filhas.
Os primos delas, os filhos de Quis,
casaram-se com elas.
23 Estes foram os filhos de Musi:
Mali, Éder e Jeremote, três ao todo.

24 Esses foram os descendentes de Levi pe-
las suas famílias: os chefes de famílias con-
forme registrados por seus nomes e contados
individualmente, ou seja, os de vinte anos
para cima, que serviam no templo do SE-
NHOR. 25 Pois Davi dissera: "Uma vez que o
SENHOR, o Deus de Israel, concedeu descan-
so ao seu povo e veio habitar para sempre
em Jerusalém, 26 os levitas não mais preci-
sam carregar o tabernáculo nem os utensí-
lios usados em seu serviço". 27 De acordo com
as instruções finais de Davi, foram contados
os levitas de vinte anos para cima.
28 O dever dos levitas era ajudar os descen-
dentes de Arão no serviço do templo do SE-
NHOR. Encarregavam-se dos pátios, das salas
laterais, da purificação de todas as coisas sa-
gradas e das outras tarefas da casa de Deus.
29 Estavam encarregados do pão consagrado,
da farinha para as ofertas de cereal, dos bo-
los sem fermento, de assar o pão e mistu-
rar a massa, e de todos os pesos e medidas.
30 Além disso, deviam se apresentar todas as
manhãs e todas as tardes para dar graças e
louvar ao SENHOR, e fazer o mesmo 31 sempre
que holocaustos[a] fossem apresentados ao SE-
NHOR nos sábados, nas festas da lua nova e
nas festas fixas. Deviam servir regularmente
diante do SENHOR, conforme o número pres-
crito para eles.
32 Dessa maneira os levitas ficaram respon-
sáveis pela Tenda do Encontro, pelo Lugar
Santo e, pela assistência aos seus irmãos, os
descendentes de Arão, e pelo serviço do tem-
plo do SENHOR.

O serviço dos sacerdotes

24 Os filhos de Arão foram assim agru-
pados:
Os filhos de Arão foram Nadabe, Abiú, Elea-
zar e Itamar. 2 Mas Nadabe e Abiú morreram
antes de seu pai e não tiveram filhos; ape-
nas Eleazar e Itamar serviram como sacerdo-
tes. 3 Com a ajuda de Zadoque, descendente
de Eleazar, e de Aimeleque, descendente de
Itamar, Davi os dividiu em grupos para que
cumprissem as suas responsabilidades. 4 Ha-
via um número maior de chefes de família
entre os descendentes de Eleazar do que en-
tre os de Itamar, e por isso eles foram assim
divididos: dezesseis chefes de famílias dentre
os descendentes de Eleazar, e oito dentre os
descendentes de Itamar. 5 Eles foram dividi-
dos de maneira imparcial mediante sorteio,
pois havia líderes do santuário e líderes de
Deus tanto entre os descendentes de Eleazar
como entre os de Itamar.
6 O escriba Semaías, filho do levita Nata-
nael, registrou os nomes deles na presença
do rei, dos líderes, dos sacerdotes Zadoque
e Aimeleque, filho de Abiatar, e dos chefes
de famílias dos sacerdotes e dos levitas; as

[a] 23:31 Isto é, sacrifícios totalmente queimados.

famílias de Eleazar e de Itamar foram sorteadas alternadamente.

[7]A primeira sorte caiu para Jeoiaribe,
a segunda para Jedaías,
[8]a terceira para Harim,
a quarta para Seorim,
[9]a quinta para Malquias,
a sexta para Miamim,
[10]a sétima para Hacoz,
a oitava para Abias,
[11]a nona para Jesua,
a décima para Secanias,
[12]a décima primeira para Eliasibe,
a décima segunda para Jaquim,
[13]a décima terceira para Hupá,
a décima quarta para Jesebeabe,
[14]a décima quinta para Bilga,
a décima sexta para Imer,
[15]a décima sétima para Hezir,
a décima oitava para Hapises,
[16]a décima nona para Petaías,
a vigésima para Jeezquel,
[17]a vigésima primeira para Jaquim,
a vigésima segunda para Gamul,
[18]a vigésima terceira para Delaías,
e a vigésima quarta para Maazias.

[19]Conforme essa ordem eles deveriam ministrar quando entrassem no templo do SENHOR, de acordo com as prescrições deixadas por Arão, antepassado deles, conforme o SENHOR, o Deus de Israel, havia lhe ordenado.

O restante dos levitas

[20]Estes foram os chefes
dos outros levitas:

dos descendentes de Anrão: Subael;
dos descendentes de Subael: Jedias.
[21]Quanto a Reabias,
Issias foi o chefe dos seus filhos.
[22]Dos descendentes de Isar: Selomote;
dos filhos de Selomote: Jaate.
[23]Dos descendentes de Hebrom:
Jerias, o primeiro[a],
Amarias, o segundo,
Jaaziel, o terceiro,
e Jecameão, o quarto.
[24]Dos descendentes de Uziel: Mica;
dos filhos de Mica: Samir.
[25]Dos descendentes de Issias,
irmão de Mica, Zacarias.
[26]Dos filhos de Merari: Mali e Musi.
Dos filhos de Jaazias: Beno.
[27]Os descendentes de Merari, por Jaazias:
Beno, Soão, Zacur e Ibri.
[28]De Mali: Eleazar, que não teve filhos.
[29]De Quis: Jerameel.
[30]E foram estes os filhos de Musi:
Mali, Éder e Jeremote.

Esses foram os levitas, de acordo com as
suas famílias. [31]Eles também tiraram sortes
na presença do rei Davi, de Zadoque, de Aimeleque, e dos chefes de famílias dos sacerdotes e dos levitas, assim como fizeram seus irmãos, os descendentes de Arão. As famílias dos irmãos mais velhos foram tratadas da mesma maneira que as dos mais novos.

Os músicos

25 Davi, junto com os comandantes do exército, separou alguns dos filhos de Asafe, de Hemã e de Jedutum para o ministério de profetizar ao som de harpas, liras e címbalos. Esta é a lista dos escolhidos para essa função:

[2]Dos filhos de Asafe:
Zacur, José, Netanias e Asarela. Os filhos de Asafe estavam sob a sua supervisão, e ele, por sua vez, profetizava sob a supervisão do rei.
[3]Dos filhos de Jedutum:
Gedalias, Zeri, Jesaías, Simei[b], Hasabias e Matitias, seis ao todo, sob a supervisão de seu pai, Jedutum, que profetizava ao som da harpa para dar graças e louvar ao SENHOR.
[4]Dos filhos de Hemã:
Buquias, Matanias, Uziel, Sebuel, Jeremote, Hananias, Hanani, Eliata, Gidalti, Romanti-Ézer, Josbecasa, Maloti, Hotir e
Maaziote. [5]Todos esses eram filhos de Hemã, o vidente do rei. Esses lhe nasceram conforme as promessas de que Deus haveria de torná-lo poderoso[c]. E Deus deu a Hemã catorze filhos e três filhas.

[6]Todos esses homens estavam sob a supervisão de seus pais quando ministravam a música do templo do SENHOR, com címbalos, liras e harpas, na casa de Deus. Asafe, Jedutum e Hemã estavam sob a supervisão do
rei. [7]Eles e seus parentes, todos capazes e preparados para o ministério do louvor do SENHOR, totalizavam 288. [8]Então tiraram sortes
entre jovens e velhos, mestres e discípulos para designar-lhes suas responsabilidades.

[a] 24:23 Muitos manuscritos dizem *Os filhos de Jerias*. Veja 1Cr 23:19.
[b] 25:3 Muitos manuscritos não trazem *Simei*.
[c] 25:5 Hebraico: *exaltar o chifre*.

[9]A primeira sorte caiu para José,
filho de Asafe,
com seus filhos e parentes[a];
eram ao todo doze[b];
a segunda, para Gedalias,
com seus filhos e parentes;
eram ao todo doze;
[10]a terceira, para Zacur,
com seus filhos e parentes;
eram ao todo doze;
[11]a quarta, para Izri[c],
com seus filhos e parentes;
eram ao todo doze;
[12]a quinta, para Netanias,
com seus filhos e parentes;
eram ao todo doze;
[13]a sexta, para Buquias,
com seus filhos e parentes;
eram ao todo doze;
[14]a sétima, para Jesarela[d],
com seus filhos e parentes;
eram ao todo doze;
[15]a oitava, para Jesaías,
com seus filhos e parentes;
eram ao todo doze;
[16]a nona, para Matanias,
com seus filhos e parentes;
eram ao todo doze;
[17]a décima, para Simei,
com seus filhos e parentes;
eram ao todo doze;
[18]a décima primeira, para Azareel[e],
com seus filhos e parentes;
eram ao todo doze;
[19]a décima segunda, para Hasabias,
com seus filhos e parentes;
eram ao todo doze;
[20]a décima terceira, para Subael,
com seus filhos e parentes;
eram ao todo doze;
[21]a décima quarta, para Matitias,
com seus filhos e parentes;
eram ao todo doze;
[22]a décima quinta, para Jeremote,
com seus filhos e parentes;
eram ao todo doze;
[23]a décima sexta, para Hananias,
com seus filhos e parentes;
eram ao todo doze;
[24]a décima sétima, para Josbecasa,
com seus filhos e parentes;
eram ao todo doze;
[25]a décima oitava, para Hanani,
com seus filhos e parentes;
eram ao todo doze;
[26]a décima nona, para Maloti,
com seus filhos e parentes;
eram ao todo doze;
[27]a vigésima, para Eliata,
com seus filhos e parentes;
eram ao todo doze;
[28]a vigésima primeira, para Hotir,
com seus filhos e parentes;
eram ao todo doze;
[29]a vigésima segunda, para Gidalti,
com seus filhos e parentes;
eram ao todo doze;
[30]a vigésima terceira, para Maaziote,
com seus filhos e parentes;
eram ao todo doze;
[31]a vigésima quarta, para Romanti-Ézer,
com seus filhos e parentes;
eram ao todo doze.

Os porteiros

26 Esta é a relação dos grupos dos porteiros:

Dos coreítas, Meselemias, filho de Coré,
da família de Asafe.
[2]Foram estes os filhos de Meselemias:
Zacarias, o primeiro,
Jediael, o segundo,
Zebadias, o terceiro,
Jatniel, o quarto,
[3]Elão, o quinto,
Joanã, o sexto,
e Elioenai, o sétimo.
[4]Foram estes os filhos de Obede-Edom:
Semaías, o primeiro,
Jeozabade, o segundo,
Joá, o terceiro,
Sacar, o quarto,
Natanael, o quinto,
[5]Amiel, o sexto,
Issacar, o sétimo,
e Peuletai, o oitavo.
Pois Deus havia abençoado
Obede-Edom.

[6]Seu filho Semaías também teve filhos,
que foram líderes na família do seu pai,
pois eram homens capazes.
[7]Foram estes os filhos de Semaías:
Otni, Rafael, Obede e Elzabade.
Os parentes dele, Eliú e Semaquias,
também foram homens capazes.
[8]Todos esses foram
descendentes de Obede-Edom;

[a] 25:9 O Texto Massorético não traz *seus filhos e parentes*.
[b] 25:9 O Texto Massorético não traz *doze*.
[c] 25:11 Variante de *Zeri*.
[d] 25:14 Variante de *Asarela*.
[e] 25:18 Variante de *Uziel*.

eles e os seus filhos e parentes
eram capazes e aptos para a obra.
Eram ao todo 62 descendentes
de Obede-Edom.
[9]Meselemias teve 18 filhos
e parentes chegados,
todos eles homens capazes.
[10]Foram estes os filhos de Hosa,
o merarita:
Sinri, que foi nomeado chefe
por seu pai,
mesmo não sendo o mais velho,
[11]Hilquias, o segundo,
Tebalias, o terceiro,
e Zacarias, o quarto.
Os filhos e parentes de Hosa
foram 13 ao todo.

[12]Essas foram as divisões dos porteiros, feitas pelos chefes deles; eles cumpriam tarefas no serviço do templo do SENHOR, assim como seus parentes. [13]Lançaram sortes entre as famílias, incluindo jovens e velhos, para que cuidassem de cada porta.
[14]A porta leste coube a Selemias[a]. Então lançaram sortes para seu filho Zacarias, sábio conselheiro, e a porta norte foi sorteada para ele. [15]A sorte da porta sul saiu para Obede-Edom, e a do depósito, para seus filhos.
[16]A sorte da porta oeste e da porta Salequete, na rua de cima, saiu para Supim e Hosa. Os guardas ficavam um ao lado do outro. [17]Havia seis levitas por dia no leste, quatro no norte, quatro no sul e dois de cada vez no depósito.
[18]Quanto ao pátio a oeste, havia quatro na rua e dois no próprio pátio.
[19]Foram essas as divisões dos porteiros, descendentes de Coré e Merari.

Os tesoureiros e outros oficiais

[20]Outros dos seus irmãos levitas estavam encarregados[b] dos depósitos dos tesouros do templo de Deus e do depósito das dádivas sagradas.
[21]Os gersonitas, descendentes de Ladã, que eram chefes de famílias pertencentes a Ladã, foram Jeieli [22]e seus filhos Zetã e Joel, seu irmão. Estavam encarregados da tesouraria do templo do SENHOR.
[23]Dos filhos de Anrão, de Isar, de Hebrom e de Uziel:
[24]Sebuel, um descendente de Gérson, filho de Moisés, era o oficial encarregado dos depósitos dos tesouros. [25]Seus parentes por parte de Eliézer foram seu filho Reabias, que foi o pai de Jesaías, o avô de Jorão, o bisavô de Zicri, o trisavô de Selomote. [26]Selomote e seus parentes estavam encarregados de todos os tesouros consagrados pelo rei Davi, pelos chefes de famílias que eram os comandantes de mil e de cem, e pelos outros líderes do exército. [27]Eles consagravam parte dos despojos tomados em combate para a manutenção do templo do SENHOR. [28]E todas as dádivas consagradas pelo vidente Samuel, por Saul, filho de Quis, por Abner, filho de Ner, por Joabe, filho de Zeruia, e todas as demais dádivas sagradas estavam sob os cuidados de Selomote e seus parentes.
[29]Dos filhos de Isar, Quenanias e seus filhos ficaram responsáveis pelos negócios públicos de Israel, atuando como oficiais e juízes.
[30]Dos filhos de Hebrom, Hasabias e seus parentes ficaram responsáveis por todo o trabalho do SENHOR e pelo serviço do rei em Israel, a oeste do Jordão; ao todo eram mil e setecentos homens capazes.
[31]De acordo com os registros genealógicos das famílias hebronitas, Jerias foi o chefe delas. No ano quarenta do reinado de Davi fez-se uma busca nos registros, e entre os descendentes de Hebrom encontraram-se homens capazes em Jazar de Gileade. [32]Jerias tinha dois mil e setecentos parentes, homens capazes e chefes de famílias, que o rei Davi encarregou de todas as questões pertinentes a Deus e aos negócios do rei nas tribos de Rúben e de Gade, e na metade da tribo de Manassés.

As divisões do exército

27 Esta é a lista dos israelitas, chefes de famílias, comandantes de mil e comandantes de cem, oficiais que serviam o rei na supervisão das divisões do exército que estavam de serviço mês a mês, durante o ano. Cada divisão era constituída por 24.000 homens.
[2]Encarregado da primeira divisão de 24.000 homens, para o primeiro mês, estava Jasobeão, filho de Zabdiel. [3]Ele era descendente de Perez e chefe de todos os oficiais do exército para o primeiro mês.
[4]Encarregado da divisão para o segundo mês estava Dodai, descendente de Aoí;

[a] 26:14 Variante de *Meselemias*.
[b] 26:20 Conforme a Septuaginta. O Texto Massorético diz *Quanto aos levitas, Aías estava encarregado*.

Miclote era o líder da sua divisão, que
contava 24.000 homens.
5 O terceiro comandante do exército, para
o terceiro mês, foi Benaia, filho do sacer-
dote Joiada. Ele era chefe da sua divi-
são de 24.000 homens. 6 Esse Benaia foi
guerreiro, chefe do batalhão dos Trinta.
Seu filho Amizabade estava encarregado
da sua divisão.
7 O quarto, para o quarto mês, foi Asael,
irmão de Joabe; seu filho Zebadias foi o
seu sucessor. Havia 24.000 homens em
sua divisão.
8 O quinto, para o quinto mês, foi o co-
mandante Samute, o izraíta. Havia
24.000 homens em sua divisão.
9 O sexto, para o sexto mês, foi Ira, filho
de Iques, de Tecoa. Havia 24.000 homens
em sua divisão.
10 O sétimo, para o sétimo mês, foi Helez,
de Pelom, descendente de Efraim. Havia
24.000 homens em sua divisão.
11 O oitavo, para o oitavo mês, foi Sibe-
cai, de Husate, da família de Zerá. Havia
24.000 homens em sua divisão.
12 O nono, para o nono mês, foi Abiezer,
de Anatote, da tribo de Benjamim. Havia
24.000 homens em sua divisão.
13 O décimo, para o décimo mês, foi Maa-
rai, de Netofate, da família de Zerá. Ha-
via 24.000 homens em sua divisão.
14 O décimo primeiro, para o décimo
primeiro mês, foi Benaia, de Piratom,
descendente de Efraim. Havia 24.000
homens em sua divisão.
15 O décimo segundo, para o décimo se-
gundo mês, foi Heldai, de Netofate, da
família de Otoniel. Havia 24.000 homens
em sua divisão.

Os líderes das tribos

16 Estes foram os líderes das tribos de Israel:

de Rúben: Eliézer, filho de Zicri;
de Simeão: Sefatias, filho de Maaca;
17 de Levi: Hasabias, filho de Quemuel;
de Arão: Zadoque;
18 de Judá: Eliú, irmão de Davi;
de Issacar: Onri, filho de Micael;
19 de Zebulom: Ismaías, filho de Obadias;
de Naftali: Jeremote, filho de Azriel;
20 dos descendentes de Efraim: Oseias, fi-
lho de Azazias;
da metade da tribo de Manassés: Joel,
filho de Pedaías;
21 da outra metade da tribo de Manassés,
em Gileade: Ido, filho de Zacarias;
de Benjamim: Jaasiel, filho de Abner;
22 de Dã: Azareel, filho de Jeroão.
Foram esses os líderes das tribos de Israel.

23 Davi não contou os homens com menos
de vinte anos, pois o SENHOR havia prometido
tornar Israel tão numeroso quanto as estre-
las do céu. 24 Joabe, filho de Zeruia, começou
a contar os homens, mas não pôde terminar.
A ira divina caiu sobre Israel por causa desse
recenseamento, e o resultado não entrou nos
registros históricos do rei Davi.

Os superintendentes do rei

25 Azmavete, filho de Adiel, estava encarre-
gado dos tesouros do palácio.

Quadro de tarefas

Experimente!

O texto de 1Crônicas 27: 25-34 é uma lista de trabalhos que Davi deu aos homens que o ajudavam a governar Israel. Essa lista é um quadro de tarefas: ela nomeia os ajudantes de Davi e conta o serviço que cada um faz. Qual desses serviços você queria? Você gostou do trabalho de Husai (versículo 33)?

Faça um quadro de tarefas da família, escrevendo as diferentes atividades que devem ser feitas, como tirar o lixo, colocar os pratos, varrer o chão, dobrar a roupa, e assim por diante. Em seguida, faça uma tabela listando o nome de cada membro da família. Ao lado de cada nome, escreva as tarefas que a pessoa fará e a cada duas semanas, alterne estas atividades. O quadro de tarefas mostrará a ajuda que cada membro da família dá, assim como essa passagem da Bíblia fala do serviço dos ajudantes de Davi.

1Crônicas 27:25-34

Jônatas, filho de Uzias, estava encarrega-
do dos depósitos do rei nos distritos distan-
tes, nas cidades, nos povoados e nas torres
de sentinela.
26 Ezri, filho de Quelube, estava encarrega-
do dos trabalhadores rurais, que cultivavam
a terra.
27 Simei, de Ramá, estava encarregado das
vinhas.
Zabdi, de Sifá, estava encarregado do vinho
que era armazenado em tonéis.
28 Baal-Hanã, de Gederá, estava encarrega-
do das oliveiras e das figueiras bravas, na Se-
felá[a].
Joás estava encarregado do fornecimen-
to de azeite.
29 Sitrai, de Sarom, estava encarregado dos
rebanhos que pastavam em Sarom.
Safate, filho de Adlai, estava encarregado
dos rebanhos nos vales.
30 O ismaelita Obil estava encarregado dos
camelos.
Jedias, de Meronote, estava encarregado
dos jumentos.
31 O hagareno Jaziz estava encarregado das
ovelhas.
Todos esses eram encarregados de cuidar
dos bens do rei Davi.

32 Jônatas, tio de Davi, era conselheiro; ho-
mem sábio e também escriba. Jeiel, filho de
Hacmoni, cuidava dos filhos do rei.
33 Aitofel era conselheiro do rei.
Husai, o arquita, era amigo do rei. 34 Aito-
fel foi sucedido por Joiada, filho de Benaia,
e por Abiatar.
Joabe era o comandante do exército real.

O plano de Davi para o templo

28 Davi reuniu em Jerusalém todos os lí-
deres de Israel: os líderes das tribos,
os líderes das divisões a serviço do rei, os co-
mandantes de mil e de cem, e os líderes en-
carregados de todos os bens e rebanhos que
pertenciam ao rei e a seus filhos, junto com
os oficiais do palácio, os principais guerrei-
ros e todos os soldados valentes.
2 O rei Davi se pôs em pé e disse: "Escutem-
-me, meus irmãos e meu povo. Eu tinha no
coração o propósito de construir um tem-
plo para nele colocar a arca da aliança do SE-
NHOR, o estrado dos pés de nosso Deus; fiz
planos para construí-lo, 3 mas Deus me disse:
'Você não construirá um templo em honra ao
meu nome, pois você é um guerreiro e ma-
tou muita gente'.
4 "No entanto, o SENHOR, o Deus de Israel,
escolheu-me dentre toda a minha família pa-
ra ser rei em Israel, para sempre. Ele escolheu
Judá como líder, e da tribo de Judá escolheu
minha família, e entre os filhos de meu pai
ele quis fazer-me rei de todo o Israel. 5 E, den-
tre todos os muitos filhos que me deu, ele es-
colheu Salomão para sentar-se no trono de
Israel, o reino do SENHOR. 6 Ele me disse: 'Seu
filho Salomão é quem construirá o meu tem-
plo e os meus pátios, pois eu o escolhi para
ser meu filho, e eu serei o pai dele. 7 Firmarei
para sempre o reino dele, se ele continuar a
obedecer os meus mandamentos e as minhas
ordenanças, como faz agora'.
8 "Por isso, agora declaro-lhes perante todo
o Israel e a assembleia do SENHOR, e diante
dos ouvidos de nosso Deus: Tenham o cuida-
do de obedecer a todos os mandamentos do
SENHOR, o seu Deus, para que mantenham a
posse dessa boa terra e a deem por herança
aos seus descendentes para sempre.
9 "E você, meu filho Salomão, reconheça o
Deus de seu pai, e sirva-o de todo o coração
e espontaneamente, pois o SENHOR sonda to-
dos os corações e conhece a motivação dos
pensamentos. Se você o buscar, o encontrará,
mas, se você o abandonar, ele o rejeitará para
sempre. 10 Veja que o SENHOR o escolheu para
construir um templo que sirva de santuário.
Seja forte e mãos ao trabalho!"
11 Então Davi deu a seu filho Salomão a
planta do pórtico do templo, dos seus edi-
fícios, dos seus depósitos, dos andares
superiores e suas salas, e do lugar do propi-
ciatório. 12 Entregou-lhe também as plantas
de tudo o que o Espírito havia posto em seu
coração[b] acerca dos pátios do templo do SE-
NHOR e de todas as salas ao redor, acerca dos
depósitos dos tesouros do templo de Deus
e dos depósitos das dádivas sagradas. 13 Deu-
-lhe instruções sobre as divisões dos sacerdo-
tes e dos levitas e sobre a execução de todas
as tarefas no templo do SENHOR e os uten-
sílios que seriam utilizados. 14 Determinou o
peso do ouro para todos os utensílios de ou-
ro e o peso da prata para todos os utensílios
de prata, que seriam utilizados nas diferen-
tes tarefas: 15 o peso de ouro para cada can-
delabro e suas lâmpadas; e o peso de prata
para cada candelabro de prata e suas lâmpa-
das, de acordo com a finalidade de cada um;

[a] 27:28 Pequena faixa de terra de relevo variável entre a planície costeira e as montanhas.

[b] 28:12 Ou *tudo o que tinha em mente*

16o peso de ouro para cada mesa de pães con-
sagrados; o peso de prata para as mesas de
prata; 17o peso de ouro puro para os garfos,
para as bacias de aspersão e para os jarros;
o peso de ouro para cada tigela de ouro; o
peso de prata para cada tigela de prata; 18e o
peso de ouro refinado para o altar de incen-
so. Também lhe deu o desenho do carro dos
querubins de ouro que, com suas asas esten-
didas, abrigam a arca da aliança do SENHOR.
19Disse Davi a Salomão: "Tudo isso a mão
do SENHOR me deu por escrito, e ele me deu
entendimento para executar todos esses
projetos."
20E acrescentou: "Seja forte e corajoso!
Mãos ao trabalho! Não tenha medo nem de-
sanime, pois Deus, o SENHOR, o meu Deus,
está com você. Ele não o deixará nem o aban-
donará até que se termine toda a construção
do templo do SENHOR. 21As divisões dos sacer-
dotes e dos levitas estão definidas para todas
as tarefas que se farão no templo de Deus, e
você receberá ajuda de homens peritos em
todo tipo de serviço. Os líderes e todo o povo
obedecerão a todas as suas ordens".

Dádivas para a construção do templo

29 Então o rei Davi disse a toda a assem-
bleia: "Deus escolheu meu filho Sa-
lomão, e mais ninguém. Mas ele é jovem e
inexperiente e a tarefa é grande, pois o pa-
lácio não será feito para homens, mas para o
SENHOR, o nosso Deus. 2Forneci grande quan-
tidade de recursos para o trabalho do templo
do meu Deus: ouro, prata, bronze, ferro e ma-
deira, bem como ônix para os engastes, e ainda
turquesas, pedras de várias cores e todo tipo
de pedras preciosas, e mármore. 3Além dis-
so, pelo amor ao templo do meu Deus, agora
entrego, das minhas próprias riquezas, ouro
e prata para o templo do meu Deus, além de
tudo o que já tenho dado para este santo tem-
plo. 4Ofereço, pois, cento e cinco toneladas[a]
de ouro puro de Ofir e duzentos e quarenta
e cinco toneladas de prata refinada, para o
revestimento das paredes do templo, 5para
o trabalho em ouro e em prata, e para todo o
trabalho dos artesãos. Agora, quem hoje está
disposto a ofertar dádivas ao SENHOR?"
6Então os chefes das famílias, os líderes das
tribos de Israel, os comandantes de mil e de
cem, e os oficiais encarregados do trabalho
do rei ofertaram espontaneamente. 7Para a
obra do templo de Deus eles deram cento e
setenta e cinco toneladas de ouro e dez mil
moedas[b] de ouro, trezentas e cinquenta tone-
ladas de prata, seiscentas e trinta toneladas

[a] 29:4 Hebraico: *3.000 talentos*. Um talento equivalia a 35 quilos.
[b] 29:7 Hebraico: *dáricos*.

Organize seu trabalho

Leia 1Crônicas 28:11-29 e responda: "Que planos Davi fez para a construção do templo de Deus?".

É sempre sábio fazer planos, por isso, tente, por exemplo, planejar com antecedência como você vai arrumar seu quarto. Use esta lista de tarefas como guia:

1. Separar e arrumar as roupas.
2. Organizar livros, canetas e lápis.
3. Arrumar os brinquedos.
4. Jogar papéis velhos no lixo e depois o esvaziar.
5. Colocar em ordem coisas sobre mesas e cômodas.
6. Limpar os móveis.
7. Aspirar o quarto.

Qualquer trabalho fica mais fácil quando você está organizado. Sendo assim, pense sobre os outros trabalhos que você tem e tente organizá-los para conseguir fazê-los um por vez. Se precisar, peça que seus pais ajudem você na organização.

Experimente!

1Crônicas 28:11-29

de bronze e três mil e quinhentas toneladas
de ferro. 8Quem tinha pedras preciosas deu-
-as para o depósito dos tesouros do templo do
SENHOR, cujo responsável era Jeiel, o gerso-
nita. 9O povo alegrou-se diante da atitude de
seus líderes, pois fizeram essas ofertas volun-
tariamente e de coração íntegro ao SENHOR.
E o rei Davi também encheu-se de alegria.

A oração de Davi

10Davi louvou o SENHOR na presença de to-
da a assembleia, dizendo:

“Bendito sejas, ó SENHOR,
Deus de Israel, nosso pai,
de eternidade a eternidade.
11Teus, ó SENHOR,
são a grandeza, o poder,
a glória, a majestade e o esplendor,
pois tudo o que há
nos céus e na terra é teu.
Teu, ó SENHOR, é o reino;
tu estás acima de tudo.
12A riqueza e a honra vêm de ti;
tu dominas sobre todas as coisas.
Nas tuas mãos estão a força e o poder
para exaltar e dar força a todos.
13Agora, nosso Deus, damos-te graças,
e louvamos o teu glorioso nome.

14“Mas quem sou eu, e quem é o meu po-
vo para que pudéssemos contribuir tão ge-
nerosamente como fizemos? Tudo vem de ti,
e nós apenas te demos o que vem das tuas
mãos. 15Diante de ti somos estrangeiros e fo-
rasteiros, como os nossos antepassados. Os
nossos dias na terra são como uma sombra,
sem esperança. 16Ó SENHOR, nosso Deus, to-
da essa riqueza que ofertamos para construir
um templo em honra ao teu santo nome vem
das tuas mãos, e toda ela pertence a ti. 17Sei,
ó meu Deus, que sondas o coração e que te
agradas com a integridade. Tudo o que dei
foi espontaneamente e com integridade de
coração. E agora vi com alegria com quan-
ta disposição o teu povo, que aqui está, tem
contribuído. 18Ó SENHOR, Deus de nossos an-
tepassados Abraão, Isaque e Israel, conserva
para sempre este desejo no coração de teu
povo, e mantém o coração deles leal a ti. 19E
dá ao meu filho Salomão um coração íntegro
para obedecer aos teus mandamentos, aos
teus preceitos e aos teus decretos, a fim de
construir este templo para o qual fiz os pre-
parativos necessários”.

20Então Davi disse a toda a assembleia:
“Louvem o SENHOR, o seu Deus”. E todos eles
louvaram o SENHOR, o Deus dos seus antepas-
sados, inclinando-se e prostrando-se diante
do SENHOR e diante do rei.

Salomão é ungido rei

21No dia seguinte fizeram sacrifícios ao
SENHOR e lhe apresentaram holocaustos[a]:
mil novilhos, mil carneiros e mil cordeiros,
acompanhados de ofertas derramadas, e
muitos outros sacrifícios, em favor de todo
o Israel. 22Naquele dia comeram e beberam
com grande alegria na presença do SENHOR.

Assim, pela segunda vez, proclamaram Sa-
lomão, filho de Davi, rei, ungindo-o diante
do SENHOR como soberano, e Zadoque como
sacerdote. 23De maneira que Salomão assen-
tou-se como rei no trono do SENHOR, em lu-
gar de Davi, seu pai. Ele prosperou, e todo o
Israel lhe obedecia. 24Todos os líderes e prin-
cipais guerreiros, bem como todos os filhos
do rei Davi, prometeram submissão ao rei
Salomão.

25O SENHOR exaltou muitíssimo Salomão
em todo o Israel e concedeu-lhe tal esplen-
dor em seu reinado como nenhum rei de Is-
rael jamais tivera.

A morte de Davi

26Davi, filho de Jessé, reinou sobre todo o
Israel. 27Reinou quarenta anos em Israel: sete
anos em Hebrom e trinta e três em Jerusa-
lém. 28Morreu em boa velhice, tendo desfru-
tado vida longa, riqueza e honra. Seu filho
Salomão foi o seu sucessor.

29Os feitos do rei Davi, desde o início até o
fim do seu reinado, estão escritos nos regis-
tros históricos do vidente Samuel, do profeta
Natã e do vidente Gade, 30incluindo os deta-
lhes do seu reinado e do seu poder, e os acon-
tecimentos relacionados com ele, com Israel
e com os reinos das outras terras.

[a] 29:21 Isto é, sacrifícios totalmente queimados.

2Crônicas

Quem escreveu este livro?
O autor deste livro é desconhecido, mas alguns acreditam que foi escrito por Esdras.

Por que este livro foi escrito?
O Segundo Livro das Crônicas conta o que Deus pensava dos reis de Israel e dos de Judá.

O que acontece neste livro?
Salomão é rei por quarenta anos. Quando ele morre, o reino é dividido em duas nações. Os hebreus de ambas as nações pecam e Deus os pune enviando-os para o exílio.

O que aprendemos sobre Deus neste livro?
Deus resgata líderes misericordiosos que dependem da ajuda dele.

Quem são os personagens principais deste livro?
As pessoas mais importantes neste livro são Salomão, Acabe, Jeosafá, Joás, Ezequias e Josias.

Quando isto aconteceu?
Os acontecimentos deste livro sucederam entre 970 a.C. e 586 a.C.

Onde isto aconteceu?
Estas coisas aconteceram nos reinos de Israel e de Judá. (Veja o *Índice de mapas*, ao final desta Bíblia, para saber onde fica Israel e Judá.)

Algumas histórias deste livro:

Salomão constrói o templo	2Crônicas 3
Salomão consagra o templo	2Crônicas 7
O Egito ataca Judá	2Crônicas 12
Asa adora a Deus	2Crônicas 15
Acabe é morto	2Crônicas 18
Jeosafá vence uma guerra	2Crônicas 20
Joás repara o templo	2Crônicas 24
Ezequias confia em Deus	2Crônicas 29—32
Josias reforma Judá	2Crônicas 34—35

Salomão pede sabedoria

1 Salomão, filho de Davi, estabeleceu-se com
firmeza em seu reino, pois o SENHOR, o seu
Deus, estava com ele e o tornou muito po-
deroso.
2Salomão falou a todo o Israel: os líderes
de mil e de cem, os juízes, todos os líderes de
Israel e os chefes de famílias. 3Depois o rei foi
com toda a assembleia ao lugar sagrado, no
alto de Gibeom, pois ali estava a Tenda do
Encontro que Moisés, servo do SENHOR, ha-
via feito no deserto. 4Davi tinha transporta-
do a arca de Deus de Quiriate-Jearim para a
tenda que ele tinha armado para ela em Je-
rusalém. 5O altar de bronze que Bezalel, filho
de Uri e neto de Hur, fizera, estava em Gi-
beom, em frente do tabernáculo do SENHOR;
ali Salomão e a assembleia consultaram o SE-
NHOR. 6Salomão ofereceu ao SENHOR mil ho-
locaustos[a] sobre o altar de bronze, na Tenda
do Encontro.
7Naquela noite Deus apareceu a Salomão
e lhe disse: "Peça-me o que quiser, e eu lhe
darei".
8Salomão respondeu: "Tu foste muito bon-
doso para com meu pai Davi e me fizeste rei
em seu lugar. 9Agora, SENHOR Deus, que se
confirme a tua promessa a meu pai Davi, pois
me fizeste rei sobre um povo tão numero-
so quanto o pó da terra. 10Dá-me sabedoria e
conhecimento, para que eu possa liderar es-
ta nação, pois quem pode governar este teu
grande povo?"
11Deus disse a Salomão: "Já que este é o de-
sejo de seu coração e você não pediu rique-
zas, nem bens, nem honra, nem a morte dos
seus inimigos, nem vida longa, mas sabedo-
ria e conhecimento para governar o meu po-
vo, sobre o qual o fiz rei, 12você receberá o que
pediu, mas também lhe darei riquezas, bens
e honra, como nenhum rei antes de você teve
e nenhum depois de você terá".
13Então Salomão voltou de Gibeom, de
diante da Tenda do Encontro, para Jerusa-
lém, e reinou sobre Israel.
14Salomão juntou carros e cavalos; chegou
a ter mil e quatrocentos carros e doze mil
cavalos[b], dos quais mantinha uma parte nas
guarnições de algumas cidades e a outra per-
to dele, em Jerusalém. 15O rei tornou tão co-
muns a prata e o ouro em Jerusalém quanto
as pedras, e o cedro tão numeroso quanto
as figueiras bravas da Sefelá[c]. 16Os cavalos de
Salomão eram importados do Egito[d] e da Ci-
lícia[e], onde os fornecedores do rei os com-
pravam. 17Importavam do Egito um carro por
sete quilos e duzentos gramas[f] de prata, e um
cavalo por um quilo e oitocentos gramas, e
os exportavam para todos os reis dos hititas
e dos arameus.

Os preparativos para a construção do templo

2 Salomão deu ordens para a construção de
um templo em honra ao nome do SENHOR
e de um palácio para si mesmo. 2Ele designou
setenta mil homens como carregadores, oi-
tenta mil como cortadores de pedras nas co-
linas e três mil e seiscentos como capatazes.
3Depois Salomão enviou esta mensagem a
Hirão[g], rei de Tiro:

> "Envia-me cedros como fizeste para
> meu pai Davi, quando ele construiu
> seu palácio. 4Agora estou para cons-
> truir um templo em honra ao nome
> do SENHOR, o meu Deus, e dedicá-lo a
> ele, para queimar incenso aromático
> diante dele, apresentar regularmente
> o pão consagrado e fazer holocaustos
> todas as manhãs e todas as tardes, nos
> sábados, nas luas novas e nas festas
> fixas do SENHOR, o nosso Deus. Esse é
> um decreto perpétuo para Israel.
> 5"O templo que vou construir será
> grande, pois o nosso Deus é maior
> do que todos os outros deuses. 6Mas,
> quem é capaz de construir um templo

Você sabia?

Por que Salomão pediu sabedoria a Deus?

1:10 Salomão queria ser um bom governador sobre o povo de Deus, e esse pedido agradou tanto a Deus que ele prometeu a Salomão, além da sabedoria, também riquezas e honra.

[a] 1:6 Isto é, sacrifícios totalmente queimados; também em todo o livro de 2Crônicas.
[b] 1:14 Ou *condutores de carros*
[c] 1:15 Pequena faixa de terra de relevo variável entre a planície costeira e as montanhas; também em 9:27, 26:10 e 28:18.
[d] 1:16 Ou *Muzur*, região da Cilícia; também no versículo 17.
[e] 1:16 Hebraico: *Cuve*.
[f] 1:17 Hebraico: *600 siclos*. Um siclo equivalia a 12 gramas.
[g] 2:3 Hebraico: *Hurão*, variante de *Hirão*; também no versículo 11 e em 8:2,18 e 9:21.

para ele, visto que os céus não podem contê-lo, nem mesmo os mais altos céus? Quem sou eu, então, para lhe construir um templo, a não ser como um lugar para queimar sacrifícios perante ele?

7"Por isso, manda-me um homem competente no trabalho com ouro, com prata, com bronze, com ferro e com tecido roxo, vermelho e azul, e experiente em esculturas, para trabalhar em Judá e em Jerusalém com os meus hábeis artesãos, preparados por meu pai Davi.

8"Também envia-me do Líbano madeira de cedro, de pinho e de junípero, pois eu sei que os teus servos são hábeis em cortar a madeira de lá. Os meus servos trabalharão com os teus 9para me fornecerem madeira em grande quantidade, pois é preciso que o templo que vou edificar seja grande e imponente. 10E eu darei como sustento a teus servos, os lenhadores, vinte mil tonéis[a] de trigo, vinte mil tonéis de cevada, dois mil barris[b] de vinho e dois mil barris de azeite".

11Hirão, rei de Tiro, respondeu por carta a Salomão:

"O SENHOR ama o seu povo, e por isso te fez rei sobre ele".

12E acrescentou:

"Bendito seja o SENHOR, o Deus de Israel, que fez os céus e a terra, pois deu ao rei Davi um filho sábio, que tem inteligência e discernimento, e que vai construir um templo para o SENHOR e um palácio para si.

13"Estou te enviando Hurão-Abi, homem de grande habilidade. 14Sua mãe era de Dã e seu pai, de Tiro. Ele foi treinado para trabalhar com ouro e prata, bronze e ferro, pedra e madeira, e em tecido roxo, azul e vermelho, em linho fino e em todo tipo de entalhe. Ele pode executar qualquer projeto que lhe for dado. Trabalhará com os teus artesãos e com os de meu senhor Davi, teu pai.

15"Agora, envia meu senhor a teus servos o trigo, a cevada, o azeite e o vinho que o meu senhor prometeu, 16e cortaremos toda a madeira do Líbano necessária, e a faremos flutuar em jangadas pelo mar, descendo até Jope. De lá poderás levá-la a Jerusalém".

17Salomão fez um recenseamento de todos os estrangeiros que viviam em Israel, como o que fizera seu pai Davi; e descobriu-se que eram cento e cinquenta e três mil e seiscentos. 18Ele designou setenta mil deles para serem carregadores e oitenta mil para serem cortadores de pedras nas colinas, com três mil e seiscentos capatazes para manter o povo trabalhando.

A construção do templo

3 Então Salomão começou a construir o templo do SENHOR em Jerusalém, no monte Moriá, onde o SENHOR havia aparecido a seu pai Davi, na eira de Araúna[c], o jebuseu, local que havia sido providenciado por Davi. 2Começou a construção no segundo dia do segundo mês do quarto ano de seu reinado.

3Os alicerces que Salomão lançou para o templo de Deus tinham vinte e sete metros de comprimento e nove metros de largura[d], pela medida[e] antiga. 4O pórtico da entrada do templo tinha nove metros de largura e nove metros[f] de altura. Ele revestiu de ouro puro o seu interior. 5Recobriu de pinho o átrio principal, revestiu-o de ouro puro e o decorou com desenhos de tamareiras e correntes. 6Ornamentou o templo com pedras preciosas. O ouro utilizado era de Parvaim. 7Também revestiu de ouro as vigas do forro, os batentes, as paredes e as portas do templo, e esculpiu querubins nas paredes.

8Fez o Lugar Santíssimo, com nove metros de comprimento e nove metros de largura, igual à largura do templo. Revestiu o seu interior de vinte e uma toneladas[g] de ouro puro. 9Os pregos de ouro pesavam seiscentos gramas[h]. Também revestiu de ouro as salas superiores.

10No Lugar Santíssimo esculpiu e revestiu de ouro dois querubins, 11os quais, de asas

[a] 2:10 Hebraico: *20.000 coros*. O coro era uma medida de capacidade. As estimativas variam entre 200 e 400 litros.
[b] 2:10 Hebraico: *20.000 batos*. O bato era uma medida de capacidade para líquidos. As estimativas variam entre 20 e 40 litros.
[c] 3:1 Hebraico: *Ornã*, variante de *Araúna*.
[d] 3:3 Hebraico: *60 côvados de comprimento e 20 côvados de largura*. O côvado era uma medida linear de cerca de 45 centímetros.
[e] 3:3 Hebraico: *pelo côvado*.
[f] 3:4 Conforme alguns manuscritos da Septuaginta e da Versão Siríaca. O Texto Massorético diz *e 120 côvados*.
[g] 3:8 Hebraico: *600 talentos*. Um talento equivalia a 35 quilos.
[h] 3:9 Hebraico: *50 siclos*. Um siclo equivalia a 12 gramas.

abertas, mediam juntos nove metros. Ca-
da asa, de dois metros e vinte e cinco cen-
tímetros, tocava, de um lado, na parede do
templo, 12e do outro lado, na asa do outro
querubim. 13Assim os querubins, com asas
que se estendiam por nove metros, estavam
em pé, de frente para o átrio principal[a].
14Ele fez o véu de tecido azul, roxo, verme-
lho e linho fino, com querubins desenhados
nele.
15Fez na frente do templo duas colunas,
que, juntas, tinham dezesseis metros, cada
uma tendo em cima um capitel com dois
metros e vinte e cinco centímetros. 16Fez cor-
rentes entrelaçadas[b] e colocou-as no alto das
colunas. Fez também cem romãs, colocando-
-as nas correntes. 17Depois levantou as colu-
nas na frente do templo, uma ao sul, outra
ao norte; à que ficava ao sul deu o nome de
Jaquim[c], e à que ficava ao norte, Boaz[d].

Os utensílios do templo

4 Salomão também mandou fazer um altar
de bronze de nove metros de comprimen-
to, nove metros de largura e quatro metros
e meio de altura[e]. 2Fez o tanque de metal
fundido, redondo, medindo quatro metros
e meio de diâmetro e dois metros e vinte e
cinco centímetros de altura. Era preciso um
fio de treze metros e meio para medir a sua
circunferência. 3Abaixo da borda e ao seu re-
dor havia figuras de touro, de cinco em cinco
centímetros. Os touros foram fundidos em
duas fileiras e numa só peça com o tanque.
4O tanque ficava sobre doze touros, três vol-
tados para o norte, três para o oeste, três para
o sul e três para o leste. Ficava em cima deles,
e as pernas traseiras dos touros eram voltadas
para o centro. 5A espessura do tanque era de
quatro dedos, e sua borda era como a borda
de um cálice, como uma flor de lírio. Sua ca-
pacidade era de sessenta mil litros[f].
6Fez dez pias, colocando cinco no lado sul e
cinco no lado norte. Nelas era lavado tudo o
que era usado nos holocaustos, enquanto que
o tanque servia para os sacerdotes se lavarem.
7Fez dez candelabros de ouro, de acordo
com as especificações, e os colocou no tem-
plo, cinco no lado sul e cinco no lado norte.
8Fez dez mesas e as colocou no templo, cin-
co no lado sul e cinco no lado norte. Também
fez cem bacias de ouro para aspersão.
9Fez ainda o pátio dos sacerdotes e o pá-
tio principal com suas portas, e revestiu de
bronze as suas portas. 10Pôs o tanque no lado
sul, no canto sudeste do templo.
11Também fez os jarros, as pás e as bacias
para aspersão.

[a] 3:13 Ou *pé, voltados para dentro*
[b] 3:16 Ou *correntes no santuário interior*
[c] 3:17 *Jaquim* provavelmente significa *ele firma.*
[d] 3:17 *Boaz* provavelmente significa *nele há força.*
[e] 4:1 Hebraico: *20 côvados de comprimento e largura, e 10 côvados de altura.* O côvado era uma medida linear de cerca de 45 centímetros.
[f] 4:5 Hebraico: *3.000 batos.* O bato era uma medida de capacidade para líquidos. As estimativas variam entre 20 e 40 litros.

A vida nos tempos da Bíblia

O tanque de metal

Este tanque gigante, feito de metal, continha quase 70 mil litros de água. Era como uma grande piscina redonda descansando nas costas de 12 touros de metal, três voltados para cada direção. Era usado para encher as bacias menores nas quais os sacerdotes se lavavam antes de se aproximar do templo de Deus.

Hurão-Abi terminou assim o trabalho de
que fora encarregado pelo rei Salomão, no
templo de Deus:

[12]As duas colunas;
os dois capitéis em forma de taça no alto das colunas;
os dois conjuntos de correntes que decoravam os dois capitéis;
[13]as quatrocentas romãs para os dois conjuntos de correntes, sendo duas fileiras de romãs para cada conjunto;
[14]os dez carrinhos com as suas dez pias;
[15]o tanque e os doze touros debaixo dele;
[16]os jarros, as pás, os garfos de carne e todos os utensílios afins.

Todos esses utensílios que Hurão-Abi fez
para o templo do SENHOR, a pedido do rei Sa-
lomão, eram de bronze polido. [17]Foi na pla-
nície do Jordão, entre Sucote e Zeredá, que o
rei os mandou fundir, em moldes de barro.
[18]Salomão os fez em tão grande quantidade
que não se pôde determinar o peso do bron-
ze utilizado.
[19]Além desses, Salomão mandou fazer tam-
bém todos estes outros utensílios para o tem-
plo de Deus:

O altar de ouro;
as mesas sobre as quais ficavam os pães da Presença;
[20]os candelabros de ouro puro com suas lâmpadas, para alumiarem diante do santuário interno, conforme determinado;
[21]as flores, as lâmpadas e as tenazes de ouro maciço;
[22]os cortadores de pavio, as bacias para aspersão, as tigelas, os incensários de ouro puro e as portas de ouro do templo: tanto as portas da sala interna, o Lugar Santíssimo, quanto as portas do átrio principal.

5 Terminada toda a obra que Salomão ha-
via realizado para o templo do SENHOR,
ele trouxe as coisas que seu pai Davi tinha
consagrado e as colocou junto com os tesou-
ros do templo de Deus: a prata, o ouro e to-
dos os utensílios.

O transporte da arca para o templo

[2]Então Salomão reuniu em Jerusalém as
autoridades de Israel e todos os líderes das
tribos e os chefes das famílias israelitas, pa-
ra levarem de Sião, a Cidade de Davi, a arca
da aliança do SENHOR. [3]E todos os homens de
Israel uniram-se ao rei por ocasião da festa,
no sétimo mês.
[4]Quando todas as autoridades de Israel
chegaram, os levitas pegaram a arca [5]e a le-
varam com a Tenda do Encontro e com todos
os seus utensílios sagrados. Foram os sacer-
dotes levitas que levaram tudo. [6]O rei Salo-
mão e toda a comunidade de Israel que se

Experimente!

2Crônicas 5:2-14

Escreva um comercial

Assista a alguns programas de TV com seus pais e faça uma lista dos diferentes comerciais que você viu. Em seguida, discuta-os e tente responder ao seguinte questionamento: "Por que as empresas colocam comerciais na TV? Como os comerciais levam as pessoas a comprarem o que foi anunciado? Os comerciais alguma vez fazem 'promessas' que os produtos não podem cumprir? (Por exemplo, eles prometem que você será feliz ou lindo ou que nunca se sentirá solitário se usar um determinado produto?) Qual é a importância da música nos comerciais?".

Leia 2Crônicas 5:2-14 e verá que o rei Davi fez com que os levitas escrevessem canções e levassem as pessoas a louvar a Deus. Essas canções que eles escreviam eram como uma propaganda de Deus (2Crônicas 5:13)!

Escreva um comercial sobre Deus para sua família e pense no que você poderia dizer sobre Deus que faria com que outras pessoas desejassem conhecê-lo e adorá-lo também. Use uma melodia que você conheça para acompanhar seu comercial sobre Deus e depois pergunte a si mesmo se Deus pode cumprir as promessas que ele faz.

havia reunido a ele diante da arca sacrifica-
ram tantas ovelhas e bois que nem era pos-
sível contar.
7Os sacerdotes levaram a arca da aliança
do SENHOR para o seu lugar no santuário in-
terno do templo, no Lugar Santíssimo, e a
colocaram debaixo das asas dos querubins.
8Os querubins tinham suas asas estendidas
sobre o lugar da arca e cobriam a arca e as va-
ras utilizadas para o transporte. 9Essas varas
eram tão compridas que as suas pontas se es-
tendiam para fora da arca e podiam ser vistas
da parte da frente do santuário interno, mas
não de fora dele; e elas estão lá até hoje. 10Na
arca havia só as duas tábuas que Moisés tinha
colocado quando estava em Horebe, onde o
SENHOR fez uma aliança com os israelitas de-
pois que saíram do Egito.
11Os sacerdotes saíram do Lugar Santo. To-
dos eles haviam se consagrado, não impor-
tando a divisão a que pertenciam. 12E todos
os levitas que eram músicos — Asafe, Hemã,
Jedutum e os filhos e parentes deles — fica-
ram a leste do altar, vestidos de linho fino,
tocando címbalos, harpas e liras, e os acom-
panhavam cento e vinte sacerdotes tocando
cornetas. 13Os que tocavam cornetas e os can-
tores, em uníssono, louvaram e agradeceram
ao SENHOR. Ao som de cornetas, címbalos e
outros instrumentos, levantaram suas vozes
em louvor ao SENHOR e cantaram:

> "Ele é bom;
> o seu amor dura para sempre".

Então uma nuvem encheu o templo do
SENHOR, 14de forma que os sacerdotes não
podiam desempenhar o seu serviço, pois a
glória do SENHOR encheu o templo de Deus.

6 E Salomão exclamou: "O SENHOR disse que
habitaria numa nuvem escura! 2Na reali-
dade construí para ti um templo magnífico,
um lugar para nele habitares para sempre!"
3Depois o rei virou-se e abençoou toda a
assembleia de Israel, que estava ali em pé.
4E disse:

> "Bendito seja o SENHOR, o Deus de Is-
> rael, que por suas mãos cumpriu o que
> prometeu com sua própria boca a meu
> pai Davi, quando lhe disse: 5'Desde o
> dia em que tirei meu povo do Egito,
> não escolhi nenhuma cidade das tri-
> bos de Israel para nela construir um
> templo em honra ao meu nome, nem
> escolhi ninguém para ser o líder de Is-
> rael, o meu povo. 6Mas, agora, escolhi
> Jerusalém para o meu nome ali estar
> e escolhi Davi para governar Israel, o
> meu povo'.
> 7"Meu pai Davi tinha no coração o pro-
> pósito de construir um templo em
> honra ao nome do SENHOR, o Deus de
> Israel. 8Mas o SENHOR lhe disse: 'Vo-
> cê fez bem em ter no coração o plano
> de construir um templo em honra ao
> meu nome; 9no entanto, não será vo-
> cê que o construirá, mas o seu filho,
> que procederá de você; ele construi-
> rá o templo em honra ao meu nome'.
> 10"E o SENHOR cumpriu a sua promes-
> sa. Sou o sucessor de meu pai Davi, e
> agora ocupo o trono de Israel, como o
> SENHOR tinha prometido, e construí o
> templo em honra ao nome do SENHOR,
> o Deus de Israel. 11Coloquei nele a ar-
> ca, na qual estão as tábuas da aliança
> do SENHOR, aliança que ele fez com os
> israelitas".

A oração de dedicação

12Depois Salomão colocou-se diante do al-
tar do SENHOR, e de toda a assembleia de Is-
rael, e levantou as mãos para orar. 13Ele havia
mandado fazer uma plataforma de bronze
com dois metros e vinte e cinco centímetros[a]
de comprimento e de largura, e um metro e
trinta e cinco centímetros de altura, no cen-
tro do pátio externo. O rei ficou em pé na pla-
taforma e depois ajoelhou-se diante de toda
a assembleia de Israel, levantou as mãos pa-
ra o céu, 14e orou:

> "SENHOR, Deus de Israel, não há Deus
> como tu nos céus e na terra! Tu que
> guardas a tua aliança de amor com
> os teus servos que, de todo o coração,
> andam segundo a tua vontade. 15Cum-
> priste a tua promessa a teu servo Da-
> vi, meu pai; com tua boca a fizeste e
> com tua mão a cumpriste, conforme
> hoje se vê.
> 16"Agora, SENHOR, Deus de Israel, cum-
> pre a outra promessa que fizeste a teu
> servo Davi, meu pai, quando disseste:
> 'Você nunca deixará de ter, diante de
> mim, um descendente que se assen-
> te no trono de Israel, se tão somente
> os seus descendentes tiverem o cuida-
> do de, em tudo, andar segundo a mi-
> nha lei, como você tem feito'. 17Agora,

[a] 6:13 Hebraico: *5 côvados*. O côvado era uma medida linear de cerca de 45 centímetros.

ó SENHOR, Deus de Israel, que se con-
firme a palavra que falaste a teu ser-
vo Davi.
18“Mas será possível que Deus habi-
te na terra com os homens? Os céus,
mesmo os mais altos céus, não podem
conter-te. Muito menos este templo
que construí! 19Ainda assim, atende à
oração do teu servo e ao seu pedido
de misericórdia, ó SENHOR, meu Deus.
Ouve o clamor e a oração que teu ser-
vo faz hoje na tua presença. 20Estejam
os teus olhos voltados dia e noite para
este templo, lugar do qual disseste que
nele porias o teu nome, para que ou-
ças a oração que o teu servo fizer vol-
tado para este lugar. 21Ouve as súplicas
do teu servo e de Israel, o teu povo,
quando orarem voltados para este lu-
gar. Ouve desde os céus, lugar da tua
habitação, e, quando ouvires, dá-lhes
o teu perdão.
22“Quando um homem pecar contra
seu próximo e tiver que fazer um jura-
mento, e vier jurar diante do teu altar
neste templo, 23ouve dos céus e age.
Julga os teus servos; retribui ao culpa-
do, fazendo recair sobre a sua própria
cabeça o resultado da sua conduta, e
declara sem culpa o inocente, dando-
-lhe o que a sua inocência merece.
24“Quando Israel, o teu povo, for der-
rotado por um inimigo por ter pecado
contra ti, e voltar-se para ti e invocar
o teu nome, orando e suplicando a ti
neste templo, 25ouve dos céus e perdoa
o pecado de Israel, o teu povo, e traze-
-o de volta à terra que deste a ele e aos
seus antepassados.
26“Quando se fechar o céu, e não hou-
ver chuva por haver o teu povo pe-
cado contra ti, e o teu povo, voltado
para este lugar, invocar o teu nome e
afastar-se do seu pecado por o haveres

Palavras para memorizar

“Ouve dos céus e perdoa o pecado de Israel, o teu povo.”

(2Crônicas 6:25)

castigado, 27ouve dos céus e perdoa o
pecado dos teus servos, de Israel, o teu
povo. Ensina-lhes o caminho certo e
envia chuva sobre a tua terra, que des-
te por herança ao teu povo.
28“Quando houver fome ou praga no
país, ferrugem e mofo, gafanhotos pe-
regrinos e gafanhotos devastadores,
ou quando inimigos sitiarem suas ci-
dades, quando, em meio a qualquer
praga ou epidemia, 29uma oração ou
uma súplica por misericórdia for feita
por um israelita ou por todo o Israel,
teu povo, cada um sentindo as suas
próprias aflições e dores, estenden-
do as mãos na direção deste templo,
30ouve dos céus, o lugar da tua habita-
ção. Perdoa e trata cada um de acordo
com o que merece, visto que conhe-
ces o seu coração. Sim, só tu conhe-
ces o coração do homem. 31Assim eles
te temerão, e andarão segundo a tua
vontade durante todo o tempo em que
viverem na terra que deste aos nossos
antepassados.
32“Quanto ao estrangeiro, que não per-
tence a Israel, o teu povo, e que veio
de uma terra distante por causa do teu
grande nome, da tua mão poderosa e
do teu braço forte; quando ele vier e
orar voltado para este templo, 33ou-
ve dos céus, lugar da tua habitação, e
atende o pedido do estrangeiro, a fim
de que todos os povos da terra conhe-
çam o teu nome e te temam, como faz
Israel, o teu povo, e saibam que este
templo que construí traz o teu nome.
34“Quando o teu povo for à guerra con-
tra os seus inimigos, por onde quer
que tu o enviares, e orar a ti, voltado
para a cidade que escolheste e para o
templo que construí em honra ao teu
nome, 35ouve dos céus a sua oração e
a sua súplica, e defende a sua causa.
36“Quando pecarem contra ti, pois não
há ninguém que não peque, e ficares
irado com eles e os entregares ao ini-
migo, e este os levar prisioneiros pa-
ra uma terra distante ou próxima; 37se
eles caírem em si, na terra para a qual
foram deportados, e se arrependerem
e lá orarem: ‘Pecamos, praticamos o
mal e fomos rebeldes’; 38e se lá eles
se voltarem para ti de todo o coração
e de toda a sua alma, na terra de seu

cativeiro para onde foram levados, e
orarem voltados para a terra que des-
te aos seus antepassados, para a cida-
de que escolheste e para o templo que
construí em honra ao teu nome, 39en-
tão, dos céus, lugar da tua habitação,
ouve a sua oração e a sua súplica, e de-
fende a sua causa. Perdoa o teu povo,
que pecou contra ti.
40"Assim, meu Deus, que os teus olhos
estejam abertos e teus ouvidos aten-
tos às orações feitas neste lugar.

41"Agora, levanta-te, ó SENHOR, ó Deus,
e vem para o teu lugar de descanso,
tu e a arca do teu poder.
Estejam os teus sacerdotes
vestidos de salvação,
ó SENHOR, ó Deus;
que os teus santos se regozijem
em tua bondade.
42Ó SENHOR, ó Deus,
não rejeites o teu ungido.
Lembra-te da fidelidade
prometida a teu servo Davi".

A dedicação do templo

7 Assim que Salomão acabou de orar, des-
ceu fogo do céu e consumiu o holocausto
e os sacrifícios, e a glória do SENHOR encheu
o templo. 2Os sacerdotes não conseguiam en-
trar no templo do SENHOR, porque a glória do
SENHOR o enchia. 3Quando todos os israelitas
viram o fogo descendo e a glória do SENHOR
sobre o templo, ajoelharam-se no pavimen-
to com o rosto em terra, adoraram e deram
graças ao SENHOR, dizendo:

"Ele é bom;
o seu amor dura para sempre".

Palavras para memorizar

"O seu amor dura para sempre."
(2Crônicas 7:6)

4Então o rei e todo o Israel ofereceram sa-
crifícios ao SENHOR. 5O rei Salomão ofereceu
em sacrifício vinte e dois mil bois e cento e
vinte mil ovelhas. Assim o rei e todo o povo
fizeram a dedicação do templo de Deus. 6Os
sacerdotes tomaram seus lugares, bem como
os levitas, com os instrumentos musicais do
SENHOR feitos pelo rei Davi para louvar o SE-
NHOR, cantando: "O seu amor dura para sem-
pre". No outro lado, de frente para os levitas,
os sacerdotes tocavam suas cornetas. Todo o
povo estava em pé.
7Salomão consagrou a parte central do
pátio, que ficava na frente do templo do SE-
NHOR, e ali ofereceu holocaustos e a gordu-
ra das ofertas de comunhão[a], pois o altar de
bronze que Salomão tinha construído não
comportava os holocaustos, as ofertas de
cereal e as porções de gordura.
8Durante sete dias, Salomão, com todo
o Israel, celebrou a festa; era uma grande
multidão, gente vinda desde Lebo-Hamate
até o ribeiro do Egito. 9No oitavo dia reali-
zaram uma assembleia solene. Levaram se-
te dias para a dedicação do altar, e a festa se

[a] 7:7 Ou *de paz*

O templo em Jerusalém

Leia 2Crônicas 7:1-3 para descobrir como Deus mostrou que estava presente no templo de Salomão. O belo templo era a casa de Deus no território de Israel.

Desenhe uma imagem da casa ou do apartamento em que você mora. Faça o mais parecido que você conseguir com o lugar em que você mora e, abaixo da foto do seu lar, escreva Hebreus 13:5: "Nunca o deixarei, nunca o abandonarei".

Pendure a imagem no seu quarto para lembrá-lo de que Deus está com você agora mesmo que você não consiga vê-lo.

Experimente!

2Crônicas 7:1-3

prolongou por mais sete dias. [10]No vigésimo
terceiro dia do sétimo mês, o rei mandou o
povo para as suas casas. E todos se foram, ju-
bilosos e de coração alegre pelas coisas boas
que o SENHOR havia feito por Davi e Salomão
e por Israel, o seu povo.

O SENHOR aparece a Salomão

[11]Quando Salomão acabou de construir o
templo do SENHOR e o palácio real, executan-
do bem tudo o que pretendia realizar no tem-
plo do SENHOR e em seu próprio palácio, [12]o
SENHOR lhe apareceu de noite e disse:

“Ouvi sua oração, e escolhi este lugar
para mim, como um templo para sa-
crifícios.
[13]“Se eu fechar o céu para que não cho-
va ou mandar que os gafanhotos devo-
rem o país ou sobre o meu povo enviar
uma praga, [14]se o meu povo, que se
chama pelo meu nome, se humilhar
e orar, buscar a minha face e se afastar
dos seus maus caminhos, dos céus o
ouvirei, perdoarei o seu pecado e cura-
rei a sua terra. [15]De hoje em diante os
meus olhos estarão abertos e os meus
ouvidos atentos às orações feitas neste
lugar. [16]Escolhi e consagrei este templo
para que o meu nome esteja nele pa-
ra sempre. Meus olhos e meu coração
nele sempre estarão.
[17]“E se você andar segundo a minha
vontade, como fez seu pai Davi, e fi-
zer tudo o que eu lhe ordeno, obede-
cendo aos meus decretos e às minhas
leis, [18]firmarei o seu trono, conforme
a aliança que fiz com Davi, seu pai,
quando eu lhe disse: Você nunca dei-
xará de ter um descendente para go-
vernar Israel.
[19]“Mas, se vocês se afastarem de mim
e abandonarem os decretos e os man-
damentos que lhes dei, e prestarem
culto a outros deuses e adorá-los, [20]de-
sarraigarei Israel da minha terra, que
lhes dei, e lançarei para longe da mi-
nha presença este templo que consa-
grei ao meu nome. Farei que ele se
torne objeto de zombaria entre todos
os povos. [21]E todos os que passarem
por este templo, agora imponente, fi-
carão espantados e perguntarão: ‘Por
que o SENHOR fez uma coisa dessas a
esta terra e a este templo?’ [22]E a res-
posta será: ‘Porque abandonaram o SE-
NHOR, o Deus dos seus antepassados,
que os tirou do Egito, e se apegaram a
outros deuses, adorando-os e prestan-
do-lhes culto; por isso ele trouxe sobre
eles toda esta desgraça’ ”.

Outros feitos de Salomão

8 Depois de vinte anos, durante os quais Sa-
lomão construiu o templo do SENHOR e o
seu próprio palácio, [2]ele reconstruiu as cida-
des que Hirão lhe tinha dado, e nelas estabe-
leceu israelitas. [3]Depois atacou Hamate-Zobá e
a conquistou. [4]Também reconstruiu Tadmor,
no deserto, e todas as cidades-armazéns que
havia construído em Hamate. [5]Reconstruiu
Bete-Horom Alta e Bete-Horom Baixa, cidades
fortificadas com muros, portas e trancas, [6]e
também Baalate e todas as cidades-armazéns
que possuía, e todas as cidades onde ficavam
os seus carros e os seus cavalos[a]. Construiu
tudo o que desejou em Jerusalém, no Líbano
e em todo o território que governou.

[7]Todos os que não eram israelitas, descen-
dentes dos hititas, dos amorreus, dos fere-
zeus, dos heveus e dos jebuseus, [8]que não
tinham sido mortos pelos israelitas, Salomão
recrutou para o trabalho forçado, e nisso con-
tinuam até hoje. [9]Mas Salomão não obrigou
nenhum israelita a trabalhos forçados; eles
eram seus homens de guerra, chefes de seus
capitães, comandantes dos seus carros e con-
dutores de carros. [10]Também eram israelitas
os principais oficiais do rei Salomão, duzen-
tos e cinquenta oficiais que supervisionavam
os trabalhadores.

[11]Salomão levou a filha do faraó da Cidade
de Davi para o palácio que ele havia construí-
do para ela, pois dissera: “Minha mulher não
deve morar no palácio de Davi, rei de Israel,

[a] 8:6 Ou *condutores de carros*

Você sabia?

Por que o templo era importante?

7:16 Deus prometeu que ele ouviria orações e aceitaria sacrifícios oferecidos no templo. Por isso, nos tempos do Antigo Testamento, a presença de Deus estava no templo em Jerusalém de um modo especial.

pois os lugares onde entrou a arca do SENHOR
são sagrados".
12 Sobre o altar do SENHOR, que havia cons-
truído diante do pórtico, Salomão passou a
sacrificar holocaustos ao SENHOR, 13 conforme
as determinações de Moisés acerca das ofer-
tas diárias e dos sábados, das luas novas e das
três festas anuais: a festa dos pães sem fer-
mento, a festa das semanas[a] e a festa das ca-
banas[b]. 14 De acordo com a ordem de seu pai
Davi, designou os grupos dos sacerdotes para
as suas tarefas, e os levitas para conduzirem
o louvor e ajudarem os sacerdotes, conforme
as determinações diárias. Também designou,
por divisões, os porteiros das várias portas,
conforme o que Davi, homem de Deus, tinha
ordenado. 15 Todas as ordens dadas pelo rei aos
sacerdotes e aos levitas, inclusive as ordens
relativas aos tesouros, foram seguidas à risca.
16 Todo o trabalho de Salomão foi executa-
do, desde o dia em que foram lançados os
alicerces do templo do SENHOR até seu térmi-
no. Assim foi concluído o templo do SENHOR.
17 Depois Salomão foi a Eziom-Geber e a Ela-
te, no litoral de Edom. 18 E Hirão enviou-lhe
navios comandados por seus próprios mari-
nheiros, homens que conheciam o mar. Eles
navegaram com os marinheiros de Salomão
até Ofir, e de lá trouxeram quinze mil e se-
tecentos e cinquenta quilos[c] de ouro para o
rei Salomão.

A rainha de Sabá visita Salomão

9 A rainha de Sabá soube da fama de Salomão
e foi a Jerusalém para pô-lo à prova com
perguntas difíceis. Quando chegou, acompa-
nhada de uma enorme caravana, com camelos
carregados de especiarias, grande quantida-
de de ouro e pedras preciosas, foi até Salo-
mão e lhe fez todas as perguntas que tinha em
mente. 2 Salomão respondeu a todas; nenhuma
lhe foi tão difícil que não pudesse responder.
3 Vendo a sabedoria de Salomão, bem como o
palácio que ele havia construído, 4 o que era
servido em sua mesa, o lugar de seus oficiais,
os criados e os copeiros, todos uniformizados,
e os holocaustos que ele fazia no[d] templo do
SENHOR, ela ficou impressionada.
5 Disse ela então ao rei: "Tudo o que ouvi
em meu país acerca de tuas realizações e de
tua sabedoria era verdade. 6 Mas eu não acre-
ditava no que diziam, até ver com os meus
próprios olhos. Na realidade, não me conta-
ram nem a metade da grandeza de tua sabe-
doria; tu ultrapassas em muito o que ouvi.
7 Como devem ser felizes os homens da tua
corte, que continuamente estão diante de ti
e ouvem a tua sabedoria! 8 Bendito seja o SE-
NHOR, o teu Deus, que se agradou de ti e te
colocou no trono dele para reinar pelo SE-
NHOR, pelo teu Deus. Por causa do amor de
teu Deus para com Israel e do seu desejo de
preservá-lo para sempre, ele te fez rei, para
manter a justiça e a retidão".
9 E ela deu ao rei quatro mil e duzentos qui-
los[e] de ouro e grande quantidade de especia-
rias e de pedras preciosas. Nunca se viram
tantas e tais especiarias como as que a rainha
de Sabá deu ao rei Salomão.
10 (Os marinheiros de Hirão e de Salomão
trouxeram ouro de Ofir, e também madeira

[a] 8:13 Isto é, do Pentecoste.
[b] 8:13 Ou *dos tabernáculos*; hebraico: *sucote*.
[c] 8:18 Hebraico: *450 talentos*. Um talento equivalia a 35 quilos.
[d] 9:4 Ou *e o caminho pelo qual subia até o*
[e] 9:9 Hebraico: *120 talentos*. Um talento equivalia a 35 quilos.

Entrevista com Salomão

Salomão era famoso pela sua sabedoria. Leia 2Crônicas 9:1-9 para descobrir o que aconteceu quando uma rainha foi até Salomão para testá-lo com "perguntas difíceis".

Pense em uma pessoa sábia que você conhece, alguém que consiga responder perguntas sobre Deus e a Bíblia, e faça uma lista de coisas que deixam você confuso ou que preocupam você às vezes. Depois, veja se a pessoa sábia na qual você pensou pode conversar com você sobre essas questões.

Experimente!

2Crônicas 9:1-9

de junípero e pedras preciosas. 11 O rei utilizou a madeira para fazer a escadaria do templo do SENHOR e a do palácio real, além de harpas e liras para os músicos. Nunca se tinha visto algo semelhante em Judá.)

12 O rei Salomão deu à rainha de Sabá tudo o que ela desejou e pediu; muito mais do que ela lhe tinha trazido. Então ela e seus servos voltaram para o seu país.

O esplendor do reino de Salomão

13 O peso do ouro que Salomão recebia anualmente era de vinte e três mil e trezentos quilos, 14 fora o que os mercadores e os comerciantes traziam. Também todos os reis da Arábia e os governadores do país traziam ouro e prata para Salomão.

15 O rei Salomão fez duzentos escudos grandes de ouro batido, utilizando três quilos e seiscentos gramas de ouro em cada um. 16 Também fez trezentos escudos pequenos de ouro batido, com um quilo e oitocentos gramas de ouro em cada um, e os colocou no Palácio da Floresta do Líbano.

17 O rei mandou fazer ainda um grande trono de marfim revestido de ouro puro. 18 O trono tinha seis degraus, e um estrado de ouro fixo nele. Nos dois lados do assento havia braços, com um leão junto a cada braço. 19 Doze leões ficavam nos seis degraus, um de cada lado. Nada igual havia sido feito em nenhum outro reino. 20 Todas as taças do rei Salomão eram de ouro, bem como todos os utensílios do Palácio da Floresta do Líbano. Não havia nada de prata, pois a prata quase não tinha valor nos dias de Salomão. 21 O rei tinha uma frota de navios mercantes[a] tripulados por marinheiros do rei Hirão. Cada três anos a frota voltava, trazendo ouro, prata, marfim, macacos e pavões.

22 O rei Salomão era o mais rico e o mais sábio de todos os reis da terra. 23 Estes pediam audiência a Salomão para ouvirem a sabedoria que Deus lhe tinha dado. 24 Ano após ano, todos os que vinham traziam algum presente: utensílios de prata e de ouro, mantos, armas e especiarias, cavalos e mulas.

25 Salomão possuía quatro mil estábulos para cavalos e carros, e doze mil cavalos[b], dos quais mantinha uma parte nas guarnições de algumas cidades e a outra perto dele, em Jerusalém. 26 Ele dominava sobre todos os reis desde o Eufrates[c] até a terra dos filisteus, junto à fronteira do Egito. 27 O rei tornou a prata tão comum em Jerusalém quanto as pedras, e o cedro tão numeroso quanto as figueiras bravas da Sefelá. 28 Os cavalos de Salomão eram importados do Egito[d] e de todos os outros países.

A morte de Salomão

29 Os demais acontecimentos do reinado de Salomão, desde o início até o fim, estão escritos nos relatos do profeta Natã, nas profecias do silonita Aías e nas visões do vidente Ido acerca de Jeroboão, filho de Nebate. 30 Salomão reinou quarenta anos em Jerusalém, sobre todo o Israel. 31 Então descansou com os seus antepassados e foi sepultado na Cidade de Davi, seu pai. E o seu filho Roboão foi o seu sucessor.

A revolta de Israel contra Roboão

10 Roboão foi a Siquém, onde todos os israelitas tinham se reunido para proclamá-lo rei. 2 Jeroboão, filho de Nebate, tinha fugido do rei Salomão e estava no Egito. Assim que soube da reunião em Siquém, voltou do Egito. 3 E mandaram chamá-lo. Então ele e todo o Israel foram ao encontro de Roboão e disseram: 4 "Teu pai colocou sobre nós um jugo pesado, mas agora diminui o trabalho árduo e este jugo pesado, e nós te serviremos".

5 Roboão respondeu: "Voltem a mim daqui a três dias". E o povo foi embora.

6 O rei Roboão perguntou às autoridades que haviam servido ao seu pai Salomão durante a vida dele: "Como vocês me aconselham a responder a este povo?"

7 Eles responderam: "Se hoje fores bom para esse povo, se o agradares e lhe deres resposta favorável, eles sempre serão teus servos".

8 Roboão, contudo, rejeitou o conselho que as autoridades de Israel lhe deram e consultou os jovens que haviam crescido com ele e o estavam servindo. 9 Perguntou-lhes: "Qual é o conselho de vocês? Como devemos responder a este povo que me diz: 'Diminui o jugo que teu pai colocou sobre nós'?"

10 Os jovens que haviam crescido com ele responderam: "A este povo que te disse: 'Teu pai colocou sobre nós um jugo pesado; torna-o mais leve' — dize: 'Meu dedo mínimo é mais grosso do que a cintura do meu pai. 11 Pois bem, meu pai lhes impôs um jugo pesado; eu o tornarei ainda mais pesado. Meu

[a] 9:21 Hebraico: *navios que iam para Társis*. Veja 20:36.
[b] 9:25 Ou *condutores de carros*
[c] 9:26 Hebraico: *o Rio*.
[d] 9:28 Ou *Muzur*, região da Cilícia.

Você sabia?

O que aconteceu ao reino quando Salomão morreu?

10:16-17 O reino de Salomão
foi dividido em duas nações.
O Reino do Norte era
chamado de Israel e o Reino
do Sul era chamado de Judá.

pai os castigou com simples chicotes; eu os
castigarei com chicotes pontiagudos[a]' ".
[12]Três dias depois, Jeroboão e todo o po-
vo voltaram a Roboão, segundo a orientação
dada pelo rei: "Voltem a mim daqui a três
dias". [13]Mas o rei lhes respondeu asperamen-
te. Rejeitando o conselho das autoridades de
Israel, [14]seguiu o conselho dos jovens e dis-
se: "Meu pai lhes tornou pesado o jugo; eu o
tornarei ainda mais pesado. Meu pai os cas-
tigou com simples chicotes; eu os castigarei
com chicotes pontiagudos". [15]E o rei não aten-
deu o povo, pois esta mudança nos aconte-
cimentos vinha da parte de Deus, para que
se cumprisse a palavra que o SENHOR havia
falado a Jeroboão, filho de Nebate, por meio
do silonita Aías.
[16]Quando todo o Israel viu que o rei se re-
cusava a ouvi-lo, respondeu ao rei:

"Que temos em comum com Davi?
Que temos em comum
com o filho de Jessé?
Para as suas tendas, ó Israel!
Cuide da sua própria casa, ó Davi!"

E assim os israelitas foram para as suas ca-
sas. [17]Quanto, porém, aos israelitas que mora-
vam nas cidades de Judá, Roboão continuou
como rei deles.
[18]O rei Roboão enviou Adonirão[b], chefe do
trabalho forçado, mas todo o Israel o apedre-
jou até a morte. O rei, contudo, conseguiu
subir em sua carruagem e fugir para Jerusa-
lém. [19]Desta forma Israel se rebelou contra a
dinastia de Davi, e assim permanece até hoje.
11 Quando Roboão chegou a Jerusalém, con-
vocou cento e oitenta mil homens de com-
bate, das tribos de Judá e de Benjamim, para
guerrearem contra Israel e recuperarem o rei-
no para Roboão.
[2]Entretanto, veio esta palavra do SENHOR a
Semaías, homem de Deus: [3]"Diga a Roboão,
filho de Salomão, rei de Judá, e a todos os is-
raelitas de Judá e de Benjamim: [4]Assim diz
o SENHOR: Não saiam à guerra contra os seus
irmãos. Voltem para casa, todos vocês, pois
fui eu que fiz isso". E eles obedeceram à pala-
vra do SENHOR e desistiram de marchar con-
tra Jeroboão.

A fortificação das cidades de Judá

[5]Roboão morou em Jerusalém e recons-
truiu algumas cidades para a defesa de Ju-
dá. Foram elas: [6]Belém, Etã, Tecoa, [7]Bete-Zur,
Socó, Adulão, [8]Gate, Maressa, Zife, [9]Adoraim,
Laquis, Azeca, [10]Zorá, Aijalom e Hebrom. Es-
sas cidades foram fortificadas em Judá e em
Benjamim. [11]Ele fortaleceu as suas defesas e
nelas colocou comandantes, com suprimen-
tos de alimentos, azeite e vinho. [12]Armazenou
escudos grandes e lanças em todas as cida-
des, tornando-as muito fortes. Assim, Judá e
Benjamim continuaram sob o seu domínio.
[13]Os sacerdotes e os levitas de todos os dis-
tritos de Israel o apoiaram. [14]Os levitas che-
garam até a abandonar as suas pastagens e
os seus bens, e foram para Judá e para Jeru-
salém, porque Jeroboão e seus filhos os ha-
viam rejeitado como sacerdotes do SENHOR,
[15]nomeando seus próprios sacerdotes para os
altares idólatras e para os ídolos que haviam
feito em forma de bodes e de bezerros. [16]De
todas as tribos de Israel aqueles que estavam
realmente dispostos a buscar o SENHOR, o
Deus de Israel, seguiram os levitas até Jeru-
salém para oferecerem sacrifícios ao SENHOR,
ao Deus dos seus antepassados. [17]Eles forta-
leceram o reino de Judá e durante três anos
apoiaram Roboão, filho de Salomão, andan-
do nos caminhos de Davi e de Salomão du-
rante esse tempo.

A família de Roboão

[18]Roboão casou-se com Maalate, filha de
Jeremote e neta de Davi. A mãe de Maala-
te era Abiail, filha de Eliabe e neta de Jes-
sé. [19]Ela deu-lhe três filhos: Jeús, Semarias
e Zaão. [20]Depois ele casou-se com Maaca, fi-
lha de Absalão, a qual lhe deu os filhos Abias,
Atai, Ziza e Selomite. [21]Roboão amava Maaca,
filha de Absalão, mais do que a qualquer ou-
tra de suas esposas e concubinas. Ao todo ele
teve dezoito esposas e sessenta concubinas,
vinte e oito filhos e sessenta filhas.
[22]Roboão nomeou Abias, filho de Maaca,
chefe entre os seus irmãos, com o intuito de

[a] 10:11 Ou *com escorpiões*; também no versículo 14.
[b] 10:18 Conforme alguns manuscritos da Septuaginta. O Texto Massorético diz *Adorão*. Veja 1Rs 4:6 e 5:14.

fazê-lo rei. [23]Ele agiu com sabedoria, disper-
sando seus filhos pelos distritos de Judá e de
Benjamim, e pelas cidades fortificadas. Ga-
rantiu-lhes fartas provisões e lhes conseguiu
muitas mulheres.

Sisaque ataca Jerusalém

12 Depois que Roboão se fortaleceu e se fir-
mou como rei, ele e todo o Israel[a] aban-
donaram a lei do SENHOR. [2]Por terem sido
infiéis ao SENHOR, Sisaque, rei do Egito, ata-
cou Jerusalém no quinto ano do reinado de
Roboão. [3]Com mil e duzentos carros de guerra,
sessenta mil cavaleiros e um exército incon-
tável de líbios, suquitas e etíopes[b], que vie-
ram do Egito com ele, [4]conquistou as cidades
fortificadas de Judá e chegou até Jerusalém.

[5]Então o profeta Semaías apresentou-se a
Roboão e aos líderes de Judá que se haviam
reunido em Jerusalém, fugindo de Sisaque,
e lhes disse: "Assim diz o SENHOR: 'Vocês me
abandonaram; por isso eu agora os abando-
no, entregando-os a Sisaque' ".

[6]Os líderes de Israel e o rei se humilharam
e disseram: "O SENHOR é justo".

[7]Quando o SENHOR viu que eles se humi-
lharam, veio a Semaías esta palavra do SE-
NHOR: "Visto que eles se humilharam, não
os destruirei, mas em breve lhes darei livra-
mento. Minha ira não será derramada sobre
Jerusalém por meio de Sisaque. [8]Eles, con-
tudo, ficarão sujeitos a ele, para que apren-
dam a diferença entre servir a mim e servir
aos reis de outras terras".

[9]Quando Sisaque, rei do Egito, atacou
Jerusalém, levou todos os tesouros do
templo do SENHOR e do palácio real, inclu-
sive os escudos de ouro que Salomão havia
feito. [10]Por isso o rei Roboão mandou fazer
escudos de bronze para substituí-los, e os
entregou aos chefes da guarda da entrada
do palácio real. [11]Sempre que o rei ia ao tem-
plo do SENHOR, os guardas empunhavam os
escudos e, em seguida, os devolviam à sa-
la da guarda.

[12]Como Roboão se humilhou, a ira do SE-
NHOR afastou-se dele, e ele não foi totalmen-
te destruído. Na verdade, em Judá ainda
havia algo de bom.

[13]O rei Roboão firmou-se no poder em Jeru-
salém e continuou a reinar. Tinha quarenta
e um anos de idade quando começou a rei-
nar, e reinou dezessete anos em Jerusalém,
cidade que o SENHOR havia escolhido dentre
todas as tribos de Israel para nela pôr o seu
nome. Sua mãe, uma amonita, chamava-se
Naamá. [14]Ele agiu mal porque não dispôs o
seu coração para buscar o SENHOR.

[15]Os demais acontecimentos do reinado
de Roboão, do início ao fim, estão escritos
nos relatos do profeta Semaías e do vidente
Ido, que tratam de genealogias. Houve guer-
ra constante entre Roboão e Jeroboão. [16]Ro-
boão descansou com os seus antepassados
e foi sepultado na Cidade de Davi; seu filho
Abias foi o seu sucessor.

O reinado de Abias, rei de Judá

13 No décimo oitavo ano do reinado de Je-
roboão, Abias tornou-se rei de Judá, [2]e
reinou três anos em Jerusalém. O nome de
sua mãe era Maaca[c], filha[d] de Uriel, de Gibeá.

E houve guerra entre Abias e Jeroboão.
[3]Abias entrou em combate levando uma força
de quatrocentos mil excelentes guerreiros, e
Jeroboão foi enfrentá-lo com oitocentos mil,
igualmente excelentes.

[4]Abias subiu o monte Zemaraim, nos mon-
tes de Efraim, e gritou: "Jeroboão e todo o
Israel, ouçam-me! [5]Vocês não sabem que o
SENHOR, o Deus de Israel, deu para sempre
o reino de Israel a Davi e a seus descenden-
tes mediante uma aliança irrevogável[e]? [6]Mes-
mo assim, Jeroboão, filho de Nebate, servo
de Salomão, filho de Davi, rebelou-se contra
o seu senhor. [7]Alguns homens vadios e im-
prestáveis juntaram-se a ele e se opuseram
a Roboão, filho de Salomão, quando ainda
era jovem, indeciso e incapaz de oferecer-
-lhes resistência.

[a] 12:1 Isto é, Judá, como ocorre frequentemente em 2Crônicas.
[b] 12:3 Hebraico: *cuxitas*.

[c] 13:2 Conforme a maioria dos manuscritos da Septuaginta e a Versão Siríaca. O Texto Massorético diz *Micaías*. Veja 2Cr 11:20 e 1Rs 15:2.
[d] 13:2 Ou *neta*
[e] 13:5 Hebraico: *aliança de sal*.

Você sabia?

O que aconteceu a todo o ouro que Salomão colocou no templo em Jerusalém?

12:9 Os egípcios invadiram Judá e levaram embora todo o ouro. A guerra contra o rei egípcio Sisaque aconteceu quando Reoboão, era rei de Judá.

8“E agora vocês pretendem resistir ao rei-
no do SENHOR, que está nas mãos dos des-
cendentes de Davi! Vocês são de fato uma
multidão imensa e têm os bezerros de ou-
ro que Jeroboão fez para serem os seus
deuses. 9Mas, não foram vocês que expul-
saram os sacerdotes do SENHOR, os descen-
dentes de Arão, e os levitas, e escolheram
os seus próprios sacerdotes, como fazem
os outros povos? Qualquer pessoa que se
consagre com um novilho e sete carneiros
pode tornar-se sacerdote daqueles que não
são deuses.
10“Quanto a nós, o SENHOR é o nosso Deus,
e não o abandonamos. Os nossos sacerdotes,
que servem ao SENHOR auxiliados pelos le-
vitas, são descendentes de Arão. 11Todas as
manhãs e todas as tardes eles apresentam
holocaustos e incenso aromático ao SENHOR,
arrumam os pães sobre a mesa cerimonial-
mente pura e todas as tardes acendem as
lâmpadas do candelabro de ouro. Pois nós
observamos as exigências do SENHOR, o nos-
so Deus, enquanto que vocês o abandona-
ram. 12E vejam bem! Deus está conosco; ele é
o nosso chefe. Os sacerdotes dele, com suas
cornetas, farão soar o grito de guerra contra
vocês. Israelitas, não lutem contra o SENHOR,
o Deus dos seus antepassados, pois vocês não
terão êxito!”
13Enquanto isso, Jeroboão tinha mandado
tropas para a retaguarda do exército de Judá,
de forma que ele estava em frente de Judá e
a emboscada estava atrás. 14Quando o exér-
cito de Judá se virou e viu que estava sendo
atacado pela frente e pela retaguarda, clamou
ao SENHOR. Os sacerdotes tocaram suas cor-
netas 15e os homens de Judá deram o grito
de guerra. Ao som do grito de guerra, Deus
derrotou Jeroboão e todo o Israel diante de
Abias e de Judá. 16Os israelitas fugiram dos
soldados de Judá, e Deus os entregou nas
mãos deles. 17Abias e os seus soldados lhes
infligiram grande derrota; quinhentos mil
excelentes guerreiros de Israel foram mortos.
18Os israelitas foram subjugados naquela oca-
sião, e os homens de Judá tiveram força pa-
ra vencer, pois confiaram no SENHOR, o Deus
dos seus antepassados.
19Abias perseguiu Jeroboão e tomou-lhe as
cidades de Betel, Jesana e Efrom, com os seus
povoados. 20Durante o reinado de Abias, Je-
roboão não recuperou o seu poder; até que
o SENHOR o feriu, e ele morreu.
21Abias, ao contrário, fortaleceu-se. Ele se
casou com catorze mulheres e teve vinte e
dois filhos e dezesseis filhas.
22Os demais acontecimentos do reinado de
Abias, o que ele fez e o que disse, estão escri-
tos nos relatos do profeta Ido.

O reinado de Asa, rei de Judá

14 Abias descansou com os seus antepas-
sados e foi sepultado na Cidade de Davi.
Seu filho Asa foi o seu sucessor, e em seu rei-
nado o país esteve em paz durante dez anos.
2Asa fez o que o SENHOR, o seu Deus, apro-
va. 3Retirou os altares dos deuses estran-
geiros e os altares idólatras que havia nos
montes, despedaçou as colunas sagradas e
derrubou os postes sagrados. 4Ordenou ao
povo de Judá que buscasse o SENHOR, o Deus
dos seus antepassados, e que obedecesse às
leis e aos mandamentos dele. 5Retirou os al-
tares idólatras e os altares de incenso[a] de to-
das as cidades de Judá, e o reino esteve em
paz durante o seu governo. 6Também cons-
truiu cidades fortificadas em Judá, aprovei-
tando esse período de paz. Ninguém entrou
em guerra contra ele durante aqueles anos,
pois o SENHOR lhe deu descanso.
7Disse ele ao povo de Judá: “Vamos cons-
truir estas cidades com muros ao redor, for-
tificadas com torres, portas e trancas. A terra
ainda é nossa, porque temos buscado o SE-
NHOR, o nosso Deus; nós o buscamos, e ele
nos tem concedido paz em nossas fronteiras”.
Eles então as construíram e prosperaram.
8Asa tinha um exército de trezentos mil
homens de Judá, equipados com escudos
grandes e lanças, e duzentos e oitenta mil
de Benjamim, armados com escudos peque-
nos e arcos. Todos eram valentes homens de
combate.
9O etíope[b] Zerá marchou contra eles com
um exército de um milhão de soldados e tre-
zentos carros de guerra, e chegou a Maressa.

Palavras para memorizar

“Quanto a nós, o SENHOR é o nosso Deus, e não o abandonamos.”
(2Crônicas 13:10)

[a] 14:5 Provavelmente colunas dedicadas ao deus sol.
[b] 14:9 Hebraico: *cuxita*; também no versículo 12.

10 Asa saiu para enfrentá-lo, e eles se puse-
ram em posição de combate no vale de Zefa-
tá, perto de Maressa.
11 Então Asa clamou ao SENHOR, o seu Deus:
"SENHOR, não há ninguém como tu para aju-
dar os fracos contra os poderosos. Ajuda-nos,
ó SENHOR, ó nosso Deus, pois em ti pomos a
nossa confiança, e em teu nome viemos con-
tra este imenso exército. Ó SENHOR, tu és o
nosso Deus; não deixes o homem prevale-
cer contra ti".
12 O SENHOR derrotou os etíopes diante de
Asa e de Judá. Os etíopes fugiram, 13 e Asa e
seu exército os perseguiram até Gerar. Caí-
ram tantos deles que o exército não conse-
guiu recuperar-se; foram destruídos perante
o SENHOR e suas forças. E os homens de Judá
saquearam muitos bens. 14 Destruíram todas
as cidades ao redor de Gerar, pois o terror do
SENHOR havia caído sobre elas. Saquearam
todas essas cidades, pois havia nelas mui-
tos despojos. 15 Também atacaram os acam-
pamentos onde havia gado e se apoderaram
de muitas ovelhas, cabras e camelos. E em
seguida voltaram para Jerusalém.

A reforma realizada por Asa

15 O Espírito de Deus veio sobre Azarias, fi-
lho de Odede. 2 Ele saiu para encontrar-se
com Asa e lhe disse: "Escutem-me, Asa e todo
o povo de Judá e de Benjamim. O SENHOR está
com vocês quando vocês estão com ele. Se o
buscarem, ele deixará que o encontrem, mas,
se o abandonarem, ele os abandonará. 3 Duran-
te muito tempo Israel esteve sem o verdadei-
ro Deus, sem sacerdote para ensiná-lo e sem
a Lei. 4 Mas em sua angústia eles se voltaram
para o SENHOR, o Deus de Israel; buscaram-no,
e ele deixou que o encontrassem. 5 Naqueles
dias não era seguro viajar, pois muitos dis-
túrbios afligiam todos os habitantes do ter-
ritório. 6 Nações e cidades se destruíam umas
às outras, pois Deus as estava afligindo com
toda espécie de desgraças. 7 Mas, sejam fortes
e não desanimem, pois o trabalho de vocês
será recompensado".
8 Assim que ouviu as palavras e a profecia
do profeta Azarias, filho de[a] Odede, o rei Asa
encheu-se de coragem. Retirou os ídolos re-
pugnantes de toda a terra de Judá e de Ben-
jamim e das cidades que havia conquistado
nos montes de Efraim, e restaurou o altar do
SENHOR que estava em frente do pórtico do
templo do SENHOR.
9 Depois reuniu todo o povo de Judá e de
Benjamim, e convocou também os que per-
tenciam a Efraim, a Manassés e a Simeão que
viviam entre eles, pois muitos de Israel ti-
nham passado para o lado do rei Asa, ao ve-
rem que o SENHOR, o seu Deus, estava com ele.
10 Eles se reuniram em Jerusalém no ter-
ceiro mês do décimo quinto ano do reina-
do de Asa. 11 Naquela ocasião sacrificaram ao
SENHOR setecentos bois e sete mil ovelhas e
cabras, do saque que haviam feito. 12 Fizeram
um acordo de todo o coração e de toda a al-
ma de buscar o SENHOR, o Deus dos seus an-
tepassados. 13 Todo aquele que não buscasse
o SENHOR, o Deus de Israel, deveria ser mor-
to, gente simples ou importante,[b] homem ou

[a] 15:8 Conforme a Vulgata e a Versão Siríaca. O Texto Massorético não traz *Azarias, filho de*.
[b] 15:13 Ou *jovens ou idosos*

O resto da história

Você já leu uma história e, antes de chegar ao fim, pensou: "Eu sei o que vai acontecer depois"? Comece a ler 2Crônicas 14, mas pare de ler ao final do versículo 11. Depois, anote seu próprio final para a história e conte para seus pais que você está tentando adivinhar o que aconteceu em uma história da Bíblia. Leia em voz alta o que você escreveu e, em seguida, leia 2Crônicas 14:12-15.

Pergunte a seus pais ou avós sobre uma ocasião em que eles oraram a Deus pedindo ajuda. Por que eles oraram? O que aconteceu quando eles oraram? Existe alguma coisa sobre a qual você esteja preocupado ou com medo agora? Peça-lhes para orarem com você sobre isso.

Experimente!

2Crônicas 14:2-15

mulher. 14Fizeram esse juramento ao SENHOR
em alta voz, bradando ao som de cornetas e
trombetas. 15Todo o povo de Judá alegrou-se
com o juramento, pois o havia feito de todo
o coração. Eles buscaram a Deus com a me-
lhor disposição; ele deixou que o encontras-
sem e lhes concedeu paz em suas fronteiras.
16O rei Asa chegou até a depor sua avó Maa-
ca da posição de rainha-mãe, pois ela havia
feito um poste sagrado repugnante. Asa der-
rubou o poste, despedaçou-o e queimou-o no
vale do Cedrom. 17Embora os altares idóla-
tras não tivessem sido eliminados de Israel,
o coração de Asa foi totalmente dedicado ao
SENHOR durante toda a sua vida. 18Ele trou-
xe para o templo de Deus a prata, o ouro e
os utensílios que ele e seu pai haviam con-
sagrado.
19E não houve mais nenhuma guerra até o
trigésimo quinto ano do seu reinado.

Os últimos anos de Asa

16 No trigésimo sexto ano do reinado de
Asa, Baasa, rei de Israel, invadiu Judá e
fortificou Ramá, para que ninguém pudes-
se entrar no território de Asa, rei de Judá,
nem sair de lá.
2Então Asa ajuntou a prata e o ouro do te-
souro do templo do SENHOR e do seu próprio
palácio e os enviou a Ben-Hadade, rei da Sí-
ria, que governava em Damasco, com uma
mensagem que dizia: 3"Façamos um tratado,
como fizeram meu pai e o teu. Estou te en-
viando prata e ouro. Agora, rompe o tratado
que tens com Baasa, rei de Israel, para que
ele saia do meu país".
4Ben-Hadade aceitou a proposta do rei Asa
e ordenou aos comandantes das suas forças
que atacassem as cidades de Israel. Eles con-
quistaram Ijom, Dã, Abel-Maim[a] e todas as
cidades-armazéns de Naftali. 5Quando Baa-
sa soube disso, abandonou a construção dos
muros de Ramá. 6Então o rei Asa reuniu to-
dos os homens de Judá, e eles retiraram de
Ramá as pedras e a madeira que Baasa esti-
vera usando. Com esse material Asa fortifi-
cou Geba e Mispá.
7Naquela época, o vidente Hanani foi di-
zer a Asa, rei de Judá: "Por você ter pedido
ajuda ao rei da Síria e não ao SENHOR, ao seu
Deus, o exército do rei da Síria escapou de
suas mãos. 8Por acaso os etíopes[b] e os líbios
não eram um exército poderoso, com uma
grande multidão de carros e cavalos[c]?
Contudo, quando você pediu ajuda ao SE-
NHOR, ele os entregou em suas mãos. 9Pois
os olhos do SENHOR estão atentos sobre toda
a terra para fortalecer aqueles que lhe dedi-
cam totalmente o coração. Nisso você come-
teu uma loucura. De agora em diante terá
que enfrentar guerras".
10Asa irritou-se contra o vidente por causa
disso; ficou tão indignado que mandou pren-
dê-lo. Nessa época Asa oprimiu brutalmente
alguns do povo.
11Os demais acontecimentos do reinado de
Asa, do início ao fim, estão escritos nos regis-
tros históricos dos reis de Judá e de Israel.
12No trigésimo nono ano de seu reinado, Asa
foi atacado por uma doença nos pés. Embo-
ra a sua doença fosse grave, não buscou aju-
da do SENHOR, mas só dos médicos. 13Então,
no quadragésimo primeiro ano do seu rei-
nado, Asa morreu e descansou com os seus
antepassados. 14Sepultaram-no no túmulo
que ele havia mandado cavar para si na Ci-
dade de Davi. Deitaram-no num leito coberto
de especiarias e de vários perfumes de fina
mistura, e fizeram uma imensa fogueira em
sua honra.

O reinado de Josafá, rei de Judá

17 Josafá, filho de Asa, foi o seu sucessor e
fortaleceu-se contra Israel. 2Posicionou
tropas em todas as cidades fortificadas de Ju-
dá e pôs guarnições em Judá e nas cidades de
Efraim que seu pai, Asa, tinha conquistado.
3O SENHOR esteve com Josafá porque, em
seus primeiros anos, ele andou nos caminhos
que seu predecessor Davi tinha seguido. Não
consultou os baalins, 4mas buscou o Deus de
seu pai e obedeceu aos seus mandamentos,
e não imitou as práticas de Israel. 5O SENHOR
firmou o reino de Josafá, e todo o Judá lhe
trazia presentes, de maneira que teve grande
riqueza e honra. 6Ele seguiu corajosamente os
caminhos do SENHOR; além disso, retirou de
Judá os altares idólatras e os postes sagrados.
7No terceiro ano de seu reinado, ele en-
viou seus oficiais Bene-Hail, Obadias, Zaca-
rias, Natanael e Micaías para ensinarem nas
cidades de Judá. 8Com eles foram os levitas
Semaías, Netanias, Zebadias, Asael, Semira-
mote, Jônatas, Adonias, Tobias, Tobe-Adonias
e os sacerdotes Elisama e Jeorão. 9Eles per-
correram todas as cidades do reino de Judá,
levando consigo o Livro da Lei do SENHOR e
ensinando o povo.
10O temor do SENHOR caiu sobre todos os
reinos ao redor de Judá, de forma que não

[a] 16:4 Também conhecida como *Abel-Bete-Maaca.*
[b] 16:8 Hebraico: *cuxitas.*
[c] 16:8 Ou *condutores de carro*

entraram em guerra contra Josafá. 11Alguns
filisteus levaram presentes a Josafá, além da
prata que lhe deram como tributo, e os ára-
bes levaram-lhe rebanhos: sete mil e setecen-
tos carneiros e sete mil e setecentos bodes.
12Josafá tornou-se cada vez mais poderoso;
construiu fortalezas e cidades-armazéns em
Judá, 13onde guardava enorme quantidade de
suprimentos. Também mantinha em Jerusa-
lém homens de combate experientes. 14A lista
desses homens, por famílias, era a seguinte:

De Judá, líderes de batalhões de 1.000:
o líder Adna, com 300.000 homens de
combate;
15em seguida, o líder Joanã, com 280.000;
16depois, Amasias, filho de Zicri, que se
apresentou voluntariamente para o ser-
viço do SENHOR, com 200.000.
17De Benjamim:
Eliada, um guerreiro valente, com
200.000 homens armados com arcos e
escudos;
18Jeozabade, com 180.000 homens arma-
dos para a batalha.

19Esses eram os homens que serviam o rei,
além dos que estavam posicionados nas ci-
dades fortificadas em todo o Judá.

A profecia contra Acabe

18 Josafá tinha grande riqueza e honra, e
aliou-se a Acabe por laços de casamento.
2Alguns anos depois, ele foi visitar Acabe em
Samaria. Acabe abateu muitas ovelhas e bois
para receber Josafá e sua comitiva, e insistiu
que atacasse Ramote-Gileade. 3Acabe, rei de
Israel, perguntou a Josafá, rei de Judá: "Irás
comigo lutar contra Ramote-Gileade?"
Josafá respondeu: "Sou como tu, e meu po-
vo é como o teu povo; estaremos contigo na
guerra". 4Mas acrescentou: "Peço-te que bus-
ques primeiro o conselho do SENHOR".
5Então o rei de Israel reuniu quatrocen-
tos profetas, e lhes perguntou: "Devemos ir
à guerra contra Ramote-Gileade, ou não?"
Eles responderam: "Sim, pois Deus a en-
tregará nas mãos do rei".
6Josafá, porém, perguntou: "Não exis-
te aqui mais nenhum profeta do SENHOR, a
quem possamos consultar?"
7O rei de Israel respondeu a Josafá: "Ainda
há um homem por meio de quem podemos
consultar o SENHOR, porém eu o odeio, por-
que nunca profetiza coisas boas a meu res-
peito, mas sempre coisas ruins. É Micaías,
filho de Inlá".
"O rei não deveria dizer isso", Josafá res-
pondeu.
8Então o rei de Israel chamou um dos seus
oficiais e disse: "Traga imediatamente Mi-
caías, filho de Inlá".
9Usando vestes reais, o rei de Israel e Jo-
safá, rei de Judá, estavam sentados em seus
tronos, na eira, junto à porta de Samaria, e
todos os profetas estavam profetizando em
transe diante deles. 10E Zedequias, filho de
Quenaaná, tinha feito chifres de ferro, e
declarou: "Assim diz o SENHOR: 'Com estes
chifres tu ferirás os arameus até que sejam
destruídos' ".

A vida nos tempos da Bíblia

Médicos e medicamentos

Nos tempos bíblicos, os medicamentos eram feitos de ervas e partes de plantas diferentes. O azeite de oliva e o vinho também eram usados como medicamentos. A Bíblia fala pouco sobre médicos, embora nos tempos do Novo Testamento os cirurgiões já usassem instrumentos como bisturi, pinças e tesouras.

11Todos os outros profetas estavam profeti-
zando a mesma coisa, dizendo: "Ataca Ramo-
te-Gileade, e serás vitorioso, pois o SENHOR a
entregará nas mãos do rei".
12O mensageiro que tinha ido chamar Mi-
caías lhe disse: "Vê, todos os outros profetas
estão predizendo que o rei terá sucesso. Tua
palavra também deve ser favorável".
13Micaías, porém, disse: "Juro pelo nome do
SENHOR que direi o que o meu Deus mandar".
14Quando ele chegou, o rei lhe perguntou:
"Micaías, devemos ir à guerra contra Ramo-
te-Gileade, ou não?"
Ele respondeu: "Ataquem, e serão vitorio-
sos, pois eles serão entregues em suas mãos".
15O rei lhe disse: "Quantas vezes devo fazer-
-te jurar que me irás dizer somente a verdade
em nome do SENHOR?"
16Então Micaías respondeu: "Vi todo o Is-
rael espalhado pelas colinas, como ovelhas
sem pastor, e ouvi o SENHOR dizer: 'Estes não
têm dono. Cada um volte para casa em paz' ".
17O rei de Israel disse a Josafá: "Não lhe dis-
se que ele nunca profetiza nada de bom a
meu respeito, mas apenas coisas ruins?"
18Micaías prosseguiu: "Ouçam a palavra do
SENHOR: Vi o SENHOR assentado em seu tro-
no, com todo o exército dos céus à sua direita
e à sua esquerda. 19E o SENHOR disse: 'Quem
enganará Acabe, rei de Israel, para que ata-
que Ramote-Gileade e morra lá?'
"E um sugeria uma coisa, outro sugeria
outra, até que, 20finalmente, um espírito co-
locou-se diante do SENHOR e disse: 'Eu o en-
ganarei'.
" 'De que maneira?', perguntou o SENHOR.
21"Ele respondeu: 'Irei e serei um espíri-
to mentiroso na boca de todos os profetas
do rei'.
"Disse o SENHOR: 'Você conseguirá enga-
ná-lo; vá e engane-o'.
22"E o SENHOR pôs um espírito mentiroso
na boca destes seus profetas. O SENHOR de-
cretou a sua desgraça".
23Então Zedequias, filho de Quenaaná,
aproximou-se, deu um tapa no rosto de Mi-
caías e perguntou: "Por qual caminho foi o
espírito da parte do[a] SENHOR, quando saiu de
mim para falar a você?"
24Micaías respondeu: "Você descobrirá no
dia em que estiver se escondendo de quar-
to em quarto".
25O rei de Israel então ordenou: "Enviem
Micaías de volta a Amom, o governador da
cidade, e a Joás, filho do rei, 26e digam que as-
sim diz o rei: Ponham este homem na prisão
a pão e água, até que eu volte em segurança".
27Micaías declarou: "Se você de fato voltar
em segurança, o SENHOR não falou por meu
intermédio". E acrescentou: "Ouçam o que es-
tou dizendo, todos vocês!"

A morte de Acabe

28Então o rei de Israel e Josafá, rei de Judá,
foram atacar Ramote-Gileade. 29E o rei de Is-
rael disse a Josafá: "Entrarei disfarçado em
combate, mas tu, usa as tuas vestes reais". O
rei de Israel disfarçou-se, e ambos foram pa-
ra o combate.
30O rei da Síria havia ordenado a seus che-
fes dos carros de guerra: "Não lutem contra
ninguém, seja soldado, seja oficial, senão
contra o rei de Israel". 31Quando os chefes
dos carros viram Josafá, pensaram: "É o rei
de Israel", e o cercaram para atacá-lo, mas
Josafá clamou, e o SENHOR o ajudou. Deus os
afastou dele, 32pois, quando os comandantes
dos carros viram que não era o rei de Israel,
deixaram de persegui-lo.
33De repente, um soldado disparou seu ar-
co ao acaso e atingiu o rei de Israel entre os
encaixes da sua armadura. Então o rei disse
ao condutor do seu carro: "Tire-me do com-
bate. Fui ferido!" 34A batalha foi violenta du-
rante todo o dia, e assim, o rei de Israel teve
que enfrentar os arameus em pé no seu car-
ro, até a tarde. E, ao pôr do sol, ele morreu.
19 Quando Josafá, rei de Judá, voltou em
segurança ao seu palácio em Jerusa-
lém, 2o vidente Jeú, filho de Hanani, saiu
ao seu encontro e lhe disse: "Será que você
devia ajudar os ímpios e amar aqueles que
odeiam o SENHOR? Por causa disso, a ira do
SENHOR está sobre você. 3Contudo, existe em
você algo de bom, pois você livrou a terra
dos postes sagrados e buscou a Deus de to-
do o seu coração".

A nomeação de juízes

4Josafá morava em Jerusalém; e percor-
reu de novo a nação, desde Berseba até os
montes de Efraim, fazendo-o voltar para o
SENHOR, o Deus dos seus antepassados. 5Ele
nomeou juízes em cada uma das cidades
fortificadas de Judá, 6dizendo-lhes: "Consi-
derem atentamente aquilo que fazem, pois
vocês não estão julgando para o homem, mas
para o SENHOR, que estará com vocês sempre
que derem um veredicto. 7Agora, que o te-
mor do SENHOR esteja sobre vocês. Julguem

[a] 18:23 Ou *Espírito do*

com cuidado, pois o SENHOR, o nosso Deus,
não tolera nem injustiça nem parcialidade
nem suborno".
[8]Também em Jerusalém nomeou Josafá al-
guns dos levitas, dos sacerdotes e dos chefes
de famílias israelitas para julgarem questões
da lei do SENHOR e resolverem pendências
dos habitantes. [9]Deu-lhes as seguintes or-
dens: "Vocês devem servir com fidelidade e
com coração íntegro, no temor do SENHOR.
[10]Em cada causa que chegar a vocês da par-
te dos seus irmãos israelitas das outras cida-
des, seja de derramamento de sangue, sejam
questões referentes à lei, aos mandamentos,
aos decretos ou às ordenanças, vocês deve-
rão adverti-los de que não pequem contra
o SENHOR; caso contrário, a ira dele virá so-
bre vocês e sobre eles. Façam assim, e vocês
não pecarão.
[11]"Amarias, o sumo sacerdote, estará
com vocês para decidir qualquer questão
relacionada com o SENHOR; Zebadias, filho
de Ismael, líder da tribo de Judá, estará com
vocês para decidir qualquer questão civil; e
os levitas atuarão como oficiais diante de vo-
cês. Cumpram seus deveres com coragem, e
esteja o SENHOR com aqueles que agirem cor-
retamente".

Josafá derrota Moabe e Amom

20 Depois disso, os moabitas e os amoni-
tas, com alguns dos meunitas[a], entra-
ram em guerra contra Josafá.

[a] 20:1 Conforme alguns manuscritos da Septuaginta. O Texto Massorético diz *amonitas*.

Você sabia?

Por que Josafá mandou que Judá jejuasse?

20:3 *Jejuar* significa ficar sem comida. Nos tempos da Bíblia, quando as pessoas sentiam-se necessitadas de ajuda, elas frequentemente ficavam sem comida para mostrar que suas orações eram sinceras. O rei sabia que seus exércitos apenas venceriam Moabe e Amom se tivessem a ajuda de Deus, por isso ele falou para o povo de Judá jejuar e se juntar para buscar a ajuda de Deus.

[2]Então informaram a Josafá: "Um exército
enorme vem contra ti de Edom, do outro lado
do mar Morto[b]. Já está em Hazazom-Tamar,
isto é, En-Gedi". [3]Alarmado, Josafá decidiu
consultar o SENHOR e proclamou um jejum
em todo o reino de Judá. [4]Reuniu-se, pois, o
povo, vindo de todas as cidades de Judá para
buscar a ajuda do SENHOR.
[5]Josafá levantou-se na assembleia de Ju-
dá e de Jerusalém, no templo do SENHOR, na
frente do pátio novo, [6]e orou:

[b] 20:2 Conforme um manuscrito do Texto Massorético. A maioria dos manuscritos do Texto Massorético, a Septuaginta e a Vulgata dizem *da Síria*.

Seja o juiz

Em 2Crônicas 19:4-10 você pode ler sobre os juízes que o rei Josafá estabeleceu. Ele falou a eles coisas como: sejam justos, sejam cuidadosos, sigam as regras da Palavra de Deus, julguem de modo que agrade a Deus.

Os membros de uma família também discutem. Se você fosse um juiz em sua família e tivesse de resolver discussões, será que seria um bom juiz? Cada membro da família deve decidir como resolver estes casos da vida real:

1.º caso: Diego reclama que Carol fica com os pedaços maiores de bolo.
2.º caso: Carol vê Diego tirar um brinquedo do quarto dela.
3.º caso: Tanto Carol quanto Diego reclamam que sua própria tarefa é a mais difícil.

Experimente!

2Crônicas 19:4-10

"SENHOR, Deus dos nossos antepas-
sados, não és tu o Deus que está nos
céus? Tu dominas sobre todos os rei-
nos do mundo. Força e poder estão
em tuas mãos, e ninguém pode opor-
-se a ti. 7Não és tu o nosso Deus, que
expulsaste os habitantes desta terra
perante Israel, o teu povo, e a deste
para sempre aos descendentes do
teu amigo Abraão? 8Eles a têm habi-
tado e nela construíram um santuá-
rio em honra ao teu nome, dizendo:
9'Se alguma desgraça nos atingir, seja
o castigo da espada, seja a peste, seja
a fome, nós nos colocaremos em tua
presença diante deste templo, pois ele
leva o teu nome, e clamaremos a ti em
nossa angústia, e tu nos ouvirás e nos
salvarás'.
10"Mas agora, aí estão amonitas, moa-
bitas e habitantes dos montes de Seir,
cujos territórios não permitiste que
Israel invadisse quando vinha do Egi-
to; por isso os israelitas se desviaram
deles e não os destruíram. 11Vê agora
como estão nos retribuindo, ao virem
expulsar-nos da terra que nos deste
por herança. 12Ó nosso Deus, não irás
tu julgá-los? Pois não temos força pa-
ra enfrentar esse exército imenso que
vem nos atacar. Não sabemos o que
fazer, mas os nossos olhos se voltam
para ti".

13Todos os homens de Judá, com suas mu-
lheres e seus filhos, até os de colo, estavam
ali em pé, diante do SENHOR.
14Então o Espírito do SENHOR veio sobre
Jaaziel, filho de Zacarias, neto de Benaia,
bisneto de Jeiel e trineto de Matanias, levi-
ta e descendente de Asafe, no meio da as-
sembleia.
15Ele disse: "Escutem, todos os que vivem
em Judá e em Jerusalém e o rei Josafá! As-
sim lhes diz o SENHOR: 'Não tenham medo
nem fiquem desanimados por causa desse
exército enorme. Pois a batalha não é de vo-
cês, mas de Deus. 16Amanhã, desçam contra
eles. Eis que virão pela subida de Ziz, e vocês
os encontrarão no fim do vale, em frente do
deserto de Jeruel. 17Vocês não precisarão lu-
tar nessa batalha. Tomem suas posições, per-
maneçam firmes e vejam o livramento que o
SENHOR lhes dará, ó Judá, ó Jerusalém. Não
tenham medo nem desanimem. Saiam pa-
ra enfrentá-los amanhã, e o SENHOR estará
com vocês' ".

18Josafá prostrou-se com o rosto em terra,
e todo o povo de Judá e de Jerusalém pros-
trou-se em adoração perante o SENHOR. 19En-
tão os levitas descendentes dos coatitas e dos
coreítas levantaram-se e louvaram o SENHOR,
o Deus de Israel, em alta voz.
20De madrugada partiram para o deser-
to de Tecoa. Quando estavam saindo, Josafá
lhes disse: "Escutem-me, Judá e povo de Je-
rusalém! Tenham fé no SENHOR, o seu Deus, e
vocês serão sustentados; tenham fé nos pro-
fetas do SENHOR, e terão a vitória". 21Depois
de consultar o povo, Josafá nomeou alguns
homens para cantarem ao SENHOR e o louva-
rem pelo esplendor de sua santidade, indo à
frente do exército, cantando:

"Deem graças ao SENHOR,
pois o seu amor dura para sempre".

22Quando começaram a cantar e a entoar
louvores, o SENHOR preparou emboscadas
contra os homens de Amom, de Moabe e dos
montes de Seir, que estavam invadindo Judá,
e eles foram derrotados. 23Os amonitas e os
moabitas atacaram os dos montes de Seir pa-
ra destruí-los e aniquilá-los. Depois de mas-
sacrarem os homens de Seir, destruíram-se
uns aos outros.
24Quando os homens de Judá foram para o
lugar de onde se avista o deserto e olharam
para o imenso exército, viram somente ca-
dáveres no chão; ninguém havia escapado.
25Então Josafá e os seus soldados foram sa-
quear os cadáveres e encontraram entre eles
grande quantidade de equipamentos e rou-
pas[a], e também objetos de valor; passaram
três dias saqueando, mas havia mais do que
eram capazes de levar. 26No quarto dia eles se
reuniram no vale de Beraca, onde louvaram

Palavras para memorizar

"Não sabemos o que fazer, mas os nossos olhos se voltam para ti."

(2Crônicas 20:12)

[a] 20:25 Conforme alguns manuscritos do Texto Massorético e a Vulgata. A maioria dos manuscritos do Texto Massorético diz *cadáveres*.

o SENHOR. Por isso até hoje esse lugar é chamado vale de Beraca[a].

27Depois, sob a liderança de Josafá, todos os homens de Judá e de Jerusalém voltaram alegres para Jerusalém, pois o SENHOR os enchera de alegria, dando-lhes vitória sobre os seus inimigos. 28Entraram em Jerusalém e foram ao templo do SENHOR, ao som de liras, harpas e cornetas.

29O temor de Deus veio sobre todas as nações, quando souberam como o SENHOR havia lutado contra os inimigos de Israel. 30E o reino de Josafá manteve-se em paz, pois o seu Deus lhe concedeu paz em todas as suas fronteiras.

O final do reinado de Josafá

31Assim Josafá reinou sobre Judá. Ele tinha trinta e cinco anos de idade quando se tornou rei, e reinou vinte e cinco anos em Jerusalém. O nome da sua mãe era Azuba, filha de Sili. 32Ele andou nos caminhos de Asa, seu pai, e não se desviou deles; fez o que o SENHOR aprova. 33Contudo, não acabou com os altares idólatras, e o povo ainda não havia firmado o coração no Deus dos seus antepassados.

34Os demais acontecimentos do reinado de Josafá, do início ao fim, estão escritos nos relatos de Jeú, filho de Hanani, e foram incluídos nos registros históricos dos reis de Israel.

35Posteriormente, Josafá, rei de Judá, fez um tratado com Acazias, rei de Israel, que tinha vida ímpia. 36Era um tratado para a construção de navios mercantes[b]. Depois de serem construídos os navios em Eziom-Geber, 37Eliézer, filho de Dodava de Maressa, profetizou contra Josafá, dizendo: "Por haver feito um tratado com Acazias, o SENHOR destruirá o que você fez". Assim, os navios naufragaram e não se pôde cumprir o tratado comercial.

21 Josafá descansou com os seus antepassados e foi sepultado junto deles na Cidade de Davi, e seu filho Jeorão foi o seu sucessor. 2Os irmãos de Jeorão, filhos de Josafá, foram Azarias, Jeiel, Zacarias, Azarias, Micael e Sefatias. Todos eles foram filhos de Josafá, rei de Israel[c]. 3Ele deu-lhes muitos presentes de prata, de ouro e de objetos de valor, bem como cidades fortificadas em Judá, mas o reino, deu a Jeorão, porque este era seu filho mais velho.

O reinado de Jeorão, rei de Judá

4Logo Jeorão se fortaleceu no reino de seu pai, e matou à espada todos os seus irmãos e alguns líderes de Israel. 5Ele tinha trinta e dois anos de idade quando começou a reinar, e reinou oito anos em Jerusalém. 6Andou nos caminhos dos reis de Israel, como a família de Acabe havia feito, pois se casou com uma filha de Acabe. E fez o que o SENHOR reprova. 7Entretanto, por causa da aliança que havia feito com Davi, o SENHOR não quis destruir a dinastia dele. Ele havia prometido manter para sempre um descendente de Davi no trono[d].

8Nos dias de Jeorão, os edomitas rebelaram-se contra o domínio de Judá, proclamando seu próprio rei. 9Por isso Jeorão foi combatê-los com seus líderes e com todos os seus carros de guerra. Os edomitas cercaram Jeorão e os chefes dos seus carros de guerra, mas ele os atacou de noite e rompeu o cerco inimigo. 10E até hoje Edom continua independente de Judá.

Nessa mesma época, a cidade de Libna também tornou-se independente, pois Jeorão havia abandonado o SENHOR, o Deus dos seus antepassados. 11Ele até construiu altares idólatras nas colinas de Judá, levando o povo de Jerusalém a prostituir-se e Judá a desviar-se.

12Então Jeorão recebeu uma carta do profeta Elias, que dizia:

> "Assim diz o SENHOR, o Deus de Davi, seu antepassado: 'Você não tem andado nos caminhos de seu pai Josafá nem de Asa, rei de Judá, 13mas sim nos caminhos dos reis de Israel, levando Judá e o povo de Jerusalém a se prostituírem na idolatria como a família de Acabe. E ainda assassinou seus próprios irmãos, membros da família de seu pai, homens que eram melhores do que você. 14Por isso o SENHOR vai ferir terrivelmente seu povo, seus filhos, suas mulheres e tudo o que é seu. 15Você ficará muito doente; terá uma enfermidade no ventre, que irá piorar até que saiam os seus intestinos' ".

16O SENHOR despertou contra Jeorão a hostilidade dos filisteus e dos árabes que viviam perto dos etíopes[e]. 17Eles atacaram o reino de

[a] 20:26 *Beraca* significa *louvor* ou *bênção*.
[b] 20:36 Hebraico: *de navios que pudessem ir a Társis*. Veja 9:21.
[c] 21:2 Isto é, Judá, como acontece frequentemente em 2 Crônicas.
[d] 21:7 Hebraico: *uma lâmpada para ele e seus descendentes*.
[e] 21:16 Hebraico: *cuxitas*.

Judá, invadiram-no e levaram todos os bens que encontraram no palácio do rei, e também suas mulheres e seus filhos. Só ficou Acazias[a], o filho mais novo.

18Depois de tudo isso, o SENHOR afligiu Jeorão com uma doença incurável nos intestinos. 19Algum tempo depois, ao fim do segundo ano, tanto se agravou a doença que os seus intestinos saíram, e ele morreu sofrendo dores horríveis. Seu povo não fez nenhuma fogueira em sua homenagem, como havia feito para os seus antepassados.

20Jeorão tinha trinta e dois anos de idade quando começou a reinar, e reinou oito anos em Jerusalém. Morreu sem que ninguém o lamentasse, e foi sepultado na Cidade de Davi, mas não nos túmulos dos reis.

O reinado de Acazias, rei de Judá

22 O povo de Jerusalém proclamou Acazias, filho mais novo de Jeorão, rei em seu lugar, uma vez que as tropas que tinham vindo com os árabes mataram todos os outros filhos dele. Assim começou a reinar Acazias, filho de Jeorão, rei de Judá.

2Acazias tinha vinte e dois[b] anos de idade quando começou a reinar, e reinou um ano em Jerusalém. O nome de sua mãe era Atalia, neta de Onri.

3Ele também andou nos caminhos da família de Acabe, pois sua mãe lhe dava maus conselhos. 4Ele fez o que o SENHOR reprova, como os membros da família de Acabe haviam feito, pois, depois da morte de seu pai, eles se tornaram seus conselheiros, para sua ruína. 5Ele também seguiu o conselho deles quando se aliou a Jorão, filho de Acabe, rei de Israel, e saiu à guerra contra Hazael, rei da Síria, em Ramote-Gileade. Jorão foi ferido 6e voltou a Jezreel para recuperar-se dos ferimentos sofridos em Ramote[c], na batalha contra Hazael, rei da Síria.

Depois Acazias, rei de Judá, foi a Jezreel visitar Jorão, que se recuperava de seus ferimentos.

7Por meio dessa visita, Deus provocou a queda de Acazias. Quando ele chegou, saiu com Jorão ao encontro de Jeú, filho de Ninsi, a quem o SENHOR havia ungido para destruir a família de Acabe. 8Quando Jeú estava executando juízo sobre a família de Acabe, encontrou os líderes de Judá e os filhos dos parentes de Acazias, que o serviam, e os matou. 9Saiu então em busca de Acazias, e seus soldados o capturaram em Samaria, onde estava escondido. Levado a Jeú, Acazias foi morto. Mas não lhe negaram sepultura, pois disseram: "Ele era neto de Josafá, que buscou o SENHOR de todo o coração". Assim, a família de Acazias não tinha mais ninguém que pudesse ser rei.

[a] 21:17 Hebraico: *Jeoacaz*, variante de *Acazias*.
[b] 22:2 Conforme alguns manuscritos da Septuaginta e a Versão Siríaca. O Texto Massorético diz 42. Veja 2Rs 8:26.
[c] 22:6 Hebraico: *Ramá*, variante de *Ramote*.

Joás escapa de Atalia

10Quando Atalia, mãe de Acazias, soube que seu filho estava morto, mandou matar toda a família real de Judá. 11Mas Jeoseba[d], filha do rei Jeorão, pegou Joás, um dos filhos do rei Acazias que iam ser assassinados, e o colocou num quarto, junto com a sua ama. Assim Jeoseba, filha do rei Jeorão, mulher do sacerdote Joiada e irmã de Acazias, escondeu Joás de Atalia, de forma que ela não pôde matá-lo. 12Seis anos ele ficou escondido com elas no templo de Deus, enquanto Atalia governava o país.

23 No sétimo ano Joiada encorajou-se e fez um acordo com os líderes dos batalhões de cem[e]: Azarias, filho de Jeroão, Ismael, filho de Joanã, Azarias, filho de Obede, Maaseias, filho de Adaías, e Elisafate, filho de Zicri. 2Eles percorreram todo o Judá e reuniram de todas as cidades os levitas e os chefes das famílias israelitas. Quando chegaram a Jerusalém, 3toda a assembleia fez um acordo com o rei no templo de Deus.

Joiada lhes disse: "Reinará o filho do rei, conforme o SENHOR prometeu acerca dos descendentes de Davi. 4Vocês vão fazer o

[d] 22:11 Hebraico: *Jeosabeate*; variante de *Jeoseba*. Veja 2Rs 11:2.
[e] 23:1 Hebraico: *chefes de cem*.

Pessoas nos tempos da Bíblia

Atalia

Atalia era filha do rei Acabe e da rainha Jezabel, de Israel, e foi tão perversa quanto seus pais. Ela encorajou um comportamento mau em seus filhos e também matou os próprios netos para que pudesse ser a rainha de Judá.

seguinte: Um terço de vocês, sacerdotes e le-
vitas que entrarão de serviço no sábado, de-
verá ficar vigiando nas portas do templo, 5um
terço no palácio real e um terço na porta do
Alicerce; e todo o povo estará nos pátios do
templo do SENHOR. 6Ninguém deverá entrar
no templo do SENHOR, exceto os sacerdotes e
os levitas de serviço; estes podem entrar por-
que foram consagrados, mas o povo deverá
observar o que o SENHOR lhes determinou.
7Os levitas deverão posicionar-se em torno
do rei, todos de armas na mão. Matem todo
aquele que entrar no templo. Acompanhem
o rei aonde quer que ele for”.
8Os levitas e todos os homens de Judá fi-
zeram como o sacerdote Joiada havia orde-
nado. Cada um levou seus soldados, tanto os
que estavam entrando de serviço no sábado
como os que estavam saindo, pois o sacer-
dote Joiada não havia dispensado nenhuma
das divisões. 9Então ele deu aos líderes dos
batalhões de cem as lanças e os escudos gran-
des e pequenos que haviam pertencido ao
rei Davi e que estavam no templo de Deus.
10Posicionou todos os homens, cada um de
arma na mão, em volta do rei, perto do altar
e no templo, desde o lado sul até o lado nor-
te do templo.
11Joiada e seus filhos trouxeram o filho do
rei e o coroaram; entregaram-lhe uma cópia
da aliança e o proclamaram rei, ungindo-o e
gritando: “Viva o rei!”
12Quando Atalia ouviu o barulho do povo
correndo e aclamando o rei, foi ao templo do
SENHOR, onde estava o povo. 13Lá ela viu o rei
à entrada, em pé, junto à coluna. Os oficiais
e os tocadores de cornetas estavam ao lado
do rei, e todo o povo se alegrava ao som das
cornetas; os músicos, com seus instrumentos
musicais, dirigiam os louvores. Então Atalia
rasgou suas vestes e gritou: “Traição! Traição!”
14O sacerdote Joiada ordenou aos líderes
dos batalhões de cem que estavam no co-
mando das tropas: “Levem-na para fora por
entre as fileiras[a], e matem à espada todo
aquele que a seguir”. Pois o sacerdote dissera:
“Não a matem no templo do SENHOR”. 15Então
eles a prenderam e a levaram à porta dos Ca-
valos, no terreno do palácio, e lá a mataram.
16E Joiada fez um acordo pelo qual ele, o
povo e o rei[b] seriam o povo do SENHOR. 17En-
tão todo o povo foi ao templo de Baal e o der-
rubou. Despedaçaram os altares e os ídolos, e
mataram Matã, sacerdote de Baal, em frente
dos altares.
18Joiada confiou a supervisão do templo do
SENHOR aos sacerdotes levitas, aos quais Davi
tinha atribuído tarefas no templo, para apre-
sentarem os holocaustos ao SENHOR, confor-
me está escrito na Lei de Moisés, com júbilo
e cânticos, segundo as instruções de Davi.
19Também pôs guardas nas portas do templo
do SENHOR para que não entrasse ninguém
que de alguma forma estivesse impuro.
20Levou consigo os líderes dos batalhões
de cem, os nobres, os governantes do povo
e todo o povo e, juntos, conduziram o rei do
templo do SENHOR ao palácio, passando pela
porta superior, e instalaram o rei no trono; 21e
todo o povo se alegrou. A cidade acalmou-se
depois que Atalia foi morta à espada.

As reformas de Joás no templo

24 Joás tinha sete anos de idade quando
se tornou rei, e reinou quarenta anos
em Jerusalém. O nome de sua mãe era Zíbia;
ela era de Berseba. 2Joás fez o que o SENHOR
aprova enquanto viveu o sacerdote Joiada.
3Este escolheu para Joás duas mulheres, e ele
teve filhos e filhas.
4Algum tempo depois, Joás decidiu fazer
reparos no templo do SENHOR. 5Ele reuniu os
sacerdotes e os levitas e lhes disse: “Vão às
cidades de Judá e recolham o imposto devi-
do anualmente por todo o Israel, para fazer
reparos no templo de seu Deus. Vão agora
mesmo!” Os levitas, porém, não agiram ime-
diatamente.
6Por isso o rei convocou Joiada, o sumo sa-
cerdote, e lhe perguntou: “Por que você não
exigiu que os levitas trouxessem de Judá e
de Jerusalém o imposto determinado por
Moisés, servo do SENHOR, e pela assembleia
de Israel, para a tenda da arca da aliança[c]?”
7De fato, Atalia, aquela mulher ímpia, e os
seus filhos tinham arrombado o templo de
Deus e tinham até usado os seus objetos sa-
grados para cultuar os baalins.
8Então, por ordem do rei, fizeram uma cai-
xa e a colocaram do lado de fora, à entrada
do templo do SENHOR. 9Fez-se a seguir uma
proclamação em Judá e em Jerusalém para
que trouxessem ao SENHOR o imposto que
Moisés, servo de Deus, havia exigido de Israel
no deserto. 10Todos os líderes e todo o povo
trouxeram com alegria as suas contribuições,
colocando-as na caixa até enchê-la. 11Sempre

[a] 23:14 Ou *fora do recinto*
[b] 23:16 Ou *uma aliança entre* [o SENHOR] *e o povo e o rei de que eles* (veja 2Rs 11:17).
[c] 24:6 Hebraico: *Tenda do Testemunho.*

que os levitas levavam a caixa até os super-
visores do rei e estes viam que havia muita
prata, o secretário real e o oficial do sumo sa-
cerdote esvaziavam-na e a levavam de volta.
Fazendo isso regularmente, ajuntaram uma
grande quantidade de prata. 12O rei e Joiada
entregavam essa prata aos homens que exe-
cutavam os trabalhos necessários no templo
do SENHOR. Eles contratavam pedreiros, car-
pinteiros e também operários que trabalha-
vam em ferro e em bronze para restaurarem
o templo do SENHOR.
13Os homens encarregados do trabalho
eram diligentes, o que garantiu o progres-
so da obra de reforma. Eles reconstruíram o
templo de Deus de acordo com o modelo ori-
ginal e o reforçaram. 14Quando terminaram,
trouxeram o restante da prata ao rei e a Joia-
da, e com ela foram feitos utensílios para o
templo do SENHOR; utensílios para o serviço e
para os holocaustos, além de tigelas e outros
objetos de ouro e de prata. Enquanto Joiada
viveu, holocaustos foram apresentados con-
tinuamente no templo do SENHOR.
15Joiada morreu com idade avançada, com
cento e trinta anos. 16Foi sepultado com os
reis na Cidade de Davi, em atenção ao bem
que havia feito em Israel em favor de Deus
e do seu templo.

A impiedade de Joás

17Depois da morte de Joiada, os líderes de
Judá foram falar com o rei e lhe prestaram
reverência, e ele aceitou o que disseram.
18Então abandonaram o templo do SENHOR,
o Deus dos seus antepassados, e prestaram
culto aos postes sagrados e aos ídolos. Por
culpa deles, a ira de Deus veio sobre Judá e
Jerusalém. 19Embora o SENHOR tivesse envia-
do profetas ao povo para trazê-los de volta
para ele, e os profetas tivessem testemunha-
do contra eles, o povo não quis ouvi-los.
20Então o Espírito de Deus apoderou-se de
Zacarias, filho do sacerdote Joiada. Ele se co-
locou diante do povo e disse: "Isto é o que
Deus diz: 'Por que vocês desobedecem aos
mandamentos do SENHOR? Vocês não pros-
perarão. Já que abandonaram o SENHOR, ele
os abandonará' ".
21Mas alguns conspiraram contra ele e, por
ordem do rei, apedrejaram-no até a morte no
pátio do templo do SENHOR. 22O rei Joás não
levou em conta que Joiada, pai de Zacarias,
tinha sido bondoso com ele, e matou o seu
filho. Este, ao morrer, exclamou: "Veja isto o
SENHOR e faça justiça!"

Você sabia?

Que tipo de rei foi Joás?

24:24 Joás foi um rei fraco. Enquanto o sacerdote Joiada viveu, Joás fez o que era certo, mas, quando Joiada morreu, Joás deu ouvidos aos oficiais de Judá. As pessoas de Judá pararam de prestar culto no templo e começaram a adorar falsos deuses. Joás tornou-se muito perverso e conduziu o povo para longe de Deus.

23Na virada do ano[a], o exército arameu
marchou contra Joás; invadiu Judá e Jeru-
salém, matou todos os líderes do povo, e en-
viou para Damasco, ao seu rei, tudo o que
saqueou. 24Embora o exército arameu fosse
pequeno, o SENHOR entregou nas mãos dele
um exército muito maior, por Judá ter aban-
donado o SENHOR, o Deus dos seus antepassa-
dos. Assim o juízo foi executado sobre Joás.
25Quando os arameus foram embora, dei-
xaram Joás seriamente ferido. Seus oficiais
conspiraram contra ele, porque ele tinha as-
sassinado o filho do sacerdote Joiada, e o ma-
taram em sua cama. Assim ele morreu e foi
sepultado na Cidade de Davi, mas não nos
túmulos dos reis.
26Os que conspiraram contra ele foram Za-
bade, filho da amonita Simeate, e Jeozabade,
filho da moabita Sinrite. 27Quanto a seus fi-
lhos, às muitas profecias a seu respeito e ao
relato da restauração do templo de Deus, tu-
do está escrito nas anotações dos livros dos
reis. E seu filho Amazias foi o seu sucessor.

O reinado de Amazias, rei de Judá

25 Amazias tinha vinte e cinco anos de ida-
de quando começou a reinar, e reinou
vinte e nove anos em Jerusalém. O nome de
sua mãe era Jeoadã; ela era de Jerusalém. 2Ele
fez o que o SENHOR aprova, mas não de todo
o coração. 3Quando sentiu que tinha o reino
sob pleno controle, mandou executar os ofi-
ciais que haviam assassinado o rei, seu pai.
4Contudo, não matou os filhos dos assassinos,
de acordo com o que está escrito na Lei, no
Livro de Moisés, onde o SENHOR ordenou: "Os

[a] 24:23 Provavelmente na primavera.

pais não morrerão no lugar dos filhos, nem
os filhos no lugar dos pais; cada um morrerá
pelo seu próprio pecado"[a].
5Amazias reuniu os homens de Judá e, de
acordo com as suas respectivas famílias, no-
meou chefes de mil e de cem em todo o Judá
e Benjamim. Então convocou todos os ho-
mens com mais de vinte anos e constatou
que havia trezentos mil homens prontos pa-
ra o serviço militar, capazes de empunhar a
lança e o escudo. 6Também contratou em Is-
rael cem mil homens de combate pelo valor
de três toneladas e meia[b] de prata.
7Entretanto, um homem de Deus foi até
ele e lhe disse: "Ó rei, essas tropas de Israel
não devem marchar com você, pois o SENHOR
não está com Israel; não está com ninguém
do povo de Efraim. 8Mesmo que vá e comba-
ta corajosamente, Deus o derrotará diante do
inimigo, pois tem poder para dar a vitória e
a derrota".
9Amazias perguntou ao homem de Deus:
"Mas, e as três toneladas e meia de prata que
paguei a estas tropas israelitas?"
Ele respondeu: "O SENHOR pode dar-lhe
muito mais que isso".
10Então Amazias mandou de volta os sol-
dados de Efraim. Eles ficaram furiosos com
Judá e foram embora indignados.
11Amazias encheu-se de coragem e con-
duziu o seu exército até o vale do Sal, on-
de matou dez mil homens de Seir. 12Também
capturou outros dez mil, que levou para o al-
to de um penhasco e os atirou de lá, e todos
eles se espatifaram.
13Enquanto isso, as tropas que Amazias ha-
via mandado de volta, não lhes permitindo
participar da guerra, atacaram cidades de Ju-
dá, desde Samaria até Bete-Horom. Mataram
três mil pessoas e levaram grande quantida-
de de despojos.
14Amazias voltou da matança dos edomi-
tas trazendo os deuses do povo de Seir, os
quais estabeleceu como seus próprios deu-
ses, inclinou-se diante deles e lhes queimou
incenso. 15Então a ira do SENHOR acendeu-se
contra Amazias, e ele lhe enviou um profe-
ta, que disse ao rei: "Por que você consulta
os deuses desse povo, deuses que nem o seu
povo puderam salvar?"
16Enquanto ele ainda falava, o rei o in-
terrompeu: "Por acaso nós o nomeamos
conselheiro do rei? Pare! Por que você quer
ser morto?"
O profeta parou, mas disse: "Sei que Deus
decidiu destruí-lo, porque você fez tudo isso
e não deu atenção ao meu conselho".
17Depois de consultar os seus conselheiros,
Amazias, rei de Judá, enviou mensageiros a
Jeoás, filho de Jeoacaz e neto de Jeú, rei de
Israel, com este desafio: "Vem me enfrentar".
18Contudo, Jeoás, respondeu a Amazias: "O
espinheiro do Líbano enviou uma mensagem
ao cedro do Líbano: 'Dê sua filha em casa-
mento a meu filho'. Mas um animal selva-
gem do Líbano veio e pisoteou o espinheiro.
19Tu dizes a ti mesmo que derrotaste Edom,
e agora estás arrogante e orgulhoso. Mas fica
em casa! Por que provocar uma desgraça que
te levará, e Judá contigo, à ruína?"
20Amazias, porém, não quis ouvi-lo, pois
Deus mesmo queria entregar Amazias e seu
povo a Jeoás, pois pediram conselhos aos
deuses de Edom. 21Então Jeoás, rei de Israel,
o atacou. Ele e Amazias, rei de Judá, enfren-
taram-se em Bete-Semes, em Judá. 22Judá foi
derrotado por Israel, e seus soldados fugiram
para as suas casas. 23Jeoás capturou Amazias,
filho de Joás e neto de Acazias[c], em Bete-Se-
mes. Então Jeoás levou-o para Jerusalém e
derrubou cento e oitenta metros[d] do muro da
cidade, desde a porta de Efraim até a porta da
Esquina. 24Ele se apoderou de todo o ouro, de
toda a prata e de todos os utensílios encon-
trados no templo de Deus, que haviam esta-
do sob a guarda de Obede-Edom, e ainda dos
tesouros do palácio real. Também fez reféns
e, então, voltou para Samaria.
25Amazias, filho de Joás, rei de Judá, viveu
ainda mais quinze anos depois da morte de
Jeoás, filho de Jeoacaz, rei de Israel. 26Os de-
mais acontecimentos do reinado de Amazias,
do início ao fim, estão escritos nos registros
históricos dos reis de Judá e de Israel. 27A par-
tir do momento em que Amazias deixou de
seguir o SENHOR, conspiraram contra ele em
Jerusalém, e ele fugiu para Laquis, mas o per-
seguiram até lá e o mataram. 28Seu corpo foi
trazido de volta a cavalo, e sepultado junto
aos seus antepassados na Cidade de Judá.

O reinado de Uzias, rei de Judá

26 Então todo o povo de Judá proclamou
rei a Uzias[e], de dezesseis anos de ida-
de, no lugar de seu pai, Amazias. 2Foi ele que

[a] 25:4 Dt 24:16.
[b] 25:6 Hebraico: *100 talentos*; também no versículo 9. Um talento equivalia a 35 quilos.
[c] 25:23 Hebraico: *Jeoacaz*, variante de *Acazias*.
[d] 25:23 Hebraico: *400 côvados*. O côvado era uma medida linear de cerca de 45 centímetros.
[e] 26:1 Também chamado *Azarias*.

reconquistou e reconstruiu a cidade de Elate para Judá, depois que Amazias descansou com os seus antepassados.

[3]Uzias tinha dezesseis anos de idade quando se tornou rei, e reinou cinquenta e dois anos em Jerusalém. Sua mãe era de Jerusalém e chamava-se Jecolias. [4]Ele fez o que o SENHOR aprova, tal como o seu pai Amazias; [5]e buscou a Deus durante a vida de Zacarias, que o instruiu no temor[a] de Deus. Enquanto buscou o SENHOR, Deus o fez prosperar.

[6]Ele saiu à guerra contra os filisteus e derrubou os muros de Gate, de Jabne e de Asdode. Depois reconstruiu cidades próximo a Asdode e em outros lugares do território filisteu. [7]Deus o ajudou contra os filisteus, contra os árabes que viviam em Gur-Baal e contra os meunitas. [8]Os amonitas pagavam tributo a Uzias, e sua fama estendeu-se até a fronteira do Egito, pois havia se tornado muito poderoso.

[9]Uzias construiu torres fortificadas em Jerusalém, junto à porta da Esquina, à porta do Vale e no canto do muro. [10]Também construiu torres no deserto e cavou muitas cisternas, pois ele possuía muitos rebanhos na Sefelá e na planície. Ele mantinha trabalhadores em seus campos e em suas vinhas, nas colinas e nas terras férteis, pois gostava da agricultura.

[11]Uzias possuía um exército bem preparado, organizado em divisões de acordo com o número dos soldados convocados pelo secretário Jeiel e pelo oficial Maaseias, sob o comando de Hananias, um dos oficiais do rei. [12]O total de chefes de família no comando dos homens de combate era de dois mil e seiscentos. [13]Sob o comando deles havia um exército de trezentos e sete mil e quinhentos homens treinados para a guerra, uma força poderosíssima que apoiava o rei contra os seus inimigos. [14]Uzias providenciou escudos, lanças, capacetes, couraças, arcos e atiradeiras de pedras para todo o exército. [15]Em Jerusalém construiu máquinas projetadas por peritos para serem usadas nas torres e nas defesas das esquinas, máquinas que atiravam flechas e grandes pedras. Ele foi extraordinariamente ajudado, e assim tornou-se muito poderoso e a sua fama espalhou-se para longe.

[16]Entretanto, depois que Uzias se tornou poderoso, o seu orgulho provocou a sua queda. Ele foi infiel ao SENHOR, o seu Deus, e entrou no templo do SENHOR para queimar incenso no altar de incenso. [17]O sumo sacerdote Azarias, e outros oitenta corajosos sacerdotes do SENHOR, foram atrás dele. [18]Eles o enfrentaram e disseram: "Não é certo que você, Uzias, queime incenso ao SENHOR. Isso é tarefa dos sacerdotes, os descendentes de Arão consagrados para queimar incenso. Saia do santuário, pois você foi infiel e não será honrado por Deus, o SENHOR".

[19]Uzias, que estava com um incensário na mão, pronto para queimar o incenso, irritou-se e indignou-se contra os sacerdotes; e na mesma hora, na presença deles, diante do altar de incenso no templo do SENHOR, surgiu lepra[b] em sua testa. [20]Quando o sumo sacerdote Azarias e todos os outros sacerdotes viram a lepra, expulsaram-no imediatamente do templo. Na verdade, ele mesmo ficou ansioso para sair, pois o SENHOR o havia ferido.

[21]O rei Uzias sofreu de lepra até o dia em que morreu. Durante todo esse tempo morou numa casa separada[c], leproso e excluído do templo do SENHOR. Seu filho Jotão tomava conta do palácio e governava o povo.

[22]Os demais acontecimentos do reinado de Uzias, do início ao fim, foram registrados pelo profeta Isaías, filho de Amoz. [23]Uzias

Você sabia?

Qual foi o grande pecado de Uzias?

26:16 O pecado de Uzias foi o orgulho. Ele foi um rei poderoso enquanto confiou em Deus, mas, quando se tornou famoso e poderoso, ele parou de confiar em Deus. Um dia, Uzias entrou no templo para prestar culto de uma forma que era permitida apenas aos sacerdotes. Enquanto ele estava furioso com os sacerdotes, Deus fez aparecer lepra em sua testa — bem ali no templo. O rei nunca mais teve permissão de entrar no templo novamente e foi leproso até o dia de sua morte.

[a] 26:5 Conforme muitos manuscritos do Texto Massorético, a Septuaginta e a Versão Siríaca; outros manuscritos do Texto Massorético dizem *na visão*.

[b] 26:19 O termo hebraico não se refere somente à lepra, mas também a diversas doenças da pele; também nos versículos 20, 21 e 23.

[c] 26:21 Ou *casa onde estava desobrigado de suas responsabilidades*

descansou com os seus antepassados e foi se-
pultado perto deles, num cemitério que per-
tencia aos reis, pois o povo dizia: “Ele tinha
lepra”. Seu filho Jotão foi o seu sucessor.

O reinado de Jotão, rei de Judá

27 Jotão tinha vinte e cinco anos de ida-
de quando começou a reinar, e reinou
dezesseis anos em Jerusalém. O nome da sua
mãe era Jerusa, filha de Zadoque. 2Ele fez o
que o SENHOR aprova, tal como seu pai, mas,
ao contrário deste, não entrou no templo do
SENHOR. O povo, contudo, prosseguiu em suas
práticas corruptas. 3Jotão reconstruiu a porta
superior do templo do SENHOR e fez amplos
trabalhos no muro, na colina de Ofel. 4Cons-
truiu cidades nos montes de Judá, bem como
fortes e torres nas matas.

5Jotão guerreou contra o rei dos amonitas
e o derrotou. Então os amonitas pagaram-
-lhe três toneladas e meia[a] de prata, dez mil
barris[b] de trigo e dez mil de cevada, durante
três anos seguidos.

6Jotão tornou-se cada vez mais poderoso,
pois andava firmemente segundo a vontade
do SENHOR, o seu Deus.

7Os demais acontecimentos do reinado
de Jotão, inclusive todas as suas guerras e
as suas outras realizações, estão escritos nos
registros históricos dos reis de Israel e de Ju-
dá. 8Tinha vinte e cinco anos de idade quan-
do começou a reinar, e reinou dezesseis anos
em Jerusalém. 9Jotão descansou com os seus
antepassados e foi sepultado na Cidade de
Davi. Seu filho Acaz foi o seu sucessor.

O reinado de Acaz, rei de Judá

28 Acaz tinha vinte anos de idade quando
começou a reinar, e reinou dezesseis

[a] 27:5 Hebraico: *100 talentos*. Um talento equivalia a 35 quilos.
[b] 27:5 Hebraico: *10.000 coros*. O coro era uma medida de capacidade. As estimativas variam entre 200 e 400 litros.

Palavras para memorizar

“Jotão tornou-se cada vez mais poderoso, pois andava firmemente segundo a vontade do SENHOR, o seu Deus.”

(2Crônicas 27:6)

anos em Jerusalém. Ao contrário de Davi, seu
predecessor, não fez o que o SENHOR aprova.
2Ele andou nos caminhos dos reis de Israel
e fez ídolos de metal a fim de adorar os baa-
lins. 3Queimou sacrifícios no vale de Ben-Hi-
nom e chegou até a queimar seus filhos em
sacrifício, imitando os costumes detestáveis
das nações que o SENHOR havia expulsado de
diante dos israelitas. 4Também ofereceu sa-
crifícios e queimou incenso nos altares idó-
latras, no alto das colinas e debaixo de toda
árvore frondosa.

5Por isso o SENHOR, o seu Deus, entregou-o
nas mãos do rei da Síria. Os arameus o der-
rotaram, fizeram muitos prisioneiros entre o
seu povo e os levaram para Damasco.

Israel também lhe infligiu grande derro-
ta. 6Num único dia, Peca, filho de Remalias,
matou cento e vinte mil soldados corajosos
de Judá; pois Judá havia abandonado o SE-
NHOR, o Deus dos seus antepassados. 7Zicri,
guerreiro efraimita, matou Maaseias, filho do
rei, Azricão, oficial encarregado do palácio,
e Elcana, o braço direito do rei. 8Os israeli-
tas levaram para Samaria duzentos mil pri-
sioneiros dentre os seus parentes, incluindo
mulheres, meninos e meninas. Também le-
varam muitos despojos.

9Mas um profeta do SENHOR, chamado
Odede, estava em Samaria e saiu ao encon-
tro do exército. Ele lhes disse: “Estando ira-
do contra Judá, o SENHOR, o Deus dos seus
antepassados, entregou-os nas mãos de vo-
cês. Mas a fúria com que vocês os mataram
chegou aos céus. 10E agora ainda preten-
dem escravizar homens e mulheres de Ju-
dá e de Jerusalém! Vocês também não são
culpados de pecados contra o SENHOR, o seu
Deus? 11Agora, ouçam-me! Mandem de vol-
ta seus irmãos que vocês fizeram prisio-
neiros, pois o fogo da ira do SENHOR está
sobre vocês”.

12Então Azarias, filho de Joanã, Berequias,
filho de Mesilemote, Jeizquias, filho de Sa-
lum, e Amasa, filho de Hadlai, que eram al-
guns dos chefes de Efraim, questionaram os
que estavam chegando da guerra, dizendo:
13“Não tragam os prisioneiros para cá. Caso
contrário seremos culpados diante do SE-
NHOR. Vocês querem aumentar ainda mais
o nosso pecado e a nossa culpa? A nossa cul-
pa já é grande, e o fogo da sua ira está so-
bre Israel”.

14Então os soldados libertaram os prisio-
neiros e colocaram os despojos na presença

dos líderes e de toda a assembleia. 15Aqueles
homens citados nominalmente apanharam
os prisioneiros e com as roupas e as sandálias
dos despojos vestiram todos os que estavam
nus. Deram-lhes comida, bebida, e bálsamo
medicinal. Puseram sobre jumentos todos
aqueles que estavam fracos. Assim os leva-
ram de volta a seus patrícios residentes em
Jericó, a cidade das Palmeiras, e voltaram pa-
ra Samaria.

16Nessa época, o rei Acaz enviou mensagei-
ros ao rei[a] da Assíria para pedir-lhe ajuda. 17Os
edomitas tinham voltado a atacar Judá fa-
zendo prisioneiros, 18e os filisteus atacaram
cidades na Sefelá e no sul de Judá. Conquis-
taram e ocuparam Bete-Semes, Aijalom e Ge-
derote, bem como Socó, Timna e Ginzo, com
os seus povoados. 19O SENHOR humilhou Ju-
dá por causa de Acaz, rei de Israel[b], por sua
conduta desregrada em Judá, muito infiel ao
SENHOR. 20Quando chegou Tiglate-Pileser, rei
da Assíria, causou-lhe problemas em vez de
ajudá-lo. 21Acaz apanhou algumas coisas do
templo do SENHOR, do palácio real e dos lí-
deres e ofereceu-as ao rei da Assíria, mas is-
so não adiantou.

22Mesmo nessa época em que passou por
tantas dificuldades, o rei Acaz tornou-se ain-
da mais infiel ao SENHOR. 23Ele ofereceu sacri-
fícios aos deuses de Damasco que o haviam
derrotado, pois pensava: "Já que os deuses da
Síria os têm ajudado, oferecerei sacrifícios a
eles para que me ajudem também". Mas eles
foram a causa da sua ruína e da ruína de to-
do o Israel.

24Acaz juntou os utensílios do templo de
Deus e os retirou de lá[c]. Trancou as portas
do templo do SENHOR e ergueu altares em
todas as esquinas de Jerusalém. 25Em todas
as cidades de Judá construiu altares idóla-
tras para queimar sacrifícios a outros deuses
e provocou a ira do SENHOR, o Deus dos seus
antepassados.

26Os demais acontecimentos de seu reina-
do e todos os seus atos, do início ao fim, es-
tão escritos nos registros históricos dos reis
de Judá e de Israel. 27Acaz descansou com os
seus antepassados e foi sepultado na cida-
de de Jerusalém, mas não nos túmulos dos
reis de Israel. Seu filho Ezequias foi o seu
sucessor.

[a] 28:16 Conforme um manuscrito do Texto Massorético, a Septuaginta e a Vulgata. A maioria dos manuscritos do Texto Massorético diz *aos reis*. Veja 2Rs 16:7.
[b] 28:19 Isto é, Judá, como ocorre frequentemente em 2Crônicas.
[c] 28:24 Ou *e os despedaçou*

Ezequias e a purificação do templo

29 Ezequias tinha vinte e cinco anos de
idade quando começou a reinar, e rei-
nou vinte e nove anos em Jerusalém. O nome
de sua mãe era Abia, filha de Zacarias. 2Ele fez
o que o SENHOR aprova, tal como tinha feito
Davi, seu predecessor.

3No primeiro mês do primeiro ano de seu
reinado, ele reabriu as portas do templo do
SENHOR e as consertou. 4Convocou os sacer-
dotes e os levitas, reuniu-os na praça que fica
no lado leste 5e disse: "Escutem-me, levitas!
Consagrem-se agora e consagrem o templo
do SENHOR, o Deus dos seus antepassados.
Retirem tudo o que é impuro do santuário.
6Nossos pais foram infiéis; fizeram o que o
SENHOR, o nosso Deus, reprova e o abandona-
ram. Desviaram o rosto do local da habitação
do SENHOR e deram-lhe as costas. 7Também
fecharam as portas do pórtico e apagaram
as lâmpadas. Não queimaram incenso nem
apresentaram holocausto no santuário para
o Deus de Israel. 8Por isso a ira do SENHOR
caiu sobre Judá e sobre Jerusalém; e ele fez
deles objeto de espanto, horror e zombaria,
conforme vocês podem ver com os seus pró-
prios olhos. 9Por isso os nossos pais caíram
à espada e os nossos filhos, as nossas filhas e
as nossas mulheres foram levados como pri-
sioneiros. 10Pretendo, pois, agora fazer uma
aliança com o SENHOR, o Deus de Israel, para
que o fogo da sua ira se afaste de nós. 11Meus
filhos, não sejam negligentes agora, pois o
SENHOR os escolheu para estarem diante dele
e o servirem, para ministrarem perante ele e
queimarem incenso".

12Então estes levitas puseram-se a traba-
lhar:

dentre os descendentes de Coate:
Maate, filho de Amasai,
e Joel, filho de Azarias;
dentre os descendentes de Merari:
Quis, filho de Abdi,
e Azarias, filho de Jealelel;
dentre os descendentes de Gérson:
Joá, filho de Zima,
e Éden, filho de Joá;
13dentre os descendentes de Elisafã:
Sinri e Jeuel;
dentre os descendentes de Asafe:
Zacarias e Matanias;
14dentre os descendentes de Hemã:
Jeuel e Simei;
dentre os descendentes de Jedutum:
Semaías e Uziel.

15 Tendo reunido e consagrado os seus parentes, os levitas foram purificar o templo do SENHOR, conforme o rei havia ordenado, em obediência à palavra do SENHOR. 16 Os sacerdotes entraram no santuário do SENHOR para purificá-lo e trouxeram para o pátio do templo do SENHOR todas as coisas impuras que lá havia, e os levitas as levaram para o vale de Cedrom. 17 Começaram a consagração no primeiro dia do primeiro mês e no oitavo dia chegaram ao pórtico do SENHOR. Durante mais oito dias consagraram o templo do SENHOR propriamente dito, terminando tudo no décimo sexto dia.

18 Depois foram falar com o rei Ezequias e lhe relataram: "Purificamos todo o templo do SENHOR, o altar dos holocaustos e a mesa do pão consagrado, ambos com todos os seus utensílios. 19 Preparamos e consagramos todos os utensílios que o rei Acaz, em sua infidelidade, retirou durante o seu reinado. Eles estão em frente do altar do SENHOR".

20 Cedo, na manhã seguinte, o rei Ezequias reuniu os líderes da cidade e, juntos, subiram ao templo do SENHOR, 21 levando sete novilhos, sete carneiros, sete cordeiros e sete bodes como oferta pelo pecado, em favor da realeza, do santuário e de Judá. O rei ordenou que os sacerdotes, descendentes de Arão, sacrificassem os animais no altar do SENHOR. 22 Então os sacerdotes abateram os novilhos e aspergiram o sangue sobre o altar; em seguida fizeram o mesmo com os carneiros e com os cordeiros. 23 Depois, os bodes para a oferta pelo pecado foram levados para diante do rei e da assembleia, que impuseram as mãos sobre eles. 24 Os sacerdotes abateram os bodes e apresentaram o sangue sobre o altar como oferta pelo pecado, para fazer propiciação por todo o Israel, pois era em favor de todo o Israel que o rei havia ordenado o holocausto e a oferta pelo pecado.

25 O rei posicionou os levitas no templo do SENHOR, com címbalos, liras e harpas, segundo a prescrição de Davi, de Gade, vidente do rei, e do profeta Natã; isso foi ordenado pelo SENHOR, por meio de seus profetas. 26 Assim os levitas ficaram em pé, preparados com os instrumentos de Davi, e os sacerdotes com as cornetas.

27 Então Ezequias ordenou que sacrificassem o holocausto sobre o altar. Iniciado o sacrifício, começou também o canto em louvor ao SENHOR, ao som das cornetas e dos instrumentos de Davi, rei de Israel. 28 Toda a assembleia prostrou-se em adoração, enquanto os músicos cantavam e os corneteiros tocavam, até que terminou o holocausto.

29 Então o rei e todos os presentes ajoelharam-se e adoraram. 30 O rei Ezequias e seus oficiais ordenaram aos levitas que louvassem o SENHOR com as palavras de Davi e do vidente Asafe. Eles o louvaram com alegria, depois inclinaram suas cabeças e o adoraram.

31 Disse então Ezequias: "Agora que vocês se dedicaram ao SENHOR, tragam sacrifícios e ofertas de gratidão ao templo do SENHOR". Assim, a comunidade levou sacrifícios e ofertas de gratidão, e alguns, espontaneamente, levaram também holocaustos.

32 Esses holocaustos que a assembleia ofertou ao SENHOR foram setenta bois, cem carneiros e duzentos cordeiros. 33 Os animais consagrados como sacrifícios chegaram a seiscentos bois e três mil ovelhas e bodes. 34 Como os sacerdotes eram muito poucos para tirar a pele de todos os holocaustos, os seus parentes, os levitas, os ajudaram até o fim da tarefa e até que outros sacerdotes se consagrassem, pois os levitas demoraram menos que os sacerdotes para consagrar-se. 35 Houve holocaustos em grande quantidade, oferecidos com a gordura das ofertas de comunhão[a] e com as ofertas derramadas que acompanhavam esses holocaustos.

Assim foi restabelecido o culto no templo do SENHOR. 36 Ezequias e todo o povo regozijavam-se com o que Deus havia feito por seu povo, e tudo em tão pouco tempo.

[a] 29:35 Ou *de paz;* também em 30:22, 31:2 e 33:16.

Você sabia?

O que mostra que Ezequias foi um rei misericordioso?

29:36 Ezequias demonstrou sua fidelidade a Deus de muitas maneiras. Ele reabriu o templo do Senhor, prometeu obedecer a Deus e celebrou a Páscoa. Ezequias também quebrou os locais onde as pessoas adoravam deuses pagãos. Você pode ler sobre todas as coisas boas que esse rei fez em 2Crônicas 29—31.

A celebração da Páscoa

30 Ezequias enviou uma mensagem a todo o Israel e Judá e também escreveu cartas a Efraim e a Manassés, convidando-os para virem ao templo do SENHOR em Jerusalém e celebrarem a Páscoa do SENHOR, o Deus de Israel. [2]O rei, seus oficiais e toda a comunidade de Jerusalém decidiram celebrar a Páscoa no segundo mês. [3]Não tinha sido possível celebrá-la na data prescrita, pois não havia número suficiente de sacerdotes consagrados, e o povo não estava reunido em Jerusalém. [4]A ideia pareceu boa tanto ao rei quanto a toda a assembleia. [5]Então decidiram fazer uma proclamação em todo o Israel, desde Berseba até Dã, convocando o povo a Jerusalém para celebrar a Páscoa do SENHOR, o Deus de Israel. Pois muitos não a celebravam segundo o que estava escrito.

[6]Por ordem do rei, mensageiros percorreram Israel e Judá com cartas assinadas pelo rei e pelos seus oficiais, com a seguinte mensagem:

> "Israelitas, voltem para o SENHOR, o Deus de Abraão, de Isaque e de Israel, para que ele se volte para vocês que restaram e escaparam das mãos dos reis da Assíria. [7]Não sejam como seus pais e seus irmãos, que foram infiéis ao SENHOR, o Deus dos seus antepassados, de maneira que ele os deixou em ruínas, conforme vocês veem. [8]Portanto, não sejam obstinados como os seus antepassados; submetam-se ao SENHOR. Venham ao santuário que ele consagrou para sempre. Sirvam ao SENHOR, o seu Deus, para que o fogo da sua ira se desvie de vocês. [9]Se vocês voltarem para o SENHOR, os que capturaram os seus irmãos e os seus filhos terão misericórdia deles, e eles voltarão a esta terra, pois o SENHOR, o seu Deus, é bondoso e compassivo. Ele não os rejeitará, se vocês se voltarem para ele".

[10]Os mensageiros foram de cidade em cidade, em Efraim e em Manassés, e até em Zebulom, mas o povo zombou deles e os expôs ao ridículo. [11]No entanto, alguns homens de Aser, de Manassés e de Zebulom humilharam-se e foram para Jerusalém. [12]Já em Judá a mão de Deus esteve sobre o povo dando-lhes unidade de pensamento para executarem o que o rei e os seus oficiais haviam ordenado, conforme a palavra do SENHOR.

[13]Uma imensa multidão reuniu-se em Jerusalém no segundo mês, para celebrar a festa dos pães sem fermento. [14]Eles retiraram os altares que havia em Jerusalém e se desfizeram de todos os altares de incenso[a], atirando-os no vale de Cedrom.

[15]Abateram o cordeiro da Páscoa no décimo quarto dia do segundo mês. Os sacerdotes e os levitas, envergonhados, consagraram-se e trouxeram holocaustos ao templo do SENHOR. [16]E assumiram seus postos, conforme prescrito na Lei de Moisés, homem de Deus. Os sacerdotes aspergiram o sangue que os levitas lhes entregaram. [17]Visto que muitos na multidão não se haviam consagrado, os levitas tiveram que matar cordeiros da Páscoa para todos os que não estavam cerimonialmente puros e que, por isso, não podiam consagrar os seus cordeiros ao SENHOR. [18]Embora muitos dos que vieram de Efraim, de Manassés, de Issacar e de Zebulom não se tivessem purificado, assim mesmo comeram a Páscoa, contrariando o que estava escrito. Mas Ezequias orou por eles, dizendo: "Queira o SENHOR, que é bondoso, perdoar todo [19]aquele que inclina o seu coração para buscar a Deus, o SENHOR, o Deus dos seus antepassados, mesmo que não esteja puro de acordo com as regras do santuário". [20]E o SENHOR ouviu a oração de Ezequias e não castigou o povo.

[21]Os israelitas presentes em Jerusalém celebraram com muita alegria a festa dos pães sem fermento durante sete dias. Diariamente os levitas e os sacerdotes cantavam louvores ao SENHOR, ao som dos instrumentos ressonantes do SENHOR.

[22]Ezequias dirigiu palavras animadoras a todos os levitas que mostraram boa disposição para com o serviço do SENHOR. Durante os sete dias eles comeram suas porções das ofertas, apresentaram sacrifícios de comunhão e louvaram o SENHOR, o Deus dos seus antepassados.

[23]E toda a assembleia decidiu prolongar a festa por mais sete dias, e a celebraram com alegria. [24]Ezequias, rei de Judá, forneceu mil novilhos e sete mil ovelhas e bodes para a assembleia, e os líderes, mil novilhos e dez mil ovelhas e bodes. Muitos sacerdotes se consagraram, [25]e toda a assembleia de Judá se regozijava, com os sacerdotes, com os levitas e com todos os que se haviam reunido, vindos de Israel, inclusive os estrangeiros que

[a] 30:14 Provavelmente colunas dedicadas ao deus sol.

viviam em Israel e em Judá. 26Houve grande alegria em Jerusalém, pois desde os dias de Salomão, filho de Davi, rei de Israel, não havia acontecido algo assim na cidade. 27Os sacerdotes e os levitas levantaram-se para abençoar o povo, e Deus os ouviu; a oração deles chegou aos céus, sua santa habitação.

31 Quando a festa acabou, os israelitas saíram pelas cidades de Judá e despedaçaram as pedras sagradas e derrubaram os postes sagrados. Eles destruíram os altares idólatras em todo o Judá e Benjamim, e em Efraim e Manassés. Depois de destruírem tudo, voltaram para as suas cidades, cada um para a sua propriedade.

O serviço do templo é reorganizado

2Ezequias designou os sacerdotes e os levitas por turnos, cada um de acordo com os seus deveres, para apresentarem holocaustos e sacrifícios de comunhão, ministrarem, darem graças e cantarem louvores junto às portas da habitação do SENHOR. 3O rei contribuía com seus bens pessoais para os holocaustos da manhã e da tarde e para os holocaustos dos sábados, das luas novas e das festas fixas, conforme o que está escrito na Lei do SENHOR. 4Ele ordenou ao povo de Jerusalém que desse aos sacerdotes e aos levitas a porção que lhes era devida a fim de que pudessem dedicar-se à Lei do SENHOR. 5Assim que se divulgou essa ordem, os israelitas deram com generosidade o melhor do trigo, do vinho, do óleo, do mel e de tudo o que os campos produziam. Trouxeram o dízimo de tudo. Era uma grande quantidade. 6Os habitantes de Israel e de Judá que viviam nas cidades de Judá também trouxeram o dízimo de todos os seus rebanhos e das coisas sagradas dedicadas ao SENHOR, o seu Deus, ajuntando-os em muitas pilhas. 7Começaram a fazer isso no terceiro mês e terminaram no sétimo. 8Quando Ezequias e os seus oficiais chegaram e viram as pilhas de ofertas, louvaram o SENHOR e abençoaram Israel, o seu povo.

9Ezequias perguntou aos sacerdotes e aos levitas sobre essas ofertas; 10o sumo sacerdote Azarias, da família de Zadoque, respondeu: "Desde que o povo começou a trazer suas contribuições ao templo do SENHOR, temos tido o suficiente para comer e ainda tem sobrado muito, pois o SENHOR tem abençoado o seu povo, e esta é a grande quantidade que sobra".

11Ezequias ordenou que preparassem despensas no templo do SENHOR, e assim foi feito. 12Então recolheram fielmente as contribuições, os dízimos e os presentes dedicados. O levita Conanias foi encarregado desses deveres, e seu irmão Simei era o seu auxiliar. 13Jeiel, Azazias, Naate, Asael, Jeremote, Jozabade, Eliel, Ismaquias, Maate e Benaia eram supervisores, subordinados a Conanias e ao seu irmão Simei, por nomeação do rei Ezequias e de Azarias, o oficial encarregado do templo de Deus.

14Coré, filho do levita Imna, guarda da porta leste, foi encarregado das ofertas voluntárias feitas a Deus, distribuindo as contribuições dedicadas ao SENHOR e as ofertas santíssimas. 15Sob o comando dele estavam Éden, Miniamim, Jesua, Semaías, Amarias e Secanias, que, nas cidades dos sacerdotes, com toda a fidelidade distribuíam ofertas aos seus colegas sacerdotes de acordo com seus turnos, tanto aos idosos quanto aos jovens.

16Eles as distribuíam aos homens e aos meninos de três anos para cima, cujos nomes estavam nos registros genealógicos, e também a todos os que entravam no templo do SENHOR para realizar suas várias tarefas diárias, de acordo com suas responsabilidades e seus turnos. 17Os registros genealógicos dos sacerdotes eram feitos segundo suas famílias; o dos levitas com mais de vinte anos, de acordo com suas responsabilidades e seus turnos. 18O registro incluía todos os filhos pequenos, as mulheres e os filhos e filhas de todo o grupo, pois os sacerdotes e os levitas haviam sido fiéis em se consagrarem.

19Entre os sacerdotes, descendentes de Arão, que viviam nas terras de pastagem ao redor de suas cidades, foram nomeados alguns deles, de cidade em cidade, para distribuírem as ofertas a todos os sacerdotes e a todos os que estavam registrados nas genealogias dos levitas.

20Foi isso que Ezequias fez em todo o reino de Judá. Ele fez o que era bom e certo, e em tudo foi fiel diante do SENHOR, do seu Deus. 21Em tudo o que ele empreendeu no serviço do templo de Deus e na obediência à lei e aos mandamentos, ele buscou o seu Deus e trabalhou de todo o coração; e por isso prosperou.

A ameaça de Senaqueribe contra Judá

32 Depois de tudo o que Ezequias fez com tanta fidelidade, Senaqueribe, rei da Assíria, invadiu Judá e sitiou as cidades fortificadas para conquistá-las. 2Quando Ezequias viu que Senaqueribe pretendia guerrear

contra Jerusalém, 3consultou os seus oficiais
e os comandantes do exército sobre a ideia
de mandar fechar a passagem de água das
fontes do lado de fora da cidade; e eles con-
cordaram. 4Assim, ajuntaram-se muitos ho-
mens, e fecharam todas as fontes e o riacho
que atravessava a região. Eles diziam: “Por
que deixar que os reis[a] da Assíria venham
e encontrem toda essa água?” 5Depois, com
grande empenho reparou todos os trechos
quebrados do muro e construiu torres sobre
ele. Construiu outro muro do lado de fora do
primeiro e reforçou o Milo[b] da Cidade de Da-
vi; e mandou fazer também muitas lanças e
muitos escudos.
6Nomeou sobre o povo oficiais militares
e os reuniu na praça, junto à porta da cida-
de, animando-os com estas palavras: 7“Sejam
fortes e corajosos. Não tenham medo nem
desanimem por causa do rei da Assíria e do
seu enorme exército, pois conosco está um
poder maior do que o que está com ele. 8Com
ele está somente o poder humano[c], mas co-
nosco está o SENHOR, o nosso Deus, para nos
ajudar e para travar as nossas batalhas”. E o
povo ganhou confiança com o que disse Eze-
quias, rei de Judá.
9Mais tarde, quando Senaqueribe, rei da
Assíria, e todas as suas forças estavam sitian-
do Laquis, mandou oficiais a Jerusalém com
a seguinte mensagem a Ezequias e a todo o
povo de Judá que morava lá:
10“Assim diz Senaqueribe, rei da Assí-
ria: Em que vocês baseiam a sua con-
fiança, para permanecerem cercados
em Jerusalém? 11Quando Ezequias diz:
‘O SENHOR, o nosso Deus, nos salvará
das mãos do rei da Assíria’, ele os está
enganando, para deixá-los morrer de
fome e de sede. 12Mas não foi o próprio
Ezequias que retirou os altares desse
deus, dizendo a Judá e a Jerusalém:
‘Vocês devem adorar diante de um só
altar e sobre ele queimar incenso’?
13“Vocês não sabem o que eu e os meus
antepassados fizemos a todos os po-
vos das outras terras? Acaso alguma
vez os deuses daquelas nações conse-
guiram livrar das minhas mãos a terra
deles? 14De todos os deuses das nações
que os meus antepassados destruíram,
qual deles conseguiu salvar o seu po-
vo de mim? Como então o deus de vo-
cês poderá livrá-los das minhas mãos?
15Portanto, não deixem Ezequias enga-
ná-los ou iludi-los dessa maneira. Não
acreditem nele, pois nenhum deus de
qualquer nação ou reino jamais con-
seguiu livrar o seu povo das minhas
mãos ou das mãos de meus antepassa-
dos. Muito menos o deus de vocês con-
seguirá livrá-los das minhas mãos!”

[a] 32:4 A Septuaginta e a Versão Siríaca dizem *o rei*.
[b] 32:5 Ou *o aterro*
[c] 32:8 Hebraico: *o braço de carne*.

Experimente!

Quando outros não acreditam

Nem todos acreditam em Deus e em Jesus. Algumas pessoas não acreditam que Deus criou o mundo e as pessoas, e alguns não acreditam nas regras da Bíblia sobre o certo e o errado. Algumas pessoas pensam que não existe Deus nenhum e dizem que quem acredita em Deus é tolo.

Leia esta história sobre um general do exército assírio que riu da ideia de que Deus poderia salvar os judeus do poder do exército assírio. Para Ezequias e os judeus foi duro que os outros rissem deles, mas, no final, quem estava certo?

2Crônicas 32:1-23

Se alguém fizer piada porque você acredita em Deus, faça a um adulto as seguintes perguntas: por que as pessoas riem de nós por acreditarmos em Deus? Alguém já riu de algo em que você acreditava? Como você se sentiu? Qual é a melhor coisa a fazer quando alguém ri da nossa fé em Deus? Quando essas pessoas que fazem piadas com Deus vão parar de rir?

16Os oficiais de Senaqueribe desafiaram ainda mais a Deus, o SENHOR, e ao seu servo Ezequias. 17Senaqueribe também escreveu cartas insultando o SENHOR, o Deus de Israel, e o desafiando: "Assim como os deuses dos povos das outras terras não livraram o povo deles das minhas mãos, também o deus de Ezequias não livrará o seu povo das minhas mãos". 18Então os oficiais gritaram na língua dos judeus ao povo de Jerusalém que estava sobre o muro, para assustá-lo e amedrontá-lo, com o intuito de conquistarem a cidade. 19Referiram-se ao Deus de Jerusalém como falavam dos deuses dos outros povos da terra, que não passam de obra das mãos dos homens.

20Por tudo isso o rei Ezequias e o profeta Isaías, filho de Amoz, clamaram em oração aos céus. 21E o SENHOR enviou um anjo, que matou todos os homens de combate e todos os líderes e oficiais no acampamento do rei assírio, de forma que este se retirou envergonhado para a sua terra. E certo dia, ao adentrar o templo do seu deus, alguns dos seus filhos o mataram à espada.

22Assim o SENHOR salvou Ezequias e o povo de Jerusalém das mãos de Senaqueribe, rei da Assíria, e das mãos de todos os outros; e cuidou deles[a] em todas as fronteiras. 23Muitos trouxeram a Jerusalém ofertas para o SENHOR e presentes valiosos para Ezequias, rei de Judá. Daquela ocasião em diante ele foi muito respeitado por todas as nações.

O orgulho e a morte de Ezequias

24Naquele tempo Ezequias ficou doente, e quase morreu. Ele orou ao SENHOR, que lhe respondeu dando-lhe um sinal milagroso. 25Mas Ezequias tornou-se orgulhoso, e não correspondeu à bondade com que foi tratado; por isso a ira do SENHOR veio sobre ele, sobre Judá e sobre Jerusalém. 26Então Ezequias humilhou-se, reconhecendo o seu orgulho, como também o povo de Jerusalém; por isso a ira do SENHOR não veio sobre eles durante o reinado de Ezequias.

27Possuía Ezequias muitíssimas riquezas e glória; construiu depósitos para guardar prata, ouro, pedras preciosas, especiarias, escudos e todo tipo de objetos de valor. 28Também construiu armazéns para estocar trigo, vinho e azeite; fez ainda estábulos para os seus diversos rebanhos e para as ovelhas. 29Construiu cidades e adquiriu muitos rebanhos, pois Deus lhe dera muitas riquezas.

30Foi Ezequias que bloqueou o manancial superior da fonte de Giom e canalizou a água para a parte oeste da Cidade de Davi. Ele foi bem-sucedido em tudo o que se propôs a fazer. 31Mas quando os governantes da Babilônia enviaram uma delegação para perguntar-lhe acerca do sinal milagroso que havia ocorrido no país, Deus o deixou, para prová-lo e para saber tudo o que havia em seu coração.

32Os demais acontecimentos do reinado de Ezequias e os seus atos piedosos estão escritos na visão do profeta Isaías, filho de Amoz, no livro dos reis de Judá e de Israel. 33Ezequias descansou com os seus antepassados e foi sepultado na colina onde estão os túmulos dos descendentes de Davi. Todo o Judá e o povo de Jerusalém prestaram-lhe homenagens por ocasião da sua morte. E seu filho Manassés foi o seu sucessor.

O reinado de Manassés, rei de Judá

33 Manassés tinha doze anos de idade quando começou a reinar, e reinou cinquenta e cinco anos em Jerusalém. 2Ele fez o que o SENHOR reprova, imitando as práticas detestáveis das nações que o SENHOR havia expulsado de diante dos israelitas. 3Reconstruiu os altares idólatras que seu pai Ezequias havia demolido, ergueu altares para os baalins e fez postes sagrados. Inclinou-se diante de todos os exércitos celestes e lhes prestou culto. 4Construiu altares no templo do SENHOR, do qual o SENHOR tinha dito: "Meu nome permanecerá para sempre em Jerusalém". 5Nos dois pátios do templo do SENHOR ele construiu altares para todos os exércitos celestes. 6Chegou a queimar seus filhos em sacrifício no vale de Ben-Hinom; praticou feitiçaria, adivinhação e magia, e recorreu a médiuns e aos que consultavam os espíritos. Fez o que o SENHOR reprova, provocando-o à ira.

7Ele tomou a imagem esculpida que havia feito e a colocou no templo, do qual Deus tinha dito a Davi e a seu filho Salomão: "Neste templo e em Jerusalém, que escolhi dentre todas as tribos de Israel, porei meu nome para sempre. 8Não farei os pés dos israelitas deixarem novamente a terra que dei aos seus antepassados, se tão somente tiverem o cuidado de fazer tudo o que lhes ordenei em todas as leis, decretos e ordenanças dados por meio de Moisés". 9Manassés, porém, desencaminhou Judá e o povo de Jerusalém,

[a] 32:22 A Septuaginta e a Vulgata dizem *deu-lhes descanso*.

ao ponto de fazerem pior do que as nações
que o SENHOR havia destruído diante dos
israelitas.
10O SENHOR falou a Manassés e a seu po-
vo, mas não lhe deram atenção. 11Por isso o
SENHOR enviou contra eles os comandantes
do exército do rei da Assíria, os quais pren-
deram Manassés, colocaram-lhe um gancho
no nariz e algemas de bronze, e o levaram pa-
ra a Babilônia. 12Em sua angústia, ele buscou
o favor do SENHOR, o seu Deus, e humilhou-
-se muito diante do Deus dos seus antepas-
sados. 13Quando ele orou, o SENHOR o ouviu
e atendeu o seu pedido e o trouxe de volta
a Jerusalém e a seu reino. E assim Manassés
reconheceu que o SENHOR é Deus.
14Depois disso ele reconstruiu e aumentou
a altura do muro externo da Cidade de Davi,
a oeste da fonte de Giom, no vale, até a en-
trada da porta do Peixe, em torno da colina
de Ofel. Também pôs comandantes milita-
res em todas as cidades fortificadas de Judá.
15Manassés tirou do templo do SENHOR
os deuses estrangeiros e a imagem que ha-
via colocado lá, bem como todos os altares
idólatras que havia construído na colina do
templo e em Jerusalém; e jogou-os fora da
cidade. 16Depois restaurou o altar do SENHOR
e sobre ele ofereceu sacrifícios de comunhão
e ofertas de gratidão, ordenando a Judá que
servisse o SENHOR, o Deus de Israel. 17O po-
vo, contudo, continuou a sacrificar nos al-
tares idólatras, mas somente ao SENHOR, o
seu Deus.
18Os demais acontecimentos do reina-
do de Manassés, inclusive sua oração a seu
Deus e as palavras que os videntes lhe fala-
ram em nome do SENHOR, o Deus de Israel,
estão escritos nos registros históricos dos reis
de Israel[a]. 19Sua oração e a resposta de Deus,
bem como todos os seus pecados e a sua in-
fidelidade, além dos locais onde construiu
altares idólatras e ergueu postes sagrados e
ídolos, antes de humilhar-se, tudo está es-
crito nos registros históricos dos videntes[b].
20Manassés descansou com os seus antepas-
sados e foi sepultado em sua propriedade. E
seu filho Amom foi o seu sucessor.

O reinado de Amom, rei de Judá

21Amom tinha vinte e dois anos de idade
quando começou a reinar, e reinou dois anos
em Jerusalém. 22Ele fez o que o SENHOR re-
prova; à semelhança de seu pai, Amom pres-
tou culto e ofereceu sacrifícios a todos os
ídolos que Manassés havia feito. 23Mas, ao
contrário de seu pai Manassés, não se humi-
lhou diante do SENHOR, antes, aumentou a
sua culpa.
24Os oficiais de Amom conspiraram contra
ele e o assassinaram em seu palácio. 25Mas o
povo matou todos os que haviam conspira-
do contra o rei Amom, e proclamou seu filho
Josias rei em seu lugar.

As reformas de Josias

34 Josias tinha oito anos de idade quan-
do começou a reinar, e reinou trinta e
um anos em Jerusalém. 2Ele fez o que o SE-
NHOR aprova e andou nos caminhos de Davi,
seu predecessor, sem desviar-se nem para a
direita nem para a esquerda.
3No oitavo ano do seu reinado, sendo
ainda bem jovem, ele começou a buscar o
Deus de Davi, seu predecessor. No décimo
segundo ano, começou a purificar Judá e
Jerusalém dos altares idólatras, dos postes
sagrados, das imagens esculpidas e dos ído-
los de metal. 4Sob as suas ordens foram der-
rubados os altares dos baalins; além disso,
ele despedaçou os altares de incenso[c] que fi-
cavam acima deles. Também despedaçou e
reduziu a pó os postes sagrados, as imagens
esculpidas e os ídolos de metal, e os espa-
lhou sobre os túmulos daqueles que lhes ha-
viam oferecido sacrifícios. 5Depois queimou
os ossos dos sacerdotes sobre esses altares,
purificando assim Judá e Jerusalém. 6Nas ci-
dades das tribos de Manassés, de Efraim e de

Você sabia?

Será que um rei mau poderia mudar?

33:12 O rei Manassés foi muito mau, mas quando foi capturado e levado para a Babilônia, ele reconheceu que havia errado e começou a orar a Deus, o qual o ouviu e lhe deu uma chance de fazer a coisa certa. Você pode ler sobre isso em 2Crônicas 33:10-20.

[a] 33:18 Isto é, Judá, como ocorre frequentemente em 2Crônicas.
[b] 33:19 Conforme um manuscrito do Texto Massorético e a Septuaginta. A maioria dos manuscritos do Texto Massorético diz *registros históricos de Hozai*.
[c] 34:4 Provavelmente colunas dedicadas ao deus sol; também no versículo 7.

Pessoas nos tempos da Bíblia

Josias

Josias tornou-se rei de Judá quando tinha apenas oito anos de idade. Ele amou a Deus e seguiu as leis de Deus atentamente. Enquanto foi rei, Josias mandou que o povo destruísse todos os altares dos falsos deuses e fez o templo de Deus ficar forte e bonito novamente.

Simeão, e até mesmo de Naftali, e nas ruí-
nas ao redor delas, 7derrubou os altares e os
postes sagrados, esmagou os ídolos, reduzin-
do-os a pó, e despedaçou todos os altares de
incenso espalhados por Israel. Então voltou
para Jerusalém.
8No décimo oitavo ano do seu reinado, a
fim de purificar o país e o templo, ele enviou
Safã, filho de Azalias, e Maaseias, governador
da cidade, junto com Joá, filho do arquivista
real Joacaz, para restaurarem o templo do
SENHOR, o seu Deus.
9Eles foram entregar ao sumo sacerdote
Hilquias a prata que havia sido trazida ao
templo de Deus e que os porteiros levitas ha-
viam recolhido das ofertas do povo de Ma-
nassés e de Efraim, e de todo o remanescente
de Israel, e também de todo o povo de Judá e
de Benjamim e dos habitantes de Jerusalém.
10Confiaram a prata aos homens nomeados
para supervisionarem a reforma no templo
do SENHOR, os quais pagavam os trabalhado-
res que faziam os reparos no templo. 11Tam-
bém deram dessa prata aos carpinteiros e aos
construtores para comprarem pedras lavra-
das e madeira para as juntas e as vigas dos
edifícios que os reis de Judá haviam deixado
ficar em ruínas.
12Esses homens fizeram o trabalho com fi-
delidade. Eram dirigidos por Jaate e Obadias,
levitas descendentes de Merari, e por Zacarias
e Mesulão, descendentes de Coate. Todos os
levitas que sabiam tocar instrumentos musi-
cais 13estavam encarregados dos operários e
supervisionavam todos os trabalhadores em
todas as funções. Outros levitas eram secre-
tários, oficiais e porteiros.

O Livro da Lei é encontrado

14Enquanto recolhiam a prata que tinha si-
do trazida para o templo do SENHOR, o sa-
cerdote Hilquias encontrou o Livro da Lei
do SENHOR que havia sido dada por meio de
Moisés. 15Hilquias disse ao secretário Safã:
"Encontrei o Livro da Lei no templo do SE-
NHOR". E o entregou a Safã.
16Então Safã levou o Livro ao rei e lhe in-
formou: "Teus servos estão fazendo tudo o
que lhes foi ordenado. 17Fundiram a prata
que estava no templo do SENHOR e a confia-
ram aos supervisores e aos trabalhadores".
18E acrescentou: "O sacerdote Hilquias entre-
gou-me um livro". E Safã leu trechos do Li-
vro para o rei.
19Assim que o rei ouviu as palavras da Lei,
rasgou suas vestes 20e deu estas ordens a Hil-
quias, a Aicam, filho de Safã, a Abdom, filho
de Mica[a], ao secretário Safã e ao auxiliar real
Asaías: 21"Vão consultar o SENHOR por mim e
pelo remanescente de Israel e de Judá acer-
ca do que está escrito neste livro que foi en-
contrado. A ira do SENHOR contra nós deve
ser grande, pois os nossos antepassados não
obedeceram à palavra do SENHOR e não agi-
ram de acordo com tudo o que está escrito
neste livro".
22Hilquias e aqueles que o rei tinha en-
viado com ele[b] foram falar com a profetisa
Hulda, mulher de Salum, filho de Tocate[c] e
neto de Harás, e responsável pelo guarda-
-roupa do templo. Ela morava no bairro no-
vo de Jerusalém.
23Hulda lhes disse: "Assim diz o SENHOR,
o Deus de Israel: 'Digam ao homem que os
enviou a mim: 24Assim diz o SENHOR: Eu vou
trazer uma desgraça sobre este lugar e sobre
os seus habitantes; todas as maldições escri-
tas no livro que foi lido na presença do rei
de Judá. 25Porque me abandonaram e quei-
maram incenso a outros deuses, provocan-
do a minha ira por meio de todos os ídolos
que as mãos deles têm feito[d], minha ira ar-
derá contra este lugar e não será apagada'.
26Digam ao rei de Judá, que os enviou para
consultar o SENHOR: Assim diz o SENHOR, o
Deus de Israel, acerca das palavras que você
ouviu: 27'Já que o seu coração se abriu e você
se humilhou diante de Deus quando ouviu

[a] 34:20 Também chamado Acbor, filho de Micaías.
[b] 34:22 Conforme um manuscrito do Texto Massorético, a Vulgata e a Versão Siríaca. A maioria dos manuscritos do Texto Massorético não traz *tinha enviado com ele*.
[c] 34:22 Também chamado *Ticvá*.
[d] 34:25 Ou *por meio de tudo o que eles têm feito*

o que ele falou contra este lugar e contra os seus habitantes, e você se humilhou diante de mim, rasgou as suas vestes e chorou na minha presença, eu o ouvi', declara o SENHOR. 28'Portanto, eu o reunirei aos seus antepassados, e você será sepultado em paz. Seus olhos não verão a desgraça que trarei sobre este lugar e sobre os seus habitantes' ".

Então eles levaram a resposta a Josias.

29Em face disso, o rei convocou todas as autoridades de Judá e de Jerusalém. 30Depois subiu ao templo do SENHOR acompanhado por todos os homens de Judá, todo o povo de Jerusalém, os sacerdotes e os levitas: todo o povo, dos mais simples aos mais importantes[a]. Para todos o rei leu em alta voz todas as palavras do Livro da Aliança, que havia sido encontrado no templo do SENHOR. 31Ele tomou o seu lugar e, na presença do SENHOR, fez uma aliança, comprometendo-se a seguir o SENHOR e obedecer de todo o coração e de toda a alma aos seus mandamentos, aos seus testemunhos e aos seus decretos, cumprindo as palavras da aliança escritas naquele livro.

32Depois fez com que todos em Jerusalém e em Benjamim se comprometessem com a aliança; os habitantes de Jerusalém passaram a cumprir a aliança de Deus, o Deus dos seus antepassados.

33Josias retirou todos os ídolos detestáveis de todo o território dos israelitas e obrigou todos os que estavam em Israel a servirem ao SENHOR, o seu Deus. E enquanto ele viveu, o povo não deixou de seguir o SENHOR, o Deus dos seus antepassados.

Josias celebra a Páscoa

35 Josias celebrou a Páscoa do SENHOR em Jerusalém, e o cordeiro da Páscoa foi abatido no décimo quarto dia do primeiro mês. 2Ele nomeou os sacerdotes para as suas responsabilidades e os encorajou a se dedicarem ao serviço no templo do SENHOR. 3Ele disse aos levitas que instruíam todo o Israel e haviam sido consagrados ao SENHOR: "Ponham a arca sagrada no templo construído por Salomão, filho de Davi, rei de Israel. Vocês não precisam mais levá-la de um lado para outro sobre os ombros. Agora sirvam ao SENHOR, o seu Deus, e a Israel, o povo dele. 4Preparem-se por famílias, em suas divisões, de acordo com a orientação escrita por Davi, rei de Israel, e por seu filho Salomão.

5"Fiquem no Lugar Santo com um grupo de levitas para cada subdivisão das famílias do povo. 6Abatam os cordeiros da Páscoa, consagrem-se e preparem os cordeiros para os seus irmãos israelitas, fazendo o que o SENHOR ordenou por meio de Moisés".

7Josias deu a todo o povo que ali estava um total de trinta mil ovelhas e cabritos para as ofertas da Páscoa, além de três mil bois; tudo foi tirado dos bens pessoais do rei.

8Seus oficiais também contribuíram voluntariamente para o povo, para os sacerdotes e para os levitas. Hilquias, Zacarias e Jeiel, os administradores do templo de Deus, deram aos sacerdotes duas mil e seiscentas ovelhas e cabritos e trezentos bois. 9Também Conanias, com seus irmãos Semaías e Natanael, e os líderes dos levitas Hasabias, Jeiel e Jozabade, ofereceram aos levitas cinco mil ovelhas e cabritos e quinhentos bois.

10O serviço foi organizado e os sacerdotes assumiram os seus lugares com os levitas em seus turnos, conforme o rei ordenara. 11Os cordeiros da Páscoa foram abatidos, e os sacerdotes aspergiram o sangue que lhes fora entregue, enquanto os levitas tiravam a pele dos animais. 12Eles separaram também os holocaustos para dá-los aos grupos das famílias do povo, para que elas os oferecessem ao SENHOR, conforme está escrito no Livro de Moisés; e fizeram o mesmo com os bois. 13Assaram os animais da Páscoa sobre o fogo, conforme prescrito, cozinharam as ofertas sagradas em potes, caldeirões e panelas, e serviram rapidamente todo o povo. 14Depois disso, os levitas prepararam a parte deles e a dos sacerdotes, pois estes, descendentes de Arão, ficaram sacrificando os holocaustos e as porções de gordura até o anoitecer. Foi por isso que os levitas prepararam a parte deles e a dos sacerdotes, descendentes de Arão.

15Os músicos, descendentes de Asafe, estavam nos locais prescritos por Davi e por Asafe, Hemã e Jedutum, vidente do rei. Os porteiros que guardavam cada porta não precisaram deixar os seus postos, pois os seus colegas levitas prepararam as ofertas para eles.

16Assim, naquele dia, todo o serviço do SENHOR foi executado para a celebração da Páscoa e para a apresentação de holocaustos no altar do SENHOR, conforme o rei Josias havia ordenado. 17Os israelitas que estavam presentes celebraram a Páscoa naquele dia e durante sete dias celebraram a festa dos

[a] 34:30 Ou *dos mais jovens aos mais velhos*

pães sem fermento. 18A Páscoa não havia sido celebrada dessa maneira em Israel desde os dias do profeta Samuel; e nenhum dos reis de Israel havia celebrado uma Páscoa como esta, como o fez Josias, com os sacerdotes, os levitas e todo o Judá e Israel que estavam ali com o povo de Jerusalém. 19Esta Páscoa foi celebrada no décimo oitavo ano do reinado de Josias.

A morte de Josias

20Depois de tudo o que Josias fez, e depois de colocar em ordem o templo, Neco, rei do Egito, saiu para lutar em Carquemis, junto ao Eufrates, e Josias marchou para combatê-lo. 21Neco, porém, enviou-lhe mensageiros, dizendo: "Não interfiras nisso, ó rei de Judá. Desta vez não estou atacando a ti, mas a outro reino com o qual estou em guerra. Deus me disse que me apressasse; por isso para de te opores a Deus, que está comigo; caso contrário ele te destruirá".

22Josias, contudo, não quis voltar atrás, e disfarçou-se para enfrentá-lo em combate. Ele não quis ouvir o que Neco lhe dissera por ordem de Deus, e foi combatê-lo na planície de Megido.

23Na batalha, flecheiros atingiram o rei Josias, pelo que disse aos seus oficiais: "Tirem-me daqui. Estou gravemente ferido". 24Eles o tiraram do seu carro, colocaram-no em outro e o levaram para Jerusalém, onde morreu. Ele foi sepultado nos túmulos dos seus antepassados, e todos os moradores de Judá e de Jerusalém choraram por ele.

25Jeremias compôs um cântico de lamento em homenagem a Josias, e até hoje todos os cantores e cantoras homenageiam Josias com cânticos de lamento. Estes se tornaram uma tradição em Israel e estão escritos na coletânea de lamentações.

26Os demais acontecimentos do reinado de Josias e os seus atos piedosos, de acordo com o que está escrito na Lei do SENHOR, 27todos os acontecimentos, do início ao fim, estão escritos nos registros históricos dos reis de Israel e de Judá.

36 E o povo tomou Jeoacaz, filho de Josias, e proclamou-o rei em Jerusalém, no lugar de seu pai.

O reinado de Jeoacaz, rei de Judá

2Jeoacaz tinha vinte e três anos de idade quando começou a reinar, e reinou três meses em Jerusalém. 3O rei do Egito destronou-o em Jerusalém e impôs a Judá um tributo de três toneladas e meia[a] de prata e trinta e cinco quilos de ouro. 4O rei do Egito proclamou Eliaquim, irmão de Jeoacaz, rei sobre Judá e sobre Jerusalém, e mudou-lhe o nome para Jeoaquim. Mas Neco levou Jeoacaz, irmão de Eliaquim, para o Egito.

O reinado de Jeoaquim, rei de Judá

5Jeoaquim tinha vinte e cinco anos de idade quando começou a reinar, e reinou onze anos em Jerusalém. Ele fez o que o SENHOR, o seu Deus, reprova. 6Nabucodonosor, rei da Babilônia, atacou-o e prendeu-o com algemas de bronze para levá-lo para a Babilônia. 7Levou também para a Babilônia objetos do templo do SENHOR e os colocou no seu templo[b].

8Os demais acontecimentos do reinado de Jeoaquim, as coisas detestáveis que fez e tudo o que foi achado contra ele, estão escritos nos registros históricos dos reis de Israel e de Judá. Seu filho Joaquim foi o seu sucessor.

O reinado de Joaquim, rei de Judá

9Joaquim tinha dezoito[c] anos de idade quando começou a reinar, e reinou três meses e dez dias em Jerusalém. Ele fez o que o SENHOR reprova. 10Na primavera o rei Nabucodonosor mandou levá-lo para a Babilônia, junto com objetos de valor retirados do templo do SENHOR, e proclamou Zedequias, tio[d] de Joaquim, rei sobre Judá e sobre Jerusalém.

O reinado de Zedequias, rei de Judá

11Zedequias tinha vinte e um anos de idade quando começou a reinar, e reinou onze anos em Jerusalém. 12Ele fez o que o SENHOR, o seu Deus, reprova, e não se humilhou diante do profeta Jeremias, que lhe falava como porta-voz do SENHOR. 13Também se revoltou contra o rei Nabucodonosor, que o havia obrigado a fazer um juramento em nome de Deus. Tornou-se muito obstinado e não quis se voltar para o SENHOR, o Deus de Israel. 14Além disso, todos os líderes dos sacerdotes e o povo se tornaram cada vez mais infiéis, seguindo todas as práticas detestáveis das outras nações e contaminando o templo do SENHOR, consagrado por ele em Jerusalém.

A queda de Jerusalém

15O SENHOR, o Deus dos seus antepassados, advertiu-os várias vezes por meio de

[a] 36:3 Hebraico: *100 talentos.* Um talento equivalia a 35 quilos.
[b] 36:7 Ou *palácio*
[c] 36:9 Conforme um manuscrito do Texto Massorético, alguns manuscritos da Septuaginta e a Versão Siríaca. A maioria dos manuscritos do Texto Massorético diz *oito*. Veja 2Rs 24:8.
[d] 36:10 Ou *parente*

Você sabia?

Quando a cidade de Jerusalém caiu?

36:19 Jerusalém foi conquistada pelos babilônios em 586 a.C. A cidade foi destruída e milhares de pessoas foram levadas cativas.

seus mensageiros, pois ele tinha compai-
xão de seu povo e do lugar de sua habita-
ção. 16Mas eles zombaram dos mensageiros
de Deus, desprezaram as palavras dele e ex-
puseram ao ridículo os seus profetas, até que
a ira do SENHOR se levantou contra o seu po-
vo, e já não houve remédio. 17O SENHOR en-
viou contra eles o rei dos babilônios[a] que,
no santuário, matou os seus jovens à espa-
da. Não poupou nem rapazes, nem moças,
nem adultos, nem velhos. Deus entregou to-
dos eles nas mãos de Nabucodonosor; 18es-
te levou para a Babilônia todos os utensílios
do templo de Deus, tanto os pequenos como
os grandes, com os tesouros do templo do
SENHOR, os do rei e os de seus oficiais. 19Os
babilônios incendiaram o templo de Deus e
derrubaram o muro de Jerusalém; queima-
ram todos os palácios e destruíram todos os
utensílios de valor que havia neles.
20Nabucodonosor levou para o exílio, na
Babilônia, os remanescentes, que escaparam
da espada, para serem seus escravos e dos
seus descendentes, até a época do domínio
persa. 21A terra desfrutou os seus descansos
sabáticos; descansou durante todo o tempo
de sua desolação, até que os setenta anos se
completaram, em cumprimento da palavra
do SENHOR anunciada por Jeremias.
22No primeiro ano do reinado de Ciro, rei
da Pérsia, para que se cumprisse a palavra do
SENHOR anunciada por Jeremias, o SENHOR
tocou no coração de Ciro, rei da Pérsia, para
que fizesse uma proclamação em todo o ter-
ritório de seu domínio e a pusesse por escri-
to, nestes termos:

23"Assim declaro eu, Ciro, rei da Pérsia:

"O SENHOR, o Deus dos céus, deu-me todos os reinos da terra e designou-me para construir um templo para ele em Jerusalém, na terra de Judá. Quem dentre vocês pertencer ao seu povo vá para Jerusalém, e que o SENHOR, o seu Deus, esteja com ele".

[a] 36:17 Ou *caldeus*

Esdras

Quem escreveu este livro?

O autor deste livro é desconhecido, mas muitos acreditam que foi escrito pelo próprio Esdras.

Por que este livro foi escrito?

O livro de Esdras mostra como Deus manteve sua promessa e levou os judeus de volta para a terra deles.

O que acontece neste livro?

Ciro, o governador persa, deixou os cativos retornarem para casa. Alguns dos judeus que estavam na Babilônia voltaram para Judá e reconstruíram o templo de Deus. Mais tarde, Esdras volta da Babilônia para ensinar a lei de Deus.

O que aprendemos sobre Deus neste livro?

Deus é fiel e cumpre suas promessas.

Quem são os personagens principais deste livro?

As pessoas mais importantes neste livro são o rei Ciro e Esdras.

Quando isto aconteceu?

Os primeiros judeus retornaram a Judá em 538 a.C. Esdras retornou em 458 a.C.

Onde isto aconteceu?

Os acontecimentos deste livro sucederam na terra de Judá e na cidade de Jerusalém. (Veja o *Índice de mapas*, ao final desta Bíblia, para saber onde ficam esses lugares.)

Algumas histórias deste livro:

Judeus exilados voltam para casa	Esdras 1—2
Reconstrução do templo	Esdras 3—6
Esdras retorna para Jerusalém	Esdras 7—8
Esdras confessa o pecado de Judá	Esdras 9
Confissão do povo de Judá	Esdras 10

O decreto de Ciro

1 No primeiro ano do reinado de Ciro, rei da Pérsia, a fim de que se cumprisse a palavra do SENHOR falada por Jeremias, o SENHOR despertou o coração de Ciro, rei da Pérsia, para redigir uma proclamação e divulgá-la em todo o seu reino, nestes termos:

2 "Assim diz Ciro, rei da Pérsia:

> "O SENHOR, o Deus dos céus, deu-me todos os reinos da terra e designou-me para construir um templo para ele em Jerusalém de Judá. 3 Qualquer do seu povo que esteja entre vocês, que o seu Deus esteja com ele, e que vá a Jerusalém de Judá reconstruir o templo do SENHOR, o Deus de Israel, o Deus que em Jerusalém tem a sua morada. 4 E que todo sobrevivente, seja qual for o lugar em que esteja vivendo, receba dos que ali vivem prata, ouro, bens, animais e ofertas voluntárias para o templo de Deus em Jerusalém".

5 Então os líderes das famílias de Judá e de Benjamim, como também os sacerdotes e os levitas, todos aqueles cujo coração Deus despertou, dispuseram-se a ir para Jerusalém e a construir o templo do SENHOR. 6 Todos os seus vizinhos os ajudaram, trazendo-lhes utensílios de prata e de ouro, bens, animais e presentes valiosos, além de todas as ofertas voluntárias que fizeram. 7 Além disso, o rei Ciro mandou tirar os utensílios pertencentes ao templo do SENHOR, os quais Nabucodonosor tinha levado de Jerusalém e colocado no templo do seu deus[a]. 8 Ciro, rei da Pérsia, ordenou que fossem tirados pelo tesoureiro Mitredate, que os enumerou e os entregou a Sesbazar, governador de Judá.

9 O total foi o seguinte:

> 30 tigelas de ouro,
> 1.000 tigelas de prata,
> 29 panelas de prata,
> 10 30 bacias de ouro,
> 410 bacias de prata
> de qualidade inferior
> e 1.000 outros objetos.

11 Ao todo foram, na verdade, cinco mil e quatrocentos utensílios de ouro e de prata. Sesbazar trouxe tudo isso consigo quando os exilados vieram da Babilônia para Jerusalém.

A lista dos exilados que voltaram

2 Esta é a lista dos homens da província que Nabucodonosor, rei da Babilônia, tinha levado prisioneiros para a Babilônia. Eles

[a] 1:7 Ou *seus deuses*

Deixando o lar

Experimente!

Esdras 1:1-11

Os judeus haviam permanecido na Babilônia por sessenta anos e a maioria nunca havia visto a terra de onde seus pais e avós vieram. Eles tinham casas na Babilônia, e, assim, a maior parte dos judeus decidiu permanecer lá e não se mudar para Judá. Leia Esdras 1:1-11 e responda: por que alguns judeus queriam voltar para Judá?

Imagine que você faz parte de uma das famílias judaicas na Babilônia. Seu pai pergunta: "Você quer se mudar para Judá?". O que você vai dizer a ele? Anote os motivos para não se mudar e também os motivos pelos quais você deveria se mudar.

Se sua própria família realmente se mudar, aqui vão algumas coisas a fazer para facilitar a mudança: descubra coisas sobre a nova cidade antes de chegar. O que há de especial ali? Faça desenhos ou recorte de revista ou imprima da internet fotos de como você gostaria de decorar seu novo quarto. Junte-se para uma festa de despedida com seus amigos antes da mudança e pegue os contatos deles para que vocês possam se comunicar. Aproveite a viagem até sua nova casa e procure ver no mapa o que há de divertido para fazer ao longo do caminho. E, por fim, comece a orar para que você encontre algum amigo especial quando chegar à nova casa.

voltaram para Jerusalém e Judá, cada um pa-
ra a sua própria cidade. [2]Vieram na compa-
nhia de Zorobabel, Jesua, Neemias, Seraías,
Reelaías, Mardoqueu, Bilsã, Mispar, Bigvai,
Reum e Baaná.

Esta é a lista dos israelitas:

[3]os descendentes
de Parós 2.172
[4]de Sefatias 372
[5]de Ara 775
[6]de Paate-Moabe,
por meio da linhagem
de Jesua e Joabe, 2.812
[7]de Elão 1.254
[8]de Zatu 945
[9]de Zacai 760
[10]de Bani 642
[11]de Bebai 623
[12]de Azgade 1.222
[13]de Adonicão 666
[14]de Bigvai 2.056
[15]de Adim 454
[16]de Ater,
por meio de Ezequias, 98
[17]de Besai 323
[18]de Jora 112
[19]de Hasum 223
[20]de Gibar 95

[21]os da cidade de Belém 123
[22]de Netofate 56
[23]de Anatote 128
[24]de Azmavete 42
[25]de Quiriate-Jearim[a],
Quefira e Beerote 743
[26]de Ramá e Geba 621
[27]de Micmás 122
[28]de Betel e Ai 223
[29]de Nebo 52
[30]de Magbis 156
[31]do outro Elão 1.254
[32]de Harim 320
[33]de Lode, Hadide
e Ono 725
[34]de Jericó 345
[35]de Senaá 3.630.

[36]Os sacerdotes:
os descendentes
de Jedaías,
por meio da família
de Jesua, 973
[37]de Imer 1.052
[38]de Pasur 1.247
[39]de Harim 1.017.

[40]Os levitas:
os descendentes de Jesua
e de Cadmiel,
por meio da linhagem
de Hodavias, 74.

[41]Os cantores:
os descendentes de Asafe 128.

[42]Os porteiros do templo:
os descendentes de Salum, Ater,
Talmom, Acube, Hatita e Sobai 139.

[43]Os servidores do templo:
os descendentes de Zia,
Hasufa, Tabaote,
[44]Queros, Sia, Padom,
[45]Lebana, Hagaba, Acube,
[46]Hagabe, Sanlai, Hanã,
[47]Gidel, Gaar, Reaias,
[48]Rezim, Necoda, Gazão,
[49]Uzá, Paseia, Besai,
[50]Asná, Meunim, Nefusim,
[51]Baquebuque, Hacufa, Harur,
[52]Baslute, Meída, Harsa,
[53]Barcos, Sísera, Tamá,
[54]Nesias e Hatifa.

[55]Os descendentes dos servos de Salomão:
os descendentes de Sotai,
Soferete, Peruda,
[56]Jaala, Darcom, Gidel,
[57]Sefatias, Hatil,
Poquerete-Hazebaim e Ami.
[58]O total dos servidores
do templo e dos descendentes
dos servos de Salomão 392.

[59]Os que chegaram das cidades de Tel-Melá,
Tel-Harsa, Querube, Adã e Imer, mas não pu-
deram comprovar que suas famílias descen-
diam de Israel, foram os seguintes:
[60]os descendentes de Delaías,
Tobias e Necoda 652.

[61]E dentre os sacerdotes:
os descendentes de Habaías, Hacoz e Bar-
zilai, homem que se casou com uma filha de
Barzilai, de Gileade, e que era chamado pelo
nome do sogro.
[62]Eles examinaram seus registros de famí-
lia, mas não conseguiram achá-los e foram

[a] 2:25 Conforme a Septuaginta. O Texto Massorético diz *Quiriate-Arim*. Veja Ne 7:29.

considerados impuros para o sacerdócio.
63Por isso o governador os proibiu de comer
alimentos sagrados enquanto não houvesse
um sacerdote capaz de consultar Deus por
meio do Urim e do Tumim[a].

64A totalidade dos que voltaram do exílio
atingiu o número de 42.360 homens, 65além
dos seus 7.337 servos e servas; havia entre
eles 200 cantores e cantoras. 66Possuíam 736
cavalos, 245 mulas, 67435 camelos e 6.720 ju-
mentos.

68Quando chegaram ao templo do SENHOR
em Jerusalém, alguns dos chefes das famílias
deram ofertas voluntárias para a reconstru-
ção do templo de Deus no seu antigo local.
69De acordo com as suas possibilidades, de-
ram à tesouraria para essa obra quinhentos
quilos[b] de ouro, três toneladas[c] de prata e
cem vestes sacerdotais.

70Os sacerdotes, os levitas, os cantores, os
porteiros e os servidores do templo, bem co-
mo os demais israelitas, estabeleceram-se em
suas cidades de origem.

A reconstrução do altar

3 Quando chegou o sétimo mês e os israe-
litas já estavam em suas cidades, o povo
se reuniu como um só homem em Jerusa-
lém. 2Então Jesua, filho de Jozadaque, e seus
colegas, os sacerdotes, e Zorobabel, filho de
Sealtiel, e seus companheiros começaram a
construir o altar do Deus de Israel para nele
sacrificarem holocaustos[d], conforme o que es-
tá escrito na Lei de Moisés, homem de Deus.
3Apesar do receio que tinham dos povos ao
redor, construíram o altar sobre a sua base e
nele sacrificaram holocaustos ao SENHOR, tan-
to os sacrifícios da manhã como os da tarde.
4Depois, de acordo com o que está escrito, ce-
lebraram a festa das cabanas[e] com o número
determinado de holocaustos prescritos para
cada dia. 5A seguir apresentaram os holocaus-
tos regulares, os sacrifícios da lua nova e os
sacrifícios requeridos para todas as festas sa-
gradas determinadas pelo SENHOR, bem como
os que foram trazidos como ofertas voluntá-
rias ao SENHOR. 6A partir do primeiro dia do
sétimo mês começaram a oferecer holocaustos
ao SENHOR, embora ainda não tivessem sido
lançados os alicerces do templo do SENHOR.

A reconstrução do templo

7Então eles deram dinheiro aos pedreiros
e aos carpinteiros, e deram comida, bebida e
azeite ao povo de Sidom e de Tiro, para que,
pelo mar, trouxessem do Líbano para Jope
toras de cedro. Isso tinha sido autorizado por
Ciro, rei da Pérsia.

8No segundo mês do segundo ano depois
de chegarem ao templo de Deus em Jerusa-
lém, Zorobabel, filho de Sealtiel, Jesua, filho
de Jozadaque, e o restante dos seus irmãos

[a] 2:63 Objetos utilizados para se conhecer a vontade de Deus.
[b] 2:69 Hebraico: *61.000 dracmas*.
[c] 2:69 Hebraico: *5.000 minas*. Uma mina equivalia a 600 gramas.
[d] 3:2 Isto é, sacrifícios totalmente queimados; também nos versículos 3-6.
[e] 3:4 Ou *dos tabernáculos*; hebraico: *sucote*.

Celebração

Experimente!

Leia Esdras 3:1-6. A Festa das Cabanas era um feriado para os israelitas - essas cabanas eram tendas ou abrigos ao ar livre. Os israelitas que haviam retornado foram todos a Jerusalém para celebrar a Festa das Cabanas.

O texto de Levítico 23:33-44 diz que os israelitas moravam nessas tendas durante sete dias do ano, para ajudá-los a lembrarem-se de como seus ancestrais viveram quando Deus tirou-os do Egito. Além disso, os versículos em Levítico lhes diziam que era um feriado para ser comemorado. O que vem à sua mente quando você pensa em celebração?

Esdras 3:1-6

Sua família poderia ter um dia de Festa das Cabanas. Coloque uma barraca no quintal e viva nela por um dia. Pense em como Deus tem cuidado de sua família e lhe dado uma casa para viver. Será como um pequeno tempo de férias — então comemore!

— os sacerdotes, os levitas e todos os que tinham voltado do cativeiro para Jerusalém — começaram o trabalho, designando levitas de vinte anos para cima para supervisionarem a construção do templo do SENHOR. [9]Jesua, seus filhos e seus irmãos, e Cadmiel e seus filhos, descendentes de Hodavias[a], e os filhos de Henadade e seus filhos e seus irmãos, todos eles levitas, uniram-se para supervisionar os que trabalhavam no templo de Deus.

[10]Quando os construtores lançaram os alicerces do templo do SENHOR, os sacerdotes, com suas vestes e suas trombetas, e os levitas, filhos de Asafe, com címbalos, tomaram seus lugares para louvar o SENHOR, conforme prescrito por Davi, rei de Israel. [11]Com louvor e ações de graças, cantaram responsivamente ao SENHOR:

"Ele é bom;
seu amor a Israel dura para sempre".

E todo o povo louvou o SENHOR em alta voz, pois haviam sido lançados os alicerces do templo do SENHOR. [12]Mas muitos dos sacerdotes, dos levitas e dos chefes das famílias mais velhos, que tinham visto o antigo templo, choraram em alta voz quando viram o lançamento dos alicerces desse templo; muitos, porém, gritavam de alegria. [13]Não era possível distinguir entre o som dos gritos de alegria e o som do choro, pois o povo fazia enorme barulho. E o som foi ouvido a grande distância.

A oposição à obra

4 Quando os inimigos de Judá e de Benjamim souberam que os exilados estavam reconstruindo o templo do SENHOR, o Deus de Israel, [2]foram falar com Zorobabel e com os chefes das famílias: "Vamos ajudá-los nessa obra porque, como vocês, nós buscamos o Deus de vocês e temos sacrificado a ele desde a época de Esar-Hadom, rei da Assíria, que nos trouxe para cá".

[3]Contudo, Zorobabel, Jesua e os demais chefes das famílias de Israel responderam: "Não compete a vocês a reconstrução do templo de nosso Deus. Somente nós o construiremos para o SENHOR, o Deus de Israel, conforme Ciro, o rei da Pérsia, nos ordenou".

[4]Então a gente da região começou a desanimar o povo de Judá e a atemorizá-lo, para que não continuasse a construção[b]. [5]Pagaram alguns funcionários para que se opusessem ao povo e frustrassem o seu plano. E fizeram isso durante todo o reinado de Ciro até o reinado de Dario, reis da Pérsia.

Você sabia?

Quem eram os inimigos dos judeus?

4:1 Muitos anos antes disto, quando o rei da Assíria levou o povo de Israel em cativeiro, ele colocou outras pessoas para ocuparem a terra, e essas pessoas eram pagãs. Mas, como acreditavam que o Senhor era dono da terra de Israel, elas começaram a adorar o verdadeiro Deus ao lado dos ídolos pagãos antigos. Agora, essas pessoas ofereceram ajuda aos judeus para reconstruir o templo de Deus, mas o povo judeu não permitiu que os vizinhos pagãos os ajudassem, o que os deixou furiosos e fez com que eles tentassem parar os judeus.

A oposição nos reinados de Xerxes e Artaxerxes

[6]No início do reinado de Xerxes[c], apresentaram uma acusação contra o povo de Judá e de Jerusalém.

[7]E nos dias de Artaxerxes, rei da Pérsia, Bislão, Mitredate, Tabeel e o restante dos seus companheiros escreveram uma carta a Artaxerxes. A carta foi escrita em aramaico, com caracteres aramaicos[d,e].

[8]O comandante Reum e o secretário Sinsai escreveram uma carta contra Jerusalém ao rei Artaxerxes:

> [9]O comandante Reum e o secretário Sinsai, e o restante de seus companheiros — os juízes e os oficiais de Trípoli, da Pérsia, de Ereque e[f] da Babilônia, os elamitas de Susã, [10]e das outras nações que o grande e renomado Assurbanípal[g] deportou e assentou na cidade de Samaria e noutros lugares a oeste do

[a] 3:9 Hebraico: *Judá*, possível variante de *Hodavias*.
[b] 4:4 Ou *a perturbá-lo enquanto construía*
[c] 4:6 Hebraico: *Assuero*, variante do nome persa *Xerxes*.
[d] 4:7 Ou *em aramaico, com sua respectiva tradução*
[e] 4:7 O texto de Esdras 4:8—6:18 está em aramaico.
[f] 4:9 Ou *oficiais, magistrados e governadores sobre Ereque e*; ou ainda *oficiais de Dim, Afarsaque, Tarpel e Afarsa*
[g] 4:10 Aramaico: *Osnapar*, variante de *Assurbanípal*.

Eufrates — escreveram, nos seguintes termos:

11(Esta é uma cópia da carta que lhe enviaram.)

"Ao rei Artaxerxes,

"De seus servos que vivem a oeste do Eufrates:

12"Informamos o rei que os judeus que chegaram a nós da tua parte vieram a Jerusalém e estão reconstruindo aquela cidade rebelde e má. Estão fazendo reparos nos muros e consertando os alicerces.
13"Além disso, é preciso que o rei saiba que, se essa cidade for reconstruída e os seus muros reparados, não mais se pagarão impostos, tributos ou taxas, e as rendas do rei sofrerão prejuízo.
14Agora, visto que estamos a serviço do palácio e não nos é conveniente ver a desonra do rei, nós lhe enviamos esta
mensagem ao rei, 15a fim de que se faça uma pesquisa nos arquivos de seus antecessores. Nesses arquivos o rei descobrirá e saberá que essa cidade é uma cidade rebelde, problemática para reis e províncias, um lugar de revoltas desde épocas antigas, motivo pelo qual
foi destruída. 16Informamos ao rei que, se essa cidade for reconstruída e seus muros reparados, nada lhe sobrará a oeste do Eufrates".

17O rei enviou-lhes a seguinte resposta:

"Ao comandante Reum, ao secretário Sinsai e aos seus demais companheiros que vivem em Samaria e em outras partes, a oeste do Eufrates:

"Saudações de paz!

18"A carta que vocês nos enviaram foi traduzida e lida na minha presença.
19Sob minhas ordens fez-se uma pesquisa, e descobriu-se que essa cidade tem uma longa história de rebeldia contra os reis e que tem sido um lugar
de rebeliões e revoltas. 20Jerusalém teve reis poderosos que governaram toda a região a oeste do Eufrates, aos quais se pagavam impostos, tributos e
taxas. 21Ordene agora a esses homens que parem a obra, para que essa cidade não seja reconstruída enquanto eu
não mandar. 22Tenham cuidado, não sejam negligentes neste assunto, para que os interesses reais não sofram prejuízo".

23Lida a cópia da carta do rei Artaxerxes para Reum, para o secretário Sinsai e para os seus companheiros, eles foram depressa a Jerusalém e forçaram os judeus a parar a obra.

24Assim a obra do templo de Deus em Jerusalém foi interrompida, e ficou parada até o segundo ano do reinado de Dario, rei da Pérsia.

A vida nos tempos da Bíblia

Cartas

Nos tempos do Antigo Testamento, as cartas eram frequentemente escritas em tabuletas de argila. As marcas eram feitas na argila mole que, depois, era endurecida e colocada em envelopes de argila. Posteriormente, as cartas eram escritas em pele de animais ou em um tipo de papel, que era feito colando juntas camadas finas da haste do papiro. A palavra *papel* em português vem da palavra *papiro*.

A carta de Tatenai a Dario

5 Ora, o profeta Ageu e o profeta Zacarias, descendente de Ido, profetizaram aos judeus de Judá e de Jerusalém, em nome do Deus de Israel, que estava sobre eles. 2 Então Zorobabel, filho de Sealtiel, e Jesua, filho de Jozadaque, começaram a reconstruir o templo de Deus em Jerusalém. E os profetas de Deus estavam com eles e os ajudavam.

3 Tatenai, governador do território a oeste do Eufrates, Setar-Bozenai e seus companheiros foram logo perguntar a eles: "Quem os autorizou a reconstruir este templo e estes muros? 4 E como se chamam os homens que estão construindo este edifício?[a]" 5 Mas os olhos do seu Deus estavam sobre os líderes dos judeus, e eles não foram impedidos de trabalhar até que um relatório fosse enviado a Dario e dele se recebesse uma ordem oficial a respeito do assunto.

6 Esta é uma cópia da carta que Tatenai, governador do território situado a oeste do Eufrates, Setar-Bozenai e seus companheiros, os oficiais do oeste do Eufrates, enviaram ao rei Dario. 7 O relatório que lhe enviaram dizia o seguinte:

> "Ao rei Dario:
>
> "Paz e prosperidade!
>
> 8 "Informamos ao rei que fomos à província de Judá, ao templo do grande Deus. O povo o está reconstruindo com grandes pedras e já estão fixando as vigas de madeira nas paredes. A obra está sendo executada com diligência e apresentando rápido progresso.
>
> 9 "Então perguntamos aos líderes: Quem os autorizou a reconstruir este templo e estes muros? 10 Também perguntamos os nomes dos líderes deles, para que os registrássemos para a tua informação.
>
> 11 "Esta é a resposta que nos deram:
>
> " 'Somos servos do Deus dos céus e da terra e estamos reconstruindo o templo edificado há muitos anos, templo que foi construído e terminado por um grande rei de Israel. 12 Mas, visto que os nossos antepassados irritaram o Deus dos céus, ele os entregou nas mãos do babilônio[b] Nabucodonosor, rei da Babilônia, que destruiu este templo e deportou o povo para a Babilônia.
>
> 13 " 'Contudo, no seu primeiro ano como rei da Babilônia, o rei Ciro emitiu um decreto ordenando a reconstrução desta casa de Deus. 14 Ele até mesmo tirou do templo[c] da Babilônia os utensílios de ouro e de prata da casa de Deus, os quais Nabucodonosor havia tirado do templo de Jerusalém e levado para o templo da Babilônia.
>
> " 'O rei Ciro os confiou a um homem chamado Sesbazar, que ele tinha nomeado governador, 15 e lhe disse: "Leve estes utensílios, coloque-os no templo de Jerusalém e reconstrua a casa de Deus em seu antigo local". 16 Então Sesbazar veio e lançou os alicerces do templo de Deus em Jerusalém. Desde aquele dia o templo tem estado em construção, mas ainda não foi concluído'.
>
> 17 "Agora, se for do agrado do rei, que se faça uma pesquisa nos arquivos reais da Babilônia para verificar se o rei Ciro de fato emitiu um decreto ordenando a reconstrução da casa de Deus em Jerusalém. Aguardamos do rei a decisão sobre o assunto".

O decreto de Dario

6 O rei Dario mandou então fazer uma pesquisa nos arquivos da Babilônia, que estavam nos locais em que se guardavam os tesouros. 2 Encontrou-se um rolo na cidadela de Ecbatana, na província da Média, e nele estava escrito o seguinte, que Dario comunicou:

> 3 "No primeiro ano do seu reinado, o rei Ciro promulgou um decreto acerca do templo de Deus em Jerusalém, nestes termos:
>
> " 'Que o templo seja reconstruído como local destinado à apresentação de sacrifícios, e que se lancem os seus alicerces. Ele terá vinte e sete metros[d] de altura e vinte e sete metros de largura, 4 com três carreiras de pedras grandes e uma carreira de madeira. O custo será pago pela tesouraria do rei. 5 E os utensílios de ouro e de prata da casa

[a] 5:4 Conforme a Septuaginta. O Texto Massorético diz *Demos a eles os nomes dos homens que estavam construindo este edifício.*

[b] 5:12 Ou *caldeu*

[c] 5:14 Ou *palácio*; também no mesmo versículo.

[d] 6:3 Aramaico: *60 côvados*. O côvado era uma medida linear de cerca de 45 centímetros.

de Deus, que Nabucodonosor tirou do
templo de Jerusalém e trouxe para a
Babilônia, serão devolvidos aos seus
lugares no templo de Jerusalém; de-
vem ser colocados na casa de Deus’.

6“Agora, então, Tatenai, governador
do território situado a oeste do Eu-
frates, e Setar-Bozenai, e vocês, ofi-
ciais dessa província e amigos deles,
mantenham-se afastados de lá. 7Não
interfiram na obra que se faz nesse
templo de Deus. Deixem o governa-
dor e os líderes dos judeus recons-
truírem esse templo de Deus em seu
antigo local.
8“Além disso, promulgo o seguinte de-
creto a respeito do que vocês farão por
esses líderes dos judeus na construção
desse templo de Deus:
“As despesas desses homens serão in-
tegralmente pagas pela tesouraria do
rei, do tributo recebido do território
a oeste do Eufrates, para que a obra
não pare. 9E o que for necessário: no-
vilhos, carneiros, cordeiros para os
holocaustos[a] oferecidos ao Deus dos
céus, e trigo, sal, vinho e azeite, con-
forme for solicitado pelos sacerdotes
em Jerusalém, tudo deverá ser entre-
gue diariamente a eles, sem falta, 10pa-
ra que ofereçam sacrifícios agradáveis
ao Deus dos céus e orem pelo bem-es-
tar do rei e dos seus filhos.
11“Além disso, determino que, se al-
guém alterar este decreto, atravessem-
-lhe o corpo com uma viga tirada de
sua casa e deixem-no empalado. E seja
a sua casa transformada num monte
de entulho. 12E que Deus, que fez o seu
nome ali habitar, derrube qualquer rei
ou povo que estender a mão para mu-
dar este decreto ou para destruir esse
templo de Jerusalém.
“Eu, Dario, o decretei. Que seja plena-
mente executado”.

A dedicação do templo

13Tendo recebido o decreto do rei Dario,
Tatenai, governador do território situado a
oeste do Eufrates, Setar-Bozenai e os com-
panheiros deles o cumpriram plenamente.
14Dessa maneira, os líderes dos judeus con-
tinuaram a construir e a prosperar, enco-
rajados pela pregação dos profetas Ageu e
Zacarias, descendente de Ido. Eles termina-
ram a reconstrução do templo conforme a
ordem do Deus de Israel e os decretos de Ci-
ro, de Dario e de Artaxerxes, reis da Pérsia.
15O templo foi concluído no terceiro dia do
mês de adar[b], no sexto ano do reinado do
rei Dario.

16Então o povo de Israel, os sacerdotes, os
levitas e o restante dos exilados, celebraram
com alegria a dedicação do templo de Deus.

[a] 6:9 Isto é, sacrifícios totalmente queimados.

[b] 6:15 Aproximadamente fevereiro/março.

Experimente!

Dedicado a Deus

Dedicar aqui significa prometer usar o templo para adorar a Deus e servi-lo ali. Leia sobre o culto de dedicação em Esdras 6:13-18.

Aqui vão algumas maneiras de aprender mais sobre dedicar coisas a Deus:

1. Se as pessoas dedicarem bebês na sua igreja, ouça com atenção. O que os pais prometem? O que a congregação promete? O que o ministro diz na oração?
2. Ouça atentamente a oração de dedicação quando a oferta da igreja é recebida em um culto de adoração.
3. Pense nas coisas que você tem. Existe alguma coisa que você gostaria de dedicar a Deus? Por exemplo, você pode dedicar seus livros escolares a Deus. Ore e diga a Deus que estudará muito para que você esteja pronto para atendê-lo quando crescer.

Esdras 6:13-18

17 Para a dedicação do templo de Deus ofereceram cem touros, duzentos carneiros, quatrocentos cordeiros e, como oferta pelo pecado de todo o Israel, doze bodes, de acordo com
o número das tribos de Israel. 18 E organiza-
ram os sacerdotes em suas divisões e os levitas em seus grupos para o serviço de Deus em Jerusalém, conforme o que está escrito no Livro de Moisés.

A celebração da Páscoa

19 No décimo quarto dia do primeiro mês,
os exilados celebraram a Páscoa. 20 Os sacer-
dotes e os levitas tinham se purificado; estavam todos cerimonialmente puros. Os levitas sacrificaram o cordeiro da Páscoa por todos os exilados, por seus colegas sacerdotes e
por eles mesmos. 21 Assim, os israelitas que
tinham voltado do exílio comeram do cordeiro, participando com eles todos os que se haviam separado das práticas impuras dos seus vizinhos gentios para buscarem o SE-
NHOR, o Deus de Israel. 22 Durante sete dias
eles celebraram com alegria a festa dos pães sem fermento, pois o SENHOR os enchera de alegria ao mudar o coração do rei da Assíria, levando-o a dar-lhes força para realizarem a obra de reconstrução do templo de Deus, o Deus de Israel.

Esdras vai para Jerusalém

7 Depois dessas coisas, durante o reinado de Artaxerxes, rei da Pérsia, vivia um homem chamado Esdras. Era filho de Seraías,
filho de Azarias, filho de Hilquias, 2 filho de
Salum, filho de Zadoque, filho de Aitube, 3 fi-
lho de Amarias, filho de Azarias, filho de Me-
raiote, 4 filho de Zeraías, filho de Uzi, filho de
Buqui, 5 filho de Abisua, filho de Fineias, filho
de Eleazar, filho do sumo sacerdote Arão. 6 Es-
te Esdras veio da Babilônia. Era um escriba que conhecia muito a Lei de Moisés dada pelo SENHOR, o Deus de Israel. O rei lhe concedera tudo o que ele tinha pedido, pois a mão do
SENHOR, o seu Deus, estava sobre ele. 7 Alguns
dos israelitas, inclusive sacerdotes, levitas, cantores, porteiros e servidores do templo, também foram para Jerusalém no sétimo ano do reinado de Artaxerxes.

8 Esdras chegou a Jerusalém no quinto mês
do sétimo ano desse reinado. 9 No primeiro
dia do primeiro mês ele saiu da Babilônia e chegou a Jerusalém no primeiro dia do quinto mês, porque a boa mão de seu Deus
estava sobre ele. 10 Pois Esdras tinha decidi-
do dedicar-se a estudar a Lei do SENHOR e a praticá-la, e a ensinar os seus decretos e mandamentos aos israelitas.

Palavras para memorizar

"Esdras tinha decidido dedicar-se a estudar a Lei do Senhor e a praticá-la."
(Esdras 7:10)

A carta do rei Artaxerxes a Esdras

11 Esta é uma cópia da carta que o rei Artaxerxes entregou ao sacerdote e escriba Esdras, conhecedor dos mandamentos e decretos do SENHOR para Israel:

12[a] "Artaxerxes, rei dos reis,

"Ao sacerdote Esdras, escriba da Lei do Deus dos céus:

"Paz e prosperidade!

13 "Estou decretando que qualquer israelita em meu reino, inclusive dentre os sacerdotes e levitas, que desejar ir a Jerusalém com você, poderá fazê-
-lo. 14 Você está sendo enviado pelo rei
e por seus sete conselheiros para fazer uma investigação em Judá e em Jerusalém com respeito à Lei do seu Deus,
que está nas suas mãos. 15 Além disso,
você levará a prata e o ouro que o rei e seus conselheiros voluntariamente ofereceram ao Deus de Israel, cuja ha-
bitação está em Jerusalém, 16 além de
toda a prata e todo o ouro que você receber da província da Babilônia, como também as ofertas voluntárias do povo e dos sacerdotes para o templo do
Deus deles em Jerusalém. 17 Com esse
dinheiro compre novilhos, carneiros, cordeiros e o que for necessário para as suas ofertas de cereal e de bebida, e sacrifique-os no altar do templo do seu Deus em Jerusalém.

18 "Você e seus irmãos poderão fazer o que acharem melhor com o restante da prata e do ouro, de acordo com a
vontade do seu Deus. 19 Entregue ao
Deus de Jerusalém todos os utensílios

[a] 7:12 O texto original de Esdras 7:12-26 está em aramaico.

que foram confiados a você para o cul-
to no templo de seu Deus. 20E todas as
demais despesas necessárias com rela-
ção ao templo de seu Deus serão pagas
pelo tesouro real.
21“Agora eu, o rei Artaxerxes, ordeno a
todos os tesoureiros do território situa-
do a oeste do Eufrates que forneçam
tudo o que lhes solicitar o sacerdo-
te Esdras, escriba da Lei do Deus dos
céus, 22até três toneladas e meia[a] de
prata, cem tonéis[b] de trigo, dez barris[c]
de vinho, dez barris de azeite de oliva,
e sal à vontade. 23Tudo o que o Deus
dos céus tenha prescrito, que se faça
com presteza para o templo do Deus
dos céus, para que a sua ira não ve-
nha contra o império do rei e dos seus
descendentes. 24Saibam também que
vocês não têm autoridade para exigir
impostos, tributos ou taxas de nenhum
sacerdote, levita, cantor, porteiro, ser-
vidor do templo e de nenhum dos que
trabalham nesse templo de Deus.
25“E você, Esdras, com a sabedoria
que o seu Deus lhe deu, nomeie ma-
gistrados e juízes para ministrarem a
justiça a todo o povo do território si-
tuado a oeste do Eufrates, a todos os
que conhecem as leis do seu Deus. E
aos que não as conhecem você deve-
rá ensiná-las. 26Aquele que não obe-
decer à lei do Deus de vocês e à lei do
rei seja punido com a morte, ou com
o exílio, ou com o confisco de bens, ou
com a prisão”.

27Bendito seja o SENHOR, o Deus de nossos
antepassados, que pôs no coração do rei o
propósito de honrar desta maneira o templo
do SENHOR em Jerusalém, 28e que, por sua
bondade, favoreceu-me perante o rei, seus
conselheiros e todos os seus altos oficiais.
Como a mão do SENHOR, o meu Deus, esteve
sobre mim, tomei coragem e reuni alguns lí-
deres de Israel para me acompanharem.

A lista dos líderes das famílias que voltaram

8 Estes são os chefes das famílias e dos
que com eles foram registrados, os quais
saíram comigo da Babilônia durante o reina-
do do rei Artaxerxes:

2dos descendentes de Fineias, Gérson;
dos descendentes de Itamar, Daniel;
dos descendentes de Davi, Hatus;
3dos descendentes de Secanias,
dos descendentes de Parós, Zacarias,
sendo registrados com ele
150 homens;
4dos descendentes de Paate-Moabe,
Elioenai, filho de Zeraías,
e com ele 200 homens;
5dos descendentes de Zatu[d],
Secanias, filho de Jaaziel,
e com ele 300 homens;
6dos descendentes de Adim,
Ebede, filho de Jônatas,
e com ele 50 homens;
7dos descendentes de Elão,
Jesaías, filho de Atalias,
e com ele 70 homens;
8dos descendentes de Sefatias,
Zebadias, filho de Micael,
e com ele 80 homens;
9dos descendentes de Joabe,
Obadias, filho de Jeiel,
e com ele 218 homens;
10dos descendentes de Bani[e],
Selomite, filho de Josifias,
e com ele 160 homens;
11dos descendentes de Bebai,
Zacarias, filho de Bebai,
e com ele 28 homens;
12dos descendentes de Azgade,
Joanã, filho de Hacatã,

Você sabia?

Quando Esdras chegou a Jerusalém?

8:1 Os primeiros judeus voltaram da Babilônia para Judá em 538 a.C. A passagem de Esdras 1—6 fala sobre coisas que aconteceram naquele tempo. Esdras chegou a Jerusalém oitenta anos depois, em 458 a.C. O texto de Esdras 7—10 conta o que aconteceu quando ele retornou.

[a] 7:22 Aramaico: *100 talentos*. Um talento equivalia a 35 quilos.
[b] 7:22 Aramaico: *100 coros*. O coro era uma medida de capacidade. As estimativas variam entre 200 e 400 litros.
[c] 7:22 Aramaico: *100 batos*. O bato era uma medida de capacidade para líquidos. As estimativas variam entre 20 e 40 litros.
[d] 8:5 Muitos manuscritos não trazem *Zatu*.
[e] 8:10 Muitos manuscritos não trazem *Bani*.

e com ele 110 homens;
13 dos descendentes de Adonicão,
os últimos que chegaram,
Elifelete, Jeiel e Semaías,
e com eles 60 homens;
14 dos descendentes de Bigvai,
Utai e Zabude,
e com eles 70 homens.

O retorno a Jerusalém

15 Eu os reuni junto ao canal que corre para
Aava e acampamos ali por três dias. Quan-
do passei em revista o povo e os sacerdotes,
não encontrei nenhum levita. 16 Por isso con-
voquei Eliézer, Ariel, Semaías, Elnatã, Jaribe,
Elnatã, Natã, Zacarias e Mesulão, que eram
líderes, e Joiaribe e Natã, que eram homens
sábios, 17 e os enviei a Ido, o líder de Casifia.
Eu lhes falei o que deveriam dizer a Ido e a
seus parentes, os servidores do templo, em
Casifia, para que nos trouxessem servidores
para o templo de nosso Deus. 18 Como a bon-
dosa mão de Deus estava sobre nós, eles nos
trouxeram Serebias, homem capaz, dentre
os descendentes de Mali, filho de Levi, neto
de Israel, e os filhos e irmãos de Serebias, de-
zoito homens; 19 e também Hasabias, acom-
panhado de Jesaías, dentre os descendentes
de Merari, e seus irmãos e filhos, vinte ho-
mens. 20 Trouxeram ainda duzentos e vinte
dos servidores do templo, um grupo que Davi
e os seus oficiais tinham formado para aju-
dar os levitas. Todos eles tinham seus nomes
registrados.

21 Ali, junto ao canal de Aava, proclamei je-
jum para que nos humilhássemos diante do
nosso Deus e lhe pedíssemos uma viagem se-
gura para nós e nossos filhos, com todos os
nossos bens. 22 Tive vergonha de pedir solda-
dos e cavaleiros ao rei para nos protegerem
dos inimigos na estrada, pois lhe tínhamos
dito: "A mão bondosa de nosso Deus está so-
bre todos os que o buscam, mas o seu poder
e a sua ira são contra todos os que o abando-
nam". 23 Por isso jejuamos e suplicamos es-
sa bênção ao nosso Deus, e ele nos atendeu.

24 Depois separei doze dos principais sacer-
dotes, a saber, Serebias, Hasabias e dez dos
seus irmãos, 25 e pesei diante deles a oferta de
prata e de ouro e os utensílios que o rei, seus
conselheiros, seus oficiais e todo o Israel ali
presente tinham doado para a casa de nos-
so Deus. 26 Pesei e entreguei-lhes vinte e dois
mil e setecentos e cinquenta quilos[a] de prata,
três toneladas e meia de utensílios de prata,
três toneladas e meia de ouro, 27 vinte tigelas
de ouro pesando oito quilos e meio[b], e dois
utensílios finos de bronze polido, tão valio-
sos como se fossem de ouro.

28 E eu lhes disse: Tanto vocês como estes
utensílios estão consagrados ao SENHOR. A
prata e o ouro são uma oferta voluntária
ao SENHOR, o Deus dos seus antepassados.
29 Guardem-nos bem até que os pesem nas
salas do templo do SENHOR em Jerusalém
diante dos sacerdotes principais, dos levitas
e dos chefes das famílias de Israel. 30 Então os
sacerdotes e os levitas receberam a prata, o
ouro e os utensílios sagrados, depois de pe-
sados, para levá-los a Jerusalém, ao templo
do nosso Deus.

31 No décimo segundo dia do primeiro mês
nós partimos do canal de Aava e fomos para
Jerusalém. A mão do nosso Deus esteve so-
bre nós, e ele nos protegeu do ataque de ini-
migos e assaltantes pelo caminho. 32 Assim
chegamos a Jerusalém, e ficamos descansan-
do três dias.

33 No quarto dia, no templo do nosso Deus,
pesamos a prata, o ouro e os utensílios sagra-
dos, e os demos a Meremote, filho do sacer-
dote Urias. Estavam com ele Eleazar, filho de
Fineias, e os levitas Jozabade, filho de Jesua,
e Noadias, filho de Binui. 34 Tudo foi contado
e pesado, e o peso total foi registrado naque-
la mesma hora.

35 Então os exilados que tinham voltado do
cativeiro sacrificaram holocaustos[c] ao Deus
de Israel: doze touros em favor de todo o Is-
rael, noventa e seis carneiros, setenta e sete
cordeiros e, como oferta pelo pecado, doze
bodes — tudo oferecido como holocausto ao
SENHOR. 36 Eles também entregaram as or-
dens do rei aos sátrapas e aos governadores
do território a oeste do Eufrates, e ajudaram
o povo na obra do templo de Deus.

A oração de Esdras

9 Depois que foram feitas essas coisas, os
líderes vieram dizer-me: "O povo de Is-
rael, inclusive os sacerdotes e os levitas, não
se mantiveram separados dos povos vizinhos
e de suas práticas repugnantes, como as dos
cananeus, dos hititas, dos ferezeus, dos je-
buseus, dos amonitas, dos moabitas, dos
egípcios e dos amorreus. 2 Eles e seus filhos
se casaram com mulheres daqueles povos e

[a] 8:26 Hebraico: *650 talentos*. Um talento equivalia a 35 quilos.

[b] 8:27 Hebraico: *1.000 dáricos*.

[c] 8:35 Isto é, sacrifícios totalmente queimados.

com eles misturaram a descendência santa.
E os líderes e os oficiais estão à frente nessa
atitude infiel!"
3Quando ouvi isso, rasguei a minha túni-
ca e o meu manto, arranquei os cabelos da
cabeça e da barba e me sentei estarrecido!
4Então todos os que tremiam diante das pa-
lavras do Deus de Israel reuniram-se ao meu
redor por causa da infidelidade dos exilados.
E eu fiquei sentado ali, estarrecido, até o sa-
crifício da tarde.
5Então, na hora do sacrifício da tarde,
eu saí do meu abatimento, com a túnica e
o manto rasgados, e caí de joelhos com as
mãos estendidas para o SENHOR, o meu Deus,
6e orei:

> Meu Deus, estou por demais envergo-
> nhado e humilhado para levantar o
> rosto diante de ti, meu Deus, porque
> os nossos pecados cobrem a nossa ca-
> beça e a nossa culpa sobe até os céus.
> 7Desde os dias dos nossos antepassa-
> dos até agora, a nossa culpa tem sido
> grande. Por causa dos nossos pecados,
> nós, os nossos reis e os nossos sacerdo-
> tes temos sido entregues à espada e ao
> cativeiro, ao despojo e à humilhação
> nas mãos de reis estrangeiros, como
> acontece hoje.
> 8Mas agora, por um breve momento, o
> SENHOR, o nosso Deus, foi misericor-
> dioso, deixando-nos um remanescente
> e dando-nos um lugar seguro em seu
> santuário, e dessa maneira o nosso
> Deus ilumina os nossos olhos e nos
> dá um pequeno alívio em nossa escra-
> vidão. 9Somos escravos, mas o nosso
> Deus não nos abandonou na escravi-
> dão. Ele tem sido bondoso para conos-
> co diante dos reis da Pérsia: ele nos
> deu vida nova para reconstruir o tem-
> plo do nosso Deus e levantar suas ruí-
> nas, e nos deu um muro de proteção
> em Judá e em Jerusalém.
> 10E agora, ó nosso Deus, o que po-
> demos dizer depois disso? Pois nós
> abandonamos os mandamentos que
> 11nos deste por meio dos teus servos,
> os profetas, quando disseste: "A ter-
> ra que vocês estão conquistando está
> contaminada pelas práticas repugnan-
> tes dos seus povos. Com essas práticas
> eles encheram de impureza toda es-
> sa terra. 12Por isso, não deem as suas
> filhas em casamento aos filhos deles,
> nem aceitem as filhas deles para os fi-
> lhos de vocês. Nunca procurem o bem-
> -estar e a prosperidade desses povos,
> para que vocês sejam fortes e desfru-
> tem os bons produtos da terra, e a dei-
> xem para os seus filhos como herança
> eterna".
> 13Depois de tudo o que nos aconteceu
> por causa de nossas más obras e por
> causa de nossa grande culpa, apesar

A vida nos tempos da Bíblia

Celebrações de casamentos

Casamentos eram ocasiões alegres em Israel. Durante uma semana a noiva e o noivo eram tratados como rainha e rei, respectivamente, e havia música, dança e banquetes. Mas os israelitas foram proibidos de casar-se com pagãos, que não adoravam o Senhor. Quando Esdras soube que havia casamentos assim, ele não ficou feliz. Ele chorou de vergonha e confessou o pecado a Deus.

Você sabia?

O que é dito em uma oração de confissão?

9:15 Em uma oração de confissão, a pessoa conta a Deus sobre seu pecado e pede perdão a ele. O trecho de 9:6-15 registra a oração de Esdras, o qual confessou que seu povo havia errado. Por Esdras estar aborrecido, as pessoas perceberam que haviam pecado e confessaram seus pecados. O capítulo 10 conta como o povo de Judá mostrou que estava realmente triste por seus pecados.

de nos teres punido menos do que os
nossos pecados mereciam, ó Deus, e
ainda nos teres dado um remanescen-
te como este, 14como podemos voltar
a quebrar os teus mandamentos e a
realizar casamentos mistos com esses
povos de práticas repugnantes? Como
não ficarias irado conosco, não nos
destruirias, e não nos deixarias sem
remanescente ou sobrevivente algum?
15Ó SENHOR, Deus de Israel, tu és jus-
to! E até hoje nos deixaste sobreviver
como um remanescente. Aqui esta-
mos diante de ti com a nossa culpa,
embora saibamos que por causa dela
nenhum de nós pode permanecer na
tua presença.

A confissão de pecado do povo

10 Enquanto Esdras estava orando e con-
fessando, chorando prostrado diante
do templo de Deus, uma grande multidão
de israelitas, homens, mulheres e crianças,
reuniram-se em volta dele. Eles também cho-
ravam amargamente. 2Então Secanias, filho
de Jeiel, um dos descendentes de Elão, disse
a Esdras: "Fomos infiéis ao nosso Deus quan-
do nos casamos com mulheres estrangeiras
procedentes dos povos vizinhos. Mas, apesar
disso, ainda há esperança para Israel. 3Faça-
mos agora um acordo diante do nosso Deus
e mandemos de volta todas essas mulheres
e seus filhos, segundo o conselho do meu se-
nhor e daqueles que tremem diante dos man-
damentos de nosso Deus. Que isso seja feito
em conformidade com a Lei. 4Levante-se! Esta
questão está em suas mãos, mas nós o apoia-
remos. Tenha coragem e mãos à obra!"

5Esdras levantou-se e fez os sacerdotes
principais, os levitas e todo o Israel jurarem
que fariam o que fora sugerido. E eles jura-
ram. 6Então Esdras retirou-se de diante do
templo de Deus e foi para o quarto de Joanã,
filho de Eliasibe. Enquanto esteve ali, não co-
meu nem bebeu nada, lamentando a infide-
lidade dos exilados.

7Fez-se então uma proclamação em todo
o Judá e em Jerusalém convocando todos os
exilados a se reunirem em Jerusalém. 8Os lí-
deres e as demais autoridades tinham deci-
dido que aquele que não viesse no prazo de
três dias perderia todos os seus bens e seria
excluído da comunidade dos exilados.

9No prazo de três dias, todos os homens
de Judá e de Benjamim tinham se reunido
em Jerusalém, e no vigésimo dia do nono
mês todo o povo estava sentado na praça
que ficava diante do templo de Deus. Todos
estavam profundamente abatidos por causa
da reunião e também porque chovia muito.
10Então o sacerdote Esdras levantou-se e lhes
disse: "Vocês têm sido infiéis! Vocês se casa-
ram com mulheres estrangeiras, aumentan-
do a culpa de Israel. 11Agora confessem seu
pecado ao SENHOR, o Deus dos seus antepas-
sados, e façam a vontade dele. Separem-se
dos povos vizinhos e das suas mulheres es-
trangeiras".

12A comunidade toda respondeu em alta
voz: "Você está certo! Devemos fazer o que
você diz. 13Mas há muita gente aqui, e esta
é a estação das chuvas; por isso não pode-
mos ficar do lado de fora. Além disso, essa
questão não pode ser resolvida em um dia ou
dois, pois foram muitos os que assim peca-
ram. 14Que os nossos líderes decidam por to-
da a assembleia. Depois, que cada homem de
nossas cidades que se casou com mulher es-
trangeira venha numa data marcada, acom-
panhado dos líderes e juízes de cada cidade,
para que se afaste de nós o furor da ira de
nosso Deus por causa desse pecado". 15Somen-
te Jônatas, filho de Asael, e Jaseías, filho de
Ticvá, apoiados por Mesulão e o levita Sabe-
tai, discordaram.

16E assim os exilados fizeram conforme
proposto. O sacerdote Esdras escolheu che-
fes de família, um de cada grupo de famílias,
todos eles chamados por nome. E no primei-
ro dia do décimo mês eles se assentaram para

investigar cada caso. [17]No primeiro dia do primeiro mês terminaram de investigar todos os casos de casamento com mulheres estrangeiras.

Os culpados de casamento misto

[18]Entre os descendentes dos sacerdotes, estes foram os que se casaram com mulheres estrangeiras:

Dentre os descendentes de Jesua, filho de Jozadaque, e de seus irmãos: Maaseias, Eliézer, Jaribe e Gedalias. [19]Eles apertaram as mãos em sinal de garantia de que iam despedir suas mulheres, e cada um apresentou um carneiro do rebanho como oferta por sua culpa.
[20]Dentre os descendentes de Imer:
Hanani e Zebadias.
[21]Dentre os descendentes de Harim:
Maaseias, Elias, Semaías, Jeiel e Uzias.
[22]Dentre os descendentes de Pasur:
Elioenai, Maaseias, Ismael,
Natanael, Jozabade e Eleasa.

[23]Dentre os levitas:

Jozabade, Simei, Quelaías,
também chamado Quelita,
Petaías, Judá e Eliézer.
[24]Dentre os cantores:
Eliasibe.
Dentre os porteiros:
Salum, Telém e Uri.

[25]E dentre os outros israelitas:

Dentre os descendentes de Parós:
Ramias, Jezias, Malquias, Miamim,
Eleazar, Malquias e Benaia.
[26]Dentre os descendentes de Elão:
Matanias, Zacarias, Jeiel,
Abdi, Jeremote e Elias.
[27]Dentre os descendentes de Zatu:
Elioenai, Eliasibe, Matanias,
Jeremote, Zabade e Aziza.
[28]Dentre os descendentes de Bebai:
Joanã, Hananias, Zabai e Atlai.
[29]Dentre os descendentes de Bani:
Mesulão, Maluque, Adaías,
Jasube, Seal e Jeremote.
[30]Dentre os descendentes
de Paate-Moabe:
Adna, Quelal, Benaia, Maaseias,
Matanias, Bezalel, Binui e Manassés.
[31]Dentre os descendentes de Harim:
Eliézer, Issias, Malquias,
Semaías, Simeão,
[32]Benjamim, Maluque e Semarias.
[33]Dentre os descendentes de Hasum:
Matenai, Matatá, Zabade, Elifelete,
Jeremai, Manassés e Simei.
[34]Dentre os descendentes de Bani:
Maadai, Anrão, Uel,
[35]Benaia, Bedias, Queluí,
[36]Vanias, Meremote, Eliasibe,
[37]Matanias, Matenai e Jaasai.
[38]Dentre os descendentes de Binui:[a]
Simei, [39]Selemias, Natã, Adaías,
[40]Macnadbai, Sasai, Sarai,
[41]Azareel, Selemias, Semarias,
[42]Salum, Amarias e José.
[43]Dentre os descendentes de Nebo:
Jeiel, Matitias, Zabade, Zebina,
Jadai, Joel e Benaia.

[44]Todos esses tinham se casado com mulheres estrangeiras, e alguns deles tiveram filhos dessas mulheres.[b]

[a] 10:37-38 Muitos manuscritos dizem *Jaasai,* [38]*Bani, Binui.*
[b] 10:44 Ou *e eles as despediram com seus filhos.*

Neemias

Quem escreveu este livro?

O autor deste livro é desconhecido, mas muitos acreditam que foi escrito por Esdras.

Por que este livro foi escrito?

O livro de Neemias conta como Deus usou Neemias para reconstruir os muros de Jerusalém.

O que acontece neste livro?

Neemias é feito governador de Judá e faz os judeus reconstruírem os muros da cidade. Além disso, ele também ajuda o povo de Judá a parar de viver uma vida pecaminosa.

O que aprendemos sobre Deus neste livro?

Deus quer que seu povo seja corajoso e siga fazendo seu trabalho.

Quem é o personagem principal deste livro?

A pessoa mais importante neste livro é Neemias.

Quando isto aconteceu?

Os acontecimentos deste livro transcorreram entre 444 a.C. e 430 a.C.

Onde isto aconteceu?

Os acontecimentos deste livro sucederam na terra de Judá e na cidade de Jerusalém. (Veja o *Índice de mapas*, ao final desta Bíblia, para saber onde ficam esses lugares.)

Algumas histórias deste livro:

Os muros foram reconstruídos	Neemias 3
Neemias ajuda os pobres	Neemias 5
Oposição à reconstrução	Neemias 6
Esdras lê a lei de Deus	Neemias 8
Os israelitas confessam seu pecado	Neemias 9
Neemias pede para ser lembrado	Neemias 13

A história de Neemias

1 Palavras de Neemias, filho de Hacalias:
No mês de quisleu[a], no vigésimo ano[b], enquanto eu estava na cidade de Susã, 2Hanani, um dos meus irmãos, veio de Judá com alguns outros homens, e eu lhes perguntei acerca dos judeus que restaram, os sobreviventes do cativeiro,[c] e também sobre Jerusalém.

3E eles me responderam: "Aqueles que sobreviveram ao cativeiro e estão lá na província passam por grande sofrimento e humilhação. O muro de Jerusalém foi derrubado, e suas portas foram destruídas pelo fogo".

4Quando ouvi essas coisas, sentei-me e chorei. Passei dias lamentando-me, jejuando e orando ao Deus dos céus. 5Então eu disse:

> SENHOR, Deus dos céus, Deus grande e temível, fiel à aliança e misericordioso com os que te amam e obedecem aos teus mandamentos, 6que os teus ouvidos estejam atentos e os teus olhos estejam abertos para a oração que o teu servo está fazendo diante de ti, dia e noite, em favor de teus servos, o povo de Israel. Confesso os pecados que nós, os israelitas, temos cometido contra ti. Sim, eu e o meu povo temos pecado. 7Agimos de forma corrupta e vergonhosa contra ti. Não temos obedecido aos mandamentos, aos decretos e às leis que deste ao teu servo Moisés.
>
> 8Lembra-te agora do que disseste a Moisés, teu servo: "Se vocês forem infiéis, eu os espalharei entre as nações, 9mas, se voltarem para mim, obedecerem aos meus mandamentos e os puserem em prática, mesmo que vocês estejam espalhados pelos lugares mais distantes debaixo do céu, de lá eu os reunirei e os trarei para o lugar que escolhi para estabelecer o meu nome".
>
> 10Estes são os teus servos, o teu povo. Tu os resgataste com o teu grande poder e com o teu braço forte. 11Senhor, que os teus ouvidos estejam atentos à oração deste teu servo e à oração dos teus servos que têm prazer em temer o teu nome. Faze com que hoje este teu servo seja bem-sucedido, concedendo-lhe a benevolência deste homem.

Nessa época, eu era o copeiro do rei.

Neemias em Jerusalém

2 No mês de nisã[d] do vigésimo ano do rei Artaxerxes, na hora de servir-lhe o vinho, levei-o ao rei. Nunca antes eu tinha estado triste na presença dele; 2por isso o rei me perguntou: "Por que o seu rosto parece tão triste, se você não está doente? Essa tristeza só pode ser do coração!"

Com muito medo, 3eu disse ao rei: Que o rei viva para sempre! Como não estaria triste o meu rosto, se a cidade em que estão sepultados os meus pais está em ruínas, e as suas portas foram destruídas pelo fogo?

4O rei me disse: "O que você gostaria de pedir?"

Então orei ao Deus dos céus, 5e respondi ao rei: Se for do agrado do rei e se o seu servo puder contar com a sua benevolência, que ele me deixe ir à cidade onde meus pais estão enterrados, em Judá, para que eu possa reconstruí-la.

6Então o rei, estando presente a rainha, sentada ao seu lado, perguntou-me: "Quanto tempo levará a viagem? Quando você voltará?" Marquei um prazo com o rei, e ele concordou que eu fosse.

7A seguir acrescentei: Se for do agrado do rei, eu poderia levar cartas do rei aos governadores do Trans-Eufrates para que me deixem passar até chegar a Judá. 8E também uma carta para Asafe, guarda da floresta do rei, para que ele me forneça madeira para as

Pessoas nos tempos da Bíblia

Copeiro

O copeiro era um alto oficial do governo nos tempos bíblicos. Era uma honra encher o cálice para o rei, quando ele ia beber, e provar a comida e o vinho para ter certeza de que não estavam envenenados. Pessoas comuns bebiam em copos rasos de barro, mas os reis bebiam de taças feitas de ouro e prata.

[a] 1:1 Aproximadamente novembro/dezembro.
[b] 1:1 Isto é, do reinado de Artaxerxes I, conforme 2:1.
[c] 1:2 Ou *os que não foram levados*; ou ainda *os que haviam voltado do cativeiro*,
[d] 2:1 O mesmo que *abibe*; aproximadamente março/abril.

portas da cidadela que fica junto ao templo,
para os muros da cidade e para a residên-
cia que irei ocupar. Visto que a bondosa mão
de Deus estava sobre mim, o rei atendeu os
meus pedidos. 9Com isso fui aos governado-
res do Trans-Eufrates e lhes entreguei as car-
tas do rei. Acompanhou-me uma escolta de
oficiais do exército e de cavaleiros que o rei
enviou comigo.
10Sambalate, o horonita, e Tobias, o oficial
amonita, ficaram muito irritados quando vi-
ram que havia gente interessada no bem dos
israelitas.

A inspeção dos muros de Jerusalém

11Cheguei a Jerusalém e, depois de três dias
de permanência ali, 12saí de noite com alguns
dos meus amigos. Eu não havia contado a
ninguém o que o meu Deus havia posto em
meu coração que eu fizesse por Jerusalém.
Não levava nenhum outro animal além da-
quele em que eu estava montado.
13De noite saí pela porta do Vale na dire-
ção da fonte do Dragão e da porta do Esterco,
examinando o muro de Jerusalém que havia
sido derrubado e suas portas, que haviam si-
do destruídas pelo fogo. 14Fui até a porta da
Fonte e do tanque do Rei, mas ali não havia
espaço para o meu animal passar; 15por isso
subi o vale, ainda de noite, examinando o
muro. Finalmente voltei e tornei a entrar pe-
la porta do Vale. 16Os oficiais não sabiam aon-
de eu tinha ido ou o que eu estava fazendo,
pois até então eu não tinha dito nada aos ju-
deus, aos sacerdotes, aos nobres, aos oficiais
e aos outros que iriam realizar a obra.
17Então eu lhes disse: Vejam a situação ter-
rível em que estamos: Jerusalém está em ruí-
nas, e suas portas foram destruídas pelo fogo.
Venham, vamos reconstruir os muros de Je-
rusalém, para que não fiquemos mais nesta
situação humilhante. 18Também lhes contei
como Deus tinha sido bondoso comigo e o
que o rei me tinha dito.
Eles responderam: "Sim, vamos começar
a reconstrução". E se encheram de coragem
para a realização desse bom projeto.
19Quando, porém, Sambalate, o horonita,
Tobias, o oficial amonita, e Gesém, o árabe,
souberam disso, zombaram de nós, despreza-
ram-nos e perguntaram: "O que vocês estão
fazendo? Estão se rebelando contra o rei?"
20Eu lhes respondi: O Deus dos céus fará
que sejamos bem-sucedidos. Nós, os seus ser-
vos, começaremos a reconstrução, mas, no
que lhes diz respeito, vocês não têm parte
nem direito legal sobre Jerusalém, e em sua
história não há nada de memorável que fa-
voreça vocês!

A distribuição do trabalho

3 O sumo sacerdote Eliasibe e os seus cole-
gas sacerdotes começaram o seu trabalho
e reconstruíram a porta das Ovelhas. Eles a
consagraram e colocaram as portas no lugar.
Depois construíram o muro até a torre dos

Oração rápida e silenciosa

Experimente!

Nos tempos da Bíblia, alguns reis matariam qualquer um que os deixasse chateados. Leia Neemias 2:1-5 e responda: "Por que Neemias estava com medo? O que Neemias fez quando o rei perguntou o motivo da tristeza dele?".

Não sabemos o que Neemias orou, mas deve ter sido uma oração rápida e silenciosa, porque ele respondeu imediatamente à pergunta do rei.

Você consegue pensar em ocasiões em que as crianças talvez queiram fazer orações silenciosas e rápidas? Antes de fazer uma prova, você pode orar: "Deus, ajuda-me a lembrar o que eu estudei". Ou você pode rapidamente pedir por segurança quando tiver de caminhar até o ponto de ônibus e a rua estiver vazia. Pense em pelo menos cinco situações e escreva uma oração rápida para cada uma. É bom saber que Deus ouve as orações rápidas e silenciosas, bem como as orações longas.

Neemias 2:1-5

Cem, que consagraram, e até a torre de Hananeel. 2 Os homens de Jericó construíram o trecho seguinte, e Zacur, filho de Inri, construiu logo adiante.

3 A porta do Peixe foi reconstruída pelos filhos de Hassenaá. Eles puseram os batentes e colocaram as portas, os ferrolhos e as trancas no lugar. 4 Meremote, filho de Urias, neto de Hacoz, fez os reparos do trecho seguinte. Ao seu lado Mesulão, filho de Berequias, neto de Mesezabel, fez os reparos, e ao seu lado Zadoque, filho de Baaná, também fez os reparos. 5 O trecho seguinte foi reparado pelos homens de Tecoa, mas os nobres dessa cidade não quiseram se juntar ao serviço, rejeitando a orientação de seus supervisores[a].

6 A porta Jesana[b] foi consertada por Joiada, filho de Paseia, e por Mesulão, filho de Besodias. Eles puseram os batentes e colocaram as portas, os ferrolhos e as trancas no lugar. 7 No trecho seguinte os reparos foram feitos por Melatias de Gibeom e Jadom de Meronote, homens de Gibeom e de Mispá, localidades que estavam sob a autoridade do governador da província do Trans-Eufrates. 8 Uziel, filho de Haraías, um dos ourives, fez os reparos do trecho seguinte; e Hananias, um dos perfumistas, fez os reparos ao seu lado. Eles reconstruíram[c] Jerusalém até o muro Largo. 9 Refaías, filho de Hur, governador da metade do distrito de Jerusalém, fez os reparos do trecho seguinte. 10 Ao seu lado, Jedaías, filho de Harumafe, fez os reparos em frente da sua casa, e Hatus, filho de Hasabneias, fez os reparos ao seu lado. 11 Malquias, filho de Harim, e Hassube, filho de Paate-Moabe, repararam outro trecho e a torre dos Fornos. 12 Salum, filho de Haloês, governador da outra metade do distrito de Jerusalém, fez os reparos do trecho seguinte com a ajuda de suas filhas.

13 A porta do Vale foi reparada por Hanum e pelos moradores de Zanoa. Eles a reconstruíram e colocaram as portas, os ferrolhos e as trancas no lugar. Também repararam quatrocentos e cinquenta metros[d] do muro, até a porta do Esterco.

14 A porta do Esterco foi reparada por Malquias, filho de Recabe, governador do distrito de Bete-Haquerém. Ele a reconstruiu e colocou as portas, os ferrolhos e as trancas no lugar.

15 A porta da Fonte foi reparada por Salum, filho de Col-Hozé, governador do distrito de Mispá. Ele a reconstruiu, cobriu-a e colocou as portas, os ferrolhos e as trancas no lugar. Também fez os reparos do muro do tanque de Siloé[e], junto ao jardim do Rei, até os degraus que descem da Cidade de Davi. 16 Além dele, Neemias, filho de Azbuque, governador de meio distrito de Bete-Zur, fez os reparos até em frente dos túmulos[f] de Davi, até o açude artificial e a casa dos soldados.

17 Depois dele os reparos foram feitos pelos levitas que estavam sob a responsabilidade de Reum, filho de Bani. Junto a ele Hasabias, governador da metade do distrito de Queila, fez os reparos em seu distrito. 18 Depois dele os reparos foram feitos pelos seus compatriotas que estavam sob a responsabilidade de Binui[g], filho de Henadade, governador da metade do distrito de Queila. 19 Ao seu lado Ézer, filho de Jesua, governador de Mispá, reconstruiu outro trecho, começando de um ponto que fica em frente da subida para a casa das armas, indo até a esquina do muro. 20 Depois dele Baruque, filho de Zabai, reparou com zelo outro trecho, desde a esquina do muro até a entrada da casa do sumo sacerdote Eliasibe. 21 Em seguida Meremote, filho de Urias, neto de Hacoz, reparou outro trecho, desde a entrada da casa de Eliasibe até o fim dela.

22 Os demais reparos foram feitos pelos sacerdotes das redondezas. 23 Depois, Benjamim e Hassube fizeram os reparos em frente da sua casa, e ao lado deles Azarias, filho de Maaseias, filho de Ananias, fez os reparos ao lado de sua casa. 24 Depois dele, Binui, filho de Henadade, reparou outro trecho, desde a casa de Azarias até a esquina do muro, 25 e Palal, filho de Uzai, trabalhou em frente da esquina do muro e da torre que sai do palácio superior, perto do pátio da guarda. Junto a ele, Pedaías, filho de Parós, 26 e os servos do templo que viviam na colina de Ofel fizeram os reparos até em frente da porta das Águas, na direção do leste e da torre que ali sobressaía. 27 Depois dele os homens de Tecoa repararam outro trecho, desde a grande torre até o muro de Ofel.

28 Acima da porta dos Cavalos, os sacerdotes fizeram os reparos, cada um em frente da sua

[a] 3:5 Ou *de seu Senhor;* ou ainda *de seu governador*
[b] 3:6 Ou *porta Velha*
[c] 3:8 Ou *Eles deixaram de lado parte de*
[d] 3:13 Hebraico: *1.000 côvados.* O côvado era uma medida linear de cerca de 45 centímetros.
[e] 3:15 Hebraico: *Selá,* variante de *Siloé.*
[f] 3:16 A Septuaginta, alguns manuscritos da Vulgata e a Versão Siríaca dizem *do túmulo.*
[g] 3:18 Muitos manuscritos dizem *Bavai;* também no versículo 24.

própria casa. [29]Depois deles Zadoque, filho de Imer, fez os reparos em frente da sua casa. Ao seu lado Semaías, filho de Secanias, o guarda da porta Oriental, fez os reparos. [30]Depois, Hananias, filho de Selemias, e Hanum, filho de Zalafe, fez os reparos do outro trecho. Ao seu lado, Mesulão, filho de Berequias, fez os reparos em frente da sua moradia. [31]Depois dele, Malquias, um ourives, fez os reparos do muro até a casa dos servos do templo e dos comerciantes, em frente da porta da Inspeção, até o posto de vigia da esquina; [32]e entre a sala acima da esquina e a porta das Ovelhas os ourives e os comerciantes fizeram os reparos.

Oposição à reconstrução

4 Quando Sambalate soube que estávamos reconstruindo o muro, ficou furioso. Ridicularizou os judeus [2]e, na presença de seus compatriotas e dos poderosos de Samaria, disse: "O que aqueles frágeis judeus estão fazendo? Será que vão restaurar o seu muro? Irão oferecer sacrifícios? Irão terminar a obra num só dia? Será que vão conseguir ressuscitar pedras de construção daqueles montes de entulho e de pedras queimadas?"

[3]Tobias, o amonita, que estava ao seu lado, completou: "Pois que construam! Basta que uma raposa suba lá, para que esse muro de pedras desabe!"

[4]Ouve-nos, ó Deus, pois estamos sendo desprezados. Faze cair sobre eles a zombaria. E sejam eles levados prisioneiros como despojo para outra terra. [5]Não perdoes os seus pecados nem apagues as suas maldades, pois provocaram a tua ira diante dos construtores.

[6]Nesse meio tempo fomos reconstruindo o muro, até que em toda a sua extensão chegamos à metade da sua altura, pois o povo estava totalmente dedicado ao trabalho.

[7]Quando, porém, Sambalate, Tobias, os árabes, os amonitas e os homens de Asdode souberam que os reparos nos muros de Jerusalém tinham avançado e que as brechas estavam sendo fechadas, ficaram furiosos. [8]Todos juntos planejaram atacar Jerusalém e causar confusão. [9]Mas nós oramos ao nosso Deus e colocamos guardas de dia e de noite para proteger-nos deles.

[10]Enquanto isso, o povo de Judá começou a dizer: "Os trabalhadores já não têm mais forças e ainda há muito entulho. Por nós mesmos não conseguiremos reconstruir o muro".

[11]E os nossos inimigos diziam: "Antes que descubram qualquer coisa ou nos vejam, estaremos bem ali no meio deles; vamos matá-los e acabar com o trabalho deles".

[12]Os judeus que moravam perto deles dez vezes nos preveniram: "Para onde quer que vocês se virarem, saibam que seremos atacados de todos os lados".

[13]Por isso posicionei alguns do povo atrás

Experimente!

Pronto para lutar

Leia esta história com seus pais:

"Eu vou pegar você depois da escola", Bruno ameaçou. Ele era maior do que Vitor, e Vitor não queria lutar contra ele. Então, Vitor pegou um caminho diferente para casa, mas no dia seguinte, Bruno advertiu: "Você não vai conseguir se esconder de mim de novo".

Naquela tarde, Vitor saiu pela frente da escola e pediu a um amigo que segurasse seus livros. Quando Bruno saiu, Vitor estava esperando por ele. Vitor apenas olhou para Bruno e esperou. Bruno olhou de volta, mas Vitor não parecia ter medo. Então Bruno...

Neemias 4

Conclua a história. Será que seus pais iriam querer que a história terminasse da mesma forma? Agora leia Neemias 4 com seus pais e responda: "Como você acha que Neemias terminaria a história de Vitor e Bruno?".

Os cristãos não concordam sobre se responder com briga é certo ou não. Alguns dizem que os cristãos nunca devem brigar, enquanto outros dizem que você não deve começar uma briga; mas, uma vez que alguém já começou, você deve ir até o fim. Converse sobre isso com seus pais e veja o que eles pensam.

dos pontos mais baixos do muro, nos lugares
abertos, divididos por famílias, armados de
espadas, lanças e arcos. [14]Fiz uma rápida ins-
peção e imediatamente disse aos nobres, aos
oficiais e ao restante do povo: Não tenham
medo deles. Lembrem-se de que o Senhor é
grande e temível, e lutem por seus irmãos,
por seus filhos e por suas filhas, por suas mu-
lheres e por suas casas.
[15]Quando os nossos inimigos descobriram
que sabíamos de tudo e que Deus tinha frus-
trado a sua trama, todos nós voltamos para o
muro, cada um para o seu trabalho.
[16]Daquele dia em diante, enquanto a meta-
de dos meus homens fazia o trabalho, a ou-
tra metade permanecia armada de lanças,
escudos, arcos e couraças. Os oficiais davam
apoio a todo o povo de Judá [17]que estava cons-
truindo o muro. Aqueles que transportavam
material faziam o trabalho com uma das mãos
e com a outra seguravam uma arma, [18]e cada
um dos construtores trazia na cintura uma
espada enquanto trabalhava; e comigo fica-
va um homem pronto para tocar a trombeta.
[19]Então eu disse aos nobres, aos oficiais e
ao restante do povo: A obra é grande e exten-
sa, e estamos separados, distantes uns dos
outros, ao longo do muro. [20]Do lugar de on-
de ouvirem o som da trombeta, juntem-se a
nós ali. Nosso Deus lutará por nós!
[21]Dessa maneira prosseguimos o trabalho
com metade dos homens empunhando es-
padas desde o raiar da alvorada até o cair da
tarde. [22]Naquela ocasião eu também disse
ao povo: Cada um de vocês e o seu ajudante
devem ficar à noite em Jerusalém, para que
possam servir de guarda à noite e trabalhar
durante o dia. [23]Eu, os meus irmãos, os meus
homens de confiança e os guardas que esta-
vam comigo nem tirávamos a roupa, e cada
um permanecia de arma na mão.

A solução das injustiças sociais

5 Ora, o povo, homens e mulheres, começou
a reclamar muito de seus irmãos judeus.
[2]Alguns diziam: "Nós, nossos filhos e nossas
filhas somos numerosos; precisamos de tri-
go para comer e continuar vivos".
[3]Outros diziam: "Tivemos que penhorar
nossas terras, nossas vinhas e nossas casas
para conseguir trigo para matar a fome".
[4]E havia ainda outros que diziam: "Tive-
mos que tomar dinheiro emprestado pa-
ra pagar o imposto cobrado sobre as nossas
terras e as nossas vinhas. [5]Apesar de sermos
do mesmo sangue[a] dos nossos compatriotas,
e de nossos filhos serem tão bons quanto os
deles, ainda assim temos que sujeitar os nos-
sos filhos e as nossas filhas à escravidão. E,
de fato, algumas de nossas filhas já foram en-
tregues como escravas e não podemos fazer
nada, pois as nossas terras e as nossas vinhas
pertencem a outros".
[6]Quando ouvi a reclamação e essas acusa-
ções, fiquei furioso. [7]Fiz uma avaliação de tu-
do e então repreendi os nobres e os oficiais,
dizendo-lhes: "Vocês estão cobrando juros

[a] 5:5 Hebraico: *carne*.

Experimente!

Tirar vantagem

Mauro estava rindo, pois acabara de vender um brinquedo velho para João por cinco reais. Ele estava achando engraçado porque ele havia comprado aquele brinquedo usado por dois reais.

Mauro estava apenas sendo um bom empresário? Mauro foi justo com João? E se João descobrisse quanto o brinquedo custou a Mauro? E se João nunca descobrisse?

Leia Neemias 5:1-12 e responda: "De que modo algumas pessoas em Judá eram injustas com os pobres? O que Neemias disse sobre isso? O que ele disse aos ricos que fizessem?".

Neemias 5:1-12

Jesus falou: "Em tudo, façam aos outros o que vocês querem que eles lhes façam" (Mateus 7:12). Se Mauro usasse essa regra, o que ele faria por João? Você consegue pensar em momentos em que pode usar a regra de Jesus e não tirar vantagem dos outros?

dos seus compatriotas!" Por isso convoquei
uma grande reunião contra eles 8e disse: Na
medida do possível nós compramos de volta
nossos irmãos judeus que haviam sido ven-
didos aos outros povos. Agora vocês estão até
vendendo os seus irmãos! Assim eles terão
que ser vendidos a nós de novo! Eles ficaram
em silêncio, pois não tinham resposta.

9Por isso prossegui: O que vocês estão fa-
zendo não está certo. Vocês devem andar no
temor do nosso Deus para evitar a zombaria
dos outros povos, os nossos inimigos. 10Eu, os
meus irmãos e os meus homens de confian-
ça também estamos emprestando dinheiro
e trigo ao povo. Mas vamos acabar com a co-
brança de juros! 11Devolvam-lhes imediata-
mente suas terras, suas vinhas, suas oliveiras
e suas casas, e também os juros que cobraram
deles, a centésima parte do dinheiro, do tri-
go, do vinho e do azeite.

12E eles responderam: "Nós devolveremos
tudo o que você citou, e não exigiremos mais
nada deles. Vamos fazer o que você está pe-
dindo".

Então convoquei os sacerdotes e os fiz de-
clarar sob juramento que cumpririam a pro-
messa feita. 13Também sacudi a dobra do meu
manto e disse: Deus assim sacuda de sua casa
e de seus bens todo aquele que não manti-
ver a sua promessa. Tal homem seja sacudi-
do e esvaziado!

Toda a assembleia disse: "Amém!", e louvou
o SENHOR. E o povo cumpriu o que prometeu.

O exemplo de Neemias

14Além disso, desde o vigésimo ano do rei
Artaxerxes, quando fui nomeado governa-
dor deles na terra de Judá, até o trigésimo
segundo ano do seu reinado, durante doze
anos, nem eu nem meus irmãos comemos
a comida destinada ao governador. 15Mas os
governantes anteriores, aqueles que me pre-
cederam, puseram um peso sobre o povo e
tomavam dele quatrocentos e oitenta gra-
mas[a] de prata, além de comida e vinho. Até
os seus auxiliares oprimiam o povo. Mas, por
temer a Deus, não agi dessa maneira. 16Ao
contrário, eu mesmo me dediquei ao traba-
lho neste muro. Todos os meus homens de
confiança foram reunidos ali para o trabalho;
e não compramos[b] nenhum pedaço de terra.

17Além do mais, cento e cinquenta homens,
entre judeus do povo e seus oficiais, comiam
à minha mesa, como também pessoas das na-
ções vizinhas que vinham visitar-nos. 18Todos
os dias eram preparados, à minha custa, um
boi, seis das melhores ovelhas e aves, e a ca-
da dez dias eu recebia uma grande remessa
de vinhos de todo tipo. Apesar de tudo isso,
jamais exigi a comida destinada ao governa-
dor, pois eram demasiadas as exigências que
pesavam sobre o povo.

19Lembra-te de mim, ó meu Deus, levando
em conta tudo o que fiz por este povo.

A tentativa de intimidação

6 Quando Sambalate, Tobias, Gesém, o ára-
be, e o restante de nossos inimigos sou-
beram que eu havia reconstruído o muro e
que não havia ficado nenhuma brecha, em-
bora até então eu ainda não tivesse colocado
as portas nos seus lugares, 2Sambalate e Ge-
sém mandaram-me a seguinte mensagem:
"Venha, vamos nos encontrar num dos po-
voados[c] da planície de Ono".

Eles, contudo, estavam tramando fazer-me
mal; 3por isso enviei-lhes mensageiros com
esta resposta: "Estou executando um gran-
de projeto e não posso descer. Por que pa-
rar a obra para ir encontrar-me com vocês?"
4Eles me mandaram quatro vezes a mesma
mensagem, e todas as vezes lhes dei a mes-
ma resposta.

5Então, na quinta vez, Sambalate mandou-
-me um dos seus homens de confiança com
a mesma mensagem; ele tinha na mão uma
carta aberta 6em que estava escrito:

"Dizem entre as nações, e Gesém diz que
é verdade, que você e os judeus estão tra-
mando uma revolta e que, por isso, estão re-
construindo o muro. Além disso, conforme
dizem, você está na iminência de se tornar o
rei deles, 7e até nomeou profetas para faze-
rem em Jerusalém a seguinte proclamação a
seu respeito: 'Há um rei em Judá!' Ora, essa
informação será levada ao rei; por isso, va-
mos conversar".

8Eu lhe mandei esta resposta: Nada disso
que você diz está acontecendo; é pura inven-
ção sua.

9Estavam todos tentando intimidar-nos,
pensando: "Eles serão enfraquecidos e não
concluirão a obra".

Eu, porém, orei pedindo: Fortalece agora
as minhas mãos!

10Um dia fui à casa de Semaías, filho de

[a] 5:15 Hebraico: 40 *siclos*. Um siclo equivalia a 12 gramas.
[b] 5:16 Conforme a maioria dos manuscritos do Texto Massorético. Alguns manuscritos do Texto Massorético, a Septuaginta, a Vulgata e a Versão Siríaca dizem *eu não comprei*.

[c] 6:2 Ou *em Quefirim*

Delaías, neto de Meetabel, que estava trancado portas adentro. Ele disse: "Vamos encontrar-nos na casa de Deus, no templo, a portas fechadas, pois estão querendo matá-lo; eles virão esta noite".

11Todavia, eu lhe respondi: Acha que um homem como eu deveria fugir? Alguém como eu deveria entrar no templo para salvar a vida? Não, eu não irei! 12Percebi que Deus não o tinha enviado, e que ele tinha profetizado contra mim porque Tobias e Sambalate o tinham contratado. 13Ele tinha sido pago para me intimidar, a fim de que eu cometesse um pecado agindo daquela maneira, e então eles poderiam difamar-me e desacreditar-me.

14Lembra-te do que fizeram Tobias e Sambalate, meu Deus, lembra-te também da profetisa Noadia e do restante dos profetas que estão tentando me intimidar.

O término da reconstrução

15O muro ficou pronto no vigésimo quinto dia de elul[a], em cinquenta e dois dias. 16Quando todos os nossos inimigos souberam disso, todas as nações vizinhas ficaram atemorizadas e com o orgulho ferido, pois perceberam que essa obra havia sido executada com a ajuda de nosso Deus.

17E também, naqueles dias, os nobres de Judá estavam enviando muitas cartas a Tobias, que lhes enviava suas respostas. 18Porque muitos de Judá estavam comprometidos com ele por juramento, visto que era genro de Secanias, filho de Ara, e seu filho Joanã havia se casado com a filha de Mesulão, neto de Berequias. 19Até ousavam elogiá-lo na minha presença e iam contar-lhe o que eu dizia. E Tobias continuou a enviar-me cartas para me intimidar.

[a] 6:15 Aproximadamente agosto/setembro.

Palavras para memorizar

"Essa obra havia sido executada com a ajuda de nosso Deus."
(Neemias 6:16)

7 Depois que o muro foi reconstruído e que eu coloquei as portas no lugar, foram nomeados os porteiros, os cantores e os levitas. 2Para governar Jerusalém encarreguei o meu irmão Hanani e, com ele, Hananias[b], comandante da fortaleza, pois Hananias era íntegro e temia a Deus mais do que a maioria dos homens. 3Eu lhes disse: As portas de Jerusalém não deverão ser abertas enquanto o sol não estiver alto. E antes de deixarem o serviço, os porteiros deverão fechar e travar as portas. Também designei moradores de Jerusalém para sentinelas, alguns em postos no muro, outros em frente das suas casas.

A lista dos exilados que retornaram

4Ora, a cidade era grande e espaçosa, mas havia poucos moradores, e as casas ainda não tinham sido reconstruídas. 5Por isso o meu Deus pôs no meu coração reunir os nobres, os oficiais e todo o povo para registrá-los por famílias. Encontrei o registro genealógico dos que foram os primeiros a voltar. Assim estava registrado ali:

6"Estes são os homens da província que voltaram do exílio, os quais Nabucodonosor, rei da Babilônia, havia levado prisioneiros. Eles voltaram para Jerusalém e para Judá, cada um para a sua própria cidade, 7em companhia de Zorobabel, Jesua, Neemias, Azarias, Raamias, Naamani, Mardoqueu, Bilsã, Mispere, Bigvai, Neum e Baaná. E esta é a lista e o número dos que retornaram, pelos chefes de família e respectivas cidades:

8"os descendentes de Parós 2.172
9de Sefatias 372
10de Ara 652
11de Paate-Moabe,
por meio da linhagem
de Jesua e Joabe, 2.818
12de Elão 1.254
13de Zatu 845
14de Zacai 760
15de Binui 648
16de Bebai 628
17de Azgade 2.322
18de Adonicão 667
19de Bigvai 2.067
20de Adim 655
21de Ater,
por meio de Ezequias, 98
22de Hasum 328
23de Besai 324

[b] 7:2 Ou *Hanani, isto é, Hananias.*

[24]de Harife 112
[25]de Gibeom 95
[26]"das cidades de Belém
e de Netofate 188
[27]de Anatote 128
[28]de Bete-Azmavete 42
[29]de Quiriate-Jearim[a],
Cefira e Beerote 743
[30]de Ramá e Geba 621
[31]de Micmás 122
[32]de Betel e Ai 123
[33]do outro Nebo 52
[34]do outro Elão 1.254
[35]de Harim 320
[36]de Jericó 345
[37]de Lode, Hadide
e Ono 721
[38]de Senaá 3.930.

[39]"Os sacerdotes:

"os descendentes de Jedaías,
por meio da família
de Jesua, 973
[40]de Imer 1.052
[41]de Pasur 1.247
[42]de Harim 1.017.

[43]"Os levitas:

"os descendentes de Jesua,
por meio de Cadmiel,
pela linhagem de Hodeva, 74.

[44]"Os cantores:

"os descendentes de Asafe 148.

[45]"Os porteiros do templo:
os descendentes de Salum,
Ater, Talmom, Acube,
Hatita e Sobai 138.

[46]"Os servidores do templo:

"os descendentes de Zia,
Hasufa, Tabaote,
[47]Queros, Sia, Padom,
[48]Lebana, Hagaba, Salmai,
[49]Hanã, Gidel, Gaar,
[50]Reaías, Rezim, Necoda,
[51]Gazão, Uzá, Paseia,
[52]Besai, Meunim, Nefusim,
[53]Baquebuque, Hacufa, Harur,
[54]Baslite, Meída, Harsa,
[55]Barcos, Sísera, Tamá,
[56]Nesias e Hatifa.

[57]"Os descendentes dos servos
de Salomão:

[a] 7:29 Veja Ed 2:25.

"os descendentes de Sotai,
Soferete, Perida,
[58]Jaala, Darcom, Gidel,
[59]Sefatias, Hatil,
Poquerete-Hazebaim e Amom.

[60]"Os servos do templo
e os descendentes dos servos
de Salomão 392.

[61]"Os que chegaram
das cidades de Tel-Melá,
Tel-Harsa, Querube, Adom
e Imer, mas não puderam
provar que suas famílias
eram descendentes de Israel:
[62]"os descendentes de Delaías,
Tobias e Necoda 642.

[63]"E dentre os sacerdotes:

"os descendentes de Habaías,
Hacoz e Barzilai, homem
que se casou com uma filha
de Barzilai, de Gileade,
e que era chamado
por aquele nome".

[64]Esses procuraram seus registros de
família, mas não conseguiram achá-
-los e, dessa forma, foram considerados
impuros para o sacerdócio. [65]Por isso o
governador determinou que eles não
comessem das ofertas santíssimas en-
quanto não houvesse um sacerdote pa-
ra consultar o Urim e o Tumim[b].

[66]O total de todos os registrados foi
42.360 homens, [67]além dos seus 7.337 ser-
vos e servas; havia entre eles 245 canto-
res e cantoras. [68]Possuíam 736 cavalos, 245
mulas,[c] [69]435 camelos e 6.720 jumentos.
[70]Alguns dos chefes das famílias contri-
buíram para o trabalho. O governador
deu à tesouraria oito quilos[d] de ouro, 50
bacias e 530 vestes para os sacerdotes.
[71]Alguns dos chefes das famílias deram
à tesouraria cento e sessenta quilos de
ouro e mil e trezentos e vinte quilos[e] de
prata, para a realização do trabalho. [72]O
total dado pelo restante do povo foi de
cento e sessenta quilos de ouro, mil e du-
zentos quilos de prata e 67 vestes para os
sacerdotes.

[b] 7:65 Objetos utilizados para se conhecer a vontade de Deus.
[c] 7:68 Conforme alguns manuscritos do Texto Massorético. A maioria dos manuscritos do Texto Massorético não traz este versículo. Veja Ed 2:66.
[d] 7:70 Hebraico: *1.000 dracmas*.
[e] 7:71 Hebraico: *2.200 minas*. Uma mina equivalia a 600 gramas.

73Os sacerdotes, os levitas, os porteiros,
os cantores e os servidores do templo, e
também alguns do povo e os demais is-
raelitas, estabeleceram-se em suas pró-
prias cidades.

A leitura pública da Lei

8 Quando chegou o sétimo mês e os israe-
litas tinham se instalado em suas cida-
des, todo o povo juntou-se como se fosse um
só homem na praça, em frente da porta das
Águas. Pediram ao escriba Esdras que trou-
xesse o Livro da Lei de Moisés, que o SENHOR
dera a Israel.
2Assim, no primeiro dia do sétimo mês, o
sacerdote Esdras trouxe a Lei diante da as-
sembleia, que era constituída de homens e
mulheres e de todos os que podiam entender.
3Ele a leu em alta voz desde o raiar da manhã
até o meio-dia, de frente para a praça, em
frente da porta das Águas, na presença dos
homens, mulheres e de outros que podiam
entender. E todo o povo ouvia com atenção
a leitura do Livro da Lei.
4O escriba Esdras estava numa plataforma
elevada, de madeira, construída para a oca-
sião. Ao seu lado, à direita, estavam Matitias,
Sema, Anaías, Urias, Hilquias e Maaseias; e à
esquerda estavam Pedaías, Misael, Malquias,
Hasum, Hasbadana, Zacarias e Mesulão.
5Esdras abriu o Livro diante de todo o po-
vo, e este podia vê-lo, pois ele estava num
lugar mais alto. E, quando abriu o Livro, o
povo todo se levantou. 6Esdras louvou o SE-
NHOR, o grande Deus, e todo o povo ergueu
as mãos e respondeu: “Amém! Amém!” En-
tão eles adoraram o SENHOR, prostrados com
o rosto em terra.
7Os levitas Jesua, Bani, Serebias, Jamim,
Acube, Sabetai, Hodias, Maaseias, Quelita,
Azarias, Jozabade, Hanã e Pelaías, instruí-
ram o povo na Lei, e todos permaneciam ali.
8Leram o Livro da Lei de Deus, interpretan-
do-o e explicando-o, a fim de que o povo en-
tendesse o que estava sendo lido.
9Então Neemias, o governador, Esdras, o
sacerdote e escriba, e os levitas que estavam
instruindo o povo disseram a todos: “Este dia
é consagrado ao SENHOR, o nosso Deus. Na-
da de tristeza e de choro!” Pois todo o povo
estava chorando enquanto ouvia as palavras
da Lei.
10E Neemias acrescentou: “Podem sair, e
comam e bebam do melhor que tiverem, e
repartam com os que nada têm preparado.
Este dia é consagrado ao nosso Senhor. Não

Você sabia?

Por que Esdras teve de explicar para o povo o significado da Palavra de Deus?

8:8 O Antigo Testamento foi escrito em hebraico, e os judeus já haviam falado hebraico em algum momento, mas nessa época eles falavam uma língua chamada aramaico. Por esse motivo, Esdras teve de explicar o significado de muitas palavras hebraicas que o povo não conseguia entender.

se entristeçam, porque a alegria do SENHOR
os fortalecerá”.
11Os levitas tranquilizaram todo o povo, di-
zendo: “Acalmem-se, porque este é um dia
santo. Não fiquem tristes!”
12Então todo o povo saiu para comer, beber,
repartir com os que nada tinham preparado
e para celebrar com grande alegria, pois ago-
ra compreendiam as palavras que lhes foram
explicadas.
13No segundo dia do mês, os chefes de to-
das as famílias, os sacerdotes e os levitas
reuniram-se com o escriba Esdras para es-
tudarem as palavras da Lei. 14Descobriram na
Lei que o SENHOR tinha ordenado, por meio
de Moisés, que os israelitas deveriam morar
em tendas durante a festa do sétimo mês.
15Por isso anunciaram em todas as suas cida-
des e em Jerusalém: “Saiam às montanhas e
tragam ramos de oliveiras cultivadas, de oli-
veiras silvestres, de murtas, de tamareiras e
de árvores frondosas, para fazerem tendas,
conforme está escrito[a]”.
16Então o povo saiu e trouxe os ramos, e
eles mesmos construíram tendas nos seus
terraços, nos seus pátios, nos pátios do tem-
plo de Deus e na praça junto à porta das
Águas e na que fica junto à porta de Efraim.
17Todos os que tinham voltado do exílio cons-
truíram tendas e moraram nelas. Desde os
dias de Josué, filho de Num, até aquele dia, os
israelitas não tinham celebrado a festa dessa
maneira. E grande foi a alegria deles.
18Dia após dia, desde o primeiro até o últi-
mo dia da festa, Esdras leu o Livro da Lei de

[a] 8:15 Veja Lv 23:37-40.

Deus. Eles celebraram a festa durante sete
dias, e no oitavo dia, conforme o ritual, hou-
ve uma reunião solene.

A confissão do pecado

9 No vigésimo quarto dia do mês, os is-
raelitas se reuniram, jejuaram, vestiram
pano de saco e puseram terra sobre a cabe-
ça. 2Os que eram de ascendência israelita ti-
nham se separado de todos os estrangeiros.
Levantaram-se nos seus lugares, confessaram
os seus pecados e a maldade dos seus ante-
passados. 3Ficaram onde estavam e leram o
Livro da Lei do SENHOR, do seu Deus, duran-
te três horas, e passaram outras três horas
confessando os seus pecados e adorando o
SENHOR, o seu Deus. 4Em pé, na plataforma,
estavam os levitas Jesua, Bani, Cadmiel, Seba-
nias, Buni, Serebias, Bani e Quenani, que em
alta voz clamavam ao SENHOR, o seu Deus. 5E
os levitas Jesua, Cadmiel, Bani, Hasabneias,
Serebias, Hodias, Sebanias e Petaías concla-
mavam o povo, dizendo: "Levantem-se e lou-
vem o SENHOR, o seu Deus, que vive para todo
o sempre.

"Bendito seja o teu nome glorioso! A
tua grandeza está acima de toda ex-
pressão de louvor. 6Só tu és o SENHOR.
Fizeste os céus, e os mais altos céus,
e tudo o que neles há, a terra e tudo
o que nela existe, os mares e tudo o
que neles existe. Tu deste vida a to-
dos os seres, e os exércitos dos céus
te adoram.

7"Tu és o SENHOR, o Deus que escolheu
Abrão, trouxe-o de Ur dos caldeus e
deu-lhe o nome de Abraão. 8Viste que
o coração dele era fiel, e fizeste com
ele uma aliança, prometendo dar aos
seus descendentes a terra dos cana-
neus, dos hititas, dos amorreus, dos
ferezeus, dos jebuseus e dos girgaseus.
E cumpriste a tua promessa porque tu
és justo.

9"Viste o sofrimento dos nossos an-
tepassados no Egito, e ouviste o cla-
mor deles no mar Vermelho. 10Fizeste
sinais e maravilhas contra o faraó e
todos os seus oficiais e contra todo
o povo da sua terra, pois sabias com
quanta arrogância os egípcios os trata-
vam. Alcançaste renome, que perma-
nece até hoje. 11Dividiste o mar diante
deles, para que o atravessassem a se-
co, mas lançaste os seus perseguidores
nas profundezas, como uma pedra em
águas agitadas. 12Tu os conduziste de
dia com uma nuvem e de noite com
uma coluna de fogo, para iluminar o
caminho que tinham que percorrer.

A vida nos tempos da Bíblia

Livros

Nos tempos do Antigo Testamento, o livro era feito de pergaminho. Uma tira de pergaminho (pele de animal) ou de papiro (papel) era enrolada em duas varas, uma em cada ponta. Uma cópia de Isaías, feita duzentos anos antes do nascimento de Cristo, tem 25 centímetros de altura e mais de 7 metros de comprimento, o que equivale a três carros enfileirados! Foi por volta de cem anos depois de Cristo que as folhas de papiro começaram a ser empilhadas, parecendo-se com os livros atuais.

Palavras para memorizar

"Mas tu és um Deus perdoador, um Deus bondoso e misericordioso, muito paciente e cheio de amor."

(Neemias 9:17)

13"Tu desceste ao monte Sinai; dos
céus lhes falaste. Deste-lhes ordenan-
ças justas, leis verdadeiras, decretos
e mandamentos excelentes. 14Fizeste
que conhecessem o teu sábado santo
e lhes deste ordens, decretos e leis por
meio de Moisés, teu servo. 15Na fome
deste-lhes pão do céu, e na sede tiraste
para eles água da rocha; mandaste-os
entrar e tomar posse da terra que, sob
juramento, tinhas prometido dar-lhes.
16"Mas os nossos antepassados torna-
ram-se arrogantes e obstinados, e não
obedeceram aos teus mandamentos.
17Eles se recusaram a ouvir-te e esque-
ceram-se dos milagres que realizaste
entre eles. Tornaram-se obstinados
e, na sua rebeldia, escolheram um lí-
der a fim de voltarem à sua escravi-
dão. Mas tu és um Deus perdoador, um
Deus bondoso e misericordioso, muito
paciente e cheio de amor. Por isso não
os abandonaste, 18mesmo quando fun-
diram para si um ídolo na forma de
bezerro e disseram: 'Este é o seu deus,
que os tirou do Egito', ou quando pro-
feriram blasfêmias terríveis.
19"Foi por tua grande compaixão que
não os abandonaste no deserto. De
dia a nuvem não deixava de guiá-
-los em seu caminho, nem de noite
a coluna de fogo deixava de brilhar
sobre o caminho que deviam percor-
rer. 20Deste o teu bom Espírito para
instruí-los. Não retiveste o teu maná
que os alimentava, e deste-lhes água
para matar a sede. 21Durante quaren-
ta anos tu os sustentaste no deserto;
nada lhes faltou, as roupas deles não
se gastaram nem os seus pés ficaram
inchados.
22"Deste-lhes reinos e nações, cuja ter-
ra repartiste entre eles. Eles conquista-
ram a terra de Seom, rei de Hesbom, e
a terra de Ogue, rei de Basã. 23Tornas-
te os seus filhos tão numerosos como
as estrelas do céu, e os trouxeste para
entrar e possuir a terra que prometes-
te aos seus antepassados. 24Seus filhos
entraram e tomaram posse da terra.
Tu subjugaste diante deles os cana-
neus, que viviam na terra, e os entre-
gaste nas suas mãos, com os seus reis
e com os povos daquela terra, para que
os tratassem como bem quisessem.
25Conquistaram cidades fortificadas
e terra fértil; apossaram-se de casas
cheias de bens, poços já escavados,
vinhas, olivais e muitas árvores fruti-
feras. Comeram até fartar-se e foram
bem alimentados; eles desfrutaram de
tua grande bondade.
26"Mas foram desobedientes e se rebe-
laram contra ti; deram as costas para
a tua Lei. Mataram os teus profetas,
que os tinham advertido que se voltas-
sem para ti; e te fizeram ofensas detes-
táveis. 27Por isso tu os entregaste nas
mãos de seus inimigos, que os oprimi-
ram. Mas, quando foram oprimidos,
clamaram a ti. Dos céus tu os ouviste,
e na tua grande compaixão deste-lhes
libertadores, que os livraram das mãos
de seus inimigos.
28"Mas, tão logo voltavam a ter paz, de
novo faziam o que tu reprovas. Então
os abandonavas às mãos de seus ini-
migos, para que dominassem sobre
eles. E, quando novamente clama-
vam a ti, dos céus tu os ouvias e na tua
compaixão os livravas vez após vez.
29"Tu os advertiste que voltassem à tua
Lei, mas eles se tornaram arrogantes e
desobedeceram aos teus mandamen-
tos. Pecaram contra as tuas ordenan-
ças, pelas quais o homem vive se lhes
obedece. Com teimosia te deram as
costas, tornaram-se obstinados e re-
cusaram ouvir-te. 30E durante muitos
anos foste paciente com eles. Por teu
Espírito, por meio dos profetas, os ad-
vertiste. Contudo, não te deram aten-
ção, de modo que os entregaste nas
mãos dos povos vizinhos. 31Graças, po-
rém, à tua grande misericórdia, não os
destruíste nem os abandonaste, pois
és Deus bondoso e misericordioso.

32“Agora, portanto, nosso Deus, ó Deus
grande, poderoso e temível, fiel à tua
aliança e misericordioso, não fiques
indiferente a toda a aflição que veio
sobre nós, sobre os nossos reis e so-
bre os nossos líderes, sobre os nossos
sacerdotes e sobre os nossos profetas,
sobre os nossos antepassados e so-
bre todo o teu povo, desde os dias dos
reis da Assíria até hoje. 33Em tudo o
que nos aconteceu foste justo; agiste
com lealdade mesmo quando fomos
infiéis. 34Nossos reis, nossos líderes,
nossos sacerdotes e nossos antepas-
sados não seguiram a tua Lei; não de-
ram atenção aos teus mandamentos
nem às advertências que lhes fizeste.
35Mesmo quando estavam no reino de-
les, desfrutando da tua grande bonda-
de, na terra espaçosa e fértil que lhes
deste, eles não te serviram nem aban-
donaram os seus maus caminhos.
36“Vê, porém, que hoje somos escra-
vos, escravos na terra que deste aos
nossos antepassados para que usu-
fruíssem dos seus frutos e das outras
boas coisas que ela produz. 37Por cau-
sa de nossos pecados, a sua grande
produção pertence aos reis que pu-
seste sobre nós. Eles dominam sobre
nós e sobre os nossos rebanhos co-
mo bem lhes parece. É grande a nos-
sa angústia!

O acordo do povo

38“Em vista disso tudo, estamos fazendo
um acordo, por escrito, e assinado por nossos
líderes, nossos levitas e nossos sacerdotes”.

10 Esta é a relação dos que o assinaram:

Neemias, o governador,
filho de Hacalias,
e Zedequias,
2Seraías, Azarias, Jeremias,
3Pasur, Amarias, Malquias,
4Hatus, Sebanias, Maluque,
5Harim, Meremote, Obadias,
6Daniel, Ginetom, Baruque,
7Mesulão, Abias, Miamim,
8Maazias, Bilgai e Semaías.
Esses eram os sacerdotes.

9Dos levitas:

Jesua, filho de Azanias, Binui,
dos filhos de Henadade, Cadmiel
10e seus colegas: Sebanias,
Hodias, Quelita, Pelaías, Hanã,
11Mica, Reobe, Hasabias,
12Zacur, Serebias, Sebanias,
13Hodias, Bani e Beninu.

14Dos líderes do povo:

Parós, Paate-Moabe, Elão, Zatu, Bani,
15Buni, Azgade, Bebai,
16Adonias, Bigvai, Adim,
17Ater, Ezequias, Azur,
18Hodias, Hasum, Besai,
19Harife, Anatote, Nebai,
20Magpias, Mesulão, Hezir,
21Mesezabel, Zadoque, Jadua,
22Pelatias, Hanã, Anaías,
23Oseias, Hananias, Hassube,
24Haloês, Pílea, Sobeque,
25Reum, Hasabna, Maaseias,
26Aías, Hanã, Anã,
27Maluque, Harim e Baaná.

28“O restante do povo — sacerdotes, levi-
tas, porteiros, cantores, servidores do tem-
plo e todos os que se separaram dos povos
vizinhos por amor à Lei de Deus, com suas
mulheres e com todos os seus filhos e filhas
capazes de entender— 29agora se une a seus
irmãos, os nobres, e se obrigam sob maldi-
ção e sob juramento a seguir a Lei de Deus
dada por meio do servo de Deus, Moisés, e a
obedecer fielmente a todos os mandamen-
tos, ordenanças e decretos do SENHOR, o nos-
so Senhor.

30“Prometemos não dar nossas filhas em
casamento aos povos vizinhos nem aceitar
que as filhas deles se casem com os nossos
filhos.

31“Quando os povos vizinhos trouxerem
mercadorias ou cereal para venderem no sá-
bado ou em dia de festa, não compraremos
deles nesses dias. Cada sete anos abriremos
mão de trabalhar a terra e cancelaremos to-
das as dívidas.

32“Assumimos a responsabilidade de,
conforme o mandamento, dar anualmente
quatro gramas[a] para o serviço do templo de
nosso Deus: 33para os pães consagrados, pa-
ra as ofertas regulares de cereal e para os ho-
locaustos[b], para as ofertas dos sábados, das
festas de lua nova e das festas fixas, para as
ofertas sagradas, para as ofertas pelo peca-
do para fazer propiciação por Israel, e para
as necessidades do templo de nosso Deus.

[a] 10:32 Hebraico: *1/3 de siclo*. Um siclo equivalia a 12 gramas, geralmente de prata.
[b] 10:33 Isto é, sacrifícios totalmente queimados.

34“Também lançamos sortes entre as famílias dos sacerdotes, dos levitas e do povo, para escalar anualmente a família que deverá trazer lenha ao templo de nosso Deus, no tempo determinado, para queimar sobre o altar do SENHOR, o nosso Deus, conforme está escrito na Lei.

35“Também assumimos a responsabilidade de trazer anualmente ao templo do SENHOR os primeiros frutos de nossas colheitas e de toda árvore frutífera.

36“Conforme também está escrito na Lei, traremos o primeiro de nossos filhos e a primeira cria de nossos rebanhos, tanto de ovelhas como de bois, para o templo de nosso Deus, para os sacerdotes que ali estiverem ministrando.

37“Além do mais, traremos para os depósitos do templo de nosso Deus, para os sacerdotes, a nossa primeira massa de cereal moído, e as nossas primeiras ofertas de cereal, do fruto de todas as nossas árvores e de nosso vinho e azeite. E traremos o dízimo das nossas colheitas para os levitas, pois são eles que recolhem os dízimos em todas as cidades onde trabalhamos. 38Um sacerdote descendente de Arão acompanhará os levitas quando receberem os dízimos, e os levitas terão que trazer um décimo dos dízimos ao templo de nosso Deus, aos depósitos do templo. 39O povo de Israel, inclusive os levitas, deverão trazer ofertas de cereal, de vinho novo e de azeite aos depósitos onde se guardam os utensílios para o santuário. É onde os sacerdotes ministram e onde os porteiros e os cantores ficam.

Palavras para memorizar

“Não negligenciaremos o templo de nosso Deus.”

(Neemias 10:39)

“Não negligenciaremos o templo de nosso Deus.”

O repovoamento de Jerusalém

11 Os líderes do povo passaram a morar em Jerusalém, e o restante do povo fez um sorteio para que, de cada dez pessoas, uma viesse morar em Jerusalém, a santa cidade; as outras nove deveriam ficar em suas próprias cidades. 2O povo abençoou todos os homens que se apresentaram voluntariamente para morar em Jerusalém.

3Alguns israelitas, sacerdotes, levitas, servos do templo e descendentes dos servos de Salomão viviam nas cidades de Judá, cada um em sua propriedade. Estes são os líderes da província que passaram a morar em Jerusalém 4(além deles veio gente tanto de Judá quanto de Benjamim viver em Jerusalém):

Dentre os descendentes de Judá:

Ataías, filho de Uzias, neto de Zacarias, bisneto de Amarias; Amarias era filho de Sefatias e neto de Maalaleel, descendente

Plano para fazer o bem

As pessoas de Judá confessaram seus pecados (Neemias 9) e, depois, elas fizeram outra coisa: prometeram a Deus que melhorariam e até escreveram suas promessas (Neemias 9:38). Para descobrir o que o povo de Judá prometeu a Deus, leia Neemias 10:28-39.

Quando pecamos, é importante pedir perdão a Deus, mas também é importante planejar um modo de fazer o bem no futuro.

Você pode planejar com antecedência uma ação para agradar a Deus. Sendo assim, pegue uma folha de caderno e escreva uma coisa que você fará para agradar a Deus nesta semana. Escreva seu plano para fazer o bem como uma carta a Deus e comece como as pessoas no tempo de Neemias, escrevendo: “Eu prometo...”

Experimente!

Neemias 10:28-39

de Perez. [5]Maaseias, filho de Baruque, neto de Col-Hozé, bisneto de Hazaías; Hazaías era filho de Adaías, neto de Joiaribe e bisneto de Zacarias, descendente de Selá. [6]Os descendentes de Perez que viviam em Jerusalém totalizavam 468 homens de destaque.

[7]Dentre os descendentes de Benjamim:

Salu, filho de Mesulão, neto de Joede, bisneto de Pedaías; Pedaías era filho de Colaías, neto de Maaseias, bisneto de Itiel, tetraneto de Jesaías; [8]os seguidores de Salu, Gabai e Salai totalizavam 928 homens. [9]Joel, filho de Zicri, era o oficial superior entre eles, e Judá, filho de Hassenua, era responsável pelo segundo distrito da cidade.

[10]Dentre os sacerdotes:

Jedaías, filho de Joiaribe; Jaquim; [11]Seraías, filho de Hilquias, neto de Mesulão, bisneto de Zadoque — Zadoque era filho de Meraiote, neto de Aitube, supervisor da casa de Deus — [12]e seus colegas, que faziam o trabalho do templo, totalizavam 822 homens. Adaías, filho de Jeroão, neto de Pelaías, bisneto de Anzi — Anzi era filho de Zacarias, neto de Pasur, bisneto de Malquias — [13]e seus colegas, que eram chefes de famílias, totalizavam 242 homens. Amassai, filho de Azareel, neto de Azai, bisneto de Mesilemote, tetraneto de Imer, [14]e os seus colegas, que eram homens de destaque, totalizavam 128. O oficial superior deles era Zabdiel, filho de Gedolim.

[15]Dentre os levitas:

Semaías, filho de Hassube, neto de Azricão, bisneto de Hasabias, tetraneto de Buni; [16]Sabetai e Jozabade, dois dos líderes dos levitas, encarregados do trabalho externo do templo de Deus; [17]Matanias, filho de Mica, neto de Zabdi, bisneto de Asafe, o dirigente que conduzia as ações de graças e as orações; Baquebuquias, o segundo entre os seus colegas e Abda, filho de Samua, neto de Galal, bisneto de Jedutum. [18]Os levitas totalizavam 284 na cidade santa.

[19]Os porteiros:

Acube, Talmom e os homens dos seus clãs, que guardavam as portas, eram 172.

[20]Os demais israelitas, incluindo os sacerdotes e os levitas, estavam em todas as cidades de Judá, cada um na propriedade de sua herança.

[21]Os que prestavam serviço no templo moravam na colina de Ofel, e Zia e Gispa estavam encarregados deles.

[22]O oficial superior dos levitas em Jerusalém era Uzi, filho de Bani, neto de Hasabias, bisneto de Matanias, tetraneto de Mica. Uzi era um dos descendentes de Asafe, que eram responsáveis pela música do templo de Deus. [23]Eles estavam sujeitos às prescrições do rei, que regulamentavam suas atividades diárias.

[24]Petaías, filho de Mesezabel, descendente de Zerá, filho de Judá, representava o rei nas questões de ordem civil.

[25]Alguns do povo de Judá foram morar em Quiriate-Arba e seus povoados, em Dibom e seus povoados, em Jecabzeel e seus povoados, [26]em Jesua, em Moladá, em Bete-Pelete, [27]em Hazar-Sual, em Berseba e seus povoados, [28]em Ziclague, em Meconá e seus povoados, [29]em En-Rimom, em Zorá, em Jarmute, [30]em Zanoa, em Adulão e seus povoados, em Laquis e seus arredores, e em Azeca e seus povoados. Eles se estabeleceram desde Berseba até o vale de Hinom.

[31]Os descendentes dos benjamitas foram viver em Geba, Micmás, Aia, Betel e seus povoados, [32]em Anatote, Nobe e Ananias, [33]Hazor, Ramá e Gitaim, [34] Hadide, Zeboim e Nebalate, [35]Lode e Ono, e no vale dos Artesãos.

[36]Alguns grupos dos levitas de Judá se estabeleceram em Benjamim.

A lista dos sacerdotes e dos levitas

12 Estes foram os sacerdotes e os levitas que voltaram com Zorobabel, filho de Sealtiel, e com Jesua:

Seraías, Jeremias, Esdras,
[2]Amarias, Maluque, Hatus,
[3]Secanias[a], Reum, Meremote[b],
[4]Ido, Ginetom[c], Abias,
[5]Miamim[d], Maadias, Bilga,
[6]Semaías, Joiaribe, Jedaías,
[7]Salu, Amoque, Hilquias e Jedaías.
Esses foram os chefes dos sacerdotes e seus colegas nos dias de Jesua.

[8]Os levitas foram Jesua,

[a] 12:3 Muitos manuscritos dizem *Sebanias*; também no versículo 14.
[b] 12:3 Muitos manuscritos dizem *Meraiote*; também no versículo 15.
[c] 12:4 Muitos manuscritos dizem *Ginetoi*; também no versículo 16.
[d] 12:5 Variante de *Miniamim*; também no versículo 17.

Binui, Cadmiel,
Serebias, Judá,
e também Matanias, o qual,
com seus colegas,
estava encarregado
dos cânticos de ações de graças.
9Baquebuquias e Uni, seus colegas,
ficavam em frente deles
para responder-lhes.

10Jesua foi o pai de Joiaquim,
Joiaquim foi o pai de Eliasibe,
Eliasibe foi o pai de Joiada,
11Joiada foi o pai de Jônatas,
Jônatas foi o pai de Jadua.

12Nos dias de Joiaquim
estes foram os líderes
das famílias dos sacerdotes:
da família de Seraías, Meraías;
da família de Jeremias, Hananias;
13da família de Esdras, Mesulão;
da família de Amarias, Joanã;
14da família de Maluqui, Jônatas;
da família de Secanias, José;
15da família de Harim, Adna;
da família de Meremote, Helcai;
16da família de Ido, Zacarias;
da família de Ginetom, Mesulão;
17da família de Abias, Zicri;
da família de Miniamim
e de Maadias, Piltai;
18da família de Bilga, Samua;
da família de Semaías, Jônatas;
19da família de Joiaribe, Matenai;
da família de Jedaías, Uzi;
20da família de Salai, Calai;
da família de Amoque, Héber;
21da família de Hilquias, Hasabias;
da família de Jedaías, Natanael.

22Nos dias de Eliasibe, os chefes das fa-
mílias dos levitas e dos sacerdotes, Joiada,
Joanã e Jadua, foram registrados durante o
reinado de Dario, o persa. 23Os chefes das fa-
mílias dos descendentes de Levi até a época
de Joanã, filho de Eliasibe, foram registrados
no livro das crônicas. 24Os líderes dos levitas
foram Hasabias, Serebias, Jesua, filho de Cad-
miel, e seus colegas, que ficavam em frente
deles quando entoavam louvores e ações de
graças; um grupo respondia ao outro, con-
forme prescrito por Davi, homem de Deus.

25Matanias, Baquebuquias, Obadias, Mesu-
lão, Talmom e Acube eram porteiros; vigia-
vam os depósitos localizados junto às portas.
26Eles serviram nos dias de Joiaquim, filho
de Jesua, neto de Jozadaque, e nos dias do
governador Neemias e de Esdras, sacerdote
e escriba.

A dedicação dos muros de Jerusalém

27Por ocasião da dedicação dos muros de
Jerusalém, os levitas foram procurados e
trazidos de onde moravam para Jerusalém
para celebrarem a dedicação alegremente,
com cânticos e ações de graças, ao som de
címbalos, harpas e liras. 28Os cantores foram
trazidos dos arredores de Jerusalém, dos po-
voados dos netofatitas, 29de Bete-Gilgal, e das
regiões de Geba e de Azmavete, pois esses
cantores haviam construído povoados para
si ao redor de Jerusalém. 30Os sacerdotes e
os levitas se purificaram cerimonialmente, e
depois purificaram também o povo, as por-
tas e os muros.

31Ordenei aos líderes de Judá que subissem
ao alto do muro. Também designei dois gran-
des coros para darem graças. Um deles avan-
çou em cima do muro, para a direita, até a
porta do Esterco. 32Hosaías e metade dos lí-
deres de Judá os seguiram. 33Azarias, Esdras,
Mesulão, 34Judá, Benjamim, Semaías, Jere-
mias, 35e alguns sacerdotes com trombetas,
além de Zacarias, filho de Jônatas, neto de
Semaías, bisneto de Matanias, que era filho
de Micaías, neto de Zacur, bisneto de Asafe,
36e seus colegas, Semaías, Azareel, Milalai, Gi-
lalai, Maai, Natanael, Judá e Hanani, que to-
cavam os instrumentos musicais prescritos
por Davi, homem de Deus. Esdras, o escriba,
ia à frente deles. 37À porta da Fonte eles subi-
ram diretamente os degraus da Cidade de Da-
vi, na subida para o muro, e passaram sobre
a casa de Davi até a porta das Águas, a leste.

38O segundo coro avançou no sentido opos-
to. Eu os acompanhei, quando iam sobre o
muro, levando comigo a metade do povo;
passamos pela torre dos Fornos até a porta
Larga, 39sobre a porta de Efraim, a porta Jesa-
na[a], a porta do Peixe, a torre de Hananeel e a
torre dos Cem, indo até a porta das Ovelhas.
Junto à porta da Guarda paramos.

40Os dois coros encarregados das ações de
graças assumiram os seus lugares no templo
de Deus, o que também fiz, acompanhado da
metade dos oficiais 41e dos sacerdotes Elia-
quim, Maaseias, Miniamim, Micaías, Elioenai,
Zacarias e Hananias, com suas trombetas,
42além de Maaseias, Semaías, Eleazar, Uzi,
Joanã, Malquias, Elão e Ézer. Os coros canta-
ram sob a direção de Jezraías. 43E naquele dia,

[a] 12:39 Ou *porta Velha*

contentes como estavam, ofereceram grandes sacrifícios, pois Deus os enchera de grande alegria. As mulheres e as crianças também se alegraram, e os sons da alegria de Jerusalém podiam ser ouvidos de longe.

44 Naquela ocasião foram designados alguns encarregados dos depósitos onde se recebiam as contribuições gerais, os primeiros frutos e os dízimos. Das lavouras que havia em torno das cidades eles deveriam trazer para os depósitos as porções exigidas pela Lei para os sacerdotes e para os levitas. E, de fato, o povo de Judá estava satisfeito com os sacerdotes e os levitas que ministravam no templo. 45 Eles celebravam o culto ao seu Deus e o ritual de purificação, dos quais também participavam os cantores e os porteiros, de acordo com as ordens de Davi e do seu filho Salomão. 46 Pois muito tempo antes, nos dias de Davi e de Asafe, havia dirigentes dos cantores e pessoas que dirigiam os cânticos de louvor e de graças a Deus. 47 Assim, nos dias de Zorobabel e de Neemias, todo o Israel contribuía com ofertas diárias para os cantores e para os porteiros. Também separavam a parte pertencente aos outros levitas, e os levitas separavam a porção dos descendentes de Arão.

As últimas reformas realizadas por Neemias

13 Naquele dia o Livro de Moisés foi lido em alta voz diante do povo, e nele achou-se escrito que nenhum amonita ou moabita jamais poderia ser admitido no povo de Deus, 2 pois eles, em vez de darem água e comida aos israelitas, tinham contratado Balaão para invocar maldição sobre eles. O nosso Deus, porém, transformou a maldição em bênção. 3 Quando o povo ouviu essa Lei, excluiu de Israel todos os que eram de ascendência estrangeira.

4 Antes disso, o sacerdote Eliasibe tinha sido encarregado dos depósitos do templo de nosso Deus. Ele era parente próximo de Tobias 5 e lhe havia cedido uma grande sala, anteriormente utilizada para guardar as ofertas de cereal, o incenso, os utensílios do templo, e também os dízimos do trigo, do vinho novo e do azeite prescritos para os levitas, para os cantores e para os porteiros, além das ofertas para os sacerdotes.

6 Mas, enquanto tudo isso estava acontecendo, eu não estava em Jerusalém, pois no trigésimo segundo ano do reinado de Artaxerxes, rei da Babilônia, voltei ao rei. Algum tempo depois pedi sua permissão 7 e voltei para Jerusalém. Aqui soube do mal que Eliasibe fizera ao ceder uma sala a Tobias nos pátios do templo de Deus. 8 Fiquei muito aborrecido e joguei todos os móveis de Tobias fora da sala. 9 Mandei purificar as salas e coloquei de volta nelas os utensílios do templo de Deus, com as ofertas de cereal e o incenso.

10 Também fiquei sabendo que os levitas não tinham recebido a parte que lhes era devida e que todos os levitas e cantores responsáveis pelo culto haviam voltado para

A vida nos tempos da Bíblia

Um mercado de rua

Os mercados nas terras da Bíblia eram lugares barulhentos e animados. Todos os tipos de alimentos, lâmpadas, cobertores, roupas e outras coisas eram vendidos ao ar livre. Os vendedores gritavam, e os compradores discutiam alto para conseguir um preço mais baixo. No capítulo 13, Neemias lembrou os israelitas de que era errado montar um mercado no sábado, pois Deus havia separado esse dia para eles descansarem e adorá-lo.

suas próprias terras. 11Por isso repreendi os
oficiais e lhes perguntei: “Por que essa ne-
gligência com o templo de Deus?” Então con-
voquei os levitas e os cantores e os coloquei
em seus postos.
12E todo o povo de Judá trouxe os dízimos
do trigo, do vinho novo e do azeite aos de-
pósitos. 13Coloquei o sacerdote Selemias, o
escriba Zadoque e um levita chamado Pe-
daías como encarregados dos depósitos e fiz
de Hanã, filho de Zacur, neto de Matanias,
assistente deles, porque esses homens eram
de confiança. Eles ficaram responsáveis pela
distribuição de suprimentos aos seus colegas.

14Lembra-te de mim por isso, meu Deus, e
não te esqueças do que fiz com tanta fidelida-
de pelo templo de meu Deus e pelo seu culto.

15Naqueles dias vi que em Judá alguns tra-
balhavam nos tanques de prensar uvas no sá-
bado e ajuntavam trigo e o carregavam em
jumentos, transportando-o com vinho, uvas,
figos e todo tipo de carga. Tudo isso era tra-
zido para Jerusalém em pleno sábado. En-
tão os adverti que não vendessem alimento
nesse dia. 16Havia alguns da cidade de Tiro
que moravam em Jerusalém e que, no sába-
do, traziam e vendiam peixes e toda espécie
de mercadoria em Jerusalém, para o povo de
Judá. 17Diante disso, repreendi os nobres de
Judá e lhes disse: Como é que vocês podem
fazer tão grande mal, profanando o dia de sá-
bado? 18Por acaso os seus antepassados não
fizeram o mesmo, levando o nosso Deus a
trazer toda essa desgraça sobre nós e sobre
esta cidade? Pois agora, profanando o sába-
do, vocês provocam maior ira contra Israel!
19Quando as sombras da tarde cobriram as
portas de Jerusalém na véspera do sábado,
ordenei que estas fossem fechadas e só fos-
sem abertas depois que o sábado tivesse ter-
minado. Coloquei alguns de meus homens
de confiança junto às portas, para que ne-
nhum carregamento pudesse ser introduzi-
do no dia de sábado. 20Uma ou duas vezes os
comerciantes e vendedores de todo tipo de
mercadoria passaram a noite do lado de fora
de Jerusalém. 21Mas eu os adverti, dizendo:
Por que vocês passam a noite junto ao muro?
Se fizerem isso de novo, mandarei prendê-
-los. Depois disso não vieram mais no sábado.
22Então ordenei aos levitas que se purificas-
sem e fossem vigiar as portas a fim de que o
dia de sábado fosse respeitado como sagrado.

Lembra-te de mim também por isso, ó
meu Deus, e tem misericórdia de mim con-
forme o teu grande amor.

23Além disso, naqueles dias vi alguns ju-
deus que haviam se casado com mulheres
de Asdode, de Amom e de Moabe. 24A me-
tade dos seus filhos falavam a língua de As-
dode ou a língua de um dos outros povos,
e não sabiam falar a língua de Judá. 25Eu os
repreendi e invoquei maldições sobre eles.
Bati em alguns deles e arranquei os seus ca-
belos. Fiz com que jurassem em nome de
Deus e lhes disse: Não consintam mais em
dar suas filhas em casamento aos filhos de-
les, nem haja casamento das filhas deles com
seus filhos ou com vocês. 26Não foi por causa
de casamentos como esses que Salomão, rei
de Israel, pecou? Entre as muitas nações não
havia rei algum como ele. Ele era amado por
seu Deus, e Deus o fez rei sobre todo o Israel,
mas até mesmo ele foi induzido ao pecado
por mulheres estrangeiras. 27Como podemos
tolerar o que ouvimos? Como podem vocês

Lembra-te de mim, Deus

Experimente!

No trecho de 13:10-22, Neemias relembrou algumas coisas boas que ele havia feito. Ele pediu a Deus que se lembrasse dele pelo seu bom trabalho, porque estava tentando agradar a Deus e ajudar seu povo.

Deus ficou satisfeito quando viu Neemias fazendo boas ações e também fica satisfeito quando vê você fazendo coisas boas. Escreva algumas coisas boas que você fez e mostre sua lista a seus pais. Pergunte se há algo que eles conseguem pensar para adicionar à sua lista.

Neemias 13:10-22

cometer essa terrível maldade e serem in-
fiéis ao nosso Deus, casando-se com mulhe-
res estrangeiras?
28Um dos filhos de Joiada, filho do sumo
sacerdote Eliasibe, era genro de Sambalate,
o horonita. Eu o expulsei para longe de mim.

29Não te esqueças deles, ó meu Deus, pois
profanaram o ofício sacerdotal e a aliança do
sacerdócio e dos levitas.

30Dessa forma purifiquei os sacerdotes e os
levitas de tudo o que era estrangeiro, e lhes
designei responsabilidades, cada um em seu
próprio cargo.
31Também estabeleci regras pa-
ra as provisões de lenha, determinando as
datas certas para serem trazidas, e para os
primeiros frutos.

Em tua bondade, lembra-te de mim, ó meu
Deus.

Ester

Quem escreveu este livro?

O autor deste livro é desconhecido.

Por que este livro foi escrito?

Este livro revela como Deus cuida de seu povo.

O que acontece neste livro?

Ester, uma moça judia, se torna rainha da Pérsia. Hamã, um homem perverso, planeja matar todos os judeus de todos os lugares, mas Ester salva seu povo.

O que aprendemos sobre Deus neste livro?

Deus não precisa fazer milagres para resgatar seu povo, pois ele é capaz de trabalhar por meio de situações comuns e pessoas comuns.

Quem são os personagens principais deste livro?

As pessoas mais importantes neste livro são o rei Xerxes, Hamã, Ester e Mordecai.

Quando isto aconteceu?

Os acontecimentos deste livro transcorreram entre 483 a.C. e 471 a.C.

Onde isto aconteceu?

Estes acontecimentos sucederam na capital da Pérsia, Susã, uma cidade real construída pelo rei.

Algumas histórias deste livro:

Xerxes divorcia-se de Vasti	Ester 1
Ester torna-se rainha	Ester 2
O plano de Hamã	Ester 3
A coragem de Ester	Ester 4—5
Xerxes honra Mordecai	Ester 6
Hamã é enforcado	Ester 7
Os judeus são salvos	Ester 8—9

A rainha Vasti afronta o rei

1 Foi no tempo de Xerxes[a], que reinou sobre
cento e vinte e sete províncias, desde a Índia
até a Etiópia[b]. 2Naquela época o rei Xerxes rei-
nava em seu trono na cidadela de Susã 3e, no
terceiro ano do seu reinado, deu um banque-
te a todos os seus nobres e oficiais. Estavam
presentes os líderes militares da Pérsia e da
Média, os príncipes e os nobres das províncias.
4Durante cento e oitenta dias ele mostrou
a enorme riqueza de seu reino e o esplendor
e a glória de sua majestade. 5Terminados es-
ses dias, o rei deu um banquete no jardim
interno do palácio, de sete dias para todo o
povo que estava na cidadela de Susã, do mais
rico ao mais pobre. 6O jardim possuía forra-
ções em branco e azul, presas com cordas de
linho branco e tecido roxo, ligadas por anéis
de prata a colunas de mármore. Tinha assen-
tos de ouro e de prata num piso de mosaicos
de pórfiro, mármore, madrepérola e outras
pedras preciosas. 7Pela generosidade do rei, o
vinho real era servido em grande quantida-
de, em diferentes taças de ouro. 8Por ordem
real, cada convidado tinha permissão de be-
ber o quanto desejasse, pois o rei tinha dado
instruções a todos os mordomos do palácio
que os servissem à vontade.
9Enquanto isso, a rainha Vasti também ofe-
recia um banquete às mulheres, no palácio
do rei Xerxes.
10No sétimo dia, quando o rei Xerxes já
estava alegre por causa do vinho, ordenou
aos sete oficiais que o serviam — Meumã,
Bizta, Harbona, Bigtá, Abagta, Zetar e Carcas
— 11que trouxessem à sua presença a rainha
Vasti, usando a coroa real. Ele queria mostrar
aos seus súditos e aos nobres a beleza dela,
pois era de fato muito bonita. 12Quando, po-
rém, os oficiais transmitiram a ordem do rei
à rainha Vasti, esta se recusou a ir, e o rei fi-
cou furioso e indignado.
13Como era costume o rei consultar espe-
cialistas em questões de direito e justiça, ele
mandou chamar os sábios que entendiam
das leis 14e que eram muito amigos do rei:
Carsena, Setar, Adamata, Társis, Meres, Mar-
sena e Memucã; eles eram os sete nobres da
Pérsia e da Média que tinham acesso direto
ao rei e eram os mais importantes do reino.
15O rei lhes perguntou: "De acordo com a
lei, o que se deve fazer à rainha Vasti? Ela não
obedeceu à ordem do rei Xerxes transmitida
pelos oficiais".
16Então Memucã respondeu na presen-
ça do rei e dos nobres: "A rainha Vasti não
ofendeu somente o rei, mas também todos
os nobres e os povos de todas as províncias
do rei Xerxes, 17pois a conduta da rainha se
tornará conhecida por todas as mulheres, e
assim também elas desprezarão seus maridos
e dirão: 'O rei Xerxes ordenou que a rainha
Vasti fosse à sua presença, mas ela não foi'.
18Hoje mesmo as mulheres persas e medas da
nobreza que ficarem sabendo do comporta-
mento da rainha agirão da mesma maneira
com todos os nobres do rei. Isso provocará
desrespeito e discórdia sem fim.
19"Por isso, se for do agrado do rei, que ele
emita um decreto real, e que seja incluído
na lei irrevogável da Pérsia e da Média, de-
terminando que Vasti nunca mais compare-
ça na presença do rei Xerxes. Também dê o
rei a sua posição de rainha a outra que seja
melhor do que ela. 20Assim, quando o decre-
to real for proclamado em todo o seu imenso
domínio, todas as mulheres respeitarão seus
maridos, do mais rico ao mais pobre".
21O rei e seus nobres aceitaram de bom
grado o conselho, de modo que o rei pôs em
prática a proposta de Memucã. 22Para isso, en-
viou cartas a todas as partes do reino, a ca-
da província e a cada povo, em sua própria
escrita e em sua própria língua, proclaman-
do que todo homem deveria mandar em sua
própria casa.

A coroação da rainha Ester

2 Algum tempo depois, quando cessou a in-
dignação do rei Xerxes, ele se lembrou de
Vasti, do que ela havia feito e do que ele ti-
nha decretado contra ela. 2Então os conse-
lheiros do rei sugeriram que se procurassem
belas virgens para o rei, 3e que se nomeassem
comissários em cada província do império
para trazerem todas essas lindas moças ao
harém da cidadela de Susã. Elas estariam sob
os cuidados de Hegai, oficial responsável pe-
lo harém, e deveriam receber tratamento de
beleza. 4A moça que mais agradasse o rei seria
rainha em lugar de Vasti. Esse conselho agra-
dou o rei, e ele o pôs em execução.
5Nesse tempo vivia na cidadela de Susã um
judeu chamado Mardoqueu, da tribo de Ben-
jamim, filho de Jair, neto de Simei e bisneto
de Quis. 6Ele fora levado de Jerusalém para
o exílio por Nabucodonosor, rei da Babilô-
nia, entre os que foram levados prisioneiros
com Joaquim[c], rei de Judá. 7Mardoqueu tinha

[a] 1:1 Hebraico: *Assuero*, variante do nome persa *Xerxes*.
[b] 1:1 Hebraico: *Cuxe*.
[c] 2:6 Hebraico: *Jeconias*, variante de *Joaquim*.

uma prima chamada Hadassa, que havia si-
do criada por ele, por não ter pai nem mãe.
Essa moça, também conhecida como Ester,
era atraente e muito bonita, e Mardoqueu
a havia tomado como filha quando o pai e a
mãe dela morreram.
8Quando a ordem e o decreto do rei foram
proclamados, muitas moças foram trazidas
à cidadela de Susã e colocadas sob os cuida-
dos de Hegai. Ester também foi trazida ao pa-
lácio do rei e confiada a Hegai, encarregado
do harém. 9A moça o agradou e ele a favore-
ceu. Ele logo lhe providenciou tratamento de
beleza e comida especial. Designou-lhe sete
moças escolhidas do palácio do rei e transfe-
riu-a, junto com suas jovens, para o melhor
lugar do harém.
10Ester não tinha revelado a que povo per-
tencia nem a origem da sua família, pois
Mardoqueu a havia proibido de fazê-lo. 11Dia-
riamente ele caminhava de um lado para ou-
tro perto do pátio do harém, para saber como
Ester estava e o que lhe estava acontecendo.
12Antes de qualquer daquelas moças apre-
sentar-se ao rei Xerxes, devia completar do-
ze meses de tratamento de beleza prescritos
para as mulheres: seis meses com óleo de
mirra e seis meses com perfumes e cosméti-
cos. 13Quando ia apresentar-se ao rei, a moça
recebia tudo o que quisesse levar consigo do
harém para o palácio do rei. 14À tarde ela ia
para lá e de manhã voltava para outra par-
te do harém, que ficava sob os cuidados de
Saasgaz, oficial responsável pelas concubi-
nas. Ela não voltava ao rei, a menos que dela
ele se agradasse e a mandasse chamar pe-
lo nome.
15Quando chegou a vez de Ester, filha de
Abiail, tio de Mardoqueu, que a tinha ado-
tado como filha, ela não pediu nada além
daquilo que Hegai, oficial responsável pelo
harém, sugeriu. Ester causava boa impres-
são a todos os que a viam. 16Ela foi levada
ao rei Xerxes, à residência real, no décimo
mês, o mês de tebete[a], no sétimo ano do seu
reinado.
17O rei gostou mais de Ester do que de qual-
quer outra mulher; ela foi favorecida por ele
e ganhou sua aprovação mais do que qual-
quer das outras virgens. Então ele lhe colo-
cou uma coroa real e tornou-a rainha em
lugar de Vasti. 18O rei deu um grande ban-
quete, o banquete de Ester, para todos os seus
nobres e oficiais. Proclamou feriado em todas
as províncias e distribuiu presentes por sua
generosidade real.

Mardoqueu descobre uma conspiração

19Quando as virgens foram reunidas pe-
la segunda vez, Mardoqueu estava sentado
junto à porta do palácio real. 20Ester havia
mantido segredo sobre seu povo e sobre a
origem de sua família, conforme a ordem de
Mardoqueu, pois continuava a seguir as ins-
truções dele, como fazia quando ainda esta-
va sob sua tutela.
21Um dia, quando Mardoqueu estava sen-
tado junto à porta do palácio real, Bigtã e Te-
res, dois dos oficiais do rei que guardavam

[a] 2:16 Aproximadamente dezembro/janeiro.

Ninguém especial

Experimente!

A mãe e o pai de Ester haviam morrido, por isso ela foi criada pelo primo. Quando ela estava crescendo, ninguém pensava que Ester fosse especial, mas, quando ela cresceu, algo aconteceu que a tornou muito importante. Leia Ester 2:1-18 e descubra o que a tornou especial.

Algumas vezes você pode não se sentir muito importante, achando que os outros podem ser mais inteligentes ou corredores mais rápidos; ou, ainda, podem ter roupas mais bonitas. Mas você é especial para Deus, e, assim como ele tinha um plano para Ester, também tem um plano para a sua vida. Leia sobre isso em Jeremias 29:11 e desenhe você mesmo fazendo alguma coisa incrível quando crescer. Mostre o desenho para seu professor e conte a ele o que você quer ser quando for adulto.

Ester 2:1-18

a entrada, estavam indignados e conspira-
vam para assassinar o rei Xerxes. 22Mardo-
queu, porém, descobriu o plano e o contou
à rainha Ester, que, por sua vez, passou a in-
formação ao rei, em nome de Mardoqueu.
23Depois de investigada a informação e des-
cobrindo-se que era verdadeira, os dois ofi-
ciais foram enforcados[a]. Tudo isso foi escrito
nos registros históricos, na presença do rei.

O plano de Hamã para exterminar os judeus

3 Depois desses acontecimentos, o rei Xerxes
honrou Hamã, filho de Hamedata, descen-
dente de Agague, promovendo-o e dando-lhe
uma posição mais elevada do que a de todos
os demais nobres. 2Todos os oficiais do pa-
lácio real curvavam-se e prostravam-se diante
de Hamã, conforme as ordens do rei. Mardo-
queu, porém, não se curvava nem se prostra-
va diante dele.

3Então os oficiais do palácio real pergunta-
ram a Mardoqueu: "Por que você desobedece
à ordem do rei?" 4Dia após dia eles lhe fala-
vam, mas ele não lhes dava atenção e dizia
que era judeu. Então contaram tudo a Hamã
para ver se o comportamento de Mardoqueu
seria tolerado.

5Quando Hamã viu que Mardoqueu não se
curvava nem se prostrava, ficou muito irado.
6Contudo, sabendo quem era o povo de Mar-
doqueu, achou que não bastava matá-lo. Em
vez disso, Hamã procurou uma forma de ex-
terminar todos os judeus, o povo de Mardo-
queu, em todo o império de Xerxes.

7No primeiro mês do décimo segundo ano
do reinado do rei Xerxes, no mês de nisã[b],
lançaram o pur, isto é, a sorte, na presença
de Hamã a fim de escolher um dia e um mês
para executar o plano. E foi sorteado o déci-
mo segundo mês, o mês de adar[c].

8Então Hamã disse ao rei Xerxes: "Existe
certo povo disperso e espalhado entre os po-
vos de todas as províncias do teu império,
cujos costumes são diferentes dos de todos
os outros povos e que não obedecem às leis
do rei; não convém ao rei tolerá-los. 9Se for
do agrado do rei, que se decrete a destruição
deles, e eu colocarei trezentas e cinquenta
toneladas[d] de prata na tesouraria real à dis-
posição para que se execute esse trabalho".

[a] 2:23 Ou *pendurados em postes*; ou ainda *empalados*
[b] 3:7 O mesmo que *abibe*; aproximadamente março/abril.
[c] 3:7 Aproximadamente fevereiro/março; também no versículo 13.
[d] 3:9 Hebraico: *10.000 talentos*. Um talento equivalia a 35 quilos.

Você sabia?

O que significa *lançar sorte?*

3:7 As pessoas na Babilônia e na Pérsia lançavam sorte para adivinhar, ou seja, para tentar saber o que aconteceria no futuro. Não se tem certeza de quais foram os métodos ou objetos usados para lançar sorte, mas pode ter sido algo como o que fazemos ao jogar uma moeda ou tirar no palitinho. Independentemente do método, Hamã lançou sorte para descobrir um dia bom para destruir o povo judeu com a permissão do rei da Pérsia.

10Em vista disso, o rei tirou seu anel-selo
do dedo, deu-o a Hamã, o inimigo dos judeus,
filho de Hamedata, descendente de Agague,
e lhe disse: 11"Fique com a prata e faça com o
povo o que você achar melhor".

12Assim, no décimo terceiro dia do primei-
ro mês os secretários do rei foram convoca-
dos. Hamã ordenou que escrevessem cartas
na língua e na escrita de cada povo aos sátra-
pas do rei, aos governadores das várias pro-
víncias e aos chefes de cada povo. Tudo foi
escrito em nome do rei Xerxes e selado com
o seu anel. 13As cartas foram enviadas por
mensageiros a todas as províncias do império
com a ordem de exterminar e aniquilar com-
pletamente todos os judeus, jovens e idosos,
mulheres e crianças, num único dia, o déci-
mo terceiro dia do décimo segundo mês, o
mês de adar, e de saquear os seus bens. 14Uma
cópia do decreto deveria ser publicada como
lei em cada província e levada ao conheci-
mento do povo de cada nação, a fim de que
estivessem prontos para aquele dia.

15Por ordem do rei, os mensageiros saíram
às pressas, e o decreto foi publicado na ci-
dadela de Susã. O rei e Hamã assentaram-
-se para beber, mas a cidade de Susã estava
em confusão.

O pedido de Mardoqueu a Ester

4 Quando Mardoqueu soube de tudo o que
tinha acontecido, rasgou as vestes, vestiu-
-se de pano de saco, cobriu-se de cinza, e saiu
pela cidade, chorando amargamente em alta

voz. [2]Foi até a porta do palácio real, mas não entrou, porque ninguém vestido de pano de saco tinha permissão de entrar. [3]Em cada província onde chegou o decreto com a ordem do rei, houve grande pranto entre os judeus, com jejum, choro e lamento. Muitos se deitavam em pano de saco e em cinza.

[4]Quando as criadas de Ester e os oficiais responsáveis pelo harém lhe contaram o que se passava com Mardoqueu, ela ficou muito aflita e mandou-lhe roupas para que as vestisse e tirasse o pano de saco; mas ele não quis aceitá-las. [5]Então Ester convocou Hatá, um dos oficiais do rei, nomeado para ajudá-la, e deu-lhe ordens para descobrir o que estava perturbando Mardoqueu e por que ele estava agindo assim.

[6]Hatá foi falar com Mardoqueu na praça da cidade, em frente da porta do palácio real. [7]Mardoqueu contou-lhe tudo o que lhe tinha acontecido e quanta prata Hamã tinha prometido depositar na tesouraria real para a destruição dos judeus. [8]Deu-lhe também uma cópia do decreto que falava do extermínio e que tinha sido anunciado em Susã, para que ele o mostrasse a Ester e insistisse com ela para que fosse à presença do rei implorar misericórdia e interceder em favor do seu povo.

[9]Hatá retornou e relatou a Ester tudo o que Mardoqueu lhe tinha dito. [10]Então ela o instruiu que dissesse o seguinte a Mardoqueu: [11]"Todos os oficiais do rei e o povo das províncias do império sabem que existe somente uma lei para qualquer homem ou mulher que se aproxime do rei no pátio interno sem por ele ser chamado: será morto, a não ser que o rei estenda o cetro de ouro para a pessoa e lhe poupe a vida. E eu não sou chamada à presença do rei há mais de trinta dias".

[12]Quando Mardoqueu recebeu a resposta de Ester, [13]mandou dizer-lhe: "Não pense que pelo fato de estar no palácio do rei, você será a única entre os judeus que escapará, [14]pois, se você ficar calada nesta hora, socorro e livramento surgirão de outra parte para os judeus, mas você e a família do seu pai morrerão. Quem sabe se não foi para um momento como este que você chegou à posição de rainha?"

[15]Então Ester mandou esta resposta a Mardoqueu: [16]"Vá reunir todos os judeus que estão em Susã, e jejuem em meu favor. Não comam nem bebam durante três dias e três noites. Eu e minhas criadas jejuaremos como vocês. Depois disso irei ao rei, ainda que seja contra a lei. Se eu tiver que morrer, morrerei".

[17]Mardoqueu retirou-se e cumpriu todas as instruções de Ester.

O pedido de Ester ao rei

5 Três dias depois, Ester vestiu seus trajes de rainha e colocou-se no pátio interno do palácio, em frente do salão do rei. O rei estava no trono, de frente para a entrada. [2]Quando viu a rainha Ester ali no pátio, teve misericórdia dela e estendeu-lhe o cetro de ouro que tinha na mão. Ester aproximou-se e tocou a ponta do cetro.

[3]E o rei lhe perguntou: "Que há, rainha Ester? Qual é o seu pedido? Mesmo que seja a metade do reino, lhe será dado".

[4]Respondeu Ester: "Se for do agrado do rei, venha com Hamã a um banquete que lhe preparei".

[5]Disse o rei: "Tragam Hamã imediatamente, para que ele atenda ao pedido de Ester".

Então o rei e Hamã foram ao banquete que Ester havia preparado. [6]Enquanto bebiam vinho, o rei tornou a perguntar a Ester: "Qual é o seu pedido? Você será atendida. Qual o seu desejo? Mesmo que seja a metade do reino, lhe será concedido".

[7]E Ester respondeu: "Este é o meu pedido e o meu desejo: [8]Se o rei tem consideração por mim, e se lhe agrada atender e conceder o meu pedido, que o rei e Hamã venham amanhã ao banquete que lhes prepararei. Então responderei à pergunta do rei".

A ira de Hamã contra Mardoqueu

[9]Naquele dia Hamã saiu alegre e contente. Mas ficou furioso quando viu que Mardoqueu, que estava junto à porta do palácio real, não se levantou nem mostrou respeito em sua presença. [10]Hamã, porém, controlou-se e foi para casa.

Reunindo seus amigos e Zeres, sua mulher, [11]Hamã vangloriou-se de sua grande riqueza, de seus muitos filhos e de como o rei o havia honrado e promovido acima de todos os

Palavras para memorizar

"Depois disso irei ao rei, ainda que seja contra a lei. Se eu tiver que morrer, morrerei."

(Ester 4:16)

outros nobres e oficiais. 12E acrescentou Hamã: "Além disso, sou o único que a rainha Ester convidou para acompanhar o rei ao banquete que ela lhe ofereceu. Ela me convidou para comparecer amanhã, com o rei. 13Mas tudo isso não me dará satisfação, enquanto eu vir aquele judeu Mardoqueu sentado junto à porta do palácio real".

14Então Zeres, sua mulher, e todos os seus amigos lhe sugeriram: "Mande fazer uma forca, de mais de vinte metros[a] de altura, e logo pela manhã peça ao rei que Mardoqueu seja enforcado nela. Assim você poderá acompanhar o rei ao jantar e alegrar-se". A sugestão agradou Hamã, e ele mandou fazer a forca.

Hamã é obrigado a honrar Mardoqueu

6 Naquela noite o rei não conseguiu dormir; por isso ordenou que trouxessem o livro das crônicas do seu reinado, e que o lessem para ele. 2E foi lido o registro de que Mardoqueu tinha denunciado Bigtã e Teres, dois dos oficiais do rei que guardavam a entrada do Palácio e que haviam conspirado para assassinar o rei Xerxes.

3"Que honra e reconhecimento Mardoqueu recebeu por isso?", perguntou o rei.

Seus oficiais responderam: "Nada lhe foi feito".

4O rei perguntou: "Quem está no pátio?" Ora, Hamã havia acabado de entrar no pátio externo do palácio para pedir ao rei o enforcamento de Mardoqueu na forca que ele lhe havia preparado.

5Os oficiais do rei responderam: "É Hamã que está no pátio".

"Façam-no entrar", ordenou o rei.

6Entrando Hamã, o rei lhe perguntou: "O que se deve fazer ao homem que o rei tem o prazer de honrar?"

E Hamã pensou consigo: "A quem o rei teria prazer de honrar, senão a mim?" 7Por isso respondeu ao rei: "Ao homem que o rei tem prazer de honrar, 8ordena que tragam um manto do próprio rei e um cavalo que o rei montou, e que ele leve o brasão[b] do rei na cabeça. 9Em seguida, sejam o manto e o cavalo confiados a alguns dos príncipes mais nobres do rei, e ponham eles o manto sobre o homem que o rei deseja honrar e o conduzam sobre o cavalo pelas ruas da cidade, proclamando diante dele: 'Isto é o que se faz ao homem que o rei tem o prazer de honrar!' "

10O rei ordenou então a Hamã: "Vá depressa apanhar o manto e o cavalo, e faça ao judeu Mardoqueu o que você sugeriu. Ele está sentado junto à porta do palácio real. Não omita nada do que você recomendou".

11Então Hamã apanhou o cavalo, vestiu Mardoqueu com o manto e o conduziu sobre o cavalo pelas ruas da cidade, proclamando à frente dele: "Isto é o que se faz ao homem que o rei tem o prazer de honrar!"

12Depois disso, Mardoqueu voltou para a porta do palácio real. Hamã, porém, correu para casa com o rosto coberto, muito aborrecido 13e contou a Zeres, sua mulher, e a todos os seus amigos tudo o que lhe havia acontecido.

Tanto os seus conselheiros como Zeres, sua mulher, lhe disseram: "Visto que Mardoqueu, diante de quem começou a sua queda, é de origem judaica, você não terá condições de enfrentá-lo. Sem dúvida, você ficará arruinado!" 14E, enquanto ainda conversavam, chegaram os oficiais do rei e, às pressas, levaram Hamã para o banquete que Ester havia preparado.

O enforcamento de Hamã

7 O rei e Hamã foram ao banquete com a rainha Ester, 2e, enquanto estavam bebendo vinho no segundo dia, o rei perguntou de novo: "Rainha Ester, qual é o seu pedido? Você será atendida. Qual o seu desejo?

[a] 5:14 Hebraico: *50 côvados*. O côvado era uma medida linear de cerca de 45 centímetros.

[b] 6:8 Ou *e que o homem traga a coroa*

Você sabia?

O que é providência?

6:1 *Providência* é uma palavra usada para descrever o controle de Deus sobre todas as coisas que acontecem. Ele não precisa usar milagres para ajudar seu povo, porque ele consegue controlar situações de um modo que parece muito natural e normal. Deus tinha controle de todos os acontecimentos de Ester 6 — mesmo de algo tão comum quanto a falta de sono do rei Xerxes — e usou todos os acontecimentos para ajudar o seu povo.

Mesmo que seja a metade do reino, isso lhe será concedido".

3Então a rainha Ester respondeu: "Se posso contar com o favor do rei, e se isto lhe agrada, poupe a minha vida e a vida do meu povo; este é o meu pedido e o meu desejo. 4Pois eu e meu povo fomos vendidos para destruição, morte e aniquilação. Se apenas tivéssemos sido vendidos como escravos e escravas, eu teria ficado em silêncio, porque nenhuma aflição como essa justificaria perturbar o rei".[a]

5O rei Xerxes perguntou à rainha Ester: "Quem se atreveu a uma coisa dessas? Onde está ele?"

6Respondeu Ester: "O adversário e inimigo é Hamã, esse perverso".

Diante disso, Hamã ficou apavorado na presença do rei e da rainha. 7Furioso, o rei levantou-se, deixou o vinho, saiu dali e foi para o jardim do palácio. E percebendo Hamã que o rei já tinha decidido condená-lo, ficou ali para implorar por sua vida à rainha Ester. 8E voltando o rei do jardim do palácio ao salão do banquete, viu Hamã caído sobre o assento onde Ester estava reclinada. E então exclamou: "Chegaria ele ao cúmulo de violentar a rainha na minha presença e em minha própria casa?"

Mal o rei terminou de dizer isso, alguns oficiais cobriram o rosto de Hamã. 9E um deles, chamado Harbona, que estava a serviço do rei, disse: "Há uma forca de mais de vinte metros[b] de altura junto à casa de Hamã, que ele fez para Mardoqueu, aquele que intercedeu pela vida do rei".

Então o rei ordenou: "Enforquem-no nela!" 10Assim Hamã morreu na forca que tinha preparado para Mardoqueu; e a ira do rei se acalmou.

O decreto do rei em favor dos judeus

8 Naquele mesmo dia, o rei Xerxes deu à rainha Ester todos os bens de Hamã, o inimigo dos judeus. E Mardoqueu foi trazido à presença do rei, pois Ester lhe dissera que ele era seu parente. 2O rei tirou seu anel-selo, que havia tomado de Hamã, e o deu a Mardoqueu; e Ester o nomeou administrador dos bens de Hamã.

3Mas Ester tornou a implorar ao rei, chorando aos seus pés, que revogasse o plano maligno de Hamã, o agagita, contra os judeus. 4Então o rei estendeu o cetro de ouro para Ester, e ela se levantou diante dele e disse:

5"Se for do agrado do rei, se posso contar com o seu favor, e se ele considerar justo, que se escreva uma ordem revogando as cartas que Hamã, filho do agagita Hamedata, escreveu para que os judeus fossem exterminados em todas as províncias do império. 6Pois, como suportarei ver a desgraça que cairá sobre o meu povo? Como suportarei a destruição da minha própria família?"

7O rei Xerxes respondeu à rainha Ester e ao judeu Mardoqueu: "Mandei enforcar Hamã e dei os seus bens a Ester porque ele atentou contra os judeus. 8Escrevam agora outro decreto em nome do rei, em favor dos judeus, como melhor lhes parecer, e selem-no com o anel-selo do rei, pois nenhum documento escrito em nome do rei e selado com o seu anel pode ser revogado".

9Isso aconteceu no vigésimo terceiro dia do terceiro mês, o mês de sivã[c]. Os secretários do rei foram imediatamente convocados e escreveram todas as ordens de Mardoqueu aos judeus, aos sátrapas, aos governadores e aos nobres das cento e vinte e sete províncias que se estendiam da Índia até a Etiópia[d]. Essas ordens foram redigidas na língua e na escrita de cada província e de cada povo, e também na língua e na escrita dos judeus. 10Mardoqueu escreveu em nome do rei Xerxes, selou as cartas com o anel-selo do rei, e as enviou por meio de mensageiros montados em cavalos velozes, das estrebarias do próprio rei.

11O decreto do rei concedia aos judeus de cada cidade o direito de se reunirem e de se protegerem, de destruir, matar e aniquilar qualquer força armada de qualquer povo ou província que os ameaçasse, a eles, suas mulheres e seus filhos[e], e o direito de saquear os bens dos seus inimigos. 12O decreto entrou em vigor nas províncias do rei Xerxes no décimo terceiro dia do décimo segundo mês, o mês de adar[f]. 13Uma cópia do decreto foi publicada como lei em cada província e levada ao conhecimento do povo de cada nação, a fim de que naquele dia os judeus estivessem prontos para vingar-se dos seus inimigos.

14Os mensageiros, montando cavalos das estrebarias do rei, saíram a galope, por causa

[a] 7:4 Ou *em silêncio, apesar de que o bem que oferece o nosso inimigo não se compara com a perda que o rei sofreria".*
[b] 7:9 Hebraico: *50 côvados.* O côvado era uma medida linear de cerca de 45 centímetros.
[c] 8:9 Aproximadamente maio/junho.
[d] 8:9 Hebraico: *Cuxe.*
[e] 8:11 Ou *inclusive mulheres e crianças*
[f] 8:12 Aproximadamente fevereiro/março.

da ordem do rei. O decreto também foi publicado na cidadela de Susã.

15Mardoqueu saiu da presença do rei usando vestes reais em azul e branco, uma grande coroa de ouro e um manto púrpura de linho fino. E a cidadela de Susã exultava de alegria. 16Para os judeus foi uma ocasião de felicidade, alegria, júbilo e honra. 17Em cada província e em cada cidade, onde quer que chegasse o decreto do rei, havia alegria e júbilo entre os judeus, com banquetes e festas. Muitos que pertenciam a outros povos do reino tornaram-se judeus, porque o temor dos judeus tinha se apoderado deles.

A vitória dos judeus

9 No décimo terceiro dia do décimo segundo mês, o mês de adar[a], entraria em vigor o decreto do rei. Naquele dia os inimigos dos judeus esperavam vencê-los, mas aconteceu o contrário: os judeus dominaram aqueles que os odiavam, 2reunindo-se em suas cidades, em todas as províncias do rei Xerxes, para atacar os que buscavam a sua destruição. Ninguém conseguia resistir-lhes, porque todos os povos estavam com medo deles. 3E todos os nobres das províncias, os sátrapas, os governadores e os administradores do rei apoiaram os judeus, porque o medo que tinham de Mardoqueu havia se apoderado deles. 4Mardoqueu era influente no palácio; sua fama espalhou-se pelas províncias, e ele se tornava cada vez mais poderoso.

5Os judeus feriram todos os seus inimigos à espada, matando-os e destruindo-os, e fizeram o que quiseram com eles. 6Na cidadela de Susã os judeus mataram e destruíram quinhentos homens. 7Também mataram Parsandata, Dalfom, Aspata, 8Porata, Adalia, Aridata, 9Farmasta, Arisai, Aridai e Vaisata, 10os dez filhos de Hamã, filho de Hamedata, o inimigo dos judeus. Mas não se apossaram dos seus bens.

11Naquele mesmo dia o total de mortos na cidadela de Susã foi relatado ao rei, 12que disse à rainha Ester: "Os judeus mataram e destruíram quinhentos homens e os dez filhos de Hamã na cidadela de Susã. Que terão feito nas outras províncias do império? Agora, diga qual é o seu pedido, e você será atendida. Tem ainda algum desejo? Este lhe será concedido".

13Respondeu Ester: "Se for do agrado do rei, que os judeus de Susã tenham autorização para executar também amanhã o decreto de hoje, para que os corpos dos dez filhos de Hamã sejam pendurados na forca".

14Então o rei deu ordens para que assim fosse feito. O decreto foi publicado em Susã, e os corpos dos dez filhos de Hamã foram pendurados na forca. 15Os judeus de Susã ajuntaram-se no décimo quarto dia do mês de adar e mataram trezentos homens em Susã, mas não se apossaram dos seus bens.

16Enquanto isso, o restante dos judeus que

[a] 9:1 Aproximadamente fevereiro/março; também nos versículos 15, 17, 19 e 21.

A vida nos tempos da Bíblia

O anel-selo do rei

As pessoas nos tempos da Bíblia não assinavam papéis importantes. Em vez disso, elas pressionavam seu anel em um pouquinho de argila pingada sobre papéis que eram amarrados juntos. Quando o rei deu a Mordecai seu anel-selo, isso significou que Mordecai poderia escrever qualquer ordem que quisesse em nome do rei.

viviam nas províncias do império, também se ajuntaram para se protegerem e se livrarem dos seus inimigos. Eles mataram setenta e cinco mil deles, mas não se apossaram dos seus bens. 17Isso aconteceu no décimo terceiro dia do mês de adar, e no décimo quarto dia descansaram e fizeram dessa data um dia de festa e de alegria.

A comemoração do Purim

18Os judeus de Susã, porém, tinham se reunido no décimo terceiro e no décimo quarto dias, e no décimo quinto descansaram e dele fizeram um dia de festa e de alegria.

19Por isso os judeus que vivem em vilas e povoados comemoram o décimo quarto dia do mês de adar como um dia de festa e de alegria, um dia de troca de presentes.

20Mardoqueu registrou esses acontecimentos e enviou cartas a todos os judeus de todas as províncias do rei Xerxes, próximas e distantes, 21determinando que anualmente se comemorassem o décimo quarto e o décimo quinto dias do mês de adar, 22pois nesses dias os judeus livraram-se dos seus inimigos; nesse mês a sua tristeza tornou-se em alegria, e o seu pranto, num dia de festa. Escreveu-lhes dizendo que comemorassem aquelas datas como dias de festa e de alegria, de troca de presentes e de ofertas aos pobres.

23E assim os judeus adotaram como costume aquela comemoração, conforme o que Mardoqueu lhes tinha ordenado por escrito. 24Pois Hamã, filho do agagita Hamedata, inimigo de todos os judeus, tinha tramado contra eles para destruí-los e tinha lançado o pur, isto é, a sorte para a ruína e destruição deles. 25Mas quando isso chegou ao conhecimento do rei[a], ele deu ordens escritas para que o plano maligno de Hamã contra os judeus se voltasse contra a sua própria cabeça, e para que ele e seus filhos fossem enforcados. 26Por isso aqueles dias foram chamados Purim, da palavra pur. Considerando tudo o que estava escrito nessa carta, o que tinham visto e o que tinha acontecido, 27os judeus decidiram estabelecer o costume de que eles e os seus descendentes e todos os que se tornassem judeus não deixariam de comemorar anualmente esses dois dias, na forma prescrita e na data certa. 28Esses dias seriam lembrados e comemorados em cada família de cada geração, em cada província e em cada cidade, e jamais deveriam deixar de ser comemorados pelos judeus. E os seus descendentes jamais deveriam esquecer-se de tais dias.

29Então a rainha Ester, filha de Abiail, e o judeu Mardoqueu escreveram com toda a autoridade uma segunda carta para confirmar a primeira, acerca do Purim. 30Mardoqueu enviou cartas a todos os judeus das cento e vinte e sete províncias do império de Xerxes, desejando-lhes paz e segurança, 31e confirmando que os dias de Purim deveriam ser comemorados nas datas determinadas, conforme o judeu Mardoqueu e a rainha Ester tinham decretado e estabelecido para si mesmos, para todos os judeus e para os seus descendentes, e acrescentou observações sobre tempos de jejum e de lamentação. 32O decreto de Ester confirmou as regras do Purim, e isso foi escrito nos registros.

Você sabia?

Por que o feriado que celebra o livramento dos judeus chama-se Purim?

9:28 A palavra *pur* significa "sorte". O feriado é chamado Purim para lembrar a todos que Hamã lançou sorte para escolher um dia para tentar matar todos os judeus, mas Deus fez com que a sorte caísse em um dia bem longe, para que desse tempo de tudo se arrumar para salvar seu povo. O nome da celebração é um lembrete da providência e do amor de Deus.

A grandeza de Mardoqueu

10 O rei Xerxes impôs tributos a todo o império, até sobre as distantes regiões costeiras. 2Todos os seus atos de força e de poder, e o relato completo da grandeza de Mardoqueu, a quem o rei dera autoridade, estão registrados no livro das crônicas dos reis da Média e da Pérsia. 3O judeu Mardoqueu foi o segundo na hierarquia, depois do rei Xerxes. Era homem importante entre os judeus e foi muito amado por eles, pois trabalhou para o bem do seu povo e promoveu o bem-estar de todos.

[a] 9:25 Ou *quando Ester foi à presença do rei*

JÓ

Quem escreveu este livro?
O autor deste livro é desconhecido.

Por que este livro foi escrito?
Este livro foi escrito para ajudar as pessoas a aprenderem que o sofrimento nem sempre é punição de Deus.

O que acontece neste livro?
Coisas terríveis acontecem a Jó. Ele e os três amigos discutem sobre por que Deus teria deixado essas coisas acontecerem. Deus pede a Jó e aos três amigos que somente confiem nele e, então, cura Jó e o faz rico novamente.

O que aprendemos sobre Deus neste livro?
Deus deixa coisas ruins acontecerem a pessoas boas. Ou seja, quando coisas ruins acontecem, não significa que Deus esteja punindo a pessoa por algum pecado.

Quem é o personagem principal deste livro?
A pessoa mais importante neste livro é Jó.

Quando isto aconteceu?
Não sabemos quando isto aconteceu, mas é provável que tenha acontecido ainda no tempo de Abraão, por volta de 2100 a.C.

Onde isto aconteceu?
A história de Jó se passa em uma terra chamada Uz, provavelmente localizada a leste de Canaã.

Algumas histórias deste livro:

Satanás destrói a riqueza e a família de Jó	Jó 1
Satanás deixa Jó muito doente	Jó 2
Jó diz que Deus não é justo	Jó 9; 12
Deus mostra sua grandeza a Jó	Jó 40—41
Deus faz Jó ficar bem e rico	Jó 42

Introdução

1 Na terra de Uz vivia um homem chamado Jó. Era homem íntegro e justo; temia a Deus e evitava fazer o mal. 2Tinha ele sete filhos e três filhas, 3e possuía sete mil ovelhas, três mil camelos, quinhentas juntas de boi e quinhentos jumentos, e tinha muita gente a seu serviço. Era o homem mais rico do oriente.

4Seus filhos costumavam dar banquetes em casa, um de cada vez, e convidavam suas três irmãs para comerem e beberem com eles. 5Terminado um período de banquetes, Jó mandava chamá-los e fazia com que se purificassem. De madrugada ele oferecia um holocausto[a] em favor de cada um deles, pois pensava: "Talvez os meus filhos tenham, lá no íntimo, pecado e amaldiçoado a Deus". Essa era a prática constante de Jó.

A primeira provação de Jó

6Certo dia os anjos[b] vieram apresentar-se ao SENHOR, e Satanás[c] também veio com eles. 7O SENHOR disse a Satanás: "De onde você veio?"

Satanás respondeu ao SENHOR: "De perambular pela terra e andar por ela".

8Disse então o SENHOR a Satanás: "Reparou em meu servo Jó? Não há ninguém na terra como ele, irrepreensível, íntegro, homem que teme a Deus e evita o mal".

9"Será que Jó não tem razões para temer a Deus?", respondeu Satanás. 10"Acaso não puseste uma cerca em volta dele, da família dele e de tudo o que ele possui? Tu mesmo tens abençoado tudo o que ele faz, de modo que os seus rebanhos estão espalhados por toda a terra. 11Mas estende a tua mão e fere tudo o que ele tem, e com certeza ele te amaldiçoará na tua face."

12O SENHOR disse a Satanás: "Pois bem, tudo o que ele possui está nas suas mãos; apenas não toque nele".

Então Satanás saiu da presença do SENHOR.

13Certo dia, quando os filhos e as filhas de Jó estavam num banquete, comendo e bebendo vinho na casa do irmão mais velho, 14um mensageiro veio dizer a Jó: "Os bois estavam arando e os jumentos estavam pastando por perto, 15quando os sabeus os atacaram e os levaram embora. Mataram à espada os empregados, e eu fui o único que escapou para lhe contar!"

16Enquanto ele ainda estava falando, chegou outro mensageiro e disse: "Fogo de Deus caiu do céu e queimou totalmente as ovelhas e os empregados, e eu fui o único que escapou para lhe contar!"

17Enquanto ele ainda estava falando, chegou outro mensageiro e disse: "Vieram caldeus em três bandos, atacaram os camelos e os levaram embora. Mataram à espada os empregados, e eu fui o único que escapou para lhe contar!"

18Enquanto ele ainda estava falando, chegou ainda outro mensageiro e disse: "Seus filhos e suas filhas estavam num banquete, comendo e bebendo vinho na casa do irmão mais velho, 19quando, de repente, um vento muito forte veio do deserto e atingiu os quatro cantos da casa, que desabou. Eles morreram, e eu fui o único que escapou para lhe contar!"

[a] 1:5 Isto é, sacrifício totalmente queimado.
[b] 1:6 Hebraico: *os filhos de Deus.*
[c] 1:6 Satanás significa *acusador.*

Experimente!

Coisas ruins acontecem a pessoas boas

Leia Jó 1 e responda: você consegue encontrar um versículo que diz que Jó era uma pessoa boa? Encontre três situações terríveis que aconteceram a ele.

Algumas vezes, coisas ruins acontecem a pessoas boas. Se algo ruim aconteceu a você, isso pode lhe dar a sensação de que está sendo punido, mas, mesmo que coisas terríveis aconteçam, não significa que Deus está punindo você.

O que você acha que aconteceu com Jó no final? Leia Jó 42:12-17 e pense no seguinte: o que você acha que vai acontecer a você no final se amar a Deus como Jó amava?

Jó 1:1-22

20Ao ouvir isso, Jó levantou-se, rasgou o
manto e rapou a cabeça. Então prostrou-se
com o rosto em terra, em adoração, 21e disse:

"Saí nu do ventre da minha mãe,
e nu partirei[a].
O SENHOR o deu, o SENHOR o levou;
louvado seja o nome do SENHOR".

22Em tudo isso Jó não pecou e não culpou
a Deus de coisa alguma.

A segunda provação de Jó

2 Num outro dia os anjos[b] vieram apresen-
tar-se ao SENHOR, e Satanás também veio
com eles para apresentar-se. 2O SENHOR per-
guntou a Satanás, "De onde você veio?"
Satanás respondeu ao SENHOR: "De peram-
bular pela terra e andar por ela".
3Disse então o SENHOR a Satanás: "Reparou
em meu servo Jó? Não há ninguém na ter-
ra como ele, irrepreensível, íntegro, homem
que teme a Deus e evita o mal. Ele se man-
tém íntegro, apesar de você me haver insti-
gado contra ele para arruiná-lo sem motivo".
4"Pele por pele!", respondeu Satanás. "Um
homem dará tudo o que tem por sua vida.
5Estende a tua mão e fere a sua carne e os
seus ossos, e com certeza ele te amaldiçoará
na tua face."
6O SENHOR disse a Satanás: "Pois bem, ele
está nas suas mãos; apenas poupe a vida dele".
7Saiu, pois, Satanás da presença do SENHOR
e afligiu Jó com feridas terríveis, da sola dos
pés ao alto da cabeça. 8Então Jó apanhou um
caco de louça e com ele se raspava, sentado
entre as cinzas.
9Então sua mulher lhe disse: "Você ain-
da mantém a sua integridade? Amaldiçoe a
Deus, e morra!"
10Ele respondeu: "Você fala como uma in-
sensata. Aceitaremos o bem dado por Deus,
e não o mal?"
Em tudo isso Jó não pecou com seus lábios.

[a] 1:21 Ou *nu voltarei para lá*
[b] 2:1 Hebraico: *os filhos de Deus.*

Palavras para memorizar

"Aceitaremos o bem dado por Deus, e não o mal?"

(Jó 2:10)

Você sabia?

Qual foi o tamanho da tristeza de Jó?

3:1 Jó estava tão triste pelas muitas coisas ruins que aconteceram com ele que chegou a desejar nunca ter nascido.

Os amigos de Jó

11Quando três amigos de Jó, Elifaz, de Te-
mã, Bildade, de Suá, e Zofar, de Naamate,
souberam de todos os males que o haviam
atingido, saíram, cada um da sua região.
Combinaram encontrar-se para, juntos,
irem mostrar solidariedade a Jó e consolá-
-lo. 12Quando o viram a distância, mal pude-
ram reconhecê-lo e começaram a chorar em
alta voz. Cada um deles rasgou seu manto e
colocou terra sobre a cabeça. 13Depois os três
se assentaram no chão com ele, durante se-
te dias e sete noites. Ninguém lhe disse uma
palavra, pois viam como era grande o seu so-
frimento.

O discurso de Jó

3 Depois disso Jó abriu a boca e amaldiçoou
o dia do seu nascimento, 2dizendo:

3"Pereça o dia do meu nascimento
e a noite em que se disse:
'Nasceu um menino!'
4Transforme-se aquele dia em trevas,
e Deus, lá do alto,
não se importe com ele;
não resplandeça a luz sobre ele.
5Chamem-no de volta as trevas
e a mais densa escuridão[c];
coloque-se uma nuvem sobre ele
e o negrume aterrorize a sua luz.
6Apoderem-se daquela noite
densas trevas!
Não seja ela incluída
entre os dias do ano,
nem faça parte de nenhum dos meses.
7Seja aquela noite estéril,
e nela não se ouçam brados de alegria.
8Amaldiçoem aquele dia
os que amaldiçoam os dias[d]
e são capazes de atiçar o Leviatã[e].

[c] 3:5 Ou *e a sombra da morte*
[d] 3:8 Ou *o mar*
[e] 3:8 Ou *monstro marinho*

9Fiquem escuras
as suas estrelas matutinas,
espere ele em vão pela luz do sol
e não veja os primeiros raios
da alvorada,
10pois não fechou as portas
do ventre materno
para evitar
que eu contemplasse males.

11"Por que não morri ao nascer,
e não pereci quando saí do ventre?
12Por que houve joelhos
para me receberem
e seios para me amamentarem?
13Agora eu bem poderia
estar deitado em paz
e achar repouso
14junto aos reis e conselheiros da terra,
que construíram para si
lugares que agora jazem em
ruínas,
15com governantes que possuíam ouro,
que enchiam suas casas de prata.
16Por que não me sepultaram
como criança abortada,
como um bebê
que nunca viu a luz do dia?
17Ali os ímpios já não se agitam,
e ali os cansados
permanecem em repouso;
18os prisioneiros também
desfrutam sossego,
já não ouvem mais os gritos
do feitor de escravos.
19Os simples e os poderosos ali estão,
e o escravo está livre do seu senhor.

20"Por que se dá luz aos infelizes,
e vida aos de alma amargurada,
21aos que anseiam pela morte
e esta não vem,
e a procuram mais
do que a um tesouro oculto,
22aos que se enchem de alegria
e exultam quando vão
para a sepultura?
23Por que se dá vida àquele
cujo caminho é oculto,
e a quem Deus fechou as saídas?
24Pois me vêm suspiros
em vez de comida;
meus gemidos
transbordam como água.
25O que eu temia veio sobre mim;
o que eu receava me aconteceu.
26Não tenho paz,
nem tranquilidade, nem descanso;
somente inquietação".

Elifaz

4 Então respondeu Elifaz, de Temã:

2"Se alguém se aventurar
a dizer-lhe uma palavra,
você ficará impaciente?
Mas quem pode refrear as palavras?

A vida nos tempos da Bíblia

Demonstração de dor

Nos tempos bíblicos, as pessoas expressavam seu sofrimento de maneira muito aberta e dramática. Quando algo triste acontecia com elas ou com alguém que amavam, muitas vezes elas choravam em voz alta, rasgavam suas roupas, sentavam-se no chão e jogavam pó ou cinzas na cabeça. Os amigos de Jó ficaram muito chateados por causa de tudo o que aconteceu com ele, e, durante sete dias e sete noites, eles demonstraram sua tristeza de todas essas formas.

3Pense bem! Você ensinou a tantos;
fortaleceu mãos fracas.
4Suas palavras davam firmeza
aos que tropeçavam;
você fortaleceu joelhos vacilantes.
5Mas agora que se vê em dificuldade,
você desanima;
quando você é atingido,
fica prostrado.
6Sua vida piedosa
não lhe inspira confiança?
E o seu procedimento irrepreensível
não lhe dá esperança?

7"Reflita agora:
Qual foi o inocente
que chegou a perecer?
Onde os íntegros
sofreram destruição?
8Pelo que tenho observado,
quem cultiva o mal e semeia maldade,
isso também colherá.
9Pelo sopro de Deus são destruídos;
pelo vento de sua ira eles perecem.
10Os leões podem rugir e rosnar,
mas até os dentes dos leões fortes
se quebram.
11O leão morre por falta de presa,
e os filhotes da leoa se dispersam.

12"Disseram-me uma palavra
em segredo,
da qual os meus ouvidos
captaram um murmúrio.
13Em meio a sonhos perturbadores da
noite,
quando cai sono profundo
sobre os homens,
14temor e tremor
se apoderaram de mim
e fizeram estremecer
todos os meus ossos.
15Um espírito[a] roçou o meu rosto,
e os pelos do meu corpo
se arrepiaram.
16Ele parou,
mas não pude identificá-lo.
Um vulto se pôs
diante dos meus olhos,
e ouvi uma voz suave, que dizia:
17'Poderá algum mortal
ser mais justo que Deus?
Poderá algum homem ser mais puro
que o seu Criador?
18Se Deus não confia em seus servos,
se vê erro em seus anjos e os acusa,
19quanto mais nos que moram
em casas de barro,
cujos alicerces estão no pó!
São mais facilmente esmagados
que uma traça!
20Entre o alvorecer e o crepúsculo
são despedaçados;
perecem para sempre,
sem ao menos serem notados.
21Não é certo que as cordas
de suas tendas
são arrancadas,
e eles morrem sem sabedoria?'[b]

5 "Clame, se quiser,
mas quem o ouvirá?
Para qual dos seres celestes[c]
você se voltará?
2O ressentimento mata o insensato,
e a inveja destrói o tolo.
3Eu mesmo já vi
um insensato lançar raízes,
mas de repente a sua casa
foi amaldiçoada.
4Seus filhos longe estão
de desfrutar segurança,
maltratados nos tribunais,
não há quem os defenda.
5Os famintos devoram a sua colheita,
tirando-a até do meio dos espinhos,
e os sedentos sugam a sua riqueza.
6Pois o sofrimento não brota do pó,
e as dificuldades não nascem do chão.
7No entanto, o homem nasce
para as dificuldades
tão certamente como as fagulhas
voam para cima.

8"Mas, se fosse comigo,
eu apelaria para Deus;
apresentaria a ele a minha causa.
9Ele realiza maravilhas insondáveis,
milagres que não se pode contar.
10Derrama chuva sobre a terra,
e envia água sobre os campos.
11Os humildes, ele os exalta,
e traz os que pranteiam
a um lugar de segurança.
12Ele frustra os planos dos astutos,
para que fracassem as mãos deles.
13Apanha os sábios na astúcia deles,
e as maquinações dos astutos
são malogradas por sua precipitação.
14As trevas vêm sobre eles
em pleno dia;

[a] 4:15 Ou *vento*

[b] 4:21 Alguns sugerem que o discurso de Elifaz termina no versículo 17.

[c] 5:1 Hebraico: *santos*.

ao meio-dia eles tateiam
como se fosse noite.
15Ele salva o oprimido
da espada
que trazem na boca;
salva-o das garras dos poderosos.
16Por isso os pobres têm esperança,
e a injustiça cala a própria boca.

17"Como é feliz o homem
a quem Deus corrige;
portanto, não despreze
a disciplina do Todo-poderoso[a].
18Pois ele fere,
mas trata do ferido;
ele machuca,
mas suas mãos também curam.
19De seis desgraças ele o livrará;
em sete delas você nada sofrerá.
20Na fome ele o livrará da morte,
e na guerra o livrará
do golpe da espada.
21Você será protegido
do açoite da língua,
e não precisará ter medo
quando a destruição chegar.
22Você rirá da destruição e da fome,
e não precisará temer as feras da terra.
23Pois fará aliança
com as pedras do campo,
e os animais selvagens
estarão em paz com você.
24Você saberá que a sua tenda
é segura;
contará os bens da sua morada
e de nada achará falta.
25Você saberá que
os seus filhos serão muitos,
e que os seus descendentes
serão como a relva da terra.
26Você irá para a sepultura
em pleno vigor,
como um feixe recolhido
no devido tempo.

27"Verificamos isso e vimos
que é verdade.
Portanto, ouça e aplique isso
à sua vida".

Jó
6 Então Jó respondeu:
2"Se tão somente pudessem
pesar a minha aflição
e pôr na balança a minha desgraça!
3Veriam que o seu peso é maior
que o da areia dos mares.
Por isso as minhas palavras
são tão impetuosas.
4As flechas do Todo-poderoso
estão cravadas em mim,
e o meu espírito suga delas o veneno;
os terrores de Deus
me assediam.
5Zurra o jumento selvagem,
se tiver capim?
Muge o boi, se tiver forragem?
6Come-se sem sal
uma comida insípida?
E a clara do ovo, tem algum sabor?
7Recuso-me a tocar nisso;
esse tipo de comida
causa-me repugnância.

8"Se tão somente fosse atendido
o meu pedido,
se Deus me concedesse o meu desejo,
9se Deus se dispusesse a esmagar-me,
a soltar a mão protetora
e eliminar-me!
10Pois eu ainda teria o consolo,
minha alegria
em meio à dor implacável,
de não ter negado
as palavras do Santo.

11"Que esperança posso ter,
se já não tenho forças?
Como posso ter paciência,
se não tenho futuro?
12Acaso tenho a força da pedra?
Acaso a minha carne é de bronze?
13Haverá poder que me ajude,
agora que os meus recursos se foram?

14"Um homem desesperado
deve receber
a compaixão de seus amigos,
muito embora ele tenha abandonado
o temor do Todo-poderoso.
15Mas os meus irmãos enganaram-me
como riachos temporários,
como os riachos que transbordam
16quando o degelo os torna turvos
e a neve que se derrete os faz encher,
17mas que param de fluir
no tempo da seca,
e no calor desaparecem
dos seus leitos.
18As caravanas se desviam
de suas rotas;
sobem para lugares desertos
e perecem.

[a] 5:17 Hebraico: *Shaddai*; também em todo o livro de Jó.

19Procuram água
as caravanas de Temá,
olham esperançosos
os mercadores de Sabá.
20Ficam tristes,
porque estavam confiantes;
lá chegaram tão somente
para sofrer decepção.
21Pois agora vocês
de nada me valeram;
contemplam minha temível situação,
e se enchem de medo.
22Alguma vez lhes pedi
que me dessem alguma coisa?
Ou que da sua riqueza
pagassem resgate por mim?
23Ou que me livrassem
das mãos do inimigo?
Ou que me libertassem das garras
de quem me oprime?
24"Ensinem-me,
e eu me calarei;
mostrem-me onde errei.
25Como doem as palavras verdadeiras!
Mas o que provam
os argumentos de vocês?
26Vocês pretendem corrigir o que digo
e tratar como vento
as palavras de um homem
desesperado?
27Vocês seriam capazes
de pôr em sorteio o órfão
e de vender um amigo
por uma bagatela!
28"Mas agora,
tenham a bondade
de olhar para mim.
Será que eu mentiria
na frente de vocês?
29Reconsiderem a questão,
não sejam injustos;
tornem a analisá-la,
pois a minha integridade
está em jogo[a].
30Há alguma iniquidade em meus
lábios?
Será que a minha boca
não consegue discernir a maldade?

7 "Não é pesado o labor
do homem na terra?
Seus dias não são
como os de um assalariado?
2Como o escravo que anseia
pelas sombras do entardecer,
ou como o assalariado
que espera ansioso pelo pagamento,
3assim me deram meses de ilusão,
e noites de desgraça
me foram destinadas.
4Quando me deito,
fico pensando:
Quanto vai demorar
para eu me levantar?

[a] 6:29 Ou *minha retidão ainda está firme*

A vida nos tempos da Bíblia

Tecer

A tecelagem nos tempos bíblicos era feita principalmente por mulheres. Os tecidos eram compostos entrelaçando-se os fios, que depois eram usados para fazer roupas e artigos domésticos, e também tendas. Esses tecidos eram feitos a partir de pelo de cabra ou lã de ovelha ou plantas, e alguns deles eram grosseiros e ásperos, mas outros eram finos, macios e lindamente coloridos.

A noite se arrasta,
e eu fico me virando na cama
até o amanhecer.
5Meu corpo está coberto de vermes
e cascas de ferida,
minha pele está rachada
e vertendo pus.

6"Meus dias correm mais depressa
que a lançadeira do tecelão,
e chegam ao fim
sem nenhuma esperança.
7Lembra-te, ó Deus,
de que a minha vida
não passa de um sopro;
meus olhos jamais
tornarão a ver a felicidade.
8Os que agora me veem,
nunca mais me verão;
puseste o teu olhar em mim,
e já não existo.
9Assim como a nuvem se esvai
e desaparece,
assim quem desce à sepultura[a]
não volta.
10Nunca mais voltará ao seu lar;
a sua habitação não mais o conhecerá.

11"Por isso não me calo;
na aflição do meu espírito
desabafarei,
na amargura da minha alma
farei as minhas queixas.
12Sou eu o mar,
ou o monstro das profundezas,
para que me ponhas sob guarda?
13Quando penso que
a minha cama me consolará
e que o meu leito
aliviará a minha queixa,
14mesmo aí me assustas com sonhos
e me aterrorizas com visões.
15É melhor ser estrangulado e morrer
do que sofrer assim[b];
16sinto desprezo pela minha vida!
Não vou viver para sempre;
deixa-me,
pois os meus dias não têm sentido.

17"Que é o homem,
para que lhe dês importância
e atenção,
18para que o examines a cada manhã
e o proves a cada instante?
19Nunca desviarás de mim o teu olhar?
Nunca me deixarás a sós,
nem por um instante?
20Se pequei, que mal te causei,
ó tu que vigias os homens?
Por que me tornaste teu alvo?
Acaso tornei-me um fardo para ti?[c]
21Por que não perdoas
as minhas ofensas
e não apagas os meus pecados?
Pois logo me deitarei no pó;
tu me procurarás,
mas eu já não existirei".

Bildade

8 Então Bildade, de Suá, respondeu:
2"Até quando você vai
falar desse modo?
Suas palavras
são um grande vendaval!
3Acaso Deus torce a justiça?
Será que o Todo-poderoso
torce o que é direito?
4Quando os seus filhos
pecaram contra ele,
ele os castigou
pelo mal que fizeram.
5Mas, se você procurar a Deus
e implorar junto ao Todo-poderoso,
6se você for íntegro e puro,
ele se levantará agora mesmo
em seu favor
e o restabelecerá no lugar
que por justiça cabe a você.
7O seu começo parecerá modesto,
mas o seu futuro será
de grande prosperidade.

8"Pergunte às gerações anteriores
e veja o que os seus pais aprenderam,
9pois nós nascemos ontem
e não sabemos nada.
Nossos dias na terra
não passam de uma sombra.
10Acaso eles não o instruirão,
não lhe falarão?
Não proferirão palavras vindas
do entendimento?
11Poderá o papiro crescer
senão no pântano?
Sem água cresce o junco?
12Mal cresce e,
antes de ser colhido, seca-se,

[a] 7:9 Hebraico: *Sheol*. Essa palavra também pode ser traduzida por morte, pó ou profundezas.
[b] 7:15 Hebraico: *ter os meus ossos*.
[c] 7:20 Conforme alguns manuscritos do Texto Massorético, uma antiga tradição de escribas hebreus e a Septuaginta. A maioria dos manuscritos do Texto Massorético diz *para mim mesmo?*

Você sabia?

O que é papiro?

8:11 Papiro é uma planta comprida que cresce em pântanos e nas margens dos rios. Nos tempos da Bíblia, lâminas finas da haste do papiro eram coladas juntas para formar um papel pesado no qual as pessoas escreviam.

mais depressa que qualquer grama.
13Esse é o destino
de todo o que se esquece de Deus;
assim perece a esperança dos ímpios.
14Aquilo em que ele confia é frágil,
aquilo em que se apoia
é uma teia de aranha.
15Encosta-se em sua teia, mas ela cede;
agarra-se a ela, mas ela não aguenta.
16Ele é como uma planta
bem regada ao brilho do sol,
espalhando seus brotos pelo jardim;
17entrelaça as raízes
em torno de um monte de pedras
e procura um lugar entre as rochas.
18Mas, quando é arrancada
do seu lugar,
este a rejeita e diz: 'Nunca a vi'.
19Esse é o fim da sua vida,
e do solo brotam outras plantas.

20"Pois o certo é que
Deus não rejeita o íntegro,
e não fortalece as mãos
dos que fazem o mal.
21Mas, quanto a você,
ele encherá de riso a sua boca
e de brados de alegria os seus lábios.
22Seus inimigos
se vestirão de vergonha,
e as tendas dos ímpios
não mais existirão".

Jó 9

Então Jó respondeu:

2"Bem sei que isso é verdade.
Mas como pode o mortal
ser justo diante de Deus?
3Ainda que quisesse discutir com ele,
não conseguiria argumentar
nem uma vez em mil.
4Sua sabedoria é profunda,
seu poder é imenso.
Quem tentou resistir-lhe e saiu ileso?
5Ele transporta montanhas
sem que elas o saibam,
e em sua ira
as põe de cabeça para baixo.
6Sacode a terra e a tira do lugar,
e faz suas colunas tremerem.
7Fala com o sol, e ele não brilha;
ele veda e esconde a luz das estrelas.
8Só ele estende os céus
e anda sobre as ondas do mar.
9Ele é o Criador da Ursa e do Órion,
das Plêiades e das constelações do sul.
10Realiza maravilhas
que não se pode perscrutar,
milagres incontáveis.
11Quando passa por mim,
não posso vê-lo;
se passa junto de mim, não o percebo.
12Se ele apanha algo,
quem pode pará-lo?
Quem pode dizer-lhe:
'O que fazes?'
13Deus não refreia a sua ira;
até o séquito de Raabe[a] encolheu-se
diante dos seus pés.

14"Como então poderei eu
discutir com ele?
Como achar palavras
para com ele argumentar?
15Embora inocente,
eu seria incapaz de responder-lhe;
poderia apenas implorar
misericórdia ao meu Juiz.
16Mesmo que eu o chamasse
e ele me respondesse,
não creio que me daria ouvidos.
17Ele me esmagaria
com uma tempestade
e sem motivo multiplicaria
minhas feridas.
18Não me permitiria
recuperar o fôlego,
mas me engolfaria em agruras.
19Recorrer à força?
Ele é mais poderoso!
Ao tribunal?
Quem o[b] intimará?
20Mesmo sendo eu inocente,
minha boca me condenaria;

[a] 9:13 Ou *até o mar*; ou ainda *até o séquito do Egito*
[b] 9:19 Conforme a Septuaginta. O Texto Massorético diz *me*.

se eu fosse íntegro,
ela me declararia culpado.
21"Conquanto eu seja íntegro,
já não me importo comigo;
desprezo a minha própria vida.
22É tudo a mesma coisa;
por isso digo:
Ele destrói tanto o íntegro
como o ímpio.
23Quando um flagelo
causa morte repentina,
ele zomba do desespero dos inocentes.
24Quando um país
cai nas mãos dos ímpios,
ele venda os olhos de seus juízes.
Se não é ele, quem é então?

25"Meus dias correm
mais velozes que um atleta;
eles voam
sem um vislumbre de alegria.
26Passam como barcos de papiro,
como águias que mergulham
sobre as presas.
27Se eu disser:
Vou esquecer a minha queixa,
vou mudar o meu semblante e sorrir,
28ainda assim me apavoro
com todos os meus sofrimentos,
pois sei que não me considerarás
inocente.
29Uma vez que já fui
considerado culpado,
por que deveria eu lutar em vão?
30Mesmo que eu me lavasse
com sabão[a]
e limpasse as minhas mãos
com soda de lavadeira,
31tu me atirarias num poço de lodo,
para que até as minhas roupas
me detestassem.

32"Ele não é homem como eu,
para que eu lhe responda
e nos enfrentemos em juízo.
33Se tão somente houvesse alguém
para servir de árbitro entre nós,
para impor as mãos sobre nós dois,
34alguém que afastasse de mim
a vara de Deus,
para que o seu terror
não mais me assustasse!
35Então eu falaria sem medo;
mas não é esse o caso.

10 "Minha vida só me dá desgosto;
por isso darei vazão à minha queixa
e de alma amargurada me expressarei.
2Direi a Deus: Não me condenes;
revela-me que acusações
tens contra mim.
3Tens prazer em oprimir-me,
em rejeitar a obra de tuas mãos,
enquanto sorris
para o plano dos ímpios?
4Acaso tens olhos de carne?
Enxergas como os mortais?
5Teus dias são como
os de qualquer mortal?
Os anos de tua vida
são como os do homem?
6Pois investigas a minha iniquidade
e vasculhas o meu pecado,
7embora saibas que não sou culpado
e que ninguém pode
livrar-me das tuas mãos.

8"Foram as tuas mãos
que me formaram
e me fizeram.
Irás agora voltar-te e destruir-me?
9Lembra-te de que me moldaste
como o barro;
e agora me farás voltar ao pó?
10Acaso não me despejaste como leite
e não me coalhaste como queijo?
11Não me vestiste de pele e carne
e não me juntaste
com ossos e tendões?
12Deste-me vida e foste bondoso
para comigo,
e na tua providência
cuidaste do meu espírito.

13"Mas algo escondeste
em teu coração,
e agora sei o que pensavas.
14Se eu pecasse,
estarias me observando
e não deixarias sem punição
a minha ofensa.
15Se eu fosse culpado, ai de mim!
Mesmo sendo inocente,
não posso erguer a cabeça,
pois estou dominado pela vergonha
e mergulhado na[b] minha aflição.
16Se mantenho a cabeça erguida,
ficas à minha espreita como um leão,
e de novo manifestas contra mim
o teu poder tremendo.

[a] 9:30 Ou *neve*

[b] 10:15 Ou *e consciente da*

17 Trazes novas testemunhas
contra mim
e contra mim aumentas a tua ira;
teus exércitos atacam-me
em batalhões sucessivos.

18 "Então, por que me fizeste
sair do ventre?
Eu preferia ter morrido
antes que alguém pudesse ver-me.
19 Se tão somente
eu jamais tivesse existido,
ou fosse levado direto do ventre
para a sepultura!
20 Já estariam no fim
os meus poucos dias?
Afasta-te de mim, para que eu tenha
um instante de alegria,
21 antes que eu vá para o lugar
do qual não há retorno,
para a terra de sombras
e densas trevas[a],
22 para a terra tenebrosa como a noite,
terra de trevas e de caos,
onde até mesmo a luz é escuridão".

Zofar

11 Então Zofar, de Naamate, respondeu:

2 "Ficarão sem resposta
todas essas palavras?
Irá confirmar-se
o que esse tagarela diz?
3 Sua conversa tola calará os homens?
Ninguém o repreenderá
por sua zombaria?
4 Você diz a Deus:
'A doutrina que eu aceito é perfeita,
e sou puro aos teus olhos'.
5 Ah, se Deus lhe falasse,
se abrisse os lábios contra você
6 e lhe revelasse
os segredos da sabedoria!
Pois a verdadeira sabedoria
é complexa.
Fique sabendo que Deus esqueceu
alguns dos seus pecados.

7 "Você consegue perscrutar
os mistérios de Deus?
Pode sondar os limites
do Todo-poderoso?
8 São mais altos que os céus!
O que você poderá fazer?
São mais profundos
que as profundezas[b]!
O que você poderá saber?
9 Seu comprimento
é maior que a terra
e a sua largura é maior que o mar.

10 "Se ele ordena uma prisão
e convoca o tribunal,
quem poderá opor-se?
11 Pois ele não identifica os enganadores
e não reconhece a iniquidade
logo que a vê?
12 Mas o tolo só será sábio
quando a cria do jumento selvagem
nascer homem[c].

13 "Contudo, se você lhe consagrar
o coração
e estender as mãos para ele;
14 se afastar das suas mãos o pecado
e não permitir que a maldade
habite em sua tenda,
15 então você levantará o rosto
sem envergonhar-se;
será firme e destemido.
16 Você esquecerá as suas desgraças,
lembrando-as apenas
como águas passadas.
17 A vida será mais refulgente
que o meio-dia,
e as trevas serão
como a manhã em seu fulgor.
18 Você estará confiante,
graças à esperança que haverá;

[a] 10:21 Ou *e trevas da morte*; também no versículo 22.

[b] 11:8 Hebraico: *Sheol*. Essa palavra também pode ser traduzida por sepultura, pó ou morte.

[c] 11:12 Ou *nascer domesticado*

Você sabia?

Os amigos de Jó o ajudaram?

10:20 Não. Três dos amigos de Jó — Elifaz, Bildade e Zofar — foram confortá-lo, mas não funcionou. Eles ficavam dizendo que Deus havia mandado todos aqueles problemas por causa da maldade de Jó e que Deus o estava punindo por seus pecados. Mas Jó sabia em seu coração que ele não havia pecado. O texto de Jó 1:8 diz o que Deus pensava dele.

olhará ao redor,
e repousará em segurança.
19Você se deitará,
e ninguém lhe causará medo,
e muitos procurarão o seu favor.
20Mas os olhos dos ímpios fenecerão,
e em vão procurarão refúgio;
o suspiro da morte
será a esperança que terão".

Jó
12 Então Jó respondeu:
2"Sem dúvida vocês são o povo,
e a sabedoria morrerá com vocês!
3Mas eu tenho a mesma capacidade
de pensar que vocês têm;
não sou inferior a vocês.
Quem não sabe dessas coisas?

4"Tornei-me objeto de riso
para os meus amigos,
logo eu, que clamava a Deus
e ele me respondia,
eu, íntegro e irrepreensível,
um mero objeto de riso!
5Quem está bem despreza a desgraça,
o destino daqueles
cujos pés escorregam.
6As tendas dos saqueadores
não sofrem perturbação,
e aqueles que provocam a Deus
estão seguros,
aqueles que transportam o seu deus
em suas mãos.[a]

7"Pergunte, porém, aos animais,
e eles o ensinarão,
ou às aves do céu, e elas lhe contarão;
8fale com a terra, e ela o instruirá,
deixe que os peixes do mar
o informem.
9Quem de todos eles ignora
que a mão do SENHOR fez isso?
10Em sua mão
está a vida de cada criatura
e o fôlego de toda a humanidade.
11O ouvido não experimenta
as palavras
como a língua experimenta a comida?
12A sabedoria se acha entre os idosos?
A vida longa traz entendimento?

13"Deus é que tem sabedoria e poder;
a ele pertencem o conselho
e o entendimento.
14O que ele derruba
não se pode reconstruir;
quem ele aprisiona
ninguém pode libertar.
15Se ele retém as águas,
predomina a seca;
se as solta, devastam a terra.
16A ele pertencem a força
e a sabedoria;
tanto o enganado quanto o enganador
a ele pertencem.
17Ele despoja e demite os conselheiros,
e faz os juízes de tolos.
18Tira as algemas postas pelos reis,
e amarra uma faixa[b]
em torno da cintura deles.
19Despoja e demite os sacerdotes,
e arruína os homens de sólida posição.
20Cala os lábios
dos conselheiros de confiança,
e tira o discernimento dos anciãos.
21Derrama desprezo sobre os nobres,
e desarma os poderosos.
22Revela coisas profundas das trevas,
e traz à luz densas sombras.
23Dá grandeza às nações, e as destrói;
faz crescer as nações, e as dispersa.
24Priva da razão os líderes da terra,
e os envia a perambular
num deserto sem caminhos.
25Andam tateando nas trevas,
sem nenhuma luz;
ele os faz cambalear como bêbados.

13 "Meus olhos viram tudo isso,
meus ouvidos o ouviram
e entenderam.
2O que vocês sabem, eu também sei;
não sou inferior a vocês.
3Mas desejo falar ao Todo-poderoso
e defender a minha causa
diante de Deus.
4Vocês, porém, me difamam
com mentiras;
todos vocês são médicos
que de nada valem!
5Se tão somente ficassem calados,
mostrariam sabedoria.
6Escutem agora o meu argumento;
prestem atenção à réplica
de meus lábios.
7Vocês vão falar com maldade
em nome de Deus?
Vão falar enganosamente a favor
dele?

[a] 12:6 Ou *seguros naquilo que a mão de Deus lhes traz.*
[b] 12:18 Ou *algemas de reis e amarra um cinto*

8Vão revelar parcialidade por ele?
Vão defender a causa a favor de Deus?
9Tudo iria bem se ele os examinasse?
Vocês conseguiriam enganá-lo
como podem enganar os homens?
10Com certeza ele os repreenderia
se, no íntimo, vocês fossem parciais.
11O esplendor dele
não os aterrorizaria?
O pavor dele não cairia sobre vocês?
12As máximas que vocês citam
são provérbios de cinza;
suas defesas não passam de barro.

13"Aquietem-se e deixem-me falar,
e aconteça comigo o que acontecer.
14Por que me ponho em perigo
e tomo a minha vida
em minhas mãos?
15Embora ele me mate,
ainda assim esperarei nele;
certo é que defenderei[a]
os meus caminhos diante dele.
16Aliás, será essa a minha libertação,
pois nenhum ímpio ousaria
apresentar-se a ele!
17Escutem atentamente
as minhas palavras;
que os seus ouvidos
acolham o que eu digo.
18Agora que preparei a minha defesa,
sei que serei justificado.
19Haverá quem me acuse?
Se houver, ficarei calado e morrerei.

20"Concede-me
só estas duas coisas, ó Deus,
e não me esconderei de ti:
21Afasta de mim a tua mão,
e não mais me assustes
com os teus terrores.
22Chama-me, e eu responderei,
ou deixa-me falar, e tu responderás.
23Quantos erros e pecados cometi?
Mostra-me a minha falta
e o meu pecado.
24Por que escondes o teu rosto
e me consideras teu inimigo?
25Atormentarás uma folha
levada pelo vento?
Perseguirás a palha?
26Pois fazes constar contra mim
coisas amargas
e me fazes herdar os pecados
da minha juventude.
27Acorrentas os meus pés
e vigias todos os meus caminhos,
pondo limites aos meus passos.

28"Assim o homem se consome
como coisa podre,
como a roupa que a traça vai roendo.

14 "O homem nascido de mulher
vive pouco tempo
e passa por muitas dificuldades.
2Brota como a flor e murcha.
Vai-se como a sombra passageira;
não dura muito.
3Fixas o olhar num homem desses?
E o[b] trarás à tua presença
para julgamento?
4Quem pode extrair algo puro da
impureza?
Ninguém!
5Os dias do homem
estão determinados;
tu decretaste o número de seus meses
e estabeleceste limites
que ele não pode ultrapassar.
6Por isso desvia dele o teu olhar,
e deixa-o,
até que ele cumpra o seu tempo
como o trabalhador contratado.

7"Para a árvore
pelo menos há esperança:
se é cortada, torna a brotar,
e os seus renovos vingam.
8Suas raízes poderão envelhecer
no solo
e seu tronco morrer no chão;
9ainda assim, com o cheiro de água
ela brotará
e dará ramos como se fosse
muda plantada.
10Mas o homem morre,
e morto permanece;
dá o último suspiro e deixa de existir.
11Assim como a água do mar evapora
e o leito do rio perde as águas e seca,
12assim o homem se deita
e não se levanta;
até quando os céus já não existirem,
os homens não acordarão
e não serão despertados do seu sono.

13"Se tão somente me escondesses
na sepultura[c]
e me ocultasses até passar a tua ira!

[a] 13:15 Ou *Certamente ele me matará; não tenho esperança; ainda assim defenderei*

[b] 14:3 Conforme a Septuaginta, a Vulgata e a Versão Siríaca. O Texto Massorético diz *me*.

[c] 14:13 Hebraico: *Sheol*. Essa palavra também pode ser traduzida por profundezas, pó ou morte.

Se tão somente me impusesses
um prazo
e depois te lembrasses de mim!
14Quando um homem morre,
acaso tornará a viver?
Durante todos os dias
do meu árduo labor
esperarei pela minha dispensa[a].
15Chamarás, e eu te responderei;
terás anelo pela criatura
que as tuas mãos fizeram.
16Por certo contarás então
os meus passos,
mas não tomarás conhecimento
do meu pecado.
17Minhas faltas serão encerradas
num saco;
tu esconderás a minha iniquidade.

18"Mas, assim como a montanha
sofre erosão e se desmorona,
e a rocha muda de lugar;
19e assim como a água desgasta
as pedras
e as torrentes arrastam terra,
assim destróis a esperança do homem.
20Tu o subjugas de uma vez por todas,
e ele se vai;
alteras a sua fisionomia,
e o mandas embora.
21Se honram os seus filhos,
ele não fica sabendo;
se os humilham, ele não o vê.
22Só sente a dor do seu próprio corpo;
só pranteia por si mesmo".

Elifaz

15 Então Elifaz, de Temã, respondeu:

2"Responderia o sábio com ideias vãs,
ou encheria o estômago com o vento?
3Argumentaria
com palavras inúteis,
com discursos sem valor?
4Mas você sufoca a piedade
e diminui a devoção a Deus.
5O seu pecado motiva a sua boca;
você adota a linguagem dos astutos.
6É a sua própria boca que o condena,
e não a minha;
os seus próprios lábios
depõem contra você.

7"Será que você foi o primeiro a nascer?
Acaso foi gerado antes das colinas?
8Você costuma ouvir
o conselho secreto de Deus?
Só a você pertence a sabedoria?
9O que você sabe,
que nós não sabemos?
Que compreensão tem você,
que nós não temos?
10Temos do nosso lado
homens de cabelos brancos,
muito mais velhos
que o seu pai.
11Não lhe bastam
as consolações divinas
e as nossas palavras amáveis?
12Por que você se deixa levar
pelo coração,
e por que esse brilho nos seus olhos?
13Pois contra Deus é que você
dirige a sua ira
e despeja da sua boca essas palavras!

14"Como o homem pode ser puro?
Como pode ser justo
quem nasce de mulher?
15Pois se nem nos seus santos
Deus confia,
e se nem os céus são puros
aos seus olhos,
16quanto menos o homem,
que é impuro e corrupto,
e que bebe iniquidade como água.

17"Escute-me, e eu lhe explicarei;
vou dizer-lhe o que vi,
18o que os sábios declaram
sem esconder o que receberam
dos seus pais,
19a quem foi dada a terra,
e a mais ninguém;
nenhum estrangeiro passou
entre eles:
20O ímpio sofre tormentos
a vida toda,
como também o homem cruel,
nos poucos anos
que lhe são reservados.
21Só ouve ruídos aterrorizantes;
quando se sente em paz,
ladrões o atacam.
22Não tem esperança
de escapar das trevas;
sente-se destinado ao fio da espada.
23Fica perambulando;
é comida para os abutres;[b]
sabe muito bem que logo
virão sobre ele as trevas.

[a] 14:14 Ou *libertação*

[b] 15:23 Ou *Fica perambulando em busca de pão;*

[24]A aflição e a angústia
o apavoram e o dominam
como um rei pronto para atacar,
[25]porque agitou os punhos
contra Deus,
e desafiou o Todo-poderoso,
[26]afrontando-o com arrogância,
com um escudo grosso e resistente.

[27]"Apesar de ter o rosto
coberto de gordura
e a cintura estufada de carne,
[28]habitará em cidades
prestes a arruinar-se,
em casas inabitáveis,
caindo aos pedaços.
[29]Nunca mais será rico;
sua riqueza não durará,
e os seus bens
não se propagarão pela terra.
[30]Não poderá escapar das trevas;
o fogo chamuscará os seus renovos,
e o sopro da boca de Deus
o arrebatará.
[31]Que ele não se iluda em confiar
no que não tem valor,
pois nada receberá
como compensação.
[32]Terá completa paga
antes do tempo,
e os seus ramos não florescerão.
[33]Será como a vinha despojada
de suas uvas verdes,
como a oliveira que perdeu
a sua floração,
[34]pois o companheirismo dos ímpios
nada lhe trará,
e o fogo devorará as tendas
dos que gostam de subornar.
[35]Eles concebem maldade
e dão à luz a iniquidade;
seu ventre gera engano".

Jó
16 Então Jó respondeu:
[2]"Já ouvi muitas palavras como essas.
Pobres consoladores são vocês todos!
[3]Esses discursos inúteis
nunca terminarão?
E você, o que o leva a continuar
discutindo?
[4]Bem que eu poderia falar
como vocês,
se estivessem em meu lugar;
eu poderia condená-los
com belos discursos,
e menear a cabeça contra vocês.
[5]Mas a minha boca
procuraria encorajá-los;
a consolação dos meus lábios
lhes daria alívio.

[6]"Contudo, se falo,
a minha dor não se alivia;
se me calo, ela não desaparece.
[7]Sem dúvida, ó Deus,
tu me esgotaste as forças;
deste fim a toda a minha família.
[8]Tu me deixaste deprimido,
o que é uma testemunha disso;
a minha magreza se levanta
e depõe contra mim.
[9]Deus, em sua ira, ataca-me
e faz-me em pedaços,
e range os dentes contra mim;
meus inimigos fitam-me
com olhar ferino.
[10]Os homens abrem sua boca
contra mim,
esmurram meu rosto com zombaria
e se unem contra mim.
[11]Deus fez-me cair
nas mãos dos ímpios
e atirou-me nas garras dos maus.
[12]Eu estava tranquilo,
mas ele me arrebentou;
agarrou-me pelo pescoço
e esmagou-me.
Fez de mim o seu alvo;
[13]seus flecheiros me cercam.
Ele traspassou sem dó os meus rins
e derramou na terra a minha bílis.
[14]Lança-se sobre mim uma e outra vez;
ataca-me como um guerreiro.

[15]"Costurei veste de lamento
sobre a minha pele
e enterrei a minha testa no pó.
[16]Meu rosto está rubro
de tanto eu chorar,
e sombras densas
circundam os meus olhos,
[17]apesar de não haver violência
em minhas mãos
e de ser pura a minha oração.

[18]"Ó terra, não cubra o meu sangue!
Não haja lugar de repouso
para o meu clamor!
[19]Saibam que agora mesmo
a minha testemunha está nos céus;
nas alturas está o meu advogado.

Você sabia?

Como Jó respondeu quando os amigos disseram que todos os problemas dele foram causados pelos pecados dele?

16:17 Jó mostrou que todos conhecem pessoas más que não foram punidas por Deus, assim como conhecem pessoas boas que tiveram dificuldades. O que os amigos dele diziam não era verdade.

20 O meu intercessor é meu amigo,[a]
quando diante de Deus
correm lágrimas dos meus olhos;
21 ele defende a causa do homem
perante Deus,
como quem defende
a causa de um amigo.

22 "Pois mais alguns anos apenas,
e farei a viagem sem retorno.

17 "Meu espírito está quebrantado,
os meus dias se encurtam,
a sepultura me espera.
2 A verdade é que
zombadores me rodeiam,
e tenho que ficar olhando
a sua hostilidade.

3 "Dá-me, ó Deus,
a garantia que exiges.
Quem, senão tu, me dará segurança?
4 Fechaste as mentes deles
para o entendimento,
e com isso não os deixarás triunfar.
5 Se alguém denunciar os seus amigos
por recompensa,
os olhos dos filhos dele fraquejarão,

6 "mas de mim Deus fez
um provérbio para todos,
um homem em cujo rosto
os outros cospem.
7 Meus olhos se turvaram de tristeza;
o meu corpo não passa
de uma sombra.
8 Os íntegros ficam atônitos
em face disso,
e os inocentes se levantam
contra os ímpios.
9 Mas os justos se manterão firmes
em seus caminhos,
e os homens de mãos puras se tornarão
cada vez mais fortes.

10 "Venham, porém, vocês todos,
e façam nova tentativa!
Não acharei nenhum sábio
entre vocês.
11 Foram-se os meus dias,
os meus planos fracassaram,
como também
os desejos do meu coração.
12 Andam querendo tornar a noite
em dia;
ante a aproximação das trevas dizem:
'Vem chegando a luz'.
13 Ora, se o único lar pelo qual espero
é a sepultura[b],
se estendo a minha cama nas trevas,
14 se digo à corrupção mortal:
Você é o meu pai,
e se aos vermes digo:
Vocês são minha mãe e minha irmã,
15 onde está então
minha esperança?
Quem poderá ver
alguma esperança para mim?
16 Descerá ela às portas do Sheol?
Desceremos juntos ao pó?"

Bildade

18 Então Bildade, de Suá, respondeu:

2 "Quando você vai parar de falar?
Proceda com sensatez,
e depois poderemos conversar.
3 Por que somos considerados
como animais,
e somos ignorantes aos seus olhos?
4 Ah, você, que se dilacera de ira!
Deve-se abandonar a terra
por sua causa?
Ou devem as rochas mudar de lugar?

5 "A lâmpada do ímpio se apaga,
e a chama do seu fogo se extingue.
6 Na sua tenda a luz se escurece;
a lâmpada de sua vida se apaga.
7 O vigor dos seus passos
se enfraquece,
e os seus próprios planos
o lançam por terra.

[a] 16:20 Ou *Meus amigos zombam de mim,*

[b] 17:13 Hebraico: *Sheol.* Essa palavra também pode ser traduzida por profundezas, pó ou morte; também no versículo 16.

[8]Por seus próprios pés
você se prende na rede,
e se perde na sua malha.
[9]A armadilha o pega pelo calcanhar;
o laço o prende firme.
[10]O nó corredio está escondido na terra
para pegá-lo,
há uma armadilha em seu caminho.
[11]Terrores de todos os lados
o assustam
e o perseguem
em todos os seus passos.
[12]A calamidade tem fome de alcançá-lo;
a desgraça está à espera
de sua queda
[13]e consome partes da sua pele;
o primogênito da morte
devora os membros do seu corpo.
[14]Ele é arrancado da segurança
de sua tenda,
e o levam à força ao rei dos terrores.
[15]O fogo mora na tenda dele;[a]
espalham enxofre ardente
sobre a sua habitação.
[16]Suas raízes secam-se embaixo,
e seus ramos murcham em cima.
[17]Sua lembrança desaparece da terra,
e nome não tem, em parte alguma.
[18]É lançado da luz para as trevas;
é banido do mundo.
[19]Não tem filhos nem descendentes
entre o seu povo,
nem lhe restou sobrevivente algum
nos lugares onde antes vivia.
[20]Os homens do ocidente assustam-se
com a sua ruína,
e os do oriente enchem-se de pavor.
[21]É assim a habitação do perverso;
essa é a situação de quem
não conhece a Deus".

Jó 19

19 Então Jó respondeu:
[2]"Até quando vocês continuarão
a atormentar-me,
e a esmagar-me com palavras?
[3]Vocês já me repreenderam dez vezes;
não se envergonham de agredir-me!
[4]Se é verdade que me desviei,
meu erro só interessa a mim.
[5]Se de fato vocês se exaltam
acima de mim
e usam contra mim
a minha humilhação,
[6]saibam que foi Deus
que me tratou mal
e me envolveu em sua rede.
[7]"Se grito: É injustiça!
Não obtenho resposta;
clamo por socorro,
todavia não há justiça.
[8]Ele bloqueou o meu caminho,
e não consigo passar;

[a] 18:15 Ou *Nada do que ele possuía permanece*;

A vida nos tempos da Bíblia

Lâmpadas adormecidas

Durante os tempos bíblicos, as pessoas mantinham uma lâmpada de azeite queimando a noite toda. Uma casa ou tenda sem luz indicavam que ninguém estava ali. Bildade diz que a lâmpada dos ímpios será apagada (Jó 18:5-8), o que significa que os ímpios morrerão e que suas casas ficarão vazias.

cobriu de trevas as minhas veredas.
9Despiu-me da minha honra
e tirou a coroa de minha cabeça.
10Ele me arrasa por todos os lados
enquanto eu não me vou;
desarraiga a minha esperança
como se arranca uma planta.
11Sua ira acendeu-se contra mim;
ele me vê como inimigo.
12Suas tropas avançam poderosamente;
cercam-me e acampam
ao redor da minha tenda.

13"Ele afastou de mim
os meus irmãos;
até os meus conhecidos
estão longe de mim.
14Os meus parentes me abandonaram
e os meus amigos
esqueceram-se de mim.
15Os meus hóspedes
e as minhas servas
consideram-me estrangeiro;
veem-me como um estranho.
16Chamo o meu servo,
mas ele não me responde,
ainda que eu lhe implore
pessoalmente.
17Minha mulher acha repugnante
o meu hálito;
meus próprios irmãos
têm nojo de mim.
18Até os meninos zombam de mim
e dão risada quando apareço.
19Todos os meus amigos chegados
me detestam;
aqueles a quem amo
voltaram-se contra mim.
20Não passo de pele e ossos;
escapei só com a pele
dos meus dentes[a].

21"Misericórdia, meus amigos!
Misericórdia!
Pois a mão de Deus me feriu.
22Por que vocês me perseguem
como Deus o faz?
Nunca irão saciar-se da minha carne?

23"Quem dera as minhas palavras
fossem registradas!
Quem dera fossem escritas num livro,
24fossem talhadas a ferro no chumbo[b],
ou gravadas para sempre na rocha!
25Eu sei que o meu Redentor vive,

[a] 19:20 Ou *apenas com minha gengiva*
[b] 19:24 Ou *talhadas com ferramenta de ferro e chumbo*

Palavras para memorizar

"Eu sei que o meu Redentor vive, e que no fim se levantará sobre a terra [...] Eu o verei com os meus próprios olhos; eu mesmo, e não outro!"

(Jó 19:25-27)

e que no fim se levantará
sobre a terra[c].
26E depois que o meu corpo
estiver destruído[d] e sem[e] carne,
verei a Deus.
27Eu o verei
com os meus próprios olhos;
eu mesmo, e não outro!
Como anseia no meu peito o coração!

28"Se vocês disserem:
'Vejamos como vamos persegui-lo,
pois a raiz do problema está nele[f]',
29melhor será que temam a espada,
porquanto por meio dela
a ira lhes trará castigo,
e então vocês saberão
que há julgamento[g]".

Zofar

20 Então Zofar, de Naamate, respondeu:
2"Agitam-se os meus pensamentos
e levam-me a responder
porque estou profundamente
perturbado.
3Ouvi uma repreensão
que me desonra,
e o meu entendimento
faz-me contestar.

4"Certamente você sabe
que sempre foi assim,
desde a antiguidade;
desde que o homem[h] foi posto na terra,

[c] 19:25 Ou *sobre o meu túmulo*
[d] 19:26 Ou *E, depois de eu despertar, embora este corpo tenha sido destruído*
[e] 19:26 Ou *fora da*
[f] 19:28 Conforme muitos manuscritos do Texto Massorético, a Septuaginta e a Vulgata. A maioria dos manuscritos do Texto Massorético diz *em mim*.
[g] 19:29 Ou *vocês poderão vir a conhecer o Todo-poderoso*
[h] 20:4 Ou *Adão*

5o riso dos maus é passageiro,
e a alegria dos ímpios
dura apenas um instante.
6Mesmo que o seu orgulho
chegue aos céus
e a sua cabeça toque as nuvens,
7ele perecerá para sempre,
como o seu próprio excremento;
os que o tinham visto perguntarão:
'Onde ele foi parar?'
8Ele voa e vai-se como um sonho,
para nunca mais ser encontrado,
banido como uma visão noturna.
9O olho que o viu não o verá mais,
nem o seu lugar o tornará a ver.
10Seus filhos terão que indenizar
os pobres;
ele próprio, com suas mãos,
terá que refazer sua riqueza.
11O vigor juvenil que enche
os seus ossos
jazerá com ele no pó.

12"Mesmo que o mal seja doce
em sua boca
e ele o esconda sob a língua,
13mesmo que o retenha na boca
para saboreá-lo,
14ainda assim a sua comida azedará
no estômago;
e será como veneno de cobra
em seu interior.
15Ele vomitará as riquezas
que engoliu;
Deus fará seu estômago lançá-las fora.
16Sugará veneno de cobra;
as presas de uma víbora o matarão.
17Não terá gosto na contemplação
dos regatos
e dos rios que vertem mel e nata.
18Terá que devolver
aquilo pelo que lutou,
sem aproveitá-lo,
e não desfrutará dos lucros
do seu comércio.
19Sim, pois ele tem oprimido os pobres
e os tem deixado desamparados;
apoderou-se de casas
que não construiu.

20"Certo é que a sua cobiça
não lhe trará descanso,
e o seu tesouro não o salvará.
21Nada lhe restou para devorar;
sua prosperidade não durará muito.
22Em meio à sua fartura,
a aflição o dominará;
a força total da desgraça o atingirá.
23Quando ele estiver
de estômago cheio,
Deus dará vazão
às tremendas chamas de sua ira,
e sobre ele despejará o seu furor.
24Se escapar da arma de ferro,
o bronze da sua flecha o atravessará.
25Ele a arrancará das suas costas,
a ponta reluzente saindo do seu
fígado.
Grande pavor virá sobre ele;
26densas trevas estarão à espera
dos seus tesouros.
Um fogo não assoprado o consumirá
e devorará o que sobrar em sua tenda.
27Os céus revelarão a sua culpa;
a terra se levantará contra ele.
28Uma inundação arrastará a sua casa,
águas avassaladoras[a],
no dia da ira de Deus.
29Esse é o destino que Deus dá aos
ímpios,
é a herança designada por Deus
para eles".

Jó 21

1Então Jó respondeu:
2"Escutem com atenção
as minhas palavras;
seja esse o consolo
que vocês haverão de dar-me.
3Suportem-me enquanto
eu estiver falando;
depois que eu falar
poderão zombar de mim.

4"Acaso é dos homens que me queixo?
Por que não deveria eu
estar impaciente?
5Olhem para mim, e ficarão atônitos;
tapem a boca com a mão.
6Quando penso nisso, fico aterrorizado;
todo o meu corpo se põe a tremer.
7Por que vivem os ímpios?
Por que chegam à velhice
e aumentam seu poder?
8Eles veem os seus filhos
estabelecidos ao seu redor,
e os seus descendentes
diante dos seus olhos.
9Seus lares estão seguros
e livres do medo;
a vara de Deus não os vem ferir.

[a] 20:28 Ou *Os bens de sua casa serão levados, arrastados pelas águas,*

10Seus touros nunca deixam
de procriar;
suas vacas dão crias e não abortam.
11Eles soltam os seus filhos
como um rebanho;
seus pequeninos põem-se a dançar.
12Cantam, acompanhando a música
do tamborim e da harpa;
alegram-se ao som da flauta.
13Os ímpios passam a vida na
prosperidade
e descem à sepultura[a] em paz[b].
14Contudo, dizem eles a Deus:
'Deixa-nos! Não queremos conhecer
os teus caminhos.
15Quem é o Todo-poderoso,
para que o sirvamos?
Que vantagem temos em orar a Deus?'
16Mas não depende deles
a prosperidade que desfrutam;
por isso fico longe
do conselho dos ímpios.

17"Pois, quantas vezes
a lâmpada dos ímpios se apaga?
Quantas vezes a desgraça
cai sobre eles,
o destino que em sua ira Deus lhes dá?
18Quantas vezes o vento
os leva como palha,
e o furacão os arrebata como cisco?
19Dizem que Deus
reserva o castigo de um homem
para os seus filhos.
Que o próprio pai o receba,
para que aprenda a lição!
20Que os seus próprios olhos
vejam a sua ruína;
que ele mesmo beba da ira
do Todo-poderoso![c]
21Pois, que lhe importará a família
que deixará atrás de si
quando chegarem ao fim os meses
que lhe foram destinados?

22"Haverá alguém que o ensine
a conhecer a Deus,
uma vez que ele julga
até os de mais alta posição?
23Um homem morre em pleno vigor,
quando se sentia bem e seguro,
24tendo o corpo bem nutrido
e os ossos cheios de tutano.
25Já outro morre
tendo a alma amargurada,
sem nada ter desfrutado.
26Um e outro jazem no pó,
ambos cobertos de vermes.

27"Sei muito bem
o que vocês estão pensando,
as suas conspirações contra mim.
28'Onde está agora a casa
do grande homem?', vocês
perguntam.
'Onde a tenda dos ímpios?'
29Vocês nunca fizeram perguntas
aos que viajam?
Não deram atenção ao que eles
contam?
30Pois eles dizem que o mau é poupado
da calamidade,
e que do dia da ira recebe livramento.
31Quem o acusa, lançando em rosto
a sua conduta?
Quem lhe retribui o mal que fez?
32Pois o levam para o túmulo,
e vigiam a sua sepultura.
33Para ele é macio o terreno do vale;
todos o seguem,
e uma multidão incontável o precede.[d]

34"Por isso, como podem vocês
consolar-me com esses absurdos?
O que sobra das suas respostas
é pura falsidade!"

Elifaz

22 Então, Elifaz, de Temã, respondeu:
2"Pode alguém ser útil a Deus?
Mesmo um sábio,
pode ser-lhe de algum proveito?
3Que prazer você daria
ao Todo-poderoso
se você fosse justo?
Que é que ele ganharia se os seus
caminhos fossem irrepreensíveis?

4"É por sua piedade
que ele o repreende
e lhe faz acusações?
5Não é grande a sua maldade?
Não são infindos os seus pecados?
6Sem motivo você exigia penhores
dos seus irmãos;
você despojava das roupas
os que quase nenhuma tinham.

[a] 21:13 Hebraico: *Sheol*. Essa palavra também pode ser traduzida por profundezas, pó ou morte.
[b] 21:13 Ou *de repente*
[c] 21:17-20 Os versículos 17 e 18 podem ser lidos como exclamações e os 19 e 20 como afirmações.
[d] 21:33 Ou *assim como uma multidão incontável o precedeu.*

[7]Você não deu água ao sedento
e reteve a comida do faminto,
[8]sendo você poderoso, dono de terras
e delas vivendo, e honrado
diante de todos.
[9]Você mandou embora de mãos vazias
as viúvas
e quebrou a força dos órfãos.
[10]Por isso está cercado de armadilhas
e o perigo repentino o apavora.
[11]Também por isso você se vê envolto
em escuridão que o cega,
e o cobrem as águas,
em tremenda inundação.
[12]"Não está Deus nas alturas dos céus?
E em que altura
estão as estrelas mais distantes!
[13]Contudo, você diz:
'O que sabe Deus?
Poderá julgar através
de tão grande escuridão?
[14]Nuvens espessas o cobrem,
e ele não pode ver-nos
quando percorre a abóbada dos céus'.
[15]Você vai continuar
no velho caminho
que os perversos palmilharam?
[16]Estes foram levados antes da hora;
seus alicerces foram arrastados
por uma enchente.
[17]Eles disseram a Deus: 'Deixa-nos!
O que o Todo-poderoso
poderá fazer conosco?'
[18]Contudo, foi ele que encheu
de bens as casas deles;
por isso fico longe
do conselho dos ímpios.

[19]"Os justos veem a ruína deles,
e se regozijam;
os inocentes zombam deles, dizendo:
[20]'Certo é que os nossos inimigos
foram destruídos,
e o fogo devorou a sua riqueza'.

[21]"Sujeite-se a Deus,
fique em paz com ele,
e a prosperidade virá a você.
[22]Aceite a instrução
que vem da sua boca
e ponha no coração
as suas palavras.
[23]Se você voltar
para o Todo-poderoso,
voltará ao seu lugar.
Se afastar da sua tenda a injustiça,
[24]lançar ao pó as suas pepitas,
o seu ouro puro de Ofir
às rochas dos vales,
[25]o Todo-poderoso será o seu ouro,
será para você prata seleta.
[26]É certo que você achará prazer
no Todo-poderoso
e erguerá o rosto para Deus.
[27]A ele orará, e ele o ouvirá,
e você cumprirá os seus votos.
[28]O que você decidir se fará,
e a luz brilhará em seus caminhos.
[29]Quando os homens
forem humilhados
e você disser: 'Levanta-os!',
ele salvará o abatido.
[30]Livrará até o que não é inocente,
que será liberto graças à pureza
que há em você, nas suas mãos".

Jó 23

Então Jó respondeu:
[2]"Até agora me queixo com
amargura;
a mão dele[a] é pesada,
a despeito de meu gemido.
[3]Se tão somente eu soubesse
onde encontrá-lo e como ir à sua
habitação!
[4]Eu lhe apresentaria a minha causa
e encheria a minha boca
de argumentos.
[5]Estudaria o que ele me respondesse
e analisaria o que me dissesse.
[6]Será que ele se oporia a mim
com grande poder?
Não, ele não me faria acusações.
[7]O homem íntegro poderia
apresentar-lhe sua causa;
eu seria liberto para sempre
de quem me julga.

[8]"Mas, se vou para o oriente,
lá ele não está;
se vou para o ocidente,
não o encontro.
[9]Quando ele está em ação no norte,
não o enxergo;
quando vai para o sul,
nem sombra dele eu vejo!
[10]Mas ele conhece o caminho
por onde ando;
se me puser à prova,
aparecerei como o ouro.

[a] 23:2 Conforme a Septuaginta e a Versão Siríaca. O Texto Massorético diz *a mão sobre mim*.

[11]Meus pés seguiram de perto
as suas pegadas;
mantive-me no seu caminho
sem desviar-me.
[12]Não me afastei dos mandamentos
dos seus lábios;
dei mais valor às palavras de sua boca
do que ao meu pão de cada dia.

[13]"Mas ele é ele!
Quem poderá fazer-lhe oposição?
Ele faz o que quer.
[14]Executa o seu decreto contra mim,
e tem muitos outros planos
semelhantes.
[15]Por isso fico apavorado diante dele;
pensar nisso me enche de medo.
[16]Deus fez desmaiar o meu coração;
o Todo-poderoso causou-me pavor.
[17]Contudo, não fui silenciado
pelas trevas,
pelas densas trevas
que cobrem o meu rosto.

24 "Por que o Todo-poderoso
não marca as datas de julgamento?
Por que aqueles que o conhecem
não chegam a vê-las?
[2]Há os que mudam
os marcos dos limites
e apascentam rebanhos
que eles roubaram.
[3]Levam o jumento
que pertence ao órfão
e tomam o boi da viúva como penhor.
[4]Forçam os necessitados
a sair do caminho
e os pobres da terra a esconder-se.
[5]Como jumentos selvagens no
deserto,
os pobres vão em busca de comida;
da terra deserta a obtêm
para os seus filhos.
[6]Juntam forragem nos campos
e respigam nas vinhas dos ímpios.
[7]Pela falta de roupas,
passam a noite nus;
não têm com que cobrir-se no frio.
[8]Encharcados pelas chuvas
das montanhas,
abraçam-se às rochas
por falta de abrigo.
[9]A criança órfã é arrancada
do seio de sua mãe;
o recém-nascido do pobre é tomado
para pagar uma dívida.
[10]Por falta de roupas, andam nus;
carregam os feixes,
mas continuam famintos.
[11]Espremem azeitonas
dentro dos seus muros[a];
pisam uvas nos lagares,
mas assim mesmo sofrem sede.
[12]Sobem da cidade os gemidos
dos que estão para morrer,

[a] 24:11 Ou *entre as pedras de moinho*

A vida nos tempos da Bíblia

Espremer azeitonas

As azeitonas crescem em árvores que têm, em qualquer lugar, de três a 12 metros de altura (da altura de uma construção de quatro andares). As azeitonas eram colhidas e depois esmagadas com pedras pesadas para obter-se o azeite (Jó 24:11). O azeite de oliva era usado em lâmpadas e na cozinha, mas as pessoas também o utilizavam em remédios.

e as almas dos feridos
clamam por socorro.
Mas Deus não vê mal nisso.

13"Há os que se revoltam
contra a luz,
não conhecem os caminhos dela
e não permanecem em suas veredas.
14De manhã o assassino se levanta
e mata os pobres e os necessitados;
de noite age como ladrão.
15Os olhos do adúltero
ficam à espera do crepúsculo;
'Nenhum olho me verá', pensa ele;
e mantém oculto o rosto.
16No escuro os homens invadem casas,
mas de dia se enclausuram;
não querem saber da luz.
17Para eles a manhã
é tremenda escuridão;[a]
eles são amigos
dos pavores das trevas.

18"São, porém, como espuma
sobre as águas;
sua parte da terra foi amaldiçoada,
e por isso ninguém vai às vinhas.
19Assim como o calor e a seca
depressa consomem a neve
derretida,
assim a sepultura[b] consome
os que pecaram.
20Sua mãe os esquece,
os vermes se banqueteiam neles.
Ninguém se lembra dos maus;
quebram-se como árvores.
21Devoram a estéril e sem filhos
e não mostram bondade
para com a viúva.
22Mas Deus, por seu poder, os arranca;
embora firmemente estabelecidos,
a vida deles não tem segurança.
23Ele poderá deixá-los descansar,
sentindo-se seguros,
mas atento os vigia
nos caminhos que seguem.
24Por um breve instante são exaltados,
e depois se vão,
colhidos como todos os demais,
ceifados como espigas de cereal.

25"Se não é assim,
quem poderá provar que minto
e reduzir a nada as minhas palavras?"

Bildade

25 Então Bildade, de Suá, respondeu:

2"O domínio e o temor pertencem
a Deus;
ele impõe ordem nas alturas,
que a ele pertencem.
3Seria possível contar
os seus exércitos?
E a sua luz, sobre quem
não se levanta?
4Como pode então o homem
ser justo diante de Deus?
Como pode ser puro
quem nasce de mulher?
5Se nem a lua é brilhante
e nem as estrelas são puras
aos olhos dele,
6muito menos o será o homem,
que não passa de larva,
o filho do homem,
que não passa de verme!"

Jó

26 Então Jó respondeu:

2"Grande foi a ajuda que você deu
ao desvalido!
Que socorro você prestou
ao braço frágil!
3Belo conselho você ofereceu
a quem não é sábio,
e que grande sabedoria você revelou!
4Quem o ajudou a proferir
essas palavras,
e por meio de que espírito
você falou?

5"Os mortos estão em grande angústia
sob as águas, e com eles sofrem os
que nelas vivem.
6Nu está o Sheol[c] diante de Deus,
e nada encobre a Destruição[d].
7Ele estende os céus do norte
sobre o espaço vazio;
suspende a terra sobre o nada.
8Envolve as águas em suas nuvens,
e estas não se rompem
sob o peso delas.
9Ele cobre a face da lua cheia
estendendo sobre ela as suas
nuvens.
10Traça o horizonte
sobre a superfície das águas

[a] 24:17 Ou *A manhã deles é como a sombra da morte;*
[b] 24:19 Hebraico: *Sheol.* Essa palavra também pode ser traduzida por profundezas, pó ou morte.
[c] 26:6 Essa palavra pode ser traduzida por sepultura, profundezas, pó ou morte.
[d] 26:6 Hebraico: *Abadom.*

para servir de limite
entre a luz e as trevas.
11 As colunas dos céus estremecem
e ficam perplexas
diante da sua repreensão.
12 Com seu poder agitou
violentamente o mar;
com sua sabedoria
despedaçou o Monstro dos Mares[a].
13 Com seu sopro
os céus ficaram límpidos;
sua mão feriu a serpente arisca.
14 E isso tudo é apenas
a borda de suas obras!
Um suave sussurro
é o que ouvimos dele.
Mas quem poderá compreender
o trovão do seu poder?"

27 E Jó prosseguiu em seu discurso:
2 "Pelo Deus vivo,
que me negou justiça,
pelo Todo-poderoso,
que deu amargura à minha alma,
3 enquanto eu tiver vida em mim,
o sopro de Deus em minhas narinas,
4 meus lábios não falarão maldade,
e minha língua não proferirá
nada que seja falso.
5 Nunca darei razão a vocês!
Minha integridade não negarei
jamais,
até a morte.
6 Manterei minha retidão,
e nunca a deixarei;
enquanto eu viver,
a minha consciência
não me repreenderá.

7 "Sejam os meus inimigos
como os ímpios,
e os meus adversários
como os injustos!
8 Pois, qual é a esperança do ímpio,
quando é eliminado,
quando Deus lhe tira a vida?
9 Ouvirá Deus o seu clamor
quando vier sobre ele a aflição?
10 Terá ele prazer no Todo-poderoso?
Chamará a Deus a cada instante?

11 "Eu os instruirei
sobre o poder de Deus;
não esconderei de vocês
os caminhos do Todo-poderoso.
12 Pois a verdade é que todos vocês
já viram isso.
Então por que essa conversa
sem sentido?

13 "Este é o destino
que Deus determinou para o ímpio,
a herança que o mau recebe
do Todo-poderoso:
14 Por mais filhos que o ímpio tenha,
o destino deles é a espada;
sua prole jamais
terá comida suficiente.
15 A epidemia sepultará aqueles
que lhe sobreviverem,
e as suas viúvas não chorarão por eles.
16 Ainda que ele acumule
prata como pó
e amontoe roupas como barro,
17 o que ele armazenar ficará para os
justos,
e os inocentes dividirão sua prata.
18 A casa que ele constrói
é como casulo de traça,
como cabana feita pela sentinela.
19 Rico ele se deita, mas nunca mais o
será!
Quando abre os olhos, tudo se foi.
20 Pavores vêm sobre ele
como uma enchente;
de noite a tempestade o leva de roldão.
21 O vento oriental o leva,
e ele desaparece;
arranca-o do seu lugar.
22 Atira-se contra ele sem piedade,
enquanto ele foge às pressas
do seu poder.
23 Bate palmas contra ele
e com assobios o expele do seu lugar.

28 "Existem minas de prata
e locais onde se refina ouro.
2 O ferro é extraído da terra,
e do minério se funde o cobre.
3 O homem dá fim à escuridão
e vasculha os recônditos mais remotos
em busca de minério,
nas mais escuras trevas.
4 Longe das moradias
ele cava um poço,
em local esquecido
pelos pés dos homens;
longe de todos,
ele se pendura e balança.
5 A terra, da qual vem o alimento,
é revolvida embaixo
como que pelo fogo;

[a] 26:12 Hebraico: Raabe. Veja Sl 89:10 e Is 51:9.

6 das suas rochas saem safiras,
e seu pó contém pepitas de ouro.
7 Nenhuma ave de rapina conhece
aquele caminho oculto,
e os olhos de nenhum falcão o viram.
8 Os animais altivos
não põem os pés nele,
e nenhum leão ronda por ali.
9 As mãos dos homens
atacam a dura rocha
e transtornam as raízes das
montanhas.
10 Fazem túneis através da rocha,
e os seus olhos enxergam todos
os tesouros dali.
11 Eles vasculham[a] as nascentes
dos rios
e trazem à luz coisas ocultas.

12 "Onde, porém, se poderá
achar a sabedoria?
Onde habita o entendimento?
13 O homem não percebe
o valor da sabedoria;
ela não se encontra
na terra dos viventes.
14 O abismo diz: 'Em mim não está';
o mar diz: 'Não está comigo'.
15 Não pode ser comprada,
mesmo com o ouro mais puro,
nem se pode pesar o seu preço
em prata.
16 Não pode ser comprada
nem com o ouro puro de Ofir,
nem com o precioso ônix,
nem com safiras.
17 O ouro e o cristal
não se comparam com ela,
e é impossível tê-la em troca
de joias de ouro.
18 O coral e o jaspe
nem merecem menção;
o preço da sabedoria
ultrapassa o dos rubis.
19 O topázio da Etiópia[b]
não se compara com ela;
não se compra a sabedoria
nem com ouro puro!

20 "De onde vem, então, a sabedoria?
Onde habita o entendimento?
21 Escondida está dos olhos
de toda criatura viva,
até das aves dos céus.

Palavras para memorizar

"No temor do Senhor está a sabedoria."
(Jó 28:28)

22 A Destruição[c] e a Morte dizem:
'Aos nossos ouvidos só chegou
um leve rumor dela'.
23 Deus conhece o caminho;
só ele sabe onde ela habita,
24 pois ele enxerga os confins da terra
e vê tudo o que há debaixo dos céus.
25 Quando ele determinou
a força do vento
e estabeleceu a medida exata
para as águas,
26 quando fez um decreto para a chuva
e o caminho
para a tempestade trovejante,
27 ele olhou para a sabedoria
e a avaliou;
confirmou-a e a pôs à prova.
28 Disse então ao homem:
'No temor do Senhor
está a sabedoria,
e evitar o mal é ter entendimento' ".

29 Jó prosseguiu sua fala:

2 "Como tenho saudade
dos meses que se passaram,
dos dias em que Deus
cuidava de mim,
3 quando a sua lâmpada brilhava
sobre a minha cabeça
e por sua luz eu caminhava
em meio às trevas!
4 Como tenho saudade
dos dias do meu vigor,
quando a amizade de Deus
abençoava a minha casa,
5 quando o Todo-poderoso
ainda estava comigo
e meus filhos estavam ao meu redor,
6 quando as minhas veredas se
embebiam em nata
e a rocha me despejava
torrentes de azeite.

[a] 28:11 Conforme a Septuaginta e a Vulgata. O Texto Massorético diz *Eles fecham*.
[b] 28:19 Hebraico: *Cuxe*.
[c] 28:22 Hebraico: *Abadom*.

7“Quando eu ia à porta da cidade
e tomava assento na praça pública;
8quando, ao me verem,
os jovens saíam do caminho,
e os idosos ficavam em pé;
9os líderes se abstinham de falar
e com a mão cobriam a boca.
10As vozes dos nobres silenciavam,
e suas línguas
colavam-se ao céu da boca.
11Todos os que me ouviam
falavam bem de mim,
e quem me via me elogiava,
12pois eu socorria o pobre
que clamava por ajuda,
e o órfão que não tinha
quem o ajudasse.
13O que estava à beira da morte me
abençoava,
e eu fazia regozijar-se o coração
da viúva.
14A retidão era a minha roupa;
a justiça era o meu manto e
o meu turbante.
15Eu era os olhos do cego
e os pés do aleijado.
16Eu era o pai dos necessitados,
e me interessava
pela defesa de desconhecidos.
17Eu quebrava as presas dos ímpios
e dos seus dentes arrancava
as suas vítimas.

18“Eu pensava: Morrerei em casa,
e os meus dias serão numerosos
como os grãos de areia.
19Minhas raízes chegarão até as águas,
e o orvalho passará a noite
nos meus ramos.
20Minha glória se renovará em mim,
e novo será o meu arco
em minha mão.

21“Os homens me escutavam
em ansiosa expectativa,
aguardando em silêncio
o meu conselho.
22Depois que eu falava,
eles nada diziam;
minhas palavras caíam suavemente
em seus ouvidos.
23Esperavam por mim
como quem espera
por uma chuvarada,
e bebiam minhas palavras
como quem bebe a chuva
da primavera.
24Quando eu lhes sorria,
mal acreditavam;
a luz do meu rosto lhes era preciosa.
25Era eu que escolhia o caminho
para eles,
e me assentava como seu líder;
instalava-me como um rei
no meio das suas tropas;
eu era como um consolador
dos que choram.

30 “Mas agora eles zombam de mim,
homens mais jovens que eu,
homens cujos pais eu teria rejeitado,
não lhes permitindo sequer estar
com os cães de guarda do rebanho.
2De que me serviria
a força de suas mãos,
já que desapareceu o seu vigor?
3Desfigurados
de tanta necessidade e fome,
perambulavam pela[a] terra ressequida,
em sombrios e devastados desertos.
4Nos campos de mato rasteiro
colhiam ervas,
e a raiz da giesta era a sua comida[b].
5Da companhia dos amigos
foram expulsos aos gritos,
como se fossem ladrões.
6Foram forçados a morar
nos leitos secos dos rios,
entre as rochas e nos buracos da terra.
7Rugiam entre os arbustos
e se encolhiam sob a vegetação.
8Prole desprezível e sem nome,
foram expulsos da terra.

9“E agora os filhos deles
zombam de mim
com suas canções;
tornei-me um provérbio entre eles.
10Eles me detestam
e se mantêm a distância;
não hesitam em cuspir em meu rosto.
11Agora que Deus afrouxou
a corda do meu arco e me afligiu,
eles ficam sem freios
na minha presença.
12À direita os embrutecidos
me atacam;
preparam armadilhas
para os meus pés
e constroem rampas de cerco
contra mim.
13Destroem o meu caminho;

[a] 30:3 Ou *roíam a*
[b] 30:4 Ou *o seu combustível*

conseguem destruir-me
sem a ajuda de ninguém.
14 Avançam como através
de uma grande brecha;
arrojam-se entre as ruínas.
15 Pavores apoderam-se de mim;
a minha dignidade é levada
como pelo vento,
a minha segurança
se desfaz como nuvem.

16 “E agora esvai-se a minha vida;
estou preso a dias de sofrimento.
17 A noite penetra os meus ossos;
minhas dores me corroem sem cessar.
18 Em seu grande poder,
Deus é como a minha roupa[a];
ele me envolve
como a gola da minha veste.
19 Lança-me na lama,
e sou reduzido a pó e cinza.
20 “Clamo a ti, ó Deus,
mas não me respondes;
fico em pé, mas apenas
olhas para mim.
21 Contra mim te voltas com dureza
e me atacas com a força de tua mão.
22 Tu me apanhas
e me levas contra o vento,
e me jogas de um lado a outro
na tempestade.
23 Sei que me farás descer até a morte,
ao lugar destinado a todos os
viventes.

24 “A verdade é que ninguém dá a mão
ao homem arruinado,
quando este, em sua aflição,
grita por socorro.
25 Não é certo que chorei por causa
dos que passavam dificuldade?
E que a minha alma se entristeceu
por causa dos pobres?
26 Mesmo assim,
quando eu esperava o bem,
veio o mal;
quando eu procurava luz,
vieram trevas.
27 Nunca para a agitação
dentro de mim;
dias de sofrimento me confrontam.
28 Perambulo escurecido,
mas não pelo sol;
levanto-me na assembleia
e clamo por ajuda.
29 Tornei-me irmão dos chacais,
companheiro das corujas.
30 Minha pele escurece e cai;
meu corpo queima de febre.
31 Minha harpa está afinada
para cantos fúnebres,
e minha flauta para o som de pranto.

31 “Fiz acordo com os meus olhos
de não olhar com cobiça
para as moças.
2 Pois qual é a porção que o homem
recebe de Deus lá de cima?
Qual a sua herança do Todo-poderoso,
que habita nas alturas?
3 Não é ruína para os ímpios,
desgraça para os que fazem o mal?
4 Não vê ele os meus caminhos,
e não considera
cada um de meus passos?

5 “Se me conduzi com falsidade,
ou se meus pés se apressaram
a enganar,

[a] 30:18 A Septuaginta diz *Deus agarra minha roupa*.

A vida nos tempos da Bíblia

Grãos moídos

Todos os dias as mulheres moíam grãos entre duas pedras pesadas para fazer farinha grossa. Elas misturavam a farinha com água, sal e fermento, e faziam pão para a família.

6— Deus me pese em balança justa,
e saberá que não tenho culpa —
7se meus passos
desviaram-se do caminho,
se o meu coração foi conduzido
por meus olhos,
ou se minhas mãos
foram contaminadas,
8que outros comam o que semeei,
e que as minhas plantações
sejam arrancadas pelas raízes.

9"Se o meu coração
foi seduzido por mulher,
ou se fiquei à espreita
junto à porta do meu próximo,
10que a minha esposa moa cereal
de outro homem,
e que outros durmam com ela.
11Pois fazê-lo seria vergonhoso,
crime merecedor de julgamento.
12Isso é um fogo que consome
até a Destruição[a];
teria extirpado a minha colheita.

13"Se neguei justiça
aos meus servos e servas,
quando reclamaram contra mim,
14que farei quando Deus
me confrontar?
Que responderei quando chamado
a prestar contas?
15Aquele que me fez no ventre
materno
não os fez também?
Não foi ele que nos formou,
a mim e a eles,
no interior de nossas mães?

16"Se não atendi os desejos do pobre,
ou se fatiguei os olhos da viúva,
17se comi meu pão sozinho,
sem compartilhá-lo com o órfão,
18sendo que desde a minha juventude
o criei
como se fosse seu pai,
e desde o nascimento guiei a viúva;
19se vi alguém morrendo
por falta de roupa,
ou um necessitado sem cobertor,
20e o seu coração não me abençoou
porque o aqueci com a lã
de minhas ovelhas,
21se levantei a mão contra o órfão,
ciente da minha influência no
tribunal,
22que o meu braço descaia do ombro,
e se quebre nas juntas.
23Pois eu tinha medo
que Deus me destruísse,
e, temendo o seu esplendor,
não podia fazer tais coisas.

24"Se pus no ouro a minha confiança
e disse ao ouro puro:
Você é a minha garantia,
25se me regozijei
por ter grande riqueza,
pela fortuna que as minhas mãos
obtiveram,
26se contemplei o sol em seu fulgor
e a lua a mover-se esplêndida,
27e em segredo o meu coração

[a] 31:12 Hebraico: *Abadom*.

Ajuda para os pobres

Experimente!

Uma coisa que fazia de Jó um bom homem era que ele se preocupava com as outras pessoas. Leia Jó 31:16-23 e responda à seguinte pergunta: o que Jó fazia para mostrar que se preocupava com as pessoas pobres e necessitadas?

Nomeie várias maneiras pelas quais os cristãos de hoje podem ajudar os outros que precisam. Você também pode ajudar. Pergunte a seus pais se você pode selecionar suas roupas e brinquedos que você não usa mais, e os coloque, bem arrumados em uma sacola. Pergunte a alguém em sua igreja ou comunidade se há uma família carente com uma criança que possa usar o que não serve mais a você e leve essa sacola de roupas e brinquedos para a família.

Jó 31:16-23

foi seduzido
e a minha mão lhes ofereceu
beijos de veneração,
28 esses também seriam pecados
merecedores de condenação,
pois eu teria sido infiel a Deus,
que está nas alturas.

29 “Se a desgraça do meu inimigo
me alegrou,
ou se os problemas que teve
me deram prazer;
30 eu, que nunca deixei minha boca
pecar,
lançando maldição sobre ele;
31 se os que moram em minha casa
nunca tivessem dito:
‘Quem não recebeu de Jó
um pedaço de carne?’,
32 sendo que nenhum estrangeiro
teve que passar a noite na rua,
pois a minha porta
sempre esteve aberta para o viajante;
33 se escondi o meu pecado,
como outros fazem[a],
acobertando no coração
a minha culpa,
34 com tanto medo da multidão
e do desprezo dos familiares
que me calei e não saí de casa...

35 (“Ah, se alguém me ouvisse!
Agora assino a minha defesa.
Que o Todo-poderoso me responda;
que o meu acusador
faça a denúncia por escrito.
36 Eu bem que a levaria nos ombros
e a usaria como coroa.
37 Eu lhe falaria
sobre todos os meus passos;
como um príncipe
eu me aproximaria dele.)

38 “Se a minha terra se queixar de mim
e todos os seus sulcos chorarem,
39 se consumi os seus produtos
sem nada pagar,
ou se causei desânimo
aos seus ocupantes,
40 que me venham espinhos
em lugar de trigo
e ervas daninhas em lugar de cevada”.

Aqui terminam as palavras de Jó.

Eliú

32 Então esses três homens pararam de
responder a Jó, pois este se julgava jus-
to. 2 Mas Eliú, filho de Baraquel, de Buz, da fa-
mília de Rão, indignou-se muito contra Jó,
porque este se justificava a si mesmo dian-
te de Deus. 3 Também se indignou contra os
três amigos, pois não encontraram meios de
refutar a Jó, e mesmo assim o tinham con-
denado.[b] 4 Eliú tinha ficado esperando para
falar a Jó porque eles eram mais velhos que
ele. 5 Mas, quando viu que os três não tinham
mais nada a dizer, indignou-se.
6 Então Eliú, filho de Baraquel, de Buz, fa-
lou:

“Eu sou jovem, vocês têm idade.
Por isso tive receio
e não ousei dizer-lhes o que sei.
7 Os que têm idade é que devem falar,
pensava eu,
os anos avançados é que devem
ensinar sabedoria.
8 Mas é o espírito[c] dentro do homem
que lhe dá entendimento;
o sopro do Todo-poderoso.
9 Não são só os mais velhos[d], os sábios,
não são só os de idade
que entendem o que é certo.

10 “Por isso digo: Escutem-me;
também vou dizer o que sei.
11 Enquanto vocês estavam falando,
esperei;
fiquei ouvindo os seus arrazoados;
enquanto vocês estavam
procurando palavras,
12 dei-lhes total atenção.
Mas nenhum de vocês
demonstrou que Jó está errado.
Nenhum de vocês respondeu
aos seus argumentos.
13 Não digam: ‘Encontramos
a sabedoria;
que Deus o refute, não o homem’.
14 Só que não foi contra mim
que Jó dirigiu as suas palavras,
e não vou responder a ele
com os argumentos de vocês.

15 “Vejam, eles estão consternados
e não têm mais o que dizer;
as palavras lhes fugiram.
16 Devo aguardar,

[a] 31:33 Ou *como fez Adão*

[b] 32:3 Uma antiga tradução de escribas hebreus diz *Jó, e assim haviam condenado a Deus.*
[c] 32:8 Ou *Espírito*; também no versículo 18.
[d] 32:9 Ou *muitos*; ou ainda *grandes*

Passagem de amor para as crianças

(Baseada em 1Coríntios 13)

Se eu falo belamente e canto como um anjo, mas não amo meu próximo, emito o mesmo som de uma criança batendo nas teclas de um piano ou de um alarme que não para de tocar. Se eu sou muito esperto (quase um gênio), mas não amo meu próximo, não sou nada.

O amor espera na fila e aguarda sua vez.

O amor busca o que tem de melhor nas outras pessoas.

O amor não quer o que os outros têm, nem se gaba do que tem.

O amor é educado, mesmo quando a outra pessoa é mal-educada.

O amor não precisa ser sempre o primeiro.

O amor não se irrita com coisas pequenas e não se lembra dos motivos pelos quais foi magoado.

O amor não fica feliz com a falha do outro, mas se alegra com a verdade.

O amor sempre protege o outro, especialmente os provocados ou desprezados.

O amor sempre acredita que o que tem de melhor dos outros é firme e verdadeiro.

O amor nunca desiste.

As três coisas mais importantes
que devemos ter são fé, esperança
e amor.
Mas a maior delas é o amor.

Plano de leitura de duas semanas para conhecer mais sobre a vida de Jesus

- ❑ Dia 1 — Lucas 1: A preparação para a chegada de Jesus
- ❑ Dia 2 — Lucas 2: A história do nascimento de Jesus
- ❑ Dia 3 — Marcos 1: O começo do ministério de Jesus
- ❑ Dia 4 — Marcos 9: Um dia na vida de Jesus
- ❑ Dia 5 — Mateus 5: O Sermão do Monte
- ❑ Dia 6 — Mateus 6: A ajuda aos necessitados
- ❑ Dia 7 — Lucas 15: As parábolas de Jesus
- ❑ Dia 8 — João 3: Uma conversa com Jesus
- ❑ Dia 9 — João 14: As últimas instruções de Jesus
- ❑ Dia 10 — João 17: A oração de Jesus por seus discípulos
- ❑ Dia 11 — Mateus 26: A traição e a prisão
- ❑ Dia 12 — Mateus 27: A execução de Jesus na cruz
- ❑ Dia 13 — João 20: A ressureição
- ❑ Dia 14 — Lucas 24: A aparição de Jesus depois de sua ressureição

O que Jesus nos ensinou sobre...

... a raiva (Mateus 5:22)

... novo nascimento (João 3:1-21)

... os inimigos (Lucas 6:27-36)

... a Regra de Ouro (Lucas 6:31)

... o maior mandamento (Mateus 22:34-40)

... a ganância (Lucas 12:15)

... sua volta (Lucas 12:35-40)

... julgar o próximo (Lucas 6:37-42)

... amar a Deus (Mateus 10:37)

... a oração (Mateus 6:5-15)

... a vingança (Mateus 5:38-42)

... a guarda do domingo (Marcos 2:27,28)

... os xingamentos (Mateus 5:34)

... as riquezas (Lucas 16:13)

... as palavras que falamos (Mateus 12:36)

... a preocupação (Lucas 12:22-34)

... a adoração (Mateus 4:10)

Crianças famosas da Bíblia

Há crianças importantes em muitas histórias da Bíblia. Veja as passagens abaixo para ler mais sobre essas histórias ou descobrir o nome dessas crianças. (Ou você já as conhecia?)

Esse menino foi deixado no deserto para morrer.	Gênesis 21:8-21
Esse menino nasceu segurando o calcanhar de seu irmão gêmeo.	Gênesis 25:19-28
Esse menino tinha uma túnica colorida que despertou a inveja de seus irmãos.	Gênesis 37:1-4
Essa menina viu seu irmão ser resgatado por uma princesa.	Êxodo 2:1-10
Esse menino ouviu a voz de Deus chamando por ele.	1Samuel 3
Esse menino matou um gigante.	1Samuel 17
Esse menino foi ressuscitado por meio das orações de Elias.	1Reis 17:17-24
Esses meninos foram salvos da escravidão pela multiplicação do azeite.	2Reis 4:1-7
Esse menino espirrou quando voltou a vida.	2Reis 4:8-37
Essa menina ajudou seu mestre a achar cura para sua lepra.	2Reis 5:1-18
Esse menino tinha apenas sete anos quando se tornou rei.	2Reis 11:12-21
Esse menino cresceu e se tornou o Salvador do mundo.	Mateus 1:18-25
Essa menina foi ressuscitada por Jesus.	Marcos 5:35-43
Essas crianças foram abraçadas por Jesus.	Marcos 10:13-16
Esse menino sabia mais que seus professores.	Lucas 2:41-52
Esse menino foi liberto por Jesus.	Lucas 9:37-43
Esse menino deu a Jesus sua comida para alimentar uma multidão de pessoas.	João 6:1-15

agora que estão calados
e sem resposta?
17Também vou dar a minha opinião,
também vou dizer o que sei,
18pois não me faltam palavras,
e dentro de mim o espírito
me impulsiona.
19Por dentro estou
como vinho arrolhado,
como odres novos
prestes a romper.
20Tenho que falar; isso me aliviará.
Tenho que abrir os lábios e responder.
21Não serei parcial com ninguém,
e a ninguém bajularei,
22porque não sou bom em bajular;
se fosse, o meu Criador
em breve me levaria.

33 "Mas agora, Jó,
escute as minhas palavras;
preste atenção a tudo o que vou dizer.
2Estou prestes a abrir a boca;
minhas palavras
estão na ponta da língua.
3Minhas palavras procedem
de um coração íntegro;
meus lábios falam com sinceridade
o que eu sei.
4O Espírito de Deus me fez;
o sopro do Todo-poderoso me dá vida.
5Responda-me, então, se puder;
prepare-se para enfrentar-me.
6Sou igual a você diante de Deus;
eu também fui feito do barro.
7Por isso não lhe devo inspirar temor,
e a minha mão não há de ser pesada
sobre você.

8"Mas você disse ao meu alcance;
eu ouvi bem as palavras:
9'Estou limpo e sem pecado;
estou puro e sem culpa.
10Contudo, Deus procurou em mim
motivos para inimizade;
ele me considera seu inimigo.
11Ele acorrenta os meus pés;
vigia de perto
todos os meus caminhos'.

12"Mas eu lhe digo
que você não está certo,
porquanto Deus é maior
do que o homem.
13Por que você se queixa a ele
de que não responde
às palavras dos homens?[a]
14Pois a verdade é que Deus fala,
ora de um modo, ora de outro,
mesmo que o homem não o perceba.
15Em sonho ou em visão
durante a noite,
quando o sono profundo
cai sobre os homens
e eles dormem em suas camas,
16ele pode falar aos ouvidos deles
e aterrorizá-los com advertências,
17para prevenir o homem
das suas más ações
e livrá-lo do orgulho,
18para preservar da cova a sua alma,
e a sua vida da espada.[b]
19Ou o homem pode ser castigado
no leito de dor,
com os seus ossos
em constante agonia,
20sendo levado a achar a comida
repulsiva
e a detestar na alma
sua refeição preferida.
21Já não se vê sua carne,
e seus ossos, que não se viam,
agora aparecem.
22Sua alma aproxima-se da cova,
e sua vida, dos mensageiros da morte.

23"Havendo, porém, um anjo
ao seu lado,
como mediador dentre mil,
que diga ao homem o que é certo
a seu respeito,
24para ser-lhe favorável e dizer:
'Poupa-o de descer à cova;
encontrei resgate para ele',
25então sua carne se renova
voltando a ser como de criança;
ele se rejuvenece.
26Ele ora a Deus e recebe o seu favor;
vê o rosto de Deus
e dá gritos de alegria,
e Deus lhe restitui a condição de justo.
27Depois ele vem aos homens e diz:
'Pequei e torci o que era certo,
mas ele não me deu o que eu merecia.
28Ele resgatou a minha alma,
impedindo-a de descer à cova,
e viverei para desfrutar a luz'.

29"Deus faz dessas coisas ao homem,
duas ou três vezes,

[a] 33:13 Ou *por quaisquer de suas ações?*
[b] 33:18 Ou *e de atravessar o Rio.*

30 para recuperar sua alma da cova,
a fim de que refulja sobre ele
a luz da vida.

31 "Preste atenção, Jó, e escute-me;
fique em silêncio, e falarei.
32 Se você tem algo para dizer,
responda-me;
fale logo, pois quero que você
seja absolvido.
33 Se não tem nada para dizer, ouça-me,
fique em silêncio,
e eu lhe ensinarei
a sabedoria".

34

Eliú continuou:

2 "Ouçam as minhas palavras,
vocês que são sábios;
escutem-me,
vocês que têm conhecimento.
3 Pois o ouvido prova as palavras
como a língua prova o alimento.
4 Tratemos de discernir juntos
o que é certo
e de aprender o que é bom.

5 "Jó afirma: 'Sou inocente,
mas Deus me nega justiça.
6 Apesar de eu estar certo,
sou considerado mentiroso;
apesar de estar sem culpa,
sua flecha me causa ferida incurável'.
7 Que homem existe como Jó,
que bebe zombaria como água?
8 Ele é companheiro
dos que fazem o mal,
e anda com os ímpios.
9 Pois diz: 'Não dá lucro
agradar a Deus'.

10 "Por isso escutem-me,
vocês que têm conhecimento.
Longe de Deus esteja o fazer o mal,
e do Todo-poderoso
o praticar a iniquidade.
11 Ele retribui ao homem
conforme o que este fez,
e lhe dá o que a sua conduta merece.
12 Não se pode nem pensar
que Deus faça o mal,
que o Todo-poderoso
perverta a justiça.
13 Quem o nomeou
para governar a terra?
Quem o encarregou de cuidar
do mundo inteiro?
14 Se fosse intenção dele,
e de fato retirasse o seu espírito[a]
e o seu sopro,
15 a humanidade pereceria
toda de uma vez,
e o homem voltaria ao pó.

16 "Portanto, se você
tem entendimento,
ouça-me, escute o que lhe digo.
17 Acaso quem odeia a justiça
poderá governar?
Você ousará condenar
aquele que é justo e poderoso?
18 Não é ele que diz aos reis:
'Vocês nada valem',
e aos nobres: 'Vocês são ímpios'?
19 Não é verdade que ele não mostra
parcialidade a favor dos príncipes,
e não favorece o rico
em detrimento do pobre,
uma vez que todos
são obra de suas mãos?
20 Morrem num momento,
em plena noite;
cambaleiam e passam.
Os poderosos são retirados
sem a intervenção de mãos
humanas.

21 "Pois Deus vê o caminho
dos homens;
ele enxerga cada um dos seus passos.
22 Não há sombra densa o bastante,
onde os que fazem o mal
possam esconder-se.
23 Deus não precisa de maior tempo
para examinar os homens
e levá-los à sua presença
para julgamento.
24 Sem depender de investigações,
ele destrói os poderosos
e coloca outros em seu lugar.
25 Visto que ele repara nos atos
que eles praticam,
derruba-os, e eles são esmagados.
26 Pela impiedade deles,
ele os castiga onde todos
podem vê-los.
27 Isso porque deixaram de segui-lo
e não deram atenção aos caminhos
por ele traçados.
28 Fizeram chegar a ele
o grito do pobre,
e ele ouviu o clamor do necessitado.
29 Mas, se ele permanecer calado,

[a] 34:14 Ou *Espírito*

quem poderá condená-lo?
Se esconder o rosto,
quem poderá vê-lo?
No entanto, ele domina igualmente
sobre homens e nações,
30 para evitar que o ímpio governe
e prepare armadilhas para o povo.

31 "Suponhamos que um homem
diga a Deus:
'Sou culpado,
mas não vou mais pecar.
32 Mostra-me o que não estou vendo;
se agi mal, não tornarei a fazê-lo'.
33 Quanto a você,
deveria Deus recompensá-lo
quando você nega a sua culpa?
É você que deve decidir, não eu;
conte-me, pois, o que você sabe.

34 "Os homens de bom senso,
os sábios que me ouvem,
me declaram:
35 'Jó não sabe o que diz;
não há discernimento em suas
palavras'.
36 Ah, se Jó sofresse a mais dura prova,
por sua resposta de ímpio!
37 Ao seu pecado ele acrescenta
a revolta;
com desprezo bate palmas entre nós
e multiplica suas palavras
contra Deus".

35 Eliú prosseguiu:

2 "Você acha que isso é justo?
Pois você diz:
'Serei absolvido por Deus'.[a]
3 Contudo, você lhe pergunta:
'Que vantagem tenho eu[b],
e o que ganho, se não pecar?'

4 "Desejo responder-lhe,
a você e aos seus amigos
que estão com você.
5 Olhe para os céus e veja;
mire as nuvens, tão elevadas.
6 Se você pecar, em que isso o afetará?
Se os seus pecados forem muitos,
que é que isso lhe fará?
7 Se você for justo, o que lhe dará?
Ou o que ele receberá de sua mão?
8 A sua impiedade só afeta aos homens,
seus semelhantes,
e a sua justiça, aos filhos dos homens.

9 "Os homens se lamentam
sob fardos de opressão;
imploram que os libertem
do braço dos poderosos.
10 Mas não há quem pergunte:
'Onde está Deus, o meu Criador,
que de noite faz surgirem cânticos,
11 que nos ensina mais
que aos animais da terra
e nos faz mais sábios
que as[c] aves dos céus?'
12 Quando clamam, ele não responde,
por causa da arrogância dos ímpios.
13 Aliás, Deus não escuta
a vã súplica que fazem;
o Todo-poderoso não lhes dá atenção.
14 Pois muito menos escutará
quando você disser que não o vê,
que a sua causa está diante dele
e que você tem que esperar por ele.
15 Mais que isso,
que a sua ira jamais castiga
e que ele não dá a mínima atenção
à iniquidade.[d]
16 Assim é que Jó abre a sua boca
para dizer palavras vãs;
em sua ignorância
ele multiplica palavras".

36 Disse mais Eliú:

2 "Peço-lhe que seja um pouco mais
paciente comigo,
e lhe mostrarei que se pode dizer
mais verdades em defesa de Deus.
3 Vem de longe o meu conhecimento;
atribuirei justiça ao meu Criador.
4 Não tenha dúvida,
as minhas palavras não são falsas;
quem está com você
é a perfeição no conhecimento.

5 "Deus é poderoso,
mas não despreza os homens;
é poderoso e firme em seu propósito.
6 Não poupa a vida dos ímpios,
mas garante os direitos dos aflitos.
7 Não tira os seus olhos do justo;
ele o coloca nos tronos com os reis
e o exalta para sempre.
8 Mas, se os homens
forem acorrentados,
presos firmemente
com as cordas da aflição,
9 ele lhes dirá o que fizeram,

[a] 35:2 Ou *'Minha justiça é maior que a de Deus'.*
[b] 35:3 Ou *você tem*
[c] 35:11 Ou *ensina pelos animais da terra e nos faz sábios através das*
[d] 35:15 Conforme as versões de Símaco, Teodócio e a Vulgata.

que pecaram com arrogância.
10Ele os fará ouvir a correção
e lhes ordenará que se arrependam
do mal que praticaram.
11Se lhe obedecerem e o servirem,
serão prósperos até o fim dos seus
dias
e terão contentamento
nos anos que lhes restam.
12Mas, se não obedecerem,
perecerão à espada[a]
e morrerão na ignorância.
13"Os que têm coração ímpio
guardam ressentimento;
mesmo quando ele os agrilhoa
eles não clamam por socorro.
14Morrem em plena juventude
entre os prostitutos dos santuários.
15Mas aos que sofrem
ele os livra
em meio ao sofrimento;
em sua aflição ele lhes fala.

16"Ele o está atraindo
para longe das mandíbulas da aflição,
para um lugar amplo e livre,
para o conforto da mesa farta e seleta
que você terá.
17Mas agora, farto sobre você
é o julgamento que cabe aos ímpios;
o julgamento e a justiça o pegaram.
18Cuidado!
Que ninguém o seduza com riquezas;
não se deixe desviar por suborno,
por maior que este seja.
19Acaso a sua riqueza, ou mesmo
todos os seus grandes esforços,
dariam a você apoio
e alívio da aflição?
20Não anseie pela noite,
quando o povo é tirado dos seus lares.
21Cuidado! Não se volte
para a iniquidade,
que você parece preferir à aflição.

22"Deus é exaltado em seu poder.
Quem é mestre como ele?
23Quem lhe prescreveu
os seus caminhos,
ou lhe disse: 'Agiste mal'?
24Lembre-se de exaltar as suas obras,
às quais os homens dedicam
cânticos de louvor.
25Toda a humanidade as vê;
de lugares distantes
os homens as contemplam.
26Como Deus é grande!
Ultrapassa o nosso entendimento!
Não há como calcular
os anos da sua existência.

27"Ele atrai as gotas de água,
que se dissolvem
e descem como chuva
para os regatos[b];
28as nuvens as despejam em aguaceiros
sobre a humanidade.
29Quem pode entender
como ele estende as suas nuvens,
como ele troveja
desde o seu pavilhão?
30Observe como ele espalha
os seus relâmpagos ao redor,
iluminando até as profundezas do
mar.
31É assim que ele governa[c] as nações
e lhes fornece grande fartura.
32Ele enche as mãos de relâmpagos
e lhes determina o alvo
que deverão atingir.
33Seu trovão anuncia a tempestade
que está a caminho;
até o gado a pressente.[d]

37 "Diante disso o meu coração
bate aceleradamente
e salta do seu lugar.
2Ouça! Escute o estrondo da sua voz,
o trovejar da sua boca.
3Ele solta os seus relâmpagos
por baixo de toda a extensão do céu
e os manda para os confins da terra.
4Depois vem o som
do seu grande estrondo:
ele troveja com sua majestosa voz.
Quando a sua voz ressoa,
nada o faz recuar.
5A voz de Deus troveja
maravilhosamente;
ele faz coisas grandiosas,
acima do nosso entendimento.
6Ele diz à neve: 'Caia sobre a terra',
e à chuva: 'Seja um forte aguaceiro'.
7Ele paralisa
o trabalho de cada homem,
a fim de que todos os que ele criou
conheçam a sua obra.[e]

[a] 36:12 Ou *atravessarão o Ri*

[b] 36:27 Ou *destilam como chuva a partir da névoa*
[c] 36:31 Ou *nutre*
[d] 36:33 Ou *anuncia a sua vinda, a vinda do que é zeloso contra o mal.*
[e] 37:7 Ou *pelo seu poder ele enche de temor todos os homens.*

Palavras para memorizar

"A voz de Deus troveja maravilhosamente; ele faz coisas grandiosas, acima do nosso entendimento."

(Jó 37:5)

8 Os animais vão
para os seus esconderijos,
e ficam nas suas tocas.
9 A tempestade sai da sua câmara,
e dos ventos vem o frio.
10 O sopro de Deus produz gelo,
e as vastas águas se congelam.
11 Também carrega de umidade
as nuvens,
e entre elas espalha
os seus relâmpagos.
12 Ele as faz girar, circulando
sobre a superfície de toda a terra,
para fazerem tudo
o que ele lhes ordenar.
13 Ele traz as nuvens,
ora para castigar os homens,
ora para regar a sua terra[a]
e lhes mostrar o seu amor.

14 "Escute isto, Jó;
pare e reflita nas maravilhas de
Deus.
15 Acaso você sabe como Deus
comanda as nuvens
e faz brilhar os seus relâmpagos?
16 Você sabe como ficam
suspensas as nuvens,
essas maravilhas daquele
que tem perfeito conhecimento?
17 Você, que em sua roupa
desfalece de calor
quando a terra fica amortecida
sob o vento sul,
18 pode ajudá-lo a estender os céus,
duros como espelho de bronze?

19 "Diga-nos o que devemos
dizer a ele;
não podemos elaborar a nossa defesa
por causa das nossas trevas.
20 Deve-se dizer-lhe
o que lhe quero falar?
Quem pediria para ser devorado?
21 Ninguém pode olhar
para o fulgor do sol nos céus,
depois que o vento os clareia.
22 Do norte vem luz dourada;
Deus vem em temível majestade.
23 Fora de nosso alcance
está o Todo-poderoso,
exaltado em poder;
mas, em sua justiça e retidão,
não oprime ninguém.
24 Por isso os homens o temem;
não dá ele atenção
a todos os sábios de coração?[b]"

O Senhor fala

38 Então o Senhor respondeu a Jó do
meio da tempestade e disse:
2 "Quem é esse que obscurece
o meu conselho
com palavras sem conhecimento?
3 Prepare-se como simples homem;
vou fazer-lhe perguntas,
e você me responderá.
4 "Onde você estava quando lancei
os alicerces da terra?
Responda-me, se é que você sabe
tanto.
5 Quem marcou os limites
das suas dimensões?
Talvez você saiba!
E quem estendeu sobre ela
a linha de medir?
6 E os seus fundamentos,
sobre o que foram postos?
E quem colocou sua pedra de esquina,
7 enquanto as estrelas matutinas
juntas cantavam
e todos os anjos[c] se regozijavam?

8 "Quem represou o mar
pondo-lhe portas,
quando ele irrompeu
do ventre materno,
9 quando o vesti de nuvens
e em densas trevas o envolvi,
10 quando fixei os seus limites
e lhe coloquei portas e barreiras,
11 quando eu lhe disse:
Até aqui você pode vir,

[a] 37:13 Ou *para favorecê-los*

[b] 37:24 Ou *pois ele não tem consideração por ninguém que se ache sábio.*

[c] 38:7 Hebraico: *os filhos de Deus.*

além deste ponto não;
aqui faço parar suas ondas orgulhosas?

12"Você já deu ordens à manhã
ou mostrou à alvorada o seu lugar,
13para que ela apanhasse a terra
pelas pontas
e sacudisse dela os ímpios?
14A terra toma forma
como o barro sob o sinete;
e tudo nela se vê como uma veste.
15Aos ímpios é negada a sua luz,
e quebra-se o seu braço levantado.

16"Você já foi
até as nascentes do mar,
ou já passeou pelas obscuras
profundezas
do abismo?
17As portas da morte
lhe foram mostradas?
Você viu as portas das densas trevas?[a]
18Você faz ideia de quão imensas
são as áreas da terra?
Fale-me, se é que você sabe.

19"Como se vai ao lugar
onde mora a luz?
E onde está a residência das trevas?
20Poderá você conduzi-las
ao lugar que lhes pertence?
Conhece o caminho
da habitação delas?
21Talvez você conheça,
pois você já tinha nascido!
Você já viveu tantos anos!

22"Acaso você entrou
nos reservatórios de neve,
já viu os depósitos de saraiva,
23que eu guardo para
os períodos de tribulação,
para os dias de guerra e de combate?
24Qual o caminho
por onde se repartem
os relâmpagos?
Onde é que os ventos orientais
são distribuídos sobre a terra?
25Quem é que abre um canal
para a chuva torrencial,
e um caminho
para a tempestade trovejante,
26para fazer chover na terra
em que não vive nenhum homem,
no deserto onde não há ninguém,
27para matar a sede do deserto árido
e nele fazer brotar vegetação?
28Acaso a chuva tem pai?
Quem é o pai das gotas de orvalho?
29De que ventre materno vem o gelo?
E quem dá à luz a geada
que cai dos céus,
30quando as águas se tornam
duras como pedra
e a superfície do abismo se congela?

31"Você pode amarrar
as lindas[b] Plêiades?
Pode afrouxar as cordas do Órion?
32Pode fazer surgir no tempo certo
as constelações[c]
ou fazer sair a Ursa[d]
com seus filhotes?
33Você conhece as leis dos céus?
Você pode determinar
o domínio de Deus[e] sobre a terra?

34"Você é capaz de levantar a voz
até as nuvens
e cobrir-se com uma inundação?
35É você que envia os relâmpagos,
e eles lhe dizem: 'Aqui estamos'?
36Quem foi que deu sabedoria
ao coração
e entendimento à mente?
37Quem é que tem sabedoria
para avaliar as nuvens?
Quem é capaz de despejar
os cântaros de água dos céus,
38quando o pó se endurece
e os torrões de terra
aderem uns aos outros?

39"É você que caça a presa para a leoa
e satisfaz a fome dos leões,
40quando se agacham em suas tocas
ou ficam à espreita no matagal?
41Quem dá alimento aos corvos
quando os seus filhotes clamam a
Deus
e vagueiam por falta de comida?

39 "Você sabe quando
as cabras monteses dão à luz?
Você está atento quando a corça
tem o seu filhote?
2Acaso você conta os meses
até elas darem à luz?
Sabe em que época
elas têm as suas crias?

[a] 38:17 Ou *da sombra da morte?*

[b] 38:31 Ou *as cintilantes*; ou ainda *as cadeias das*
[c] 38:32 Ou *a estrela da manhã*
[d] 38:32 Ou *o Leão*
[e] 38:33 Ou *deles*

3 Elas se agacham,
dão à luz os seus filhotes,
e suas dores se vão.
4 Seus filhotes crescem nos campos
e ficam fortes;
partem, e não voltam mais.
5 "Quem pôs em liberdade
o jumento selvagem?
Quem soltou suas cordas?
6 Eu lhe dei o deserto como lar,
o leito seco de lagos salgados
como sua morada.
7 Ele se ri da agitação da cidade;
não ouve os gritos do tropeiro.
8 Vagueia pelas colinas
em busca de pasto
e vai em busca daquilo
que é verde.

9 "Será que o boi selvagem consentirá
em servir você?
E em passar a noite ao lado dos cochos
do seu curral?
10 Poderá você prendê-lo
com arreio na vala?
Irá atrás de você arando os vales?
11 Você vai confiar nele,
por causa da sua grande força?
Vai deixar a cargo dele
o trabalho pesado
que você tem que fazer?
12 Poderá você estar certo
de que ele recolherá o seu trigo
e o ajuntará na sua eira?

13 "A avestruz
bate as asas alegremente.
Que se dirá então das asas
e da plumagem da cegonha?
14 Ela abandona os ovos no chão
e deixa que a areia os aqueça,
15 esquecida de que um pé
poderá esmagá-los,
que algum animal selvagem
poderá pisoteá-los.
16 Ela trata mal os seus filhotes,
como se não fossem dela,
e não se importa se o seu trabalho
é inútil.
17 Isso porque Deus
não lhe deu sabedoria
nem parcela alguma de bom senso.
18 Contudo, quando estende as penas
para correr,
ela ri do cavalo
e daquele que o cavalga.

19 "É você que dá força ao cavalo
ou veste o seu pescoço
com sua crina tremulante?
20 Você o faz saltar como gafanhoto,
espalhando terror
com o seu orgulhoso resfolegar?
21 Ele escarva com fúria,
mostra com prazer a sua força,
e sai para enfrentar as armas.
22 Ele ri do medo e nada teme;
não recua diante da espada.
23 A aljava balança ao seu lado,
com a lança e o dardo flamejantes.
24 Num furor frenético
ele devora o chão;
não consegue esperar
pelo toque da trombeta.

A grandeza de Deus, o Criador

Experimente!

No capítulo 39, Deus lembra a Jó de algumas maravilhas criadas. Faça uma lista dos pássaros e dos animais sobre os quais Deus fala.

Veja se você consegue encontrar imagens de algumas dessas aves e de outros animais citados em revistas ou na internet; em seguida corte e cole as imagens em uma folha grande de cartolina ou salve-as em um arquivo no computador. Pergunte a seus pais onde colocar sua coleção para lembrar a toda a família que Deus é o grande Criador (ideias: usar como protetor de tela no computador, criar seu próprio calendário, colocar na área de refeições do gato ou do cachorro).

Jó 39

25 Ao ouvi-lo, ele relincha:
'Eia!'
De longe sente cheiro de combate,
o brado de comando
e o grito de guerra.

26 "É graças à inteligência que você tem
que o falcão alça voo
e estende as asas rumo ao sul?
27 É por sua ordem,
que a águia se eleva
e no alto constrói o seu ninho?
28 Um penhasco é sua morada,
e ali passa a noite;
uma escarpa rochosa é a sua fortaleza.
29 De lá sai ela em busca de alimento;
de longe os seus olhos o veem.
30 Seus filhotes bebem sangue,
e, onde há mortos, ali ela está".

40 Disse ainda o SENHOR a Jó:

2 "Aquele que contende
com o Todo-poderoso
poderá repreendê-lo?
Que responda a Deus
aquele que o acusa!"

3 Então Jó respondeu ao SENHOR:

4 "Sou indigno;
como posso responder-te?
Ponho a mão sobre a minha boca.
5 Falei uma vez,
mas não tenho resposta;
sim, duas vezes,
mas não direi mais nada".

6 Depois, o SENHOR falou a Jó
do meio da tempestade:

7 "Prepare-se
como simples homem que é;
eu lhe farei perguntas,
e você me responderá.

8 "Você vai pôr em dúvida
a minha justiça?
Vai condenar-me para justificar-se?
9 Seu braço é como o de Deus,
e sua voz pode trovejar como a dele?
10 Adorne-se, então,
de esplendor e glória,
e vista-se de majestade e honra.
11 Derrame a fúria da sua ira,
olhe para todo orgulhoso
e lance-o por terra,
12 olhe para todo orgulhoso
e humilhe-o,
esmague os ímpios onde estiverem.

Você sabia?

O que Deus disse a Jó?

40:9 Deus disse a Jó que considerasse como o Senhor é grande. Jó não conseguia entender as coisas que Deus faz na natureza, então, como poderia esperar entender o que Deus estava fazendo na vida dele?

13 Enterre-os todos juntos no pó;
encubra os rostos deles no túmulo.
14 Então admitirei que a sua mão direita
pode salvá-lo.

15 "Veja o Beemote[a]
que criei quando criei você
e que come capim
como o boi.
16 Que força ele tem em seus lombos!
Que poder nos músculos
do seu ventre!
17 Sua cauda[b] balança como o cedro;
os nervos de suas coxas
são firmemente entrelaçados.
18 Seus ossos são canos de bronze,
seus membros são varas de ferro.
19 Ele ocupa o primeiro lugar
entre as obras de Deus.
No entanto, o seu Criador
pode chegar a ele com sua espada.
20 Os montes lhe oferecem
tudo o que produzem,
e todos os animais selvagens
brincam por perto.
21 Sob os lotos se deita,
oculto entre os juncos do brejo.
22 Os lotos o escondem à sua sombra;
os salgueiros junto ao regato o cercam.
23 Quando o rio se enfurece,
ele não se abala;
mesmo que o Jordão
encrespe as ondas
contra a sua boca,
ele se mantém calmo.
24 Poderá alguém capturá-lo
pelos olhos[c],
ou prendê-lo em armadilha
e enganchá-lo pelo nariz?

[a] 40:15 Grande animal de identificação desconhecida. Tradicionalmente *hipopótamo*.
[b] 40:17 Ou *tronco*; ou ainda *tromba*
[c] 40:24 Ou *capturá-lo por meio de um açude*

41 “Você consegue pescar com anzol
o Leviatã[a]
ou prender sua língua com uma
corda?
2Consegue fazer passar um cordão
pelo seu nariz
ou atravessar seu queixo
com um gancho?
3Você imagina que ele vai
lhe implorar misericórdia
e falar-lhe palavras amáveis?
4Acha que ele vai fazer
acordo com você,
para que o tenha como escravo
pelo resto da vida?
5Acaso você consegue fazer dele
um bichinho de estimação,
como se fosse um passarinho,
ou pôr-lhe uma coleira
para dá-lo às suas filhas?
6Poderão os negociantes vendê-lo?
Ou reparti-lo
entre os comerciantes?
7Você consegue encher de arpões
o seu couro,
e de lanças de pesca a sua cabeça?
8Se puser a mão nele,
a luta ficará em sua memória,
e nunca mais você tornará a fazê-lo.
9Esperar vencê-lo é ilusão;
apenas vê-lo já é assustador.
10Ninguém é suficientemente corajoso
para despertá-lo.
Quem então será capaz
de resistir a mim?
11Quem primeiro me deu alguma
coisa,
que eu lhe deva pagar?
Tudo o que há debaixo dos céus
me pertence.

12“Não deixarei de falar
de seus membros,
de sua força e de seu porte gracioso.
13Quem consegue arrancar
sua capa externa?
Quem se aproximaria dele
com uma rédea?
14Quem ousa abrir as portas
de sua boca,
cercada com seus dentes temíveis?
15Suas costas possuem[b]
fileiras de escudos
firmemente unidos;
16cada um está tão junto do outro
que nem o ar passa entre eles;
17estão tão interligados
que é impossível separá-los.
18Seu forte sopro
atira lampejos de luz;
seus olhos são como
os raios da alvorada.

[a] 41:1 Ou *monstro marinho*

[b] 41:15 Ou *Seu orgulho são suas costas*

A vida nos tempos da Bíblia

Leviatã

Leviatã provavelmente signifique “crocodilo”. De qualquer forma, deve ter sido um animal feroz e perigoso. O texto de Jó 41 descreve seus “dentes temíveis”, seu sopro que “acende o carvão” e sua força que faz o ferro “como palha”. Para ver se você gostaria de se aproximar desse “leviatã”, ou crocodilo, leia o que Jó 41:8 diz!

19 Tições saem da sua boca;
fagulhas de fogo estalam.
20 Das suas narinas sai fumaça
como de panela fervente
sobre fogueira de juncos.
21 Seu sopro acende o carvão,
e da sua boca saltam chamas.
22 Tanta força reside em seu pescoço
que o terror vai adiante dele.
23 As dobras da sua carne
são fortemente unidas;
são tão firmes que não se movem.
24 Seu peito é duro como pedra,
rijo como a pedra inferior do moinho.
25 Quando ele se ergue,
os poderosos se apavoram;
fogem com medo dos seus golpes.
26 A espada que o atinge
nada lhe faz,
nem a lança nem a flecha
nem o dardo.
27 Ferro ele trata como palha,
e bronze como madeira podre.
28 As flechas não o afugentam,
as pedras das fundas
são como cisco para ele.
29 O bastão lhe parece fiapo de palha;
o brandir da grande lança o faz rir.
30 Seu ventre é como caco denteado,
e deixa rastro na lama
como o trilho de debulhar.
31 Ele faz as profundezas se agitarem
como caldeirão fervente,
e revolve o mar
como pote de unguento.
32 Deixa atrás de si
um rastro cintilante,
como se fossem
os cabelos brancos do abismo.
33 Nada na terra se equipara a ele:
criatura destemida!
34 Com desdém olha todos os altivos;
reina soberano
sobre todos os orgulhosos".

Jó 42

Então Jó respondeu ao SENHOR:
2 "Sei que podes fazer todas as coisas;
nenhum dos teus planos
pode ser frustrado.
3 Tu perguntaste: 'Quem é esse
que obscurece o meu conselho
sem conhecimento?'
Certo é que falei de coisas
que eu não entendia,
coisas tão maravilhosas
que eu não poderia saber.
4 "Tu disseste:
'Agora escute, e eu falarei;
vou fazer-lhe perguntas,
e você me responderá'.
5 Meus ouvidos já tinham
ouvido a teu respeito,
mas agora os meus olhos te viram.
6 Por isso menosprezo a mim mesmo
e me arrependo no pó e na cinza".

Epílogo

7 Depois que o SENHOR disse essas palavras
a Jó, disse também a Elifaz, de Temã: "Estou
indignado com você e com os seus dois ami-
gos, pois vocês não falaram o que é certo a
meu respeito, como fez meu servo Jó. 8 Vão
agora até meu servo Jó, levem sete novilhos
e sete carneiros, e com eles apresentem ho-
locaustos[a] em favor de vocês mesmos. Meu
servo Jó orará por vocês; eu aceitarei a ora-
ção dele e não lhes farei o que vocês mere-
cem pela loucura que cometeram. Vocês não
falaram o que é certo a meu respeito, como
fez meu servo Jó". 9 Então Elifaz, de Temã, Bil-
dade, de Suá, e Zofar, de Naamate, fizeram
o que o SENHOR lhes ordenara; e o SENHOR
aceitou a oração de Jó.

10 Depois que Jó orou por seus amigos, o
SENHOR o tornou novamente próspero e lhe
deu em dobro tudo o que tinha antes. 11 To-
dos os seus irmãos e irmãs, e todos os que

[a] 42:8 Isto é, sacrifícios totalmente queimados.

Você sabia?

O que aconteceu a Jó?

42:12 Jó havia tentado entender Deus e foi totalmente honesto com ele, mesmo quando parecia que estava sendo desrespeitoso. Deus ficou satisfeito com Jó e o curou, inundou-o com muita riqueza e deu-lhe uma nova família. Mas Deus ficou bravo com os amigos de Jó (Jó 42:7), porque não haviam falado a verdade sobre Deus e disseram apenas coisas que pensavam ser boas.

o haviam conhecido anteriormente vieram comer com ele em sua casa. Eles o consolaram e o confortaram por todas as tribulações que o SENHOR tinha trazido sobre ele, e cada um lhe deu uma peça de prata[a] e um anel de ouro.

[12]O SENHOR abençoou o final da vida de Jó mais do que o início. Ele teve catorze mil ovelhas, seis mil camelos, mil juntas de boi e mil jumentos. [13]Também teve ainda sete filhos e três filhas. [14]À primeira filha deu o nome de Jemima, à segunda o de Quézia e à terceira o de Quéren-Hapuque. [15]Em parte alguma daquela terra havia mulheres tão bonitas como as filhas de Jó, e seu pai lhes deu herança junto com os seus irmãos.

[16]Depois disso Jó viveu cento e quarenta anos; viu seus filhos e os descendentes deles até a quarta geração. [17]E então morreu, em idade muito avançada.

[a] 42:11 Hebraico: *1 quesita*. Uma quesita era uma unidade monetária de peso e valor desconhecidos.

Salmos

Quem escreveu este livro?

Davi escreveu 73 dos 150 salmos. Várias pessoas diferentes escreveram os outros.

Por que este livro foi escrito?

Os Salmos mostram ao povo de Deus como conversar com ele e como adorá-lo.

Quais são os tipos de salmos?

Há sete tipos de salmos:

1. *Salmos de louvor*, como o salmo 33 e o 103, que mostram como agradecer a Deus por quem ele é.
2. *Salmos de história*, como o salmo 68 e o 106, que contam o que Deus tem feito pelo seu povo.
3. *Salmos de amizade*, como o salmo 8 e o 23, que nos lembram do amor de Deus por nós e nos mostram como podemos demonstrar nosso amor por ele.
4. *Salmos de ira*, como o salmo 35 e o 137, que pedem a Deus que puna as pessoas más.
5. *Salmos de confissão*, como o salmo 32 e o 51, que mostram como conversar com Deus sobre nossos pecados.
6. *Salmos messiânicos*, como o salmo 22 e o 89, que nos falam sobre Jesus.
7. *Salmos de adoração*, como o salmo 30 e o 122, que eram usados nos feriados religiosos especiais para prestar culto a Deus com as outras pessoas.

Que tipo de poesia é usado nos salmos?

Os salmos não rimam, pois a poesia hebraica repete ideias em vez de repetir sons.

Quando os salmos foram escritos?

Os salmos provavelmente foram escritos entre 1400 a.C. e 500 a.C.

Alguns dos salmos mais conhecidos:

A criação e a Palavra de Deus	Salmos 19
Deus é nosso pastor	Salmos 23
Confissão de pecado a Deus	Salmos 32
Confiança em Deus	Salmos 37
Não seja invejoso	Salmos 73
O grande amor de Deus	Salmos 89
Como Deus é grande	Salmos 104
Amor pela Palavra de Deus	Salmos 119

PRIMEIRO LIVRO

Salmo 1

1 Como é feliz aquele
que não segue o conselho dos
ímpios,
não imita a conduta dos pecadores,
nem se assenta na roda dos
zombadores!
2 Ao contrário, sua satisfação
está na lei do SENHOR,
e nessa lei medita dia e noite.
3 É como árvore plantada
à beira de águas correntes:
Dá fruto no tempo certo
e suas folhas não murcham.
Tudo o que ele faz prospera!

4 Não é o caso dos ímpios!
São como palha que o vento leva.
5 Por isso os ímpios
não resistirão no julgamento,
nem os pecadores na comunidade dos
justos.
6 Pois o SENHOR aprova o[a] caminho dos
justos,
mas o caminho dos ímpios leva à
destruição!

Salmo 2

1 Por que se amotinam[b] as nações
e os povos tramam em vão?

[a] 1:6 Ou *cuida do*; ou ainda *conhece o*
[b] 2:1 A Septuaginta diz *se enfurecem*.

Palavras para memorizar

"Como é feliz aquele que não segue o conselho dos ímpios, não imita a conduta dos pecadores, nem se assenta na roda dos zombadores!"

(Salmos 1:1)

2 Os reis da terra tomam posição
e os governantes conspiram unidos
contra o SENHOR e contra o seu
ungido,
e dizem:
3 "Façamos em pedaços as suas
correntes,
lancemos de nós as suas algemas!"

4 Do seu trono nos céus
o Senhor põe-se a rir e caçoa deles.
5 Em sua ira os repreende
e em seu furor os aterroriza,
dizendo:
6 "Eu mesmo estabeleci o meu rei
em Sião, no meu santo monte".

7 Proclamarei o decreto do SENHOR:
Ele me disse: "Tu és meu filho;
eu hoje te gerei.

A vida nos tempos da Bíblia

Como Deus é

O Salmos 2:4 diz que Deus é como um rei no trono nos céus. Nos tempos bíblicos, um rei se assentava no trono para dar ordens e tomar decisões. Portanto, dizer que Deus é um rei no trono nos céus significa que o que ele ordena acontecerá.

[8]Pede-me, e te darei as nações como
herança
e os confins da terra como tua
propriedade.
[9]Tu as quebrarás com vara de ferro[a]
e as despedaçarás como a um vaso
de barro".
[10]Por isso, ó reis, sejam prudentes;
aceitem a advertência, autoridades da
terra.
[11]Adorem o SENHOR com temor;
exultem com tremor.
[12]Beijem o filho,[b] para que ele não se ire
e vocês não sejam destruídos de
repente,
pois num instante acende-se a sua ira.
Como são felizes todos os que nele se
refugiam!

Salmo 3

Salmo de Davi, quando fugiu de seu filho Absalão.

[1]SENHOR, muitos são os meus
adversários!
Muitos se rebelam contra mim!
[2]São muitos os que dizem a meu respeito:
"Deus nunca o salvará!"
Pausa[c]

[3]Mas tu, SENHOR,
és o escudo que me protege;
és a minha glória
e me fazes andar de cabeça erguida.
[4]Ao SENHOR clamo em alta voz,
e do seu santo monte ele me
responde.
Pausa

[5]Eu me deito e durmo, e torno a acordar,
porque é o SENHOR que me sustém.
[6]Não me assustam os milhares que me
cercam.

[7]Levanta-te, SENHOR!
Salva-me, Deus meu!
Quebra o queixo de todos os meus
inimigos;
arrebenta os dentes dos ímpios.
[8]Do SENHOR vem o livramento.
A tua bênção está sobre o teu povo.
Pausa

Salmo 4

Para o mestre de música. Com instrumentos de cordas. Salmo davídico.

[1]Responde-me quando clamo,
ó Deus que me fazes justiça!
Dá-me alívio da minha angústia;
tem misericórdia de mim
e ouve a minha oração.

[2]Até quando vocês, ó poderosos[d],
ultrajarão a minha honra?[e]
Até quando estarão amando ilusões
e buscando mentiras[f]?
Pausa

[a] 2:9 Ou *as governarás com cetro de ferro*
[b] 2:12 Os versículos 11 e 12 permitem traduções alternativas.
[c] 3:2 Hebraico: *Selá*; também em todo o livro de Salmos.
[d] 4:2 Ou *mortais*
[e] 4:2 Ou *desonrarão aquele em quem me glorio?*
[f] 4:2 Ou *deuses falsos?*

Em segurança à noite

Experimente!

Davi estava fugindo de um exército inimigo quando escreveu este salmo. Leia a história em 2Samuel 15:10-14, e, em seguida, leia o Salmo 3. Os versículos 1 e 2 descrevem como Davi se sentia, enquanto os versículos 3 e 4 contam do que ele se recordava sobre Deus. Os versículos 5 e 6 contam como Davi conseguia dormir mesmo quando estava em perigo, ao passo que os versículos 7 e 8 contam como foi sua oração.

Aqui vai algo para ajudá-lo se você tiver medo à noite. Corte um escudo em um pedaço de papelão e cubra-o com um papel azul. Cole sobre esse papel, com fita adesiva, duas tiras de papel-alumínio, de modo que forme uma cruz e coloque o escudo sob seu travesseiro à noite para o lembrar de que, assim como protegia o rei Davi, Deus também o protegerá.

Salmos 3:1-8

[3]Saibam que o SENHOR escolheu o
piedoso;
o SENHOR ouvirá quando eu o invocar.
[4]Quando vocês ficarem irados, não
pequem;
ao deitar-se reflitam nisso,
e aquietem-se.
Pausa
[5]Ofereçam sacrifícios como Deus exige
e confiem no SENHOR.

[6]Muitos perguntam:
"Quem nos fará desfrutar o bem?"
Faze, ó SENHOR, resplandecer sobre nós
a luz do teu rosto![a]
[7]Encheste o meu coração de alegria,
alegria maior do que a daqueles
que têm fartura de trigo e de vinho.
[8]Em paz me deito e logo adormeço,
pois só tu, SENHOR,
me fazes viver em segurança.

Salmo 5

Para o mestre de música. Para flautas. Salmo davídico.

[1]Escuta, SENHOR, as minhas palavras,
considera o meu gemer.
[2]Atenta para o meu grito de socorro,
meu Rei e meu Deus,
pois é a ti que imploro.
[3]De manhã ouves, SENHOR, o meu
clamor;
de manhã te apresento a minha
oração[b]
e aguardo com esperança.

[4]Tu não és um Deus
que tenha prazer na injustiça;
contigo o mal não pode habitar.
[5]Os arrogantes não são aceitos
na tua presença;
odeias todos os que praticam o mal.
[6]Destróis os mentirosos;
os assassinos e os traiçoeiros
o SENHOR detesta.

[7]Eu, porém, pelo teu grande amor,
entrarei em tua casa;
com temor me inclinarei
para o teu santo templo.
[8]Conduze-me, SENHOR, na tua justiça,
por causa dos meus inimigos;
aplaina o teu caminho diante de
mim.
[9]Nos lábios deles não há palavra
confiável;
suas mentes só tramam destruição.
Suas gargantas são um túmulo aberto;
com suas línguas enganam
sutilmente.
[10]Condena-os, ó Deus!
Caiam eles por suas próprias
maquinações.
Expulsa-os por causa dos seus muitos
crimes,
pois se rebelaram contra ti.

[11]Alegrem-se, porém,
todos os que se refugiam em ti;
cantem sempre de alegria!
Estende sobre eles a tua proteção.
Em ti exultem os que amam o teu
nome.
[12]Pois tu, SENHOR, abençoas o justo;
o teu favor o protege como um escudo.

Salmo 6

Para o mestre de música. Com instrumentos de cordas. Em oitava. Salmo davídico.

[1]SENHOR, não me castigues na tua ira
nem me disciplines no teu furor.
[2]Misericórdia, SENHOR, pois vou
desfalecendo!
Cura-me, SENHOR, pois os meus ossos
tremem:
[3]todo o meu ser estremece.
Até quando, SENHOR, até quando?
[4]Volta-te, SENHOR, e livra-me;
salva-me por causa do teu amor leal.
[5]Quem morreu não se lembra de ti.
Entre os mortos[c], quem te louvará?
[6]Estou exausto de tanto gemer.
De tanto chorar inundo de noite
a minha cama;
de lágrimas encharco o meu leito.
[7]Os meus olhos se consomem de
tristeza;
fraquejam por causa de todos
os meus adversários.

[8]Afastem-se de mim
todos vocês que praticam o mal,
porque o SENHOR ouviu o meu choro.
[9]O SENHOR ouviu a minha súplica;
o SENHOR aceitou a minha oração.
[10]Serão humilhados e aterrorizados
todos os meus inimigos;
frustrados, recuarão de repente.

[a] 4:6 Isto é, mostra-nos, SENHOR, a tua bondade!
[b] 5:3 Ou *o meu sacrifício*
[c] 6:5 Hebraico: *Sheol*. Essa palavra também pode ser traduzida por sepultura, profundezas, pó ou morte.

Salmo 7

Confissão de Davi, que ele cantou ao SENHOR *acerca de Cuxe, o benjamita.*

1 SENHOR, meu Deus, em ti me refugio;
salva-me e livra-me de todos
os que me perseguem,
2 para que, como leões,
não me dilacerem nem me
despedacem,
sem que ninguém me livre.

3 SENHOR, meu Deus, se assim procedi,
se nas minhas mãos há injustiça,
4 se fiz algum mal a um amigo
ou se poupei[a] sem motivo o meu
adversário,
5 persiga-me o meu inimigo até me
alcançar,
no chão me pisoteie e aniquile a minha
vida,
lançando a minha honra no pó.
Pausa

6 Levanta-te, SENHOR, na tua ira;
ergue-te contra o furor dos meus
adversários.
Desperta-te, meu Deus! Ordena a
justiça!
7 Reúnam-se os povos ao teu redor.
Das alturas reina sobre eles.
8 O SENHOR é quem julga os povos.
Julga-me, SENHOR, conforme a minha
justiça,
conforme a minha integridade.
9 Deus justo,
que sondas as mentes e os corações,
dá fim à maldade dos ímpios
e ao justo dá segurança.
10 O meu escudo está nas mãos de Deus,
que salva o reto de coração.
11 Deus é um juiz justo,
um Deus que manifesta cada dia o
seu furor.
12 Se o homem não se arrepende,
Deus afia a sua espada,
arma o seu arco e o aponta,
13 prepara as suas armas mortais
e faz de suas setas flechas
flamejantes.
14 Quem gera a maldade, concebe
sofrimento
e dá à luz a desilusão.
15 Quem cava um buraco e o aprofunda
cairá nessa armadilha que fez.
16 Sua maldade se voltará contra ele;
sua violência cairá sobre a sua própria
cabeça.

17 Darei graças ao SENHOR por sua
justiça;
ao nome do SENHOR Altíssimo
cantarei louvores.

Salmo 8

Para o mestre de música. De acordo com a melodia Os Lagares. *Salmo davídico.*

1 SENHOR, Senhor nosso,
como é majestoso o teu nome em
toda a terra!
Tu, cuja glória é cantada nos céus.[b]

[a] 7:4 Ou *explorei*

[b] 8:1 Ou *Puseste a tua glória nos céus*; ou ainda *Eu te cultuarei acima dos céus.*

A vida nos tempos da Bíblia

Como Deus é

Salmos 7:10 diz que Deus é como um escudo. Esse objeto protegia um soldado das flechas e lanças dos inimigos, portanto, chamar Deus de escudo significa dizer que ele protegerá quem confia nele.

Palavras para memorizar

"Senhor, Senhor nosso, como é majestoso o teu nome em toda a terra! Tu, cuja glória é cantada nos céus."

(Salmos 8:1)

²Dos lábios das crianças e dos recém-
nascidos
firmaste o teu nome como
fortaleza[a],
por causa dos teus adversários,
para silenciar o inimigo que busca
vingança.

³Quando contemplo os teus céus,
obra dos teus dedos,
a lua e as estrelas que ali firmaste,
⁴pergunto: Que é o homem,
para que com ele te importes?
E o filho do homem,
para que com ele te preocupes?

⁵Tu o fizeste um pouco menor
do que os seres celestiais[b]
e o coroaste de glória e de honra.
⁶Tu o fizeste dominar
sobre as obras das tuas mãos;
sob os seus pés tudo puseste:
⁷todos os rebanhos e manadas,
e até os animais selvagens,
⁸as aves do céu, os peixes do mar
e tudo o que percorre as veredas dos
mares.

⁹Senhor, Senhor nosso,
como é majestoso o teu nome em
toda a terra!

[a] 8:2 Ou *suscitaste louvor*
[b] 8:5 Ou *do que Deus*

Salmo 9[c]

Para o mestre de música. De acordo com muth-laben[d]*. Salmo davídico.*

¹Senhor, quero dar-te graças de todo o
coração
e falar de todas as tuas maravilhas.
²Em ti quero alegrar-me e exultar,
e cantar louvores ao teu nome, ó
Altíssimo.

³Quando os meus inimigos
contigo se defrontam,
tropeçam e são destruídos.
⁴Pois defendeste o meu direito e a
minha causa;
em teu trono te assentaste,
julgando com justiça.
⁵Repreendeste as nações e destruíste os
ímpios;
para todo o sempre apagaste o nome
deles.
⁶O inimigo foi totalmente arrasado,
para sempre;

[c] Os Salmos 9 e 10 talvez tenham sido originalmente um único poema, organizado em ordem alfabética, no hebraico. Na Septuaginta constituem um único salmo.
[d] Expressão de sentido desconhecido. Tradicionalmente: De acordo com a melodia *A Morte para o Filho*.

Olhar para os céus

Davi costumava dormir ao ar livre nas noites em que cuidava das ovelhas de seu pai, e, nesses momentos, observava a lua e as estrelas e pensava em Deus. Leia Salmos 8 e veja o que Davi pensava quando olhava para o alto.

Em uma noite clara, vá para fora e olhe as estrelas. Sem telescópio você consegue ver pouco mais de mil estrelas. Por outro lado, se você estivesse usando o primeiro telescópio, feito há muitos anos por Galileu, você veria mais de 3 mil; no entanto, com os grandes telescópios de hoje, você pode ver milhões de estrelas no céu! É gostoso deitar-se de costas, olhar para as estrelas e pensar em como Deus é grande.

Experimente!

Salmos 8:1-5

desarraigaste as suas cidades;
já não há quem delas se lembre.

7O SENHOR reina para sempre;
estabeleceu o seu trono para julgar.
8Ele mesmo julga o mundo com justiça;
governa os povos com retidão.
9O SENHOR é refúgio para os oprimidos,
uma torre segura na hora da
adversidade.
10Os que conhecem o teu nome confiam
em ti,
pois tu, SENHOR, jamais abandonas
os que te buscam.
11Cantem louvores ao SENHOR,
que reina em Sião;
proclamem entre as nações os seus
feitos.
12Aquele que pede contas do sangue
derramado
não esquece;
ele não ignora o clamor dos oprimidos.

13Misericórdia, SENHOR!
Vê o sofrimento que me causam
os que me odeiam.
Salva-me das portas da morte,
14para que, junto às portas da cidade[a]
de Sião,
eu cante louvores a ti
e ali exulte em tua salvação.
15Caíram as nações na cova que
abriram;
os seus pés ficaram presos
no laço que esconderam.
16O SENHOR é conhecido
pela justiça que executa;
os ímpios caem em suas próprias
armadilhas.

Interlúdio[b]*. Pausa*

17Voltem os ímpios ao pó[c],
todas as nações que se esquecem de
Deus!
18Mas os pobres nunca serão
esquecidos,
nem se frustrará a esperança dos
necessitados.

19Levanta-te, SENHOR!
Não permitas que o mortal triunfe!
Julgadas sejam as nações na tua
presença.
20Infunde-lhes terror, SENHOR;
saibam as nações
que não passam de seres humanos.

Pausa

Salmo 10

1SENHOR, por que estás tão longe?
Por que te escondes em tempos de
angústia?

2Em sua arrogância o ímpio persegue
o pobre,
que é apanhado em suas tramas.
3Ele se gaba de sua própria cobiça
e, em sua ganância,
amaldiçoa[d] e insulta o SENHOR.
4Em sua presunção o ímpio não o
busca;
não há lugar para Deus
em nenhum dos seus planos.
5Os seus caminhos prosperam
sempre;
tão acima da sua compreensão estão as
tuas leis
que ele faz pouco caso
de todos os seus adversários,
6pensando consigo mesmo: "Nada me
abalará!
Desgraça alguma me atingirá,
nem a mim nem aos meus
descendentes".
7Sua boca está cheia de maldições,
mentiras e ameaças;
violência e maldade estão em sua
língua.
8Fica à espreita perto dos povoados;
em emboscadas mata os inocentes,
procurando às escondidas as suas
vítimas.
9Fica à espreita como o leão
escondido;
fica à espreita para apanhar o
necessitado;
apanha o necessitado e o arrasta para a
sua rede.
10Agachado, fica de tocaia;
as suas vítimas caem em seu poder.
11Pensa consigo mesmo: "Deus se
esqueceu;
escondeu o rosto e nunca verá
isto".

12Levanta-te, SENHOR!
Ergue a tua mão, ó Deus!
Não te esqueças dos necessitados.
13Por que o ímpio insulta a Deus,

[a] 9:14 Hebraico: *filha*.
[b] 9:16 Hebraico: *Higaion*.
[c] 9:17 Hebraico: *Sheol*. Essa palavra também pode ser traduzida por sepultura, profundezas ou morte.
[d] 10:3 Hebraico: *abençoa*. Aqui empregado como eufemismo.

dizendo no seu íntimo:
"De nada me pedirás contas!"?
14Mas tu enxergas o sofrimento e a dor;
observa-os para tomá-los em tuas mãos.
A vítima deles entrega-se a ti;
tu és o protetor do órfão.
15Quebra o braço do ímpio e do perverso,
pede contas de sua impiedade
até que dela nada mais se ache[a].
16O SENHOR é rei para todo o sempre;
da sua terra desapareceram os outros povos.
17Tu, SENHOR, ouves a súplica dos necessitados;
tu os reanimas e atendes ao seu clamor.
18Defendes o órfão e o oprimido,
a fim de que o homem, que é pó,
já não cause terror.

Salmo 11

Para o mestre de música. Davídico.

1No SENHOR me refugio.
Como então vocês podem dizer-me:
"Fuja como um pássaro para os montes"?
2Vejam! Os ímpios preparam os seus arcos;
colocam as flechas contra as cordas
para das sombras as atirarem
nos retos de coração.
3Quando os fundamentos
estão sendo destruídos,
que pode fazer o justo?
4O SENHOR está no seu santo templo;
o SENHOR tem o seu trono nos céus.
Seus olhos observam;
seus olhos examinam os filhos dos homens.
5O SENHOR prova o justo,
mas o ímpio e a quem[b] ama a injustiça,
a sua alma odeia.
6Sobre os ímpios ele fará chover
brasas ardentes e enxofre incandescente;
vento ressecante é o que terão.
7Pois o SENHOR é justo, e ama a justiça;
os retos verão a sua face.

Salmo 12

Para o mestre de música. Em oitava. Salmo davídico.

1Salva-nos, SENHOR!
Já não há quem seja fiel;
já não se confia em ninguém entre os homens.
2Cada um mente ao seu próximo;
seus lábios bajuladores falam
com segundas intenções.

3Que o SENHOR corte
todos os lábios bajuladores
e a língua arrogante
4dos que dizem:
"Venceremos graças à nossa língua;
somos donos dos nossos lábios![c]
Quem é senhor sobre nós?"

5"Por causa da opressão do necessitado
e do gemido do pobre, agora me levantarei",
diz o SENHOR.
"Eu lhes darei a segurança que tanto anseiam."[d]
6As palavras do SENHOR são puras,
são como prata purificada num forno,
sete vezes refinada.

7SENHOR, tu nos guardarás seguros,
e dessa gente nos protegerás para sempre.
8Os ímpios andam altivos por toda parte,
quando a corrupção é exaltada entre os homens.

Salmo 13

Para o mestre de música. Salmo davídico.

1Até quando, SENHOR?
Para sempre te esquecerás de mim?
Até quando esconderás de mim o teu rosto?
2Até quando terei inquietações
e tristeza no coração dia após dia?
Até quando o meu inimigo triunfará sobre mim?
3Olha para mim e responde, SENHOR, meu Deus.
Ilumina os meus olhos,
ou do contrário dormirei o sono da morte;

[a] 10:15 Ou *do contrário, não será descoberta*
[b] 11:5 Ou *O Senhor examina o justo e o ímpio, mas a quem;* ou ainda *O Senhor, o Justo, examina o ímpio, mas a quem*
[c] 12:4 Ou *nossos lábios são lâminas cortantes!*
[d] 12:5 Ou *"Eu os protegerei dos que anseiam destruí-los."*

Palavras para memorizar

"Quero cantar ao Senhor pelo bem que me tem feito."
(Salmos 13:6)

4 os meus inimigos dirão: "Eu o venci",
e os meus adversários festejarão o meu fracasso.
5 Eu, porém, confio em teu amor;
o meu coração exulta em tua salvação.
6 Quero cantar ao Senhor
pelo bem que me tem feito.

Salmo 14

Para o mestre de música. Davídico.

1 Diz o tolo em seu coração: "Deus não existe".
Corromperam-se e cometeram atos detestáveis;
não há ninguém que faça o bem.

2 O Senhor olha dos céus
para os filhos dos homens,
para ver se há alguém que tenha entendimento,
alguém que busque a Deus.
3 Todos se desviaram,
igualmente se corromperam;
não há ninguém que faça o bem,
não há nem um sequer.

4 Será que nenhum dos malfeitores aprende?
Eles devoram o meu povo
como quem come pão,
e não clamam pelo Senhor!
5 Olhem! Estão tomados de pavor!
Pois Deus está presente no meio dos justos.
6 Vocês, malfeitores,
frustram os planos dos pobres,
mas o refúgio deles é o Senhor.
7 Ah, se de Sião viesse a salvação para Israel!
Quando o Senhor restaurar o seu[a] povo,
Jacó exultará! Israel se regozijará!

Salmo 15

Salmo davídico.

1 Senhor, quem habitará no teu santuário?
Quem poderá morar no teu santo monte?

2 Aquele que é íntegro em sua conduta
e pratica o que é justo,
que de coração fala a verdade
3 e não usa a língua para difamar,
que nenhum mal faz ao seu semelhante
e não lança calúnia contra o seu próximo,
4 que rejeita quem merece desprezo,
mas honra os que temem o Senhor,
que mantém a sua palavra,
mesmo quando sai prejudicado,
5 que não empresta o seu dinheiro
visando a lucro
nem aceita suborno contra o inocente.

Quem assim procede
nunca será abalado!

Salmo 16

Poema epigráfico davídico.

1 Protege-me, ó Deus,
pois em ti me refugio.

2 Ao Senhor declaro: "Tu és o meu Senhor;
não tenho bem nenhum além de ti".
3 Quanto aos fiéis que há na terra,
eles é que são os notáveis
em quem está todo o meu prazer.
4 Grande será o sofrimento
dos que correm atrás de outros deuses.[b]
Não participarei dos seus sacrifícios de sangue,
e os meus lábios nem mencionarão os seus nomes.

5 Senhor, tu és a minha porção e o meu cálice;
és tu que garantes o meu futuro.
6 As divisas caíram para mim
em lugares agradáveis:
Tenho uma bela herança!
7 Bendirei o Senhor, que me aconselha;

[a] 14:7 Ou *trouxer de volta os cativos do seu*

[b] 16:3-4 Ou *Quanto aos sacerdotes pagãos que estão na terra, e aos nobres em quem todos têm prazer, eu disse: Aumentarão suas tristezas, pois correm atrás de outros deuses.*

na escura noite o meu coração me
ensina!
8Sempre tenho o SENHOR diante de
mim.
Com ele à minha direita, não serei
abalado.
9Por isso o meu coração se alegra
e no íntimo exulto;
mesmo o meu corpo repousará
tranquilo,
10porque tu não me abandonarás no
sepulcro[a],
nem permitirás que o teu santo
sofra decomposição.
11Tu me farás[b] conhecer a vereda da
vida,
a alegria plena da tua presença,
eterno prazer à tua direita.

Salmo 17

Oração davídica.

1Ouve, SENHOR, a minha justa queixa;
atenta para o meu clamor.
Dá ouvidos à minha oração,
que não vem de lábios falsos.
2Venha de ti a sentença em meu favor;
vejam os teus olhos onde está a justiça!

3Provas o meu coração e de noite me
examinas,
tu me sondas, e nada encontras;
decidi que a minha boca não pecará
4como fazem os homens.
Pela palavra dos teus lábios
eu evitei os caminhos do violento.

[a] 16:10 Hebraico: *Sheol*. Essa palavra também pode ser traduzida por profundezas, pó ou morte.
[b] 16:11 Ou *fizeste*

5Meus passos seguem firmes nas tuas
veredas;
os meus pés não escorregaram.

6Eu clamo a ti, ó Deus, pois tu me
respondes;
inclina para mim os teus ouvidos
e ouve a minha oração.
7Mostra a maravilha do teu amor,
tu, que com a tua mão direita salvas
os que em ti buscam proteção
contra aqueles que os ameaçam.
8Protege-me como à menina dos teus
olhos;
esconde-me à sombra das tuas asas,
9dos ímpios que me atacam com
violência,
dos inimigos mortais que me
cercam.

10Eles fecham o coração insensível,
e com a boca falam com arrogância.
11Eles me seguem os passos, e já me
cercam;
seus olhos estão atentos,
prontos para derrubar-me.
12São como um leão ávido pela presa,
como um leão forte agachado na
emboscada.
13Levanta-te, SENHOR!
Confronta-os! Derruba-os!
Com a tua espada livra-me dos
ímpios.
14Com a tua mão, SENHOR,
livra-me de homens assim,
de homens deste mundo,
cuja recompensa está nesta vida.
Enche-lhes o ventre de tudo
o que lhes reservaste;

A vida nos tempos da Bíblia

Como Deus é

Salmos 17:13 diz que Deus é como um guerreiro, pois ele nos protege e vem nos socorrer quando estamos em apuros.
Quando os outros ameaçarem nos ferir e nós nos sentirmos assustados e indefesos, é bom lembrar que Deus está do nosso lado.

sejam os seus filhos saciados,
e o que sobrar fique para os seus pequeninos.[a]

15 Quanto a mim, feita a justiça, verei a tua face;
quando despertar, ficarei satisfeito ao ver a tua semelhança.

Salmo 18

Para o mestre de música. De Davi, servo do SENHOR. *Ele cantou as palavras deste cântico ao* SENHOR *quando este o livrou das mãos de todos os seus inimigos e das mãos de Saul. Ele disse:*

1 Eu te amo, ó SENHOR, minha força.

2 O SENHOR é a minha rocha, a minha fortaleza
e o meu libertador;
o meu Deus é o meu rochedo,
em quem me refugio.
Ele é o meu escudo e o poder[b] que me salva,
a minha torre alta.
3 Clamo ao SENHOR, que é digno de louvor,
e estou salvo dos meus inimigos.
4 As cordas da morte me enredaram;
as torrentes da destruição me surpreenderam.
5 As cordas do Sheol[c] me envolveram;
os laços da morte me alcançaram.
6 Na minha aflição clamei ao SENHOR;
gritei por socorro ao meu Deus.
Do seu templo ele ouviu a minha voz;
meu grito chegou à sua presença,
aos seus ouvidos.

7 A terra tremeu e agitou-se,
e os fundamentos dos montes se abalaram;
estremeceram porque ele se irou.
8 Das suas narinas subiu fumaça;
da sua boca saíram brasas vivas
e fogo consumidor.
9 Ele abriu os céus e desceu;
nuvens escuras estavam sob os seus pés.
10 Montou um querubim e voou,
deslizando sobre as asas do vento.
11 Fez das trevas o seu esconderijo,
das escuras nuvens, cheias de água,
o abrigo que o envolvia.
12 Com o fulgor da sua presença
as nuvens se desfizeram em granizo e raios,
13 quando dos céus trovejou o SENHOR,
e ressoou a voz do Altíssimo.
14 Atirou suas flechas e dispersou meus inimigos,
com seus raios os derrotou.
15 O fundo do mar apareceu,
e os fundamentos da terra foram expostos
pela tua repreensão, ó SENHOR,
com o forte sopro das tuas narinas.

16 Das alturas estendeu a mão e me segurou;
tirou-me das águas profundas.
17 Livrou-me do meu inimigo poderoso,
dos meus adversários, fortes demais para mim.
18 Eles me atacaram no dia da minha desgraça,
mas o SENHOR foi o meu amparo.
19 Ele me deu total libertação;[d]
livrou-me porque me quer bem.

20 O SENHOR me tratou
conforme a minha justiça;
conforme a pureza das minhas mãos
recompensou-me.
21 Pois segui os caminhos do SENHOR;
não agi como ímpio,
afastando-me do meu Deus.
22 Todas as suas ordenanças estão diante de mim;
não me desviei dos seus decretos.
23 Tenho sido irrepreensível para com ele
e guardei-me de praticar o mal.
24 O SENHOR me recompensou
conforme a minha justiça,
conforme a pureza das minhas mãos
diante dos seus olhos.

25 Ao fiel te revelas fiel,
ao irrepreensível te revelas irrepreensível,
26 ao puro te revelas puro,
mas com o perverso reages à altura.
27 Salvas os que são humildes,
mas humilhas os de olhos altivos.
28 Tu, SENHOR, manténs acesa a minha lâmpada;

[a] 17:14 Ou *Tu sacias a fome daqueles a quem queres bem; os seus filhos têm fartura, e armazenam bens para os seus pequeninos.*
[b] 18:2 Hebraico: *chifre.*
[c] 18:5 Essa palavra pode ser traduzida por sepultura, profundezas, pó ou morte.
[d] 18:19 Hebraico: *Ele me levou para um local espaçoso.*

o meu Deus transforma em luz as
minhas trevas.
29 Com o teu auxílio posso atacar uma
tropa;
com o meu Deus posso transpor
muralhas.

30 Este é o Deus cujo caminho é perfeito;
a palavra do SENHOR
é comprovadamente genuína.
Ele é um escudo para todos
os que nele se refugiam.
31 Pois quem é Deus além do SENHOR?
E quem é rocha senão o nosso Deus?
32 Ele é o Deus que me reveste de força
e torna perfeito o meu caminho.
33 Torna os meus pés ágeis como os da
corça,
sustenta-me firme nas alturas.
34 Ele treina as minhas mãos para a
batalha
e os meus braços
para vergar um arco de bronze.
35 Tu me dás o teu escudo de vitória;
tua mão direita me sustém;
desces ao meu encontro para
exaltar-me.
36 Deixaste livre o meu caminho,
para que não se torçam os meus
tornozelos.

37 Persegui os meus inimigos e os
alcancei;
e não voltei enquanto não foram
destruídos.
38 Massacrei-os, e não puderam
levantar-se;
jazem debaixo dos meus pés.
39 Deste-me força para o combate;
subjugaste os que se rebelaram contra
mim.
40 Puseste os meus inimigos em fuga
e exterminei os que me odiavam.
41 Gritaram por socorro,
mas não houve quem os salvasse;
clamaram ao SENHOR, mas ele não
respondeu.
42 Eu os reduzi a pó, pó que o vento leva.
Pisei-os como à lama das ruas.

43 Tu me livraste de um povo em
revolta;
fizeste-me o cabeça de nações;
um povo que não conheci sujeita-se a
mim.
44 Assim que me ouvem, me obedecem;
são estrangeiros que se submetem a
mim.
45 Todos eles perderam a coragem;
tremendo, saem das suas fortalezas.

46 O SENHOR vive! Bendita seja a minha
Rocha!
Exaltado seja Deus, o meu Salvador!
47 Este é o Deus que em meu favor
executa vingança,
que a mim sujeita nações.
48 Tu me livraste dos meus inimigos;
sim, fizeste-me triunfar
sobre os meus agressores,
e de homens violentos me libertaste.
49 Por isso eu te louvarei entre as
nações,
ó SENHOR;
cantarei louvores ao teu nome.
50 Ele dá grandes vitórias ao seu rei;
é bondoso com o seu ungido,
com Davi e os seus descendentes para
sempre.

Salmo 19

Para o mestre de música. Salmo davídico.

1 Os céus declaram a glória de Deus;
o firmamento proclama a obra das suas
mãos.
2 Um dia fala disso a outro dia;
uma noite o revela a outra noite.
3 Sem discurso nem palavras,
não se ouve a sua voz.
4 Mas a sua voz[a] ressoa por toda a terra,
e as suas palavras, até os confins do
mundo.
Nos céus ele armou uma tenda para
o sol,
5 que é como um noivo que sai de seu
aposento
e se lança em sua carreira
com a alegria de um herói.

[a] 19:4 Conforme a Septuaginta e a Versão Siríaca. O Texto Massorético diz *corda*.

Palavras para memorizar

"Os céus declaram a glória de Deus; o firmamento proclama a obra das suas mãos."

(Salmos 19:1)

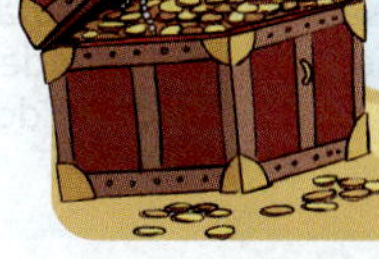

6 Sai de uma extremidade dos céus
e faz o seu trajeto até a outra;
nada escapa ao seu calor.
7 A lei do SENHOR é perfeita, e revigora
a alma.
Os testemunhos do SENHOR
são dignos de confiança,
e tornam sábios os inexperientes.
8 Os preceitos do SENHOR são justos,
e dão alegria ao coração.
Os mandamentos do SENHOR são
límpidos,
e trazem luz aos olhos.
9 O temor do SENHOR é puro,
e dura para sempre.
As ordenanças do SENHOR são
verdadeiras,
são todas elas justas.
10 São mais desejáveis do que o ouro,
do que muito ouro puro;
são mais doces do que o mel,
do que as gotas do favo.
11 Por elas o teu servo é advertido;
há grande recompensa em
obedecer-lhes.

12 Quem pode discernir os próprios
erros?
Absolve-me dos que desconheço!
13 Também guarda o teu servo
dos pecados intencionais;
que eles não me dominem!
Então serei íntegro,
inocente de grande transgressão.
14 Que as palavras da minha boca
e a meditação do meu coração
sejam agradáveis a ti,
SENHOR, minha Rocha e meu
Resgatador!

Salmo 20

Para o mestre de música. Salmo davídico.

1 Que o SENHOR te responda
no tempo da angústia;
o nome do Deus de Jacó te proteja!
2 Do santuário te envie auxílio
e de Sião te dê apoio.
3 Lembre-se de todas as tuas ofertas
e aceite os teus holocaustos[a].
Pausa
4 Conceda-te o desejo do teu coração
e leve a efeito todos os teus planos.
5 Saudaremos a tua vitória com gritos
de alegria
e ergueremos as nossas bandeiras
em nome do nosso Deus.
Que o SENHOR atenda todos os teus
pedidos!

6 Agora sei que o SENHOR
dará vitória ao seu ungido;
dos seus santos céus lhe responde
com o poder salvador da sua mão
direita.
7 Alguns confiam em carros e outros em
cavalos,
mas nós confiamos
no nome do SENHOR, o nosso Deus.
8 Eles vacilam e caem,
mas nós nos erguemos e estamos
firmes.

9 SENHOR, concede vitória ao rei!
Responde-nos[b] quando clamamos!

[a] 20:3 Isto é, sacrifícios totalmente queimados.
[b] 20:9 Ou *Vitória! Ó Rei, responde-nos*

No controle

Leia Salmos 19:1-6 e veja que Deus colocou a terra longe o suficiente do sol para ele nos dar luz e calor. Ele fez a terra girar para que o calor se espalhasse por todo lugar e se assegurou de que o sol despertaria e se poria todos os dias, exatamente como deveria. Se você observar o sol fazendo seu trabalho todos os dias, isso lhe mostrará que Deus está no controle.

Vá a um parque com seus pais ou avós para assistir ao pôr do sol. Que esse seja um lembrete de que Deus está no controle desde o nascer até o pôr do sol, durante toda a sua vida.

Experimente!

Salmos 19:1-6

Salmo 21

Para o mestre de música. Salmo davídico.

1O rei se alegra na tua força, ó SENHOR!
Como é grande a sua exultação
pelas vitórias que lhe dás!
2Tu lhe concedeste o desejo do seu coração
e não lhe rejeitaste o pedido
dos seus lábios.
Pausa
3Tu o recebeste dando-lhe ricas bênçãos,
e em sua cabeça
puseste uma coroa de ouro puro.
4Ele te pediu vida, e tu lhe deste!
Vida longa e duradoura.

5Pelas vitórias que lhe deste,
grande é a sua glória;
de esplendor e majestade o cobriste.
6Fizeste dele uma grande bênção para sempre
e lhe deste a alegria da tua presença.
7O rei confia no SENHOR:
por causa da fidelidade do Altíssimo
ele não será abalado.

8Tua mão alcançará todos os teus inimigos;
tua mão direita atingirá todos os que te odeiam.
9No dia em que te manifestares
farás deles uma fornalha ardente.
Na sua ira o SENHOR os devorará,
um fogo os consumirá.
10Acabarás com a geração deles na terra,
com a sua descendência entre os homens.
11Embora tramem o mal contra ti
e façam planos perversos,
nada conseguirão;
12pois tu os porás em fuga
quando apontares para eles o teu arco.

13Sê exaltado, SENHOR, na tua força!
Cantaremos e louvaremos o teu poder.

Salmo 22

Para o mestre de música. De acordo com a melodia A Corça da Manhã. *Salmo davídico.*

1Meu Deus! Meu Deus!
Por que me abandonaste?
Por que estás tão longe de salvar-me,
tão longe dos meus gritos de angústia?
2Meu Deus!
Eu clamo de dia, mas não respondes;
de noite, e não recebo alívio!
3Tu, porém, és o Santo,
és rei, és o louvor de Israel.
4Em ti os nossos antepassados
puseram a sua confiança;
confiaram, e os livraste.
5Clamaram a ti, e foram libertos;
em ti confiaram, e não se decepcionaram.

6Mas eu sou verme, e não homem,
motivo de zombaria
e objeto de desprezo do povo.
7Caçoam de mim todos os que me veem;
balançando a cabeça,
lançam insultos contra mim, dizendo:
8"Recorra ao SENHOR!
Que o SENHOR o liberte!
Que ele o livre, já que lhe quer bem!"

9Contudo, tu mesmo me tiraste do ventre;
deste-me segurança
junto ao seio de minha mãe.
10Desde que nasci fui entregue a ti;
desde o ventre materno és o meu Deus.

11Não fiques distante de mim,
pois a angústia está perto
e não há ninguém que me socorra.
12Muitos touros me cercam,
sim, rodeiam-me os poderosos de Basã.
13Como leão voraz rugindo,
escancaram a boca contra mim.
14Como água me derramei,
e todos os meus ossos estão desconjuntados.
Meu coração se tornou como cera;
derreteu-se no meu íntimo.
15Meu vigor secou-se como um caco de barro,
e a minha língua gruda no céu da boca;
deixaste-me no pó, à beira da morte.
16Cães me rodearam!
Um bando de homens maus me cercou!
Perfuraram minhas mãos e meus pés.
17Posso contar todos os meus ossos,
mas eles me encaram com desprezo.
18Dividiram as minhas roupas entre si,
e lançaram sortes pelas minhas vestes.

19 Tu, porém, SENHOR, não fiques
distante!
Ó minha força, vem logo em meu
socorro!
20 Livra-me da espada,
livra a minha vida do ataque dos cães.
21 Salva-me da boca dos leões,
e dos chifres dos bois selvagens.
E tu me respondeste.

22 Proclamarei o teu nome a meus
irmãos;
na assembleia te louvarei.
23 Louvem-no, vocês que temem o
SENHOR!
Glorifiquem-no, todos vocês,
descendentes de Jacó!
Tremam diante dele, todos vocês,
descendentes de Israel!
24 Pois não menosprezou
nem repudiou o sofrimento do aflito;
não escondeu dele o rosto,
mas ouviu o seu grito de socorro.

25 De ti vem o tema do meu louvor
na grande assembleia;
na presença dos que te[a] temem
cumprirei os meus votos.
26 Os pobres comerão até ficarem
satisfeitos;
aqueles que buscam o SENHOR o
louvarão!
Que vocês tenham vida longa!
27 Todos os confins da terra
se lembrarão e se voltarão para o
SENHOR,

[a] 22:25 Hebraico: *o*.

Palavras para memorizar

"O SENHOR é o meu pastor; de nada terei falta."

(Salmos 23:1)

e todas as famílias das nações
se prostrarão diante dele,
28 pois do SENHOR é o reino;
ele governa as nações.
29 Todos os ricos da terra
se banquetearão e o adorarão;
haverão de ajoelhar-se diante dele
todos os que descem ao pó,
cuja vida se esvai.
30 A posteridade o servirá;
gerações futuras ouvirão falar do
Senhor,
31 e a um povo que ainda não nasceu
proclamarão seus feitos de justiça,
pois ele agiu poderosamente.

Salmo 23

Salmo davídico.

1 O SENHOR é o meu pastor; de nada
terei falta.
2 Em verdes pastagens me faz
repousar
e me conduz a águas tranquilas;

A vida nos tempos da Bíblia

Como Deus é

O salmo 23 diz que Deus é como um pastor. Um pastor ama suas ovelhas e se importa com elas, além de cuidar atentamente delas, protegendo-as do perigo e garantindo que elas tenham o suficiente para comer e beber. Falar que Deus é nosso pastor equivale dizer que ele cuida de nós e nos mostrará o que é melhor para nós.

3restaura-me o vigor.
Guia-me nas veredas da justiça
por amor do seu nome.

4Mesmo quando eu andar
por um vale de trevas e morte,
não temerei perigo algum, pois tu
estás comigo;
a tua vara e o teu cajado me
protegem.

5Preparas um banquete para mim
à vista dos meus inimigos.
Tu me honras,
ungindo a minha cabeça com óleo
e fazendo transbordar o meu cálice.
6Sei que a bondade e a fidelidade
me acompanharão todos os dias da
minha vida,
e voltarei à[a] casa do SENHOR enquanto
eu viver.

Salmo 24

Salmo davídico.

1Do SENHOR é a terra e tudo o que nela
existe,
o mundo e os que nele vivem;
2pois foi ele quem fundou-a sobre os
mares
e firmou-a sobre as águas.

3Quem poderá subir o monte do
SENHOR?
Quem poderá entrar no seu Santo
Lugar?
4Aquele que tem as mãos limpas
e o coração puro,

[a] 23:6 A Septuaginta e outras versões antigas dizem *habitarei na*.

que não recorre aos ídolos
nem jura por deuses falsos[b].
5Ele receberá bênçãos do SENHOR,
e Deus, o seu Salvador lhe fará justiça.
6São assim aqueles que o buscam,
que buscam a tua face, ó Deus de
Jacó[c].

Pausa

7Abram-se, ó portais;
abram-se,[d] ó portas antigas,
para que o Rei da glória entre.
8Quem é o Rei da glória?
O SENHOR forte e valente,
o SENHOR valente nas guerras.
9Abram-se, ó portais;
abram-se, ó portas antigas,
para que o Rei da glória entre.
10Quem é esse Rei da glória?
O SENHOR dos Exércitos;
ele é o Rei da glória!

Pausa

Salmo 25[e]

Davídico.

1A ti, SENHOR, elevo a minha alma.
2Em ti confio, ó meu Deus.
Não deixes que eu seja humilhado,
nem que os meus inimigos triunfem
sobre mim!
3Nenhum dos que esperam em ti
ficará decepcionado;

[b] 24:4 Ou *não se volta para a mentira nem jura falsamente*
[c] 24:6 Conforme dois manuscritos do Texto Massorético, a Versão Siríaca e a Septuaginta. A maioria dos manuscritos do Texto Massorético diz *a tua face, Jacó*.
[d] 24:7 Hebraico: *Levantem a cabeça, ó portais; estejam erguidas*; também no versículo 9.
[e] O salmo 25 é um poema organizado em ordem alfabética, no hebraico.

Deus é meu pastor

Experimente!

Leia o salmos 23 e perceba que Deus ama você, assim como um pastor ama suas ovelhas e quer cuidar de você e protegê-lo, assim como um pastor cuida e protege as ovelhas.

Peça a alguém para tirar uma foto de você perto de um parque ou em um local de vida selvagem, mas garanta que no fundo apareça grama verde e, se possível, um rio. Coloque a foto em algum lugar no seu quarto com um bilhete contendo os seguintes dizeres: "O Senhor é o meu pastor". Que isso seja um lembrete a você do cuidado de Deus.

Salmos 23:1-6

decepcionados ficarão
aqueles que, sem motivo, agem
traiçoeiramente.
4 Mostra-me, SENHOR, os teus caminhos,
ensina-me as tuas veredas;
5 guia-me com a tua verdade e
ensina-me,
pois tu és Deus, meu Salvador,
e a minha esperança está em ti o
tempo todo.
6 Lembra-te, SENHOR,
da tua compaixão e da tua
misericórdia,
que tens mostrado desde a
antiguidade.
7 Não te lembres dos pecados e
transgressões
da minha juventude;
conforme a tua misericórdia, lembra-te
de mim,
pois tu, SENHOR, és bom.

8 Bom e justo é o SENHOR;
por isso mostra o caminho aos
pecadores.
9 Conduz os humildes na justiça
e lhes ensina o seu caminho.
10 Todos os caminhos do SENHOR
são amor e fidelidade
para com os que cumprem
os preceitos da sua aliança.
11 Por amor do teu nome, SENHOR,
perdoa o meu pecado, que é tão
grande!
12 Quem é o homem que teme o
SENHOR?
Ele o instruirá no caminho que deve
seguir.
13 Viverá em prosperidade,
e os seus descendentes herdarão a terra.
14 O SENHOR confia os seus segredos
aos que o temem,
e os leva a conhecer a sua aliança.
15 Os meus olhos estão sempre voltados
para o SENHOR,
pois só ele tira os meus pés da
armadilha.

16 Volta-te para mim e tem misericórdia
de mim,
pois estou só e aflito.
17 As angústias do meu coração se
multiplicaram;
liberta-me da minha aflição.
18 Olha para a minha tribulação
e o meu sofrimento,
e perdoa todos os meus pecados.
19 Vê como aumentaram os meus
inimigos
e com que fúria me odeiam!
20 Guarda a minha vida e livra-me!
Não me deixes decepcionado,
pois eu me refugio em ti.
21 Que a integridade e a retidão me
protejam,
porque a minha esperança está em ti.

22 Ó Deus, liberta Israel de todas as suas
aflições!

Salmo 26

Davídico.

1 Faze-me justiça, SENHOR,
pois tenho vivido com integridade.
Tenho confiado no SENHOR, sem
vacilar.
2 Sonda-me, SENHOR, e prova-me,
examina o meu coração e a minha
mente;
3 pois o teu amor está sempre diante de
mim,
e continuamente sigo a tua verdade.
4 Não me associo com homens falsos,
nem ando com hipócritas;
5 detesto o ajuntamento dos
malfeitores,
e não me assento com os ímpios.
6 Lavo as mãos na inocência,
e do teu altar, SENHOR, me aproximo
7 cantando hinos de gratidão
e falando de todas as tuas
maravilhas.
8 Eu amo, SENHOR, o lugar da tua
habitação,
onde a tua glória habita.

9 Não me dês o destino dos pecadores,
nem o fim dos assassinos;
10 suas mãos executam planos
perversos,
praticam suborno abertamente.
11 Mas eu vivo com integridade;
livra-me e tem misericórdia de mim.
12 Os meus pés estão firmes na retidão;
na grande assembleia bendirei o
SENHOR.

Salmo 27

Davídico.

1 O SENHOR é a minha luz e a minha
salvação;
de quem terei temor?

O SENHOR é o meu forte refúgio;
de quem terei medo?
2Quando homens maus avançarem
contra mim
para destruir-me[a],
eles, meus inimigos e meus
adversários,
é que tropeçarão e cairão.
3Ainda que um exército se acampe
contra mim,
meu coração não temerá;
ainda que se declare guerra contra
mim,
mesmo assim estarei confiante.

4Uma coisa pedi ao SENHOR;
é o que procuro:
que eu possa viver na casa do SENHOR
todos os dias da minha vida,
para contemplar a bondade do SENHOR
e buscar sua orientação no seu
templo.
5Pois no dia da adversidade
ele me guardará protegido em sua
habitação;
no seu tabernáculo me esconderá
e me porá em segurança sobre um
rochedo.
6Então triunfarei sobre os inimigos
que me cercam.
Em seu tabernáculo oferecerei
sacrifícios
com aclamações;
cantarei e louvarei ao SENHOR.
7Ouve a minha voz quando clamo, ó
SENHOR;
tem misericórdia de mim e
responde-me.
8A teu respeito diz o meu coração:
Busque a minha face![b]
A tua face, SENHOR, buscarei.

[a] 27:2 Hebraico: *devorar a minha carne.*
[b] 27:8 Ou *A você, ó meu coração, ele diz: "Busque a minha face!"*

Palavras para memorizar

"Cantarei e louvarei ao SENHOR."
(Salmos 27:6)

9Não escondas de mim a tua face,
não rejeites com ira o teu servo;
tu tens sido o meu ajudador.
Não me desampares nem me
abandones,
ó Deus, meu salvador!
10Ainda que me abandonem pai e mãe,
o SENHOR me acolherá.
11Ensina-me o teu caminho, SENHOR;
conduze-me por uma vereda segura
por causa dos meus inimigos.
12Não me entregues
ao capricho dos meus adversários,
pois testemunhas falsas se levantam
contra mim,
respirando violência.

13Apesar disso, esta certeza eu tenho:
viverei até ver a bondade do SENHOR
na terra.
14Espere no SENHOR.
Seja forte! Coragem!
Espere no SENHOR.

Salmo 28

Davídico.

1A ti eu clamo, SENHOR, minha Rocha;
não fiques indiferente para comigo.
Se permaneceres calado,
serei como os que descem à cova.
2Ouve as minhas súplicas
quando clamo a ti por socorro,
quando ergo as mãos
para o teu Lugar Santíssimo.
3Não me dês o castigo reservado para
os ímpios
e para os malfeitores,
que falam como amigos com o próximo,
mas abrigam maldade no coração.
4Retribui-lhes conforme os seus atos,
conforme as suas más obras;
retribui-lhes o que as suas mãos têm
feito
e dá-lhes o que merecem.
5Visto que não consideram os feitos do
SENHOR,
nem as obras de suas mãos,
ele os arrasará e jamais os deixará
reerguer-se.

6Bendito seja o SENHOR,
pois ouviu as minhas súplicas.
7O SENHOR é a minha força e o meu
escudo;
nele o meu coração confia, e dele
recebo ajuda.

Meu coração exulta de alegria,
e com o meu cântico lhe darei
graças.
8 O SENHOR é a força do seu povo,
a fortaleza que salva o seu ungido.

9 Salva o teu povo e abençoa a tua
herança!
Cuida deles como o seu pastor
e conduze-os para sempre.

Salmo 29

Salmo davídico.

1 Atribuam ao SENHOR, ó seres
celestiais[a],
atribuam ao SENHOR glória e força.
2 Atribuam ao SENHOR
a glória que o seu nome merece;
adorem o SENHOR
no esplendor do seu santuário[b].

3 A voz do SENHOR ressoa sobre as
águas;
o Deus da glória troveja,
o SENHOR troveja sobre as muitas águas.
4 A voz do SENHOR é poderosa;
a voz do SENHOR é majestosa.
5 A voz do SENHOR quebra os cedros;
o SENHOR despedaça os cedros do
Líbano.
6 Ele faz o Líbano saltar como bezerro,
o Siriom[c] como novilho selvagem.
7 A voz do SENHOR corta os céus
com raios flamejantes.
8 A voz do SENHOR faz tremer o deserto;
o SENHOR faz tremer o deserto de
Cades.
9 A voz do SENHOR retorce os carvalhos[d]
e despe as florestas.
E no seu templo todos clamam:
"Glória!"

10 O SENHOR assentou-se soberano
sobre o Dilúvio;
o SENHOR reina soberano para
sempre.
11 O SENHOR dá força ao seu povo;
o SENHOR dá a seu povo a bênção da
paz.

Salmo 30

Salmo. Cântico para a dedicação do templo[e]. Davídico.

1 Eu te exaltarei, SENHOR,
pois tu me reergueste
e não deixaste que os meus inimigos
se divertissem à minha custa.
2 SENHOR meu Deus, a ti clamei por
socorro,
e tu me curaste.
3 SENHOR, tiraste-me da sepultura[f];
prestes a descer à cova, devolveste-me
à vida.

4 Cantem louvores ao SENHOR,
vocês, os seus fiéis;
louvem o seu santo nome.
5 Pois a sua ira só dura um instante,
mas o seu favor dura a vida toda;
o choro pode persistir uma noite,
mas de manhã irrompe a alegria.

6 Quando me senti seguro, disse:
Jamais serei abalado!

[a] 29:1 Ou *filhos de Deus;* ou ainda *poderosos*
[b] 29:2 Ou *da sua santidade*
[c] 29:6 Isto é, o monte Hermom.
[d] 29:9 Ou *faz a corça dar cria*
[e] Título: Ou *do palácio*. Hebraico: *casa*.
[f] 30:3 Hebraico: *Sheol*. Essa palavra também pode ser traduzida por profundezas, pó ou morte.

Boas coisas à frente

Experimente!

Peça a seus pais ou avós para lhe contarem sobre um tempo em que se sentiram muito tristes. Pergunte a ele por que estavam tristes e quanto tempo demorou para a tristeza ir embora. Pergunte-lhes também sobre as vezes em que eles se sentiram muito felizes.

Depois leia Salmos 30:4-5 e veja que a tristeza é como a noite, quando tudo parece escuro, mas Deus diz que a alegria virá pela manhã. Em outras palavras, boas coisas à frente de todas as pessoas de Deus.

Salmos 30:4-5

7SENHOR, com o teu favor,
deste-me firmeza e estabilidade;[a]
mas, quando escondeste a tua face,
fiquei aterrorizado.

8A ti, SENHOR, clamei,
ao Senhor pedi misericórdia:
9Se eu morrer[b], se eu descer à cova,
que vantagem haverá?
Acaso o pó te louvará?
Proclamará a tua fidelidade?
10Ouve, SENHOR, e tem misericórdia de mim;
SENHOR, sê tu o meu auxílio.

11Mudaste o meu pranto em dança,
a minha veste de lamento em veste de alegria,
12para que o meu coração
cante louvores a ti e não se cale.
SENHOR, meu Deus,
eu te darei graças para sempre.

Salmo 31

Para o mestre de música. Salmo davídico.

1Em ti, SENHOR, me refugio;
nunca permitas que eu seja humilhado;
livra-me pela tua justiça.
2Inclina os teus ouvidos para mim,
vem livrar-me depressa!
Sê minha rocha de refúgio,
uma fortaleza poderosa para me salvar.
3Sim, tu és a minha rocha e a minha fortaleza;
por amor do teu nome, conduze-me e guia-me.
4Tira-me da armadilha que me prepararam,
pois tu és o meu refúgio.
5Nas tuas mãos entrego o meu espírito;
resgata-me, SENHOR, Deus da verdade.

6Odeio aqueles que se apegam a ídolos inúteis;
eu, porém, confio no SENHOR.
7Exultarei com grande alegria por teu amor,
pois viste a minha aflição
e conheceste a angústia da minha alma.
8Não me entregaste
nas mãos dos meus inimigos;
deste-me segurança e liberdade.[c]

9Misericórdia, SENHOR! Estou em desespero!
A tristeza me consome
a vista, o vigor e o apetite[d].
10Minha vida é consumida pela angústia,
e os meus anos pelo gemido;
minha aflição[e] esgota as minhas forças,
e os meus ossos se enfraquecem.
11Por causa de todos os meus adversários,
sou motivo de ultraje para os meus vizinhos
e de medo para os meus amigos;
os que me veem na rua fogem de mim.
12Sou esquecido por eles
como se estivesse morto;
tornei-me como um pote quebrado.
13Ouço muitos cochicharem a meu respeito;
o pavor me domina,
pois conspiram contra mim,
tramando tirar-me a vida.
14Mas eu confio em ti, SENHOR,
e digo: Tu és o meu Deus.
15O meu futuro está nas tuas mãos;
livra-me dos meus inimigos
e daqueles que me perseguem.
16Faze o teu rosto resplandecer
sobre[f] o teu servo;
salva-me por teu amor leal.
17Não permitas que eu seja humilhado, SENHOR,
pois tenho clamado a ti;
mas que os ímpios sejam humilhados,
e calados fiquem no Sheol[g].
18Sejam emudecidos os seus lábios mentirosos,
pois com arrogância e desprezo
humilham os justos.

19Como é grande a tua bondade,
que reservaste para aqueles que te temem,
e que, à vista dos homens,
concedes àqueles que se refugiam em ti!
20No abrigo da tua presença os escondes
das intrigas dos homens;
na tua habitação os proteges
das línguas acusadoras.

[a] 30:7 Hebraico: *firmaste a minha montanha.*
[b] 30:9 Hebraico: *No meu sangue.*
[c] 31:8 Hebraico: *puseste os meus pés num lugar espaçoso.*
[d] 31:9 Ou *os olhos, a garganta e o ventre*
[e] 31:10 Ou *culpa*
[f] 31:16 Isto é, mostra a tua bondade para com.
[g] 31:17 Essa palavra pode ser traduzida por sepultura, profundezas, pó ou morte.

21Bendito seja o SENHOR,
pois mostrou o seu maravilhoso amor
para comigo
quando eu estava numa cidade cercada.
22Alarmado, eu disse:
Fui excluído da tua presença!
Contudo, ouviste as minhas súplicas
quando clamei a ti por socorro.
23Amem o SENHOR, todos vocês, os seus
santos!
O SENHOR preserva os fiéis,
mas aos arrogantes dá o que merecem.
24Sejam fortes e corajosos,
todos vocês que esperam no SENHOR!

Salmo 32

Davídico. Poema.

1Como é feliz aquele
que tem suas transgressões
perdoadas
e seus pecados apagados!
2Como é feliz aquele
a quem o SENHOR não atribui culpa
e em quem não há hipocrisia!
3Enquanto eu mantinha escondidos os
meus pecados,
o meu corpo definhava de tanto
gemer.
4Pois dia e noite
a tua mão pesava sobre mim;
minhas forças foram-se esgotando
como em tempo de seca.
Pausa
5Então reconheci diante de ti o meu
pecado
e não encobri as minhas culpas.
Eu disse: Confessarei as minhas
transgressões ao SENHOR,
e tu perdoaste a culpa do meu pecado.
Pausa
6Portanto, que todos os que são fiéis
orem a ti
enquanto podes ser encontrado;
quando as muitas águas se levantarem,
elas não os atingirão.
7Tu és o meu abrigo;
tu me preservarás das angústias
e me cercarás de canções de
livramento.
Pausa
8Eu o instruirei e o ensinarei
no caminho que você deve seguir;
eu o aconselharei e cuidarei de você.
9Não sejam como o cavalo ou o burro,
que não têm entendimento
mas precisam ser controlados
com freios e rédeas,
caso contrário não obedecem.

Reconheça o pecado e se sinta melhor

Experimente!

Mesmo os heróis da Bíblia, como Davi, pecavam e este salmo conta como Davi se sentiu quando errou.

Leia Salmos 32:3-4 e responda à seguinte pergunta: você consegue pensar em três ocasiões em que fez algo errado e se sentiu muito mal, assim como aconteceu com Davi?

Salmos 32:5 conta o que Davi fez para se sentir melhor: ele reconheceu (confessou) o pecado diante de Deus, e então Deus perdoou a Davi, que se sentiu melhor.

Peça emprestado a sua mãe um esmalte de unhas na cor vermelha e pinte um lado de uma moeda. O vermelho representa o pecado e a tristeza que sentimos quando fazemos algo errado, enquanto o lado prateado da moeda representa reconhecer o pecado a Deus e ser perdoado. Jogue a moeda para cima e, toda vez que cair no lado vermelho, você pode virá-la para o outro lado, para lembrá-lo de que, sempre que pecar, você pode confessar seu pecado a Deus e ser perdoado.

Salmos 32:3-5

10Muitas são as dores dos ímpios,
mas a bondade do SENHOR
protege quem nele confia.
11Alegrem-se no SENHOR e exultem,
vocês que são justos!
Cantem de alegria,
todos vocês que são retos de coração!

Salmo 33

1Cantem de alegria ao SENHOR,
vocês que são justos;
aos que são retos fica bem louvá-lo.
2Louvem o SENHOR com harpa;
ofereçam-lhe música com lira de dez cordas.
3Cantem-lhe uma nova canção;
toquem com habilidade ao aclamá-lo.

4Pois a palavra do SENHOR é verdadeira;
ele é fiel em tudo o que faz.
5Ele ama a justiça e a retidão;
a terra está cheia da bondade do SENHOR.

6Mediante a palavra do SENHOR
foram feitos os céus,
e os corpos celestes, pelo sopro de sua boca.
7Ele ajunta as águas do mar num só lugar;
das profundezas faz reservatórios.
8Toda a terra tema o SENHOR;
tremam diante dele
todos os habitantes do mundo.
9Pois ele falou, e tudo se fez;
ele ordenou, e tudo surgiu.
10O SENHOR desfaz os planos das nações
e frustra os propósitos dos povos.
11Mas os planos do SENHOR
permanecem para sempre,
os propósitos do seu coração,
por todas as gerações.

12Como é feliz a nação
que tem o SENHOR como Deus,
o povo que ele escolheu para lhe pertencer!
13Dos céus olha o SENHOR
e vê toda a humanidade;
14do seu trono ele observa
todos os habitantes da terra;
15ele, que forma o coração de todos,
que conhece tudo o que fazem.
16Nenhum rei se salva
pelo tamanho do seu exército;
nenhum guerreiro escapa por sua grande força.
17O cavalo é vã esperança de vitória;
apesar da sua grande força, é incapaz de salvar.
18Mas o SENHOR protege aqueles que o temem,
aqueles que firmam a esperança no seu amor,
19para livrá-los da morte e garantir-lhes vida,
mesmo em tempos de fome.

20Nossa esperança está no SENHOR;
ele é o nosso auxílio e a nossa proteção.
21Nele se alegra o nosso coração,
pois confiamos no seu santo nome.
22Esteja sobre nós o teu amor, SENHOR,
como está em ti a nossa esperança.

Salmo 34[a]

De Davi, quando ele se fingiu de louco diante de Abimeleque, que o expulsou, e ele partiu.

1Bendirei o SENHOR o tempo todo!
Os meus lábios sempre o louvarão.
2Minha alma se gloriará no SENHOR;
ouçam os oprimidos e se alegrem.
3Proclamem a grandeza do SENHOR comigo;
juntos exaltemos o seu nome.

4Busquei o SENHOR, e ele me respondeu;
livrou-me de todos os meus temores.
5Os que olham para ele
estão radiantes de alegria;
seus rostos jamais mostrarão decepção.
6Este pobre homem clamou,
e o SENHOR o ouviu;
e o libertou de todas as suas tribulações.
7O anjo do SENHOR é sentinela ao redor
daqueles que o temem,
e os livra.

8Provem, e vejam como o SENHOR é bom.
Como é feliz o homem que nele se refugia!
9Temam o SENHOR,
vocês que são os seus santos,
pois nada falta aos que o temem.
10Os leões[b] podem passar necessidade
e fome,
mas os que buscam o SENHOR de nada têm falta.

[a] O Salmo 34 é um poema organizado em ordem alfabética, no hebraico.
[b] 34:10 A Septuaginta e a Versão Siríaca dizem *ricos*.

11Venham, meus filhos, ouçam-me;
eu lhes ensinarei o temor do SENHOR.
12Quem de vocês quer amar a vida
e deseja ver dias felizes?
13Guarde a sua língua do mal
e os seus lábios da falsidade.
14Afaste-se do mal e faça o bem;
busque a paz com perseverança.
15Os olhos do SENHOR voltam-se para os justos
e os seus ouvidos
estão atentos ao seu grito de socorro;
16o rosto do SENHOR
volta-se contra os que praticam o mal,
para apagar da terra a memória deles.

17Os justos clamam, o SENHOR os ouve
e os livra de todas as suas tribulações.
18O SENHOR está perto
dos que têm o coração quebrantado
e salva os de espírito abatido.

19O justo passa por muitas adversidades,
mas o SENHOR o livra de todas;
20protege todos os seus ossos;
nenhum deles será quebrado.

21A desgraça matará os ímpios;[a]
os que odeiam o justo serão condenados.
22O SENHOR redime a vida dos seus servos;
ninguém que nele se refugia será condenado.

Salmo 35

Davídico.

1Defende-me, SENHOR, dos que me acusam;
luta contra os que lutam comigo.
2Toma os escudos, o grande e o pequeno;
levanta-te e vem socorrer-me.
3Empunha a lança e o machado de guerra[b]
contra os meus perseguidores.
Dize à minha alma: "Eu sou a sua salvação".

4Sejam humilhados e desprezados
os que procuram matar-me;
retrocedam envergonhados
aqueles que tramam a minha ruína.
5Que eles sejam como a palha ao vento,
quando o anjo do SENHOR os expulsar;
6seja a vereda deles sombria e escorregadia,
quando o anjo do SENHOR os perseguir.
7Já que, sem motivo, prepararam contra mim
uma armadilha oculta
e, sem motivo, abriram uma cova para mim,
8que a ruína lhes sobrevenha de surpresa:
sejam presos pela armadilha que prepararam,
caiam na cova que abriram,
para a sua própria ruína.
9Então a minha alma exultará no SENHOR
e se regozijará na sua salvação.
10Todo o meu ser exclamará:
Quem se compara a ti, SENHOR?
Tu livras os necessitados daqueles que são mais poderosos do que eles,
livras os necessitados e os pobres
daqueles que os exploram.

11Testemunhas maldosas enfrentam-me
e questionam-me sobre coisas de que nada sei.
12Elas me retribuem o bem com o mal
e procuram tirar-me a vida[c].
13Contudo, quando estavam doentes,
usei vestes de lamento,
humilhei-me com jejum
e recolhi-me em oração[d].
14Saí vagueando e pranteando,
como por um amigo ou por um irmão.
Eu me prostrei enlutado,
como quem lamenta por sua mãe.
15Mas, quando tropecei,
eles se reuniram alegres;
sem que eu o soubesse,
ajuntaram-se para me atacar.
Eles me agrediram sem cessar.
16Como ímpios caçoando do meu refúgio,
rosnaram contra mim.
17Senhor, até quando ficarás olhando?

[a] 34:21 Ou *Os ímpios serão mortos nas suas próprias maldades;*
[b] 35:3 Ou *e bloqueia o caminho*
[c] 35:12 Ou *e estou abandonado*
[d] 35:13 Ou *orei por eles sem cessar*; ou ainda *Ah! Se eu pudesse cancelar minhas orações*

Livra-me dos ataques deles,
livra a minha vida preciosa desses
leões.
18 Eu te darei graças na grande
assembleia;
no meio da grande multidão te
louvarei.
19 Não deixes que os meus inimigos
traiçoeiros
se divirtam à minha custa;
não permitas que aqueles
que sem razão me odeiam
troquem olhares de desprezo.
20 Não falam pacificamente,
mas planejam acusações falsas
contra os que vivem tranquilamente
na terra.
21 Com a boca escancarada,
riem de mim e me acusam:
"Nós vimos! Sabemos de tudo!"
22 Tu viste isso, SENHOR! Não fiques
calado.
Não te afastes de mim, Senhor,
23 Acorda! Desperta! Faze-me justiça!
Defende a minha causa, meu Deus e
Senhor.
24 SENHOR, meu Deus, tu és justo;
faze-me justiça para que eles
não se alegrem à minha custa.
25 Não deixes que pensem:
"Ah! Era isso que queríamos!",
nem que digam: "Acabamos com ele!"
26 Sejam humilhados e frustrados
todos os que se divertem
à custa do meu sofrimento;
cubram-se de vergonha e desonra
todos os que se acham superiores a
mim.
27 Cantem de alegria e regozijo
todos os que desejam ver provada
a minha inocência,
e sempre repitam:
"O SENHOR seja engrandecido!
Ele tem prazer no bem-estar do seu
servo".
28 Minha língua proclamará a tua justiça
e o teu louvor o dia inteiro.

Salmo 36

Para o mestre de música. De Davi, servo do SENHOR.

1 Há no meu íntimo um oráculo
a respeito da maldade do ímpio:
Aos seus olhos é inútil temer a Deus.
2 Ele se acha tão importante,
que não percebe nem rejeita o seu
pecado.
3 As palavras da sua boca
são maldosas e traiçoeiras;
abandonou o bom senso e não quer
fazer o bem.
4 Até na sua cama planeja maldade;
nada há de bom no caminho a que se
entregou,
e ele nunca rejeita o mal.

5 O teu amor, SENHOR, chega até os céus;
a tua fidelidade até as nuvens.
6 A tua justiça é firme como as altas
montanhas;
as tuas decisões insondáveis como o
grande mar.
Tu, SENHOR, preservas
tanto os homens quanto os
animais.
7 Como é precioso o teu amor, ó Deus!
Os homens encontram
refúgio à sombra das tuas asas.
8 Eles se banqueteiam na fartura da tua
casa;
tu lhes dás de beber do teu rio de
delícias.
9 Pois em ti está a fonte da vida;
graças à tua luz, vemos a luz.

10 Estende o teu amor aos que te
conhecem,
a tua justiça aos que são retos de
coração.
11 Não permitas que o arrogante me
pisoteie,
nem que a mão do ímpio me faça
recuar.
12 Lá estão os malfeitores caídos,
lançados ao chão, incapazes de
levantar-se!

Salmo 37[a]

Davídico.

1 Não se aborreça por causa dos homens
maus
e não tenha inveja dos perversos;
2 pois como o capim logo secarão,
como a relva verde logo murcharão.

3 Confie no SENHOR e faça o bem;
assim você habitará na terra
e desfrutará segurança.

[a] O Salmo 37 é um poema organizado em ordem alfabética, no hebraico.

Palavras para memorizar

“Confie no SENHOR e faça o bem [...] Deleite-se no SENHOR, e ele atenderá aos desejos do seu coração.”
(Salmos 37:3-4)

4 Deleite-se no SENHOR,
e ele atenderá aos desejos do seu
coração.

5 Entregue o seu caminho ao SENHOR;
confie nele, e ele agirá:
6 ele deixará claro como a alvorada
que você é justo,
e como o sol do meio-dia que você é
inocente.

7 Descanse no SENHOR
e aguarde por ele com paciência;
não se aborreça com o sucesso dos
outros,
nem com aqueles que maquinam o
mal.

8 Evite a ira e rejeite a fúria;
não se irrite: isso só leva ao mal.
9 Pois os maus serão eliminados,
mas os que esperam no SENHOR
receberão a terra por herança.

10 Um pouco de tempo,
e os ímpios não mais existirão;
por mais que você os procure, não
serão encontrados.
11 Mas os humildes receberão a terra por
herança
e desfrutarão pleno bem-estar.

12 Os ímpios tramam contra os justos
e rosnam contra eles;
13 o Senhor, porém, ri dos ímpios,
pois sabe que o dia deles está chegando.

14 Os ímpios desembainham a espada
e preparam o arco
para abaterem o necessitado e o pobre,
para matarem os que andam na retidão.
15 Mas as suas espadas
irão atravessar-lhes o coração,
e os seus arcos serão quebrados.

16 Melhor é o pouco do justo
do que a riqueza de muitos ímpios;
17 pois o braço forte dos ímpios será
quebrado,
mas o SENHOR sustém os justos.

18 O SENHOR cuida da vida dos íntegros,
e a herança deles permanecerá para
sempre.
19 Em tempos de adversidade
não ficarão decepcionados;
em dias de fome desfrutarão fartura.

20 Mas os ímpios perecerão;
os inimigos do SENHOR
murcharão como a beleza dos
campos;
desvanecerão como fumaça.

21 Os ímpios tomam emprestado e não
devolvem,
mas os justos dão com generosidade;
22 aqueles que o SENHOR abençoa
receberão a terra por herança,
mas os que ele amaldiçoa serão
eliminados.

23 O SENHOR firma os passos de um
homem,
quando a conduta deste o agrada;
24 ainda que tropece, não cairá,
pois o SENHOR o toma pela mão.

25 Já fui jovem e agora sou velho,
mas nunca vi o justo desamparado,
nem seus filhos mendigando o pão.
26 Ele é sempre generoso
e empresta com boa vontade;
seus filhos serão abençoados.

27 Desvie-se do mal e faça o bem;
e você terá sempre onde morar.
28 Pois o SENHOR ama quem pratica a
justiça,
e não abandonará os seus fiéis.

Para sempre serão protegidos,
mas a descendência dos ímpios será
eliminada;
29 os justos herdarão a terra
e nela habitarão para sempre.

30 A boca do justo profere sabedoria,
e a sua língua fala conforme a justiça.
31 Ele traz no coração a lei do seu Deus;
nunca pisará em falso.

32 O ímpio fica à espreita do justo,
querendo matá-lo;
33 mas o SENHOR não o deixará cair
em suas mãos,

nem permitirá que o condenem
quando julgado.
34 Espere no SENHOR
e siga a sua vontade.
Ele o exaltará, dando-lhe a terra por
herança;
quando os ímpios forem eliminados,
você o verá.

35 Vi um homem ímpio e cruel
florescendo como frondosa árvore
nativa,
36 mas logo desapareceu e não mais
existia;
embora eu o procurasse,
não pôde ser encontrado.

37 Considere o íntegro, observe o justo;
há futuro[a] para o homem de paz.
38 Mas todos os rebeldes serão
destruídos;
futuro para os ímpios nunca haverá.

39 Do SENHOR vem a salvação dos justos;
ele é a sua fortaleza na hora da
adversidade.
40 O SENHOR os ajuda e os livra;
ele os livra dos ímpios e os salva,
porque nele se refugiam.

Salmo 38

Salmo davídico. Uma petição.

1 SENHOR, não me repreendas no teu
furor
nem me disciplines na tua ira.
2 Pois as tuas flechas me atravessaram,
e a tua mão me atingiu.

[a] 37:37 Ou *haverá posteridade*; também no versículo 38.

3 Por causa de tua ira,
todo o meu corpo está doente;
não há saúde nos meus ossos
por causa do meu pecado.
4 As minhas culpas me afogam;
são como um fardo pesado e
insuportável.

5 Minhas feridas cheiram mal e
supuram
por causa da minha insensatez.
6 Estou encurvado e muitíssimo
abatido;
o dia todo saio vagueando e
pranteando.
7 Estou ardendo em febre;
todo o meu corpo está doente.
8 Sinto-me muito fraco e totalmente
esmagado;
meu coração geme de angústia.

9 Senhor, diante de ti
estão todos os meus anseios;
o meu suspiro não te é oculto.
10 Meu coração palpita, as forças me
faltam;
até a luz dos meus olhos se foi.
11 Meus amigos e companheiros me
evitam
por causa da doença que me aflige;
ficam longe de mim os meus vizinhos.
12 Os que desejam matar-me
preparam armadilhas,
os que me querem prejudicar
anunciam a minha ruína;
passam o dia planejando traição.

13 Como um surdo, não ouço,
como um mudo, não abro a boca.

A vida nos tempos da Bíblia

Como Deus é

O salmo 38 retrata Deus como um arqueiro cujas flechas ferem a pessoa que faz o mal. Mas Deus nos fere somente para nos ajudar, pois, quando nos sentimos tristes por fazer o mal, confessamos nossos pecados, e, assim, Deus nos perdoa e nos cura.

14 Fiz-me como quem não ouve,
e em cuja boca não há resposta.
15 SENHOR, em ti espero;
tu me responderás, ó Senhor meu
Deus!
16 Pois eu disse: Não permitas
que eles se divirtam à minha custa,
nem triunfem sobre mim quando eu
tropeçar.

17 Estou a ponto de cair,
e a minha dor está sempre comigo.
18 Confesso a minha culpa;
em angústia estou por causa do meu
pecado.
19 Meus inimigos, porém,
são muitos e poderosos;
é grande o número
dos que me odeiam sem motivo.
20 Os que me retribuem o bem com o
mal
caluniam-me porque é o bem que
procuro.

21 SENHOR, não me abandones!
Não fiques longe de mim, ó meu
Deus!
22 Apressa-te a ajudar-me,
Senhor, meu Salvador!

Salmo 39

Para o mestre de música. Ao estilo de Jedutum. Salmo davídico.

1 Eu disse: Vigiarei a minha conduta
e não pecarei em palavras;
porei mordaça em minha boca
enquanto os ímpios
estiverem na minha presença.
2 Enquanto me calei resignado,
e me contive inutilmente,
minha angústia aumentou.
3 Meu coração ardia-me no peito
e, enquanto eu meditava, o fogo
aumentava;
então comecei a dizer:
4 Mostra-me, SENHOR, o fim da minha
vida
e o número dos meus dias,
para que eu saiba quão frágil sou.
5 Deste aos meus dias
o comprimento de um palmo;
a duração da minha vida é nada diante
de ti.
De fato, o homem não passa de um
sopro.

Pausa

Palavras para memorizar

"Minha esperança está em ti."
(Salmos 39:7)

6 Sim, cada um vai e volta como a
sombra.
Em vão se agita, amontoando riqueza
sem saber quem ficará com ela.

7 Mas agora, Senhor, que hei de esperar?
Minha esperança está em ti.
8 Livra-me de todas as minhas
transgressões;
não faças de mim
um objeto de zombaria dos tolos.
9 Estou calado! Não posso abrir a boca,
pois tu mesmo fizeste isso.
10 Afasta de mim o teu açoite;
fui vencido pelo golpe da tua mão.
11 Tu repreendes e disciplinas o homem
por causa do seu pecado;
como traça destróis o que ele mais
valoriza;
de fato, o homem não passa de um
sopro.

Pausa

12 Ouve a minha oração, SENHOR;
escuta o meu grito de socorro;
não sejas indiferente ao meu lamento.
Pois sou para ti um estrangeiro,
como foram todos os meus
antepassados.
13 Desvia de mim os teus olhos,
para que eu volte a ter alegria,
antes que eu me vá e deixe de existir.

Salmo 40

Para o mestre de música. Davídico. Um salmo.

1 Coloquei toda minha esperança no
SENHOR;
ele se inclinou para mim
e ouviu o meu grito de socorro.
2 Ele me tirou de um poço de
destruição,
de um atoleiro de lama;
pôs os meus pés sobre uma rocha
e firmou-me num local seguro.

3Pôs um novo cântico na minha boca,
um hino de louvor ao nosso Deus.
Muitos verão isso e temerão,
e confiarão no SENHOR.

4Como é feliz o homem
que põe no SENHOR a sua confiança,
e não vai atrás dos orgulhosos[a],
dos que se afastam para seguir
deuses falsos[b]!
5SENHOR meu Deus!
Quantas maravilhas tens feito!
Não se pode relatar
os planos que preparaste para nós!
Eu queria proclamá-los e anunciá-los,
mas são por demais numerosos!

6Sacrifício e oferta não pediste,
mas abriste os meus ouvidos[c];
holocaustos[d] e ofertas pelo pecado
não exigiste.
7Então eu disse: Aqui estou!
No livro está escrito a meu respeito.
8Tenho grande alegria em fazer a tua
vontade,
ó meu Deus;
a tua lei está no fundo do meu coração.

9Eu proclamo as novas de justiça
na grande assembleia;
como sabes, SENHOR, não fecho os
meus lábios.
10Não oculto no coração a tua justiça;
falo da tua fidelidade e da tua
salvação.
Não escondo da grande assembleia
a tua fidelidade e a tua verdade.

11Não me negues a tua misericórdia,
SENHOR;
que o teu amor e a tua verdade
sempre me protejam.
12Pois incontáveis problemas me cercam,
as minhas culpas me alcançaram
e já não consigo ver.
Mais numerosos são
que os cabelos da minha cabeça,
e o meu coração perdeu o ânimo.
13Agrada-te, SENHOR, em libertar-me;
apressa-te, SENHOR, a ajudar-me.
14Sejam humilhados e frustrados
todos os que procuram tirar-me a
vida;
retrocedam desprezados
os que desejam a minha ruína.
15Fiquem chocados com a sua própria
desgraça
os que zombam de mim.
16Mas regozijem-se e alegrem-se em ti
todos os que te buscam;
digam sempre aqueles que amam a tua
salvação:
"Grande é o SENHOR!"

17Quanto a mim, sou pobre e
necessitado,
mas o Senhor preocupa-se comigo.
Tu és o meu socorro e o meu
libertador;
meu Deus, não te demores!

Salmo 41

Para o mestre de música. Salmo davídico.

1Como é feliz aquele
que se interessa pelo pobre!
O SENHOR o livra em tempos de
adversidade.
2O SENHOR o protegerá e preservará a
sua vida;
ele o fará feliz na terra
e não o entregará ao desejo dos seus
inimigos.
3O SENHOR o susterá
em seu leito de enfermidade,
e da doença o restaurará.

4Eu disse: Misericórdia, SENHOR,
cura-me, pois pequei contra ti.
5Os meus inimigos
dizem maldosamente a meu
respeito:
"Quando ele vai morrer?
Quando vai desaparecer o seu
nome?"
6Sempre que alguém vem visitar-me,
fala com falsidade,
enche o coração de calúnias
e depois as espalha por onde vai.
7Todos os que me odeiam
juntam-se e cochicham contra mim,
imaginando que o pior me acontecerá:
8"Uma praga terrível o derrubou;
está de cama, e jamais se levantará".
9Até o meu melhor amigo,
em quem eu confiava
e que partilhava do meu pão,
voltou-se[e] contra mim.

[a] 40:4 Ou *idólatras*
[b] 40:4 Ou *para a falsidade*
[c] 40:6 Ou *furaste as minhas orelhas*. A Septuaginta diz *mas tens preparado um corpo para mim.*
[d] 40:6 Isto é, sacrifícios totalmente queimados.
[e] 41:9 Hebraico: *levantou o calcanhar.*

10Mas, tu, SENHOR, tem misericórdia de
mim;
levanta-me, para que eu lhes
retribua.
11Sei que me queres bem,
pois o meu inimigo não triunfa
sobre mim.
12Por causa da minha integridade me
susténs
e me pões na tua presença para
sempre.
13Louvado seja o SENHOR, o Deus de
Israel,
de eternidade a eternidade!
Amém e amém!

SEGUNDO LIVRO

Salmo 42[a]

Para o mestre de música. Um poema dos coraítas.

1Como a corça anseia por águas
correntes,
a minha alma anseia por ti, ó Deus.
2A minha alma tem sede de Deus, do
Deus vivo.
Quando poderei entrar
para apresentar-me a Deus?
3Minhas lágrimas têm sido o meu
alimento
de dia e de noite,
pois me perguntam o tempo todo:
"Onde está o seu Deus?"
4Quando me lembro destas coisas
choro angustiado.
Pois eu costumava ir com a multidão,
conduzindo a procissão à casa de
Deus,
com cantos de alegria e de ação de graças
entre a multidão que festejava.

5Por que você está assim tão triste,
ó minha alma?
Por que está assim tão perturbada
dentro de mim?
Ponha a sua esperança em Deus!
Pois ainda o louvarei;
ele é o meu Salvador e 6o meu Deus[b].
A minha alma está profundamente
triste;
por isso de ti me lembro
desde a terra do Jordão,
das alturas do Hermom,
desde o monte Mizar.
7Abismo chama abismo
ao rugir das tuas cachoeiras;
todas as tuas ondas e vagalhões
se abateram sobre mim.

8Conceda-me o SENHOR o seu fiel amor
de dia;
de noite esteja comigo a sua canção.
É a minha oração ao Deus que me dá
vida.
9Direi a Deus, minha Rocha:
Por que te esqueceste de mim?
Por que devo sair vagueando e
pranteando,
oprimido pelo inimigo?
10Até os meus ossos sofrem agonia
mortal
quando os meus adversários
zombam de mim,
perguntando-me o tempo todo:
"Onde está o seu Deus?"

11Por que você está assim tão triste,
ó minha alma?
Por que está assim tão perturbada
dentro de mim?
Ponha a sua esperança em Deus!
Pois ainda o louvarei;
ele é o meu Salvador e o meu Deus.

Salmo 43

1Faze-me justiça, ó Deus,
e defende a minha causa contra um
povo infiel;
livra-me dos homens traidores e
perversos.
2Pois tu, ó Deus, és a minha fortaleza.
Por que me rejeitaste?
Por que devo sair vagueando e
pranteando,
oprimido pelo inimigo?
3Envia a tua luz e a tua verdade;
elas me guiarão
e me levarão ao teu santo monte,
ao lugar onde habitas.
4Então irei ao altar de Deus,
a Deus, a fonte da minha plena
alegria.
Com a harpa te louvarei,
ó Deus, meu Deus!

5Por que você está assim tão triste,
ó minha alma?

[a] Os Salmos 42 e 43 constituem um único poema em muitos manuscritos do Texto Massorético.
[b] 42:5-6 Conforme alguns manuscritos do Texto Massorético, a Septuaginta e a Versão Siríaca. A maioria dos manuscritos do Texto Massorético diz *louvarei por teu auxílio salvador.* [6]*Ó meu Deus.*

Por que está assim tão perturbada
dentro de mim?
Ponha a sua esperança em Deus!
Pois ainda o louvarei;
ele é o meu Salvador e o meu Deus.

Salmo 44

Para o mestre de música. Dos coraítas.
Um poema.

1Com os nossos próprios ouvidos
ouvimos,
ó Deus;
os nossos antepassados nos contaram
os feitos que realizaste no tempo
deles,
nos dias da antiguidade.
2Com a tua própria mão expulsaste as
nações
para estabelecer os nossos
antepassados;
arruinaste povos e fizeste prosperar
os nossos antepassados.
3Não foi pela espada que conquistaram
a terra,
nem pela força do seu braço
que alcançaram a vitória;
foi pela tua mão direita, pelo teu braço,
e pela luz do teu rosto[a],
por causa do teu amor para com eles.
4És tu, meu Rei e meu Deus![b]
És tu que decretas vitórias para Jacó!
5Contigo pomos em fuga os nossos
adversários;
pelo teu nome pisoteamos os que nos
atacam.
6Não confio em meu arco,
minha espada não me concede a
vitória;
7mas tu nos concedes a vitória
sobre os nossos adversários
e humilhas os que nos odeiam.
8Em Deus nos gloriamos o tempo todo,
e louvaremos o teu nome para sempre.
Pausa
9Mas agora nos rejeitaste e nos
humilhaste;
já não sais com os nossos exércitos.
10Diante dos nossos adversários
fizeste-nos bater em retirada,
e os que nos odeiam nos saquearam.
11Tu nos entregaste
para sermos devorados como
ovelhas
e nos dispersaste entre as nações.
12Vendeste o teu povo por uma
ninharia,
nada lucrando com a sua venda.
13Tu nos fizeste
motivo de vergonha dos nossos
vizinhos,
objeto de zombaria e menosprezo dos
que nos rodeiam.
14Fizeste de nós um provérbio entre as
nações;
os povos meneiam a cabeça quando
nos veem.
15Sofro humilhação o tempo todo,
e o meu rosto está coberto de
vergonha

[a] 44:3 Isto é, pela tua bondade.
[b] 44:4 Conforme a Septuaginta e a Versão Siríaca. O Texto Massorético diz *meu Rei, ó Deus!*

A vida nos tempos da Bíblia

Como Deus é

Salmos 43:2 diz que Deus é como uma fortaleza, que era uma cidade murada ou um castelo forte para onde as pessoas iam quando um exército inimigo invadia a terra. Falar que Deus é uma fortaleza significa dizer que ele nos manterá a salvos em tempos de perigo.

16por causa da zombaria
dos que me censuram e me provocam,
por causa do inimigo, que busca vingança.

17Tudo isso aconteceu conosco,
sem que nos tivéssemos esquecido de ti,
nem tivéssemos traído a tua aliança.
18Nossos corações não voltaram atrás,
nem os nossos pés se desviaram da tua vereda.
19Todavia, tu nos esmagaste e fizeste de nós
um covil de chacais,
e de densas trevas nos cobriste.
20Se tivéssemos esquecido
o nome do nosso Deus
e tivéssemos estendido as nossas mãos
a um deus estrangeiro,
21Deus não o teria descoberto?
Pois ele conhece os segredos do coração!
22Contudo, por amor de ti
enfrentamos a morte todos os dias;
somos considerados como ovelhas
destinadas ao matadouro.

23Desperta, Senhor! Por que dormes?
Levanta-te! Não nos rejeites para sempre.
24Por que escondes o teu rosto
e esqueces o nosso sofrimento
e a nossa aflição?

25Fomos humilhados até o pó;
nossos corpos se apegam ao chão.
26Levanta-te! Socorre-nos!
Resgata-nos por causa da tua fidelidade.

Salmo 45

Para o mestre de música. De acordo com a melodia Os Lírios. *Dos coraítas. Poema. Cântico de casamento.*

1Com o coração vibrando de boas palavras
recito os meus versos em honra ao rei;
seja a minha língua
como a pena de um hábil escritor.

2És dos homens o mais notável;
derramou-se graça em teus lábios,
visto que Deus te abençoou para sempre.

3Prende a espada à cintura, ó poderoso!
Cobre-te de esplendor e majestade.
4Na tua majestade cavalga vitoriosamente
pela verdade, pela misericórdia e pela justiça;
que a tua mão direita realize feitos gloriosos.
5Tuas flechas afiadas atingem
o coração dos inimigos do rei;
debaixo dos teus pés caem nações.
6O teu trono, ó Deus,
subsiste para todo o sempre;
cetro de justiça é o cetro do teu reino.
7Amas a justiça e odeias a iniquidade;
por isso Deus, o teu Deus,
escolheu-te dentre os teus companheiros
ungindo-te com óleo de alegria.
8Todas as tuas vestes exalam
aroma de mirra, aloés e cássia;
nos palácios adornados de marfim ressoam
os instrumentos de corda que te alegram.
9Filhas de reis
estão entre as mulheres da tua corte;
à tua direita está a noiva real
enfeitada de ouro puro de Ofir.
10Ouça, ó filha, considere
e incline os seus ouvidos:
Esqueça o seu povo e a casa paterna.
11O rei foi cativado pela sua beleza;
honre-o, pois ele é o seu senhor.
12A cidade[a] de Tiro trará[b] seus presentes;
seus moradores mais ricos buscarão o seu favor.

13Cheia de esplendor está a princesa
em seus aposentos,
com vestes enfeitadas de ouro.
14Em roupas bordadas é conduzida ao rei,
acompanhada de um cortejo de virgens;
são levadas à tua presença.
15Com alegria e exultação
são conduzidas ao palácio do rei.

16Os teus filhos ocuparão o trono dos teus pais;
por toda a terra os farás príncipes.

[a] 45:12 Hebraico: *filha*.
[b] 45:12 Ou *Um manto feito em Tiro está entre*

17 Perpetuarei a tua lembrança
por todas as gerações;
por isso as nações te louvarão
para todo o sempre.

Salmo 46

Para o mestre de música. Dos coraítas. Para vozes agudas. Um cântico.

1 Deus é o nosso refúgio e a nossa
fortaleza,
auxílio sempre presente na
adversidade.
2 Por isso não temeremos,
ainda que a terra trema
e os montes afundem no coração do
mar,
3 ainda que estrondem as suas águas
turbulentas
e os montes sejam sacudidos
pela sua fúria.
Pausa

4 Há um rio cujos canais alegram
a cidade de Deus,
o Santo Lugar onde habita o Altíssimo.
5 Deus nela está! Não será abalada!
Deus vem em seu auxílio
desde o romper da manhã.
6 Nações se agitam, reinos se abalam;
ele ergue a voz, e a terra se derrete.

7 O SENHOR dos Exércitos está conosco;
o Deus de Jacó é a nossa torre segura.
Pausa

8 Venham! Vejam as obras do SENHOR,
seus feitos estarrecedores na terra.
9 Ele dá fim às guerras até os confins da
terra;
quebra o arco e despedaça a lança;
destrói os escudos[a] com fogo.
10 "Parem de lutar! Saibam que eu sou
Deus!
Serei exaltado entre as nações,
serei exaltado na terra."

11 O SENHOR dos Exércitos está conosco;
o Deus de Jacó é a nossa torre segura.
Pausa

Salmo 47

Para o mestre de música. Salmo dos coraítas.

1 Batam palmas, vocês, todos os povos;
aclamem a Deus com cantos de alegria.
2 Pois o SENHOR Altíssimo é temível,
é o grande Rei sobre toda a terra!
3 Ele subjugou as nações ao nosso
poder,
os povos colocou debaixo de nossos
pés,
4 e escolheu para nós a nossa herança,
o orgulho de Jacó, a quem amou.
Pausa

5 Deus subiu em meio a gritos de
alegria;
o SENHOR, em meio ao som de
trombetas.
6 Ofereçam música a Deus, cantem
louvores!
Ofereçam música ao nosso Rei,
cantem louvores!
7 Pois Deus é o rei de toda a terra;
cantem louvores com harmonia e arte.

8 Deus reina sobre as nações;
Deus está assentado em seu santo
trono.
9 Os soberanos das nações se juntam
ao povo do Deus de Abraão,
pois os governantes[b] da terra
pertencem a Deus;
ele é soberanamente exaltado.

Salmo 48

Um cântico. Salmo dos coraítas.

1 Grande é o SENHOR,
e digno de todo louvor
na cidade do nosso Deus.
2 Seu santo monte, belo e majestoso,
é a alegria de toda a terra.
Como as alturas do Zafom[c] é o monte
Sião,
a cidade do grande Rei.

[a] 46:9 Ou *carros*

[b] 47:9 Hebraico: *escudos*.

[c] 48:2 *Zafom* refere-se ou a um monte sagrado ou à direção norte.

Palavras para memorizar

"Pois Deus é o rei de toda a terra; cantem louvores com harmonia e arte."

(Salmos 47:7)

³Nas suas cidadelas
Deus se revela como sua proteção.

⁴Vejam! Os reis somaram forças,
e juntos avançaram contra ela.
⁵Quando a viram, ficaram atônitos,
fugiram aterrorizados.
⁶Ali mesmo o pavor os dominou;
contorceram-se como a mulher no parto.
⁷Foste como o vento oriental
quando destruiu os navios de Társis.

⁸Como já temos ouvido,
agora também temos visto
na cidade do SENHOR dos Exércitos,
na cidade de nosso Deus:
Deus a preserva firme para sempre.
Pausa

⁹No teu templo, ó Deus,
meditamos em teu amor leal.
¹⁰Como o teu nome, ó Deus,
o teu louvor alcança os confins da terra;
a tua mão direita está cheia de justiça.
¹¹O monte Sião se alegra,
as cidades[a] de Judá exultam
por causa das tuas decisões justas.

¹²Percorram Sião, contornando-a,
contem as suas torres,
¹³observem bem as suas muralhas,
examinem as suas cidadelas,
para que vocês falem à próxima geração
¹⁴que este Deus é o nosso Deus
para todo o sempre;
ele será o nosso guia até o fim[b].

Salmo 49

Para o mestre de música. Salmo dos coraítas.

¹Ouçam isto vocês, todos os povos;
escutem, todos os que vivem neste mundo,
²gente do povo, homens importantes,
ricos e pobres igualmente:
³A minha boca falará com sabedoria;
a meditação do meu coração
trará entendimento.
⁴Inclinarei os meus ouvidos a um provérbio;
com a harpa exporei o meu enigma:

⁵Por que deverei temer,
quando vierem dias maus,
quando inimigos traiçoeiros me cercarem,
⁶aqueles que confiam em seus bens
e se gabam de suas muitas riquezas?
⁷Homem algum pode redimir seu irmão
ou pagar a Deus o preço de sua vida,
⁸pois o resgate de uma vida não tem preço.
Não há pagamento que o livre
⁹para que viva para sempre
e não sofra decomposição.
¹⁰Pois todos podem ver que os sábios morrem,
como perecem o tolo e o insensato
e para outros deixam os seus bens.
¹¹Seus túmulos serão suas moradas
para sempre,[c]
suas habitações de geração em geração,
ainda que tenham[d] dado seus nomes
a terras.

¹²O homem, mesmo que muito importante,
não vive para sempre[e];
é como os animais, que perecem.

¹³Este é o destino
dos que confiam em si mesmos,
e dos seus seguidores,
que aprovam o que eles dizem.
Pausa
¹⁴Como ovelhas,
estão destinados à sepultura[f],
e a morte lhes servirá de pastor.
Pela manhã os justos triunfarão sobre eles!
A aparência deles se desfará na sepultura,
longe das suas gloriosas mansões.
¹⁵Mas Deus redimirá a minha vida da sepultura
e me levará para si.
Pausa

¹⁶Não se aborreça quando alguém se enriquece
e aumenta o luxo de sua casa;

[a] 48:11 Hebraico: *filhas*.
[b] 48:14 Ou *até à morte*

[c] 49:11 Conforme a Septuaginta e a Versão Siríaca. O Texto Massorético diz *Em seus pensamentos suas casas serão perpétuas*.
[d] 49:11 Ou *pois eles têm*
[e] 49:12 Conforme o Texto Massorético. A Septuaginta e a Versão Siríaca dizem *não tem entendimento*. Veja o versículo 20.
[f] 49:14 Hebraico: *Sheol*. Essa palavra também pode ser traduzida por profundezas, pó ou morte; também no final deste versículo e no versículo 15.

17pois nada levará consigo quando
morrer;
não descerá com ele o seu esplendor.
18Embora em vida ele se parabenize:
"Todos o elogiam, pois você está
prosperando",
19ele se juntará aos seus antepassados,
que nunca mais verão a luz.

20O homem, mesmo que muito
importante,
não tem entendimento;
é como os animais, que perecem.

Salmo 50

Salmo da família de Asafe.

1Fala o SENHOR, o Deus supremo;
convoca toda a terra, do nascente ao
poente.
2Desde Sião, perfeita em beleza,
Deus resplandece.
3Nosso Deus vem!
Certamente não ficará calado!
À sua frente vai um fogo devorador,
e, ao seu redor, uma violenta
tempestade.
4Ele convoca os altos céus e a terra,
para o julgamento do seu povo:
5"Ajuntem os que me são fiéis,
que, mediante sacrifício,
fizeram aliança comigo".
6E os céus proclamam a sua justiça,
pois o próprio Deus é o juiz.
Pausa

7"Ouça, meu povo, pois eu falarei;
vou testemunhar contra você, Israel,
eu, que sou Deus, o seu Deus.
8Não o acuso pelos seus sacrifícios,
nem pelos holocaustos[a],
que você sempre me oferece.
9Não tenho necessidade
de nenhum novilho dos seus
estábulos,
nem dos bodes dos seus currais,
10pois todos os animais da floresta são
meus,
como são as cabeças de gado
aos milhares nas colinas.
11Conheço todas as aves dos montes,
e cuido das criaturas do campo.
12Se eu tivesse fome, precisaria dizer a
você?
Pois o mundo é meu, e tudo o que nele
existe.

[a] 50:8 Isto é, sacrifícios totalmente queimados; também em 51:16.

13Acaso como carne de touros
ou bebo sangue de bodes?
14Ofereça a Deus em sacrifício a sua
gratidão,
cumpra os seus votos para com o
Altíssimo,
15e clame a mim no dia da angústia;
eu o livrarei, e você me honrará."

16Mas ao ímpio Deus diz:

"Que direito você tem de recitar as
minhas leis
ou de ficar repetindo a minha aliança?
17Pois você odeia a minha disciplina
e dá as costas às minhas palavras!
18Você vê um ladrão, e já se torna seu
cúmplice,
e com adúlteros se mistura.
19Sua boca está cheia de maldade
e a sua língua formula a fraude.
20Deliberadamente você fala contra o
seu irmão
e calunia o filho de sua própria mãe.
21Ficaria eu calado
diante de tudo o que você tem feito?
Você pensa que eu sou como você?
Mas agora eu o acusarei diretamente,
sem omitir coisa alguma.

22"Considerem isto,
vocês que se esquecem de Deus;
caso contrário os despedaçarei,
sem que ninguém os livre.
23Quem me oferece sua gratidão
como sacrifício, honra-me,
e eu mostrarei a salvação de Deus
ao que anda nos meus caminhos".

Salmo 51

Para o mestre de música. Salmo de Davi. Escrito quando o profeta Natã veio falar com Davi, depois que este cometeu adultério com Bate-Seba.

1Tem misericórdia de mim, ó Deus,
por teu amor;
por tua grande compaixão
apaga as minhas transgressões.
2Lava-me de toda a minha culpa
e purifica-me do meu pecado.

3Pois eu mesmo
reconheço as minhas transgressões,
e o meu pecado sempre me persegue.
4Contra ti, só contra ti, pequei
e fiz o que tu reprovas,
de modo que justa é a tua sentença
e tens razão em condenar-me.

Palavras para memorizar

"Lava-me de toda a minha culpa e purifica-me do meu pecado."
(Salmos 51:2)

5 Sei que sou pecador desde que nasci,
sim, desde que me concebeu minha
mãe.
6 Sei que desejas a verdade no íntimo;
e no coração me ensinas a sabedoria.

7 Purifica-me com hissopo, e ficarei
puro;
lava-me, e mais branco do que a neve
serei.
8 Faze-me ouvir de novo júbilo e
alegria,
e os ossos que esmagaste exultarão.
9 Esconde o rosto dos meus pecados
e apaga todas as minhas iniquidades.

10 Cria em mim um coração puro, ó
Deus,
e renova dentro de mim um espírito
estável.
11 Não me expulses da tua presença,
nem tires de mim o teu Santo Espírito.
12 Devolve-me a alegria da tua salvação
e sustenta-me
com um espírito pronto a obedecer.
13 Então ensinarei os teus caminhos
aos transgressores,
para que os pecadores se voltem para ti.
14 Livra-me da culpa dos crimes de
sangue,
ó Deus, Deus da minha salvação!
E a minha língua aclamará a tua
justiça.
15 Ó Senhor, dá palavras aos meus
lábios,
e a minha boca anunciará o teu louvor.
16 Não te deleitas em sacrifícios
nem te agradas em holocaustos,
senão eu os traria.
17 Os sacrifícios que agradam a Deus
são um espírito quebrantado;
um coração quebrantado e contrito,
ó Deus, não desprezarás.

18 Por tua boa vontade faze Sião
prosperar;
ergue os muros de Jerusalém.
19 Então te agradarás dos sacrifícios
sinceros,
das ofertas queimadas e dos
holocaustos;
e novilhos serão oferecidos sobre o teu
altar.

Salmo 52

Para o mestre de música. Poema de Davi, quando o edomita Doegue foi a Saul e lhe contou: "Davi foi à casa de Aimeleque".

1 Por que você se vangloria do mal
e de ultrajar a Deus continuamente?[a],
ó homem poderoso!
2 Sua língua trama destruição;
é como navalha afiada, cheia de
engano.
3 Você prefere o mal ao bem,
a falsidade, em lugar da verdade.
Pausa
4 Você ama toda palavra maldosa,
ó língua mentirosa!
5 Saiba que Deus o arruinará para
sempre:
ele o agarrará e o arrancará da sua
tenda;
ele o desarraigará da terra dos vivos.
Pausa
6 Os justos verão isso e temerão;
rirão dele, dizendo:
7 "Veja só o homem
que rejeitou a Deus como refúgio;
confiou em sua grande riqueza
e buscou refúgio em sua maldade!"
8 Mas eu sou como uma oliveira
que floresce na casa de Deus;
confio no amor de Deus
para todo o sempre.

[a] 52:1 Ou *se a fidelidade de Deus dura para sempre?*

Palavras para memorizar

"Confio no amor de Deus para todo o sempre."
(Salmos 52:8)

9Para sempre te louvarei pelo que
fizeste;
na presença dos teus fiéis
proclamarei o teu nome,
porque tu és bom.

Salmo 53

Para o mestre de música. De acordo com mahalath[a]. *Poema davídico.*

1Diz o tolo em seu coração:
"Deus não existe!"
Corromperam-se
e cometeram injustiças detestáveis;
não há ninguém que faça o bem.

2Deus olha lá dos céus
para os filhos dos homens,
para ver se há alguém
que tenha entendimento,
alguém que busque a Deus.
3Todos se desviaram,
igualmente se corromperam;
não há ninguém que faça o bem,
não há nem um sequer.

4Será que os malfeitores não
aprendem?
Eles devoram o meu povo
como quem come pão,
e não clamam a Deus!
5Olhem! Estão tomados de pavor,
quando não existe motivo algum
para temer!
Pois foi Deus quem espalhou os ossos
dos que atacaram você;
você os humilhou porque Deus os
rejeitou.

6Ah, se de Sião viesse a salvação para
Israel!
Quando Deus restaurar[b] o seu povo,
Jacó exultará! Israel se regozijará!

Salmo 54

Para o mestre de música. Com instrumentos de cordas. Poema de Davi, quando os zifeus foram a Saul e disseram: "Acaso Davi não está se escondendo entre nós?"

1Salva-me, ó Deus, pelo teu nome;
defende-me pelo teu poder.
2Ouve a minha oração, ó Deus;
escuta as minhas palavras.
3Estrangeiros[c] me atacam;
homens cruéis querem matar-me,
homens que não se importam com
Deus.

Pausa

4Certamente Deus é o meu auxílio;
é o Senhor que me sustém.
5Recaia o mal sobre os meus inimigos!
Extermina-os por tua fidelidade!

6Eu te oferecerei um sacrifício
voluntário;
louvarei o teu nome, ó SENHOR,
porque tu és bom.
7Pois ele me livrou de todas as minhas
angústias,
e os meus olhos contemplaram
a derrota dos meus inimigos.

Salmo 55

Para o mestre de música. Com instrumentos de cordas. Poema davídico.

1Escuta a minha oração, ó Deus,
não ignores a minha súplica;
2ouve-me e responde-me!
Os meus pensamentos me perturbam,
e estou atordoado
3diante do barulho do inimigo,
diante da gritaria[d] dos ímpios;
pois eles aumentam o meu sofrimento
e, irados, mostram seu rancor.

4O meu coração está acelerado;
os pavores da morte me assaltam.
5Temor e tremor me dominam;
o medo tomou conta de mim.
6Então eu disse:
Quem dera eu tivesse asas como a
pomba;
voaria até encontrar repouso!
7Sim, eu fugiria para bem longe,
e no deserto eu teria o meu abrigo.

Pausa

8Eu me apressaria em achar refúgio
longe do vendaval e da tempestade.

9Destrói os ímpios, Senhor,
confunde a língua deles,
pois vejo violência e brigas na cidade.
10Dia e noite eles rondam por seus
muros;
nela permeiam o crime e a maldade.
11A destruição impera na cidade;
a opressão e a fraude jamais deixam
suas ruas.

[a] Título: Possivelmente uma melodia solene.
[b] 53:6 Ou *trouxer de volta os cativos do seu*
[c] 54:3 Alguns manuscritos do Texto Massorético dizem *Arrogantes*.
[d] 55:3 Ou *opressão*

Palavras para memorizar

"Eu, porém, clamo a Deus, e o SENHOR me salvará."
(Salmos 55:16)

12 Se um inimigo me insultasse,
eu poderia suportar;
se um adversário se levantasse contra
mim,
eu poderia defender-me;
13 mas logo você, meu colega,
meu companheiro, meu amigo
chegado,
14 você, com quem eu partilhava
agradável comunhão
enquanto íamos com a multidão
festiva
para a casa de Deus!
15 Que a morte
apanhe os meus inimigos de
surpresa!
Desçam eles vivos para a sepultura[a],
pois entre eles o mal acha
guarida.

16 Eu, porém, clamo a Deus,
e o SENHOR me salvará.
17 À tarde, pela manhã e ao meio-dia
choro angustiado,
e ele ouve a minha voz.
18 Ele me guarda ileso na batalha,
sendo muitos os que estão contra
mim.
19 Deus, que reina desde a eternidade,
me ouvirá e os castigará.
Pausa
Pois jamais mudam sua conduta
e não têm temor de Deus.

20 Aquele homem se voltou
contra os seus aliados,
violando o seu acordo.
21 Macia como manteiga é a sua fala,
mas a guerra está no seu coração;
suas palavras são mais suaves que o
óleo,
mas são afiadas como punhais.

22 Entregue suas preocupações ao
SENHOR,
e ele o susterá;
jamais permitirá que o justo venha a
cair.

23 Mas tu, ó Deus,
farás descer à cova da destruição
aqueles assassinos e traidores,
os quais não viverão a metade dos
seus dias.
Quanto a mim, porém, confio em ti.

Salmo 56

Para o mestre de música. De acordo com a melodia Uma Pomba em Carvalhos Distantes. *Poema epigráfico davídico. Quando os filisteus prenderam Davi em Gate.*

1 Tem misericórdia de mim, ó Deus,
pois os homens me pressionam;
o tempo todo me atacam e me
oprimem.
2 Os meus inimigos pressionam-me sem
parar;
muitos atacam-me arrogantemente.

3 Mas eu, quando estiver com medo,
confiarei em ti.
4 Em Deus, cuja palavra eu louvo,
em Deus eu confio, e não temerei.
Que poderá fazer-me o simples mortal?

5 O tempo todo
eles distorcem as minhas palavras;
estão sempre tramando prejudicar-me.
6 Conspiram, ficam à espreita,
vigiam os meus passos,
na esperança de tirar-me a vida.
7 Deixarás escapar essa gente tão
perversa?[b]
Na tua ira, ó Deus, derruba as nações.
8 Registra, tu mesmo, o meu lamento;
recolhe as minhas lágrimas em teu
odre;
acaso não estão anotadas em teu livro?
9 Os meus inimigos retrocederão,
quando eu clamar por socorro.
Com isso saberei que Deus está a meu
favor.
10 Confio em Deus, cuja palavra louvo,
no SENHOR, cuja palavra louvo,
11 em Deus eu confio, e não temerei.
Que poderá fazer-me o homem?

[a] 55:15 Hebraico: *Sheol*. Essa palavra também pode ser traduzida por profundezas, pó ou morte.

[b] 56:7 Ou *Rejeita-os por causa de sua maldade;*

12Cumprirei os votos que te fiz, ó Deus;
a ti apresentarei minhas ofertas de
gratidão.
13Pois me livraste da morte
e os meus pés de tropeçarem,
para que eu ande diante de Deus
na luz que ilumina os vivos.

Salmo 57

Para o mestre de música. De acordo com a melodia Não Destruas. *Poema epigráfico davídico. Quando Davi fugiu de Saul para a caverna.*

1Misericórdia, ó Deus; misericórdia,
pois em ti a minha alma se refugia.
Eu me refugiarei à sombra das tuas
asas,
até que passe o perigo.
2Clamo ao Deus Altíssimo,
a Deus, que para comigo
cumpre o seu propósito.
3Dos céus ele me envia a salvação,
põe em fuga
os que me perseguem de perto;
Pausa
Deus envia o seu amor e a sua
fidelidade.
4Estou em meio a leões,
ávidos para devorar;
seus dentes são lanças e flechas,
suas línguas são espadas afiadas.
5Sê exaltado, ó Deus, acima dos céus!
Sobre toda a terra esteja a tua
glória!
6Preparam armadilhas para os meus
pés;
fiquei muito abatido.
Abriram uma cova no meu caminho,
mas foram eles que nela caíram.
Pausa
7Meu coração está firme, ó Deus,
meu coração está firme;
cantarei ao som de instrumentos!
8Acorde, minha alma!
Acordem, harpa e lira!
Vou despertar a alvorada!
9Eu te louvarei, ó Senhor, entre as
nações;
cantarei teus louvores entre os povos.
10Pois o teu amor é tão grande
que alcança os céus;
a tua fidelidade vai até as nuvens.
11Sê exaltado, ó Deus, acima dos céus!
Sobre toda a terra esteja a tua glória!

Salmo 58

Para o mestre de música. De acordo com a melodia Não Destruas. *Davídico. Poema epigráfico.*

1Será que vocês, poderosos[a],
falam de fato com justiça?
Será que vocês, homens, julgam
retamente?
2Não! No coração vocês tramam a
injustiça,
e na terra as suas mãos espalham a
violência.
3Os ímpios erram o caminho desde o
ventre;
desviam-se os mentirosos desde que
nascem.
4Seu veneno é como veneno de
serpente;
tapam os ouvidos,
como a cobra que se faz de surda
5para não ouvir a música dos
encantadores,
que fazem encantamentos com tanta
habilidade.
6Quebra os dentes deles, ó Deus;
arranca, SENHOR, as presas desses
leões!
7Desapareçam como a água que
escorre!
Quando empunharem o arco,
caiam sem força as suas flechas![b]
8Sejam como a lesma
que se derrete pelo caminho;
como feto abortado, não vejam eles o
sol!
9Os ímpios serão varridos
antes que as suas panelas
sintam o calor da lenha[c],
esteja ela verde ou seca.
10Os justos se alegrarão quando forem
vingados,
quando banharem seus pés
no sangue dos ímpios.
11Então os homens comentarão:
"De fato os justos
têm a sua recompensa;
com certeza há um Deus
que faz justiça na terra".

[a] 58:1 Ou *deuses*
[b] 58:7 Ou *murchem como a erva que é pisada!*
[c] 58:9 Hebraico: *dos espinhos.*

Salmo 59

Para o mestre de música. De acordo com a melodia Não Destruas. *Poema epigráfico davídico, quando Saul enviou homens para vigiarem a casa de Davi a fim de matá-lo.*

1Livra-me dos meus inimigos, ó Deus;
põe-me fora do alcance dos meus
agressores.
2Livra-me dos que praticam o mal
e salva-me dos assassinos.

3Vê como ficam à minha espreita!
Homens cruéis conspiram contra mim,
sem que eu tenha cometido
qualquer delito ou pecado, ó
SENHOR.
4Mesmo eu não tendo culpa de nada,
eles se preparam às pressas para
atacar-me.
Levanta-te para ajudar-me;
olha para a situação em que me
encontro!
5Ó SENHOR, Deus dos Exércitos,
ó Deus de Israel!
Desperta para castigar todas as nações;
não tenhas misericórdia
dos traidores perversos.
Pausa

6Eles voltam ao cair da tarde,
rosnando como cães
e rondando a cidade.
7Vê que ameaças saem de suas bocas;
seus lábios são como espadas,
e dizem: "Quem nos ouvirá?"
8Mas tu, SENHOR, vais rir deles;
caçoarás de todas aquelas nações.
9Ó tu, minha força, por ti vou aguardar;
tu, ó Deus, és o meu alto refúgio.
10O meu Deus fiel
virá ao meu encontro
e permitirá que eu triunfe
sobre os meus inimigos.
11Mas não os mates, ó Senhor, nosso
escudo,
se não, o meu povo o esquecerá.
Em teu poder faze-os vaguearem,
e abate-os.
12Pelos pecados de suas bocas,
pelas palavras de seus lábios,
sejam apanhados em seu orgulho.
Pelas maldições e mentiras que
pronunciam,
13consome-os em tua ira,
consome-os até que não mais
existam.
Então se saberá até os confins da terra
que Deus governa Jacó.
Pausa

14Eles voltam ao cair da tarde,
rosnando como cães,
e rondando a cidade.
15À procura de comida perambulam
e, se não ficam satisfeitos, uivam.
16Mas eu cantarei louvores à tua força;
de manhã louvarei a tua fidelidade,
pois tu és o meu alto refúgio,
abrigo seguro nos tempos difíceis.

17Ó minha força, canto louvores a ti;
tu és, ó Deus, o meu alto refúgio,
o Deus que me ama.

Salmo 60

Para o mestre de música. De acordo com a melodia O Lírio da Aliança. *Didático. Poema epigráfico davídico. Quando Davi combateu Arã Naaraim[a] e Arã Zobá[b], e quando Joabe voltou e feriu doze mil edomitas no vale do Sal.*

1Tu nos rejeitaste e nos dispersaste, ó
Deus;
tu derramaste a tua ira;
restaura-nos agora!
2Sacudiste a terra e abriste-lhe fendas;
repara suas brechas,
pois ameaça desmoronar-se.
3Fizeste passar o teu povo por tempos
difíceis;
deste-nos um vinho estonteante.
4Mas aos que te temem deste um sinal
para que fugissem das flechas.
Pausa

5Salva-nos com a tua mão direita
e responde-nos,
para que sejam libertos aqueles a
quem amas.
6Do seu santuário[c] Deus falou:
"No meu triunfo dividirei Siquém
e repartirei o vale de Sucote.
7Gileade é minha, Manassés também;
Efraim é o meu capacete,
Judá é o meu cetro.
8Moabe é a pia em que me lavo,
em Edom atiro a minha sandália;
sobre a Filístia dou meu brado de
vitória!"

[a] Título: Isto é, os arameus do nordeste da Mesopotâmia.
[b] Título: Isto é, os arameus da Síria central.
[c] 60:6 Ou *Na sua santidade*

9Quem me levará à cidade fortificada?
Quem me guiará a Edom?
10Não foste tu, ó Deus, que nos rejeitaste
e deixaste de sair com os nossos exércitos?
11Dá-nos ajuda contra os adversários,
pois inútil é o socorro do homem.
12Com Deus conquistaremos a vitória,
e ele pisoteará os nossos adversários.

Salmo 61

Para o mestre de música. Com instrumentos de cordas. Davídico.

1Ouve o meu clamor, ó Deus;
atenta para a minha oração.

2Desde os confins da terra eu clamo a ti,
com o coração abatido;
põe-me a salvo na rocha mais alta do que eu.
3Pois tu tens sido o meu refúgio,
uma torre forte contra o inimigo.

4Para sempre anseio habitar na tua tenda
e refugiar-me no abrigo das tuas asas.
Pausa

5Pois ouviste os meus votos, ó Deus;
deste-me a herança que concedes
aos que temem o teu nome.
6Prolonga os dias do rei,
por muitas gerações os seus anos de vida.
7Para sempre esteja ele em seu trono,
diante de Deus;
envia o teu amor e a tua fidelidade
para protegê-lo.

8Então sempre cantarei louvores ao teu nome,
cumprindo os meus votos cada dia.

Salmo 62

Para o mestre de música. Ao estilo de Jedutum. Salmo davídico.

1A minha alma descansa somente em Deus;
dele vem a minha salvação.
2Somente ele é a rocha que me salva;
ele é a minha torre segura! Jamais serei abalado!

3Até quando todos vocês atacarão um homem
que está como um muro inclinado,
como uma cerca prestes a cair?
4Todo o propósito deles é derrubá-lo
de sua posição elevada;
eles se deliciam com mentiras.
Com a boca abençoam,
mas no íntimo amaldiçoam.
Pausa

5Descanse somente em Deus,
ó minha alma;
dele vem a minha esperança.
6Somente ele é a rocha que me salva;
ele é a minha torre alta! Não serei abalado!
7A minha salvação e a minha honra
de Deus dependem;
ele é a minha rocha firme, o meu refúgio.

A vida nos tempos da Bíblia

Como Deus é

Salmos 61:3 diz que Deus é como uma torre forte. As torres fortes eram construídas dentro das cidades muradas, então, mesmo que os muros fossem derrubados, o povo da cidade estaria a salvo dentro da torre.

8Confie nele em todos os momentos,
ó povo;
derrame diante dele o coração,
pois ele é o nosso refúgio.
Pausa

9Os homens de origem humilde
não passam de um sopro,
os de origem importante
não passam de mentira;
pesados na balança,
juntos não chegam ao peso de um
sopro.
10Não confiem na extorsão,
nem ponham a esperança em bens
roubados;
se as suas riquezas aumentam,
não ponham nelas o coração.

11Uma vez Deus falou,
duas vezes eu ouvi,
que o poder pertence a Deus.
12Contigo também, Senhor, está a
fidelidade.
É certo que retribuirás a cada um
conforme o seu procedimento.

Salmo 63

Salmo de Davi, quando ele estava no deserto de Judá.

1Ó Deus, tu és o meu Deus,
eu te busco intensamente;
a minha alma tem sede de ti!
Todo o meu ser anseia por ti,
numa terra seca, exausta e sem
água.

2Quero contemplar-te no santuário
e avistar o teu poder e a tua glória.
3O teu amor é melhor do que a vida!
Por isso os meus lábios te exaltarão.
4Enquanto eu viver te bendirei,
e em teu nome levantarei as minhas
mãos.
5A minha alma ficará satisfeita
como quando tem rico banquete;
com lábios jubilosos a minha boca te
louvará.

6Quando me deito lembro-me de ti;
penso em ti durante as vigílias da noite.
7Porque és a minha ajuda,
canto de alegria à sombra das tuas asas.
8A minha alma apega-se a ti;
a tua mão direita me sustém.
9Aqueles, porém, que querem
matar-me
serão destruídos;
descerão às profundezas da terra.
10Serão entregues à espada
e devorados por chacais.

11Mas o rei se alegrará em Deus;
todos os que juram pelo nome de Deus
o louvarão,
mas as bocas dos mentirosos serão
tapadas.

Salmo 64

Para o mestre de música. Salmo davídico.

1Ouve-me, ó Deus, quando faço a
minha queixa;
protege a minha vida do inimigo
ameaçador.
2Defende-me da conspiração dos
ímpios
e da ruidosa multidão de malfeitores.

Deitado acordado à noite

Experimente!

Você às vezes tem dificuldade de pegar no sono? Este salmo conta o que Davi fazia quando não conseguia dormir. Leia Salmos 63:6-8 e tente estas coisas quando estiver deitado sem sono:

1. Lembre-se de histórias da Bíblia e de coisas que Deus fez para as pessoas.
2. Cante baixinho algumas canções sobre Deus.
3. Aconchegue-se em seu cobertor, feche os olhos e, conforme você for se sentindo aquecido, lembre-se de que Deus está perto de você e que ele o ama.

Salmos 63:6-8

3Eles afiam a língua como espada
e apontam, como flechas, palavras
envenenadas.
4De onde estão emboscados
atiram no homem íntegro;
atiram de surpresa, sem qualquer temor.

5Animam-se uns aos outros
com planos malignos,
combinam como ocultar as suas
armadilhas,
e dizem: "Quem as[a] verá?"
6Tramam a injustiça e dizem:
"Fizemos[b] um plano perfeito!"
A mente e o coração de cada um deles
o encobrem![c]

7Mas Deus atirará neles suas flechas;
repentinamente serão atingidos.
8Pelas próprias palavras
farão cair uns aos outros;
menearão a cabeça e zombarão deles
todos os que os virem.

9Todos os homens temerão,
e proclamarão as obras de Deus,
refletindo no que ele fez.
10Alegrem-se os justos no SENHOR
e nele busquem refúgio;
congratulem-se todos os retos de
coração!

Salmo 65

Para o mestre de música. Salmo davídico. Um cântico.

1O louvor te aguarda[d] em Sião, ó Deus;
os votos que te fizemos serão cumpridos.
2Ó tu que ouves a oração,
a ti virão todos os homens.
3Quando os nossos pecados pesavam
sobre nós,
tu mesmo fizeste propiciação
por nossas transgressões.
4Como são felizes aqueles que escolhes
e trazes a ti, para viverem nos teus
átrios!
Transbordamos de bênçãos da tua casa,
do teu santo templo!

5Tu nos respondes
com temíveis feitos de justiça,
ó Deus, nosso Salvador,
esperança de todos os confins da terra
e dos mais distantes mares.
6Tu que firmaste os montes pela tua
força,
pelo teu grande poder.
7Tu que acalmas o bramido dos mares,
o bramido de suas ondas,
e o tumulto das nações.
8Tremem os habitantes das terras
distantes
diante das tuas maravilhas;
do nascente ao poente
despertas canções de alegria.

9Cuidas da terra e a regas;
fartamente a enriqueces.
Os riachos de Deus transbordam
para que nunca falte o trigo,
pois assim ordenaste.[e]
10Encharcas os seus sulcos
e aplainas os seus torrões;
tu a amoleces com chuvas
e abençoas as suas colheitas.
11Coroas o ano com a tua bondade,
e por onde passas emana fartura;
12fartura vertem as pastagens do
deserto,
e as colinas se vestem de alegria.
13Os campos se revestem de rebanhos
e os vales se cobrem de trigo;
eles exultam e cantam de alegria!

Salmo 66

Para o mestre de música. Um cântico. Um salmo.

1Aclamem a Deus, povos de toda terra!
2Cantem louvores ao seu glorioso
nome;
louvem-no gloriosamente!
3Digam a Deus:
"Quão temíveis são os teus feitos!
Tão grande é o teu poder que os teus
inimigos
rastejam diante de ti!
4Toda a terra te adora
e canta louvores a ti,
canta louvores ao teu nome".
Pausa

5Venham e vejam o que Deus tem feito;
como são impressionantes
as suas obras em favor dos homens!
6Ele transformou o mar em terra seca,
e o povo atravessou as águas[f] a pé;
e ali nos alegramos nele.[g]

[a] 64:5 Ou *nos*
[b] 64:6 Ou *Eles ocultam*
[c] 64:6 Ou *Ninguém nos descobrirá!*
[d] 65:1 Ou *O louvor é apropriado a ti*
[e] 65:9 Ou *pois é assim que preparas a terra.*
[f] 66:6 Ou *o rio*
[g] 66:6 Ou *venham, alegremo-nos nele.*

7Ele governa para sempre com o seu
poder,
seus olhos vigiam as nações;
que os rebeldes
não se levantem contra ele!
Pausa

8Bendigam o nosso Deus, ó povos,
façam ressoar o som do seu louvor;
9foi ele quem preservou a nossa vida
impedindo que os nossos pés
escorregassem.
10Pois tu, ó Deus, nos submeteste à
prova
e nos refinaste como a prata.
11Fizeste-nos cair numa armadilha
e sobre nossas costas puseste fardos.
12Deixaste que os inimigos cavalgassem
sobre a nossa cabeça;
passamos pelo fogo e pela água,
mas a um lugar de fartura[a] nos
trouxeste.

13Para o teu templo virei com
holocaustos[b]
e cumprirei os meus votos para contigo,
14votos que os meus lábios fizeram
e a minha boca falou
quando eu estava em dificuldade.
15Oferecerei a ti animais gordos em
holocausto;
sacrificarei carneiros, cuja fumaça
subirá a ti,
e também novilhos e cabritos.
Pausa

16Venham e ouçam,
todos vocês que temem a Deus;
vou contar-lhes o que ele fez por mim.
17A ele clamei com os lábios;
com a língua o exaltei.
18Se eu acalentasse o pecado no coração,
o Senhor não me ouviria;
19mas Deus me ouviu,
deu atenção à oração que lhe dirigi.
20Louvado seja Deus,
que não rejeitou a minha oração
nem afastou de mim o seu amor!

Salmo 67

Para o mestre de música. Com instrumentos de cordas. Um salmo. Um cântico.

1Que Deus tenha misericórdia de nós
e nos abençoe,

Palavras para memorizar

"Que Deus tenha misericórdia de nós e nos abençoe, e faça resplandecer o seu rosto sobre nós."
(Salmos 67:1)

e faça resplandecer
o seu rosto sobre nós[c],
Pausa
2para que sejam conhecidos na terra
os teus caminhos,
a tua salvação entre todas as nações.
3Louvem-te os povos, ó Deus;
louvem-te todos os povos.
4Exultem e cantem de alegria as nações,
pois governas os povos com justiça
e guias as nações na terra.
Pausa
5Louvem-te os povos, ó Deus;
louvem-te todos os povos.

6Que a terra dê a sua colheita,
e Deus, o nosso Deus, nos abençoe!
7Que Deus nos abençoe,
e o temam todos os confins da terra.

Salmo 68

Para o mestre de música. Davídico. Um salmo. Um cântico.

1Que Deus se levante!
Sejam espalhados os seus inimigos,
fujam dele os seus adversários.
2Que tu os dissipes
assim como o vento leva a fumaça;
como a cera se derrete na presença do
fogo,
assim pereçam os ímpios na
presença de Deus.
3Alegrem-se, porém, os justos!
Exultem diante de Deus!
Regozijem-se com grande alegria!
4Cantem a Deus, louvem o seu nome,
exaltem aquele que cavalga sobre as
nuvens;[d]

[a] 66:12 Algumas versões antigas dizem *de repouso*.
[b] 66:13 Isto é, sacrifícios totalmente queimados; também no versículo 15.
[c] 67:1 Isto é, mostre-nos a sua bondade.
[d] 68:4 Ou *preparem o caminho para aquele que cavalga pelos desertos;*

seu nome é SENHOR!
Exultem diante dele!
5Pai para os órfãos e defensor das
viúvas
é Deus em sua santa habitação.
6Deus dá um lar aos solitários,
liberta os presos para a prosperidade,
mas os rebeldes vivem em terra árida.
7Quando saíste à frente do teu povo, ó
Deus,
quando marchaste pelo ermo,
Pausa
8a terra tremeu,
o céu derramou chuva
diante de Deus, o Deus do Sinai,
diante de Deus, o Deus de Israel.
9Deste chuvas generosas, ó Deus;
refrescaste a tua herança exausta.
10O teu povo nela se instalou,
e da tua bondade, ó Deus, supriste os
pobres.

11O Senhor anunciou a palavra,
e muitos mensageiros a proclamavam:
12"Reis e exércitos fogem em
debandada;
a dona-de-casa reparte os despojos.[a]
13Mesmo quando vocês dormem
entre as fogueiras do acampamento[b],
as asas da minha pomba
estão recobertas de prata,
as suas penas, de ouro reluzente".
14Quando o Todo-poderoso espalhou
os reis,
foi como neve no monte Zalmom.

15Os montes de Basã são majestosos;
escarpados são os montes de Basã.
16Por que, ó montes escarpados,
estão com inveja do monte que Deus
escolheu para sua habitação,
onde o próprio SENHOR habitará para
sempre?
17Os carros de Deus são incontáveis,
são milhares de milhares;
neles o Senhor veio do Sinai
para o seu Lugar Santo.
18Quando subiste em triunfo às alturas,
ó SENHOR Deus,
levaste cativos muitos prisioneiros;
recebeste homens como dádivas,
até mesmo rebeldes,
para estabeleceres morada.[c]

19Bendito seja o Senhor,
Deus, nosso Salvador,
que cada dia suporta as nossas cargas.
Pausa
20O nosso Deus é um Deus que salva;
ele é o Soberano, ele é o SENHOR
que nos livra da morte.

21Certamente Deus
esmagará a cabeça dos seus inimigos,
o crânio cabeludo
dos que persistem em seus pecados.
22"Eu os trarei de Basã", diz o Senhor,
"eu os trarei das profundezas do mar,
23para que você encharque os pés
no sangue dos inimigos,
sangue do qual a língua dos cães
terá a sua porção."

24Já se vê a tua marcha triunfal, ó Deus,
a marcha do meu Deus e Rei
adentrando o santuário.
25À frente estão os cantores, depois os
músicos;
com eles vão as jovens tocando
tamborins.
26Bendigam a Deus na grande
congregação!
Bendigam o SENHOR,
descendentes[d] de Israel!
27Ali está a pequena tribo de Benjamim,
a conduzi-los,
os príncipes de Judá
acompanhados de suas tropas,
e os príncipes de Zebulom e Naftali.

28A favor de vocês,
manifeste Deus o seu poder![e]
Mostra, ó Deus, o poder que já tens
operado
para conosco.
29Por causa do teu templo em
Jerusalém,
reis te trarão presentes.
30Repreende a fera entre os juncos,
a manada de touros
entre os bezerros das nações.
Humilhados, tragam barras de prata.
Espalha as nações que têm prazer na
guerra.
31Ricos tecidos[f] venham do Egito;
a Etiópia corra para Deus de mãos
cheias.

[a] 68:12 Ou *as belas mulheres do palácio são repartidas como despojo.*
[b] 68:13 Ou *os alforjes*
[c] 68:18 Ou *dádivas dentre os homens, até dos que se rebelaram contra a tua habitação.*
[d] 68:26 Hebraico: *fonte.*
[e] 68:28 Conforme alguns manuscritos do Texto Massorético. Muitos manuscritos do Texto Massorético e algumas versões antigas dizem *Manifesta, ó Deus, o teu poder!*
[f] 68:31 Ou *embaixadores*

32Cantem a Deus, reinos da terra,
louvem o Senhor,
Pausa
33aquele que cavalga os céus, os antigos céus.
Escutem! Ele troveja com voz poderosa.
34Proclamem o poder de Deus!
Sua majestade está sobre Israel,
seu poder está nas altas nuvens.
35Tu és temível no teu santuário, ó Deus;
é o Deus de Israel
que dá poder e força ao seu povo.
Bendito seja Deus!

Salmo 69

Para o mestre de música. De acordo com a melodia Lírios. *Davídico.*

1Salva-me, ó Deus!,
pois as águas subiram até o meu pescoço.
2Nas profundezas lamacentas eu me afundo;
não tenho onde firmar os pés.
Entrei em águas profundas;
as correntezas me arrastam.
3Cansei-me de pedir socorro;
minha garganta se abrasa.
Meus olhos fraquejam
de tanto esperar pelo meu Deus.
4Os que sem razão me odeiam
são mais do que os fios de cabelo
da minha cabeça;
muitos são os que me prejudicam sem motivo,
muitos, os que procuram destruir-me.
Sou forçado a devolver o que não roubei.

5Tu bem sabes como fui insensato, ó Deus;
a minha culpa não te é encoberta.

6Não se decepcionem por minha causa
aqueles que esperam em ti,
ó Senhor, SENHOR dos Exércitos!
Não se frustrem por minha causa
os que te buscam, ó Deus de Israel!
7Pois por amor a ti suporto zombaria,
e a vergonha cobre-me o rosto.
8Sou um estrangeiro para os meus irmãos,
um estranho até para os filhos da minha mãe;
9pois o zelo pela tua casa me consome,
e os insultos daqueles que te insultam
caem sobre mim.
10Até quando choro e jejuo,
tenho que suportar zombaria;
11quando ponho vestes de lamento,
sou objeto de chacota.
12Os que se ajuntam na praça falam de mim,
e sou a canção dos bêbados.
13Mas eu, SENHOR, no tempo oportuno,
elevo a ti minha oração;
responde-me, por teu grande amor, ó Deus,
com a tua salvação infalível!
14Tira-me do atoleiro,
não me deixes afundar;
liberta-me dos que me odeiam
e das águas profundas.
15Não permitas que as correntezas me arrastem,
nem que as profundezas me engulam,
nem que a cova feche sobre mim a sua boca!
16Responde-me, SENHOR,
pela bondade do teu amor;
por tua grande misericórdia, volta-te para mim.
17Não escondas do teu servo a tua face;
responde-me depressa, pois estou em perigo.
18Aproxima-te e resgata-me;
livra-me por causa dos meus inimigos.
19Tu bem sabes como sofro zombaria,
humilhação e vergonha;
conheces todos os meus adversários.
20A zombaria partiu-me o coração;
estou em desespero!
Supliquei por socorro, nada recebi;
por consoladores, e a ninguém encontrei.
21Puseram fel na minha comida
e para matar-me a sede deram-me vinagre.

22Que a mesa deles se lhes transforme em laço;
torne-se retribuição e[a] armadilha.
23Escureçam-se os seus olhos
para que não consigam ver;
faze-lhes tremer o corpo sem parar.
24Despeja sobre eles a tua ira;
que o teu furor ardente os alcance.
25Fique deserto o lugar deles;
não haja ninguém que habite nas suas tendas.

[a] 69:22 Ou *Que até as suas ofertas de comunhão se tornem em armadilha;* ou ainda *Que até os seus aliados se tornem uma armadilha*

26Pois perseguem aqueles que tu feres
e comentam a dor daqueles a quem
castigas.
27Acrescenta-lhes pecado sobre pecado;
não os deixes alcançar a tua justiça.
28Sejam eles tirados do livro da vida
e não sejam incluídos no rol dos
justos.

29Grande é a minha aflição e a minha
dor!
Proteja-me, ó Deus, a tua salvação!

30Louvarei o nome de Deus com
cânticos
e proclamarei sua grandeza
com ações de graças;
31isso agradará o SENHOR mais do que
bois,
mais do que touros com seus chifres e
cascos.
32Os necessitados o verão e se
alegrarão;
a vocês que buscam a Deus,
vida ao seu coração!
33O SENHOR ouve o pobre
e não despreza o seu povo aprisionado.

34Louvem-no os céus e a terra,
os mares e tudo o que neles se move,
35pois Deus salvará Sião
e reconstruirá as cidades de Judá.
Então o povo ali viverá e tomará posse
da terra;
36a descendência dos seus servos a
herdará,
e nela habitarão os que amam o seu
nome.

Salmo 70

Para o mestre de música. Davídico.
Uma petição.

1Livra-me, ó Deus!
Apressa-te, SENHOR, a ajudar-me!
2Sejam humilhados e frustrados
os que procuram tirar-me a vida;
retrocedam desprezados
os que desejam a minha ruína.
3Retrocedam em desgraça
os que zombam de mim.
4Mas regozijem-se e alegrem-se em ti
todos os que te buscam;
digam sempre os que amam a tua
salvação:
"Como Deus é grande!"

5Quanto a mim, sou pobre e
necessitado;
apressa-te, ó Deus.
Tu és o meu socorro e o meu
libertador;
SENHOR, não te demores!

Salmo 71

1Em ti, SENHOR, busquei refúgio;
nunca permitas que eu seja
humilhado.
2Resgata-me e livra-me por tua justiça;
inclina o teu ouvido para mim e
salva-me.
3Peço-te que sejas a minha rocha de
refúgio,
para onde eu sempre possa ir;
dá ordem para que me libertem,
pois és a minha rocha
e a minha fortaleza.

A vida nos tempos da Bíblia

Como Deus é

Salmos 71:3 diz que Deus é uma rocha de refúgio. Algumas cidades e fortes eram construídos sobre cadeias de montanhas altas e rochosas, uma vez que era extremamente difícil para os inimigos atacarem tais cidades. Chamar Deus de rocha de refúgio significa que estamos completamente seguros quando confiamos nele.

4Livra-me, ó meu Deus, das mãos dos ímpios,
das garras dos perversos e cruéis.

5Pois tu és a minha esperança,
ó Soberano SENHOR,
em ti está a minha confiança desde a juventude.
6Desde o ventre materno dependo de ti;
tu me sustentaste[a]
desde as entranhas de minha mãe.
Eu sempre te louvarei!
7Tornei-me um exemplo para muitos,
porque tu és o meu refúgio seguro.
8Do teu louvor transborda a minha boca,
que o tempo todo proclama o teu esplendor.

9Não me rejeites na minha velhice;
não me abandones
quando se vão as minhas forças.
10Pois os meus inimigos me caluniam;
os que estão à espreita juntam-se e
planejam matar-me.
11"Deus o abandonou", dizem eles;
"persigam-no e prendam-no,
pois ninguém o livrará."
12Não fiques longe de mim, ó Deus;
ó meu Deus, apressa-te em ajudar-me.
13Pereçam humilhados os meus acusadores;
sejam cobertos de zombaria e vergonha
os que querem prejudicar-me.
14Mas eu sempre terei esperança
e te louvarei cada vez mais.
15A minha boca falará sem cessar da tua justiça
e dos teus incontáveis atos de salvação.
16Falarei dos teus feitos poderosos,
ó Soberano SENHOR;
proclamarei a tua justiça,
unicamente a tua justiça.
17Desde a minha juventude, ó Deus,
tens me ensinado,
e até hoje eu anuncio as tuas maravilhas.
18Agora que estou velho, de cabelos brancos,
não me abandones, ó Deus,
para que eu possa falar da tua força
aos nossos filhos,
e do teu poder às futuras gerações.
19Tua justiça chega até as alturas, ó Deus,
tu, que tens feito coisas grandiosas.
Quem se compara a ti, ó Deus?
20Tu, que me fizeste passar
muitas e duras tribulações,
restaurarás a minha vida,
e das profundezas da terra
de novo me farás subir.
21Tu me farás mais honrado
e mais uma vez me consolarás.

22E eu te louvarei com a lira
por tua fidelidade, ó meu Deus;
cantarei louvores a ti com a harpa,
ó Santo de Israel.
23Os meus lábios gritarão de alegria
quando eu cantar louvores a ti,
pois tu me redimiste.
24Também a minha língua sempre falará
dos teus atos de justiça,
pois os que queriam prejudicar-me
foram humilhados e ficaram frustrados.

Salmo 72

De Salomão.

1Reveste da tua justiça o rei, ó Deus,
e o filho do rei, da tua retidão,
2para que ele julgue com retidão
e com justiça os teus que sofrem opressão.
3Que os montes tragam prosperidade ao povo,
e as colinas, o fruto da justiça.
4Defenda ele os oprimidos entre o povo
e liberte os filhos dos pobres;
esmague ele o opressor!

5Que ele perdure[b] como o sol
e como a lua, por todas as gerações.
6Seja ele como chuva
sobre uma lavoura ceifada,
como aguaceiros que regam a terra.
7Floresçam os justos nos dias do rei,
e haja grande prosperidade enquanto durar a lua.
8Governe ele de mar a mar
e desde o rio Eufrates até os confins da terra[c].
9Inclinem-se diante dele as tribos do deserto[d],

[a] 71:6 Ou *separaste*

[b] 72:5 Conforme a Septuaginta. O Texto Massorético diz *Que tu sejas temido.*

[c] 72:8 Ou *do país*

[d] 72:9 Ou *criaturas do deserto*; ou ainda *adversários*

e os seus inimigos lambam o pó.
[10]Que os reis de Társis e das regiões
litorâneas
lhe tragam tributo;
os reis de Sabá e de Sebá
lhe ofereçam presentes.
[11]Inclinem-se diante dele todos os reis,
e sirvam-no todas as nações.

[12]Pois ele liberta os pobres que pedem
socorro,
os oprimidos que não têm quem os
ajude.
[13]Ele se compadece dos fracos e dos
pobres,
e os salva da morte.
[14]Ele os resgata da opressão e da
violência,
pois aos seus olhos a vida[a] deles é
preciosa.

[15]Tenha o rei vida longa!
Receba ele o ouro de Sabá.
Que se ore por ele continuamente,
e todo o dia se invoquem bênçãos
sobre ele.
[16]Haja fartura de trigo por toda a terra,
ondulando no alto dos montes.
Floresçam os seus frutos como os do
Líbano
e cresçam as cidades como as plantas
no campo.
[17]Permaneça para sempre o seu nome
e dure a sua fama enquanto o sol
brilhar.
Sejam abençoadas todas as nações
por meio dele,
e que elas o chamem bendito.
[18]Bendito seja o SENHOR Deus,
o Deus de Israel,
o único que realiza feitos maravilhosos.
[19]Bendito seja
o seu glorioso nome para sempre;
encha-se toda a terra da sua glória.
Amém e amém.

[20]Encerram-se aqui as orações de Davi,
filho de Jessé.

TERCEIRO LIVRO

Salmo 73

Salmo da família de Asafe.

[1]Certamente Deus é bom para Israel,
para os puros de coração.

[a] 72:14 Hebraico: *sangue*.

[2]Quanto a mim, os meus pés quase
tropeçaram;
por pouco não escorreguei.
[3]Pois tive inveja dos arrogantes
quando vi a prosperidade desses
ímpios.

[4]Eles não passam por sofrimento[b]
e têm o corpo saudável e forte.
[5]Estão livres dos fardos de todos;
não são atingidos por doenças
como os outros homens.
[6]Por isso o orgulho lhes serve de colar,
e eles se vestem de violência.
[7]Do seu íntimo[c] brota a maldade[d];
da sua mente transbordam
maquinações.
[8]Eles zombam e falam com más
intenções;
em sua arrogância ameaçam com
opressão.
[9]Com a boca arrogam a si os céus,
e com a língua se apossam da terra.
[10]Por isso o seu povo se volta para eles
e bebe suas palavras até saciar-se.
[11]Eles dizem: "Como saberá Deus?
Terá conhecimento o Altíssimo?"

[12]Assim são os ímpios;
sempre despreocupados,
aumentam suas riquezas.
[13]Certamente foi-me inútil
manter puro o coração
e lavar as mãos na inocência,
[14]pois o dia inteiro sou afligido,
e todas as manhãs sou castigado.
[15]Se eu tivesse dito: Falarei como eles,
teria traído os teus filhos.
[16]Quando tentei entender tudo isso,
achei muito difícil para mim,
[17]até que entrei no santuário de Deus,
e então compreendi o destino dos
ímpios.

[18]Certamente os pões em terreno
escorregadio
e os fazes cair na ruína.
[19]Como são destruídos de repente,
completamente tomados de pavor!
[20]São como um sonho
que se vai quando acordamos;
quando te levantares, Senhor,
tu os farás desaparecer.

[b] 73:4 Ou *sofrimento até morrer;* ou ainda *sofrimento; até morrer o corpo deles é*
[c] 73:7 Hebraico: *gordura.*
[d] 73:7 Conforme a Versão Siríaca. O Texto Massorético diz *Seus olhos saltam-lhes da gordura.*

Palavras para memorizar

"Tu me diriges com o teu conselho, e depois me receberás com honras."
(Salmos 73:24)

21 Quando o meu coração estava
amargurado
e no íntimo eu sentia inveja,
22 agi como insensato e ignorante;
minha atitude para contigo
era a de um animal irracional.

23 Contudo, sempre estou contigo;
tomas a minha mão direita e me
susténs.
24 Tu me diriges com o teu conselho,
e depois me receberás com honras.
25 A quem tenho nos céus senão a ti?
E na terra, nada mais desejo
além de estar junto a ti.
26 O meu corpo e o meu coração
poderão fraquejar,
mas Deus é a força do meu coração
e a minha herança para sempre.

27 Os que te abandonam sem dúvida
perecerão;
tu destróis todos os infiéis.
28 Mas, para mim, bom é estar perto de
Deus;
fiz do Soberano SENHOR o meu refúgio;
proclamarei todos os teus feitos.

Salmo 74

Poema da família de Asafe.

1 Por que nos rejeitaste definitivamente,
ó Deus?
Por que se acende a tua ira
contra as ovelhas da tua pastagem?
2 Lembra-te do povo que adquiriste
em tempos passados,
da tribo da tua herança, que resgataste,
do monte Sião, onde habitaste.
3 Volta os teus passos
para aquelas ruínas irreparáveis,
para toda a destruição
que o inimigo causou em teu
santuário.

4 Teus adversários gritaram
triunfantes
bem no local onde te encontravas
conosco,
e hastearam suas bandeiras em sinal
de vitória.
5 Pareciam homens armados com
machados
invadindo um bosque cerrado.
6 Com seus machados e machadinhas
esmigalharam todos os
revestimentos
de madeira esculpida.
7 Atearam fogo ao teu santuário;
profanaram o lugar da habitação do
teu nome.
8 Disseram no coração:
"Vamos acabar com eles!"
Queimaram todos os santuários do
país.
9 Já não vemos sinais milagrosos;
não há mais profetas,
e nenhum de nós sabe
até quando isso continuará.

10 Até quando o adversário irá zombar,
ó Deus?
Será que o inimigo blasfemará
o teu nome para sempre?
11 Por que reténs a tua mão, a tua mão
direita?
Não fiques de braços cruzados!
Destrói-os!

12 Mas tu, ó Deus,
és o meu rei desde a antiguidade;
trazes salvação sobre a terra.
13 Tu dividiste o mar pelo teu poder;
quebraste as cabeças das serpentes das
águas.
14 Esmagaste as cabeças do Leviatã[a]
e o deste por comida às criaturas do
deserto.
15 Tu abriste fontes e regatos;
secaste rios perenes.
16 O dia é teu, e tua também é a noite;
estabeleceste o sol e a lua.
17 Determinaste todas as fronteiras da
terra;
fizeste o verão e o inverno.

18 Lembra-te de como o inimigo
tem zombado de ti, ó SENHOR,
como os insensatos têm blasfemado o
teu nome.

[a] 74:14 Ou *monstro marinho*

19Não entregues a vida da tua pomba
aos animais selvagens;
não te esqueças para sempre da vida
do teu povo indefeso.
20Dá atenção à tua aliança,
porque de antros de violência se
enchem
os lugares sombrios do país.
21Não deixes que o oprimido
se retire humilhado!
Faze que o pobre e o necessitado
louvem o teu nome.

22Levanta-te, ó Deus, e defende a tua
causa;
lembra-te de como os insensatos
zombam de ti sem cessar.
23Não ignores a gritaria dos teus
adversários,
o crescente tumulto dos teus inimigos.

Salmo 75

Para o mestre de música. De acordo com a melodia Não Destruas. *Salmo da família de Asafe. Um cântico.*

1Damos-te graças, ó Deus,
damos-te graças, pois perto está o teu
nome;
todos falam dos teus feitos
maravilhosos.

2Tu dizes: "Eu determino o tempo
em que julgarei com justiça.
3Quando treme a terra
com todos os seus habitantes,
sou eu que mantenho firmes
as suas colunas.

Pausa

4"Aos arrogantes digo: Parem de
vangloriar-se!
E aos ímpios: Não se rebelem![a]
5Não se rebelem contra os céus;
não falem com insolência".

6Não é do oriente nem do ocidente
nem do deserto que vem a exaltação.
7É Deus quem julga:
Humilha a um, a outro exalta.
8Na mão do SENHOR está um cálice
cheio de vinho espumante e
misturado;
ele o derrama, e todos os ímpios da
terra
o bebem até a última gota.

9Quanto a mim,
para sempre anunciarei essas coisas;
cantarei louvores ao Deus de Jacó.
10Destruirei o poder[b] de todos os
ímpios,
mas o poder dos justos aumentará.

Salmo 76

Para o mestre de música. Com instrumentos de cordas. Salmo da família de Asafe. Um cântico.

1Em Judá Deus é conhecido;
o seu nome é grande em Israel.
2Sua tenda está em Salém;
o lugar da sua habitação está em Sião.
3Ali quebrou ele as flechas reluzentes,
os escudos e as espadas,
as armas de guerra.

Pausa

4Resplendes de luz!
És mais majestoso que os montes
cheios de despojos.
5Os homens valorosos jazem
saqueados,
dormem o sono final;
nenhum dos guerreiros
foi capaz de erguer as mãos.
6Diante da tua repreensão, ó Deus de
Jacó,
o cavalo e o carro estacaram.
7Somente tu és temível.
Quem poderá permanecer diante de ti
quando estiveres irado?
8Dos céus pronunciaste juízo,
e a terra tremeu e emudeceu,
9quando tu, ó Deus, te levantaste para
julgar,
para salvar todos os oprimidos da
terra.

Pausa

10Até a tua ira contra os homens
redundará em teu louvor,
e os sobreviventes da tua ira se
refrearão.[c]

11Façam votos ao SENHOR, ao seu Deus,
e não deixem de cumpri-los;
que todas as nações vizinhas tragam
presentes
a quem todos devem temer.
12Ele tira o ânimo dos governantes
e é temido pelos reis da terra.

[a] 75:4 Hebraico: *Não levantem o chifre*; também no versículo 5.

[b] 75:10 Hebraico: *chifre*. Duas vezes neste versículo.

[c] 76:10 Ou *Até a ira dos homens redundará em teu louvor, e com o restante da ira tu te armas.*

Salmo 77

Para o mestre de música. Ao estilo de Jedutum. Salmo da família de Asafe.

1Clamo a Deus por socorro;
clamo a Deus que me escute.
2Quando estou angustiado, busco o Senhor;
de noite estendo as mãos sem cessar;
a minha alma está inconsolável!

3Lembro-me de ti, ó Deus, e suspiro;
começo a meditar,
e o meu espírito desfalece.
Pausa

4Não me permites fechar os olhos;
tão inquieto estou que não consigo falar.
5Fico a pensar nos dias que se foram,
nos anos há muito passados;
6de noite recordo minhas canções.
O meu coração medita,
e o meu espírito pergunta:

7Irá o Senhor rejeitar-nos para sempre?
Jamais tornará a mostrar-nos o seu favor?
8Desapareceu para sempre o seu amor?
Acabou-se a sua promessa?
9Esqueceu-se Deus de ser misericordioso?
Em sua ira refreou sua compaixão?
Pausa
10Então pensei: A razão da minha dor
é que a mão direita do Altíssimo não age mais.[a]

11Recordarei os feitos do SENHOR;
recordarei os teus antigos milagres.
12Meditarei em todas as tuas obras
e considerarei todos os teus feitos.

[a] 77:10 Ou *Apelarei para o que há muito fez a mão direita do Altíssimo.*

Palavras para memorizar

"Meditarei em todas as tuas obras e considerarei todos os teus feitos."
(Salmos 77:12)

13Teus caminhos, ó Deus, são santos.
Que deus é tão grande como o nosso Deus?
14Tu és o Deus que realiza milagres;
mostras o teu poder entre os povos.
15Com o teu braço forte resgataste o teu povo,
os descendentes de Jacó e de José.
Pausa

16As águas te viram, ó Deus,
as águas te viram e se contorceram;
até os abismos estremeceram.
17As nuvens despejaram chuvas,
ressoou nos céus o trovão;
as tuas flechas reluziam em todas as direções.
18No redemoinho, estrondou o teu trovão,
os teus relâmpagos iluminaram o mundo;
a terra tremeu e sacudiu-se.
19A tua vereda passou pelo mar,
o teu caminho pelas águas poderosas,
e ninguém viu as tuas pegadas.

20Guiaste o teu povo como a um rebanho
pela mão de Moisés e de Arão.

Salmo 78

Poema da família de Asafe.

1Povo meu, escute o meu ensino;
incline os ouvidos
para o que eu tenho a dizer.
2Em parábolas abrirei a minha boca,
proferirei enigmas do passado;
3o que ouvimos e aprendemos,
o que nossos pais nos contaram.
4Não os esconderemos dos nossos filhos;
contaremos à próxima geração
os louváveis feitos do SENHOR,
o seu poder e as maravilhas que fez.
5Ele decretou estatutos para Jacó,
e em Israel estabeleceu a lei,
e ordenou aos nossos antepassados
que a ensinassem aos seus filhos,
6de modo que a geração seguinte a conhecesse,
e também os filhos que ainda nasceriam,
e eles, por sua vez,
contassem aos seus próprios filhos.
7Então eles porão a confiança em Deus;
não esquecerão os seus feitos
e obedecerão aos seus mandamentos.

8Eles não serão como os seus
antepassados,
obstinados e rebeldes,
povo de coração desleal para com Deus,
gente de espírito infiel.

9Os homens de Efraim, flecheiros
armados,
viraram as costas no dia da batalha;
10não guardaram a aliança de Deus
e se recusaram a viver de acordo com
a sua lei.
11Esqueceram o que ele tinha feito,
as maravilhas que lhes havia mostrado.
12Ele fez milagres diante dos seus
antepassados,
na terra do Egito, na região de Zoã.
13Dividiu o mar para que pudessem
passar;
fez a água erguer-se como um muro.
14Ele os guiou com a nuvem de dia
e com a luz do fogo de noite.
15Fendeu as rochas no deserto
e deu-lhes tanta água
como a que flui das profundezas;
16da pedra fez sair regatos
e fluir água como um rio.
17Mas contra ele continuaram a pecar,
revoltando-se no deserto contra o
Altíssimo.
18Deliberadamente puseram Deus à
prova,
exigindo o que desejavam comer.
19Duvidaram de Deus, dizendo:
"Poderá Deus preparar uma mesa no
deserto?
20Sabemos que quando ele feriu a
rocha
a água brotou e jorrou em torrentes.
Mas conseguirá também dar-nos de
comer?
Poderá suprir de carne o seu povo?"
21O SENHOR os ouviu e enfureceu-se;
com fogo atacou Jacó,
e sua ira levantou-se contra Israel,
22pois eles não creram em Deus
nem confiaram no seu poder salvador.
23Contudo, ele deu ordens às nuvens
e abriu as portas dos céus;
24fez chover maná para que o povo
comesse,
deu-lhe o pão[a] dos céus.
25Os homens comeram o pão dos anjos;
enviou-lhes comida à vontade.
26Enviou dos céus o vento oriental
e pelo seu poder fez avançar o vento sul.
27Fez chover carne sobre eles como pó,
bandos de aves como a areia da praia.
28Levou-as a cair dentro do
acampamento,
ao redor das suas tendas.
29Comeram à vontade,
e assim ele satisfez o desejo deles.
30Mas, antes de saciarem o apetite,
quando ainda tinham a comida na
boca,
31acendeu-se contra eles a ira de Deus;
e ele feriu de morte os mais fortes
dentre eles,
matando os jovens de Israel.

32A despeito disso tudo, continuaram
pecando;
não creram nos seus prodígios.
33Por isso ele encerrou
os dias deles como um sopro
e os anos deles em repentino pavor.
34Sempre que Deus os castigava com a
morte,
eles o buscavam;
com fervor se voltavam de novo para
ele.
35Lembravam-se de que Deus era a sua
Rocha,
de que o Deus Altíssimo era o seu
Redentor.
36Com a boca o adulavam,
com a língua o enganavam;
37o coração deles não era sincero;
não foram fiéis à sua aliança.
38Contudo, ele foi misericordioso;
perdoou-lhes as maldades
e não os destruiu.
Vez após vez conteve a sua ira,
sem despertá-la totalmente.
39Lembrou-se de que eram meros
mortais,
brisa passageira que não retorna.
40Quantas vezes mostraram-se rebeldes
contra ele no deserto
e o entristeceram na terra solitária!
41Repetidas vezes puseram Deus à
prova;
irritaram o Santo de Israel.
42Não se lembravam da sua mão
poderosa,
do dia em que os redimiu do opressor,
43do dia em que mostrou
os seus prodígios no Egito,
as suas maravilhas na região de Zoã,

[a] 78:24 Hebraico: *trigo*.

44quando transformou os rios
e os riachos dos egípcios em sangue,
e eles não mais conseguiam beber das
suas águas,
45e enviou enxames de moscas
que os devoraram,
e rãs que os devastaram;
46quando entregou as suas plantações
às larvas,
a produção da terra aos gafanhotos,
47e destruiu as suas vinhas com a
saraiva
e as suas figueiras bravas, com a geada;
48quando entregou o gado deles ao
granizo,
os seus rebanhos aos raios;
49quando os atingiu com a sua ira
ardente,
com furor, indignação e hostilidade,
com muitos anjos destruidores.
50Abriu caminho para a sua ira;
não os poupou da morte,
mas os entregou à peste.
51Matou todos os primogênitos do
Egito,
as primícias do vigor varonil
das tendas de Cam.
52Mas tirou o seu povo como ovelhas
e o conduziu como a um rebanho pelo
deserto.
53Ele os guiou em segurança,
e não tiveram medo;
e os seus inimigos afundaram-se no
mar.
54Assim os trouxe à fronteira
da sua terra santa,
aos montes que a sua mão direita
conquistou.
55Expulsou nações que lá estavam,
distribuiu-lhes as terras por herança
e deu suas tendas às tribos de Israel
para que nelas habitassem.

56Mas eles puseram Deus à prova
e foram rebeldes contra o Altíssimo;
não obedeceram aos seus testemunhos.
57Foram desleais e infiéis,
como os seus antepassados,
confiáveis como um arco defeituoso.
58Eles o irritaram com os altares
idólatras;
com os seus ídolos lhe provocaram
ciúmes.
59Sabendo-o Deus, enfureceu-se
e rejeitou totalmente Israel;
60abandonou o tabernáculo de Siló,
a tenda onde habitava entre os
homens.
61Entregou o símbolo do seu poder ao
cativeiro,
e o seu esplendor, nas mãos do
adversário.
62Deixou que o seu povo fosse morto à
espada,
pois enfureceu-se com a sua herança.
63O fogo consumiu os seus jovens,
e as suas moças não tiveram
canções de núpcias;
64os sacerdotes foram mortos à espada!
As viúvas já nem podiam chorar!
65Então o Senhor despertou
como que de um sono,
como um guerreiro despertado do
domínio do vinho.
66Fez retroceder a golpes os seus
adversários
e os entregou a permanente
humilhação.
67Também rejeitou as tendas de José,
e não escolheu a tribo de Efraim;
68ao contrário, escolheu a tribo de Judá
e o monte Sião, o qual amou.
69Construiu o seu santuário como as
alturas;
como a terra o firmou para sempre.
70Escolheu o seu servo Davi
e o tirou do aprisco das ovelhas,
71do pastoreio de ovelhas,
para ser o pastor de Jacó, seu povo,
de Israel, sua herança.
72E de coração íntegro Davi os
pastoreou;
com mãos experientes os conduziu.

Salmo 79

Salmo da família de Asafe.

1Ó Deus, as nações invadiram a tua
herança,
profanaram o teu santo templo,
reduziram Jerusalém a ruínas.
2Deram os cadáveres dos teus servos
às aves do céu por alimento,
a carne dos teus fiéis, aos animais
selvagens.
3Derramaram o sangue deles como
água
ao redor de Jerusalém,
e não há ninguém para sepultá-los.
4Somos objeto de zombaria
para os nossos vizinhos,
de riso e menosprezo

para os que vivem ao nosso redor.

5 Até quando, SENHOR?
Ficarás irado para sempre?
Arderá o teu ciúme como o fogo?
6 Derrama a tua ira sobre as nações
que não te reconhecem,
sobre os reinos
que não invocam o teu nome,
7 pois devoraram Jacó,
deixando em ruínas a sua terra.
8 Não cobres de nós
as maldades dos nossos
antepassados;
venha depressa ao nosso encontro
a tua misericórdia,
pois estamos totalmente desanimados!
9 Ajuda-nos, ó Deus, nosso Salvador,
para a glória do teu nome;
livra-nos e perdoa os nossos pecados,
por amor do teu nome.
10 Por que as nações haverão de dizer:
"Onde está o Deus deles?"
Diante dos nossos olhos, mostra às
nações
a tua vingança pelo sangue dos teus
servos.
11 Cheguem à tua presença
os gemidos dos prisioneiros.
Pela força do teu braço
preserva os condenados à morte.
12 Retribui sete vezes mais aos nossos
vizinhos
as afrontas com que te insultaram,
Senhor!
13 Então nós, o teu povo,
as ovelhas das tuas pastagens,
para sempre te louvaremos;
de geração em geração
cantaremos os teus louvores.

Palavras para memorizar

"Então nós, o teu povo, as ovelhas das tuas pastagens, para sempre te louvaremos."
(Salmos 79:13)

Salmo 80

Para o mestre de música. De acordo com a melodia Os Lírios da Aliança. *Salmo da família de Asafe.*

1 Escuta-nos, Pastor de Israel,
tu, que conduzes José como um
rebanho;
tu, que tens o teu trono sobre os
querubins,
manifesta o teu esplendor
2 diante de Efraim, Benjamim e
Manassés.
Desperta o teu poder, e vem salvar-nos!
3 Restaura-nos, ó Deus!
Faze resplandecer sobre nós o teu
rosto,[a]
para que sejamos salvos.

4 Ó SENHOR, Deus dos Exércitos,
até quando arderá a tua ira
contra as orações do teu povo?
5 Tu o alimentaste com pão de lágrimas
e o fizeste beber copos de lágrimas.
6 Fizeste de nós um motivo de disputas
entre as nações vizinhas,
e os nossos inimigos caçoam de nós.

7 Restaura-nos, ó Deus dos Exércitos;
faze resplandecer sobre nós o teu rosto,
para que sejamos salvos.

8 Do Egito trouxeste uma videira;
expulsaste as nações e a plantaste.
9 Limpaste o terreno,
ela lançou raízes e encheu a terra.
10 Os montes foram cobertos pela sua
sombra,
e os mais altos cedros, pelos seus
ramos.
11 Seus ramos se estenderam até o Mar[b],
e os seus brotos, até o Rio[c].

12 Por que derrubaste as suas cercas,
permitindo que todos os que
passam
apanhem as suas uvas?
13 Javalis da floresta a devastam
e as criaturas do campo dela se
alimentam.
14 Volta-te para nós, ó Deus dos
Exércitos!
Dos altos céus olha e vê!
Toma conta desta videira,

[a] 80:3 Isto é, mostra-nos a tua bondade; também nos versículos 7 e 19.
[b] 80:11 Isto é, o Mediterrâneo.
[c] 80:11 Isto é, o Eufrates.

15da raiz que a tua mão direita plantou,
do filho[a] que para ti fizeste crescer!
16Tua videira foi derrubada;
como lixo foi consumida pelo fogo.
Pela tua repreensão perece o teu povo![b]
17Repouse a tua mão sobre aquele
que puseste à tua mão direita,
o filho do homem que para ti fizeste crescer.
18Então não nos desviaremos de ti;
vivifica-nos, e invocaremos o teu nome.
19Restaura-nos, ó SENHOR, Deus dos Exércitos;
faze resplandecer sobre nós o teu rosto,
para que sejamos salvos.

Salmo 81

Para o mestre de música. De acordo com a melodia Os Lagares. *Da família de Asafe.*

1Cantem de alegria a Deus, nossa força;
aclamem o Deus de Jacó!
2Comecem o louvor, façam ressoar o tamborim,
toquem a lira e a harpa melodiosa.

3Toquem a trombeta na lua nova
e no dia de lua cheia, dia da nossa festa;
4porque este é um decreto para Israel,
uma ordenança do Deus de Jacó,
5que ele estabeleceu como estatuto para José,
quando atacou o Egito.
Ali ouvimos uma língua[c] que não conhecíamos.

6Ele diz: "Tirei o peso dos seus ombros;
suas mãos ficaram livres dos cestos de cargas.
7Na sua aflição vocês clamaram e eu os livrei,
do esconderijo dos trovões lhes respondi;
eu os pus à prova nas águas de Meribá[d].
Pausa

8"Ouça, meu povo, as minhas advertências;
se tão somente você me escutasse, ó Israel!
9Não tenha deus estrangeiro no seu meio;
não se incline perante nenhum deus estranho.
10Eu sou o SENHOR, o seu Deus,
que o tirei da terra do Egito.
Abra a sua boca, e eu o alimentarei.

11"Mas o meu povo não quis ouvir-me;
Israel não quis obedecer-me.
12Por isso os entreguei
ao seu coração obstinado,
para seguirem os seus próprios planos.

13"Se o meu povo apenas me ouvisse,
se Israel seguisse os meus caminhos,
14com rapidez eu subjugaria os seus inimigos
e voltaria a minha mão
contra os seus adversários!
15Os que odeiam o SENHOR
se renderiam diante dele,
e receberiam um castigo perpétuo.
16Mas eu sustentaria Israel
com o melhor trigo,
e com o mel da rocha eu o satisfaria".

Salmo 82

Para o mestre de música. Salmo da família de Asafe.

1É Deus quem preside à assembleia divina;
no meio dos deuses, ele é o juiz.[e]
2"Até quando vocês vão absolver os culpados
e favorecer os ímpios?
Pausa
3"Garantam justiça para os fracos
e para os órfãos;
mantenham os direitos dos necessitados
e dos oprimidos.
4Livrem os fracos e os pobres;
libertem-nos das mãos dos ímpios.

5"Eles nada sabem, nada entendem.
Vagueiam pelas trevas;
todos os fundamentos da terra estão abalados.

6"Eu disse: Vocês são deuses,
todos vocês são filhos do Altíssimo.
7Mas vocês morrerão como simples homens;

[a] 80:15 Ou *ramo*
[b] 80:16 Ou *Pela tua repreensão faze perecer os que a derrubaram e a queimaram como lixo!*
[c] 81:5 Ou *voz*
[d] 81:7 *Meribá* significa *rebelião.*
[e] 82:1 Ou *É Deus quem preside na suprema assembleia; no meio dos poderosos, ele é o juiz;* ou ainda *no meio dos juízes, ele é o juiz.*

cairão como qualquer outro
governante."

[8]Levanta-te, ó Deus, julga a terra,
pois todas as nações te pertencem.

Salmo 83

Uma canção. Salmo da família de Asafe.

[1]Ó Deus, não te emudeças;
não fiques em silêncio nem te
detenhas, ó Deus.
[2]Vê como se agitam os teus inimigos,
como os teus adversários
te desafiam de cabeça erguida.
[3]Com astúcia conspiram contra o teu
povo;
tramam contra aqueles
que são o teu tesouro.
[4]Eles dizem: "Venham,
vamos destruí-los como nação,
para que o nome de Israel
não seja mais lembrado!"

[5]Com um só propósito tramam juntos;
é contra ti que fazem acordo
[6]as tendas de Edom e os ismaelitas,
Moabe e os hagarenos,
[7]Gebal[a], Amom e Amaleque,
a Filístia, com os habitantes de Tiro.
[8]Até a Assíria aliou-se a eles,
e trouxe força aos descendentes de Ló.
Pausa

[9]Trata-os como trataste Midiã,
como trataste Sísera e Jabim no rio
Quisom,
[10]os quais morreram em En-Dor
e se tornaram esterco para a terra.
[11]Faze com os seus nobres o que fizeste
com Orebe e Zeebe,
e com todos os seus príncipes
o que fizeste com Zeba e Zalmuna,
[12]que disseram:
"Vamos apossar-nos das pastagens
de Deus".

[13]Faze-os como folhas secas
levadas no redemoinho, ó meu Deus,
como palha ao vento.
[14]Assim como o fogo consome a floresta
e as chamas incendeiam os montes,
[15]persegue-os com o teu vendaval
e aterroriza-os com a tua tempestade.
[16]Cobre-lhes de vergonha o rosto
até que busquem o teu nome, SENHOR.

[a] 83:7 Isto é, Biblos.

[17]Sejam eles humilhados e
aterrorizados
para sempre;
pereçam em completa desgraça.
[18]Saibam eles que tu, cujo nome é
SENHOR,
somente tu, és o Altíssimo sobre toda
a terra.

Salmo 84

Para o mestre de música. De acordo com a melodia Os Lagares. *Salmo dos coraítas.*

[1]Como é agradável o lugar da tua
habitação,
SENHOR dos Exércitos!
[2]A minha alma anela, e até desfalece,
pelos átrios do SENHOR;
o meu coração e o meu corpo
cantam de alegria ao Deus vivo.

[3]Até o pardal achou um lar,
e a andorinha um ninho para si,
para abrigar os seus filhotes,
um lugar perto do teu altar,
ó SENHOR dos Exércitos, meu Rei e meu
Deus.
[4]Como são felizes
os que habitam em tua casa;
louvam-te sem cessar!
Pausa

[5]Como são felizes os que em ti
encontram sua força,
e os que são peregrinos de coração!
[6]Ao passarem pelo vale de Baca[b],
fazem dele um lugar de fontes;
as chuvas de outono
também o enchem de cisternas[c].
[7]Prosseguem o caminho de força em
força,
até que cada um se apresente a Deus
em Sião.

[8]Ouve a minha oração,
ó SENHOR Deus dos Exércitos;
escuta-me, ó Deus de Jacó.
Pausa
[9]Olha, ó Deus, que és nosso escudo[d];
trata com bondade o teu ungido.
[10]Melhor é um dia nos teus átrios
do que mil noutro lugar;
prefiro ficar à porta da casa do meu
Deus
a habitar nas tendas dos ímpios.

[b] 84:6 Ou *de lágrimas;* ou ainda *seco*
[c] 84:6 Ou *bênçãos*
[d] 84:9 Ou *soberano*

Palavras para memorizar

"O Senhor Deus é sol e escudo; o Senhor concede favor e honra; não recusa nenhum bem aos que vivem com integridade."

(Salmos 84:11)

11O SENHOR Deus é sol e escudo;
o SENHOR concede favor e honra;
não recusa nenhum bem
aos que vivem com integridade.

12Ó SENHOR dos Exércitos,
como é feliz aquele que em ti confia!

Salmo 85

Para o mestre de música. Salmo dos coraítas.

1Foste favorável à tua terra, ó SENHOR;
trouxeste restauração[a] a Jacó.
2Perdoaste a culpa do teu povo
e cobriste todos os seus pecados.
Pausa
3Retiraste todo o teu furor
e te afastaste da tua ira tremenda.
4Restaura-nos mais uma vez,
ó Deus, nosso Salvador,
e desfaze o teu furor para conosco.
5Ficarás indignado conosco para sempre?
Prolongarás a tua ira por todas as gerações?
6Acaso não nos renovarás a vida,
a fim de que o teu povo se alegre em ti?
7Mostra-nos o teu amor, ó SENHOR,
e concede-nos a tua salvação!

8Eu ouvirei o que Deus, o SENHOR, disse;
ele promete paz ao seu povo, aos seus fiéis!
Não voltem eles à insensatez!
9Perto está a salvação que ele trará
aos que o temem,
e a sua glória habitará em nossa terra.

10O amor e a fidelidade se encontrarão;
a justiça e a paz se beijarão.
11A fidelidade brotará da terra,
e a justiça descerá dos céus.
12O SENHOR nos trará bênçãos,
e a nossa terra dará a sua colheita.
13A justiça irá adiante dele
e preparará o caminho para os seus passos.

Salmo 86

Oração davídica.

1Inclina os teus ouvidos, ó SENHOR,
e responde-me,
pois sou pobre e necessitado.
2Guarda a minha vida, pois sou fiel a ti.
Tu és o meu Deus;
salva o teu servo que em ti confia!
3Misericórdia, Senhor,
pois clamo a ti sem cessar.
4Alegra o coração do teu servo,
pois a ti, Senhor, elevo a minha alma.
5Tu és bondoso e perdoador, Senhor,
rico em graça
para com todos os que te invocam.

6Escuta a minha oração, SENHOR;
atenta para a minha súplica!
7No dia da minha angústia clamarei a ti,
pois tu me responderás.

8Nenhum dos deuses é comparável a ti,
Senhor,
nenhum deles pode fazer o que tu fazes.

9Todas as nações que tu formaste
virão e te adorarão, Senhor,
e glorificarão o teu nome.
10Pois tu és grande
e realizas feitos maravilhosos;
só tu és Deus!
11Ensina-me o teu caminho, SENHOR,
para que eu ande na tua verdade;

Palavras para memorizar

"Ensina-me o teu caminho, Senhor, para que eu ande na tua verdade; dá-me um coração inteiramente fiel, para que eu tema o teu nome."

(Salmos 86:11)

[a] 85:1 Ou *os cativos de volta*

dá-me um coração inteiramente fiel,
para que eu tema o teu nome.
12De todo o meu coração te louvarei,
Senhor, meu Deus;
glorificarei o teu nome para sempre.
13Pois grande é o teu amor para comigo;
tu me livraste das profundezas do Sheol[a].

14Os arrogantes estão me atacando, ó Deus;
um bando de homens cruéis,
gente que não faz caso de ti
procura tirar-me a vida.
15Mas tu, Senhor,
és Deus compassivo e misericordioso,
muito paciente, rico em amor e em fidelidade.
16Volta-te para mim! Tem misericórdia de mim!
Concede a tua força a teu servo
e salva o filho da tua serva[b].
17Dá-me um sinal da tua bondade,
para que os meus inimigos vejam
e sejam humilhados,
pois tu, SENHOR, me ajudaste e me consolaste.

Salmo 87

Dos coraítas. Um salmo. Um cântico.

1O SENHOR edificou sua cidade sobre o monte santo;
2ele ama as portas de Sião
mais do que qualquer outro lugar[c] de Jacó.
3Coisas gloriosas são ditas de ti,
ó cidade de Deus!

Pausa

4"Entre os que me reconhecem
incluirei Raabe[d] e Babilônia,
além da Filístia, de Tiro,
e também da Etiópia[e],
como se tivessem nascido em Sião[f]."

5De fato, acerca de Sião se dirá:
"Todos estes nasceram em Sião,
e o próprio Altíssimo a estabelecerá".
6O SENHOR escreverá no registro dos povos:
"Este nasceu ali".

Pausa

7Com danças e cânticos, dirão:
"Em Sião estão as nossas origens[g]!"

Salmo 88

Um cântico. Salmo dos coraítas. Para o mestre de música. Conforme mahalath leannoth[h]. *Poema do ezraíta Hemã.*

1Ó SENHOR, Deus que me salva,
a ti clamo dia e noite.
2Que a minha oração chegue diante de ti;
inclina os teus ouvidos ao meu clamor.
3Tenho sofrido tanto que a minha vida
está à beira da sepultura[i]!
4Sou contado entre os que descem à cova;
sou como um homem que já não tem forças.
5Fui colocado junto aos mortos,
sou como os cadáveres que jazem no túmulo,
dos quais já não te lembras,
pois foram tirados de tua mão.

6Puseste-me na cova mais profunda,
na escuridão das profundezas.
7Tua ira pesa sobre mim;
com todas as tuas ondas me afligiste.

Pausa

8Afastaste de mim os meus melhores amigos
e me tornaste repugnante para eles.
Estou como um preso que não pode fugir;
9minhas vistas já estão fracas de tristeza.

A ti, SENHOR, clamo cada dia;
a ti ergo as minhas mãos.
10Acaso mostras as tuas maravilhas aos mortos?
Acaso os mortos se levantam
e te louvam?

Pausa

11Será que o teu amor é anunciado no túmulo,
e a tua fidelidade, no Abismo da Morte[j]?
12Acaso são conhecidas as tuas maravilhas
na região das trevas,
e os teus feitos de justiça,
na terra do esquecimento?

[a] 86:13 Essa palavra pode ser traduzida por sepultura, profundezas, pó ou morte.
[b] 86:16 Ou *salva o teu filho fiel*
[c] 87:2 Ou *santuário*
[d] 87:4 Isto é, o Egito.
[e] 87:4 Hebraico: *Cuxe.*
[f] 87:4 Hebraico: *este nasceu ali.*
[g] 87:7 Ou *está a nossa fonte de felicidade*
[h] Título: Possivelmente a melodia *O Sofrimento do Aflito.*
[i] 88:3 Hebraico: *Sheol.* Essa palavra também pode ser traduzida por profundezas, pó ou morte.
[j] 88:11 Hebraico: *Abadom.*

13Mas eu, SENHOR, a ti clamo por
socorro;
já de manhã a minha oração
chega à tua presença.
14Por que, SENHOR, me rejeitas
e escondes de mim o teu rosto?

15Desde moço tenho sofrido
e ando perto da morte;
os teus terrores levaram-me ao
desespero.
16Sobre mim se abateu a tua ira;
os pavores que me causas me
destruíram.
17Cercam-me o dia todo como uma
inundação;
envolvem-me por completo.
18Tiraste de mim os meus amigos
e os meus companheiros;
as trevas são a minha única companhia.

Salmo 89

Poema do ezraíta Etã.

1Cantarei para sempre o amor do SENHOR;
com minha boca anunciarei
a tua fidelidade por todas as
gerações.
2Sei que firme está o teu amor para
sempre,
e que firmaste nos céus a tua fidelidade.

3Tu disseste: "Fiz aliança com o meu
escolhido,
jurei ao meu servo Davi:
4Estabelecerei a tua linhagem para
sempre
e firmarei o teu trono
por todas as gerações".
Pausa

5Os céus louvam as tuas maravilhas,
SENHOR,
e a tua fidelidade na assembleia dos
santos.
6Pois, quem nos céus
poderá comparar-se ao SENHOR?
Quem dentre os seres celestiais[a]
assemelha-se ao SENHOR?
7Na assembleia dos santos Deus é
temível,
mais do que todos os que o rodeiam.
8Ó SENHOR, Deus dos Exércitos,
quem é semelhante a ti?
És poderoso, SENHOR,
envolto em tua fidelidade.

9Tu dominas o revolto mar;
quando se agigantam as suas ondas,
tu as acalmas.
10Esmagaste e mataste o Monstro dos
Mares[b];
com teu braço forte
dispersaste os teus inimigos.
11Os céus são teus, e tua também é a
terra;
fundaste o mundo e tudo o que nele
existe.
12Tu criaste o Norte e o Sul;
o Tabor e o Hermom
cantam de alegria pelo teu nome.
13O teu braço é poderoso;
a tua mão é forte, exaltada é tua mão
direita.

14A retidão e a justiça são os alicerces
do teu trono;
o amor e a fidelidade vão à tua frente.
15Como é feliz o povo
que aprendeu a aclamar-te, SENHOR,
e que anda na luz da tua presença!
16Sem cessar exultam no teu nome,
e alegram-se na tua retidão,
17pois tu és a nossa glória e a nossa
força[c],
e pelo teu favor exaltas a nossa força[d].
18Sim, SENHOR, tu és o nosso escudo[e],
ó Santo de Israel, tu és o nosso rei.

19Numa visão falaste um dia,
e aos teus fiéis disseste:
"Cobri de forças um guerreiro,
exaltei um homem escolhido dentre
o povo.
20Encontrei o meu servo Davi;
ungi-o com o meu óleo sagrado.
21A minha mão o susterá,
e o meu braço o fará forte.
22Nenhum inimigo o sujeitará a
tributos;
nenhum injusto o oprimirá.
23Esmagarei diante dele os seus
adversários
e destruirei os seus inimigos.
24A minha fidelidade e o meu amor
o acompanharão,
e pelo meu nome aumentará o seu
poder.
25A sua mão dominará até o mar,
sua mão direita, até os rios.

[a] 89:6 Ou *deuses*; ou ainda *poderosos*

[b] 89:10 Hebraico: *Raabe*.
[c] 89:17 Hebraico: *a glória do seu poder*.
[d] 89:17 Hebraico: *chifre*; também no versículo 24.
[e] 89:18 Ou *soberano*

26Ele me dirá: 'Tu és o meu Pai,
o meu Deus, a Rocha que me salva'.
27Também o nomearei meu primogênito,
o mais exaltado dos reis da terra.
28Manterei o meu amor por ele para sempre,
e a minha aliança com ele jamais se quebrará.
29Firmarei a sua linhagem para sempre,
e o seu trono durará enquanto existirem céus.

30"Se os seus filhos abandonarem a minha lei
e não seguirem as minhas ordenanças,
31se violarem os meus decretos
e deixarem de obedecer aos meus mandamentos,
32com a vara castigarei o seu pecado,
e a sua iniquidade com açoites;
33mas não afastarei dele o meu amor;
jamais desistirei da minha fidelidade.
34Não violarei a minha aliança
nem modificarei as promessas dos meus lábios.
35De uma vez para sempre jurei
pela minha santidade,
e não mentirei a Davi,
36que a sua linhagem permanecerá para sempre,
e o seu trono durará como o sol;
37será estabelecido para sempre como a lua,
a fiel testemunha no céu".
Pausa

38Mas tu o rejeitaste, recusaste-o
e te enfureceste com o teu ungido.
39Revogaste a aliança com o teu servo
e desonraste a sua coroa, lançando-a ao chão.
40Derrubaste todos os seus muros
e reduziste a ruínas as suas fortalezas.
41Todos os que passam o saqueiam;
tornou-se objeto de zombaria
para os seus vizinhos.
42Tu exaltaste a mão direita dos seus adversários
e encheste de alegria todos os seus inimigos.
43Tiraste o fio da sua espada
e não o apoiaste na batalha.
44Deste fim ao seu esplendor
e atiraste ao chão o seu trono.
45Encurtaste os dias da sua juventude;
com um manto de vergonha o cobriste.
Pausa

46Até quando, SENHOR?
Para sempre te esconderás?
Até quando a tua ira queimará como fogo?
47Lembra-te de como é passageira a minha vida.
Terás criado em vão todos os homens?
48Que homem pode viver e não ver a morte,
ou livrar-se do poder da sepultura[a]?
Pausa
49Ó Senhor, onde está o teu antigo amor,
que com fidelidade juraste a Davi?

[a] 89:48 Hebraico: *Sheol*. Essa palavra também pode ser traduzida por profundezas, pó ou morte.

A vida nos tempos da Bíblia

Como Deus é

O salmo 89 diz que Deus é "SENHOR, Deus dos Exércitos". Ele é aquele que criou o universo inteiro — as estrelas, o sol, a terra e tudo o que há nela, incluindo a nós. Isso nos leva a crer que um Deus poderoso assim certamente é capaz de cuidar de nós.

50 Lembra-te, Senhor,
das afrontas que o teu servo tem[a]
sofrido,
das zombarias que no íntimo
tenho que suportar de todos os
povos,
51 das zombarias dos teus inimigos,
SENHOR,
com que afrontam a cada passo o teu
ungido.

52 Bendito seja o SENHOR para sempre!
Amém e amém.

QUARTO LIVRO

Salmo 90

Oração de Moisés, homem de Deus.

1 Senhor, tu és o nosso refúgio, sempre,
de geração em geração.
2 Antes de nascerem os montes
e de criares a terra e o mundo,
de eternidade a eternidade tu és Deus.

3 Fazes os homens voltarem ao pó,
dizendo: "Retornem ao pó, seres
humanos!"
4 De fato, mil anos para ti
são como o dia de ontem que passou,
como as horas da noite.
5 Como uma correnteza, tu arrastas os
homens;
são breves como o sono;
são como a relva que brota ao
amanhecer;
6 germina e brota pela manhã,
mas, à tarde, murcha e seca.
7 Somos consumidos pela tua ira
e aterrorizados pelo teu furor.
8 Conheces as nossas iniquidades;
não escapam os nossos pecados
secretos
à luz da tua presença.
9 Todos os nossos dias passam
debaixo do teu furor;
vão-se como um murmúrio.
10 Os anos de nossa vida chegam a
setenta,
ou a oitenta para os que têm mais
vigor;
entretanto, são anos difíceis
e cheios de sofrimento,
pois a vida passa depressa,
e nós voamos!

[a] 89:50 Ou *teus servos têm*

11 Quem conhece o poder da tua ira?
Pois o teu furor é tão grande
como o temor que te é devido.
12 Ensina-nos a contar os nossos dias
para que o nosso coração alcance
sabedoria.

13 Volta-te, SENHOR! Até quando será
assim?
Tem compaixão dos teus servos!
14 Satisfaze-nos pela manhã
com o teu amor leal,
e todos os nossos dias cantaremos
felizes.
15 Dá-nos alegria pelo tempo que nos
afligiste,
pelos anos em que tanto sofremos.
16 Sejam manifestos os teus feitos
aos teus servos,
e aos filhos deles o teu esplendor!

17 Esteja sobre nós a bondade
do nosso Deus Soberano.
Consolida, para nós,
a obra de nossas mãos;
consolida a obra de nossas mãos!

Salmo 91

1 Aquele que habita no abrigo do
Altíssimo
e descansa à sombra do Todo-poderoso
2 pode dizer ao[b] SENHOR:
"Tu és o meu refúgio e a minha
fortaleza,
o meu Deus, em quem confio".
3 Ele o livrará do laço do caçador
e do veneno mortal[c].
4 Ele o cobrirá com as suas penas,
e sob as suas asas você encontrará
refúgio;
a fidelidade dele será o seu escudo
protetor.
5 Você não temerá o pavor da noite,
nem a flecha que voa de dia,
6 nem a peste que se move sorrateira
nas trevas,
nem a praga que devasta ao meio-
dia.
7 Mil poderão cair ao seu lado,
dez mil à sua direita,
mas nada o atingirá.
8 Você simplesmente olhará,
e verá o castigo dos ímpios.

[b] 91:2 Conforme a Septuaginta. O Texto Massorético diz *Direi do*.
[c] 91:3 Ou *da praga mortal*; ou ainda *da ameaça de destruição*

9Se você fizer do Altíssimo o seu abrigo,
do SENHOR o seu refúgio,
10nenhum mal o atingirá,
desgraça alguma chegará à sua tenda.
11Porque a seus anjos ele dará ordens
a seu respeito,
para que o protejam em todos
os seus caminhos;
12com as mãos eles o segurarão,
para que você não tropece em alguma
pedra.
13Você pisará o leão e a cobra;
pisoteará o leão forte e a serpente.

14"Porque ele me ama, eu o resgatarei;
eu o protegerei, pois conhece o meu
nome.
15Ele clamará a mim, e eu lhe darei
resposta,
e na adversidade estarei com ele;
vou livrá-lo e cobri-lo de honra.
16Vida longa eu lhe darei,
e lhe mostrarei a minha salvação."

Salmo 92

Salmo. Um cântico. Para o dia de sábado.

1Como é bom render graças ao SENHOR
e cantar louvores ao teu nome, ó
Altíssimo,
2anunciar de manhã o teu amor leal
e de noite a tua fidelidade,
3ao som da lira de dez cordas e da cítara,
e da melodia da harpa.

4Tu me alegras, SENHOR, com os teus
feitos;
as obras das tuas mãos
levam-me a cantar de alegria.
5Como são grandes as tuas obras,
SENHOR,
como são profundos os teus
propósitos!
6O insensato não entende, o tolo não vê
7que, embora os ímpios brotem como
a erva
e floresçam todos os malfeitores,
eles serão destruídos para sempre.
8Pois tu, SENHOR, és exaltado para
sempre.
9Mas os teus inimigos, SENHOR,
os teus inimigos perecerão;
serão dispersos todos os malfeitores!
10Tu aumentaste a minha força[a]
como a do boi selvagem;
derramaste sobre mim óleo novo.[b]
11Os meus olhos contemplaram a derrota
dos meus inimigos;
os meus ouvidos escutaram a
debandada
dos meus maldosos agressores.

12Os justos florescerão como a palmeira,
crescerão como o cedro do Líbano;
13plantados na casa do SENHOR,
florescerão nos átrios do nosso Deus.
14Mesmo na velhice darão fruto,
permanecerão viçosos e verdejantes,
15para proclamar que o SENHOR é justo.
Ele é a minha Rocha;
nele não há injustiça.

Salmo 93

1O SENHOR reina!
Vestiu-se de majestade;
de majestade vestiu-se o SENHOR
e armou-se de poder!
O mundo está firme e não se abalará.
2O teu trono está firme desde a
antiguidade;
tu existes desde a eternidade.
3As águas se levantaram, SENHOR,
as águas levantaram a voz;
as águas levantaram seu bramido.
4Mais poderoso do que o estrondo
das águas impetuosas,
mais poderoso do que as ondas do mar
é o SENHOR nas alturas.

5Os teus mandamentos
permanecem firmes e fiéis;
a santidade, SENHOR,
é o ornamento perpétuo da tua casa.

Salmo 94

1Ó SENHOR, Deus vingador;
Deus vingador! Intervém![c]

Palavras para memorizar

"Como é bom render graças ao SENHOR e cantar louvores ao teu nome, ó Altíssimo."

(Salmos 92:1)

[a] 92:10 Hebraico: *chifre.*
[b] 92:10 Ou *exaltaste a minha velhice com óleo novo.*
[c] 94:1 Hebraico: *Resplandece!*

2 Levanta-te, Juiz da terra;
retribui aos orgulhosos o que
merecem.
3 Até quando os ímpios, SENHOR,
até quando os ímpios exultarão?

4 Eles despejam palavras arrogantes;
todos esses malfeitores enchem-se de
vanglória.
5 Massacram o teu povo, SENHOR,
e oprimem a tua herança;
6 matam as viúvas e os estrangeiros,
assassinam os órfãos,
7 e ainda dizem: "O SENHOR não nos vê;
o Deus de Jacó nada percebe".

8 Insensatos, procurem entender!
E vocês, tolos, quando se tornarão
sábios?
9 Será que quem fez o ouvido não
ouve?
Será que quem formou o olho não vê?
10 Aquele que disciplina as nações
os deixará sem castigo?
Não tem sabedoria aquele
que dá ao homem o conhecimento?
11 O SENHOR conhece
os pensamentos do homem,
e sabe como são fúteis.

12 Como é feliz o homem a quem
disciplinas,
Senhor,
aquele a quem ensinas a tua lei;
13 tranquilo, enfrentará os dias maus,
enquanto que, para os ímpios,
uma cova se abrirá.
14 O SENHOR não desamparará o seu
povo;
jamais abandonará a sua herança.
15 Voltará a haver justiça nos
julgamentos,
e todos os retos de coração a seguirão.

16 Quem se levantará a meu favor
contra os ímpios?
Quem ficará a meu lado contra os
malfeitores?
17 Não fosse a ajuda do SENHOR,
eu já estaria habitando no silêncio.
18 Quando eu disse:
Os meus pés escorregaram,
o teu amor leal, SENHOR, me amparou!
19 Quando a ansiedade
já me dominava no íntimo,
o teu consolo trouxe alívio à minha
alma.
20 Poderá um trono corrupto
estar em aliança contigo?,
um trono que faz injustiças em nome
da lei?
21 Eles planejam contra a vida dos justos
e condenam os inocentes à morte.
22 Mas o SENHOR é a minha torre segura;
o meu Deus é a rocha em que encontro
refúgio.
23 Deus fará cair sobre eles os seus crimes,
e os destruirá por causa dos seus
pecados;
o SENHOR, o nosso Deus, os destruirá!

Salmo 95

1 Venham! Cantemos ao SENHOR com
alegria!
Aclamemos a Rocha da nossa salvação.
2 Vamos à presença dele com ações de
graças;
vamos aclamá-lo com cânticos de
louvor.
3 Pois o SENHOR é o grande Deus,
o grande Rei acima de todos os deuses.
4 Nas suas mãos estão as profundezas
da terra,
os cumes dos montes lhe pertencem.
5 Dele também é o mar, pois ele o fez;
as suas mãos formaram a terra seca.

6 Venham! Adoremos prostrados
e ajoelhemos diante do SENHOR,
o nosso Criador;
7 pois ele é o nosso Deus,
e nós somos o povo do seu pastoreio,
o rebanho que ele conduz.

Hoje, se vocês ouvirem a sua voz,
8 não endureçam o coração, como em
Meribá[a],

[a] 95:8 *Meribá* significa *rebelião*.

Palavras para memorizar

**"Pois ele é o nosso Deus,
e nós somos o povo
do seu pastoreio, o
rebanho que
ele conduz."**
(Salmos 95:7)

como aquele dia em Massá[a], no
deserto,
[9]onde os seus antepassados me
tentaram,
pondo-me à prova,
apesar de terem visto o que eu fiz.
[10]Durante quarenta anos
fiquei irado contra aquela geração e
disse:
Eles são um povo de coração ingrato;
não reconheceram os meus caminhos.
[11]Por isso jurei na minha ira:
Jamais entrarão no meu descanso.

Salmo 96

[1]Cantem ao SENHOR um novo cântico;
cantem ao SENHOR, todos os habitantes
da terra!
[2]Cantem ao SENHOR, bendigam o seu
nome;
cada dia proclamem a sua salvação!
[3]Anunciem a sua glória entre as nações,
seus feitos maravilhosos entre todos
os povos!
[4]Porque o SENHOR é grande
e digno de todo louvor,
mais temível do que todos os deuses!
[5]Todos os deuses das nações
não passam de ídolos,
mas o SENHOR fez os céus.
[6]Majestade e esplendor estão diante
dele,
poder e dignidade, no seu santuário.

[7]Deem ao SENHOR, ó famílias das
nações,
deem ao SENHOR glória e força.
[8]Deem ao SENHOR
a glória devida ao seu nome,
e entrem nos seus átrios trazendo
ofertas.
[9]Adorem o SENHOR
no esplendor da sua santidade;
tremam diante dele todos os
habitantes da terra.
[10]Digam entre as nações: "O SENHOR
reina!"
Por isso firme está o mundo, e não se
abalará,
e ele julgará os povos com justiça.
[11]Regozijem-se os céus e exulte a terra!
Ressoe o mar e tudo o que nele existe!
[12]Regozijem-se os campos
e tudo o que neles há!
Cantem de alegria todas as árvores da
floresta,
[13]cantem diante do SENHOR, porque ele
vem,
vem julgar a terra;
julgará o mundo com justiça
e os povos, com a sua fidelidade!

Salmo 97

[1]O SENHOR reina!
Exulte a terra
e alegrem-se as regiões costeiras
distantes.
[2]Nuvens escuras e espessas o cercam;
retidão e justiça são a base do seu trono.
[3]Fogo vai adiante dele
e devora os adversários ao redor.
[4]Seus relâmpagos iluminam o mundo;
a terra os vê e estremece.
[5]Os montes se derretem como cera
diante do SENHOR,
diante do Soberano de toda a terra.
[6]Os céus proclamam a sua justiça,
e todos os povos contemplam a sua
glória.

[7]Ficam decepcionados
todos os que adoram imagens
e se vangloriam de ídolos.
Prostram-se diante dele todos os deuses!

[8]Sião ouve e se alegra,
e as cidades[b] de Judá exultam,
por causa das tuas sentenças, SENHOR.
[9]Pois tu, SENHOR,
és o Altíssimo sobre toda a terra!
És exaltado muito acima de todos os
deuses!

[10]Odeiem o mal, vocês que amam o
SENHOR,
pois ele protege a vida dos seus fiéis
e os livra das mãos dos ímpios.
[11]A luz nasce[c] sobre o justo
e a alegria sobre os retos de coração.
[12]Alegrem-se no SENHOR, justos,
e louvem o seu santo nome.

Salmo 98

Salmo.

[1]Cantem ao SENHOR um novo cântico,
pois ele fez coisas maravilhosas;

[a] 95:8 *Massá* significa *provação*.

[b] 97:8 Hebraico: *filhas*.

[c] 97:11 Conforme a Septuaginta e algumas versões antigas. O Texto Massorético diz *A luz é semeada*.

a sua mão direita e o seu braço santo
lhe deram a vitória!
2 O SENHOR anunciou a sua vitória
e revelou a sua justiça às nações.
3 Ele se lembrou do seu amor leal
e da sua fidelidade para com a casa
de Israel;
todos os confins da terra viram
a vitória do nosso Deus.

4 Aclamem o SENHOR
todos os habitantes da terra!
Louvem-no com cânticos de alegria
e ao som de música!
5 Ofereçam música ao SENHOR com a
harpa,
com a harpa e ao som de canções,
6 com cornetas e ao som da trombeta;
exultem diante do SENHOR, o Rei!

7 Ressoe o mar e tudo o que nele existe,
o mundo e os seus habitantes!
8 Batam palmas os rios,
e juntos cantem de alegria os
montes;
9 cantem diante do SENHOR, porque ele
vem,
vem julgar a terra;
julgará o mundo com justiça
e os povos, com retidão.

Salmo 99

1 O SENHOR reina! As nações tremem!
O seu trono está sobre os querubins!
Abala-se a terra!
2 Grande é o SENHOR em Sião;
ele é exaltado acima de todas as
nações!
3 Seja louvado o teu grande e temível
nome,
que é santo.
4 Rei poderoso, amigo da justiça![a]
Estabeleceste a equidade
e fizeste em Jacó o que é direito e justo.
5 Exaltem o SENHOR, o nosso Deus,
prostrem-se diante do estrado dos seus
pés.
Ele é santo!

6 Moisés e Arão estavam
entre os seus sacerdotes,
Samuel, entre os que invocavam o seu
nome;
eles clamavam pelo SENHOR,
e ele lhes respondia.

[a] 99:4 Ou *O rei é poderoso e ama a justiça.*

7 Falava-lhes da coluna de nuvem,
e eles obedeciam aos seus
mandamentos
e aos decretos que ele lhes dava.
8 Tu lhes respondeste, SENHOR, nosso
Deus;
para eles, tu eras um Deus perdoador,
embora os tenhas castigado
por suas rebeliões.
9 Exaltem o SENHOR, o nosso Deus;
prostrem-se, voltados para o seu santo
monte,
porque o SENHOR, o nosso Deus, é
santo.

Salmo 100

Salmo. Para ação de graças.

1 Aclamem o SENHOR
todos os habitantes da terra!
2 Prestem culto ao SENHOR com alegria;
entrem na sua presença
com cânticos alegres.
3 Reconheçam que o SENHOR é o nosso
Deus.
Ele nos fez e somos dele[b]:
somos o seu povo,
e rebanho do seu pastoreio.

4 Entrem por suas portas com ações de
graças,
e em seus átrios, com louvor;
deem-lhe graças e bendigam o seu
nome.
5 Pois o SENHOR é bom
e o seu amor leal é eterno;
a sua fidelidade permanece
por todas as gerações.

[b] 100:3 Ou *e não nós mesmos*

Palavras para memorizar

"Aclamem o SENHOR todos os habitantes da terra! Prestem culto ao SENHOR com alegria; entrem na sua presença com cânticos alegres."

(Salmos 100:1-2)

Palavras para memorizar

"Seguirei o caminho da integridade."
(Salmos 101:2)

Salmo 101

Salmo davídico.

[1]Cantarei a lealdade e a justiça.
A ti, SENHOR, cantarei louvores!
[2]Seguirei o caminho da integridade;
quando virás ao meu encontro?
Em minha casa viverei de coração
íntegro.
[3]Repudiarei todo mal.

Odeio a conduta dos infiéis;
jamais me dominará!
[4]Longe estou dos perversos de
coração;
não quero envolver-me com o mal.
[5]Farei calar ao que difama o próximo
às ocultas.
Não vou tolerar o homem de olhos
arrogantes
e de coração orgulhoso.

[6]Meus olhos aprovam os fiéis da terra,
e eles habitarão comigo.
Somente quem tem vida íntegra me
servirá.

[7]Quem pratica a fraude
não habitará no meu santuário;
o mentiroso não permanecerá
na minha presença.
[8]Cada manhã fiz calar
todos os ímpios desta terra;
eliminei todos os malfeitores
da cidade do SENHOR.

Salmo 102

Oração de um aflito que, quase desfalecido, derrama o seu lamento diante do SENHOR.

[1]Ouve a minha oração, SENHOR!
Chegue a ti o meu grito de socorro!
[2]Não escondas de mim o teu rosto
quando estou atribulado.
Inclina para mim os teus ouvidos;
quando eu clamar, responde-me
depressa!

[3]Esvaem-se os meus dias como fumaça;
meus ossos queimam como brasas
vivas.
[4]Como a relva ressequida está o meu
coração;
esqueço até de comer!
[5]De tanto gemer estou reduzido a pele
e osso.
[6]Sou como a coruja do deserto[a],
como uma coruja entre as ruínas.
[7]Não consigo dormir;
pareço um pássaro solitário no
telhado.
[8]Os meus inimigos zombam de mim
o tempo todo;

[a] 102:6 Ou *pelicano*

Conte a Deus os seus sentimentos

Ninguém gosta de se sentir chateado, com medo ou com raiva, mas às vezes todos nós temos sentimentos como esses. Leia os primeiros 11 versículos de Salmos 102 e responda: que palavras lhe dizem como o salmista se sentiu?

A pessoa que escreveu esse salmo sabia que Deus ouviria seus sentimentos e que dizê-los a Deus o ajudaria. Da próxima vez que você se sentir mal, escreva seus sentimentos para Deus ver, e talvez no momento em que terminar de escrever você já se sentirá melhor, assim como a pessoa que escreveu este salmo (veja Salmos 102:16,17).

Experimente!

Salmos 102:1-11

os que me insultam usam o meu nome
para lançar maldições.
9Cinzas são a minha comida,
e com lágrimas misturo o que bebo,
10por causa da tua indignação e da tua
ira,
pois me rejeitaste e me expulsaste
para longe de ti.
11Meus dias são como sombras
crescentes;
sou como a relva que vai murchando.
12Tu, porém, SENHOR,
no trono reinarás para sempre;
o teu nome será lembrado
de geração em geração.
13Tu te levantarás e terás misericórdia
de Sião,
pois é hora de lhe mostrares
compaixão;
o tempo certo é chegado.
14Pois as suas pedras são amadas
pelos teus servos,
as suas ruínas os enchem de
compaixão.
15Então as nações temerão o nome do
SENHOR,
e todos os reis da terra a sua glória.
16Porque o SENHOR reconstruirá Sião
e se manifestará na glória que ele tem.
17Responderá à oração dos
desamparados;
as suas súplicas não desprezará.
18Escreva-se isto para as futuras
gerações,
e um povo que ainda será criado
louvará o SENHOR, proclamando:
19"Do seu santuário nas alturas o
SENHOR olhou;
dos céus observou a terra,
20para ouvir os gemidos dos
prisioneiros
e libertar os condenados à morte".
21Assim o nome do SENHOR
será anunciado em Sião
e o seu louvor, em Jerusalém,
22quando os povos e os reinos
se reunirem para adorar o SENHOR.

23No meio da minha vida
ele me abateu com sua força;
abreviou os meus dias.
24Então pedi:
Ó meu Deus, não me leves
no meio dos meus dias.
Os teus dias duram por todas as
gerações!
25No princípio firmaste os fundamentos
da terra,
e os céus são obras das tuas mãos.
26Eles perecerão, mas tu permanecerás;
envelhecerão como vestimentas.
Como roupas tu os trocarás
e serão jogados fora.
27Mas tu permaneces o mesmo,
e os teus dias jamais terão fim.
28Os filhos dos teus servos
terão uma habitação;
os seus descendentes serão
estabelecidos
na tua presença.

Salmo 103

Davídico.

1Bendiga o SENHOR a minha alma!
Bendiga o SENHOR todo o meu ser!
2Bendiga o SENHOR a minha alma!
Não esqueça nenhuma de suas
bênçãos!
3É ele que perdoa todos os seus pecados
e cura todas as suas doenças,
4que resgata a sua vida da sepultura
e o coroa de bondade e compaixão,
5que enche de bens a sua existência,
de modo que a sua juventude
se renova como a águia.
6O SENHOR faz justiça
e defende a causa dos oprimidos.
7Ele manifestou os seus caminhos a
Moisés,
os seus feitos aos israelitas.
8O SENHOR é compassivo e
misericordioso,
mui paciente e cheio de amor.
9Não acusa sem cessar
nem fica ressentido para sempre;
10não nos trata conforme os nossos
pecados
nem nos retribui conforme as nossas
iniquidades.
11Pois como os céus se elevam acima da
terra,
assim é grande o seu amor
para com os que o temem;
12e como o Oriente está longe do
Ocidente,
assim ele afasta para longe de nós
as nossas transgressões.
13Como um pai tem compaixão de seus
filhos,

assim o SENHOR
tem compaixão dos que o temem;
14pois ele sabe do que somos formados;
lembra-se de que somos pó.
15A vida do homem é semelhante à relva;
ele floresce como a flor do campo,
16que se vai quando sopra o vento
e nem se sabe mais o lugar que ocupava.
17Mas o amor leal do SENHOR,
o seu amor eterno, está com os que o temem,
e a sua justiça com os filhos dos seus filhos,
18com os que guardam a sua aliança
e se lembram de obedecer aos seus preceitos.

19O SENHOR estabeleceu o seu trono nos céus,
e como rei domina sobre tudo o que existe.
20Bendigam o SENHOR,
vocês, seus anjos poderosos,
que obedecem à sua palavra.
21Bendigam o SENHOR todos os seus exércitos,
vocês, seus servos, que cumprem a sua vontade.
22Bendigam o SENHOR todas as suas obras
em todos os lugares do seu domínio.

Bendiga o SENHOR a minha alma!

Salmo 104

1Bendiga o SENHOR a minha alma!
Ó SENHOR, meu Deus, tu és tão grandioso!
Estás vestido de majestade e esplendor!
2Envolto em luz como numa veste,
ele estende os céus como uma tenda,
3e põe sobre as águas dos céus
as vigas dos seus aposentos.
Faz das nuvens a sua carruagem
e cavalga nas asas do vento.
4Faz dos ventos seus mensageiros[a]
e dos clarões reluzentes seus servos.

5Firmaste a terra sobre os seus fundamentos
para que jamais se abale;
6com as torrentes do abismo a cobriste,
como se fossem uma veste;
as águas subiram acima dos montes.
7Diante das tuas ameaças as águas fugiram,
puseram-se em fuga ao som do teu trovão;
8subiram pelos montes
e escorreram pelos vales,
para os lugares que tu lhes designaste.
9Estabeleceste um limite
que não podem ultrapassar;
jamais tornarão a cobrir a terra.

10Fazes jorrar as nascentes nos vales
e correrem as águas entre os montes;

[a] 104:4 Ou *anjos*

A vida nos tempos da Bíblia

Como Deus é

Salmos 103:13 diz que Deus é como um pai cheio de compaixão, o que significa que Deus nos ama muito. Ele nos fez e ele nos conhece melhor do que nós nos conhecemos e não permanecerá irado quando pecarmos, mas nos perdoará.

11delas bebem todos os animais
selvagens,
e os jumentos selvagens saciam a sua
sede.
12As aves do céu fazem ninho junto às
águas
e entre os galhos põem-se a cantar.
13Dos teus aposentos celestes
regas os montes;
sacia-se a terra com o fruto das tuas
obras!
14É o SENHOR que faz crescer o pasto
para o gado,
e as plantas que o homem cultiva,
para da terra tirar o alimento:
15o vinho, que alegra o coração do
homem;
o azeite, que lhe faz brilhar o rosto,
e o pão que sustenta o seu vigor.
16As árvores do SENHOR são bem
regadas,
os cedros do Líbano que ele plantou;
17nelas os pássaros fazem ninho,
e nos pinheiros a cegonha tem o seu lar.
18Os montes elevados pertencem
aos bodes selvagens,
e os penhascos são um refúgio para os
coelhos.

19Ele fez a lua para marcar estações;
o sol sabe quando deve se pôr.
20Trazes trevas, e cai a noite,
quando os animais da floresta
vagueiam.
21Os leões rugem à procura da presa,
buscando de Deus o alimento,
22mas ao nascer do sol eles se vão
e voltam a deitar-se em suas tocas.
23Então o homem sai para o seu
trabalho,
para o seu labor até o entardecer.

24Quantas são as tuas obras, SENHOR!
Fizeste todas elas com sabedoria!
A terra está cheia de seres que criaste.
25Eis o mar, imenso e vasto.
Nele vivem inúmeras criaturas,
seres vivos, pequenos e grandes.
26Nele passam os navios,
e também o Leviatã[a],
que formaste para com ele[b] brincar.

27Todos eles dirigem seu olhar a ti,
esperando que lhes dês o alimento no
tempo certo;
28tu lhes dás, e eles o recolhem,
abres a tua mão, e saciam-se de coisas
boas.
29Quando escondes o rosto,
entram em pânico;
quando lhes retiras o fôlego,
morrem e voltam ao pó.
30Quando sopras o teu fôlego,
eles são criados,
e renovas a face da terra.

31Perdure para sempre a glória do
SENHOR!
Alegre-se o SENHOR em seus feitos!
32Ele olha para a terra, e ela treme,
toca os montes, e eles fumegam.

33Cantarei ao SENHOR toda a minha
vida;
louvarei ao meu Deus enquanto eu
viver.
34Seja-lhe agradável a minha
meditação,
pois no SENHOR tenho alegria.
35Sejam os pecadores eliminados da
terra
e deixem de existir os ímpios.

Bendiga o SENHOR a minha alma!

Aleluia![c]

Salmo 105

1Deem graças ao SENHOR,
proclamem o seu nome;
divulguem os seus feitos entre as
nações.
2Cantem para ele e louvem-no;
relatem todas as suas maravilhas.
3Gloriem-se no seu santo nome;
alegre-se o coração dos
que buscam o SENHOR.
4Recorram ao SENHOR e ao seu poder;
busquem sempre a sua presença.
5Lembrem-se das maravilhas que ele
fez,
dos seus prodígios
e das sentenças de juízo que
pronunciou,
6ó descendentes de Abraão, seu servo,
ó filhos de Jacó, seus escolhidos.

7Ele é o SENHOR, o nosso Deus;
seus decretos são para toda a terra.
8Ele se lembra para sempre da sua
aliança,

[a] 104:26 Ou *monstro marinho*
[b] 104:26 Ou *para nele*
[c] 104:35 Ou *Louvem o* SENHOR; também em todo o livro de Salmos.

por mil gerações, da palavra que
ordenou,
9da aliança que fez com Abraão,
do juramento que fez a Isaque.
10Ele o confirmou como decreto a Jacó,
a Israel como aliança eterna, quando
disse:
11"Darei a você a terra de Canaã,
a herança que lhe pertence".
12Quando ainda eram poucos,
um punhado de peregrinos na terra,
13e vagueavam de nação em nação,
de um reino a outro,
14ele não permitiu que ninguém os
oprimisse,
mas a favor deles repreendeu reis,
dizendo:
15"Não toquem nos meus ungidos;
não maltratem os meus profetas".
16Ele mandou vir fome sobre a terra
e destruiu todo o seu sustento;
17mas enviou um homem adiante deles,
José, que foi vendido como escravo.
18Machucaram-lhe os pés com correntes
e com ferros prenderam-lhe o
pescoço,
19até cumprir-se a sua predição
e a palavra do SENHOR confirmar o
que dissera.
20O rei mandou soltá-lo,
o governante dos povos o libertou.
21Ele o constituiu senhor de seu palácio
e administrador de todos os seus
bens,
22para instruir os seus oficiais como
desejasse
e ensinar a sabedoria às autoridades
do rei.

23Então Israel foi para o Egito,
Jacó viveu como estrangeiro na terra
de Cam.
24Deus fez proliferar o seu povo,
tornou-o mais poderoso
do que os seus adversários,
25e mudou o coração deles
para que odiassem o seu povo,
para que tramassem contra os seus
servos.
26Então enviou seu servo Moisés,
e Arão, a quem tinha escolhido,
27por meio dos quais realizou
os seus sinais milagrosos
e as suas maravilhas na terra de Cam.
28Ele enviou trevas, e houve trevas,
e eles não se rebelaram[a] contra as suas
palavras.
29Ele transformou as águas deles em
sangue,
causando a morte dos seus peixes.
30A terra deles ficou infestada de rãs,
até mesmo os aposentos reais.
31Ele ordenou, e enxames de moscas e
piolhos[b]
invadiram o território deles.
32Deu-lhes granizo, em vez de chuva,
e raios flamejantes por toda a sua terra;
33arrasou as suas videiras e figueiras
e destruiu as árvores do seu território.
34Ordenou, e vieram enxames de
gafanhotos,
gafanhotos inumeráveis,
35e devoraram toda a vegetação daquela
terra,
e consumiram tudo o que a lavoura
produziu.
36Depois matou todos os primogênitos
da terra deles,
todas as primícias da sua virilidade.

37Ele tirou de lá Israel,
que saiu cheio de prata e ouro.
Não havia em suas tribos quem
fraquejasse.
38Os egípcios alegraram-se quando eles
saíram,
pois estavam com verdadeiro pavor
dos israelitas.
39Ele estendeu uma nuvem para lhes
dar sombra,
e fogo para iluminar a noite.
40Pediram, e ele enviou codornizes,
e saciou-os com pão do céu.
41Ele fendeu a rocha, e jorrou água,
que escorreu como um rio pelo
deserto.
42Pois ele se lembrou da santa
promessa
que fizera ao seu servo Abraão.
43Fez o seu povo sair cheio de júbilo,
e os seus escolhidos, com cânticos
alegres.
44Deu-lhes as terras das nações,
e eles tomaram posse
do fruto do trabalho de outros povos,
45para que obedecessem aos seus
decretos
e guardassem as suas leis.

Aleluia!

[a] 105:28 A Septuaginta e a Versão Siríaca dizem *mas eles se rebelaram.*
[b] 105:31 Ou *mosquitos*

Palavras para memorizar

"Deem graças ao Senhor porque ele é bom; o seu amor dura para sempre."

(Salmos 106:1)

Salmo 106

1Aleluia!

Deem graças ao SENHOR porque ele é
bom;
o seu amor dura para sempre.
2Quem poderá descrever
os feitos poderosos do SENHOR,
ou declarar todo o louvor que lhe é
devido?
3Como são felizes
os que perseveram na retidão,
que sempre praticam a justiça!
4Lembra-te de mim, SENHOR,
quando tratares com bondade o teu
povo;
vem em meu auxílio quando o
salvares,
5para que eu possa testemunhar[a]
o bem-estar dos teus escolhidos,
alegrar-me com a alegria do teu povo,
e louvar-te junto com a tua herança.

6Pecamos como os nossos
antepassados;
fizemos o mal e fomos rebeldes.
7No Egito, os nossos antepassados
não deram atenção às tuas
maravilhas;
não se lembraram das muitas
manifestações
do teu amor leal
e rebelaram-se junto ao mar, o mar
Vermelho.
8Contudo, ele os salvou por causa do
seu nome,
para manifestar o seu poder.
9Repreendeu o mar Vermelho, e este
secou;
ele os conduziu pelas profundezas
como por um deserto.
10Salvou-os das mãos daqueles que os
odiavam;
das mãos dos inimigos os resgatou.
11As águas cobriram os seus
adversários;
nenhum deles sobreviveu.
12Então creram nas suas promessas
e a ele cantaram louvores.

13Mas logo se esqueceram do que ele
tinha feito
e não esperaram para saber o seu plano.
14Dominados pela gula no deserto,
puseram Deus à prova nas regiões
áridas.
15Deu-lhes o que pediram,
mas mandou sobre eles uma doença
terrível.

16No acampamento
tiveram inveja de Moisés e de Arão,
daquele que fora consagrado ao
SENHOR.
17A terra abriu-se, engoliu Datã
e sepultou o grupo de Abirão;
18fogo surgiu entre os seus seguidores;
as chamas consumiram os ímpios.

19Em Horebe fizeram um bezerro,
adoraram um ídolo de metal.
20Trocaram a Glória deles
pela imagem de um boi que come
capim.
21Esqueceram-se de Deus, seu Salvador,
que fizera coisas grandiosas no Egito,
22maravilhas na terra de Cam
e feitos temíveis junto ao mar
Vermelho.
23Por isso, ele ameaçou destruí-los;
mas Moisés, seu escolhido,
intercedeu[b] diante dele,
para evitar que a sua ira os destruísse.
24Também rejeitaram a terra desejável;
não creram na promessa dele.
25Queixaram-se em suas tendas
e não obedeceram ao SENHOR.
26Assim, de mão levantada,
ele jurou que os abateria no deserto
27e dispersaria os seus descendentes
entre as nações e os espalharia por
outras terras.

28Sujeitaram-se ao jugo de Baal-Peor
e comeram sacrifícios oferecidos
a ídolos mortos;

[a] 106:5 Ou *desfrutar*

[b] 106:23 Hebraico: *colocou-se na brecha.*

29 provocaram a ira do SENHOR
com os seus atos,
e uma praga irrompeu no meio deles.
30 Mas Fineias se interpôs para executar
o juízo,
e a praga foi interrompida.
31 Isso lhe foi creditado como um ato de
justiça
que para sempre será lembrado,
por todas as gerações.

32 Provocaram a ira de Deus
junto às águas de Meribá;
e, por causa deles, Moisés foi castigado;
33 rebelaram-se contra o Espírito de Deus,
e Moisés[a] falou sem refletir.

34 Eles não destruíram os povos,
como o SENHOR tinha ordenado,
35 em vez disso, misturaram-se com as
nações
e imitaram as suas práticas.
36 Prestaram culto aos seus ídolos,
que se tornaram uma armadilha para
eles.
37 Sacrificaram seus filhos e suas filhas
aos demônios.
38 Derramaram sangue inocente,
o sangue de seus filhos e filhas
sacrificados aos ídolos de Canaã;
e a terra foi profanada pelo sangue
deles.
39 Tornaram-se impuros pelos seus atos;
prostituíram-se por suas ações.

40 Por isso acendeu-se a ira do SENHOR
contra o seu povo
e ele sentiu aversão por sua herança.
41 Entregou-os nas mãos das nações,
e os seus adversários dominaram sobre
eles.
42 Os seus inimigos os oprimiram
e os subjugaram com o seu poder.
43 Ele os libertou muitas vezes,
embora eles persistissem
em seus planos de rebelião
e afundassem em sua maldade.

44 Mas Deus atentou para o sofrimento
deles
quando ouviu o seu clamor.
45 Lembrou-se da sua aliança com eles,
e arrependeu-se,
por causa do seu imenso amor leal.
46 Fez com que os seus captores
tivessem misericórdia deles.

47 Salva-nos, SENHOR, nosso Deus!
Ajunta-nos dentre as nações,
para que demos graças ao teu santo
nome
e façamos do teu louvor a nossa
glória.
48 Bendito seja o SENHOR, o Deus de
Israel,
por toda a eternidade.
Que todo o povo diga: "Amém!"

Aleluia!

QUINTO LIVRO

Salmo 107

1 Deem graças ao SENHOR porque ele é
bom;
o seu amor dura para sempre.
2 Assim o digam os que o SENHOR
resgatou,
os que livrou das mãos do adversário,
3 e reuniu de outras terras,
do oriente e do ocidente, do norte e
do sul[b].

4 Perambularam pelo deserto e por
terras áridas
sem encontrar cidade habitada.
5 Estavam famintos e sedentos;
sua vida ia se esvaindo.
6 Na sua aflição, clamaram ao SENHOR,
e ele os livrou da tribulação
em que se encontravam
7 e os conduziu por caminho seguro
a uma cidade habitada.
8 Que eles deem graças ao SENHOR
por seu amor leal e por suas
maravilhas
em favor dos homens,
9 porque ele sacia o sedento
e satisfaz plenamente o faminto.

10 Assentaram-se nas trevas e na
sombra mortal,
aflitos, acorrentados,
11 pois se rebelaram contra as palavras
de Deus
e desprezaram os desígnios do
Altíssimo.
12 Por isso ele os sujeitou a trabalhos
pesados;
eles tropeçaram,
e não houve quem os ajudasse.

[a] 106:33 Ou *tanto irritaram-lhe o espírito que Moisés*

[b] 107:3 Hebraico: *mar*.

Palavras para memorizar

"Deem graças ao SENHOR, por seu amor leal."
(Salmos 107:15)

13 Na sua aflição, clamaram ao SENHOR,
e ele os salvou da tribulação
em que se encontravam.
14 Ele os tirou das trevas e da sombra
mortal,
e quebrou as correntes que os
prendiam.
15 Que eles deem graças ao SENHOR,
por seu amor leal e por suas
maravilhas
em favor dos homens,
16 porque despedaçou as portas de
bronze
e rompeu as trancas de ferro.

17 Tornaram-se tolos por causa
dos seus caminhos rebeldes,
e sofreram por causa das suas
maldades.
18 Sentiram repugnância por toda
comida
e chegaram perto das portas da morte.
19 Na sua aflição, clamaram ao SENHOR,
e ele os salvou da tribulação
em que se encontravam.
20 Ele enviou a sua palavra e os curou,
e os livrou da morte.
21 Que eles deem graças ao SENHOR,
por seu amor leal e por suas
maravilhas
em favor dos homens.
22 Que eles ofereçam
sacrifícios de ação de graças
e anunciem as suas obras
com cânticos de alegria.

23 Fizeram-se ao mar em navios,
para negócios na imensidão das
águas,
24 e viram as obras do SENHOR,
as suas maravilhas nas profundezas.
25 Deus falou e provocou um vendaval
que levantava as ondas.
26 Subiam aos céus e desciam aos
abismos;
diante de tal perigo, perderam a
coragem.
27 Cambaleavam, tontos como bêbados,
e toda a sua habilidade foi inútil.
28 Na sua aflição, clamaram ao SENHOR,
e ele os tirou da tribulação
em que se encontravam.
29 Reduziu a tempestade a uma brisa
e serenou as ondas.
30 As ondas sossegaram, eles se
alegraram,
e Deus os guiou ao porto almejado.
31 Que eles deem graças ao SENHOR
por seu amor leal e por suas
maravilhas
em favor dos homens.
32 Que o exaltem na assembleia do povo
e o louvem na reunião dos líderes.

33 Ele transforma os rios em deserto
e as fontes em terra seca,
34 faz da terra fértil um solo estéril,
por causa da maldade dos seus
moradores.
35 Transforma o deserto em açudes
e a terra ressecada, em fontes.
36 Ali ele assenta os famintos,
para fundarem uma cidade habitável,
37 semearem lavouras, plantarem vinhas
e colherem uma grande safra.
38 Ele os abençoa, e eles se multiplicam;
e não deixa que os seus rebanhos
diminuam.

39 Quando, porém, reduzidos,
são humilhados com opressão,
desgraça e tristeza.
40 Deus derrama desprezo sobre os
nobres
e os faz vagar num deserto sem
caminhos.
41 Mas tira os pobres da miséria
e aumenta as suas famílias como
rebanhos.
42 Os justos veem tudo isso e se alegram,
mas todos os perversos se calam.

43 Reflitam nisso os sábios
e considerem a bondade do SENHOR.

Salmo 108

Uma canção. Salmo davídico.

1 Meu coração está firme, ó Deus!
Cantarei e louvarei, ó Glória minha!
2 Acordem, harpa e lira!
Despertarei a alvorada.

[3]Eu te darei graças, ó SENHOR, entre os
povos;
cantarei louvores entre as nações,
[4]porque o teu amor leal
se eleva muito acima dos céus;
a tua fidelidade alcança as nuvens!
[5]Sê exaltado, ó Deus, acima dos céus;
estenda-se a tua glória sobre toda a
terra!

[6]Salva-nos com a tua mão direita
e responde-nos,
para que sejam libertos aqueles a
quem amas.
[7]Do seu santuário[a] Deus falou:
"No meu triunfo dividirei Siquém
e repartirei o vale de Sucote.
[8]Gileade me pertence, e Manassés
também;
Efraim é o meu capacete, Judá é o meu
cetro.
[9]Moabe é a pia em que me lavo,
em Edom atiro a minha sandália,
sobre a Filístia dou meu brado de
vitória!"

[10]Quem me levará à cidade fortificada?
Quem me guiará a Edom?
[11]Não foste tu, ó Deus, que nos rejeitaste
e deixaste de sair com os nossos
exércitos?
[12]Dá-nos ajuda contra os adversários,
pois inútil é o socorro do homem.
[13]Com Deus conquistaremos a vitória,
e ele pisará os nossos adversários.

Salmo 109

Para o mestre de música. Salmo davídico.

[1]Ó Deus, a quem louvo, não fiques
indiferente,
[2]pois homens ímpios e falsos
dizem calúnias contra mim,
e falam mentiras a meu respeito.
[3]Eles me cercaram com palavras
carregadas de ódio;
atacaram-me sem motivo.
[4]Em troca da minha amizade eles me
acusam,
mas eu permaneço em oração.
[5]Retribuem-me o bem com o mal,
e a minha amizade com ódio.

[6]Designe-se[b] um ímpio[c] para ser seu
oponente;
à sua direita esteja um acusador[d].
[7]Seja declarado culpado no julgamento,
e que até a sua oração seja considerada
pecado.
[8]Seja a sua vida curta,
e outro ocupe o seu lugar.
[9]Fiquem órfãos os seus filhos
e a sua esposa, viúva.
[10]Vivam os seus filhos vagando como
mendigos,
e saiam rebuscando o pão
longe de[e] suas casas em ruínas.
[11]Que um credor se aposse
de todos os seus bens,
e estranhos saqueiem o fruto do seu
trabalho.
[12]Que ninguém o trate com bondade
nem tenha misericórdia dos seus filhos
órfãos.
[13]Sejam exterminados os seus
descendentes
e desapareçam os seus nomes
na geração seguinte.
[14]Que o SENHOR se lembre
da iniquidade dos seus
antepassados,
e não se apague o pecado de sua mãe.
[15]Estejam os seus pecados sempre
perante o SENHOR,
e na terra ninguém jamais se lembre
da sua família.

[16]Pois ele jamais pensou em praticar
um ato de bondade,
mas perseguiu até a morte o pobre,
o necessitado e o de coração partido.
[17]Ele gostava de amaldiçoar:
venha sobre ele a maldição!
Não tinha prazer em abençoar:
afaste-se dele a bênção!
[18]Ele vestia a maldição como uma
roupa:
entre ela em seu corpo como água
e em seus ossos como óleo.
[19]Envolva-o como um manto
e aperte-o sempre como um cinto.
[20]Assim retribua o SENHOR
aos meus acusadores,
aos que me caluniam.

[21]Mas tu, Soberano SENHOR,
intervém em meu favor, por causa do
teu nome.
Livra-me, pois é sublime o teu amor
leal!

[a] 108:7 Ou *Na sua santidade*
[b] 109:6 Ou *Eles dizem: "Designa*
[c] 109:6 Ou *o maligno*
[d] 109:6 Ou *Satanás*
[e] 109:10 A Septuaginta diz *e sejam expulsos de.*

22 Sou pobre e necessitado
e, no íntimo, o meu coração está abatido.
23 Vou definhando como a sombra
vespertina;
para longe sou lançado, como um
gafanhoto.
24 De tanto jejuar os meus joelhos
fraquejam
e o meu corpo definha de magreza.
25 Sou objeto de zombaria
para os meus acusadores;
logo que me veem, meneiam a cabeça.

26 Socorro, SENHOR, meu Deus!
Salva-me pelo teu amor leal!
27 Que eles reconheçam que foi a tua mão,
que foste tu, SENHOR, que o fizeste.
28 Eles podem amaldiçoar,
tu, porém, me abençoas.
Quando atacarem, serão humilhados,
mas o teu servo se alegrará.
29 Sejam os meus acusadores
vestidos de desonra;
que a vergonha os cubra como um
manto.

30 Em alta voz, darei muitas graças ao
SENHOR;
no meio da assembleia eu o louvarei,
31 pois ele se põe ao lado do pobre
para salvá-lo daqueles que o
condenam.

Salmo 110

Salmo davídico.

1 O SENHOR disse ao meu Senhor:
"Senta-te à minha direita
até que eu faça dos teus inimigos
um estrado para os teus pés".

2 O SENHOR estenderá
o cetro de teu poder desde Sião,
e dominarás sobre os teus inimigos!
3 Quando convocares as tuas tropas,
o teu povo se apresentará
voluntariamente.[a]
Trajando vestes santas,[b]
desde o romper da alvorada
os teus jovens virão como o orvalho.[c]

4 O SENHOR jurou e não se arrependerá:
"Tu és sacerdote para sempre,
segundo a ordem de Melquisedeque".
5 O Senhor está à tua direita;
ele esmagará reis no dia da sua ira.
6 Julgará as nações, amontoando os
mortos
e esmagando governantes[d]
em toda a extensão da terra.
7 No caminho beberá de um ribeiro,
e então erguerá a cabeça.

Salmo 111[e]

1 Aleluia!

Darei graças ao SENHOR de todo o
coração
na reunião da congregação dos
justos.

2 Grandes são as obras do SENHOR;
nelas meditam todos os que as
apreciam.
3 Os seus feitos manifestam
majestade e esplendor,
e a sua justiça dura para sempre.
4 Ele fez proclamar as suas
maravilhas;
o SENHOR é misericordioso e
compassivo.
5 Deu alimento aos que o temiam,
pois sempre se lembra de sua aliança.
6 Mostrou ao seu povo os seus feitos
poderosos,
dando-lhe as terras das nações.
7 As obras das suas mãos são fiéis e
justas;
todos os seus preceitos merecem
confiança.
8 Estão firmes para sempre,
estabelecidos com fidelidade e
retidão.
9 Ele trouxe redenção ao seu povo
e firmou a sua aliança para sempre.
Santo e temível é o seu nome!

[a] 110:3 A Septuaginta diz *contigo está o principado.*
[b] 110:3 Vários manuscritos do Texto Massorético e outras versões antigas dizem *Dos santos montes.*
[c] 110:3 A Septuaginta, a Versão Siríaca e vários manuscritos do Texto Massorético dizem *antes da aurora eu o gerei.*
[d] 110:6 Ou *cabeças*
[e] O salmo 111 é um poema organizado em ordem alfabética, no hebraico.

Palavras para memorizar

"O temor do SENHOR é o princípio da sabedoria."
(Salmos 111:10)

[10]O temor do SENHOR
é o princípio da sabedoria;
todos os que cumprem os seus
preceitos
revelam bom senso.

Ele será louvado para sempre!

Salmo 112[a]

[1]Aleluia!

Como é feliz o homem que teme o
SENHOR
e tem grande prazer em seus
mandamentos!
[2]Seus descendentes serão poderosos
na terra,
serão uma geração abençoada,
de homens íntegros.
[3]Grande riqueza há em sua casa,
e a sua justiça dura para sempre.
[4]A luz raia nas trevas para o íntegro,
para quem é misericordioso[b],
compassivo e justo.

[5]Feliz é o homem
que empresta com generosidade
e que com honestidade conduz os seus
negócios.
[6]O justo jamais será abalado;
para sempre se lembrarão dele.
[7]Não temerá más notícias;
seu coração está firme, confiante no
SENHOR.
[8]O seu coração está seguro e nada
temerá.
No final, verá a derrota dos seus
adversários.
[9]Reparte generosamente com os
pobres;
a sua justiça dura para sempre;
seu poder[c] será exaltado em honra.

[10]O ímpio o vê e fica irado,
range os dentes e definha.
O desejo dos ímpios se frustrará.

Salmo 113

[1]Aleluia!
Louvem, ó servos do SENHOR,
louvem o nome do SENHOR!
[2]Seja bendito o nome do SENHOR,
desde agora e para sempre!
[3]Do nascente ao poente,
seja louvado o nome do SENHOR!

[4]O SENHOR está exaltado
acima de todas as nações;
e acima dos céus está a sua glória.
[5]Quem é como o SENHOR, o nosso
Deus,
que reina em seu trono nas alturas,
[6]mas se inclina para contemplar
o que acontece nos céus e na terra?

[7]Ele levanta do pó o necessitado
e ergue do lixo o pobre,
[8]para fazê-los sentar-se com príncipes,
com os príncipes do seu povo.
[9]Dá um lar à estéril,
e dela faz uma feliz mãe de filhos.

Aleluia!

[a] O salmo 112 é um poema organizado em ordem alfabética, no hebraico.
[b] 112:4 Ou *pois o Senhor é misericordioso*
[c] 112:9 Hebraico: *chifre.*

Louve a Deus

Louvar significa dizer a Deus como ele é grande. Algumas vezes nós louvamos a Deus ao falar com ele; outras vezes, o louvamos ao falar dele para outras pesoas. Leia Salmos 113.

Você também pode louvar a Deus, e um modo de fazer isso seria escrever duas linhas contando a Deus o que você gosta nele. Outro modo seria escrever duas linhas que contem aos outros por que Deus é tão especial. Quando for sua vez de orar antes da refeição ou quando você orar na hora de ir para a cama, comece com um dos versos de louvor que você escreveu.

Experimente!

Salmos 113:1-9

Salmo 114

[1]Quando Israel saiu do Egito,
e a casa de Jacó saiu do meio
de um povo de língua estrangeira,
[2]Judá tornou-se o santuário de Deus,
Israel o seu domínio.

[3]O mar olhou e fugiu,
o Jordão retrocedeu;
[4]os montes saltaram como carneiros,
as colinas, como cordeiros.

[5]Por que fugir, ó mar?
E você, Jordão, por que retroceder?
[6]Por que vocês saltaram como carneiros,
ó montes?
E vocês, colinas, porque saltaram como cordeiros?

[7]Estremeça na presença do Soberano, ó terra,
na presença do Deus de Jacó!
[8]Ele fez da rocha um açude,
do rochedo uma fonte.

Salmo 115

[1]Não a nós, SENHOR, nenhuma glória para nós,
mas sim ao teu nome,
por teu amor e por tua fidelidade!

[2]Por que perguntam as nações:
"Onde está o Deus deles?"
[3]O nosso Deus está nos céus,
e pode fazer tudo o que lhe agrada.
[4]Os ídolos deles, de prata e ouro,
são feitos por mãos humanas.
[5]Têm boca, mas não podem falar,
olhos, mas não podem ver;
[6]têm ouvidos, mas não podem ouvir,
nariz, mas não podem sentir cheiro;
[7]têm mãos, mas nada podem apalpar,
pés, mas não podem andar;
e não emitem som algum com a garganta.
[8]Tornem-se como eles aqueles que os fazem
e todos os que neles confiam.

[9]Confie no SENHOR, ó Israel!
Ele é o seu socorro e o seu escudo.
[10]Confiem no SENHOR, sacerdotes!
Ele é o seu socorro e o seu escudo.
[11]Vocês que temem o SENHOR,
confiem no SENHOR!
Ele é o seu socorro e o seu escudo.

[12]O SENHOR lembra-se de nós e nos abençoará;
abençoará os israelitas,
abençoará os sacerdotes,
[13]abençoará os que temem o SENHOR,
do menor ao maior.
[14]Que o SENHOR os multiplique,
vocês e os seus filhos.
[15]Sejam vocês abençoados pelo SENHOR,
que fez os céus e a terra.

[16]Os mais altos céus pertencem ao SENHOR,
mas a terra ele a confiou ao homem.
[17]Os mortos não louvam o SENHOR,
tampouco nenhum dos que descem ao silêncio.
[18]Mas nós bendiremos o SENHOR,
desde agora e para sempre!

Aleluia!

Salmo 116

[1]Eu amo o SENHOR, porque ele me ouviu
quando lhe fiz a minha súplica.
[2]Ele inclinou os seus ouvidos para mim;
eu o invocarei toda a minha vida.

[3]As cordas da morte me envolveram,
as angústias do Sheol[a] vieram sobre mim;
aflição e tristeza me dominaram.
[4]Então clamei pelo nome do SENHOR:
Livra-me, SENHOR!

[5]O SENHOR é misericordioso e justo;
o nosso Deus é compassivo.
[6]O SENHOR protege os simples;
quando eu já estava sem forças, ele me salvou.

[7]Retorne ao seu descanso, ó minha alma,
porque o SENHOR tem sido bom para você!

[8]Pois tu me livraste da morte,
e livraste os meus olhos das lágrimas
e os meus pés, de tropeçar,
[9]para que eu pudesse andar diante do SENHOR
na terra dos viventes.
[10]Eu cri, ainda que tenha dito:[b]
Estou muito aflito.

[a] 116:3 Essa palavra pode ser traduzida por sepultura, profundezas, pó ou morte.
[b] 116:10 Ou *Eu cri, por isso falei:*

11Em pânico eu disse:
Ninguém merece confiança.

12Como posso retribuir ao SENHOR
toda a sua bondade para comigo?
13Erguerei o cálice da salvação
e invocarei o nome do SENHOR.
14Cumprirei para com o SENHOR
os meus votos,
na presença de todo o seu povo.

15O SENHOR vê com pesar
a morte de seus fiéis.[a]
16SENHOR, sou teu servo,
Sim, sou teu servo, filho da tua serva;
livraste-me das minhas correntes.
17Oferecerei a ti um sacrifício de
gratidão
e invocarei o nome do SENHOR.
18Cumprirei para com o SENHOR
os meus votos,
na presença de todo o seu povo,
19nos pátios da casa do SENHOR,
no seu interior, ó Jerusalém!

Aleluia!

Salmo 117

1Louvem o SENHOR, todas as nações;
exaltem-no, todos os povos!
2Porque imenso é o seu amor leal por nós,
e a fidelidade do SENHOR dura para
sempre.

Aleluia!

Salmo 118

1Deem graças ao SENHOR porque ele é
bom;
o seu amor dura para sempre.

2Que Israel diga:
"O seu amor dura para sempre!"
3Os sacerdotes digam:
"O seu amor dura para sempre!"
4Os que temem o SENHOR digam:
"O seu amor dura para sempre!"

5Na minha angústia clamei ao SENHOR;
e o SENHOR me respondeu,
dando-me ampla liberdade[b].
6O SENHOR está comigo, não temerei.
O que me podem fazer os homens?
7O SENHOR está comigo;
ele é o meu ajudador.
Verei a derrota dos meus inimigos.

8É melhor buscar refúgio no SENHOR
do que confiar nos homens.
9É melhor buscar refúgio no SENHOR
do que confiar em príncipes.

10Todas as nações me cercaram,
mas em nome do SENHOR eu as
derrotei.
11Cercaram-me por todos os lados,
mas em nome do SENHOR eu as
derrotei.
12Cercaram-me como um enxame de
abelhas,
mas logo se extinguiram
como espinheiros em chamas.
Em nome do SENHOR eu as derrotei!

13Empurraram-me para forçar a minha
queda,
mas o SENHOR me ajudou.
14O SENHOR é a minha força e o meu
cântico;
ele é a minha salvação.

15Alegres brados de vitória
ressoam nas tendas dos justos:
"A mão direita do SENHOR age com
poder!
16A mão direita do SENHOR é exaltada!
A mão direita do SENHOR age com
poder!"

17Não morrerei; mas vivo ficarei
para anunciar os feitos do SENHOR.
18O SENHOR me castigou com
severidade,
mas não me entregou à morte.

19Abram as portas da justiça para mim,
pois quero entrar para dar graças ao
SENHOR.
20Esta é a porta do SENHOR,
pela qual entram os justos.
21Dou-te graças, porque me respondeste
e foste a minha salvação.

22A pedra que os construtores
rejeitaram
tornou-se a pedra angular.
23Isso vem do SENHOR,
e é algo maravilhoso para nós.
24Este é o dia em que o SENHOR agiu;
alegremo-nos e exultemos neste dia.

25Salva-nos, SENHOR! Nós imploramos.
Faze-nos prosperar, SENHOR! Nós
suplicamos.
26Bendito é o que vem em nome do
SENHOR.
Da casa do SENHOR nós os abençoamos.

[a] 116:15 Ou *Para o Senhor é preciosa a morte dos seus fiéis.*
[b] 118:5 Hebraico: *pondo-me num lugar espaçoso.*

27 O SENHOR é Deus,
e ele fez resplandecer sobre nós a sua luz.[a]
Juntem-se ao cortejo festivo,
levando ramos até as pontas[b] do altar.

28 Tu és o meu Deus; graças te darei!
Ó meu Deus, eu te exaltarei!

29 Deem graças ao SENHOR, porque ele é bom;
o seu amor dura para sempre.

Salmo 119[c]

Álef

1 Como são felizes os que andam
em caminhos irrepreensíveis,
que vivem conforme a lei do SENHOR!
2 Como são felizes os que obedecem
aos seus estatutos
e de todo o coração o buscam!
3 Não praticam o mal
e andam nos caminhos do SENHOR.
4 Tu mesmo ordenaste os teus preceitos
para que sejam fielmente obedecidos.
5 Quem dera fossem firmados os meus caminhos
na obediência aos teus decretos.
6 Então não ficaria decepcionado
ao considerar todos os teus mandamentos.
7 Eu te louvarei de coração sincero
quando aprender as tuas justas ordenanças.
8 Obedecerei aos teus decretos;
nunca me abandones.

Bêt

9 Como pode o jovem
manter pura a sua conduta?
Vivendo de acordo com a tua palavra.
10 Eu te busco de todo o coração;
não permitas que eu me desvie
dos teus mandamentos.
11 Guardei no coração a tua palavra
para não pecar contra ti.
12 Bendito sejas, SENHOR!
Ensina-me os teus decretos.
13 Com os lábios repito
todas as leis que promulgaste.
14 Regozijo-me em seguir os teus testemunhos
como o que se regozija com grandes riquezas.
15 Meditarei nos teus preceitos
e darei atenção às tuas veredas.
16 Tenho prazer nos teus decretos;
não me esqueço da tua palavra.

[a] 118:27 Ou *mostrou sua bondade para conosco.*
[b] 118:27 Ou *Amarrem o sacrifício da festa com cordas e levem-no até as pontas*
[c] O salmo 119 é um poema organizado em ordem alfabética, no hebraico.

Memorize as Escrituras

Experimente!

Salmos 119:9-16

Leia Salmos 119:9-16. Guardar a Palavra de Deus no coração (Salmos 119:11) significa memorizar versículos e depois fazer o que está escrito. Aqui vão algumas maneiras divertidas de decorar versículos da Bíblia com um amigo:

1. Leia o versículo em voz alta, mas deixe de fora uma palavra. Então, peça que seu amigo complete com a palavra que está faltando. Revezem para ler o versículo e, todas as vezes, deixem de fora uma palavra diferente.
2. Cada vez que você ler o versículo em voz alta, deixe de fora uma palavra a mais. Na primeira vez, deixe uma palavra; na segunda, duas palavras; e assim por diante. Você ou seu amigo podem preencher com as palavras que faltaram.
3. Escreva o versículo da Bíblia em dois cartões. Em seguida, recorte cada uma das palavras e misture as peças de cada cartão separadamente. Veja quem consegue colocar mais rápido as palavras na ordem certa.

Guímel

17Trata com bondade o teu servo
para que eu viva e obedeça à tua
palavra.
18Abre os meus olhos
para que eu veja as maravilhas da
tua lei.
19Sou peregrino na terra;
não escondas de mim os teus
mandamentos.
20A minha alma consome-se de perene
desejo
das tuas ordenanças.
21Tu repreendes os arrogantes;
malditos os que se desviam
dos teus mandamentos!
22Tira de mim a afronta e o desprezo,
pois obedeço aos teus estatutos.
23Mesmo que os poderosos se reúnam
para conspirar contra mim,
ainda assim o teu servo meditará
nos teus decretos.
24Sim, os teus testemunhos são o meu
prazer;
eles são os meus conselheiros.

Dálet

25Agora estou prostrado no pó;
preserva a minha vida
conforme a tua promessa.
26A ti relatei os meus caminhos
e tu me respondeste;
ensina-me os teus decretos.
27Faze-me discernir o propósito
dos teus preceitos;
então meditarei nas tuas maravilhas.
28A minha alma se consome de tristeza;
fortalece-me conforme a tua promessa.
29Desvia-me dos caminhos enganosos;
por tua graça, ensina-me a tua lei.
30Escolhi o caminho da fidelidade;
decidi seguir as tuas ordenanças.
31Apego-me aos teus testemunhos,
ó SENHOR;
não permitas que eu fique
decepcionado.
32Corro pelo caminho
que os teus mandamentos apontam,
pois me deste maior entendimento.

He

33Ensina-me, SENHOR,
o caminho dos teus decretos,
e a eles obedecerei até o fim.
34Dá-me entendimento,
para que eu guarde a tua lei
e a ela obedeça de todo o coração.
35Dirige-me pelo caminho
dos teus mandamentos,
pois nele encontro satisfação.
36Inclina o meu coração para os teus
estatutos,
e não para a ganância.
37Desvia os meus olhos das coisas
inúteis;
faze-me viver nos caminhos que
traçaste.[a]
38Cumpre a tua promessa
para com o teu servo,
para que sejas temido.
39Livra-me da afronta que me apavora,
pois as tuas ordenanças são boas.
40Como anseio pelos teus preceitos!
Preserva a minha vida por tua justiça!

Vav

41Que o teu amor alcance-me, SENHOR,
e a tua salvação, segundo a tua
promessa;
42então responderei aos que me
afrontam,
pois confio na tua palavra.
43Jamais tires da minha boca
a palavra da verdade,
pois nas tuas ordenanças
coloquei a minha esperança.
44Obedecerei constantemente à tua lei,
para todo o sempre.
45Andarei em verdadeira liberdade,
pois tenho buscado os teus preceitos.
46Falarei dos teus testemunhos diante
de reis,
sem ficar envergonhado.
47Tenho prazer nos teus mandamentos;
eu os amo.
48A ti[b] levanto minhas mãos
e medito nos teus decretos.

Zain

49Lembra-te da tua palavra ao teu
servo,
pela qual me deste esperança.
50Este é o meu consolo no meu
sofrimento:
A tua promessa dá-me vida.
51Os arrogantes zombam de mim
o tempo todo,
mas eu não me desvio da tua lei.
52Lembro-me, SENHOR,
das tuas ordenanças do passado
e nelas acho consolo.

[a] 119:37 Dois manuscritos do Texto Massorético e os manuscritos do mar Morto dizem *preserva a minha vida pela tua palavra.*
[b] 119:48 Ou *Aos teus mandamentos*

Palavras para memorizar

"Tu és bom, e o que fazes é bom; ensina-me os teus decretos."

(Salmos 119:68)

53 Fui tomado de ira tremenda
por causa dos ímpios
que rejeitaram a tua lei.
54 Os teus decretos são o tema
da minha canção em minha
peregrinação.
55 De noite lembro-me do teu nome,
SENHOR!
Vou obedecer à tua lei.
56 Esta tem sido a minha prática:
Obedecer aos teus preceitos.

Hêt

57 Tu és a minha herança, SENHOR;
prometi obedecer às tuas palavras.
58 De todo o coração suplico a tua graça;
tem misericórdia de mim,
conforme a tua promessa.
59 Refleti em meus caminhos
e voltei os meus passos
para os teus testemunhos.
60 Eu me apressarei e não hesitarei
em obedecer aos teus mandamentos.
61 Embora as cordas dos ímpios
queiram prender-me,
eu não me esqueço da tua lei.
62 À meia-noite me levanto para dar-te
graças
pelas tuas justas ordenanças.
63 Sou amigo de todos os que te temem
e obedecem aos teus preceitos.
64 A terra está cheia do teu amor, SENHOR;
ensina-me os teus decretos.

Tét

65 Trata com bondade o teu servo,
SENHOR,
conforme a tua promessa.
66 Ensina-me o bom senso e o
conhecimento,
pois confio em teus mandamentos.
67 Antes de ser castigado, eu andava
desviado,
mas agora obedeço à tua palavra.
68 Tu és bom, e o que fazes é bom;
ensina-me os teus decretos.
69 Os arrogantes mancharam o meu nome
com mentiras,
mas eu obedeço aos teus preceitos
de todo o coração.
70 O coração deles é insensível,
eu, porém, tenho prazer na tua lei.
71 Foi bom para mim ter sido castigado,
para que aprendesse os teus
decretos.
72 Para mim vale mais a lei que
decretaste
do que milhares de peças de prata e
ouro.

Iode

73 As tuas mãos me fizeram e me
formaram;
dá-me entendimento para aprender
os teus mandamentos.
74 Quando os que têm temor de ti me
virem,
se alegrarão,
pois na tua palavra
coloquei a minha esperança.
75 Sei, SENHOR, que as tuas ordenanças
são justas,
e que por tua fidelidade me castigaste.
76 Seja o teu amor o meu consolo,
conforme a tua promessa ao teu servo.
77 Alcance-me a tua misericórdia
para que eu tenha vida,
porque a tua lei é o meu prazer.
78 Sejam humilhados os arrogantes,
pois prejudicaram-me sem motivo;
mas eu meditarei nos teus preceitos.
79 Venham apoiar-me aqueles que te
temem,
aqueles que entendem os teus
estatutos.
80 Seja o meu coração íntegro
para com os teus decretos,
para que eu não seja humilhado.

Caf

81 Estou quase desfalecido,
aguardando a tua salvação,
mas na tua palavra coloquei a minha
esperança.
82 Os meus olhos fraquejam
de tanto esperar pela tua promessa,
e pergunto: Quando me consolarás?
83 Embora eu seja como uma vasilha
inútil[a],

[a] 119:83 Hebraico: *um odre na fumaça.*

não me esqueço dos teus decretos.
[84]Até quando o teu servo deverá
esperar
para que castigues os meus
perseguidores?
[85]Cavaram uma armadilha contra mim
os arrogantes,
os que não seguem a tua lei.
[86]Todos os teus mandamentos
merecem confiança;
ajuda-me, pois sou perseguido com
mentiras.
[87]Quase acabaram com a minha vida
na terra,
mas não abandonei os teus preceitos.
[88]Preserva a minha vida pelo teu amor,
e obedecerei aos estatutos que
decretaste.

Lâmed

[89]A tua palavra, SENHOR,
para sempre está firmada nos céus.
[90]A tua fidelidade é constante
por todas as gerações;
estabeleceste a terra, que firme
subsiste.
[91]Conforme as tuas ordens,
tudo permanece até hoje[a],
pois tudo está a teu serviço.
[92]Se a tua lei não fosse o meu prazer,
o sofrimento já me teria destruído.
[93]Jamais me esquecerei dos teus
preceitos,
pois é por meio deles
que preservas a minha vida.
[94]Salva-me, pois a ti pertenço
e busco os teus preceitos!
[95]Os ímpios estão à espera para
destruir-me,
mas eu considero os teus testemunhos.
[96]Tenho constatado
que toda perfeição tem limite;
mas não há limite para o teu
mandamento.

Mem

[97]Como eu amo a tua lei!
Medito nela o dia inteiro.
[98]Os teus mandamentos me tornam
mais sábio que os meus inimigos,
porquanto estão sempre comigo.
[99]Tenho mais discernimento
que todos os meus mestres,
pois medito nos teus testemunhos.
[100]Tenho mais entendimento que os
anciãos,
pois obedeço aos teus preceitos.
[101]Afasto os pés de todo caminho mau
para obedecer à tua palavra.
[102]Não me afasto das tuas ordenanças,
pois tu mesmo me ensinas.
[103]Como são doces para o meu
paladar
as tuas palavras!
Mais que o mel para a minha boca!
[104]Ganho entendimento
por meio dos teus preceitos;
por isso odeio todo caminho de
falsidade.

[a] 119:91 Ou *as tuas leis permanecem até hoje*

A vida nos tempos da Bíblia

Como Deus é

Salmos 119:97 diz que Deus é quem dá a lei, isto é, ele nos dá preceitos segundo os quais viver para nos guardar do erro. Deus é bom e ele nos mostra como fazer o bem. O autor desse salmo amava os estatutos de Deus, pensava neles "o dia inteiro" e os obedecia.

Palavras para memorizar

"A tua palavra é lâmpada que ilumina os meus passos e luz que clareia o meu caminho."
(Salmos 119:105)

Nun

105 A tua palavra é lâmpada
que ilumina os meus passos
e luz que clareia o meu caminho.
106 Prometi sob juramento e o
cumprirei:
vou obedecer às tuas justas
ordenanças.
107 Passei por muito sofrimento;
preserva, SENHOR, a minha vida,
conforme a tua promessa.
108 Aceita, SENHOR, a oferta de louvor
dos meus lábios,
e ensina-me as tuas ordenanças.
109 A minha vida está sempre em
perigo[a],
mas não me esqueço da tua lei.
110 Os ímpios prepararam uma
armadilha
contra mim,
mas não me desviei dos teus preceitos.
111 Os teus testemunhos
são a minha herança permanente;
são a alegria do meu coração.
112 Dispus o meu coração para cumprir
os teus decretos até o fim.

Sâmeq

113 Odeio os que são inconstantes,
mas amo a tua lei.
114 Tu és o meu abrigo e o meu escudo;
e na tua palavra coloquei minha
esperança.
115 Afastem-se de mim os que praticam
o mal!
Quero obedecer
aos mandamentos do meu Deus!
116 Sustenta-me, segundo a tua promessa,
e eu viverei;
não permitas que se frustrem
as minhas esperanças.
117 Ampara-me, e estarei seguro;
sempre estarei atento aos teus
decretos.
118 Tu rejeitas todos os que se desviam
dos teus decretos,
pois os seus planos enganosos são
inúteis.
119 Tu destróis[b] como refugo
todos os ímpios da terra;
por isso amo os teus testemunhos.
120 O meu corpo estremece diante de ti;
as tuas ordenanças enchem-me de
temor.

Áin

121 Tenho vivido com justiça e retidão;
não me abandones
nas mãos dos meus opressores.
122 Garante o bem-estar do teu servo;
não permitas que os arrogantes
me oprimam.
123 Os meus olhos fraquejam,
aguardando a tua salvação
e o cumprimento da tua justiça.
124 Trata o teu servo conforme o teu
amor leal
e ensina-me os teus decretos.
125 Sou teu servo; dá-me discernimento
para compreender os teus
testemunhos.
126 Já é tempo de agires, SENHOR,
pois a tua lei está sendo desrespeitada.
127 Eu amo os teus mandamentos
mais do que o ouro,
mais do que o ouro puro.
128 Por isso considero justos
os teus preceitos
e odeio todo caminho de falsidade.

Pê

129 Os teus testemunhos são
maravilhosos;
por isso lhes obedeço.
130 A explicação das tuas palavras
ilumina
e dá discernimento aos inexperientes.
131 Abro a boca e suspiro,
ansiando por teus mandamentos.
132 Volta-te para mim
e tem misericórdia de mim,
como sempre fazes aos que amam o
teu nome.
133 Dirige os meus passos,
conforme a tua palavra;

[a] 119:109 Hebraico: *em minhas mãos.*

[b] 119:119 Alguns manuscritos do Texto Massorético, a Septuaginta e outras versões gregas dizem *consideras.*

não permitas que nenhum pecado me
domine.
134Resgata-me da opressão dos homens,
para que eu obedeça aos teus preceitos.
135Faze o teu rosto resplandecer
sobre[a] o teu servo,
e ensina-me os teus decretos.
136Rios de lágrimas correm dos meus
olhos,
porque a tua lei não é obedecida.

Tsade

137Justo és, SENHOR,
e retas são as tuas ordenanças.
138Ordenaste os teus testemunhos com
justiça;
dignos são de inteira confiança!
139O meu zelo me consome,
pois os meus adversários
se esquecem das tuas palavras.
140A tua promessa[b]
foi plenamente comprovada,
e, por isso, o teu servo a ama.
141Sou pequeno e desprezado,
mas não esqueço os teus preceitos.
142A tua justiça é eterna,
e a tua lei é a verdade.
143Tribulação e angústia me atingiram,
mas os teus mandamentos são o meu
prazer.
144Os teus testemunhos são
eternamente justos,
dá-me discernimento para que eu
tenha vida.

Cof

145Eu clamo de todo o coração;
responde-me, SENHOR,
e obedecerei aos teus testemunhos!
146Clamo a ti; salva-me,
e obedecerei aos teus estatutos!
147Antes do amanhecer me levanto
e suplico o teu socorro;
na tua palavra coloquei minha
esperança.
148Fico acordado nas vigílias da noite,
para meditar nas tuas promessas.
149Ouve a minha voz pelo teu amor leal;
faze-me viver, SENHOR,
conforme as tuas ordenanças.
150Os meus perseguidores
aproximam-se com más intenções;[c]
mas estão distantes da tua lei.
151Tu, porém, SENHOR, estás perto
e todos os teus mandamentos são
verdadeiros.
152Há muito aprendi dos teus
testemunhos
que tu os estabeleceste para sempre.

Rêsh

153Olha para o meu sofrimento e
livra-me,
pois não me esqueço da tua lei.
154Defende a minha causa e resgata-me;
preserva a minha vida
conforme a tua promessa.
155A salvação está longe dos ímpios,
pois eles não buscam os teus decretos.
156Grande é a tua compaixão, SENHOR;
preserva a minha vida conforme as
tuas leis.
157Muitos são os meus adversários
e os meus perseguidores,
mas eu não me desvio dos teus
estatutos.
158Com grande desgosto vejo os infiéis,
que não obedecem à tua palavra.
159Vê como amo os teus preceitos!
Dá-me vida, SENHOR, conforme o teu
amor leal.
160A verdade é a essência da tua
palavra,
e todas as tuas justas ordenanças são
eternas.

Shin e Sin

161Os poderosos perseguem-me sem
motivo,
mas é diante da tua palavra
que o meu coração treme.
162Eu me regozijo na tua promessa
como alguém
que encontra grandes despojos.
163Odeio e detesto a falsidade,
mas amo a tua lei.
164Sete vezes por dia eu te louvo
por causa das tuas justas ordenanças.

Palavras para memorizar

"A verdade é a essência da tua palavra."
(Salmos 119:160)

[a] 119:135 Isto é, mostra a tua bondade para com.
[b] 119:140 Ou *palavra*
[c] 119:150 Conforme alguns manuscritos do Texto Massorético, a Septuaginta e algumas versões gregas. O Texto Massorético diz *Os que tramam o mal estão por perto.*

165 Os que amam a tua lei desfrutam
paz,
e nada há que os faça tropeçar.
166 Aguardo a tua salvação, SENHOR,
e pratico os teus mandamentos.
167 Obedeço aos teus testemunhos;
amo-os infinitamente!
168 Obedeço a todos os teus preceitos
e testemunhos,
pois conheces todos os meus caminhos.

Tau

169 Chegue à tua presença o meu clamor,
SENHOR!
Dá-me entendimento conforme a tua
palavra.
170 Chegue a ti a minha súplica.
Livra-me, conforme a tua promessa.
171 Meus lábios transbordarão de louvor,
pois me ensinas os teus decretos.
172 A minha língua cantará a tua palavra,
pois todos os teus mandamentos são
justos.
173 Com tua mão vem ajudar-me,
pois escolhi os teus preceitos.
174 Anseio pela tua salvação, SENHOR,
e a tua lei é o meu prazer.
175 Permite-me viver para que eu te
louve;
e que as tuas ordenanças me
sustentem.
176 Andei vagando como ovelha perdida;
vem em busca do teu servo,
pois não me esqueci
dos teus mandamentos.

Salmo 120

Cântico de Peregrinação[a].

1 Eu clamo pelo SENHOR na minha
angústia,
e ele me responde.
2 SENHOR, livra-me dos lábios
mentirosos
e da língua traiçoeira!

3 O que ele lhe dará?
Como lhe retribuirá, ó língua
enganadora?

4 Ele a castigará
com flechas afiadas de guerreiro,
com brasas incandescentes de sândalo.

5 Ai de mim, que vivo como estrangeiro
em Meseque,
que habito entre as tendas de Quedar!
6 Tenho vivido tempo demais
entre os que odeiam a paz.
7 Sou um homem de paz;
mas, ainda que eu fale de paz,
eles só falam de guerra.

Salmo 121

Cântico de Peregrinação.

1 Levanto os meus olhos para os
montes
e pergunto:
De onde me vem o socorro?
2 O meu socorro vem do SENHOR,
que fez os céus e a terra.

3 Ele não permitirá que você tropece;
o seu protetor se manterá alerta,
4 sim, o protetor de Israel não dormirá;
ele está sempre alerta!

5 O SENHOR é o seu protetor;
como sombra que o protege,
ele está à sua direita.
6 De dia o sol não o ferirá,
nem a lua, de noite.

7 O SENHOR o protegerá de todo o mal,
protegerá a sua vida.
8 O SENHOR protegerá a sua saída
e a sua chegada,
desde agora e para sempre.

Salmo 122

Cântico de Peregrinação. Davídico.

1 Alegrei-me com os que me disseram:
"Vamos à casa do SENHOR!"
2 Nossos pés já se encontram
dentro de suas portas, ó Jerusalém!
3 Jerusalém está construída
como cidade firmemente
estabelecida.

Palavras para memorizar

"Levanto os meus olhos para os montes e pergunto: De onde me vem o socorro? O meu socorro vem do SENHOR, que fez os céus e a terra."

(Salmos 121:1-2)

[a] Título: Ou *dos Degraus*; também nos Salmos 121 a 134.

4Para lá sobem as tribos do SENHOR,
para dar graças ao SENHOR,
conforme o mandamento dado a Israel.
5Lá estão os tribunais de justiça,
os tribunais da casa real de Davi.

6Orem pela paz de Jerusalém:
"Vivam em segurança aqueles que
te amam!
7Haja paz dentro dos teus muros
e segurança nas tuas cidadelas!"
8Em favor de meus irmãos e amigos,
direi:
Paz seja com você!
9Em favor da casa do SENHOR, nosso
Deus,
buscarei o seu bem.

Salmo 123

Cântico de Peregrinação.

1A ti levanto os meus olhos,
a ti, que ocupas o teu trono nos céus.
2Assim como os olhos dos servos
estão atentos à mão de seu senhor,
e como os olhos das servas
estão atentos à mão de sua senhora,
também os nossos olhos
estão atentos ao SENHOR,
ao nosso Deus,
esperando que ele tenha misericórdia
de nós.

3Misericórdia, SENHOR!
Tem misericórdia de nós!
Já estamos cansados de tanto desprezo.
4Estamos cansados de tanta zombaria
dos orgulhosos
e do desprezo dos arrogantes.

Salmo 124

Cântico de Peregrinação. Davídico.

1Se o SENHOR não estivesse do nosso
lado;
que Israel o repita:
2Se o SENHOR não estivesse do nosso
lado
quando os inimigos nos atacaram,
3eles já nos teriam engolido vivos,
quando se enfureceram contra nós;
4as águas nos teriam arrastado
e as torrentes nos teriam afogado;
5sim, as águas violentas nos teriam
afogado!

6Bendito seja o SENHOR,
que não nos entregou para sermos
dilacerados
pelos dentes deles.
7Como um pássaro escapamos
da armadilha do caçador;
a armadilha foi quebrada,
e nós escapamos.
8O nosso socorro está no nome do
SENHOR,
que fez os céus e a terra.

Salmo 125

Cântico de Peregrinação.

1Os que confiam no SENHOR
são como o monte Sião,
que não se pode abalar,
mas permanece para sempre.
2Como os montes cercam Jerusalém,
assim o SENHOR protege o seu povo,
desde agora e para sempre.

3O cetro dos ímpios não prevalecerá
sobre a terra dada aos justos;
se assim fosse,
até os justos praticariam a injustiça.

4SENHOR, trata com bondade
os que fazem o bem,
os que têm coração íntegro.
5Mas aos que se desviam
por caminhos tortuosos,
o SENHOR infligirá o castigo dado aos
malfeitores.

Haja paz em Israel!

Salmo 126

Cântico de Peregrinação.

1Quando o SENHOR trouxe os cativos
de volta a Sião[a], foi como um sonho.
2Então a nossa boca encheu-se de riso,
e a nossa língua de cantos de alegria.
Até nas outras nações se dizia:
"O SENHOR fez coisas grandiosas
por este povo".
3Sim, coisas grandiosas fez o SENHOR
por nós,
por isso estamos alegres.

4SENHOR, restaura-nos[b],
assim como enches
o leito dos ribeiros no deserto[c].
5Aqueles que semeiam com lágrimas,
com cantos de alegria colherão.
6Aquele que sai chorando
enquanto lança a semente,
voltará com cantos de alegria,
trazendo os seus feixes.

[a] 126:1 Ou *trouxe restauração a Sião*
[b] 126:4 Ou *traze nossos cativos de volta*
[c] 126:4 Ou *Neguebe*

Salmo 127

Cântico de Peregrinação. De Salomão.

1 Se não for o SENHOR o construtor da casa,
será inútil trabalhar na construção.
Se não é o SENHOR que vigia a cidade,
será inútil a sentinela montar guarda.
2 Será inútil levantar cedo e dormir tarde,
trabalhando arduamente por alimento.
O SENHOR concede o sono
àqueles a quem ele ama.[a]
3 Os filhos são herança do SENHOR,
uma recompensa que ele dá.
4 Como flechas nas mãos do guerreiro
são os filhos nascidos na juventude.
5 Como é feliz o homem
que tem a sua aljava cheia deles!
Não será humilhado quando enfrentar
seus inimigos no tribunal.

Salmo 128

Cântico de Peregrinação.

1 Como é feliz quem teme o SENHOR,
quem anda em seus caminhos!

2 Você comerá do fruto do seu trabalho,
e será feliz e próspero.
3 Sua mulher será como videira frutífera em sua casa;
seus filhos serão como brotos de oliveira
ao redor da sua mesa.
4 Assim será abençoado
o homem que teme o SENHOR!

5 Que o SENHOR o abençoe desde Sião,
para que você veja a prosperidade de Jerusalém
todos os dias da sua vida,
6 e veja os filhos dos seus filhos.

Haja paz em Israel!

Salmo 129

Cântico de Peregrinação.

1 Muitas vezes me oprimiram
desde a minha juventude;
que Israel o repita:
2 Muitas vezes me oprimiram
desde a minha juventude,
mas jamais conseguiram vencer-me.
3 Passaram o arado em minhas costas
e fizeram longos sulcos.
4 O SENHOR é justo!
Ele libertou-me das algemas dos ímpios.

5 Retrocedam envergonhados
todos os que odeiam Sião.
6 Sejam como o capim do terraço,
que seca antes de crescer,
7 que não enche as mãos do ceifeiro
nem os braços daquele que faz os fardos.
8 E que ninguém que passa diga:
"Seja sobre vocês a bênção do SENHOR;
nós os abençoamos em nome do SENHOR!"

Salmo 130

Cântico de Peregrinação.

1 Das profundezas clamo a ti, SENHOR;
2 ouve, Senhor, a minha voz!
Estejam atentos os teus ouvidos
às minhas súplicas!

3 Se tu, Soberano SENHOR,
registrasses os pecados, quem escaparia?
4 Mas contigo está o perdão
para que sejas temido.

5 Espero no SENHOR com todo o meu ser,
e na sua palavra ponho a minha esperança.
6 Espero pelo Senhor
mais do que as sentinelas pela manhã;
sim, mais do que as sentinelas
esperam pela manhã!

[a] 127:2 Ou *concede sustento aos seus amados enquanto dormem*

Palavras para memorizar

"Como é feliz quem teme o SENHOR, quem anda em seus caminhos!"
(Salmos 128:1)

7Ponha a sua esperança no SENHOR, ó
Israel,
pois no SENHOR há amor leal
e plena redenção.
8Ele próprio redimirá Israel
de todas as suas culpas.

Salmo 131

Cântico de Peregrinação. Davídico.

1SENHOR, o meu coração não é
orgulhoso
e os meus olhos não são arrogantes.
Não me envolvo com coisas grandiosas
nem maravilhosas demais para mim.
2De fato, acalmei e tranquilizei a minha
alma.
Sou como uma criança
recém-amamentada[a] por sua mãe;
a minha alma é como essa criança.

3Ponha a sua esperança no SENHOR, ó
Israel,
desde agora e para sempre!

Salmo 132

Cântico de Peregrinação.

1SENHOR, lembra-te de Davi
e das dificuldades que enfrentou.
2Ele jurou ao SENHOR
e fez um voto ao Poderoso de Jacó:
3"Não entrarei na minha tenda
e não me deitarei no meu leito;
4não permitirei
que os meus olhos peguem no sono
nem que as minhas pálpebras
descansem,
5enquanto não encontrar
um lugar para o SENHOR,
uma habitação para o Poderoso de
Jacó".

6Soubemos que a arca estava em
Efrata[b],
mas nós a encontramos nos campos de
Jaar[c]:
7"Vamos para a habitação do SENHOR!
Vamos adorá-lo diante do estrado de
seus pés!
8Levanta-te, SENHOR,
e vem para o teu lugar de descanso,
tu e a arca onde está o teu poder.
9Vistam-se de retidão os teus
sacerdotes;
cantem de alegria os teus fiéis".

10Por amor ao teu servo Davi,
não rejeites o teu ungido.

11O SENHOR fez um juramento a Davi,
um juramento firme que ele não
revogará:
"Colocarei um dos seus descendentes
no seu trono.
12Se os seus filhos forem fiéis à minha
aliança
e aos testemunhos que eu lhes ensino,
também os filhos deles
o sucederão no trono para sempre".

13O SENHOR escolheu Sião,
com o desejo de fazê-la sua
habitação:
14"Este será o meu lugar de descanso
para sempre;
aqui firmarei o meu trono,
pois esse é o meu desejo.
15Abençoarei este lugar com fartura;
os seus pobres suprirei de pão.
16Vestirei de salvação os seus sacerdotes
e os seus fiéis a celebrarão com grande
alegria.

17"Ali farei renascer o poder[d] de Davi
e farei brilhar a luz[e] do meu ungido.
18Vestirei de vergonha os seus inimigos,
mas nele brilhará a sua coroa".

Salmo 133

Cântico de Peregrinação. Davídico.

1Como é bom e agradável
quando os irmãos convivem em
união!
2É como óleo precioso
derramado sobre a cabeça,
que desce pela barba, a barba de
Arão,
até a gola das suas vestes.
3É como o orvalho do Hermom
quando desce sobre os montes de
Sião.
Ali o SENHOR concede a bênção
da vida para sempre.

Salmo 134

Cântico de Peregrinação.

1Venham! Bendigam o SENHOR
todos vocês, servos do SENHOR,
vocês, que servem de noite
na casa do SENHOR.

[a] 131:2 Ou *desmamada*
[b] 132:6 Ou *a respeito da arca em Efrata*
[c] 132:6 Isto é, Quiriate-Jearim.
[d] 132:17 Hebraico: *chifre*.
[e] 132:17 Isto é, perpetuarei a dinastia.

2Levantem as mãos na direção do
santuário
e bendigam o SENHOR!
3De Sião os abençoe o SENHOR,
que fez os céus e a terra!

Salmo 135

1Aleluia!

Louvem o nome do SENHOR;
louvem-no, servos do SENHOR,
2vocês, que servem na casa do
SENHOR,
nos pátios da casa de nosso Deus.

3Louvem o SENHOR, pois o SENHOR é
bom;
cantem louvores ao seu nome,
pois é nome amável.
4Porque o SENHOR escolheu a Jacó,
a Israel como seu tesouro pessoal.
5Na verdade, sei que o SENHOR é
grande,
que o nosso Soberano é maior
do que todos os deuses.
6O SENHOR faz tudo o que lhe agrada,
nos céus e na terra,
nos mares e em todas as suas
profundezas.
7Ele traz as nuvens desde os confins da
terra;
envia os relâmpagos que acompanham
a chuva
e faz que o vento saia dos seus
depósitos.

8Foi ele que matou os primogênitos do
Egito,
tanto dos homens como dos animais.
9Ele realizou em pleno Egito
sinais e maravilhas,
contra o faraó e todos os seus
conselheiros.
10Foi ele que feriu muitas nações
e matou reis poderosos:
11Seom, rei dos amorreus,
Ogue, rei de Basã,
e todos os reinos de Canaã;
12e deu a terra deles como herança,
como herança a Israel, o seu povo.

13O teu nome, SENHOR,
permanece para sempre,
a tua fama, SENHOR, por todas as
gerações!
14O SENHOR defenderá o seu povo
e terá compaixão dos seus servos.

15Os ídolos das nações
não passam de prata e ouro,
feitos por mãos humanas.
16Têm boca, mas não podem falar,
olhos, mas não podem ver;
17têm ouvidos, mas não podem escutar,
nem há respiração em sua boca.
18Tornem-se[a] como eles aqueles que os
fazem
e todos os que neles confiam.

19Bendigam o SENHOR, ó israelitas!
Bendigam o SENHOR, ó sacerdotes!
20Bendigam o SENHOR, ó levitas!
Bendigam o SENHOR
os que temem o SENHOR!
21Bendito seja o SENHOR desde Sião,
aquele que habita em Jerusalém.

Aleluia!

[a] 135:18 Ou *São*

Louvor divertido em família

Leia Salmos 135 e perceba que ele louva a Deus pelas muitas coisas grandiosas feitas em favor dos israelitas.

Para divertir-se com a família toda sentada à mesa, cada pessoa, uma por vez, pode contar algo grande que Deus fez. Todo mundo deve pensar em alguma coisa nova, e a pessoa que não conseguir pensar em nada em cinco segundos perde a vez. Conte e veja quantas coisas grandiosas sua família consegue se lembrar sobre Deus.

Experimente!

Salmos 135:1-21

Salmo 136

1Deem graças ao SENHOR, porque ele é
bom.
O seu amor dura para sempre!
2Deem graças ao Deus dos deuses.
O seu amor dura para sempre!
3Deem graças ao Senhor dos senhores.
O seu amor dura para sempre!

4Ao único que faz grandes maravilhas,
O seu amor dura para sempre!
5Que com habilidade fez os céus,
O seu amor dura para sempre!
6Que estendeu a terra sobre as águas;
O seu amor dura para sempre!
7Àquele que fez os grandes luminares:
O seu amor dura para sempre!
8O sol para governar o dia,
O seu amor dura para sempre!
9A lua e as estrelas para governarem a
noite.
O seu amor dura para sempre!

10Àquele que matou
os primogênitos do Egito
O seu amor dura para sempre!
11E tirou Israel do meio deles
O seu amor dura para sempre!
12Com mão poderosa e braço forte.
O seu amor dura para sempre!
13Àquele que dividiu o mar Vermelho
O seu amor dura para sempre!
14E fez Israel atravessá-lo,
O seu amor dura para sempre!
15Mas lançou o faraó e o seu exército
no mar Vermelho.
O seu amor dura para sempre!

16Àquele que conduziu seu povo pelo
deserto,
O seu amor dura para sempre!
17Feriu grandes reis
O seu amor dura para sempre!
18E matou reis poderosos:
O seu amor dura para sempre!
19Seom, rei dos amorreus,
O seu amor dura para sempre!
20E Ogue, rei de Basã,
O seu amor dura para sempre!
21E deu a terra deles como herança,
O seu amor dura para sempre!
22Como herança ao seu servo Israel.
O seu amor dura para sempre!

23Àquele que se lembrou de nós
quando fomos humilhados
O seu amor dura para sempre!
24E nos livrou dos nossos adversários;
O seu amor dura para sempre!
25Àquele que dá alimento
a todos os seres vivos.
O seu amor dura para sempre!

26Deem graças ao Deus dos céus.
O seu amor dura para sempre!

Salmo 137

1Junto aos rios da Babilônia
nós nos sentamos e choramos
com saudade de Sião.
2Ali, nos salgueiros
penduramos as nossas harpas;
3ali os nossos captores pediam-nos
canções,
os nossos opressores exigiam
canções alegres, dizendo:
"Cantem para nós uma das canções de
Sião!"

4Como poderíamos cantar
as canções do SENHOR
numa terra estrangeira?
5Que a minha mão direita definhe,
ó Jerusalém, se eu me esquecer de ti!
6Que a língua se me grude ao céu da
boca,
se eu não me lembrar de ti,
e não considerar Jerusalém
a minha maior alegria!

7Lembra-te, SENHOR, dos edomitas
e do que fizeram
quando Jerusalém foi destruída,
pois gritavam: "Arrasem-na!
Arrasem-na até aos alicerces!"

8Ó cidade[a] de Babilônia,
destinada à destruição,
feliz aquele que lhe retribuir
o mal que você nos fez!
9Feliz aquele que pegar os seus filhos
e os despedaçar contra a rocha!

Salmo 138

Davídico.

1Eu te louvarei, SENHOR, de todo o
coração;
diante dos deuses cantarei louvores
a ti.
2Voltado para o teu santo templo
eu me prostrarei
e renderei graças ao teu nome,

[a] 137:8 Hebraico: *filha*.

por causa do teu amor e da tua
fidelidade;
pois exaltaste acima de todas as coisas
o teu nome e a tua palavra.
3Quando clamei, tu me respondeste;
deste-me força e coragem.

4Todos os reis da terra te renderão
graças, SENHOR,
pois saberão das tuas promessas.
5Celebrarão os feitos do SENHOR,
pois grande é a glória do SENHOR!

6Embora esteja nas alturas,
o SENHOR olha para os humildes,
e de longe reconhece os arrogantes.
7Ainda que eu passe por angústias,
tu me preservas a vida
da ira dos meus inimigos;
estendes a tua mão direita e me livras.
8O SENHOR cumprirá o seu propósito
para comigo!
Teu amor, SENHOR, permanece para
sempre;
não abandones as obras das tuas mãos!

Salmo 139

Para o mestre de música. Davídico.
Um salmo.

1SENHOR, tu me sondas e me conheces.
2Sabes quando me sento e quando me
levanto;
de longe percebes os meus
pensamentos.
3Sabes muito bem quando trabalho
e quando descanso;
todos os meus caminhos
são bem conhecidos por ti.
4Antes mesmo que a palavra
me chegue à língua,
tu já a conheces inteiramente, SENHOR.

5Tu me cercas, por trás e pela frente,
e pões a tua mão sobre mim.
6Tal conhecimento é maravilhoso
demais
e está além do meu alcance;
é tão elevado que não o posso atingir.

7Para onde poderia eu escapar do teu
Espírito?
Para onde poderia fugir da tua
presença?
8Se eu subir aos céus, lá estás;
se eu fizer a minha cama na sepultura[a],
também lá estás.
9Se eu subir com as asas da alvorada
e morar na extremidade do mar,
10mesmo ali a tua mão direita me
guiará
e me susterá.
11Mesmo que eu diga que as trevas
me encobrirão,
e que a luz se tornará noite ao meu redor,
12verei que nem as trevas são escuras
para ti.
A noite brilhará como o dia,

[a] 139:8 Hebraico: *Sheol*. Essa palavra também pode ser traduzida por profundezas, pó ou morte.

A vida nos tempos da Bíblia

Como Deus é

Salmos 139:13 diz que Deus conhecia Davi mesmo antes de ele nascer. Deus fez Davi, o amou e o viu crescer, e também te conhece e cuida de você mesmo antes do seu nascimento. Você é especial para Deus porque ele o criou.

pois para ti as trevas são luz.
13 Tu criaste o íntimo do meu ser
e me teceste no ventre de minha mãe.
14 Eu te louvo porque me fizeste
de modo especial e admirável[a].
Tuas obras são maravilhosas!
Digo isso com convicção.
15 Meus ossos não estavam escondidos
de ti
quando em secreto fui formado
e entretecido como nas profundezas
da terra.
16 Os teus olhos viram o meu embrião;
todos os dias determinados para mim
foram escritos no teu livro
antes de qualquer deles existir.
17 Como são preciosos para mim
os teus pensamentos, ó Deus!
Como é grande a soma deles!
18 Se eu os contasse, seriam mais
do que os grãos de areia.
Se terminasse de contá-los[b],
eu ainda estaria contigo.
19 Quem dera matasses os ímpios, ó
Deus!
Afastem-se de mim os assassinos!
20 Porque falam de ti com maldade;
em vão rebelam-se contra ti.
21 Acaso não odeio os que te odeiam,
SENHOR?
E não detesto os que se revoltam
contra ti?
22 Tenho por eles ódio implacável!
Considero-os inimigos meus!
23 Sonda-me, ó Deus,
e conhece o meu coração;
prova-me, e conhece as minhas
inquietações.
24 Vê se em minha conduta algo te
ofende,
e dirige-me pelo caminho eterno.

Salmo 140

Para o mestre de música. Salmo davídico.

1 Livra-me, SENHOR, dos maus;
protege-me dos violentos,
2 que no coração tramam planos
perversos
e estão sempre provocando
guerra.
3 Afiam a língua como a da serpente;
veneno de víbora está em seus lábios.
Pausa
4 Protege-me, SENHOR, das mãos dos
ímpios;
protege-me dos violentos,
que pretendem fazer-me tropeçar.
5 Homens arrogantes prepararam
armadilhas contra mim,
perversos estenderam as suas redes;
no meu caminho armaram ciladas
contra mim.
Pausa
6 Eu declaro ao SENHOR: Tu és o meu
Deus.
Ouve, SENHOR, a minha súplica!
7 Ó Soberano SENHOR, meu salvador
poderoso,
tu me proteges a cabeça no dia da
batalha;
8 não atendas os desejos dos ímpios,
SENHOR!
Não permitas que os planos deles
tenham sucesso,
para que não se orgulhem.
Pausa
9 Recaia sobre a cabeça dos que me
cercam
a maldade que os seus lábios
proferiram.
10 Caiam brasas sobre eles,
e sejam lançados ao fogo,
em covas das quais jamais possam sair.
11 Que os difamadores
não se estabeleçam na terra,
e a desgraça persiga os violentos até a
morte.
12 Sei que o SENHOR defenderá
a causa do necessitado
e fará justiça aos pobres.
13 Com certeza os justos darão graças
ao teu nome,
e os homens íntegros viverão na tua
presença.

Salmo 141

Salmo davídico.

1 Clamo a ti, SENHOR; vem depressa!
Escuta a minha voz quando clamo a ti.
2 Seja a minha oração
como incenso diante de ti,
e o levantar das minhas mãos,
como a oferta da tarde.
3 Coloca, SENHOR,

[a] 139:14 A Septuaginta, a Versão Siríaca e os manuscritos do mar Morto dizem *porque tu és tremendo e maravilhoso.*
[b] 139:18 Ou *Quando acordasse*

uma guarda à minha boca;
vigia a porta de meus lábios.
4Não permitas que o meu coração
se volte para o mal,
nem que eu me envolva em práticas
perversas
com os malfeitores.
Que eu nunca participe dos seus
banquetes!

5Fira-me o justo com amor leal
e me repreenda,
mas não perfume a minha cabeça
o óleo do ímpio,[a]
pois a minha oração
é contra as práticas dos malfeitores.
6Quando eles caírem nas mãos da
Rocha,
o juiz deles,
ouvirão as minhas palavras com
apreço.[b]
7Como a terra é arada e fendida,
assim foram espalhados os seus ossos
à entrada da sepultura[c].

8Mas os meus olhos estão fixos em ti,
ó Soberano SENHOR;
em ti me refugio;
não me entregues à morte.
9Guarda-me das armadilhas
que prepararam contra mim,
das ciladas dos que praticam o mal.
10Caiam os ímpios em sua própria rede,
enquanto eu escapo ileso.

Salmo 142

Poema de Davi, quando ele estava na caverna. Uma oração.

1Em alta voz clamo ao SENHOR;
elevo a minha voz ao SENHOR,
suplicando misericórdia.
2Derramo diante dele o meu lamento;
a ele apresento a minha angústia.

3Quando o meu espírito desanima,
és tu quem conhece o caminho
que devo seguir.
Na vereda por onde ando
esconderam uma armadilha contra
mim.
4Olha para a minha direita e vê;
ninguém se preocupa comigo.
Não tenho abrigo seguro;
ninguém se importa com a minha
vida.

5Clamo a ti, SENHOR, e digo:
Tu és o meu refúgio;
és tudo o que tenho na terra dos
viventes.
6Dá atenção ao meu clamor,
pois estou muito abatido;
livra-me dos que me perseguem,
pois são mais fortes do que eu.
7Liberta-me da prisão,
e renderei graças ao teu nome.
Então os justos se reunirão à minha
volta
por causa da tua bondade para
comigo.

Salmo 143

Salmo davídico.

1Ouve, SENHOR, a minha oração,
dá ouvidos à minha súplica;
responde-me
por tua fidelidade e por tua justiça.
2Mas não leves o teu servo a
julgamento,
pois ninguém é justo diante de ti.

3O inimigo persegue-me
e esmaga-me ao chão;
ele me faz morar nas trevas,
como os que há muito morreram.
4O meu espírito desanima;
o meu coração está em pânico.
5Eu me recordo dos tempos antigos;
medito em todas as tuas obras
e considero o que as tuas mãos têm
feito.
6Estendo as minhas mãos para ti;
como a terra árida, tenho sede de ti.
Pausa

7Apressa-te em responder-me,
SENHOR!
O meu espírito se abate.
Não escondas de mim o teu rosto,
ou serei como os que descem à cova.
8Faze-me ouvir do teu amor leal pela
manhã,
pois em ti confio.
Mostra-me o caminho que devo seguir,
pois a ti elevo a minha alma.
9Livra-me dos meus inimigos, SENHOR,
pois em ti eu me abrigo.
10Ensina-me a fazer a tua vontade,

[a] 141:5 Ou *Fira-me o justo e me repreenda o piedoso; será como óleo fino que minha cabeça não recusará,*
[b] 141:6 Ou *Quando os seus governantes forem lançados dos penhascos, todos saberão que minhas palavras eram verdadeiras.*
[c] 141:7 Hebraico: *Sheol.* Essa palavra também pode ser traduzida por profundezas, pó ou morte.

Palavras para memorizar

"Em ti confio. Mostra-me o caminho que devo seguir."
(Salmos 143:8)

pois tu és o meu Deus;
que o teu bondoso Espírito
me conduza por terreno plano.
11Preserva-me a vida, SENHOR,
por causa do teu nome;
por tua justiça, tira-me desta angústia.
12E no teu amor leal,
aniquila os meus inimigos;
destrói todos os meus adversários,
pois sou teu servo.

Salmo 144

Davídico.

1Bendito seja o SENHOR, a minha
Rocha,
que treina as minhas mãos para a
guerra
e os meus dedos para a batalha.
2Ele é o meu aliado fiel, a minha
fortaleza,
a minha torre de proteção
e o meu libertador,
é o meu escudo, aquele em quem me
refugio.
Ele subjuga a mim os povos[a].
3SENHOR, que é o homem
para que te importes com ele,
ou o filho do homem
para que por ele te interesses?
4O homem é como um sopro;
seus dias são como uma sombra
passageira.

5Estende, SENHOR, os teus céus e desce;
toca os montes para que fumeguem.
6Envia relâmpagos e dispersa os
inimigos;
atira as tuas flechas e faze-os debandar.
7Das alturas, estende a tua mão e
liberta-me;
salva-me da imensidão das águas,
das mãos desses estrangeiros,
8que têm lábios mentirosos
e que, com a mão direita erguida,
juram falsamente.

9Cantarei uma nova canção a ti, ó Deus;
tocarei para ti a lira de dez cordas,
10para aquele que dá vitória aos reis,
que livra o seu servo Davi
da espada mortal.

11Dá-me libertação;
salva-me das mãos dos estrangeiros,
que têm lábios mentirosos
e que, com a mão direita erguida,
juram falsamente.

12Então, na juventude,
os nossos filhos serão como plantas
viçosas,
e as nossas filhas, como colunas
esculpidas para ornar um palácio.
13Os nossos celeiros estarão cheios
das mais variadas provisões.
Os nossos rebanhos se multiplicarão
aos milhares,
às dezenas de milhares em nossos
campos;
14o nosso gado dará suas crias;
não haverá praga alguma nem aborto.[b]
Não haverá gritos de aflição em nossas
ruas.

15Como é feliz o povo assim abençoado!
Como é feliz o povo cujo Deus é o
SENHOR!

Salmo 145[c]

Um cântico de louvor. Davídico.

1Eu te exaltarei, meu Deus e meu rei;
bendirei o teu nome para todo o
sempre!
2Todos os dias te bendirei
e louvarei o teu nome para todo o
sempre!
3Grande é o SENHOR e digno de ser
louvado;
sua grandeza não tem limites.

4Uma geração contará à outra
a grandiosidade dos teus feitos;
eles anunciarão os teus atos poderosos.

[a] 144:2 Conforme muitos manuscritos do Texto Massorético, os manuscritos do mar Morto, a Versão Siríaca e algumas outras versões antigas. A maioria dos manuscritos do Texto Massorético diz *o meu povo.*

[b] 144:14 Ou *os nossos distritos não terão sobrecarga; não haverá invasão nem exílio.*

[c] O salmo 145 é um poema organizado em ordem alfabética, no hebraico.

5 Proclamarão o glorioso esplendor
da tua majestade,
e meditarei nas maravilhas que fazes.[a]
6 Anunciarão o poder dos teus feitos
temíveis,
e eu falarei das tuas grandes obras.
7 Comemorarão a tua imensa bondade
e celebrarão a tua justiça.

8 O SENHOR é misericordioso e
compassivo,
paciente e transbordante de amor.
9 O SENHOR é bom para todos;
a sua compaixão alcança
todas as suas criaturas.
10 Rendam-te graças todas as tuas
criaturas, SENHOR,
e os teus fiéis te bendigam.
11 Eles anunciarão a glória do teu reino
e falarão do teu poder,
12 para que todos saibam
dos teus feitos poderosos
e do glorioso esplendor do teu reino.
13 O teu reino é reino eterno,
e o teu domínio permanece
de geração em geração.

O SENHOR é fiel em todas as suas
promessas
e é bondoso em tudo o que faz.[b]
14 O SENHOR ampara todos os que caem
e levanta todos os que estão prostrados.
15 Os olhos de todos estão voltados para
ti,
e tu lhes dás o alimento no devido
tempo.
16 Abres a tua mão e satisfazes os desejos
de todos os seres vivos.

[a] 145:5 Conforme os manuscritos do mar Morto e a Versão Siríaca. O Texto Massorético diz *Meditarei no glorioso esplendor da tua majestade e nas tuas obras maravilhosas.*
[b] 145:13 Conforme um manuscrito do Texto Massorético, os manuscritos do mar Morto e a Versão Siríaca. A maioria dos manuscritos do Texto Massorético não traz as duas últimas linhas desse versículo.

Palavras para memorizar

"O SENHOR é bom para todos; a sua compaixão alcança todas as suas criaturas."
(Salmos 145:9)

17 O SENHOR é justo
em todos os seus caminhos
e é bondoso em tudo o que faz.
18 O SENHOR está perto
de todos os que o invocam,
de todos os que o invocam com
sinceridade.
19 Ele realiza os desejos daqueles que o
temem;
ouve-os gritar por socorro e os salva.
20 O SENHOR cuida de todos os que o
amam,
mas a todos os ímpios destruirá.

21 Com meus lábios louvarei o SENHOR.
Que todo ser vivo bendiga o seu santo
nome
para todo o sempre!

Salmo 146

1 Aleluia!

Louve, ó minha alma, o SENHOR.
2 Louvarei o SENHOR por toda a minha
vida;
cantarei louvores ao meu Deus
enquanto eu viver.

3 Não confiem em príncipes,
em meros mortais, incapazes de salvar.
4 Quando o espírito deles se vai, eles
voltam ao pó;
naquele mesmo dia acabam-se os seus
planos.

5 Como é feliz aquele cujo auxílio
é o Deus de Jacó,
cuja esperança está no SENHOR, no seu
Deus,
6 que fez os céus e a terra,
o mar e tudo o que neles há,
e que mantém a sua fidelidade para
sempre!
7 Ele defende a causa dos oprimidos
e dá alimento aos famintos.
O SENHOR liberta os presos,
8 o SENHOR dá vista aos cegos,
o SENHOR levanta os abatidos,
o SENHOR ama os justos.
9 O SENHOR protege o estrangeiro
e sustém o órfão e a viúva,
mas frustra o propósito dos ímpios.

10 O SENHOR reina para sempre!
O teu Deus, ó Sião,
reina de geração em geração.
Aleluia!

Salmo 147

1Aleluia!

Como é bom cantar louvores ao nosso
Deus!
Como é agradável e próprio louvá-lo!

2O SENHOR edifica Jerusalém;
ele reúne os exilados de Israel.
3Só ele cura os de coração quebrantado
e cuida das suas feridas.

4Ele determina o número de estrelas
e chama cada uma pelo nome.
5Grande é o nosso Soberano
e tremendo é o seu poder;
é impossível medir o seu
entendimento.
6O SENHOR sustém o oprimido,
mas lança por terra o ímpio.

7Cantem ao SENHOR com ações de
graças;
ao som da harpa façam música
para o nosso Deus.
8Ele cobre o céu de nuvens,
concede chuvas à terra
e faz crescer a relva nas colinas.
9Ele dá alimento aos animais,
e aos filhotes dos corvos
quando gritam de fome.

10Não é a força do cavalo
que lhe dá satisfação,
nem é a agilidade do homem que lhe
agrada;
11o SENHOR se agrada dos que o temem,
dos que colocam sua esperança no
seu amor leal.

12Exalte o SENHOR, ó Jerusalém!
Louve o seu Deus, ó Sião,
13pois ele reforçou as trancas de suas
portas
e abençoou o seu povo, que lá habita.
14É ele que mantém as suas fronteiras
em segurança
e que a supre do melhor do trigo.
15Ele envia sua ordem à terra,
e sua palavra corre veloz.
16Faz cair a neve como lã,
e espalha a geada como cinza.
17Faz cair o gelo como se fosse pedra.
Quem pode suportar o seu frio?
18Ele envia a sua palavra, e o gelo
derrete;
envia o seu sopro, e as águas tornam a
correr.
19Ele revela a sua palavra a Jacó,
os seus decretos e ordenanças a Israel.
20Ele não fez isso a nenhuma outra
nação;
todas as outras desconhecem
as suas ordenanças.

Aleluia!

Salmo 148

1Aleluia!

Louvem o SENHOR desde os céus,
louvem-no nas alturas!
2Louvem-no todos os seus anjos,
louvem-no todos os seus exércitos
celestiais.
3Louvem-no sol e lua,
louvem-no todas as estrelas
cintilantes.
4Louvem-no os mais altos céus
e as águas acima do firmamento.
5Louvem todos eles o nome do
SENHOR,
pois ordenou, e eles foram criados.
6Ele os estabeleceu em seus lugares
para todo o sempre;
deu-lhes um decreto que jamais
mudará.

7Louvem o SENHOR, vocês que estão na
terra,
serpentes marinhas e todas as
profundezas,
8relâmpagos e granizo, neve e neblina,
vendavais que cumprem o que ele
determina,
9todas as montanhas e colinas,
árvores frutíferas e todos os cedros,
10todos os animais selvagens
e os rebanhos domésticos,
todos os demais seres vivos e as aves,
11reis da terra e todas as nações,
todos os governantes e juízes da terra,
12moços e moças, velhos e crianças.

13Louvem todos o nome do SENHOR,
pois somente o seu nome é exaltado;
a sua majestade está acima
da terra e dos céus.
14Ele concedeu poder[a] ao seu povo,
e recebeu louvor de todos os seus
fiéis,
dos israelitas, povo a quem ele tanto
ama.
Aleluia!

[a] 148:14 Hebraico: *levantou um chifre.*

Salmo 149

¹Aleluia!

Cantem ao SENHOR uma nova canção,
louvem-no na assembleia dos fiéis.
²Alegre-se Israel no seu Criador,
exulte o povo de Sião no seu Rei!
³Louvem eles o seu nome com danças;
ofereçam-lhe música
com tamborim e harpa.
⁴O SENHOR agrada-se do seu povo;
ele coroa de vitória os oprimidos.
⁵Regozijem-se os seus fiéis nessa glória
e em seus leitos cantem alegremente!

⁶Altos louvores estejam em seus lábios
e uma espada de dois gumes em suas mãos,
⁷para imporem vingança às nações
e trazerem castigo aos povos,
⁸para prenderem os seus reis com grilhões
e seus nobres com algemas de ferro,
⁹para executarem a sentença escrita contra eles.
Esta é a glória de todos os seus fiéis.

Aleluia!

Salmo 150

¹Aleluia!

Louvem a Deus no seu santuário,
louvem-no em seu magnífico firmamento.
²Louvem-no pelos seus feitos poderosos,
louvem-no segundo a imensidão de sua grandeza!
³Louvem-no ao som de trombeta,
louvem-no com a lira e a harpa,
⁴louvem-no com tamborins e danças,
louvem-no com instrumentos de cordas
e com flautas,
⁵louvem-no com címbalos sonoros,
louvem-no com címbalos ressonantes.

⁶Tudo o que tem vida louve o SENHOR!
Aleluia!

A vida nos tempos da Bíblia

Dança

Nos tempos bíblicos, homem e mulher não dançavam juntos. Geralmente um grupo de homens ou um grupo de mulheres dançavam. As pessoas dançavam em casamentos para demonstrar felicidade, mas também dançavam em grandes festas celebradas para prestar culto ao Senhor. Davi dançou e pulou de alegria quando a arca de Deus entrou em Jerusalém (2Samuel 6:14-16).

Provérbios

Quem escreveu este livro?

Salomão escreveu muitos dos provérbios deste livro, mas outros homens sábios também deram sua contribuição.

Por que este livro foi escrito?

Este livro foi escrito para ajudar as pessoas a fazerem escolhas sábias.

Para quem este livro foi escrito?

Ele foi escrito para todos, pois mesmo as pessoas que não acreditam em Deus podem usar seus bons conselhos.

Que tipos de conselho são encontrados em Provérbios?

Este livro dá conselhos sobre fazer amigos, viver em família, lidar com o dinheiro, fazer a coisa certa, cuidar dos pobres e muitas outras coisas importantes.

Quando este livro foi escrito?

Os provérbios neste livro provavelmente foram escritos entre 970 a.C. e 686 a.C.

Alguns dos provérbios para crianças neste livro:

Conselho sobre confiar em Deus	Provérbios 3:5-6
Conselho sobre trabalhar duro	Provérbios 6:6-11
Conselho sobre insultos	Provérbios 12:16
Conselho sobre falar mal	Provérbios 17:9
Conselho sobre vingança	Provérbios 20:22
Conselho sobre disciplina	Provérbios 22:15

Propósito

1 Estes são os provérbios de Salomão, filho
de Davi, rei de Israel.

2 Eles ajudarão a experimentar
a sabedoria e a disciplina;
a compreender as palavras
que dão entendimento;
3 a viver com disciplina e sensatez,
fazendo o que é justo, direito e
correto;
4 ajudarão a dar prudência
aos inexperientes
e conhecimento e bom senso aos
jovens.
5 Se o sábio lhes der ouvidos,
aumentará seu conhecimento,
e quem tem discernimento
obterá orientação
6 para compreender provérbios e
parábolas,
ditados e enigmas dos sábios.

7 O temor do SENHOR
é o princípio[a] do conhecimento,
mas os insensatos desprezam
a sabedoria e a disciplina.

Advertências da sabedoria

8 Ouça, meu filho, a instrução de seu pai
e não despreze o ensino de sua mãe.
9 Eles serão um enfeite para a sua
cabeça,
um adorno para o seu pescoço.

10 Meu filho, se os maus tentarem
seduzi-lo,
não ceda!
11 Se disserem: "Venha conosco;
fiquemos de tocaia para matar alguém,
vamos divertir-nos armando
emboscada
contra quem de nada suspeita!
12 Vamos engoli-los vivos,
como a sepultura[b] engole os mortos;
vamos destruí-los inteiros,
como são destruídos
os que descem à cova;
13 acharemos todo tipo de objetos valiosos
e encheremos as nossas casas
com o que roubarmos;
14 junte-se ao nosso bando;
dividiremos em partes iguais
tudo o que conseguirmos!"
15 Meu filho,
não vá pela vereda dessa gente!
Afaste os pés do caminho que eles
seguem,
16 pois os pés deles correm para fazer
o mal,
estão sempre prontos
para derramar sangue.
17 Assim como é inútil
estender a rede se as aves o
observam,
18 também esses homens não percebem
que fazem tocaia contra a própria
vida;
armam emboscadas contra eles
mesmos!
19 Tal é o caminho de todos os
gananciosos;
quem assim procede a si mesmo se
destrói.

Convite à sabedoria

20 A sabedoria clama em alta voz nas ruas,
ergue a voz nas praças públicas;
21 nas esquinas das ruas barulhentas[c]
ela clama,
nas portas da cidade faz o seu discurso:

22 "Até quando vocês, inexperientes,
irão contentar-se
com a sua inexperiência?
Vocês, zombadores,
até quando terão prazer na zombaria?
E vocês, tolos,
até quando desprezarão o
conhecimento?
23 Se acatarem a minha repreensão,
eu lhes darei um espírito de
sabedoria
e lhes revelarei os meus pensamentos.
24 Vocês, porém, rejeitaram o meu
convite;
ninguém se importou
quando estendi minha mão!
25 Visto que desprezaram totalmente
o meu conselho
e não quiseram aceitar a minha
repreensão,
26 eu, de minha parte,
vou rir-me da sua desgraça;
zombarei quando o que temem
se abater sobre vocês,
27 quando aquilo que temem
abater-se sobre vocês
como uma tempestade,

[a] 1:7 Ou *a chave*; também em 9:10.
[b] 1:12 Hebraico: *Sheol*. Essa palavra também pode ser traduzida por profundezas, pó ou morte; também em 5:5; 7:27 e 9:18.
[c] 1:21 A Septuaginta diz *no alto dos muros*.

quando a desgraça os atingir
como um vendaval,
quando a angústia e a dor os
dominarem.

28"Então vocês me chamarão,
mas não responderei;
procurarão por mim,
mas não me encontrarão.
29Visto que desprezaram o
conhecimento
e recusaram o temor do SENHOR,
30não quiseram aceitar o meu conselho
e fizeram pouco caso da minha
advertência,
31comerão do fruto da sua conduta
e se fartarão de suas próprias
maquinações.
32Pois a inconstância dos inexperientes
os matará,
e a falsa segurança dos tolos os
destruirá;
33mas quem me ouvir viverá em
segurança
e estará tranquilo, sem temer nenhum
mal".

O valor da sabedoria

2 Meu filho, se você aceitar
as minhas palavras
e guardar no coração
os meus mandamentos;
2se der ouvidos à sabedoria
e inclinar o coração para o
discernimento;
3se clamar por entendimento
e por discernimento gritar bem alto;
4se procurar a sabedoria
como se procura a prata
e buscá-la como quem busca
um tesouro escondido,
5então você entenderá
o que é temer o SENHOR
e achará o conhecimento de Deus.
6Pois o SENHOR é quem dá sabedoria;
de sua boca procedem
o conhecimento e o discernimento.
7Ele reserva a sensatez para o justo;
como um escudo
protege quem anda com integridade,
8pois guarda a vereda do justo
e protege o caminho de seus fiéis.

9Então você entenderá
o que é justo, direito e certo,
e aprenderá os caminhos do bem.
10Pois a sabedoria entrará em seu
coração,
e o conhecimento
será agradável à sua alma.
11O bom senso o guardará,
e o discernimento o protegerá.

12A sabedoria o livrará
do caminho dos maus,
dos homens de palavras perversas,
13que abandonam as veredas retas
para andarem por caminhos de trevas,
14têm prazer em fazer o mal,
exultam com a maldade dos perversos,

Pense antes de agir

"Venha, galera! Vamos pegá-lo!" Júnior começou a correr, e todos correram atrás dele. Todos, exceto Caio.

Caio havia lido Provérbios 2:6-15 e sabia que "a sabedoria o livrará do caminho dos maus" (versículo 12). Aqui vai o que Caio fez — e o que você pode fazer para ajudá-lo a pensar antes de agir: ele contou até cinco fazendo estas perguntas.

1. Isto está certo?
2. Isto é bom?
3. Isto é útil?
4. Meus pais aprovariam?
5. Deus aprovaria?

Se a resposta a qualquer uma das perguntas for não, pare de contar e vá para o outro lado!

Experimente!

Provérbios 2:6-15

[15]andam por veredas tortuosas
e no caminho se extraviam.

[16]Ela também o livrará da mulher
imoral,
da pervertida[a] que seduz com suas
palavras,
[17]que abandona aquele que
desde a juventude foi seu companheiro
e ignora a aliança que fez diante de
Deus[b].
[18]A mulher imoral se dirige para a
morte, que é a sua casa,
e os seus caminhos levam às
sombras[c].
[19]Os que a procuram jamais voltarão,
nem tornarão a encontrar
as veredas da vida.

[20]A sabedoria o fará andar nos
caminhos
dos homens de bem
e a manter-se nas veredas dos justos.
[21]Pois os justos habitarão na terra,
e os íntegros nela permanecerão;
[22]mas os ímpios serão eliminados da
terra,
e dela os infiéis serão arrancados.

Conselhos da sabedoria

3 Meu filho, não se esqueça da minha lei,
mas guarde no coração
os meus mandamentos,
[2]pois eles prolongarão a sua vida
por muitos anos
e lhe darão prosperidade e paz.

[3]Que o amor e a fidelidade
jamais o abandonem;
prenda-os ao redor do seu pescoço,
escreva-os na tábua do seu coração.
[4]Então você terá o favor
de Deus e dos homens,
e boa reputação.

[5]Confie no SENHOR de todo o seu
coração
e não se apoie
em seu próprio entendimento;
[6]reconheça o SENHOR
em todos os seus caminhos,
e ele endireitará[d] as suas veredas.

[7]Não seja sábio aos seus próprios olhos;
tema o SENHOR e evite o mal.

Palavras para memorizar

"Confie no SENHOR de todo o seu coração e não se apoie em seu próprio entendimento; reconheça o SENHOR em todos os seus caminhos, e ele endireitará as suas veredas."

(Provérbios 3:5,6)

[8]Isso lhe dará saúde ao corpo
e vigor aos ossos.

[9]Honre o SENHOR
com todos os seus recursos
e com os primeiros frutos
de todas as suas plantações;
[10]os seus celeiros
ficarão plenamente cheios,
e os seus barris transbordarão de
vinho.

[11]Meu filho,
não despreze a disciplina do SENHOR
nem se magoe com a sua repreensão,
[12]pois o SENHOR disciplina a quem ama,
assim como o pai faz ao filho
de quem deseja o bem.

[13]Como é feliz o homem
que acha a sabedoria,
o homem que obtém entendimento,
[14]pois a sabedoria
é mais proveitosa do que a prata
e rende mais do que o ouro.
[15]É mais preciosa do que rubis;
nada do que você possa desejar
se compara a ela.
[16]Na mão direita,
a sabedoria lhe garante vida longa;
na mão esquerda, riquezas e honra.
[17]Os caminhos da sabedoria
são caminhos agradáveis,
e todas as suas veredas são paz.
[18]A sabedoria é árvore que dá vida
a quem a abraça;
quem a ela se apega será abençoado.

[19]Por sua sabedoria
o SENHOR lançou os alicerces da
terra,

[a] 2:16 Hebraico: *estrangeira*.
[b] 2:17 Ou *aliança de seu Deus*
[c] 2:18 Hebraico: *refaim*. Isto é, os espíritos dos mortos.
[d] 3:6 Ou *orientará*

por seu entendimento
fixou no lugar os céus;
20por seu conhecimento
as fontes profundas se rompem,
e as nuvens gotejam o orvalho.

21Meu filho, guarde consigo
a sensatez e o equilíbrio,
nunca os perca de vista;
22trarão vida a você
e serão um enfeite para o seu pescoço.
23Então você seguirá o seu caminho
em segurança,
e não tropeçará;
24quando se deitar, não terá medo,
e o seu sono será tranquilo.
25Não terá medo da calamidade
repentina
nem da ruína que atinge os ímpios[a],
26pois o SENHOR será a sua segurança
e o impedirá de cair em armadilha.

27Quanto lhe for possível,
não deixe de fazer o bem
a quem dele precisa.
28Não diga ao seu próximo:
"Volte amanhã, e eu lhe darei algo",
se pode ajudá-lo hoje.
29Não planeje o mal contra o seu
próximo,
que confiantemente mora perto de
você.
30Não acuse alguém sem motivo,
se ele não lhe fez nenhum mal.

31Não tenha inveja de quem é violento
nem adote nenhum dos seus
procedimentos,
32pois o SENHOR detesta o perverso,
mas o justo é seu grande amigo.

33A maldição do SENHOR
está sobre a casa dos ímpios,
mas ele abençoa o lar dos justos.
34Ele zomba dos zombadores,
mas concede graça aos humildes.
35A honra é herança dos sábios,
mas o SENHOR expõe os tolos ao
ridículo.

A sabedoria é suprema

4 Ouçam, meus filhos,
a instrução de um pai;
estejam atentos, e obterão
discernimento.
2O ensino que lhes ofereço é bom;
por isso não abandonem
a minha instrução.
3Quando eu era menino,
ainda pequeno,
em companhia de meu pai,
um filho muito especial para minha
mãe,
4ele me ensinava e me dizia:
"Apegue-se às minhas palavras
de todo o coração;
obedeça aos meus mandamentos,
e você terá vida.
5Procure obter sabedoria e
entendimento;
não se esqueça das minhas palavras
nem delas se afaste.
6Não abandone a sabedoria,
e ela o protegerá;
ame-a, e ela cuidará de você.
7O conselho da sabedoria é:[b]
Procure obter sabedoria;
use tudo o que você possui
para adquirir entendimento.
8Dedique alta estima à sabedoria,
e ela o exaltará;
abrace-a, e ela o honrará.
9Ela porá um belo diadema
sobre a sua cabeça
e lhe dará de presente
uma coroa de esplendor".
10Ouça, meu filho, e aceite o que digo,
e você terá vida longa.
11Eu o conduzi pelo caminho da
sabedoria
e o encaminhei por veredas retas.
12Assim, quando você por elas seguir,
não encontrará obstáculos;
quando correr, não tropeçará.
13Apegue-se à instrução, não a
abandone;
guarde-a bem,
pois dela depende a sua vida.
14Não siga pela vereda dos ímpios
nem ande no caminho dos maus.
15Evite-o, não passe por ele;
afaste-se e não se detenha.
16Porque eles não conseguem dormir
enquanto não fazem o mal;
perdem o sono
se não causarem a ruína de alguém.
17Pois eles se alimentam de maldade,
e se embriagam de violência.
18A vereda do justo
é como a luz da alvorada,

[a] 3:25 Ou *provocada pelos ímpios*

[b] 4:7 Ou *A sabedoria é suprema;*

que brilha cada vez mais
até a plena claridade do dia.
19Mas o caminho dos ímpios
é como densas trevas;
nem sequer sabem em que tropeçam.

20Meu filho, escute o que lhe digo;
preste atenção às minhas palavras.
21Nunca as perca de vista;
guarde-as no fundo do coração,
22pois são vida para quem as encontra
e saúde para todo o seu ser.
23Acima de tudo, guarde o seu coração[a],
pois dele depende toda a sua vida.
24Afaste da sua boca as palavras
perversas;
fique longe dos seus lábios a maldade.
25Olhe sempre para a frente,
mantenha o olhar fixo
no que está adiante de você.
26Veja bem por onde anda,
e os seus passos serão seguros.
27Não se desvie nem para a direita
nem para a esquerda;
afaste os seus pés da maldade.

Advertência contra o adultério

5 Meu filho,
dê atenção à minha sabedoria,
incline os ouvidos
para perceber o meu discernimento.
2Assim você manterá o bom senso,
e os seus lábios
guardarão o conhecimento.
3Pois os lábios da mulher imoral
destilam mel;
sua voz é mais suave que o azeite,
4mas no final é amarga como fel,
afiada como uma espada de dois
gumes.
5Os seus pés descem para a morte;
os seus passos conduzem diretamente
para a sepultura.
6Ela nem percebe que anda
por caminhos tortuosos,
e não enxerga a vereda da vida.

7Agora, então, meu filho, ouça-me;
não se desvie das minhas palavras.
8Fique longe dessa mulher;
não se aproxime da porta de sua
casa,
9para que você não entregue aos outros
o seu vigor
nem a sua vida a algum homem cruel,
10para que estranhos
não se fartem do seu trabalho
e outros não se enriqueçam
à custa do seu esforço.
11No final da vida você gemerá,
com sua carne
e seu corpo desgastados.
12Você dirá: "Como odiei a disciplina!
Como o meu coração
rejeitou a repreensão!
13Não ouvi os meus mestres
nem escutei os que me ensinavam.
14Cheguei à beira da ruína completa,
à vista de toda a comunidade".

15Beba das águas da sua cisterna,
das águas que brotam do seu próprio
poço.
16Por que deixar que as suas fontes
transbordem pelas ruas,
e os seus ribeiros pelas praças?
17Que elas sejam exclusivamente suas,
nunca repartidas com estranhos.
18Seja bendita a sua fonte!
Alegre-se com a esposa da sua
juventude.
19Gazela amorosa, corça graciosa;
que os seios de sua esposa
sempre o fartem de prazer,
e sempre o embriaguem os carinhos
dela.
20Por que, meu filho, ser
desencaminhado
pela mulher imoral?
Por que abraçar o seio de uma
leviana[b]?

21O SENHOR vê os caminhos do homem
e examina todos os seus passos.
22As maldades do ímpio o prendem;
ele se torna prisioneiro
das cordas do seu pecado.
23Certamente morrerá
por falta de disciplina;
andará cambaleando
por causa da sua insensatez.

Advertências contra a insensatez

6 Meu filho, se você serviu de fiador
do seu próximo,
se, com um aperto de mãos,
empenhou-se por um estranho
2e caiu na armadilha
das palavras que você mesmo disse,
está prisioneiro do que falou.

[a] 4:23 Ou *os seus pensamentos*

[b] 5:20 Ou *de uma mulher casada*

3 Então, meu filho,
uma vez que você caiu
nas mãos do seu próximo,
vá e humilhe-se;
insista, incomode o seu próximo!
4 Não se entregue ao sono,
não procure descansar.
5 Livre-se como a gazela se livra do
caçador,
como a ave do laço que a pode prender.

6 Observe a formiga, preguiçoso,
reflita nos caminhos dela e seja sábio!
7 Ela não tem nem chefe,
nem supervisor, nem governante,
8 e ainda assim armazena
as suas provisões no verão
e na época da colheita
ajunta o seu alimento.

9 Até quando você vai ficar deitado,
preguiçoso?
Quando se levantará de seu sono?
10 Tirando uma soneca,
cochilando um pouco,
cruzando um pouco os braços
para descansar,
11 a sua pobreza o surpreenderá
como um assaltante,
e a sua necessidade lhe sobrevirá
como um homem armado.
12 O perverso não tem caráter.
Anda de um lado para o outro
dizendo coisas maldosas;
13 pisca o olho, arrasta os pés
e faz sinais com os dedos;
14 tem no coração
o propósito de enganar;
planeja sempre o mal e semeia
discórdia.
15 Por isso a desgraça
se abaterá repentinamente sobre ele;
de um golpe será destruído,
irremediavelmente.

16 Há seis coisas que o SENHOR odeia,
sete coisas que ele detesta:
17 olhos altivos, língua mentirosa,
mãos que derramam sangue
inocente,
18 coração que traça planos perversos,
pés que se apressam para fazer o
mal,
19 a testemunha falsa que espalha
mentiras
e aquele que provoca discórdia
entre irmãos.

Advertências contra o adultério

20 Meu filho,
obedeça aos mandamentos de seu pai
e não abandone o ensino de sua mãe.
21 Amarre-os sempre junto ao coração;
ate-os ao redor do pescoço.
22 Quando você andar, eles o guiarão;
quando dormir,
o estarão protegendo;
quando acordar, falarão com você.
23 Pois o mandamento é lâmpada,
a instrução é luz,
e as advertências da disciplina
são o caminho que conduz à vida;
24 eles o protegerão da mulher imoral,
e dos falsos elogios da mulher leviana[a].

[a] 6:24 Ou *adúltera*; também em 7:5.

Trabalho duro

Leia Provérbios 6:6-11 e, em seguida, se o tempo estiver bom, procure um formigueiro lá fora e veja as formigas entrarem e saírem, bem como as coisas que elas carregam. O autor de Provérbios pede que as pessoas sigam o exemplo das formigas e trabalhem duro.

Uma maneira fácil de desenhar uma formiga é fazer apenas três círculos e pernas de pauzinho. Se você precisar de um lembrete para trabalhar duro em sua lição de casa, em suas tarefas ou em algum outro projeto, desenhe uma formiga e cole-a onde ajudá-lo a lembrar (caderno, calendário, armário, piano, porta do quarto etc.).

Experimente!

Provérbios 6:6-11

[25]Não cobice em seu coração a sua
beleza
nem se deixe seduzir por seus olhares,
[26]pois o preço de uma prostituta
é um pedaço de pão,
mas a adúltera sai à caça
de vidas preciosas.
[27]Pode alguém colocar fogo no peito
sem queimar a roupa?
[28]Pode alguém andar sobre brasas
sem queimar os pés?
[29]Assim acontece com quem se deita
com mulher alheia;
ninguém que a toque ficará sem
castigo.
[30]O ladrão não é desprezado
se, faminto, rouba para matar a
fome.[a]
[31]Contudo, se for pego,
deverá pagar sete vezes o que
roubou,
embora isso lhe custe
tudo o que tem em casa.
[32]Mas o homem que comete adultério
não tem juízo;
todo aquele que assim procede
a si mesmo se destrói.
[33]Sofrerá ferimentos e vergonha,
e a sua humilhação jamais se
apagará,
[34]pois o ciúme desperta a fúria do
marido,
que não terá misericórdia
quando se vingar.
[35]Não aceitará nenhuma compensação;
os melhores presentes não o
acalmarão.

Advertência contra a mulher adúltera

7 Meu filho, obedeça às minhas palavras
e no íntimo guarde os meus
mandamentos.
[2] Obedeça aos meus mandamentos,
e você terá vida;
guarde os meus ensinos
como a menina dos seus olhos.
[3]Amarre-os aos dedos;
escreva-os na tábua do seu coração.
[4]Diga à sabedoria: "Você é minha irmã",
e chame ao entendimento seu parente;
[5]eles o manterão afastado
da mulher imoral,
da mulher leviana
com suas palavras sedutoras.

[a] 6:30 Ou *a fome?*

[6]Da janela de minha casa
olhei através da grade
[7]e vi entre os inexperientes,
no meio dos jovens,
um rapaz sem juízo.
[8]Ele vinha pela rua,
próximo à esquina de certa mulher,
andando em direção à casa dela.
[9]Era crepúsculo, o entardecer do dia,
chegavam as sombras da noite,
crescia a escuridão.

[10]A mulher veio então ao seu encontro,
vestida como prostituta,
cheia de astúcia no coração.
[11](Ela é espalhafatosa e provocadora,
seus pés nunca param em casa;
[12]uma hora na rua, outra nas praças,
em cada esquina fica à espreita.)
[13]Ela agarrou o rapaz,
beijou-o e lhe disse descaradamente:

[14]"Tenho em casa
a carne dos sacrifícios de
comunhão[b],
que hoje fiz para cumprir os meus
votos.
[15]Por isso saí para encontrá-lo;
vim à sua procura e o encontrei!
[16]Estendi sobre o meu leito
cobertas de linho fino do Egito.
[17]Perfumei a minha cama
com mirra, aloés e canela.
[18]Venha, vamos embriagar-nos
de carícias até o amanhecer;
gozemos as delícias do amor!
[19]Pois o meu marido não está em casa;
partiu para uma longa viagem.
[20]Levou uma bolsa cheia de prata
e não voltará antes da lua cheia".

[21]Com a sedução das palavras o
persuadiu,
e o atraiu com o dulçor dos lábios.
[22]Imediatamente ele a seguiu
como o boi levado ao matadouro,
ou como o cervo que vai cair no laço[c]
[23]até que uma flecha lhe atravesse o
fígado,
ou como o pássaro que salta
para dentro do alçapão,
sem saber que isso lhe custará a vida.

[24]Então, meu filho, ouça-me;
dê atenção às minhas palavras.

[b] 7:14 Ou *de paz*
[c] 7:22 Hebraico: *como o acorrentado que vai para o castigo de um tolo.*

[25]Não deixe que o seu coração
se volte para os caminhos dela,
nem se perca em tais veredas.
[26]Muitas foram as suas vítimas;
os que matou são uma grande
multidão.
[27]A casa dela é um caminho que desce
para a sepultura,
para as moradas da morte.

O chamado da sabedoria

8 A sabedoria está clamando,
o discernimento ergue a sua voz;
[2]nos lugares altos, junto ao caminho,
nos cruzamentos ela se coloca;
[3]ao lado das portas,
à entrada da cidade,
portas adentro, ela clama em alta voz:
[4]"A vocês, homens, eu clamo;
a todos levanto a minha voz.
[5]Vocês, inexperientes,
adquiram a prudência;
e vocês, tolos, tenham bom senso.
[6]Ouçam, pois tenho coisas importantes
para dizer;
os meus lábios falarão do que é certo.
[7]Minha boca fala a verdade,
pois a maldade causa repulsa
aos meus lábios.
[8]Todas as minhas palavras são justas;
nenhuma delas é distorcida ou
perversa.
[9]Para os que têm discernimento,
são todas claras,
e retas para os que têm conhecimento.
[10]Prefiram a minha instrução à prata,
e o conhecimento ao ouro puro,
[11]pois a sabedoria é mais preciosa
do que rubis;
nada do que vocês possam desejar
compara-se a ela.

[12]"Eu, a sabedoria,
moro com a prudência,
e tenho o conhecimento
que vem do bom senso.
[13]Temer o SENHOR é odiar o mal;
odeio o orgulho e a arrogância,
o mau comportamento
e o falar perverso.
[14]Meu é o conselho sensato;
a mim pertencem o entendimento e o
poder.
[15]Por meu intermédio os reis
governam,
e as autoridades exercem a justiça;
[16]também por meu intermédio
governam os nobres,
todos os juízes da terra.
[17]Amo os que me amam,
e quem me procura me encontra.
[18]Comigo estão riquezas e honra,
prosperidade e justiça duradouras.
[19]Meu fruto é melhor do que o ouro,
do que o ouro puro;
o que ofereço é superior à prata
escolhida.
[20]Ando pelo caminho da retidão,
pelas veredas da justiça,
[21]concedendo riqueza aos que me amam
e enchendo os seus tesouros.
[22]"O SENHOR me criou[a]
como o princípio de seu caminho[b],
antes das suas obras mais antigas;
[23]fui formada desde a eternidade,
desde o princípio, antes de existir a
terra.
[24]Nasci quando ainda não havia
abismos,
quando não existiam fontes de águas;
[25]antes de serem estabelecidos os
montes
e de existirem colinas eu nasci.
[26]Ele ainda não havia feito a terra,
nem os campos,
nem o pó com o qual formou o mundo.
[27]Quando ele estabeleceu os céus,
lá estava eu;
quando traçou o horizonte
sobre a superfície do abismo,
[28]quando colocou as nuvens em cima
e estabeleceu as fontes do abismo,
[29]quando determinou as fronteiras do
mar
para que as águas
não violassem a sua ordem,
quando marcou os limites
dos alicerces da terra,
[30]eu estava ao seu lado,
e era o seu arquiteto;
dia a dia eu era o seu prazer
e me alegrava continuamente
com a sua presença.
[31]Eu me alegrava com o mundo
que ele criou,
e a humanidade me dava alegria.

[32]"Ouçam-me agora, meus filhos:
Como são felizes
os que guardam os meus caminhos!

[a] 8:22 Ou *me possuía*
[b] 8:22 Ou *domínio*

33 Ouçam a minha instrução,
e serão sábios.
Não a desprezem.
34 Como é feliz o homem que me ouve,
vigiando diariamente à minha porta,
esperando junto às portas da minha
casa.
35 Pois todo aquele que me encontra,
encontra a vida
e recebe o favor do SENHOR.
36 Mas aquele que de mim se afasta,
a si mesmo se agride;
todos os que me odeiam amam a
morte".

Os convites da sabedoria e da insensatez

9 A sabedoria construiu sua casa;
ergueu suas sete colunas.
2 Matou animais para a refeição,
preparou seu vinho e arrumou sua
mesa.
3 Enviou suas servas para fazerem
convites
desde o ponto mais alto da cidade,
clamando:
4 "Venham todos os inexperientes!"
Aos que não têm bom senso ela diz:
5 "Venham comer a minha comida
e beber o vinho que preparei.
6 Deixem a insensatez, e vocês terão
vida;
andem pelo caminho do
entendimento.

7 "Quem corrige o zombador
traz sobre si o insulto;
quem repreende o ímpio
mancha o próprio nome.
8 Não repreenda o zombador,
caso contrário ele o odiará;
repreenda o sábio, e ele o amará.
9 Instrua o homem sábio,
e ele será ainda mais sábio;
ensine o homem justo,
e ele aumentará o seu saber.

Palavras para memorizar

"Andem pelo caminho do entendimento."
(Provérbios 9:6)

10 "O temor do SENHOR
é o princípio[a] da sabedoria,
e o conhecimento do Santo
é entendimento.
11 Pois por meu intermédio
os seus dias serão multiplicados,
e o tempo da sua vida se prolongará.
12 Se você for sábio, o benefício será seu;
se for zombador, sofrerá as
consequências".

13 A insensatez é pura exibição,
sedução e ignorância.
14 Sentada à porta de sua casa,
no ponto mais alto da cidade,
15 clama aos que passam por ali
seguindo o seu caminho:
16 "Venham todos os inexperientes!"
Aos que não têm bom senso ela diz:
17 "A água roubada é doce,
e o pão que se come escondido
é saboroso!"
18 Mas eles nem imaginam
que ali estão os espíritos dos mortos[b],
que os seus convidados
estão nas profundezas da sepultura.

Provérbios de Salomão

10 Provérbios de Salomão:
O filho sábio dá alegria ao pai;
o filho tolo dá tristeza à mãe.

2 Os tesouros de origem desonesta
não servem para nada,
mas a retidão livra da morte.

3 O SENHOR não deixa o justo passar
fome,
mas frustra a ambição dos ímpios.

4 As mãos preguiçosas
empobrecem o homem,
porém as mãos diligentes
lhe trazem riqueza.

5 Aquele que faz a colheita no verão
é filho sensato,
mas aquele que dorme durante a ceifa
é filho que causa vergonha.

6 As bênçãos coroam a cabeça dos justos,
mas a boca dos ímpios abriga a
violência.

7 A memória deixada pelos justos
será uma bênção,
mas o nome dos ímpios apodrecerá.

[a] 9:10 Ou *a chave*
[b] 9:18 Ou *as sombras*

8Os sábios de coração
aceitam mandamentos,
mas a boca do insensato o leva à ruína.

9Quem anda com integridade
anda com segurança,
mas quem segue veredas tortuosas
será descoberto.

10Aquele que pisca maliciosamente
causa tristeza,
e a boca do insensato o leva à ruína.

11A boca do justo é fonte de vida,
mas a boca dos ímpios abriga a
violência.

12O ódio provoca dissensão,
mas o amor cobre todos os pecados.

13A sabedoria está nos lábios
dos que têm discernimento,
mas a vara é para as costas
daquele que não tem juízo.

14Os sábios acumulam conhecimento,
mas a boca do insensato
é um convite à ruína.

15A riqueza dos ricos
é a sua cidade fortificada,
mas a pobreza é a ruína dos pobres.

16O salário do justo lhe traz vida,
mas a renda do ímpio lhe traz castigo.

17Quem acolhe a disciplina
mostra o caminho da vida,
mas quem ignora a repreensão
desencaminha outros.

18Quem esconde o ódio
tem lábios mentirosos,
e quem espalha calúnia é tolo.

19Quando são muitas as palavras,
o pecado está presente,
mas quem controla a língua é sensato.

20A língua dos justos é prata escolhida,
mas o coração dos ímpios
quase não tem valor.

21As palavras dos justos
dão sustento a muitos,
mas os insensatos morrem
por falta de juízo.

22A bênção do SENHOR traz riqueza,
e não inclui dor alguma.

23O tolo encontra prazer
na má conduta,
mas o homem cheio de entendimento
deleita-se na sabedoria.

24O que o ímpio teme lhe acontecerá;
o que os justos desejam
lhes será concedido.

25Passada a tempestade,
o ímpio já não existe,
mas o justo permanece firme para
sempre.

26Como o vinagre para os dentes
e a fumaça para os olhos,
assim é o preguiçoso
para aqueles que o enviam.

27O temor do SENHOR prolonga a vida,
mas a vida do ímpio é abreviada.

28O que o justo almeja redunda em
alegria,
mas as esperanças dos ímpios dão em
nada.

29O caminho do SENHOR
é o refúgio dos íntegros,
mas é a ruína dos que praticam o mal.

30Os justos jamais serão desarraigados,
mas os ímpios pouco duram na terra.

31A boca do justo produz sabedoria,
mas a língua perversa será extirpada.

32Os lábios do justo sabem o que é
próprio,
mas a boca dos ímpios
só conhece a perversidade.

11 O SENHOR repudia balanças desonestas,
mas os pesos exatos lhe dão prazer.

2Quando vem o orgulho,
chega a desgraça,
mas a sabedoria está com os humildes.

3A integridade dos justos os guia,
mas a falsidade dos infiéis os destrói.

4De nada vale a riqueza no dia da ira
divina,
mas a retidão livra da morte.

5A retidão dos irrepreensíveis
lhes abre um caminho reto,
mas os ímpios são abatidos
por sua própria impiedade.

6A justiça dos justos os livra,
mas o desejo dos infiéis os aprisiona.

7Quando morre o ímpio,
sua esperança perece;

tudo o que ele esperava do seu poder
dá em nada.

8O justo é salvo das tribulações,
e estas são transferidas para o ímpio.

9Com a boca o ímpio
pretende destruir o próximo,
mas pelo seu conhecimento
o justo se livra.

10Quando os justos prosperam,
a cidade exulta;
quando os ímpios perecem,
há cantos de alegria.

11Pela bênção dos justos
a cidade é exaltada,
mas pela boca dos ímpios é destruída.

12O homem que não tem juízo
ridiculariza o seu próximo,
mas o que tem entendimento
refreia a língua.

13Quem muito fala trai a confidência,
mas quem merece confiança
guarda o segredo.

14Sem diretrizes a nação cai;
o que a salva é ter muitos conselheiros.

15Quem serve de fiador certamente
sofrerá,
mas quem se nega a fazê-lo está seguro.

16A mulher bondosa conquista o
respeito,
mas os homens cruéis[a]
só conquistam riquezas.

17Quem faz o bem aos outros,
a si mesmo o faz;
o homem cruel causa o seu próprio mal.

18O ímpio recebe salários enganosos,
mas quem semeia a retidão
colhe segura recompensa.

19Quem permanece na justiça viverá,
mas quem sai em busca do mal
corre para a morte.

20O SENHOR detesta
os perversos de coração,
mas os de conduta irrepreensível
dão-lhe prazer.

21Esteja certo de que
os ímpios não ficarão sem castigo,
mas os justos serão poupados.

Palavras para memorizar

"O generoso prosperará; quem dá alívio aos outros, alívio receberá."
(Provérbios 11:25)

22Como anel de ouro em focinho de
porco,
assim é a mulher bonita,
mas indiscreta.

23O desejo dos justos resulta em bem;
a esperança dos ímpios, em ira.

24Há quem dê generosamente,
e vê aumentar suas riquezas;
outros retêm o que deveriam dar,
e caem na pobreza.

25O generoso prosperará;
quem dá alívio aos outros,
alívio receberá.

26O povo amaldiçoa
aquele que esconde o trigo,
mas a bênção coroa
aquele que logo se dispõe a vendê-lo.

27Quem procura o bem será respeitado;
já o mal vai de encontro a quem o
busca.

28Quem confia em suas riquezas
certamente cairá,
mas os justos florescerão
como a folhagem verdejante.

29Quem causa problemas à sua família
herdará somente vento;
o insensato será servo do sábio.

30O fruto da retidão é árvore de vida,
e aquele que conquista almas[b] é sábio.

31Se os justos recebem na terra
a punição que merecem,
quanto mais o ímpio e o pecador!

12 Todo o que ama a disciplina
ama o conhecimento,
mas aquele que odeia a repreensão é
tolo.

[a] 11:16 Ou *valentes*

[b] 11:30 Ou *pessoas*

²O homem bom
obtém o favor do SENHOR,
mas o que planeja maldades
o SENHOR condena.

³Ninguém consegue se firmar
mediante a impiedade,
e não se pode desarraigar o justo.

⁴A mulher exemplar
é a coroa do seu marido,
mas a de comportamento vergonhoso
é como câncer em seus ossos.

⁵Os planos dos justos são retos,
mas o conselho dos ímpios é enganoso.

⁶As palavras dos ímpios
são emboscadas mortais,
mas quando os justos falam há
livramento.

⁷Os ímpios são derrubados e
desaparecem,
mas a casa dos justos permanece firme.

⁸O homem é louvado
segundo a sua sabedoria,
mas o que tem o coração perverso
é desprezado.

⁹Melhor é não ser ninguém
e, ainda assim, ter quem o sirva,
do que fingir ser alguém
e não ter comida.

¹⁰O justo cuida bem dos seus rebanhos,
mas até os atos mais bondosos dos
ímpios
são cruéis.

¹¹Quem trabalha a sua terra
terá fartura de alimento,
mas quem vai atrás de fantasias
não tem juízo.

¹²Os ímpios cobiçam
o despojo tomado pelos maus,
mas a raiz do justo floresce.

¹³O mau se enreda em seu falar
pecaminoso,
mas o justo não cai nessas dificuldades.

¹⁴Do fruto de sua boca
o homem se beneficia,
e o trabalho de suas mãos
será recompensado.

¹⁵O caminho do insensato
parece-lhe justo,
mas o sábio ouve os conselhos.

¹⁶O insensato revela de imediato
o seu aborrecimento,
mas o homem prudente ignora o
insulto.

¹⁷A testemunha fiel
dá testemunho honesto,
mas a testemunha falsa conta
mentiras.

¹⁸Há palavras que ferem como espada,
mas a língua dos sábios traz a cura.

¹⁹Os lábios que dizem a verdade
permanecem para sempre,
mas a língua mentirosa
dura apenas um instante.

²⁰O engano está no coração
dos que maquinam o mal,
mas a alegria está
entre os que promovem a paz.

²¹Nenhum mal atingirá o justo,
mas os ímpios
estão cobertos de problemas.

²²O SENHOR odeia os lábios mentirosos,
mas se deleita com os que falam a
verdade.

²³O homem prudente
não alardeia o seu conhecimento,
mas o coração dos tolos
derrama insensatez.

²⁴As mãos diligentes governarão,
mas os preguiçosos acabarão escravos.

²⁵O coração ansioso deprime o homem,
mas uma palavra bondosa o anima.

²⁶O homem honesto
é cauteloso em suas amizades[a],
mas o caminho dos ímpios
os leva a perder-se.

²⁷O preguiçoso não aproveita a sua caça,
mas o diligente dá valor a seus bens.

²⁸No caminho da justiça está a vida;
essa é a vereda que nos preserva da
morte.

13 O filho sábio
acolhe a instrução do pai,
mas o zombador não ouve a
repreensão.

²Do fruto de sua boca
o homem desfruta coisas boas,

[a] 12:26 Ou *é um guia para o seu próximo*

mas o que os infiéis desejam é
violência.

3 Quem guarda a sua boca
guarda a sua vida,
mas quem fala demais acaba se
arruinando.

4 O preguiçoso deseja e nada consegue,
mas os desejos do diligente
são amplamente satisfeitos.

5 Os justos odeiam o que é falso,
mas os ímpios
trazem vergonha e desgraça.

6 A retidão protege o homem íntegro,
mas a impiedade derruba o pecador.

7 Alguns fingem que são ricos e nada
têm;
outros fingem que são pobres,
e têm grande riqueza.

8 As riquezas de um homem
servem de resgate para a sua vida,
mas o pobre nunca recebe ameaças.

9 A luz dos justos
resplandece esplendidamente,
mas a lâmpada dos ímpios apaga-se.

10 O orgulho só gera discussões,
mas a sabedoria está
com os que tomam conselho.

11 O dinheiro ganho com desonestidade
diminuirá,
mas quem o ajunta aos poucos
terá cada vez mais.

12 A esperança que se retarda
deixa o coração doente,
mas o anseio satisfeito é árvore de vida.

13 Quem zomba da instrução pagará por
ela,
mas aquele que respeita o
mandamento
será recompensado.

14 O ensino dos sábios é fonte de vida,
e afasta o homem
das armadilhas da morte.

15 O bom entendimento conquista favor,
mas o caminho do infiel é áspero[a].

16 Todo homem prudente
age com base no conhecimento,
mas o tolo expõe a sua insensatez.

17 O mensageiro ímpio cai em
dificuldade,
mas o enviado digno de confiança
traz a cura.

18 Quem despreza a disciplina
cai na pobreza e na vergonha,
mas quem acolhe a repreensão
recebe tratamento honroso.

19 O anseio satisfeito agrada a alma,
mas o tolo detesta afastar-se do mal.

20 Aquele que anda com os sábios
será cada vez mais sábio,
mas o companheiro dos tolos
acabará mal.

21 O infortúnio persegue o pecador,
mas a prosperidade
é a recompensa do justo.

22 O homem bom deixa herança
para os filhos de seus filhos,
mas a riqueza do pecador
é armazenada para os justos.

23 A lavoura do pobre
produz alimento com fartura,
mas por falta de justiça ele o perde.

24 Quem se nega a castigar seu filho
não o ama;
quem o ama não hesita em
discipliná-lo.

25 O justo come até satisfazer o apetite,
mas os ímpios permanecem
famintos.

14

A mulher sábia edifica a sua casa,
mas com as próprias mãos
a insensata derruba a sua.

2 Quem anda direito teme o SENHOR,
mas quem segue caminhos enganosos
o despreza.

3 A conversa do insensato
traz a vara para as suas costas,
mas os lábios dos sábios os protegem.

4 Onde não há bois o celeiro fica vazio,
mas da força do boi vem a grande
colheita.

5 A testemunha sincera não engana,
mas a falsa transborda em mentiras.

6 O zombador busca sabedoria
e nada encontra,
mas o conhecimento vem facilmente
ao que tem discernimento.

[a] 13:15 Ou *não permanece*

[7]Mantenha-se longe do tolo,
pois você não achará conhecimento
no que ele falar.

[8]A sabedoria do homem prudente
é discernir o seu caminho,
mas a insensatez dos tolos é enganosa.

[9]Os insensatos zombam
da ideia de reparar o pecado
cometido,
mas a boa vontade está entre os justos.

[10]Cada coração conhece
a sua própria amargura,
e não há quem possa partilhar sua
alegria.

[11]A casa dos ímpios será destruída,
mas a tenda dos justos florescerá.

[12]Há caminho que parece certo ao
homem,
mas no final conduz à morte.

[13]Mesmo no riso o coração pode
sofrer,
e a alegria pode terminar em tristeza.

[14]Os infiéis receberão a retribuição
de sua conduta,
mas o homem bom será
recompensado.

[15]O inexperiente acredita
em qualquer coisa,
mas o homem prudente vê bem onde
pisa.

[16]O sábio é cauteloso[a] e evita o mal,
mas o tolo é impetuoso e
irresponsável.

[17]Quem é irritadiço faz tolices,
e o homem cheio de astúcias é odiado.

[18]Os inexperientes herdam a insensatez,
mas o conhecimento
é a coroa dos prudentes.

[19]Os maus se inclinarão
diante dos homens de bem,
e os ímpios, às portas da justiça.

[20]Os pobres são evitados
até por seus vizinhos,
mas os amigos dos ricos são muitos.

[21]Quem despreza o próximo
comete pecado,
mas como é feliz quem trata com
bondade
os necessitados!

[22]Não é certo que se perdem
os que só pensam no mal?
Mas os que planejam o bem
encontram[b] amor e fidelidade.

[23]Todo trabalho árduo traz proveito,
mas o só falar leva à pobreza.

[24]A riqueza dos sábios é a sua coroa,
mas a insensatez dos tolos
produz apenas insensatez.

[a] 14:16 Ou *teme o Senhor*
[b] 14:22 Ou *demonstram*

A vida nos tempos da Bíblia

O que torna a vida boa

Trabalhar torna a vida boa (Provérbios 14:23). A maioria das pessoas na Terra Santa eram fazendeiros que cultivavam grãos e vegetais e criavam animais. Trabalhar na fazenda não era fácil, mas as pessoas que trabalhavam duro tinham comida e roupas para a família.

25 A testemunha que fala a verdade
salva vidas,
mas a testemunha falsa é enganosa.

26 Aquele que teme o SENHOR
possui uma fortaleza segura,
refúgio para os seus filhos.
27 O temor do SENHOR é fonte de vida,
e afasta das armadilhas da morte.

28 Uma grande população é a glória do
rei,
mas, sem súditos,
o príncipe está arruinado.

29 O homem paciente
dá prova de grande entendimento,
mas o precipitado revela insensatez.

30 O coração em paz dá vida ao corpo,
mas a inveja apodrece os ossos.

31 Oprimir o pobre
é ultrajar o seu Criador,
mas tratar com bondade o necessitado
é honrar a Deus.

32 Quando chega a calamidade,
os ímpios são derrubados;
os justos, porém,
até em face da morte
encontram refúgio.

33 A sabedoria repousa no coração
dos que têm discernimento,
e mesmo entre os tolos
ela se deixa conhecer[a].

34 A justiça engrandece a nação,
mas o pecado é uma vergonha
para qualquer povo.

35 O servo sábio agrada o rei,
mas o que procede vergonhosamente
incorre em sua ira.

15 A resposta calma desvia a fúria,
mas a palavra ríspida desperta a ira.

2 A língua dos sábios
torna atraente o conhecimento,
mas a boca dos tolos derrama insensatez.

3 Os olhos do SENHOR estão em toda
parte,
observando atentamente os maus e
os bons.

4 O falar amável é árvore de vida,
mas o falar enganoso esmaga o espírito.

[a] 14:33 A Septuaginta e a Versão Siríaca dizem *mas no coração dos tolos ela não é conhecida.*

5 O insensato faz pouco caso
da disciplina de seu pai,
mas quem acolhe a repreensão
revela prudência.

6 A casa do justo contém grande
tesouro,
mas os rendimentos dos ímpios
lhes trazem inquietação.

7 As palavras dos sábios
espalham conhecimento;
mas o coração dos tolos não é assim.

8 O SENHOR detesta o sacrifício dos
ímpios,
mas a oração do justo o agrada.

9 O SENHOR detesta
o caminho dos ímpios,
mas ama quem busca a justiça.

10 Há uma severa lição
para quem abandona o seu caminho;
quem despreza a repreensão morrerá.

11 A Sepultura e a Destruição[b]
estão abertas diante do SENHOR;
quanto mais os corações dos homens!

12 O zombador não gosta de quem o
corrige,
nem procura a ajuda do sábio.

13 A alegria do coração transparece no
rosto,
mas o coração angustiado
oprime o espírito.

14 O coração que sabe discernir
busca o conhecimento,
mas a boca dos tolos
alimenta-se de insensatez.

[b] 15:11 Hebraico: *Sheol* e *Abadom*. *Sheol* também pode ser traduzido por profundezas, pó ou morte; também no versículo 24.

Palavras para memorizar

"A alegria do coração transparece no rosto, mas o coração angustiado oprime o espírito."

(Provérbios 15:13)

[15]Todos os dias do oprimido são
infelizes,
mas o coração bem disposto
está sempre em festa.

[16]É melhor ter pouco
com o temor do SENHOR
do que grande riqueza com
inquietação.

[17]É melhor ter verduras na refeição
onde há amor
do que um boi gordo
acompanhado de ódio.

[18]O homem irritável provoca dissensão,
mas quem é paciente acalma a
discussão.

[19]O caminho do preguiçoso
é cheio de espinhos,
mas o caminho do justo
é uma estrada plana.

[20]O filho sábio dá alegria a seu pai,
mas o tolo despreza a sua mãe.

[21]A insensatez alegra
quem não tem bom senso,
mas o homem de entendimento
procede com retidão.

[22]Os planos fracassam
por falta de conselho,
mas são bem-sucedidos
quando há muitos conselheiros.

[23]Dar resposta apropriada[a]
é motivo de alegria;
e como é bom
um conselho na hora certa!

[24]O caminho da vida conduz para cima
quem é sensato,
para que ele não desça à sepultura.

[25]O SENHOR derruba
a casa do orgulhoso,
mas mantém intactos
os limites da propriedade da viúva.

[26]O SENHOR detesta
os pensamentos dos maus,
mas se agrada de palavras ditas sem
maldade.

[27]O avarento põe sua família em
apuros,
mas quem repudia o suborno viverá.

[28]O justo pensa bem antes de
responder,
mas a boca dos ímpios jorra o mal.

[29]O SENHOR está longe dos ímpios,
mas ouve a oração dos justos.

[30]Um olhar animador
dá alegria ao coração,
e as boas notícias revigoram os ossos.

[31]Quem ouve a repreensão construtiva
terá lugar permanente entre os
sábios.

[32]Quem recusa a disciplina
faz pouco caso de si mesmo,
mas quem ouve a repreensão
obtém entendimento.

[33]O temor do SENHOR ensina a
sabedoria,[b]
e a humildade antecede a honra.

16 Ao homem pertencem
os planos do coração,
mas do SENHOR vem a resposta da
língua.

[2]Todos os caminhos do homem
lhe parecem puros,
mas o SENHOR avalia o espírito.

[3]Consagre ao SENHOR
tudo o que você faz,
e os seus planos serão bem-sucedidos.

[4]O SENHOR faz tudo com um propósito;
até os ímpios para o dia do castigo.

[5]O SENHOR detesta
os orgulhosos de coração.
Sem dúvida serão punidos.

[6]Com amor e fidelidade
se faz expiação pelo pecado;
com o temor do SENHOR
o homem evita o mal.

[7]Quando os caminhos de um homem
são agradáveis ao SENHOR,
ele faz que até os seus inimigos
vivam em paz com ele.

[8]É melhor ter pouco com retidão
do que muito com injustiça.

[9]Em seu coração
o homem planeja o seu caminho,
mas o SENHOR determina
os seus passos.

[a] 15:23 Ou *Expressar a própria opinião*

[b] 15:33 Ou *A sabedoria ensina o temor do Senhor,*

[10]Os lábios do rei
falam com grande autoridade;
sua boca não deve trair a justiça.

[11]Balanças e pesos honestos
vêm do SENHOR;
todos os pesos da bolsa são feitos por ele.

[12]Os reis detestam a prática da maldade,
porquanto o trono se firma pela justiça.

[13]O rei se agrada dos lábios honestos,
e dá valor ao homem que fala a verdade.

[14]A ira do rei é um mensageiro da morte,
mas o homem sábio a acalmará.

[15]Alegria no rosto do rei é sinal de vida;
seu favor é como
nuvem de chuva na primavera.

[16]É melhor obter sabedoria do que ouro!
É melhor obter entendimento do que prata!

[17]A vereda do justo evita o mal;
quem guarda o seu caminho
preserva a sua vida.

[18]O orgulho vem antes da destruição;
o espírito altivo, antes da queda.

[19]Melhor é ter espírito humilde
entre os oprimidos
do que partilhar despojos
com os orgulhosos.

[20]Quem examina cada questão
com cuidado prospera,[a]
e feliz é aquele que confia no SENHOR.

[21]O sábio de coração
é considerado prudente;
quem fala com equilíbrio
promove a instrução[b].

[22]O entendimento é fonte de vida
para aqueles que o têm,
mas a insensatez traz castigo
aos insensatos.

[23]O coração do sábio ensina a sua boca,
e os seus lábios promovem a instrução.

[24]As palavras agradáveis
são como um favo de mel,
são doces para a alma
e trazem cura para os ossos.

[25]Há caminho que parece reto ao homem,
mas no final conduz à morte.

[26]O apetite do trabalhador
o obriga a trabalhar;
a sua fome o impulsiona.

[27]O homem sem caráter maquina o mal;
suas palavras são um fogo devorador.

[28]O homem perverso provoca dissensão,
e o que espalha boatos afasta bons amigos.

[29]O violento recruta o seu próximo
e o leva por um caminho ruim.

[30]Quem pisca os olhos planeja o mal;
quem franze os lábios já o vai praticar.

[31]O cabelo grisalho
é uma coroa de esplendor,
e se obtém mediante uma vida justa.

[32]Melhor é o homem paciente
do que o guerreiro,
mais vale controlar o seu espírito
do que conquistar uma cidade.

[33]A sorte é lançada no colo,
mas a decisão vem do SENHOR.

17 Melhor é um pedaço de pão seco
com paz e tranquilidade
do que uma casa onde há banquetes[c],
e muitas brigas.

[2]O servo sábio dominará sobre
o filho de conduta vergonhosa,
e participará da herança
como um dos irmãos.

[3]O crisol é para a prata
e o forno é para o ouro,
mas o SENHOR prova o coração.

[4]O ímpio dá atenção aos lábios maus;
o mentiroso dá ouvidos
à língua destruidora.

[5]Quem zomba dos pobres
mostra desprezo pelo Criador deles;
quem se alegra com a desgraça
não ficará sem castigo.

[a] 16:20 Ou *Quem acolhe a palavra prospera;* ou ainda *Quem considera atentamente o que fala prospera,*
[b] 16:21 Ou *consegue convencer*; também no versículo 23.
[c] 17:1 Hebraico: *sacrifícios*.

25 O filho tolo é a tristeza do seu pai
e a amargura daquela que o deu à luz.

26 Não é bom castigar o inocente,
nem açoitar quem merece ser honrado.

27 Quem tem conhecimento
é comedido no falar,
e quem tem entendimento
é de espírito sereno.

28 Até o insensato passará por sábio,
se ficar quieto,
e, se contiver a língua,
parecerá que tem discernimento.

18 Quem se isola
busca interesses egoístas
e se rebela contra a sensatez.

2 O tolo não tem prazer no
entendimento,
mas sim em expor os seus
pensamentos.

3 Com a impiedade vem o desprezo,
e com a desonra vem a vergonha.

4 As palavras do homem
são águas profundas,
mas a fonte da sabedoria
é um ribeiro que transborda.

5 Não é bom favorecer os ímpios
para privar da justiça o justo.

6 As palavras do tolo provocam briga,
e a sua conversa atrai açoites.

7 A conversa do tolo é a sua desgraça,
e seus lábios são uma armadilha
para a sua alma.

8 As palavras do caluniador
são como petiscos deliciosos;
descem até o íntimo do homem.

9 Quem relaxa em seu trabalho
é irmão do que o destrói.

10 O nome do SENHOR é uma torre forte;
os justos correm para ela e estão
seguros.

11 A riqueza dos ricos
é a sua cidade fortificada,
eles a imaginam como um muro
que é impossível escalar.

12 Antes da sua queda
o coração do homem se envaidece,
mas a humildade antecede a honra.

13 Quem responde antes de ouvir
comete insensatez e passa vergonha.

14 O espírito do homem
o sustenta na doença,
mas o espírito deprimido,
quem o levantará?

15 O coração do que tem discernimento
adquire conhecimento;
os ouvidos dos sábios
saem à sua procura.

16 O presente abre o caminho
para aquele que o entrega
e o conduz à presença dos grandes.

A vida nos tempos da Bíblia

O que torna a vida boa

Uma das coisas boas da vida que Deus deu é a família. Pais e filhos, tios, avós e até amigos são a maneira de Deus de nos fazer sentir que temos um lugar especial no mundo, algum lugar ao qual pertencemos.

6 Os filhos dos filhos
são uma coroa para os idosos,
e os pais são o orgulho dos seus filhos.

7 Os lábios arrogantes[a]
não ficam bem ao insensato;
muito menos os lábios mentirosos
ao governante!

8 O suborno é um recurso fascinante
para aquele que o oferece;
aonde quer que vá, ele tem sucesso.

9 Aquele que cobre uma ofensa
promove amor,
mas quem a lança em rosto
separa bons amigos.

10 A repreensão faz marca mais
profunda
no homem de entendimento
do que cem açoites no tolo.

11 O homem mau só pende para a
rebeldia;
por isso um oficial impiedoso
será enviado contra ele.

12 Melhor é encontrar uma ursa
da qual roubaram os filhotes
do que um tolo em sua insensatez.

13 Quem retribui o bem com o mal,
jamais deixará de ter mal no seu lar.

14 Começar uma discussão
é como abrir brecha num dique;
por isso resolva a questão
antes que surja a contenda.

15 Absolver o ímpio e condenar o justo
são coisas que o SENHOR odeia.

16 De que serve o dinheiro na mão do
tolo,
já que ele não quer obter sabedoria?

17 O amigo ama em todos os momentos;
é um irmão na adversidade.

18 O homem sem juízo
com um aperto de mãos se
compromete
e se torna fiador do seu próximo.

19 Quem ama a discussão ama o pecado;
quem constrói portas altas[b]
está procurando a sua ruína.

20 O homem de coração perverso
não prospera,
e o de língua enganosa cai na desgraça.

21 O filho tolo só dá tristeza,
e nenhuma alegria tem o pai do
insensato.

22 O coração bem disposto
é remédio eficiente,
mas o espírito oprimido resseca os
ossos.

23 O ímpio aceita às escondidas o
suborno
para desviar o curso da justiça.

24 O homem de discernimento
mantém a sabedoria em vista,
mas os olhos do tolo vagueiam
até os confins da terra.

[a] 17:7 Ou *eloquentes*

[b] 17:19 Ou *quem se orgulha*

Falar dos outros

Experimente!

Algum amigo já falou de você pelas suas costas? Essa pessoa falou algo ruim sobre você para outra pessoa? Dói quando isso acontece, e Provérbios 16:28 diz que fofocar dos outros pode acabar com amizades.

Aqui vai uma maneira de salvar uma amizade. Leia Provérbios 17:9, onde diz que você pode apagar um pecado perdoando-o. Isso significa que você só deve dizer algo de bom sobre outra pessoa e deve esquecer-se das coisas ruins. Tente isso quando você ouvir alguém falando de outra pessoa, e não escute nem passe a coisa ruim adiante. Você ajudará a salvar uma amizade e, além disso, seus amigos também poderão confiar em você.

Provérbios 17:9

17 O primeiro a apresentar a sua causa
parece ter razão,
até que outro venha à frente e o
questione.

18 Lançar sortes resolve contendas
e decide questões entre poderosos.

19 Um irmão ofendido é mais inacessível
do que uma cidade fortificada,
e as discussões são como
as portas trancadas de uma
cidadela.

20 Do fruto da boca enche-se
o estômago do homem;
o produto dos lábios o satisfaz.

21 A língua tem poder sobre a vida
e sobre a morte;
os que gostam de usá-la
comerão do seu fruto.

22 Quem encontra uma esposa
encontra algo excelente;
recebeu uma bênção do SENHOR.

23 O pobre implora misericórdia,
mas o rico responde com aspereza.

24 Quem tem muitos amigos
pode chegar à ruína,
mas existe amigo
mais apegado que um irmão.

19 Melhor é o pobre
que vive com integridade
do que o tolo que fala perversamente.

2 Não é bom ter zelo sem conhecimento,
nem ser precipitado e perder o
caminho.

3 É a insensatez do homem
que arruína a sua vida,
mas o seu coração se ira contra o
SENHOR.

4 A riqueza traz muitos amigos,
mas até o amigo do pobre o abandona.

5 A testemunha falsa não ficará sem
castigo,
e aquele que despeja mentiras
não sairá livre.

6 Muitos adulam o governante,
e todos são amigos de quem dá
presentes.

7 O pobre é desprezado
por todos os seus parentes,
quanto mais por seus amigos!
Embora os procure,
para pedir-lhes ajuda,
não os encontra em lugar nenhum.

8 Quem obtém sabedoria
ama-se a si mesmo;
quem acalenta o entendimento
prospera.

9 A testemunha falsa não ficará sem
castigo,
e aquele que despeja mentiras
perecerá.

10 Não fica bem o tolo viver no luxo;
quanto pior é o servo dominar
príncipes!

11 A sabedoria do homem
lhe dá paciência;
sua glória é ignorar as ofensas.

12 A ira do rei é como o rugido do leão,
mas a sua bondade
é como o orvalho sobre a relva.

13 O filho tolo é a ruína de seu pai,
e a esposa briguenta
é como uma goteira constante.

14 Casas e riquezas herdam-se dos pais,
mas a esposa prudente vem do
SENHOR.

15 A preguiça leva ao sono profundo,
e o preguiçoso passa fome.

16 Quem obedece aos mandamentos
preserva a sua vida,
mas quem despreza os seus caminhos
morrerá.

17 Quem trata bem os pobres
empresta ao SENHOR,
e ele o recompensará.

18 Discipline seu filho,
pois nisso há esperança;
não queira a morte dele.

19 O homem de gênio difícil
precisa do castigo;
se você o poupar,
terá que poupá-lo de novo.

20 Ouça conselhos e aceite instruções,
e acabará sendo sábio.

21 Muitos são os planos
no coração do homem,
mas o que prevalece
é o propósito do SENHOR.

22O que se deseja ver num homem
é amor perene;[a]
melhor é ser pobre do que mentiroso.

23O temor do SENHOR conduz à vida:
quem o teme pode descansar em paz,
livre de problemas.

24O preguiçoso põe a mão no prato,
e não se dá ao trabalho
de levá-la à boca!

25Açoite o zombador,
e os inexperientes aprenderão a prudência;
repreenda o homem de discernimento,
e ele obterá conhecimento.

26O filho que rouba o pai e expulsa a mãe
é causador de vergonha e desonra.

27Se você parar de ouvir a instrução, meu filho,
irá afastar-se das palavras
que dão conhecimento.

28A testemunha corrupta zomba da justiça,
e a boca dos ímpios
tem fome de iniquidade.

29Os castigos estão preparados
para os zombadores,
e os açoites para as costas dos tolos.

20 O vinho é zombador
e a bebida fermentada provoca brigas;
não é sábio deixar-se dominar por eles.

2O medo que o rei provoca
é como o do rugido de um leão;
quem o irrita põe em risco a própria vida.

3É uma honra dar fim a contendas,
mas todos os insensatos envolvem-se nelas.

4O preguiçoso não ara a terra
na estação própria[b];
mas na época da colheita procura,
e não acha nada.

5Os propósitos do coração do homem
são águas profundas,
mas quem tem discernimento
os traz à tona.

6Muitos se dizem amigos leais,
mas um homem fiel,
quem poderá achar?

7O homem justo leva uma vida íntegra;
como são felizes os seus filhos!

8Quando o rei se assenta no trono
para julgar,
com o olhar esmiúça todo o mal.

9Quem poderá dizer:
"Purifiquei o coração;
estou livre do meu pecado"?

10Pesos adulterados
e medidas falsificadas
são coisas que o SENHOR detesta.

11Até a criança mostra o que é
por suas ações;
o seu procedimento
revelará se ela é pura e justa.

12Os ouvidos que ouvem
e os olhos que veem
foram feitos pelo SENHOR.

13Não ame o sono,
senão você acabará ficando pobre;
fique desperto, e terá alimento de sobra.

14"Não vale isso! Não vale isso!",
diz o comprador,
mas, quando se vai,
gaba-se do bom negócio.

15Mesmo onde há ouro e rubis
em grande quantidade,
os lábios que transmitem
conhecimento
são uma rara preciosidade.

16Tome-se a veste
de quem serve de fiador ao estranho;
sirva ela de penhor
de quem dá garantia a uma mulher leviana[c].

17Saborosa é a comida
que se obtém com mentiras,
mas depois dá areia na boca.

18Os conselhos são importantes
para quem quiser fazer planos,
e quem sai à guerra
precisa de orientação.

[a] 19:22 Ou *A ambição de um homem é sua vergonha;*
[b] 20:4 Hebraico: *por causa do frio.*
[c] 20:16 Ou *a um desconhecido*

Palavras para memorizar

"Os conselhos são importantes para quem quiser fazer planos."
(Provérbios 20:18)

19 Quem vive contando casos
não guarda segredo;
por isso, evite quem fala demais.

20 Se alguém amaldiçoar seu pai ou sua mãe,
a luz de sua vida se extinguirá
na mais profunda escuridão.

21 A herança que se obtém
com ganância no princípio,[a]
no final não será abençoada.

22 Não diga:
"Eu o farei pagar pelo mal que me fez!"
Espere pelo SENHOR,
e ele dará a vitória a você.

23 O SENHOR detesta pesos adulterados,
e balanças falsificadas não o agradam.

24 Os passos do homem
são dirigidos pelo SENHOR.
Como poderia alguém
discernir o seu próprio caminho?

25 É uma armadilha consagrar algo
precipitadamente,
e só pensar nas consequências
depois que se fez o voto.

26 O rei sábio abana os ímpios,
e passa sobre eles a roda de debulhar.

27 O espírito do homem
é a lâmpada do SENHOR,
e vasculha cada parte do seu ser.

28 A bondade e a fidelidade
preservam o rei;
por sua bondade
ele dá firmeza ao seu trono.

29 A beleza dos jovens está na sua força;
a glória dos idosos,
nos seus cabelos brancos.

30 Os golpes e os ferimentos
eliminam o mal;
os açoites limpam as profundezas do ser.

21 O coração do rei é como um rio
controlado pelo SENHOR;
ele o dirige para onde quer.

2 Todos os caminhos do homem
lhe parecem justos,
mas o SENHOR pesa o coração.

3 Fazer o que é justo e certo
é mais aceitável ao SENHOR
do que oferecer sacrifícios.

4 A vida de pecado dos ímpios
se vê no olhar orgulhoso
e no coração arrogante.

5 Os planos bem elaborados levam à fartura;
mas o apressado sempre acaba na miséria.

6 A fortuna obtida com língua mentirosa
é ilusão fugidia e armadilha mortal.

7 A violência dos ímpios os arrastará,
pois recusam-se a agir corretamente.

8 O caminho do culpado é tortuoso,
mas a conduta do inocente é reta.

9 Melhor é viver num canto sob o telhado
do que repartir a casa
com uma mulher briguenta.

10 O desejo do perverso é fazer o mal;
ele não tem dó do próximo.

11 Quando o zombador é castigado,
o inexperiente obtém sabedoria;
quando o sábio recebe instrução,
obtém conhecimento.

12 O justo observa a casa dos ímpios
e os faz cair na desgraça.

13 Quem fecha os ouvidos
ao clamor dos pobres
também clamará e não terá resposta.

14 O presente que se faz em segredo
acalma a ira,
e o suborno oferecido às ocultas
apazigua a maior fúria.

15 Quando se faz justiça,
o justo se alegra,
mas os malfeitores se apavoram.

[a] 20:21 Ou *A herança que se obtém às pressas no início,*

16Quem se afasta
do caminho da sensatez
repousará na companhia dos mortos.

17Quem se entrega aos prazeres
passará necessidade;
quem se apega ao vinho e ao azeite
jamais será rico.

18O ímpio serve de resgate para o justo,
e o infiel, para o homem íntegro.

19Melhor é viver no deserto
do que com uma mulher briguenta
e amargurada[a].

20Na casa do sábio
há comida e azeite armazenados,
mas o tolo devora tudo o que pode.

21Quem segue a justiça e a lealdade
encontra vida, justiça e honra.

22O sábio conquista
a cidade dos valentes
e derruba a fortaleza
em que eles confiam.

23Quem é cuidadoso no que fala
evita muito sofrimento.

24O vaidoso e arrogante
chama-se zombador;
ele age com extremo orgulho.

25O preguiçoso morre de tanto desejar
e de nunca pôr as mãos no trabalho.

26O dia inteiro ele deseja mais e mais,
enquanto o justo reparte sem cessar.

27O sacrifício dos ímpios
já por si é detestável;
tanto mais quando oferecido
com más intenções.

28A testemunha falsa perecerá,
mas o testemunho
do homem bem informado
permanecerá.[b]

29O ímpio mostra no rosto
a sua arrogância,
mas o justo mantém em ordem
o seu caminho.

30Não há sabedoria alguma,
nem discernimento algum,
nem plano algum
que possa opor-se ao SENHOR.

31Prepara-se o cavalo para o dia da
batalha,
mas o SENHOR é que dá a vitória.

22 A boa reputação vale mais
que grandes riquezas;
desfrutar de boa estima
vale mais que prata e ouro.

2O rico e o pobre têm isto em comum:
o SENHOR é o Criador de ambos.

3O prudente percebe o perigo
e busca refúgio;
o inexperiente segue adiante
e sofre as consequências.

4A recompensa da humildade
e do temor do SENHOR
são a riqueza, a honra e a vida.

5No caminho do perverso
há espinhos e armadilhas;
quem quer proteger a própria vida
mantém-se longe dele.

6Instrua a criança segundo os
objetivos
que você tem para ela,
e mesmo com o passar dos anos[c]
não se desviará deles.

7O rico domina sobre o pobre;
quem toma emprestado
é escravo de quem empresta.

8Quem semeia a injustiça colhe a
maldade;
o castigo da sua arrogância será
completo.

9Quem é generoso será abençoado,
pois reparte o seu pão com o pobre.

10Quando se manda embora o
zombador,
a briga acaba;
cessam as contendas e os insultos.

11Quem ama a sinceridade de coração
e se expressa com elegância
será amigo do rei.

12Os olhos do SENHOR
protegem o conhecimento,
mas ele frustra as palavras dos infiéis.

13O preguiçoso diz:
"Há um leão lá fora!"
"Serei morto na rua!"

[a] 21:19 Ou *do que ser importunado por uma mulher briguenta*
[b] 21:28 Hebraico: *o homem que sabe ouvir falará para sempre.*
[c] 22:6 Ou *no caminho que deve seguir, e mesmo quando envelhecer*

Você sabia?

Será que alguém gosta de ser disciplinado?

22:15 Ninguém gosta de ser disciplinado, mas Provérbios 22:15 fala que a disciplina pode nos ajudar, uma vez que nos guarda de fazer coisas erradas e tolas, e isso torna a nossa vida boa.

14 A conversa da mulher imoral
é uma cova profunda;
nela cairá quem estiver
sob a ira do SENHOR.

15 A insensatez está ligada
ao coração da criança,
mas a vara da disciplina
a livrará dela.

16 Tanto quem oprime o pobre
para enriquecer-se
como quem faz cortesia ao rico,
com certeza passarão necessidade.[a]

Ditados dos sábios

17 Preste atenção e ouça
os ditados dos sábios,
e aplique o coração ao meu ensino.
18 Será uma satisfação guardá-los no íntimo
e tê-los todos na ponta da língua.
19 Para que você confie no SENHOR,
a você hoje ensinarei.
20 Já não lhe escrevi
conselhos e instruções[b],
21 ensinando-lhe palavras
dignas de confiança,
para que você responda
com a verdade a quem o enviou?

22 Não explore os pobres por serem pobres,
nem oprima os necessitados no tribunal,
23 pois o SENHOR será o advogado deles,
e despojará da vida os que os despojarem.

24 Não se associe
com quem vive de mau humor,
nem ande em companhia
de quem facilmente se ira;
25 do contrário você acabará
imitando essa conduta
e cairá em armadilha mortal.

26 Não seja como aqueles que,
com um aperto de mãos,
empenham-se com outros
e se tornam fiadores de dívidas;
27 se você não tem como pagá-las,
por que correr o risco de perder
até a cama em que dorme?

28 Não mude de lugar os antigos marcos
que limitam as propriedades
e que foram colocados
por seus antepassados.

29 Você já observou um homem
habilidoso em seu trabalho?
Será promovido ao serviço real;
não trabalhará para gente obscura.

23 Quando você se assentar
para uma refeição
com alguma autoridade,
observe com atenção
quem está diante de você,
2 e encoste a faca à sua própria garganta,
se estiver com grande apetite.
3 Não deseje as iguarias que lhe oferece,
pois podem ser enganosas.

4 Não esgote suas forças
tentando ficar rico;
tenha bom senso!
5 As riquezas desaparecem
assim que você as contempla;
elas criam asas
e voam como águias pelo céu.

6 Não aceite a refeição
de um hospedeiro invejoso[c],
nem deseje as iguarias que lhe oferece;
7 pois ele só pensa nos gastos.
Ele lhe diz: "Coma e beba!",
mas não fala com sinceridade.
8 Você vomitará o pouco que comeu,
e desperdiçará a sua cordialidade.

9 Não vale a pena conversar com o tolo,
pois ele despreza a sabedoria
do que você fala.

10 Não mude de lugar
os antigos marcos de propriedade,

[a] 22:16 Ou *Quem oprime o pobre faz com que ele ganhe mais; quem faz cortesia ao rico só promove a própria necessidade.*
[b] 22:20 Ou *escrevi trinta ditados*; ou ainda *escrevi ditados excelentes*
[c] 23:6 Hebraico: *de olhos maus.*

nem invada as terras dos órfãos,
11pois aquele que defende
os direitos[a] deles é forte.
Ele lutará contra você para defendê-los.

12Dedique à disciplina o seu coração,
e os seus ouvidos
às palavras que dão conhecimento.

13Não evite disciplinar a criança;
se você a castigar com a vara,
ela não morrerá.
14Castigue-a, você mesmo, com a vara,
e assim a livrará da sepultura[b].

15Meu filho, se o seu coração for sábio,
o meu coração se alegrará.
16Sentirei grande alegria
quando os seus lábios falarem com
retidão.

17Não inveje os pecadores
em seu coração;
melhor será que tema sempre o
Senhor.
18Se agir assim, certamente haverá
bom futuro para você,
e a sua esperança não falhará.

19Ouça, meu filho, e seja sábio;
guie o seu coração pelo bom caminho.
20Não ande com os que
se encharcam de vinho,
nem com os que
se empanturram de carne.
21Pois os bêbados e os glutões
se empobrecerão,
e a sonolência os vestirá de trapos.

22Ouça o seu pai, que o gerou;
não despreze sua mãe
quando ela envelhecer.
23Compre a verdade e não abra mão
dela,
nem tampouco da sabedoria, da
disciplina
e do discernimento.
24O pai do justo exultará de júbilo;
quem tem filho sábio nele se alegra.
25Bom será que se alegrem
seu pai e sua mãe
e que exulte a mulher que o deu à luz!

26Meu filho, dê-me o seu coração;
mantenha os seus olhos
em meus caminhos,
27pois a prostituta é uma cova
profunda,
e a mulher pervertida[c] é um poço
estreito.
28Como o assaltante, ela fica de tocaia,
e multiplica entre os homens os infiéis.

29De quem são os ais?
De quem as tristezas?
E as brigas, de quem são?
E os ferimentos desnecessários?
De quem são os olhos vermelhos[d]?
30Dos que se demoram bebendo vinho,
dos que andam à procura
de bebida misturada.
31Não se deixe atrair pelo vinho
quando está vermelho,
quando cintila no copo
e escorre suavemente!
32No fim, ele morde como serpente
e envenena como víbora.
33Seus olhos verão coisas estranhas,
e sua mente imaginará coisas
distorcidas.
34Você será como quem
dorme no meio do mar,
como quem se deita
no alto das cordas do mastro.
35E dirá: "Espancaram-me,
mas eu nada senti!
Bateram em mim, mas nem percebi!
Quando acordarei
para que possa beber mais uma vez?"

24 Não tenha inveja dos ímpios,
nem deseje a companhia deles;
2pois destruição é o que
planejam no coração,
e só falam de violência.

3Com sabedoria se constrói a casa,
e com discernimento se consolida.
4Pelo conhecimento
os seus cômodos se enchem
do que é precioso e agradável.

5O homem sábio é poderoso,
e quem tem conhecimento
aumenta a sua força;
6quem sai à guerra precisa de
orientação,
e com muitos conselheiros
se obtém a vitória.

7A sabedoria é elevada demais
para o insensato;

[a] 23:11 Hebraico: *o resgatador*.
[b] 23:14 Hebraico: *Sheol*. Essa palavra também pode ser traduzida por profundezas, pó ou morte.
[c] 23:27 Ou *adúltera*
[d] 23:29 Ou *embaçados*

ele não sabe o que dizer
nas assembleias.

8 Quem maquina o mal
será conhecido como criador de
intrigas.
9 A intriga do insensato é pecado,
e o zombador é detestado pelos
homens.

10 Se você vacila no dia da dificuldade,
como será limitada a sua força!

11 Liberte os que estão sendo levados
para a morte;
socorra os que caminham
trêmulos para a matança!
12 Mesmo que você diga:
"Não sabíamos o que estava
acontecendo!"
Não o perceberia aquele que
pesa os corações?
Não o saberia aquele que
preserva a sua vida?
Não retribuirá ele a cada um
segundo o seu procedimento?

13 Coma mel, meu filho. É bom.
O favo é doce ao paladar.
14 Saiba que a sabedoria também será
boa
para a sua alma;
se você a encontrar, certamente haverá
futuro para você,
e a sua esperança não vai
decepcioná-lo.

15 Não fique de tocaia, como faz o ímpio,
contra a casa do justo,
e não destrua o seu local de repouso,
16 pois ainda que o justo caia sete
vezes,
tornará a erguer-se,
mas os ímpios são arrastados
pela calamidade.

17 Não se alegre quando
o seu inimigo cair,
nem exulte o seu coração
quando ele tropeçar,
18 para que o SENHOR não veja isso,
e se desagrade,
e desvie dele a sua ira.

19 Não se aborreça por causa dos maus,
nem tenha inveja dos ímpios,
20 pois não há futuro para o mau,
e a lâmpada dos ímpios se apagará.

21 Tema o SENHOR e o rei, meu filho,
e não se associe aos dissidentes,
22 pois terão repentina destruição,
e quem pode imaginar a ruína
que o SENHOR e o rei podem
causar?

Outros ditados de sabedoria

23 Aqui vão outros ditados dos sábios:

Agir com parcialidade nos julgamentos
não é nada bom.
24 Quem disser ao ímpio:
"Você é justo",
será amaldiçoado pelos povos
e sofrerá a indignação das nações.
25 Mas os que condenam o culpado
terão vida agradável;
receberão grandes bênçãos.

Rir dos outros

Experimente!

Pense num momento em que você cometeu um erro ou fez uma palhaçada e alguém riu de você. Talvez você tenha respondido errado a uma pergunta ou tropeçado nos degraus do ônibus ou ainda vestido meias diferentes. Como você se sentiu quando riram?

Agora pense num momento em que você riu de outra pessoa. O que ela fez para fazer você rir? Como você acha que essa pessoa se sentiu?

Leia Provérbios 24:17-18. O sábio que escreveu este provérbio diz algo sobre o que acontece quando rimos de outra pessoa. Deus verá nossas ações e as desaprovará. E você, o que fará na próxima vez que vir alguém cometendo um erro?

Provérbios 24:17-18

26A resposta sincera
é como beijo[a] nos lábios.[b]

27Termine primeiro o seu trabalho
a céu aberto;
deixe pronta a sua lavoura.
Depois constitua família[c].

28Não testemunhe sem motivo
contra o seu próximo
nem use os seus lábios para enganá-lo.
29Não diga: "Farei com ele
o que fez comigo;
ele pagará pelo que fez".

30Passei pelo campo do preguiçoso,
pela vinha do homem sem juízo;
31havia espinheiros por toda parte,
o chão estava coberto de ervas
daninhas
e o muro de pedra estava em ruínas.
32Observei aquilo, e fiquei pensando;
olhei, e aprendi esta lição:
33"Vou dormir um pouco", você diz.
"Vou cochilar um momento;
vou cruzar os braços
e descansar mais um pouco",
34mas a pobreza lhe sobrevirá
como um assaltante,
e a sua miséria
como um homem armado.

Outros provérbios de Salomão

25 Estes são outros provérbios de Salomão,
compilados pelos servos de Ezequias,
rei de Judá:

2A glória de Deus é ocultar certas coisas;
tentar descobri-las é a glória dos reis.

3Assim como o céu é elevado
e a terra é profunda,
também o coração dos reis é
insondável.

4Quando se retira a escória da prata,
nesta se tem material para o[d] ourives;
5quando os ímpios são retirados
da presença do rei,
a justiça firma o seu trono.

6Não se engrandeça na presença do rei,
e não reivindique lugar
entre os homens importantes;
7é melhor que o rei lhe diga:
"Suba para cá!",
do que ter que humilhá-lo
diante de uma autoridade.

O que você viu com os olhos
8não leve precipitadamente ao
tribunal,
pois o que você fará,
se o seu próximo o desacreditar?

9Procure resolver sua causa
diretamente
com o seu próximo,
e não revele o segredo de outra pessoa,
10caso contrário, quem o ouvir
poderá recriminá-lo,
e você jamais perderá sua má
reputação.

11A palavra proferida no tempo certo
é como frutas de ouro
incrustadas numa escultura[e] de
prata.
12Como brinco de ouro
e enfeite de ouro fino
é a repreensão dada com sabedoria
a quem se dispõe a ouvir.

13Como o frescor da neve
na época da colheita
é o mensageiro de confiança
para aqueles que o enviam;
ele revigora o ânimo de seus senhores.
14Como nuvens e ventos sem chuva
é aquele que se gaba de presentes
que não deu.

15Com muita paciência
pode-se convencer a autoridade,
e a língua branda quebra até ossos[f].
16Se você encontrar mel,
coma apenas o suficiente,
para que não fique enjoado e vomite.
17Não faça visitas frequentes
à casa do seu vizinho
para que ele não se canse de você
e passe a odiá-lo.

18Como um pedaço de pau,
uma espada ou uma flecha aguda
é o que dá falso testemunho
contra o seu próximo.

19Como dente estragado ou pé
deslocado
é a confiança no[g] hipócrita
na hora da dificuldade.

[a] 24:26 Ou *é prova de amizade*
[b] 24:26 Ou *Quem dá um veredicto correto sela os lábios.*
[c] 24:27 Hebraico: *construa sua casa.*
[d] 25:4 Ou *aí surge um vaso da parte do*
[e] 25:11 Ou *moldura*
[f] 25:15 Ou *vence a resistência*
[g] 25:19 Ou *do*

Palavras para memorizar

"Se o seu inimigo tiver fome, dê-lhe de comer; se tiver sede, dê-lhe de beber. Fazendo isso, você amontoará brasas vivas sobre a cabeça dele, e o SENHOR recompensará você."

(Provérbios 25:21-22)

20Como tirar a própria roupa
num dia de frio,
ou derramar vinagre numa ferida,
é cantar com o coração entristecido.

21Se o seu inimigo tiver fome,
dê-lhe de comer;
se tiver sede, dê-lhe de beber.
22Fazendo isso, você amontoará
brasas vivas sobre a cabeça dele,
e o SENHOR recompensará você.

23Como o vento norte traz chuva,
assim a língua fingida traz o olhar
irado.

24Melhor é viver num canto sob o
telhado
do que repartir a casa
com uma mulher briguenta.

25Como água fresca para a garganta
sedenta
é a boa notícia que chega
de uma terra distante.

26Como fonte contaminada
ou nascente poluída,
assim é o justo que fraqueja
diante do ímpio.

27Comer mel demais não é bom,
nem é honroso buscar a própria
honra.

28Como a cidade
com seus muros derrubados,
assim é quem não sabe dominar-se.

26 Como neve no verão
ou chuva na colheita,
assim a honra é imprópria para o tolo.

2Como o pardal que voa em fuga,
e a andorinha que esvoaça veloz,
assim a maldição sem motivo justo
não pega.

3O chicote é para o cavalo,
o freio, para o jumento,
e a vara, para as costas do tolo!

4Não responda ao insensato
com igual insensatez,
do contrário você se igualará a ele.

5Responda ao insensato
como a sua insensatez merece,
do contrário ele pensará
que é mesmo um sábio.

6Como cortar o próprio pé
ou beber veneno[a],
assim é enviar mensagem
pelas mãos do tolo.

7Como pendem inúteis as pernas do
coxo,
assim é o provérbio na boca do tolo.

8Como amarrar uma pedra na
atiradeira,
assim é prestar honra ao insensato.

9Como ramo de espinhos
nas mãos do bêbado,
assim é o provérbio na boca do
insensato.

10Como o arqueiro que atira ao acaso,
assim é quem contrata o tolo
ou o primeiro que passa.

11Como o cão volta ao seu vômito,
assim o insensato repete a sua
insensatez.

12Você conhece alguém que se julga
sábio?
Há mais esperança para o insensato
do que para ele.

13O preguiçoso diz:
"Lá está um leão no caminho,
um leão feroz rugindo nas ruas!"

14Como a porta gira em suas dobradiças,
assim o preguiçoso
se revira em sua cama.

15O preguiçoso coloca a mão no prato,
mas acha difícil demais
levá-la de volta à boca.

[a] 26:6 Hebraico: *violência.*

16O preguiçoso considera-se mais sábio
do que sete homens que respondem
com bom senso.

17Como alguém que pega pelas orelhas
um cão qualquer,
assim é quem se mete em discussão
alheia.

18Como o louco que atira
brasas e flechas mortais,
19assim é o homem
que engana o seu próximo
e diz: "Eu estava só brincando!"

20Sem lenha a fogueira se apaga;
sem o caluniador morre a contenda.

21O que o carvão é para as brasas
e a lenha para a fogueira,
o amigo de brigas
é para atiçar discórdias.

22As palavras do caluniador
são como petiscos deliciosos;
descem saborosos até o íntimo.

23Como uma camada de esmalte[a]
sobre um vaso de barro,
os lábios amistosos
podem ocultar um coração mau.

24Quem odeia disfarça as suas
intenções
com os lábios,
mas no coração abriga a falsidade.
25Embora a sua conversa seja mansa,
não acredite nele,
pois o seu coração está cheio de
maldade.
26Ele pode fingir e esconder o seu ódio,
mas a sua maldade será exposta em
público.

27Quem faz uma cova, nela cairá;
se alguém rola uma pedra,
esta rolará de volta sobre ele.

28A língua mentirosa
odeia aqueles a quem fere,
e a boca lisonjeira provoca a ruína.

27 Não se gabe do dia de amanhã,
pois você não sabe
o que este ou aquele dia poderá
trazer.
2Que outros façam elogios a você,
não a sua própria boca;
outras pessoas, não os seus próprios
lábios.

3A pedra é pesada e a areia é um fardo,
mas a irritação causada pelo insensato
é mais pesada do que as duas juntas.

4O rancor é cruel e a fúria é
destruidora,
mas quem consegue suportar a inveja?

5Melhor é a repreensão feita
abertamente
do que o amor oculto.

6Quem fere por amor
mostra lealdade,
mas o inimigo multiplica beijos.

7Quem está satisfeito despreza o mel,
mas para quem tem fome
até o amargo é doce.

8Como a ave que vagueia
longe do ninho,
assim é o homem que vagueia longe
do lar.

9Perfume e incenso trazem
alegria ao coração;
do conselho sincero do homem
nasce uma bela amizade.

10Não abandone o seu amigo
nem o amigo de seu pai;
quando for atingido pela adversidade
não vá para a casa de seu irmão;
melhor é o vizinho próximo
do que o irmão distante.

11Seja sábio, meu filho,
e traga alegria ao meu coração;
poderei então responder
a quem me desprezar.

12O prudente percebe o perigo
e busca refúgio;
o inexperiente segue adiante
e sofre as consequências.

13Tome-se a veste
de quem serve de fiador ao estranho;
sirva ela de penhor
de quem dá garantia a uma mulher
leviana[b].

14A bênção dada aos gritos cedo de
manhã,
como maldição é recebida.

15A esposa briguenta é como
o gotejar constante num dia
chuvoso;

[a] 26:23 Ou *de escória de prata*

[b] 27:13 Ou *a um desconhecido*

16detê-la é como deter o vento,
como apanhar óleo com a mão.

17Assim como o ferro afia o ferro,
o homem afia o seu companheiro.

18Quem cuida de uma figueira
comerá de seu fruto,
e quem trata bem o seu senhor
receberá tratamento de honra.

19Assim como a água reflete o rosto,
o coração reflete quem somos nós.

20O Sheol e a Destruição[a] são
insaciáveis,
como insaciáveis são os olhos do
homem.

21O crisol é para a prata
e o forno é para o ouro,
mas o que prova o homem
são os elogios que recebe.

22Ainda que você moa o insensato,
como trigo no pilão,
a insensatez não se afastará dele.

23Esforce-se para saber bem
como suas ovelhas estão,
dê cuidadosa atenção aos seus
rebanhos,
24pois as riquezas não duram para
sempre,
e nada garante que a coroa
passe de uma geração a outra.
25Quando o feno for retirado,
surgirem novos brotos
e o capim das colinas for colhido,
26os cordeiros lhe fornecerão roupa,
e os bodes lhe renderão o preço
de um campo.
27Haverá fartura de leite de cabra
para alimentar você e sua família,
e para sustentar as suas servas.

28 O ímpio foge,
embora ninguém o persiga,
mas os justos são corajosos como o
leão.

2Os pecados de uma nação fazem
mudar
sempre os seus governantes,
mas a ordem se mantém
com um líder sábio e sensato.

3O pobre que se torna poderoso
e oprime os pobres
é como a tempestade súbita
que destrói toda a plantação.

4Os que abandonam a lei
elogiam os ímpios,
mas os que obedecem à lei
lutam contra eles.

5Os homens maus
não entendem a justiça,
mas os que buscam o SENHOR
a entendem plenamente.

6Melhor é o pobre íntegro em sua
conduta
do que o rico perverso em seus
caminhos.

7Quem obedece à lei é filho sábio,
mas o companheiro dos glutões
envergonha o pai.

8Quem aumenta sua riqueza
com juros exorbitantes
ajunta para algum outro,
que será bondoso com os pobres.

9Se alguém se recusa a ouvir a lei,
até suas orações serão detestáveis.

10Quem leva o homem direito
pelo mau caminho
cairá ele mesmo
na armadilha que preparou,
mas o que não se deixa corromper
terá boa recompensa.

11O rico pode até se julgar sábio,
mas o pobre que tem discernimento
o conhece a fundo.

12Quando os justos triunfam,
há prosperidade geral[b],
mas, quando os ímpios sobem ao poder,
os homens tratam de esconder-se.

13Quem esconde os seus pecados
não prospera,
mas quem os confessa e os abandona
encontra misericórdia.

14Como é feliz o homem constante
no temor do SENHOR!
Mas quem endurece o coração
cairá na desgraça.

15Como um leão que ruge ou um urso
feroz
é o ímpio que governa
um povo necessitado.

[a] 27:20 Hebraico: *Sheol* e *Abadom*. *Sheol* pode ser traduzido por sepultura, profundezas, pó ou morte.

[b] 28:12 Ou *grande alegria*

Palavras para memorizar

"Como é feliz o homem constante no temor do SENHOR!"

(Provérbios 28:14)

16 O governante sem discernimento
aumenta as opressões,
mas os que odeiam o ganho desonesto
prolongarão o seu governo.

17 O assassino atormentado pela culpa
será fugitivo até a morte;
que ninguém o proteja!

18 Quem procede com integridade
viverá seguro,
mas quem procede com perversidade
de repente cairá.

19 Quem lavra sua terra
terá comida com fartura,
mas quem persegue fantasias
se fartará de miséria.

20 O fiel será ricamente abençoado,
mas quem tenta enriquecer-se
depressa
não ficará sem castigo.

21 Agir com parcialidade não é bom;
pois até por um pedaço de pão
o homem se dispõe a fazer o mal.

22 O invejoso é ávido por riquezas,
e não percebe que a pobreza o aguarda.

23 Quem repreende o próximo
obterá por fim mais favor
do que aquele que só sabe bajular.

24 Quem rouba seu pai ou sua mãe
e diz: "Não é errado",
é amigo de quem destrói.

25 O ganancioso provoca brigas,
mas quem confia no SENHOR
prosperará.

26 Quem confia em si mesmo é insensato,
mas quem anda segundo a sabedoria
não corre perigo.

27 Quem dá aos pobres
não passará necessidade,
mas quem fecha os olhos para não
vê-los
sofrerá muitas maldições.

28 Quando os ímpios sobem ao poder,
o povo se esconde;
mas, quando eles sucumbem,
os justos florescem.

29

Quem insiste no erro
depois de muita repreensão,
será destruído, sem aviso
e irremediavelmente.

2 Quando os justos florescem,
o povo se alegra;
quando os ímpios governam,
o povo geme.

3 O homem que ama a sabedoria
dá alegria a seu pai,
mas quem anda com prostitutas
dá fim à sua fortuna.

4 O rei que exerce a justiça
dá estabilidade ao país,
mas o que gosta de subornos
o leva à ruína.

5 Quem adula seu próximo
está armando uma rede para os pés
dele.

6 O pecado do homem mau
o apanha na sua própria
armadilha,[a]
mas o justo pode cantar e alegrar-se.

7 Os justos levam em conta
os direitos dos pobres,
mas os ímpios nem se importam com
isso.

8 Os zombadores agitam a cidade,
mas os sábios a apaziguam.

9 Se o sábio for ao tribunal
contra o insensato,
não haverá paz,
pois o insensato se enfurecerá e
zombará.

10 Os violentos odeiam os honestos
e procuram matar o homem íntegro.

11 O tolo dá vazão à sua ira,
mas o sábio domina-se.

12 Para o governante
que dá ouvidos a mentiras,
todos os seus oficiais são ímpios.

[a] 29:6 Ou *No pecado do homem mau há uma armadilha,*

13O pobre e o opressor
têm algo em comum:
o SENHOR dá vista a ambos.

14Se o rei julga os pobres com justiça,
seu trono estará sempre seguro.

15A vara da correção dá sabedoria,
mas a criança entregue a si mesma
envergonha a sua mãe.

16Quando os ímpios prosperam,
prospera o pecado,
mas os justos verão a queda deles.

17Discipline seu filho, e este lhe dará
paz;
trará grande prazer à sua alma.

18Onde não há revelação divina,
o povo se desvia;
mas como é feliz quem obedece à lei!

19Meras palavras não bastam
para corrigir o escravo;
mesmo que entenda, não reagirá bem.

20Você já viu alguém
que se precipita no falar?
Há mais esperança para o insensato
do que para ele.

21Se alguém mima seu escravo
desde jovem,
no fim terá tristezas.

22O homem irado provoca brigas,
e o de gênio violento
comete muitos pecados.

23O orgulho do homem o humilha,
mas o de espírito humilde obtém
honra.

24O cúmplice do ladrão odeia a si
mesmo;
posto sob juramento,
não ousa testemunhar.

25Quem teme o homem
cai em armadilhas,
mas quem confia no SENHOR está
seguro.

26Muitos desejam os favores[a]
do governante,
mas é do SENHOR que procede a
justiça.

27Os justos detestam os desonestos,
já os ímpios detestam os íntegros.

[a] 29:26 Hebraico: *a face*.

Ditados de Agur

30 Ditados de Agur, filho de Jaque; oráculo:[b]

Este homem declarou a Itiel;
a Itiel e a Ucal:[c]

2"Sou o mais tolo dos homens;
não tenho o entendimento
de um ser humano.
3Não aprendi sabedoria,
nem tenho conhecimento do Santo.
4Quem subiu aos céus e desceu?
Quem ajuntou nas mãos os ventos?
Quem embrulhou as águas em sua
capa?
Quem fixou todos os limites da terra?
Qual é o seu nome,
e o nome do seu filho?
Conte-me, se você sabe!

5"Cada palavra de Deus
é comprovadamente pura;
ele é um escudo para quem
nele se refugia.
6Nada acrescente às palavras dele,
do contrário, ele o repreenderá
e mostrará que você é mentiroso.

7"Duas coisas peço que me dês
antes que eu morra:
8Mantém longe de mim
a falsidade e a mentira;
não me dês nem pobreza nem riqueza;
dá-me apenas o alimento necessário.
9Se não, tendo demais,
eu te negaria e te deixaria,
e diria: 'Quem é o SENHOR?'
Se eu ficasse pobre, poderia vir a
roubar,
desonrando assim o nome do meu
Deus.

10"Não fale mal do servo ao seu senhor;
do contrário, o servo o amaldiçoará,
e você levará a culpa.

11"Existem os que amaldiçoam seu pai
e não abençoam sua mãe;
12os que são puros aos seus próprios
olhos
e que ainda não foram
purificados da sua impureza;
13os que têm olhos altivos
e olhar desdenhoso;

[b] 30:1 Ou *Jaque de Massá*:
[c] 30:1 Ou *"Estou exausto, ó Deus; estou exausto, ó Deus, quase desfalecendo.*

[14]pessoas cujos dentes são espadas
e cujas mandíbulas
estão armadas de facas
para devorarem os necessitados
desta terra
e os pobres da humanidade.

[15]"Duas filhas tem a sanguessuga.
'Dê! Dê!', gritam elas.

"Há três coisas que nunca estão
satisfeitas,
quatro que nunca dizem: 'É o
bastante!':
[16]o Sheol[a], o ventre estéril,
a terra, cuja sede nunca se aplaca,
e o fogo, que nunca diz: 'É o
bastante!'

[17]"Os olhos de quem zomba do pai,
e, zombando, nega obediência à
mãe,
serão arrancados pelos corvos do vale,
e serão devorados
pelos filhotes do abutre.

[18]"Há três coisas
misteriosas demais para mim,
quatro que não consigo entender:
[19]o caminho do abutre no céu,
o caminho da serpente sobre a
rocha,
o caminho do navio em alto-mar,
e o caminho do homem com uma
moça.
[20]"Este é o caminho da adúltera:
ela come e limpa a boca, e diz:
'Não fiz nada de errado'.

[21]"Três coisas fazem tremer a terra,
e quatro ela não pode suportar:
[22]o escravo que se torna rei,
o insensato farto de comida,
[23]a mulher desprezada
que por fim se casa,
e a escrava que toma o lugar
de sua senhora.

[24]"Quatro seres da terra são pequenos,
e, no entanto, muito sábios:
[25]as formigas, criaturas de pouca força,
contudo, armazenam sua comida no
verão;
[26]os coelhos, criaturas sem nenhum
poder,
contudo, habitam nos penhascos;
[27]os gafanhotos, que não têm rei,
contudo, avançam juntos em fileiras;
[28]a lagartixa, que se pode
apanhar com as mãos,
contudo, encontra-se nos palácios
dos reis.

[29]"Há três seres de andar elegante,
quatro que se movem com passo
garboso:
[30]o leão, que é poderoso entre os
animais
e não foge de ninguém;
[31]o galo de andar altivo; o bode;
e o rei à frente do seu exército.

[32]"Se você agiu como tolo
e exaltou-se a si mesmo,
ou se planejou o mal,
tape a boca com a mão!
[33]Pois assim como bater o leite
produz manteiga,
e assim como torcer o nariz
produz sangue,
também suscitar a raiva
produz contenda".

Ditados do rei Lemuel

31 Ditados do rei Lemuel; uma exortação
que sua mãe lhe fez:[b]

[2]"Ó meu filho, filho do meu ventre,
filho de meus votos,[c]
[3]não gaste sua força com mulheres,
seu vigor com aquelas que destroem
reis.

[4]"Não convém aos reis, ó Lemuel;
não convém aos reis beber vinho,
não convém aos governantes
desejar bebida fermentada,
[5]para não suceder que bebam
e se esqueçam do que a lei
determina,
e deixem de fazer justiça aos
oprimidos.
[6]Dê bebida fermentada aos
que estão prestes a morrer,
vinho aos que estão angustiados;
[7]para que bebam e se esqueçam
da sua pobreza,
e não mais se lembrem
da sua infelicidade.

[8]"Erga a voz em favor
dos que não podem defender-se,

[a] 30:16 Essa palavra pode ser traduzida por sepultura, profundezas, pó ou morte.

[b] 31:1 Ou *Ditados de Lemuel, rei de Massá, os quais sua mãe lhe ensinou:*

[c] 31:2 Ou *resposta às minhas orações,*

seja o defensor de todos os
desamparados.
9Erga a voz e julgue com justiça;
defenda os direitos
dos pobres e dos necessitados".

Epílogo: A mulher exemplar

10[a]Uma esposa exemplar;
feliz quem a encontrar!
É muito mais valiosa que os rubis.
11Seu marido tem plena confiança nela
e nunca lhe falta coisa alguma.
12Ela só lhe faz o bem, e nunca o mal,
todos os dias da sua vida.
13Escolhe a lã e o linho
e com prazer trabalha com as mãos.
14Como os navios mercantes,
ela traz de longe as suas provisões.
15Antes de clarear o dia ela se levanta,
prepara comida para todos os de casa,
e dá tarefas às suas servas.
16Ela avalia um campo e o compra;
com o que ganha planta uma vinha.
17Entrega-se com vontade ao seu
trabalho;
seus braços são fortes e vigorosos.
18Administra bem o seu comércio
lucrativo,
e a sua lâmpada fica acesa durante a
noite.
19Nas mãos segura o fuso
e com os dedos pega a roca.
20Acolhe os necessitados
e estende as mãos aos pobres.
21Não teme por seus familiares quando
chega a neve,
pois todos eles vestem agasalhos[b].
22Faz cobertas para a sua cama;
veste-se de linho fino e de púrpura.
23Seu marido é respeitado
na porta da cidade,
onde toma assento
entre as autoridades da sua terra.
24Ela faz vestes de linho e as vende,
e fornece cintos aos comerciantes.
25Reveste-se de força e dignidade;
sorri diante do futuro.
26Fala com sabedoria
e ensina com amor.
27Cuida dos negócios de sua casa
e não dá lugar à preguiça.
28Seus filhos se levantam e a elogiam;
seu marido também a elogia,
dizendo:
29"Muitas mulheres são exemplares,
mas você a todas supera".
30A beleza é enganosa,
e a formosura é passageira;
mas a mulher que teme o SENHOR
será elogiada.
31Que ela receba a recompensa
merecida,
e as suas obras sejam elogiadas
à porta da cidade.

[a] 31:10 Os versículos 10-31 são um poema organizado em ordem alfabética, no hebraico.

[b] 31:21 Ou *roupas vermelhas*

A vida nos tempos da Bíblia

O que torna a vida boa

Nos tempos bíblicos, as mulheres faziam trabalhos importantes para a família, entre eles o de entrelaçar fios formando tecidos. Com esses tecidos, elas faziam roupas para a família vestir e também para vender.

Eclesiastes

Quem escreveu este livro?

Salomão.

Por que este livro foi escrito?

Eclesiastes mostra que ninguém consegue ter uma vida feliz sem Deus.

Para quem este livro foi escrito?

Eclesiastes foi escrito para qualquer um que pensa que Deus não é importante.

O que aprendemos sobre Deus neste livro?

Deus é mais importante do que dinheiro, prazer, trabalho ou qualquer outra coisa na vida.

Quando este livro foi escrito?

Este livro foi escrito entre 970 a.C. e 930 a.C.

Algumas das passagens importantes deste livro:

O prazer não pode fazer uma pessoa feliz	Eclesiastes 2:1-11
O sucesso não pode fazer uma pessoa feliz	Eclesiastes 2:17-26
As riquezas não podem fazer uma pessoa feliz	Eclesiastes 5:8—6:2

Nada tem sentido

1 As palavras do mestre, filho de Davi, rei em Jerusalém:

[2]"Que grande inutilidade!",
diz o mestre.
"Que grande inutilidade!
Nada faz sentido!"

[3]O que o homem ganha
com todo o seu trabalho
em que tanto se esforça debaixo do sol?
[4]Gerações vêm e gerações vão,
mas a terra permanece para sempre.
[5]O sol se levanta e o sol se põe,
e depressa volta
ao lugar de onde se levanta.
[6]O vento sopra para o sul
e vira para o norte;
dá voltas e voltas,
seguindo sempre o seu curso.
[7]Todos os rios vão para o mar,
contudo, o mar nunca se enche;
ainda que sempre corram para lá,
para lá voltam a correr.
[8]Todas as coisas trazem canseira.
O homem não é capaz de descrevê-las;
os olhos nunca se saciam de ver,
nem os ouvidos de ouvir.
[9]O que foi tornará a ser,
o que foi feito se fará novamente;
não há nada novo debaixo do sol.
[10]Haverá algo de que se possa dizer:
"Veja! Isto é novo!"?
Não! Já existiu há muito tempo,
bem antes da nossa época.
[11]Ninguém se lembra
dos que viveram na antiguidade,
e aqueles que ainda virão
tampouco serão lembrados
pelos que vierem depois deles.[a]

A sabedoria não tem sentido

[12]Eu, o mestre, fui rei de Israel em Jerusalém. [13]Dediquei-me a investigar e a usar a sabedoria para explorar tudo o que é feito debaixo do céu. Que fardo pesado Deus pôs sobre os homens! [14]Tenho visto tudo o que é feito debaixo do sol; tudo é inútil, é correr atrás do vento!

[15]O que é torto não pode ser
endireitado;
o que está faltando
não pode ser contado.

[16]Fiquei pensando: Eu me tornei famoso e ultrapassei em sabedoria todos os que governaram Jerusalém antes de mim; de fato adquiri muita sabedoria e conhecimento.

[17]Por isso me esforcei para compreender a sabedoria, bem como a loucura e a insensatez, mas aprendi que isso também é correr atrás do vento.

[18]Pois quanto maior a sabedoria,
maior o sofrimento;
e quanto maior o conhecimento,
maior o desgosto.

Os prazeres não têm sentido

2 Eu disse a mim mesmo: Venha. Experimente a alegria. Descubra as coisas boas da vida! Mas isso também se revelou inútil.
[2]Concluí que o rir é loucura, e a alegria de
nada vale. [3]Decidi entregar-me ao vinho e à
extravagância, mantendo, porém, a mente orientada pela sabedoria. Eu queria saber o que vale a pena, debaixo do céu, nos poucos dias da vida humana.

[4]Lancei-me a grandes projetos: construí casas e plantei vinhas para mim. [5]Fiz jardins e
pomares e neles plantei todo tipo de árvore frutífera. [6]Construí também reservatórios
para irrigar os meus bosques verdejantes.
[7]Comprei escravos e escravas e tive escravos
que nasceram em minha casa. Além disso, tive também mais bois e ovelhas do que todos os que viveram antes de mim em Jerusalém.
[8]Ajuntei para mim prata e ouro, tesouros de
reis e de províncias. Servi-me de cantores e cantoras, e também de um harém, as delícias
dos homens. [9]Tornei-me mais famoso e poderoso do que todos os que viveram em Jerusalém antes de mim, conservando comigo a minha sabedoria.

[10]Não me neguei nada
que os meus olhos desejaram;
não me recusei a dar prazer algum
ao meu coração.
Na verdade, eu me alegrei
em todo o meu trabalho;
essa foi a recompensa
de todo o meu esforço.
[11]Contudo, quando avaliei
tudo o que as minhas mãos
haviam feito
e o trabalho que eu tanto me esforçara
para realizar,
percebi que tudo foi inútil,
foi correr atrás do vento;
não há nenhum proveito
no que se faz debaixo do sol.

[a] 1:11 Ou *Não há lembrança do que aconteceu, e mesmo o que ainda acontecerá não será lembrado pelos que vierem depois disso.*

A sabedoria e a insensatez

12 Então passei a refletir na sabedoria,
na loucura e na insensatez.
O que pode fazer o sucessor do rei,
a não ser repetir o que já foi feito?
13 Percebi que a sabedoria
é melhor que a insensatez,
assim como a luz é melhor
do que as trevas.
14 O homem sábio
tem olhos que enxergam[a],
mas o tolo anda nas trevas;
todavia, percebi
que ambos têm o mesmo destino.

15 Aí fiquei pensando:

O que acontece ao tolo
também me acontecerá.
Que proveito eu tive em ser sábio?
Então eu disse a mim mesmo:
Isso não faz o menor sentido!
16 Nem o sábio, nem o tolo
serão lembrados para sempre;
nos dias futuros
ambos serão esquecidos.
Como pode o sábio morrer
como o tolo morre?

O trabalho árduo é inútil

17 Por isso desprezei a vida, pois o trabalho
que se faz debaixo do sol pareceu-me mui-
to pesado. Tudo era inútil, era correr atrás
do vento. 18 Desprezei todas as coisas pelas
quais eu tanto me esforçara debaixo do sol,
pois terei que deixá-las para aquele que me
suceder. 19 E quem pode dizer se ele será sábio
ou tolo? Todavia, terá domínio sobre tudo o
que realizei com o meu trabalho e com a mi-
nha sabedoria debaixo do sol. Isso também
não faz sentido. 20 Cheguei ao ponto de me
desesperar por todo o trabalho no qual tanto
me esforcei debaixo do sol. 21 Pois um homem
pode realizar o seu trabalho com sabedoria,
conhecimento e habilidade, mas terá que
deixar tudo o que possui como herança pa-
ra alguém que não se esforçou por aquilo.
Isso também é um absurdo e uma grande
injustiça. 22 Que proveito tem um homem de
todo o esforço e de toda a ansiedade com que
trabalha debaixo do sol? 23 Durante toda a sua
vida, seu trabalho é pura dor e tristeza; mes-
mo à noite a sua mente não descansa. Isso
também é absurdo.

24 Para o homem não existe nada melhor
do que comer, beber e encontrar prazer em
seu trabalho. E vi que isso também vem da
mão de Deus. 25 E quem aproveitou melhor
as comidas e os prazeres do que eu?[b] 26 Ao
homem que o agrada, Deus dá sabedoria,
conhecimento e felicidade. Quanto ao pe-
cador, Deus o encarrega de ajuntar e arma-
zenar riquezas para entregá-las a quem o
agrada. Isso também é inútil, é correr atrás
do vento.

Há tempo para tudo

3 Para tudo há uma ocasião certa;
há um tempo certo para cada propósito
debaixo do céu:

[a] 2:14 Hebraico: *na cabeça.*

[b] 2:25 Várias versões antigas dizem *Pois sem ele, quem poderia comer ou encontrar satisfação?*

A vida nos tempos da Bíblia

Jardins

Pessoas ricas plantavam vegetais, temperos e árvores frutíferas em jardins murados. Elas gostavam de relaxar no jardim, e, durante o verão, muitas delas dormiam ao ar livre, em meio ao jardim. Leia sobre jardins em Eclesiastes 2:5-6.

Palavras para memorizar

"Para tudo há uma ocasião certa; há um tempo certo para cada propósito debaixo do céu."

(Eclesiastes 3:1)

2Tempo de nascer e tempo de morrer,
tempo de plantar
e tempo de arrancar o que se
plantou,
3tempo de matar e tempo de curar,
tempo de derrubar e tempo de
construir,
4tempo de chorar e tempo de rir,
tempo de prantear e tempo de dançar,
5tempo de espalhar pedras
e tempo de ajuntá-las,
tempo de abraçar e tempo de se conter,
6tempo de procurar e tempo de
desistir,
tempo de guardar
e tempo de jogar fora,
7tempo de rasgar e tempo de costurar,
tempo de calar e tempo de falar,
8tempo de amar e tempo de odiar,
tempo de lutar e tempo de viver em
paz.

9O que ganha o trabalhador com todo o
seu esforço? 10Tenho visto o fardo que Deus
impôs aos homens. 11Ele fez tudo apropria-
do ao seu tempo. Também pôs no coração
do homem o anseio pela eternidade; mesmo
assim ele não consegue compreender inteira-
mente o que Deus fez. 12Descobri que não há
nada melhor para o homem do que ser feliz
e praticar o bem enquanto vive. 13Descobri
também que poder comer, beber e ser recom-
pensado pelo seu trabalho é um presente de
Deus. 14Sei que tudo o que Deus faz permane-
cerá para sempre; a isso nada se pode acres-
centar, e disso nada se pode tirar. Deus assim
faz para que os homens o temam.

15Aquilo que é, já foi,
e o que será, já foi anteriormente;
Deus investigará[a] o passado.

[a] 3:15 Ou *Deus chama de volta*

16Descobri também que debaixo do sol:

No lugar da justiça havia impiedade,
no lugar da retidão,
ainda mais impiedade.

17Fiquei pensando:

O justo e o ímpio,
Deus julgará ambos,
pois há um tempo para todo propósito,
um tempo para tudo o que acontece.

18Também pensei: Deus prova os homens
para que vejam que são como os animais. 19O
destino do homem é o mesmo do animal;
o mesmo destino os aguarda. Assim como
morre um, também morre o outro. Todos
têm o mesmo fôlego de vida[b]; o homem não
tem vantagem alguma sobre o animal. Nada
faz sentido! 20Todos vão para o mesmo lugar;
vieram todos do pó, e ao pó todos retornarão.
21Quem pode dizer se o fôlego do homem so-
be às alturas e se o fôlego do animal desce[c]
para a terra?
22Por isso concluí que não há nada melhor
para o homem do que desfrutar do seu tra-
balho, porque esta é a sua recompensa. Pois,
quem poderá fazê-lo ver o que acontecerá de-
pois de morto?

As injustiças e os absurdos da vida

4 De novo olhei e vi toda a opressão que
ocorre debaixo do sol:

Vi as lágrimas dos oprimidos,
mas não há quem os console;
o poder está do lado
dos seus opressores,
e não há quem os console.
2Por isso considerei os mortos
mais felizes do que os vivos,
pois estes ainda têm que viver!
3No entanto, melhor do que ambos
é aquele que ainda não nasceu,
que não viu o mal
que se faz debaixo do sol.

4Descobri que todo trabalho e toda reali-
zação surgem da competição que existe en-
tre as pessoas. Mas isso também é absurdo,
é correr atrás do vento.

5O tolo cruza os braços
e destrói a própria vida.
6Melhor é ter um punhado
com tranquilidade

[b] 3:19 Ou *espírito*
[c] 3:21 Ou *Quem conhece o espírito do homem, que sobe, ou o espírito do animal, que desce*

do que dois punhados
à custa de muito esforço
e de correr atrás do vento.

7Descobri ainda outra situação absurda debaixo do sol:

8Havia um homem totalmente
solitário;
não tinha filho nem irmão.
Trabalhava sem parar!
Contudo, os seus olhos
não se satisfaziam com a sua
riqueza.
Ele sequer perguntava:
"Para quem estou trabalhando tanto,
e por que razão deixo de me divertir?"
Isso também é absurdo;
é um trabalho por demais ingrato!

9É melhor ter companhia
do que estar sozinho,
porque maior é
a recompensa do trabalho
de duas pessoas.
10Se um cair,
o amigo pode ajudá-lo a levantar-se.
Mas pobre do homem que cai
e não tem quem o ajude a
levantar-se!
11E se dois dormirem juntos,
vão manter-se aquecidos.
Como, porém,
manter-se aquecido sozinho?
12Um homem sozinho pode ser vencido,
mas dois conseguem defender-se.
Um cordão de três dobras
não se rompe com facilidade.

A futilidade do poder

13Melhor é um jovem pobre e sábio, do que
um rei idoso e tolo, que já não aceita repreen-
são. 14O jovem pode ter saído da prisão e che-
gado ao trono, ou pode ter nascido pobre no
país daquele rei. 15Percebi que, ainda assim,
o povo que vivia debaixo do sol seguia o jo-
vem, o sucessor do rei. 16O número dos que
aderiram a ele era incontável. A geração se-
guinte, porém, não ficou satisfeita com o su-
cessor. Isso também não faz sentido, é correr
atrás do vento.

O temor devido a Deus

5 Quando você for ao santuário de Deus, seja
reverente[a]. Quem se aproxima para ouvir
é melhor do que os tolos que oferecem sacri-
fício sem saber que estão agindo mal.

2Não seja precipitado de lábios,
nem apressado de coração
para fazer promessas diante de Deus.
Deus está nos céus,
e você está na terra,
por isso, fale pouco.
3Das muitas ocupações brotam sonhos;
do muito falar nasce a prosa vã do tolo.

4Quando você fizer um voto, cumpra-o sem
demora, pois os tolos desagradam a Deus;
cumpra o seu voto. 5É melhor não fazer voto
do que fazer e não cumprir. 6Não permita que
a sua boca o faça pecar. E não diga ao mensa-
geiro de Deus[b]: "O meu voto foi um engano".
Por que irritar a Deus com o que você diz e
deixá-lo destruir o que você realizou? 7Em
meio a tantos sonhos absurdos e conversas
inúteis, tenha temor de Deus.

As riquezas não dão sentido à vida

8Se você vir o pobre oprimido numa pro-
víncia e vir que lhe são negados o direito e
a justiça, não fique surpreso; pois todo ofi-
cial está subordinado a alguém que ocupa
posição superior, e sobre os dois há outros
em posição ainda mais alta. 9Mesmo assim,
é vantagem a nação ter um rei que a gover-
ne e que se interesse pela agricultura.[c]

10Quem ama o dinheiro
jamais terá o suficiente;
quem ama as riquezas jamais ficará
satisfeito com os seus rendimentos.
Isso também não faz sentido.

11Quando aumentam os bens,
também aumentam
os que os consomem.
E que benefício trazem os bens
a quem os possui,
senão dar um pouco de alegria
aos seus olhos?

12O sono do trabalhador é ameno,
quer coma pouco quer coma muito,
mas a fartura de um homem rico
não lhe dá tranquilidade para
dormir.

13Há um mal terrível que vi debaixo do sol:

Riquezas acumuladas
para infelicidade do seu possuidor.
14Se as riquezas dele se perdem
num mau negócio,

[a] 5:1 Hebraico: *guarde o seu pé.*

[b] 5:6 Hebraico: *do templo.*

[c] 5:9 Ou *De toda forma, a terra terá vantagem se tiver um rei que zela pelos campos cultivados.*

nada ficará para o filho
que lhe nascer.
15O homem sai nu do ventre de sua
mãe,
e como vem, assim vai.
De todo o trabalho em que se esforçou
nada levará consigo.

16Há também outro mal terrível:

Como o homem vem, assim ele vai,
e o que obtém de todo o seu esforço
em busca do vento?
17Passa[a] toda a sua vida nas trevas,
com grande frustração,
doença e amargura.

18Assim, descobri que, para o homem, o
melhor e o que mais vale a pena é comer,
beber, e desfrutar o resultado de todo o es-
forço que se faz debaixo do sol durante os
poucos dias de vida que Deus lhe dá, pois es-
sa é a sua recompensa. 19E quando Deus con-
cede riquezas e bens a alguém e o capacita a
desfrutá-los, a aceitar a sua sorte e a ser fe-
liz em seu trabalho, isso é um presente de
Deus. 20Raramente essa pessoa fica pensan-
do na brevidade de sua vida, porque Deus o
mantém ocupado com a alegria do coração.

6 Vi ainda outro mal debaixo do sol, que pe-
sa bastante sobre a humanidade: 2Deus dá
riquezas, bens e honra ao homem, de modo
que não lhe falta nada que os seus olhos de-
sejam; mas Deus não lhe permite desfrutar
tais coisas, e outro as desfruta em seu lugar.
Isso não faz sentido; é um mal terrível.
3Um homem pode ter cem filhos e viver
muitos anos. No entanto, se não desfrutar
as coisas boas da vida, digo que uma crian-
ça que nasce morta e nem ao menos recebe
um enterro digno tem melhor sorte que ele.
4Ela nasce em vão e parte em trevas, e nas
trevas o seu nome fica escondido. 5Embora
jamais tenha visto o sol ou conhecido qual-
quer coisa, ela tem mais descanso do que tal
homem. 6Pois, de que lhe valeria viver dois
mil anos, sem desfrutar a sua prosperidade?
Afinal, não vão todos para o mesmo lugar?

7Todo o esforço do homem
é feito para a sua boca;
contudo, o seu apetite jamais se
satisfaz.
8Que vantagem tem o sábio
em relação ao tolo?
Que vantagem tem o pobre em saber
como se portar diante dos outros?
9Melhor é contentar-se
com o que os olhos veem
do que sonhar com o que se deseja.
Isso também não faz sentido;
é correr atrás do vento.

10Tudo o que existe já recebeu nome,
e já se sabe o que o homem é;
não se pode lutar
contra alguém mais forte.
11Quanto mais palavras,
mais tolices[b],
e sem nenhum proveito.

12Na verdade, quem sabe o que é bom para
o homem, nos poucos dias de sua vida vazia,
em que ele passa como uma sombra? Quem
poderá contar-lhe o que acontecerá debaixo
do sol depois que ele partir?

A sabedoria

7 O bom nome é melhor
do que um perfume finíssimo,
e o dia da morte é melhor
do que o dia do nascimento.
2É melhor ir a uma casa onde há luto
do que a uma casa em festa,
pois a morte é o destino de todos;
os vivos devem levar isso a sério!
3A tristeza é melhor do que o riso,
porque o rosto triste
melhora o coração.
4O coração do sábio
está na casa onde há luto,
mas o do tolo, na casa da alegria.
5É melhor ouvir
a repreensão de um sábio
do que a canção dos tolos.
6Tal como o estalo de espinhos
debaixo da panela,
assim é o riso dos tolos.
Isso também não faz sentido.

[a] 5:17 Hebraico: *Come*.

[b] 6:11 Ou *menos sentido*; ou ainda *mais frustração*

Palavras para memorizar

"O bom nome é melhor do que um perfume finíssimo."
(Eclesiastes 7:1)

[7]A opressão transforma o sábio em tolo,
e o suborno corrompe o coração.

[8]O fim das coisas é melhor que
o seu início,
e o paciente é melhor que o orgulhoso.
[9]Não permita que a ira domine depressa
o seu espírito,
pois a ira se aloja no íntimo dos tolos.

[10]Não diga: "Por que os dias do passado
foram melhores que os de hoje?"
Pois não é sábio fazer esse tipo de
pergunta.

[11]A sabedoria, como uma herança,
é coisa boa, e beneficia aqueles
que veem o sol.
[12]A sabedoria oferece proteção,
como o faz o dinheiro,
mas a vantagem do conhecimento é
esta:
a sabedoria preserva a vida
de quem a possui.

[13]Considere o que Deus fez:

Quem pode endireitar
o que ele fez torto?
[14]Quando os dias forem bons,
aproveite-os bem;
mas, quando forem ruins, considere:
Deus fez tanto um quanto o outro,
para evitar que o homem descubra
alguma coisa sobre o seu futuro.

[15]Nesta vida sem sentido
eu já vi de tudo:

Um justo que morreu[a]
apesar da sua justiça,
e um ímpio que teve vida longa
apesar da sua impiedade.
[16]Não seja excessivamente justo
nem demasiadamente sábio;
por que destruir-se a si mesmo?
[17]Não seja demasiadamente ímpio
e não seja tolo;
por que morrer antes do tempo?
[18]É bom reter uma coisa
e não abrir mão da outra,
pois quem teme a Deus
evitará ambos os extremos[b].

[19]A sabedoria torna o sábio
mais poderoso
que uma cidade guardada
por dez valentes.
[20]Todavia, não há um só justo na terra,
ninguém que pratique o bem e nunca
peque.

[21]Não dê atenção
a todas as palavras que o povo diz,
caso contrário, poderá ouvir
o seu próprio servo falando mal de
você;
[22]pois em seu coração você sabe
que muitas vezes você também
falou mal de outros.

[23]Tudo isso eu examinei mediante a sabe-
doria e disse:

Estou decidido a ser sábio;
mas isso estava fora do meu alcance.
[24]A realidade está bem distante
e é muito profunda;
quem pode descobri-la?
[25]Por isso dediquei-me a aprender,
a investigar, a buscar a sabedoria
e a razão de ser das coisas,
para compreender
a insensatez da impiedade
e a loucura da insensatez.
[26]Descobri que
muito mais amarga que a morte
é a mulher que serve de laço,
cujo coração é uma armadilha
e cujas mãos são correntes.
O homem que agrada a Deus
escapará dela,
mas o pecador ela apanhará.

[27]"Veja", diz o mestre, "foi isto que des-
cobri:

Ao comparar uma coisa com outra
para descobrir a sua razão de ser,
[28]sim, durante essa minha busca
que ainda não terminou[c],
entre mil homens
descobri apenas um que julgo digno,
mas entre as mulheres
não achei uma sequer.
[29]Assim, cheguei a esta conclusão:
Deus fez os homens justos,
mas eles foram em busca
de muitas intrigas."

A obediência devida ao rei

8 Quem é como o sábio?
Quem sabe interpretar as coisas?
A sabedoria de um homem

[a] 7:15 Ou *morreu jovem*; ou ainda *morreu por causa da*
[b] 7:18 Ou *seguirá ambas*
[c] 7:28 Ou *há algo que ainda não encontrei*

alcança o favor do rei[a]
e muda o seu semblante carregado.

2Este é o meu conselho: obedeça às ordens
do rei porque você fez um juramento dian-
te de Deus. 3Não se apresse em deixar a pre-
sença do rei, nem se levante em favor de uma
causa errada, visto que o rei faz o que bem
entende. 4Pois a palavra do rei é soberana,
e ninguém lhe pode perguntar: "O que es-
tás fazendo?"

5Quem obedece às suas ordens
não sofrerá mal algum,
pois o coração sábio saberá a hora
e a maneira certa de agir.
6Porquanto há uma hora certa
e também uma maneira certa de agir
para cada situação.
O sofrimento de um homem, no
entanto,
pesa muito sobre ele,
7visto que ninguém conhece o futuro.
Quem lhe poderá dizer
o que vai acontecer?
8Ninguém tem o poder
de dominar o próprio espírito[b];
tampouco tem poder
sobre o dia da sua morte
e de escapar dos efeitos da guerra[c];
nem mesmo a maldade
livra aqueles que a praticam.

9Tudo isso vi quando me pus a refletir em
tudo o que se faz debaixo do sol. Há ocasiões
em que um homem domina sobre outros pa-
ra a sua própria infelicidade[d]. 10Nessas oca-
siões, vi ímpios serem sepultados e gente
indo e vindo do lugar onde eles foram en-
terrados. Todavia, os que haviam praticado o
bem foram esquecidos na cidade.[e] Isso tam-
bém não faz sentido.

11Quando os crimes não são castigados lo-
go, o coração do homem se enche de planos
para fazer o mal. 12O ímpio pode cometer
uma centena de crimes e apesar disso, ter
vida longa, mas sei muito bem que as coisas
serão melhores para os que temem a Deus,
para os que mostram respeito diante dele.
13Para os ímpios, no entanto, nada irá bem,
porque não temem a Deus, e os seus dias, co-
mo sombras, serão poucos.

14Há mais uma coisa sem sentido na terra:
justos que recebem o que os ímpios mere-
cem, e ímpios que recebem o que os justos
merecem. Isto também, penso eu, não faz
sentido. 15Por isso recomendo que se desfru-
te a vida, porque debaixo do sol não há nada
melhor para o homem do que comer, beber
e alegrar-se. Sejam esses os seus companhei-
ros no seu duro trabalho durante todos os
dias da vida que Deus lhe der debaixo do sol!

16Quando voltei a mente para conhecer a
sabedoria e observar as atividades do ho-
mem sobre a terra, daquele cujos olhos não
veem sono[f] nem de dia nem de noite, 17per-
cebi tudo o que Deus tem feito. Ninguém é
capaz de entender o que se faz debaixo do
sol. Por mais que se esforce para descobrir
o sentido das coisas, o homem não o encon-
trará. O sábio pode até afirmar que entende,
mas, na realidade, não o consegue encontrar.

O destino de todos

9 Refleti nisso tudo e cheguei à conclusão
de que os justos e os sábios, e aquilo que
eles fazem, estão nas mãos de Deus. O que os
espera, seja amor ou ódio, ninguém sabe. 2To-
dos partilham um destino comum: o justo
e o ímpio, o bom e o mau[g], o puro e o im-
puro, o que oferece sacrifícios e o que não
os oferece.

O que acontece com o homem bom,
acontece com o pecador;
o que acontece
com quem faz juramentos,
acontece com quem teme fazê-los.

3Este é o mal que há em tudo o que aconte-
ce debaixo do sol: o destino de todos é o mes-
mo. O coração dos homens, além do mais,
está cheio de maldade e de loucura duran-
te toda a vida; e por fim eles se juntarão aos
mortos. 4Quem está entre os vivos tem es-
perança;[h] até um cachorro vivo é melhor do
que um leão morto!

5Pois os vivos sabem que morrerão,
mas os mortos nada sabem;
para eles não haverá mais recompensa,
e já não se tem lembrança deles.
6Para eles o amor, o ódio e a inveja

[a] 8:1 Hebraico: *ilumina o seu rosto.*
[b] 8:8 Ou *o vento*
[c] 8:8 Ou *desse combate*
[d] 8:9 Ou *para a infelicidade deles*
[e] 8:10 Conforme alguns manuscritos do Texto Massorético e a Septuaginta. A maioria dos manuscritos do Texto Massorético diz *sepultados, aqueles que haviam frequentado o lugar santo e recebido elogios na cidade onde haviam feito o mal.*
[f] 8:16 Ou *daquele que não descansa*
[g] 9:2 Conforme a Septuaginta, a Vulgata e a Versão Siríaca. O Texto Massorético não traz o *mau.*
[h] 9:4 Ou *O que se deve escolher então? Para todos os que vivem existe esperança;*

há muito desapareceram;
nunca mais terão parte em nada
do que acontece debaixo do sol.

7 Portanto, vá, coma com prazer a sua co-
mida e beba o seu vinho de coração alegre,
pois Deus já se agradou do que você faz. 8 Es-
teja sempre vestido com roupas de festa,[a] e
unja sempre a sua cabeça com óleo. 9 Desfrute
a vida com a mulher a quem você ama, to-
dos os dias desta vida sem sentido que Deus
dá a você debaixo do sol; todos os seus dias
sem sentido! Pois essa é a sua recompensa
na vida pelo seu árduo trabalho debaixo do
sol. 10 O que as suas mãos tiverem que fazer,
que o façam com toda a sua força, pois na
sepultura[b], para onde você vai, não há ati-
vidade nem planejamento, não há conheci-
mento nem sabedoria.

11 Percebi ainda outra coisa debaixo do sol:
Os velozes nem sempre vencem a
corrida;
os fortes nem sempre triunfam na
guerra;
os sábios nem sempre têm comida;
os prudentes nem sempre são ricos;
os instruídos nem sempre têm
prestígio;
pois o tempo e o acaso afetam a
todos.

12 Além do mais,
ninguém sabe quando virá a sua
hora:
Assim como os peixes são apanhados
numa rede fatal
e os pássaros são pegos
numa armadilha,
também os homens são enredados
pelos tempos de desgraça
que caem inesperadamente sobre
eles.

O valor da sabedoria

13 Também vi debaixo do sol este exemplo
de sabedoria que muito me impressionou:
14 Havia uma pequena cidade, de poucos ha-
bitantes. Um rei poderoso veio contra ela,
cercou-a com muitos dispositivos de guerra.
15 Ora, naquela cidade vivia um homem pobre
mas sábio, e com sua sabedoria ele salvou
a cidade. No entanto, ninguém se lembrou
mais daquele pobre. 16 Por isso pensei: Embo-
ra a sabedoria seja melhor do que a força, a
sabedoria do pobre é desprezada, e logo suas
palavras são esquecidas.

17 As palavras dos sábios
devem ser ouvidas com mais atenção
do que os gritos de quem
domina sobre tolos.
18 A sabedoria é melhor
do que as armas de guerra,
mas um só pecador
destrói muita coisa boa.

[a] 9:8 Hebraico: *de branco.*
[b] 9:10 Hebraico: *Sheol.* Essa palavra também pode ser traduzida por profundezas, pó ou morte.

A vida nos tempos da Bíblia

Caça

Os homens nos tempos bíblicos caçavam e pescavam para conseguir comida. Algumas vezes eles caçavam com arco e flecha para pegar animais grandes, mas geralmente tentavam pegar pássaros e animais menores com armadilhas. O primeiro caçador mencionado na Bíblia foi Ninrode, lá em Gênesis 10:9.

10 Assim como a mosca morta
produz mau cheiro
e estraga o perfume,
também um pouco de insensatez
pesa mais que a sabedoria e a honra.
2 O coração do sábio
se inclina para o bem,
mas o coração do tolo, para o mal[a].
3 Mesmo quando anda pelo caminho,
o tolo age sem o mínimo bom senso
e mostra a todos
que não passa de tolo.
4 Se a ira de uma autoridade
se levantar contra você,
não abandone o seu posto;
a tranquilidade evita grandes erros.

5 Há outro mal que vi debaixo do sol,
um erro cometido pelos que
governam:
6 tolos são postos em cargos elevados,
enquanto ricos ocupam
cargos inferiores.
7 Tenho visto servos andando a cavalo,
e príncipes andando a pé, como servos.
8 Quem cava um poço cairá nele;
quem derruba um muro
será picado por uma cobra.
9 Quem arranca pedras,
com elas se ferirá;
quem racha lenha se arrisca.

10 Se o machado está cego
e sua lâmina não foi afiada,
é preciso golpear com mais força;
agir com sabedoria assegura o sucesso.
11 Se a cobra morder
antes de ser encantada,
para que servirá o encantador?

12 As palavras do sábio
lhe trazem benefícios,
mas os lábios do insensato o destroem.
13 No início as suas palavras
são mera tolice,
mas no final são loucura perversa.
14 Embora o tolo fale sem parar,
ninguém sabe o que está para vir;
quem poderá dizer a outrem
o que lhe acontecerá depois?

15 O trabalho do tolo o deixa tão exausto
que ele nem consegue
achar o caminho de casa[b].

16 Pobre da terra cujo rei é jovem
demais
e cujos líderes fazem banquetes
logo de manhã.
17 Feliz é a terra cujo rei
é de origem nobre,
e cujos líderes comem no devido
tempo
para recuperar as forças,
e não para embriagar-se.

18 Por causa da preguiça,
o telhado se enverga;
por causa das mãos indolentes,
a casa tem goteiras.

19 O banquete é feito para divertir,
e o vinho torna a vida alegre,
mas isso tudo se paga com dinheiro.

20 Nem em pensamento insulte o rei!
Nem mesmo em seu quarto
amaldiçoe o rico!
Porque uma ave do céu
poderá levar as suas palavras,
e seres alados
poderão divulgar o que você
disser.

Sábios conselhos

11 Atire o seu pão sobre as águas[c],
e depois de muitos dias
você tornará a encontrá-lo.
2 Reparta o que você tem com sete,
até mesmo com oito,
pois você não sabe que desgraça
poderá cair sobre a terra.

3 Quando as nuvens estão cheias de
água,
derramam chuva sobre a terra.
Quer uma árvore caia para o sul
quer para o norte,
onde cair ficará.
4 Quem fica observando o vento não
plantará,
e quem fica olhando para as nuvens
não colherá.

5 Assim como você não conhece
o caminho do vento,
nem como o corpo é formado[d]
no ventre de uma mulher,
também não pode compreender
as obras de Deus,
o Criador de todas as coisas.

[a] 10:2 Hebraico: *para a direita... para a esquerda.*
[b] 10:15 Hebraico: *da cidade.*
[c] 11:1 Ou *Dê com generosidade o seu pão*
[d] 11:5 Ou *não sabe como a vida (ou o espírito) entra no corpo que está se formando*

6 Plante de manhã a sua semente,
e mesmo ao entardecer
não deixe as suas mãos ficarem à
toa,
pois você não sabe o que acontecerá,
se esta ou aquela produzirá,
ou se as duas serão igualmente boas.

Conselho para os jovens

7 A luz é agradável, é bom ver o sol.
8 Por mais que um homem viva,
deve desfrutar sua vida toda.
Lembre-se, porém, dos dias de trevas,
pois serão muitos.
Tudo o que está para vir não faz
sentido.

9 Alegre-se, jovem, na sua mocidade!
Seja feliz o seu coração
nos dias da sua juventude!
Siga por onde seu coração mandar,
até onde a sua vista alcançar;
mas saiba que por todas essas coisas
Deus o trará a julgamento.
10 Afaste do coração a ansiedade
e acabe com o sofrimento do seu
corpo,
pois a juventude e o vigor
são passageiros.

12 Lembre-se do seu Criador
nos dias da sua juventude,
antes que venham os dias difíceis
e se aproximem os anos
em que você dirá:
"Não tenho satisfação neles";
2 antes que se escureçam o sol e a luz,
a lua e as estrelas,
e as nuvens voltem depois da chuva;
3 quando os guardas da casa tremerem
e os homens fortes
caminharem encurvados;
quando pararem os moedores
por serem poucos,
e aqueles que olham pelas janelas
enxergarem embaçado;

Palavras para memorizar

"Lembre-se do seu Criador nos dias da sua juventude."
(Eclesiastes 12:1)

4 quando as portas da rua forem
fechadas
e diminuir o som da moagem;
quando o barulho das aves
o fizer despertar,
mas o som de todas as canções
lhe parecer fraco;
5 quando você tiver medo de altura,
e dos perigos das ruas;
quando florir a amendoeira,
o gafanhoto for um peso
e o desejo já não se despertar.
Então o homem se vai
para o seu lar eterno,
e os pranteadores já vagueiam pelas
ruas.

6 Sim, lembre-se dele,
antes que se rompa o cordão de
prata,
ou se quebre a taça de ouro;
antes que o cântaro se despedace
junto à fonte,
a roda se quebre junto ao poço,
7 o pó volte à terra, de onde veio,
e o espírito volte a Deus, que o deu.
8 "Tudo sem sentido! Sem sentido!",
diz o mestre.
"Nada faz sentido!
Nada faz sentido!"

Conclusão

9 Além de ser sábio, o mestre também en-
sinou conhecimento ao povo. Ele escutou,
examinou e colecionou muitos provérbios.
10 Procurou também encontrar as palavras
certas, e o que ele escreveu era reto e ver-
dadeiro.
11 As palavras dos sábios são como agui-
lhões, a coleção dos seus ditos como pregos
bem fixados, provenientes do único Pastor.
12 Cuidado, meu filho; nada acrescente a eles.
Não há limite para a produção de livros, e
estudar demais deixa exausto o corpo.

13 Agora que já se ouviu tudo,
aqui está a conclusão:
Tema a Deus
e obedeça aos seus mandamentos,
porque isso é o essencial para o
homem[a].
14 Pois Deus trará a julgamento
tudo o que foi feito,
inclusive tudo o que está escondido,
seja bom, seja mau.

[a] 12:13 Ou *o dever de todo homem*

Cântico dos Cânticos

Quem escreveu este livro?

Este livro foi, provavelmente, escrito por Salomão.

Do que trata este livro?

Este livro é uma coleção de poemas sobre um amor adulto entre um homem e uma mulher.

Para quem este livro foi escrito?

Ele foi escrito para adultos, para ajudá-los a entender o amor e o casamento.

Quando este livro foi escrito?

Se tiver sido escrito por Salomão, Cântico dos Cânticos foi redigido em algum momento durante o século 10 a.C. Se tiver sido escrito por outra pessoa, a data é desconhecida.

1 Cântico dos Cânticos de Salomão.

A Amada[a]

2Ah, se ele me beijasse,
se a sua boca me cobrisse de beijos...

Sim, as suas carícias são mais agradáveis
que o vinho.
3A fragrância dos seus perfumes é suave;
o seu nome é como perfume derramado.
Não é à toa que as jovens o amam!
4Leve-me com você! Vamos depressa!

Leve-me o rei para os seus aposentos!

Amigas (mulheres de Jerusalém)

Estamos alegres e felizes por sua causa;
celebraremos o seu amor
mais do que o vinho.

A Amada

Com toda a razão você é amado!

5Estou escura, mas sou bela,
ó mulheres de Jerusalém;
escura como as tendas de Quedar,
bela como as cortinas de Salomão.
6Não fiquem me olhando assim
porque estou escura;
foi o sol que me queimou a pele.
Os filhos de minha mãe
zangaram-se comigo
e fizeram-me tomar conta das vinhas;
da minha própria vinha, porém,
não pude cuidar.

7Conte-me, você, a quem amo,
onde faz pastar o seu rebanho
e onde faz as suas ovelhas
descansarem ao meio-dia?
Se eu não o souber,
serei como uma mulher coberta com véu
junto aos rebanhos dos seus amigos.

O Amado

8Se você, a mais linda das mulheres,
se você não o sabe,
siga a trilha das ovelhas
e faça as suas cabritas pastarem
junto às tendas dos pastores.

9Comparo você, minha querida,
a uma égua das carruagens do faraó.
10Como são belas as suas faces
entre os brincos,
e o seu pescoço com os colares de joias!

Amigas (mulheres de Jerusalém)

11Faremos para você brincos de ouro
com incrustações de prata.

A Amada

12Enquanto o rei estava em seus aposentos,
o meu nardo espalhou sua fragrância.
13O meu amado é para mim
como uma pequenina bolsa de mirra
que passa a noite entre os meus seios.
14O meu amado é para mim
um ramalhete de flores de hena[b]
das vinhas de En-Gedi.

O Amado

15Como você é linda, minha querida!
Ah, como é linda!
Seus olhos são pombas.

A Amada

16Como você é belo, meu amado!
Ah, como é encantador!
Verdejante é o nosso leito.
17De cedro são as vigas da nossa casa,
e de cipreste os caibros do nosso telhado.

A Amada

2 Sou uma flor[c] de Sarom,
um lírio dos vales.

O Amado

2Como um lírio entre os espinhos
é a minha amada entre as jovens.

A Amada

3Como uma macieira entre
as árvores da floresta
é o meu amado entre os jovens.
Tenho prazer em sentar-me
à sua sombra;
o seu fruto é doce ao meu paladar.
4Ele me levou ao salão de banquetes,
e o seu estandarte sobre mim é o amor.[d]
5Por favor, sustentem-me com passas,

[a] 1:2 Com base no gênero dos pronomes hebraicos empregados, indicam-se por meio dos títulos *o Amado* e *a Amada*, quando o interlocutor é o homem ou a mulher. As palavras dos outros interlocutores estão assinaladas com o título *Amigas*. Em alguns casos as divisões e seus títulos são discutíveis.

[b] 1:14 Isto é, planta aromática.

[c] 2:1 Tradicionalmente *rosa*. Talvez um narciso ou uma tulipa.

[d] 2:4 Ou *seus olhares para mim eram de amor*.

revigorem-me com maçãs[a],
pois estou doente de amor.
6 O seu braço esquerdo
esteja debaixo da minha cabeça,
e o seu braço direito me abrace.
7 Mulheres de Jerusalém, eu as faço
jurar
pelas gazelas e pelas corças do
campo:
não despertem nem provoquem o
amor
enquanto ele não o quiser.

8 Escutem! É o meu amado!
Vejam! Aí vem ele,
saltando pelos montes,
pulando sobre as colinas.
9 O meu amado é como uma gazela,
como um cervo novo.
Vejam! Lá está ele atrás do nosso muro,
observando pelas janelas,
espiando pelas grades.
10 O meu amado falou e me disse:

O Amado

Levante-se, minha querida,
minha bela, e venha comigo.
11 Veja! O inverno passou;
acabaram-se as chuvas e já se foram.
12 Aparecem flores na terra,
e chegou o tempo de cantar[b];
já se ouve em nossa terra
o arrulhar dos pombos.
13 A figueira produz os primeiros frutos;
as vinhas florescem e espalham
sua fragrância.
Levante-se, venha, minha querida;
minha bela, venha comigo.
14 Minha pomba que está
nas fendas da rocha,
nos esconderijos,
nas encostas dos montes,
mostre-me seu rosto,
deixe-me ouvir sua voz;
pois a sua voz é suave
e o seu rosto é lindo.

A Amada

15 Apanhem para nós as raposas,
as raposinhas que estragam as
vinhas,
pois as nossas vinhas estão floridas.
16 O meu amado é meu, e eu sou dele;
ele pastoreia entre os lírios.
17 Volte, amado meu,
antes que rompa o dia
e fujam as sombras;
seja como a gazela
ou como o cervo novo
nas colinas escarpadas[c].

3 A noite toda procurei em meu leito
aquele a quem o meu coração ama,
mas não o encontrei.
2 Vou levantar-me agora
e percorrer a cidade,
irei por suas ruas e praças;

[a] 2:5 Ou *damascos*
[b] 2:12 Ou *de podar*
[c] 2:17 Ou *colinas de Beter*; ou ainda *montes da separação*

A vida nos tempos da Bíblia

Perfume

Nos tempos bíblicos, as mulheres e alguns homens usavam perfumes de aroma doce. Os perfumes eram feitos de especiarias, como canela, e de pétalas de flores esmagadas. Esse composto era misturado com óleo e guardado em frascos delicados de pedra ou de vidro.

buscarei aquele a quem
o meu coração ama.
Eu o procurei, mas não o encontrei.
3 As sentinelas me encontraram
quando faziam as suas rondas na cidade.
"Vocês viram aquele a quem
o meu coração ama?", perguntei.
4 Mal havia passado por elas,
quando encontrei aquele a quem
o meu coração ama.
Eu o segurei e não o deixei ir,
até que o trouxe
para a casa de minha mãe,
para o quarto daquela que me concebeu.
5 Mulheres de Jerusalém, eu as faço jurar
pelas gazelas e pelas corças do campo:
Não despertem nem incomodem o amor
enquanto ele não o quiser.

Coro

6 O que vem subindo do deserto,
como uma coluna de fumaça,
perfumado com mirra e incenso
com extrato de todas as especiarias
dos mercadores?
7 Vejam! É a liteira de Salomão,
escoltada por sessenta guerreiros,
os mais nobres de Israel;
8 todos eles trazem espada,
todos são experientes na guerra,
cada um com a sua espada,
preparado para enfrentar
os pavores da noite.
9 O rei Salomão fez para si uma liteira;
ele a fez com madeira do Líbano.
10 Suas traves ele fez de prata,
seu teto, de ouro.
Seu banco foi estofado em púrpura,
seu interior foi cuidadosamente preparado
pelas mulheres de Jerusalém.
11 Mulheres de Sião, saiam!
Venham ver o rei Salomão!
Ele está usando a coroa,
a coroa que sua mãe lhe colocou
no dia do seu casamento,
no dia em que o seu coração se alegrou.

O Amado

4 Como você é linda, minha querida!
Ah, como é linda!
Seus olhos, por trás do véu, são pombas.
Seu cabelo é como um rebanho de cabras
que vêm descendo do monte Gileade.
2 Seus dentes são como um
rebanho de ovelhas recém-tosquiadas
que vão subindo do lavadouro.
Cada uma tem o seu par;
não há nenhuma sem crias.
3 Seus lábios são como um fio vermelho;
sua boca é belíssima.
Suas faces, por trás do véu,
são como as metades de uma romã.

A vida nos tempos da Bíblia

Camas

A maioria das pessoas em Israel dormia no chão, sobre esteiras trançadas ou sobre peles de animais. Algumas pessoas ricas dormiam em camas de verdade, que eram feitas de madeira ou metal e, às vezes, tinham até mesmo lençóis de linho e travesseiros.

4Seu pescoço é como a torre de Davi,
construída como arsenal.
Nela estão pendurados mil escudos,
todos eles escudos de heroicos
guerreiros.
5Seus dois seios são como filhotes de
cervo,
como filhotes gêmeos de uma gazela
que repousam entre os lírios.
6Enquanto não raia o dia
e as sombras não fogem,
irei à montanha da mirra
e à colina do incenso.
7Você é toda linda, minha querida;
em você não há defeito algum.
8Venha do Líbano comigo, minha
noiva,
venha do Líbano comigo.
Desça do alto do Amana,
do topo do Senir, do alto do Hermom,
das covas dos leões
e das tocas dos leopardos nas
montanhas.
9Você fez disparar o meu coração,
minha irmã, minha noiva;
fez disparar o meu coração
com um simples olhar,
com uma simples joia dos seus colares.
10Quão deliciosas são as suas carícias,
minha irmã, minha noiva!
Suas carícias são mais agradáveis
que o vinho,
e a fragrância do seu perfume
supera o de qualquer especiaria!
11Os seus lábios gotejam a doçura
dos favos de mel, minha noiva;
leite e mel estão debaixo da sua língua.
A fragrância das suas vestes
é como a fragrância do Líbano.
12Você é um jardim fechado,
minha irmã, minha noiva;
você é uma nascente fechada,
uma fonte selada.
13De você brota um pomar de romãs
com frutos seletos,
com flores de hena e nardo,
14nardo e açafrão, cálamo e canela,
com todas as madeiras aromáticas,
mirra e aloés e as mais finas
especiarias.
15Você é[a] uma fonte de jardim,
um poço de águas vivas,
que descem do Líbano.

A Amada

16Acorde, vento norte!
Venha, vento sul!
Soprem em meu jardim,
para que a sua fragrância
se espalhe ao seu redor.
Que o meu amado entre em seu jardim
e saboreie os seus deliciosos frutos.

O Amado

5 Entrei em meu jardim,
minha irmã, minha noiva;
ajuntei a minha mirra com
as minhas especiarias.
Comi o meu favo e o meu mel;
bebi o meu vinho e o meu leite.

Poeta

Comam, amigos,
bebam quanto puderem, ó amados!

A Amada

2Eu estava quase dormindo,
mas o meu coração estava acordado.
Escutem! O meu amado está batendo.

O Amado

Abra-me a porta, minha irmã,
minha querida, minha pomba,
minha mulher ideal,
pois a minha cabeça
está encharcada de orvalho,
o meu cabelo, da umidade da noite.

A Amada

3Já tirei a túnica;
terei que vestir-me de novo?
Já lavei os pés;
terei que sujá-los de novo?
4O meu amado pôs a mão
por uma abertura da tranca;
meu coração começou
a palpitar por causa dele.
5Levantei-me para abrir-lhe a porta;
minhas mãos destilavam mirra,
meus dedos vertiam mirra,
na maçaneta da tranca.
6Eu abri, mas o meu amado se fora;
o meu amado já havia partido.
Quase desmaiei de tristeza!
Procurei-o, mas não o encontrei.
Eu o chamei, mas ele não respondeu.
7As sentinelas me encontraram
enquanto faziam a ronda na cidade.
Bateram-me, feriram-me;
e tomaram o meu manto,
as sentinelas dos muros!

[a] 4:15 Ou *Eu sou* (falado pela *Amada*)

8Ó mulheres de Jerusalém,
eu as faço jurar:
se encontrarem o meu amado,
que dirão a ele?
Digam-lhe que estou doente de amor.

Amigas (mulheres de Jerusalém)

9Que diferença há entre o seu amado
e outro qualquer,
ó você, das mulheres a mais linda?
Que diferença há entre o seu amado
e outro qualquer,
para você nos obrigar a tal promessa?

A Amada

10O meu amado tem a pele bronzeada;
ele se destaca entre dez mil.
11Sua cabeça é como ouro, o ouro mais
puro;
seus cabelos ondulam ao vento
como ramos de palmeira;
são negros como o corvo.
12Seus olhos são como pombas
junto aos regatos de água,
lavados em leite,
incrustados como joias.
13Suas faces são como
um jardim de especiarias
que exalam perfume.
Seus lábios são como lírios
que destilam mirra.
14Seus braços são cilindros de ouro
com berilo neles engastado.
Seu tronco é como marfim polido
adornado de safiras.
15Suas pernas são colunas de mármore[a]
firmadas em bases de ouro puro.
Sua aparência é como o Líbano;
ele é elegante como os cedros.
16Sua boca é a própria doçura;
ele é mui desejável.
Esse é o meu amado,
esse é o meu querido,
ó mulheres de Jerusalém.

Amigas (mulheres de Jerusalém)

6 Para onde foi o seu amado,
ó mais linda das mulheres?
Diga-nos para onde foi o seu amado
e o procuraremos com você!

A Amada

2O meu amado desceu ao seu jardim,
aos canteiros de especiarias,
para descansar
e colher lírios.
3Eu sou do meu amado,
e o meu amado é meu;
ele descansa entre os lírios.

O Amado

4Minha querida, você é linda como
Tirza,
bela como Jerusalém,
admirável como um exército
e suas bandeiras.
5Desvie de mim os seus olhos,
pois eles me perturbam.
Seu cabelo é como
um rebanho de cabras
que descem de Gileade.
6Seus dentes são como
um rebanho de ovelhas

[a] 5:15 Ou *alabastro*

A vida nos tempos da Bíblia

Especiarias

Especiarias são ervas que têm aroma agradável, como canela ou mirra. Nos tempos bíblicos, algumas especiarias eram trazidas da Arábia de barco e, depois, levadas para Israel nas caravanas de camelos. As especiarias eram usadas nos doces incensos que as pessoas queimavam durante o culto ao Senhor.

que sobem do lavadouro.
Cada uma tem o seu par,
não há nenhuma sem crias.
7Suas faces, por trás do véu,
são como as metades de uma romã.
8Pode haver sessenta rainhas,
e oitenta concubinas,
e um número sem fim de virgens,
9mas ela é única, a minha pomba,
minha mulher ideal!
Ela é a filha favorita de sua mãe,
a predileta daquela que a deu à luz.
Quando outras jovens a veem,
dizem que ela é muito feliz;
as rainhas e as concubinas a elogiam.

Amigas (mulheres de Jerusalém)

10Quem é essa que aparece
como o alvorecer,
bela como a lua, brilhante como o sol,
admirável como um exército
e suas bandeiras?

A Amada

11Desci ao bosque das nogueiras
para ver os renovos no vale,
para ver se as videiras tinham brotado
e se as romãs estavam em flor.
12Antes que eu o percebesse,
você me colocou entre as carruagens,
com um príncipe ao meu lado.[a]

Amigas (mulheres de Jerusalém)

13Volte, volte, Sulamita;
volte, volte, para que a
contemplemos.

O Amado

Por que vocês querem
contemplar a Sulamita,
como na dança de Maanaim[b]?
7 Como são lindos
os seus pés calçados com sandálias,
ó filha do príncipe!
As curvas das suas coxas são como
joias,
obra das mãos de um artífice.
2Seu umbigo é uma taça redonda
onde nunca falta o vinho
de boa mistura.
Sua cintura é um monte de trigo
cercado de lírios.
3Seus seios são como
dois filhotes de corça,
gêmeos de uma gazela.
4Seu pescoço é como
uma torre de marfim.
Seus olhos são como
os açudes de Hesbom,
junto à porta de Bate-Rabim.
Seu nariz é como a torre do Líbano
voltada para Damasco.
5Sua cabeça eleva-se
como o monte Carmelo.
Seus cabelos soltos
têm reflexos de púrpura;
o rei caiu prisioneiro das suas ondas.
6Como você é linda!
Como você me agrada!
Oh, o amor e suas delícias!
7Seu porte é como o da palmeira,
e os seus seios como cachos de
frutos.
8Eu disse: Subirei a palmeira
e me apossarei dos seus frutos.
Sejam os seus seios
como os cachos da videira,
o aroma da sua respiração como
maçãs[c],
9e a sua boca como o melhor vinho...

A Amada

... vinho que flui suavemente
para o meu amado,
escorrendo suavemente sobre os lábios
de quem já vai adormecendo.
10Eu pertenço ao meu amado,
e ele me deseja.
11Venha, meu amado,
vamos fugir para o campo,
passemos a noite nos povoados.
12Vamos cedo para as vinhas
para ver se as videiras brotaram,
se as suas flores se abriram
e se as romãs estão em flor;
ali eu lhe darei o meu amor.
13As mandrágoras[d] exalam o seu
perfume,
e à nossa porta há todo tipo de frutos
finos,
secos e frescos,
que reservei para você, meu amado.
8 Ah, quem dera você fosse meu irmão,
amamentado nos seios de minha
mãe!
Então, se eu o encontrasse fora de casa,
eu o beijaria,
e ninguém me desprezaria.

[a] 6:12 Ou *Sem que eu percebesse, minha imaginação me colocou entre os carros do meu nobre povo.*
[b] 6:13 Ou *dos dois coros*; ou ainda *dos dois acampamentos*
[c] 7:8 Ou *damascos*
[d] 7:13 Isto é, plantas tidas por afrodisíacas e capazes de favorecer a fertilidade feminina.

²Eu o conduziria
e o traria à casa de minha mãe,
e você me ensinaria.
Eu lhe daria vinho aromatizado
para beber,
o néctar das minhas romãs.
³O seu braço esquerdo esteja debaixo
da minha cabeça
e o seu braço direito me abrace.
⁴Mulheres de Jerusalém, eu as faço
jurar:
Não despertem nem incomodem o
amor
enquanto ele não o quiser.

Amigas (mulheres de Jerusalém)

⁵Quem vem subindo do deserto,
apoiada em seu amado?

A Amada

Debaixo da macieira eu o despertei;
ali esteve a sua mãe em trabalho de
parto,
ali sofreu as dores aquela que o deu à
luz.
⁶Coloque-me como um selo sobre
o seu coração;
como um selo sobre o seu braço;
pois o amor é tão forte quanto a morte,
e o ciúme[a] é tão inflexível
quanto a sepultura[b].
Suas brasas são fogo ardente,
são labaredas do Senhor[c].
⁷Nem muitas águas conseguem
apagar o amor;
os rios não conseguem levá-lo
na correnteza.
Se alguém oferecesse todas as
riquezas
da sua casa para adquirir o amor,
seria totalmente desprezado.

[a] 8:6 Ou *paixão*
[b] 8:6 Hebraico: *Sheol*. Essa palavra também pode ser traduzida por profundezas, pó ou morte.
[c] 8:6 Ou *labaredas enormes*

Irmãos

⁸Temos uma irmãzinha;
seus seios ainda não estão crescidos.
Que faremos com nossa irmã
no dia em que for pedida
em casamento?
⁹Se ela for um muro,
construiremos sobre ela
uma torre de prata.
Se ela for uma porta,
nós a reforçaremos com tábuas de
cedro.

A Amada

¹⁰Eu sou um muro,
e meus seios são as suas torres.
Assim me tornei aos olhos dele
como alguém que inspira paz.
¹¹Salomão possuía uma vinha
em Baal-Hamom;
ele entregou a sua vinha a
arrendatários.
Cada um devia trazer pelos
frutos da vinha
doze quilos[d] de prata.
¹²Quanto à minha própria vinha,
essa está em meu poder;
os doze quilos de prata são para você,
ó Salomão,
e dois quilos e meio são para os
que tomaram conta dos seus frutos.

O Amado

¹³Você, que habita nos jardins,
os amigos desejam ouvi-la;
deixe-me ouvir a sua voz!

A Amada

¹⁴Venha depressa, meu amado,
e seja como uma gazela,
ou como um cervo novo
saltando sobre os montes
cobertos de especiarias.

[d] 8:11 Hebraico: *1.000 siclos*; também no versículo 12. Um siclo equivalia a 12 gramas.

Isaías

Quem escreveu este livro?

O profeta Isaías.

Por que este livro foi escrito?

Isaías alerta as pessoas de Judá dizendo que, caso continuassem fazendo coisas perversas, elas seriam punidas por Deus, assim como aconteceu com Israel. Isaías também promete que Deus confortará o seu povo após puni-lo e fará de Judá uma nação forte novamente.

O que aprendemos sobre Deus neste livro?

Isaías usa muitos nomes especiais para Deus, os quais mostram que Deus é santo, é juiz e é nossa salvação.

O que há de especial neste livro?

Isaías traz muitas profecias maravilhosas sobre Jesus, o Salvador que viria.

Quando este livro foi escrito?

Isaías foi escrito entre 739 a.C. e 680 a.C. Durante esse tempo, os exércitos assírios que levaram Israel cativo foram expulsos de Judá por Deus.

Alguns capítulos importantes deste livro:

A perversidade de Judá	Isaías 1
A santidade de Deus	Isaías 6
Quem Jesus é	Isaías 9:1-7
O que Jesus fará	Isaías 11
Deus é melhor do que os ídolos	Isaías 44
A morte de Jesus na cruz	Isaías 53
Um novo céu e uma nova terra	Isaías 65

1 Visão que Isaías, filho de Amoz, teve a respeito de Judá e Jerusalém durante os reinados de Uzias, Jotão, Acaz e Ezequias, reis de Judá.

Uma nação rebelde

2Ouçam, ó céus! Escute, ó terra!
Pois o SENHOR falou:
"Criei filhos e os fiz crescer,
mas eles se revoltaram contra mim.
3O boi reconhece o seu dono,
e o jumento conhece a manjedoura
do seu proprietário,
mas Israel nada sabe,
o meu povo nada compreende".

4Ah, nação pecadora,
povo carregado de iniquidade!
Raça de malfeitores,
filhos dados à corrupção!
Abandonaram o SENHOR,
desprezaram o Santo de Israel
e o rejeitaram.

5Por que haveriam de continuar a ser
castigados?
Por que insistem na revolta?
A cabeça toda está ferida,
todo o coração está sofrendo.
6Da sola do pé ao alto da cabeça
não há nada são;
somente machucados,
vergões e ferimentos abertos,
que não foram limpos nem enfaixados
nem tratados com azeite.

7A terra de vocês está devastada,
suas cidades foram destruídas a fogo;
os seus campos estão sendo tomados
por estrangeiros, diante de vocês,
e devastados como a ruína que eles
costumam causar.
8Só restou a cidade[a] de Sião
como tenda numa vinha,
como abrigo numa plantação de
melões,
como uma cidade sitiada.
9Se o SENHOR dos Exércitos
não tivesse poupado alguns de nós,
já estaríamos como Sodoma
e semelhantes a Gomorra.

10Governantes de Sodoma,
ouçam a palavra do SENHOR!
Vocês, povo de Gomorra,
escutem a instrução de nosso Deus!
11"Para que me oferecem
tantos sacrifícios?",
pergunta o SENHOR.
"Para mim, chega de holocaustos[b] de
carneiros
e da gordura de novilhos gordos.
Não tenho nenhum prazer
no sangue de novilhos, de cordeiros
e de bodes!
12Quando vocês vêm à minha
presença,
quem lhes pediu que pusessem os
pés em meus átrios?
13Parem de trazer ofertas inúteis!
O incenso de vocês
é repugnante para mim.
Luas novas, sábados e reuniões!
Não consigo suportar suas assembleias
cheias de iniquidade.
14Suas festas da lua nova
e suas festas fixas, eu as odeio.
Tornaram-se um fardo para mim;
não as suporto mais!
15Quando vocês estenderem as mãos
em oração,
esconderei de vocês os meus olhos;
mesmo que multipliquem
as suas orações,
não as escutarei!
As suas mãos estão cheias de sangue!
16Lavem-se! Limpem-se!
Removam suas más obras
para longe da minha vista!
Parem de fazer o mal,
17aprendam a fazer o bem!
Busquem a justiça,
acabem com a opressão.[c]
Lutem pelos direitos do órfão,
defendam a causa da viúva.

18"Venham, vamos refletir juntos",
diz o SENHOR.
"Embora os seus pecados
sejam vermelhos como escarlate,
eles se tornarão brancos como a neve;
embora sejam rubros como púrpura,
como a lã se tornarão.
19Se vocês estiverem dispostos a
obedecer,
comerão os melhores frutos desta
terra;
20mas, se resistirem e se rebelarem,
serão devorados pela espada."
Pois o SENHOR é quem fala!

[a] 1:8 Hebraico: *filha*.

[b] 1:11 Isto é, sacrifícios totalmente queimados.
[c] 1:17 Ou *repreendam o opressor*.

[21]Vejam como a cidade fiel
se tornou prostituta!
Antes cheia de justiça
e habitada pela retidão,
agora está cheia de assassinos!
[22]Sua prata tornou-se escória,
seu licor ficou aguado.
[23]Seus líderes são rebeldes,
amigos de ladrões;
todos eles amam o suborno
e andam atrás de presentes.
Eles não defendem os direitos do órfão,
e não tomam conhecimento
da causa da viúva.
[24]Por isso o Soberano,
o SENHOR dos Exércitos,
o Poderoso de Israel, anuncia:
"Ah! Derramarei minha ira
sobre os meus adversários
e me vingarei dos meus inimigos.
[25]Voltarei minha mão contra você;
tirarei toda a sua escória
e removerei todas as suas impurezas.
[26]Restaurarei os seus juízes como no
passado,
os seus conselheiros, como no
princípio.
Depois disso você será chamada
cidade de retidão, cidade fiel".
[27]Sião será redimida com justiça,
com retidão os que se arrependerem.
[28]Mas os rebeldes e os pecadores
serão destruídos,
e os que abandonam o SENHOR
perecerão.
[29]"Vocês se envergonharão
dos carvalhos sagrados
que tanto apreciam;
ficarão decepcionados
com os jardins sagrados que
escolheram.
[30]Vocês serão como um terebinto
cujas folhas estão caindo,
como um jardim sem água.
[31]O poderoso se tornará como estopa,
e sua obra como fagulha;
ambos serão queimados juntos
sem que ninguém apague o fogo".

A glória do monte do SENHOR

2 Foi isto que Isaías, filho de Amoz, viu a
respeito de Judá e de Jerusalém:

[2]Nos últimos dias
o monte do templo do SENHOR
será estabelecido
como o principal;
será elevado acima das colinas,
e todas as nações correrão para ele.

[3]Virão muitos povos e dirão:

"Venham, subamos ao monte do SENHOR,
ao templo do Deus de Jacó,
para que ele nos ensine os seus
caminhos,
e assim andemos em suas veredas".
Pois a lei sairá de Sião,
de Jerusalém virá a palavra do SENHOR.
[4]Ele julgará entre as nações
e resolverá contendas de muitos
povos.

A vida nos tempos da Bíblia

Arado

Os bois puxavam arados, que eram feitos de pesados troncos bifurcados de árvore. A parte do arado que revirava a terra era chamada de relha de arado. Lâminas de metal na relha de arado tornavam a tarefa mais fácil. Em tempos de guerra, as relhas de metal eram marteladas e transformadas em espadas.

Eles farão de
suas espadas arados,
e de suas lanças, foices.
Uma nação não mais pegará em armas
para atacar outra nação,
elas jamais tornarão a preparar-se
para a guerra.

5Venha, ó descendência de Jacó,
andemos na luz do SENHOR!

O dia do SENHOR

6Certamente abandonaste o teu povo,
os descendentes de Jacó,
porque eles se encheram
de superstições dos povos do leste,
praticam adivinhações como os
filisteus
e fazem acordos com pagãos.
7Sua terra está cheia de prata e ouro;
seus tesouros são incontáveis.
Sua terra está cheia de cavalos;
seus carros não têm fim.
8Sua terra está cheia de ídolos.
Eles se inclinam diante da obra
das suas mãos,
diante do que os seus dedos fizeram.
9Por isso a humanidade será abatida
e o homem será humilhado;
não os perdoes[a]!
10Entre no meio das rochas,
esconda-se no pó,
por causa do terror que vem do SENHOR
e do esplendor da sua majestade!
11Os olhos do arrogante serão
humilhados
e o orgulho dos homens será
abatido;
somente o SENHOR será exaltado
naquele dia.

12O SENHOR dos Exércitos
tem um dia reservado
para todos os orgulhosos e altivos,
para tudo o que é exaltado,
para que eles sejam humilhados;
13para todos os cedros do Líbano,
altos e altivos,
e todos os carvalhos de Basã;
14para todos os montes elevados
e todas as colinas altas;
15para toda torre imponente
e todo muro fortificado;
16para todo navio mercante[b]
e todo barco de luxo.

17A arrogância dos homens será
abatida,
e o seu orgulho será humilhado.
Somente o SENHOR será exaltado
naquele dia,
18e os ídolos desaparecerão por
completo.

19Os homens fugirão
para as cavernas das rochas
e para os buracos da terra,
por causa do terror
que vem do SENHOR
e do esplendor da sua majestade,
quando ele se levantar
para sacudir a terra.
20Naquele dia os homens atirarão
aos ratos e aos morcegos
os ídolos de prata
e os ídolos de ouro,
que fizeram para adorar.
21Fugirão para as cavernas das rochas
e para as brechas dos penhascos,
por causa do terror
que vem do SENHOR
e do esplendor da sua majestade,
quando ele se levantar
para sacudir a terra.

22Parem de confiar no homem,
cuja vida não passa de um sopro
em suas narinas.
Que valor ele tem?

Julgamento de Judá e de Jerusalém

3 Vejam! O Soberano,
o SENHOR dos Exércitos,
logo irá retirar de Jerusalém e de Judá
todo o seu sustento,
tanto o suprimento de comida
como o suprimento de água,
2e também o herói e o guerreiro,
o juiz e o profeta,
o adivinho e a autoridade,
3o capitão e o nobre,
o conselheiro, o conhecedor de
magia
e o perito em maldições.
4Porei jovens no governo;
irresponsáveis dominarão.
5O povo oprimirá a si mesmo:
homem contra homem,
cada um contra o seu próximo.
O jovem se levantará contra o idoso,
o desprezível contra o nobre.
6Um homem agarrará seu irmão,
um da família de seu pai, e lhe dirá:

[a] 2:9 Ou *exaltes*
[b] 2:16 Ou *de Társis*

"Você pelo menos tem um manto;
seja o nosso governante;
assuma o poder
sobre este monte de ruínas!"
7 Mas naquele dia ele exclamará:
"Não tenho remédios,
não há comida nem roupa em minha
casa;
não me nomeiem governante do
povo".

8 Jerusalém está em ruínas,
e o povo de Judá está caído;
suas palavras e suas ações
são contra o SENHOR,
desafiando a sua presença gloriosa.
9 O jeito como olham testifica contra
eles;
eles mostram seu pecado como
Sodoma,
sem nada esconder.
Ai deles! Pois trouxeram desgraça
sobre si mesmos.
10 Digam aos justos que tudo lhes irá
bem,
pois comerão do fruto de suas ações.
11 Mas, ai dos ímpios!
Tudo lhes irá mal!
Terão a retribuição
pelo que fizeram as suas mãos.

12 Meu povo é oprimido por uma
criança;
mulheres dominam sobre ele.
Meu povo, os seus guias o enganam
e o desviam do caminho.

13 O SENHOR toma o seu lugar no
tribunal;
levanta-se para julgar os povos[a].
14 O SENHOR entra em juízo
contra as autoridades
e contra os líderes do seu povo.
"Vocês arruinaram a vinha,
e o que foi roubado dos necessitados
está nas suas casas.
15 Que pretendem vocês,
ao esmagarem o meu povo,
e ao moerem o rosto dos
necessitados?"
Quem pergunta é o Senhor,
o SENHOR dos Exércitos.

16 O SENHOR diz:
"Por causa da arrogância
das mulheres de Sião,
que caminham de cabeça erguida,
flertando com os olhos,
desfilando com passos curtos,
com enfeites tinindo em seus
calcanhares,
17 o SENHOR rapará a cabeça
das mulheres de Sião;
o SENHOR porá a descoberto
as suas vergonhas".

18 Naquele dia o Senhor arrancará os enfei-
tes delas: as pulseiras, as testeiras e os cola-
res; 19 os pendentes, os braceletes e os véus,
20 os enfeites de cabeça, as correntinhas de
tornozelo, os cintos, os talismãs e os amule-
tos; 21 os anéis e os enfeites para o nariz; 22 as
roupas caras, as capas, as mantilhas, e as bol-
sas; 23 os espelhos, as roupas de linho, as tia-
ras e os xales.

24 Em vez de perfume haverá mau
cheiro,
em vez de cintos, corda,
em vez de belos penteados, calvície,
em vez de roupas finas, vestes de
lamento,
em vez de beleza, cicatrizes.
25 Seus homens cairão ao fio da espada;
seus guerreiros morrerão no
combate.
26 As portas de Sião se lamentarão
e prantearão por causa disso;
e, sem nada,
a cidade se assentará no chão.

4 Naquele dia sete mulheres
agarrarão um homem e lhe dirão:
"Nós mesmas providenciaremos
nossa comida e nossas roupas;
apenas case-se conosco[b]
e livre-nos da vergonha
de sermos solteiras!"

O renovo do SENHOR

2 Naquele dia o Renovo do SENHOR será be-
lo e glorioso, e o fruto da terra será o orgulho
e a glória dos sobreviventes de Israel. 3 Os que
forem deixados em Sião e ficarem em Jeru-
salém serão chamados santos: todos os ins-
critos para viverem em Jerusalém. 4 Quando
o Senhor tiver lavado a impureza das mulhe-
res de Sião, e tiver limpado por meio de um
espírito de julgamento e de um espírito[c] de
fogo o sangue derramado em Jerusalém, 5 o
SENHOR criará sobre todo o monte Sião e so-
bre aqueles que se reunirem ali uma nuvem

[a] 3:13 A Septuaginta e a Versão Siríaca dizem *o seu povo*.

[b] 4:1 Hebraico: *queremos ser chamadas pelo seu nome*.

[c] 4:4 Ou *do Espírito de julgamento e do Espírito*

de dia e um clarão de fogo de noite. A glória
tudo cobrirá [6]e será um abrigo e sombra pa-
ra o calor do dia, refúgio e esconderijo contra
a tempestade e a chuva.

A canção da vinha

5 Cantarei para o meu amigo
o seu cântico
a respeito de sua vinha:
Meu amigo tinha uma vinha
na encosta de uma fértil colina.
[2]Ele cavou a terra, tirou as pedras
e plantou as melhores videiras.
Construiu uma torre de sentinela
e também fez um tanque de prensar
uvas.
Ele esperava que desse uvas boas,
mas só deu uvas azedas.

[3]"Agora, habitantes de Jerusalém
e homens de Judá,
julguem entre mim e a minha vinha.
[4]Que mais se poderia fazer por ela
que eu não tenha feito?
Então, por que só produziu uvas
azedas,
quando eu esperava uvas boas?
[5]Pois eu lhes digo o que vou fazer
com a minha vinha:
Derrubarei a sua cerca
para que ela seja transformada em
pasto;
derrubarei o seu muro
para que seja pisoteada.
[6]Farei dela um terreno baldio;
não será podada nem capinada;
espinheiros e ervas daninhas crescerão
nela.
Também ordenarei às nuvens
que não derramem chuva sobre ela."

[7]Pois bem,
a vinha do SENHOR dos Exércitos
é a nação de Israel,
e os homens de Judá
são a plantação que ele amava.
Ele esperava justiça,
mas houve derramamento de
sangue;
esperava retidão,
mas ouviu gritos de aflição.

Ais e julgamentos

[8]Ai de vocês que adquirem casas e mais
casas,
propriedades e mais propriedades,
até não haver mais lugar para
ninguém
e vocês se tornarem
os senhores absolutos da terra!
[9]O SENHOR dos Exércitos me disse:

"Sem dúvida muitas casas
ficarão abandonadas,
as casas belas e grandes
ficarão sem moradores.
[10]Uma vinha de dez alqueires[a]

[a] 5:10 Isto é, a terra arada num dia por dez parelhas de boi.

A vida nos tempos da Bíblia

Lagar

As uvas maduras eram colocadas em um grande tanque de pedra chamado lagar, onde os homens pisavam nas uvas para obter o suco, que fluía de um buraco próximo ao fundo do tanque. Esses homens se seguravam em cordas para não escorregar nas cascas de uva.

só produzirá um pote[a] de vinho,
um barril[b] de semente
só dará uma arroba[c] de trigo".
[11]Ai dos que se levantam cedo
para embebedar-se,
e se esquentam com o vinho até a
noite!
[12]Harpas, liras, tamborins, flautas e
vinho
há em suas festas,
mas não se importam
com os atos do SENHOR,
nem atentam para a obra
que as suas mãos realizam.
[13]Portanto, o meu povo vai para o
exílio
por falta de conhecimento;
a elite morrerá de fome,
e as multidões, de sede.
[14]Por isso o Sheol[d] aumenta o seu
apetite
e escancara a sua boca.
Para dentro dele descerão
o esplendor da cidade e a sua
riqueza,
o seu barulho e os que se divertem.
[15]Por isso o homem será abatido,
a humanidade se curvará,
e os arrogantes terão que baixar os
olhos.
[16]Mas o SENHOR dos Exércitos
será exaltado em sua justiça;
o Deus santo se mostrará santo
em sua retidão.
[17]Então ovelhas pastarão ali
como em sua própria pastagem;
cordeiros[e] comerão nas ruínas dos
ricos.

[18]Ai dos que se prendem à iniquidade
com cordas de engano,
e ao pecado com cordas de carroça,
[19]e dizem: "Que Deus apresse
a realização da sua obra
para que a vejamos;
que se cumpra
o plano do Santo de Israel,
para que o conheçamos".

[20]Ai dos que chamam ao mal bem
e ao bem, mal,
que fazem das trevas luz
e da luz, trevas,
do amargo, doce
e do doce, amargo!
[21]Ai dos que são sábios
aos seus próprios olhos
e inteligentes em sua própria
opinião!

[22]Ai dos que são campeões
em beber vinho
e mestres em misturar bebidas,
[23]dos que por suborno
absolvem o culpado,
mas negam justiça ao inocente!
[24]Por isso, assim como a palha
é consumida pelo fogo
e o restolho é devorado pelas chamas,
assim também as suas raízes
apodrecerão
e as suas flores, como pó,
serão levadas pelo vento;
pois rejeitaram
a lei do SENHOR dos Exércitos,
desprezaram a palavra do Santo de
Israel.
[25]Por tudo isso a ira do SENHOR
acendeu-se contra o seu povo,
e ele levantou sua mão para os ferir.
Os montes tremeram,
e os seus cadáveres
estão como lixo nas ruas.

Apesar disso tudo,
a ira dele não se desviou;
sua mão continua erguida.

[26]Ele levanta uma bandeira
convocando uma nação distante,
e assobia para um povo
dos confins da terra.
Aí vêm eles rapidamente!
[27]Nenhum dos seus soldados
se cansa nem tropeça,
nenhum deles cochila nem dorme,
nenhum afrouxa o cinto,
nenhum desamarra a correia das
sandálias.
[28]As flechas deles estão afiadas,
preparados estão todos
os seus arcos;
os cascos dos seus cavalos
são duros como pedra,
as rodas de seus carros
são como um furacão.

[a] 5:10 Hebraico: *bato*. O bato era uma medida de capacidade. As estimativas variam entre 20 e 40 litros.
[b] 5:10 Hebraico: *hômer*. O hômer era uma medida de capacidade para secos. As estimativas variam entre 200 e 400 litros.
[c] 5:10 Hebraico: *efa*. O efa era uma medida de capacidade para secos. As estimativas variam entre 20 e 40 litros.
[d] 5:14 Essa palavra pode ser traduzida por sepultura, profundezas, pó ou morte.
[e] 5:17 Conforme a Septuaginta. O Texto Massorético diz *estrangeiros*.

[29]O rugido deles é como o do leão;
rugem como leões ferozes;
rosnam enquanto se apoderam da
presa
e a arrastam,
sem que ninguém possa livrá-la.
[30]Naquele dia rugirão sobre Judá
como o rugir do mar.
E, se alguém olhar para a terra de Israel,
verá trevas e aflição;
até a luz do dia
será obscurecida pelas nuvens.

O chamado de Isaías

6 No ano em que o rei Uzias morreu, eu vi o
Senhor assentado num trono alto e exal-
tado, e a aba de sua veste enchia o templo.
[2]Acima dele estavam serafins; cada um deles
tinha seis asas: com duas cobriam o rosto, com
duas cobriam os pés e com duas voavam. [3]E
proclamavam uns aos outros:

"Santo, santo, santo
é o SENHOR dos Exércitos,
a terra inteira está cheia da sua glória".

[4]Ao som das suas vozes os batentes das
portas tremeram, e o templo ficou cheio de
fumaça.
[5]Então gritei: Ai de mim! Estou perdido!
Pois sou um homem de lábios impuros e vi-
vo no meio de um povo de lábios impuros;
os meus olhos viram o Rei, o SENHOR dos
Exércitos!
[6]Logo um dos serafins voou até mim tra-
zendo uma brasa viva, que havia tirado do
altar com uma tenaz. [7]Com ela tocou a minha
boca e disse: "Veja, isto tocou os seus lábios;
por isso, a sua culpa será removida, e o seu
pecado será perdoado".
[8]Então ouvi a voz do Senhor, conclamando:
"Quem enviarei? Quem irá por nós?"
E eu respondi: Eis-me aqui. Envia-me!
[9]Ele disse: "Vá, e diga a este povo:

"Estejam sempre ouvindo,
mas nunca entendam;
estejam sempre vendo,
e jamais percebam.
[10]Torne insensível o coração deste
povo;
torne surdos os seus ouvidos
e feche os seus olhos.[a]
Que eles não vejam com os olhos,
não ouçam com os ouvidos,
e não entendam com o coração,
para que não se convertam
e sejam curados".

[11]Então eu perguntei:
Até quando, Senhor?
E ele respondeu:

"Até que as cidades estejam em
ruínas
e sem habitantes,
até que as casas fiquem abandonadas
e os campos estejam
totalmente devastados,
[12]até que o SENHOR tenha enviado

[a] 6:9-10 A Septuaginta diz *Ainda que estejam sempre ouvindo, vocês nunca entenderão; ainda que estejam sempre vendo, vocês jamais perceberão.* [10]*O coração desse povo se tornou insensível; de má vontade ouviram com os seus ouvidos, e fecharam os seus olhos.*

Chamado por Deus

Experimente!

Leia Isaías 6:1-8 e veja que essa é a história da "comissão" de Isaías, quando Deus lhe falou que queria que ele fosse um profeta.

O que você acha que o menino Isaías queria ser quando crescesse? Talvez um pastor? Ou um fazendeiro? Ou um carpinteiro? Para Isaías, a coisa mais importante era ser o que Deus quisesse.

O que você quer ser quando crescer? Um professor? Um arquiteto? Um programador de computador? Independentemente do que seja, anote em um pedaço de papel e coloque nesta Bíblia, e também escreva a data de hoje no papel. Olhe de vez em quando para esse papel e pense no seguinte: será que você ainda vai querer ser aquilo que escreveu ali? Você ainda quer ser o que Deus quer que você seja?

Isaías 6:1-8

todos para longe
e a terra esteja totalmente desolada.
[13]E ainda que um décimo fique no país,
esses também serão destruídos.
Mas, assim como o terebinto e o
carvalho
deixam o tronco quando são
derrubados,
assim a santa semente será o seu tronco".

O sinal de Emanuel

7 Quando Acaz, filho de Jotão e neto de Uzias,
era rei de Judá, o rei Rezim, da Síria, e Pe-
ca, filho de Remalias, rei de Israel, atacaram
Jerusalém, mas não puderam vencê-la.
[2]Informaram ao rei: "A Síria montou acam-
pamento em[a] Efraim". Com isso o coração de
Acaz e do seu povo agitou-se, como as árvo-
res da floresta agitam-se com o vento.
[3]Então o SENHOR disse a Isaías: "Saia, e leve
seu filho Sear-Jasube[b]. Vá encontrar-se com
Acaz no final do aqueduto do açude Superior,
na estrada que vai para o campo do Lavan-
deiro. [4]Diga a ele: Tenha cuidado, acalme-se
e não tenha medo. Que o seu coração não
desanime por causa do furor destes restos
de lenha fumegantes: Rezim, a Síria e o fi-
lho de Remalias.
[5]"Porque a Síria, Efraim e o filho de Rema-
lias têm tramado a sua ruína, dizendo: [6]'Va-
mos invadir o reino de Judá; vamos rasgá-lo
e dividi-lo entre nós, e fazer o filho de Ta-
beel reinar sobre ele' ". [7]Assim diz o Sobera-
no, o SENHOR:

"Não será assim,
isso não acontecerá,
[8]pois a cabeça da Síria é Damasco,
e a cabeça de Damasco é Rezim.
Em sessenta e cinco anos
Efraim ficará muito arruinado
para ser um povo.
[9]A cabeça de Efraim é Samaria,
e a cabeça de Samaria
é o filho de Remalias.
Se vocês não ficarem firmes na fé,
com certeza não resistirão!"

[10]Disse ainda o SENHOR a Acaz: [11]"Peça ao
SENHOR, ao seu Deus, um sinal milagroso, se-
ja das maiores profundezas, seja das alturas
mais elevadas".
[12]Mas Acaz disse: "Não pedirei; não porei o
SENHOR à prova".
[13]Disse então Isaías: "Ouçam agora,

Você sabia?

O que significa o nome *Emanuel*?

7:14 O nome *Emanuel* é hebraico e significa "Deus conosco". Ele é usado algumas vezes para se referir a Jesus, que viria à terra e realmente seria "Deus conosco".

descendentes de Davi! Não basta abusarem
da paciência dos homens? Também vão abu-
sar da paciência do meu Deus? [14]Por isso o
Senhor mesmo lhes dará um sinal: a virgem
ficará grávida e dará à luz um filho, e o cha-
mará[c] Emanuel[d]. [15]Ele comerá coalhada e mel
até a idade em que saiba rejeitar o erro e es-
colher o que é certo. [16]Mas, antes que o me-
nino saiba rejeitar o erro e escolher o que é
certo, a terra dos dois reis que você teme fi-
cará deserta. [17]O SENHOR trará o rei da Assíria
sobre você e sobre o seu povo e sobre a des-
cendência de seu pai. Serão dias como nunca
houve, desde que Efraim se separou de Judá".
[18]Naquele dia o SENHOR assobiará pa-
ra chamar as moscas dos distantes rios do
Egito e as abelhas da Assíria. [19]Todas virão
e pousarão nos vales íngremes e nas fendas
das rochas, em todos os espinheiros e em
todas as cisternas. [20]Naquele dia o Senhor
utilizará uma navalha alugada de além do
Eufrates[e], o rei da Assíria, para rapar a sua
cabeça e os pelos de suas pernas e da sua
barba. [21]Naquele dia o homem que tiver uma
vaca e duas cabras [22]terá coalhada para co-
mer, graças à fartura de leite que elas darão.
Todos os que ficarem na terra comerão coa-
lhada e mel. [23]Naquele dia, todo lugar onde
havia mil videiras no valor de doze quilos[f]
de prata será deixado para as roseiras bravas
e para os espinheiros. [24]Os homens entra-
rão ali com arcos e flechas, pois todo o país
estará coberto de roseiras bravas e de espi-
nheiros. [25]E às colinas antes lavradas com
enxada você não irá mais, porque terá medo
das roseiras bravas e dos espinheiros; nesses

[a] 7:2 Ou *A Síria fez um acordo com*
[b] 7:3 *Sear-Jasube* significa *um remanescente voltará*.
[c] 7:14 Alguns manuscritos do mar Morto dizem *e ele o chamará*; outros dizem *e eles o chamarão*.
[d] 7:14 *Emanuel* significa *Deus conosco*.
[e] 7:20 Hebraico: *do Rio*.
[f] 7:23 Hebraico: *1.000 siclos*. Um siclo equivalia a 12 gramas.

lugares os bois ficarão à solta e as ovelhas
correrão livremente.

Assíria, instrumento do Senhor

8 O SENHOR me disse: "Tome uma placa de
bom tamanho e nela escreva de forma le-
gível: Maher-Shalal-Hash-Baz[a]. 2 E chame o sa-
cerdote Urias, e Zacarias, filho de Jeberequias,
como testemunhas de confiança".

3 Então deitei-me com a profetisa[b], e ela en-
gravidou e deu à luz um filho. E o SENHOR
me disse: "Dê-lhe o nome de Maher-Shalal-
-Hash-Baz. 4 Pois antes que o menino saiba
dizer 'papai' ou 'mamãe', a riqueza de Damas-
co e os bens de Samaria serão levados pelo
rei da Assíria".

5 O SENHOR tornou a falar-me:

6 "Já que este povo rejeitou
as águas de Siloé, que fluem
mansamente,
e alegrou-se com Rezim
e com o filho de Remalias,
7 o Senhor está trazendo contra eles
as poderosas e devastadoras
águas do Eufrates[c],
o rei da Assíria com todo o seu poderio.
Elas transbordarão
em todos os seus canais,
encobrirão todas as suas margens
8 e inundarão Judá,
cobrindo-o até o pescoço.
Seus braços abertos se espalharão
por toda a tua terra, ó Emanuel[d]!"

9 Continuem a fazer o mal, ó nações,
e vocês serão destruídas!
Escutem, terras distantes:
Ainda que vocês se preparem
para o combate,
serão destruídas!
Sim, mesmo que se preparem
para o combate,
vocês serão destruídas!
10 Mesmo que vocês criem estratégias,
elas serão frustradas;
mesmo que façam planos,
não terão sucesso,
pois Deus está conosco!

Temam a Deus

11 O SENHOR falou comigo com veemência[e],
advertindo-me a não seguir o caminho desse
povo. Ele disse:

12 "Não chamem conspiração
a tudo o que esse povo chama
conspiração;[f]
não temam aquilo que eles temem,
nem se apavorem.
13 O SENHOR dos Exércitos
é que vocês devem considerar santo,
a ele é que vocês devem temer,
dele é que vocês devem ter pavor.
14 Para os dois reinos de Israel
ele será um santuário,
mas também uma pedra de tropeço,
uma rocha que faz cair.
E para os habitantes de Jerusalém
ele será uma armadilha e um laço.
15 Muitos deles tropeçarão,
cairão e serão despedaçados,
presos no laço e capturados".

16 Guarde o mandamento com cuidado
e sele a lei entre os meus discípulos.
17 Esperarei pelo SENHOR,
que está escondendo o seu rosto
da descendência de Jacó.
Nele porei a minha esperança.

18 Aqui estou eu com os filhos que o SENHOR
me deu. Em Israel somos sinais e símbolos
da parte do SENHOR dos Exércitos, que habi-
ta no monte Sião.

19 Quando disserem a vocês: "Procurem um
médium ou alguém que consulte os espíritos
e murmure encantamentos, pois todos re-
correm a seus deuses e aos mortos em favor
dos vivos", 20 respondam: "À lei e aos manda-
mentos!" Se eles não falarem conforme esta
palavra, vocês jamais verão a luz! 21 Aflitos e
famintos vaguearão pela terra; quando esti-
verem famintos, ficarão irados e, olhando pa-
ra cima, amaldiçoarão o seu rei e o seu Deus.
22 Depois olharão para a terra e só verão afli-
ção, trevas e temível escuridão, e serão ati-
rados em densas trevas.

O nascimento do Príncipe da Paz

9 Contudo, não haverá mais escuridão para
os que estavam aflitos. No passado ele hu-
milhou a terra de Zebulom e de Naftali, mas
no futuro honrará a Galileia dos gentios, o
caminho do mar, junto ao Jordão.

2 O povo que caminhava em trevas
viu uma grande luz;
sobre os que viviam na terra
da sombra da morte[g]
raiou uma luz.

[a] 8:1 *Maher-Shalal-Hash-Baz* significa *rapidamente até os despojos, agilmente até a pilhagem;* também no versículo 3.
[b] 8:3 Isto é, mulher do profeta.
[c] 8:7 Hebraico: *do Rio.*
[d] 8:8 *Emanuel* significa *Deus conosco.*
[e] 8:11 Hebraico: *com forte mão.*
[f] 8:12 Ou *"Não peça um tratado todas as vezes que esse povo pedir um tratado;*
[g] 9:2 Ou *terra das trevas*

3Fizeste crescer a nação
e aumentaste a sua alegria;
eles se alegram diante de ti
como os que se regozijam na
colheita,
como os que exultam
quando dividem os bens tomados na
batalha.
4Pois tu destruíste o jugo
que os oprimia,
a canga que estava sobre os seus ombros,
e a vara de castigo do seu opressor,
como no dia da derrota de Midiã.
5Pois toda bota de guerreiro
usada em combate
e toda veste revolvida em sangue
serão queimadas,
como lenha no fogo.
6Porque um menino nos nasceu,
um filho nos foi dado,
e o governo está sobre os seus ombros.
E ele será chamado
Maravilhoso Conselheiro[a], Deus
Poderoso,
Pai Eterno, Príncipe da Paz.
7Ele estenderá o seu domínio,
e haverá paz sem fim
sobre o trono de Davi
e sobre o seu reino,
estabelecido e mantido
com justiça e retidão,
desde agora e para sempre.
O zelo do SENHOR dos Exércitos fará isso.

A ira do SENHOR contra Israel

8O Senhor enviou uma mensagem
contra Jacó,
e ela atingiu Israel.

[a] 9:6 Ou *chamado Maravilhoso, Conselheiro*

Você sabia?

O Antigo Testamento fala sobre Jesus?

9:6 Sim, há muitas profecias sobre Jesus no Antigo Testamento. Uma profecia é uma mensagem que fala com antecedência de algo que acontecerá no futuro. Tanto Isaías 9:1-7 quanto 11:1-9 são profecias sobre Jesus.

9Todo o povo ficará sabendo,
tanto Efraim como
os habitantes de Samaria,
que dizem com orgulho
e arrogância de coração:
10“Os tijolos caíram,
mas nós reconstruiremos
com pedras lavradas;
as figueiras bravas foram derrubadas,
mas nós as substituiremos por cedros”.
11Mas o SENHOR fortaleceu
os adversários de Rezim para
atacá-los
e incitou contra eles os seus inimigos.
12Os arameus do leste
e os filisteus do oeste
devoraram Israel, escancarando a boca.

Apesar disso tudo,
a ira divina não se desviou;
sua mão continua erguida.

13Mas o povo não voltou
para aquele que o feriu,
nem buscou o SENHOR dos Exércitos.
14Por essa razão o SENHOR corta de
Israel
tanto a cabeça como a cauda,
tanto a palma como o junco,
num único dia;
15as autoridades e os homens de
destaque
são a cabeça,
os profetas que ensinam mentiras
são a cauda.
16Aqueles que guiam este povo
o desorientam,
e aqueles que são guiados
deixam-se induzir ao erro.
17Por isso o Senhor não terá nos jovens
motivo de alegria,
nem terá piedade dos órfãos e das
viúvas,
pois todos são hipócritas e perversos,
e todos falam loucuras.

Apesar disso tudo,
a ira dele não se desviou;
sua mão continua erguida.

18Porque a impiedade queima como
fogo;
consome roseiras bravas e espinheiros,
põe em chamas os matagais da floresta,
fazendo nuvens de fumaça.
19Pela ira do SENHOR dos Exércitos
a terra será ressecada,

e o povo será como lenha no fogo;
ninguém poupará seu irmão.
20 À direita devorarão,
mas ainda estarão com fome;
à esquerda comerão,
mas não ficarão satisfeitos.
Cada um comerá a carne
do seu próprio irmão[a].
21 Manassés contra Efraim,
Efraim contra Manassés,
e juntos eles se voltarão contra Judá.

Apesar disso tudo,
a ira divina não se desviou;
sua mão continua erguida.

10 Ai daqueles que fazem leis injustas,
que escrevem decretos opressores,
2 para privar os pobres dos seus direitos
e da justiça os oprimidos do meu povo,
fazendo das viúvas sua presa
e roubando dos órfãos!
3 Que farão vocês no dia do castigo,
quando a destruição
vier de um lugar distante?
Atrás de quem vocês correrão
em busca de ajuda?
Onde deixarão
todas as suas riquezas?
4 Nada poderão fazer,
a não ser encolher-se entre os prisioneiros
ou cair entre os mortos.

Apesar disso tudo,
a ira divina não se desviou;
sua mão continua erguida.

O juízo de Deus sobre a Assíria

5 "Ai dos assírios, a vara do meu furor,
em cujas mãos está o bastão da minha ira!
6 Eu os envio contra uma nação ímpia,
contra um povo que me enfurece,
para saqueá-lo e arrancar-lhe os bens,
e para pisoteá-lo como a lama das ruas.
7 Mas não é o que eles pretendem,
não é o que têm planejado;
antes, o seu propósito é destruir
e dar fim a muitas nações.
8 'Os nossos comandantes
não são todos reis?', eles perguntam.
9 Acaso não aconteceu a Calno
o mesmo que a Carquemis?
Hamate não é como Arpade
e Samaria como Damasco?
10 Assim como esses reinos idólatras
foram conquistados por minha mão,
reinos cujas imagens
eram mais numerosas
que as de Jerusalém e de Samaria,
11 eu tratarei Jerusalém e suas imagens
como tratei Samaria e seus ídolos."

12 Quando o Senhor terminar toda a sua
obra contra o monte Sião e contra Jerusa-
lém, ele dirá: "Castigarei o rei da Assíria pelo
orgulho obstinado de seu coração e pelo seu
olhar arrogante. 13 Pois ele diz:

" 'Com a força da minha mão eu o fiz,
e com a minha sabedoria,
porque tenho entendimento.
Removi as fronteiras das nações,
saqueei os seus tesouros;
como um poderoso
subjuguei seus habitantes[b].
14 Como se estica o braço
para alcançar um ninho,
assim estiquei o braço
para apanhar a riqueza das nações;
como os que ajuntam ovos abandonados,
assim ajuntei toda a terra;
não houve ninguém que batesse as asas
ou que desse um pio' ".

15 Será que o machado se exalta
acima daquele que o maneja,
ou a serra se vangloria
contra aquele que a usa?
Seria como se uma vara manejasse
quem a ergue,
ou o bastão levantasse
quem não é madeira!
16 Por isso o Soberano,
o SENHOR dos Exércitos,
enviará uma enfermidade devastadora
sobre os seus fortes guerreiros;
no lugar da sua glória
se acenderá um fogo
como chama abrasadora.
17 A Luz de Israel se tornará um fogo;
o seu Santo, uma chama.
Num único dia ela queimará e consumirá
os seus espinheiros
e as suas roseiras bravas.

[a] 9:20 Ou *braço*

[b] 10:13 Ou *poderosos*

18A glória das suas florestas
e dos seus campos férteis
se extinguirá totalmente,
como definha um enfermo.
19E as árvores que sobrarem
nas suas florestas serão tão poucas
que até uma criança poderá
contá-las.

O remanescente de Israel

20Naquele dia o remanescente de Israel,
os sobreviventes da descendência
de Jacó,
já não confiarão naquele que os feriu;
antes confiarão no SENHOR,
no Santo de Israel, com toda a
fidelidade.
21Um remanescente voltará[a],
sim, o remanescente de Jacó
voltará para o Deus Poderoso.
22Embora o seu povo, ó Israel,
seja como a areia do mar,
apenas um remanescente voltará.
A destruição já foi decretada,
e virá transbordante de justiça.
23O Soberano, o SENHOR dos Exércitos,
executará a destruição decretada
contra todo o país.

24Por isso o Soberano,
o SENHOR dos Exércitos, diz:

"Povo meu que vive em Sião,
não tenha medo dos assírios,
quando eles o espancam com uma vara
e erguem contra você um bastão,
como fez o Egito.
25Muito em breve o meu furor passará,
e a minha ira se voltará
para a destruição deles".

26O SENHOR dos Exércitos
os flagelará com um chicote,
como fez quando feriu Midiã
na rocha de Orebe;
ele erguerá o seu cajado contra o mar,
como fez no Egito.
27Naquele dia o fardo deles
será tirado dos seus ombros,
e o jugo deles do seu pescoço;
o jugo se quebrará
porque vocês estarão muito gordos![b]

28Eles entram em Aiate;
passam por Migrom;
guardam suprimentos em Micmás.
29Atravessam o vale e dizem:
"Passaremos a noite acampados em
Geba".
Ramá treme; Gibeá de Saul foge.
30Clamem, ó habitantes de Galim!
Escute, ó Laís! Pobre Anatote!
31Madmena está em fuga;
o povo de Gebim esconde-se.
32Hoje eles vão parar em Nobe;
sacudirão o punho para
o monte da cidade[c] de Sião,
para a colina de Jerusalém.

33Vejam! O Soberano,
o SENHOR dos Exércitos,
cortará os galhos com grande força.
As árvores altivas serão derrubadas,
as altas serão lançadas por terra.
34Com um machado ele ceifará a
floresta;
o Líbano cairá diante do Poderoso.

O ramo de Jessé

11 Um ramo surgirá do tronco de Jessé,
e das suas raízes brotará um renovo.
2O Espírito do SENHOR
repousará sobre ele,
o Espírito que dá sabedoria e
entendimento,
o Espírito que traz conselho e poder,
o Espírito que dá conhecimento
e temor do SENHOR.
3E ele se inspirará no temor do SENHOR.

Não julgará pela aparência,
nem decidirá com base no que ouviu;
4mas com retidão julgará os
necessitados,
com justiça tomará decisões
em favor dos pobres.
Com suas palavras,
como se fossem um cajado,
ferirá a terra;
com o sopro de sua boca
matará os ímpios.
5A retidão será a faixa de seu peito,
e a fidelidade o seu cinturão.
6O lobo viverá com o cordeiro,
o leopardo se deitará com o bode,
o bezerro, o leão e o novilho gordo
pastarão juntos;[d]
e uma criança os guiará.
7A vaca se alimentará com o urso,
seus filhotes se deitarão juntos,
e o leão comerá palha como o boi.

[a] 10:21 Hebraico: *Sear-Jasube*; também no versículo 22.
[b] 10:27 A Septuaginta diz *será quebrado dos seus ombros*.
[c] 10:32 Hebraico: *filha*.
[d] 11:6 A Septuaginta diz *o bezerro e o leão comerão juntos*.

8A criancinha brincará
perto do esconderijo da cobra,
a criança colocará a mão
no ninho da víbora.
9Ninguém fará nenhum mal,
nem destruirá coisa alguma
em todo o meu santo monte,
pois a terra se encherá
do conhecimento do SENHOR
como as águas cobrem o mar.

10Naquele dia as nações buscarão a Raiz
de Jessé, que será como uma bandeira pa-
ra os povos, e o seu lugar de descanso será
glorioso. 11Naquele dia o Senhor estenderá
o braço pela segunda vez para reivindicar o
remanescente do seu povo que for deixado
na Assíria, no Egito, em Patros[a], na Etiópia[b],
em Elão, em Sinear[c], em Hamate e nas ilhas
do mar.

12Ele erguerá uma bandeira para as
nações
a fim de reunir os exilados de Israel;
ajuntará o povo disperso de Judá
desde os quatro cantos da terra.
13O ciúme de Efraim desaparecerá,
e a hostilidade de Judá será
eliminada;
Efraim não terá ciúme de Judá,
nem Judá será hostil a Efraim.
14Eles se infiltrarão pelas encostas
da Filístia, a oeste;

[a] 11:11 Ou *alto Egito*
[b] 11:11 Hebraico: *Cuxe*.
[c] 11:11 Ou *Babilônia*

juntos saquearão o povo do leste.
Porão as mãos sobre Edom e Moabe,
e os amonitas lhes estarão sujeitos.
15O SENHOR fará secar o golfo do mar
do Egito;
com um forte vento varrerá com a
mão o Eufrates[d],
e o dividirá em sete riachos,
para que se possa atravessá-lo de
sandálias.
16Haverá uma estrada
para o remanescente do seu povo
que for deixado na Assíria,
como houve para Israel
quando saiu do Egito.

Ação de graças

12 Naquele dia você dirá:
"Eu te louvarei, SENHOR!
Pois estavas irado contra mim,
mas a tua ira desviou-se,
e tu me consolaste.
2Deus é a minha salvação;
terei confiança e não temerei.
O SENHOR, sim, o SENHOR
é a minha força e o meu cântico;
ele é a minha salvação!"
3Com alegria vocês tirarão água
das fontes da salvação.

4Naquele dia vocês dirão:

"Louvem o SENHOR,
invoquem o seu nome;

[d] 11:15 Hebraico: *o Rio*.

Um mundo perfeito

Experimente!

Você alguma vez viu um gato caçando um rato? Ou a briga de um gato e um cachorro? Os animais no mundo de hoje frequentemente brigam e machucam uns aos outros.

Leia Isaías 11:6-9 e veja um retrato de como será perfeito o mundo quando Jesus retornar. Você consegue imaginar todos esses animais no novo mundo?

Seria divertido juntar o máximo de animais que você e seus amigos conseguissem para fazer uma mostra. Você pode conseguir cachorros, gatos, hamsters, coelhos e sapos, lembrando que a maioria deles precisará estar na coleira ou em gaiolas. Organize com seus amigos a mostra de animais em sua casa ou no quintal, e, se alguém perguntar por que vocês estão fazendo isso, conte o que você leu em Isaías 11.

Isaías 11:6-9

Palavras para memorizar

"Louvem o Senhor, invoquem o seu nome; anunciem entre as nações os seus feitos."

(Isaías 12:4)

anunciem entre as nações os seus
feitos,
e façam-nas saber
que o seu nome é exaltado.
5 Cantem louvores ao SENHOR,
pois ele tem feito coisas gloriosas,
sejam elas conhecidas em todo o
mundo.
6 Gritem bem alto e cantem de alegria,
habitantes de Sião,
pois grande é o Santo de Israel
no meio de vocês".

Profecia contra a Babilônia

13 Advertência contra a Babilônia, que
Isaías, filho de Amoz, recebeu em visão:

2 Levantem uma bandeira no topo
de uma colina desnuda,
gritem a eles;
chamem-nos com um aceno,
para que entrem pelas portas dos nobres.
3 Eu mesmo ordenei aos meus santos;
para executarem a minha ira
já convoquei os meus guerreiros,
os que se regozijam
com o meu triunfo.

4 Escutem! Há um barulho nos montes
como o de uma grande multidão!
Escutem! É uma gritaria entre os reinos,
como nações formando
uma imensa multidão!
O SENHOR dos Exércitos está
reunindo
um exército para a guerra.
5 Eles vêm de terras distantes,
lá dos confins dos céus;
o SENHOR e as armas da sua ira,
para destruírem todo o país.

6 Chorem, pois o dia do SENHOR está
perto;
virá como destruição
da parte do Todo-poderoso.
7 Por isso, todas as mãos ficarão
trêmulas,
o coração de todos os homens se
derreterá.
8 Ficarão apavorados,
dores e aflições os dominarão;
eles se contorcerão como a mulher
em trabalho de parto.
Olharão chocados uns para os outros,
com os rostos em fogo.

9 Vejam! O dia do SENHOR está perto,
dia cruel, de ira e grande furor,
para devastar a terra
e destruir os seus pecadores.
10 As estrelas do céu
e as suas constelações
não mostrarão a sua luz.
O sol nascente escurecerá,
e a lua não fará brilhar a sua luz.
11 Castigarei o mundo
por causa da sua maldade,
os ímpios pela sua iniquidade.
Darei fim à arrogância dos altivos
e humilharei o orgulho dos cruéis.
12 Tornarei o homem mais escasso
do que o ouro puro,
mais raro do que o ouro de Ofir.
13 Por isso farei o céu tremer,
e a terra se moverá do seu lugar
diante da ira do SENHOR dos
Exércitos,
no dia do furor da sua ira.

14 Como a gazela perseguida,
como a ovelha que ninguém
recolhe,
cada um voltará para o seu povo,
cada um fugirá para a sua terra.
15 Todo o que for capturado
será traspassado;
todos os que forem apanhados
cairão à espada.
16 Seus bebês serão despedaçados
diante dos seus olhos;
suas casas serão saqueadas
e suas mulheres, violentadas.
17 Vejam! Eu despertarei
contra eles os medos,
que não se interessam pela prata
nem se deleitam com o ouro.
18 Seus arcos ferirão os jovens,
e eles não terão misericórdia dos
bebês,
nem olharão com compaixão
para as crianças.

19Babilônia, a joia dos reinos,
o esplendor do orgulho dos babilônios[a],
será destruída por Deus,
à semelhança de Sodoma e Gomorra.
20Nunca mais será repovoada
nem habitada, de geração em geração;
o árabe não armará ali a sua tenda
e o pastor não fará descansar ali
o seu rebanho.
21Mas as criaturas do deserto lá estarão,
e as suas casas se encherão de chacais;
nela habitarão corujas
e saltarão bodes selvagens.
22As hienas uivarão em suas fortalezas,
e os chacais em seus luxuosos palácios.
O tempo dela está terminando,
e os seus dias não serão prolongados.

14 O SENHOR terá compaixão de Jacó;
tornará a escolher Israel
e os estabelecerá em sua própria terra.
Os estrangeiros se juntarão a eles
e farão parte da descendência de Jacó.
2Povos os apanharão e os levarão
ao seu próprio lugar.
E a descendência de Israel
possuirá os povos
como servos e servas
na terra do SENHOR.
Farão prisioneiros os seus captores
e dominarão sobre os seus opressores.

3No dia em que o SENHOR lhe der descan-
so do sofrimento, da perturbação e da cruel
escravidão que sobre você foi imposta, 4você
zombará assim do rei da Babilônia:

Como chegou ao fim o opressor!
Sua arrogância[b] acabou-se!
5O SENHOR quebrou a vara dos ímpios,
o cetro dos governantes,
6que irados feriram os povos
com golpes incessantes,
e enfurecidos subjugaram as nações
com perseguição implacável.
7Toda a terra descansa tranquila,
todos irrompem em gritos de alegria.
8Até os pinheiros e os cedros do Líbano
alegram-se por sua causa e dizem:
"Agora que você foi derrubado,
nenhum lenhador vem derrubar-nos!"

9Nas profundezas
o Sheol[c] está todo agitado
para recebê-lo quando chegar.
Por sua causa ele desperta
os espíritos dos mortos,
todos os governantes da terra.
Ele os faz levantar-se dos seus tronos,
todos os reis dos povos.
10Todos responderão e lhe dirão:
"Você também perdeu as forças
como nós,
e tornou-se como um de nós".
11Sua soberba foi lançada na sepultura,
junto com o som das suas liras;
sua cama é de larvas,
sua coberta, de vermes.

12Como você caiu dos céus,
ó estrela da manhã, filho da alvorada!
Como foi atirado à terra,
você, que derrubava as nações!
13Você, que dizia no seu coração:
"Subirei aos céus;
erguerei o meu trono
acima das estrelas de Deus;
eu me assentarei no monte da assembleia,
no ponto mais elevado do monte santo[d].
14Subirei mais alto
que as mais altas nuvens;
serei como o Altíssimo".
15Mas às profundezas do Sheol
você será levado,
irá ao fundo do abismo!

16Os que olham para você
admiram-se da sua situação,
e a seu respeito ponderam:
"É esse o homem que fazia tremer a terra,
abalava os reinos,
17fez do mundo um deserto,
conquistou cidades
e não deixou que os seus prisioneiros
voltassem para casa?"

18Todos os reis das nações
jazem honrosamente,
cada um em seu próprio túmulo.

[a] 13:19 Ou *caldeus*
[b] 14:4 Conforme os manuscritos do mar Morto, a Septuaginta e a Versão Siríaca.
[c] 14:9 Essa palavra pode ser traduzida por sepultura, profundezas, pó ou morte; também no versículo 15
[d] 14:13 Ou *alto do norte*. Hebraico: *zafon*.

19 Mas você é atirado fora do seu
túmulo,
como um galho rejeitado;
como as roupas dos mortos
que foram feridos à espada;
como os que descem às pedras da cova;
como um cadáver pisoteado,
20 você não se unirá a eles
num sepultamento,
pois destruiu a sua própria terra,
e matou o seu próprio povo.

Nunca se mencione
a descendência dos malfeitores!
21 Preparem um local para matar
os filhos dele
por causa da iniquidade
dos seus antepassados;
para que eles não se levantem
para herdar a terra
e cobri-la de cidades.
22 "Eu me levantarei contra eles",
diz o SENHOR dos Exércitos.
"Eliminarei da Babilônia o seu nome
e os seus sobreviventes,
sua prole e os seus descendentes",
diz o SENHOR.
23 "Farei dela um lugar para corujas
e uma terra pantanosa;
vou varrê-la com a vassoura da
destruição",
diz o SENHOR dos Exércitos.

Profecia contra a Assíria

24 O SENHOR dos Exércitos jurou:

"Certamente, como planejei,
assim acontecerá,
e, como pensei, assim será.
25 Esmagarei a Assíria na minha terra;
nos meus montes a pisotearei.
O seu jugo será tirado do meu povo,
e o seu fardo, dos ombros dele".

26 Esse é o plano estabelecido
para toda a terra;
essa é a mão estendida
sobre todas as nações.
27 Pois esse é o propósito
do SENHOR dos Exércitos;
quem pode impedi-lo?
Sua mão está estendida;
quem pode fazê-la recuar?

Profecia contra os filisteus

28 Esta advertência veio no ano em que o
rei Acaz morreu:

Você sabia?

Quem eram os filisteus?

14:29 Inimigos dos israelitas, os filisteus viveram ao longo da costa do mar Mediterrâneo durante muito tempo no Antigo Testamento. Houve muitas batalhas entre os israelitas e os filisteus durante o tempo dos juízes e durante o reinado de Saul e de Davi.

29 Vocês, filisteus, todos vocês,
não se alegrem
porque a vara que os feria está
quebrada!
Da raiz da cobra brotará uma víbora,
e o seu fruto será uma serpente veloz.
30 O mais pobre dos pobres
achará pastagem,
e os necessitados descansarão
em segurança.
Mas eu matarei de fome
a raiz de vocês,
e ela matará os seus sobreviventes.

31 Lamente, ó porta! Clame, ó cidade!
Derretam-se todos vocês, filisteus!
Do norte vem um exército,
e ninguém desertou de suas fileiras.
32 Que resposta se dará
aos emissários daquela nação?
Esta: "O SENHOR estabeleceu Sião,
e nela encontrarão refúgio
os aflitos do seu povo".

Profecia contra Moabe

15 Advertência contra Moabe:

Sim, na noite em que foi destruída,
Ar, em Moabe, ficou arruinada!
E na noite em que foi destruída,
Quir, em Moabe, ficou arruinada!
2 Sobe-se ao templo em Dibom,
a seus altares idólatras, para
chorar;
por causa de Nebo e de Medeba
Moabe pranteia.
Todas as cabeças estão rapadas
e toda barba foi cortada.
3 Nas ruas andam vestidos
de roupas de lamento;

nos terraços e nas praças públicas
todos pranteiam e se prostram
chorando.
4Hesbom e Eleale clamam;
até Jaaz as suas vozes são ouvidas.
Por isso os homens armados
de Moabe gritam,
e o coração deles treme.

5O meu coração clama
por causa de Moabe!
Os seus fugitivos vão até Zoar,
até Eglate-Selisia.
Sobem pelo caminho de Luite,
caminhando e chorando.
Pela estrada de Horonaim
levantam clamor em face da
destruição,
6porque as águas de Ninrim secaram-se,
a pastagem secou-se
e a vegetação morreu;
todo o verde desapareceu!
7Por isso, a riqueza que adquiriram
e armazenaram
eles levam para além
do riacho dos Salgueiros.
8Com efeito, seu clamor espalha-se
por todo o território de Moabe;
sua lamentação até Eglaim,
até Beer-Elim.
9Ainda que as águas de Dimom[a]
estejam cheias de sangue,
trarei mais mal sobre Dimom:
um leão sobre os fugitivos de Moabe
e sobre aqueles que permanecem na
terra.

16 Enviem cordeiros como tributo
ao governante da terra,
desde Selá, atravessando o deserto,
até o monte Sião.
2Como aves perdidas,
lançadas fora do ninho,
assim são os habitantes de Moabe
nos lugares de passagem do Arnom.

3"Dá conselhos e propõe uma decisão.
Torna a tua sombra como a noite
em pleno meio-dia
e esconde os fugitivos;
não deixes ninguém saber
onde estão os refugiados.
4Que os fugitivos moabitas
habitem contigo;
sê para eles abrigo contra o destruidor."
O opressor há de ter fim,
a destruição se acabará
e o agressor desaparecerá da terra.
5Então, em amor será firmado um
trono;
em fidelidade um homem
se assentará nele na tenda de Davi:
um Juiz que busca a justiça
e se apressa em defender o que é justo.

6Ouvimos acerca da soberba de Moabe:
da sua arrogância exagerada,
de todo o seu orgulho e do seu ódio;
mas tudo isso não vale nada.
7Por isso choram os moabitas,
todos choram por Moabe.
Cada um se lamenta e se entristece
pelos bolos de passas de Quir-
Haresete.
8As lavouras de Hesbom estão
murchas,
como também as videiras de Sibma.
Os governantes das nações
pisotearam as melhores videiras,
que antes chegavam até Jazar
e estendiam-se para o deserto.
Seus brotos espalhavam-se
e chegavam ao mar.
9Por isso eu choro, como Jazar chora,
por causa das videiras de Sibma.
Hesbom, Eleale, com minhas lágrimas
eu as encharco!
Pois não se ouvem mais os gritos de
alegria
por seus frutos e por suas colheitas.
10Foram-se a alegria
e a exultação dos pomares;
ninguém canta nem grita nas vinhas;
ninguém pisa as uvas nos lagares,
pois fiz cessar os gritos de alegria.
11Por isso as minhas entranhas gemem
como harpa por Moabe;
o íntimo do meu ser
estremece por Quir-Heres.
12Quando Moabe se apresentar cansado
nos lugares altos,
e for ao seu santuário,
nada conseguirá.

13Essa palavra o SENHOR já havia falado
acerca de Moabe. 14Mas agora o SENHOR diz:
"Dentro de três anos, e nem um dia mais,[b] o
esplendor de Moabe e toda a sua grande po-
pulação serão desprezados, e os seus sobre-
viventes serão poucos e fracos".

[a] 15:9 Alguns manuscritos dizem *Dibom*.

[b] 16:14 Hebraico: *como os anos de um contrato de trabalho*.

Profecia contra Damasco

17 Advertência contra Damasco:
Damasco deixará de ser cidade;
e se tornará um monte de ruínas.
2 Suas cidades serão abandonadas;
serão entregues aos rebanhos
que ali se deitarão,
e ninguém os espantará.
3 Efraim deixará de ser uma fortaleza,
e Damasco uma realeza;
o remanescente de Arã será
como a glória dos israelitas,
anuncia o SENHOR dos Exércitos.

4 Naquele dia a glória de Jacó se
definhará,
e a gordura do seu corpo se
consumirá.
5 Será como quando
um ceifeiro junta o trigo
e colhe as espigas com o braço,
como quando se apanham
os feixes de trigo
no vale de Refaim.
6 Contudo, restarão algumas espigas,
como, quando se sacode uma
oliveira,
ficam duas ou três azeitonas
nos galhos mais altos
e umas quatro ou cinco
nos ramos mais produtivos,
anuncia o SENHOR, o Deus de Israel.

7 Naquele dia os homens olharão
para aquele que os fez
e voltarão os olhos para o Santo de
Israel.
8 Não olharão para os altares,
obra de suas mãos,
e não darão a mínima atenção
aos postes sagrados
e aos altares de incenso
que os seus dedos fizeram.

9 Naquele dia as suas cidades fortes, que
tinham sido abandonadas por causa dos is-
raelitas, serão como lugares entregues aos
bosques e ao mato. E tudo será desolação.

10 Porque vocês se esqueceram de Deus,
do seu Salvador,
e não se lembraram da Rocha,
da fortaleza de vocês.
Por isso, embora vocês cultivem
as melhores plantas,
videiras importadas,
11 e no dia em que as semearem
as façam crescer,
e de manhã florescer,
contudo, não haverá colheita
no dia da tristeza e do mal
irremediável.

12 Ah! O bramido das numerosas nações;
bramam como o mar!
Ah, o rugido dos povos;
rugem como águas impetuosas!
13 Embora os povos rujam como
ondas encapeladas,
quando ele os repreender,
fugirão para longe,
carregados pelo vento
como palha nas colinas,
como galhos arrancados pela ventania.
14 Ao cair da tarde, pavor repentino!
Antes do amanhecer, já se foram!
Esse é o destino dos que nos saqueiam,
essa é a parte que caberá aos que
roubam.

Profecia contra a Etiópia

18 Ai da terra do zumbido de insetos[a]
ao longo dos rios da Etiópia[b],
2 que manda emissários pelo mar
em barcos de papiro sobre as águas.

Vão, ágeis mensageiros,
a um povo alto e de pele macia,
a um povo temido
pelos que estão perto
e pelos que estão longe,
nação agressiva e de fala estranha,
cuja terra é dividida por rios.

3 Todos vocês, habitantes do mundo,
vocês que vivem na terra,
quando a bandeira for erguida
sobre os montes, vocês a verão,
e, quando soar a trombeta,
vocês a ouvirão.
4 Assim diz o SENHOR:
"Do lugar onde moro
ficarei olhando, quieto
como o ardor do sol reluzente,
como a nuvem de orvalho
no calor do tempo da colheita".
5 Pois, antes da colheita,
quando a floração der lugar ao fruto
e as uvas amadurecerem,
ele cortará os brotos com a podadeira
e tirará os ramos longos.

[a] 18:1 Ou *gafanhotos*
[b] 18:1 Hebraico: *de Cuxe.*

6Serão todos entregues
aos abutres das montanhas
e aos animais selvagens;
as aves se alimentarão deles todo o verão,
e os animais selvagens, todo o inverno.

7Naquela ocasião dádivas serão trazidas
ao SENHOR dos Exércitos

da parte de um povo alto e de pele macia,
da parte de um povo temido
pelos que estão perto
e pelos que estão longe,
nação agressiva e de fala estranha,
cuja terra é dividida por rios.

As dádivas serão trazidas ao monte Sião,
ao local do nome do SENHOR dos Exércitos.

Profecia contra o Egito

19 Advertência contra o Egito:

Vejam! O SENHOR cavalga
numa nuvem veloz
que vai para o Egito.
Os ídolos do Egito tremem diante dele,
e os corações dos egípcios
se derretem no íntimo.

2"Incitarei egípcio contra egípcio;
cada um lutará contra seu irmão,
vizinho lutará contra vizinho,
cidade contra cidade,
reino contra reino.
3Os egípcios ficarão desanimados,
e farei que os seus planos
resultem em nada.
Depois eles consultarão os ídolos
e os necromantes,
os médiuns e os adivinhos,
4então eu entregarei os egípcios
nas mãos de um senhor cruel,
e um rei feroz dominará sobre eles",
anuncia o Soberano,
o SENHOR dos Exércitos.

5As águas do rio vão secar-se;
o leito do rio ficará completamente seco.
6Os canais terão mau cheiro;
os riachos do Egito
vão diminuir até secar-se;
os juncos e as canas murcharão.
7Haverá lugares secos ao longo do Nilo
e na própria foz do rio.
Tudo o que for semeado ao longo do Nilo
se ressecará,
será levado pelo vento
e desaparecerá.
8Os pescadores gemerão
e se lamentarão,
como também todos os que lançam
anzóis no Nilo;
os que lançam redes na água
desanimarão.
9Os que trabalham com linho
e os tecelões de algodão se desesperarão.
10Os nobres ficarão deprimidos,
e todos os assalariados ficarão abatidos.
11Os líderes de Zoã
não passam de insensatos;
os sábios conselheiros do faraó
dão conselhos tolos.
Como, então,
vocês podem dizer ao faraó:
"Sou sábio,
sou discípulo dos reis da antiguidade"?

12Onde estão agora os seus sábios?
Que lhe mostrem,
se é que eles têm conhecimento
do que o SENHOR dos Exércitos
tem planejado contra o Egito.
13Tornaram-se tolos os líderes de Zoã,
e os de Mênfis são enganados;
os chefes dos seus clãs
induziram o Egito ao erro.
14O SENHOR derramou dentro deles
um espírito que os deixou desorientados;
eles levam o Egito a cambalear
em tudo quanto faz,
como cambaleia o bêbado
em volta do seu vômito.
15Não há nada que o Egito possa fazer,
nada que a cabeça ou a cauda,
a palma ou o junco possam fazer.

16Naquele dia os egípcios serão como mu-
lheres. Tremerão de medo diante do agitar
da mão do SENHOR dos Exércitos, que se le-
vantará contra eles. 17Judá trará pavor aos
egípcios; todo aquele que mencionar o no-
me de Judá ficará apavorado, por causa do
plano do SENHOR dos Exércitos contra eles.
18Naquele dia cinco cidades do Egito fala-
rão a língua de Canaã e jurarão lealdade ao

SENHOR dos Exércitos. Uma delas será cha-
mada Cidade do Sol[a].
[19]Naquele dia haverá um altar dedicado ao
SENHOR no centro do Egito, e em sua fron-
teira, um monumento ao SENHOR. [20]Serão
um sinal e um testemunho para o SENHOR
dos Exércitos na terra do Egito. Quando eles
clamarem ao SENHOR por causa dos seus
opressores, ele lhes enviará um salvador e
defensor que os libertará. [21]Assim o SENHOR
se dará a conhecer aos egípcios, e naque-
le dia eles saberão quem é o SENHOR. A ele
prestarão culto com sacrifícios e ofertas de
cereal; farão votos ao SENHOR e os cumpri-
rão. [22]O SENHOR ferirá os egípcios; ele os
ferirá e os curará. Eles se voltarão para o
SENHOR, e ele responderá às suas súplicas
e os curará.
[23]Naquele dia haverá uma estrada do Egito
para a Assíria. Os assírios irão para o Egito, e
os egípcios para a Assíria, e os egípcios e os
assírios cultuarão juntos. [24]Naquele dia Israel
será um mediador entre o Egito e a Assíria,
uma bênção na terra. [25]O SENHOR dos Exérci-
tos os abençoará, dizendo: "Benditos sejam
o Egito, meu povo, a Assíria, obra de minhas
mãos, e Israel, minha herança".

Profecia contra o Egito e a Etiópia

20 No ano em que o general enviado por
Sargom, rei da Assíria, atacou Asdode
e a conquistou, [2]nessa mesma ocasião o SE-
NHOR falou por meio de Isaías, filho de Amoz,
e disse: "Tire o pano de saco do corpo e as
sandálias dos pés". Ele obedeceu, e passou a
andar nu e descalço.
[3]Disse então o SENHOR: "Assim como o meu
servo Isaías andou nu e descalço durante três
anos, como sinal e advertência contra o Egito
e contra a Etiópia[b], [4]assim também o rei da
Assíria, para vergonha do Egito, levará nus
e descalços os prisioneiros egípcios e os exila-
dos etíopes, jovens e velhos, com as nádegas
descobertas. [5]Os que confiavam na Etiópia e
se vangloriavam no Egito terão medo e fica-
rão decepcionados. [6]Naquele dia o povo que
vive deste lado do mar dirá: 'Vejam o que
aconteceu com aqueles em quem confiáva-
mos, a quem recorremos para nos ajudar e
nos livrar do rei da Assíria! E agora? Como
escaparemos?' "

Profecia contra a Babilônia

21 Advertência contra o deserto junto ao
mar:

Como um vendaval
em redemoinhos
que varre todo o Neguebe,
um invasor vem do deserto,
de uma terra pavorosa.

[2]Eu tive uma visão terrível:

O traidor fora traído,
o saqueador, saqueado.
Elão, vá à luta!
Média, feche o cerco!
Porque ponho fim a todo gemido
que ela provocou.

[3]Diante disso fiquei tomado de
angústia,
tive dores como as de uma mulher
em trabalho de parto;
estou tão transtornado
que não posso ouvir,
tão atônito que não posso ver.
[4]O meu coração se estremece,
o temor toma conta de mim;
o anoitecer que eu tanto aguardava
transformou-se em terror para
mim.
[5]Eles põem as mesas, estendem a
toalha,
comem, bebem!
Levantem-se, líderes,
preparem os escudos!

[6]Assim me diz o Senhor:

"Vá, coloque um vigia de prontidão
para que anuncie tudo
o que se aproximar.
[7]Quando ele vir carros
com parelhas de cavalos,
homens montados em jumentos
ou em camelos,
fique alerta, bem alerta".

[8]Então o vigia[c] gritou:

"Dia após dia, meu senhor,
eu fico na torre das sentinelas;
todas as noites permaneço em meu
posto.
[9]Veja! Ali vem um homem num carro
com uma parelha de cavalos,

[a] 19:18 Isto é, Heliópolis. Conforme alguns manuscritos do Texto Massorético, os manuscritos do mar Morto e a Vulgata. Muitos manuscritos do Texto Massorético dizem *Cidade da Destruição*.
[b] 20:3 Hebraico: *Cuxe*; também no versículo 5.
[c] 21:8 Conforme os manuscritos do mar Morto e a Versão Siríaca. O Texto Massorético diz *um leão*.

e ele diz:
'Caiu! A Babilônia caiu!
Todas as imagens dos seus deuses
estão despedaçadas no chão!' "

10Ah, meu povo malhado na eira!
Eu lhes conto o que ouvi
da parte do SENHOR dos Exércitos,
da parte do Deus de Israel.

Profecia contra Edom

11Advertência contra Dumá[a]:

Gente de Seir me pergunta:
"Guarda, quanto ainda falta
para acabar a noite?
Guarda, quanto falta
para acabar a noite?"
12O guarda responde:
"Logo chega o dia, mas a noite
também vem.
Se vocês quiserem perguntar de novo,
voltem e perguntem".

Profecia contra a Arábia

13Advertência contra a Arábia:

Vocês, caravanas de dedanitas,
que acampam nos bosques da
Arábia,
14tragam água para os sedentos;
vocês, que vivem em Temá,
tragam comida para os fugitivos.
15Eles fogem da espada,
da espada desembainhada,
do arco preparado
e da crueldade da batalha.

16Assim me diz o Senhor: "Dentro de um
ano, e nem um dia mais,[b] toda a pompa de
Quedar chegará ao fim. 17Poucos serão os so-
breviventes dos flecheiros, dos guerreiros de
Quedar". O SENHOR, o Deus de Israel, falou.

Profecia contra Jerusalém

22 Advertência contra o vale da Visão:

O que está perturbando vocês agora,
o que os levou
a se refugiarem nos terraços,
2cidade cheia de agitação,
cidade de tumulto e alvoroço?
Na verdade, seus mortos
não foram mortos à espada,
nem morreram em combate.
3Todos os seus líderes fugiram juntos;
foram capturados sem resistência.
Todos vocês foram encontrados
e presos, embora tendo fugido
para bem longe.
4Por isso eu disse: Afastem-se de mim;
deixem-me chorar amargamente.
Não tentem consolar-me pela
destruição
do meu povo.

5Pois o Soberano,
o SENHOR dos Exércitos,
enviou um dia de tumulto,
pisoteamento e pavor ao vale da
Visão;
dia de derrubar muros
e de gritar por socorro pelos montes.
6Elão apanhou a aljava,
e avança com seus carros e cavalos;
Quir ostenta o escudo.
7Os vales mais férteis de Judá
ficaram cheios de carros,
e cavaleiros tomaram posição
junto às portas das cidades;
8Judá ficou sem defesas.

Naquele dia vocês olharam
para as armas do palácio da Floresta
9e viram que a Cidade de Davi
tinha muitas brechas em seus
muros.
Vocês armazenaram água
no açude inferior,
10contaram as casas de Jerusalém
e derrubaram algumas
para fortalecer os muros.
11Vocês construíram um reservatório
entre os dois muros
para a água do açude velho,
mas não olharam para aquele
que fez estas coisas,
nem deram atenção àquele
que há muito as planejou.

12Naquele dia o Soberano,
o SENHOR dos Exércitos,
os chamou para que chorassem
e pranteassem,
arrancassem os seus cabelos
e usassem vestes de lamento.
13Mas, ao contrário,
houve júbilo e alegria,
abate de gado
e matança de ovelhas,
muita carne e muito vinho!
E vocês diziam: "Comamos e
bebamos,
porque amanhã morreremos".

[a] 21:11 *Dumá* significa *silêncio*, um trocadilho com a palavra *Edom*.
[b] 21:16 Hebraico: *como os anos de um contrato de trabalho*.

[14]O SENHOR dos Exércitos revelou-me isso: "Até o dia de sua morte não haverá propiciação em favor desse pecado", diz o Soberano, o SENHOR dos Exércitos.

Profecia contra Sebna

[15]Assim diz o Soberano, o SENHOR dos Exércitos:

"Vá dizer a esse Sebna, administrador
do palácio:
[16]Que faz você aqui,
e quem lhe deu permissão
para abrir aqui um túmulo,
você que o está lavrando no alto do monte
e talhando na rocha o seu lugar de descanso?

[17]"Veja que o SENHOR vai agarrar você
e atirá-lo para bem longe,
ó homem poderoso!
[18]Ele o embrulhará como uma bola
e o atirará num vasto campo.
Lá você morrerá
e lá os seus poderosos carros se tornarão
a vergonha da casa do seu senhor!
[19]Eu o demitirei das suas funções,
e do seu cargo você será deposto.

[20]"Naquele dia convocarei o meu servo Elia-
quim, filho de Hilquias. [21]Eu o vestirei com o
manto que pertencia a você, com o seu cinto o
revestirei de força e a ele entregarei a autori-
dade que você exercia. Ele será um pai para os
habitantes de Jerusalém e para os moradores
de Judá. [22]Porei sobre os ombros dele a cha-
ve do reino de Davi; o que ele abrir ninguém
conseguirá fechar, e o que ele fechar ninguém
conseguirá abrir. [23]Eu o fincarei como uma es-
taca em terreno firme; ele será para o reino
de seu pai um trono de glória[a]. [24]Toda a gló-
ria de sua família dependerá dele: sua prole e
seus descendentes — todos os seus utensílios
menores, das bacias aos jarros.

[25]"Naquele dia", anuncia o SENHOR dos
Exércitos, "a estaca fincada em terreno firme
cederá; será arrebentada e desabará, e o pe-
so sobre ela cairá". Pois o SENHOR o declarou.

Profecia contra Tiro

23 Advertência contra Tiro:

Pranteiem, navios de Társis!
Pois Tiro foi destruída
e ficou sem nenhuma casa e sem porto.
De Chipre[b] lhe veio essa mensagem.

[2]Fiquem calados,
habitantes das regiões litorâneas,
e vocês, mercadores de Sidom,
enriquecidos pelos que atravessam o mar
[3]e as grandes águas.
O trigo de Sior
e a colheita do Nilo eram a sua renda,
e vocês se tornaram
o suprimento das nações.

[4]Envergonhe-se, Sidom,
pois o mar, a fortaleza do mar, falou:
"Não estive em trabalho de parto
nem dei à luz;
não criei filhos nem eduquei filhas".
[5]Quando a notícia chegar ao Egito,
ficarão angustiados
com as novidades de Tiro.

[6]Cruzem o mar para Társis;
pranteiem, vocês,
habitantes das regiões litorâneas.
[7]É esta a cidade jubilosa
que existe desde tempos muito antigos,
cujos pés a levaram a conquistar
terras distantes?
[8]Quem planejou isso contra Tiro,
contra aquela que dava coroas,
cujos comerciantes são príncipes,
cujos negociantes são famosos
em toda a terra?
[9]O SENHOR dos Exércitos o planejou
para abater todo orgulho e vaidade
e humilhar todos os que têm fama na terra.

[10]Cultive[c] a sua terra
como se cultivam as margens do Nilo,
ó povo[d] de Társis,
pois você não tem mais porto.
[11]O SENHOR estendeu a mão sobre o mar
e fez tremer seus reinos.
Acerca da Fenícia[e] ordenou
que as suas fortalezas sejam destruídas,
[12]e disse: "Você não se alegrará mais,
ó cidade de Sidom, virgem
derrotada!

[a] 22:23 Ou *assento de honra*

[b] 23:1 Hebraico: *Quitim*; também no versículo 12.
[c] 23:10 O Texto Massorético diz *Atravesse*.
[d] 23:10 Hebraico: *filha*.
[e] 23:11 Hebraico: *de Canaã*.

"Levante-se, atravesse o mar até Chipre;
nem lá você terá descanso".
[13]Olhem para a terra dos babilônios[a];
esse é o povo que não existe mais!
Os assírios a deixaram
para as criaturas do deserto;
ergueram torres de vigia,
despojaram suas cidadelas
e fizeram dela uma ruína.

[14]Pranteiem, vocês,
navios de Társis;
destruída está a sua fortaleza!

[15]Naquele tempo Tiro será esquecida por
setenta anos, o tempo da vida de um rei. Mas
no fim dos setenta anos, acontecerá com Tiro
o que diz a canção da prostituta:

[16]"Pegue a harpa, vá pela cidade,
ó prostituta esquecida;
toque a harpa, cante muitas canções,
para se lembrarem de você".

[17]No fim dos setenta anos o SENHOR se lem-
brará de Tiro. Esta voltará ao seu ofício de
prostituta e servirá a todos os reinos que
há na face da terra. [18]Mas o seu lucro e a sua
renda serão separados para o SENHOR; não
serão guardados nem depositados. Seus lu-
cros irão para os que vivem na presença do
SENHOR, para que tenham bastante comida
e roupas finas.

A devastação do SENHOR na terra

24 Vejam! O SENHOR vai arrasar a terra
e devastá-la;
arruinará sua superfície
e espalhará seus habitantes.
[2]Será o mesmo
para o sacerdote e o povo,
para o senhor e o servo,
para a senhora e a serva,
para o vendedor e o comprador,
para quem toma emprestado
e quem empresta,
para o devedor e o credor.
[3]A terra será completamente arrasada
e totalmente saqueada.
Quem falou esta palavra
foi o SENHOR.

[4]A terra seca-se e murcha,
o mundo definha e murcha,
definham os nobres da terra.
[5]A terra está contaminada
pelos seus habitantes,
porque desobedeceram às leis,
violaram os decretos
e quebraram a aliança eterna.
[6]Por isso a maldição consome a terra,
e seu povo é culpado.
Por isso os habitantes da terra
são consumidos pelo fogo,
ao ponto de sobrarem pouquíssimos.
[7]O vinho novo vai-se,
e a videira murcha;
todos os que se divertiam gemem.
[8]O som festivo dos tamborins
foi silenciado,
o barulho dos que se alegram parou,
a harpa cheia de júbilo está muda.
[9]Já não bebem vinho entoando
canções;
a bebida fermentada é amarga
para os que a bebem.
[10]A cidade vã está em ruínas;
a entrada de cada casa está fechada.
[11]Nas ruas clamam por vinho;
toda a alegria chegou ao fim,
toda celebração foi eliminada da terra.
[12]A cidade foi deixada em ruínas,
sua porta feita em pedaços.
[13]Assim será na terra, entre as nações,
como quando se usa a vara na
oliveira
ou se buscam os restos das uvas
após a colheita.

[14]Erguem as vozes, cantam de alegria;
desde o ocidente aclamam
a majestade do SENHOR.
[15]Deem glória, pois, ao SENHOR no
oriente,
e nas ilhas do mar exaltem
o nome do SENHOR, o Deus de Israel.
[16]Desde os confins da terra
ouvimos cantar:
"Glória seja dada ao Justo!"

Mas eu disse: "Que desgraça!
Que desgraça!
Ai de mim! Os traidores traem!
Os traidores agem traiçoeiramente!"
[17]Pavor, cova e laço os aguardam,
ó habitantes da terra!
[18]Quem fugir ao grito de terror
cairá na cova;
quem sair da cova será pego no laço.

Abertas estão as comportas dos céus;
tremem os alicerces da terra.
[19]A terra foi despedaçada,
está destruída,

[a] 23:13 Ou *caldeus*

totalmente abalada!
20 A terra cambaleia como um bêbado,
balança como uma cabana ao vento;
tão pesada sobre ela é a culpa
de sua rebelião
que ela cai para nunca mais se
levantar!

21 Naquele dia o SENHOR castigará
os poderes em cima nos céus
e os reis embaixo na terra.
22 Eles serão arrebanhados
como prisioneiros numa masmorra,
trancados numa prisão
e castigados[a] depois de muitos dias.
23 A lua ficará humilhada,
e o sol, envergonhado;
pois o SENHOR dos Exércitos reinará
no monte Sião e em Jerusalém,
glorioso na presença dos seus líderes!

Louvem o SENHOR

25 SENHOR, tu és o meu Deus;
eu te exaltarei e louvarei o teu
nome,
pois com grande perfeição
tens feito maravilhas,
coisas há muito planejadas.
2 Fizeste da cidade um monte de
entulho,
da cidade fortificada uma ruína,
da cidadela dos estrangeiros
uma cidade inexistente,
que jamais será reconstruída.
3 Por isso um povo forte te honrará;
a cidade das nações cruéis te temerá.
4 Tens sido refúgio para os pobres,
refúgio para o necessitado em sua
aflição,
abrigo contra a tempestade
e sombra contra o calor
quando o sopro dos cruéis
é como tempestade contra um muro
5 e como o calor do deserto.
Tu silencias o bramido dos
estrangeiros;
assim como diminui o calor
com a sombra de uma nuvem,
assim a canção dos temíveis é
emudecida.

6 Neste monte o SENHOR dos Exércitos
preparará um farto banquete
para todos os povos,
um banquete de vinho envelhecido,

Palavras para memorizar

**"Este é o nosso Deus;
nós confiamos nele,
e ele nos salvou."**
(Isaías 25:9)

com carnes suculentas
e o melhor vinho.
7 Neste monte ele destruirá o véu
que envolve todos os povos,
a cortina que cobre todas as nações;
8 destruirá a morte para sempre.
O Soberano, o SENHOR,
enxugará as lágrimas
de todo rosto
e retirará de toda a terra
a zombaria do seu povo.
Foi o SENHOR quem o disse!
9 Naquele dia dirão:

"Este é o nosso Deus;
nós confiamos nele, e ele nos salvou.
Este é o SENHOR, nós confiamos nele;
exultemos e alegremo-nos,
pois ele nos salvou".
10 Pois a mão do SENHOR repousará
sobre este monte;
mas Moabe será pisoteado
em seu próprio lugar,
como a palha é pisoteada na
esterqueira.
11 Ali Moabe estenderá as mãos,
como faz o nadador para nadar,
mas o SENHOR abaterá o seu orgulho,
apesar da habilidade das suas mãos.
12 Abaterá as torres altas
dos seus altos muros
e os derrubará;
ele os lançará ao pó da terra.

Cântico de louvor

26 Naquele dia este cântico será entoado
em Judá:

Temos uma cidade forte;
Deus estabelece a salvação
como muros e trincheiras.
2 Abram as portas para que entre
a nação justa,
a nação que se mantém fiel.

[a] 24:22 Ou *soltos*

3 Tu, SENHOR, guardarás em perfeita paz
aquele cujo propósito está firme,
porque em ti confia.
4 Confiem para sempre no SENHOR,
pois o SENHOR, somente o SENHOR,
é a Rocha eterna.
5 Ele humilha os que habitam nas
alturas,
rebaixa e arrasa a cidade altiva,
e a lança ao pó.
6 Pés as pisoteiam,
os pés dos necessitados,
os passos dos pobres.

7 A vereda do justo é plana;
tu, que és reto,
tornas suave o caminho do justo.
8 Andando pelo caminho
das tuas ordenanças[a]
esperamos em ti, SENHOR.
O teu nome e a tua lembrança
são o desejo do nosso coração.
9 A minha alma suspira por ti
durante a noite;
e logo cedo o meu espírito por ti anseia,
pois, quando se veem na terra
as tuas ordenanças,
os habitantes do mundo aprendem
justiça.
10 Ainda que se tenha compaixão do
ímpio,
ele não aprenderá a justiça;
na terra da retidão ele age
perversamente,
e não vê a majestade do SENHOR.
11 Erguida está a tua mão, SENHOR,
mas eles não a veem!
Que vejam o teu zelo
para com o teu povo
e se envergonhem;
que o fogo reservado
para os teus adversários os consuma.

12 SENHOR, tu estabeleces a paz para nós;
tudo o que alcançamos,
fizeste-o para nós.
13 Ó SENHOR, ó nosso Deus,
outros senhores além de ti
nos têm dominado,
mas só ao teu nome honramos.
14 Agora eles estão mortos, não viverão;
são sombras, não ressuscitarão.
Tu os castigaste e os levaste à ruína;
apagaste por completo a lembrança
deles!
15 Fizeste crescer a nação, SENHOR;
sim, fizeste crescer a nação.
De glória te revestiste;
alargaste todas as fronteiras
da nossa terra.

16 SENHOR, no meio da aflição
te buscaram;
quando os disciplinaste
sussurraram uma oração.
17 Como a mulher grávida
prestes a dar à luz
se contorce e grita de dor,
assim estamos nós na tua presença,
ó SENHOR.

[a] 26:8 Ou *dos teus juízos*

Experimente!

Alegria após tristeza

As pessoas geralmente ficam tristes em funerais, pois o corpo de alguém que elas amam está para ser sepultado. Não tem problema chorar quando uma pessoa que amamos morre e é sepultada, mas Isaías 26:19 fala de alegria. Leia essa passagem para descobrir por que, mesmo quando nos sentimos tristes, nós cristãos sabemos que a alegria virá.

Faça um lembrete de que os seus amados que creram em Jesus vão ressuscitar dos mortos. Dobre uma folha de papel em dois e desenhe um túmulo do lado de fora do papel. Dentro do papel, cole uma foto ou faça um desenho de seu amigo ou parente que amava Jesus. Quando o papel estiver dobrado, você verá apenas um túmulo, mas, quando estiver desdobrado, você verá essa pessoa amada viva novamente, e feliz.

Isaías 26:19

[18]Nós engravidamos
e nos contorcemos de dor,
mas demos à luz o vento.
Não trouxemos salvação à terra;
não demos à luz os habitantes do
mundo.

[19]Mas os teus mortos viverão;
seus corpos ressuscitarão.
Vocês, que voltaram ao pó,
acordem e cantem de alegria.
O teu orvalho é orvalho de luz;
a terra dará à luz os seus mortos.
[20]Vá, meu povo, entre em seus
quartos
e tranque as portas;
esconda-se por um momento,
até que tenha passado a ira dele.
[21]Vejam! O SENHOR está saindo
da sua habitação
para castigar os moradores da terra
por suas iniquidades.
A terra mostrará o sangue
derramado sobre ela;
não mais encobrirá os seus mortos.

27 Naquele dia,
o SENHOR, com sua espada
severa, longa e forte,
castigará o Leviatã[a], serpente veloz,
o Leviatã, serpente tortuosa;
matará no mar a serpente aquática.

O livramento de Israel

[2]Naquele dia se dirá:
"Cantem sobre a vinha frutífera!
[3]Eu, o SENHOR, sou o seu vigia,
rego-a constantemente
e a protejo dia e noite
para impedir que lhe façam dano.
[4]Não estou irado.
Se espinheiros e roseiras bravas
me enfrentarem,
eu marcharei contra eles
e os destruirei a fogo.
[5]A menos que venham
buscar refúgio em mim;
que façam as pazes comigo.
Sim, que façam as pazes comigo".

[6]Nos dias vindouros Jacó lançará raízes,
Israel terá botões e flores
e encherá o mundo de frutos.

[7]Acaso o SENHOR o feriu
como àqueles que o feriram?
Acaso ele foi morto
como foram mortos os que o
feriram?
[8]Pelo desterro e pelo exílio o julga,
com seu sopro violento ele o expulsa,
como num dia de rajadas
do vento oriental.
[9]Assim será perdoada a maldade de Jacó,
e será este o fruto da remoção do seu
pecado:
quando ele fizer com que
as pedras do altar sejam
esmigalhadas
e fiquem como pó de giz,
os postes sagrados
e os altares de incenso não
permanecerão em pé.
[10]A cidade fortificada está abandonada,
desabitada e esquecida como o
deserto;
ali os bezerros pastam e se deitam,
e desfolham os seus ramos.
[11]Quando os seus ramos estão secos e se
quebram,
as mulheres fazem fogo com eles,
pois esse é um povo sem
entendimento.
Por isso aquele que o fez
não tem compaixão dele,
aquele que o formou
não lhe mostra misericórdia.

[12]Naquele dia o SENHOR debulhará as suas
espigas desde as margens do Eufrates[b] até
o ribeiro do Egito, e vocês, israelitas, serão
ajuntados um a um. [13]E naquele dia soará
uma grande trombeta. Os que estavam pe-
recendo na Assíria e os que estavam exilados
no Egito virão e adorarão o SENHOR no monte
santo, em Jerusalém.

Ai de Efraim!

28 Ai daquela coroa
situada nos altos de um vale fértil,
orgulho dos bêbados de Efraim!
Ai de sua magnífica beleza,
que agora é como uma flor murcha.
Ai dos que são dominados pelo vinho!
[2]Vejam! O Senhor envia alguém
que é poderoso e forte.
Como chuva de granizo
e vento destruidor,
como violento aguaceiro
e tromba d'água inundante,
ele a lançará com força ao chão.
[3]A coroa orgulhosa

[a] 27:1 Ou *monstro marinho*

[b] 27:12 Hebraico: *do Rio*.

dos bêbados de Efraim
será pisoteada.
4Sua magnífica beleza,
localizada na cabeça de um vale
fértil,
é agora uma flor que murcha.

Ela será como figo maduro
antes da colheita;
quem o vê, logo o apanha e o come.

5Naquele dia o SENHOR dos Exércitos
será uma coroa gloriosa, um belo
diadema
para o remanescente do seu povo.
6Ele será um espírito de justiça
para aquele que se assenta para
julgar,
e força para os que fazem recuar
o ataque na porta.
7E estes também cambaleiam
pelo efeito do vinho,
e não param em pé
por causa da bebida fermentada.
Os sacerdotes e os profetas cambaleiam
por causa da bebida fermentada
e estão desorientados devido ao
vinho;
eles não conseguem parar em pé
por causa da bebida fermentada,
confundem-se quando têm visões,
tropeçam quando devem dar um
veredicto.
8Todas as mesas estão cobertas de
vômito
e não há um só lugar limpo.
9"Quem é que está tentando ensinar?",
eles perguntam.
"A quem está explicando a sua
mensagem?
A crianças desmamadas
e a bebês recém-tirados do seio
materno?
10Pois o que se diz é: 'Ordem sobre
ordem, ordem sobre ordem,
regra e mais regra;[a]
um pouco aqui, um pouco ali.'
11Pois bem, com lábios trôpegos
e língua estranha
Deus falará a este povo,
12ao qual dissera:
"Este é o lugar de descanso.
Deixem descansar o exausto.
Este é o lugar de repouso!"
Mas eles não quiseram ouvir.
13Por isso o SENHOR lhes dirá:
"Ordem sobre ordem,
ordem sobre ordem,
regra e mais regra,
regra e mais regra;
um pouco aqui, um pouco ali",
para que saiam, caiam de costas,
firam-se, fiquem presos no laço
e sejam capturados.

14Portanto, ouçam a palavra do SENHOR,
zombadores,
vocês, que dominam este povo
em Jerusalém.
15Vocês se vangloriam, dizendo:
"Fizemos um pacto com a morte,
com a sepultura[b] fizemos um acordo.
Quando vier a calamidade destruidora,
não nos atingirá,
pois da mentira fizemos o nosso refúgio
e na falsidade[c]
temos o nosso esconderijo".

16Por isso diz o Soberano, o SENHOR:

"Eis que ponho em Sião uma pedra,
uma pedra já experimentada,
uma preciosa pedra angular
para alicerce seguro;
aquele que confia, jamais será abalado.
17Farei do juízo a linha de medir
e da justiça o fio de prumo;
o granizo varrerá o seu falso refúgio,
e as águas inundarão o seu abrigo.
18Seu pacto com a morte será anulado;
seu acordo com a sepultura
não subsistirá.
Quando vier a calamidade destruidora,
vocês serão arrastados por ela.
19Todas as vezes que vier, os arrastará;
passará manhã após manhã,
de dia e de noite".

A compreensão desta mensagem
trará pavor total.
20A cama é curta demais
para alguém deitar-se,
e o cobertor é estreito demais
para ele cobrir-se.
21O SENHOR se levantará como fez

[a] 28:10 Hebraico: *sav lasav sav lasav / kav lakav kav lakav* (possivelmente sons sem sentido; talvez uma imitação zombadora das palavras do profeta); também no versículo 13.

[b] 28:15 Hebraico: *Sheol*. Essa palavra também pode ser traduzida por profundezas, pó ou morte; também no versículo 18.

[c] 28:15 Ou *e nos deuses falsos*

no monte Perazim,
mostrará sua ira
como no vale de Gibeom,
para realizar sua obra,
obra muito estranha,
e cumprir sua tarefa,
tarefa misteriosa.
22 Agora, parem com a zombaria,
senão as suas correntes
ficarão mais pesadas;
o Senhor, o SENHOR dos Exércitos,
falou-me da destruição decretada
contra o território inteiro.
23 Ouçam, escutem a minha voz;
prestem atenção, ouçam o que eu digo.
24 Quando o agricultor ara a terra
para o plantio, só faz isso o tempo
todo?
Só fica abrindo sulcos
e gradeando o solo?
25 Depois de nivelado o solo,
ele não semeia o endro e não espalha
as sementes do cominho?
Não planta o trigo no lugar certo,
a cevada no terreno próprio
e o trigo duro nas bordas?
26 O seu Deus o instrui
e lhe ensina o caminho.
27 Não se debulha o endro com
trilhadeira,
e sobre o cominho não se faz passar
roda de carro;
tira-se o endro com vara,
e o cominho com um pedaço de pau.
28 É preciso moer o cereal para fazer pão;
por isso ninguém o fica
trilhando para sempre.
Fazem passar as rodas da trilhadeira
sobre o trigo,
mas os seus cavalos não o trituram.
29 Isso tudo vem da parte
do SENHOR dos Exércitos,
maravilhoso em conselhos
e magnífico em sabedoria.

Ai da cidade de Davi!

29 Ai de Ariel! Ariel, a cidade onde
acampou Davi.
Acrescentem um ano a outro
e deixem seguir o seu ciclo de festas.
2 Mas eu sitiarei Ariel,
que vai chorar e lamentar-se,
e para mim será como
uma fornalha de altar[a].
3 Acamparei ao seu redor;
eu a cercarei de torres
e instalarei contra você
minhas obras de cerco.
4 Lançada ao chão, de lá você falará;
do pó virão em murmúrio
as suas palavras.
Fantasmagórica, subirá sua voz da
terra;
um sussurro vindo do pó será sua voz.
5 Mas os seus muitos inimigos
se tornarão como o pó fino,
as hordas cruéis,
como palha levada pelo vento.
Repentinamente, num instante,
6 o SENHOR dos Exércitos virá
com trovões e terremoto
e estrondoso ruído,
com tempestade e furacão
e chamas de um fogo devorador.
7 Então as hordas de todas as nações
que lutam contra Ariel,
que investem contra ele e contra
a sua fortaleza e a sitiam,
serão como acontece num sonho,
numa visão noturna,
8 como quando um homem faminto
sonha que está comendo,
mas acorda e sua fome continua;
como quando um homem sedento
sonha que está bebendo,
mas acorda enfraquecido,
sem ter saciado a sede.
Assim será com as hordas
de todas as nações
que lutam contra o monte Sião.
9 Pasmem e fiquem atônitos!
Ceguem-se a si mesmos
e continuem cegos!
Estão bêbados, porém, não de vinho,
cambaleiam, mas não pela
bebida fermentada.
10 O SENHOR trouxe sobre vocês
um sono profundo:
fechou os olhos de vocês, que são os
profetas;
cobriu a cabeça de vocês, que são os
videntes.

11 Para vocês toda esta visão não passa de
palavras seladas num livro[b]. E se vocês derem
o livro a alguém que saiba ler e lhe disserem:
"Leia, por favor", ele responderá: "Não posso;

[a] 29:2 A palavra que designa *fornalha de altar* assemelha-se à palavra *Ariel* no hebraico.

[b] 29:11 Hebraico: *rolo*; também nos versículos 12 e 18.

está lacrado". 12 Ou, se vocês derem o livro a alguém que não saiba ler e lhe disserem: "Leia, por favor", ele responderá: "Não sei ler".

13 O Senhor diz:
"Esse povo se aproxima de mim
com a boca
e me honra com os lábios,
mas o seu coração está longe de
mim.
A adoração que me prestam
é feita só de regras
ensinadas por homens.[a]
14 Por isso uma vez mais
deixarei atônito esse povo
com maravilha e mais maravilha;
a sabedoria dos sábios perecerá,
a inteligência dos inteligentes
se desvanecerá".
15 Ai daqueles que descem às
profundezas
para esconder seus planos do
SENHOR,
que agem nas trevas e pensam:
"Quem é que nos vê?
Quem ficará sabendo?"
16 Vocês viram as coisas pelo avesso!
Como se fosse possível imaginar
que o oleiro é igual ao barro!
Acaso o objeto formado
pode dizer àquele que o formou:
"Ele não me fez"?
E o vaso poderá dizer do oleiro:
"Ele nada sabe"?
17 Acaso o Líbano não será logo
transformado em campo fértil,
e não se pensará que o campo fértil
é uma floresta?
18 Naquele dia os surdos ouvirão
as palavras do livro,
e, não mais em trevas e escuridão,
os olhos dos cegos tornarão a ver.
19 Mais uma vez os humildes
se alegrarão no SENHOR,
e os necessitados exultarão
no Santo de Israel.
20 Será o fim do cruel,
o zombador desaparecerá
e todos os de olhos
inclinados para o mal
serão eliminados,
21 os quais com uma palavra
tornam réu o inocente,

[a] 29:13 A Septuaginta diz *Em vão me adoram; seus ensinamentos não passam de regras ensinadas por homens.*

Palavras para memorizar

"Mais uma vez os humildes se alegrarão no SENHOR, e os necessitados exultarão no Santo de Israel."

(Isaías 29:19)

no tribunal trapaceiam contra o
defensor
e com testemunho falso impedem
que se faça justiça ao inocente.

22 Por isso o SENHOR, que redimiu Abraão,
diz à descendência de Jacó:

"Jacó não será mais humilhado;
e o seu rosto não tornará a
empalidecer.
23 Quando ele vir em seu meio
os seus filhos,
a obra de minhas mãos,
proclamará o meu santo nome;
reconhecerá a santidade
do Santo de Jacó,
24 e no temor do Deus de Israel
permanecerá.
Os desorientados de espírito
obterão entendimento;
e os queixosos vão aceitar instrução".

Ai da nação obstinada!

30 "Ai dos filhos obstinados",
declara o SENHOR,
"que executam planos que não são
meus,
fazem acordo sem minha aprovação,
para ajuntar pecado sobre pecado,
2 que descem ao Egito sem
consultar-me,
para buscar proteção no poder do
faraó,
e refúgio na sombra do Egito.
3 Mas a proteção do faraó
lhes trará vergonha,
e a sombra do Egito
lhes causará humilhação.
4 Embora seus líderes tenham ido a
Zoã
e seus enviados tenham chegado a
Hanes,

5todos se envergonharão
por causa de um povo que lhes é
inútil,
que não traz ajuda nem vantagem,
mas apenas vergonha e zombaria."

6Advertência contra os animais do Neguebe:

Atravessando uma terra hostil e severa,
de leões e leoas, de víboras
e serpentes velozes,
os enviados transportam suas riquezas
no lombo de jumentos,
seus tesouros, nas corcovas de camelos,
para aquela nação inútil,
7o Egito, cujo socorro é totalmente
inútil.
Por isso eu o chamo Monstro[a]
inofensivo.

8Agora vá, escreva isso
numa tábua para eles,
registre-o num livro,
para que nos dias vindouros
seja um testemunho eterno.
9Esse povo é rebelde;
são filhos mentirosos,
filhos que não querem saber
da instrução do SENHOR.
10Eles dizem aos videntes:
"Não tenham mais visões!"
e aos profetas:
"Não nos revelem o que é certo!
Falem-nos coisas agradáveis,
profetizem ilusões.
11Deixem esse caminho,
abandonem essa vereda,
e parem de confrontar-nos
com o Santo de Israel!"

12Por isso diz o Santo de Israel:

"Como vocês rejeitaram esta
mensagem,
apelaram para a opressão
e confiaram nos perversos,
13este pecado será para vocês
como um muro alto,
rachado e torto,
que de repente desaba,
inesperadamente.
14Ele o fará em pedaços
como um vaso de barro,
tão esmigalhado
que entre os seus pedaços
não se achará um caco
que sirva para pegar brasas de uma
lareira
ou para tirar água da cisterna".

15Diz o Soberano, o SENHOR, o Santo de Israel:

"No arrependimento e no descanso
está a salvação de vocês,
na quietude e na confiança
está o seu vigor,
mas vocês não quiseram.
16Vocês disseram:
'Não, nós vamos fugir a cavalo'.
E fugirão!
Vocês disseram:
'Cavalgaremos cavalos velozes'.
Velozes serão os seus perseguidores!
17Mil fugirão diante da ameaça de um;
diante da ameaça de cinco
todos vocês fugirão,
até que vocês sejam deixados
como um mastro no alto de um
monte,
como uma bandeira numa colina".

18Contudo, o SENHOR espera o
momento
de ser bondoso com vocês;
ele ainda se levantará
para mostrar-lhes compaixão.
Pois o SENHOR é Deus de justiça.
Como são felizes todos
os que nele esperam!

19Ó povo de Sião, que mora em Jerusalém,
você não vai chorar mais. Como ele será bon-
doso quando você clamar por socorro! Assim
que ele ouvir, lhe responderá. 20Embora o Se-
nhor lhe dê o pão da adversidade e a água da
aflição, o seu mestre não se esconderá mais;
com seus próprios olhos você o verá. 21Quer

Palavras para memorizar

"No arrependimento e no descanso está a salvação de vocês, na quietude e na confiança está o seu vigor."

(Isaías 30:15)

[a] 30:7 Hebraico: *Raabe.*

você se volte para a direita quer para a es-
querda, uma voz atrás de você lhe dirá: "Es-
te é o caminho; siga-o". 22Então você tratará
como impuras as suas imagens revestidas de
prata e os seus ídolos recobertos de ouro; vo-
cê os jogará fora como um trapo imundo e
lhes dirá: "Fora!"

23Ele também lhe mandará chuva para a
semente que você semear, e a terra dará ali-
mento rico e farto. Naquele dia o seu gado
pastará em grandes prados. 24Os bois e os ju-
mentos que lavram o solo comerão forragem
e sal espalhados com forcado e pá. 25No dia
do grande massacre, quando caírem as tor-
res, regatos de água fluirão sobre todo monte
elevado e sobre toda colina altaneira. 26A luz
da lua brilhará como o sol, e a luz do sol será
sete vezes mais brilhante, como a luz de se-
te dias completos, quando o SENHOR cuidar
das contusões do seu povo e curar as feridas
que lhe causou.

27Vejam! De longe vem
o Nome do SENHOR,
com sua ira em chamas,
e densas nuvens de fumaça;
seus lábios estão cheios de ira,
e sua língua é fogo consumidor.
28Seu sopro é como
uma torrente impetuosa
que sobe até o pescoço.
Ele faz sacudir as nações
na peneira da destruição;
ele coloca na boca dos povos
um freio que os desencaminha.
29E vocês cantarão
como em noite de festa sagrada;
seus corações se regozijarão
como quando se vai, ao som da
flauta,
ao monte do SENHOR, à Rocha de Israel.
30O SENHOR fará que os homens
ouçam sua voz majestosa
e os levará a ver seu braço descendo
com ira impetuosa e fogo
consumidor,
com aguaceiro, tempestades de raios
e saraiva.
31A voz do SENHOR despedaçará a
Assíria;
com seu cetro a ferirá.
32Cada pancada que com a vara
o SENHOR desferir para a castigar
será dada ao som de tamborins e
harpas,
enquanto a estiver combatendo
com os golpes do seu braço.
33Tofete está pronta já faz tempo;
foi preparada para o rei.
Sua fogueira é funda e larga,
com muita lenha e muito fogo;
o sopro do SENHOR,
como uma torrente de enxofre
ardente,
a incendeia.

Ai dos que confiam no Egito!

31 Ai dos que descem ao Egito
em busca de ajuda,
que contam com cavalos.
Eles confiam na multidão dos seus
carros
e na grande força dos seus cavaleiros,
mas não olham para o Santo de Israel,
nem buscam a ajuda
que vem do SENHOR!
2Contudo, ele é também sábio
e pode trazer a desgraça;
ele não volta atrás em suas palavras.
Ele se levantará contra
a casa dos perversos,
contra quem ajuda os maus.
3Mas os egípcios são homens, e não
Deus;
seus cavalos são carne, e não
espírito.
Quando o SENHOR estender a mão,
aquele que ajuda tropeçará,
aquele que é ajudado cairá;
ambos perecerão juntos.

4Assim me diz o SENHOR:

"Assim como quando o leão,
o leão grande, ruge ao lado da presa,
e contra ele se junta
um bando de pastores,
e ele não se intimida com os gritos
deles
e não se perturba com o seu clamor,
assim o SENHOR dos Exércitos descerá
para combater nas alturas do monte
Sião.
5Como as aves dão proteção aos filhotes
com suas asas,
o SENHOR dos Exércitos
protegerá Jerusalém;
ele a protegerá e a livrará;
ele a poupará[a] e a salvará".

6Voltem para aquele contra quem vocês se

[a] 31:5 Hebraico: *passará sobre ela*. Veja Êx 12:13.

revoltaram tão tremendamente, ó israelitas!
7Pois naquele dia cada um de vocês rejeitará
os ídolos de prata e de ouro que suas mãos
pecaminosas fizeram.

8"A Assíria cairá por uma espada
que não é de homem;
uma espada, não de mortais, a
devorará.
Todos fugirão da espada
e os seus jovens serão sujeitos
a trabalhos forçados.
9Sua fortaleza cairá por causa do
pavor;
ao verem a bandeira da batalha,
seus líderes entrarão em pânico",
anuncia o SENHOR,
cujo fogo está em Sião,
cuja fornalha está em Jerusalém.

O reino de justiça

32 Vejam! Um rei reinará com retidão,
e príncipes governarão com justiça.
2Cada homem será como um
esconderijo
contra o vento
e um abrigo contra a tempestade,
como correntes de água numa terra
seca
e como a sombra de uma grande rocha
no deserto.
3Então os olhos dos que veem
não mais estarão fechados,
e os ouvidos dos que ouvem escutarão.
4A mente do precipitado saberá julgar,
e a língua gaguejante falará
com facilidade e clareza.
5O tolo já não será chamado nobre
e o homem sem caráter
não será tido em alta estima.
6Pois o insensato fala com insensatez
e só pensa no mal:
ele pratica a maldade
e espalha mentiras sobre o SENHOR;
deixa o faminto sem nada
e priva de água o sedento.
7As artimanhas do homem sem caráter
são perversas;
ele inventa planos maldosos
para destruir com mentiras o pobre,
mesmo quando a súplica deste é justa.
8Mas o homem nobre faz planos
nobres,
e graças aos seus feitos nobres
permanece firme.

As mulheres de Jerusalém

9Vocês, mulheres tão sossegadas,
levantem-se e escutem-me!
Vocês, filhas que se sentem seguras,
ouçam o que lhes vou dizer!
10Daqui a pouco mais de um ano,
vocês, que se sentem seguras,
ficarão apavoradas;
a colheita de uvas falhará,
e a colheita de frutas não virá.
11Tremam, vocês, mulheres tranquilas!
Estremeçam, vocês,
que se sentem seguras!
Arranquem suas vestes,
e vistam roupas de lamento.
12Batam no peito e chorem
pelos campos agradáveis,
pelas videiras frutíferas
13e pela terra do meu povo,
terra infestada de espinhos
e roseiras bravas;
sim, pranteiem por todas
as casas cheias de júbilo
e por esta cidade exultante.
14A fortaleza será abandonada,
a cidade barulhenta ficará deserta,
a cidadela e a torre das sentinelas
se tornarão covis,
uma delícia para os jumentos,
uma pastagem para os rebanhos,
15até que sobre nós o Espírito
seja derramado do alto,
e o deserto se transforme em campo
fértil,
e o campo fértil pareça uma floresta.
16A justiça habitará no deserto,
e a retidão viverá no campo fértil.
17O fruto da justiça será paz;
o resultado da justiça será
tranquilidade
e confiança para sempre.
18O meu povo viverá em locais
pacíficos,
em casas seguras,
em tranquilos lugares de descanso,
19mesmo que a saraiva arrase a
floresta
e a cidade seja nivelada ao pó.
20Como vocês serão felizes,
semeando perto das águas,
e deixando soltos os bois e os
jumentos!

Aflição e auxílio

33 Ai de você, destruidor,
que ainda não foi destruído!

Ai de você, traidor,
que não foi traído!
Quando você acabar de destruir,
será destruído;
quando acabar de trair, será traído.

2SENHOR, tem misericórdia de nós;
pois em ti esperamos!
Sê tu a nossa força cada manhã,
nossa salvação na hora do perigo.
3Diante do trovão da tua voz,
os povos fogem;
quando te levantas,
dispersam-se as nações.
4Como gafanhotos novos
os homens saquearão vocês,
ó nações;
tomarão posse do despojo
como gafanhotos em nuvem.

5O SENHOR é exaltado,
pois habita no alto;
ele encherá Sião de retidão e justiça.
6Ele será o firme fundamento nos tempos
a que você pertence,
uma grande riqueza de salvação,
sabedoria e conhecimento;
o temor do SENHOR
é a chave desse tesouro[a].

7Vejam! Os seus heróis gritam nas ruas;
os embaixadores da paz
choram amargamente.
8As estradas estão abandonadas,
ninguém viaja por elas.
Rompeu-se o acordo,
suas testemunhas[b] são desprezadas,
não se respeita ninguém.
9A terra pranteia[c] e fraqueja,
o Líbano murcha, envergonhado;
Sarom é como a Arabá,
e Basã e o Carmelo perdem sua
folhagem.

10"Agora me levantarei", diz o SENHOR.
"Agora eu me erguerei;
agora serei exaltado.
11Vocês concebem palha,
e dão à luz restolho;
seu sopro é um fogo que o consome.
12Os povos serão queimados
como se faz com a cal;
como espinheiros cortados,
serão postos no fogo.

13"Vocês, que estão longe,
atentem para o que eu fiz!
Vocês, que estão perto,
reconheçam o meu poder!"
14Em Sião os pecadores
estão aterrorizados;
o tremor se apodera dos ímpios:
"Quem de nós pode conviver
com o fogo consumidor?
Quem de nós pode conviver
com a chama eterna?"
15Aquele que anda corretamente
e fala o que é reto,
que recusa o lucro injusto,
cuja mão não aceita suborno,
que tapa os ouvidos
para as tramas de assassinatos
e fecha os olhos
para não contemplar o mal,
16é esse o homem que habitará nas
alturas;
seu refúgio
será a fortaleza das rochas;
terá suprimento de pão,
e água não lhe faltará.

17Seus olhos verão o rei em seu
esplendor
e vislumbrarão o território
em toda a sua extensão.
18Em seus pensamentos
você lembrará terrores passados:
"Onde está o oficial maior?
Onde está o que recebia tributos?
Onde o encarregado das torres?"
19Você não tornará a ver
aquele povo arrogante,
aquele povo de fala obscura,
com sua língua estranha,
incompreensível.

20Olhe para Sião,
a cidade das nossas festas;
seus olhos verão Jerusalém,
morada pacífica,
tenda que não será removida;
suas estacas jamais serão arrancadas,
nem se romperá nenhuma de suas
cordas.
21Ali o SENHOR será o Poderoso para
nós.
Será como uma região de rios e canais
largos,
mas nenhum navio a remo os
percorrerá,
e nenhuma nau poderosa velejará
neles.

[a] 33:6 Ou *é um tesouro da parte dele*
[b] 33:8 Conforme os manuscritos do mar Morto. O Texto Massorético diz *as cidades*.
[c] 33:9 Ou *seca*

Palavras para memorizar

"O Senhor é o nosso rei; é ele que nos vai salvar."
(Isaías 33:22)

22 Pois o Senhor é o nosso juiz,
o Senhor é o nosso legislador,
o Senhor é o nosso rei;
é ele que nos vai salvar.
23 Suas cordas se afrouxam:
o mastro não está firme,
as velas não estão estendidas.
Então será dividida
grande quantidade de despojos,
e até o aleijado levará sua presa.
24 Nenhum morador de Sião dirá:
"Estou doente!"
E os pecados dos que ali habitam
serão perdoados.

Julgamento contra as nações

34 Aproximem-se, nações, e escutem;
prestem atenção, ó povos!
Que o ouçam a terra
e tudo o que nela há,
o mundo e tudo o que dele procede!
2 O Senhor está indignado
contra todas as nações;
sua ira está contra
todos os seus exércitos.
Ele os destruirá totalmente,
ele os entregará à matança.
3 Seus mortos serão lançados fora
e os seus cadáveres exalarão mau
cheiro;
os montes se encharcarão
do sangue deles.
4 As estrelas dos céus
serão todas dissolvidas,
e os céus se enrolarão
como um pergaminho;
todo o exército celeste cairá
como folhas secas da videira e da
figueira.

5 Quando minha espada
embriagar-se nos céus,
saibam que ela descerá
para julgar Edom,
povo que condenei à destruição.
6 A espada do Senhor está
banhada em sangue,
está coberta de gordura,
sangue de cordeiros e de bodes,
gordura dos rins de carneiros.
Pois o Senhor exige sacrifício em
Bozra
e grande matança em Edom.
7 Com eles cairão os bois selvagens,
e os novilhos com os touros.
A terra deles ficará ensopada de
sangue,
e o pó se encharcará de gordura.
8 Pois o Senhor terá seu dia de
vingança,
um ano de retribuição,
para defender a causa de Sião.
9 Os riachos de Edom
se transformarão em piche,
em enxofre, o seu pó;
sua terra se tornará betume ardente!
10 Não se apagará de dia nem de noite;
sua fumaça subirá para sempre.
De geração em geração
ficará abandonada;
ninguém voltará a passar por ela.
11 A coruja-do-deserto
e a coruja estridente a possuirão;
o corujão e o corvo
farão nela os seus ninhos.
Deus estenderá sobre Edom
o caos como linha de medir,
e a desolação como fio de prumo.
12 Seus nobres nada terão ali
que possa chamar-se reino,
e todos os seus líderes desaparecerão.
13 Espinhos tomarão de assalto
as suas cidadelas;
urtigas e sarças
cobrirão as suas fortalezas.
Será um antro de chacais
e moradia de corujas.
14 Criaturas do deserto
se encontrarão com hienas,
e bodes selvagens balirão
uns para os outros;
ali também descansarão
as criaturas noturnas
e acharão para si locais de descanso.
15 Nela a coruja fará ninho,
chocará seus ovos
e cuidará dos seus filhotes
à sombra de suas asas;
os falcões também se ajuntarão ali,
cada um com o seu par.

16Procurem no livro do SENHOR e leiam:

Nenhum desses animais estará
faltando;
nenhum estará sem o seu par.
Pois foi a sua boca que deu a ordem,
e o seu Espírito os ajuntará.
17Ele designa as porções de cada um;
sua mão as distribui por medida.
Eles se apossarão delas para sempre,
e ali habitarão de geração em
geração.

A alegria dos redimidos

35 O deserto e a terra ressequida
se regozijarão;
o ermo exultará e florescerá
como a tulipa;
2irromperá em flores,
mostrará grande regozijo
e cantará de alegria.
A glória do Líbano lhe será dada,
como também o resplendor do
Carmelo
e de Sarom;
verão a glória do SENHOR,
o resplendor do nosso Deus.

3Fortaleçam as mãos cansadas,
firmem os joelhos vacilantes;
4digam aos desanimados de coração:
"Sejam fortes, não temam!
Seu Deus virá, virá com vingança;
com divina retribuição
virá para salvá-los".

5Então se abrirão os olhos dos cegos
e se destaparão os ouvidos dos
surdos.
6Então os coxos saltarão como o cervo,
e a língua do mudo cantará de
alegria.
Águas irromperão no ermo
e riachos no deserto.
7A areia abrasadora se tornará um lago;
a terra seca, fontes borbulhantes.
Nos antros onde outrora havia chacais,
crescerão a relva, o junco e o papiro.

8E ali haverá uma grande estrada,
um caminho que será chamado
Caminho de Santidade.
Os impuros não passarão por ele;
servirá apenas aos que são do
Caminho;
os insensatos não o tomarão.[a]
9Ali não haverá leão algum,
e nenhum animal feroz passará por ele;
nenhum deles se verá por ali.
Só os redimidos andarão por ele,
10e os que o SENHOR resgatou voltarão.
Entrarão em Sião com cantos de
alegria;
duradoura alegria coroará sua cabeça.
Júbilo e alegria se apoderarão deles,
e a tristeza e o suspiro fugirão.

A ameaça de Senaqueribe

36 No décimo quarto ano do reinado de
Ezequias, Senaqueribe, rei da Assíria,
atacou todas as cidades fortificadas de Judá
e se apossou delas. 2Então, de Laquis, o rei
da Assíria enviou seu comandante com um
grande exército a Jerusalém, ao rei Ezequias.
Quando o comandante parou no aqueduto
do açude superior, na estrada que leva ao
campo do Lavandeiro, 3o administrador do
palácio, Eliaquim, filho de Hilquias, o secre-
tário Sebna e o arquivista real Joá, filho de
Asafe, foram ao encontro dele.

4E o comandante de campo falou: "Digam
a Ezequias:

"Assim diz o grande rei, o rei da Assí-
ria: 'Em que você está baseando essa
sua confiança? 5Você diz que tem es-
tratégia e força militar; mas não pas-
sam de palavras vãs. Em quem você
confia, para rebelar-se contra mim?
6Pois veja! Agora você está confiando
no Egito, aquela cana esmagada, que
fura a mão de quem nela se apoia! As-
sim é o faraó, o rei do Egito, para to-
dos os que dele dependem. 7E se você
me disser: "No SENHOR, o nosso Deus,
confiamos"; não são dele os altos e os
altares que Ezequias removeu, dizen-
do a Judá e a Jerusalém: "Vocês de-
vem adorar aqui, diante deste altar"?'
8"Faça, agora, um acordo com o meu

[a] 35:8 Ou *os simples não se desviarão dele.*

Palavras para memorizar

"Digam aos desanimados de coração: 'Sejam fortes, não temam! Seu Deus virá'."

(Isaías 35:4)

senhor, o rei da Assíria: Eu lhe darei dois mil cavalos — se você puder pôr cavaleiros neles! 9 Como então você poderá repelir um só dos menores oficiais do meu senhor, confiando que o Egito lhe dará carros e cavaleiros? 10 Além disso, você pensa que vim atacar e destruir esta nação sem o SENHOR? O próprio SENHOR me mandou marchar contra esta nação e destruí-la".

11 Então Eliaquim, Sebna e Joá disseram ao comandante: "Por favor, fala com os teus servos em aramaico, pois entendemos essa língua. Não fales em hebraico, pois assim o povo que está sobre os muros entenderá".

12 O comandante, porém, respondeu: "Pensam que o meu senhor mandou-me dizer estas coisas só a vocês e ao seu senhor, e não aos homens que estão sentados no muro? Pois, como vocês, eles terão que comer as próprias fezes e beber a própria urina!"

13 E o comandante se pôs em pé e falou alto, em hebraico: "Ouçam as palavras do grande rei, do rei da Assíria! 14 Não deixem que Ezequias os engane. Ele não poderá livrá-los! 15 Não deixem Ezequias convencê-los a confiar no SENHOR, quando diz: 'Certamente o SENHOR nos livrará; esta cidade não será entregue nas mãos do rei da Assíria'.

16 "Não deem atenção a Ezequias. Assim diz o rei da Assíria: 'Venham fazer as pazes comigo. Então cada um de vocês comerá de sua própria videira e de sua própria figueira, e beberá água de sua própria cisterna, 17 até que eu os leve a uma terra como a de vocês: terra de cereal e de vinho, terra de pão e de vinhas.

18 " 'Não deixem que Ezequias os engane quando diz que o SENHOR os livrará. Alguma vez o deus de qualquer nação livrou sua terra das mãos do rei da Assíria? 19 Onde estão os deuses de Hamate e de Arpade? Onde estão os deuses de Sefarvaim? Eles livraram Samaria das minhas mãos? 20 Quem dentre todos os deuses dessas nações conseguiu livrar a sua terra? Como então o SENHOR poderá livrar Jerusalém das minhas mãos?' "

21 Mas o povo ficou em silêncio e nada respondeu, porque o rei dera esta ordem: "Não lhe respondam".

22 Então o administrador do palácio, Eliaquim, filho de Hilquias, o secretário Sebna e o arquivista Joá, filho de Asafe, com as vestes rasgadas, foram contar a Ezequias o que dissera o comandante.

Predito o livramento de Jerusalém

37 Quando o rei Ezequias soube disso, rasgou suas vestes, vestiu pano de saco e entrou no templo do SENHOR. 2 Depois enviou o administrador do palácio, Eliaquim, o secretário Sebna e os chefes dos sacerdotes, todos vestidos de pano de saco, ao profeta Isaías, filho de Amoz, 3 com esta mensagem: "Assim diz Ezequias: Hoje é dia de angústia, de repreensão e de vergonha, como quando uma criança está a ponto de nascer e não há forças para dá-la à luz. 4 Talvez o SENHOR, o seu Deus, ouça as palavras do comandante de campo, a quem o seu senhor, o rei da Assíria, enviou para zombar do Deus vivo. E que o SENHOR, o seu Deus, o repreenda pelas palavras que ouviu. Portanto, ore pelo remanescente que ainda sobrevive".

5 Quando os oficiais do rei Ezequias vieram a Isaías, 6 este lhes respondeu: "Digam a seu senhor: Assim diz o SENHOR: 'Não tenha medo das palavras que você ouviu, das blasfêmias que os servos do rei da Assíria falaram contra mim. 7 Porei nele um espírito para que, quando ouvir uma certa notícia, volte à sua própria terra, e ali farei com que seja morto à espada' ".

8 Quando o comandante de campo soube que o rei da Assíria havia partido de Laquis, retirou-se e encontrou o rei lutando contra Libna.

9 Ora, Senaqueribe foi informado de que Tiraca, o rei da Etiópia[a], saíra para lutar contra ele. Quando soube disso, enviou mensageiros a Ezequias com esta mensagem: 10 "Digam a Ezequias, rei de Judá: Não deixe que o Deus no qual você confia o engane quando diz: 'Jerusalém não será entregue nas mãos do rei da Assíria'. 11 Com certeza você ouviu o que os reis da Assíria têm feito a todas as nações, e como as destruíram por completo. E você acha que se livrará? 12 Acaso os deuses das nações que foram destruídas pelos meus antepassados os livraram: os deuses de Gozã, de Harã, de Rezefe e dos descendentes de Éden, que estavam em Telassar? 13 Onde estão o rei de Hamate, o rei de Arpade, o rei da cidade de Sefarvaim, de Hena e de Iva?"

A oração de Ezequias

14 Ezequias recebeu a carta das mãos dos mensageiros e a leu. Então subiu ao templo do SENHOR, abriu-a diante do SENHOR 15 e orou: 16 "SENHOR dos Exércitos, Deus de Israel,

[a] 37:9 Hebraico: *de Cuxe.*

cujo trono está entre os querubins, só tu és
Deus sobre todos os reinos da terra. Tu fizeste
os céus e a terra. 17 Dá ouvidos, SENHOR, e ou-
ve; abre os teus olhos, SENHOR, e vê; escuta
todas as palavras que Senaqueribe enviou pa-
ra insultar o Deus vivo.
18 "É verdade, SENHOR, que os reis assírios
fizeram de todas essas nações e de seus ter-
ritórios um deserto. 19 Atiraram os deuses de-
las no fogo e os destruíram, pois em vez de
deuses, não passam de madeira e pedra, mol-
dados por mãos humanas. 20 Agora, SENHOR
nosso Deus, salva-nos das mãos dele, para
que todos os reinos da terra saibam que só
tu, SENHOR, és Deus[a]".

A queda de Senaqueribe

21 Então Isaías, filho de Amoz, enviou esta
mensagem a Ezequias: "Assim diz o SENHOR,
Deus de Israel: 'Ouvi a sua oração acerca de
Senaqueribe, rei da Assíria. 22 Esta é a palavra
que o SENHOR falou contra ele:

" 'A Virgem Cidade[b] de Sião
despreza e zomba de você.
A cidade de Jerusalém meneia a cabeça
enquanto você foge.
23 De quem você zombou
e contra quem blasfemou?
Contra quem você ergueu a voz
e contra quem levantou
seu olhar arrogante?
Contra o Santo de Israel!
24 Sim, você insultou o Senhor
por meio dos seus mensageiros,
dizendo:
"Com carros sem conta
subi aos mais elevados
e inacessíveis cumes do Líbano.
Derrubei os seus cedros mais altos,
os seus melhores pinheiros.
Entrei em suas regiões mais remotas,
na melhor parte de suas florestas.
25 Em terras estrangeiras[c]
cavei poços e bebi água.
Com as solas dos meus pés
sequei todos os riachos do Egito".

26 " 'Você não soube que há muito
eu já o havia ordenado,
que desde os dias da antiguidade
eu o havia planejado?

Pessoas nos tempos da Bíblia

Senaqueribe

Senaqueribe foi rei da Assíria e tentou derrotar Jerusalém enquanto Ezequias era rei de Judá. Ele mentiu para as pessoas, dizendo a elas que não acreditassem nas promessas de Ezequias de que Deus as protegeria. O povo seguiu Ezequias mesmo assim, e Senaqueribe foi derrotado quando Deus enviou um anjo para matar todo o exército assírio.

Agora eu o executo,
e faço você transformar
cidades fortificadas
em montões de pedra.
27 Os seus habitantes, já sem forças,
desanimam-se envergonhados.
São como pastagens,
como brotos tenros e verdes,
como capim no terraço,
queimado[d] antes de crescer.

28 " 'Eu, porém, sei onde você está,
quando sai e quando retorna,
e quando você se enfurece contra mim.
29 Sim, contra mim você se enfurece,
o seu atrevimento chegou
aos meus ouvidos;
por isso, porei o meu anzol em seu
nariz
e o meu freio em sua boca,
e o farei voltar pelo caminho
por onde veio.

30 " 'A você, Ezequias, darei este sinal:

" 'Neste ano vocês comerão
do que crescer por si,
e no próximo o que daquilo brotar.
Mas no terceiro ano semeiem e
colham,
plantem vinhas e comam o seu fruto.
31 Mais uma vez um remanescente
da tribo de Judá

[a] 37:20 Conforme os manuscritos do mar Morto. O Texto Massorético diz *és o* SENHOR. Veja 2Rs 19:19.
[b] 37:22 Hebraico: *Filha*.
[c] 37:25 Conforme os manuscritos do mar Morto. O Texto Massorético não traz *Em terras estrangeiras*. Veja 2Rs 19:24.
[d] 37:27 Conforme alguns manuscritos do Texto Massorético, os manuscritos do mar Morto e alguns manuscritos da Septuaginta. A maioria dos manuscritos do Texto Massorético diz *terraços e campos terraplanados em degraus*. Veja 2Rs 19:26.

lançará raízes na terra
e se encherão de frutos os seus ramos.
32De Jerusalém sairão sobreviventes,
e um remanescente do monte Sião.
O zelo do SENHOR dos Exércitos
realizará isso'.

33"Por isso, assim diz o SENHOR acerca do
rei da Assíria:

" 'Ele não entrará nesta cidade
e não atirará aqui uma flecha sequer.
Não virá diante dela com escudo
nem construirá rampas de cerco
contra ela.
34Pelo caminho por onde veio voltará;
não entrará nesta cidade',
declara o SENHOR.
35" 'Eu defenderei esta cidade e a
salvarei,
por amor de mim
e por amor de Davi,
meu servo!' "

36Então o anjo do SENHOR saiu e matou
cento e oitenta e cinco mil homens no acam-
pamento assírio. Quando o povo se levan-
tou na manhã seguinte, só havia cadáveres!
37Assim, Senaqueribe, rei da Assíria, fugiu do
acampamento, voltou para Nínive e lá ficou.
38Certo dia, quando estava adorando no
templo de seu deus Nisroque, seus filhos
Adrameleque e Sarezer o feriram à espada,
e fugiram para a terra de Ararate. E seu filho
Esar-Hadom foi o seu sucessor.

A doença de Ezequias

38 Naqueles dias Ezequias ficou doente, à
beira da morte. O profeta Isaías, filho
de Amoz, foi visitá-lo e lhe disse: "Assim diz
o SENHOR: 'Ponha a casa em ordem, porque
você vai morrer; você não se recuperará' ".
2Ezequias virou o rosto para a parede e
orou ao SENHOR: 3"Lembra-te, SENHOR, de co-
mo tenho te servido com fidelidade e com
devoção sincera, e tenho feito o que tu apro-
vas". E Ezequias chorou amargamente.
4Então a palavra do SENHOR veio a Isaías:
5"Vá dizer a Ezequias: Assim diz o SENHOR, o
Deus de seu antepassado Davi: Ouvi sua ora-
ção e vi suas lágrimas; acrescentarei quinze
anos à sua vida. 6E eu livrarei você e esta ci-
dade das mãos do rei da Assíria. Eu defende-
rei esta cidade.
7"Este é o sinal de que o SENHOR fará o que
prometeu: 8Farei a sombra do sol retroceder
os dez degraus que ela já cobriu na escadaria
de Acaz". E a luz do sol retrocedeu os dez de-
graus que tinha avançado.

9Depois de recuperar-se dessa doença, Eze-
quias, rei de Judá, escreveu o seguinte:

10"Eu disse: No vigor da minha vida
tenho que passar pelas
portas da sepultura[a]
e ser roubado do restante
dos meus anos?
11Eu disse: Não tornarei a ver o
SENHOR,
o SENHOR, na terra dos viventes;
não olharei mais para a humanidade,
nem estarei mais com
os que agora habitam neste mundo[b].
12A minha casa foi derrubada
e tirada de mim,
como se fosse uma tenda de pastor.
A minha vida foi enovelada,
como faz o tecelão,
e ele me cortou como um pedaço de
tecido;
dia e noite foi acabando comigo.
13Esperei pacientemente até o
alvorecer,
mas como um leão
ele quebrou todos os meus ossos;
dia e noite foi acabando comigo.
14Gritei como um andorinhão,
como um tordo;
gemi como uma pomba chorosa.
Olhando para os céus,
enfraqueceram-se os meus olhos.
Estou aflito, ó Senhor!
Vem em meu auxílio!

15"Mas, que posso dizer?
Ele falou comigo, e ele mesmo fez isso.
Andarei humildemente toda a minha
vida,
por causa dessa aflição da minha
alma.
16Senhor, por tais coisas
os homens vivem,
e por elas também vive o meu espírito.
Tu me restauraste a saúde
e deixaste-me viver.
17Foi para o meu benefício
que tanto sofri.
Em teu amor me guardaste
da cova da destruição;

[a] 38:10 Hebraico: *Sheol*. Essa palavra pode ser traduzida por profundezas, pó ou morte; também no versículo 18.
[b] 38:11 Conforme alguns manuscritos do Texto Massorético. A maioria dos manuscritos do Texto Massorético diz *habitam no lugar onde tudo acaba*.

lançaste para trás de ti
todos os meus pecados,
18pois a sepultura não pode louvar-te,
a morte não pode cantar o teu
louvor.
Aqueles que descem à cova
não podem esperar pela tua
fidelidade.
19Os vivos, somente os vivos, te louvam,
como hoje estou fazendo;
os pais contam a tua fidelidade
a seus filhos.

20"O SENHOR me salvou.
Cantaremos com instrumentos de corda
todos os dias de nossa vida
no templo do SENHOR".

21Isaías dissera: "Apliquem um emplastro
de figos no furúnculo, e ele se recuperará".
22Ezequias tinha perguntado: "Qual será o
sinal de que subirei ao templo do SENHOR?"

Enviados da Babilônia

39 Naquela época, Merodaque-Baladã,
filho de Baladã, rei da Babilônia, en-
viou a Ezequias cartas e um presente, porque
soubera de sua doença e de sua recuperação.
2Ezequias recebeu com alegria os enviados
e mostrou-lhes o que havia em seus depó-
sitos: a prata, o ouro, as especiarias, o óleo
fino, todo o seu arsenal e tudo o que se en-
contrava em seus tesouros. Não houve nada
em seu palácio ou em todo o seu reino que
Ezequias não lhes mostrasse.
3Então o profeta Isaías foi ao rei Ezequias
e perguntou: "O que aqueles homens disse-
ram, e de onde vieram?"

"De uma terra distante", Ezequias respon-
deu. "Eles vieram da Babilônia para visi-
tar-me."
4O profeta perguntou: "O que eles viram
em seu palácio?"

Ezequias respondeu: "Viram tudo o que há
em meu palácio. Não há nada em meus te-
souros que não lhes tenha mostrado".
5Então Isaías disse a Ezequias: "Ouça a pa-
lavra do SENHOR dos Exércitos: 6'Um dia, tu-
do o que há em seu palácio, bem como tudo
o que os seus antepassados acumularam até
hoje, será levado para a Babilônia. Nada fica-
rá', diz o SENHOR. 7'E alguns de seus próprios
descendentes serão levados, e se tornarão eu-
nucos no palácio do rei da Babilônia' ".
8"É boa a palavra do SENHOR que você fa-
lou", Ezequias respondeu. Pois pensou: "Ha-
verá paz e segurança enquanto eu viver".

Pessoas nos tempos da Bíblia

Babilônios

Figuras entalhadas em pedras nos contam como eram as pessoas na antiguidade. Cada território ou nação tinham seu modo próprio de vestir, de cortar o cabelo e de fazer a barba. Os babilônios eram uma nação grande e poderosa durante o tempo de Isaías, e eles também tinham um modo particular de se vestir.

Consolo para o povo de Deus

40 Consolem, consolem o meu povo,[a]
diz o Deus de vocês.
2Encorajem a Jerusalém e anunciem
que ela já cumpriu o trabalho
que lhe foi imposto,
pagou por sua iniquidade,
e recebeu da mão do SENHOR
em dobro por todos os seus pecados.

3Uma voz clama:
"No deserto preparem[b] o caminho
para o SENHOR;
façam no deserto um caminho reto
para o nosso Deus.[c]
4Todos os vales serão levantados,
todos os montes e colinas
serão aplanados;
os terrenos acidentados
se tornarão planos;
as escarpas serão niveladas.
5A glória do SENHOR será revelada,
e, juntos, todos a verão.
Pois é o SENHOR quem fala".

6Uma voz ordena: "Clame".
E eu pergunto: O que clamarei?

"Que toda a humanidade é como a
relva,
e toda a sua glória[d]
como as flores do campo.
7A relva murcha e cai a sua flor,

[a] 40:1 Ou *Ó meu povo, consolem, consolem Jerusalém,*
[b] 40:3 Ou *clama no deserto: "Preparem*
[c] 40:3 A Septuaginta diz *façam retas as veredas de nosso Deus.*
[d] 40:6 Ou *fidelidade*

quando o vento do SENHOR
sopra sobre elas;
o povo não passa de relva.
8A relva murcha, e as flores caem,
mas a palavra de nosso Deus
permanece para sempre".

9Você, que traz boas novas a Sião,
suba num alto monte.
Você, que traz boas novas a Jerusalém,[a]
erga a sua voz com fortes gritos,
erga-a, não tenha medo;
diga às cidades de Judá:
"Aqui está o seu Deus!"
10O Soberano, o SENHOR, vem com
poder!
Com seu braço forte ele governa.
A sua recompensa com ele está,
e seu galardão o acompanha.
11Como pastor ele cuida de seu
rebanho,
com o braço ajunta os cordeiros
e os carrega no colo;
conduz com cuidado
as ovelhas que amamentam suas
crias.

12Quem mediu as águas
na concha da mão,
ou com o palmo
definiu os limites dos céus?
Quem jamais calculou o peso da terra,
ou pesou os montes na balança
e as colinas nos seus pratos?
13Quem definiu limites
para o Espírito[b] do SENHOR,
ou o instruiu como seu conselheiro?
14A quem o SENHOR consultou
que pudesse esclarecê-lo,
e que lhe ensinasse a julgar com
justiça?
Quem lhe ensinou o conhecimento
ou lhe apontou o caminho da
sabedoria?

15Na verdade as nações
são como a gota que sobra do balde;
para ele são como o pó
que resta na balança;
para ele as ilhas não passam
de um grão de areia.
16Nem as florestas do Líbano
seriam suficientes
para o fogo do altar,
nem os animais de lá bastariam
para o holocausto[c].
17Diante dele todas as nações
são como nada;
para ele são sem valor e menos que
nada.

18Com quem vocês compararão Deus?
Como poderão representá-lo?
19Com uma imagem que o artesão
funde,
e que o ourives cobre de ouro
e para a qual modela correntes de
prata?
20Ou com o ídolo do pobre,
que pode apenas escolher
um bom pedaço de madeira
e procurar um marceneiro
para fazer uma imagem que não
caia?

21Será que vocês não sabem?
Nunca ouviram falar?
Não lhes contaram desde a
antiguidade?
Vocês não compreenderam
como a terra foi fundada?
22Ele se assenta no seu trono,
acima da cúpula da terra,
cujos habitantes
são pequenos como gafanhotos.
Ele estende os céus como um forro,
e os arma como uma tenda
para neles habitar.
23Ele aniquila os príncipes
e reduz a nada os juízes deste
mundo.
24Mal eles são plantados ou semeados,
mal lançam raízes na terra,
Deus sopra sobre eles, e eles murcham;
um redemoinho os leva como palha.

25"Com quem vocês vão me comparar?
Quem se assemelha a mim?",
pergunta o Santo.
26Ergam os olhos e olhem para as
alturas.
Quem criou tudo isso?
Aquele que põe em marcha
cada estrela do seu exército celestial,
e a todas chama pelo nome.
Tão grande é o seu poder
e tão imensa a sua força,
que nenhuma delas deixa de
comparecer!

[a] 40:9 Ou *Ó Sião, que traz boas novas, suba num alto monte. Ó Jerusalém, que traz boas novas,*
[b] 40:13 Ou *conheceu a mente do Espírito*
[c] 40:16 Isto é, sacrifício totalmente queimado.

Palavras para memorizar

"Aqueles que esperam no Senhor renovam as suas forças. Voam alto como águias; correm e não ficam exaustos, andam e não se cansam."

(Isaías 40:31)

27 Por que você reclama, ó Jacó,
e por que se queixa, ó Israel:
"O Senhor não se interessa
pela minha situação;
o meu Deus não considera
a minha causa"?
28 Será que você não sabe?
Nunca ouviu falar?
O Senhor é o Deus eterno,
o Criador de toda a terra.
Ele não se cansa nem fica exausto;
sua sabedoria é insondável.
29 Ele fortalece o cansado
e dá grande vigor ao que está sem
forças.
30 Até os jovens se cansam
e ficam exaustos,
e os moços tropeçam e caem;
31 mas aqueles que esperam no Senhor
renovam as suas forças.
Voam alto como águias;
correm e não ficam exaustos,
andam e não se cansam.

O ajudador de Israel

41 "Calem-se diante de mim, ó ilhas!
Que as nações renovem as suas forças!
Que elas se apresentem para se
defender;
vamos encontrar-nos
para decidir a questão.

2 "Quem despertou o que vem do
oriente,
e o chamou em retidão ao seu serviço,[a]
entregando-lhe nações
e subjugando reis diante dele?
Com a espada ele os reduz a pó,
com o arco os dispersa como palha.
3 Ele os persegue e avança com
segurança
por um caminho que seus pés
jamais percorreram.
4 Quem fez tudo isso?
Quem chama as gerações à existência
desde o princípio?
Eu, o Senhor,
que sou o primeiro,
e que sou eu mesmo
com os últimos."

5 As ilhas viram isso e temem;
os confins da terra tremem.
Eles se aproximam e vêm à frente;
6 cada um ajuda o outro e diz a seu
irmão:
"Seja forte!"
7 O artesão encoraja o ourives,
e aquele que alisa com o martelo
incentiva o que bate na bigorna.
Ele diz acerca da soldagem: "Está boa".
E fixa o ídolo com prego
para que não tombe.

8 "Você, porém, ó Israel, meu servo,
Jacó, a quem escolhi,
vocês, descendentes de
Abraão, meu amigo,
9 eu os tirei dos confins da terra,
de seus recantos mais distantes
eu os chamei.
Eu disse: Você é meu servo;
eu o escolhi e não o rejeitei.
10 Por isso não tema, pois estou com
você;
não tenha medo, pois sou o seu
Deus.
Eu o fortalecerei e o ajudarei;
eu o segurarei
com a minha mão direita vitoriosa.

11 "Todos os que o odeiam
certamente serão humilhados
e constrangidos;
aqueles que se opõem a você
serão como nada e perecerão.
12 Ainda que você procure os seus
inimigos,
você não os encontrará.
Os que guerreiam contra você
serão reduzidos a nada.
13 Pois eu sou o Senhor, o seu Deus,
que o segura pela mão direita
e lhe diz: Não tema; eu o ajudarei.
14 Não tenha medo, ó verme Jacó,
ó pequeno Israel,

[a] 41:2 Ou *com quem a vitória se encontra a cada passo,*

pois eu mesmo o ajudarei",
declara o SENHOR,
seu Redentor, o Santo de Israel.
15"Veja, eu o tornarei um debulhador
novo e cortante, com muitos dentes.
Você debulhará os montes e os
esmagará,
e reduzirá as colinas a palha.
16Você irá peneirá-los, o vento os levará,
e uma ventania os espalhará.
Mas você se regozijará no SENHOR
e no Santo de Israel se gloriará.

17"O pobre e o necessitado buscam água,
e não a encontram!
Suas línguas estão ressequidas de sede.
Mas eu, o SENHOR, lhes responderei;
eu, o Deus de Israel, não os
abandonarei.
18Abrirei rios nas colinas estéreis,
e fontes nos vales.
Transformarei o deserto num lago,
e o chão ressequido em mananciais.
19Porei no deserto o cedro,
a acácia, a murta e a oliveira.
Colocarei juntos no ermo
o cipreste, o abeto e o pinheiro,
20para que o povo veja e saiba,
e todos vejam e saibam,
que a mão do SENHOR fez isso,
que o Santo de Israel o criou.

21"Exponham a sua causa", diz o
SENHOR.
"Apresentem as suas provas",
diz o rei de Jacó.
22"Tragam os seus ídolos
para nos dizerem o que vai
acontecer.
Que eles nos contem como eram
as coisas anteriores,
para que as consideremos
e saibamos o seu resultado final;
ou que nos declarem as coisas
vindouras,
23revelem-nos o futuro,
para que saibamos que eles são
deuses.
Façam alguma coisa, boa ou má,
para que nos rendamos, cheios de
temor.
24Mas vejam só! Eles não são nada,
e as suas obras são totalmente nulas;
detestável é aquele que os escolhe!

25"Despertei um homem,
e do norte ele vem;
desde o nascente
proclamará o meu nome.
Pisa em governantes como em
argamassa,
como o oleiro amassa o barro.
26Quem falou disso desde o princípio,
para que o soubéssemos,
ou antecipadamente,
para que pudéssemos dizer:
'Ele estava certo'?
Ninguém o revelou,
ninguém o fez ouvir,
ninguém ouviu palavra alguma
de vocês.
27Desde o princípio eu disse a Sião:
Veja, estas coisas acontecendo!
A Jerusalém eu darei um mensageiro
de boas novas.
28Olho, e não há ninguém entre eles,
nenhum conselheiro que dê resposta
quando pergunto.
29Veja, são todos falsos!
Seus feitos são nulos;
suas imagens fundidas
não passam de um sopro e de uma
nulidade!

O servo do SENHOR

42 "Eis o meu servo,
a quem sustento,
o meu escolhido, em quem tenho
prazer.
Porei nele o meu Espírito,
e ele trará justiça às nações.
2Não gritará nem clamará,
nem erguerá a voz nas ruas.
3Não quebrará o caniço rachado,
e não apagará o pavio fumegante.
Com fidelidade fará justiça;
4não mostrará fraqueza
nem se deixará ferir,
até que estabeleça a justiça na terra.
Em sua lei as ilhas porão sua
esperança."

5É o que diz Deus, o SENHOR,
aquele que criou o céu e o estendeu,
que espalhou a terra
e tudo o que dela procede,
que dá fôlego aos seus moradores
e vida aos que andam nela:
6"Eu, o SENHOR, o chamei para justiça;
segurarei firme a sua mão.
Eu o guardarei e farei de você
um mediador para o povo
e uma luz para os gentios,

7 para abrir os olhos aos cegos,
para libertar da prisão os cativos
e para livrar do calabouço
os que habitam na escuridão.

8 "Eu sou o SENHOR; este é o meu nome!
Não darei a outro a minha glória
nem a imagens o meu louvor.
9 Vejam! As profecias antigas
aconteceram, e novas eu anuncio;
antes de surgirem, eu as declaro a vocês".

10 Cantem ao SENHOR um novo cântico,
seu louvor desde os confins da terra,
vocês, que navegam no mar,
e tudo o que nele existe,
vocês, ilhas, e todos os seus habitantes.
11 Que o deserto e as suas cidades
ergam a sua voz;
regozijem-se os povoados
habitados por Quedar.
Cante de alegria o povo de Selá,
gritem pelos altos dos montes.
12 Deem glória ao SENHOR
e nas ilhas proclamem seu louvor.
13 O SENHOR sairá
como homem poderoso,
como guerreiro despertará o seu zelo;
com forte brado e seu grito de guerra,
triunfará sobre os seus inimigos.

14 "Fiquei muito tempo em silêncio,
e me contive, calado.
Mas agora, como mulher
em trabalho de parto,
eu grito, gemo e respiro ofegante.
15 Arrasarei os montes e as colinas
e secarei toda sua vegetação;
tornarei rios em terra seca e secarei os
açudes.
16 Conduzirei os cegos por caminhos
que eles não conheceram,
por veredas desconhecidas eu os guiarei;
transformarei as trevas em luz
diante deles
e tornarei retos os lugares acidentados.
Essas são as coisas que farei;
não os abandonarei.
17 Mas retrocederão em vergonha total
aqueles que confiam
em imagens esculpidas,
que dizem aos ídolos fundidos:
'Vocês são nossos deuses'.

A cegueira de Israel

18 "Ouçam, surdos; olhem, cegos, e
vejam!
19 Quem é cego senão o meu servo,
e surdo senão o mensageiro que
enviei?
Quem é cego como aquele
que é consagrado a mim,
cego como o servo do SENHOR?
20 Você viu muitas coisas,
mas não deu nenhuma atenção;

Não há pessoa sem importância

Experimente!

Leia Isaías 42:1-4 e veja que, no versículo 3, caniço rachado e pavio fumegante simbolizam pessoas "sem importância". Ninguém será sem importância quando Jesus, o Servo de Deus, vier endireitar todas as coisas.

Você pode mostrar que todas as pessoas são importantes como Bruno fez nesta história verdadeira. Ninguém gostava do Fê, pois ele estava acima do peso e não era muito simpático. Quando as crianças no parquinho se alinhavam para brincar de chutar a bola, o Fê ficava de um lado e todos os outros da quarta série iam para o outro lado! Bruno achou que isso não era muito legal, e, algum tempo depois, ele passou para o lado do Fê. Então, algumas outras crianças seguiram seu exemplo.

Há alguém na sua sala de aula que não tem nenhum amigo? Pense em maneiras pelas quais você pode ser legal com essa pessoa e lembre-se de que todo mundo é importante para Deus.

Isaías 42:1-4

seus ouvidos estão abertos,
mas você não ouve nada."
21Foi do agrado do SENHOR,
por amor de sua retidão,
tornar grande e gloriosa a sua lei.
22Mas este é um povo saqueado e roubado;
foi apanhado em cavernas
e escondido em prisões.
Tornou-se presa,
sem ninguém para resgatá-lo;
tornou-se despojo,
sem que ninguém o reclamasse,
dizendo: "Devolvam".

23Qual de vocês escutará isso
ou prestará muita atenção
no tempo vindouro?
24Quem entregou Jacó
para tornar-se despojo,
e Israel aos saqueadores?
Não foi o SENHOR,
contra quem temos pecado?
Pois eles não quiseram seguir
os seus caminhos;
não obedeceram à sua lei.
25De modo que ele lançou sobre eles
o seu furor,
a violência da guerra.
Ele os envolveu em chamas,
contudo nada aprenderam;
isso os consumiu,
e ainda assim, não o levaram a sério.

O único salvador de Israel

43 Mas agora assim diz o SENHOR,
aquele que o criou, ó Jacó,
aquele que o formou, ó Israel:
"Não tema, pois eu o resgatei;
eu o chamei pelo nome; você é meu.
2Quando você atravessar as águas,
eu estarei com você;
quando você atravessar os rios,
eles não o encobrirão.
Quando você andar através do fogo,
não se queimará;
as chamas não o deixarão em brasas.
3Pois eu sou o SENHOR, o seu Deus,
o Santo de Israel, o seu Salvador;
dou o Egito como resgate para livrá-lo,
a Etiópia[a] e Sebá em troca de você.
4Visto que você é precioso
e honrado à minha vista,
e porque eu o amo,
darei homens em seu lugar,
e nações em troca de sua vida.
5Não tenha medo,
pois eu estou com você,
do oriente trarei seus filhos
e do ocidente ajuntarei você.
6Direi ao norte: Entregue-os!
e ao sul: Não os retenha.
De longe tragam os meus filhos,
e dos confins da terra as minhas filhas;
7todo o que é chamado pelo meu nome,
a quem criei para a minha glória,
a quem formei e fiz".

8Traga o povo que tem olhos, mas é cego,
que tem ouvidos, mas é surdo.
9Todas as nações se reúnem,
e os povos se ajuntam.
Qual deles predisse isto
e anunciou as coisas passadas?
Que eles façam entrar suas testemunhas,
para provarem que estavam certos,
para que outros ouçam e digam:
"É verdade".
10"Vocês são minhas testemunhas",
declara o SENHOR,
"e meu servo, a quem escolhi,
para que vocês saibam e creiam em mim
e entendam que eu sou Deus[b].
Antes de mim nenhum deus se formou,
nem haverá algum depois de mim.
11Eu, eu mesmo, sou o SENHOR,
e além de mim não há salvador algum.
12Eu revelei, salvei e anunciei;
eu, e não um deus estrangeiro entre vocês.
Vocês são testemunhas de que eu sou Deus",
declara o SENHOR.
13"Desde os dias mais antigos eu o sou.
Não há quem possa
livrar alguém de minha mão.
Agindo eu, quem o pode desfazer?"

A misericórdia de Deus e a infidelidade de Israel

14Assim diz o SENHOR, o seu Redentor, o
Santo de Israel:

[a] 43:3 Hebraico: *Cuxe*.

[b] 43:10 Ou *ele*

"Por amor de vocês mandarei
inimigos contra a Babilônia
e farei todos os babilônios[a]
descerem como fugitivos
nos navios de que se orgulhavam.
15Eu sou o SENHOR, o Santo de vocês,
o Criador de Israel e o seu Rei".

16Assim diz o SENHOR,
aquele que fez um caminho pelo mar,
uma vereda pelas águas violentas,
17que fez saírem juntos
os carros e os cavalos,
o exército e seus reforços,
e eles jazem ali, para nunca mais
se levantarem,
exterminados, apagados como um
pavio.
18"Esqueçam o que se foi;
não vivam no passado.
19Vejam, estou fazendo uma coisa nova!
Ela já está surgindo! Vocês não a
reconhecem?
Até no deserto vou abrir um caminho
e riachos no ermo.
20Os animais do campo me honrarão,
os chacais e as corujas,
porque fornecerei água no deserto
e riachos no ermo,
para dar de beber a meu povo,
meu escolhido,
21ao povo que formei para mim mesmo
a fim de que proclamasse o meu
louvor.

22"Contudo, você não me invocou, ó
Jacó,
embora você tenha ficado exausto
por minha causa, ó Israel.
23Não foi para mim que você trouxe
ovelhas para holocaustos[b],
nem foi a mim que você honrou com
seus sacrifícios.
Não o sobrecarreguei
com ofertas de cereal,
nem o deixei exausto
com exigências de incenso.
24Você não me comprou
nenhuma cana aromática,
nem me saciou
com a gordura de seus sacrifícios.
Mas você me sobrecarregou
com seus pecados
e me deixou exausto com suas ofensas.
25"Sou eu, eu mesmo, aquele que apaga
suas transgressões, por amor de mim,
e que não se lembra mais
de seus pecados.
26Relembre o passado para mim;
vamos discutir a sua causa.
Apresente o argumento
para provar sua inocência.
27Seu primeiro pai pecou;
seus porta-vozes se rebelaram
contra mim.
28Por isso envergonharei
os líderes do templo,
e entregarei Jacó à destruição
e Israel à zombaria.

Israel, o escolhido do Senhor

44 "Mas escute agora, Jacó,
meu servo,
Israel, a quem escolhi.
2Assim diz o SENHOR,
aquele que o fez,
que o formou no ventre, e que o
ajudará:
Não tenha medo, ó Jacó, meu servo,
Jesurum, a quem escolhi.
3Pois derramarei água na terra sedenta,
e torrentes na terra seca;
derramarei meu Espírito sobre sua
prole,
e minha bênção sobre seus
descendentes.
4Eles brotarão como relva nova,
como salgueiros junto a regatos.
5Um dirá: 'Pertenço ao SENHOR';
outro chamará a si mesmo
pelo nome de Jacó;
ainda outro escreverá em sua mão:
'Do SENHOR',
e tomará para si o nome Israel.

A insensatez da idolatria

6"Assim diz o SENHOR,
o rei de Israel, o seu redentor,
o SENHOR dos Exércitos:
Eu sou o primeiro e eu sou o último;
além de mim não há Deus.
7Quem então é como eu?
Que ele o anuncie,
que ele declare e exponha diante de mim
o que aconteceu
desde que estabeleci meu antigo povo,
e o que ainda está para vir;
que todos eles predigam as coisas
futuras
e o que irá acontecer.

[a] 43:14 Ou *caldeus;* também em 47:1, 5; 48:14 e 20.
[b] 43:23 Isto é, sacrifícios totalmente queimados.

8 Não tremam, nem tenham medo.
Não anunciei isto e não o predisse
muito tempo atrás?
Vocês são minhas testemunhas.
Há outro Deus além de mim?
Não, não existe nenhuma outra Rocha;
não conheço nenhuma".

9 Todos os que fazem imagens nada são,
e as coisas que estimam são sem
valor.
As suas testemunhas nada veem
e nada sabem,
para que sejam envergonhados.
10 Quem é que modela um deus
e funde uma imagem,
que de nada lhe serve?
11 Todos os seus companheiros
serão envergonhados;
pois os artesãos não passam de
homens.
Que todos eles se ajuntem
e declarem sua posição;
eles serão lançados ao pavor
e à vergonha.

12 O ferreiro apanha uma ferramenta
e trabalha com ela nas brasas;
modela um ídolo com martelos,
forja-o com a força do braço.
Ele sente fome e perde a força;
passa sede e desfalece.
13 O carpinteiro mede a madeira
com uma linha
e faz um esboço com um traçador;
ele o modela toscamente com
formões
e o marca com compassos.
Ele o faz na forma de homem,
de um homem em toda a sua beleza,
para que habite num santuário.
14 Ele derruba cedros,
talvez apanhe um cipreste,
ou ainda um carvalho.
Ele o deixou crescer entre
as árvores da floresta,
ou plantou um pinheiro,
e a chuva o fez crescer.
15 É combustível usado para queimar;
um pouco disso ele apanha e se
aquece,
acende um fogo e assa um pão.
Mas também modela um deus e o
adora;
faz uma imagem e se curva
diante dela.

Você sabia?

O que eram ídolos? Como as pessoas faziam os ídolos?

44:16-17 Os ídolos eram figuras ou estátuas, como bonecos, que os pagãos adoravam como se fossem deuses. Ídolos eram feitos de metal ou de madeira entalhada. Este capítulo fala às pessoas que elas estavam sendo tolas por pensarem que os ídolos, feitos por elas mesmas, poderiam ajudá-las, sendo que os deuses que os ídolos representavam não existiam de verdade.

16 Metade da madeira
ele queima no fogo;
sobre ela ele prepara sua refeição,
assa a carne e come sua porção.
Ele também se aquece e diz:
"Ah! Estou aquecido;
estou vendo o fogo".
17 Do restante ele faz um deus,
seu ídolo;
inclina-se diante dele e o adora.
Ora a ele e diz: "Salva-me;
tu és o meu deus".
18 Eles nada sabem, nada entendem;
seus olhos estão tapados,
não conseguem ver,
e suas mentes estão fechadas,
não conseguem entender.
19 Ninguém para para pensar,
ninguém tem o conhecimento
ou o entendimento para dizer:
"Metade dela usei como combustível;
até mesmo assei pão sobre suas
brasas,
assei carne e comi.
Faria eu algo repugnante
com o que sobrou?
Iria eu ajoelhar-me diante
de um pedaço de madeira?"
20 Ele se alimenta de cinzas,
um coração iludido o desvia;
ele é incapaz de salvar a si mesmo
ou de dizer:
"Esta coisa na minha mão direita
não é uma mentira?"

21"Lembre-se disso, ó Jacó,
pois você é meu servo, ó Israel.
Eu o fiz, você é meu servo;
ó Israel, eu não o esquecerei.
22Como se fossem uma nuvem,
varri para longe suas ofensas;
como se fossem a neblina da manhã,
os seus pecados.
Volte para mim, pois eu o resgatei."

23Cantem de alegria, ó céus,
pois o SENHOR fez isto;
gritem bem alto, ó profundezas da terra.
Irrompam em canção, vocês, montes,
vocês, florestas e todas as suas árvores,
pois o SENHOR resgatou Jacó;
ele mostra sua glória em Israel.

Jerusalém será habitada

24"Assim diz o SENHOR,
o seu redentor, que o formou no ventre:

"Eu sou o SENHOR, que fiz todas as coisas,
que sozinho estendi os céus,
que espalhei a terra por mim mesmo,

25"que atrapalha os sinais dos falsos profetas
e faz de tolos os adivinhadores,
que derruba o conhecimento dos sábios
e o transforma em loucura,
26que executa as palavras de seus servos
e cumpre as predições
de seus mensageiros,

"que diz acerca de Jerusalém:
Ela será habitada,
e das cidades de Judá:
Elas serão construídas,
e de suas ruínas: Eu as restaurarei,
27que diz às profundezas aquáticas:
Sequem-se, e eu secarei seus regatos,
28que diz acerca de Ciro:
Ele é meu pastor,
e realizará tudo o que me agrada;
ele dirá acerca de Jerusalém:
'Seja reconstruída',
e do templo: 'Sejam lançados os seus alicerces'.

45 "Assim diz o SENHOR ao seu ungido:
a Ciro, cuja mão direita
eu seguro com firmeza
para subjugar as nações diante dele
e arrancar a armadura de seus reis,
para abrir portas diante dele,
de modo que as portas
não estejam trancadas:
2Eu irei adiante de você e aplainarei montes;
derrubarei portas de bronze
e romperei trancas de ferro.
3Darei a você os tesouros das trevas,
riquezas armazenadas em locais secretos,
para que você saiba
que eu sou o SENHOR,
o Deus de Israel,
que o convoca pelo nome.
4Por amor de meu servo Jacó,
de meu escolhido Israel,
eu o convoco pelo nome
e lhe concedo um título de honra,
embora você não me reconheça.
5Eu sou o SENHOR,
e não há nenhum outro;
além de mim não há Deus.
Eu o fortalecerei, ainda que você
não tenha me admitido,
6de forma que do nascente ao poente
saibam todos que não há
ninguém além de mim.
Eu sou o SENHOR,
e não há nenhum outro.
7Eu formo a luz e crio as trevas,
promovo a paz e causo a desgraça;
eu, o SENHOR, faço todas essas coisas.

8"Vocês, céus elevados,
façam chover justiça;
derramem-na as nuvens.
Abra-se a terra, brote a salvação,
cresça a retidão com ela;
eu, o SENHOR, a criei.

9"Ai daquele que contende
com seu Criador,
daquele que não passa de um caco
entre os cacos no chão.
Acaso o barro pode dizer ao oleiro:
'O que você está fazendo?'
Será que a obra que você faz pode dizer:
'Você não tem mãos?'
10Ai daquele que diz a seu pai:
'O que você gerou?',
ou à sua mãe: 'O que você deu à luz?'

11"Assim diz o SENHOR, o Santo de Israel,
o seu Criador:

A respeito de coisas vindouras,
você me pergunta sobre meus filhos,
ou me dá ordens sobre o trabalho
de minhas mãos?
12Fui eu que fiz a terra
e nela criei a humanidade.
Minhas próprias mãos
estenderam os céus;
eu dispus o seu exército de estrelas.
13Eu levantarei esse homem em minha
retidão:
farei direitos todos os seus caminhos.
Ele reconstruirá minha cidade
e libertará os exilados,
sem exigir pagamento
nem qualquer recompensa,
diz o SENHOR dos Exércitos.

14"Assim diz o SENHOR:

Os produtos do Egito
e as mercadorias da Etiópia[a],
e aqueles altos sabeus,
passarão para o seu lado
e lhe pertencerão, ó Jerusalém;
eles a seguirão,
acorrentados, passarão para o seu lado.
Eles se inclinarão diante de você
e lhe implorarão, dizendo:
'Certamente Deus está com você,
e não há outro;
não há nenhum outro Deus' ".
15Verdadeiramente tu és um Deus
que se esconde,
ó Deus e Salvador de Israel.
16Todos os que fazem ídolos
serão envergonhados e
constrangidos;
juntos cairão em constrangimento.
17Mas Israel será salvo pelo SENHOR
com uma salvação eterna;
vocês jamais serão envergonhados
ou constrangidos, por toda a
eternidade.

18Pois assim diz o SENHOR,
que criou os céus, ele é Deus;
que moldou a terra e a fez,
ele fundou-a;
não a criou para estar vazia,
mas a formou para ser habitada;
ele diz: "Eu sou o SENHOR,
e não há nenhum outro.
19Não falei secretamente,
de algum lugar numa terra de trevas;
eu não disse aos descendentes de Jacó:
Procurem-me à toa.
Eu, o SENHOR, falo a verdade;
eu anuncio o que é certo.

20"Ajuntem-se e venham; reúnam-se,
vocês, fugitivos das nações.
São ignorantes aqueles que levam
de um lado para outro
imagens de madeira,
que oram a deuses que não podem
salvar.
21Declarem o que deve ser,
apresentem provas.
Que eles juntamente se aconselhem.
Quem há muito predisse isto,
quem o declarou
desde o passado distante?
Não fui eu, o SENHOR?
E não há outro Deus além de mim,
um Deus justo e salvador;
não há outro além de mim.

22"Voltem-se para mim e sejam salvos,
todos vocês, confins da terra;
pois eu sou Deus,
e não há nenhum outro.
23Por mim mesmo eu jurei,
a minha boca pronunciou
com toda a integridade
uma palavra que não será
revogada:
Diante de mim todo joelho se
dobrará;
junto a mim toda língua jurará.
24Dirão a meu respeito:
'Somente no SENHOR
estão a justiça e a força' ".
Todos os que o odeiam
virão a ele e serão envergonhados.
25Mas no SENHOR todos
os descendentes de Israel
serão considerados justos e
exultarão.

Os deuses da Babilônia

46 Bel se inclina, Nebo se abaixa;
os seus ídolos são levados
por animais de carga[b].
As imagens que são levadas
por aí, são pesadas,
um fardo para os exaustos.
2Juntos eles se abaixam e se inclinam;
incapazes de salvar o fardo,
eles mesmos vão para o cativeiro.

[a] 45:14 Hebraico: *de Cuxe.*

[b] 46:1 Ou *ídolos não passam de animais de carga e gado*

3 "Escute-me, ó casa de Jacó,
todos vocês que restam da nação de Israel,
vocês, a quem tenho sustentado
desde que foram concebidos,
e que tenho carregado
desde o seu nascimento.
4 Mesmo na sua velhice,
quando tiverem cabelos brancos,
sou eu aquele,
aquele que os susterá.
Eu os fiz e eu os levarei;
eu os sustentarei
e eu os salvarei.
5 "Com quem vocês vão comparar-me
ou a quem me considerarão igual?
A quem vocês me assemelharão
para que sejamos comparados?
6 Alguns derramam ouro de suas bolsas
e pesam prata na balança;
contratam um ourives
para transformar isso num deus,
inclinam-se e o adoram.
7 Erguem-no ao ombro e o carregam;
põem-no em pé em seu lugar, e ali ele fica.
Daquele local não consegue se mexer.
Embora alguém o invoque,
ele não responde;
é incapaz de salvá-lo de seus problemas.
8 "Lembrem-se disto, gravem-no na mente,
acolham no íntimo, ó rebeldes.
9 Lembrem-se das coisas passadas,
das coisas muito antigas!
Eu sou Deus, e não há nenhum outro;
eu sou Deus, e não há nenhum como eu.
10 Desde o início faço conhecido o fim,
desde tempos remotos,
o que ainda virá.
Digo: Meu propósito permanecerá em pé,
e farei tudo o que me agrada.
11 Do oriente convoco uma ave de rapina;
de uma terra bem distante,
um homem para cumprir
o meu propósito.
O que eu disse, isso eu farei acontecer;
o que planejei, isso farei.
12 Escutem-me,
vocês de coração obstinado,
vocês que estão longe da retidão.
13 Estou trazendo para perto
a minha retidão,
ela não está distante;
e a minha salvação não será adiada.
Concederei salvação a Sião,
meu esplendor a Israel.

A queda de Babilônia

47 "Desça, sente-se no pó,
Virgem Cidade[a] de Babilônia;
sente-se no chão sem um trono,
Filha dos babilônios.

[a] 47:1 Hebraico: *Filha*; também no versículo 5.

A vida nos tempos da Bíblia

Trabalho de magia

Os pagãos frequentemente tentavam conseguir o que queriam lançando feitiços mágicos. Eles usavam magia para fazer mal aos inimigos, para ganhar riquezas ou para curar doenças. Alguns feitiços usavam coisas como pele de sapo ou penas, junto com palavras mágicas, mas magia, no final, não agrada a Deus, pois ele é que está no controle.

Você não será mais chamada
mimosa e delicada.
2Apanhe pedras de moinho e faça
farinha;
retire o seu véu.
Levante a saia, desnude as suas
pernas
e atravesse os riachos.
3Sua nudez será exposta
e sua vergonha será revelada.
Eu me vingarei; não pouparei
ninguém."
4Nosso redentor,
o SENHOR dos Exércitos
é o seu nome,
é o Santo de Israel.

5"Sente-se em silêncio,
entre nas trevas,
cidade dos babilônios;
você não será mais chamada
rainha dos reinos.
6Fiquei irado contra o meu povo
e profanei minha herança;
eu os entreguei nas suas mãos,
e você não mostrou misericórdia
para com eles.
Mesmo sobre os idosos
você pôs um jugo muito pesado.
7Você disse: 'Continuarei sempre sendo
a rainha eterna!'
Mas você não ponderou
estas coisas,
nem refletiu no que poderia
acontecer.

8"Agora, então, escute,
criatura provocadora,
que age despreocupada
e preguiçosamente
em sua segurança, e diz a si mesma:
'Somente eu,
e mais ninguém.
Jamais ficarei viúva nem sofrerei
a perda de filhos'.
9Estas duas coisas acontecerão a você
num mesmo instante, num único dia,
perda de filhos e viuvez;
virão sobre você com todo o seu
peso,
a despeito de suas muitas feitiçarias
e de todas as suas poderosas
palavras de encantamento.
10Você confiou em sua impiedade e
disse:
'Ninguém me vê'.
Sua sabedoria e seu conhecimento a
enganam
quando você diz a si mesma:
'Somente eu, e mais ninguém
além de mim'.
11A desgraça a alcançará
e você não saberá como esconjurá-la.
Cairá sobre você um mal
do qual você não poderá proteger-se
com um resgate;
uma catástrofe que você não pode
prever
cairá repentinamente sobre você.

12"Continue, então, com suas
palavras mágicas de encantamento
e com suas muitas feitiçarias,
nas quais você tem se afadigado
desde a infância.
Talvez você consiga,

Não confie em astrólogos

As pessoas na Babilônia queriam ajuda sobrenatural e tentavam feitiços mágicos e pediam para astrólogos lhes dizerem o que fazer - astrólogos são pessoas que pensam que os planetas controlam nosso futuro. Leia Isaías 47:12-15 e pense no seguinte: "Será que magia ou astrologia conseguiriam ajudar os babilônios a escapar do julgamento de Deus?". Leia também Daniel 2:1-11 e responda à seguinte pergunta: "Os astrólogos conseguiram ajudar o rei Nabucodonosor?".

Quando precisar de ajuda para tomar uma decisão, ore a Deus pedindo ajuda e converse com um adulto cristão em quem você confie.

Experimente!

Isaías 47:12-15

talvez provoque pavor.
13Todos os conselhos que você recebeu
só a deixaram extenuada!
Deixe seus astrólogos se apresentarem,
aqueles fitadores de estrelas
que fazem predições de mês a mês,
que eles a salvem daquilo
que está vindo sobre você;
14sem dúvida eles são como restolho;
o fogo os consumirá.
Eles não podem nem mesmo salvar-se
do poder das chamas.
Aqui não existem brasas
para aquecer ninguém;
não há fogueira para a gente sentar-se
ao lado.
15Isso é tudo o que eles podem
fazer por você,
esses com quem você se afadigou
e com quem teve negócios escusos
desde a infância.
Cada um deles prossegue em seu erro;
não há ninguém que possa salvá-la.

Israel obstinado

48 "Escute isto, ó comunidade de Jacó, vocês que são chamados
pelo nome de Israel
e vêm da linhagem de Judá,
vocês que fazem juramentos
pelo nome do SENHOR
e invocam o Deus de Israel,
mas não em verdade ou retidão;
2vocês que chamam a si mesmos
cidadãos da cidade santa
e dizem confiar no Deus de Israel;
o SENHOR dos Exércitos é o seu nome:
3Eu predisse há muito
as coisas passadas,
minha boca as anunciou,
e eu as fiz conhecidas;
então repentinamente agi,
e elas aconteceram.
4Pois eu sabia quão obstinado você era;
os tendões de seu pescoço eram ferro,
a sua testa era bronze.
5Por isso há muito lhe contei
essas coisas;
antes que acontecessem
eu as anunciei a você
para que você não pudesse dizer:
'Meus ídolos as fizeram;
minha imagem de madeira
e meu deus de metal as
determinaram'.
6Você tem ouvido essas coisas;
olhe para todas elas.
Você não irá admiti-las?

"De agora em diante eu lhe contarei
coisas novas,
coisas ocultas, que você desconhece.
7Elas foram criadas agora,
e não há muito tempo;
você nunca as conheceu antes.
Por isso você não pode dizer:
'Sim, eu as conhecia'.
8Você não tinha conhecimento
nem entendimento;
desde a antiguidade o seu ouvido
tem se fechado.
Sei quão traiçoeiro você é;
desde o nascimento
você foi chamado rebelde.
9Por amor do meu próprio nome
eu adio a minha ira;
por amor de meu louvor
eu a contive,
para que você não fosse eliminado.
10Veja, eu refinei você,
embora não como prata;
eu o provei na fornalha da aflição.
11Por amor de mim mesmo,
por amor de mim mesmo, eu faço
isso.
Como posso permitir que
eu mesmo seja difamado?
Não darei minha glória a nenhum
outro.

A libertação de Israel

12"Escute-me, ó Jacó,
Israel,
a quem chamei:
Eu sou sempre o mesmo;
eu sou o primeiro
e eu sou o último.
13Minha própria mão
lançou os alicerces da terra,
e a minha mão direita estendeu os
céus;
quando eu os convoco,
todos juntos se põem em pé.
14"Reúnam-se, todos vocês, e escutem:
Qual dos ídolos predisse essas coisas?
O amado do SENHOR
cumprirá seu propósito
contra a Babilônia;
seu braço será contra os babilônios.
15Eu, eu mesmo, falei;
sim, eu o chamei.
Eu o trarei, e ele será bem-sucedido

em sua missão.

16"Aproximem-se de mim e escutem
isto:

"Desde o primeiro anúncio
não falei secretamente;
na hora em que acontecer, estarei ali."

E agora o Soberano, o SENHOR, me
enviou,
com seu Espírito.

17Assim diz o SENHOR, o seu redentor,
o Santo de Israel:
"Eu sou o SENHOR, o seu Deus,
que lhe ensina o que é melhor para
você,
que o dirige no caminho
em que você deve ir.
18Se tão somente você tivesse
prestado atenção às minhas ordens,
sua paz seria como um rio,
sua retidão, como as ondas do mar.
19Seus descendentes
seriam como a areia,
seus filhos, como seus inúmeros grãos;
o nome deles jamais seria eliminado
nem destruído de diante de mim".

20Deixem a Babilônia,
fujam do meio dos babilônios!
Anunciem isso com gritos de alegria
e proclamem-no.
Enviem-no aos confins da terra; digam:
O SENHOR resgatou seu servo Jacó.
21Não tiveram sede
quando ele os conduziu
através dos desertos;
ele fez água fluir da rocha para eles;
fendeu a rocha, e a água jorrou.

22"Não há paz alguma para os ímpios",
diz o SENHOR.

O servo do SENHOR

49 Escutem-me, vocês, ilhas;
ouçam, vocês, nações distantes:
Antes de eu nascer
o SENHOR me chamou;
desde o meu nascimento
ele fez menção de meu nome.
2Ele fez de minha boca
uma espada afiada,
na sombra de sua mão ele me
escondeu;
ele me tornou uma flecha polida
e escondeu-me na sua aljava.
3Ele me disse: "Você é meu servo,
Israel, em quem mostrarei o meu
esplendor".
4Mas eu disse: Tenho me afadigado
sem qualquer propósito;
tenho gastado minha força em vão
e para nada.
Contudo, o que me é devido
está na mão do SENHOR,
e a minha recompensa
está com o meu Deus.

5E agora o SENHOR diz,
aquele que me formou no ventre
para ser o seu servo,
para trazer de volta Jacó
e reunir Israel a ele mesmo,
pois sou honrado aos olhos do SENHOR,
e o meu Deus tem sido a minha força;
6ele diz: "Para você é coisa pequena
demais
ser meu servo
para restaurar as tribos de Jacó
e trazer de volta aqueles de Israel
que eu guardei.
Também farei de você uma luz
para os gentios,
para que você leve a minha salvação
até os confins da terra".

7Assim diz o SENHOR, o Redentor,
o Santo de Israel,
àquele que foi desprezado
e detestado pela nação,
ao servo de governantes:
"Reis o verão e se levantarão,
líderes o verão e se encurvarão,
por causa do SENHOR, que é fiel,
o Santo de Israel, que o escolheu".

A restauração de Israel

8Assim diz o SENHOR:

"No tempo favorável
eu lhe responderei,
e no dia da salvação eu o ajudarei;
eu o guardarei e farei que você
seja uma aliança para o povo,
para restaurar a terra e distribuir
suas propriedades abandonadas,
9para dizer aos cativos: Saiam,
e àqueles que estão nas trevas:
Apareçam!

"Eles se apascentarão junto aos
caminhos
e acharão pastagem em toda colina
estéril.
10Não terão fome nem sede;

o calor do deserto e o sol não os
atingirão.
Aquele que tem compaixão deles os
guiará
e os conduzirá para as fontes de
água.
11Transformarei todos os meus montes
em estradas,
e os meus caminhos serão erguidos.
12Veja, eles virão de bem longe;
alguns do norte, alguns do oeste,
alguns de Assuã[a]".

13Gritem de alegria, ó céus,
regozije-se, ó terra;
irrompam em canção, ó montes!
Pois o SENHOR consola o seu povo
e terá compaixão de seus afligidos.

14Sião, porém, disse:

"O SENHOR me abandonou,
o Senhor me desamparou".

15"Haverá mãe que possa esquecer
seu bebê que ainda mama
e não ter compaixão do filho
que gerou?
Embora ela possa esquecê-lo,
eu não me esquecerei de você!
16Veja, eu gravei você
nas palmas das minhas mãos;
seus muros estão sempre diante de
mim.
17Seus filhos apressam-se em voltar,
e aqueles que a despojaram
afastam-se de você.
18Erga os olhos e olhe ao redor;
todos os seus filhos se ajuntam
e vêm até você.
Juro pela minha vida
que você se vestirá deles todos como
ornamento;
você se vestirá deles como uma
noiva",
declara o SENHOR.

19"Apesar de você ter sido arruinada
e abandonada
e apesar de sua terra ter sido
arrasada,
agora você será pequena demais
para o seu povo,
e aqueles que a devoraram
estarão bem distantes.
20Os filhos nascidos durante seu luto
ainda dirão ao alcance dos seus
ouvidos:
'Este lugar é pequeno demais para nós;
dê-nos mais espaço para nele
vivermos'.
21Então você dirá em seu coração:
'Quem me gerou estes filhos?
Eu estava enlutada e estéril;
estava exilada e rejeitada.
Quem os criou?
Fui deixada totalmente só,
mas estes... de onde vieram?'"

22Assim diz o Soberano, o SENHOR:

"Veja, eu acenarei para os gentios,
erguerei minha bandeira para os
povos;
eles trarão nos braços os seus filhos
e carregarão nos ombros as suas
filhas.
23Reis serão os seus padrastos,
e suas rainhas serão
as suas amas de leite.
Eles se inclinarão diante de você,
com o rosto em terra;
lamberão o pó dos seus pés.
Então você saberá que eu sou o
SENHOR;
aqueles que esperam em mim
não ficarão decepcionados".

24Será que se pode tirar
o despojo dos guerreiros,
ou será que os prisioneiros podem ser
resgatados
do poder dos violentos[b]?

25Assim, porém, diz o SENHOR:

26"Sim, prisioneiros serão tirados
de guerreiros,
e despojo será retomado dos
violentos;
brigarei com os que brigam com você,
e seus filhos, eu os salvarei.
Farei seus opressores comerem
sua própria carne;
ficarão bêbados com seu próprio
sangue,
como com vinho.
Então todo mundo saberá que eu,
o SENHOR, sou o seu Salvador,
seu Redentor, o Poderoso de
Jacó".

[a] 49:12 Conforme os manuscritos do mar Morto. O Texto Massorético diz *Sinim*.

[b] 49:24 Conforme os manuscritos do mar Morto, a Vulgata e a Versão Siríaca. O Texto Massorético diz *justos*.

O pecado de Israel e a obediência do servo

50 Assim diz o SENHOR:
"Onde está a certidão de divórcio de
sua mãe
com a qual eu a mandei embora?
A qual de meus credores
eu vendi vocês?
Por causa de seus pecados
vocês foram vendidos;
por causa das transgressões de vocês
sua mãe foi mandada embora.
²Quando eu vim, por que
não encontrei ninguém?
Quando eu chamei,
por que ninguém respondeu?
Será que meu braço era curto demais
para resgatá-los?
Será que me falta a força para
redimi-los?
Com uma simples repreensão
eu seco o mar,
transformo rios em deserto;
seus peixes apodrecem por falta de água
e morrem de sede.
³Visto de trevas os céus
e faço da veste de lamento a sua
coberta".

⁴O Soberano, o SENHOR, deu-me
uma língua instruída,
para conhecer a palavra
que sustém o exausto.
Ele me acorda manhã após manhã,
desperta meu ouvido para escutar
como alguém que está sendo
ensinado.
⁵O Soberano, o SENHOR,
abriu os meus ouvidos,
e eu não tenho sido rebelde;
eu não me afastei.
⁶Ofereci minhas costas
àqueles que me batiam,
meu rosto àqueles
que arrancavam minha barba;
não escondi a face da zombaria
e dos cuspes.
⁷Porque o SENHOR, o Soberano, me
ajuda,
não serei constrangido.
Por isso eu me opus firme
como uma dura rocha,
e sei que não ficarei decepcionado.
⁸Aquele que defende o meu nome
está perto.
Quem poderá trazer acusações contra
mim?
Encaremo-nos um ao outro!
Quem é meu acusador?
Que ele me enfrente!
⁹É o Soberano, o SENHOR, que me
ajuda.
Quem irá me condenar?
Todos eles se desgastam
como uma roupa;
as traças os consumirão.

¹⁰Quem entre vocês teme o SENHOR
e obedece à palavra de seu servo?
Que aquele que anda no escuro,
que não tem luz alguma,
confie no nome do SENHOR
e se apoie em seu Deus.
¹¹Mas agora,
todos vocês
que acendem fogo
e fornecem a si mesmos tochas
acesas,
vão, andem na luz de seus fogos
e das tochas que vocês acenderam.
Vejam o que receberão da minha mão:
vocês se deitarão atormentados.

A salvação eterna para Sião

51 "Escutem-me,
vocês que buscam a retidão
e procuram o SENHOR:
Olhem para a rocha
da qual foram cortados
e para a pedreira
de onde foram cavados;
²olhem para Abraão, seu pai,
e para Sara, que lhes deu à luz.
Quando eu o chamei, ele era apenas um,
e eu o abençoei e o tornei muitos."
³Com certeza o SENHOR consolará Sião
e olhará com compaixão
para todas as ruínas dela;
ele tornará seus desertos como o Éden,
seus ermos, como o jardim do SENHOR.
Alegria e contentamento
serão achados nela,
ações de graças e som de canções.

⁴"Escute-me, povo meu;
ouça-me, nação minha:
A lei sairá de mim;
minha justiça se tornará uma luz para
as nações.
⁵Minha retidão logo virá,
minha salvação está a caminho,
e meu braço trará justiça às nações.

As ilhas esperarão em mim e
aguardarão
esperançosamente pelo meu braço.
6Ergam os olhos para os céus,
olhem para baixo, para a terra;
os céus desaparecerão como fumaça,
a terra se gastará como uma roupa,
e seus habitantes morrerão como
moscas.
Mas a minha salvação
durará para sempre,
a minha retidão jamais falhará.

7"Ouçam-me, vocês que sabem
o que é direito,
vocês, povo que tem a minha lei
no coração:
Não temam a censura de homens
nem fiquem aterrorizados
com seus insultos.
8Pois a traça os comerá
como a uma roupa;
o verme os devorará como à lã.
Mas a minha retidão durará para
sempre,
a minha salvação de geração em
geração."

9Desperta! Desperta! Veste de força,
o teu braço, ó SENHOR;
acorda, como em dias passados,
como em gerações de outrora.
Não foste tu que despedaçaste o
Monstro dos Mares[a],
que traspassaste aquela serpente
aquática?
10Não foste tu que secaste o mar,
as águas do grande abismo,
que fizeste uma estrada
nas profundezas do mar
para que os redimidos
pudessem atravessar?
11Os resgatados do SENHOR voltarão.
Entrarão em Sião com cântico;
alegria eterna coroará sua cabeça.
Júbilo e alegria se apossarão deles,
tristeza e suspiro deles fugirão.

12"Eu, eu mesmo,
sou quem a consola.
Quem é você para que tema
homens mortais,
os filhos de homens,
que não passam de relva,
13e para que esqueça o SENHOR,
aquele que fez você,
que estendeu os céus
e lançou os alicerces da terra,
para que você viva diariamente,
constantemente apavorada
por causa da ira do opressor,
que está inclinado a destruir?
Pois onde está a ira do opressor?
14Os prisioneiros encolhidos
logo serão postos em liberdade;
não morrerão em sua masmorra,
nem terão falta de pão.
15Pois eu sou o SENHOR, o seu Deus,
que agito o mar
para que suas ondas rujam;
SENHOR dos Exércitos é o meu nome.
16Pus minhas palavras em sua boca
e o cobri com a sombra da minha
mão,
eu, que pus os céus no lugar,
que lancei os alicerces da terra,
e que digo a Sião:
Você é o meu povo."

O cálice da ira do Senhor

17Desperte, desperte!
Levante-se, ó Jerusalém,
você que bebeu da mão do SENHOR
o cálice da ira dele,
você que engoliu,
até a última gota,
da taça que faz os homens
cambalearem.
18De todos os filhos que ela teve
não houve nenhum para guiá-la;
de todos os filhos que criou
não houve nenhum
para tomá-la pela mão.
19Quem poderá consolá-la
dessas duas desgraças que a
atingiram?
Ruína e destruição, fome e espada,
quem poderá[b] consolá-la?
20Seus filhos desmaiaram;
eles jazem no início de cada rua,
como antílope pego numa rede.
Estão cheios da ira do SENHOR
e da repreensão do seu Deus.

21Portanto, ouça isto, você, aflita,
embriagada, mas não com vinho.
22Assim diz o seu Soberano, o SENHOR,
o seu Deus, que defende o seu povo:
"Veja que eu tirei da sua mão
o cálice que faz cambalear;

[a] 51:9 Hebraico: *Raabe*.

[b] 51:19 Conforme os manuscritos do mar Morto, a Septuaginta, a Vulgata e a Versão Siríaca. O Texto Massorético diz *como poderei*.

dele, do cálice da minha ira,
você nunca mais beberá.
23Eu o porei nas mãos
dos seus atormentadores,
que lhe disseram: 'Caia prostrada
para que andemos sobre você'.
E você fez as suas costas como chão,
como uma rua para nela a gente
andar".

52 Desperte! Desperte, ó Sião!
Vista-se de força.
Vista suas roupas de esplendor,
ó Jerusalém, cidade santa.
Os incircuncisos e os impuros
não tornarão a entrar por suas
portas.
2Sacuda para longe a sua poeira;
levante-se, sente-se entronizada,
ó Jerusalém.
Livre-se das correntes em seu pescoço,
ó cativa cidade[a] de Sião.

3Pois assim diz o SENHOR:
"Vocês foram vendidos por nada,
e sem dinheiro vocês serão
resgatados".

4Pois assim diz o Soberano, o SENHOR:
"No início o meu povo desceu
para morar no Egito;
ultimamente a Assíria o tem oprimido.

5"E agora o que tenho aqui?",
pergunta o SENHOR.
"Pois o meu povo foi levado
por nada,
e aqueles que o dominam zombam[b]",
diz o SENHOR.
"E constantemente,
o dia inteiro,
meu nome é blasfemado.
6Por isso o meu povo
conhecerá o meu nome;
naquele dia eles saberão
que sou eu que o previ.
Sim, sou eu".

7Como são belos nos montes
os pés daqueles que anunciam
boas novas,
que proclamam a paz,
que trazem boas notícias,
que proclamam salvação,

Palavras para memorizar

"Como são belos nos montes os pés daqueles que anunciam boas-novas, que proclamam a paz, que trazem boas notícias, que proclamam salvação, que dizem a Sião: 'O seu Deus reina!'"

(Isaías 52:7)

que dizem a Sião:
"O seu Deus reina!"
8Escutem!
Suas sentinelas erguem a voz;
juntas gritam de alegria.
Quando o SENHOR voltar a Sião,
elas o verão com os seus próprios
olhos.
9Juntas cantem de alegria,
vocês, ruínas de Jerusalém,
pois o SENHOR consolou o seu povo;
ele resgatou Jerusalém.
10O SENHOR desnudará seu santo braço
à vista de todas as nações,
e todos os confins da terra verão
a salvação de nosso Deus.
11Afastem-se, afastem-se, saiam daqui!
Não toquem em coisas impuras!
Saiam dela e sejam puros,
vocês, que transportam os utensílios
do SENHOR.
12Mas vocês não partirão
apressadamente,
nem sairão em fuga;
pois o SENHOR irá à frente de vocês;
o Deus de Israel será a sua
retaguarda.

O sofrimento e a glória do servo do SENHOR

13Vejam, o meu servo agirá
com sabedoria[c];
será engrandecido, elevado
e muitíssimo exaltado.
14Assim como houve muitos
que ficaram pasmados diante dele[d];

[a] 52:2 Hebraico: *filha*.
[b] 52:5 Conforme os manuscritos do mar Morto e a Vulgata. O Texto Massorético diz *uivam*.
[c] 52:13 Ou *servo prosperará*
[d] 52:14 Hebraico: *diante de você*.

sua aparência estava tão desfigurada,
que ele se tornou irreconhecível
como homem;
não parecia um ser humano;
15 de igual modo ele aspergirá
muitas nações,[a]
e reis calarão a boca por causa dele.
Pois aquilo que não lhes foi dito verão,
e o que não ouviram compreenderão.

53 Quem creu em nossa mensagem?
E a quem foi revelado o braço do
SENHOR?
2 Ele cresceu diante dele
como um broto tenro,
e como uma raiz saída de uma terra
seca.
Ele não tinha qualquer beleza
ou majestade que nos atraísse,
nada havia em sua aparência
para que o desejássemos.
3 Foi desprezado e rejeitado pelos
homens,
um homem de dores
e experimentado no sofrimento.
Como alguém de quem
os homens escondem o rosto,
foi desprezado,
e nós não o tínhamos em estima.
4 Certamente ele tomou sobre si
as nossas enfermidades
e sobre si levou as nossas doenças;
contudo nós o consideramos
castigado por Deus,
por Deus atingido e afligido.
5 Mas ele foi transpassado
por causa das nossas transgressões,
foi esmagado por causa
de nossas iniquidades;
o castigo que nos trouxe paz
estava sobre ele, e pelas suas feridas
fomos curados.
6 Todos nós, tal qual ovelhas,
nos desviamos,
cada um de nós se voltou
para o seu próprio caminho;
e o SENHOR fez cair sobre ele
a iniquidade de todos nós.
7 Ele foi oprimido e afligido;
e, contudo, não abriu a sua boca;
como um cordeiro
foi levado para o matadouro,
e como uma ovelha que diante de seus
tosquiadores fica calada,
ele não abriu a sua boca.
8 Com julgamento opressivo ele foi
levado.
E quem pode falar dos seus
descendentes?
Pois ele foi eliminado
da terra dos viventes;
por causa da transgressão
do meu povo ele foi golpeado.[b]
9 Foi-lhe dado um túmulo com os ímpios,
e com os ricos em sua morte,
embora não tivesse cometido
nenhuma violência
nem houvesse nenhuma mentira
em sua boca.
10 Contudo, foi da vontade do SENHOR
esmagá-lo e fazê-lo sofrer,
e, embora o SENHOR tenha feito[c] da
vida dele
uma oferta pela culpa,
ele verá sua prole e prolongará seus
dias,
e a vontade do SENHOR
prosperará em sua mão.
11 Depois do sofrimento de sua alma,
ele verá a luz[d] e ficará satisfeito;[e]
pelo seu conhecimento
meu servo justo
justificará a muitos,
e levará a iniquidade deles.

[a] 52:15 A Septuaginta diz *muitas nações ficarão pasmadas diante dele.*

Você sabia?

O que Isaías 53 descreve?

53:4 Este capítulo é sobre Jesus, descreve sua morte e sepultamento e explica que Jesus morreu pelos nossos pecados. Isaías escreveu essas palavras cerca de setecentos anos antes de Jesus ter nascido! Apenas Deus poderia saber com antecedência como Jesus morreria. Profecias como essa provam que a Bíblia é realmente a Palavra de Deus.

[b] 53:8 Ou *Contudo, quem da sua geração considerou que ele foi eliminado da terra dos viventes por causa da transgressão do meu povo, para quem era devido o castigo?*
[c] 53:10 Hebraico: *embora você tenha feito.*
[d] 53:11 Conforme os manuscritos do mar Morto. O Texto Massorético não traz *a luz.*
[e] 53:11 Ou *Ele verá o resultado do sofrimento da sua alma e ficará satisfeito;*

12Por isso eu lhe darei uma porção
entre os grandes[a],
e ele dividirá os despojos com os
fortes[b],
porquanto ele derramou sua vida
até a morte,
e foi contado entre os transgressores.
Pois ele levou o pecado de muitos,
e pelos transgressores intercedeu.

A futura glória de Sião

54 "Cante, ó estéril,
você que nunca teve um filho;
irrompa em canto, grite de alegria,
você que nunca esteve
em trabalho de parto;
porque mais são os filhos
da mulher abandonada
do que os daquela que tem marido",
diz o SENHOR.
2"Alargue o lugar de sua tenda,
estenda bem as cortinas de sua tenda,
não o impeça;
estique suas cordas, firme suas estacas.
3Pois você se estenderá para a direita
e para a esquerda;
seus descendentes desapossarão
nações
e se instalarão
em suas cidades abandonadas.

4"Não tenha medo;
você não sofrerá vergonha.
Não tema o constrangimento;
você não será humilhada.
Você esquecerá
a vergonha de sua juventude
e não se lembrará mais
da humilhação de sua viuvez.
5Pois o seu Criador é o seu marido,
o SENHOR dos Exércitos é o seu
nome,
o Santo de Israel é seu Redentor;
ele é chamado o Deus de toda a
terra.
6O SENHOR chamará você de volta
como se você fosse uma
mulher abandonada e aflita de
espírito,
uma mulher que se casou nova
apenas para ser rejeitada", diz o seu
Deus.
7"Por um breve instante eu a
abandonei,
mas com profunda compaixão
eu a trarei de volta.
8Num impulso de indignação
escondi de você por um instante
o meu rosto,
mas com bondade eterna
terei compaixão de você",
diz o SENHOR, o seu Redentor.

9"Para mim isso é como os dias de Noé,
quando jurei que as águas de Noé
nunca mais tornariam a cobrir a
terra.
De modo que agora jurei
não ficar irado contra você,
nem tornar a repreendê-la.
10Embora os montes sejam sacudidos
e as colinas sejam removidas,
ainda assim a minha fidelidade
para com você não será abalada,
nem será removida
a minha aliança de paz",
diz o SENHOR,
que tem compaixão de você.

11"Ó cidade aflita,
açoitada por tempestades
e não consolada,
eu a edificarei com turquesas,
edificarei seus alicerces com safiras.
12Farei de rubis os seus escudos,
de carbúnculos as suas portas,
e de pedras preciosas
todos os seus muros.
13Todos os seus filhos
serão ensinados pelo SENHOR,
e grande será a paz de suas crianças.
14Em retidão você será estabelecida:
A tirania estará distante;
você não terá nada a temer.
O pavor estará removido para longe;
ele não se aproximará de você.
15Se alguém a atacar,
não será por obra minha;
todo aquele que a atacar
se renderá a você.

16"Veja, fui eu quem criou o ferreiro,
que sopra as brasas até darem chama
e forja uma arma
própria para o seu fim.
E fui eu quem criou o destruidor
para gerar o caos;
17nenhuma arma forjada contra você
prevalecerá,
e você refutará toda língua que a
acusar.

[a] 53:12 Ou *entre muitos*
[b] 53:12 Ou *numerosos*

Pessoas nos tempos da Bíblia

Ferreiros

Os ferreiros esquentavam o metal no fogo até que ficasse vermelho e, então, eles seguravam o metal quente com uma tenaz (que parece uma pinça) e usavam o martelo para dar forma a ele. Os ferreiros faziam ferramentas para serviços na fazenda e armas para lutas de guerra.

Esta é a herança dos servos do SENHOR,
e esta é a defesa que faço do nome
deles",
declara o SENHOR.

Convite aos sedentos

55 "Venham, todos vocês
que estão com sede,
venham às águas;
e vocês que não possuem
dinheiro algum,
venham, comprem e comam!
Venham, comprem vinho
e leite sem dinheiro e sem custo.
2 Por que gastar dinheiro
naquilo que não é pão,
e o seu trabalho árduo
naquilo que não satisfaz?
Escutem, escutem-me,
e comam o que é bom,
e a alma de vocês se deliciará
com a mais fina refeição.
3 Deem-me ouvidos e venham a mim;
ouçam-me, para que sua alma viva.
Farei uma aliança eterna com vocês,
minha fidelidade prometida a Davi.
4 Vejam, eu o fiz
uma testemunha aos povos,
um líder e governante dos povos.
5 Com certeza você convocará nações
que você não conhece,
e nações que não o conhecem
se apressarão até você,
por causa do SENHOR, o seu Deus,
o Santo de Israel,
pois ele lhe concedeu esplendor."

6 Busquem o SENHOR
enquanto é possível achá-lo;
clamem por ele enquanto está perto.
7 Que o ímpio abandone o seu caminho,
e o homem mau, os seus
pensamentos.
Volte-se ele para o SENHOR,
que terá misericórdia dele;
volte-se para o nosso Deus,
pois ele dá de bom grado o seu
perdão.

8 "Pois os meus pensamentos
não são os pensamentos de vocês,
nem os seus caminhos
são os meus caminhos",
declara o SENHOR.
9 "Assim como os céus são mais altos
do que a terra,
também os meus caminhos
são mais altos do que os seus
caminhos,
e os meus pensamentos,
mais altos do que os seus
pensamentos.
10 Assim como a chuva e a neve
descem dos céus
e não voltam para eles sem regarem a
terra
e fazerem-na brotar e florescer,
para ela produzir semente
para o semeador
e pão para o que come,
11 assim também ocorre com a palavra
que sai da minha boca:
ela não voltará para mim vazia,
mas fará o que desejo
e atingirá o propósito para o qual a
enviei.
12 Vocês sairão em júbilo
e serão conduzidos em paz;
os montes e colinas irromperão
em canto diante de vocês,
e todas as árvores do campo
baterão palmas.
13 No lugar do espinheiro
crescerá o pinheiro,
e em vez de roseiras bravas
crescerá a murta.
Isso resultará em renome para o
SENHOR,
para sinal eterno,
que não será destruído."

Salvação para os gentios

56 Assim diz o SENHOR:
"Mantenham a justiça e pratiquem o
que é direito,

pois a minha salvação está perto,
e logo será revelada a minha retidão.
2 Feliz aquele que age assim,
o homem que nisso permanece
firme,
observando o sábado
para não profaná-lo,
e vigiando sua mão
para não cometer nenhum mal".

3 Que nenhum estrangeiro
que se disponha a unir-se ao SENHOR
venha a dizer:
"É certo que o SENHOR
me excluirá do seu povo".
E que nenhum eunuco se queixe:
"Não passo de uma árvore seca".

4 Pois assim diz o SENHOR:

"Aos eunucos que guardarem
os meus sábados,
que escolherem o que me agrada
e se apegarem à minha aliança,
5 a eles darei, dentro de meu templo
e dos seus muros,
um memorial e um nome melhor
do que filhos e filhas,
um nome eterno, que não será
eliminado.
6 E os estrangeiros que se unirem
ao SENHOR para servi-lo,
para amarem o nome do SENHOR
e prestar-lhe culto,
todos os que guardarem o sábado
deixando de profaná-lo,
e que se apegarem à minha aliança,
7 esses eu trarei ao meu santo monte
e lhes darei alegria em minha casa
de oração.
Seus holocaustos[a] e demais sacrifícios
serão aceitos em meu altar;
pois a minha casa será chamada
casa de oração para todos os povos".
8 Palavra do Soberano, do SENHOR,
daquele que reúne os exilados de
Israel:
"Reunirei ainda outros
àqueles que já foram reunidos".

A acusação de Deus contra os ímpios

9 Venham todos vocês,
animais do campo;
todos vocês, animais da floresta,
venham comer!
10 As sentinelas de Israel estão cegas
e não têm conhecimento;
todas elas são como cães mudos,
incapazes de latir.
Deitam-se e sonham;
só querem dormir.
11 São cães devoradores, insaciáveis.
São pastores sem entendimento;
todos seguem seu próprio caminho,
cada um procura vantagem própria.
12 "Venham", cada um grita,
"tragam-me vinho!
Bebamos nossa dose
de bebida fermentada,
que amanhã será como hoje,
e até muito melhor!"

57 O justo perece, e ninguém pondera
isso em seu coração;
homens piedosos são tirados,
e ninguém entende
que os justos são tirados
para serem poupados do mal.
2 Aqueles que andam retamente
entrarão na paz;
acharão descanso na morte.

3 "Mas vocês, aproximem-se,
vocês, filhos de adivinhas,
vocês, prole de adúlteros e de
prostitutas!
4 De quem vocês estão zombando?
De quem fazem pouco caso?
E para quem mostram a língua?
Não são vocês uma ninhada de
rebeldes,
uma prole de mentirosos?
5 Vocês ardem de desejo
entre os carvalhos
e debaixo de toda árvore frondosa;
vocês sacrificam seus filhos nos vales
e debaixo de penhascos salientes.
6 Os ídolos entre as pedras lisas
dos vales são a sua porção;
são a sua parte.
Isso mesmo! Para eles você derramou
ofertas de bebidas
e apresentou ofertas de cereal.
Poderei eu contentar-me com isso?
7 Você fez o leito numa colina
alta e soberba;
ali você subiu para oferecer sacrifícios.
8 Atrás de suas portas e dos seus
batentes
você pôs os seus símbolos pagãos.
Ao me abandonar,
você descobriu seu leito,
subiu nele e o deixou escancarado;
fez acordo com aqueles

[a] 56:7 Isto é, sacrifícios totalmente queimados.

cujas camas você ama,
e dos quais contemplou a nudez.
9Você foi até Moloque[a]
com azeite de oliva
e multiplicou os seus perfumes.
Você enviou seus embaixadores[b]
a lugares distantes;
você desceu ao fundo do poço[c]!
10Você se cansou
com todos os seus caminhos,
mas não quis dizer: 'Não há esperança!'
Você recuperou as forças,
e por isso não esmoreceu.

11"De quem você teve tanto medo e
tremor,
ao ponto de agir com falsidade para
comigo,
não se lembrar de mim
e não ponderar isso em seu coração?
Não será por que há muito estou calado
que você não me teme?
12Sua retidão e sua justiça exporei,
e elas não a beneficiarão.
13Quando você clamar por ajuda,
que a sua coleção de ídolos a salve!
O vento levará todos eles,
um simples sopro os arrebatará.
Mas o homem que faz de mim o seu
refúgio
receberá a terra por herança
e possuirá o meu santo monte."

Consolação para os contritos

14E se dirá:

"Aterrem, aterrem, preparem o
caminho!
Tirem os obstáculos do caminho do
meu povo".
15Pois assim diz o Alto e Sublime,
que vive para sempre,
e cujo nome é santo:
"Habito num lugar alto e santo,
mas habito também com o contrito
e humilde de espírito,
para dar novo ânimo
ao espírito do humilde
e novo alento ao coração do contrito.
16Não farei litígio para sempre,
nem permanecerei irado,
porque, senão, o espírito do homem
esmoreceria diante de mim,
bem como o sopro do homem que eu
criei!
17Por causa da sua cobiça perversa
fiquei indignado e o feri;
fiquei irado e escondi o meu rosto.
Mas ele continuou extraviado,
seguindo os caminhos que escolheu.
18Eu vi os seus caminhos,
mas vou curá-lo;
eu o guiarei e tornarei a dar-lhe
consolo,
19criando louvor nos lábios
dos pranteadores de Israel.
Paz, paz, aos de longe e aos de perto",
diz o SENHOR.

[a] 57:9 Ou *até o rei*
[b] 57:9 Ou *ídolos*
[c] 57:9 Hebraico: *Sheol*. Essa palavra também pode ser traduzida por sepultura, profundezas, pó ou morte.

A vida nos tempos da Bíblia

Cães

Nos tempos bíblicos, as pessoas não tinham cachorros como animal de estimação, ou seja, eles vivam nas ruas e comiam o lixo que era jogado fora. As pessoas achavam os cachorros preguiçosos, barulhentos e maus. Em Isaías 56:10-11, o Senhor compara os profetas de Israel ("as sentinelas") a cães.

"Quanto a ele, eu o curarei".
20Mas os ímpios são como o mar
agitado,
incapaz de sossegar
e cujas águas expelem lama e lodo.
21"Para os ímpios não há paz",
diz o meu Deus.

O verdadeiro jejum

58 "Grite alto, não se contenha!
Levante a voz como trombeta.
Anuncie ao meu povo a rebelião dele,
e à comunidade de Jacó, os seus
pecados.
2Pois dia a dia me procuram;
parecem desejosos de conhecer
os meus caminhos,
como se fossem uma nação
que faz o que é direito
e que não abandonou
os mandamentos do seu Deus.
Pedem-me decisões justas
e parecem desejosos
de que Deus se aproxime deles.
3'Por que jejuamos', dizem,
'e não o viste?
Por que nos humilhamos,
e não reparaste?'
Contudo, no dia do seu jejum
vocês fazem o que é do agrado de
vocês,
e exploram os seus empregados.
4Seu jejum termina em discussão e rixa,
e em brigas de socos brutais.
Vocês não podem jejuar como fazem
hoje
e esperar que a sua voz seja ouvida
no alto.
5Será esse o jejum que escolhi,
que apenas um dia o homem se
humilhe,
incline a cabeça como o junco
e se deite sobre pano de saco e
cinzas?
É isso que vocês chamam jejum,
um dia aceitável ao SENHOR?

6"O jejum que desejo não é este:
soltar as correntes da injustiça,
desatar as cordas do jugo,
pôr em liberdade os oprimidos
e romper todo jugo?
7Não é partilhar sua comida
com o faminto,
abrigar o pobre desamparado,
vestir o nu que você encontrou,
e não recusar ajuda ao próximo?
8Aí sim, a sua luz irromperá
como a alvorada,
e prontamente surgirá a sua cura;
a sua retidão irá adiante de você,
e a glória do SENHOR estará
na sua retaguarda.
9Aí sim, você clamará ao SENHOR,
e ele responderá;
você gritará por socorro, e ele dirá:
Aqui estou.

"Se você eliminar do seu meio
o jugo opressor,
o dedo acusador e a falsidade do
falar;
10se com renúncia própria
você beneficiar os famintos
e satisfizer o anseio dos aflitos,
então a sua luz despontará nas trevas,
e a sua noite será como o meio-dia.
11O SENHOR o guiará constantemente;
satisfará os seus desejos
numa terra ressequida pelo sol
e fortalecerá os seus ossos.
Você será como um jardim bem regado,
como uma fonte cujas águas
nunca faltam.
12Seu povo reconstruirá as velhas
ruínas
e restaurará os alicerces antigos;
você será chamado reparador de
muros,
restaurador de ruas e moradias.

13"Se você vigiar seus pés
para não profanar o sábado
e para não fazer o que bem quiser
em meu santo dia;
se você chamar delícia o sábado
e honroso o santo dia do SENHOR,
e se honrá-lo, deixando de seguir
seu próprio caminho,
de fazer o que bem quiser
e de falar futilidades,
14então você terá no SENHOR
a sua alegria,
e eu farei com que você cavalgue
nos altos da terra
e se banqueteie com a herança
de Jacó, seu pai."
É o SENHOR quem fala.

Pecado, confissão e redenção

59 Vejam! O braço do SENHOR
não está tão encolhido que não possa
salvar,

e o seu ouvido tão surdo
que não possa ouvir.
2Mas as suas maldades separaram
vocês do seu Deus;
os seus pecados esconderam de vocês
o rosto dele,
e por isso ele não os ouvirá.
3Pois as suas mãos
estão manchadas de sangue,
e os seus dedos, de culpa.
Os seus lábios falam mentiras,
e a sua língua murmura palavras
ímpias.
4Ninguém pleiteia sua causa com
justiça,
ninguém faz defesa com integridade.
Apoiam-se em argumentos vazios
e falam mentiras;
concebem maldade e geram
iniquidade.
5Chocam ovos de cobra
e tecem teias de aranha.
Quem comer seus ovos morre,
e de um ovo esmagado sai uma
víbora.
6Suas teias não servem de roupa;
eles não conseguem cobrir-se
com o que fazem.
Suas obras são más,
e atos de violência estão em suas
mãos.
7Seus pés correm para o mal,
ágeis em derramar sangue inocente.
Seus pensamentos são maus;
ruína e destruição
marcam os seus caminhos.
8Não conhecem o caminho da paz;
não há justiça em suas veredas.
Eles as transformaram
em caminhos tortuosos;
quem andar por eles não conhecerá a
paz.

9Por isso a justiça está longe de nós,
e a retidão não nos alcança.
Procuramos, mas tudo são trevas;
buscamos claridade,
mas andamos em sombras densas.
10Como o cego caminhamos
apalpando o muro,
tateamos como quem não tem olhos.
Ao meio-dia tropeçamos
como se fosse noite;
entre os fortes somos como os mortos.
11Todos nós urramos como ursos;
gememos como pombas.
Procuramos justiça, e nada!
Buscamos livramento, mas está longe!
12Sim, pois são muitas
as nossas transgressões diante de ti,
e os nossos pecados
testemunham contra nós.
As nossas transgressões
estão sempre conosco,
e reconhecemos as nossas iniquidades:
13rebelar-nos contra o SENHOR e traí-lo,
deixar de seguir o nosso Deus,
fomentar a opressão e a revolta,
proferir as mentiras que os nossos
corações conceberam.
14Assim a justiça retrocede,
e a retidão fica a distância,
pois a verdade caiu na praça
e a honestidade não consegue
entrar.
15Não se acha a verdade em parte
alguma,
e quem evita o mal
é vítima de saque.

Olhou o SENHOR e indignou-se
com a falta de justiça.
16Ele viu que não havia ninguém,
admirou-se porque ninguém
intercedeu;
então o seu braço lhe trouxe
livramento
e a sua justiça deu-lhe apoio.
17Usou a justiça como couraça,
pôs na cabeça o capacete da salvação;
vestiu-se de vingança
e envolveu-se no zelo como numa
capa.
18Conforme o que fizeram
lhes retribuirá:
aos seus inimigos, ira;
aos seus adversários, o que merecem;
às ilhas, a devida retribuição.
19Desde o poente os homens temerão
o nome do SENHOR,
e desde o nascente, a sua glória.
Pois ele virá como uma inundação
impelida pelo sopro do SENHOR.

20"O Redentor virá a Sião,
aos que em Jacó
se arrependerem dos seus pecados",
declara o SENHOR.

21"Quanto a mim,
esta é a minha aliança com eles",
diz o SENHOR.

"O meu Espírito que está em você e
as minhas palavras que pus em
sua boca não se afastarão dela,
nem da boca dos seus filhos e dos
descendentes deles, desde agora e
para sempre", diz o SENHOR.

A glória de Sião

60 "Levante-se, refulja!
Porque chegou a sua luz,
e a glória do SENHOR raia sobre você.
2Olhe! A escuridão cobre a terra,
densas trevas envolvem os povos,
mas sobre você raia o SENHOR,
e sobre você se vê a sua glória.
3As nações virão à sua luz
e os reis ao fulgor do seu alvorecer.

4"Olhe ao redor, e veja:
todos se reúnem e vêm a você;
de longe vêm os seus filhos,
e as suas filhas vêm carregadas nos
braços.
5Então o verás e ficarás radiante;
o seu coração pulsará forte
e se encherá de alegria,
porque a riqueza dos mares
lhe será trazida,
e a você virão as riquezas das nações.
6Manadas de camelos cobrirão a sua
terra,
camelos novos de Midiã e de Efá.
Virão todos os de Sabá
carregando ouro e incenso
e proclamando o louvor do SENHOR.
7Todos os rebanhos de Quedar
se reunirão junto de você,
e os carneiros de Nebaiote a servirão;
serão aceitos como ofertas em meu
altar,
e adornarei o meu glorioso templo.

8"Quem são estes que voam
como nuvens,
que voam como pombas
para os seus ninhos?
9Pois as ilhas esperam em mim;
à frente vêm os navios de Társis[a],
trazendo de longe os seus filhos,
com prata e ouro,
em honra ao SENHOR, o seu Deus,
o Santo de Israel,
porque ele se revestiu de esplendor.

10"Estrangeiros reconstruirão
os seus muros, e seus reis a servirão.
Com ira eu a feri, mas com amor
lhe mostrarei compaixão.
11As suas portas permanecerão abertas;
jamais serão fechadas,
dia e noite,
para que lhe tragam
as riquezas das nações,
com seus reis e sua comitiva.
12Pois a nação e o reino
que não a servirem perecerão;
serão totalmente exterminados.

13"A glória do Líbano virá a você;
juntos virão o pinheiro, o abeto
e o cipreste,
para adornarem o lugar do meu
santuário;
e eu glorificarei o local
em que pisam os meus pés.
14Os filhos dos seus opressores virão
e se inclinarão diante de você;
todos os que a desprezam
se curvarão aos seus pés
e a chamarão Cidade do SENHOR,
Sião do Santo de Israel.

15"Em vez de abandonada
e odiada,
sem que ninguém quisesse
percorrê-la,
farei de você um orgulho,
uma alegria para todas as gerações.
16Você beberá o leite das nações
e será amamentada por mulheres
nobres.
Então você saberá que eu, o SENHOR,
sou o seu Salvador,
o seu Redentor, o Poderoso de Jacó.
17Em vez de bronze eu lhe trarei ouro,
e em vez de ferro, prata.
Em vez de madeira eu lhe trarei
bronze,
e em vez de pedras, ferro.
Farei da paz o seu dominador,
da justiça, o seu governador.
18Não se ouvirá mais falar
de violência em sua terra,
nem de ruína e destruição
dentro de suas fronteiras.
Os seus muros você chamará salvação,
e as suas portas, louvor.
19O sol não será mais a sua luz de dia,
e você não terá mais o brilho do luar,
pois o SENHOR será a sua luz
para sempre;
o seu Deus será a sua glória.

[a] 60:9 Ou *navios mercantes*

Palavras para memorizar

"O Senhor será a sua luz para sempre; o seu Deus será a sua glória."

(Isaías 60:19)

20 O seu sol nunca se porá,
e a sua lua nunca desaparecerá,
porque o SENHOR será
a sua luz para sempre,
e os seus dias de tristeza terão fim.
21 Então todo o seu povo será justo,
e possuirá a terra para sempre.
Ele é o renovo que plantei,
obra das minhas mãos,
para manifestação da minha glória.
22 O mais pequenino se tornará mil,
o menor será uma nação poderosa.
Eu sou o SENHOR;
na hora certa farei que isso aconteça
depressa."

O ano da bondade do Senhor

61 O Espírito do Soberano, o SENHOR,
está sobre mim,
porque o SENHOR ungiu-me
para levar boas notícias aos pobres.
Enviou-me para cuidar dos que estão
com o coração quebrantado,
anunciar liberdade aos cativos
e libertação das trevas aos
prisioneiros[a],
2 para proclamar o ano da bondade do
SENHOR
e o dia da vingança do nosso Deus;
para consolar todos os que andam
tristes,
3 e dar a todos os que choram em
Sião
uma bela coroa em vez de cinzas,
o óleo da alegria em vez de pranto,
e um manto de louvor
em vez de espírito deprimido.
Eles serão chamados
carvalhos de justiça,
plantio do SENHOR,
para manifestação da sua glória.

4 Eles reconstruirão as velhas ruínas
e restaurarão os antigos escombros;
renovarão as cidades arruinadas
que têm sido devastadas
de geração em geração.
5 Gente de fora vai pastorear
os rebanhos de vocês;
estrangeiros trabalharão
em seus campos e vinhas.
6 Mas vocês serão chamados
sacerdotes do SENHOR,
ministros do nosso Deus.
Vocês se alimentarão
das riquezas das nações,
e do que era o orgulho delas
vocês se orgulharão.
7 Em lugar da vergonha que sofreu,
o meu povo receberá porção dupla,
e ao invés da humilhação,
ele se regozijará em sua herança;
pois herdará porção dupla em sua
terra,
e terá alegria eterna.

8 "Porque eu, o SENHOR, amo a justiça
e odeio o roubo e toda maldade.
Em minha fidelidade os recompensarei
e com eles farei aliança eterna.
9 Seus descendentes serão
conhecidos entre as nações,
e a sua prole entre os povos.
Todos os que os virem reconhecerão
que eles são um povo
abençoado pelo SENHOR."
10 É grande o meu prazer no SENHOR!
Regozija-se a minha alma em meu
Deus!
Pois ele me vestiu
com as vestes da salvação
e sobre mim pôs o manto da justiça,
qual noivo que adorna a cabeça
como um sacerdote,
qual noiva que se enfeita com joias.
11 Porque, assim como a terra
faz brotar a planta
e o jardim faz germinar a semente,
assim o Soberano, o SENHOR,
fará nascer a justiça e o louvor
diante de todas as nações.

O novo nome de Sião

62 Por amor de Sião eu não sossegarei,
por amor de Jerusalém não
descansarei
enquanto a sua justiça
não resplandecer como a alvorada,

[a] 61:1 A Septuaginta diz *aos cegos*.

e a sua salvação,
como as chamas de uma tocha.
2As nações verão a sua justiça,
e todos os reis, a sua glória;
você será chamada por um novo nome
que a boca do SENHOR lhe dará.
3Será uma esplêndida coroa
na mão do SENHOR,
um diadema real na mão do seu Deus.
4Não mais a chamarão abandonada,
nem desamparada à sua terra.
Você, porém, será chamada Hefzibá[a],
e a sua terra, Beulá[b],
pois o SENHOR terá prazer em você,
e a sua terra estará casada.
5Assim como um jovem se casa
com sua noiva,
os seus filhos se casarão[c] com você;
assim como o noivo se regozija
por sua noiva,
assim o seu Deus se regozija por você.

6Coloquei sentinelas em seus muros,
ó Jerusalém;
jamais descansarão, dia e noite.
Vocês que clamam pelo SENHOR,
não se entreguem ao repouso,
7e não lhe concedam descanso
até que ele estabeleça Jerusalém
e faça dela o louvor da terra.
8O SENHOR jurou por sua mão direita
e por seu braço poderoso:
"Nunca mais darei o seu trigo
como alimento para os seus inimigos,
e nunca mais estrangeiros
beberão o vinho novo
pelo qual se afadigaram;
9mas aqueles que colherem o trigo,
dele comerão
e louvarão o SENHOR,
e aqueles que juntarem as uvas
delas beberão
nos pátios do meu santuário".

10Passem, passem pelas portas!
Preparem o caminho para o povo.
Construam, construam a estrada!
Removam as pedras.
Ergam uma bandeira para as nações.

11O SENHOR proclamou
aos confins da terra:
"Digam à cidade[d] de Sião:
Veja! O seu Salvador vem!
Veja! Ele traz a sua recompensa
e o seu galardão o acompanha".
12Eles serão chamados povo santo,
redimidos do SENHOR;
e você será chamada procurada,
cidade não abandonada.

O dia da vingança e da redenção

63 Quem é aquele que vem de Edom,
que vem de Bozra, com as roupas
tingidas de vermelho?
Quem é aquele que,
num manto de esplendor,
avança a passos largos
na grandeza da sua força?

"Sou eu, que falo com retidão,
poderoso para salvar."

2Por que tuas roupas estão vermelhas,
como as de quem pisa uvas no lagar?

3"Sozinho pisei uvas no lagar;
das nações ninguém esteve comigo.
Eu as pisoteei na minha ira
e as pisei na minha indignação;
o sangue delas respingou
na minha roupa,
e eu manchei toda a minha veste.
4Pois o dia da vingança
estava no meu coração,
e chegou o ano da minha redenção.
5Olhei, e não havia ninguém
para ajudar-me,
mostrei assombro,
e não havia ninguém para apoiar-me.
Por isso o meu braço me ajudou,
e a minha ira deu-me apoio.
6Na minha ira pisoteei as nações;
na minha indignação eu as
embebedei
e derramei na terra o sangue delas."

Oração e louvor

7Falarei da bondade do SENHOR,
dos seus gloriosos feitos,
por tudo o que o SENHOR fez por nós,
sim, de quanto bem ele fez
à nação de Israel,
conforme a sua compaixão
e a grandeza da sua bondade.
8"Sem dúvida eles são o meu povo",
disse ele;
"são filhos que não me vão trair";
e assim ele se tornou o Salvador deles.
9Em toda a aflição do seu povo
ele também se afligiu,
e o anjo da sua presença os salvou.

[a] 62:4 *Hefzibá* significa *o meu prazer está nela.*
[b] 62:4 *Beulá* significa *casada.*
[c] 62:5 Ou *assim aquele que a edificou se casará*
[d] 62:11 Hebraico: *filha.*

Em seu amor e em sua misericórdia
ele os resgatou;
foi ele que sempre os levantou
e os conduziu nos dias passados.
10 Apesar disso, eles se revoltaram
e entristeceram o seu Espírito Santo.
Por isso ele se tornou inimigo deles
e lutou pessoalmente contra eles.
11 Então o seu povo recordou[a] o passado,
o tempo de Moisés e a sua geração:
Onde está aquele que os fez
passar através do mar,
com o pastor do seu rebanho?
Onde está aquele que entre eles
pôs o seu Espírito Santo,
12 que com o seu glorioso braço
esteve à mão direita de Moisés,
que dividiu as águas diante deles
para alcançar renome eterno,
13 e os conduziu através das
profundezas?
Como o cavalo em campo aberto,
eles não tropeçaram;
14 como o gado que desce à planície,
foi-lhes dado descanso
pelo Espírito do SENHOR.
Foi assim que guiaste o teu povo
para fazer para ti um nome glorioso.
15 Olha dos altos céus,
da tua habitação elevada, santa e
gloriosa.
Onde estão o teu zelo e o teu poder?
Retiveste a tua bondade
e a tua compaixão;
elas já nos faltam!
16 Entretanto, tu és o nosso Pai.
Abraão não nos conhece
e Israel nos ignora;
tu, SENHOR, és o nosso Pai,
e desde a antiguidade te chamas
nosso Redentor.
17 SENHOR, por que nos fazes andar
longe dos teus caminhos
e endureces o nosso coração
para não termos temor de ti?
Volta, por amor dos teus servos,
por amor das tribos que são a tua
herança!
18 Por pouco tempo o teu povo possuiu
o teu santo lugar;
depois os nossos inimigos
pisotearam o teu santuário.
19 Somos teus desde a antiguidade,
mas aqueles tu não governaste;
eles não foram chamados pelo teu
nome.[b]

64 Ah, se rompesses os céus e descesses!
Os montes tremeriam diante de ti!
2 Como quando o fogo acende
os gravetos e faz a água ferver,
desce, para que os teus inimigos
conheçam o teu nome
e as nações tremam diante de ti!
3 Pois, quando fizeste coisas tremendas,
coisas que não esperávamos,
desceste,
e os montes tremeram diante de ti.
4 Desde os tempos antigos ninguém
ouviu,
nenhum ouvido percebeu,
e olho nenhum viu outro Deus, além
de ti,
que trabalha para aqueles
que nele esperam.
5 Vens ajudar aqueles
que praticam
a justiça com alegria,
que se lembram de ti e dos teus
caminhos.
Mas, prosseguindo nós em nossos
pecados,
tu te iraste.
Como, então, seremos salvos?
6 Somos como o impuro — todos nós!
Todos os nossos atos de justiça
são como trapo imundo.
Murchamos como folhas,
e como o vento as nossas iniquidades
nos levam para longe.
7 Não há ninguém
que clame pelo teu nome,
que se anime a apegar-se a ti,
pois escondeste de nós o teu rosto
e nos deixaste perecer
por causa das nossas iniquidades.
8 Contudo, SENHOR, tu és o nosso Pai.
Nós somos o barro; tu és o oleiro.
Todos nós somos obra das tuas mãos.
9 Não te ires demais, ó SENHOR!
Não te lembres constantemente
das nossas maldades.
Olha para nós!
Somos o teu povo!
10 As tuas cidades sagradas
transformaram-se em deserto.
Até Sião virou um deserto,
e Jerusalém, uma desolação!

[a] 63:11 Ou *Que ele, porém, recorde o*

[b] 63:19 Ou *Somos como aqueles que jamais governaste, como os que jamais foram chamados pelo teu nome.*

Palavras para memorizar

"Contudo, SENHOR, tu és o nosso Pai. Nós somos o barro; tu és o oleiro. Todos nós somos obra das tuas mãos."

(Isaías 64:8)

11O nosso templo santo e glorioso,
onde os nossos antepassados
te louvavam,
foi destruído pelo fogo,
e tudo o que nos era precioso
está em ruínas.
12E depois disso tudo, SENHOR,
ainda irás te conter?
Ficarás calado
e nos castigarás
além da conta?

Julgamento e salvação

65 "Fiz-me acessível
aos que não perguntavam por mim;
fui achado pelos que não me
procuravam.
A uma nação que não clamava
pelo meu nome
eu disse: Eis-me aqui, eis-me aqui.
2O tempo todo estendi as mãos
a um povo obstinado,
que anda por um caminho que não é
bom,
seguindo as suas inclinações;
3esse povo que sem cessar me provoca
abertamente,
oferecendo sacrifícios em jardins
e queimando incenso em altares de
tijolos;
4povo que vive nos túmulos
e à noite se oculta nas covas,
que come carne de porco,
e em suas panelas
tem sopa de carne impura;
5esse povo diz: 'Afasta-te!
Não te aproximes de mim,
pois eu sou santo!'
Essa gente é fumaça no meu nariz!
É fogo que queima o tempo todo!

6"Vejam, porém!
Escrito está diante de mim:
Não ficarei calado,
mas lhes darei plena
e total retribuição,
7tanto por seus pecados
como pelos pecados
dos seus antepassados", diz o
SENHOR.
"Uma vez que eles queimaram incenso
nos montes
e me desafiaram nas colinas,
eu os farei pagar
pelos seus feitos anteriores."

8Assim diz o SENHOR:

"Quando ainda se acha suco
num cacho de uvas,
os homens dizem: 'Não o destruam,
pois ainda há algo bom';
assim farei em favor dos meus servos;
não os destruirei totalmente.
9Farei surgir descendentes de Jacó,
e de Judá quem receba por herança
as minhas montanhas.
Os meus escolhidos as herdarão,
e ali viverão os meus servos.
10Para o meu povo que me buscou,
Sarom será um pasto para os rebanhos,
e o vale de Acor, um lugar de descanso
para o gado.
11"Mas vocês, que abandonam o
SENHOR
e esquecem o meu santo monte,
que põem a mesa para a deusa Sorte
e enchem taças de vinho para o deus
Destino,
12eu os destinarei à espada,
e todos vocês se dobrarão para a
degola.
Pois eu os chamei,
e vocês nem responderam;
falei, e não me deram ouvidos.
Vocês fizeram o mal diante de mim
e escolheram o que me desagrada".

13Portanto, assim diz o Soberano, o SENHOR:

"Os meus servos comerão,
e vocês passarão fome;
os meus servos beberão,
e vocês passarão sede;
os meus servos se regozijarão,
e vocês passarão vergonha;
14os meus servos cantarão
com alegria no coração,
e vocês se lamentarão
com angústia no coração

e uivarão pelo quebrantamento
de espírito.
15Vocês deixarão seu nome
como uma maldição
para os meus escolhidos;
o Soberano, o SENHOR, matará vocês,
mas aos seus servos dará outro nome.
16Quem pedir bênção para si na terra,
que o faça pelo Deus da verdade;
quem fizer juramento na terra,
que o faça pelo Deus da verdade.
Porquanto as aflições passadas
serão esquecidas
e estarão ocultas aos meus olhos.

Novos céus e nova terra

17"Pois vejam!
Criarei novos céus
e nova terra,
e as coisas passadas não serão
lembradas.
Jamais virão à mente!
18Alegrem-se, porém, e regozijem-se
para sempre no que vou criar,
porque vou criar Jerusalém para
regozijo,
e seu povo para alegria.
19Por Jerusalém me regozijarei
e em meu povo terei prazer;
nunca mais se ouvirão nela
voz de pranto e choro de tristeza.

20"Nunca mais haverá nela
uma criança que viva poucos dias,
e um idoso que não complete
os seus anos de idade;
quem morrer aos cem anos
ainda será jovem,
e quem não chegar[a] aos cem será
maldito.
21Construirão casas e nelas habitarão;
plantarão vinhas e comerão do seu
fruto.
22Já não construirão casas
para outros ocuparem,
nem plantarão para outros comerem.
Pois o meu povo terá vida longa
como as árvores;
os meus escolhidos esbanjarão
o fruto do seu trabalho.
23Não labutarão inutilmente,
nem gerarão filhos para a
infelicidade;
pois serão um povo abençoado
pelo SENHOR,

[a] 65:20 Ou *o pecador que chegar*

Pessoas nos tempos da Bíblia

Pessoas mais velhas

Mulheres e homens mais velhos eram respeitados nos tempos bíblicos. Por serem mais experientes, eram vistos como mais sábios, e os mais jovens queriam seus conselhos. Viver o bastante até ficar velho era visto como uma bênção de Deus.

eles e os seus descendentes.
24Antes de clamarem,
eu responderei;
ainda não estarão falando, e eu os
ouvirei.
25O lobo e o cordeiro comerão juntos,
e o leão comerá feno, como o boi,
mas o pó será a comida da serpente.
Ninguém fará nem mal nem
destruição
em todo o meu santo monte",
diz o SENHOR.

Julgamento e esperança

66 Assim diz o SENHOR:
"O céu é o meu trono,
e a terra, o estrado dos meus pés.
Que espécie de casa vocês me
edificarão?
É este o meu lugar de descanso?
2Não foram as minhas mãos que
fizeram
todas essas coisas,
e por isso vieram a existir?",
pergunta o SENHOR.

"A este eu estimo:
ao humilde e contrito de espírito,
que treme diante da minha palavra.
3Mas aquele que sacrifica um boi
é como quem mata um homem;
aquele que sacrifica um cordeiro,
é como quem quebra
o pescoço de um cachorro;
aquele que faz oferta de cereal
é como quem apresenta sangue de
porco,

e aquele que queima incenso
memorial,
é como quem adora um ídolo.
Eles escolheram os seus caminhos,
e suas almas têm prazer
em suas práticas detestáveis.
4Por isso também escolherei
um duro tratamento para eles,
e trarei sobre eles o que eles temem.
Pois eu chamei, e ninguém respondeu;
falei, e ninguém deu ouvidos.
Fizeram o mal diante de mim
e escolheram o que me desagrada".

5Ouçam a palavra do SENHOR,
vocês que tremem diante da sua
palavra:
"Seus irmãos que os odeiam e os
excluem
por causa do meu nome, disseram:
'Que o SENHOR seja glorioso,
para que vejamos a alegria de vocês!'
Mas eles é que passarão vergonha.
6Ouçam o estrondo que vem da cidade,
o som que vem do templo!
É o SENHOR que está dando
a devida retribuição
aos seus inimigos.

7"Antes de entrar em trabalho de parto,
ela dá à luz;
antes de lhe sobrevirem as dores,
ela ganha um menino.
8Quem já ouviu uma coisa dessas?
Quem já viu tais coisas?
Pode uma nação nascer num só dia,
ou, pode-se dar à luz um povo
num instante?
Pois Sião ainda estava
em trabalho de parto,
e deu à luz seus filhos.
9Acaso faço chegar a hora do parto
e não faço nascer?",
diz o SENHOR.
"Acaso fecho o ventre,
sendo que eu faço dar à luz?",
pergunta o seu Deus.
10"Regozijem-se com Jerusalém
e alegrem-se por ela,
todos vocês que a amam;
regozijem-se muito com ela,
todos vocês que por ela pranteiam.
11Pois vocês irão mamar e saciar-se
em seus seios reconfortantes,
e beberão à vontade
e se deleitarão em sua fartura."
12Pois assim diz o SENHOR:
"Estenderei para ela a paz como um rio
e a riqueza das nações, como
uma corrente avassaladora;
vocês serão amamentados nos braços
dela
e acalentados em seus joelhos.
13Assim como uma mãe consola seu
filho,
também eu os consolarei;
em Jerusalém vocês serão consolados".

14Quando vocês virem isso,
o seu coração se regozijará,
e vocês florescerão como a relva;
a mão do SENHOR
estará com os seus servos,
mas a sua ira será contra os seus
adversários.
15Vejam! O SENHOR vem num fogo,
e os seus carros são como um
turbilhão!
Transformará em fúria a sua ira
e em labaredas de fogo, a sua
repreensão.
16Pois com fogo e com a espada
o SENHOR executará julgamento
sobre todos os homens,
e muitos serão os mortos pela mão do
SENHOR.

17"Os que se consagram para entrar nos jardins indo atrás do sacerdote[a] que está no meio, comem[b] carne de porco, ratos e outras coisas repugnantes, todos eles perecerão", declara o SENHOR.

18"E, por causa dos seus atos e das suas conspirações, virei ajuntar todas as nações e línguas, e elas virão e verão a minha glória.

19"Estabelecerei um sinal entre elas, e enviarei alguns dos sobreviventes às nações: a Társis, aos líbios[c] e aos lídios, famosos flecheiros, a Tubal, à Grécia, e às ilhas distantes, que não ouviram falar de mim e não viram a minha glória. Eles proclamarão a minha glória entre as nações.
20Também dentre todas as nações trarão os irmãos de vocês ao meu santo monte, em Jerusalém, como oferta ao SENHOR. Virão a cavalo, em carros e carroças, e montados em mulas e camelos", diz o SENHOR.
"Farão como fazem os israelitas quando apresentam as suas ofertas de cereal,

[a] 66:17 Ou *da deusa*
[b] 66:17 Ou *jardins atrás de um de seus templos, e aqueles que comem*
[c] 66:19 Conforme alguns manuscritos da Septuaginta. O Texto Massorético diz *a Pul*.

trazendo-as em vasos cerimonialmente pu-
ros; 21também escolherei alguns deles para
serem sacerdotes e levitas", diz o SENHOR.
22"Assim como os novos céus e a nova ter-
ra que vou criar serão duradouros diante de
mim", declara o SENHOR, "assim serão du-
radouros os descendentes de vocês e o seu
nome. 23De uma lua nova a outra e de um
sábado a outro, toda a humanidade virá e
se inclinará diante de mim", diz o SENHOR.
24"Sairão e verão os cadáveres dos que se re-
belaram contra mim; o verme destes não
morrerá, e o seu fogo não se apagará, e cau-
sarão repugnância a toda a humanidade."

Jeremias

Quem escreveu este livro?

O profeta Jeremias.

Por que este livro foi escrito?

Deus pretendia usar a Babilônia para punir o pecado de Judá. Jeremias alertou com urgência o rei e o povo para se renderem à Babilônia.

O que há de especial neste livro?

Jeremias é fiel a Deus, mesmo quando as pessoas de Judá zombam dele e o odeiam. Ele profetiza que um dia Deus perdoaria e restauraria seu povo.

Quando este livro foi escrito?

O livro de Jeremias foi escrito entre 627 a.C. e a destruição de Jerusalém aconteceu em 586 a.C.

Quais capítulos contam sobre as experiências de Jeremias?

Deus chama Jeremias	Jeremias 1
Jeremias apanha	Jeremias 20
Jeremias é ameaçado	Jeremias 26
Jeremias e um falso profeta	Jeremias 28
Jeremias compra um campo	Jeremias 32
Jeremias em uma cisterna	Jeremias 38
Jeremias é posto em liberdade	Jeremias 40

Alguns capítulos importantes deste livro:

A perversidade de Judá	Jeremias 5
Deus e os ídolos	Jeremias 10
Falsos profetas	Jeremias 23
O amor duradouro de Deus	Jeremias 31
Uma família que obedece a Deus	Jeremias 35
Deus punirá	Jeremias 51

1 As palavras de Jeremias, filho de Hilquias,
um dos sacerdotes de Anatote, no territó-
rio de Benjamim. 2A palavra do SENHOR veio
a ele no décimo terceiro ano do reinado de
Josias, filho de Amom, rei de Judá, 3e duran-
te o reinado de Jeoaquim, filho de Josias, rei
de Judá, até o quinto mês do décimo primeiro
ano de Zedequias, filho de Josias, rei de Judá,
quando os habitantes de Jerusalém foram le-
vados para o exílio.

O chamado de Jeremias

4A palavra do SENHOR veio a mim, di-
zendo:

5"Antes de formá-lo no ventre
eu o escolhi[a];
antes de você nascer, eu o separei
e o designei profeta às nações".

6Mas eu disse: Ah, Soberano SENHOR! Eu
não sei falar, pois ainda sou muito jovem.
7O SENHOR, porém, me disse: "Não diga que
é muito jovem. A todos a quem eu o enviar,
você irá e dirá tudo o que eu lhe ordenar.
8Não tenha medo deles, pois eu estou com
você para protegê-lo", diz o SENHOR.
9O SENHOR estendeu a mão, tocou a mi-
nha boca e disse-me: "Agora ponho em sua
boca as minhas palavras. 10Veja! Eu hoje dou
a você autoridade sobre nações e reinos, pa-
ra arrancar, despedaçar, arruinar e destruir;
para edificar e plantar".
11E a palavra do SENHOR veio a mim: "O
que você vê, Jeremias?" Vejo o ramo de uma
amendoeira, respondi.
12O SENHOR me disse: "Você viu bem, pois
estou vigiando[b] para que a minha palavra se
cumpra".
13A palavra do SENHOR veio a mim pela se-
gunda vez, dizendo: "O que você vê?"
E eu respondi: Vejo uma panela fervendo;
ela está inclinada do norte para cá.
14O SENHOR me disse: "Do norte se derra-
mará a desgraça sobre todos os habitantes
desta terra. 15Estou convocando todos os po-
vos dos reinos do norte", diz o SENHOR.

"Cada um virá e colocará o seu trono
diante das portas de Jerusalém,
virão contra todas as muralhas
que a cercam
e contra todas as cidades de Judá.
16Pronunciarei a minha sentença
contra o meu povo
por todas as suas maldades;
porque me abandonaram,
queimaram incenso a outros deuses,
e adoraram deuses
que as suas mãos fizeram.

17"E você, prepare-se! Vá dizer-lhes tudo o
que eu ordenar. Não fique aterrorizado por
causa deles, senão eu o aterrorizarei diante
deles. 18E hoje eu faço de você uma cidade

[a] 1:5 Ou *conheci*

[b] 1:12 A palavra *vigiando* assemelha-se à palavra *amendoeira* no hebraico.

Deus tem um plano para a sua vida

Experimente!

Encontre em Jeremias 1:4-8 os versículos que dizem isto:

1. Deus conhecia Jeremias antes de o profeta nascer.
2. Deus planejou um trabalho para Jeremias antes de ele nascer.
3. Jeremias tinha de confiar em Deus e fazer seu trabalho.
4. Deus ajudaria Jeremias a fazer o trabalho.

Jeremias 1:4-8

Jeremias era uma pessoa especial, assim como você também é especial para Deus. Comece a orar ainda hoje para que Deus lhe mostre o plano que tem para sua vida.

Pense em três coisas que você gostaria de ser quando crescer e conte a um adulto como você acha que poderia servir a Deus em cada um desses três trabalhos.

fortificada, uma coluna de ferro e um muro de bronze, contra toda a terra: contra os reis de Judá, seus oficiais, seus sacerdotes e o povo da terra. 19Eles lutarão contra você, mas não o vencerão, pois eu estou com você e o protegerei", diz o SENHOR.

A infidelidade de Israel

2 A palavra do SENHOR veio a mim: 2"Vá proclamar aos ouvidos de Jerusalém:

"Eu me lembro de sua fidelidade
quando você era jovem:
como noiva, você me amava
e me seguia pelo deserto,
por uma terra não semeada.
3Israel, meu povo, era santo para o SENHOR,
os primeiros frutos de sua colheita;
todos os que o devoravam
eram considerados culpados,
e a desgraça os alcançava",
declara o SENHOR.

4Ouça a palavra do SENHOR,
ó comunidade de Jacó,
todos os clãs da comunidade de Israel.

5Assim diz o SENHOR:

"Que falta os seus antepassados
encontraram em mim,
para que me deixassem
e se afastassem de mim?
Eles seguiram ídolos sem valor,
tornando-se eles próprios sem valor.
6Eles não perguntaram:
'Onde está o SENHOR,
que nos trouxe do Egito
e nos conduziu pelo deserto,
por uma terra árida e cheia de covas,
terra de seca e de trevas[a],
terra pela qual ninguém passa
e onde ninguém vive?'
7Eu trouxe vocês a uma terra fértil,
para que comessem
dos seus frutos
e dos seus bons produtos.
Entretanto, vocês contaminaram
a minha terra;
tornaram a minha herança
repugnante.
8Os sacerdotes não perguntavam pelo SENHOR;
os intérpretes da lei não me
conheciam,
e os líderes do povo
se rebelaram contra mim.
Os profetas profetizavam
em nome de Baal,
seguindo deuses inúteis.

9"Por isso, eu ainda faço denúncias
contra vocês", diz o SENHOR,
"e farei denúncias
contra os seus descendentes.
10Atravessem o mar
até o litoral de Chipre[b] e vejam;
mandem observadores a Quedar[c]
e reparem de perto;
e vejam se alguma vez
aconteceu algo assim:
11alguma nação já trocou
os seus deuses?
E eles nem sequer são deuses!
Mas o meu povo trocou a sua[d] Glória
por deuses inúteis.
12Espantem-se diante disso, ó céus!
Fiquem horrorizados e abismados",
diz o SENHOR.
13"O meu povo cometeu dois crimes:
eles me abandonaram,
a mim, a fonte de água viva;
e cavaram as suas próprias cisternas,
cisternas rachadas
que não retêm água.
14Acaso Israel, meu povo, é escravo,
escravo de nascimento?
Por que foi então que se tornou presa
15de leões que rugem e urram contra
ele?
Arrasaram a sua terra,
queimaram as suas cidades
e as deixaram desabitadas.
16Até mesmo os homens
de Mênfis e de Tafnes
raparam[e] a sua cabeça.

17Não foi você mesmo o responsável
pelo que lhe aconteceu,
ao abandonar o SENHOR, o seu Deus?[f]
18Agora, por que você vai ao Egito
beber água do Nilo[g]?
E por que vai à Assíria
beber água do Eufrates?
19O seu crime a castigará
e a sua rebelião a repreenderá.

[a] 2:6 Ou *e da sombra da morte*

[b] 2:10 Hebraico: *as ilhas de Quitim.*
[c] 2:10 Terra natal de tribos beduínas do deserto siro-árabe.
[d] 2:11 Uma antiga tradição de escribas hebreus diz *minha.*
[e] 2:16 Ou *racharam*
[f] 2:17 Conforme a Septuaginta. O Texto Massorético acrescenta *quando ele a conduziu pelo caminho?*
[g] 2:18 Hebraico: *Sior*, um braço do Nilo.

Compreenda e veja
como é mau e amargo
abandonar o SENHOR, o seu Deus,
e não ter temor de mim",
diz o Soberano,
o SENHOR dos Exércitos.
20"Há muito tempo
eu quebrei o seu jugo
e despedacei as correias que a
prendiam.
Mas você disse: 'Eu não servirei!'
Ao contrário, em todo monte elevado
e debaixo de toda árvore verdejante,
você se deitava como uma prostituta.
21Eu a plantei como uma videira seleta,
de semente absolutamente pura.
Como, então, contra mim
você se tornou uma videira
degenerada e selvagem?
22Mesmo que você se lave com soda
e com muito sabão,
a mancha da sua iniquidade
permanecerá diante de mim",
diz o Soberano SENHOR.
23"Como você pode dizer
que não se contaminou
e que não correu atrás dos baalins?
Reveja o seu procedimento no vale
e considere o que você tem feito.
Você é como uma camela
jovem e arisca
que corre para todos os lados;
24como uma jumenta selvagem
habituada ao deserto,
farejando o vento em seu desejo.
Quem é capaz de controlá-la
quando está no cio?
Os machos que a procuram
não precisam se cansar,
porque logo encontrarão
a que está no mês do cio.
25Não deixe que os seus pés se esfolem
nem que a sua garganta fique seca.
Mas você disse: 'Não adianta!
Eu amo os deuses estrangeiros,
e continuarei a ir atrás deles'.

26"Assim como o ladrão
fica envergonhado
quando é apanhado em flagrante,
também a comunidade de Israel
ficará envergonhada:
seus reis e oficiais,
seus sacerdotes e profetas.
27Pois dizem à madeira:
'Você é meu pai'
e à pedra: 'Você me deu à luz'.
Voltaram para mim as costas
e não o rosto,
mas na hora da adversidade dizem:
'Vem salvar-nos!'
28E onde estão os deuses
que você fabricou para si?
Que eles venham,
se puderem salvá-la
na hora da adversidade!
Porque os seus deuses
são tão numerosos
como as suas cidades, ó Judá!

A vida nos tempos da Bíblia

Joias

Homens e mulheres israelitas usavam joias, como braceletes, correntes e colares, e as mulheres usavam brincos também. Em algumas nações, as mulheres até usavam brinco no nariz! As joias eram lindamente feitas de marfim, bronze, prata ou ouro, e algumas vezes eram acrescentadas pedras preciosas, como rubi e esmeralda.

[29]"Por que vocês fazem
denúncias contra mim?
Todos vocês se rebelaram contra mim",
declara o SENHOR.
[30]"De nada adiantou castigar o seu
povo,
eles não aceitaram a correção.
A sua espada tem destruído
os seus profetas
como um leão devorador.

[31]"Vocês, desta geração,
considerem a palavra do SENHOR:

"Tenho sido um deserto para Israel?
Uma terra de grandes trevas?
Por que o meu povo diz:
'Nós assumimos o controle!
Não mais viremos a ti'?
[32]Será que uma jovem
se esquece das suas joias,
ou uma noiva, de seus enfeites
nupciais?
Contudo, o meu povo
esqueceu-se de mim
por dias sem fim.
[33]Com quanta habilidade
você busca o amor!
Mesmo as mulheres da pior espécie
aprenderam com o seu
procedimento.
[34]Nas suas roupas encontrou-se
o sangue de pobres inocentes,
que não foram flagrados
arrombando casas.
Contudo, apesar de tudo isso,
[35]você diz: 'Sou inocente;
ele não está irado comigo'.
Mas eu passarei sentença contra você
porque você disse que não pecou.
[36]Por que você não leva a sério
a sua mudança de rumo?
Você ficará decepcionada com o Egito,
como ficou com a Assíria.
[37]Você também deixará aquele lugar
com as mãos na cabeça,
pois o SENHOR rejeitou
aqueles em quem você confia;
você não receberá a ajuda deles.

3 "Se um homem se divorciar
de sua mulher,
e depois da separação
ela casar-se com outro homem,
poderá o primeiro marido
voltar para ela?
Não seria a terra
totalmente contaminada?
Mas você tem se prostituído
com muitos amantes
e, agora,
quer voltar para mim?",
pergunta o SENHOR.
[2]"Olhe para o campo e veja:
Há algum lugar
onde você não foi desonrada?
À beira do caminho você se assentou
à espera de amantes,
assentou-se como um nômade[a]
no deserto.
Você contaminou a terra
com sua prostituição e impiedade.
[3]Por isso as chuvas foram retidas,
e não veio chuva na primavera.
Mas você,
apresentando-se declaradamente
como prostituta,
recusa-se a corar de vergonha.
[4]Você não acabou de me chamar:
'Meu pai, amigo da minha
juventude?
[5]Ficarás irado para sempre?
Teu ressentimento permanecerá
até o fim?'
É assim que você fala,
mas faz todo o mal que pode".

A infidelidade de Israel

[6]Durante o reinado do rei Josias, o SENHOR
me disse: "Você viu o que fez Israel, a infiel?
Subiu todo monte elevado e foi para debaixo
de toda árvore verdejante para prostituir-se.
[7]Depois de ter feito tudo isso, pensei que ela
voltaria para mim, mas não voltou. E a sua
irmã traidora, Judá, viu essas coisas. [8]Viu[b]
também que dei à infiel Israel uma certidão
de divórcio e a mandei embora, por causa de
todos os seus adultérios. Entretanto, a sua ir-
mã Judá, a traidora, também se prostituiu,
sem temor algum. [9]E por ter feito pouco ca-
so da imoralidade, Judá contaminou a terra,
cometendo adultério com ídolos de pedra e
madeira. [10]Apesar de tudo isso, sua irmã Ju-
dá, a traidora, não voltou para mim de todo
o coração, mas sim com fingimento", decla-
ra o SENHOR.
[11]O SENHOR me disse: "Israel, a infiel, é me-
lhor do que Judá, a traidora. [12]Vá e proclame
esta mensagem para os lados do norte:

"Volte, ó infiel Israel",
declara o SENHOR,

[a] 3:2 Ou *árabe*
[b] 3:8 Conforme um manuscrito do Texto Massorético, a Septuaginta e a Versão Siríaca. O Texto Massorético diz *Eu vi*.

"Não mais franzirei a testa
cheio de ira contra você,
pois eu sou fiel", declara o SENHOR,
"Não ficarei irado para sempre.
13Mas reconheça o seu pecado:
você se rebelou contra
o SENHOR, o seu Deus,
e ofereceu os seus favores
a deuses estranhos,
debaixo de toda árvore verdejante,
e não me obedeceu",
declara o SENHOR.

14"Voltem, filhos rebeldes! Pois eu sou o Se-
nhor[a] de vocês", declara o SENHOR. "Tomarei
vocês, um de cada cidade e dois de cada clã,
e os trarei de volta a Sião. 15Então eu lhes da-
rei governantes conforme a minha vontade,
que os dirigirão com sabedoria e com enten-
dimento. 16Quando vocês aumentarem e se
multiplicarem na sua terra naqueles dias",
declara o SENHOR, "não dirão mais: 'A arca da
aliança do SENHOR'. Não pensarão mais nis-
so nem se lembrarão dela; não sentirão sua
falta nem se fará outra arca. 17Naquela época,
chamarão Jerusalém 'O Trono do SENHOR', e
todas as nações se reunirão para honrar o no-
me do SENHOR em Jerusalém. Não mais vi-
verão segundo a obstinação de seus corações
para fazer o mal. 18Naqueles dias a comunida-
de de Judá caminhará com a comunidade de
Israel, e juntas voltarão do norte para a terra
que dei como herança aos seus antepassados.
19"Eu mesmo disse:

Com que alegria eu a trataria
como se tratam filhos
e lhe daria uma terra aprazível,
a mais bela herança entre as nações!
Pensei que você me chamaria de 'Pai'
e que não deixaria de seguir-me.
20Mas, como a mulher
que trai o marido,
assim você tem sido infiel comigo,
ó comunidade de Israel",
declara o SENHOR.

21Ouve-se um choro no campo,
o pranto de súplica dos israelitas,
porque perverteram os seus caminhos
e esqueceram o SENHOR, o seu Deus.

22"Voltem, filhos rebeldes!
Eu os curarei da sua rebeldia".

"Sim!", o povo responde.
"Nós viremos a ti,
pois tu és o SENHOR, o nosso Deus.
23De fato, a agitação idólatra nas colinas
e o murmúrio nos montes é um
engano.
No SENHOR, no nosso Deus,
está a salvação de Israel.
24Desde a nossa juventude,
Baal, o deus da vergonha,
tem consumido o fruto do trabalho
dos nossos antepassados:
as ovelhas, os bois,
os seus filhos e as suas filhas.
25Seja a vergonha a nossa cama
e a desonra, o nosso cobertor.
Pecamos contra o SENHOR,
o nosso Deus,
tanto nós como os nossos
antepassados,
desde a nossa juventude
até o dia de hoje;
e não temos obedecido
ao SENHOR, ao nosso Deus."

4 "Se você voltar, ó Israel,
volte para mim", diz o SENHOR.
"Se você afastar
para longe de minha vista
os seus ídolos detestáveis,
e não se desviar,
2se você jurar pelo nome do SENHOR
com fidelidade, justiça e retidão,
então as nações serão
por ele abençoadas
e nele se gloriarão."

3Assim diz o SENHOR
ao povo de Judá e de Jerusalém:

"Lavrem seus campos não arados
e não semeiem entre espinhos.
4Purifiquem-se para o SENHOR,
sejam fiéis à aliança[b],
homens de Judá
e habitantes de Jerusalém!
Se não fizerem isso,
a minha ira se acenderá
e queimará como fogo,
por causa do mal que vocês fizeram;
queimará
e ninguém conseguirá apagá-la.

A invasão que vem do norte

5"Anunciem em Judá! Proclamem em
Jerusalém:
Toquem a trombeta por toda esta terra!

[a] 3:14 Ou *marido*

[b] 4:4 Hebraico: *circuncidem os seus corações*.

Gritem bem alto e digam: Reúnam-se!
Fujamos para as cidades fortificadas!
6Ergam o sinal indicando Sião.
Fujam sem demora em busca de
abrigo!
Porque do norte eu estou
trazendo desgraça,
uma grande destruição".
7Um leão saiu da sua toca,
um destruidor de nações
se pôs a caminho.
Ele saiu de onde vive
para arrasar a sua terra.
Suas cidades ficarão em ruínas
e sem habitantes.
8Por isso, ponham vestes de lamento,
chorem e gritem,
pois o fogo da ira do SENHOR
não se desviou de nós.

9"Naquele dia", diz o SENHOR,
"o rei e os seus oficiais
perderão a coragem,
os sacerdotes ficarão horrorizados
e os profetas, perplexos."

10Então eu disse: Ah, Soberano SENHOR, como enganaste completamente este povo e a Jerusalém dizendo: "Vocês terão paz", quando a espada está em nossa garganta.

11Naquela época será dito a este povo e a Jerusalém: "Um vento escaldante, que vem das dunas do deserto, sopra na direção da minha filha, do meu povo, mas não para peneirar nem para limpar.
12É um vento forte demais, que vem da minha parte[a]. Agora eu pronunciarei as minhas sentenças contra eles".

13Vejam! Ele avança como as nuvens;
os seus carros de guerra
são como um furacão
e os seus cavalos são mais velozes
do que as águias.
Ai de nós! Estamos perdidos!
14Ó Jerusalém, lave o mal
do seu coração
para que você seja salva.
Até quando você vai acolher
projetos malignos no íntimo?
15Ouve-se uma voz proclamando
desde Dã,
desde os montes de Efraim
se anuncia calamidade.
16"Relatem isto a esta nação[b]
e proclamem contra Jerusalém:
Um exército inimigo[c] está vindo
de uma terra distante,
dando seu grito de guerra
contra as cidades de Judá.
17Eles a cercam como homens
que guardam um campo,
pois ela se rebelou contra mim",
declara o SENHOR.
18"A sua própria conduta e as suas ações
trouxeram isso sobre você.
Como é amargo esse seu castigo!
Ele atinge até o seu coração!"

19Ah, minha angústia, minha angústia!
Eu me contorço de dor.
Ó paredes do meu coração!
O meu coração dispara dentro de mim;
não posso ficar calado.
Ouvi o som da trombeta,
ouvi o grito de guerra.
20Um desastre depois do outro;
toda a minha terra foi devastada.
Num instante as minhas tendas
foram destruídas,
e os meus abrigos, num momento.
21Até quando verei o sinal levantado
e ouvirei o som da trombeta?

22"O meu povo é tolo,
eles não me conhecem".
"São crianças insensatas
que nada compreendem.
São hábeis para praticar o mal,
mas não sabem fazer o bem."

23Olhei para a terra,
e ela era sem forma[d] e vazia;
para os céus,
e a sua luz tinha desaparecido.
24Olhei para os montes
e eles tremiam;
todas as colinas oscilavam.
25Olhei, e não havia mais gente;
todas as aves do céu
tinham fugido em revoada.
26Olhei, e a terra fértil era um deserto;
todas as suas cidades estavam em ruínas
por causa do SENHOR,
por causa do fogo da sua ira.

27Assim diz o SENHOR:

"Toda esta terra ficará devastada,
embora eu não vá destruí-la
completamente.

[a] 4:12 Ou *vem ao meu comando*
[b] 4:16 Ou *Tragam essas coisas à lembrança das nações;* ou ainda *Anunciem isso às nações*
[c] 4:16 Ou *Um exército sitiador*
[d] 4:23 Ou *estava assolada*

28Por causa disso, a terra ficará de luto
e o céu, em cima, se escurecerá;
porque eu falei, e não me arrependi,
decidi, e não voltarei atrás".

29Quando se ouvem os cavaleiros
e os flecheiros,
todos os habitantes da cidade fogem.
Alguns vão para o meio dos arbustos;
outros escalam as rochas.
Todas as cidades são abandonadas,
e ficam sem habitantes.

30O que você está fazendo,
ó cidade devastada?
Por que se veste de vermelho
e se enfeita com joias de ouro?
Por que você pinta os olhos?
Você se embeleza em vão,
pois os seus amantes a desprezam
e querem tirar-lhe a vida.

31Ouvi um grito, como de mulher
em trabalho de parto,
como a agonia de uma mulher
ao dar à luz o primeiro filho.
É o grito da cidade[a] de Sião,
que está ofegante
e estende as mãos, dizendo:
"Ai de mim! Estou desfalecendo.
Minha vida está nas mãos
de assassinos!"

Ninguém é justo

5 "Percorram as ruas de Jerusalém,
olhem e observem.
"Procurem em suas praças
para ver se podem encontrar
alguém que aja com honestidade
e que busque a verdade.
Então eu perdoarei a cidade.
2Embora digam:
'Juro pelo nome do SENHOR',
ainda assim estão jurando falsamente."

3SENHOR, não é fidelidade
que os teus olhos procuram?
Tu os feriste, mas eles nada sentiram;
tu os deixaste esgotados,
mas eles recusaram a correção.
Endureceram o rosto
mais que a rocha,
e recusaram arrepender-se.
4Pensei: Eles são apenas
pobres e ignorantes,
não conhecem o caminho do SENHOR,
as exigências do seu Deus.
5Irei aos nobres e falarei com eles,
pois, sem dúvida, eles conhecem
o caminho do SENHOR,
as exigências do seu Deus.
Mas todos eles também
quebraram o jugo
e romperam as amarras.
6Por isso, um leão da floresta os
atacará,
um lobo da estepe os arrasará,
um leopardo ficará à espreita,
nos arredores das suas cidades,
para despedaçar qualquer pessoa
que delas sair.
Porque a rebeldia deles é grande
e muitos são os seus desvios.

7"Por que deveria eu perdoar-lhe isso?"
"Seus filhos me abandonaram
e juraram por aqueles
que não são deuses.
Embora eu tenha suprido
as suas necessidades,
eles cometeram adultério
e frequentaram as casas de
prostituição.
8Eles são garanhões
bem-alimentados e excitados,
cada um relinchando
para a mulher do próximo.
9Não devo eu castigá-los por isso?",
pergunta o SENHOR.
"Não devo eu vingar-me
de uma nação como esta?
10"Vão por entre as suas vinhas
e destruam-nas,
mas não acabem totalmente com elas.
Cortem os seus ramos,
pois eles não pertencem ao SENHOR.
11Porque a comunidade de Israel
e a comunidade de Judá têm me
traído",
declara o SENHOR.

12Mentiram acerca do SENHOR,
dizendo: "Ele não vai fazer nada!
Nenhum mal nos acontecerá;
jamais veremos espada ou fome.
13Os profetas não passam de vento,
e a palavra não está neles;
por isso aconteça com eles
o que dizem".

14Portanto, assim diz
o SENHOR dos Exércitos:

[a] 4:31 Hebraico: *filha*.

"Porque falaram essas palavras,
farei com que as minhas palavras
em sua boca sejam fogo,
e este povo seja a lenha
que o fogo consome.
15Ó comunidade de Israel",
declara o SENHOR,
"estou trazendo de longe uma nação
para atacá-la:
uma nação muito antiga e invencível,
uma nação cuja língua
você não conhece
e cuja fala você não entende.
16Sua aljava é como um túmulo aberto;
toda ela é composta de guerreiros.
17Devorarão as suas colheitas
e os seus alimentos;
devorarão os seus filhos e as suas
filhas;
devorarão as suas ovelhas e os seus
bois;
devorarão as suas videiras
e as suas figueiras.
Destruirão ao fio da espada
as cidades fortificadas
nas quais vocês confiam.

18"Contudo, mesmo naqueles dias não os
destruirei completamente", declara o SE-
NHOR. 19"E, quando perguntarem: 'Por que o
SENHOR, o nosso Deus, fez isso conosco?', você
lhes dirá: Assim como vocês me abandona-
ram e serviram deuses estrangeiros em sua
própria terra, também agora vocês servirão
estrangeiros numa terra que não é de vocês.

20"Anunciem isto à comunidade de Jacó
e proclamem-no em Judá:
21Ouçam isto, vocês,
povo tolo e insensato,
que têm olhos, mas não veem,
têm ouvidos, mas não ouvem:
22Acaso vocês não me temem?",
pergunta o SENHOR.
"Não tremem diante da minha presença?
Porque fui eu que fiz da areia
um limite para o mar,
um decreto eterno que ele
não pode ultrapassar.
As ondas podem quebrar,
mas não podem prevalecer,
podem bramir,
mas não podem ultrapassá-lo.
23Mas este povo tem coração
obstinado e rebelde;
eles se afastaram e foram embora.

Palavras para memorizar

"Temamos o SENHOR, o nosso Deus: aquele que dá as chuvas do outono e da primavera no tempo certo, e nos assegura as semanas certas da colheita."

(Jeremias 5:24)

24Não dizem no seu íntimo:
'Temamos o SENHOR, o nosso Deus:
aquele que dá as chuvas do outono
e da primavera no tempo certo,
e nos assegura
as semanas certas da colheita'.
25Porém os pecados de vocês
têm afastado essas coisas;
as faltas de vocês
os têm privado desses bens.

26"Há ímpios no meio do meu povo:
homens que ficam à espreita
como num esconderijo
de caçadores de pássaros;
preparam armadilhas
para capturar gente.
27Suas casas estão cheias de engano,
como gaiolas cheias de pássaros.
E assim eles se tornaram
poderosos e ricos,
28estão gordos e bem-alimentados.
Não há limites para as suas obras más.
Não se empenham pela causa do
órfão,
nem defendem os direitos do pobre.
29Não devo eu castigá-los?",
pergunta o SENHOR.
"Não devo eu vingar-me
de uma nação como essa?

30"Uma coisa espantosa e horrível
acontece nesta terra:
31Os profetas profetizam mentiras,
os sacerdotes governam
por sua própria autoridade,
e o meu povo gosta dessas coisas.
Mas o que vocês farão
quando tudo isso chegar ao fim?

Jerusalém sitiada

6 “Fuja para um lugar seguro,
povo de Benjamim!
Fuja de Jerusalém!
Toquem a trombeta em Tecoa!
Ponham sinal em Bete-Haquerém!
Porque já se vê a desgraça
que vem do norte,
uma terrível destruição!
2 Destruirei a cidade[a] de Sião;
você é como uma bela pastagem,[b]
3 para onde os pastores vêm
com os seus rebanhos;
armam as suas tendas ao redor dela
e apascentam, cada um no seu lugar.

4 “Preparem-se para enfrentá-la
na batalha!
Vamos, ataquemos ao meio-dia!
Ai de nós! O dia declina
e as sombras da tarde já se estendem.
5 Vamos, ataquemos de noite!
Destruamos as suas fortalezas!”

6 Assim diz o SENHOR dos Exércitos:

“Derrubem as árvores
e construam rampas de cerco
contra Jerusalém.
Ó cidade da falsidade![c]
Ela está cheia de opressão.
7 Assim como um poço produz água,
também ela produz sua maldade.
Violência! Destruição!
É o que se ouve dentro dela;
doenças e feridas estão sempre
diante de mim.
8 Ouça a minha advertência, ó
Jerusalém!
Do contrário eu me afastarei
inteiramente de você
e farei de você uma desolação,
uma terra desabitada”.

9 Assim diz o SENHOR dos Exércitos:

“Rebusque-se o remanescente de Israel
tão completamente
como se faz com uma videira,
como faz quem colhe uvas:
e você, repasse os ramos cacho por
cacho”.

10 A quem posso eu falar ou advertir?
Quem me escutará?
Os ouvidos deles são obstinados[d],
e eles não podem ouvir.
A palavra do SENHOR é para eles
desprezível,
não encontram nela motivo de prazer.
11 Mas a ira do SENHOR
dentro de mim transborda,
já não posso retê-la.

“Derrama-a sobre as crianças na rua
e sobre os jovens reunidos em grupos;
pois eles também serão pegos
com os maridos e as mulheres,
os velhos e os de idade bem
avançada.
12 As casas deles
serão entregues a outros,
com os seus campos
e as suas mulheres,
quando eu estender a minha mão
contra os que vivem nesta terra”,
declara o SENHOR.
13 “Desde o menor até o maior,
todos são gananciosos;
profetas e sacerdotes igualmente,
todos praticam o engano.
14 Eles tratam da ferida do meu povo
como se não fosse grave.
‘Paz, paz’, dizem,
quando não há paz alguma.
15 Ficarão eles envergonhados
da sua conduta detestável?
Não, eles não sentem vergonha alguma,
nem mesmo sabem corar.
Portanto, cairão entre os que caem;
serão humilhados
quando eu os castigar”,
declara o SENHOR.

16 Assim diz o SENHOR:

“Ponham-se nas encruzilhadas e olhem;
perguntem pelos caminhos antigos,

[a] 6:2 Hebraico: *filha*; também no versículo 23.
[b] 6:2 Ou *Sião, tão bela e formosa*,
[c] 6:6 Tradicionalmente traduzida por *Esta é a cidade que deve ser castigada.*
[d] 6:10 Hebraico: *incircuncisos*.

Palavras para memorizar

“Perguntem pelo bom caminho. Sigam-no e acharão descanso.”
(Jeremias 6:16)

perguntem pelo bom caminho.
Sigam-no e acharão descanso.
Mas vocês disseram:
'Não seguiremos!'
17Coloquei sentinelas entre vocês e
disse:
Prestem atenção ao som da
trombeta!
Mas vocês disseram:
'Não daremos atenção'.
18Vejam, ó nações;
observe, ó assembleia,
o que acontecerá a eles.
19Ouça, ó terra:
Trarei desgraça sobre este povo,
o fruto das suas maquinações,
porque não deram atenção
às minhas palavras
e rejeitaram a minha lei.
20De que me serve o incenso
trazido de Sabá,
ou o cálamo aromático
de uma terra distante?
Os seus holocaustos[a] não são aceitáveis
nem me agradam as suas ofertas".
21Assim diz o SENHOR:

"Estou colocando obstáculos
diante deste povo.
Pais e filhos tropeçarão neles;
vizinhos e amigos perecerão".

22Assim diz o SENHOR:

"Veja! Um exército vem do norte;
uma grande nação
está sendo mobilizada
desde os confins da terra.
23Eles empunham o arco e a lança;
são cruéis e não têm misericórdia,
e o barulho que fazem é como
o bramido do mar.
Vêm montando os seus cavalos
em formação de batalha,
para atacá-la, ó cidade de Sião".
24Ouvimos os relatos sobre eles,
e as nossas mãos amoleceram.
A angústia tomou conta de nós,
dores como as da mulher
que está dando à luz.
25Não saiam aos campos
nem andem pelas estradas,
pois o inimigo traz a espada,
e há terror por todos os lados.

[a] 6:20 Isto é, sacrifícios totalmente queimados; também em 7:21 e 22.

26Ó minha filha, meu povo,
ponha vestes de lamento
e revolva-se em cinza.
Lamente-se com choro amargurado,
como quem chora por um filho
único,
pois subitamente o destruidor
virá sobre nós.

27"Eu o designei para
examinador de metais,
provador do meu povo,
para que você examine
e ponha à prova a conduta deles.
28Todos eles são rebeldes obstinados
e propagadores de calúnias.
Estão endurecidos
como o bronze e o ferro.
Todos eles são corruptos.
29O fole sopra com força
para separar o chumbo com o fogo,
mas o refino prossegue em vão;
os ímpios não são expurgados.
30São chamados prata rejeitada,
porque o SENHOR os rejeitou."

A inutilidade da falsa religião

7 Esta é a palavra que veio a Jeremias da
parte do SENHOR: 2"Fique junto à porta
do templo do SENHOR e proclame esta men-
sagem:
"Ouçam a palavra do SENHOR, todos vocês
de Judá que atravessam estas portas para
adorar o SENHOR. 3Assim diz o SENHOR dos
Exércitos, o Deus de Israel: Corrijam a sua
conduta e as suas ações, eu os farei habitar
neste lugar. 4Não confiem nas palavras en-
ganosas dos que dizem: 'Este é o templo do
SENHOR, o templo do SENHOR, o templo do
SENHOR!' 5Mas se vocês realmente corrigirem
a sua conduta e as suas ações, e se, de fato,
tratarem uns aos outros com justiça, 6se não
oprimirem o estrangeiro, o órfão e a viúva
e não derramarem sangue inocente neste
lugar, e se vocês não seguirem outros deu-
ses para a sua própria ruína, 7então eu os fa-
rei habitar neste lugar, na terra que dei aos
seus antepassados desde a antiguidade e para
sempre. 8Mas vejam! Vocês confiam em pala-
vras enganosas e inúteis.
9"Vocês pensam que podem roubar e ma-
tar, cometer adultério e jurar falsamente[b],
queimar incenso a Baal e seguir outros deu-
ses que vocês não conheceram, 10e depois vir
e permanecer perante mim neste templo,

[b] 7:9 Ou *jurar por deuses falsos*

que leva o meu nome, e dizer: 'Estamos seguros!', seguros para continuar com todas essas práticas repugnantes? 11Este templo, que leva o meu nome, tornou-se para vocês um covil de ladrões? Cuidado! Eu mesmo estou vendo isso", declara o SENHOR.

12"Portanto, vão agora a Siló, o meu lugar de adoração, onde primeiro fiz uma habitação em honra ao meu nome, e vejam o que eu lhe fiz por causa da impiedade de Israel, o meu povo. 13Mas agora, visto que vocês fizeram todas essas coisas", diz o SENHOR, "apesar de eu lhes ter falado repetidas vezes, e vocês não me terem dado atenção, e de eu tê-los chamado, e vocês não me terem respondido, 14eu farei a este templo que leva o meu nome, no qual vocês confiam, o lugar de adoração que dei a vocês e aos seus antepassados, o mesmo que fiz a Siló. 15Expulsarei vocês da minha presença, como fiz com todos os seus compatriotas, o povo de Efraim.

16"E você, Jeremias, não ore por este povo nem faça súplicas ou pedidos em favor dele, nem interceda por ele junto a mim, pois eu não o ouvirei. 17Não vê o que estão fazendo nas cidades de Judá e nas ruas de Jerusalém? 18Os filhos ajuntam a lenha, os pais acendem o fogo, e as mulheres preparam a massa e fazem bolos para a Rainha dos Céus. Além disso, derramam ofertas a outros deuses para provocarem a minha ira. 19Mas será que é a mim que eles estão provocando?", pergunta o SENHOR. "Não é a si mesmos, para a sua própria vergonha?"

20Portanto, assim diz o Soberano, o SENHOR: "A minha ardente ira será derramada sobre este lugar, sobre os homens, os animais, e as árvores do campo, como também sobre o produto do solo; ela arderá como fogo, e não poderá ser extinta".

21Assim diz o SENHOR dos Exércitos, o Deus de Israel: "Juntem os seus holocaustos aos outros sacrifícios e comam a carne vocês mesmos! 22Quando tirei do Egito os seus antepassados, nada lhes falei nem lhes ordenei quanto a holocaustos e sacrifícios. 23Dei-lhes, entretanto, esta ordem: Obedeçam-me, e eu serei o seu Deus e vocês serão o meu povo. Vocês andarão em todo o caminho que eu lhes ordenar, para que tudo lhes vá bem. 24Mas eles não me ouviram nem me deram atenção. Antes, seguiram o raciocínio rebelde dos seus corações maus. Andaram para trás e não para a frente. 25Desde a época em que os seus antepassados saíram do Egito até o dia de hoje, eu lhes enviei os meus servos, os profetas, dia após dia. 26Mas eles não me ouviram nem me deram atenção. Antes, tornaram-se obstinados e foram piores do que os seus antepassados.

27"Quando você lhes disser tudo isso, eles não o escutarão; quando você os chamar, não responderão. 28Portanto, diga a eles: Esta é uma nação que não obedeceu ao SENHOR, ao seu Deus, nem aceitou a correção. A verdade foi destruída e desapareceu dos seus lábios. 29Cortem os seus cabelos consagrados e joguem-nos fora. Lamentem-se sobre os montes estéreis, pois o SENHOR rejeitou e abandonou esta geração que provocou a sua ira.

O vale da Matança

30"Os de Judá fizeram o que eu reprovo", declara o SENHOR. "Profanaram o templo que leva o meu nome, colocando nele as imagens dos seus ídolos. 31Construíram o alto de Tofete no vale de Ben-Hinom, para queimarem em sacrifício os seus filhos e as suas filhas, coisa que nunca ordenei e que jamais me veio à mente. 32Por isso, certamente vêm os dias", declara o SENHOR, "em que não mais chamarão este lugar Tofete ou vale de Ben-Hinom, mas vale da Matança, pois ali enterrarão cadáveres até que não haja mais lugar. 33Então os cadáveres deste povo servirão de comida para as aves e para os animais, e não haverá quem os afugente. 34Darei fim às vozes de júbilo e de alegria, às vozes do noivo e da noiva nas cidades de Judá e nas ruas de Jerusalém, pois esta terra se tornará um deserto.

8

"Naquele tempo", declara o SENHOR, "os ossos dos reis e dos líderes de Judá, os ossos dos sacerdotes e dos profetas e os ossos do povo de Jerusalém serão retirados dos seus túmulos. 2Serão expostos ao sol e à lua e a todos os astros do céu, que eles amaram, aos quais prestaram culto e os quais seguiram, consultaram e adoraram. Não serão ajuntados nem enterrados, antes se tornarão esterco sobre o solo. 3Todos os sobreviventes dessa nação má preferirão a morte à vida, em todos os lugares para onde eu os expulsar", diz o SENHOR dos Exércitos.

O pecado do povo e o seu castigo

4"Diga a eles: Assim diz o SENHOR:

"Quando os homens caem,
não se levantam mais?
Quando alguém se desvia do caminho,
não retorna a ele?

5Por que será, então,
que este povo se desviou?
Por que Jerusalém persiste
em desviar-se?
Eles apegam-se ao engano
e recusam-se a voltar.
6Eu ouvi com atenção,
mas eles não dizem o que é certo.
Ninguém se arrepende de sua maldade
e diz: 'O que foi que eu fiz?'
Cada um se desvia
e segue seu próprio curso,
como um cavalo que se lança
com ímpeto na batalha.
7Até a cegonha no céu
conhece as estações
que lhe estão determinadas,
e a pomba, a andorinha e o tordo
observam a época de sua migração.
Mas o meu povo não conhece
as exigências do SENHOR.

8"Como vocês podem dizer:
'Somos sábios,
pois temos a lei do SENHOR',
quando na verdade
a pena mentirosa dos escribas
a transformou em mentira?
9Os sábios serão envergonhados;
ficarão amedrontados
e serão pegos na armadilha.
Visto que rejeitaram
a palavra do SENHOR,
que sabedoria é essa que eles têm?
10Por isso, entregarei as suas mulheres
a outros homens,
e darei os seus campos
a outros proprietários.
Desde o menor até o maior,
todos são gananciosos;
tanto os sacerdotes como os profetas,
todos praticam a falsidade.
11Eles tratam da ferida do meu povo
como se ela não fosse grave.
'Paz, paz', dizem,
quando não há paz alguma.
12Ficaram eles envergonhados
de sua conduta detestável?
Não, eles não sentem vergonha,
nem mesmo sabem corar.
Portanto, cairão entre os que caem;
serão humilhados quando eu os
castigar",
declara o SENHOR.

13"Eu quis recolher a colheita deles",
declara o SENHOR.
"Mas não há uvas na videira
nem figos na figueira;
as folhas estão secas.
O que lhes dei será tomado deles."

14Por que estamos sentados aqui?
Reúnam-se!
Fujamos para as cidades fortificadas
e pereçamos ali!
Pois o SENHOR, o nosso Deus,
condenou-nos a perecer
e nos deu água envenenada para beber,
porque temos pecado contra ele.
15Esperávamos a paz,
mas não veio bem algum;
esperávamos um tempo de cura,
mas há somente terror.
16O resfolegar dos seus cavalos
pode-se ouvir desde Dã;
ao relinchar dos seus garanhões
a terra toda treme.
Vieram para devorar esta terra
e tudo o que nela existe,
a cidade e todos os que nela habitam.

17"Vejam, estou enviando contra vocês
serpentes venenosas,
que ninguém consegue encantar;
elas morderão vocês, e não haverá
remédio",
diz o SENHOR.

18A tristeza tomou conta de mim;
o meu coração desfalece.
19Ouça o grito de socorro da minha
filha,
do meu povo,
grito que se estende por toda esta terra:
"O SENHOR não está em Sião?
Não se acha mais ali o seu rei?"

"Por que eles me provocaram à ira
com os seus ídolos,
com os seus inúteis
deuses estrangeiros?"

20Passou a época da colheita,
acabou o verão,
e não estamos salvos.

21Estou arrasado com a devastação
sofrida pelo meu povo.
Choro muito,
e o pavor se apodera de mim.
22Não há bálsamo em Gileade?
Não há médico?
Por que será, então,
que não há sinal de cura
para a ferida do meu povo?

9 Ah, se a minha cabeça
fosse uma fonte de água
e os meus olhos
um manancial de lágrimas!
Eu choraria noite e dia
pelos mortos do meu povo.
2 Ah, se houvesse um alojamento
para mim no deserto,
para que eu pudesse deixar o meu povo
e afastar-me dele.
São todos adúlteros,
um bando de traidores!

3 "A língua deles é como um arco
pronto para atirar.
É a falsidade, não a verdade,
que prevalece nesta terra.[a]
Eles vão de um crime a outro;
eles não me reconhecem",
declara o SENHOR.
4 "Cuidado com os seus amigos,
não confie em seus parentes.
Porque cada parente é um enganador[b],
e cada amigo um caluniador.
5 Amigo engana amigo,
ninguém fala a verdade.
Eles treinaram a língua
para mentir;
e, sendo perversos,
eles se cansam demais
para se converterem.[c]
6 De opressão em opressão,
de engano em engano,
eles se recusam a reconhecer-me",
declara o SENHOR.

7 Portanto, assim diz
o SENHOR dos Exércitos:

"Vejam, sou eu que vou refiná-los
e prová-los.
Que mais posso eu fazer
pelo meu povo?
8 A língua deles é uma flecha mortal;
eles falam traiçoeiramente.
Cada um mostra-se cordial
com o seu próximo,
mas no íntimo lhe prepara
uma armadilha.
9 Deixarei eu de castigá-los?",
pergunta o SENHOR.
"Não me vingarei
de uma nação como essa?"

10 Chorarei, prantearei
e me lamentarei pelos montes
por causa das pastagens da estepe;
pois estão abandonadas
e ninguém mais as percorre.
Não se ouve o mugir do gado;
tanto as aves como os animais fugiram.

11 "Farei de Jerusalém
um amontoado de ruínas,
uma habitação de chacais.
Devastarei as cidades de Judá
até não restar nenhum morador."

12 Quem é bastante sábio para compreen-
der isso? Quem foi instruído pelo SENHOR,
que possa explicá-lo? Por que a terra está

[a] 9:3 Ou *um arco que atira a mentira; não é pela verdade que prevalecem na terra.*
[b] 9:4 Ou *um Jacó enganador*
[c] 9:5 Ou *eles se cansam de tanto pecar.*

A vida nos tempos da Bíblia

Figos

Os figos cresciam em árvores por todo Israel e estavam ao alcance de qualquer pessoa para comer. As figueiras têm folhas largas, e os figos são muito doces. Os israelitas secavam e prensavam os figos para comerem em casa e durante viagens.

arruinada e devastada como um deserto pe-
lo qual ninguém passa?
13 O SENHOR disse: "Foi porque abandona-
ram a minha lei, que estabeleci diante deles;
não me obedeceram nem seguiram a minha
lei. 14 Em vez disso, seguiram a dureza de seus
próprios corações, indo atrás dos baalins, co-
mo os seus antepassados lhes ensinaram".
15 Por isso, assim diz o SENHOR dos Exércitos,
o Deus de Israel: "Vejam! Farei este povo co-
mer comida amarga e beber água envenena-
da. 16 Eu os espalharei entre nações que nem
eles nem os seus antepassados conheceram;
e enviarei contra eles a espada até extermi-
ná-los".
17 Assim diz o SENHOR dos Exércitos:

"Considerem:
Chamem as pranteadoras profissionais;
mandem chamar
as mais hábeis entre elas.
18 Venham elas depressa
e lamentem por nós,
até que os nossos olhos
transbordem de lágrimas
e águas corram de nossas pálpebras.
19 O som de lamento se ouve desde Sião:
'Como estamos arruinados!
Como é grande a nossa humilhação!
Deixamos a nossa terra
porque as nossas casas
estão em ruínas' ".

20 Ó mulheres, ouçam agora
a palavra do SENHOR;
abram os ouvidos às palavras
de sua boca.
Ensinem suas filhas a lamentar-se;
ensinem umas as outras a prantear.
21 A morte subiu e penetrou
pelas nossas janelas
e invadiu as nossas fortalezas,
eliminando das ruas as crianças
e das praças, os rapazes.

22 "Diga: Assim declara o SENHOR:

"Cadáveres ficarão estirados
como esterco em campo aberto,
como o trigo deixado para trás
pelo ceifeiro,
sem que ninguém o ajunte."

23 Assim diz o SENHOR:

"Não se glorie o sábio em sua sabedoria
nem o forte em sua força
nem o rico em sua riqueza,

Palavras para memorizar

"Mas quem se gloriar, glorie-se nisto: em compreender-me e conhecer-me, pois eu sou o SENHOR e ajo com lealdade, com justiça e com retidão sobre a terra."

(Jeremias 9:24)

24 mas quem se gloriar, glorie-se nisto:
em compreender-me e conhecer-me,
pois eu sou o SENHOR
e ajo com lealdade,
com justiça e com retidão sobre a
terra,
pois é dessas coisas que me agrado",
declara o SENHOR.

25 "Vêm chegando os dias", declara o SE-
NHOR, "em que castigarei todos os que são
circuncidados apenas no corpo, 26 como tam-
bém o Egito, Judá, Edom, Amom, Moabe e
todos os que rapam a cabeça[a] e vivem no
deserto; porque todas essas nações são in-
circuncisas, e a comunidade de Israel tem o
coração obstinado[b]."

Deus e os ídolos

10 Ouçam o que o SENHOR diz a vocês, ó
comunidade de Israel! 2 Assim diz o SE-
NHOR:

"Não aprendam as práticas das nações
nem se assustem com os sinais no
céu,
embora as nações se assustem com eles.
3 Os costumes religiosos das nações são
inúteis:
corta-se uma árvore da floresta,
um artesão a modela com seu
formão;
4 enfeitam-na com prata e ouro,
prendendo tudo com martelo e
pregos
para que não balance.
5 Como um espantalho
numa plantação de pepinos,

[a] 9:26 Ou *e todos os que prendem o cabelo junto à testa*
[b] 9:26 Hebraico: *é incircuncisa de coração.*

os ídolos são incapazes de falar,
e têm que ser transportados
porque não conseguem andar.
Não tenham medo deles,
pois não podem fazer
nem mal nem bem".
6Não há absolutamente ninguém
comparável a ti, ó SENHOR;
tu és grande,
e grande é o poder do teu nome.
7Quem não te temerá,
ó rei das nações?
Esse temor te é devido.
Entre todos os sábios das nações
e entre todos os seus reinos
não há absolutamente ninguém
comparável a ti.
8São todos insensatos e tolos;
querem ser ensinados por ídolos
inúteis.
Os deuses deles não passam de
madeira.
9Prata batida é trazida de Társis,
e ouro, de Ufaz.
A obra do artesão e do ourives
é vestida de azul e de púrpura;
tudo não passa de obra
de hábeis artesãos.
10Mas o SENHOR é o Deus verdadeiro;
ele é o Deus vivo; o rei eterno.
Quando ele se ira, a terra treme;
as nações não podem suportar o seu
furor.

11"Digam-lhes isto: Estes deuses, que não
fizeram nem os céus nem a terra, desaparecerão da terra e de debaixo dos céus".[a]

12Mas foi Deus quem fez a terra
com o seu poder,
firmou o mundo com a sua sabedoria
e estendeu os céus
com o seu entendimento.
13Ao som do seu trovão,
as águas no céu rugem,
e formam-se nuvens
desde os confins da terra.
Ele faz os relâmpagos para a chuva
e dos seus depósitos faz sair o
vento.

14Esses homens todos
são estúpidos e ignorantes;
cada ourives é envergonhado
pela imagem que esculpiu.

[a] 10:11 Este versículo está em aramaico no texto original.

Suas imagens esculpidas
são uma fraude,
elas não têm fôlego de vida.
15São inúteis,
são objetos de zombaria.
Quando vier o julgamento delas,
perecerão.
16Aquele que é a porção de Jacó
nem se compara a essas imagens,
pois ele é quem forma todas as coisas,
e Israel é a tribo de sua propriedade,
SENHOR dos Exércitos é o seu nome.

A destruição vindoura

17Ajunte os seus pertences
para deixar a terra,
você que vive sitiada.
18Porque assim diz o SENHOR:
"Desta vez lançarei fora
os que vivem nesta terra.
Trarei aflição sobre eles,
e serão capturados".

19Ai de mim! Estou ferido!
O meu ferimento é incurável!
Apesar disso eu dizia:
Esta é a minha enfermidade
e tenho que suportá-la.
20A minha tenda foi destruída;
todas as cordas da minha tenda
estão arrebentadas.
Os meus filhos me deixaram
e já não existem;
não restou ninguém para
armar a minha tenda
e montar o meu abrigo.
21Os líderes do povo são insensatos
e não consultam o SENHOR;
por isso não prosperam
e todo o seu rebanho está disperso.
22Escutem! Estão chegando notícias:
uma grande agitação vem do
norte!
As cidades de Judá serão arrasadas
e transformadas em morada de
chacais.

A oração de Jeremias

23Eu sei, SENHOR,
que não está nas mãos do homem
o seu futuro;
não compete ao homem
dirigir os seus passos.
24Corrige-me, SENHOR,
mas somente com justiça,
não com ira,
para que não me reduzas a nada.

²⁵Derrama a tua ira sobre as nações
que não te conhecem,
sobre os povos que não invocam o teu
nome;
pois eles devoraram Jacó,
devoraram-no completamente
e destruíram a sua terra.

A aliança é quebrada

11 Esta é a palavra que veio a Jeremias da parte do SENHOR: 2"Ouça os termos desta aliança; e repita-os ao povo de Judá e aos habitantes de Jerusalém. 3Diga-lhes que assim diz o SENHOR, o Deus de Israel: Maldito é aquele que não obedecer aos termos desta aliança, 4os quais ordenei aos antepassados de vocês, quando eu os tirei do Egito, da fornalha de fundir ferro. Eu disse: Obedeçam-me e façam tudo o que lhes ordeno, e vocês serão o meu povo, e eu serei o seu Deus. 5Então cumprirei a promessa que fiz sob juramento aos antepassados de vocês, de dar-lhes uma terra onde há leite e mel com fartura, a terra que vocês hoje possuem".

Então respondi: Amém, SENHOR.

6O SENHOR me disse: "Proclame todas estas palavras nas cidades de Judá e nas ruas de Jerusalém: Ouçam os termos desta aliança e cumpram-nos. 7Desde a época em que tirei os seus antepassados do Egito até hoje, repetidas vezes os adverti, dizendo: Obedeçam-me. 8Mas eles não me ouviram nem me deram atenção; ao contrário, seguiram os seus corações duros e maus. Por isso eu trouxe sobre eles todas as maldições desta aliança, que eu tinha ordenado que cumprissem, mas que eles não cumpriram".

9Então o SENHOR me disse: "Há uma conspiração entre o povo de Judá e os habitantes de Jerusalém. 10Eles retornaram aos pecados de seus antepassados, que recusaram dar ouvidos às minhas palavras e seguiram outros deuses para prestar-lhes culto. Tanto a comunidade de Israel como a de Judá quebraram a aliança que eu fiz com os antepassados deles". 11Por isso, assim diz o SENHOR: "Trarei sobre eles uma desgraça da qual não poderão escapar. Ainda que venham a clamar a mim, eu não os ouvirei. 12Então as cidades de Judá e os habitantes de Jerusalém clamarão aos deuses aos quais queimam incenso, mas eles não poderão salvá-los quando a desgraça os atingir. 13Você tem tantos deuses quantas são as suas cidades, ó Judá; e os altares que você construiu para queimar incenso àquela coisa vergonhosa chamada Baal são tantos quantas são as ruas de Jerusalém.

14"E você, Jeremias, não ore em favor deste povo nem ofereça súplica ou petição alguma por eles, porque eu não ouvirei quando clamarem a mim na hora da desgraça.

15"O que a minha amada faz
no meu templo
com intenção enganosa?
Será que os votos e a carne consagrada
evitarão o castigo?
Poderá você, então, exultar?"

A vida nos tempos da Bíblia

Fundindo metal

O ferro é um metal forte usado para muitas coisas nos tempos bíblicos. O metal era colocado em panelas grossas de barro e aquecido em fornos de tijolos. Nessas panelas, o metal se fundia (derretia) e era despejado por um trabalhador em uma forma.

[16]O SENHOR a chamou
de oliveira verdejante,
ornada de belos e bons frutos.
Mas com o estrondo
de um grande tumulto,
ele a incendiará,
e os seus ramos serão quebrados.

[17]O SENHOR dos Exércitos, que a plantou,
anunciou-lhe desgraça, porque a comunida-
de de Israel e a comunidade de Judá fizeram
o que é reprovável e provocaram a minha ira,
queimando incenso a Baal.

A conspiração contra Jeremias

[18]Fiquei sabendo porque o SENHOR me re-
velou; tu me mostraste o que eles estavam
fazendo. [19]Eu era como um cordeiro manso
levado ao matadouro; não tinha percebido
que tramavam contra mim, dizendo:

"Destruamos a árvore e a sua seiva[a],
vamos cortá-lo da terra dos viventes
para que o seu nome
não seja mais lembrado".
[20]Ó SENHOR dos Exércitos,
justo juiz que provas
o coração e a mente,
espero ver a tua vingança sobre eles,
pois a ti expus a minha causa.

[21]Em vista disso, assim diz o SENHOR a res-
peito dos homens de Anatote que querem ti-
rar a minha vida, e que dizem: "Não profetize
em nome do SENHOR, senão nós o matare-
mos"; [22]assim diz o SENHOR dos Exércitos: "Eu
os castigarei. Seus jovens morrerão à espada;
seus filhos e suas filhas, de fome. [23]Nem mes-
mo um remanescente lhes restará, porque
trarei a desgraça sobre os homens de Anato-
te no ano do seu castigo".

A queixa de Jeremias

12 Tu és justo, SENHOR,
quando apresento
uma causa diante de ti.
Contudo, eu gostaria de discutir
contigo
sobre a tua justiça.
Por que o caminho
dos ímpios prospera?
Por que todos os traidores
vivem sem problemas?
[2]Tu os plantaste, e eles criaram raízes;
crescem e dão fruto.
Tu estás sempre perto dos seus lábios,
mas longe dos seus corações.

[a] 11:19 Hebraico: *com seu pão.*

[3]Tu, porém, me conheces, SENHOR;
tu me vês e provas a minha atitude
para contigo.
Arranca os ímpios como a ovelhas
destinadas ao matadouro!
Reserva-os para o dia da matança!
[4]Até quando a terra ficará de luto[b]
e a relva de todo o campo estará
seca?
Perecem os animais e as aves
por causa da maldade
dos que habitam nesta terra,
pois eles disseram:
"Ele não verá o fim que nos
espera".

A resposta de Deus

[5]"Se você correu com homens
e eles o cansaram,
como poderá competir com cavalos?
Se você tropeça[c] em terreno seguro,[d]
o que fará nos matagais
junto ao Jordão?[e]
[6]Até mesmo os seus irmãos
e a sua própria família traíram você
e o perseguem aos gritos.
Não confie neles,
mesmo quando lhe dizem coisas
boas.

[7]"Abandonei a minha família,
deixei a minha propriedade
e entreguei aquela a quem amo
nas mãos dos seus inimigos.
[8]O povo de minha propriedade
tornou-se para mim
como um leão na floresta.
Ele ruge contra mim,
por isso eu o detesto.
[9]O povo de minha propriedade
tornou-se para mim
como uma toca de hiena,
sobre a qual pairam as aves de
rapina.
Reúnam todos os animais selvagens;
tragam-nos para o banquete.
[10]A minha vinha foi destruída
por muitos pastores,
que pisotearam
a minha propriedade.
Eles tornaram a minha
preciosa propriedade
num deserto devastado.

[b] 12:4 Ou *a terra pranteará*
[c] 12:5 Ou *você se sente seguro*
[d] 12:5 Ou *Se você põe a confiança numa terra segura,*
[e] 12:5 Ou *fará quando o Jordão inundar?*

[11]Fizeram dela uma terra devastada;
e devastada ela pranteia
diante de mim.
A terra toda foi devastada,
mas não há quem se importe
com isso.
[12]Destruidores vieram
sobre todas
as planícies do deserto,
pois a espada do SENHOR
devora esta terra
de uma extremidade à outra;
ninguém está seguro.
[13]Semearam trigo,
mas colheram espinhos;
cansaram-se de trabalhar
para nada produzir.
Estão desapontados com a colheita
por causa do fogo da ira
do SENHOR."

[14]Assim diz o SENHOR a respeito de todos
os meus vizinhos, as nações ímpias que se
apoderam da herança que dei a Israel, o meu
povo: "Eu os arrancarei da sua terra, e arran-
carei Judá do meio deles. [15]Mas, depois de ar-
rancá-los, terei compaixão de novo e os farei
voltar, cada um à sua propriedade e à sua
terra. [16]E se aprenderem a comportar-se co-
mo o meu povo, e jurarem pelo nome do SE-
NHOR, dizendo: 'Juro pelo nome do SENHOR'
— como antes ensinaram o meu povo a jurar
por Baal — então eles serão estabelecidos no
meio do meu povo. [17]Mas se não me ouvirem,
eu arrancarei completamente aquela nação
e a destruirei", declara o SENHOR.

O cinto de linho

13 Assim me disse o SENHOR: "Vá comprar
um cinto de linho e ponha-o em volta da
cintura, mas não o deixe encostar na água".
[2]Comprei um cinto e o pus em volta da cintu-
ra, como o SENHOR me havia instruído.

[3]O SENHOR me dirigiu a palavra pela se-
gunda vez, dizendo: [4]"Pegue o cinto que você
comprou e está usando, vá agora a Perate[a] e
esconda-o ali numa fenda da rocha". [5]Assim,
fui e o escondi em Perate, conforme o SE-
NHOR me havia ordenado.

[6]Depois de muitos dias, o SENHOR me dis-
se: "Vá agora a Perate e pegue o cinto que lhe
ordenei que escondesse ali". [7]Então fui a Pe-
rate, desenterrei o cinto e o tirei do lugar em
que o havia escondido. O cinto estava podre
e se tornara completamente inútil.

[8]E o SENHOR dirigiu-me a palavra, dizendo:
[9]"Assim diz o SENHOR: Do mesmo modo tam-
bém arruinarei o orgulho de Judá e o orgulho
desmedido de Jerusalém. [10]Este povo ímpio,
que se recusa a ouvir as minhas palavras, que
age segundo a dureza de seus corações, se-
guindo outros deuses para prestar-lhes culto
e adorá-los, que este povo seja como aquele
cinto: completamente inútil! [11]Assim como
um cinto se apega à cintura de um homem,
da mesma forma fiz com que toda a comu-
nidade de Israel e toda a comunidade de Ju-
dá se apegasse a mim, para que fosse o meu
povo para o meu renome, louvor e honra.
Mas eles não me ouviram", declara o SENHOR.

As vasilhas de couro

[12]"Diga-lhes também: Assim diz o SENHOR,
o Deus de Israel: Deve-se encher de vinho to-
da vasilha de couro. E, se eles lhe disserem:
'Será que não sabemos que se deve encher
de vinho toda vasilha de couro?' [13]Então vo-
cê lhes dirá: Assim diz o SENHOR: Farei com
que fiquem totalmente embriagados todos
os habitantes desta terra, bem como os reis
que se assentam no trono de Davi, os sacer-
dotes, os profetas e todos os habitantes de
Jerusalém. [14]Eu os despedaçarei, colocando
uns contra os outros, tanto os pais como os
filhos", diz o SENHOR. "Nem a piedade nem a
misericórdia nem a compaixão me impedi-
rão de destruí-los."

Ameaça de cativeiro

[15]Escutem e deem atenção,
não sejam arrogantes,
pois o SENHOR falou.
[16]Deem glória ao SENHOR, ao seu Deus,
antes que ele traga trevas,
antes que os pés de vocês tropecem
nas colinas ao escurecer.
Vocês esperam a luz,
mas ele fará dela
uma escuridão profunda;
sim, ele a transformará
em densas trevas.
[17]Mas, se vocês não ouvirem,
eu chorarei em segredo
por causa do orgulho de vocês.
Chorarei amargamente,
e de lágrimas
os meus olhos transbordarão,
porque o rebanho do SENHOR
foi levado para o cativeiro.

[18]Diga-se ao rei e à rainha-mãe:
"Desçam do trono,

[a] 13:4 Possivelmente *ao Eufrates*; também nos versículos 5-7.

pois as suas coroas gloriosas
caíram de sua cabeça".
19As cidades do Neguebe
estão bloqueadas
e não há quem nelas consiga entrar.
Todo o Judá foi levado para o exílio,
todos foram exilados.

20Erga os olhos, Jerusalém,
e veja aqueles que vêm do norte.
Onde está o rebanho
que lhe foi confiado,
as ovelhas das quais você se orgulhava?
21O que você dirá
quando sobre você dominarem
aqueles que você
sempre teve como aliados?
Você não irá sentir dores
como as de uma mulher
em trabalho de parto?
22E se você se perguntar:
"Por que aconteceu isso comigo?",
saiba que foi por causa
dos seus muitos pecados
que as suas vestes foram levantadas
e você foi violentada[a].
23Será que o etíope[b] pode
mudar a sua pele?
Ou o leopardo as suas pintas?
Assim também vocês são incapazes
de fazer o bem,
vocês, que estão acostumados
a praticar o mal.

24"Espalharei vocês como a palha
levada pelo vento do deserto.
25Esta é a sua parte,
a porção que lhe determinei",
declara o SENHOR,
"porque você se esqueceu de mim
e confiou em deuses falsos.
26Eu mesmo levantarei as suas
vestes até o seu rosto para que
as suas vergonhas sejam expostas.
27Tenho visto os seus atos repugnantes,
os seus adultérios, os seus relinchos,
a sua prostituição desavergonhada
sobre as colinas e nos campos.
Ai de você, Jerusalém!
Até quando você continuará
impura?"

Seca, fome, espada

14 Esta é a palavra que o SENHOR dirigiu a
Jeremias acerca da seca:

2"Judá pranteia,
as suas cidades estão definhando
e os seus habitantes se lamentam,
prostrados no chão!
O grito de Jerusalém sobe.
3Os nobres mandam os seus servos
à procura de água;
eles vão às cisternas
mas nada encontram.
Voltam com os potes vazios,
e, decepcionados e desesperados,
cobrem a cabeça.
4A terra nada produziu,
porque não houve chuva;
e os lavradores, decepcionados,
cobrem a cabeça.
5Até mesmo a corça no campo
abandona a cria recém-nascida,
porque não há capim.
6Os jumentos selvagens
permanecem nos altos,
farejando o vento como os chacais,
mas a sua visão falha,
por falta de pastagem".

7Embora os nossos pecados nos acusem,
age por amor do teu nome,
ó SENHOR!
Nossas infidelidades são muitas;
temos pecado contra ti.
8Ó Esperança de Israel,
tu que o salvas na hora da
adversidade,
por que te comportas
como um estrangeiro na terra,
ou como um viajante
que fica somente uma noite?
9Por que ages como um homem
que foi pego de surpresa,
como um guerreiro que não pode
salvar?
Tu estás em nosso meio, ó SENHOR,
e nós pertencemos a ti[c];
não nos abandones!

10Assim diz o SENHOR
acerca deste povo:
"Eles gostam muito de vaguear;
não controlam os pés.
Por isso o SENHOR não os aceita;
agora ele se lembrará
da iniquidade deles
e os castigará por causa
dos seus pecados".

[a] 13:22 Hebraico: *os seus calcanhares sofreram violência.*
[b] 13:23 Hebraico: *cuxita.*
[c] 14:9 Hebraico: *e teu nome foi invocado sobre nós.*

[11]Então o SENHOR me disse: "Não ore pe-
lo bem-estar deste povo. [12]Ainda que jejuem,
não escutarei o clamor deles; ainda que ofe-
reçam holocaustos[a] e ofertas de cereal, não
os aceitarei. Mas eu os destruirei pela guerra,
pela fome e pela peste".
[13]Mas eu disse: Ah, Soberano SENHOR, os
profetas estão dizendo a eles: "Vocês não ve-
rão a guerra nem a fome; eu lhes darei pros-
peridade duradoura neste lugar".
[14]Então o SENHOR me disse: "É menti-
ra o que os profetas estão profetizando em
meu nome. Eu não os enviei nem lhes dei
ordem nenhuma, nem falei com eles. Eles
estão profetizando para vocês falsas visões,
adivinhações inúteis e ilusões de suas pró-
prias mentes". [15]Por isso, assim diz o SENHOR:
"Quanto aos profetas que estão profetizan-
do em meu nome, embora eu não os tenha
enviado, e que dizem: 'Nem guerra nem fo-
me alcançarão esta terra', aqueles mesmos
profetas perecerão pela guerra e pela fome!
[16]E aqueles a quem estão profetizando serão
jogados nas ruas de Jerusalém, por causa da
fome e da guerra. E não haverá ninguém para
sepultá-los, nem para sepultar as suas mulhe-
res, os seus filhos e as suas filhas. Despejarei
sobre eles o castigo que merecem.

[17]"Diga-lhes isto:

"Que os meus olhos derramem
lágrimas,
noite e dia sem cessar;
pois a minha filha virgem, o meu
povo,
sofreu um ferimento terrível,
um golpe fatal.
[18]Se vou para o campo,
vejo os que morreram à espada;
se entro na cidade,
vejo a devastação da fome.
Tanto o profeta como o sacerdote
percorrem a terra
sem nada compreender[b]".
[19]Rejeitaste Judá completamente?
Desprezaste Sião?
Por que nos feriste a ponto
de não podermos ser curados?
Esperávamos a paz,
mas não veio bem algum;
esperávamos um tempo de cura,
mas há somente terror.
[20]SENHOR, reconhecemos
a nossa impiedade
e a iniquidade dos nossos pais;
temos de fato pecado contra ti.
[21]Por amor do teu nome
não nos desprezes;
não desonres o teu trono glorioso.
Lembra-te da tua aliança conosco
e não a quebres.
[22]Entre os ídolos inúteis das nações,
existe algum que possa
trazer chuva?
Podem os céus, por si mesmos,
produzir chuvas copiosas?
Somente tu o podes, SENHOR,
nosso Deus!
Portanto, a nossa esperança está em ti,
pois tu fazes todas essas coisas.

15 Então o SENHOR me disse: "Ainda que
Moisés e Samuel estivessem diante de
mim, intercedendo por este povo, eu não lhes
mostraria favor. Expulse-os da minha presen-
ça! Que saiam! [2]E, se lhe perguntarem: 'Para
onde iremos?', diga-lhes: Assim diz o SENHOR:

"Os destinados à morte, para a morte;
os destinados à espada, para a
espada;
os destinados à fome, para a fome;
os destinados ao cativeiro,
para o cativeiro.

[3]"Enviarei quatro tipos de destruidores
contra eles", declara o SENHOR: "a espada
para matar, os cães para dilacerar, as aves do
céu e os animais selvagens para devorar e
destruir. [4]Eu farei deles uma causa de terror
para todas as nações da terra, por tudo o que
Manassés, filho de Ezequias, rei de Judá, fez
em Jerusalém.

[5]"Quem terá compaixão de você,
ó Jerusalém?
Quem se lamentará por você?
Quem vai parar e perguntar
como você está?
[6]Você me rejeitou", diz o SENHOR.
"Você vive se desviando.
Por isso, porei as mãos em você
e a destruirei;
cansei-me de mostrar compaixão.
[7]Eu os espalhei ao vento como palha
nas cidades desta terra.
Deixei-os sem filhos;
destruí o meu povo,
pois não se converteram
de seus caminhos.

[a] 14:12 Isto é, sacrifícios totalmente queimados; também em 17:26 e 19:5.
[b] 14:18 Ou *foram para uma terra que não conhecem*

8Fiz com que as suas viúvas
se tornassem mais numerosas
do que a areia do mar.
Ao meio-dia, trouxe um destruidor
contra as mães
dos jovens guerreiros;
fiz cair sobre elas
repentina angústia e pavor.
9A mãe de sete filhos desmaiou
e está ofegante.
Para ela o sol se pôs
enquanto ainda era dia;
ela foi envergonhada e humilhada.
Entregarei os sobreviventes à espada
diante dos seus inimigos",
declara o SENHOR
10Ai de mim, minha mãe,
por me haver dado à luz!
Pois sou um homem em luta
e em contenda
com a terra toda!
Nunca emprestei
nem tomei emprestado,
e assim mesmo todos me amaldiçoam.

11O SENHOR disse:

"Eu certamente o fortaleci para o bem
e intervim por você,
na época da desgraça e da
adversidade,
por causa do inimigo.[a]
12"Será alguém capaz de quebrar o
ferro,
o ferro que vem do norte, ou o
bronze?
13Diga a esse povo:
Darei de graça a sua riqueza
e os seus tesouros como despojo,
por causa de todos os seus pecados
em toda a sua terra.
14Eu os tornarei escravos
de seus inimigos,
numa terra[b] que vocês não conhecem,
pois a minha ira acenderá um fogo
que arderá contra vocês".

15Tu me conheces, SENHOR;
lembra-te de mim, vem em meu
auxílio
e vinga-me dos meus perseguidores.
Que, pela tua paciência para com eles,
eu não seja eliminado.
Sabes que sofro afronta por tua
causa.
16Quando as tuas palavras
foram encontradas, eu as comi;
elas são a minha alegria e o meu júbilo,
pois pertenço a ti[c],
SENHOR Deus dos Exércitos.
17Jamais me sentei na companhia
dos que se divertem,
nunca festejei com eles.
Sentei-me sozinho,
porque a tua mão estava sobre mim
e me encheste de indignação.
18Por que é permanente a minha dor,
e a minha ferida é grave e incurável?
Por que te tornaste para mim
como um riacho seco,
cujos mananciais falham?

19Assim respondeu o SENHOR:

"Se você se arrepender, eu o restaurarei
para que possa me servir;
se você disser palavras de valor,
e não indignas,
será o meu porta-voz.
Deixe este povo voltar-se para você,
mas não se volte para eles.
20Eu farei de você
uma muralha de bronze fortificada
diante deste povo;
lutarão contra você,
mas não o vencerão,
pois estou com você
para resgatá-lo e salvá-lo",
declara o SENHOR.
21"Eu o livrarei das mãos dos ímpios
e o resgatarei das garras dos
violentos".

A vida solitária de Jeremias

16 Então o SENHOR me dirigiu a palavra,
dizendo: 2"Não se case nem tenha filhos
ou filhas neste lugar"; 3porque assim diz o SE-
NHOR a respeito dos filhos e filhas nascidos
nesta terra, e a respeito das mulheres que
forem suas mães e dos homens que forem
seus pais: 4"Eles morrerão de doenças gra-
ves; ninguém pranteará por eles; não serão
sepultados, mas servirão de esterco para o
solo. Perecerão pela espada e pela fome, e os
seus cadáveres serão o alimento das aves e
dos animais".

[a] 15:11 A Septuaginta diz *Certamente,* SENHOR, *eu te servi fielmente e te busquei na época da desgraça e da adversidade, para o bem de meu inimigo.*

[b] 15:14 Conforme alguns manuscritos do Texto Massorético, a Septuaginta e a Versão Siríaca. A maioria dos manuscritos do Texto Massorético diz *Eu farei com que os seus inimigos o levem a uma terra.* Veja Jr 17:4.

[c] 15:16 Hebraico: *pois teu nome foi invocado sobre mim.*

5Porque assim diz o SENHOR: “Não entre
numa casa onde há luto; não vá prantear
nem apresentar condolências, porque retirei
a minha paz, o meu amor leal e a minha com-
paixão deste povo”, declara o SENHOR. 6“Tan-
to grandes como pequenos morrerão nesta
terra; não serão sepultados nem se pranteará
por eles; não se farão incisões nem se rapará
a cabeça por causa deles. 7Ninguém oferece-
rá comida para fortalecer os que pranteiam
pelos mortos; ninguém dará de beber do cá-
lice da consolação nem mesmo pelo pai ou
pela mãe.

8“Não entre numa casa em que há um ban-
quete, para se assentar com eles a fim de co-
mer e beber”. 9Porque assim diz o SENHOR
dos Exércitos, o Deus de Israel: “Farei cessar
neste lugar, diante dos olhos de vocês e du-
rante a vida de vocês, a voz de júbilo e a voz
de alegria, a voz do noivo e a voz da noiva.

10“Quando você falar todas essas coisas a
este povo e eles lhe perguntarem: ‘Por que
o SENHOR determinou uma desgraça tão
terrível contra nós? Que delito ou pecado
cometemos contra o SENHOR, contra o nosso
Deus?’, 11diga-lhes: Foi porque os seus ante-
passados me abandonaram”, diz o SENHOR,
“e seguiram outros deuses, aos quais pres-
taram culto e adoraram. Eles me abando-
naram e não obedeceram à minha lei. 12Mas
vocês têm feito coisas piores do que os seus
antepassados: cada um segue a rebeldia do
seu coração mau, em vez de obedecer-me.
13Por isso os lançarei fora desta terra, para
uma terra que vocês e os seus antepassa-
dos desconhecem; lá vocês servirão a outros
deuses dia e noite, pois não terei misericór-
dia de vocês.

14“Contudo, vêm dias”, declara o SENHOR,
“quando já não mais se dirá: ‘Juro pelo nome
do SENHOR, que trouxe os israelitas do Egi-
to’. 15Antes dirão: ‘Juro pelo nome do SENHOR,
que trouxe os israelitas do norte e de todos
os países para onde ele os havia expulsado’.
Eu os conduzirei de volta para a sua terra,
terra que dei aos seus antepassados.

16“Mas agora mandarei chamar muitos pes-
cadores”, declara o SENHOR, “e eles os pesca-
rão. Depois disso mandarei chamar muitos
caçadores, e eles os caçarão em cada monte
e colina e nas fendas das rochas. 17Os meus
olhos veem todos os seus caminhos; eles não
estão escondidos de mim, nem a sua iniqui-
dade está oculta aos meus olhos. 18Eu lhes re-
tribuirei em dobro pela sua impiedade e pelo
seu pecado, porque contaminaram a minha
terra com as carcaças de seus ídolos detes-
táveis e encheram a minha herança com as
suas abominações”.

19SENHOR, minha força
e minha fortaleza,
meu abrigo seguro
na hora da adversidade,
a ti virão as nações
desde os confins da terra e dirão:
“Nossos antepassados
possuíam deuses falsos,
ídolos inúteis,
que não lhes fizeram bem algum.
20Pode o homem mortal
fazer os seus próprios deuses?
Sim, mas estes não seriam deuses!”

21“Portanto eu lhes ensinarei;
desta vez eu lhes ensinarei
sobre o meu poder e sobre a minha
força.
Então saberão
que o meu nome é SENHOR.

17 “O pecado de Judá está escrito
com estilete de ferro,
gravado com ponta de diamante
nas tábuas dos seus corações
e nas pontas dos seus altares.
2Os seus filhos se lembram
dos seus altares e dos postes
sagrados,
ao lado das árvores verdejantes,
sobre os montes altos
3e sobre as montanhas do campo.
As riquezas de vocês
e todos os seus tesouros,
eu os darei como despojo,
como preço por todos
os seus pecados nos altares idólatras,
em toda a sua terra.
4Você mesmo perdeu a posse da
herança
que eu lhe tinha dado.
Eu o farei escravo de seus inimigos
numa terra que você não conhece,
pois acendeu-se a minha ira,
que arderá para sempre.”

5Assim diz o SENHOR:

“Maldito é o homem
que confia nos homens,
que faz da humanidade mortal
a sua força,
mas cujo coração se afasta do SENHOR.

Palavras para memorizar

"Bendito é o homem cuja confiança está no Senhor, cuja confiança nele está."

(Jeremias 17:7)

6Ele será como um arbusto no deserto;
não verá quando vier algum bem.
Habitará nos lugares áridos do deserto,
numa terra salgada
onde não vive ninguém.

7"Mas bendito é o homem
cuja confiança está no Senhor,
cuja confiança nele está.
8Ele será como uma árvore
plantada junto às águas
e que estende as suas raízes
para o ribeiro.
Ela não temerá quando chegar o calor,
porque as suas folhas
estão sempre verdes;
não ficará ansiosa no ano da seca
nem deixará de dar fruto".

9O coração é mais enganoso
que qualquer outra coisa
e sua doença é incurável.
Quem é capaz de compreendê-lo?

10"Eu sou o Senhor
que sonda o coração
e examina a mente,
para recompensar a cada um
de acordo com a sua conduta,
de acordo com as suas obras."

11O homem que obtém riquezas
por meios injustos
é como a perdiz
que choca ovos que não pôs.
Quando a metade da sua vida
tiver passado,
elas o abandonarão,
e, no final, ele se revelará um tolo.

12Um trono glorioso,
exaltado desde o início,
é o lugar de nosso santuário.
13Ó Senhor, Esperança de Israel,
todos os que te abandonarem
sofrerão vergonha;
aqueles que se desviarem de ti
terão os seus nomes escritos no pó,
pois abandonaram o Senhor,
a fonte de água viva.

14Cura-me, Senhor, e serei curado;
salva-me, e serei salvo,
pois tu és aquele a quem eu louvo.
15Há os que vivem me dizendo:
"Onde está a palavra do Senhor?
Que ela se cumpra!"
16Mas não insisti eu contigo
para que afastasses a desgraça?
Tu sabes que não desejei
o dia do desespero.
Sabes o que saiu de meus lábios,
pois está diante de ti.
17Não sejas motivo de pavor para mim;
tu és o meu refúgio
no dia da desgraça.
18Que os meus perseguidores
sejam humilhados,
mas não eu;
que eles sejam aterrorizados,
mas não eu.
Traze sobre eles o dia da desgraça;
destrói-os com destruição dobrada.

A guarda do sábado

19Assim me disse o Senhor: "Vá colocar-
-se à porta do Povo, por onde entram e saem
os reis de Judá; faça o mesmo junto a todas
as portas de Jerusalém. 20Diga-lhes: Ouçam
a palavra do Senhor, reis de Judá, todo o Ju-
dá e todos os habitantes de Jerusalém, vocês
que passam por estas portas". 21Assim diz o
Senhor: "Por amor à vida de vocês, tenham
o cuidado de não levar cargas nem de fazê-
-las passar pelas portas de Jerusalém no dia
de sábado. 22Não levem carga alguma para
fora de casa nem façam nenhum trabalho no
sábado, mas guardem o dia de sábado como
dia consagrado, como ordenei aos seus an-
tepassados. 23Contudo, eles não me ouviram
nem me deram atenção; foram obstinados e
não quiseram ouvir nem aceitar a disciplina.
24Mas se vocês tiverem o cuidado de obede-
cer-me", diz o Senhor, "e não fizerem pas-
sar carga alguma pelas portas desta cidade
no sábado, mas guardarem o dia de sábado
como dia consagrado, deixando de realizar
nele todo e qualquer trabalho, 25então os reis
que se assentarem no trono de Davi entrarão
pelas portas desta cidade em companhia de
seus conselheiros. Eles e os seus conselheiros

virão em carruagens e cavalos, acompanhados dos homens de Judá e dos habitantes de Jerusalém; e esta cidade será habitada para sempre. 26Virá gente das cidades de Judá e dos povoados ao redor de Jerusalém, do território de Benjamim e da Sefelá[a], das montanhas e do Neguebe, trazendo holocaustos e sacrifícios, ofertas de cereal, incenso e ofertas de ação de graças ao templo do SENHOR. 27Mas, se vocês não me obedecerem e deixarem de guardar o sábado como dia consagrado, fazendo passar cargas pelas portas de Jerusalém no dia de sábado, porei fogo nas suas portas, que consumirá os seus palácios".

Na casa do oleiro

18 Esta é a palavra que veio a Jeremias da parte do SENHOR: 2"Vá à casa do oleiro, e ali você ouvirá a minha mensagem". 3Então fui à casa do oleiro, e o vi trabalhando com a roda. 4Mas o vaso de barro que ele estava formando estragou-se em suas mãos; e ele o refez, moldando outro vaso de acordo com a sua vontade.

5Então o SENHOR dirigiu-me a palavra: 6"Ó comunidade de Israel, será que eu não posso agir com vocês como fez o oleiro?", pergunta o SENHOR. "Como barro nas mãos do oleiro, assim são vocês nas minhas mãos, ó comunidade de Israel. 7Se em algum momento eu decretar que uma nação ou um reino seja arrancado, despedaçado e arruinado, 8e se essa nação que eu adverti converter-se da sua perversidade, então eu me arrependerei e não trarei sobre ela a desgraça que eu tinha planejado. 9E, se noutra ocasião eu decretar que uma nação ou um reino seja edificado e plantado, 10e se ele fizer o que eu reprovo e não me obedecer, então me arrependerei do bem que eu pretendia fazer em favor dele.

11"Agora, portanto, diga ao povo de Judá e aos habitantes de Jerusalém: Assim diz o SENHOR: Estou preparando uma desgraça e fazendo um plano contra vocês. Por isso, converta-se cada um de seu mau procedimento e corrija a sua conduta e as suas ações. 12Mas eles responderão: 'Não adianta. Continuaremos com os nossos próprios planos; cada um de nós seguirá a rebeldia do seu coração mau'. "

13Portanto, assim diz o SENHOR:

"Perguntem entre as nações se alguém
já ouviu uma coisa dessas;
coisa tremendamente horrível fez a
virgem, Israel!
14Poderá desaparecer a neve do Líbano
de suas encostas rochosas?
Poderão parar de fluir suas águas frias,
vindas de lugares distantes?
15Contudo, o meu povo
esqueceu-se de mim:
queimam incenso a ídolos inúteis,
que os fazem tropeçar em seus
caminhos
e nas antigas veredas,
para que andem em desvios,
em estradas não aterradas.
16A terra deles ficará deserta
e será tema de permanente
zombaria.

[a] 17:26 Pequena faixa de terra de relevo variável entre a planície costeira e as montanhas.

A vida nos tempos da Bíblia

Um oleiro em ação

Vasos de barro eram usados em todo Israel para cozinhar e para armazenar água, óleo e grãos. Os oleiros davam formato ao barro com as mãos, enquanto este era girado sobre uma roda lisa. Fazer vasos era um trabalho importante, porque todas as casas precisavam de muitos vasos de barro.

Todos os que por ela passarem
ficarão chocados
e balançarão a cabeça.
17Como o vento leste,
eu os dispersarei diante dos
inimigos;
eu lhes mostrarei as costas e não o
rosto,
no dia da sua derrota".

18Então disseram: "Venham! Façamos pla-
nos contra Jeremias, pois não cessará o en-
sino da lei pelo sacerdote nem o conselho do
sábio nem a mensagem do profeta. Venham!
Façamos acusações contra ele e não ouçamos
nada do que ele disser".

19Atende-me, ó SENHOR;
ouve o que os meus acusadores
estão dizendo!
20Acaso se paga o bem com o mal?
Mas eles cavaram uma cova para mim.
Lembra-te de que eu compareci
diante de ti
para interceder em favor deles,
para que desviasses deles a tua ira.
21Por isso entrega os filhos deles à fome
e ao poder da espada.
Que as suas mulheres
fiquem viúvas e sem filhos;
que os seus homens sejam mortos,
e os seus rapazes sejam
mortos à espada na batalha.
22Seja ouvido o grito
que vem de suas casas,
quando repentinamente
trouxeres invasores contra eles;
pois cavaram uma cova
para me capturarem
e esconderam armadilhas
para os meus pés.
23Mas tu conheces, ó SENHOR,
todas as suas conspirações
para me matarem.
Não perdoes os seus crimes
nem apagues de diante da tua vista
os seus pecados.
Sejam eles derrubados diante de ti;
age contra eles na hora da tua ira!

19 Assim diz o SENHOR: "Vá comprar um va-
so de barro de um oleiro. Leve com você
alguns líderes do povo e alguns sacerdotes 2e
vá em direção ao vale de Ben-Hinom, perto
da entrada da porta dos Cacos. Proclame ali
as palavras que eu lhe disser. 3Diga: Ouçam a
palavra do SENHOR, reis de Judá e habitantes
de Jerusalém". Assim diz o SENHOR dos Exér-
citos, Deus de Israel: "Sobre este lugar tra-
rei desgraça tal que fará retinir os ouvidos
daqueles que ouvirem isso. 4Porque eles me
abandonaram e profanaram este lugar, ofe-
recendo sacrifícios a deuses estranhos, que
nem eles nem seus antepassados nem os reis
de Judá conheceram; e encheram este lugar
com o sangue de inocentes. 5Construíram nos
montes os altares dedicados a Baal, para quei-
marem os seus filhos como holocaustos ofe-
recidos a Baal, coisa que não ordenei, da qual
nunca falei nem jamais me veio à mente. 6Por
isso, certamente vêm os dias", declara o SE-
NHOR, "em que não mais chamarão este lu-
gar Tofete ou vale de Ben-Hinom, mas vale
da Matança.

7"Esvaziarei[a] neste lugar os planos de Ju-
dá e de Jerusalém: eu os farei morrer à es-
pada perante os seus inimigos, pelas mãos
daqueles que os perseguem; e darei os seus
cadáveres como comida para as aves e os ani-
mais. 8Farei com que esta cidade fique deser-
ta e seja tema de zombaria. Todos os que por
ela passarem ficarão chocados e zombarão de
todos os seus ferimentos. 9Eu farei com que
comam a carne dos seus filhos e das suas fi-
lhas; e cada um comerá a carne do seu próxi-
mo, por causa do sofrimento que os inimigos
que procuram tirar-lhes a vida lhes infligirão
durante o cerco.

10"Depois quebre o vaso de barro diante
dos homens que o acompanharam, 11e diga-
-lhes: Assim diz o SENHOR dos Exércitos: As-
sim como se quebra um vaso de oleiro, que
não pode ser mais restaurado, quebrarei este
povo e esta cidade, e os mortos em Tofete se-
rão sepultados até que não haja mais lugar.
12Assim farei a este lugar e aos seus habitan-
tes", declara o SENHOR, "tornarei esta cidade
como Tofete. 13As casas de Jerusalém e os pa-
lácios reais de Judá serão profanados, como
este lugar de Tofete: todas as casas em cujos
terraços queimaram incenso a todos os cor-
pos celestes, e derramaram ofertas de bebi-
das aos seus deuses estrangeiros".

14Jeremias voltou então de Tofete para
onde o SENHOR o mandara profetizar e, en-
trando no pátio do templo do SENHOR, dis-
se a todo o povo: 15"Assim diz o SENHOR dos
Exércitos, o Deus de Israel: 'Ouçam! Trarei
sobre esta cidade, e sobre todos os povoa-
dos ao redor, todas as desgraças contra eles

[a] 19:7 A palavra *esvaziarei* assemelha-se à palavra *vaso* no hebraico.

anunciadas, porque se obstinaram e não quiseram obedecer às minhas palavras' ".

Jeremias e Pasur

20 Quando o sacerdote Pasur, filho de
Imer, o mais alto oficial do templo do
SENHOR, ouviu Jeremias profetizando essas
coisas, 2mandou espancar o profeta e prendê-lo no tronco que havia junto à porta Superior de Benjamim, no templo do SENHOR.
3Na manhã seguinte, quando Pasur mandou
soltá-lo do tronco, Jeremias lhe disse: "O SENHOR já não o chama Pasur, e sim Magor-Missabibe[a].
4Pois assim diz o SENHOR: 'Farei de você um terror para si mesmo e para todos os seus amigos: você verá com os próprios olhos quando eles forem mortos à espada dos seus inimigos. Entregarei todo o povo de Judá nas mãos do rei da Babilônia, que os levará para a Babilônia e os matará à espada.
5Eu entregarei nas mãos dos seus inimigos toda a riqueza desta cidade: toda a sua produção, todos os seus bens de valor e todos os tesouros dos reis de Judá. Levarão tudo como despojo para a Babilônia.
6E você, Pasur, e todos os que vivem em sua casa irão para o exílio, para a Babilônia. Lá vocês morrerão e serão sepultados, você e todos os seus amigos a quem você tem profetizado mentiras' ".

A queixa de Jeremias

7SENHOR, tu me enganaste,
e eu fui enganado;[b]
foste mais forte
do que eu e prevaleceste.
Sou ridicularizado o dia inteiro;
todos zombam de mim.
8Sempre que falo
é para gritar que há
violência e destruição.
Por isso a palavra do SENHOR
trouxe-me insulto e censura
o tempo todo.
9Mas, se eu digo: "Não o mencionarei
nem mais falarei em seu nome",
é como se um fogo ardesse
em meu coração,
um fogo dentro de mim.
Estou exausto tentando contê-lo;
já não posso mais!
10Ouço muitos comentando:
"Terror por todos os lados!
Denunciem-no! Vamos denunciá-lo!"
Todos os meus amigos estão esperando
que eu tropece, e dizem:
"Talvez ele se deixe enganar;
então nós o venceremos
e nos vingaremos dele".
11Mas o SENHOR está comigo,
como um forte guerreiro!
Portanto, aqueles que me perseguem
tropeçarão e não prevalecerão.
O seu fracasso lhes trará
completa vergonha;
a sua desonra jamais será esquecida.
12Ó SENHOR dos Exércitos,
tu que examinas o justo
e vês o coração e a mente,
deixa-me ver a tua vingança sobre eles,
pois a ti expus a minha causa.

13Cantem ao SENHOR!
Louvem o SENHOR!
Porque ele salva o pobre
das mãos dos ímpios.
14Maldito seja o dia em que eu nasci!
Jamais seja abençoado o dia
em que minha mãe me deu à luz!
15Maldito seja o homem
que levou a notícia a meu pai,
e o deixou muito alegre, quando disse:
"Você é pai de um menino!"
16Seja aquele homem
como as cidades
que o SENHOR destruiu sem piedade.
Que ele ouça gritos de socorro
pela manhã,
e gritos de guerra ao meio-dia;
17mas Deus não me matou no ventre
materno
nem fez da minha mãe o meu
túmulo,
e tampouco a deixou
permanentemente grávida.
18Por que saí do ventre materno?
Só para ver dificuldades e tristezas,
e terminar os meus dias
na maior decepção?

Deus rejeita o pedido de Zedequias

21 Esta é a palavra que veio a Jeremias da
parte do SENHOR, quando o rei Zedequias
enviou-lhe Pasur, filho de Malquias, e o sacerdote Sofonias, filho de Maaseias. Eles disseram:
2"Consulte agora o SENHOR por nós porque Nabucodonosor, rei da Babilônia, está nos atacando. Talvez o SENHOR faça por nós uma de suas maravilhas e, assim, ele se retire de nós".

[a] 20:3 *Magor-Missabibe* significa *terror por todos os lados.*
[b] 20:7 Ou *persuadiste, e eu fui persuadido;*

3Jeremias, porém, respondeu-lhes: "Di-
gam a Zedequias: 4Assim diz o SENHOR, o
Deus de Israel: 'Estou a ponto de voltar con-
tra vocês as armas de guerra que estão em
suas mãos, as quais vocês estão usando para
combater o rei da Babilônia e os babilônios[a],
que cercam vocês do lado de fora do muro. E
eu os reunirei dentro desta cidade. 5Eu mes-
mo lutarei contra vocês com mão poderosa
e braço forte, com ira, furor e grande indig-
nação. 6Matarei os habitantes desta cidade,
tanto homens como animais; eles morrerão
de uma peste terrível. 7Depois disso', declara
o SENHOR, 'entregarei Zedequias, rei de Ju-
dá, seus conselheiros e o povo desta cidade
que sobreviver à peste, à espada e à fome,
nas mãos de Nabucodonosor, rei da Babilô-
nia, nas mãos dos inimigos deles e daqueles
que querem tirar-lhes a vida. Ele os matará à
espada sem piedade nem misericórdia; não
terá deles nenhuma compaixão'.

8"Digam a este povo: Assim diz o SENHOR:
'Ponho diante de vocês o caminho da vida
e o caminho da morte. 9Todo aquele que fi-
car nesta cidade morrerá pela espada, pela
fome ou pela peste. Mas todo o que sair e
render-se aos babilônios, que cercam vocês,
viverá; este escapará com vida. 10Decidi fa-
zer o mal e não o bem a esta cidade', diz o
SENHOR. 'Ela será entregue nas mãos do rei
da Babilônia, e ele a incendiará'.

11"Digam à casa real de Judá: Ouçam a pa-
lavra do SENHOR. 12Ó dinastia de Davi, assim
diz o SENHOR:

" 'Administrem justiça cada manhã:
livrem o explorado
das mãos do opressor;
senão a minha ira se acenderá e
queimará
como fogo inextinguível,
por causa do mal que vocês têm feito.
13Eu estou contra você, Jerusalém!
Você que está entronizada
acima deste vale,
na rocha do planalto',
declara o SENHOR;
'vocês que dizem: "Quem nos atacará?
Quem poderá invadir nossas moradas?"
14Eu os castigarei
de acordo com as suas obras',
diz o SENHOR.
'Porei fogo em sua floresta,
que consumirá tudo ao redor' ".

[a] 21:4 Ou *caldeus*; também em todo o livro de Jeremias.

Juízo sobre os reis maus

22 Assim diz o SENHOR: "Desça ao palá-
cio do rei de Judá e proclame ali es-
ta mensagem: 2Ouve a palavra do SENHOR,
ó rei de Judá, tu que te assentas no trono de
Davi; tu, teus conselheiros, e teu povo, que
passa por estas portas". 3Assim diz o SENHOR:
"Administrem a justiça e o direito: livrem o
explorado das mãos do opressor. Não opri-
mam nem maltratem o estrangeiro, o órfão
ou a viúva; nem derramem sangue inocente
neste lugar. 4Porque, se vocês tiverem o cui-
dado de cumprir essas ordens, então os reis
que se assentarem no trono de Davi entrarão
pelas portas deste palácio em carruagens e
cavalos, em companhia de seus conselheiros
e de seu povo. 5Mas se vocês desobedecerem
a essas ordens", declara o SENHOR, "juro por
mim mesmo que este palácio ficará deserto".

6Porque assim diz o SENHOR a respeito do
palácio real de Judá:

"Apesar de você ser para mim
como Gileade
e como o topo do Líbano,
certamente farei de você um deserto,
uma cidade desabitada.
7Prepararei destruidores contra você,
cada um com as suas armas;
eles cortarão o melhor dos seus cedros
e o lançarão ao fogo.

8"De numerosas nações muitos passarão
por esta cidade e perguntarão uns aos ou-
tros: 'Por que o SENHOR fez uma coisa dessas
a esta grande cidade?' 9E lhes responderão:
'Foi porque abandonaram a aliança do SE-
NHOR, do seu Deus, e adoraram outros deu-
ses e prestaram-lhes culto' ".

10Não chorem pelo rei morto
nem lamentem sua perda.
Chorem amargamente, porém,
por aquele que está indo
para o exílio,
porque jamais voltará
nem verá sua terra natal.

11Porque assim diz o SENHOR acerca de Sa-
lum, rei de Judá, sucessor de seu pai Josias,
que partiu deste lugar: "Ele jamais voltará.
12Morrerá no lugar para onde o levaram pri-
sioneiro; não verá novamente esta terra.

13"Ai daquele que constrói
o seu palácio por meios corruptos,
seus aposentos, pela injustiça,

fazendo os seus compatriotas
trabalharem por nada,
sem pagar-lhes o devido salário.
14Ele diz: 'Construirei para mim
um grande palácio,
com aposentos espaçosos'.
Faz amplas janelas,
reveste o palácio de cedro
e pinta-o de vermelho.

15"Você acha que acumular cedro
faz de você um rei?
O seu pai não teve comida e bebida?
Ele fez o que era justo e certo,
e tudo ia bem com ele.
16Ele defendeu a causa
do pobre e do necessitado,
e, assim, tudo corria bem.
Não é isso que significa conhecer-me?",
declara o SENHOR.
17"Mas você não vê nem pensa
noutra coisa
além de lucro desonesto,
derramar sangue inocente,
opressão e extorsão".

18Portanto, assim diz o SENHOR a respeito de Jeoaquim, filho de Josias, rei de Judá:

"Não se lamentarão por ele, clamando:
'Ah, meu irmão!' ou
'Ah, minha irmã!'
Nem se lamentarão, clamando:
'Ah, meu senhor!' ou
'Ah, sua majestade!'
19Ele terá o enterro de um jumento:
arrastado e lançado
fora das portas de Jerusalém!

20"Jerusalém, suba ao Líbano e clame,
seja ouvida a sua voz em Basã,
clame desde Abarim,
pois todos os seus aliados
foram esmagados.
21Eu a adverti quando você
se sentia segura,
mas você não quis ouvir-me.
Esse foi sempre o seu procedimento,
pois desde a sua juventude
você não me obedece.
22O vento conduzirá para longe
todos os governantes
que conduzem você,
e os seus aliados irão para o exílio.
Então você será envergonhada
e humilhada
por causa de todas as suas maldades.
23Você, que está entronizada no
Líbano[a],
que está aninhada em prédios de
cedro,
como você gemerá quando
lhe vierem as dores de parto,
dores como as de uma mulher
que está para dar à luz!

24"Juro pelo meu nome", diz o SENHOR,
"que ainda que você, Joaquim[b], filho de Jeoa-
quim, rei de Judá, fosse um anel de selar em
minha mão direita, eu o arrancaria. 25Eu o
entregarei nas mãos daqueles que querem
tirar a sua vida; daqueles que você teme, nas
mãos de Nabucodonosor, rei da Babilônia, e
dos babilônios. 26Expulsarei você e sua mãe, a
mulher que lhe deu à luz, para um outro país,
onde vocês não nasceram, e no qual ambos
morrerão. 27Jamais retornarão à terra para a
qual anseiam voltar".

28É Joaquim um vaso desprezível
e quebrado,
um utensílio que ninguém quer?
Por que ele e os seus descendentes
serão expulsos e lançados
num país que não conhecem?
29Ó terra, terra, terra,
ouça a palavra do SENHOR!
30Assim diz o SENHOR:
"Registrem esse homem
como homem sem filhos.
Ele não prosperará em toda a sua vida;
nenhum dos seus descendentes
prosperará
nem se assentará no trono de Davi
nem governará em Judá.

O renovo justo

23 "Ai dos pastores que destroem e dis-
persam as ovelhas do meu pasto!", diz
o SENHOR. 2Portanto, assim diz o SENHOR, Deus
de Israel, aos pastores que tomam conta do
meu povo: "Foram vocês que dispersaram e
expulsaram o meu rebanho, e não cuidaram
dele. Mas eu vou castigar vocês pelos seus
maus procedimentos", declara o SENHOR. 3"Eu
mesmo reunirei os remanescentes do meu
rebanho de todas as terras para onde os ex-
pulsei e os trarei de volta à sua pastagem, a
fim de que cresçam e se multipliquem. 4Es-
tabelecerei sobre eles pastores que cuidarão
deles. E eles não mais terão medo ou pavor,
e nenhum deles faltará", declara o SENHOR.

[a] 22:23 Isto é, no palácio de Jerusalém (veja 1Rs 7:2).
[b] 22:24 Hebraico: *Conias*, variante de *Joaquim*; também no versículo 28.

Você sabia?

Quem ou o que é o "Renovo justo"?

23:5 Esta passagem está falando do Messias, Jesus. Nenhum dos outros reis na linhagem de Davi foram perfeitos, mas Jesus seria e faria apenas o que é "justo e certo".

5"Dias virão", declara o SENHOR,
"em que levantarei para Davi[a]
um Renovo justo,
um rei que reinará com sabedoria
e fará o que é justo e certo na terra.
6Em seus dias Judá será salva,
Israel viverá em segurança,
e este é o nome pelo qual será
chamado:
O SENHOR é a Nossa Justiça.

7"Portanto, vêm dias", diz o SENHOR, "em
que não mais se dirá: 'Juro pelo nome do
SENHOR, que trouxe os israelitas do Egito',
8mas se dirá: 'Juro pelo nome do SENHOR, que
trouxe os descendentes de Israel da terra do
norte e de todas as nações para onde os ex-
pulsou'. E eles viverão na sua própria terra".

Profetas mentirosos

9Acerca dos profetas:
Meu coração está partido
dentro de mim;
todos os meus ossos tremem.
Sou como um bêbado,
como um homem dominado pelo vinho,
por causa do SENHOR
e de suas santas palavras.
10A terra está cheia de adúlteros,
e por causa disso[b] a terra chora[c]
e as pastagens do deserto estão
secas.
Seu modo de vida é perverso
e o seu poder é ilegítimo.
11"Tanto o profeta como o sacerdote
são profanos;
até no meu templo
encontro as suas iniquidades",
declara o SENHOR.
12"Por isso, o caminho deles
será como lugares escorregadios
nas trevas,
para as quais serão banidos,
e nelas cairão.
Trarei a desgraça sobre eles,
no ano do seu castigo",
declara o SENHOR.

13"Entre os profetas de Samaria
vi algo repugnante:
eles profetizaram por Baal
e desviaram Israel, o meu povo.
14E entre os profetas de Jerusalém
vi algo horrível:
eles cometem adultério e
vivem uma mentira.
Encorajam os que praticam o mal,
para que nenhum deles se converta
de sua impiedade.
Para mim são todos como Sodoma;
o povo de Jerusalém é como
Gomorra."

15Por isso assim diz o SENHOR dos Exércitos
acerca dos profetas:

"Eu os farei comer comida amarga
e beber água envenenada,
porque dos profetas de Jerusalém
a impiedade se espalhou
por toda esta terra".

16Assim diz o SENHOR dos Exércitos:

"Não ouçam o que os profetas
estão profetizando para vocês;
eles os enchem de falsas esperanças.
Falam de visões inventadas
por eles mesmos,
e que não vêm da boca do SENHOR.
17Vivem dizendo àqueles que
desprezam
a palavra do SENHOR:
'Vocês terão paz'.
E a todos os que seguem a obstinação
dos seus corações dizem:
'Vocês não sofrerão desgraça alguma'.
18Mas qual deles esteve no
conselho do SENHOR
para ver ou ouvir a sua palavra?
Quem deu atenção
e obedeceu à minha palavra?
19Vejam, a tempestade do SENHOR!
A sua fúria está à solta!
Um vendaval vem sobre
a cabeça dos ímpios.

[a] 23:5 Ou *levantarei da linhagem de Davi*
[b] 23:10 Ou *por causa da maldição*
[c] 23:10 Ou *a terra está ressequida*

20 A ira do SENHOR não se afastará
até que ele tenha completado
os seus propósitos.
Em dias vindouros vocês
o compreenderão claramente.
21 Não enviei esses profetas,
mas eles foram correndo
levar sua mensagem;
não falei com eles,
mas eles profetizaram.
22 Mas se eles tivessem comparecido
ao meu conselho,
anunciariam as minhas palavras
ao meu povo
e teriam feito com que se
convertessem
do seu mau procedimento
e das suas obras más.

23 "Sou eu apenas um Deus de perto",
pergunta o SENHOR,
"e não também um Deus de longe?
24 Poderá alguém esconder-se
sem que eu o veja?",
pergunta o SENHOR.
"Não sou eu aquele que enche
os céus e a terra?",
pergunta o SENHOR.

25 "Ouvi o que dizem os profetas, que pro-
fetizam mentiras em meu nome, dizendo:
'Tive um sonho! Tive um sonho!' 26 Até quan-
do os profetas continuarão a profetizar men-
tiras e as ilusões de suas próprias mentes?
27 Eles imaginam que os sonhos que contam
uns aos outros farão o povo esquecer o meu
nome, assim como os seus antepassados
esqueceram o meu nome por causa de Baal.
28 O profeta que tem um sonho, conte o so-
nho, e o que tem a minha palavra, fale a mi-
nha palavra com fidelidade. Pois o que tem a
palha a ver com o trigo?", pergunta o SENHOR.
29 "Não é a minha palavra como o fogo", per-
gunta o SENHOR, "e como um martelo que
despedaça a rocha?

30 "Portanto", declara o SENHOR, "estou con-
tra os profetas que roubam uns dos outros as
minhas palavras. 31 Sim", declara o SENHOR,
"estou contra os profetas que com as suas
próprias línguas declaram oráculos. 32 Sim, es-
tou contra os que profetizam sonhos falsos",
declara o SENHOR. "Eles os relatam e com as
suas mentiras irresponsáveis desviam o meu
povo. Eu não os enviei nem os autorizei; e
eles não trazem benefício algum a este po-
vo", declara o SENHOR.

Os falsos profetas

33 "Quando este povo ou um profeta ou um
sacerdote lhe perguntar: 'Qual é a mensagem
pesada da qual o SENHOR o encarregou?', di-
ga-lhes: Vocês são o peso! E eu os abandona-
rei", declara o SENHOR. 34 "Se um profeta ou um
sacerdote ou alguém do povo afirmar: 'Esta
é a mensagem da qual o SENHOR me encar-
regou', eu castigarei esse homem e a sua fa-
mília. 35 Assim dirá cada um de vocês ao seu
amigo ou parente: 'O que o SENHOR respon-
deu? O que o SENHOR falou?' 36 Nunca mais
mencionem a expressão 'Esta é a mensagem
da qual o SENHOR me encarregou', senão es-
sa palavra se tornará uma 'carga' para aquele
que a proferir; porque vocês distorcem as pa-
lavras do Deus vivo, do SENHOR dos Exércitos,

Onde está Deus hoje?

Leia Jeremias 23:23-24 e responda: "De que modo esses versículos nos falam que Deus está em todo lugar?".

Se Deus está em todo lugar, então quantas das declarações a seguir sobre ele são verdadeiras?

1. Deus está comigo aonde quer que eu vá e pode me proteger.
2. Deus vê todas as coisas erradas que as pessoas fazem.
3. Ninguém pode fugir nem se esconder de Deus.

Você consegue pensar em outras coisas que são verdadeiras pelo fato de Deus estar em todo lugar?

Experimente!

Jeremias 23:23-24

do nosso Deus. 37É assim que vocês dirão ao profeta: 'Qual é a resposta do SENHOR para você?' ou 'O que o SENHOR falou?' 38Mas se vocês disserem: 'Esta é a mensagem da qual o SENHOR me encarregou' ", assim diz o SENHOR: "Vocês dizem: 'Esta é a mensagem da qual o SENHOR me encarregou', quando eu lhes adverti que não dissessem isso. 39Por isso me esquecerei de vocês e os lançarei fora da minha presença, juntamente com a cidade que dei a vocês e aos seus antepassados. 40Trarei sobre vocês humilhação perpétua, vergonha permanente, que jamais será esquecida".

Dois cestos de figos

24 E o SENHOR mostrou-me dois cestos de figos postos diante do templo do SENHOR. Isso aconteceu depois que Nabucodonosor levou de Jerusalém, para o exílio na Babilônia, Joaquim[a], filho de Jeoaquim, rei de Judá, os líderes de Judá, e os artesãos e artífices. 2Um cesto continha figos muito bons, como os que amadurecem no princípio da colheita; os figos do outro cesto eram ruins e intragáveis.

3Então o SENHOR me perguntou: "O que você vê, Jeremias?"

Eu respondi: Figos. Os bons são muito bons, mas os ruins são intragáveis.

4Então o SENHOR me dirigiu a palavra, dizendo: 5"Assim diz o SENHOR, o Deus de Israel: Considero como esses figos bons os exilados de Judá, os quais expulsei deste lugar para a terra dos babilônios, a fim de fazer-lhes bem. 6Olharei favoravelmente para eles, e os trarei de volta a esta terra. Eu os edificarei e não os derrubarei; eu os plantarei e não os arrancarei. 7Eu lhes darei um coração capaz de conhecer-me e de saber que eu sou o SENHOR. Serão o meu povo, e eu serei o seu Deus, pois eles se voltarão para mim de todo o coração.

8"Mas como se faz com os figos ruins e intragáveis", diz o SENHOR, "assim lidarei com Zedequias, rei de Judá, com os seus líderes e com os sobreviventes de Jerusalém, tanto os que permanecem nesta terra como os que vivem no Egito. 9Eu os tornarei objeto de terror e de desgraça para todos os reinos da terra. Para onde quer que eu os expulsar, serão uma afronta e servirão de exemplo, ridículo e maldição. 10Enviarei contra eles a guerra, a fome e a peste até que sejam eliminados da terra que dei a eles e aos seus antepassados".

[a] 24:1 Hebraico: *Jeconias*, variante de *Joaquim*.

Setenta anos de cativeiro

25 A palavra veio a Jeremias a respeito de todo o povo de Judá no quarto ano de Jeoaquim, filho de Josias, rei de Judá, que foi o primeiro ano de Nabucodonosor, rei da Babilônia. 2O que o profeta Jeremias anunciou a todo o povo de Judá e aos habitantes de Jerusalém foi isto: 3"Durante vinte e três anos a palavra do SENHOR tem vindo a mim, desde o décimo terceiro ano de Josias, filho de Amom, rei de Judá, até o dia de hoje. E eu a tenho anunciado a vocês, dia após dia, mas vocês não me deram ouvidos.

4"Embora o SENHOR tenha enviado a vocês os seus servos, os profetas, dia após dia, vocês não os ouviram nem lhes deram atenção 5quando disseram: 'Converta-se cada um do seu caminho mau e de suas más obras, e vocês permanecerão na terra que o SENHOR deu a vocês e aos seus antepassados para sempre. 6Não sigam outros deuses para prestar-lhes culto e adorá-los; não provoquem a minha ira com ídolos feitos por vocês. E eu não trarei desgraça sobre vocês'.

7" 'Mas vocês não me deram ouvidos e me provocaram à ira com os ídolos que vocês fizeram, trazendo desgraça sobre si mesmos', declara o SENHOR.

8"Portanto, assim diz o SENHOR dos Exércitos: 'Visto que vocês não ouviram as minhas palavras, 9convocarei todos os povos do norte e o meu servo Nabucodonosor, rei da Babilônia', declara o SENHOR, 'e os trarei para atacar esta terra, os seus habitantes e todas as nações ao redor. Eu os destruirei completamente e os farei um objeto de pavor e de zombaria, e uma ruína permanente. 10Darei fim às vozes de júbilo e de alegria, às vozes do noivo e da noiva, ao som do moinho e à luz das candeias. 11Toda esta terra se tornará uma ruína desolada, e essas nações estarão sujeitas ao rei da Babilônia durante setenta anos.

12" 'Quando se completarem os setenta anos, castigarei o rei da Babilônia e a sua nação, a terra dos babilônios, por causa de suas iniquidades', declara o SENHOR, 'e a deixarei arrasada para sempre. 13Cumprirei naquela terra tudo o que falei contra ela, tudo o que está escrito neste livro e que Jeremias profetizou contra todas as nações. 14Porque os próprios babilônios serão escravizados por muitas nações e grandes reis; eu lhes retribuirei conforme as suas ações e as suas obras' ".

O cálice da ira de Deus

15 Assim me disse o SENHOR, o Deus de Is-
rael: "Pegue de minha mão este cálice com
o vinho da minha ira e faça com que bebam
dele todas as nações a quem eu o envio.
16 Quando o beberem, ficarão cambaleando,
enlouquecidas por causa da espada que en-
viarei contra elas".
17 Então peguei o cálice da mão do SENHOR,
e fiz com que dele bebessem todas as nações
às quais o SENHOR me enviou: 18 Jerusalém e
as cidades de Judá, seus reis e seus líderes,
para fazer deles uma desolação e um objeto
de pavor, zombaria e maldição, como hoje
acontece; 19 o faraó, o rei do Egito, seus con-
selheiros e seus líderes, todo o seu povo, 20 e
todos os estrangeiros que lá residem; todos
os reis de Uz; todos os reis dos filisteus: de
Ascalom, Gaza, Ecrom e o povo que restou
em Asdode; 21 Edom, Moabe e os amonitas,
22 os reis de Tiro e de Sidom; os reis das ilhas
e das terras de além-mar; 23 Dedã, Temá, Buz
e todos os que rapam a cabeça; 24 e os reis da
Arábia e todos os reis dos estrangeiros que
vivem no deserto; 25 todos os reis de Zinri, de
Elão e da Média; 26 e todos os reis do norte,
próximos ou distantes, um após outro; e to-
dos os reinos da face da terra. Depois de to-
dos eles, o rei de Sesaque[a] também beberá
do cálice.
27 "A seguir diga-lhes: Assim diz o SENHOR
dos Exércitos, o Deus de Israel: Bebam, em-
briaguem-se, vomitem, caiam e não mais se
levantem, por causa da espada que envio no
meio de vocês. 28 Mas se eles se recusarem
a beber, diga-lhes: Assim diz o SENHOR dos
Exércitos: Vocês vão bebê-lo! 29 Começo a tra-
zer desgraça sobre a cidade que leva o meu
nome; e vocês sairiam impunes? De maneira
alguma ficarão sem castigo! Estou trazendo
a espada contra todos os habitantes da terra",
declara o SENHOR dos Exércitos.
30 "E você, profetize todas estas palavras
contra eles, dizendo:

"O SENHOR ruge do alto;
troveja de sua santa morada;
ruge poderosamente
contra a sua propriedade.
Ele grita como os que pisam as uvas;
grita contra todos
os habitantes da terra.
31 Um tumulto ressoa até
os confins da terra,

Pessoas nos tempos da Bíblia

Profetas

Os mensageiros de Deus nos tempos do Antigo Testamento eram chamados de profetas. Deus ensinava a cada profeta o que falar, e mesmo quando o povo de Deus não queria ouvir sua mensagem, o profeta tinha de falar às pessoas.

pois o SENHOR faz
acusações contra as nações,
e julga toda a humanidade:
ele entregará os ímpios à espada",
declara o SENHOR.
32 Assim diz o SENHOR:
"Vejam! A desgraça está se espalhando
de nação em nação;
uma terrível tempestade se levanta
desde os confins da terra".

33 Naquele dia, os mortos pelo SENHOR es-
tarão em todo lugar, de um lado ao outro da
terra. Ninguém pranteará por eles, e não se-
rão recolhidos e sepultados, mas servirão de
esterco sobre o solo.

34 Lamentem-se e gritem, pastores!
Rolem no pó, chefes do rebanho!
Porque chegou para vocês
o dia da matança
e da sua dispersão;
vocês cairão e serão esmigalhados
como vasos finos.[b]
35 Não haverá refúgio para os pastores
nem escapatória
para os chefes do rebanho.
36 Ouvem-se os gritos dos pastores
e o lamento dos chefes do rebanho,
pois o SENHOR está destruindo
as pastagens deles.
37 Os pastos tranquilos estão
devastados
por causa do fogo da ira do SENHOR.
38 Como um leão, ele saiu de sua toca;
a terra deles ficou devastada,

[a] 25:26 *Sesaque* é um criptograma para *Babilônia*.

[b] 25:34 A Septuaginta traz *cairão como carneiros selecionados.*

por causa da espada[a] do opressor
e do fogo de sua ira.

Jeremias é ameaçado de morte

26 No início do reinado de Jeoaquim, filho
de Josias, rei de Judá, veio esta palavra
da parte do SENHOR: 2"Assim diz o SENHOR:
Coloque-se no pátio do templo do SENHOR e
fale a todo o povo das cidades de Judá que
vem adorar no templo do SENHOR. Diga-lhes
tudo o que eu lhe ordenar; não omita uma
só palavra. 3Talvez eles escutem e cada um
se converta de sua má conduta. Então eu me
arrependerei e não trarei sobre eles a desgra-
ça que estou planejando por causa do mal
que eles têm praticado. 4Diga-lhes: Assim diz
o SENHOR: Se vocês não me escutarem nem
seguirem a minha lei, que dei a vocês, 5e se
não ouvirem as palavras dos meus servos, os
profetas, os quais tenho enviado a vocês vez
após vez, embora vocês não os tenham ou-
vido, 6então farei deste templo o que fiz do
santuário de Siló, e desta cidade, um objeto
de maldição entre todas as nações da terra".
7Os sacerdotes, os profetas e todo o povo
ouviram Jeremias falar essas palavras no
templo do SENHOR. 8E assim que Jeremias
acabou de dizer ao povo tudo o que o SENHOR
lhe tinha ordenado, os sacerdotes, os profetas
e todo o povo o prenderam e disseram: "Vo-
cê certamente morrerá! 9Por que você profe-
tiza em nome do SENHOR e afirma que este
templo será como Siló e que esta cidade fi-
cará arrasada e abandonada?" E todo o povo
se ajuntou em volta de Jeremias no templo
do SENHOR.
10Quando os líderes de Judá souberam dis-
so, foram do palácio real até o templo do SE-
NHOR e se assentaram para julgar, à entrada
da porta Nova do templo do SENHOR. 11E os
sacerdotes e os profetas disseram aos líde-
res e a todo o povo: "Este homem deve ser
condenado à morte porque profetizou con-
tra esta cidade. Vocês o ouviram com os seus
próprios ouvidos!"
12Disse então Jeremias a todos os líderes
e a todo o povo: "O SENHOR enviou-me pa-
ra profetizar contra este templo e contra es-
ta cidade tudo o que vocês ouviram. 13Agora,
corrijam a sua conduta e as suas ações e
obedeçam ao SENHOR, ao seu Deus. Então o
SENHOR se arrependerá da desgraça que pro-
nunciou contra vocês. 14Quanto a mim, estou
nas mãos de vocês; façam comigo o que acha-
rem bom e certo. 15Entretanto, estejam certos
de que, se me matarem, vocês, esta cidade
e os seus habitantes serão responsáveis por
derramar sangue inocente, pois, na verdade,
o SENHOR enviou-me a vocês para anunciar-
-lhes essas palavras".
16Então os líderes e todo o povo disseram
aos sacerdotes e aos profetas: "Este homem
não deve ser condenado à morte! Ele nos fa-
lou em nome do SENHOR, do nosso Deus".
17Alguns dos líderes da terra se levanta-
ram e disseram a toda a assembleia do po-
vo: 18"Miqueias de Moresete profetizou nos
dias de Ezequias, rei de Judá, dizendo a to-
do o povo de Judá: 'Assim diz o SENHOR dos
Exércitos:

" 'Sião será arada como um campo.
Jerusalém se tornará
um monte de entulho,
a colina do templo,
um monte coberto de mato'[b].

19"Acaso Ezequias, rei de Judá, ou alguém
do povo de Judá o matou? Ezequias não te-
meu o SENHOR e não buscou o seu favor? E o
SENHOR não se arrependeu da desgraça que
pronunciara contra eles? Estamos a ponto de
trazer uma terrível desgraça sobre nós!"
20Outro homem que profetizou em no-
me do SENHOR foi Urias, filho de Semaías,
de Quiriate-Jearim. Ele profetizou contra es-
ta cidade e contra esta terra as mesmas coi-
sas anunciadas por Jeremias. 21Quando o rei
Jeoaquim, todos os seus homens de guerra e
os seus oficiais ouviram isso, o rei procurou
matá-lo. Sabendo disso, Urias teve medo e fu-
giu para o Egito. 22Mas o rei Jeoaquim man-
dou ao Egito Elnatã, filho de Acbor, e com ele
alguns homens, 23os quais trouxeram Urias
do Egito e o levaram ao rei Jeoaquim, que o
mandou matar à espada. Depois, jogaram o
corpo dele numa vala comum.
24Mas Aicam, filho de Safã, protegeu Jere-
mias, impedindo que ele fosse entregue ao
povo para ser executado.

A profecia favorável a Nabucodonosor

27 No início do reinado de Zedequias[c], fi-
lho de Josias, rei de Judá, veio esta pa-
lavra a Jeremias da parte do SENHOR: 2Assim
me ordenou o SENHOR: "Faça para você um

[a] 25:38 Conforme alguns manuscritos do Texto Massorético e a Septuaginta. A maioria dos manuscritos do Texto Massorético diz *ira*. Veja Jr 46:16 e 50:16.

[b] 26:18 Mq 3:12

[c] 27:1 Conforme alguns manuscritos do Texto Massorético e a Versão Siríaca. A maioria dos manuscritos do Texto Massorético diz *Jeoaquim*. Veja Jr 27:3-12 e 28:1.

jugo com cordas e madeira e ponha-o sobre o pescoço. 3Depois mande uma mensagem aos reis de Edom, de Moabe, de Amom, de Tiro e de Sidom, por meio dos embaixadores que vieram a Jerusalém para ver Zedequias, rei de Judá. 4Esta é a mensagem que deverão transmitir aos seus senhores: Assim diz o SENHOR dos Exércitos, o Deus de Israel: 5Eu fiz a terra, os seres humanos e os animais que nela estão, com o meu grande poder e com meu braço estendido, e eu a dou a quem eu quiser. 6Agora, sou eu mesmo que entrego todas essas nações nas mãos do meu servo Nabucodonosor, rei da Babilônia; sujeitei a ele até mesmo os animais selvagens. 7Todas as nações estarão sujeitas a ele, a seu filho e a seu neto; até que chegue a hora em que a terra dele seja subjugada por muitas nações e por reis poderosos.

8"Se, porém, alguma nação ou reino não se sujeitar a Nabucodonosor, rei da Babilônia, nem colocar o pescoço sob o seu jugo, eu castigarei aquela nação com a guerra, a fome e a peste", declara o SENHOR, "e por meio dele eu a destruirei completamente. 9Não ouçam os seus profetas, os seus adivinhos, os seus intérpretes de sonhos, os seus médiuns e os seus feiticeiros, os quais lhes dizem que não se sujeitem ao rei da Babilônia. 10Porque suas profecias são mentiras e os levarão para longe de sua terra. Eu banirei vocês, e vocês perecerão. 11Mas, se alguma nação colocar o pescoço sob o jugo do rei da Babilônia e a ele se sujeitar, então deixarei aquela nação permanecer na sua própria terra para cultivá-la e nela viver", declara o SENHOR.

12Entreguei a mesma mensagem a Zedequias, rei de Judá, dizendo-lhe: Coloquem o pescoço sob o jugo do rei da Babilônia, sujeitem-se a ele e ao seu povo, e vocês viverão. 13Por que razão você e o seu povo morreriam pela guerra, pela fome e pela peste, com as quais o SENHOR ameaça a nação que não se sujeitar ao rei da Babilônia? 14Não deem atenção às palavras dos profetas que dizem que vocês não devem sujeitar-se ao rei da Babilônia; estão profetizando mentiras. 15"Eu não os enviei!", declara o SENHOR. "Eles profetizam mentiras em meu nome. Por isso, eu banirei vocês, e vocês perecerão juntamente com os profetas que lhes estão profetizando."

16Então eu disse aos sacerdotes e a todo este povo: Assim diz o SENHOR: "Não ouçam os seus profetas que dizem que em breve os utensílios do templo do SENHOR serão trazidos de volta da Babilônia. Eles estão profetizando mentiras". 17Não os ouçam. Sujeitem-se ao rei da Babilônia, e vocês viverão. Por que deveria esta cidade ficar em ruínas? 18Se eles são profetas e têm a palavra do SENHOR, que implorem ao SENHOR dos Exércitos, pedindo que os utensílios que restam no templo do SENHOR, no palácio do rei de Judá e em Jerusalém não sejam levados para a Babilônia. 19Porque assim diz o SENHOR dos Exércitos acerca das colunas, do tanque, dos suportes e dos outros utensílios que foram deixados nesta cidade, 20os quais Nabucodonosor, rei da Babilônia, não levou consigo de Jerusalém para a Babilônia, quando exilou Joaquim[a], filho de Jeoaquim, rei de Judá, com os nobres de Judá e de Jerusalém. 21Sim, assim diz o SENHOR dos Exércitos, Deus de Israel, acerca dos utensílios que restaram no templo do SENHOR, no palácio do rei de Judá e em Jerusalém: 22"Serão levados para a Babilônia e ali ficarão até o dia em que eu os quiser buscar", declara o SENHOR. "Então os trarei de volta e os restabelecerei neste lugar".

O falso profeta Hananias

28 No quinto mês daquele mesmo ano, o quarto ano, no início do reinado de Zedequias, rei de Judá, Hananias, filho de Azur, profeta natural de Gibeom, disse-me no templo do SENHOR, na presença dos sacerdotes e de todo o povo: 2"Assim diz o SENHOR dos Exércitos, Deus de Israel: 'Quebrarei o jugo do rei da Babilônia. 3Em dois anos trarei de volta a este lugar todos os utensílios do templo do SENHOR que Nabucodonosor, rei da Babilônia, tirou daqui e levou para a Babilônia. 4Também trarei de volta para este lugar Joaquim, filho de Jeoaquim, rei de Judá, e todos os exilados de Judá que foram para a Babilônia', diz o SENHOR, 'pois quebrarei o jugo do rei da Babilônia' ".

5Mas o profeta Jeremias respondeu ao profeta Hananias diante dos sacerdotes e de todo o povo que estava no templo do SENHOR: 6"Amém! Que assim faça o SENHOR! Que o SENHOR cumpra as palavras que você profetizou, trazendo os utensílios do templo do SENHOR e todos os exilados da Babilônia para este lugar. 7Entretanto, ouça o que tenho a dizer a você e a todo o povo: 8Os profetas que precederam a você e a mim, desde os tempos antigos, profetizaram guerra, desgraça e

[a] 27:20 Hebraico: *Jeconias*, variante de *Joaquim*; também em 28:4 e 29:2.

peste contra muitas nações e grandes reinos.
9Mas o profeta que profetiza prosperidade se-
rá reconhecido como verdadeiro enviado do
SENHOR se aquilo que profetizou se realizar".
10Então o profeta Hananias tirou o jugo
do pescoço de Jeremias e o quebrou, 11e dis-
se diante de todo o povo: "Assim diz o SE-
NHOR: 'É deste modo que quebrarei o jugo
de Nabucodonosor, rei da Babilônia, e o ti-
rarei do pescoço de todas as nações no prazo
de dois anos' ". Diante disso, o profeta Jere-
mias retirou-se.
12Depois que o profeta Hananias quebrou
o jugo do pescoço do profeta Jeremias, o SE-
NHOR dirigiu a palavra a Jeremias: 13"Vá dizer
a Hananias: Assim diz o SENHOR: Você que-
brou um jugo de madeira, mas em seu lugar
você fará um jugo de ferro[a]. 14Assim diz o SE-
NHOR dos Exércitos, o Deus de Israel: Porei
um jugo sobre o pescoço de todas essas na-
ções, para fazê-las sujeitas a Nabucodonosor,
rei da Babilônia, e elas se sujeitarão a ele. Até
mesmo os animais selvagens estarão sujei-
tos a ele".
15Disse, pois, o profeta Jeremias ao profeta
Hananias: "Escute, Hananias! O SENHOR não
o enviou, mas assim mesmo você persuadiu
esta nação a confiar em mentiras. 16Por isso,
assim diz o SENHOR: 'Vou tirá-lo da face da
terra. Este ano você morrerá, porque pregou
rebelião contra o SENHOR' ".
17E o profeta Hananias morreu no sétimo
mês daquele mesmo ano.

A carta aos exilados

29 Este é o conteúdo da carta que o pro-
feta Jeremias enviou de Jerusalém aos
líderes, que ainda restavam entre os exilados,
aos sacerdotes, aos profetas e a todo o povo
que Nabucodonosor deportara de Jerusalém
para a Babilônia. 2Isso aconteceu depois que
o rei Joaquim e a rainha-mãe, os oficiais do
palácio real, os líderes de Judá e Jerusalém,
os artesãos e os artífices foram deportados
de Jerusalém para a Babilônia. 3Ele enviou a
carta por intermédio de Eleasa, filho de Safã,
e Gemarias, filho de Hilquias, os quais Zede-
quias, rei de Judá, mandou a Nabucodono-
sor, rei da Babilônia. A carta dizia o seguinte:
4"Assim diz o SENHOR dos Exércitos, o
Deus de Israel, a todos os exilados, que
deportei de Jerusalém para a Babilô-
nia: 5'Construam casas e habitem ne-
las; plantem jardins e comam de seus
frutos. 6Casem-se e tenham filhos e
filhas; escolham mulheres para ca-
sar-se com seus filhos e deem as suas
filhas em casamento, para que tam-
bém tenham filhos e filhas. Multipli-
quem-se e não diminuam. 7Busquem
a prosperidade da cidade para a qual
eu os deportei e orem ao SENHOR em
favor dela, porque a prosperidade de
vocês depende da prosperidade dela'.
8Porque assim diz o SENHOR dos Exér-
citos, o Deus de Israel: 'Não deixem
que os profetas e adivinhos que há no
meio de vocês os enganem. Não deem
atenção aos sonhos que vocês os enco-
rajam a terem. 9Eles estão profetizan-
do mentiras em meu nome. Eu não os
enviei', declara o SENHOR.
10"Assim diz o SENHOR: 'Quando se
completarem os setenta anos da Babi-
lônia, eu cumprirei a minha promes-
sa em favor de vocês, de trazê-los de
volta para este lugar. 11Porque sou eu
que conheço os planos que tenho pa-
ra vocês', diz o SENHOR, 'planos de fa-
zê-los prosperar e não de lhes causar
dano, planos de dar-lhes esperança e
um futuro. 12Então vocês clamarão a
mim, virão orar a mim, e eu os ouvi-
rei. 13Vocês me procurarão e me acha-
rão quando me procurarem de todo o
coração. 14Eu me deixarei ser encontra-
do por vocês', declara o SENHOR, 'e os
trarei de volta do cativeiro.[b] Eu os re-
unirei de todas as nações e de todos
os lugares para onde eu os dispersei,
e os trarei de volta para o lugar de on-
de os deportei', diz o SENHOR.
15"Vocês podem dizer: 'O SENHOR le-
vantou profetas para nós na Babilô-
nia', 16mas assim diz o SENHOR sobre o

[a] 28:13 A Septuaginta diz *eu farei um jugo de ferro.*

[b] 29:14 Ou *e restaurarei a sorte de vocês.*

Palavras para memorizar

"Vocês me procurarão e me acharão quando me procurarem de todo o coração."

(Jeremias 29:13)

rei que se assenta no trono de Davi e sobre todo o povo que permanece nesta cidade, seus compatriotas que não foram com vocês para o exílio; 17assim diz o SENHOR dos Exércitos: 'Enviarei a guerra, a fome e a peste contra eles; lidarei com eles como se lida com figos ruins, que são intragáveis. 18Eu os perseguirei com a guerra, a fome e a peste; farei deles objeto de terror para todos os reinos da terra, maldição e exemplo, zombaria e afronta entre todas as nações para onde eu os dispersei. 19Porque eles não deram atenção às minhas palavras', declara o SENHOR, 'palavras que lhes enviei pelos meus servos, os profetas. E vocês também não deram atenção!', diz o SENHOR.

20"Ouçam, agora, a palavra do SENHOR, todos vocês exilados, que deportei de Jerusalém para a Babilônia! 21Assim diz o SENHOR dos Exércitos, o Deus de Israel, a respeito de Acabe, filho de Colaías, e a respeito de Zedequias, filho de Maaseias, que estão profetizando mentiras a vocês em meu nome: 'Eu os entregarei nas mãos de Nabucodonosor, rei da Babilônia, e ele os matará diante de vocês. 22Em razão disso, os exilados de Judá que estão na Babilônia usarão esta maldição: "Que o SENHOR o trate como tratou Zedequias e Acabe, os quais o rei da Babilônia queimou vivos". 23Porque cometeram loucura em Israel: adulteraram com as mulheres de seus amigos e em meu nome falaram mentiras, que eu não ordenei que falassem. Mas eu estou sabendo; sou testemunha disso', declara o SENHOR.

Mensagem a Semaías

24"Diga a Semaías, de Neelam: 25Diz o SENHOR dos Exércitos, o Deus de Israel, que você enviou cartas em seu próprio nome a todo o povo de Jerusalém, a Sofonias, filho do sacerdote Maaseias, e a todos os sacerdotes. Você disse a Sofonias: 26'O SENHOR o designou sacerdote em lugar de Joiada como encarregado do templo do SENHOR; você deveria prender no tronco, com correntes de ferro, qualquer doido que agisse como profeta. 27E por que você não repreendeu Jeremias de Anatote, que se apresenta como profeta entre vocês? 28Ele até mandou esta mensagem para nós que estamos na Babilônia, dizendo que o exílio será longo, que construam casas e habitem nelas, plantem jardins e comam de seus frutos' ".

29O sacerdote Sofonias leu a carta para o profeta Jeremias. 30Então o SENHOR dirigiu a palavra a Jeremias: 31"Envie esta mensagem a todos os exilados: Assim diz o SENHOR sobre Semaías, de Neelam: Embora eu não o tenha enviado, Semaías profetizou a vocês e fez com que vocês cressem numa mentira, 32por isso, assim diz o SENHOR: Castigarei Semaías, de Neelam, e os seus descendentes. Não lhe restará ninguém entre este povo, e ele não verá as coisas boas que farei em favor de meu povo", declara o SENHOR, "porque ele pregou rebelião contra o SENHOR".

A restauração de Israel

30 Esta é a palavra que veio a Jeremias da parte do SENHOR: 2"Assim diz o SENHOR, o Deus de Israel: Escreva num livro todas as palavras que eu lhe falei. 3Certamente vêm os dias", diz o SENHOR, "em que mudarei a sorte do meu povo, Israel e Judá, e os farei retornar à terra que dei aos seus antepassados, e eles a possuirão", declara o SENHOR.

4Estas são as palavras que o SENHOR falou acerca de Israel e de Judá: 5"Assim diz o SENHOR:

"Ouvem-se gritos de pânico,
de pavor e não de paz.
6Pergunte e veja:
  Pode um homem dar à luz?
Por que vejo, então, todos os homens
  com as mãos no estômago,
como uma mulher em trabalho de parto?
  Por que estão pálidos todos os rostos?
7Como será terrível aquele dia!
  Sem comparação!
Será tempo de angústia para Jacó;
  mas ele será salvo.

8"Naquele dia",
  declara o SENHOR dos Exércitos,
"quebrarei o jugo
  que está sobre o pescoço deles
e arrebentarei as suas correntes;
não mais serão escravizados
  pelos estrangeiros.
9Servirão ao SENHOR, ao seu Deus,
  e a Davi, seu rei,
que darei a eles.
10"Por isso, não tema, Jacó, meu servo!
Não fique assustado, ó Israel!",
  declara o SENHOR.

"Eu o salvarei de um lugar distante,
e os seus descendentes,
da terra do seu exílio.
Jacó voltará e ficará em paz
e em segurança;
ninguém o inquietará.
11 Porque eu estou com você
e o salvarei", diz o SENHOR.
"Destruirei completamente
todas as nações
entre as quais eu o dispersei;
mas a você
não destruirei completamente.
Eu o disciplinarei, como você merece.
Não o deixarei impune".

12 Assim diz o SENHOR:

"Seu ferimento é grave,
sua ferida, incurável.
13 Não há quem defenda a sua causa;
não há remédio para a sua ferida,
que não cicatriza.
14 Todos os seus amantes
esqueceram-se de você;
eles não se importam com você.
Eu a golpeei como faz um inimigo;
dei-lhe um castigo cruel,
porque é grande a sua iniquidade
e numerosos são os seus pecados.
15 Por que você grita
por causa do seu ferimento,
por sua ferida incurável?
Fiz essas coisas a você
porque é grande a sua iniquidade
e numerosos são os seus pecados.

16 "Mas todos os que a devoram
serão devorados;
todos os seus adversários
irão para o exílio.
Aqueles que a saqueiam
serão saqueados;
eu despojarei todos os que a despojam.
17 Farei cicatrizar o seu ferimento
e curarei as suas feridas",
declara o SENHOR,
"porque a você, Sião,
chamam de rejeitada,
aquela por quem ninguém se importa".

18 Assim diz o SENHOR:

"Mudarei a sorte das tendas de Jacó
e terei compaixão das suas moradas.
A cidade será reconstruída
sobre as suas ruínas
e o palácio no seu devido lugar.
19 Deles virão ações de graça
e o som de regozijo.
Eu os farei aumentar
e eles não diminuirão;
eu os honrarei
e eles não serão desprezados.
20 Seus filhos serão
como nos dias do passado,
e a sua comunidade
será firmada diante de mim;
castigarei todos aqueles
que os oprimem.
21 Seu líder será um dentre eles;
seu governante virá do meio deles.
Eu o trarei para perto
e ele se aproximará de mim;
pois quem se arriscaria
a aproximar-se de mim?",
pergunta o SENHOR.
22 "Por isso vocês serão o meu povo,
e eu serei o seu Deus".
23 Vejam, a tempestade do SENHOR!
Sua fúria está à solta!
Um vendaval vem
sobre a cabeça dos ímpios.
24 A ira do SENHOR não se afastará
até que ele tenha completado
os seus propósitos.
Em dias vindouros
vocês compreenderão isso.

31 "Naquele tempo", diz o SENHOR, "serei
o Deus de todas as famílias de Israel, e
eles serão o meu povo."
2 Assim diz o SENHOR:

"O povo que escapou da morte
achou favor no deserto".

Quando Israel buscava descanso,
3 o SENHOR lhe apareceu no passado,[a]
dizendo:

"Eu a amei com amor eterno;
com amor leal a atraí.
4 Eu a edificarei mais uma vez,
ó virgem, Israel!
Você será reconstruída!
Mais uma vez você
se enfeitará com guizos
e sairá dançando com os que se
alegram.
5 De novo você plantará videiras
nas colinas de Samaria;
videiras antes profanadas pelos
lavradores

[a] 31:3 Ou *o* SENHOR *apareceu a nós vindo de longe,*

Palavras para memorizar

"Eu a amei com amor eterno; com amor leal a atraí."
(Jeremias 31:3)

que as tinham plantado.[a]
6 Porque vai chegando o dia
em que os sentinelas gritarão
nas colinas de Efraim:
'Venham e subamos a Sião,
à presença do SENHOR,
do nosso Deus' ".

7 Assim diz o SENHOR:

"Cantem de alegria por causa de Jacó;
gritem, exaltando a principal
das nações!
Proclamem e deem louvores, dizendo:
'O SENHOR salvou o seu povo,[b]
o remanescente de Israel'.
8 Vejam, eu os trarei da terra do norte
e os reunirei dos confins da terra.
Entre eles estarão o cego e o aleijado,
mulheres grávidas
e em trabalho de parto;
uma grande multidão voltará.
9 Voltarão com choro,[c]
mas eu os conduzirei
em meio a consolações.
Eu os conduzirei às correntes de água
por um caminho plano,
onde não tropeçarão,
porque sou pai para Israel
e Efraim é o meu filho mais velho.

10 "Ouçam a palavra do SENHOR,
ó nações,
e proclamem nas ilhas distantes:
'Aquele que dispersou Israel o
reunirá
e, como pastor, vigiará o seu rebanho'.
11 O SENHOR resgatou Jacó
e o libertou das mãos
do que é mais forte do que ele.
12 Eles virão e cantarão de alegria
nos altos de Sião;
ficarão radiantes de alegria
pelos muitos bens
dados pelo SENHOR:
o cereal, o vinho novo, o azeite puro,
as crias das ovelhas e das vacas.
Serão como um jardim bem regado,
e não mais se entristecerão.
13 Então as moças dançarão de alegria,
como também os jovens
e os velhos.
Transformarei o lamento deles
em júbilo;
eu lhes darei consolo e alegria
em vez de tristeza.
14 Satisfarei os sacerdotes com fartura;
e o meu povo será saciado
pela minha bondade",
declara o SENHOR.

15 Assim diz o SENHOR:

"Ouve-se uma voz em Ramá,
lamentação e amargo choro;
é Raquel, que chora por seus filhos
e recusa ser consolada,
porque os seus filhos
já não existem".

16 Assim diz o SENHOR:

"Contenha o seu choro
e as suas lágrimas,
pois o seu sofrimento
será recompensado",
declara o SENHOR.
"Eles voltarão da terra do inimigo.
17 Por isso há esperança
para o seu futuro",
declara o SENHOR.
"Seus filhos voltarão
para a sua pátria.

18 "Ouvi claramente Efraim
lamentando-se:
'Tu me disciplinaste
como a um bezerro indomado,
e fui disciplinado.
Traze-me de volta, e voltarei,
porque tu és o SENHOR, o meu Deus.
19 De fato, depois de desviar-me,
eu me arrependi;
depois que entendi, bati no meu peito.
Estou envergonhado e humilhado
porque trago sobre mim
a desgraça da minha juventude'.
20 Não é Efraim o meu filho querido?
O filho em quem tenho prazer?

[a] 31:5 Ou *videiras que os lavradores plantarão e cujo fruto colherão.*
[b] 31:7 Conforme a Septuaginta. O Texto Massorético diz *Ó SENHOR, salva o teu povo.*
[c] 31:9 Conforme a Septuaginta. O Texto Massorético diz *Suplicarão enquanto eu os conduzir.*

Cada vez que eu falo sobre Efraim,
mais intensamente me lembro dele.
Por isso, com ansiedade
o tenho em meu coração;
tenho por ele grande compaixão",
declara o SENHOR.

21"Coloque marcos
e ponha sinais nas estradas,
preste atenção no caminho
que você trilhou.
Volte, ó virgem, Israel!
Volte para as suas cidades.
22Até quando você vagará,
ó filha rebelde?
O SENHOR criou algo novo
nesta terra:
uma mulher abraça[a] um guerreiro".

23Assim diz o SENHOR dos Exércitos, o Deus
de Israel: "Quando eu os trouxer de volta do
cativeiro[b], o povo de Judá e de suas cidades
dirá novamente: 'O SENHOR a abençoe, ó mo-
rada justa, ó monte sagrado'. 24O povo viverá
em Judá e em todas as suas cidades, tanto
os lavradores como os que conduzem os re-
banhos. 25Restaurarei o exausto e saciarei o
enfraquecido".

26Então acordei e olhei em redor. Meu sono
tinha sido agradável.

27"Virão dias", diz o SENHOR, "em que se-
mearei na comunidade de Israel e na comu-
nidade de Judá homens e animais. 28Assim
como os vigiei para arrancar e despedaçar,
para derrubar, destruir e trazer a desgraça,
também os vigiarei para edificar e plantar",
declara o SENHOR. 29"Naqueles dias não se di-
rá mais:

" 'Os pais comeram uvas verdes,
e os dentes dos filhos se embotaram'.

30"Ao contrário, cada um morrerá
por causa do seu próprio pecado.
Os dentes de todo aquele
que comer uvas verdes
se embotarão.

31"Estão chegando os dias", declara o
SENHOR,
"quando farei uma nova aliança
com a comunidade de Israel
e com a comunidade de Judá.
32Não será como a aliança
que fiz com os seus antepassados
quando os tomei pela mão
para tirá-los do Egito;
porque quebraram a minha aliança,
apesar de eu ser o Senhor[c] deles[d]",
diz o SENHOR.
33"Esta é a aliança que farei
com a comunidade de Israel
depois daqueles dias",
declara o SENHOR:
"Porei a minha lei no íntimo deles
e a escreverei nos seus corações.
Serei o Deus deles,
e eles serão o meu povo.
34Ninguém mais ensinará ao seu
próximo
nem ao seu irmão, dizendo:
'Conheça ao SENHOR',
porque todos eles me conhecerão,
desde o menor até o maior",
diz o SENHOR.
"Porque eu lhes perdoarei a maldade
e não me lembrarei mais
dos seus pecados."

35Assim diz o SENHOR,
aquele que designou o sol
para brilhar de dia,
que decretou que a lua
e as estrelas brilhem de noite,
que agita o mar
para que as suas ondas rujam;
o seu nome é o SENHOR dos Exércitos:
36"Somente se esses decretos
desaparecerem de diante de mim",
declara o SENHOR,
"deixarão os descendentes de Israel

Você sabia?

O que era a nova aliança?

31:31 Muito embora Deus estivesse prestes a punir seu povo, ele ainda o amava. Aqui Deus promete fazer uma nova aliança, ou acordo, com seu povo. Sob a nova aliança, Deus mudaria o coração das pessoas e perdoaria seus pecados. Quando Jesus morreu, a nova aliança sobre a qual Jeremias falou foi feita.

[a] 31:22 Ou *sairá em busca de;* ou ainda *protegerá*
[b] 31:23 Ou *eu restaurar a sorte deles*
[c] 31:32 Ou *marido*
[d] 31:32 A Septuaginta e a Versão Siríaca dizem *e eu me afastei deles.*

de ser uma nação diante de mim
para sempre".

37 Assim diz o SENHOR:

"Se os céus em cima
puderem ser medidos,
e os alicerces da terra embaixo
puderem ser sondados,
então eu rejeitarei
os descendentes de Israel,
por tudo o que eles têm feito",
diz o SENHOR.

38 "Estão chegando os dias", declara o SENHOR, "em que esta cidade será reconstruída para o SENHOR, desde a torre de Hananeel até a porta da Esquina. 39 A corda de medir será estendida diretamente até a colina de Garebe, indo na direção de Goa. 40 Todo o vale, onde cadáveres e cinzas são jogados, e todos os terraços que dão para o vale do Cedrom a leste, até a esquina da porta dos Cavalos, serão consagrados ao SENHOR. A cidade nunca mais será arrasada ou destruída."

Jeremias compra um campo

32 Esta é a palavra que o SENHOR dirigiu a Jeremias no décimo ano do reinado de Zedequias, rei de Judá, que foi o décimo oitavo ano de Nabucodonosor. 2 Naquela época, o exército do rei da Babilônia sitiava Jerusalém e o profeta Jeremias estava preso no pátio da guarda, no palácio real de Judá.

3 Zedequias, rei de Judá, havia aprisionado Jeremias acusando-o de fazer a seguinte profecia: O SENHOR entregará a cidade nas mãos do rei da Babilônia, e este a conquistará; 4 Zedequias, rei de Judá, não escapará das mãos dos babilônios, mas certamente será entregue nas mãos do rei da Babilônia, falará com ele face a face, e o verá com os seus próprios olhos; 5 e ele levará Zedequias para a Babilônia, onde este ficará até que o SENHOR cuide da situação dele; e, ainda, se eles lutarem contra os babilônios, não serão bem-sucedidos.

6 E Jeremias disse: "O SENHOR dirigiu-me a palavra nos seguintes termos: 7 'Hanameel, filho de seu tio Salum, virá ao seu encontro e dirá: "Compre a propriedade que tenho em Anatote, porque, sendo o parente mais próximo, você tem o direito e o dever de comprá-la" '.

8 "Conforme o SENHOR tinha dito, meu primo Hanameel veio ao meu encontro no pátio da guarda e disse: 'Compre a propriedade que tenho em Anatote, no território de Benjamim, porque é seu o direito de posse e de resgate. Compre-a!'

"Então, compreendi que essa era a palavra do SENHOR. 9 Assim, comprei do meu primo Hanameel a propriedade que ele possuía em Anatote. Pesei a prata e lhe paguei dezessete peças de prata. 10 Assinei e selei a escritura, e pesei a prata na balança, diante de testemunhas por mim chamadas. 11 Peguei a escritura, a cópia selada com os termos e condições da compra, bem como a cópia não selada, 12 e entreguei essa escritura de compra a Baruque, filho de Nerias, filho de Maaseias, na presença de meu primo Hanameel, das testemunhas que tinham assinado a escritura e de todos os judeus que estavam sentados no pátio da guarda.

13 "Na presença deles dei as seguintes instruções a Baruque: 14 Assim diz o SENHOR dos Exércitos, Deus de Israel: 'Tome estes documentos, tanto a cópia selada como a não selada da escritura de compra, e coloque-os num jarro de barro para que se conservem por muitos anos'. 15 Porque assim diz o SENHOR dos Exércitos, Deus de Israel: 'Casas, campos e vinhas tornarão a ser comprados nesta terra'.

16 "Depois que entreguei a escritura de compra a Baruque, filho de Nerias, orei ao SENHOR:

17 "Ah! Soberano SENHOR, tu fizeste os céus e a terra pelo teu grande poder e por teu braço estendido. Nada é difícil demais para ti. 18 Mostras bondade até mil gerações, mas lanças os pecados dos pais sobre os seus filhos. Ó grande e poderoso Deus, cujo nome é o SENHOR dos Exércitos, 19 grandes são os teus propósitos e poderosos os teus feitos. Os teus olhos estão atentos aos atos dos homens; tu retribuis a cada um de acordo com a sua conduta, de acordo com os efeitos das suas obras. 20 Realizaste sinais e maravilhas no Egito e continuas a fazê-los até hoje, tanto em Israel como entre toda a humanidade, e alcançaste o renome que hoje tens. 21 Tiraste o teu povo do Egito com sinais e maravilhas, com mão poderosa e braço estendido, causando grande pavor. 22 Deste a eles esta terra, que sob juramento prometeste aos seus antepassados; uma terra onde há leite e mel com fartura. 23 Eles vieram e tomaram posse dela, mas não te obedeceram nem seguiram a tua lei. Não fizeram nada daquilo que lhes ordenaste. Por isso trouxeste toda esta desgraça sobre eles.

24“As rampas de cerco são erguidas pelos inimigos para tomarem a cidade, e pela guerra, pela fome e pela peste, ela será entregue nas mãos dos babilônios que a atacam. Cumpriu-se aquilo que disseste, como vês. 25Ainda assim, ó Soberano SENHOR, tu me mandaste comprar a propriedade e convocar testemunhas do negócio, embora a cidade esteja entregue nas mãos dos babilônios!

26“A palavra do SENHOR veio a mim, dizendo: 27‘Eu sou o SENHOR, o Deus de toda a humanidade. Há alguma coisa difícil demais para mim?’ 28Portanto, assim diz o SENHOR: ‘Estou entregando esta cidade nas mãos dos babilônios e de Nabucodonosor, rei da Babilônia, que a conquistará. 29Os babilônios, que estão atacando esta cidade, entrarão e a incendiarão. Eles a queimarão com as casas nas quais o povo provocou a minha ira queimando incenso a Baal nos seus terraços e derramando ofertas de bebida em honra a outros deuses.

30“ ‘Desde a sua juventude o povo de Israel e de Judá nada tem feito senão aquilo que eu considero mau; de fato, o povo de Israel nada tem feito além de provocar-me à ira’, declara o SENHOR. 31‘Desde o dia em que foi construída até hoje, esta cidade tem despertado o meu furor de tal forma que tenho que tirá-la da minha frente. 32O povo de Israel e de Judá tem provocado a minha ira por causa de todo o mal que tem feito, tanto o povo como os seus reis e os seus líderes, os seus sacerdotes e os seus profetas, os homens de Judá e os habitantes de Jerusalém. 33Voltaram as costas para mim e não o rosto; embora eu os tenha ensinado vez após vez, não quiseram ouvir-me nem aceitaram a correção. 34Profanaram o templo que leva o meu nome, colocando nele as imagens de seus ídolos. 35Construíram o alto para Baal no vale de Ben-Hinom, para sacrificarem a Moloque os seus filhos e as suas filhas,[a] coisa que nunca ordenei, prática repugnante que jamais imaginei; e, assim, levaram Judá a pecar’.

36“Portanto, assim diz o SENHOR a esta cidade, sobre a qual vocês estão dizendo que será entregue nas mãos do rei da Babilônia por meio da guerra, da fome e da peste: 37‘Certamente eu os reunirei de todas as terras para onde os dispersei na minha ardente ira e no meu grande furor; eu os trarei de volta a este lugar e permitirei que vivam em segurança. 38Eles serão o meu povo, e eu serei o seu Deus. 39Darei a eles um só pensamento e uma só conduta, para que me temam durante toda a sua vida, para o seu próprio bem e o de seus filhos e descendentes. 40Farei com eles uma aliança permanente: Jamais deixarei de fazer o bem a eles, e farei com que me temam de coração, para que jamais se desviem de mim. 41Terei alegria em fazer-lhes o bem, e os plantarei firmemente nesta terra de todo o meu coração e de toda a minha alma. Sim, é o que farei’.

42“Assim diz o SENHOR: ‘Assim como eu trouxe toda esta grande desgraça sobre este povo, também lhes darei a prosperidade que lhes prometo. 43De novo serão compradas propriedades nesta terra, da qual vocês dizem: “É uma terra arrasada, sem homens nem animais, pois foi entregue nas mãos dos babilônios”. 44Propriedades serão compradas por prata e escrituras serão assinadas e seladas diante de testemunhas no território de Benjamim, nos povoados ao redor de Jerusalém, nas cidades de Judá, e nas cidades dos montes, da Sefelá[b] e do Neguebe, porque eu restaurarei a sorte deles’, declara o SENHOR”.

Promessa de restauração

33 Jeremias ainda estava preso no pátio da guarda quando o SENHOR lhe dirigiu a palavra pela segunda vez: 2“Assim diz o SENHOR que fez a terra, o SENHOR que a formou e a firmou; seu nome é SENHOR: 3Clame a mim e eu responderei e lhe direi coisas grandiosas e insondáveis que você não conhece”. 4Porque assim diz o SENHOR, o Deus de Israel, a respeito das casas desta cidade e dos palácios reais de Judá, que foram derrubados para servirem de defesa contra as rampas de cerco e a espada, 5na luta contra os babilônios: “Elas ficarão cheias de cadáveres dos homens que matarei no meu furor. Ocultarei desta cidade o meu rosto por causa de toda a sua maldade.

6“Todavia, trarei restauração e cura para ela; curarei o meu povo e lhe darei muita prosperidade e segurança. 7Mudarei a sorte de Judá e de Israel[c] e os reconstruirei como antigamente. 8Eu os purificarei de todo o pecado que cometeram contra mim e perdoarei todos os seus pecados de rebelião contra mim. 9Então Jerusalém será para mim uma fonte de alegria, de louvor e de glória, diante

[a] 32:35 Ou *para fazerem seus filhos e suas filhas passarem pelo fogo,*

[b] 32:44 Pequena faixa de terra de relevo variável entre a planície costeira e as montanhas; também em 33:13.

[c] 33:7 Ou *Trarei Judá e Israel de volta do cativeiro*

de todas as nações da terra que ouvirem acer-
ca de todos os benefícios que faço por ela.
Elas temerão e tremerão diante da paz e da
prosperidade que eu lhe concedo".
10Assim diz o SENHOR: "Vocês dizem que
este lugar está devastado, e ficará sem ho-
mens nem animais. Contudo, nas cidades de
Judá e nas ruas de Jerusalém, que estão de-
vastadas, desabitadas, sem homens nem ani-
mais, mais uma vez se ouvirão 11as vozes de
júbilo e de alegria, do noivo e da noiva, e as
vozes daqueles que trazem ofertas de ação
de graças para o templo do SENHOR, dizendo:

'Deem graças ao SENHOR dos Exércitos,
pois ele é bom;
o seu amor leal dura para sempre'.

"Porque eu mudarei a sorte desta terra co-
mo antigamente", declara o SENHOR.
12Assim diz o SENHOR dos Exércitos: "Neste
lugar desolado, sem homens nem animais,
haverá novamente pastagens onde os pas-
tores farão descansar os seus rebanhos, em
todas as suas cidades. 13Tanto nas cidades dos
montes, da Sefelá, do Neguebe e do território
de Benjamim, como nos povoados ao redor
de Jerusalém e nas cidades de Judá, nova-
mente passarão ovelhas sob as mãos daque-
le que as conta", diz o SENHOR.
14"Dias virão", declara o SENHOR, "em que
cumprirei a promessa que fiz à comunidade
de Israel e à comunidade de Judá.

15"Naqueles dias e naquela época
farei brotar um Renovo justo
da linhagem de Davi;
ele fará o que é justo e certo na terra.
16Naqueles dias Judá será salva
e Jerusalém viverá em segurança,
e este é o nome pelo qual
ela será chamada[a]:
O SENHOR é a Nossa Justiça".

17Porque assim diz o SENHOR: "Davi jamais
deixará de ter um descendente que se assen-
te no trono de Israel, 18nem os sacerdotes,
que são levitas, deixarão de ter descendente
que esteja diante de mim para oferecer, con-
tinuamente, holocaustos[b], queimar ofertas
de cereal e apresentar sacrifícios".
19O SENHOR dirigiu a palavra a Jeremias:
20"Assim diz o SENHOR: Se vocês puderem
romper a minha aliança com o dia e a mi-
nha aliança com a noite, de modo que nem
o dia nem a noite aconteçam no tempo que
lhes está determinado, 21então poderá ser
quebrada a minha aliança com o meu servo
Davi, e neste caso ele não mais terá um des-
cendente que reine no seu trono; e também
será quebrada a minha aliança com os levitas
que são sacerdotes e que me servem. 22Farei
os descendentes do meu servo Davi e os le-
vitas, que me servem, tão numerosos como
as estrelas do céu e incontáveis como a areia
das praias do mar".
23O SENHOR dirigiu a palavra a Jeremias:
24"Você reparou que essas pessoas estão di-
zendo que o SENHOR rejeitou os dois reinos[c]
que tinha escolhido? Por isso desprezam o
meu povo e não mais o consideram como
nação". 25Assim diz o SENHOR: "Se a minha
aliança com o dia e com a noite não mais vi-
gorasse, se eu não tivesse estabelecido as leis
fixas do céu e da terra, 26então eu rejeitaria
os descendentes de Jacó e do meu servo Da-
vi, e não escolheria um dos seus descenden-
tes para que governasse os descendentes de
Abraão, de Isaque e de Jacó. Mas eu restau-
rarei a sorte deles[d] e lhes manifestarei a mi-
nha compaixão".

Advertência a Zedequias

34 Quando Nabucodonosor, rei da Babi-
lônia, todo o seu exército e todos os
reinos e povos do império que ele governava
lutavam contra Jerusalém, e contra todas as
cidades ao redor, o SENHOR dirigiu esta pala-
vra a Jeremias: 2"Assim diz o SENHOR, o Deus
de Israel: Vá ao rei Zedequias de Judá e lhe
diga: Assim diz o SENHOR: Estou entregando
esta cidade nas mãos do rei da Babilônia, e
ele a incendiará. 3Você não escapará, mas será
capturado e entregue nas mãos dele. Com os
seus próprios olhos você verá o rei da Babilô-
nia, e ele falará com você face a face. E você
irá para a Babilônia.
4"Ouça, porém, a promessa do SENHOR, ó
Zedequias, rei de Judá. Assim diz o SENHOR
a seu respeito: Você não morrerá à espada,
5mas morrerá em paz. E assim como o povo
queimou incenso em honra aos seus ante-
passados, os reis que o precederam, tam-
bém queimarão incenso em sua honra, e se
lamentarão, clamando: 'Ah, meu senhor!'
Sim, eu mesmo faço essa promessa", decla-
ra o SENHOR.
6O profeta Jeremias disse todas essas pala-
vras ao rei Zedequias de Judá, em Jerusalém,

[a] 33:16 Ou *ele será chamado*
[b] 33:18 Isto é, sacrifícios totalmente queimados.
[c] 33:24 Ou *as duas famílias*
[d] 33:26 Ou *os trarei de volta do cativeiro*

[7]enquanto o exército do rei da Babilônia lu-
tava contra Jerusalém e contra as outras ci-
dades de Judá que ainda resistiam, Laquis e
Azeca, pois só restaram essas cidades forti-
ficadas em Judá.

Liberdade para os escravos

[8]O SENHOR dirigiu a palavra a Jeremias
depois do acordo que o rei Zedequias fez
com todo o povo de Jerusalém, proclaman-
do a libertação dos escravos. [9]Todos teriam
que libertar seus escravos e escravas hebreus;
ninguém poderia escravizar um compatrio-
ta judeu. [10]Assim, todos os líderes e o povo
que firmaram esse acordo de libertação dos
escravos, concordaram em deixá-los livres e
não mais escravizá-los; o povo obedeceu e li-
bertou os escravos. [11]Mas, depois disso, mu-
dou de ideia e tomou de volta os homens e as
mulheres que havia libertado e tornou a es-
cravizá-los.

[12]Então o SENHOR dirigiu a palavra a Jere-
mias, dizendo: [13]"Assim diz o SENHOR, o Deus
de Israel: Fiz uma aliança com os seus ante-
passados quando os tirei do Egito, da terra
da escravidão. Eu disse: [14]Ao fim de sete anos,
cada um de vocês libertará todo compatrio-
ta hebreu que se vendeu a vocês. Depois que
ele o tiver servido por seis anos, você o li-
bertará.[a] Mas os seus antepassados não me
obedeceram nem me deram atenção. [15]Recen-
temente vocês se arrependeram e fizeram o
que eu aprovo: cada um de vocês proclamou
liberdade para os seus compatriotas. Vocês
até fizeram um acordo diante de mim no
templo que leva o meu nome. [16]Mas, agora,
vocês voltaram atrás e profanaram o meu no-
me, pois cada um de vocês tomou de volta os
homens e as mulheres que tinham libertado.
Vocês voltaram a escravizá-los".

[17]Portanto, assim diz o SENHOR: "Vocês não
me obedeceram; não proclamaram libertação
cada um para o seu compatriota e para o seu
próximo. Por isso, eu agora proclamo liberta-
ção para vocês", diz o SENHOR, "pela espada,
pela peste e pela fome. Farei com que vocês
sejam um objeto de terror para todos os rei-
nos da terra. [18]Entregarei os homens que vio-
laram a minha aliança e não cumpriram os
termos da aliança que fizeram na minha pre-
sença, quando cortaram o bezerro em dois
e andaram entre as partes do animal; [19]isto
é, os líderes de Judá e de Jerusalém, os ofi-
ciais do palácio real, os sacerdotes e todo o
povo da terra que andou entre as partes do
bezerro, [20]sim, eu os entregarei nas mãos dos
inimigos que desejam tirar-lhes a vida. Seus
cadáveres servirão de comida para as aves e
para os animais.

[21]"Eu entregarei Zedequias, rei de Judá, e
os seus líderes, nas mãos dos inimigos que

[a] 34:14 Dt 15:12

Continue fazendo o que é certo

Experimente!

Jeremias 34:8-16

Às vezes as pessoas quebram promessas que fizeram a Deus. Leia Jeremias 34:8-16 e veja que Jeremias falou para os israelitas nessa história que era errado eles terem outros israelitas como escravos. Eles concordaram que libertariam seus escravos, porém, mais tarde, mudaram de ideia e fizeram errado de novo. Jeremias 34:11 conta o que eles fizeram.

Pegue uma folha de papel verde e uma vermelha. Risque o contorno de seu pé pelo menos dez vezes em cada papel, e recorte essas pegadas. Quando fizer algo que sabe ser certo, escreva em uma pegada verde o que você fez e prenda-a com fita adesiva na parede do seu quarto. Comece a colar em sua parede da metade para cima, e prenda a pegada verde apontando para cima. Se fizer algo que sabe ser errado, escreva em uma pegada vermelha o que você fez e prenda-a na parede, mas apontando para baixo. As pegadas mostrarão qual caminho você está seguindo: o caminho de Deus, fazendo o que é certo; ou o caminho em direção à punição, fazendo o que é errado.

desejam tirar-lhes a vida, e do exército do
rei da Babilônia, que retirou o cerco de vo-
cês. 22"Darei a ordem", declara o SENHOR, "e
os trarei de volta a esta cidade. Eles lutarão
contra ela, e vão conquistá-la e incendiá-la.
Farei com que as cidades de Judá fiquem de-
vastadas e desabitadas".

Os recabitas

35 Durante o reinado de Jeoaquim, filho
de Josias, rei de Judá, o SENHOR dirigiu
esta palavra a Jeremias: 2"Vá à comunidade
dos recabitas, convide-os a virem a uma das
salas do templo do SENHOR e ofereça-lhes vi-
nho para beber".

3Então busquei Jazanias, filho de Jere-
mias, filho de Habazinias, seus irmãos e to-
dos os seus filhos e toda a comunidade dos
recabitas. 4Eu os levei ao templo do SENHOR,
à sala dos filhos de Hanã, filho de Jigdalias,
homem de Deus. A sala ficava ao lado da sala
dos líderes e debaixo da sala de Maaseias, fi-
lho de Salum, o porteiro. 5Então coloquei va-
silhas cheias de vinho e alguns copos diante
dos membros da comunidade dos recabitas
e lhes pedi que bebessem.

6Eles, porém, disseram: "Não bebemos
vinho porque o nosso antepassado Jona-
dabe, filho de Recabe, nos deu esta ordem:
'Nem vocês nem os seus descendentes be-
berão vinho. 7Vocês não construirão casas
nem semearão; não plantarão vinhas nem
as possuirão; mas vocês sempre habitarão
em tendas. Assim vocês viverão por muito
tempo na terra na qual são nômades'. 8Temos
obedecido a tudo o que nos ordenou nosso
antepassado Jonadabe, filho de Recabe. Nós,
nossas mulheres, nossos filhos e nossas filhas
jamais bebemos vinho em toda a nossa vida,
9não construímos casas para nossa moradia
nem possuímos vinhas, campos ou planta-
ções. 10Temos vivido em tendas e obedecido
fielmente a tudo o que nosso antepassado
Jonadabe nos ordenou. 11Mas, quando Na-
bucodonosor, rei da Babilônia, invadiu esta
terra, dissemos: Venham, vamos para Jeru-
salém para escapar dos exércitos dos babilô-
nios e dos sírios. Assim, permanecemos em
Jerusalém".

12O SENHOR dirigiu a palavra a Jeremias,
dizendo: 13"Assim diz o SENHOR dos Exérci-
tos, Deus de Israel: Vá dizer aos homens de
Judá e aos habitantes de Jerusalém: Será
que vocês não vão aprender a lição e obe-
decer às minhas palavras?", pergunta o SE-
NHOR. 14"Jonadabe, filho de Recabe, ordenou
a seus filhos que não bebessem vinho, e essa
ordem tem sido obedecida até hoje. Eles não
bebem vinho porque obedecem à ordem do
seu antepassado. Mas eu tenho falado a vo-
cês repetidas vezes, e, contudo, vocês não me
obedecem. 15Enviei a vocês, repetidas vezes,
todos os meus servos, os profetas. Eles lhes
diziam que cada um de vocês deveria con-
verter-se da sua má conduta, corrigir as suas
ações e deixar de seguir outros deuses para
prestar-lhes culto. Assim, vocês habitariam
na terra que dei a vocês e a seus antepassa-
dos. Mas vocês não me deram atenção nem
me obedeceram. 16Os descendentes de Jona-
dabe, filho de Recabe, cumprem a ordem que
o seu antepassado lhes deu, mas este povo
não me obedece".

17"Portanto, assim diz o SENHOR dos Exérci-
tos, Deus de Israel: "Trarei sobre Judá e sobre
todos os habitantes de Jerusalém toda a des-
graça da qual os adverti; porque falei a eles,
mas não me ouviram, chamei-os, mas não
me responderam".

18Jeremias disse à comunidade dos recabi-
tas: "Assim diz o SENHOR dos Exércitos, Deus
de Israel: 'Vocês têm obedecido àquilo que
o seu antepassado Jonadabe ordenou; têm
cumprido todas as suas instruções e têm fei-
to tudo o que ele ordenou'. 19Por isso, assim
diz o SENHOR dos Exércitos, Deus de Israel:
'Jamais faltará a Jonadabe, filho de Recabe,
um descendente que me sirva' ".

Jeoaquim queima o rolo de Jeremias

36 No quarto ano do reinado de Jeoaquim,
filho de Josias, rei de Judá, o SENHOR
dirigiu esta palavra a Jeremias: 2"Pegue um
rolo e escreva nele todas as palavras que lhe
falei a respeito de Israel, de Judá e de todas
as outras nações, desde que comecei a falar
a você, durante o reinado de Josias, até hoje.
3Talvez, quando o povo de Judá souber de ca-
da uma das desgraças que planejo trazer sobre
eles, cada um se converta de sua má conduta
e eu perdoe a iniquidade e o pecado deles".

4Então Jeremias chamou Baruque, filho de
Nerias, para que escrevesse no rolo, confor-
me Jeremias ditava, todas as palavras que o
SENHOR lhe havia falado. 5Depois Jeremias
disse a Baruque: "Estou preso; não posso ir
ao templo do SENHOR. 6Por isso, vá ao tem-
plo do SENHOR no dia do jejum e leia ao povo
as palavras do SENHOR que eu ditei, as quais
você escreveu. Você também as lerá a todo o
povo de Judá que vem de suas cidades. 7Tal-
vez a súplica deles chegue diante do SENHOR,

e cada um se converta de sua má conduta,
pois é grande o furor anunciado pelo SENHOR
contra este povo".
[8]E Baruque, filho de Nerias, fez exatamente
tudo aquilo que o profeta Jeremias lhe man-
dou fazer, e leu as palavras do SENHOR. [9]No
nono mês do quinto ano do reinado de Jeoa-
quim, filho de Josias, rei de Judá, foi procla-
mado um jejum perante o SENHOR para todo
o povo de Jerusalém e para todo o povo que
vinha das cidades de Judá para Jerusalém.
[10]Baruque leu a todo o povo as palavras de
Jeremias escritas no rolo. Ele as leu no tem-
plo do SENHOR, da sala de Gemarias, filho do
secretário Safã. A sala ficava no pátio supe-
rior, na porta Nova do templo.
[11]Quando Micaías, filho de Gemarias, filho
de Safã, ouviu todas as palavras do SENHOR,
[12]desceu à sala do secretário, no palácio real,
onde todos os líderes estavam sentados: o
secretário Elisama, Delaías, filho de Semaías,
Elnatã, filho de Acbor, Gemarias, filho de Sa-
fã, Zedequias, filho de Hananias, e todos os
outros líderes. [13]Micaías relatou-lhes tudo o
que tinha ouvido quando Baruque leu ao po-
vo o que estava escrito. [14]Então todos os lí-
deres mandaram por intermédio de Jeudi,
filho de Netanias, neto de Selemias, bisneto
de Cuchi, a seguinte mensagem a Baruque:
"Pegue o rolo que você leu ao povo e venha
aqui". Baruque, filho de Nerias, pegou o ro-
lo e foi até eles. [15]Disseram-lhe: "Sente-se, e
leia-o para nós".
Então Baruque o leu para eles. [16]Quando
ouviram todas aquelas palavras, entreolha-
ram-se com medo e disseram a Baruque: "É
absolutamente necessário que relatemos ao
rei todas essas palavras". [17]Perguntaram a Ba-
ruque: "Diga-nos, como você escreveu tudo
isso? Foi Jeremias quem o ditou a você?"
[18]"Sim", Baruque respondeu, "ele ditou to-
das essas palavras, e eu as escrevi com tin-
ta no rolo."
[19]Os líderes disseram a Baruque: "Vá escon-
der-se com Jeremias; e que ninguém saiba
onde vocês estão".
[20]Então deixaram o rolo na sala de Elisa-
ma, o secretário, foram ao pátio do palácio
real e relataram tudo ao rei. [21]O rei mandou
Jeudi pegar o rolo, e Jeudi o trouxe da sa-
la de Elisama, o secretário, e o leu ao rei e a
todos os líderes que estavam a seu serviço.
[22]Isso aconteceu no nono mês. O rei estava
sentado em seus aposentos de inverno, per-
to de um braseiro aceso. [23]Assim que Jeudi
terminava de ler três ou quatro colunas, o
rei as cortava com uma faca de escrivão e as
atirava no braseiro, até que o rolo inteiro foi
queimado no braseiro. [24]O rei e todos os seus
conselheiros que ouviram todas aquelas pa-
lavras não ficaram alarmados nem rasgaram
as suas roupas, lamentando-se. [25]Embora El-
natã, Delaías e Gemarias tivessem insistido
com o rei que não queimasse o rolo, ele não
quis ouvi-los. [26]Em vez disso, o rei ordenou a
Jerameel, filho do rei, Seraías, filho de Azriel,
e Selemias, filho de Abdeel, que prendessem
o escriba Baruque e o profeta Jeremias. Mas
o SENHOR os tinha escondido.
[27]Depois que o rei queimou o rolo que
continha as palavras ditadas por Jeremias
e redigidas por Baruque, o SENHOR dirigiu
esta palavra a Jeremias: [28]"Pegue outro ro-
lo e escreva nele todas as palavras que es-
tavam no primeiro, que Jeoaquim, rei de
Judá, queimou. [29]Também diga a Jeoaquim,
rei de Judá: Assim diz o SENHOR: Você quei-
mou aquele rolo e perguntou: 'Por que você
escreveu nele que o rei da Babilônia virá e
destruirá esta terra e dela eliminará tanto
homens como animais?' " [30]Pois assim diz o
SENHOR acerca de Jeoaquim, rei de Judá: "Ele
não terá nenhum descendente para sentar-
-se no trono de Davi; seu corpo será lançado
fora e exposto ao calor de dia e à geada de
noite. [31]Eu castigarei a ele, aos seus filhos e
aos seus conselheiros por causa dos seus pe-
cados. Trarei sobre eles, sobre os habitantes
de Jerusalém e sobre os homens de Judá toda
a desgraça que pronunciei contra eles, por-
quanto não me deram atenção".
[32]Então Jeremias pegou outro rolo e o deu
ao escriba Baruque, filho de Nerias, para que
escrevesse nele, conforme Jeremias ditava,
todas as palavras do livro que Jeoaquim, rei
de Judá, tinha queimado, além de muitas ou-
tras palavras semelhantes que foram acres-
centadas.

Jeremias na prisão

37 Zedequias, filho de Josias, rei de Judá,
foi designado rei por Nabucodonosor,
rei da Babilônia. Ele reinou em lugar de Joa-
quim[a], filho de Jeoaquim. [2]Nem ele, nem
seus conselheiros, nem o povo da terra de-
ram atenção às palavras que o SENHOR tinha
falado por meio do profeta Jeremias.
[3]O rei Zedequias, porém, mandou Jucal, fi-
lho de Selemias, e o sacerdote Sofonias, filho

[a] 37:1 Hebraico: *Conias*, variante de *Joaquim*.

de Maaseias, ao profeta Jeremias com esta mensagem: "Ore ao SENHOR, ao nosso Deus, em nosso favor".

4Naquela época Jeremias estava livre para circular entre o povo, pois ainda não tinha sido preso. 5Enquanto isso, o exército do faraó tinha saído do Egito. E quando os babilônios que cercavam Jerusalém ouviram isso, retiraram o cerco.

6O SENHOR dirigiu esta palavra ao profeta Jeremias: 7"Assim diz o SENHOR, o Deus de Israel: Digam ao rei de Judá, que os mandou para consultar-me: O exército do faraó, que saiu do Egito para vir ajudá-los, retornará à sua própria terra, ao Egito. 8Os babilônios voltarão e atacarão esta cidade; eles a conquistarão e a destruirão a fogo".

9Assim diz o SENHOR: "Não se enganem a si mesmos, dizendo: 'Os babilônios certamente vão embora'. Porque eles não vão. 10Ainda que vocês derrotassem todo o exército babilônio que está atacando vocês, e só lhe restassem homens feridos em suas tendas, eles se levantariam e incendiariam esta cidade".

11Depois que o exército babilônio se retirou de Jerusalém por causa do exército do faraó, 12Jeremias saiu da cidade para ir ao território de Benjamim a fim de tomar posse da propriedade que tinha entre o povo daquele lugar. 13Mas, quando chegou à porta de Benjamim, o capitão da guarda, cujo nome era Jerias, filho de Selemias, filho de Hananias, o prendeu e disse: "Você está desertando para o lado dos babilônios!"

14"Isso não é verdade!", disse Jeremias. "Não estou passando para o lado dos babilônios." Mas Jerias não quis ouvi-lo; e, prendendo Jeremias, o levou aos líderes. 15Eles ficaram furiosos com Jeremias, espancaram-no e o prenderam na casa do secretário Jônatas, que tinham transformado numa prisão.

16Jeremias foi posto numa cela subterrânea da prisão, onde ficou por muito tempo. 17Então o rei mandou buscá-lo, e Jeremias foi trazido ao palácio. E, secretamente, o rei lhe perguntou: "Há alguma palavra da parte do SENHOR?"

"Há", respondeu Jeremias, "você será entregue nas mãos do rei da Babilônia."

18Então Jeremias disse ao rei Zedequias: "Que crime cometi contra você ou contra os seus conselheiros ou contra este povo para que você me mandasse para a prisão? 19Onde estão os seus profetas que lhes profetizaram: 'O rei da Babilônia não atacará nem a vocês nem a esta terra'? 20Mas, agora, ó rei, meu senhor, escute-me, por favor. Permita-me apresentar-lhe a minha súplica: Não me mande de volta à casa de Jônatas, o secretário, para que eu não morra ali".

21Então o rei Zedequias deu ordens para que Jeremias fosse colocado no pátio da guarda e que diariamente recebesse pão da rua dos padeiros, enquanto houvesse pão na cidade. Assim, Jeremias permaneceu no pátio da guarda.

Jeremias confinado numa cisterna

38 E ocorreu que Sefatias, filho de Matã, Gedalias, filho de Pasur, Jucal, filho de Selemias, e Pasur, filho de Malquias, ouviram o que Jeremias estava dizendo a todo o povo: 2"Assim diz o SENHOR: 'Aquele que permanecer nesta cidade morrerá pela espada, pela fome e pela peste; mas aquele que se render aos babilônios viverá. Escapará com vida e sobreviverá'. 3E, assim diz o SENHOR: 'Esta cidade certamente será entregue ao exército do rei da Babilônia, que a conquistará' ".

4Então os líderes disseram ao rei: "Este homem deve morrer. Ele está desencorajando os soldados que restaram nesta cidade, bem como todo o povo, com as coisas que ele está dizendo. Este homem não busca o bem deste povo, mas a sua ruína".

5O rei Zedequias respondeu: "Ele está em suas mãos; o rei não pode opor-se a vocês".

6Assim, pegaram Jeremias e o jogaram na cisterna de Malquias, filho do rei, a qual ficava no pátio da guarda. Baixaram Jeremias por meio de cordas para dentro da cisterna. Não havia água na cisterna, mas somente lama; e Jeremias afundou na lama.

7Mas Ebede-Meleque, o etíope, oficial[a] do palácio real, ouviu que eles tinham jogado Jeremias na cisterna. Ora, o rei estava sentado junto à porta de Benjamim, 8e Ebede-Meleque saiu do palácio e foi dizer-lhe: 9"Ó rei, meu senhor, esses homens cometeram um mal em tudo o que fizeram ao profeta Jeremias. Eles o jogaram numa cisterna para que morra de fome, pois já não há mais pão na cidade".

10Então o rei ordenou a Ebede-Meleque, o etíope: "Leve com você três homens sob as suas ordens e retire o profeta Jeremias da cisterna antes que ele morra".

11Então Ebede-Meleque levou consigo os homens que estavam sob as suas ordens e foi

[a] 38:7 Ou *eunuco*

Você sabia?

O que é uma cisterna?

38:10 As cidades em Israel frequentemente tinham grandes cisternas, que eram como tanques subterrâneos de armazenamento de água. Uma cisterna tinha um formato de sino, com o topo mais estreito. Havia 37 cisternas cortadas na rocha abaixo de Jerusalém. Uma armazenava mais de 7,5 milhões de litros de água! As pessoas precisariam dessa água se um exército inimigo atacasse a cidade, pois normalmente o inimigo bloquearia os ribeiros para que água nenhuma entrasse na cidade.

à sala que fica debaixo da tesouraria do palácio. Pegou alguns trapos e roupas velhas e desceu cordas até Jeremias na cisterna. 12Ebede-Meleque, o etíope, disse a Jeremias: "Põe esses trapos e roupas velhas debaixo dos braços para servirem de almofada para as cordas". E Jeremias assim fez. 13Assim, com as cordas o puxaram para cima e o tiraram da cisterna.

E Jeremias permaneceu no pátio da guarda.

Jeremias é interrogado novamente

14Então o rei Zedequias mandou trazer o profeta Jeremias e o encontrou na terceira entrada do templo do SENHOR. "Quero pedir-te uma palavra", disse o rei. "Não me escondas nada."

15Jeremias disse a Zedequias: "Se eu lhe der uma resposta, você não me matará? Mesmo que eu o aconselhasse, você não me escutaria".

16O rei Zedequias, porém, fez este juramento secreto a Jeremias: "Juro pelo nome do SENHOR, de quem recebemos a vida, que eu não te matarei nem te entregarei nas mãos daqueles que desejam tirar-te a vida".

17Então Jeremias disse a Zedequias: "Assim diz o SENHOR dos Exércitos, Deus de Israel: 'Se você se render imediatamente aos oficiais do rei da Babilônia, sua vida será poupada e esta cidade não será incendiada; você e a sua família viverão. 18Mas, se você não se render imediatamente aos oficiais do rei da Babilônia, esta cidade será entregue nas mãos dos babilônios, e eles a incendiarão; nem mesmo você escapará das mãos deles' ".

19O rei Zedequias disse a Jeremias: "Tenho medo dos judeus que estão apoiando os babilônios, pois os babilônios poderão entregar-me nas mãos deles, e eles me maltratarão".

20"Eles não o entregarão", Jeremias respondeu. "Obedeça ao SENHOR fazendo o que eu lhe digo, para que tudo lhe corra bem e a sua vida seja poupada. 21Mas se você não quiser render-se, foi isto que o SENHOR me revelou: 22Todas as mulheres deixadas no palácio real de Judá serão levadas aos oficiais do rei da Babilônia. E elas lhe dirão:

'Aqueles teus amigos de confiança
te enganaram
e prevaleceram sobre ti.
Teus pés estão atolados na lama;
teus amigos te abandonaram'.

23"Todas as suas mulheres e os seus filhos serão levados aos babilônios. Você mesmo não escapará das mãos deles, mas será capturado pelo rei da Babilônia; e esta cidade será[a] incendiada."

24Então Zedequias disse a Jeremias: "Se alguém souber dessa conversa, tu morrerás. 25Se os líderes ouvirem que eu conversei contigo e vierem dizer-te: 'Conta-nos o que disseste ao rei e o que o rei te disse; não escondas nada de nós, se não nós te mataremos', 26dize: Fui suplicar ao rei que não me mandasse de volta à casa de Jônatas, para ali morrer".

27Quando os líderes vieram interrogar Jeremias, ele lhes disse tudo o que o rei tinha ordenado que dissesse. E eles não lhe perguntaram mais nada, pois ninguém tinha ouvido a conversa com o rei.

28E Jeremias permaneceu no pátio da guarda até o dia em que Jerusalém foi conquistada.

A queda de Jerusalém

39 Foi assim que Jerusalém foi tomada: no nono ano do reinado de Zedequias, rei de Judá, no décimo mês, Nabucodonosor, rei da Babilônia, marchou contra Jerusalém com todo seu exército e a sitiou. 2E no nono dia do quarto mês do décimo primeiro ano do reinado de Zedequias, o muro da cidade foi rompido. 3Então todos os oficiais do rei da Babilônia vieram e se assentaram junto

[a] 38:23 Ou *e fará esta cidade ser*

à porta do Meio: Nergal-Sarezer de Sangar,
Nebo-Sarsequim, um dos chefes dos oficiais,
Nergal-Sarezer, um alto oficial, e todos os ou-
tros oficiais do rei da Babilônia. 4Quando Ze-
dequias, rei de Judá, e todos os soldados os
viram, fugiram e saíram da cidade, à noite,
na direção do jardim real, pela porta entre os
dois muros; e foram para a Arabá[a].
5Mas o exército babilônio os perseguiu e al-
cançou Zedequias na planície de Jericó. Eles
o capturaram e o levaram a Nabucodonosor,
rei da Babilônia, em Ribla, na terra de Ha-
mate, que o sentenciou. 6Em Ribla, o rei da
Babilônia mandou executar os filhos de Zede-
quias diante dos seus olhos, e também matou
todos os nobres de Judá. 7Mandou furar os
olhos de Zedequias e prendê-lo com corren-
tes de bronze para levá-lo para a Babilônia.
8Os babilônios incendiaram o palácio real
e as casas do povo, e derrubaram os muros
de Jerusalém. 9Nebuzaradã, o comandante da
guarda imperial, deportou para a Babilônia o
povo que restou na cidade, junto com aque-
les que tinham se rendido a ele, e o restante
dos artesãos[b]. 10Somente alguns dos mais po-
bres do povo, que nada tinham, Nebuzaradã
deixou para trás em Judá. E, naquela ocasião,
ele lhes deu vinhas e campos.
11Mas Nabucodonosor, rei da Babilônia, deu
ordens a respeito de Jeremias a Nebuzaradã:
12"Vá buscá-lo e cuide bem dele; não o mal-
trate, mas faça o que ele pedir". 13Então Ne-
buzaradã, o comandante da guarda imperial,
Nebusazbã, um dos chefes dos oficiais, Ner-
gal-Sarezer, um alto oficial, e todos os outros
oficiais do rei da Babilônia 14mandaram ti-
rar Jeremias do pátio da guarda e o entrega-
ram a Gedalias, filho de Aicam, filho de Safã,
para que o levasse à residência do governa-
dor. Assim, Jeremias permaneceu no meio
do seu povo.
15Enquanto Jeremias esteve preso no pátio
da guarda, o SENHOR lhe dirigiu a palavra:
16"Vá dizer a Ebede-Meleque, o etíope: Assim
diz o SENHOR dos Exércitos, Deus de Israel: Es-
tou prestes a cumprir as minhas advertências
contra esta cidade, com desgraça e não com
prosperidade. Naquele dia, elas se cumprirão
diante dos seus olhos. 17Mas eu o resgatarei
naquele dia", declara o SENHOR; "você não se-
rá entregue nas mãos daqueles a quem teme.
18Eu certamente o resgatarei; você não mor-
rerá à espada, mas escapará com vida, por-
que você confia em mim", declara o SENHOR.

[a] 39:4 Ou *para o vale do Jordão*
[b] 39:9 Ou *restante do povo*

A libertação de Jeremias

40 O SENHOR dirigiu a palavra a Jeremias
depois que o comandante da guarda
imperial, Nebuzaradã, o libertou em Ramá.
Ele tinha encontrado Jeremias acorrentado
entre todos os cativos de Jerusalém e de Judá
que estavam sendo levados para o exílio na
Babilônia. 2Quando o comandante da guarda
encontrou Jeremias, disse-lhe: "Foi o SENHOR,
o seu Deus, que determinou esta desgraça
para este lugar. 3Agora o SENHOR a cumpriu
e fez o que tinha prometido. Tudo isso acon-
teceu porque vocês pecaram contra o SENHOR
e não lhe obedeceram. 4Mas hoje eu o liberto
das correntes que prendem as suas mãos. Se
você quiser, venha comigo para a Babilônia
e eu cuidarei de você; se, porém, não quiser,
pode ficar. Veja! Toda esta terra está diante de
você; vá para onde melhor lhe parecer". 5Con-
tudo, antes de Jeremias se virar para partir[c],
Nebuzaradã acrescentou: "Volte a Gedalias,
filho de Aicam, neto de Safã, a quem o rei da
Babilônia nomeou governador sobre as cida-
des de Judá, e viva com ele entre o povo, ou
vá para qualquer outro lugar que desejar".
Então o comandante lhe deu provisões e
um presente, e o deixou partir. 6Jeremias foi
a Gedalias, filho de Aicam, em Mispá, e per-
maneceu com ele entre o povo que foi dei-
xado na terra de Judá.

O assassinato de Gedalias

7Havia comandantes do exército que ain-
da estavam em campo aberto com os seus
soldados. Eles ouviram que o rei da Babilô-
nia tinha nomeado Gedalias, filho de Aicam,
governador de Judá e o havia encarregado
dos homens, das mulheres, das crianças e dos
mais pobres da terra que não tinham sido
deportados para a Babilônia. 8Então foram
até Gedalias, em Mispá: Ismael, filho de Ne-
tanias, Joanã e Jônatas, filhos de Careá, Se-
raías, filho de Tanumete, os filhos de Efai, de
Netofate, e Jazanias, filho do maacatita, jun-
tamente com os seus soldados. 9Gedalias, fi-
lho de Aicam, neto de Safã, fez um juramento
a eles e aos seus soldados: "Não temam su-
jeitar-se aos babilônios. Estabeleçam-se na
terra, sujeitem-se ao rei da Babilônia, e tudo
lhes irá bem. 10Eu mesmo permanecerei em
Mispá para representá-los diante dos babi-
lônios que vierem a nós. Mas, vocês, façam a
colheita das uvas para o vinho, das frutas e
das olivas para o azeite, ponham o produto

[c] 40:5 Ou *Jeremias responder*

em jarros, e vivam nas cidades que vocês
ocuparam".
11Todos os judeus que estavam em Moabe,
em Amom, em Edom e em todas as outras
terras ouviram que o rei da Babilônia tinha
deixado um remanescente em Judá, e que
havia nomeado Gedalias, filho de Aicam, neto
de Safã, governador sobre eles. 12Então vol-
taram de todos os lugares para onde tinham
sido espalhados; vieram para a terra de Ju-
dá e foram até Gedalias em Mispá. E fizeram
uma grande colheita de frutas de verão e de
uvas para o vinho.
13Joanã, filho de Careá, e todos os coman-
dantes do exército que ainda estavam em
campo aberto, foram até Gedalias em Mispá
14e lhe disseram: "Você não sabe que Baalis,
rei dos amonitas, enviou Ismael, filho de Ne-
tanias, para matá-lo?" Mas Gedalias, filho de
Aicam, não acreditou neles.
15Então Joanã, filho de Careá, disse em
particular a Gedalias, em Mispá: "Irei agora
e matarei Ismael, filho de Netanias, e nin-
guém ficará sabendo disso. Por que deveria
ele fazer que os judeus que se uniram a você
sejam espalhados e o remanescente de Ju-
dá seja destruído?"
16Mas Gedalias, filho de Aicam, disse a
Joanã, filho de Careá: "Não faça uma coisa
dessas. O que você está dizendo sobre Ismael
não é verdade".
41 No sétimo mês, Ismael, filho de Neta-
nias, filho de Elisama, que era de san-
gue real e tinha sido um dos oficiais do rei,
foi até Gedalias, filho de Aicam, em Mispá,
levando consigo dez homens. Enquanto co-
miam juntos, 2Ismael e os dez homens que
estavam com ele se levantaram e feriram à
espada Gedalias, filho de Aicam, neto de Sa-
fã, matando aquele que o rei da Babilônia
tinha nomeado governador de Judá. 3Ismael
também matou todos os judeus que estavam
com Gedalias em Mispá, bem como os solda-
dos babilônios que ali estavam.
4No dia seguinte ao assassinato de Geda-
lias, antes que alguém o soubesse, 5oitenta
homens que haviam rapado a barba, rasgado
suas roupas e feito cortes no corpo, vieram de
Siquém, de Siló e de Samaria, trazendo ofer-
tas de cereal e incenso para oferecer no tem-
plo do SENHOR. 6Ismael, filho de Netanias,
saiu de Mispá para encontrá-los, chorando
enquanto caminhava. Quando os encontrou,
disse: "Venham até onde se encontra Geda-
lias, filho de Aicam". 7Quando entraram na
cidade, Ismael, filho de Netanias, e os ho-
mens que estavam com ele os mataram e os
atiraram numa cisterna. 8Mas dez deles dis-
seram a Ismael: "Não nos mate! Temos tri-
go e cevada, azeite e mel, escondidos num
campo". Então ele os deixou em paz e não os
matou com os demais. 9A cisterna na qual ele
jogou os corpos dos homens que havia ma-
tado, juntamente com o de Gedalias, tinha
sido cavada pelo rei Asa para defender-se de
Baasa, rei de Israel. Ismael, filho de Netanias,
encheu-a com os mortos.
10Ismael tomou como prisioneiros todo o
restante do povo que estava em Mispá, in-
clusive as filhas do rei, sobre os quais Nebu-
zaradã, o comandante da guarda imperial,
havia nomeado Gedalias, filho de Aicam, go-
vernador. Ismael, filho de Netanias, levou-os
como prisioneiros e partiu para o território
de Amom.
11Quando Joanã, filho de Careá, e todos os
comandantes do exército que com ele esta-
vam souberam do crime que Ismael, filho de
Netanias, tinha cometido, 12convocaram to-
dos os seus soldados para lutar contra ele.
Eles o alcançaram perto do grande açude de
Gibeom. 13Quando todo o povo, que Ismael
tinha levado como prisioneiro, viu Joanã, fi-
lho de Careá, e os comandantes do exérci-
to que estavam com ele, alegrou-se. 14Todo
o povo que Ismael tinha levado como pri-
sioneiro de Mispá se voltou e passou para o
lado de Joanã, filho de Careá. 15Mas Ismael,
filho de Netanias, e oito de seus homens es-
caparam de Joanã e fugiram para o territó-
rio de Amom.

A fuga para o Egito

16Então, Joanã, filho de Careá, e todos os
comandantes do exército que com ele esta-
vam levaram todos os que tinham restado
em Mispá, os quais ele tinha resgatado de
Ismael, filho de Netanias, depois que este ha-
via assassinado Gedalias, filho de Aicam: os
soldados, as mulheres, as crianças e os ofi-
ciais do palácio real, que ele tinha trazido de
Gibeom. 17E eles prosseguiram, parando em
Gerute-Quimã, perto de Belém, a caminho
do Egito. 18Queriam escapar dos babilônios.
Estavam com medo porque Ismael, filho de
Netanias, tinha matado Gedalias, filho de Ai-
cam, a quem o rei da Babilônia nomeara go-
vernador de Judá.
42 Então todos os líderes do exército, in-
clusive Joanã, filho de Careá, e Jeza-

nias[a], filho de Hosaías, e todo o povo, desde o menor até o maior, aproximaram-se 2do profeta Jeremias e lhe disseram: "Por favor, ouça a nossa petição e ore ao SENHOR, ao seu Deus, por nós e em favor de todo este remanescente; pois, como você vê, embora fôssemos muitos, agora só restam poucos de nós. 3Ore rogando ao SENHOR, ao seu Deus, que nos diga para onde devemos ir e o que devemos fazer".

4"Eu os atenderei", respondeu o profeta Jeremias. "Orarei ao SENHOR, ao seu Deus, conforme vocês pediram. E tudo o que o SENHOR responder eu lhes direi; nada esconderei de vocês."

5Então disseram a Jeremias: "Que o SENHOR seja uma testemunha verdadeira e fiel contra nós, caso não façamos tudo o que o SENHOR, o seu Deus, nos ordenar por você. 6Quer seja favorável ou não, obedeceremos ao SENHOR, o nosso Deus, a quem o enviamos, para que tudo vá bem conosco, pois obedeceremos ao SENHOR, o nosso Deus".

7Dez dias depois o SENHOR dirigiu a palavra a Jeremias, 8e ele convocou Joanã, filho de Careá, e todos os comandantes do exército que estavam com ele e todo o povo, desde o menor até o maior. 9Disse-lhes então: "Assim diz o SENHOR, o Deus de Israel, a quem vocês me enviaram para apresentar a petição de vocês: 10'Se vocês permanecerem nesta terra, eu os edificarei e não os destruirei; eu os plantarei e não os arrancarei, pois muito me pesa a desgraça que eu trouxe sobre vocês. 11Não tenham medo do rei da Babilônia, a quem vocês agora temem. Não tenham medo dele', declara o SENHOR, 'pois estou com vocês e os salvarei e os livrarei das mãos dele. 12Eu terei compaixão de vocês, e ele também, e lhes permitirá retornar à terra de vocês'.

13"Contudo, se vocês disserem 'Não permaneceremos nesta terra', e assim desobedecerem ao SENHOR, ao seu Deus, 14e se disserem: 'Não, nós iremos para o Egito, onde não veremos a guerra nem ouviremos o som da trombeta, nem passaremos fome', 15ouçam a palavra do SENHOR, ó remanescente de Judá. Assim diz o SENHOR dos Exércitos, Deus de Israel: 'Se vocês estão decididos a ir para o Egito e lá forem residir, 16a guerra que vocês temem os alcançará, a fome que receiam os seguirá até o Egito, e lá vocês morrerão. 17Todos os que estão decididos a partir e residir no Egito morrerão pela guerra, pela fome e pela peste; nem um só deles sobreviverá ou escapará da desgraça que trarei sobre eles'. 18Assim diz o SENHOR dos Exércitos, Deus de Israel: 'Como o meu furor foi derramado sobre os habitantes de Jerusalém, também a minha ira será derramada sobre vocês, quando forem para o Egito. Vocês serão objeto de maldição e de pavor, de desprezo e de afronta. Vocês jamais tornarão a ver este lugar'.

19"Ó remanescente de Judá, o SENHOR lhes disse: 'Não vão para o Egito'. Estejam certos disto: Eu hoje os advirto 20que vocês cometeram um erro fatal[b] quando me enviaram ao SENHOR, ao seu Deus, pedindo: 'Ore ao SENHOR, ao nosso Deus, em nosso favor. Diga-nos tudo o que ele lhe falar, e nós o faremos'. 21Eu lhes disse, hoje mesmo, o que o SENHOR, o seu Deus, me mandou dizer a vocês, mas vocês não lhe estão obedecendo. 22Agora, porém, estejam certos de que vocês morrerão pela guerra, pela fome e pela peste, no lugar em que vocês desejam residir".

43 Quando Jeremias acabou de dizer ao povo tudo o que o SENHOR, o seu Deus, lhe mandara dizer, 2Azarias, filho de Hosaías, e Joanã, filho de Careá, e todos os homens arrogantes disseram a Jeremias: "Você está mentindo! O SENHOR não lhe mandou dizer que não fôssemos residir no Egito. 3Mas é Baruque, filho de Nerias, que o está instigando contra nós para que sejamos entregues nas mãos dos babilônios, a fim de que nos matem ou nos levem para o exílio na Babilônia".

4Assim Joanã, filho de Careá, todos os comandantes do exército e todo o povo desobedeceram à ordem do SENHOR de que permanecessem na terra de Judá. 5E Joanã, filho de Careá, e todos os comandantes do exército levaram todo o remanescente de Judá que tinha voltado de todas as nações para onde haviam sido espalhados a fim de viver na terra de Judá: 6todos os homens, mulheres e crianças, as filhas do rei, todos os que Nebuzaradã, o comandante da guarda imperial, deixara com Gedalias, filho de Aicam, neto de Safã; além do profeta Jeremias e de Baruque, filho de Nerias. 7Eles foram para o Egito, desobedecendo ao SENHOR, indo até Tafnes.

8Em Tafnes, o SENHOR dirigiu a palavra a Jeremias, dizendo: 9"Pegue algumas pedras grandes e, à vista dos homens de Judá, enterre-as no barro do pavimento à entrada do palácio do faraó, em Tafnes. 10Então diga-lhes:

[a] 42:1 A Septuaginta diz *Azarias*. Veja 43:2.

[b] 42:20 Ou *no coração*

Assim diz o SENHOR dos Exércitos, Deus de Israel: Mandarei chamar meu servo Nabucodonosor, rei da Babilônia, e ele colocará o seu trono sobre essas pedras que enterrei, e estenderá a sua tenda[a] real sobre elas. 11Ele virá e atacará o Egito, trará a morte aos destinados à morte, o cativeiro aos destinados ao cativeiro, e a espada aos destinados a morrer à espada. 12Ele incendiará[b] os templos dos deuses do Egito; queimará seus templos e levará embora cativos os seus deuses. Como um pastor tira os piolhos do seu manto[c], assim ele tirará os piolhos do Egito, e sairá em paz. 13Ele despedaçará as colunas no templo do sol[d], no Egito, e incendiará os templos dos deuses do Egito".

A desgraça causada pela idolatria

44 Esta é a palavra do SENHOR, que foi dirigida a Jeremias, para todos os judeus que estavam no Egito e viviam em Migdol, Tafnes, Mênfis, e na região de Patros: 2"Assim diz o SENHOR dos Exércitos, Deus de Israel: Vocês viram toda a desgraça que eu trouxe sobre Jerusalém e sobre todas as cidades de Judá. Hoje elas estão em ruínas e desabitadas 3por causa do mal que fizeram. Seus moradores provocaram a minha ira queimando incenso e prestando culto a outros deuses, que nem eles nem vocês nem seus antepassados jamais conheceram. 4Dia após dia eu lhes enviei meus servos, os profetas, que disseram: 'Não façam essa abominação detestável!' 5Mas eles não me ouviram nem me deram atenção; não se converteram de sua impiedade nem cessaram de queimar incenso a outros deuses. 6Por isso, o meu furor foi derramado e queimou as cidades de Judá e as ruas de Jerusalém, tornando-as na ruína desolada que são hoje".

7Assim diz o SENHOR, o Deus dos Exércitos, o Deus de Israel: "Por que trazer uma desgraça tão grande sobre si mesmos, eliminando de Judá homens e mulheres, crianças e recém-nascidos, sem deixar remanescente algum? 8Por que vocês provocam a minha ira com o que fazem, queimando incenso a outros deuses no Egito, onde vocês vieram residir? Vocês se destruirão a si mesmos e se tornarão objeto de desprezo e afronta entre todas as nações da terra. 9Acaso vocês se esqueceram da impiedade cometida por seus antepassados, pelos reis de Judá e as mulheres deles, e da impiedade cometida por vocês e suas mulheres na terra de Judá e nas ruas de Jerusalém? 10Até hoje não se humilharam nem mostraram reverência, e não têm seguido a minha lei e os decretos que coloquei diante de vocês e dos seus antepassados".

11"Portanto, assim diz o SENHOR dos Exércitos, Deus de Israel: "Estou decidido a trazer desgraça sobre vocês e a destruir todo o Judá. 12Tomarei o remanescente de Judá, que decidiu partir e residir no Egito, e todos morrerão no Egito. Cairão pela espada ou pela fome; desde o menor até o maior, morrerão pela espada ou pela fome. Eles se tornarão objeto de maldição e de pavor, de desprezo e de afronta. 13Castigarei aqueles que vivem no Egito com a guerra, a fome e a peste, como castiguei Jerusalém. 14Ninguém dentre o remanescente de Judá que foi morar no Egito escapará ou sobreviverá para voltar à terra de Judá, para a qual anseiam voltar e nela anseiam viver; nenhum voltará, exceto uns poucos fugitivos".

15Então, todos os homens que sabiam que as suas mulheres queimavam incenso a outros deuses, e todas as mulheres que estavam presentes, em grande número, e todo o povo que morava no Egito, e na região de Patros, disseram a Jeremias: 16"Nós não daremos atenção à mensagem que você nos apresenta em nome do SENHOR! 17É certo que faremos tudo o que dissemos que faríamos — queimaremos incenso à Rainha dos Céus e derramaremos ofertas de bebidas para ela, tal como fazíamos, nós e nossos antepassados, nossos reis e nossos líderes, nas cidades de Judá e nas ruas de Jerusalém. Naquela época tínhamos fartura de comida, éramos prósperos e nada sofríamos. 18Mas, desde que paramos de queimar incenso à Rainha dos Céus e de derramar ofertas de bebidas a ela, nada temos tido e temos perecido pela espada e pela fome".

19E as mulheres acrescentaram: "Quando queimávamos incenso à Rainha dos Céus e derramávamos ofertas de bebidas para ela, será que era sem o consentimento de nossos maridos que fazíamos bolos na forma da imagem dela e derramávamos as ofertas de bebidas?"

20Então Jeremias disse a todo o povo, tanto aos homens como às mulheres que estavam respondendo a ele: 21"E o SENHOR? Não se lembra ele do incenso queimado nas cidades de Judá e nas ruas de Jerusalém por

[a] 43:10 Ou *tapete*
[b] 43:12 Ou *Eu incendiarei*
[c] 43:12 Ou *enrola o seu manto*
[d] 43:13 Ou *em Heliópolis*

vocês e por seus antepassados, seus reis e
seus líderes e pelo povo da terra? Será que
ele não pensa nisso? 22Quando o SENHOR não
pôde mais suportar as impiedades e as prá-
ticas repugnantes de vocês, a terra de vocês
ficou devastada e desolada, tornou-se objeto
de maldição e ficou desabitada, como se vê
no dia de hoje. 23Foi porque vocês queimaram
incenso e pecaram contra o SENHOR, e não
obedeceram à sua palavra nem seguiram a
sua lei, os seus decretos e os seus testemu-
nhos, que esta desgraça caiu sobre vocês, co-
mo se vê no dia de hoje".

24Disse então Jeremias a todo o povo, in-
clusive às mulheres: "Ouçam a palavra do SE-
NHOR, todos vocês, judeus que estão no Egito.
25Assim diz o SENHOR dos Exércitos, Deus de
Israel: 'Vocês e suas mulheres cumpriram o
que prometeram quando disseram: "Certa-
mente cumpriremos os votos que fizemos de
queimar incenso e derramar ofertas de bebi-
das à Rainha dos Céus" '.

"Prossigam! Façam o que prometeram!
Cumpram os seus votos! 26Mas ouçam a pa-
lavra do SENHOR, todos vocês, judeus que
vivem no Egito: 'Eu juro pelo meu grande
nome', diz o SENHOR, 'que em todo o Egito
ninguém de Judá voltará a invocar o meu no-
me ou a jurar pela vida do Soberano, o SE-
NHOR. 27Vigiarei sobre eles para trazer-lhes
a desgraça e não o bem; os judeus do Egito
perecerão pela espada e pela fome até que se-
jam todos destruídos. 28Serão poucos os que
escaparão da espada e voltarão do Egito para
a terra de Judá. Então, todo o remanescente
de Judá que veio residir no Egito saberá qual
é a palavra que se realiza, a minha ou a deles.

29" 'Este será o sinal para vocês de que os
castigarei neste lugar', declara o SENHOR, 'e
então vocês ficarão sabendo que as minhas
ameaças de trazer-lhes desgraça certamente
se realizarão'. 30Assim diz o SENHOR: 'Entrega-
rei o faraó Hofra, rei do Egito, nas mãos dos
seus inimigos que desejam tirar-lhe a vida,
assim como entreguei Zedequias, rei de Judá,
nas mãos de Nabucodonosor, rei da Babilô-
nia, o inimigo que desejava tirar a vida dele' ".

Mensagem a Baruque

45 No quarto ano do reinado de Jeoaquim,
filho de Josias, rei de Judá, depois que
Baruque, filho de Nerias, escreveu num rolo
as palavras ditadas por Jeremias, este lhe dis-
se: 2"Assim diz o SENHOR, o Deus de Israel, a
você, Baruque: 3'Você disse, "Ai de mim! O SE-
NHOR acrescentou tristeza ao meu sofrimento.

Pessoas nos tempos da Bíblia

Escribas

Os escribas eram homens que haviam recebido educação e ganhavam a vida escrevendo cartas ou anúncios importantes. Além disso, eles eram respeitados por seu conhecimento e habilidade. Um escriba chamado Baruque escreveu este livro da Bíblia enquanto Jeremias, o profeta ditava a eles as palavras em voz alta.

Estou exausto de tanto gemer, e não encon-
tro descanso" '.

4"Mas o SENHOR manda-me dizer-lhe: 'As-
sim diz o SENHOR: Destruirei o que edifiquei
e arrancarei o que plantei em toda esta terra.
5E então? Você deveria buscar coisas especiais
para você? Não as busque, pois trarei desgra-
ça sobre toda a humanidade', diz o SENHOR,
'mas eu o deixarei escapar com vida onde
quer que você vá' ".

Mensagem acerca do Egito

46 Esta é a mensagem do SENHOR que veio
ao profeta Jeremias acerca das nações:

2Acerca do Egito:

Esta é a mensagem contra o exército do
rei do Egito, o faraó Neco, que foi derrota-
do em Carquemis, junto ao rio Eufrates, por
Nabucodonosor, rei da Babilônia, no quarto
ano do reinado de Jeoaquim, filho de Josias,
rei de Judá:

3"Preparem seus escudos,
os grandes e os pequenos,
e marchem para a batalha!
4Selem os cavalos e montem!
Tomem posição e coloquem o capacete!
Passem óleo na ponta de suas lanças
e vistam a armadura!
5Mas o que vejo?
Eles estão apavorados,
estão se retirando,
seus guerreiros estão derrotados.
Fogem às pressas, sem olhar para trás;
há terror por todos os lados",
declara o SENHOR.

[6]"O ágil não consegue fugir,
nem o forte escapar.
No norte, junto ao rio Eufrates,
eles tropeçam e caem.
[7]"Quem é aquele que se levanta
como o Nilo,
como rios de águas agitadas?
[8]O Egito se levanta como o Nilo,
como rios de águas agitadas.
Ele diz: 'Eu me levantarei
e cobrirei a terra;
destruirei as cidades
e os seus habitantes'.
[9]Ao ataque, cavalos!
Avancem, carros de guerra!
Marchem em frente, guerreiros!
Homens da Etiópia e da Líbia[a],
que levam escudos;
homens da Lídia, que empunham o
arco!
[10]Mas aquele dia pertence ao Soberano,
ao SENHOR dos Exércitos.
Será um dia de vingança,
para vingar-se dos seus adversários.
A espada devorará até saciar-se,
até satisfazer sua sede de sangue.
Porque o Soberano,
o SENHOR dos Exércitos,
fará um banquete na terra do norte,
junto ao rio Eufrates.

[11]"Suba a Gileade em busca de bálsamo,
ó virgem, filha do Egito!
Você multiplica remédios em vão;
não há cura para você.
[12]As nações ouviram da sua
humilhação;
os seus gritos encheram a terra,
quando um guerreiro
tropeçou noutro guerreiro
e ambos caíram".

[13]Esta é a mensagem que o SENHOR falou ao
profeta Jeremias acerca da vinda de Nabuco-
donosor, rei da Babilônia, para atacar o Egito:

[14]"Anunciem isto no Egito
e proclamem-no em Migdol;
proclamem-no também em Mênfis
e em Tafnes:
Assumam posição! Preparem-se!
Porque a espada devora aqueles
que estão ao seu redor.
[15]Por que o deus Ápis fugiu?[b]
O seu touro não resistiu,
porque o SENHOR o derrubou.
[16]Tropeçam e caem,
caem uns sobre os outros.
Eles dizem: 'Levantem-se.
Vamos voltar para nosso próprio povo
e para nossa terra natal,
para longe da espada do opressor.
[17]O faraó, rei do Egito,
é barulho e nada mais!
Ele perdeu a sua oportunidade'.
[18]"Juro pela minha vida",
declara o Rei,
cujo nome é SENHOR dos Exércitos,
"ele virá como o Tabor entre os montes,
como o Carmelo junto ao mar.
[19]Arrumem a bagagem para o exílio,
vocês que vivem no Egito,
pois Mênfis será arrasada,
ficará desolada e desabitada.
[20]"O Egito é uma linda novilha,
mas do norte a ataca
uma mutuca.
[21]Os mercenários em suas fileiras
são como bezerros gordos.
Eles também darão meia volta
e juntos fugirão;
não defenderão suas posições,
pois o dia da derrota deles
está chegando,
a hora de serem castigados.
[22]O Egito silvará
como uma serpente em fuga
à medida que o inimigo
avança com grande força.
Virão sobre ele com machados,
como os homens
que derrubam árvores.
[23]Eles derrubarão sua floresta",
declara o SENHOR,
"por mais densa que seja.
São mais que os gafanhotos;
são incontáveis!
[24]A cidade[c] do Egito será
envergonhada,
será entregue nas mãos
do povo do norte".

[25]O SENHOR dos Exércitos, o Deus de Is-
rael, diz: "Castigarei Amom, deus de Tebas[d],
o faraó, o Egito, seus deuses e seus reis, e
também os que confiam no faraó. [26]Eu os
entregarei nas mãos daqueles que desejam

[a] 46:9 Hebraico: *de Cuxe e de Fute.*
[b] 46:15 Ou *Por que os seus guerreiros estão estirados no chão?*
[c] 46:24 Hebraico: *filha.*
[d] 46:25 Hebraico: *No.*

Como orar?

PERGUNTA: Por onde começo?
RESPOSTA: Orar não é tão difícil quanto parece.

O que é difícil é criar o hábito de falar com Deus todos os dias. Comece escolhendo um momento especial diariamente. Pense em coisas que você quer falar: "Obrigado" ou "Peço perdão" ou "Por favor, me ajude". Fale tudo isso para Deus. Você não precisa usar palavras bonitas... Fale com Deus como se estivesse conversando com um parente ou com um amigo.

PERGUNTA: Posso falar qualquer coisa para Deus?
RESPOSTA: Claro que pode!

Não há nada que você diga a ele que o faça parar de te amar. Fale com ele quando estiver triste ou irritado. Agradeça quando as coisas estiverem indo bem. Apoie-se nele quando estiver tendo um dia ruim. Converse com ele como se estivesse com um amigo. Mas quer saber de uma coisa? Talvez seus amigos decepcionem você. Talvez sua mãe ou seu pai não o escutem sempre. Mas Deus sempre escutará e entenderá.

PERGUNTA: Devo juntar minhas mãos e fechar os olhos?
RESPOSTA: Essa é uma forma de fazer isso.

Você pode orar quando estiver de joelhos ou de pé. Pode orar com livros nas mãos ou quando estiver abraçando sua mãe. Pode falar com Deus a qualquer momento porque ele está sempre com você e quer ser seu amigo.

Conhecendo

PERGUNTA: Quem é Jesus?

RESPOSTA: Jesus é o Filho de Deus.

Depois que Adão e Eva desobedeceram a Deus e o pecado entrou no mundo, Deus enviou seu Filho, Jesus, para consertar as coisas. Jesus nasceu (há aproximadamente dois mil anos) e viveu em uma parte do mundo que hoje chamamos "Terra Prometida". Quando Jesus tinha trinta anos, começou a ensinar a Palavra de Deus e a realizar milagres. Três ou quatro anos depois, foi condenado a morrer em uma cruz. Quando as pessoas que o amavam visitaram sua sepultura três dias depois, Jesus não estava mais lá. Ele voltou à vida, como disse que faria.

PERGUNTA: Onde Jesus está agora?

RESPOSTA: Jesus está nos céus, com seu Pai.

Depois que Jesus ressuscitou, Deus levou-o de volta para os céus. Mas ele não nos deixou sozinhos aqui na terra. Enviou seu Espírito Santo para nos encorajar quando pensamos em desistir, para nos ajudar a cuidar dos outros quando mesmo não queremos e para nos mostrar que Jesus sempre nos amará.

Jesus

PERGUNTA: Por que Jesus teve de morrer?

RESPOSTA: Foi tudo parte do grande plano de Deus. Veja... todos merecemos ser punidos pelos nossos pecados. Mas Deus nos ama tanto que enviou Jesus, que viveu uma vida livre de pecados, para tomar nosso lugar. Se pedirmos a Jesus que tome para si a punição que merecemos, você pode ter certeza de que Deus nos perdoa os pecados e nos recebe em seus braços com amor.

PERGUNTA: Jesus me ama?

RESPOSTA: Jesus ama você mais do que possa imaginar. Jesus ama você quando você chora e quando ri, quando briga com seus colegas ou quando está tendo um dia ruim. Ele ama tanto que morreu por você, mas não está mais morto. Está vivo e cuidando de você todos os dias. Ele nunca decepcionará você. Ele amará você por toda a sua vida e você pode viver com ele para todo o sempre.

A vida de Jesus Cristo

NASCE JESUS	Lucas 2:1-20
JESUS VAI AO TEMPLO	Lucas 2:41-52
JESUS É BATIZADO	Mateus 3:13-17
JESUS É TENTADO POR SATANÁS	Lucas 4:1-13
JESUS OPERA SEU PRIMEIRO MILAGRE	João 2:1-11
JESUS ESCOLHE SEUS DISCÍPULOS	Lucas 6:12-15
JESUS ALIMENTA CINCO MIL PESSOAS	João 6:1-13
JESUS ANDA SOBRE AS ÁGUAS	Marcos 6:45-52
JESUS RESSUSCITA LÁZARO	João 11:1-44
JESUS FALA COM ZAQUEU	Lucas 19:1-10
JESUS ENTRA EM JERUSALÉM	Lucas 19:28-44
JESUS PURIFICA O TEMPLO	Marcos 11:15,16
JESUS DÁ SUA ÚLTIMA CEIA	Mateus 26:17-29
JESUS ORA NO GETSÊMANI	Mateus 26:36-46
JESUS É PRESO	Lucas 22:47-53
JESUS É CRUCIFICADO	Mateus 27:27-56
JESUS É SEPULTADO	Mateus 27:57-66
JESUS É RESSUSCITADO	Marcos 16:1-8
JESUS APARECE AOS DISCÍPULOS	João 20:26-31

tirar-lhes a vida; nas mãos de Nabucodonosor, rei da Babilônia, e de seus oficiais. Mais tarde, porém, o Egito será habitado como em épocas passadas", declara o SENHOR.

27"Quanto a você, não tema,
meu servo Jacó!
Não fique assustado, ó Israel!
Eu o salvarei de um lugar distante,
e os seus descendentes,
da terra do seu exílio.
Jacó voltará e ficará em paz
e em segurança;
ninguém o inquietará.
28Não tema, meu servo Jacó!
Eu estou com você",
declara o SENHOR.
"Destruirei completamente
todas as nações entre as quais
eu o dispersei;
mas a você
não destruirei completamente.
Eu o disciplinarei como você merece;
não serei severo demais".

Mensagem acerca dos filisteus

47 Esta é a palavra do SENHOR que veio ao profeta Jeremias acerca dos filisteus, antes do ataque do faraó a Gaza:

2Assim diz o SENHOR:

"Vejam como as águas estão
subindo do norte;
elas se tornam
uma torrente transbordante.
Inundarão esta terra
e tudo o que nela existe;
as cidades e os seus habitantes.
O povo clamará,
gritarão todos os habitantes desta terra,
3ao estrondo dos cascos
dos seus cavalos galopando,
ao barulho dos seus carros de guerra,
e ao estampido de suas rodas.
Os pais não se voltarão
para ajudar seus filhos,
porque suas mãos estarão fracas.
4Pois chegou o dia de destruir
todos os filisteus
e de eliminar todos os sobreviventes
que poderiam ajudar Tiro e Sidom.
O SENHOR destruirá os filisteus,
o remanescente da ilha de Caftor[a].
5Os habitantes de Gaza
rapam a cabeça;
Ascalom está calada.
Ó remanescente da planície,
até quando você fará incisões
no próprio corpo?
6" 'Ah, espada do SENHOR,
quando você descansará?
Volte à sua bainha,
acalme-se e repouse.'
7Mas como poderá ela descansar
quando o SENHOR lhe deu ordens,
quando determinou
que ataque Ascalom e o litoral?"

Mensagem acerca de Moabe

48 Acerca de Moabe:
Assim diz o SENHOR dos Exércitos, Deus de Israel:

"Ai de Nebo, pois ficou em ruínas.
Quiriataim foi derrotada e capturada;
a fortaleza[b] foi derrotada e destroçada.
2Moabe não é mais louvada;
em Hesbom tramam a sua ruína:
'Venham! Vamos dar fim àquela nação'.
Você também ficará calada,
ó Madmém; a espada a perseguirá.
3Ouçam os gritos de Horonaim:
'Devastação! Grande destruição!
4Moabe está destruída!'
É o grito que se ouve até em Zoar[c].
5Eles sobem pelo caminho para Luíte,
chorando amargamente
enquanto seguem;
na estrada que desce a Horonaim
ouvem-se gritos angustiados
por causa da destruição.
6Fujam! Corram para salvar suas vidas;
tornem-se como um arbusto[d] no
deserto.
7Uma vez que vocês confiam
em seus feitos e em suas riquezas,
vocês também serão capturados,
e Camos irá para o exílio,
junto com seus sacerdotes e líderes.
8O destruidor virá contra
todas as cidades,
e nenhuma escapará.
O vale se tornará ruínas,
e o planalto será destruído,
como o SENHOR falou.
9Ponham sal sobre Moabe,
pois ela será deixada em ruínas;[e]

[a] 47:4 Isto é, Creta.

[b] 48:1 Ou *Misgabe*
[c] 48:4 Ou *Os seus pequenos clamam*
[d] 48:6 Ou *como Aroer*
[e] 48:9 Ou *Deem asas a Moabe, pois ela voará para longe;*

suas cidades ficarão devastadas,
sem nenhum habitante.

10"Maldito o que faz com negligência
o trabalho do SENHOR!
Maldito aquele que impede a sua
espada
de derramar sangue!

11"Moabe tem estado tranquila
desde a sua juventude,
como o vinho deixado
com os seus resíduos;
não foi mudada de vasilha em vasilha.
Nunca foi para o exílio;
por isso, o seu sabor
permanece o mesmo
e o seu cheiro não mudou.
12Portanto, certamente vêm os dias",
declara o SENHOR,
"quando enviarei decantadores
que a decantarão;
esvaziarão as suas jarras
e as despedaçarão.
13Então Moabe se decepcionará
com Camos,
assim como Israel
se decepcionou com Betel,
em quem confiava.

14"Como vocês podem dizer:
'Somos guerreiros,
somos homens de guerra'?
15Moabe foi destruída
e suas cidades serão invadidas;
o melhor dos seus jovens
desceu para a matança",
declara o Rei, cujo nome é
SENHOR dos Exércitos.
16"A derrota de Moabe está próxima;
a sua desgraça vem rapidamente.
17Lamentem por ela
todos os seus vizinhos,
todos os que conhecem a sua fama.
Digam: Como está quebrado
o cajado poderoso,
o cetro glorioso!

18"Desçam de sua glória
e sentem-se sobre o chão ressequido,
ó moradores da cidade[a] de Dibom,
pois o destruidor de Moabe
veio para atacá-los
e destruir as suas fortalezas.
19Fiquem junto à estrada e vigiem,
vocês que vivem em Aroer.
Perguntem ao homem que
foge e à mulher que escapa,
perguntem a eles: O que aconteceu?
20Moabe ficou envergonhada,
pois está destroçada.
Gritem e clamem!
Anunciem junto ao Arnom
que Moabe foi destruída.
21O julgamento chegou ao planalto:
a Holom, Jaza e Mefaate,
22a Dibom, Nebo e Bete-Diblataim,
23a Quiriataim, Bete-Gamul
e Bete-Meom,
24a Queriote e Bozra,
a todas as cidades de Moabe,
distantes e próximas.
25O poder[b] de Moabe foi eliminado;
seu braço está quebrado",
declara o SENHOR.

26"Embriaguem-na,
pois ela desafiou o SENHOR.
Moabe se revolverá no seu vômito
e será objeto de ridículo.
27Não foi Israel objeto de ridículo
para você?
Foi ele encontrado
em companhia de ladrões
para que você sacuda a cabeça
sempre que fala dele?
28Abandonem as cidades!
Habitem entre as rochas,
vocês que moram em Moabe!
Sejam como uma pomba
que faz o seu ninho
nas bordas de um precipício.

29"Temos ouvido
do orgulho de Moabe:
da sua extrema arrogância,
do seu orgulho e soberba,
e do seu espírito de superioridade.
30Conheço bem a sua arrogância",
declara o SENHOR.
"A sua tagarelice sem fundamento
e as suas ações que nada alcançam.
31Por isso, me lamentarei por
Moabe,
gritarei por causa
de toda a terra de Moabe,
prantearei pelos habitantes
de Quir-Heres.
32Chorarei por vocês
mais do que choro por Jazar,
ó videiras de Sibma.

[a] 48:18 Hebraico: *filha.*

[b] 48:25 Hebraico: *chifre.*

Os seus ramos se estendiam até o mar,
e chegavam até Jazar.
O destruidor caiu sobre as suas frutas
e sobre as suas uvas.
33 A alegria e a satisfação se foram
das terras férteis de Moabe.
Interrompi a produção de vinho
nos lagares.
Ninguém mais pisa as uvas
com gritos de alegria;
embora haja gritos, não são de
alegria.

34 "O grito de Hesbom
é ouvido em Eleale e Jaaz,
desde Zoar até Horonaim
e Eglate-Selisia,
pois até as águas do Ninrim secaram.
35 Em Moabe darei fim àqueles
que fazem ofertas
nos altares idólatras
e queimam incenso a seus deuses",
declara o SENHOR.
36 "Por isso o meu coração
lamenta-se por Moabe,
como uma flauta;
lamenta-se como uma flauta
pelos habitantes de Quir-Heres.
A riqueza que acumularam se foi.
37 Toda cabeça foi rapada
e toda barba foi cortada;
toda mão sofreu incisões
e toda cintura foi coberta
com veste de lamento.
38 Em todos os terraços de Moabe
e nas praças
não há nada senão pranto,
pois despedacei Moabe
como a um jarro
que ninguém deseja",
declara o SENHOR.
39 "Como ela foi destruída!
Como lamentam!
Como Moabe dá as costas,
envergonhada!
Moabe tornou-se objeto de ridículo
e de pavor para todos os seus
vizinhos".

40 Assim diz o SENHOR:

"Vejam! Uma águia planando
estende as asas sobre Moabe.
41 Queriote será capturada,[a]
e as fortalezas serão tomadas.
Naquele dia,
a coragem dos guerreiros de Moabe
será como a de uma mulher
em trabalho de parto.
42 Moabe será destruída como nação
pois ela desafiou o SENHOR.
43 Terror, cova e laço esperam por você,
ó povo de Moabe", declara o SENHOR.
44 "Quem fugir do terror
cairá numa cova,
e quem sair da cova
será apanhado num laço.
Trarei sobre Moabe
a hora do seu castigo",
declara o SENHOR.

45 "Na sombra de Hesbom
os fugitivos se encontram
desamparados,
pois um fogo saiu de Hesbom,
uma labareda, do meio de Seom;
e queima as testas
dos homens de Moabe
e os crânios dos homens turbulentos.
46 Ai de você, ó Moabe!
O povo de Camos está destruído;
seus filhos são levados para o exílio,
e suas filhas para o cativeiro.

47 "Contudo, restaurarei a sorte de
Moabe
em dias vindouros", declara o
SENHOR.

Aqui termina a sentença sobre Moabe.

Mensagem acerca de Amom

49 Acerca dos amonitas:

Assim diz o SENHOR:

"Por acaso Israel não tem filhos?
Será que não tem herdeiros?
Por que será então que Moloque[b]
se apossou de Gade?
Por que seu povo vive
nas cidades de Gade?
2 Portanto, certamente vêm os dias",
declara o SENHOR,
"em que farei soar o grito de guerra
contra Rabá dos amonitas;
ela virá a ser uma pilha de ruínas,
e os seus povoados ao redor
serão incendiados.
Então Israel expulsará
aqueles que o expulsaram",
diz o SENHOR.

[a] 48:41 Ou *As cidades serão capturadas,*

[b] 49:1 Conforme a Septuaginta. O Texto Massorético diz *o rei deles*; também no versículo 3.

3"Lamente-se, ó Hesbom,
pois Ai está destruída!
Gritem, ó moradores de Rabá!
Ponham veste de lamento e chorem!
Corram para onde der,
pois Moloque irá para o exílio
com os seus sacerdotes
e os seus oficiais.
4Por que você se orgulha de seus vales?
Por que se orgulha
de seus vales tão frutíferos?
Ó filha infiel!
Você confia em suas riquezas e diz:
'Quem me atacará?'
5Farei com que você tenha pavor
de tudo o que está a sua volta",
diz o Senhor, o SENHOR dos Exércitos.
"Vocês serão dispersos,
cada um numa direção,
e ninguém conseguirá
reunir os fugitivos.

6"Contudo, depois disso,
restaurarei a sorte dos amonitas",
declara o SENHOR.

Mensagem acerca de Edom

7Acerca de Edom:

Assim diz o SENHOR dos Exércitos:

"Será que já não há mais
sabedoria em Temã?
Será que o conselho
desapareceu dos prudentes?
A sabedoria deles deteriorou-se?
8Voltem-se e fujam,
escondam-se em cavernas profundas,
vocês que moram em Dedã,
pois trarei a ruína sobre Esaú
na hora em que eu o castigar.
9Se os que colhem uvas
viessem até você,
não deixariam eles
apenas umas poucas uvas?
Se os ladrões viessem durante a noite,
não roubariam
apenas o quanto desejassem?
10Mas eu despi Esaú
e descobri os seus esconderijos,
para que ele não mais se esconda.
Os seus filhos, parentes
e vizinhos foram destruídos.
Ninguém restou[a] para dizer:
11'Deixe os seus órfãos;
eu protegerei a vida deles.
As suas viúvas também
podem confiar em mim' ".

12Assim diz o SENHOR: "Se aqueles para
quem o cálice não estava reservado tiveram
que bebê-lo, por que você deveria ficar im-
pune? Você não ficará sem castigo, mas irá
bebê-lo. 13Eu juro por mim mesmo", declara
o SENHOR, "que Bozra ficará em ruínas e de-
solada; ela se tornará objeto de afronta e de
maldição, e todas as suas cidades serão ruí-
nas para sempre".

14Ouvi uma mensagem
da parte do SENHOR;
um mensageiro foi mandado
às nações para dizer:
"Reúnam-se para atacar Edom!
Preparem-se para a batalha!"

15"Agora eu faço de você
uma nação pequena
entre as demais,
desprezada pelos homens.
16O pavor que você inspira
e o orgulho de seu coração
o enganaram,
a você, que vive nas fendas das rochas,
que ocupa os altos das colinas.
Ainda que você, como a águia,
faça o seu ninho nas alturas,
de lá eu o derrubarei",
declara o SENHOR.
17"Edom se tornará objeto de terror;
todos os que por ali passarem
ficarão chocados e zombarão
por causa de todas as suas feridas.
18Como foi com a destruição
de Sodoma e Gomorra,
e das cidades vizinhas",
diz o SENHOR,
"ninguém mais habitará ali,
nenhum homem residirá nela.

19"Como um leão
que sobe da mata do Jordão
em direção aos pastos verdejantes,
subitamente eu caçarei Edom
pondo-o fora de sua terra.
Quem é o escolhido
que designarei para isso?
Quem é como eu
que possa me desafiar?
E que pastor pode me resistir[b]?"
20Por isso, ouçam o que
o SENHOR planejou contra Edom,

[a] 49:10 Ou *E ele já não existe*

[b] 49:19 Ou *Escolherei os melhores carneiros*

o que preparou contra
os habitantes de Temã:
Os menores do rebanho
serão arrastados,
e as pastagens ficarão devastadas
por causa deles.
21 Ao som de sua queda a terra tremerá;
o grito deles ressoará
até o mar Vermelho.
22 Vejam! Uma águia,
subindo e planando,
estende as asas sobre Bozra.
Naquele dia,
a coragem dos guerreiros de Edom
será como a de uma mulher que está
dando à luz.

Mensagem acerca de Damasco

23 Acerca de Damasco:

"Hamate e Arpade estão atônitas,
pois ouviram más notícias.
Estão desencorajadas,
perturbadas como o mar agitado.
24 Damasco tornou-se frágil,
ela se virou para fugir,
e o pânico tomou conta dela;
angústia e dor dela se apoderaram,
dor como a de uma mulher
em trabalho de parto.
25 Como está abandonada
a cidade famosa,
a cidade da alegria!
26 Por isso, os seus jovens
cairão nas ruas
e todos os seus guerreiros
se calarão naquele dia",
declara o SENHOR dos Exércitos.
27 "Porei fogo nas muralhas de Damasco,
que consumirá as fortalezas
de Ben-Hadade".

Mensagem acerca de Quedar e de Hazor

28 Acerca de Quedar e os reinos de Hazor,
que Nabucodonosor, rei da Babilônia, der-
rotou:

Assim diz o SENHOR:

"Preparem-se, ataquem Quedar
e destruam o povo do oriente.
29 Tomem suas tendas e seus rebanhos,
suas cortinas com todos
os seus utensílios e camelos.
Gritem contra eles:
'Há terror por todos os lados!'

30 "Fujam rapidamente!
Escondam-se em cavernas profundas,
vocês habitantes de Hazor",
diz o SENHOR.
"Nabucodonosor, rei da Babilônia,
fez planos e projetos contra vocês.

31 "Preparem-se e ataquem uma nação
que vive tranquila e confiante",
declara o SENHOR,
"uma nação que não tem portas
nem trancas,
e que vive sozinha.
32 Seus camelos se tornarão despojo
e suas grandes manadas, espólio.
Espalharei ao vento
aqueles que rapam a cabeça[a],
e de todos os lados trarei a sua ruína",
declara o SENHOR.
33 "Hazor se tornará
uma habitação de chacais,
uma ruína para sempre.
Ninguém mais habitará ali,
nenhum homem residirá nela."

Mensagem acerca de Elão

34 Esta é a palavra do SENHOR que veio ao
profeta Jeremias acerca de Elão, no início do
reinado de Zedequias, rei de Judá:

35 Assim diz o SENHOR dos Exércitos:

"Vejam, quebrarei o arco de Elão,
a base de seu poder.
36 Farei com que os quatro ventos,
que vêm dos quatro cantos do céu,
soprem contra Elão.
E eu os dispersarei aos quatro ventos,
e não haverá nenhuma nação
para onde não sejam levados
os exilados de Elão.
37 Farei com que Elão trema
diante dos seus inimigos,
diante daqueles que desejam
tirar-lhe a vida.
Trarei a desgraça sobre eles,
a minha ira ardente",
declara o SENHOR.
"Farei com que a espada os persiga
até que eu os tenha eliminado.
38 Porei meu trono em Elão
e destruirei seu rei e seus líderes",
declara o SENHOR.

39 "Contudo, restaurarei a sorte de Elão
em dias vindouros",
declara o SENHOR.

[a] 49:32 Ou *que prendem o cabelo junto à testa*

Mensagem acerca da Babilônia

50 Esta é a palavra que o SENHOR falou
pelo profeta Jeremias acerca da Babi-
lônia e da terra dos babilônios:
2"Anunciem e proclamem
entre as nações,
ergam um sinal e proclamem;
não escondam nada.
Digam: 'A Babilônia foi conquistada;
Bel foi humilhado,
Marduque está apavorado.
As imagens da Babilônia
estão humilhadas
e seus ídolos apavorados'.
3Uma nação vinda do norte a atacará,
arrasará a sua terra e não deixará nela
nenhum habitante;
tanto homens como animais fugirão.

4"Naqueles dias e naquela época",
declara o SENHOR,
"o povo de Israel
e o povo de Judá virão juntos,
chorando e buscando
o SENHOR, o seu Deus.
5Perguntarão pelo caminho para Sião
e voltarão o rosto na direção dela.
Virão e se apegarão ao SENHOR
numa aliança permanente
que não será esquecida.

6"Meu povo tem sido ovelhas perdidas;
seus pastores as desencaminharam
e as fizeram perambular pelos montes.
Elas vaguearam por montanhas e
colinas
e se esqueceram de seu próprio curral.
7Todos que as encontram as devoram.
Os seus adversários disseram:
'Não somos culpados,
pois elas pecaram contra o SENHOR,
sua verdadeira pastagem,
o SENHOR, a esperança
de seus antepassados'.

8"Fujam da Babilônia;
saiam da terra dos babilônios
e sejam como os bodes
que lideram o rebanho.
9Vejam! Eu mobilizarei
e trarei contra a Babilônia uma
coalizão
de grandes nações do norte.
Elas tomarão posição de combate
contra ela e a conquistarão.
Suas flechas serão
como guerreiros bem treinados,
que não voltam de mãos vazias.
10Assim a Babilônia[a] será saqueada;
todos os que a saquearem se
fartarão",
declara o SENHOR.

11"Ainda que você
esteja alegre e exultante,
você que saqueia a minha herança;
ainda que você seja brincalhão
como uma novilha solta no pasto,
e relinche como os garanhões,
12sua mãe se envergonhará
profundamente;
aquela que lhe deu à luz
ficará constrangida.
Ela se tornará a menor das nações,
um deserto, uma terra seca e árida.
13Por causa da ira do SENHOR
ela não será habitada,
mas estará completamente desolada.
Todos os que passarem pela Babilônia
ficarão chocados e zombarão
por causa de todas as suas feridas.

14"Tomem posição de combate
em volta da Babilônia,
todos vocês que empunham o arco.
Atirem nela! Não poupem flechas,
pois ela pecou contra o SENHOR.
15Soem contra ela um grito de guerra
de todos os lados!
Ela se rende, suas torres caem
e suas muralhas são derrubadas.
Esta é a vingança do SENHOR;
vinguem-se dela!
Façam a ela o que ela fez aos outros!
16Eliminem da Babilônia o semeador
e o ceifeiro, com a sua foice na
colheita.
Por causa da espada do opressor,
que cada um volte
para o seu próprio povo,
e cada um fuja para a sua própria terra.

17"Israel é um rebanho disperso,
afugentado por leões.
O primeiro a devorá-lo
foi o rei da Assíria;
e o último a esmagar os seus ossos
foi Nabucodonosor, rei da Babilônia".

18Portanto, assim diz
o SENHOR dos Exércitos,
o Deus de Israel:

[a] 50:10 Ou *Caldeia*

"Castigarei o rei da Babilônia
e a sua terra assim como
castiguei o rei da Assíria.
19 Mas trarei Israel de volta
a sua própria pastagem
e ele pastará no Carmelo e em Basã;
e saciará o seu apetite
nos montes de Efraim e em Gileade.
20 Naqueles dias, naquela época",
declara o SENHOR,
"se procurará pela iniquidade de Israel,
mas nada será achado,
pelos pecados de Judá,
mas nenhum será encontrado,
pois perdoarei o remanescente
que eu poupar.

21 "Ataquem a terra de Merataim
e aqueles que moram em Pecode.
Persigam-nos, matem-nos
e destruam-nos totalmente",
declara o SENHOR.
"Façam tudo o que lhes ordenei.
22 Há ruído de batalha na terra;
grande destruição!
23 Quão quebrado e destroçado
está o martelo de toda a terra!
Quão arrasada está a Babilônia
entre as nações!
24 Preparei uma armadilha para você,
ó Babilônia,
e você foi apanhada antes de
percebê-lo;
você foi achada e capturada
porque se opôs ao SENHOR.
25 O SENHOR abriu o seu arsenal
e trouxe para fora as armas da sua
ira,
pois o Soberano, o SENHOR dos
Exércitos,
tem trabalho para fazer
na terra dos babilônios.
26 Venham contra ela
dos confins da terra.
Arrombem os seus celeiros;
empilhem-na como feixes de cereal.
Destruam-na totalmente
e não lhe deixem nenhum
remanescente.
27 Matem todos os seus
jovens guerreiros!
Que eles desçam para o matadouro!
Ai deles! Pois chegou o seu dia,
a hora de serem castigados.
28 Escutem os fugitivos
e refugiados vindos da Babilônia,
declarando em Sião como o SENHOR,
o nosso Deus, se vingou,
como se vingou de seu templo.

29 "Convoquem flecheiros
contra a Babilônia,
todos aqueles que empunham o arco.
Acampem-se todos ao redor dela;
não deixem ninguém escapar.
Retribuam a ela conforme os seus
feitos;
façam com ela tudo o que ela fez.
Porque ela desafiou o SENHOR,
o Santo de Israel.
30 Por isso, os seus jovens cairão nas
ruas
e todos os seus guerreiros
se calarão naquele dia",
declara o SENHOR.
31 "Veja, estou contra você,
ó arrogante",
declara o Soberano,
o SENHOR dos Exércitos,
"pois chegou o seu dia,
a sua hora de ser castigada.
32 A arrogância tropeçará e cairá,
e ninguém a ajudará a se levantar.
Incendiarei as suas cidades,
e o fogo consumirá tudo ao seu
redor".

33 Assim diz o SENHOR dos Exércitos:

"O povo de Israel está sendo oprimido,
e também o povo de Judá.
Todos os seus captores
os prendem à força,
recusando deixá-los ir.
34 Contudo, o Redentor deles é forte;
SENHOR dos Exércitos é o seu nome.
Ele mesmo defenderá a causa deles,
e trará descanso à terra,
mas inquietação
aos que vivem na Babilônia.

35 "Uma espada contra os babilônios!",
declara o SENHOR;
"contra os que vivem na Babilônia
e contra seus líderes e seus sábios!
36 Uma espada contra
os seus falsos profetas!
Eles se tornarão tolos.
Uma espada contra os seus guerreiros!
Eles ficarão apavorados.
37 Uma espada contra os seus cavalos,
contra os seus carros de guerra
e contra todos os estrangeiros
em suas fileiras!

Eles serão como mulheres.
Uma espada contra os seus tesouros!
Eles serão saqueados.
38Uma espada contra as suas águas!
Elas secarão.
Porque é uma terra
de imagens esculpidas,
e eles enlouquecem
por causa de seus ídolos horríveis.

39"Por isso, criaturas do deserto e
hienas
nela morarão,
e as corujas nela habitarão.
Ela jamais voltará a ser povoada
nem haverá quem nela viva no
futuro.
40Como Deus destruiu
Sodoma e Gomorra
e as cidades vizinhas",
diz o SENHOR,
"ninguém mais habitará ali,
nenhum homem residirá nela.
41"Vejam! Vem vindo um povo
do norte;
uma grande nação
e muitos reis se mobilizam
desde os confins da terra.
42Eles empunham o arco e a lança;
são cruéis e não têm misericórdia,
e o seu barulho é como
o bramido do mar.
Vêm montados em seus cavalos,
em formação de batalha,
para atacá-la, ó cidade[a] de Babilônia.
43Quando o rei da Babilônia
ouviu relatos sobre eles,
as suas mãos amoleceram.
A angústia tomou conta dele,
dores como as de uma mulher
que está dando à luz.
44Como um leão
que sobe da mata do Jordão
em direção aos pastos verdejantes,
subitamente eu caçarei a Babilônia
pondo-a fora de sua terra.
Quem é o escolhido
que designarei para isso?
Quem é como eu que possa me
desafiar?
E que pastor pode me resistir?"
45Por isso ouçam o que
o SENHOR planejou contra a
Babilônia,
o que ele preparou
contra a terra dos babilônios:
os menores do rebanho
serão arrastados,
e as pastagens ficarão devastadas
por causa deles.
46Ao som da tomada da Babilônia
a terra tremerá;
o grito deles ressoará entre as nações.

51 Assim diz o SENHOR:

"Vejam! Levantarei um vento
destruidor
contra a Babilônia,
contra o povo de Lebe-Camai[b].
2Enviarei estrangeiros para a Babilônia
a fim de peneirá-la como trigo
e devastar a sua terra.
No dia de sua desgraça
virão contra ela de todos os lados.
3Que o arqueiro não arme o seu arco
nem vista a sua armadura.
Não poupem os seus jovens guerreiros,
destruam completamente
o seu exército.
4Eles cairão mortos na Babilônia[c],
mortalmente feridos em suas ruas.
5Israel e Judá não foram abandonadas
como viúvas pelo seu Deus,
o SENHOR dos Exércitos,
embora a terra dos babilônios
esteja cheia de culpa
diante do Santo de Israel.

6"Fujam da Babilônia!
Cada um por si!
Não sejam destruídos
por causa da iniquidade dela.
É hora da vingança do SENHOR;
ele lhe pagará o que ela merece.
7A Babilônia era um cálice de ouro
nas mãos do SENHOR;
ela embriagou a terra toda.
As nações beberam o seu vinho;
por isso enlouqueceram.
8A Babilônia caiu de repente
e ficou arruinada.
Lamentem-se por ela!
Consigam bálsamo para a sua ferida;
talvez ela possa ser curada.

9" 'Gostaríamos de ter curado
Babilônia,
mas ela não pode ser curada;

[a] 50:42 Hebraico: *filha*.

[b] 51:1 *Lebe-Camai* é um criptograma para *Caldeia*, isto é, a Babilônia.

[c] 51:4 Ou *Caldeia*; também nos versículos 24 e 35.

deixem-na
e vamos, cada um para a sua própria
terra,
pois o julgamento dela chega ao céu,
eleva-se tão alto quanto as nuvens.

10" 'O SENHOR defendeu o nosso nome;
venham, contemos em Sião o que
o SENHOR, o nosso Deus, tem feito'.

11"Afiem as flechas,
peguem os escudos!
O SENHOR incitou o espírito
dos reis dos medos,
porque seu propósito
é destruir a Babilônia.
O SENHOR se vingará,
se vingará de seu templo.
12Ergam o sinal para atacar
as muralhas da Babilônia!
Reforcem a guarda!
Posicionem as sentinelas!
Preparem uma emboscada!
O SENHOR executará o seu plano,
o que ameaçou fazer
contra os habitantes da Babilônia.
13Você que vive junto a muitas águas
e está rico de tesouros,
chegou o seu fim,
a hora de você ser eliminado.
14O SENHOR dos Exércitos
jurou por si mesmo:
Com certeza a encherei de homens,
como um enxame de gafanhotos,
e eles gritarão triunfantes sobre você.

15"Mas foi Deus quem fez a terra
com o seu poder;
firmou o mundo com a sua sabedoria
e estendeu os céus
com o seu entendimento.
16Ao som do seu trovão,
as águas no céu rugem;
ele faz com que as nuvens se levantem
desde os confins da terra.
Ele faz relâmpagos para a chuva
e faz sair o vento de seus depósitos.

17"São todos eles estúpidos e
ignorantes;
cada ourives é envergonhado
pela imagem que esculpiu.
Suas imagens esculpidas
são uma fraude,
elas não têm fôlego de vida.
18Elas são inúteis,
são objeto de zombaria.
Quando vier o julgamento delas,
perecerão.
19Aquele que é a Porção de Jacó
não é como esses,
pois ele é quem forma todas as coisas,
e Israel é a tribo de sua propriedade;
SENHOR dos Exércitos
é o seu nome.

20"Você é o meu martelo,
a minha arma de guerra.
Com você eu despedaço nações,
com você eu destruo reinos,
21com você despedaço
cavalo e cavaleiro,
com você despedaço
carro de guerra e cocheiro,
22com você despedaço homem e
mulher,
com você despedaço velho e jovem,
com você despedaço rapaz e moça,
23com você despedaço pastor
e rebanho,
com você despedaço lavrador e bois,
com você despedaço
governadores e oficiais.

24"Retribuirei à Babilônia e a todos os que
vivem na Babilônia toda a maldade que fi-
zeram em Sião diante dos olhos de vocês",
declara o SENHOR.

25"Estou contra você,
ó montanha destruidora,
você que destrói a terra inteira",
declara o SENHOR.
"Estenderei minha mão contra você,
eu a farei rolar dos penhascos,
e farei de você
uma montanha calcinada.
26Nenhuma pedra sua será cortada
para servir de pedra angular,
nem para um alicerce,
pois você estará arruinada para
sempre",
declara o SENHOR.

27"Ergam um estandarte na terra!
Toquem a trombeta entre as
nações!
Preparem as nações
para o combate contra ela;
convoquem contra ela estes reinos:
Ararate, Mini e Asquenaz.
Nomeiem um comandante contra ela;
lancem os cavalos ao ataque
como um enxame de gafanhotos.

[28]Preparem as nações
para o combate contra ela:
os reis dos medos, seus governadores
e todos os seus oficiais,
e todos os países que governam.
[29]A terra treme e se contorce de dor,
pois permanecem em pé
os planos do SENHOR
contra a Babilônia:
desolar a terra da Babilônia
para que fique desabitada.
[30]Os guerreiros da Babilônia
pararam de lutar;
permanecem em suas fortalezas.
A força deles acabou;
tornaram-se como mulheres.
As habitações dela estão incendiadas;
as trancas de suas portas
estão quebradas.
[31]Um emissário vai após outro,
e um mensageiro sai
após outro mensageiro
para anunciar ao rei da Babilônia
que sua cidade inteira foi capturada,
[32]os vaus do rio foram tomados,
a vegetação dos pântanos foi
incendiada,
e os soldados ficaram aterrorizados."

[33]Assim diz o SENHOR dos Exércitos,
Deus de Israel:

"A cidade[a] de Babilônia é como uma
eira;
a época da colheita
logo chegará para ela".
[34]"Nabucodonosor, rei da Babilônia,
devorou-nos, lançou-nos em confusão,
fez de nós um jarro vazio.
Tal como uma serpente ele nos engoliu,
encheu seu estômago
com nossas finas comidas
e então nos vomitou.
[35]Que a violência
cometida contra nossa carne[b]
esteja sobre a Babilônia",
dizem os habitantes de Sião.
"Que o nosso sangue esteja sobre
aqueles que moram na Babilônia",
diz Jerusalém.

[36]Por isso, assim diz o SENHOR:

"Vejam, defenderei a causa de vocês
e os vingarei;
secarei o seu mar
e esgotarei as suas fontes.
[37]A Babilônia se tornará
um amontoado de ruínas,
uma habitação de chacais,
objeto de pavor e de zombaria,
um lugar onde ninguém vive.
[38]O seu povo todo
ruge como leõezinhos,
rosnam como filhotes de leão.
[39]Mas, enquanto estiverem excitados,
prepararei um banquete para eles
e os deixarei bêbados,
para que fiquem bem alegres
e, então, durmam e jamais acordem",
declara o SENHOR.
[40]"Eu os levarei como cordeiros
para o matadouro,
como carneiros e bodes.

[41]"Como Sesaque[c] será capturada!
Como o orgulho de toda a terra será
tomado!
Que horror a Babilônia
será entre as nações!
[42]O mar se levantará sobre a
Babilônia;
suas ondas agitadas a cobrirão.
[43]Suas cidades serão arrasadas,
uma terra seca e deserta,
uma terra onde ninguém mora,
pela qual nenhum homem passa.
[44]Castigarei Bel na Babilônia
e o farei vomitar o que engoliu.
As nações não mais acorrerão a ele.
E a muralha da Babilônia cairá.

[45]"Saia dela, meu povo!
Cada um salve a sua própria vida,
da ardente ira do SENHOR.
[46]Não desanimem
nem tenham medo
quando ouvirem rumores na terra;
um rumor chega este ano,
outro no próximo,
rumor de violência na terra
e de governante contra governante.
[47]Portanto, certamente vêm os dias
quando castigarei as imagens
esculpidas da Babilônia;
toda a sua terra será envergonhada,
e todos os seus mortos jazerão
caídos dentro dela.
[48]Então o céu e a terra
e tudo o que existe neles

[a] 51:33 Hebraico: *filha*.
[b] 51:35 Ou *feita a nós e a nossos filhos*
[c] 51:41 *Sesaque* é um criptograma para *Babilônia*.

gritarão de alegria
por causa da Babilônia,
pois do norte destruidores a atacarão",
declara o SENHOR.
49"A Babilônia cairá
por causa dos mortos de Israel,
assim como os mortos de toda a terra
caíram por causa da Babilônia.
50Vocês que escaparam da espada,
saiam! Não permaneçam!
Lembrem-se do SENHOR
numa terra distante,
e pensem em Jerusalém.
51"Vocês dirão: 'Estamos
envergonhados
pois fomos insultados
e a vergonha cobre o nosso rosto,
porque estrangeiros penetraram
nos lugares santos
do templo do SENHOR'.
52"Portanto, certamente vêm os dias",
declara o SENHOR,
"quando castigarei
as suas imagens esculpidas,
e por toda a sua terra
os feridos gemerão.
53Mesmo que a Babilônia chegue ao céu
e fortifique no alto a sua fortaleza,
enviarei destruidores contra ela",
declara o SENHOR.
54"Vem da Babilônia o som de um grito;
o som de grande destruição
vem da terra dos babilônios.
55O SENHOR destruirá a Babilônia;
ele silenciará o seu grande ruído.
Ondas de inimigos avançarão
como grandes águas;
o rugir de suas vozes ressoará.
56Um destruidor virá contra a
Babilônia;
seus guerreiros serão capturados,
e seus arcos serão quebrados.
Pois o SENHOR é um
Deus de retribuição;
ele retribuirá plenamente.
57Embebedarei os seus líderes
e os seus sábios;
os seus governadores,
os seus oficiais e os seus guerreiros.
Eles dormirão para sempre
e jamais acordarão",
declara o Rei,
cujo nome é SENHOR dos Exércitos.

58Assim diz o SENHOR dos Exércitos:
"A larga muralha da Babilônia
será desmantelada
e suas altas portas serão incendiadas.
Os povos se exaurem por nada,
o trabalho das nações não passa
de combustível para as chamas".

59Esta é a mensagem que Jeremias deu ao
responsável pelo acampamento, Seraías, fi-
lho de Nerias, filho de Maaseias, quando ele
foi à Babilônia com o rei Zedequias de Ju-
dá, no quarto ano do seu reinado. 60Jere-
mias escreveu num rolo todas as desgraças
que sobreviriam à Babilônia, tudo que fora
registrado acerca da Babilônia. 61Ele disse a
Seraías: "Quando você chegar à Babilônia, te-
nha o cuidado de ler todas estas palavras em
alta voz. 62Então diga: Ó SENHOR, disseste que
destruirás este lugar, para que nem homem
nem animal viva nele, pois ficará em ruínas
para sempre. 63Quando você terminar de ler
este rolo, amarre nele uma pedra e atire-o
no Eufrates. 64Então diga: Assim Babilônia
afundará para não mais se erguer, por causa
da desgraça que trarei sobre ela. E seu po-
vo cairá".

Aqui terminam as palavras de Jeremias.

A queda de Jerusalém

52 Zedequias tinha vinte e um anos quan-
do se tornou rei, e reinou onze anos em
Jerusalém. O nome de sua mãe era Hamutal,
filha de Jeremias, de Libna. 2Ele fez o que o
SENHOR reprova, assim como fez Jeoaquim.
3A ira do SENHOR havia sido provocada em
Jerusalém e em Judá de tal forma que ele
teve que tirá-los da sua presença.

Zedequias se rebelou contra o rei da Babi-
lônia.

4Então, no nono ano do reinado de Zede-
quias, no décimo mês, Nabucodonosor, rei da
Babilônia, marchou contra Jerusalém com to-
do o seu exército. Acamparam fora da cida-
de e construíram torres de assalto ao redor
dela. 5A cidade ficou sob cerco até o décimo
primeiro ano do rei Zedequias.

6Ao chegar o nono dia do quarto mês a fo-
me era tão severa que não havia comida para
o povo. 7Então o muro da cidade foi rompi-
do. O rei e todos os soldados fugiram e saí-
ram da cidade, à noite, na direção do jardim
real, pela porta entre os dois muros, embo-
ra os babilônios estivessem cercando a cida-
de. Foram para a Arabá[a], 8mas os babilônios

[a] 52:7 Ou *para o vale do Jordão*

perseguiram o rei Zedequias e o alcançaram na planície de Jericó. Todos os seus soldados se separaram dele e se dispersaram, 9e ele foi capturado.

Ele foi levado ao rei da Babilônia em Ribla, na terra de Hamate, que o sentenciou. 10Em Ribla, o rei da Babilônia mandou executar os filhos de Zedequias diante de seus olhos, e também matou todos os nobres de Judá. 11Então mandou furar os olhos de Zedequias e prendê-lo com correntes de bronze e o levou para a Babilônia, onde o manteve na prisão até o dia de sua morte.

12No décimo dia do quinto mês, no décimo nono ano de Nabucodonosor, rei da Babilônia, Nebuzaradã, comandante da guarda imperial, que servia o rei da Babilônia, veio a Jerusalém. 13Ele incendiou o templo do SENHOR, o palácio real e todas as casas de Jerusalém. Todos os edifícios importantes foram incendiados por ele. 14O exército babilônio, sob o comandante da guarda imperial, derrubou todos os muros em torno de Jerusalém. 15Nebuzaradã deportou para a Babilônia alguns dos mais pobres e o povo que restou na cidade, juntamente com o restante dos artesãos[a] e aqueles que tinham se rendido ao rei da Babilônia. 16Mas Nebuzaradã deixou para trás o restante dos mais pobres da terra para trabalhar nas vinhas e campos.

17Os babilônios despedaçaram as colunas de bronze, os estrados móveis e o mar de bronze que ficavam no templo do SENHOR e levaram todo o bronze para a Babilônia. 18Também levaram embora as panelas, pás, tesouras de pavio, bacias de aspersão, tigelas e todos os utensílios de bronze usados no serviço do templo. 19O comandante da guarda imperial levou embora as pias, os incensários, as bacias de aspersão, as panelas, os candeeiros, as tigelas e as bacias usadas para as ofertas derramadas, tudo que era feito de ouro puro ou de prata.

20O bronze tirado das duas colunas, o mar e os doze touros de bronze debaixo dele, e os estrados móveis, que o rei Salomão fizera para o templo do SENHOR, eram mais do que se podia pesar. 21Cada uma das colunas tinha oito metros e dez centímetros de altura e cinco metros e quarenta centímetros de circunferência[b]; cada uma tinha quatro dedos de espessura e era oca. 22O capitel de bronze no alto de uma coluna tinha dois metros e vinte e cinco centímetros de altura e era ornamentado com uma peça entrelaçada e romãs de bronze em volta, tudo de bronze. A outra coluna, com suas romãs, era igual. 23Havia noventa e seis romãs nos lados; o número total de romãs acima da peça entrelaçada ao redor era de cem.

24O comandante da guarda tomou como prisioneiros o sumo sacerdote Seraías, o sacerdote adjunto Sofonias e os três guardas das portas. 25Dos que ainda estavam na cidade, tomou o oficial encarregado dos homens de combate e sete conselheiros reais. Também tomou o secretário, que era o oficial maior encarregado do alistamento do povo da terra, e sessenta de seus homens que foram encontrados na cidade. 26O comandante Nebuzaradã tomou todos eles e os levou ao rei da Babilônia em Ribla. 27Ali, em Ribla, na terra de Hamate, o rei fez com que fossem executados.

Assim Judá foi para o cativeiro, longe de sua terra. 28Este é o número dos que Nebuzaradã levou para o exílio:

> No sétimo ano, 3.023 judeus;
> 29no décimo oitavo ano de Nabucodonosor,
> 832 de Jerusalém;
> 30em seu vigésimo terceiro ano,
> 745 judeus levados ao exílio pelo comandante da guarda imperial, Nebuzaradã.
> Foram ao todo 4.600 judeus.

Joaquim é libertado

31No trigésimo sétimo ano do exílio do rei Joaquim de Judá, no ano em que Evil-Merodaque[c] tornou-se rei de Babilônia, ele libertou Joaquim, rei de Judá, da prisão no vigésimo quinto dia do décimo segundo mês. 32Ele falou bondosamente com ele e deu-lhe um assento de honra mais elevado do que os dos outros reis que estavam com ele na Babilônia. 33Desse modo Joaquim tirou as roupas da prisão e pelo resto da vida comeu à mesa do rei. 34O rei da Babilônia deu a Joaquim uma pensão diária até o dia de sua morte.

[a] 52:15 Ou *restante das massas*

[b] 52:21 Hebraico: *18 côvados de altura e 12 côvados de circunferência.* O côvado era uma medida linear de cerca de 45 centímetros.

[c] 52:31 Também chamado *Amel-Marduque.*

Lamentações

Quem escreveu este livro?

O autor de Lamentações de Jeremias é desconhecido, mas muitos acreditam que seja Jeremias.

Por que este livro foi escrito?

Lamentações mostra como estavam tristes os cativos na Babilônia e mostra que eles finalmente perceberam que estavam sendo punidos por seus pecados.

O que há de especial neste livro?

Lamentações é um livro de "poesia fúnebre", ou seja, é uma poesia muito triste, como a tristeza pela morte de alguém.

Quando este livro foi escrito?

Este livro foi escrito depois que Jerusalém foi destruída pelos babilônios, em 586 a.C.

Onde este livro foi escrito?

Lamentações foi escrito na Babilônia para onde o povo judeu foi levado cativo. (Veja o *Índice de mapas*, ao final desta Bíblia, para saber onde ficava a Babilônia.)

1 [a]Como está deserta a cidade,
antes tão cheia de gente!
Como se parece com uma viúva,
a que antes era grandiosa entre as nações!
A que era a princesa das províncias
agora tornou-se uma escrava.
2 Chora amargamente à noite,
as lágrimas rolam por seu rosto.
De todos os seus amantes
nenhum a consola.
Todos os seus amigos a traíram;
tornaram-se seus inimigos.
3 Em aflição e sob trabalhos forçados,
Judá foi levado ao exílio.
Vive entre as nações
sem encontrar repouso.
Todos os que a perseguiram a capturaram
em meio ao seu desespero.
4 Os caminhos para Sião pranteiam,
porque ninguém comparece
às suas festas fixas.
Todas as suas portas estão desertas,
seus sacerdotes gemem,
suas moças se entristecem,
e ela se encontra em angústia profunda.
5 Seus adversários são os seus chefes;
seus inimigos estão tranquilos.
O SENHOR lhe trouxe tristeza
por causa dos seus muitos pecados.
Seus filhos foram levados ao exílio,
prisioneiros dos adversários.

[a] 1:1 Cada capítulo de Lamentações é um poema organizado em ordem alfabética, no hebraico.

Você sabia?

O que são lamentações?

1:1 Lamentações são poemas sobre situações tristes. O livro de Lamentações é um poema triste sobre a destruição do templo e da cidade de Jerusalém. Deus puniu o povo de Israel por tê-lo desobedecido, mas esse poema triste segue explicando que Deus não vai punir seu povo para sempre, pois ele é um Deus de amor (veja Lamentações 3:22-26).

6 Todo o esplendor fugiu da cidade[b] de Sião.
Seus líderes são como corças
que não encontram pastagem;
sem forças fugiram diante do perseguidor.
7 Nos dias da sua aflição e do seu desnorteio
Jerusalém se lembra de todos os tesouros
que lhe pertenciam nos tempos passados.
Quando o seu povo caiu nas mãos do inimigo,
ninguém veio ajudá-la.
Seus inimigos olharam para ela
e zombaram da sua queda.
8 Jerusalém cometeu graves pecados;
por isso tornou-se impura.
Todos os que a honravam agora a desprezam,
porque viram a sua nudez;
ela mesma geme e se desvia deles.
9 Sua impureza prende-se às suas saias;
ela não esperava que chegaria o seu fim.
Sua queda foi surpreendente;
ninguém veio consolá-la.
"Olha, SENHOR, para a minha aflição,
pois o inimigo triunfou."
10 O adversário saqueia todos os seus tesouros;
ela viu nações pagãs entrarem
em seu santuário,
sendo que tu as tinhas proibido
de participar das tuas assembleias.
11 Todo o seu povo se lamenta
enquanto vai em busca de pão;
e, para sobreviverem,
trocam tesouros por comida.
"Olha, SENHOR, e considera,
pois tenho sido desprezada.
12 Vocês não se comovem,
todos vocês que passam por aqui?
Olhem ao redor e vejam
se há sofrimento maior do que
o que me foi imposto,
e que o SENHOR trouxe sobre mim
no dia em que se acendeu a sua ira.
13 Do alto ele fez cair fogo
sobre os meus ossos.
Armou uma rede para os meus pés
e me derrubou de costas.

[b] 1:6 Hebraico: *filha*; também em todo o livro de Lamentações.

Deixou-me desolada,
e desfalecida o dia todo.
14Os meus pecados foram
amarrados num jugo;
suas mãos os ataram todos juntos,
e os colocaram em meu pescoço;
o Senhor abateu a minha força.
Ele me entregou àqueles
que não consigo vencer.
15O Senhor dispersou todos os
guerreiros
que me apoiavam;
convocou um exército contra mim
para destruir os meus jovens.
O Senhor pisou no seu lagar
a virgem, a cidade de Judá.
16É por isso que eu choro;
as lágrimas inundam os meus olhos.
Ninguém está por perto para
consolar-me,
não há ninguém que restaure o meu
espírito.
Meus filhos estão desamparados
porque o inimigo prevaleceu."
17Suplicante, Sião estende as mãos,
mas não há quem a console.
O SENHOR decretou que os vizinhos de
Jacó
se tornem seus adversários;
Jerusalém tornou-se coisa imunda
entre eles.
18"O SENHOR é justo,
mas eu me rebelei contra a sua
ordem.
Ouçam, todos os povos;
olhem para o meu sofrimento.
Meus jovens e minhas moças
foram para o exílio.
19Chamei os meus aliados,
mas eles me traíram.
Meus sacerdotes e meus líderes
pereceram na cidade,
enquanto procuravam comida
para poderem sobreviver.
20Veja, SENHOR, como estou angustiada!
Estou atormentada no íntimo,
e no meu coração me perturbo
pois tenho sido muito rebelde.
Lá fora, a espada a todos consome;
dentro, impera a morte.
21Os meus lamentos têm sido ouvidos,
mas não há ninguém que me
console.
Todos os meus inimigos
sabem da minha agonia;
eles se alegram com o que fizeste.
Quem dera trouxesses o dia que
anunciaste
para que eles ficassem como eu!
22Que toda a maldade deles
seja conhecida diante de ti;
faze com eles o que fizeste comigo
por causa de todos os meus pecados.
Os meus gemidos são muitos
e o meu coração desfalece."

2 O Senhor cobriu a cidade de Sião
com a nuvem da sua ira!
Lançou por terra o esplendor de Israel,
que se elevava para os céus;
não se lembrou do estrado dos seus pés
no dia da sua ira.
2Sem piedade o Senhor devorou
todas as habitações de Jacó;
em sua ira destruiu as fortalezas
da filha de Judá.
Derrubou ao chão e desonrou
o seu reino e os seus líderes.
3Em sua flamejante ira,
cortou todo o poder[a] de Israel.
Retirou a sua mão direita
diante da aproximação do inimigo.
Queimou Jacó como um fogo ardente
que consome tudo ao redor.
4Como um inimigo, preparou o seu
arco;
como um adversário,
a sua mão direita está pronta.
Ele massacrou tudo o que era
agradável contemplar;
derramou sua ira como fogo
sobre a tenda da cidade de Sião.
5O Senhor é como um inimigo;
ele tem devorado Israel.
Tem devorado todos os seus palácios
e destruído as suas fortalezas.
Tem feito multiplicar os prantos
e as lamentações da filha de Judá.
6Ele destroçou a sua morada
como se fosse um simples jardim;
destruiu o seu local de reuniões.
O SENHOR fez esquecidas em Sião
suas festas fixas e seus sábados;
em seu grande furor
rejeitou o rei e o sacerdote.
7O Senhor rejeitou o seu altar e
abandonou o seu santuário.
Entregou aos inimigos
os muros dos seus palácios,
e eles deram gritos na casa do SENHOR,
como fazíamos nos dias de festa.

[a] 2:3 Hebraico: *chifre*; também no versículo 17.

[8]O SENHOR está decidido
a derrubar os muros da cidade de Sião.
Esticou a trena e
não poupou a sua mão destruidora.
Fez com que os muros e as paredes
se lamentassem;
juntos eles desmoronaram.
[9]Suas portas caíram por terra;
suas trancas ele quebrou e destruiu.
O seu rei e os seus líderes
foram exilados para diferentes
nações,
e a lei já não existe;
seus profetas já não recebem
visões do SENHOR.
[10]Os líderes da cidade de Sião
sentam-se no chão em silêncio;
despejam pó sobre a cabeça
e usam vestes de lamento.
As moças de Jerusalém
inclinam a cabeça até o chão.
[11]Meus olhos estão cansados de chorar,
minha alma está atormentada,
meu coração se derrama,
porque o meu povo está destruído,
porque crianças e bebês desmaiam
pelas ruas da cidade.
[12]Eles clamam às suas mães:
"Onde estão o pão e o vinho?"
Ao mesmo tempo em que desmaiam
pelas ruas da cidade, como os
feridos,
e suas vidas se desvanecem
nos braços de suas mães.
[13]Que posso dizer a seu favor?
Com que posso compará-la,
ó cidade de Jerusalém?
Com que posso assemelhá-la,
a fim de trazer-lhe consolo,
ó virgem, ó cidade de Sião?
Sua ferida é tão profunda quanto o
oceano;
quem pode curá-la?
[14]As visões dos seus profetas
eram falsas e inúteis;
eles não expuseram o seu pecado
para evitar o seu cativeiro.
As mensagens que eles lhe deram
eram falsas e enganosas.
[15]Todos os que cruzam o seu caminho
batem palmas;
eles zombam e meneiam a cabeça
diante da cidade de Jerusalém:
"É esta a cidade que era chamada
a perfeição da beleza,
a alegria de toda a terra?"
[16]Todos os seus inimigos
escancaram a boca contra você;
eles zombam, rangem os dentes
e dizem: "Nós a devoramos.
Este é o dia que esperávamos;
e eis que vivemos até vê-lo chegar!"
[17]O SENHOR fez o que planejou;
cumpriu a sua palavra,
que há muito havia decretado.
Derrubou tudo sem piedade,
permitiu que o inimigo zombasse de
você,
exaltou o poder dos seus adversários.
[18]O coração do povo clama ao Senhor.
Ó muro da cidade de Sião,
corram como um rio
as suas lágrimas dia e noite;
não se permita nenhum descanso
nem dê repouso à menina dos seus
olhos.
[19]Levante-se, grite no meio da noite,
quando começam as vigílias
noturnas;
derrame o seu coração como água
na presença do Senhor.
Levante para ele as mãos
em favor da vida de seus filhos,
que desmaiam de fome
nas esquinas de todas as ruas.
[20]"Olha, SENHOR, e considera:
A quem trataste dessa maneira?
Deverão as mulheres comer seus
próprios filhos,
que elas criaram com tanto amor?
Deverão os profetas e os sacerdotes
ser assassinados no santuário
do Senhor?
[21]Jovens e velhos espalham-se
em meio ao pó das ruas;
meus jovens e minhas virgens
caíram mortos à espada.
Tu os sacrificaste no dia da tua ira;
tu os mataste sem piedade.
[22]Como se faz convocação
para um dia de festa,
convocaste contra mim
terrores por todos os lados.
No dia da ira do SENHOR,
ninguém escapou nem sobreviveu;
aqueles dos quais eu cuidava
e que eu fiz crescer,
o meu inimigo destruiu."

3 Eu sou o homem que viu a aflição
trazida pela vara da sua ira.

2Ele me impeliu e me fez andar na
escuridão,
e não na luz;
3sim, ele voltou sua mão contra mim
vez após vez, o tempo todo.
4Fez que a minha pele e a minha carne
envelhecessem
e quebrou os meus ossos.
5Ele me sitiou e me cercou
de amargura e de pesar.
6Fez-me habitar na escuridão
como os que há muito morreram.
7Cercou-me de muros,
e não posso escapar;
atou-me a pesadas correntes.
8Mesmo quando chamo ou grito por
socorro,
ele rejeita a minha oração.
9Ele impediu o meu caminho
com blocos de pedra;
e fez tortuosas as minhas sendas.
10Como um urso à espreita,
como um leão escondido,
11arrancou-me do caminho e
despedaçou-me,
deixando-me abandonado.
12Preparou o seu arco
e me fez alvo de suas flechas.
13Atingiu o meu coração
com flechas de sua aljava.
14Tornei-me objeto de riso
de todo o meu povo;
nas suas canções
eles zombam de mim o tempo todo.
15Fez-me comer ervas amargas
e fartou-me de fel.
16Quebrou os meus dentes com pedras;
e pisoteou-me no pó.
17Tirou-me a paz;
esqueci-me o que é prosperidade.
18Por isso, digo: "Meu esplendor já se
foi,
bem como tudo o que eu esperava
do SENHOR".
19Lembro-me da minha aflição
e do meu delírio,
da minha amargura e do meu pesar.
20Lembro-me bem disso tudo,
e a minha alma desfalece dentro de
mim.
21Todavia, lembro-me também
do que pode me dar esperança:
22Graças ao grande amor do SENHOR
é que não somos consumidos,
pois as suas misericórdias são
inesgotáveis.

Palavras para memorizar

"O SENHOR é bom para com aqueles cuja esperança está nele, para com aqueles que o buscam; é bom esperar tranquilo pela salvação do SENHOR."

(Lamentações 3:25-26)

23Renovam-se cada manhã;
grande é a sua fidelidade!
24Digo a mim mesmo:
A minha porção é o SENHOR;
portanto, nele porei a minha
esperança.
25O SENHOR é bom para com aqueles
cuja esperança está nele,
para com aqueles que o buscam;
26é bom esperar tranquilo
pela salvação do SENHOR.
27É bom que o homem suporte o jugo
enquanto é jovem.
28Leve-o sozinho e em silêncio,
porque o SENHOR o pôs sobre ele.
29Ponha o seu rosto no pó;
talvez ainda haja esperança.
30Ofereça o rosto a quem o quer ferir,
e engula a desonra.
31Porque o Senhor
não o desprezará para sempre.
32Embora ele traga tristeza,
mostrará compaixão,
tão grande é o seu amor infalível.
33Porque não é do seu agrado trazer
aflição
e tristeza aos filhos dos homens,
34esmagar com os pés
todos os prisioneiros da terra,
35negar a alguém os seus direitos,
enfrentando o Altíssimo,
36impedir a alguém o acesso à justiça;
não veria o Senhor tais coisas?
37Quem poderá falar e fazer acontecer,
se o Senhor não o tiver decretado?
38Não é da boca do Altíssimo que vêm
tanto as desgraças como as bênçãos?
39Como pode um homem reclamar
quando é punido por seus pecados?

40 Examinemos e coloquemos à prova
os nossos caminhos,
e depois voltemos ao SENHOR.
41 Levantemos o coração e as mãos
para Deus, que está nos céus, e
digamos:
42 "Pecamos e nos rebelamos,
e tu não nos perdoaste.
43 Tu te cobriste de ira e nos
perseguiste,
massacraste-nos sem piedade.
44 Tu te escondeste atrás de uma nuvem
para que nenhuma oração chegasse
a ti.
45 Tu nos tornaste escória
e refugo entre as nações.
46 Todos os nossos inimigos
escancaram a boca contra nós.
47 Sofremos terror e ciladas,
ruína e destruição".
48 Rios de lágrimas correm dos meus
olhos
porque o meu povo foi destruído.
49 Meus olhos choram sem parar,
sem nenhum descanso,
50 até que o SENHOR contemple dos céus
e veja.
51 O que eu enxergo enche-me a alma
de tristeza,
de pena de todas as mulheres da
minha cidade.
52 Aqueles que, sem motivo,
eram meus inimigos
caçaram-me como a um passarinho.
53 Procuraram fazer minha vida
acabar na cova
e me jogaram pedras;
54 as águas me encobriram a cabeça,
e cheguei a pensar
que o fim de tudo tinha chegado.
55 Clamei pelo teu nome, SENHOR,
das profundezas da cova.
56 Tu ouviste o meu clamor:
"Não feches os teus ouvidos
aos meus gritos de socorro".
57 Tu te aproximaste quando a ti clamei,
e disseste: "Não tenha medo".
58 Senhor, tu assumiste a minha causa;
e redimiste a minha vida.
59 Tu tens visto, SENHOR,
o mal que me tem sido feito.
Toma a teu cargo a minha causa!
60 Tu viste como é terrível a vingança
deles,
todas as suas ciladas contra mim.
61 SENHOR, tu ouviste os seus insultos,
todas as suas ciladas contra mim,
62 aquilo que os meus inimigos
sussurram
e murmuram o tempo todo contra
mim.
63 Olha para eles! Sentados ou em pé,
zombam de mim com as suas
canções.
64 Dá-lhes o que merecem, SENHOR,
conforme o que as suas mãos têm
feito.
65 Coloca um véu sobre os seus corações
e esteja a tua maldição sobre eles.
66 Persegue-os com fúria e elimina-os
de debaixo dos teus céus, ó SENHOR.

4 Como o ouro perdeu o brilho!
Como o ouro fino ficou embaçado!
As pedras sagradas estão espalhadas
pelas esquinas de todas as ruas.
2 Como os preciosos filhos de Sião,
que antes valiam seu peso em ouro,
hoje são considerados como vasos de
barro,
obra das mãos de um oleiro!
3 Até os chacais oferecem o peito
para amamentar os seus filhotes,
mas o meu povo não tem mais coração;
é como as avestruzes do deserto.
4 De tanta sede, a língua dos bebês
gruda no céu da boca;
as crianças imploram pelo pão,
mas ninguém as atende.
5 Aqueles que costumavam comer
comidas finas
passam necessidade nas ruas.
Aqueles que se adornavam de púrpura
hoje estão prostrados
sobre montes de cinza.
6 A punição do meu povo
é maior que a de Sodoma,
que foi destruída num instante
sem que ninguém a socorresse.
7 Seus príncipes eram mais brilhantes
que a neve,
mais brancos do que o leite;
e tinham a pele mais rosada que rubis;
e sua aparência lembrava safiras.
8 Mas agora estão mais negros do que o
carvão;
não são reconhecidos nas ruas.
Sua pele enrugou-se sobre os seus ossos;
agora parecem madeira seca.
9 Os que foram mortos à espada
estão melhor do que os que
morreram de fome,

os quais, tendo sido torturados pela
fome,
definham pela falta de produção
das lavouras.
10 Com as próprias mãos,
mulheres bondosas
cozinharam seus próprios filhos,
que se tornaram sua comida
quando o meu povo foi destruído.
11 O SENHOR deu vazão total à sua ira;
derramou a sua grande fúria.
Ele acendeu em Sião um fogo
que consumiu os seus alicerces.
12 Os reis da terra e os povos de todo o
mundo
não acreditavam
que os inimigos
e os adversários pudessem entrar
pelas portas de Jerusalém.
13 Dentro da cidade foi derramado
o sangue dos justos,
por causa do pecado dos seus profetas
e das maldades dos seus sacerdotes.
14 Hoje eles tateiam pelas ruas como
cegos,
e tão sujos de sangue estão,
que ninguém ousa tocar em suas
vestes.
15 "Vocês estão imundos!",
o povo grita para eles.
"Afastem-se! Não nos toquem!"
Quando eles fogem e andam errantes,
os povos das outras nações dizem:
"Aqui eles não podem habitar".
16 O próprio SENHOR os espalhou;
ele já não cuida deles.
Ninguém honra os sacerdotes
nem respeita os líderes.
17 Nossos olhos estão cansados
de buscar ajuda em vão;
de nossas torres ficávamos à espera
de uma nação que não podia salvar-
nos.
18 Cada passo nosso era vigiado;
nem podíamos caminhar
por nossas ruas.
Nosso fim estava próximo,
nossos dias estavam contados;
o nosso fim já havia chegado.
19 Nossos perseguidores eram mais
velozes
que as águias nos céus;
perseguiam-nos por sobre as
montanhas,
ficavam de tocaia contra nós no
deserto.
20 O ungido do SENHOR,
o próprio fôlego da nossa vida,
foi capturado em suas armadilhas. E
nós que pensávamos que sob
a sua sombra viveríamos entre as
nações!
21 Alegre-se e exulte, ó terra de Edom,
você que vive na terra de Uz.
Mas a você também será servido o
cálice:
você será embriagada
e as suas roupas serão arrancadas.
22 Ó cidade de Sião, o seu castigo
terminará;
o SENHOR não prolongará o seu
exílio.
Mas você, ó terra de Edom, ele punirá o
seu pecado
e porá à mostra a sua perversidade.

5 Lembra-te, SENHOR,
do que tem acontecido conosco;
olha e vê a nossa desgraça.
2 Nossa herança foi entregue aos
estranhos,
nossas casas, aos estrangeiros.
3 Somos órfãos de pai,
nossas mães são como viúvas.
4 Temos que comprar a água que
bebemos;
nossa lenha, só conseguimos
pagando.
5 Aqueles que nos perseguem
estão bem próximos;
estamos exaustos e não temos como
descansar.
6 Submetemo-nos ao Egito e à Assíria
para conseguir pão.
7 Nossos pais pecaram e já não existem,
e nós recebemos o castigo
pelos seus pecados.
8 Escravos dominam sobre nós,
e não há quem possa livrar-nos
das suas mãos.
9 Conseguimos pão arriscando a vida,
enfrentando a espada do deserto.
10 Nossa pele está quente como um
forno,
febril de tanta fome.
11 As mulheres têm sido violentadas em
Sião,
e as virgens, nas cidades de Judá.
12 Os líderes foram pendurados por suas
mãos;
aos idosos não se mostra
nenhum respeito.

13 Os jovens trabalham nos moinhos;
os meninos cambaleiam
sob o fardo de lenha.
14 Os líderes já não se reúnem
junto às portas da cidade;
os jovens cessaram a sua música.
15 Dos nossos corações fugiu a alegria;
nossas danças se transformaram
em lamentos.
16 A coroa caiu da nossa cabeça.
Ai de nós, porque temos pecado!
17 E por esse motivo o nosso coração
desfalece,
e os nossos olhos perdem o brilho.
18 Tudo porque o monte Sião está
deserto,
e os chacais perambulam por ele.
19 Tu, SENHOR, reinas para sempre;
teu trono permanece
de geração em geração.
20 Por que motivo então te esquecerias
de nós?
Por que haverias de desamparar-nos
por tanto tempo?
21 Restaura-nos para ti, SENHOR,
para que voltemos;
renova os nossos dias como os de
antigamente,
22 a não ser que já nos tenhas
rejeitado completamente
e a tua ira contra nós
não tenha limite!

Ezequiel

Quem escreveu este livro?

O profeta Ezequiel.

Por que este livro foi escrito?

A primeira parte de Ezequiel mostra por que Deus precisa punir as pessoas perversas ainda em Judá. A segunda parte mostra que Deus trará seu povo de volta à terra e que a fé e a posição deles serão restauradas diante de Deus.

O que aprendemos sobre Deus neste livro?

Deus é santo. Ele não vive entre um povo perverso.

O que há de especial neste livro?

Ezequiel encena muitas de suas profecias. Ele ilustra de modo vívido tanto a punição quanto a restauração de Judá.

Quando este livro foi escrito?

O livro de Ezequiel foi escrito entre 593 a.C. e 571 a.C.

Onde este livro foi escrito?

Ezequiel estava cativo na Babilônia quando escreveu este livro. (Veja o *Índice de mapas*, ao final desta Bíblia, para saber onde ficava a Babilônia.)

Quais capítulos contam sobre as experiências de Ezequiel?

A visão de Ezequiel	Ezequiel 1; 10
Ezequiel encena o ataque a Jerusalém	Ezequiel 4
Ezequiel, sentinela de Deus	Ezequiel 33

Os seres viventes e a glória do Senhor

1 Era o quinto dia do quarto mês do trigési-
mo ano[a], e eu estava entre os exilados, junto
ao rio Quebar. Abriram-se os céus, e eu tive
visões de Deus.
2 Foi no quinto ano do exílio do rei Joa-
quim, no quinto dia do quarto mês. 3 A pa-
lavra do SENHOR veio ao sacerdote Ezequiel,
filho de Buzi,[b] junto ao rio Quebar, na terra
dos caldeus. Ali a mão do SENHOR esteve so-
bre ele.
4 Olhei e vi uma tempestade que vinha do
norte: uma nuvem imensa, com relâmpagos
e faíscas, e cercada por uma luz brilhante.
O centro do fogo parecia metal reluzente, 5 e
no meio do fogo havia quatro vultos que pa-
reciam seres viventes. Na aparência tinham
forma de homem, 6 mas cada um deles tinha
quatro rostos e quatro asas. 7 Suas pernas
eram retas; seus pés eram como os de um be-
zerro e reluziam como bronze polido. 8 Debai-
xo de suas asas, nos quatro lados, eles tinham
mãos humanas. Os quatro tinham rostos e
asas, 9 e as suas asas encostavam umas nas
outras. Quando se moviam andavam para a
frente, e não se viravam.
10 Quanto à aparência dos seus rostos, os
quatro tinham rosto de homem, rosto de
leão no lado direito, rosto de boi no lado es-
querdo, e rosto de águia. 11 Assim eram os seus
rostos. Suas asas estavam estendidas para
cima; cada um deles tinha duas asas que se
encostavam na de outro ser vivente, de um
lado e do outro, e duas asas que cobriam os
seus corpos. 12 Cada um deles ia sempre pa-
ra a frente. Para onde quer que fosse o Es-
pírito eles iam, e não se viravam quando se
moviam. 13 Os seres viventes pareciam carvão
aceso; eram como tochas. O fogo ia de um la-
do a outro entre os seres viventes, e do fogo
saíam relâmpagos e faíscas. 14 Os seres viven-
tes iam e vinham como relâmpagos.
15 Enquanto eu olhava para eles, vi uma ro-
da ao lado de cada um deles, diante dos seus
quatro rostos. 16 Esta era a aparência das rodas
e a sua estrutura: reluziam como o berilo; as
quatro tinham aparência semelhante. Cada
roda parecia estar entrosada na outra. 17 Quan-
do se moviam, seguiam nas quatro direções
dos quatro rostos, e não se viravam[c] enquan-
to iam. 18 Seus aros eram altos e impressio-
nantes e estavam cheios de olhos ao redor.
19 Quando os seres viventes se moviam, as
rodas ao seu lado se moviam; quando se ele-
vavam do chão, as rodas também se eleva-
vam. 20 Para onde quer que o Espírito fosse,
os seres viventes iam, e as rodas os seguiam,
porque o mesmo Espírito estava nelas.
21 Quando os seres viventes se moviam, elas
também se moviam; quando eles ficavam
imóveis, elas também ficavam; e quando os

[a] 1:1 Ou *do meu trigésimo ano*
[b] 1:3 Ou *veio a Ezequiel, filho do sacerdote Buzi,*
[c] 1:17 Ou *não viravam para o lado*

A vida nos tempos da Bíblia

Seres viventes

Ezequiel descreve estes "seres viventes" com muitos detalhes. Leia Ezequiel 1:10-14 para descobrir como eram descritos seus rostos. Os seres viventes eram anjos especiais chamados querubins, e deve ter sido incrível vê-los com suas quatro faces, e quatro asas, e o fogo, e os relâmpagos que saíam deles. Leia Ezequiel 10 para descobrir mais sobre eles.

seres viventes se elevavam do chão, as rodas também se elevavam com eles, porque o mesmo Espírito deles estava nelas.

22Acima das cabeças dos seres viventes estava o que parecia uma abóbada, reluzente como gelo, e impressionante. 23Debaixo dela cada ser vivente estendia duas asas ao que lhe estava mais próximo, e com as outras duas asas cobria o corpo. 24Ouvi o ruído de suas asas quando voavam. Parecia o ruído de muitas águas, parecia a voz do Todo-poderoso. Era um ruído estrondoso, como o de um exército. Quando paravam, fechavam as asas.

25Então veio uma voz de cima da abóbada sobre as suas cabeças, enquanto eles ficavam de asas fechadas. 26Acima da abóbada sobre as suas cabeças havia o que parecia um trono de safira e, bem no alto, sobre o trono, havia uma figura que parecia um homem. 27Vi que a parte de cima do que parecia ser a cintura dele, parecia metal brilhante, como que cheia de fogo, e a parte de baixo parecia fogo; e uma luz brilhante o cercava. 28Tal como a aparência do arco-íris nas nuvens de um dia chuvoso, assim era o resplendor ao seu redor.

Essa era a aparência da figura da glória do SENHOR. Quando a vi, prostrei-me com o rosto em terra, e ouvi a voz de alguém falando.

O chamado de Ezequiel

2 Ele me disse: "Filho do homem, fique em pé, pois eu vou falar com você". 2Enquanto ele falava, o Espírito entrou em mim e me pôs em pé, e ouvi aquele que me falava.

3Ele disse: "Filho do homem, vou enviá-lo aos israelitas, nação rebelde que se revoltou contra mim; até hoje eles e os seus antepassados têm se revoltado contra mim. 4O povo a quem vou enviá-lo é obstinado e rebelde. Diga-lhe: Assim diz o Soberano, o SENHOR. 5E, quer aquela nação rebelde ouça, quer deixe de ouvir, saberá que um profeta esteve no meio dela. 6E você, filho do homem, não tenha medo dessa gente nem das suas palavras. Não tenha medo, ainda que o cerquem espinheiros e você viva entre escorpiões. Não tenha medo do que disserem, nem fique apavorado ao vê-los, embora sejam uma nação rebelde. 7Você lhes falará as minhas palavras, quer ouçam quer deixem de ouvir, pois são rebeldes. 8Mas você, filho do homem, ouça o que lhe digo. Não seja rebelde como aquela nação; abra a boca e coma o que vou lhe dar".

9Então olhei, e vi a mão de alguém estendida para mim. Nela estava o rolo de um livro, 10que ele desenrolou diante de mim. Em ambos os lados do rolo estavam escritas palavras de lamento, pranto e ais.

3 E ele me disse: "Filho do homem, coma este rolo; depois vá falar à nação de Israel". 2Eu abri a boca, e ele me deu o rolo para eu comer.

3E acrescentou: "Filho do homem, coma este rolo que estou lhe dando e encha o seu estômago com ele". Então eu o comi, e em minha boca era doce como mel.

4Depois ele me disse: "Filho do homem, vá agora à nação de Israel e diga-lhe as minhas palavras. 5Você não está sendo enviado a um povo de fala obscura e de língua difícil, mas à nação de Israel; 6não irá a muitos povos de fala obscura e de língua difícil, cujas palavras você não conseguiria entender. Certamente, se eu o enviasse, eles o ouviriam. 7Mas a nação de Israel não vai querer ouvi-lo porque não quer me ouvir, pois toda a nação de Israel está endurecida e obstinada. 8Porém eu tornarei você tão inflexível e endurecido quanto eles. 9Tornarei a sua testa como a mais dura das pedras, mais dura que a pederneira. Não tenha medo deles, nem fique apavorado ao vê-los, embora sejam uma nação rebelde".

10E continuou: "Filho do homem, ouça atentamente e guarde no coração todas as palavras que eu lhe disser. 11Vá agora aos seus compatriotas que estão no exílio e fale com eles. Diga-lhes, quer ouçam quer deixem de ouvir: Assim diz o Soberano, o SENHOR".

12Depois o Espírito elevou-me, e ouvi esta estrondosa aclamação: "Que a glória do SENHOR seja louvada em sua habitação!" 13E ouvi o som das asas dos seres viventes roçando umas nas outras e, atrás deles, o som das rodas — um forte estrondo! 14Então o Espírito elevou-me e tirou-me de lá, com o meu espírito cheio de amargura e de ira, e com a forte mão do SENHOR sobre mim. 15Fui aos exilados que moravam em Tel-Abibe, perto do rio Quebar. Sete dias fiquei lá entre eles — atônito!

Advertência a Israel

16Ao fim dos sete dias a palavra do SENHOR veio a mim: 17"Filho do homem", disse ele, "eu o fiz sentinela para a nação de Israel; por isso ouça a palavra que digo e leve a eles a minha advertência. 18Quando eu disser a um ímpio que ele vai morrer, e você não o advertir nem lhe falar para dissuadi-lo dos seus maus caminhos para salvar a vida dele, aquele ímpio morrerá por[a] sua iniquidade; mas para mim você será responsável pela morte dele. 19Se, porém, você advertir o ímpio e ele não se desviar de sua impiedade ou dos seus maus caminhos, ele morrerá por sua iniquidade, mas você estará livre dessa culpa.

20"Da mesma forma, quando um justo se desviar de sua justiça e fizer o mal, e eu puser uma pedra de tropeço diante dele, ele morrerá. Uma vez que você não o advertiu, ele morrerá pelo pecado que cometeu. As práticas justas dele não serão lembradas; para mim, porém, você será responsável pela morte dele. 21Se, porém, você advertir o justo e ele não pecar, certamente ele viverá porque aceitou a advertência, e você estará livre dessa culpa".

22A mão do SENHOR esteve ali sobre mim, e ele me disse: "Levante-se e vá para a planície, e lá falarei com você". 23Então me levantei e fui para a planície. E lá estava a glória do SENHOR, glória como a que eu tinha visto junto ao rio Quebar. Prostrei-me com o rosto em terra, 24mas o Espírito entrou em mim e me pôs em pé. Ele me disse: "Vá para casa e tranque-se. 25Pois você, filho do homem, será amarrado com cordas; você ficará preso, e não conseguirá sair para o meio do povo. 26Farei sua língua apegar-se ao céu da boca para que você fique calado e não possa repreendê-los, embora sejam uma nação rebelde. 27Mas, quando eu falar com você, abrirei sua boca e você lhes dirá: Assim diz o Soberano, o SENHOR. Quem quiser ouvir ouça, e quem não quiser não ouça; pois são uma nação rebelde.

[a] 3:18 Ou *morrerá em*; também nos versículos 19 e 20.

Cerco simbólico de Jerusalém

4 "Agora, filho do homem, apanhe um tijolo, coloque-o à sua frente e nele desenhe a cidade de Jerusalém. 2Cerque-a então, e erga obras de cerco contra ela; construa uma rampa, monte acampamentos e ponha aríetes ao redor dela. 3Depois apanhe uma panela de ferro, coloque-a como muro de ferro entre você e a cidade e ponha-se de frente para ela. Ela estará cercada, e você a sitiará. Isto será um sinal para a nação de Israel.

4"Deite-se então sobre o seu lado esquerdo e sobre você[b] ponha a iniquidade da nação de Israel. Você terá que carregar a iniquidade dela durante o número de dias em que estiver deitado sobre o lado esquerdo. 5Determinei que o número de dias seja equivalente ao número de anos da iniquidade dela, ou seja, durante trezentos e noventa dias você carregará a iniquidade da nação de Israel.

6"Terminado esse prazo, deite-se sobre o seu lado direito, e carregue a iniquidade da nação de Judá, 7durante quarenta dias, tempo que eu determinei para você, um dia para cada ano. Olhe para o cerco de Jerusalém e, com braço desnudo, profetize contra ela. 8Vou amarrá-lo com cordas para que você não possa virar-se enquanto não cumprir os dias da sua aflição.

9"Pegue trigo e cevada, feijão e lentilha, painço e espelta[c]; ponha-os numa vasilha e com eles faça pão para você. Você deverá comê-lo durante os trezentos e noventa dias

[b] 4:4 Ou *sobre o seu lado*

[c] 4:9 *Painço* é uma gramínea (capim) cujas espigas servem de alimento e *espelta*, uma espécie de trigo de qualidade inferior.

O trabalho de uma sentinela

Experimente!

Nos tempos da Bíblia, as sentinelas ficavam sobre o muro de uma cidade para avisar os cidadãos sobre algum perigo. Leia Ezequiel 3:16-21 para descobrir o que uma sentinela de Deus faz.

Os cristãos hoje podem ficar de guarda para os outros também — você e alguns amigos podem até mesmo criar um clube das sentinelas! Escolha um versículo da Bíblia para o clube, crie regras para o clube e tenha cumprimento especial para as sentinelas. Qualquer um que quiser obedecer a Deus pode participar, e os membros do clube podem se comprometer a fazer o que Deus diz que é certo.

Ezequiel 3:16-21

em que estiver deitado sobre o seu lado. 10Pese duzentos e quarenta gramas[a] do pão por dia e coma-o em horas determinadas. 11Também meça meio litro[b] de água e beba-a em horas determinadas. 12Coma o pão como você comeria um bolo de cevada; asse-o à vista do povo, usando fezes humanas como combustível". 13O SENHOR disse: "Desse modo os israelitas comerão sua comida imunda entre as nações para onde eu os expulsar".

14Então eu disse: Ah! Soberano SENHOR! Eu jamais me contaminei. Desde a minha infância até agora, jamais comi qualquer coisa achada morta ou que tivesse sido despedaçada por animais selvagens. Jamais entrou em minha boca qualquer carne impura.

15"Está bem", disse ele, "deixarei que você asse o seu pão em cima de esterco de vaca, e não em cima de fezes humanas."

16E acrescentou: "Filho do homem, cortarei o suprimento de comida em Jerusalém. O povo comerá com ansiedade comida racionada e beberá com desespero água racionada, 17pois haverá falta de comida e de água. Ficarão chocados com a aparência uns aos outros, e definharão por causa de[c] sua iniquidade.

5 "Agora, filho do homem, apanhe uma espada afiada e use-a como navalha de barbeiro para rapar a cabeça e a barba. Depois tome uma balança de pesos e reparta o cabelo. 2Quando os dias do cerco da cidade chegarem ao fim, queime no fogo um terço do cabelo dentro da cidade. Pegue um terço e corte-o com a espada ao redor de toda a cidade. E espalhe um terço ao vento. Porque eu os perseguirei com espada desembainhada. 3Mas apanhe umas poucas mechas de cabelo e esconda-as nas dobras de sua roupa. 4E destas ainda, pegue algumas e atire-as ao fogo, para que se queimem. Dali um fogo se espalhará por toda a nação de Israel.

5"Assim diz o Soberano, o SENHOR: Esta é Jerusalém, que pus no meio dos povos, com nações ao seu redor. 6Contudo, em sua maldade, ela se revoltou contra as minhas leis e contra os meus decretos mais do que os povos e as nações ao seu redor. Ela rejeitou as minhas leis e não agiu segundo os meus decretos.

7"Portanto assim diz o Soberano, o SENHOR: Você tem sido mais rebelde do que as nações ao seu redor e não agiu segundo os meus decretos nem obedeceu às minhas leis. Você nem mesmo alcançou os padrões das nações ao seu redor.

8"Por isso diz o Soberano, o SENHOR: Eu estou contra você, Jerusalém, e lhe infligirei castigo à vista das nações. 9Por causa de todos os seus ídolos detestáveis, farei com você o que nunca fiz nem jamais voltarei a fazer. 10Por isso, entre vocês sucederá que os pais comerão os seus próprios filhos, e os filhos comerão os seus pais. Castigarei você e dispersarei aos ventos os seus sobreviventes. 11Por isso, juro pela minha vida, palavra do Soberano, o SENHOR, que por ter contaminado o meu santuário com suas imagens detestáveis e com suas práticas repugnantes, eu retirarei a minha bênção. Não olharei com piedade para você e não a pouparei. 12Um terço de seu povo morrerá de peste ou perecerá de fome dentro de seus muros; um terço cairá à espada fora da cidade; e um terço dispersarei aos ventos e perseguirei com a espada em punho.

13"Então a minha ira cessará, diminuirá a minha indignação contra eles, e serei vingado. E, quando tiver esgotado a minha ira sobre eles, saberão que eu, o SENHOR, falei segundo o meu zelo.

14"Farei de você uma ruína e a tornarei desprezível entre as nações ao seu redor, à vista de todos quantos passarem por você. 15Você será objeto de desprezo e de escárnio, e servirá de advertência e de causa de pavor às nações ao redor, quando eu castigar você com ira, indignação e violência. Eu, o SENHOR, falei. 16Quando eu atirar em você minhas flechas mortais e destruidoras, minhas flechas de fome, atirarei para destruí-la. Aumentarei a sua fome e cortarei o seu sustento. 17Enviarei contra você a fome e animais selvagens, que acabarão com os seus filhos. A peste e o derramamento de sangue a alcançarão, e trarei a espada contra você. Eu, o SENHOR, falei".

Profecia contra os montes de Israel

6 Esta palavra do SENHOR veio a mim: 2"Filho do homem, vire o rosto contra os montes de Israel; profetize contra eles 3e diga: Ó montes de Israel, ouçam a palavra do Soberano, o SENHOR. Assim diz o Soberano, o SENHOR, aos montes e às colinas, às ravinas e aos vales: Estou prestes a trazer a espada contra vocês; vou destruir os seus altares idólatras. 4Seus altares serão arrasados, seus altares de incenso[d]

[a] 4:10 Hebraico: *20 siclos*. Um siclo equivalia a 12 gramas.
[b] 4:11 Hebraico: *1/6 de um him*. O him era uma medida de capacidade para líquidos. As estimativas variam entre 3 e 6 litros.
[c] 4:17 Ou *definharão em*
[d] 6:4 Provavelmente colunas dedicadas ao deus sol.

serão esmigalhados, e abaterei o seu povo na frente dos seus ídolos. 5Porei os cadáveres dos israelitas em frente dos seus ídolos, e espalharei os seus ossos ao redor dos seus altares. 6Onde quer que você viva, as cidades serão devastadas e os altares idólatras serão arrasados e devastados, seus ídolos serão esmigalhados e transformados em ruínas, seus altares de incenso serão derrubados e tudo o que vocês realizaram será apagado. 7Seu povo cairá morto no meio de vocês, e vocês saberão que eu sou o SENHOR.

8"Mas pouparei alguns; alguns de vocês escaparão da espada quando forem espalhados entre as terras e nações. 9Ali, nas nações para onde vocês tiverem sido levados cativos, aqueles que escaparem se lembrarão de mim; lembrarão como fui entristecido por seus corações adúlteros, que se desviaram de mim, e, por seus olhos, que cobiçaram os seus ídolos. Terão nojo de si mesmos por causa do mal que fizeram e por causa de todas as suas práticas repugnantes. 10E saberão que eu sou o SENHOR, que não ameacei em vão trazer esta desgraça sobre eles.

11"Assim diz o Soberano, o SENHOR: Esfregue as mãos, bata os pés e grite "Ai!", por causa de todas as práticas ímpias e repugnantes da nação de Israel, pois eles morrerão pela espada, pela fome e pela peste. 12Quem está longe morrerá pela peste, quem está perto cairá pela espada, e quem sobreviver e for poupado morrerá de fome. Assim enviarei a minha ira sobre eles. 13E saberão que eu sou o SENHOR, quando o seu povo estiver estirado, morto entre os seus ídolos, ao redor dos seus altares, em todo monte alto e em todo topo de montanha, debaixo de toda árvore frondosa e de todo carvalho viçoso — em todos os lugares nos quais eles ofereciam incenso aromático a todos os seus ídolos. 14Estenderei o meu braço contra eles e tornarei a terra uma imensidão desolada, desde o deserto até Dibla[a] — onde quer que estiverem vivendo. Então saberão que eu sou o SENHOR".

A chegada do fim

7 Veio a mim esta palavra do SENHOR: 2"Filho do homem, assim diz o Soberano, o SENHOR, à nação de Israel: Chegou o fim! O fim chegou aos quatro cantos da terra de Israel. 3O fim está agora sobre você, e sobre você eu vou desencadear a minha ira. Eu a julgarei de acordo com a sua conduta e lhe retribuirei todas as suas práticas repugnantes. 4Não olharei com piedade para você nem a pouparei; com certeza eu lhe retribuirei sua conduta e suas práticas em seu meio. Então você saberá que eu sou o SENHOR".

5Assim diz o Soberano, o SENHOR: "Eis a desgraça! Uma desgraça jamais imaginada vem aí. 6Chegou o fim! Chegou o fim! Ele se insurgiu contra você. O fim chegou! 7A condenação chegou sobre você que habita no país. Chegou a hora, o dia está próximo; há pânico, e não alegria, sobre os montes. 8Estou prestes a derramar a minha ira sobre você e esgotar a minha indignação contra você; eu a julgarei de acordo com a sua conduta e lhe retribuirei todas as suas práticas repugnantes. 9Não olharei com piedade para você nem a pouparei; eu lhe retribuirei de acordo com todas as práticas repugnantes que há no seu meio. Então você saberá que é o SENHOR que desfere o golpe.

10"Eis o dia! Já chegou! A condenação irrompeu, a vara brotou, a arrogância floresceu! 11A violência tomou a forma de uma[b] vara para castigar a maldade; ninguém do povo será deixado, ninguém daquela multidão, como também nenhuma riqueza, nada que tenha algum valor. 12Chegou a hora, o dia chegou. Que o comprador não se regozije nem o vendedor se entristeça, pois a ira está sobre toda a multidão. 13Nenhum vendedor viverá o suficiente para recuperar a terra que vendeu, mesmo que viva muito tempo, pois a visão acerca de toda a multidão não voltará atrás. Por causa de sua iniquidade, nenhuma vida humana será preservada. 14Embora toquem a trombeta e deixem tudo pronto, ninguém irá a combate, pois a minha ira está sobre toda a multidão".

15"Fora está a espada, dentro estão a peste e a fome; quem estiver no campo morrerá pela espada, e quem estiver na cidade será devorado pela fome e pela peste. 16Todos os que se livrarem e escaparem estarão nos montes, gemendo como pombas nos vales, cada um por causa de sua própria iniquidade. 17Toda mão ficará pendendo, frouxa, e todo joelho ficará como água, de tão fraco. 18Eles se cobrirão de vestes de luto e se vestirão de pavor. Terão o rosto coberto de vergonha, e sua cabeça será rapada. 19Atirarão sua prata nas ruas, e seu ouro será tratado como coisa impura. Sua prata e seu ouro serão incapazes de livrá-los no dia da ira do SENHOR e não poderão saciar

[a] 6:14 Conforme a maioria dos manuscritos do Texto Massorético. Alguns manuscritos do Texto Massorético dizem *Ribla*.

[b] 7:11 Ou *O violento se tornou uma*

sua fome e encher os seus estômagos; servi-
rão apenas para fazê-los tropeçar na iniquida-
de. 20Eles tinham orgulho de suas lindas joias
e as usavam para fazer os seus ídolos repug-
nantes e as suas imagens detestáveis. Por is-
so tornarei essas coisas em algo impuro para
eles. 21Entregarei tudo isso como despojo nas
mãos de estrangeiros e como saque nas mãos
dos ímpios da terra, e eles o contaminarão.
22Desviarei deles o meu rosto, e eles profana-
rão o lugar que tanto amo; este será invadido
por ladrões que o profanarão.
23"Preparem correntes, porque a terra es-
tá cheia de sangue derramado e a cidade
está cheia de violência. 24Trarei os piores ele-
mentos das nações para se apossarem das
casas deles; darei fim ao orgulho dos pode-
rosos, e os santuários deles serão profanados.
25Quando chegar o pavor, eles buscarão paz,
mas não a encontrarão. 26Virá uma desgraça
após a outra, e um alarme após o outro. Ten-
tarão conseguir uma visão da parte do profe-
ta, e o ensino da Lei pelo sacerdote se perderá,
como também o conselho das autoridades. 27O
rei pranteará, o príncipe se vestirá de deses-
pero, e as mãos do povo da terra tremerão. Li-
darei com eles de acordo com a sua conduta,
e pelos seus próprios padrões eu os julgarei.
Então saberão que eu sou o SENHOR".

Idolatria no templo

8 No quinto dia do sexto mês do sexto ano
do exílio, eu e as autoridades de Judá
estávamos sentados em minha casa quan-
do a mão do Soberano, o SENHOR, veio sobre
mim. 2Olhei e vi uma figura como a de um
homem. Do que parecia ser a sua cintura pa-
ra baixo, ele era como fogo,[a] e dali para cima
sua aparência era tão brilhante como metal
reluzente. 3Ele estendeu o que parecia um
braço e pegou-me pelo cabelo. O Espírito le-
vantou-me entre a terra e o céu e, em visões
de Deus, ele me levou a Jerusalém, à entrada
da porta norte do pátio interno, onde esta-
va colocado o ídolo que provoca o ciúme de
Deus. 4E ali, diante de mim, estava a glória
do Deus de Israel, como na visão que eu ha-
via tido na planície.
5Então ele me disse: "Filho do homem,
olhe para o norte". Olhei para o lado norte, e
vi, junto à porta do altar, o ídolo que provoca
o ciúme de Deus.
6E ele me disse: "Filho do homem, você vê
o que estão fazendo? As práticas repugnan-
tes da nação de Israel, coisas que me levarão
para longe do meu santuário? Mas você verá
práticas ainda piores que estas".
7Em seguida me levou para a entrada do
pátio. Olhei e vi um buraco no muro. 8Ele
me disse: "Filho do homem, agora escave o
muro". Escavei o muro e vi ali a abertura de
uma porta.
9Ele me disse: "Entre e veja as coisas repug-
nantes e más que estão fazendo". 10Eu entrei

[a] 8:2 *Ou vi um ser que parecia feito de fogo,*

A vida nos tempos da Bíblia

Adorar em direção ao templo

Quando as pessoas de Deus estivessem longe da Terra Prometida, elas deveriam orar com o rosto virado em direção ao templo (2Crônicas 6:36-39), por isso, quando Daniel orava na Babilônia, ele tinha o rosto voltado para o templo de Deus (Daniel 6:10). As pessoas descritas por Ezequiel estavam orando de costas para o templo, isto é, elas tinham o rosto voltado para o leste, a direção para a qual a maioria dos pagãos se virava ao orar (Ezequiel 8:16).

e olhei. Lá, desenhadas por todas as paredes,
vi todo tipo de criaturas rastejantes e animais
impuros e todos os ídolos da nação de Israel.
11Na frente deles estavam setenta autoridades
da nação de Israel, e Jazanias, filho de Safã,
estava no meio deles. Do incensário que ca-
da um tinha em suas mãos, elevava-se uma
nuvem aromática.
12Ele me disse: "Filho do homem, você viu
o que as autoridades da nação de Israel estão
fazendo nas trevas, cada uma no santuário de
sua própria imagem esculpida? Elas dizem: 'O
SENHOR não nos vê; o SENHOR abandonou o
país' ". 13E de novo disse: "Você os verá come-
terem práticas ainda mais repugnantes".
14Então ele me levou para a entrada da
porta norte da casa do SENHOR. Lá eu vi mu-
lheres sentadas, chorando por Tamuz[a]. 15Ele
me disse: "Você vê isso, filho do homem? Vo-
cê verá práticas ainda mais repugnantes do
que esta".
16Ele então me levou para dentro do pátio
interno da casa do SENHOR, e ali, à entrada
do templo, entre o pórtico e o altar, havia
uns vinte e cinco homens. Com as costas pa-
ra o templo do SENHOR e os rostos voltados
para o oriente, estavam se prostrando na di-
reção do sol.
17Ele me disse: "Você viu isso, filho do ho-
mem? Será que essas práticas repugnantes
são corriqueiras para a nação de Judá? De-
verão também encher a terra de violência e
continuamente me provocar a ira? Veja! Eles
estão pondo o ramo perto do nariz! 18Por isso
com ira eu os tratarei; não olharei com pie-
dade para eles nem os pouparei. Mesmo que
gritem aos meus ouvidos, não os ouvirei".

A morte dos idólatras

9 Então o ouvi clamar em alta voz: "Tragam
aqui os guardas da cidade, cada um com
uma arma na mão". 2E vi seis homens que
vinham da porta superior, que está voltada
para o norte, cada um com uma arma mortal
na mão. Com eles estava um homem vestido
de linho que tinha um estojo de escrevente à
cintura. Eles entraram e se puseram ao lado
do altar de bronze.
3E a glória do Deus de Israel levantou-se
de cima do querubim, onde havia estado, e
se moveu para a entrada do templo. E o SE-
NHOR chamou o homem vestido de linho e
que tinha o estojo de escrevente à cintura 4e
lhe disse: "Percorra a cidade de Jerusalém e
ponha um sinal na testa daqueles que suspi-
ram e gemem por causa de todas as práticas
repugnantes que são feitas nela".
5Enquanto eu escutava, ele disse aos ou-
tros: "Sigam-no por toda a cidade e matem,
sem piedade ou compaixão, 6velhos, rapa-
zes e moças, mulheres e crianças. Mas não
toquem em ninguém que tenha o sinal. Co-
mecem pelo meu santuário". Então eles co-
meçaram com as autoridades que estavam
na frente do templo.
7E ele lhes disse: "Contaminem o templo e
encham de mortos os pátios. Podem ir!" Eles
saíram e começaram a matança na cidade to-
da. 8Enquanto isso eu fiquei sozinho. Então
prostrei-me com o rosto em terra, clamando:
"Ah! Soberano SENHOR! Vais destruir todo o
remanescente de Israel, lançando a tua ira
sobre Jerusalém?"
9Ele me respondeu: "A iniquidade da na-
ção de Israel e de Judá é enorme; a terra está
cheia de sangue derramado e a cidade está
cheia de injustiça. Eles dizem: 'O SENHOR
abandonou o país; o SENHOR não nos vê'.
10Então eu, de minha parte, não olharei para
eles com piedade nem os pouparei, mas farei
cair sobre a sua cabeça o que eles têm feito".
11Então o homem de linho com o estojo de
escrevente à cintura voltou trazendo um rela-
tório, e disse: "Fiz o que me ordenaste".

A glória de Deus afasta-se do templo

10 Olhei e vi algo semelhante a um trono
de safira sobre a abóbada que estava por
cima das cabeças dos querubins. 2O SENHOR
disse ao homem vestido de linho: "Vá entre
as rodas, por baixo dos querubins. Encha as
mãos com brasas ardentes apanhadas de en-
tre os querubins e espalhe-as sobre a cidade".
E, enquanto eu observava, ele foi.
3Ora, os querubins estavam no lado sul do
templo quando o homem entrou, e uma nu-
vem encheu o pátio interno. 4Então a glória
do SENHOR levantou-se de cima dos queru-
bins e moveu-se para a entrada do templo. A
nuvem encheu o templo, e o pátio foi tomado
pelo resplendor da glória do SENHOR. 5O som
das asas dos querubins podia ser ouvido até
no pátio externo, como a voz do Deus todo-
-poderoso, quando ele fala.
6Quando o SENHOR ordenou ao homem
vestido de linho: "Apanhe fogo do meio das
rodas, do meio dos querubins", o homem foi
e colocou-se ao lado de uma roda. 7No meio
do fogo que estava entre os querubins um
deles estendeu a mão, apanhou algumas

[a] 8:14 Essa lamentação pelo deus Tamuz ocorreu no segundo dia do quarto mês, tamuz (aproximadamente junho/julho), que recebeu seu nome devido a esse acontecimento.

brasas e as colocou nas mãos do homem vestido de linho, que as recebeu e saiu. 8(Debaixo das asas dos querubins podia-se ver o que se parecia com mãos humanas.)

9Olhei e vi ao lado dos querubins quatro rodas, uma ao lado de cada um dos querubins; as rodas reluziam como berilo. 10Quanto à sua aparência, eram iguais, e cada uma parecia estar entrosada na outra. 11Enquanto se moviam, elas iam em qualquer uma das quatro direções que tomavam os querubins; as rodas não se viravam[a] enquanto os querubins se moviam. Eles seguiam qualquer direção à sua frente, sem se virar. 12Seus corpos, inclusive as costas, as mãos e as asas, estavam completamente cheios de olhos, como as suas quatro rodas. 13Quanto às rodas, ouvi que as chamavam "giratórias". 14Cada um dos querubins tinha quatro rostos: Um rosto era o de um querubim, o segundo, de um homem, o terceiro, de um leão, e o quarto, de uma águia.

15Então os querubins se elevaram. Eram os mesmos seres viventes que eu tinha visto junto ao rio Quebar. 16Quando os querubins se moviam, as rodas ao lado deles se moviam; quando os querubins estendiam as asas para erguer-se do chão, as rodas também iam com eles. 17Quando os querubins se mantinham imóveis, elas também ficavam; e quando os querubins se levantavam, elas se levantavam com eles, porque o espírito dos seres viventes estava nelas.

18E a glória do SENHOR afastou-se da entrada do templo e parou sobre os querubins. 19Enquanto eu observava, os querubins estenderam as asas e se ergueram do chão, e as rodas foram com eles. Eles pararam à entrada da porta oriental do templo do SENHOR, e a glória do Deus de Israel estava sobre eles.

20Esses seres viventes eram os mesmos que eu tinha visto debaixo do Deus de Israel, junto ao rio Quebar, e percebi que eles eram querubins. 21Cada um tinha quatro rostos e quatro asas, e debaixo de suas asas havia o que parecia mãos humanas. 22Seus rostos tinham a mesma aparência daqueles que eu tinha visto junto ao rio Quebar. Todos iam sempre para a frente.

O julgamento dos líderes de Israel

11 Então o Espírito me ergueu e me levou para a porta do templo do SENHOR que dá para o oriente. Ali, à entrada da porta, havia vinte e cinco homens, e vi entre eles Jazanias, filho de Azur, e Pelatias, filho de Benaia, líderes do povo. 2O SENHOR me disse: "Filho do homem, estes são os homens que estão tramando o mal e dando maus conselhos nesta cidade. 3Eles dizem: 'Não está chegando o tempo de construir casas?[b] Esta cidade é uma panela, e nós somos a carne dentro dela'. 4Portanto, profetize contra eles; profetize, filho do homem".

5Então o Espírito do SENHOR veio sobre mim e mandou-me dizer: "Assim diz o SENHOR: É isso que vocês estão dizendo, ó nação de Israel, mas eu sei em que vocês estão pensando. 6Vocês mataram muita gente nesta cidade e encheram as suas ruas de cadáveres.

7"Portanto, assim diz o Soberano, o SENHOR: Os corpos que vocês jogaram nas ruas são a carne, e esta cidade é a panela, mas eu os expulsarei dela. 8Vocês têm medo da espada, e a espada é o que trarei contra vocês. Palavra do Soberano, o SENHOR. 9Eu os expulsarei da cidade e os entregarei nas mãos de estrangeiros e os castigarei. 10Vocês cairão à espada, e eu os julgarei nas fronteiras de Israel. Então vocês saberão que eu sou o SENHOR. 11Esta cidade não será uma panela para vocês, nem vocês serão carne dentro dela; eu os julgarei nas fronteiras de Israel. 12E vocês saberão que eu sou o SENHOR, pois vocês não agiram segundo os meus decretos nem obedeceram às minhas leis, mas se conformaram aos padrões das nações ao seu redor".

13Ora, enquanto eu estava profetizando, Pelatias, filho de Benaia, morreu. Então prostrei-me com o rosto em terra, e clamei em alta voz: "Ah! Soberano SENHOR! Destruirás totalmente o remanescente de Israel?"

14Esta palavra do SENHOR veio a mim: 15"Filho do homem, seus irmãos, sim, seus irmãos que são seus parentes consanguíneos[c] e toda a nação de Israel, são aqueles de quem o povo de Jerusalém tem dito: 'Eles estão[d] longe do SENHOR. É a nós que esta terra foi dada, para ser nossa propriedade'.

A promessa da volta de Israel

16"Portanto diga: Assim diz o Soberano, o SENHOR: Embora eu os tenha mandado para terras muito distantes entre os povos e os tenha espalhado entre as nações, por breve período tenho sido um santuário para eles nas terras para onde foram.

[a] 10:11 Ou *não viravam para o lado*

[b] 11:3 Ou *Esta não é a hora de construir casas?*

[c] 11:15 Ou *que estão no exílio junto com você*

[d] 11:15 Ou *aqueles a quem o povo de Jerusalém disse: 'Permaneçam*

17“Portanto, diga: Assim diz o Soberano, o SENHOR: Eu os ajuntarei dentre as nações e os trarei de volta das terras para onde vocês foram espalhados, e lhes devolverei a terra de Israel.

18“Eles voltarão para ela e retirarão todas as suas imagens repugnantes e os seus ídolos detestáveis. 19Darei a eles um coração não dividido e porei um novo espírito dentro deles; retirarei deles o coração de pedra e lhes darei um coração de carne. 20Então agirão segundo os meus decretos e serão cuidadosos em obedecer às minhas leis. Eles serão o meu povo, e eu serei o seu Deus. 21Mas, quanto àqueles cujo coração está afeiçoado às suas imagens repugnantes e aos seus ídolos detestáveis, farei cair sobre a sua cabeça aquilo que eles têm feito. Palavra do Soberano, o SENHOR”.

22Então os querubins, com as rodas ao lado, estenderam as asas, e a glória do Deus de Israel estava sobre eles. 23A glória do SENHOR se levantou da cidade e parou sobre o monte que fica a leste dela. 24Então o Espírito de Deus ergueu-me e em visão levou-me aos que estavam exilados na Babilônia.

Findou-se então a visão que eu havia tido, 25e contei aos exilados tudo o que o SENHOR tinha me mostrado.

O exílio simbolizado

12 Veio a mim esta palavra do SENHOR: 2“Filho do homem, você vive no meio de uma nação rebelde. Eles têm olhos para ver, mas não veem, e ouvidos para ouvir, mas não ouvem, pois são uma nação rebelde.

3“Portanto, filho do homem, arrume sua bagagem para o exílio e, durante o dia, à vista de todos, parta, e vá para outro lugar. Talvez eles compreendam, embora sejam uma nação rebelde. 4Durante o dia, sem fugir aos olhares do povo, leve para fora os seus pertences arrumados para o exílio. À tarde, saia como aqueles que vão para o exílio. E que os outros o vejam fazer isso. 5Enquanto eles o observam, faça um buraco no muro e passe a sua bagagem através dele. 6Ponha-a nos ombros, enquanto o povo estiver observando, e carregue-a ao entardecer. Cubra o rosto para que você não possa ver nada do país, pois eu fiz de você um sinal para a nação de Israel”.

7Então eu fiz o que me foi ordenado. Durante o dia levei para fora as minhas coisas, arrumadas para o exílio. Depois, à tarde, fiz com as mãos um buraco no muro. Ao entardecer saí com a minha bagagem carregando-a nos ombros à vista de todos.

8De manhã recebi esta palavra do SENHOR: 9“Filho do homem, acaso aquela nação rebelde de Israel não lhe perguntou: ‘O que você está fazendo?’

10“Diga-lhes: Assim diz o Soberano, o SENHOR: Esta advertência diz respeito ao príncipe de Jerusalém e a toda a nação de Israel que está ali. 11Diga-lhes: Eu sou um sinal para vocês. Como eu fiz, assim lhes será feito. Eles irão para o exílio como prisioneiros.

12“O príncipe deles porá a sua bagagem nos ombros ao entardecer e sairá por um buraco que será escavado no muro para ele passar. Ele cobrirá o rosto para que não possa ver nada do país. 13Estenderei a minha rede para ele, e ele será apanhado em meu laço; eu o trarei para a Babilônia, terra dos caldeus, mas ele não a verá, e ali morrerá. 14Espalharei aos ventos todos os que estão ao seu redor, os seus oficiais e todas as suas tropas, e os perseguirei com a espada em punho.

15“Eles saberão que eu sou o SENHOR, quando eu os dispersar entre as nações e os espalhar pelas terras. 16Mas pouparei uns poucos deles da espada, da fome e da peste para que, nas nações aonde forem, contem todas as suas práticas repugnantes. Então saberão que eu sou o SENHOR”.

17Esta palavra do SENHOR veio a mim: 18“Filho do homem, trema enquanto come a sua comida, e fique arrepiado de medo enquanto bebe a sua água. 19Diga ao povo do país: Assim diz o SENHOR, o Soberano, acerca daqueles que vivem em Jerusalém e em Israel: Eles comerão sua comida com ansiedade e

Você sabia?

Como Ezequiel profetizava sem palavras?

12:3 Deus disse a Ezequiel para encenar as coisas que aconteceriam aos israelitas no futuro (algo como uma pantomima). Ezequiel mostrava ao povo que Jerusalém e a terra de Israel seriam arrasados e também que as pessoas seriam capturadas pelos babilônios.

beberão sua água desesperados, pois tudo o que existe em sua terra dela será arrancado por causa da violência de todos os que ali vivem. 20As cidades habitadas serão arrasadas e a terra ficará abandonada. Então vocês saberão que eu sou o SENHOR".

21O SENHOR me falou: 22"Filho do homem, que provérbio é este que vocês têm em Israel: 'Os dias passam e todas as visões dão em nada'? 23Diga-lhes, pois: Assim diz o Soberano, o SENHOR: Darei fim a esse provérbio, e não será mais citado em Israel. Diga-lhes: Estão chegando os dias em que toda visão se cumprirá. 24Pois não haverá mais visões falsas ou adivinhações bajuladoras entre o povo de Israel. 25Mas eu, o SENHOR, falarei o que eu quiser, e isso se cumprirá sem demora. Pois em seus dias, ó nação rebelde, cumprirei tudo o que eu disser. Palavra do Soberano, o SENHOR".

26Veio a mim esta palavra do SENHOR: 27"Filho do homem, a nação de Israel está dizendo: 'A visão que ele vê é para daqui a muitos anos, e ele profetiza sobre o futuro distante'.

28"Pois diga a eles: Assim diz o Soberano, o SENHOR: Nenhuma de minhas palavras sofrerá mais demora; tudo o que eu disser se cumprirá. Palavra do Soberano, o SENHOR".

A condenação dos falsos profetas

13 A palavra do SENHOR veio a mim. Disse ele: 2"Filho do homem, profetize contra os profetas de Israel que estão profetizando agora. Diga àqueles que estão profetizando pela sua própria imaginação: Ouçam a palavra do SENHOR! 3Assim diz o Soberano, o SENHOR: Ai dos profetas tolos[a] que seguem o seu próprio espírito e não viram nada! 4Seus profetas, ó Israel, são como chacais no meio de ruínas. 5Vocês não foram consertar as brechas do muro para a nação de Israel, para que ela pudesse resistir firme no combate do dia do SENHOR. 6Suas visões são falsas e suas adivinhações, mentira. Dizem 'Palavra do SENHOR', quando o SENHOR não os enviou; contudo, esperam que as suas palavras se cumpram. 7Acaso vocês não tiveram visões falsas e não pronunciaram adivinhações mentirosas quando disseram 'Palavra do SENHOR', sendo que eu não falei?

8"Portanto assim diz o Soberano, o SENHOR: Por causa de suas palavras falsas e de suas visões mentirosas, estou contra vocês. Palavra do Soberano, o SENHOR. 9Minha mão será contra os profetas que têm visões falsas e proferem adivinhações mentirosas. Eles não pertencerão ao conselho do meu povo, não estarão inscritos nos registros da nação de Israel e não entrarão na terra de Israel. Então vocês saberão que eu sou o Soberano, o SENHOR.

10"Porque fazem o meu povo desviar-se dizendo-lhe 'Paz' quando não há paz e, quando constroem um muro frágil, passam-lhe cal, 11diga àqueles que lhe passam cal: Esse muro vai cair! Virá chuva torrencial, e derramarei chuva de pedra, e rajarão ventos violentos. 12Quando o muro desabar, o povo lhes perguntará: 'Onde está a caiação que vocês fizeram?'

[a] 13:3 Ou *ímpios*

A vida nos tempos da Bíblia

Construção de muros

Algumas vezes, os muros de uma construção eram cobertos com um gesso branco, um processo que era conhecido como fazer caiação (Ezequiel 13:12). Esse processo fazia o muro ficar liso e bonito, mas as pedras no muro tinham de ser fortes e corretamente colocadas, pois um muro feito de qualquer jeito cairia independentemente de quão bonito fosse.

13"Por isso, assim diz o Soberano, o SENHOR: Na minha ira permitirei o estouro de um vento violento, e na minha indignação chuva de pedra e um aguaceiro torrencial cairão com ímpeto destruidor. 14Despedaçarei o muro que vocês caiaram e o arrasarei para que se desnudem os seus alicerces. Quando ele[a] cair, vocês serão destruídos com ele; e saberão que eu sou o SENHOR. 15Assim esgotarei minha ira contra o muro e contra aqueles que o caiaram. Direi a vocês: O muro se foi, e também aqueles que o caiaram, 16os profetas de Israel que profetizaram sobre Jerusalém e tiveram visões de paz para ela quando não havia paz. Palavra do Soberano, o SENHOR.

17"Agora, filho do homem, vire o rosto contra as filhas do seu povo que profetizam pela sua própria imaginação. Profetize contra elas 18e diga: Assim diz o SENHOR, o Soberano: Ai das mulheres que costuram berloques de feitiço em seus pulsos e fazem véus de vários comprimentos para a cabeça a fim de enlaçarem o povo. Pensam que vão enlaçar a vida do meu povo e preservar a de vocês? 19Vocês me profanaram no meio de meu povo em troca de uns punhados de cevada e de migalhas de pão. Ao mentirem ao meu povo, que ouve mentiras, vocês mataram aqueles que não deviam ter morrido e pouparam aqueles que não deviam viver.

20"Por isso, assim diz o Soberano, o SENHOR: Estou contra os seus berloques de feitiço com os quais vocês prendem o povo como se fossem passarinhos, e os arrancarei dos seus braços; porei em liberdade o povo que vocês prendem como passarinhos. 21Rasgarei os seus véus e libertarei o meu povo das mãos de vocês, e ele não será mais presa do seu poder. Então vocês saberão que eu sou o SENHOR. 22Vocês, mentindo, desencorajaram o justo contra a minha vontade, e encorajaram os ímpios a não se desviarem dos seus maus caminhos para salvarem a sua vida. 23Por isso, vocês não terão mais visões falsas e nunca mais vão praticar adivinhação. Livrarei o meu povo das mãos de vocês. E então vocês saberão que eu sou o SENHOR".

A condenação dos idólatras

14 Algumas das autoridades de Israel vieram e se sentaram diante de mim. 2Então o SENHOR me falou: 3"Filho do homem, estes homens ergueram ídolos em seus corações e puseram tropeços ímpios diante de si. Devo deixar que me consultem? 4Ora, diga-lhes: Assim diz o Soberano, o SENHOR: Quando qualquer israelita erguer ídolos em seu coração e puser um tropeço ímpio diante do seu rosto e depois for consultar um profeta, eu o SENHOR, eu mesmo, responderei a ele conforme a sua idolatria. 5Isto farei para reconquistar o coração da nação de Israel, que me abandonou em troca de seus ídolos.

6"Por isso diga à nação de Israel: Assim diz o Soberano, o SENHOR: Arrependa-se! Desvie-se dos seus ídolos e renuncie a todas as práticas detestáveis!

7"Quando qualquer israelita ou qualquer estrangeiro residente em Israel separar-se de mim, erguer ídolos em seu coração e puser um tropeço ímpio diante de si e depois for a um profeta para me consultar, eu, o SENHOR, eu mesmo, responderei a ele. 8Voltarei o meu rosto contra aquele homem e farei dele um exemplo e um objeto de zombaria. Eu o eliminarei do meio do meu povo. E vocês saberão que eu sou o SENHOR.

9"E, se o profeta for enganado e levado a proferir uma profecia, eu, o SENHOR, terei enganado aquele profeta, e estenderei o meu braço contra ele e o destruirei, tirando-o do meio de Israel, o meu povo. 10O profeta será tão culpado quanto aquele que o consultar; ambos serão castigados. 11Isso para que a nação de Israel não se desvie mais de mim, nem mais se contamine com todos os seus pecados. Serão o meu povo, e eu serei o seu Deus. Palavra do Soberano, o SENHOR".

Julgamento inevitável

12Esta palavra do SENHOR veio a mim: 13"Filho do homem, se uma nação pecar contra mim por infidelidade, estenderei contra ela o meu braço para cortar o seu sustento, enviar fome sobre ela e exterminar seus homens e seus animais. 14Mesmo que estes três homens — Noé, Daniel[b] e Jó — estivessem nela, por sua retidão eles só poderiam livrar a si mesmos. Palavra do Soberano, o SENHOR.

15"Ou, se eu enviar animais selvagens para aquela nação e eles a deixarem sem filhos e ela for abandonada de tal forma que ninguém passe por ela, com medo dos animais, 16juro pela minha vida, palavra do Soberano, o SENHOR, mesmo que aqueles três homens estivessem nela, eles não poderiam livrar os seus próprios filhos ou filhas. Só a si mesmos livrariam, e a nação seria arrasada.

[a] 13:14 Ou *Quando a cidade*

[b] 14:14 Ou *Danel*; também no versículo 20.

17“Ou, se eu trouxer a espada contra aquela
nação e disser: Que a espada passe por toda
esta terra, e eu exterminar dela os homens
e os animais, 18juro pela minha vida, palavra
do Soberano, o SENHOR, mesmo que aqueles
três homens estivessem nela, eles não pode-
riam livrar seus próprios filhos ou filhas. So-
mente eles se livrariam.
19“Ou, se eu enviar uma peste contra aquela
terra e despejar sobre ela a minha ira derra-
mando sangue, exterminando seus homens e
seus animais, 20juro pela minha vida, palavra
do Soberano, o SENHOR, mesmo que Noé, Da-
niel e Jó estivessem nela, eles não poderiam
livrar seus filhos e suas filhas. Por sua justiça
só poderiam livrar a si mesmos.
21“Pois assim diz o Soberano, o SENHOR:
Quanto pior será quando eu enviar contra
Jerusalém os meus quatro terríveis juízos: a
espada, a fome, os animais selvagens e a pes-
te, para com eles exterminar os seus homens
e os seus animais! 22Contudo, haverá alguns
sobreviventes; filhos e filhas que serão reti-
rados dela. Eles virão a vocês e, quando vo-
cês virem a conduta e as ações deles, vocês
se sentirão consolados com relação à desgra-
ça que eu trouxe sobre Jerusalém. 23Vocês se
sentirão consolados quando virem a condu-
ta e as ações deles, pois saberão que não agi
sem motivo em tudo quanto fiz ali. Palavra
do Soberano, o SENHOR”.

Jerusalém, a videira inútil

15 A palavra do SENHOR veio a mim. Disse
ele: 2“Filho do homem, em que a ma-
deira da videira é melhor do que o galho de
qualquer árvore da floresta? 3Alguma vez a
madeira dela é usada para fazer algo útil? Al-
guém faz suportes com ela para neles pen-
durar coisas? 4E depois de lançada no fogo
como combustível e o fogo queimar as duas
extremidades e carbonizar o meio, servirá pa-
ra alguma coisa? 5Se não foi útil para coisa al-
guma enquanto estava inteira, muito menos
o será quando o fogo a queimar e ela estiver
carbonizada.
6“Por isso diz o Soberano, o SENHOR: Assim
como destinei a madeira da videira dentre as
árvores da floresta para servir de lenha pa-
ra o fogo, também tratarei os habitantes de
Jerusalém. 7Voltarei contra eles o meu rosto.
Do fogo saíram, mas o fogo os consumirá. E
quando eu voltar o meu rosto contra eles, vo-
cês saberão que eu sou o SENHOR. 8Arrasarei
a terra porque eles foram infiéis. Palavra do
Soberano, o SENHOR”.

A alegoria da Jerusalém infiel

16 Veio a mim esta palavra do SENHOR: 2“Fi-
lho do homem, confronte Jerusalém com
suas práticas detestáveis 3e diga: Assim diz o
Soberano, o SENHOR, a Jerusalém: Sua origem
e seu nascimento foram na terra dos cana-
neus; seu pai era um amorreu e sua mãe uma
hitita. 4Seu nascimento foi assim: no dia em
que você nasceu, o seu cordão umbilical não
foi cortado, você não foi lavada com água pa-
ra que ficasse limpa, não foi esfregada com
sal nem enrolada em panos. 5Ninguém olhou
para você com piedade nem teve suficiente
compaixão para fazer qualquer uma dessas
coisas por você. Ao contrário, você foi jogada
fora, em campo aberto, pois, no dia em que
nasceu, foi desprezada.
6“Então, passando por perto, vi você se es-
perneando em seu sangue e, enquanto você
jazia ali em seu sangue, eu lhe disse: Viva![a] 7E
eu a fiz crescer como uma planta no campo.
Você cresceu e se desenvolveu e se tornou a
mais linda das joias[b]. Seus seios se formaram
e seu cabelo cresceu, mas você ainda estava
totalmente nua.
8“Mais tarde, quando passei de novo por
perto, olhei para você e vi que já tinha idade
suficiente para amar; então estendi a minha
capa sobre você e cobri a sua nudez. Fiz um
juramento e estabeleci uma aliança com vo-
cê, palavra do Soberano, o SENHOR, e você se
tornou minha.
9“Eu lhe dei[c] banho com água e, ao lavá-la,
limpei o seu sangue e a perfumei. 10Pus-lhe
um vestido bordado e sandálias de couro[d].
Eu a vesti de linho fino e a cobri com rou-
pas caras. 11Adornei-a com joias; pus bra-
celetes em seus braços e uma gargantilha
em torno de seu pescoço; 12dei-lhe um pen-
dente, pus brincos em suas orelhas e uma
linda coroa em sua cabeça. 13Assim você
foi adornada com ouro e prata; suas rou-
pas eram de linho fino, tecido caro e pano
bordado. Sua comida era a melhor farinha,
mel e azeite de oliva. Você se tornou mui-
to linda e uma rainha. 14Sua fama espalhou-
-se entre as nações por sua beleza, porque
o esplendor que eu lhe dera tornou perfei-
ta a sua formosura. Palavra do Soberano,
o SENHOR.

[a] 16:6 Conforme alguns manuscritos do Texto Massorético, a Septuaginta e a Versão Siríaca. A maioria dos manuscritos do Texto Massorético diz *Viva! E, enquanto você jazia ali em seu sangue, eu lhe disse: Viva!*
[b] 16:7 Ou *se tornou amadurecida*
[c] 16:9 Ou *Eu tinha lhe dado*
[d] 16:10 Possivelmente peles de animais marinhos.

15“Mas você confiou em sua beleza e usou sua fama para se tornar uma prostituta. Você concedeu os seus favores a todos os que passaram por perto, e a sua beleza se tornou deles.[a] 16Você usou algumas de suas roupas para adornar altares idólatras, onde levou adiante a sua prostituição. Coisas assim jamais deveriam acontecer! 17Você apanhou as joias finas que eu lhe tinha dado, joias feitas com meu ouro e minha prata, e fez para si mesma ídolos em forma de homem e se prostituiu com eles. 18Você também os vestiu com suas roupas bordadas, e lhes ofereceu o meu óleo e o meu incenso. 19E até a minha comida que lhe dei: a melhor farinha, o azeite de oliva e o mel; você lhes ofereceu tudo como incenso aromático. Foi isso que aconteceu, diz o Soberano, o SENHOR.

20“E você ainda pegou seus filhos e filhas, que havia gerado para mim, e os sacrificou como comida para os ídolos. A sua prostituição não foi suficiente? 21Você abateu os meus filhos e os sacrificou[b] para os ídolos! 22Em todas as suas práticas detestáveis, como em sua prostituição, você não se lembrou dos dias de sua infância, quando estava totalmente nua, esperneando em seu sangue.

23“Ai! Ai de você! Palavra do Soberano, o SENHOR. Somando-se a todas as suas outras maldades, 24em cada praça pública, você construiu para si mesma altares e santuários elevados. 25No começo de cada rua você construiu seus santuários elevados e deturpou sua beleza, oferecendo seu corpo com promiscuidade cada vez maior a qualquer um que passasse. 26Você se prostituiu com os egípcios, os seus vizinhos cobiçosos, e provocou a minha ira com sua promiscuidade cada vez maior. 27Por isso estendi o meu braço contra você e reduzi o seu território; eu a entreguei à vontade das suas inimigas, as filhas dos filisteus, que ficaram chocadas com a sua conduta lasciva. 28Você se prostituiu também com os assírios, porque era insaciável, e, mesmo depois disso, ainda não ficou satisfeita. 29Então você aumentou a sua promiscuidade também com a Babilônia, uma terra de comerciantes, mas nem com isso ficou satisfeita.

30“Como você tem pouca força de vontade, palavra do Soberano, o SENHOR, quando você faz todas essas coisas, agindo como uma prostituta descarada! 31Quando construía os seus altares idólatras em cada esquina e fazia seus santuários elevados em cada praça pública, você só não foi como prostituta porque desprezou o pagamento.

32“Você, mulher adúltera! Prefere estranhos ao seu próprio marido! 33Toda prostituta recebe pagamento, mas você dá presentes a todos os seus amantes, subornando-os para que venham de todos os lugares receber de você os seus favores ilícitos. 34Em sua prostituição dá-se o contrário do que acontece com outras mulheres; ninguém corre atrás de você em busca dos seus favores. Você é o oposto, pois você faz o pagamento e nada recebe.

35“Por isso, prostituta, ouça a palavra do SENHOR! 36Assim diz o Soberano, o SENHOR: Por você ter desperdiçado a sua riqueza[c] e ter exposto a sua nudez em promiscuidade com os seus amantes, por causa de todos os seus ídolos detestáveis, e do sangue dos seus filhos dado a eles, 37por esse motivo vou ajuntar todos os seus amantes, com quem você encontrou tanto prazer, tanto os que você amou como aqueles que você odiou. Eu os ajuntarei contra você de todos os lados e a deixarei nua na frente deles, e eles verão toda a sua nudez. 38Eu a condenarei ao castigo determinado para mulheres que cometem adultério e que derramam sangue; trarei sobre você a vingança de sangue da minha ira e da indignação que o meu ciúme provoca. 39Depois eu a entregarei nas mãos de seus amantes, e eles despedaçarão os seus outeiros e destruirão os seus santuários elevados. Eles arrancarão as suas roupas e apanharão as suas joias finas e a deixarão nua. 40Trarão uma multidão contra você, que a apedrejará e com suas espadas a despedaçará. 41Eles destruirão a fogo as suas casas e lhe infligirão castigo à vista de muitas mulheres. Porei fim à sua prostituição, e você não pagará mais nada aos seus amantes. 42Então a minha ira contra você diminuirá e a minha indignação cheia de ciúme se desviará de você; ficarei tranquilo e já não estarei irado.

43“Por você não se ter lembrado dos dias de sua infância, mas ter provocado a minha ira com todas essas coisas, certamente farei cair sobre a sua cabeça o que você fez. Palavra do Soberano, o SENHOR. Acaso você não acrescentou lascívia a todas as suas outras práticas repugnantes?

44“Todos os que gostam de citar provérbios citarão este provérbio sobre você: ‘Tal mãe, tal filha’. 45Você é uma verdadeira filha de sua

[a] 16:15 Conforme a maioria dos manuscritos do Texto Massorético. Um manuscrito do Texto Massorético diz *perto. Uma coisa dessas não devia acontecer.*

[b] 16:21 Ou *e os fez passar pelo fogo*

[c] 16:36 Ou *cobiça*

mãe, que detestou o seu marido e os seus filhos; e você é uma verdadeira irmã de suas irmãs, as quais detestaram os seus maridos e os seus filhos. A mãe de vocês era uma hitita e o pai de vocês, um amorreu. 46Sua irmã mais velha era Samaria, que vivia ao norte de você com suas filhas; e sua irmã mais nova, que vivia ao sul com suas filhas, era Sodoma. 47Você não apenas andou nos caminhos delas e imitou suas práticas repugnantes, mas também, em todos os seus caminhos, logo se tornou mais depravada do que elas. 48Juro pela minha vida, palavra do Soberano, o SENHOR, sua irmã Sodoma e as filhas dela jamais fizeram o que você e as suas filhas têm feito.

49"Ora, este foi o pecado de sua irmã Sodoma: ela e suas filhas eram arrogantes, tinham fartura de comida e viviam despreocupadas; não ajudavam os pobres e os necessitados. 50Eram altivas e cometeram práticas repugnantes diante de mim. Por isso eu me desfiz delas, conforme você viu. 51Samaria não cometeu metade dos pecados que você cometeu. Você tem cometido mais práticas repugnantes do que elas, e tem feito suas irmãs parecerem mais justas, dadas todas as suas práticas repugnantes. 52Aguente a sua vergonha, pois você proporcionou alguma justificativa às suas irmãs. Visto que os seus pecados são mais detestáveis que os delas, elas parecem mais justas que você. Envergonhe-se, pois, e suporte a sua humilhação, porquanto você fez as suas irmãs parecerem justas.

53"Contudo, eu restaurarei a sorte de Sodoma e das suas filhas, e de Samaria e das suas filhas, e a sua sorte junto com elas, 54para que você carregue a sua vergonha e seja humilhada por tudo o que você fez, o que serviu de consolo para elas. 55E suas irmãs, Sodoma com suas filhas e Samaria com suas filhas, voltarão para o que elas eram antes; e você e suas filhas voltarão ao que eram antes. 56Você nem mencionaria o nome de sua irmã Sodoma na época do orgulho que você sentia, 57antes da sua impiedade ser trazida a público. Mas agora você é alvo da zombaria das filhas de Edom[a] e de todos os vizinhos dela, e das filhas dos filisteus, de todos os que vivem ao seu redor e que a desprezam. 58Você sofrerá as consequências da sua lascívia e das suas práticas repugnantes. Palavra do SENHOR.

59"Assim diz o Soberano, o SENHOR: Eu a tratarei como merece, porque você desprezou o meu juramento ao romper a aliança. 60Contudo, eu me lembrarei da aliança que fiz com você nos dias da sua infância, e com você estabelecerei uma aliança eterna. 61Então você se lembrará dos seus caminhos e se envergonhará quando receber suas irmãs, a mais velha e a mais nova. Eu as darei a você como filhas, não porém com base em minha aliança com você. 62Por isso estabelecerei a minha aliança com você, e você saberá que eu sou o SENHOR. 63Então, quando eu fizer propiciação em seu favor por tudo o que você tem feito, você se lembrará e se envergonhará e jamais voltará a abrir a boca por causa da sua humilhação. Palavra do Soberano, o SENHOR".

Duas águias e uma videira

17 Veio a mim esta palavra do SENHOR: 2"Filho do homem, apresente uma alegoria e conte uma parábola à nação de Israel. 3Diga a eles: Assim diz o Soberano, o SENHOR: Uma grande águia, com asas poderosas, penas longas e basta plumagem de cores variadas veio ao Líbano. Apoderando-se do alto de um cedro, 4arrancou o seu broto mais alto e o levou para uma terra de comerciantes, onde o plantou numa cidade de mercadores.

5"Depois apanhou um pouco de sementes da sua terra e as pôs em solo fértil. Ela as plantou como um salgueiro junto a muita água, 6e elas brotaram e formaram uma videira baixa e copada. Seus ramos se voltaram para a águia, mas as suas raízes permaneceram debaixo da videira. A videira desenvolveu-se e cobriu-se de ramos, brotos e folhas.

7"Mas havia outra águia grande, com asas poderosas e rica plumagem. A videira lançou suas raízes na direção dessa águia, desde o lugar onde estava plantada e estendeu seus ramos para ela em busca de água. 8Ora, ela havia sido plantada em terreno bom, junto a muita água, onde produziria ramos, daria fruto e se tornaria uma videira viçosa.

9"Diga a eles: Assim diz o Soberano, o SENHOR: Ela vingará? Não será desarraigada e seus frutos não serão arrancados para que ela seque? Tudo o que brotar dela secará. Não serão necessários nem braços fortes nem muitas pessoas para arrancá-la pelas raízes. 10Ainda que seja transplantada, será que vingará? Não secará totalmente quando o vento oriental a atingir, murchando e desaparecendo do lugar onde crescia?"

11Veio depois a mim esta palavra do SENHOR: 12"Diga a essa nação rebelde: Você não sabe o que essas coisas significam? Diga a

[a] 16:57 Conforme muitos manuscritos do Texto Massorético e a Versão Siríaca. A maioria dos manuscritos do Texto Massorético, a Septuaginta e a Vulgata dizem *Arã*.

eles: O rei da Babilônia foi a Jerusalém, ti-
rou de lá o seu rei e os seus nobres, e os le-
vou consigo de volta à Babilônia. 13Depois fez
um tratado com um membro da família real
e o colocou sob juramento. Levou também
os líderes da terra, 14para humilhar o reino e
torná-lo incapaz de reerguer-se, garantindo
apenas a sua sobrevivência pelo cumprimen-
to do seu tratado. 15Mas o rei se revoltou con-
tra ele e enviou mensagem ao Egito pedindo
cavalos e um grande exército. Será que ele
se sairá bem? Escapará aquele que age des-
sa maneira? Romperá ele o tratado e ainda
assim escapará?

16"Juro pela minha vida, palavra do Sobera-
no, o SENHOR, que ele morrerá na Babilônia,
na terra do rei que o pôs no trono, cujo jura-
mento ele desprezou e cujo tratado rompeu.
17O faraó, com seu poderoso exército e seus
batalhões, não será de nenhuma ajuda para
ele na guerra, quando rampas forem cons-
truídas e obras de cerco forem erguidas para
destruir muitas vidas. 18Como ele desprezou
o juramento quando rompeu o tratado feito
com aperto de mão e fez todas essas coisas,
de modo algum escapará.

19"Por isso assim diz o Soberano, o SENHOR:
Juro pela minha vida que farei cair sobre a
cabeça dele o meu juramento, que ele des-
prezou, e a minha aliança, que ele rompeu.
20Estenderei sobre ele a minha rede, e ele se-
rá pego em meu laço. Eu o levarei para a Ba-
bilônia e ali executarei juízo sobre ele porque
me foi infiel. 21Todas as suas tropas em fuga
cairão à espada, e os sobreviventes serão es-
palhados aos ventos. Então vocês saberão que
eu, o SENHOR, falei.

22"Assim diz o Soberano, o SENHOR: Eu
mesmo apanharei um broto bem do alto de
um cedro e o plantarei; arrancarei um renovo
tenro de seus ramos mais altos e o plantarei
num monte alto e imponente. 23Nos montes
altos de Israel eu o plantarei; ele produzirá
galhos e dará fruto e se tornará um cedro vi-
çoso. Pássaros de todo tipo se aninharão nele;
encontrarão abrigo à sombra de seus galhos.
24Todas as árvores do campo saberão que eu,
o SENHOR, faço cair a árvore alta e faço crescer
bem alto a árvore baixa. Eu resseco a árvore
verde e faço florescer a árvore seca.

"Eu, o SENHOR, falei, e o farei".

Aquele que pecar morrerá

18 Esta palavra do SENHOR veio a mim: 2"O
que vocês querem dizer quando citam
este provérbio sobre Israel:

" 'Os pais comem uvas verdes,
e os dentes dos filhos se embotam'?

3"Juro pela minha vida, palavra do Sobe-
rano, o SENHOR, que vocês não citarão mais
esse provérbio em Israel. 4Pois todos me per-
tencem. Tanto o pai como o filho me perten-
cem. Aquele que pecar é que morrerá.

5"Suponhamos que haja um justo
que faz o que é certo e direito.
6Ele não come nos santuários
que há nos montes
e nem olha para os ídolos
da nação de Israel.
Ele não contamina a mulher
do próximo
nem se deita com uma mulher
durante os dias de sua menstruação.
7Ele não oprime a ninguém,
antes, devolve o que tomou como
garantia
num empréstimo.
Não comete roubos,
antes dá a sua comida aos famintos
e fornece roupas para os despidos.
8Ele não empresta visando a lucro
nem cobra juros.
Ele retém a sua mão
para não cometer erro
e julga com justiça
entre dois homens.
9Ele age segundo os meus decretos
e obedece fielmente às minhas leis.
Esse homem é justo;
com certeza ele viverá.
Palavra do Soberano, o SENHOR.

10"Suponhamos que ele tenha um filho vio-
lento, que derrama sangue ou faz qualquer
uma destas outras coisas[a], 11embora o pai não
tenha feito nenhuma delas:

"Ele come nos santuários
que há nos montes.
Contamina a mulher do próximo.
12Oprime os pobres e os necessitados.
Comete roubos.
Não devolve o que tomou
como garantia.
Volta-se para os ídolos
e comete práticas detestáveis.
13Empresta visando a lucro
e cobra juros.

Deverá viver um homem desses? Não! Por
todas essas práticas detestáveis, com certeza

[a] 18:10 *Ou coisas a um irmão*

será morto, e ele será responsável por sua
própria morte.
[14]“Mas suponhamos que esse filho tenha
ele mesmo um filho que vê todos os peca-
dos que seu pai comete e, embora os veja,
não os comete.

[15]“Ele não come nos santuários
que há nos montes
e nem olha para os ídolos
da nação de Israel.
Não contamina a mulher do próximo.
[16]Não oprime a ninguém,
nem exige garantia para um
empréstimo.
Não comete roubos,
mas dá a sua comida aos famintos
e fornece roupas aos despidos.
[17]Ele retém a mão para não pecar[a]
e não empresta visando a lucro
nem cobra juros.
Obedece às minhas leis
e age segundo os meus decretos.

“Ele não morrerá por causa da iniquida-
de do seu pai; certamente viverá. [18]Mas seu
pai morrerá por causa de sua própria ini-
quidade, pois praticou extorsão, roubou seu
compatriota e fez o que era errado no meio
de seu povo.
[19]“Contudo, vocês perguntam: ‘Por que o
filho não partilha da culpa de seu pai?’ Uma
vez que o filho fez o que é justo e direito e
teve o cuidado de obedecer a todos os meus
decretos, com certeza ele viverá. [20]Aquele
que pecar é que morrerá. O filho não levará
a culpa do pai, nem o pai levará a culpa do
filho. A justiça do justo lhe será creditada, e a
impiedade do ímpio lhe será cobrada.
[21]“Mas, se um ímpio se desviar de todos
os pecados que cometeu e obedecer a to-
dos os meus decretos e fizer o que é justo
e direito, com certeza viverá; não morrerá.
[22]Não se terá lembrança de nenhuma das
ofensas que cometeu. Devido às coisas jus-
tas que tiver feito, ele viverá. [23]Teria eu algum
prazer na morte do ímpio? Palavra do Sobe-
rano, o SENHOR. Ao contrário, acaso não me
agrada vê-lo desviar-se dos seus caminhos e
viver?
[24]“Se, porém, um justo se desviar de sua
justiça, e cometer pecado e as mesmas práti-
cas detestáveis dos ímpios, deverá ele viver?
Nenhum de seus atos justos será lembrado!
Por causa da infidelidade de que é culpado
e por causa dos pecados que cometeu, ele
morrerá.

[a] 18:17 Conforme a Septuaginta. O Texto Massorético diz *Ele mantém sua mão longe dos pobres*. Veja o versículo 8.

A vida nos tempos da Bíblia

Roupas

Nos tempos do Antigo Testamento, as pessoas usavam roupas simples e bonitas, geralmente feitas de lã ou de linho. A maioria delas usava uma túnica por baixo, sobre a pele, feita de um tecido mais fino, e, por cima, usavam uma túnica mais solta, presa à cintura por um cinto de tecido ou de couro. No inverno, as pessoas no Antigo Testamento usavam um manto de lã, que também usavam à noite como cobertor, e, para protegerem a cabeça do sol quente, tanto homens quanto mulheres usavam um pano quadrado cobrindo a cabeça, mantido no lugar por uma faixa. Além disso, as pessoas costumavam usar sandálias de couro nos pés.

25“Contudo, vocês dizem: ‘O caminho do Se-
nhor não é justo’. Ouça, ó nação de Israel: O
meu caminho é injusto? Não são os seus ca-
minhos que são injustos? 26Se um justo des-
viar-se de sua justiça e cometer pecado, ele
morrerá por causa disso; por causa do pecado
que cometeu morrerá. 27Mas, se um ímpio se
desviar de sua maldade e fizer o que é justo
e direito, ele salvará sua vida. 28Por conside-
rar todas as ofensas que cometeu e se desviar
delas, ele com certeza viverá; não morrerá.
29Contudo, a nação de Israel diz: ‘O caminho
do Senhor não é justo’. São injustos os meus
caminhos, ó nação de Israel? Não são os seus
caminhos que são injustos?

30“Portanto, ó nação de Israel, eu os jul-
garei, a cada um de acordo com os seus ca-
minhos. Palavra do Soberano, o SENHOR.
Arrependam-se! Desviem-se de todos os seus
males, para que o pecado não cause a queda
de vocês. 31Livrem-se de todos os males que
vocês cometeram, e busquem um coração
novo e um espírito novo. Por que deveriam
morrer, ó nação de Israel? 32Pois não me agra-
da a morte de ninguém. Palavra do Soberano,
o SENHOR. Arrependam-se e vivam!

Lamento pelos príncipes de Israel

19 “Levante um lamento pelos príncipes de
Israel 2e diga:

“Que leoa foi sua mãe entre os leões!
Ela se deitava entre os leõezinhos
e criava os seus filhotes.
3Um dos seus filhotes
tornou-se um leão forte.
Ele aprendeu a despedaçar a presa
e devorou homens.
4As nações ouviram a seu respeito,
e ele foi pego na cova delas.
Elas o levaram com ganchos
para o Egito.

5“Quando ela viu que a sua esperança
não se cumpria,
quando viu que se fora
a sua expectativa,
escolheu outro de seus filhotes
e fez dele um leão forte.
6Ele vagueou entre os leões,
pois agora era um leão forte.
Ele aprendeu a despedaçar a presa
e devorou homens.
7Arrebentou[a] suas fortalezas
e devastou suas cidades.
A terra e todos que nela estavam
ficaram aterrorizados
com o seu rugido.
8Então as nações vizinhas
o atacaram.
Estenderam sua rede para apanhá-lo,
e ele foi pego na armadilha que
fizeram.
9Com ganchos elas o puxaram
para dentro de uma jaula
e o levaram ao rei da Babilônia.
Elas o colocaram na prisão,
de modo que não se ouviu mais
o seu rugido
nos montes de Israel.

10“Sua mãe era como uma vide
em sua vinha[b]
plantada junto à água;
era frutífera e cheia de ramos,
graças às muitas águas.
11Seus ramos eram fortes,
próprios para o cetro
de um governante.
Ela cresceu e subiu muito,
sobressaindo
à folhagem espessa;
chamava a atenção por sua altura
e por seus muitos ramos.
12Mas foi desarraigada com fúria
e atirada ao chão.
O vento oriental a fez murchar,
seus frutos foram arrancados,
seus fortes galhos secaram
e o fogo os consumiu.
13Agora está plantada no deserto,
numa terra seca e sedenta.
14O fogo espalhou-se de um
dos seus ramos principais
e consumiu toda a ramagem.
Nela não resta nenhum ramo forte
que seja próprio para o cetro
de um governante.

Esse é um lamento e como lamento deverá
ser empregado”.

Israel rebelde

20 No décimo dia do quinto mês do séti-
mo ano do exílio, alguns dos líderes de
Israel vieram consultar o SENHOR, e se senta-
ram diante de mim.
2Então me veio esta palavra do SENHOR:
3“Filho do homem, fale com os líderes de

[a] 19:7 Conforme o Targum. O Texto Massorético diz *Conheceu.*

[b] 19:10 Conforme dois manuscritos do Texto Massorético. A maioria dos manuscritos do Texto Massorético diz *em seu sangue.*

Israel e diga-lhes: Assim diz o Soberano, o
SENHOR: Vocês vieram consultar-me? Juro pe-
la minha vida que não deixarei que vocês me
consultem. Palavra do Soberano, o SENHOR.
4“Você os julgará? Você os julgará, filho do
homem? Então confronte-os com as práticas
repugnantes dos seus antepassados 5e diga-
-lhes: Assim diz o Soberano, o SENHOR: No dia
em que escolhi Israel, jurei com mão ergui-
da aos descendentes da família de Jacó e me
revelei a eles no Egito. Com mão erguida eu
lhes disse: Eu sou o SENHOR, o seu Deus. 6Na-
quele dia jurei a eles que os tiraria do Egito
e os levaria para uma terra que eu havia pro-
curado para eles, terra onde há leite e mel
com fartura, a mais linda de todas as terras.
7E eu lhes disse: Desfaçam-se, todos vocês, das
imagens repugnantes em que vocês puseram
os seus olhos, e não se contaminem com os
ídolos do Egito. Eu sou o SENHOR, o seu Deus.
8“Mas eles se rebelaram contra mim e não
quiseram ouvir-me; não se desfizeram das
imagens repugnantes em que haviam posto
os seus olhos, nem abandonaram os ídolos
do Egito. Por isso eu disse que derramaria
a minha ira sobre eles e que lançaria a mi-
nha indignação contra eles no Egito. 9Mas,
por amor do meu nome, eu agi, evitando que
o meu nome fosse profanado aos olhos das
nações entre as quais eles estavam e à vista
de quem eu tinha me revelado aos israelitas
para tirá-los do Egito. 10Por isso eu os tirei do
Egito e os trouxe para o deserto. 11Eu lhes dei
os meus decretos e lhes tornei conhecidas as
minhas leis, pois aquele que lhes obedecer
por elas viverá. 12Também lhes dei os meus
sábados como um sinal entre nós, para que
soubessem que eu, o SENHOR, fiz deles um
povo santo.
13“Contudo, os israelitas se rebelaram con-
tra mim no deserto. Não agiram segundo os
meus decretos, mas profanaram os meus sá-
bados e rejeitaram as minhas leis, sendo que
aquele que lhes obedecer por elas viverá. Por
isso eu disse que derramaria a minha ira so-
bre eles e os destruiria no deserto. 14Mas, por
amor do meu nome, eu agi, evitando que o
meu nome fosse profanado aos olhos das
nações à vista das quais eu os havia tirado
do Egito. 15Com mão erguida, também jurei
a eles que não os levaria para a terra que eu
lhes dei, terra onde há leite e mel com fartu-
ra, a mais linda de todas as terras, 16porque
eles rejeitaram as minhas leis, não agiram
segundo os meus decretos e profanaram
os meus sábados. Pois os seus corações es-
tavam voltados para os seus ídolos. 17Olhei,
porém, para eles com piedade e não os des-
truí, não os exterminei no deserto. 18Eu dis-
se aos filhos deles no deserto: Não sigam as
normas dos seus pais nem obedeçam às leis
deles nem se contaminem com os seus ído-
los. 19Eu sou o SENHOR, o seu Deus; ajam con-
forme os meus decretos e tenham o cuidado
de obedecer às minhas leis. 20Santifiquem os
meus sábados, para que eles sejam um sinal
entre nós. Então vocês saberão que eu sou o
SENHOR, o seu Deus.
21“Mas os filhos se rebelaram contra mim —
não agiram de acordo com os meus decretos,
não tiveram o cuidado de obedecer às minhas
leis, sendo que aquele que lhes obedecer vi-
verá por elas, e profanaram os meus sábados.
Por isso eu disse que derramaria a minha ira
sobre eles e lançaria o meu furor contra eles
no deserto. 22Mas contive o meu braço e, por
amor do meu nome, agi, evitando que o meu
nome fosse profanado aos olhos das nações
à vista das quais eu os havia tirado do Egito.
23Com mão erguida, também jurei a eles no
deserto que os espalharia entre as nações e
os dispersaria por outras terras, 24porque não
obedeceram às minhas leis, mas rejeitaram
os meus decretos e profanaram os meus sá-
bados, e os seus olhos cobiçaram os ídolos de
seus pais. 25Também os abandonei a decretos
que não eram bons e a leis pelas quais não
conseguiam viver; 26deixei que se contami-
nassem por meio de suas ofertas, isto é, pelo
sacrifício de cada filho mais velho, para que
eu os enchesse de pavor e para que eles sou-
bessem que eu sou o SENHOR.
27“Portanto, filho do homem, fale à nação
de Israel e diga-lhes: Assim diz o Soberano, o
SENHOR: Nisto os seus antepassados também
blasfemaram contra mim ao me abandona-
rem: 28quando eu os trouxe para a terra que
havia jurado dar-lhes, bastava que vissem um
monte alto ou uma árvore frondosa, ali ofe-
reciam os seus sacrifícios, faziam ofertas que
provocaram a minha ira, apresentavam seu
incenso aromático e derramavam suas ofer-
tas de bebidas. 29Perguntei-lhes então: Que
altar é este no monte para onde vocês vão?”
Esse altar é chamado Bama[a] até o dia de hoje.

Julgamento e restauração

30“Portanto, diga à nação de Israel: Assim
diz o Soberano, o SENHOR: Vocês não estão

[a] 20:29 *Bama* significa *altar no monte* ou *altar idólatra*.

se contaminando como os seus antepassa-
dos se contaminaram? E não estão cobiçan-
do as suas imagens repugnantes? 31Quando
vocês apresentam as suas ofertas, o sacrifício
de seus filhos no fogo, continuam a contami-
nar-se com todos os seus ídolos até o dia de
hoje. E eu deverei deixar que me consultem,
ó nação de Israel? Juro pela minha vida, pa-
lavra do Soberano, o SENHOR, que não per-
mitirei que vocês me consultem.
32"Vocês dizem: 'Queremos ser como as
nações, como os povos do mundo, que ser-
vem à madeira e à pedra'. Mas o que vocês
têm em mente jamais acontecerá. 33Juro pe-
la minha vida, palavra do Soberano, o SE-
NHOR, que dominarei sobre vocês com mão
poderosa e braço forte e com ira que já trans-
bordou. 34Trarei vocês dentre as nações e os
ajuntarei dentre as terras para onde vocês fo-
ram espalhados, com mão poderosa e braço
forte e com ira que já transbordou. 35Trarei
vocês para o deserto das nações e ali, face a
face, os julgarei. 36Assim como julguei os seus
antepassados no deserto do Egito, também
os julgarei. Palavra do Soberano, o SENHOR.
37Contarei vocês enquanto estiverem passan-
do debaixo da minha vara, e os trarei para o
vínculo da aliança. 38Eu os separarei daque-
les que se revoltam e se rebelam contra mim.
Embora eu os tire da terra onde habitam, eles
não entrarão na terra de Israel. Então vocês
saberão que eu sou o SENHOR.
39"Quanto a vocês, ó nação de Israel, as-
sim diz o Soberano, o SENHOR: Vão prestar
culto a seus ídolos, cada um de vocês! Mas
depois disso certamente me ouvirão e não
profanarão mais o meu santo nome com as
suas ofertas e com os seus ídolos. 40Pois no
meu santo monte, no alto monte de Israel,
palavra do Soberano, o SENHOR, na sua ter-
ra, toda a nação de Israel me prestará culto,
e ali eu os aceitarei. Ali exigirei as suas ofer-
tas e as suas melhores dádivas[a], junto com
todas as suas dádivas sagradas. 41Eu as acei-
tarei como incenso aromático, quando eu os
tirar dentre as nações e os ajuntar dentre as
terras pelas quais vocês foram espalhados, e
me mostrarei santo no meio de vocês à vis-
ta das nações. 42Vocês saberão que eu sou o
SENHOR, quando eu os trouxer para a terra
de Israel, a terra que, de mão erguida, jurei
dar aos seus antepassados. 43Ali vocês se lem-
brarão da conduta que tiveram e de todas
as ações pelas quais vocês se contaminaram,
e terão nojo de si mesmos por causa de to-
do mal que fizeram. 44E saberão que eu sou
o SENHOR, quando eu tratar com vocês por
amor do meu nome e não de acordo com os
seus caminhos maus e suas práticas perver-
sas, ó nação de Israel. Palavra do Soberano,
o SENHOR".

Profecia contra o sul

45Veio a mim esta palavra do SENHOR: 46"Fi-
lho do homem, vire o rosto para o sul; pre-
gue contra o sul e profetize contra a floresta
da terra do Neguebe. 47Diga à floresta do Ne-
guebe: Ouça a palavra do SENHOR. Assim diz
o Soberano, o SENHOR: Estou a ponto de in-
cendiá-la, consumindo assim todas as suas
árvores, tanto as verdes quanto as secas. A
chama abrasadora não será apagada, e todos
os rostos, do Neguebe até o norte, serão res-
secados por ela. 48Todos verão que eu, o SE-
NHOR, a acendi; não será apagada".

[a] 20:40 Ou *e as dádivas dos primeiros frutos*

Deus pode mudar pessoas

Experimente!

No tempo de Ezequiel, o povo de Deus adorava ídolos. Leia Ezequiel 20:39-44, na qual Deus diz aos israelitas que não está contente com o que eles estão fazendo e, então, lhes diz o que acontecerá no futuro. Os israelitas voltarão a adorar a Deus e se arrependerão muito do que fizeram de errado.

Você conhece alguma criança que não age como um cristão e que faz coisas más e erradas? Você pode orar por ela a pedir a Deus para mudá-la, ajudando-a a conhecer e amar a Jesus.

Ezequiel 20:39-44

49 Então eu disse: Ah, Soberano SENHOR! Es-
tão dizendo a meu respeito: "Acaso ele não
está apenas contando parábolas?"

Babilônia, a espada do juízo divino

21 Esta palavra do SENHOR veio a mim: 2 "Fi-
lho do homem, vire o rosto contra Jeru-
salém e pregue contra o santuário. Profetize
contra Israel, 3 dizendo-lhe: Assim diz o SE-
NHOR: Estou contra você. Empunharei a mi-
nha espada para eliminar tanto o justo quanto
o ímpio. 4 Uma vez que eu vou eliminar o justo
e o ímpio, estarei empunhando a minha espa-
da contra todos, desde o Neguebe até o norte.
5 Então todos saberão que eu, o SENHOR, tirei a
espada da bainha e não tornarei a guardá-la.
6 "Portanto, comece a gemer, filho do ho-
mem! Comece a gemer diante deles com o
coração partido e com amarga tristeza. 7 E,
quando lhe perguntarem: 'Por que você está
gemendo?', você dirá: Por causa das notícias
que estão vindo. Todo coração se derreterá, e
toda mão penderá frouxa; todo espírito des-
maiará, e todo joelho se tornará como água,
de tão fraco. E vem chegando! Sem nenhu-
ma dúvida vai acontecer. Palavra do Sobera-
no, o SENHOR".
8 Esta palavra do SENHOR veio a mim: 9 "Fi-
lho do homem, profetize e diga: Assim diz
o Senhor:

"Uma espada,
uma espada, afiada e polida;
10 afiada para a mortandade,
polida para luzir como relâmpago!

"Acaso vamos regozijar-nos com o cetro
do meu filho Judá? A espada despreza toda
e qualquer vareta como essa.

11 "A espada foi destinada a ser polida,
a ser pega com as mãos;
está afiada e polida,
preparada para que a maneje
a mão do matador.
12 Clame e grite, filho do homem,
pois ela está contra o meu povo;
está contra todos os príncipes de Israel.
Eles e o meu povo são atirados
contra a espada.
Lamente-se, pois; bata no peito.

13 "É certo que a prova virá. E que acontece-
rá, se o cetro de Judá, que a espada despreza,
não continuar a existir? Palavra do Sobera-
no, o SENHOR.

14 "Por isso profetize, então,
filho do homem,
e bata as mãos uma na outra.
Que a espada golpeie não duas,
mas três vezes.
É uma espada para matança,
para grande matança,
avançando sobre eles de todos os lados.
15 Assim, para que os corações
se derretam
e muitos sejam os caídos,
coloquei a espada para a matança
junto a todas as suas portas.
Ah! Ela foi feita para luzir
como relâmpago;
é empunhada firmemente
para a matança.
16 Ó espada, golpeie para todos os lados,
para onde quer que se vire a sua
lâmina.
17 Eu também baterei minhas mãos
uma na outra,
e a minha ira diminuirá.
Eu, o SENHOR, falei".

18 A palavra do SENHOR veio a mim: 19 "Filho
do homem, trace as duas estradas que a es-
pada do rei da Babilônia deve seguir, as duas
partindo da mesma terra. Em cada uma delas
coloque um marco indicando o rumo de uma
cidade. 20 Trace uma estrada que leve a espada
contra Rabá dos amonitas, e a outra contra
Judá e contra a Jerusalém fortificada. 21 Pois o
rei da Babilônia parará no local de onde par-
tem as duas estradas para sortear a escolha.
Ele lançará a sorte com flechas, consultará os
ídolos da família, examinará o fígado. 22 Pe-
la sua mão direita será sorteada Jerusalém,
onde deverá preparar aríetes, dar ordens pa-
ra a matança, soar o grito de guerra, montar
aríetes contra as portas, construir uma ram-
pa e levantar obras de cerco. 23 Isso parecerá
um falso presságio aos judeus, que tinham
feito uma aliança com juramento, mas o rei
invasor os fará recordar sua culpa e os leva-
rá prisioneiros.
24 "Portanto, assim diz o Soberano, o SE-
NHOR: Visto que vocês trouxeram à lem-
brança a sua iniquidade mediante rebelião
ostensiva, revelando seus pecados em tudo
o que fazem; por isso vão ser levados pri-
sioneiros.
25 "Ó ímpio e profano príncipe de Israel, o
seu dia chegou, esta é a hora do seu casti-
go, 26 e assim diz o Soberano, o SENHOR: Tire
o turbante e a coroa. Não será como antes —
os humildes serão exaltados, e os exaltados

serão humilhados. 27Uma desgraça! Uma desgraça! Eu farei dela uma desgraça! Não será restaurada, enquanto não vier aquele a quem ela pertence por direito; a ele eu a darei.

28"E você, filho do homem, profetize e diga: Assim diz o Soberano, o SENHOR, acerca dos amonitas e dos seus insultos:

"Uma espada,
uma espada, empunhada
para matança,
polida para consumir
e para luzir como relâmpago!
29A despeito das visões falsas
e das adivinhações mentirosas
sobre vocês,
ela será posta no pescoço
dos ímpios que devem
ser mortos
e cujo dia chegou,
cujo momento de castigo
é agora.
30Volte a espada à sua bainha.
No lugar onde vocês foram criados,
na terra dos seus antepassados,
eu os julgarei.
31Derramarei a minha ira sobre vocês,
soprarei a minha ira impetuosa
contra vocês;
eu os entregarei nas mãos
de homens brutais,
acostumados à destruição.
32Vocês serão combustível para o fogo,
seu sangue será derramado em sua
terra
e vocês não serão mais lembrados;
porque eu, o SENHOR, falei".

Os pecados de Jerusalém

22 Veio a mim esta palavra do SENHOR: 2"Filho do homem, você a julgará? Você julgará essa cidade sanguinária? Então confronte-a com todas as suas práticas repugnantes 3e diga: Assim diz o Soberano, o SENHOR: Ó cidade, que traz condenação sobre si mesma por derramar sangue em seu meio e por se contaminar fazendo ídolos! 4Você se tornou culpada por causa do sangue que derramou e por ter se contaminado com os ídolos que fez. Você apressou o seu dia; chegou o fim dos seus anos. Por isso farei de você objeto de zombaria para as nações e de escárnio em todas as terras. 5Tanto as nações vizinhas como as distantes zombarão de você, ó cidade infame e inquieta!

6"Veja como cada um dos príncipes de Israel que aí está usa o seu poder para derramar sangue. 7Em seu meio eles têm desprezado pai e mãe, oprimido o estrangeiro e maltratado o órfão e a viúva. 8Você desprezou as minhas dádivas sagradas e profanou os meus sábados. 9Em seu meio há caluniadores, prontos para derramar sangue; em seu meio há os que comem nos santuários dos montes e praticam atos lascivos; 10em seu meio há aqueles que desonram a cama dos seus pais, e aqueles que têm relações com as mulheres nos dias de sua menstruação. 11Um homem comete adultério com a mulher do seu próximo, outro contamina vergonhosamente a sua nora, e outro desonra a sua irmã, filha de seu próprio pai. 12Em seu meio há homens que aceitam suborno para derramar sangue; você empresta a juros, visando lucro, e obtém ganhos injustos, extorquindo o próximo. E você se esqueceu de mim. Palavra do Soberano, o SENHOR.

13"Mas você me verá bater as minhas mãos uma na outra contra os ganhos injustos que você obteve e contra o sangue que você derramou. 14Será que a sua coragem suportará ou as suas mãos serão fortes para o que eu vou fazer no dia em que eu lhe der o devido tratamento? Eu, o SENHOR, falei, e o farei. 15Dispersarei você entre as nações e a espalharei pelas terras; e darei fim à sua impureza. 16Quando você tiver sido desonrada[a] aos olhos das nações, você saberá que eu sou o SENHOR".

17E depois veio a mim esta palavra do SENHOR: 18"Filho do homem, a nação de Israel tornou-se escória para mim; cobre, estanho, ferro e chumbo deixados na fornalha. Não passa de escória de prata. 19Por isso, assim diz o Soberano, o SENHOR: Visto que vocês todos se tornaram escória, eu os ajuntarei em Jerusalém. 20Assim como os homens ajuntam prata, cobre, ferro, chumbo e estanho numa fornalha a fim de fundi-los soprando fortemente o fogo, na minha ira e na minha indignação também ajuntarei vocês dentro da cidade e os fundirei. 21Eu os ajuntarei e soprarei sobre vocês o fogo da minha ira, e vocês se derreterão. 22Assim como a prata se derrete numa fornalha, também vocês se derreterão dentro dela, e saberão que eu, o SENHOR, derramei a minha ira sobre vocês".

23De novo a palavra do SENHOR veio a mim. Disse ele: 24"Filho do homem, diga a esta terra: Você é uma terra que não tem tido chuva

[a] 22:16 Ou *Quando eu lhe tiver designado sua herança*

nem aguaceiros[a] no dia da ira. 25Há nela uma conspiração de seus príncipes[b] como um leão que ruge ao despedaçar sua presa; devoram pessoas, apanham tesouros e objetos preciosos e fazem muitas viúvas. 26Seus sacerdotes cometem violência contra a minha lei e profanam minhas ofertas sagradas; não fazem distinção entre o sagrado e o comum; ensinam que não existe nenhuma diferença entre o puro e o impuro; e fecham os olhos quanto à guarda dos meus sábados, de maneira que sou desonrado no meio deles. 27Seus oficiais são como lobos que despedaçam suas presas; derramam sangue e matam gente para obter ganhos injustos. 28Seus profetas disfarçam esses feitos enganando o povo com visões falsas e adivinhações mentirosas. Dizem: 'Assim diz o Soberano, o SENHOR', quando o SENHOR não falou. 29O povo da terra pratica extorsão e comete roubos; oprime os pobres e os necessitados e maltrata os estrangeiros, negando-lhes justiça.

30"Procurei entre eles um homem que erguesse o muro e se pusesse na brecha diante de mim e em favor desta terra, para que eu não a destruísse, mas não encontrei nenhum. 31Por isso derramarei a minha ira sobre eles e os consumirei com o meu grande furor; sofrerão as consequências de tudo o que fizeram. Palavra do Soberano, o SENHOR".

As duas irmãs adúlteras

23 Esta palavra do SENHOR veio a mim: 2"Filho do homem, existiam duas mulheres, filhas da mesma mãe. 3Elas se tornaram prostitutas no Egito, envolvendo-se na prostituição desde a juventude. Naquela terra os seus peitos foram acariciados e os seus seios virgens foram afagados. 4A mais velha chamava-se Oolá, e sua irmã, Oolibá. Elas eram minhas e deram à luz filhos e filhas. Oolá é Samaria, e Oolibá é Jerusalém.

5"Oolá envolveu-se em prostituição enquanto ainda era minha; ela se encheu de cobiça por seus amantes, os assírios, guerreiros 6vestidos de vermelho, governadores e comandantes, todos eles cavaleiros jovens e elegantes. 7Ela se entregou como prostituta a toda a elite dos assírios e se contaminou com todos os ídolos de cada homem por ela cobiçado. 8Ela não abandonou a prostituição iniciada no Egito, quando em sua juventude homens dormiram com ela, afagaram seus seios virgens e a envolveram em suas práticas dissolutas.

9"Por isso eu a entreguei nas mãos de seus amantes, os assírios, os quais ela desejou ardentemente. 10Eles lhe arrancaram as roupas, deixando-a nua, levaram embora seus filhos e suas filhas e a mataram à espada. Ela teve má fama entre as mulheres. E lhe foi dado castigo.

11"Sua irmã Oolibá viu isso. No entanto, em sua cobiça e prostituição, ela foi mais depravada que a irmã. 12Também desejou ardentemente os assírios, governadores e comandantes, guerreiros em uniforme completo, todos eles jovens e belos cavaleiros. 13Vi que ela também se contaminou; ambas seguiram o mesmo caminho.

14"Mas Oolibá levou sua prostituição ainda mais longe. Viu homens desenhados numa parede, figuras de caldeus em vermelho, 15usando cinturões e esvoaçantes turbantes na cabeça; todos se pareciam com os oficiais responsáveis pelos carros da Babilônia, nativos da Caldeia. 16Assim que ela os viu, desejou-os ardentemente e lhes mandou mensageiros até a Caldeia. 17Então os babilônios vieram procurá-la, até a cama do amor, e em sua cobiça a contaminaram. Depois de haver sido contaminada por eles, ela se afastou deles desgostosa. 18Então prosseguiu abertamente em sua prostituição e expôs a sua nudez, e eu me afastei dela desgostoso, assim como eu tinha me afastado de sua irmã. 19Contudo, ela ia se tornando cada vez mais promíscua à medida que se recordava dos dias de sua juventude, quando era prostituta no Egito. 20Desejou ardentemente os seus amantes, cujos membros eram como os de jumentos e cuja ejaculação era como a de cavalos. 21Assim, Oolibá ansiou pela lascívia de sua juventude, quando no Egito seus peitos eram afagados e seus seios virgens eram acariciados.[c]

22"Portanto, assim diz o Soberano, o SENHOR: Incitarei os seus amantes contra você, aqueles de quem você se afastou desgostosa, e os trarei para atacá-la de todos os lados: 23os babilônios e todos os caldeus, os homens de Pecode, de Soa e de Coa, e com eles todos os assírios, belos rapazes, todos eles governadores e comandantes, oficiais que chefiam os carros e homens de posto elevado, todos eles cavaleiros. 24Eles virão contra você com armas, carros e carroças e com uma multidão

[a] 22:24 Conforme a Septuaginta. O Texto Massorético diz *não se purificou nem recebeu chuva.*

[b] 22:25 Conforme a Septuaginta. O Texto Massorético diz *profetas.*

[c] 23:21 Conforme a Versão Siríaca. O Texto Massorético diz *afagados por causa de seus seios jovens.*

de povos; por todos os lados tomarão posição
contra você com escudos grandes e pequenos
e com capacetes. Eu a entregarei a eles para
castigo, e eles a castigarão conforme o costu-
me deles. 25Dirigirei contra você a ira do meu
ciúme e, enfurecidos, eles saberão como tra-
tá-la. Cortarão fora o seu nariz e as suas ore-
lhas, e as pessoas que forem deixadas cairão
à espada. Levarão embora seus filhos e suas
filhas, e os que forem deixados serão con-
sumidos pelo fogo. 26Também arrancarão as
suas roupas e tomarão suas lindas joias. 27As-
sim darei um basta à lascívia e à prostituição
que você começou no Egito. Você deixará de
olhar com desejo para essas coisas e não se
lembrará mais do Egito.

28"Pois assim diz o Soberano, o SENHOR: Es-
tou a ponto de entregá-la nas mãos daque-
les que você odeia, daqueles de quem você
se afastou desgostosa. 29Eles a tratarão com
ódio e levarão embora tudo aquilo pelo que
você trabalhou. Eles a deixarão despida e
nua, e a vergonha de sua prostituição será
exposta. Isso lhe sobrevirá por sua lascívia
e promiscuidade, 30porque você desejou ar-
dentemente as nações e se contaminou com
os ídolos delas. 31Você seguiu pelo caminho
de sua irmã; por essa razão porei o copo de-
la nas suas mãos.

32"Assim diz o Soberano, o SENHOR:

"Você beberá do copo de sua irmã,
copo grande e fundo;
ele causará riso e zombaria,
de tão grande que é.
33Você será dominada pela embriaguez
e pela tristeza,
com esse copo de desgraça
e desolação,
o copo de sua irmã Samaria.
34Você o beberá,
engolindo até a última gota;
depois o despedaçará
e mutilará os próprios seios.

"Eu o disse. Palavra do Soberano, o SE-
NHOR.

35"Agora, assim diz o Soberano, o SENHOR:
Visto que você se esqueceu de mim e me deu
as costas, você vai sofrer as consequências de
sua lascívia e de sua prostituição".

36O SENHOR me disse: "Filho do homem,
você julgará Oolá e Oolibá? Então confron-
te-as com suas práticas repugnantes, 37pois
elas cometeram adultério e há sangue em
suas mãos. Cometeram adultério com seus
ídolos; até os seus filhos, que elas geraram
para mim, sacrificaram aos ídolos. 38Tam-
bém me fizeram isto: ao mesmo tempo con-
taminaram o meu santuário e profanaram os
meus sábados. 39No mesmo dia em que sacri-
ficavam seus filhos a seus ídolos, elas entra-
vam em meu santuário e o profanavam. Foi
o que fizeram em minha casa.

40"Elas até enviaram mensageiros atrás
de homens, vindos de bem longe, e, quando
eles chegaram, você se banhou para recebê-
-los, pintou os olhos e pôs suas joias. 41Você
se sentou num belo sofá, tendo à frente uma
mesa, na qual você havia colocado o incenso
e o óleo que me pertenciam.

42"Em torno dela havia o ruído de uma
multidão despreocupada; sabeus[a] foram tra-
zidos do deserto junto com homens do po-
vo, e eles puseram braceletes nos braços da
mulher e da sua irmã e belíssimas coroas nas
cabeças delas. 43Então eu disse a respeito da-
quela que fora destruída pelo adultério: Que
agora a usem como prostituta, pois é o que
ela é. 44E eles dormiram com ela. Dormiram
com aquelas mulheres lascivas, Oolá e Ooli-
bá, como quem dorme com uma prostituta.
45Mas homens justos as condenarão ao casti-
go que merecem as mulheres que cometem
adultério e derramam sangue, porque são
adúlteras e há sangue em suas mãos.

46"Assim diz o Soberano, o SENHOR: Que
uma multidão as ataque e que elas sejam
entregues ao pavor e ao saque. 47A multidão
as apedrejará e as retalhará à espada; mata-
rão seus filhos e suas filhas, destruirão suas
casas e as queimarão.

48"Dessa maneira darei fim à lascívia na
terra, para que todas as mulheres fiquem ad-
vertidas e não imitem vocês. 49Vocês sofrerão
o castigo de sua cobiça e as consequências
de seus pecados de idolatria. E vocês saberão
que eu sou o Soberano, o SENHOR".

A panela

24 No décimo dia do décimo mês do nono
ano, a palavra do SENHOR veio a mim.
Disse ele: 2"Filho do homem, registre esta
data, a data de hoje, porque o rei da Babilô-
nia sitiou Jerusalém exatamente neste dia.
3Conte a esta nação rebelde uma parábola e
diga-lhes: Assim diz o Soberano, o SENHOR:

"Ponha a panela para esquentar;
ponha-a para esquentar com água.
4Ponha dentro dela pedaços de carne,

[a] 23:42 Ou *bêbados*

os melhores pedaços
da coxa e da espádua.
Encha-a com o melhor desses ossos;
5 apanhe o melhor do rebanho.
Empilhe lenha debaixo dela
para cozinhar os ossos;
faça-a ferver a água e cozinhe tudo
o que está na panela.

6 "Porque assim diz o Soberano, o SENHOR:

"Ai da cidade sanguinária,
da panela que agora
tem uma crosta,
cujo resíduo não desaparecerá!
Esvazie-a, tirando pedaço por pedaço,
sem sorteá-los.
7 "Pois o sangue que ela derramou
está no meio dela;
ela o derramou na rocha nua;
não o derramou no chão,
onde o pó o cobriria.
8 Para atiçar a minha ira e me vingar,
pus o sangue dela sobre a rocha nua,
para que ele não fosse coberto.

9 "Portanto, assim diz o Soberano, o SE-
NHOR:

"Ai da cidade sanguinária!
Eu também farei uma pilha de lenha,
uma pilha bem alta.
10 Por isso amontoem a lenha
e acendam o fogo.
Cozinhem bem a carne,
misturando os temperos;
e reduzam os ossos a cinzas.
11 Ponham depois a panela vazia
sobre as brasas
para que esquente
até que o seu bronze
fique incandescente,
as suas impurezas se derretam
e o seu resíduo seja queimado
e desapareça.
12 Mas ela frustrou todos os esforços;
nem o fogo pôde eliminar
seu resíduo espesso!

13 "Ora, a sua impureza é a lascívia. Como
eu desejei purificá-la, mas você não quis ser
purificada, você não voltará a estar limpa,
enquanto não se abrandar a minha ira con-
tra você.

14 "Eu, o SENHOR, falei. Chegou a hora de
eu agir. Não me conterei; não terei pieda-
de, nem voltarei atrás. Você será julgada de

Você sabia?

Por que Ezequiel não lamentou quando sua esposa morreu?

24:16 Deus disse a Ezequiel que sua esposa morreria, mas que ele não poderia lamentar. Quando a esposa de Ezequiel morreu, ele certamente deve ter ficado muito triste, mas ele não passou pelos costumeiros rituais de luto, isto é, não chorou nem tirou os sapatos ou o turbante. Ele explicou às pessoas que suas ações serviam para mostrar a elas que em breve também perderiam coisas que amavam — a cidade e o templo de Jerusalém — e que não seria permitido lamentar.

acordo com o seu comportamento e com as
suas ações. Palavra do Soberano, o SENHOR".

A morte da mulher de Ezequiel

15 Veio a mim esta palavra do SENHOR: 16 "Fi-
lho do homem, com um único golpe estou
para tirar de você o prazer dos seus olhos.
Contudo, não lamente nem chore nem der-
rame nenhuma lágrima. 17 Não permita que
ninguém ouça o seu gemer; não pranteie pe-
los mortos. Mantenha apertado o seu turban-
te e as sandálias nos pés; não cubra o rosto
nem coma a comida costumeira dos pran-
teadores".

18 Assim, falei de manhã ao povo, e à tarde
minha mulher morreu. No dia seguinte fiz o
que me havia sido ordenado.

19 Então o povo me perguntou: "Você não
vai nos dizer que relação essas coisas têm co-
nosco?"

20 E eu lhes respondi: Esta palavra do SE-
NHOR veio a mim: 21 "Diga à nação de Israel:
Assim diz o Soberano, o SENHOR: Estou a
ponto de profanar o meu santuário, a for-
taleza de que vocês se orgulham, o prazer
dos seus olhos, o objeto da sua afeição. Os fi-
lhos e as filhas que vocês deixaram lá cairão
à espada. 22 E vocês farão o que eu fiz. Vocês
não cobrirão o rosto nem comerão a comida
costumeira dos pranteadores. 23 Vocês man-
terão os turbantes na cabeça e as sandálias
nos pés. Não prantearão nem chorarão, mas

irão consumir-se por causa de suas iniquida-
des e gemerão uns pelos outros. 24 Ezequiel
lhes será um sinal; vocês farão o que ele fez.
Quando isso acontecer, vocês saberão que eu
sou o Soberano, o SENHOR.
25 "E você, filho do homem, no dia em que
eu tirar deles a sua fortaleza, sua alegria e
sua glória, o prazer dos seus olhos, e também
os seus filhos e as suas filhas, o maior desejo
de suas vidas, 26 naquele dia um fugitivo virá
dar-lhe a notícia. 27 Naquela hora sua boca se-
rá aberta; você falará com ele e não ficará ca-
lado. E assim você será um sinal para eles, e
eles saberão que eu sou o SENHOR".

Profecia contra Amom

25 Esta palavra do SENHOR veio a mim:
2 "Filho do homem, vire o rosto contra
os amonitas e profetize contra eles. 3 Diga-lhes:
Ouçam a palavra do Soberano, o SENHOR. As-
sim diz o Soberano, o SENHOR: Visto que vocês
exclamaram: 'Ah! Ah!' quando o meu santuá-
rio foi profanado, quando a terra de Israel foi
arrasada e quando a nação de Judá foi para o
exílio, 4 vou entregá-los como propriedade do
povo do oriente. Eles instalarão seus acam-
pamentos e armarão suas tendas no meio de
vocês; comerão suas frutas e beberão seu lei-
te. 5 Farei de Rabá um cercado para camelos e
de Amom um local de descanso para ovelhas.
Então vocês saberão que eu sou o SENHOR.
6 Porque assim diz o Soberano, o SENHOR: Visto
que vocês bateram palmas e pularam de ale-
gria com o coração cheio de maldade contra
Israel, 7 por essa razão estenderei o meu braço
contra vocês e os darei às nações como despo-
jo. Eliminarei vocês do meio das nações e os
exterminarei do meio dos povos. Eu os des-
truirei, e vocês saberão que eu sou o SENHOR.

Profecia contra Moabe

8 "Assim diz o Soberano, o SENHOR: Uma
vez que Moabe e Seir disseram: 'Vejam, a
nação de Judá tornou-se como todas as ou-
tras nações', 9 por essa razão abrirei o flanco
de Moabe, começando por suas cidades fron-
teiriças, Bete-Jesimote, Baal-Meom e Qui-
riataim, que são a glória dessa terra. 10 Darei
Moabe e os amonitas como propriedade ao
povo do oriente. Os amonitas não serão lem-
brados entre as nações, 11 e a Moabe trarei cas-
tigo. Então eles saberão que eu sou o SENHOR.

Profecia contra Edom

12 "Assim diz o Soberano, o SENHOR: Vis-
to que Edom vingou-se da nação de Judá e
com isso trouxe grande culpa sobre si, 13 assim
diz o Soberano, o SENHOR: Estenderei o braço
contra Edom e matarei os seus homens e os
seus animais. Eu o arrasarei, e desde Temã
até Dedã eles cairão à espada. 14 Eu me vin-
garei de Edom pelas mãos de Israel, o meu
povo, e este lidará com Edom de acordo com
a minha ira e a minha indignação; Edom co-
nhecerá a minha vingança. Palavra do Sobe-
rano, o SENHOR.

Profecia contra a Filístia

15 "Assim diz o Soberano, o SENHOR: Uma
vez que a Filístia agiu por vingança e com
maldade no coração, e com antiga hostilida-
de buscou destruir Judá, 16 assim diz o Sobe-
rano, o SENHOR: Estou a ponto de estender
meu braço contra os filisteus. Eliminarei os
queretitas e destruirei os que restarem no li-
toral. 17 Executarei neles grande vingança e os
castigarei na minha ira. Então, quando eu me
vingar deles, saberão que eu sou o SENHOR".

Profecia contra Tiro

26 No décimo primeiro ano, no primeiro
dia do mês, veio a mim esta palavra
do SENHOR: 2 "Filho do homem, visto que Ti-
ro falou de Jerusalém: 'Ah! Ah! O portal das
nações está quebrado, e as suas portas se me
abriram; agora que ela jaz em ruínas, eu pros-
perarei', 3 por essa razão assim diz o Soberano,
o SENHOR: Estou contra você, ó Tiro, e trarei
muitas nações contra você; virão como o mar
quando eleva as suas ondas. 4 Elas destruirão
os muros de Tiro e derrubarão suas torres;
eu espalharei o seu entulho e farei dela uma
rocha nua. 5 Fora, no mar, ela se tornará um
local propício para estender redes de pesca,
pois eu falei. Palavra do Soberano, o SENHOR.
Ela se tornará despojo para as nações, 6 e em
seus territórios no continente será feita gran-
de destruição pela espada. E saberão que eu
sou o SENHOR.
7 "Pois assim diz o Soberano, o SENHOR:
Contra você, Tiro, vou trazer do norte o rei
da Babilônia, Nabucodonosor, rei de reis, com
cavalos e carros, com cavaleiros e um grande
exército. 8 Ele desfechará com a espada um
violento ataque contra os seus territórios no
continente. Construirá obras de cerco e uma
rampa de acesso aos seus muros. E armará
uma barreira de escudos contra você. 9 Ele di-
rigirá as investidas dos seus aríetes contra os
seus muros e com armas de ferro demolirá as
suas torres. 10 Seus cavalos serão tantos que
cobrirão você de poeira. Seus muros treme-
rão com o barulho dos cavalos de guerra, das

carroças e dos carros, quando ele entrar por
suas portas com a facilidade com que se entra
numa cidade cujos muros foram derrubados.
11 Os cascos de seus cavalos pisarão todas as
suas ruas; ele matará o seu povo à espada, e
as suas resistentes colunas ruirão. 12 Despoja-
rão sua riqueza e saquearão seus suprimen-
tos; derrubarão seus muros, demolirão suas
lindas casas e lançarão ao mar as suas pedras,
o seu madeiramento e todo o entulho. 13 Po-
rei fim a seus cânticos barulhentos, e não se
ouvirá mais a música de suas harpas. 14 Farei
de você uma rocha nua, e você se tornará um
local propício para estender redes de pesca.
Você jamais será reconstruída, pois eu, o SE-
NHOR, falei. Palavra do Soberano, o SENHOR.

15 "Assim diz o Soberano, o SENHOR, a Tiro:
Acaso as regiões litorâneas não tremerão ao
som de sua queda, quando o ferido gemer e
a matança acontecer em seu meio? 16 Então
todos os príncipes do litoral descerão do tro-
no e porão de lado seus mantos e tirarão suas
roupas bordadas. Vestidos de pavor, vão as-
sentar-se no chão, tremendo sem parar, apa-
vorados por sua causa. 17 Depois entoarão um
lamento acerca de você e lhe dirão:

" 'Como você está destruída,
ó cidade de renome,
povoada por homens do mar!
Você era um poder nos mares,
você e os seus cidadãos;
você impunha pavor
a todos os que ali vivem.
18 Agora as regiões litorâneas tremem
no dia de sua queda;
as ilhas do mar estão apavoradas
diante de sua ruína'.

19 "Assim diz o Soberano, o SENHOR: Quan-
do eu fizer de você uma cidade abandonada,
lembrando cidades inabitáveis, e quando eu
a cobrir com as vastas águas do abismo, 20 en-
tão farei você descer com os que descem à
cova, para fazer companhia aos antigos. Eu
a farei habitar embaixo da terra, como em
ruínas antigas, com aqueles que descem à
cova, e você não voltará e não retomará o seu
lugar[a] na terra dos viventes. 21 Levarei você a
um fim terrível e você já não existirá. Será
procurada, e jamais será achada. Palavra do
Soberano, o SENHOR".

Um lamento por Tiro

27 Esta palavra do SENHOR veio a mim:
2 "Filho do homem, faça um lamento
a respeito de Tiro. 3 Diga a Tiro, que está jun-
to à entrada para o mar, e que negocia com
povos de muitos litorais: Assim diz o Sobe-
rano, o SENHOR:

"Você diz, ó Tiro:
'Minha beleza é perfeita'.
4 Seu domínio abrangia
o coração dos mares;
seus construtores levaram a sua beleza
à perfeição.
5 Eles fizeram todo o seu madeiramento
com pinheiros de Senir[b];
apanharam um cedro do Líbano
para fazer-lhe um mastro.
6 Dos carvalhos de Basã
fizeram os seus remos;
de cipreste procedente
das costas de Chipre
fizeram seu convés,
revestido de mármore.
7 Suas velas foram feitas
de belo linho bordado,
procedente do Egito,
servindo-lhe de bandeira;
seus toldos, em azul e púrpura,
provinham das costas de Elisá.
8 Habitantes de Sidom e Arvade
eram os seus remadores;
os seus homens hábeis, ó Tiro,
estavam a bordo como
marinheiros.
9 Artesãos experientes de Gebal[c]
estavam a bordo
como construtores de barcos
para calafetarem as suas juntas.
Todos os navios do mar
e seus marinheiros
vinham para negociar com você
as suas mercadorias.

10 "Os persas, os lídios
e os homens de Fute
serviam como soldados
em seu exército.
Eles penduravam os seus escudos
e capacetes nos seus muros,
trazendo-lhe esplendor.
11 Homens de Arvade e de Heleque
guarneciam os seus muros
em todos os lados;
homens de Gamade

[a] 26:20 Conforme a Septuaginta. O Texto Massorético diz *voltará, e eu darei glória*.

[b] 27:5 Isto é, do Hermom.
[c] 27:9 Isto é, Biblos.

estavam em suas torres.
Eles penduravam os escudos deles
em seus muros ao redor;
levaram a sua beleza à perfeição.

12"Társis fez negócios com você, tendo em
vista os seus muitos bens; eles deram prata,
ferro, estanho e chumbo em troca de suas
mercadorias.
13"Javã, Tubal e Meseque negociaram com
você; trocaram escravos e utensílios de bron-
ze pelos seus bens.
14"Homens de Bete-Togarma trocaram ca-
valos de carga, cavalos de guerra e mulas pe-
las suas mercadorias.
15"Os homens de Rodes[a] negociaram com
você, e muitas regiões costeiras se tornaram
seus clientes; pagaram-lhe suas compras com
presas de marfim e com ébano.
16"Arã[b] negociou com você atraído por seus
muitos produtos; em troca de suas mercado-
rias deu-lhe turquesa, tecido púrpura, traba-
lhos bordados, linho fino, coral e rubis.
17"Judá e Israel negociaram com você; pe-
los seus bens trocaram trigo de Minite, con-
feitos, mel, azeite e bálsamo.
18"Em razão dos muitos produtos de que
você dispõe e da grande riqueza de seus bens,
Damasco negociou com você, pagando-lhe
com vinho de Helbom e lã de Zaar.
19"Também Dã e Javã, de Uzal, compraram
suas mercadorias, trocando-as por ferro, cás-
sia e cálamo.
20"Dedã negociou com você mantos de sela.
21"A Arábia e todos os príncipes de Quedar
eram seus clientes; fizeram negócios com
você, fornecendo-lhe cordeiros, carneiros e
bodes.
22"Os mercadores de Sabá e de Raamá fize-
ram comércio com você; pelas mercadorias
que você vende eles trocaram o que há de
melhor em toda espécie de especiarias, pe-
dras preciosas e ouro.
23"Harã, Cane e Éden e os mercadores de
Sabá, Assur e Quilmade fizeram comércio
com você. 24No seu mercado eles negociaram
com você lindas roupas, tecido azul, traba-
lhos bordados e tapetes multicoloridos com
cordéis retorcidos e de nós firmes.

25"Os navios de Társis
transportam os seus bens.
Quanta carga pesada você tem
no coração do mar.
26Seus remadores a levam
para alto-mar.
Mas o vento oriental a despedaçará
no coração do mar.
27Sua riqueza, suas mercadorias
e seus bens,
seus marujos, seus homens do mar
e seus construtores de barcos,
seus mercadores
e todos os seus soldados,
todos quantos estão a bordo
sucumbirão no coração do mar
no dia do seu naufrágio.
28As praias tremerão
quando os seus marujos clamarem.
29Todos os que manejam os remos
abandonarão os seus navios;
os marujos e todos os marinheiros
ficarão na praia.
30Erguerão a voz
e gritarão com amargura por sua
causa;
espalharão poeira sobre a cabeça
e rolarão na cinza.
31Raparão a cabeça por sua causa
e porão vestes de lamento.
Chorarão por você com angústia na
alma
e com pranto amargurado.
32Quando estiverem gritando
e pranteando por você,
erguerão este lamento a seu respeito:
'Quem chegou a ser silenciada
como Tiro,
cercada pelo mar?'
33Quando as suas mercadorias
saíam para o mar,
você satisfazia muitas nações;
com sua grande riqueza e com seus
bens
você enriqueceu os reis da terra.
34Agora, destruída pelo mar,
você jaz nas profundezas das águas;
seus bens e todos os que a
acompanham
afundaram com você.
35Todos os que moram
nas regiões litorâneas
estão chocados com o que aconteceu
com você;
seus reis arrepiam-se horrorizados
e os seus rostos estão desfigurados
de medo.
36Os mercadores entre as nações

[a] 27:15 Conforme a Septuaginta. O Texto Massorético diz *Dedã*.
[b] 27:16 Alguns manuscritos do Texto Massorético e a Versão Siríaca dizem *Edom*.

gritam de medo ao vê-la;
chegou o seu terrível fim,
e você não mais existirá".

Profecia contra o rei de Tiro

28 Veio a mim esta palavra do SENHOR:
2"Filho do homem, diga ao governan-
te de Tiro: Assim diz o Soberano, o SENHOR:

"No orgulho do seu coração
você diz: 'Sou um deus;
sento-me no trono de um deus
no coração dos mares'.
Mas você é um homem, e não um
deus,
embora se considere tão sábio
quanto Deus.
3Você é mais sábio que Daniel[a]?
Não haverá segredo que lhe seja
oculto?
4Mediante a sua sabedoria
e o seu entendimento,
você granjeou riquezas
e acumulou ouro e prata
em seus tesouros.
5Por sua grande habilidade comercial
você aumentou
as suas riquezas
e, por causa das suas riquezas,
o seu coração ficou
cada vez mais orgulhoso.

6"Por isso, assim diz o Soberano, o SENHOR:

[a] 28:3 Ou *Danel.*

"Porque você pensa que é sábio,
tão sábio quanto Deus,
7trarei estrangeiros contra você,
das mais impiedosas nações;
eles empunharão suas espadas
contra a sua beleza
e a sua sabedoria
e traspassarão o seu esplendor
fulgurante.
8Eles o farão descer à cova,
e você terá morte violenta
no coração dos mares.
9Dirá você então:
'Eu sou um deus'
na presença daqueles que o matarem?
Você será tão somente um homem,
e não um deus,
nas mãos daqueles que o abaterem.
10Você terá a morte dos incircuncisos
nas mãos de estrangeiros.

Eu falei. Palavra do Soberano, o SENHOR".

11Esta palavra do SENHOR veio a mim: 12"Fi-
lho do homem, erga um lamento a respeito
do rei de Tiro e diga-lhe: Assim diz o Sobe-
rano, o SENHOR:

"Você era o modelo da perfeição,
cheio de sabedoria
e de perfeita beleza.
13Você estava no Éden,
no jardim de Deus;
todas as pedras preciosas o enfeitavam:

A vida nos tempos da Bíblia

Comércio

As nações antigas comercializavam mercadorias desde os primeiros tempos, e muitas delas eram carregadas de um lugar a outro por caravanas de camelos, mas os navios também eram usados. Salomão foi o primeiro hebreu a organizar comércio por caravanas de camelos e navios. Os países envolvidos negociavam uma ampla variedade de itens interessantes, bem como de coisas comuns: especiarias, ouro e prata, bronze e ferro, marfim, cavalos, tecidos, turquesas e rubis, trigo, azeite, vinho, tapetes, cordeiros e cabras.

sárdio, topázio e diamante,
berilo, ônix e jaspe,
safira, carbúnculo e esmeralda.[a]
Seus engastes e guarnições
eram feitos de ouro;
tudo foi preparado no dia
em que você foi criado.
14Você foi ungido
como um querubim guardião,
pois para isso eu o designei.
Você estava no monte santo de Deus
e caminhava entre as pedras
fulgurantes.
15Você era inculpável em seus caminhos
desde o dia em que foi criado
até que se achou maldade em você.
16Por meio do seu amplo comércio,
você encheu-se de violência
e pecou.
Por isso eu o lancei, humilhado,
para longe do monte de Deus,
e o expulsei, ó querubim guardião,
do meio das pedras fulgurantes.
17Seu coração tornou-se orgulhoso
por causa da sua beleza,
e você corrompeu a sua sabedoria
por causa do seu esplendor.
Por isso eu o atirei à terra;
fiz de você um espetáculo
para os reis.
18Por meio dos seus muitos pecados
e do seu comércio desonesto
você profanou os seus santuários.
Por isso fiz sair de você um fogo,
que o consumiu,
e reduzi você a cinzas no chão,
à vista de todos
os que estavam observando.
19Todas as nações que o conheciam
espantaram-se ao vê-lo;
chegou o seu terrível fim,
você não mais existirá".

Profecia contra Sidom

20Veio a mim esta palavra do SENHOR: 21"Fi-
lho do homem, vire o rosto contra Sidom;
profetize contra ela 22e diga: Assim diz o So-
berano, o SENHOR:

"Estou contra você, Sidom,
e manifestarei a minha glória
dentro de você.
Todos saberão que eu sou o SENHOR,
quando eu castigá-la
e mostrar-me santo em seu meio.
23Enviarei uma peste sobre você
e farei sangue correr em suas ruas.
Os mortos cairão, derrubados pela
espada
que virá de todos os lados contra
você.
E todos saberão que eu sou o SENHOR.

24"Israel não terá mais vizinhos maldosos
agindo como roseiras bravas dolorosas e es-
pinhos pontudos. Pois eles saberão que eu
sou o Soberano, o SENHOR.
25"Assim diz o Soberano, o SENHOR: Quando
eu reunir Israel dentre as nações nas quais
foi espalhado, eu me mostrarei santo entre
eles à vista das nações. Então eles viverão em
sua própria terra, a qual dei ao meu servo
Jacó. 26Eles viverão ali em segurança, cons-
truirão casas e plantarão vinhas; viverão em
segurança quando eu castigar todos os seus
vizinhos que lhes fizeram mal. Então eles sa-
berão que eu sou o SENHOR, o seu Deus".

Profecia contra o Egito

29 No décimo segundo dia do décimo mês
do décimo ano do exílio, esta palavra
do SENHOR veio a mim: 2"Filho do homem,
vire o rosto contra o faraó, rei do Egito, e pro-
fetize contra ele e contra todo o Egito. 3Diga-
-lhe: Assim diz o Soberano, o SENHOR:

"Estou contra você, faraó, rei do Egito,
contra você, grande monstro deitado
em meio a seus riachos.
Você diz: 'O Nilo é meu;
eu o fiz para mim mesmo'.
4Mas porei anzóis em seu queixo
e farei os peixes dos seus regatos
se apegarem
às suas escamas, ó Egito.
Puxarei você para fora dos seus
riachos,
com todos os peixes grudados
em suas escamas.
5Deixarei você no deserto,
você e todos os peixes
dos seus regatos.
Você cairá em campo aberto
e não será recolhido
nem sepultado.
Darei você como comida
aos animais selvagens
e às aves do céu.

6"Então todos os que vivem no Egito sabe-
rão que eu sou o SENHOR.

[a] 28:13 A identificação precisa de algumas dessas pedras preciosas não é conhecida.

"Você tem sido um bordão de junco para a
nação de Israel. 7Quando eles o pegaram com
as mãos, você rachou e rasgou os ombros de-
les; quando eles se apoiaram em você, você se
quebrou, e as costas deles sofreram torção.[a]
8"Portanto, assim diz o Soberano, o SE-
NHOR: Trarei uma espada contra você e ma-
tarei os seus homens e os seus animais. 9O
Egito se tornará um deserto arrasado. Então
eles saberão que eu sou o SENHOR.

"Visto que você disse: 'O Nilo é meu; eu o
fiz', 10estou contra você e contra os seus re-
gatos, e tornarei o Egito uma desgraça e um
deserto arrasado desde Migdol até Sevene,
chegando até a fronteira da Etiópia[b]. 11Ne-
nhum pé de homem ou pata de animal o
atravessará; ninguém morará ali por quaren-
ta anos. 12Farei a terra do Egito arrasada em
meio a terras devastadas, e suas cidades es-
tarão arrasadas durante quarenta anos entre
cidades em ruínas. Espalharei os egípcios en-
tre as nações e os dispersarei entre os povos.

13"Contudo, assim diz o Soberano, o SE-
NHOR: Ao fim dos quarenta anos ajuntarei os
egípcios dentre as nações nas quais foram
espalhados. 14Eu os trarei de volta do cativei-
ro e os farei voltar ao alto Egito[c], à terra dos
seus antepassados. Ali serão um reino humil-
de. 15Será o mais humilde dos reinos, e nunca
mais se exaltará sobre as outras nações. Eu o
farei tão fraco que nunca mais dominará so-
bre as nações. 16O Egito não inspirará mais
confiança a Israel, mas será uma lembrança
de sua iniquidade por procurá-lo em busca de
ajuda. Então eles saberão que eu sou o Sobe-
rano, o SENHOR".

17No primeiro dia do primeiro mês do vi-
gésimo sétimo ano do exílio, esta palavra do
SENHOR veio a mim: 18"Filho do homem, o
rei Nabucodonosor, da Babilônia, conduziu
o seu exército numa dura campanha contra
Tiro; toda cabeça foi esfregada até não ficar
cabelo algum e todo ombro ficou esfolado.
Contudo, ele e o seu exército não obtiveram
nenhuma recompensa com a campanha que
ele conduziu contra Tiro. 19Por isso, assim diz
o Soberano, o SENHOR: Vou dar o Egito ao rei
Nabucodonosor, da Babilônia, e ele levará
embora a riqueza dessa nação. Ele saqueа-
rá e despojará a terra como pagamento para
o seu exército. 20Eu lhe dei o Egito como re-
compensa por seus esforços, por aquilo que
ele e o seu exército fizeram para mim. Pala-
vra do Soberano, o SENHOR.

21"Naquele dia farei crescer o poder[d] da
nação de Israel, e abrirei a minha boca no
meio deles. Então eles saberão que eu sou
o SENHOR".

Um lamento pelo Egito

30 Esta palavra do SENHOR veio a mim:
2"Filho do homem, profetize e diga:
Assim diz o Soberano, o SENHOR:

"Clamem e digam:
Ai! Aquele dia!
3Pois o dia está próximo,
o dia do SENHOR
está próximo;
será dia de nuvens,
uma época de condenação
para as nações.
4A espada virá contra o Egito,
e angústia virá sobre a Etiópia[e].
Quando os mortos caírem no Egito,
sua riqueza lhe será tirada
e os seus alicerces serão despedaçados.

5"A Etiópia e Fute, Lude e toda a Arábia, a
Líbia[f] e o povo da terra da aliança cairão à
espada junto com o Egito.
6"Assim diz o SENHOR:

"Os aliados do Egito cairão,
e a sua orgulhosa força fracassará.
Desde Migdol até Sevene
eles cairão à espada.
Palavra do Soberano, o SENHOR.
7Serão arrasados
no meio de terras devastadas,
e as suas cidades jazerão
no meio de cidades em ruínas.
8E eles saberão que eu sou o SENHOR,
quando eu incendiar o Egito
e todos os que o apoiam
forem esmagados.

9"Naquele dia enviarei mensageiros em
navios para assustar o povo da Etiópia, que
se sente seguro. A angústia se apoderará de-
les no dia da condenação do Egito, pois é cer-
to que isso acontecerá.

10"Assim diz o Soberano, o SENHOR:

"Darei fim à população do Egito
pelas mãos do rei Nabucodonosor,
da Babilônia.

[a] 29:7 Conforme a Versão Siríaca. O Texto Massorético diz *e fez que as costas deles paralisassem.*
[b] 29:10 Hebraico: *Cuxe.*
[c] 29:14 Hebraico: *a Patros.*
[d] 29:21 Hebraico: *chifre.*
[e] 30:4 Hebraico: *Cuxe;* também nos versículos 5 e 9.
[f] 30:5 Hebraico: *Cube.*

11Ele e o seu exército,
a nação mais impiedosa,
serão levados para destruir a terra.
Eles empunharão a espada
contra o Egito
e a terra se encherá de mortos.
12Eu secarei os regatos do Nilo
e venderei a terra
a homens maus;
pela mão de estrangeiros
deixarei arrasada a terra
e tudo o que nela há.

"Eu, o SENHOR, falei.

13"Assim diz o Soberano, o SENHOR:

"Destruirei os ídolos
e darei fim às imagens
que há em Mênfis.
Não haverá mais príncipe no Egito,
e espalharei medo
por toda a terra.
14Arrasarei o alto Egito[a],
incendiarei Zoã
e infligirei castigo a Tebas[b].
15Derramarei a minha ira sobre
Pelúsio[c],
a fortaleza do Egito,
e acabarei com a população de Tebas.
16Incendiarei o Egito;
Pelúsio se contorcerá de agonia.
Tebas será levada pela tempestade;
Mênfis estará em constante aflição.
17Os jovens de Heliópolis[d] e de Bubastis[e]
cairão à espada,
e a população das cidades
irá para o cativeiro.
18As trevas imperarão em pleno dia
em Tafnes quando eu quebrar
o cetro do Egito;
ali sua força orgulhosa
chegará ao fim.
Ficará coberta de nuvens,
e os moradores dos seus povoados
irão para o cativeiro.
19Assim eu darei castigo ao Egito,
e todos ali saberão
que eu sou o SENHOR".

20No sétimo dia do primeiro mês do déci-
mo primeiro ano, a palavra do SENHOR veio a
mim: 21"Filho do homem, quebrei o braço do
faraó, rei do Egito. Não foi enfaixado para sa-
rar, nem lhe foi posta uma tala para fortale-
cê-lo o bastante para poder manejar a espada.
22Portanto, assim diz o Soberano, o SENHOR:
Estou contra o faraó, rei do Egito. Quebra-
rei os seus dois braços, o bom e o que já foi
quebrado, e farei a espada cair da sua mão.
23Dispersarei os egípcios entre as nações e os
espalharei entre os povos. 24Fortalecerei os
braços do rei da Babilônia e porei a minha es-
pada nas mãos dele, mas quebrarei os braços
do faraó, e este gemerá diante dele como um
homem mortalmente ferido. 25Fortalecerei
os braços do rei da Babilônia, mas os braços
do faraó penderão sem firmeza. Quando eu
puser minha espada na mão do rei da Babi-
lônia e ele a brandir contra o Egito, eles sa-
berão que eu sou o SENHOR. 26Eu dispersarei
os egípcios no meio das nações e os espalha-
rei entre os povos. Então eles saberão que eu
sou o SENHOR".

Um cedro no Líbano

31 No primeiro dia do terceiro mês do dé-
cimo primeiro ano, a palavra do SENHOR
veio a mim: 2"Filho do homem, diga ao faraó,
rei do Egito, e ao seu povo:

"Quem é comparável a você
em majestade?
3Considere a Assíria,
outrora um cedro no Líbano,
com belos galhos que faziam
sombra à floresta;
era alto;
seu topo ficava acima
da espessa folhagem.
4As águas o nutriam,
correntes profundas o faziam crescer
a grande altura;
seus riachos fluíam de onde ele estava
para todas as árvores do campo.
5Erguia-se mais alto que
todas as árvores do campo;
brotaram muitos ramos
e seus galhos cresceram,
espalhando-se, graças à fartura de
água.
6Todas as aves do céu
se aninhavam em seus ramos,
todos os animais do campo
davam à luz
debaixo dos seus galhos;
todas as grandes nações
viviam à sua sombra.
7Era de uma beleza majestosa,

[a] 30:14 Hebraico: *Arrasarei Patros.*
[b] 30:14 Hebraico: *No*; também nos versículos 15 e 16.
[c] 30:15 Hebraico: *Sim*; também no versículo 16.
[d] 30:17 Hebraico: *Áven.*
[e] 30:17 Hebraico: *Pi-Besete.*

com seus ramos
que tanto se espalhavam,
pois as suas raízes desciam
até as muitas águas.
8Os cedros do jardim de Deus
não eram rivais para ele,
nem os pinheiros conseguiam
igualar-se aos seus ramos,
nem os plátanos podiam
comparar-se com os seus galhos;
nenhuma árvore do jardim de Deus
podia equiparar-se à sua beleza.
9Eu o fiz belo com rica ramagem,
a inveja de todas as árvores do Éden,
do jardim de Deus.

10"Portanto, assim diz o Soberano, o SE-
NHOR: Como ele se ergueu e se tornou tão
alto, alçando seu topo acima da folhagem es-
pessa, e como ficou orgulhoso da sua altura,
11eu o entreguei ao governante das nações pa-
ra que este o tratasse de acordo com a sua
maldade. Eu o rejeitei, 12e a mais impiedosa
das nações estrangeiras o derrubou e o dei-
xou. Seus ramos caíram sobre os montes e
em todos os vales; seus galhos jazeram que-
brados em todas as ravinas da terra. Todas
as nações da terra saíram de sua sombra e o
abandonaram. 13Todas as aves do céu se ins-
talaram na árvore caída, e todos os animais
do campo se abrigaram em seus galhos. 14Por
isso nenhuma outra árvore junto às águas
chegará a erguer-se orgulhosamente tão al-
to, alçando o seu topo acima da folhagem
espessa. Nenhuma outra árvore igualmente
bem regada chegará a essa altura; estão todas
destinadas à morte, e irão para debaixo da
terra, entre os homens mortais, com os que
descem à cova.

15"Assim diz o Soberano, o SENHOR: No dia
em que ele foi baixado à sepultura[a], fiz o
abismo encher-se de pranto por ele; estan-
quei os seus riachos, e a sua fartura de água
foi retida. Por causa dele vesti o Líbano de
trevas, e todas as árvores do campo secaram-
-se completamente. 16Fiz as nações tremerem
ao som da sua queda, quando o fiz descer à
sepultura junto com os que descem à cova.
Então todas as árvores do Éden, as mais be-
las e melhores do Líbano, todas as árvores
bem regadas, consolavam-se embaixo da ter-
ra. 17Todos os que viviam à sombra dele, seus
aliados entre as nações, também haviam des-
cido com ele à sepultura, juntando-se aos que
foram mortos à espada.

18"Qual das árvores do Éden pode compa-
rar-se com você em esplendor e majestade?
No entanto, você também será derrubado e
irá para baixo da terra, junto com as árvores
do Éden; você jazerá entre os incircuncisos,
com os que foram mortos à espada.

"Eis aí o faraó e todo o seu grande povo.
Palavra do Soberano, o SENHOR".

Um lamento pelo faraó

32 No primeiro dia do décimo segundo
mês do décimo segundo ano, esta pa-
lavra do SENHOR veio a mim: 2"Filho do ho-
mem, entoe um lamento a respeito do faraó,
rei do Egito, e diga-lhe:

[a] 31:15 Hebraico: *Sheol*. Essa palavra também pode ser traduzida por profundezas, pó ou morte; também nos versículos 16 e 17.

A vida nos tempos da Bíblia

Cedros do Líbano

Das altas árvores de cedro desta área do norte de Israel obtinha-se a melhor madeira no mundo antigo, que era forte e duradoura. Os insetos que atacam madeira não gostam do cheiro do cedro, mas as pessoas gostam. Mastros de navios, assim como as paredes do templo de Deus em Jerusalém, eram feitos de madeira de cedro do Líbano.

"Você é como um leão entre as nações,
como um monstro nos mares,
contorcendo-se em seus riachos,
agitando e enlameando
as suas águas com os pés.
3"Assim diz o Soberano, o SENHOR:
"Com uma imensa multidão de povos
lançarei sobre você
a minha rede,
e com ela eles o puxarão para cima.
4Atirarei você na terra
e o lançarei no campo.
Deixarei que todas as aves do céu
se abriguem em você
e os animais de toda a terra
o devorarão até fartar-se.
5Estenderei a sua carne sobre os
montes
e encherei os vales com os seus
restos.
6Encharcarei a terra com o seu sangue
por todo o caminho, até os montes,
e os vales ficarão cheios
da sua carne.
7Quando eu o extinguir,
cobrirei o céu e escurecerei
as suas estrelas;
cobrirei o sol com uma nuvem,
e a lua não dará a sua luz.
8Todas as estrelas que brilham nos
céus,
escurecerei sobre você,
e trarei escuridão sobre a sua terra.
Palavra do Soberano, o SENHOR.
9Perturbarei os corações
de muitos povos
quando eu provocar a sua destruição
entre as nações,
em terras[a] que você não conheceu.
10Farei que muitos povos
espantem-se ao vê-lo,
e que os seus reis fiquem arrepiados
de horror por sua causa,
quando eu brandir a minha espada
diante deles.
No dia da sua queda todos eles
tremerão de medo
sem parar, por suas vidas.

11"Porque assim diz o Soberano, o SENHOR:

"A espada do rei da Babilônia
virá contra você.
12Farei multidões do seu povo
caírem à espada de poderosos,
da mais impiedosa das nações.
Eles destruirão o orgulho do Egito,
e toda a sua população
será vencida.
13Destruirei todo o seu rebanho,
junto às muitas águas,
as quais não serão mais agitadas
pelo pé do homem
nem serão enlameadas
pelos cascos do gado.
14Então deixarei que as suas águas
se assentem
e farei os seus riachos
fluírem como azeite.
Palavra do Soberano, o SENHOR.
15Quando eu arrasar o Egito
e arrancar da terra
tudo o que nela existe,
quando eu abater todos os que
ali habitam,
então eles saberão que eu sou
o SENHOR.

16"Esse é o lamento que entoarão por cau-
sa dele. As filhas das nações o entoarão; por
causa do Egito e de todas as suas multidões
de povo, elas o entoarão. Palavra do Sobera-
no, o SENHOR".

17No décimo quinto dia do mês do décimo
segundo ano, esta palavra do SENHOR veio
a mim: 18"Filho do homem, lamente-se pe-
las multidões do Egito e faça descer para de-
baixo da terra tanto elas como as filhas das
nações poderosas, junto com aqueles que
descem à cova. 19Diga ao povo: Acaso você
merece mais favores que as outras nações?
Desça e deite-se com os incircuncisos. 20Eles
cairão entre os que foram mortos à espada. A
espada está preparada; sejam eles arrastados
com toda a multidão do seu povo. 21De den-
tro da sepultura[b] os poderosos líderes dirão
ao Egito e aos seus aliados: 'Eles desceram e
jazem com os incircuncisos, com os que fo-
ram mortos à espada'.

22"A Assíria está ali com todo o seu exér-
cito; está cercada pelos túmulos de todos os
seus mortos, de todos os que caíram à espa-
da. 23Seus túmulos estão nas profundezas, e
o seu exército jaz ao redor de seu túmulo. To-
dos os que haviam espalhado pavor na terra
dos viventes estão mortos, caídos à espada.

[a] 32:9 A Septuaginta diz *quando eu o levar ao cativeiro entre as nações, para a terra.*

[b] 32:21 Hebraico: *Sheol*. Essa palavra também pode ser traduzida por profundezas, pó ou morte; também no versículo 27.

Pessoas nos tempos da Bíblia

Sentinelas

As sentinelas ficavam sobre os altos muros de uma cidade, atentas a qualquer inimigo. O trabalho desses soldados era avisar os cidadãos sobre algum perigo. Deus queria que Ezequiel fosse como uma sentinela e avisasse seu povo do perigo de desobedecer ao Senhor.

24“Elão está ali, com toda a sua popula-
ção ao redor de seu túmulo. Todos eles es-
tão mortos, caídos à espada. Todos os que
haviam espalhado pavor na terra dos viven-
tes desceram incircuncisos para debaixo da
terra. Carregam sua vergonha com os que
descem à cova. 25Uma cama está preparada
para ele entre os mortos, com todas as suas
hordas em torno de seu túmulo. Todos es-
tes incircuncisos foram mortos à espada. O
seu terror havia se espalhado na terra dos vi-
ventes e por isso eles carregam sua desonra
com aqueles que descem à cova; jazem en-
tre os mortos.
26“Meseque e Tubal estão ali, com toda a
sua população ao redor de seus túmulos. To-
dos eles são incircuncisos e foram mortos à
espada porque espalharam o seu terror na
terra dos viventes. 27Acaso não jazem com os
outros guerreiros incircuncisos que caíram,
que desceram à sepultura com suas armas de
guerra, cujas espadas foram postas debaixo
da cabeça deles? O castigo de suas iniquida-
des está sobre os seus ossos, embora o pavor
causado por esses guerreiros tenha percorri-
do a terra dos viventes.
28“Você também, ó faraó, será abatido e ja-
zerá entre os incircuncisos, com os que foram
mortos à espada.
29“Edom está ali, seus reis e todos os seus
príncipes; a despeito de seu poder, jazem
com os que foram mortos à espada. Jazem
com os incircuncisos, com aqueles que des-
cem à cova.
30“Todos os príncipes do norte e todos os
sidônios estão ali; eles desceram com os mor-
tos, cobertos de vergonha, apesar do pavor
provocado pelo poder que tinham. Eles ja-
zem incircuncisos com os que foram mortos
à espada e carregam sua desonra com aque-
les que descem à cova.
31“O faraó, ele e todo o seu exército, os verá
e será consolado da perda de todo o seu povo,
que foi morto à espada. Palavra do Soberano,
o SENHOR. 32Embora eu o tenha feito espalhar
pavor na terra dos viventes, o faraó e todo o
seu povo jazerão entre os incircuncisos, com
os que foram mortos à espada. Palavra do So-
berano, o SENHOR”.

Ezequiel, a sentinela

33 Esta palavra do SENHOR veio a mim:
2“Filho do homem, fale com os seus
compatriotas e diga-lhes: Quando eu trouxer
a espada contra uma terra e o povo dessa ter-
ra escolher um homem para ser sentinela, 3e
ele vir a espada vindo contra a terra e tocar a
trombeta para advertir o povo, 4então, se al-
guém ouvir a trombeta mas não der atenção à
advertência e a espada vier e tirar a sua vida,
este será responsável por sua própria morte.
5Uma vez que ele ouviu o som da trombeta
mas não deu atenção à advertência, será res-
ponsável por sua morte. Se ele desse atenção
à advertência, se livraria. 6Mas, se a sentine-
la vir chegar a espada e não tocar a trombeta
para advertir o povo e a espada vier e tirar a
vida de um deles, aquele homem morrerá
por causa de sua iniquidade, mas conside-
rarei a sentinela responsável pela morte da-
quele homem.
7“Filho do homem, eu fiz de você uma sen-
tinela para a nação de Israel; por isso, ouça a
minha palavra e advirta-os em meu nome.
8Quando eu disser ao ímpio que é certo que
ele morrerá, e você não falar para dissuadi-
-lo de seus caminhos, aquele ímpio morrerá
por[a] sua iniquidade, mas eu considerarei vo-
cê responsável pela morte dele. 9Entretanto,
se você de fato advertir o ímpio para que se
desvie dos seus caminhos e ele não se des-
viar, ele morrerá por sua iniquidade, e você
estará livre da sua responsabilidade.
10“Filho do homem, diga à nação de Is-
rael: É isto que vocês estão dizendo: ‘Nossas
ofensas e pecados são um peso sobre nós, e
estamos desfalecendo por causa deles[b]. Co-
mo então poderemos viver?’ 11Diga-lhes: Ju-
ro pela minha vida, palavra do Soberano, o
SENHOR, que não tenho prazer na morte dos
ímpios, antes tenho prazer em que eles se

[a] 33:8 Ou *em*; também no versículo 9.
[b] 33:10 Ou *desfalecendo neles*

desviem dos seus caminhos e vivam. Vol-
tem! Voltem-se dos seus maus caminhos!
Por que o seu povo haveria de morrer, ó na-
ção de Israel?
12 “Por isso, filho do homem, diga aos seus
compatriotas: A retidão do justo não o livra-
rá se ele se voltar para a desobediência, e a
maldade do ímpio não o fará cair se ele se
desviar dela. E se o justo pecar, não viverá
por causa de sua justiça. 13 Se eu garantir ao
justo que ele irá viver, mas ele, confiando em
sua justiça, fizer o mal, de suas ações justas
nada será lembrado; ele morrerá por causa
do mal que fez. 14 E, se você disser ao ímpio:
Certamente você morrerá, mas ele se desviar
do seu pecado e fizer o que é justo e certo; 15 se
ele devolver o que apanhou como penhor de
um empréstimo, se devolver o que roubou,
se agir segundo os decretos que dão vida e
não fizer mal algum, é certo que viverá; não
morrerá. 16 Nenhum dos pecados que come-
teu será lembrado contra ele. Ele fez o que é
justo e certo; certamente viverá.
17 “Contudo, os seus compatriotas dizem: ‘O
caminho do Senhor não é justo’. Mas é o ca-
minho deles que não é justo. 18 Se um justo se
afastar de sua justiça e fizer o mal, morrerá.
19 E, se um ímpio se desviar de sua maldade
e fizer o que é justo e certo, viverá por assim
proceder. 20 No entanto, ó nação de Israel, vo-
cê diz: ‘O caminho do Senhor não é justo’. Mas
eu julgarei cada um de acordo com os seus
próprios caminhos”.

A razão da queda de Jerusalém

21 No quinto dia do décimo mês do décimo
segundo ano do nosso exílio, um homem que
havia escapado de Jerusalém veio a mim e
disse: “A cidade caiu!” 22 Ora, na tarde do dia
anterior, a mão do SENHOR estivera sobre
mim, e ele abriu a minha boca antes de che-
gar aquele homem. Assim foi aberta a minha
boca, e eu não me calei mais.
23 Então me veio esta palavra do SENHOR:
24 “Filho do homem, o povo que vive naque-
las ruínas em Israel está dizendo: ‘Abraão era
apenas um único homem e, contudo, possuiu
a terra. Mas nós somos muitos; com certe-
za receberemos a terra como propriedade’.
25 Então diga a eles: Assim diz o Soberano, o
SENHOR: Uma vez que vocês comem carne
com sangue, voltam-se para os seus ídolos e
derramam sangue, como deveriam possuir a
terra? 26 Vocês confiam na espada, fazem coi-
sas repugnantes, e cada um de vocês conta-
mina a mulher do seu próximo. Deveriam
possuir a terra?
27 “Diga isto a eles: Assim diz o Soberano,
o SENHOR: Juro pela minha vida: Os que res-
tam nas ruínas cairão à espada, os que estão
no campo entregarei aos animais selvagens
para ser devorados, e os que se abrigam em
fortalezas e em cavernas morrerão de pes-
te. 28 Tornarei a terra um deserto abandona-
do. Darei fim ao poder de que se orgulha, e
tão arrasados estarão os montes de Israel que
ninguém desejará passar por lá. 29 Eles sabe-
rão que eu sou o SENHOR, quando eu tiver
tornado a terra um deserto abandonado por
causa de todas as práticas repugnantes que
eles cometeram.
30 “Quanto a você, filho do homem, seus
compatriotas estão conversando sobre você
junto aos muros e às portas das casas, dizen-
do uns aos outros: ‘Venham ouvir a mensa-
gem que veio da parte do SENHOR’. 31 O meu
povo vem a você, como costuma fazer, e se

Uma promessa para o ímpio

Experimente!

Ezequiel levava boas-novas de Deus às pessoas, pois até mesmo uma pessoa ímpia pode mudar, e Deus a aceitará. Leia as boas notícias que Ezequiel levou em Ezequiel 33:14-16.

Você também pode levar boas-novas aos outros, contando-lhes sobre Jesus e convidando-os para a escola dominical, onde eles aprenderão mais sobre Jesus. Além disso, você pode ajudá-los a saber que Deus os ama e os perdoa sendo amoroso e perdoador para com eles.

Ezequiel 33:14-16

assenta para ouvir as suas palavras, mas não
as põe em prática. Com a boca eles expres-
sam devoção, mas o coração deles está ávido
de ganhos injustos. [32]De fato, para eles você
não é nada mais que um cantor que entoa
cânticos de amor com uma bela voz e que sa-
be tocar um instrumento, pois eles ouvem as
suas palavras, mas não as põem em prática.
[33]"Quando tudo isso acontecer — e certa-
mente acontecerá — eles saberão que um
profeta esteve no meio deles".

Os pastores e as ovelhas

34 Veio a mim esta palavra do SENHOR:
[2]"Filho do homem, profetize contra os
pastores de Israel; profetize e diga-lhes: Assim
diz o Soberano, o SENHOR: Ai dos pastores de
Israel que só cuidam de si mesmos! Acaso os
pastores não deveriam cuidar do rebanho?
[3]Vocês comem a coalhada, vestem-se de lã e
abatem os melhores animais, mas não tomam
conta do rebanho. [4]Vocês não fortaleceram
a fraca nem curaram a doente nem enfaixa-
ram a ferida. Vocês não trouxeram de volta
as desviadas nem procuraram as perdidas.
Vocês têm dominado sobre elas com dureza
e brutalidade. [5]Por isso elas estão dispersas,
porque não há pastor algum e, quando foram
dispersas, elas se tornaram comida de todos
os animais selvagens. [6]As minhas ovelhas va-
guearam por todos os montes e por todas as
altas colinas. Foram dispersas por toda a ter-
ra, e ninguém se preocupou com elas nem
as procurou.
[7]"Por isso, pastores, ouçam a palavra do SE-
NHOR: [8]Juro pela minha vida, palavra do So-
berano, o SENHOR: Visto que o meu rebanho
ficou sem pastor, foi saqueado e se tornou co-
mida de todos os animais selvagens, e uma
vez que os meus pastores não se preocupa-
ram com o meu rebanho, mas cuidaram de
si mesmos em vez de cuidarem do rebanho,
[9]ouçam a palavra do SENHOR, ó pastores: [10]As-
sim diz o Soberano, o SENHOR: Estou contra
os pastores e os considerarei responsáveis pe-
lo meu rebanho. Eu lhes tirarei a função de
apascentá-lo para que os pastores não mais
se alimentem a si mesmos. Livrarei o meu
rebanho da boca deles, e as ovelhas não lhes
servirão mais de comida.
[11]"Porque assim diz o Soberano, o SENHOR:
Eu mesmo buscarei as minhas ovelhas e de-
las cuidarei. [12]Assim como o pastor busca as
ovelhas dispersas quando está cuidando do
rebanho, também tomarei conta de minhas
ovelhas. Eu as resgatarei de todos os lugares
para onde foram dispersas num dia de nu-
vens e de trevas. [13]Eu as farei sair das outras
nações e as reunirei, trazendo-as dos outros
povos para a sua própria terra. E as apascen-
tarei nos montes de Israel, nos vales e em
todos os povoados do país. [14]Tomarei con-
ta delas numa boa pastagem, e os altos dos
montes de Israel serão a terra onde pastarão;
ali se alimentarão, num rico pasto nos mon-
tes de Israel. [15]Eu mesmo tomarei conta das
minhas ovelhas e as farei deitar-se e repousar.
Palavra do Soberano, o SENHOR. [16]Procurarei
as perdidas e trarei de volta as desviadas.
Enfaixarei a que estiver ferida e fortalecerei
a fraca, mas a rebelde e forte eu destruirei.
Apascentarei o rebanho com justiça.
[17]"Quanto a você, meu rebanho, assim diz o
Soberano, o SENHOR: Julgarei entre uma ove-
lha e outra, e entre carneiros e bodes. [18]Não
lhes basta comerem em boa pastagem? Deve-
rão também pisotear o restante da pastagem?
Não lhes basta beberem água límpida? Deve-
rão também enlamear o restante com os pés?
[19]Deverá o meu rebanho alimentar-se daqui-
lo que vocês pisotearam e beber daquilo que
vocês enlamearam com os pés?
[20]"Por isso, assim diz o Soberano, o SE-
NHOR, a eles: Vejam, eu mesmo julgarei entre
a ovelha gorda e a magra. [21]Pois vocês força-
ram passagem com o corpo e com o ombro,
empurrando todas as ovelhas fracas com os
chifres até expulsá-las; [22]eu salvarei o meu
rebanho, e elas não mais serão saqueadas.
Julgarei entre uma ovelha e outra. [23]Porei so-
bre elas um pastor, o meu servo Davi, e ele
cuidará delas; cuidará delas e será o seu pas-
tor. [24]Eu, o SENHOR, serei o seu Deus, e o meu
servo Davi será o líder no meio delas. Eu, o
SENHOR, falei.
[25]"Farei uma aliança de paz com elas e dei-
xarei a terra livre de animais selvagens pa-
ra que as minhas ovelhas possam viver com
segurança no deserto e dormir nas florestas.
[26]Eu as abençoarei e abençoarei os lugares
em torno da minha colina.[a] Na estação pró-
pria farei descer chuva; haverá chuvas de
bênçãos. [27]As árvores do campo produzirão
o seu fruto, a terra produzirá a sua safra e
as ovelhas estarão seguras na terra. Elas sa-
berão que eu sou o SENHOR, quando eu que-
brar as cangas de seu jugo e as livrar das
mãos daqueles que as escravizaram. [28]Não
serão mais saqueadas pelas nações, nem os

[a] 34:26 Ou *Eu farei que elas e os lugares em torno da minha colina sejam uma bênção.*

animais selvagens as devorarão. Viverão em segurança, e ninguém lhes causará medo. 29Eu lhes darei uma terra famosa por suas colheitas, e elas não serão mais vítimas de fome na terra nem carregarão a zombaria das nações. 30Então elas saberão que eu, o SENHOR, o seu Deus, estou com elas, e que elas, a nação de Israel, são o meu povo. Palavra do Soberano, o SENHOR. 31Vocês, minhas ovelhas, ovelhas da minha pastagem, são o meu povo, e eu sou o seu Deus. Palavra do Soberano, o SENHOR".

Profecia contra Edom

35 Esta palavra do SENHOR veio a mim: 2"Filho do homem, vire o rosto contra o monte Seir; profetize contra ele 3e diga: Assim diz o Soberano, o SENHOR: Estou contra você, monte Seir, e estenderei o meu braço contra você e farei de você um deserto arrasado. 4Transformarei as suas cidades em ruínas, e você ficará arrasado. Então você saberá que eu sou o SENHOR.

5"Visto que você manteve uma velha hostilidade e entregou os israelitas à espada na hora da desgraça, na hora em que o castigo deles chegou, 6por isso, juro pela minha vida, palavra do Soberano, o SENHOR, que entregarei você ao espírito sanguinário, e este o perseguirá. Uma vez que você não detestou o espírito sanguinário, este o perseguirá. 7Farei do monte Seir um deserto arrasado e dele eliminarei todos os que por ali vêm e vão. 8Encherei seus montes de mortos; os mortos à espada cairão em suas colinas, em seus vales e em todas as suas ravinas. 9Arrasarei você para sempre; suas cidades ficarão inabitáveis. Então você saberá que eu sou o SENHOR.

10"Uma vez que você disse: 'Estas duas nações e povos serão nossos e nos apossaremos deles', sendo que eu, o SENHOR, estava ali, 11juro pela minha vida, palavra do Soberano, o SENHOR, que tratarei você de acordo com a ira e o ciúme que você mostrou em seu ódio para com eles, e me farei conhecido entre eles quando eu julgar você. 12Então você saberá que eu, o SENHOR, ouvi todas as coisas desprezíveis que você disse contra os montes de Israel. Você disse: 'Eles foram arrasados e nos foram entregues para que os devoremos'. 13Você encheu-se de orgulho contra mim e falou contra mim sem se conter, e eu o ouvi. 14Pois assim diz o Soberano, o SENHOR: Enquanto a terra toda se regozija, eu o arrasarei. 15Como você se regozijou quando a herança da nação de Israel foi arrasada, é assim que eu o tratarei. Você ficará arrasado, ó monte Seir, você e todo o Edom. Então saberão que eu sou o SENHOR.

Profecia para os montes de Israel

36 "Filho do homem, profetize para os montes de Israel e diga: Ó montes de Israel, ouçam a palavra do SENHOR. 2Assim diz o Soberano, o SENHOR: O inimigo disse a respeito de vocês: 'Ah! Ah! As antigas elevações se tornaram nossas'. 3Por isso profetize e diga: Assim diz o Soberano, o SENHOR: Eles devastaram e perseguiram vocês por todos os lados, de maneira que vocês se tornaram propriedade das demais nações e objeto de conversa maliciosa e de calúnia de todos. 4Por isso, ó montes de Israel, ouçam a palavra do Soberano, o SENHOR: Assim diz o Soberano, o SENHOR, aos montes, às colinas, às ravinas, aos vales, às ruínas arrasadas e às cidades abandonadas que foram saqueadas e ridicularizadas pelas demais nações ao seu redor — 5assim diz o Soberano, o SENHOR: Em meu zelo ardente falei contra o restante das nações e contra todo o Edom, pois, com prazer e com maldade no coração, eles fizeram de minha terra sua propriedade, para saquear suas pastagens. 6Por isso, profetize acerca da terra de Israel e diga aos montes, às colinas, às ravinas e aos vales: Assim diz o Soberano, o SENHOR: Falo com ciúme em minha ira porque vocês sofreram a zombaria das nações. 7Por isso, assim diz o Soberano, o SENHOR: Juro de mão erguida que as nações ao redor também sofrerão zombaria.

8"Mas vocês, ó montes de Israel, produzirão galhos e frutos para Israel, o meu povo, pois ele virá logo para casa. 9Estou preocupado com vocês e olharei para vocês favoravelmente; vocês serão arados e semeados, 10e os multiplicarei, sim, toda a nação de Israel. As cidades serão habitadas e as ruínas reconstruídas. 11Multiplicarei os homens e os animais, e eles serão prolíferos e se tornarão numerosos. Tornarei a povoá-los como no passado, e farei vocês prosperarem mais do que antes. Então vocês saberão que eu sou o SENHOR. 12Farei Israel, o meu povo, andar sobre vocês. Vocês lhe pertencerão, serão a herança de Israel; vocês nunca mais os privarão dos seus filhos.

13"Assim diz o Soberano, o SENHOR: Como de fato dizem a você: 'Você devora homens e priva a sua nação de filhos', 14você não mais devorará nem tornará sua nação sem filhos. Palavra do Soberano, o SENHOR. 15Eu não

permitirei mais que você ouça o sarcasmo
das nações, e você não sofrerá mais a zom-
baria dos povos, nem fará mais a sua nação
cair. Palavra do Soberano, o SENHOR".
16De novo a palavra do SENHOR veio a mim,
dizendo: 17"Filho do homem, quando os is-
raelitas moravam em sua própria terra, eles
a contaminaram com sua conduta e com
suas ações. Sua conduta era à minha vista
como a impureza menstrual de uma mu-
lher. 18Por essa razão derramei sobre eles a
minha ira, porque eles derramaram sangue
na terra e porque se contaminaram com seus
ídolos. 19Eu os dispersei entre as nações, e
eles foram espalhados entre os povos; eu os
julguei de acordo com a conduta e as ações
deles. 20E, por onde andaram entre as na-
ções, eles profanaram o meu santo nome,
pois se dizia a respeito deles: 'Esse é o povo
do SENHOR, mas assim mesmo teve que sair
da terra que o SENHOR lhe deu'. 21Tive consi-
deração pelo meu santo nome, o qual a na-
ção de Israel profanou entre as nações para
onde tinha ido.
22"Por isso, diga à nação de Israel: Assim
diz o Soberano, o SENHOR: Não é por sua cau-
sa, ó nação de Israel, que farei essas coisas,
mas por causa do meu santo nome, que vo-
cês profanaram entre as nações para onde
foram. 23Mostrarei a santidade do meu san-
to nome, que foi profanado entre as nações,
o nome que vocês profanaram no meio de-
las. Então as nações saberão que eu sou o
SENHOR, palavra do Soberano, o SENHOR,
quando eu me mostrar santo por meio de
vocês diante dos olhos delas.
24"Pois eu os tirarei dentre as nações, os
ajuntarei do meio de todas as terras e os tra-
rei de volta para a sua própria terra. 25Asper-
girei água pura sobre vocês e ficarão puros;
eu os purificarei de todas as suas impurezas
e de todos os seus ídolos. 26Darei a vocês um
coração novo e porei um espírito novo em
vocês; tirarei de vocês o coração de pedra
e lhes darei um coração de carne. 27Porei o
meu Espírito em vocês e os levarei a agirem
segundo os meus decretos e a obedecerem
fielmente às minhas leis. 28Vocês habitarão
na terra que dei aos seus antepassados; vo-
cês serão o meu povo, e eu serei o seu Deus.
29Eu os livrarei de toda a sua impureza. Con-
vocarei o cereal e o farei multiplicar-se, e não
trarei fome sobre vocês. 30Aumentarei a pro-
dução das árvores e as safras dos campos, de
modo que vocês não sofrerão mais vergonha

Palavras para memorizar

"Darei a vocês um coração novo e porei um espírito novo em vocês; tirarei de vocês o coração de pedra e lhes darei um coração de carne."

(Ezequiel 36:26)

entre as nações por causa da fome. 31Então
vocês se lembrarão dos seus caminhos maus
e das suas ações ímpias, e terão nojo de si
mesmos por causa das suas iniquidades e das
suas práticas repugnantes. 32Quero que sai-
bam que não estou fazendo isso por causa de
vocês. Palavra do Soberano, o SENHOR. Enver-
gonhem-se e humilhem-se por causa de sua
conduta, ó nação de Israel!
33"Assim diz o Soberano, o SENHOR: No dia
em que eu os purificar de todos os seus peca-
dos, restabelecerei as suas cidades e as ruínas
serão reconstruídas. 34A terra arrasada será
cultivada; não permanecerá arrasada à vista
de todos que passarem por ela. 35Estes dirão:
'Esta terra que estava arrasada tornou-se co-
mo o jardim do Éden; as cidades que jaziam
em ruínas, arrasadas e destruídas, agora es-
tão fortificadas e habitadas'. 36Então as nações
que estiverem ao redor de vocês e que sub-
sistirem saberão que eu, o SENHOR, recons-
truí o que estava destruído e replantei o que
estava arrasado. Eu, o SENHOR, falei, e o farei.
37"Assim diz o Soberano, o SENHOR: Uma
vez mais cederei à súplica da nação de Israel
e farei isto por ela: tornarei o seu povo tão
numeroso como as ovelhas, 38e como os gran-
des rebanhos destinados às ofertas das festas
fixas de Jerusalém. Desse modo as cidades
em ruínas ficarão cheias de rebanhos de gen-
te. Então eles saberão que eu sou o SENHOR".

O vale dos ossos secos

37 A mão do SENHOR estava sobre mim, e
por seu Espírito ele me levou a um vale
cheio de ossos. 2Ele me levou de um lado pa-
ra outro, e pude ver que era enorme o núme-
ro de ossos no vale, e que os ossos estavam

Você sabia?

O que era o "vale dos ossos secos"?

37:1 Na visão de Ezequiel, o vale dos ossos secos representava o mundo inteiro, e os ossos secos simbolizavam o povo judeu, que estava espalhado por todo o mundo sem esperança nenhuma de ter uma terra deles. Deus mostrou a Ezequiel que, um dia, o povo judeu voltaria para Israel, e, cerca de cinquenta anos depois, o rei Ciro permitiu que alguns judeus retornassem a Israel. Em anos recentes, muitos judeus também se mudaram de volta para Israel.

muito secos. 3Ele me perguntou: "Filho do
homem, estes ossos poderão tornar a viver?"
Eu respondi: "Ó Soberano SENHOR, só tu
o sabes".
4Então ele me disse: "Profetize a estes ossos e diga-lhes: Ossos secos, ouçam a palavra
do SENHOR! 5Assim diz o Soberano, o SENHOR,
a estes ossos: Farei um espírito entrar em vocês, e vocês terão vida. 6Porei tendões em vocês e farei aparecer carne sobre vocês e os
cobrirei com pele; porei um espírito em vocês, e vocês terão vida. Então vocês saberão
que eu sou o SENHOR".
7E eu profetizei conforme a ordem recebida. Enquanto profetizava, houve um barulho,
um som de chocalho, e os ossos se juntaram,
osso com osso. 8Olhei, e os ossos foram cobertos de tendões e de carne, e depois de pele;
mas não havia espírito neles.
9A seguir ele me disse: "Profetize ao espírito; profetize, filho do homem, e diga-lhe: Assim diz o Soberano, o SENHOR: Venha desde
os quatro ventos, ó espírito, e sopre dentro
desses mortos, para que vivam". 10Profetizei
conforme a ordem recebida, e o espírito entrou neles; eles receberam vida e se puseram
em pé. Era um exército enorme!
11Então ele me disse: "Filho do homem,
estes ossos são toda a nação de Israel. Eles
dizem: 'Nossos ossos se secaram e nossa esperança desvaneceu-se; fomos exterminados'.
12Por isso profetize e diga-lhes: Assim diz o
Soberano, o SENHOR: Ó meu povo, vou abrir
os seus túmulos e fazê-los sair; trarei vocês
de volta à terra de Israel. 13E quando eu abrir
os seus túmulos e os fizer sair, vocês, meu
povo, saberão que eu sou o SENHOR. 14Porei o
meu Espírito em vocês e vocês viverão, e eu
os estabelecerei em sua própria terra. Então
vocês saberão que eu, o SENHOR, falei, e fiz.
Palavra do SENHOR".

Uma só nação e um só rei

15Esta palavra do SENHOR veio a mim: 16"Filho do homem, escreva num pedaço de madeira: Pertencente a Judá e aos israelitas,
seus companheiros. Depois escreva noutro
pedaço de madeira: Vara de Efraim, pertencente a José e a toda a nação de Israel, seus
companheiros. 17Junte-os numa única vara
para que se tornem uma só em sua mão.
18"Quando os seus compatriotas lhe perguntarem: 'Você não vai nos dizer o que significa isso?' 19Diga-lhes: Assim diz o Soberano,
o SENHOR: Vou apanhar a vara que está na
mão de Efraim, pertencente a José e às demais tribos israelitas, suas companheiras, e
vou juntá-las à vara de Judá. Assim farei delas um único pedaço de madeira, e elas se
tornarão uma só na minha mão. 20Segure
diante dos olhos deles os pedaços de madeira em que você escreveu 21e diga-lhes: Assim
diz o Soberano, o SENHOR: Tirarei os israelitas das nações para onde foram. Vou ajuntá-los de todos os lugares ao redor e trazê-los
de volta à sua própria terra. 22Eu os farei uma
única nação na terra, nos montes de Israel.
Haverá um único rei sobre todos eles, e nunca mais serão duas nações, nem estarão divididos em dois reinos. 23Não se contaminarão
mais com seus ídolos e imagens detestáveis,
nem com nenhuma de suas transgressões,
pois eu os salvarei de todas as suas apostasias pecaminosas[a] e os purificarei. Eles serão
o meu povo, e eu serei o seu Deus.
24"O meu servo Davi será rei sobre eles, e
todos eles terão um só pastor. Seguirão as minhas leis e terão o cuidado de obedecer aos
meus decretos. 25Viverão na terra que dei ao
meu servo Jacó, a terra onde os seus antepassados viveram. Eles e os seus filhos e os
filhos de seus filhos viverão ali para sempre,
e o meu servo Davi será o seu líder para sempre. 26Farei uma aliança de paz com eles; será
uma aliança eterna. Eu os firmarei e os multiplicarei, e porei o meu santuário no meio deles para sempre. 27Minha morada estará com

[a] 37:23 Ou *de todas as moradias em que pecaram*

eles; eu serei o seu Deus, e eles serão o meu povo. 28Então, quando o meu santuário estiver entre eles para sempre, as nações saberão que eu, o SENHOR, santifico Israel".

Profecia contra Gogue

38 Veio a mim esta palavra do SENHOR: 2"Filho do homem, vire o rosto contra Gogue, da terra de Magogue, o príncipe maior de[a] Meseque e de Tubal; profetize contra ele 3e diga: Assim diz o Soberano, o SENHOR: Estou contra você, ó Gogue, príncipe maior de Meseque e de Tubal. 4Farei você girar, porei anzóis em seu queixo e o farei sair com todo o seu exército: seus cavalos, seus cavaleiros totalmente armados e uma grande multidão com escudos grandes e pequenos, todos eles brandindo suas espadas. 5A Pérsia, a Etiópia e a Líbia[b] estarão com eles, todos com escudos e capacetes; 6Gômer com todas as suas tropas, e Bete-Togarma, do extremo norte, com todas as suas tropas; muitas nações com você.

7"Apronte-se; esteja preparado, você e todas as multidões reunidas ao seu redor, e assuma o comando delas. 8Depois de muitos dias você será chamado às armas. Daqui a alguns anos você invadirá uma terra que se recuperou da guerra, cujo povo foi reunido dentre muitas nações nos montes de Israel, os quais por muito tempo estiveram arrasados. Trazido das nações, agora vive em segurança. 9Você, todas as suas tropas e as muitas nações subirão, avançando como uma tempestade; você será como uma nuvem cobrindo a terra.

10"Assim diz o Soberano, o SENHOR: Naquele dia virão pensamentos à sua cabeça e você maquinará um plano maligno. 11Você dirá: 'Invadirei uma terra de povoados; atacarei um povo pacífico e que de nada suspeita, onde todos moram em cidades sem muros, sem portas e sem trancas. 12Despojarei, saquearei e voltarei a minha mão contra as ruínas reerguidas e contra o povo reunido dentre as nações, rico em gado e em bens, que vive na parte central do território[c]. 13Sabá e Dedã e os mercadores de Társis e todos os seus povoados[d] dirão a você: 'Você veio para tomar despojos? Você reuniu essa multidão para saquear, levar embora prata e ouro, tomar o gado e os bens e apoderar-se de muitos despojos?'

14"Por isso, filho do homem, profetize e diga a Gogue: Assim diz o Soberano, o SENHOR: Naquele dia, quando Israel, o meu povo, estiver vivendo em segurança, será que você não vai reparar nisso? 15Você virá do seu lugar, do extremo norte, você, acompanhado de muitas nações, todas elas montadas em cavalos, uma grande multidão, um exército numeroso. 16Você avançará contra Israel, o meu povo, como uma nuvem que cobre a terra. Nos dias vindouros, ó Gogue, trarei você contra a minha terra, para que as nações me conheçam quando eu me mostrar santo por meio de você diante dos olhos delas.

17"Assim diz o Soberano, o SENHOR: Acaso você não é aquele de quem falei em dias passados por meio dos meus servos, os profetas de Israel? Naquela época eles profetizaram durante anos que eu traria você contra Israel. 18É isto que acontecerá naquele dia: Quando Gogue atacar Israel, será despertado o meu furor. Palavra do Soberano, o SENHOR. 19Em meu zelo e em meu grande furor declaro que naquela época haverá um grande terremoto em Israel. 20Os peixes do mar, as aves do céu, os animais do campo, toda criatura que rasteja pelo chão e todas as pessoas da face da terra tremerão diante da minha presença. Os montes serão postos abaixo, os penhascos se desmoronarão e todos os muros cairão. 21Convocarei a espada contra Gogue em todos os meus montes. Palavra do Soberano, o SENHOR. A espada de cada um será contra o seu irmão. 22Executarei juízo sobre ele com peste e derramamento de sangue; desabarei torrentes de chuva, saraiva e enxofre ardente sobre ele e sobre as suas tropas e sobre as muitas nações que estarão com ele. 23E assim mostrarei a minha grandeza e a minha santidade, e me farei conhecido de muitas nações. Então eles saberão que eu sou o SENHOR.

39 "Filho do homem, profetize contra Gogue e diga: Assim diz o Soberano, o SENHOR: Eu estou contra você, ó Gogue, príncipe maior de Meseque e de Tubal. 2Farei você girar e o arrastarei. Eu o trarei do extremo norte e o enviarei contra os montes de Israel. 3Então derrubarei o arco da sua mão esquerda e farei suas flechas caírem da sua mão direita. 4Nos montes de Israel você cairá, você e todas as suas tropas e as nações que estiverem com você. Eu darei você como comida a todo tipo de ave que come carniça e aos animais do campo. 5Você cairá em campo aberto, pois eu falei. Palavra do Soberano, o SENHOR. 6Mandarei fogo sobre Magogue e sobre aqueles que

[a] 38:2 Ou *príncipe de Rôs e de*; também no versículo 3 e em 39:1.
[b] 38:5 Hebraico: *Cuxe e Fute.*
[c] 38:12 Hebraico: *no umbigo da terra.*
[d] 38:13 Ou *seus leões fortes*

vivem em segurança nas regiões costeiras, e eles saberão que eu sou o SENHOR.

7“Farei conhecido o meu santo nome no meio de Israel, o meu povo. Não mais deixarei que o meu nome seja profanado, e as nações saberão que eu, o SENHOR, sou o Santo de Israel. 8E aí vem! É certo que acontecerá. Palavra do Soberano, o SENHOR. Este é o dia de que eu falei.

9“Então aqueles que morarem nas cidades de Israel sairão e usarão armas como combustível e as queimarão: os escudos, pequenos e grandes, os arcos e flechas, os bastões de guerra e as lanças. Durante sete anos eles as utilizarão como combustível. 10Não precisarão ajuntar lenha nos campos nem cortá-la nas florestas, porque eles usarão as armas como combustível. E eles despojarão aqueles que os despojaram e saquearão aqueles que os saquearam. Palavra do Soberano, o SENHOR.

11“Naquele dia darei a Gogue um túmulo em Israel, no vale dos que viajam para o oriente na direção[a] do Mar[b]. Ele bloqueará o caminho dos viajantes porque Gogue e todos os seus batalhões serão sepultados ali. Por isso será chamado vale de Hamom-Gogue[c].

12“Durante sete meses a nação de Israel os estará sepultando a fim de purificar a terra. 13Todo o povo da terra os sepultará, e o dia em que eu for glorificado será para eles um dia memorável. Palavra do Soberano, o SENHOR.

14“Depois dos sete meses serão contratados homens para percorrerem a terra e sepultarem os que ainda restarem. E assim a terra será purificada. 15Quando estiverem percorrendo a terra e um deles vir um osso humano, fincará um marco ao lado do osso até que os coveiros o sepultem no vale de Hamom-Gogue. 16(Também haverá ali uma cidade à qual se dará o nome de Hamoná[d].) E assim eles purificarão a terra.

17“Filho do homem, assim diz o Soberano, o SENHOR: Chame todo tipo de ave e todos os animais do campo: Venham de todos os lugares ao redor e reúnam-se para o sacrifício que estou preparando para vocês, o grande sacrifício nos montes de Israel. Ali vocês comerão carne e beberão sangue. 18Comerão a carne dos poderosos e beberão o sangue dos príncipes da terra como se eles fossem carneiros, cordeiros, bodes e novilhos, todos eles animais gordos de Basã. 19No sacrifício que lhes estou preparando vocês comerão gordura até empanturrar-se e beberão sangue até embriagar-se. 20À minha mesa vocês comerão sua porção de cavalos e cavaleiros, de homens poderosos e soldados de todo tipo. Palavra do Soberano, o SENHOR.

21“Exibirei a minha glória entre as nações, e todas as nações verão o castigo que eu trouxer e a mão que eu colocar sobre eles. 22Daquele dia em diante a nação de Israel saberá que eu sou o SENHOR, o seu Deus. 23E as nações saberão que os israelitas foram para o exílio por sua iniquidade, porque me foram infiéis. Por isso escondi deles o meu rosto e os entreguei nas mãos de seus inimigos, e eles caíram à espada. 24Tratei com eles de acordo com a sua impureza e com as suas transgressões, e escondi deles o meu rosto.

25“Por isso, assim diz o Soberano, o SENHOR: Agora trarei Jacó de volta do cativeiro[e] e terei compaixão de toda a nação de Israel, e serei zeloso pelo meu santo nome. 26Eles se esquecerão da vergonha por que passaram e de toda a infidelidade que mostraram para comigo enquanto viviam em segurança em sua terra, sem que ninguém lhes causasse medo. 27Quando eu os tiver trazido de volta das nações e os tiver ajuntado dentre as terras de seus inimigos, eu me revelarei santo por meio deles à vista de muitas nações. 28Então eles saberão que eu sou o SENHOR, o seu Deus, pois, embora os tenha enviado para o exílio entre as nações, eu os reunirei em sua própria terra, sem deixar um único deles para trás. 29Não mais esconderei deles o rosto, pois derramarei o meu Espírito sobre a nação de Israel. Palavra do Soberano, o SENHOR”.

O novo templo

40 No início do vigésimo quinto ano do exílio, no início do ano, no décimo dia do mês, no décimo quarto ano depois da queda da cidade, naquele exato dia a mão do SENHOR esteve sobre mim e ele me levou para lá. 2Em visões de Deus ele me levou a Israel e me pôs num monte muito alto, sobre o qual, no lado sul, havia alguns prédios que tinham a aparência de uma cidade. 3Ele me levou para lá, e eu vi um homem que parecia de bronze; ele estava em pé junto à entrada, tendo em sua mão uma corda de linho e uma vara de medir. 4E ele me disse: “Filho do homem, fixe bem os olhos e procure ouvir bem, e preste

[a] 39:11 Ou *viajam a leste*
[b] 39:11 Isto é, o mar Morto.
[c] 39:11 *Hamom-Gogue* significa *hordas de Gogue*.
[d] 39:16 *Hamoná* significa *hordas*.
[e] 39:25 Ou *Agora restaurarei a sorte de Jacó*

atenção a tudo o que vou lhe mostrar, pois para isso você foi trazido aqui. Conte à nação de Israel tudo o que você vai ver".

A porta oriental

5Vi um muro que cercava completamente a área do templo. O comprimento da vara de medir na mão do homem era de seis medidas longas, cada uma com meio metro[a]. Ele mediu o muro, que tinha três metros[b] de espessura e três de altura.

6Depois ele foi até a porta que dá para o oriente. Subiu os seus degraus e mediu a soleira da porta, que tinha três metros de extensão[c]. 7As salas dos guardas tinham três metros de comprimento e três metros de largura, e as paredes entre elas tinham dois metros e meio de espessura. A soleira da porta junto ao pórtico, defronte do templo, tinha três metros de extensão.

8Depois ele mediu o pórtico, 9que tinha[d] quatro metros de extensão e seus batentes tinham um metro de espessura. O pórtico estava voltado para o templo.

10Da porta oriental para dentro havia três salas de cada lado; as três tinham as mesmas medidas, e as faces das paredes salientes de cada lado tinham as mesmas medidas. 11A seguir ele mediu a largura da porta, à entrada; era de cinco metros, e seu comprimento era de seis metros e meio. 12Defronte de cada sala havia um muro de meio metro de altura, e os nichos eram quadrados, com três metros em cada lado. 13Depois ele mediu a entrada a partir do alto da parede do fundo de uma sala até o alto da sala oposta; a distância era de doze metros e meio, da abertura de um parapeito até a abertura do parapeito oposto. 14E mediu ao longo das faces das paredes salientes por toda a parte interna da entrada; eram trinta metros. A medida era até o pórtico[e] que dá para o pátio. 15A distância desde a entrada da porta até a extremidade do seu pórtico era de vinte e cinco metros. 16As salas e as paredes salientes dentro da entrada eram guarnecidas de estreitas aberturas com parapeito ao redor, como o pórtico; as aberturas que os circundavam davam para a parte interna. As faces das paredes salientes eram decoradas com tamareiras.

O pátio externo

17Depois ele me levou ao pátio externo. Ali eu vi alguns quartos e um piso que havia sido construído ao redor de todo o pátio; nele havia trinta quartos ao longo de todo o piso. 18Este era adjacente às laterais das entradas e sua largura era igual ao comprimento; esse era o piso inferior. 19A seguir ele mediu a distância da parte interna da entrada inferior até a parte externa do pátio interno, o que deu cinquenta metros, tanto no lado leste como no lado norte.

A porta norte

20Mediu depois o comprimento e a largura da porta que dá para o norte, e para o pátio externo. 21Seus compartimentos, três de cada lado, suas paredes salientes e seu pórtico tinham as mesmas medidas dos compartimentos da primeira entrada. Tinham vinte e cinco metros de comprimento e doze metros e meio de largura. 22Suas aberturas, seu pórtico e sua decoração com tamareiras tinham as mesmas medidas dos da porta que dava para o oriente. Sete degraus subiam até ela, e o seu pórtico ficava no lado oposto a eles. 23Havia uma porta que abria o pátio interno e que dava para a porta norte, como também uma que dava para a porta leste. Ele mediu de uma porta à que lhe ficava oposta; eram cinquenta metros.

A porta sul

24Depois ele me levou para o lado sul, e eu vi uma porta que dava para o sul. Ele mediu seus batentes e seu pórtico, e eles tinham as mesmas medidas das outras portas. 25A entrada e o pórtico tinham aberturas estreitas ao seu redor, como as aberturas das outras. Tinham vinte e cinco metros de comprimento e doze metros e meio de largura. 26Sete degraus subiam até ela, e o seu pórtico ficava no lado oposto a eles; havia uma decoração de tamareiras nas faces das paredes salientes em cada lado. 27O pátio interno também tinha uma porta que dava para o sul, e ele mediu desde essa porta até a porta externa no lado sul; eram cinquenta metros.

Portas para o pátio interno

28A seguir ele me levou ao pátio interno pela porta sul e mediu a porta sul; suas medidas eram iguais às outras. 29Suas salas, suas paredes salientes e seu pórtico tinham as mesmas

[a] 40:5 Hebraico: *1 côvado longo.* O côvado longo era uma medida linear de cerca de meio metro.
[b] 40:5 Hebraico: *1 vara.*
[c] 40:6 Conforme a Septuaginta. O Texto Massorético diz *fundo, a primeira soleira, uma vara de fundo.*
[d] 40:8-9 Conforme muitos manuscritos do Texto Massorético, a Septuaginta, a Vulgata e a Versão Siríaca. A maioria dos manuscritos do Texto Massorético diz *a entrada defronte do templo; ela media uma vara de fundo. 9Então ele mediu o pórtico da entrada, que tinha*
[e] 40:14 Conforme a Septuaginta. O Texto Massorético diz *a parede saliente.*

medidas dos outros. A entrada e seu pórtico tinham aberturas ao seu redor. Tinham vinte e cinco metros de comprimento e doze metros e meio de largura. 30(Os pórticos das entradas ao redor do pátio interno tinham doze metros e meio de largura e dois metros e meio de extensão.) 31Seu pórtico dava para o pátio externo; tamareiras decoravam seus batentes, e oito degraus subiam até a porta.

32Depois ele me levou ao pátio interno no lado leste, e mediu a entrada; suas medidas eram iguais às outras. 33Suas salas, suas paredes salientes e seu pórtico tinham as mesmas medidas dos outros. A entrada e seu pórtico tinham aberturas ao seu redor. Tinham vinte e cinco metros de comprimento e doze metros e meio de largura. 34Seu pórtico dava para o pátio externo; tamareiras decoravam os batentes em cada lado, e oito degraus subiam até ela.

35Depois ele me levou à porta norte e a mediu; suas medidas eram iguais às outras, 36como também as medidas de suas salas, suas paredes salientes e seu pórtico, e tinha aberturas ao seu redor. Tinha vinte e cinco metros de comprimento e doze metros e meio de largura. 37Seu pórtico dava[a] para o pátio externo; tamareiras decoravam os batentes em ambos os lados, e oito degraus subiam até ela.

Os quartos da preparação dos sacrifícios

38Um quarto com sua entrada ficava junto do pórtico de cada uma das entradas internas, onde os holocaustos[b] eram lavados. 39No pórtico da entrada havia duas mesas de cada lado, em que os holocaustos, as ofertas pelo pecado e as ofertas pela culpa eram abatidos. 40Junto à parede externa do pórtico da entrada, perto dos degraus da porta norte, ficavam duas mesas, e do outro lado dos degraus havia duas mesas. 41Havia, pois, quatro mesas num lado da entrada e quatro no outro, onde os sacrifícios eram abatidos. Eram oito mesas ao todo. 42Também havia quatro mesas de pedra lavrada para os holocaustos, cada uma com setenta e cinco centímetros de comprimento e de largura, e cinquenta centímetros de altura. Nelas colocavam-se os utensílios para o abate dos holocaustos e dos outros sacrifícios. 43E ganchos de duas pontas, cada um com quatro dedos de comprimento, estavam presos à parede, em toda a sua extensão. As mesas destinavam-se à carne das ofertas.

Quartos para os sacerdotes

44Dentro do pátio interno havia dois quartos antes da porta interna; um ficava ao lado[c] da porta norte que dava para o sul, e outro ao lado da porta sul[d] que dava para o norte. 45Ele me disse: "O quarto que dá para o sul é para os sacerdotes encarregados do templo, 46e o quarto que dá para o norte é para os sacerdotes encarregados do altar. São eles os filhos de Zadoque, os únicos levitas que podem aproximar-se do SENHOR para ministrarem diante dele".

47Depois ele mediu o pátio: era quadrado, medindo cinquenta metros de comprimento e cinquenta de largura. E o altar ficava em frente do templo.

O templo

48A seguir levou-me ao pórtico do templo e mediu os seus batentes; eles tinham dois metros e meio de largura em ambos os lados. A largura da entrada era de sete metros, e suas paredes salientes tinham[e] um metro e meio de largura em cada lado. 49O pórtico tinha dez metros de largura e seis metros da frente aos fundos. Havia um lance de escadas que dava acesso a ele[f], e três colunas em cada lado dos batentes.

41 Depois o homem me levou ao santuário externo e mediu os batentes; a largura dos batentes era de três metros[g] em cada lado.[h] 2A entrada tinha cinco metros de largura, e as paredes salientes em cada lado tinham dois metros e meio de largura. Ele mediu também o santuário externo; e ele tinha vinte metros de comprimento e dez de largura.

3Depois entrou no santuário interno e mediu os batentes da entrada; cada um tinha um metro de largura. A entrada tinha três metros de largura, e as paredes salientes em cada lado dela tinham três metros e meio de largura. 4E ele mediu o comprimento do santuário interno; tinha dez metros, e sua largura era de dez metros até o fim do santuário

[a] 40:37 Conforme a Septuaginta. O Texto Massorético diz *Seus batentes davam.* Veja os versículos 31 e 34.
[b] 40:38 Isto é, sacrifícios totalmente queimados; também nos versículos 39 e 42.

[c] 40:44 Conforme a Septuaginta. O Texto Massorético diz *havia quartos para cantores, os quais ficavam ao lado.*
[d] 40:44 Conforme a Septuaginta. O Texto Massorético diz *leste.*
[e] 40:48 Conforme a Septuaginta. O Texto Massorético diz *e sua entrada tinha.*
[f] 40:49 A Septuaginta diz *10 degraus que subiam até ele.*
[g] 41:1 Hebraico: *6 côvados.* O côvado longo era uma medida linear de cerca de meio metro.
[h] 41:1 Conforme um manuscrito do Texto Massorético e a Septuaginta. A maioria dos manuscritos do Texto Massorético diz *lado, a largura da tenda.*

externo. Ele me disse: "Este é o Lugar Santíssimo".

5 Depois mediu a parede do templo; tinha três metros de espessura, e cada quarto lateral em torno do templo tinha dois metros de largura. 6 Os quartos laterais, sobrepostos uns aos outros, ficavam em três andares, havendo trinta em cada andar. Havia saliências em torno de toda a parede do templo para servirem de pontos de apoio para os quartos laterais, para que não fossem incrustados na parede do templo. 7 As paredes laterais em torno de todo o templo eram mais largas em cada andar superior. A estrutura em torno do templo foi construída em plataformas ascendentes, de modo que os quartos ficavam mais largos à medida que se subia. Uma escada subia do andar inferior até o andar superior, servindo também o andar do meio.

8 Vi que ao redor de todo o templo fora construída uma base, formando o alicerce dos quartos laterais. Era do comprimento da vara de medir, ou seja, três metros. 9 A parede externa dos quartos laterais era de dois metros e meio de espessura. A área aberta entre os quartos laterais do templo 10 e os quartos dos sacerdotes era de dez metros de largura ao redor de todo o templo. 11 Havia entradas para os quartos laterais a partir da área aberta, uma ao norte e outra ao sul; e a base vizinha à área aberta era de dois metros e meio ao redor de todo o templo.

12 O prédio em frente do pátio do templo no lado oeste media trinta e cinco metros de largura. A parede do prédio tinha dois metros e meio de espessura em toda a sua volta, e o seu comprimento era de quarenta e cinco metros.

13 Depois ele mediu o templo; tinha cinquenta metros de comprimento, e o pátio do templo e o prédio com suas paredes também tinham cinquenta metros de comprimento. 14 A largura do pátio do templo no lado oeste, inclusive a frente do templo, era de cinquenta metros.

15 A seguir ele mediu o comprimento do prédio que ficava em frente do pátio, na parte de trás do templo, inclusive suas galerias em cada lado; era de cinquenta metros.

O santuário externo, o santuário interno e o pórtico que dava para o pátio, 16 bem como as soleiras, as janelas estreitas e as galerias em volta dos três, tudo o que estava do lado de fora, inclusive a soleira, fora revestido de madeira. Igualmente estavam revestidos o piso, a parede até a altura das janelas, e as janelas. 17 No espaço acima do lado externo da entrada do santuário interno e nas paredes, a intervalos regulares, em volta de todo o santuário interno e externo, 18 havia querubins e tamareiras em relevo. As tamareiras alternavam com os querubins. Cada querubim tinha dois rostos: 19 o rosto de um homem virado para a tamareira de um dos lados, e o rosto de um leão virado para a tamareira do outro lado. Estavam em relevo ao redor de todo o templo. 20 Desde o chão até a área acima da entrada havia querubins e tamareiras em relevo na parede do santuário externo.

21 O santuário externo tinha batentes retangulares, e o que ficava em frente do Santo dos Santos era semelhante. 22 Havia um altar de madeira com um metro e meio de altura e um metro em cada lado; seus cantos, sua base[a] e seus lados eram de madeira. O homem me disse: "Esta é a mesa que fica diante do SENHOR". 23 Tanto o santuário externo quanto o Santo dos Santos tinham portas duplas. 24 Cada porta tinha duas folhas articuladas. 25 E nas portas do santuário externo havia querubins e tamareiras esculpidos em relevo, como os que havia nas paredes, e havia também uma saliência de madeira na frente do pórtico. 26 Nas paredes laterais do pórtico havia janelas estreitas com tamareiras em relevo em cada lado. Os quartos laterais do templo também tinham saliências.

Os quartos dos sacerdotes

42 Depois disso o homem conduziu-me para o lado norte, para o pátio externo, e levou-me aos quartos opostos ao pátio do templo e ao muro externo do lado norte. 2 O prédio cuja porta dava para o norte tinha cinquenta metros[b] de comprimento e vinte e cinco metros de largura. 3 Tanto na seção que ficava a dez metros de distância do pátio interno quanto na seção oposta ao piso do pátio externo, havia uma galeria frente à outra nos três andares. 4 Em frente dos quartos havia uma passagem interna com cinco metros de largura e cinquenta metros[c] de comprimento. Suas portas ficavam no lado norte. 5 Ora, os quartos superiores eram mais estreitos, pois as galerias tomavam mais espaço deles do que dos quartos do andar inferior e médio.

[a] 41:22 Conforme a Septuaginta. O Texto Massorético diz *cantos, seu comprimento*.
[b] 42:2 Hebraico: *100 côvados*. O côvado longo era uma medida linear de cerca de meio metro.
[c] 42:4 Conforme a Septuaginta e a Versão Siríaca. O Texto Massorético diz *1 côvado*.

6Os quartos do terceiro andar não tinham co-
lunas, ao passo que os pátios tinham. Por isso
a área deles era menor do que a dos quartos
do andar inferior e do meio. 7Havia uma pa-
rede externa paralela aos quartos e ao pátio
externo; sua extensão era de vinte e cinco
metros, em frente dos quartos. 8A fileira de
quartos junto ao pátio interno tinha vinte e
cinco metros de comprimento, e a que ficava
mais próxima do santuário tinha cinquenta
metros de comprimento. 9Os quartos de bai-
xo tinham entrada pelo lado leste, quando se
vem do pátio externo.

10No lado sul, ao longo da parede do pátio
externo, adjacentes ao pátio do templo e no
lado oposto do muro externo, havia quartos
11com uma passagem em frente deles. Eram
como os quartos do lado norte; tinham o
mesmo comprimento e a mesma largura,
com saídas e dimensões semelhantes. As
portas do lado norte 12eram semelhantes às
portas dos quartos do lado sul. Havia uma
entrada no início do corredor paralelo ao mu-
ro correspondente que se estendia para leste;
e havia uma entrada para os quartos.

13Depois o homem me disse: "Os quartos do
norte e do sul que dão para o pátio do templo
são os quartos em que os sacerdotes que se
aproximam do SENHOR comerão e guarda-
rão as ofertas santíssimas, isto é, as ofertas
de cereal, as ofertas pelo pecado e as ofertas
pela culpa, pois o local é santo. 14Assim que
os sacerdotes entrarem nos recintos sagra-
dos, só poderão ir para o pátio externo após
tirarem as vestes com as quais ministram,
pois elas são santas. Porão outras vestes an-
tes de se aproximarem dos lugares reserva-
dos para o povo".

15Quando ele acabou de medir o que havia
dentro da área do templo, levou-me para fo-
ra pela porta leste e mediu a área em redor.
16Mediu o lado leste com a vara de medir; ti-
nha duzentos e cinquenta metros[a]. 17Mediu o
lado norte; tinha duzentos e cinquenta me-
tros, segundo a vara de medir. 18Mediu o la-
do sul; tinha duzentos e cinquenta metros,
segundo a vara de medir. 19Depois ele foi pa-
ra o lado oeste e o mediu; tinha duzentos e
cinquenta metros, segundo a vara de medir.
20Assim ele mediu a área nos quatro lados.
Em torno dela havia um muro de duzen-
tos e cinquenta metros de comprimento e
duzentos e cinquenta metros de largura, para
separar o santo do comum.

A glória retorna ao templo

43 Então o homem levou-me até a porta
que dava para o leste, 2e vi a glória do
Deus de Israel, que vinha do lado leste. Sua
voz era como o rugido de águas avançando,
e a terra refulgia com a sua glória. 3A visão
que tive era como a que eu tivera quando ele
veio[b] destruir a cidade e como as que eu tive-
ra junto ao rio Quebar; e me prostrei com o
rosto em terra. 4A glória do SENHOR entrou no
templo pela porta que dava para o lado leste.
5Então o Espírito pôs-me em pé e levou-me
para dentro do pátio interno, e a glória do
SENHOR encheu o templo.

6Enquanto o homem estava ao meu la-
do, ouvi alguém falando comigo de dentro
do templo. 7Ele disse: "Filho do homem, es-
te é o lugar do meu trono e o lugar para a
sola dos meus pés. Aqui viverei para sempre
entre os israelitas. A nação de Israel jamais
contaminará o meu santo nome, nem os is-
raelitas, nem seus reis, mediante a sua pros-
tituição e os ídolos sem vida[c] de seus reis,
em seus santuários nos montes. 8Quando eles
puseram sua soleira perto de minha solei-
ra e seus batentes junto de meus batentes,
com apenas uma parede fazendo separação
entre mim e eles, contaminaram o meu san-
to nome com suas práticas repugnantes. Por
isso eu os destruí na minha ira. 9Agora, que
afastem de mim a sua prostituição e os ído-
los sem vida de seus reis, e eu viverei entre
eles para sempre.

10"Filho do homem, descreva o templo para
a nação de Israel, para que se envergonhem
dos seus pecados. Que eles analisem o mode-
lo 11e, se ficarem envergonhados por tudo o
que fizeram, informe-os acerca da planta do
templo — sua disposição, suas saídas e suas
entradas — toda a sua planta e todas as suas
estipulações[d] e leis. Ponha essas coisas por es-
crito diante deles para que sejam fiéis à plan-
ta e sigam as suas estipulações.

12"Esta é a lei do templo: toda a área ao re-
dor, no topo do monte, será santíssima. Essa
é a lei do templo.

[a] 42:16 Com base na Septuaginta. O Texto Massorético diz *500 varas* (1.500 metros); também nos versículos 17-20.

[b] 43:3 Conforme alguns manuscritos do Texto Massorético e a Vulgata. A maioria dos manuscritos do Texto Massorético diz *eu vim*.

[c] 43:7 Ou *mediante o seu adultério espiritual*; também no versículo 9.

[d] 43:11 Conforme alguns manuscritos do Texto Massorético e a Septuaginta. A maioria dos manuscritos do Texto Massorético diz *estipulações e toda a sua planta*.

O altar

13"Estas são as medidas do altar pela medida longa, isto é, a de meio metro[a]: sua calha tem meio metro de profundidade e meio metro de largura, com uma aba de um palmo em torno da beirada. E esta é a altura do altar: 14desde a calha no chão até a saliência inferior, ele tem um metro de altura e um metro de largura, e desde a saliência menor até a saliência maior, tem dois metros de altura e meio metro de largura. 15A fornalha do altar tem dois metros de altura, e quatro pontas se projetam dela para cima. 16Ela é quadrada, com seis metros de comprimento e seis metros de largura. 17A saliência superior também é quadrada, com sete metros de comprimento e sete metros de largura, com uma aba de vinte e cinco centímetros e uma calha de meio metro em toda a sua extensão ao redor. Os degraus do altar estão voltados para o oriente".

18Então ele me disse: "Filho do homem, assim diz o Soberano, o SENHOR: Estes serão os regulamentos que deverão ser seguidos no cerimonial do sacrifício dos holocaustos[b] e da aspersão do sangue no altar, quando ele for construído: 19Você deverá dar um novilho como oferta aos sacerdotes levitas, da família de Zadoque, que se aproximam para ministrar diante de mim. Palavra do Soberano, o SENHOR. 20Você colocará um pouco do sangue nas quatro pontas do altar, nos quatro cantos da saliência superior e ao redor de toda a aba, e assim purificará o altar e fará propiciação por ele. 21Você queimará o novilho para a oferta pelo pecado no lugar determinado da área do templo, fora do santuário.

22"No segundo dia você oferecerá um bode sem defeito como oferta pelo pecado, e o altar será purificado como foi purificado com o novilho. 23Quando terminar de purificá-lo, ofereça um novilho e um carneiro tirados do rebanho, ambos sem defeito. 24Você os oferecerá perante o SENHOR, e os sacerdotes deverão pôr sal sobre eles e sacrificá-los como holocausto ao SENHOR.

25"Durante sete dias você fornecerá diariamente um bode como oferta pelo pecado; fornecerá também um novilho e um carneiro tirados do rebanho, ambos sem defeito. 26Durante sete dias os sacerdotes farão propiciação pelo altar e o purificarão; assim eles o consagrarão. 27No final desses dias, a partir do oitavo dia, os sacerdotes apresentarão os holocaustos e os sacrifícios de comunhão[c] de vocês sobre o altar. Então eu os aceitarei. Palavra do Soberano, o SENHOR".

O príncipe, os levitas, os sacerdotes

44 Depois o homem trouxe-me de volta para a porta externa do santuário, que dava para o lado leste, e ela estava trancada. 2O SENHOR me disse: "Esta porta deve permanecer trancada. Não deverá ser aberta; ninguém poderá entrar por ela. Deve permanecer trancada porque o SENHOR, o Deus de Israel, entrou por ela. 3O príncipe é o único que poderá entrar e sentar-se ali para comer na presença do SENHOR. Ele entrará pelo pórtico da entrada e sairá pelo mesmo caminho".

4Então o homem levou-me até a frente do templo, passando pela porta norte. Olhei e vi a glória do SENHOR enchendo o templo do SENHOR, e prostrei-me com o rosto em terra.

5O SENHOR me disse: "Filho do homem, preste atenção, olhe e ouça atentamente tudo o que eu lhe disser acerca de todos os regulamentos relacionados com o templo do SENHOR. Preste atenção à entrada do templo e a todas as saídas do santuário. 6Diga à rebelde nação de Israel: Assim diz o Soberano, o SENHOR: Já bastam suas práticas repugnantes, ó nação de Israel! 7Além de todas as suas outras práticas repugnantes, vocês trouxeram estrangeiros incircuncisos no coração e na carne para dentro do meu santuário, profanando o meu templo enquanto me ofereciam comida, gordura e sangue, e assim vocês romperam a minha aliança. 8Ao invés de cumprirem seu dever quanto às minhas coisas sagradas, vocês encarregaram outros do meu santuário. 9Assim diz o Soberano, o SENHOR: Nenhum estrangeiro incircunciso no coração e na carne entrará no meu santuário, nem tampouco os estrangeiros que vivem entre os israelitas.

10"Os levitas, que tanto se distanciaram de mim quando Israel se desviou e que vaguearam para longe de mim, indo atrás de seus ídolos, sofrerão as consequências de sua iniquidade. 11Poderão servir no meu santuário como encarregados das portas do templo e também farão o serviço nele; poderão matar os animais dos holocaustos[d] e outros sacrifícios em lugar do povo e colocar-se diante do povo e servi-lo. 12Mas, porque os serviram

[a] 43:13 Hebraico: *1 côvado e 1 punho*. Equivalente a um côvado longo, medida linear de cerca de meio metro.
[b] 43:18 Isto é, sacrifícios totalmente queimados; também nos versículos 24 e 27.
[c] 43:27 Ou *de paz*
[d] 44:11 Isto é, sacrifícios totalmente queimados.

na presença de seus ídolos e fizeram a nação
de Israel cair em pecado, jurei de mão ergui-
da que eles sofrerão as consequências de sua
iniquidade. Palavra do Soberano, o SENHOR.
13Não se aproximarão para me servir como
sacerdotes, nem se aproximarão de nenhu-
ma de minhas coisas sagradas e das minhas
ofertas santíssimas; carregarão a vergonha
de suas práticas repugnantes. 14Contudo, eu
os encarregarei dos deveres do templo e de
todo o trabalho que nele deve ser feito.
15"Mas, os sacerdotes levitas, descenden-
tes de Zadoque, que fielmente executaram os
deveres do meu santuário quando os israe-
litas se desviaram de mim, se aproximarão
para ministrar diante de mim; eles estarão
diante de mim para oferecer sacrifícios de
gordura e de sangue. Palavra do Soberano, o
SENHOR. 16Só eles entrarão em meu santuário
e se aproximarão da minha mesa para minis-
trar diante de mim e realizar o meu serviço.
17"Quando entrarem pelas portas do pátio
interno, estejam vestindo roupas de linho;
não usem nenhuma veste de lã enquanto
estiverem ministrando junto às portas do
pátio interno ou dentro do templo. 18Usarão
turbantes de linho na cabeça e calções de li-
nho na cintura. Não vestirão nada que os fa-
ça transpirar. 19Quando saírem para o pátio
externo onde fica o povo, tirarão as roupas
com que estiveram ministrando e as deixa-
rão nos quartos sagrados, e vestirão outras
roupas, para que não consagrem o povo por
meio de suas roupas sacerdotais.
20"Não raparão a cabeça nem deixarão o
cabelo comprido, mas o manterão aparado.
21Nenhum sacerdote beberá vinho quando
entrar no pátio interno. 22Eles não se casa-
rão com viúva ou divorciada; só poderão ca-
sar-se com mulher virgem, de ascendência
israelita, ou com viúva de sacerdote. 23Eles
ensinarão ao meu povo a diferença entre o
santo e o comum e lhe mostrarão como fazer
distinção entre o puro e o impuro.
24"Em qualquer disputa, os sacerdotes ser-
virão como juízes e a decisão será tomada de
acordo com as minhas sentenças. Eles obe-
decerão às minhas leis e aos meus decretos
com respeito a todas as minhas festas fixas,
e manterão santos os meus sábados.
25"O sacerdote não se contaminará por
aproximar-se do cadáver de alguém; no en-
tanto, ele poderá contaminar-se se o morto
for seu pai, sua mãe, seu filho, sua filha, seu
irmão ou sua irmã, desde que esta não tenha
marido. 26Depois de se purificar, esperará sete
dias. 27No dia em que entrar no pátio interno
do santuário para ministrar ali, o sacerdote
oferecerá em favor de si mesmo uma oferta
pelo pecado. Palavra do Soberano, o SENHOR.
28"Eu serei a única herança dada aos sacer-
dotes. Vocês não lhes darão propriedade al-
guma em Israel; eu serei a sua herança. 29Eles
comerão as ofertas de cereal, as ofertas pelo
pecado e as ofertas pela culpa; e tudo o que
em Israel for consagrado ao SENHOR será de-
les. 30O melhor de todos os primeiros frutos e
de todas as contribuições que vocês fizerem
pertencerá aos sacerdotes. Vocês darão a eles
a primeira porção de sua refeição de cereal
moído, para que haja bênçãos sobre as suas
casas. 31Os sacerdotes não comerão a carne de
aves ou de animais encontrados mortos ou
despedaçados por animais selvagens.

A divisão da terra

45 "Quando vocês distribuírem a terra co-
mo herança, apresentem ao SENHOR co-
mo distrito sagrado uma porção da terra, com
doze quilômetros e meio[a] de comprimento e
dez quilômetros[b] de largura; toda essa área
será santa. 2Desse terreno, uma área quadrada
de duzentos e cinquenta metros de lado servi-
rá para o santuário, com vinte e cinco metros
ao redor para terreno aberto. 3No distrito sa-
grado, separe um pedaço de doze quilômetros
e meio de comprimento e cinco quilômetros
de largura. Nele estará o santuário, o Lugar
Santíssimo. 4Essa será a porção sagrada da
terra para os sacerdotes, os quais ministrarão
no santuário e se aproximarão para ministrar
diante do SENHOR. Esse será um lugar para as
suas casas, bem como um lugar santo para o
santuário. 5Uma área de doze quilômetros e
meio de comprimento e cinco quilômetros de
largura pertencerá aos levitas, os quais servi-
rão no templo; essa será a propriedade deles
para ali viverem[c].
6"Como propriedade da cidade, vocês da-
rão uma área de dois quilômetros e meio de
largura e doze quilômetros e meio de com-
primento, adjacente à porção sagrada; ela
pertencerá a toda a nação de Israel.
7"O príncipe possuirá a terra que fica dos
dois lados da área formada pelo distrito sa-
grado e pela propriedade da cidade. Ela se

[a] 45:1 Hebraico: *25.000 côvados.* O côvado longo era uma medida linear de cerca de meio metro.
[b] 45:1 Conforme a Septuaginta. O Texto Massorético diz *10.000 côvados.*
[c] 45:5 Conforme a Septuaginta. O Texto Massorético diz *templo; eles terão como propriedade 20 quartos.*

estenderá, no lado oeste, em direção a oeste e, no lado leste, em direção a leste, indo desde a fronteira ocidental até a fronteira oriental que é paralela a uma das porções tribais. 8Essa terra será sua propriedade em Israel. E os meus príncipes não oprimirão mais o meu povo, mas permitirão que a nação de Israel possua a terra de acordo com as suas tribos.

9"Assim diz o Soberano, o SENHOR: Vocês já foram longe demais, ó príncipes de Israel! Abandonem a violência e a opressão e façam o que é justo e direito. Parem de apossar-se do que é do meu povo. Palavra do Soberano, o SENHOR. 10Usem balanças honestas, arroba[a] honesta e pote[b] honesto. 11A arroba e o pote devem ser iguais, o pote terá um décimo de um barril[c]; o barril deve ser a medida padrão para os dois. 12O peso padrão[d] deve consistir de doze gramas. Vinte pesos, mais vinte e cinco pesos, mais quinze pesos equivalem a setecentos e vinte gramas[e].

Ofertas e dias sagrados

13"Esta é a oferta sagrada que vocês apresentarão: um sexto de uma arroba de cada barril de trigo e um sexto de uma arroba de cada barril de cevada. 14A porção prescrita de azeite, medida pelo pote, é de um décimo de pote de cada tonel, que consiste de dez potes ou um barril, pois dez potes equivalem a um barril. 15Também se deve tomar uma ovelha de cada rebanho de duzentas ovelhas das pastagens bem regadas de Israel. Tudo será usado para as ofertas de cereal, os holocaustos[f] e as ofertas de comunhão[g], para fazer propiciação pelo povo. Palavra do Soberano, o SENHOR. 16Todo o povo da terra participará nessa oferta sagrada para o uso do príncipe de Israel. 17Será dever do príncipe fornecer os holocaustos, as ofertas de cereal e as ofertas derramadas, nas festas, nas luas novas e nos sábados, em todas as festas fixas da nação de Israel. Ele fornecerá as ofertas pelo pecado, as ofertas de cereal, os holocaustos e as ofertas de comunhão para fazer propiciação em favor da nação de Israel.

18"Assim diz o Soberano, o SENHOR: No primeiro dia do primeiro mês você apanhará um novilho sem defeito e purificará o santuário. 19O sacerdote apanhará um pouco do sangue da oferta pelo pecado e o colocará nos batentes do templo, nos quatro cantos da saliência superior do altar e nos batentes do pátio interno. 20Você fará o mesmo no sétimo dia do mês, em favor de qualquer pessoa que pecar sem intenção ou por ignorância; assim vocês deverão fazer propiciação em favor do templo.

21"No décimo quarto dia do primeiro mês vocês observarão a Páscoa, festa de sete dias, na qual vocês comerão pão sem fermento. 22Naquele dia o príncipe fornecerá um novilho em favor de si mesmo e de todo o povo da terra como oferta pelo pecado. 23Diariamente, durante os sete dias da festa, ele fornecerá sete novilhos e sete carneiros sem defeito como holocaustos ao SENHOR, e um bode como oferta pelo pecado. 24Ele fornecerá como oferta de cereal uma arroba para cada novilho e uma arroba para cada carneiro, junto com um galão[h] de azeite para cada arroba.

25"Durante os sete dias da festa, que começa no décimo quinto dia do sétimo mês, ele trará as mesmas dádivas para as ofertas pelo pecado, os holocaustos, e as ofertas de cereal e azeite.

46 "Assim diz o Soberano, o SENHOR: A porta do pátio interno que dá para o leste ficará trancada nos seis dias úteis, mas no sábado e no dia da lua nova será aberta. 2O príncipe, vindo do pátio externo, entrará pelo pórtico da entrada e ficará junto ao batente. Enquanto isso, os sacerdotes sacrificarão os holocaustos[i] e as ofertas de comunhão[j] dele. Ele adorará o SENHOR na soleira da entrada e depois sairá, mas a porta não será fechada até a tarde. 3Nos sábados e nas luas novas o povo da terra adorará o SENHOR junto à entrada que leva à porta. 4O holocausto que o príncipe trouxer ao SENHOR no dia de sábado deverá ser de seis cordeiros e um carneiro, todos sem defeito. 5A oferta de cereal dada junto com o carneiro será de uma arroba[k], e a oferta de cereal com os cordeiros será de quanto ele quiser dar, mais um galão

[a] 45:10 Hebraico: *efa*. O efa era uma unidade de medida de capacidade para secos. As estimativas variam entre 20 e 40 litros.

[b] 45:10 Hebraico: *bato*. O bato era uma medida de capacidade. As estimativas variam entre 20 e 40 litros.

[c] 45:11 Hebraico: *hômer*. O hômer era uma medida de capacidade para secos. As estimativas variam entre 200 e 400 litros; também nos versículos 13 e 14.

[d] 45:12 Hebraico: *siclo*.

[e] 45:12 Hebraico: *1 mina*. Isto é, 60 siclos. A mina comum pesava 50 siclos ou 600 gramas.

[f] 45:15 Isto é, sacrifícios totalmente queimados; também nos versículos 17, 23 e 25.

[g] 45:15 Ou *de paz*; também no versículo 17.

[h] 45:24 Hebraico: *1 him*. O him era uma medida de capacidade para líquidos. As estimativas variam entre 3 e 6 litros; também em 46:5.

[i] 46:2 Isto é, sacrifícios totalmente queimados; também nos versículos 4, 12, 13 e 15.

[j] 46:2 Ou *de paz*; também no versículo 12.

[k] 46:5 Hebraico: *1 efa*. O efa era uma medida de capacidade para secos. As estimativas variam entre 20 e 40 litros.

de azeite para cada arroba de cereal. 6No dia da lua nova ele oferecerá um novilho, seis cordeiros e um carneiro, todos sem defeito. 7Como oferta de cereal ele fornecerá uma arroba com o novilho, uma arroba com o carneiro, e com os cordeiros, quanto ele quiser dar, mais um galão de azeite para cada arroba de cereal. 8Quando o príncipe entrar, ele o fará pelo pórtico da entrada, e sairá pelo mesmo caminho.

9"Quando o povo da terra vier perante o SENHOR nas festas fixas, todo aquele que entrar pela porta norte para adorá-lo sairá pela porta sul, e todo aquele que entrar pela porta sul sairá pela porta norte. Ninguém voltará pela porta pela qual entrou, mas todos sairão pela porta oposta. 10O príncipe deverá estar no meio deles, entrando quando eles entrarem e saindo quando eles saírem.

11"Nas festas, inclusive as fixas, a oferta de cereal será de uma arroba com um novilho, uma arroba com um carneiro, e com os cordeiros, quanto ele quiser dar, mais um galão de azeite para cada arroba. 12Quando o príncipe fornecer uma oferta voluntária ao SENHOR, seja holocausto seja oferta de comunhão, a porta que dá para o leste será aberta para ele. Ele oferecerá seu holocausto ou suas ofertas de comunhão como o faz no dia de sábado. Então ele sairá e, depois de ter saído, a porta será trancada.

13"Diariamente vocês fornecerão um cordeiro de um ano sem defeito como holocausto ao SENHOR; manhã após manhã vocês o trarão. 14Com ele vocês também trarão, manhã após manhã, uma oferta de cereal, de um sexto de arroba e um terço de galão de azeite para umedecer a farinha. A apresentação dessa oferta de cereal será feita em obediência a um decreto perpétuo. 15Assim o cordeiro, a oferta de cereal e o azeite serão trazidos manhã após manhã para o holocausto que será apresentado regularmente.

16"Assim diz o Soberano, o SENHOR: Se da sua herança o príncipe fizer um presente a um de seus filhos, este pertencerá também aos seus descendentes; será propriedade deles por herança. 17Se, porém, da sua herança ele fizer um presente a um dos seus escravos, o escravo poderá mantê-lo consigo até o ano da liberdade; então o presente voltará para o príncipe. Sua herança pertence unicamente a seus filhos; deles será. 18O príncipe não tomará coisa alguma da herança do povo, expulsando os herdeiros de sua propriedade. Dará a seus filhos a herança daquilo que é sua própria propriedade, para que ninguém do meu povo seja separado de sua propriedade".

19Depois o homem me levou, pela entrada existente ao lado da porta, até os quartos sagrados que davam para o norte, os quais pertenciam aos sacerdotes, e mostrou-me um local no lado oeste. 20Ele me disse: "Este é o lugar onde os sacerdotes cozinharão a oferta pela culpa e a oferta pelo pecado, e assarão a oferta de cereal, para levá-las ao pátio externo e consagrar o povo".

21Ele então me levou para o pátio externo e me fez passar por seus quatro cantos, e em cada canto vi um pátio. 22Eram pátios fechados, com vinte metros de comprimento e quinze metros de largura; os pátios dos quatro cantos tinham a mesma medida. 23Em volta de cada um dos quatro pátios, pelo lado de dentro, havia uma saliência de pedra, com lugares para fogo construídos em toda a sua volta debaixo da saliência. 24Ele me disse: "Estas são as cozinhas onde aqueles que ministram no templo cozinharão os sacrifícios do povo".

As águas que saíam do templo

47

O homem levou-me de volta à entrada do templo, e vi água saindo de debaixo da soleira do templo e indo para o leste, pois o templo estava voltado para o oriente. A água descia de debaixo do lado sul do templo, ao sul do altar. 2Ele então me levou para fora, pela porta norte, e conduziu-me pelo lado de fora até a porta externa que dá para o leste, e a água fluía do lado sul.

3O homem foi para o lado leste com uma linha de medir na mão e, enquanto ia, mediu quinhentos metros[a] e levou-me pela água, que batia no tornozelo. 4Ele mediu mais quinhentos metros e levou-me pela água, que chegava ao joelho. Mediu mais quinhentos e levou-me pela água, que batia na cintura. 5Mediu mais quinhentos, mas agora era um rio que eu não conseguia atravessar, porque a água havia aumentado e era tão profunda que só se podia atravessar a nado; era um rio que não se podia atravessar andando. 6Ele me perguntou: "Filho do homem, você vê isto?"

Levou-me então de volta à margem do rio. 7Quando ali cheguei, vi muitas árvores em cada lado do rio. 8Ele me disse: "Esta água flui na direção da região situada a leste e desce

[a] 47:3 Hebraico: *1.000 côvados*; também nos versículos 4 e 5.

até a Arabá[a], onde entra no Mar[b]. Quando de-
ságua no Mar, a água ali é saneada. 9Por on-
de passar o rio haverá todo tipo de animais
e de peixes. Porque essa água flui para lá e
saneia a água salgada; de modo que onde o
rio fluir tudo viverá. 10Pescadores estarão ao
longo do litoral; desde En-Gedi até En-Eglaim
haverá locais próprios para estender as re-
des. Os peixes serão de muitos tipos, como
os peixes do mar Grande[c]. 11Mas os charcos e
os pântanos não ficarão saneados; serão dei-
xados para o sal. 12Árvores frutíferas de toda
espécie crescerão em ambas as margens do
rio. Suas folhas não murcharão e os seus fru-
tos não cairão. Todo mês produzirão, porque
a água vinda do santuário chega a elas. Seus
frutos servirão de comida, e suas folhas de
remédio".

As fronteiras da terra

13Assim diz o Soberano, o SENHOR: "Estas
são as fronteiras pelas quais vocês devem di-
vidir a terra como herança entre as doze tri-
bos de Israel, com duas porções para José.
14Vocês a dividirão igualmente entre elas. Vis-
to que eu jurei de mão erguida que a daria
aos seus antepassados, esta terra se tornará
herança de vocês.

15"Esta é a fronteira da terra:

"No lado norte ela irá desde o mar
Grande, indo pela estrada de Hetlom,
passando por Lebo-Hamate até Ze-
dade, 16Berota[d] e Sibraim, que fica na
fronteira entre Damasco e Hamate, e
indo até Hazer-Haticom, que fica na
extremidade de Haurã. 17A fronteira
se estenderá desde o Mar até Hazar-
-Enã, ao longo da fronteira norte de
Damasco, com a fronteira de Hamate
ao norte. Essa será a fronteira norte.

18"No lado leste a fronteira irá entre
Haurã e Damasco, ao longo do Jordão
entre Gileade e a terra de Israel, até
o mar oriental, prosseguindo até Ta-
mar.[e] Essa será a fronteira leste.

19"No lado sul ela irá desde Tamar até
as águas de Meribá-Cades, prosseguin-
do então ao longo do ribeiro do Egito
até o mar Grande. Essa será a frontei-
ra sul.

20"No lado oeste, o mar Grande será a
fronteira até defronte de Lebo-Hama-
te. Essa será a fronteira oeste.

21"Distribuam essa terra entre vocês de
acordo com as tribos de Israel. 22Vocês a dis-
tribuirão como herança para vocês mesmos
e para os estrangeiros residentes no meio de
vocês e que tenham filhos. Vocês os conside-
rarão como israelitas de nascimento; junto
com vocês, a eles deverá ser designada uma
herança entre as tribos de Israel. 23Qualquer
que seja a tribo na qual o estrangeiro se ins-
tale, ali vocês lhe darão a herança que lhe ca-
be". Palavra do Soberano, o SENHOR.

A divisão da terra

48 "Estas são as tribos, relacionadas nomi-
nalmente: na fronteira norte, Dã terá
uma porção; ela seguirá a estrada de Hetlom
até Lebo-Hamate; Hazar-Enã e a fronteira nor-
te, vizinha a Damasco, próxima de Hamate fa-
rão parte dos seus limites, desde o lado leste
até o lado oeste.

2"Aser terá uma porção; esta margeará o
território de Dã do leste ao oeste.

3"Naftali terá uma porção; esta margeará o
território de Aser do leste ao oeste.

4"Manassés terá uma porção; esta margea-
rá o território de Naftali do leste ao oeste.

5"Efraim terá uma porção; esta margeará
o território de Manassés do leste ao oeste.

6"Rúben terá uma porção; esta margeará o
território de Efraim do leste ao oeste.

7"Judá terá uma porção; esta margeará o
território de Rúben do leste ao oeste.

8"Margeando o território de Judá do leste
ao oeste, estará a porção que vocês apresenta-
rão como dádiva sagrada. Terá doze quilôme-
tros e meio[f] de largura, e o seu comprimento,
do leste ao oeste, equivalerá a uma das por-
ções tribais; o santuário estará no centro de-
la.

9"A porção sagrada que vocês devem ofere-
cer ao SENHOR terá doze quilômetros e meio
de comprimento e cinco quilômetros de lar-
gura. 10Esta será a porção sagrada para os sa-
cerdotes. Terá doze quilômetros e meio de
comprimento no lado norte, cinco quilôme-
tros de largura no lado ocidental, cinco qui-
lômetros de largura no lado oriental e doze
quilômetros e meio de comprimento no lado

[a] 47:8 Ou *até o vale do Jordão*
[b] 47:8 Isto é, o mar Morto; também no versículo 17.
[c] 47:10 Isto é, o mar Mediterrâneo; também nos versículos 15, 19, 20 e em 48:28.
[d] 47:15-16 Com base na Septuaginta e em Ezequiel 48:1. O Texto Massorético diz *estrada de Hetlom que entra em Zedade, 16Hamate, Berota.*
[e] 47:18 Conforme a Septuaginta e a Versão Siríaca. O Texto Massorético diz *Israel. Vocês medirão até o mar oriental.*
[f] 48:8 Hebraico: *25.000 côvados.* O côvado longo era uma medida linear de cerca de meio metro.

sul. No centro dela estará o santuário do SENHOR. 11"Pertencerá aos sacerdotes consagrados, os zadoquitas, que foram fiéis em me servir e não se desviaram como fizeram os levitas quando os israelitas se desviaram. 12Será um presente especial para eles da porção sagrada da terra, uma porção santíssima, margeando o território dos levitas.

13"Ao longo do território dos sacerdotes, os levitas terão uma área de doze quilômetros e meio de comprimento e cinco quilômetros de largura. Seu comprimento total medirá doze quilômetros e meio, e sua largura cinco quilômetros. 14Eles não a venderão nem trocarão parte alguma dela. Essa área é a melhor de todo o território, e não poderá passar para outras mãos, porque é santa para o SENHOR.

15"A área restante, dois quilômetros e meio de largura e doze quilômetros e meio de comprimento, será para o uso comum da cidade, para casas e para pastagens. A cidade será o centro dela 16e terá estas medidas: o lado norte, dois mil e duzentos e cinquenta metros, o lado sul, dois mil e duzentos e cinquenta metros, o lado leste, dois mil e duzentos e cinquenta metros e o lado oeste, dois mil e duzentos e cinquenta metros. 17A cidade terá uma área livre de cento e vinte e cinco metros ao norte, cento e vinte e cinco metros ao sul, cento e vinte e cinco metros a leste e cento e vinte e cinco metros a oeste, que servirá para pasto. 18O restante da área, ao longo da porção sagrada, será de cinco quilômetros no lado leste e cinco quilômetros no lado oeste. Suas colheitas fornecerão comida para os trabalhadores da cidade. 19Estes poderão vir de todas as tribos de Israel. 20A porção toda, incluindo a cidade, será um quadrado, com doze quilômetros e meio de cada lado. É uma dádiva sagrada, que como tal vocês reservarão.

21"As terras que restarem em ambos os lados da área formada pela porção sagrada e pela cidade pertencerão ao príncipe. Elas se estenderão para o leste a partir dos doze quilômetros e meio da porção sagrada até a fronteira leste, e para o oeste a partir dos doze quilômetros e meio até a fronteira oeste. Essas duas áreas, paralelas ao comprimento das porções das tribos, pertencerão ao príncipe, e a porção sagrada, inclusive o santuário do templo, estará no centro delas. 22Assim a propriedade dos levitas e a propriedade da cidade estarão no centro da área que pertence ao príncipe. A área pertencente ao príncipe estará entre a fronteira de Judá e a fronteira de Benjamim.

23"Quanto ao restante das tribos: Benjamim terá uma porção; esta se estenderá do lado leste ao lado oeste.

24"Simeão terá uma porção; esta margeará o território de Benjamim do leste ao oeste.

25"Issacar terá uma porção; esta margeará o território de Simeão do leste ao oeste.

26"Zebulom terá uma porção; esta margeará o território de Issacar do leste ao oeste.

27"Gade terá uma porção; esta margeará o território de Zebulom do leste ao oeste.

28"A fronteira sul de Gade vai desde Tamar, no sul, até as águas de Meribá-Cades, e depois ao longo do ribeiro do Egito até o mar Grande.

29"Esta é a terra que vocês distribuirão às tribos de Israel como herança, e serão essas as suas porções. Palavra do Soberano, o SENHOR.

As portas da cidade

30"Estas serão as saídas da cidade: Começando pelo lado norte, que tem dois mil e duzentos e cinquenta metros de comprimento, 31as portas da cidade receberão os nomes das tribos de Israel. As três portas do lado norte serão a porta de Rúben, a porta de Judá e a porta de Levi.

32"No lado leste, que tem dois mil e duzentos e cinquenta metros de comprimento, haverá três portas: a de José, a de Benjamim e a de Dã.

33"No lado sul, que tem dois mil e duzentos e cinquenta metros de comprimento, haverá três portas: a de Simeão, a de Issacar e a de Zebulom.

34"No lado oeste, que tem dois mil e duzentos e cinquenta metros de comprimento, haverá três portas: a porta de Gade, a de Aser e a de Naftali.

35"A distância total ao redor será de nove quilômetros.

E daquele momento em diante, o nome da cidade será:

O SENHOR ESTÁ AQUI".

Daniel

Quem escreveu este livro?

Daniel, um judeu que se tornou um importante oficial do governo babilônico e persa.

Por que este livro foi escrito?

Daniel mostra ao povo judeu que as nações estrangeiras terão poder sobre a terra natal deles até que Deus envie o Salvador prometido.

O que aprendemos sobre Deus neste livro?

Deus está no controle da história e sabe de antemão o que acontecerá no nosso mundo.

O que há de especial neste livro?

A primeira parte do livro conta histórias da vida de Daniel, ao passo que a segunda conta sobre governos futuros que terão poder sobre a Terra Santa.

Quando este livro foi escrito?

Este livro foi escrito próximo ao final da vida de Daniel, provavelmente por volta de 535 a.C.

Algumas das histórias deste livro:

Daniel obedece a Deus	Daniel 1
Daniel explica um sonho	Daniel 2
A fornalha de fogo	Daniel 3
Outro sonho	Daniel 4
A escrita na parede	Daniel 5
A cova dos leões	Daniel 6

Daniel na Babilônia

1No terceiro ano do reinado de Jeoaquim, rei
de Judá, Nabucodonosor, rei da Babilônia,
veio a Jerusalém e a sitiou. 2E o Senhor entre-
gou Jeoaquim, rei de Judá, nas suas mãos, e
também alguns dos utensílios do templo de
Deus. Ele levou os utensílios para o templo
do seu deus na terra de Sinear[a] e os colocou
na casa do tesouro do seu deus.
3Depois o rei ordenou a Aspenaz, o chefe
dos oficiais da sua corte, que trouxesse al-
guns dos israelitas da família real e da no-
breza: 4jovens sem defeito físico, de boa
aparência, cultos, inteligentes, que domi-
nassem os vários campos do conhecimento
e fossem capacitados para servir no palácio
do rei. Ele deveria ensinar-lhes a língua e a li-
teratura dos babilônios[b]. 5De sua própria me-
sa, o rei designou-lhes uma porção diária de
comida e de vinho. Eles receberiam um trei-
namento durante três anos, e depois disso
passariam a servir o rei.
6Entre esses estavam alguns que vieram
de Judá: Daniel, Hananias, Misael e Azarias.
7O chefe dos oficiais deu-lhes novos nomes:
a Daniel deu o nome de Beltessazar; a Hana-
nias, Sadraque; a Misael, Mesaque; e a Aza-
rias, Abede-Nego.
8Daniel, contudo, decidiu não se tornar im-
puro com a comida e com o vinho do rei, e
pediu ao chefe dos oficiais permissão para
se abster deles. 9E Deus fez com que o ho-
mem fosse bondoso para com Daniel e tives-
se simpatia por ele. 10Apesar disso, ele disse
a Daniel: "Tenho medo do rei, o meu senhor,
que determinou a comida e a bebida de vo-
cês. E se ele os achar menos saudáveis que os
outros jovens da mesma idade? O rei pode-
ria pedir a minha cabeça por causa de vocês".
11Daniel disse então ao homem que o chefe
dos oficiais tinha encarregado de cuidar dele
e de Hananias, Misael e Azarias: 12"Peço-lhe
que faça uma experiência com os seus servos
durante dez dias: Não nos dê nada além de
vegetais para comer e água para beber. 13De-
pois compare a nossa aparência com a dos
jovens que comem a comida do rei, e tra-
te os seus servos de acordo com o que você
concluir". 14Ele concordou e fez a experiência
com eles durante dez dias.
15Passados os dez dias, eles pareciam mais
saudáveis e mais fortes do que todos os jo-
vens que comiam a comida da mesa do rei.
16Assim o encarregado tirou a comida espe-
cial e o vinho que haviam sido designados e
em lugar disso lhes dava vegetais.
17A esses quatro jovens Deus deu sabedoria
e inteligência para conhecerem todos os as-
pectos da cultura e da ciência. E Daniel, além
disso, sabia interpretar todo tipo de visões
e sonhos.
18Ao final do tempo estabelecido pelo rei
para que os jovens fossem trazidos à sua pre-
sença, o chefe dos oficiais os apresentou a

[a] 1:2 Isto é, na região da Babilônia.
[b] 1:4 Hebraico: *caldeus*.

Um modo educado

Experimente!

Deus deu às pessoas de seu povo regras sobre o que poderiam e o que não poderiam comer. Daniel era um dos judeus que estavam cativos na Babilônia e, por ter sido escolhido para ser treinado a serviço do rei, ele deveria comer o que o rei comesse. Daniel sabia que não poderia comer a comida da mesa do rei e ainda agradar a Deus, por isso não se sentou à mesa e simplesmente se recusou a comer. Leia Daniel 1:8-16 para descobrir como Daniel falou de modo educado ao oficial e o convenceu a permitir que ele não comesse as comidas que Deus não queria que ele comesse.

Daniel 1:8-16

Você alguma vez já discordou de seus pais sobre regras que eles estabeleceram? Durante uma refeição, peça permissão para ler esta história e depois decidam como os modos de Daniel poderiam ser os modos de sua família e, também, como discutir educadamente suas diferenças e como lidar com elas.

Nabucodonosor. [19]O rei conversou com eles,
e não encontrou ninguém comparável a Da-
niel, Hananias, Misael e Azarias; de modo que
eles passaram a servir o rei. [20]O rei lhes fez
perguntas sobre todos os assuntos que exi-
giam sabedoria e conhecimento, e descobriu
que eram dez vezes mais sábios do que todos
os magos e encantadores de todo o seu reino.
[21]Daniel permaneceu ali até o primeiro ano
do rei Ciro.

O sonho de Nabucodonosor

2 No segundo ano de seu reinado, Nabu-
codonosor teve sonhos; sua mente ficou
tão perturbada que ele não conseguia dormir.
[2]Por isso o rei convocou os magos, os encan-
tadores, os feiticeiros e os astrólogos[a] para
que lhe dissessem o que ele havia sonhado.
Quando eles vieram e se apresentaram ao rei,
[3]este lhes disse: "Tive um sonho que me per-
turba e quero saber o que significa[b]".
[4]Então os astrólogos responderam em ara-
maico ao rei:[c] "Ó rei, vive para sempre! Conta
o sonho aos teus servos, e nós o interpre-
taremos".
[5]O rei respondeu aos astrólogos: "Esta é
a minha decisão: se vocês não me disserem
qual foi o meu sonho e não o interpretarem,
farei que vocês sejam cortados em pedaços
e que as suas casas se tornem montes de en-
tulho. [6]Mas, se me revelarem o sonho e o
interpretarem, eu lhes darei presentes, re-
compensas e grandes honrarias. Portanto,
revelem-me o sonho e a sua interpretação".
[7]Mas eles tornaram a dizer: "Conte o rei o
sonho a seus servos, e nós o interpretaremos".
[8]Então o rei respondeu: "Já descobri que
vocês estão tentando ganhar tempo, pois sa-
bem da minha decisão. [9]Se não me contarem
o sonho, todos vocês receberão a mesma sen-
tença; pois vocês combinaram enganar-me
com mentiras, esperando que a situação mu-
dasse. Contem-me o sonho, e saberei que vo-
cês são capazes de interpretá-lo para mim".
[10]Os astrólogos responderam ao rei: "Não
há homem na terra que possa fazer o que o
rei está pedindo! Nenhum rei, por maior e
mais poderoso que tenha sido, chegou a pe-
dir uma coisa dessas a nenhum mago, encan-
tador ou astrólogo. [11]O que o rei está pedindo
é difícil demais; ninguém pode revelar is-
so ao rei, senão os deuses, e eles não vivem
entre os mortais[d]".
[12]Isso deixou o rei tão irritado e furioso que
ele ordenou a execução de todos os sábios da
Babilônia. [13]E assim foi emitido o decreto pa-
ra que fossem mortos os sábios; os encarre-
gados saíram à procura de Daniel e dos seus
amigos, para que também fossem mortos.
[14]Arioque, o comandante da guarda do rei,
já se preparava para matar os sábios da Ba-
bilônia, quando Daniel dirigiu-se a ele com
sabedoria e bom senso. [15]Ele perguntou ao
oficial do rei: "Por que o rei emitiu um de-
creto tão severo?" Arioque explicou o moti-
vo a Daniel. [16]Diante disso, Daniel foi pedir
ao rei que lhe desse um prazo, e ele daria a
interpretação.
[17]Daniel voltou para casa, contou o pro-
blema aos seus amigos Hananias, Misael e
Azarias, [18]e lhes pediu que rogassem ao Deus
dos céus que tivesse misericórdia acerca des-
se mistério, para que ele e seus amigos não
fossem executados com os outros sábios da
Babilônia. [19]Então o mistério foi revelado a
Daniel de noite, numa visão. Daniel louvou
o Deus dos céus [20]e disse:

"Louvado seja o nome de Deus
para todo o sempre;
a sabedoria e o poder a ele pertencem.
[21]Ele muda as épocas e as estações;
destrona reis e os estabelece.
Dá sabedoria aos sábios
e conhecimento aos que
sabem discernir.
[22]Revela coisas profundas e ocultas;
conhece o que jaz nas trevas,
e a luz habita com ele.
[23]Eu te agradeço e te louvo,
ó Deus dos meus antepassados;
tu me deste sabedoria e poder,
e me revelaste o que te pedimos,
revelaste-nos o sonho do rei".

Daniel interpreta o sonho

[24]Então Daniel foi falar com Arioque, a
quem o rei tinha designado para executar

Palavras para memorizar

"Louvado seja o nome de Deus para todo o sempre."
(Daniel 2:20)

[a] 2:2 Ou *caldeus*; também em todo o livro de Daniel.
[b] 2:3 Ou *o que sonhei*
[c] 2:4 Daqui até o final do capítulo 7 o texto original está em aramaico.
[d] 2:11 Aramaico: *com a carne.*

os sábios da Babilônia, e lhe disse: “Não exe-
cute os sábios. Leve-me ao rei, e eu interpre-
tarei para ele o sonho que teve”.
25Imediatamente Arioque levou Daniel ao
rei e disse: “Encontrei um homem entre os
exilados de Judá que pode dizer ao rei o sig-
nificado do sonho”.
26O rei perguntou a Daniel, também cha-
mado Beltessazar: “Você é capaz de contar-
-me o que vi no meu sonho e interpretá-lo?”
27Daniel respondeu: “Nenhum sábio, en-
cantador, mago ou adivinho é capaz de
revelar ao rei o mistério sobre o qual ele per-
guntou, 28mas existe um Deus nos céus que
revela os mistérios. Ele mostrou ao rei Na-
bucodonosor o que acontecerá nos últimos
dias. O sonho e as visões que passaram por
tua mente quando estavas deitado foram os
seguintes:
29“Quando estavas deitado, ó rei, tua men-
te se voltou para as coisas futuras, e aquele
que revela os mistérios te mostrou o que vai
acontecer. 30Quanto a mim, esse mistério não
me foi revelado porque eu tenha mais sabe-
doria do que os outros homens, mas para que
tu, ó rei, saibas a interpretação e entendas o
que passou pela tua mente.
31“Tu olhaste, ó rei, e diante de ti estava
uma grande estátua: uma estátua enorme,
impressionante, e sua aparência era terrível.
32A cabeça da estátua era feita de ouro puro,
o peito e o braço eram de prata, o ventre e
os quadris eram de bronze, 33as pernas eram
de ferro, e os pés eram em parte de ferro e
em parte de barro. 34Enquanto estavas ob-
servando, uma pedra soltou-se, sem auxílio
de mãos, atingiu a estátua nos pés de ferro e
de barro e os esmigalhou. 35Então o ferro, o
barro, o bronze, a prata e o ouro foram despe-
daçados, viraram pó, como o pó da debulha
do trigo na eira durante o verão. O vento os
levou sem deixar vestígio. Mas a pedra que
atingiu a estátua tornou-se uma montanha
e encheu a terra toda.
36“Foi esse o sonho, e nós o interpreta-
remos para o rei. 37Tu, ó rei, és rei de reis.
O Deus dos céus concedeu-te domínio, po-
der, força e glória; 38nas tuas mãos ele colo-
cou a humanidade, os animais selvagens e
as aves do céu. Onde quer que vivam, ele fez
de ti o governante deles todos. Tu és a cabe-
ça de ouro.
39“Depois de ti surgirá um outro reino, in-
ferior ao teu. Em seguida surgirá um terceiro
reino, reino de bronze, que governará toda a
terra. 40Finalmente, haverá um quarto reino,
forte como o ferro, pois o ferro quebra e des-
trói tudo; e assim como o ferro despedaça tu-
do, também ele destruirá e quebrará todos os
outros. 41Como viste, os pés e os dedos eram
em parte de barro e em parte de ferro. Isso
quer dizer que esse será um reino dividido,
mas ainda assim terá um pouco da força do
ferro, embora tenhas visto ferro misturado
com barro. 42Assim como os dedos eram em
parte de ferro e em parte de barro, também
esse reino será em parte forte e em parte frá-
gil. 43E, como viste, o ferro estava misturado
com o barro. Isso significa que se buscarão
fazer alianças políticas por meio de casamen-
tos, mas a união decorrente dessas alianças
não se firmará, assim como o ferro não se
mistura com o barro.
44“Na época desses reis, o Deus dos céus
estabelecerá um reino que jamais será des-
truído e que nunca será dominado por ne-
nhum outro povo. Destruirá todos os reinos
daqueles reis e os exterminará, mas esse rei-
no durará para sempre. 45Esse é o significa-
do da visão da pedra que se soltou de uma
montanha, sem auxílio de mãos, pedra que
esmigalhou o ferro, o bronze, o barro, a pra-
ta e o ouro.
“O Deus poderoso mostrou ao rei o que
acontecerá no futuro. O sonho é verdadeiro,
e a interpretação é fiel”.
46Então o rei Nabucodonosor caiu pros-
trado diante de Daniel, prestou-lhe honra e
ordenou que lhe fosse apresentada uma ofer-
ta de cereal e incenso. 47O rei disse a Daniel:
“Não há dúvida de que o seu Deus é o Deus
dos deuses, o Senhor dos reis e aquele que
revela os mistérios, pois você conseguiu re-
velar esse mistério”.
48Assim o rei colocou Daniel num alto car-
go e o cobriu de presentes. Ele o designou
governante de toda a província da Babilônia
e o encarregou de todos os sábios da provín-
cia. 49Além disso, a pedido de Daniel, o rei
nomeou Sadraque, Mesaque e Abede-Nego
administradores da província da Babilônia,
enquanto o próprio Daniel permanecia na
corte do rei.

A imagem de ouro de Nabucodonosor

3 O rei Nabucodonosor fez uma imagem de
ouro de vinte e sete metros de altura e dois
metros e setenta centímetros de largura[a], e
a ergueu na planície de Dura, na província da

[a] 3:1 Aramaico: *60 côvados de altura e 6 côvados de largura*. O côvado era uma medida linear de cerca de 45 centímetros.

Babilônia. 2Depois convocou os sátrapas, os
prefeitos, os governadores, os conselheiros,
os tesoureiros, os juízes, os magistrados e to-
das as autoridades provinciais, para assistirem
à dedicação da imagem que mandara erguer.
3Assim todos eles, sátrapas, prefeitos, gover-
nadores, conselheiros, tesoureiros, juízes, ma-
gistrados e todas as autoridades provinciais
se reuniram para a dedicação da imagem que
o rei Nabucodonosor mandara erguer, e fica-
ram em pé diante dela.
4Então o arauto proclamou em alta voz:
"Esta é a ordem que lhes é dada, ó homens
de todas as nações, povos e línguas: 5Quando
ouvirem o som da trombeta, do pífaro, da cí-
tara, da harpa, do saltério, da flauta dupla[a] e
de toda espécie de música, prostrem-se em
terra e adorem a imagem de ouro que o rei
Nabucodonosor ergueu. 6Quem não se pros-
trar em terra e não adorá-la será imediata-
mente atirado numa fornalha em chamas".
7Por isso, logo que ouviram o som da trom-
beta, do pífaro, da cítara, da harpa, do salté-
rio e de toda espécie de música, os homens
de todas as nações, povos e línguas prostra-
ram-se em terra e adoraram a imagem de ou-
ro que o rei Nabucodonosor mandara erguer.
8Nesse momento alguns astrólogos se
aproximaram e denunciaram os judeus,
9dizendo ao rei Nabucodonosor: "Ó rei, vi-
ve para sempre! 10Tu emitiste um decreto, ó
rei, ordenando que todo aquele que ouvisse
o som da trombeta, do pífaro, da cítara, da
harpa, do saltério, da flauta dupla e de to-
da espécie de música se prostrasse em terra
e adorasse a imagem de ouro, 11e que todo
aquele que não se prostrasse em terra e não
a adorasse seria atirado numa fornalha em
chamas. 12Mas há alguns judeus que nomeas-
te para administrar a província da Babilônia,
Sadraque, Mesaque e Abede-Nego, que não
te dão ouvidos, ó rei. Não prestam culto aos
teus deuses nem adoram a imagem de ouro
que mandaste erguer".
13Furioso, Nabucodonosor mandou chamar
Sadraque, Mesaque e Abede-Nego. E assim
que eles foram conduzidos à presença do rei,
14Nabucodonosor lhes disse: "É verdade, Sa-
draque, Mesaque e Abede-Nego, que vocês
não prestam culto aos meus deuses nem ado-
ram a imagem de ouro que mandei erguer?
15Pois agora, quando vocês ouvirem o som da
trombeta, do pífaro, da cítara, da harpa, do
saltério, da flauta dupla e de toda espécie de
música, se vocês se dispuserem a prostrar-se
em terra e a adorar a imagem que eu fiz, será
melhor para vocês. Mas, se não a adorarem,
serão imediatamente atirados numa forna-
lha em chamas. E que deus poderá livrá-los
das minhas mãos?"

[a] 3:5 Ou *todos os instrumentos tocando juntos*; também nos versículos 10 e 15.

Confie em Deus quando as coisas parecerem ruins

Experimente!

Daniel 3:1-20

Leia Daniel 3 e veja quando os três hebreus estavam para ser lançados no fogo, eles disseram: "O Deus a quem prestamos culto pode livrar-nos" (Daniel 3:17). A situação deles parecia muito ruim, mas Deus estava lá para ajudá-los. Do mesmo modo, algumas vezes as coisas podem parecer bem duras para as crianças também, e talvez você esteja tendo um ano difícil na escola; talvez seus pais briguem muito; talvez seus amigos estejam de mal de você. Tente se lembrar de que, não importa o quanto as coisas fiquem difíceis, Deus está ali.

Dobre uma folha de papel em três partes, para que as duas partes das pontas pareçam portas. Feche as portas e desenhe chamas do lado de fora, e, do lado de dentro, cole uma foto sua e uma imagem de Jesus. Lembre-se sempre de que Deus está com você quando as coisas ficam difíceis, da mesma maneira que ele estava com os três amigos na fornalha de fogo.

16Sadraque, Mesaque e Abede-Nego responderam ao rei: "Ó Nabucodonosor, não precisamos defender-nos diante de ti. 17Se formos atirados na fornalha em chamas, o Deus a quem prestamos culto pode livrar-nos, e ele nos livrará das tuas mãos, ó rei. 18Mas, se ele não nos livrar, saiba, ó rei, que não prestaremos culto aos teus deuses nem adoraremos a imagem de ouro que mandaste erguer".

19Nabucodonosor ficou tão furioso com Sadraque, Mesaque e Abede-Nego, que o seu semblante mudou. Deu ordens para que a fornalha fosse aquecida sete vezes mais que de costume 20e ordenou que alguns dos soldados mais fortes do seu exército amarrassem Sadraque, Mesaque e Abede-Nego e os atirassem na fornalha em chamas. 21E os três homens, vestidos com seus mantos, calções, turbantes e outras roupas, foram amarrados e atirados na fornalha extraordinariamente quente. 22A ordem do rei era urgente e a fornalha estava tão quente que as chamas mataram os soldados que levaram Sadraque, Mesaque e Abede-Nego, 23e estes caíram amarrados dentro da fornalha em chamas.

24Mas logo depois o rei Nabucodonosor, alarmado, levantou-se e perguntou aos seus conselheiros: "Não foram três os homens amarrados que nós atiramos no fogo?"

Eles responderam: "Sim, ó rei".

25E o rei exclamou: "Olhem! Estou vendo quatro homens, desamarrados e ilesos, andando pelo fogo, e o quarto se parece com um filho dos deuses".

26Então Nabucodonosor aproximou-se da entrada da fornalha em chamas e gritou: "Sadraque, Mesaque e Abede-Nego, servos do Deus Altíssimo, saiam! Venham aqui!"

E Sadraque, Mesaque e Abede-Nego saíram do fogo. 27Os sátrapas, os prefeitos, os governadores e os conselheiros do rei se ajuntaram em torno deles e comprovaram que o fogo não tinha ferido o corpo deles. Nem um só fio de cabelo tinha sido chamuscado, os seus mantos não estavam queimados, e não havia cheiro de fogo neles.

28Disse então Nabucodonosor: "Louvado seja o Deus de Sadraque, Mesaque e Abede-Nego, que enviou o seu anjo e livrou os seus servos! Eles confiaram nele, desafiaram a ordem do rei, preferindo abrir mão de sua vida a prestar culto e adorar a outro deus que não fosse o seu próprio Deus. 29Por isso eu decreto que todo homem de qualquer povo, nação e língua que disser alguma coisa contra[a] o Deus de Sadraque, Mesaque e Abede-Nego seja despedaçado e sua casa seja transformada em montes de entulho, pois nenhum outro deus é capaz de livrar alguém dessa maneira".

30Então o rei promoveu Sadraque, Mesaque e Abede-Nego na província da Babilônia.

Outro sonho de Nabucodonosor

4 O rei Nabucodonosor,

aos homens de todas nações, povos e línguas, que vivem no mundo inteiro:

Paz e prosperidade!

2Tenho a satisfação de falar-lhes a respeito dos sinais e das maravilhas que o Deus Altíssimo realizou em meu favor.

3Como são grandes os seus sinais,
como são poderosas as suas
maravilhas!
O seu reino é um reino eterno;
o seu domínio dura
de geração em geração.

4Eu, Nabucodonosor, estava satisfeito e próspero em casa, no meu palácio. 5Tive um sonho que me deixou alarmado. Estando eu deitado em minha cama, os pensamentos e visões que passaram pela minha mente deixaram-me aterrorizado. 6Por isso decretei que todos os sábios da Babilônia fossem trazidos à minha presença para interpretarem o sonho para mim. 7Quando os magos, os encantadores, os astrólogos e os adivinhos vieram, contei-lhes o sonho, mas eles não puderam interpretá-lo. 8Por fim veio Daniel à minha presença e eu lhe contei o sonho. Ele é chamado Beltessazar, em homenagem ao nome do meu deus; e o espírito dos santos deuses está nele.

9Eu disse: Beltessazar, chefe dos magos, sei que o espírito dos santos deuses está em você, e que nenhum mistério é difícil demais para você. Vou contar-lhe o meu sonho; interprete-o para mim. 10Estas são as visões que tive quando estava deitado em minha cama: olhei, e diante de mim estava uma árvore muito alta no meio da terra. 11A árvore cresceu tanto que a sua copa encostou no céu; era visível até os confins da terra. 12Tinha belas folhas, muitos frutos, e nela havia

[a] 3:29 Ou *blasfemar*

alimento para todos. Debaixo dela os animais do campo achavam abrigo, e as aves do céu viviam em seus galhos; todas as criaturas se alimentavam daquela árvore.

13 Nas visões que tive deitado em minha cama, olhei e vi diante de mim uma sentinela, um anjo[a] que descia do céu; 14 ele gritou em alta voz: "Derrubem a árvore e cortem os seus galhos; arranquem as suas folhas e espalhem os seus frutos. Fujam os animais de debaixo dela e as aves dos seus galhos. 15 Mas deixem o toco e as suas raízes, presos com ferro e bronze; fique ele no chão, em meio à relva do campo.

"Ele será molhado com o orvalho do céu e com os animais comerá a grama da terra. 16 A mente humana lhe será tirada, e ele será como um animal, até que se passem sete tempos[b].

17 "A decisão é anunciada por sentinelas, os anjos declaram o veredicto, para que todos os que vivem saibam que o Altíssimo domina sobre os reinos dos homens e os dá a quem quer, e põe no poder o mais simples dos homens".

18 Esse é o sonho que eu, o rei Nabucodonosor, tive. Agora, Beltessazar, diga-me o significado do sonho, pois nenhum dos sábios do meu reino consegue interpretá-lo para mim, exceto você, pois o espírito dos santos deuses está em você.

Daniel interpreta o sonho

19 Então Daniel, também chamado Beltessazar, ficou estarrecido por algum tempo, e os seus pensamentos o deixaram aterrorizado. Então o rei disse: "Beltessazar, não deixe que o sonho ou a sua interpretação o assuste".

Beltessazar respondeu: "Meu senhor, quem dera o sonho só se aplicasse aos teus inimigos e o seu significado somente aos teus adversários! 20 A árvore que viste, que cresceu e ficou enorme, cuja copa encostava no céu, visível em toda a terra, 21 com belas folhas e muitos frutos, na qual havia alimento para todos, abrigo para os animais do campo, e morada para as aves do céu nos seus galhos — 22 essa árvore, ó rei, és tu! Tu te tornaste grande e poderoso, pois a tua grandeza cresceu até alcançar o céu, e o teu domínio se estende até os confins da terra.

23 "E tu, ó rei, viste também uma sentinela, o anjo que descia do céu e dizia: 'Derrubem a árvore e destruam-na, mas deixem o toco e as suas raízes, presos com ferro e bronze; fique ele no chão, em meio à relva do campo. Ele será molhado com o orvalho do céu e viverá com os animais selvagens, até que se passem sete tempos'.

24 "Esta é a interpretação, ó rei, e este é o decreto que o Altíssimo emitiu contra o rei, meu senhor: 25 Tu serás expulso do meio dos homens e viverás com os animais selvagens; comerás capim como os bois e te molharás com o orvalho do céu. Passarão sete tempos até que admitas que o Altíssimo domina sobre os reinos dos homens e os dá a quem quer. 26 A ordem para deixar o toco da árvore com as raízes significa que o teu reino te será devolvido quando reconheceres que os Céus dominam. 27 Portanto, ó rei, aceita o meu conselho: Renuncia a teus pecados e à tua maldade, pratica a justiça e tem compaixão dos necessitados. Talvez, então, continues a viver em paz".

O cumprimento do sonho

28 Tudo isso aconteceu com o rei Nabucodonosor. 29 Doze meses depois, quando o rei estava andando no terraço do palácio real da Babilônia, 30 disse: "Acaso não é esta a grande Babilônia que eu construí como capital do meu reino[c], com o meu enorme poder e para a glória da minha majestade?"

31 As palavras ainda estavam nos seus lábios quando veio do céu uma voz que disse: "É isto que está decretado quanto a você, rei Nabucodonosor: Sua autoridade real lhe foi tirada. 32 Você será expulso do meio dos homens, viverá com os animais selvagens e comerá capim como os bois. Passarão sete tempos até que admita que o Altíssimo domina sobre os reinos dos homens e os dá a quem quer".

33 A sentença sobre Nabucodonosor cumpriu-se imediatamente. Ele foi expulso do meio dos homens e passou a comer capim como os bois. Seu

[a] 4:13 Aramaico: *santo*; também nos versículos 17 e 23.
[b] 4:16 Ou *anos*; também nos versículos 23, 25 e 32.
[c] 4:30 Ou *para ser minha residência real*

corpo molhou-se com o orvalho do céu, até que os seus cabelos e pelos cresceram como as penas da águia, e as suas unhas como as garras das aves. 34 Ao fim daquele período, eu, Nabucodonosor, levantei os olhos ao céu, e percebi que o meu entendimento tinha voltado. Então louvei o Altíssimo; honrei e glorifiquei aquele que vive para sempre.

O seu domínio é um domínio eterno;
o seu reino dura de geração em geração.
35 Todos os povos da terra
são como nada diante dele.
Ele age como lhe agrada
com os exércitos[a] dos céus
e com os habitantes da terra.
Ninguém é capaz de resistir à sua mão
ou dizer-lhe: "O que fizeste?"

36 Naquele momento voltou-me o entendimento, e eu recuperei a honra, a majestade e a glória do meu reino. Meus conselheiros e os nobres me procuraram, meu trono me foi restaurado, e minha grandeza veio a ser ainda maior. 37 Agora eu, Nabucodonosor, louvo, exalto e glorifico o Rei dos céus, porque tudo o que ele faz é certo, e todos os seus caminhos são justos. E ele tem poder para humilhar aqueles que vivem com arrogância.

O banquete de Belsazar: a escrita na parede

5 Certa vez o rei Belsazar deu um grande banquete para mil dos seus nobres, e com eles bebeu muito vinho. 2 Enquanto Belsazar bebia vinho, deu ordens para trazerem as taças de ouro e de prata que o seu predecessor, Nabucodonosor, tinha tomado do templo de Jerusalém, para que o rei e os seus nobres, as suas mulheres e as suas concubinas bebessem nessas taças. 3 Então trouxeram as taças de ouro que tinham sido tomadas do templo de Deus em Jerusalém, e o rei e os seus nobres, as suas mulheres e as suas concubinas beberam nas taças. 4 Enquanto bebiam o vinho, louvavam os deuses de ouro, de prata, de bronze, de ferro, de madeira e de pedra.

5 Mas, de repente apareceram dedos de mão humana que começaram a escrever no reboco da parede, na parte mais iluminada do palácio real. O rei observou a mão enquanto ela escrevia. 6 Seu rosto ficou pálido, e ele ficou tão assustado que os seus joelhos batiam um no outro e as suas pernas vacilaram.

7 Aos gritos, o rei mandou chamar os encantadores, os astrólogos e os adivinhos e disse a esses sábios da Babilônia: "Aquele que ler essa inscrição e interpretá-la, revelando-me o seu significado, vestirá um manto vermelho, terá uma corrente de ouro no pescoço, e será o terceiro em importância no governo do reino".

8 Todos os sábios do rei vieram, mas não conseguiram ler a inscrição nem dizer ao rei o seu significado. 9 Diante disso o rei Belsazar ficou ainda mais aterrorizado e o seu rosto, mais pálido. Seus nobres estavam alarmados.

10 Tendo a rainha[b] ouvido os gritos do rei e dos seus nobres, entrou na sala do banquete e disse: "Ó rei, vive para sempre! Não fiques assustado nem tão pálido! 11 Existe um homem em teu reino que possui o espírito dos santos deuses. Na época do teu predecessor verificou-se que ele era um iluminado e tinha inteligência e sabedoria como a dos deuses. O rei Nabucodonosor, teu predecessor — sim, o teu predecessor — o nomeou chefe dos magos, dos encantadores, dos astrólogos e dos adivinhos. 12 Verificou-se que esse homem, Daniel, a quem o rei dera o nome de Beltessazar, tinha inteligência extraordinária e também a capacidade de interpretar sonhos e resolver enigmas e mistérios. Manda chamar Daniel, e ele te dará o significado da escrita".

13 Assim Daniel foi levado à presença do rei, que lhe disse: "Você é Daniel, um dos exilados que meu pai, o rei, trouxe de Judá? 14 Soube que o espírito dos deuses está em você e que você é um iluminado e que tem inteligência e uma sabedoria fora do comum. 15 Trouxeram os sábios e os encantadores à minha presença para lerem essa inscrição e me dizerem o seu significado, porém eles não o conseguiram. 16 Mas eu soube que você é capaz de dar interpretações e de resolver mistérios. Se você puder ler essa inscrição e dizer-me o que significa, você será vestido com um manto vermelho e terá uma corrente de ouro no pescoço, e será o terceiro em importância no governo do reino".

17 Então Daniel respondeu ao rei: "Podes guardar os teus presentes para ti mesmo e dar as tuas recompensas a algum outro. No entanto, lerei a inscrição para o rei e lhe direi o seu significado.

[a] 4:35 Ou *anjos*

[b] 5:10 Ou *rainha-mãe*

18"Ó rei, foi a Nabucodonosor, teu prede-
cessor, que o Deus Altíssimo deu soberania,
grandeza, glória e majestade. 19Devido à al-
ta posição que Deus lhe concedeu, homens
de todas as nações, povos e línguas tremiam
diante dele e o temiam. A quem o rei queria
matar, matava; a quem queria poupar, pou-
pava; a quem queria promover, promovia; e
a quem queria humilhar, humilhava. 20No en-
tanto, quando o seu coração se tornou arro-
gante e endurecido por causa do orgulho, ele
foi deposto de seu trono real e despojado da
sua glória. 21Foi expulso do meio dos homens e
sua mente ficou como a de um animal; passou
a viver com os jumentos selvagens e a comer
capim como os bois; e o seu corpo se molha-
va com o orvalho do céu, até reconhecer que
o Deus Altíssimo domina sobre os reinos dos
homens e coloca no poder a quem ele quer.

22"Mas tu, Belsazar, seu sucessor, não te
humilhaste, embora soubesses de tudo isso.
23Ao contrário, te exaltaste acima do[a] Senhor
dos céus. Mandaste trazer as taças do tem-
plo do Senhor para que nelas bebessem tu,
os teus nobres, as tuas mulheres e as tuas
concubinas. Louvaste os deuses de prata, de
ouro, de bronze, de ferro, de madeira e de
pedra, que não podem ver nem ouvir nem
entender. Mas não glorificaste o Deus que
sustenta em suas mãos a tua vida e todos os
teus caminhos. 24Por isso ele enviou a mão
que escreveu as palavras da inscrição.

25"Esta é a inscrição que foi feita:

MENE, MENE, TEQUEL, PARSIM[b].

26"E este é o significado dessas pa-
lavras:

Mene[c]: Deus contou os dias
do teu reinado
e determinou o seu fim.
27*Tequel*[d]: Foste pesado na balança
e achado em falta.
28*Peres*[e]: Teu reino foi dividido
e entregue aos medos e persas".

29Então, por ordem de Belsazar, vestiram
Daniel com um manto vermelho, puseram-
-lhe uma corrente de ouro no pescoço, e o
proclamaram o terceiro em importância no
governo do reino.

30Naquela mesma noite Belsazar, rei dos
babilônios[f], foi morto, 31e Dario, o medo, apo-

[a] 5:23 Ou *te levantaste contra o*

[b] 5:25 Aramaico: *UPARSIM*; isto é, *E PARSIM*.
[c] 5:26 *Mene* pode significar *contado* ou *mina* (uma unidade monetária).
[d] 5:27 *Tequel* pode significar *pesado* ou *siclo*.
[e] 5:28 *Peres* (o singular de *Parsim*) pode significar *dividido* ou *Pérsia* ou *meia mina* ou *meio siclo*.
[f] 5:30 Aramaico: *caldeus*.

A vida nos tempos da Bíblia

Babilônia

Na época em que Davi chegou lá, a cidade da Babilônia havia se tornado a mais rica e mais famosa cidade do mundo. Suas palmeiras, seus jardins suspensos e sua rica arquitetura tornavam a cidade surpreendentemente bonita. O enorme muro duplo que cercava a cidade havia sido construído não apenas para defesa, mas também para decoração, com desenhos e figuras trabalhados em sua estrutura. E mais: a cidade tinha cinquenta templos dedicados aos deuses pagãos. Se ainda existisse hoje, a Babilônia estaria localizada no moderno Iraque, entretanto, essa grandiosa cidade dos tempos antigos é agora apenas um monte vazio.

derou-se do reino, com a idade de sessenta e dois anos.

Daniel na cova dos leões

6 Dario achou por bem nomear cento e vinte sátrapas para governarem todo o reino, 2e colocou três supervisores sobre eles, um dos quais era Daniel. Os sátrapas tinham que prestar contas a eles para que o rei não sofresse nenhuma perda. 3Ora, Daniel se destacou tanto entre os supervisores e os sátrapas por suas grandes qualidades, que o rei planejava colocá-lo à frente do governo de todo o império. 4Diante disso, os supervisores e os sátrapas procuraram motivos para acusar Daniel em sua administração governamental, mas nada conseguiram. Não puderam achar nele falta alguma, pois ele era fiel; não era desonesto nem negligente. 5Finalmente esses homens disseram: "Jamais encontraremos algum motivo para acusar esse Daniel, a menos que seja algo relacionado com a lei do Deus dele".

6E assim os supervisores e os sátrapas, de comum acordo, foram falar com o rei: "Ó rei Dario, vive para sempre! 7Todos os supervisores reais, os prefeitos, os sátrapas, os conselheiros e os governadores concordaram em que o rei deve emitir um decreto ordenando que todo aquele que orar a qualquer deus ou a qualquer homem nos próximos trinta dias, exceto a ti, ó rei, seja atirado na cova dos leões. 8Agora, ó rei, emite o decreto e assina-o para que não seja alterado, conforme a lei dos medos e dos persas, que não pode ser revogada". 9E o rei Dario assinou o decreto.

10Quando Daniel soube que o decreto tinha sido publicado, foi para casa, para o seu quarto, no andar de cima, onde as janelas davam para Jerusalém e ali fez o que costumava fazer: três vezes por dia ele se ajoelhava e orava, agradecendo ao seu Deus. 11Então aqueles homens foram investigar e encontraram Daniel orando, pedindo ajuda a Deus. 12E foram logo falar com o rei acerca do decreto real: "Tu não publicaste um decreto ordenando que nestes trinta dias todo aquele que fizer algum pedido a qualquer deus ou a qualquer homem, exceto a ti, ó rei, será lançado na cova dos leões?"

O rei respondeu: "O decreto está em vigor, conforme a lei dos medos e dos persas, que não pode ser revogada".

13Então disseram ao rei: "Daniel, um dos exilados de Judá, não te dá ouvidos, ó rei, nem ao decreto que assinaste. Ele continua orando três vezes por dia". 14Quando o rei ouviu isso, ficou muito contrariado e decidiu salvar Daniel. Até o pôr do sol, fez o possível para livrá-lo.

15Mas os homens lhe disseram: "Lembra-te, ó rei, de que, segundo a lei dos medos e dos persas, nenhum decreto ou edito do rei pode ser modificado".

16Então o rei deu ordens, e eles trouxeram Daniel e o jogaram na cova dos leões. O

A vida nos tempos da Bíblia

Oração

As pessoas da Bíblia oravam em muitos lugares e posições diferentes. Quando orava, Daniel se colocava de joelhos para demonstrar seu respeito por Deus (Daniel 6:10). Moisés ficou tão aborrecido com o fato de Israel ter adorado o bezerro de ouro que ele se lançou com o rosto em terra (prostrou-se) diante do Senhor para orar (Deuteronômio 9:18). Paulo, por sua vez, insistiu que os crentes levantassem as mãos quando orassem (1Timóteo 2:8).

rei, porém, disse a Daniel: “Que o seu Deus,
a quem você serve continuamente, o livre!”
17Taparam a cova com uma pedra, e o rei
a selou com o seu anel-selo e com os anéis
dos seus nobres, para que a decisão sobre
Daniel não se modificasse. 18Tendo voltado
ao palácio, o rei passou a noite sem comer e
não aceitou nenhum divertimento em sua
presença. Além disso, não conseguiu dormir.
19Logo ao alvorecer, o rei se levantou e cor-
reu para a cova dos leões. 20Quando ia se apro-
ximando da cova, chamou Daniel com voz
que revelava aflição: “Daniel, servo do Deus
vivo, será que o seu Deus, a quem você ser-
ve continuamente, pôde livrá-lo dos leões?”
21Daniel respondeu: “Ó rei, vive para sem-
pre! 22O meu Deus enviou o seu anjo, que fe-
chou a boca dos leões. Eles não me fizeram
mal algum, pois fui considerado inocente à
vista de Deus. Também contra ti não cometi
mal algum, ó rei”.
23O rei muito se alegrou e ordenou que ti-
rassem Daniel da cova. Quando o tiraram da
cova, viram que não havia nele nenhum fe-
rimento, pois ele tinha confiado no seu Deus.
24E, por ordem do rei, os homens que ti-
nham acusado Daniel foram atirados na co-
va dos leões, junto com as suas mulheres e
os seus filhos. E, antes de chegarem ao fun-
do, os leões os atacaram e despedaçaram to-
dos os seus ossos.
25Então o rei Dario escreveu aos homens
de todas as nações, povos e línguas de to-
da a terra:

“Paz e prosperidade!

26“Estou editando um decreto para que
em todos os domínios do império os
homens temam e reverenciem o Deus
de Daniel.

“Pois ele é o Deus vivo
e permanece para sempre;
o seu reino não será destruído,
o seu domínio jamais acabará.
27Ele livra e salva;
faz sinais e maravilhas
nos céus e na terra.
Ele livrou Daniel
do poder dos leões”.

28Assim Daniel prosperou durante os rei-
nados de Dario e de Ciro[a], o Persa.

O sonho de Daniel: os quatro animais

7 No primeiro ano de Belsazar, rei da Babilô-
nia, Daniel teve um sonho, e certas visões
passaram por sua mente, estando ele deitado
em sua cama. Ele escreveu o seguinte resu-
mo do seu sonho.
2“Em minha visão à noite, eu vi os quatro
ventos do céu agitando o grande mar. 3Qua-
tro grandes animais, diferentes uns dos ou-
tros, subiram do mar.
4“O primeiro parecia um leão, e tinha asas
de águia. Eu o observei e, em certo momen-
to, as suas asas foram arrancadas, e ele foi er-
guido do chão, firmou-se sobre dois pés como
um homem e recebeu coração de homem.
5“A seguir, vi um segundo animal, que ti-
nha a aparência de um urso. Ele foi erguido
por um dos seus lados, e na boca, entre os
dentes, tinha três costelas. Foi-lhe dito: ‘Le-
vante-se e coma quanta carne puder!’
6“Depois disso, vi um outro animal, que
se parecia com um leopardo. Nas costas ti-
nha quatro asas, como as de uma ave. Esse

[a] 6:28 Ou *Dario, isto é, o reinado de Ciro,*

Faça o que Deus diz, sempre

Experimente!

Leia Daniel 6:6-24 e responda à seguinte pergunta: “O que Daniel fez quando o rei criou uma lei dizendo que ninguém poderia orar a ninguém, a não ser ao rei, durante trinta dias?”.

Os cristãos devem obedecer às leis, mas, se uma regra é contra a vontade de Deus, devemos obedecer a Deus. Da próxima vez que você brincar de esconde-esconde, faça uma versão de Daniel. Esconda-se em um guarda-roupa e, quando a outra pessoa o encontrar, diga: “O meu Deus enviou o seu anjo”. Revezem-se para ser Daniel.

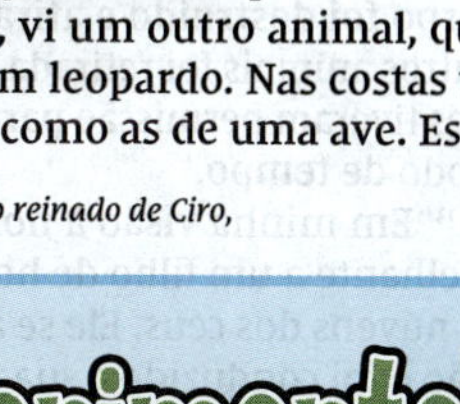

Daniel 6:6-24

animal tinha quatro cabeças, e recebeu au-
toridade para governar.
7“Em minha visão à noite, vi ainda um
quarto animal, aterrorizante, assustador e
muito poderoso. Tinha grandes dentes de
ferro, com os quais despedaçava e devorava
suas vítimas, e pisoteava tudo o que sobrava.
Era diferente de todos os animais anteriores
e tinha dez chifres.
8“Enquanto eu considerava os chifres, vi
outro chifre, pequeno, que surgiu entre eles;
e três dos primeiros chifres foram arranca-
dos para dar lugar a ele. Esse chifre possuía
olhos como os olhos de um homem e uma
boca que falava com arrogância.
9“Enquanto eu olhava,

“tronos foram colocados,
e um ancião se assentou.
Sua veste era branca como a neve;
o cabelo era branco como a lã.
Seu trono era envolto em fogo,
e as rodas do trono
estavam em chamas.
10De diante dele,
saía um rio de fogo.
Milhares de milhares o serviam;
milhões e milhões estavam diante
dele.
O tribunal iniciou o julgamento,
e os livros foram abertos.

11“Continuei a observar por causa das pa-
lavras arrogantes que o chifre falava. Fiquei
olhando até que o animal foi morto, e o seu
corpo foi destruído e atirado no fogo. 12Dos
outros animais foi retirada a autoridade, mas
eles tiveram permissão para viver por um pe-
ríodo de tempo.
13“Em minha visão à noite, vi alguém se-
melhante a um filho de homem, vindo com
as nuvens dos céus. Ele se aproximou do an-
cião e foi conduzido à sua presença. 14Ele re-
cebeu autoridade, glória e o reino; todos os
povos, nações e homens de todas as línguas
o adoraram. Seu domínio é um domínio eter-
no que não acabará, e seu reino jamais será
destruído.

A interpretação do sonho

15“Eu, Daniel, fiquei agitado em meu espíri-
to, e as visões que passaram pela minha men-
te me aterrorizaram. 16Então me aproximei
de um dos que ali estavam e lhe perguntei
o significado de tudo o que eu tinha visto.
“Ele me respondeu, dando-me esta inter-
pretação: 17‘Os quatro grandes animais são
quatro reinos que se levantarão na terra.
18Mas os santos do Altíssimo receberão o rei-
no e o possuirão para sempre; sim, para to-
do o sempre’.
19“Então eu quis saber o significado do
quarto animal, diferente de todos os outros
e o mais aterrorizante, com seus dentes de
ferro e garras de bronze, o animal que des-
pedaçava e devorava suas vítimas, e pisotea-
va tudo o que sobrava. 20Também quis saber
sobre os dez chifres da sua cabeça e sobre o
outro chifre que surgiu para ocupar o lugar
dos três chifres que caíram, o chifre que tinha
olhos e uma boca que falava com arrogância.
21Enquanto eu observava, esse chifre guerrea-
va contra os santos e os derrotava, 22até que
o ancião veio e pronunciou a sentença a fa-
vor dos santos do Altíssimo; chegou a hora
de eles tomarem posse do reino.
23“Ele me deu a seguinte explicação: ‘O
quarto animal é um quarto reino que apa-
recerá na terra. Será diferente de todos os
outros reinos e devorará a terra inteira, des-
pedaçando-a e pisoteando-a. 24Os dez chifres
são dez reis que sairão desse reino. Depois
deles um outro rei se levantará, e será dife-
rente dos primeiros reis. 25Ele falará contra
o Altíssimo, oprimirá os seus santos e tenta-
rá mudar os tempos[a] e as leis. Os santos se-
rão entregues nas mãos dele por um tempo,
tempos[b] e meio tempo.
26“ ‘Mas o tribunal o julgará, e o seu poder
lhe será tirado e totalmente destruído, para
sempre. 27Então a soberania, o poder e a gran-
deza dos reinos que há debaixo de todo o céu
serão entregues nas mãos dos santos, o po-
vo do Altíssimo. O reino dele será um reino
eterno, e todos os governantes o adorarão e
lhe obedecerão’.
28“Esse é o fim da visão. Eu, Daniel, fiquei
aterrorizado por causa dos meus pensamen-
tos e meu rosto empalideceu, mas guardei
essas coisas comigo”.

A visão de Daniel: o carneiro e o bode

8 No terceiro ano do reinado do rei Belsa-
zar, eu, Daniel, tive outra visão, a segun-
da. 2Na minha visão eu me vi na cidadela de
Susã, na província de Elão; na visão eu esta-
va junto do canal de Ulai. 3Olhei para cima
e, diante de mim, junto ao canal, estava um
carneiro; seus dois chifres eram compridos,
um mais que o outro, mas o mais comprido
cresceu depois do outro. 4Observei o carneiro

[a] 7:25 Ou *o calendário*; ou ainda *as festas religiosas*
[b] 7:25 Ou *dois tempos*

enquanto ele avançava para o oeste, para o norte e para o sul. Nenhum animal conseguia resistir-lhe, e ninguém podia livrar-se do seu poder. Ele fazia o que bem desejava e foi ficando cada vez maior.

[5]Enquanto eu considerava isso, de repente um bode, com um chifre enorme entre os olhos, veio do oeste, percorrendo toda a extensão da terra sem encostar no chão. [6]Ele veio na direção do carneiro de dois chifres que eu tinha visto ao lado do canal, e avançou contra ele com grande fúria. [7]Eu o vi atacar furiosamente o carneiro, atingi-lo e quebrar os seus dois chifres. O carneiro não teve forças para resistir a ele; o bode o derrubou no chão e o pisoteou, e ninguém foi capaz de livrar o carneiro do seu poder. [8]O bode tornou-se muito grande, mas no auge da sua força o seu grande chifre foi quebrado, e em seu lugar cresceram quatro chifres enormes, na direção dos quatro ventos da terra.

[9]De um deles saiu um pequeno chifre, que logo cresceu em poder na direção do sul, do leste e da Terra Magnífica. [10]Cresceu até alcançar o exército dos céus, e atirou na terra parte do exército das estrelas e as pisoteou. [11]Tanto cresceu que chegou a desafiar o príncipe do exército; suprimiu o sacrifício diário oferecido ao príncipe, e o local do santuário foi destruído. [12]Por causa da rebelião, o exército dos santos e o sacrifício diário foram dados ao chifre. Ele tinha êxito em tudo o que fazia, e a verdade foi lançada por terra.

[13]Então ouvi dois anjos[a] conversando, e um deles perguntou ao outro: "Quanto tempo durarão os acontecimentos anunciados por esta visão? Até quando será suprimido o sacrifício diário e a rebelião devastadora prevalecerá? Até quando o santuário e o exército ficarão entregues ao poder do chifre e serão pisoteados?"

[14]Ele me disse: "Isso tudo levará duas mil e trezentas tardes e manhãs; então o santuário será reconsagrado[b]".

A interpretação da visão

[15]Enquanto eu, Daniel, observava a visão e tentava entendê-la, diante de mim apareceu um ser que parecia homem. [16]E ouvi a voz de um homem que vinha do Ulai: "Gabriel, dê a esse homem o significado da visão".

[17]Quando ele se aproximou de mim, fiquei aterrorizado e caí prostrado. Ele me disse:

Você sabia?

Sobre o que era o sonho e a visão de Daniel?

8:19 O sonho e a visão de Daniel 7—8 eram sobre o futuro. Daniel viu as nações que seriam poderosas, começando no tempo de Daniel até o tempo em que Jesus nasceria. Esses sonhos sobre Babilônia, Pérsia, Grécia e Roma se tornaram verdade em todos os aspectos.

"Filho do homem, saiba que a visão refere-se aos tempos do fim".

[18]Enquanto ele falava comigo, eu, com o rosto em terra, perdi os sentidos. Então ele tocou em mim e me pôs em pé.

[19]E disse: "Vou contar-lhe o que acontecerá depois, no tempo da ira, pois a visão se refere ao tempo do fim. [20]O carneiro de dois chifres que você viu representa os reis da Média e da Pérsia. [21]O bode peludo é o rei da Grécia, e o grande chifre entre os seus olhos é o primeiro rei. [22]Os quatro chifres que tomaram o lugar do chifre que foi quebrado são quatro reis. Seus reinos surgirão da nação daquele rei, mas não terão o mesmo poder.

[23]"No final do reinado deles, quando a rebelião dos ímpios tiver chegado ao máximo, surgirá um rei de duro semblante, mestre em astúcias. [24]Ele se tornará muito forte, mas não pelo seu próprio poder. Provocará devastações terríveis e será bem-sucedido em tudo o que fizer. Destruirá os homens poderosos e o povo santo. [25]Com o intuito de prosperar, ele enganará a muitos e se considerará superior aos outros. Destruirá muitos que nele confiam[c] e se insurgirá contra o Príncipe dos príncipes. Apesar disso, ele será destruído, mas não pelo poder dos homens.

[26]"A visão das tardes e das manhãs que você recebeu é verdadeira; sele[d] porém a visão, pois refere-se ao futuro distante".

[27]Eu, Daniel, fiquei exausto e doente por vários dias. Depois levantei-me e voltei a cuidar dos negócios do rei. Fiquei assustado com a visão; estava além da compreensão humana.

[a] 8:13 Hebraico: *santos*.
[b] 8:14 Ou *purificado*
[c] 8:25 Ou *que vivem em paz*
[d] 8:26 Ou *guarde em segredo*

A oração de Daniel

9 Dario, filho de Xerxes[a], da linhagem dos
medos, foi constituído governante do rei-
no babilônio[b]. 2No primeiro ano do seu reina-
do, eu, Daniel, compreendi pelas Escrituras,
conforme a palavra do SENHOR dada ao pro-
feta Jeremias, que a desolação de Jerusalém
iria durar setenta anos. 3Por isso me voltei
para o Senhor Deus com orações e súplicas,
em jejum, em pano de saco e coberto de cinza.
4Orei ao SENHOR, o meu Deus, e confessei:

Ó Senhor, Deus grande e temível, que
manténs a tua aliança de amor com to-
dos aqueles que te amam e obedecem
aos teus mandamentos, 5nós temos
cometido pecado e somos culpados.
Temos sido ímpios e rebeldes, e nos
afastamos dos teus mandamentos e
das tuas leis. 6Não demos ouvido aos
teus servos, os profetas, que falaram
em teu nome aos nossos reis, aos nos-
sos líderes e aos nossos antepassados,
e a todo o teu povo.

7Senhor, tu és justo, e hoje estamos
envergonhados. Sim, nós, o povo de
Judá, de Jerusalém e de todo o Israel,
tanto os que estão perto como os que
estão distantes, em todas as terras pe-
las quais nos espalhaste por causa de
nossa infidelidade para contigo. 8Ó SE-
NHOR, nós e nossos reis, nossos líderes
e nossos antepassados estamos enver-
gonhados por termos pecado contra
ti. 9O Senhor nosso Deus é misericor-
dioso e perdoador, apesar de termos
sido rebeldes; 10não te demos ouvi-
dos, SENHOR nosso Deus, nem obede-
cemos às leis que nos deste por meio
dos teus servos, os profetas. 11Todo o
Israel transgrediu a tua lei e se des-
viou, recusando-se a te ouvir.

Por isso as maldições e as pragas es-
critas na Lei de Moisés, servo de Deus,
têm sido derramadas sobre nós, por-
que pecamos contra ti. 12Cumpriste a
palavra proferida contra nós e contra
os nossos governantes, trazendo-nos
grande desgraça. Debaixo de todo o céu
jamais se fez algo como o que foi feito
a Jerusalém. 13Conforme está escrito na
Lei de Moisés, toda essa desgraça nos
atingiu, e ainda assim não temos bus-
cado o favor do SENHOR, o nosso Deus,
afastando-nos de nossas maldades e
obedecendo à tua verdade. 14O SENHOR
não hesitou em trazer desgraça sobre
nós, pois o SENHOR, o nosso Deus, é jus-
to em tudo o que faz; ainda assim nós
não lhe temos dado atenção.

15Ó Senhor nosso Deus, que tiraste o
teu povo do Egito com mão podero-
sa e que fizeste para ti um nome que
permanece até hoje, nós temos come-
tido pecado e somos culpados. 16Agora
Senhor, conforme todos os teus feitos
justos, afasta de Jerusalém, da tua ci-
dade, do teu santo monte, a tua ira e
a tua indignação. Os nossos pecados e
as iniquidades de nossos antepassados
fizeram de Jerusalém e do teu povo
objeto de zombaria para todos os que
nos rodeiam.

17Ouve, nosso Deus, as orações e as sú-
plicas do teu servo. Por amor de ti, Se-
nhor, olha com bondade para[c] o teu
santuário abandonado. 18Inclina os
teus ouvidos, ó Deus, e ouve; abre os
teus olhos e vê a desolação da cidade
que leva o teu nome. Não te fazemos
pedidos por sermos justos, mas por
causa da tua grande misericórdia. 19Se-
nhor, ouve! Senhor, perdoa! Senhor, vê
e age! Por amor de ti, meu Deus, não
te demores, pois a tua cidade e o teu
povo levam o teu nome.

As setenta semanas

20Enquanto eu estava falando e orando,
confessando o meu pecado e o pecado de Is-
rael, meu povo, e trazendo o meu pedido ao
SENHOR, o meu Deus, em favor do seu santo
monte — 21enquanto eu ainda estava em ora-
ção, Gabriel, o homem que eu tinha visto na
visão anterior, veio voando rapidamente para
onde eu estava, à hora do sacrifício da tarde.
22Ele me instruiu e me disse: "Daniel, agora
vim para dar-lhe percepção e entendimen-
to. 23Assim que você começou a orar, houve
uma resposta, que eu lhe trouxe porque vo-
cê é muito amado. Por isso, preste atenção à
mensagem para entender a visão:

24"Setenta semanas estão decretadas para
o seu povo e sua santa cidade a fim de acabar
com[d] a transgressão, dar fim ao pecado, ex-
piar as culpas, trazer justiça eterna, cumprir
a visão e a profecia, e ungir o santíssimo[e].

[a] 9:1 Hebraico: *Assuero*, variante do nome persa *Xerxes*.
[b] 9:1 Hebraico: *caldeu*.
[c] 9:17 Hebraico: *faze resplandecer o teu rosto sobre*.
[d] 9:24 Ou *para restringir*
[e] 9:24 Ou *o Lugar Santíssimo*

25"Saiba e entenda que, a partir da promulgação do decreto que manda restaurar e reconstruir Jerusalém até que o Ungido, o príncipe, venha, haverá sete semanas, e sessenta e duas semanas. Ela será reconstruída com ruas e muros[a], mas em tempos difíceis. 26Depois das sessenta e duas semanas, o Ungido será morto, e já não haverá lugar para ele. A cidade e o Lugar Santo serão destruídos pelo povo do governante que virá. O fim virá como uma inundação: guerras continuarão até o fim, e desolações foram decretadas. 27Com muitos ele fará uma aliança que durará uma semana. No meio da semana ele dará fim ao sacrifício e à oferta. E numa ala do templo será colocado o sacrilégio terrível, até que chegue sobre ele[b] o fim que lhe está decretado".

A visão do homem vestido de linho

10 No terceiro ano de Ciro, rei da Pérsia, Daniel, chamado Beltessazar, recebeu uma revelação. A mensagem era verdadeira e falava de uma grande guerra[c]. Na visão que teve, ele entendeu a mensagem.

2Naquela ocasião eu, Daniel, passei três semanas chorando. 3Não comi nada saboroso; carne e vinho nem provei; e não usei nenhuma essência aromática, até se passarem as três semanas.

4No vigésimo quarto dia do primeiro mês, estava eu em pé junto à margem de um grande rio, o Tigre. 5Olhei para cima, e diante de mim estava um homem vestido de linho, com um cinto de ouro puríssimo na cintura. 6Seu corpo era como berilo, o rosto como relâmpago, os olhos como tochas acesas, os braços e pernas como o reflexo do bronze polido, e a sua voz era como o som de uma multidão.

7Somente eu, Daniel, tive a visão; os que me acompanhavam nada viram, mas foram tomados de tanto pavor que fugiram e se esconderam. 8Assim fiquei sozinho, olhando para aquela grande visão; fiquei sem forças, muito pálido, e quase desfaleci. 9Então eu o ouvi falando e, ao ouvi-lo, caí prostrado com o rosto em terra, e perdi os sentidos.

10Em seguida, a mão de alguém tocou em mim e me pôs sobre as minhas mãos e os meus joelhos vacilantes. 11E ele disse: "Daniel, você é muito amado. Preste bem atenção ao que vou lhe falar; levante-se, pois eu fui enviado a você". Quando ele me disse isso, pus-me em pé, tremendo.

12E ele prosseguiu: "Não tenha medo, Daniel. Desde o primeiro dia em que você decidiu buscar entendimento e humilhar-se diante do seu Deus, suas palavras foram ouvidas, e eu vim em resposta a elas. 13Mas o príncipe do reino da Pérsia me resistiu durante vinte e um dias. Então Miguel, um dos príncipes supremos, veio em minha ajuda, pois eu fui impedido de continuar ali com os reis da Pérsia. 14Agora vim explicar-lhe o

[a] 9:25 Ou *trincheiras*
[b] 9:27 Ou *sobre isso*
[c] 10:1 Ou *falava de tempos difíceis*

Deus ouve orações

Experimente!

Será que, às vezes, parece que Deus não responde suas orações? Pergunte a seus pais se isso já aconteceu com eles. Algumas vezes Deus responde nossas orações de modo bem direto, mas outras vezes nós precisamos esperar. Às vezes a resposta é não. Em diversos momentos, Deus nos dá uma resposta diferente daquela que estávamos esperando.

Leia Daniel 10:1-14. Nessa história, o "homem vestido de linho" é um anjo bom, e o "príncipe do reino da Pérsia" é um anjo mau. O que o anjo bom disse a Daniel (veja o versículo 14)?

Daniel 10:1-14

Pegue uma folha grande de papel e, no topo, escreva: "Suas palavras foram ouvidas" (Daniel 10:12). Se você quiser, use o *Dicionário-concordância* desta Bíblia para procurar outros versículos sobre a palavra *orar* para escrever nesta folha e faça dela um lembrete de que Deus ouve todas as suas orações, mesmo quando ele não as responde imediatamente.

que acontecerá ao seu povo no futuro, pois a
visão se refere a uma época futura".
[15]Quando ele me disse isso, prostrei-me
com o rosto em terra, sem conseguir falar.
[16]Então um ser que parecia homem[a] tocou
nos meus lábios, e eu abri a minha boca e
comecei a falar. Eu disse àquele que estava
em pé diante de mim: Estou angustiado por
causa da visão, meu senhor, e quase desfale-
ço. [17]Como posso eu, teu servo, conversar con-
tigo, meu senhor? Minhas forças se foram, e
mal posso respirar.
[18]O ser que parecia homem tocou em mim
outra vez e me deu forças. [19]Ele disse: "Não
tenha medo, você, que é muito amado. Que
a paz seja com você! Seja forte! Seja forte!"

Ditas essas palavras, senti-me fortalecido
e disse: Fala, meu senhor, visto que me des-
te forças.
[20]Então ele me disse: "Você sabe por que
vim? Tenho que voltar para lutar contra o
príncipe da Pérsia e, logo que eu for, chega-
rá o príncipe da Grécia; [21]mas antes lhe reve-
larei o que está escrito no Livro da Verdade.
E nessa luta ninguém me ajuda contra eles,
senão Miguel, o príncipe de vocês,
11 sendo que, no primeiro ano de Dario, rei
dos medos, ajudei-o e dei-lhe apoio.

Os reis do sul e os reis do norte

[2]"Agora, pois, vou dar-lhe a conhecer a ver-
dade: Outros três reis aparecerão na Pérsia, e
depois virá um quarto rei, que será bem mais
rico do que os anteriores. Depois de conquis-
tar o poder com sua riqueza, instigará todos
contra o reino da Grécia. [3]Então surgirá um
rei guerreiro, que governará com grande po-
der e fará o que quiser. [4]Logo depois de es-
tabelecido[b], o seu império se desfará e será
repartido para os quatro ventos do céu. Não
passará para os seus descendentes, e o impé-
rio não será poderoso como antes, pois será
desarraigado e entregue a outros.
[5]"O rei do sul se tornará forte, mas um dos
seus príncipes se tornará ainda mais forte
que ele e governará o seu próprio reino com
grande poder. [6]Depois de alguns anos, eles
se tornarão aliados. A filha do rei do sul fará
um tratado com o rei do norte, mas ela não
manterá o seu poder, nem ele conservará o
dele[c]. Naqueles dias ela será entregue à mor-
te, com sua escolta real e com seu pai[d] e com
aquele que a apoiou.
[7]"Alguém da linhagem dela se levantará
para tomar-lhe o lugar. Ele atacará as forças
do rei do norte e invadirá a sua fortaleza; lu-
tará contra elas e será vitorioso. [8]Também
tomará os deuses deles, as suas imagens de
metal e os seus utensílios valiosos de prata
e de ouro, e os levará para o Egito. Por al-
guns anos ele deixará o rei do norte em paz.
[9]Então o rei do norte invadirá as terras do

[a] 10:16 Conforme a maioria dos manuscritos do Texto Massorético. Os manuscritos do mar Morto e a Septuaginta dizem *algo que se parecia com a mão de um homem*

[b] 11:4 Ou *No auge do seu poder*,

[c] 11:6 Ou *se casará com o rei do norte para garantir um tratado, mas ele não manterá o seu poder e sua descendência não subsistirá*

[d] 11:6 Ou *filho*; com base na Vulgata e na Versão Siríaca.

A vida nos tempos da Bíblia

Anjos

Os anjos foram criados por Deus e são espíritos, ou seja, não têm corpo físico. Quando apareciam às pessoas, nos tempos do Antigo Testamento, eles se pareciam com pessoas, mas outras coisas sobre eles não eram muito humanas. O anjo que Daniel viu possuía o "rosto como relâmpago" e "olhos como tochas acesas" (Daniel 10:6).

rei do sul, mas terá que se retirar para a sua própria terra. 10Seus filhos se prepararão para a guerra e reunirão um grande exército, que avançará como uma inundação irresistível e levará os combates até a fortaleza do rei do sul.

11"Em face disso, o rei do sul marchará furioso para combater o rei do norte, que o enfrentará com um enorme exército, mas, apesar disso, será derrotado. 12Quando o exército for vencido, o rei do sul se encherá de orgulho e matará milhares, mas o seu triunfo será breve. 13Pois o rei do norte reunirá outro exército, maior que o primeiro; depois de alguns anos voltará a atacá-lo com um exército enorme e bem equipado.

14"Naquela época muitos se rebelarão contra o rei do sul. E os homens violentos do povo a que você pertence se revoltarão para cumprirem esta visão, mas não terão sucesso. 15Então o rei do norte virá, construirá rampas de cerco e conquistará uma cidade fortificada. As forças do sul serão incapazes de resistir; mesmo as suas melhores tropas não terão forças para resistir. 16O invasor fará o que bem entender; ninguém conseguirá detê-lo. Ele se instalará na Terra Magnífica e terá poder para destruí-la. 17Virá com o poder de todo o seu reino e fará uma aliança com o rei do sul. Ele lhe dará uma filha em casamento a fim de derrubar o reino, mas o seu plano[a] não terá sucesso e em nada o ajudará. 18Então ele voltará a atenção para as regiões costeiras e se apossará de muitas delas, mas um comandante reagirá com arrogância à arrogância dele e lhe dará fim. 19Depois disso ele se dirigirá para as fortalezas de sua própria terra, mas tropeçará e cairá, para nunca mais aparecer.

20"Seu sucessor enviará um cobrador de impostos para manter o esplendor real. Contudo, em poucos anos ele será destruído, sem necessidade de ira nem de combate.

21"Ele será sucedido por um ser desprezível, a quem não tinha sido dada a honra da realeza. Este invadirá o reino quando o povo se sentir seguro, e se apoderará do reino por meio de intrigas. 22Então um exército avassalador será arrasado diante dele; tanto o exército como um príncipe da aliança serão destruídos. 23Depois de um acordo feito com ele, agirá traiçoeiramente, e com apenas um pequeno grupo chegará ao poder. 24Quando as províncias mais ricas se sentirem seguras, ele as invadirá e realizará o que nem seus pais nem seus antepassados conseguiram: distribuirá despojos, saques e riquezas entre seus seguidores. Ele tramará a tomada de fortalezas, mas só por algum tempo.

25"Com um grande exército juntará suas forças e sua coragem contra o rei do sul. O rei do sul guerreará mobilizando um exército grande e poderoso, mas não conseguirá resistir por causa dos golpes tramados contra ele. 26Mesmo os que estiverem sendo alimentados pelo rei tentarão destruí-lo; seu exército será arrasado, e muitos cairão em combate. 27Os dois reis, com seu coração inclinado para o mal, sentarão à mesma mesa e mentirão um para o outro, mas sem resultado, pois o fim só virá no tempo determinado. 28O rei do norte voltará para a sua terra com grande riqueza, mas o seu coração estará voltado contra a santa aliança. Ele empreenderá ação contra ela e depois voltará para a sua terra.

29"No tempo determinado ele invadirá de novo o sul, mas desta vez o resultado será diferente do anterior. 30Navios das regiões da costa ocidental[b] se oporão a ele, e ele perderá o ânimo. Então despejará sua fúria contra a santa aliança e, voltando, tratará com bondade aqueles que abandonarem a santa aliança.

31"Suas forças armadas se levantarão para profanar a fortaleza e o templo, acabarão com o sacrifício diário e colocarão no templo o sacrilégio terrível. 32Com lisonjas corromperá aqueles que tiverem violado a aliança, mas o povo que conhece o seu Deus resistirá com firmeza.

33"Aqueles que são sábios instruirão a muitos, mas por certo período cairão à espada e serão queimados, capturados e saqueados. 34Quando caírem, receberão uma pequena ajuda, e muitos que não são sinceros se juntarão a eles. 35Alguns dos sábios tropeçarão para que sejam refinados, purificados e alvejados até a época do fim, pois isso só acontecerá no tempo determinado.

O rei arrogante

36"O rei fará o que bem entender. Ele se exaltará e se engrandecerá acima de todos os deuses e dirá coisas jamais ouvidas contra o Deus dos deuses. Ele terá sucesso até que o tempo da ira se complete, pois o que foi decidido irá acontecer. 37Ele não terá consideração pelos deuses dos seus antepassados nem pelo deus preferido das mulheres, nem por deus algum, mas se exaltará acima

[a] 11:17 Ou *mas ela*

[b] 11:30 Hebraico: *navios de Quitim.*

deles todos. 38Em seu lugar adorará um deus das fortalezas; um deus desconhecido de seus antepassados ele honrará com ouro e prata, com pedras preciosas e presentes caros. 39Atacará as fortalezas mais poderosas com a ajuda de um deus estrangeiro e dará grande honra àqueles que o reconhecerem. Ele os fará governantes sobre muitos e distribuirá a terra, mas a um preço elevado[a].

40"No tempo do fim o rei do sul se envolverá em combate, e o rei do norte o atacará com carros e cavaleiros e uma grande frota de navios. Ele invadirá muitos países e avançará por eles como uma inundação. 41Também invadirá a Terra Magnífica. Muitos países cairão, mas Edom, Moabe e os líderes de Amom ficarão livres da sua mão. 42Ele estenderá o seu poder sobre muitos países; o Egito não escapará, 43pois esse rei terá o controle dos tesouros de ouro e de prata e de todas as riquezas do Egito; os líbios e os núbios a ele se submeterão. 44Mas, informações provenientes do leste e do norte o deixarão alarmado, e irado partirá para destruir e aniquilar muito povo. 45Armará suas tendas reais entre os mares, no[b] belo e santo monte. No entanto, ele chegará ao seu fim, e ninguém o socorrerá.

Os tempos do fim

12 "Naquela ocasião Miguel, o grande príncipe que protege o seu povo, se levantará. Haverá um tempo de angústia como nunca houve desde o início das nações até então. Mas naquela ocasião o seu povo, todo aquele cujo nome está escrito no livro, será liberto. 2Multidões que dormem no pó da terra acordarão: uns para a vida eterna, outros para a vergonha, para o desprezo eterno. 3Aqueles que são sábios[c] reluzirão como o fulgor do céu, e aqueles que conduzem muitos à justiça serão como as estrelas, para todo o sempre. 4Mas você, Daniel, feche com um selo as palavras do livro até o tempo do fim. Muitos irão por todo lado em busca de maior conhecimento".

5Então eu, Daniel, olhei, e diante de mim estavam dois outros anjos, um na margem de cá do rio e outro na margem de lá. 6Um deles disse ao homem vestido de linho, que estava acima das águas do rio: "Quanto tempo decorrerá antes que se cumpram essas coisas extraordinárias?"

7O homem vestido de linho, que estava acima das águas do rio, ergueu para o céu a mão direita e a mão esquerda, e eu o ouvi jurar por aquele que vive para sempre, dizendo: "Haverá um tempo, tempos[d] e meio tempo. Quando o poder do povo santo for finalmente quebrado, todas essas coisas se cumprirão".

8Eu ouvi, mas não compreendi. Por isso perguntei: "Meu senhor, qual será o resultado disso tudo?"

9Ele respondeu: "Siga o seu caminho, Daniel, pois as palavras estão seladas e lacradas até o tempo do fim. 10Muitos serão purificados, alvejados e refinados, mas os ímpios continuarão ímpios. Nenhum dos ímpios levará isto em consideração, mas os sábios sim.

11"Depois de abolido o sacrifício diário e colocado o sacrilégio terrível, haverá mil e duzentos e noventa dias. 12Feliz aquele que esperar e alcançar o fim dos mil trezentos e trinta e cinco dias.

13"Quanto a você, siga o seu caminho até o fim. Você descansará e, então, no final dos dias, você se levantará para receber a herança que lhe cabe".

Você sabia?

Qual o tema dos últimos capítulos de Daniel?

12:4 Os últimos capítulos de Daniel tratam do que acontecerá um pouco antes do fim do mundo. Muitas coisas nesses capítulos são difíceis de entender, e até mesmo os estudiosos da Bíblia não concordam sobre o significado exato delas.

[a] 11:39 Ou *terra como recompensa*
[b] 11:45 Ou *entre o mar e o*
[c] 12:3 Ou *que dão sabedoria*
[d] 12:7 Ou *dois tempos*

Oseias

Quem escreveu este livro?

O profeta Oseias.

Por que este livro foi escrito?

Oseias alerta o povo de Israel acerca de sua infidelidade a Deus.

O que aprendemos sobre Deus neste livro?

Deus continua nos amando, mesmo se somos infiéis, e a punição não significa que Deus parou de nos amar.

O que há de especial neste livro?

A esposa de Oseias não é fiel a ele, mas ele continua a amando. Muito embora as pessoas de Israel fossem infiéis a Deus, ele continua as amando.

Quando este livro foi escrito?

Os sermões de Oseias foram pregados entre 753 a.C. e 723 a.C. Logo depois disso os assírios destruíram Israel e levaram todo o povo cativo.

Alguns capítulos importantes deste livro:

A infidelidade de Israel	Oseias 4
O amor de Deus por Israel	Oseias 11

1 Palavra do SENHOR que veio a Oseias, filho
de Beeri, durante os reinados de Uzias, Jo-
tão, Acaz e Ezequias, reis de Judá, e de Jero-
boão, filho de Jeoás, rei de Israel.

A mulher e os filhos de Oseias

[2]Quando o SENHOR começou a falar por
meio de Oseias, disse-lhe: "Vá, tome uma mu-
lher adúltera e filhos da infidelidade, porque
a nação é culpada do mais vergonhoso adul-
tério por afastar-se do SENHOR". [3]Por isso ele
se casou com Gômer, filha de Diblaim; ela en-
gravidou e lhe deu um filho.
[4]Então o SENHOR disse a Oseias: "Dê-lhe o
nome de Jezreel, porque logo castigarei a di-
nastia de Jeú por causa do massacre ocorri-
do em Jezreel, e darei fim ao reino de Israel.
[5]Naquele dia quebrarei o arco de Israel no
vale de Jezreel".
[6]Gômer engravidou novamente e deu à
luz uma filha. Então o SENHOR disse a Oseias:
"Dê-lhe o nome de Lo-Ruama[a], pois não mais
mostrarei amor para com a nação de Israel,
não ao ponto de perdoá-la. [7]Contudo, tratarei
com amor a nação de Judá; e eu lhe concede-
rei vitória, não pelo arco, pela espada ou por
combate, nem por cavalos e cavaleiros, mas
pelo SENHOR, o seu Deus".
[8]Depois de desmamar Lo-Ruama, Gômer
teve outro filho. [9]Então o SENHOR disse: "Dê-
-lhe o nome de Lo-Ami[b], pois vocês não são
meu povo, e eu não sou seu Deus.
[10]"Contudo os israelitas ainda serão como
a areia da praia, que não se pode medir nem
contar. No lugar onde se dizia a eles: 'Vocês
não são meu povo', eles serão chamados 'fi-
lhos do Deus vivo'. [11]O povo de Judá e o povo
de Israel serão reunidos, e eles designarão
para si um só líder, e se levantarão da terra,
pois será grande o dia de Jezreel.

2 "Chamem a seus irmãos 'meu povo', e a
suas irmãs 'minhas amadas'.

Castigo e restauração de Israel

[2]"Repreendam sua mãe,
repreendam-na,
pois ela não é minha mulher,
e eu não sou seu marido.
Que ela retire do rosto o sinal de
adúltera
e do meio dos seios a infidelidade.
[3]Do contrário, eu a deixarei nua
como no dia em que nasceu;
farei dela um deserto,
uma terra ressequida,
e a matarei de sede.
[4]Não tratarei com amor os seus filhos,
porque são filhos de adultério.
[5]A mãe deles foi infiel,
engravidou deles
e está coberta de vergonha.
Pois ela disse:
'Irei atrás dos meus amantes,
que me dão comida, água,
lã, linho, azeite e bebida'.
[6]Por isso bloquearei o seu caminho
com espinheiros;
eu a cercarei de tal modo
que ela não poderá encontrar
o seu caminho.
[7]Ela correrá atrás dos seus amantes,
mas não os alcançará;

[a] 1:6 *Lo-Ruama* significa *não amada.*
[b] 1:9 *Lo-Ami* significa *não meu povo.*

A vida nos tempos da Bíblia

Nome dos filhos

Nos tempos do Antigo Testamento, o nome que as pessoas davam aos filhos tinha um significado especial. Deus disse quais nomes Oseias deveria colocar nos filhos, para que esses nomes fossem uma mensagem ao povo de Deus. Sendo assim, encontre esses nomes e seus significados em Oseias 1.

procurará por eles,
mas não os encontrará.
Então ela dirá:
'Voltarei a estar com o meu marido
como no início,
pois eu estava bem melhor
do que agora'.
8 Ela não reconheceu que fui eu
quem lhe deu o trigo,
o vinho e o azeite,
quem a cobriu de ouro e de prata,
que depois usaram para Baal.

9 "Por isso levarei o meu trigo
quando ele amadurecer,
e o meu vinho quando ficar pronto.
Arrancarei dela minha lã e meu linho,
que serviam para cobrir a sua nudez.
10 Pois agora vou expor a sua lascívia
diante dos olhos dos seus amantes;
ninguém a livrará das minhas mãos.
11 Acabarei com a sua alegria:
suas festas anuais,
suas luas novas,
seus dias de sábado
e todas as suas festas fixas.
12 Arruinarei suas videiras
e suas figueiras,
que, segundo ela, foi pagamento
recebido de seus amantes;
farei delas um matagal,
e os animais selvagens as devorarão.
13 Eu a castigarei pelos dias
em que queimou incenso
aos baalins;
ela se enfeitou com anéis e joias,
e foi atrás dos seus amantes,
mas de mim, ela se esqueceu",
declara o Senhor.

14 "Portanto, agora vou atraí-la;
vou levá-la para o deserto
e falar-lhe com carinho.
15 Ali devolverei a ela as suas vinhas,
e farei do vale de Acor[a]
uma porta de esperança.
Ali ela me responderá
como nos dias de sua infância,
como no dia em que saiu do Egito.

16 "Naquele dia", declara o Senhor,
"você me chamará 'meu marido';
não me chamará mais 'meu senhor[b]'.
17 Tirarei dos seus lábios
os nomes dos baalins;
seus nomes não serão mais invocados.
18 Naquele dia, em favor deles farei
um acordo
com os animais do campo,
com as aves do céu
e com os animais
que rastejam pelo chão.
Arco, espada e guerra,
eu os abolirei da terra,
para que todos possam viver em paz.
19 Eu me casarei com você para sempre;
eu me casarei com você
com justiça e retidão,
com amor e compaixão.
20 Eu me casarei com você
com fidelidade,
e você reconhecerá o Senhor.

21 "Naquele dia eu responderei",
declara o Senhor.
"Responderei aos céus,
e eles responderão à terra;
22 e a terra responderá ao cereal,
ao vinho e ao azeite,
e eles responderão a Jezreel[c].
23 Eu a plantarei para mim mesmo
na terra;
tratarei com amor
aquela que chamei Não-amada[d].
Direi àquele chamado
Não-meu-povo[e]: Você é meu povo;
e ele dirá: 'Tu és o meu Deus'. "

A reconciliação de Oseias com sua mulher

3 O Senhor me disse: "Vá, trate novamente
com amor sua mulher, apesar de ela ser
amada por outro e ser adúltera. Ame-a como
o Senhor ama os israelitas, apesar de eles se
voltarem para outros deuses e de amarem os
bolos sagrados de uvas passas".
2 Por isso eu a comprei por cento e oitenta
gramas[f] de prata e um barril e meio[g] de ce-
vada. 3 E eu lhe disse: Você viverá comigo[h] por
muitos dias; não será mais prostituta nem
pertencerá a nenhum outro homem, e eu vi-
verei com[i] você.
4 Pois os israelitas viverão muitos dias sem
rei e sem líder, sem sacrifício e sem colunas
sagradas, sem colete sacerdotal e sem ídolos
de família. 5 Depois disso os israelitas voltarão

[a] 2:15 *Acor* significa *problemas*.
[b] 2:16 Hebraico: *Baal*.

[c] 2:22 *Jezreel* significa *Deus planta*.
[d] 2:23 Hebraico: *Lo-Ruama*.
[e] 2:23 Hebraico: *Lo-Ami*.
[f] 3:2 Hebraico: *15 siclos*. Um siclo equivalia a 12 gramas.
[g] 3:2 Hebraico: *1 hômer e meio*. O hômer era uma medida de capacidade para secos. As estimativas variam entre 200 e 400 litros.
[h] 3:3 Ou *esperará por mim*
[i] 3:3 Ou *eu esperarei por*

e buscarão o SENHOR, o seu Deus, e Davi, seu
rei. Virão tremendo atrás do SENHOR e das
suas bênçãos, nos últimos dias.

A acusação contra Israel

4 Israelitas, ouçam a palavra
do SENHOR,
porque o SENHOR tem uma acusação
contra vocês que vivem nesta terra:
"A fidelidade e o amor
desapareceram desta terra,
como também o conhecimento de Deus.
2Só se veem maldição, mentira
e assassinatos,
roubo e mais roubo,
adultério e mais adultério;
ultrapassam todos os limites!
E o derramamento de sangue
é constante.
3Por isso a terra pranteia[a],
e todos os seus habitantes
desfalecem;
os animais do campo, as aves do céu
e os peixes do mar estão morrendo.

4"Mas, que ninguém discuta,
que ninguém faça acusação,
pois sou eu quem acusa os sacerdotes.
5Vocês tropeçam dia e noite,
e os profetas tropeçam com vocês.
Por isso destruirei sua mãe.
6Meu povo foi destruído
por falta de conhecimento.
"Uma vez que vocês rejeitaram
o conhecimento,
eu também os rejeito
como meus sacerdotes;
uma vez que vocês ignoraram
a lei do seu Deus,
eu também ignorarei seus filhos.
7Quanto mais aumentaram
os sacerdotes,
mais eles pecaram contra mim;
trocaram a Glória deles[b]
por algo vergonhoso.
8Eles se alimentam
dos pecados do meu povo
e têm prazer em sua iniquidade.
9Portanto, castigarei tanto o povo
quanto os sacerdotes
por causa dos seus caminhos,
e lhes retribuirei seus atos.

10"Eles comerão,
mas não terão o suficiente;
eles se prostituirão,
mas não aumentarão a prole,
porque abandonaram o SENHOR
para se entregarem
11à prostituição,
ao vinho velho e ao novo,
prejudicando o discernimento
do meu povo.
12Eles pedem conselhos
a um ídolo de madeira,
e de um pedaço de pau
recebem resposta.
Um espírito de prostituição
os leva a desviar-se;
eles são infiéis ao seu Deus.
13Sacrificam no alto dos montes
e queimam incenso nas colinas,
debaixo de um carvalho,

[a] 4:3 Ou *está seca*

[b] 4:7 Conforme a Versão Siríaca e uma antiga tradição dos escribas hebreus. O Texto Massorético diz *trocarei a minha glória.*

Saber o certo e o errado

Experimente!

Leia Oseias 4:1-3 e, depois, com uma linha bem no meio, divida uma folha de papel em dois. No alto de um lado escreva "ERRADO" com letras grandes e, no outro lado, escreva "CERTO". Abaixo de "ERRADO", liste todas as coisas erradas que estes versículos dizem que as pessoas faziam e acrescente ao menos duas outras coisas que você sabe serem erradas.

Abaixo de "CERTO" liste o mesmo número de coisas boas que as pessoas fazem e mostre a lista a alguém em quem você confia. Além disso, converse sobre as coisas mais importantes que os cristãos devem fazer.

Oseias 4:1-3

de um estoraque[a]
ou de um terebinto[b],
onde a sombra é agradável.
Por isso as suas filhas se prostituem
e as suas noras adulteram.

14"Não castigarei suas filhas
por se prostituírem,
nem suas noras
por adulterarem,
porque os próprios homens
se associam a meretrizes
e participam dos sacrifícios oferecidos
pelas prostitutas cultuais —
um povo sem entendimento
precipita-se à ruína!

15"Embora você adultere, ó Israel,
que Judá não se torne culpada!

"Deixem de ir a Gilgal;
não subam a Bete-Áven[c].
E não digam:
'Juro pelo nome do SENHOR!'
16Os israelitas são rebeldes
como bezerra indomável.
Como pode o SENHOR apascentá-los
como cordeiros na campina?
17Efraim aliou-se a ídolos;
deixem-no só!
18Mesmo quando acaba a bebida,
eles continuam em sua prostituição;
seus governantes amam
profundamente
os caminhos vergonhosos.
19Um redemoinho os varrerá para
longe,
e os seus altares lhes trarão
vergonha.

Julgamento contra Israel

5 "Ouçam isto, sacerdotes!
Atenção, israelitas!
Escute, ó família real!
Esta sentença é contra vocês:
Vocês têm sido
uma armadilha em Mispá,
uma rede estendida
sobre o monte Tabor.
2Os rebeldes estão
envolvidos em matança.
Eu disciplinarei todos eles.
3Conheço Efraim;
Israel não pode se esconder de mim.
Efraim, agora você se lançou
à prostituição;
Israel se corrompeu.

4"Suas ações não lhes permitem
voltar para o seu Deus.
Um espírito de prostituição
está no coração deles;
não reconhecem o SENHOR.
5A arrogância de Israel
testifica contra eles;
Israel e Efraim tropeçam
em seu pecado;
Judá também tropeça com eles.
6Quando eles forem buscar o SENHOR
com todos os seus rebanhos
e com todo o seu gado,
não o encontrarão;
ele se afastou deles.
7Traíram o SENHOR;
geraram filhos ilegítimos.
Agora suas festas de lua nova
os devorarão, tanto a eles
como as suas plantações.

8"Toquem a trombeta em Gibeá,
e a corneta em Ramá.
Deem o grito de guerra em Bete-Áven;
esteja na vanguarda, ó Benjamim.
9Efraim será arrasado
no dia do castigo.
Entre as tribos de Israel
eu proclamo o que acontecerá.
10Os líderes de Judá são como os que
mudam os marcos dos limites.
Derramarei sobre eles a minha ira
como uma inundação.
11Efraim está oprimido,
esmagado pelo juízo,
porque decidiu ir atrás de ídolos.
12Sou como uma traça para Efraim,
como podridão para o povo de Judá.

13"Quando Efraim viu a sua
enfermidade,
e Judá os seus tumores,
Efraim se voltou para a Assíria,
e mandou buscar a ajuda do grande
rei.
Mas ele não tem condições
de curar vocês,
nem pode sarar os seus tumores.
14Pois serei como um leão para Efraim,
e como um leão grande para Judá.
Eu os despedaçarei e irei embora;
eu os levarei
sem que ninguém possa livrá-los.

[a] 4:13 Ou *benjoim*, um arbusto ornamental, de origem asiática, da família das estiracáceas.
[b] 4:13 Árvore que, com incisão, produz goma aromática.
[c] 4:15 *Bete-Áven* significa *casa da impiedade* (um nome para *Betel*, que significa *casa de Deus*).

15Então voltarei ao meu lugar
até que eles admitam sua culpa.
Eles buscarão a minha face;
em sua necessidade
eles me buscarão ansiosamente".

Israel obstinado

6 "Venham, voltemos para o SENHOR.
Ele nos despedaçou,
mas nos trará cura;
ele nos feriu,
mas sarará nossas feridas.
2Depois de dois dias
ele nos dará vida novamente;
ao terceiro dia nos restaurará,
para que vivamos em sua presença.
3Conheçamos o SENHOR;
esforcemo-nos por conhecê-lo.
Tão certo como nasce o sol,
ele aparecerá;
virá para nós como as chuvas de inverno,
como as chuvas de primavera
que regam a terra."

4"Que posso fazer com você, Efraim?
Que posso fazer com você, Judá?
Seu amor é como a neblina da manhã,
como o primeiro orvalho
que logo evapora.
5Por isso eu os despedacei
por meio dos meus profetas,
eu os matei com as palavras
da minha boca;
os meus juízos reluziram
como relâmpagos sobre vocês.
6Pois desejo misericórdia,
e não sacrifícios;
conhecimento de Deus
em vez de holocaustos[a].
7Na cidade de Adão[b],
eles quebraram a aliança,
e me foram infiéis.
8Gileade é uma cidade de ímpios,
maculada de sangue.
9Assim como os assaltantes
ficam de emboscada
à espera de um homem,
assim fazem também
os bandos de sacerdotes;
eles assassinam na estrada de Siquém
e cometem outros crimes
vergonhosos.
10Vi uma coisa terrível na terra de Israel.
Ali Efraim se prostitui,
e Israel está contaminado.

11"Também para você, Judá,
foi determinada uma colheita
para quando eu trouxer de volta
o meu povo.

7 "Quando eu tento curar Israel,
o mal de Efraim fica exposto
e os crimes de Samaria são
revelados.
Pois praticam o engano,
ladrões entram nas casas,
bandidos roubam nas ruas;

[a] 6:6 Isto é, sacrifícios totalmente queimados.
[b] 6:7 Ou *Como em Adão*; ou ainda *Como homens*

A vida nos tempos da Bíblia

Trombeta

Nos tempos bíblicos, as trombetas eram soadas bem alto, para chamar as pessoas à oração, ao culto ou à guerra. Em Josué 6:20 você pode ler sobre uma muralha que caiu quando as trombetas foram tocadas. Havia dois tipos de trombeta: aquela feita de metal e a feita de chifre de cabra.

2mas eles não percebem que
eu me lembro de todas
as suas más obras.
Seus pecados os envolvem;
eu os vejo constantemente.

3"Eles alegram o rei
com as suas impiedades,
os líderes, com as suas mentiras.
4São todos adúlteros,
queimando como um forno
cujo fogo o padeiro não precisa atiçar,
desde quando sova a massa
até quando a faz crescer.
5No dia da festa de nosso rei
os líderes são inflamados
pelo vinho,
e o rei dá as mãos aos zombadores.
6Quando se aproximam
com suas intrigas,
seus corações ardem como um forno.
A fúria deles arde lentamente,
a noite toda;
pela manhã queima
como chama abrasadora.
7Todos eles se esquentam
como um forno,
e devoram os seus governantes.
Todos os seus reis caem,
e ninguém clama a mim.

8"Efraim mistura-se com as nações;
Efraim é um bolo que não foi virado.
9Estrangeiros sugam sua força,
mas ele não o percebe.
Seu cabelo vai ficando grisalho,[a]
mas ele nem repara nisso.
10A arrogância de Israel
testifica contra ele,
mas, apesar de tudo isso,
ele não se volta para o SENHOR,
para o seu Deus,
e não o busca.

11"Efraim é como uma pomba
facilmente enganada
e sem entendimento;
ora apela para o Egito,
ora volta-se para a Assíria.
12Quando se forem,
atirarei sobre eles a minha rede;
eu os farei descer como as aves dos
céus.
Quando os ouvir em sua reunião,
eu os apanharei.

[a] 7:9 Hebraico: *A cinza espalha-se pelo seu cabelo.*

13Ai deles,
porque se afastaram de mim!
Destruição venha sobre eles,
porque se rebelaram contra mim!
Eu desejo redimi-los, mas eles
falam mentiras a meu respeito.
14Eles não clamam a mim
do fundo do coração
quando gemem orando em suas
camas.
Ajuntam-se[b] por causa do trigo
e do vinho,
mas se afastam de mim.
15Eu os ensinei e os fortaleci,
mas eles tramam o mal contra mim.
16Eles não se voltam para o Altíssimo;
são como um arco defeituoso.
Seus líderes serão mortos à espada
por causa de suas palavras
insolentes.
E por isso serão ridicularizados
no Egito.

O castigo de Israel

8 "Coloquem a trombeta
em seus lábios!
Ele vem ameaçador como uma águia
sobre o templo do SENHOR,
porquanto quebraram a minha aliança
e se rebelaram contra a minha Lei.
2Israel clama a mim:
'Ó nosso Deus, nós te reconhecemos!'
3Mas Israel rejeitou o que é bom;
um inimigo o perseguirá.
4Eles instituíram reis
sem o meu consentimento;
escolheram líderes
sem a minha aprovação.
Com prata e ouro
fizeram ídolos para si,
para a sua própria destruição.
5Lance fora o seu ídolo
em forma de bezerro, ó Samaria!
A minha ira se acende contra eles.
Até quando serão incapazes de
pureza?
6Este bezerro procede de Israel!
Um escultor o fez.
Ele não é Deus.
Será partido em pedaços
o bezerro de Samaria.

7"Eles semeiam vento
e colhem tempestade.

[b] 7:14 Conforme a maioria dos manuscritos do Texto Massorético. Alguns manuscritos do Texto Massorético e a Septuaginta dizem *Eles se cortam.*

Talo sem espiga;
que não produz farinha.
Ainda que produzisse trigo,
estrangeiros o devorariam.
8Israel é devorado;
agora está entre as nações
como algo sem valor;
9foi para a Assíria.
O jumento selvagem mantém-se livre,
mas Efraim vendeu-se
para os seus amantes.
10Embora tenham se vendido às nações,
agora os ajuntarei,
e logo começarão a definhar
sob a opressão do poderoso rei.
11"Embora Efraim tenha construído
muitos altares para ofertas pelo
pecado,
eles se tornaram altares para o pecado.
12Eu lhes escrevi
todos os ensinos da minha Lei,
mas eles os consideraram algo
estranho.
13Eles oferecem sacrifícios
e comem a carne,
mas o SENHOR não se agrada deles.
Doravante, ele se lembrará
da impiedade deles
e castigará os seus pecados:
eles voltarão para o Egito.
14Israel esqueceu o seu Criador
e construiu palácios;
Judá fortificou muitas cidades.
Mas sobre as suas cidades
enviarei fogo
que consumirá suas fortalezas."

O castigo de Israel

9 Não se regozije, ó Israel;
não se alegre
como as outras nações.
Pois você se prostituiu,
abandonando o seu Deus;
você ama o salário da prostituição
em cada eira de trigo.
2Os produtos da eira e do lagar
não alimentarão o povo;
o vinho novo lhes faltará.
3Eles não permanecerão
na terra do SENHOR;
Efraim voltará para o Egito,
e na Assíria comerá comida impura.
4Eles não derramarão ofertas de vinho
para o SENHOR,
nem os seus sacrifícios lhe agradarão.
Tais sacrifícios serão para eles
como o pão dos pranteadores,
que torna impuro quem o come.
Essa comida será para eles mesmos;
não entrará no templo do SENHOR.

5O que farão vocês
no dia de suas festas fixas,
nos dias de festa do SENHOR?
6Vejam! Fogem da destruição,
mas o Egito os ajuntará,
e Mênfis os sepultará.
Os seus tesouros de prata
as urtigas vão herdar;
os cardos cobrirão totalmente
as suas tendas.
7Os dias de castigo vêm,
os dias de punição estão chegando.
Que Israel o saiba.
Por serem tantos os pecados,
e tão grande a hostilidade de vocês,
o profeta é considerado um tolo,
e o homem inspirado, um louco
violento.
8O profeta, junto ao meu Deus,
é a sentinela que vigia Efraim;[a]
contudo, laços o aguardam
em todas as suas veredas,
e a hostilidade, no templo do seu Deus.
9Eles mergulharam na corrupção,
como nos dias de Gibeá.
Deus se lembrará de sua iniquidade
e os castigará por seus pecados.

10"Quando encontrei Israel,
foi como encontrar uvas no deserto;
quando vi os antepassados de vocês,
foi como ver
os primeiros frutos de uma figueira.
Mas, quando eles vieram a Baal-Peor,
consagraram-se
àquele ídolo vergonhoso
e se tornaram tão repugnantes
quanto aquilo que amaram.
11A glória de Efraim
lhe fugirá como pássaro:
nenhum nascimento, nenhuma
gravidez,
nenhuma concepção.
12Mesmo que criem filhos,
porei de luto cada um deles.
Ai deles quando eu me afastar!
13Vi Efraim,
plantado num lugar agradável,
como Tiro.

[a] 9:8 Ou *O profeta é a sentinela que vigia Efraim, o povo do meu Deus;*

Mas Efraim entregará
seus filhos ao matador."
14Ó SENHOR, que darás a eles?
Dá-lhes ventres que abortem
e seios ressecados.

15"Toda a sua impiedade
começou em Gilgal;
de fato, ali os odiei.
Por causa dos seus pecados
eu os expulsarei da minha terra.
Não os amarei mais;
todos os seus líderes são rebeldes.
16Efraim está ferido,
sua raiz está seca,
eles não produzem frutos.
Mesmo que criem filhos,
eu matarei sua prole querida."

17Meu Deus os rejeitará
porque não lhe deram ouvidos;
serão peregrinos entre as nações.

10 Israel era como videira viçosa;
cobria-se de frutos.
Quanto mais produzia,
mais altares construía;
Quanto mais sua terra prosperava,
mais enfeitava
suas colunas sagradas.
2O coração deles é enganoso,
e agora devem carregar sua culpa.
O SENHOR demolirá os seus altares
e destruirá suas colunas sagradas.
3Então eles dirão:
"Não temos nenhum rei porque
não reverenciamos o SENHOR.
Mas, mesmo que tivéssemos um rei,
o que ele poderia fazer por nós?"
4Eles fazem muitas promessas,
fazem juramentos e acordos falsos;
por isso brotam as demandas
como ervas venenosas
num campo arado.
5O povo que mora em Samaria
teme pelo ídolo em forma de bezerro
de Bete-Áven[a].
Seu povo pranteará por ele,
como também
os seus sacerdotes idólatras,
que se regozijavam
por seu esplendor;
porque foi tirado deles
e levado para o exílio.
6Sim, até ele será levado para a Assíria
como tributo para o grande rei.
Efraim sofrerá humilhação;
e Israel será envergonhado
por causa do seu ídolo de madeira.
7Samaria e seu rei serão arrastados
como um graveto nas águas.
8Os altares da impiedade[b],
que foram os pecados de Israel,
serão destruídos.
Espinhos e ervas daninhas crescerão
e cobrirão os seus altares.
Então eles dirão aos montes:
"Cubram-nos!",
e às colinas:
"Caiam sobre nós!"

9"Desde os dias de Gibeá,
você pecou, ó Israel,
e permaneceu assim.
Acaso a guerra não os alcançou
em Gibeá por causa
dos malfeitores?
10Quando eu quiser, os castigarei;
nações serão reunidas contra eles
para prendê-los
por causa do seu duplo pecado.
11Efraim era bezerra treinada,
gostava muito de trilhar;
por isso colocarei
o jugo sobre o seu belo pescoço.
Conduzirei Efraim,
Judá terá que arar,
e Jacó fará sulcos no solo.
12Semeiem a retidão para si,
colham o fruto da lealdade,
e façam sulcos no seu solo não arado;
pois é hora de buscar o SENHOR,
até que ele venha
e faça chover justiça sobre vocês.
13Mas vocês plantaram a impiedade,
colheram o mal
e comeram o fruto do engano.
Visto que vocês têm confiado
na sua própria força
e nos seus muitos guerreiros,
14o fragor da batalha se levantará
contra vocês,
de maneira que todas as suas fortalezas
serão devastadas,
como Salmã devastou Bete-Arbel
no dia da batalha,
quando mães foram pisadas
e estraçalhadas
junto com seus filhos.

[a] 10:5 *Bete-Áven* significa *casa da impiedade* (referência a *Betel*, que significa *casa de Deus*).

[b] 10:8 Hebraico: *Áven*, uma referência a *Bete-Áven* (referência depreciativa a *Betel*).

15 Assim acontecerá com você, ó Betel,
porque a sua impiedade é grande.
Quando amanhecer aquele dia,
o rei de Israel
será completamente destruído.

O amor de Deus por Israel

11 "Quando Israel era menino,
eu o amei,
e do Egito chamei o meu filho.
2 Mas, quanto mais eu o chamava[a],
mais eles se afastavam de mim[b].
Eles ofereceram sacrifícios aos
baalins
e queimaram incenso
para os ídolos esculpidos.
3 Mas fui eu quem ensinou
Efraim a andar,
tomando-o nos braços;
mas eles não perceberam
que fui eu quem os curou.
4 Eu os conduzi
com laços de bondade humana
e de amor;
tirei do seu pescoço o jugo
e me inclinei para alimentá-los.

5 "Acaso não voltarão ao Egito
e a Assíria não os dominará
porque eles se recusam a
arrepender-se?
6 A espada reluzirá em suas cidades,
destruirá as trancas de suas portas
e dará fim aos seus planos.
7 O meu povo está decidido
a desviar-se de mim.

[a] 11:2 Conforme alguns manuscritos da Septuaginta. O Texto Massorético diz *eles chamavam*.
[b] 11:2 Conforme a Septuaginta. O Texto Massorético diz *afastavam deles*.

Pessoas nos tempos da Bíblia

Filhos

Os hebreus amavam muito as crianças. Eles brincavam com elas, cuidavam delas e as ensinavam sobre Deus. Ter muitos filhos era considerado uma grande bênção de Deus. O Senhor amava Israel como seu próprio filho.

Embora sejam conclamados
a servir ao Altíssimo,
de modo algum o exaltam.

8 "Como posso desistir de você, Efraim?
Como posso entregá-lo
nas mãos de outros, Israel?
Como posso tratá-lo como tratei Admá?
Como posso fazer com você
o que fiz com Zeboim?
O meu coração está enternecido,
despertou-se toda a minha
compaixão.
9 Não executarei a minha ira impetuosa,
não tornarei a destruir Efraim.
Pois sou Deus, e não homem,
o Santo no meio de vocês.
Não virei com ira.
10 Eles seguirão o SENHOR;
ele rugirá como leão.
Quando ele rugir,
os seus filhos virão tremendo
desde o ocidente.
11 Virão voando do Egito como aves,
da Assíria como pombas.
Eu os estabelecerei em seus lares";
palavra do SENHOR.

O pecado de Israel

12 Efraim me cercou de mentiras,
a casa de Israel, de enganos,
e Judá é rebelde contra Deus,
a saber, contra o Santo fiel.
12 Efraim alimenta-se de vento;
corre atrás do vento oriental o dia
inteiro
e multiplica mentiras e violência.
Faz tratados com a Assíria
e manda azeite para o Egito.
2 O SENHOR tem uma acusação
contra Judá,
e vai castigar Jacó[c]
de acordo com os seus caminhos;
de acordo com suas ações
lhe retribuirá.
3 No ventre da mãe segurou
o calcanhar de seu irmão;
como homem lutou com Deus.
4 Ele lutou com o anjo e saiu vencedor;
chorou e implorou o seu favor.
Em Betel encontrou a Deus,
que ali conversou com ele.
5 Sim, o próprio SENHOR,
o Deus dos Exércitos!
SENHOR é o nome

[c] 12:2 *Jacó* significa *ele segura o calcanhar* (figuradamente, ele engana).

Palavras para memorizar

"Portanto, volte para o seu Deus, e pratique a lealdade e a justiça; confie sempre no seu Deus."

(Oseias 12:6)

pelo qual ficou famoso.
6 Portanto, volte para o seu Deus,
e pratique a lealdade e a justiça;
confie sempre no seu Deus.

7 Como os descendentes de Canaã,
comerciantes que usam
balança desonesta
e gostam muito de extorquir,
8 Efraim orgulha-se e exclama:
"Como fiquei rico e abastado!
Em todos os trabalhos que realizei
não encontrarão em mim
nenhum crime ou pecado".

9 "Mas eu sou o SENHOR, o seu Deus,
desde a terra do Egito;
farei vocês voltarem a morar em
tendas,
como no dia de suas festas fixas.
10 Eu mesmo falava aos profetas,
dava-lhes muitas visões,
e por meio deles falava em parábolas."
11 Como Gileade é ímpia!
Seu povo não vale nada!
Eles sacrificam bois em Gilgal,
mas os seus altares
são como montes de pedras
num campo arado.
12 Jacó fugiu para a terra de Arã;
Israel trabalhou para obter uma
mulher;
por ela cuidou de ovelhas.
13 O SENHOR usou um profeta
para tirar Israel do Egito,
e por meio de um profeta cuidou dele.
14 Efraim amargamente
o provocou à ira;
seu Senhor fará cair sobre ele
a culpa do sangue que derramou
e lhe devolverá o seu desprezo.

A ira do SENHOR contra Israel

13 Quando Efraim falava
os homens tremiam;
ele era exaltado em Israel.
Mas tornou-se culpado
da adoração a Baal
e começou a morrer.
2 Agora eles pecam cada vez mais;
com sua prata
fazem ídolos de metal para si,
imagens modeladas
com muita inteligência,
todas elas obras de artesãos.
Dizem desse povo:
"Eles oferecem sacrifício humano
e beijam[a] os ídolos
feitos em forma de bezerro".
3 Por isso serão como
a neblina da manhã,
como o orvalho que bem cedo evapora,
como palha que num redemoinho
vai-se de uma eira,
como a fumaça que sai pela
chaminé.

4 "Mas eu sou o SENHOR, o seu Deus,
desde a terra do Egito.
Vocês não reconhecerão
nenhum outro Deus além de mim,
nenhum outro Salvador.
5 Eu cuidei de vocês no deserto,
naquela terra de calor ardente.
6 Quando eu os alimentava,
ficavam satisfeitos;
quando ficavam satisfeitos,
se orgulhavam,
e então me esqueciam.
7 Por isso virei sobre eles como leão,
como leopardo, ficarei à espreita
junto ao caminho.
8 Como uma ursa
de quem roubaram os filhotes,
eu os atacarei e os rasgarei.
Como leão eu os devorarei;
um animal selvagem os despedaçará.

9 "Você foi destruído, ó Israel,
porque está contra mim,
contra o seu ajudador.
10 E agora? Onde está o seu rei
que havia de salvá-lo
em todas as suas cidades?
E os oficiais que você pediu, dizendo:
'Dá-me um rei e líderes'?

[a] 13:2 Ou *"Homens que sacrificam beijam*

11 Dei-lhe um rei na minha ira,
e o tirei na minha indignação.
12 A culpa de Efraim foi anotada;
seus pecados são mantidos em registro.
13 Chegam-lhe dores como as da mulher
em trabalho de parto,
mas é uma criança insensata;
quando chega a hora,
não sai do ventre que a abrigou.

14 "Eu os redimirei
do poder da sepultura[a];
eu os resgatarei da morte.
Onde estão, ó morte, as suas pragas?
Onde está, ó sepultura,
a sua destruição?

"Não terei compaixão alguma,
15 embora Efraim floresça
entre os seus irmãos.
Um vento oriental virá
da parte do SENHOR,
soprando desde o deserto;
sua fonte falhará,
e seu poço secará.
Todos os seus tesouros
serão saqueados dos seus depósitos.
16 O povo de Samaria
carregará sua culpa,
porque se rebelou
contra o seu Deus.
Eles serão mortos à espada;
seus pequeninos serão pisados
e despedaçados,
suas mulheres grávidas
terão rasgados os seus ventres."

As bênçãos do arrependimento

14 Volte, ó Israel,
para o SENHOR, o seu Deus.
Seus pecados causaram sua queda!
2 Preparem o que vão dizer
e voltem para o SENHOR.
Peçam-lhe:
"Perdoa todos os nossos pecados
e, por misericórdia, recebe-nos,
para que te ofereçamos
o fruto dos nossos lábios.[b]

[a] 13:14 Hebraico: *Sheol*. Essa palavra também pode ser traduzida por profundezas, pó ou morte.
[b] 14:2 Ou *ofereçamos nossos lábios como sacrifícios de novilhos*.

Palavras para memorizar

"Os caminhos do SENHOR são justos; os justos andam neles, mas os rebeldes neles tropeçam."
(Oseias 14:9)

3 A Assíria não nos pode salvar;
não montaremos cavalos de guerra.
Nunca mais diremos: Nossos deuses
àquilo que as nossas próprias mãos
fizeram,
porque tu amas o órfão".

4 "Eu curarei a infidelidade deles
e os amarei de todo o meu coração,
pois a minha ira desviou-se deles.
5 Serei como orvalho para Israel;
ele florescerá como o lírio.
Como o cedro do Líbano
aprofundará suas raízes;
6 seus brotos crescerão.
Seu esplendor será como o da oliveira,
sua fragrância
como a do cedro do Líbano.
7 Os que habitavam à sua sombra
voltarão.
Reviverão como o trigo.
Florescerão como a videira,
e a fama de Israel
será como a do vinho do Líbano.
8 O que Efraim ainda tem com ídolos?
Sou eu que lhe respondo
e dele cuidarei.
Sou como um pinheiro verde;
o fruto que você produz
de mim procede."

9 Quem é sábio?
Aquele que considerar essas coisas.
Quem tem discernimento?
Aquele que as compreender.
Os caminhos do SENHOR são justos;
os justos andam neles,
mas os rebeldes neles tropeçam.

Joel

Quem escreveu este livro?

O profeta Joel.

Por que este livro foi escrito?

Joel quer que o povo de Judá se arrependa e pare de pecar.

O que aprendemos sobre Deus neste livro?

Deus é juiz e punirá as pessoas que pecam.

O que há de especial neste livro?

Joel percebe que a nuvem de gafanhotos é como o grande exército inimigo que Deus usará um dia para punir o povo por seus pecados. Joel promete que Deus salvará e abençoará o povo após puni-lo.

Quando este livro foi escrito?

Joel foi escrito logo após a terrível praga de gafanhotos ter destruído a plantação em Judá. Isso foi antes de os babilônios destruírem Judá, em 586 a.C.

Algumas das passagens importantes deste livro:

Como se arrepender	Joel 2:12-14
Como Deus abençoará	Joel 2:18-27

1 A palavra do SENHOR que veio a Joel, filho de Petuel.

A praga dos gafanhotos

2"Ouçam isto, anciãos[a];
escutem, todos os habitantes do país.
Já aconteceu algo assim nos seus dias?
Ou nos dias dos seus antepassados?
3Contem aos seus filhos
o que aconteceu,
e eles aos seus netos,
e os seus netos, à geração seguinte.
4O que o gafanhoto cortador deixou,
o gafanhoto peregrino comeu;
o que o gafanhoto peregrino deixou,
o gafanhoto devastador comeu;
o que o gafanhoto devastador deixou,
o gafanhoto devorador comeu.

5"Acordem, bêbados, e chorem!
Lamentem-se todos vocês,
bebedores de vinho;
gritem por causa do vinho novo,
pois ele foi tirado dos seus lábios.
6Uma nação, poderosa e inumerável,
invadiu a minha terra,
seus dentes são dentes de leão,
suas presas são de leoa.
7Arrasou as minhas videiras
e arruinou as minhas figueiras.
Arrancou-lhes a casca e derrubou-as,
deixando brancos os seus galhos.

8"Pranteiem como uma virgem
em vestes de luto
que se lamenta pelo noivo[b]
da sua mocidade.
9As ofertas de cereal
e as ofertas derramadas
foram eliminadas
do templo do SENHOR.
Os sacerdotes,
que ministram diante do SENHOR,
estão de luto.
10Os campos estão arruinados,
a terra está seca[c];
o trigo está destruído,
o vinho novo acabou,
o azeite está em falta.
11Desesperem-se, agricultores,
chorem, produtores de vinho;
fiquem aflitos pelo trigo e pela cevada,
porque a colheita foi destruída.
12A vinha está seca,
e a figueira murchou;
a romãzeira, a palmeira, a macieira
e todas as árvores do campo
secaram.
Secou-se, mais ainda,
a alegria dos homens".

Chamado ao arrependimento

13Ponham vestes de luto, ó sacerdotes,
e pranteiem;
chorem alto,
vocês que ministram perante o altar.
Venham,
passem a noite vestidos de luto,
vocês que ministram
perante o meu Deus;
pois as ofertas de cereal
e as ofertas derramadas
foram suprimidas
do templo do seu Deus.
14Decretem um jejum santo;
convoquem uma assembleia
sagrada.
Reúnam as autoridades
e todos os habitantes do país
no templo do SENHOR, o seu Deus,
e clamem ao SENHOR.

15Ah! Aquele dia!
Sim, o dia do SENHOR está próximo;
como destruição poderosa
da parte do Todo-poderoso,
ele virá.

16Não é verdade que a comida
foi eliminada
diante dos nossos próprios olhos,
e que a alegria e a satisfação
foram suprimidas
do templo do nosso Deus?
17As sementes estão murchas
debaixo dos torrões de terra.
Os celeiros estão em ruínas,
os depósitos de cereal foram
derrubados,
pois a colheita se perdeu.
18Como muge o gado!
As manadas andam agitadas
porque não têm pasto;
até os rebanhos de ovelhas
estão sendo castigados.

19A ti, SENHOR, eu clamo,
pois o fogo devorou as pastagens
e as chamas consumiram
todas as árvores do campo.

[a] 1:2 Ou *autoridades do povo*
[b] 1:8 Ou *uma jovem em vestes de luto que se lamenta pelo marido*
[c] 1:10 Ou *a terra chora*

20 Até os animais do campo clamam a ti,
pois os canais de água se secaram
e o fogo devorou as pastagens.

O dia do SENHOR se aproxima

2 Toquem a trombeta em Sião;
deem o alarme no meu santo
monte.
Tremam todos os habitantes do país,
pois o dia do SENHOR está chegando.
Está próximo!
2 É dia de trevas e de escuridão,
dia de nuvens e negridão.
Assim como a luz da aurora
se estende pelos montes,
um grande e poderoso exército
se aproxima,
como nunca antes se viu
nem jamais se verá nas gerações
futuras.

3 Diante deles o fogo devora,
atrás deles arde uma chama.
Diante deles a terra
é como o jardim do Éden,
atrás deles, um deserto arrasado;
nada lhes escapa.
4 Eles têm a aparência de cavalos;
como cavalaria, atacam galopando.
5 Com um barulho semelhante ao de
carros
saltam sobre os cumes dos montes,
como um fogo crepitante
que consome o restolho,
como um exército poderoso
em posição de combate.

6 Diante deles
povos se contorcem angustiados;
todos os rostos ficam pálidos de
medo.
7 Eles atacam como guerreiros;
escalam muralhas como soldados.
Todos marcham em linha,
sem desviar-se do curso.
8 Não empurram uns aos outros;
cada um marcha sempre em frente.
Avançam por entre os dardos[a]
sem desfazer a formação.
9 Lançam-se sobre a cidade;
correm ao longo da muralha.
Sobem nas casas;
como ladrões entram pelas janelas.

10 Diante deles a terra treme,
os céus estremecem,
o sol e a lua escurecem
e as estrelas param de brilhar.
11 O SENHOR levanta a sua voz
à frente do seu exército.
Como é grande o seu exército!
Como são poderosos
os que obedecem à sua ordem!
Como é grande o dia do SENHOR!
Como será terrível!
Quem poderá suportá-lo?

Chamado ao arrependimento

12 "Agora, porém", declara o SENHOR,
"voltem-se para mim
de todo o coração,
com jejum, lamento e pranto."

13 Rasguem o coração, e não as vestes.
Voltem-se para o SENHOR,
o seu Deus,
pois ele é misericordioso e compassivo,
muito paciente e cheio de amor;
arrepende-se, e não envia a
desgraça.

[a] 2:8 Ou *pela passagem de água*

A vida nos tempos da Bíblia

Gafanhotos

Nos tempos bíblicos, milhões de insetos chamados gafanhotos às vezes cobriam a terra e comiam toda planta verde ao longo de quilômetros. Quando pragas como essas chegavam, muitas pessoas morriam de fome.

Palavras para memorizar

"Voltem-se para o Senhor, o seu Deus, pois ele é misericordioso e compassivo, muito paciente e cheio de amor."

(Joel 2:13)

14 Talvez ele volte atrás, arrependa-se,
e ao passar deixe uma bênção.
Assim vocês poderão fazer
ofertas de cereal
e ofertas derramadas
para o Senhor, o seu Deus.

15 Toquem a trombeta em Sião,
decretem jejum santo,
convoquem uma assembleia sagrada.
16 Reúnam o povo,
consagrem a assembleia;
ajuntem os anciãos,
reúnam as crianças,
mesmo as que mamam no peito.
Até os recém-casados
devem deixar os seus aposentos.
17 Que os sacerdotes,
que ministram perante o Senhor,
chorem entre o pórtico do templo
e o altar, orando:
"Poupa o teu povo, Senhor.
Não faças da tua herança
objeto de zombaria
e de chacota entre as nações.
Por que se haveria de dizer
entre os povos:
'Onde está o Deus deles?' "

A resposta do Senhor

18 Então o Senhor mostrou zelo
por sua terra
e teve piedade do seu povo.

19 O Senhor respondeu[a] ao seu povo:
"Estou lhes enviando trigo,
vinho novo e azeite,
o bastante
para satisfazê-los plenamente;
nunca mais farei de vocês
objeto de zombaria para as nações.

20 "Levarei o invasor que vem do norte
para longe de vocês,
empurrando-o
para uma terra seca e estéril,
a vanguarda para o mar oriental[b]
e a retaguarda para o mar ocidental[c].
E a sua podridão subirá;
o seu mau cheiro se espalhará".

Ele tem feito coisas grandiosas!
21 Não tenha medo, ó terra;
regozije-se e alegre-se.
O Senhor tem feito coisas grandiosas!
22 Não tenham medo, animais do
campo,
pois as pastagens estão ficando
verdes.
As árvores estão dando os seus frutos;
a figueira e a videira
estão carregadas.
23 Ó povo de Sião, alegre-se
e regozije-se no Senhor,
o seu Deus,
pois ele lhe dá as chuvas de outono,
conforme a sua justiça[d].
Ele lhe envia muitas chuvas,
as de outono e as de primavera,
como antes fazia.
24 As eiras ficarão cheias de trigo;
os tonéis transbordarão
de vinho novo e de azeite.
25 "Vou compensá-los
pelos anos de colheitas
que os gafanhotos destruíram:
o gafanhoto peregrino,
o gafanhoto devastador,
o gafanhoto devorador
e o gafanhoto cortador,
o meu grande exército
que enviei contra vocês.
26 Vocês comerão até ficarem
satisfeitos,
e louvarão o nome do Senhor,
o seu Deus,
que fez maravilhas em favor de vocês;
nunca mais o meu povo será
humilhado.
27 Então vocês saberão
que eu estou no meio de Israel.
Eu sou o Senhor, o seu Deus,
e não há nenhum outro;
nunca mais o meu povo será
humilhado.

[a] 2:18-19 Ou *o* Senhor *mostrará zelo... e terá piedade...* [19] O Senhor *responderá*

[b] 2:20 Isto é, o mar Morto.

[c] 2:20 Isto é, o Mediterrâneo.

[d] 2:23 Ou *no tempo certo*

Palavras para memorizar

“Derramarei do meu Espírito sobre todos os povos. Os seus filhos e as suas filhas profetizarão, os velhos terão sonhos, os jovens terão visões.”
(Joel 2:28)

O dia do Senhor

28“E, depois disso,
derramarei do meu Espírito
sobre todos os povos.
Os seus filhos e as suas filhas
profetizarão,
os velhos terão sonhos,
os jovens terão visões.
29Até sobre os servos e as servas
derramarei do meu Espírito
naqueles dias.
30Mostrarei maravilhas no céu e na terra:
sangue, fogo e nuvens de fumaça.
31O sol se tornará em trevas,
e a lua em sangue,
antes que venha o grande e temível
dia do Senhor.
32E todo aquele que invocar
o nome do Senhor será salvo,
pois, conforme prometeu o Senhor,
no monte Sião e em Jerusalém
haverá livramento
para os sobreviventes,
para aqueles a quem o Senhor chamar.

O julgamento das nações

3 “Sim, naqueles dias e naquele tempo,
quando eu restaurar a sorte
de Judá e de Jerusalém,
2reunirei todos os povos
e os farei descer ao vale de Josafá[a].
Ali os julgarei
por causa da minha herança
— Israel, o meu povo —
pois o espalharam
entre as nações
e repartiram entre si a minha terra.
3Lançaram sortes sobre o meu povo
e deram meninos
em troca de prostitutas;
venderam meninas por vinho,
para se embriagarem.

4“O que vocês têm contra mim,
Tiro, Sidom,
e todas as regiões da Filístia?
Vocês estão me retribuindo
algo que eu lhes fiz?
Se estão querendo vingar-se de mim,
ágil e veloz
me vingarei do que vocês têm feito.
5Pois roubaram a minha prata
e o meu ouro
e levaram para os seus templos
os meus tesouros mais valiosos.
6Vocês venderam o povo de Judá
e o de Jerusalém aos gregos,
mandando-os para longe
da sua terra natal.

7“Vou tirá-los dos lugares
para onde os venderam,
e sobre vocês farei recair o que fizeram:
8venderei os filhos e as filhas de vocês
ao povo de Judá,
e eles os venderão
à distante nação dos sabeus”.
Assim disse o Senhor.

9Proclamem isto entre as nações:
Preparem-se para a guerra!
Despertem os guerreiros!
Todos os homens de guerra
aproximem-se e ataquem.
10Forjem os seus arados,
fazendo deles espadas;
e de suas foices façam lanças.
Diga o fraco: “Sou um guerreiro!”
11Venham depressa,
vocês, nações vizinhas,
e reúnam-se ali.
Faze descer os teus guerreiros,
ó Senhor!

12“Despertem, nações;
avancem para o vale de Josafá,
pois ali me assentarei
para julgar todas as nações vizinhas.
13Lancem a foice,
pois a colheita está madura.
Venham, pisem com força as uvas,
pois o lagar está cheio
e os tonéis transbordam,
tão grande é a maldade dessas
nações!”

[a] 3:2 *Josafá* significa *o* Senhor *julga*; também no versículo 12.

14"Multidões, multidões
no vale da Decisão!
Pois o dia do SENHOR está próximo,
no vale da Decisão.
15O sol e a lua escurecerão,
e as estrelas já não brilharão.
16O SENHOR rugirá de Sião,
e de Jerusalém levantará a sua voz;
a terra e o céu tremerão.
Mas o SENHOR será um refúgio
para o seu povo,
uma fortaleza para Israel.

Bênçãos para o povo de Deus

17"Então vocês saberão
que eu sou o SENHOR, o seu Deus,
que habito em Sião, o meu santo
monte.
Jerusalém será santa;
e estrangeiros jamais a conquistarão.

18"Naquele dia os montes
gotejarão vinho novo;
das colinas manará leite;
todos os ribeiros de Judá
terão água corrente.
Uma fonte fluirá do templo do SENHOR
e regará o vale das Acácias.
19Mas o Egito ficará desolado,
Edom será um deserto arrasado,
por causa da violência
feita ao povo de Judá,
em cuja terra derramaram
sangue inocente.
20Judá será habitada para sempre
e Jerusalém por todas as gerações.
21Sua culpa de sangue,
ainda não perdoada,
eu a perdoarei."

O SENHOR habita em Sião!

Amós

Quem escreveu este livro?

Amós, que era um criador de ovelhas a quem Deus enviou a Judá para pregar ao povo de Israel.

Por que este livro foi escrito?

Amós prega contra as pessoas ricas que são cruéis com os pobres. Ele avisa os israelitas que Deus está irado e lhes diz que deveriam fazer a coisa certa.

O que aprendemos sobre Deus neste livro?

Deus se importa muito com as pessoas pobres e necessitadas e quer um tratamento justo para todo mundo.

O que há de especial neste livro?

Amós nos mostra que o pecado leva uma nação ao julgamento de Deus e também nos mostra que é importante ver se todos na nação são tratados de modo justo.

Quando este livro foi escrito?

Amós pregou seus sermões por volta de 760 a.C.

Algumas passagens importantes deste livro:

Fazer justiça	Amós 5:7-15
Os ricos não se importam com os pobres	Amós 6:1-7
O que Deus fará às pessoas que oprimem os pobres	Amós 8:4-14

1 Palavras que Amós, criador de ovelhas em
Tecoa, recebeu em visões, a respeito de Is-
rael, dois anos antes do terremoto. Nesse tem-
po, Uzias era rei de Judá e Jeroboão, filho de
Jeoás, era rei de Israel.
2 Ele disse:

"O SENHOR ruge de Sião
e troveja de Jerusalém;
secam-se[a] as pastagens dos pastores,
e murcha o topo do Carmelo".

Julgamento dos povos vizinhos de Israel

3 Assim diz o SENHOR:

"Por três transgressões de Damasco
e ainda mais por quatro,
não anularei o castigo.
Porque trilhou Gileade
com trilhos de ferro pontudos,
4 porei fogo na casa de Hazael,
e as chamas consumirão
as fortalezas de Ben-Hadade.
5 Derrubarei a porta de Damasco;
destruirei o rei que está
no vale[b] de Áven[c]
e aquele que segura o cetro
em Bete-Éden[d].
O povo da Síria
irá para o exílio em Quir",
diz o SENHOR.

6 Assim diz o SENHOR:

"Por três transgressões de Gaza,
e ainda mais por quatro,
não anularei o castigo.
Porque levou cativas
comunidades inteiras
e as vendeu a Edom,
7 porei fogo nos muros de Gaza,
e as chamas consumirão
as suas fortalezas.
8 Destruirei o rei[e] de Asdode
e aquele que segura o cetro em
Ascalom.
Erguerei a minha mão contra Ecrom,
até que morra o último dos filisteus",
diz o SENHOR, o Soberano.

9 Assim diz o SENHOR:

"Por três transgressões de Tiro,
e ainda mais por quatro,
não anularei o castigo.
Porque vendeu comunidades
inteiras
de cativos a Edom,
desprezando irmãos,
10 porei fogo nos muros de Tiro,
e as chamas consumirão
as suas fortalezas".

11 Assim diz o SENHOR:

"Por três transgressões de Edom,
e ainda mais por quatro,
não anularei o castigo.
Porque com a espada
perseguiu seu irmão,
e reprimiu toda a compaixão,[f]
mutilando-o furiosamente
e perpetuando para sempre a sua ira,
12 porei fogo em Temã,
e as chamas consumirão
as fortalezas de Bozra".

13 Assim diz o SENHOR:

"Por três transgressões de Amom,
e ainda mais por quatro,
não anularei o castigo.
Porque rasgou ao meio
as grávidas de Gileade
a fim de ampliar as suas fronteiras,
14 porei fogo nos muros de Rabá,
e as chamas consumirão
as suas fortalezas
em meio a gritos de guerra
no dia do combate,
em meio a ventos violentos
num dia de tempestade.
15 O seu rei irá para o exílio,
ele e toda a sua corte",
diz o SENHOR.

[a] 1:2 Ou *pranteiam*
[b] 1:5 Ou *os habitantes do vale*
[c] 1:5 *Áven* significa *iniquidade*.
[d] 1:5 *Bete-Éden* significa *casa do prazer*.
[e] 1:8 Ou *os habitantes*
[f] 1:11 Ou *e destruiu os seus aliados*,

Você sabia?

O que significa "por três transgressões [...] e ainda mais por quatro"?

1:3 Esta expressão significa "por muitos pecados". Amós alerta Judá e Israel, bem como as nações estrangeiras, de que elas serão punidas por Deus por causa de seus muitos pecados.

2 Assim diz o SENHOR:

"Por três transgressões de Moabe,
e ainda mais por quatro,
não anularei o castigo.
Porque ele queimou até reduzir a cinzas[a]
os ossos do rei de Edom,
2 porei fogo em Moabe,
e as chamas consumirão
as fortalezas de Queriote[b].
Moabe perecerá em grande tumulto,
em meio a gritos de guerra
e ao toque da trombeta.
3 Destruirei o seu governante[c]
e com ele matarei todas as
autoridades",
diz o SENHOR.

4 Assim diz o SENHOR:

"Por três transgressões de Judá,
e ainda mais por quatro,
não anularei o castigo.
Porque rejeitou a lei do SENHOR
e não obedeceu aos seus decretos,
porque se deixou enganar
por deuses falsos,
deuses que[d] os seus
antepassados seguiram,
5 porei fogo em Judá,
e as chamas consumirão
as fortalezas de Jerusalém".

O julgamento de Israel

6 Assim diz o SENHOR:

"Por três transgressões de Israel,
e ainda mais por quatro,
não anularei o castigo.
Vendem por prata o justo,
e por um par de sandálias o pobre.
7 Pisam a cabeça dos necessitados
como pisam o pó da terra,
e negam justiça ao oprimido.
Pai e filho possuem a mesma mulher
e assim profanam o meu santo nome.
8 Inclinam-se diante de qualquer altar
com roupas tomadas como penhor.
No templo do seu deus
bebem vinho recebido como multa.
9 "Fui eu que destruí os amorreus
diante deles,
embora fossem altos como o cedro
e fortes como o carvalho.
Eu destruí os seus frutos em cima
e as suas raízes embaixo.

10 "Eu mesmo tirei vocês do Egito,
e os conduzi por quarenta anos
no deserto
para lhes dar a terra dos amorreus.
11 Também escolhi alguns de seus filhos
para serem profetas
e alguns de seus jovens
para serem nazireus.
Não é verdade, povo de Israel?",
declara o SENHOR.
12 "Mas vocês fizeram os nazireus
beber vinho
e ordenaram aos profetas
que não profetizassem.

13 "Agora, então, eu os amassarei
como uma carroça amassa a terra

[a] 2:1 Hebraico: *cal*.
[b] 2:2 Ou *de suas cidades*
[c] 2:3 Hebraico: *juiz*.
[d] 2:4 Ou *por mentiras, mentiras que*

A vida nos tempos da Bíblia

Sem cobertor

A maioria das pessoas em Israel dormiam sob o manto que usavam durante o dia. É por isso que a lei de Deus mandava que ninguém que emprestasse dinheiro ficasse com o manto da outra pessoa como garantia de que ela pagaria o que pegou emprestado.

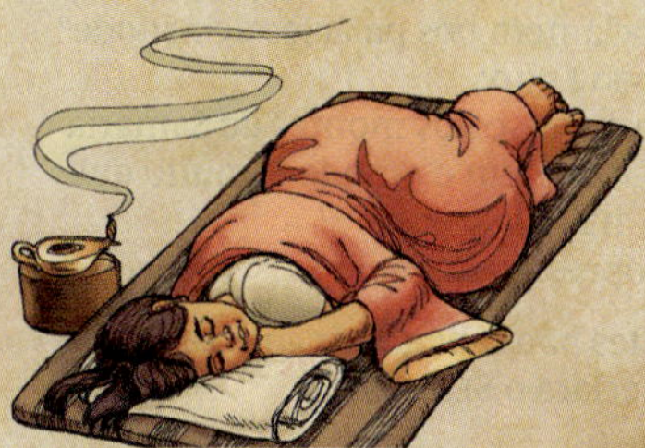

quando carregada de trigo.
[14]O ágil não escapará,
o forte não reunirá as suas forças,
e o guerreiro não salvará a sua vida.
[15]O arqueiro não manterá a sua posição,
o que corre não se livrará,
e o cavaleiro não salvará a própria vida.
[16]Até mesmo os guerreiros
mais corajosos
fugirão nus naquele dia",
declara o SENHOR.

Testemunhas convocadas para acusar Israel

3 Ouçam esta palavra que o SENHOR falou
contra vocês, ó israelitas; contra toda esta
família que tirei do Egito:

[2]"Escolhi apenas vocês
de todas as famílias da terra;
por isso eu os castigarei
por todas as suas maldades".
[3]Duas pessoas andarão juntas
se não estiverem de acordo[a]?
[4]O leão ruge na floresta
se não apanhou presa alguma?
O leão novo ruge em sua toca
se nada caçou?
[5]Cai o pássaro numa armadilha
que não foi armada?
Será que a armadilha se desarma
se nada foi apanhado?
[6]Quando a trombeta toca na cidade,
o povo não treme?
Ocorre alguma desgraça na cidade
sem que o SENHOR a tenha mandado?
[7]Certamente o SENHOR, o Soberano,
não faz coisa alguma
sem revelar o seu plano
aos seus servos, os profetas.

[8]O leão rugiu,
quem não temerá?
O SENHOR, o Soberano, falou,
quem não profetizará?

[9]Proclamem nos palácios de Asdode[b]
e do Egito:
"Reúnam-se nos montes de Samaria
para verem o grande tumulto que
há ali,
e a opressão no meio do seu povo".

[10]"Eles não sabem agir com retidão",
declara o SENHOR,
"eles, que acumulam em seus palácios
o que roubaram e saquearam".

[11]Portanto, assim diz o SENHOR,
o Soberano:
"Um inimigo cercará o país.
Ele derrubará as suas fortalezas
e saqueará os seus palácios".

[12]Assim diz o SENHOR:
"Assim como o pastor livra a ovelha,
arrancando da boca do leão
só dois ossos da perna
ou um pedaço da orelha,
assim serão arrancados
os israelitas de Samaria,
com a ponta de uma cama
e um pedaço de sofá[c].

[13]"Ouçam isto e testemunhem contra a des-
cendência de Jacó", declara o SENHOR, o So-
berano, o Deus dos Exércitos.

[14]"No dia em que eu castigar Israel
por causa dos seus pecados,
destruirei os altares de Betel;
as pontas do altar serão cortadas
e cairão no chão.
[15]Derrubarei a casa de inverno
junto com a casa de verão;
as casas enfeitadas de marfim
serão destruídas,
e as mansões desaparecerão",
declara o SENHOR.

Israel manteve-se rebelde

4 Ouçam esta palavra, vocês,
vacas de Basã que estão
no monte de Samaria,
vocês, que oprimem os pobres
e esmagam os necessitados
e dizem aos senhores deles:
"Tragam bebidas e vamos beber!"
[2]O SENHOR, o Soberano,
jurou pela sua santidade:
"Certamente chegará o tempo
em que vocês serão levados com
ganchos,
e os últimos de vocês com anzóis.
[3]Cada um de vocês sairá
pelas brechas do muro,
e serão atirados
na direção do Harmom[d]",
declara o SENHOR.

[a] 3:3 Ou *tiverem combinado*
[b] 3:9 A Septuaginta diz *da Assíria*.
[c] 3:12 Ou *uma capa de sofá*; ou ainda *uma almofada de Damasco*
[d] 4:3 Ou *atirados, ó montanha de opressão*

[4]"Vão a Betel e ponham-se a pecar;
vão a Gilgal e pequem ainda mais.
Ofereçam os seus sacrifícios cada
manhã,
os seus dízimos no terceiro dia[a].
[5]Queimem pão fermentado
como oferta de gratidão
e proclamem em toda parte
suas ofertas voluntárias;
anunciem-nas, israelitas,
pois é isso que vocês gostam de
fazer",
declara o SENHOR, o Soberano.

[6]"Fui eu mesmo que dei a vocês
estômagos vazios[b] em cada cidade
e falta de alimentos em todo lugar,
e mesmo assim vocês
não se voltaram para mim",
declara o SENHOR.

[7]"Também fui eu que retive a chuva
quando ainda faltavam
três meses para a colheita.
Mandei chuva a uma cidade,
mas não a outra.
Uma plantação teve chuva;
outra não teve e secou.
[8]Gente de duas ou três cidades
ia cambaleando de uma cidade a
outra
em busca de água, sem matar a sede,
e mesmo assim
vocês não se voltaram para mim",
declara o SENHOR.

[a] 4:4 Ou *a cada três anos*
[b] 4:6 Hebraico: *dentes limpos.*

[9]"Muitas vezes
castiguei os seus jardins e as suas
vinhas,
castiguei-os com pragas e ferrugem.
Gafanhotos devoraram
as suas figueiras e as suas oliveiras,
e mesmo assim
vocês não se voltaram para mim",
declara o SENHOR.

[10]"Enviei pragas contra vocês
como fiz com o Egito.
Matei os seus jovens à espada,
deixei que capturassem os seus
cavalos.
Enchi os seus narizes
com o mau cheiro dos mortos
em seus acampamentos,
e mesmo assim
vocês não se voltaram para mim",
declara o SENHOR.

[11]"Destruí algumas de suas cidades,
como destruí[c] Sodoma e Gomorra.
Ficaram como um tição tirado do fogo,
e mesmo assim
vocês não se voltaram para mim",
declara o SENHOR.

[12]"Por isso, ainda o castigarei, ó Israel,
e, porque eu farei isto com você,
prepare-se para encontrar-se
com o seu Deus, ó Israel."

[13]Aquele que forma os montes,
cria o vento

[c] 4:11 Hebraico: *como Deus destruiu.*

Por que coisas ruins acontecem?

O povo de Israel se afastou de Deus e não o estava seguindo. O texto de Amós 4:6-11 fala de algumas das terríveis punições que Deus levou sobre Israel. Leia esses versículos para descobrir várias coisas que ele fez.

O final de cada versículo mostra que Israel não aprendeu com a punição, mas você pode aprender com a punição se se arrepender e parar de fazer o que é errado.

Você consegue pensar em uma ocasião em que aprendeu depois de ser punido? Pergunte a seus pais ou avós o que aprenderam após serem punidos quando eram crianças.

Experimente!

Amós 4:6-11

e revela os seus pensamentos ao
homem,
aquele que transforma
a alvorada em trevas,
e pisa as montanhas da terra;
SENHOR, Deus dos Exércitos,
é o seu nome.

Lamento pelo castigo do povo

5 Ouça esta palavra, ó nação de Israel, este
lamento acerca de vocês:

2“Caída para nunca mais se levantar,
está a virgem Israel.
Abandonada em sua própria terra,
não há quem a levante”.

3Assim diz o Soberano, o SENHOR:

“A cidade que mandar mil
para o exército ficará com cem;
e a que mandar cem ficará com dez”.

4Assim diz o SENHOR à nação de Israel:

“Busquem-me e terão vida;
5não busquem Betel,
não vão a Gilgal,
não façam peregrinação a Berseba.
Pois Gilgal[a] certamente irá para o exílio,
e Betel[b] será reduzida a nada”.
6Busquem o SENHOR e terão vida,
do contrário,
ele irromperá como um fogo
entre os descendentes de José,
e devastará a cidade de Betel,
e não haverá ninguém ali
para apagá-lo.

7Vocês estão transformando
o direito em amargura
e atirando a justiça ao chão,
8(aquele que fez as Plêiades e o Órion,
que faz da escuridão, alvorada
e do dia, noite escura,
que chama as águas do mar
e as espalha sobre a face da terra;
SENHOR é o seu nome.
9Ele traz repentina destruição
sobre a fortaleza,
e a destruição vem
sobre a cidade fortificada),
10vocês odeiam aquele que defende
a justiça no tribunal[c]
e detestam aquele que fala a verdade.

[a] 5:5 *Gilgal* no hebraico assemelha-se à expressão aqui traduzida por *irá para o exílio*.
[b] 5:5 Hebraico: *Áven;* referência a *Bete-Áven* (casa da iniquidade), nome depreciativo de *Betel*, que significa *casa de Deus*.
[c] 5:10 Hebraico: *na porta*.

11Vocês oprimem o pobre
e o forçam a dar-lhes o trigo.
Por isso, embora vocês
tenham construído
mansões de pedra,
nelas não morarão;
embora tenham plantado
vinhas verdejantes,
não beberão do seu vinho.
12Pois eu sei quantas são
as suas transgressões
e quão grandes são os seus pecados.

Vocês oprimem o justo,
recebem suborno
e impedem que se faça justiça ao pobre
nos tribunais.
13Por isso o prudente se cala
em tais situações,
pois é tempo de desgraças.

14Busquem o bem, não o mal,
para que tenham vida.
Então o SENHOR,
o Deus dos Exércitos,
estará com vocês,
conforme vocês afirmam.
15Odeiem o mal, amem o bem;
estabeleçam a justiça nos tribunais.
Talvez o SENHOR,
o Deus dos Exércitos,
tenha misericórdia
do remanescente de José.

16Portanto, assim diz o SENHOR, o Deus dos
Exércitos, o Soberano:

“Haverá lamentação em todas as
praças
e gritos de angústia em todas as ruas.
Os lavradores serão convocados
para chorar
e os pranteadores para se lamentar.

Palavras para memorizar

“Busquem o bem, não o mal, para que tenham vida. Então o SENHOR, o Deus dos Exércitos, estará com vocês.”

(Amós 5:14)

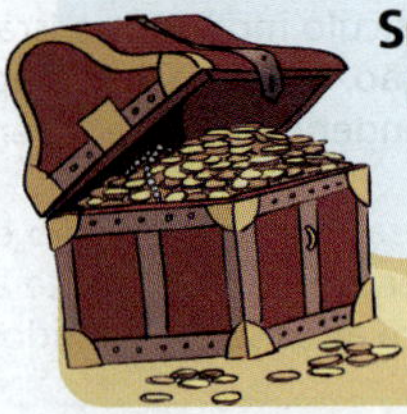

17Haverá lamentos em todas as vinhas,
pois passarei no meio de vocês",
diz o SENHOR.

O dia do SENHOR

18Ai de vocês que anseiam
pelo dia do SENHOR!
O que pensam vocês
do dia do SENHOR?
Será dia de trevas, não de luz.
19Será como se um homem
fugisse de um leão
e encontrasse um urso;
como alguém que entrasse em sua casa
e, encostando a mão na parede,
fosse picado por uma serpente.
20O dia do SENHOR será de trevas
e não de luz.
Uma escuridão total,
sem um raio de claridade.

21"Eu odeio e desprezo
as suas festas religiosas;
não suporto as suas assembleias solenes.
22Mesmo que vocês
me tragam holocaustos[a]
e ofertas de cereal,
isso não me agradará.
Mesmo que me tragam
as melhores ofertas de comunhão[b],
não darei a menor atenção a elas.
23Afastem de mim
o som das suas canções
e a música das suas liras.
24Em vez disso, corra a retidão
como um rio,
a justiça como um ribeiro perene!"

25"Foi a mim que vocês trouxeram
sacrifícios e ofertas
durante os quarenta anos no deserto,
ó nação de Israel?

[a] 5:22 Isto é, sacrifícios totalmente queimados.
[b] 5:22 Ou *de paz*

Palavras para memorizar

"Corra a retidão como um rio, a justiça como um ribeiro perene!"
(Amós 5:24)

26Não! Vocês carregaram
o seu rei Sicute,
e Quium, imagens dos deuses astrais,
que vocês fizeram para si mesmos.[c]
27Por isso eu os mandarei para o exílio,
para além de Damasco",
diz o SENHOR;
Deus dos Exércitos é o seu nome.

A destruição de Israel

6 Ai de vocês
que vivem tranquilos em Sião,
e que se sentem seguros
no monte de Samaria;
vocês, homens notáveis
da primeira entre as nações,
aos quais o povo de Israel recorre!
2Vão a Calné e olhem para ela;
depois prossigam até a grande Hamate
e em seguida desçam até Gate,
na Filístia.
São elas melhores
do que os seus dois reinos?
O território delas
é maior do que o de vocês?
3Vocês acham que estão afastando
o dia mau,
mas na verdade estão atraindo
o reinado do terror.
4Vocês se deitam em camas de marfim
e se espreguiçam em seus sofás.
Comem os melhores cordeiros
e os novilhos mais gordos.
5Dedilham suas liras como Davi
e improvisam em instrumentos
musicais.
6Vocês bebem vinho em grandes taças
e se ungem com os mais finos óleos,
mas não se entristecem
com a ruína de José.
7Por isso vocês estarão
entre os primeiros a ir para o exílio;
cessarão os banquetes
dos que vivem no ócio.

Condenação do orgulho de Israel

8O SENHOR, o Soberano, jurou por si mes-
mo! Assim declara o SENHOR, o Deus dos
Exércitos:

"Eu detesto o orgulho de Jacó
e odeio os seus palácios;
entregarei a cidade
e tudo o que nela existe".

[c] 5:26 Ou *ergueram seu rei Sicute e seus ídolos Quium, seus deuses astrais*. A Septuaginta diz *levantaram o santuário de Moloque e a estrela do seu deus Renfã, ídolos que fizeram para adorar!*

⁹Se dez homens forem deixados numa ca-
sa, também eles morrerão. ¹⁰E se um parente
que tiver que queimar os corpos vier para ti-
rá-los da casa e perguntar a alguém que ain-
da estiver escondido ali: "Há mais alguém
com você?", e a resposta for: "Não", ele dirá:
"Calado! Não devemos sequer mencionar o
nome do SENHOR".

¹¹Pois o SENHOR deu a ordem,
e ele despedaçará a casa grande
e fará em pedacinhos a casa pequena.

¹²Acaso correm os cavalos
sobre os rochedos?
Poderá alguém ará-los com bois?
Mas vocês transformaram
o direito em veneno,
e o fruto da justiça em amargura;
¹³vocês que se regozijam pela conquista
de Lo-Debar[a] e dizem:
"Acaso não conquistamos Carnaim[b]
com a nossa própria força?"

¹⁴Palavra do SENHOR,
o Deus dos Exércitos:
"Farei vir uma nação contra você,
ó nação de Israel,
e ela a oprimirá desde Lebo-Hamate
até o vale da Arabá".

As três visões de Amós

7 Foi isto que o SENHOR, o Soberano, me mos-
trou: ele estava preparando enxames de
gafanhotos depois da colheita do rei, justo
quando brotava a segunda safra. ²Depois que
eles devoraram todas as plantas dos campos,
eu clamei: "SENHOR Soberano, perdoa! Como
Jacó poderá sobreviver? Ele é tão pequeno!"
³Então o SENHOR arrependeu-se e declarou:
"Isso não acontecerá".
⁴O Soberano, o SENHOR, mostrou-me tam-
bém que, para o julgamento, estava chaman-
do o fogo, o qual secou o grande abismo e
devorou a terra. ⁵Então eu clamei: "Sobera-
no SENHOR, eu te imploro que pares! Como
Jacó poderá sobreviver? Ele é tão pequeno!"
⁶Então o SENHOR arrependeu-se e decla-
rou: "Isso também não acontecerá".
⁷Ele me mostrou ainda isto: o Senhor, com
um prumo na mão, estava junto a um mu-
ro construído no rigor do prumo. ⁸E o SE-
NHOR me perguntou: "O que você está vendo,
Amós?"
"Um prumo", respondi.
Então disse o Senhor: "Veja! Estou pondo
um prumo no meio de Israel, o meu povo;
não vou poupá-lo mais.

⁹"Os altares idólatras de Isaque
serão destruídos,
e os santuários de Israel
ficarão em ruínas;
com a espada me levantarei
contra a dinastia de Jeroboão".

O confronto entre Amós e Amazias

¹⁰Então o sacerdote de Betel, Amazias, en-
viou esta mensagem a Jeroboão, rei de Is-
rael: "Amós está tramando uma conspiração
contra ti no centro de Israel. A nação não

[a] 6:13 *Lo-Debar* significa *nada*.
[b] 6:13 *Carnaim* significa *chifres*. Chifre simboliza força.

A vida nos tempos da Bíblia

Cama de marfim

Muitas pessoas nos tempos de Amós dormiam sobre uma esteira no chão e a enrolavam durante o dia. As pessoas ricas daquele tempo relaxavam em espreguiçadeiras e camas decoradas com marfim. Deus estava irado porque essas pessoas adquiriam as riquezas passando a perna nos pobres (veja Amós 5:7-13).

suportará as suas palavras. [11]Amós está di-
zendo o seguinte:

'Jeroboão morrerá à espada,
e certamente Israel irá para o exílio,
para longe da sua terra natal' ".

[12]Depois Amazias disse a Amós: "Vá embo-
ra, vidente! Vá profetizar em Judá; vá ganhar
lá o seu pão. [13]Não profetize mais em Betel,
porque este é o santuário do rei e o templo
do reino".
[14]Amós respondeu a Amazias: "Eu não
sou profeta nem pertenço a nenhum grupo
de profetas[a], apenas cuido do gado e faço co-
lheita de figos silvestres. [15]Mas o SENHOR me
tirou do serviço junto ao rebanho e me dis-
se: 'Vá, profetize a Israel, o meu povo'. [16]Agora
ouça, então, a palavra do SENHOR. Você diz:

" 'Não profetize contra Israel,
e pare de pregar
contra a descendência de Isaque'.

[17]"Mas, o SENHOR lhe diz:

" 'Sua mulher se tornará
uma prostituta na cidade,
e os seus filhos e as suas filhas
morrerão à espada.
Suas terras serão loteadas,
e você mesmo morrerá numa terra
pagã[b].
E Israel certamente irá para o exílio,
para longe da sua terra natal' ".

A visão de um cesto de frutas maduras

8 O SENHOR, o Soberano, me mostrou um
cesto de frutas maduras. [2]"O que você es-
tá vendo, Amós?", ele perguntou.
Um cesto de frutas maduras, respondi.
Então o SENHOR me disse: "Chegou o fim
de Israel, o meu povo; não mais o pouparei".
[3]"Naquele dia", declara o SENHOR, o Sobera-
no, "as canções no templo se tornarão lamen-
tos.[c] Muitos, muitos serão os corpos, atirados
por todos os lados! Silêncio!"

[4]Ouçam, vocês que pisam os pobres
e arruínam os necessitados da terra,
[5]dizendo:
"Quando acabará a lua nova
para que vendamos o cereal?
E quando terminará o sábado
para que comercializemos o trigo,
diminuindo a medida,
aumentando o preço[d],
enganando com balanças desonestas
e
[6]comprando o pobre com prata
e o necessitado por um par de
sandálias,
vendendo até palha com o trigo?"

[7]O SENHOR jurou contra o orgulho de Ja-
có: "Jamais esquecerei coisa alguma do que
eles fizeram.

[8]"Acaso não tremerá
a terra por causa disso,
e não chorarão
todos os que nela vivem?
Toda esta terra
se levantará como o Nilo;
será agitada e depois afundará
como o ribeiro do Egito.

[9]"Naquele dia", declara o SENHOR, o Sobe-
rano:

"Farei o sol se pôr ao meio-dia
e em plena luz do dia escurecerei a
terra.
[10]Transformarei as suas festas em
velório
e todos os seus cânticos em
lamentação.
Farei que todos vocês
vistam roupas de luto
e rapem a cabeça.
Farei daquele dia
um dia de luto por um filho único,
e o fim dele, como um dia de
amargura.

[11]"Estão chegando os dias",
declara o SENHOR, o Soberano,
"em que enviarei fome a toda esta
terra;
não fome de comida nem sede de
água,
mas fome e sede de ouvir
as palavras do SENHOR.
[12]Os homens vaguearão
de um mar a outro,
do Norte ao Oriente,
buscando a palavra do SENHOR,
mas não a encontrarão.

[13]"Naquele dia as jovens belas
e os rapazes fortes
desmaiarão de sede.

[a] 7:14 Hebraico: *nem filho de profeta.*
[b] 7:17 Hebraico: *impura.*
[c] 8:3 Ou *"os cantores do templo se lamentarão.*
[d] 8:5 Hebraico: *diminuindo o efa, aumentando o siclo.*

[14]Aqueles que juram
pela vergonha[a] de Samaria,
e os que dizem:
'Juro pelo nome do seu deus, ó Dã'
ou 'Juro pelo nome
do deus[b] de Berseba',
cairão, para nunca mais se levantar!"

Israel será destruído

9 Vi o Senhor junto ao altar, e ele disse:

"Bata no topo das colunas
para que tremam os umbrais.
Faça que elas caiam
sobre todos os presentes;
e os que sobrarem matarei à espada.
Ninguém fugirá, ninguém escapará.
[2]Ainda que escavem
até às profundezas[c],
dali a minha mão irá tirá-los.
Se subirem até os céus,
de lá os farei descer.
[3]Mesmo que se escondam
no topo do Carmelo,
lá os caçarei e os prenderei.
Ainda que se escondam de mim
no fundo do mar,
ali ordenarei à serpente que os morda.
[4]Mesmo que sejam levados ao exílio
por seus inimigos,
ali ordenarei que a espada os mate.
Vou vigiá-los para lhes fazer
o mal e não o bem".

[5]Quanto ao Senhor,
o SENHOR dos Exércitos,
ele toca na terra, e ela se derrete,
e todos os que nela vivem pranteiam;
ele ergue toda a terra como o Nilo,
e depois a afunda
como o ribeiro do Egito.
[6]Ele constrói suas câmaras altas[d],
e firma a abóbada sobre a terra;
ele reúne as águas do mar e as espalha
sobre a superfície da terra.
SENHOR é o seu nome.

[7]"Vocês, israelitas, não são para mim
melhores do que os etíopes[e]",
declara o SENHOR.
"Eu tirei Israel do Egito,
os filisteus de Caftor[f]
e os arameus de Quir.
[8]"Sem dúvida, os olhos
do SENHOR, o Soberano,
se voltam para este reino
pecaminoso.
Eu o varrerei da superfície da terra,
mas não destruirei totalmente
a descendência de Jacó",
declara o SENHOR.
[9]"Pois darei a ordem,
e sacudirei a nação de Israel
entre todas as nações,
tal como o trigo
é abanado numa peneira,
e nem um grão cai na terra.
[10]Todos os pecadores
que há no meio do meu povo
morrerão à espada,
todos os que dizem:

[a] 8:14 Ou *por Asima;* ou ainda *pelo ídolo*
[b] 8:14 Ou *poder*
[c] 9:2 Hebraico: *Sheol.* Essa palavra também pode ser traduzida por sepultura, pó ou morte.
[d] 9:6 Ou *a sua escadaria até os céus*
[e] 9:7 Hebraico: *cuxitas.*
[f] 9:7 Isto é, Creta.

A vida nos tempos da Bíblia

Sandálias

As pessoas nos tempos bíblicos usavam sandálias em vez de sapatos, e algumas pessoas ricas do tempo de Amós achavam mais satisfatório usar o dinheiro para comprar um par de sandálias extravagantes do que usá-lo para ajudar alguém em necessidade.

'A desgraça não nos atingirá
nem nos encontrará'.

A restauração de Israel

11"Naquele dia levantarei
a tenda caída de Davi.
Consertarei o que estiver quebrado,
e restaurarei as suas ruínas.
Eu a reerguerei,
para que seja como era no passado,
12para que o meu povo conquiste
o remanescente de Edom
e todas as nações que me pertencem",
declara o SENHOR,[a]
que realizará essas coisas.

13"Dias virão", declara o SENHOR,
"em que a ceifa continuará
até o tempo de arar,
e o pisar das uvas
até o tempo de semear.
Vinho novo gotejará dos montes
e fluirá de todas as colinas.
14Trarei de volta Israel,
o meu povo exilado,[b]
eles reconstruirão as cidades em ruínas
e nelas viverão.
Plantarão vinhas
e beberão do seu vinho;
cultivarão pomares
e comerão do seu fruto.
15Plantarei Israel em sua própria terra,
para nunca mais ser desarraigado
da terra que lhe dei",
diz o SENHOR, o seu Deus.

[a] 9:12 A Septuaginta diz *para que o remanescente e todas as nações que levam o meu nome busquem o* SENHOR.

[b] 9:14 Ou *Restaurarei a sorte de Israel, o meu povo,*

Obadias

Quem escreveu este livro?

Obadias. Nada mais se sabe sobre esse profeta.

Por que este livro foi escrito?

Obadias fala da punição que Deus trará sobre os edomitas, que invadiram Judá e saquearam Jerusalém.

O que aprendemos sobre Deus neste livro?

Deus é fiel e manterá suas promessas a Abraão: "Amaldiçoarei os que o amaldiçoarem" (Gênesis 12:3).

Quando este livro foi escrito?

Ninguém sabe ao certo quando Obadias foi escrito.

O julgamento de Edom

1Visão de Obadias. Assim diz o
Soberano,
o SENHOR, a respeito de Edom:

Nós ouvimos uma mensagem do
SENHOR.
Um mensageiro foi enviado às
nações para
dizer:
"Levantem-se! Vamos atacar Edom!"

2"Veja! Eu tornarei você pequeno entre as
nações.
Será completamente desprezado!
3A arrogância do seu coração o tem
enganado,
você que vive nas cavidades das rochas[a]
e constrói sua morada no alto dos
montes;
você que diz a si mesmo: 'Quem pode me
derrubar?'
4Ainda que você suba tão alto como a
águia
e faça o seu ninho entre as estrelas,
dali eu o derrubarei", declara o SENHOR.
5"Se ladrões o atacassem,
saqueadores no meio da noite
— como você está destruído! —
não roubariam apenas quanto
achassem
suficiente?
Se os que colhem uvas chegassem a você,
não deixariam para trás pelo menos
alguns cachos?
6Entretanto, como Esaú foi saqueado!
Como foram pilhados
os seus tesouros ocultos!
7Empurram você para as fronteiras
todos os seus aliados;
enganam você e o sobrepujarão
os seus melhores amigos;
aqueles que comem com você
lhe armam ciladas".
E Esaú não percebe nada!

8"Naquele dia", declara o SENHOR,
"destruirei os sábios de Edom,
e os mestres dos montes de Esaú.
9Então os seus guerreiros, ó Temã,
ficarão apavorados,
e serão eliminados todos os homens
dos montes de Esaú.
10Por causa da violenta matança
que você fez contra o seu irmão
Jacó,

Você sabia?

As pessoas de Edom realmente viviam "nas cavidades das rochas"?

Versículo 3 Os edomitas tinham orgulho de suas rústicas cidades nas pedras. Trezentos anos antes de Cristo, Petra (que significa "pedra") foi escavada nos penhascos de pedra ao sul de Israel.

você será coberto de vergonha
e eliminado para sempre.
11No dia em que você ficou por perto,
quando estrangeiros roubaram
os bens dele,
e estranhos entraram por suas portas
e lançaram sortes sobre Jerusalém,
você fez exatamente como eles.
12Você não devia ter olhado
com satisfação
o dia da desgraça de seu irmão;
nem ter se alegrado
com a destruição do povo de
Judá;
não devia ter falado com arrogância
no dia da sua aflição.
13Não devia ter entrado pelas portas
do meu povo
no dia da sua calamidade;
nem devia ter ficado alegre
com o sofrimento dele
no dia da sua ruína;
nem ter roubado a riqueza dele
no dia da sua desgraça.
14Não devia ter esperado
nas encruzilhadas,
para matar os que conseguiram
escapar;
nem ter entregado os sobreviventes
no dia da sua aflição.

15"Pois o dia do SENHOR está próximo
para todas as nações.
Como você fez, assim lhe será feito.
A maldade que você praticou
recairá sobre você.
16Assim como vocês beberam
do meu castigo
no meu santo monte,

[a] 3 Ou *de Selá*

também todas as nações[a]
beberão sem parar.
Beberão até o fim,
e serão como se nunca tivessem
existido.
17Mas no monte Sião estarão os que
escaparam;
ele será santo
e a descendência de Jacó
possuirá a sua herança.
18A descendência de Jacó será um fogo,
e a de José uma chama;
a descendência de Esaú será a palha.
Eles a incendiarão e a consumirão.
Não haverá sobreviventes
da descendência de Esaú",
declara o SENHOR.

[a] 16 Muitos manuscritos do Texto Massorético dizem *todas as nações ao redor.*

19Os do Neguebe se apossarão
dos montes de Esaú,
e os da Sefelá[b] ocuparão
a terra dos filisteus.
Eles tomarão posse dos campos
de Efraim e de Samaria,
e Benjamim se apossará de Gileade.
20Os israelitas exilados se apossarão
do território dos cananeus
até Sarepta;
os exilados de Jerusalém
que estão em Sefarade
ocuparão as cidades do Neguebe.
21Os vencedores subirão ao[c] monte Sião
para governar a montanha de Esaú.
E o reino será do SENHOR.

[b] 19 Pequena faixa de terra de relevo variável entre a planície costeira e as montanhas.
[c] 21 Ou *do*

Jonas

Quem escreveu este livro?

O profeta Jonas.

Por que este livro foi escrito?

Jonas mostra a Israel que Deus não pune o povo que se arrepende e que lamenta por seus pecados.

O que aprendemos sobre Deus neste livro?

Deus perdoa a seu profeta desobediente e dá a Jonas uma segunda chance, e também perdoa ao povo de Nínive. Deus não pune as pessoas que se arrependem.

O que há de especial neste livro?

Deus demonstra amor pelo povo estrangeiro de Nínive, bem como pelo seu próprio povo hebreu.

Quando este livro foi escrito?

Jonas foi escrito por volta de 760 a.C. (Veja o *Índice de mapas*, ao final desta Bíblia, para saber onde fica Nínive.)

Algumas histórias deste livro:

Jonas é engolido por um peixe	Jonas 1
O povo de Nínive se arrepende	Jonas 3
Deus ensina Jonas a se importar com todas as pessoas	Jonas 4

Chamado e fuga de Jonas

1 A palavra do SENHOR veio a Jonas, filho
de Amitai, com esta ordem: [2]"Vá depres-
sa à grande cidade de Nínive e pregue con-
tra ela, porque a sua maldade subiu até a
minha presença".
[3]Mas Jonas fugiu da presença do SENHOR,
dirigindo-se para Társis. Desceu à cidade de
Jope, onde encontrou um navio que se des-
tinava àquele porto. Depois de pagar a pas-
sagem, embarcou para Társis, para fugir do
SENHOR.
[4]O SENHOR, porém, fez soprar um forte
vento sobre o mar, e caiu uma tempestade
tão violenta que o barco ameaçava arreben-
tar-se. [5]Todos os marinheiros ficaram com
medo e cada um clamava ao seu próprio
deus. E atiraram as cargas ao mar para tor-
nar o navio mais leve[a].
Enquanto isso, Jonas, que tinha descido ao
porão e se deitara, dormia profundamente.
[6]O capitão dirigiu-se a ele e disse: "Como você
pode ficar aí dormindo? Levante-se e clame
ao seu deus! Talvez ele tenha piedade de nós
e não morramos".
[7]Então os marinheiros combinaram en-
tre si: "Vamos lançar sortes para descobrir
quem é o responsável por esta desgraça que
se abateu sobre nós". Lançaram sortes, e a
sorte caiu sobre Jonas.
[8]Por isso lhe perguntaram: "Diga-nos,
quem é o responsável por esta calamida-
de? Qual é a sua profissão? De onde você
vem? Qual é a sua terra? A que povo você
pertence?"
[9]Ele respondeu: "Eu sou hebreu, adorador
do SENHOR, o Deus dos céus, que fez o mar
e a terra".
[10]Então os homens ficaram apavorados e
perguntaram: "O que foi que você fez?", pois
sabiam que Jonas estava fugindo do SENHOR,
porque ele já lhes tinha dito.
[11]Visto que o mar estava cada vez mais agi-
tado, eles lhe perguntaram: "O que devemos
fazer com você, para que o mar se acalme?"
[12]Respondeu ele: "Peguem-me e joguem-
-me ao mar, e ele se acalmará. Pois eu sei que
é por minha causa que esta violenta tempes-
tade caiu sobre vocês".
[13]Ao invés disso, os homens se esforçaram
ao máximo para remar de volta à terra. Mas
não conseguiram, porque o mar tinha fica-
do ainda mais violento. [14]Eles clamaram ao
SENHOR: "SENHOR, nós suplicamos, não nos
deixes morrer por tirarmos a vida deste ho-
mem. Não caia sobre nós a culpa de matar
um inocente, porque tu, ó SENHOR, fizeste
o que desejavas". [15]Em seguida pegaram Jo-
nas e o lançaram ao mar enfurecido, e este
se aquietou. [16]Tomados de grande temor ao
SENHOR, os homens lhe ofereceram um sacri-
fício e se comprometeram por meio de votos.
[17]O SENHOR fez com que um grande pei-
xe engolisse Jonas, e ele ficou dentro do pei-
xe três dias e três noites.

A oração de Jonas

2 Dentro do peixe, Jonas orou ao SENHOR,
o seu Deus.
[2]E disse:

"Em meu desespero clamei ao SENHOR,
e ele me respondeu.

[a] 1:5 Ou *para apaziguar o mar*

A vida nos tempos da Bíblia

A viagem de Jonas

Nínive ficava muito a leste de Israel, e Társis ficava muito a oeste. Deus mandou Jonas ir a Nínive, mas ele, em vez disso, pegou um navio que ia para Társis. Essa história da Bíblia nos conta o porquê e o que aconteceu a Jonas.

Do ventre da morte[a] gritei por socorro,
e ouviste o meu clamor.
3Jogaste-me nas profundezas,
no coração dos mares;
correntezas formavam um turbilhão
ao meu redor;
todas as tuas ondas e vagas
passaram sobre mim.
4Eu disse: Fui expulso da tua presença;
contudo, olharei de novo
para o teu santo templo.[b]
5As águas agitadas me envolveram,[c]
o abismo me cercou,
as algas marinhas
se enrolaram em minha cabeça.
6Afundei até chegar aos fundamentos
dos montes;
à terra embaixo, cujas trancas
me aprisionaram para sempre.
Mas tu trouxeste a minha vida
de volta da sepultura,
ó SENHOR meu Deus!

7"Quando a minha vida já se apagava,
eu me lembrei de ti, SENHOR,
e a minha oração subiu a ti,
ao teu santo templo.

8"Aqueles que acreditam
em ídolos inúteis
desprezam a misericórdia.
9Mas eu, com um cântico de gratidão,
oferecerei sacrifício a ti.
O que eu prometi
cumprirei totalmente.
A salvação vem do SENHOR".

10E o SENHOR deu ordens ao peixe, e ele vo-
mitou Jonas em terra firme.

O arrependimento de Nínive

3 A palavra do SENHOR veio a Jonas pela se-
gunda vez com esta ordem: 2"Vá à grande
cidade de Nínive e pregue contra ela a men-
sagem que eu lhe darei".
3Jonas obedeceu à palavra do SENHOR e foi
para Nínive. Era uma cidade muito grande[d],
sendo necessários três dias para percorrê-la.
4Jonas entrou na cidade e a percorreu duran-
te um dia, proclamando: "Daqui a quaren-
ta dias Nínive será destruída". 5Os ninivitas
creram em Deus. Proclamaram um jejum, e
todos eles, do maior ao menor, vestiram-se
de pano de saco.
6Quando as notícias chegaram ao rei de Ní-
nive, ele se levantou do trono, tirou o man-
to real, vestiu-se de pano de saco e sentou-se
sobre cinza. 7Então fez uma proclamação
em Nínive:
"Por decreto do rei e de seus nobres:
Não é permitido a nenhum homem ou ani-
mal, bois ou ovelhas, provar coisa alguma;
não comam nem bebam! 8Cubram-se de pano
de saco, homens e animais. E todos clamem
a Deus com todas as suas forças. Deixem os
maus caminhos e a violência. 9Talvez Deus
se arrependa e abandone a sua ira, e não se-
jamos destruídos".

[a] 2:2 Hebraico: *Sheol*. Essa palavra também pode ser traduzida por sepultura, profundezas ou pó.
[b] 2:4 Ou *como poderei ver novamente o teu santo templo?*
[c] 2:5 Ou *As águas estavam em minha garganta,*
[d] 3:3 Ou *cidade importante para Deus*

A vida nos tempos da Bíblia

Navios de carga

Na antiguidade, os navios cargueiros levavam, de um porto a outro, madeiras, grãos, animais e muitos outros itens. A tripulação de um cargueiro vivia e dormia no convés do navio e, durante as tempestades, eles tentavam encontrar um abrigo coberto ou corriam o risco de serem levados pelo mar.

10 Tendo em vista o que eles fizeram e co-
mo abandonaram os seus maus caminhos,
Deus se arrependeu e não os destruiu como
tinha ameaçado.

A ira de Jonas

4 Jonas, porém, ficou profundamente des-
contente com isso e enfureceu-se. 2 Ele
orou ao SENHOR: "SENHOR, não foi isso que
eu disse quando ainda estava em casa? Foi
por isso que me apressei em fugir para Tár-
sis. Eu sabia que tu és Deus misericordioso e
compassivo, muito paciente, cheio de amor
e que prometes castigar mas depois te arre-
pendes. 3 Agora, SENHOR, tira a minha vida, eu
imploro, porque para mim é melhor morrer
do que viver".

4 O SENHOR lhe respondeu: "Você tem algu-
ma razão para essa fúria?"

5 Jonas saiu e sentou-se num lugar a les-
te da cidade. Ali, construiu para si um abri-
go, sentou-se à sua sombra e esperou para
ver o que aconteceria com a cidade. 6 Então
o SENHOR Deus fez crescer uma planta sobre
Jonas, para dar sombra à sua cabeça e livrá-
-lo do calor, o que deu grande alegria a Jonas.
7 Mas na madrugada do dia seguinte, Deus
mandou uma lagarta atacar a planta e ela
secou-se. 8 Ao nascer do sol, Deus trouxe um
vento oriental muito quente, e o sol bateu na
cabeça de Jonas, ao ponto de ele quase des-
maiar. Com isso ele desejou morrer, e disse:
"Para mim seria melhor morrer do que viver".

9 Mas Deus disse a Jonas: "Você tem algu-
ma razão para estar tão furioso por causa da
planta?"

Respondeu ele: "Sim, tenho! E estou furio-
so ao ponto de querer morrer".

10 Mas o SENHOR lhe disse: "Você tem pe-
na dessa planta, embora não a tenha podado
nem a tenha feito crescer. Ela nasceu numa
noite e numa noite morreu. 11 Contudo, Ní-
nive tem mais de cento e vinte mil pessoas
que não sabem nem distinguir a mão direita
da esquerda[a], além de muitos rebanhos. Não
deveria eu ter pena dessa grande cidade?"

[a] 4:11 Ou *o certo do errado*

A planta de Jonas

Experimente!

Como você se sente quando algo bom acontece a alguém que não é muito legal? Você fica bravo ou chateado? Jonas se sentiu assim. Jonas falou às pessoas de Nínive que Deus destruiria a cidade delas. As pessoas se arrependeram, e Deus não destruiu Nínive. Leia o capítulo 4 e descubra como Jonas se sentiu depois disso e, também, por que Deus não destruiu Nínive.

Consiga uma bolinha pula-pula, jogue-a contra o chão e tente contar o número de vezes que ela pula. Da mesma forma, Deus nos perdoa várias e várias vezes.

Jonas 4

Miqueias

Quem escreveu este livro?

O profeta Miqueias.

Por que este livro foi escrito?

Miqueias revela a preocupação de Deus com a justiça em Judá, assim como em Israel.

O que aprendemos sobre Deus neste livro?

Deus se importa com os pobres e os necessitados e julgará os ricos que os maltratam.

O que há de especial neste livro?

Miqueias fala ao povo para se voltar a Deus, pois somente o amor por Deus moveria as pessoas a fazer o que é certo e, assim, salvaria Judá do julgamento.

Quando este livro foi escrito?

Miqueias pregou em Judá entre 742 a.C. e 687 a.C. (Veja o *Índice de mapas*, ao final desta Bíblia, para saber onde fica Judá.)

Algumas das passagens importantes deste livro:

Punição para o ímpio	Miqueias 2:1-5
Um governante para Belém	Miqueias 5:1-5
Nosso Deus perdoador	Miqueias 7:18-20

1 A palavra do SENHOR que veio a Miqueias de Moresete durante os reinados de Jotão, Acaz e Ezequias, reis de Judá; visão que ele teve acerca de Samaria e de Jerusalém:

2 Ouçam, todos os povos;
prestem atenção, ó terra
e todos os que nela habitam;
que o SENHOR, o Soberano,
do seu santo templo
testemunhe contra vocês.

O julgamento de Samaria e de Jerusalém

3 Vejam! O SENHOR já está saindo
da sua habitação;
ele desce e pisa os lugares altos da terra.
4 Debaixo dele os montes se derretem
como cera diante do fogo,
e os vales racham ao meio,
como que rasgados pelas águas
que descem velozes encosta abaixo.
5 Tudo por causa
da transgressão de Jacó,
dos pecados da nação de Israel.
Qual é a transgressão de Jacó?
Acaso não é Samaria?
Qual é o altar idólatra de Judá?
Acaso não é Jerusalém?

6 "Por isso farei de Samaria
um monte de entulho
em campo aberto,
um lugar para plantação de vinhas;
atirarei as suas pedras no vale
e porei a descoberto os seus alicerces.
7 Todas as suas imagens esculpidas
serão despedaçadas
e todos os seus ganhos imorais
serão consumidos pelo fogo;
destruirei todas as suas imagens.
Visto que o que ela ajuntou
foi como ganho da prostituição,
como salário de prostituição
tornará a ser usado."

O lamento do profeta

8 Por causa disso chorarei e lamentarei;
andarei descalço e nu.
Uivarei como um chacal e gemerei
como um filhote de coruja.
9 Pois a ferida de Samaria é incurável
e chegou a Judá.
O flagelo alcançou até mesmo
a porta do meu povo,
até a própria Jerusalém!
10 Não contem isso em Gate,
e não chorem.
Habitantes de Bete-Ofra[a],
revolvam-se no pó.
11 Saiam nus e cobertos de vergonha,
vocês que moram em Safir[b].
Os habitantes de Zaanã[c]
não sairão de sua cidade.
Bete-Ezel está em prantos;
foi-lhe tirada a proteção.
12 Os que vivem em Marote[d]
se contorcem de dor
aguardando alívio,
porque a desgraça veio
da parte do SENHOR
até as portas de Jerusalém.
13 Habitantes de Laquis[e],
atrelem aos carros
as parelhas de cavalos.
Vocês foram o início do pecado
da cidade[f] de Sião,
pois as transgressões de Israel
foram aprendidas com vocês.
14 Por isso vocês darão presentes
de despedida a Moresete-Gate.
A cidade de Aczibe[g]
se revelará enganosa
aos reis de Israel.
15 Trarei um conquistador contra vocês
que vivem em Maressa[h].
A glória de Israel irá a Adulão.
16 Rapem a cabeça em pranto
por causa dos filhos
nos quais vocês tanto se alegram;
fiquem calvos como a águia,
pois eles serão tirados de vocês
e levados para o exílio.

O castigo dos opressores

2 Ai daqueles que planejam maldade,
dos que tramam o mal
em suas camas!
Quando alvorece, eles o executam,
porque isso eles podem fazer.
2 Cobiçam terrenos e se apoderam deles;
cobiçam casas e as tomam.
Fazem violência ao homem
e à sua família;
a ele e aos seus herdeiros.

[a] 1:10 *Bete-Ofra* significa *casa de poeira*.
[b] 1:11 *Safir* significa *agradável*.
[c] 1:11 *Zaanã* assemelha-se à palavra que se traduz por *sairão*.
[d] 1:12 *Marote* assemelha-se à palavra *Mara*, que significa *amarga*.
[e] 1:13 *Laquis* assemelha-se à palavra *lareques*, que se traduz por *junta* ou *parelha*.
[f] 1:13 Hebraico: *filha*.
[g] 1:14 *Aczibe* significa *engano*.
[h] 1:15 *Maressa* assemelha-se à palavra que se traduz por *conquistador*.

3Portanto, assim diz o SENHOR:

"Estou planejando contra essa gente
uma desgraça,
da qual vocês não poderão livrar-se.
Vocês não vão mais andar com
arrogância,
pois será tempo de desgraça.
4Naquele dia vocês serão
ridicularizados;
zombarão de vocês
com esta triste canção:
'Estamos totalmente arruinados;
dividida foi a propriedade do meu
povo.
Ele tirou-a de mim!
Entregou a invasores as nossas
terras' ".

5Portanto, vocês não estarão
na assembleia do SENHOR
para a divisão da terra por sorteio.

Advertência contra os falsos profetas

6"Não preguem",
dizem os seus profetas.
"Não preguem acerca dessas coisas;
a desgraça não nos alcançará."
Ó descendência de Jacó,
7é isto que está sendo falado:
"O Espírito do SENHOR perdeu a
paciência?
É assim que ele age?"

"As minhas palavras fazem bem
àquele cujos caminhos são retos.
8Mas, ultimamente, como inimigos
vocês atacam o meu povo.
Além da túnica, arrancam a capa
daqueles que passam confiantes,
como quem volta da guerra.
9Vocês tiram as mulheres do meu povo
de seus lares agradáveis.
De seus filhos vocês removem
a minha dignidade para sempre.
10Levantem-se, vão embora!
Pois este não é o lugar de descanso,
porque ele está contaminado,
e arruinado,
sem que haja remédio.
11Se um mentiroso e enganador
vier e disser:
'Eu pregarei para vocês fartura de
vinho
e de bebida fermentada',
ele será o profeta deste povo!

Promessa de livramento

12"Vou de fato ajuntar todos vocês,
ó Jacó;
sim, vou reunir o remanescente de Israel.
Eu os ajuntarei
como ovelhas num aprisco,
como um rebanho numa pastagem;
haverá ruído de grande multidão.
13Aquele que abre o caminho
irá adiante deles;
passarão pela porta e sairão.
O rei deles, o SENHOR, os guiará."

Repreensão aos líderes e aos profetas

3 Então eu disse:

Ouçam, vocês que são chefes de Jacó,
governantes da nação de Israel.
Vocês deveriam conhecer a justiça!
2Mas odeiam o bem e amam o mal;
arrancam a pele do meu povo
e a carne dos seus ossos.
3Aqueles que comem a carne

Planejar

Experimente!

Leia Miqueias 2:1-3 e responda à seguinte pergunta: "O que Deus fará àqueles que planejam o mal?".

É sábio um cristão planejar, mas devemos planejar fazer o bem. Pegue uma caneta e um papel e trace alguns planos. Planeje fazer algo bom para seus pais e avós, para dois de seus amigos e também para um professor da escola ou da igreja. Depois, ponha seus planos em ação!

Em troca, Deus, que está observando, vai planejar algo bom para você!

Miqueias 2:1-3

do meu povo,
arrancam a sua pele,
despedaçam os seus ossos
e os cortam como se fossem
carne para a panela,
4um dia clamarão ao SENHOR,
mas ele não lhes responderá.
Naquele tempo
ele esconderá deles o rosto
por causa do mal que eles têm feito.

5Assim diz o SENHOR:

"Aos profetas
que fazem o meu povo desviar-se,
e que, quando lhes dão o que mastigar,
proclamam paz,
mas proclamam guerra santa
contra quem não lhes enche a boca:
6Por tudo isso a noite virá sobre vocês,
noite sem visões;
haverá trevas, sem adivinhações.
O sol se porá
e o dia se escurecerá
para os profetas.
7Os videntes envergonhados,
e os adivinhos constrangidos,
todos cobrirão o rosto
porque não haverá resposta
da parte de Deus".
8Mas, quanto a mim,
graças ao poder
do Espírito do SENHOR,
estou cheio de força e de justiça,
para declarar a Jacó a sua transgressão,
e a Israel o seu pecado.
9Ouçam isto,
vocês que são chefes
da descendência de Jacó,
governantes da nação de Israel,
que detestam a justiça
e pervertem tudo o que é justo;
10que constroem Sião
com derramamento de sangue,
e Jerusalém com impiedade.
11Seus líderes julgam sob suborno,
seus sacerdotes ensinam visando a
lucro,
e seus profetas adivinham
em troca de prata.
E ainda se apoiam no SENHOR,
dizendo:
"O SENHOR está no meio de nós.
Nenhuma desgraça nos acontecerá".
12Por isso, por causa de vocês,
Sião será arada como um campo,
Jerusalém se tornará
um monte de entulho,
e a colina do templo, um matagal.

A montanha do SENHOR

4 Nos últimos dias acontecerá que
o monte do templo do SENHOR
será estabelecido
como o principal entre os montes,
e se elevará acima das colinas.
E os povos a ele acorrerão.

2Muitas nações virão, dizendo:

"Venham, subamos

A vida nos tempos da Bíblia

Subornos

Nos tempos bíblicos, as pessoas frequentemente davam presentes, e esperava-se que alguém que recebesse um presente retribuísse com outro presente. Presentes para juízes eram chamados de subornos, e eram dados a fim de fazer o juiz tomar uma decisão a favor da pessoa que o presenteava. No entanto, a lei de Deus dizia aos juízes para não aceitarem subornos (veja Êxodo 23:8).

ao monte do SENHOR,
ao templo do Deus de Jacó.
Ele nos ensinará os seus caminhos,
para que andemos nas suas veredas".
Pois a lei virá de Sião,
a palavra do SENHOR, de Jerusalém.
3Ele julgará entre muitos povos
e resolverá contendas
entre nações poderosas e distantes.
Das suas espadas farão arados,
e das suas lanças, foices.
Nenhuma nação erguerá
a espada contra outra,
e não aprenderão mais a guerra.
4Todo homem poderá sentar-se
debaixo da sua videira
e debaixo da sua figueira,
e ninguém o incomodará,
pois assim falou
o SENHOR dos Exércitos.
5Pois todas as nações andam,
cada uma em nome dos seus deuses,
mas nós andaremos
em nome do SENHOR, o nosso Deus,
para todo o sempre.

O plano do SENHOR

6"Naquele dia", declara o SENHOR,

"ajuntarei os que tropeçam
e reunirei os dispersos,
aqueles a quem afligi.
7Farei dos que tropeçam
um remanescente,
e dos dispersos, uma nação forte.
O SENHOR reinará sobre eles
no monte Sião,
daquele dia em diante e para sempre.
8Quanto a você, ó torre do rebanho,
ó fortaleza[a] da cidade[b] de Sião,
o antigo domínio lhe será restaurado;
a realeza voltará
para a cidade de Jerusalém."

9Agora, por que gritar tão alto?
Você não tem rei?
Seu conselheiro morreu,
para que a dor lhe seja tão forte
como a de uma mulher
em trabalho de parto?
10Contorça-se em agonia,
ó povo da cidade de Sião,
como a mulher em trabalho de parto,
porque agora terá que deixar
os seus muros
para habitar em campo aberto.

[a] 4:8 Ou *colina*
[b] 4:8 Hebraico: *filha*; também nos versículos 10 e 13.

Você irá para a Babilônia,
e lá será libertada.
Lá o SENHOR a resgatará
da mão dos seus inimigos.
11Mas agora muitas nações
estão reunidas contra você.
Elas dizem: "Que Sião seja profanada,
e que isso aconteça
diante dos nossos olhos!"
12Mas elas não conhecem
os pensamentos do SENHOR;
não compreendem o plano
daquele que as ajunta
como feixes para a eira.
13"Levante-se e debulhe,
ó cidade de Sião,
pois eu darei a você chifres de ferro
e cascos de bronze
para despedaçar muitas nações."

Você consagrará ao SENHOR,
ao Soberano de toda a terra,
os ganhos ilícitos
e a riqueza delas.

5 Reúna suas tropas,
ó cidade das tropas,[c]
pois há um cerco contra nós.
O líder de Israel será ferido na face,
com uma vara.

O governante que virá de Belém

2"Mas tu, Belém-Efrata,
embora pequena
entre os clãs[d] de Judá,
de ti virá para mim
aquele que será
o governante sobre Israel.

[c] 5:1 Ou *Fortifique seus muros, ó cidade murada,*
[d] 5:2 Ou *governantes*

Você sabia?

Quando Miqueias predisse que Jesus nasceria em Belém?

5:2 Miqueias escreveu esta profecia cerca de setecentos anos antes de Jesus nascer! Deus conhece o futuro e, por meio da Bíblia, ele frequentemente nos conta o que vai acontecer.

Suas origens[a] estão no passado distante,
em tempos antigos.[b]"

3Por isso os israelitas serão abandonados
até que aquela
que está em trabalho de parto
dê à luz.
Então o restante dos irmãos
do governante
voltará para unir-se aos israelitas.

4Ele se estabelecerá e os pastoreará
na força do SENHOR,
na majestade do nome do SENHOR,
o seu Deus.
E eles viverão em segurança,
pois a grandeza dele
alcançará os confins da terra.
5Ele será a sua paz.

Livramento e destruição

Quando os assírios
invadirem a nossa terra
e marcharem sobre as nossas
fortalezas,
levantaremos contra eles sete pastores,
até oito líderes escolhidos.
6Eles pastorearão[c] a Assíria
com a espada,
e a terra de Ninrode
com a espada empunhada[d].
Eles nos livrarão quando os assírios
invadirem a nossa terra,
e entrarem por nossas fronteiras.

7O remanescente de Jacó estará
no meio de muitos povos
como orvalho da parte do SENHOR,
como aguaceiro sobre a relva;
não porá sua esperança no homem
nem dependerá dos seres humanos.
8O remanescente de Jacó
estará entre as nações,
no meio de muitos povos,
como um leão
entre os animais da floresta,
como um leão forte
entre rebanhos de ovelhas,
leão que, quando ataca,
destroça e mutila a presa,
sem que ninguém a possa livrar.
9Sua mão se levantará
contra os seus adversários,
e todos os seus inimigos
serão destruídos.

10"Naquele dia", declara o SENHOR,
"matarei os seus cavalos
e destruirei os seus carros de
guerra.
11Destruirei também
as cidades da sua terra
e arrasarei todas as suas fortalezas.
12Acabarei com a sua feitiçaria,
e vocês não farão mais adivinhações.
13Destruirei as suas imagens esculpidas
e as suas colunas sagradas;
vocês não se curvarão mais
diante da obra de suas mãos.
14Desarraigarei do meio de vocês
os seus postes sagrados

[a] 5:2 Hebraico: *saídas.*
[b] 5:2 Ou *desde os dias da eternidade.*
[c] 5:6 Ou *esmagarão*; ou ainda *governarão*
[d] 5:6 Ou *Ninrode em suas portas*

A vida nos tempos da Bíblia

A oferta que Deus quer

Deus queria ofertas nos tempos do Antigo Testamento, mas ele queria que o povo as trouxesse pelos motivos certos — por amar a Deus e tentar viver de modo bom. Deus não se agradava das ofertas de animais trazidas por pessoas que continuavam fazendo coisas más.

e derrubarei os seus ídolos[a].
15Com ira e indignação me vingarei
das nações que não me obedeceram."

A acusação do SENHOR contra Israel

6 Ouçam o que diz o SENHOR:
"Fique em pé,
defenda a sua causa;
que as colinas ouçam
o que você tem para dizer.
2Ouçam, ó montes,
a acusação do SENHOR;
escutem, alicerces eternos da terra.
Pois o SENHOR tem uma acusação
contra o seu povo;
ele está entrando em juízo
contra Israel.
3"Meu povo, o que fiz
contra você?
Fui muito exigente? Responda-me.
4Eu o tirei do Egito,
e o redimi da terra da escravidão;
enviei Moisés, Arão e Miriã
para conduzi-lo.
5Meu povo, lembre-se do que Balaque,
rei de Moabe, pediu
e do que Balaão,
filho de Beor, respondeu.
Recorde a viagem que você fez
desde Sitim até Gilgal,
e reconheça
que os atos do SENHOR são justos."
6Com que eu poderia comparecer
diante do SENHOR
e curvar-me perante o Deus exaltado?
Deveria oferecer holocaustos[b]
de bezerros de um ano?
7Ficaria o SENHOR satisfeito
com milhares de carneiros,
com dez mil ribeiros de azeite?
Devo oferecer o meu filho mais velho
por causa da minha transgressão,
o fruto do meu corpo
por causa do pecado que eu cometi?
8Ele mostrou a você, ó homem,
o que é bom
e o que o SENHOR exige:
pratique a justiça, ame a fidelidade
e ande humildemente com o seu Deus.

A culpa e o castigo de Israel

9A voz do SENHOR
está clamando à cidade;

Palavras para memorizar

"O SENHOR exige: pratique a justiça, ame a fidelidade e ande humildemente com o seu Deus."
(Miqueias 6:8)

é sensato temer o seu nome!
"Ouçam, tribo de Judá
e assembleia da cidade![c]
10Não há,[d] na casa do ímpio,
o tesouro da impiedade
e a medida falsificada, que é maldita?
11Poderia alguém ser puro
com balanças desonestas
e pesos falsos?
12Os ricos que vivem entre vocês
são violentos;
o seu povo é mentiroso
e as suas línguas falam
enganosamente.
13Por isso, eu mesmo os farei sofrer,
e os arruinarei
por causa dos seus pecados.
14Vocês comerão,
mas não ficarão satisfeitos;
continuarão de estômago vazio.
Vocês ajuntarão,
mas nada preservarão,
porquanto o que guardarem,
à espada entregarei.
15Vocês plantarão, mas não colherão;
espremerão azeitonas,
mas não se ungirão com o azeite;
espremerão uvas,
mas não beberão o vinho.
16Vocês têm obedecido
aos decretos de Onri
e a todas as práticas da família de
Acabe,
e têm seguido as tradições deles.
Por isso os entregarei à ruína,
e o seu povo ao desprezo;
vocês sofrerão a zombaria das
nações[e]."

[a] 5:14 Ou *as suas cidades*
[b] 6:6 Isto é, sacrifícios totalmente queimados.
[c] 6:9 Ou *e suas assembleias!*
[d] 6:10 Ou *Não há, ainda,*
[e] 6:16 Conforme a Septuaginta. O Texto Massorético diz *zombaria devida ao meu povo.*

A desgraça de Israel

7 Que desgraça a minha!
Sou como quem colhe frutos de verão
na respiga da vinha;
não há nenhum cacho de uvas
para provar,
nenhum figo novo que eu tanto desejo.
2 Os piedosos desapareceram do país;
não há um justo sequer.
Todos estão à espreita
para derramar sangue;
cada um caça seu irmão com uma
armadilha.
3 Com as mãos prontas para fazer o mal
o governante exige presentes,
o juiz aceita suborno,
os poderosos impõem o que
querem;
todos tramam em conjunto.
4 O melhor deles é como espinheiro,
e o mais correto
é pior que uma cerca de espinhos.
Chegou o dia anunciado
pelas suas sentinelas,
o dia do castigo de Deus.
Agora reinará a confusão entre eles.
5 Não confie nos vizinhos;
nem acredite nos amigos.
Até com aquela que o abraça
tenha cada um cuidado com o que
diz.
6 Pois o filho despreza o pai,
a filha se rebela contra a mãe,
a nora, contra a sogra;
os inimigos do homem
são os seus próprios familiares.

7 Mas, quanto a mim,
ficarei atento ao SENHOR,
esperando em Deus, o meu Salvador,
pois o meu Deus me ouvirá.

Palavras para memorizar

**"Ficarei atento ao SENHOR,
esperando em Deus,
o meu Salvador,
pois o meu Deus
me ouvirá."**

(Miqueias 7:7)

Israel se levantará

8 Não se alegre a minha inimiga
com a minha desgraça.
Embora eu tenha caído,
eu me levantarei.
Embora eu esteja morando nas trevas,
o SENHOR será a minha luz.
9 Por eu ter pecado contra o SENHOR,
suportarei a sua ira
até que ele apresente a minha defesa
e estabeleça o meu direito.
Ele me fará sair para a luz;
contemplarei a sua justiça.
10 Então a minha inimiga o verá
e ficará coberta de vergonha,
ela, que me disse:
"Onde está o SENHOR, o seu Deus?"
Meus olhos verão a sua queda;
ela será pisada como o barro das
ruas.

11 O dia da reconstrução dos seus muros
chegará,
o dia em que se ampliarão
as suas fronteiras virá.
12 Naquele dia virá a você gente
desde a Assíria até o Egito,
e desde o Egito até o Eufrates,
de mar a mar
e de montanha a montanha.
13 Mas a terra será desolada
por causa dos seus habitantes,
em consequência de suas ações.

Súplica por misericórdia

14 Pastoreia o teu povo com o teu cajado,
o rebanho da tua herança
que vive à parte numa floresta,
em férteis pastagens[a].
Deixa-o pastar em Basã e em Gileade,
como antigamente.

15 "Como nos dias
em que você saiu do Egito,
ali mostrarei as minhas maravilhas."

16 As nações verão isso
e se envergonharão,
despojadas de todo o seu poder.
Porão a mão sobre a boca,
e taparão os ouvidos.
17 Lamberão o pó como a serpente,
como animais
que se arrastam no chão.
Sairão tremendo das suas fortalezas;

[a] 7:14 Ou *no meio do Carmelo*

com temor se voltarão
para o SENHOR, o nosso Deus,
e terão medo de ti.
18Quem é comparável a ti, ó Deus,
que perdoas o pecado
e esqueces a transgressão
do remanescente da sua herança?
Tu, que não permaneces irado
para sempre,
mas tens prazer em mostrar amor.
19De novo terás compaixão de nós;
pisarás as nossas maldades
e atirarás todos os nossos pecados
nas profundezas do mar.
20Mostrarás fidelidade a Jacó,
e bondade a Abraão,
conforme prometeste sob
juramento
aos nossos antepassados,
na antiguidade.

Deus perdoa os seus pecados

Experimente!

Leia Miqueias 7:18-20 e veja que esses belos versículos nos contam como Deus nos ama mesmo quando pecamos, e também como ele quer nos perdoar.

Se você fez alguma coisa errada pela qual não se sente perdoado, segue uma sugestão: confesse o pecado escrevendo-o em um papel e dizendo a Deus que você lamenta pelo que fez. Rasgue o papel em partes bem pequenininhas, jogue os pedacinhos no chão e depois pise neles. Então, aspire os papeizinhos até que tenham sumido!

Agora, leia novamente Miqueias 7:19 e agradeça a Deus por ele perdoar seus pecados e pisar neles.

Miqueias 7:18-20

Naum

Quem escreveu este livro?

O profeta Naum.

Por que este livro foi escrito?

Naum garante ao povo de Judá que Deus destruirá Nínive, a capital de seu grande inimigo, a Assíria.

O que aprendemos sobre Deus neste livro?

Deus punirá os inimigos do povo que ele ama.

O que há de especial neste livro?

A cidade de Nínive é capturada, exatamente como Naum disse, usando um rio (Naum 2:5-10).

Quando este livro foi escrito?

Naum foi escrito entre 663 a.C. e 612 a.C.

1 Advertência contra Nínive. Livro da visão
de Naum, de Elcós.

A ira do SENHOR contra Nínive

2 O SENHOR é Deus zeloso e vingador!
O SENHOR é vingador!
Seu furor é terrível!
O SENHOR executa vingança
contra os seus adversários,
e manifesta o seu furor
contra os seus inimigos.
3 O SENHOR é muito paciente,
mas o seu poder é imenso;
o SENHOR não deixará impune o
culpado.
O seu caminho está no vendaval
e na tempestade,
e as nuvens são a poeira de seus pés.
4 Ele repreende o mar e o faz secar,
faz que todos os rios se sequem.
Basã e o Carmelo se desvanecem
e as flores do Líbano murcham.
5 Quando ele se aproxima
os montes tremem
e as colinas se derretem.
A terra se agita na sua presença,
o mundo e todos os que nele vivem.
6 Quem pode resistir à sua indignação?
Quem pode suportar
o despertar de sua ira?
O seu furor se derrama como fogo,
e as rochas se despedaçam diante
dele.
7 O SENHOR é bom,
um refúgio em tempos de angústia.
Ele protege os que nele confiam,
8 mas com uma enchente devastadora
dará fim a Nínive;
expulsará os seus inimigos
para a escuridão.
9 O SENHOR acabará com tudo
o que vocês planejarem contra ele[a];
a tribulação não precisará vir
uma segunda vez.
10 Embora estejam entrelaçados
como espinhos
e encharcados de bebida como
bêbados,
serão consumidos
como a palha mais seca.
11 Foi de você, ó Nínive,
que saiu aquele que trama
perversidades,
que planeja o mal contra o SENHOR.

Palavras para memorizar

"O SENHOR é bom, um refúgio em tempos de angústia. Ele protege os que nele confiam."

(Naum 1:7)

12 Assim diz o SENHOR:
"Apesar de serem fortes
e numerosos,
serão ceifados e destruídos;
mas, você, Judá,
embora eu a tenha afligido,
não a afligirei mais.
13 Agora vou quebrar o jugo
do seu pescoço
e arrancar as suas algemas".
14 O SENHOR decreta o seguinte
a seu respeito, ó rei de Nínive:
"Você não terá descendentes
que perpetuem o seu nome.
Destruirei as imagens esculpidas
e os ídolos de metal
do templo dos seus deuses.
Prepararei o seu túmulo,
porque você é desprezível".
15 Vejam sobre os montes
os pés do que anuncia boas notícias
e proclama a paz!
Celebre as suas festas, ó Judá,
e cumpra os seus votos.
Nunca mais o perverso a invadirá;
ele será completamente destruído.

A queda de Nínive

2 O destruidor avança contra você,
Nínive!
Guarde a fortaleza!
Vigie a estrada!
Prepare a resistência!
Reúna todas as suas forças!
2 O SENHOR restaurará
o esplendor de Jacó;
restaurará o esplendor de Israel,
embora os saqueadores
tenham devastado e destruído
as suas videiras.
3 Os escudos e os uniformes
dos soldados inimigos são
vermelhos.

a 1:9 Ou *O que vocês planejam contra o Senhor?*

Os seus carros de guerra reluzem
quando se alinham para a batalha;
agitam-se as lanças de pinho.[a]
4Os carros de guerra
percorrem loucamente as ruas
e se cruzam velozmente
pelos quarteirões.
Parecem tochas de fogo
e se arremessam como relâmpagos.
5As suas tropas de elite são convocadas,
mas elas vêm tropeçando;
correm para a muralha da cidade
para formar a linha de proteção.
6As comportas dos canais são abertas,
e o palácio desaba.
7Está decretado:
A cidade irá para o exílio;
será deportada.
As jovens tomadas como escravas
batem no peito;
seu gemer é como o arrulhar das
pombas.
8Nínive é como um açude antigo
cujas águas estão vazando.
"Parem, parem", eles gritam,
mas ninguém sequer olha para trás.
9Saqueiem a prata! Saqueiem o ouro!
Sua riqueza não tem fim;
está repleta de objetos de valor!
10Ah! Devastação! Destruição!
Desolação!
Os corações se derretem,
os joelhos vacilam,
todos os corpos tremem
e o rosto de todos empalidece!
11Onde está agora a toca dos leões?
O lugar em que alimentavam
seus filhotes,
para onde iam o leão, a leoa
e os leõezinhos, sem nada temer?
12Onde está o leão que caçava
o bastante para os seus filhotes,
estrangulava animais
para as suas leoas
e enchia as suas covas de presas
e as suas tocas de vítimas?
13"Estou contra você",
declara o SENHOR dos Exércitos;
"queimarei no fogo
os seus carros de guerra,
e a espada matará os seus leões.
Eliminarei da terra a sua caça,
e a voz dos seus mensageiros
jamais será ouvida."

Lamentação por Nínive

3 Ai da cidade sanguinária,
repleta de fraudes e cheia de roubos,
sempre fazendo as suas vítimas!
2Ah, o estalo dos chicotes,
o barulho das rodas,
o galope dos cavalos
e o sacudir dos carros de guerra!
3Cavaleiros atacando,
espadas reluzentes e lanças
cintilantes!
Muitos mortos,
montanhas de cadáveres,
corpos sem conta,
gente tropeçando por cima deles!
4Tudo por causa do desejo desenfreado
de uma prostituta sedutora,
mestra de feitiçarias,
que escravizou nações
com a sua prostituição
e povos, com a sua feitiçaria.
5"Eu estou contra você",
declara o SENHOR dos Exércitos;
"vou levantar o seu vestido
até a altura do seu rosto.
Mostrarei às nações a sua nudez
e aos reinos, as suas vergonhas.
6Eu jogarei imundície sobre você,
e a tratarei com desprezo;
farei de você um exemplo.
7Todos os que a virem fugirão, dizendo:
'Nínive está arrasada!
Quem a lamentará?'
Onde encontrarei quem a console?"

8Acaso você é melhor do que Tebas[b],
situada junto ao Nilo,
rodeada de águas?
O rio era a sua defesa;
as águas, o seu muro.
9A Etiópia[c] e o Egito
eram a sua força ilimitada;
Fute e a Líbia
estavam entre os seus aliados.
10Apesar disso, ela foi deportada,
levada para o exílio.
Em todas as esquinas
as suas crianças foram massacradas.
Lançaram sortes para decidir
o destino dos seus nobres;
todos os poderosos foram
acorrentados.
11Você também ficará embriagada;

[a] 2:3 A Septuaginta e a Versão Siríaca dizem *os cavaleiros correm de um lado para outro.*

[b] 3:8 Hebraico: *No Amon.*

[c] 3:9 Hebraico: *Cuxe.*

irá esconder-se,
tentando proteger-se do inimigo.
12 Todas as suas fortalezas
são como figueiras
carregadas de figos maduros;
basta sacudi-las,
e os figos caem em bocas vorazes.
13 Olhe bem para as suas tropas:
não passam de mulheres!
As suas portas estão escancaradas
para os seus inimigos;
o fogo devorou as suas trancas.
14 Reserve água para o tempo do cerco!
Reforce as suas fortalezas!
Entre no barro, pise a argamassa,
prepare a forma para os tijolos!
15 Mesmo assim o fogo consumirá você;
a espada a eliminará,
e, como gafanhotos devastadores,
a devorará!
Multiplique-se como
gafanhotos devastadores,
multiplique-se como
gafanhotos peregrinos!
16 Você multiplicou os seus
comerciantes,
tornando-os mais numerosos
que as estrelas do céu;
mas como gafanhotos devastadores,
eles devoram o país
e depois voam para longe.
17 Os seus guardas
são como gafanhotos peregrinos,
os seus oficiais,
como enxames de gafanhotos
que se ajuntam sobre os muros
em dias frios;
mas quando o sol aparece, eles voam,
ninguém sabe para onde.

18 Ó rei da Assíria,
os seus pastores[a] dormem;
os seus nobres adormecem.
O seu povo está espalhado pelos montes
e não há ninguém para reuni-lo.
19 Não há cura para a sua chaga;
a sua ferida é mortal.
Quem ouve notícias a seu respeito
bate palmas pela sua queda,
pois, quem não sofreu por
sua crueldade sem limites?

[a] 3:18 Ou *governantes*

Habacuque

Quem escreveu este livro?

O profeta Habacuque.

Por que este livro foi escrito?

Habacuque mostra que o povo nunca sai impune sendo ímpio e que Deus punirá o ímpio.

O que aprendemos sobre Deus neste livro?

Deus é muito santo para permitir que o povo saia impune com o pecado. Ele pune todos que pecam, mesmo pessoas como os babilônios, que pareciam enriquecer com as suas maldades.

O que há de especial neste livro?

Habacuque fica com medo quando descobre que Deus enviará os babilônios contra Judá, mas, no final, ele decide confiar em Deus de qualquer modo.

Quando este livro foi escrito?

Habacuque foi escrito por volta de 605 a.C., durante o governo do bom rei Josias, que reinou sobre Judá de 639 a.C. a 597 a.C.

1 Advertência revelada ao profeta Habacuque.

A primeira queixa de Habacuque

2 Até quando, SENHOR,
clamarei por socorro,
sem que tu ouças?
Até quando gritarei a ti: "Violência!"
sem que tragas salvação?
3 Por que me fazes ver a injustiça,
e contemplar a maldade?
A destruição e a violência
estão diante de mim;
há luta e conflito por todo lado.
4 Por isso a lei se enfraquece
e a justiça nunca prevalece.
Os ímpios prejudicam os justos,
e assim a justiça é pervertida.

A resposta do SENHOR

5 "Olhem as nações e contemplem-nas,
fiquem atônitos e pasmem;
pois nos dias de vocês farei algo
em que não creriam
se lhes fosse contado.
6 Estou trazendo os babilônios[a],
nação cruel e impetuosa,
que marcha por toda a extensão da terra
para apoderar-se de moradias
que não lhe pertencem.
7 É uma nação apavorante e temível,
que cria a sua própria justiça
e promove a sua própria honra.
8 Seus cavalos são mais velozes
que os leopardos,
mais ferozes[b] que
os lobos no crepúsculo.
Sua cavalaria vem de longe.
Seus cavalos vêm a galope;
vêm voando como ave de rapina
que mergulha para devorar;
9 todos vêm prontos para a violência.
Suas hordas avançam
como o vento do deserto,
e fazendo tantos prisioneiros
como a areia da praia.
10 Menosprezam os reis
e zombam dos governantes.
Riem de todas as cidades fortificadas,
pois constroem rampas de terra
e por elas as conquistam.
11 Depois passam como o vento
e prosseguem;
homens carregados de culpa,
e que têm por deus a sua própria força."

A segunda queixa de Habacuque

12 SENHOR,
tu não és desde a eternidade?
Meu Deus, meu Santo,
tu não morrerás[c].
SENHOR, tu designaste essa nação
para executar juízo;
ó Rocha, determinaste que ela
aplicasse castigo.
13 Teus olhos são tão puros
que não suportam ver o mal;
não podes tolerar a maldade.
Então, por que toleras os perversos?
Por que ficas calado
enquanto os ímpios devoram
os que são mais justos que eles?
14 Tornaste os homens
como peixes do mar,
como animais[d],
que não são governados por ninguém.
15 O inimigo puxa todos
com anzóis,
apanha-os em sua rede
e nela os arrasta;
então alegra-se e exulta.
16 E por essa razão
ele oferece sacrifício à sua rede
e queima incenso em sua honra,
pois, graças à sua rede,
vive em grande conforto
e desfruta iguarias.

Você sabia?

Por que Habacuque estava tão infeliz?

1:2 Habacuque via a injustiça e o pecado em Judá e pensou que Deus estivesse deixando que coisas más ficassem sem punição. Contudo, Deus disse a Habacuque que puniria o povo permitindo que os babilônios invadissem a nação.

[a] 1:6 Hebraico: *caldeus.*
[b] 1:8 Ou *ligeiros*
[c] 1:12 O Texto Massorético diz *nós não morreremos.*
[d] 1:14 Ou *peixes, criaturas do mar*

17Mas, continuará ele
esvaziando a sua rede,
destruindo sem misericórdia as
nações?

2 Ficarei no meu posto de sentinela
e tomarei posição sobre a muralha;
aguardarei para ver o que o SENHOR
me dirá
e que resposta terei à minha queixa.

A resposta do SENHOR

2Então o SENHOR me respondeu:

"Escreva claramente a visão
em tábuas,
para que se leia facilmente[a].
3Pois a visão aguarda
um tempo designado;
ela fala do fim, e não falhará[b].
Ainda que demore, espere-a;
porque ela[c] certamente virá
e não se atrasará.

4"Escreva: O ímpio está envaidecido;
seus desejos não são bons;
mas o justo viverá
pela sua fidelidade[d].
5De fato, a riqueza é ilusória[e],
e o ímpio é arrogante e não
descansa;
ele é voraz como a sepultura[f]
e como a morte.
Nunca se satisfaz;
apanha para si todas as nações
e ajunta para si todos os povos.

6"Todos estes povos um dia rirão dele
com canções de zombaria, e dirão:

" 'Ai daquele que amontoa bens
roubados
e enriquece mediante extorsão!
Até quando isto continuará assim?'
7Não se levantarão
de repente os seus credores?
Não se despertarão os que o fazem
tremer?
Agora você se tornará vítima deles.
8Porque você saqueou muitas nações,
todos os povos que restaram
o saquearão.
Pois você derramou muito sangue,
e cometeu violência contra terras,
cidades e seus habitantes.

9"Ai daquele que obtém lucros
injustos
para a sua casa,
para pôr seu ninho no alto
e escapar das garras do mal!
10Você tramou a ruína de muitos povos,
envergonhando a sua própria casa
e pecando contra a sua própria vida.
11Pois as pedras clamarão da parede,
e as vigas responderão do
madeiramento
contra você.

12"Ai daquele que edifica uma cidade
com sangue
e a estabelece com crime!

[a] 2:2 Ou *para que todo que a ler, corra*
[b] 2:3 Ou *e se cumprirá*
[c] 2:3 Ou *Embora ele demore, espere por ele; porque ele*
[d] 2:4 Várias versões dizem *sua fé*, com possível base na Septuaginta.
[e] 2:5 Conforme um dos manuscritos do mar Morto. O Texto Massorético diz *o vinho é traiçoeiro*.
[f] 2:5 Hebraico: *Sheol*. Essa palavra também pode ser traduzida por profundezas, pó ou morte.

A vida nos tempos da Bíblia

Ninho de águia

O ninho das águias, construído bem no alto de penhascos rochosos, era um símbolo de segurança. Como outros autores da Bíblia, Habacuque usa muitas figuras da natureza. O profeta está dizendo em Habacuque 2:9 que não há segurança para aqueles que fazem coisas erradas.

13 Acaso não vem
do SENHOR dos Exércitos
que o trabalho dos povos
seja só para satisfazer o fogo,
e que as nações se afadiguem em vão?
14 Mas a terra se encherá do conhecimento
da glória do SENHOR,
como as águas enchem o mar.

15 "Ai daquele que dá bebida
ao seu próximo,
misturando-a com o seu furor[a],
até que ele fique bêbado,
para lhe contemplar a nudez.
16 Beba bastante vergonha,
em vez de glória!
Sim! Beba você também e exponha-se[b]!
A taça da mão direita do SENHOR
é dada a você,
muita vergonha[c] cobrirá a sua glória.
17 A violência que você cometeu
contra o Líbano o alcançará,
e você ficará apavorado
com a matança, que você fez,
de animais.
Pois você derramou muito sangue
e cometeu violência contra terras,
cidades e seus habitantes.

18 "De que vale uma imagem feita
por um escultor?
Ou um ídolo de metal
que ensina mentiras?
Pois aquele que o faz
confia em sua própria criação,
fazendo ídolos incapazes de falar.

[a] 2:15 Ou *veneno*
[b] 2:16 Os manuscritos do mar Morto, a Vulgata e a Versão Siríaca dizem *e cambaleie*.
[c] 2:16 Ou *muito vômito*

19 Ai daquele que diz à madeira:
'Desperte!'
Ou à pedra sem vida: 'Acorde!'
Poderá o ídolo dar orientação?
Está coberto de ouro e prata,
mas não respira.
20 O SENHOR, porém,
está em seu santo templo;
diante dele fique em silêncio
toda a terra".

A oração de Habacuque

3 Oração do profeta Habacuque.
Uma confissão.

2 SENHOR, ouvi falar da tua fama;
tremo diante dos teus atos, SENHOR.
Realiza de novo, em nossa época,
as mesmas obras,
faze-as conhecidas em nosso tempo;
em tua ira, lembra-te da misericórdia.

3 Deus veio de Temã,
o Santo veio do monte Parã.
Pausa[d]
Sua glória cobriu os céus
e seu louvor encheu a terra.
4 Seu esplendor era como a luz do sol;
raios lampejavam de sua mão,
onde se escondia o seu poder.
5 Pragas iam adiante dele;
doenças terríveis seguiam os seus
passos.
6 Ele parou, e a terra tremeu;
olhou, e fez estremecer as nações.
Montes antigos se desmancharam;
colinas antiquíssimas se desfizeram.
Os caminhos dele são eternos.

[d] 3:3 Hebraico: *Selá*; também nos versículos 9 e 13.

A vida nos tempos da Bíblia

Cervo

Encostas de altas montanhas são lugares perigosos para as pessoas, mas Habacuque 3:19 chama atenção para o fato de que os cervos andam ali em segurança. Essa figura da natureza ensina que Deus guardará seu povo em segurança mesmo nos lugares perigosos.

Palavras para memorizar

"O Senhor, o Soberano, é a minha força."
(Habacuque 3:19)

7 Vi a aflição das tendas de Cuchã;
tremiam as cortinas das tendas de Midiã.

8 Era com os rios que estavas irado, Senhor?
Era contra os riachos o teu furor?
Foi contra o mar
que a tua fúria transbordou
quando cavalgaste com os teus cavalos
e com os teus carros vitoriosos?
9 Preparaste o teu arco;
pediste muitas flechas.
Pausa
Fendeste a terra com rios;
10 os montes te viram e se contorceram.
Torrentes de água
desceram com violência;
o abismo estrondou,
erguendo as suas ondas.

11 O sol e a lua pararam em suas moradas,
diante do reflexo
de tuas flechas voadoras,
diante do lampejo
de tua lança reluzente.
12 Com ira andaste a passos largos
por toda a terra
e com indignação
pisoteaste as nações.
13 Saíste para salvar o teu povo,
para libertar o teu ungido.
Esmagaste o líder da nação ímpia,
tu o desnudaste da cabeça aos pés.
Pausa

14 Com as suas próprias flechas
lhe atravessaste a cabeça,
quando os seus guerreiros saíram
como um furacão para nos espalhar
com maldoso prazer,
como se estivessem prestes a devorar
o necessitado em seu esconderijo.
15 Pisaste o mar com teus cavalos,
agitando as grandes águas.

16 Ouvi isso, e o meu íntimo estremeceu,
meus lábios tremeram;
os meus ossos desfaleceram;
minhas pernas vacilavam.
Tranquilo esperarei o dia da desgraça,
que virá sobre o povo que nos ataca.
17 Mesmo não florescendo a figueira,
e não havendo uvas nas videiras,
mesmo falhando a safra de azeitonas,
não havendo produção de alimento nas lavouras,
nem ovelhas no curral
nem bois nos estábulos,
18 ainda assim eu exultarei no Senhor
e me alegrarei
no Deus da minha salvação.
19 O Senhor, o Soberano, é a minha força;
ele faz os meus pés como os do cervo;
faz-me andar em lugares altos.

Para o mestre de música. Para os meus instrumentos de cordas.

Sofonias

Quem escreveu este livro?

O profeta Sofonias, um descendente do bom rei Ezequias.

Por que este livro foi escrito?

Sofonias prepara Judá para o reavivamento de Josias, em 621 a.C. Sofonias alerta Judá de que Deus julgará um povo pecador.

O que aprendemos sobre Deus neste livro?

Deus é um Deus de julgamento e punirá o pecado quando a história chegar ao fim, mas ele não espera e também pune as nações pecadoras agora.

O que há de especial neste livro?

A pregação de Sofonias pode ter ajudado as pessoas a se voltarem a Deus durante o reavivamento do tempo de Josias.

Quando este livro foi escrito?

Sofonias foi escrito durante o reinado de Josias, provavelmente por volta de 620 a.C.

1 Palavra do SENHOR que veio a Sofonias, filho de Cuchi, neto de Gedalias, bisneto de Amarias e trineto de Ezequias, durante o reinado de Josias, filho de Amom, rei de Judá:

A destruição vindoura

2“Destruirei[a] todas as coisas
na face da terra”;
palavra do SENHOR.
3“Destruirei tanto os homens
quanto os animais;
destruirei as aves do céu
e os peixes do mar,
e os que causam tropeço
junto com os ímpios[b].
Farei isso quando eu ceifar o homem
da face da terra”,
declara o SENHOR.

O castigo de Judá

4“Estenderei a mão contra Judá
e contra todos
os habitantes de Jerusalém.
Eliminarei deste lugar
o remanescente de Baal,
os nomes dos ministros idólatras
e dos sacerdotes,
5aqueles que no alto dos terraços
adoram o exército de estrelas,
e aqueles que se prostram jurando pelo
SENHOR
e também por Moloque;
6aqueles que se desviam
e deixam de seguir o SENHOR,
não o buscam nem o consultam.
7Calem-se diante do Soberano, o SENHOR,
pois o dia do SENHOR está próximo.
O SENHOR preparou um sacrifício;
consagrou seus convidados.
8No dia do sacrifício do SENHOR
castigarei os líderes e os filhos do rei
e todos os que estão vestidos
com roupas estrangeiras.
9Naquele dia castigarei
todos os que evitam pisar
a soleira dos ídolos[c],
e que enchem o templo de seus
deuses[d]
com violência e engano.

10“Naquele dia”, declara o SENHOR,
“haverá gritos perto da porta dos
Peixes,
lamentos no novo distrito,
e estrondos nas colinas.
11Lamentem-se, vocês que moram
na cidade baixa[e];
todos os seus comerciantes
serão completamente destruídos,
todos os que negociam com prata
serão arruinados.
12Nessa época vasculharei Jerusalém
com lamparinas
e castigarei os complacentes,
que são como vinho envelhecido,
deixado com os seus resíduos,
que pensam: ‘O SENHOR nada fará,
nem bem nem mal’.
13A riqueza deles será saqueada,
suas casas serão demolidas.
Embora construam novas casas,
nelas não morarão;
plantarão vinhas,
mas o vinho não beberão.

O grande dia do SENHOR

14“O grande dia do SENHOR
está próximo;
está próximo e logo vem.
Ouçam! O dia do SENHOR será amargo;
até os guerreiros gritarão.
15Aquele dia será um dia de ira,
dia de aflição e angústia,
dia de sofrimento e ruína,
dia de trevas e escuridão,
dia de nuvens e negridão,
16dia de toques de trombeta
e gritos de guerra
contra as cidades fortificadas
e contra as torres elevadas.
17Trarei aflição aos homens;

[a] 1:2 Ou *Tornarei a destruir*
[b] 1:3 Ou *os ímpios terão apenas montões de destroços*

Você sabia?

Por que os israelitas não podiam usar vestes estrangeiras?

1:8 O povo de Israel pertencia a Deus e queria que até as roupas das suas pessoas fossem diferentes das que as outras usavam. Sendo assim, os israelitas que usavam vestes estrangeiras estavam rejeitando a Deus.

[c] 1:9 Ver 1Sm 5:5.
[d] 1:9 Ou *de seu senhor*
[e] 1:11 Ou *moram no lugar onde se faz argamassa*

andarão como se fossem cegos,
porque pecaram contra o SENHOR.
O sangue deles será derramado
como poeira,
e suas entranhas como lixo.
18Nem a sua prata nem o seu ouro
poderão livrá-los
no dia da ira do SENHOR.
No fogo do seu zelo
o mundo inteiro será consumido,
pois ele dará fim repentino
a todos os que vivem na terra."

2 Reúna-se e ajunte-se,
nação sem pudor,
2antes que chegue o tempo determinado
e aquele dia passe como a palha,
antes que venha sobre vocês
a ira impetuosa do SENHOR,
antes que o dia da ira do SENHOR
os alcance.
3Busquem o SENHOR,
todos vocês, os humildes da terra,
vocês que fazem o que ele ordena.
Busquem a justiça,
busquem a humildade;
talvez vocês tenham abrigo
no dia da ira do SENHOR.

O castigo da Filístia

4Gaza será abandonada,
e Ascalom ficará arruinada.
Ao meio-dia Asdode será banida,
e Ecrom será desarraigada.
5Ai de vocês que vivem junto ao mar,
nação dos queretitas;
a palavra do SENHOR está contra você,
ó Canaã, terra dos filisteus.

"Eu a destruirei,
e não sobrará ninguém."

6Essa terra junto ao mar,
onde habitam os queretitas,
será morada de pastores
e curral de ovelhas.
7Pertencerá ao remanescente
da tribo de Judá.
Ali encontrarão pastagem;
e, ao entardecer, eles se deitarão
nas casas de Ascalom.
O SENHOR, o seu Deus, cuidará deles,
e lhes restaurará a sorte[a].

O castigo de Moabe e de Amom

8"Ouvi os insultos de Moabe
e as zombarias dos amonitas,
que insultaram o meu povo
e fizeram ameaças
contra o seu território.
9Por isso, juro pela minha vida",
declara o SENHOR dos Exércitos,
o Deus de Israel,
"Moabe se tornará como Sodoma
e os amonitas como Gomorra:
um lugar tomado por ervas daninhas
e poços de sal,
uma desolação perpétua.
O remanescente do meu povo
os saqueará;
os sobreviventes da minha nação
herdarão a terra deles."

10É isso que eles receberão
como recompensa pelo seu orgulho,
por insultarem e ridicularizarem
o povo do SENHOR dos Exércitos.
11O SENHOR será terrível contra eles,
quando destruir todos os deuses da
terra.
As nações de todo o mundo o adorarão,
cada uma em sua própria terra.

O castigo da Etiópia

12"Vocês também, ó etíopes,[b]
serão mortos pela minha espada."

O castigo da Assíria

13Ele estenderá a mão contra o norte
e destruirá a Assíria,
deixando Nínive totalmente em
ruínas,
tão seca como o deserto.
14No meio dela se deitarão rebanhos
e todo tipo de animais selvagens.
Até a coruja do deserto e o mocho
se empoleirarão no topo
de suas colunas.
Seus gritos ecoarão pelas janelas.
Haverá entulho nas entradas,
e as vigas de cedro ficarão expostas.
15Essa é a cidade que exultava,
vivendo despreocupada,
e dizia para si mesma:
"Eu, e mais ninguém!"
Que ruínas sobraram!
Uma toca de animais selvagens!
Todos os que passam por ela zombam
e sacodem os punhos.

O futuro de Jerusalém

3 Ai da cidade rebelde,
impura e opressora!

[a] 2:7 Ou *trará de volta seus cativos*

[b] 2:12 Hebraico: *cuxitas*.

2 Não ouve a ninguém,
e não aceita correção.
Não confia no SENHOR,
não se aproxima do seu Deus.
3 No meio dela os seus líderes
são leões que rugem.
Seus juízes são lobos vespertinos
que nada deixam
para a manhã seguinte.
4 Seus profetas são irresponsáveis,
são homens traiçoeiros.
Seus sacerdotes profanam o santuário
e fazem violência à lei.
5 No meio dela está o SENHOR,
que é justo e jamais comete
injustiça.
A cada manhã ele ministra a sua justiça,
e a cada novo dia ele não falha,
mas o injusto não se envergonha
da sua injustiça.

6 "Eliminei nações;
suas fortificações estão devastadas.
Deixei desertas as suas ruas.
Suas cidades estão destruídas;
ninguém foi deixado; ninguém!
7 Eu disse à cidade:
Com certeza você me temerá
e aceitará correção!
Pois, então, a sua habitação
não seria eliminada,
nem cairiam sobre ela
todos os meus castigos.
Mas eles ainda estavam ávidos
por fazer todo tipo de maldade.
8 Por isso, esperem por mim",
declara o SENHOR,
"no dia em que eu me levantar
para testemunhar.
Decidi ajuntar as nações,
reunir os reinos
e derramar a minha ira sobre eles,
toda a minha impetuosa indignação.
O mundo inteiro será consumido
pelo fogo da minha zelosa ira.

9 "Então purificarei os lábios dos povos,
para que todos eles invoquem
o nome do SENHOR
e o sirvam de comum acordo.
10 Desde além dos rios da Etiópia
os meus adoradores,
o meu povo disperso,
me trarão ofertas.
11 Naquele dia
vocês não serão envergonhados
pelos seus atos de rebelião,
porque retirarei desta cidade
os que se regozijam em seu orgulho.
Nunca mais vocês serão altivos
no meu santo monte.
12 Mas deixarei no meio da cidade
os mansos e humildes,
que se refugiarão no nome do SENHOR.
13 O remanescente de Israel
não cometerá injustiças;
eles não mentirão,
nem se achará engano
em suas bocas.
Eles se alimentarão e descansarão,
sem que ninguém os amedronte."

14 Cante, ó cidade[a] de Sião;
exulte, ó Israel!
Alegre-se, regozije-se de todo o
coração,
ó cidade de Jerusalém!

[a] 3:14 Hebraico: *filha*.

A vida nos tempos da Bíblia

Corujas do deserto

A coruja do deserto das terras bíblicas prefere viver em lugares isolados e tem muito medo de gente. Sofonias usa essa figura para mostrar que Nínive, a capital da Assíria, ficaria em ruínas (Sofonias 2:14). As corujas do deserto vivem nas ruínas de Nínive até os dias de hoje.

Palavras para memorizar

"O Senhor, o seu Deus, está em seu meio, poderoso para salvar."

(Sofonias 3:17)

15O Senhor anulou a sentença
contra você,
ele fez retroceder os seus inimigos.
O Senhor, o Rei de Israel,
está em seu meio;
nunca mais você temerá perigo
algum.
16Naquele dia se dirá a Jerusalém:
"Não tema, ó Sião;
não deixe suas mãos enfraquecerem.
17O Senhor, o seu Deus,
está em seu meio,
poderoso para salvar.
Ele se regozijará em você;
com o seu amor a renovará[a],
ele se regozijará em você
com brados de alegria".
18"Eu ajuntarei os que choram
pelas festas fixas,
os que se afastaram de vocês,
para que isso não mais
lhes pese como vergonha.
19Nessa época agirei
contra todos os que oprimiram vocês;
salvarei os aleijados
e ajuntarei os dispersos.
Darei a eles louvor e honra
em todas as terras
onde foram envergonhados.
20Naquele tempo eu ajuntarei vocês;
naquele tempo os trarei para casa.
Eu lhes darei honra e louvor
entre todos os povos da terra,
quando eu restaurar a sua sorte[b]
diante dos seus próprios olhos",
diz o Senhor.

[a] 3:17 Ou *a tranquilizará*
[b] 3:20 Ou *eu os trouxer de volta*

Ageu

Quem escreveu este livro?

O profeta Ageu.

Por que este livro foi escrito?

O povo havia parado de reconstruir o templo de Deus. Ageu fala às pessoas que o templo deve ser reconstruído — agora.

O que aprendemos sobre Deus neste livro?

Deus abençoará as pessoas que o colocarem em primeiro lugar.

O que há de especial neste livro?

As pessoas ouvem a pregação de Ageu e voltam ao trabalho e terminam de reconstruir o templo.

Quando este livro foi escrito?

Ageu foi escrito após a volta de alguns judeus do cativeiro na Babilônia. Ageu pregou em 520 a.C.

Algumas passagens importantes deste livro:

O povo está pobre porque não colocou Deus em primeiro lugar	Ageu 1:2-11
O povo obedeceu e, a partir de agora, Deus vai abençoá-lo	Ageu 2:15-19

A ordem para a reconstrução do templo

1 No primeiro dia do sexto mês do segundo
ano do reinado de Dario, a palavra do SE-
NHOR veio por meio do profeta Ageu ao go-
vernador de Judá, Zorobabel, filho de Sealtiel,
e ao sumo sacerdote Josué, filho de Jeozada-
que, dizendo:
2“Assim diz o SENHOR dos Exércitos: Este
povo afirma: ‘Ainda não chegou o tempo de
reconstruir a casa do SENHOR’ ”.
3Por isso, a palavra do SENHOR veio nova-
mente por meio do profeta Ageu: 4“Acaso é
tempo de vocês morarem em casas de fino
acabamento, enquanto a minha casa conti-
nua destruída?”
5Agora, assim diz o SENHOR dos Exércitos:
“Vejam aonde os seus caminhos os levaram.
6Vocês têm plantado muito, e colhido pou-
co. Vocês comem, mas não se fartam. Bebem,
mas não se satisfazem. Vestem-se, mas não se
aquecem. Aquele que recebe salário, recebe-o
para colocá-lo numa bolsa furada”.
7Assim diz o SENHOR dos Exércitos: “Vejam
aonde os seus caminhos os levaram! 8Subam
o monte para trazer madeira. Construam o
templo[a], para que eu me alegre e nele seja
glorificado”, diz o SENHOR. 9“Vocês esperavam
muito, mas, eis que veio pouco. E o que vo-
cês trouxeram para casa eu dissipei com um
sopro. E por que o fiz?”, pergunta o SENHOR
dos Exércitos. “Por causa do meu templo, que
ainda está destruído, enquanto cada um de
vocês se ocupa com a sua própria casa. 10Por
isso, por causa de vocês, o céu reteve o orva-
lho e a terra deixou de dar o seu fruto. 11Nos
campos e nos montes provoquei uma seca
que atingiu o trigo, o vinho, o azeite e tudo
mais que a terra produz, e também os ho-
mens e o gado. O trabalho das mãos de vocês
foi prejudicado”.
12Zorobabel, filho de Sealtiel, o sumo sa-
cerdote Josué, filho de Jeozadaque, e todo
o restante do povo obedeceram à voz do SE-
NHOR, o seu Deus, por causa das palavras do
profeta Ageu, a quem o SENHOR, o seu Deus,
enviara. E o povo temeu o SENHOR.
13Então Ageu, o mensageiro do SENHOR,
trouxe esta mensagem do SENHOR para o
povo: “Eu estou com vocês”, declara o SE-
NHOR. 14Assim o SENHOR encorajou o gover-
nador de Judá, Zorobabel, filho de Sealtiel, o
sumo sacerdote Josué, filho de Jeozadaque,
e todo o restante do povo, e eles começaram
a trabalhar no templo do SENHOR dos Exér-
citos, o seu Deus, 15no vigésimo quarto
dia do sexto mês do segundo ano do reina-
do de Dario.

[a] 1:8 Hebraico: *a casa*; também nos versículos 9 e 14, e em 2:3,7,9 e 15.

O esplendor do novo templo

2 No vigésimo primeiro dia do sétimo mês,
veio a palavra do SENHOR por meio do pro-
feta Ageu: 2“Pergunte o seguinte ao gover-
nador de Judá, Zorobabel, filho de Sealtiel,
ao sumo sacerdote Josué, filho de Jeozada-
que, e ao restante do povo: 3Quem de vocês
viu este templo em seu primeiro esplendor?
Comparado a ele, não é como nada o que vo-
cês veem agora?
4“Coragem, Zorobabel”, declara o SENHOR.
“Coragem, sumo sacerdote Josué, filho de
Jeozadaque. Coragem! Ao trabalho, ó povo da
terra!”, declara o SENHOR. “Porque eu estou
com vocês”, declara o SENHOR dos Exércitos.
5“Esta é a aliança que fiz com vocês quando
vocês saíram do Egito: Meu espírito está en-
tre vocês. Não tenham medo”.
6Assim diz o SENHOR dos Exércitos: “Den-
tro de pouco tempo farei tremer o céu, a ter-
ra, o mar e o continente. 7Farei tremer todas
as nações, as quais trarão para cá os seus te-
souros,[b] e encherei este templo de glória”,
diz o SENHOR dos Exércitos. 8“Tanto a pra-
ta quanto o ouro me pertencem”, declara o
SENHOR dos Exércitos. 9“A glória deste no-
vo templo será maior do que a do antigo”,
diz o SENHOR dos Exércitos. “E neste lugar
estabelecerei a paz”, declara o SENHOR dos
Exércitos.

Promessa de bênçãos

10No vigésimo quarto dia do nono mês, no
segundo ano do reinado de Dario, a palavra
do SENHOR veio ao profeta Ageu:
11Assim diz o SENHOR dos Exércitos: “Fa-
ça aos sacerdotes a seguinte pergunta sobre

[b] 2:7 A Vulgata e algumas outras traduções dizem *e o desejado de todas as nações virá.*

Palavras para memorizar

“E neste lugar estabelecerei a paz.”

(Ageu 2:9)

Palavras para memorizar

"Mas, de hoje em diante, abençoarei vocês."

(Ageu 2:19)

a Lei: 12Se alguém levar carne consagrada na
borda de suas vestes, e com elas tocar num
pão, ou em algo cozido, ou em vinho, ou
em azeite ou em qualquer comida, isso fi-
cará consagrado?" Os sacerdotes responde-
ram: "Não".
13Em seguida perguntou Ageu: "Se alguém
ficar impuro por tocar num cadáver e depois
tocar em alguma dessas coisas, ela ficará im-
pura?"
"Sim", responderam os sacerdotes, "fica-
rá impura."
14Ageu transmitiu esta resposta do SENHOR:
"É o que acontece com este povo e com es-
ta nação. Tudo o que fazem e tudo o que me
oferecem é impuro.
15"Agora prestem atenção; de hoje em dian-
te[a] reconsiderem. Em que condições vocês
viviam antes que se colocasse pedra sobre pe-
dra no templo do SENHOR? 16Quando alguém
chegava a um monte de trigo procurando vin-
te medidas, havia apenas dez. Quando alguém
ia ao depósito de vinho para tirar cinquenta
medidas, só encontrava vinte. 17Eu destruí to-
do o trabalho das mãos de vocês, com mofo,
ferrugem e granizo, mas vocês não se volta-
ram para mim", declara o SENHOR. 18"A partir
de hoje, vigésimo quarto dia do nono mês,
atentem para o dia em que os fundamentos
do templo do SENHOR foram lançados. Recon-
siderem: 19ainda há alguma semente no ce-
leiro? Até hoje a videira, a figueira, a romeira
e a oliveira não têm dado fruto. Mas, de hoje
em diante, abençoarei vocês."

As promessas para Zorobabel

20A palavra do SENHOR veio a Ageu pe-
la segunda vez, no vigésimo quarto dia do
nono mês: 21"Diga a Zorobabel, governador
de Judá, que eu farei tremer o céu e a ter-
ra. 22Derrubarei tronos e destruirei o poder
dos reinos estrangeiros. Virarei os carros e
os seus condutores; os cavalos e os seus ca-
valeiros cairão, cada um pela espada do seu
companheiro.
23"Naquele dia", declara o SENHOR dos Exér-
citos, "eu o tomarei, meu servo Zorobabel, fi-
lho de Sealtiel", declara o SENHOR, "e farei de
você um anel de selar, porque o tenho esco-
lhido", declara o SENHOR dos Exércitos.

[a] 2:15 Ou *desde os dias passados*

Zacarias

Quem escreveu este livro?

O profeta Zacarias.

Por que este livro foi escrito?

Zacarias encoraja o povo de Judá a terminar a reconstrução do templo.

O que aprendemos sobre Deus neste livro?

Deus limpará de seu povo o pecado e virá e governará a terra.

O que há de especial neste livro?

Zacarias usa muitos símbolos que são difíceis de entender, como um pergaminho que rolava e uma mulher dentro de um cesto.

Quando este livro foi escrito?

A maior parte da pregação e do escrito de Zacarias foi feita por volta de 520 a.C. A visão dos capítulos 9—14 provavelmente aconteceu por volta de 480 a.C.

Alguns capítulos importantes deste livro:

Deus quer que seu povo ame a justiça e a misericórdia	Zacarias 7—8
Deus virá à terra e governará como Rei	Zacarias 14

Chamado ao arrependimento

1 No oitavo mês do segundo ano do reinado de Dario, a palavra do SENHOR veio ao profeta Zacarias, filho de Berequias e neto de Ido:

2“O SENHOR muito se irou contra os seus antepassados. 3Por isso, diga ao povo: Assim diz o SENHOR dos Exércitos: Voltem para mim, e eu me voltarei para vocês”, diz o SENHOR dos Exércitos. 4“Não sejam como os seus antepassados aos quais os antigos profetas proclamaram: ‘Assim diz o SENHOR dos Exércitos: Deixem os seus caminhos e as suas más obras’. Mas eles não me ouviram nem me deram atenção”, declara o SENHOR. 5“Onde estão agora os seus antepassados? E os profetas, acaso vivem eles para sempre? 6Mas as minhas palavras e os meus decretos, que ordenei aos meus servos, os profetas, alcançaram os seus antepassados e os levaram a converter-se e a dizer: ‘O SENHOR dos Exércitos fez conosco o que os nossos caminhos e práticas mereciam, conforme prometeu’ ”.

A visão dos cavalos

7No vigésimo quarto dia do décimo primeiro mês, o mês de sebate[a], no segundo ano do reinado de Dario, a palavra do SENHOR veio ao profeta Zacarias, filho de Berequias e neto de Ido. 8Durante a noite tive uma visão; apareceu na minha frente um homem montado num cavalo vermelho. Ele estava parado entre as murtas num desfiladeiro. Atrás dele havia cavalos vermelhos, marrons e brancos.

9Então perguntei: Quem são estes, meu senhor? O anjo que estava falando comigo respondeu: “Eu lhe mostrarei quem são”.

10O homem que estava entre as murtas explicou: “São aqueles que o SENHOR enviou por toda a terra”.

11E eles relataram ao anjo do SENHOR que estava entre as murtas: “Percorremos toda a terra e a encontramos em paz e tranquila”.

12Então o anjo do SENHOR respondeu: “SENHOR dos Exércitos, até quando deixarás de ter misericórdia de Jerusalém e das cidades de Judá, com as quais estás indignado há setenta anos?”

13Então o SENHOR respondeu palavras boas e confortadoras ao anjo que falava comigo.

14E o anjo me disse: “Proclame: Assim diz o SENHOR dos Exércitos: ‘Eu tenho sido muito zeloso com Jerusalém e Sião, 15mas estou muito irado contra as nações que se sentem seguras. Porque eu estava apenas um pouco irado com meu povo, mas elas aumentaram a dor que ele sofria!’

16“Por isso, assim diz o SENHOR: ‘Estou me voltando para Jerusalém com misericórdia, e ali o meu templo será reconstruído. A corda de medir será esticada sobre Jerusalém’, declara o SENHOR dos Exércitos.

17“Diga mais: Assim diz o SENHOR dos Exércitos: ‘As minhas cidades transbordarão de prosperidade novamente, e o SENHOR tornará a consolar Sião e a escolher Jerusalém’ ”.

Quatro chifres e quatro artesãos

18Depois eu olhei para o alto e vi quatro chifres. 19Então perguntei ao anjo que falava comigo: O que é isso?

Ele me respondeu: “São os chifres que dispersaram Judá, Israel e Jerusalém”.

20Depois o SENHOR mostrou-me quatro artesãos. 21Eu perguntei: O que eles vêm fazer?

Ele respondeu: “Ali estão os chifres que dispersaram Judá ao ponto de ninguém conseguir sequer levantar a cabeça, mas os artesãos vieram aterrorizar e quebrar esses chifres das nações que se levantaram contra o povo de Judá para dispersá-lo”.

O homem com a corda de medir

2 Olhei em seguida e vi um homem segurando uma corda de medir. 2Eu lhe perguntei: Aonde você vai?

Ele me respondeu: “Vou medir Jerusalém para saber o seu comprimento e a sua largura”.

3Então o anjo que falava comigo retirou-se, e outro anjo foi ao seu encontro 4e lhe disse: “Corra e diga àquele jovem: Jerusalém será habitada como uma cidade sem muros por causa dos seus muitos habitantes e rebanhos. 5E eu mesmo serei para ela um muro de fogo ao seu redor, declara o SENHOR, e dentro dela serei a sua glória”.

6“Atenção! Atenção! Fujam da terra do norte”, declara o SENHOR, “porque eu os espalhei aos quatro ventos da terra”, diz o SENHOR.

7“Atenção, ó Sião! Escapem, vocês que vivem na cidade[b] da Babilônia! 8Porque assim diz o SENHOR dos Exércitos: ‘Ele me enviou para buscar a sua glória entre as nações que saquearam vocês, porque todo o que tocar em vocês, toca na menina dos olhos dele’. 9Certamente levantarei a minha mão contra as nações de forma que serão um espólio para os seus servos. Então vocês saberão que foi o SENHOR dos Exércitos que me enviou.

[a] 1:7 Aproximadamente janeiro/fevereiro.

[b] 2:7 Hebraico: *filha*; também no versículo 10.

10“Cante e alegre-se, ó cidade de Sião! Por-
que venho fazer de você a minha habitação”,
declara o SENHOR. 11“Muitas nações se unirão
ao SENHOR naquele dia e se tornarão meu
povo. Então você será a minha habitação e
reconhecerá que o SENHOR dos Exércitos me
enviou a você. 12O SENHOR herdará Judá como
sua propriedade na terra santa e escolherá de
novo Jerusalém. 13Aquietem-se todos peran-
te o SENHOR, porque ele se levantou de sua
santa habitação”.

Vestes limpas para o sumo sacerdote

3 Depois disso ele me mostrou o sumo sa-
cerdote Josué diante do anjo do SENHOR,
e Satanás, à sua direita, para acusá-lo. 2O an-
jo do SENHOR disse a Satanás: “O SENHOR o
repreenda, Satanás! O SENHOR que escolheu
Jerusalém o repreenda! Este homem não pa-
rece um tição tirado do fogo?”

3Ora, Josué, vestido de roupas impuras, es-
tava em pé diante do anjo. 4O anjo disse aos
que estavam diante dele: “Tirem as roupas
impuras dele”.

Depois disse a Josué: “Veja, eu tirei de vo-
cê o seu pecado, e coloquei vestes nobres so-
bre você”.

5Disse também: “Coloquem um turbante
limpo em sua cabeça”. Colocaram o turban-
te nele e o vestiram, enquanto o anjo do SE-
NHOR observava.

6O anjo do SENHOR exortou Josué, dizen-
do: 7“Assim diz o SENHOR dos Exércitos: ‘Se
você andar nos meus caminhos e obedecer
aos meus preceitos, você governará a minha
casa e também estará encarregado das mi-
nhas cortes, e eu lhe darei um lugar entre
estes que estão aqui.

8“ ‘Ouçam bem, sumo sacerdote Josué e
seus companheiros sentados diante de vo-
cê, homens que simbolizam coisas que virão:
Trarei o meu servo, o Renovo. 9Vejam a pedra
que coloquei na frente de Josué! Ela tem sete
pares de olhos[a], e eu gravarei nela uma ins-
crição’, declara o SENHOR dos Exércitos, ‘e re-
moverei o pecado desta terra num único dia.

10“ ‘Naquele dia’, declara o SENHOR dos
Exércitos, ‘cada um de vocês convidará seu
próximo para assentar-se debaixo da sua vi-
deira e debaixo da sua figueira’ ”.

O candelabro de ouro e as duas oliveiras

4 Depois o anjo que falava comigo tornou a
despertar-me, como se desperta alguém
do sono, 2e me perguntou: “O que você es-
tá vendo?”

Respondi: Vejo um candelabro de ouro
maciço, com um recipiente para azeite na
parte superior e sete lâmpadas e sete canos
para as lâmpadas. 3Há também duas olivei-
ras junto ao recipiente, uma à direita e ou-
tra à esquerda.

4Perguntei ao anjo que falava comigo: O
que significa isso, meu senhor?

5Ele disse: “Você não sabe?”

Não, meu senhor, respondi.

Oráculo sobre Zorobabel e o templo

6“Esta é a palavra do SENHOR para Zoroba-
bel: ‘Não por força nem por violência, mas pe-
lo meu Espírito’, diz o SENHOR dos Exércitos.

7“Quem você pensa que é, ó montanha ma-
jestosa? Diante de Zorobabel você se tornará
uma planície. Ele colocará a pedra principal
aos gritos de ‘Deus abençoe! Deus abençoe!’ ”

[a] 3:9 Ou *7 faces*

A vida nos tempos da Bíblia

A corda de medir

Nos tempos bíblicos, os carpinteiros não tinham fita métrica, régua ou trena, mas usavam um junco (um tipo de planta) para medições pequenas. Para medições maiores, eles usavam cordas, nas quais marcavam distâncias dando nós.

8Então o SENHOR me falou: 9"As mãos de
Zorobabel colocaram os fundamentos deste
templo; suas mãos também o terminarão. As-
sim saberão que o SENHOR dos Exércitos me
enviou a vocês.
10"Pois aqueles que desprezaram o dia das
pequenas coisas terão grande alegria ao ve-
rem a pedra principal nas mãos de Zoroba-
bel".

Explicação da visão do candelabro

Então ele me disse: "Estas sete lâmpadas
são os olhos do SENHOR, que sondam toda
a terra".
11A seguir perguntei ao anjo: O que signifi-
cam estas duas oliveiras à direita e à esquer-
da do candelabro?
12E perguntei também: O que significam es-
tes dois ramos de oliveira ao lado dos dois tu-
bos de ouro que derramam azeite dourado?
13Ele disse: "Você não sabe?"
Não, meu senhor, respondi.
14Então ele me disse: "São os dois homens
que foram ungidos para servir[a] ao Soberano
de toda a terra!"

A visão do pergaminho que voava

5 Levantei novamente os olhos, e vi diante
de mim um pergaminho que voava.
2O anjo me perguntou: "O que você está
vendo?"
Respondi: Vejo um pergaminho voando,
com nove metros de comprimento por qua-
tro e meio de largura[b].
3Então ele me disse: "Nele está escrita a
maldição que está sendo derramada sobre
toda a terra, porque tanto o ladrão como o
que jura falsamente serão expulsos, confor-
me essa maldição. 4Assim declara o SENHOR
dos Exércitos: 'Eu lancei essa maldição para
que ela entre na casa do ladrão e na casa do
que jura falsamente pelo meu nome. Ela fi-
cará em sua casa e destruirá tanto as vigas
como os tijolos!' "

A mulher dentro de um cesto

5Em seguida o anjo que falava comigo se
adiantou e me disse: "Olhe e veja o que vem
surgindo".
6Perguntei o que era aquilo, e ele me res-
pondeu: "É uma vasilha[c]". E disse mais: "Aí
está o pecado[d] de todo o povo desta terra".
7Então a tampa de chumbo foi retirada, e
dentro da vasilha estava sentada uma mu-
lher! 8Ele disse: "Esta é a Perversidade", e a
empurrou para dentro da vasilha e a fechou
de novo com a tampa de chumbo.
9De novo ergui os olhos e vi chegarem à
minha frente duas mulheres com asas como
de cegonha; o vento impeliu suas asas, e elas
ergueram a vasilha entre o céu e a terra.
10Perguntei ao anjo: Para onde estão levan-
do a vasilha?
11Ele respondeu: "Para a Babilônia[e], onde
vão construir um santuário para ela. Quan-
do ficar pronto, a vasilha será colocada lá, em
seu pedestal".

Quatro carruagens

6 Olhei novamente e vi diante de mim qua-
tro carruagens que vinham saindo do meio
de duas montanhas de bronze. 2À primeira es-
tavam atrelados cavalos vermelhos, à segun-
da, cavalos pretos, 3à terceira, cavalos brancos,
e à quarta, cavalos malhados. Todos eram vi-
gorosos. 4Perguntei ao anjo que falava comi-
go: Que representam estes cavalos atrelados,
meu senhor?
5O anjo me respondeu: "Estes são os qua-
tro espíritos[f] dos céus, que acabam de sair da
presença do Soberano de toda a terra. 6A car-
ruagem puxada pelos cavalos pretos vai em
direção à terra do norte, a que tem cavalos
brancos vai em direção ao ocidente[g], e a que
tem cavalos malhados vai para a terra do sul".
7Os vigorosos cavalos avançavam, impa-
cientes por percorrer a terra. E o anjo lhes
disse: "Percorram toda a terra!" E eles foram.
8Então ele me chamou e disse: "Veja, os
que foram para a terra do norte deram re-
pouso ao meu Espírito[h] naquela terra".

A coroa de Josué

9E o SENHOR me ordenou: 10"Tome prata e
ouro dos exilados Heldai, Tobias e Jedaías,
que chegaram da Babilônia. No mesmo dia
vá à casa de Josias, filho de Sofonias. 11Pegue
a prata e o ouro, faça uma coroa, e coloque-a
na cabeça do sumo sacerdote Josué, filho de
Jeozadaque. 12Diga-lhe que assim diz o SE-
NHOR dos Exércitos: Aqui está o homem cujo
nome é Renovo, e ele sairá do seu lugar e
construirá o templo do SENHOR. 13Ele cons-
truirá o templo do SENHOR, será revestido de
majestade e se assentará em seu trono para

[a] 4:14 Ou *os dois que trazem óleo e servem*
[b] 5:2 Hebraico: *20 côvados de comprimento e 10 côvados de largura.* O côvado era uma medida linear de cerca de 45 centímetros.
[c] 5:6 Hebraico: *1 efa.*
[d] 5:6 Ou *aparência*
[e] 5:11 Hebraico: *Sinear.*
[f] 6:5 Ou *ventos*
[g] 6:6 Hebraico: *vai atrás deles.*
[h] 6:8 Ou *espírito*

governar. Ele será sacerdote no trono. E haverá harmonia entre os dois. 14A coroa será para Heldai[a], Tobias, Jedaías e Hem[b], filho de Sofonias, como um memorial no templo do SENHOR. 15Gente de longe virá ajudar a construir o templo do SENHOR. Então vocês saberão que o SENHOR dos Exércitos me enviou a vocês. Isto só acontecerá se obedecerem fielmente à voz do SENHOR, o seu Deus".

Justiça e misericórdia ao invés de jejuns

7 No quarto ano do reinado do rei Dario, a palavra do SENHOR veio a Zacarias, no quarto dia do nono mês, o mês de quisleu[c]. 2Foi quando o povo de Betel enviou Sarezer e Regém-Meleque com seus homens, para suplicarem ao SENHOR, 3perguntando aos sacerdotes do templo do SENHOR dos Exércitos e aos profetas: "Devemos lamentar e jejuar no quinto mês, como já estamos fazendo há tantos anos?"

4Então o SENHOR dos Exércitos me falou: 5"Pergunte a todo o povo e aos sacerdotes: Quando vocês jejuaram no quinto e no sétimo meses durante os últimos setenta anos, foi de fato para mim que jejuaram? 6E quando comiam e bebiam, não era para vocês mesmos que o faziam? 7Não são essas as palavras do SENHOR proclamadas pelos antigos profetas quando Jerusalém e as cidades ao seu redor estavam em paz e prosperavam, e o Neguebe e a Sefelá[d] eram habitados?"

8E a palavra do SENHOR veio novamente a Zacarias: 9"Assim diz o SENHOR dos Exércitos: Administrem a verdadeira justiça, mostrem misericórdia e compaixão uns para com os outros. 10Não oprimam a viúva e o órfão, nem o estrangeiro e o necessitado. Nem tramem maldades uns contra os outros".

11Mas eles se recusaram a dar atenção; teimosamente viraram as costas e taparam os ouvidos. 12Endureceram o coração e não ouviram a Lei e as palavras que o SENHOR dos Exércitos tinha falado, pelo seu Espírito, por meio dos antigos profetas. Por isso o SENHOR dos Exércitos irou-se muito.

13"Quando eu os chamei, não me deram ouvidos; por isso, quando eles me chamarem, também não os ouvirei", diz o SENHOR dos Exércitos. 14"Eu os espalhei com um vendaval entre nações que eles nem conhecem. A terra que deixaram para trás ficou tão destruída que ninguém podia atravessá-la. Foi assim que transformaram a terra aprazível em ruínas."

A bênção do SENHOR para Jerusalém

8 Mais uma vez veio a mim a palavra do SENHOR dos Exércitos. 2Assim diz o SENHOR dos Exércitos: "Tenho muito ciúme de Sião; estou me consumindo de ciúmes por ela".

3Assim diz o SENHOR: "Estou voltando para Sião e habitarei em Jerusalém. Então Jerusalém será chamada Cidade da Verdade, e o monte do SENHOR dos Exércitos será chamado monte Sagrado".

4Assim diz o SENHOR dos Exércitos: "Homens e mulheres de idade avançada voltarão a sentar-se nas praças de Jerusalém, cada um com sua bengala, por causa da idade. 5As ruas da cidade ficarão cheias de meninos e meninas brincando.

[a] 6:14 Conforme a Versão Siríaca. O Texto Massorético diz *Helém*.
[b] 6:14 Ou *o bondoso*
[c] 7:1 Aproximadamente novembro/dezembro.
[d] 7:7 Pequena faixa de terra de relevo variável entre a planície costeira e as montanhas.

Quando Deus não responde a oração

Experimente!

Leia Zacarias 7:8-14 e escreva, em uma frase, por que Deus não ouviria as orações do povo sobre o qual Zacarias escreve (veja especialmente o versículo 13).

Da próxima vez que você orar, pare antes e pense: "Há alguma coisa que você tenha feito de errado e sobre a qual precise conversar com Deus?". Quando confessa seus pecados a Deus e tenta fazer o que é certo, você pode ter certeza de que Deus ouvirá suas orações.

Zacarias 7:8-14

6“Mesmo que isso pareça impossível para o
remanescente deste povo naquela época, se-
rá impossível para mim?”, declara o SENHOR
dos Exércitos.
7Assim diz o SENHOR dos Exércitos: “Sal-
varei meu povo dos países do oriente e do
ocidente. 8Eu os trarei de volta para que ha-
bitem em Jerusalém; serão meu povo e eu
serei o Deus deles, com fidelidade e justiça”.
9Assim diz o SENHOR dos Exércitos: “Vo-
cês que estão ouvindo hoje estas palavras
já proferidas pelos profetas quando foram
lançados os alicerces do templo do SENHOR
dos Exércitos, fortaleçam as mãos para que
o templo seja construído. 10Pois antes daque-
le tempo não havia salários para os homens
nem para os animais. Ninguém podia tratar
dos seus negócios com segurança por causa
de seus adversários, porque eu tinha posto
cada um contra o seu próximo. 11Mas agora
não mais tratarei com o remanescente deste
povo como fiz no passado”, declara o SENHOR
dos Exércitos.
12“Haverá uma rica semeadura, a videira
dará o seu fruto, a terra produzirá suas co-
lheitas e o céu derramará o orvalho. E darei
todas essas coisas como uma herança ao re-
manescente deste povo. 13Assim como vocês
foram uma maldição para as nações, ó Ju-
dá e Israel, também os salvarei e vocês se-
rão uma bênção. Não tenham medo, antes,
sejam fortes.”
14Assim diz o SENHOR dos Exércitos: “Assim
como eu havia decidido castigar vocês sem
compaixão quando os seus antepassados me
enfureceram”, diz o SENHOR dos Exércitos,
15“também agora decidi fazer de novo o bem
a Jerusalém e a Judá. Não tenham medo! 16Eis
o que devem fazer: Falem somente a verda-
de uns com os outros, e julguem retamente
em seus tribunais; 17não planejem no íntimo
o mal contra o seu próximo, e não queiram
jurar com falsidade. Porque eu odeio todas
essas coisas”, declara o SENHOR.
18Mais uma vez veio a mim a palavra do
SENHOR dos Exércitos. 19Assim diz o SENHOR
dos Exércitos:
“Os jejuns do quarto mês, bem como os
do quinto, do sétimo e do décimo mês serão
ocasiões alegres e cheias de júbilo, festas fe-
lizes para o povo de Judá. Por isso amem a
verdade e a paz”.
20Assim diz o SENHOR dos Exércitos: “Povos
e habitantes de muitas cidades ainda virão,
21e os habitantes de uma cidade irão a outra e
dirão: ‘Vamos logo suplicar o favor do SENHOR
e buscar o SENHOR dos Exércitos. Eu mesmo
já estou indo’. 22E muitos povos e nações po-
derosas virão buscar o SENHOR dos Exércitos
em Jerusalém e suplicar o seu favor”.
23Assim diz o SENHOR dos Exércitos: “Na-
queles dias, dez homens de todas as línguas
e nações agarrarão firmemente a barra das
vestes de um judeu e dirão: ‘Nós vamos com
você porque ouvimos dizer que Deus está
com o seu povo’”.

Julgamento dos inimigos de Israel

9 A advertência do SENHOR é contra a terra
de Hadraque
e cairá sobre Damasco,
porque os olhos do SENHOR estão sobre
toda a humanidade
e sobre todas as tribos de Israel,
2e também sobre Hamate que faz
fronteira com Damasco,
e sobre Tiro e Sidom, embora sejam
muito sábias.
3Tiro construiu para si uma fortaleza;
acumulou prata como pó,
e ouro como lama das ruas.
4Mas o Senhor se apossará dela
e lançará no mar suas riquezas,
e ela será consumida pelo fogo.
5Ao ver isso Ascalom ficará com medo;
Gaza também se contorcerá de agonia,
assim como Ecrom,
porque a sua esperança fracassou.
Gaza perderá o seu rei,
e Ascalom ficará deserta.
6Um povo bastardo ocupará Asdode,
e assim eu acabarei
com o orgulho dos filisteus.
7Tirarei o sangue de suas bocas,
e a comida proibida
dentre os seus dentes.
Aquele que restar pertencerá
ao nosso Deus
e se tornará chefe em Judá,
e Ecrom será como os jebuseus.
8Defenderei a minha casa
contra os invasores.
Nunca mais um opressor
passará por cima do meu povo,
porque agora eu vejo isso
com os meus próprios olhos.

A vinda do rei de Sião

9Alegre-se muito, cidade[a] de Sião!
Exulte, Jerusalém!

[a] 9:9 Hebraico: *filha*.

Eis que o seu rei[a] vem a você,
justo e vitorioso,
humilde e montado num jumento,
um jumentinho, cria de jumenta.
10 Ele destruirá
os carros de guerra de Efraim
e os cavalos de Jerusalém,
e os arcos de batalha serão quebrados.
Ele proclamará paz às nações
e dominará de um mar a outro,
e do Eufrates[b] até os confins da terra[c].
11 Quanto a você, por causa do sangue
da minha aliança com você,
libertarei os seus prisioneiros
de um poço sem água.
12 Voltem à sua fortaleza,
ó prisioneiros da esperança;
pois hoje mesmo anuncio que
restaurarei
tudo em dobro para vocês.
13 Quando eu curvar Judá
como se curva um arco
e usar Efraim como flecha,
levantarei os filhos de Sião
contra os filhos da Grécia,
e farei Sião semelhante
à espada de um guerreiro.

O aparecimento do Senhor

14 Então o SENHOR aparecerá sobre eles;
sua flecha brilhará como o
relâmpago.
O Soberano, o SENHOR,
tocará a trombeta
e marchará em meio às
tempestades do sul;
15 o SENHOR dos Exércitos os protegerá.
Eles pisotearão e destruirão
as pedras das atiradeiras.
Eles beberão o sangue do inimigo
como se fosse vinho;
estarão cheios como a bacia
usada para aspergir[d] água
nos cantos do altar.
16 Naquele dia o SENHOR, o seu Deus,
os salvará como rebanho do seu
povo,
e como joias de uma coroa
brilharão em sua terra.
17 Ah! Como serão belos!
Como serão formosos!
O trigo dará vigor aos rapazes,
e o vinho novo às moças.

[a] 9:9 Ou *Rei*
[b] 9:10 Hebraico: *do Rio.*
[c] 9:10 Ou *da nação*
[d] 9:15 Ou *aspergir, como*

O cuidado do Senhor por Judá

10 Peça ao SENHOR
chuva de primavera,
pois é o SENHOR quem faz o trovão,
quem envia a chuva aos homens
e lhes dá as plantas do campo.
2 Porque os ídolos falam mentiras,
os adivinhadores têm falsas visões
e contam sonhos enganadores;
o consolo que trazem é vão.
Por isso o povo vagueia como ovelhas
aflitas pela falta de um pastor.
3 "Contra os pastores
acende-se a minha ira,
e contra os líderes eu agirei."
Porque o SENHOR dos Exércitos
cuidará de seu rebanho, o povo de
Judá,
ele fará dele o seu vigoroso cavalo
de guerra.
4 Dele virão a pedra fundamental,
e a estaca da tenda,
o arco da batalha e os governantes.
5 Juntos serão[e] como guerreiros
que pisam a lama das ruas
na batalha.
Lutarão e derrubarão os cavaleiros
porque o SENHOR estará com eles.

6 "Assim, eu fortalecerei a tribo de Judá
e salvarei a casa de José.
Eu os restaurarei
porque tenho compaixão deles.
Eles serão como se
eu nunca os tivesse rejeitado,
porque eu sou o SENHOR, o Deus deles,
e lhes responderei.
7 Efraim será como um homem poderoso;
seu coração se alegrará
como se fosse com vinho,

[e] 10:4-5 Ou *governará, todos eles juntos.* [5] *Eles serão*

Palavras para memorizar

"Eles serão como se eu nunca os tivesse rejeitado, porque eu sou o SENHOR, o Deus deles, e lhes responderei."

(Zacarias 10:6)

seus filhos o verão e se alegrarão;
seus corações exultarão no SENHOR.
[8]Assobiarei para eles e os ajuntarei,
pois eu já os resgatei.
Serão numerosos como antes.
[9]Embora eu os espalhe por entre
os povos de terras distantes,
eles se lembrarão de mim.
Criarão seus filhos e voltarão.
[10]Eu os farei retornar do Egito
e os ajuntarei de volta da Assíria.
Eu os levarei para as terras de Gileade
e do Líbano,
e mesmo assim não haverá espaço
suficiente para eles.
[11]Vencerei o mar da aflição,
ferirei o mar revoltoso,
e as profundezas do Nilo se secarão.
O orgulho da Assíria será abatido
e o poder do Egito será derrubado.
[12]Eu os fortalecerei no SENHOR,
e em meu nome marcharão",
diz o SENHOR.

11 Abra as suas portas, ó Líbano,
para que o fogo devore os seus cedros.
[2]Agonize, ó pinheiro,
porque o cedro caiu
e as majestosas árvores
foram devastadas.
Agonizem, carvalhos de Basã,
pois a floresta densa
está sendo derrubada.
[3]Ouçam o gemido dos pastores;
os seus formosos pastos
foram devastados.
Ouçam o rugido dos leões;
pois a rica floresta do Jordão
foi destruída.

Dois pastores

[4]Assim diz o SENHOR, o meu Deus: "Pasto-
reie o rebanho destinado à matança, [5]porque
os seus compradores o matam e ninguém os
castiga. Aqueles que o vendem dizem: 'Ben-
dito seja o SENHOR, estou rico!' Nem os pró-
prios pastores poupam o rebanho. [6]Por isso,
não pouparei mais os habitantes desta terra",
diz o SENHOR. "Entregarei cada um ao seu
próximo e ao seu rei. Eles acabarão com a ter-
ra e eu não livrarei ninguém das suas mãos".
[7]Eu me tornei pastor do rebanho destinado
à matança, os oprimidos do rebanho. Então
peguei duas varas e chamei a uma Favor e a
outra União, e com elas pastoreei o rebanho.
[8]Em um só mês eu me livrei dos três pasto-
res. Porque eu me cansei deles e o rebanho
me detestava. [9]Então eu disse: Não serei o
pastor de vocês. Morram as que estão mor-
rendo, pereçam as que estão perecendo. E
as que sobrarem comam a carne umas das
outras.
[10]Então peguei a vara chamada Favor e a
quebrei, cancelando a aliança que tinha fei-
to com todas as nações. [11]Foi cancelada na-
quele dia, e assim os aflitos do rebanho que
estavam me olhando entenderam que essa
palavra era do SENHOR.
[12]Eu lhes disse: Se acharem melhor assim,
paguem-me; se não, não me paguem. Então
eles me pagaram trinta moedas de prata.
[13]E o SENHOR me disse: "Lance isto ao olei-
ro", o ótimo preço pelo qual me avaliaram!
Por isso tomei as trinta moedas de prata e
as atirei no templo do SENHOR, para o oleiro.
[14]Depois disso, quebrei minha segunda va-
ra, chamada União, rompendo a relação de
irmãos entre Judá e Israel.

Pastores bons e maus

Na Bíblia, os ministros são chamados de "pastores". Leia Zacarias 11:15-17 e responda às seguintes perguntas: "O que um pastor mau faz? O que você acha que um pastor bom faria?".

Se tiver irmãos mais novos, você pode ser pastor de Deus para eles! Leia essa passagem para seus pais ou avós e peça-lhes ajuda para decidir cinco maneiras pelas quais você pode ser um bom pastor para seus irmãos.

Experimente!

Zacarias 11:15-17

15Então o SENHOR me disse: "Pegue nova-
mente os utensílios de um pastor insensato.
16Porque levantarei nesta terra um pastor que
não se preocupará com as ovelhas perdidas,
nem procurará a que está solta, nem curará
as machucadas, nem alimentará as sadias,
mas comerá a carne das ovelhas mais gor-
das, arrancando as suas patas.

17"Ai do pastor imprestável,
que abandona o rebanho!
Que a espada fira o seu braço
e fure o seu olho direito!
Que o seu braço seque completamente,
e fique totalmente cego
o seu olho direito!"

A destruição dos inimigos de Jerusalém

12 Esta é a palavra do SENHOR para Israel;
palavra do SENHOR que estende o céu,
assenta o alicerce da terra e forma o espírito
do homem dentro dele:
2"Farei de Jerusalém uma taça que em-
briague todos os povos ao seu redor, todos
os que estarão no cerco contra Judá e Jerusa-
lém. 3Naquele dia, quando todas as nações da
terra estiverem reunidas para atacá-la, farei
de Jerusalém uma pedra pesada para todas
as nações. Todos os que tentarem levantá-la
se machucarão muito. 4Naquele dia porei em
pânico todos os cavalos e deixarei loucos os
seus cavaleiros", diz o SENHOR. "Protegerei o
povo de Judá, mas cegarei todos os cavalos
das nações. 5Então os líderes de Judá pensa-
rão: 'Os habitantes de Jerusalém são fortes
porque o SENHOR dos Exércitos é o seu Deus!'
6"Naquele dia farei que os líderes de Judá
sejam semelhantes a um braseiro no meio
de um monte de lenha, como uma tocha in-
candescente entre gravetos. Eles consumi-
rão à direita e à esquerda todos os povos ao
redor, mas Jerusalém permanecerá intacta
em seu lugar.
7"O SENHOR salvará primeiro as tendas de
Judá, para que a honra da família de Davi e
dos habitantes de Jerusalém não seja supe-
rior à de Judá. 8Naquele dia o SENHOR pro-
tegerá os que vivem em Jerusalém, e assim
o mais fraco dentre eles será como Davi, e a
família de Davi será como Deus, como o anjo
do SENHOR que vai adiante deles.

Arrependimento dos habitantes de Jerusalém

9"Naquele dia procurarei destruir todas
as nações que atacarem Jerusalém. 10E der-
ramarei sobre a família de Davi e sobre os
habitantes de Jerusalém um espírito[a] de
ação de graças e de súplicas. Olharão para
mim, aquele a quem traspassaram, e chora-
rão por ele como quem chora a perda de um
filho único, e se lamentarão amargamente
por ele como quem lamenta a perda do fi-
lho mais velho. 11Naquele dia muitos chora-
rão em Jerusalém, como os que choraram
em Hadade-Rimom no vale de Megido. 12To-
do o país chorará, separadamente cada famí-
lia com suas mulheres chorará: a família de
Davi com suas mulheres, a família de Natã
com suas mulheres, 13a família de Levi com
suas mulheres, a família de Simei com suas
mulheres, 14e todas as demais famílias com
suas mulheres.

A eliminação dos profetas

13 "Naquele dia uma fonte jorrará para os
descendentes de Davi e para os habitan-
tes de Jerusalém, para purificá-los do pecado
e da impureza.
2"Naquele dia eliminarei da terra de Is-
rael os nomes dos ídolos, e nunca mais se-
rão lembrados", diz o SENHOR dos Exércitos.
"Removerei da terra tanto os profetas como
o espírito imundo. 3E se alguém ainda pro-
fetizar, seu próprio pai e sua mãe lhe dirão:
'Você deve morrer porque disse mentiras em
nome do SENHOR'. Quando ele profetizar, os
seus próprios pais o esfaquearão.
4"Naquele dia todo profeta se envergonha-
rá de sua visão profética. Não usará o man-
to de profeta, feito de pele, para enganar. 5Ele
dirá: 'Eu não sou profeta. Sou um homem
do campo; a terra tem sido o meu sustento
desde a minha mocidade[b]'. 6Se alguém lhe
perguntar: 'Que feridas são estas no seu cor-
po?[c]', ele responderá: 'Fui ferido na casa de
meus amigos'.

O pastor ferido e as ovelhas dispersas

7"Levante-se, ó espada,
contra o meu pastor,
contra o meu companheiro!",
declara o SENHOR dos Exércitos.
"Fira o pastor,
e as ovelhas se dispersarão,
e voltarei minha mão
para os pequeninos.
8Na terra toda, dois terços
serão ceifados e morrerão;
todavia a terça parte permanecerá",
diz o SENHOR.

[a] 12:10 Ou *o Espírito*
[b] 13:5 Ou *um homem vendeu-me em minha mocidade*
[c] 13:6 Ou *em suas mãos?*

9“Colocarei essa terça parte no fogo,
e a refinarei como prata,
e a purificarei como ouro.
Ela invocará o meu nome,
e eu lhe responderei.
É o meu povo, direi;
e ela dirá: ‘O SENHOR é o meu Deus’. ”

A vinda do reino do SENHOR

14 Vejam, o dia do SENHOR virá, quando no
meio de vocês os seus bens serão divi-
didos.
2Reunirei todos os povos para lutarem con-
tra Jerusalém; a cidade será conquistada, as
casas saqueadas e as mulheres violentadas.
Metade da população será levada para o exí-
lio, mas o restante do povo não será tirado
da cidade.
3Depois o SENHOR sairá para a guerra con-
tra aquelas nações, como ele faz em dia de
batalha. 4Naquele dia os seus pés estarão so-
bre o monte das Oliveiras, a leste de Jerusa-
lém, e o monte se dividirá ao meio, de leste a
oeste, por um grande vale; metade do monte
será removido para o norte, e a outra metade
para o sul. 5Vocês fugirão pelo meu vale entre
os montes, pois ele se estenderá até Azel. Fu-
girão como fugiram do terremoto[a] nos dias
de Uzias, rei de Judá. Então o SENHOR, o meu
Deus, virá com todos os seus santos.
6Naquele dia não haverá calor nem frio.
7Será um dia único, um dia que o SENHOR co-
nhece, no qual não haverá separação entre
dia e noite, porque, mesmo depois de anoi-
tecer, haverá claridade.
8Naquele dia águas correntes fluirão de Je-
rusalém, metade delas para o mar do leste[b] e
metade para o mar do oeste[c]. Isso acontecerá
tanto no verão como no inverno.
9O SENHOR será rei de toda a terra. Naquele
dia haverá um só SENHOR e o seu nome será
o único nome.
10A terra toda, desde Geba até Rimom, ao
sul de Jerusalém, será semelhante à Arabá.
Mas Jerusalém será restabelecida e perma-
necerá em seu lugar, desde a porta de Ben-
jamim até o lugar da primeira porta, até a
porta da Esquina, e desde a torre de Hana-
neel até os tanques de prensar uvas do rei.
11Será habitada; nunca mais será destruída.
Jerusalém estará segura.
12Esta é a praga com a qual o SENHOR cas-
tigará todas as nações que lutarem contra
Jerusalém: sua carne apodrecerá enquanto
estiverem ainda em pé, seus olhos apodrece-
rão em suas órbitas e sua língua apodrecerá
em sua boca. 13Naquele dia, grande confusão
causada pelo SENHOR dominará essas nações.
Cada um atacará o que estiver ao seu lado.
14Também Judá lutará em Jerusalém. A ri-
queza de todas as nações vizinhas será reco-
lhida, grandes quantidades de ouro, prata e
roupas. 15A mesma praga cairá sobre cavalos e
mulas, camelos e burros, sobre todos os ani-
mais daquelas nações.

[a] 14:5 Ou *Meu vale dos montes será fechado e se estenderá até Azel. Ele será fechado desse modo por causa do terremoto*

[b] 14:8 Isto é, o mar Morto.
[c] 14:8 Isto é, o Mediterrâneo.

A vida nos tempos da Bíblia

Fontes

Na parte norte de Israel, há muitas fontes de água que borbulham da terra. Quando a Bíblia usa a palavra “fonte”, ela geralmente quer dizer uma nascente, que dá a água necessária para limpeza, consumo e para regar plantações.

16Então, os sobreviventes de todas as na-
ções que atacaram Jerusalém subirão ano
após ano para adorar o rei, o SENHOR dos
Exércitos, para celebrar a festa das cabanas[a].
17Se algum dentre os povos da terra não su-
bir a Jerusalém para adorar o Rei, o SENHOR
dos Exércitos, não virá para ele a chuva. 18Se
os egípcios não subirem para participar, o
SENHOR mandará sobre eles a praga com a
qual afligirá as nações que se recusarem a
subir para celebrar a festa das cabanas. 19Sim,
essa será a punição do Egito e de todas as
nações que não subirem para celebrar a fes-
ta das cabanas.
20Naquele dia estará inscrito nas sinetas
penduradas nos cavalos: "Separado para o
SENHOR". Os caldeirões do templo do SENHOR
serão tão sagrados quanto as bacias diante do
altar. 21Cada panela de Jerusalém e de Judá
será separada para o SENHOR dos Exércitos,
e todos os que vierem sacrificar pegarão pa-
nelas e cozinharão nelas. E, a partir daque-
le dia, nunca mais haverá comerciantes[b] no
templo do SENHOR dos Exércitos.

[a] 14:16 Ou *dos tabernáculos*; hebraico: *sucote*; também nos versículos 18 e 19.

[b] 14:21 Hebraico: *cananeus*.

Malaquias

Quem escreveu este livro?

O profeta Malaquias.

Por que este livro foi escrito?

Malaquias mostra que os filhos do povo que retornou da Babilônia para Judá afastaram-se de Deus.

O que aprendemos sobre Deus neste livro?

Deus merece o nosso melhor e se lembrará daqueles que o amam e falam dele.

O que há de especial neste livro?

O profeta responde às perguntas bobas que as pessoas fazem, e suas respostas nos ensinam como demonstrar amor por Deus.

Quando este livro foi escrito?

Malaquias foi escrito entre 465 a.C. e 430 a.C.

Algumas passagens importantes deste livro:

Honrar a Deus	Malaquias 1:6-11
Roubar de Deus	Malaquias 3:6-12
O tesouro pessoal de Deus	Malaquias 3:16-18

1 Uma advertência: a palavra do SENHOR con-
tra Israel, por meio de Malaquias[a].

O amor de Deus por Israel

2"Eu sempre os amei", diz o SENHOR.
"Mas vocês perguntam: 'De que maneira
nos amaste?'
"Não era Esaú irmão de Jacó?", declara o
SENHOR. "Todavia eu amei Jacó, 3mas rejeitei
Esaú. Transformei suas montanhas em terra
devastada e as terras de sua herança em mo-
rada de chacais do deserto."
4Embora Edom afirme: "Fomos esmaga-
dos, mas reconstruiremos as ruínas", assim
diz o SENHOR dos Exércitos:
"Podem construir, mas eu demolirei. Eles
serão chamados Terra Perversa, povo contra
quem o SENHOR está irado para sempre. 5Vo-
cês verão isso com os seus próprios olhos e
exclamarão: 'Grande é o SENHOR, até mesmo
além das fronteiras de Israel![b]'

A rejeição dos sacrifícios impuros

6"O filho honra seu pai, e o servo, o seu se-
nhor. Se eu sou pai, onde está a honra que
me é devida? Se eu sou senhor, onde está o
temor que me devem?", pergunta o SENHOR
dos Exércitos a vocês, sacerdotes. "São vocês
que desprezam o meu nome!
"Mas vocês perguntam: 'De que maneira
temos desprezado o teu nome?'
7"Trazendo comida impura ao meu altar!
"E mesmo assim ainda perguntam: 'De que
maneira te desonramos?'
"Ao dizerem que a mesa do SENHOR é des-
prezível.
8"Na hora de trazerem animais cegos para
sacrificar, vocês não veem mal algum. Na ho-
ra de trazerem animais aleijados e doentes
como oferta, também não veem mal algum.
Tentem oferecê-los de presente ao governa-
dor! Será que ele se agradará de vocês? Será
que os atenderá?", pergunta o SENHOR dos
Exércitos.
9"E agora, sacerdotes, tentem apaziguar
Deus para que tenha compaixão de nós! Se-
rá que com esse tipo de oferta ele os atende-
rá?", pergunta o SENHOR dos Exércitos.
10"Ah, se um de vocês fechasse as por-
tas do templo! Assim ao menos não acen-
deriam o fogo do meu altar inutilmente.
Não tenho prazer em vocês", diz o SENHOR
dos Exércitos, "e não aceitarei as suas ofer-
tas. 11Pois do oriente ao ocidente, grande é o
meu nome entre as nações. Em toda parte
incenso é queimado e ofertas puras são tra-
zidas ao meu nome, porque grande é o meu
nome[c] entre as nações", diz o SENHOR dos
Exércitos.
12"Mas vocês o profanam ao dizerem que a
mesa do Senhor é imunda e que a sua comida
é desprezível. 13E ainda dizem: 'Que cansei-
ra!' e riem dela com desprezo", diz o SENHOR
dos Exércitos.
"Quando vocês trazem animais roubados,
aleijados e doentes e os oferecem em sacri-
fício, deveria eu aceitá-los de suas mãos?",
pergunta o SENHOR.
14"Maldito seja o enganador que, tendo no
rebanho um macho sem defeito, promete
oferecê-lo e depois sacrifica para mim um
animal defeituoso", diz o SENHOR dos Exér-
citos; "pois eu sou um grande rei, e o meu
nome é[d] temido entre as nações."

A repreensão aos sacerdotes

2 "E agora esta advertência é para vocês, ó
sacerdotes. 2Se vocês não derem ouvidos
e não se dispuserem a honrar o meu nome",
diz o SENHOR dos Exércitos, "lançarei maldi-
ção sobre vocês, e até amaldiçoarei as suas
bênçãos. Aliás, já as amaldiçoei, porque vo-
cês não me honram de coração.
3"Por causa de vocês eu destruirei[e] a sua
descendência[f]; esfregarei na cara de vocês
os excrementos dos animais oferecidos em
sacrifício em suas festas e lançarei vocês fo-
ra, com os excrementos. 4Então vocês sabe-
rão que fui eu que lhes fiz esta advertência
para que a minha aliança com Levi fosse
mantida", diz o SENHOR dos Exércitos.
5"A minha aliança com ele foi uma aliança
de vida e de paz, que na verdade lhe dei pa-
ra que me temesse. Ele me temeu, e tremeu
diante do meu nome. 6A verdadeira lei esta-
va em sua boca e nenhuma falsidade achou-
-se em seus lábios. Ele andou comigo em paz
e retidão, e desviou muitos do pecado.
7"Porque os lábios do sacerdote devem
guardar o conhecimento, e da sua boca to-
dos esperam a instrução na Lei, porque ele é
o mensageiro do SENHOR dos Exércitos. 8Mas
vocês se desviaram do caminho e pelo seu
ensino causaram a queda de muita gente;
vocês quebraram a aliança de Levi", diz o SE-
NHOR dos Exércitos.

[a] 1:1 *Malaquias* significa *meu mensageiro.*
[b] 1:5 Ou *Grande é o* SENHOR *sobre o território de Israel!*
[c] 1:11 Ou *grande será... incenso será queimado e ofertas puras serão trazidas... meu nome será grande...*
[d] 1:14 Ou *deve ser*
[e] 2:3 Hebraico: *repreenderei.*
[f] 2:3 Ou *o seu trigo*

9“Por isso eu fiz que fossem desprezados e
humilhados diante de todo o povo, porque
vocês não seguem os meus caminhos, mas
são parciais quando ensinam[a] a Lei.”

A infidelidade de Judá

10Não temos todos o mesmo Pai[b]? Não fo-
mos todos criados pelo mesmo Deus? Por
que será, então, que quebramos a aliança
dos nossos antepassados sendo infiéis uns
com os outros?
11Judá tem sido infiel. Uma coisa repugnan-
te foi cometida em Israel e em Jerusalém; Ju-
dá desonrou o santuário que o SENHOR ama;
homens casaram-se com mulheres que ado-
ram deuses estrangeiros.
12Que o SENHOR lance fora das tendas de
Jacó o homem que faz isso, seja ele quem
for,[c] mesmo que esteja trazendo ofertas ao
SENHOR dos Exércitos.
13Há outra coisa que vocês fazem: Enchem
de lágrimas o altar do SENHOR; choram e ge-
mem porque ele já não dá atenção às suas
ofertas nem as aceita com prazer. 14E vocês
ainda perguntam: “Por quê?” É porque o SE-
NHOR é testemunha entre você e a mulher
da sua mocidade, pois você não cumpriu a
sua promessa de fidelidade, embora ela fos-
se a sua companheira, a mulher do seu acor-
do matrimonial.
15Não foi o SENHOR que os fez um só? Em
corpo e em espírito eles lhe pertencem. E por
que um só? Porque ele desejava uma descen-
dência consagrada.[d] Portanto, tenham cui-
dado: Ninguém seja infiel à mulher da sua
mocidade.
16“Eu odeio o divórcio”, diz o SENHOR, o
Deus de Israel, “e também odeio homem que
se cobre de violência[e] como se cobre de rou-
pas”, diz o SENHOR dos Exércitos.

Por isso, tenham bom senso; não sejam infiéis.

O dia do julgamento

17Vocês têm cansado o SENHOR com as suas
palavras.

“Como o temos cansado?”, vocês ainda perguntam. Quando dizem: “Todos os que fazem o mal são bons aos olhos do SENHOR, e ele se agrada deles” e também quando perguntam: “Onde está o Deus da justiça?”

3 “Vejam, eu enviarei o meu mensageiro,
que preparará o caminho diante de mim.
E então, de repente, o Senhor que vocês bus-
cam virá para o seu templo; o mensageiro da
aliança, aquele que vocês desejam, virá”, diz
o SENHOR dos Exércitos.
2Mas quem suportará o dia da sua vinda?
Quem ficará em pé quando ele aparecer? Por-
que ele será como o fogo do ourives e como o
sabão do lavandeiro. 3Ele se assentará como
um refinador e purificador de prata; purifica-
rá os levitas e os refinará como ouro e prata.
Assim trarão ao SENHOR ofertas com justiça.

[a] 2:9 Ou *aplicam*
[b] 2:10 Ou *pai*
[c] 2:12 Ou *Que o SENHOR corte das tendas de Jacó qualquer pessoa que dê testemunho em favor do homem que faz isso,*
[d] 2:15 Ou *Mas aquele que é nosso pai não fez isso, não enquanto a vida esteve nele. E o que ele buscava? Uma descendência de Deus.*
[e] 2:16 Ou *cobre sua mulher de violência*

A vida nos tempos da Bíblia

Lavar roupas

Muito frequentemente, nos tempos bíblicos as roupas eram lavadas apenas mergulhando-as na água e batendo nelas com bastão. Lavandeiros profissionais usavam cinzas para tratar dos tecidos e depois os clareavam ao sol.

4 Então as ofertas de Judá e de Jerusalém se-
rão agradáveis ao SENHOR, como nos dias
passados, como nos tempos antigos.
5 "Eu virei a vocês trazendo juízo. Sem de-
mora testemunharei contra os feiticeiros,
contra os adúlteros, contra os que juram
falsamente e contra aqueles que explo-
ram os trabalhadores em seus salários, que
oprimem os órfãos e as viúvas e privam os
estrangeiros dos seus direitos, e não têm res-
peito por mim", diz o SENHOR dos Exércitos.

Roubando a Deus

6 "De fato, eu, o SENHOR, não mudo. Por is-
so vocês, descendentes de Jacó, não foram
destruídos. 7 Desde o tempo dos seus ante-
passados vocês se desviaram dos meus de-
cretos e não lhes obedeceram. Voltem para
mim e eu voltarei para vocês", diz o SENHOR
dos Exércitos.
"Mas vocês perguntam: 'Como volta-
remos?'
8 "Pode um homem roubar de Deus? Contu-
do vocês estão me roubando. E ainda pergun-
tam: 'Como é que te roubamos?' Nos dízimos
e nas ofertas. 9 Vocês estão debaixo de grande
maldição porque estão me roubando; a na-
ção toda está me roubando. 10 Tragam o dí-
zimo todo ao depósito do templo, para que
haja alimento em minha casa. Ponham-me
à prova", diz o SENHOR dos Exércitos, "e ve-
jam se não vou abrir as comportas dos céus
e derramar sobre vocês tantas bênçãos que
nem terão onde guardá-las. 11 Impedirei que
pragas devorem suas colheitas, e as videiras
nos campos não perderão o seu fruto", diz
o SENHOR dos Exércitos. 12 "Então todas as
nações os chamarão felizes, porque a terra

Palavras para memorizar

"O sol da justiça se levantará trazendo cura em suas asas."
(Malaquias 4:2)

de vocês será maravilhosa", diz o SENHOR
dos Exércitos.
13 "Vocês têm dito palavras duras contra
mim", diz o SENHOR. "Ainda assim pergun-
tam: 'O que temos falado contra ti?'
14 "Vocês dizem: 'É inútil servir a Deus. O
que ganhamos quando obedecemos aos seus
preceitos e ficamos nos lamentando diante
do SENHOR dos Exércitos? 15 Por isso, ago-
ra consideramos felizes os arrogantes, pois
tanto prosperam os que praticam o mal co-
mo escapam ilesos os que desafiam a Deus!' "
16 Depois, aqueles que temiam o SENHOR
conversaram uns com os outros, e o SE-
NHOR os ouviu com atenção. Foi escrito um
livro como memorial na sua presença acer-
ca dos que temiam o SENHOR e honravam o
seu nome.
17 "No dia em que eu agir", diz o SENHOR dos
Exércitos, "eles serão o meu tesouro pessoal[a].
Eu terei compaixão deles como um pai tem
compaixão do filho que lhe obedece. 18 Então
vocês verão novamente a diferença entre o
justo e o ímpio, entre os que servem a Deus
e os que não o servem.

[a] 3:17 Ou *"No dia em que eu fizer deles o meu tesouro pessoal", diz o* SENHOR *dos Exércitos.*

Conversando sobre Deus

Experimente!

Leia Malaquias 3:16-17 e veja que Deus se agrada quando você conversa com outros sobre ele — ele se agrada tanto que escreve seu nome em seu livro-memorial.

Faça seu próprio livro-memorial. Por isso, compre um pequeno caderno de espiral. Na hora de dormir, escreva o que você conversou com os outros se tiver falado sobre Deus aquele dia. Tente conversar sobre Deus com alguém todos os dias, para que você tenha algo a escrever em seu livro-memorial. As pessoas que amam a Deus e conversam sobre ele são seu "tesouro pessoal".

Malaquias 3:16-17

O dia do Senhor

4 "Pois certamente vem o dia, ardente como
uma fornalha. Todos os arrogantes e todos
os malfeitores serão como palha, e aquele dia,
que está chegando, ateará fogo neles", diz o
Senhor dos Exércitos. "Não sobrará raiz ou
galho algum. 2 Mas para vocês que reveren-
ciam o meu nome, o sol da justiça se levantará
trazendo cura em suas asas. E vocês sairão e
saltarão como bezerros soltos do curral. 3 De-
pois esmagarão os ímpios, que serão como pó
sob as solas dos seus pés, no dia em que eu
agir", diz o Senhor dos Exércitos.

4 "Lembrem-se da Lei do meu servo Moisés,
dos decretos e das ordenanças que lhe dei em
Horebe para todo o povo de Israel.

5 "Vejam, eu enviarei a vocês o profeta Elias
antes do grande e temível dia do Senhor.
6 Ele fará com que os corações dos pais se vol-
tem para seus filhos, e os corações dos filhos
para seus pais; do contrário, eu virei e casti-
garei a terra com maldição."

Novo Testamento

Mateus

Quem escreveu este livro?

Mateus, um dos 12 discípulos de Jesus.

Por que este livro foi escrito?

Mateus mostra aos judeus que Jesus é o Messias prometido no Antigo Testamento.

O que acontece neste livro?

Ele fala do nascimento de Jesus, de sua vida adulta, de seus ensinamentos, de sua morte e de sua ressurreição.

Quem é o personagem principal deste livro?

A pessoa mais importante neste livro é Jesus.

Quando isto aconteceu?

Esses acontecimentos transcorreram entre 6 a.C. e 30 d.C.

Onde isto aconteceu?

Muitos fatos ocorreram em cidades da Galileia. (Veja o *Índice de mapas*, ao final desta Bíblia, para saber onde fica a Galileia.)

Algumas das histórias deste livro:

Os magos visitam Jesus	Mateus 2:1-23
Como ser abençoado	Mateus 5:1-12
Oração do Senhor	Mateus 6:9-13
Jesus alimenta 5 mil pessoas	Mateus 14:13-21
Jesus anda sobre a água	Mateus 14:22-33
Ovelhas perdidas	Mateus 18:10-14
Jesus entra em Jerusalém	Mateus 21:1-11
Jesus é crucificado	Mateus 27:32-56
Jesus volta à vida	Mateus 28:1-10
A Grande Comissão dada por Jesus	Mateus 28:16-20

A genealogia de Jesus
(Lc 3:23-38)

1 Registro da genealogia de Jesus Cristo, filho de Davi, filho de Abraão:

2 Abraão gerou Isaque;
Isaque gerou Jacó;
Jacó gerou Judá e seus irmãos;
3 Judá gerou Perez e Zerá,
cuja mãe foi Tamar;
Perez gerou Esrom;
Esrom gerou Arão;
4 Arão gerou Aminadabe;
Aminadabe gerou Naassom;
Naassom gerou Salmom;
5 Salmom gerou Boaz,
cuja mãe foi Raabe;
Boaz gerou Obede,
cuja mãe foi Rute;
Obede gerou Jessé;
6 e Jessé gerou o rei Davi.

Davi gerou Salomão,
cuja mãe tinha sido
mulher de Urias;
7 Salomão gerou Roboão;
Roboão gerou Abias;
Abias gerou Asa;
8 Asa gerou Josafá;
Josafá gerou Jorão;
Jorão gerou Uzias;
9 Uzias gerou Jotão;
Jotão gerou Acaz;
Acaz gerou Ezequias;
10 Ezequias gerou Manassés;
Manassés gerou Amom;
Amom gerou Josias;
11 e Josias gerou Jeconias[a]
e seus irmãos,
no tempo do exílio
na Babilônia.

12 Depois do exílio na Babilônia:
Jeconias gerou Salatiel;
Salatiel gerou Zorobabel;
13 Zorobabel gerou Abiúde;
Abiúde gerou Eliaquim;
Eliaquim gerou Azor;
14 Azor gerou Sadoque;
Sadoque gerou Aquim;
Aquim gerou Eliúde;
15 Eliúde gerou Eleazar;
Eleazar gerou Matã;
Matã gerou Jacó;
16 e Jacó gerou José,
marido de Maria,
da qual nasceu Jesus,
que é chamado Cristo.

Você sabia?

Por que esta genealogia está em Mateus?

1:17 Uma genealogia é um registro dos antepassados de uma pessoa. Mateus queria que soubéssemos que Jesus era um verdadeiro ser humano, bem como o Filho de Deus e também queria que os judeus soubessem que Jesus era descendente de Abraão (o pai da nação judaica) e de Davi, pois somente um descendente de Davi poderia ser o rei dos judeus.

17 Assim, ao todo houve catorze gerações de
Abraão a Davi, catorze de Davi até o exílio na
Babilônia, e catorze do exílio até o Cristo[b].

O nascimento de Jesus Cristo
(Lc 2:1-7)

18 Foi assim o nascimento de Jesus Cristo:
Maria, sua mãe, estava prometida em casa-
mento a José, mas, antes que se unissem,
achou-se grávida pelo Espírito Santo. 19 Por
ser José, seu marido, um homem justo, e não
querendo expô-la à desonra pública, preten-
dia anular o casamento secretamente. 20 Mas,
depois de ter pensado nisso, apareceu-lhe um
anjo do Senhor em sonho e disse: "José, filho
de Davi, não tema receber Maria como sua
esposa, pois o que nela foi gerado procede
do Espírito Santo. 21 Ela dará à luz um filho,
e você deverá dar-lhe o nome de Jesus[c], por-
que ele salvará o seu povo dos seus pecados".
22 Tudo isso aconteceu para que se cum-
prisse o que o Senhor dissera pelo profeta:
23 "A virgem ficará grávida e dará à luz um fi-
lho, e o chamarão Emanuel"[d], que significa
"Deus conosco".
24 Ao acordar, José fez o que o anjo do Se-
nhor lhe tinha ordenado e recebeu Maria co-
mo sua esposa. 25 Mas não teve relações com

[a] 1:11 Isto é, Joaquim; também no versículo 12.

[b] 1:17 Ou *Messias*. Tanto *Cristo* (grego) como *Messias* (hebraico) significam *Ungido*; também em todo o livro de Mateus.

[c] 1:21 *Jesus* é a forma grega de *Josué*, que significa *o Senhor salva*.

[d] 1:23 Is 7:14

ela enquanto ela não deu à luz um filho. E ele
lhe pôs o nome de Jesus.

A visita dos magos

2 Depois que Jesus nasceu em Belém da
Judeia, nos dias do rei Herodes, magos
vindos do oriente chegaram a Jerusalém 2e
perguntaram: "Onde está o recém-nascido rei
dos judeus? Vimos a sua estrela no oriente[a] e
viemos adorá-lo".

3Quando o rei Herodes ouviu isso, ficou
perturbado, e com ele toda Jerusalém. 4Ten-
do reunido todos os chefes dos sacerdotes
do povo e os mestres da lei, perguntou-lhes
onde deveria nascer o Cristo. 5E eles respon-
deram: "Em Belém da Judeia; pois assim es-
creveu o profeta:

6" 'Mas tu, Belém,
da terra de Judá,
de forma alguma és a menor
entre as principais cidades
de Judá;
pois de ti virá o líder
que, como pastor, conduzirá
Israel, o meu povo'[b] ".

7Então Herodes chamou os magos secreta-
mente e informou-se com eles a respeito do
tempo exato em que a estrela tinha apareci-
do. 8Enviou-os a Belém e disse: "Vão infor-
mar-se com exatidão sobre o menino. Logo
que o encontrarem, avisem-me, para que eu
também vá adorá-lo".

9Depois de ouvirem o rei, eles seguiram o
seu caminho, e a estrela que tinham visto no
oriente foi adiante deles, até que finalmente
parou sobre o lugar onde estava o menino.
10Quando tornaram a ver a estrela, encheram-
-se de júbilo. 11Ao entrarem na casa, viram o
menino com Maria, sua mãe, e, prostrando-
-se, o adoraram. Então abriram os seus te-
souros e lhe deram presentes: ouro, incenso
e mirra. 12E, tendo sido advertidos em sonho
para não voltarem a Herodes, retornaram a
sua terra por outro caminho.

A fuga para o Egito

13Depois que partiram, um anjo do Se-
nhor apareceu a José em sonho e lhe disse:
"Levante-se, tome o menino e sua mãe, e
fuja para o Egito. Fique lá até que eu lhe di-
ga, pois Herodes vai procurar o menino pa-
ra matá-lo".

14Então ele se levantou, tomou o meni-
no e sua mãe durante a noite, e partiu para
o Egito, 15onde ficou até a morte de Hero-
des. E assim se cumpriu o que o Senhor ti-
nha dito pelo profeta: "Do Egito chamei o
meu filho"[c].

16Quando Herodes percebeu que havia sido
enganado pelos magos, ficou furioso e orde-
nou que matassem todos os meninos de dois
anos para baixo, em Belém e nas proximida-
des, de acordo com a informação que havia
obtido dos magos. 17Então se cumpriu o que
fora dito pelo profeta Jeremias:

18"Ouviu-se uma voz em Ramá,
choro e grande lamentação;
é Raquel que chora por seus filhos
e recusa ser consolada,
porque já não existem"[d].

[a] 2:2 Ou *estrela quando se levantava*; também no versículo 9.
[b] 2:6 Mq 5:2
[c] 2:15 Os 11:1
[d] 2:18 Jr 31:15

Um livro de bebê para Jesus

Experimente!

Muitos pais gostam de fazer o livro de bebê para os filhos, o qual tem registro de fotos e histórias sobre eles. Pergunte a seus pais se você tem um livro de bebês e peça para olhar. Você pode fazer um livro de bebê para Jesus. Leia Mateus 2:1-12 e os dois primeiros capítulos de Lucas para saber mais sobre o nascimento de Jesus. Faça desenhos dessas coisas em alguns papéis e escreva versículos da Bíblia que contam sobre cada imagem. Agora, empilhe os papéis e faça dois furos em uma extremidade, e passe um fio pelos buracos e o amarre para formar um bloquinho de papel.

Mateus 2:1-12

A volta para Israel

19Depois que Herodes morreu, um anjo do
Senhor apareceu em sonho a José, no Egi-
to, 20e disse: "Levante-se, tome o menino e
sua mãe, e vá para a terra de Israel, pois es-
tão mortos os que procuravam tirar a vida
do menino".
21Ele se levantou, tomou o menino e sua
mãe, e foi para a terra de Israel. 22Mas, ao ou-
vir que Arquelau estava reinando na Judeia
em lugar de seu pai Herodes, teve medo de
ir para lá. Tendo sido avisado em sonho, re-
tirou-se para a região da Galileia 23e foi viver
numa cidade chamada Nazaré. Assim cum-
priu-se o que fora dito pelos profetas: "Ele
será chamado Nazareno"[a].

João Batista prepara o caminho

(Mc 1:2-8; Lc 3:1-18)

3 Naqueles dias surgiu João Batista, pre-
gando no deserto da Judeia. 2Ele dizia:
"Arrependam-se, pois o Reino dos céus está
próximo". 3Este é aquele que foi anunciado
pelo profeta Isaías:

"Voz do que clama no deserto:
'Preparem[b] o caminho
para o Senhor,
façam veredas retas
para ele' "[c].

4As roupas de João eram feitas de pelos
de camelo, e ele usava um cinto de couro na
cintura. O seu alimento era gafanhotos e mel
silvestre. 5A ele vinha gente de Jerusalém, de
toda a Judeia e de toda a região ao redor do
Jordão. 6Confessando os seus pecados, eram
batizados por ele no rio Jordão.
7Quando viu que muitos fariseus e sadu-
ceus vinham para onde ele estava batizan-
do, disse-lhes: "Raça de víboras! Quem lhes
deu a ideia de fugir da ira que se aproxima?
8Deem fruto que mostre o arrependimen-
to! 9Não pensem que vocês podem dizer
a si mesmos: 'Abraão é nosso pai'. Pois eu
lhes digo que destas pedras Deus pode fazer
surgir filhos a Abraão. 10O machado já está
posto à raiz das árvores, e toda árvore que
não der bom fruto será cortada e lançada
ao fogo.
11"Eu os batizo com[d] água para arrependi-
mento. Mas depois de mim vem alguém mais
poderoso do que eu, tanto que não sou digno
nem de levar as suas sandálias. Ele os batiza-
rá com o Espírito Santo e com fogo. 12Ele traz
a pá em sua mão e limpará sua eira, juntando
seu trigo no celeiro, mas queimará a palha
com fogo que nunca se apaga".

O batismo de Jesus

(Mc 1:9-11; Lc 3:21-22)

13Então Jesus veio da Galileia ao Jordão
para ser batizado por João. 14João, porém,
tentou impedi-lo, dizendo: "Eu preciso ser
batizado por ti, e tu vens a mim?"
15Respondeu Jesus: "Deixe assim por en-
quanto; convém que assim façamos, para
cumprir toda a justiça". E João concordou.
16Assim que Jesus foi batizado, saiu da
água. Naquele momento o céu se abriu, e ele
viu o Espírito de Deus descendo como pom-
ba e pousando sobre ele. 17Então uma voz dos
céus disse: "Este é o meu Filho amado, de
quem me agrado".

A tentação de Jesus

(Mc 1:12-13; Lc 4:1-13)

4 Então Jesus foi levado pelo Espírito ao de-
serto, para ser tentado pelo Diabo. 2Depois
de jejuar quarenta dias e quarenta noites, teve
fome. 3O tentador aproximou-se dele e dis-
se: "Se és o Filho de Deus, manda que estas
pedras se transformem em pães".
4Jesus respondeu: "Está escrito: 'Nem só
de pão viverá o homem, mas de toda palavra
que procede da boca de Deus'[e]".
5Então o Diabo o levou à cidade santa, co-
locou-o na parte mais alta do templo e lhe
disse: 6"Se és o Filho de Deus, joga-te daqui
para baixo. Pois está escrito:

[a] 2:23 Provável referência a textos como Is 11:1, no hebraico.
[b] 3:3 Ou *que clama: 'No deserto preparem*
[c] 3:3 Is 40:3
[d] 3:11 Ou *em*
[e] 4:4 Dt 8:3

Você sabia?

O que significa "arrepender-se"?

3:2 Essa palavra significa "mudar o coração e a mente", andar em uma nova direção. João Batista disse às pessoas que se arrependessem e deixassem os pecados. João pregou essa mensagem a fim de preparar o povo de Israel para aquilo que Jesus iria dizer.

"'Ele dará ordens a seus anjos a seu
respeito,
e com as mãos eles o segurarão,
para que você não tropece
em alguma pedra'[a]".

[7]Jesus lhe respondeu: "Também está es-
crito: 'Não ponha à prova o Senhor, o seu
Deus'[b]".
[8]Depois, o Diabo o levou a um monte
muito alto e mostrou-lhe todos os reinos
do mundo e o seu esplendor. [9]E lhe disse:
"Tudo isto te darei, se te prostrares e me
adorares".
[10]Jesus lhe disse: "Retire-se, Satanás! Pois
está escrito: 'Adore o Senhor, o seu Deus, e só
a ele preste culto'[c]".
[11]Então o Diabo o deixou, e anjos vieram
e o serviram.

Jesus começa a pregar

(Mc 1:14-15; Lc 4:14-15)

[12]Quando Jesus ouviu que João tinha si-
do preso, voltou para a Galileia. [13]Saindo de
Nazaré, foi viver em Cafarnaum, que ficava
junto ao mar, na região de Zebulom e Naf-
tali, [14]para cumprir o que fora dito pelo pro-
feta Isaías:

[15]"Terra de Zebulom
e terra de Naftali,
caminho do mar,
além do Jordão,
Galileia dos gentios[d];
[16]o povo que vivia nas trevas
viu uma grande luz;
sobre os que viviam
na terra da sombra da morte
raiou uma luz"[e].

[17]Daí em diante Jesus começou a pregar:
"Arrependam-se, pois o Reino dos céus es-
tá próximo".

Jesus chama os primeiros discípulos

(Mc 1:16-20; Lc 5:1-11; Jo 1:35-42)

[18]Andando à beira do mar da Galileia, Je-
sus viu dois irmãos: Simão, chamado Pedro,
e seu irmão André. Eles estavam lançando
redes ao mar, pois eram pescadores. [19]E dis-
se Jesus: "Sigam-me, e eu os farei pescadores
de homens". [20]No mesmo instante eles dei-
xaram as suas redes e o seguiram.
[21]Indo adiante, viu outros dois irmãos: Tia-
go, filho de Zebedeu, e João, seu irmão. Eles
estavam num barco com seu pai, Zebedeu,
preparando as suas redes. Jesus os chamou,
[22]e eles, deixando imediatamente seu pai e
o barco, o seguiram.

Jesus ensina o povo e cura os doentes

[23]Jesus foi por toda a Galileia, ensinando
nas sinagogas deles, pregando as boas novas
do Reino e curando todas as enfermidades
e doenças entre o povo. [24]Notícias sobre ele
se espalharam por toda a Síria, e o povo lhe
trouxe todos os que sofriam de vários ma-
les e tormentos: endemoninhados, loucos[f] e
paralíticos; e ele os curou. [25]Grandes multi-
dões o seguiam, vindas da Galileia, Decápo-
lis, Jerusalém, Judeia e da região do outro
lado do Jordão.

[a] 4:6 Sl 91:11-12
[b] 4:7 Dt 6:16
[c] 4:10 Dt 6:13
[d] 4:15 Isto é, os que não são judeus.
[e] 4:15-16 Is 9:1-2
[f] 4:24 Grego: *lunáticos*.

Enfrentar a tentação

Leia Mateus 4:1-11 e pense no seguinte: "Você consegue encontrar duas palavras que Jesus disse todas as vezes em que Satanás o tentou?".

As palavras são: "Está escrito". Jesus lutou contra cada tentação decidindo obedecer a Deus e fazer o que Deus diz na Bíblia. Quando for tentado a fazer algo errado, você também pode derrotar a tentação. Então decida obedecer a Deus e fazer o que a Bíblia diz.

Experimente!

Mateus 4:1-11

As bem-aventuranças
(Lc 6:20-23)

5 Vendo as multidões, Jesus subiu ao mon-
te e se assentou. Seus discípulos aproxi-
maram-se dele, 2e ele começou a ensiná-los,
dizendo:

3"Bem-aventurados[a]
os pobres em espírito,
pois deles é o Reino dos céus.
4Bem-aventurados
os que choram,
pois serão consolados.
5Bem-aventurados os humildes,
pois eles receberão a terra por
herança.
6Bem-aventurados os que têm fome e
sede de justiça,
pois serão satisfeitos.
7Bem-aventurados
os misericordiosos,
pois obterão misericórdia.
8Bem-aventurados
os puros de coração,
pois verão a Deus.
9Bem-aventurados
os pacificadores,
pois serão chamados
filhos de Deus.
10Bem-aventurados
os perseguidos
por causa da justiça,
pois deles é o Reino dos céus.

11"Bem-aventurados serão vocês quando,
por minha causa, os insultarem, os persegui-
rem e levantarem todo tipo de calúnia contra
vocês. 12Alegrem-se e regozijem-se, porque
grande é a sua recompensa nos céus, pois da
mesma forma perseguiram os profetas que
viveram antes de vocês.

O sal da terra e a luz do mundo

13"Vocês são o sal da terra. Mas se o sal per-
der o seu sabor, como restaurá-lo? Não ser-
virá para nada, exceto para ser jogado fora e
pisado pelos homens.
14"Vocês são a luz do mundo. Não se pode
esconder uma cidade construída sobre um
monte. 15E, também, ninguém acende uma
candeia e a coloca debaixo de uma vasilha.
Ao contrário, coloca-a no lugar apropriado,
e assim ilumina a todos os que estão na ca-
sa. 16Assim brilhe a luz de vocês diante dos
homens, para que vejam as suas boas obras
e glorifiquem ao Pai de vocês, que está nos
céus.

Jesus cumpre a lei

17"Não pensem que vim abolir a Lei ou os
Profetas; não vim abolir, mas cumprir. 18Di-
go-lhes a verdade: Enquanto existirem céus
e terra, de forma alguma desaparecerá da
Lei a menor letra ou o menor traço, até que
tudo se cumpra. 19Todo aquele que desobe-
decer a um desses mandamentos, ainda que
dos menores, e ensinar os outros a fazerem
o mesmo, será chamado menor no Reino dos
céus; mas todo aquele que praticar e ensinar
estes mandamentos será chamado grande no
Reino dos céus. 20Pois eu lhes digo que se a
justiça de vocês não for muito superior à dos
fariseus e mestres da lei, de modo nenhum
entrarão no Reino dos céus.

O homicídio

21"Vocês ouviram o que foi dito aos seus
antepassados: 'Não matarás'[b], e 'quem ma-
tar estará sujeito a julgamento'. 22Mas eu lhes
digo que qualquer que se irar contra seu ir-
mão[c] estará sujeito a julgamento. Também,
qualquer que disser a seu irmão: 'Racá[d]', se-
rá levado ao tribunal. E qualquer que dis-
ser: 'Louco!', corre o risco de ir para o fogo
do inferno.
23"Portanto, se você estiver apresentando
sua oferta diante do altar e ali se lembrar de
que seu irmão tem algo contra você, 24deixe
sua oferta ali, diante do altar, e vá primeiro
reconciliar-se com seu irmão; depois volte e
apresente sua oferta.

[a] 5:3 Isto é, como são felizes; também nos versículos 4 a 11.

[b] 5:21 Êx 20:13; Dt 5:17
[c] 5:22 Alguns manuscritos acrescentam *sem motivo*.
[d] 5:22 Termo aramaico de desprezo, equivalente a *tolo*.

Você sabia?

O que são as bem-aventuranças?

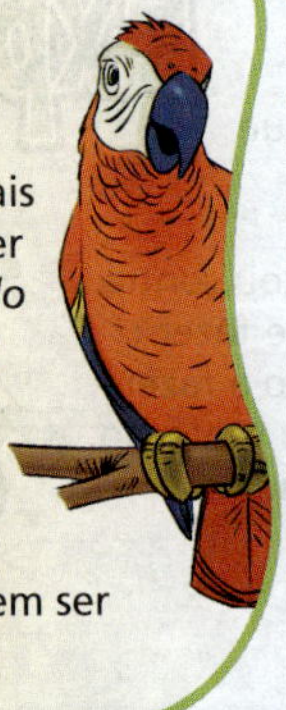

5:3-10 Elas são ditos especiais de Jesus e explicam como ser abençoado. *Bem-aventurado* significa "verdadeiramente feliz". Algumas pessoas pensam que dinheiro ou poder lhes trará felicidade, mas Jesus quer que seus ouvintes saibam como podem ser felizes de verdade.

25“Entre em acordo depressa com seu adversário que pretende levá-lo ao tribunal. Faça isso enquanto ainda estiver com ele a caminho, pois, caso contrário, ele poderá entregá-lo ao juiz, e o juiz ao guarda, e você poderá ser jogado na prisão. 26Eu lhe garanto que você não sairá de lá enquanto não pagar o último centavo[a].

O adultério

27“Vocês ouviram o que foi dito: ‘Não adulterarás’[b]. 28Mas eu lhes digo: Qualquer que olhar para uma mulher e desejá-la, já cometeu adultério com ela no seu coração. 29Se o seu olho direito o fizer pecar, arranque-o e lance-o fora. É melhor perder uma parte do seu corpo do que ser todo ele lançado no inferno. 30E se a sua mão direita o fizer pecar, corte-a e lance-a fora. É melhor perder uma parte do seu corpo do que ir todo ele para o inferno.

O divórcio

31“Foi dito: ‘Aquele que se divorciar de sua mulher deverá dar-lhe certidão de divórcio’[c]. 32Mas eu lhes digo que todo aquele que se divorciar de sua mulher, exceto por imoralidade sexual[d], faz que ela se torne adúltera, e quem se casar com a mulher divorciada estará cometendo adultério.

Os juramentos

33“Vocês também ouviram o que foi dito aos seus antepassados: ‘Não jure falsamente[e], mas cumpra os juramentos que você fez diante do Senhor’. 34Mas eu lhes digo: Não jurem de forma alguma: nem pelos céus, porque é o trono de Deus; 35nem pela terra, porque é o estrado de seus pés; nem por Jerusalém, porque é a cidade do grande Rei. 36E não jure pela sua cabeça, pois você não pode tornar branco ou preto nem um fio de cabelo. 37Seja o seu ‘sim’, ‘sim’, e o seu ‘não’, ‘não’; o que passar disso vem do Maligno.

A vingança

(Lc 6:29-30)

38“Vocês ouviram o que foi dito: ‘Olho por olho e dente por dente’[f]. 39Mas eu lhes digo: Não resistam ao perverso. Se alguém o ferir na face direita, ofereça-lhe também a outra. 40E se alguém quiser processá-lo e tirar-lhe

Palavras para memorizar

“Amem os seus inimigos e orem por aqueles que os perseguem.”

(Mateus 5:44)

a túnica, deixe que leve também a capa. 41Se alguém o forçar a caminhar com ele uma milha[g], vá com ele duas. 42Dê a quem lhe pede, e não volte as costas àquele que deseja pedir-lhe algo emprestado.

O amor aos inimigos

(Lc 6:27-28,32-36)

43“Vocês ouviram o que foi dito: ‘Ame o seu próximo[h] e odeie o seu inimigo’. 44Mas eu lhes digo: Amem os seus inimigos[i] e orem por aqueles que os perseguem, 45para que vocês venham a ser filhos de seu Pai que está nos céus. Porque ele faz raiar o seu sol sobre maus e bons e derrama chuva sobre justos e injustos. 46Se vocês amarem aqueles que os amam, que recompensa vocês receberão? Até os publicanos[j] fazem isso! 47E se saudarem apenas os seus irmãos, o que estarão fazendo de mais? Até os pagãos fazem isso! 48Portanto, sejam perfeitos como perfeito é o Pai celestial de vocês.

A ajuda aos necessitados

6 “Tenham o cuidado de não praticar suas ‘obras de justiça’ diante dos outros para serem vistos por eles. Se fizerem isso, vocês não terão nenhuma recompensa do Pai celestial.

2“Portanto, quando você der esmola, não anuncie isso com trombetas, como fazem os hipócritas nas sinagogas e nas ruas, a fim de serem honrados pelos outros. Eu lhes garanto que eles já receberam sua plena recompensa. 3Mas quando você der esmola, que a sua mão esquerda não saiba o que está fazendo a direita, 4de forma que você preste a sua ajuda em segredo. E seu Pai, que vê o que é feito em segredo, o recompensará.

[a] 5:26 Grego: *quadrante*.
[b] 5:27 Êx 20:14; Dt 5:18
[c] 5:31 Dt 24:1
[d] 5:32 Grego: *porneia*; termo genérico que se refere a práticas sexuais ilícitas.
[e] 5:33 Lv 19:12; Nm 30:2
[f] 5:38 Êx 21:24; Lv 24:20; Dt 19:21
[g] 5:41 A milha romana tinha cerca de 1.500 metros.
[h] 5:43 Lv 19:18
[i] 5:44 Alguns manuscritos acrescentam *abençoem os que os amaldiçoam, façam o bem aos que os odeiam*
[j] 5:46 Os publicanos eram coletores de impostos, malvistos pelo povo; também em 9:10,11; 10:3; 11:19; 18:17; 21:31 e 32.

A oração
(Lc 11:1-4)

5“E quando vocês orarem, não sejam co-
mo os hipócritas. Eles gostam de ficar orando
em pé nas sinagogas e nas esquinas, a fim de
serem vistos pelos outros. Eu lhes asseguro
que eles já receberam sua plena recompensa.
6Mas quando você orar, vá para seu quarto,
feche a porta e ore a seu Pai, que está em se-
creto. Então seu Pai, que vê em secreto, o re-
compensará. 7E quando orarem, não fiquem
sempre repetindo a mesma coisa, como fa-
zem os pagãos. Eles pensam que por muito
falarem serão ouvidos. 8Não sejam iguais a
eles, porque o seu Pai sabe do que vocês pre-
cisam, antes mesmo de o pedirem. 9Vocês,
orem assim:

“Pai nosso, que estás nos céus!
Santificado seja o teu nome.
10Venha o teu Reino;
seja feita a tua vontade,
assim na terra como no céu.
11Dá-nos hoje o nosso
pão de cada dia.
12Perdoa as nossas dívidas,
assim como perdoamos
aos nossos devedores.
13E não nos deixes cair
em[a] tentação,
mas livra-nos do mal[b],
porque teu é o Reino, o poder e a
glória para sempre. Amém[c].

14Pois se perdoarem as ofensas uns dos ou-
tros, o Pai celestial também lhes perdoará.
15Mas se não perdoarem uns aos outros, o Pai
celestial não lhes perdoará as ofensas.

O jejum

16“Quando jejuarem, não mostrem uma
aparência triste como os hipócritas, pois eles
mudam a aparência do rosto a fim de que os
outros vejam que eles estão jejuando. Eu lhes
digo verdadeiramente que eles já receberam
sua plena recompensa. 17Ao jejuar, arrume o
cabelo[d] e lave o rosto, 18para que não pareça
aos outros que você está jejuando, mas ape-
nas a seu Pai, que vê em secreto. E seu Pai,
que vê em secreto, o recompensará.

Os tesouros no céu

19“Não acumulem para vocês tesouros na
terra, onde a traça e a ferrugem destroem, e
onde os ladrões arrombam e furtam. 20Mas
acumulem para vocês tesouros nos céus, on-
de a traça e a ferrugem não destroem, e onde
os ladrões não arrombam nem furtam. 21Pois
onde estiver o seu tesouro, aí também estará
o seu coração.

22“Os olhos são a candeia do corpo. Se os
seus olhos forem bons, todo o seu corpo se-
rá cheio de luz. 23Mas se os seus olhos forem

[a] 6:13 Grego: *E não nos induzas à.*
[b] 6:13 Ou *do Maligno*
[c] 6:13 Alguns manuscritos não trazem *porque teu é o Reino, o poder e a glória para sempre. Amém.*
[d] 6:17 Grego: *unja a cabeça.*

A vida nos tempos da Bíblia

Esmola para os necessitados

O povo judeu acreditava que Deus abençoava as pessoas que davam dinheiro aos pobres, mas Deus não estava satisfeito com quem dava apenas quando tinha certeza de que estava sendo observado, pois essas pessoas se preocupavam mais com o que os outros pensavam delas do que com a bênção de Deus.

maus, todo o seu corpo será cheio de trevas.
Portanto, se a luz que está dentro de você são
trevas, que tremendas trevas são!
24“Ninguém pode servir a dois senhores;
pois odiará um e amará o outro, ou se de-
dicará a um e desprezará o outro. Vocês não
podem servir a Deus e ao Dinheiro[a].

As preocupações da vida
(Lc 12:22-31)

25“Portanto eu lhes digo: Não se preo-
cupem com sua própria vida, quanto ao que
comer ou beber; nem com seu próprio cor-
po, quanto ao que vestir. Não é a vida mais
importante que a comida, e o corpo mais im-
portante que a roupa? 26Observem as aves do
céu: não semeiam nem colhem nem arma-
zenam em celeiros; contudo, o Pai celestial
as alimenta. Não têm vocês muito mais valor
do que elas? 27Quem de vocês, por mais que
se preocupe, pode acrescentar uma hora que
seja à sua vida?[b]
28“Por que vocês se preocupam com rou-
pas? Vejam como crescem os lírios do campo.
Eles não trabalham nem tecem. 29Contudo,
eu lhes digo que nem Salomão, em todo o
seu esplendor, vestiu-se como um deles. 30Se
Deus veste assim a erva do campo, que ho-
je existe e amanhã é lançada ao fogo, não
vestirá muito mais a vocês, homens de pe-
quena fé? 31Portanto, não se preocupem, di-
zendo: ‘Que vamos comer?’ ou ‘Que vamos
beber?’ ou ‘Que vamos vestir?’ 32Pois os pa-
gãos é que correm atrás dessas coisas; mas o
Pai celestial sabe que vocês precisam delas.
33Busquem, pois, em primeiro lugar o Reino
de Deus e a sua justiça, e todas essas coisas
lhes serão acrescentadas. 34Portanto, não se
preocupem com o amanhã, pois o amanhã
trará as suas próprias preocupações. Basta a
cada dia o seu próprio mal.

O julgamento ao próximo
(Lc 6:37-42)

7 “Não julguem, para que vocês não sejam
julgados. 2Pois da mesma forma que jul-
garem, vocês serão julgados; e a medida que
usarem, também será usada para medir vocês.
3“Por que você repara no cisco que está no
olho do seu irmão, e não se dá conta da vi-
ga que está em seu próprio olho? 4Como vo-
cê pode dizer ao seu irmão: ‘Deixe-me tirar
o cisco do seu olho’, quando há uma viga no
seu? 5Hipócrita, tire primeiro a viga do seu
olho, e então você verá claramente para tirar
o cisco do olho do seu irmão.
6“Não deem o que é sagrado aos cães, nem
atirem suas pérolas aos porcos; caso contrá-
rio, estes as pisarão e, aqueles, voltando-se
contra vocês, os despedaçarão.

A persistência na oração
(Lc 11:9-13)

7“Peçam, e lhes será dado; busquem, e en-
contrarão; batam, e a porta lhes será aberta.
8Pois todo o que pede, recebe; o que busca,

[a] 6:24 Grego: *Mamom.*
[b] 6:27 Ou *um único côvado à sua altura?* O côvado era uma medida linear de cerca de 45 centímetros.

Olhe no espelho

Experimente!

Julgar significa criticar ou condenar alguém por algo que essa pessoa fez. Leia Mateus 7:1-5 e responda o seguinte: “O que Jesus diz sobre julgar? Como devemos agir?”.

Jesus diz que devemos olhar primeiramente para nós mesmos, não usando um espelho, mas vendo como agimos. Será que não fazemos as mesmas coisas das quais acusamos os outros?

Mateus 7:1-5

Tente isto: em um pequeno cartão escreva: “Eu disse algo bom”. Do outro lado, escreva: “Eu disse algo ruim”. Leve o cartão com você por um dia inteiro e, toda vez que disser algo a uma pessoa, faça uma marca no lado do cartão que se encaixa nas suas palavras. No final do dia, some as marcas em cada lado e veja como você se saiu? Lembre-se: procure ver coisas boas nas pessoas e, se tiver de dizer alguma coisa, fale algo que faça com que a outra pessoa se sinta mais feliz.

encontra; e àquele que bate, a porta se-
rá aberta.
9“Qual de vocês, se seu filho pedir pão, lhe
dará uma pedra? 10Ou se pedir peixe, lhe dará
uma cobra? 11Se vocês, apesar de serem maus,
sabem dar boas coisas aos seus filhos, quan-
to mais o Pai de vocês, que está nos céus, da-
rá coisas boas aos que lhe pedirem! 12Assim,
em tudo, façam aos outros o que vocês que-
rem que eles lhes façam; pois esta é a Lei e
os Profetas.

A porta estreita e a porta larga

13“Entrem pela porta estreita, pois larga é a
porta e amplo o caminho que leva à perdição,
e são muitos os que entram por ela. 14Como é
estreita a porta, e apertado o caminho que
leva à vida! São poucos os que a encontram.

A árvore e seu fruto

(Lc 6:43-45)

15“Cuidado com os falsos profetas. Eles vêm
a vocês vestidos de peles de ovelhas, mas por
dentro são lobos devoradores. 16Vocês os re-
conhecerão por seus frutos. Pode alguém co-
lher uvas de um espinheiro ou figos de ervas
daninhas? 17Semelhantemente, toda árvore
boa dá frutos bons, mas a árvore ruim dá fru-
tos ruins. 18A árvore boa não pode dar fru-
tos ruins, nem a árvore ruim pode dar frutos
bons. 19Toda árvore que não produz bons fru-
tos é cortada e lançada ao fogo. 20Assim, pelos
seus frutos vocês os reconhecerão!
21“Nem todo aquele que me diz: ‘Senhor,
Senhor’, entrará no Reino dos céus, mas ape-
nas aquele que faz a vontade de meu Pai que
está nos céus. 22Muitos me dirão naquele dia:
‘Senhor, Senhor, não profetizamos em teu
nome? Em teu nome não expulsamos de-
mônios e não realizamos muitos milagres?’
23Então eu lhes direi claramente: Nunca os
conheci. Afastem-se de mim vocês, que pra-
ticam o mal!

O prudente e o insensato

(Lc 6:46-49)

24“Portanto, quem ouve estas minhas pa-
lavras e as pratica é como um homem pru-
dente que construiu a sua casa sobre a rocha.
25Caiu a chuva, transbordaram os rios, sopra-
ram os ventos e deram contra aquela casa, e
ela não caiu, porque tinha seus alicerces na
rocha. 26Mas quem ouve estas minhas pala-
vras e não as pratica é como um insensato
que construiu a sua casa sobre a areia. 27Caiu
a chuva, transbordaram os rios, sopraram os
ventos e deram contra aquela casa, e ela caiu.
E foi grande a sua queda”.
28Quando Jesus acabou de dizer essas coi-
sas, as multidões estavam maravilhadas com
o seu ensino, 29porque ele as ensinava como
quem tem autoridade, e não como os mes-
tres da lei.

A cura de um leproso

(Mc 1:40-45; Lc 5:12-16)

8 Quando ele desceu do monte, grandes
multidões o seguiram. 2Um leproso[a], apro-
ximando-se, adorou-o de joelhos e disse: “Se-
nhor, se quiseres, podes purificar-me!”
3Jesus estendeu a mão, tocou nele e dis-
se: “Quero. Seja purificado!” Imediatamente
ele foi purificado da lepra. 4Em seguida Jesus
lhe disse: “Olhe, não conte isso a ninguém.
Mas vá mostrar-se ao sacerdote e apresente
a oferta que Moisés ordenou, para que sirva
de testemunho”.

Um centurião demonstra fé

(Lc 7:1-10)

5Entrando Jesus em Cafarnaum, dirigiu-
-se a ele um centurião, pedindo-lhe ajuda.
6E disse: “Senhor, meu servo está em casa,
paralítico, em terrível sofrimento”.
7Jesus lhe disse: “Eu irei curá-lo”.
8Respondeu o centurião: “Senhor, não me-
reço receber-te debaixo do meu teto. Mas di-
ze apenas uma palavra, e o meu servo será

[a] 8:2 O termo grego não se refere somente à lepra, mas também a diversas doenças da pele.

Pessoas nos tempos da Bíblia

Centurião

Um centurião era um poderoso oficial no exército romano. Um homem dessa posição pediu a Jesus que curasse seu servo que estava sofrendo, pois tinha fé de que Jesus poderia realizar essa cura, mesmo sem ver seu amigo doente. Jesus ficou maravilhado, pois não havia encontrado ninguém em Israel que tivesse uma fé tão grande quanto a do centurião.

curado. 9 Pois eu também sou homem sujeito à autoridade e com soldados sob o meu comando. Digo a um: Vá, e ele vai; e a outro: Venha, e ele vem. Digo a meu servo: Faça isto, e ele faz".

10 Ao ouvir isso, Jesus admirou-se e disse aos que o seguiam: "Digo-lhes a verdade: Não encontrei em Israel ninguém com tamanha fé. 11 Eu lhes digo que muitos virão do oriente e do ocidente, e se sentarão à mesa com Abraão, Isaque e Jacó no Reino dos céus. 12 Mas os súditos do Reino serão lançados para fora, nas trevas, onde haverá choro e ranger de dentes".

13 Então Jesus disse ao centurião: "Vá! Como você creu, assim lhe acontecerá!" Na mesma hora o seu servo foi curado.

O poder de Jesus sobre os demônios e as doenças

(Mc 1:29-34; Lc 4:38-41)

14 Entrando Jesus na casa de Pedro, viu a sogra deste de cama, com febre. 15 Tomando-a pela mão, a febre a deixou, e ela se levantou e começou a servi-lo.

16 Ao anoitecer foram trazidos a ele muitos endemoninhados, e ele expulsou os espíritos com uma palavra e curou todos os doentes. 17 E assim se cumpriu o que fora dito pelo profeta Isaías:

> "Ele tomou sobre si as nossas
> enfermidades
> e sobre si levou as nossas doenças"[a].

Quão difícil é seguir Jesus!

(Lc 9:57-62)

18 Quando Jesus viu a multidão ao seu redor, deu ordens para que atravessassem para o outro lado do mar. 19 Então, um mestre da lei aproximou-se e disse: "Mestre, eu te seguirei por onde quer que fores".

20 Jesus respondeu: "As raposas têm suas tocas e as aves do céu têm seus ninhos, mas o Filho do homem não tem onde repousar a cabeça".

21 Outro discípulo lhe disse: "Senhor, deixa-me ir primeiro sepultar meu pai".

22 Mas Jesus lhe disse: "Siga-me, e deixe que os mortos sepultem os seus próprios mortos".

Jesus acalma a tempestade

(Mc 4:35-41; Lc 8:22-25)

23 Entrando ele no barco, seus discípulos o seguiram. 24 De repente, uma violenta tempestade abateu-se sobre o mar, de forma que as ondas inundavam o barco. Jesus, porém, dormia. 25 Os discípulos foram acordá-lo, clamando: "Senhor, salva-nos! Vamos morrer!"

26 Ele perguntou: "Por que vocês estão com tanto medo, homens de pequena fé?" Então ele se levantou e repreendeu os ventos e o mar, e fez-se completa bonança. 27 Os homens ficaram perplexos e perguntaram: "Quem é este que até os ventos e o mar lhe obedecem?"

A cura de dois endemoninhados

(Mc 5:1-20; Lc 8:26-39)

28 Quando ele chegou ao outro lado, à região dos gadarenos[b], foram ao seu encontro dois endemoninhados, que vinham dos sepulcros. Eles eram tão violentos que ninguém podia passar por aquele caminho. 29 Então eles gritaram: "Que queres conosco, Filho de Deus? Vieste aqui para nos atormentar antes do devido tempo?"

30 A certa distância deles estava pastando uma grande manada de porcos. 31 Os demônios imploravam a Jesus: "Se nos expulsas, manda-nos entrar naquela manada de porcos".

32 Ele lhes disse: "Vão!" Eles saíram e entraram nos porcos, e toda a manada atirou-se precipício abaixo, em direção ao mar, e morreu afogada. 33 Os que cuidavam dos porcos fugiram, foram à cidade e contaram tudo, inclusive o que acontecera aos endemoninhados. 34 Toda a cidade saiu ao encontro de Jesus, e, quando o viram, suplicaram-lhe que saísse do território deles.

Jesus cura um paralítico

(Mc 2:1-12; Lc 5:17-26)

9 Entrando Jesus num barco, atravessou o mar e foi para a sua cidade. 2 Alguns homens trouxeram-lhe um paralítico, deitado em sua maca. Vendo a fé que eles tinham, Jesus disse ao paralítico: "Tenha bom ânimo, filho; os seus pecados estão perdoados".

3 Diante disso, alguns mestres da lei disseram a si mesmos: "Este homem está blasfemando!"

4 Conhecendo Jesus seus pensamentos, disse-lhes: "Por que vocês pensam maldosamente em seu coração? 5 Que é mais fácil dizer: 'Os seus pecados estão perdoados', ou: 'Levante-se e ande'? 6 Mas, para que vocês saibam que o Filho do homem tem na terra autoridade para perdoar pecados" — disse ao paralítico: "Levante-se, pegue a sua maca e vá

[a] 8:17 Is 53:4

[b] 8:28 Alguns manuscritos trazem *gergesenos*; outros dizem *gerasenos*.

para casa". 7Ele se levantou e foi. 8Vendo isso, a multidão ficou cheia de temor e glorificou a Deus, que dera tal autoridade aos homens.

O chamado de Mateus

(Mc 2:13-17; Lc 5:27-32)

9Saindo, Jesus viu um homem chamado Mateus, sentado na coletoria, e disse-lhe: "Siga-me". Mateus levantou-se e o seguiu.

10Estando Jesus em casa[a], foram comer com ele e seus discípulos muitos publicanos e pecadores. 11Vendo isso, os fariseus perguntaram aos discípulos dele: "Por que o mestre de vocês come com publicanos e pecadores?"

12Ouvindo isso, Jesus disse: "Não são os que têm saúde que precisam de médico, mas sim os doentes. 13Vão aprender o que significa isto: 'Desejo misericórdia, não sacrifícios'[b]. Pois eu não vim chamar justos, mas pecadores".

Jesus é interrogado acerca do jejum

(Mc 2:18-22; Lc 5:33-39)

14Então os discípulos de João vieram perguntar-lhe: "Por que nós e os fariseus jejuamos, mas os teus discípulos não?"

15Jesus respondeu: "Como podem os convidados do noivo ficar de luto enquanto o noivo está com eles? Virão dias quando o noivo lhes será tirado; então jejuarão.

16"Ninguém põe remendo de pano novo em roupa velha, pois o remendo forçará a roupa, tornando pior o rasgo. 17Nem se põe vinho novo em vasilha de couro velha; se o fizer, a vasilha rebentará, o vinho se derramará e a vasilha se estragará. Ao contrário, põe-se vinho novo em vasilha de couro nova; e ambos se conservam".

O poder de Jesus sobre a doença e a morte

(Mc 5:21-43; Lc 8:40-56)

18Falava ele ainda quando um dos dirigentes da sinagoga chegou, ajoelhou-se diante dele e disse: "Minha filha acaba de morrer. Vem e impõe a tua mão sobre ela, e ela viverá". 19Jesus levantou-se e foi com ele, e também os seus discípulos.

20Nisso uma mulher que havia doze anos vinha sofrendo de hemorragia, chegou por trás dele e tocou na borda do seu manto, 21pois dizia a si mesma: "Se eu tão somente tocar em seu manto, ficarei curada".

22Voltando-se, Jesus a viu e disse: "Ânimo, filha, a sua fé a curou![c]" E desde aquele instante a mulher ficou curada.

23Quando ele chegou à casa do dirigente da sinagoga e viu os flautistas e a multidão agitada, 24disse: "Saiam! A menina não está morta, mas dorme". Todos começaram a rir dele. 25Depois que a multidão se afastou, ele entrou e tomou a menina pela mão, e ela se levantou. 26A notícia deste acontecimento espalhou-se por toda aquela região.

A cura de dois cegos e de um mudo

27Saindo Jesus dali, dois cegos o seguiram, clamando: "Filho de Davi, tem misericórdia de nós!"

28Entrando ele em casa, os cegos se aproximaram, e ele lhes perguntou: "Vocês creem que eu sou capaz de fazer isso?"

Eles responderam: "Sim, Senhor!"

29E ele, tocando nos olhos deles, disse: "Que lhes seja feito segundo a fé que vocês têm!" 30E a visão deles foi restaurada. Então Jesus os advertiu severamente: "Cuidem para que ninguém saiba disso". 31Eles, porém, saíram e espalharam a notícia por toda aquela região.

32Enquanto eles se retiravam, foi levado a Jesus um homem endemoninhado que não podia falar. 33Quando o demônio foi expulso, o mudo começou a falar. A multidão ficou admirada e disse: "Nunca se viu nada parecido em Israel!"

[a] 9:10 Ou *na casa de Mateus*; veja Lc 5:29.
[b] 9:13 Os 6:6
[c] 9:22 Ou *a salvou!*

Pessoas nos tempos da Bíblia

Publicanos

Eram homens judeus que recolhiam impostos para o governo romano. Os outros judeus não gostavam deles, pois muitos publicanos enganavam as pessoas e tomavam o dinheiro delas. Alguns publicanos tinham escritório ao ar livre, ao lado das grandes estradas, e as pessoas que viajavam tinham de parar e pagar impostos sobre as mercadorias que carregavam.

34 Mas os fariseus diziam: "É pelo príncipe dos demônios que ele expulsa demônios".

Poucos são os trabalhadores

35 Jesus ia passando por todas as cidades e povoados, ensinando nas sinagogas, pregando as boas novas do Reino e curando todas as enfermidades e doenças. 36 Ao ver as multidões, teve compaixão delas, porque estavam aflitas e desamparadas, como ovelhas sem pastor. 37 Então disse aos seus discípulos: "A colheita é grande, mas os trabalhadores são poucos. 38 Peçam, pois, ao Senhor da colheita que envie trabalhadores para a sua colheita".

Jesus envia os doze

(Mc 5:7-13; Lc 9:1-6)

10 Chamando seus doze discípulos, deu-lhes autoridade para expulsar espíritos imundos[a] e curar todas as doenças e enfermidades.

2 Estes são os nomes dos doze apóstolos: primeiro, Simão, chamado Pedro, e André, seu irmão; Tiago, filho de Zebedeu, e João, seu irmão; 3 Filipe e Bartolomeu; Tomé e Mateus, o publicano; Tiago, filho de Alfeu, e Tadeu; 4 Simão, o zelote, e Judas Iscariotes, que o traiu.

5 Jesus enviou os doze com as seguintes instruções: "Não se dirijam aos gentios[b], nem entrem em cidade alguma dos samaritanos. 6 Antes, dirijam-se às ovelhas perdidas de Israel. 7 Por onde forem, preguem esta mensagem: O Reino dos céus está próximo. 8 Curem os enfermos, ressuscitem os mortos, purifiquem os leprosos[c], expulsem os demônios. Vocês receberam de graça; deem também de graça. 9 Não levem nem ouro, nem prata, nem cobre em seus cintos; 10 não levem nenhum saco de viagem, nem túnica extra, nem sandálias, nem bordão; pois o trabalhador é digno do seu sustento.

11 "Na cidade ou povoado em que entrarem, procurem alguém digno de recebê-los, e fiquem em sua casa até partirem. 12 Ao entrarem na casa, saúdem-na. 13 Se a casa for digna, que a paz de vocês repouse sobre ela; se não for, que a paz retorne para vocês. 14 Se alguém não os receber nem ouvir suas palavras, sacudam a poeira dos pés quando saírem daquela casa ou cidade. 15 Eu lhes digo a verdade: No dia do juízo haverá menor rigor para Sodoma e Gomorra do que para aquela cidade. 16 Eu os estou enviando como ovelhas entre lobos. Portanto, sejam astutos como as serpentes e sem malícia como as pombas.

17 "Tenham cuidado, pois os homens os entregarão aos tribunais e os açoitarão nas sinagogas deles. 18 Por minha causa vocês serão levados à presença de governadores e reis como testemunhas a eles e aos gentios. 19 Mas quando os prenderem, não se preocupem quanto ao que dizer, ou como dizê-lo. Naquela hora lhes será dado o que dizer, 20 pois não serão vocês que estarão falando, mas o Espírito do Pai de vocês falará por intermédio de vocês.

21 "O irmão entregará à morte o seu irmão, e o pai, o seu filho; filhos se rebelarão contra seus pais e os matarão. 22 Todos odiarão vocês por minha causa, mas aquele que perseverar até o fim será salvo. 23 Quando forem perseguidos num lugar, fujam para outro. Eu lhes garanto que vocês não terão percorrido todas as cidades de Israel antes que venha o Filho do homem.

24 "O discípulo não está acima do seu mestre, nem o servo acima do seu senhor. 25 Basta ao discípulo ser como o seu mestre, e ao servo, como o seu senhor. Se o dono da casa foi chamado Belzebu, quanto mais os membros da sua família!

26 "Portanto, não tenham medo deles. Não há nada escondido que não venha a ser revelado, nem oculto que não venha a se tornar conhecido. 27 O que eu lhes digo na escuridão, falem à luz do dia; o que é sussurrado em seus ouvidos, proclamem dos telhados. 28 Não

[a] 10:1 Ou *malignos*
[b] 10:5 Isto é, os que não são judeus; também no versículo 18.

[c] 10:8 O termo grego não se refere somente à lepra, mas também a diversas doenças da pele.

Você sabia?

O que os discípulos de Jesus faziam?

10:1 Um discípulo é um aluno. Jesus treinou seus discípulos para pregarem e ensinarem, e eles eram homens comuns, não mais inteligentes ou melhores do que outras pessoas. Muitos trabalhavam como pescadores, mas eles amaram Jesus e aprenderam a ser como seu Mestre estando com ele e observando o que ele fazia.

tenham medo dos que matam o corpo, mas
não podem matar a alma. Antes, tenham me-
do daquele que pode destruir tanto a alma
como o corpo no inferno. 29Não se vendem
dois pardais por uma moedinha[a]? Contudo,
nenhum deles cai no chão sem o consenti-
mento do Pai de vocês. 30Até os cabelos da
cabeça de vocês estão todos contados. 31Por-
tanto, não tenham medo; vocês valem mais
do que muitos pardais!

32"Quem, pois, me confessar diante dos
homens, eu também o confessarei diante
do meu Pai que está nos céus. 33Mas aquele
que me negar diante dos homens, eu também
o negarei diante do meu Pai que está nos céus.

34"Não pensem que vim trazer paz à terra;
não vim trazer paz, mas espada. 35Pois eu vim
para fazer que

"'o homem fique contra seu pai,
a filha contra sua mãe,
a nora contra sua sogra;
36os inimigos do homem serão os da
sua própria família'[b].

37"Quem ama seu pai ou sua mãe mais do
que a mim não é digno de mim; quem ama
seu filho ou sua filha mais do que a mim não
é digno de mim; 38e quem não toma a sua cruz
e não me segue, não é digno de mim. 39Quem
acha a sua vida a perderá, e quem perde a sua
vida por minha causa a encontrará.

40"Quem recebe vocês, recebe a mim; e
quem me recebe, recebe aquele que me en-
viou. 41Quem recebe um profeta, porque ele
é profeta, receberá a recompensa de pro-
feta, e quem recebe um justo, porque ele é
justo, receberá a recompensa de justo. 42E se
alguém der mesmo que seja apenas um copo
de água fria a um destes pequeninos, porque
ele é meu discípulo, eu lhes asseguro que não
perderá a sua recompensa".

Jesus e João Batista

(Lc 7:18-35)

11 Quando acabou de instruir seus doze dis-
cípulos, Jesus saiu para ensinar e pregar
nas cidades da Galileia[c].

2João, ao ouvir na prisão o que Cristo esta-
va fazendo, enviou seus discípulos para lhe
perguntarem: 3"És tu aquele que haveria de
vir ou devemos esperar algum outro?"

4Jesus respondeu: "Voltem e anunciem a
João o que vocês estão ouvindo e vendo: 5os
cegos veem, os aleijados andam, os leprosos[d]
são purificados, os surdos ouvem, os mor-
tos são ressuscitados, e as boas novas são pre-
gadas aos pobres; 6e feliz é aquele que não se
escandaliza por minha causa".

7Enquanto saíam os discípulos de João, Je-
sus começou a falar à multidão a respeito de
João: "O que vocês foram ver no deserto? Um
caniço agitado pelo vento? 8Ou, o que foram
ver? Um homem vestido de roupas finas? Ora,
os que usam roupas finas estão nos palácios
reais. 9Afinal, o que foram ver? Um profeta?
Sim, eu lhes digo, e mais que profeta. 10Este é
aquele a respeito de quem está escrito:

"'Enviarei o meu mensageiro
à tua frente;

[a] 10:29 Grego: *um asse.*
[b] 10:35-36 Mq 7:6
[c] 11:1 Grego: *cidades deles.*
[d] 11:5 O termo grego não se refere somente à lepra, mas também a diversas doenças da pele.

Uma noite de diversão em família

Planeje uma noite em que toda a sua família deve se vestir como as pessoas se vestiam no tempo de Jesus. Encontre imagens de roupas bíblicas, use roupão de banho e faça um turbante com toalha. Vocês podem até servir uma refeição dos tempos da Bíblia, com peixe, fruta e pão sem fermento.

Então, leiam Mateus 10:24-25 juntos e conversem sobre como vocês podem ser como Jesus em sua vida diária.

Experimente!

Mateus 10:24-25

ele preparará o teu caminho diante
de ti'[a].

11Digo-lhes a verdade: Entre os nascidos de mulher não surgiu ninguém maior do que João Batista; todavia, o menor no Reino dos céus é maior do que ele. 12Desde os dias de João Batista até agora, o Reino dos céus é tomado à força, e os que usam de força se apoderam dele. 13Pois todos os Profetas e a Lei profetizaram até João. 14E se vocês quiserem aceitar, este é o Elias que havia de vir. 15Aquele que tem ouvidos, ouça!

16"A que posso comparar esta geração? São como crianças que ficam sentadas nas praças e gritam umas às outras:

17" 'Nós lhes tocamos flauta,
mas vocês não dançaram;
cantamos um lamento,
mas vocês não
se entristeceram'.

18Pois veio João, que jejua e não bebe vinho[b], e dizem: 'Ele tem demônio'. 19Veio o Filho do homem comendo e bebendo, e dizem: 'Aí está um comilão e beberrão, amigo de publicanos e pecadores'. Mas a sabedoria é comprovada pelas obras que a acompanham".

Ai das cidades que não se arrependem

(Lc 10:13-15)

20Então Jesus começou a denunciar as cidades em que havia sido realizada a maioria dos seus milagres, porque não se arrependeram. 21"Ai de você, Corazim! Ai de você, Betsaida! Porque se os milagres que foram realizados entre vocês tivessem sido realizados em Tiro e Sidom, há muito tempo elas se teriam arrependido, vestindo roupas de saco e cobrindo-se de cinzas. 22Mas eu lhes afirmo que no dia do juízo haverá menor rigor para Tiro e Sidom do que para vocês. 23E você, Cafarnaum, será elevada até ao céu? Não, você descerá até o Hades[c]! Se os milagres que em você foram realizados tivessem sido realizados em Sodoma, ela teria permanecido até hoje. 24Mas eu lhe afirmo que no dia do juízo haverá menor rigor para Sodoma do que para você".

Repouso para os cansados

(Lc 10:21-22)

25Naquela ocasião Jesus disse: "Eu te louvo, Pai, Senhor dos céus e da terra, porque escondeste estas coisas dos sábios e cultos, e as revelaste aos pequeninos. 26Sim, Pai, pois assim foi do teu agrado.

27"Todas as coisas me foram entregues por meu Pai. Ninguém conhece o Filho a não ser o Pai, e ninguém conhece o Pai a não ser o Filho e aqueles a quem o Filho o quiser revelar.

28"Venham a mim, todos os que estão cansados e sobrecarregados, e eu lhes darei descanso. 29Tomem sobre vocês o meu jugo e aprendam de mim, pois sou manso e humilde de coração, e vocês encontrarão descanso para as suas almas. 30Pois o meu jugo é suave e o meu fardo é leve".

O Senhor do sábado

(Mc 2:23—3:6; Lc 6:1-11)

12 Naquela ocasião Jesus passou pelas lavouras de cereal no sábado. Seus discípulos

[a] 11:10 Ml 3:1
[b] 11:18 Grego: *não comendo, nem bebendo.*
[c] 11:23 Essa palavra pode ser traduzida por inferno, sepulcro, morte ou profundezas.

A vida nos tempos da Bíblia

Jugo

Um jugo de madeira era colocado sobre o pescoço de dois bois, para que eles trabalhassem juntos, dividindo o peso. Do mesmo modo, Jesus promete carregar nosso peso e trabalhar a nosso lado.

estavam com fome e começaram a colher espi-
gas para comê-las. 2Os fariseus, vendo aquilo,
lhe disseram: "Olha, os teus discípulos estão
fazendo o que não é permitido no sábado".
3Ele respondeu: "Vocês não leram o que fez
Davi quando ele e seus companheiros esta-
vam com fome? 4Ele entrou na casa de Deus
e, junto com os seus companheiros, comeu
os pães da Presença, o que não lhes era per-
mitido fazer, mas apenas aos sacerdotes. 5Ou
vocês não leram na Lei que, no sábado, os sa-
cerdotes no templo profanam esse dia e, con-
tudo, ficam sem culpa? 6Eu lhes digo que aqui
está o que é maior do que o templo. 7Se vocês
soubessem o que significam estas palavras:
'Desejo misericórdia, não sacrifícios'[a], não te-
riam condenado inocentes. 8Pois o Filho do
homem é Senhor do sábado".
9Saindo daquele lugar, dirigiu-se à sinago-
ga deles, 10e estava ali um homem com uma
das mãos atrofiada. Procurando um motivo
para acusar Jesus, eles lhe perguntaram: "É
permitido curar no sábado?"
11Ele lhes respondeu: "Qual de vocês, se tiver
uma ovelha e ela cair num buraco no sábado,
não irá pegá-la e tirá-la de lá? 12Quanto mais
vale um homem do que uma ovelha! Portan-
to, é permitido fazer o bem no sábado".
13Então ele disse ao homem: "Estenda a
mão". Ele a estendeu, e ela foi restaurada, e
ficou boa como a outra. 14Então os fariseus
saíram e começaram a conspirar sobre como
poderiam matar Jesus.

O servo escolhido de Deus

15Sabendo disso, Jesus retirou-se daquele
lugar. Muitos o seguiram, e ele curou todos
os doentes que havia entre eles, 16advertin-
do-os que não dissessem quem ele era. 17Isso
aconteceu para se cumprir o que fora dito por
meio do profeta Isaías:

18"Eis o meu servo,
a quem escolhi,
o meu amado,
em quem tenho prazer.
Porei sobre ele o meu Espírito,
e ele anunciará justiça
às nações.
19Não discutirá nem gritará;
ninguém ouvirá sua voz
nas ruas.
20Não quebrará o caniço rachado,
não apagará o pavio fumegante,
até que leve à vitória a justiça.
21Em seu nome as nações
porão sua esperança"[b].

A acusação contra Jesus

(Mc 3:20-30; Lc 11:14-23)

22Depois disso, levaram-lhe um endemoni-
nhado que era cego e mudo, e Jesus o curou,
de modo que ele pôde falar e ver. 23Todo o po-
vo ficou atônito e disse: "Não será este o Fi-
lho de Davi?"
24Mas quando os fariseus ouviram isso, dis-
seram: "É somente por Belzebu, o príncipe
dos demônios, que ele expulsa demônios".
25Jesus, conhecendo os seus pensamen-
tos, disse-lhes: "Todo reino dividido contra
si mesmo será arruinado, e toda cidade ou
casa dividida contra si mesma não subsistirá.
26Se Satanás expulsa Satanás, está dividido
contra si mesmo. Como, então, subsistirá seu
reino? 27E se eu expulso demônios por Belze-
bu, por quem os expulsam os filhos[c] de vo-
cês? Por isso, eles mesmos serão juízes sobre
vocês. 28Mas se é pelo Espírito de Deus que
eu expulso demônios, então chegou a vocês
o Reino de Deus.
29"Ou, como alguém pode entrar na casa
do homem forte e levar dali seus bens, sem
antes amarrá-lo? Só então poderá roubar a
casa dele.
30"Aquele que não está comigo, está con-
tra mim; e aquele que comigo não ajunta,
espalha. 31Por esse motivo eu lhes digo: To-
do pecado e blasfêmia serão perdoados aos
homens, mas a blasfêmia contra o Espírito
não será perdoada. 32Todo aquele que disser
uma palavra contra o Filho do homem será

[a] 12:7 Os 6:6
[b] 12:18-21 Is 42:1-4
[c] 12:27 Ou *discípulos*

Você sabia?

Quem era Belzebu?

12:24 Belzebu é outro nome para Satanás. Os inimigos de Jesus tentaram convencer as pessoas de que Jesus usou o poder de Satanás para expulsar os demônios, mas Jesus mostrou às pessoas que sua força vinha do Espírito de Deus e que as palavras de seus inimigos eram tolas e más.

perdoado, mas quem falar contra o Espírito
Santo não será perdoado, nem nesta era nem
na que há de vir.
33“Considerem: Uma árvore boa dá fru-
to bom, e uma árvore ruim dá fruto ruim,
pois uma árvore é conhecida por seu fruto.
34Raça de víboras, como podem vocês, que
são maus, dizer coisas boas? Pois a boca fa-
la do que está cheio o coração. 35O homem
bom do seu bom tesouro tira coisas boas, e o
homem mau do seu mau tesouro tira coisas
más. 36Mas eu lhes digo que, no dia do juí-
zo, os homens haverão de dar conta de toda
palavra inútil que tiverem falado. 37Pois por
suas palavras vocês serão absolvidos, e por
suas palavras serão condenados”.

O sinal de Jonas

(Lc 11:29-32)

38Então alguns dos fariseus e mestres da
lei lhe disseram: “Mestre, queremos ver um
sinal milagroso feito por ti”.
39Ele respondeu: “Uma geração perversa e
adúltera pede um sinal milagroso! Mas ne-
nhum sinal lhe será dado, exceto o sinal do
profeta Jonas. 40Pois assim como Jonas es-
teve três dias e três noites no ventre de um
grande peixe, assim o Filho do homem fica-
rá três dias e três noites no coração da ter-
ra. 41Os homens de Nínive se levantarão no
juízo com esta geração e a condenarão; pois
eles se arrependeram com a pregação de Jo-
nas, e agora está aqui o que é maior do que
Jonas. 42A rainha do Sul se levantará no juí-
zo com esta geração e a condenará, pois ela
veio dos confins da terra para ouvir a sabe-
doria de Salomão, e agora está aqui o que é
maior do que Salomão.
43“Quando um espírito imundo[a] sai de um
homem, passa por lugares áridos procurando
descanso. Como não o encontra, 44diz: ‘Volta-
rei para a casa de onde saí’. Chegando, encon-
tra a casa desocupada, varrida e em ordem.
45Então vai e traz consigo outros sete espíri-
tos piores do que ele, e, entrando, passam
a viver ali. E o estado final daquele homem
torna-se pior do que o primeiro. Assim acon-
tecerá a esta geração perversa”.

A mãe e os irmãos de Jesus

(Mc 3:31-35; Lc 8:19-21)

46Falava ainda Jesus à multidão quando
sua mãe e seus irmãos chegaram do lado de
fora, querendo falar com ele. 47Alguém lhe
disse: “Tua mãe e teus irmãos estão lá fora
e querem falar contigo”[b].
48“Quem é minha mãe, e quem são meus
irmãos?”, perguntou ele. 49E, estendendo a
mão para os discípulos, disse: “Aqui estão
minha mãe e meus irmãos! 50Pois quem faz
a vontade de meu Pai que está nos céus, es-
te é meu irmão, minha irmã e minha mãe”.

A parábola do semeador

(Mc 4:1-20; Lc 8:1-15)

13 Naquele mesmo dia Jesus saiu de casa e
assentou-se à beira-mar. 2Reuniu-se ao
seu redor uma multidão tão grande que, por
isso, ele entrou num barco e assentou-se. Ao
povo reunido na praia 3Jesus falou muitas
coisas por parábolas, dizendo: “O semeador
saiu a semear. 4Enquanto lançava a semente,
parte dela caiu à beira do caminho, e as aves
vieram e a comeram. 5Parte dela caiu em ter-
reno pedregoso, onde não havia muita terra; e
logo brotou, porque a terra não era profunda.
6Mas quando saiu o sol, as plantas se queima-
ram e secaram, porque não tinham raiz. 7Ou-
tra parte caiu entre espinhos, que cresceram
e sufocaram as plantas. 8Outra ainda caiu em
boa terra, deu boa colheita, a cem, sessenta e
trinta por um. 9Aquele que tem ouvidos pa-
ra ouvir, ouça!”
10Os discípulos aproximaram-se dele e
perguntaram: “Por que falas ao povo por
parábolas?”
11Ele respondeu: “A vocês foi dado o conhe-
cimento dos mistérios do Reino dos céus,
mas a eles não. 12A quem tem será dado, e
este terá em grande quantidade. De quem
não tem, até o que tem lhe será tirado. 13Por
essa razão eu lhes falo por parábolas:

“ ‘Porque vendo, eles não veem
e, ouvindo, não ouvem
nem entendem’[c].

14Neles se cumpre a profecia de Isaías:

“ ‘Ainda que estejam sempre ouvindo,
vocês nunca entenderão;
ainda que estejam sempre vendo,
jamais perceberão.
15Pois o coração deste povo
se tornou insensível;
de má vontade
ouviram com os seus ouvidos,
e fecharam os seus olhos.
Se assim não fosse,

[a] 12:43 Ou *maligno*

[b] 12:47 Alguns manuscritos não trazem o versículo 47.
[c] 13:13 Alguns manuscritos trazem *Para que vendo, eles não vejam e, ouvindo, não ouçam nem entendam.*

poderiam ver com os olhos,
ouvir com os ouvidos,
entender com o coração
e converter-se,
e eu os curaria'[a].

16Mas, felizes são os olhos de vocês, porque
veem; e os ouvidos de vocês, porque ouvem.
17Pois eu lhes digo a verdade: Muitos profetas
e justos desejaram ver o que vocês estão ven-
do, mas não viram, e ouvir o que vocês estão
ouvindo, mas não ouviram.

18"Portanto, ouçam o que significa a pará-
bola do semeador: 19Quando alguém ouve a
mensagem do Reino e não a entende, o Ma-
ligno vem e arranca o que foi semeado em
seu coração. Esse é o caso da semente que
caiu à beira do caminho. 20Quanto à semente
que caiu em terreno pedregoso, esse é o ca-
so daquele que ouve a palavra e logo a rece-
be com alegria. 21Todavia, visto que não tem
raiz em si mesmo, permanece pouco tempo.
Quando surge alguma tribulação ou perse-
guição por causa da palavra, logo a abandona.
22Quanto à semente que caiu entre os espi-
nhos, esse é o caso daquele que ouve a pala-
vra, mas a preocupação desta vida e o engano
das riquezas a sufocam, tornando-a infrutí-
fera. 23E quanto à semente que caiu em boa
terra, esse é o caso daquele que ouve a pala-
vra e a entende, e dá uma colheita de cem,
sessenta e trinta por um".

A parábola do joio

24Jesus lhes contou outra parábola, dizen-
do: "O Reino dos céus é como um homem
que semeou boa semente em seu campo.
25Mas enquanto todos dormiam, veio o seu
inimigo e semeou o joio[b] no meio do trigo e
se foi. 26Quando o trigo brotou e formou es-
pigas, o joio também apareceu.

27"Os servos do dono do campo dirigiram-
-se a ele e disseram: 'O senhor não semeou
boa semente em seu campo? Então, de onde
veio o joio?'

28" 'Um inimigo fez isso', respondeu ele.

"Os servos lhe perguntaram: 'O senhor
quer que o tiremos?'

29"Ele respondeu: 'Não, porque, ao tirar o
joio, vocês poderiam arrancar com ele o tri-
go. 30Deixem que cresçam juntos até a colhei-
ta. Então direi aos encarregados da colheita:
Juntem primeiro o joio e amarrem-no em
feixes para ser queimado; depois juntem o
trigo e guardem-no no meu celeiro' ".

As parábolas do grão de mostarda e do fermento

(Mc 4:30-34; Lc 13:18-21)

31E contou-lhes outra parábola: "O Reino
dos céus é como um grão de mostarda que
um homem plantou em seu campo. 32Embora
seja a menor dentre todas as sementes, quan-
do cresce torna-se uma das maiores plantas,
e atinge a altura de uma árvore, de modo que
as aves do céu vêm fazer os seus ninhos em
seus ramos".

33E contou-lhes ainda outra parábola: "O
Reino dos céus é como o fermento que uma
mulher tomou e misturou com uma grande
quantidade[c] de farinha, e toda a massa ficou
fermentada".

34Jesus falou todas estas coisas à multidão
por parábolas. Nada lhes dizia sem usar al-
guma parábola, 35cumprindo-se, assim, o que
fora dito pelo profeta:

"Abrirei minha boca
em parábolas,
proclamarei coisas ocultas
desde a criação do mundo"[d].

A explicação da parábola do joio

36Então ele deixou a multidão e foi para
casa. Seus discípulos aproximaram-se dele
e pediram: "Explica-nos a parábola do joio
no campo".

37Ele respondeu: "Aquele que semeou a boa
semente é o Filho do homem. 38O campo é

[a] 13:14-15 Is 6:9-10
[b] 13:25 Grego: *cizânia*, erva daninha parecida com o trigo; também no restante do capítulo.
[c] 13:33 Grego: *3 satos*. O sato era uma medida de capacidade para secos. As estimativas variam entre 7 e 13 litros.
[d] 13:35 Sl 78:2

Você sabia?

Do que trata a parábola do joio?

13:36 Ela fala sobre cristãos verdadeiros e sobre quem apenas finge ser cristão. Jesus disse que às vezes é difícil perceber a diferença, mas não é nossa tarefa julgar se outras pessoas são verdadeiras cristãs ou não. Devemos esperar e deixar Deus tomar essa decisão quando Jesus retornar.

o mundo, e a boa semente são os filhos do Reino. O joio são os filhos do Maligno, 39e o inimigo que o semeia é o Diabo. A colheita é o fim desta era, e os encarregados da colheita são anjos.

40"Assim como o joio é colhido e queimado no fogo, assim também acontecerá no fim desta era. 41O Filho do homem enviará os seus anjos, e eles tirarão do seu Reino tudo o que faz cair no pecado e todos os que praticam o mal. 42Eles os lançarão na fornalha ardente, onde haverá choro e ranger de dentes. 43Então os justos brilharão como o sol no Reino de seu Pai. Aquele que tem ouvidos, ouça.

As parábolas do tesouro escondido e da pérola de grande valor

44"O Reino dos céus é como um tesouro escondido num campo. Certo homem, tendo-o encontrado, escondeu-o de novo e, então, cheio de alegria, foi, vendeu tudo o que tinha e comprou aquele campo.

45"O Reino dos céus também é como um negociante que procura pérolas preciosas. 46Encontrando uma pérola de grande valor, foi, vendeu tudo o que tinha e a comprou.

A parábola da rede

47"O Reino dos céus é ainda como uma rede que é lançada ao mar e apanha toda sorte de peixes. 48Quando está cheia, os pescadores a puxam para a praia. Então se assentam e juntam os peixes bons em cestos, mas jogam fora os ruins. 49Assim acontecerá no fim desta era. Os anjos virão, separarão os perversos dos justos 50e lançarão aqueles na fornalha ardente, onde haverá choro e ranger de dentes".

51Então perguntou Jesus: "Vocês entenderam todas essas coisas?"

"Sim", responderam eles.

52Ele lhes disse: "Por isso, todo mestre da lei instruído quanto ao Reino dos céus é como o dono de uma casa que tira do seu tesouro coisas novas e coisas velhas".

Um profeta sem honra

(Mc 6:1-6)

53Quando acabou de contar essas parábolas, Jesus saiu dali. 54Chegando à sua cidade, começou a ensinar o povo na sinagoga. Todos ficaram admirados e perguntavam: "De onde lhe vêm esta sabedoria e estes poderes milagrosos? 55Não é este o filho do carpinteiro? O nome de sua mãe não é Maria, e não são seus irmãos Tiago, José, Simão e Judas? 56Não estão conosco todas as suas irmãs? De onde, pois, ele obteve todas essas coisas?" 57E ficavam escandalizados por causa dele.

Mas Jesus lhes disse: "Só em sua própria terra e em sua própria casa é que um profeta não tem honra".

58E não realizou muitos milagres ali, por causa da incredulidade deles.

João Batista é decapitado

(Mc 6:14-29)

14 Por aquele tempo Herodes, o tetrarca[a], ouviu os relatos a respeito de Jesus 2e disse aos que o serviam: "Este é João Batista; ele ressuscitou dos mortos! Por isso estão operando nele poderes milagrosos".

3Pois Herodes havia prendido e amarrado João, colocando-o na prisão por causa de

[a] 14:1 Um tetrarca era o governador da quarta parte de uma região.

Noite de Valorização

Leia Mateus 13:53-58 e descubra que as pessoas na cidade natal de Jesus não davam importância para ele. Jesus disse que as pessoas muitas vezes não valorizam os membros da própria família!

Convide sua família para uma Noite de Valorização, quando todos devem se sentar em círculo, com uma cadeira no centro. Uma pessoa por vez senta-se nesta cadeira e, depois, os demais, um após o outro, dizem tudo o que apreciam naquela pessoa. Após todos passarem pela cadeira, é hora de imaginar que Jesus está sentado nela; agora, um após o outro, todos devem dizer o que apreciam em Jesus.

Experimente!

Mateus 13:53-58

Herodias, mulher de Filipe, seu irmão, 4por-
quanto João lhe dizia: "Não te é permitido
viver com ela". 5Herodes queria matá-lo, mas
tinha medo do povo, porque este o conside-
rava profeta.
6No aniversário de Herodes, a filha de He-
rodias dançou diante de todos, e agradou
tanto a Herodes 7que ele prometeu sob ju-
ramento dar-lhe o que ela pedisse. 8Influen-
ciada por sua mãe, ela disse: "Dá-me aqui,
num prato, a cabeça de João Batista". 9O rei
ficou aflito, mas, por causa do juramento e
dos convidados, ordenou que lhe fosse dado
o que ela pedia 10e mandou decapitar João
na prisão. 11Sua cabeça foi levada num prato
e entregue à jovem, que a levou à sua mãe.
12Os discípulos de João vieram, levaram o seu
corpo e o sepultaram. Depois foram contar
isso a Jesus.

A primeira multiplicação dos pães

(Mc 6:30-44; Lc 9:10-17; Jo 6:1-15)

13Ouvindo o que havia ocorrido, Jesus re-
tirou-se de barco, em particular, para um lu-
gar deserto. As multidões, ao ouvirem falar
disso, saíram das cidades e o seguiram a pé.
14Quando Jesus saiu do barco e viu tão gran-
de multidão, teve compaixão deles e curou
os seus doentes.
15Ao cair da tarde, os discípulos aproxima-
ram-se dele e disseram: "Este é um lugar de-
serto, e já está ficando tarde. Manda embora
a multidão para que possam ir aos povoados
comprar comida".
16Respondeu Jesus: "Eles não precisam ir.
Deem-lhes vocês algo para comer".
17Eles lhe disseram: "Tudo o que temos
aqui são cinco pães e dois peixes".
18"Tragam-nos aqui para mim", disse ele.
19E ordenou que a multidão se assentasse na
grama. Tomando os cinco pães e os dois pei-
xes e, olhando para o céu, deu graças e partiu
os pães. Em seguida, deu-os aos discípulos, e
estes à multidão. 20Todos comeram e ficaram
satisfeitos, e os discípulos recolheram doze
cestos cheios de pedaços que sobraram. 21Os
que comeram foram cerca de cinco mil ho-
mens, sem contar mulheres e crianças.

Jesus anda sobre as águas

(Mc 6:45-56; Jo 6:16-24)

22Logo em seguida, Jesus insistiu com os
discípulos para que entrassem no barco e fos-
sem adiante dele para o outro lado, enquanto
ele despedia a multidão. 23Tendo despedido
a multidão, subiu sozinho a um monte pa-
ra orar. Ao anoitecer, ele estava ali sozinho,
24mas o barco já estava a considerável distân-
cia[a] da terra, fustigado pelas ondas, porque o
vento soprava contra ele.
25Alta madrugada[b], Jesus dirigiu-se a
eles, andando sobre o mar. 26Quando o viram
andando sobre o mar, ficaram aterrorizados
e disseram: "É um fantasma!" E gritaram
de medo.
27Mas Jesus imediatamente lhes disse: "Co-
ragem! Sou eu. Não tenham medo!"
28"Senhor", disse Pedro, "se és tu, manda-
-me ir ao teu encontro por sobre as águas".

[a] 14:24 Grego: *a muitos estádios.*
[b] 14:25 Grego: *quarta vigília da noite* (entre 3 e 6 horas da manhã).

A vida nos tempos da Bíblia

Cestos

Os discípulos usaram cestos para recolher o que sobrou após milhares de pessoas terem comido. Esse tipo de cesto era grande o suficiente para caber o apóstolo Paulo, quando ele foi colocado para descer pelo muro da cidade de Damasco (Atos 9:25).

29“Venha”, respondeu ele.

Então Pedro saiu do barco, andou sobre as águas e foi na direção de Jesus. 30Mas, quando reparou no vento, ficou com medo e, começando a afundar, gritou: “Senhor, salva-me!”

31Imediatamente Jesus estendeu a mão e o segurou. E disse: “Homem de pequena fé, por que você duvidou?”

32Quando entraram no barco, o vento cessou. 33Então os que estavam no barco o adoraram, dizendo: “Verdadeiramente tu és o Filho de Deus”.

34Depois de atravessarem o mar, chegaram a Genesaré. 35Quando os homens daquele lugar reconheceram Jesus, espalharam a notícia em toda aquela região e lhe trouxeram os seus doentes. 36Suplicavam-lhe que apenas pudessem tocar na borda do seu manto; e todos os que nele tocaram foram curados.

Jesus e a tradição judaica

(Mc 7:1-23)

15 Então alguns fariseus e mestres da lei, vindos de Jerusalém, foram a Jesus e perguntaram: 2“Por que os seus discípulos transgridem a tradição dos líderes religiosos? Pois não lavam as mãos antes de comer!”

3Respondeu Jesus: “E por que vocês transgridem o mandamento de Deus por causa da tradição de vocês? 4Pois Deus disse: ‘Honra teu pai e tua mãe’[a] e ‘Quem amaldiçoar seu pai ou sua mãe terá que ser executado’[b]. 5Mas vocês afirmam que se alguém disser ao pai ou à mãe: ‘Qualquer ajuda que eu poderia lhe dar já dediquei a Deus como oferta’, 6não está mais obrigado a sustentar[c] seu pai. Assim, por causa da sua tradição, vocês anulam a palavra de Deus. 7Hipócritas! Bem profetizou Isaías acerca de vocês, dizendo:

8“ ‘Este povo me honra
com os lábios,
mas o seu coração está longe de mim.
9Em vão me adoram;
seus ensinamentos
não passam de regras
ensinadas por homens’[d]”.

10Jesus chamou para junto de si a multidão e disse: “Ouçam e entendam. 11O que entra pela boca não torna o homem impuro; mas o que sai de sua boca, isto o torna impuro”.

12Então os discípulos se aproximaram dele e perguntaram: “Sabes que os fariseus ficaram ofendidos quando ouviram isso?”

13Ele respondeu: “Toda planta que meu Pai celestial não plantou será arrancada pelas raízes. 14Deixem-nos; eles são guias cegos[e]. Se um cego conduzir outro cego, ambos cairão num buraco”.

15Então Pedro pediu-lhe: “Explica-nos a parábola”.

16“Será que vocês ainda não conseguem entender?”, perguntou Jesus. 17“Não percebem que o que entra pela boca vai para o estômago e mais tarde é expelido? 18Mas as coisas que saem da boca vêm do coração, e são essas que tornam o homem impuro. 19Pois do coração saem os maus pensamentos, os homicídios, os adultérios, as imoralidades sexuais, os roubos, os falsos testemunhos e as calúnias. 20Essas coisas tornam o homem impuro; mas o comer sem lavar as mãos não o torna impuro.”

Uma mulher cananeia demonstra fé

(Mc 7:24-30)

21Saindo daquele lugar, Jesus retirou-se para a região de Tiro e de Sidom. 22Uma mulher cananeia, natural dali, veio a ele, gritando: “Senhor, Filho de Davi, tem misericórdia de mim! Minha filha está endemoninhada e está sofrendo muito”.

23Mas Jesus não lhe respondeu palavra. Então seus discípulos se aproximaram dele e pediram: “Manda-a embora, pois vem gritando atrás de nós”.

24Ele respondeu: “Eu fui enviado apenas às ovelhas perdidas de Israel”.

25A mulher veio, adorou-o de joelhos e disse: “Senhor, ajuda-me!”

26Ele respondeu: “Não é certo tirar o pão dos filhos e lançá-lo aos cachorrinhos”.

27Disse ela, porém: “Sim, Senhor, mas até os cachorrinhos comem das migalhas que caem da mesa dos seus donos”.

28Jesus respondeu: “Mulher, grande é a sua fé! Seja conforme você deseja”. E naquele mesmo instante a sua filha foi curada.

A segunda multiplicação dos pães

(Mc 8:1-10)

29Jesus saiu dali e foi para a beira do mar da Galileia. Depois subiu a um monte e se assentou. 30Uma grande multidão dirigiu-se a ele, levando-lhe os aleijados, os cegos,

[a] 15:4 Êx 20:12; Dt 5:16
[b] 15:4 Êx 21:17; Lv 20:9
[c] 15:6 Ou *a honrar*
[d] 15:8-9 Is 29:13

[e] 15:14 Alguns manuscritos dizem *são cegos, guias de cegos.*

os mancos, os mudos e muitos outros, e os
colocaram aos seus pés; e ele os curou. 31O
povo ficou admirado quando viu os mudos
falando, os mancos curados, os aleijados an-
dando e os cegos vendo. E louvaram o Deus
de Israel.
32Jesus chamou os seus discípulos e disse:
"Tenho compaixão desta multidão; já faz três
dias que eles estão comigo e nada têm para
comer. Não quero mandá-los embora com fo-
me, porque podem desfalecer no caminho".
33Os seus discípulos responderam: "Onde
poderíamos encontrar, neste lugar deserto,
pão suficiente para alimentar tanta gente?"
34"Quantos pães vocês têm?", perguntou
Jesus.
"Sete", responderam eles, "e alguns peixi-
nhos."
35Ele ordenou à multidão que se assentasse
no chão. 36Depois de tomar os sete pães e os
peixes e dar graças, partiu-os e os entregou
aos discípulos, e os discípulos à multidão.
37Todos comeram até se fartar. E ajuntaram
sete cestos cheios de pedaços que sobraram.
38Os que comeram foram quatro mil homens,
sem contar mulheres e crianças. 39E, havendo
despedido a multidão, Jesus entrou no barco
e foi para a região de Magadã.

Os fariseus e os saduceus pedem um sinal

(Mc 8:11-13)

16 Os fariseus e os saduceus aproximaram-
-se de Jesus e o puseram à prova, pedin-
do-lhe que lhes mostrasse um sinal do céu.
2Ele respondeu: "Quando a tarde vem, vo-
cês dizem: 'Vai fazer bom tempo, porque o
céu está vermelho', 3e de manhã: 'Hoje have-
rá tempestade, porque o céu está vermelho
e nublado'. Vocês sabem interpretar o aspec-
to do céu, mas não sabem interpretar os si-
nais dos tempos![a] 4Uma geração perversa e
adúltera pede um sinal milagroso, mas ne-
nhum sinal lhe será dado, a não ser o sinal
de Jonas". Então Jesus os deixou e retirou-se.

O fermento dos fariseus e dos saduceus

(Mc 8:14-21)

5Indo os discípulos para o outro lado do
mar, esqueceram-se de levar pão. 6Disse-lhes
Jesus: "Estejam atentos e tenham cuidado
com o fermento dos fariseus e dos saduceus".
7E eles discutiam entre si, dizendo: "É por-
que não trouxemos pão".

[a] 16:2-3 Alguns manuscritos antigos não trazem os versículos 2 e 3.

8Percebendo a discussão, Jesus lhes per-
guntou: "Homens de pequena fé, por que
vocês estão discutindo entre si sobre não te-
rem pão? 9Ainda não compreendem? Não se
lembram dos cinco pães para os cinco mil e
de quantos cestos vocês recolheram? 10Nem
dos sete pães para os quatro mil e de quan-
tos cestos recolheram? 11Como é que vocês
não entendem que não era de pão que eu
estava lhes falando? Tomem cuidado com o
fermento dos fariseus e dos saduceus". 12En-
tão entenderam que não estava lhes dizen-
do que tomassem cuidado com o fermento
de pão, mas com o ensino dos fariseus e dos
saduceus.

A confissão de Pedro

(Mc 8:27-30; Lc 9:18-21)

13Chegando Jesus à região de Cesareia de
Filipe, perguntou aos seus discípulos: "Quem
os outros dizem que o Filho do homem é?"
14Eles responderam: "Alguns dizem que é
João Batista; outros, Elias; e, ainda outros,
Jeremias ou um dos profetas".
15"E vocês?", perguntou ele. "Quem vocês
dizem que eu sou?"
16Simão Pedro respondeu: "Tu és o Cristo,
o Filho do Deus vivo".
17Respondeu Jesus: "Feliz é você, Simão, fi-
lho de Jonas! Porque isto não lhe foi revela-
do por carne ou sangue, mas por meu Pai
que está nos céus. 18E eu lhe digo que você
é Pedro, e sobre esta pedra edificarei a mi-
nha igreja, e as portas do Hades[b] não poderão
vencê-la[c]. 19Eu lhe darei as chaves do Reino

[b] 16:18 Essa palavra pode ser traduzida por inferno, sepulcro, morte ou profundezas.
[c] 16:18 Ou *não se mostrarão mais fortes do que ela*

Você sabia?

Sobre qual pedra Jesus edificará sua Igreja?

16:18 Alguns cristãos pensam que Jesus quis dizer que Pedro é a rocha; outros pensam que ele quis dizer que a declaração de Pedro é a rocha. Eles acreditam que a declaração de Pedro de que Jesus é "o Cristo, o Filho do Deus vivo" (Mateus 16:16) é o fundamento da Igreja.

dos céus; o que você ligar na terra terá sido ligado nos céus, e o que você desligar na terra terá sido desligado[a] nos céus". 20Então advertiu a seus discípulos que não contassem a ninguém que ele era o Cristo.

Jesus prediz sua morte e ressurreição

(Mc 8:3—9:1; Lc 9:22-27)

21Desde aquele momento Jesus começou a explicar aos seus discípulos que era necessário que ele fosse para Jerusalém e sofresse muitas coisas nas mãos dos líderes religiosos, dos chefes dos sacerdotes e dos mestres da lei, e fosse morto e ressuscitasse no terceiro dia.

22Então Pedro, chamando-o à parte, começou a repreendê-lo, dizendo: "Nunca, Senhor! Isso nunca te acontecerá!"

23Jesus virou-se e disse a Pedro: "Para trás de mim, Satanás! Você é uma pedra de tropeço para mim, e não pensa nas coisas de Deus, mas nas dos homens".

24Então Jesus disse aos seus discípulos: "Se alguém quiser acompanhar-me, negue-se a si mesmo, tome a sua cruz e siga-me. 25Pois quem quiser salvar a sua vida[b], a perderá, mas quem perder a sua vida por minha causa, a encontrará. 26Pois, que adiantará ao homem ganhar o mundo inteiro e perder a sua alma? Ou, o que o homem poderá dar em troca de sua alma? 27Pois o Filho do homem virá na glória de seu Pai, com os seus anjos, e então recompensará a cada um de acordo com o que tenha feito. 28Garanto-lhes que alguns dos que aqui se acham não experimentarão a morte antes de verem o Filho do homem vindo em seu Reino".

A transfiguração

(Mc 9:2-13; Lc 9:28-36)

17 Seis dias depois, Jesus tomou consigo Pedro, Tiago e João, irmão de Tiago, e os levou, em particular, a um alto monte. 2Ali ele foi transfigurado diante deles. Sua face brilhou como o sol, e suas roupas se tornaram brancas como a luz. 3Naquele mesmo momento apareceram diante deles Moisés e Elias, conversando com Jesus.

4Então Pedro disse a Jesus: "Senhor, é bom estarmos aqui. Se quiseres, farei três tendas: uma para ti, uma para Moisés e outra para Elias".

5Enquanto ele ainda estava falando, uma nuvem resplandecente os envolveu, e dela

Você sabia?

O que foi a transfiguração?

17:2 Ser transfigurado significa ser mudado. No monte, Jesus, que parecia uma pessoa comum, transformou-se em alguém que brilhava. Moisés e Elias vieram do céu e conversaram com Jesus naquela ocasião.

saiu uma voz, que dizia: "Este é o meu Filho amado de quem me agrado. Ouçam-no!"

6Ouvindo isso, os discípulos prostraram-se com o rosto em terra e ficaram aterrorizados. 7Mas Jesus se aproximou, tocou neles e disse: "Levantem-se! Não tenham medo!" 8E erguendo eles os olhos, não viram mais ninguém a não ser Jesus.

9Enquanto desciam do monte, Jesus lhes ordenou: "Não contem a ninguém o que vocês viram, até que o Filho do homem tenha sido ressuscitado dos mortos".

10Os discípulos lhe perguntaram: "Então, por que os mestres da lei dizem que é necessário que Elias venha primeiro?"

11Jesus respondeu: "De fato, Elias vem e restaurará todas as coisas. 12Mas eu lhes digo: Elias já veio, e eles não o reconheceram, mas fizeram com ele tudo o que quiseram. Da mesma forma o Filho do homem será maltratado por eles". 13Então os discípulos entenderam que era de João Batista que ele tinha falado.

A cura de um menino endemoninhado

(Mc 9:14-32; Lc 9:37-45)

14Quando chegaram onde estava a multidão, um homem aproximou-se de Jesus, ajoelhou-se diante dele e disse: 15"Senhor, tem misericórdia do meu filho. Ele tem ataques[c] e está sofrendo muito. Muitas vezes cai no fogo ou na água. 16Eu o trouxe aos teus discípulos, mas eles não puderam curá-lo".

17Respondeu Jesus: "Ó geração incrédula e perversa, até quando estarei com vocês? Até quando terei que suportá-los? Tragam-me o menino". 18Jesus repreendeu o demônio; este saiu do menino que, daquele momento em diante, ficou curado.

[a] 16:19 Ou *será ligado… será desligado*
[b] 16:25 Ou *alma*
[c] 17:15 Grego: *Ele é lunático.*

19Então os discípulos aproximaram-se de Jesus em particular e perguntaram: "Por que não conseguimos expulsá-lo?"

20Ele respondeu: "Porque a fé que vocês têm é pequena. Eu lhes asseguro que se vocês tiverem fé do tamanho de um grão de mostarda, poderão dizer a este monte: 'Vá daqui para lá', e ele irá. Nada lhes será impossível. 21Mas esta espécie só sai pela oração e pelo jejum".[a]

22Reunindo-se eles na Galileia, Jesus lhes disse: "O Filho do homem será entregue nas mãos dos homens. 23Eles o matarão, e no terceiro dia ele ressuscitará". E os discípulos ficaram cheios de tristeza.

O imposto do templo

24Quando Jesus e seus discípulos chegaram a Cafarnaum, os coletores do imposto de duas dracmas[b] vieram a Pedro e perguntaram: "O mestre de vocês não paga o imposto do templo[c]?"

25"Sim, paga", respondeu ele.

Quando Pedro entrou na casa, Jesus foi o primeiro a falar, perguntando-lhe: "O que você acha, Simão? De quem os reis da terra cobram tributos e impostos: de seus próprios filhos ou dos outros?"

26"Dos outros", respondeu Pedro.

Disse-lhe Jesus: "Então os filhos estão isentos. 27Mas, para não escandalizá-los, vá ao mar e jogue o anzol. Tire o primeiro peixe que você pegar, abra-lhe a boca, e você encontrará uma moeda de quatro dracmas[d]. Pegue-a e entregue-a a eles, para pagar o meu imposto e o seu".

O maior no Reino dos céus

(Mc 9:33-37,42-46; Lc 9:46-48)

18 Naquele momento os discípulos chegaram a Jesus e perguntaram: "Quem é o maior no Reino dos céus?"

2Chamando uma criança, colocou-a no meio deles, 3e disse: "Eu lhes asseguro que, a não ser que vocês se convertam e se tornem como crianças, jamais entrarão no Reino dos céus. 4Portanto, quem se faz humilde como esta criança, este é o maior no Reino dos céus.

5"Quem recebe uma destas crianças em meu nome, está me recebendo. 6Mas se alguém fizer cair no pecado um destes pequeninos que creem em mim, melhor lhe seria amarrar uma pedra de moinho no pescoço e se afogar nas profundezas do mar.

7"Ai do mundo, por causa das coisas que fazem cair no pecado! É inevitável que tais coisas aconteçam, mas ai daquele por meio de quem elas acontecem! 8Se a sua mão ou o seu pé o fizerem tropeçar, corte-os e jogue-os fora. É melhor entrar na vida mutilado ou aleijado do que, tendo as duas mãos ou os dois pés, ser lançado no fogo eterno. 9E se o seu olho o fizer tropeçar, arranque-o e jogue-o fora. É melhor entrar na vida com um só olho do que, tendo os dois olhos, ser lançado no fogo do inferno.

A parábola da ovelha perdida

(Lc 15:3-7)

10"Cuidado para não desprezarem um só destes pequeninos! Pois eu lhes digo que os anjos deles nos céus estão sempre vendo a face de meu Pai celeste. 11O Filho do homem veio para salvar o que se havia perdido.[e]

12"O que acham vocês? Se alguém possui cem ovelhas, e uma delas se perde, não deixará as noventa e nove nos montes, indo procurar a que se perdeu? 13E se conseguir encontrá-la, garanto-lhes que ele ficará mais contente com aquela ovelha do que com as noventa e nove que não se perderam. 14Da mesma forma, o Pai de vocês, que está nos céus, não quer que nenhum destes pequeninos se perca.

Como tratar a ofensa de um irmão

15"Se o seu irmão pecar contra você[f], vá e, a sós com ele, mostre-lhe o erro. Se ele o ouvir,

Você sabia?

O que há de incrível nas crianças?

18:4 Quando Jesus chamou uma criança, ela foi imediatamente ficar ao lado dele. Os adultos para quem Jesus tinha pregado não lhe obedeciam, ao contrário da criança. Cristãos adultos devem obedecer a Jesus como aquela criança, pois, assim, eles vão ouvi-lo, obedecer-lhe e confiar nele imediatamente.

[a] 17:21 Vários manuscritos não trazem o versículo 21.
[b] 17:24 A dracma era uma moeda de prata equivalente à diária de um trabalhador braçal; também no versículo 27.
[c] 17:24 Grego: *paga as duas dracmas.*
[d] 17:27 Grego: *1 estáter.*
[e] 18:11 Vários manuscritos não trazem o versículo 11.
[f] 18:15 Alguns manuscritos não trazem *contra você.*

você ganhou seu irmão. 16 Mas se ele não o
ouvir, leve consigo mais um ou dois outros,
de modo que ‘qualquer acusação seja confir-
mada pelo depoimento de duas ou três teste-
munhas’[a]. 17 Se ele se recusar a ouvi-los, conte
à igreja; e se ele se recusar a ouvir também
a igreja, trate-o como pagão ou publicano.
18 “Digo-lhes a verdade: Tudo o que vocês
ligarem na terra terá sido ligado no céu, e tu-
do o que vocês desligarem na terra terá sido
desligado[b] no céu.
19 “Também lhes digo que se dois de vocês
concordarem na terra em qualquer assunto
sobre o qual pedirem, isso lhes será feito por
meu Pai que está nos céus. 20 Pois onde se re-
unirem dois ou três em meu nome, ali eu es-
tou no meio deles”.

A parábola do servo impiedoso

21 Então Pedro aproximou-se de Jesus e per-
guntou: “Senhor, quantas vezes deverei per-
doar a meu irmão quando ele pecar contra
mim? Até sete vezes?”
22 Jesus respondeu: “Eu lhe digo: Não até
sete, mas até setenta vezes sete[c].
23 “Por isso, o Reino dos céus é como um
rei que desejava acertar contas com seus ser-
vos. 24 Quando começou o acerto, foi trazido
à sua presença um que lhe devia uma enor-
me quantidade de prata[d]. 25 Como não tinha
condições de pagar, o senhor ordenou que
ele, sua mulher, seus filhos e tudo o que ele
possuía fossem vendidos para pagar a dívida.
26 “O servo prostrou-se diante dele e lhe
implorou: ‘Tem paciência comigo, e eu te
pagarei tudo’. 27 O senhor daquele servo teve
compaixão dele, cancelou a dívida e o dei-
xou ir.
28 “Mas quando aquele servo saiu, encon-
trou um de seus conservos, que lhe devia
cem denários[e]. Agarrou-o e começou a su-
focá-lo, dizendo: ‘Pague-me o que me deve!’
29 “Então o seu conservo caiu de joelhos e
implorou-lhe: ‘Tenha paciência comigo, e eu
lhe pagarei’.
30 “Mas ele não quis. Antes, saiu e mandou
lançá-lo na prisão, até que pagasse a dívida.
31 Quando os outros servos, companheiros
dele, viram o que havia acontecido, ficaram
muito tristes e foram contar ao seu senhor
tudo o que havia acontecido.
32 “Então o senhor chamou o servo e disse:
‘Servo mau, cancelei toda a sua dívida porque
você me implorou. 33 Você não devia ter tido
misericórdia do seu conservo como eu tive de
você?’ 34 Irado, seu senhor entregou-o aos tor-
turadores, até que pagasse tudo o que devia.
35 “Assim também lhes fará meu Pai celes-
tial, se cada um de vocês não perdoar de co-
ração a seu irmão”.

A questão do divórcio

(Mc 10:1-12)

19 Quando acabou de dizer essas coisas, Je-
sus saiu da Galileia e foi para a região
da Judeia, no outro lado do Jordão. 2 Gran-
des multidões o seguiam, e ele as curou ali.
3 Alguns fariseus aproximaram-se dele
para pô-lo à prova. E perguntaram-lhe: “É

[a] 18:16 Dt 19:15
[b] 18:18 Ou *será ligado… será desligado*
[c] 18:22 Ou 77
[d] 18:24 Grego: *10.000 talentos*. O talento equivalia a 35 quilos.
[e] 18:28 O denário era uma moeda de prata equivalente à diária de um trabalhador braçal.

Deus não está bravo comigo!

Experimente!

Leia Mateus 18:10-14 e veja que, nesta história, as ovelhas são os filhos de Deus e ele é o pastor. Afastar-se e perder-se é fazer algo errado ou pecar. Depois de ler essa passagem, responda às perguntas: “O que Deus sente por seus filhos? O que ele faz quando pecamos? O que Deus sente quando confessamos nossos pecados e somos ‘encontrados’?”.

Desenhe uma ovelha em um papelão, recorte e cole algodão em um dos lados para ser a lã. Do outro lado, escreva: “Ele está feliz com a ovelha que foi encontrada”. Coloque a ovelha em seu quarto para você se lembrar de que Deus o ama mesmo quando você faz algo errado.

Mateus 18:10-14

permitido ao homem divorciar-se de sua mu-
lher por qualquer motivo?"
4Ele respondeu: "Vocês não leram que, no
princípio, o Criador 'os fez homem e mulher'[a]
5e disse: 'Por essa razão, o homem deixará pai
e mãe e se unirá à sua mulher, e os dois se
tornarão uma só carne'[b]? 6Assim, eles já não
são dois, mas sim uma só carne. Portanto, o
que Deus uniu, ninguém separe".
7Perguntaram eles: "Então, por que Moisés
mandou dar uma certidão de divórcio à mu-
lher e mandá-la embora?"
8Jesus respondeu: "Moisés permitiu que
vocês se divorciassem de suas mulheres por
causa da dureza de coração de vocês. Mas não
foi assim desde o princípio. 9Eu lhes digo que
todo aquele que se divorciar de sua mulher,
exceto por imoralidade sexual[c], e se casar com
outra mulher, estará cometendo adultério".
10Os discípulos lhe disseram: "Se esta é a
situação entre o homem e sua mulher, é me-
lhor não casar".
11Jesus respondeu: "Nem todos têm condi-
ções de aceitar esta palavra; somente aque-
les a quem isso é dado. 12Alguns são eunucos
porque nasceram assim; outros foram feitos
assim pelos homens; outros ainda se fizeram
eunucos[d] por causa do Reino dos céus. Quem
puder aceitar isso, aceite".

Jesus e as crianças

(Mc 10:13-16; Lc 18:15-17)

13Depois trouxeram crianças a Jesus, para
que lhes impusesse as mãos e orasse por elas.
Mas os discípulos os repreendiam.
14Então disse Jesus: "Deixem vir a mim as
crianças e não as impeçam; pois o Reino dos
céus pertence aos que são semelhantes a elas".
15Depois de lhes impor as mãos, partiu dali.

O jovem rico

(Mc 10:17-31; Lc 18:18-30)

16Eis que alguém se aproximou de Jesus
e lhe perguntou: "Mestre, que farei de bom
para ter a vida eterna?"
17Respondeu-lhe Jesus: "Por que você me
pergunta sobre o que é bom? Há somente
um que é bom. Se você quer entrar na vida,
obedeça aos mandamentos".
18"Quais?", perguntou ele.
Jesus respondeu: " 'Não matarás, não adul-
terarás, não furtarás, não darás falso teste-
munho, 19honra teu pai e tua mãe'[e] e 'Amarás
o teu próximo como a ti mesmo'[f]".
20Disse-lhe o jovem: "A tudo isso tenho
obedecido. O que me falta ainda?"
21Jesus respondeu: "Se você quer ser per-
feito, vá, venda os seus bens e dê o dinheiro
aos pobres, e você terá um tesouro nos céus.
Depois, venha e siga-me".
22Ouvindo isso, o jovem afastou-se triste,
porque tinha muitas riquezas.
23Então Jesus disse aos discípulos: "Digo-
-lhes a verdade: Dificilmente um rico entra-
rá no Reino dos céus. 24E lhes digo ainda: É
mais fácil passar um camelo pelo fundo de
uma agulha do que um rico entrar no Rei-
no de Deus".
25Ao ouvirem isso, os discípulos ficaram
perplexos e perguntaram: "Neste caso, quem
pode ser salvo?"

[a] 19:4 Gn 1:27
[b] 19:5 Gn 2:24
[c] 19:9 Grego: *porneia*; termo genérico que se refere a práticas sexuais ilícitas.
[d] 19:12 Ou *renunciaram ao casamento*
[e] 19:19 Êx 20:12-16; Dt 5:16-20
[f] 19:19 Lv 19:18

Jesus ama as crianças

Experimente!

Leia Mateus 19:13-15 e veja que, assim como Jesus mostrou amor pelas crianças nessa história, ele ama você. Você não pode sentir as mãos em sua cabeça ou os braços dele ao redor de você como aquelas sentiram, mas pode saber que as mãos dele estão segurando você com muito amor.

Para você e os demais membros de sua família se lembrarem disso, no próximo momento de oração à hora do almoço, cantem alguma música que fale do amor de Jesus. Depois, falem como Jesus ama sua família.

Mateus 19:13-15

26 Jesus olhou para eles e respondeu: "Para
o homem é impossível, mas para Deus todas
as coisas são possíveis".
27 Então Pedro lhe respondeu: "Nós deixa-
mos tudo para seguir-te! Que será de nós?"
28 Jesus lhes disse: "Digo-lhes a verdade:
Por ocasião da regeneração de todas as coi-
sas, quando o Filho do homem se assentar
em seu trono glorioso, vocês que me segui-
ram também se assentarão em doze tronos,
para julgar as doze tribos de Israel. 29 E todos
os que tiverem deixado casas, irmãos, irmãs,
pai, mãe[a], filhos ou campos, por minha cau-
sa, receberão cem vezes mais e herdarão a
vida eterna. 30 Contudo, muitos primeiros
serão últimos, e muitos últimos serão pri-
meiros.

A parábola dos trabalhadores na vinha

20 "Pois o Reino dos céus é como um pro-
prietário que saiu de manhã cedo para
contratar trabalhadores para a sua vinha. 2 Ele
combinou pagar-lhes um denário[b] pelo dia e
mandou-os para a sua vinha.
3 "Por volta das nove horas da manhã[c], ele
saiu e viu outros que estavam desocupados
na praça, 4 e lhes disse: 'Vão também traba-
lhar na vinha, e eu lhes pagarei o que for jus-
to'. 5 E eles foram.
"Saindo outra vez, por volta do meio-dia e
das três horas da tarde[d], fez a mesma coisa.
6 Saindo por volta das cinco horas da tarde[e],
encontrou ainda outros que estavam de-
socupados e lhes perguntou: 'Por que vo-
cês estiveram aqui desocupados o dia todo?'
7 'Porque ninguém nos contratou', responde-
ram eles.
"Ele lhes disse: 'Vão vocês também traba-
lhar na vinha'.
8 "Ao cair da tarde, o dono da vinha disse
a seu administrador: 'Chame os trabalhado-
res e pague-lhes o salário, começando com
os últimos contratados e terminando nos
primeiros'.
9 "Vieram os trabalhadores contratados
por volta das cinco horas da tarde, e cada
um recebeu um denário. 10 Quando vieram
os que tinham sido contratados primeiro,
esperavam receber mais. Mas cada um de-
les também recebeu um denário. 11 Quando o
receberam, começaram a se queixar do pro-
prietário da vinha, 12 dizendo-lhe: 'Estes ho-
mens contratados por último trabalharam
apenas uma hora, e o senhor os igualou a
nós, que suportamos o peso do trabalho e o
calor do dia'.
13 "Mas ele respondeu a um deles: 'Amigo,
não estou sendo injusto com você. Você não
concordou em trabalhar por um denário?
14 Receba o que é seu e vá. Eu quero dar ao que
foi contratado por último o mesmo que lhe
dei. 15 Não tenho o direito de fazer o que que-
ro com o meu dinheiro? Ou você está com
inveja porque sou generoso?'

[a] 19:29 Alguns manuscritos acrescentam *ou mulher*.
[b] 20:2 O denário era uma moeda de prata equivalente à diária de um trabalhador braçal; também nos versículos 9, 10 e 13.
[c] 20:3 Grego: *da hora terceira*.
[d] 20:5 Grego: *da hora sexta e da hora nona*.
[e] 20:6 Grego: *da décima primeira hora*; também no versículo 9.

A vida nos tempos da Bíblia

Denário

Nos tempos do Novo Testamento, o pagamento por um dia de trabalho era feito com uma única moeda, chamada de denário (Mateus 20:2). Era dinheiro suficiente para comprar comida para um dia e alugar um quarto pequeno para a noite. A moeda era feita de prata e geralmente tinha a imagem do imperador romano.

16“Assim, os últimos serão primeiros, e os
primeiros serão últimos”[a].

Jesus prediz novamente sua morte e ressurreição

(Mc 10:32-34; Lc 18:31-34)

17Enquanto estava subindo para Jerusalém,
Jesus chamou em particular os doze discípu-
los e lhes disse: 18“Estamos subindo para Je-
rusalém, e o Filho do homem será entregue
aos chefes dos sacerdotes e aos mestres da
lei. Eles o condenarão à morte 19e o entre-
garão aos gentios[b] para que zombem dele, o
açoitem e o crucifiquem. No terceiro dia ele
ressuscitará!”

O pedido de uma mãe

(Mc 10:35-45)

20Então, aproximou-se de Jesus a mãe dos
filhos de Zebedeu com seus filhos e, prostran-
do-se, fez-lhe um pedido.

21“O que você quer?”, perguntou ele.

Ela respondeu: “Declara que no teu Reino
estes meus dois filhos se assentarão um à tua
direita e o outro à tua esquerda”.

22Disse-lhes Jesus: “Vocês não sabem o que
estão pedindo. Podem vocês beber o cálice
que eu vou beber?”

“Podemos”, responderam eles.

23Jesus lhes disse: “Certamente vocês bebe-
rão do meu cálice; mas o assentar-se à minha
direita ou à minha esquerda não cabe a mim
conceder. Esses lugares pertencem àqueles
para quem foram preparados por meu Pai”.

24Quando os outros dez ouviram isso, fica-
ram indignados com os dois irmãos. 25Jesus
os chamou e disse: “Vocês sabem que os go-
vernantes das nações as dominam, e as pes-
soas importantes exercem poder sobre elas.
26Não será assim entre vocês. Ao contrário,
quem quiser tornar-se importante entre vo-
cês deverá ser servo, 27e quem quiser ser o
primeiro deverá ser escravo; 28como o Filho
do homem, que não veio para ser servido,
mas para servir e dar a sua vida em resgate
por muitos”.

Dois cegos recuperam a visão

(Mc 10:46-52; Lc 18:35-43)

29Ao saírem de Jericó, uma grande multi-
dão seguiu Jesus. 30Dois cegos estavam sen-
tados à beira do caminho e, quando ouviram
falar que Jesus estava passando, puseram-se
a gritar: “Senhor, Filho de Davi, tem miseri-
córdia de nós!”

31A multidão os repreendeu para que ficas-
sem quietos, mas eles gritavam ainda mais:
“Senhor, Filho de Davi, tem misericórdia de
nós!”

32Jesus, parando, chamou-os e perguntou-
-lhes: “O que vocês querem que eu lhes faça?”

33Responderam eles: “Senhor, queremos
que se abram os nossos olhos”.

34Jesus teve compaixão deles e tocou nos
olhos deles. Imediatamente eles recupera-
ram a visão e o seguiram.

A entrada triunfal

(Mc 11:1-11; Lc 19:28-40; Jo 12:12-19)

21 Quando se aproximaram de Jerusalém
e chegaram a Betfagé, ao monte das Oli-
veiras, Jesus enviou dois discípulos, 2dizen-
do-lhes: “Vão ao povoado que está adiante de
vocês; logo encontrarão uma jumenta amar-
rada, com um jumentinho ao lado. Desamar-
rem-nos e tragam-nos para mim. 3Se alguém
lhes perguntar algo, digam-lhe que o Senhor
precisa deles e logo os enviará de volta”.

4Isso aconteceu para que se cumprisse o
que fora dito pelo profeta:

5“Digam à cidade[c] de Sião:
‘Eis que o seu rei vem a você,
humilde e montado num jumento,
num jumentinho,
cria de jumenta’[d]”.

6Os discípulos foram e fizeram o que Je-
sus tinha ordenado. 7Trouxeram a jumenta
e o jumentinho, colocaram sobre eles os seus
mantos, e sobre estes Jesus montou. 8Uma
grande multidão estendeu seus mantos pelo
caminho, outros cortavam ramos de árvores
e os espalhavam pelo caminho. 9A multidão
que ia adiante dele e os que o seguiam gri-
tavam:

“Hosana[e] ao Filho de Davi!”
“Bendito é o que vem
em nome do Senhor!”[f]
“Hosana nas alturas!”

10Quando Jesus entrou em Jerusalém, toda
a cidade ficou agitada e perguntava: “Quem
é este?”

11A multidão respondia: “Este é Jesus, o
profeta de Nazaré da Galileia”.

[a] 20:16 Alguns manuscritos acrescentam *Porque muitos são chamados, mas poucos escolhidos.*
[b] 20:19 Isto é, os que não são judeus.
[c] 21:5 Grego: *filha*.
[d] 21:5 Zc 9:9
[e] 21:9 Expressão hebraica que significa *“Salve!”*, e que se tornou uma exclamação de louvor; também no versículo 15.
[f] 21:9 Sl 118:26

Jesus purifica o templo

(Mc 11:15-19; Lc 19:45-48)

12 Jesus entrou no templo e expulsou todos os que ali estavam comprando e vendendo. Derrubou as mesas dos cambistas e as cadeiras dos que vendiam pombas, 13 e lhes disse: "Está escrito: 'A minha casa será chamada casa de oração'[a]; mas vocês estão fazendo dela um 'covil de ladrões'[b]".

14 Os cegos e os mancos aproximaram-se dele no templo, e ele os curou. 15 Mas quando os chefes dos sacerdotes e os mestres da lei viram as coisas maravilhosas que Jesus fazia e as crianças gritando no templo: "Hosana ao Filho de Davi", ficaram indignados, 16 e lhe perguntaram: "Não estás ouvindo o que estas crianças estão dizendo?"

Respondeu Jesus: "Sim, vocês nunca leram:

" 'Dos lábios das crianças e dos recém-
-nascidos
suscitaste louvor'[c]"?

17 E, deixando-os, saiu da cidade para Betânia, onde passou a noite.

A figueira seca

(Mc 11:20-25)

18 De manhã cedo, quando voltava para a cidade, Jesus teve fome. 19 Vendo uma figueira à beira do caminho, aproximou-se dela, mas nada encontrou, a não ser folhas. Então lhe disse: "Nunca mais dê frutos!" Imediatamente a árvore secou.

20 Ao verem isso, os discípulos ficaram espantados e perguntaram: "Como a figueira secou tão depressa?"

21 Jesus respondeu: "Eu lhes asseguro que, se vocês tiverem fé e não duvidarem, poderão fazer não somente o que foi feito à figueira, mas também dizer a este monte: 'Levante-se e atire-se no mar', e assim será feito. 22 E tudo o que pedirem em oração, se crerem, vocês receberão".

A autoridade de Jesus é questionada

(Mc 11:27-33; Lc 20:1-8)

23 Jesus entrou no templo e, enquanto ensinava, aproximaram-se dele os chefes dos sacerdotes e os líderes religiosos do povo e perguntaram: "Com que autoridade estás fazendo estas coisas? E quem te deu tal autoridade?"

24 Respondeu Jesus: "Eu também lhes farei uma pergunta. Se vocês me responderem, eu lhes direi com que autoridade estou fazendo estas coisas. 25 De onde era o batismo de João? Do céu ou dos homens?"

Eles discutiam entre si, dizendo: "Se dissermos: Do céu, ele perguntará: 'Então por que vocês não creram nele?' 26 Mas se dissermos: Dos homens — temos medo do povo, pois todos consideram João um profeta".

27 Eles responderam a Jesus: "Não sabemos".

E ele lhes disse: "Tampouco lhes direi com que autoridade estou fazendo estas coisas.

A parábola dos dois filhos

28 "O que acham? Havia um homem que tinha dois filhos. Chegando ao primeiro, disse: 'Filho, vá trabalhar hoje na vinha'.

29 "E este respondeu: 'Não quero!' Mas depois mudou de ideia e foi.

30 "O pai chegou ao outro filho e disse a mesma coisa. Ele respondeu: 'Sim, senhor!' Mas não foi.

31 "Qual dos dois fez a vontade do pai?"

"O primeiro", responderam eles.

Jesus lhes disse: "Digo-lhes a verdade: Os publicanos e as prostitutas estão entrando antes de vocês no Reino de Deus. 32 Porque João veio para lhes mostrar o caminho da justiça, e vocês não creram nele, mas os publicanos e as prostitutas creram. E, mesmo depois de verem isso, vocês não se arrependeram nem creram nele.

A parábola dos lavradores

(Mc 12:1-12; Lc 20:9-19)

33 "Ouçam outra parábola: Havia um proprietário de terras que plantou uma vinha.

Você sabia?

O que é autoridade?

21:27 É o direito de fazer alguma coisa. Os inimigos de Jesus estavam incomodados com os ensinamentos e os milagres dele; então, perguntaram-lhe que direito ele tinha de dizer e fazer aquelas coisas. Essa foi uma pergunta tola, e Jesus recusou-se a responder, pois ele não conseguiria ter feito o que fez sem a ajuda de Deus.

[a] 21:13 Is 56:7
[b] 21:13 Jr 7:11
[c] 21:16 Sl 8:2

Colocou uma cerca ao redor dela, cavou um tanque para prensar as uvas e construiu uma torre. Depois arrendou a vinha a alguns lavradores e foi fazer uma viagem. 34Aproximando-se a época da colheita, enviou seus servos aos lavradores, para receber os frutos que lhe pertenciam.

35"Os lavradores agarraram seus servos; a um espancaram, a outro mataram e apedrejaram o terceiro. 36Então enviou-lhes outros servos em maior número, e os lavradores os trataram da mesma forma. 37Por último, enviou-lhes seu filho, dizendo: 'A meu filho respeitarão'.

38"Mas quando os lavradores viram o filho, disseram uns aos outros: 'Este é o herdeiro. Venham, vamos matá-lo e tomar a sua herança'. 39Assim eles o agarraram, lançaram-no para fora da vinha e o mataram.

40"Portanto, quando vier o dono da vinha, o que fará àqueles lavradores?"

41Responderam eles: "Matará de modo horrível esses perversos e arrendará a vinha a outros lavradores, que lhe deem a sua parte no tempo da colheita".

42Jesus lhes disse: "Vocês nunca leram isto nas Escrituras?

"'A pedra que os construtores
rejeitaram
tornou-se a pedra angular;
isso vem do Senhor,
e é algo maravilhoso
para nós'[a].

43"Portanto eu lhes digo que o Reino de Deus será tirado de vocês e será dado a um povo que dê os frutos do Reino. 44Aquele que cair sobre esta pedra será despedaçado, e aquele sobre quem ela cair será reduzido a pó".[b]

45Quando os chefes dos sacerdotes e os fariseus ouviram as parábolas de Jesus, compreenderam que ele falava a respeito deles. 46E procuravam um meio de prendê-lo; mas tinham medo das multidões, pois elas o consideravam profeta.

A parábola do banquete de casamento

(Lc 14:15-24)

22 Jesus lhes falou novamente por parábolas, dizendo: 2"O Reino dos céus é como um rei que preparou um banquete de casamento para seu filho. 3Enviou seus servos aos que tinham sido convidados para o banquete, dizendo-lhes que viessem; mas eles não quiseram vir.

4"De novo enviou outros servos e disse: 'Digam aos que foram convidados que preparei meu banquete: meus bois e meus novilhos gordos foram abatidos, e tudo está preparado. Venham para o banquete de casamento!'

5"Mas eles não lhes deram atenção e saíram, um para o seu campo, outro para os seus negócios. 6Os restantes, agarrando os servos, maltrataram-nos e os mataram. 7O rei ficou irado e, enviando o seu exército, destruiu aqueles assassinos e queimou a cidade deles.

8"Então disse a seus servos: 'O banquete de casamento está pronto, mas os meus convidados não eram dignos. 9Vão às esquinas e convidem para o banquete todos os que vocês encontrarem'. 10Então os servos saíram para as ruas e reuniram todas as pessoas que puderam encontrar, gente boa e gente má, e a sala do banquete de casamento ficou cheia de convidados.

11"Mas quando o rei entrou para ver os convidados, notou ali um homem que não estava usando veste nupcial. 12E lhe perguntou: 'Amigo, como você entrou aqui sem veste nupcial?' O homem emudeceu.

13"Então o rei disse aos que serviam: 'Amarrem-lhe as mãos e os pés, e lancem-no para fora, nas trevas; ali haverá choro e ranger de dentes'.

14"Pois muitos são chamados, mas poucos são escolhidos".

O pagamento de imposto a César

(Mc 12:13-17; Lc 20:20-26)

15Então os fariseus saíram e começaram a planejar um meio de enredá-lo em suas próprias palavras. 16Enviaram-lhe seus discípulos junto com os herodianos, que lhe disseram: "Mestre, sabemos que és íntegro e que ensinas o caminho de Deus conforme a verdade. Tu não te deixas influenciar por ninguém, porque não te prendes à aparência dos homens. 17Dize-nos, pois: Qual é a tua opinião? É certo pagar imposto a César ou não?"

18Mas Jesus, percebendo a má intenção deles, perguntou: "Hipócritas! Por que vocês estão me pondo à prova? 19Mostrem-me a moeda usada para pagar o imposto". Eles lhe mostraram um denário[c], 20e ele lhes perguntou: "De quem é esta imagem e esta inscrição?"

21"De César", responderam eles.

[a] 21:42 Sl 118:22-23
[b] 21:44 Muitos manuscritos não trazem o versículo 44.
[c] 22:19 O denário era uma moeda de prata equivalente à diária de um trabalhador braçal.

E ele lhes disse: "Então, deem[a] a César o
que é de César e a Deus o que é de Deus".
22Ao ouvirem isso, eles ficaram admirados;
e, deixando-o, retiraram-se.

A realidade da ressurreição

(Mc 12:18-27; Lc 20:27-40)

23Naquele mesmo dia, os saduceus, que
dizem que não há ressurreição, aproxima-
ram-se dele com a seguinte questão: 24"Mes-
tre, Moisés disse que se um homem morrer
sem deixar filhos, seu irmão deverá casar-se
com a viúva e dar-lhe descendência. 25Entre
nós havia sete irmãos. O primeiro casou-se e
morreu. Como não teve filhos, deixou a mu-
lher para seu irmão. 26A mesma coisa acon-
teceu com o segundo, com o terceiro, até o
sétimo. 27Finalmente, depois de todos, mor-
reu a mulher. 28Pois bem, na ressurreição, de
qual dos sete ela será esposa, visto que todos
foram casados com ela?"
29Jesus respondeu: "Vocês estão enganados
porque não conhecem as Escrituras nem o
poder de Deus! 30Na ressurreição, as pessoas
não se casam nem são dadas em casamen-
to; mas são como os anjos no céu. 31E quanto
à ressurreição dos mortos, vocês não leram
o que Deus lhes disse: 32'Eu sou o Deus de
Abraão, o Deus de Isaque e o Deus de Jacó'[b]?
Ele não é Deus de mortos, mas de vivos!"
33Ouvindo isso, a multidão ficou admirada
com o seu ensino.

O maior mandamento

(Mc 12:28-34)

34Ao ouvirem dizer que Jesus havia deixa-
do os saduceus sem resposta, os fariseus se
reuniram. 35Um deles, perito na lei, o pôs à
prova com esta pergunta: 36"Mestre, qual é o
maior mandamento da Lei?"
37Respondeu Jesus: " 'Ame o Senhor, o seu
Deus, de todo o seu coração, de toda a sua al-
ma e de todo o seu entendimento'[c]. 38Este é o
primeiro e maior mandamento. 39E o segun-
do é semelhante a ele: 'Ame o seu próximo
como a si mesmo'[d]. 40Destes dois mandamen-
tos dependem toda a Lei e os Profetas".

O Cristo é Senhor de Davi

(Mc 12:35-37; Lc 20:41-44)

41Estando os fariseus reunidos, Jesus lhes
perguntou: 42"O que vocês pensam a respeito
do Cristo? De quem ele é filho?"

Palavras para memorizar

"Ame o Senhor, o seu Deus, de todo o seu coração, de toda a sua alma e de todo o seu entendimento [...] Ame o seu próximo como a si mesmo."

(Mateus 22:37,39)

"É filho de Davi", responderam eles.
43Ele lhes disse: "Então, como é que Davi,
falando pelo Espírito, o chama 'Senhor'? Pois
ele afirma:

44" 'O Senhor disse
ao meu Senhor:
Senta-te à minha direita,
até que eu ponha
os teus inimigos
debaixo de teus pés '[e].

45Se, pois, Davi o chama 'Senhor', como po-
de ser ele seu filho?" 46Ninguém conseguia
responder-lhe uma palavra; e daquele dia em
diante, ninguém jamais se atreveu a lhe fa-
zer perguntas.

Jesus condena a hipocrisia dos fariseus e dos mestres da lei

23 Então, Jesus disse à multidão e aos
seus discípulos: 2"Os mestres da lei e
os fariseus se assentam na cadeira de Moi-
sés. 3Obedeçam-lhes e façam tudo o que eles
lhes dizem. Mas não façam o que eles fazem,
pois não praticam o que pregam. 4Eles atam
fardos pesados e os colocam sobre os ombros
dos homens, mas eles mesmos não estão dis-
postos a levantar um só dedo para movê-los.
5"Tudo o que fazem é para serem vistos pe-
los homens. Eles fazem seus filactérios[f] bem
largos e as franjas de suas vestes bem longas;
6gostam do lugar de honra nos banquetes e
dos assentos mais importantes nas sinago-
gas, 7de serem saudados nas praças e de se-
rem chamados mestres[g].
8"Mas vocês não devem ser chamados mes-
tres; um só é o Mestre de vocês, e todos vocês

[a] 22:21 Ou *devolvam*
[b] 22:32 Êx 3:6
[c] 22:37 Dt 6:5
[d] 22:39 Lv 19:18
[e] 22:44 Sl 110:1
[f] 23:5 Isto é, tefilins, pequenas caixas que continham textos bíblicos, presas na testa e nos braços.
[g] 23:7 Isto é, rabis.

Você sabia?

O que são os "ais"?

23:13 São tristezas, dores ou problemas. Jesus usa a palavra "ai" para alertar os mestres da lei e os fariseus. Ele lhes contou sete razões pelas quais eles estavam com problemas com Deus.

são irmãos. 9A ninguém na terra chamem
'pai', porque vocês só têm um Pai, aquele que
está nos céus. 10Tampouco vocês devem ser
chamados 'chefes', porquanto vocês têm um
só Chefe, o Cristo. 11O maior entre vocês deve-
rá ser servo. 12Pois todo aquele que a si mes-
mo se exaltar será humilhado, e todo aquele
que a si mesmo se humilhar será exaltado.
13"Ai de vocês, mestres da lei e fariseus, hi-
pócritas! Vocês fecham o Reino dos céus dian-
te dos homens! Vocês mesmos não entram,
nem deixam entrar aqueles que gostariam
de fazê-lo.
14"Ai de vocês, mestres da lei e fariseus, hi-
pócritas! Vocês devoram as casas das viúvas e,
para disfarçar, fazem longas orações. Por isso
serão castigados mais severamente.[a]
15"Ai de vocês, mestres da lei e fariseus, hi-
pócritas, porque percorrem terra e mar para
fazer um convertido e, quando conseguem,
vocês o tornam duas vezes mais filho do in-
ferno do que vocês.
16"Ai de vocês, guias cegos!, pois dizem:
'Se alguém jurar pelo santuário, isto nada
significa; mas se alguém jurar pelo ouro do
santuário, está obrigado por seu juramento'.
17Cegos insensatos! Que é mais importante:
o ouro ou o santuário que santifica o ouro?
18Vocês também dizem: 'Se alguém jurar pelo
altar, isto nada significa; mas se alguém jurar
pela oferta que está sobre ele, está obrigado
por seu juramento'. 19Cegos! Que é mais im-
portante: a oferta, ou o altar que santifica a
oferta? 20Portanto, aquele que jurar pelo al-
tar, jura por ele e por tudo o que está sobre
ele. 21E o que jurar pelo santuário, jura por
ele e por aquele que nele habita. 22E aquele
que jurar pelos céus, jura pelo trono de Deus
e por aquele que nele se assenta.
23"Ai de vocês, mestres da lei e fariseus, hi-
pócritas! Vocês dão o dízimo da hortelã, do
endro e do cominho, mas têm negligenciado
os preceitos mais importantes da lei: a jus-
tiça, a misericórdia e a fidelidade. Vocês de-
vem praticar estas coisas, sem omitir aquelas.
24Guias cegos! Vocês coam um mosquito e en-
golem um camelo.
25"Ai de vocês, mestres da lei e fariseus, hi-
pócritas! Vocês limpam o exterior do copo e
do prato, mas por dentro eles estão cheios de
ganância e cobiça. 26Fariseu cego! Limpe pri-
meiro o interior do copo e do prato, para que
o exterior também fique limpo.
27"Ai de vocês, mestres da lei e fariseus, hi-
pócritas! Vocês são como sepulcros caiados:

[a] 23:14 Vários manuscritos não trazem o versículo 14.

A vida nos tempos da Bíblia

Filactérios

Quando os homens judeus oravam, muitos deles amarravam no braço e na testa caixinhas especiais que continham versículos da Bíblia. Elas eram chamadas de "filactérios". Jesus criticou aqueles que praticavam isso para fazer as pessoas pensarem que eles eram especialmente santos (Mateus 23:5).

bonitos por fora, mas por dentro estão cheios de ossos e de todo tipo de imundície. 28Assim são vocês: por fora parecem justos ao povo, mas por dentro estão cheios de hipocrisia e maldade.

29"Ai de vocês, mestres da lei e fariseus, hipócritas! Vocês edificam os túmulos dos profetas e adornam os monumentos dos justos. 30E dizem: 'Se tivéssemos vivido no tempo dos nossos antepassados, não teríamos tomado parte com eles no derramamento do sangue dos profetas'. 31Assim, vocês testemunham contra si mesmos que são descendentes dos que assassinaram os profetas. 32Acabem, pois, de encher a medida do pecado dos seus antepassados!

33"Serpentes! Raça de víboras! Como vocês escaparão da condenação ao inferno? 34Por isso, eu lhes estou enviando profetas, sábios e mestres. A uns vocês matarão e crucificarão; a outros açoitarão nas sinagogas de vocês e perseguirão de cidade em cidade. 35E, assim, sobre vocês recairá todo o sangue justo derramado na terra, desde o sangue do justo Abel, até o sangue de Zacarias, filho de Baraquias, a quem vocês assassinaram entre o santuário e o altar. 36Eu lhes asseguro que tudo isso sobrevirá a esta geração.

37"Jerusalém, Jerusalém, você, que mata os profetas e apedreja os que lhe são enviados! Quantas vezes eu quis reunir os seus filhos, como a galinha reúne os seus pintinhos debaixo das suas asas, mas vocês não quiseram. 38Eis que a casa de vocês ficará deserta. 39Pois eu lhes digo que vocês não me verão mais, até que digam: 'Bendito é o que vem em nome do Senhor'[a]".

O sinal do fim dos tempos

(Mc 13:1-31; Lc 21:5-37)

24 Jesus saiu do templo e, enquanto caminhava, seus discípulos aproximaram-se dele para lhe mostrar as construções do templo. 2"Vocês estão vendo tudo isto?", perguntou ele. "Eu lhes garanto que não ficará aqui pedra sobre pedra; serão todas derrubadas".

3Tendo Jesus se assentado no monte das Oliveiras, os discípulos dirigiram-se a ele em particular e disseram: "Dize-nos, quando acontecerão essas coisas? E qual será o sinal da tua vinda e do fim dos tempos?"

4Jesus respondeu: "Cuidado, que ninguém os engane. 5Pois muitos virão em meu nome, dizendo: 'Eu sou o Cristo!' e enganarão a muitos. 6Vocês ouvirão falar de guerras e rumores de guerras, mas não tenham medo. É necessário que tais coisas aconteçam, mas ainda não é o fim. 7Nação se levantará contra nação, e reino contra reino. Haverá fomes e terremotos em vários lugares. 8Tudo isso será o início das dores.

9"Então eles os entregarão para serem perseguidos e condenados à morte, e vocês serão odiados por todas as nações por minha causa. 10Naquele tempo muitos ficarão escandalizados, trairão e odiarão uns aos outros, 11e numerosos falsos profetas surgirão e enganarão a muitos. 12Devido ao aumento da maldade, o amor de muitos esfriará, 13mas aquele que perseverar até o fim será salvo. 14E este evangelho do Reino será pregado em todo o mundo como testemunho a todas as nações, e então virá o fim.

15"Assim, quando vocês virem 'o sacrilégio terrível'[b], do qual falou o profeta Daniel, no Lugar Santo — quem lê, entenda — 16então, os que estiverem na Judeia fujam para os montes. 17Quem estiver no telhado de sua casa não desça para tirar dela coisa alguma. 18Quem estiver no campo não volte para pegar seu manto. 19Como serão terríveis aqueles dias para as grávidas e para as que estiverem amamentando! 20Orem para que a fuga de vocês não aconteça no inverno nem no sábado. 21Porque haverá então grande tribulação, como nunca houve desde o princípio do mundo até agora, nem jamais haverá. 22Se aqueles dias não fossem abreviados, ninguém sobreviveria[c]; mas, por causa dos eleitos, aqueles dias serão abreviados. 23Se, então, alguém lhes disser: 'Vejam, aqui está o Cristo!' ou: 'Ali está ele!', não acreditem. 24Pois aparecerão falsos cristos e falsos profetas que realizarão grandes sinais e maravilhas para, se possível, enganar até os eleitos. 25Vejam que eu os avisei antecipadamente.

26"Assim, se alguém lhes disser: 'Ele está lá, no deserto!', não saiam; ou: 'Ali está ele, dentro da casa!', não acreditem. 27Porque assim como o relâmpago sai do Oriente e se mostra no Ocidente, assim será a vinda do Filho do homem. 28Onde houver um cadáver, aí se ajuntarão os abutres.

29"Imediatamente após a tribulação daqueles dias

" 'o sol escurecerá,
e a lua não dará a sua luz;

[a] 23:39 Sl 118:26

[b] 24:15 Dn 9:27; 11:31; 12:11
[c] 24:22 Ou *seria salvo*

as estrelas cairão do céu,
e os poderes celestes
serão abalados'[a].

30"Então aparecerá no céu o sinal do Filho
do homem, e todas as nações da terra se la-
mentarão e verão o Filho do homem vindo
nas nuvens do céu com poder e grande gló-
ria. 31E ele enviará os seus anjos com grande
som de trombeta, e estes reunirão os seus
eleitos dos quatro ventos, de uma a outra ex-
tremidade dos céus.
32"Aprendam a lição da figueira: quando
seus ramos se renovam e suas folhas come-
çam a brotar, vocês sabem que o verão está
próximo. 33Assim também, quando virem to-
das estas coisas, saibam que ele está próximo,
às portas. 34Eu lhes asseguro que não passará
esta geração até que todas estas coisas acon-
teçam. 35Os céus e a terra passarão, mas as
minhas palavras jamais passarão.

O dia e a hora são desconhecidos

(Mc 13:32-37)

36"Quanto ao dia e à hora ninguém sabe,
nem os anjos dos céus, nem o Filho[b], senão
somente o Pai. 37Como foi nos dias de Noé,
assim também será na vinda do Filho do ho-
mem. 38Pois nos dias anteriores ao Dilúvio, o
povo vivia comendo e bebendo, casando-se
e dando-se em casamento, até o dia em que
Noé entrou na arca; 39e eles nada perceberam,
até que veio o Dilúvio e os levou a todos. As-
sim acontecerá na vinda do Filho do homem.
40Dois homens estarão no campo: um será
levado e o outro deixado. 41Duas mulheres
estarão trabalhando num moinho: uma será
levada e a outra deixada.
42"Portanto, vigiem, porque vocês não sa-
bem em que dia virá o seu Senhor. 43Mas en-
tendam isto: se o dono da casa soubesse a
que hora da noite o ladrão viria, ele ficaria
de guarda e não deixaria que a sua casa fos-
se arrombada. 44Assim, vocês também pre-
cisam estar preparados, porque o Filho do
homem virá numa hora em que vocês me-
nos esperam.
45"Quem é, pois, o servo fiel e sensato, a
quem seu senhor encarrega dos de sua ca-
sa para lhes dar alimento no tempo devido?
46Feliz o servo que seu senhor encontrar fa-
zendo assim quando voltar. 47Garanto-lhes
que ele o encarregará de todos os seus bens.
48Mas suponham que esse servo seja mau e
diga a si mesmo: 'Meu senhor está demoran-
do', 49e então comece a bater em seus conser-
vos e a comer e a beber com os beberrões. 50O
senhor daquele servo virá num dia em que
ele não o espera e numa hora que não sabe.
51Ele o punirá severamente[c] e lhe dará lugar
com os hipócritas, onde haverá choro e ran-
ger de dentes.

A parábola das dez virgens

25 "O Reino dos céus será, pois, semelhan-
te a dez virgens que pegaram suas can-
deias e saíram para encontrar-se com o noivo.
2Cinco delas eram insensatas, e cinco eram
prudentes. 3As insensatas pegaram suas can-
deias, mas não levaram óleo. 4As prudentes,
porém, levaram óleo em vasilhas, junto com
suas candeias. 5O noivo demorou a chegar,
e todas ficaram com sono e adormeceram.

[a] 24:29 Is 13:10; 34:4
[b] 24:36 Alguns manuscritos não trazem *nem o Filho*.
[c] 24:51 Grego: *cortará ao meio*.

Esteja pronto quando Jesus vier!

Experimente!

Jesus contou uma história sobre mulheres jovens com candeias, as quais estavam esperando que o noivo viesse para a noiva. Algumas delas ficaram sem óleo. Leia Mateus 25:1-13 e veja que Jesus contou essa história para nos lembrar que ele está voltando; mas, como não sabemos exatamente quando será, devemos estar sempre prontos!

Peça a seu pai ou a sua mãe que acenda uma vela. A luz cintilante lembrará que Jesus pode voltar a qualquer momento. Precisamos estar preparados.

Mateus 25:1-13

6“À meia-noite, ouviu-se um grito: ‘O noivo se aproxima! Saiam para encontrá-lo!’

7“Então todas as virgens acordaram e prepararam suas candeias. 8As insensatas disseram às prudentes: ‘Deem-nos um pouco do seu óleo, pois as nossas candeias estão se apagando’.

9“Elas responderam: ‘Não, pois pode ser que não haja o suficiente para nós e para vocês. Vão comprar óleo para vocês’.

10“E saindo elas para comprar o óleo, chegou o noivo. As virgens que estavam preparadas entraram com ele para o banquete nupcial. E a porta foi fechada.

11“Mais tarde vieram também as outras e disseram: ‘Senhor! Senhor! Abra a porta para nós!’

12“Mas ele respondeu: ‘A verdade é que não as conheço!’

13“Portanto, vigiem, porque vocês não sabem o dia nem a hora!

A parábola dos talentos

14“E também será como um homem que, ao sair de viagem, chamou seus servos e confiou-lhes os seus bens. 15A um deu cinco talentos[a], a outro dois, e a outro um; a cada um de acordo com a sua capacidade. Em seguida partiu de viagem. 16O que havia recebido cinco talentos saiu imediatamente, aplicou-os, e ganhou mais cinco. 17Também o que tinha dois talentos ganhou mais dois. 18Mas o que tinha recebido um talento saiu, cavou um buraco no chão e escondeu o dinheiro do seu senhor.

19“Depois de muito tempo o senhor daqueles servos voltou e acertou contas com eles. 20O que tinha recebido cinco talentos trouxe os outros cinco e disse: ‘O senhor me confiou cinco talentos; veja, eu ganhei mais cinco’.

21“O senhor respondeu: ‘Muito bem, servo bom e fiel! Você foi fiel no pouco, eu o porei sobre o muito. Venha e participe da alegria do seu senhor!’

22“Veio também o que tinha recebido dois talentos e disse: ‘O senhor me confiou dois talentos; veja, eu ganhei mais dois’.

23“O senhor respondeu: ‘Muito bem, servo bom e fiel! Você foi fiel no pouco, eu o porei sobre o muito. Venha e participe da alegria do seu senhor!’

24“Por fim veio o que tinha recebido um talento e disse: ‘Eu sabia que o senhor é um homem severo, que colhe onde não plantou e junta onde não semeou. 25Por isso, tive medo, saí e escondi o seu talento no chão. Veja, aqui está o que lhe pertence’.

26“O senhor respondeu: ‘Servo mau e negligente! Você sabia que eu colho onde não plantei e junto onde não semeei? 27Então você devia ter confiado o meu dinheiro aos banqueiros, para que, quando eu voltasse, o recebesse de volta com juros.

28“ ‘Tirem o talento dele e entreguem-no ao que tem dez. 29Pois a quem tem, mais será dado, e terá em grande quantidade. Mas a quem não tem, até o que tem lhe será tirado. 30E lancem fora o servo inútil, nas trevas, onde haverá choro e ranger de dentes’.

O julgamento das nações

31“Quando o Filho do homem vier em sua glória, com todos os anjos, assentar-se-á em seu trono na glória celestial. 32Todas as nações serão reunidas diante dele, e ele separará umas das outras como o pastor separa as ovelhas dos bodes. 33E colocará as ovelhas à sua direita e os bodes à sua esquerda.

34“Então o Rei dirá aos que estiverem à sua direita: ‘Venham, benditos de meu Pai! Recebam como herança o Reino que lhes foi preparado desde a criação do mundo. 35Pois eu tive fome, e vocês me deram de comer; tive sede, e vocês me deram de beber; fui estrangeiro, e vocês me acolheram; 36necessitei de roupas, e vocês me vestiram; estive enfermo, e vocês cuidaram de mim; estive preso, e vocês me visitaram’.

37“Então os justos lhe responderão: ‘Senhor, quando te vimos com fome e te demos de comer, ou com sede e te demos de beber? 38Quando te vimos como estrangeiro e te acolhemos, ou necessitado de roupas e te vestimos? 39Quando te vimos enfermo ou preso e fomos te visitar?’

40“O Rei responderá: ‘Digo-lhes a verdade: O que vocês fizeram a algum dos meus menores irmãos, a mim o fizeram’.

41“Então ele dirá aos que estiverem à sua esquerda: ‘Malditos, apartem-se de mim para o fogo eterno, preparado para o Diabo e os seus anjos. 42Pois eu tive fome, e vocês não me deram de comer; tive sede, e nada me deram para beber; 43fui estrangeiro, e vocês não me acolheram; necessitei de roupas, e vocês não me vestiram; estive enfermo e preso, e vocês não me visitaram’.

44“Eles também responderão: ‘Senhor, quando te vimos com fome ou com sede ou estrangeiro ou necessitado de roupas ou enfermo ou preso, e não te ajudamos?’

[a] 25:15 Um talento equivalia a 35 quilos; também no restante do capítulo.

45“Ele responderá: ‘Digo-lhes a verdade: O
que vocês deixaram de fazer a alguns destes
mais pequeninos, também a mim deixaram
de fazê-lo’.
46“E estes irão para o castigo eterno, mas
os justos para a vida eterna”.

A conspiração contra Jesus

26 Quando acabou de dizer essas coisas,
Jesus disse aos seus discípulos: 2“Como
vocês sabem, estamos a dois dias da Páscoa,
e o Filho do homem será entregue para ser
crucificado”.
3Naquela ocasião os chefes dos sacerdotes
e os líderes religiosos do povo se reuniram
no palácio do sumo sacerdote, cujo nome era
Caifás, 4e juntos planejaram prender Jesus à
traição e matá-lo. 5Mas diziam: “Não duran-
te a festa, para que não haja tumulto entre
o povo”.

Jesus é ungido em Betânia

(Mc 14:3-9; Jo 12:1-8)

6Estando Jesus em Betânia, na casa de Si-
mão, o leproso, 7aproximou-se dele uma mu-
lher com um frasco de alabastro contendo
um perfume muito caro. Ela o derramou so-
bre a cabeça de Jesus, quando ele se encon-
trava reclinado à mesa.
8Os discípulos, ao verem isso, ficaram in-
dignados e perguntaram: “Por que este des-
perdício? 9Este perfume poderia ser vendido
por alto preço, e o dinheiro dado aos pobres”.
10Percebendo isso, Jesus lhes disse: “Por
que vocês estão perturbando essa mulher?
Ela praticou uma boa ação para comigo. 11Pois
os pobres vocês sempre terão consigo, mas a
mim vocês nem sempre terão. 12Quando der-
ramou este perfume sobre o meu corpo, ela o
fez a fim de me preparar para o sepultamen-
to. 13Eu lhes asseguro que em qualquer lugar
do mundo inteiro onde este evangelho for
anunciado, também o que ela fez será con-
tado, em sua memória”.

A conspiração

14Então, um dos Doze, chamado Judas Isca-
riotes, dirigiu-se aos chefes dos sacerdotes 15e
lhes perguntou: “O que me darão se eu o en-
tregar a vocês?” E lhe fixaram o preço: trinta
moedas de prata. 16Desse momento em dian-
te Judas passou a procurar uma oportunida-
de para entregá-lo.

A ceia do Senhor

(Mc 14:12-26; Lc 22:7-23; Jo 13:18-30)

17No primeiro dia da Festa dos Pães sem
Fermento, os discípulos dirigiram-se a Jesus

Pessoas nos tempos da Bíblia

Judas

Judas, um dos 12 discípulos, foi até os inimigos de Jesus e disse que queria entregá-lo em troca de dinheiro. Judas mentiu para Jesus e disse que não o trairia, mas Jesus já sabia tudo o que ele tinha decidido fazer. Judas era um covarde, e ele traiu Jesus numa noite em que as multidões que criam em Jesus não poderia ver Judas e seus cúmplices.

e lhe perguntaram: “Onde queres que prepa-
remos a refeição da Páscoa?”
18Ele respondeu dizendo que entrassem na
cidade, procurassem um certo homem e lhe
dissessem: “O Mestre diz: O meu tempo está
próximo. Vou celebrar a Páscoa com meus
discípulos em sua casa”. 19Os discípulos fize-
ram como Jesus os havia instruído e prepa-
raram a Páscoa.
20Ao anoitecer, Jesus estava reclinado à
mesa com os Doze. 21E, enquanto estavam co-
mendo, ele disse: “Digo-lhes que certamente
um de vocês me trairá”.
22Eles ficaram muito tristes e começaram
a dizer-lhe, um após outro: “Com certeza não
sou eu, Senhor!”
23Afirmou Jesus: “Aquele que comeu comi-
go do mesmo prato há de me trair. 24O Filho
do homem vai, como está escrito a seu res-
peito. Mas ai daquele que trai o Filho do ho-
mem! Melhor lhe seria não haver nascido”.
25Então, Judas, que haveria de traí-lo, disse:
“Com certeza não sou eu, Mestre[a]!”
Jesus afirmou: “Sim, é você”[b].
26Enquanto comiam, Jesus tomou o pão,
deu graças, partiu-o, e o deu aos seus discí-
pulos, dizendo: “Tomem e comam; isto é o
meu corpo”.
27Em seguida tomou o cálice, deu graças e o
ofereceu aos discípulos, dizendo: “Bebam de-
le todos vocês. 28Isto é o meu sangue da alian-
ça[c], que é derramado em favor de muitos,

[a] 26:25 Isto é, Rabi; também no versículo 49.
[b] 26:25 Ou *“Você mesmo o disse!”*
[c] 26:28 Outros manuscritos trazem *da nova aliança.*

para perdão de pecados. 29Eu lhes digo que,
de agora em diante, não beberei deste fruto
da videira até aquele dia em que beberei o
vinho novo com vocês no Reino de meu Pai".
30Depois de terem cantado um hino, saí-
ram para o monte das Oliveiras.

Jesus prediz que Pedro o negará

(Mc 14:27-31; Lc 22:31-34; Jo 13:36-38)

31Então Jesus lhes disse: "Ainda esta noite
todos vocês me abandonarão. Pois está es-
crito:

" 'Ferirei o pastor,
e as ovelhas do rebanho
serão dispersas'[a].

32Mas, depois de ressuscitar, irei adiante de
vocês para a Galileia".
33Pedro respondeu: "Ainda que todos te
abandonem, eu nunca te abandonarei!"
34Respondeu Jesus: "Asseguro-lhe que ain-
da esta noite, antes que o galo cante, três ve-
zes você me negará".
35Mas Pedro declarou: "Mesmo que seja
preciso que eu morra contigo, nunca te ne-
garei". E todos os outros discípulos disseram
o mesmo.

Jesus no Getsêmani

(Mc 14:32-42; Lc 22:39-46)

36Então Jesus foi com seus discípulos pa-
ra um lugar chamado Getsêmani e lhes dis-
se: "Sentem-se aqui enquanto vou ali orar".
37Levando consigo Pedro e os dois filhos de
Zebedeu, começou a entristecer-se e a angus-
tiar-se. 38Disse-lhes então: "A minha alma está
profundamente triste, numa tristeza mortal.
Fiquem aqui e vigiem comigo".
39Indo um pouco mais adiante, prostrou-
-se com o rosto em terra e orou: "Meu Pai, se
for possível, afasta de mim este cálice; con-
tudo, não seja como eu quero, mas sim co-
mo tu queres".
40Depois, voltou aos seus discípulos e os
encontrou dormindo. "Vocês não puderam
vigiar comigo nem por uma hora?", pergun-
tou ele a Pedro. 41"Vigiem e orem para que
não caiam em tentação. O espírito está pron-
to, mas a carne é fraca."
42E retirou-se outra vez para orar: "Meu
Pai, se não for possível afastar de mim este cá-
lice sem que eu o beba, faça-se a tua vontade".
43Quando voltou, de novo os encontrou
dormindo, porque seus olhos estavam
pesados. 44Então os deixou novamente e
orou pela terceira vez, dizendo as mesmas
palavras.
45Depois voltou aos discípulos e lhes disse:
"Vocês ainda dormem e descansam? Chegou
a hora! Eis que o Filho do homem está sen-
do entregue nas mãos de pecadores. 46Levan-
tem-se e vamos! Aí vem aquele que me trai!"

Jesus é preso

(Mc 14:43-50; Lc 22:47-53; Jo 18:1-11)

47Enquanto ele ainda falava, chegou Judas,
um dos Doze. Com ele estava uma grande
multidão armada de espadas e varas, enviada
pelos chefes dos sacerdotes e líderes religio-
sos do povo. 48O traidor havia combinado um
sinal com eles, dizendo-lhes: "Aquele a quem
eu saudar com um beijo, é ele; prendam-no".
49Dirigindo-se imediatamente a Jesus, Judas
disse: "Salve, Mestre!", e o beijou.
50Jesus perguntou: "Amigo, o que o traz?"[b]
Então os homens se aproximaram, agarra-
ram Jesus e o prenderam. 51Um dos que es-
tavam com Jesus, estendendo a mão, puxou
a espada e feriu o servo do sumo sacerdote,
decepando-lhe a orelha.
52Disse-lhe Jesus: "Guarde a espada! Pois
todos os que empunham a espada, pela es-
pada morrerão. 53Você acha que eu não posso
pedir a meu Pai, e ele não colocaria imedia-
tamente à minha disposição mais de doze le-
giões de anjos? 54Como então se cumpririam
as Escrituras que dizem que as coisas deve-
riam acontecer desta forma?"
55Naquela hora Jesus disse à multidão: "Es-
tou eu chefiando alguma rebelião, para que
vocês venham prender-me com espadas e
varas? Todos os dias eu estive ensinando no
templo, e vocês não me prenderam! 56Mas tu-
do isso aconteceu para que se cumprissem as
Escrituras dos profetas". Então todos os dis-
cípulos o abandonaram e fugiram.

Jesus diante do Sinédrio

57Os que prenderam Jesus o levaram a Cai-
fás, o sumo sacerdote, em cuja casa se ha-
viam reunido os mestres da lei e os líderes
religiosos. 58E Pedro o seguiu de longe até o
pátio do sumo sacerdote, entrou e sentou-se
com os guardas, para ver o que aconteceria.
59Os chefes dos sacerdotes e todo o Siné-
drio[c] estavam procurando um depoimento
falso contra Jesus, para que pudessem con-
dená-lo à morte. 60Mas nada encontraram,

[a] 26:31 Zc 13:7

[b] 26:50 Ou *"Amigo, para que você veio?"*
[c] 26:59 Conselho dos principais líderes do povo judeu.

Você sabia?

O que era o Sinédrio?

26:59 Era o conselho formado pelos principais líderes do povo judeu. Eles podiam fazer leis e prender pessoas. Os romanos, que controlavam grande parte do mundo, permitiam que a maioria das nações que eles conquistavam tivesse seu próprio governo, que precisava obedecer ao imperador romano.

embora se apresentassem muitas falsas tes-
temunhas.
Finalmente se apresentaram duas 61que
declararam: "Este homem disse: 'Sou capaz
de destruir o santuário de Deus e reconstruí-
-lo em três dias' ".
62Então o sumo sacerdote levantou-se
e disse a Jesus: "Você não vai responder à
acusação que estes lhe fazem?" 63Mas Jesus
permaneceu em silêncio.
O sumo sacerdote lhe disse: "Exijo que vo-
cê jure pelo Deus vivo: se você é o Cristo, o
Filho de Deus, diga-nos".
64"Tu mesmo o disseste"[a], respondeu Je-
sus. "Mas eu digo a todos vós: Chegará o dia
em que vereis o Filho do homem assentado
à direita do Poderoso e vindo sobre as nu-
vens do céu."

[a] 26:64 Ou *"É como disseste"*

65Foi quando o sumo sacerdote rasgou as
próprias vestes e disse: "Blasfemou! Por que
precisamos de mais testemunhas? Vocês aca-
baram de ouvir a blasfêmia. 66O que acham?"
"É réu de morte!", responderam eles.
67Então alguns lhe cuspiram no rosto e
lhe deram murros. Outros lhe davam tapas
68e diziam: "Profetize-nos, Cristo. Quem foi
que lhe bateu?"

Pedro nega Jesus

(Mc 14:66-72; Lc 22:54-62; Jo 18:15-18,25-27)

69Pedro estava sentado no pátio, e uma
criada, aproximando-se dele, disse: "Você
também estava com Jesus, o galileu".
70Mas ele o negou diante de todos, dizendo:
"Não sei do que você está falando".
71Depois, saiu em direção à porta, onde ou-
tra criada o viu e disse aos que estavam ali:
"Este homem estava com Jesus, o Nazareno".
72E ele, jurando, o negou outra vez: "Não
conheço esse homem!"
73Pouco tempo depois, os que estavam por
ali chegaram a Pedro e disseram: "Certamen-
te você é um deles! O seu modo de falar o
denuncia".
74Aí ele começou a lançar maldições, e a ju-
rar: "Não conheço esse homem!"
Imediatamente um galo cantou. 75Então
Pedro se lembrou da palavra que Jesus tinha
dito: "Antes que o galo cante, você me nega-
rá três vezes". E, saindo dali, chorou amar-
gamente.

O suicídio de Judas

27 De manhã cedo, todos os chefes dos sa-
cerdotes e líderes religiosos do povo to-
maram a decisão de condenar Jesus à morte.

Peça perdão quando fizer algo errado

Experimente!

Pedro, discípulo de Jesus, amava seu Mestre, mas, na noite anterior àquela em que Jesus morreu, Pedro teve medo. Leia Mateus 26:69-74 para saber o que ele fez. Leia o versículo 75 para saber como Pedro se sentiu depois de ter mentindo dizendo que não era amigo de Jesus.

Se amamos a Deus, nós nos sentiremos culpados e muito mal depois de fazer alguma coisa errada. Quando você se sentir assim, a melhor coisa a fazer é orar e dizer a Deus que você está arrependido, pois ele vai perdoar-lhe, e você se sentirá melhor.

Mateus 26:69-75

2E, amarrando-o, levaram-no e o entregaram
a Pilatos, o governador.
3Quando Judas, que o havia traído, viu que
Jesus fora condenado, foi tomado de remor-
so e devolveu aos chefes dos sacerdotes e aos
líderes religiosos as trinta moedas de prata.
4E disse: "Pequei, pois traí sangue inocente".
E eles retrucaram: "Que nos importa? A res-
ponsabilidade é sua".
5Então Judas jogou o dinheiro dentro do
templo e, saindo, foi e enforcou-se.
6Os chefes dos sacerdotes ajuntaram as
moedas e disseram: "É contra a lei colocar este
dinheiro no tesouro, visto que é preço de san-
gue". 7Então decidiram usar aquele dinheiro
para comprar o campo do Oleiro, para cemi-
tério de estrangeiros. 8Por isso ele se chama
campo de Sangue até o dia de hoje. 9Então se
cumpriu o que fora dito pelo profeta Jeremias:
"Tomaram as trinta moedas de prata, preço
em que foi avaliado pelo povo de Israel, 10e
as usaram para comprar o campo do Oleiro,
como o Senhor me havia ordenado"[a].

Jesus diante de Pilatos

11Jesus foi posto diante do governador, e
este lhe perguntou: "Você é o rei dos judeus?"
Respondeu-lhe Jesus: "Tu o dizes"[b].
12Acusado pelos chefes dos sacerdotes e
pelos líderes religiosos, ele nada respondeu.
13Então Pilatos lhe perguntou: "Você não ou-
ve a acusação que eles estão fazendo contra
você?" 14Mas Jesus não lhe respondeu nenhu-
ma palavra, de modo que o governador ficou
muito impressionado.
15Por ocasião da festa era costume do go-
vernador soltar um prisioneiro escolhido pe-
la multidão. 16Eles tinham, naquela ocasião,
um prisioneiro muito conhecido, chamado
Barrabás. 17Pilatos perguntou à multidão que
ali se havia reunido: "Qual destes vocês que-
rem que lhes solte: Barrabás ou Jesus, cha-
mado Cristo?" 18Porque sabia que o haviam
entregado por inveja.
19Estando Pilatos sentado no tribunal, sua
mulher lhe enviou esta mensagem: "Não se
envolva com este inocente, porque hoje, em
sonho, sofri muito por causa dele".
20Mas os chefes dos sacerdotes e os líderes
religiosos convenceram a multidão a que pe-
disse Barrabás e mandasse executar Jesus.
21Então perguntou o governador: "Qual dos
dois vocês querem que eu lhes solte?"
Responderam eles: "Barrabás!"

Pessoas nos tempos da Bíblia

Pôncio Pilatos

Pôncio Pilatos era governador da Judeia quando Jesus foi preso, além de ser a única pessoa com autoridade para condenar Jesus à morte. Pilatos desafiou Jesus a se defender, mas Jesus não disse nenhuma palavra. Pilatos sabia que Jesus era inocente, mas tinha medo do povo e não tinha coragem de libertar o prisioneiro. Assim, ele permitiu que Jesus fosse crucificado e agiu como se não tivesse nenhuma responsabilidade por aquela decisão.

22Perguntou Pilatos: "Que farei então com
Jesus, chamado Cristo?"
Todos responderam: "Crucifica-o!"
23"Por quê? Que crime ele cometeu?", per-
guntou Pilatos.
Mas eles gritavam ainda mais: "Crucifica-o!"
24Quando Pilatos percebeu que não estava
obtendo nenhum resultado, mas, ao contrá-
rio, estava se iniciando um tumulto, mandou
trazer água, lavou as mãos diante da multi-
dão e disse: "Estou inocente do sangue des-
te homem; a responsabilidade é de vocês".
25Todo o povo respondeu: "Que o sangue
dele caia sobre nós e sobre nossos filhos!"
26Então Pilatos soltou-lhes Barrabás, man-
dou açoitar Jesus e o entregou para ser cru-
cificado.

Os soldados zombam de Jesus

(Mc 15:16-20)

27Então, os soldados do governador levaram
Jesus ao Pretório[c] e reuniram toda a tropa ao
seu redor. 28Tiraram-lhe as vestes e puseram
nele um manto vermelho; 29fizeram uma co-
roa de espinhos e a colocaram em sua cabeça.
Puseram uma vara em sua mão direita e, ajoe-
lhando-se diante dele, zombavam: "Salve, rei
dos judeus!" 30Cuspiram nele e, tirando-lhe a
vara, batiam-lhe com ela na cabeça. 31Depois
de terem zombado dele, tiraram-lhe o manto
e vestiram-lhe suas próprias roupas. Então o
levaram para crucificá-lo.

[a] 27:10 Veja Zc 11:12-13; Jr 19:1-13; 32:6-9.
[b] 27:11 Ou *"Sim, é como dizes"*
[c] 27:27 Residência oficial do governador romano.

A crucificação
(Mc 15:21-32; Lc 23:26-43; Jo 19:16-27)

32Ao saírem, encontraram um homem de
Cirene, chamado Simão, e o forçaram a car-
regar a cruz. 33Chegaram a um lugar chamado
Gólgota, que quer dizer lugar da Caveira, 34e
lhe deram para beber vinho misturado com
fel; mas ele, depois de prová-lo, recusou-se a
beber. 35Depois de o crucificarem, dividiram
as roupas dele, tirando sortes[a]. 36E, sentando-
-se, vigiavam-no ali. 37Por cima de sua cabeça
colocaram por escrito a acusação feita contra
ele: ESTE É JESUS, O REI DOS JUDEUS. 38Dois
ladrões foram crucificados com ele, um à sua
direita e outro à sua esquerda. 39Os que pas-
savam lançavam-lhe insultos, balançando a
cabeça 40e dizendo: "Você que destrói o tem-
plo e o reedifica em três dias, salve-se! Desça
da cruz, se é Filho de Deus!"

41Da mesma forma, os chefes dos sacerdo-
tes, os mestres da lei e os líderes religiosos
zombavam dele, 42dizendo: "Salvou os outros,
mas não é capaz de salvar a si mesmo! E é o
rei de Israel! Desça agora da cruz, e creremos
nele. 43Ele confiou em Deus. Que Deus o sal-
ve agora, se dele tem compaixão, pois disse:
'Sou o Filho de Deus!' " 44Igualmente o in-
sultavam os ladrões que haviam sido cruci-
ficados com ele.

A morte de Jesus
(Mc 15:33-41; Lc 23:44-49; Jo 19:28-30)

45E houve trevas sobre toda a terra, do meio-
-dia às três horas da tarde[b]. 46Por volta das
três horas da tarde, Jesus bradou em alta voz:
"*Eloí, Eloí,*[c] *lamá sabactâni?*", que significa "Meu
Deus! Meu Deus! Por que me abandonaste?"[d]

47Quando alguns dos que estavam ali ouvi-
ram isso, disseram: "Ele está chamando Elias".

48Imediatamente, um deles correu em bus-
ca de uma esponja, embebeu-a em vinagre,
colocou-a na ponta de uma vara e deu-a a
Jesus para beber. 49Mas os outros disseram:
"Deixem-no. Vejamos se Elias vem salvá-lo".

50Depois de ter bradado novamente em al-
ta voz, Jesus entregou o espírito.

51Naquele momento, o véu do santuário ras-
gou-se em duas partes, de alto a baixo. A terra
tremeu, e as rochas se partiram. 52Os sepulcros
se abriram, e os corpos de muitos santos que
tinham morrido foram ressuscitados.

53E, saindo dos sepulcros, depois da ressur-
reição de Jesus, entraram na cidade santa e
apareceram a muitos.

54Quando o centurião e os que com ele vi-
giavam Jesus viram o terremoto e tudo o que
havia acontecido, ficaram aterrorizados e ex-
clamaram: "Verdadeiramente este era o Fi-
lho[e] de Deus!"

55Muitas mulheres estavam ali, observando
de longe. Elas haviam seguido Jesus desde a
Galileia, para o servir. 56Entre elas estavam
Maria Madalena; Maria, mãe de Tiago e de
José; e a mãe dos filhos de Zebedeu.

O sepultamento de Jesus
(Mc 15:42-47; Lc 23:50-56; Jo 19:38-42)

57Ao cair da tarde chegou um homem rico,
de Arimateia, chamado José, que se tornara

[a] 27:35 Alguns manuscritos dizem *sortes, para que se cumpris-se a palavra falada pelo profeta: "Dividiram as minhas roupas entre si, e tiraram sortes pelas minhas vestes"* (Sl 22:18).
[b] 27:45 Grego: *da hora sexta até a hora nona.*
[c] 27:46 Alguns manuscritos dizem "*Eli, Eli,*
[d] 27:46 Sl 22:1
[e] 27:54 Ou *era filho*

A vida nos tempos da Bíblia

O sepulcro de Jesus

O sepulcro, ou tumba, dos ricos era escavado em encostas rochosas. Uma pedra grande e redonda era colocada em uma pequena vala e era empurrada para diante da tumba, a fim de fechá-la. Leia Mateus 27:57-61 e verá que Jesus foi enterrado em um sepulcro assim.

discípulo de Jesus. 58Dirigindo-se a Pilatos, pediu o corpo de Jesus, e Pilatos ordenou que lhe fosse entregue. 59José tomou o corpo, envolveu-o num lençol limpo de linho 60e o colocou num sepulcro novo, que ele havia mandado cavar na rocha. E, fazendo rolar uma grande pedra sobre a entrada do sepulcro, retirou-se. 61Maria Madalena e a outra Maria estavam assentadas ali, em frente do sepulcro.

A guarda do sepulcro

62No dia seguinte, isto é, no sábado,[a] os chefes dos sacerdotes e os fariseus dirigiram-se a Pilatos 63e disseram: "Senhor, lembramos que, enquanto ainda estava vivo, aquele impostor disse: 'Depois de três dias ressuscitarei'. 64Ordena, pois, que o sepulcro dele seja guardado até o terceiro dia, para que não venham seus discípulos e, roubando o corpo, digam ao povo que ele ressuscitou dentre os mortos. Este último engano será pior do que o primeiro".

65"Levem um destacamento"[b], respondeu Pilatos. "Podem ir, e mantenham o sepulcro em segurança como acharem melhor". 66Eles foram e armaram um esquema de segurança no sepulcro; e além de deixarem um destacamento montando guarda, lacraram a pedra.

A ressurreição

(Mc 16:1-8; Lc 24:1-12; Jo 20:1-9)

28 Depois do sábado, tendo começado o primeiro dia da semana, Maria Madalena e a outra Maria foram ver o sepulcro.

2E eis que sobreveio um grande terremoto, pois um anjo do Senhor desceu dos céus e, chegando ao sepulcro, rolou a pedra da entrada e assentou-se sobre ela. 3Sua aparência era como um relâmpago, e suas vestes eram brancas como a neve. 4Os guardas tremeram de medo e ficaram como mortos.

5O anjo disse às mulheres: "Não tenham medo! Sei que vocês estão procurando Jesus, que foi crucificado. 6Ele não está aqui; ressuscitou, como tinha dito. Venham ver o lugar onde ele jazia. 7Vão depressa e digam aos discípulos dele: Ele ressuscitou dentre os mortos e está indo adiante de vocês para a Galileia. Lá vocês o verão. Notem que eu já os avisei".

8As mulheres saíram depressa do sepulcro, amedrontadas e cheias de alegria, e foram correndo anunciá-lo aos discípulos de Jesus. 9De repente, Jesus as encontrou e disse: "Salve!" Elas se aproximaram dele, abraçaram-lhe os pés e o adoraram. 10Então Jesus lhes disse: "Não tenham medo. Vão dizer a meus irmãos que se dirijam para a Galileia; lá eles me verão".

O relato dos guardas

11Enquanto as mulheres estavam a caminho, alguns dos guardas dirigiram-se à cidade e contaram aos chefes dos sacerdotes tudo o que havia acontecido. 12Quando os chefes dos sacerdotes se reuniram com os líderes religiosos, elaboraram um plano. Deram aos soldados grande soma de dinheiro, 13dizendo-lhes: "Vocês devem declarar o seguinte: Os discípulos dele vieram durante a noite e furtaram o corpo, enquanto estávamos dormindo. 14Se isso chegar aos ouvidos do governador, nós lhe daremos explicações e livraremos vocês de qualquer problema". 15Assim, os soldados receberam o dinheiro e fizeram como tinham sido instruídos. E esta versão se divulgou entre os judeus até o dia de hoje.

A grande comissão

16Os onze discípulos foram para a Galileia, para o monte que Jesus lhes indicara. 17Quando o viram, o adoraram; mas alguns duvidaram. 18Então, Jesus aproximou-se deles e disse: "Foi-me dada toda a autoridade nos céus e na terra. 19Portanto, vão e façam discípulos de todas as nações, batizando-os em[c] nome do Pai e do Filho e do Espírito Santo, 20ensinando-os a obedecer a tudo o que eu lhes ordenei. E eu estarei sempre com vocês, até o fim dos tempos".

[a] 27:62 Ou *No dia seguinte ao da Preparação,*
[b] 27:65 Ou *"Vocês têm um destacamento!"*

[c] 28:19 Veja At 8:16; 19:5; Rm 6:3; 1Co 1:13; 10:2 e Gl 3:27.

Palavras para memorizar

"Vão e façam discípulos de todas as nações [...]. E eu estarei sempre com vocês, até o fim dos tempos."

(Mateus 28:19-20)

Marcos

Quem escreveu este livro?

Um jovem chamado João Marcos registrou as histórias sobre Jesus que Pedro lhe contou.

Por que este livro foi escrito?

Marcos mostra às pessoas quem Jesus é contando a elas o que ele fez.

Para quem este livro foi escrito?

Marcos escreveu este livro para os gentios (aqueles que não são judeus).

O que acontece neste livro?

Jesus mostra seu poder ao realizar milagres que ajudam as pessoas e ensina seus discípulos.

Quem é o personagem principal deste livro?

A pessoa mais importante neste livro é Jesus.

Quando isto aconteceu?

Jesus fez milagres e ensinou de 26 d.C. a 30 d.C.

Onde isto aconteceu?

Muitos acontecimentos em Marcos 1—9 transcorreram na Galileia. E muitos registrados em Marcos 10—16 ocorreram em Jerusalém ou perto dela. (Veja o *Índice de mapas*, ao final desta Bíblia, para saber onde ficam esses lugares.)

Algumas histórias deste livro:

Jesus cura um paralítico	Marcos 2:1-12
Jesus acalma uma tempestade	Marcos 4:35-41
Jesus ressuscita uma menina	Marcos 5:21-43
Jesus caminha sobre a água	Marcos 6:45-56
Jesus alimenta 4 mil pessoas	Marcos 8:1-10
Jesus cura um garoto	Marcos 9:14-32
Jesus institui a Última Ceia	Marcos 14:12-26
Jesus morre e é sepultado	Marcos 15:21-47
Jesus ressuscita	Marcos 16:1-8

João Batista prepara o caminho

(Mt 3:1-12; Lc 3:1-18)

1 Princípio do evangelho de Jesus Cristo, o
Filho de Deus[a].

2Conforme está escrito no profeta Isaías:

"Enviarei à tua frente
o meu mensageiro;
ele preparará
o teu caminho"[b]
3"voz do que clama no deserto:
'Preparem[c] o caminho
para o Senhor,
façam veredas retas
para ele' "[d].

4Assim surgiu João, batizando no deser-
to e pregando um batismo de arrependimen-
to para o perdão dos pecados. 5A ele vinha
toda a região da Judeia e todo o povo de Je-
rusalém. Confessando os seus pecados, eram
batizados por ele no rio Jordão. 6João vestia
roupas feitas de pelos de camelo, usava um
cinto de couro e comia gafanhotos e mel sil-
vestre. 7E esta era a sua mensagem: "Depois
de mim vem alguém mais poderoso do que
eu, tanto que não sou digno nem de curvar-
-me e desamarrar as correias das suas san-
dálias. 8Eu os batizo com[e] água, mas ele os
batizará com o Espírito Santo".

[a] 1:1 Alguns manuscritos não trazem *o Filho de Deus*.
[b] 1:2 Ml 3:1
[c] 1:3 Ou *que clama: 'No deserto preparem*
[d] 1:2-3 Is 40:3
[e] 1:8 Ou *em*

Pessoas nos tempos da Bíblia

João Batista

Deus enviou João Batista para dizer ao povo que Jesus, o Salvador, estava vindo. João seguiu a Deus fielmente e batizou muitas pessoas, dizendo a elas que pedissem perdão a Deus pelos pecados. Jesus veio para ser batizado e, mesmo nunca tendo pecado, João obedeceu a seu pedido.

O batismo e a tentação de Jesus

(Mt 3:13—4:11; Lc 3:21-22; 4:1-13)

9Naquela ocasião Jesus veio de Nazaré
da Galileia e foi batizado por João no Jor-
dão. 10Assim que saiu da água, Jesus viu o
céu se abrindo, e o Espírito descendo como
pomba sobre ele. 11Então veio dos céus uma
voz: "Tu és o meu Filho amado; de ti me
agrado".

12Logo após, o Espírito o impeliu para o
deserto. 13Ali esteve quarenta dias, sendo
tentado por Satanás. Estava com os animais
selvagens, e os anjos o serviam.

A vida nos tempos da Bíblia

Pesca

No primeiro século, os pescadores usavam barcos em seu trabalho no mar da Galileia. Os peixes que capturavam nas redes eram salgados ou secos, e depois vendidos por toda a Terra Santa. Jesus chamou seus primeiros discípulos para serem pescadores de pessoas em vez de pescadores de peixes (Marcos 1:16-18).

Jesus chama os primeiros discípulos

(Mt 4:12-22; Lc 4:14-15; 5:1-11; Jo 1:35-42)

[14]Depois que João foi preso, Jesus foi para a
Galileia, proclamando as boas novas de Deus.
[15]"O tempo é chegado", dizia ele. "O Reino de
Deus está próximo. Arrependam-se e creiam
nas boas novas!"
[16]Andando à beira do mar da Galileia, Jesus
viu Simão e seu irmão André lançando redes
ao mar, pois eram pescadores. [17]E disse Jesus:
"Sigam-me, e eu os farei pescadores de ho-
mens". [18]No mesmo instante eles deixaram
as suas redes e o seguiram.
[19]Indo um pouco mais adiante, viu num
barco Tiago, filho de Zebedeu, e João, seu ir-
mão, preparando as suas redes. [20]Logo os cha-
mou, e eles o seguiram, deixando seu pai,
Zebedeu, com os empregados no barco.

Jesus expulsa um espírito imundo

(Lc 4:31-37)

[21]Eles foram para Cafarnaum e, logo que
chegou o sábado, Jesus entrou na sinagoga
e começou a ensinar. [22]Todos ficavam mara-
vilhados com o seu ensino, porque lhes ensi-
nava como alguém que tem autoridade e não
como os mestres da lei. [23]Justo naquele mo-
mento, na sinagoga, um homem possesso de
um espírito imundo gritou: [24]"O que queres
conosco, Jesus de Nazaré? Vieste para nos
destruir? Sei quem tu és: o Santo de Deus!"
[25]"Cale-se e saia dele!", repreendeu-o Jesus.
[26]O espírito imundo sacudiu o homem vio-
lentamente e saiu dele gritando.
[27]Todos ficaram tão admirados que pergun-
tavam uns aos outros: "O que é isto? Um novo
ensino — e com autoridade! Até aos espíritos
imundos ele dá ordens, e eles lhe obedecem!"
[28]As notícias a seu respeito se espalharam ra-
pidamente por toda a região da Galileia.

O poder de Jesus sobre os demônios e as doenças

(Mt 8:14-17; Lc 4:38-41)

[29]Logo que saíram da sinagoga, foram com
Tiago e João à casa de Simão e André. [30]A so-
gra de Simão estava de cama, com febre, e
falaram a respeito dela a Jesus. [31]Então ele
se aproximou dela, tomou-a pela mão e aju-
dou-a a levantar-se. A febre a deixou, e ela
começou a servi-los.
[32]Ao anoitecer, depois do pôr do sol, o povo
levou a Jesus todos os doentes e os endemo-
ninhados. [33]Toda a cidade se reuniu à porta
da casa, [34]e Jesus curou muitos que sofriam
de várias doenças. Também expulsou mui-
tos demônios; não permitia, porém, que es-
tes falassem, porque sabiam quem ele era.

Alcance os outros

Experimente!

A lepra é uma doença terrível — a pele do leproso tem feridas abertas. Nos tempos da Bíblia, quem tinha lepra era considerado "imundo" e não podia adorar a Deus com outras pessoas, nem mesmo viver na cidade. Por causa da doença, ninguém se aproximaria de um leproso.

Leia Marcos 1:40-42 e veja que ao tocar e curar o leproso, Jesus mostrou que se importava com ele.

Anote o nome de duas crianças que você conhece que podem estar se sentindo tão solitárias quanto o leproso e, então, responda a estas três perguntas:

Marcos 1:40-42

1. Por que elas ficam sozinhas? (Porque não são legais, estão sujas, não usam roupas bonitas, brigam com as pessoas, parecem meio esquisitas...)
2. Como você acha que se sentem? (Felizes, solitárias, com medo, orgulhosas, tristes, irritadas, convencidas...)
3. Como você pode mostrar que Jesus se importa com elas? (Sorrindo, falando com elas, convidando-as para lanchar com você, convidando-as para seu time, dizendo aos outros que parem de ser maus com elas...)

O que você fará para mostrar que Jesus ainda se preocupa com o solitário?

Jesus ora num lugar deserto
(Lc 4:42-44)

35 De madrugada, quando ainda estava escuro, Jesus levantou-se, saiu de casa e foi para um lugar deserto, onde ficou orando. 36 Simão e seus companheiros foram procurá-lo 37 e, ao encontrá-lo, disseram: "Todos estão te procurando!"

38 Jesus respondeu: "Vamos para outro lugar, para os povoados vizinhos, para que também lá eu pregue. Foi para isso que eu vim". 39 Então ele percorreu toda a Galileia, pregando nas sinagogas e expulsando os demônios.

A cura de um leproso
(Mt 8:1-4; Lc 5:12-16)

40 Um leproso[a] aproximou-se dele e suplicou-lhe de joelhos: "Se quiseres, podes purificar-me!"

41 Cheio de compaixão, Jesus estendeu a mão, tocou nele e disse: "Quero. Seja purificado!" 42 Imediatamente a lepra o deixou, e ele foi purificado.

43 Em seguida Jesus o despediu, com uma severa advertência: 44 "Olhe, não conte isso a ninguém. Mas vá mostrar-se ao sacerdote e ofereça pela sua purificação os sacrifícios que Moisés ordenou, para que sirva de testemunho". 45 Ele, porém, saiu e começou a tornar público o fato, espalhando a notícia. Por isso Jesus não podia mais entrar publicamente em nenhuma cidade, mas ficava fora, em lugares solitários. Todavia, assim mesmo vinha a ele gente de todas as partes.

[a] 1:40 O termo grego não se refere somente à lepra, mas também a diversas doenças da pele.

Jesus cura um paralítico
(Mt 9:1-8; Lc 5:17-26)

2 Poucos dias depois, tendo Jesus entrado novamente em Cafarnaum, o povo ouviu falar que ele estava em casa. 2 Então muita gente se reuniu ali, de forma que não havia lugar nem junto à porta; e ele lhes pregava a palavra. 3 Vieram alguns homens, trazendo-lhe um paralítico, carregado por quatro deles. 4 Não podendo levá-lo até Jesus, por causa da multidão, removeram parte da cobertura do lugar onde Jesus estava e, pela abertura no teto, baixaram a maca em que estava deitado o paralítico. 5 Vendo a fé que eles tinham, Jesus disse ao paralítico: "Filho, os seus pecados estão perdoados".

6 Estavam sentados ali alguns mestres da lei, raciocinando em seu íntimo: 7 "Por que esse homem fala assim? Está blasfemando! Quem pode perdoar pecados, a não ser somente Deus?"

8 Jesus percebeu logo em seu espírito que era isso que eles estavam pensando e lhes disse: "Por que vocês estão remoendo essas coisas em seu coração? 9 Que é mais fácil dizer ao paralítico: Os seus pecados estão perdoados, ou: Levante-se, pegue a sua maca e ande? 10 Mas, para que vocês saibam que o Filho do homem tem na terra autoridade para perdoar pecados" — disse ao paralítico — 11 "eu lhe digo: Levante-se, pegue a sua maca e vá para casa". 12 Ele se levantou, pegou a maca e saiu à vista de todos, que, atônitos, glorificaram a Deus, dizendo: "Nunca vimos nada igual!"

A vida nos tempos da Bíblia

Telhado

O telhado das casas nos tempos do Novo Testamento era feito com galhos colocados sobre vigas de madeira. Depois, barro era colocado sobre os galhos. Os amigos que levaram um paralítico a Jesus fizeram um buraco no telhado de barro de uma casa e baixaram o homem doente até a sala onde Jesus estava ensinando.

O chamado de Levi

(Mt 9:9-13; Lc 5:27-32)

13Jesus saiu outra vez para beira-mar. Uma grande multidão aproximou-se, e ele começou a ensiná-los. 14Passando por ali, viu Levi, filho de Alfeu, sentado na coletoria, e disse-lhe: "Siga-me". Levi levantou-se e o seguiu.

15Durante uma refeição na casa de Levi, muitos publicanos[a] e pecadores estavam comendo com Jesus e seus discípulos, pois havia muitos que o seguiam. 16Quando os mestres da lei que eram fariseus o viram comendo com pecadores e publicanos, perguntaram aos discípulos de Jesus: "Por que ele come com publicanos e pecadores?"

17Ouvindo isso, Jesus lhes disse: "Não são os que têm saúde que precisam de médico, mas sim os doentes. Eu não vim para chamar justos, mas pecadores".

Jesus é interrogado acerca do jejum

(Mt 9:14-17; Lc 5:33-39)

18Os discípulos de João e os fariseus estavam jejuando. Algumas pessoas vieram a Jesus e lhe perguntaram: "Por que os discípulos de João e os dos fariseus jejuam, mas os teus não?"

19Jesus respondeu: "Como podem os convidados do noivo jejuar enquanto este está com eles? Não podem, enquanto o têm consigo. 20Mas virão dias quando o noivo lhes será tirado; e nesse tempo jejuarão.

21"Ninguém põe remendo de pano novo em roupa velha, pois o remendo forçará a roupa, tornando pior o rasgo. 22E ninguém põe vinho novo em vasilha de couro velha; se o fizer, o vinho rebentará a vasilha, e tanto o vinho quanto a vasilha se estragarão. Ao contrário, põe-se vinho novo em vasilha de couro nova".

O Senhor do sábado

(Mt 12:1-14; Lc 6:1-11)

23Certo sábado Jesus estava passando pelas lavouras de cereal. Enquanto caminhavam, seus discípulos começaram a colher espigas. 24Os fariseus lhe perguntaram: "Olha, por que eles estão fazendo o que não é permitido no sábado?"

25Ele respondeu: "Vocês nunca leram o que fez Davi quando ele e seus companheiros estavam necessitados e com fome? 26Nos dias do sumo sacerdote Abiatar, Davi entrou na casa de Deus e comeu os pães da Presença, que apenas aos sacerdotes era permitido comer, e os deu também aos seus companheiros".

27E então lhes disse: "O sábado foi feito por causa do homem, e não o homem por causa do sábado. 28Assim, pois, o Filho do homem é Senhor até mesmo do sábado".

3 Noutra ocasião ele entrou na sinagoga, e estava ali um homem com uma das mãos atrofiada. 2Alguns deles estavam procurando um motivo para acusar Jesus; por isso o observavam atentamente, para ver se ele iria curá-lo no sábado. 3Jesus disse ao homem da mão atrofiada: "Levante-se e venha para o meio".

4Depois Jesus lhes perguntou: "O que é permitido fazer no sábado: o bem ou o mal, salvar a vida ou matar?" Mas eles permaneceram em silêncio.

5Irado, olhou para os que estavam à sua volta e, profundamente entristecido por causa do coração endurecido deles, disse ao homem: "Estenda a mão". Ele a estendeu, e ela foi restaurada. 6Então os fariseus saíram e começaram a conspirar com os herodianos contra Jesus, sobre como poderiam matá-lo.

Jesus é procurado por uma multidão

7Jesus retirou-se com os seus discípulos para o mar, e uma grande multidão vinda da Galileia o seguia. 8Quando ouviram a respeito de tudo o que ele estava fazendo, muitas pessoas procedentes da Judeia, de Jerusalém, da Idumeia, das regiões do outro lado do Jordão e dos arredores de Tiro e de Sidom foram atrás dele. 9Por causa da multidão, ele disse aos discípulos que lhe preparassem um pequeno barco, para evitar que o comprimissem. 10Pois ele havia curado a muitos, de modo que os que sofriam de doenças ficavam se empurrando para conseguir tocar nele. 11Sempre que os espíritos imundos o viam, prostravam-se diante dele e gritavam: "Tu és o Filho de Deus". 12Mas ele lhes dava ordens severas para que não dissessem quem ele era.

A escolha dos doze apóstolos

(Lc 6:12-16)

13Jesus subiu a um monte e chamou a si aqueles que ele quis, os quais vieram para junto dele. 14Escolheu doze, designando-os apóstolos[b], para que estivessem com ele, os enviasse a pregar 15e tivessem autoridade para expulsar demônios. 16Estes são os doze

[a] 2:15 Os publicanos eram coletores de impostos, malvistos pelo povo; também no versículo 16.

[b] 3:14 Alguns manuscritos não trazem *designando-os apóstolos*.

que ele escolheu: Simão, a quem deu o nome
de Pedro; 17Tiago, filho de Zebedeu, e João,
seu irmão, aos quais deu o nome de Boaner-
ges, que significa "filhos do trovão"; 18André;
Filipe; Bartolomeu; Mateus; Tomé; Tiago, fi-
lho de Alfeu; Tadeu; Simão, o zelote; 19e Judas
Iscariotes, que o traiu.

A acusação contra Jesus

(Mt 12:22-32; Lc 11:14-23)

20Então Jesus entrou numa casa, e nova-
mente reuniu-se ali uma multidão, de modo
que ele e os seus discípulos não conseguiam
nem comer. 21Quando seus familiares ouvi-
ram falar disso, saíram para trazê-lo à força,
pois diziam: "Ele está fora de si".

22E os mestres da lei que haviam descido
de Jerusalém diziam: "Ele está com Belzebu!
Pelo príncipe dos demônios é que ele expul-
sa demônios".

23Então Jesus os chamou e lhes falou por
parábolas: "Como pode Satanás expulsar Sa-
tanás? 24Se um reino estiver dividido contra
si mesmo, não poderá subsistir. 25Se uma ca-
sa estiver dividida contra si mesma, também
não poderá subsistir. 26E se Satanás se opuser
a si mesmo e estiver dividido, não poderá sub-
sistir; chegou o seu fim. 27De fato, ninguém
pode entrar na casa do homem forte e levar
dali os seus bens, sem que antes o amarre. Só
então poderá roubar a casa dele. 28Eu lhes as-
seguro que todos os pecados e blasfêmias dos
homens lhes serão perdoados, 29mas quem
blasfemar contra o Espírito Santo nunca terá
perdão: é culpado de pecado eterno".

30Jesus falou isso porque eles estavam di-
zendo: "Ele está com um espírito imundo".

A mãe e os irmãos de Jesus

(Mt 12:46-50; Lc 8:19-21)

31Então chegaram a mãe e os irmãos de
Jesus. Ficando do lado de fora, mandaram
alguém chamá-lo. 32Havia muita gente assen-
tada ao seu redor; e lhe disseram: "Tua mãe
e teus irmãos estão lá fora e te procuram".

33"Quem é minha mãe, e quem são meus
irmãos?", perguntou ele.

34Então olhou para os que estavam assen-
tados ao seu redor e disse: "Aqui estão minha
mãe e meus irmãos! 35Quem faz a vontade de
Deus, este é meu irmão, minha irmã e mi-
nha mãe".

A parábola do semeador

(Mt 13:1-23; Lc 8:1-15)

4 Novamente Jesus começou a ensinar à bei-
ra-mar. Reuniu-se ao seu redor uma mul-
tidão tão grande que ele teve que entrar num
barco e assentar-se nele. O barco estava no
mar, enquanto todo o povo ficava na beira
da praia. 2Ele lhes ensinava muitas coisas por
parábolas, dizendo em seu ensino: 3"Ouçam!
O semeador saiu a semear. 4Enquanto lança-
va a semente, parte dela caiu à beira do ca-
minho, e as aves vieram e a comeram. 5Parte
dela caiu em terreno pedregoso, onde não ha-
via muita terra; e logo brotou, porque a terra
não era profunda. 6Mas quando saiu o sol, as
plantas se queimaram e secaram, porque não
tinham raiz. 7Outra parte caiu entre espinhos,

A vida nos tempos da Bíblia

Semeadura

Os agricultores do século 1 d.C., não usavam máquinas para plantar ou semear seus campos. Em vez disso, eles pegavam punhados de semente e, com um movimento circular, atiravam-nas no chão que haviam lavrado. Um semeador habilidoso conseguia espalhar as sementes muito uniformemente.

que cresceram e sufocaram as plantas, de forma que ela não deu fruto. 8Outra ainda caiu em boa terra, germinou, cresceu e deu boa colheita, a trinta, sessenta e até cem por um".

9E acrescentou: "Aquele que tem ouvidos para ouvir, ouça!"

10Quando ele ficou sozinho, os Doze e os outros que estavam ao seu redor lhe fizeram perguntas acerca das parábolas. 11Ele lhes disse: "A vocês foi dado o mistério do Reino de Deus, mas aos que estão fora tudo é dito por parábolas, 12a fim de que,

" 'ainda que vejam,
não percebam;
ainda que ouçam,
não entendam;
de outro modo,
poderiam converter-se
e ser perdoados!'[a]"

13Então Jesus lhes perguntou: "Vocês não entendem esta parábola? Como, então, compreenderão todas as outras? 14O semeador semeia a palavra. 15Algumas pessoas são como a semente à beira do caminho, onde a palavra é semeada. Logo que a ouvem, Satanás vem e retira a palavra nelas semeada. 16Outras, como a semente lançada em terreno pedregoso, ouvem a palavra e logo a recebem com alegria. 17Todavia, visto que não têm raiz em si mesmas, permanecem por pouco tempo. Quando surge alguma tribulação ou perseguição por causa da palavra, logo a abandonam. 18Outras ainda, como a semente lançada entre espinhos, ouvem a palavra; 19mas, quando chegam as preocupações desta vida, o engano das riquezas e os anseios por outras coisas sufocam a palavra, tornando-a infrutífera. 20Outras pessoas são como a semente lançada em boa terra: ouvem a palavra, aceitam-na e dão uma colheita de trinta, sessenta e até cem por um".

A candeia

(Lc 8:16-18)

21Ele lhes disse: "Quem traz uma candeia para ser colocada debaixo de uma vasilha ou de uma cama? Acaso não a coloca num lugar apropriado? 22Porque não há nada oculto, senão para ser revelado, e nada escondido, senão para ser trazido à luz. 23Se alguém tem ouvidos para ouvir, ouça!

24"Considerem atentamente o que vocês estão ouvindo", continuou ele. "Com a medida com que medirem, vocês serão medidos; e ainda mais lhes acrescentarão. 25A quem tiver, mais lhe será dado; de quem não tiver, até o que tem lhe será tirado".

A parábola da semente

26Ele prosseguiu dizendo: "O Reino de Deus é semelhante a um homem que lança a semente sobre a terra. 27Noite e dia, estando ele dormindo ou acordado, a semente germina e cresce, embora ele não saiba como. 28A terra por si própria produz o grão: primeiro o talo, depois a espiga e, então, o grão cheio na espiga. 29Logo que o grão fica maduro, o homem lhe passa a foice, porque chegou a colheita".

A parábola do grão de mostarda

(Mt 13:31-35; Lc 13:18-21)

30Novamente ele disse: "Com que compararemos o Reino de Deus? Que parábola usaremos para descrevê-lo? 31É como um grão de mostarda, que é a menor semente que se planta na terra. 32No entanto, uma vez plantado, cresce e se torna uma das maiores plantas, com ramos tão grandes que as aves do céu podem abrigar-se à sua sombra".

33Com muitas parábolas semelhantes Jesus lhes anunciava a palavra, tanto quanto podiam receber. 34Não lhes dizia nada sem usar alguma parábola. Quando, porém, estava a sós com os seus discípulos, explicava-lhes tudo.

Jesus acalma a tempestade

(Mt 8:23-27; Lc 8:22-25)

35Naquele dia, ao anoitecer, disse ele aos seus discípulos: "Vamos para o outro lado". 36Deixando a multidão, eles o levaram no barco, assim como estava. Outros barcos também o acompanhavam. 37Levantou-se um forte vendaval, e as ondas se lançavam sobre o barco, de forma que este ia se enchendo de água. 38Jesus estava na popa, dormindo com a cabeça sobre um travesseiro. Os discípulos o acordaram e clamaram: "Mestre, não te importas que morramos?"

39Ele se levantou, repreendeu o vento e disse ao mar: "Aquiete-se! Acalme-se!" O vento se aquietou, e fez-se completa bonança.

40Então perguntou aos seus discípulos: "Por que vocês estão com tanto medo? Ainda não têm fé?"

41Eles estavam apavorados e perguntavam uns aos outros: "Quem é este que até o vento e o mar lhe obedecem?"

[a] 4:12 Is 6:9-10

A cura de um endemoninhado
(Mt 8:28-34; Lc 8:26-39)

5 Eles atravessaram o mar e foram para a
região dos gerasenos[a]. 2Quando Jesus de-
sembarcou, um homem com um espírito
imundo veio dos sepulcros ao seu encontro.
3Esse homem vivia nos sepulcros, e ninguém
conseguia prendê-lo, nem mesmo com cor-
rentes; 4pois muitas vezes lhe haviam sido
acorrentados pés e mãos, mas ele arrebenta-
ra as correntes e quebrara os ferros de seus
pés. Ninguém era suficientemente forte para
dominá-lo. 5Noite e dia ele andava gritando
e cortando-se com pedras entre os sepulcros e
nas colinas.

6Quando ele viu Jesus de longe, correu e
prostrou-se diante dele, 7e gritou em alta voz:
"Que queres comigo, Jesus, Filho do Deus Al-
tíssimo? Rogo-te por Deus que não me ator-
mentes!" 8Pois Jesus lhe tinha dito: "Saia
deste homem, espírito imundo!"

9Então Jesus lhe perguntou: "Qual é o seu
nome?"

"Meu nome é Legião", respondeu ele, "por-
que somos muitos." 10E implorava a Jesus,
com insistência, que não os mandasse sair
daquela região.

11Uma grande manada de porcos estava
pastando numa colina próxima. 12Os demô-
nios imploraram a Jesus: "Manda-nos para
os porcos, para que entremos neles". 13Ele
lhes deu permissão, e os espíritos imundos
saíram e entraram nos porcos. A manada de
cerca de dois mil porcos atirou-se precipício
abaixo, em direção ao mar, e nele se afogou.
14Os que cuidavam dos porcos fugiram e
contaram esses fatos na cidade e nos cam-
pos, e o povo foi ver o que havia acontecido.
15Quando se aproximaram de Jesus, viram
ali o homem que fora possesso da legião de
demônios, assentado, vestido e em perfeito
juízo; e ficaram com medo. 16Os que estavam
presentes contaram ao povo o que acontecera
ao endemoninhado, e falaram também sobre
os porcos. 17Então o povo começou a suplicar
a Jesus que saísse do território deles.

18Quando Jesus estava entrando no barco,
o homem que estivera endemoninhado su-
plicava-lhe que o deixasse ir com ele. 19Jesus
não o permitiu, mas disse: "Vá para casa, para
a sua família e anuncie-lhes quanto o Senhor
fez por você e como teve misericórdia de vo-
cê". 20Então, aquele homem se foi e começou
a anunciar em Decápolis o quanto Jesus ti-
nha feito por ele. Todos ficavam admirados.

O poder de Jesus sobre a doença e a morte
(Mt 9:18-26; Lc 8:40-56)

21Tendo Jesus voltado de barco para a ou-
tra margem, uma grande multidão se reuniu
ao seu redor, enquanto ele estava à beira do
mar. 22Então chegou ali um dos dirigentes da
sinagoga, chamado Jairo. Vendo Jesus, pros-
trou-se aos seus pés 23e lhe implorou insis-
tentemente: "Minha filhinha está morrendo!
Vem, por favor, e impõe as mãos sobre ela,
para que seja curada e que viva". 24Jesus foi
com ele.

Uma grande multidão o seguia e o compri-
mia. 25E estava ali certa mulher que havia do-
ze anos vinha sofrendo de hemorragia. 26Ela
padecera muito sob o cuidado de vários mé-
dicos e gastara tudo o que tinha, mas, em vez
de melhorar, piorava. 27Quando ouviu falar de
Jesus, chegou por trás dele, no meio da mul-
tidão, e tocou em seu manto, 28porque pensa-
va: "Se eu tão somente tocar em seu manto,
ficarei curada". 29Imediatamente cessou sua
hemorragia e ela sentiu em seu corpo que
estava livre do seu sofrimento.

30No mesmo instante, Jesus percebeu que
dele havia saído poder, virou-se para a mul-
tidão e perguntou: "Quem tocou em meu
manto?"

31Responderam os seus discípulos: "Vês a
multidão aglomerada ao teu redor e ainda
perguntas: 'Quem tocou em mim?' "

Você sabia?
Os demônios podem mesmo possuir pessoas?

5:18 Os demônios são reais e podem controlar a vida das pessoas e levá-las a fazer coisas más. Não devemos ter nenhuma relação com demônios, nem mesmo imitar demônios mostrados em filmes ou desenhos. Os filmes sobre demônios excluem um fato importante: nem mesmo milhares de demônios podiam enfrentar Jesus. Ele nos protege quando o convidamos para nossa vida.

[a] 5:1 Alguns manuscritos trazem *gadarenos*; outros dizem *gergesenos*.

32 Mas Jesus continuou olhando ao seu redor para ver quem tinha feito aquilo. 33 Então a mulher, sabendo o que lhe tinha acontecido, aproximou-se, prostrou-se aos seus pés e, tremendo de medo, contou-lhe toda a verdade. 34 Então ele lhe disse: "Filha, a sua fé a curou![a] Vá em paz e fique livre do seu sofrimento".

35 Enquanto Jesus ainda estava falando, chegaram algumas pessoas da casa de Jairo, o dirigente da sinagoga. "Sua filha morreu", disseram eles. "Não precisa mais incomodar o mestre!"

36 Não fazendo caso do que eles disseram, Jesus disse ao dirigente da sinagoga: "Não tenha medo; tão somente creia".

37 E não deixou ninguém segui-lo, senão Pedro, Tiago e João, irmão de Tiago. 38 Quando chegaram à casa do dirigente da sinagoga, Jesus viu um alvoroço, com gente chorando e se lamentando em alta voz. 39 Então entrou e lhes disse: "Por que todo este alvoroço e lamento? A criança não está morta, mas dorme". 40 Mas todos começaram a rir de Jesus. Ele, porém, ordenou que eles saíssem, tomou consigo o pai e a mãe da criança e os discípulos que estavam com ele, e entrou onde se encontrava a criança. 41 Tomou-a pela mão e lhe disse: "*Talita cumi!*", que significa "menina, eu lhe ordeno, levante-se!". 42 Imediatamente a menina, que tinha doze anos de idade, levantou-se e começou a andar. Isso os deixou atônitos. 43 Ele deu ordens expressas para que não dissessem nada a ninguém e mandou que dessem a ela alguma coisa para comer.

[a] 5:34 Ou *a salvou!*

Um profeta sem honra

(Mt 13:53-58)

6 Jesus saiu dali e foi para a sua cidade, acompanhado dos seus discípulos. 2 Quando chegou o sábado, começou a ensinar na sinagoga, e muitos dos que o ouviam ficavam admirados.

"De onde lhe vêm estas coisas?", perguntavam eles. "Que sabedoria é esta que lhe foi dada? E estes milagres que ele faz? 3 Não é este o carpinteiro, filho de Maria e irmão de Tiago, José, Judas e Simão? Não estão aqui conosco as suas irmãs?" E ficavam escandalizados por causa dele.

4 Jesus lhes disse: "Só em sua própria terra, entre seus parentes e em sua própria casa, é que um profeta não tem honra". 5 E não pôde fazer ali nenhum milagre, exceto impor as mãos sobre alguns doentes e curá-los. 6 E ficou admirado com a incredulidade deles.

Jesus envia os Doze

(Mt 10:1,5-14; Lc 9:1-6)

Então Jesus passou a percorrer os povoados, ensinando. 7 Chamando os Doze para junto de si, enviou-os de dois em dois e deu-lhes autoridade sobre os espíritos imundos.

8 Estas foram as suas instruções: "Não levem nada pelo caminho, a não ser um bordão. Não levem pão, nem saco de viagem, nem dinheiro em seus cintos; 9 calcem sandálias, mas não levem túnica extra; 10 sempre

Pais que oram

Experimente!

Leia Marcos 5:21-23,35-43 e responda: "O que o pai fez para ajudar a filha?".

Imagine que você é um repórter de jornal e entreviste seus pais ou avós. Faça as perguntas a seguir, e, depois, escreva uma história sobre uma ocasião em que alguém orou por você.

1. Você consegue se lembrar de uma ocasião em que orou por mim?
2. Por que você orou?
3. O que você falou na oração?
4. Por que era importante uma resposta para essa oração?
5. Como Deus respondeu à oração?
6. Hoje em dia o que você pede a Deus quando ora por mim?

Marcos 5:21-23,35-43

que entrarem numa casa, fiquem ali até partirem; [11]e, se algum povoado não os receber nem os ouvir, sacudam a poeira dos seus pés quando saírem de lá, como testemunho contra eles".

[12]Eles saíram e pregaram ao povo que se arrependesse. [13]Expulsavam muitos demônios e ungiam muitos doentes com óleo, e os curavam.

João Batista é decapitado

(Mt 14:1-12)

[14]O rei Herodes ouviu falar dessas coisas, pois o nome de Jesus havia se tornado bem conhecido. Algumas pessoas estavam dizendo[a]: "João Batista ressuscitou dos mortos! Por isso estão operando nele poderes milagrosos".

[15]Outros diziam: "Ele é Elias".

E ainda outros afirmavam: "Ele é um profeta, como um dos antigos profetas".

[16]Mas quando Herodes ouviu essas coisas, disse: "João, o homem a quem decapitei, ressuscitou dos mortos!"

[17]Pois o próprio Herodes tinha dado ordens para que prendessem João, o amarrassem e o colocassem na prisão, por causa de Herodias, mulher de Filipe, seu irmão, com a qual se casara. [18]Porquanto João dizia a Herodes: "Não te é permitido viver com a mulher do teu irmão". [19]Assim, Herodias o odiava e queria matá-lo. Mas não podia fazê-lo, [20]porque Herodes temia João e o protegia, sabendo que ele era um homem justo e santo; e quando o ouvia, ficava perplexo[b]. Mesmo assim gostava de ouvi-lo.

[21]Finalmente Herodias teve uma ocasião oportuna. No seu aniversário, Herodes ofereceu um banquete aos seus líderes mais importantes, aos comandantes militares e às principais personalidades da Galileia. [22]Quando a filha de Herodias entrou e dançou, agradou a Herodes e aos convidados.

O rei disse à jovem: "Peça-me qualquer coisa que você quiser, e eu lhe darei". [23]E prometeu-lhe sob juramento: "Seja o que for que me pedir, eu lhe darei, até a metade do meu reino".

[24]Ela saiu e disse à sua mãe: "Que pedirei?"

"A cabeça de João Batista", respondeu ela.

[25]Imediatamente a jovem apressou-se em apresentar-se ao rei com o pedido: "Desejo que me dês agora mesmo a cabeça de João Batista num prato".

[a] 6:14 Muitos manuscritos dizem *E ele dizia.*
[b] 6:20 Alguns manuscritos antigos dizem *fazia muitas coisas.*

Você sabia?

Por que Herodes matou João Batista?

6:26 O rei Herodes foi tolo ao prometer dar a uma dançarina tudo o que ela quisesse, e ela pediu a cabeça de João Batista. O rei sabia que era errado matar João, mas ele se preocupava com o que seus amigos pensariam se não cumprisse a promessa. O rei Herodes cometeu um pecado terrível apenas para não ficar sem graça diante dos amigos.

[26]O rei ficou aflito, mas, por causa do seu juramento e dos convidados, não quis negar o pedido à jovem. [27]Enviou, pois, imediatamente um carrasco com ordens para trazer a cabeça de João. O homem foi, decapitou João na prisão [28]e trouxe sua cabeça num prato. Ele a entregou à jovem, e esta a deu à sua mãe. [29]Tendo ouvido isso, os discípulos de João vieram, levaram o seu corpo e o colocaram num túmulo.

A primeira multiplicação dos pães

(Mt 14:13-21; Lc 9:10-17; Jo 6:1-15)

[30]Os apóstolos reuniram-se a Jesus e lhe relataram tudo o que tinham feito e ensinado. [31]Havia muita gente indo e vindo, ao ponto de eles não terem tempo para comer. Jesus lhes disse: "Venham comigo para um lugar deserto e descansem um pouco".

[32]Então eles se afastaram num barco para um lugar deserto. [33]Mas muitos dos que os viram retirar-se, tendo-os reconhecido, correram a pé de todas as cidades e chegaram lá antes deles. [34]Quando Jesus saiu do barco e viu uma grande multidão, teve compaixão deles, porque eram como ovelhas sem pastor. Então começou a ensinar-lhes muitas coisas.

[35]Já era tarde e, por isso, os seus discípulos aproximaram-se dele e disseram: "Este é um lugar deserto, e já é tarde. [36]Manda embora o povo para que possa ir aos campos e povoados vizinhos comprar algo para comer".

[37]Ele, porém, respondeu: "Deem-lhes vocês algo para comer".

Eles lhe disseram: "Isto exigiria duzentos
denários[a]! Devemos gastar tanto dinheiro em
pão e dar-lhes de comer?"
38Perguntou ele: "Quantos pães vocês têm?
Verifiquem".
Quando ficaram sabendo, disseram: "Cinco
pães e dois peixes".
39Então Jesus ordenou que fizessem todo
o povo assentar-se em grupos na grama ver-
de. 40Assim, eles se assentaram em grupos de
cem e de cinquenta. 41Tomando os cinco pães
e os dois peixes e, olhando para o céu, deu
graças e partiu os pães. Em seguida, entre-
gou-os aos seus discípulos para que os servis-
sem ao povo. E também dividiu os dois peixes
entre todos eles. 42Todos comeram e ficaram
satisfeitos, 43e os discípulos recolheram doze
cestos cheios de pedaços de pão e de peixe.
44Os que comeram foram cinco mil homens.

Jesus anda sobre as águas

(Mt 14:22-36; Jo 6:16-24)

45Logo em seguida, Jesus insistiu com os
discípulos para que entrassem no barco e fos-
sem adiante dele para Betsaida, enquanto ele
despedia a multidão. 46Tendo-a despedido,
subiu a um monte para orar.
47Ao anoitecer, o barco estava no meio do
mar, e Jesus se achava sozinho em terra. 48Ele
viu os discípulos remando com dificuldade,
porque o vento soprava contra eles. Alta ma-
drugada[b], Jesus dirigiu-se a eles, andando so-
bre o mar; e estava já a ponto de passar por
eles. 49Quando o viram andando sobre o mar,
pensaram que fosse um fantasma. Então gri-
taram, 50pois todos o tinham visto e ficaram
aterrorizados.
Mas Jesus imediatamente lhes disse: "Co-
ragem! Sou eu! Não tenham medo!" 51Então
subiu no barco para junto deles, e o vento se
acalmou; e eles ficaram atônitos, 52pois não
tinham entendido o milagre dos pães. O co-
ração deles estava endurecido.
53Depois de atravessarem o mar, chegaram
a Genesaré e ali amarraram o barco. 54Logo
que desembarcaram, o povo reconheceu Je-
sus. 55Eles percorriam toda aquela região e
levavam os doentes em macas para onde ou-
viam que ele estava. 56E aonde quer que ele
fosse, povoados, cidades ou campos, levavam
os doentes para as praças. Suplicavam-lhe
que pudessem pelo menos tocar na borda
do seu manto; e todos os que nele tocavam
eram curados.

Jesus e a tradição judaica

(Mt 15:1-20)

7 Os fariseus e alguns dos mestres da lei,
vindos de Jerusalém, reuniram-se a Jesus
e 2viram alguns dos seus discípulos comerem
com as mãos impuras, isto é, por lavar. 3(Os
fariseus e todos os judeus não comem sem
lavar as mãos cerimonialmente, apegando-
-se, assim, à tradição dos líderes religiosos.
4Quando chegam da rua, não comem sem
antes se lavarem. E observam muitas outras
tradições, tais como o lavar de copos, jarros
e vasilhas de metal[c].)

[a] 6:37 O denário era uma moeda de prata equivalente à diária de um trabalhador braçal.

[b] 6:48 Grego: *Por volta da quarta vigília da noite* (entre 3 e 6 horas da manhã).

[c] 7:4 Alguns manuscritos antigos dizem *vasos, vasilhas de metal e almofadas da sala de jantar* (onde se reclinavam para comer).

A vida nos tempos da Bíblia

Assar pão

As mulheres assavam pães em fornos de barro. Elas acendiam um fogo dentro do forno e, quando ele estava quente, elas colocavam o pão em forma de panqueca perto dele para assar. Ou abriam um espaço entre as cinzas do forno e colocavam pequenos pães lá dentro.

Você sabia?

O que é a "tradição dos líderes religiosos"?

7:5 Era uma lista de muitas regras que os fariseus haviam inventado. Eles pensavam que todas as suas regras eram muito importantes – mais importantes que a lei de Deus e sua Palavra. Jesus disse que os fariseus estavam errados, pois as regras feitas pelas pessoas nunca são tão importantes quanto a Palavra de Deus.

5Então os fariseus e os mestres da lei per-
guntaram a Jesus: "Por que os seus discípu-
los não vivem de acordo com a tradição dos
líderes religiosos, em vez de comerem o ali-
mento com as mãos impuras?"
6Ele respondeu: "Bem profetizou Isaías
acerca de vocês, hipócritas; como está escrito:

" 'Este povo me honra
com os lábios,
mas o seu coração está longe de mim.
7Em vão me adoram;
seus ensinamentos
não passam de regras
ensinadas por homens'[a].

8Vocês negligenciam os mandamentos de
Deus e se apegam às tradições dos homens".
9E disse-lhes: "Vocês estão sempre en-
contrando uma boa maneira de pôr de lado
os mandamentos de Deus, a fim de obe-
decerem[b] às suas tradições! 10Pois Moisés
disse: 'Honra teu pai e tua mãe'[c] e 'Quem
amaldiçoar seu pai ou sua mãe terá que ser
executado'[d]. 11Mas vocês afirmam que se al-
guém disser a seu pai ou a sua mãe: 'Qual-
quer ajuda que vocês poderiam receber de
mim é Corbã', isto é, uma oferta dedicada a
Deus, 12vocês o desobrigam de qualquer de-
ver para com seu pai ou sua mãe. 13Assim vo-
cês anulam a palavra de Deus, por meio da
tradição que vocês mesmos transmitiram. E
fazem muitas coisas como essa".
14Jesus chamou novamente a multidão
para junto de si e disse: "Ouçam-me todos e
entendam isto: 15Não há nada fora do homem
que, nele entrando, possa torná-lo impuro.
Ao contrário, o que sai do homem é que o
torna impuro. 16Se alguém tem ouvidos pa-
ra ouvir, ouça![e]"
17Depois de deixar a multidão e entrar em
casa, os discípulos lhe pediram explicação
da parábola. 18"Será que vocês também não
conseguem entender?", perguntou-lhes Je-
sus. "Não percebem que nada que entre no
homem pode torná-lo impuro? 19Porque não
entra em seu coração, mas em seu estômago,
sendo depois eliminado." Ao dizer isso, Jesus
declarou puros todos os alimentos.
20E continuou: "O que sai do homem é que
o torna impuro. 21Pois do interior do coração
dos homens vêm os maus pensamentos, as
imoralidades sexuais, os roubos, os homicí-
dios, os adultérios, 22as cobiças, as maldades,
o engano, a devassidão, a inveja, a calúnia, a
arrogância e a insensatez. 23Todos esses males
vêm de dentro e tornam o homem impuro".

Uma mulher siro-fenícia demonstra fé
(Mt 15:21-28)

24Jesus saiu daquele lugar e foi para os ar-
redores de Tiro e de Sidom[f]. Entrou numa
casa e não queria que ninguém o soubesse;
contudo, não conseguiu manter em segredo
a sua presença. 25De fato, logo que ouviu falar
dele, certa mulher, cuja filha estava com um
espírito imundo, veio e lançou-se aos seus
pés. 26A mulher era grega, siro-fenícia de ori-
gem, e rogava a Jesus que expulsasse de sua
filha o demônio.
27Ele lhe disse: "Deixe que primeiro os filhos
comam até se fartar; pois não é correto tirar
o pão dos filhos e lançá-lo aos cachorrinhos".
28Ela respondeu: "Sim, Senhor, mas até os
cachorrinhos, debaixo da mesa, comem das
migalhas das crianças".
29Então ele lhe disse: "Por causa desta res-
posta, você pode ir; o demônio já saiu da sua
filha".
30Ela foi para casa e encontrou sua filha
deitada na cama, e o demônio já a deixara.

A cura de um surdo e gago

31A seguir Jesus saiu dos arredores de Tiro
e atravessou Sidom, até o mar da Galileia e
a região de Decápolis. 32Ali algumas pessoas
lhe trouxeram um homem que era surdo e
mal podia falar, suplicando que lhe impu-
sesse as mãos.

[a] 7:6-7 Is 29:13
[b] 7:9 Alguns manuscritos trazem *estabelecerem*.
[c] 7:10 Êx 20:12; Dt 5:16
[d] 7:10 Êx 21:17; Lv 20:9
[e] 7:16 Alguns manuscritos não trazem o versículo 16.
[f] 7:24 Vários manuscritos não trazem *e de Sidom*.

[33]Depois de levá-lo à parte, longe da multidão, Jesus colocou os dedos nos ouvidos dele. Em seguida, cuspiu e tocou na língua do homem. [34]Então voltou os olhos para o céu e, com um profundo suspiro, disse-lhe: "*Efatá!*", que significa "abra-se!" [35]Com isso, os ouvidos do homem se abriram, sua língua ficou livre e ele começou a falar corretamente.

[36]Jesus ordenou-lhes que não o contassem a ninguém. Contudo, quanto mais ele os proibia, mais eles falavam. [37]O povo ficava simplesmente maravilhado e dizia: "Ele faz tudo muito bem. Faz até o surdo ouvir e o mudo falar".

A segunda multiplicação dos pães

(Mt 15:29-39)

8 Naqueles dias, outra vez reuniu-se uma grande multidão. Visto que não tinham nada para comer, Jesus chamou os seus discípulos e disse-lhes: [2]"Tenho compaixão desta multidão; já faz três dias que eles estão comigo e nada têm para comer. [3]Se eu os mandar para casa com fome, vão desfalecer no caminho, porque alguns deles vieram de longe".

[4]Os seus discípulos responderam: "Onde, neste lugar deserto, poderia alguém conseguir pão suficiente para alimentá-los?"

[5]"Quantos pães vocês têm?", perguntou Jesus.

"Sete", responderam eles.

[6]Ele ordenou à multidão que se assentasse no chão. Depois de tomar os sete pães e dar graças, partiu-os e os entregou aos seus discípulos, para que os servissem à multidão; e eles o fizeram. [7]Tinham também alguns peixes pequenos; ele deu graças igualmente por eles e disse aos discípulos que os distribuíssem. [8]O povo comeu até se fartar. E ajuntaram sete cestos cheios de pedaços que sobraram. [9]Cerca de quatro mil homens estavam presentes. E, tendo-os despedido, [10]entrou no barco com seus discípulos e foi para a região de Dalmanuta.

Os fariseus pedem um sinal

(Mt 16:1-4)

[11]Os fariseus vieram e começaram a interrogar Jesus. Para pô-lo à prova, pediram-lhe um sinal do céu. [12]Ele suspirou profundamente e disse: "Por que esta geração pede um sinal milagroso? Eu lhes afirmo que nenhum sinal lhe será dado". [13]Então se afastou deles, voltou para o barco e foi para o outro lado.

O fermento dos fariseus e de Herodes

(Mt 16:5-12)

[14]Os discípulos haviam se esquecido de levar pão, a não ser um pão que tinham consigo no barco. [15]Advertiu-os Jesus: "Estejam atentos e tenham cuidado com o fermento dos fariseus e com o fermento de Herodes".

[16]E eles discutiam entre si, dizendo: "É porque não temos pão".

[17]Percebendo a discussão, Jesus lhes perguntou: "Por que vocês estão discutindo sobre não terem pão? Ainda não compreendem nem percebem? O coração de vocês está endurecido? [18]Vocês têm olhos, mas não veem? Têm ouvidos, mas não ouvem? Não se lembram? [19]Quando eu parti os cinco pães para os cinco mil, quantos cestos cheios de pedaços vocês recolheram?"

"Doze", responderam eles.

[20]"E quando eu parti os sete pães para os quatro mil, quantos cestos cheios de pedaços vocês recolheram?"

"Sete", responderam eles.

[21]Ele lhes disse: "Vocês ainda não entendem?"

A cura de um cego em Betsaida

[22]Eles foram para Betsaida, e algumas pessoas trouxeram um cego a Jesus, suplicando-lhe que tocasse nele. [23]Ele tomou o cego pela mão e o levou para fora do povoado. Depois de cuspir nos olhos do homem e impor-lhe as mãos, Jesus perguntou: "Você está vendo alguma coisa?"

[24]Ele levantou os olhos e disse: "Vejo pessoas; elas parecem árvores andando".

[25]Mais uma vez, Jesus colocou as mãos sobre os olhos do homem. Então seus olhos foram abertos, e sua vista lhe foi restaurada, e ele via tudo claramente. [26]Jesus mandou-o para casa, dizendo: "Não entre no povoado[a]!"

A confissão de Pedro

(Mt 16:13-20; Lc 9:18-21)

[27]Jesus e os seus discípulos dirigiram-se para os povoados nas proximidades de Cesareia de Filipe. No caminho, ele lhes perguntou: "Quem o povo diz que eu sou?"

[28]Eles responderam: "Alguns dizem que és João Batista; outros, Elias; e, ainda outros, um dos profetas".

[29]"E vocês?", perguntou ele. "Quem vocês dizem que eu sou?"

[a] 8:26 Vários manuscritos acrescentam *nem conte nada a ninguém no povoado.*

Pessoas nos tempos da Bíblia

Jesus

Jesus fez muitos milagres e ensinou coisas importantes a seus seguidores, mas ele era muito mais que um profeta ou mestre: ele é o Filho de Deus. Deus escolheu Jesus para ser o Cristo, o que significa que ele é o Salvador de seu povo. Deus chamou Jesus de "meu Filho" (Marcos 9:7), o que mostra que Jesus é Deus mesmo. O título "Filho do homem" (Marcos 8:31) diz-nos que Jesus também havia se tornado um ser humano de verdade.

Pedro respondeu: "Tu és o Cristo[a]".
30 Jesus os advertiu que não falassem a nin-
guém a seu respeito.

Jesus prediz sua morte e ressurreição

(Mt 16:21-28; Lc 9:22-27)

31 Então ele começou a ensinar-lhes que era
necessário que o Filho do homem sofresse
muitas coisas e fosse rejeitado pelos líde-
res religiosos, pelos chefes dos sacerdotes e
pelos mestres da lei, fosse morto e três dias
depois ressuscitasse. 32 Ele falou claramente
a esse respeito. Então Pedro, chamando-o à
parte, começou a repreendê-lo.
33 Jesus, porém, voltou-se, olhou para os
seus discípulos e repreendeu Pedro, dizen-
do: "Para trás de mim, Satanás! Você não pen-
sa nas coisas de Deus, mas nas dos homens".
34 Então ele chamou a multidão e os dis-
cípulos e disse: "Se alguém quiser acompa-
nhar-me, negue-se a si mesmo, tome a sua
cruz e siga-me. 35 Pois quem quiser salvar a
sua vida[b], a perderá; mas quem perder a sua
vida por minha causa e pelo evangelho, a sal-
vará. 36 Pois, que adianta ao homem ganhar o
mundo inteiro e perder a sua alma? 37 Ou, o
que o homem poderia dar em troca de sua
alma? 38 Se alguém se envergonhar de mim e
das minhas palavras nesta geração adúltera
e pecadora, o Filho do homem se envergo-
nhará dele quando vier na glória de seu Pai
com os santos anjos".

9 E lhes disse: "Garanto-lhes que alguns dos
que aqui estão de modo nenhum experi-
mentarão a morte, antes de verem o Reino
de Deus vindo com poder".

A transfiguração

(Mt 17:1-13; Lc 9:28-36)

2 Seis dias depois, Jesus tomou consigo Pe-
dro, Tiago e João e os levou a um alto monte,
onde ficaram a sós. Ali ele foi transfigura-
do diante deles. 3 Suas roupas se tornaram
brancas, de um branco resplandecente, co-
mo nenhum lavandeiro no mundo seria ca-
paz de branqueá-las. 4 E apareceram diante
deles Elias e Moisés, os quais conversavam
com Jesus.
5 Então Pedro disse a Jesus: "Mestre[c], é bom
estarmos aqui. Façamos três tendas: uma pa-
ra ti, uma para Moisés e uma para Elias". 6 Ele
não sabia o que dizer, pois estavam apavo-
rados.
7 A seguir apareceu uma nuvem e os envol-
veu, e dela saiu uma voz, que disse: "Este é o
meu Filho amado. Ouçam-no!"
8 Repentinamente, quando olharam ao
redor, não viram mais ninguém, a não ser
Jesus.
9 Enquanto desciam do monte, Jesus lhes
ordenou que não contassem a ninguém o
que tinham visto, até que o Filho do homem
tivesse ressuscitado dos mortos. 10 Eles guar-
daram o assunto apenas entre si, discutindo
o que significaria "ressuscitar dos mortos".
11 E lhe perguntaram: "Por que os mestres
da lei dizem que é necessário que Elias ve-
nha primeiro?"
12 Jesus respondeu: "De fato, Elias vem pri-
meiro e restaura todas as coisas. Então, por
que está escrito que é necessário que o Filho
do homem sofra muito e seja rejeitado com

[a] 8:29 Ou *Messias*. Tanto *Cristo* (grego) como *Messias* (hebraico) significam *Ungido*; também em todo o livro de Marcos.
[b] 8:35 Ou *alma*
[c] 9:5 Isto é, Rabi; também em 10:51; 11:21 e 14:45.

Palavras para memorizar

"Este é o meu Filho amado. Ouçam-no!"

(Marcos 9:7)

desprezo? 13Mas eu lhes digo: Elias já veio, e fizeram com ele tudo o que quiseram, como está escrito a seu respeito".

A cura de um menino endemoninhado

(Mt 17:14-23; Lc 9:37-45)

14Quando chegaram onde estavam os outros discípulos, viram uma grande multidão ao redor deles e os mestres da lei discutindo com eles. 15Logo que todo o povo viu Jesus, ficou muito surpreso e correu para saudá-lo.

16Perguntou Jesus: "O que vocês estão discutindo?"

17Um homem, no meio da multidão, respondeu: "Mestre, eu te trouxe o meu filho, que está com um espírito que o impede de falar. 18Onde quer que o apanhe, joga-o no chão. Ele espuma pela boca, range os dentes e fica rígido. Pedi aos teus discípulos que expulsassem o espírito, mas eles não conseguiram".

19Respondeu Jesus: "Ó geração incrédula, até quando estarei com vocês? Até quando terei que suportá-los? Tragam-me o menino".

20Então, eles o trouxeram. Quando o espírito viu Jesus, imediatamente causou uma convulsão no menino. Este caiu no chão e começou a rolar, espumando pela boca.

21Jesus perguntou ao pai do menino: "Há quanto tempo ele está assim?"

"Desde a infância", respondeu ele. 22"Muitas vezes esse espírito o tem lançado no fogo e na água para matá-lo. Mas, se podes fazer alguma coisa, tem compaixão de nós e ajuda-nos."

23"Se podes?", disse Jesus. "Tudo é possível àquele que crê."

24Imediatamente o pai do menino exclamou: "Creio, ajuda-me a vencer a minha incredulidade!"

25Quando Jesus viu que uma multidão estava se ajuntando, repreendeu o espírito imundo, dizendo: "Espírito mudo e surdo, eu ordeno que o deixe e nunca mais entre nele".

26O espírito gritou, agitou-o violentamente e saiu. O menino ficou como morto, ao ponto de muitos dizerem: "Ele morreu". 27Mas Jesus tomou-o pela mão e o levantou, e ele ficou em pé.

28Depois de Jesus ter entrado em casa, seus discípulos lhe perguntaram em particular: "Por que não conseguimos expulsá-lo?"

29Ele respondeu: "Essa espécie só sai pela oração e pelo jejum[a]".

30Eles saíram daquele lugar e atravessaram a Galileia. Jesus não queria que ninguém soubesse onde eles estavam, 31porque estava ensinando os seus discípulos. E lhes dizia: "O Filho do homem está para ser entregue nas mãos dos homens. Eles o matarão, e três dias depois ele ressuscitará". 32Mas eles não entendiam o que ele queria dizer e tinham receio de perguntar-lhe.

Quem é o maior?

(Mt 18:1-5; Lc 9:46-48)

33E chegaram a Cafarnaum. Quando ele estava em casa, perguntou-lhes: "O que vocês estavam discutindo no caminho?" 34Mas eles guardaram silêncio, porque no caminho haviam discutido sobre quem era o maior.

35Assentando-se, Jesus chamou os Doze e disse: "Se alguém quiser ser o primeiro, será o último, e servo de todos".

36E, tomando uma criança, colocou-a no meio deles. Pegando-a nos braços, disse-lhes: 37"Quem recebe uma destas crianças em meu nome, está me recebendo; e quem me recebe, não está apenas me recebendo, mas também àquele que me enviou".

Quem não é contra nós é por nós

(Lc 9:49-50)

38"Mestre", disse João, "vimos um homem expulsando demônios em teu nome e procuramos impedi-lo, porque ele não era um dos nossos."

39"Não o impeçam", disse Jesus. "Ninguém que faça um milagre em meu nome, pode falar mal de mim logo em seguida, 40pois quem não é contra nós está a nosso favor. 41Eu lhes digo a verdade: Quem lhes der um copo de água em meu nome, por vocês pertencerem a Cristo, de modo nenhum perderá a sua recompensa.

Palavras para memorizar

"Quem lhes der um copo de água em meu nome, por vocês pertencerem a Cristo, de modo nenhum perderá a sua recompensa."

(Marcos 9:41)

[a] 9:29 Alguns manuscritos não trazem *e pelo jejum*.

A indução ao pecado

(Mt 18:6-9)

42“Se alguém fizer tropeçar um destes pequeninos que creem em mim, seria melhor que fosse lançado no mar com uma grande pedra amarrada no pescoço. 43Se a sua mão o fizer tropeçar, corte-a. É melhor entrar na vida mutilado do que, tendo as duas mãos, ir para o inferno, onde o fogo nunca se apaga, 44onde o seu verme não morre, e o fogo não se apaga.[a] 45E se o seu pé o fizer tropeçar, corte-o. É melhor entrar na vida aleijado do que, tendo os dois pés, ser lançado no inferno, 46onde o seu verme não morre, e o fogo não se apaga.[b] 47E se o seu olho o fizer tropeçar, arranque-o. É melhor entrar no Reino de Deus com um só olho do que, tendo os dois olhos, ser lançado no inferno, 48onde

“ ‘o seu verme não morre,
e o fogo não se apaga’[c].

49Cada um será salgado com fogo.

50“O sal é bom, mas se deixar de ser salgado, como restaurar o seu sabor? Tenham sal em vocês mesmos e vivam em paz uns com os outros.”

A questão do divórcio

(Mt 19:1-12)

10 Então Jesus saiu dali e foi para a região da Judeia e para o outro lado do Jordão. Novamente uma multidão veio a ele e, segundo o seu costume, ele a ensinava.

2Alguns fariseus aproximaram-se dele para pô-lo à prova, perguntando: “É permitido ao homem divorciar-se de sua mulher?”

3“O que Moisés lhes ordenou?”, perguntou ele.

4Eles disseram: “Moisés permitiu que o homem lhe desse uma certidão de divórcio e a mandasse embora”[d].

5Respondeu Jesus: “Moisés escreveu essa lei por causa da dureza de coração de vocês. 6Mas no princípio da criação Deus ‘os fez homem e mulher’[e]. 7‘Por esta razão, o homem deixará pai e mãe e se unirá à sua mulher[f], 8e os dois se tornarão uma só carne’.[g] Assim, eles já não são dois, mas sim uma só carne. 9Portanto, o que Deus uniu, ninguém o separe”.

10Quando estava em casa novamente, os discípulos interrogaram Jesus sobre o mesmo assunto. 11Ele respondeu: “Todo aquele que se divorciar de sua mulher e se casar com outra mulher, estará cometendo adultério contra ela. 12E se ela se divorciar de seu marido e se casar com outro homem, estará cometendo adultério”.

Jesus e as crianças

(Mt 19:13-15; Lc 18:15-17)

13Alguns traziam crianças a Jesus para que ele tocasse nelas, mas os discípulos os repreendiam. 14Quando Jesus viu isso, ficou indignado e lhes disse: “Deixem vir a mim as crianças, não as impeçam; pois o Reino de Deus pertence aos que são semelhantes a elas. 15Digo-lhes a verdade: Quem não receber o Reino de Deus como uma criança, nunca entrará nele”. 16Em seguida, tomou as crianças nos braços, impôs-lhes as mãos e as abençoou.

O jovem rico

(Mt 19:16-30; Lc 18:18-30)

17Quando Jesus ia saindo, um homem correu em sua direção e se pôs de joelhos diante dele e lhe perguntou: “Bom mestre, que farei para herdar a vida eterna?”

18Respondeu-lhe Jesus: “Por que você me chama bom? Ninguém é bom, a não ser um, que é Deus. 19Você conhece os mandamentos: ‘Não matarás, não adulterarás, não furtarás, não darás falso testemunho, não enganarás ninguém, honra teu pai e tua mãe’[h]”.

20E ele declarou: “Mestre, a tudo isso tenho obedecido desde a minha adolescência”.

21Jesus olhou para ele e o amou. “Falta-lhe uma coisa”, disse ele. “Vá, venda tudo o que você possui e dê o dinheiro aos pobres, e você terá um tesouro no céu. Depois, venha e siga-me.”

22Diante disso ele ficou abatido e afastou-se triste, porque tinha muitas riquezas.

23Jesus olhou ao redor e disse aos seus discípulos: “Como é difícil aos ricos entrar no Reino de Deus!”

24Os discípulos ficaram admirados com essas palavras. Mas Jesus repetiu: “Filhos, como é difícil[i] entrar no Reino de Deus! 25É mais fácil passar um camelo pelo fundo de uma agulha do que um rico entrar no Reino de Deus”.

[a] 9:44 Os manuscritos mais antigos não trazem o versículo 44.
[b] 9:46 Os manuscritos mais antigos não trazem o versículo 46.
[c] 9:48 Is 66:24
[d] 10:4 Dt 24:1-3
[e] 10:6 Gn 1:27
[f] 10:7 Alguns manuscritos antigos não trazem *e se unirá à sua mulher*.
[g] 10:8 Gn 2:24
[h] 10:19 Êx 20:12-16; Dt 5:16-20
[i] 10:24 Outros manuscritos dizem *é difícil para aqueles que confiam nas riquezas*.

26 Os discípulos ficaram perplexos, e per-
guntavam uns aos outros: "Neste caso, quem
pode ser salvo?"
27 Jesus olhou para eles e respondeu: "Para
o homem é impossível, mas para Deus não;
todas as coisas são possíveis para Deus".
28 Então Pedro começou a dizer-lhe: "Nós
deixamos tudo para seguir-te".
29 Respondeu Jesus: "Digo-lhes a verdade:
Ninguém que tenha deixado casa, irmãos, ir-
mãs, mãe, pai, filhos, ou campos, por causa
de mim e do evangelho, 30 deixará de receber
cem vezes mais, já no tempo presente, casas,
irmãos, irmãs, mães, filhos e campos, e com
eles perseguição; e, na era futura, a vida eter-
na. 31 Contudo, muitos primeiros serão últi-
mos, e os últimos serão primeiros".

Jesus prediz novamente sua morte e ressurreição

(Mt 20:17-19; Lc 18:31-34)

32 Eles estavam subindo para Jerusalém, e
Jesus ia à frente. Os discípulos estavam admi-
rados, enquanto os que o seguiam estavam
com medo. Novamente ele chamou à parte os
Doze e lhes disse o que haveria de lhe acon-
tecer: 33 "Estamos subindo para Jerusalém e
o Filho do homem será entregue aos chefes
dos sacerdotes e aos mestres da lei. Eles o
condenarão à morte e o entregarão aos gen-
tios[a], 34 que zombarão dele, cuspirão nele, o
açoitarão e o matarão. Três dias depois ele
ressuscitará".

O pedido de Tiago e João

(Mt 20:20-28)

35 Nisso Tiago e João, filhos de Zebedeu,
aproximaram-se dele e disseram: "Mes-
tre, queremos que nos faças o que vamos te
pedir".
36 "O que vocês querem que eu lhes faça?",
perguntou ele.
37 Eles responderam: "Permite que, na tua
glória, nos assentemos um à tua direita e o
outro à tua esquerda".
38 Disse-lhes Jesus: "Vocês não sabem o que
estão pedindo. Podem vocês beber o cálice
que eu estou bebendo ou ser batizados com
o batismo com que estou sendo batizado?"
39 "Podemos", responderam eles.
Jesus lhes disse: "Vocês beberão o cálice
que estou bebendo e serão batizados com

[a] 10:33 Isto é, os que não são judeus.

Ser uma pessoa importante

Experimente!

Marcos 10:35-45

Leia Marcos 10:35-45 e veja que Jesus disse aos discípulos que, para serem realmente importantes, eles deviam servir aos outros (Marcos 10:43).

Aqui estão duas listas de coisas que crianças podem fazer. Olhando para elas, responda à seguinte pergunta: "Qual lista descreve uma pessoa que está disposta a ser um servo em vez de querer ser o chefe?". Mesmo meninos e meninas podem ser grandes cristãos se estiverem dispostos a servir.

Lista 1
- Sempre quer ser o líder nos jogos.
- Exibe suas notas altas.
- Quer apenas os melhores jogadores em sua equipe.
- Sempre insiste que está certo.
- Nunca ouve as ideias dos outros.

Lista 2
- Alguém que se reveza na liderança com outros.
- Ajuda os outros com os trabalhos da escola.
- Quer amigos em sua equipe, mesmo que não sejam os melhores.
- Dá oportunidade aos outros.
- Escuta os outros e compartilha suas próprias ideias.

o batismo com que estou sendo batizado; 40 mas o assentar-se à minha direita ou à minha esquerda não cabe a mim conceder. Esses lugares pertencem àqueles para quem foram preparados".

41 Quando os outros dez ouviram essas coisas, ficaram indignados com Tiago e João. 42 Jesus os chamou e disse: "Vocês sabem que aqueles que são considerados governantes das nações as dominam, e as pessoas importantes exercem poder sobre elas. 43 Não será assim entre vocês. Ao contrário, quem quiser tornar-se importante entre vocês deverá ser servo; 44 e quem quiser ser o primeiro deverá ser escravo de todos. 45 Pois nem mesmo o Filho do homem veio para ser servido, mas para servir e dar a sua vida em resgate por muitos".

O cego Bartimeu recupera a visão

(Mt 20:29-34; Lc 18:35-43)

46 Então chegaram a Jericó. Quando Jesus e seus discípulos, juntamente com uma grande multidão, estavam saindo da cidade, o filho de Timeu, Bartimeu, que era cego, estava sentado à beira do caminho pedindo esmolas. 47 Quando ouviu que era Jesus de Nazaré, começou a gritar: "Jesus, Filho de Davi, tem misericórdia de mim!"

48 Muitos o repreendiam para que ficasse quieto, mas ele gritava ainda mais: "Filho de Davi, tem misericórdia de mim!"

49 Jesus parou e disse: "Chamem-no".

E chamaram o cego: "Ânimo! Levante-se! Ele o está chamando". 50 Lançando sua capa para o lado, de um salto pôs-se em pé e dirigiu-se a Jesus.

51 "O que você quer que eu lhe faça?", perguntou-lhe Jesus.

O cego respondeu: "Mestre, eu quero ver!"

52 "Vá", disse Jesus, "a sua fé o curou". Imediatamente ele recuperou a visão e seguiu Jesus pelo caminho.

A entrada triunfal

(Mt 21:1-11; Lc 19:28-40; Jo 12:12-19)

11 Quando se aproximaram de Jerusalém e chegaram a Betfagé e Betânia, perto do monte das Oliveiras, Jesus enviou dois de seus discípulos, 2 dizendo-lhes: "Vão ao povoado que está adiante de vocês; logo que entrarem, encontrarão um jumentinho amarrado, no qual ninguém jamais montou. Desamarrem-no e tragam-no aqui. 3 Se alguém lhes perguntar: 'Por que vocês estão fazendo isso?', digam-lhe: O Senhor precisa dele e logo o devolverá".

4 Eles foram e encontraram um jumentinho na rua, amarrado a um portão. Enquanto o desamarravam, 5 alguns dos que ali estavam lhes perguntaram: "O que vocês estão fazendo, desamarrando esse jumentinho?" 6 Os discípulos responderam como Jesus lhes tinha dito, e eles os deixaram ir. 7 Trouxeram o jumentinho a Jesus, puseram sobre ele os seus mantos; e Jesus montou. 8 Muitos estenderam seus mantos pelo caminho, outros espalharam ramos que haviam cortado nos campos. 9 Os que iam adiante dele e os que o seguiam gritavam:

"Hosana!"[a]
"Bendito é o que vem
em nome do Senhor!"[b]
10 "Bendito é o Reino vindouro de nosso
pai Davi!"
"Hosana nas alturas!"

11 Jesus entrou em Jerusalém e dirigiu-se ao templo. Observou tudo à sua volta e, como já era tarde, foi para Betânia com os Doze.

Jesus purifica o templo

(Mt 21:12-17; Lc 19:45-48)

12 No dia seguinte, quando estavam saindo de Betânia, Jesus teve fome. 13 Vendo a distância uma figueira com folhas, foi ver se encontraria nela algum fruto. Aproximando-se dela, nada encontrou, a não ser folhas, porque não era tempo de figos. 14 Então lhe disse: "Ninguém mais coma de seu fruto". E os seus discípulos ouviram-no dizer isso.

15 Chegando a Jerusalém, Jesus entrou no templo e ali começou a expulsar os que estavam comprando e vendendo. Derrubou as mesas dos cambistas e as cadeiras dos que vendiam pombas 16 e não permitia que ninguém carregasse mercadorias pelo templo. 17 E os ensinava, dizendo: "Não está escrito:

" 'A minha casa será chamada
casa de oração
para todos os povos'[c]?

Mas vocês fizeram dela um 'covil de ladrões'[d]".

18 Os chefes dos sacerdotes e os mestres da lei ouviram essas palavras e começaram a procurar uma forma de matá-lo, pois

[a] 11:9 Expressão hebraica que significa *"Salve!"*, e que se tornou uma exclamação de louvor; também no versículo 10.
[b] 11:9 Sl 118:25-26
[c] 11:17 Is 56:7
[d] 11:17 Jr 7:11

o temiam, visto que toda a multidão estava
maravilhada com o seu ensino.
19Ao cair da tarde, eles[a] saíram da cidade.

A figueira seca

(Mt 21:18-22)

20De manhã, ao passarem, viram a figuei-
ra seca desde as raízes. 21Pedro, lembrando-
-se, disse a Jesus: "Mestre! Vê! A figueira que
amaldiçoaste secou!"
22Respondeu Jesus: "Tenham fé[b] em Deus.
23Eu lhes asseguro que se alguém disser a es-
te monte: 'Levante-se e atire-se no mar', e
não duvidar em seu coração, mas crer que
acontecerá o que diz, assim lhe será feito.
24Portanto, eu lhes digo: Tudo o que vocês
pedirem em oração, creiam que já o recebe-
ram, e assim lhes sucederá. 25E quando es-
tiverem orando, se tiverem alguma coisa
contra alguém, perdoem-no, para que tam-
bém o Pai celestial lhes perdoe os seus peca-
dos. 26Mas se vocês não perdoarem, também
o seu Pai que está nos céus não perdoará os
seus pecados[c]".

A autoridade de Jesus é questionada

(Mt 21:23-27; Lc 20:1-8)

27Chegaram novamente a Jerusalém e,
quando Jesus estava passando pelo templo,
aproximaram-se dele os chefes dos sacerdo-
tes, os mestres da lei e os líderes religiosos
e lhe perguntaram: 28"Com que autoridade
estás fazendo estas coisas? Quem te deu au-
toridade para fazê-las?"
29Respondeu Jesus: "Eu lhes farei uma per-
gunta. Respondam-me, e eu lhes direi com
que autoridade estou fazendo estas coisas.
30O batismo de João era do céu ou dos ho-
mens? Digam-me!"
31Eles discutiam entre si, dizendo: "Se dis-
sermos: Dos céus, ele perguntará: 'Então por
que vocês não creram nele?' 32Mas se disser-
mos: Dos homens..." Eles temiam o povo,
pois todos realmente consideravam João
um profeta.
33Eles responderam a Jesus: "Não sabe-
mos".
Disse então Jesus: "Tampouco lhes direi
com que autoridade estou fazendo estas
coisas".

A parábola dos lavradores

(Mt 21:33-46; Lc 20:9-19)

12 Então Jesus começou a lhes falar por
parábolas: "Certo homem plantou uma
vinha, colocou uma cerca ao redor dela, ca-
vou um tanque para prensar as uvas e cons-
truiu uma torre. Depois arrendou a vinha a
alguns lavradores e foi fazer uma viagem. 2Na
época da colheita, enviou um servo aos lavra-
dores, para receber deles parte do fruto da vi-
nha. 3Mas eles o agarraram, o espancaram e
o mandaram embora de mãos vazias. 4Então
enviou-lhes outro servo; e lhe bateram na ca-
beça e o humilharam. 5E enviou ainda outro,
o qual mataram. Enviou muitos outros; em
alguns bateram, a outros mataram.

[a] 11:19 Vários manuscritos dizem *ele saiu.*
[b] 11:22 Vários manuscritos dizem *Se vocês tiverem fé.*
[c] 11:26 Muitos manuscritos antigos não trazem o versículo 26.

A vida nos tempos da Bíblia

Purificação do templo

O grande templo em Jerusalém tinha vários pátios. No pátio externo, tornou-se comum que as pessoas comprassem e vendessem animais para sacrificar, e Jesus estava bravo com isso, pois o templo de Deus era para a oração, não para fazer negócios.

Você sabia?

O que é uma parábola?

12:1 Uma parábola é um tipo especial de história que ensina uma lição fazendo uma comparação. Quando sabemos o que as coisas citadas representam, podemos entender o que a parábola está ensinando. Cada pessoa na parábola em Marcos 12 representa alguém: o homem que plantou a vinha representa Deus, ao passo que os agricultores representam líderes religiosos; já os criados representam os profetas de Deus, enquanto o filho representa Jesus, que estava contando a história da salvação nesta parábola.

6“Faltava-lhe ainda um para enviar: seu fi-
lho amado. Por fim o enviou, dizendo: ‘A meu
filho respeitarão’.
7“Mas os lavradores disseram uns aos ou-
tros: ‘Este é o herdeiro. Venham, vamos ma-
tá-lo, e a herança será nossa’. 8Assim eles o
agarraram, o mataram e o lançaram para fo-
ra da vinha.
9“O que fará então o dono da vinha? Virá
e matará aqueles lavradores e dará a vinha
a outros. 10Vocês nunca leram esta passagem
das Escrituras?

“ ‘A pedra que os construtores
rejeitaram
tornou-se a pedra angular;
11isso vem do Senhor,
e é algo maravilhoso
para nós’[a]”.

12Então começaram a procurar um meio de
prendê-lo, pois perceberam que era contra
eles que ele havia contado aquela parábola.
Mas tinham medo da multidão; por isso o
deixaram e foram embora.

O pagamento de imposto a César
(Mt 22:15-22; Lc 20:20-26)

13Mais tarde enviaram a Jesus alguns dos
fariseus e herodianos para o apanharem
em alguma coisa que ele dissesse. 14Estes
se aproximaram dele e disseram: “Mestre,
sabemos que és íntegro e que não te dei-
xas influenciar por ninguém, porque não te
prendes à aparência dos homens, mas ensi-
nas o caminho de Deus conforme a verdade.
É certo pagar imposto a César ou não? 15De-
vemos pagar ou não?”
Mas Jesus, percebendo a hipocrisia deles,
perguntou: “Por que vocês estão me pondo à
prova? Tragam-me um denário[b] para que eu
o veja”. 16Eles lhe trouxeram a moeda, e ele
lhes perguntou: “De quem é esta imagem e
esta inscrição?”
“De César”, responderam eles.
17Então Jesus lhes disse: “Deem[c] a César o
que é de César e a Deus o que é de Deus”.
E ficaram admirados com ele.

A realidade da ressurreição
(Mt 22:23-33; Lc 20:27-40)

18Depois os saduceus, que dizem que não
há ressurreição, aproximaram-se dele com
a seguinte questão: 19“Mestre, Moisés nos
deixou escrito que, se um homem morrer
e deixar mulher sem filhos, seu irmão deve-
rá casar-se com a viúva e ter filhos para seu
irmão. 20Havia sete irmãos. O primeiro casou-
-se e morreu sem deixar filhos. 21O segundo
casou-se com a viúva, mas também morreu
sem deixar filhos. O mesmo aconteceu com
o terceiro. 22Nenhum dos sete deixou filhos.
Finalmente, morreu também a mulher. 23Na
ressurreição,[d] de quem ela será esposa, visto
que os sete foram casados com ela?”
24Jesus respondeu: “Vocês estão engana-
dos!, pois não conhecem as Escrituras nem
o poder de Deus! 25Quando os mortos ressus-
citam, não se casam nem são dados em ca-
samento, mas são como os anjos nos céus.
26Quanto à ressurreição dos mortos, vocês
não leram no livro de Moisés, no relato da
sarça, como Deus lhe disse: ‘Eu sou o Deus de
Abraão, o Deus de Isaque e o Deus de Jacó’[e]?
27Ele não é Deus de mortos, mas de vivos. Vo-
cês estão muito enganados!”

O maior mandamento
(Mt 22:34-40)

28Um dos mestres da lei aproximou-se e
os ouviu discutindo. Notando que Jesus lhes
dera uma boa resposta, perguntou-lhe: “De

[a] 12:10-11 Sl 118:22-23

[b] 12:15 O denário era uma moeda de prata equivalente à diária de um trabalhador braçal.
[c] 12:17 Ou *Devolvam*
[d] 12:23 Alguns manuscritos acrescentam *quando ressuscitarem.*
[e] 12:26 Êx 3:6

todos os mandamentos, qual é o mais im-
portante?"
29Respondeu Jesus: "O mais importante é
este: 'Ouça, ó Israel, o Senhor, o nosso Deus,
o Senhor é o único Senhor. 30Ame o Senhor, o
seu Deus, de todo o seu coração, de toda a sua
alma, de todo o seu entendimento e de to-
das as suas forças'[a]. 31O segundo é este: 'Ame
o seu próximo como a si mesmo'[b]. Não existe
mandamento maior do que estes".
32"Muito bem, mestre", disse o homem.
"Estás certo ao dizeres que Deus é único e
que não existe outro além dele. 33Amá-lo
de todo o coração, de todo o entendimen-
to e de todas as forças, e amar ao próximo
como a si mesmo é mais importante do que
todos os sacrifícios e ofertas".
34Vendo que ele tinha respondido sabia-
mente, Jesus lhe disse: "Você não está longe
do Reino de Deus". Daí por diante ninguém
mais ousava lhe fazer perguntas.

O Cristo é Senhor de Davi

(Mt 22:41-46; Lc 20:41-44)

35Ensinando no templo, Jesus perguntou:
"Como os mestres da lei dizem que o Cristo
é filho de Davi? 36O próprio Davi, falando pe-
lo Espírito Santo, disse:

" 'O Senhor disse
ao meu Senhor:
Senta-te à minha direita
até que eu ponha
os teus inimigos
debaixo de teus pés'[c].

[a] 12:30 Dt 6:4-5
[b] 12:31 Lv 19:18
[c] 12:36 Sl 110:1

Palavras para memorizar

"Ame o Senhor, o seu Deus, de todo o seu coração, de toda a sua alma, de todo o seu entendimento e de todas as suas forças. [...] Ame o seu próximo como a si mesmo. Não existe mandamento maior do que estes."

(Marcos 12:30-31)

37O próprio Davi o chama 'Senhor'. Como
pode, então, ser ele seu filho?"
E a grande multidão o ouvia com prazer.
38Ao ensinar, Jesus dizia: "Cuidado com
os mestres da lei. Eles fazem questão de an-
dar com roupas especiais, de receber sau-
dações nas praças 39e de ocupar os lugares
mais importantes nas sinagogas e os luga-
res de honra nos banquetes. 40Eles devoram
as casas das viúvas, e, para disfarçar, fazem
longas orações. Esses receberão condenação
mais severa!"

A oferta da viúva

(Lc 21:1-4)

41Jesus sentou-se em frente do lugar onde
eram colocadas as contribuições, e observava
a multidão colocando o dinheiro nas caixas
de ofertas. Muitos ricos lançavam ali gran-
des quantias. 42Então, uma viúva pobre che-
gou-se e colocou duas pequeninas moedas
de cobre, de muito pouco valor[d].
43Chamando a si os seus discípulos, Jesus
declarou: "Afirmo-lhes que esta viúva pobre
colocou na caixa de ofertas mais do que to-
dos os outros. 44Todos deram do que lhes so-
brava; mas ela, da sua pobreza, deu tudo o
que possuía para viver".

O sinal do fim dos tempos

(Mt 24:1-35; Lc 21:5-37)

13 Quando ele estava saindo do templo, um
de seus discípulos lhe disse: "Olha, Mes-
tre! Que pedras enormes! Que construções
magníficas!"
2"Você está vendo todas estas grandes
construções?", perguntou Jesus. "Aqui não
ficará pedra sobre pedra; serão todas derru-
badas."
3Tendo Jesus se assentado no monte das
Oliveiras, de frente para o templo, Pedro, Tia-
go, João e André lhe perguntaram em par-
ticular: 4"Dize-nos, quando acontecerão essas
coisas? E qual será o sinal de que tudo isso
está prestes a cumprir-se?"
5Jesus lhes disse: "Cuidado, que ninguém
os engane. 6Muitos virão em meu nome, di-
zendo: 'Sou eu!' e enganarão a muitos. 7Quan-
do ouvirem falar de guerras e rumores de
guerras, não tenham medo. É necessário
que tais coisas aconteçam, mas ainda não é
o fim. 8Nação se levantará contra nação, e rei-
no contra reino. Haverá terremotos em vários
lugares e também fomes. Essas coisas são o
início das dores.

[d] 12:42 Grego: *2 leptos*, que valiam 1 quadrante.

9"Fiquem atentos, pois vocês serão entregues aos tribunais e serão açoitados nas sinagogas. Por minha causa vocês serão levados à presença de governadores e reis, como testemunho a eles. 10E é necessário que antes o evangelho seja pregado a todas as nações. 11Sempre que forem presos e levados a julgamento, não fiquem preocupados com o que vão dizer. Digam tão somente o que lhes for dado naquela hora, pois não serão vocês que estarão falando, mas o Espírito Santo.

12"O irmão trairá seu próprio irmão, entregando-o à morte, e o mesmo fará o pai a seu filho. Filhos se rebelarão contra seus pais e os matarão. 13Todos odiarão vocês por minha causa; mas aquele que perseverar até o fim será salvo.

14"Quando vocês virem 'o sacrilégio terrível'[a] no lugar onde não deve estar — quem lê, entenda — então, os que estiverem na Judeia fujam para os montes. 15Quem estiver no telhado de sua casa não desça nem entre em casa para tirar dela coisa alguma. 16Quem estiver no campo não volte para pegar seu manto. 17Como serão terríveis aqueles dias para as grávidas e para as que estiverem amamentando! 18Orem para que essas coisas não aconteçam no inverno. 19Porque aqueles serão dias de tribulação como nunca houve desde que Deus criou o mundo até agora, nem jamais haverá. 20Se o Senhor não tivesse abreviado tais dias, ninguém sobreviveria[b]. Mas, por causa dos eleitos por ele escolhidos, ele os abreviou. 21Se, então, alguém lhes disser: 'Vejam, aqui está o Cristo!' ou: 'Vejam, ali está ele!', não acreditem. 22Pois aparecerão falsos cristos e falsos profetas que realizarão sinais e maravilhas para, se possível, enganar os eleitos. 23Por isso, fiquem atentos: avisei-os de tudo antecipadamente.

24"Mas naqueles dias, após aquela tribulação,

" 'o sol escurecerá
e a lua não dará a sua luz;
25as estrelas cairão do céu
e os poderes celestes
serão abalados'[c].

26"Então se verá o Filho do homem vindo nas nuvens com grande poder e glória. 27E ele enviará os seus anjos e reunirá os seus eleitos dos quatro ventos, dos confins da terra até os confins do céu.

[a] 13:14 Dn 9:27; 11:31; 12:11
[b] 13:20 Ou *seria salvo*
[c] 13:24-25 Is 13:10; 34:4

Palavras para memorizar

"Então se verá o Filho do homem vindo nas nuvens com grande poder e glória."

(Marcos 13:26)

28"Aprendam a lição da figueira: Quando seus ramos se renovam e suas folhas começam a brotar, vocês sabem que o verão está próximo. 29Assim também, quando virem estas coisas acontecendo, saibam que ele está próximo, às portas. 30Eu lhes asseguro que não passará esta geração até que todas estas coisas aconteçam. 31Os céus e a terra passarão, mas as minhas palavras jamais passarão.

O dia e a hora são desconhecidos

(Mt 24:36-51)

32"Quanto ao dia e à hora ninguém sabe, nem os anjos no céu, nem o Filho, senão somente o Pai. 33Fiquem atentos! Vigiem![d] Vocês não sabem quando virá esse tempo. 34É como um homem que sai de viagem. Ele deixa sua casa, encarrega de tarefas cada um dos seus servos e ordena ao porteiro que vigie. 35Portanto, vigiem, porque vocês não sabem quando o dono da casa voltará: se à tarde, à meia-noite, ao cantar do galo ou ao amanhecer. 36Se ele vier de repente, que não os encontre dormindo! 37O que lhes digo, digo a todos: Vigiem!"

Jesus é ungido em Betânia

(Mt 26:6-13; Jo 12:1-8)

14 Faltavam apenas dois dias para a Páscoa e para a festa dos pães sem fermento. Os chefes dos sacerdotes e os mestres da lei estavam procurando um meio de flagrar Jesus em algum erro[e] e matá-lo. 2Mas diziam: "Não durante a festa, para que não haja tumulto entre o povo".

3Estando Jesus em Betânia, reclinado à mesa na casa de um homem conhecido como Simão, o leproso, aproximou-se dele certa mulher com um frasco de alabastro contendo um perfume muito caro, feito de nardo

[d] 13:33 Alguns manuscritos acrescentam *e orem!*
[e] 14:1 Ou *prender Jesus por meio de engano*

puro. Ela quebrou o frasco e derramou o perfume sobre a cabeça de Jesus.

4Alguns dos presentes começaram a dizer uns aos outros, indignados: "Por que este desperdício de perfume? 5Ele poderia ser vendido por trezentos denários[a], e o dinheiro ser dado aos pobres". E a repreendiam severamente.

6"Deixem-na em paz", disse Jesus. "Por que a estão perturbando? Ela praticou uma boa ação para comigo. 7Pois os pobres vocês sempre terão com vocês, e poderão ajudá-los sempre que o desejarem. Mas a mim vocês nem sempre terão. 8Ela fez o que pôde. Derramou o perfume em meu corpo antecipadamente, preparando-o para o sepultamento. 9Eu lhes asseguro que onde quer que o evangelho for anunciado, em todo o mundo, também o que ela fez será contado em sua memória."

10Então Judas Iscariotes, um dos Doze, dirigiu-se aos chefes dos sacerdotes a fim de lhes entregar Jesus. 11A proposta muito os alegrou, e lhe prometeram dinheiro. Assim, ele procurava uma oportunidade para entregá-lo.

A ceia do Senhor

(Mt 26:17-30; Lc 22:7-23; Jo 13:18-30)

12No primeiro dia da festa dos pães sem fermento, quando se costumava sacrificar o cordeiro pascal, os discípulos de Jesus lhe perguntaram: "Aonde queres que vamos e te preparemos a refeição da Páscoa?"

13Então ele enviou dois de seus discípulos, dizendo-lhes: "Entrem na cidade, e um homem carregando um pote de água virá ao encontro de vocês. Sigam-no 14e digam ao dono da casa em que ele entrar: O Mestre pergunta: Onde é o meu salão de hóspedes, no qual poderei comer a Páscoa com meus discípulos? 15Ele lhes mostrará uma ampla sala no andar superior, mobiliada e pronta. Façam ali os preparativos para nós".

16Os discípulos se retiraram, entraram na cidade e encontraram tudo como Jesus lhes tinha dito. E prepararam a Páscoa.

17Ao anoitecer, Jesus chegou com os Doze. 18Quando estavam comendo, reclinados à mesa, Jesus disse: "Digo-lhes que certamente um de vocês me trairá, alguém que está comendo comigo".

19Eles ficaram tristes e, um por um, lhe disseram: "Com certeza não sou eu!"

20Afirmou Jesus: "É um dos Doze, alguém que come comigo do mesmo prato. 21O Filho do homem vai, como está escrito a seu respeito. Mas ai daquele que trai o Filho do homem! Melhor lhe seria não haver nascido".

22Enquanto comiam, Jesus tomou o pão, deu graças, partiu-o, e o deu aos discípulos, dizendo: "Tomem; isto é o meu corpo".

23Em seguida tomou o cálice, deu graças, ofereceu-o aos discípulos, e todos beberam.

24E lhes disse: "Isto é o meu sangue da aliança[b], que é derramado em favor de muitos. 25Eu lhes afirmo que não beberei outra vez do fruto da videira, até aquele dia em que beberei o vinho novo no Reino de Deus".

26Depois de terem cantado um hino, saíram para o monte das Oliveiras.

Jesus prediz que Pedro o negará

(Mt 26:31-35; Lc 22:31-34; Jo 13:36-38)

27Disse-lhes Jesus: "Vocês todos me abandonarão. Pois está escrito:

" 'Ferirei o pastor,
e as ovelhas serão dispersas'[c].

28Mas, depois de ressuscitar, irei adiante de vocês para a Galileia".

29Pedro declarou: "Ainda que todos te abandonem, eu não te abandonarei!"

30Respondeu Jesus: "Asseguro-lhe que ainda hoje, esta noite, antes que duas vezes[d] cante o galo, três vezes você me negará".

31Mas Pedro insistia ainda mais: "Mesmo que seja preciso que eu morra contigo, nunca te negarei". E todos os outros disseram o mesmo.

Jesus no Getsêmani

(Mt 26:36-46; Lc 22:39-46)

32Então foram para um lugar chamado Getsêmani, e Jesus disse aos seus discípulos: "Sentem-se aqui enquanto vou orar". 33Levou consigo Pedro, Tiago e João, e começou a ficar aflito e angustiado. 34E lhes disse: "A minha alma está profundamente triste, numa tristeza mortal. Fiquem aqui e vigiem".

35Indo um pouco mais adiante, prostrou-se e orava para que, se possível, fosse afastada dele aquela hora. 36E dizia: "*Aba*[e], Pai, tudo te é possível. Afasta de mim este cálice; contudo, não seja o que eu quero, mas sim o que tu queres".

[a] 14:5 O denário era uma moeda de prata equivalente à diária de um trabalhador braçal.

[b] 14:24 Alguns manuscritos trazem *da nova aliança*.
[c] 14:27 Zc 13:7
[d] 14:30 Alguns manuscritos não trazem *duas vezes*.
[e] 14:36 Termo aramaico para *Pai*.

37Então, voltou aos seus discípulos e os en-
controu dormindo. "Simão", disse ele a Pedro,
"você está dormindo? Não pôde vigiar nem
por uma hora? 38Vigiem e orem para que não
caiam em tentação. O espírito está pronto,
mas a carne é fraca."
39Mais uma vez ele se afastou e orou, re-
petindo as mesmas palavras. 40Quando vol-
tou, de novo os encontrou dormindo, porque
seus olhos estavam pesados. Eles não sabiam
o que lhe dizer.
41Voltando pela terceira vez, ele lhes disse:
"Vocês ainda dormem e descansam? Basta!
Chegou a hora! Eis que o Filho do homem
está sendo entregue nas mãos dos pecado-
res. 42Levantem-se e vamos! Aí vem aquele
que me trai!"

Jesus é preso

(Mt 26:47-56; Lc 22:47-53; Jo 18:1-11)

43Enquanto ele ainda falava, apareceu Ju-
das, um dos Doze. Com ele estava uma multi-
dão armada de espadas e varas, enviada pelos
chefes dos sacerdotes, mestres da lei e líde-
res religiosos.
44O traidor havia combinado um sinal com
eles: "Aquele a quem eu saudar com um bei-
jo, é ele: prendam-no e levem-no em segu-
rança". 45Dirigindo-se imediatamente a Jesus,
Judas disse: "Mestre!", e o beijou. 46Os ho-
mens agarraram Jesus e o prenderam. 47En-
tão, um dos que estavam por perto puxou a
espada e feriu o servo do sumo sacerdote,
decepando-lhe a orelha.
48Disse Jesus: "Estou eu chefiando alguma
rebelião, para que vocês venham me pren-
der com espadas e varas? 49Todos os dias eu
estive com vocês, ensinando no templo, e
vocês não me prenderam. Mas as Escritu-
ras precisam ser cumpridas". 50Então todos
o abandonaram e fugiram.
51Um jovem, vestindo apenas um lençol de
linho, estava seguindo Jesus. Quando tenta-
ram prendê-lo, 52ele fugiu nu, deixando o len-
çol para trás.

Jesus diante do Sinédrio

53Levaram Jesus ao sumo sacerdote; e en-
tão se reuniram todos os chefes dos sacerdo-
tes, os líderes religiosos e os mestres da lei.
54Pedro o seguiu de longe até o pátio do su-
mo sacerdote. Sentando-se ali com os guar-
das, esquentava-se junto ao fogo.
55Os chefes dos sacerdotes e todo o Siné-
drio[a] estavam procurando depoimentos
contra Jesus, para que pudessem condená-
-lo à morte, mas não encontravam nenhum.
56Muitos testemunharam falsamente contra
ele, mas as declarações deles não eram coe-
rentes.
57Então se levantaram alguns e declara-
ram falsamente contra ele: 58"Nós o ouvi-
mos dizer: 'Destruirei este templo feito por
mãos humanas e em três dias construirei ou-
tro, não feito por mãos de homens' ". 59Mas,
nem mesmo assim, o depoimento deles era
coerente.
60Depois o sumo sacerdote levantou-se
diante deles e perguntou a Jesus: "Você não
vai responder à acusação que estes lhe fa-
zem?" 61Mas Jesus permaneceu em silêncio
e nada respondeu.

[a] 14:55 Conselho dos principais líderes do povo judeu.

A vida nos tempos da Bíblia

Açoite

Antes de serem crucificados, os prisioneiros romanos eram açoitados com um chicote de couro, o qual tinha pedaços afiados de metal ou de osso em suas tiras. Chicotear dessa forma fazia os prisioneiros sangrarem tanto que eles, por vezes, morriam.

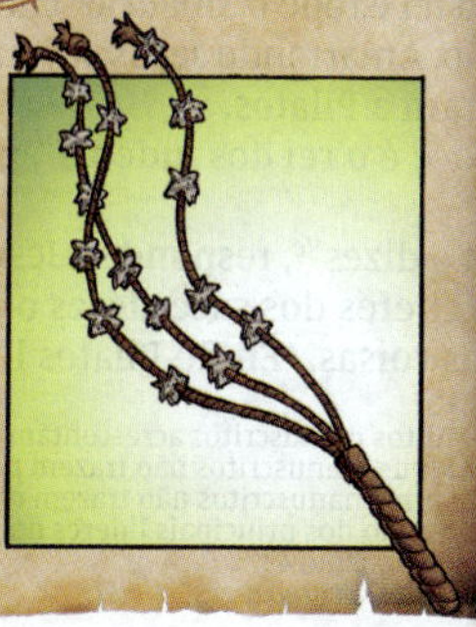

Outra vez o sumo sacerdote lhe perguntou:
“Você é o Cristo, o Filho do Deus Bendito?”
62“Sou”, disse Jesus. “E vereis o Filho do ho-
mem assentado à direita do Poderoso vindo
com as nuvens do céu.”
63O sumo sacerdote, rasgando as próprias
vestes, perguntou: “Por que precisamos de
mais testemunhas? 64Vocês ouviram a blas-
fêmia. Que acham?”
Todos o julgaram digno de morte. 65Então
alguns começaram a cuspir nele; vendaram-
-lhe os olhos e, dando-lhe murros, diziam:
“Profetize!” E os guardas o levaram, dando-
-lhe tapas.

Pedro nega Jesus

(Mt 26:69-75; Lc 22:54-62; Jo 18:15-18,25-27)

66Estando Pedro embaixo, no pátio, uma
das criadas do sumo sacerdote passou por
ali. 67Vendo Pedro a aquecer-se, olhou bem
para ele e disse:
“Você também estava com Jesus, o Naza-
reno”.
68Contudo ele o negou, dizendo: “Não o co-
nheço, nem sei do que você está falando”. E
saiu para o alpendre[a].
69Quando a criada o viu lá, disse novamen-
te aos que estavam por perto: “Esse aí é um
deles”. 70De novo ele negou.
Pouco tempo depois, os que estavam sen-
tados ali perto disseram a Pedro: “Certamen-
te você é um deles. Você é galileu!”
71Ele começou a se amaldiçoar e a jurar:
“Não conheço o homem de quem vocês es-
tão falando!”
72E logo o galo cantou pela segunda vez[b].
Então Pedro se lembrou da palavra que Jesus
lhe tinha dito: “Antes que duas vezes[c] cante
o galo, você me negará três vezes”. E se pôs
a chorar.

Jesus diante de Pilatos

15 De manhã bem cedo, os chefes dos sacer-
dotes com os líderes religiosos, os mes-
tres da lei e todo o Sinédrio[d] chegaram a uma
decisão. Amarrando Jesus, levaram-no e o en-
tregaram a Pilatos.
2“Você é o rei dos judeus?”, perguntou Pi-
latos.
“Tu o dizes”[e], respondeu Jesus.
3Os chefes dos sacerdotes o acusavam de
muitas coisas. 4Então Pilatos lhe perguntou
novamente: “Você não vai responder? Veja de
quantas coisas o estão acusando”.
5Mas Jesus não respondeu nada, e Pilatos
ficou impressionado.
6Por ocasião da festa, era costume soltar
um prisioneiro que o povo pedisse. 7Um ho-
mem chamado Barrabás estava na prisão
com os rebeldes que haviam cometido as-
sassinato durante uma rebelião. 8A multi-
dão chegou e pediu a Pilatos que lhe fizesse
o que costumava fazer.
9“Vocês querem que eu lhes solte o rei dos
judeus?”, perguntou Pilatos, 10sabendo que
fora por inveja que os chefes dos sacerdotes
lhe haviam entregado Jesus. 11Mas os chefes
dos sacerdotes incitaram a multidão a pedir
que Pilatos, ao contrário, soltasse Barrabás.
12“Então, que farei com aquele a quem vo-
cês chamam rei dos judeus?”, perguntou-lhes
Pilatos.
13“Crucifica-o!”, gritaram eles.
14“Por quê? Que crime ele cometeu?”, per-
guntou Pilatos.
Mas eles gritavam ainda mais: “Crucifica-o!”
15Desejando agradar a multidão, Pilatos sol-
tou-lhes Barrabás, mandou açoitar Jesus e o
entregou para ser crucificado.

Os soldados zombam de Jesus

(Mt 27:27-31)

16Os soldados levaram Jesus para dentro
do palácio, isto é, ao Pretório[f], e reuniram
toda a tropa. 17Vestiram-no com um manto
de púrpura, depois fizeram uma coroa de es-
pinhos e a colocaram nele. 18E começaram a
saudá-lo: “Salve, rei dos judeus!” 19Batiam-
-lhe na cabeça com uma vara e cuspiam ne-
le. Ajoelhavam-se e lhe prestavam adoração.
20Depois de terem zombado dele, tiraram-lhe
o manto de púrpura e vestiram-lhe suas pró-
prias roupas. Então o levaram para fora, a fim
de crucificá-lo.

A crucificação

(Mt 27:32-44; Lc 23:26-43; Jo 19:16-27)

21Certo homem de Cirene, chamado Simão,
pai de Alexandre e de Rufo, passava por ali,
chegando do campo. Eles o forçaram a carre-
gar a cruz. 22Levaram Jesus ao lugar chama-
do Gólgota, que quer dizer lugar da Caveira.
23Então lhe deram vinho misturado com mir-
ra, mas ele não o bebeu. 24E o crucificaram.
Dividindo as roupas dele, tiraram sortes para
saber com o que cada um iria ficar.

[a] 14:68 Muitos manuscritos acrescentam *e o galo cantou.*
[b] 14:72 Alguns manuscritos não trazem *pela segunda vez.*
[c] 14:72 Alguns manuscritos não trazem *duas vezes.*
[d] 15:1 Conselho dos principais líderes do povo judeu; também no versículo 43.
[e] 15:2 Ou *“Sim, é como dizes”*
[f] 15:16 Residência oficial do governador romano.

Pessoas nos tempos da Bíblia

Simão

Simão era um homem da cidade de Cirene que estava passando por Jerusalém quando Jesus foi levado para a crucificação. Os inimigos de Jesus forçaram Simão a carregar a cruz dele até o Gólgota, onde Jesus foi crucificado. Uma grande multidão seguiu Simão e Jesus, chorando e lamentando enquanto caminhava.

25Eram nove horas da manhã[a] quando o
crucificaram. 26E assim estava escrito na
acusação contra ele: O REI DOS JUDEUS.
27Com ele crucificaram dois ladrões, um à
sua direita e outro à sua esquerda, 28e cum-
priu-se a Escritura que diz: "Ele foi contado
entre os transgressores"[b]. 29Os que passavam
lançavam-lhe insultos, balançando a cabeça
e dizendo: "Ora, você que destrói o templo e
o reedifica em três dias, 30desça da cruz e sal-
ve-se a si mesmo!"
31Da mesma forma, os chefes dos sacerdo-
tes e os mestres da lei zombavam dele entre
si, dizendo: "Salvou os outros, mas não é ca-
paz de salvar a si mesmo! 32O Cristo, o Rei de
Israel... Desça da cruz, para que o vejamos e
creiamos!" Os que foram crucificados com ele
também o insultavam.

A morte de Jesus

(Mt 27:45-56; Lc 23:44-49; Jo 19:28-30)

33E houve trevas sobre toda a terra, do
meio-dia às três horas da tarde[c]. 34Por volta
das três horas da tarde, Jesus bradou em alta
voz: "*Eloí, Eloí, lamá sabactâni?*", que signifi-
ca "Meu Deus! Meu Deus! Por que me aban-
donaste?"[d]
35Quando alguns dos que estavam presen-
tes ouviram isso, disseram: "Ouçam! Ele está
chamando Elias".
36Um deles correu, embebeu uma esponja
em vinagre, colocou-a na ponta de uma vara e
deu-a a Jesus para beber. E disse: "Deixem-no.
Vejamos se Elias vem tirá-lo daí".

[a] 15:25 Grego: *Era a hora terceira.*
[b] 15:28 Is 53:12
[c] 15:33 Grego: *da hora sexta até a hora nona.*
[d] 15:34 Sl 22:1

37Mas Jesus, com um alto brado, expirou.
38E o véu do santuário rasgou-se em duas
partes, de alto a baixo. 39Quando o centurião
que estava em frente de Jesus ouviu o seu
brado e[e] viu como ele morreu, disse: "Real-
mente este homem era o Filho de Deus!"
40Algumas mulheres estavam observando
de longe. Entre elas estavam Maria Madalena,
Salomé e Maria, mãe de Tiago, o mais jovem,
e de José. 41Na Galileia elas tinham seguido e
servido a Jesus. Muitas outras mulheres que
tinham subido com ele para Jerusalém tam-
bém estavam ali.

O sepultamento de Jesus

(Mt 27:57-61; Lc 23:50-56; Jo 19:38-42)

42Era o Dia da Preparação, isto é, a véspera
do sábado, 43José de Arimateia, membro de
destaque do Sinédrio, que também esperava
o Reino de Deus, dirigiu-se corajosamente a
Pilatos e pediu o corpo de Jesus. 44Pilatos fi-
cou surpreso ao ouvir que ele já tinha mor-
rido. Chamando o centurião, perguntou-lhe
se Jesus já tinha morrido. 45Sendo informado
pelo centurião, entregou o corpo a José. 46En-
tão José comprou um lençol de linho, baixou
o corpo da cruz, envolveu-o no lençol e o co-
locou num sepulcro cavado na rocha. Depois,
fez rolar uma pedra sobre a entrada do sepul-
cro. 47Maria Madalena e Maria, mãe de José,
viram onde ele fora colocado.

A ressurreição

(Mt 28:1-10; Lc 24:1-12; Jo 20:1-9)

16 Quando terminou o sábado, Maria Ma-
dalena, Salomé e Maria, mãe de Tiago,

[e] 15:39 Alguns manuscritos não trazem *ouviu o seu brado e.*

Pessoas nos tempos da Bíblia

José de Arimateia

Este homem, que era líder dos judeus, seguia Jesus secretamente, pois tinha medo dos inimigos de Jesus. Depois da crucificação, José pediu permissão a Pilatos para levar o corpo de Jesus a fim de enterrá-lo numa tumba que era sua.

compraram especiarias aromáticas para ungir
o corpo de Jesus. [2]No primeiro dia da semana,
bem cedo, ao nascer do sol, elas se dirigiram
ao sepulcro, [3]perguntando umas às outras:
"Quem removerá para nós a pedra da entra-
da do sepulcro?"

[4]Mas, quando foram verificar, viram que a
pedra, que era muito grande, havia sido re-
movida. [5]Entrando no sepulcro, viram um jo-
vem vestido de roupas brancas assentado à
direita, e ficaram amedrontadas.

[6]"Não tenham medo", disse ele. "Vocês es-
tão procurando Jesus, o Nazareno, que foi
crucificado. Ele ressuscitou! Não está aqui.
Vejam o lugar onde o haviam posto. [7]Vão e
digam aos discípulos dele e a Pedro: Ele está
indo adiante de vocês para a Galileia. Lá vo-
cês o verão, como ele lhes disse."

[8]Tremendo e assustadas, as mulheres saí-
ram e fugiram do sepulcro. E não disseram
nada a ninguém, porque estavam amedron-
tadas.

[9][a]Quando Jesus ressuscitou, na madru-
gada do primeiro dia da semana, apareceu
primeiramente a Maria Madalena, de quem
havia expulsado sete demônios. [10]Ela foi e
contou aos que com ele tinham estado; eles
estavam lamentando e chorando. [11]Quando
ouviram que Jesus estava vivo e fora visto
por ela, não creram.

[12]Depois Jesus apareceu noutra forma a
dois deles, estando eles a caminho do cam-
po. [13]Eles voltaram e relataram isso aos ou-
tros; mas também nestes eles não creram.

[14]Mais tarde Jesus apareceu aos Onze en-
quanto eles comiam; censurou-lhes a incre-
dulidade e a dureza de coração, porque não
acreditaram nos que o tinham visto depois
de ressurreto.

[15]E disse-lhes: "Vão pelo mundo todo e pre-
guem o evangelho a todas as pessoas. [16]Quem
crer e for batizado será salvo, mas quem não
crer será condenado. [17]Estes sinais acompa-
nharão os que crerem: em meu nome ex-
pulsarão demônios; falarão novas línguas;
[18]pegarão em serpentes; e, se beberem algum
veneno mortal, não lhes fará mal nenhum;
imporão as mãos sobre os doentes, e estes
ficarão curados".

[19]Depois de lhes ter falado, o Senhor Jesus
foi elevado aos céus e assentou-se à direita
de Deus. [20]Então, os discípulos saíram e pre-
garam por toda parte; e o Senhor cooperava
com eles, confirmando-lhes a palavra com os
sinais que a acompanhavam.

[a] 16:9 Alguns manuscritos antigos não trazem os versículos 9-20; outros manuscritos do evangelho de Marcos apresentam finais diferentes.

Lucas

Quem escreveu este livro?

Lucas, um médico que viajou muitas vezes com Paulo.

Por que este livro foi escrito?

Lucas conta o que muitas pessoas que conheceram Jesus lembravam de sua vida e de seus ensinamentos.

Para quem este livro foi escrito?

Lucas escreveu para pessoas que queriam saber quem era Jesus.

O que acontece neste livro?

Jesus encontra, ensina e ajuda muitas pessoas.

Quem é o personagem principal deste livro?

A pessoa mais importante neste livro é Jesus.

Quando isto aconteceu?

Os acontecimentos deste livro ocorreram entre 6 a.C. e 30 d.C.

Onde isto aconteceu?

A maior parte dos acontecimentos deste livro ocorreram na Galileia e na Judeia. (Veja o *Índice de mapas*, ao final desta Bíblia, para saber onde fica a Judeia.)

Algumas histórias deste livro:

O nascimento de João Batista	Lucas 1:57-80
Os pastores e os anjos	Lucas 2:8-20
Jesus ressuscita o filho de uma viúva	Lucas 7:11-17
O bom samaritano	Lucas 10:25-37
O rico tolo	Lucas 12:13-21
O filho perdido	Lucas 15:11-32
O rico e Lázaro	Lucas 16:19-31
Jesus cura dez leprosos	Lucas 17:11-19
O fariseu e o publicano	Lucas 18:9-14
Zaqueu	Lucas 19:1-10

Introdução

1 Muitos já se dedicaram a elaborar um relato
dos fatos que se cumpriram[a] entre nós, 2con-
forme nos foram transmitidos por aqueles
que desde o início foram testemunhas ocula-
res e servos da palavra. 3Eu mesmo investiguei
tudo cuidadosamente, desde o começo, e de-
cidi escrever-te um relato ordenado, ó exce-
lentíssimo Teófilo, 4para que tenhas a certeza
das coisas que te foram ensinadas.

O nascimento de João Batista é predito

5No tempo de Herodes, rei da Judeia, havia
um sacerdote chamado Zacarias, que perten-
cia ao grupo sacerdotal de Abias; Isabel, sua
mulher, também era descendente de Arão.
6Ambos eram justos aos olhos de Deus, obe-
decendo de modo irrepreensível a todos os
mandamentos e preceitos do Senhor. 7Mas
eles não tinham filhos, porque Isabel era es-
téril; e ambos eram de idade avançada.

8Certa vez, estando de serviço o seu gru-
po, Zacarias estava servindo como sacerdote
diante de Deus. 9Ele foi escolhido por sorteio,
de acordo com o costume do sacerdócio, para
entrar no santuário do Senhor e oferecer in-
censo. 10Chegando a hora de oferecer incenso,
o povo todo estava orando do lado de fora.

11Então um anjo do Senhor apareceu a Za-
carias, à direita do altar do incenso. 12Quando
Zacarias o viu, perturbou-se e foi domina-
do pelo medo. 13Mas o anjo lhe disse: "Não
tenha medo, Zacarias; sua oração foi ouvida.
Isabel, sua mulher, lhe dará um filho, e você
lhe dará o nome de João. 14Ele será motivo de
prazer e de alegria para você, e muitos se ale-
grarão por causa do nascimento dele, 15pois
será grande aos olhos do Senhor. Ele nunca
tomará vinho nem bebida fermentada, e se-
rá cheio do Espírito Santo desde antes do seu
nascimento[b]. 16Fará retornar muitos dentre
o povo de Israel ao Senhor, o seu Deus. 17E
irá adiante do Senhor, no espírito e no poder
de Elias, para fazer voltar o coração dos pais
a seus filhos e os desobedientes à sabedoria
dos justos, para deixar um povo preparado
para o Senhor".

18Zacarias perguntou ao anjo: "Como posso
ter certeza disso? Sou velho, e minha mulher
é de idade avançada".

19O anjo respondeu: "Sou Gabriel, o que es-
tá sempre na presença de Deus. Fui enviado
para lhe transmitir estas boas novas. 20Agora
você ficará mudo. Não poderá falar até o dia
em que isso acontecer, porque não acreditou
em minhas palavras, que se cumprirão no
tempo oportuno".

21Enquanto isso, o povo esperava por Zaca-
rias, estranhando sua demora no santuário.
22Quando saiu, não conseguia falar nada; o
povo percebeu então que ele tivera uma vi-
são no santuário. Zacarias fazia sinais para
eles, mas permanecia mudo.

23Quando se completou seu período de ser-
viço, ele voltou para casa. 24Depois disso, Isa-
bel, sua mulher, engravidou e durante cinco
meses não saiu de casa. 25E ela dizia: "Isto é
obra do Senhor! Agora ele olhou para mim
favoravelmente, para desfazer a minha hu-
milhação perante o povo".

O nascimento de Jesus é predito

26No sexto mês Deus enviou o anjo Gabriel
a Nazaré, cidade da Galileia, 27a uma virgem
prometida em casamento a certo homem
chamado José, descendente de Davi. O no-
me da virgem era Maria. 28O anjo, aproxi-
mando-se dela, disse: "Alegre-se, agraciada!
O Senhor está com você!"

29Maria ficou perturbada com essas pala-
vras, pensando no que poderia significar esta
saudação. 30Mas o anjo lhe disse:

"Não tenha medo, Maria;
você foi agraciada por Deus!

Pessoas nos tempos da Bíblia

Zacarias e Isabel

Isabel era parente de Maria, mãe de Jesus, e casada com um sacerdote chamado Zacarias. Isabel e Zacarias eram idosos e não tinham filhos. Um anjo disse a Zacarias que Isabel engravidaria e teria um filho, mas ele duvidou das palavras do anjo. Por ter duvidado, Zacarias ficou sem conseguir falar até o nascimento do filho. O anjo instruiu Zacarias a chamar o filho de João, e este foi João Batista.

[a] 1:1 Ou *que foram aceitos com convicção*
[b] 1:15 Ou *desde o ventre de sua mãe*

Pessoas nos tempos da Bíblia

Maria

Deus escolheu Maria para ser a mãe de Jesus. Quando um anjo lhe contou essa notícia, ela ficou assustada e confusa, mas Maria tinha fé em Deus e confiava nele. Ela se alegrou por Deus tê-la abençoado e fez uma canção para honrar a Deus.

[31]Você ficará grávida
e dará à luz um filho,
e lhe porá o nome de Jesus.
[32]Ele será grande
e será chamado
Filho do Altíssimo.
O Senhor Deus lhe dará
o trono de seu pai Davi,
[33]e ele reinará para sempre sobre o
povo de Jacó;
seu Reino jamais terá fim".

[34]Perguntou Maria ao anjo: "Como acontecerá isso, se sou virgem?"
[35]O anjo respondeu: "O Espírito Santo virá sobre você, e o poder do Altíssimo a cobrirá com a sua sombra. Assim, aquele que
há de nascer será chamado Santo, Filho de
Deus.[a] [36]Também Isabel, sua parenta, terá um
filho na velhice; aquela que diziam ser estéril
já está em seu sexto mês de gestação. [37]Pois
nada é impossível para Deus".
[38]Respondeu Maria: "Sou serva do Senhor;
que aconteça comigo conforme a tua palavra". Então o anjo a deixou.

Maria visita Isabel

[39]Naqueles dias, Maria preparou-se e foi
depressa para uma cidade da região montanhosa da Judeia, [40]onde entrou na casa de Zacarias e saudou Isabel. [41]Quando Isabel ouviu
a saudação de Maria, o bebê agitou-se em seu
ventre, e Isabel ficou cheia do Espírito Santo.
[42]Em alta voz exclamou:

"Bendita é você
entre as mulheres,
e bendito é o filho
que você dará à luz!

[43]Mas por que sou tão agraciada, ao ponto
de me visitar a mãe do meu Senhor? [44]Logo
que a sua saudação chegou aos meus ouvidos, o bebê que está em meu ventre agitou-se de alegria. [45]Feliz é aquela que creu que
se cumprirá aquilo que o Senhor lhe disse!"

O cântico de Maria

[46]Então disse Maria:

"Minha alma engrandece
ao Senhor
[47]e o meu espírito se alegra
em Deus,

[a] 1:35 Ou *Assim, o santo que há de nascer será chamado Filho de Deus.*

Maria pode ser um exemplo para nós

Muitas pessoas da Bíblia são bons exemplos para seguirmos. Maria é um dos melhores, pois ela era uma jovem que estava comprometida com José. Quando um anjo lhe disse que Deus a havia escolhido para ser a mãe de Cristo, Maria deve ter ficado preocupada. O que José e outras pessoas pensariam se ela tivesse um bebê não sendo casada? Leia Lucas 1:26-38 e responda: "O que Maria decidiu?".

Converse com seus pais sobre momentos em que é difícil fazer o que Deus quer porque outros podem rir de você ou ficar com raiva de você. Quando faz o que Deus quer, não importa o que os outros vão pensar, você está seguindo o bom exemplo de Maria.

Experimente!

Lucas 1:26-38

Você sabia?

O que é o cântico de Maria?

1:46 É o hino que ela cantou quando visitou Isabel. Maria louvou a Deus por deixá-la tornar-se a mãe do Salvador. Ela era uma jovem maravilhosa com uma grande fé em Deus.

meu Salvador,
48 pois atentou
para a humildade
da sua serva.
De agora em diante,
todas as gerações
me chamarão
bem-aventurada,
49 pois o Poderoso fez
grandes coisas em meu favor;
santo é o seu nome.
50 A sua misericórdia estende-se aos que
o temem,
de geração em geração.
51 Ele realizou poderosos feitos com seu
braço;
dispersou os que são soberbos
no mais íntimo do coração.
52 Derrubou governantes
dos seus tronos,
mas exaltou os humildes.
53 Encheu de coisas boas
os famintos,
mas despediu de mãos vazias os ricos.
54 Ajudou a seu servo Israel,
lembrando-se
da sua misericórdia
55 para com Abraão
e seus descendentes
para sempre,
como dissera
aos nossos antepassados".

56 Maria ficou com Isabel cerca de três me-
ses e depois voltou para casa.

O nascimento de João Batista

57 Ao se completar o tempo de Isabel dar à
luz, ela teve um filho. 58 Seus vizinhos e pa-
rentes ouviram falar da grande misericórdia
que o Senhor lhe havia demonstrado e se ale-
graram com ela.

59 No oitavo dia foram circuncidar o meni-
no e queriam dar-lhe o nome do pai, Zacarias;
60 mas sua mãe tomou a palavra e disse: "Não!
Ele será chamado João".

61 Disseram-lhe: "Você não tem nenhum pa-
rente com esse nome".

62 Então fizeram sinais ao pai do menino,
para saber como queria que a criança se cha-
masse. 63 Ele pediu uma tabuinha e, para ad-
miração de todos, escreveu: "O nome dele é
João". 64 Imediatamente sua boca se abriu,
sua língua se soltou e ele começou a falar,
louvando a Deus. 65 Todos os vizinhos ficaram
cheios de temor, e por toda a região monta-
nhosa da Judeia se falava sobre essas coisas.
66 Todos os que ouviam falar disso se pergun-
tavam: "O que vai ser este menino?" Pois a
mão do Senhor estava com ele.

O cântico de Zacarias

67 Seu pai, Zacarias, foi cheio do Espírito
Santo e profetizou:

68 "Louvado seja o Senhor,
o Deus de Israel,
porque visitou e redimiu
o seu povo.
69 Ele promoveu
poderosa salvação[a] para nós,
na linhagem do seu servo Davi,
70 (como falara pelos seus santos
profetas,
na antiguidade),
71 salvando-nos
dos nossos inimigos
e da mão de todos
os que nos odeiam,
72 para mostrar sua misericórdia aos
nossos antepassados
e lembrar sua santa aliança,
73 o juramento que fez
ao nosso pai Abraão:

[a] 1:69 Grego: *Ele erigiu um chifre de salvação.*

Palavras para memorizar

"Louvado seja o Senhor, o Deus de Israel, porque visitou e redimiu o seu povo."

(Lucas 1:68)

[74]resgatar-nos da mão
dos nossos inimigos
para o servirmos sem medo,
[75]em santidade e justiça,
diante dele
todos os nossos dias.
[76]E você, menino, será chamado profeta
do Altíssimo,
pois irá adiante do Senhor,
para lhe preparar o caminho,
[77]para dar ao seu povo
o conhecimento da salvação,
mediante o perdão
dos seus pecados,
[78]por causa
das ternas misericórdias
de nosso Deus,
pelas quais do alto
nos visitará
o sol nascente,
[79]para brilhar sobre aqueles
que estão vivendo nas trevas
e na sombra da morte,
e guiar nossos pés
no caminho da paz".

[80]E o menino crescia e se fortalecia em es-
pírito; e viveu no deserto, até aparecer publi-
camente a Israel.

O nascimento de Jesus

(Mt 1:18-25)

2 Naqueles dias César Augusto publicou um
decreto ordenando o recenseamento de
todo o império romano. [2]Este foi o primei-
ro recenseamento feito quando Quirino era
governador da Síria. [3]E todos iam para a sua
cidade natal, a fim de alistar-se.
[4]Assim, José também foi da cidade de Na-
zaré da Galileia para a Judeia, para Belém,
cidade de Davi, porque pertencia à casa e à
linhagem de Davi. [5]Ele foi a fim de alistar-se,
com Maria, que lhe estava prometida em ca-
samento e esperava um filho.
[6]Enquanto estavam lá, chegou o tempo de
nascer o bebê, [7]e ela deu à luz o seu primo-
gênito. Envolveu-o em panos e o colocou nu-
ma manjedoura, porque não havia lugar para
eles na hospedaria.

Os pastores e os anjos

[8]Havia pastores que estavam nos campos
próximos e durante a noite tomavam conta

Pessoas nos tempos da Bíblia

José

José era um homem correto que confiava em Deus e se importava com o que as outras pessoas sentiam. Um anjo disse a José que ele deveria se casar com Maria, mãe de Jesus, e ele obedeceu.

A vida nos tempos da Bíblia

Estábulo

Um estábulo era um lugar onde os animais ficavam protegidos e eram alimentados. Os estábulos em Belém costumavam ser feitos em cavernas, não em lugares construídos para isso — o estábulo onde Jesus nasceu provavelmente ficava em uma dessas cavernas.

dos seus rebanhos. 9E aconteceu que um an-
jo do Senhor apareceu-lhes e a glória do Se-
nhor resplandeceu ao redor deles; e ficaram
aterrorizados. 10Mas o anjo lhes disse: "Não
tenham medo. Estou lhes trazendo boas no-
vas de grande alegria, que são para todo o
povo: 11Hoje, na cidade de Davi, lhes nasceu
o Salvador, que é Cristo[a], o Senhor. 12Isto lhes
servirá de sinal: encontrarão o bebê envol-
to em panos e deitado numa manjedoura".
13De repente, uma grande multidão do
exército celestial apareceu com o anjo, lou-
vando a Deus e dizendo:

14"Glória a Deus nas alturas,
e paz na terra aos homens
aos quais ele concede
o seu favor".

15Quando os anjos os deixaram e foram
para os céus, os pastores disseram uns aos
outros: "Vamos a Belém, e vejamos isso que
aconteceu, e que o Senhor nos deu a co-
nhecer".
16Então correram para lá e encontraram
Maria e José, e o bebê deitado na manje-
doura. 17Depois de o verem, contaram a to-
dos o que lhes fora dito a respeito daquele
menino, 18e todos os que ouviram o que os
pastores diziam ficaram admirados. 19Maria,
porém, guardava todas essas coisas e sobre
elas refletia em seu coração. 20Os pastores
voltaram glorificando e louvando a Deus
por tudo o que tinham visto e ouvido, como
lhes fora dito.

Jesus é apresentado no templo

21Completando-se os oito dias para a cir-
cuncisão do menino, foi-lhe posto o nome
de Jesus, o qual lhe tinha sido dado pelo an-
jo antes de ele nascer.
22Completando-se o tempo da purificação
deles, de acordo com a Lei de Moisés, José e
Maria o levaram a Jerusalém para apresentá-
-lo ao Senhor 23(como está escrito na Lei do Se-
nhor: "Todo primogênito do sexo masculino
será consagrado ao Senhor")[b] 24e para oferecer
um sacrifício, de acordo com o que diz a Lei do
Senhor: "duas rolinhas ou dois pombinhos"[c].
25Havia em Jerusalém um homem cha-
mado Simeão, que era justo e piedoso, e que
esperava a consolação de Israel; e o Espíri-
to Santo estava sobre ele. 26Fora-lhe revela-
do pelo Espírito Santo que ele não morreria
antes de ver o Cristo do Senhor. 27Movido pe-
lo Espírito, ele foi ao templo. Quando os pais
trouxeram o menino Jesus para lhe fazerem
o que requeria o costume da Lei, 28Simeão o
tomou nos braços e louvou a Deus, dizendo:

29"Ó Soberano, como prometeste,
agora podes despedir em paz
o teu servo.
30Pois os meus olhos já viram
a tua salvação,
31que preparaste
à vista de todos os povos:
32luz para revelação
aos gentios[d]
e para a glória de Israel, teu povo".

[a] 2:11 Ou *Messias*. Tanto *Cristo* (grego) como *Messias* (hebraico) significam *Ungido*; também em todo o livro de Lucas.

[b] 2:23 Êx 13:2,12
[c] 2:24 Lv 12:8
[d] 2:32 Isto é, os que não são judeus.

A vida nos tempos da Bíblia

Dois pombinhos

Quando o primeiro filho nascia, os pais deviam fazer uma oferta a Deus. Aqueles que podiam ofereciam um cordeiro, mas José e Maria deram dois pombos, pois Deus havia dito que os pobres podiam dar essa oferta (ver Levítico 12:8).

33O pai e a mãe do menino estavam admi-
rados com o que fora dito a respeito dele. 34E
Simeão os abençoou e disse a Maria, mãe de
Jesus: "Este menino está destinado a causar a
queda e o soerguimento de muitos em Israel,
e a ser um sinal de contradição, 35de modo
que o pensamento de muitos corações será
revelado. Quanto a você, uma espada atra-
vessará a sua alma".
36Estava ali a profetisa Ana, filha de Fanuel,
da tribo de Aser. Era muito idosa; tinha vivi-
do com seu marido sete anos depois de se
casar 37e então permanecera viúva até a ida-
de de oitenta e quatro anos[a]. Nunca deixava
o templo: adorava a Deus jejuando e oran-
do dia e noite. 38Tendo chegado ali naquele
exato momento, deu graças a Deus e falava
a respeito do menino a todos os que espera-
vam a redenção de Jerusalém.
39Depois de terem feito tudo o que era
exigido pela Lei do Senhor, voltaram para a
sua própria cidade, Nazaré, na Galileia. 40O
menino crescia e se fortalecia, enchendo-
-se de sabedoria; e a graça de Deus estava
sobre ele.

O menino Jesus no templo

41Todos os anos seus pais iam a Jerusalém
para a festa da Páscoa. 42Quando ele com-
pletou doze anos de idade, eles subiram
à festa, conforme o costume. 43Terminada a
festa, voltando seus pais para casa, o menino
Jesus ficou em Jerusalém, sem que eles per-
cebessem. 44Pensando que ele estava entre os
companheiros de viagem, caminharam o dia
todo. Então começaram a procurá-lo entre os
seus parentes e conhecidos. 45Não o encon-
trando, voltaram a Jerusalém para procurá-
-lo. 46Depois de três dias o encontraram no
templo, sentado entre os mestres, ouvin-
do-os e fazendo-lhes perguntas. 47Todos os
que o ouviam ficavam maravilhados com o
seu entendimento e com as suas respostas.
48Quando seus pais o viram, ficaram perple-
xos. Sua mãe lhe disse: "Filho, por que você
nos fez isto? Seu pai e eu estávamos aflitos,
à sua procura".
49Ele perguntou: "Por que vocês estavam
me procurando? Não sabiam que eu devia es-
tar na casa de meu Pai?" 50Mas eles não com-
preenderam o que lhes dizia.
51Então foi com eles para Nazaré, e era-
-lhes obediente. Sua mãe, porém, guarda-
va todas essas coisas em seu coração. 52Jesus
ia crescendo em sabedoria, estatura e graça
diante de Deus e dos homens.

[a] 2:37 Ou *viúva por oitenta e quatro anos*

Você sabia?

Por que Jesus foi ao templo quando tinha 12 anos?

2:42 Aos 12 anos, um menino judeu já tinha idade suficiente para guardar a lei de Deus como os adultos. O Antigo Testamento dizia que os homens judeus deveriam ir ao templo para celebrar a Páscoa. Agora que Jesus tinha 12 anos, ele foi a Jerusalém para a celebração da Páscoa no templo.

João Batista prepara o caminho

(Mt 3:1-12; Mc 1:2-8)

3 No décimo quinto ano do reinado de Ti-
bério César, quando Pôncio Pilatos era
governador da Judeia; Herodes, tetrarca[b] da
Galileia; seu irmão Filipe, tetrarca da Itureia
e Traconites; e Lisânias, tetrarca de Abilene;
2Anás e Caifás exerciam o sumo sacerdócio.
Foi nesse ano que veio a palavra do Senhor
a João, filho de Zacarias, no deserto. 3Ele per-
correu toda a região próxima ao Jordão, pre-
gando um batismo de arrependimento para
o perdão dos pecados. 4Como está escrito no
livro das palavras de Isaías, o profeta:

"Voz do que clama no deserto:
'Preparem[c] o caminho
para o Senhor,
façam veredas retas
para ele.
5Todo vale será aterrado
e todas as montanhas
e colinas, niveladas.
As estradas tortuosas
serão endireitadas
e os caminhos acidentados, aplanados.
6E toda a humanidade[d]
verá a salvação de Deus' "[e].

7João dizia às multidões que saíam para
serem batizadas por ele: "Raça de víboras!

[b] 3:1 Um tetrarca era o governador da quarta parte de uma região; também no versículo 19.
[c] 3:4 Ou *daquele que clama: 'No deserto preparem*
[d] 3:6 Grego: *carne.*
[e] 3:6 Is 40:3-5

Quem lhes deu a ideia de fugir da ira que
se aproxima? [8]Deem frutos que mostrem
o arrependimento. E não comecem a dizer
a si mesmos: 'Abraão é nosso pai'. Pois eu
lhes digo que destas pedras Deus pode fa-
zer surgir filhos a Abraão. [9]O machado já es-
tá posto à raiz das árvores, e toda árvore que
não der bom fruto será cortada e lançada
ao fogo".

[10]"O que devemos fazer então?", pergunta-
vam as multidões.

[11]João respondia: "Quem tem duas túnicas
dê uma a quem não tem nenhuma; e quem
tem comida faça o mesmo".

[12]Alguns publicanos[a] também vieram para
serem batizados. Eles perguntaram: "Mestre,
o que devemos fazer?"

[13]Ele respondeu: "Não cobrem nada além
do que lhes foi estipulado".

[14]Então alguns soldados lhe perguntaram:
"E nós, o que devemos fazer?"

Ele respondeu: "Não pratiquem extorsão
nem acusem ninguém falsamente; conten-
tem-se com o seu salário".

[15]O povo estava em grande expectativa,
questionando em seu coração se acaso João
não seria o Cristo. [16]João respondeu a todos:
"Eu os batizo com[b] água. Mas virá alguém
mais poderoso do que eu, tanto que não sou
digno nem de desamarrar as correias das
suas sandálias. Ele os batizará com o Espí-
rito Santo e com fogo. [17]Ele traz a pá em sua
mão, a fim de limpar sua eira e juntar o trigo
em seu celeiro; mas queimará a palha com
fogo que nunca se apaga". [18]E com muitas ou-
tras palavras João exortava o povo e lhe pre-
gava as boas novas.

[19]Todavia, quando João repreendeu Hero-
des, o tetrarca, por causa de Herodias, mulher
do próprio irmão de Herodes, e por todas as
outras coisas más que ele tinha feito, [20]He-
rodes acrescentou a todas elas a de colocar
João na prisão.

O batismo e a genealogia de Jesus

(Mt 3:13-17; Mt 1:1-17; Mc 1:9-11)

[21]Quando todo o povo estava sendo batiza-
do, também Jesus o foi. E, enquanto ele esta-
va orando, o céu se abriu [22]e o Espírito Santo
desceu sobre ele em forma corpórea, como
pomba. Então veio do céu uma voz: "Tu és o
meu Filho amado; em ti me agrado".

[23]Jesus tinha cerca de trinta anos de idade
quando começou seu ministério. Ele era con-
siderado filho de José,

filho de Eli, [24]filho de Matate,
filho de Levi, filho de Melqui,
filho de Janai, filho de José,
[25]filho de Matatias,
filho de Amós,
filho de Naum, filho de Esli,
filho de Nagai,
[26]filho de Máate,
filho de Matatias,
filho de Semei,
filho de Joseque, filho de Jodá,
[27]filho de Joanã, filho de Ressa,
filho de Zorobabel,
filho de Salatiel,
filho de Neri,
[28]filho de Melqui,
filho de Adi, filho de Cosã,
filho de Elmadã, filho de Er,
[29]filho de Josué, filho de Eliézer,
filho de Jorim, filho de Matate,
filho de Levi,
[30]filho de Simeão,
filho de Judá, filho de José,
filho de Jonã,
filho de Eliaquim,
[31]filho de Meleá, filho de Mená,
filho de Matatá, filho de Natã,
filho de Davi, [32]filho de Jessé,
filho de Obede, filho de Boaz,
filho de Salmom[c],
filho de Naassom,
[33]filho de Aminadabe,
filho de Ram[d],
filho de Esrom, filho de Perez,
filho de Judá, [34]filho de Jacó,
filho de Isaque,
filho de Abraão,
filho de Terá, filho de Naor,
[35]filho de Serugue,
filho de Ragaú,
filho de Faleque, filho de Éber,
filho de Salá, [36]filho de Cainã,
filho de Arfaxade, filho de Sem,
filho de Noé, filho de Lameque,
[37]filho de Matusalém,
filho de Enoque,
filho de Jarede,
filho de Maalaleel,

[a] 3:12 Os publicanos eram coletores de impostos, malvistos pelo povo; também em 5:27,29-30; 7:29,34; 15:1; 18:10-11,13 e 19:2.
[b] 3:16 Ou *em*
[c] 3:32 Alguns manuscritos dizem *Salá*.
[d] 3:33 Alguns manuscritos dizem *Aminadabe, filho de Admim, filho de Arni, filho de Esrom*. Outros manuscritos trazem variações maiores.

filho de Cainã, 38filho de Enos,
filho de Sete, filho de Adão,
filho de Deus.

A tentação de Jesus

(Mt 4:1-11; Mc 1:12-13)

4 Jesus, cheio do Espírito Santo, voltou do
Jordão e foi levado pelo Espírito ao deser-
to, 2onde, durante quarenta dias, foi tentado
pelo Diabo. Não comeu nada durante esses
dias e, ao fim deles, teve fome.
3O Diabo lhe disse: "Se és o Filho de Deus,
manda esta pedra transformar-se em pão".
4Jesus respondeu: "Está escrito: 'Nem só
de pão viverá o homem'[a]".
5O Diabo o levou a um lugar alto e mos-
trou-lhe num relance todos os reinos do
mundo. 6E lhe disse: "Eu te darei toda a au-
toridade sobre eles e todo o seu esplendor,
porque me foram dados e posso dá-los a
quem eu quiser. 7Então, se me adorares, tu-
do será teu".
8Jesus respondeu: "Está escrito: 'Adore o
Senhor, o seu Deus, e só a ele preste culto'[b]".
9O Diabo o levou a Jerusalém, colocou-o
na parte mais alta do templo e lhe disse: "Se
és o Filho de Deus, joga-te daqui para baixo.
10Pois está escrito:

" 'Ele dará ordens a seus anjos a seu
respeito,
para o guardarem; 11com as mãos eles o
segurarão,
para que você não tropece
em alguma pedra'[c]".

12Jesus respondeu: "Dito está: 'Não ponha
à prova o Senhor, o seu Deus'[d]".
13Tendo terminado todas essas tentações, o
Diabo o deixou até ocasião oportuna.

[a] 4:4 Dt 8:3
[b] 4:8 Dt 6:13
[c] 4:10-11 Sl 91:11-12
[d] 4:12 Dt 6:16

Você sabia?

Como Jesus venceu a tentação?

4:4 Jesus lembrou-se dos ensinamentos da Bíblia e escolheu obedecer à Palavra de Deus. Isso nos mostra que conhecer a Bíblia é a melhor forma de vencer a tentação.

Jesus é rejeitado em Nazaré

14Jesus voltou para a Galileia no poder do
Espírito, e por toda aquela região se espalhou
a sua fama. 15Ensinava nas sinagogas, e todos
o elogiavam.
16Ele foi a Nazaré, onde havia sido criado, e
no dia de sábado entrou na sinagoga, como
era seu costume. E levantou-se para ler. 17Foi-
-lhe entregue o livro do profeta Isaías. Abriu-
-o e encontrou o lugar onde está escrito:

18"O Espírito do Senhor
está sobre mim,
porque ele me ungiu
para pregar boas novas
aos pobres.
Ele me enviou
para proclamar liberdade
aos presos
e recuperação da vista
aos cegos,
para libertar os oprimidos
19e proclamar o ano da graça
do Senhor"[e].

20Então ele fechou o livro, devolveu-o ao
assistente e assentou-se. Na sinagoga todos
tinham os olhos fitos nele; 21e ele começou a
dizer-lhes: "Hoje se cumpriu a Escritura que
vocês acabaram de ouvir".
22Todos falavam bem dele, e estavam ad-
mirados com as palavras de graça que saíam
de seus lábios. Mas perguntavam: "Não é este
o filho de José?"
23Jesus lhes disse: "É claro que vocês me
citarão este provérbio: 'Médico, cura-te a ti
mesmo! Faze aqui em tua terra o que ouvi-
mos que fizeste em Cafarnaum' ".
24Continuou ele: "Digo-lhes a verdade: Ne-
nhum profeta é aceito em sua terra. 25Asse-
guro-lhes que havia muitas viúvas em Israel
no tempo de Elias, quando o céu foi fechado
por três anos e meio, e houve uma grande fo-
me em toda a terra. 26Contudo, Elias não foi
enviado a nenhuma delas, senão a uma viú-
va de Sarepta, na região de Sidom. 27Também
havia muitos leprosos[f] em Israel no tempo
de Eliseu, o profeta; todavia, nenhum deles
foi purificado — somente Naamã, o sírio".
28Todos os que estavam na sinagoga fi-
caram furiosos quando ouviram isso. 29Le-
vantaram-se, expulsaram-no da cidade e o
levaram até o topo da colina sobre a qual fora

[e] 4:18-19 Is 58:6; 61:1-2
[f] 4:27 O termo grego não se refere somente à lepra, mas também a diversas doenças da pele.

construída a cidade, a fim de atirá-lo precipí-
cio abaixo. 30 Mas Jesus passou por entre eles
e retirou-se.

Jesus expulsa um espírito imundo

(Mc 1:21-28)

31 Então ele desceu a Cafarnaum, cidade da
Galileia, e, no sábado, começou a ensinar o
povo. 32 Todos ficavam maravilhados com
o seu ensino, porque falava com autoridade.
33 Na sinagoga havia um homem possesso
de um demônio, de um espírito imundo[a].
Ele gritou com toda a força: 34 "Ah!, que que-
res conosco, Jesus de Nazaré? Vieste para nos
destruir? Sei quem tu és: o Santo de Deus!"
35 Jesus o repreendeu, e disse: "Cale-se
e saia dele!" Então o demônio jogou o ho-
mem no chão diante de todos, e saiu dele
sem o ferir.
36 Todos ficaram admirados, e diziam uns
aos outros: "Que palavra é esta? Até aos es-
píritos imundos ele dá ordens com autori-
dade e poder, e eles saem!" 37 E a sua fama se
espalhava por toda a região circunvizinha.

O poder de Jesus sobre os demônios e as doenças

(Mt 8:14-17; Mc 1:29-34)

38 Jesus saiu da sinagoga e foi à casa de Si-
mão. A sogra de Simão estava com febre al-
ta, e pediram a Jesus que fizesse algo por ela.
39 Estando ele em pé junto dela, inclinou-se e
repreendeu a febre, que a deixou. Ela se le-
vantou imediatamente e passou a servi-los.
40 Ao pôr do sol, o povo trouxe a Jesus to-
dos os que tinham vários tipos de doenças;
e ele os curou, impondo as mãos sobre ca-
da um deles. 41 Além disso, de muitas pessoas
saíam demônios gritando: "Tu és o Filho de
Deus!" Ele, porém, os repreendia e não per-
mitia que falassem, porque sabiam que ele
era o Cristo.
42 Ao romper do dia, Jesus foi para um lu-
gar solitário. As multidões o procuravam, e,
quando chegaram até onde ele estava, insis-
tiram que não as deixasse. 43 Mas ele disse:
"É necessário que eu pregue as boas novas
do Reino de Deus noutras cidades também,
porque para isso fui enviado". 44 E continuava
pregando nas sinagogas da Judeia[b].

Jesus chama os primeiros discípulos

(Mt 4:18-22; Mc 1:16-20; Jo 1:35-42)

5 Certo dia Jesus estava perto do lago de Ge-
nesaré[c], e uma multidão o comprimia de
todos os lados para ouvir a palavra de Deus.
2 Viu à beira do lago dois barcos, deixados ali
pelos pescadores, que estavam lavando as
suas redes. 3 Entrou num dos barcos, o que
pertencia a Simão, e pediu-lhe que o afastas-
se um pouco da praia. Então sentou-se, e do
barco ensinava o povo.
4 Tendo acabado de falar, disse a Simão: "Vá
para onde as águas são mais fundas", e a to-
dos: "Lancem as redes para a pesca".
5 Simão respondeu: "Mestre, esforçamo-
-nos a noite inteira e não pegamos nada.

[a] 4:33 Ou *maligno*; também em todo o livro de Lucas.

[b] 4:44 Alguns manuscritos dizem *Galileia*.

[c] 5:1 Isto é, o mar da Galileia.

Experimente!

Pessoas que Jesus escolhe

Que tipo de pessoa você escolheria para fazer um trabalho difícil? Leia Lucas 5:1-11, que nos ensina pelo menos quatro coisas sobre os homens que Jesus escolheu como seus discípulos: 1) eram muito esforçados; 2) eram respeitosos; 3) seguiam instruções; 4) e estavam acostumados a trabalhar em equipe.

Faça uma tabela de sete dias com quatro colunas: **Esforce-se, Respeite, Obedeça** e **Relacione-se bem com outros**. Durante uma semana, tente viver cada dia como fizeram os discípulos. A cada dia que você se esforçar, for respeitoso, for obediente ou se der bem com os outros, faça uma marca nessa coluna. Veja como você se sai.

Lucas 5:1-11

Mas, porque és tu quem está dizendo isto, vou lançar as redes".

6Quando o fizeram, pegaram tal quantidade de peixes que as redes começaram a rasgar-se. 7Então fizeram sinais a seus companheiros no outro barco, para que viessem ajudá-los; e eles vieram e encheram ambos os barcos, ao ponto de começarem a afundar.

8Quando Simão Pedro viu isso, prostrou-se aos pés de Jesus e disse: "Afasta-te de mim, Senhor, porque sou um homem pecador!" 9Pois ele e todos os seus companheiros estavam perplexos com a pesca que haviam feito, 10como também Tiago e João, os filhos de Zebedeu, sócios de Simão.

Jesus disse a Simão: "Não tenha medo; de agora em diante você será pescador de homens". 11Eles então arrastaram seus barcos para a praia, deixaram tudo e o seguiram.

A cura de um leproso

(Mt 8:1-4; Mc 1:40-45)

12Estando Jesus numa das cidades, passou um homem coberto de lepra[a]. Quando viu Jesus, prostrou-se com o rosto em terra, e rogou-lhe: "Se quiseres, podes purificar-me". 13Jesus estendeu a mão e tocou nele, dizendo: "Quero. Seja purificado!" E imediatamente a lepra o deixou.

14Então Jesus lhe ordenou: "Não conte isso a ninguém; mas vá mostrar-se ao sacerdote e ofereça pela sua purificação os sacrifícios que Moisés ordenou, para que sirva de testemunho".

15Todavia, as notícias a respeito dele se espalhavam ainda mais, de forma que multidões vinham para ouvi-lo e para serem curadas de suas doenças. 16Mas Jesus retirava-se para lugares solitários, e orava.

Jesus cura um paralítico

(Mt 9:1-8; Mc 2:1-12)

17Certo dia, quando ele ensinava, estavam sentados ali fariseus e mestres da lei, procedentes de todos os povoados da Galileia, da Judeia e de Jerusalém. E o poder do Senhor estava com ele para curar os doentes. 18Vieram alguns homens trazendo um paralítico numa maca e tentaram fazê-lo entrar na casa, para colocá-lo diante de Jesus. 19Não conseguindo fazer isso, por causa da multidão, subiram ao terraço e o baixaram em sua maca, através de uma abertura, até o meio da multidão, bem em frente de Jesus.

[a] 5:12 O termo grego não se refere somente à lepra, mas também a diversas doenças da pele.

20Vendo a fé que eles tinham, Jesus disse: "Homem, os seus pecados estão perdoados".

21Os fariseus e os mestres da lei começaram a pensar: "Quem é esse que blasfema? Quem pode perdoar pecados, a não ser somente Deus?"

22Jesus, sabendo o que eles estavam pensando, perguntou: "Por que vocês estão pensando assim? 23Que é mais fácil dizer: 'Os seus pecados estão perdoados', ou: 'Levante-se e ande'? 24Mas, para que vocês saibam que o Filho do homem tem na terra autoridade para perdoar pecados" — disse ao paralítico — "eu lhe digo: Levante-se, pegue a sua maca e vá para casa". 25Imediatamente ele se levantou na frente deles, pegou a maca em que estivera deitado e foi para casa louvando a Deus. 26Todos ficaram atônitos e glorificavam a Deus, e, cheios de temor, diziam: "Hoje vimos coisas extraordinárias!"

O chamado de Levi

(Mt 9:9-13; Mc 2:13-17)

27Depois disso, Jesus saiu e viu um publicano chamado Levi, sentado na coletoria, e disse-lhe: "Siga-me". 28Levi levantou-se, deixou tudo e o seguiu.

29Então Levi ofereceu um grande banquete a Jesus em sua casa. Havia muita gente comendo com eles: publicanos e outras pessoas. 30Mas os fariseus e aqueles mestres da lei que eram da mesma facção queixaram-se aos discípulos de Jesus: "Por que vocês comem e bebem com publicanos e pecadores?"

31Jesus lhes respondeu: "Não são os que têm saúde que precisam de médico, mas sim os doentes. 32Eu não vim chamar justos, mas pecadores ao arrependimento".

Jesus é interrogado acerca do jejum

(Mt 9:14-17; Mc 2:18-22)

33E eles lhe disseram: "Os discípulos de João jejuam e oram frequentemente, bem como os discípulos dos fariseus; mas os teus vivem comendo e bebendo".

34Jesus respondeu: "Podem vocês fazer os convidados do noivo jejuar enquanto o noivo está com eles? 35Mas virão dias quando o noivo lhes será tirado; naqueles dias jejuarão".

36Então lhes contou esta parábola: "Ninguém tira um remendo de roupa nova e o costura em roupa velha; se o fizer, estragará a roupa nova, além do que o remendo da nova não se ajustará à velha. 37E ninguém põe vinho novo em vasilha de couro velha; se o fizer, o vinho novo rebentará a vasilha, se derramará, e a vasilha se estragará. 38Ao contrário, vinho novo deve ser posto em vasilha de couro nova. 39E ninguém, depois de beber o vinho velho, prefere o novo, pois diz: 'O vinho velho é melhor!' "

O Senhor do sábado

(Mt 12:1-14; Mc 2:23—3:6)

6 Certo sábado, enquanto Jesus passava pelas lavouras de cereal, seus discípulos começaram a colher e a debulhar espigas com as mãos, comendo os grãos. 2Alguns fariseus perguntaram: "Por que vocês estão fazendo o que não é permitido no sábado?"

3Jesus lhes respondeu: "Vocês nunca leram o que fez Davi, quando ele e seus companheiros estavam com fome? 4Ele entrou na casa de Deus e, tomando os pães da Presença, comeu o que apenas aos sacerdotes era permitido comer, e os deu também aos seus companheiros". 5E então lhes disse: "O Filho do homem é Senhor do sábado".

6Noutro sábado, ele entrou na sinagoga e começou a ensinar; estava ali um homem cuja mão direita era atrofiada. 7Os fariseus e os mestres da lei estavam procurando um motivo para acusar Jesus; por isso o observavam atentamente, para ver se ele iria curá-lo no sábado. 8Mas Jesus sabia o que eles estavam pensando e disse ao homem da mão atrofiada: "Levante-se e venha para o meio". Ele se levantou e foi.

9Jesus lhes disse: "Eu lhes pergunto: O que é permitido fazer no sábado: o bem ou o mal, salvar a vida ou destruí-la?"

10Então, olhou para todos os que estavam à sua volta e disse ao homem: "Estenda a mão". Ele a estendeu, e ela foi restaurada. 11Mas eles ficaram furiosos e começaram a discutir entre si o que poderiam fazer contra Jesus.

A escolha dos doze apóstolos

(Mc 3:13-19)

12Num daqueles dias, Jesus saiu para o monte a fim de orar, e passou a noite orando a Deus. 13Ao amanhecer, chamou seus discípulos e escolheu doze deles, a quem também designou apóstolos: 14Simão, a quem deu o nome de Pedro; seu irmão André; Tiago; João; Filipe; Bartolomeu; 15Mateus; Tomé; Tiago, filho de Alfeu; Simão, chamado zelote; 16Judas, filho de Tiago; e Judas Iscariotes, que veio a ser o traidor.

Bênçãos e ais

17Jesus desceu com eles e parou num lugar plano. Estavam ali muitos dos seus discípulos e uma imensa multidão procedente de toda a Judeia, de Jerusalém e do litoral de Tiro e de Sidom, 18que vieram para ouvi-lo e serem curados de suas doenças. Os que eram perturbados por espíritos imundos ficaram curados, 19e todos procuravam tocar nele, porque dele saía poder que curava todos.

20Olhando para os seus discípulos, ele disse:

"Bem-aventurados vocês,
os pobres,
pois a vocês pertence
o Reino de Deus.
21Bem-aventurados vocês,
que agora têm fome,
pois serão satisfeitos.
Bem-aventurados vocês,
que agora choram,
pois haverão de rir.
22Bem-aventurados serão vocês,
quando os odiarem,
expulsarem e insultarem,
e eliminarem o nome de vocês, como
sendo mau,
por causa do Filho do homem.

23"Regozijem-se nesse dia e saltem de alegria, porque grande é a sua recompensa no céu. Pois assim os antepassados deles trataram os profetas.

24"Mas ai de vocês, os ricos,
pois já receberam
sua consolação.
25Ai de vocês,
que agora têm fartura,
porque passarão fome.
Ai de vocês, que agora riem,
pois haverão de se lamentar
e chorar.
26Ai de vocês,
quando todos
falarem bem de vocês,
pois assim
os antepassados deles
trataram os falsos profetas.

O amor aos inimigos

(Mt 5:38-48)

27"Mas eu digo a vocês que estão me ouvindo: Amem os seus inimigos, façam o bem aos que os odeiam, 28abençoem os que os amaldiçoam, orem por aqueles que os maltratam. 29Se alguém lhe bater numa face, ofereça-lhe também a outra. Se alguém lhe tirar a capa, não o impeça de tirar-lhe a túnica. 30Dê a todo aquele que lhe pedir, e se alguém tirar o que

pertence a você, não lhe exija que o devolva.
31Como vocês querem que os outros lhes fa-
çam, façam também vocês a eles.
32"Que mérito vocês terão, se amarem aos
que os amam? Até os pecadores amam aos
que os amam. 33E que mérito terão, se fize-
rem o bem àqueles que são bons para com
vocês? Até os pecadores agem assim. 34E que
mérito terão, se emprestarem a pessoas de
quem esperam devolução? Até os pecadores
emprestam a pecadores, esperando receber
devolução integral. 35Amem, porém, os seus
inimigos, façam-lhes o bem e emprestem a
eles, sem esperar receber nada de volta. En-
tão, a recompensa que terão será grande e
vocês serão filhos do Altíssimo, porque ele é
bondoso para com os ingratos e maus. 36Se-
jam misericordiosos, assim como o Pai de vo-
cês é misericordioso.

O julgamento ao próximo

(Mt 7:1-6)

37"Não julguem, e vocês não serão julgados.
Não condenem, e não serão condenados. Per-
doem, e serão perdoados. 38Deem, e lhes será
dado: uma boa medida, calcada, sacudida e
transbordante será dada a vocês. Pois a me-
dida que usarem também será usada para
medir vocês".
39Jesus fez também a seguinte compara-
ção: "Pode um cego guiar outro cego? Não
cairão os dois no buraco? 40O discípulo não
está acima do seu mestre, mas todo aque-
le que for bem preparado será como o seu
mestre.
41"Por que você repara no cisco que está no
olho do seu irmão e não se dá conta da viga
que está em seu próprio olho? 42Como você
pode dizer ao seu irmão: 'Irmão, deixe-me
tirar o cisco do seu olho', se você mesmo não
consegue ver a viga que está em seu pró-
prio olho? Hipócrita, tire primeiro a viga
do seu olho, e então você verá claramente
para tirar o cisco do olho do seu irmão.

A árvore e seu fruto

(Mt 7:15-20)

43"Nenhuma árvore boa dá fruto ruim, ne-
nhuma árvore ruim dá fruto bom. 44Toda ár-
vore é reconhecida por seus frutos. Ninguém
colhe figos de espinheiros, nem uvas de ervas
daninhas. 45O homem bom tira coisas boas do
bom tesouro que está em seu coração, e o ho-
mem mau tira coisas más do mal que está em
seu coração, porque a sua boca fala do que
está cheio o coração.

O prudente e o insensato

(Mt 7:24-29)

46"Por que vocês me chamam 'Senhor, Se-
nhor' e não fazem o que eu digo? 47Eu lhes
mostrarei com quem se compara aquele que
vem a mim, ouve as minhas palavras e as
pratica. 48É como um homem que, ao cons-
truir uma casa, cavou fundo e colocou os ali-
cerces na rocha. Quando veio a inundação, a
torrente deu contra aquela casa, mas não a
conseguiu abalar, porque estava bem cons-
truída. 49Mas aquele que ouve as minhas pa-
lavras e não as pratica, é como um homem
que construiu uma casa sobre o chão, sem
alicerces. No momento em que a torrente
deu contra aquela casa, ela caiu, e a sua des-
truição foi completa".

Um centurião demonstra fé

(Mt 8:5-13)

7 Tendo terminado de dizer tudo isso ao po-
vo, Jesus entrou em Cafarnaum. 2Ali estava

Como amar os inimigos

Experimente!

O amor não é apenas um sentimento, e o amor cristão significa cuidar de outras pessoas e ser gentil com elas.

Leia Lucas 6:27-36 e veja que Jesus quer que amemos todas as pessoas, até nossos inimigos.

Você conhece alguém que não gosta de você ou é mau com você? Aqui estão algumas maneiras de mostrar amor a seu inimigo: sorria, seja amigável, ore pela pessoa; ajude-a com a tarefa da escola, diga coisas legais sobre ela, escolha-a para seu time.

Lucas 6:27-36

Pessoas nos tempos da Bíblia

Centuriões

Os centuriões eram importantes oficiais do exército romano, e cada um deles comandava cem soldados. Ele esperava obediência completa por parte de seus homens. Todos os centuriões citados na Bíblia eram amigos dos judeus e criam em Deus.

o servo de um centurião, doente e quase à morte, a quem seu senhor estimava muito. 3Ele ouviu falar de Jesus e enviou-lhe alguns líderes religiosos dos judeus, pedindo-lhe que fosse curar o seu servo. 4Chegando-se a Jesus, suplicaram-lhe com insistência: "Este homem merece que lhe faças isso, 5porque ama a nossa nação e construiu a nossa sinagoga". 6Jesus foi com eles.

Já estava perto da casa quando o centurião mandou amigos dizerem a Jesus: "Senhor, não te incomodes, pois não mereço receber-te debaixo do meu teto. 7Por isso, nem me considerei digno de ir ao teu encontro. Mas dize uma palavra, e o meu servo será curado. 8Pois eu também sou homem sujeito a autoridade, e com soldados sob o meu comando. Digo a um: Vá, e ele vai; e a outro: Venha, e ele vem. Digo a meu servo: Faça isto, e ele faz".

9Ao ouvir isso, Jesus admirou-se dele e, voltando-se para a multidão que o seguia, disse: "Eu lhes digo que nem em Israel encontrei tamanha fé". 10Então os homens que haviam sido enviados voltaram para casa e encontraram o servo restabelecido.

Jesus ressuscita o filho de uma viúva

11Logo depois, Jesus foi a uma cidade chamada Naim, e com ele iam os seus discípulos e uma grande multidão. 12Ao se aproximar da porta da cidade, estava saindo o enterro do filho único de uma viúva; e uma grande multidão da cidade estava com ela. 13Ao vê-la, o Senhor se compadeceu dela e disse: "Não chore".

14Depois, aproximou-se e tocou no caixão, e os que o carregavam pararam. Jesus disse: "Jovem, eu lhe digo, levante-se!" 15O jovem[a] sentou-se e começou a conversar, e Jesus o entregou à sua mãe.

16Todos ficaram cheios de temor e louvavam a Deus. "Um grande profeta se levantou entre nós", diziam eles. "Deus interveio em favor do seu povo." 17Essas notícias sobre Jesus espalharam-se por toda a Judeia e regiões circunvizinhas.

Jesus e João Batista

(Mt 11:1-19)

18Os discípulos de João contaram-lhe todas essas coisas. Chamando dois deles, 19enviou-os ao Senhor para perguntarem: "És tu aquele que haveria de vir ou devemos esperar algum outro?"

20Dirigindo-se a Jesus, aqueles homens disseram: "João Batista nos enviou para te perguntarmos: 'És tu aquele que haveria de vir ou devemos esperar algum outro?' " 21Naquele momento Jesus curou muitos que tinham males, doenças graves e espíritos malignos, e concedeu visão a muitos que eram cegos. 22Então ele respondeu aos mensageiros: "Voltem e anunciem a João o que vocês viram e ouviram: os cegos veem, os aleijados andam, os leprosos[b] são purificados, os surdos ouvem, os mortos são ressuscitados e as boas novas são pregadas aos pobres; 23e feliz é aquele que não se escandaliza por minha causa".

24Depois que os mensageiros de João foram embora, Jesus começou a falar à multidão a respeito de João: "O que vocês foram ver no deserto? Um caniço agitado pelo vento? 25Ou, o que foram ver? Um homem vestido de roupas finas? Ora, os que vestem roupas esplêndidas e se entregam ao luxo estão nos palácios. 26Afinal, o que foram ver? Um profeta? Sim, eu lhes digo, e mais que profeta. 27Este é aquele a respeito de quem está escrito:

" 'Enviarei o meu mensageiro
à tua frente;
ele preparará o teu caminho diante de
ti'[c].

28Eu lhes digo que entre os que nasceram de mulher não há ninguém maior do que João; todavia, o menor no Reino de Deus é maior do que ele".

29Todo o povo, até os publicanos, ouvindo as palavras de Jesus, reconheceram que o caminho de Deus era justo, sendo batizados por João. 30Mas os fariseus e os peritos na lei

[a] 7:15 Grego: *O morto.*

[b] 7:22 O termo grego não se refere somente à lepra, mas também a diversas doenças da pele.

[c] 7:27 Ml 3:1

Você sabia?

Quem eram os fariseus e os peritos na lei?

7:30 Eram homens religiosos que estudavam o Antigo Testamento, especialmente a Lei, e queriam agradar a Deus, mas não entendiam de verdade aquilo que liam. Esses homens tentavam agradar a Deus sendo melhores do que as outras pessoas. Quando Jesus mostrou que eles estavam errados, eles o odiaram e se tornaram seus inimigos.

rejeitaram o propósito de Deus para eles, não
sendo batizados por João.
31"A que posso, pois, comparar os homens
desta geração?", prosseguiu Jesus. "Com
que se parecem? 32São como crianças que
ficam sentadas na praça e gritam umas às
outras:

" 'Nós lhes tocamos flauta,
mas vocês não dançaram;
cantamos um lamento,
mas vocês não choraram'.

33Pois veio João Batista, que jejua e não be-
be[a] vinho, e vocês dizem: 'Ele tem demônio'.
34Veio o Filho do homem, comendo e beben-
do, e vocês dizem: 'Aí está um comilão e be-
berrão, amigo de publicanos e pecadores'.
35Mas a sabedoria é comprovada por todos
os seus discípulos[b]."

Jesus é ungido por uma pecadora

36Convidado por um dos fariseus para jan-
tar, Jesus foi à casa dele e reclinou-se à mesa.
37Ao saber que Jesus estava comendo na ca-
sa do fariseu, certa mulher daquela cidade,
uma pecadora, trouxe um frasco de alabastro
com perfume, 38e se colocou atrás de Jesus, a
seus pés. Chorando, começou a molhar-lhe
os pés com suas lágrimas. Depois os enxu-
gou com seus cabelos, beijou-os e os ungiu
com o perfume.
39Ao ver isso, o fariseu que o havia con-
vidado disse a si mesmo: "Se este homem
fosse profeta, saberia quem nele está tocando
e que tipo de mulher ela é: uma pecadora".
40Então lhe disse Jesus: "Simão, tenho al-
go a lhe dizer".
"Dize, Mestre", disse ele.
41"Dois homens deviam a certo credor. Um
lhe devia quinhentos denários[c] e o outro, cin-
quenta. 42Nenhum dos dois tinha com que
lhe pagar, por isso perdoou a dívida a ambos.
Qual deles o amará mais?"
43Simão respondeu: "Suponho que aquele
a quem foi perdoada a dívida maior".
"Você julgou bem", disse Jesus.
44Em seguida, virou-se para a mulher e dis-
se a Simão: "Vê esta mulher? Entrei em sua
casa, mas você não me deu água para lavar
os pés; ela, porém, molhou os meus pés com
suas lágrimas e os enxugou com seus cabe-
los. 45Você não me saudou com um beijo, mas
esta mulher, desde que entrei aqui, não pa-
rou de beijar os meus pés. 46Você não ungiu
a minha cabeça com óleo, mas ela derramou
perfume nos meus pés. 47Portanto, eu lhe di-
go, os muitos pecados dela lhe foram perdoa-
dos; pois ela amou muito. Mas aquele a quem
pouco foi perdoado, pouco ama".
48Então Jesus disse a ela: "Seus pecados es-
tão perdoados".
49Os outros convidados começaram a per-
guntar: "Quem é este que até perdoa peca-
dos?"
50Jesus disse à mulher: "Sua fé a salvou;
vá em paz".

A parábola do semeador

(Mt 13:1-23; Mc 4:1-20)

8 Depois disso Jesus ia passando pelas cida-
des e povoados proclamando as boas novas
do Reino de Deus. Os Doze estavam com ele,
2e também algumas mulheres que haviam si-
do curadas de espíritos malignos e doenças:
Maria, chamada Madalena, de quem haviam

[a] 7:33 Grego: *não comendo, nem bebendo.*
[b] 7:35 Grego: *filhos.*
[c] 7:41 O denário era uma moeda de prata equivalente à diária de um trabalhador braçal.

Palavras para memorizar

"Sua fé a salvou; vá em paz."

(Lucas 7:50)

saído sete demônios; 3Joana, mulher de Cuza, administrador da casa de Herodes; Susana e muitas outras. Essas mulheres ajudavam a sustentá-los com os seus bens.

4Reunindo-se uma grande multidão e vindo a Jesus gente de várias cidades, ele contou esta parábola: 5"O semeador saiu a semear. Enquanto lançava a semente, parte dela caiu à beira do caminho; foi pisada, e as aves do céu a comeram. 6Parte dela caiu sobre pedras e, quando germinou, as plantas secaram, porque não havia umidade. 7Outra parte caiu entre espinhos, que cresceram com ela e sufocaram as plantas. 8Outra ainda caiu em boa terra. Cresceu e deu boa colheita, a cem por um".

Tendo dito isso, exclamou: "Aquele que tem ouvidos para ouvir, ouça!"

9Seus discípulos perguntaram-lhe o que significava aquela parábola. 10Ele disse: "A vocês foi dado o conhecimento dos mistérios do Reino de Deus, mas aos outros falo por parábolas, para que

" 'vendo, não vejam;
e ouvindo, não entendam'[a].

11"Este é o significado da parábola: A semente é a palavra de Deus. 12As que caíram à beira do caminho são os que ouvem, e então vem o Diabo e tira a palavra do seu coração, para que não creiam e não sejam salvos. 13As que caíram sobre as pedras são os que recebem a palavra com alegria quando a ouvem, mas não têm raiz. Creem durante algum tempo, mas desistem na hora da provação. 14As que caíram entre espinhos são os que ouvem, mas, ao seguirem seu caminho, são sufocados pelas preocupações, pelas riquezas e pelos prazeres desta vida, e não amadurecem. 15Mas as que caíram em boa terra são os que, com coração bom e generoso, ouvem a palavra, a retêm e dão fruto, com perseverança.

A candeia

(Mc 4:21-25)

16"Ninguém acende uma candeia e a esconde num jarro ou a coloca debaixo de uma cama. Ao contrário, coloca-a num lugar apropriado, de modo que os que entram possam ver a luz. 17Porque não há nada oculto que não venha a ser revelado, e nada escondido que não venha a ser conhecido e trazido à luz. 18Portanto, considerem atentamente como vocês estão ouvindo. A quem tiver, mais lhe será dado; de quem não tiver, até o que pensa que tem lhe será tirado".

A mãe e os irmãos de Jesus

(Mt 12:46-50; Mc 3:31-35)

19A mãe e os irmãos de Jesus foram vê-lo, mas não conseguiam aproximar-se dele, por causa da multidão. 20Alguém lhe disse: "Tua mãe e teus irmãos estão lá fora e querem ver-te".

21Ele lhe respondeu: "Minha mãe e meus irmãos são aqueles que ouvem a palavra de Deus e a praticam".

Jesus acalma a tempestade

(Mt 8:23-27; Mc 4:35-41)

22Certo dia Jesus disse aos seus discípulos: "Vamos para o outro lado do lago". Eles entraram num barco e partiram. 23Enquanto navegavam, ele adormeceu. Abateu-se sobre o lago um forte vendaval, de modo que o barco estava sendo inundado, e eles corriam grande perigo. 24Os discípulos foram acordá-lo, clamando: "Mestre, Mestre, vamos morrer!"

Ele se levantou e repreendeu o vento e a violência das águas; tudo se acalmou e ficou tranquilo. 25"Onde está a sua fé?", perguntou ele aos seus discípulos.

Amedrontados e admirados, eles perguntaram uns aos outros: "Quem é este que até aos ventos e às águas dá ordens, e eles lhe obedecem?"

A cura de um endemoninhado

(Mt 8:28-34; Mc 5:1-20)

26Navegaram para a região dos gerasenos[b], que fica do outro lado do lago, frente à Galileia. 27Quando Jesus pisou em terra, foi ao encontro dele um endemoninhado daquela cidade. Fazia muito tempo que aquele homem não usava roupas, nem vivia em casa alguma, mas nos sepulcros. 28Quando viu Jesus, gritou, prostrou-se aos seus pés e disse em alta voz: "Que queres comigo, Jesus, Filho do Deus Altíssimo? Rogo-te que não me atormentes!" 29Pois Jesus havia ordenado que o espírito imundo saísse daquele homem. Muitas vezes ele tinha se apoderado dele. Mesmo com os pés e as mãos acorrentados e entregue aos cuidados de guardas, quebrava as correntes, e era levado pelo demônio a lugares solitários.

30Jesus lhe perguntou: "Qual é o seu nome?"

[a] 8:10 Is 6:9

[b] 8:26 Alguns manuscritos trazem *gadarenos*; outros manuscritos dizem *gergesenos*; também no versículo 37.

Você sabia?

Como Jesus mostrou seu poder sobre os demônios?

8:32 Jesus fez com que os demônios o obedecessem. Mesmo milhares de demônios não eram suficientemente fortes para se opor a Jesus. Ele ainda é mais forte que todos os espíritos malignos juntos, e eles têm de obedecer a Jesus.

"Legião", respondeu ele; porque muitos
demônios haviam entrado nele. 31E implora-
vam-lhe que não os mandasse para o Abismo.
32Uma grande manada de porcos estava
pastando naquela colina. Os demônios im-
ploraram a Jesus que lhes permitisse entrar
neles, e Jesus lhes deu permissão. 33Saindo do
homem, os demônios entraram nos porcos,
e toda a manada atirou-se precipício abaixo
em direção ao lago e se afogou.
34Vendo o que acontecera, os que cuidavam
dos porcos fugiram e contaram esses fatos
na cidade e nos campos, 35e o povo foi ver o
que havia acontecido. Quando se aproxima-
ram de Jesus, viram que o homem de quem
haviam saído os demônios estava assentado
aos pés de Jesus, vestido e em perfeito juí-
zo, e ficaram com medo. 36Os que o tinham
visto contaram ao povo como o endemoni-
nhado fora curado. 37Então, todo o povo da
região dos gerasenos suplicou a Jesus que se
retirasse, porque estavam dominados pelo
medo. Ele entrou no barco e regressou.
38O homem de quem haviam saído os de-
mônios suplicava-lhe que o deixasse ir com
ele; mas Jesus o mandou embora, dizendo:
39"Volte para casa e conte o quanto Deus lhe
fez". Assim, o homem se foi e anunciou na
cidade inteira o quanto Jesus tinha feito
por ele.

O poder de Jesus sobre a doença e a morte

(Mt 9:18-26; Mc 5:21-43)

40Quando Jesus voltou, uma multidão o re-
cebeu com alegria, pois todos o esperavam.
41Então um homem chamado Jairo, dirigen-
te da sinagoga, veio e prostrou-se aos pés de
Jesus, implorando-lhe que fosse à sua casa
42porque sua única filha, de cerca de doze
anos, estava à morte.
Estando Jesus a caminho, a multidão o
comprimia. 43E estava ali certa mulher que
havia doze anos vinha sofrendo de hemor-
ragia e gastara tudo o que tinha com os mé-
dicos[a]; mas ninguém pudera curá-la. 44Ela
chegou por trás dele, tocou na borda de seu
manto, e imediatamente cessou sua he-
morragia.
45"Quem tocou em mim?", perguntou Je-
sus.
Como todos negassem, Pedro disse: "Mes-
tre, a multidão se aglomera e te comprime".
46Mas Jesus disse: "Alguém tocou em mim;
eu sei que de mim saiu poder".
47Então a mulher, vendo que não conse-
guiria passar despercebida, veio tremendo e
prostrou-se aos seus pés. Na presença de to-
do o povo contou por que tinha tocado nele
e como fora instantaneamente curada. 48En-
tão ele lhe disse: "Filha, a sua fé a curou[b]! Vá
em paz".
49Enquanto Jesus ainda estava falando,
chegou alguém da casa de Jairo, o dirigente
da sinagoga, e disse: "Sua filha morreu. Não
incomode mais o Mestre".
50Ouvindo isso, Jesus disse a Jairo: "Não
tenha medo; tão somente creia, e ela será
curada".
51Quando chegou à casa de Jairo, não dei-
xou ninguém entrar com ele, exceto Pedro,
João, Tiago e o pai e a mãe da criança. 52En-
quanto isso, todo o povo estava se lamentan-
do e chorando por ela. "Não chorem", disse
Jesus. "Ela não está morta, mas dorme."
53Todos começaram a rir dele, pois sabiam
que ela estava morta. 54Mas ele a tomou pela
mão e disse: "Menina, levante-se!" 55O espírito
dela voltou, e ela se levantou imediatamente.
Então Jesus lhes ordenou que lhe dessem de

[a] 8:43 Alguns manuscritos não trazem *gastara tudo o que tinha com os médicos.*

[b] 8:48 Ou *a salvou*

Palavras para memorizar

"Não tenha medo; tão somente creia".

(Lucas 8:50)

comer. 56Os pais dela ficaram maravilhados, mas ele lhes ordenou que não contassem a ninguém o que tinha acontecido.

Jesus envia os Doze

(Mt 10:5-14; Mc 5:7-13)

9 Reunindo os Doze, Jesus deu-lhes poder e autoridade para expulsar todos os demônios e curar doenças, 2e os enviou a pregar o Reino de Deus e a curar os enfermos. 3E disse-lhes: "Não levem nada pelo caminho: nem bordão, nem saco de viagem, nem pão, nem dinheiro, nem túnica extra. 4Na casa em que vocês entrarem, fiquem ali até partirem. 5Se não os receberem, sacudam a poeira dos seus pés quando saírem daquela cidade, como testemunho contra eles". 6Então, eles saíram e foram pelos povoados, pregando o evangelho e fazendo curas por toda parte.

7Herodes, o tetrarca[a], ouviu falar de tudo o que estava acontecendo e ficou perplexo, porque algumas pessoas estavam dizendo que João tinha ressuscitado dos mortos; 8outros, que Elias tinha aparecido; e ainda outros, que um dos profetas do passado tinha voltado à vida. 9Mas Herodes disse: "João, eu decapitei! Quem, pois, é este de quem ouço essas coisas?" E procurava vê-lo.

A primeira multiplicação dos pães

(Mt 14:13-21; Mc 6:30-44; Jo 6:1-15)

10Ao voltarem, os apóstolos relataram a Jesus o que tinham feito. Então ele os tomou consigo, e retiraram-se para uma cidade chamada Betsaida; 11mas as multidões ficaram sabendo, e o seguiram. Ele as acolheu, e falava-lhes acerca do Reino de Deus, e curava os que precisavam de cura.

12Ao fim da tarde os Doze aproximaram-se dele e disseram: "Manda embora a multidão para que eles possam ir aos campos vizinhos e aos povoados, e encontrem comida e pousada, porque aqui estamos em lugar deserto". 13Ele, porém, respondeu: "Deem-lhes vocês algo para comer".

Eles disseram: "Temos apenas cinco pães e dois peixes — a menos que compremos alimento para toda esta multidão". 14(E estavam ali cerca de cinco mil homens.)

Mas ele disse aos seus discípulos: "Façam-nos sentar-se em grupos de cinquenta". 15Os discípulos assim fizeram, e todos se assentaram. 16Tomando os cinco pães e os dois peixes, e olhando para o céu, deu graças e os partiu. Em seguida, entregou-os aos discípulos para que os servissem ao povo. 17Todos comeram e ficaram satisfeitos, e os discípulos recolheram doze cestos cheios de pedaços que sobraram.

A confissão de Pedro

(Mt 16:13-20; Mc 8:27-30)

18Certa vez Jesus estava orando em particular, e com ele estavam os seus discípulos; então lhes perguntou: "Quem as multidões dizem que eu sou?"

19Eles responderam: "Alguns dizem que és João Batista; outros, Elias; e, ainda outros, que és um dos profetas do passado que ressuscitou".

20"E vocês, o que dizem?", perguntou. "Quem vocês dizem que eu sou?"

Pedro respondeu: "O Cristo de Deus".

21Jesus os advertiu severamente que não contassem isso a ninguém. 22E disse: "É necessário que o Filho do homem sofra muitas coisas e seja rejeitado pelos líderes religiosos, pelos chefes dos sacerdotes e pelos mestres da lei, seja morto e ressuscite no terceiro dia".

23Jesus dizia a todos: "Se alguém quiser acompanhar-me, negue-se a si mesmo, tome diariamente a sua cruz e siga-me. 24Pois quem quiser salvar a sua vida[b], a perderá; mas quem perder a sua vida por minha causa, este a salvará. 25Pois que adianta ao homem ganhar o mundo inteiro, e perder-se ou destruir a si mesmo? 26Se alguém se envergonhar de mim e das minhas palavras,

Você sabia?

Por que Jesus alimentou 5 mil pessoas?

9:13 As 5 mil pessoas que foram ouvir Jesus estavam com fome, e Jesus se preocupou com elas. Ele cuida dos que são pobres e famintos, e é bom quando os cristãos cuidam de outros como Jesus fazia. O alimento para 5 mil pessoas, além da ressurreição, é o único milagre mencionado por todos os quatro Evangelhos.

[a] 9:7 Um tetrarca era o governador da quarta parte de uma região.

[b] 9:24 Ou *alma*

o Filho do homem se envergonhará dele, quando vier em sua glória e na glória do Pai e dos santos anjos. 27Garanto-lhes que alguns que aqui se acham de modo nenhum experimentarão a morte antes de verem o Reino de Deus".

A transfiguração

(Mt 17:1-13; Mc 9:2-13)

28Aproximadamente oito dias depois de dizer essas coisas, Jesus tomou consigo a Pedro, João e Tiago e subiu a um monte para orar. 29Enquanto orava, a aparência de seu rosto se transformou, e suas roupas ficaram alvas e resplandecentes como o brilho de um relâmpago. 30Surgiram dois homens que começaram a conversar com Jesus. Eram Moisés e Elias. 31Apareceram em glorioso esplendor, e falavam sobre a partida de Jesus, que estava para se cumprir em Jerusalém.

32Pedro e os seus companheiros estavam dominados pelo sono; acordando subitamente, viram a glória de Jesus e os dois homens que estavam com ele. 33Quando estes iam se retirando, Pedro disse a Jesus: "Mestre, é bom estarmos aqui. Façamos três tendas: uma para ti, uma para Moisés e uma para Elias". (Ele não sabia o que estava dizendo.)

34Enquanto ele estava falando, uma nuvem apareceu e os envolveu, e eles ficaram com medo ao entrarem na nuvem. 35Dela saiu uma voz que dizia: "Este é o meu Filho, o Escolhido[a]; ouçam-no!" 36Tendo-se ouvido a voz, Jesus ficou só. Os discípulos guardaram isto somente para si; naqueles dias, não contaram a ninguém o que tinham visto.

A cura de um menino endemoninhado

(Mt 17:14-23; Mc 9:14-32)

37No dia seguinte, quando desceram do monte, uma grande multidão veio ao encontro dele. 38Um homem da multidão bradou: "Mestre, rogo-te que dês atenção ao meu filho, pois é o único que tenho. 39Um espírito o domina; de repente ele grita, lança-o em convulsões e o faz espumar; quase nunca o abandona, e o está destruindo. 40Roguei aos teus discípulos que o expulsassem, mas eles não conseguiram".

41Respondeu Jesus: "Ó geração incrédula e perversa, até quando estarei com vocês e terei que suportá-los? Traga-me aqui o seu filho".

42Quando o menino vinha vindo, o demônio o lançou por terra, em convulsão. Mas Jesus repreendeu o espírito imundo, curou o menino e o entregou de volta a seu pai. 43E todos ficaram atônitos ante a grandeza de Deus.

Estando todos maravilhados com tudo o que Jesus fazia, ele disse aos seus discípulos: 44"Ouçam atentamente o que vou lhes dizer: O Filho do homem será traído e entregue nas mãos dos homens". 45Mas eles não entendiam o que isso significava; era-lhes encoberto, para que não o entendessem. E tinham receio de perguntar-lhe a respeito dessa palavra.

Quem será o maior?

(Mt 18:1-5; Mc 9:33-41)

46Começou uma discussão entre os discípulos acerca de qual deles seria o maior. 47Jesus, conhecendo os seus pensamentos, tomou uma criança e a colocou em pé, a seu lado. 48Então lhes disse: "Quem recebe esta criança em meu nome, está me recebendo; e quem me recebe, está recebendo aquele que me enviou. Pois aquele que entre vocês for o menor, este será o maior".

49Disse João: "Mestre, vimos um homem expulsando demônios em teu nome e procuramos impedi-lo, porque ele não era um dos nossos".

50"Não o impeçam", disse Jesus, "pois quem não é contra vocês, é a favor de vocês."

A oposição samaritana

51Aproximando-se o tempo em que seria elevado aos céus, Jesus partiu resolutamente em direção a Jerusalém. 52E enviou mensageiros à sua frente. Indo estes, entraram num povoado samaritano para lhe fazer os preparativos; 53mas o povo dali não o recebeu porque se notava que ele se dirigia para Jerusalém. 54Ao verem isso, os discípulos Tiago e João perguntaram: "Senhor, queres que façamos cair fogo do céu para destruí-los?"[b] 55Mas Jesus, voltando-se, os repreendeu, dizendo:

[a] 9:35 Vários manuscritos dizem o *Amado*.

[b] 9:54 Alguns manuscritos dizem *destruí-los, como fez Elias?*

Palavras para memorizar

"Aquele que entre vocês for o menor, este será o maior."

(Lucas 9:48)

“Vocês não sabem de que espécie de espírito
vocês são, pois o Filho do homem não veio
para destruir a vida dos homens, mas para
salvá-los”[a]; 56e foram para outro povoado.

Quão difícil é seguir Jesus!

(Mt 8:19-22)

57Quando andavam pelo caminho, um ho-
mem lhe disse: “Eu te seguirei por onde quer
que fores”.
58Jesus respondeu: “As raposas têm suas to-
cas e as aves do céu têm seus ninhos, mas o
Filho do homem não tem onde repousar a
cabeça”.
59A outro disse: “Siga-me”.
Mas o homem respondeu: “Senhor, deixa-
-me ir primeiro sepultar meu pai”.
60Jesus lhe disse: “Deixe que os mortos se-
pultem os seus próprios mortos; você, porém,
vá e proclame o Reino de Deus”.
61Ainda outro disse: “Vou seguir-te, Senhor,
mas deixa-me primeiro voltar e despedir-me
da minha família”.
62Jesus respondeu: “Ninguém que põe a
mão no arado e olha para trás é apto para o
Reino de Deus”.

Jesus envia setenta e dois discípulos

10 Depois disso o Senhor designou outros
setenta e dois[b] e os enviou dois a dois,
adiante dele, a todas as cidades e lugares para
onde ele estava prestes a ir. 2E lhes disse: “A
colheita é grande, mas os trabalhadores são
poucos. Portanto, peçam ao Senhor da colhei-
ta que mande trabalhadores para a sua colhei-
ta. 3Vão! Eu os estou enviando como cordeiros
entre lobos. 4Não levem bolsa, nem saco de
viagem, nem sandálias; e não saúdem nin-
guém pelo caminho.
5“Quando entrarem numa casa, digam pri-
meiro: Paz a esta casa. 6Se houver ali um ho-
mem de paz, a paz de vocês repousará sobre
ele; se não, ela voltará para vocês. 7Fiquem
naquela casa, e comam e bebam o que lhes
derem, pois o trabalhador merece o seu sa-
lário. Não fiquem mudando de casa em casa.
8“Quando entrarem numa cidade e forem
bem recebidos, comam o que for posto diante
de vocês. 9Curem os doentes que ali houver
e digam-lhes: O Reino de Deus está próximo
de vocês. 10Mas quando entrarem numa ci-
dade e não forem bem recebidos, saiam por
suas ruas e digam: 11“Até o pó da sua cidade,
que se apegou aos nossos pés, sacudimos
contra vocês. Fiquem certos disto: o Reino
de Deus está próximo. 12Eu lhes digo: Naquele
dia haverá mais tolerância para Sodoma do
que para aquela cidade.
13“Ai de você, Corazim! Ai de você, Betsai-
da! Porque se os milagres que foram realiza-
dos entre vocês o fossem em Tiro e Sidom,
há muito tempo elas teriam se arrependido,
vestindo roupas de saco e cobrindo-se de cin-
zas. 14Mas no juízo haverá menor rigor para
Tiro e Sidom do que para vocês. 15E você, Ca-
farnaum: será elevada até ao céu? Não; você
descerá até o Hades[c]!
16“Aquele que lhes dá ouvidos, está me
dando ouvidos; aquele que os rejeita, está
me rejeitando; mas aquele que me rejeita,
está rejeitando aquele que me enviou”.
17Os setenta e dois voltaram alegres e disse-
ram: “Senhor, até os demônios se submetem
a nós, em teu nome”.
18Ele respondeu: “Eu vi Satanás caindo do
céu como relâmpago. 19Eu lhes dei autorida-
de para pisarem sobre cobras e escorpiões, e
sobre todo o poder do inimigo; nada lhes fará
dano. 20Contudo, alegrem-se, não porque os
espíritos se submetem a vocês, mas porque
seus nomes estão escritos nos céus”.
21Naquela hora Jesus, exultando no Espíri-
to Santo, disse: “Eu te louvo, Pai, Senhor do
céu e da terra, porque escondeste estas coisas
dos sábios e cultos e as revelaste aos peque-
ninos. Sim, Pai, pois assim foi do teu agrado.
22“Todas as coisas me foram entregues por
meu Pai. Ninguém sabe quem é o Filho, a
não ser o Pai; e ninguém sabe quem é o Pai, a
não ser o Filho e aqueles a quem o Filho o
quiser revelar”.
23Então ele se voltou para os seus discípu-
los e lhes disse em particular: “Felizes são os
olhos que veem o que vocês veem. 24Pois eu
lhes digo que muitos profetas e reis deseja-
ram ver o que vocês estão vendo, mas não vi-
ram; e ouvir o que vocês estão ouvindo, mas
não ouviram”.

A parábola do bom samaritano

25Certa ocasião, um perito na lei levantou-
-se para pôr Jesus à prova e lhe perguntou:
“Mestre, o que preciso fazer para herdar a vi-
da eterna?”
26“O que está escrito na Lei?”, respondeu
Jesus. “Como você a lê?”
27Ele respondeu: “ ‘Ame o Senhor, o seu
Deus, de todo o seu coração, de toda a sua

[a] 9:55 Muitos manuscritos não trazem esta sentença.
[b] 10:1 Alguns manuscritos dizem *70*; também no versículo 17.
[c] 10:15 Essa palavra pode ser traduzida por inferno, sepulcro, morte ou profundezas.

Você sabia?

O que era um samaritano?

10:33 Era uma pessoa que morava em Samaria, um distrito entre a Judeia e a Galileia. Os judeus não gostavam dos samaritanos, pois os consideravam estrangeiros. A história contada por Jesus mostra que qualquer pessoa pode ser boa. Nós devemos ajudar qualquer pessoa que esteja com problemas sem olhar para sua etnia, religião ou nacionalidade.

alma, de todas as suas forças e de todo o seu entendimento'[a] e 'Ame o seu próximo como a si mesmo'[b]".

28 Disse Jesus: "Você respondeu corretamente. Faça isso, e viverá".

29 Mas ele, querendo justificar-se, perguntou a Jesus: "E quem é o meu próximo?"

30 Em resposta, disse Jesus: "Um homem descia de Jerusalém para Jericó, quando caiu nas mãos de assaltantes. Estes lhe tiraram as roupas, espancaram-no e se foram, deixando-o quase morto. 31 Aconteceu estar descendo pela mesma estrada um sacerdote. Quando viu o homem, passou pelo outro lado. 32 E assim também um levita; quando chegou ao lugar e o viu, passou pelo outro lado. 33 Mas um samaritano, estando de viagem, chegou onde se encontrava o homem e, quando o viu, teve piedade dele. 34 Aproximou-se, enfaixou-lhe as feridas, derramando nelas vinho e óleo. Depois colocou-o sobre o seu próprio animal, levou-o para uma hospedaria e cuidou dele. 35 No dia seguinte, deu dois denários[c] ao hospedeiro e lhe disse: 'Cuide dele. Quando eu voltar lhe pagarei todas as despesas que você tiver'.

36 "Qual destes três você acha que foi o próximo do homem que caiu nas mãos dos assaltantes?"

37 "Aquele que teve misericórdia dele", respondeu o perito na lei.

Jesus lhe disse: "Vá e faça o mesmo".

[a] 10:27 Dt 6:5
[b] 10:27 Lv 19:18
[c] 10:35 O denário era uma moeda de prata equivalente à diária de um trabalhador braçal.

Na casa de Marta e de Maria

38 Caminhando Jesus e os seus discípulos, chegaram a um povoado, onde certa mulher chamada Marta o recebeu em sua casa. 39 Maria, sua irmã, ficou sentada aos pés do Senhor, ouvindo a sua palavra. 40 Marta, porém, estava ocupada com muito serviço. E, aproximando-se dele, perguntou: "Senhor, não te importas que minha irmã tenha me deixado sozinha com o serviço? Dize-lhe que me ajude!"

41 Respondeu o Senhor: "Marta! Marta! Você está preocupada e inquieta com muitas coisas; 42 todavia apenas uma é necessária.[d] Maria escolheu a boa parte, e esta não lhe será tirada".

O ensino de Jesus acerca da oração

(Mt 6:5-15; 7:7-12)

11 Certo dia Jesus estava orando em determinado lugar. Tendo terminado, um dos seus discípulos lhe disse: "Senhor, ensina-nos a orar, como João ensinou aos discípulos dele".

2 Ele lhes disse: "Quando vocês orarem, digam:

"'Pai![e]
Santificado seja o teu nome.
Venha o teu Reino.[f]

[d] 10:42 Alguns manuscritos dizem *todavia, poucas coisas são necessárias.*
[e] 11:2 Muitos manuscritos dizem *Pai nosso, que estás no céu.*
[f] 11:2 Muitos manuscritos dizem *Reino. Seja feita a tua vontade assim na terra como no céu.*

Pessoas nos tempos da Bíblia

Maria e Marta

As duas eram irmãs que amavam a Deus e receberam Jesus em sua casa quando ele foi à cidade de Betânia. Lázaro, o irmão de Maria e de Marta, ficou muito doente e morreu, e elas ficaram extremamente tristes porque acreditavam que, se Jesus estivesse com eles, Lázaro não teria morrido. Jesus viu como as mulheres estavam tristes, chorou com elas e, então, ressuscitou Lázaro.

3Dá-nos cada dia o nosso pão cotidiano.
4Perdoa-nos os nossos pecados,
pois também perdoamos
a todos os que nos devem.
E não nos deixes cair
em[a] tentação[b]".

5Então lhes disse: "Suponham que um de
vocês tenha um amigo e que recorra a ele à
meia-noite e diga: 'Amigo, empreste-me três
pães, 6porque um amigo meu chegou de via-
gem, e não tenho nada para lhe oferecer'.
7"E o que estiver dentro responda: 'Não
me incomode. A porta já está fechada, e eu
e meus filhos já estamos deitados. Não pos-
so me levantar e lhe dar o que me pede'. 8Eu
lhes digo: Embora ele não se levante para
dar-lhe o pão por ser seu amigo, por causa
da importunação se levantará e lhe dará tu-
do o que precisar.
9"Por isso lhes digo: Peçam, e lhes será da-
do; busquem, e encontrarão; batam, e a porta
lhes será aberta. 10Pois todo o que pede, rece-
be; o que busca, encontra; e àquele que bate,
a porta será aberta.
11"Qual pai, entre vocês, se o filho lhe pe-
dir um[c] peixe, em lugar disso lhe dará uma
cobra? 12Ou se pedir um ovo, lhe dará um es-
corpião? 13Se vocês, apesar de serem maus,
sabem dar boas coisas aos seus filhos, quanto
mais o Pai que está nos céus dará o Espírito
Santo a quem o pedir!"

A acusação contra Jesus

(Mt 12:22-32; Mc 3:20-30)

14Jesus estava expulsando um demônio
que era mudo. Quando o demônio saiu, o
mudo falou, e a multidão ficou admirada.
15Mas alguns deles disseram: "É por Belzebu,
o príncipe dos demônios, que ele expulsa de-
mônios". 16Outros o punham à prova, pedin-
do-lhe um sinal do céu.
17Jesus, conhecendo os seus pensamen-
tos, disse-lhes: "Todo reino dividido contra
si mesmo será arruinado, e uma casa dividi-
da contra si mesma cairá. 18Se Satanás está
dividido contra si mesmo, como o seu reino
pode subsistir? Digo isso porque vocês estão
dizendo que expulso demônios por Belzebu.
19Se eu expulso demônios por Belzebu, por
quem os expulsam os filhos[d] de vocês? Por is-
so, eles mesmos estarão como juízes sobre
vocês. 20Mas se é pelo dedo de Deus que eu
expulso demônios, então chegou a vocês o
Reino de Deus.
21"Quando um homem forte, bem arma-
do, guarda sua casa, seus bens estão seguros.
22Mas quando alguém mais forte o ataca e o
vence, tira-lhe a armadura em que confiava
e divide os despojos.
23"Aquele que não está comigo é contra
mim, e aquele que comigo não ajunta, es-
palha.
24"Quando um espírito imundo sai de um
homem, passa por lugares áridos procurando
descanso, e, não o encontrando, diz: 'Volta-
rei para a casa de onde saí'. 25Quando chega,
encontra a casa varrida e em ordem. 26Então
vai e traz outros sete espíritos piores do que
ele, e entrando passam a viver ali. E o estado
final daquele homem torna-se pior do que
o primeiro".
27Enquanto Jesus dizia estas coisas, uma
mulher da multidão exclamou: "Feliz é a mu-
lher que te deu à luz e te amamentou".
28Ele respondeu: "Antes, felizes são aque-
les que ouvem a palavra de Deus e lhe obe-
decem".

O sinal de Jonas

(Mt 12:38-42)

29Aumentando a multidão, Jesus come-
çou a dizer: "Esta é uma geração perversa.
Ela pede um sinal milagroso, mas nenhum
sinal lhe será dado, exceto o sinal de Jonas.
30Pois assim como Jonas foi um sinal para os
ninivitas, o Filho do homem também o será
para esta geração. 31A rainha do Sul se levan-
tará no juízo com os homens desta geração e
os condenará, pois ela veio dos confins da ter-
ra para ouvir a sabedoria de Salomão, e ago-
ra está aqui quem é maior do que Salomão.

[a] 11:4 Grego: *E não nos induzas à.*
[b] 11:4 Muitos manuscritos dizem *tentação, mas livra-nos do Maligno.*
[c] 11:11 Muitos manuscritos acrescentam *pão, lhe dará uma pedra, ou se pedir um*
[d] 11:19 Ou *discípulos*

Palavras para memorizar

"Peçam, e lhes será dado;
busquem, e encontrarão;
batam, e a porta
lhes será aberta."

(Lucas 11:9)

32Os homens de Nínive se levantarão no juízo com esta geração e a condenarão; pois eles se arrependeram com a pregação de Jonas, e agora está aqui quem é maior do que Jonas.

A candeia do corpo

33"Ninguém acende uma candeia e a coloca em lugar onde fique escondida ou debaixo de uma vasilha. Ao contrário, coloca-a no lugar apropriado, para que os que entram possam ver a luz. 34Os olhos são a candeia do corpo. Quando os seus olhos forem bons, igualmente todo o seu corpo estará cheio de luz. Mas quando forem maus, igualmente o seu corpo estará cheio de trevas. 35Portanto, cuidado para que a luz que está em seu interior não sejam trevas. 36Logo, se todo o seu corpo estiver cheio de luz, e nenhuma parte dele estiver em trevas, estará completamente iluminado, como quando a luz de uma candeia brilha sobre você".

Jesus condena a hipocrisia dos fariseus e dos peritos na lei

37Tendo terminado de falar, um fariseu o convidou para comer com ele. Então Jesus foi, e reclinou-se à mesa; 38mas o fariseu, notando que Jesus não se lavara cerimonialmente antes da refeição, ficou surpreso.

39Então o Senhor lhe disse: "Vocês, fariseus, limpam o exterior do copo e do prato, mas interiormente estão cheios de ganância e de maldade. 40Insensatos! Quem fez o exterior não fez também o interior? 41Mas deem o que está dentro do prato[a] como esmola, e verão que tudo lhes ficará limpo.

42"Ai de vocês, fariseus, porque dão a Deus o dízimo da hortelã, da arruda e de toda a sorte de hortaliças, mas desprezam a justiça e o amor de Deus! Vocês deviam praticar estas coisas, sem deixar de fazer aquelas.

43"Ai de vocês, fariseus, porque amam os lugares de honra nas sinagogas e as saudações em público!

44"Ai de vocês, porque são como túmulos que não são vistos, por sobre os quais os homens andam sem o saber!"

45Um dos peritos na lei lhe respondeu: "Mestre, quando dizes essas coisas, insultas também a nós".

46"Quanto a vocês, peritos na lei", disse Jesus, "ai de vocês também!, porque sobrecarregam os homens com fardos que dificilmente eles podem carregar, e vocês mesmos não levantam nem um dedo para ajudá-los.

47"Ai de vocês, porque edificam os túmulos dos profetas, sendo que foram os seus próprios antepassados que os mataram. 48Assim vocês dão testemunho de que aprovam o que os seus antepassados fizeram. Eles mataram os profetas, e vocês lhes edificam os túmulos. 49Por isso, Deus disse em sua sabedoria: 'Eu lhes mandarei profetas e apóstolos, dos quais eles matarão alguns, e a outros perseguirão'. 50Pelo que, esta geração será considerada responsável pelo sangue de todos os profetas, derramado desde o princípio do mundo: 51desde o sangue de Abel até o sangue de Zacarias, que foi morto entre o altar e o santuário. Sim, eu lhes digo, esta geração será considerada responsável por tudo isso.

52"Ai de vocês, peritos na lei, porque se apoderaram da chave do conhecimento. Vocês mesmos não entraram e impediram os que estavam prestes a entrar!"

53Quando Jesus saiu dali, os fariseus e os mestres da lei começaram a opor-se fortemente a ele e a interrogá-lo com muitas perguntas, 54esperando apanhá-lo em algo que dissesse.

Advertências e motivações

12 Nesse meio tempo, tendo-se juntado uma multidão de milhares de pessoas, ao ponto de se atropelarem umas às outras, Jesus começou a falar primeiramente aos seus discípulos, dizendo: "Tenham cuidado com o fermento dos fariseus, que é a hipocrisia. 2Não há nada escondido que não venha a ser descoberto, ou oculto que não venha a ser conhecido. 3O que vocês disseram nas trevas será ouvido à luz do dia, e o que vocês sussurraram aos ouvidos dentro de casa, será proclamado dos telhados.

4"Eu lhes digo, meus amigos: Não tenham medo dos que matam o corpo e depois nada mais podem fazer. 5Mas eu lhes mostrarei a quem vocês devem temer: temam aquele que, depois de matar o corpo, tem poder para lançar no inferno. Sim, eu lhes digo, esse vocês devem temer. 6Não se vendem cinco pardais por duas moedinhas[b]? Contudo, nenhum deles é esquecido por Deus. 7Até os cabelos da cabeça de vocês estão todos contados. Não tenham medo; vocês valem mais do que muitos pardais!

8"Eu lhes digo: Quem me confessar diante dos homens, também o Filho do homem o confessará diante dos anjos de Deus. 9Mas

[a] 11:41 Ou *o que vocês têm*

[b] 12:6 Grego: *dois asses*.

Palavras para memorizar

"Quem me confessar diante dos homens, também o Filho do homem o confessará diante dos anjos de Deus."

(Lucas 12:8)

aquele que me negar diante dos homens se-
rá negado diante dos anjos de Deus. 10Todo
aquele que disser uma palavra contra o Fi-
lho do homem será perdoado, mas quem
blasfemar contra o Espírito Santo não será
perdoado.
11"Quando vocês forem levados às sinago-
gas e diante dos governantes e das autorida-
des, não se preocupem com a forma pela qual
se defenderão, ou com o que dirão, 12pois na-
quela hora o Espírito Santo lhes ensinará o
que deverão dizer".

A parábola do rico insensato

13Alguém da multidão lhe disse: "Mestre, di-
ze a meu irmão que divida a herança comigo".
14Respondeu Jesus: "Homem, quem me
designou juiz ou árbitro entre vocês?" 15En-
tão lhes disse: "Cuidado! Fiquem de sobrea-
viso contra todo tipo de ganância; a vida de
um homem não consiste na quantidade dos
seus bens".
16Então lhes contou esta parábola: "A terra
de certo homem rico produziu muito. 17Ele
pensou consigo mesmo: 'O que vou fazer?
Não tenho onde armazenar minha colheita'.
18"Então disse: 'Já sei o que vou fazer. Vou
derrubar os meus celeiros e construir outros
maiores, e ali guardarei toda a minha safra e
todos os meus bens. 19E direi a mim mesmo:
Você tem grande quantidade de bens, arma-
zenados para muitos anos. Descanse, coma,
beba e alegre-se'.
20"Contudo, Deus lhe disse: 'Insensato! Esta
mesma noite a sua vida lhe será exigida. En-
tão, quem ficará com o que você preparou?'
21"Assim acontece com quem guarda para
si riquezas, mas não é rico para com Deus".

As preocupações da vida

(Mt 6:25-34)

22Dirigindo-se aos seus discípulos, Jesus
acrescentou: "Portanto eu lhes digo: Não se
preocupem com sua própria vida, quanto
ao que comer; nem com seu próprio corpo,
quanto ao que vestir. 23A vida é mais impor-
tante do que a comida, e o corpo, mais do
que as roupas. 24Observem os corvos: não
semeiam nem colhem, não têm armazéns
nem celeiros; contudo, Deus os alimenta.
E vocês têm muito mais valor do que as aves!
25Quem de vocês, por mais que se preocupe,
pode acrescentar uma hora que seja à sua
vida?[a] 26Visto que vocês não podem sequer
fazer uma coisa tão pequena, por que se preo-
cupar com o restante?
27"Observem como crescem os lírios. Eles
não trabalham nem tecem. Contudo, eu
lhes digo que nem Salomão, em todo o seu
esplendor, vestiu-se como um deles. 28Se
Deus veste assim a erva do campo, que hoje

[a] 12:25 Ou *um único côvado à sua altura?* O côvado era uma medida linear de cerca de 45 centímetros.

A vida nos tempos da Bíblia

Lírios

As flores cresciam livremente por toda a Galileia, mas ninguém as plantava ou cuidava delas; no entanto, Deus as "vestia" com belas pétalas. Deus também cuidará de nós, pois somos mais importantes para ele do que as flores.

existe e amanhã é lançada ao fogo, quanto mais vestirá vocês, homens de pequena fé! 29Não busquem ansiosamente o que comer ou beber; não se preocupem com isso. 30Pois o mundo pagão é que corre atrás dessas coisas; mas o Pai sabe que vocês precisam delas. 31Busquem, pois, o Reino de Deus, e essas coisas lhes serão acrescentadas.

32"Não tenham medo, pequeno rebanho, pois foi do agrado do Pai dar-lhes o Reino. 33Vendam o que têm e deem esmolas. Façam para vocês bolsas que não se gastem com o tempo, um tesouro nos céus que não se acabe, onde ladrão algum chega perto e nenhuma traça destrói. 34Pois onde estiver o seu tesouro, ali também estará o seu coração.

Prontidão para o serviço

35"Estejam prontos para servir, e conservem acesas as suas candeias, 36como aqueles que esperam seu senhor voltar de um banquete de casamento; para que, quando ele chegar e bater, possam abrir-lhe a porta imediatamente. 37Felizes os servos cujo senhor os encontrar vigiando, quando voltar. Eu lhes afirmo que ele se vestirá para servir, fará que se reclinem à mesa, e virá servi-los. 38Mesmo que ele chegue de noite ou de madrugada[a], felizes os servos que o senhor encontrar preparados. 39Entendam, porém, isto: se o dono da casa soubesse a que hora viria o ladrão, não permitiria que a sua casa fosse arrombada. 40Estejam também vocês preparados, porque o Filho do homem virá numa hora em que não o esperam".

41Pedro perguntou: "Senhor, estás contando esta parábola para nós ou para todos?"

42O Senhor respondeu: "Quem é, pois, o administrador fiel e sensato, a quem seu senhor encarrega dos seus servos, para lhes dar sua porção de alimento no tempo devido? 43Feliz o servo a quem o seu senhor encontrar fazendo assim quando voltar. 44Garanto-lhes que ele o encarregará de todos os seus bens. 45Mas suponham que esse servo diga a si mesmo: 'Meu senhor se demora a voltar', e então comece a bater nos servos e nas servas, a comer, a beber e a embriagar-se. 46O senhor daquele servo virá num dia em que ele não o espera e numa hora que não sabe, e o punirá severamente[b] e lhe dará um lugar com os infiéis.

47"Aquele servo que conhece a vontade de seu senhor e não prepara o que ele deseja, nem o realiza, receberá muitos açoites. 48Mas aquele que não a conhece e pratica coisas merecedoras de castigo, receberá poucos açoites. A quem muito foi dado, muito será exigido; e a quem muito foi confiado, muito mais será pedido.

Jesus não traz paz, mas divisão

49"Vim trazer fogo à terra, e como gostaria que já estivesse aceso! 50Mas tenho que passar por um batismo, e como estou angustiado até que ele se realize! 51Vocês pensam que vim trazer paz à terra? Não, eu lhes digo. Ao contrário, vim trazer divisão! 52De agora em diante haverá cinco numa família divididos uns contra os outros: três contra dois e dois contra três. 53Estarão divididos pai contra filho e filho contra pai, mãe contra filha e filha contra mãe, sogra contra nora e nora contra sogra".

Os sinais dos tempos

54Dizia ele à multidão: "Quando vocês veem uma nuvem se levantando no ocidente, logo dizem: 'Vai chover', e assim acontece. 55E quando sopra o vento sul, vocês dizem: 'Vai fazer calor', e assim ocorre. 56Hipócritas! Vocês sabem interpretar o aspecto da terra e do céu. Como não sabem interpretar o tempo presente?

57"Por que vocês não julgam por si mesmos o que é justo? 58Quando algum de vocês estiver indo com seu adversário para o magistrado, faça tudo para se reconciliar com ele no caminho; para que ele não o arraste ao juiz, o juiz o entregue ao oficial de justiça, e o oficial de justiça o jogue na prisão. 59Eu lhe digo que você não sairá de lá enquanto não pagar o último centavo[c]".

Arrependimento ou morte

13 Naquela ocasião, alguns dos que estavam presentes contaram a Jesus que Pilatos misturara o sangue de alguns galileus com os sacrifícios deles. 2Jesus respondeu: "Vocês pensam que esses galileus eram mais pecadores que todos os outros, por terem sofrido dessa maneira? 3Eu lhes digo que não! Mas se não se arrependerem, todos vocês também perecerão. 4Ou vocês pensam que aqueles dezoito que morreram, quando caiu sobre eles a torre de Siloé, eram mais culpados do que todos os outros habitantes de Jerusalém? 5Eu lhes digo que não! Mas se não se arrependerem, todos vocês também perecerão".

[a] 12:38 Grego: *na segunda ou na terceira vigília da noite*. Isto é, entre 9 horas da noite e 3 horas da manhã.
[b] 12:46 Grego: *cortará ao meio*.
[c] 12:59 Grego: *lepto*.

[6]Então contou esta parábola: "Um homem
tinha uma figueira plantada em sua vinha.
Foi procurar fruto nela, e não achou nenhum.
[7]Por isso disse ao que cuidava da vinha: 'Já
faz três anos que venho procurar fruto nesta
figueira e não acho. Corte-a! Por que deixá-la
inutilizar a terra?'
[8]"Respondeu o homem: 'Senhor, deixe-a
por mais um ano, e eu cavarei ao redor dela
e a adubarei. [9]Se der fruto no ano que vem,
muito bem! Se não, corte-a' ".

Uma mulher curada no sábado

[10]Certo sábado Jesus estava ensinando nu-
ma das sinagogas, [11]e ali estava uma mulher
que tinha um espírito que a mantinha doen-
te havia dezoito anos. Ela andava encurvada
e de forma alguma podia endireitar-se. [12]Ao
vê-la, Jesus chamou-a à frente e lhe disse:
"Mulher, você está livre da sua doença". [13]En-
tão lhe impôs as mãos; e imediatamente ela
se endireitou, e passou a louvar a Deus.
[14]Indignado porque Jesus havia curado no
sábado, o dirigente da sinagoga disse ao po-
vo: "Há seis dias em que se deve trabalhar.
Venham para ser curados nesses dias, e não
no sábado".
[15]O Senhor lhe respondeu: "Hipócritas! Ca-
da um de vocês não desamarra no sábado o
seu boi ou jumento do estábulo e o leva da-
li para dar-lhe água? [16]Então, esta mulher,
uma filha de Abraão a quem Satanás man-
tinha presa por dezoito longos anos, não de-
veria no dia de sábado ser libertada daquilo
que a prendia?"
[17]Tendo dito isso, todos os seus oponentes
ficaram envergonhados, mas o povo se ale-
grava com todas as maravilhas que ele esta-
va fazendo.

As parábolas do grão de mostarda e do fermento

(Mt 13:31-35; Mc 4:30-34)

[18]Então Jesus perguntou: "Com que se pa-
rece o Reino de Deus? Com que o compara-
rei? [19]É como um grão de mostarda que um
homem semeou em sua horta. Ele cresceu e
se tornou uma árvore, e as aves do céu fize-
ram ninhos em seus ramos".
[20]Mais uma vez ele perguntou: "Com que
compararei o Reino de Deus? [21]É como o fer-
mento que uma mulher misturou com uma
grande quantidade[a] de farinha, e toda a mas-
sa ficou fermentada".

A porta estreita

[22]Depois Jesus foi pelas cidades e povoados
e ensinava, prosseguindo em direção a Jeru-
salém. [23]Alguém lhe perguntou: "Senhor, se-
rão poucos os salvos?"
Ele lhes disse: [24]"Esforcem-se para entrar
pela porta estreita, porque eu lhes digo que
muitos tentarão entrar e não conseguirão.
[25]Quando o dono da casa se levantar e fechar
a porta, vocês ficarão do lado de fora, batendo
e pedindo: 'Senhor, abre-nos a porta'.
"Ele, porém, responderá: 'Não os conheço,
nem sei de onde são vocês'.
[26]"Então vocês dirão: 'Comemos e bebemos
contigo, e ensinaste em nossas ruas'.
[27]"Mas ele responderá: 'Não os conheço,
nem sei de onde são vocês. Afastem-se de
mim, todos vocês, que praticam o mal!'
[28]"Ali haverá choro e ranger de dentes,
quando vocês virem Abraão, Isaque e Jacó,
e todos os profetas no Reino de Deus, mas

[a] 13:21 Grego: *3 satos*. O sato era uma medida de capacida-de para secos. As estimativas variam entre 7 e 13 litros.

Duas maneiras de crescer

Experimente!

Leia Lucas 13:18-19 e veja que o plano de Deus para todos os seres vivos é que eles cresçam. Pergunte a seus pais quantos centímetros você tinha quando nasceu. Peça permissão para marcar essa altura em uma parede e, em seguida, peça para eles marcarem sua altura atual. Veja como seu corpo cresceu!

As pessoas também crescem espiritualmente. Fale com seus pais e pergunte se eles viram crescimento espiritual em você nos últimos dois anos.

Lucas 13:18-19

vocês excluídos. 29Pessoas virão do oriente e
do ocidente, do norte e do sul, e ocuparão os
seus lugares à mesa no Reino de Deus. 30De
fato, há últimos que serão primeiros, e pri-
meiros que serão últimos".

O lamento profético sobre Jerusalém

(Mt 23:37-39)

31Naquela mesma hora alguns fariseus
aproximaram-se de Jesus e lhe disseram:
"Saia e vá embora daqui, pois Herodes quer
matá-lo".

32Ele respondeu: "Vão dizer àquela raposa:
Expulsarei demônios e curarei o povo hoje
e amanhã, e no terceiro dia estarei pronto.
33Mas, preciso prosseguir hoje, amanhã e de-
pois de amanhã, pois certamente nenhum
profeta deve morrer fora de Jerusalém!

34"Jerusalém, Jerusalém, você, que mata
os profetas e apedreja os que lhe são envia-
dos! Quantas vezes eu quis reunir os seus fi-
lhos, como a galinha reúne os seus pintinhos
debaixo das suas asas, mas vocês não quise-
ram! 35Eis que a casa de vocês ficará deserta.
Eu lhes digo que vocês não me verão mais
até que digam: 'Bendito o que vem em no-
me do Senhor'[a]".

Jesus na casa de um fariseu

14 Certo sábado, entrando Jesus para co-
mer na casa de um fariseu importante,
observavam-no atentamente. 2À frente dele
estava um homem doente, com o corpo in-
chado[b]. 3Jesus perguntou aos fariseus e aos
peritos na lei: "É permitido ou não curar no
sábado?" 4Mas eles ficaram em silêncio. As-
sim, tomando o homem pela mão, Jesus o
curou e o mandou embora.

5Então ele lhes perguntou: "Se um de vo-
cês tiver um filho[c] ou um boi, e este cair num
poço no dia de sábado, não irá tirá-lo imedia-
tamente?" 6E eles nada puderam responder.

7Quando notou como os convidados es-
colhiam os lugares de honra à mesa, Jesus
lhes contou esta parábola: 8"Quando alguém
o convidar para um banquete de casamento,
não ocupe o lugar de honra, pois pode ser que
tenha sido convidado alguém de maior honra
do que você. 9Se for assim, aquele que convi-
dou os dois virá e lhe dirá: 'Dê o lugar a este'.
Então, humilhado, você precisará ocupar o lu-
gar menos importante. 10Mas quando você for
convidado, ocupe o lugar menos importante,
de forma que, quando vier aquele que o con-
vidou, diga-lhe: 'Amigo, passe para um lugar
mais importante'. Então você será honrado na
presença de todos os convidados. 11Pois todo
o que se exalta será humilhado, e o que se
humilha será exaltado".

12Então Jesus disse ao que o tinha convida-
do: "Quando você der um banquete ou jantar,
não convide seus amigos, irmãos ou paren-
tes, nem seus vizinhos ricos; se o fizer, eles
poderão também, por sua vez, convidá-lo, e
assim você será recompensado. 13Mas, quan-
do der um banquete, convide os pobres, os
aleijados, os mancos, e os cegos. 14Feliz se-
rá você, porque estes não têm como retri-
buir. A sua recompensa virá na ressurreição
dos justos".

A parábola do grande banquete

(Mt 22:1-14)

15Ao ouvir isso, um dos que estavam à mesa
com Jesus, disse-lhe: "Feliz será aquele que
comer no banquete do Reino de Deus".

16Jesus respondeu: "Certo homem estava
preparando um grande banquete e convidou
muitas pessoas. 17Na hora de começar, enviou
seu servo para dizer aos que haviam sido con-
vidados: 'Venham, pois tudo já está pronto'.

18"Mas eles começaram, um por um, a apre-
sentar desculpas. O primeiro disse: 'Acabei de
comprar uma propriedade, e preciso ir vê-la.
Por favor, desculpe-me'.

19"Outro disse: 'Acabei de comprar cinco
juntas de bois e estou indo experimentá-las.
Por favor, desculpe-me'.

20"Ainda outro disse: 'Acabo de me casar,
por isso não posso ir'.

21"O servo voltou e relatou isso ao seu se-
nhor. Então o dono da casa irou-se e ordenou
ao seu servo: 'Vá rapidamente para as ruas e
becos da cidade e traga os pobres, os aleija-
dos, os cegos e os mancos'.

22"Disse o servo: 'O que o senhor ordenou
foi feito, e ainda há lugar'.

23"Então o senhor disse ao servo: 'Vá pelos
caminhos e valados e obrigue-os a entrar, pa-
ra que a minha casa fique cheia. 24Eu lhes di-
go: Nenhum daqueles que foram convidados
provará do meu banquete' ".

O preço do discipulado

25Uma grande multidão ia acompanhan-
do Jesus; este, voltando-se para ela, disse:
26"Se alguém vem a mim e ama o seu pai,
sua mãe, sua mulher, seus filhos, seus irmãos
e irmãs, e até sua própria vida mais do que a

[a] 13:35 Sl 118:26
[b] 14:2 Grego: *que sofria de hidropisia.*
[c] 14:5 Alguns manuscritos dizem *um jumento.*

mim, não pode ser meu discípulo. 27E aquele
que não carrega sua cruz e não me segue não
pode ser meu discípulo.
28"Qual de vocês, se quiser construir uma
torre, primeiro não se assenta e calcula o pre-
ço, para ver se tem dinheiro suficiente para
completá-la? 29Pois, se lançar o alicerce e não
for capaz de terminá-la, todos os que a virem
rirão dele, 30dizendo: 'Este homem começou
a construir e não foi capaz de terminar'.
31"Ou, qual é o rei que, pretendendo sair à
guerra contra outro rei, primeiro não se as-
senta e pensa se com dez mil homens é capaz
de enfrentar aquele que vem contra ele com
vinte mil? 32Se não for capaz, enviará uma de-
legação, enquanto o outro ainda está longe, e
pedirá um acordo de paz. 33Da mesma forma,
qualquer de vocês que não renunciar a tu-
do o que possui não pode ser meu discípulo.
34"O sal é bom, mas se ele perder o sabor,
como restaurá-lo? 35Não serve nem para o so-
lo nem para adubo; é jogado fora.
"Aquele que tem ouvidos para ouvir, ouça".

A parábola da ovelha perdida

(Mt 18:12-14)

15 Todos os publicanos e pecadores esta-
vam se reunindo para ouvi-lo. 2Mas os
fariseus e os mestres da lei o criticavam: "Este
homem recebe pecadores e come com eles".
3Então Jesus lhes contou esta parábola:
4"Qual de vocês que, possuindo cem ovelhas,
e perdendo uma, não deixa as noventa e no-
ve no campo e vai atrás da ovelha perdida,
até encontrá-la? 5E quando a encontra, colo-
ca-a alegremente nos ombros 6e vai para ca-
sa. Ao chegar, reúne seus amigos e vizinhos
e diz: 'Alegrem-se comigo, pois encontrei
minha ovelha perdida'. 7Eu lhes digo que, da
mesma forma, haverá mais alegria no céu
por um pecador que se arrepende do que por
noventa e nove justos que não precisam ar-
repender-se.

A parábola da moeda perdida

8"Ou, qual é a mulher que, possuindo
dez dracmas[a] e, perdendo uma delas, não
acende uma candeia, varre a casa e procura
atentamente, até encontrá-la? 9E quando a
encontra, reúne suas amigas e vizinhas e diz:
'Alegrem-se comigo, pois encontrei minha
moeda perdida'. 10Eu lhes digo que, da mes-
ma forma, há alegria na presença dos anjos
de Deus por um pecador que se arrepende".

A parábola do filho perdido

11Jesus continuou: "Um homem tinha dois
filhos. 12O mais novo disse ao seu pai: 'Pai,
quero a minha parte da herança'. Assim, ele
repartiu sua propriedade entre eles.
13"Não muito tempo depois, o filho mais
novo reuniu tudo o que tinha, e foi para uma
região distante; e lá desperdiçou os seus bens
vivendo irresponsavelmente. 14Depois de ter
gasto tudo, houve uma grande fome em toda
aquela região, e ele começou a passar neces-
sidade. 15Por isso foi empregar-se com um dos
cidadãos daquela região, que o mandou para
o seu campo a fim de cuidar de porcos. 16Ele
desejava encher o estômago com as vagens
de alfarrobeira que os porcos comiam, mas
ninguém lhe dava nada.
17"Caindo em si, ele disse: 'Quantos empre-
gados de meu pai têm comida de sobra, e eu
aqui, morrendo de fome! 18Eu me porei a ca-
minho e voltarei para meu pai, e lhe direi:
Pai, pequei contra o céu e contra ti. 19Não sou

[a] 15:8 A dracma era uma moeda de prata equivalente à diária de um trabalhador braçal.

A vida nos tempos da Bíblia

O cajado do pastor

Os pastores cuidavam de ovelhas, observando-as atentamente o tempo todo. Os pastores na Terra Santa usavam um cajado, que era uma vara com um gancho em uma extremidade, para puxar uma ovelha que tivesse caído em um buraco ou em um penhasco.

mais digno de ser chamado teu filho; trata-me como um dos teus empregados'. 20A seguir, levantou-se e foi para seu pai.

"Estando ainda longe, seu pai o viu e, cheio de compaixão, correu para seu filho, e o abraçou e beijou.

21"O filho lhe disse: 'Pai, pequei contra o céu e contra ti. Não sou mais digno de ser chamado teu filho[a]'.

22"Mas o pai disse aos seus servos: 'Depressa! Tragam a melhor roupa e vistam nele. Coloquem um anel em seu dedo e calçados em seus pés. 23Tragam o novilho gordo e matem-no. Vamos fazer uma festa e alegrar-nos. 24Pois este meu filho estava morto e voltou à vida; estava perdido e foi achado'. E começaram a festejar o seu regresso.

25"Enquanto isso, o filho mais velho estava no campo. Quando se aproximou da casa, ouviu a música e a dança. 26Então chamou um dos servos e perguntou-lhe o que estava acontecendo. 27Este lhe respondeu: 'Seu irmão voltou, e seu pai matou o novilho gordo, porque o recebeu de volta são e salvo'.

28"O filho mais velho encheu-se de ira, e não quis entrar. Então seu pai saiu e insistiu com ele. 29Mas ele respondeu ao seu pai: 'Olha! todos esses anos tenho trabalhado como um escravo ao teu serviço e nunca desobedeci às tuas ordens. Mas tu nunca me deste nem um cabrito para eu festejar com os meus amigos. 30Mas quando volta para casa esse teu filho, que esbanjou os teus bens com as prostitutas, matas o novilho gordo para ele!'

31"Disse o pai: 'Meu filho, você está sempre comigo, e tudo o que tenho é seu. 32Mas nós tínhamos que celebrar a volta deste seu irmão e alegrar-nos, porque ele estava morto e voltou à vida, estava perdido e foi achado' ".

A parábola do administrador astuto

16 Jesus disse aos seus discípulos: "O administrador de um homem rico foi acusado de estar desperdiçando os seus bens. 2Então ele o chamou e lhe perguntou: 'Que é isso que estou ouvindo a seu respeito? Preste contas da sua administração, porque você não pode continuar sendo o administrador'.

3"O administrador disse a si mesmo: 'Meu senhor está me despedindo. Que farei? Para cavar não tenho força, e tenho vergonha de mendigar... 4Já sei o que vou fazer para que, quando perder o meu emprego aqui, as pessoas me recebam em suas casas'.

5"Então chamou cada um dos devedores do seu senhor. Perguntou ao primeiro: 'Quanto você deve ao meu senhor?' 6'Cem potes[b] de azeite', respondeu ele.

"O administrador lhe disse: 'Tome a sua conta, sente-se depressa e escreva cinquenta'.

7"A seguir ele perguntou ao segundo: 'E você, quanto deve?' 'Cem tonéis[c] de trigo', respondeu ele.

"Ele lhe disse: 'Tome a sua conta e escreva oitenta'.

8"O senhor elogiou o administrador desonesto, porque agiu astutamente. Pois os filhos deste mundo são mais astutos no trato entre si do que os filhos da luz. 9Por isso, eu lhes digo: Usem a riqueza deste mundo ímpio para ganhar amigos, de forma que, quando ela acabar, estes os recebam nas moradas eternas.

10"Quem é fiel no pouco, também é fiel no muito, e quem é desonesto no pouco, também é desonesto no muito. 11Assim, se vocês não forem dignos de confiança em lidar com as riquezas deste mundo ímpio, quem lhes confiará as verdadeiras riquezas? 12E se vocês não forem dignos de confiança em relação ao que é dos outros, quem lhes dará o que é de vocês?

13"Nenhum servo pode servir a dois senhores; pois odiará um e amará outro, ou se dedicará a um e desprezará outro. Vocês não podem servir a Deus e ao Dinheiro[d]".

14Os fariseus, que amavam o dinheiro, ouviam tudo isso e zombavam de Jesus. 15Ele lhes disse: "Vocês são os que se justificam a si mesmos aos olhos dos homens, mas Deus conhece o coração de vocês. Aquilo que tem muito valor entre os homens é detestável aos olhos de Deus.

Outros ensinamentos

16"A Lei e os Profetas profetizaram até João. Desse tempo em diante estão sendo pregadas as boas novas do Reino de Deus, e todos tentam forçar sua entrada nele. 17É mais fácil os céus e a terra desaparecerem do que cair da Lei o menor traço.

18"Quem se divorciar de sua mulher e se casar com outra mulher estará cometendo adultério, e o homem que se casar com uma mulher divorciada estará cometendo adultério.

[a] 15:21 Alguns manuscritos acrescentam *Trata-me como um dos teus empregados.*

[b] 16:6 Grego: *100 batos.* O bato era uma medida de capacidade. As estimativas variam entre 20 e 40 litros.

[c] 16:7 Grego: *100 coros.* O coro era uma medida de capacidade. As estimativas variam entre 200 e 400 litros.

[d] 16:13 Grego: *Mamom.*

O rico e Lázaro

19"Havia um homem rico que se vestia de púrpura e de linho fino e vivia no luxo todos os dias. 20Diante do seu portão fora deixado um mendigo chamado Lázaro, coberto de chagas; 21este ansiava comer o que caía da mesa do rico. Até os cães vinham lamber suas feridas.

22"Chegou o dia em que o mendigo morreu, e os anjos o levaram para junto de Abraão. O rico também morreu e foi sepultado. 23No Hades[a], onde estava sendo atormentado, ele olhou para cima e viu Abraão de longe, com Lázaro ao seu lado. 24Então, chamou-o: 'Pai Abraão, tem misericórdia de mim e manda que Lázaro molhe a ponta do dedo na água e refresque a minha língua, porque estou sofrendo muito neste fogo'.

25"Mas Abraão respondeu: 'Filho, lembre-se de que durante a sua vida você recebeu coisas boas, enquanto que Lázaro recebeu coisas más. Agora, porém, ele está sendo consolado aqui e você está em sofrimento. 26E além disso, entre vocês e nós há um grande abismo, de forma que os que desejam passar do nosso lado para o seu, ou do seu lado para o nosso, não conseguem'.

27"Ele respondeu: 'Então eu te suplico, pai: manda Lázaro ir à casa de meu pai, 28pois tenho cinco irmãos. Deixa que ele os avise, a fim de que eles não venham também para este lugar de tormento'.

29"Abraão respondeu: 'Eles têm Moisés e os Profetas; que os ouçam'.

30" 'Não, pai Abraão', disse ele, 'mas se alguém dentre os mortos fosse até eles, eles se arrependeriam.'

[a] 16:23 Essa palavra pode ser traduzida por inferno, sepulcro, morte ou profundezas.

31"Abraão respondeu: 'Se não ouvem a Moisés e aos Profetas, tampouco se deixarão convencer, ainda que ressuscite alguém dentre os mortos' ".

O pecado, a fé e o dever

17 Jesus disse aos seus discípulos: "É inevitável que aconteçam coisas que levem o povo a tropeçar, mas ai da pessoa por meio de quem elas acontecem. 2Seria melhor que ela fosse lançada no mar com uma pedra de moinho amarrada no pescoço, do que levar um desses pequeninos a pecar. 3Tomem cuidado.

"Se o seu irmão pecar, repreenda-o e, se ele se arrepender, perdoe-lhe. 4Se pecar contra você sete vezes no dia, e sete vezes voltar a você e disser: 'Estou arrependido', perdoe-lhe".

5Os apóstolos disseram ao Senhor: "Aumenta a nossa fé!"

6Ele respondeu: "Se vocês tiverem fé do tamanho de uma semente de mostarda, poderão dizer a esta amoreira: 'Arranque-se e plante-se no mar', e ela lhes obedecerá.

7"Qual de vocês que, tendo um servo que esteja arando ou cuidando das ovelhas, lhe dirá, quando ele chegar do campo: 'Venha agora e sente-se para comer'? 8Ao contrário, não dirá: 'Prepare o meu jantar, apronte-se e sirva-me enquanto como e bebo; depois disso você pode comer e beber'? 9Será que ele agradecerá ao servo por ter feito o que lhe foi ordenado? 10Assim também vocês, quando tiverem feito tudo o que lhes for ordenado, devem dizer: 'Somos servos inúteis; apenas cumprimos o nosso dever' ".

Dez leprosos são curados

11A caminho de Jerusalém, Jesus passou pela divisa entre Samaria e Galileia. 12Ao entrar

Diga "muito obrigado!"

Leia Lucas 17:11-19 e veja que agradecer a Deus é uma maneira importante de louvá-lo e de mostrar amor por ele.

Escreva uma carta de agradecimento a Deus. Você tem algum talento especial? Um melhor amigo? Um avô maravilhoso? Você tem outros motivos para agradecer a Deus?

Experimente!

Lucas 17:11-19

num povoado, dez leprosos[a] dirigiram-se a ele. Ficaram a certa distância 13e gritaram em alta voz: "Jesus, Mestre, tem piedade de nós!"

14Ao vê-los, ele disse: "Vão mostrar-se aos sacerdotes". Enquanto eles iam, foram purificados.

15Um deles, quando viu que estava curado, voltou, louvando a Deus em alta voz. 16Prostrou-se aos pés de Jesus e lhe agradeceu. Este era samaritano.

17Jesus perguntou: "Não foram purificados todos os dez? Onde estão os outros nove? 18Não se achou nenhum que voltasse e desse louvor a Deus, a não ser este estrangeiro?" 19Então ele lhe disse: "Levante-se e vá; a sua fé o salvou[b]".

A vinda do Reino de Deus

20Certa vez, tendo sido interrogado pelos fariseus sobre quando viria o Reino de Deus, Jesus respondeu: "O Reino de Deus não vem de modo visível, 21nem se dirá: 'Aqui está ele', ou 'Lá está'; porque o Reino de Deus está entre[c] vocês".

22Depois disse aos seus discípulos: "Chegará o tempo em que vocês desejarão ver um dos dias do Filho do homem, mas não verão. 23Dirão a vocês: 'Lá está ele!' ou 'Aqui está!' Não se apressem em segui-los. 24Pois o Filho do homem no seu dia[d] será como o relâmpago cujo brilho vai de uma extremidade à outra do céu. 25Mas antes é necessário que ele sofra muito e seja rejeitado por esta geração.

26"Assim como foi nos dias de Noé, também será nos dias do Filho do homem. 27O povo vivia comendo, bebendo, casando-se e sendo dado em casamento, até o dia em que Noé entrou na arca. Então veio o Dilúvio e os destruiu a todos.

28"Aconteceu a mesma coisa nos dias de Ló. O povo estava comendo e bebendo, comprando e vendendo, plantando e construindo. 29Mas no dia em que Ló saiu de Sodoma, choveu fogo e enxofre do céu e os destruiu a todos.

30"Acontecerá exatamente assim no dia em que o Filho do homem for revelado. 31Naquele dia, quem estiver no telhado de sua casa, não deve descer para apanhar os seus bens dentro de casa. Semelhantemente, quem estiver no campo, não deve voltar atrás por coisa alguma. 32Lembrem-se da mulher de Ló! 33Quem tentar conservar a sua vida a perderá, e quem perder a sua vida a preservará. 34Eu lhes digo: Naquela noite duas pessoas estarão numa cama; uma será tirada e a outra deixada. 35Duas mulheres estarão moendo trigo juntas; uma será tirada e a outra deixada. 36Duas pessoas estarão no campo; uma será tirada e a outra deixada[e]".

37"Onde, Senhor?", perguntaram eles.

Ele respondeu: "Onde houver um cadáver, ali se ajuntarão os abutres".

A parábola da viúva persistente

18 Então Jesus contou aos seus discípulos uma parábola, para mostrar-lhes que eles deviam orar sempre e nunca desanimar. 2Ele disse: "Em certa cidade havia um juiz que não temia a Deus nem se importava com os homens. 3E havia naquela cidade uma viúva que se dirigia continuamente a ele, suplicando-lhe: 'Faze-me justiça contra o meu adversário'.

4"Por algum tempo ele se recusou. Mas finalmente disse a si mesmo: 'Embora eu não tema a Deus e nem me importe com os homens, 5esta viúva está me aborrecendo; vou fazer-lhe justiça para que ela não venha mais me importunar' ".

6E o Senhor continuou: "Ouçam o que diz o juiz injusto. 7Acaso Deus não fará justiça aos seus escolhidos, que clamam a ele dia e noite? Continuará fazendo-os esperar? 8Eu lhes digo: Ele lhes fará justiça, e depressa. Contudo, quando o Filho do homem vier, encontrará fé na terra?"

A parábola do fariseu e do publicano

9A alguns que confiavam em sua própria justiça e desprezavam os outros, Jesus contou esta parábola: 10"Dois homens subiram ao templo para orar; um era fariseu e o outro, publicano. 11O fariseu, em pé, orava no íntimo: 'Deus, eu te agradeço porque não sou como os outros homens: ladrões, corruptos, adúlteros; nem mesmo como este publicano. 12Jejuo duas vezes por semana e dou o dízimo de tudo quanto ganho'.

13"Mas o publicano ficou a distância. Ele nem ousava olhar para o céu, mas batendo no peito, dizia: 'Deus, tem misericórdia de mim, que sou pecador'.

14"Eu lhes digo que este homem, e não o outro, foi para casa justificado diante de Deus. Pois quem se exalta será humilhado, e quem se humilha será exaltado".

[a] 17:12 O termo grego não se refere somente à lepra, mas também a diversas doenças da pele.
[b] 17:19 Ou *o curou*
[c] 17:21 Ou *dentro de*
[d] 17:24 Alguns manuscritos não trazem *no seu dia.*

[e] 17:36 Muitos manuscritos não trazem este versículo.

Jesus e as crianças

(Mt 19:13-15; Mc 10:13-16)

15O povo também estava trazendo crian-
cinhas para que Jesus tocasse nelas. Ao ve-
rem isso, os discípulos repreendiam aqueles
que as tinham trazido. 16Mas Jesus chamou
a si as crianças e disse: "Deixem vir a mim
as crianças e não as impeçam; pois o Reino
de Deus pertence aos que são semelhantes a
elas. 17Digo-lhes a verdade: Quem não rece-
ber o Reino de Deus como uma criança, nun-
ca entrará nele".

Jesus e o homem rico

(Mt 19:16-30; Mc 10:17-31)

18Certo homem importante lhe perguntou:
"Bom Mestre, que farei para herdar a vida
eterna?"

19"Por que você me chama bom?", respon-
deu Jesus. "Não há ninguém que seja bom,
a não ser somente Deus. 20Você conhece os
mandamentos: 'Não adulterarás, não mata-
rás, não furtarás, não darás falso testemunho,
honra teu pai e tua mãe'[a]."

21"A tudo isso tenho obedecido desde a ado-
lescência", disse ele.

22Ao ouvir isso, disse-lhe Jesus: "Falta-lhe
ainda uma coisa. Venda tudo o que você pos-
sui e dê o dinheiro aos pobres, e você terá um
tesouro nos céus. Depois venha e siga-me".

23Ouvindo isso, ele ficou triste, porque era
muito rico. 24Vendo-o entristecido, Jesus dis-
se: "Como é difícil aos ricos entrar no Reino
de Deus! 25De fato, é mais fácil passar um ca-
melo pelo fundo de uma agulha do que um
rico entrar no Reino de Deus".

[a] 18:20 Êx 20:12-16; Dt 5:16-20

Você sabia?

Por que Jesus disse ao homem rico para vender tudo o que ele tinha?

18:22 Este homem guardava os mandamentos que diziam para amar outras pessoas, mas Jesus lembrou-lhe que o primeiro mandamento era amar a Deus de todo o coração. Jesus sabia que, para aquele homem, as riquezas eram mais importantes do que Deus.

26Os que ouviram isso perguntaram: "En-
tão, quem pode ser salvo?"

27Jesus respondeu: "O que é impossível pa-
ra os homens é possível para Deus".

28Pedro lhe disse: "Nós deixamos tudo o
que tínhamos para seguir-te!"

29Respondeu Jesus: "Digo-lhes a verdade:
Ninguém que tenha deixado casa, mulher,
irmãos, pai ou filhos por causa do Reino de
Deus 30deixará de receber, na presente era,
muitas vezes mais, e, na era futura, a vida
eterna".

Jesus prediz novamente sua morte e ressurreição

(Mt 20:17-19; Mc 10:32-34)

31Jesus chamou à parte os Doze e lhes disse:
"Estamos subindo para Jerusalém, e tudo o
que está escrito pelos profetas acerca do Filho
do homem se cumprirá. 32Ele será entregue
aos gentios[b] que zombarão dele, o insultarão,
cuspirão nele, o açoitarão e o matarão. 33No
terceiro dia ele ressuscitará".

34Os discípulos não entenderam nada
dessas coisas. O significado dessas palavras
lhes estava oculto, e eles não sabiam do que
ele estava falando.

Um mendigo cego recupera a visão

(Mt 20:29-34; Mc 10:46-52)

35Ao aproximar-se Jesus de Jericó, um
homem cego estava sentado à beira do ca-
minho, pedindo esmola. 36Quando ouviu a
multidão passando, ele perguntou o que es-
tava acontecendo. 37Disseram-lhe: "Jesus de
Nazaré está passando".

38Então ele se pôs a gritar: "Jesus, filho de
Davi, tem misericórdia de mim!"

39Os que iam adiante o repreendiam para
que ficasse quieto, mas ele gritava ainda mais:
"Filho de Davi, tem misericórdia de mim!"

40Jesus parou e ordenou que o homem lhe
fosse trazido. Quando ele chegou perto, Je-
sus perguntou-lhe: 41"O que você quer que eu
lhe faça?"

"Senhor, eu quero ver", respondeu ele.

42Jesus lhe disse: "Recupere a visão! A sua fé
o curou[c]". 43Imediatamente ele recuperou a vi-
são, e seguia Jesus glorificando a Deus. Quan-
do todo o povo viu isso, deu louvores a Deus.

Zaqueu, o publicano

19 Jesus entrou em Jericó, e atravessava a ci-
dade. 2Havia ali um homem rico chama-
do Zaqueu, chefe dos publicanos. 3Ele queria

[b] 18:32 Isto é, os que não são judeus.
[c] 18:42 Ou *o salvou*

Pessoas nos tempos da Bíblia

Zaqueu

Zaqueu, um homem bem baixinho, era publicano, coletor de impostos, e havia enganado muitas pessoas para tomar o dinheiro delas. Jesus foi à cidade de Jericó e estava cercado pela multidão; então, Zaqueu subiu em uma árvore para conseguir vê-lo. Quando Jesus disse para ele descer, Zaqueu obedeceu e, então, deu metade de tudo o que tinha para os pobres e devolveu o dinheiro de quem ele tinha enganado. Zaqueu se arrependeu de seus pecados, e Jesus o perdoou.

ver quem era Jesus, mas, sendo de pequena
estatura, não o conseguia, por causa da mul-
tidão. 4Assim, correu adiante e subiu numa
figueira brava para vê-lo, pois Jesus ia pas-
sar por ali.
5Quando Jesus chegou àquele lugar, olhou
para cima e lhe disse: "Zaqueu, desça depres-
sa. Quero ficar em sua casa hoje". 6Então ele
desceu rapidamente e o recebeu com alegria.
7Todo o povo viu isso e começou a se quei-
xar: "Ele se hospedou na casa de um pe-
cador".
8Mas Zaqueu levantou-se e disse ao Se-
nhor: "Olha, Senhor! Estou dando a metade
dos meus bens aos pobres; e se de alguém
extorqui alguma coisa, devolverei quatro ve-
zes mais".
9Jesus lhe disse: "Hoje houve salvação nes-
ta casa! Porque este homem também é filho
de Abraão. 10Pois o Filho do homem veio bus-
car e salvar o que estava perdido".

A parábola das dez minas

11Estando eles a ouvi-lo, Jesus passou a
contar-lhes uma parábola, porque estava
perto de Jerusalém e o povo pensava que o
Reino de Deus ia se manifestar de imedia-
to. 12Ele disse: "Um homem de nobre nasci-
mento foi para uma terra distante para ser
coroado rei e depois voltar. 13Então, chamou
dez dos seus servos e lhes deu dez minas[a].
Disse ele: 'Façam esse dinheiro render até a
minha volta'.
14"Mas os seus súditos o odiavam e por isso
enviaram uma delegação para lhe dizer: 'Não
queremos que este homem seja nosso rei'.
15"Contudo, ele foi feito rei e voltou. En-
tão mandou chamar os servos a quem de-
ra o dinheiro, a fim de saber quanto tinham
lucrado.
16"O primeiro veio e disse: 'Senhor, a tua
mina rendeu outras dez'.
17" 'Muito bem, meu bom servo!', respon-
deu o seu senhor. 'Por ter sido confiável no
pouco, governe sobre dez cidades.'
18"O segundo veio e disse: 'Senhor, a tua
mina rendeu cinco vezes mais'.

[a] 19:13 Isto é, cerca de 1/2 quilo de prata, ou seja, o salário de 3 meses de um trabalhador braçal.

Descubra suas habilidades

Experimente!

Leia Lucas 19:11-27 e responda: "Quais lições você acha que Deus quer que você aprenda com essa história?". Para começar, você pode listar:

1. Deus dá habilidades e talentos a todos.
2. Deus quer que eu use minhas habilidades para ele.
3. Deus me elogiará quando eu usar minhas habilidades para ele.

Lucas 19:11-27

Liste algumas coisas que você faz bem. Cantar? Desenhar? Escrever? Praticar esportes? Ajudar as pessoas? Pergunte a três adultos que você conhece quais talentos eles pensam que Deus lhe deu e também como você pode usar essas habilidades para servir a Deus.

19“O seu senhor respondeu: ‘Também você,
encarregue-se de cinco cidades’.
20“Então veio outro servo e disse: ‘Senhor,
aqui está a tua mina; eu a conservei guarda-
da num pedaço de pano. 21Tive medo, porque
és um homem severo. Tiras o que não puses-
te e colhes o que não semeaste’.
22“O seu senhor respondeu: ‘Eu o julgarei
pelas suas próprias palavras, servo mau! Vo-
cê sabia que sou homem severo, que tiro o
que não pus e colho o que não semeei. 23En-
tão, por que não confiou o meu dinheiro ao
banco? Assim, quando eu voltasse o recebe-
ria com os juros’.
24“E disse aos que estavam ali: ‘Tomem
dele a sua mina e deem-na ao que tem dez’.
25“ ‘Senhor’, disseram, ‘ele já tem dez!’
26“Ele respondeu: ‘Eu lhes digo que a quem
tem, mais será dado, mas a quem não tem,
até o que tiver lhe será tirado. 27E aqueles ini-
migos meus, que não queriam que eu reinas-
se sobre eles, tragam-nos aqui e matem-nos
na minha frente!’ ”

A entrada triunfal

(Mt 21:1-11; Mc 11:1-11; Jo 12:12-19)

28Depois de dizer isso, Jesus foi adiante,
subindo para Jerusalém. 29Ao aproximar-se
de Betfagé e de Betânia, no monte chamado
das Oliveiras, enviou dois dos seus discípu-
los, dizendo-lhes: 30“Vão ao povoado que es-
tá adiante e, ao entrarem, encontrarão um
jumentinho amarrado, no qual ninguém ja-
mais montou. Desamarrem-no e tragam-no
aqui. 31Se alguém lhes perguntar: ‘Por que o
estão desamarrando?’ digam-lhe: O Senhor
precisa dele ”.
32Os que tinham sido enviados foram e
encontraram o animal exatamente como
ele lhes tinha dito. 33Quando estavam desa-
marrando o jumentinho, os seus donos lhes
perguntaram: “Por que vocês estão desamar-
rando o jumentinho?”
34Eles responderam: “O Senhor precisa dele”.
35Levaram-no a Jesus, lançaram seus man-
tos sobre o jumentinho e fizeram que Jesus
montasse nele. 36Enquanto ele prosseguia,
o povo estendia os seus mantos pelo cami-
nho. 37Quando ele já estava perto da descida
do monte das Oliveiras, toda a multidão dos
discípulos começou a louvar a Deus alegre-
mente e em alta voz, por todos os milagres
que tinham visto. Exclamavam:

38“Bendito é o rei que vem
em nome do Senhor!”[a]
“Paz no céu
e glória nas alturas!”

39Alguns dos fariseus que estavam no meio
da multidão disseram a Jesus: “Mestre, re-
preende os teus discípulos!”
40“Eu lhes digo”, respondeu ele; “se eles se
calarem, as pedras clamarão.”

Lamento sobre Jerusalém

41Quando se aproximou e viu a cidade, Je-
sus chorou sobre ela 42e disse: “Se você com-
preendesse neste dia, sim, você também, o
que traz a paz! Mas agora isso está oculto
aos seus olhos. 43Virão dias em que os seus
inimigos construirão trincheiras contra vo-
cê, a rodearão e a cercarão de todos os lados.
44Também a lançarão por terra, você e os seus
filhos. Não deixarão pedra sobre pedra, por-
que você não reconheceu a oportunidade que
Deus lhe concedeu”.

Jesus purifica o templo

(Mt 21:12-17; Mc 11:15-19)

45Então ele entrou no templo e começou a
expulsar os que estavam vendendo. 46Disse-
-lhes: “Está escrito: ‘A minha casa será casa
de oração’[b]; mas vocês fizeram dela ‘um co-
vil de ladrões’[c]”.
47Todos os dias ele ensinava no templo.
Mas os chefes dos sacerdotes, os mestres da
lei e os líderes do povo procuravam matá-lo.
48Todavia, não conseguiam encontrar uma
forma de fazê-lo, porque todo o povo estava
fascinado pelas suas palavras.

A autoridade de Jesus é questionada

(Mt 21:23-27; Mc 11:27-33)

20 Certo dia, quando Jesus estava ensi-
nando o povo no templo e pregando
as boas novas, chegaram-se a ele os chefes
dos sacerdotes, os mestres da lei e os líde-
res religiosos, 2e lhe perguntaram: “Com que

Palavras para memorizar

“A minha casa será casa de oração”.

(Lucas 19:46)

[a] 19:38 Sl 118:26
[b] 19:46 Is 56:7
[c] 19:46 Jr 7:11

Você sabia?

Como os espiões tentaram apanhar Jesus?

20:20 Os espiões perguntaram a Jesus sobre os impostos. Se Jesus dissesse: "Não paguem impostos", eles o denunciariam ao governador romano; por outro lado, se Jesus dissesse: "Paguem impostos", isso deixaria as pessoas bravas, porque elas não concordavam em pagar impostos a Roma. Jesus foi muito sábio para evitar essa armadilha.

autoridade estás fazendo estas coisas? Quem te deu esta autoridade?"

3Ele respondeu: "Eu também lhes farei uma pergunta; digam-me: 4O batismo de João era do céu, ou dos homens?"

5Eles discutiam entre si, dizendo: "Se dissermos: Do céu, ele perguntará: 'Então por que vocês não creram nele?' 6Mas se dissermos: Dos homens, todo o povo nos apedrejará, porque convencidos estão de que João era um profeta".

7Por isso responderam: "Não sabemos de onde era".

8Disse então Jesus: "Tampouco lhes direi com que autoridade estou fazendo estas coisas".

A parábola dos lavradores

(Mt 21:33-46; Mc 12:1-12)

9Então Jesus passou a contar ao povo esta parábola: "Certo homem plantou uma vinha, arrendou-a a alguns lavradores e ausentou-se por longo tempo. 10Na época da colheita, ele enviou um servo aos lavradores, para que lhe entregassem parte do fruto da vinha. Mas os lavradores o espancaram e o mandaram embora de mãos vazias. 11Ele mandou outro servo, mas a esse também espancaram e o trataram de maneira humilhante, mandando-o embora de mãos vazias. 12Enviou ainda um terceiro, e eles o feriram e o expulsaram da vinha.

13"Então o proprietário da vinha disse: 'Que farei? Mandarei meu filho amado; quem sabe o respeitarão'.

14"Mas quando os lavradores o viram, combinaram entre si dizendo: 'Este é o herdeiro. Vamos matá-lo, e a herança será nossa'. 15Assim, lançaram-no fora da vinha e o mataram.

"O que lhes fará então o dono da vinha? 16Virá, matará aqueles lavradores e dará a vinha a outros".

Quando o povo ouviu isso, disse: "Que isso nunca aconteça!"

17Jesus olhou fixamente para eles e perguntou: "Então, qual é o significado do que está escrito?

> 'A pedra que os construtores rejeitaram
> tornou-se a pedra angular.'[a]

18Todo o que cair sobre esta pedra será despedaçado, e aquele sobre quem ela cair será reduzido a pó".

19Os mestres da lei e os chefes dos sacerdotes procuravam uma forma de prendê-lo imediatamente, pois perceberam que era contra eles que ele havia contado essa parábola. Todavia tinham medo do povo.

O pagamento de imposto a César

(Mt 22:15-22; Mc 12:13-17)

20Pondo-se a vigiá-lo, eles mandaram espiões que se fingiam justos para apanhar Jesus em alguma coisa que ele dissesse, de forma que o pudessem entregar ao poder e à autoridade do governador.

21Assim, os espiões lhe perguntaram: "Mestre, sabemos que falas e ensinas o que é correto, e que não mostras parcialidade, mas ensinas o caminho de Deus conforme a verdade. 22É certo pagar imposto a César ou não?"

23Ele percebeu a astúcia deles e lhes disse: 24"Mostrem-me um denário[b]. De quem é a imagem e a inscrição que há nele?"

25"De César", responderam eles.

Ele lhes disse: "Portanto, deem[c] a César o que é de César, e a Deus o que é de Deus".

26E não conseguiram apanhá-lo em nenhuma palavra diante do povo. Admirados com a sua resposta, ficaram em silêncio.

A realidade da ressurreição

(Mt 22:23-33; Mc 12:18-27)

27Alguns dos saduceus, que dizem que não há ressurreição, aproximaram-se de Jesus com a seguinte questão: 28"Mestre", disseram eles, "Moisés nos deixou escrito que, se o irmão de um homem morrer e deixar a

[a] 20:17 Sl 118:22

[b] 20:24 O denário era uma moeda de prata equivalente à diária de um trabalhador braçal.

[c] 20:25 Ou *devolvam*

mulher sem filhos, este deverá casar-se com a viúva e ter filhos para seu irmão. 29Havia sete irmãos. O primeiro casou-se e morreu sem deixar filhos. 30O segundo 31e o terceiro e depois também os outros casaram-se com ela; e morreram os sete sucessivamente, sem deixar filhos. 32Finalmente morreu também a mulher. 33Na ressurreição, de quem ela será esposa, visto que os sete foram casados com ela?"

34Jesus respondeu: "Os filhos desta era casam-se e são dados em casamento, 35mas os que forem considerados dignos de tomar parte na era que há de vir e na ressurreição dos mortos não se casarão nem serão dados em casamento, 36e não podem mais morrer, pois são como os anjos. São filhos de Deus, visto que são filhos da ressurreição. 37E que os mortos ressuscitam, já Moisés mostrou, no relato da sarça, quando ao Senhor ele chama 'Deus de Abraão, Deus de Isaque e Deus de Jacó'[a]. 38Ele não é Deus de mortos, mas de vivos, pois para ele todos vivem".

39Alguns dos mestres da lei disseram: "Respondeste bem, Mestre!" 40E ninguém mais ousava fazer-lhe perguntas.

O Cristo é Senhor de Davi

(Mt 22:41-46; Mc 12:35-37)

41Então Jesus lhes perguntou: "Como dizem que o Cristo é Filho de Davi?

42"O próprio Davi afirma no Livro de Salmos:

" 'O Senhor disse
ao meu Senhor:
Senta-te à minha direita
43até que eu ponha
os teus inimigos
como estrado
para os teus pés'[b].

44Portanto Davi o chama 'Senhor'. Então, como é que ele pode ser seu filho?"

45Estando todo o povo a ouvi-lo, Jesus disse aos seus discípulos: 46"Cuidado com os mestres da lei. Eles fazem questão de andar com roupas especiais, e gostam muito de receber saudações nas praças e de ocupar os lugares mais importantes nas sinagogas e os lugares de honra nos banquetes. 47Eles devoram as casas das viúvas, e, para disfarçar, fazem longas orações. Esses homens serão punidos com maior rigor!"

[a] 20:37 Êx 3:6
[b] 20:42-43 Sl 110:1

A oferta da viúva

(Mc 12:41-44)

21 Jesus olhou e viu os ricos colocando suas contribuições nas caixas de ofertas. 2Viu também uma viúva pobre colocar duas pequeninas moedas de cobre[c]. 3E disse: "Afirmo-lhes que esta viúva pobre colocou mais do que todos os outros. 4Todos esses deram do que lhes sobrava; mas ela, da sua pobreza, deu tudo o que possuía para viver".

O sinal do fim dos tempos

(Mt 24:1-35; Mc 13:1-31)

5Alguns dos seus discípulos estavam comentando como o templo era adornado com lindas pedras e dádivas dedicadas a Deus. Mas Jesus disse: 6"Disso que vocês estão vendo, dias virão em que não ficará pedra sobre pedra; serão todas derrubadas".

7"Mestre", perguntaram eles, "quando acontecerão essas coisas? E qual será o sinal de que elas estão prestes a acontecer?"

8Ele respondeu: "Cuidado para não serem enganados. Pois muitos virão em meu nome, dizendo: 'Sou eu!' e 'O tempo está próximo'. Não os sigam. 9Quando ouvirem falar de guerras e rebeliões, não tenham medo. É necessário que primeiro aconteçam essas coisas, mas o fim não virá imediatamente".

10Então lhes disse: "Nação se levantará contra nação, e reino contra reino. 11Haverá grandes terremotos, fomes e pestes em vários lugares, e acontecimentos terríveis e grandes sinais provenientes do céu.

12"Mas antes de tudo isso, prenderão e perseguirão vocês. Então os entregarão às sinagogas e prisões, e vocês serão levados à presença de reis e governadores, tudo por causa do meu nome. 13Será para vocês uma oportunidade de dar testemunho. 14Mas convençam-se de uma vez de que não devem preocupar-se com o que dirão para se defender. 15Pois eu lhes darei palavras e sabedoria a que nenhum dos seus adversários será capaz de resistir ou contradizer. 16Vocês serão traídos até por pais, irmãos, parentes e amigos, e eles entregarão alguns de vocês à morte. 17Todos odiarão vocês por causa do meu nome. 18Contudo, nenhum fio de cabelo da cabeça de vocês se perderá. 19É perseverando que vocês obterão a vida.

20"Quando virem Jerusalém rodeada de exércitos, vocês saberão que a sua devastação está próxima. 21Então os que estiverem

[c] 21:2 Grego: *2 leptos*.

na Judeia fujam para os montes, os que estiverem na cidade saiam, e os que estiverem no campo não entrem na cidade. 22Pois esses são os dias da vingança, em cumprimento de tudo o que foi escrito. 23Como serão terríveis aqueles dias para as grávidas e para as que estiverem amamentando! Haverá grande aflição na terra e ira contra este povo. 24Cairão pela espada e serão levados como prisioneiros para todas as nações. Jerusalém será pisada pelos gentios[a], até que os tempos deles se cumpram.

25"Haverá sinais no sol, na lua e nas estrelas. Na terra, as nações estarão em angústia e perplexidade com o bramido e a agitação do mar. 26Os homens desmaiarão de terror, apreensivos com o que estará sobrevindo ao mundo; e os poderes celestes serão abalados. 27Então se verá o Filho do homem vindo numa nuvem com poder e grande glória. 28Quando começarem a acontecer estas coisas, levantem-se e ergam a cabeça, porque estará próxima a redenção de vocês".

29Ele lhes contou esta parábola: "Observem a figueira e todas as árvores. 30Quando elas brotam, vocês mesmos percebem e sabem que o verão está próximo. 31Assim também, quando virem estas coisas acontecendo, saibam que o Reino de Deus está próximo.

32"Eu lhes asseguro que não passará esta geração até que todas essas coisas aconteçam. 33Os céus e a terra passarão, mas as minhas palavras jamais passarão.

34"Tenham cuidado, para não sobrecarregar o coração de vocês de libertinagem, bebedeira e ansiedades da vida, e aquele dia venha sobre vocês inesperadamente. 35Porque ele virá sobre todos os que vivem na face de toda a terra. 36Estejam sempre atentos e orem para que vocês possam escapar de tudo o que está para acontecer, e estar em pé diante do Filho do homem".

37Jesus passava o dia ensinando no templo; e, ao entardecer, saía para passar a noite no monte chamado das Oliveiras. 38Todo o povo ia de manhã cedo ouvi-lo no templo.

A conspiração

22 Estava se aproximando a festa dos pães sem fermento, chamada Páscoa, 2e os chefes dos sacerdotes e os mestres da lei estavam procurando um meio de matar Jesus, mas tinham medo do povo. 3Então Satanás entrou em Judas, chamado Iscariotes, um dos Doze. 4Judas dirigiu-se aos chefes dos sacerdotes e aos oficiais da guarda do templo e tratou com eles como lhes poderia entregar Jesus. 5A proposta muito os alegrou, e lhe prometeram dinheiro. 6Ele consentiu e ficou esperando uma oportunidade para lhes entregar Jesus quando a multidão não estivesse presente.

Você sabia?

O que foi a Última Ceia?

22:8 Ela foi uma refeição de Páscoa que Jesus comeu com seus discípulos na noite anterior à sua crucificação. Durante a refeição, Jesus disse aos discípulos que ele estava prestes a ser morto. Ele também lhes disse para continuarem comemorando a Ceia do Senhor até ele voltar.

A ceia do Senhor

(Mt 26:17-35; Mc 14:12-31; Jo 13:18-30,36-38)

7Finalmente, chegou o dia dos pães sem fermento, no qual devia ser sacrificado o cordeiro pascal. 8Jesus enviou Pedro e João, dizendo: "Vão preparar a refeição da Páscoa".

9"Onde queres que a preparemos?", perguntaram eles.

10Ele respondeu: "Ao entrarem na cidade, vocês encontrarão um homem carregando um pote de água. Sigam-no até a casa em que ele entrar 11e digam ao dono da casa: O Mestre pergunta: Onde é o salão de hóspedes no qual poderei comer a Páscoa com os meus discípulos? 12Ele lhes mostrará uma ampla sala no andar superior, toda mobiliada. Façam ali os preparativos".

13Eles saíram e encontraram tudo como Jesus lhes tinha dito. Então, prepararam a Páscoa. 14Quando chegou a hora, Jesus e os seus apóstolos reclinaram-se à mesa. 15E lhes disse: "Desejei ansiosamente comer esta Páscoa com vocês antes de sofrer. 16Pois eu lhes digo: Não comerei dela novamente até que se cumpra no Reino de Deus".

17Recebendo um cálice, ele deu graças e disse: "Tomem isto e partilhem uns com os outros. 18Pois eu lhes digo que não beberei outra vez do fruto da videira até que venha o Reino de Deus".

19Tomando o pão, deu graças, partiu-o e o deu aos discípulos, dizendo: "Isto é o meu

[a] 21:24 Isto é, os que não são judeus.

corpo dado em favor de vocês; façam isto em memória de mim".

[20]Da mesma forma, depois da ceia, tomou o cálice, dizendo: "Este cálice é a nova aliança no meu sangue, derramado em favor de vocês.

[21]"Mas eis que a mão daquele que vai me trair está com a minha sobre a mesa. [22]O Filho do homem vai, como foi determinado; mas ai daquele que o trair!" [23]Eles começaram a perguntar entre si qual deles iria fazer aquilo.

[24]Surgiu também uma discussão entre eles, acerca de qual deles era considerado o maior. [25]Jesus lhes disse: "Os reis das nações dominam sobre elas; e os que exercem autoridade sobre elas são chamados benfeitores. [26]Mas, vocês não serão assim. Ao contrário, o maior entre vocês deverá ser como o mais jovem, e aquele que governa, como o que serve. [27]Pois quem é maior: o que está à mesa, ou o que serve? Não é o que está à mesa? Mas eu estou entre vocês como quem serve. [28]Vocês são os que têm permanecido ao meu lado durante as minhas provações. [29]E eu lhes designo um Reino, assim como meu Pai o designou a mim, [30]para que vocês possam comer e beber à minha mesa no meu Reino e sentar-se em tronos, julgando as doze tribos de Israel.

[31]"Simão, Simão, Satanás pediu vocês para peneirá-los como trigo. [32]Mas eu orei por você, para que a sua fé não desfaleça. E quando você se converter, fortaleça os seus irmãos".

[33]Mas ele respondeu: "Estou pronto para ir contigo para a prisão e para a morte".

[34]Respondeu Jesus: "Eu lhe digo, Pedro, que antes que o galo cante hoje, três vezes você negará que me conhece".

[35]Então Jesus lhes perguntou: "Quando eu os enviei sem bolsa, saco de viagem ou sandálias, faltou-lhes alguma coisa?"

"Nada", responderam eles.

[36]Ele lhes disse: "Mas agora, se vocês têm bolsa, levem-na, e também o saco de viagem; e se não têm espada, vendam a sua capa e comprem uma. [37]Está escrito: 'E ele foi contado com os transgressores'[a]; e eu lhes digo que isso precisa cumprir-se em mim. Sim, o que está escrito a meu respeito está para se cumprir".

[38]Os discípulos disseram: "Vê, Senhor, aqui estão duas espadas". "É o suficiente!", respondeu ele.

Jesus ora no monte das Oliveiras

(Mt 26:36-46; Mc 14:32-42)

[39]Como de costume, Jesus foi para o monte das Oliveiras, e os seus discípulos o seguiram. [40]Chegando ao lugar, ele lhes disse: "Orem para que vocês não caiam em tentação". [41]Ele se afastou deles a uma pequena distância[b], ajoelhou-se e começou a orar: [42]"Pai, se queres, afasta de mim este cálice; contudo, não seja feita a minha vontade, mas a tua". [43]Apareceu-lhe então um anjo do céu que o fortalecia. [44]Estando angustiado, ele orou ainda mais intensamente; e o seu suor era como gotas de sangue que caíam no chão.[c]

[45]Quando se levantou da oração e voltou aos discípulos, encontrou-os dormindo, dominados pela tristeza. [46]"Por que estão dormindo?", perguntou-lhes. "Levantem-se e orem para que vocês não caiam em tentação!"

[a] 22:37 Is 53:12
[b] 22:41 Grego: *a um tiro de pedra.*
[c] 22:44 Alguns manuscritos não trazem os versículos 43 e 44.

Ore quando estiver sofrendo

Experimente!

Leia Lucas 22:39-44 e perceba que, quando orou, Jesus sabia que logo seria preso a uma cruz. O sofrimento e a morte eram o "cálice" sobre o qual Jesus orou. Que palavras mostram a você o que Jesus sentiu quando pensou no sofrimento que iria passar? O que Deus fez para ajudar Jesus?

Se algo terrível acontecer com você ou com um amigo, a melhor coisa a fazer é orar, pois, quando oramos e falamos para Deus como nos sentimos, ele nos fortalece exatamente como fortaleceu Jesus.

Lucas 22:39-44

Você sabia?

Jesus disse que ele era Deus?

22:70 Sim! Aqui, ele disse ao conselho judaico que ele era o Filho de Deus. Duas outras ocasiões em que ele disse que era Deus são encontradas em João 5:16-18; 8:54-59.

Jesus é preso

(Mt 26:47-56; Mc 14:43-50; Jo 18:1-11)

[47]Enquanto ele ainda falava, apareceu uma
multidão conduzida por Judas, um dos Do-
ze. Este se aproximou de Jesus para saudá-
-lo com um beijo. [48]Mas Jesus lhe perguntou:
"Judas, com um beijo você está traindo o Fi-
lho do homem?"
[49]Ao verem o que ia acontecer, os que es-
tavam com Jesus lhe disseram: "Senhor, ata-
caremos com espadas?" [50]E um deles feriu o
servo do sumo sacerdote, decepando-lhe a
orelha direita.
[51]Jesus, porém, respondeu: "Basta!" E to-
cando na orelha do homem, ele o curou.
[52]Então Jesus disse aos chefes dos sacer-
dotes, aos oficiais da guarda do templo e
aos líderes religiosos que tinham vindo
procurá-lo: "Estou eu chefiando alguma re-
belião, para que vocês tenham vindo com es-
padas e varas? [53]Todos os dias eu estive com
vocês no templo e vocês não levantaram a
mão contra mim. Mas esta é a hora de vocês
— quando as trevas reinam".

Pedro nega Jesus

(Mt 26:69-75; Mc 14:66-72; Jo 18:15-18,25-27)

[54]Então, prendendo-o, levaram-no para a
casa do sumo sacerdote. Pedro os seguia a
distância. [55]Mas, quando acenderam um fo-
go no meio do pátio e se sentaram ao redor
dele, Pedro sentou-se com eles. [56]Uma criada
o viu sentado ali à luz do fogo. Olhou fixa-
mente para ele e disse: "Este homem esta-
va com ele".
[57]Mas ele negou: "Mulher, não o conheço".
[58]Pouco depois, um homem o viu e disse:
"Você também é um deles".
"Homem, não sou!", respondeu Pedro.
[59]Cerca de uma hora mais tarde, outro afir-
mou: "Certamente este homem estava com
ele, pois é galileu".
[60]Pedro respondeu: "Homem, não sei do
que você está falando!" Falava ele ainda,
quando o galo cantou. [61]O Senhor voltou-se
e olhou diretamente para Pedro. Então Pe-
dro se lembrou da palavra que o Senhor lhe
tinha dito: "Antes que o galo cante hoje, você
me negará três vezes". [62]Saindo dali, chorou
amargamente.

Os soldados zombam de Jesus

[63]Os homens que estavam detendo Je-
sus começaram a zombar dele e a bater ne-
le. [64]Cobriam seus olhos e perguntavam:
"Profetize! Quem foi que lhe bateu?" [65]E lhe
dirigiam muitas outras palavras de insulto.

Jesus perante Pilatos e Herodes

[66]Ao amanhecer, reuniu-se o Sinédrio[a],
tanto os chefes dos sacerdotes quanto os
mestres da lei, e Jesus foi levado perante eles.
[67]"Se você é o Cristo, diga-nos", disseram eles.
Jesus respondeu: "Se eu vos disser, não
crereis em mim [68]e, se eu vos perguntar, não
me respondereis. [69]Mas de agora em diante
o Filho do homem estará assentado à direita
do Deus todo-poderoso".
[70]Perguntaram-lhe todos: "Então, você é o
Filho de Deus?"
"Vós estais dizendo que eu sou", respon-
deu ele.
[71]Eles disseram: "Por que precisamos de
mais testemunhas? Acabamos de ouvir dos
próprios lábios dele".

23 Então toda a assembleia levantou-
-se e o levou a Pilatos. [2]E começaram
a acusá-lo, dizendo: "Encontramos este ho-
mem subvertendo a nossa nação. Ele proíbe
o pagamento de imposto a César e se declara
ele próprio o Cristo, um rei".
[3]Pilatos perguntou a Jesus: "Você é o rei
dos judeus?"
"Tu o dizes"[b], respondeu Jesus.
[4]Então Pilatos disse aos chefes dos sacerdo-
tes e à multidão: "Não encontro motivo para
acusar este homem".
[5]Mas eles insistiam: "Ele está subverten-
do o povo em toda a Judeia com os seus en-
sinamentos. Começou na Galileia e chegou
até aqui".
[6]Ouvindo isso, Pilatos perguntou se Je-
sus era galileu. [7]Quando ficou sabendo que
ele era da jurisdição de Herodes, enviou-o a

[a] 22:66 Conselho dos principais líderes do povo judeu.
[b] 23:3 Ou *"Sim, é como dizes"*

Herodes, que também estava em Jerusalém naqueles dias.

8 Quando Herodes viu Jesus, ficou muito alegre, porque havia muito tempo queria vê-lo. Pelo que ouvira falar dele, esperava vê-lo realizar algum milagre. 9 Interrogou-o com muitas perguntas, mas Jesus não lhe deu resposta. 10 Os chefes dos sacerdotes e os mestres da lei estavam ali, acusando-o com veemência. 11 Então Herodes e os seus soldados ridicularizaram-no e zombaram dele. Vestindo-o com um manto esplêndido, mandaram-no de volta a Pilatos. 12 Herodes e Pilatos, que até ali eram inimigos, naquele dia tornaram-se amigos.

13 Pilatos reuniu os chefes dos sacerdotes, as autoridades e o povo, 14 dizendo-lhes: "Vocês me trouxeram este homem como alguém que estava incitando o povo à rebelião. Eu o examinei na presença de vocês e não achei nenhuma base para as acusações que fazem contra ele. 15 Nem Herodes, pois ele o mandou de volta para nós. Como podem ver, ele nada fez que mereça a morte. 16 Portanto, eu o castigarei e depois o soltarei". 17 Ele era obrigado a soltar-lhes um preso durante a festa.[a]

18 A uma só voz eles gritaram: "Acaba com ele! Solta-nos Barrabás!" 19 (Barrabás havia sido lançado na prisão por causa de uma insurreição na cidade e por assassinato.)

20 Desejando soltar a Jesus, Pilatos dirigiu-se a eles novamente. 21 Mas eles continuaram gritando: "Crucifica-o! Crucifica-o!"

22 Pela terceira vez ele lhes falou: "Por quê? Que crime este homem cometeu? Não encontrei nele nada digno de morte. Vou mandar castigá-lo e depois o soltarei".

23 Eles, porém, pediam insistentemente, com fortes gritos, que ele fosse crucificado; e a gritaria prevaleceu. 24 Então Pilatos decidiu fazer a vontade deles. 25 Libertou o homem que havia sido lançado na prisão por insurreição e assassinato, aquele que eles haviam pedido, e entregou Jesus à vontade deles.

A crucificação

(Mt 27:32-44; Mc 15:21-32; Jo 19:16-27)

26 Enquanto o levavam, agarraram Simão de Cirene, que estava chegando do campo, e lhe colocaram a cruz às costas, fazendo-o carregá-la atrás de Jesus. 27 Um grande número de pessoas o seguia, inclusive mulheres que lamentavam e choravam por ele. 28 Jesus voltou-se e disse-lhes: "Filhas de Jerusalém, não chorem por mim; chorem por vocês mesmas e por seus filhos! 29 Pois chegará a hora em que vocês dirão: 'Felizes as estéreis, os ventres que nunca geraram e os seios que nunca amamentaram!'

30 " 'Então

dirão às montanhas:
"Caiam sobre nós!"
e às colinas: "Cubram-nos!" '[b]

31 Pois, se fazem isto com a árvore verde, o que acontecerá quando ela estiver seca?"

32 Dois outros homens, ambos criminosos, também foram levados com ele, para serem executados. 33 Quando chegaram ao lugar

[a] 23:17 Muitos manuscritos não trazem este versículo.

[b] 23:30 Os 10:8

A vida nos tempos da Bíblia

A cruz

Apenas os piores criminosos eram executados pelos romanos por crucificação e, embora não tivesse feito nada de errado, Jesus foi crucificado ao lado de dois desses criminosos. A crucificação era uma maneira muito dolorosa de morrer, pois as mãos da pessoa eram pregadas ou amarradas na barra transversal, e suas pernas eram muitas vezes quebradas para não poder se apoiar para facilitar a respiração. Geralmente, o crucificado demorava muito tempo para morrer.

chamado Caveira, ali o crucificaram com os criminosos, um à sua direita e o outro à sua esquerda. 34Jesus disse: "Pai, perdoa-lhes, pois não sabem o que estão fazendo".[a] Então eles dividiram as roupas dele, tirando sortes.

35O povo ficou observando, e as autoridades o ridicularizavam. "Salvou os outros", diziam; "salve-se a si mesmo, se é o Cristo de Deus, o Escolhido."

36Os soldados, aproximando-se, também zombavam dele. Oferecendo-lhe vinagre, 37diziam: "Se você é o rei dos judeus, salve-se a si mesmo".

38Havia uma inscrição acima dele, que dizia: ESTE É O REI DOS JUDEUS.

39Um dos criminosos que ali estavam dependurados lançava-lhe insultos: "Você não é o Cristo? Salve-se a si mesmo e a nós!"

40Mas o outro criminoso o repreendeu, dizendo: "Você não teme a Deus, nem estando sob a mesma sentença? 41Nós estamos sendo punidos com justiça, porque estamos recebendo o que os nossos atos merecem. Mas este homem não cometeu nenhum mal".

42Então ele disse: "Jesus, lembra-te de mim quando entrares no teu Reino[b]".

43Jesus lhe respondeu: "Eu lhe garanto: Hoje você estará comigo no paraíso".

A morte de Jesus

(Mt 27:45-56; Mc 15:33-41; Jo 19:28-30)

44Já era quase meio-dia, e trevas cobriram toda a terra até as três horas da tarde[c]; 45o sol deixara de brilhar. E o véu do santuário rasgou-se ao meio. 46Jesus bradou em alta voz: "Pai, nas tuas mãos entrego o meu espírito". Tendo dito isso, expirou.

47O centurião, vendo o que havia acontecido, louvou a Deus, dizendo: "Certamente este homem era justo". 48E todo o povo que se havia juntado para presenciar o que estava acontecendo, ao ver isso, começou a bater no peito e a afastar-se. 49Mas todos os que o conheciam, inclusive as mulheres que o haviam seguido desde a Galileia, ficaram de longe, observando essas coisas.

O sepultamento de Jesus

(Mt 27:57-61; Mc 15:42-47; Jo 19:38-42)

50Havia um homem chamado José, membro do Conselho, homem bom e justo, 51que não tinha consentido na decisão e no procedimento dos outros. Ele era da cidade de Arimateia, na Judeia, e esperava o Reino de Deus. 52Dirigindo-se a Pilatos, pediu o corpo de Jesus. 53Então, desceu-o, envolveu-o num lençol de linho e o colocou num sepulcro cavado na rocha, no qual ninguém ainda fora colocado. 54Era o Dia da Preparação, e estava para começar o sábado.

55As mulheres que haviam acompanhado Jesus desde a Galileia, seguiram José, e viram o sepulcro, e como o corpo de Jesus fora colocado nele. 56Em seguida, foram para casa e prepararam perfumes e especiarias aromáticas. E descansaram no sábado, em obediência ao mandamento.

A ressurreição

(Mt 28:1-10; Mc 16:1-8; Jo 20:1-9)

24 No primeiro dia da semana, de manhã bem cedo, as mulheres levaram ao sepulcro as especiarias aromáticas que haviam preparado. 2Encontraram removida a pedra do sepulcro, 3mas, quando entraram, não encontraram o corpo do Senhor Jesus. 4Ficaram perplexas, sem saber o que fazer. De repente, dois homens com roupas que brilhavam como a luz do sol colocaram-se ao lado delas. 5Amedrontadas, as mulheres baixaram o rosto para o chão, e os homens lhes disseram: "Por que vocês estão procurando entre os mortos aquele que vive? 6Ele não está aqui! Ressuscitou! Lembrem-se do que ele lhes disse, quando ainda estava com vocês na Galileia: 7'É necessário que o Filho do homem seja entregue nas mãos de homens pecadores, seja crucificado e ressuscite no terceiro dia' ". 8Então se lembraram das palavras de Jesus.

9Quando voltaram do sepulcro, elas contaram todas estas coisas aos Onze e a todos os outros. 10As que contaram estas coisas aos apóstolos foram Maria Madalena, Joana e Maria, mãe de Tiago, e as outras que estavam com elas. 11Mas eles não acreditaram nas mulheres; as palavras delas lhes pareciam loucura. 12Pedro, todavia, levantou-se e

Palavras para memorizar

"Ele não está aqui! Ressuscitou!"

(Lucas 24:6)

[a] 23:34 Alguns manuscritos não trazem esta sentença.
[b] 23:42 Muitos manuscritos dizem *quando vieres no teu poder real.*
[c] 23:44 Grego: *quase a hora sexta,... até a hora nona.*

correu ao sepulcro. Abaixando-se, viu as fai-
xas de linho e mais nada; afastou-se, e voltou
admirado com o que acontecera.

No caminho de Emaús

13 Naquele mesmo dia, dois deles estavam
indo para um povoado chamado Emaús, a
onze quilômetros[a] de Jerusalém. 14 No cami-
nho, conversavam a respeito de tudo o que
havia acontecido. 15 Enquanto conversavam
e discutiam, o próprio Jesus se aproximou e
começou a caminhar com eles; 16 mas os olhos
deles foram impedidos de reconhecê-lo.

17 Ele lhes perguntou: "Sobre o que vocês es-
tão discutindo enquanto caminham?"

Eles pararam, com os rostos entristecidos.
18 Um deles, chamado Cleopas, perguntou-lhe:
"Você é o único visitante em Jerusalém que
não sabe das coisas que ali aconteceram nes-
tes dias?"

19 "Que coisas?", perguntou ele.

"O que aconteceu com Jesus de Nazaré",
responderam eles. "Ele era um profeta, pode-
roso em palavras e em obras diante de Deus e
de todo o povo. 20 Os chefes dos sacerdotes e
as nossas autoridades o entregaram para ser
condenado à morte, e o crucificaram; 21 e nós
esperávamos que era ele que ia trazer a re-
denção a Israel. E hoje é o terceiro dia desde
que tudo isso aconteceu. 22 Algumas das mu-
lheres entre nós nos deram um susto hoje.
Foram de manhã bem cedo ao sepulcro 23 e
não acharam o corpo dele. Voltaram e nos
contaram ter tido uma visão de anjos, que
disseram que ele está vivo. 24 Alguns dos nos-
sos companheiros foram ao sepulcro e encon-
traram tudo exatamente como as mulheres
tinham dito, mas não o viram."

25 Ele lhes disse: "Como vocês custam a en-
tender e como demoram a crer em tudo o
que os profetas falaram! 26 Não devia o Cristo
sofrer estas coisas, para entrar na sua glória?"
27 E começando por Moisés e todos os profe-
tas, explicou-lhes o que constava a respeito
dele em todas as Escrituras.

28 Ao se aproximarem do povoado para o
qual estavam indo, Jesus fez como quem
ia mais adiante. 29 Mas eles insistiram mui-
to com ele: "Fique conosco, pois a noite já
vem; o dia já está quase findando". Então, ele
entrou para ficar com eles.

30 Quando estava à mesa com eles, to-
mou o pão, deu graças, partiu-o e o deu a
eles. 31 Então os olhos deles foram abertos e
o reconheceram, e ele desapareceu da vista
deles. 32 Perguntaram-se um ao outro: "Não
estava queimando o nosso coração, enquan-
to ele nos falava no caminho e nos expunha
as Escrituras?"

33 Levantaram-se e voltaram imediatamente
para Jerusalém. Ali encontraram os Onze e os
que estavam com eles reunidos, 34 que diziam:
"É verdade! O Senhor ressuscitou e apareceu
a Simão!" 35 Então os dois contaram o que ti-
nha acontecido no caminho, e como Jesus fo-
ra reconhecido por eles quando partia o pão.

Jesus aparece aos discípulos

(Jo 20:19-23)

36 Enquanto falavam sobre isso, o próprio
Jesus apresentou-se entre eles e lhes disse:
"Paz seja com vocês!"

37 Eles ficaram assustados e com medo, pen-
sando que estavam vendo um espírito. 38 Ele
lhes disse: "Por que vocês estão perturbados
e por que se levantam dúvidas no coração
de vocês? 39 Vejam as minhas mãos e os meus
pés. Sou eu mesmo! Toquem-me e vejam; um
espírito não tem carne nem ossos, como vo-
cês estão vendo que eu tenho".

40 Tendo dito isso, mostrou-lhes as mãos e
os pés. 41 E por não crerem ainda, tão cheios
estavam de alegria e de espanto, ele lhes per-
guntou: "Vocês têm aqui algo para comer?"
42 Deram-lhe um pedaço de peixe assado, 43 e
ele o comeu na presença deles.

44 E disse-lhes: "Foi isso que eu lhes falei
enquanto ainda estava com vocês: Era ne-
cessário que se cumprisse tudo o que a meu
respeito está escrito na Lei de Moisés, nos
Profetas e nos Salmos".

45 Então lhes abriu o entendimento, para
que pudessem compreender as Escrituras. 46 E
lhes disse: "Está escrito que o Cristo haveria
de sofrer e ressuscitar dos mortos no terceiro
dia, 47 e que em seu nome seria pregado o ar-
rependimento para perdão de pecados a todas
as nações, começando por Jerusalém. 48 Vocês
são testemunhas destas coisas. 49 Eu lhes en-
vio a promessa de meu Pai; mas fiquem na
cidade até serem revestidos do poder do alto".

A ascensão

50 Tendo-os levado até as proximidades de
Betânia, Jesus ergueu as mãos e os abençoou.
51 Estando ainda a abençoá-los, ele os deixou e
foi elevado ao céu. 52 Então eles o adoraram e
voltaram para Jerusalém com grande alegria.
53 E permaneciam constantemente no templo,
louvando a Deus.

[a] 24:13 Grego: *60 estádios.* Um estádio equivalia a 185 metros.

João

Quem escreveu este livro?

João, um dos 12 discípulos de Jesus.

Por que este livro foi escrito?

O Evangelho de João mostra que Jesus é o Filho de Deus e ajuda as pessoas a crerem nele.

Para quem este livro foi escrito?

João foi escrito para qualquer pessoa que queira entender quem Jesus realmente é.

O que acontece neste livro?

João registra milagres e ensinamentos que mostram que Jesus é o Filho de Deus.

Quem é o personagem principal deste livro?

A pessoa mais importante neste livro é Jesus.

Quando isto aconteceu?

Jesus ensinou e fez milagres de 26 d.C. a 30 d.C.

Onde isto aconteceu?

A maioria dos fatos deste livro ocorreu na Judeia.

Algumas histórias deste livro:

Jesus escolhe discípulos	João 1:35-51
Jesus ensina Nicodemos	João 3:1-21
Jesus e uma mulher samaritana	João 4:1-26
Jesus anda sobre a água	João 6:16-24
Jesus diz que é o Filho de Deus	João 8:31-59
Jesus cura um cego	João 9:1-41
O bom pastor	João 10:1-21
Jesus ressuscita Lázaro	João 11:1-44
Jesus entra em Jerusalém	João 12:12-19
Jesus lava os pés dos discípulos	João 13:1-17
Jesus ora pelos discípulos	João 17:6-19
Jesus é crucificado	João 19:1-42
Jesus ressuscita	João 20:1-31
Jesus perdoa a Pedro	João 21:15-25

A Palavra tornou-se carne

1 No princípio era aquele que é a Palavra[a]. Ele estava com Deus, e era Deus. 2 Ele estava com Deus no princípio.

3 Todas as coisas foram feitas por intermédio dele; sem ele, nada do que existe teria sido feito. 4 Nele estava a vida, e esta era a luz dos homens. 5 A luz brilha nas trevas, e as trevas não a derrotaram.[b]

6 Surgiu um homem enviado por Deus, chamado João. 7 Ele veio como testemunha, para testificar acerca da luz, a fim de que por meio dele todos os homens cressem. 8 Ele próprio não era a luz, mas veio como testemunha da luz. 9 Estava chegando ao mundo a verdadeira luz, que ilumina todos os homens.[c]

10 Aquele que é a Palavra estava no mundo, e o mundo foi feito por intermédio dele, mas o mundo não o reconheceu. 11 Veio para o que era seu, mas os seus não o receberam. 12 Contudo, aos que o receberam, aos que creram em seu nome, deu-lhes o direito de se tornarem filhos de Deus, 13 os quais não nasceram por descendência natural[d], nem pela vontade da carne nem pela vontade de algum homem, mas nasceram de Deus.

14 Aquele que é a Palavra tornou-se carne e viveu entre nós. Vimos a sua glória, glória como do Unigênito[e] vindo do Pai, cheio de graça e de verdade.

15 João dá testemunho dele. Ele exclama: "Este é aquele de quem eu falei: aquele que vem depois de mim é superior a mim, porque já existia antes de mim". 16 Todos recebemos da sua plenitude, graça sobre[f] graça. 17 Pois a Lei foi dada por intermédio de

Palavras para memorizar

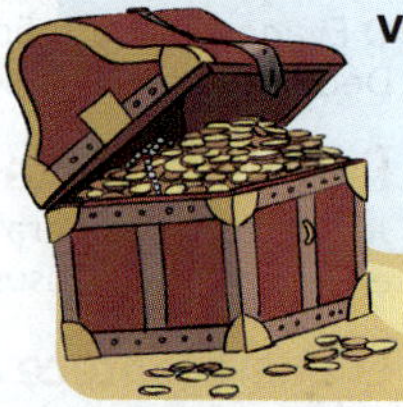

"A graça e a verdade vieram por intermédio de Jesus Cristo."

(João 1:17)

Moisés; a graça e a verdade vieram por intermédio de Jesus Cristo. 18 Ninguém jamais viu a Deus, mas o Deus[g] Unigênito, que está junto do Pai, o tornou conhecido.

João Batista nega ser ele o Cristo

19 Este foi o testemunho de João, quando os judeus de Jerusalém enviaram sacerdotes e levitas para lhe perguntarem quem ele era. 20 Ele confessou e não negou; declarou abertamente: "Não sou o Cristo[h]".

21 Perguntaram-lhe: "E então, quem é você? É Elias?"

Ele disse: "Não sou".

"É o Profeta?"

Ele respondeu: "Não".

22 Finalmente perguntaram: "Quem é você? Dê-nos uma resposta, para que a levemos àqueles que nos enviaram. Que diz você acerca de si próprio?"

23 João respondeu com as palavras do profeta Isaías: "Eu sou a voz do que clama no deserto:[i] 'Façam um caminho reto para o Senhor' "[j].

24 Alguns fariseus que tinham sido enviados 25 interrogaram-no: "Então, por que você batiza, se não é o Cristo, nem Elias, nem o Profeta?"

26 Respondeu João: "Eu batizo com[k] água, mas entre vocês está alguém que vocês não conhecem. 27 Ele é aquele que vem depois de mim, e não sou digno de desamarrar as correias de suas sandálias".

28 Tudo isso aconteceu em Betânia, do outro lado do Jordão, onde João estava batizando.

Jesus, o Cordeiro de Deus

29 No dia seguinte João viu Jesus aproximando-se e disse: "Vejam! É o Cordeiro de

[a] 1:1 Ou *o Verbo*. Grego: *Logos*.
[b] 1:5 Ou *trevas, mas as trevas não a compreenderam.*
[c] 1:9 Ou *Esta era a luz verdadeira que ilumina todo homem que vem ao mundo.*
[d] 1:13 Grego: *de sangues*.
[e] 1:14 Ou *Único*; também no versículo 18.
[f] 1:16 Ou *em lugar de*

[g] 1:18 Vários manuscritos dizem *o Filho*.
[h] 1:20 Ou *Messias*. Tanto *Cristo* (grego) como *Messias* (hebraico) significam *Ungido*; também em todo o livro de João.
[i] 1:23 Ou *que clama: 'No deserto façam*
[j] 1:23 Is 40:3
[k] 1:26 Ou *em*; também nos versículos 31 e 33.

Você sabia?

O que é "a Palavra"?

1:1 "A Palavra" é um nome especial para Jesus. Isso significa que ele é a pessoa que revela Deus, ou seja, que nos diz como é Deus. A Bíblia conta que Jesus sempre existiu e que ele é Deus.

Você sabia?

O que significa "Cordeiro de Deus"?

1:29 Nos tempos da Bíblia, cordeiros eram oferecidos como sacrifício quando uma pessoa pecava. Sendo assim, chamar Jesus de "Cordeiro de Deus" significa que ele morreria como um sacrifício para tirar nossos pecados.

Deus, que tira o pecado do mundo! 30Este é
aquele a quem eu me referi, quando disse:
Vem depois de mim um homem que é supe-
rior a mim, porque já existia antes de mim.
31Eu mesmo não o conhecia, mas por isso é
que vim batizando com água: para que ele
viesse a ser revelado a Israel".
32Então João deu o seguinte testemunho:
"Eu vi o Espírito descer dos céus como pomba
e permanecer sobre ele. 33Eu não o teria reco-
nhecido, se aquele que me enviou para batizar
com água não me tivesse dito: 'Aquele sobre
quem você vir o Espírito descer e permane-
cer, esse é o que batiza com o Espírito Santo'.
34Eu vi e testifico que este é o Filho de Deus".

Os primeiros discípulos de Jesus

(Mt 4:18-22; Mc 1:16-20; Lc 5:1-11)

35No dia seguinte João estava ali novamen-
te com dois dos seus discípulos. 36Quando viu
Jesus passando, disse: "Vejam! É o Cordeiro
de Deus!"
37Ouvindo-o dizer isso, os dois discípulos
seguiram Jesus. 38Voltando-se e vendo Je-
sus que os dois o seguiam, perguntou-lhes:
"O que vocês querem?"
Eles disseram: "Rabi" (que significa "Mes-
tre"), "onde estás hospedado?"
39Respondeu ele: "Venham e verão".
Então foram, por volta das quatro horas
da tarde[a], viram onde ele estava hospedado
e passaram com ele aquele dia.
40André, irmão de Simão Pedro, era um dos
dois que tinham ouvido o que João dissera e
que haviam seguido Jesus. 41O primeiro que
ele encontrou foi Simão, seu irmão, e lhe dis-
se: "Achamos o Messias" (isto é, o Cristo). 42E
o levou a Jesus.

[a] 1:39 Grego: *hora décima.*

Jesus olhou para ele e disse: "Você é Simão,
filho de João. Será chamado Cefas" (que tra-
duzido é "Pedro[b]").

Jesus chama Filipe e Natanael

43No dia seguinte Jesus decidiu partir pa-
ra a Galileia. Quando encontrou Filipe, dis-
se-lhe: "Siga-me".
44Filipe, como André e Pedro, era da cidade
de Betsaida. 45Filipe encontrou Natanael e lhe
disse: "Achamos aquele sobre quem Moisés
escreveu na Lei, e a respeito de quem os pro-
fetas também escreveram: Jesus de Nazaré,
filho de José".
46Perguntou Natanael: "Nazaré? Pode vir
alguma coisa boa de lá?"
Disse Filipe: "Venha e veja".
47Ao ver Natanael se aproximando, disse
Jesus: "Aí está um verdadeiro israelita, em
quem não há falsidade".
48Perguntou Natanael: "De onde me co-
nheces?"
Jesus respondeu: "Eu o vi quando você ain-
da estava debaixo da figueira, antes de Fili-
pe o chamar".
49Então Natanael declarou: "Mestre[c], tu és
o Filho de Deus, tu és o Rei de Israel!"
50Jesus disse: "Você crê porque eu disse
que o vi debaixo da figueira.[d] Você verá coi-
sas maiores do que essa!" 51E então acrescen-
tou: "Digo-lhes a verdade: Vocês verão o céu
aberto e os anjos de Deus subindo e descendo
sobre o Filho do homem".

Jesus transforma água em vinho

2 No terceiro dia houve um casamento em
Caná da Galileia. A mãe de Jesus estava
ali; 2Jesus e seus discípulos também haviam
sido convidados para o casamento. 3Tendo
acabado o vinho, a mãe de Jesus lhe disse:
"Eles não têm mais vinho".
4Respondeu Jesus: "Que temos nós em co-
mum, mulher? A minha hora ainda não che-
gou".
5Sua mãe disse aos serviçais: "Façam tudo
o que ele lhes mandar".
6Ali perto havia seis potes de pedra, do tipo
usado pelos judeus para as purificações ceri-
moniais; em cada pote cabiam entre oitenta
e cento e vinte litros[e].
7Disse Jesus aos serviçais: "Encham os po-
tes com água". E os encheram até a borda.

[b] 1:42 Tanto *Cefas* (aramaico) como *Pedro* (grego) significam *pedra.*
[c] 1:49 Isto é, Rabi; também em 3:2,26; 4:31; 6:25; 9:2 e 11:8.
[d] 1:50 Ou *Você crê... figueira?*
[e] 2:6 Grego: *2 ou 3 metretas.* A metreta era uma medida de capacidade de cerca de 40 litros.

8Então lhes disse: "Agora, levem um pouco
ao encarregado da festa".
Eles assim fizeram, 9e o encarregado da
festa provou a água que fora transformada
em vinho, sem saber de onde este viera, em-
bora o soubessem os serviçais que haviam ti-
rado a água. Então chamou o noivo 10e disse:
"Todos servem primeiro o melhor vinho e,
depois que os convidados já beberam bas-
tante, o vinho inferior é servido; mas você
guardou o melhor até agora".
11Este sinal milagroso, em Caná da Galileia,
foi o primeiro que Jesus realizou. Revelou
assim a sua glória, e os seus discípulos cre-
ram nele.

Jesus purifica o templo

12Depois disso ele desceu a Cafarnaum com
sua mãe, seus irmãos e seus discípulos. Ali fi-
caram durante alguns dias.
13Quando já estava chegando a Páscoa ju-
daica, Jesus subiu a Jerusalém. 14No pátio do
templo viu alguns vendendo bois, ovelhas e
pombas, e outros assentados diante de me-
sas, trocando dinheiro. 15Então ele fez um chi-
cote de cordas e expulsou todos do templo,
bem como as ovelhas e os bois; espalhou as
moedas dos cambistas e virou as suas mesas.
16Aos que vendiam pombas disse: "Tirem es-
tas coisas daqui! Parem de fazer da casa de
meu Pai um mercado!"
17Seus discípulos lembraram-se que está es-
crito: "O zelo pela tua casa me consumirá"[a].

[a] 2:17 Sl 69:9

18Então os judeus lhe perguntaram: "Que
sinal milagroso o senhor pode mostrar-nos
como prova da sua autoridade para fazer tu-
do isso?"
19Jesus lhes respondeu: "Destruam este
templo, e eu o levantarei em três dias".
20Os judeus responderam: "Este templo le-
vou quarenta e seis anos para ser edificado, e
o senhor vai levantá-lo em três dias?" 21Mas
o templo do qual ele falava era o seu corpo.
22Depois que ressuscitou dos mortos, os seus
discípulos lembraram-se do que ele tinha di-
to. Então creram na Escritura e na palavra
que Jesus dissera.
23Enquanto estava em Jerusalém, na fes-
ta da Páscoa, muitos viram os sinais mila-
grosos que ele estava realizando e creram
em seu nome[b]. 24Mas Jesus não se confiava
a eles, pois conhecia a todos. 25Não precisava
que ninguém lhe desse testemunho a res-
peito do homem, pois ele bem sabia o que
havia no homem.

O encontro de Jesus com Nicodemos

3 Havia um fariseu chamado Nicodemos,
uma autoridade entre os judeus. 2Ele veio
a Jesus, à noite, e disse: "Mestre, sabemos que
ensinas da parte de Deus, pois ninguém pode
realizar os sinais milagrosos que estás fazen-
do, se Deus não estiver com ele".
3Em resposta, Jesus declarou: "Digo-lhe a
verdade: Ninguém pode ver o Reino de Deus,
se não nascer de novo[c]".

[b] 2:23 Ou *creram nele*
[c] 3:3 Ou *nascer de cima*; também no versículo 7.

A vida nos tempos da Bíblia

Potes de água

A água era armazenada em grandes potes de pedra e era usada para higiene e para beber. Os judeus no tempo de Jesus lavavam as mãos muitas vezes, seguindo certas cerimônias, antes de comer. Foram potes muito grandes, usados para isso, que Jesus pediu para serem cheios de água antes de transformá-la em vinho.

Pessoas nos tempos da Bíblia

Nicodemos

Nicodemos era membro do conselho de liderança dos judeus. Certa noite, ele foi fazer umas perguntas a Jesus, o qual lhe falou sobre nascer de novo e sobre a vida eterna, um presente que Deus daria por meio de seu Filho. Após Jesus ter sido crucificado, Nicodemos ajudou a preparar o corpo dele para o sepultamento.

Palavras para memorizar

"Porque Deus tanto amou o mundo que deu o seu Filho Unigênito, para que todo o que nele crer não pereça, mas tenha a vida eterna."

(João 3:16)

4 Perguntou Nicodemos: "Como alguém po-
de nascer, sendo velho? É claro que não po-
de entrar pela segunda vez no ventre de sua
mãe e renascer!"
5 Respondeu Jesus: "Digo-lhe a verdade:
Ninguém pode entrar no Reino de Deus, se
não nascer da água e do Espírito. 6 O que nas-
ce da carne é carne, mas o que nasce do Espí-
rito é espírito. 7 Não se surpreenda pelo fato
de eu ter dito: É necessário que vocês nasçam
de novo. 8 O vento[a] sopra onde quer. Você o
escuta, mas não pode dizer de onde vem nem
para onde vai. Assim acontece com todos os
nascidos do Espírito".
9 Perguntou Nicodemos: "Como pode ser
isso?"
10 Disse Jesus: "Você é mestre em Israel
e não entende essas coisas? 11 Asseguro-lhe
que nós falamos do que conhecemos e tes-
temunhamos do que vimos, mas mesmo as-
sim vocês não aceitam o nosso testemunho.
12 Eu lhes falei de coisas terrenas e vocês não
creram; como crerão se lhes falar de coisas
celestiais? 13 Ninguém jamais subiu ao céu, a
não ser aquele que veio do céu: o Filho do
homem.[b] 14 Da mesma forma como Moisés le-
vantou a serpente no deserto, assim também
é necessário que o Filho do homem seja le-
vantado, 15 para que todo o que nele crer te-
nha a vida eterna.
16 "Porque Deus tanto amou o mundo que
deu o seu Filho Unigênito[c], para que todo
o que nele crer não pereça, mas tenha a vi-
da eterna. 17 Pois Deus enviou o seu Filho ao
mundo, não para condenar o mundo, mas pa-
ra que este fosse salvo por meio dele. 18 Quem
nele crê não é condenado, mas quem não crê

[a] 3:8 Traduz o mesmo termo grego para designar *espírito*.

[b] 3:13 Alguns manuscritos acrescentam *que está no céu*.

[c] 3:16 Ou *Único*; também no versículo 18.

Nascer de novo

Experimente!

Leia João 3:1-16 e perceba que, ao nascer, você recebeu vida física, mas as pessoas que são nascidas de novo receberam a vida eterna de Deus. A vida física acaba quando as pessoas morrem, mas quem tem a vida eterna viverá para sempre com Deus no céu.

Como você pode saber que nasceu de novo? Memorize João 3:16, e, se você crê em Jesus como seu Salvador, esse versículo diz que você nasceu de novo e tem a vida eterna.

João 3:1-16

já está condenado, por não crer no nome do Filho Unigênito de Deus. 19Este é o julgamento: a luz veio ao mundo, mas os homens amaram as trevas, e não a luz, porque as suas obras eram más. 20Quem pratica o mal odeia a luz e não se aproxima da luz, temendo que as suas obras sejam manifestas. 21Mas quem pratica a verdade vem para a luz, para que se veja claramente que as suas obras são realizadas por intermédio de Deus".[a]

O testemunho de João Batista acerca de Jesus

22Depois disso Jesus foi com os seus discípulos para a terra da Judeia, onde passou algum tempo com eles e batizava. 23João também estava batizando em Enom, perto de Salim, porque havia ali muitas águas, e o povo vinha para ser batizado. 24(Isto se deu antes de João ser preso.) 25Surgiu uma discussão entre alguns discípulos de João e um certo judeu[b], a respeito da purificação cerimonial. 26Eles se dirigiram a João e lhe disseram: "Mestre, aquele homem que estava contigo no outro lado do Jordão, do qual testemunhaste, está batizando, e todos estão se dirigindo a ele".

27A isso João respondeu: "Uma pessoa só pode receber o que lhe é dado dos céus. 28Vocês mesmos são testemunhas de que eu disse: Eu não sou o Cristo, mas sou aquele que foi enviado adiante dele. 29A noiva pertence ao noivo. O amigo que presta serviço ao noivo e que o atende e o ouve, enche-se de alegria quando ouve a voz do noivo. Esta é a minha alegria, que agora se completa. 30É necessário que ele cresça e que eu diminua.

31"Aquele que vem do alto está acima de todos; aquele que é da terra pertence à terra e fala como quem é da terra. Aquele que vem dos céus está acima de todos. 32Ele testifica o que tem visto e ouvido, mas ninguém aceita o seu testemunho. 33Aquele que o aceita confirma que Deus é verdadeiro. 34Pois aquele que Deus enviou fala as palavras de Deus, porque ele dá o Espírito sem limitações. 35O Pai ama o Filho e entregou tudo em suas mãos. 36Quem crê no Filho tem a vida eterna; já quem rejeita o Filho não verá a vida, mas a ira de Deus permanece sobre ele".[c]

Jesus conversa com uma samaritana

4 Os fariseus ouviram falar que Jesus[d] estava fazendo e batizando mais discípulos do que João, 2embora não fosse Jesus quem batizasse, mas os seus discípulos. 3Quando o Senhor ficou sabendo disso, saiu da Judeia e voltou uma vez mais à Galileia.

4Era-lhe necessário passar por Samaria. 5Assim, chegou a uma cidade de Samaria, chamada Sicar, perto das terras que Jacó dera a seu filho José. 6Havia ali o poço de Jacó. Jesus, cansado da viagem, sentou-se à beira do poço. Isto se deu por volta do meio-dia[e].

[a] 3:21 Alguns intérpretes encerram a citação no fim do versículo 15.
[b] 3:25 Alguns manuscritos dizem *e certos judeus*.
[c] 3:36 Alguns intérpretes encerram a citação no fim do versículo 30.
[d] 4:1 Muitos manuscritos dizem *o Senhor*.
[e] 4:6 Grego: *da hora sexta*.

A vida nos tempos da Bíblia

Carregar água

Obter água para o uso de cada dia era trabalho que as mulheres realizavam. Todos os dias, de manhã e à noite, elas iam ao poço da cidade, enchiam os potes e os carregavam na cabeça. A mulher samaritana da história em João 4 provavelmente chegou ao poço ao meio-dia para evitar as outras mulheres da comunidade, que desaprovavam o modo como ela vivia.

7 Nisso veio uma mulher samaritana tirar
água. Disse-lhe Jesus: "Dê-me um pouco de
água". 8 (Os seus discípulos tinham ido à cida-
de comprar comida.)
9 A mulher samaritana lhe perguntou: "Co-
mo o senhor, sendo judeu, pede a mim, uma
samaritana, água para beber?" (Pois os ju-
deus não se dão bem com os samaritanos.[a])
10 Jesus lhe respondeu: "Se você conheces-
se o dom de Deus e quem lhe está pedin-
do água, você lhe teria pedido e ele lhe teria
dado água viva".
11 Disse a mulher: "O senhor não tem com
que tirar água, e o poço é fundo. Onde pode
conseguir essa água viva? 12 Acaso o senhor é
maior do que o nosso pai Jacó, que nos deu
o poço, do qual ele mesmo bebeu, bem como
seus filhos e seu gado?"
13 Jesus respondeu: "Quem beber desta
água terá sede outra vez, 14 mas quem beber
da água que eu lhe der nunca mais terá se-
de. Ao contrário, a água que eu lhe der se tor-
nará nele uma fonte de água a jorrar para a
vida eterna".
15 A mulher lhe disse: "Senhor, dê-me dessa
água, para que eu não tenha mais sede, nem
precise voltar aqui para tirar água".
16 Ele lhe disse: "Vá, chame o seu marido
e volte".
17 "Não tenho marido", respondeu ela.
Disse-lhe Jesus: "Você falou corretamen-
te, dizendo que não tem marido. 18 O fato é
que você já teve cinco; e o homem com quem
agora vive não é seu marido. O que você aca-
bou de dizer é verdade".
19 Disse a mulher: "Senhor, vejo que é pro-
feta. 20 Nossos antepassados adoraram neste
monte, mas vocês, judeus, dizem que Jerusa-
lém é o lugar onde se deve adorar".
21 Jesus declarou: "Creia em mim, mulher:
está próxima a hora em que vocês não adora-
rão o Pai nem neste monte, nem em Jerusa-
lém. 22 Vocês, samaritanos, adoram o que não
conhecem; nós adoramos o que conhecemos,
pois a salvação vem dos judeus. 23 No entan-
to, está chegando a hora, e de fato já chegou,
em que os verdadeiros adoradores adorarão
o Pai em espírito e em verdade. São estes os
adoradores que o Pai procura. 24 Deus é espí-
rito, e é necessário que os seus adoradores o
adorem em espírito e em verdade".
25 Disse a mulher: "Eu sei que o Messias
(chamado Cristo) está para vir. Quando ele
vier, explicará tudo para nós".

[a] 4:9 *Ou não usam pratos que os samaritanos usaram.*

Pessoas nos tempos da Bíblia

A mulher samaritana

Esta mulher samaritana levava uma vida de pecado. Ao ir ao poço buscar água, foi surpreendida por Jesus pedindo-lhe água para beber. Jesus ofereceu à mulher água viva, que simboliza conhecer Jesus e receber a vida eterna. A mulher samaritana creu em Jesus e contou a muitos outros samaritanos sobre ele.

26 Então Jesus declarou: "Eu sou o Messias!
Eu, que estou falando com você".

Os discípulos voltam da cidade

27 Naquele momento os seus discípulos
voltaram e ficaram surpresos ao encontrá-
-lo conversando com uma mulher. Mas nin-
guém perguntou: "Que queres saber?" ou:
"Por que estás conversando com ela?"
28 Então, deixando o seu cântaro, a mulher
voltou à cidade e disse ao povo: 29 "Venham
ver um homem que me disse tudo o que te-
nho feito. Será que ele não é o Cristo?" 30 En-
tão saíram da cidade e foram para onde ele
estava.
31 Enquanto isso, os discípulos insistiam
com ele: "Mestre, come alguma coisa".
32 Mas ele lhes disse: "Tenho algo para co-
mer que vocês não conhecem".
33 Então os seus discípulos disseram uns
aos outros: "Será que alguém lhe trouxe co-
mida?"
34 Disse Jesus: "A minha comida é fazer a
vontade daquele que me enviou e concluir
a sua obra. 35 Vocês não dizem: 'Daqui a quatro
meses haverá a colheita'? Eu lhes digo: Abram
os olhos e vejam os campos! Eles estão ma-
duros para a colheita. 36 Aquele que colhe já
recebe o seu salário e colhe fruto para a vida
eterna, de forma que se alegram juntos o que
semeia e o que colhe. 37 Assim é verdadeiro
o ditado: 'Um semeia, e outro colhe'. 38 Eu os
enviei para colherem o que vocês não culti-
varam. Outros realizaram o trabalho árduo,
e vocês vieram a usufruir do trabalho deles".

Muitos samaritanos creem

39Muitos samaritanos daquela cidade cre-
ram nele por causa do seguinte testemu-
nho dado pela mulher: "Ele me disse tudo o
que tenho feito". 40Assim, quando se aproxi-
maram dele, os samaritanos insistiram em
que ficasse com eles, e ele ficou dois dias.
41E por causa da sua palavra, muitos outros
creram.

42E disseram à mulher: "Agora cremos não
somente por causa do que você disse, pois
nós mesmos o ouvimos e sabemos que este
é realmente o Salvador do mundo".

Jesus cura o filho de um oficial

43Depois daqueles dois dias, ele partiu pa-
ra a Galileia. 44(O próprio Jesus tinha afirma-
do que nenhum profeta tem honra em sua
própria terra.) 45Quando chegou à Galileia, os
galileus deram-lhe boas-vindas. Eles tinham
visto tudo o que ele fizera em Jerusalém, por
ocasião da festa da Páscoa, pois também ha-
viam estado lá.

46Mais uma vez ele visitou Caná da Gali-
leia, onde tinha transformado água em vi-
nho. E havia ali um oficial do rei, cujo filho
estava doente em Cafarnaum. 47Quando ele
ouviu falar que Jesus tinha chegado à Gali-
leia, vindo da Judeia, procurou-o e suplicou-
-lhe que fosse curar seu filho, que estava à
beira da morte.

48Disse-lhe Jesus: "Se vocês não virem si-
nais e maravilhas, nunca crerão".

49O oficial do rei disse: "Senhor, vem, antes
que o meu filho morra!"

50Jesus respondeu: "Pode ir. O seu filho
continuará vivo". O homem confiou na pa-
lavra de Jesus e partiu. 51Estando ele ainda a
caminho, seus servos vieram ao seu encon-
tro com notícias de que o menino estava vi-
vo. 52Quando perguntou a que horas o seu
filho tinha melhorado, eles lhe disseram: "A
febre o deixou ontem, à uma hora da tarde[a]".

53Então o pai constatou que aquela fora
exatamente a hora em que Jesus lhe disse-
ra: "O seu filho continuará vivo". Assim, cre-
ram ele e todos os de sua casa.

54Esse foi o segundo sinal milagroso que
Jesus realizou, depois que veio da Judeia pa-
ra a Galileia.

A cura junto ao tanque de Betesda

5 Algum tempo depois, Jesus subiu a Jeru-
salém para uma festa dos judeus. 2Há em
Jerusalém, perto da porta das Ovelhas, um
tanque que, em aramaico[b], é chamado Be-
tesda[c], tendo cinco entradas em volta. 3Ali
costumava ficar grande número de pessoas
doentes e inválidas: cegos, mancos e para-
líticos. Eles esperavam um movimento nas
águas.[d] 4De vez em quando descia um anjo do
Senhor e agitava as águas. O primeiro que en-
trasse no tanque, depois de agitadas as águas,
era curado de qualquer doença que tivesse.
5Um dos que estavam ali era paralítico fazia
trinta e oito anos. 6Quando o viu deitado e
soube que ele vivia naquele estado duran-
te tanto tempo, Jesus lhe perguntou: "Você
quer ser curado?"

7Disse o paralítico: "Senhor, não tenho
ninguém que me ajude a entrar no tanque
quando a água é agitada. Enquanto estou
tentando entrar, outro chega antes de mim".

8Então Jesus lhe disse: "Levante-se! Pegue
a sua maca e ande". 9Imediatamente o ho-
mem ficou curado, pegou a maca e começou
a andar.

Isso aconteceu num sábado, 10e, por essa
razão, os judeus disseram ao homem que ha-
via sido curado: "Hoje é sábado, não lhe é
permitido carregar a maca".

11Mas ele respondeu: "O homem que me
curou me disse: 'Pegue a sua maca e ande' ".

12Então lhe perguntaram: "Quem é esse ho-
mem que lhe mandou pegar a maca e andar?"

13O homem que fora curado não tinha ideia
de quem era ele, pois Jesus havia desapare-
cido no meio da multidão.

14Mais tarde Jesus o encontrou no templo
e lhe disse: "Olhe, você está curado. Não volte
a pecar, para que algo pior não lhe aconteça".
15O homem foi contar aos judeus que fora Je-
sus quem o tinha curado.

Vida por meio do filho

16Então os judeus passaram a perseguir Je-
sus, porque ele estava fazendo essas coisas no
sábado. 17Disse-lhes Jesus: "Meu Pai continua
trabalhando até hoje, e eu também estou tra-
balhando". 18Por essa razão, os judeus mais
ainda queriam matá-lo, pois não somente es-
tava violando o sábado, mas também estava
dizendo que Deus era seu próprio Pai, igua-
lando-se a Deus.

19Jesus lhes deu esta resposta: "Eu lhes di-
go verdadeiramente que o Filho não pode

[a] 4:52 Grego: *à hora sétima*.

[b] 5:2 Grego: *em hebraico*; também em 19:13,17,20 e 20:16.

[c] 5:2 Alguns manuscritos dizem *Betzata*; outros trazem *Betsaida*.

[d] 5:3 A maioria dos manuscritos mais antigos não trazem essa frase e todo o versículo 4.

A oração do Senhor

Jesus ensinou essa oração a seus discípulos. Ela dá um exemplo de como devemos nos aproximar de Deus e como devemos orar. Também nos lembra de orar a um Pai celeste que é uma pessoa de verdade.

Pai nosso, que estás nos céus!
Santificado seja o teu nome.

Venha o teu Reino;

seja feita tua vontade,
assim na terra como no céu.

Dá-nos hoje o nosso pão de cada dia.

Perdoa as nossas dívidas,
assim como perdoamos
aos nossos devedores.

E não nos deixes cair em tentação,
mas livra-nos do mal,

porque teu é o Reino, o poder
e a glória para sempre.

Amém.

—Mateus 6:9-13 e Lucas 11:2-4

Pessoas famosas da Bíblia

Abraão	Gênesis 11:26-29; 12:10-20; 18:1-33; 21:1-3; 22:1-18
Adão e Eva	Gênesis 2:4—3:19
Amós	Amós 1—9
Ana	1Samuel 1:1—2:21
Boaz	Rute 2—4
Caim e Abel	Gênesis 4
Daniel	Daniel 1—6
Davi	1Samuel 16 e 17; 2Samuel 1—6,11 e 12
Débora	Juízes 4 e 5
Elias	1Reis 17:1-16
Eliseu	2Reis 2
Esaú	Gênesis 25:29-34; 27
Ester	Ester 3—8
Ezequias	2Reis 20:1-21
Filipe	Atos 8:4-7,26-40
Gideão	Juízes 6 e 7
Hagar	Gênesis 16:3; 21:9-21
Isaque	Gênesis 24—27
Ismael	Gênesis 16:15,16; 21:9-21
Jacó	Gênesis 27—33
Jó	Jó 1:1—2:13; 42:7-17
João	João 19:26,27; Atos 4:1-31
Jonas	Jonas 1—4
Jônatas	1Samuel 20
João Batista	Mateus 3; 14:1-12
José	Gênesis 37; 39—50

Josué	Números 13:1—14:38; Josué 1—6
Lázaro	João 11:1-44
Lídia	Atos 16:11-15
Maria, a mãe de Jesus	Lucas 1:26—2:52
Maria e Marta	Lucas 10:38-42; João 11:1-5,19-33
Maria Madalena	João 20:1-18
Mateus	Marcos 2:13,14
Miriam	Êxodo 2:1-10; Números 12:1-15
Moisés	Êxodo 2—4, 14 e 15
Noemi	Rute 1—4
Neemias	Neemias 1:1—2:9; 3:1—4:23
Nicodemos	João 3:1-21
Noé	Gênesis 6:9—9:17
Paulo (Saulo)	Atos 9:1-19; 21—28
Pedro	Mateus 14:22-33; Atos 3:1-10
Priscila e Áquila	Atos 18:1-4,24-26
Raabe	Josué 2
Rute	Rute 1—4
Sansão	Juízes 13—16
Samuel	1Samuel 1—3, 8 e 16
Sara	Gênesis 11:29—23:20
Saul	1Samuel 15
Sadraque, Mesaque e Abede-Nego	Daniel 3:1-30
Salomão	1Reis 2:1—3:28; 4:20-34; 10
Timóteo	Atos 16:1; 17:14,15; 1Timóteo 1:1,2
Zaqueu	Lucas 19:1-10

Os doze discípulos

Durante a vida de Jesus na terra,
doze homens especiais ele se pôs a chamar.
Quando disse "Venha. Siga-me",
cada um atendeu sem pestanejar.

Inclusive Simão Pedro, sendo convidado,
quis do grupo participar.
E a seu irmão, André, que atendeu ao convite,
Pedro foi sem demora chamar.

Singulares homens foram por Jesus chamados.
Junto ao mar da Galileia,
Tiago e João, seu irmão, tendo suas redes deixado,
aceitaram o convite de Jesus.

Como a multidão conhecia Jesus,
conhecia também Filipe e Tomé.
Mas muitas dúvidas sobre Jesus
Tomé tinha e não escondia.

Integrando o grupo, havia também Mateus,
que escreveu sobre a vida de Jesus.
Seu livro conta histórias incríveis sobre o amor,
os ensinamentos e as lutas de Jesus.

Perfeitamente feliz com a ideia,
juntou-se ao grupo Tiago, filho de Alfeu.
Também o acompanharam
os discípulos Simão e Tadeu.

Um dia veio Judas também,
aquele que cuidava do dinheiro.
Esse foi aquele que um dia, porém,
acabaria por trair o Mestre.

Logo depois de Judas
chegou Bartolomeu,
que também era conhecido
por outro nome: Natanael.

Os discípulos saíram
pelo mundo a pregar.
E, como a mensagem de Jesus
transmitiram,
muitas almas puderam alcançar.

Salvos por Jesus, devemos
sempre segui-lo,
assim como seus discípulos.
Então escute a voz de Jesus,
que chama por mim e por você.

fazer nada de si mesmo; só pode fazer o que vê o Pai fazer, porque o que o Pai faz o Filho também faz. 20Pois o Pai ama ao Filho e lhe mostra tudo o que faz. Sim, para admiração de vocês, ele lhe mostrará obras ainda maiores do que estas. 21Pois, da mesma forma que o Pai ressuscita os mortos e lhes dá vida, o Filho também dá vida a quem ele quer. 22Além disso, o Pai a ninguém julga, mas confiou todo julgamento ao Filho, 23para que todos honrem o Filho como honram o Pai. Aquele que não honra o Filho, também não honra o Pai que o enviou.

24"Eu lhes asseguro: Quem ouve a minha palavra e crê naquele que me enviou, tem a vida eterna e não será condenado, mas já passou da morte para a vida. 25Eu lhes afirmo que está chegando a hora, e já chegou, em que os mortos ouvirão a voz do Filho de Deus, e aqueles que a ouvirem, viverão. 26Pois, da mesma forma como o Pai tem vida em si mesmo, ele concedeu ao Filho ter vida em si mesmo. 27E deu-lhe autoridade para julgar, porque é o Filho do homem.

28"Não fiquem admirados com isto, pois está chegando a hora em que todos os que estiverem nos túmulos ouvirão a sua voz 29e sairão; os que fizeram o bem ressuscitarão para a vida, e os que fizeram o mal ressuscitarão para serem condenados. 30Por mim mesmo, nada posso fazer; eu julgo apenas conforme ouço, e o meu julgamento é justo, pois não procuro agradar a mim mesmo, mas àquele que me enviou.

Testemunhos acerca de Jesus

31"Se testifico acerca de mim mesmo, o meu testemunho não é válido.[a] 32Há outro que testemunha em meu favor, e sei que o seu testemunho a meu respeito é válido.

[a] 5:31 Os judeus exigiam mais de um testemunho para condenar ou justificar uma declaração.

Palavras para memorizar

"Quem ouve a minha palavra e crê naquele que me enviou, tem a vida eterna e não será condenado."

(João 5:24)

33"Vocês enviaram representantes a João, e ele testemunhou da verdade. 34Não que eu busque testemunho humano, mas menciono isso para que vocês sejam salvos. 35João era uma candeia que queimava e irradiava luz, e durante certo tempo vocês quiseram alegrar-se com a sua luz.

36"Eu tenho um testemunho maior que o de João; a própria obra que o Pai me deu para concluir, e que estou realizando, testemunha que o Pai me enviou. 37E o Pai que me enviou, ele mesmo testemunhou a meu respeito. Vocês nunca ouviram a sua voz, nem viram a sua forma, 38nem a sua palavra habita em vocês, pois não creem naquele que ele enviou. 39Vocês estudam cuidadosamente[b] as Escrituras, porque pensam que nelas vocês têm a vida eterna. E são as Escrituras que testemunham a meu respeito; 40contudo, vocês não querem vir a mim para terem vida.

41"Eu não aceito glória dos homens, 42mas conheço vocês. Sei que vocês não têm o amor de Deus. 43Eu vim em nome de meu Pai, e vocês não me aceitaram; mas, se outro vier em seu próprio nome, vocês o aceitarão. 44Como vocês podem crer, se aceitam glória uns dos outros, mas não procuram a glória que vem do Deus[c] único?

45"Contudo, não pensem que eu os acusarei perante o Pai. Quem os acusa é Moisés, em quem estão as suas esperanças. 46Se vocês cressem em Moisés, creriam em mim, pois ele escreveu a meu respeito. 47Visto, porém, que não creem no que ele escreveu, como crerão no que eu digo?"

A primeira multiplicação dos pães

(Mt 14:13-21; Mc 6:30-44; Lc 9:10-17)

6 Algum tempo depois, Jesus partiu para a outra margem do mar da Galileia (ou seja, do mar de Tiberíades), 2e grande multidão continuava a segui-lo, porque vira os sinais milagrosos que ele tinha realizado nos doentes. 3Então Jesus subiu ao monte e sentou-se com os seus discípulos. 4Estava próxima a festa judaica da Páscoa.

5Levantando os olhos e vendo uma grande multidão que se aproximava, Jesus disse a Filipe: "Onde compraremos pão para esse povo comer?" 6Fez essa pergunta apenas para pô-lo à prova, pois já tinha em mente o que ia fazer.

[b] 5:39 Ou *Estudem cuidadosamente*
[c] 5:44 Alguns manuscritos antigos não trazem *Deus*.

7Filipe lhe respondeu: "Duzentos denários[a]
não comprariam pão suficiente para que cada
um recebesse um pedaço!"
8Outro discípulo, André, irmão de Simão
Pedro, tomou a palavra: 9"Aqui está um rapaz
com cinco pães de cevada e dois peixinhos,
mas o que é isto para tanta gente?"
10Disse Jesus: "Mandem o povo assentar-
-se". Havia muita grama naquele lugar, e to-
dos se assentaram. Eram cerca de cinco mil
homens. 11Então Jesus tomou os pães, deu
graças e os repartiu entre os que estavam
assentados, tanto quanto queriam; e fez o
mesmo com os peixes.
12Depois que todos receberam o suficiente
para comer, disse aos seus discípulos: "Ajun-
tem os pedaços que sobraram. Que nada se-
ja desperdiçado". 13Então eles os ajuntaram
e encheram doze cestos com os pedaços dos
cinco pães de cevada deixados por aqueles
que tinham comido.
14Depois de ver o sinal milagroso que Je-
sus tinha realizado, o povo começou a dizer:
"Sem dúvida este é o Profeta que devia vir
ao mundo". 15Sabendo Jesus que pretendiam
proclamá-lo rei à força, retirou-se novamente
sozinho para o monte.

Jesus anda sobre as águas

(Mt 14:22-36; Mc 6:45-56)

16Ao anoitecer seus discípulos desceram
para o mar, 17entraram num barco e come-
çaram a travessia para Cafarnaum. Já estava
escuro, e Jesus ainda não tinha ido até onde
eles estavam. 18Soprava um vento forte, e as
águas estavam agitadas. 19Depois de terem
remado cerca de cinco ou seis quilômetros[b],
viram Jesus aproximando-se do barco, an-
dando sobre o mar, e ficaram aterrorizados.
20Mas ele lhes disse: "Sou eu! Não tenham
medo!" 21Então resolveram recebê-lo no bar-
co, e logo chegaram à praia para a qual se
dirigiam.
22No dia seguinte, a multidão que tinha
ficado no outro lado do mar percebeu que
apenas um barco estivera ali, e que Jesus
não havia entrado nele com os seus discí-
pulos, mas que eles tinham partido sozi-
nhos. 23Então alguns barcos de Tiberíades
aproximaram-se do lugar onde o povo ti-
nha comido o pão após o Senhor ter dado
graças. 24Quando a multidão percebeu que
nem Jesus nem os discípulos estavam ali,
entrou nos barcos e foi para Cafarnaum em
busca de Jesus.

Jesus, o pão da vida

25Quando o encontraram do outro lado do
mar, perguntaram-lhe: "Mestre, quando che-
gaste aqui?"
26Jesus respondeu: "A verdade é que vo-
cês estão me procurando, não porque viram
os sinais milagrosos, mas porque comeram
os pães e ficaram satisfeitos. 27Não trabalhem
pela comida que se estraga, mas pela comida
que permanece para a vida eterna, a qual o
Filho do homem lhes dará. Deus, o Pai, nele
colocou o seu selo de aprovação".

[a] 6:7 O denário era uma moeda de prata equivalente à diária de um trabalhador braçal.

[b] 6:19 Grego: *25 ou 30 estádios*. Um estádio equivalia a 185 metros.

A vida nos tempos da Bíblia

Pães de cevada

Dois cereais diferentes, trigo e cevada, eram utilizados para fazer pão. O trigo era caro e, como a maioria das pessoas era pobre, comia pequenos pães redondos de cevada integral. O menino da história em João 6 tinha cinco desses pães.

Você sabia?

O que significa "pão da vida"?

6:35 Nesta passagem, o pão é um símbolo que representa outra coisa. Jesus não estava falando sobre pão de verdade, mas estava ensinando aos ouvintes que ele mesmo era o único que poderia lhes dar alimento espiritual e mantê-los vivos para sempre.

28Então lhe perguntaram: "O que precisa-
mos fazer para realizar as obras que Deus re-
quer?"
29Jesus respondeu: "A obra de Deus é esta:
crer naquele que ele enviou".
30Então lhe perguntaram: "Que sinal mi-
lagroso mostrarás para que o vejamos e
creiamos em ti? Que farás? 31Os nossos ante-
passados comeram o maná no deserto; co-
mo está escrito: 'Ele lhes deu a comer pão
dos céus'[a]".
32Declarou-lhes Jesus: "Digo-lhes a verda-
de: Não foi Moisés quem lhes deu pão do céu,
mas é meu Pai quem lhes dá o verdadeiro
pão do céu. 33Pois o pão de Deus é aquele que
desceu do céu e dá vida ao mundo".
34Disseram eles: "Senhor, dá-nos sempre
desse pão!"
35Então Jesus declarou: "Eu sou o pão da
vida. Aquele que vem a mim nunca terá fo-
me; aquele que crê em mim nunca terá sede.
36Mas, como eu lhes disse, vocês me viram,
mas ainda não creem. 37Todo aquele que o
Pai me der virá a mim, e quem vier a mim
eu jamais rejeitarei. 38Pois desci dos céus, não
para fazer a minha vontade, mas para fazer a
vontade daquele que me enviou. 39E esta é a
vontade daquele que me enviou: que eu não
perca nenhum dos que ele me deu, mas os
ressuscite no último dia. 40Porque a vontade
de meu Pai é que todo aquele que olhar para
o Filho e nele crer tenha a vida eterna, e eu o
ressuscitarei no último dia".
41Com isso os judeus começaram a criticar
Jesus, porque dissera: "Eu sou o pão que des-
ceu do céu". 42E diziam: "Este não é Jesus, o
filho de José? Não conhecemos seu pai e sua
mãe? Como ele pode dizer: 'Desci do céu'?"
43Respondeu Jesus: "Parem de me criticar.
44Ninguém pode vir a mim, se o Pai, que me
enviou, não o atrair; e eu o ressuscitarei no
último dia. 45Está escrito nos Profetas: 'To-
dos serão ensinados por Deus'[b]. Todos os que
ouvem o Pai e dele aprendem vêm a mim.
46Ninguém viu o Pai, a não ser aquele que
vem de Deus; somente ele viu o Pai. 47Assegu-
ro-lhes que aquele que crê tem a vida eterna.
48Eu sou o pão da vida. 49Os seus antepassa-
dos comeram o maná no deserto, mas morre-
ram. 50Todavia, aqui está o pão que desce do
céu, para que não morra quem dele comer.
51Eu sou o pão vivo que desceu do céu. Se al-
guém comer deste pão, viverá para sempre.
Este pão é a minha carne, que eu darei pela
vida do mundo".
52Então os judeus começaram a discutir
exaltadamente entre si: "Como pode este
homem nos oferecer a sua carne para co-
mermos?"
53Jesus lhes disse: "Eu lhes digo a verda-
de: Se vocês não comerem a carne do Filho
do homem e não beberem o seu sangue, não
terão vida em si mesmos. 54Todo aquele que
come a minha carne e bebe o meu sangue
tem a vida eterna, e eu o ressuscitarei no úl-
timo dia. 55Pois a minha carne é verdadeira
comida e o meu sangue é verdadeira bebi-
da. 56Todo aquele que come a minha carne
e bebe o meu sangue permanece em mim e
eu nele. 57Da mesma forma como o Pai que
vive me enviou e eu vivo por causa do Pai,
assim aquele que se alimenta de mim viverá
por minha causa. 58Este é o pão que desceu
dos céus. Os antepassados de vocês comeram
o maná e morreram, mas aquele que se ali-
menta deste pão viverá para sempre". 59Ele
disse isso quando ensinava na sinagoga de
Cafarnaum.

Muitos discípulos abandonam Jesus

60Ao ouvirem isso, muitos dos seus discí-
pulos disseram: "Dura é essa palavra. Quem
pode suportá-la?"
61Sabendo em seu íntimo que os seus dis-
cípulos estavam se queixando do que ouvi-
ram, Jesus lhes disse: "Isso os escandaliza?
62Que acontecerá se vocês virem o Filho do
homem subir para onde estava antes? 63O Es-
pírito dá vida; a carne não produz nada que
se aproveite. As palavras que eu lhes disse

[a] 6:31 Êx 16:4; Ne 9:15; Sl 78:24-25

[b] 6:45 Is 54:13

são espírito e vida. 64Contudo, há alguns de vocês que não creem". Pois Jesus sabia desde o princípio quais deles não criam e quem o iria trair. 65E prosseguiu: "É por isso que eu lhes disse que ninguém pode vir a mim, a não ser que isto lhe seja dado pelo Pai".

66Daquela hora em diante, muitos dos seus discípulos voltaram atrás e deixaram de segui-lo.

67Jesus perguntou aos Doze: "Vocês também não querem ir?"

68Simão Pedro lhe respondeu: "Senhor, para quem iremos? Tu tens as palavras de vida eterna. 69Nós cremos e sabemos que és o Santo de Deus".

70Então Jesus respondeu: "Não fui eu que os escolhi, os Doze? Todavia, um de vocês é um diabo!" 71(Ele se referia a Judas, filho de Simão Iscariotes, que, embora fosse um dos Doze, mais tarde haveria de traí-lo.)

Jesus vai à festa das cabanas

7 Depois disso Jesus percorreu a Galileia, mantendo-se deliberadamente longe da Judeia, porque ali os judeus procuravam tirar-lhe a vida. 2Mas, ao se aproximar a festa judaica das cabanas[a], 3os irmãos de Jesus lhe disseram: "Você deve sair daqui e ir para a Judeia, para que os seus discípulos possam ver as obras que você faz. 4Ninguém que deseja ser reconhecido publicamente age em segredo. Visto que você está fazendo estas coisas, mostre-se ao mundo". 5Pois nem os seus irmãos criam nele.

6Então Jesus lhes disse: "Para mim ainda não chegou o tempo certo; para vocês qualquer tempo é certo. 7O mundo não pode odiá-los, mas a mim odeia porque dou testemunho de que o que ele faz é mau. 8Vão vocês à festa; eu ainda[b] não subirei a esta festa, porque para mim ainda não chegou o tempo apropriado". 9Tendo dito isso, permaneceu na Galileia.

10Contudo, depois que os seus irmãos subiram para a festa, ele também subiu, não abertamente, mas em segredo. 11Na festa os judeus o estavam esperando e perguntavam: "Onde está aquele homem?"

12Entre a multidão havia muitos boatos a respeito dele. Alguns diziam: "É um bom homem".

Outros respondiam: "Não, ele está enganando o povo". 13Mas ninguém falava dele em público, por medo dos judeus.

Jesus ensina na festa

14Quando a festa estava na metade, Jesus subiu ao templo e começou a ensinar. 15Os judeus ficaram admirados e perguntaram: "Como foi que este homem adquiriu tanta instrução, sem ter estudado?"

16Jesus respondeu: "O meu ensino não é de mim mesmo. Vem daquele que me enviou. 17Se alguém decidir fazer a vontade de Deus, descobrirá se o meu ensino vem de Deus ou se falo por mim mesmo. 18Aquele que fala por si mesmo busca a sua própria glória, mas aquele que busca a glória de quem o enviou, este é verdadeiro; não há nada de falso a seu respeito. 19Moisés não lhes deu a Lei? No entanto, nenhum de vocês lhe obedece. Por que vocês procuram matar-me?"

20"Você está endemoninhado", respondeu a multidão. "Quem está procurando matá-lo?"

21Jesus lhes disse: "Fiz um milagre[c], e vocês todos estão admirados. 22No entanto, porque Moisés lhes deu a circuncisão (embora, na verdade, ela não tenha vindo de Moisés, mas dos patriarcas), vocês circuncidam no sábado. 23Ora, se um menino pode ser circuncidado no sábado para que a Lei de Moisés não seja quebrada, por que vocês ficam cheios de ira contra mim por ter curado completamente um homem no sábado? 24Não julguem apenas pela aparência, mas façam julgamentos justos".

É Jesus o Cristo?

25Então alguns habitantes de Jerusalém começaram a perguntar: "Não é este o homem que estão procurando matar? 26Aqui está ele, falando publicamente, e não lhe dizem uma palavra. Será que as autoridades chegaram à conclusão de que ele é realmente o Cristo? 27Mas nós sabemos de onde é este homem; quando o Cristo vier, ninguém saberá de onde ele é".

28Enquanto ensinava no pátio do templo, Jesus exclamou: "Sim, vocês me conhecem e sabem de onde sou. Eu não estou aqui por mim mesmo, mas aquele que me enviou é verdadeiro. Vocês não o conhecem, 29mas eu o conheço porque venho da parte dele, e ele me enviou".

30Então tentaram prendê-lo, mas ninguém lhe pôs as mãos, porque a sua hora ainda não havia chegado. 31Assim mesmo, muitos dentre a multidão creram nele e diziam: "Quando o Cristo vier, fará mais sinais milagrosos do que este homem fez?"

[a] 7:2 Ou *dos tabernáculos*
[b] 7:8 Vários manuscritos não trazem *ainda*.
[c] 7:21 Grego: *uma obra*.

32 Os fariseus ouviram a multidão falando
essas coisas a respeito dele. Então os chefes
dos sacerdotes e os fariseus enviaram guar-
das do templo para o prenderem.
33 Disse-lhes Jesus: "Estou com vocês ape-
nas por pouco tempo e logo irei para aquele
que me enviou. 34 Vocês procurarão por mim,
mas não me encontrarão; vocês não podem
ir ao lugar onde eu estarei".
35 Os judeus disseram uns aos outros: "Aon-
de pretende ir este homem, que não o pos-
samos encontrar? Para onde vive o nosso
povo, espalhado entre os gregos, a fim de
ensiná-lo? 36 O que ele quis dizer quando fa-
lou: 'Vocês procurarão por mim, mas não me
encontrarão' e 'vocês não podem ir ao lugar
onde eu estarei'?"
37 No último e mais importante dia da festa,
Jesus levantou-se e disse em alta voz: "Se al-
guém tem sede, venha a mim e beba. 38 Quem
crer em mim, como diz a Escritura, do seu
interior fluirão rios de água viva". 39 Ele es-
tava se referindo ao Espírito, que mais tarde
receberiam os que nele cressem. Até então o
Espírito ainda não tinha sido dado, pois Jesus
ainda não fora glorificado.
40 Ouvindo as suas palavras, alguns dentre
o povo disseram: "Certamente este homem
é o Profeta".
41 Outros disseram: "Ele é o Cristo".
Ainda outros perguntaram: "Como pode
o Cristo vir da Galileia? 42 A Escritura não diz
que o Cristo virá da descendência[a] de Davi,
da cidade de Belém, onde viveu Davi?" 43 As-
sim o povo ficou dividido por causa de Jesus.
44 Alguns queriam prendê-lo, mas ninguém
lhe pôs as mãos.

[a] 7:42 Grego: *semente*.

Você sabia?

O que significa "Messias"?

7:42 Messias é o título dado àquele a quem Deus enviaria para salvar seu povo. Quando alguém chamava a Jesus de "Messias", isso significava que a pessoa acreditava que Jesus era aquele que o Antigo Testamento havia prometido que viria para salvá-los.

A incredulidade dos líderes judeus

45 Finalmente, os guardas do templo volta-
ram aos chefes dos sacerdotes e aos fariseus,
os quais lhes perguntaram: "Por que vocês
não o trouxeram?"
46 "Ninguém jamais falou da maneira co-
mo esse homem fala", declararam os guardas.
47 "Será que vocês também foram engana-
dos?", perguntaram os fariseus. 48 "Por acaso
alguém das autoridades ou dos fariseus creu
nele? 49 Não! Mas essa ralé que nada entende
da lei é maldita."
50 Nicodemos, um deles, que antes tinha
procurado Jesus, perguntou-lhes: 51 "A nossa
lei condena alguém, sem primeiro ouvi-lo
para saber o que ele está fazendo?"
52 Eles responderam: "Você também é da
Galileia? Verifique, e descobrirá que da Ga-
lileia não surge profeta[b]".
53[c] Então cada um foi para a sua casa.
8 Jesus, porém, foi para o monte das Olivei-
ras. 2 Ao amanhecer ele apareceu novamen-
te no templo, onde todo o povo se reuniu ao
seu redor, e ele se assentou para ensiná-lo.
3 Os mestres da lei e os fariseus trouxeram-
-lhe uma mulher surpreendida em adulté-
rio. Fizeram-na ficar em pé diante de todos
4 e disseram a Jesus: "Mestre, esta mulher foi
surpreendida em ato de adultério. 5 Na Lei,
Moisés nos ordena apedrejar tais mulheres.
E o senhor, que diz?" 6 Eles estavam usando
essa pergunta como armadilha, a fim de te-
rem uma base para acusá-lo.
Mas Jesus inclinou-se e começou a escre-
ver no chão com o dedo. 7 Visto que conti-
nuavam a interrogá-lo, ele se levantou e
lhes disse: "Se algum de vocês estiver sem
pecado, seja o primeiro a atirar pedra nela".
8 Inclinou-se novamente e continuou escre-
vendo no chão.
9 Os que o ouviram foram saindo, um de
cada vez, começando pelos mais velhos. Je-
sus ficou só, com a mulher em pé diante dele.
10 Então Jesus pôs-se em pé e perguntou-lhe:
"Mulher, onde estão eles? Ninguém a con-
denou?"
11 "Ninguém, Senhor", disse ela.
Declarou Jesus: "Eu também não a conde-
no. Agora vá e abandone sua vida de pecado".

A validade do testemunho de Jesus

12 Falando novamente ao povo, Jesus disse:
"Eu sou a luz do mundo. Quem me segue,

[b] 7:52 Dois manuscritos dizem *o Profeta*.
[c] 7:53 Muitos manuscritos não trazem João 7:53—8:11; outros manuscritos deslocam o texto.

nunca andará em trevas, mas terá a luz da vida".

13Os fariseus lhe disseram: "Você está testemunhando a respeito de si próprio. O seu testemunho não é válido!"

14Respondeu Jesus: "Ainda que eu mesmo testemunhe em meu favor, o meu testemunho é válido, pois sei de onde vim e para onde vou. Mas vocês não sabem de onde vim nem para onde vou. 15Vocês julgam por padrões humanos; eu não julgo ninguém. 16Mesmo que eu julgue, as minhas decisões são verdadeiras, porque não estou sozinho. Eu estou com o Pai, que me enviou. 17Na Lei de vocês está escrito que o testemunho de dois homens é válido.[a] 18Eu testemunho acerca de mim mesmo; a minha outra testemunha é o Pai, que me enviou".

19Então lhe perguntaram: "Onde está o seu pai?"

Respondeu Jesus: "Vocês não conhecem nem a mim nem a meu Pai. Se me conhecessem, também conheceriam a meu Pai". 20Ele proferiu essas palavras enquanto ensinava no templo, perto do lugar onde se colocavam as ofertas[b]. No entanto, ninguém o prendeu, porque a sua hora ainda não havia chegado.

21Mais uma vez, Jesus lhes disse: "Eu vou embora, e vocês procurarão por mim, e morrerão em seus pecados. Para onde vou, vocês não podem ir".

22Isso levou os judeus a perguntarem: "Será que ele irá matar-se? Será por isso que ele diz: 'Para onde vou, vocês não podem ir'?"

23Mas ele continuou: "Vocês são daqui de baixo; eu sou lá de cima. Vocês são deste mundo; eu não sou deste mundo. 24Eu lhes disse que vocês morrerão em seus pecados. Se vocês não crerem que Eu Sou[c], de fato morrerão em seus pecados".

25"Quem é você?", perguntaram eles.

"Exatamente o que tenho dito o tempo todo", respondeu Jesus. 26"Tenho muitas coisas para dizer e julgar a respeito de vocês. Pois aquele que me enviou merece confiança, e digo ao mundo aquilo que dele ouvi."

27Eles não entenderam que lhes estava falando a respeito do Pai. 28Então Jesus disse: "Quando vocês levantarem o Filho do homem, saberão que Eu Sou, e que nada faço de mim mesmo, mas falo exatamente o que o Pai me ensinou. 29Aquele que me enviou está comigo; ele não me deixou sozinho, pois sempre faço o que lhe agrada". 30Tendo dito essas coisas, muitos creram nele.

Os filhos de Abraão e os filhos do Diabo

31Disse Jesus aos judeus que haviam crido nele: "Se vocês permanecerem firmes na minha palavra, verdadeiramente serão meus discípulos. 32E conhecerão a verdade, e a verdade os libertará".

33Eles lhe responderam: "Somos descendentes[d] de Abraão e nunca fomos escravos de ninguém. Como você pode dizer que seremos livres?"

34Jesus respondeu: "Digo-lhes a verdade: Todo aquele que vive pecando é escravo do pecado. 35O escravo não tem lugar permanente na família, mas o filho pertence a ela para sempre. 36Portanto, se o Filho os libertar, vocês de fato serão livres. 37Eu sei que vocês são descendentes de Abraão. Contudo, estão procurando matar-me, porque em vocês não há lugar para a minha palavra. 38Eu lhes estou dizendo o que vi na presença do Pai, e vocês fazem o que ouviram do pai de vocês[e]".

39"Abraão é o nosso pai", responderam eles.

Disse Jesus: "Se vocês fossem filhos de Abraão, fariam[f] as obras que Abraão fez. 40Mas vocês estão procurando matar-me, sendo que eu lhes falei a verdade que ouvi de Deus; Abraão não agiu assim. 41Vocês estão fazendo as obras do pai de vocês".

Protestaram eles: "Nós não somos filhos ilegítimos[g]. O único Pai que temos é Deus".

42Disse-lhes Jesus: "Se Deus fosse o Pai de vocês, vocês me amariam, pois eu vim de Deus e agora estou aqui. Eu não vim por mim mesmo, mas ele me enviou. 43Por que a minha linguagem não é clara para vocês? Porque são incapazes de ouvir o que eu digo.

44"Vocês pertencem ao pai de vocês, o Diabo, e querem realizar o desejo dele. Ele foi homicida desde o princípio e não se apegou à verdade, pois não há verdade nele. Quando mente, fala a sua própria língua, pois é mentiroso e pai da mentira. 45No entanto, vocês não creem em mim, porque lhes digo a verdade! 46Qual de vocês pode me acusar de algum pecado? Se estou falando a verdade, porque vocês não creem em mim? 47Aquele que pertence a Deus ouve o que Deus diz.

[a] 8:17 Dt 17:6; 19:15
[b] 8:20 Grego: *gazofilácio*.
[c] 8:24 Uma referência ao nome de Deus; também nos versículos 28 e 58.
[d] 8:33 Grego: *semente*; também no versículo 37.
[e] 8:38 Ou *Pai. Portanto, façam o que vocês ouviram do Pai*
[f] 8:39 Alguns manuscritos dizem Se vocês são filhos de Abraão, então façam.
[g] 8:41 Grego: *não nascemos de porneia*, termo genérico que se refere a práticas sexuais ilícitas.

Você sabia?

Quantos anos Jesus tinha?

8:57 Jesus viveu cerca de 33 anos aqui na terra, mas ele também é Deus, e, como tal, sempre existiu, mesmo antes da criação do mundo.

Vocês não o ouvem porque não pertencem
a Deus".

As declarações de Jesus acerca de si mesmo

48 Os judeus lhe responderam: "Não esta-
mos certos em dizer que você é samaritano
e está endemoninhado?"
49 Disse Jesus: "Não estou endemoninha-
do! Ao contrário, honro o meu Pai, e vocês
me desonram. 50 Não estou buscando glória
para mim mesmo; mas, há quem a busque e
julgue. 51 Asseguro-lhes que, se alguém obe-
decer à minha palavra, jamais verá a morte".
52 Diante disso, os judeus exclamaram:
"Agora sabemos que você está endemoni-
nhado! Abraão morreu, bem como os profe-
tas, mas você diz que se alguém obedecer à
sua palavra, nunca experimentará a morte.
53 Você é maior do que o nosso pai Abraão? Ele
morreu, bem como os profetas. Quem você
pensa que é?"
54 Respondeu Jesus: "Se glorifico a mim
mesmo, a minha glória nada significa. Meu
Pai, que vocês dizem ser o seu Deus, é quem
me glorifica. 55 Vocês não o conhecem, mas eu
o conheço. Se eu dissesse que não o conheço,
seria mentiroso como vocês, mas eu de fato
o conheço e obedeço à sua palavra. 56 Abraão,
pai de vocês, regozijou-se porque veria o meu
dia; ele o viu e alegrou-se".
57 Disseram-lhe os judeus: "Você ainda não
tem cinquenta anos, e viu Abraão?"
58 Respondeu Jesus: "Eu lhes afirmo que an-
tes de Abraão nascer, Eu Sou!" 59 Então eles
apanharam pedras para apedrejá-lo, mas Je-
sus escondeu-se e saiu do templo.

Jesus cura um cego de nascença

9 Ao passar, Jesus viu um cego de nascença.
2 Seus discípulos lhe perguntaram: "Mes-
tre, quem pecou: este homem ou seus pais,
para que ele nascesse cego?"
3 Disse Jesus: "Nem ele nem seus pais peca-
ram, mas isto aconteceu para que a obra de
Deus se manifestasse na vida dele. 4 Enquan-
to é dia, precisamos realizar a obra daquele
que me enviou. A noite se aproxima, quando
ninguém pode trabalhar. 5 Enquanto estou no
mundo, sou a luz do mundo".
6 Tendo dito isso, cuspiu no chão, misturou
terra com saliva e aplicou-a aos olhos do ho-
mem. 7 Então lhe disse: "Vá lavar-se no tanque
de Siloé" (que significa "enviado"). O homem
foi, lavou-se e voltou vendo.
8 Seus vizinhos e os que anteriormente o ti-
nham visto mendigando perguntaram: "Não
é este o mesmo homem que costumava ficar
sentado, mendigando?" 9 Alguns afirmavam
que era ele.
Outros diziam: "Não, apenas se parece com
ele".
Mas ele próprio insistia: "Sou eu mesmo".
10 "Então, como foram abertos os seus
olhos?", interrogaram-no eles.
11 Ele respondeu: "O homem chamado Je-
sus misturou terra com saliva, colocou-a nos

A doença é uma punição?

Experimente!

Leia João 9:1-7 que mostra que algumas pessoas acham que todas as doenças são castigo por algum pecado. O que Jesus disse sobre isso no versículo 3? Jesus curou o homem e chamou aquela cura de "a obra daquele [de Deus] que me enviou" (versículo 4).

Médicos, enfermeiros e muitos outros trabalham para curar pessoas doentes. Se há um médico ou enfermeiro em sua igreja, ou se sua igreja apoia um missionário médico, fale com ele sobre essa história da Bíblia e pergunte a ele de que modo um médico ou um enfermeiro podem fazer a obra de Deus.

João 9:1-7

meus olhos e me disse que fosse lavar-me em
Siloé. Fui, lavei-me, e agora vejo”.
12 Eles lhe perguntaram: “Onde está esse
homem?”
“Não sei”, disse ele.

Os fariseus investigam a cura

13 Levaram aos fariseus o homem que fora
cego. 14 Era sábado o dia em que Jesus havia
misturado terra com saliva e aberto os olhos
daquele homem. 15 Então os fariseus também
lhe perguntaram como ele recuperara a vis-
ta. O homem respondeu: “Ele colocou uma
mistura de terra e saliva em meus olhos, eu
me lavei e agora vejo”.
16 Alguns dos fariseus disseram: “Esse ho-
mem não é de Deus, pois não guarda o sá-
bado”.
Mas outros perguntavam: “Como pode um
pecador fazer tais sinais milagrosos?” E hou-
ve divisão entre eles.
17 Tornaram, pois, a perguntar ao cego: “Que
diz você a respeito dele? Foram os seus olhos
que ele abriu”.
O homem respondeu: “Ele é um profeta”.
18 Os judeus não acreditaram que ele fora
cego e havia sido curado enquanto não man-
daram buscar os seus pais. 19 Então pergunta-
ram: “É este o seu filho, o qual vocês dizem
que nasceu cego? Como ele pode ver agora?”
20 Responderam os pais: “Sabemos que ele
é nosso filho e que nasceu cego. 21 Mas não
sabemos como ele pode ver agora ou quem
lhe abriu os olhos. Perguntem a ele. Idade
ele tem; falará por si mesmo”. 22 Seus pais
disseram isso porque tinham medo dos ju-
deus, pois estes já haviam decidido que, se
alguém confessasse que Jesus era o Cristo,
seria expulso da sinagoga. 23 Foi por isso que
seus pais disseram: “Idade ele tem; pergun-
tem a ele”.
24 Pela segunda vez, chamaram o homem
que fora cego e lhe disseram: “Para a glória
de Deus, diga a verdade. Sabemos que esse
homem é pecador”.
25 Ele respondeu: “Não sei se ele é pecador
ou não. Uma coisa sei: eu era cego e agora
vejo!”
26 Então lhe perguntaram: “O que lhe fez
ele? Como lhe abriu os olhos?”
27 Ele respondeu: “Eu já lhes disse, e vocês
não me deram ouvidos. Por que querem ou-
vir outra vez? Acaso vocês também querem
ser discípulos dele?”
28 Então o insultaram e disseram: “Discí-
pulo dele é você! Nós somos discípulos de
Moisés! 29 Sabemos que Deus falou a Moisés,
mas, quanto a esse, nem sabemos de onde
ele vem”.
30 O homem respondeu: “Ora, isso é ex-
traordinário! Vocês não sabem de onde ele
vem, contudo ele me abriu os olhos. 31 Sa-
bemos que Deus não ouve pecadores, mas
ouve o homem que o teme e pratica a sua
vontade.
32 “Ninguém jamais ouviu que os olhos de
um cego de nascença tivessem sido abertos.
33 Se esse homem não fosse de Deus, não po-
deria fazer coisa alguma”.
34 Diante disso, eles responderam: “Você
nasceu cheio de pecado; como tem a ousa-
dia de nos ensinar?” E o expulsaram.

A cegueira espiritual

35 Jesus ouviu que o haviam expulsado, e,
ao encontrá-lo, disse: “Você crê no Filho do
homem?”
36 Perguntou o homem: “Quem é ele, Se-
nhor, para que eu nele creia?”
37 Disse Jesus: “Você já o tem visto. É aquele
que está falando com você”.
38 Então o homem disse: “Senhor, eu creio”.
E o adorou.
39 Disse Jesus: “Eu vim a este mundo para
julgamento, a fim de que os cegos vejam e os
que veem se tornem cegos”.
40 Alguns fariseus que estavam com ele ou-
viram-no dizer isso e perguntaram: “Acaso
nós também somos cegos?”
41 Disse Jesus: “Se vocês fossem cegos, não
seriam culpados de pecado; mas agora que
dizem que podem ver, a culpa de vocês per-
manece.

O pastor e o seu rebanho

10 “Eu lhes asseguro que aquele que não
entra no aprisco das ovelhas pela por-
ta, mas sobe por outro lugar, é ladrão e as-
saltante. 2 Aquele que entra pela porta é o
pastor das ovelhas. 3 O porteiro abre-lhe a
porta, e as ovelhas ouvem a sua voz. Ele cha-
ma as suas ovelhas pelo nome e as leva pa-
ra fora. 4 Depois de conduzir para fora todas
as suas ovelhas, vai adiante delas, e estas o
seguem, porque conhecem a sua voz. 5 Mas
nunca seguirão um estranho; na verdade,
fugirão dele, porque não reconhecem a voz
de estranhos”. 6 Jesus usou essa comparação,
mas eles não compreenderam o que lhes es-
tava falando.
7 Então Jesus afirmou de novo: “Digo-lhes a
verdade: Eu sou a porta das ovelhas. 8 Todos

os que vieram antes de mim eram ladrões
e assaltantes, mas as ovelhas não os ouvi-
ram. 9Eu sou a porta; quem entra por mim
será salvo. Entrará e sairá, e encontrará pas-
tagem[a]. 10O ladrão vem apenas para roubar,
matar e destruir; eu vim para que tenham
vida, e a tenham plenamente.
11"Eu sou o bom pastor. O bom pastor dá
a sua vida pelas ovelhas. 12O assalariado não
é o pastor a quem as ovelhas pertencem. As-
sim, quando vê que o lobo vem, abandona as
ovelhas e foge. Então o lobo ataca o rebanho
e o dispersa. 13Ele foge porque é assalariado e
não se importa com as ovelhas.
14"Eu sou o bom pastor; conheço as minhas
ovelhas, e elas me conhecem, 15assim como
o Pai me conhece e eu conheço o Pai; e dou
a minha vida pelas ovelhas. 16Tenho outras
ovelhas que não são deste aprisco. É necessá-
rio que eu as conduza também. Elas ouvirão
a minha voz, e haverá um só rebanho e um
só pastor. 17Por isso é que meu Pai me ama,
porque eu dou a minha vida para retomá-la.
18Ninguém a tira de mim, mas eu a dou por
minha espontânea vontade. Tenho autorida-
de para dá-la e para retomá-la. Esta ordem
recebi de meu Pai".
19Diante dessas palavras, os judeus ficaram
outra vez divididos. 20Muitos deles diziam:
"Ele está endemoninhado e enlouqueceu.
Por que ouvi-lo?"
21Mas outros diziam: "Essas palavras não
são de um endemoninhado. Pode um demô-
nio abrir os olhos dos cegos?"

[a] 10:9 Ou *ficará em segurança*

Palavras para memorizar

"Eu sou o bom pastor; conheço as minhas ovelhas, e elas me conhecem [...] e dou a minha vida pelas ovelhas."

(João 10:14-15)

A incredulidade dos judeus

22Celebrava-se a festa da Dedicação, em Je-
rusalém. Era inverno, 23e Jesus estava no tem-
plo, caminhando pelo Pórtico de Salomão. 24Os
judeus reuniram-se ao redor dele e pergun-
taram: "Até quando nos deixará em suspen-
se? Se é você o Cristo, diga-nos abertamente".
25Jesus respondeu: "Eu já lhes disse, mas
vocês não creem. As obras que eu realizo em
nome de meu Pai falam por mim, 26mas vo-
cês não creem, porque não são minhas ove-
lhas. 27As minhas ovelhas ouvem a minha
voz; eu as conheço, e elas me seguem. 28Eu
lhes dou a vida eterna, e elas jamais pere-
cerão; ninguém as poderá arrancar da mi-
nha mão. 29Meu Pai, que as deu para mim,
é maior do que todos;[b] ninguém as pode ar-
rancar da mão de meu Pai. 30Eu e o Pai so-
mos um".

[b] 10:29 Muitos manuscritos antigos dizem O que meu Pai me deu é maior do que tudo.

A vida nos tempos da Bíblia

O aprisco das ovelhas

À noite, rebanhos de ovelhas ficavam protegidos em apriscos feitos de pedra ou de galhos com espinhos. O pastor contava as ovelhas conforme elas entravam no aprisco, para saber se faltava alguma, e dormia na única entrada, como se fosse uma porta. Se animais selvagens se aproximassem, o pastor estava ali para proteger as ovelhas.

31Novamente os judeus pegaram pedras para apedrejá-lo, 32mas Jesus lhes disse: "Eu lhes mostrei muitas boas obras da parte do Pai. Por qual delas vocês querem me apedrejar?"

33Responderam os judeus: "Não vamos apedrejá-lo por nenhuma boa obra, mas pela blasfêmia, porque você é um simples homem e se apresenta como Deus".

34Jesus lhes respondeu: "Não está escrito na Lei de vocês: 'Eu disse: Vocês são deuses'[a]? 35Se ele chamou 'deuses' àqueles a quem veio a palavra de Deus (e a Escritura não pode ser anulada), 36que dizer a respeito daquele a quem o Pai santificou e enviou ao mundo? Então, por que vocês me acusam de blasfêmia porque eu disse: Sou Filho de Deus? 37Se eu não realizo as obras do meu Pai, não creiam em mim. 38Mas se as realizo, mesmo que não creiam em mim, creiam nas obras, para que possam saber e entender que o Pai está em mim, e eu no Pai". 39Outra vez tentaram prendê-lo, mas ele se livrou das mãos deles.

40Então Jesus atravessou novamente o Jordão e foi para o lugar onde João batizava nos primeiros dias do seu ministério. Ali ficou, 41e muita gente foi até onde ele estava, dizendo: "Embora João nunca tenha realizado um sinal milagroso, tudo o que ele disse a respeito deste homem era verdade". 42E ali muitos creram em Jesus.

A morte de Lázaro

11 Havia um homem chamado Lázaro. Ele era de Betânia, do povoado de Maria e de sua irmã Marta. E aconteceu que Lázaro ficou doente. 2Maria, sua irmã, era a mesma que derramara perfume sobre o Senhor e lhe enxugara os pés com os cabelos. 3Então as irmãs de Lázaro mandaram dizer a Jesus: "Senhor, aquele a quem amas está doente".

4Ao ouvir isso, Jesus disse: "Essa doença não acabará em morte; é para a glória de Deus, para que o Filho de Deus seja glorificado por meio dela". 5Jesus amava Marta, a irmã dela e Lázaro. 6No entanto, quando ouviu falar que Lázaro estava doente, ficou mais dois dias onde estava.

7Depois disse aos seus discípulos: "Vamos voltar para a Judeia".

8Estes disseram: "Mestre, há pouco os judeus tentaram apedrejar-te, e assim mesmo vais voltar para lá?"

[a] 10:34 Sl 82:6

9Jesus respondeu: "O dia não tem doze horas? Quem anda de dia não tropeça, pois vê a luz deste mundo. 10Quando anda de noite, tropeça, pois nele não há luz".

11Depois de dizer isso, prosseguiu dizendo-lhes: "Nosso amigo Lázaro adormeceu, mas vou até lá para acordá-lo".

12Seus discípulos responderam: "Senhor, se ele dorme, vai melhorar". 13Jesus tinha falado de sua morte, mas os seus discípulos pensaram que ele estava falando simplesmente do sono.

14Então lhes disse claramente: "Lázaro morreu, 15e para o bem de vocês estou contente por não ter estado lá, para que vocês creiam. Mas, vamos até ele".

16Então Tomé, chamado Dídimo[b], disse aos outros discípulos: "Vamos também para morrermos com ele".

Jesus conforta as irmãs de Lázaro

17Ao chegar, Jesus verificou que Lázaro já estava no sepulcro havia quatro dias. 18Betânia distava cerca de três quilômetros[c] de Jerusalém, 19e muitos judeus tinham ido visitar Marta e Maria para confortá-las pela perda do irmão. 20Quando Marta ouviu que Jesus estava chegando, foi encontrá-lo, mas Maria ficou em casa.

21Disse Marta a Jesus: "Senhor, se estivesses aqui meu irmão não teria morrido. 22Mas sei que, mesmo agora, Deus te dará tudo o que pedires".

23Disse-lhe Jesus: "O seu irmão vai ressuscitar".

24Marta respondeu: "Eu sei que ele vai ressuscitar na ressurreição, no último dia".

[b] 11:16 Tanto *Tomé* (aramaico) como *Dídimo* (grego) significam *gêmeo*.

[c] 11:18 Grego: *15 estádios*. Um estádio equivalia a 185 metros.

Você sabia?

Por que Jesus não foi a Betânia antes de Lázaro morrer?

11:14-15 De propósito, Jesus não foi logo que as irmãs de Lázaro o chamaram. Quando ele chegou, seu amigo já havia morrido, mas Jesus trouxe Lázaro de volta à vida e fez esse milagre para mostrar seu poder sobre a morte.

25Disse-lhe Jesus: "Eu sou a ressurreição e a vida. Aquele que crê em mim, ainda que morra, viverá; 26e quem vive e crê em mim não morrerá eternamente. Você crê nisso?"

27Ela lhe respondeu: "Sim, Senhor, eu tenho crido que tu és o Cristo, o Filho de Deus que devia vir ao mundo".

28E depois de dizer isso, foi para casa e, chamando à parte Maria, disse-lhe: "O Mestre está aqui e está chamando você". 29Ao ouvir isso, Maria levantou-se depressa e foi ao encontro dele. 30Jesus ainda não tinha entrado no povoado, mas estava no lugar onde Marta o encontrara. 31Quando notaram que ela se levantou depressa e saiu, os judeus, que a estavam confortando em casa, seguiram-na, supondo que ela ia ao sepulcro, para ali chorar. 32Chegando ao lugar onde Jesus estava e vendo-o, Maria prostrou-se aos seus pés e disse: "Senhor, se estivesses aqui meu irmão não teria morrido".

33Ao ver chorando Maria e os judeus que a acompanhavam, Jesus agitou-se no espírito e perturbou-se.

34"Onde o colocaram?", perguntou ele.

"Vem e vê, Senhor", responderam eles.

35Jesus chorou.

36Então os judeus disseram: "Vejam como ele o amava!"

37Mas alguns deles disseram: "Ele, que abriu os olhos do cego, não poderia ter impedido que este homem morresse?"

Jesus ressuscita Lázaro

38Jesus, outra vez profundamente comovido, foi até o sepulcro. Era uma gruta com uma pedra colocada à entrada.

39"Tirem a pedra", disse ele.

Disse Marta, irmã do morto: "Senhor, ele já cheira mal, pois já faz quatro dias".

40Disse-lhe Jesus: "Não lhe falei que, se você cresse, veria a glória de Deus?"

41Então tiraram a pedra. Jesus olhou para cima e disse: "Pai, eu te agradeço porque me ouviste. 42Eu sei que sempre me ouves, mas disse isso por causa do povo que está aqui, para que creia que tu me enviaste".

43Depois de dizer isso, Jesus bradou em alta voz: "Lázaro, venha para fora!" 44O morto saiu, com as mãos e os pés envolvidos em faixas de linho e o rosto envolto num pano.

Disse-lhes Jesus: "Tirem as faixas dele e deixem-no ir".

A conspiração para matar Jesus

45Muitos dos judeus que tinham vindo visitar Maria, vendo o que Jesus fizera, creram nele. 46Mas alguns deles foram contar aos fariseus o que Jesus tinha feito. 47Então os chefes dos sacerdotes e os fariseus convocaram uma reunião do Sinédrio[a].

"O que estamos fazendo?", perguntaram eles. "Aí está esse homem realizando muitos sinais milagrosos. 48Se o deixarmos, todos crerão nele, e então os romanos virão e tirarão tanto o nosso lugar[b] como a nossa nação."

49Então um deles, chamado Caifás, que naquele ano era o sumo sacerdote, tomou a palavra e disse: "Nada sabeis! 50Não percebeis que vos é melhor que morra um homem pelo povo, e que não pereça toda a nação".

51Ele não disse isso de si mesmo, mas, sendo o sumo sacerdote naquele ano, profetizou que Jesus morreria pela nação judaica, 52e não somente por aquela nação, mas também pelos filhos de Deus que estão espalhados, para reuni-los num povo. 53E daquele dia em diante, resolveram tirar-lhe a vida.

54Por essa razão, Jesus não andava mais publicamente entre os judeus. Ao invés disso, retirou-se para uma região próxima do deserto, para um povoado chamado Efraim, onde ficou com os seus discípulos.

55Ao se aproximar a Páscoa judaica, muitos foram daquela região para Jerusalém a fim de participarem das purificações cerimoniais antes da Páscoa. 56Continuavam procurando Jesus e, no templo, perguntavam uns aos outros: "O que vocês acham? Será que ele virá à festa?" 57Mas os chefes dos sacerdotes e os fariseus tinham ordenado que, se alguém soubesse onde Jesus estava, o denunciasse, para que o pudessem prender.

Jesus é ungido em Betânia

(Mt 26:6-13; Mc 14:3-9)

12 Seis dias antes da Páscoa Jesus chegou a Betânia, onde vivia Lázaro, a quem ressuscitara dos mortos. 2Ali prepararam um jantar para Jesus. Marta servia, enquanto Lázaro estava à mesa com ele. 3Então Maria pegou um frasco[c] de nardo puro, que era um perfume caro, derramou-o sobre os pés de Jesus e os enxugou com os seus cabelos. E a casa encheu-se com a fragrância do perfume.

4Mas um dos seus discípulos, Judas Iscariotes, que mais tarde iria traí-lo, fez uma objeção: 5"Por que este perfume não foi vendido, e o dinheiro dado aos pobres?

[a] 11:47 Conselho dos principais líderes do povo judeu.
[b] 11:48 Ou *templo*
[c] 12:3 Grego: *1 litra*. A litra era uma medida de capacidade de cerca de um terço de litro.

Seriam trezentos denários[a]". 6Ele não falou
isso por se interessar pelos pobres, mas por-
que era ladrão; sendo responsável pela bol-
sa de dinheiro, costumava tirar o que nela
era colocado.
7Respondeu Jesus: "Deixe-a em paz; que
o guarde para o dia do meu sepultamento.
8Pois os pobres vocês sempre terão consigo,
mas a mim vocês nem sempre terão".
9Enquanto isso, uma grande multidão de
judeus, ao descobrir que Jesus estava ali,
veio, não apenas por causa de Jesus, mas
também para ver Lázaro, a quem ele ressus-
citara dos mortos. 10Assim, os chefes dos sa-
cerdotes fizeram planos para matar também
Lázaro, 11pois por causa dele muitos estavam
se afastando dos judeus e crendo em Jesus.

A entrada triunfal

(Mt 21:1-11; Mc 11:1-11; Lc 19:28-40)

12No dia seguinte, a grande multidão que
tinha vindo para a festa ouviu falar que Je-
sus estava chegando a Jerusalém. 13Pegaram
ramos de palmeiras e saíram ao seu encon-
tro, gritando:

"Hosana![b]"
"Bendito é o que vem
em nome do Senhor!"[c]
"Bendito é o Rei de Israel!"

14Jesus conseguiu um jumentinho e mon-
tou nele, como está escrito:

15"Não tenha medo,
ó cidade[d] de Sião;
eis que o seu rei vem,
montado num jumentinho"[e].

16A princípio seus discípulos não enten-
deram isso. Só depois que Jesus foi glorifi-
cado, eles se lembraram de que essas coisas
estavam escritas a respeito dele e lhe foram
feitas.
17A multidão que estava com ele, quando
mandara Lázaro sair do sepulcro e o ressusci-
tara dos mortos, continuou a espalhar o fato.
18Muitas pessoas, por terem ouvido falar que
ele realizara tal sinal milagroso, foram ao seu
encontro. 19E assim os fariseus disseram uns
aos outros: "Não conseguimos nada. Olhem
como o mundo todo vai atrás dele!"

Jesus prediz sua morte

20Entre os que tinham ido adorar a Deus na
festa da Páscoa, estavam alguns gregos. 21Eles
se aproximaram de Filipe, que era de Betsai-
da da Galileia, com um pedido: "Senhor, que-
remos ver Jesus". 22Filipe foi dizê-lo a André,
e os dois juntos o disseram a Jesus.
23Jesus respondeu: "Chegou a hora de ser
glorificado o Filho do homem. 24Digo-lhes
verdadeiramente que, se o grão de trigo não
cair na terra e não morrer, continuará ele só.
Mas se morrer, dará muito fruto. 25Aquele
que ama a sua vida, a perderá; ao passo que
aquele que odeia a sua vida neste mundo, a
conservará para a vida eterna. 26Quem me
serve precisa seguir-me; e, onde estou, o meu
servo também estará. Aquele que me serve,
meu Pai o honrará.
27"Agora meu coração está perturbado, e
o que direi? Pai, salva-me desta hora? Não;
eu vim exatamente para isto, para esta hora.
28Pai, glorifica o teu nome!"
Então veio uma voz dos céus: "Eu já o glo-
rifiquei e o glorificarei novamente". 29A mul-
tidão que ali estava e a ouviu, disse que tinha
trovejado; outros disseram que um anjo lhe
tinha falado.
30Jesus disse: "Esta voz veio por causa de
vocês, e não por minha causa. 31Chegou a
hora de ser julgado este mundo; agora será
expulso o príncipe deste mundo. 32Mas eu,
quando for levantado da terra, atrairei todos
a mim". 33Ele disse isso para indicar o tipo de
morte que haveria de sofrer.
34A multidão falou: "A Lei nos ensina que o
Cristo permanecerá para sempre; como po-
des dizer: 'O Filho do homem precisa ser le-
vantado'? Quem é esse 'Filho do homem'?"
35Disse-lhes então Jesus: "Por mais um
pouco de tempo a luz estará entre vocês. An-
dem enquanto vocês têm a luz, para que as
trevas não os surpreendam, pois aquele que
anda nas trevas não sabe para onde está indo.
36Creiam na luz enquanto vocês a têm, para

Palavras para memorizar

"Quem me serve precisa seguir-me."
(João 12:26)

[a] 12:5 O denário era uma moeda de prata equivalente à diária de um trabalhador braçal.
[b] 12:13 Expressão hebraica que significa *"Salve!"*, e que se tornou exclamação de louvor.
[c] 12:13 Sl 118:25-26
[d] 12:15 Grego: *filha*.
[e] 12:15 Zc 9:9

que se tornem filhos da luz". Terminando de
falar, Jesus saiu e ocultou-se deles.

A incredulidade dos judeus

37Mesmo depois que Jesus fez todos aque-
les sinais milagrosos, não creram nele. 38Isso
aconteceu para se cumprir a palavra do pro-
feta Isaías, que disse:

"Senhor, quem creu
em nossa mensagem,
e a quem foi revelado
o braço do Senhor?"[a]

39Por esta razão eles não podiam crer, por-
que, como disse Isaías noutro lugar:

40"Cegou os seus olhos
e endureceu-lhes o coração,
para que não vejam
com os olhos
nem entendam com o coração,
nem se convertam,
e eu os cure"[b].

41Isaías disse isso porque viu a glória de
Jesus e falou sobre ele.
42Ainda assim, muitos líderes dos judeus
creram nele. Mas, por causa dos fariseus,
não confessavam a sua fé, com medo de se-
rem expulsos da sinagoga; 43pois preferiam
a aprovação[c] dos homens do que a aprova-
ção de Deus.
44Então Jesus disse em alta voz: "Quem crê
em mim, não crê apenas em mim, mas na-
quele que me enviou. 45Quem me vê, vê aque-
le que me enviou. 46Eu vim ao mundo como
luz, para que todo aquele que crê em mim
não permaneça nas trevas.
47"Se alguém ouve as minhas palavras, e
não lhes obedece, eu não o julgo. Pois não
vim para julgar o mundo, mas para salvá-
-lo. 48Há um juiz para quem me rejeita e não
aceita as minhas palavras; a própria palavra
que proferi o condenará no último dia. 49Pois
não falei por mim mesmo, mas o Pai que me
enviou me ordenou o que dizer e o que falar.
50Sei que o seu mandamento é a vida eterna.
Portanto, o que eu digo é exatamente o que
o Pai me mandou dizer".

Jesus lava os pés dos discípulos

13 Um pouco antes da festa da Páscoa, sa-
bendo Jesus que havia chegado o tem-
po em que deixaria este mundo e iria para

Você sabia?

Quem são os "líderes dos judeus"?

12:42 É assim que João chama os líderes religiosos dos judeus. Normalmente, eram os fariseus, os principais sacerdotes e os especialistas da Lei do Antigo Testamento que não criam em Jesus.

o Pai, tendo amado os seus que estavam no
mundo, amou-os até o fim.[d]
2Estava sendo servido o jantar, e o Diabo já
havia induzido Judas Iscariotes, filho de Si-
mão, a trair Jesus. 3Jesus sabia que o Pai ha-
via colocado todas as coisas debaixo do seu
poder, e que viera de Deus e estava voltando
para Deus; 4assim, levantou-se da mesa, ti-
rou sua capa e colocou uma toalha em volta
da cintura. 5Depois disso, derramou água nu-
ma bacia e começou a lavar os pés dos seus
discípulos, enxugando-os com a toalha que
estava em sua cintura.
6Chegou-se a Simão Pedro, que lhe disse:
"Senhor, vais lavar os meus pés?"
7Respondeu Jesus: "Você não compreende
agora o que estou lhe fazendo; mais tarde,
porém, entenderá".
8Disse Pedro: "Não; nunca lavarás os meus
pés!".
Jesus respondeu: "Se eu não os lavar, você
não terá parte comigo".
9Respondeu Simão Pedro: "Então, Senhor,
não apenas os meus pés, mas também as mi-
nhas mãos e a minha cabeça!"
10Respondeu Jesus: "Quem já se banhou
precisa apenas lavar os pés; todo o seu cor-
po está limpo. Vocês estão limpos, mas nem
todos". 11Pois ele sabia quem iria traí-lo, e por
isso disse que nem todos estavam limpos.
12Quando terminou de lavar-lhes os pés, Je-
sus tornou a vestir sua capa e voltou ao seu
lugar. Então lhes perguntou: "Vocês enten-
dem o que lhes fiz? 13Vocês me chamam 'Mes-
tre' e 'Senhor', e com razão, pois eu o sou.
14Pois bem, se eu, sendo Senhor e Mestre de
vocês, lavei-lhes os pés, vocês também de-
vem lavar os pés uns dos outros. 15Eu lhes dei
o exemplo, para que vocês façam como lhes

[a] 12:38 Is 53:1
[b] 12:40 Is 6:10
[c] 12:43 Grego: *glória*.

[d] 13:1 Ou *mostrou-lhes então que os amava perfeitamente.*

fiz. 16 Digo-lhes verdadeiramente que nenhum escravo é maior do que o seu senhor, como também nenhum mensageiro[a] é maior do que aquele que o enviou. 17 Agora que vocês sabem estas coisas, felizes serão se as praticarem.

Jesus prediz que será traído

(Mt 26:17-30; Mc 14:12-26; Lc 22:7-23)

18 "Não estou me referindo a todos vocês; conheço os que escolhi. Mas isto acontece para que se cumpra a Escritura: 'Aquele que partilhava do meu pão voltou-se contra mim[b]'.

19 "Estou lhes dizendo antes que aconteça, a fim de que, quando acontecer, vocês creiam que Eu Sou[c]. 20 Eu lhes garanto: Quem receber aquele que eu enviar, estará me recebendo; e quem me recebe, recebe aquele que me enviou".

21 Depois de dizer isso, Jesus perturbou-se em espírito e declarou: "Digo-lhes que certamente um de vocês me trairá".

22 Seus discípulos olharam uns para os outros, sem saber a quem ele se referia. 23 Um deles, o discípulo a quem Jesus amava, estava reclinado ao lado dele. 24 Simão Pedro fez sinais para esse discípulo, como a dizer: "Pergunte-lhe a quem ele está se referindo".

25 Inclinando-se esse discípulo para Jesus, perguntou-lhe: "Senhor, quem é?"

26 Respondeu Jesus: "Aquele a quem eu der este pedaço de pão molhado no prato". Então, molhando o pedaço de pão, deu-o a Judas Iscariotes, filho de Simão. 27 Tão logo Judas comeu o pão, Satanás entrou nele. "O que você está para fazer, faça depressa", disse-lhe Jesus. 28 Mas ninguém à mesa entendeu por que Jesus lhe disse isso. 29 Visto que Judas era o encarregado do dinheiro, alguns pensaram que Jesus estava lhe dizendo que comprasse o necessário para a festa, ou que desse algo aos pobres. 30 Assim que comeu o pão, Judas saiu. E era noite.

Jesus prediz que Pedro o negará

(Mt 26:31-35; Mc 14:27-31; Lc 22:31-34)

31 Depois que Judas saiu, Jesus disse: "Agora o Filho do homem é glorificado, e Deus é glorificado nele. 32 Se Deus é glorificado nele,[d] Deus também glorificará o Filho nele mesmo, e o glorificará em breve.

33 "Meus filhinhos, vou estar com vocês apenas mais um pouco. Vocês procurarão por mim e, como eu disse aos judeus, agora lhes digo: Para onde eu vou, vocês não podem ir.

34 "Um novo mandamento lhes dou: Amem-se uns aos outros. Como eu os amei, vocês devem amar-se uns aos outros. 35 Com isso todos saberão que vocês são meus discípulos, se vocês se amarem uns aos outros".

36 Simão Pedro lhe perguntou: "Senhor, para onde vais?"

Jesus respondeu: "Para onde vou, vocês não podem seguir-me agora, mas me seguirão mais tarde".

[a] 13:16 Grego: *apóstolo.*
[b] 13:18 Grego: *levantou o calcanhar contra mim.* Sl 41:9
[c] 13:19 Uma referência ao nome de Deus.
[d] 13:32 Vários manuscritos não trazem *Se Deus é glorificado nele.*

A vida nos tempos da Bíblia

Lavar os pés

Quando visitantes entravam em uma casa, eles tiravam as sandálias, e um bom hospedeiro colocava água à disposição para lavar os pés empoeirados. Geralmente, o escravo menos importante da casa tinha de lavar os pés dos convidados. Quando Jesus assumiu a tarefa de lavar os pés dos discípulos, ele estava nos mostrando o que é ser humilde.

Palavras para memorizar

"Amem-se uns aos outros. Como eu os amei, vocês devem amar-se uns aos outros."

(João 13:34)

[37]Pedro perguntou: "Senhor, por que não
posso seguir-te agora? Darei a minha vida
por ti!"
[38]Então Jesus respondeu: "Você dará a vida
por mim? Asseguro-lhe que, antes que o galo
cante, você me negará três vezes!

Jesus fortalece os seus discípulos

14 "Não se perturbe o coração de vocês.
Creiam em Deus;[a] creiam também em
mim. [2]Na casa de meu Pai há muitos aposen-
tos; se não fosse assim, eu lhes teria dito. Vou
preparar-lhes lugar.[b] [3]E se eu for e lhes prepa-
rar lugar, voltarei e os levarei para mim, para
que vocês estejam onde eu estiver. [4]Vocês co-
nhecem o caminho para onde vou".

Jesus, o caminho para o Pai

[5]Disse-lhe Tomé: "Senhor, não sabemos pa-
ra onde vais; como então podemos saber o
caminho?"
[6]Respondeu Jesus: "Eu sou o caminho, a
verdade e a vida. Ninguém vem ao Pai, a não

[a] 14:1 Ou *Vocês creem em Deus;*
[b] 14:2 Ou *não teria eu lhes dito que vou preparar-lhes lugar?*

Palavras para memorizar

"Respondeu Jesus: 'Eu sou o caminho, a verdade e a vida. Ninguém vem ao Pai, a não ser por mim'."

(João 14:6)

ser por mim. [7]Se vocês realmente me conhe-
cessem, conheceriam[c] também o meu Pai. Já
agora vocês o conhecem e o têm visto".
[8]Disse Filipe: "Senhor, mostra-nos o Pai, e
isso nos basta".
[9]Jesus respondeu: "Você não me conhe-
ce, Filipe, mesmo depois de eu ter estado
com vocês durante tanto tempo? Quem me
vê, vê o Pai. Como você pode dizer: 'Mostra-
-nos o Pai'? [10]Você não crê que eu estou no
Pai e que o Pai está em mim? As palavras
que eu lhes digo não são apenas minhas.
Ao contrário, o Pai, que vive em mim, es-
tá realizando a sua obra. [11]Creiam em mim
quando digo que estou no Pai e que o Pai
está em mim; ou pelo menos creiam por
causa das mesmas obras. [12]Digo-lhes a ver-
dade: Aquele que crê em mim fará também
as obras que tenho realizado. Fará coisas
ainda maiores do que estas, porque eu es-
tou indo para o Pai. [13]E eu farei o que vocês

[c] 14:7 Alguns manuscritos dizem *me têm conhecido, conhecerão*

Experimente!

Único caminho

Leia João 14:1-7 e veja que existem muitas religiões no mundo. A maioria delas ensina que as pessoas devem ser boas para que possam ir para o céu, mas o cristianismo diz algo diferente: ele afirma que a vida eterna é um presente, um presente que só Jesus pode dar a alguém.

Pegue uma folha de papel e escreva a palavra "ÚNICO" em letras grandes no centro da folha. Agora, desenhe uma linha em volta da folha, como se fosse uma moldura, e dentro do espaço desenhe imagens ou escreva versículos da Bíblia que mostrem que Jesus é o único caminho para a vida eterna. (Ideias: João 3:16, imagem de uma cruz, imagem do sepulcro vazio etc.)

João 14:1-7

pedirem em meu nome, para que o Pai seja glorificado no Filho. 14O que vocês pedirem em meu nome, eu farei.

Jesus promete o Espírito Santo

15"Se vocês me amam, obedecerão aos meus mandamentos. 16E eu pedirei ao Pai, e ele lhes dará outro Conselheiro para estar com vocês para sempre, 17o Espírito da verdade. O mundo não pode recebê-lo, porque não o vê nem o conhece. Mas vocês o conhecem, pois ele vive com vocês e estará[a] em vocês. 18Não os deixarei órfãos; voltarei para vocês. 19Dentro de pouco tempo o mundo não me verá mais; vocês, porém, me verão. Porque eu vivo, vocês também viverão. 20Naquele dia compreenderão que estou em meu Pai, vocês em mim, e eu em vocês. 21Quem tem os meus mandamentos e lhes obedece, esse é o que me ama. Aquele que me ama será amado por meu Pai, e eu também o amarei e me revelarei a ele".

22Disse então Judas (não o Iscariotes): "Senhor, mas por que te revelarás a nós e não ao mundo?"

23Respondeu Jesus: "Se alguém me ama, obedecerá à minha palavra. Meu Pai o amará, nós viremos a ele e faremos morada nele. 24Aquele que não me ama não obedece às minhas palavras. Estas palavras que vocês estão ouvindo não são minhas; são de meu Pai que me enviou.

25"Tudo isso lhes tenho dito enquanto ainda estou com vocês. 26Mas o Conselheiro, o Espírito Santo, que o Pai enviará em meu nome, lhes ensinará todas as coisas e lhes fará lembrar tudo o que eu lhes disse. 27Deixo-lhes a paz; a minha paz lhes dou. Não a dou como o mundo a dá. Não se perturbe o seu coração, nem tenham medo.

28"Vocês me ouviram dizer: Vou, mas volto para vocês. Se vocês me amassem, ficariam contentes porque vou para o Pai, pois o Pai é maior do que eu. 29Isso eu lhes digo agora, antes que aconteça, para que, quando acontecer, vocês creiam. 30Já não lhes falarei muito, pois o príncipe deste mundo está vindo. Ele não tem nenhum direito sobre mim. 31Todavia é preciso que o mundo saiba que eu amo o Pai e que faço o que meu Pai me ordenou. Levantem-se, vamo-nos daqui!

A videira e os ramos

15 "Eu sou a videira verdadeira, e meu Pai é o agricultor. 2Todo ramo que, estando em mim, não dá fruto, ele corta; e todo que dá fruto ele poda[b], para que dê mais fruto ainda. 3Vocês já estão limpos, pela palavra que lhes tenho falado. 4Permaneçam em mim, e eu permanecerei em vocês. Nenhum ramo pode dar fruto por si mesmo, se não permanecer na videira. Vocês também não podem dar fruto, se não permanecerem em mim.

5"Eu sou a videira; vocês são os ramos. Se alguém permanecer em mim e eu nele, esse dará muito fruto; pois sem mim vocês não podem fazer coisa alguma. 6Se alguém não permanecer em mim, será como o ramo que é jogado fora e seca. Tais ramos são apanhados, lançados ao fogo e queimados. 7Se vocês permanecerem em mim, e as minhas palavras permanecerem em vocês, pedirão o que quiserem, e lhes será

[a] 14:17 Alguns manuscritos dizem *está*.

[b] 15:2 O termo grego traduzido como *poda* também significa *limpa*.

Ajuda quando mais precisamos

Experimente!

Quem é que ajuda o cristão? Leia João 14:15-21 para descobrir. Deus, o Espírito Santo, é nosso ajudador invisível e está em nós e fica conosco. Quando precisamos de forças para obedecer aos mandamentos de Deus, o Espírito Santo nos fortalece.

Cole uma fotografia sua em uma folha de papel e, em seguida, faça um círculo grande e brilhante em torno de sua fotografia. Essa imagem vai lembrá-lo de que Deus está com você e de que ele lhe dá força para fazer o bem.

João 14:15-21

concedido. 8Meu Pai é glorificado pelo fato de vocês darem muito fruto; e assim serão meus discípulos.

9“Como o Pai me amou, assim eu os amei; permaneçam no meu amor. 10Se vocês obedecerem aos meus mandamentos, permanecerão no meu amor, assim como tenho obedecido aos mandamentos de meu Pai e em seu amor permaneço. 11Tenho lhes dito estas palavras para que a minha alegria esteja em vocês e a alegria de vocês seja completa. 12O meu mandamento é este: Amem-se uns aos outros como eu os amei. 13Ninguém tem maior amor do que aquele que dá a sua vida pelos seus amigos. 14Vocês serão meus amigos, se fizerem o que eu lhes ordeno. 15Já não os chamo servos, porque o servo não sabe o que o seu senhor faz. Em vez disso, eu os tenho chamado amigos, porque tudo o que ouvi de meu Pai eu lhes tornei conhecido. 16Vocês não me escolheram, mas eu os escolhi para irem e darem fruto, fruto que permaneça, a fim de que o Pai lhes conceda o que pedirem em meu nome. 17Este é o meu mandamento: Amem-se uns aos outros.

O mundo odeia os discípulos

18“Se o mundo os odeia, tenham em mente que antes me odiou. 19Se vocês pertencessem ao mundo, ele os amaria como se fossem dele. Todavia, vocês não são do mundo, mas eu os escolhi, tirando-os do mundo; por isso o mundo os odeia. 20Lembrem-se das palavras que eu lhes disse: Nenhum escravo é maior do que o seu senhor.[a] Se me perseguiram, também perseguirão vocês. Se obedeceram à minha palavra, também obedecerão à de vocês. 21Tratarão assim vocês por causa do meu nome, pois não conhecem aquele que me enviou. 22Se eu não tivesse vindo e lhes falado, não seriam culpados de pecado. Agora, contudo, eles não têm desculpa para o seu pecado. 23Aquele que me odeia, também odeia o meu Pai. 24Se eu não tivesse realizado no meio deles obras que ninguém mais fez, eles não seriam culpados de pecado. Mas agora eles as viram e odiaram a mim e a meu Pai. 25Mas isto aconteceu para se cumprir o que está escrito na Lei deles: ‘Odiaram-me sem razão’[b].

26“Quando vier o Conselheiro, que eu enviarei a vocês da parte do Pai, o Espírito da verdade que provém do Pai, ele testemunhará a meu respeito. 27E vocês também testemunharão, pois estão comigo desde o princípio.

16 “Eu lhes tenho dito tudo isso para que vocês não venham a tropeçar. 2Vocês serão expulsos das sinagogas; de fato, virá o tempo quando quem os matar pensará que está prestando culto a Deus. 3Farão essas coisas porque não conheceram nem o Pai, nem a mim. 4Estou lhes dizendo isto para que, quando chegar a hora, lembrem-se de que eu os avisei. Não lhes disse isso no princípio, porque eu estava com vocês.

A obra do Espírito Santo

5“Agora que vou para aquele que me enviou, nenhum de vocês me pergunta: ‘Para onde vais?’ 6Porque falei estas coisas, o coração de vocês encheu-se de tristeza. 7Mas eu lhes afirmo que é para o bem de vocês que eu vou. Se eu não for, o Conselheiro não virá para vocês; mas se eu for, eu o enviarei. 8Quando ele vier, convencerá o mundo do pecado, da justiça e do juízo. 9Do pecado, porque os homens não creem em mim; 10da justiça, porque vou para o Pai, e vocês não me verão mais; 11e do juízo, porque o príncipe deste mundo já está condenado.

12“Tenho ainda muito que lhes dizer, mas vocês não o podem suportar agora. 13Mas quando o Espírito da verdade vier, ele os guiará a toda a verdade. Não falará de si mesmo; falará apenas o que ouvir, e lhes anunciará o que está por vir. 14Ele me glorificará, porque receberá do que é meu e o tornará conhecido a vocês. 15Tudo o que pertence ao Pai é meu. Por isso eu disse que o Espírito receberá do que é meu e o tornará conhecido a vocês.

16“Mais um pouco e já não me verão; um pouco mais, e me verão de novo”.

A tristeza dos discípulos será transformada em alegria

17Alguns dos seus discípulos disseram uns aos outros: “O que ele quer dizer com isso: ‘Mais um pouco e não me verão’; e ‘um pouco mais e me verão de novo’, e ‘porque vou para o Pai’?” 18E perguntavam: “Que quer dizer ‘um pouco mais’? Não entendemos o que ele está dizendo”.

19Jesus percebeu que desejavam interrogá-lo a respeito disso, pelo que lhes disse: “Vocês estão perguntando uns aos outros o que eu quis dizer quando falei: Mais um pouco e não me verão; um pouco mais e me verão de novo? 20Digo-lhes que certamente vocês

[a] 15:20 Jo 13:16
[b] 15:25 Sl 35:19; 69:4

chorarão e se lamentarão, mas o mundo se alegrará. Vocês se entristecerão, mas a tristeza de vocês se transformará em alegria. [21]A mulher que está dando à luz sente dores, porque chegou a sua hora; mas, quando o bebê nasce, ela esquece a angústia, por causa da alegria de ter vindo ao mundo um menino. [22]Assim acontece com vocês: agora é hora de tristeza para vocês, mas eu os verei outra vez, e vocês se alegrarão, e ninguém lhes tirará essa alegria. [23]Naquele dia vocês não me perguntarão mais nada. Eu lhes asseguro que meu Pai lhes dará tudo o que pedirem em meu nome. [24]Até agora vocês não pediram nada em meu nome. Peçam e receberão, para que a alegria de vocês seja completa.

[25]"Embora eu tenha falado por meio de figuras, vem a hora em que não usarei mais esse tipo de linguagem, mas lhes falarei abertamente a respeito de meu Pai. [26]Nesse dia, vocês pedirão em meu nome. Não digo que pedirei ao Pai em favor de vocês, [27]pois o próprio Pai os ama, porquanto vocês me amaram e creram que eu vim de Deus. [28]Eu vim do Pai e entrei no mundo; agora deixo o mundo e volto para o Pai".

[29]Então os discípulos de Jesus disseram: "Agora estás falando claramente, e não por figuras. [30]Agora podemos perceber que sabes todas as coisas e nem precisas que te façam perguntas. Por isso cremos que vieste de Deus".

[31]Respondeu Jesus: "Agora vocês creem? [32]Aproxima-se a hora, e já chegou, quando vocês serão espalhados cada um para a sua casa. Vocês me deixarão sozinho. Mas eu não estou sozinho, pois meu Pai está comigo.

[33]"Eu lhes disse essas coisas para que em mim vocês tenham paz. Neste mundo vocês terão aflições; contudo, tenham ânimo! Eu venci o mundo".

Jesus ora por si mesmo

Palavras para memorizar

"Peçam e receberão, para que a alegria de vocês seja completa."

(João 16:24)

17 Depois de dizer isso, Jesus olhou para o céu e orou:

"Pai, chegou a hora. Glorifica o teu Filho, para que o teu Filho te glorifique. [2]Pois lhe deste autoridade sobre toda a humanidade[a], para que conceda a vida eterna a todos os que lhe deste. [3]Esta é a vida eterna: que te conheçam, o único Deus verdadeiro, e a Jesus Cristo, a quem enviaste. [4]Eu te glorifiquei na terra, completando a obra que me deste para fazer. [5]E agora, Pai, glorifica-me junto a ti, com a glória que eu tinha contigo antes que o mundo existisse.

Jesus ora por seus discípulos

[6]"Eu revelei teu nome àqueles que do mundo me deste. Eles eram teus; tu os deste a mim, e eles têm obedecido à tua palavra. [7]Agora eles sabem que tudo o que me deste vem de ti. [8]Pois eu lhes transmiti as palavras que me deste, e eles as aceitaram. Eles reconheceram de fato que vim de ti e creram que me enviaste. [9]Eu rogo por eles. Não estou rogando pelo mundo, mas por aqueles que me deste, pois são teus. [10]Tudo o que tenho é teu, e tudo o que tens é meu. E eu tenho sido glorificado por meio deles. [11]Não ficarei mais no mundo, mas eles ainda estão no mundo, e eu vou para ti. Pai santo, protege-os em teu nome, o nome que me deste, para que sejam um, assim como somos um. [12]Enquanto estava com eles, eu os protegi e os guardei no nome que me deste. Nenhum deles se perdeu, a não ser aquele que estava destinado à perdição[b], para que se cumprisse a Escritura.

[13]"Agora vou para ti, mas digo estas coisas enquanto ainda estou no mundo, para que eles tenham a plenitude da minha alegria. [14]Dei-lhes a tua palavra, e o mundo os odiou, pois eles não são do mundo, como eu também não sou. [15]Não rogo que os tires do mundo, mas que os protejas do Maligno. [16]Eles não são do mundo, como eu também não sou. [17]Santifica-os na verdade; a tua palavra é a verdade. [18]Assim como me enviaste ao mundo, eu os enviei ao mundo. [19]Em favor deles

[a] 17:2 Grego: *carne*.
[b] 17:12 Grego: *a não ser o filho da perdição*.

Você sabia?

O que Jesus pediu a Deus que fizesse por seus seguidores?

17:20 Jesus pediu a Deus para protegê-los, para torná-los santos, para fazê-los um com Deus e levá-los ao céu para ver a glória de Jesus. Se você crê em Jesus, aquela oração também foi por você.

eu me santifico, para que também eles
sejam santificados pela verdade.

Jesus ora por todos os crentes

20 "Minha oração não é apenas por eles.
Rogo também por aqueles que crerão
em mim, por meio da mensagem de-
les, 21 para que todos sejam um, Pai, co-
mo tu estás em mim e eu em ti. Que
eles também estejam em nós, para
que o mundo creia que tu me envias-
te. 22 Dei-lhes a glória que me deste, pa-
ra que eles sejam um, assim como nós
somos um: 23 eu neles e tu em mim.
Que eles sejam levados à plena uni-
dade, para que o mundo saiba que tu
me enviaste, e os amaste como igual-
mente me amaste.
24 "Pai, quero que os que me deste es-
tejam comigo onde eu estou e vejam
a minha glória, a glória que me des-
te porque me amaste antes da criação
do mundo.
25 "Pai justo, embora o mundo não te
conheça, eu te conheço, e estes sabem
que me enviaste. 26 Eu os fiz conhecer
o teu nome, e continuarei a fazê-lo, a
fim de que o amor que tens por mim
esteja neles, e eu neles esteja".

Jesus é preso

(Mt 26:47-56; Mc 14:43-50; Lc 22:47-53)

18 Tendo terminado de orar, Jesus saiu com
os seus discípulos e atravessou o vale do
Cedrom. Do outro lado havia um olival, onde
entrou com eles.
2 Ora, Judas, o traidor, conhecia aquele lu-
gar, porque Jesus muitas vezes se reunira ali
com os seus discípulos. 3 Então Judas foi para
o olival, levando consigo um destacamento
de soldados e alguns guardas enviados pelos
chefes dos sacerdotes e fariseus, levando to-
chas, lanternas e armas.
4 Jesus, sabendo tudo o que lhe ia aconte-
cer, saiu e lhes perguntou: "A quem vocês es-
tão procurando?"
5 "A Jesus de Nazaré", responderam eles.
"Sou eu", disse Jesus.
(E Judas, o traidor, estava com eles.)
6 Quando Jesus disse: "Sou eu", eles recua-
ram e caíram por terra.
7 Novamente lhes perguntou: "A quem pro-
curam?"
E eles disseram: "A Jesus de Nazaré".
8 Respondeu Jesus: "Já lhes disse que sou
eu. Se vocês estão me procurando, deixem ir
embora estes homens". 9 Isso aconteceu para
que se cumprissem as palavras que ele disse-
ra: "Não perdi nenhum dos que me deste"[a].
10 Simão Pedro, que trazia uma espada,
tirou-a e feriu o servo do sumo sacerdote,
decepando-lhe a orelha direita. (O nome da-
quele servo era Malco.)
11 Jesus, porém, ordenou a Pedro: "Guarde
a espada! Acaso não haverei de beber o cálice
que o Pai me deu?"

Jesus é levado a Anás

12 Assim, o destacamento de soldados com
o seu comandante e os guardas dos judeus
prenderam Jesus. Amarraram-no 13 e o leva-
ram primeiramente a Anás, que era sogro de
Caifás, o sumo sacerdote naquele ano. 14 Cai-
fás era quem tinha dito aos judeus que seria
bom que um homem morresse pelo povo.

Pedro nega Jesus

(Mt 26:69-70; Mc 14:66-68; Lc 22:54-57)

15 Simão Pedro e outro discípulo estavam
seguindo Jesus. Por ser conhecido do sumo
sacerdote, este discípulo entrou com Jesus
no pátio da casa do sumo sacerdote, 16 mas
Pedro teve que ficar esperando do lado de
fora da porta. O outro discípulo, que era co-
nhecido do sumo sacerdote, voltou, falou
com a moça encarregada da porta e fez Pe-
dro entrar.
17 Ela então perguntou a Pedro: "Você não é
um dos discípulos desse homem?"
Ele respondeu: "Não sou".
18 Fazia frio; os servos e os guardas estavam
ao redor de uma fogueira que haviam feito
para se aquecerem. Pedro também estava em
pé com eles, aquecendo-se.

[a] 18:9 Jo 6:39

Pessoas nos tempos da Bíblia

Caifás

Na ocasião em que Jesus foi preso e sentenciado à morte, Caifás era o sumo sacerdote que interrogou Jesus e o acusou de mentir. Caifás permitiu que os inimigos de Jesus zombassem dele e o tratassem de modo cruel, e depois o enviou para a morte.

O sumo sacerdote interroga Jesus

19 Enquanto isso, o sumo sacerdote interrogou Jesus acerca dos seus discípulos e dos seus ensinamentos.
20 Respondeu-lhe Jesus: "Eu falei abertamente ao mundo; sempre ensinei nas sinagogas e no templo, onde todos os judeus se
reúnem. Nada disse em segredo. 21 Por que me
interrogas? Pergunta aos que me ouviram. Certamente eles sabem o que eu disse".
22 Quando Jesus disse isso, um dos guardas que estava perto bateu-lhe no rosto. "Isso é jeito de responder ao sumo sacerdote?", perguntou ele.
23 Respondeu Jesus: "Se eu disse algo de mal, denuncie o mal. Mas se falei a verdade, por que me bateu?" 24 Então, Anás enviou[a]
Jesus, de mãos amarradas, a Caifás, o sumo sacerdote.

Pedro nega Jesus mais duas vezes

(Mt 26:71-75; Mc 14:69-72; Lc 22:58-62)

25 Enquanto Simão Pedro estava se aquecendo, perguntaram-lhe: "Você não é um dos discípulos dele?"

Ele negou, dizendo: "Não sou".
26 Um dos servos do sumo sacerdote, parente do homem cuja orelha Pedro cortara, insistiu: "Eu não o vi com ele no olival?"
27 Mais uma vez Pedro negou, e no mesmo instante um galo cantou.

Jesus diante de Pilatos

28 Em seguida, os judeus levaram Jesus da casa de Caifás para o Pretório[b]. Já estava amanhecendo e, para evitar contaminação
cerimonial, os judeus não entraram no Pretório; pois queriam participar da Páscoa.
29 Então Pilatos saiu para falar com eles e perguntou: "Que acusação vocês têm contra este homem?"
30 Responderam eles: "Se ele não fosse criminoso, não o teríamos entregado a ti".
31 Pilatos disse: "Levem-no e julguem-no conforme a lei de vocês".

"Mas nós não temos o direito de executar
ninguém", protestaram os judeus. 32 Isso
aconteceu para que se cumprissem as palavras que Jesus tinha dito, indicando a espécie de morte que ele estava para sofrer.
33 Pilatos então voltou para o Pretório, chamou Jesus e lhe perguntou: "Você é o rei dos judeus?"
34 Perguntou-lhe Jesus: "Essa pergunta é tua, ou outros te falaram a meu respeito?"
35 Respondeu Pilatos: "Acaso sou judeu? Foram o seu povo e os chefes dos sacerdotes que o entregaram a mim. Que foi que você fez?"
36 Disse Jesus: "O meu Reino não é deste mundo. Se fosse, os meus servos lutariam para impedir que os judeus me prendessem. Mas agora o meu Reino não é daqui".
37 "Então, você é rei!", disse Pilatos.

Jesus respondeu: "Tu dizes que sou rei. De fato, por esta razão nasci e para isto vim ao mundo: para testemunhar da verdade. Todos os que são da verdade me ouvem".
38 "Que é a verdade?", perguntou Pilatos. Ele disse isso e saiu novamente para onde estavam os judeus, e disse: "Não acho nele motivo algum de acusação. 39 Contudo, segundo
o costume de vocês, devo libertar um prisioneiro por ocasião da Páscoa. Querem que eu solte 'o rei dos judeus'?"
40 Eles, em resposta, gritaram: "Não, ele não! Queremos Barrabás!" Ora, Barrabás era um bandido.

Jesus é condenado à crucificação

19 Então Pilatos mandou açoitar Jesus. 2 Os
soldados teceram uma coroa de espinhos e a puseram na cabeça dele. Vestiram-no com
uma capa de púrpura, 3 e, chegando-se a ele,
diziam: "Salve, rei dos judeus!" E batiam-lhe no rosto.
4 Mais uma vez, Pilatos saiu e disse aos judeus: "Vejam, eu o estou trazendo a vocês, para que saibam que não acho nele motivo
algum de acusação". 5 Quando Jesus veio para
fora, usando a coroa de espinhos e a capa de púrpura, disse-lhes Pilatos: "Eis o homem!"

[a] 18:24 Ou *Ora, Anás havia enviado*
[b] 18:28 Residência oficial do governador romano; também no versículo 33.

[6]Ao vê-lo, os chefes dos sacerdotes e os guardas gritaram: "Crucifica-o! Crucifica-o!"

Mas Pilatos respondeu: "Levem-no vocês e crucifiquem-no. Quanto a mim, não encontro base para acusá-lo".

[7]Os judeus insistiram: "Temos uma lei e, de acordo com essa lei, ele deve morrer, porque se declarou Filho de Deus".

[8]Ao ouvir isso, Pilatos ficou ainda mais amedrontado [9]e voltou para dentro do palácio. Então perguntou a Jesus: "De onde você vem?", mas Jesus não lhe deu resposta. [10]"Você se nega a falar comigo?", disse Pilatos. "Não sabe que eu tenho autoridade para libertá-lo e para crucificá-lo?"

[11]Jesus respondeu: "Não terias nenhuma autoridade sobre mim, se esta não te fosse dada de cima. Por isso, aquele que me entregou a ti é culpado de um pecado maior".

[12]Daí em diante Pilatos procurou libertar Jesus, mas os judeus gritavam: "Se deixares esse homem livre, não és amigo de César. Quem se diz rei opõe-se a César".

[13]Ao ouvir isso, Pilatos trouxe Jesus para fora e sentou-se na cadeira de juiz, num lugar conhecido como Pavimento de Pedra (que em aramaico é Gábata). [14]Era o Dia da Preparação na semana da Páscoa, por volta das seis horas da manhã[a].

"Eis o rei de vocês", disse Pilatos aos judeus.

[15]Mas eles gritaram: "Mata! Mata! Crucifica-o!"

"Devo crucificar o rei de vocês?", perguntou Pilatos.

"Não temos rei, senão César", responderam os chefes dos sacerdotes.

[16]Finalmente Pilatos o entregou a eles para ser crucificado.

A crucificação

(Mt 27:32-44; Mc 15:21-32; Lc 23:26-43)

Então os soldados encarregaram-se de Jesus. [17]Levando a sua própria cruz, ele saiu para o lugar chamado Caveira (que em aramaico é chamado Gólgota). [18]Ali o crucificaram, e com ele dois outros, um de cada lado de Jesus.

[19]Pilatos mandou preparar uma placa e pregá-la na cruz, com a seguinte inscrição: JESUS NAZARENO, O REI DOS JUDEUS. [20]Muitos dos judeus leram a placa, pois o lugar em que Jesus foi crucificado ficava próximo da cidade, e a placa estava escrita em aramaico, latim e grego. [21]Os chefes dos sacerdotes dos judeus protestaram junto a Pilatos: "Não escrevas 'O Rei dos Judeus', mas sim que esse homem se dizia rei dos judeus".

[22]Pilatos respondeu: "O que escrevi, escrevi".

[23]Tendo crucificado Jesus, os soldados tomaram as roupas dele e as dividiram em quatro partes, uma para cada um deles, restando a túnica. Esta, porém, era sem costura, tecida numa única peça, de alto a baixo.

[24]"Não a rasguemos", disseram uns aos outros. "Vamos decidir por sorteio quem ficará com ela."

Isso aconteceu para que se cumprisse a Escritura que diz:

> "Dividiram as minhas roupas entre si,
> e tiraram sortes
> pelas minhas vestes"[b].

Foi o que os soldados fizeram.

[25]Perto da cruz de Jesus estavam sua mãe, a irmã dela, Maria, mulher de Clopas, e Maria Madalena. [26]Quando Jesus viu sua mãe ali, e, perto dela, o discípulo a quem ele amava, disse à sua mãe: "Aí está o seu filho", [27]e ao discípulo: "Aí está a sua mãe". Daquela hora em diante, o discípulo a recebeu em sua família.

A morte de Jesus

(Mt 27:45-56; Mc 15:33-41; Lc 23:44-49)

[28]Mais tarde, sabendo então que tudo estava concluído, para que a Escritura se cumprisse, Jesus disse: "Tenho sede". [29]Estava ali uma vasilha cheia de vinagre. Então embeberam uma esponja nela, colocaram a esponja na ponta de um caniço de hissopo e a ergueram até os lábios de Jesus. [30]Tendo-o provado, Jesus disse: "Está consumado!" Com isso, curvou a cabeça e entregou o espírito.

[31]Era o Dia da Preparação e o dia seguinte seria um sábado especialmente sagrado. Como não queriam que os corpos permanecessem na cruz durante o sábado, os judeus pediram a Pilatos que mandasse quebrar as pernas dos crucificados e retirar os corpos. [32]Vieram, então, os soldados e quebraram as pernas do primeiro homem que fora crucificado com Jesus e em seguida as do outro. [33]Mas quando chegaram a Jesus, constatando que já estava morto, não lhe quebraram as pernas. [34]Em vez disso, um dos soldados

[a] 19:14 Conforme o sistema oficial romano.

[b] 19:24 Sl 22:18

perfurou o lado de Jesus com uma lança, e logo saiu sangue e água. 35Aquele que o viu, disso deu testemunho, e o seu testemunho é verdadeiro. Ele sabe que está dizendo a verdade, e dela testemunha para que vocês também creiam. 36Estas coisas aconteceram para que se cumprisse a Escritura: "Nenhum dos seus ossos será quebrado"[a], 37e, como diz a Escritura noutro lugar: "Olharão para aquele que traspassaram"[b].

O sepultamento de Jesus

(Mt 27:57-61; Mc 15:42-47; Lc 23:50-56)

38Depois disso José de Arimateia pediu a Pilatos o corpo de Jesus. José era discípulo de Jesus, mas o era secretamente, porque tinha medo dos judeus. Com a permissão de Pilatos, veio e levou embora o corpo. 39Ele estava acompanhado de Nicodemos, aquele que antes tinha visitado Jesus à noite. Nicodemos levou cerca de trinta e quatro quilos[c] de uma mistura de mirra e aloés. 40Tomando o corpo de Jesus, os dois o envolveram em faixas de linho, com as especiarias, de acordo com os costumes judaicos de sepultamento. 41No lugar onde Jesus foi crucificado havia um jardim; e no jardim, um sepulcro novo, onde ninguém jamais fora colocado. 42Por ser o Dia da Preparação dos judeus, e visto que o sepulcro ficava perto, colocaram Jesus ali.

[a] 19:36 Êx 12:46; Nm 9:12; Sl 34:20
[b] 19:37 Zc 12:10
[c] 19:39 Grego: *100 litras.* A litra era uma medida de capacidade de cerca de um terço de litro.

A ressurreição

(Mt 28:1-10; Mc 16:1-8; Lc 24:1-12)

20 No primeiro dia da semana, bem cedo, estando ainda escuro, Maria Madalena chegou ao sepulcro e viu que a pedra da entrada tinha sido removida. 2Então correu ao encontro de Simão Pedro e do outro discípulo, aquele a quem Jesus amava, e disse: "Tiraram o Senhor do sepulcro, e não sabemos onde o colocaram!"

3Pedro e o outro discípulo saíram e foram para o sepulcro. 4Os dois corriam, mas o outro discípulo foi mais rápido que Pedro e chegou primeiro ao sepulcro. 5Ele se curvou e olhou para dentro, viu as faixas de linho ali, mas não entrou. 6A seguir, Simão Pedro, que vinha atrás dele, chegou, entrou no sepulcro e viu as faixas de linho, 7bem como o lenço que estivera sobre a cabeça de Jesus. Ele estava dobrado à parte, separado das faixas de linho. 8Depois o outro discípulo, que chegara primeiro ao sepulcro, também entrou. Ele viu e creu. 9(Eles ainda não haviam compreendido que, conforme a Escritura, era necessário que Jesus ressuscitasse dos mortos.)

Jesus aparece a Maria Madalena

10Os discípulos voltaram para casa. 11Maria, porém, ficou à entrada do sepulcro, chorando. Enquanto chorava, curvou-se para olhar dentro do sepulcro 12e viu dois anjos vestidos de branco, sentados onde estivera o corpo de Jesus, um à cabeceira e o outro aos pés.

A vida nos tempos da Bíblia

Sepultamento

Os judeus sepultavam as pessoas no mesmo dia em que morriam. O corpo era envolto em tiras de pano e colocado em uma tumba, muitas vezes uma caverna com uma pedra grande em frente à entrada. Quando os mortos eram pessoas importantes, colocava-se especiarias de aroma doce no pano.

[13]Eles lhe perguntaram: "Mulher, por que você está chorando?"

"Levaram embora o meu Senhor", respondeu ela, "e não sei onde o puseram". [14]Nisso ela se voltou e viu Jesus ali, em pé, mas não o reconheceu.

[15]Disse ele: "Mulher, por que está chorando? Quem você está procurando?"

Pensando que fosse o jardineiro, ela disse: "Se o senhor o levou embora, diga-me onde o colocou, e eu o levarei".

[16]Jesus lhe disse: "Maria!"

Então, voltando-se para ele, Maria exclamou em aramaico: "Rabôni!" (que significa "Mestre!").

[17]Jesus disse: "Não me segure, pois ainda não voltei para o Pai. Vá, porém, a meus irmãos e diga-lhes: Estou voltando para meu Pai e Pai de vocês, para meu Deus e Deus de vocês".

[18]Maria Madalena foi e anunciou aos discípulos: "Eu vi o Senhor!" E contou o que ele lhe dissera.

Jesus aparece aos discípulos

(Lc 24:36-49)

[19]Ao cair da tarde daquele primeiro dia da semana, estando os discípulos reunidos a portas trancadas, por medo dos judeus, Jesus entrou, pôs-se no meio deles e disse: "Paz seja com vocês!" [20]Tendo dito isso, mostrou-lhes as mãos e o lado. Os discípulos alegraram-se quando viram o Senhor.

[21]Novamente Jesus disse: "Paz seja com vocês! Assim como o Pai me enviou, eu os envio". [22]E com isso, soprou sobre eles e disse: "Recebam o Espírito Santo. [23]Se perdoarem os pecados de alguém, estarão perdoados; se não os perdoarem, não estarão perdoados".

Jesus aparece a Tomé

[24]Tomé, chamado Dídimo, um dos Doze, não estava com os discípulos quando Jesus apareceu. [25]Os outros discípulos lhe disseram: "Vimos o Senhor!" Mas ele lhes disse: "Se eu não vir as marcas dos pregos nas suas mãos, não colocar o meu dedo onde estavam os pregos e não puser a minha mão no seu lado, não crerei".

[26]Uma semana mais tarde, os seus discípulos estavam outra vez ali, e Tomé com eles. Apesar de estarem trancadas as portas, Jesus entrou, pôs-se no meio deles e disse: "Paz seja com vocês!" [27]E Jesus disse a Tomé: "Coloque o seu dedo aqui; veja as minhas mãos. Estenda a mão e coloque-a no meu lado. Pare de duvidar e creia".

[28]Disse-lhe Tomé: "Senhor meu e Deus meu!"

[29]Então Jesus lhe disse: "Porque me viu, você creu? Felizes os que não viram e creram".

[30]Jesus realizou na presença dos seus discípulos muitos outros sinais milagrosos, que não estão registrados neste livro. [31]Mas estes foram escritos para que vocês creiam[a] que Jesus é o Cristo, o Filho de Deus e, crendo, tenham vida em seu nome.

Jesus e a pesca maravilhosa

21 Depois disso Jesus apareceu novamente aos seus discípulos, à margem do mar de Tiberíades[b]. Foi assim: [2]Estavam juntos Simão Pedro; Tomé, chamado Dídimo; Natanael, de Caná da Galileia; os filhos de Zebedeu; e dois outros discípulos. [3]"Vou pescar", disse-lhes Simão Pedro. E eles disseram: "Nós vamos com você". Eles foram e entraram no barco, mas naquela noite não pegaram nada.

[4]Ao amanhecer, Jesus estava na praia, mas os discípulos não o reconheceram.

[5]Ele lhes perguntou: "Filhos, vocês têm algo para comer?"

Eles responderam que não.

[6]Ele disse: "Lancem a rede do lado direito do barco e vocês encontrarão". Eles a lançaram, e não conseguiam recolher a rede, tal era a quantidade de peixes.

Pessoas nos tempos da Bíblia

Maria Madalena

Quando Jesus foi crucificado, Maria Madalena estava com a mãe dele. Ela foi até o sepulcro de Jesus e viu que a pedra tinha sido removida da entrada. Enquanto ela estava chorando diante da tumba vazia, Jesus chegou e falou com ela. Maria Madalena foi a primeira a ver Jesus depois da ressurreição e contou essa boa notícia aos outros discípulos.

[a] 20:31 Alguns manuscritos dizem *continuem a crer*.
[b] 21:1 Isto é, o mar da Galileia.

7O discípulo a quem Jesus amava disse a
Pedro: "É o Senhor!" Simão Pedro, ouvindo-o
dizer isso, vestiu a capa, pois a havia tirado, e
lançou-se ao mar. 8Os outros discípulos vie-
ram no barco, arrastando a rede cheia de pei-
xes, pois estavam apenas a cerca de noventa
metros[a] da praia. 9Quando desembarcaram,
viram ali uma fogueira, peixe sobre brasas,
e um pouco de pão.
10Disse-lhes Jesus: "Tragam alguns dos pei-
xes que acabaram de pescar".
11Simão Pedro entrou no barco e arrastou a
rede para a praia. Ela estava cheia: tinha cen-
to e cinquenta e três grandes peixes. Embora
houvesse tantos peixes, a rede não se rompeu.
12Jesus lhes disse: "Venham comer".[b] Nenhum
dos discípulos tinha coragem de lhe pergun-
tar: "Quem és tu?" Sabiam que era o Senhor.
13Jesus aproximou-se, tomou o pão e o deu a
eles, fazendo o mesmo com o peixe. 14Esta foi
a terceira vez que Jesus apareceu aos seus dis-
cípulos, depois que ressuscitou dos mortos.

Jesus restaura Pedro

15Depois de comerem, Jesus perguntou a
Simão Pedro: "Simão, filho de João, você me
ama mais do que estes?"
Disse ele: "Sim, Senhor, tu sabes que te
amo".
Disse Jesus: "Cuide dos meus cordeiros".
16Novamente Jesus disse: "Simão, filho de
João, você me ama?"

[a] 21:8 Grego: *200 côvados*. O côvado era uma medida linear de cerca de 45 centímetros.
[b] 21:12 Grego: *"Tomem o desjejum"*.

Palavras para memorizar

"Senhor, tu sabes todas as coisas e sabes que te amo."
(João 21:17)

Ele respondeu: "Sim, Senhor, tu sabes que
te amo".
Disse Jesus: "Pastoreie as minhas ovelhas".
17Pela terceira vez, ele lhe disse: "Simão, fi-
lho de João, você me ama?"
Pedro ficou magoado por Jesus lhe ter per-
guntado pela terceira vez "Você me ama?" e
lhe disse: "Senhor, tu sabes todas as coisas e
sabes que te amo".
Disse-lhe Jesus: "Cuide das minhas ovelhas.
18Digo-lhe a verdade: Quando você era mais
jovem, vestia-se e ia para onde queria; mas
quando for velho, estenderá as mãos e outra
pessoa o vestirá e o levará para onde você não
deseja ir". 19Jesus disse isso para indicar o ti-
po de morte com a qual Pedro iria glorificar
a Deus. E então lhe disse: "Siga-me!"
20Pedro voltou-se e viu que o discípulo
a quem Jesus amava os seguia. (Este era o
que estivera ao lado de Jesus durante a ceia
e perguntara: "Senhor, quem te irá trair?")
21Quando Pedro o viu, perguntou: "Senhor,
e quanto a ele?"

A vida nos tempos da Bíblia

Símbolo do peixe

Logo no início, o peixe se tornou um símbolo do cristianismo. Durante a perseguição feita pelos romanos, os cristãos usavam esse símbolo como um código secreto para descobrir se outra pessoa era cristã ou não. As letras da palavra grega para peixe (*ichthus*) são as mesmas primeiras letras em grego das palavras "Jesus Cristo, Filho de Deus e Salvador".

[22]Respondeu Jesus: "Se eu quiser que ele
permaneça vivo até que eu volte, o que lhe
importa? Quanto a você, siga-me!". [23]Foi por
isso que se espalhou entre os irmãos o rumor
de que aquele discípulo não iria morrer. Mas
Jesus não disse que ele não iria morrer; ape-
nas disse: "Se eu quiser que ele permaneça
vivo até que eu volte, o que lhe importa?"

[24]Este é o discípulo que dá testemunho
dessas coisas e que as registrou. Sabemos
que o seu testemunho é verdadeiro.

[25]Jesus fez também muitas outras coisas.
Se cada uma delas fosse escrita, penso que
nem mesmo no mundo inteiro haveria es-
paço suficiente para os livros que seriam
escritos.

Você me ama?

Experimente!

Na noite anterior à que Jesus foi crucificado, Pedro disse três vezes que nem conhecia Jesus. Ele mentiu porque estava com medo, mas depois, Pedro ficou tão triste que até chorou (Marcos 14:72). Após a ressurreição, Jesus foi até Pedro. Leia João 21:15-17 e responda: "Quantas vezes Jesus perguntou a Pedro: 'Você me ama?'".

Jesus perdoou Pedro e até lhe disse para alimentar seus cordeiros e ovelhas. "Cuide dos meus cordeiros" significa cuidar das pessoas que acreditam em Jesus.

Se você fizer algo errado e se preocupar com o fato de Deus estar com raiva, lembre-se dessa história e diga a Jesus que você o ama, pois ele vai perdoá-lo e até mesmo lhe dar um trabalho importante para fazer por ele.

João 21:15-17

Atos dos Apóstolos

Quem escreveu este livro?

Lucas, o médico que foi companheiro de Paulo em suas viagens missionárias.

Por que este livro foi escrito?

Atos fala como a fé cristã se espalhou pelo mundo todo.

Para quem este livro foi escrito?

Atos foi escrito para qualquer pessoa que queira saber o que aconteceu após Jesus ter ido para o céu.

Quem são os personagens principais deste livro?

As pessoas mais importantes deste livro são Pedro e Paulo.

Quando isto aconteceu?

Este livro registra o que ocorreu entre, aproximadamente, 30 d.C. e 61 d.C.

Onde isto aconteceu?

Os fatos registrados neste livro ocorreram em muitas cidades importantes do Império Romano. (Veja o *Índice de mapas*, ao final desta Bíblia, para saber onde ficava o Império Romano.)

Algumas histórias deste livro:

Jesus vai para o céu	Atos 1:1-11
A chegada do Espírito Santo	Atos 2:1-13
Pedro cura um mendigo	Atos 3:1-10
Pedro e João são presos	Atos 4:1-31
Ananias e Safira mentem	Atos 5:1-11
Estêvão, o primeiro mártir	Atos 6:8—7:60
Saulo é convertido	Atos 9:1-31
Pedro tem uma visão	Atos 10:1-48
Pedro escapa da prisão	Atos 12:1-19
Prisioneiros são libertados	Atos 16:16-40
Uma confusão em Éfeso	Atos 19:23-41
Paulo vai a julgamento	Atos 24:1-27
Paulo sofre um naufrágio	Atos 27:1-44
Paulo vai para Roma	Atos 28:1-31

A ascensão de Jesus

1 Em meu livro anterior, Teófilo, escrevi a respeito de tudo o que Jesus começou a fazer e a ensinar, 2 até o dia em que foi elevado aos céus, depois de ter dado instruções por meio do Espírito Santo aos apóstolos que havia escolhido. 3 Depois do seu sofrimento, Jesus apresentou-se a eles e deu-lhes muitas provas indiscutíveis de que estava vivo. Apareceu-lhes por um período de quarenta dias falando-lhes acerca do Reino de Deus. 4 Certa ocasião, enquanto comia com eles, deu-lhes esta ordem: "Não saiam de Jerusalém, mas esperem pela promessa de meu Pai, da qual lhes falei. 5 Pois João batizou com[a] água, mas dentro de poucos dias vocês serão batizados com o Espírito Santo".

6 Então os que estavam reunidos lhe perguntaram: "Senhor, é neste tempo que vais restaurar o reino a Israel?"

7 Ele lhes respondeu: "Não lhes compete saber os tempos ou as datas que o Pai estabeleceu pela sua própria autoridade. 8 Mas receberão poder quando o Espírito Santo descer sobre vocês, e serão minhas testemunhas em Jerusalém, em toda a Judeia e Samaria, e até os confins da terra".

9 Tendo dito isso, foi elevado às alturas enquanto eles olhavam, e uma nuvem o encobriu da vista deles. 10 E eles ficaram com os olhos fixos no céu enquanto ele subia. De repente surgiram diante deles dois homens vestidos de branco, 11 que lhes disseram: "Galileus, por que vocês estão olhando para o céu? Este mesmo Jesus, que dentre vocês foi elevado aos céus, voltará da mesma forma como o viram subir".

[a] 1:5 Ou *em*

A escolha de Matias

12 Então eles voltaram para Jerusalém, vindo do monte chamado das Oliveiras, que fica perto da cidade, cerca de um quilômetro[b]. 13 Quando chegaram, subiram ao aposento onde estavam hospedados. Achavam-se presentes Pedro, João, Tiago e André; Filipe, Tomé, Bartolomeu e Mateus; Tiago, filho de Alfeu, Simão, o zelote, e Judas, filho de Tiago. 14 Todos eles se reuniam sempre em oração, com as mulheres, inclusive Maria, a mãe de Jesus, e com os irmãos dele.

15 Naqueles dias Pedro levantou-se entre os irmãos, um grupo de cerca de cento e vinte pessoas, 16 e disse: "Irmãos, era necessário que se cumprisse a Escritura que o Espírito Santo predisse por boca de Davi, a respeito de Judas, que serviu de guia aos que prenderam Jesus. 17 Ele foi contado como um dos nossos e teve participação neste ministério".

18 (Com a recompensa que recebeu pelo seu pecado, Judas comprou um campo. Ali caiu de cabeça, seu corpo partiu-se ao meio, e as suas vísceras se derramaram. 19 Todos em Jerusalém ficaram sabendo disso, de modo que, na língua deles, esse campo passou a chamar-se Aceldama, isto é, campo de Sangue.)

20 "Porque", prosseguiu Pedro, "está escrito no Livro de Salmos:

" 'Fique deserto o seu lugar,
e não haja ninguém
que nele habite'[c];

e ainda:

" 'Que outro ocupe o seu lugar[d]'[e].

[b] 1:12 Grego: *à distância da caminhada de um sábado.*
[c] 1:20 Sl 69:25
[d] 1:20 Grego: *episcopado.* Palavra que descreve a função pastoral.
[e] 1:20 Sl 109:8

Poder para testemunhar

Experimente!

Leia Atos 1:8 e veja que Jesus prometeu dar a seus seguidores poder para testemunhar. *Testemunhar* significa dizer aos outros o que sabemos sobre Jesus.

Peça a seus pais para lhe darem uma pilha para simbolizar o poder, imprima João 3:16, cole-o na pilha e a leve com você. Quando as pessoas lhe perguntarem o que ela significa, mostre-lhes o versículo e ore para que o Espírito Santo lhe dê poder para testemunhar e para que seus amigos creiam em Jesus.

Atos 1:8

21 Portanto, é necessário que escolhamos um dos homens que estiveram conosco durante todo o tempo em que o Senhor Jesus viveu entre nós, 22 desde o batismo de João até o dia em que Jesus foi elevado dentre nós às alturas. É preciso que um deles seja conosco testemunha de sua ressurreição."

23 Então indicaram dois nomes: José, chamado Barsabás, também conhecido como Justo, e Matias. 24 Depois oraram: "Senhor, tu conheces o coração de todos. Mostra-nos qual destes dois tens escolhido 25 para assumir este ministério apostólico que Judas abandonou, indo para o lugar que lhe era devido". 26 Então tiraram sortes, e a sorte caiu sobre Matias; assim, ele foi acrescentado aos onze apóstolos.

A vinda do Espírito Santo no dia de Pentecoste

2 Chegando o dia de Pentecoste, estavam todos reunidos num só lugar. 2 De repente veio do céu um som, como de um vento muito forte, e encheu toda a casa na qual estavam assentados. 3 E viram o que parecia línguas de fogo, que se separaram e pousaram sobre cada um deles. 4 Todos ficaram cheios do Espírito Santo e começaram a falar noutras línguas, conforme o Espírito os capacitava.

5 Havia em Jerusalém judeus, devotos a Deus, vindos de todas as nações do mundo. 6 Ouvindo-se o som, ajuntou-se uma multidão que ficou perplexa, pois cada um os ouvia falar em sua própria língua. 7 Atônitos e maravilhados, eles perguntavam: "Acaso não são galileus todos estes homens que estão falando? 8 Então, como os ouvimos, cada um de nós, em nossa própria língua materna? 9 Partos, medos e elamitas; habitantes da Mesopotâmia, Judeia e Capadócia, do Ponto e da província da Ásia, 10 Frígia e Panfília, Egito e das partes da Líbia próximas a Cirene; visitantes vindos de Roma, 11 tanto judeus como convertidos ao judaísmo; cretenses e árabes. Nós os ouvimos declarar as maravilhas de Deus em nossa própria língua!" 12 Atônitos e perplexos, todos perguntavam uns aos outros: "Que significa isto?"

13 Alguns, todavia, zombavam deles e diziam: "Eles beberam vinho demais".

A pregação de Pedro

14 Então Pedro levantou-se com os Onze e, em alta voz, dirigiu-se à multidão: "Homens da Judeia e todos os que vivem em Jerusalém, deixem-me explicar-lhes isto! Ouçam com atenção: 15 estes homens não estão bêbados, como vocês supõem. Ainda são nove horas da manhã![a] 16 Ao contrário, isto é o que foi predito pelo profeta Joel:

17 " 'Nos últimos dias, diz Deus,
derramarei do meu Espírito sobre
todos os povos.
Os seus filhos e as suas filhas
profetizarão,
os jovens terão visões,
os velhos terão sonhos.
18 Sobre os meus servos
e as minhas servas[b]
derramarei do meu Espírito naqueles
dias,
e eles profetizarão.
19 Mostrarei maravilhas
em cima, no céu,
e sinais em baixo, na terra:
sangue, fogo
e nuvens de fumaça.
20 O sol se tornará em trevas
e a lua em sangue,
antes que venha o grande
e glorioso dia do Senhor.
21 E todo aquele que invocar
o nome do Senhor
será salvo!'[c]

22 "Israelitas, ouçam estas palavras: Jesus de Nazaré foi aprovado por Deus diante de vocês por meio de milagres, maravilhas e

Você sabia?

O que foi o Pentecostes?

2:1 Era um dia santo para os judeus. Os cristãos recordam o Pentecostes, pois Deus encheu os discípulos de Jesus com o Espírito Santo naquele dia. Eles falaram em outras línguas e chamas como que de fogo apareceram sobre a cabeça deles. Houve sinais especiais do Espírito Santo no primeiro Pentecostes cristãos, e quando um grande número de pessoas se reuniu para ver o que estava acontecendo, Pedro pregou a elas a respeito de Jesus.

[a] 2:15 Grego: *Esta é ainda a terceira hora do dia!*
[b] 2:18 Ou *Até sobre os meus escravos e as minhas escravas*
[c] 2:17-21 Jl 2:28-32

sinais que Deus fez entre vocês por intermé-
dio dele, como vocês mesmos sabem. 23Es-
te homem lhes foi entregue por propósito
determinado e pré-conhecimento de Deus;
e vocês, com a ajuda de homens perver-
sos[a], o mataram, pregando-o na cruz. 24Mas
Deus o ressuscitou dos mortos, rompendo
os laços da morte, porque era impossível
que a morte o retivesse. 25A respeito dele,
disse Davi:

" 'Eu sempre via o Senhor diante de
mim.
Porque ele está
à minha direita,
não serei abalado.
26Por isso o meu coração
está alegre
e a minha língua exulta;
o meu corpo também repousará
em esperança,
27porque tu não me abandonarás no
sepulcro[b],
nem permitirás que
o teu Santo
sofra decomposição.
28Tu me fizeste conhecer
os caminhos da vida
e me encherás de alegria
na tua presença'[c].

29"Irmãos, posso dizer-lhes com franqueza
que o patriarca Davi morreu e foi sepultado,
e o seu túmulo está entre nós até o dia de ho-
je. 30Mas ele era profeta e sabia que Deus lhe
prometera sob juramento que colocaria um
dos seus descendentes em seu trono. 31Pre-
vendo isso, falou da ressurreição do Cristo[d],
que não foi abandonado no sepulcro e cujo
corpo não sofreu decomposição. 32Deus res-
suscitou este Jesus, e todos nós somos tes-
temunhas desse fato. 33Exaltado à direita de
Deus, ele recebeu do Pai o Espírito Santo pro-
metido e derramou o que vocês agora veem
e ouvem. 34Pois Davi não subiu aos céus, mas
ele mesmo declarou:

" 'O Senhor disse
ao meu Senhor:
Senta-te à minha direita
35até que eu ponha
os teus inimigos
como estrado
para os teus pés'[e].

36"Portanto, que todo o Israel fique certo
disto: Este Jesus, a quem vocês crucificaram,
Deus o fez Senhor e Cristo".
37Quando ouviram isso, ficaram aflitos em
seu coração, e perguntaram a Pedro e aos ou-
tros apóstolos: "Irmãos, que faremos?"
38Pedro respondeu: "Arrependam-se, e cada
um de vocês seja batizado em nome de Jesus
Cristo para perdão dos seus pecados, e rece-
berão o dom do Espírito Santo. 39Pois a pro-
messa é para vocês, para os seus filhos e para
todos os que estão longe, para todos quantos
o Senhor, o nosso Deus, chamar".
40Com muitas outras palavras os advertia
e insistia com eles: "Salvem-se desta gera-
ção corrompida!" 41Os que aceitaram a men-
sagem foram batizados, e naquele dia houve
um acréscimo de cerca de três mil pessoas.

A comunhão dos cristãos

42Eles se dedicavam ao ensino dos após-
tolos e à comunhão, ao partir do pão e às
orações. 43Todos estavam cheios de temor, e
muitas maravilhas e sinais eram feitos pelos
apóstolos. 44Os que criam mantinham-se uni-
dos e tinham tudo em comum. 45Vendendo
suas propriedades e bens, distribuíam a ca-
da um conforme a sua necessidade. 46Todos
os dias, continuavam a reunir-se no pátio do
templo. Partiam o pão em suas casas, e jun-
tos participavam das refeições, com alegria
e sinceridade de coração, 47louvando a Deus
e tendo a simpatia de todo o povo. E o Se-
nhor lhes acrescentava diariamente os que
iam sendo salvos.

A cura de um mendigo aleijado

3 Certo dia Pedro e João estavam subindo
ao templo na hora da oração, às três horas
da tarde[f]. 2Estava sendo levado para a porta
do templo chamada Formosa um aleijado de
nascença, que ali era colocado todos os dias
para pedir esmolas aos que entravam no tem-
plo. 3Vendo que Pedro e João iam entrar no
pátio do templo, pediu-lhes esmola. 4Pedro
e João olharam bem para ele e, então, Pedro
disse: "Olhe para nós!" 5O homem olhou pa-
ra eles com atenção, esperando receber de-
les alguma coisa.
6Disse Pedro: "Não tenho prata nem ouro,
mas o que tenho, isto lhe dou. Em nome de
Jesus Cristo, o Nazareno, ande". 7Segurando-o

[a] 2:23 Ou *daqueles que não possuem a lei*; (isto é, os gentios).
[b] 2:27 Grego: *Hades*; também no versículo 31. Esta palavra também pode ser traduzida por inferno, morte ou profundezas.
[c] 2:25-28 Sl 16:8-11
[d] 2:31 Ou *Messias*. Tanto *Cristo* (grego) como *Messias* (hebraico) significam *Ungido*; também em todo o livro de Atos.
[e] 2:34-35 Sl 110:1
[f] 3:1 Grego: *à hora nona*.

Você sabia?

Como Pedro e João puderam curar?

3:6 Deus deu a Pedro e a João um poder especial. Quando eles curaram em nome de Jesus, foi a prova de que Jesus realmente era o Filho de Deus. Após a cura, Pedro pregou às pessoas e lhes mostrou como elas poderiam ser salvas.

pela mão direita, ajudou-o a levantar-se, e imediatamente os pés e os tornozelos do homem ficaram firmes. 8E de um salto pôs-se em pé e começou a andar. Depois entrou com eles no pátio do templo, andando, saltando e louvando a Deus. 9Quando todo o povo o viu andando e louvando a Deus, 10reconheceu que era ele o mesmo homem que costumava mendigar sentado à porta do templo chamada Formosa. Todos ficaram perplexos e muito admirados com o que lhe tinha acontecido.

A pregação de Pedro no templo

11Apegando-se o mendigo a Pedro e João, todo o povo ficou maravilhado e correu até eles, ao lugar chamado Pórtico de Salomão. 12Vendo isso, Pedro lhes disse: "Israelitas, por que isto os surpreende? Por que vocês estão olhando para nós, como se tivéssemos feito este homem andar por nosso próprio poder ou piedade? 13O Deus de Abraão, de Isaque e de Jacó, o Deus dos nossos antepassados, glorificou seu servo Jesus, a quem vocês entregaram para ser morto e negaram perante Pilatos, embora ele tivesse decidido soltá-lo. 14Vocês negaram publicamente o Santo e Justo e pediram que lhes fosse libertado um assassino. 15Vocês mataram o autor da vida, mas Deus o ressuscitou dos mortos. E nós somos testemunhas disso. 16Pela fé no nome de Jesus, o Nome curou este homem que vocês veem e conhecem. A fé que vem por meio dele lhe deu esta saúde perfeita, como todos podem ver.

17"Agora, irmãos, eu sei que vocês agiram por ignorância, bem como os seus líderes. 18Mas foi assim que Deus cumpriu o que tinha predito por todos os profetas, dizendo que o seu Cristo haveria de sofrer. 19Arrependam-se, pois, e voltem-se para Deus, para que os seus pecados sejam cancelados, 20para que venham tempos de descanso da parte do Senhor, e ele mande o Cristo, o qual lhes foi designado, Jesus. 21É necessário que ele permaneça no céu até que chegue o tempo em que Deus restaurará todas as coisas, como falou há muito tempo, por meio dos seus santos profetas. 22Pois disse Moisés: 'O Senhor Deus lhes levantará dentre seus irmãos um profeta como eu; ouçam-no em tudo o que ele lhes disser. 23Quem não ouvir esse profeta, será eliminado do meio do seu povo'[a].

24"De fato, todos os profetas, de Samuel em diante, um por um, falaram e predisseram

[a] 3:23 Dt 18:15,18,19

Poder para amar

Experimente!

Os primeiros cristãos amavam muito uns aos outros. Leia Atos 2:42-47 e encontre nesses versículos pelo menos cinco coisas que os primeiros cristãos faziam que demonstrava esse amor.

Aqui vão sugestões do que você pode fazer para demonstrar o amor cristão:

1. venda algumas coisas suas e dê o dinheiro que ganhar para pessoas carentes;
2. convide uma pessoa solitária a almoçar em sua casa;
3. convide um amigo para participar do culto familiar em sua casa.

Atos 2:42-47

Como é que cada uma dessas atitudes se parece com algo que os primeiros cristãos faziam?

estes dias. 25E vocês são herdeiros dos profetas e da aliança que Deus fez com os seus antepassados. Ele disse a Abraão: 'Por meio da sua descendência todos os povos da terra serão abençoados'[a]. 26Tendo Deus ressuscitado o seu Servo[b], enviou-o primeiramente a vocês, para abençoá-los, convertendo cada um de vocês das suas maldades".

Pedro e João perante o sinédrio

4 Enquanto Pedro e João falavam ao povo, chegaram os sacerdotes, o capitão da guarda do templo e os saduceus. 2Eles estavam muito perturbados porque os apóstolos estavam ensinando o povo e proclamando em Jesus a ressurreição dos mortos. 3Agarraram Pedro e João e, como já estava anoitecendo, os colocaram na prisão até o dia seguinte. 4Mas muitos dos que tinham ouvido a mensagem creram, chegando o número dos homens que creram a perto de cinco mil.

5No dia seguinte, as autoridades, os líderes religiosos e os mestres da lei reuniram-se em Jerusalém. 6Estavam ali Anás, o sumo sacerdote, bem como Caifás, João, Alexandre e todos os que eram da família do sumo sacerdote. 7Mandaram trazer Pedro e João diante deles e começaram a interrogá-los: "Com que poder ou em nome de quem vocês fizeram isso?"

8Então Pedro, cheio do Espírito Santo, disse-lhes: "Autoridades e líderes do povo! 9Visto que hoje somos chamados para prestar contas de um ato de bondade em favor de um aleijado, sendo interrogados acerca de como ele foi curado, 10saibam os senhores e todo o povo de Israel que por meio do nome de Jesus Cristo, o Nazareno, a quem os senhores crucificaram, mas a quem Deus ressuscitou dos mortos, este homem está aí curado diante dos senhores. 11Este Jesus é

" 'a pedra que vocês,
construtores,
rejeitaram,
e que se tornou
a pedra angular'[c].

12Não há salvação em nenhum outro, pois, debaixo do céu não há nenhum outro nome dado aos homens pelo qual devamos ser salvos".

13Vendo a coragem de Pedro e de João, e percebendo que eram homens comuns e sem instrução, ficaram admirados e reconheceram que eles haviam estado com Jesus. 14E como podiam ver ali com eles o homem que fora curado, nada podiam dizer contra eles. 15Assim, ordenaram que se retirassem do Sinédrio[d] e começaram a discutir, 16perguntando: "Que faremos com esses homens? Todos os que moram em Jerusalém sabem que eles realizaram um milagre notório que não podemos negar. 17Todavia, para impedir que isso se espalhe ainda mais entre o povo, precisamos adverti-los de que não falem com mais ninguém sobre esse nome".

18Então, chamando-os novamente, ordenaram-lhes que não falassem nem ensinassem em nome de Jesus. 19Mas Pedro e João responderam: "Julguem os senhores mesmos se é justo aos olhos de Deus obedecer aos senhores e não a Deus. 20Pois não podemos deixar de falar do que vimos e ouvimos".

21Depois de mais ameaças, eles os deixaram ir. Não tinham como castigá-los, porque todo o povo estava louvando a Deus pelo que acontecera, 22pois o homem que fora curado milagrosamente tinha mais de quarenta anos de idade.

A oração dos primeiros cristãos

23Quando foram soltos, Pedro e João voltaram para os seus companheiros e contaram tudo o que os chefes dos sacerdotes e os líderes religiosos lhes tinham dito. 24Ouvindo isso, levantaram juntos a voz a Deus, dizendo: "Ó Soberano, tu fizeste os céus, a terra, o mar e tudo o que neles há! 25Tu falaste pelo Espírito Santo por boca do teu servo, nosso pai Davi:

" 'Por que se enfurecem
as nações,
e os povos conspiram em vão?
26Os reis da terra se levantam,
e os governantes se reúnem
contra o Senhor
e contra o seu Ungido'[e].

27De fato, Herodes e Pôncio Pilatos reuniram-se com os gentios[f] e com o povo de Israel nesta cidade, para conspirar contra o teu santo servo Jesus, a quem ungiste. 28Fizeram o que o teu poder e a tua vontade haviam decidido de antemão que acontecesse. 29Agora, Senhor, considera as ameaças deles

[a] 3:25 Gn 12:3; 22:18; 26:4 e 28:14
[b] 3:26 Is 52:13
[c] 4:11 Sl 118:22
[d] 4:15 Conselho dos principais líderes do povo judeu; também em todo o livro de Atos.
[e] 4:25-26 Sl 2:1-2
[f] 4:27 Isto é, os que não são judeus; também em todo o livro de Atos.

e capacita os teus servos para anunciarem a tua palavra corajosamente. 30Estende a tua mão para curar e realizar sinais e maravilhas por meio do nome do teu santo servo Jesus".

31Depois de orarem, tremeu o lugar em que estavam reunidos; todos ficaram cheios do Espírito Santo e anunciavam corajosamente a palavra de Deus.

Os discípulos repartem seus bens

32Da multidão dos que creram, uma era a mente e um o coração. Ninguém considerava unicamente sua coisa alguma que possuísse, mas compartilhavam tudo o que tinham. 33Com grande poder os apóstolos continuavam a testemunhar da ressurreição do Senhor Jesus, e grandiosa graça estava sobre todos eles. 34Não havia pessoas necessitadas entre eles, pois os que possuíam terras ou casas as vendiam, traziam o dinheiro da venda 35e o colocavam aos pés dos apóstolos, que o distribuíam segundo a necessidade de cada um.

36José, um levita de Chipre a quem os apóstolos deram o nome de Barnabé, que significa "encorajador[a]", 37vendeu um campo que possuía, trouxe o dinheiro e o colocou aos pés dos apóstolos.

Ananias e Safira

5 Um homem chamado Ananias, com Safira, sua mulher, também vendeu uma propriedade. 2Ele reteve parte do dinheiro para si, sabendo disso também sua mulher; e o restante levou e colocou aos pés dos apóstolos.

3Então perguntou Pedro: "Ananias, como você permitiu que Satanás enchesse o seu coração, ao ponto de você mentir ao Espírito Santo e guardar para si uma parte do dinheiro que recebeu pela propriedade? 4Ela não lhe pertencia? E, depois de vendida, o dinheiro não estava em seu poder? O que o levou a pensar em fazer tal coisa? Você não mentiu aos homens, mas sim a Deus".

5Ouvindo isso, Ananias caiu morto. Grande temor apoderou-se de todos os que ouviram o que tinha acontecido. 6Então os moços vieram, envolveram seu corpo, levaram-no para fora e o sepultaram.

7Cerca de três horas mais tarde, entrou sua mulher, sem saber o que havia acontecido. 8Pedro lhe perguntou: "Diga-me, foi esse

[a] 4:36 Ou *consolador*. Grego: *filho da consolação*.

Você sabia?

Qual foi o pecado de Ananias e Safira?

5:3 Eles mentiram. Eles podiam usar como quisessem o dinheiro que receberam por vender uma propriedade, mas combinaram de mentir para a Igreja e para o Espírito Santo. Mentir para a Igreja é o mesmo que mentir para Deus, por isso Deus os puniu, e eles morreram.

Poder por meio da oração

Experimente!

Quando foram ameaçados, Pedro e João pediram a Deus o poder de fazer milagres e continuar a pregar. Leia Atos 4:23-31 e veja que, por saberem que Deus tinha controle sobre tudo desde a criação e no tempo de Davi, eles estavam certos de que Deus ainda estava no controle e ainda respondia à oração.

Pergunte a seus pais o que eles conhecem sobre Deus que faz com que tenham certeza de que ele responde às orações e conte a eles o que você aprendeu com essa história bíblica.

Quando você orar, é uma boa ideia começar como os discípulos fizeram: agradecendo a Deus por seu grande poder e dizendo que você sabe que ele pode responder a suas orações.

Atos 4:23-31

o preço que vocês conseguiram pela propriedade?"

Respondeu ela: "Sim, foi esse mesmo".

9Pedro lhe disse: "Por que vocês entraram em acordo para tentar o Espírito do Senhor? Veja! Estão à porta os pés dos que sepultaram seu marido, e eles a levarão também".

10Naquele mesmo instante, ela caiu morta aos pés dele. Então os moços entraram e, encontrando-a morta, levaram-na e a sepultaram ao lado de seu marido. 11E grande temor apoderou-se de toda a igreja e de todos os que ouviram falar desses acontecimentos.

Os apóstolos curam muitos doentes

12Os apóstolos realizavam muitos sinais e maravilhas entre o povo. Todos os que creram costumavam reunir-se no Pórtico de Salomão. 13Dos demais, ninguém ousava juntar-se a eles, embora o povo os tivesse em alto conceito. 14Em número cada vez maior, homens e mulheres criam no Senhor e lhes eram acrescentados, 15de modo que o povo também levava os doentes às ruas e os colocava em camas e macas, para que pelo menos a sombra de Pedro se projetasse sobre alguns, enquanto ele passava. 16Afluíam também multidões das cidades próximas a Jerusalém, trazendo seus doentes e os que eram atormentados por espíritos imundos[a]; e todos eram curados.

Os apóstolos são perseguidos

17Então o sumo sacerdote e todos os seus companheiros, membros do partido dos saduceus, ficaram cheios de inveja. 18Por isso, mandaram prender os apóstolos, colocando-os numa prisão pública. 19Mas durante a noite um anjo do Senhor abriu as portas do cárcere, levou-os para fora e 20disse: "Dirijam-se ao templo e relatem ao povo toda a mensagem desta Vida".

21Ao amanhecer, eles entraram no pátio do templo, como haviam sido instruídos, e começaram a ensinar o povo.

Quando chegaram o sumo sacerdote e os seus companheiros, convocaram o Sinédrio — toda a assembleia dos líderes religiosos de Israel — e mandaram buscar os apóstolos na prisão. 22Todavia, ao chegarem à prisão, os guardas não os encontraram ali. Então, voltaram e relataram: 23"Encontramos a prisão trancada com toda a segurança, com os guardas diante das portas; mas, quando as abrimos não havia ninguém". 24Diante desse relato, o capitão da guarda do templo e os chefes dos sacerdotes ficaram perplexos, imaginando o que teria acontecido.

25Nesse momento chegou alguém e disse: "Os homens que os senhores puseram na prisão estão no pátio do templo, ensinando o povo". 26Então, indo para lá com os guardas, o capitão trouxe os apóstolos, mas sem o uso de força, pois temiam que o povo os apedrejasse.

27Tendo levado os apóstolos, apresentaram-nos ao Sinédrio para serem interrogados pelo sumo sacerdote, 28que lhes disse: "Demos ordens expressas a vocês para que não ensinassem neste nome. Todavia, vocês encheram Jerusalém com sua doutrina e nos querem tornar culpados do sangue desse homem".

29Pedro e os outros apóstolos responderam: "É preciso obedecer antes a Deus do que aos homens! 30O Deus dos nossos antepassados ressuscitou Jesus, a quem os senhores mataram, suspendendo-o num madeiro. 31Deus o exaltou, colocando-o à sua direita como Príncipe e Salvador, para dar a Israel arrependimento e perdão de pecados. 32Nós somos testemunhas destas coisas, bem como o Espírito Santo, que Deus concedeu aos que lhe obedecem".

33Ouvindo isso, eles ficaram furiosos e queriam matá-los. 34Mas um fariseu chamado Gamaliel, mestre da lei, respeitado por todo o povo, levantou-se no Sinédrio e pediu que os homens fossem retirados por um momento. 35Então lhes disse: "Israelitas, considerem cuidadosamente o que pretendem fazer a esses homens. 36Há algum tempo, apareceu Teudas, reivindicando ser alguém, e cerca de quatrocentos homens se juntaram a ele. Ele foi morto, todos os seus seguidores se dispersaram e acabaram em nada. 37Depois dele, nos dias do recenseamento, apareceu Judas, o galileu, que liderou um grupo em rebelião. Ele também foi morto, e todos os seus seguidores foram dispersos. 38Portanto, neste caso eu os aconselho: deixem esses homens em paz e soltem-nos. Se o propósito ou atividade deles for de origem humana, fracassará; 39se proceder de Deus, vocês não serão capazes de impedi-los, pois se acharão lutando contra Deus".

40Eles foram convencidos pelo discurso de Gamaliel. Chamaram os apóstolos e mandaram açoitá-los. Depois, ordenaram-lhes que

[a] 5:16 Ou *malignos*

não falassem no nome de Jesus e os deixa-
ram sair em liberdade.
41Os apóstolos saíram do Sinédrio, alegres
por terem sido considerados dignos de serem
humilhados por causa do Nome. 42Todos os
dias, no templo e de casa em casa, não dei-
xavam de ensinar e proclamar que Jesus é
o Cristo.

A escolha dos sete

6 Naqueles dias, crescendo o número de dis-
cípulos, os judeus de fala grega entre eles
queixaram-se dos judeus de fala hebraica[a],
porque suas viúvas estavam sendo esqueci-
das na distribuição diária de alimento. 2Por
isso os Doze reuniram todos os discípulos e
disseram: "Não é certo negligenciarmos o mi-
nistério da palavra de Deus, a fim de servir
às mesas. 3Irmãos, escolham entre vocês sete
homens de bom testemunho, cheios do Es-
pírito e de sabedoria. Passaremos a eles essa
tarefa 4e nos dedicaremos à oração e ao mi-
nistério da palavra".
5Tal proposta agradou a todos. Então es-
colheram Estêvão, homem cheio de fé e do
Espírito Santo, além de Filipe, Prócoro, Nica-
nor, Timom, Pármenas e Nicolau, um conver-
tido ao judaísmo, proveniente de Antioquia.
6Apresentaram esses homens aos apóstolos,
os quais oraram e lhes impuseram as mãos.
7Assim, a palavra de Deus se espalhava.
Crescia rapidamente o número de discípu-
los em Jerusalém; também um grande nú-
mero de sacerdotes obedecia à fé.

A prisão de Estêvão

8Estêvão, homem cheio da graça e do po-
der de Deus, realizava grandes maravilhas e
sinais entre o povo. 9Contudo, levantou-se
oposição dos membros da chamada sinagoga
dos Libertos, dos judeus de Cirene e de Ale-
xandria, bem como das províncias da Cilícia e
da Ásia. Esses homens começaram a discutir
com Estêvão, 10mas não podiam resistir à sa-
bedoria e ao Espírito com que ele falava.
11Então subornaram alguns homens para
dizerem: "Ouvimos Estêvão falar palavras
blasfemas contra Moisés e contra Deus".
12Com isso agitaram o povo, os líderes re-
ligiosos e os mestres da lei. E, prendendo
Estêvão, levaram-no ao Sinédrio. 13Ali apre-
sentaram falsas testemunhas que diziam:
"Este homem não para de falar contra este
lugar santo e contra a Lei. 14Pois o ouvimos
dizer que esse Jesus, o Nazareno, destruirá
este lugar e mudará os costumes que Moi-
sés nos deixou".
15Olhando para ele, todos os que estavam
sentados no Sinédrio viram que o seu rosto
parecia o rosto de um anjo.

O discurso de Estêvão no Sinédrio

7 Então o sumo sacerdote perguntou a Es-
têvão: "São verdadeiras estas acusações?"
2A isso ele respondeu: "Irmãos e pais, ou-
çam-me! O Deus glorioso apareceu a Abraão,
nosso pai, estando ele ainda na Mesopotâ-
mia, antes de morar em Harã, e lhe disse:
3'Saia da sua terra e do meio dos seus paren-
tes e vá para a terra que eu lhe mostrarei'[b].
4"Então ele saiu da terra dos caldeus e se
estabeleceu em Harã. Depois da morte de
seu pai, Deus o trouxe a esta terra, onde vo-
cês agora vivem. 5Deus não lhe deu nenhu-
ma herança aqui, nem mesmo o espaço de

[a] 6:1 Ou *aramaica*

[b] 7:3 Gn 12:1

Poder para fazer o que é certo

Experimente!

Estêvão era muito corajoso. Ele se tornou o primeiro "mártir" da Igreja, a primeira pessoa a morrer por pregar sobre Jesus.

Leia Atos 6:8-10; 7:54-60. Mesmo quando estava sendo condenado à morte, Estêvão orou pelas pessoas que o estavam matando. Imagine uma situação na qual você tenha de defender aquilo em que acredita. Você pode não ser apedrejado como Estêvão, mas Deus quer que você defenda o que é certo e o fará ser corajoso como Estêvão.

Atos 6:8-10; 7:54-60

um pé. Mas lhe prometeu que ele e, depois dele, seus descendentes, possuiriam a terra, embora, naquele tempo, Abraão não tivesse filhos. 6Deus lhe falou desta forma: 'Seus descendentes serão peregrinos numa terra estrangeira, e serão escravizados e maltratados por quatrocentos anos. 7Mas eu castigarei a nação a quem servirão como escravos, e depois sairão dali e me adorarão neste lugar'[a]. 8E deu a Abraão a aliança da circuncisão. Por isso, Abraão gerou Isaque e o circuncidou oito dias depois do seu nascimento. Mais tarde, Isaque gerou Jacó, e este os doze patriarcas.

9"Os patriarcas, tendo inveja de José, venderam-no como escravo para o Egito. Mas Deus estava com ele 10e o libertou de todas as suas tribulações, dando a José favor e sabedoria diante do faraó, rei do Egito; este o tornou governador do Egito e de todo o seu palácio.

11"Depois houve fome em todo o Egito e em Canaã, trazendo grande sofrimento, e os nossos antepassados não encontravam alimento. 12Ouvindo que havia trigo no Egito, Jacó enviou nossos antepassados em sua primeira viagem. 13Na segunda viagem deles, José fez-se reconhecer por seus irmãos, e o faraó pôde conhecer a família de José. 14Depois disso, José mandou buscar seu pai Jacó e toda a sua família, que eram setenta e cinco pessoas. 15Então Jacó desceu ao Egito, onde faleceram ele e os nossos antepassados. 16Seus corpos foram levados de volta a Siquém e colocados no túmulo que Abraão havia comprado ali dos filhos de Hamor, por certa quantia.

17"Ao se aproximar o tempo em que Deus cumpriria sua promessa a Abraão, aumentou muito o número do nosso povo no Egito. 18Então outro rei, que nada sabia a respeito de José, passou a governar o Egito. 19Ele agiu traiçoeiramente para com o nosso povo e oprimiu os nossos antepassados, obrigando-os a abandonar os seus recém-nascidos, para que não sobrevivessem.

20"Naquele tempo nasceu Moisés, que era um menino extraordinário[b]. Por três meses ele foi criado na casa de seu pai. 21Quando foi abandonado, a filha do faraó o tomou e o criou como seu próprio filho. 22Moisés foi educado em toda a sabedoria dos egípcios e veio a ser poderoso em palavras e obras.

23"Ao completar quarenta anos, Moisés decidiu visitar seus irmãos israelitas. 24Ao ver um deles sendo maltratado por um egípcio, saiu em defesa do oprimido e o vingou, matando o egípcio. 25Ele pensava que seus irmãos compreenderiam que Deus o estava usando para salvá-los, mas eles não o compreenderam. 26No dia seguinte, Moisés dirigiu-se a dois israelitas que estavam brigando, e tentou reconciliá-los, dizendo: 'Homens, vocês são irmãos; por que ferem um ao outro?'

27"Mas o homem que maltratava o outro empurrou Moisés e disse: 'Quem o nomeou líder e juiz sobre nós? 28Quer matar-me como matou o egípcio ontem?'[c] 29Ouvindo isso, Moisés fugiu para Midiã, onde ficou morando como estrangeiro e teve dois filhos.

30"Passados quarenta anos, apareceu a Moisés um anjo nas labaredas de uma sarça em chamas no deserto, perto do monte Sinai. 31Vendo aquilo, ficou atônito. E, aproximando-se para observar, ouviu a voz do Senhor: 32'Eu sou o Deus dos seus antepassados, o Deus de Abraão, o Deus de Isaque e o Deus de Jacó'[d]. Moisés, tremendo de medo, não ousava olhar.

33"Então o Senhor lhe disse: 'Tire as sandálias dos pés, porque o lugar em que você está é terra santa. 34De fato tenho visto a opressão sobre o meu povo no Egito. Ouvi seus gemidos e desci para livrá-lo. Venha agora, e eu o enviarei de volta ao Egito'[e].

35"Este é o mesmo Moisés que tinham rejeitado com estas palavras: 'Quem o nomeou líder e juiz?' Ele foi enviado pelo próprio Deus para ser líder e libertador deles, por meio do anjo que lhe tinha aparecido na sarça. 36Ele os tirou de lá, fazendo maravilhas e sinais no Egito, no mar Vermelho e no deserto durante quarenta anos.

37"Este é aquele Moisés que disse aos israelitas: 'Deus lhes levantará dentre seus irmãos um profeta como eu'[f]. 38Ele estava na congregação, no deserto, com o anjo que lhe falava no monte Sinai e com os nossos antepassados, e recebeu palavras vivas, para transmiti-las a nós.

39"Mas nossos antepassados se recusaram a obedecer-lhe; ao contrário, rejeitaram-no, e em seu coração voltaram para o Egito. 40Disseram a Arão: 'Faça para nós deuses que nos conduzam, pois a esse Moisés que nos tirou do Egito, não sabemos o que lhe aconteceu!'[g] 41Naquela ocasião fizeram

[a] 7:6-7 Gn 15:13-14
[b] 7:20 Grego: *era bonito aos olhos de Deus.*
[c] 7:27-28 Êx 2:14
[d] 7:32 Êx 3:6
[e] 7:33-34 Êx 3:5,7-8,10
[f] 7:37 Dt 18:15
[g] 7:40 Êx 32:1

um ídolo em forma de bezerro. Trouxeram-
-lhe sacrifícios e fizeram uma celebração em
honra ao que suas mãos tinham feito. 42Mas
Deus afastou-se deles e os entregou à ado-
ração dos astros, conforme o que foi escrito
no livro dos profetas:

"'Foi a mim
que vocês apresentaram
sacrifícios e ofertas
durante os quarenta anos no deserto,
ó nação de Israel?
43Ao invés disso, levantaram
o santuário de Moloque
e a estrela do seu deus Renfã,
ídolos que vocês fizeram
para adorar!
Portanto, eu os enviarei
para o exílio,
para além da Babilônia'[a].

44"No deserto os nossos antepassados ti-
nham o tabernáculo da aliança, que fora feito
segundo a ordem de Deus a Moisés, de acor-
do com o modelo que ele tinha visto. 45Tendo
recebido o tabernáculo, nossos antepassados
o levaram, sob a liderança de Josué, quan-
do tomaram a terra das nações que Deus
expulsou de diante deles. Esse tabernáculo
permaneceu nesta terra até a época de Davi,
46que encontrou graça diante de Deus e pe-
diu que ele lhe permitisse providenciar uma
habitação para o Deus de Jacó[b]. 47Mas foi Sa-
lomão quem lhe construiu a casa.

48"Todavia, o Altíssimo não habita em ca-
sas feitas por homens. Como diz o profeta:

49"'O céu é o meu trono,
e a terra,
o estrado dos meus pés.
Que espécie de casa
vocês me edificarão?
diz o Senhor,
ou, onde seria
meu lugar de descanso?
50Não foram as minhas mãos que
fizeram todas estas coisas?'[c]

51"Povo rebelde, obstinado[d] de coração e
de ouvidos! Vocês são iguais aos seus ante-
passados: sempre resistem ao Espírito San-
to! 52Qual dos profetas os seus antepassados
não perseguiram? Eles mataram aqueles que
prediziam a vinda do Justo, de quem agora
vocês se tornaram traidores e assassinos —
53vocês, que receberam a Lei por intermédio
de anjos, mas não lhe obedeceram".

O apedrejamento de Estêvão

54Ouvindo isso, ficaram furiosos e range-
ram os dentes contra ele. 55Mas Estêvão, cheio
do Espírito Santo, levantou os olhos para o
céu e viu a glória de Deus, e Jesus em pé, à
direita de Deus, 56e disse: "Vejo os céus aber-
tos e o Filho do homem em pé, à direita de
Deus".

57Mas eles taparam os ouvidos e, dando
fortes gritos, lançaram-se todos juntos con-
tra ele, 58arrastaram-no para fora da cidade
e começaram a apedrejá-lo. As testemunhas
deixaram seus mantos aos pés de um jovem
chamado Saulo.

59Enquanto apedrejavam Estêvão, este ora-
va: "Senhor Jesus, recebe o meu espírito".
60Então caiu de joelhos e bradou: "Senhor,
não os consideres culpados deste pecado". E,
tendo dito isso, adormeceu.

8 E Saulo estava ali, consentindo na mor-
te de Estêvão.

A perseguição e a dispersão da igreja

Naquela ocasião desencadeou-se grande
perseguição contra a igreja em Jerusalém.
Todos, exceto os apóstolos, foram dispersos
pelas regiões da Judeia e de Samaria. 2Alguns
homens piedosos sepultaram Estêvão e fize-
ram por causa dele grande lamentação. 3Sau-
lo, por sua vez, devastava a igreja. Indo de
casa em casa, arrastava homens e mulheres
e os lançava na prisão.

Filipe em Samaria

Pessoas nos tempos da Bíblia

Estêvão

Estêvão era um homem cheio do poder e da graça de Deus, além de um homem sábio, que realizou milagres que mostraram o poder de Deus. Ele não negou sua fé em Jesus e foi morto por causa disso. Estêvão foi o primeiro mártir cristão, ou seja, uma pessoa que morre por aquilo em que acredita.

[a] 7:42-43 Am 5:25-27, segundo a antiga versão grega.
[b] 7:46 Alguns manuscritos dizem *para a casa de Jacó*.
[c] 7:49-50 Is 66:1-2
[d] 7:51 Grego: *incircunciso*.

4Os que haviam sido dispersos pregavam a palavra por onde quer que fossem. 5Indo Filipe para uma cidade de Samaria, ali lhes anunciava o Cristo. 6Quando a multidão ouviu Filipe e viu os sinais milagrosos que ele realizava, deu unânime atenção ao que ele dizia. 7Os espíritos imundos[a] saíam de muitos, dando gritos, e muitos paralíticos e mancos foram curados. 8Assim, houve grande alegria naquela cidade.

Simão, o mago

9Um homem chamado Simão vinha praticando feitiçaria durante algum tempo naquela cidade, impressionando todo o povo de Samaria. Ele se dizia muito importante, 10e todo o povo, do mais simples ao mais rico, dava-lhe atenção e exclamava: "Este homem é o poder divino conhecido como Grande Poder". 11Eles o seguiam, pois ele os havia iludido com sua mágica durante muito tempo. 12No entanto, quando Filipe lhes pregou as boas novas do Reino de Deus e do nome de Jesus Cristo, creram nele, e foram batizados, tanto homens como mulheres. 13O próprio Simão também creu e foi batizado, e seguia Filipe por toda parte, observando maravilhado os grandes sinais e milagres que eram realizados.

14Os apóstolos em Jerusalém, ouvindo que Samaria havia aceitado a palavra de Deus, enviaram para lá Pedro e João. 15Estes, ao chegarem, oraram para que eles recebessem o Espírito Santo, 16pois o Espírito ainda não havia descido sobre nenhum deles; tinham apenas sido batizados em nome do Senhor Jesus. 17Então Pedro e João lhes impuseram as mãos, e eles receberam o Espírito Santo.

18Vendo Simão que o Espírito era dado com a imposição das mãos dos apóstolos, ofereceu-lhes dinheiro 19e disse: "Deem-me também este poder, para que a pessoa sobre quem eu puser as mãos receba o Espírito Santo".

20Pedro respondeu: "Pereça com você o seu dinheiro! Você pensa que pode comprar o dom de Deus com dinheiro? 21Você não tem parte nem direito algum neste ministério, porque o seu coração não é reto diante de Deus. 22Arrependa-se dessa maldade e ore ao Senhor. Talvez ele lhe perdoe tal pensamento do seu coração, 23pois vejo que você está cheio de amargura e preso pelo pecado".

24Simão, porém, respondeu: "Orem vocês ao Senhor por mim, para que não me aconteça nada do que vocês disseram".

25Tendo testemunhado e proclamado a palavra do Senhor, Pedro e João voltaram a Jerusalém, pregando o evangelho em muitos povoados samaritanos.

Filipe e o etíope

26Um anjo do Senhor disse a Filipe: "Vá para o sul, para a estrada deserta que desce de Jerusalém a Gaza". 27Ele se levantou e partiu. No caminho encontrou um eunuco etíope, um oficial importante, encarregado de todos os tesouros de Candace, rainha dos etíopes. Esse homem viera a Jerusalém para adorar a Deus e, 28de volta para casa, sentado em sua carruagem, lia o livro do profeta Isaías. 29E o Espírito disse a Filipe: "Aproxime-se dessa carruagem e acompanhe-a".

30Então Filipe correu para a carruagem, ouviu o homem lendo o profeta Isaías e lhe perguntou: "O senhor entende o que está lendo?"

31Ele respondeu: "Como posso entender se alguém não me explicar?" Assim, convidou Filipe para subir e sentar-se ao seu lado.

32O eunuco estava lendo esta passagem da Escritura:

> "Ele foi levado como ovelha para o
> matadouro,
> e como cordeiro mudo
> diante do tosquiador,
> ele não abriu a sua boca.
> 33Em sua humilhação
> foi privado de justiça.
> Quem pode falar

Você sabia?

O que é feitiçaria?

8:9 É mágica do mal. Não é como as mágicas que você vê na TV. A pessoa pensa ter poder sobre as outras. Um feiticeiro chamado Simão viu o poder que os apóstolos de Jesus tinham e queria ter esse poder; então, ofereceu dinheiro aos apóstolos para que lhe vendessem. O poder que os apóstolos tinham era do Espírito Santo, que não pode ser comprado nem vendido.

[a] 8:7 Ou *malignos*

dos seus descendentes?
Pois a sua vida foi tirada
da terra"[a].

34O eunuco perguntou a Filipe: "Diga-me,
por favor: de quem o profeta está falando?
De si próprio ou de outro?" 35Então Filipe, co-
meçando com aquela passagem da Escritura,
anunciou-lhe as boas novas de Jesus.
36Prosseguindo pela estrada, chegaram a
um lugar onde havia água. O eunuco disse:
"Olhe, aqui há água. Que me impede de ser
batizado?" 37Disse Filipe: "Você pode, se crê de
todo o coração". O eunuco respondeu: "Creio
que Jesus Cristo é o Filho de Deus".[b] 38Assim,
deu ordem para parar a carruagem. Então Fi-
lipe e o eunuco desceram à água, e Filipe o
batizou. 39Quando saíram da água, o Espírito
do Senhor arrebatou Filipe repentinamente.
O eunuco não o viu mais e, cheio de alegria,
seguiu o seu caminho. 40Filipe, porém, apa-
receu em Azoto e, indo para Cesareia, pre-
gava o evangelho em todas as cidades pelas
quais passava.

A conversão de Saulo

9 Enquanto isso, Saulo ainda respirava
ameaças de morte contra os discípulos do
Senhor. Dirigindo-se ao sumo sacerdote, 2pe-
diu-lhe cartas para as sinagogas de Damasco,
de maneira que, caso encontrasse ali homens
ou mulheres que pertencessem ao Caminho,
pudesse levá-los presos para Jerusalém. 3Em
sua viagem, quando se aproximava de Da-
masco, de repente brilhou ao seu redor uma
luz vinda do céu. 4Ele caiu por terra e ouviu
uma voz que lhe dizia: "Saulo, Saulo, por que
você me persegue?"
5Saulo perguntou: "Quem és tu, Senhor?"
Ele respondeu: "Eu sou Jesus, a quem vo-
cê persegue. 6Levante-se, entre na cidade; al-
guém lhe dirá o que você deve fazer".
7Os homens que viajavam com Saulo pa-
raram emudecidos; ouviam a voz mas não
viam ninguém. 8Saulo levantou-se do chão
e, abrindo os olhos, não conseguia ver nada.
E os homens o levaram pela mão até Damas-
co. 9Por três dias ele esteve cego, não comeu
nem bebeu.
10Em Damasco havia um discípulo chama-
do Ananias. O Senhor o chamou numa visão:
"Ananias!"
"Eis-me aqui, Senhor", respondeu ele.
11O Senhor lhe disse: "Vá à casa de Judas, na
rua chamada Direita, e pergunte por um ho-
mem de Tarso chamado Saulo. Ele está oran-
do; 12numa visão viu um homem chamado
Ananias chegar e impor-lhe as mãos para que
voltasse a ver".
13Respondeu Ananias: "Senhor, tenho ouvi-
do muita coisa a respeito desse homem e de
todo o mal que ele tem feito aos teus santos
em Jerusalém. 14Ele chegou aqui com autori-
zação dos chefes dos sacerdotes para prender
todos os que invocam o teu nome".
15Mas o Senhor disse a Ananias: "Vá! Este
homem é meu instrumento escolhido para
levar o meu nome perante os gentios e seus
reis, e perante o povo de Israel. 16Mostrarei
a ele o quanto deve sofrer pelo meu nome".
17Então Ananias foi, entrou na casa, pôs as
mãos sobre Saulo e disse: "Irmão Saulo, o Se-
nhor Jesus, que lhe apareceu no caminho por
onde você vinha, enviou-me para que você
volte a ver e seja cheio do Espírito Santo".
18Imediatamente, algo como escamas caiu
dos olhos de Saulo e ele passou a ver nova-
mente. Levantando-se, foi batizado 19e, de-
pois de comer, recuperou as forças.

Saulo em Damasco e em Jerusalém

Saulo passou vários dias com os discípulos
em Damasco. 20Logo começou a pregar nas si-
nagogas que Jesus é o Filho de Deus. 21Todos

Pessoas nos tempos da Bíblia

Saulo/Paulo

Saulo era um fariseu que odiava os cristãos e fazia tudo o que podia contra eles. Um dia, quando ele estava indo para Damasco a fim de prender cristãos, Jesus, que havia subido ao céu, apareceu a Saulo, falou com ele e fez um milagre que mudou sua vida para sempre. Saulo se tornou cristão, e seu nome, mais tarde, foi mudado para Paulo. Ele foi um pregador poderoso e se tornou um grande missionário, espalhando as notícias sobre Jesus para muitas pessoas. Paulo escreveu 13 livros do Novo Testamento.

[a] 8:32-33 Is 53:7-8
[b] 8:37 Muitos manuscritos antigos não trazem o versículo 37.

os que o ouviam ficavam perplexos e pergun-
tavam: "Não é ele o homem que procurava
destruir em Jerusalém aqueles que invocam
este nome? E não veio para cá justamente
para levá-los presos aos chefes dos sacerdo-
tes?" 22 Todavia, Saulo se fortalecia cada vez
mais e confundia os judeus que viviam em
Damasco, demonstrando que Jesus é o Cristo.
23 Decorridos muitos dias, os judeus decidi-
ram de comum acordo matá-lo, 24 mas Saulo
ficou sabendo do plano deles. Dia e noite eles
vigiavam as portas da cidade a fim de ma-
tá-lo. 25 Mas os seus discípulos o levaram de
noite e o fizeram descer num cesto, através
de uma abertura na muralha.
26 Quando chegou a Jerusalém, tentou re-
unir-se aos discípulos, mas todos estavam
com medo dele, não acreditando que fosse
realmente um discípulo. 27 Então Barnabé o
levou aos apóstolos e lhes contou como, no
caminho, Saulo vira o Senhor, que lhe fala-
ra, e como em Damasco ele havia pregado
corajosamente em nome de Jesus. 28 Assim,
Saulo ficou com eles, e andava com liberda-
de em Jerusalém, pregando corajosamente
em nome do Senhor. 29 Falava e discutia com
os judeus de fala grega, mas estes tentavam
matá-lo. 30 Sabendo disso, os irmãos o leva-
ram para Cesareia e o enviaram para Tarso.
31 A igreja passava por um período de paz
em toda a Judeia, Galileia e Samaria. Ela se
edificava e, encorajada pelo Espírito Santo,
crescia em número, vivendo no temor do
Senhor.

Eneias e Dorcas

32 Viajando por toda parte, Pedro foi visitar
os santos que viviam em Lida. 33 Ali encon-
trou um paralítico chamado Eneias, que esta-
va acamado fazia oito anos. 34 Disse-lhe Pedro:
"Eneias, Jesus Cristo vai curá-lo! Levante-se
e arrume a sua cama". Ele se levantou ime-
diatamente. 35 Todos os que viviam em Lida e
Sarona o viram e se converteram ao Senhor.
36 Em Jope havia uma discípula chamada
Tabita, que em grego é Dorcas[a], que se de-
dicava a praticar boas obras e dar esmolas.
37 Naqueles dias ela ficou doente e morreu, e
seu corpo foi lavado e colocado num quar-
to do andar superior. 38 Lida ficava perto de
Jope, e, quando os discípulos ouviram falar
que Pedro estava em Lida, mandaram-lhe
dois homens dizer-lhe: "Não se demore em
vir até nós".
39 Pedro foi com eles e, quando chegou, foi
levado para o quarto do andar superior. To-
das as viúvas o rodearam, chorando e mos-
trando-lhe os vestidos e outras roupas que
Dorcas tinha feito quando ainda estava
com elas.
40 Pedro mandou que todos saíssem do
quarto; depois, ajoelhou-se e orou. Voltan-
do-se para a mulher morta, disse: "Tabita, le-
vante-se". Ela abriu os olhos e, vendo Pedro,
sentou-se. 41 Tomando-a pela mão, ajudou-a
a pôr-se em pé. Então, chamando os santos
e as viúvas, apresentou-a viva. 42 Este fato se
tornou conhecido em toda a cidade de Jope,
e muitos creram no Senhor. 43 Pedro ficou em
Jope durante algum tempo, com um curtidor
de couro chamado Simão.

[a] 9:36 Tanto *Tabita* (aramaico) como *Dorcas* (grego) significam *gazela*.

Poder para mudar

Experimente!

Leia Atos 9:1-31 e veja atentamente como Saulo (Paulo) era antes de se converter (Atos 9:1-2). Que tipo de pessoa ele se tornou depois da conversão (Atos 9:20-22,27-28)?

Desenhe o rosto de Paulo "antes" e "depois". Como você acha que Saulo era no tempo em que odiava os cristãos? E como ele ficou depois que passou a amar Jesus e a desejar que outros também o amassem?

Coloque os desenhos de "antes" e "depois" em sua parede para lembrá-lo de que qualquer pessoa pode ser convertida por confiar em Jesus e pode se tornar nova e diferente. Deixe os desenhos lembrarem-no de orar por quem ainda não voltou o coração para Jesus.

Atos 9:1-31

O centurião Cornélio

10 Havia em Cesareia um homem chamado Cornélio, centurião do regimento conhecido como Italiano. 2 Ele e toda a sua família eram religiosos e tementes[a] a Deus; dava muitas esmolas ao povo e orava continuamente a Deus. 3 Certo dia, por volta das três horas da tarde[b], ele teve uma visão. Viu claramente um anjo de Deus que se aproximava dele e dizia: "Cornélio!"

4 Atemorizado, Cornélio olhou para ele e perguntou: "Que é, Senhor?"

O anjo respondeu: "Suas orações e esmolas subiram como oferta memorial diante de Deus. 5 Agora, mande alguns homens a Jope para trazerem um certo Simão, também conhecido como Pedro, 6 que está hospedado na casa de Simão, o curtidor de couro, que fica perto do mar".

7 Depois que o anjo que lhe falou se foi, Cornélio chamou dois dos seus servos e um soldado religioso dentre os seus auxiliares 8 e, contando-lhes tudo o que tinha acontecido, enviou-os a Jope.

A visão de Pedro

9 No dia seguinte, por volta do meio-dia[c], enquanto eles viajavam e se aproximavam da cidade, Pedro subiu ao terraço para orar. 10 Tendo fome, queria comer; enquanto a refeição estava sendo preparada, caiu em êxtase. 11 Viu o céu aberto e algo semelhante a um grande lençol que descia à terra, preso pelas quatro pontas, 12 contendo toda espécie de quadrúpedes, bem como de répteis da terra e aves do céu. 13 Então uma voz lhe disse: "Levante-se, Pedro; mate e coma".

14 Mas Pedro respondeu: "De modo nenhum, Senhor! Jamais comi algo impuro ou imundo!"

15 A voz lhe falou segunda vez: "Não chame impuro ao que Deus purificou".

16 Isso aconteceu três vezes, e em seguida o lençol foi recolhido ao céu.

17 Enquanto Pedro estava refletindo no significado da visão, os homens enviados por Cornélio descobriram onde era a casa de Simão e chegaram à porta. 18 Chamando, perguntaram se ali estava hospedado Simão, conhecido como Pedro.

19 Enquanto Pedro ainda estava pensando na visão, o Espírito lhe disse: "Simão, três homens estão procurando por você. 20 Portanto, levante-se e desça. Não hesite em ir com eles, pois eu os enviei".

21 Pedro desceu e disse aos homens: "Eu sou quem vocês estão procurando. Por que motivo vieram?"

22 Os homens responderam: "Viemos da parte do centurião Cornélio. Ele é um homem justo e temente[d] a Deus, respeitado por todo o povo judeu. Um santo anjo lhe disse que o chamasse à sua casa, para que ele ouça o que você tem para dizer". 23 Pedro os convidou a entrar e os hospedou.

Pedro na casa de Cornélio

No dia seguinte Pedro partiu com eles, e alguns dos irmãos de Jope o acompanharam. 24 No outro dia chegaram a Cesareia. Cornélio os esperava com seus parentes e amigos mais íntimos que tinha convidado. 25 Quando Pedro ia entrando na casa, Cornélio dirigiu-se a ele e prostrou-se aos seus pés, adorando-o. 26 Mas Pedro o fez levantar-se, dizendo: "Levante-se, eu sou homem como você".

27 Conversando com ele, Pedro entrou e encontrou ali reunidas muitas pessoas 28 e lhes disse: "Vocês sabem muito bem que é contra a nossa lei um judeu associar-se a um gentio ou mesmo visitá-lo. Mas Deus me mostrou que eu não deveria chamar impuro ou imundo a homem nenhum. 29 Por isso, quando fui procurado, vim sem qualquer objeção. Posso perguntar por que vocês me mandaram buscar?"

[a] 10:2 Isto é, simpatizantes do judaísmo.
[b] 10:3 Grego: *da hora nona*; também no versículo 30.
[c] 10:9 Grego: *da hora sexta*.

[d] 10:22 Isto é, simpatizante do judaísmo.

Você sabia?

Por que Deus deu uma visão a Pedro?

10:17 Na época do Novo Testamento, os judeus não se aproximavam de não judeus. Deus deu a Pedro uma visão que continha animais considerados "impuros" e nela foi ordenado a Pedro que comesse esses animais, algo que ele nunca havia feito antes. Deus deu a Pedro essa visão para o ensinar que era certo ir à casa de não judeus, conversar com eles, ser amigo deles e falar-lhes sobre Jesus.

30Cornélio respondeu: "Há quatro dias eu estava em minha casa orando a esta hora, às três horas da tarde. De repente, colocou-se diante de mim um homem com roupas resplandecentes 31e disse: 'Cornélio, Deus ouviu sua oração e lembrou-se de suas esmolas. 32Mande buscar em Jope a Simão, chamado Pedro. Ele está hospedado na casa de Simão, o curtidor de couro, que mora perto do mar'. 33Assim, mandei buscar-te imediatamente, e foi bom que tenhas vindo. Agora estamos todos aqui na presença de Deus, para ouvir tudo que o Senhor te mandou dizer-nos".

34Então Pedro começou a falar: "Agora percebo verdadeiramente que Deus não trata as pessoas com parcialidade, 35mas de todas as nações aceita todo aquele que o teme e faz o que é justo. 36Vocês conhecem a mensagem enviada por Deus ao povo de Israel, que fala das boas novas de paz por meio de Jesus Cristo, Senhor de todos. 37Sabem o que aconteceu em toda a Judeia, começando na Galileia, depois do batismo que João pregou, 38como Deus ungiu a Jesus de Nazaré com o Espírito Santo e poder, e como ele andou por toda parte fazendo o bem e curando todos os oprimidos pelo Diabo, porque Deus estava com ele.

39"Nós somos testemunhas de tudo o que ele fez na terra dos judeus e em Jerusalém, onde o mataram, suspendendo-o num madeiro. 40Deus, porém, o ressuscitou no terceiro dia e fez que ele fosse visto, 41não por todo o povo, mas por testemunhas que designara de antemão, por nós que comemos e bebemos com ele depois que ressuscitou dos mortos. 42Ele nos mandou pregar ao povo e testemunhar que foi a ele que Deus constituiu juiz de vivos e de mortos. 43Todos os profetas dão testemunho dele, de que todo o que nele crê recebe o perdão dos pecados mediante o seu nome".

44Enquanto Pedro ainda estava falando estas palavras, o Espírito Santo desceu sobre todos os que ouviam a mensagem. 45Os judeus convertidos que vieram com Pedro ficaram admirados de que o dom do Espírito Santo fosse derramado até sobre os gentios, 46pois os ouviam falando em línguas[a] e exaltando a Deus.

A seguir Pedro disse: 47"Pode alguém negar a água, impedindo que estes sejam batizados? Eles receberam o Espírito Santo como nós!" 48Então ordenou que fossem batizados em nome de Jesus Cristo. Depois pediram a Pedro que ficasse com eles alguns dias.

Pedro explica-se perante a igreja

11 Os apóstolos e os irmãos de toda a Judeia ouviram falar que os gentios também haviam recebido a palavra de Deus. 2Assim, quando Pedro subiu a Jerusalém, os que eram do partido dos circuncisos o criticavam, dizendo: 3"Você entrou na casa de homens incircuncisos e comeu com eles".

4Pedro, então, começou a explicar-lhes exatamente como tudo havia acontecido: 5"Eu estava na cidade de Jope orando; caindo em êxtase, tive uma visão. Vi algo parecido com um grande lençol sendo baixado do céu, preso pelas quatro pontas, e que vinha até o lugar onde eu estava. 6Olhei para dentro dele e notei que havia ali quadrúpedes da terra, animais selvagens, répteis e aves do céu. 7Então ouvi uma voz que me dizia: 'Levante-se, Pedro; mate e coma'.

8"Eu respondi: De modo nenhum, Senhor! Nunca entrou em minha boca algo impuro ou imundo.

9"A voz falou do céu segunda vez: 'Não chame impuro ao que Deus purificou'. 10Isso aconteceu três vezes, e então tudo foi recolhido ao céu.

11"Na mesma hora chegaram à casa em que eu estava hospedado três homens que me haviam sido enviados de Cesareia. 12O Espírito me disse que não hesitasse em ir com eles. Estes seis irmãos também foram comigo, e entramos na casa de um certo homem. 13Ele nos contou como um anjo lhe tinha aparecido em sua casa e dissera: 'Mande buscar, em Jope, a Simão, chamado Pedro. 14Ele lhe trará uma mensagem por meio da qual serão salvos você e todos os da sua casa'.

15"Quando comecei a falar, o Espírito Santo desceu sobre eles como sobre nós no princípio. 16Então me lembrei do que o Senhor tinha dito: 'João batizou com[b] água, mas vocês serão batizados com o Espírito Santo'. 17Se, pois, Deus lhes deu o mesmo dom que nos tinha dado quando cremos no Senhor Jesus Cristo, quem era eu para pensar em opor-me a Deus?"

18Ouvindo isso, não apresentaram mais objeções e louvaram a Deus, dizendo: "Então, Deus concedeu arrependimento para a vida até mesmo aos gentios!"

A igreja em Antioquia

19Os que tinham sido dispersos por causa

[a] 10:46 Ou *em outros idiomas*

[b] 11:16 Ou *em*

da perseguição desencadeada com a mor-
te de Estêvão chegaram até a Fenícia, Chi-
pre e Antioquia, anunciando a mensagem
apenas aos judeus. 20Alguns deles, todavia,
cipriotas e cireneus, foram a Antioquia e co-
meçaram a falar também aos gregos, contan-
do-lhes as boas novas a respeito do Senhor
Jesus. 21A mão do Senhor estava com eles, e
muitos creram e se converteram ao Senhor.

22Notícias desse fato chegaram aos ouvidos
da igreja em Jerusalém, e eles enviaram Bar-
nabé a Antioquia. 23Este, ali chegando e ven-
do a graça de Deus, ficou alegre e os animou
a permanecerem fiéis ao Senhor, de todo o
coração. 24Ele era um homem bom, cheio do
Espírito Santo e de fé; e muitas pessoas fo-
ram acrescentadas ao Senhor.

25Então Barnabé foi a Tarso procurar Saulo
26e, quando o encontrou, levou-o para Antio-
quia. Assim, durante um ano inteiro Barnabé
e Saulo se reuniram com a igreja e ensina-
ram a muitos. Em Antioquia, os discípulos
foram pela primeira vez chamados cristãos.

27Naqueles dias alguns profetas desceram
de Jerusalém para Antioquia. 28Um deles,
Ágabo, levantou-se e pelo Espírito predis-
se que uma grande fome sobreviria a todo
o mundo romano, o que aconteceu durante
o reinado de Cláudio. 29Os discípulos, cada
um segundo as suas possibilidades, decidi-
ram providenciar ajuda para os irmãos que
viviam na Judeia. 30E o fizeram, enviando
suas ofertas aos presbíteros pelas mãos de
Barnabé e Saulo.

Pedro é milagrosamente libertado da prisão

12 Nessa ocasião, o rei Herodes prendeu al-
guns que pertenciam à igreja, com a in-
tenção de maltratá-los, 2e mandou matar à
espada Tiago, irmão de João. 3Vendo que isso
agradava aos judeus, prosseguiu, prenden-
do também Pedro durante a festa dos pães
sem fermento. 4Tendo-o prendido, lançou-o
no cárcere, entregando-o para ser guardado
por quatro escoltas de quatro soldados cada
uma. Herodes pretendia submetê-lo a julga-
mento público depois da Páscoa.

5Pedro, então, ficou detido na prisão, mas
a igreja orava intensamente a Deus por ele.

6Na noite anterior ao dia em que Herodes
iria submetê-lo a julgamento, Pedro estava
dormindo entre dois soldados, preso com
duas algemas, e sentinelas montavam guarda
à entrada do cárcere. 7Repentinamente apa-
receu um anjo do Senhor, e uma luz brilhou
na cela. Ele tocou no lado de Pedro e o acor-
dou. "Depressa, levante-se!", disse ele. Então
as algemas caíram dos punhos de Pedro.

8O anjo lhe disse: "Vista-se e calce as san-
dálias". E Pedro assim fez. Disse-lhe ainda o
anjo: "Ponha a capa e siga-me". 9E, saindo,
Pedro o seguiu, não sabendo que era real o
que se fazia por meio do anjo; tudo lhe pare-
cia uma visão. 10Passaram a primeira e a se-
gunda guarda, e chegaram ao portão de ferro
que dava para a cidade. Este se abriu por si
mesmo para eles, e passaram. Tendo saído,
caminharam ao longo de uma rua e, de re-
pente, o anjo o deixou.

11Então Pedro caiu em si e disse: "Agora sei,
sem nenhuma dúvida, que o Senhor enviou
o seu anjo e me libertou das mãos de Hero-
des e de tudo o que o povo judeu esperava".

12Percebendo isso, ele se dirigiu à casa de
Maria, mãe de João, também chamado Mar-
cos, onde muita gente se havia reunido e
estava orando. 13Pedro bateu à porta do alpen-
dre, e uma serva chamada Rode veio atender.
14Ao reconhecer a voz de Pedro, tomada de
alegria, ela correu de volta, sem abrir a porta,
e exclamou: "Pedro está à porta!"

15Eles porém lhe disseram: "Você está fo-
ra de si!" Insistindo ela em afirmar que era
Pedro, disseram-lhe: "Deve ser o anjo dele".

16Mas Pedro continuou batendo e, quando
abriram a porta e o viram, ficaram perple-
xos. 17Mas ele, fazendo-lhes sinal para que se

Você sabia?

Como Pedro escapou da prisão?

12:7 Um anjo libertou Pedro das correntes e o conduziu para fora da prisão. Todos os amigos de Pedro estavam orando pela libertação dele, mas, quando Pedro chegou à casa onde estavam, eles ficaram tão chocados que se recusaram a acreditar que fosse ele mesmo. Deus às vezes nos dá respostas à oração que parecem quase "boas demais para ser verdade", mas devemos confiar nele completamente e estar prontos para aceitar sua resposta por mais difícil que achamos que ela seja.

calassem, descreveu como o Senhor o havia tirado da prisão e disse: "Contem isso a Tiago e aos irmãos". Então saiu e foi para outro lugar.

18De manhã, não foi pequeno o alvoroço entre os soldados quanto ao que tinha acontecido a Pedro. 19Fazendo uma busca completa e não o encontrando, Herodes fez uma investigação entre os guardas e ordenou que fossem executados.

A morte de Herodes

Depois Herodes foi da Judeia para Cesareia e permaneceu ali durante algum tempo. 20Ele estava cheio de ira contra o povo de Tiro e Sidom; contudo, eles haviam se reunido e procuravam ter uma audiência com ele. Tendo conseguido o apoio de Blasto, homem de confiança[a] do rei, pediram paz, porque dependiam das terras do rei para obter alimento.

21No dia marcado, Herodes, vestindo seus trajes reais, sentou-se em seu trono e fez um discurso ao povo. 22Eles começaram a gritar: "É voz de deus, e não de homem". 23Visto que Herodes não glorificou a Deus, imediatamente um anjo do Senhor o feriu; e ele morreu comido por vermes.

24Entretanto, a palavra de Deus continuava a crescer e a espalhar-se.

25Tendo terminado sua missão, Barnabé e Saulo voltaram de Jerusalém, levando consigo João, também chamado Marcos.

A missão de Barnabé e Saulo

13 Na igreja de Antioquia havia profetas e mestres: Barnabé, Simeão, chamado Níger, Lúcio de Cirene, Manaém, que fora criado com Herodes, o tetrarca[b], e Saulo. 2Enquanto adoravam o Senhor e jejuavam, disse o Espírito Santo: "Separem-me Barnabé e Saulo para a obra a que os tenho chamado". 3Assim, depois de jejuar e orar, impuseram-lhes as mãos e os enviaram.

Em Chipre

4Enviados pelo Espírito Santo, desceram a Selêucia e dali navegaram para Chipre. 5Chegando em Salamina, proclamaram a palavra de Deus nas sinagogas judaicas. João estava com eles como auxiliar.

6Viajaram por toda a ilha, até que chegaram a Pafos. Ali encontraram um judeu, chamado Barjesus, que praticava magia e era falso profeta. 7Ele era assessor do procônsul

Você sabia?

O que são missionários?

13:2 São pessoas que falam a outras sobre Jesus. Muitos missionários viajam para lugares distantes a fim de fazer isso. Os primeiros missionários foram Barnabé e Paulo (Saulo). A seção de Atos 13—28 registra as viagens desses missionários.

Sérgio Paulo. O procônsul, sendo homem culto, mandou chamar Barnabé e Saulo, porque queria ouvir a palavra de Deus. 8Mas Elimas, o mágico (esse é o significado do seu nome), opôs-se a eles e tentava desviar da fé o procônsul. 9Então Saulo, também chamado Paulo, cheio do Espírito Santo, olhou firmemente para Elimas e disse: 10"Filho do Diabo e inimigo de tudo o que é justo! Você está cheio de toda espécie de engano e maldade. Quando é que vai parar de perverter os retos caminhos do Senhor? 11Saiba agora que a mão do Senhor está contra você, e você ficará cego e incapaz de ver a luz do sol durante algum tempo".

Imediatamente vieram sobre ele névoa e escuridão, e ele, tateando, procurava quem o guiasse pela mão. 12O procônsul, vendo o que havia acontecido, creu, profundamente impressionado com o ensino do Senhor.

Em Antioquia da Pisídia

13De Pafos, Paulo e seus companheiros navegaram para Perge, na Panfília. João os deixou ali e voltou para Jerusalém. 14De Perge prosseguiram até Antioquia da Pisídia. No sábado, entraram na sinagoga e se assentaram. 15Depois da leitura da Lei e dos Profetas, os chefes da sinagoga lhes mandaram dizer: "Irmãos, se vocês têm uma mensagem de encorajamento para o povo, falem".

16Pondo-se em pé, Paulo fez sinal com a mão e disse: "Israelitas e gentios tementes[c] a Deus, ouçam-me! 17O Deus do povo de Israel escolheu nossos antepassados e exaltou o povo durante a sua permanência no Egito; com grande poder os fez sair daquele país 18e os aturou[d] no deserto durante cerca de quarenta

[a] 12:20 Grego: *camareiro.*
[b] 13:1 Um tetrarca era o governador da quarta parte de uma região.
[c] 13:16 Isto é, simpatizantes do judaísmo; também no versículo 26.
[d] 13:18 Alguns manuscritos dizem *e cuidou deles.*

anos. 19Ele destruiu sete nações em Canaã e
deu a terra delas como herança ao seu po-
vo. 20Tudo isso levou cerca de quatrocentos
e cinquenta anos.
"Depois disso, ele lhes deu juízes até o
tempo do profeta Samuel. 21Então o povo
pediu um rei, e Deus lhes deu Saul, filho
de Quis, da tribo de Benjamim, que reinou
quarenta anos. 22Depois de rejeitar Saul, le-
vantou-lhes Davi como rei, sobre quem tes-
temunhou: 'Encontrei Davi, filho de Jessé,
homem segundo o meu coração; ele fará tu-
do o que for da minha vontade'[a].
23"Da descendência desse homem Deus
trouxe a Israel o Salvador Jesus, como
prometera. 24Antes da vinda de Jesus, João
pregou um batismo de arrependimento para
todo o povo de Israel. 25Quando estava com-
pletando sua carreira, João disse: 'Quem vo-
cês pensam que eu sou? Não sou quem vocês
pensam. Mas eis que vem depois de mim
aquele cujas sandálias não sou digno nem
de desamarrar'.
26"Irmãos, filhos de Abraão, e gentios te-
mentes a Deus, a nós foi enviada esta men-
sagem de salvação. 27O povo de Jerusalém e
seus governantes não reconheceram Jesus,
mas, ao condená-lo, cumpriram as palavras
dos profetas, que são lidas todos os sába-
dos. 28Mesmo não achando motivo legal para
uma sentença de morte, pediram a Pilatos
que o mandasse executar. 29Tendo cumpri-
do tudo o que estava escrito a respeito dele,
tiraram-no do madeiro e o colocaram num

[a] 13:22 1Sm 13:14

sepulcro. 30Mas Deus o ressuscitou dos mor-
tos, 31e, por muitos dias, foi visto por aque-
les que tinham ido com ele da Galileia para
Jerusalém. Eles agora são testemunhas de-
le para o povo.
32"Nós lhes anunciamos as boas novas: o
que Deus prometeu a nossos antepassados
33ele cumpriu para nós, seus filhos, ressus-
citando Jesus, como está escrito no Salmo
segundo:

" 'Tu és meu filho;
eu hoje te gerei'[b].

34O fato de que Deus o ressuscitou dos mor-
tos, para que nunca entrasse em decomposi-
ção, é declarado nestas palavras:

" 'Eu lhes dou as santas
e fiéis bênçãos prometidas
a Davi'[c].

35Assim ele diz noutra passagem:

" 'Não permitirás
que o teu Santo
sofra decomposição'[d].

36"Tendo, pois, Davi servido ao propósito
de Deus em sua geração, adormeceu, foi se-
pultado com os seus antepassados e seu cor-
po se decompôs. 37Mas aquele a quem Deus
ressuscitou não sofreu decomposição.
38"Portanto, meus irmãos, quero que sai-
bam que mediante Jesus lhes é proclamado
o perdão dos pecados. 39Por meio dele, todo

[b] 13:33 Sl 2:7
[c] 13:34 Is 55:3
[d] 13:35 Sl 16:10

A vida nos tempos da Bíblia

Sinagogas

Todos os sábados, os judeus se reuniam para o culto em uma sinagoga. Na parte da frente da sinagoga havia uma espécie de caixa, chamada de "arca", na qual os pergaminhos da Bíblia eram guardados. Os líderes da sinagoga sentavam-se em cadeiras em frente a cada lado dessa arca e visitantes, como Paulo, sempre eram convidados a falar à congregação.

aquele que crê é justificado de todas as coisas das quais não podiam ser justificados pela Lei de Moisés. 40Cuidem para que não lhes aconteça o que disseram os profetas:

> 41" 'Olhem, escarnecedores,
> admirem-se e pereçam;
> pois nos dias de vocês
> farei algo que vocês jamais creriam
> se alguém lhes contasse!'[a]"

42Quando Paulo e Barnabé estavam saindo da sinagoga, o povo os convidou a falar mais a respeito dessas coisas no sábado seguinte. 43Despedida a congregação, muitos dos judeus e estrangeiros piedosos convertidos ao judaísmo seguiram Paulo e Barnabé. Estes conversavam com eles, recomendando-lhes que continuassem na graça de Deus.

44No sábado seguinte, quase toda a cidade se reuniu para ouvir a palavra do Senhor. 45Quando os judeus viram a multidão, ficaram cheios de inveja e, blasfemando, contradiziam o que Paulo estava dizendo.

46Então Paulo e Barnabé lhes responderam corajosamente: "Era necessário anunciar primeiro a vocês a palavra de Deus; uma vez que a rejeitam e não se julgam dignos da vida eterna, agora nos voltamos para os gentios. 47Pois assim o Senhor nos ordenou:

> " 'Eu fiz de você luz para os gentios,
> para que você leve a salvação
> até aos confins da terra'[b]".

48Ouvindo isso, os gentios alegraram-se e bendisseram a palavra do Senhor; e creram todos os que haviam sido designados para a vida eterna.

49A palavra do Senhor se espalhava por toda a região. 50Mas os judeus incitaram as mulheres religiosas de elevada posição e os principais da cidade. E, provocando perseguição contra Paulo e Barnabé, os expulsaram do seu território. 51Estes sacudiram o pó dos seus pés em protesto contra eles e foram para Icônio. 52Os discípulos continuavam cheios de alegria e do Espírito Santo.

Em Icônio

14 Em Icônio, Paulo e Barnabé, como de costume, foram à sinagoga judaica. Ali falaram de tal modo que veio a crer grande multidão de judeus e gentios. 2Mas os judeus que se tinham recusado a crer incitaram os gentios e irritaram-lhes os ânimos contra os irmãos. 3Paulo e Barnabé passaram bastante tempo ali, falando corajosamente do Senhor, que confirmava a mensagem de sua graça realizando sinais e maravilhas pelas mãos deles. 4O povo da cidade ficou dividido: alguns estavam a favor dos judeus, outros a favor dos apóstolos. 5Formou-se uma conspiração de gentios e judeus, com os seus líderes, para maltratá-los e apedrejá-los. 6Quando eles souberam disso, fugiram para as cidades licaônicas de Listra e Derbe, e seus arredores, 7onde continuaram a pregar as boas novas.

Em Listra e em Derbe

8Em Listra havia um homem paralítico dos pés, aleijado desde o nascimento, que vivia ali sentado e nunca tinha andado. 9Ele ouvira Paulo falar. Quando Paulo olhou diretamente para ele e viu que o homem tinha fé para ser curado, 10disse em alta voz: "Levante-se! Fique em pé!" Com isso, o homem deu um salto e começou a andar.

11Ao ver o que Paulo fizera, a multidão começou a gritar em língua licaônica: "Os deuses desceram até nós em forma humana!" 12A Barnabé chamavam Zeus e a Paulo Hermes, porque era ele quem trazia a palavra. 13O sacerdote de Zeus, cujo templo ficava diante da cidade, trouxe bois e coroas de flores à porta da cidade, porque ele e a multidão queriam oferecer-lhes sacrifícios.

14Ouvindo isso, os apóstolos Barnabé e Paulo rasgaram as roupas e correram para o meio da multidão, gritando: 15"Homens, por que vocês estão fazendo isso? Nós também somos humanos como vocês. Estamos trazendo boas novas para vocês, dizendo-lhes que se afastem dessas coisas vãs e se voltem para o Deus vivo, que fez o céu, a terra, o mar e tudo o que neles há. 16No passado ele permitiu que todas as nações seguissem os seus próprios caminhos. 17Contudo, Deus não ficou sem testemunho: mostrou sua bondade, dando-lhes chuva do céu e colheitas no tempo certo, concedendo-lhes sustento com fartura e um coração cheio de alegria". 18Apesar dessas palavras, eles tiveram dificuldade para impedir que a multidão lhes oferecesse sacrifícios.

19Então alguns judeus chegaram de Antioquia e de Icônio e mudaram o ânimo das multidões. Apedrejaram Paulo e o arrastaram para fora da cidade, pensando que estivesse morto. 20Mas quando os discípulos se ajuntaram em volta de Paulo, ele se levantou

[a] 13:41 Hc 1:5
[b] 13:47 Is 49:6

e voltou à cidade. No dia seguinte, ele e Barnabé partiram para Derbe.

O retorno para Antioquia da Síria

[21]Eles pregaram as boas novas naquela cidade e fizeram muitos discípulos. Então voltaram para Listra, Icônio e Antioquia, [22]fortalecendo os discípulos e encorajando-os a permanecer na fé, dizendo: "É necessário que passemos por muitas tribulações para entrarmos no Reino de Deus". [23]Paulo e Barnabé designaram-lhes[a] presbíteros em cada igreja; tendo orado e jejuado, eles os encomendaram ao Senhor, em quem haviam confiado. [24]Passando pela Pisídia, chegaram à Panfília [25]e, tendo pregado a palavra em Perge, desceram para Atália.

[26]De Atália navegaram de volta a Antioquia, onde tinham sido recomendados à graça de Deus para a missão que agora haviam completado. [27]Chegando ali, reuniram a igreja e relataram tudo o que Deus tinha feito por meio deles e como abrira a porta da fé aos gentios. [28]E ficaram ali muito tempo com os discípulos.

O concílio de Jerusalém

15 Alguns homens desceram da Judeia para Antioquia e passaram a ensinar aos irmãos: "Se vocês não forem circuncidados conforme o costume ensinado por Moisés, não poderão ser salvos". [2]Isso levou Paulo e Barnabé a uma grande contenda e discussão com eles. Assim, Paulo e Barnabé foram designados, junto com outros, para irem a Jerusalém tratar dessa questão com os apóstolos e com os presbíteros. [3]A igreja os enviou e, ao passarem pela Fenícia e por Samaria, contaram como os gentios tinham se convertido; essas notícias alegravam muito a todos os irmãos. [4]Chegando a Jerusalém, foram bem recebidos pela igreja, pelos apóstolos e pelos presbíteros, a quem relataram tudo o que Deus tinha feito por meio deles.

[5]Então se levantaram alguns do partido religioso dos fariseus que haviam crido e disseram: "É necessário circuncidá-los e exigir deles que obedeçam à Lei de Moisés".

[6]Os apóstolos e os presbíteros se reuniram para considerar essa questão. [7]Depois de muita discussão, Pedro levantou-se e dirigiu-se a eles: "Irmãos, vocês sabem que há muito tempo Deus me escolheu dentre vocês para que os gentios ouvissem de meus lábios a mensagem do evangelho e cressem. [8]Deus,

[a] 14:23 Ou *ordenaram-lhes*; ou ainda *elegeram*

Você sabia?

O que é um concílio da Igreja?

15:6 É um encontro dos líderes da Igreja. O texto de Atos 15 conta sobre o primeiro concílio da Igreja, no qual os líderes se encontraram para decidir se Deus queria que cristãos não judeus vivessem como o povo judeu. Eles decidiram que não poderiam exigir que os cristãos não judeus obedecessem a todas as leis dos judeus.

Experimente!

Poder que vem de Deus

Leia Atos 14:8-18 e responda: "O que as pessoas de Listra fizeram quando Paulo curou o homem com deficiência? Por que Barnabé e Paulo ficaram aborrecidos?".

Conte essa história a alguém e explique o que aborreceu os apóstolos, e faça estas perguntas:

1. Quem as pessoas achavam que era o mais importante?
2. Quem Paulo sabia ser o mais importante?
3. Quem você acha que é o mais importante?

Você pode estar contente com seus líderes, mas lembre: eles não são tão importantes quanto Deus.

Atos 14:8-18

que conhece os corações, demonstrou que
os aceitou, dando-lhes o Espírito Santo, co-
mo antes nos tinha concedido. 9Ele não fez
distinção alguma entre nós e eles, visto que
purificou os seus corações pela fé. 10Então,
por que agora vocês estão querendo tentar a
Deus, pondo sobre os discípulos um jugo que
nem nós nem nossos antepassados consegui-
mos suportar? 11De modo nenhum! Cremos
que somos salvos pela graça de nosso Senhor
Jesus, assim como eles também".

12Toda a assembleia ficou em silêncio, en-
quanto ouvia Barnabé e Paulo falando de
todos os sinais e maravilhas que, por meio
deles, Deus fizera entre os gentios. 13Quando
terminaram de falar, Tiago tomou a palavra
e disse: "Irmãos, ouçam-me. 14Simão nos ex-
pôs como Deus, no princípio, voltou-se para
os gentios a fim de reunir dentre as nações
um povo para o seu nome. 15Concordam com
isso as palavras dos profetas, conforme es-
tá escrito:

16" 'Depois disso voltarei
e reconstruirei
a tenda caída de Davi.
Reedificarei as suas ruínas,
e a restaurarei,
17para que o restante
dos homens
busque o Senhor,
e todos os gentios
sobre os quais
tem sido invocado
o meu nome,
diz o Senhor,
que faz estas coisas'[a]
18conhecidas desde os tempos antigos.[b]

19"Portanto, julgo que não devemos pôr di-
ficuldades aos gentios que estão se converten-
do a Deus. 20Ao contrário, devemos escrever a
eles, dizendo-lhes que se abstenham de comi-
da contaminada pelos ídolos, da imoralidade
sexual, da carne de animais estrangulados e
do sangue. 21Pois, desde os tempos antigos,
Moisés é pregado em todas as cidades, sendo
lido nas sinagogas todos os sábados".

A carta do concílio aos cristãos gentios

22Então os apóstolos e os presbíteros, com
toda a igreja, decidiram escolher alguns den-
tre eles e enviá-los a Antioquia com Paulo
e Barnabé. Escolheram Judas, chamado
Barsabás, e Silas, dois líderes entre os irmãos.
23Com eles enviaram a seguinte carta:

"Os irmãos apóstolos e presbíteros,[c]

aos cristãos gentios que estão em An-
tioquia, na Síria e na Cilícia:

Saudações.

24"Soubemos que alguns saíram de
nosso meio, sem nossa autorização,
e os perturbaram, transtornando a
mente de vocês com o que disseram.
25Assim, concordamos todos em esco-
lher alguns homens e enviá-los a vo-
cês com nossos amados irmãos Paulo
e Barnabé, 26homens que têm arrisca-
do a vida pelo nome de nosso Senhor
Jesus Cristo. 27Portanto, estamos en-
viando Judas e Silas para confirmarem
verbalmente o que estamos escreven-
do. 28Pareceu bem ao Espírito Santo e
a nós não impor a vocês nada além
das seguintes exigências necessárias:
29Que se abstenham de comida sacri-
ficada aos ídolos, do sangue, da carne
de animais estrangulados e da imo-
ralidade sexual. Vocês farão bem em
evitar essas coisas.

"Que tudo lhes vá bem".

30Uma vez despedidos, os homens desce-
ram para Antioquia, onde reuniram a igreja
e entregaram a carta. 31Os irmãos a leram e se
alegraram com a sua animadora mensagem.
32Judas e Silas, que eram profetas, encora-
jaram e fortaleceram os irmãos com muitas
palavras. 33Tendo passado algum tempo ali,
foram despedidos pelos irmãos com a bên-
ção da paz para voltarem aos que os tinham
enviado, 34mas Silas decidiu ficar ali.[d] 35Pau-
lo e Barnabé permaneceram em Antioquia,
onde, com muitos outros, ensinavam e pre-
gavam a palavra do Senhor.

O desentendimento entre Paulo e Barnabé

36Algum tempo depois, Paulo disse a Bar-
nabé: "Voltemos para visitar os irmãos em
todas as cidades onde pregamos a palavra do
Senhor, para ver como estão indo". 37Barna-
bé queria levar João, também chamado Mar-
cos. 38Mas Paulo não achava prudente levá-lo,
pois ele, abandonando-os na Panfília, não

[a] 15:16-17 Am 9:11-12
[b] 15:18 Alguns manuscritos dizem *Conhecida do Senhor desde os tempos antigos é a sua obra.*
[c] 15:23 Vários manuscritos dizem *Os apóstolos, os presbíteros e os irmãos.*
[d] 15:34 Muitos manuscritos antigos não trazem o versículo 34.

Pessoas nos tempos da Bíblia

Barnabé

Barnabé foi um grande missionário do tempo de Paulo, e o Espírito Santo escolheu-o para falar às pessoas sobre Jesus. Ele e Paulo viajaram para lugares muito distantes e pregaram para todos os que queriam ouvir. Eles eram corajosos e audaciosos mesmo quando os inimigos estavam com raiva deles.

permanecera com eles no trabalho. 39 Tive-
ram um desentendimento tão sério que se
separaram. Barnabé, levando consigo Marcos,
navegou para Chipre, 40 mas Paulo escolheu
Silas e partiu, encomendado pelos irmãos à
graça do Senhor. 41 Passou, então, pela Síria e
pela Cilícia, fortalecendo as igrejas.

Timóteo acompanha Paulo e Silas

16 Chegou a Derbe e depois a Listra, onde
vivia um discípulo chamado Timóteo.
Sua mãe era uma judia convertida e seu pai
era grego. 2 Os irmãos de Listra e Icônio davam
bom testemunho dele. 3 Paulo, querendo le-
vá-lo na viagem, circuncidou-o por causa dos
judeus que viviam naquela região, pois todos
sabiam que seu pai era grego. 4 Nas cidades
por onde passavam, transmitiam as decisões
tomadas pelos apóstolos e presbíteros em Je-
rusalém, para que fossem obedecidas. 5 Assim
as igrejas eram fortalecidas na fé e cresciam
em número cada dia.

A visão de Paulo em Trôade

6 Paulo e seus companheiros viajaram pe-
la região da Frígia e da Galácia, tendo sido
impedidos pelo Espírito Santo de pregar a
palavra na província da Ásia. 7 Quando che-
garam à fronteira da Mísia, tentaram entrar
na Bitínia, mas o Espírito de Jesus os impe-
diu. 8 Então, contornaram a Mísia e desceram
a Trôade. 9 Durante a noite Paulo teve uma
visão, na qual um homem da Macedônia es-
tava em pé e lhe suplicava: “Passe à Mace-
dônia e ajude-nos”. 10 Depois que Paulo teve
essa visão, preparamo-nos imediatamente
para partir para a Macedônia, concluindo que
Deus nos tinha chamado para lhes pregar o
evangelho.

A conversão de Lídia em Filipos

11 Partindo de Trôade, navegamos direta-
mente para Samotrácia e, no dia seguinte,
para Neápolis. 12 Dali partimos para Filipos, na
Macedônia, que é colônia romana e a prin-
cipal cidade daquele distrito. Ali ficamos vá-
rios dias.
13 No sábado saímos da cidade e fomos para
a beira do rio, onde esperávamos encontrar
um lugar de oração. Sentamo-nos e começa-
mos a conversar com as mulheres que ha-
viam se reunido ali. 14 Uma das que ouviam

A vida nos tempos da Bíblia

Tecido de púrpura

A tintura púrpura era obtida das conchas esmagadas de pequenas criaturas marinhas. Centenas desses moluscos eram necessários para fazer tinta suficiente para colorir um manto, por isso o tecido de púrpura era muito caro. Lídia, uma das primeiras pessoas convertidas ao cristianismo em Filipos, trabalhava vendendo esse tecido (Atos 16:14).

Pessoas nos tempos da Bíblia

Lídia

Lídia era uma mulher que vendia um tecido muito caro e estava com um grupo de mulheres que ouviu a pregação de Paulo. Deus abriu o coração de Lídia para a mensagem de Jesus, e ela e os membros de sua família foram batizados.

era uma mulher temente a Deus chamada Lí-
dia, vendedora de tecido de púrpura, da cida-
de de Tiatira. O Senhor abriu seu coração para
atender à mensagem de Paulo. [15]Tendo sido
batizada, bem como os de sua casa, ela nos
convidou, dizendo: "Se os senhores me con-
sideram uma crente no Senhor, venham ficar
em minha casa". E nos convenceu.

Paulo e Silas na prisão

[16]Certo dia, indo nós para o lugar de ora-
ção, encontramos uma escrava que tinha um
espírito pelo qual predizia o futuro. Ela ga-
nhava muito dinheiro para os seus senho-
res com adivinhações. [17]Essa moça seguia a
Paulo e a nós, gritando: "Estes homens são
servos do Deus Altíssimo e lhes anunciam o
caminho da salvação". [18]Ela continuou fazen-
do isso por muitos dias. Finalmente, Paulo
ficou indignado, voltou-se e disse ao espíri-
to: "Em nome de Jesus Cristo eu lhe ordeno
que saia dela!" No mesmo instante o espíri-
to a deixou.
[19]Percebendo que a sua esperança de lucro
tinha se acabado, os donos da escrava agar-
raram Paulo e Silas e os arrastaram para a
praça principal, diante das autoridades. [20]E,
levando-os aos magistrados, disseram: "Es-
tes homens são judeus e estão perturban-
do a nossa cidade, [21]propagando costumes
que a nós, romanos, não é permitido aceitar
nem praticar".
[22]A multidão ajuntou-se contra Paulo e Si-
las, e os magistrados ordenaram que se lhes
tirassem as roupas e fossem açoitados. [23]De-
pois de serem severamente açoitados, foram
lançados na prisão. O carcereiro recebeu ins-
trução para vigiá-los com cuidado. [24]Tendo
recebido tais ordens, ele os lançou no cárce-
re interior e lhes prendeu os pés no tronco.
[25]Por volta da meia-noite, Paulo e Silas es-
tavam orando e cantando hinos a Deus; os
outros presos os ouviam. [26]De repente, houve
um terremoto tão violento que os alicerces da
prisão foram abalados. Imediatamente todas
as portas se abriram, e as correntes de todos
se soltaram. [27]O carcereiro acordou e, vendo
abertas as portas da prisão, desembainhou
sua espada para se matar, porque pensava
que os presos tivessem fugido. [28]Mas Paulo
gritou: "Não faça isso! Estamos todos aqui!"
[29]O carcereiro pediu luz, entrou correndo e,
trêmulo, prostrou-se diante de Paulo e Silas.

Poder no louvor

Experimente!

Você já teve um dia como o de Tomás?

Tomás estava muito aborrecido, pois o pai dele teve de trabalhar até tarde e não pôde levá-lo ao futebol. Sua mãe preparou para o jantar uma comida de que ele não gostava e, como ele tinha muito dever de casa para fazer, não podia assistir à TV.

Crie uma competição baseada nesse dia do Tomás. Para isso, peça para cada membro de sua família mostrar como provavelmente Tomás vai agir. Eles podem fazer isso com expressões faciais ou com gestos.

Depois, leiam Atos 16:16-34 e, em seguida, façam uma lista de algumas coisas pelas quais Tomás poderia ter louvado a Deus apesar de ter ficado desapontado. Façam também uma lista de coisas pelas quais sua família pode louvar a Deus e a coloque em um lugar onde todos possam ler, pois essa lista vai lembrá-los de que o louvor dá o poder de sermos felizes mesmo quando as coisas dão errado.

Atos 16:16-34

30Então levou-os para fora e perguntou: "Se-
nhores, que devo fazer para ser salvo?"
31Eles responderam: "Creia no Senhor Je-
sus, e serão salvos, você e os de sua casa". 32E
pregaram a palavra de Deus, a ele e a todos os
de sua casa. 33Naquela mesma hora da noite o
carcereiro lavou as feridas deles; em seguida,
ele e todos os seus foram batizados. 34Então
os levou para a sua casa, serviu-lhes uma re-
feição e com todos os de sua casa alegrou-se
muito por haver crido em Deus.

35Quando amanheceu, os magistrados
mandaram os seus soldados ao carcerei-
ro com esta ordem: "Solte estes homens".
36O carcereiro disse a Paulo: "Os magistra-
dos deram ordens para que você e Silas
sejam libertados. Agora podem sair. Vão
em paz".

37Mas Paulo disse aos soldados: "Sendo nós
cidadãos romanos, eles nos açoitaram publi-
camente sem processo formal e nos lançaram
na prisão. E agora querem livrar-se de nós
secretamente? Não! Venham eles mesmos e
nos libertem".

38Os soldados relataram isso aos magistra-
dos, os quais, ouvindo que Paulo e Silas eram
romanos, ficaram atemorizados. 39Vieram pa-
ra se desculpar diante deles e, conduzindo-os
para fora da prisão, pediram-lhes que saís-
sem da cidade. 40Depois de saírem da prisão,
Paulo e Silas foram à casa de Lídia, onde se
encontraram com os irmãos e os encoraja-
ram. E então partiram.

Em Tessalônica

17 Tendo passado por Anfípolis e Apolô-
nia, chegaram a Tessalônica, onde havia
uma sinagoga judaica. 2Segundo o seu costu-
me, Paulo foi à sinagoga e por três sábados
discutiu com eles com base nas Escrituras,
3explicando e provando que o Cristo deveria
sofrer e ressuscitar dentre os mortos. E di-
zia: "Este Jesus que lhes proclamo é o Cris-
to". 4Alguns dos judeus foram persuadidos e
se uniram a Paulo e Silas, bem como muitos
gregos tementes[a] a Deus, e não poucas mu-
lheres de alta posição.

5Mas os judeus ficaram com inveja. Reu-
niram alguns homens perversos dentre os
desocupados e, com a multidão, iniciaram
um tumulto na cidade. Invadiram a casa de
Jasom, em busca de Paulo e Silas, a fim de
trazê-los para o meio da multidão[b]. 6Con-
tudo, não os achando, arrastaram Jasom e
alguns outros irmãos para diante dos ofi-
ciais da cidade, gritando: "Esses homens,
que têm causado alvoroço por todo o mun-
do, agora chegaram aqui, 7e Jasom os recebeu
em sua casa. Todos eles estão agindo contra
os decretos de César, dizendo que existe um
outro rei, chamado Jesus". 8Ouvindo isso, a
multidão e os oficiais da cidade ficaram agi-
tados. 9Então receberam de Jasom e dos ou-
tros a fiança estipulada e os soltaram.

Em Bereia

10Logo que anoiteceu, os irmãos enviaram
Paulo e Silas para Bereia. Chegando ali, eles
foram à sinagoga judaica. 11Os bereanos eram
mais nobres do que os tessalonicenses, pois
receberam a mensagem com grande interes-
se, examinando todos os dias as Escrituras,
para ver se tudo era assim mesmo. 12E creram
muitos dentre os judeus, bem como dentre
os gregos, um bom número de mulheres de
elevada posição e não poucos homens.

13Quando os judeus de Tessalônica fica-
ram sabendo que Paulo estava pregando
a palavra de Deus em Bereia, dirigiram-se
também para lá, agitando e alvoroçando
as multidões. 14Imediatamente os irmãos
enviaram Paulo para o litoral, mas Silas e
Timóteo permaneceram em Bereia. 15Os ho-
mens que foram com Paulo o levaram até
Atenas, partindo depois com instruções para
que Silas e Timóteo se juntassem a ele, tão
logo fosse possível.

Em Atenas

16Enquanto esperava por eles em Atenas,
Paulo ficou profundamente indignado ao ver

[a] 17:4 Isto é, simpatizantes do judaísmo.
[b] 17:5 Ou *da assembleia do povo*

Pessoas nos tempos da Bíblia

Silas

Silas era um líder e profeta nos primeiros tempos da igreja e que certa vez levou uma carta de Paulo para as novas igrejas gentias. Quando entregou a carta, Silas disse palavras que encorajaram os cristãos. Ele também viajou com Paulo e o ajudou na obra missionária.

Você sabia?

Como era Atenas?

17:16 Atenas era uma cidade grega famosa. As pessoas de lá gostavam muito de falar sobre religião e de discutir ideias importantes, e, quando Paulo chegou lá, falou com as pessoas sobre Deus. Ele lhes disse que Deus havia criado o mundo e compartilhou a boa notícia sobre Jesus, que morreu pelos pecados e ressuscitou dentre os mortos. A passagem de Atos 17 contém o sermão de Paulo para o povo de Atenas.

que a cidade estava cheia de ídolos. 17Por isso, discutia na sinagoga com judeus e com gregos tementes a Deus, bem como na praça principal, todos os dias, com aqueles que por ali se encontravam. 18Alguns filósofos epicureus e estoicos começaram a discutir com ele. Alguns perguntavam: "O que está tentando dizer esse tagarela?" Outros diziam: "Parece que ele está anunciando deuses estrangeiros", pois Paulo estava pregando as boas novas a respeito de Jesus e da ressurreição. 19Então o levaram a uma reunião do Areópago, onde lhe perguntaram: "Podemos saber que novo ensino é esse que você está anunciando? 20Você está nos apresentando algumas ideias estranhas, e queremos saber o que elas significam". 21Todos os atenienses e estrangeiros que ali viviam não se preocupavam com outra coisa senão falar ou ouvir as últimas novidades.

22Então Paulo levantou-se na reunião do Areópago e disse: "Atenienses! Vejo que em todos os aspectos vocês são muito religiosos, 23pois, andando pela cidade, observei cuidadosamente seus objetos de culto e encontrei até um altar com esta inscrição: AO DEUS DESCONHECIDO. Ora, o que vocês adoram, apesar de não conhecerem, eu lhes anuncio.

24"O Deus que fez o mundo e tudo o que nele há é o Senhor dos céus e da terra, e não habita em santuários feitos por mãos humanas. 25Ele não é servido por mãos de homens, como se necessitasse de algo, porque ele mesmo dá a todos a vida, o fôlego e as demais coisas. 26De um só fez ele todos os povos, para que povoassem toda a terra, tendo determinado os tempos anteriormente estabelecidos e os lugares exatos em que deveriam habitar. 27Deus fez isso para que os homens o buscassem e talvez, tateando, pudessem encontrá-lo, embora não esteja longe de cada um de nós. 28'Pois nele vivemos, nos movemos e existimos', como disseram alguns dos poetas de vocês: 'Também somos descendência dele'.

29"Assim, visto que somos descendência de Deus, não devemos pensar que a Divindade é semelhante a uma escultura de ouro, prata ou pedra, feita pela arte e imaginação do homem. 30No passado Deus não levou em conta essa ignorância, mas agora ordena que todos, em todo lugar, se arrependam. 31Pois estabeleceu um dia em que há de julgar o mundo com justiça, por meio do homem que designou. E deu provas disso a todos, ressuscitando-o dentre os mortos".

32Quando ouviram sobre a ressurreição dos mortos, alguns deles zombaram, e outros disseram: "A esse respeito nós o ouviremos outra vez". 33Com isso, Paulo retirou-se do meio deles. 34Alguns homens juntaram-se a ele e creram. Entre eles estava Dionísio, membro do Areópago, e também uma mulher chamada Dâmaris, e outros com eles.

Em Corinto

18 Depois disso Paulo saiu de Atenas e foi para Corinto. 2Ali, encontrou um judeu chamado Áquila, natural do Ponto, que havia chegado recentemente da Itália com Priscila, sua mulher, pois Cláudio havia ordenado que todos os judeus saíssem de Roma. Paulo foi vê-los 3e, uma vez que tinham a mesma profissão, ficou morando e trabalhando com eles, pois eram fabricantes de tendas. 4Todos os sábados ele debatia na sinagoga, e convencia judeus e gregos.

5Depois que Silas e Timóteo chegaram da Macedônia, Paulo se dedicou exclusivamente à pregação, testemunhando aos judeus que Jesus era o Cristo. 6Opondo-se eles e lançando maldições, Paulo sacudiu a roupa e lhes disse: "Caia sobre a cabeça de vocês o seu próprio sangue! Estou livre da minha responsabilidade. De agora em diante irei para os gentios".

7Então Paulo saiu da sinagoga e foi para a casa de Tício Justo, que era temente[a] a Deus e que morava ao lado da sinagoga. 8Crispo, chefe da sinagoga, creu no Senhor, ele e toda a

[a] 18:7 Isto é, simpatizante do judaísmo.

Pessoas nos tempos da Bíblia

Fabricantes de tendas

As tendas eram feitas de couro de animal ou de tecido fabricado com lã ou com pelos de bodes. O fabricante de tendas unia as diferentes partes de tecido com furadores, agulhas e cordas. Todo garoto judeu deveria aprender uma profissão, e Paulo havia sido treinado para ser fabricante de tendas.

sua casa; e dos coríntios que o ouviam, mui-
tos criam e eram batizados.
9 Certa noite o Senhor falou a Paulo em
visão: "Não tenha medo, continue falando
e não fique calado, 10 pois estou com você,
e ninguém vai lhe fazer mal ou feri-lo, por-
que tenho muita gente nesta cidade". 11 Assim,
Paulo ficou ali durante um ano e meio, ensi-
nando-lhes a palavra de Deus.
12 Sendo Gálio procônsul da Acaia, os ju-
deus fizeram em conjunto um levante con-
tra Paulo e o levaram ao tribunal, fazendo a
seguinte acusação: 13 "Este homem está per-
suadindo o povo a adorar a Deus de maneira
contrária à lei".
14 Quando Paulo ia começar a falar, Gálio
disse aos judeus: "Se vocês, judeus, estives-
sem apresentando queixa de algum delito
ou crime grave, seria razoável que eu os ou-
visse. 15 Mas, visto que se trata de uma ques-
tão de palavras e nomes de sua própria lei,
resolvam o problema vocês mesmos. Não se-
rei juiz dessas coisas". 16 E mandou expulsá-los
do tribunal. 17 Então todos se voltaram contra
Sóstenes, o chefe da sinagoga, e o espanca-
ram diante do tribunal. Mas Gálio não de-
monstrou nenhuma preocupação com isso.

Priscila, Áquila e Apolo

18 Paulo permaneceu em Corinto por algum
tempo. Depois despediu-se dos irmãos e na-
vegou para a Síria, acompanhado de Priscila
e Áquila. Antes de embarcar, rapou a cabe-
ça em Cencreia, devido a um voto que havia
feito. 19 Chegaram a Éfeso, onde Paulo dei-
xou Priscila e Áquila. Ele, porém, entrando
na sinagoga, começou a debater com os ju-
deus. 20 Pedindo eles que ficasse mais tempo,
não cedeu. 21 Mas, ao partir, prometeu: "Volta-
rei, se for da vontade de Deus". Então, embar-
cando, partiu de Éfeso. 22 Ao chegar a Cesareia,
subiu até a igreja para saudá-la, e depois des-
ceu para Antioquia.
23 Depois de passar algum tempo em An-
tioquia, Paulo partiu dali e viajou por toda
a região da Galácia e da Frígia, fortalecendo
todos os discípulos.
24 Enquanto isso, um judeu chamado Apo-
lo, natural de Alexandria, chegou a Éfeso. Ele
era homem culto[a] e tinha grande conheci-
mento das Escrituras. 25 Fora instruído no
caminho do Senhor e com grande fervor[b]
falava e ensinava com exatidão acerca de Je-
sus, embora conhecesse apenas o batismo de
João. 26 Logo começou a falar corajosamente
na sinagoga. Quando Priscila e Áquila o ou-
viram, convidaram-no para ir à sua casa e
lhe explicaram com mais exatidão o cami-
nho de Deus.
27 Querendo ele ir para a Acaia, os irmãos o
encorajaram e escreveram aos discípulos que
o recebessem. Ao chegar, ele auxiliou mui-
to os que pela graça haviam crido, 28 pois re-
futava vigorosamente os judeus em debate
público, provando pelas Escrituras que Jesus
é o Cristo.

Paulo em Éfeso

19 Enquanto Apolo estava em Corinto, Pau-
lo, atravessando as regiões altas, chegou

[a] 18:24 Ou *eloquente*
[b] 18:25 Ou *com fervor no Espírito*

Pessoas nos tempos da Bíblia

Priscila e Áquila

Priscila e Áquila, assim como Paulo, eram fabricantes de tendas. Paulo permaneceu algum tempo com esse querido casal cristão e trabalhou com eles enquanto morou em Corinto. Priscila e Áquila acompanharam Paulo em uma viagem missionária.

a Éfeso. Ali encontrou alguns discípulos 2e lhes perguntou: “Vocês receberam o Espírito Santo quando[a] creram?”

Eles responderam: “Não, nem sequer ouvimos que existe o Espírito Santo”.

3“Então, que batismo vocês receberam?”, perguntou Paulo.

“O batismo de João”, responderam eles.

4Disse Paulo: “O batismo de João foi um batismo de arrependimento. Ele dizia ao povo que cresse naquele que viria depois dele, isto é, em Jesus”. 5Ouvindo isso, eles foram batizados no nome do Senhor Jesus. 6Quando Paulo lhes impôs as mãos, veio sobre eles o Espírito Santo, e começaram a falar em línguas[b] e a profetizar. 7Eram ao todo uns doze homens.

8Paulo entrou na sinagoga e ali falou com liberdade durante três meses, argumentando convincentemente acerca do Reino de Deus. 9Mas alguns deles se endureceram e se recusaram a crer, e começaram a falar mal do Caminho diante da multidão. Paulo, então, afastou-se deles. Tomando consigo os discípulos, passou a ensinar diariamente na escola de Tirano. 10Isso continuou por dois anos, de forma que todos os judeus e os gregos que viviam na província da Ásia ouviram a palavra do Senhor.

11Deus fazia milagres extraordinários por meio de Paulo, 12de modo que até lenços e aventais que Paulo usava eram levados e colocados sobre os enfermos. Estes eram curados de suas doenças, e os espíritos malignos saíam deles.

13Alguns judeus que andavam expulsando espíritos malignos tentaram invocar o nome do Senhor Jesus sobre os endemoninhados, dizendo: “Em nome de Jesus, a quem Paulo prega, eu lhes ordeno que saiam!” 14Os que estavam fazendo isso eram os sete filhos de Ceva, um dos chefes dos sacerdotes dos judeus. 15Um dia, o espírito maligno lhes respondeu: “Jesus, eu conheço, Paulo, eu sei quem é; mas vocês, quem são?” 16Então o endemoninhado saltou sobre eles e os dominou, espancando-os com tamanha violência que eles fugiram da casa nus e feridos.

17Quando isso se tornou conhecido de todos os judeus e gregos que viviam em Éfeso, todos eles foram tomados de temor; e o nome do Senhor Jesus era engrandecido. 18Muitos dos que creram vinham, e confessavam e declaravam abertamente suas más obras. 19Grande número dos que tinham praticado ocultismo reuniram seus livros e os queimaram publicamente. Calculado o valor total, este chegou a cinquenta mil dracmas[c]. 20Dessa maneira a palavra do Senhor muito se difundia e se fortalecia.

21Depois dessas coisas, Paulo decidiu no espírito ir a Jerusalém, passando pela Macedônia e pela Acaia. Ele dizia: “Depois de haver estado ali, é necessário também que eu vá visitar Roma”. 22Então enviou à Macedônia dois dos seus auxiliares, Timóteo e Erasto, e permaneceu mais um pouco na província da Ásia.

O tumulto em Éfeso

23Naquele tempo houve um grande tumulto por causa do Caminho. 24Um ourives chamado Demétrio, que fazia miniaturas de prata do templo de Ártemis e que dava muito lucro aos artífices, 25reuniu-os com os trabalhadores dessa profissão e disse: “Senhores, vocês sabem que temos uma boa fonte de lucro nesta atividade 26e estão vendo e ouvindo como este indivíduo, Paulo, está convencendo e desviando grande número de pessoas aqui em Éfeso e em quase toda a província da Ásia. Diz ele que deuses feitos por mãos humanas não são deuses. 27Não somente há o perigo de nossa profissão perder sua reputação, mas também de o templo da grande

[a] 19:2 Ou *depois que*
[b] 19:6 Ou *em outros idiomas*

[c] 19:19 A dracma era uma moeda de prata equivalente à diária de um trabalhador braçal.

Você sabia?

Como era Éfeso?

19:17 Uma das maiores cidades da província romana da Ásia Menor (a Turquia de nossos dias). Em Éfeso havia um grande templo dedicado a uma deusa pagã chamada Ártemis. Quando Paulo chegou ali, ele ensinou o povo sobre o verdadeiro Deus. Tantas pessoas se tornaram cristãs que os artesãos que vendiam miniaturas do templo de Ártemis começaram a perder negócios. O texto de Atos 19 conta sobre o tempo de Paulo em Éfeso.

deusa Ártemis cair em descrédito e de a própria deusa, adorada em toda a província da Ásia e em todo o mundo, ser destituída de sua majestade divina".

28 Ao ouvirem isso, eles ficaram furiosos e começaram a gritar: "Grande é a Ártemis dos efésios!" 29 Em pouco tempo a cidade toda estava em tumulto. O povo foi às pressas para o teatro, arrastando os companheiros de viagem de Paulo, os macedônios Gaio e Aristarco. 30 Paulo queria apresentar-se à multidão, mas os discípulos não o permitiram. 31 Alguns amigos de Paulo dentre as autoridades da província chegaram a mandar-lhe um recado, pedindo-lhe que não se arriscasse a ir ao teatro.

32 A assembleia estava em confusão: uns gritavam uma coisa, outros gritavam outra. A maior parte do povo nem sabia por que estava ali. 33 Alguns da multidão julgaram que Alexandre era a causa do tumulto, quando os judeus o empurraram para a frente. Ele fez sinal pedindo silêncio, com a intenção de fazer sua defesa diante do povo. 34 Mas quando ficaram sabendo que ele era judeu, todos gritaram a uma só voz durante cerca de duas horas: "Grande é a Ártemis dos efésios!"

35 O escrivão da cidade acalmou a multidão e disse: "Efésios, quem não sabe que a cidade de Éfeso é a guardiã do templo da grande Ártemis e da sua imagem que caiu do céu? 36 Portanto, visto que estes fatos são inegáveis, acalmem-se e não façam nada precipitadamente. 37 Vocês trouxeram estes homens aqui, embora eles não tenham roubado templos nem blasfemado contra a nossa deusa. 38 Se Demétrio e seus companheiros de profissão têm alguma queixa contra alguém, os tribunais estão abertos, e há procônsules. Eles que apresentem suas queixas ali. 39 Se há mais alguma coisa que vocês desejam apresentar, isso será decidido em assembleia, conforme a lei. 40 Da maneira como está, corremos o perigo de sermos acusados de perturbar a ordem pública por causa dos acontecimentos de hoje. Nesse caso, não seríamos capazes de justificar este tumulto, visto que não há razão para tal". 41 E, tendo dito isso, encerrou a assembleia.

Paulo viaja pela Macedônia e pela Grécia

20 Cessado o tumulto, Paulo mandou chamar os discípulos e, depois de encorajá-los, despediu-se e partiu para a Macedônia. 2 Viajou por aquela região, encorajando os irmãos com muitas palavras e, por fim, chegou à Grécia, 3 onde ficou três meses. Quando estava a ponto de embarcar para a Síria, os judeus fizeram uma conspiração contra ele; por isso decidiu voltar pela Macedônia, 4 sendo acompanhado por Sópatro, filho de Pirro, de Bereia; Aristarco e Secundo, de Tessalônica; Gaio, de Derbe; e Timóteo, além de Tíquico e Trófimo, da província da Ásia. 5 Esses homens foram adiante e nos esperaram em Trôade. 6 Navegamos de Filipos, após a festa

A vida nos tempos da Bíblia

O templo de Ártemis

O templo dessa falsa deusa era uma das sete maravilhas do mundo antigo. Era maior do que um campo de futebol e tinha 127 colunas de mármore, cada uma delas da altura de um edifício de cinco andares! As pessoas chegavam a Éfeso vindas de todo o mundo para visitar o templo de Ártemis.

dos pães sem fermento, e cinco dias depois nos reunimos com os outros em Trôade, onde ficamos sete dias.

A ressurreição de Êutico em Trôade

7No primeiro dia da semana reunimo-nos para partir o pão, e Paulo falou ao povo. Pretendendo partir no dia seguinte, continuou falando até a meia-noite. 8Havia muitas candeias no piso superior onde estávamos reunidos. 9Um jovem chamado Êutico, que estava sentado numa janela, adormeceu profundamente durante o longo discurso de Paulo. Vencido pelo sono, caiu do terceiro andar. Quando o levantaram, estava morto. 10Paulo desceu, inclinou-se sobre o rapaz e o abraçou, dizendo: "Não fiquem alarmados! Ele está vivo!" 11Então subiu novamente, partiu o pão e comeu. Depois, continuou a falar até o amanhecer e foi embora. 12Levaram vivo o jovem, o que muito os consolou.

Paulo despede-se dos presbíteros de Efeso

13Quanto a nós, fomos até o navio e embarcamos para Assôs, onde iríamos receber Paulo a bordo. Assim ele tinha determinado, tendo preferido ir a pé. 14Quando nos encontrou em Assôs, nós o recebemos a bordo e prosseguimos até Mitilene. 15No dia seguinte navegamos dali e chegamos defronte de Quio; no outro dia atravessamos para Samos e, um dia depois, chegamos a Mileto. 16Paulo tinha decidido não aportar em Éfeso, para não se demorar na província da Ásia, pois estava com pressa de chegar a Jerusalém, se possível antes do dia de Pentecoste.

17De Mileto, Paulo mandou chamar os presbíteros da igreja de Éfeso. 18Quando chegaram, ele lhes disse: "Vocês sabem como vivi todo o tempo em que estive com vocês, desde o primeiro dia em que cheguei à província da Ásia. 19Servi ao Senhor com toda a humildade e com lágrimas, sendo severamente provado pelas conspirações dos judeus. 20Vocês sabem que não deixei de pregar-lhes nada que fosse proveitoso, mas ensinei-lhes tudo publicamente e de casa em casa. 21Testifiquei, tanto a judeus como a gregos, que eles precisam converter-se a Deus com arrependimento e fé em nosso Senhor Jesus.

22"Agora, compelido pelo Espírito, estou indo para Jerusalém, sem saber o que me acontecerá ali. 23Só sei que, em todas as cidades, o Espírito Santo me avisa que prisões e sofrimentos me esperam. 24Todavia, não me importo, nem considero a minha vida de valor algum para mim mesmo, se tão somente puder terminar a corrida e completar o ministério que o Senhor Jesus me confiou, de testemunhar do evangelho da graça de Deus.

25"Agora sei que nenhum de vocês, entre os quais passei pregando o Reino, verá novamente a minha face. 26Portanto, eu lhes declaro hoje que estou inocente do sangue de todos. 27Pois não deixei de proclamar-lhes toda a vontade de Deus. 28Cuidem de vocês mesmos e de todo o rebanho sobre o qual o Espírito Santo os colocou como bispos[a], para pastorearem a igreja de Deus[b], que ele comprou com o seu próprio sangue. 29Sei que, depois da minha partida, lobos ferozes penetrarão no meio de vocês e não pouparão o rebanho. 30E dentre vocês mesmos se levantarão homens que torcerão a verdade, a fim de atrair os discípulos. 31Por isso, vigiem! Lembrem-se de que durante três anos jamais cessei de advertir cada um de vocês disso, noite e dia, com lágrimas.

32"Agora, eu os entrego a Deus e à palavra da sua graça, que pode edificá-los e dar-lhes herança entre todos os que são santificados. 33Não cobicei a prata nem o ouro nem as roupas de ninguém. 34Vocês mesmos sabem que estas minhas mãos supriram minhas necessidades e as de meus companheiros. 35Em tudo o que fiz, mostrei-lhes que mediante trabalho árduo devemos ajudar os fracos, lembrando as palavras do próprio Senhor Jesus, que disse: 'Há maior felicidade em dar do que em receber' ".

36Tendo dito isso, ajoelhou-se com todos eles e orou. 37Todos choraram muito e, abraçando-o, o beijavam. 38O que mais os entristeceu foi a declaração de que nunca mais veriam a sua face. Então o acompanharam até o navio.

[a] 20:28 Grego: *epíscopos*. Designa a pessoa que exerce função pastoral.
[b] 20:28 Muitos manuscritos trazem *igreja do Senhor*.

Palavras para memorizar

"Há maior felicidade em dar do que em receber."

(Atos 20:35)

A caminho de Jerusalém

21 Depois de nos separarmos deles, embar-
camos e navegamos diretamente para
Cós. No dia seguinte fomos para Rodes, e dali
até Pátara. 2Encontrando um navio que ia fa-
zer a travessia para a Fenícia, embarcamos ne-
le e partimos. 3Depois de avistarmos Chipre e
seguirmos rumo sul, navegamos para a Síria.
Desembarcamos em Tiro, onde o nosso navio
deveria deixar sua carga. 4Encontrando os dis-
cípulos dali, ficamos com eles sete dias. Eles,
pelo Espírito, recomendavam a Paulo que não
fosse a Jerusalém. 5Mas quando terminou o
nosso tempo ali, partimos e continuamos nos-
sa viagem. Todos os discípulos, com suas mu-
lheres e filhos, nos acompanharam até fora da
cidade, e ali na praia nos ajoelhamos e ora-
mos. 6Depois de nos despedirmos, embarca-
mos, e eles voltaram para casa.

7Demos prosseguimento à nossa viagem
partindo de Tiro, e aportamos em Ptolemai-
da, onde saudamos os irmãos e passamos um
dia com eles. 8Partindo no dia seguinte, che-
gamos a Cesareia e ficamos na casa de Filipe,
o evangelista, um dos sete. 9Ele tinha quatro
filhas virgens, que profetizavam.

10Depois de passarmos ali vários dias, des-
ceu da Judeia um profeta chamado Ágabo.
11Vindo ao nosso encontro, tomou o cinto de
Paulo e, amarrando as suas próprias mãos e
pés, disse: "Assim diz o Espírito Santo: 'Des-
ta maneira os judeus amarrarão o dono des-
te cinto em Jerusalém e o entregarão aos
gentios' ".

12Quando ouvimos isso, nós e o povo da-
li rogamos a Paulo que não subisse para Je-
rusalém. 13Então Paulo respondeu: "Por que
vocês estão chorando e partindo o meu co-
ração? Estou pronto não apenas para ser
amarrado, mas também para morrer em Je-
rusalém pelo nome do Senhor Jesus". 14Co-
mo não pudemos dissuadi-lo, desistimos e
dissemos: "Seja feita a vontade do Senhor".

15Depois disso, preparamo-nos e subimos
para Jerusalém. 16Alguns dos discípulos de
Cesareia nos acompanharam e nos levaram
à casa de Mnasom, onde devíamos ficar. Ele
era natural de Chipre e um dos primeiros dis-
cípulos.

A chegada de Paulo a Jerusalém

17Quando chegamos a Jerusalém, os irmãos
nos receberam com alegria. 18No dia seguin-
te Paulo foi conosco encontrar-se com Tia-
go, e todos os presbíteros estavam presentes.
19Paulo os saudou e relatou minuciosamente
o que Deus havia feito entre os gentios por
meio do seu ministério.

20Ouvindo isso, eles louvaram a Deus e dis-
seram a Paulo: "Veja, irmão, quantos milha-
res de judeus creram, e todos eles são zelosos
da lei. 21Eles foram informados de que você
ensina todos os judeus que vivem entre os
gentios a se afastarem de Moisés, dizendo-
-lhes que não circuncidem seus filhos nem
vivam de acordo com os nossos costumes.
22Que faremos? Certamente eles saberão que
você chegou; 23portanto, faça o que lhe dize-
mos. Estão conosco quatro homens que fize-
ram um voto. 24Participe com esses homens
dos rituais de purificação e pague as despe-
sas deles, para que rapem a cabeça. Assim,
todos saberão que não é verdade o que falam
de você, mas que você continua vivendo em
obediência à lei. 25Quanto aos gentios conver-
tidos, já lhes escrevemos a nossa decisão de
que eles devem abster-se de comida sacrifi-
cada aos ídolos, do sangue, da carne de ani-
mais estrangulados e da imoralidade sexual".

26No dia seguinte Paulo tomou aqueles
homens e purificou-se com eles. Depois foi
ao templo para declarar o prazo do cumpri-
mento dos dias da purificação e da oferta que
seria feita individualmente em favor deles.

A prisão de Paulo

27Quando já estavam para terminar os se-
te dias, alguns judeus da província da Ásia,
vendo Paulo no templo, agitaram toda a mul-
tidão e o agarraram, 28gritando: "Israelitas,
ajudem-nos! Este é o homem que ensina a to-
dos em toda parte contra o nosso povo, con-
tra a nossa lei e contra este lugar. Além disso,
ele fez entrar gregos no templo e profanou
este santo lugar". 29Anteriormente eles ha-
viam visto o efésio Trófimo na cidade com
Paulo e julgaram que Paulo o tinha introdu-
zido no templo.

30Toda a cidade ficou alvoroçada, e jun-
tou-se uma multidão. Agarrando Paulo,
arrastaram-no para fora do templo, e ime-
diatamente as portas foram fechadas. 31Ten-
tando eles matá-lo, chegaram notícias ao
comandante das tropas romanas de que to-
da a cidade de Jerusalém estava em tumulto.
32Ele reuniu imediatamente alguns oficiais e
soldados, e com eles correu para o meio da
multidão. Quando viram o comandante e os
seus soldados, pararam de espancar Paulo.

33O comandante chegou, prendeu-o e or-
denou que ele fosse amarrado com duas cor-
rentes. Então perguntou quem era ele e o que

Você sabia?

O que aconteceu com Paulo em Jerusalém?

21:27 Um tumulto começou quando Paulo foi ao templo em Jerusalém, mas um comandante romano e seus soldados resgataram Paulo da multidão. Mais tarde, o comandante novamente resgatou Paulo quando alguns judeus estavam conspirando para matá-lo. O comandante enviou Paulo, acompanhado por 470 soldados, para ser julgado pelo governador romano. Você pode ler tudo o que aconteceu com Paulo em Jerusalém em Atos 21—23.

tinha feito. 34Alguns da multidão gritavam
uma coisa, outros gritavam outra; não con-
seguindo saber ao certo o que havia aconte-
cido, por causa do tumulto, o comandante
ordenou que Paulo fosse levado para a forta-
leza. 35Quando chegou às escadas, a violência
do povo era tão grande que ele precisou ser
carregado pelos soldados. 36A multidão que o
seguia continuava gritando: "Acaba com ele!"

O discurso de Paulo

37Quando os soldados estavam para intro-
duzir Paulo na fortaleza, ele perguntou ao
comandante: "Posso dizer-te algo?"
"Você fala grego?", perguntou ele. 38"Não
é você o egípcio que iniciou uma revolta e
há algum tempo levou quatro mil assassinos
para o deserto?"
39Paulo respondeu: "Sou judeu, cidadão de
Tarso, cidade importante da Cilícia. Permite-
-me falar ao povo".
40Tendo recebido permissão do comandan-
te, Paulo levantou-se na escadaria e fez sinal
à multidão. Quando todos fizeram silêncio,
dirigiu-se a eles em aramaico[a]:
22 "Irmãos e pais, ouçam agora a minha
defesa".
2Quando ouviram que lhes falava em ara-
maico, ficaram em absoluto silêncio.
Então Paulo disse: 3"Sou judeu, nascido em
Tarso da Cilícia, mas criado nesta cidade. Fui
instruído rigorosamente por Gamaliel na lei
de nossos antepassados, sendo tão zeloso por
Deus quanto qualquer de vocês hoje. 4Perse-
gui os seguidores deste Caminho até a morte,
prendendo tanto homens como mulheres e
lançando-os na prisão, 5como o podem teste-
munhar o sumo sacerdote e todo o Sinédrio;
deles cheguei a obter cartas para seus irmãos
em Damasco e fui até lá, a fim de trazer essas
pessoas a Jerusalém como prisioneiras, para
serem punidas.
6"Por volta do meio-dia, eu me aproxima-
va de Damasco, quando de repente uma forte
luz vinda do céu brilhou ao meu redor. 7Caí
por terra e ouvi uma voz que me dizia: 'Sau-
lo, Saulo, por que você está me perseguin-
do?' 8Então perguntei: Quem és tu, Senhor?
E ele respondeu: 'Eu sou Jesus, o Nazareno,
a quem você persegue'. 9Os que me acompa-
nhavam viram a luz, mas não entenderam a
voz daquele que falava comigo.
10"Assim perguntei: Que devo fazer, Se-
nhor? Disse o Senhor: 'Levante-se, entre em
Damasco, onde lhe será dito o que você deve
fazer'. 11Os que estavam comigo me levaram
pela mão até Damasco, porque o resplendor
da luz me deixara cego.
12"Um homem chamado Ananias, fiel se-
guidor da lei e muito respeitado por todos
os judeus que ali viviam, 13veio ver-me e,
pondo-se junto a mim, disse: 'Irmão Saulo,
recupere a visão'. Naquele mesmo instante
pude vê-lo.
14"Então ele disse: 'O Deus dos nossos an-
tepassados o escolheu para conhecer a sua
vontade, ver o Justo e ouvir as palavras de
sua boca. 15Você será testemunha dele a to-
dos os homens, daquilo que viu e ouviu. 16E
agora, que está esperando? Levante-se, seja
batizado e lave os seus pecados, invocando
o nome dele'.
17"Quando voltei a Jerusalém, estando eu a
orar no templo, caí em êxtase e 18vi o Senhor
que me dizia: 'Depressa! Saia de Jerusalém
imediatamente, pois não aceitarão seu tes-
temunho a meu respeito'.
19"Eu respondi: Senhor, estes homens sa-
bem que eu ia de uma sinagoga a outra, a fim
de prender e açoitar os que creem em ti. 20E
quando foi derramado o sangue de tua teste-
munha[b] Estêvão, eu estava lá, dando minha
aprovação e cuidando das roupas dos que o
matavam.
21"Então o Senhor me disse: 'Vá, eu o en-
viarei para longe, aos gentios' ".

[a] 21:40 Ou *hebraico*; também em 22:2 e 26:14.

[b] 22:20 Ou *teu mártir*

Paulo, cidadão romano

22A multidão ouvia Paulo até que ele disse isso. Então todos levantaram a voz e gritaram: "Tira esse homem da face da terra! Ele não merece viver!"

23Estando eles gritando, tirando suas capas e lançando poeira para o ar, 24o comandante ordenou que Paulo fosse levado à fortaleza e fosse açoitado e interrogado, para saber por que o povo gritava daquela forma contra ele. 25Enquanto o amarravam a fim de açoitá-lo, Paulo disse ao centurião que ali estava: "Vocês têm o direito de açoitar um cidadão romano sem que ele tenha sido condenado?"

26Ao ouvir isso, o centurião foi prevenir o comandante: "Que vais fazer? Este homem é cidadão romano".

27O comandante dirigiu-se a Paulo e perguntou: "Diga-me, você é cidadão romano?"

Ele respondeu: "Sim, sou".

28Então o comandante disse: "Eu precisei pagar um elevado preço por minha cidadania". Respondeu Paulo: "Eu a tenho por direito de nascimento".

29Os que iam interrogá-lo retiraram-se imediatamente. O próprio comandante ficou alarmado, ao saber que havia prendido um cidadão romano.

Paulo diante do Sinédrio

30No dia seguinte, visto que o comandante queria descobrir exatamente por que Paulo estava sendo acusado pelos judeus, libertou-o e ordenou que se reunissem os chefes dos sacerdotes e todo o Sinédrio. Então, trazendo Paulo, apresentou-o a eles.

23 Paulo, fixando os olhos no Sinédrio, disse: "Meus irmãos, tenho cumprido meu dever para com Deus com toda a boa consciência, até o dia de hoje". 2Diante disso o sumo sacerdote Ananias deu ordens aos que estavam perto de Paulo para que lhe batessem na boca. 3Então Paulo lhe disse: "Deus te ferirá, parede branqueada! Estás aí sentado para me julgar conforme a lei, mas contra a lei me mandas ferir?"

4Os que estavam perto de Paulo disseram: "Você ousa insultar o sumo sacerdote de Deus?"

5Paulo respondeu: "Irmãos, eu não sabia que ele era o sumo sacerdote, pois está escrito: 'Não fale mal de uma autoridade do seu povo'[a]".

6Então Paulo, sabendo que alguns deles eram saduceus e os outros fariseus, bradou no Sinédrio: "Irmãos, sou fariseu, filho de fariseu. Estou sendo julgado por causa da minha esperança na ressurreição dos mortos!" 7Dizendo isso, surgiu uma violenta discussão entre os fariseus e os saduceus, e a assembleia ficou dividida. 8(Os saduceus dizem que não há ressurreição nem anjos nem espíritos, mas os fariseus admitem todas essas coisas.)

9Houve um grande alvoroço, e alguns dos mestres da lei que eram fariseus se levantaram e começaram a discutir intensamente, dizendo: "Não encontramos nada de errado neste homem. Quem sabe se algum espírito ou anjo falou com ele?" 10A discussão tornou-se tão violenta que o comandante teve medo que Paulo fosse despedaçado por eles. Então ordenou que as tropas descessem e o retirassem à força do meio deles, levando-o para a fortaleza.

11Na noite seguinte o Senhor, pondo-se ao lado dele, disse: "Coragem! Assim como você testemunhou a meu respeito em Jerusalém, deverá testemunhar também em Roma".

A conspiração para matar Paulo

12Na manhã seguinte os judeus tramaram uma conspiração e juraram solenemente que não comeriam nem beberiam enquanto não matassem Paulo. 13Mais de quarenta homens estavam envolvidos nessa conspiração. 14E, dirigindo-se aos chefes dos sacerdotes e aos líderes dos judeus, disseram: "Juramos solenemente, sob maldição, que não comeremos nada enquanto não matarmos Paulo. 15Agora, portanto, vocês e o Sinédrio peçam ao comandante que o faça comparecer diante de vocês com o pretexto de obter informações mais exatas sobre o seu caso. Estaremos prontos para matá-lo antes que ele chegue aqui".

Você sabia?

Por que Paulo não foi chicoteado?

22:29 Os romanos chicoteavam pessoas que podiam ter cometido um crime, e faziam isso para obrigar a pessoa confessar. Todavia, era contra a lei chicotear um cidadão romano.

[a] 23:5 Êx 22:28

16Entretanto, o sobrinho de Paulo, filho de sua irmã, teve conhecimento dessa conspiração, foi à fortaleza e contou tudo a Paulo, 17que, chamando um dos centuriões, disse: "Leve este rapaz ao comandante; ele tem algo para lhe dizer". 18Assim ele o levou ao comandante.

Então disse o centurião: "Paulo, o prisioneiro, chamou-me, pediu-me que te trouxesse este rapaz, pois ele tem algo para te falar".

19O comandante tomou o rapaz pela mão, levou-o à parte e perguntou: "O que você tem para me dizer?"

20Ele respondeu: "Os judeus planejaram pedir-te que apresentes Paulo ao Sinédrio amanhã, sob pretexto de buscar informações mais exatas a respeito dele. 21Não te deixes convencer, pois mais de quarenta deles estão preparando uma emboscada contra Paulo. Eles juraram solenemente não comer nem beber enquanto não o matarem. Estão preparados agora, esperando que prometas atender-lhes o pedido".

22O comandante despediu o rapaz e recomendou-lhe: "Não diga a ninguém que você me contou isso".

Paulo é transferido para Cesareia

23Então ele chamou dois de seus centuriões e ordenou-lhes: "Preparem um destacamento de duzentos soldados, setenta cavaleiros e duzentos lanceiros a fim de irem para Cesareia esta noite, às nove horas[a]. 24Providenciem montarias para Paulo, e levem-no em segurança ao governador Félix".

25O comandante escreveu uma carta nestes termos:

> 26"Cláudio Lísias,
>
> ao Excelentíssimo Governador Félix,
> Saudações.
>
> 27"Este homem foi preso pelos judeus, que estavam prestes a matá-lo quando eu, chegando com minhas tropas, o resgatei, pois soube que ele é cidadão romano. 28Querendo saber por que o estavam acusando, levei-o ao Sinédrio deles. 29Descobri que ele estava sendo acusado em questões acerca da lei deles, mas não havia contra ele nenhuma acusação que merecesse morte ou prisão. 30Quando fui informado de que estava sendo preparada uma cilada contra ele, enviei-o imediatamente a Vossa Excelência. Também ordenei que os seus acusadores apresentassem a Vossa Excelência aquilo que têm contra ele".

31Os soldados, cumprindo o seu dever, levaram Paulo durante a noite, e chegaram a Antipátride. 32No dia seguinte deixaram a cavalaria prosseguir com ele, e voltaram para a fortaleza. 33Quando a cavalaria chegou a Cesareia, deu a carta ao governador e lhe entregou Paulo. 34O governador leu a carta e perguntou de que província era ele. Informado de que era da Cilícia, 35disse: "Ouvirei seu caso quando os seus acusadores chegarem aqui". Então ordenou que Paulo fosse mantido sob custódia no palácio[b] de Herodes.

O julgamento de Paulo perante Félix

24 Cinco dias depois, o sumo sacerdote Ananias desceu a Cesareia com alguns dos líderes dos judeus e um advogado chamado Tértulo, os quais apresentaram ao governador suas acusações contra Paulo. 2Quando Paulo foi chamado, Tértulo apresentou sua causa a Félix: "Temos desfrutado de um longo período de paz durante o teu governo, e o teu providente cuidado resultou em reformas nesta nação. 3Em tudo e em toda parte, excelentíssimo Félix, reconhecemos estes benefícios com profunda gratidão. 4Todavia, a fim de não tomar-te mais tempo, peço-te o favor de ouvir-nos apenas por um pouco. 5Verificamos que este homem é um perturbador, que promove tumultos entre os judeus pelo mundo todo. Ele é o principal cabeça da seita dos nazarenos 6e tentou até mesmo profanar o templo; então o prendemos e quisemos julgá-lo segundo a nossa lei. 7Mas o comandante Lísias interveio, e com muita força o arrebatou de nossas mãos e ordenou que os seus acusadores se apresentassem.[c] 8Se tu mesmo o interrogares, poderás verificar a verdade a respeito de todas estas acusações que estamos fazendo contra ele".

9Os judeus confirmaram a acusação, garantindo que as afirmações eram verdadeiras.

10Quando o governador lhe deu sinal para que falasse, Paulo declarou: "Sei que há muitos anos tens sido juiz nesta nação; por isso, de bom grado faço minha defesa. 11Facilmente poderás verificar que há menos

[a] 23:23 Grego: *à hora terceira.*

[b] 23:35 Isto é, o Pretório, residência oficial do governador romano.

[c] 24:7 Muitos manuscritos antigos não trazem *e quisemos julgá-lo segundo a nossa lei* e todo o versículo 7.

de doze dias subi a Jerusalém para adorar a
Deus. 12Meus acusadores não me encontra-
ram discutindo com ninguém no templo,
nem incitando uma multidão nas sinago-
gas ou em qualquer outro lugar da cidade.
13Nem tampouco podem provar-te as acu-
sações que agora estão levantando con-
tra mim. 14Confesso-te, porém, que adoro o
Deus dos nossos antepassados como segui-
dor do Caminho, a que chamam seita. Creio
em tudo o que concorda com a Lei e no que
está escrito nos Profetas, 15e tenho em Deus
a mesma esperança desses homens: de que
haverá ressurreição tanto de justos como
de injustos. 16Por isso procuro sempre con-
servar minha consciência limpa diante de
Deus e dos homens.

17"Depois de estar ausente por vários anos,
vim a Jerusalém para trazer esmolas ao meu
povo e apresentar ofertas. 18Enquanto fazia
isso, já cerimonialmente puro, encontra-
ram-me no templo, sem envolver-me em
nenhum ajuntamento ou tumulto. 19Mas há
alguns judeus da província da Ásia que de-
veriam estar aqui diante de ti e apresentar
acusações, se é que têm algo contra mim.
20Ou os que aqui se acham deveriam decla-
rar que crime encontraram em mim quando
fui levado perante o Sinédrio, 21a não ser que
tenha sido este: quando me apresentei a eles,
bradei: Por causa da ressurreição dos mortos
estou sendo julgado hoje diante de vocês".

22Então Félix, que tinha bom conhecimen-
to do Caminho, adiou a causa e disse: "Quan-
do chegar o comandante Lísias, decidirei o
caso de vocês". 23E ordenou ao centurião que
mantivesse Paulo sob custódia, mas que lhe
desse certa liberdade e permitisse que os
seus amigos o servissem.

24Vários dias depois, Félix veio com Dru-
sila, sua mulher, que era judia, mandou
chamar Paulo e o ouviu falar sobre a fé em
Cristo Jesus. 25Quando Paulo se pôs a discor-
rer acerca da justiça, do domínio próprio e
do juízo vindouro, Félix teve medo e dis-
se: "Basta, por enquanto! Pode sair. Quan-
do achar conveniente, mandarei chamá-lo
de novo". 26Ao mesmo tempo esperava que
Paulo lhe oferecesse algum dinheiro, pelo
que mandava buscá-lo frequentemente e
conversava com ele.

27Passados dois anos, Félix foi sucedido por
Pórcio Festo; todavia, porque desejava man-
ter a simpatia dos judeus, Félix deixou Pau-
lo na prisão.

Pessoas nos tempos da Bíblia

Félix e Festo

Félix e Festo eram governadores romanos. Félix ouviu Paulo pregar sobre Jesus, mas tinha receio de libertar Paulo da prisão, e Festo não sabia o que fazer com Paulo, pois ele não havia cometido crime nenhum. Então, ele pediu conselho ao rei Agripa, governante da Galileia.

O julgamento perante Festo

25 Três dias depois de chegar à província,
Festo subiu de Cesareia para Jerusalém,
2onde os chefes dos sacerdotes e os judeus
mais importantes compareceram diante de-
le, apresentando as acusações contra Paulo.
3Pediram a Festo o favor de transferir Paulo
para Jerusalém, contra os interesses do pró-
prio Paulo, pois estavam preparando uma
emboscada para matá-lo no caminho. 4Fes-
to respondeu: "Paulo está preso em Cesareia, e
eu mesmo vou para lá em breve. 5Desçam co-
migo alguns dos seus líderes e apresentem ali
as acusações que têm contra esse homem, se
realmente ele fez algo de errado".

6Tendo passado com eles oito a dez dias,
desceu para Cesareia e, no dia seguinte, con-
vocou o tribunal e ordenou que Paulo fosse
trazido perante ele. 7Quando Paulo apareceu,
os judeus que tinham chegado de Jerusalém
se aglomeraram ao seu redor, fazendo contra
ele muitas e graves acusações que não po-
diam provar.

8Então Paulo fez sua defesa: "Nada fiz de
errado contra a lei dos judeus, contra o tem-
plo ou contra César".

9Festo, querendo prestar um favor aos ju-
deus, perguntou a Paulo: "Você está dispos-
to a ir a Jerusalém e ali ser julgado diante de
mim, acerca destas acusações?"

10Paulo respondeu: "Estou agora diante do
tribunal de César, onde devo ser julgado. Não
fiz nenhum mal aos judeus, como bem sa-
bes. 11Se, de fato, sou culpado de ter feito al-
go que mereça pena de morte, não me recuso
a morrer. Mas se as acusações feitas contra
mim por estes judeus não são verdadeiras,

ninguém tem o direito de me entregar a eles.
Apelo para César!"
[12]Depois de ter consultado seus conselhei-
ros, Festo declarou: "Você apelou para César,
para César irá!"

Festo consulta o rei Agripa

[13]Alguns dias depois, o rei Agripa e Bere-
nice chegaram a Cesareia para saudar Fes-
to. [14]Visto que estavam passando muitos
dias ali, Festo explicou o caso de Paulo ao
rei: "Há aqui um homem que Félix deixou
preso. [15]Quando fui a Jerusalém, os chefes
dos sacerdotes e os líderes dos judeus fize-
ram acusações contra ele, pedindo que fos-
se condenado.
[16]"Eu lhes disse que não é costume romano
condenar ninguém antes que ele se defronte
pessoalmente com seus acusadores e tenha a
oportunidade de se defender das acusações
que lhe fazem. [17]Vindo eles comigo para cá,
não retardei o caso; convoquei o tribunal no
dia seguinte e ordenei que o homem fosse
apresentado. [18]Quando os seus acusadores se
levantaram para falar, não o acusaram de ne-
nhum dos crimes que eu esperava. [19]Ao con-
trário, tinham alguns pontos de divergência
com ele acerca de sua própria religião e de
um certo Jesus, já morto, o qual Paulo insiste
que está vivo. [20]Fiquei sem saber como inves-
tigar tais assuntos; por isso perguntei-lhe se
ele estaria disposto a ir a Jerusalém e ser jul-
gado ali acerca destas acusações. [21]Apelando
Paulo para que fosse guardado até a decisão
do Imperador, ordenei que ficasse sob cus-
tódia até que eu pudesse enviá-lo a César".
[22]Então Agripa disse a Festo: "Eu também
gostaria de ouvir esse homem".
Ele respondeu: "Amanhã o ouvirás".

Paulo perante Agripa

[23]No dia seguinte, Agripa e Berenice vieram
com grande pompa e entraram na sala de
audiências com os altos oficiais e os homens
importantes da cidade. Por ordem de Festo,
Paulo foi trazido. [24]Então Festo disse: "Ó rei
Agripa e todos os senhores aqui presentes co-
nosco, vejam este homem! Toda a comunida-
de judaica me fez petições a respeito dele em
Jerusalém e aqui em Cesareia, gritando que
ele não deveria mais viver. [25]Mas verifiquei
que ele nada fez que mereça pena de morte;
todavia, porque apelou para o Imperador, de-
cidi enviá-lo a Roma. [26]No entanto, não tenho
nada definido a respeito dele para escrever
a Sua Majestade. Por isso, eu o trouxe diante
dos senhores, e especialmente diante de ti,
rei Agripa, de forma que, feita esta investi-
gação, eu tenha algo para escrever. [27]Pois não
me parece razoável enviar um preso sem es-
pecificar as acusações contra ele".

26 Então Agripa disse a Paulo: "Você tem
permissão para falar em sua defesa".
A seguir, Paulo fez sinal com a mão e co-
meçou a sua defesa: [2]"Rei Agripa, consi-
dero-me feliz por poder estar hoje em tua
presença, para fazer a minha defesa contra
todas as acusações dos judeus, [3]e especial-
mente porque estás bem familiarizado com
todos os costumes e controvérsias deles. Por-
tanto, peço que me ouças pacientemente.
[4]"Todos os judeus sabem como tenho vi-
vido desde pequeno, tanto em minha terra
natal como em Jerusalém. [5]Eles me conhe-
cem há muito tempo e podem testemunhar,
se quiserem, que, como fariseu, vivi de acor-
do com a seita mais severa da nossa reli-
gião. [6]Agora, estou sendo julgado por causa
da minha esperança no que Deus prometeu
aos nossos antepassados. [7]Esta é a promes-
sa que as nossas doze tribos esperam que se
cumpra, cultuando a Deus com fervor, dia e
noite. É por causa desta esperança, ó rei, que
estou sendo acusado pelos judeus. [8]Por que
os senhores acham impossível que Deus res-
suscite os mortos?
[9]"Eu também estava convencido de que
deveria fazer todo o possível para me opor ao
nome de Jesus, o Nazareno. [10]E foi exatamen-
te isso que fiz em Jerusalém. Com autoriza-
ção dos chefes dos sacerdotes lancei muitos
santos na prisão, e quando eles eram con-
denados à morte eu dava o meu voto contra
eles. [11]Muitas vezes ia de uma sinagoga para
outra a fim de castigá-los, e tentava forçá-
-los a blasfemar. Em minha fúria contra eles,

Pessoas nos tempos da Bíblia

Agripa

O rei Agripa governava o distrito da Galileia. Ele era bisneto de Herodes, que era rei quando Jesus nasceu. Agripa achava que Paulo não tinha cometido nenhum crime, mas ainda assim o enviou para Roma.

cheguei a ir a cidades estrangeiras para persegui-los.

12“Numa dessas viagens eu estava indo para Damasco, com autorização e permissão dos chefes dos sacerdotes. 13Por volta do meio-dia, ó rei, estando eu a caminho, vi uma luz do céu, mais resplandecente que o sol, brilhando ao meu redor e ao redor dos que iam comigo. 14Todos caímos por terra. Então ouvi uma voz que me dizia em aramaico: ‘Saulo, Saulo, por que você está me perseguindo? Resistir ao aguilhão só lhe trará dor!’

15“Então perguntei: Quem és tu, Senhor?

“Respondeu o Senhor: ‘Sou Jesus, a quem você está perseguindo. 16Agora, levante-se, fique em pé. Eu lhe apareci para constituí-lo servo e testemunha do que você viu a meu respeito e do que lhe mostrarei. 17Eu o livrarei do seu próprio povo e dos gentios, aos quais eu o envio 18para abrir-lhes os olhos e convertê-los das trevas para a luz, e do poder de Satanás para Deus, a fim de que recebam o perdão dos pecados e herança entre os que são santificados pela fé em mim’.

19“Assim, rei Agripa, não fui desobediente à visão celestial. 20Preguei em primeiro lugar aos que estavam em Damasco, depois aos que estavam em Jerusalém e em toda a Judeia, e também aos gentios, dizendo que se arrependessem e se voltassem para Deus, praticando obras que mostrassem o seu arrependimento. 21Por isso os judeus me prenderam no pátio do templo e tentaram matar-me. 22Mas tenho contado com a ajuda de Deus até o dia de hoje, e, por este motivo, estou aqui e dou testemunho tanto a gente simples como a gente importante. Não estou dizendo nada além do que os profetas e Moisés disseram que haveria de acontecer: 23que o Cristo haveria de sofrer e, sendo o primeiro a ressuscitar dentre os mortos, proclamaria luz para o seu próprio povo e para os gentios”.

24A esta altura Festo interrompeu a defesa de Paulo e disse em alta voz: “Você está louco, Paulo! As muitas letras o estão levando à loucura!”

25Respondeu Paulo: “Não estou louco, excelentíssimo Festo. O que estou dizendo é verdadeiro e de bom senso. 26O rei está familiarizado com essas coisas, e lhe posso falar abertamente. Estou certo de que nada disso escapou do seu conhecimento, pois nada se passou num lugar qualquer. 27Rei Agripa, crês nos profetas? Eu sei que sim”.

28Então Agripa disse a Paulo: “Você acha que em tão pouco tempo pode convencer-me a tornar-me cristão?”[a]

29Paulo respondeu: “Em pouco ou em muito tempo, peço a Deus que não apenas tu, mas todos os que hoje me ouvem se tornem como eu, porém sem estas algemas”.

30O rei se levantou, e com ele o governador e Berenice, como também os que estavam assentados com eles. 31Saindo do salão, comentavam entre si: “Este homem não fez nada que mereça morte ou prisão”.

32Agripa disse a Festo: “Ele poderia ser posto em liberdade, se não tivesse apelado para César”.

A viagem de Paulo para Roma

27 Quando ficou decidido que navegaríamos para a Itália, Paulo e alguns outros presos foram entregues a um centurião chamado Júlio, que pertencia ao Regimento Imperial. 2Embarcamos num navio de Adramítio, que estava de partida para alguns lugares da província da Ásia, e saímos ao mar, estando conosco Aristarco, um macedônio de Tessalônica.

3No dia seguinte, ancoramos em Sidom; e Júlio, num gesto de bondade para com Paulo, permitiu-lhe que fosse ao encontro dos seus amigos, para que estes suprissem as suas necessidades. 4Quando partimos de lá, passamos ao norte de Chipre, porque os ventos nos eram contrários. 5Tendo atravessado o mar aberto ao longo da Cilícia e da Panfília, ancoramos em Mirra, na Lícia. 6Ali, o centurião encontrou um navio alexandrino que estava de partida para a Itália e nele nos fez embarcar. 7Navegamos vagarosamente por muitos dias e tivemos dificuldade para chegar a Cnido. Não sendo possível prosseguir em nossa rota, devido aos ventos contrários, navegamos ao sul de Creta, defronte de Salmona. 8Costeamos a ilha com dificuldade e chegamos a um lugar chamado Bons Portos, perto da cidade de Laseia.

9Tínhamos perdido muito tempo, e agora a navegação se tornara perigosa, pois já havia passado o Jejum[b]. Por isso Paulo os advertiu: 10“Senhores, vejo que a nossa viagem será desastrosa e acarretará grande prejuízo para o navio, para a carga e também para a nossa vida”. 11Mas o centurião, em vez de ouvir o que Paulo falava, seguiu o conselho do piloto e do dono do navio. 12Visto que o

[a] 26:28 Ou *Por pouco você me convence a tornar-me cristão”.*
[b] 27:9 Isto é, o Dia da Expiação (*Yom Kippur*).

porto não era próprio para passar o inverno, a maioria decidiu que deveríamos continuar navegando, com a esperança de alcançar Fenice e ali passar o inverno. Este era um porto de Creta, que dava para sudoeste e noroeste.

A tempestade

13Começando a soprar suavemente o vento sul, eles pensaram que haviam obtido o que desejavam; por isso levantaram âncoras e foram navegando ao longo da costa de Creta. 14Pouco tempo depois, desencadeou-se da ilha um vento muito forte, chamado Nordeste. 15O navio foi arrastado pela tempestade, sem poder resistir ao vento; assim, cessamos as manobras e ficamos à deriva. 16Passando ao sul de uma pequena ilha chamada Clauda, foi com dificuldade que conseguimos recolher o barco salva-vidas. 17Levantando-o, lançaram mão de todos os meios para reforçar o navio com cordas; e temendo que ele encalhasse nos bancos de areia de Sirte, baixaram as velas e deixaram o navio à deriva. 18No dia seguinte, sendo violentamente castigados pela tempestade, começaram a lançar fora a carga. 19No terceiro dia, lançaram fora, com as próprias mãos, a armação do navio. 20Não aparecendo nem sol nem estrelas por muitos dias, e continuando a abater-se sobre nós grande tempestade, finalmente perdemos toda a esperança de salvamento.

21Visto que os homens tinham passado muito tempo sem comer, Paulo levantou-se diante deles e disse: "Os senhores deviam ter aceitado o meu conselho de não partir de Creta, pois assim teriam evitado este dano e prejuízo. 22Mas agora recomendo-lhes que tenham coragem, pois nenhum de vocês perderá a vida; apenas o navio será destruído. 23Pois ontem à noite apareceu-me um anjo do Deus a quem pertenço e a quem adoro, dizendo-me: 24'Paulo, não tenha medo. É preciso que você compareça perante César; Deus, por sua graça, deu-lhe a vida de todos os que estão navegando com você'. 25Assim, tenham ânimo, senhores! Creio em Deus que acontecerá do modo como me foi dito. 26Devemos ser arrastados para alguma ilha".

O naufrágio

27Na décima quarta noite, ainda estávamos sendo levados de um lado para outro no mar Adriático[a], quando, por volta da meia-noite, os marinheiros imaginaram que estávamos próximos da terra. 28Lançando a sonda, verificaram que a profundidade era de trinta e sete metros[b]; pouco tempo depois, lançaram novamente a sonda e encontraram vinte e sete metros[c]. 29Temendo que fôssemos jogados contra as pedras, lançaram quatro âncoras da popa e faziam preces para que amanhecesse o dia. 30Tentando escapar do navio, os marinheiros baixaram o barco salva-vidas ao mar, a pretexto de lançar âncoras da proa. 31Então Paulo disse ao centurião e aos soldados: "Se estes homens não ficarem no navio, vocês não poderão salvar-se". 32Com isso os

[a] 27:27 O nome *Adriático* referia-se a uma área que se estendia até o extremo sul da Itália.
[b] 27:28 Grego: *20 braças*.
[c] 27:28 Grego: *15 braças*.

A vida nos tempos da Bíblia

Navios de carga e tempestades

Paulo estava viajando em um dos grandes navios de carga que navegavam pelo mar Mediterrâneo. Esses navios eram tão grandes que podiam transportar de duzentas a trezentas pessoas, além das cargas. Os navios corriam risco nas fortes tempestades do mar Mediterrâneo, razão pela qual eles raramente viajavam no inverno, quando ocorriam as piores tempestades.

soldados cortaram as cordas que prendiam o
barco salva-vidas e o deixaram cair.
33Pouco antes do amanhecer, Paulo insistia
que todos se alimentassem, dizendo: "Hoje
faz catorze dias que vocês têm estado em vi-
gília constante, sem nada comer. 34Agora eu
os aconselho a comerem algo, pois só assim
poderão sobreviver. Nenhum de vocês per-
derá um fio de cabelo sequer". 35Tendo dito
isso, tomou pão e deu graças a Deus diante
de todos. Então o partiu e começou a comer.
36Todos se reanimaram e também comeram
algo. 37Estavam a bordo duzentas e setenta e
seis pessoas. 38Depois de terem comido até fi-
carem satisfeitos, aliviaram o peso do navio,
atirando todo o trigo ao mar.
39Quando amanheceu não reconheceram
a terra, mas viram uma enseada com uma
praia, para onde decidiram conduzir o na-
vio, se fosse possível. 40Cortando as âncoras,
deixaram-nas no mar, desatando ao mesmo
tempo as cordas que prendiam os lemes. En-
tão, alçando a vela da proa ao vento, dirigi-
ram-se para a praia. 41Mas o navio encalhou
num banco de areia, onde tocou o fundo. A
proa encravou-se e ficou imóvel, e a popa foi
quebrada pela violência das ondas.
42Os soldados resolveram matar os presos
para impedir que algum deles fugisse, jogan-
do-se ao mar. 43Mas o centurião queria pou-
par a vida de Paulo e os impediu de executar o
plano. Então ordenou aos que sabiam nadar
que se lançassem primeiro ao mar em direção
à terra. 44Os outros teriam que salvar-se em
tábuas ou em pedaços do navio. Dessa forma,
todos chegaram a salvo em terra.

Paulo na ilha de Malta

28 Uma vez em terra, descobrimos que a
ilha se chamava Malta. 2Os habitantes
da ilha mostraram extraordinária bondade
para conosco. Fizeram uma fogueira e rece-
beram bem a todos nós, pois estava choven-
do e fazia frio. 3Paulo ajuntou um monte de
gravetos; quando os colocava no fogo, uma
víbora, fugindo do calor, prendeu-se à sua
mão. 4Quando os habitantes da ilha viram a
cobra agarrada na mão de Paulo, disseram uns
aos outros: "Certamente este homem é assas-
sino, pois, tendo escapado do mar, a Justiça
não lhe permite viver". 5Mas Paulo, sacudin-
do a cobra no fogo, não sofreu mal nenhum.
6Eles, porém, esperavam que ele começasse a
inchar ou que caísse morto de repente, mas,
tendo esperado muito tempo e vendo que
nada de estranho lhe sucedia, mudaram de
ideia e passaram a dizer que ele era um deus.
7Próximo dali havia uma propriedade per-
tencente a Públio, o homem principal da ilha.
Ele nos convidou a ficar em sua casa e, por três
dias, bondosamente nos recebeu e nos hospe-
dou. 8Seu pai estava doente, acamado, sofren-
do de febre e disenteria. Paulo entrou para
vê-lo e, depois de orar, impôs-lhe as mãos e o
curou. 9Tendo acontecido isso, os outros doen-
tes da ilha vieram e foram curados. 10Eles nos
prestaram muitas honras e, quando estáva-
mos para embarcar, forneceram-nos os supri-
mentos de que necessitávamos.

A chegada a Roma

11Passados três meses, embarcamos num
navio que tinha passado o inverno na ilha;

O poder da confiança em Deus

Experimente!

Leia esta história emocionante sobre a tempestade e o naufrágio que aconteceu com Paulo, o qual confiou em Deus e permaneceu calmo mesmo quando o navio estava quase afundando.

A confiança de Paulo em Deus ajudou todas as 276 pessoas que estavam no navio, incluindo marinheiros e prisioneiros.

Desenhe sua parte favorita dessa história, que vai servir para lembrá-lo de confiar em Deus mesmo quando houver perigo. Se ficar calmo no meio do perigo por confiar em Deus, você poderá ajudar outras pessoas a se acalmarem.

Atos 27:13-44

era um navio alexandrino, que tinha por
emblema os deuses gêmeos Cástor e Pólux.
12 Aportando em Siracusa, ficamos ali três
dias. 13 Dali partimos e chegamos a Régio. No
dia seguinte, soprando o vento sul, prosse-
guimos, chegando a Potéoli no segundo dia.
14 Ali encontramos alguns irmãos que nos
convidaram a passar uma semana com eles.
E depois fomos para Roma. 15 Os irmãos da-
li tinham ouvido falar que estávamos che-
gando e vieram até a praça de Ápio e às Três
Vendas para nos encontrar. Vendo-os, Pau-
lo deu graças a Deus e sentiu-se encorajado.
16 Quando chegamos a Roma, Paulo recebeu
permissão para morar por conta própria, sob
a custódia de um soldado.

A pregação de Paulo em Roma

17 Três dias depois, ele convocou os líderes
dos judeus. Quando estes se reuniram, Pau-
lo lhes disse: "Meus irmãos, embora eu não
tenha feito nada contra o nosso povo nem
contra os costumes dos nossos antepassados,
fui preso em Jerusalém e entregue aos roma-
nos. 18 Eles me interrogaram e queriam me
soltar, porque eu não era culpado de crime
algum que merecesse pena de morte. 19 Toda-
via, tendo os judeus feito objeção, fui obri-
gado a apelar para César, não porém, por ter
alguma acusação contra o meu próprio povo.
20 Por essa razão pedi para vê-los e conversar
com vocês. Por causa da esperança de Israel
é que estou preso com estas algemas".

21 Eles responderam: "Não recebemos ne-
nhuma carta da Judeia a seu respeito, e ne-
nhum dos irmãos que vieram de lá relatou
ou disse qualquer coisa de mal contra você.
22 Todavia, queremos ouvir de sua parte o que
você pensa, pois sabemos que por todo lugar
há gente falando contra esta seita".

23 Assim combinaram encontrar-se com
Paulo em dia determinado, indo em grupo
ainda mais numeroso ao lugar onde ele es-
tava. Desde a manhã até a tarde ele lhes deu
explicações e lhes testemunhou do Reino
de Deus, procurando convencê-los a respei-
to de Jesus, com base na Lei de Moisés e nos
Profetas. 24 Alguns foram convencidos pelo
que ele dizia, mas outros não creram. 25 Dis-
cordaram entre si mesmos e começaram a ir
embora, depois de Paulo ter feito esta decla-
ração final: "Bem que o Espírito Santo falou
aos seus antepassados, por meio do profe-
ta Isaías:

26 " 'Vá a este povo e diga:
Ainda que estejam sempre ouvindo,
vocês nunca entenderão;
ainda que estejam sempre vendo,
jamais perceberão.
27 Pois o coração deste povo
se tornou insensível;
de má vontade
ouviram com os seus ouvidos,
e fecharam os seus olhos.
Se assim não fosse,
poderiam ver com os olhos,
ouvir com os ouvidos,
entender com o coração
e converter-se,
e eu os curaria'[a].

28 "Portanto, quero que saibam que esta sal-
vação de Deus é enviada aos gentios; eles a
ouvirão!" 29 Depois que ele disse isto, os ju-
deus se retiraram, discutindo intensamen-
te entre si.[b]

30 Por dois anos inteiros Paulo permaneceu
na casa que havia alugado, e recebia a todos
os que iam vê-lo. 31 Pregava o Reino de Deus
e ensinava a respeito do Senhor Jesus Cris-
to, abertamente e sem impedimento algum.

[a] 28:26-27 Is 6:9-10
[b] 28:29 Muitos manuscritos antigos não trazem o versículo 29.

Romanos

Quem escreveu este livro?

Paulo.

Por que este livro foi escrito?

A Carta aos Romanos mostra como a morte de Jesus nos torna justos diante de Deus e como Jesus nos ajudará a viver uma vida boa.

Para quem este livro foi escrito?

Esta é uma carta que Paulo enviou aos cristãos em Roma.

Quando este livro foi escrito?

Esta carta foi escrita por volta de 57 d.C., na cidade de Corinto. (Veja o *Índice de mapas*, ao final desta Bíblia, para saber onde fica Corinto.)

Alguns ensinamentos importantes deste livro:

Todo mundo peca	Romanos 3:9-20
Deus salva as pessoas que creem	Romanos 4:1-25
Jesus morreu por nós	Romanos 5:1-11
O Espírito de Deus nos ajuda acertar	Romanos 8:1-11
Deus nos ama para sempre	Romanos 8:28-39
Deus nos mostra como amar	Romanos 12:9-21

1Paulo, servo[a] de Cristo Jesus, chamado para ser apóstolo, separado para o evangelho de Deus, 2o qual foi prometido por ele de antemão por meio dos seus profetas nas Escrituras Sagradas, 3acerca de seu Filho, que, como homem, era descendente de Davi, 4e que mediante o Espírito[b] de santidade foi declarado Filho de Deus com poder, pela sua ressurreição dentre os mortos: Jesus Cristo, nosso Senhor. 5Por meio dele e por causa do seu nome, recebemos graça e apostolado para chamar dentre todas as nações um povo para a obediência que vem pela fé. 6E vocês também estão entre os chamados para pertencerem a Jesus Cristo.

7A todos os que em Roma são amados de Deus e chamados para serem santos:

A vocês, graça e paz da parte de Deus nosso Pai e do Senhor Jesus Cristo.

Paulo anseia visitar a igreja em Roma

8Antes de tudo, sou grato a meu Deus, mediante Jesus Cristo, por todos vocês, porque em todo o mundo está sendo anunciada a fé que vocês têm. 9Deus, a quem sirvo de todo o coração pregando o evangelho de seu Filho, é minha testemunha de como sempre me lembro de vocês 10em minhas orações; e peço que agora, finalmente, pela vontade de Deus, seja-me aberto o caminho para que eu possa visitá-los.

11Anseio vê-los, a fim de compartilhar com vocês algum dom espiritual, para fortalecê-los, 12isto é, para que eu e vocês sejamos mutuamente encorajados pela fé. 13Quero que vocês saibam, irmãos, que muitas vezes planejei visitá-los, mas fui impedido até agora. Meu propósito é colher algum fruto entre vocês, assim como tenho colhido entre os demais gentios[c].

14Sou devedor tanto a gregos como a bárbaros[d], tanto a sábios como a ignorantes. 15Por isso estou disposto a pregar o evangelho também a vocês que estão em Roma.

16Não me envergonho do evangelho, porque é o poder de Deus para a salvação de todo aquele que crê: primeiro do judeu, depois do grego. 17Porque no evangelho é revelada a justiça de Deus, uma justiça que do princípio ao fim é pela fé[e], como está escrito: "O justo viverá pela fé"[f].

A ira de Deus contra a humanidade

18Portanto, a ira de Deus é revelada dos céus contra toda impiedade e injustiça dos homens que suprimem a verdade pela injustiça, 19pois o que de Deus se pode conhecer é manifesto entre eles, porque Deus lhes manifestou. 20Pois desde a criação do mundo os atributos invisíveis de Deus, seu eterno

[a] 1:1 Isto é, escravo.
[b] 1:4 Ou *que quanto a seu espírito*
[c] 1:13 Isto é, os que não são judeus; também em todo o livro de Romanos.
[d] 1:14 Isto é, aqueles que não possuíam cultura grega.
[e] 1:17 Ou *é de fé em fé;* ou ainda *de fé para fé*
[f] 1:17 Hc 2:4

A vida nos tempos da Bíblia

Roma

Territorialmente, Roma era a maior cidade do Império Romano quando Paulo escreveu esta carta. As pessoas ricas dali viviam muito bem, em casas bonitas com pisos de mosaico, e comiam refeições fartas, com muitas comidas diferentes ao seu dispor. Os pobres, contudo, viviam em pequenos cômodos, em blocos de apartamentos malconstruídos, e suas refeições eram muito simples, geralmente pão ou mingau e, de vez em quando, legumes.

poder e sua natureza divina, têm sido vistos claramente, sendo compreendidos por meio das coisas criadas, de forma que tais homens são indesculpáveis; 21porque, tendo conhecido a Deus, não o glorificaram como Deus, nem lhe renderam graças, mas os seus pensamentos tornaram-se fúteis e o coração insensato deles obscureceu-se. 22Dizendo-se sábios, tornaram-se loucos 23e trocaram a glória do Deus imortal por imagens feitas segundo a semelhança do homem mortal, bem como de pássaros, quadrúpedes e répteis.

24Por isso Deus os entregou à impureza sexual, segundo os desejos pecaminosos do seu coração, para a degradação do seu corpo entre si. 25Trocaram a verdade de Deus pela mentira, e adoraram e serviram a coisas e seres criados, em lugar do Criador, que é bendito para sempre. Amém.

26Por causa disso Deus os entregou a paixões vergonhosas. Até suas mulheres trocaram suas relações sexuais naturais por outras, contrárias à natureza. 27Da mesma forma, os homens também abandonaram as relações naturais com as mulheres e se inflamaram de paixão uns pelos outros. Começaram a cometer atos indecentes, homens com homens, e receberam em si mesmos o castigo merecido pela sua perversão.

28Além do mais, visto que desprezaram o conhecimento de Deus, ele os entregou a uma disposição mental reprovável, para praticarem o que não deviam. 29Tornaram-se cheios de toda sorte de injustiça, maldade, ganância e depravação. Estão cheios de inveja, homicídio, rivalidades, engano e malícia. São bisbilhoteiros, 30caluniadores, inimigos de Deus, insolentes, arrogantes e presunçosos; inventam maneiras de praticar o mal; desobedecem a seus pais; 31são insensatos, desleais, sem amor pela família, implacáveis. 32Embora conheçam o justo decreto de Deus, de que as pessoas que praticam tais coisas merecem a morte, não somente continuam a praticá-las, mas também aprovam aqueles que as praticam.

O justo juízo de Deus

2 Portanto, você, que julga os outros, é indesculpável; pois está condenando a si mesmo naquilo em que julga, visto que você, que julga, pratica as mesmas coisas. 2Sabemos que o juízo de Deus contra os que praticam tais coisas é conforme a verdade. 3Assim, quando você, um simples homem, os julga, mas pratica as mesmas coisas, pensa que escapará do juízo de Deus? 4Ou será que você despreza as riquezas da sua bondade, tolerância e paciência, não reconhecendo que a bondade de Deus o leva ao arrependimento?

5Contudo, por causa da sua teimosia e do seu coração obstinado, você está acumulando ira contra si mesmo, para o dia da ira de Deus, quando se revelará o seu justo julgamento. 6Deus "retribuirá a cada um conforme o seu procedimento"[a]. 7Ele dará vida eterna aos que, persistindo em fazer o bem, buscam glória, honra e imortalidade. 8Mas haverá ira e indignação para os que são egoístas, que rejeitam a verdade e seguem a injustiça. 9Haverá tribulação e angústia para todo ser humano que pratica o mal: primeiro para o judeu, depois para o grego; 10mas glória, honra e paz para todo o que pratica o bem: primeiro para o judeu, depois para o grego. 11Pois em Deus não há parcialidade.

[a] 2:6 Sl 62:12; Pv 24:12

Orar pelos outros

Experimente!

Paulo nunca havia estado em Roma, mas ele sempre orava pelos cristãos de lá.

Consiga o endereço de uma família missionária que sua igreja ajuda, escreva e peça a essa família que lhe envie cartas sobre o trabalho que ela faz. Quando você orar antes de dormir, ore por essa família missionária, assim como pela sua própria família e amigos.

Romanos 1:8-10

Você sabia?

O que é o juízo de Deus?

2:16 A Bíblia ensina que um dia Deus punirá as pessoas que não se arrependeram dos pecados — é isso que significa "juízo de Deus". Mas Deus não pune as pessoas de imediato, pois está esperando para dar a elas uma chance de conhecerem a Jesus e terem seus pecados perdoados. Que Deus fantástico e amoroso!

12Todo aquele que pecar sem a Lei, sem a
Lei também perecerá, e todo aquele que pe-
car sob a Lei, pela Lei será julgado. 13Porque
não são os que ouvem a Lei que são justos
aos olhos de Deus; mas os que obedecem à
Lei, estes serão declarados justos. 14(De fato,
quando os gentios, que não têm a Lei, prati-
cam naturalmente o que ela ordena, tornam-
-se lei para si mesmos, embora não possuam
a Lei; 15pois mostram que as exigências da
Lei estão gravadas em seu coração. Disso dão
testemunho também a sua consciência e os
pensamentos deles, ora acusando-os, ora de-
fendendo-os.) 16Isso tudo se verá no dia em
que Deus julgar os segredos dos homens,
mediante Jesus Cristo, conforme o declara
o meu evangelho.

Os judeus e a Lei

17Ora, você leva o nome de judeu, apoia-se
na Lei e orgulha-se de Deus. 18Você conhece
a vontade de Deus e aprova o que é superior,
porque é instruído pela Lei. 19Você está con-
vencido de que é guia de cegos, luz para os
que estão em trevas, 20instrutor de insensa-
tos, mestre de crianças, porque tem na Lei
a expressão do conhecimento e da verdade.
21E então? Você, que ensina os outros, não en-
sina a si mesmo? Você, que prega contra o
furto, furta? 22Você, que diz que não se deve
adulterar, adultera? Você, que detesta ídolos,
rouba-lhes os templos? 23Você, que se orgu-
lha da Lei, desonra a Deus, desobedecendo
à Lei? 24Pois, como está escrito: "O nome de
Deus é blasfemado entre os gentios por cau-
sa de vocês"[a].

[a] 2:24 Is 52:5; Ez 36:22

25A circuncisão tem valor se você obedece
à Lei; mas, se você desobedece à Lei, a sua
circuncisão já se tornou incircuncisão. 26Se
aqueles que não são circuncidados obedecem
aos preceitos da Lei, não serão eles conside-
rados circuncidados? 27Aquele que não é cir-
cuncidado fisicamente, mas obedece à Lei,
condenará você que, tendo a Lei escrita e a
circuncisão, é transgressor da Lei.

28Não é judeu quem o é apenas exterior-
mente, nem é circuncisão a que é meramen-
te exterior e física. 29Não! Judeu é quem o é
interiormente, e circuncisão é a operada no
coração, pelo Espírito, e não pela Lei escrita.
Para estes o louvor não provém dos homens,
mas de Deus.

3 Que vantagem há então em ser judeu, ou
que utilidade há na circuncisão? 2Muita,
em todos os sentidos! Principalmente por-
que aos judeus foram confiadas as palavras
de Deus.

3Que importa se alguns deles foram in-
fiéis? A sua infidelidade anulará a fidelidade
de Deus? 4De maneira nenhuma! Seja Deus
verdadeiro, e todo homem mentiroso. Como
está escrito:

"Para que
sejas justificado
nas tuas palavras
e prevaleças quando fores julgado"[b].

5Mas, se a nossa injustiça ressalta de ma-
neira ainda mais clara a justiça de Deus, que
diremos? Que Deus é injusto por aplicar a
sua ira? (Estou usando um argumento hu-
mano.) 6Claro que não! Se fosse assim, como

[b] 3:4 Sl 51:4

Você sabia?

O que é a lei?

2:17 A lei é o conjunto de regras do Antigo Testamento dado por Deus aos judeus para guiar a vida deles. Alguns judeus achavam que Deus se agradava deles só porque tinham a lei e eram o povo escolhido, mas Paulo disse que Deus se agradaria deles apenas se guardassem a lei por amarem a Deus.

Você sabia?

O que é justiça?

3:10 Na Bíblia, justiça significa tanto fazer o que é certo quanto estar acertado com Deus. Por todos terem pecado, as pessoas não conseguem se acertar com Deus fazendo coisas boas. Porém, Deus perdoa as pessoas que creem em Jesus e diz que elas não devem nada a ele. Dessa forma, Deus espera que os cristãos vivam uma vida santa.

Deus iria julgar o mundo? 7Alguém pode ale-
gar ainda: "Se a minha mentira ressalta a ve-
racidade de Deus, aumentando assim a sua
glória, por que sou condenado como peca-
dor?" 8Por que não dizer como alguns calu-
niosamente afirmam que dizemos: "Façamos
o mal, para que nos venha o bem"? A conde-
nação dos tais é merecida.

Ninguém é justo

9Que concluiremos então? Estamos em po-
sição de vantagem[a]? Não! Já demonstramos
que tanto judeus quanto gentios estão debai-
xo do pecado. 10Como está escrito:

"Não há nenhum justo,
nem um sequer;
11não há ninguém que entenda,
ninguém que busque a Deus.
12Todos se desviaram,
tornaram-se juntamente inúteis;
não há ninguém
que faça o bem,
não há nem um sequer"[b].
13"Suas gargantas
são um túmulo aberto;
com suas línguas enganam"[c].
"Veneno de serpentes
está em seus lábios"[d].
14"Suas bocas estão cheias
de maldição e amargura"[e].
15"Seus pés são ágeis
para derramar sangue;
16ruína e desgraça marcam
os seus caminhos,
17e não conhecem
o caminho da paz"[f].
18"Aos seus olhos é inútil
temer a Deus"[g].

19Sabemos que tudo o que a Lei diz, o diz
àqueles que estão debaixo dela, para que to-
da boca se cale e todo o mundo esteja sob
o juízo de Deus. 20Portanto, ninguém será
declarado justo diante dele baseando-se na
obediência à Lei, pois é mediante a Lei que
nos tornamos plenamente conscientes do
pecado.

A justiça por meio da fé

21Mas agora se manifestou uma justiça
que provém de Deus, independente da Lei,
da qual testemunham a Lei e os Profetas,
22justiça de Deus mediante a fé em Jesus Cris-
to para todos os que creem. Não há distinção,
23pois todos pecaram e estão destituídos da
glória de Deus, 24sendo justificados gratui-
tamente por sua graça, por meio da reden-
ção que há em Cristo Jesus. 25Deus o ofereceu
como sacrifício para propiciação[h] mediante
a fé, pelo seu sangue, demonstrando a sua
justiça. Em sua tolerância, havia deixado im-
punes os pecados anteriormente cometidos;
26mas, no presente, demonstrou a sua justiça,
a fim de ser justo e justificador daquele que
tem fé em Jesus.

27Onde está, então, o motivo de vangló-
ria? É excluído. Baseado em que princípio?
No da obediência à Lei? Não, mas no princí-
pio da fé. 28Pois sustentamos que o homem é
justificado pela fé, independente da obediên-
cia à Lei. 29Deus é Deus apenas dos judeus?
Ele não é também o Deus dos gentios? Sim,
dos gentios também, 30visto que existe um só

[a] 3:9 Ou *desvantagem*
[b] 3:10-12 Sl 14:1-3; Sl 53:1-3; Ec 7:20
[c] 3:13 Sl 5:9
[d] 3:13 Sl 140:3
[e] 3:14 Sl 10:7
[f] 3:15-17 Is 59:7-8
[g] 3:18 Sl 36:1
[h] 3:25 Ou *como sacrifício que desviava a sua ira, removendo o pecado*

Palavras para memorizar

"Justiça de Deus mediante a fé em Jesus Cristo para todos os que creem."
(Romanos 3:22)

Deus, que pela fé justificará os circuncisos e
os incircuncisos. 31Anulamos então a Lei pela
fé? De maneira nenhuma! Ao contrário, con-
firmamos a Lei.

Abraão foi justificado pela fé

4 Portanto, que diremos do nosso antepas-
sado Abraão? 2Se de fato Abraão foi justi-
ficado pelas obras, ele tem do que se gloriar,
mas não diante de Deus. 3Que diz a Escritura?
"Abraão creu em Deus, e isso lhe foi credita-
do como justiça."[a]

4Ora, o salário do homem que trabalha não
é considerado como favor, mas como dívida.
5Todavia, àquele que não trabalha, mas con-
fia em Deus, que justifica o ímpio, sua fé lhe
é creditada como justiça. 6Davi diz a mesma
coisa, quando fala da felicidade do homem
a quem Deus credita justiça independente
de obras:

7"Como são felizes aqueles
que têm suas transgressões
perdoadas,
cujos pecados são apagados!
8Como é feliz aquele
a quem o Senhor não atribui culpa!"[b]

9Destina-se esta felicidade apenas aos cir-
cuncisos ou também aos incircuncisos? Já
dissemos que, no caso de Abraão, a fé lhe foi
creditada como justiça. 10Sob quais circuns-
tâncias? Antes ou depois de ter sido circun-
cidado? Não foi depois, mas antes! 11Assim
ele recebeu a circuncisão como sinal, como
selo da justiça que ele tinha pela fé, quando
ainda não fora circuncidado. Portanto, ele é
o pai de todos os que creem, sem terem sido
circuncidados, a fim de que a justiça fosse
creditada também a eles; 12e é igualmente o
pai dos circuncisos que não somente são cir-
cuncisos, mas também andam nos passos da
fé que teve nosso pai Abraão antes de passar
pela circuncisão.

13Não foi mediante a Lei que Abraão e a sua
descendência receberam a promessa de que
ele seria herdeiro do mundo, mas mediante
a justiça que vem da fé. 14Pois se os que vivem
pela Lei são herdeiros, a fé não tem valor, e
a promessa é inútil; 15porque a Lei produz a
ira. E onde não há Lei, não há transgressão.

16Portanto, a promessa vem pela fé, para
que seja de acordo com a graça e seja assim
garantida a toda a descendência de Abraão;
não apenas aos que estão sob o regime da Lei,
mas também aos que têm a fé que Abraão te-
ve. Ele é o pai de todos nós. 17Como está es-
crito: "Eu o constituí pai de muitas nações"[c].
Ele é nosso pai aos olhos de Deus, em quem
creu, o Deus que dá vida aos mortos e cha-
ma à existência coisas que não existem, co-
mo se existissem.

18Abraão, contra toda esperança, em espe-
rança creu, tornando-se assim pai de muitas
nações, como foi dito a seu respeito: "Assim
será a sua descendência"[d]. 19Sem se enfra-
quecer na fé, reconheceu que o seu corpo já
estava sem vitalidade, pois já contava cer-
ca de cem anos de idade, e que também o
ventre de Sara já estava sem vigor. 20Mesmo

[a] 4:3 Gn 15:6
[b] 4:7,8 Sl 32:1-2
[c] 4:17 Gn 17:5
[d] 4:18 Gn 15:5

Recebendo o presente de Deus

Experimente!

Nós não conseguimos merecer perdão, mas Deus nos dá a salvação como um presente. Quando alguém lhe dá um presente no Natal ou no seu aniversário, você o recebe e diz: "Obrigado". É exatamente assim que você recebe o presente de Deus da salvação, pois tudo o que você deve fazer é aceitá-lo e dizer: "Obrigado".

Pegue uma caixa vazia e, em seguida, escreva Romanos 4:7-8 em um pedaço de papel e coloque-o na caixa. Depois, embale a caixa como um presente de Natal e guarde o presente embalado no seu quarto como um lembrete de que Deus lhe perdoou ou, então, use-o para mostrar a um amigo como se tornar um cristão.

Romanos 4:4-8

Você sabia?

O que significa *justificação?*

4:25 *Justificação* é o perdão dos pecados e o presente da justiça. Quando Deus perdoa nossos pecados, ele diz que não somos mais culpados; e não apenas isso, mas Deus também diz que somos justos. Graças ao seu perdão, nós estamos acertados com Deus e podemos ir para o céu.

assim não duvidou nem foi incrédulo em relação à promessa de Deus, mas foi fortalecido em sua fé e deu glória a Deus, 21estando plenamente convencido de que ele era poderoso para cumprir o que havia prometido. 22Em consequência, "isso lhe foi creditado como justiça"[a]. 23As palavras "lhe foi creditado" não foram escritas apenas para ele, 24mas também para nós, a quem Deus creditará justiça, a nós, que cremos naquele que ressuscitou dos mortos a Jesus, nosso Senhor. 25Ele foi entregue à morte por nossos pecados e ressuscitado para nossa justificação.

Paz e alegria

5 Tendo sido, pois, justificados pela fé, temos[b] paz com Deus, por nosso Senhor Jesus Cristo, 2por meio de quem obtivemos acesso pela fé a esta graça na qual agora estamos firmes; e nos gloriamos[c] na esperança da glória de Deus. 3Não só isso, mas também nos gloriamos nas tribulações, porque sabemos que a tribulação produz perseverança; 4a perseverança, um caráter aprovado; e o caráter aprovado, esperança. 5E a esperança não nos decepciona, porque Deus derramou seu amor em nossos corações, por meio do Espírito Santo que ele nos concedeu.

6De fato, no devido tempo, quando ainda éramos fracos, Cristo morreu pelos ímpios. 7Dificilmente haverá alguém que morra por um justo, embora pelo homem bom talvez alguém tenha coragem de morrer. 8Mas Deus demonstra seu amor por nós: Cristo morreu em nosso favor quando ainda éramos pecadores.

9Como agora fomos justificados por seu sangue, muito mais ainda, por meio dele, seremos salvos da ira de Deus! 10Se quando éramos inimigos de Deus fomos reconciliados com ele mediante a morte de seu Filho, quanto mais agora, tendo sido reconciliados, seremos salvos por sua vida! 11Não apenas isso, mas também nos gloriamos em Deus, por meio de nosso Senhor Jesus Cristo, mediante quem recebemos agora a reconciliação.

Morte em Adão, vida em Cristo

12Portanto, da mesma forma como o pecado entrou no mundo por um homem, e pelo pecado a morte, assim também a morte veio a todos os homens, porque todos pecaram; 13pois antes de ser dada a Lei, o pecado já estava no mundo. Mas o pecado não é levado em conta quando não existe lei. 14Todavia, a morte reinou desde o tempo de Adão até o de Moisés, mesmo sobre aqueles que não cometeram pecado semelhante à transgressão de Adão, o qual era um tipo daquele que haveria de vir.

15Entretanto, não há comparação entre a dádiva e a transgressão. De fato, muitos morreram por causa da transgressão de um só homem, mas a graça de Deus, isto é, a dádiva pela graça de um só, Jesus Cristo, transbordou ainda mais para muitos. 16Não se pode comparar a dádiva de Deus com a consequência do pecado de um só homem: por um pecado veio o julgamento que trouxe condenação, mas a dádiva decorreu de muitas transgressões e trouxe justificação. 17Se pela transgressão de um só a morte reinou por meio dele, muito mais aqueles que recebem de Deus a imensa provisão da graça e a dádiva da justiça reinarão em vida por meio de um único homem, Jesus Cristo.

18Consequentemente, assim como uma só transgressão resultou na condenação de

Palavras para memorizar

"Mas Deus demonstra seu amor por nós: Cristo morreu em nosso favor quando ainda éramos pecadores."

(Romanos 5:8)

[a] 4:22 Gn 15:6
[b] 5:1 Ou *tenhamos*
[c] 5:2 Ou *gloriemo-nos*; também no versículo 3.

Você sabia?

Como sabemos que Deus nos ama?

5:15 Deus nos ama tanto que enviou seu Filho, Jesus, para morrer em nosso lugar, a fim de nos salvar dos pecados, e, depois, ressuscitar em vitória sobre o pecado e a morte. Todas as pessoas que se rebelaram contra Deus são pecadoras; mas Deus entregou seu Filho amado para todo aquele que quer crer. Isso é que é amor!

todos os homens, assim também um só ato de justiça resultou na justificação que traz vida a todos os homens. 19 Logo, assim como por meio da desobediência de um só homem muitos foram feitos pecadores, assim também, por meio da obediência de um único homem muitos serão feitos justos.

20 A Lei foi introduzida para que a transgressão fosse ressaltada. Mas onde aumentou o pecado, transbordou a graça, 21 a fim de que, assim como o pecado reinou na morte, também a graça reine pela justiça para conceder vida eterna, mediante Jesus Cristo, nosso Senhor.

Mortos para o pecado, vivos em Cristo

6 Que diremos então? Continuaremos pecando para que a graça aumente? 2 De maneira nenhuma! Nós, os que morremos para o pecado, como podemos continuar vivendo nele? 3 Ou vocês não sabem que todos nós, que fomos batizados em Cristo Jesus, fomos batizados em sua morte? 4 Portanto, fomos sepultados com ele na morte por meio do batismo, a fim de que, assim como Cristo foi ressuscitado dos mortos mediante a glória do Pai, também nós vivamos uma vida nova.

5 Se dessa forma fomos unidos a ele na semelhança da sua morte, certamente o seremos também na semelhança da sua ressurreição. 6 Pois sabemos que o nosso velho homem[a] foi crucificado com ele, para que o corpo do pecado seja destruído[b], e não mais sejamos escravos do pecado; 7 pois quem morreu, foi justificado do pecado.

8 Ora, se morremos com Cristo, cremos que também com ele viveremos. 9 Pois sabemos que, tendo sido ressuscitado dos mortos, Cristo não pode morrer outra vez: a morte não tem mais domínio sobre ele. 10 Porque morrendo, ele morreu para o pecado uma vez por todas; mas vivendo, vive para Deus.

11 Da mesma forma, considerem-se mortos para o pecado, mas vivos para Deus em Cristo Jesus. 12 Portanto, não permitam que o pecado continue dominando os seus corpos mortais, fazendo que vocês obedeçam aos seus desejos. 13 Não ofereçam os membros do corpo de vocês ao pecado, como instrumentos de injustiça; antes ofereçam-se a Deus como quem voltou da morte para a vida; e ofereçam os membros do corpo de vocês a ele, como instrumentos de justiça. 14 Pois o pecado não os dominará, porque vocês não estão debaixo da Lei, mas debaixo da graça.

Escravos da justiça

15 E então? Vamos pecar porque não estamos debaixo da Lei, mas debaixo da graça? De maneira nenhuma! 16 Não sabem que, quando vocês se oferecem a alguém para lhe obedecer como escravos, tornam-se escravos daquele a quem obedecem: escravos do pecado que leva à morte, ou da obediência que leva à justiça? 17 Mas, graças a Deus, porque, embora vocês tenham sido escravos do pecado, passaram a obedecer de coração à forma de ensino que lhes foi transmitida. 18 Vocês foram libertados do pecado e tornaram-se escravos da justiça.

19 Falo isso em termos humanos, por causa das suas limitações humanas[c]. Assim como vocês ofereceram os membros do seu corpo em escravidão à impureza e à maldade que leva à maldade, ofereçam-nos agora em escravidão à justiça que leva à santidade. 20 Quando vocês eram escravos do pecado, estavam livres da justiça. 21 Que fruto colheram então das coisas das quais agora vocês se envergonham? O fim delas é a morte! 22 Mas agora que vocês foram libertados do pecado e se tornaram escravos de Deus, o fruto que colhem leva à santidade, e o seu fim é a vida eterna. 23 Pois o salário do pecado é a morte, mas o dom gratuito de Deus é a vida eterna em[d] Cristo Jesus, nosso Senhor.

A ilustração do casamento

7 Meus irmãos, falo a vocês como a pessoas que conhecem a lei. Acaso vocês não sabem

[a] 6:6 Isto é, a nossa velha vida em Adão.
[b] 6:6 Ou *seja deixado sem poder*
[c] 6:19 Grego: *por causa da fraqueza da sua carne.*
[d] 6:23 Ou *por meio de*

que a lei tem autoridade sobre alguém apenas enquanto ele vive? 2Por exemplo, pela lei a mulher casada está ligada a seu marido enquanto ele estiver vivo; mas, se o marido morrer, ela estará livre da lei do casamento. 3Por isso, se ela se casar com outro homem enquanto seu marido ainda estiver vivo, será considerada adúltera. Mas se o marido morrer, ela estará livre daquela lei, e mesmo que venha a se casar com outro homem, não será adúltera.

4Assim, meus irmãos, vocês também morreram para a Lei, por meio do corpo de Cristo, para pertencerem a outro, àquele que ressuscitou dos mortos, a fim de que venhamos a dar fruto para Deus. 5Pois quando éramos controlados pela carne[a], as paixões pecaminosas despertadas pela Lei atuavam em nosso corpo, de forma que dávamos fruto para a morte. 6Mas agora, morrendo para aquilo que antes nos prendia, fomos libertados da Lei, para que sirvamos conforme o novo modo do Espírito, e não segundo a velha forma da Lei escrita.

A luta contra o pecado

7Que diremos então? A Lei é pecado? De maneira nenhuma! De fato, eu não saberia o que é pecado, a não ser por meio da Lei. Pois, na realidade, eu não saberia o que é cobiça, se a Lei não dissesse: "Não cobiçarás"[b]. 8Mas o pecado, aproveitando a oportunidade dada pelo mandamento, produziu em mim todo tipo de desejo cobiçoso. Pois, sem a Lei, o pecado está morto. 9Antes eu vivia sem a Lei, mas quando o mandamento veio, o pecado reviveu, e eu morri. 10Descobri que o próprio mandamento, destinado a produzir vida, na verdade produziu morte. 11Pois o pecado, aproveitando a oportunidade dada pelo mandamento, enganou-me e por meio do mandamento me matou.

12De fato a Lei é santa, e o mandamento é santo, justo e bom. 13E então, o que é bom se tornou em morte para mim? De maneira nenhuma! Mas, para que o pecado se mostrasse como pecado, ele produziu morte em mim por meio do que era bom, de modo que por meio do mandamento ele se mostrasse extremamente pecaminoso.

14Sabemos que a Lei é espiritual; eu, contudo, não o sou, pois fui vendido como escravo ao pecado. 15Não entendo o que faço. Pois não faço o que desejo, mas o que odeio. 16E, se faço o que não desejo, admito que a Lei é boa. 17Neste caso, não sou mais eu quem o faz, mas o pecado que habita em mim. 18Sei que nada de bom habita em mim, isto é, em minha carne. Porque tenho o desejo de fazer o que é bom, mas não consigo realizá-lo. 19Pois o que faço não é o bem que desejo, mas o mal que não quero fazer, esse eu continuo fazendo. 20Ora, se faço o que não quero, já não sou eu quem o faz, mas o pecado que habita em mim.

21Assim, encontro esta lei que atua em mim: Quando quero fazer o bem, o mal está junto a mim. 22No íntimo do meu ser tenho prazer na Lei de Deus; 23mas vejo outra lei atuando nos membros do meu corpo, guerreando contra a lei da minha mente, tornando-me prisioneiro da lei do pecado que atua em meus membros. 24Miserável homem que eu sou! Quem me libertará do corpo sujeito a esta morte? 25Graças a Deus por Jesus Cristo, nosso Senhor! De modo que, com a mente, eu próprio sou escravo da Lei de Deus; mas, com a carne, da lei do pecado.

A vida pelo Espírito

8 Portanto, agora já não há condenação para os que estão em Cristo Jesus[c], 2porque por meio de Cristo Jesus a lei do Espírito de vida me libertou da lei do pecado e da morte. 3Porque, aquilo que a Lei fora incapaz de fazer por estar enfraquecida pela carne[d], Deus o fez, enviando seu próprio Filho, à semelhança do homem pecador, como oferta pelo pecado[e]. E assim condenou o pecado na carne, 4a fim de que as justas exigências da Lei fossem plenamente satisfeitas em nós, que não vivemos segundo a carne, mas segundo o Espírito.

5Quem vive segundo a carne tem a mente voltada para o que a carne deseja; mas quem vive de acordo com o Espírito, tem a mente voltada para o que o Espírito deseja. 6A mentalidade da carne é morte, mas a mentalidade do Espírito é vida e paz; 7a mentalidade da carne é inimiga de Deus porque não se submete à Lei de Deus, nem pode fazê-lo. 8Quem é dominado pela carne não pode agradar a Deus.

9Entretanto, vocês não estão sob o domínio da carne, mas do Espírito, se de fato o Espírito de Deus habita em vocês. E, se

[a] 7:5 Ou *pela natureza pecaminosa*; também nos versículos 18 e 25.
[b] 7:7 Êx 20:17; Dt 5:21
[c] 8:1 Alguns manuscritos dizem Jesus, que não vivem segundo a carne, mas segundo o Espírito.
[d] 8:3 Ou *pela natureza pecaminosa*; também nos versículos 4, 5, 8, 9, 12 e 13.
[e] 8:3 Ou *homem pecador, pelo pecado*

alguém não tem o Espírito de Cristo, não
pertence a Cristo. 10Mas se Cristo está em
vocês, o corpo está morto por causa do pe-
cado, mas o espírito está vivo[a] por causa da
justiça. 11E, se o Espírito daquele que ressus-
citou Jesus dentre os mortos habita em vo-
cês, aquele que ressuscitou a Cristo dentre
os mortos também dará vida a seus corpos
mortais, por meio do seu Espírito, que ha-
bita em vocês.

12Portanto, irmãos, estamos em dívida,
não para com a carne, para vivermos sujei-
tos a ela. 13Pois se vocês viverem de acordo
com a carne, morrerão; mas, se pelo Espíri-
to fizerem morrer os atos do corpo, viverão,
14porque todos os que são guiados pelo Espí-
rito de Deus são filhos de Deus. 15Pois vocês
não receberam um espírito que os escravize
para novamente temerem, mas receberam o
Espírito que os torna filhos por adoção, por
meio do qual clamamos: "*Aba*[b], Pai". 16O pró-
prio Espírito testemunha ao nosso espírito
que somos filhos de Deus. 17Se somos filhos,
então somos herdeiros; herdeiros de Deus e
co-herdeiros com Cristo, se de fato participa-
mos dos seus sofrimentos, para que também
participemos da sua glória.

A glória futura

18Considero que os nossos sofrimentos
atuais não podem ser comparados com a
glória que em nós será revelada. 19A natu-
reza criada aguarda, com grande expectati-
va, que os filhos de Deus sejam revelados.
20Pois ela foi submetida à inutilidade, não
pela sua própria escolha, mas por causa da
vontade daquele que a sujeitou, na esperan-
ça 21de que[c] a própria natureza criada será li-
bertada da escravidão da decadência em que
se encontra, recebendo a gloriosa liberdade
dos filhos de Deus.

22Sabemos que toda a natureza criada ge-
me até agora, como em dores de parto. 23E
não só isso, mas nós mesmos, que temos os
primeiros frutos do Espírito, gememos in-
teriormente, esperando ansiosamente nos-
sa adoção como filhos, a redenção do nosso
corpo. 24Pois nessa esperança fomos salvos.
Mas, esperança que se vê não é esperança.
Quem espera por aquilo que está vendo?
25Mas se esperamos o que ainda não vemos,
aguardamo-lo pacientemente.

26Da mesma forma o Espírito nos ajuda em

[a] 8:10 Ou *o Espírito é vida*
[b] 8:15 Termo aramaico para *Pai*.
[c] 8:20-21 Ou *a sujeitou em esperança.* 21 *Pois*

Palavras para memorizar

"Não sabemos como orar, mas o próprio Espírito intercede por nós."

(Romanos 8:26)

nossa fraqueza, pois não sabemos como orar,
mas o próprio Espírito intercede por nós com
gemidos inexprimíveis. 27E aquele que sonda
os corações conhece a intenção do Espírito,
porque o Espírito intercede pelos santos de
acordo com a vontade de Deus.

Mais que vencedores

28Sabemos que Deus age em todas as coi-
sas para o bem daqueles que o amam,[d] dos
que foram chamados de acordo com o seu
propósito. 29Pois aqueles que de antemão co-
nheceu, também os predestinou para serem
conformes à imagem de seu Filho, a fim de
que ele seja o primogênito entre muitos ir-
mãos. 30E aos que predestinou, também cha-
mou; aos que chamou, também justificou;
aos que justificou, também glorificou.

31Que diremos, pois, diante dessas coisas?
Se Deus é por nós, quem será contra nós?
32Aquele que não poupou seu próprio Filho,
mas o entregou por todos nós, como não nos
dará juntamente com ele, e de graça, todas as
coisas? 33Quem fará alguma acusação contra
os escolhidos de Deus? É Deus quem os jus-
tifica. 34Quem os condenará? Foi Cristo Jesus

[d] 8:28 Alguns manuscritos dizem *Sabemos que todas as coisas contribuem juntamente para o bem dos que amam a Deus;* outros trazem *Sabemos que em todas as coisas Deus coopera juntamente com aqueles que o amam, para trazer à existência o que é bom, com os que foram.*

Palavras para memorizar

"Sabemos que Deus age em todas as coisas para o bem daqueles que o amam."

(Romanos 8:28)

que morreu; e mais, que ressuscitou e está à
direita de Deus, e também intercede por nós.
35Quem nos separará do amor de Cristo? Será
tribulação, ou angústia, ou perseguição, ou
fome, ou nudez, ou perigo, ou espada? 36Co-
mo está escrito:

"Por amor de ti enfrentamos
a morte todos os dias;
somos considerados
como ovelhas
destinadas ao matadouro"[a].

37Mas, em todas estas coisas somos mais
que vencedores, por meio daquele que nos
amou. 38Pois estou convencido de que nem
morte nem vida, nem anjos nem demônios[b],
nem o presente nem o futuro, nem quais-
quer poderes, 39nem altura nem profundida-
de, nem qualquer outra coisa na criação será
capaz de nos separar do amor de Deus que
está em Cristo Jesus, nosso Senhor.

A soberania de Deus

9 Digo a verdade em Cristo, não minto;
minha consciência o confirma no Espíri-
to Santo: 2tenho grande tristeza e constante
angústia em meu coração. 3Pois eu até deseja-
ria ser amaldiçoado e separado de Cristo por
amor de meus irmãos, os de minha raça, 4o
povo de Israel. Deles é a adoção de filhos; de-
les é a glória divina, as alianças, a concessão
da Lei, a adoração no templo e as promessas.
5Deles são os patriarcas, e a partir deles se tra-
ça a linhagem humana de Cristo, que é Deus
acima de todos, bendito para sempre![c] Amém.

6Não pensemos que a palavra de Deus fa-
lhou. Pois nem todos os descendentes de
Israel são Israel. 7Nem por serem descenden-
tes de Abraão passaram todos a ser filhos de
Abraão. Ao contrário: "Por meio de Isaque a
sua descendência será considerada"[d]. 8Nou-
tras palavras, não são os filhos naturais[e] que
são filhos de Deus, mas os filhos da promes-
sa é que são considerados descendência de
Abraão. 9Pois foi assim que a promessa foi
feita: "No tempo devido virei novamente, e
Sara terá um filho"[f].

10E esse não foi o único caso; também os fi-
lhos de Rebeca tiveram um mesmo pai, nos-
so pai Isaque. 11Todavia, antes que os gêmeos
nascessem ou fizessem qualquer coisa boa
ou má — a fim de que o propósito de Deus
conforme a eleição permanecesse, 12não por
obras, mas por aquele que chama — foi dito
a ela: "O mais velho servirá ao mais novo"[g].
13Como está escrito: "Amei Jacó, mas rejei-
tei Esaú"[h].

14E então, que diremos? Acaso Deus é in-
justo? De maneira nenhuma! 15Pois ele diz a
Moisés:

"Terei misericórdia de quem
eu quiser ter misericórdia
e terei compaixão de quem
eu quiser ter compaixão"[i].

16Portanto, isso não depende do desejo ou
do esforço humano, mas da misericórdia de
Deus. 17Pois a Escritura diz ao faraó: "Eu o le-
vantei exatamente com este propósito: mos-
trar em você o meu poder, e para que o meu
nome seja proclamado em toda a terra"[j].
18Portanto, Deus tem misericórdia de quem
ele quer, e endurece a quem ele quer.

19Mas algum de vocês me dirá: "Então,
por que Deus ainda nos culpa? Pois, quem
resiste à sua vontade?" 20Mas quem é você,
ó homem, para questionar a Deus? "Acaso
aquilo que é formado pode dizer ao que o
formou: 'Por que me fizeste assim?'[k]" 21O olei-
ro não tem direito de fazer do mesmo barro
um vaso para fins nobres e outro para uso
desonroso?

22E se Deus, querendo mostrar a sua ira e
tornar conhecido o seu poder, suportou com
grande paciência os vasos de sua ira, prepa-
rados[l] para a destruição? 23Que dizer, se ele
fez isto para tornar conhecidas as riquezas de
sua glória aos vasos de sua misericórdia, que
preparou de antemão para glória, 24ou seja,
a nós, a quem também chamou, não apenas
dentre os judeus, mas também dentre os
gentios? 25Como ele diz em Oseias:

"Chamarei 'meu povo'
a quem não é meu povo;
e chamarei 'minha amada'
a quem não é minha amada"[m],

26e:

"Acontecerá que, no mesmo
lugar em que se lhes declarou:
'Vocês não são meu povo',

[a] 8:36 Sl 44:22
[b] 8:38 Ou *autoridades celestiais*
[c] 9:5 Ou *Cristo, que é sobre tudo. Seja Deus louvado para sempre!*
[d] 9:7 Gn 21:12
[e] 9:8 Grego: *da carne.*
[f] 9:9 Gn 18:10,14
[g] 9:12 Gn 25:23
[h] 9:13 Ml 1:2-3
[i] 9:15 Êx 33:19
[j] 9:17 Êx 9:16
[k] 9:20 Is 29:16; 45:9
[l] 9:22 Ou *prontos*
[m] 9:25 Os 2:23

eles serão chamados
'filhos do Deus vivo' "[a].

27Isaías exclama com relação a Israel:

"Embora o número
dos israelitas
seja como a areia do mar,
apenas o remanescente
será salvo.
28Pois o Senhor executará
na terra a sua sentença,
rápida e definitivamente"[b].

29Como anteriormente disse Isaías:

"Se o Senhor dos Exércitos
não nos tivesse deixado
descendentes,
já estaríamos como Sodoma,
e semelhantes a Gomorra"[c].

A incredulidade de Israel

30Que diremos, então? Os gentios, que não
buscavam justiça, a obtiveram, uma justi-
ça que vem da fé; 31mas Israel, que buscava
uma lei que trouxesse justiça, não a alcançou.
32Por que não? Porque não a buscava pela fé,
mas como se fosse por obras. Eles tropeçaram
na "pedra de tropeço". 33Como está escrito:

"Eis que ponho em Sião
uma pedra de tropeço
e uma rocha que faz cair;
e aquele que nela confia
jamais será envergonhado"[d].

10 Irmãos, o desejo do meu coração e a
minha oração a Deus pelos israelitas é
que eles sejam salvos. 2Posso testemunhar
que eles têm zelo por Deus, mas o seu zelo
não se baseia no conhecimento. 3Porquan-
to, ignorando a justiça que vem de Deus e
procurando estabelecer a sua própria, não
se submeteram à justiça de Deus. 4Porque
o fim da Lei é Cristo, para a justificação[e] de
todo o que crê.

5Moisés descreve desta forma a justiça que
vem da Lei: "O homem que fizer estas coisas
viverá por meio delas"[f]. 6Mas a justiça que vem
da fé diz: "Não diga em seu coração: 'Quem su-
birá aos céus?'[g] (isto é, para fazer Cristo des-
cer) 7ou 'Quem descerá ao abismo?'[h]" (isto é,
para fazer Cristo subir dentre os mortos).

Palavras para memorizar

"Se você confessar com a sua boca que Jesus é Senhor e crer em seu coração que Deus o ressuscitou dentre os mortos, será salvo."

(Romanos 10:9)

8Mas o que ela diz? "A palavra está perto de
você; está em sua boca e em seu coração"[i],
isto é, a palavra da fé que estamos procla-
mando: 9Se você confessar com a sua boca
que Jesus é Senhor e crer em seu coração
que Deus o ressuscitou dentre os mortos,
será salvo. 10Pois com o coração se crê para
justiça, e com a boca se confessa para salva-
ção. 11Como diz a Escritura: "Todo o que ne-
le confia jamais será envergonhado"[j]. 12Não
há diferença entre judeus e gentios, pois o
mesmo Senhor é Senhor de todos e abençoa
ricamente todos os que o invocam, 13porque
"todo aquele que invocar o nome do Senhor
será salvo"[k].

14Como, pois, invocarão aquele em
quem não creram? E como crerão naquele
de quem não ouviram falar? E como ouvi-
rão, se não houver quem pregue? 15E como
pregarão, se não forem enviados? Como es-
tá escrito: "Como são belos os pés dos que
anunciam boas-novas!"[l]

16No entanto, nem todos os israelitas acei-
taram as boas-novas. Pois Isaías diz: "Senhor,
quem creu em nossa mensagem?"[m] 17Conse-
quentemente, a fé vem por se ouvir a men-
sagem, e a mensagem é ouvida mediante a
palavra de Cristo. 18Mas eu pergunto: Eles não
a ouviram? Claro que sim:

"A sua voz ressoou
por toda a terra,
e as suas palavras,
até os confins do mundo"[n].

[a] 9:26 Os 1:10
[b] 9:27-28 Is 10:22-23
[c] 9:29 Is 1:9
[d] 9:33 Is 8:14; 28:16
[e] 10:4 Grego: *justiça.*
[f] 10:5 Lv 18:5
[g] 10:6 Dt 30:12
[h] 10:7 Dt 30:13
[i] 10:8 Dt 30:14
[j] 10:11 Is 28:16
[k] 10:13 Jl 2:32
[l] 10:15 Is 52:7
[m] 10:16 Is 53:1
[n] 10:18 Sl 19:4

[19]Novamente pergunto: Será que Israel não
entendeu? Em primeiro lugar, Moisés disse:

"Farei que tenham ciúmes
de quem não é meu povo;
eu os provocarei à ira
por meio de um povo
sem entendimento"[a].

[20]E Isaías diz ousadamente:

"Fui achado por aqueles que não me
procuravam;
revelei-me àqueles que não
perguntavam por mim"[b].

[21]Mas a respeito de Israel, ele diz:

"O tempo todo
estendi as mãos a um povo
desobediente e rebelde"[c].

O remanescente de Israel

11 Pergunto, pois: Acaso Deus rejeitou o seu
povo? De maneira nenhuma! Eu mesmo
sou israelita, descendente de Abraão, da tribo
de Benjamim. [2]Deus não rejeitou o seu povo,
o qual de antemão conheceu. Ou vocês não
sabem como Elias clamou a Deus contra Is-
rael, conforme diz a Escritura? [3]"Senhor, ma-
taram os teus profetas e derrubaram os teus
altares; sou o único que sobrou, e agora estão
procurando matar-me."[d] [4]E qual foi a resposta
divina? "Reservei para mim sete mil homens
que não dobraram os joelhos diante de Baal."[e]
[5]Assim, hoje também há um remanescente
escolhido pela graça. [6]E, se é pela graça, já
não é mais pelas obras; se fosse, a graça já
não seria graça.[f]
[7]Que dizer então? Israel não conseguiu
aquilo que tanto buscava, mas os eleitos o
obtiveram. Os demais foram endurecidos,
[8]como está escrito:

"Deus lhes deu um espírito
de atordoamento,
olhos para não ver
e ouvidos para não ouvir,
até o dia de hoje"[g].

[9]E Davi diz:

"Que a mesa deles
se transforme
em laço e armadilha,
pedra de tropeço e retribuição para
eles.
[10]Escureçam-se os seus olhos,
para que não consigam ver,
e suas costas fiquem encurvadas
para sempre"[h].

Os ramos enxertados

[11]Novamente pergunto: Acaso tropeçaram
para que ficassem caídos? De maneira nenhu-
ma! Ao contrário, por causa da transgressão
deles, veio salvação para os gentios, para pro-
vocar ciúme em Israel. [12]Mas se a transgres-
são deles significa riqueza para o mundo, e o
seu fracasso, riqueza para os gentios, quanto
mais significará a sua plenitude!
[13]Estou falando a vocês, gentios. Visto que
sou apóstolo para os gentios, exalto o meu

[a] 10:19 Dt 32:21
[b] 10:20 Is 65:1
[c] 10:21 Is 65:2
[d] 11:3 1Rs 19:10,14
[e] 11:4 1Rs 19:18

[f] 11:6 Alguns manuscritos dizem *Mas se é por obras, já não é mais a graça; se assim fosse, as obras já não seriam obras.*
[g] 11:8 Dt 29:4; Is 29:10
[h] 11:9-10 Sl 69:22-23

Uma bela carreira

Liste cinco profissões que você acha que gostaria de exercer quando crescer e, depois, conte a seus pais ou avós o que está na sua lista e explique o que você gosta em cada uma delas.

Então, leia Romanos 10:11-15 e pense no seguinte: "Alguma coisa nessa passagem faz você pensar que uma carreira de pastor ou de missionário seria boa para você?". Converse com seu pastor e pergunte a ele o que há de especial e realizador no cargo dele.

Experimente!

Romanos 10:11-15

ministério, 14na esperança de que de alguma
forma possa provocar ciúme em meu pró-
prio povo e salvar alguns deles. 15Pois se a
rejeição deles é a reconciliação do mundo,
o que será a sua aceitação, senão vida den-
tre os mortos? 16Se é santa a parte da massa
que é oferecida como primeiros frutos, toda
a massa também o é; se a raiz é santa, os ra-
mos também o serão.

17Se alguns ramos foram cortados, e você,
sendo oliveira brava, foi enxertado entre os
outros e agora participa da seiva que vem da
raiz da oliveira cultivada, 18não se glorie con-
tra esses ramos. Se o fizer, saiba que não é
você quem sustenta a raiz, mas a raiz a vo-
cê. 19Então você dirá: "Os ramos foram corta-
dos, para que eu fosse enxertado". 20Está certo.
Eles, porém, foram cortados devido à incredu-
lidade, e você permanece pela fé. Não se orgu-
lhe, mas tema. 21Pois, se Deus não poupou os
ramos naturais, também não poupará você.

22Portanto, considere a bondade e a seve-
ridade de Deus: severidade para com aque-
les que caíram, mas bondade para com você,
desde que permaneça na bondade dele. De
outra forma, você também será cortado. 23E
quanto a eles, se não continuarem na incre-
dulidade, serão enxertados, pois Deus é capaz
de enxertá-los outra vez. 24Afinal de contas,
se você foi cortado de uma oliveira brava
por natureza e, de maneira antinatural, foi
enxertado numa oliveira cultivada, quanto
mais serão enxertados os ramos naturais em
sua própria oliveira?

Todo o Israel será salvo

25Irmãos, não quero que ignorem este mis-
tério, para que não se tornem presunçosos:
Israel experimentou um endurecimento em
parte, até que chegue a plenitude dos gen-
tios. 26E assim todo o Israel será salvo, como
está escrito:

"Virá de Sião o redentor
que desviará de Jacó
a impiedade.
27E esta é[a] a minha aliança
com eles
quando eu remover
os seus pecados"[b].

28Quanto ao evangelho, eles são inimigos
por causa de vocês; mas quanto à eleição,
são amados por causa dos patriarcas, 29pois
os dons e o chamado de Deus são irrevogá-
veis. 30Assim como vocês, que antes eram
desobedientes a Deus mas agora receberam
misericórdia, graças à desobediência deles,
31assim também agora eles se tornaram de-
sobedientes, a fim de que também recebam
agora[c] misericórdia, graças à misericórdia de
Deus para com vocês. 32Pois Deus colocou to-
dos sob a desobediência, para exercer mise-
ricórdia para com todos.

Hino de louvor a Deus

33Ó profundidade da riqueza
da sabedoria
e do conhecimento[d] de Deus!
Quão insondáveis são
os seus juízos
e inescrutáveis
os seus caminhos!

[a] 11:27 Ou *será*
[b] 11:26-27 Is 59:20-21; 27:9; Jr 31:33-34
[c] 11:31 Alguns manuscritos não trazem *agora*.
[d] 11:33 Ou *da riqueza, da sabedoria e do conhecimento*

A vida nos tempos da Bíblia

Enxertar

Os fazendeiros frequentemente tentavam melhorar sua colheita ao unir, ou enxertar, galhos novos em árvores velhas. Eles cortavam um galho velho e, cuidadosamente, amarravam um galho novo, de modo que ele pudesse crescer ali.

34“Quem conheceu a mente
do Senhor?
Ou quem foi seu conselheiro?”[a]
35“Quem primeiro lhe deu,
para que ele o recompense?”[b]
36Pois dele, por ele e para ele são todas
as coisas.
A ele seja a glória
para sempre! Amém.

Sacrifícios vivos

12 Portanto, irmãos, rogo-lhes pelas miseri-
córdias de Deus que se ofereçam em sa-
crifício vivo, santo e agradável a Deus; este é
o culto racional[c] de vocês. 2Não se amoldem
ao padrão deste mundo, mas transformem-
-se pela renovação da sua mente, para que
sejam capazes de experimentar e comprovar
a boa, agradável e perfeita vontade de Deus.
3Por isso, pela graça que me foi dada digo
a todos vocês: Ninguém tenha de si mesmo
um conceito mais elevado do que deve ter;
mas, ao contrário, tenha um conceito equi-
librado, de acordo com a medida da fé que
Deus lhe concedeu. 4Assim como cada um de
nós tem um corpo com muitos membros e
esses membros não exercem todos a mesma
função, 5assim também em Cristo nós, que
somos muitos, formamos um corpo, e cada
membro está ligado a todos os outros. 6Te-
mos diferentes dons, de acordo com a gra-
ça que nos foi dada. Se alguém tem o dom
de profetizar[d], use-o na proporção da[e] sua fé.
7Se o seu dom é servir, sirva; se é ensinar,
ensine; 8se é dar ânimo, que assim faça; se
é contribuir, que contribua generosamente;
se é exercer liderança, que a exerça com ze-
lo; se é mostrar misericórdia, que o faça com
alegria.

O amor

9O amor deve ser sincero. Odeiem o que
é mau; apeguem-se ao que é bom. 10Dedi-
quem-se uns aos outros com amor frater-
nal. Prefiram dar honra aos outros mais do
que a si próprios. 11Nunca lhes falte o zelo,
sejam fervorosos no espírito, sirvam ao Se-
nhor. 12Alegrem-se na esperança, sejam pa-
cientes na tribulação, perseverem na oração.
13Compartilhem o que vocês têm com os san-
tos em suas necessidades. Pratiquem a hos-
pitalidade.

Você sabia?

Como podemos mostrar que amamos a Deus?

12:9 Nós podemos mostrar que amamos a Deus amando e servindo os outros. O texto de Romanos 12:9-21 lista muitas maneiras pelas quais podemos demonstrar amor pelas pessoas ao nosso redor.

14Abençoem aqueles que os perseguem;
abençoem, e não os amaldiçoem. 15Alegrem-
-se com os que se alegram; chorem com os
que choram. 16Tenham uma mesma atitude
uns para com os outros. Não sejam orgulho-
sos, mas estejam dispostos a associar-se a
pessoas de posição inferior[f]. Não sejam sá-
bios aos seus próprios olhos.
17Não retribuam a ninguém mal por mal.
Procurem fazer o que é correto aos olhos
de todos. 18Façam todo o possível para vi-
ver em paz com todos. 19Amados, nunca
procurem vingar-se, mas deixem com Deus
a ira, pois está escrito: “Minha é a vingança;
eu retribuirei”[g], diz o Senhor. 20Ao contrário:

“Se o seu inimigo tiver fome, dê-lhe de
comer;
se tiver sede, dê-lhe de beber.
Fazendo isso, você amontoará brasas
vivas
sobre a cabeça dele”[h].

21Não se deixem vencer pelo mal, mas ven-
çam o mal com o bem.

Submissão às autoridades

13 Todos devem sujeitar-se às autoridades
governamentais, pois não há autoridade
que não venha de Deus; as autoridades que
existem foram por ele estabelecidas. 2Por-
tanto, aquele que se rebela contra a auto-
ridade está se colocando contra o que Deus
instituiu, e aqueles que assim procedem tra-
zem condenação sobre si mesmos. 3Pois os
governantes não devem ser temidos, a não
ser pelos que praticam o mal. Você quer vi-
ver livre do medo da autoridade? Pratique

[a] 11:34 Is 40:13
[b] 11:35 Jó 41:11
[c] 12:1 Ou *espiritual*
[d] 12:6 Isto é, falar por inspiração de Deus.
[e] 12:6 Ou *de acordo com a*
[f] 12:16 Ou *mas adotem um comportamento humilde*
[g] 12:19 Dt 32:35
[h] 12:20 Pv 25:21-22

o bem, e ela o enaltecerá. 4Pois é serva de
Deus para o seu bem. Mas se você praticar o
mal, tenha medo, pois ela não porta a espa-
da sem motivo. É serva de Deus, agente da
justiça para punir quem pratica o mal. 5Por-
tanto, é necessário que sejamos submissos às
autoridades, não apenas por causa da possi-
bilidade de uma punição, mas também por
questão de consciência.
6É por isso também que vocês pagam im-
posto, pois as autoridades estão a serviço
de Deus, sempre dedicadas a esse trabalho.
7Deem a cada um o que lhe é devido: se im-
posto, imposto; se tributo, tributo; se temor,
temor; se honra, honra.

O amor ao próximo e o fim dos tempos

8Não devam nada a ninguém, a não ser o
amor de uns pelos outros, pois aquele que
ama seu próximo tem cumprido a Lei. 9Pois
estes mandamentos: "Não adulterarás", "Não
matarás", "Não furtarás", "Não cobiçarás"[a], e
qualquer outro mandamento, todos se resu-
mem neste preceito: "Ame o seu próximo co-
mo a si mesmo"[b]. 10O amor não pratica o mal
contra o próximo. Portanto, o amor é o cum-
primento da Lei.
11Façam isso, compreendendo o tempo
em que vivemos. Chegou a hora de vocês
despertarem do sono, porque agora a nos-
sa salvação está mais próxima do que quan-
do cremos. 12A noite está quase acabando; o
dia logo vem. Portanto, deixemos de lado as
obras das trevas e revistamo-nos da armadu-
ra da luz. 13Comportemo-nos com decência,
como quem age à luz do dia, não em orgias
e bebedeiras, não em imoralidade sexual e
depravação, não em desavença e inveja. 14Ao
contrário, revistam-se do Senhor Jesus Cristo,
e não fiquem premeditando como satisfazer
os desejos da carne[c].

Os fracos e os fortes

14 Aceitem o que é fraco na fé, sem discutir
assuntos controvertidos. 2Um crê que po-
de comer de tudo; já outro, cuja fé é fraca, co-
me apenas alimentos vegetais. 3Aquele que
come de tudo não deve desprezar o que não
come, e aquele que não come de tudo não
deve condenar aquele que come, pois Deus
o aceitou. 4Quem é você para julgar o servo
alheio? É para o seu senhor que ele está em
pé ou cai. E ficará em pé, pois o Senhor é ca-
paz de o sustentar.
5Há quem considere um dia mais sagra-
do que outro[d]; há quem considere iguais to-
dos os dias. Cada um deve estar plenamente
convicto em sua própria mente. 6Aquele que
considera um dia como especial, para o Se-
nhor assim o faz. Aquele que come carne, co-
me para o Senhor, pois dá graças a Deus; e
aquele que se abstém, para o Senhor se abs-
tém, e dá graças a Deus. 7Pois nenhum de nós
vive apenas para si, e nenhum de nós morre
apenas para si. 8Se vivemos, vivemos para o
Senhor; e, se morremos, morremos para o Se-
nhor. Assim, quer vivamos, quer morramos,
pertencemos ao Senhor.
9Por esta razão Cristo morreu e voltou a
viver, para ser Senhor de vivos e de mortos.
10Portanto, você, por que julga seu irmão? E
por que despreza seu irmão? Pois todos com-
pareceremos diante do tribunal de Deus.
11Porque está escrito:

[a] 13:9 Êx 20:13-15,17; Dt 5:17-19,21
[b] 13:9 Lv 19:18
[c] 13:14 Ou *da natureza pecaminosa*
[d] 14:5 Grego: *Há quem faça distinção entre um dia e outro.*

Experimente!

Não desrespeite a lei

Leia Romanos 13:1-7 e verá que essa passagem nos conta que Deus deu aos governos o direito de criar leis e punir as pessoas que as desrespeitam.

Qual é o motivo mais importante por que os cristãos devem obedecer à lei? Escreva um artigo de uma página sobre por que os cristãos devem obedecer à lei e veja se o jornal da sua igreja ou a seção de religião de um jornal local publicam o seu artigo.

Romanos 13:1-7

" 'Por mim mesmo jurei',
diz o Senhor,
'diante de mim
todo joelho se dobrará
e toda língua confessará
que sou Deus' "[a].

12 Assim, cada um de nós prestará contas de si mesmo a Deus.

13 Portanto, deixemos de julgar uns aos outros. Em vez disso, façamos o propósito de não colocar pedra de tropeço ou obstáculo no caminho do irmão. 14 Como alguém que está no Senhor Jesus, tenho plena convicção de que nenhum alimento[b] é por si mesmo impuro, a não ser para quem assim o considere; para ele é impuro. 15 Se o seu irmão se entristece devido ao que você come, você já não está agindo por amor. Por causa da sua comida, não destrua seu irmão, por quem Cristo morreu. 16 Aquilo que é bom para vocês não se torne objeto de maledicência. 17 Pois o Reino de Deus não é comida nem bebida, mas justiça, paz e alegria no Espírito Santo; 18 aquele que assim serve a Cristo é agradável a Deus e aprovado pelos homens.

19 Por isso, esforcemo-nos em promover tudo quanto conduz à paz e à edificação mútua. 20 Não destrua a obra de Deus por causa da comida. Todo alimento é puro, mas é errado comer qualquer coisa que faça os outros tropeçarem. 21 É melhor não comer carne nem beber vinho, nem fazer qualquer outra coisa que leve seu irmão a cair[c].

22 Assim, seja qual for o seu modo de crer a respeito destas coisas, que isso permaneça entre você e Deus. Feliz é o homem que não se condena naquilo que aprova. 23 Mas aquele que tem dúvida é condenado se comer, porque não come com fé; e tudo o que não provém da fé é pecado.

15 Nós, que somos fortes, devemos suportar as fraquezas dos fracos, e não agradar a nós mesmos. 2 Cada um de nós deve agradar ao seu próximo para o bem dele, a fim de edificá-lo. 3 Pois também Cristo não agradou a si próprio, mas, como está escrito: "Os insultos daqueles que te insultam caíram sobre mim"[d]. 4 Pois tudo o que foi escrito no passado, foi escrito para nos ensinar, de forma que, por meio da perseverança e do bom ânimo procedentes das Escrituras, mantenhamos a nossa esperança.

Palavras para memorizar

"Aceitem-se uns aos outros, da mesma forma que Cristo os aceitou, a fim de que vocês glorifiquem a Deus."

(Romanos 15:7)

5 O Deus que concede perseverança e ânimo dê-lhes um espírito de unidade, segundo Cristo Jesus, 6 para que com um só coração e uma só voz vocês glorifiquem ao Deus e Pai de nosso Senhor Jesus Cristo.

7 Portanto, aceitem-se uns aos outros, da mesma forma que Cristo os aceitou, a fim de que vocês glorifiquem a Deus. 8 Pois eu lhes digo que Cristo se tornou servo dos que são da circuncisão, por amor à verdade de Deus, para confirmar as promessas feitas aos patriarcas, 9 a fim de que os gentios glorifiquem a Deus por sua misericórdia, como está escrito:

"Por isso, eu te louvarei
entre os gentios;
Cantarei louvores ao teu nome"[e].

10 E também diz:

"Cantem de alegria, ó gentios,
com o povo dele"[f].

11 E mais:

"Louvem o Senhor,
todos vocês, gentios;
cantem louvores a ele
todos os povos"[g].

12 E Isaías também diz:

"Brotará a raiz de Jessé,
aquele que se levantará
para reinar sobre os gentios;
estes colocarão nele
a sua esperança"[h].

13 Que o Deus da esperança os encha de toda alegria e paz, por sua confiança nele, para que vocês transbordem de esperança, pelo poder do Espírito Santo.

[a] 14:11 Is 45:23
[b] 14:14 Ou *de que nada*
[c] 14:21 Vários manuscritos acrescentam *ou a escandalizar-se, ou a enfraquecer-se.*
[d] 15:3 Sl 69:9
[e] 15:9 2Sm 22:50; Sl 18:49
[f] 15:10 Dt 32:43
[g] 15:11 Sl 117:1
[h] 15:12 Is 11:10

Paulo, ministro dos gentios

14Meus irmãos, eu mesmo estou conven-
cido de que vocês estão cheios de bonda-
de e plenamente instruídos, sendo capazes
de aconselhar-se uns aos outros. 15A respei-
to de alguns assuntos, eu lhes escrevi com
toda a franqueza, principalmente para fazê-
-los lembrar-se novamente deles, por causa
da graça que Deus me deu, 16de ser um mi-
nistro de Cristo Jesus para os gentios, com o
dever sacerdotal de proclamar o evangelho
de Deus, para que os gentios se tornem uma
oferta aceitável a Deus, santificados pelo Es-
pírito Santo.

17Portanto, eu me glorio em Cristo Jesus,
em meu serviço a Deus. 18Não me atrevo a
falar de nada, exceto daquilo que Cristo rea-
lizou por meu intermédio em palavra e em
ação, a fim de levar os gentios a obedece-
rem a Deus, 19pelo poder de sinais e mara-
vilhas e por meio do poder do Espírito de
Deus. Assim, desde Jerusalém e arredores,
até o Ilírico[a], proclamei plenamente o evan-
gelho de Cristo. 20Sempre fiz questão de pre-
gar o evangelho onde Cristo ainda não era
conhecido, de forma que não estivesse edi-
ficando sobre alicerce de outro. 21Mas antes,
como está escrito:

"Hão de vê-lo aqueles que
não tinham ouvido falar dele,
e o entenderão aqueles
que não o haviam escutado"[b].

22É por isso que muitas vezes fui impedido
de chegar até vocês.

Paulo planeja visitar a igreja em Roma

23Mas agora, não havendo nestas regiões
nenhum lugar em que precise trabalhar, e
visto que há muitos anos anseio vê-los, 24pla-
nejo fazê-lo quando for à Espanha. Espero
visitá-los de passagem e dar-lhes a oportu-
nidade de me ajudarem em minha viagem
para lá, depois de ter desfrutado um pouco
da companhia de vocês. 25Agora, porém, es-
tou de partida para Jerusalém, a serviço dos
santos. 26Pois a Macedônia e a Acaia tiveram a
alegria de contribuir para os pobres dentre os
santos de Jerusalém. 27Tiveram prazer nisso,
e de fato são devedores aos santos de Jerusa-
lém. Pois, se os gentios participaram das bên-
çãos espirituais dos judeus, devem também
servir aos judeus com seus bens materiais.
28Assim, depois de completar essa tarefa e de
ter a certeza de que eles receberam esse fru-
to, irei à Espanha e visitarei vocês de passa-
gem. 29Sei que, quando for visitá-los, irei na
plenitude da bênção de Cristo.

30Recomendo-lhes, irmãos, por nosso Se-
nhor Jesus Cristo e pelo amor do Espírito,
que se unam a mim em minha luta, oran-
do a Deus em meu favor. 31Orem para que eu
esteja livre dos descrentes da Judeia e que o
meu serviço em Jerusalém seja aceitável aos
santos, 32de forma que, pela vontade de Deus,
eu os visite com alegria e juntamente com
vocês desfrute de um período de refrigério.
33O Deus da paz seja com todos vocês. Amém.

Saudações pessoais

16 Recomendo-lhes nossa irmã Febe, serva[c]
da igreja em Cencreia. 2Peço que a rece-
bam no Senhor, de maneira digna dos santos,
e lhe prestem a ajuda de que venha a neces-
sitar; pois tem sido de grande auxílio para
muita gente, inclusive para mim.

3Saúdem Priscila[d] e Áquila, meus colabo-
radores em Cristo Jesus. 4Arriscaram a
vida por mim. Sou grato a eles; não ape-
nas eu, mas todas as igrejas dos gentios.
5Saúdem também a igreja que se reúne
na casa deles.
Saúdem meu amado irmão Epêneto, que
foi o primeiro convertido a Cristo na pro-
víncia da Ásia.
6Saúdem Maria, que trabalhou ardua-
mente por vocês.
7Saúdem Andrônico e Júnias, meus pa-
rentes que estiveram na prisão comigo.
São notáveis entre os apóstolos, e esta-
vam em Cristo antes de mim.

[a] 15:19 Região da costa leste do mar Adriático.
[b] 15:21 Is 52:15

[c] 16:1 Ou *diaconisa*
[d] 16:3 Grego: *Prisca*, variante de *Priscila*.

Você sabia?

Por que Paulo chama as pessoas na igreja de irmãos e irmãs?

16:1,17 Os cristãos são parte da família de Deus, e desde o começo da Igreja eles se chamavam de irmãos para mostrar o quanto se amavam e se importavam uns com os outros.

[8]Saúdem Amplíato, meu amado irmão no Senhor.
[9]Saúdem Urbano, nosso cooperador em Cristo, e meu amado irmão Estáquis.
[10]Saúdem Apeles, aprovado em Cristo.
Saúdem os que pertencem à casa de Aristóbulo.
[11]Saúdem Herodião, meu parente.
Saúdem os da casa de Narciso, que estão no Senhor.
[12]Saúdem Trifena e Trifosa, mulheres que trabalham arduamente no Senhor.
Saúdem a amada Pérside, outra que trabalhou arduamente no Senhor.
[13]Saúdem Rufo, eleito no Senhor, e sua mãe, que tem sido mãe também para mim.
[14]Saúdem Asíncrito, Flegonte, Hermes, Pátrobas, Hermas e os irmãos que estão com eles.
[15]Saúdem Filólogo, Júlia, Nereu e sua irmã, e também Olimpas e todos os santos que estão com eles.
[16]Saúdem uns aos outros com beijo santo.
Todas as igrejas de Cristo enviam-lhes saudações.

[17]Recomendo-lhes, irmãos, que tomem cuidado com aqueles que causam divisões e colocam obstáculos ao ensino que vocês têm
recebido. Afastem-se deles. [18]Pois essas pessoas não estão servindo a Cristo, nosso Senhor, mas a seus próprios apetites. Mediante palavras suaves e bajulação, enganam o coração dos ingênuos.
[19]Todos têm ouvido falar da obediência de vocês, por isso estou muito alegre; mas quero que sejam sábios em relação ao que é bom, e sem malícia em relação ao que é mau.

[20]Em breve o Deus da paz esmagará Satanás debaixo dos pés de vocês.

A graça de nosso Senhor Jesus seja com vocês.

[21]Timóteo, meu cooperador, envia-lhes saudações, bem como Lúcio, Jasom e Sosípatro, meus parentes.

[22]Eu, Tércio, que redigi esta carta, saúdo vocês no Senhor.

[23]Gaio, cuja hospitalidade eu e toda a igreja desfrutamos, envia-lhes saudações. Erasto, administrador da cidade, e nosso irmão
Quarto enviam-lhes saudações. [24]Que a graça de nosso Senhor Jesus Cristo seja com vocês todos. Amém.[a]

[25]Ora, àquele que tem poder para confirmá-los pelo meu evangelho e pela proclamação de Jesus Cristo, de acordo com a revelação do
mistério oculto nos tempos passados, [26]mas agora revelado e dado a conhecer pelas Escrituras proféticas por ordem do Deus eterno, para que todas as nações venham a crer nele
e a obedecer-lhe; [27]sim, ao único Deus sábio seja dada glória para todo o sempre, por meio de Jesus Cristo. Amém.

[a] 16:24 Muitos manuscritos não trazem o versículo 24.

1Coríntios

Quem escreveu este livro?

Paulo.

Por que este livro foi escrito?

Paulo escreveu esta carta para ajudar os coríntios a resolverem problemas na igreja.

Para quem este livro foi escrito?

Esta é uma carta que Paulo enviou aos cristãos em Corinto.

Quando este livro foi escrito?

Esta carta foi escrita por volta de 55 d.C., na cidade de Éfeso. (Veja o *Índice de mapas*, ao final desta Bíblia, para saber onde fica Éfeso.)

Alguns ensinamentos importantes deste livro:

Os cristãos devem parar de pecar	1Coríntios 6:9-11
Cada um de nós é importante	1Coríntios 12:14-31
O que realmente é o amor	1Coríntios 13:1-13
Jesus está vivo	1Coríntios 15:3-8
Nós também ressuscitaremos	1Coríntios 15:35-58

1 Paulo, chamado para ser apóstolo de Cris-
to Jesus pela vontade de Deus, e o irmão
Sóstenes,

[2]à igreja de Deus que está em Corinto, aos
santificados em Cristo Jesus e chamados pa-
ra serem santos, juntamente com todos os
que, em toda parte, invocam o nome de nos-
so Senhor Jesus Cristo, Senhor deles e nosso:

[3]A vocês, graça e paz da parte de Deus nos-
so Pai e do Senhor Jesus Cristo.

A gratidão de Paulo

[4]Sempre dou graças a meu Deus por vocês,
por causa da graça que lhes foi dada por ele
em Cristo Jesus. [5]Pois nele vocês foram enri-
quecidos em tudo, isto é, em toda palavra e
em todo conhecimento, [6]porque o testemu-
nho de Cristo foi confirmado entre vocês, [7]de
modo que não lhes falta nenhum dom espi-
ritual, enquanto vocês esperam que o nos-
so Senhor Jesus Cristo seja revelado. [8]Ele os
manterá firmes até o fim, de modo que vocês
serão irrepreensíveis no dia de nosso Senhor
Jesus Cristo. [9]Fiel é Deus, o qual os chamou à
comunhão com seu Filho Jesus Cristo, nos-
so Senhor.

As divisões na igreja

[10]Irmãos, em nome de nosso Senhor Jesus
Cristo suplico a todos vocês que concordem
uns com os outros no que falam, para que
não haja divisões entre vocês; antes, que to-
dos estejam unidos num só pensamento e
num só parecer. [11]Meus irmãos, fui informa-
do por alguns da casa de Cloe de que há divi-
sões entre vocês. [12]Com isso quero dizer que
algum de vocês afirma: "Eu sou de Paulo";
ou "Eu sou de Apolo"; ou "Eu sou de Pe-
dro[a]"; ou ainda "Eu sou de Cristo".

[13]Acaso Cristo está dividido? Foi Paulo cru-
cificado em favor de vocês? Foram vocês ba-
tizados em nome de Paulo? [14]Dou graças a
Deus por não ter batizado nenhum de vocês,
exceto Crispo e Gaio; [15]de modo que ninguém
pode dizer que foi batizado em meu nome.
[16](Batizei também os da casa de Estéfanas;
além destes, não me lembro se batizei al-
guém mais.) [17]Pois Cristo não me enviou para
batizar, mas para pregar o evangelho, não po-
rém com palavras de sabedoria humana, pa-
ra que a cruz de Cristo não seja esvaziada.

Cristo, sabedoria e poder de Deus

[18]Pois a mensagem da cruz é loucura para
os que estão perecendo, mas para nós, que
estamos sendo salvos, é o poder de Deus.
[19]Pois está escrito:

"Destruirei a sabedoria
dos sábios
e rejeitarei a inteligência
dos inteligentes"[b].

[20]Onde está o sábio? Onde está o erudito?
Onde está o questionador desta era? Aca-
so não tornou Deus louca a sabedoria deste
mundo? [21]Visto que, na sabedoria de Deus, o
mundo não o conheceu por meio da sabedo-
ria humana, agradou a Deus salvar aqueles
que creem por meio da loucura da prega-
ção. [22]Os judeus pedem sinais milagrosos, e
os gregos procuram sabedoria; [23]nós, porém,
pregamos a Cristo crucificado, o qual, de fa-
to, é escândalo para os judeus e loucura para

[a] 1:12 Grego: *Cefas*; também em 3:22, 9:5 e 15:5.
[b] 1:19 Is 29:14

A qual igreja você vai?

Experimente!

Quantos nomes de igrejas diferentes você conhece? Aqui vão duas denominações para começar: Batista e Metodista. Você consegue dizer o nome de, pelo menos, mais três?

Leia 1Coríntios 1:10-12 e você verá que, no começo da Igreja, quando as pessoas formavam grupos diferentes, elas brigavam sobre qual deles era o melhor. Isso pode acontecer hoje também, mas você pode ter orgulho de sua igreja sem se achar melhor do que os outros cristãos.

Descubra como sua denominação ou grupo de igreja começou e tente identificar o que há de especial em sua igreja.

1Coríntios 1:10-12

Você sabia?

Como podemos saber alguma coisa sobre Deus?

2:13 Nós não conseguimos
ver Deus ou ouvi-lo, mas nós
podemos conhecer sobre
Deus por meio da Bíblia. Aqui
Paulo diz que o Espírito Santo
nos ajuda a entender as
coisas espirituais.

os gentios[a], 24 mas para os que foram chama-
dos, tanto judeus como gregos, Cristo é o po-
der de Deus e a sabedoria de Deus. 25 Porque a
loucura de Deus é mais sábia que a sabedoria
humana, e a fraqueza de Deus é mais forte
que a força do homem.

26 Irmãos, pensem no que vocês eram quan-
do foram chamados. Poucos eram sábios se-
gundo os padrões humanos[b]; poucos eram
poderosos; poucos eram de nobre nascimen-
to. 27 Mas Deus escolheu o que para o mundo
é loucura para envergonhar os sábios, e es-
colheu o que para o mundo é fraqueza para
envergonhar o que é forte. 28 Ele escolheu o
que para o mundo é insignificante, despre-
zado e o que nada é, para reduzir a nada o
que é, 29 a fim de que ninguém se vanglorie
diante dele. 30 É, porém, por iniciativa dele
que vocês estão em Cristo Jesus, o qual se
tornou sabedoria de Deus para nós, isto é,
justiça, santidade e redenção, 31 para que, co-
mo está escrito: "Quem se gloriar, glorie-se
no Senhor"[c].

2 Eu mesmo, irmãos, quando estive entre vo-
cês, não fui com discurso eloquente, nem
com muita sabedoria para lhes proclamar o
mistério de Deus[d]. 2 Pois decidi nada saber en-
tre vocês, a não ser Jesus Cristo, e este, cru-
cificado. 3 E foi com fraqueza, temor e com
muito tremor que estive entre vocês. 4 Minha
mensagem e minha pregação não consistiram
em palavras persuasivas de sabedoria, mas
consistiram em demonstração do poder do
Espírito, 5 para que a fé que vocês têm não se
baseasse na sabedoria humana, mas no po-
der de Deus.

A sabedoria procedente do Espírito

6 Entretanto, falamos de sabedoria entre os
que já têm maturidade, mas não da sabedo-
ria desta era ou dos poderosos desta era, que
estão sendo reduzidos a nada. 7 Ao contrário,
falamos da sabedoria de Deus, do mistério
que estava oculto, o qual Deus preordenou,
antes do princípio das eras, para a nossa gló-
ria. 8 Nenhum dos poderosos desta era o en-
tendeu, pois, se o tivessem entendido, não
teriam crucificado o Senhor da glória. 9 To-
davia, como está escrito:

"Olho nenhum viu,
ouvido nenhum ouviu,
mente nenhuma imaginou
o que Deus preparou
para aqueles que o amam"[e];

10 mas Deus o revelou a nós por meio do
Espírito.

O Espírito sonda todas as coisas, até mes-
mo as coisas mais profundas de Deus. 11 Pois,
quem conhece os pensamentos do homem,
a não ser o espírito do homem que nele es-
tá? Da mesma forma, ninguém conhece os
pensamentos de Deus, a não ser o Espírito
de Deus. 12 Nós, porém, não recebemos o es-
pírito do mundo, mas o Espírito procedente
de Deus, para que entendamos as coisas que
Deus nos tem dado gratuitamente. 13 Delas
também falamos, não com palavras ensina-
das pela sabedoria humana, mas com pala-
vras ensinadas pelo Espírito, interpretando
verdades espirituais para os que são espiri-
tuais[f]. 14 Quem não tem o Espírito não aceita
as coisas que vêm do Espírito de Deus, pois
lhe são loucura; e não é capaz de entendê-las,
porque elas são discernidas espiritualmen-
te. 15 Mas quem é espiritual discerne todas as
coisas, e ele mesmo por ninguém é discer-
nido; pois

16 "quem conheceu a mente
do Senhor
para que possa instruí-lo?"[g]

Nós, porém, temos a mente de Cristo.

As divisões na igreja

3 Irmãos, não lhes pude falar como a espi-
rituais, mas como a carnais, como a crian-
ças em Cristo. 2 Dei-lhes leite, e não alimento
sólido, pois vocês não estavam em condições
de recebê-lo. De fato, vocês ainda não estão

[a] 1:23 Isto é, os que não são judeus.
[b] 1:26 Grego: *a carne*.
[c] 1:31 Jr 9:24
[d] 2:1 Vários manuscritos dizem *o testemunho de Deus*.
[e] 2:9 Is 64:4
[f] 2:13 Ou *comparando realidades espirituais com realidades espirituais*
[g] 2:16 Is 40:13

em condições, 3porque ainda são carnais. Por-
que, visto que há inveja e divisão entre vocês,
não estão sendo carnais e agindo como mun-
danos? 4Pois quando alguém diz: "Eu sou de
Paulo", e outro: "Eu sou de Apolo", não estão
sendo mundanos?
5Afinal de contas, quem é Apolo? Quem
é Paulo? Apenas servos por meio dos quais
vocês vieram a crer, conforme o ministério
que o Senhor atribuiu a cada um. 6Eu plan-
tei, Apolo regou, mas Deus é quem fez cres-
cer; 7de modo que nem o que planta nem o
que rega são alguma coisa, mas unicamente
Deus, que efetua o crescimento. 8O que plan-
ta e o que rega têm um só propósito, e cada
um será recompensado de acordo com o seu
próprio trabalho. 9Pois nós somos coopera-
dores de Deus; vocês são lavoura de Deus e
edifício de Deus.
10Conforme a graça de Deus que me foi
concedida, eu, como sábio construtor, lan-
cei o alicerce, e outro está construindo sobre
ele. Contudo, veja cada um como constrói.
11Porque ninguém pode colocar outro alicerce
além do que já está posto, que é Jesus Cris-
to. 12Se alguém constrói sobre esse alicerce
usando ouro, prata, pedras preciosas, madei-
ra, feno ou palha, 13sua obra será mostrada,
porque o Dia a trará à luz; pois será revelada
pelo fogo, que provará a qualidade da obra de
cada um. 14Se o que alguém construiu perma-
necer, esse receberá recompensa. 15Se o que
alguém construiu se queimar, esse sofrerá
prejuízo; contudo, será salvo como alguém
que escapa através do fogo.
16Vocês não sabem que são santuário de
Deus e que o Espírito de Deus habita em vo-
cês? 17Se alguém destruir o santuário de Deus,
Deus o destruirá; pois o santuário de Deus,
que são vocês, é sagrado.
18Não se enganem. Se algum de vocês pen-
sa que é sábio segundo os padrões desta era,
deve tornar-se "louco" para que se torne
sábio. 19Porque a sabedoria deste mundo é
loucura aos olhos de Deus. Pois está escrito:
"Ele apanha os sábios na astúcia deles"[a]; 20e
também: "O Senhor conhece os pensamen-
tos dos sábios e sabe como são fúteis"[b]. 21Por-
tanto, ninguém se glorie em homens; porque
todas as coisas são de vocês, 22seja Paulo, se-
ja Apolo, seja Pedro, seja o mundo, a vida, a
morte, o presente ou o futuro; tudo é de vo-
cês, 23e vocês são de Cristo, e Cristo, de Deus.

Apóstolos de Cristo

4 Portanto, que todos nos considerem co-
mo servos de Cristo e encarregados dos
mistérios de Deus. 2O que se requer destes
encarregados é que sejam fiéis. 3Pouco me
importa ser julgado por vocês ou por qual-
quer tribunal humano; de fato, nem eu jul-
go a mim mesmo. 4Embora em nada minha
consciência me acuse, nem por isso justifico a
mim mesmo; o Senhor é quem me julga. 5Por-
tanto, não julguem nada antes da hora devida;
esperem até que o Senhor venha. Ele trará à
luz o que está oculto nas trevas e manifesta-
rá as intenções dos corações. Nessa ocasião,
cada um receberá de Deus a sua aprovação.

[a] 3:19 Jó 5:13
[b] 3:20 Sl 94:11

A vida nos tempos da Bíblia

Alicerces

As construções nos tempos do Novo Testamento eram feitas sobre alicerces, ou fundamentos, de pedra firme. Os construtores experientes se asseguravam de que a fundação estava sobre uma pedra sólida, porque somente construções com alicerces fortes conseguiriam resistir ao clima violento ou a terremotos.

Pessoas nos tempos da Bíblia

Apolo

Apolo era um líder no começo da Igreja em Corinto e em Éfeso. Alguns membros da igreja discutiam sobre se deviam seguir a Paulo ou a Apolo, mas Paulo disse que eles deveriam seguir a Deus.

6 Irmãos, apliquei essas coisas a mim e a Apolo por amor a vocês, para que aprendam de nós o que significa: "Não ultrapassem o que está escrito". Assim, ninguém se orgulhe a favor de um homem em detrimento de outro. 7 Pois, quem torna você diferente de qualquer outra pessoa? O que você tem que não tenha recebido? E se o recebeu, por que se orgulha, como se assim não fosse?

8 Vocês já têm tudo o que querem! Já se tornaram ricos! Chegaram a ser reis — e sem nós! Como eu gostaria que vocês realmente fossem reis, para que nós também reinássemos com vocês! 9 Porque me parece que Deus nos colocou a nós, os apóstolos, em último lugar, como condenados à morte. Viemos a ser um espetáculo para o mundo, tanto diante de anjos como de homens. 10 Nós somos loucos por causa de Cristo, mas vocês são sensatos em Cristo! Nós somos fracos, mas vocês são fortes! Vocês são respeitados, mas nós somos desprezados! 11 Até agora estamos passando fome, sede e necessidade de roupas, estamos sendo tratados brutalmente, não temos residência certa e 12 trabalhamos arduamente com nossas próprias mãos. Quando somos amaldiçoados, abençoamos; quando perseguidos, suportamos; 13 quando caluniados, respondemos amavelmente. Até agora nos tornamos a escória da terra, o lixo do mundo.

14 Não estou tentando envergonhá-los ao escrever estas coisas, mas procuro adverti-los, como a meus filhos amados. 15 Embora possam ter dez mil tutores em Cristo, vocês não têm muitos pais, pois em Cristo Jesus eu mesmo os gerei por meio do evangelho. 16 Portanto, suplico-lhes que sejam meus imitadores. 17 Por essa razão estou lhes enviando Timóteo, meu filho amado e fiel no Senhor, o qual lhes trará à lembrança a minha maneira de viver em Cristo Jesus, de acordo com o que eu ensino por toda parte, em todas as igrejas.

18 Alguns de vocês se tornaram arrogantes, como se eu não fosse mais visitá-los. 19 Mas irei muito em breve, se o Senhor permitir; então saberei não apenas o que estão falando esses arrogantes, mas que poder eles têm. 20 Pois o Reino de Deus não consiste em palavras, mas em poder. 21 Que é que vocês querem? Devo ir a vocês com vara, ou com amor e espírito de mansidão?

Imoralidade na igreja!

5 Por toda parte se ouve que há imoralidade entre vocês, imoralidade que não ocorre nem entre os pagãos, ao ponto de um de vocês possuir a mulher de seu pai. 2 E vocês estão orgulhosos! Não deviam, porém, estar cheios de tristeza e expulsar da comunhão aquele que fez isso? 3 Apesar de eu não estar presente fisicamente, estou com vocês em espírito. E já condenei aquele que fez isso, como se estivesse presente. 4 Quando vocês estiverem reunidos em nome de nosso Senhor Jesus, estando eu com vocês em espírito, estando presente também o poder de nosso Senhor Jesus Cristo, 5 entreguem esse homem a Satanás, para que o corpo[a] seja destruído, e seu espírito seja salvo no dia do Senhor.

6 O orgulho de vocês não é bom. Vocês não sabem que um pouco de fermento faz toda a massa ficar fermentada? 7 Livrem-se do fermento velho, para que sejam massa nova e sem fermento, como realmente são. Pois Cristo, nosso Cordeiro pascal, foi sacrificado. 8 Por isso, celebremos a festa, não com o fermento velho, nem com o fermento da maldade e da perversidade, mas com os pães sem fermento, os pães da sinceridade e da verdade.

9 Já lhes disse por carta que vocês não devem associar-se com pessoas imorais. 10 Com isso não me refiro aos imorais deste mundo, nem aos avarentos, aos ladrões ou aos idólatras. Se assim fosse, vocês precisariam sair deste mundo. 11 Mas agora estou lhes escrevendo que não devem associar-se com qualquer que, dizendo-se irmão, seja imoral, avarento, idólatra, caluniador, alcoólatra ou ladrão. Com tais pessoas vocês nem devem comer.

12 Pois, como haveria eu de julgar os de fora da igreja? Não devem vocês julgar os que estão dentro? 13 Deus julgará os de fora. "Expulsem esse perverso do meio de vocês."[b]

[a] 5:5 Grego: *a carne.*
[b] 5:13 Dt 17:7; 19:19; 21:21; 22:21,24; 24:7

6 Se algum de vocês tem queixa contra outro irmão, como ousa apresentar a causa para ser julgada pelos ímpios, em vez de levá-la aos santos? 2 Vocês não sabem que os santos hão de julgar o mundo? Se vocês hão de julgar o mundo, acaso não são capazes de julgar as causas de menor importância? 3 Vocês não sabem que haveremos de julgar os anjos? Quanto mais as coisas desta vida! 4 Portanto, se vocês têm questões relativas às coisas desta vida, designem para juízes os que são da igreja, mesmo que sejam os menos importantes.[a] 5 Digo isso para envergonhá-los. Acaso não há entre vocês alguém suficientemente sábio para julgar uma causa entre irmãos? 6 Mas, ao invés disso, um irmão vai ao tribunal contra outro irmão, e isso diante de descrentes!

7 O fato de haver litígios entre vocês já significa uma completa derrota. Por que não preferem sofrer a injustiça? Por que não preferem sofrer o prejuízo? 8 Em vez disso vocês mesmos causam injustiças e prejuízos, e isso contra irmãos!

9 Vocês não sabem que os perversos não herdarão o Reino de Deus? Não se deixem enganar: nem imorais, nem idólatras, nem adúlteros, nem homossexuais passivos ou ativos[b], 10 nem ladrões, nem avarentos, nem alcoólatras, nem caluniadores, nem trapaceiros herdarão o Reino de Deus. 11 Assim foram alguns de vocês. Mas vocês foram lavados, foram santificados, foram justificados no nome do Senhor Jesus Cristo e no Espírito de nosso Deus.

O perigo da imoralidade

12 "Tudo me é permitido", mas nem tudo convém. "Tudo me é permitido", mas eu não deixarei que nada me domine. 13 "Os alimentos foram feitos para o estômago e o estômago para os alimentos", mas Deus destruirá ambos. O corpo, porém, não é para a imoralidade, mas para o Senhor, e o Senhor para o corpo. 14 Por seu poder, Deus ressuscitou o Senhor e também nos ressuscitará. 15 Vocês não sabem que os seus corpos são membros de Cristo? Tomarei eu os membros de Cristo e os unirei a uma prostituta? De maneira nenhuma! 16 Vocês não sabem que aquele que se une a uma prostituta é um corpo com ela? Pois, como está escrito: "Os dois serão uma só carne"[c]. 17 Mas aquele que se une ao Senhor é um espírito com ele.

18 Fujam da imoralidade sexual. Todos os outros pecados que alguém comete, fora do corpo os comete; mas quem peca sexualmente, peca contra o seu próprio corpo. 19 Acaso não sabem que o corpo de vocês é santuário do Espírito Santo que habita em vocês, que lhes foi dado por Deus, e que vocês não são de si mesmos? 20 Vocês foram comprados por alto preço. Portanto, glorifiquem a Deus com o seu próprio corpo.

Palavras para memorizar

"Acaso não sabem que o corpo de vocês é santuário do Espírito Santo que habita em vocês, que lhes foi dado por Deus, e que vocês não são de si mesmos? Vocês foram comprados por alto preço. Portanto, glorifiquem a Deus com o seu próprio corpo."

(1Coríntios 6:19-20)

Acerca do casamento

7 Quanto aos assuntos sobre os quais vocês escreveram, é bom que o homem não toque em mulher,[d] 2 mas, por causa da imoralidade, cada um deve ter sua esposa, e cada mulher o seu próprio marido. 3 O marido deve cumprir os seus deveres conjugais para com a sua mulher, e da mesma forma a mulher para com o seu marido. 4 A mulher não tem autoridade sobre o seu próprio corpo, mas sim o marido. Da mesma forma, o marido não tem autoridade sobre o seu próprio corpo, mas sim a mulher. 5 Não se recusem um ao outro, exceto por mútuo consentimento e durante certo tempo, para se dedicarem à oração. Depois, unam-se de novo, para que Satanás não os tente por não terem domínio próprio. 6 Digo isso como concessão, e não como mandamento. 7 Gostaria que todos os homens fossem como eu; mas cada um tem

[a] 6:4 Ou *designam para juízes os que são menos importantes na igreja?*

[b] 6:9 Ou *nem efeminados*. O termo grego refere-se a homens que se submetem a todo tipo de depravação sexual com outros homens.

[c] 6:16 Gn 2:24

[d] 7:1 Ou *é bom que o homem se abstenha de ter relações sexuais com qualquer mulher,*

o seu próprio dom da parte de Deus; um de um modo, outro de outro.

8Digo, porém, aos solteiros e às viúvas: É bom que permaneçam como eu. 9Mas, se não conseguem controlar-se, devem casar-se, pois é melhor casar-se do que ficar ardendo de desejo.

10Aos casados dou este mandamento, não eu, mas o Senhor: Que a esposa não se separe do seu marido. 11Mas, se o fizer, que permaneça sem se casar ou, então, reconcilie-se com o seu marido. E o marido não se divorcie da sua mulher.

12Aos outros, eu mesmo digo isto, não o Senhor: Se um irmão tem mulher descrente, e ela se dispõe a viver com ele, não se divorcie dela. 13E, se uma mulher tem marido descrente, e ele se dispõe a viver com ela, não se divorcie dele. 14Pois o marido descrente é santificado por meio da mulher, e a mulher descrente é santificada por meio do marido. Se assim não fosse, seus filhos seriam impuros, mas agora são santos.

15Todavia, se o descrente separar-se, que se separe. Em tais casos, o irmão ou a irmã não fica debaixo de servidão; Deus nos chamou para vivermos em paz. 16Você, mulher, como sabe se salvará seu marido? Ou você, marido, como sabe se salvará sua mulher?

17Entretanto, cada um continue vivendo na condição que o Senhor lhe designou e de acordo com o chamado de Deus. Esta é a minha ordem para todas as igrejas. 18Foi alguém chamado sendo já circunciso? Não desfaça a sua circuncisão. Foi alguém chamado sendo incircunciso? Não se circuncide. 19A circuncisão não significa nada, e a incircuncisão também nada é; o que importa é obedecer aos mandamentos de Deus. 20Cada um deve permanecer na condição em que foi chamado por Deus. 21Foi você chamado sendo escravo? Não se incomode com isso. Mas, se você puder conseguir a liberdade, consiga-a. 22Pois aquele que, sendo escravo, foi chamado pelo Senhor, é liberto e pertence ao Senhor; semelhantemente, aquele que era livre quando foi chamado, é escravo de Cristo. 23Vocês foram comprados por alto preço; não se tornem escravos de homens. 24Irmãos, cada um deve permanecer diante de Deus na condição em que foi chamado.

25Quanto às pessoas virgens, não tenho mandamento do Senhor, mas dou meu parecer como alguém que, pela misericórdia de Deus, é digno de confiança. 26Por causa dos problemas atuais, penso que é melhor o homem permanecer como está. 27Você está casado? Não procure separar-se. Está solteiro? Não procure esposa. 28Mas, se vier a casar-se, não comete pecado; e, se uma virgem se casar, também não comete pecado. Mas aqueles que se casarem enfrentarão muitas dificuldades na vida[a], e eu gostaria de poupá-los disso.

29O que quero dizer é que o tempo é curto. De agora em diante, aqueles que têm esposa, vivam como se não tivessem; 30aqueles que choram, como se não chorassem; os que estão felizes, como se não estivessem; os que compram algo, como se nada possuíssem; 31os que usam as coisas do mundo, como se não as usassem; porque a forma presente deste mundo está passando.

32Gostaria de vê-los livres de preocupações. O homem que não é casado preocupa-se com as coisas do Senhor, em como agradar ao Senhor. 33Mas o homem casado preocupa-se com as coisas deste mundo, em como agradar sua mulher, 34e está dividido. Tanto a mulher não casada como a virgem preocupam-se com as coisas do Senhor, para serem santas no corpo e no espírito. Mas a casada preocupa-se com as coisas deste mundo, em como agradar seu marido. 35Estou dizendo isso para o próprio bem de vocês; não para lhes impor restrições, mas para que vocês possam viver de maneira correta, em plena consagração ao Senhor.

36Se alguém acha que está agindo de forma indevida diante da virgem de quem está noivo, que ela está passando da idade, achando que deve se casar, faça como achar melhor. Com isso não peca. Casem-se. 37Contudo, o homem que decidiu firmemente em seu coração que não se sente obrigado, mas tem controle sobre sua própria vontade e decidiu não se casar com a virgem — este também faz bem. 38Assim, aquele que se casa com a virgem faz bem, mas aquele que não se casa faz melhor.[b]

39A mulher está ligada a seu marido enquanto ele viver. Mas, se o seu marido morrer, ela estará livre para se casar com quem

[a] 7:28 Grego: *carne*.
[b] 7:36-38 Ou 36*Se alguém acha que não está tratando sua filha como é devido e que ela está numa idade madura, pelo que ele se sente obrigado a casá-la, faça como achar melhor. Com isso não peca. Deve permitir que se case.* 37*Contudo, o que se mantém firme no seu propósito e não é dominado por seus impulsos, mas domina sua própria vontade, e resolveu manter solteira sua filha, este também faz bem.* 38*De modo que aquele que dá sua filha em casamento faz bem, mas o que não a dá em casamento faz melhor.*

quiser, contanto que ele pertença ao Senhor. 40 Em meu parecer, ela será mais feliz se permanecer como está; e penso que também tenho o Espírito de Deus.

A comida sacrificada aos ídolos

8 Com respeito aos alimentos sacrificados aos ídolos, sabemos que todos temos conhecimento.[a] O conhecimento traz orgulho, mas o amor edifica. 2 Quem pensa conhecer alguma coisa, ainda não conhece como deveria. 3 Mas quem ama a Deus, este é conhecido por Deus.

4 Portanto, em relação ao alimento sacrificado aos ídolos, sabemos que o ídolo não significa nada no mundo e que só existe um Deus. 5 Pois, mesmo que haja os chamados deuses, quer no céu, quer na terra (como de fato há muitos "deuses" e muitos "senhores"), 6 para nós, porém, há um único Deus, o Pai, de quem vêm todas as coisas e para quem vivemos; e um só Senhor, Jesus Cristo, por meio de quem vieram todas as coisas e por meio de quem vivemos.

7 Contudo, nem todos têm esse conhecimento. Alguns, ainda habituados com os ídolos, comem esse alimento como se fosse um sacrifício idólatra; e como a consciência deles é fraca, fica contaminada. 8 A comida, porém, não nos torna aceitáveis diante de Deus; não seremos piores se não comermos, nem melhores se comermos.

[a] 8:1 Ou *ídolos, "todos temos conhecimento", conforme vocês dizem.*

9 Contudo, tenham cuidado para que o exercício da liberdade de vocês não se torne uma pedra de tropeço para os fracos. 10 Pois, se alguém que tem a consciência fraca vir você que tem este conhecimento comer num templo de ídolos, não será induzido a comer do que foi sacrificado a ídolos? 11 Assim, esse irmão fraco, por quem Cristo morreu, é destruído por causa do conhecimento que você tem. 12 Quando você peca contra seus irmãos dessa maneira, ferindo a consciência fraca deles, peca contra Cristo. 13 Portanto, se aquilo que eu como leva o meu irmão a pecar, nunca mais comerei carne, para não fazer meu irmão tropeçar.

Os direitos de um apóstolo

9 Não sou livre? Não sou apóstolo? Não vi Jesus, nosso Senhor? Não são vocês resultado do meu trabalho no Senhor? 2 Ainda que eu não seja apóstolo para outros, certamente o sou para vocês! Pois vocês são o selo do meu apostolado no Senhor.

3 Esta é minha defesa diante daqueles que me julgam. 4 Não temos nós o direito de comer e beber? 5 Não temos nós o direito de levar conosco uma esposa crente como fazem os outros apóstolos, os irmãos do Senhor e Pedro? 6 Ou será que só eu e Barnabé não temos direito de receber sustento sem trabalhar?

7 Quem serve como soldado à própria custa? Quem planta uma vinha e não come do seu fruto? Quem apascenta um rebanho e

A vida nos tempos da Bíblia

Mercado de carne

A carne de animais oferecidos a deuses pagãos era vendida em mercados públicos, e a maioria das pessoas nas cidades, nos tempos do Novo Testamento, comprava essas carnes. Alguns cristãos sentiam que não deviam comer essa carne, enquanto outros achavam que não havia problema.

não bebe do seu leite? 8Não digo isso do pon-
to de vista meramente humano; a Lei não
diz a mesma coisa? 9Pois está escrito na Lei
de Moisés: "Não amordace o boi enquanto
ele estiver debulhando o cereal"[a]. Por aca-
so é com bois que Deus está preocupado?
10Não é certamente por nossa causa que ele
o diz? Sim, isso foi escrito em nosso favor.
Porque "o lavrador quando ara e o debulha-
dor quando debulha, devem fazê-lo na es-
perança de participar da colheita". 11Se entre
vocês semeamos coisas espirituais, seria de-
mais colhermos de vocês coisas materiais?
12Se outros têm direito de ser sustentados por
vocês, não o temos nós ainda mais?

Mas nós nunca usamos desse direito. Ao
contrário, suportamos tudo para não colocar
obstáculo algum ao evangelho de Cristo. 13Vo-
cês não sabem que aqueles que trabalham no
templo alimentam-se das coisas do templo, e
que os que servem diante do altar participam
do que é oferecido no altar? 14Da mesma for-
ma, o Senhor ordenou àqueles que pregam o
evangelho, que vivam do evangelho.

15Mas eu não tenho usado de nenhum
desses direitos. Não estou escrevendo na es-
perança de que vocês façam isso por mim.
Prefiro morrer a permitir que alguém me
prive deste meu orgulho. 16Contudo, quan-
do prego o evangelho, não posso me orgu-
lhar, pois me é imposta a necessidade de
pregar. Ai de mim se não pregar o evangelho!
17Porque, se prego de livre vontade, tenho
recompensa; contudo, como prego por obri-
gação, estou simplesmente cumprindo uma
incumbência a mim confiada. 18Qual é, pois,
a minha recompensa? Apenas esta: que, pre-
gando o evangelho, eu o apresente gratuita-
mente, não usando, assim, dos meus direitos
ao pregá-lo.

19Porque, embora seja livre de todos, fiz-me
escravo de todos, para ganhar o maior núme-
ro possível de pessoas. 20Tornei-me judeu pa-
ra os judeus, a fim de ganhar os judeus. Para
os que estão debaixo da Lei, tornei-me como
se estivesse sujeito à Lei (embora eu mesmo
não esteja debaixo da Lei), a fim de ganhar
os que estão debaixo da Lei. 21Para os que es-
tão sem lei, tornei-me como sem lei (embora
não esteja livre da lei de Deus, e sim sob a lei
de Cristo), a fim de ganhar os que não têm a
Lei. 22Para com os fracos tornei-me fraco, para
ganhar os fracos. Tornei-me tudo para com
todos, para de alguma forma salvar alguns.
23Faço tudo isso por causa do evangelho, para
ser co-participante dele.

24Vocês não sabem que de todos os que
correm no estádio, apenas um ganha o prê-
mio? Corram de tal modo que alcancem o
prêmio. 25Todos os que competem nos jogos
se submetem a um treinamento rigoroso, pa-
ra obter uma coroa que logo perece; mas nós
o fazemos para ganhar uma coroa que dura
para sempre. 26Sendo assim, não corro como
quem corre sem alvo, e não luto como quem

[a] 9:9 Dt 25:4

Um teste de condição espiritual

Experimente!

Faça este teste de condição física: 1) faça cinco flexões; 2) faça dez abdominais; 3) toque dez vezes em seus pés; 4) faça três flexões na barra; 5) corra em volta (ou dentro) de sua casa três vezes sem parar. Faça isso todos os dias e você vai provavelmente ficar com uma boa condição física.

Aqui vai um plano de condicionamento espiritual: 1) leia sua Bíblia e pense sobre o que Deus diz; 2) invista tempo em oração todos os dias; 3) ore por aqueles que precisam de ajuda especial; 4) faça, pelo menos, uma gentileza por alguém todos os dias; 5) tente agradar a Deus em tudo o que você fizer.

1Coríntios 9:24-27

Em 1Coríntios 9:24-27, Paulo escreve sobre os atletas que treinam duro. Eles não querem apenas ficar em boa forma; eles querem vencer! Use os cinco passos de condicionamento espiritual para treinar-se espiritualmente.

esmurra o ar. 27Mas esmurro o meu corpo e faço dele meu escravo, para que, depois de ter pregado aos outros, eu mesmo não venha a ser reprovado.

Exemplos da história de Israel

10 Porque não quero, irmãos, que vocês ignorem o fato de que todos os nossos antepassados estiveram sob a nuvem e todos passaram pelo mar. 2Em Moisés, todos eles foram batizados na nuvem e no mar. 3Todos comeram do mesmo alimento espiritual 4e beberam da mesma bebida espiritual; pois bebiam da rocha espiritual que os acompanhava, e essa rocha era Cristo. 5Contudo, Deus não se agradou da maioria deles; por isso os seus corpos ficaram espalhados no deserto.

6Essas coisas ocorreram como exemplos[a] para nós, para que não cobicemos coisas más, como eles fizeram. 7Não sejam idólatras, como alguns deles foram, conforme está escrito: "O povo se assentou para comer e beber, e levantou-se para se entregar à farra"[b]. 8Não pratiquemos imoralidade, como alguns deles fizeram — e num só dia morreram vinte e três mil. 9Não devemos pôr o Senhor à prova, como alguns deles fizeram — e foram mortos por serpentes. 10E não se queixem, como alguns deles se queixaram — e foram mortos pelo anjo destruidor.

11Essas coisas aconteceram a eles como exemplos e foram escritas como advertência para nós, sobre quem tem chegado o fim dos tempos. 12Assim, aquele que julga estar firme, cuide-se para que não caia! 13Não sobreveio a vocês tentação que não fosse comum aos homens. E Deus é fiel; ele não permitirá que vocês sejam tentados além do que podem suportar. Mas, quando forem tentados, ele mesmo lhes providenciará um escape, para que o possam suportar.

As festas idólatras e a ceia do Senhor

14Por isso, meus amados irmãos, fujam da idolatria. 15Estou falando a pessoas sensatas; julguem vocês mesmos o que estou dizendo. 16Não é verdade que o cálice da bênção que abençoamos é uma participação no sangue de Cristo, e que o pão que partimos é uma participação no corpo de Cristo? 17Como há somente um pão, nós, que somos muitos, somos um só corpo, pois todos participamos de um único pão.

18Considerem o povo de Israel: os que comem dos sacrifícios não participam do altar?

Palavras para memorizar

"Ninguém deve buscar o seu próprio bem, mas sim o dos outros."

(1Coríntios 10:24)

19Portanto, que estou querendo dizer? Será que o sacrifício oferecido a um ídolo é alguma coisa? Ou o ídolo é alguma coisa? 20Não! Quero dizer que o que os pagãos sacrificam é oferecido aos demônios e não a Deus, e não quero que vocês tenham comunhão com os demônios. 21Vocês não podem beber do cálice do Senhor e do cálice dos demônios; não podem participar da mesa do Senhor e da mesa dos demônios. 22Porventura provocaremos o ciúme do Senhor? Somos mais fortes do que ele?

A liberdade do cristão

23"Tudo é permitido", mas nem tudo convém. "Tudo é permitido", mas nem tudo edifica. 24Ninguém deve buscar o seu próprio bem, mas sim o dos outros.

25Comam de tudo o que se vende no mercado, sem fazer perguntas por causa da consciência, 26pois "do Senhor é a terra e tudo o que nela existe"[c].

27Se algum descrente o convidar para uma refeição e você quiser ir, coma de tudo o que lhe for apresentado, sem nada perguntar por causa da consciência. 28Mas se alguém lhe disser: "Isto foi oferecido em sacrifício", não coma, tanto por causa da pessoa que o comentou, como da consciência[d], 29isto é, da consciência do outro e não da sua própria. Pois, por que minha liberdade deve ser julgada pela consciência dos outros? 30Se participo da refeição com ação de graças, por que sou condenado por algo pelo qual dou graças a Deus? 31Assim, quer vocês comam, bebam ou façam qualquer outra coisa, façam tudo para a glória de Deus. 32Não se tornem motivo de tropeço, nem para judeus, nem para gregos, nem para a igreja de Deus. 33Também eu procuro agradar a todos, de todas as formas.

[a] 10:6 Ou *como tipos*; também no versículo 11.
[b] 10:7 Êx 32:6
[c] 10:26 Sl 24:1
[d] 10:28 Alguns manuscritos dizem *por motivos de consciência, porque "do Senhor é a terra e tudo o que nela existe"*.

Porque não estou procurando o meu próprio bem, mas o bem de muitos, para que sejam salvos.

11 Tornem-se meus imitadores, como eu o sou de Cristo.

Instruções sobre a adoração

2Eu os elogio por se lembrarem de mim em tudo e por se apegarem às tradições exatamente como eu as transmiti a vocês.

3Quero, porém, que entendam que o cabeça de todo homem é Cristo, e o cabeça da mulher é o homem, e o cabeça de Cristo é Deus. 4Todo homem que ora ou profetiza com a cabeça coberta desonra a sua cabeça; 5e toda mulher que ora ou profetiza com a cabeça descoberta desonra a sua cabeça; pois é como se a tivesse rapada. 6Se a mulher não cobre a cabeça, deve também cortar o cabelo; se, porém, é vergonhoso para a mulher ter o cabelo cortado ou rapado, ela deve cobrir a cabeça. 7O homem não deve cobrir a cabeça, visto que ele é imagem e glória de Deus; mas a mulher é glória do homem. 8Pois o homem não se originou da mulher, mas a mulher do homem; 9além disso, o homem não foi criado por causa da mulher, mas a mulher por causa do homem. 10Por essa razão e por causa dos anjos, a mulher deve ter sobre a cabeça um sinal de autoridade.

11No Senhor, todavia, a mulher não é independente do homem, nem o homem independente da mulher. 12Pois, assim como a mulher proveio do homem, também o homem nasce da mulher. Mas tudo provém de Deus. 13Julguem entre vocês mesmos: é apropriado a uma mulher orar a Deus com a cabeça descoberta? 14A própria natureza das coisas não lhes ensina que é uma desonra para o homem ter cabelo comprido, 15e que o cabelo comprido é uma glória para a mulher? Pois o cabelo comprido foi lhe dado como manto. 16Mas se alguém quiser fazer polêmica a esse respeito, nós não temos esse costume, nem as igrejas de Deus.

A ceia do Senhor

17Entretanto, nisto que lhes vou dizer não os elogio, pois as reuniões de vocês mais fazem mal do que bem. 18Em primeiro lugar, ouço que, quando vocês se reúnem como igreja, há divisões entre vocês, e até certo ponto eu o creio. 19Pois é necessário que haja divergências entre vocês, para que sejam conhecidos quais dentre vocês são aprovados. 20Quando vocês se reúnem, não é para comer a ceia do Senhor, 21porque cada um come sua própria ceia sem esperar pelos outros. Assim, enquanto um fica com fome, outro se embriaga. 22Será que vocês não têm casa onde comer e beber? Ou desprezam a igreja de Deus e humilham os que nada têm? Que lhes direi? Eu os elogiarei por isso? Certamente que não!

23Pois recebi do Senhor o que também lhes entreguei: Que o Senhor Jesus, na noite em que foi traído, tomou o pão 24e, tendo dado graças, partiu-o e disse: "Isto é o meu corpo, que é dado em favor de vocês; façam isto em

A vida nos tempos da Bíblia

Véu das mulheres

Todas as mulheres hebreias respeitáveis usavam véus sobre a cabeça quando iam a lugares públicos. Paulo diz aqui que as mulheres deveriam usar véus assim quando fossem prestar culto, pois essa era uma maneira de mostrar reverência a Deus. Os homens cultuavam com a cabeça descoberta, mas as mulheres, com a cabeça coberta. Algumas igrejas ainda seguem essa regra até hoje.

memória de mim". 25Da mesma forma, depois da ceia ele tomou o cálice e disse: "Este cálice é a nova aliança no meu sangue; façam isso sempre que o beberem em memória de mim". 26Porque, sempre que comerem deste pão e beberem deste cálice, vocês anunciam a morte do Senhor até que ele venha.

27Portanto, todo aquele que comer o pão ou beber o cálice do Senhor indignamente será culpado de pecar contra o corpo e o sangue do Senhor. 28Examine-se cada um a si mesmo, e então coma do pão e beba do cálice. 29Pois quem come e bebe sem discernir o corpo do Senhor, come e bebe para sua própria condenação. 30Por isso há entre vocês muitos fracos e doentes, e vários já dormiram. 31Mas, se nós tivéssemos o cuidado de examinar a nós mesmos, não receberíamos juízo. 32Quando, porém, somos julgados pelo Senhor, estamos sendo disciplinados para que não sejamos condenados com o mundo.

33Portanto, meus irmãos, quando vocês se reunirem para comer, esperem uns pelos outros. 34Se alguém estiver com fome, coma em casa, para que, quando vocês se reunirem, isso não resulte em condenação.

Quanto ao mais, quando eu for lhes darei instruções.

Os dons espirituais

12 Irmãos, quanto aos dons espirituais[a], não quero que vocês sejam ignorantes. 2Vocês sabem que, quando eram pagãos, de uma forma ou de outra eram fortemente atraídos e levados para os ídolos mudos. 3Por isso, eu lhes afirmo que ninguém que fala pelo Espírito de Deus diz: "Jesus seja amaldiçoado"; e ninguém pode dizer: "Jesus é Senhor", a não ser pelo Espírito Santo.

4Há diferentes tipos de dons, mas o Espírito é o mesmo. 5Há diferentes tipos de ministérios, mas o Senhor é o mesmo. 6Há diferentes formas de atuação, mas é o mesmo Deus quem efetua tudo em todos.

7A cada um, porém, é dada a manifestação do Espírito, visando ao bem comum. 8Pelo Espírito, a um é dada a palavra de sabedoria; a outro, pelo mesmo Espírito, a palavra de conhecimento; 9a outro, fé, pelo mesmo Espírito; a outro, dons de curar, pelo único Espírito; 10a outro, poder para operar milagres; a outro, profecia; a outro, discernimento de espíritos; a outro, variedade de línguas; e ainda a outro, interpretação de línguas. 11Todas essas coisas, porém, são realizadas pelo mesmo e

Você sabia?

O que são dons espirituais?

12:1 Dons espirituais são habilidades especiais que o Espírito Santo dá aos cristãos. Esses dons são usados para ajudar os outros a se tornarem cristãos mais fortes. Os dons espirituais são dados a nós para encorajarmos os outros, para os ensinarmos e para darmos louvor e glória a Deus. Há muitos tipos diferentes de dons espirituais.

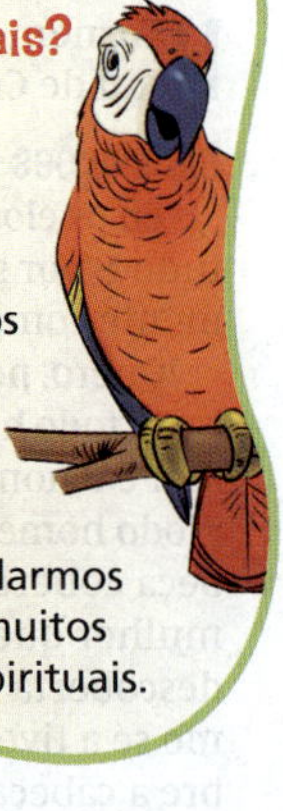

único Espírito, e ele as distribui individualmente, a cada um, como quer.

Diversidade na unidade

12Ora, assim como o corpo é uma unidade, embora tenha muitos membros, e todos os membros, mesmo sendo muitos, formam um só corpo, assim também com respeito a Cristo. 13Pois em um só corpo todos nós fomos batizados em[b] um único Espírito: quer judeus, quer gregos, quer escravos, quer livres. E a todos nós foi dado beber de um único Espírito.

14O corpo não é feito de um só membro, mas de muitos. 15Se o pé disser: "Porque não sou mão, não pertenço ao corpo", nem por isso deixa de fazer parte do corpo. 16E se o ouvido disser: "Porque não sou olho, não pertenço ao corpo", nem por isso deixa de fazer parte do corpo. 17Se todo o corpo fosse olho, onde estaria a audição? Se todo o corpo fosse ouvido, onde estaria o olfato? 18De fato, Deus dispôs cada um dos membros no corpo, segundo a sua vontade. 19Se todos fossem um só membro, onde estaria o corpo? 20Assim, há muitos membros, mas um só corpo.

21O olho não pode dizer à mão: "Não preciso de você!" Nem a cabeça pode dizer aos pés: "Não preciso de vocês!" 22Ao contrário, os membros do corpo que parecem mais fracos são indispensáveis, 23e os membros que pensamos serem menos honrosos, tratamos com especial honra. E os membros que em nós são indecorosos são tratados com decoro especial, 24enquanto os que em nós são decorosos não precisam ser tratados de maneira

[a] 12:1 Ou *às pessoas espirituais*

[b] 12:13 Ou *com*; ou ainda *por*

especial. Mas Deus estruturou o corpo dando
maior honra aos membros que dela tinham
falta, 25a fim de que não haja divisão no cor-
po, mas, sim, que todos os membros tenham
igual cuidado uns pelos outros. 26Quando
um membro sofre, todos os outros sofrem
com ele; quando um membro é honrado, to-
dos os outros se alegram com ele.
27Ora, vocês são o corpo de Cristo, e ca-
da um de vocês, individualmente, é mem-
bro desse corpo. 28Assim, na igreja, Deus
estabeleceu primeiramente apóstolos; em
segundo lugar, profetas; em terceiro lugar,
mestres; depois os que realizam milagres, os
que têm dons de curar, os que têm dom de
prestar ajuda, os que têm dons de adminis-
tração e os que falam diversas línguas. 29São
todos apóstolos? São todos profetas? São to-
dos mestres? Têm todos o dom de realizar
milagres? 30Têm todos dons de curar? Falam
todos em línguas? Todos interpretam? 31En-
tretanto, busquem[a] com dedicação os me-
lhores dons.

O amor

Passo agora a mostrar-lhes um caminho
ainda mais excelente.
13 Ainda que eu fale as línguas dos homens
e dos anjos, se não tiver amor, serei como
o sino que ressoa ou como o prato que retine.
2Ainda que eu tenha o dom de profecia e sai-
ba todos os mistérios e todo o conhecimento,
e tenha uma fé capaz de mover montanhas,
se não tiver amor, nada serei. 3Ainda que eu
dê aos pobres tudo o que possuo e entregue
o meu corpo para ser queimado[b], se não ti-
ver amor, nada disso me valerá.

[a] 12:31 Ou *Entretanto, vocês estão buscando*
[b] 13:3 Alguns manuscritos dizem *corpo para que eu tenha de que me gloriar.*

Palavras para memorizar

"Assim, permanecem agora estes três: a fé, a esperança e o amor. O maior deles, porém, é o amor."

(1Coríntios 13:13)

4O amor é paciente, o amor é bondoso. Não
inveja, não se vangloria, não se orgulha. 5Não
maltrata, não procura seus interesses, não se
ira facilmente, não guarda rancor. 6O amor
não se alegra com a injustiça, mas se alegra
com a verdade. 7Tudo sofre, tudo crê, tudo
espera, tudo suporta.
8O amor nunca perece; mas as profecias
desaparecerão, as línguas cessarão, o conhe-
cimento passará. 9Pois em parte conhecemos
e em parte profetizamos; 10quando, porém,
vier o que é perfeito, o que é imperfeito de-
saparecerá. 11Quando eu era menino, fala-
va como menino, pensava como menino e
raciocinava como menino. Quando me tornei
homem, deixei para trás as coisas de menino.
12Agora, pois, vemos apenas um reflexo obs-
curo, como em espelho; mas, então, veremos
face a face. Agora conheço em parte; então,
conhecerei plenamente, da mesma forma co-
mo sou plenamente conhecido.
13Assim, permanecem agora estes três: a
fé, a esperança e o amor. O maior deles, po-
rém, é o amor.

Experimente!

Amor é

Amor é a principal coisa que Deus espera de nós cristãos, por isso ele diz que devemos amá-lo e amar os outros. Leia 1Coríntios 13:4-7 e veja que essa passagem explica um pouco sobre como uma pessoa amorosa trata os outros.

Escreva em cartões diferentes cada coisa que esses versículos dizem sobre o que é o amor cristão e, durante a refeição, quando toda a sua família estiver reunida, peça que cada pessoa pegue um desses cartões. Depois, peça que cada qual conte sobre uma ocasião em que alguém da família demonstrou o tipo de amor do cartão.

1Coríntios 13:4-7

Os dons de profecia e de línguas

14 Sigam o caminho do amor e busquem
com dedicação os dons espirituais, prin-
cipalmente o dom de profecia. 2Pois quem
fala em uma língua[a] não fala aos homens,
mas a Deus. De fato, ninguém o entende; em
espírito fala mistérios. 3Mas quem profetiza
o faz para edificação, encorajamento e con-
solação dos homens. 4Quem fala em língua a
si mesmo se edifica, mas quem profetiza edi-
fica a igreja. 5Gostaria que todos vocês falas-
sem em línguas, mas prefiro que profetizem.
Quem profetiza é maior do que aquele que
fala em línguas, a não ser que as interprete,
para que a igreja seja edificada.

6Agora, irmãos, se eu for visitá-los e falar
em línguas, em que lhes serei útil, a não ser
que lhes leve alguma revelação, ou conheci-
mento, ou profecia, ou doutrina? 7Até no ca-
so de coisas inanimadas que produzem sons,
tais como a flauta ou a cítara, como alguém
reconhecerá o que está sendo tocado, se os
sons não forem distintos? 8Além disso, se a
trombeta não emitir um som claro, quem se
preparará para a batalha? 9Assim acontece
com vocês. Se não proferirem palavras com-
preensíveis com a língua, como alguém sa-
berá o que está sendo dito? Vocês estarão
simplesmente falando ao ar. 10Sem dúvida,
há diversos idiomas no mundo; todavia, ne-
nhum deles é sem sentido. 11Portanto, se eu
não entender o significado do que alguém es-
tá falando, serei estrangeiro para quem fala,
e ele, estrangeiro para mim. 12Assim acontece
com vocês. Visto que estão ansiosos por te-
rem dons espirituais[b], procurem crescer na-
queles que trazem a edificação para a igreja.

13Por isso, quem fala em uma língua, ore
para que a possa interpretar. 14Pois, se oro em
uma língua, meu espírito ora, mas a minha
mente fica infrutífera. 15Então, que farei? Ora-
rei com o espírito, mas também orarei com o
entendimento; cantarei com o espírito, mas
também cantarei com o entendimento. 16Se
você estiver louvando a Deus em espírito, co-
mo poderá aquele que está entre os não ins-
truídos dizer o "Amém" à sua ação de graças,
visto que não sabe o que você está dizendo?
17Pode ser que você esteja dando graças muito
bem, mas o outro não é edificado.

18Dou graças a Deus por falar em línguas
mais do que todos vocês. 19Todavia, na igre-
ja prefiro falar cinco palavras compreensíveis
para instruir os outros a falar dez mil pala-
vras em uma língua.

20Irmãos, deixem de pensar como crianças.
Com respeito ao mal, sejam crianças; mas,
quanto ao modo de pensar, sejam adultos.
21Pois está escrito na Lei:

"Por meio de homens
de outras línguas
e por meio de lábios
de estrangeiros
falarei a este povo,
mas, mesmo assim,
eles não me ouvirão"[c],
diz o Senhor.

22Portanto, as línguas são um sinal para os
descrentes, e não para os que creem; a pro-
fecia, porém, é para os que creem, não para
os descrentes. 23Assim, se toda a igreja se re-
unir e todos falarem em línguas, e entrarem
alguns não instruídos ou descrentes, não di-
rão que vocês estão loucos? 24Mas se entrar
algum descrente ou não instruído quando
todos estiverem profetizando, ele por todos
será convencido de que é pecador e por to-
dos será julgado, 25e os segredos do seu cora-
ção serão expostos. Assim, ele se prostrará,
rosto em terra, e adorará a Deus, exclaman-
do: "Deus realmente está entre vocês!"

Ordem no culto

26Portanto, que diremos, irmãos? Quando
vocês se reúnem, cada um de vocês tem um
salmo, ou uma palavra de instrução, uma re-
velação, uma palavra em uma língua ou uma

[a] 14:2 Ou *outro idioma*; também em todo o capítulo 14.
[b] 14:12 Grego: *serem zelosos dos espíritos*.
[c] 14:21 Is 28:11-12

Você sabia?

O que é falar em línguas?

14:23 É o dom espiritual de falar uma língua desconhecida e também um modo de nosso espírito louvar a Deus. Paulo tinha esse dom e disse que deveria ser usado na igreja somente se fosse dada uma interpretação da mensagem falada naquela língua. É melhor usar a língua normal na igreja, para que todo mundo possa entender o que está sendo dito.

interpretação. Tudo seja feito para a edifica-
ção da igreja. 27 Se, porém, alguém falar em
língua, devem falar dois, no máximo três, e
alguém deve interpretar. 28 Se não houver in-
térprete, fique calado na igreja, falando con-
sigo mesmo e com Deus.
29 Tratando-se de profetas, falem dois ou
três, e os outros julguem cuidadosamente
o que foi dito. 30 Se vier uma revelação a al-
guém que está sentado, cale-se o primeiro.
31 Pois vocês todos podem profetizar, cada um
por sua vez, de forma que todos sejam ins-
truídos e encorajados. 32 O espírito dos profe-
tas está sujeito aos profetas. 33 Pois Deus não
é Deus de desordem, mas de paz.
Como em todas as congregações dos san-
tos, 34 permaneçam as mulheres em silêncio
nas igrejas, pois não lhes é permitido falar;
antes permaneçam em submissão, como diz
a Lei. 35 Se quiserem aprender alguma coisa,
que perguntem a seus maridos em casa; pois
é vergonhoso uma mulher falar na igreja.
36 Acaso a palavra de Deus originou-se en-
tre vocês? São vocês o único povo que ela al-
cançou? 37 Se alguém pensa que é profeta ou
espiritual, reconheça que o que lhes estou
escrevendo é mandamento do Senhor. 38 Se
ignorar isso, ele mesmo será ignorado.[a]
39 Portanto, meus irmãos, busquem com
dedicação o profetizar e não proíbam o falar
em línguas. 40 Mas tudo deve ser feito com
decência e ordem.

A ressurreição de Cristo

15 Irmãos, quero lembrar-lhes o evangelho
que lhes preguei, o qual vocês receberam
e no qual estão firmes. 2 Por meio deste evan-
gelho vocês são salvos, desde que se apeguem
firmemente à palavra que lhes preguei; caso
contrário, vocês têm crido em vão.
3 Pois o que primeiramente[b] lhes transmi-
ti foi o que recebi: que Cristo morreu pelos
nossos pecados, segundo as Escrituras, 4 foi
sepultado e ressuscitou no terceiro dia, se-
gundo as Escrituras, 5 e apareceu a Pedro e
depois aos Doze. 6 Depois disso apareceu a
mais de quinhentos irmãos de uma só vez, a
maioria dos quais ainda vive, embora alguns
já tenham adormecido. 7 Depois apareceu a
Tiago e, então, a todos os apóstolos; 8 depois
destes apareceu também a mim, como a um
que nasceu fora de tempo.
9 Pois sou o menor dos apóstolos e nem se-
quer mereço ser chamado apóstolo, porque
persegui a igreja de Deus. 10 Mas, pela graça
de Deus, sou o que sou, e sua graça para co-
migo não foi inútil; antes, trabalhei mais do
que todos eles; contudo, não eu, mas a graça
de Deus comigo. 11 Portanto, quer tenha sido
eu, quer tenham sido eles, é isto que prega-
mos, e é isto que vocês creram.

A ressurreição dentre os mortos

12 Ora, se está sendo pregado que Cristo res-
suscitou dentre os mortos, como alguns de
vocês estão dizendo que não existe ressurrei-
ção dos mortos? 13 Se não há ressurreição dos
mortos, nem Cristo ressuscitou; 14 e, se Cris-
to não ressuscitou, é inútil a nossa pregação,
como também é inútil a fé que vocês têm.
15 Mais que isso, seremos considerados falsas
testemunhas de Deus, pois contra ele tes-
temunhamos que ressuscitou a Cristo den-
tre os mortos. Mas se de fato os mortos não
ressuscitam, ele também não ressuscitou a
Cristo. 16 Pois, se os mortos não ressuscitam,
nem mesmo Cristo ressuscitou. 17 E, se Cristo
não ressuscitou, inútil é a fé que vocês têm,
e ainda estão em seus pecados. 18 Neste caso,
também os que dormiram em Cristo estão
perdidos. 19 Se é somente para esta vida que
temos esperança em Cristo, somos, de todos
os homens, os mais dignos de compaixão.
20 Mas de fato Cristo ressuscitou dentre os
mortos, sendo ele as primícias[c] dentre aque-
les que dormiram. 21 Visto que a morte veio
por meio de um só homem, também a res-
surreição dos mortos veio por meio de um
só homem. 22 Pois da mesma forma como em
Adão todos morrem, em Cristo todos serão
vivificados. 23 Mas cada um por sua vez: Cristo,
o primeiro; depois, quando ele vier, os que
lhe pertencem. 24 Então virá o fim, quando ele
entregar o Reino a Deus, o Pai, depois de ter
destruído todo domínio, autoridade e poder.
25 Pois é necessário que ele reine até que to-
dos os seus inimigos sejam postos debaixo de
seus pés. 26 O último inimigo a ser destruído é
a morte. 27 Porque ele "tudo sujeitou debaixo
de seus pés"[d]. Ora, quando se diz que "tudo"
lhe foi sujeito, fica claro que isso não inclui
o próprio Deus, que tudo submeteu a Cris-
to. 28 Quando, porém, tudo lhe estiver sujei-
to, então o próprio Filho se sujeitará àquele
que todas as coisas lhe sujeitou, a fim de que
Deus seja tudo em todos.
29 Se não há ressurreição, que farão
aqueles que se batizam pelos mortos? Se

[a] 14:38 Alguns manuscritos dizem *Se ele ignora isso, deixe-o ignorar.*
[b] 15:3 Ou *em primeira mão*
[c] 15:20 Isto é, os primeiros frutos.
[d] 15:27 Sl 8:6

Palavras para memorizar

"As más companhias corrompem os bons costumes."
(1Coríntios 15:33)

absolutamente os mortos não ressuscitam, por que se batizam por eles? 30Também nós, por que estamos nos expondo a perigos o tempo todo? 31Todos os dias enfrento a morte, irmãos; isso digo pelo orgulho que tenho de vocês em Cristo Jesus, nosso Senhor. 32Se foi por meras razões humanas que lutei com feras em Éfeso, que ganhei com isso? Se os mortos não ressuscitam,

"comamos e bebamos,
porque amanhã morreremos"[a].

33Não se deixem enganar: "As más companhias corrompem os bons costumes". 34Como justos, recuperem o bom senso e parem de pecar; pois alguns há que não têm conhecimento de Deus; digo isso para vergonha de vocês.

O corpo da ressurreição

35Mas alguém pode perguntar: "Como ressuscitam os mortos? Com que espécie de corpo virão?" 36Insensato! O que você semeia não nasce a não ser que morra. 37Quando você semeia, não semeia o corpo que virá a ser, mas apenas uma simples semente, como de trigo ou de alguma outra coisa. 38Mas Deus lhe dá um corpo, como determinou, e a cada espécie de semente dá seu corpo apropriado. 39Nem toda carne é a mesma: os homens têm uma espécie de carne, os animais têm outra, as aves outra, e os peixes outra. 40Há corpos celestes e há também corpos terrestres; mas o esplendor dos corpos celestes é um, e o dos corpos terrestres é outro. 41Um é o esplendor do sol, outro o da lua, e outro o das estrelas; e as estrelas diferem em esplendor umas das outras.

42Assim será com a ressurreição dos mortos. O corpo que é semeado é perecível e ressuscita imperecível; 43é semeado em desonra e ressuscita em glória; é semeado em fraqueza e ressuscita em poder; 44é semeado um corpo natural e ressuscita um corpo espiritual.

[a] 15:32 Is 22:13

Se há corpo natural, há também corpo espiritual. 45Assim está escrito: "O primeiro homem, Adão, tornou-se um ser vivente"[b]; o último Adão, espírito vivificante. 46Não foi o espiritual que veio antes, mas o natural; depois dele, o espiritual. 47O primeiro homem era do pó da terra; o segundo homem, dos céus. 48Os que são da terra são semelhantes ao homem terreno; os que são dos céus, ao homem celestial. 49Assim como tivemos a imagem do homem terreno, teremos[c] também a imagem do homem celestial.

50Irmãos, eu lhes declaro que carne e sangue não podem herdar o Reino de Deus, nem o que é perecível pode herdar o imperecível. 51Eis que eu lhes digo um mistério: Nem todos dormiremos, mas todos seremos transformados, 52num momento, num abrir e fechar de olhos, ao som da última trombeta. Pois a trombeta soará, os mortos ressuscitarão incorruptíveis e nós seremos transformados. 53Pois é necessário que aquilo que é corruptível se revista de incorruptibilidade, e aquilo que é mortal se revista de imortalidade. 54Quando, porém, o que é corruptível se revestir de incorruptibilidade, e o que é mortal, de imortalidade, então se cumprirá a palavra que está escrita: "A morte foi destruída pela vitória"[d].

55"Onde está, ó morte,
a sua vitória?
Onde está, ó morte,
o seu aguilhão?"[e]

56O aguilhão da morte é o pecado, e a força do pecado é a Lei. 57Mas graças a Deus, que nos dá a vitória por meio de nosso Senhor Jesus Cristo.

58Portanto, meus amados irmãos, mantenham-se firmes, e que nada os abale. Sejam

[b] 15:45 Gn 2:7
[c] 15:49 Alguns manuscritos dizem *tenhamos.*
[d] 15:54 Is 25:8
[e] 15:55 Os 13:14

Palavras para memorizar

"Mas graças a Deus, que nos dá a vitória por meio de nosso Senhor Jesus Cristo."
(1Coríntios 15:57)

sempre dedicados à obra do Senhor, pois
vocês sabem que, no Senhor, o trabalho
de vocês não será inútil.

A coleta para o povo de Deus

16 Quanto à coleta para o povo de Deus,
façam como ordenei às igrejas da Galá-
cia. 2No primeiro dia da semana, cada um de
vocês separe uma quantia, de acordo com a
sua renda, reservando-a para que não seja
preciso fazer coletas quando eu chegar. 3En-
tão, quando eu chegar, entregarei cartas de
recomendação aos homens que vocês apro-
varem e os mandarei para Jerusalém com a
oferta de vocês. 4Se me parecer conveniente
ir também, eles me acompanharão.

Pedidos pessoais

5Depois de passar pela Macedônia irei visi-
tá-los, já que passarei por lá. 6Talvez eu per-
maneça com vocês durante algum tempo, ou
até mesmo passe o inverno com vocês, para
que me ajudem na viagem, aonde quer que
eu vá. 7Desta vez não quero apenas vê-los e
fazer uma visita de passagem; espero ficar
algum tempo com vocês, se o Senhor permi-
tir. 8Mas permanecerei em Éfeso até o Pente-
coste, 9porque se abriu para mim uma porta
ampla e promissora; e há muitos adversários.
10Se Timóteo for, tomem providências para
que ele não tenha nada que temer enquanto
estiver com vocês, pois ele trabalha na obra
do Senhor, assim como eu. 11Portanto, nin-
guém o despreze. Ajudem-no a prosseguir
viagem em paz, para que ele possa voltar a
mim. Eu o estou esperando com os irmãos.
12Quanto ao irmão Apolo, insisti que fosse
com os irmãos visitar vocês. Ele não quis de
modo nenhum ir agora, mas irá quando tiver
boa oportunidade.
13Estejam vigilantes, mantenham-se firmes
na fé, sejam homens de coragem, sejam for-
tes. 14Façam tudo com amor.
15Vocês sabem que os da casa de Estéfanas
foram o primeiro fruto da Acaia e que eles
têm se dedicado ao serviço dos santos. Re-
comendo-lhes, irmãos, 16que se submetam a
pessoas como eles e a todos os que cooperam
e trabalham conosco. 17Alegrei-me com a vin-
da de Estéfanas, Fortunato e Acaico, porque
eles supriram o que estava faltando da par-
te de vocês. 18Eles trouxeram alívio ao meu
espírito, e ao de vocês também. Valorizem
homens como estes.

Saudações finais

19As igrejas da província da Ásia enviam-
-lhes saudações. Áquila e Priscila[a] os saúdam
afetuosamente no Senhor, e também a igreja
que se reúne na casa deles. 20Todos os irmãos
daqui lhes enviam saudações. Saúdem uns
aos outros com beijo santo.
21Eu, Paulo, escrevi esta saudação de pró-
prio punho.
22Se alguém não ama o Senhor, seja amal-
diçoado. Vem, Senhor[b]!
23A graça do Senhor Jesus seja com vocês.
24Recebam o amor que tenho por todos vo-
cês em Cristo Jesus. Amém.[c]

[a] 16:19 Grego: *Prisca*, variante de *Priscila*.
[b] 16:22 Em aramaico a expressão *Vem, Senhor* é *Maranatha*.
[c] 16:24 Alguns manuscritos não trazem *Amém*.

A vida nos tempos da Bíblia

Uma igreja em casa

As casas de alguns cristãos, como Áquila e Priscila (veja 1Coríntios 16:19), eram grandes, com um tipo de jardim no meio. Os cristãos iam para casas como essas, em vez de prédios de igreja, para prestarem culto.

2Coríntios

Quem escreveu este livro?

Paulo.

Por que este livro foi escrito?

Esta carta informou os coríntios de que Paulo os amava, mesmo havendo tantos problemas na igreja deles.

Para quem este livro foi escrito?

Esta é uma carta que Paulo enviou aos cristãos em Corinto.

Quando este livro foi escrito?

Esta carta foi escrita por volta de 55 d.C., na Macedônia. (Veja o *Índice de mapas*, ao final desta Bíblia, para saber onde fica a Macedônia.)

Alguns ensinamentos importantes deste livro:

Nossas orações ajudam os líderes	2Coríntios 1:8-11
Perdoe a quem se arrepende	2Coríntios 2:5-11
Somos ministros de Deus	2Coríntios 5:11-21
Dê generosamente	2Coríntios 9:6-15
Força na fraqueza	2Coríntios 12:7-10

1 Paulo, apóstolo de Cristo Jesus pela vonta-
de de Deus, e o irmão Timóteo,
à igreja de Deus que está em Corinto, com
todos os santos de toda a Acaia:
2 A vocês, graça e paz da parte de Deus nos-
so Pai e do Senhor Jesus Cristo.

Deus é o nosso consolador

3 Bendito seja o Deus e Pai de nosso Senhor
Jesus Cristo, Pai das misericórdias e Deus de
toda consolação, 4 que nos consola em todas
as nossas tribulações, para que, com a con-
solação que recebemos de Deus[a], possamos
consolar os que estão passando por tribu-
lações. 5 Pois assim como os sofrimentos de
Cristo transbordam sobre nós, também por
meio de Cristo transborda a nossa consola-
ção. 6 Se somos atribulados, é para consola-
ção e salvação de vocês; se somos consolados,
é para consolação de vocês, a qual lhes dá
paciência para suportarem os mesmos so-
frimentos que nós estamos padecendo. 7 E a
nossa esperança em relação a vocês está fir-
me, porque sabemos que, da mesma forma
como vocês participam dos nossos sofrimen-
tos, participam também da nossa consolação.
8 Irmãos, não queremos que vocês desco-
nheçam as tribulações que sofremos na pro-
víncia da Ásia, as quais foram muito além
da nossa capacidade de suportar, ao pon-
to de perdermos a esperança da própria vi-
da. 9 De fato, já tínhamos sobre nós a sentença
de morte, para que não confiássemos em
nós mesmos, mas em Deus, que ressuscita
os mortos. 10 Ele nos livrou e continuará nos
livrando de tal perigo de morte. Nele temos
colocado a nossa esperança de que continua-
rá a livrar-nos, 11 enquanto vocês nos ajudam
com as suas orações. Assim muitos darão gra-
ças por nossa causa[b], pelo favor a nós conce-
dido em resposta às orações de muitos.

Paulo muda seus planos

12 Este é o nosso orgulho: A nossa consciên-
cia dá testemunho de que nos temos con-
duzido no mundo, especialmente em nosso
relacionamento com vocês, com santidade
e sinceridade provenientes de Deus, não
de acordo com a sabedoria do mundo, mas de
acordo com a graça de Deus. 13 Pois nada lhes
escrevemos que vocês não sejam capazes de
ler ou entender. E espero que, 14 assim como
vocês nos entenderam em parte, venham a
entender plenamente que podem orgulhar-
-se de nós, assim como nos orgulharemos de
vocês no dia do Senhor Jesus.
15 Confiando nisso, e para que vocês fossem
duplamente beneficiados, planejava primei-
ro visitá-los 16 em minha ida à Macedônia e
voltar a vocês vindo de lá, para que me aju-
dassem em minha viagem para a Judeia.
17 Quando planejei isso, será que o fiz levia-
namente? Ou será que faço meus planos de
modo mundano[c], dizendo ao mesmo tempo
"sim" e "não"?

[a] 1:4 Grego: *com a consolação com que fomos consolados.*

[b] 1:11 Muitos manuscritos dizem *por causa de vocês.*

[c] 1:17 Grego: *segundo a carne.*

A vida nos tempos da Bíblia

Corinto

Corinto era uma cidade portuária importante, que ficava em uma estreita faixa de terra entre dois mares. Mercadorias ou cargas de navios que atracavam em Corinto eram carregadas em solo até o mar oposto, e a cidade era conhecida por ser muito rica, mas também muito pecaminosa.

18Todavia, como Deus é fiel, nossa mensa-
gem a vocês não é "sim" e "não", 19pois o Fi-
lho de Deus, Jesus Cristo, pregado entre vocês
por mim e também por Silvano[a] e Timóteo,
não foi "sim" e "não", mas nele sempre hou-
ve "sim"; 20pois quantas forem as promessas
feitas por Deus, tantas têm em Cristo o "sim".
Por isso, por meio dele, o "Amém" é pronun-
ciado por nós para a glória de Deus. 21Ora, é
Deus que faz que nós e vocês permaneçamos
firmes em Cristo. Ele nos ungiu, 22nos selou
como sua propriedade e pôs o seu Espírito
em nossos corações como garantia do que
está por vir.

23Invoco a Deus como testemunha de que
foi a fim de poupá-los que não voltei a Co-
rinto. 24Não que tenhamos domínio sobre a
sua fé, mas cooperamos com vocês para que
tenham alegria, pois é pela fé que vocês per-
manecem firmes.

2 Por isso resolvi não lhes fazer outra visita
que causasse tristeza. 2Pois, se os entris-
teço, quem me alegrará senão vocês, a quem
tenho entristecido? 3Escrevi como escrevi pa-
ra que, quando eu for, não seja entristecido
por aqueles que deveriam alegrar-me. Estava
confiante em que todos vocês compartilha-
riam da minha alegria. 4Pois eu lhes escrevi
com grande aflição e angústia de coração, e
com muitas lágrimas, não para entristecê-los,
mas para que soubessem como é profundo o
meu amor por vocês.

Perdão para o pecador

5Se um de vocês tem causado tristeza, não
a tem causado apenas a mim, mas também,
em parte, para eu não ser demasiadamente
severo, a todos vocês. 6A punição que lhe
foi imposta pela maioria é suficiente. 7Ago-
ra, ao contrário, vocês devem perdoar-lhe e
consolá-lo, para que ele não seja dominado
por excessiva tristeza. 8Portanto, eu lhes re-
comendo que reafirmem o amor que têm
por ele. 9Eu lhes escrevi com o propósito de
saber se vocês seriam aprovados, isto é, se
seriam obedientes em tudo. 10Se vocês per-
doam a alguém, eu também perdoo; e aqui-
lo que perdoei, se é que havia alguma coisa
para perdoar, perdoei na presença de Cristo,
por amor a vocês, 11a fim de que Satanás não
tivesse vantagem sobre nós; pois não igno-
ramos as suas intenções.

Ministros da nova aliança

12Quando cheguei a Trôade para pregar o
evangelho de Cristo e vi que o Senhor me ha-
via aberto uma porta, 13ainda assim, não tive
sossego em meu espírito, porque não encon-
trei ali meu irmão Tito. Por isso, despedi-me
deles e fui para a Macedônia.

14Mas graças a Deus, que sempre nos con-
duz vitoriosamente em Cristo e por nosso
intermédio exala em todo lugar a fragrân-
cia do seu conhecimento; 15porque para Deus
somos o aroma de Cristo entre os que estão
sendo salvos e os que estão perecendo. 16Para
estes somos cheiro de morte; para aqueles,
fragrância de vida. Mas quem está capaci-
tado para tanto? 17Ao contrário de muitos,
não negociamos a palavra de Deus visan-
do lucro; antes, em Cristo falamos diante de
Deus com sinceridade, como homens envia-
dos por Deus.

3 Será que com isso estamos começando a
nos recomendar a nós mesmos novamen-

[a] 1:19 Ou *Silas*, variante de *Silvano*.

Deus também nos libertou

Experimente!

Leia 2Coríntios 1:8-11 e verá que o apóstolo Paulo passou por muitas experiências duras. Depois leia 2Coríntios 11:23-29 para saber mais detalhes dos problemas de Paulo.

A maioria das pessoas passa por períodos difíceis e, às vezes, até se sente desesperada. Pergunte a seus pais ou avós se Deus já os ajudou durante algum período realmente difícil e peça a eles que contem o que aconteceu.

É bom saber que Deus, que ajudou seu pai e sua mãe, também ajudará você.

2Coríntios 1:8-11

te? Será que precisamos, como alguns, de cartas de recomendação para vocês ou da parte de vocês? 2Vocês mesmos são a nossa carta, escrita em nosso coração, conhecida e lida por todos. 3Vocês demonstram que são uma carta de Cristo, resultado do nosso ministério, escrita não com tinta, mas com o Espírito do Deus vivo, não em tábuas de pedra, mas em tábuas de corações humanos.

4Tal é a confiança que temos diante de Deus, por meio de Cristo. 5Não que possamos reivindicar qualquer coisa com base em nossos próprios méritos, mas a nossa capacidade vem de Deus. 6Ele nos capacitou para sermos ministros de uma nova aliança, não da letra, mas do Espírito; pois a letra mata, mas o Espírito vivifica.

A glória da nova aliança

7O ministério que trouxe a morte foi gravado com letras em pedras; mas esse ministério veio com tal glória que os israelitas não podiam fixar os olhos na face de Moisés, por causa do resplendor do seu rosto, ainda que desvanecente. 8Não será o ministério do Espírito ainda muito mais glorioso? 9Se era glorioso o ministério que trouxe condenação, quanto mais glorioso será o ministério que produz justificação! 10Pois o que outrora foi glorioso, agora não tem glória, em comparação com a glória insuperável. 11E se o que estava se desvanecendo se manifestou com glória, quanto maior será a glória do que permanece!

12Portanto, visto que temos tal esperança, mostramos muita confiança. 13Não somos como Moisés, que colocava um véu sobre a face para que os israelitas não contemplassem o

Palavras para memorizar

"E todos nós [...] segundo a sua imagem estamos sendo transformados."

(2Coríntios 3:18)

resplendor que se desvanecia. 14Na verdade a mente deles se fechou, pois até hoje o mesmo véu permanece quando é lida a antiga aliança. Não foi retirado, porque é somente em Cristo que ele é removido. 15De fato, até o dia de hoje, quando Moisés é lido, um véu cobre os seus corações. 16Mas quando alguém se converte ao Senhor, o véu é retirado. 17Ora, o Senhor é o Espírito e, onde está o Espírito do Senhor, ali há liberdade. 18E todos nós, que com a face descoberta contemplamos[a] a glória do Senhor, segundo a sua imagem estamos sendo transformados com glória cada vez maior, a qual vem do Senhor, que é o Espírito.

Tesouros em vasos de barro

4 Portanto, visto que temos este ministério pela misericórdia que nos foi dada, não desanimamos. 2Antes, renunciamos aos procedimentos secretos e vergonhosos; não usamos de engano, nem torcemos a palavra de Deus. Ao contrário, mediante a clara exposição da verdade, recomendamo-nos à consciência de

[a] 3:18 Ou *refletimos*

Ler a carta de Deus

Experimente!

Como Deus envia uma carta para as pessoas hoje? Leia 2Coríntios 3:1-3 para descobrir. Os cristãos podem ser uma mensagem, ou uma carta de Cristo, quando fazem o que é certo, quando amam os outros e quando falam aos outros sobre Jesus.

Pense sobre o seguinte: "Que tipo de mensagem você está enviando? O que seus pais e amigos veem e pensam sobre Jesus quando olham para você?".

2Coríntios 3:1-3

todos, diante de Deus. 3Mas se o nosso evangelho está encoberto, para os que estão perecendo é que está encoberto. 4O deus desta era cegou o entendimento dos descrentes, para que não vejam a luz do evangelho da glória de Cristo, que é a imagem de Deus. 5Mas não pregamos a nós mesmos, mas a Jesus Cristo, o Senhor, e a nós como escravos de vocês, por causa de Jesus. 6Pois Deus, que disse: "Das trevas resplandeça a luz"[a], ele mesmo brilhou em nossos corações, para iluminação do conhecimento da glória de Deus na face de Cristo.

7Mas temos esse tesouro em vasos de barro, para mostrar que este poder que a tudo excede provém de Deus, e não de nós. 8De todos os lados somos pressionados, mas não desanimados; ficamos perplexos, mas não desesperados; 9somos perseguidos, mas não abandonados; abatidos, mas não destruídos. 10Trazemos sempre em nosso corpo o morrer de Jesus, para que a vida de Jesus também seja revelada em nosso corpo. 11Pois nós, que estamos vivos, somos sempre entregues à morte por amor a Jesus, para que a sua vida também se manifeste em nosso corpo mortal. 12De modo que em nós atua a morte; mas em vocês, a vida.

13Está escrito: "Cri, por isso falei"[b]. Com esse mesmo espírito de fé nós também cremos e, por isso, falamos, 14porque sabemos que aquele que ressuscitou o Senhor Jesus dentre os mortos, também nos ressuscitará com Jesus e nos apresentará com vocês. 15Tudo isso é para o bem de vocês, para que a graça, que está alcançando um número cada vez maior de pessoas, faça que transbordem as ações de graças para a glória de Deus.

16Por isso não desanimamos. Embora exteriormente estejamos a desgastar-nos, interiormente estamos sendo renovados dia após dia, 17pois os nossos sofrimentos leves e momentâneos estão produzindo para nós uma glória eterna que pesa mais do que todos eles. 18Assim, fixamos os olhos, não naquilo que se vê, mas no que não se vê, pois o que se vê é transitório, mas o que não se vê é eterno.

Nossa habitação celestial

5 Sabemos que, se for destruída a temporária habitação terrena em que vivemos, temos da parte de Deus um edifício, uma casa eterna nos céus, não construída por mãos humanas. 2Enquanto isso, gememos, desejando ser revestidos da nossa habitação celestial, 3porque, estando vestidos, não seremos encontrados nus. 4Pois, enquanto estamos nesta casa, gememos e nos angustiamos, porque não queremos ser despidos, mas revestidos da nossa habitação celestial, para que aquilo que é mortal seja absorvido pela vida. 5Foi Deus que nos preparou para esse propósito, dando-nos o Espírito como garantia do que está por vir.

6Portanto, temos sempre confiança e sabemos que, enquanto estamos no corpo, estamos longe do Senhor. 7Porque vivemos por fé, e não pelo que vemos. 8Temos, pois,

[a] 4:6 Gn 1:3
[b] 4:13 Sl 116:10

A vida nos tempos da Bíblia

Tesouro!

Os arqueólogos encontraram tesouros de prata em vasos baratos de barro, que eram comuns e feitos aos milhares. Mas eles eram, algumas vezes, usados para armazenar coisas valiosas e preciosas.

Você sabia?

O que significa *reconciliação?*

5:19-20 *Reconciliação* significa reparar um relacionamento rompido. Jesus morreu pelos nossos pecados, para que nós pudéssemos voltar para Deus e ser seus amigos. Deus quer que falemos sobre Jesus para os nossos amigos, pois assim, eles também poderão ser amigos de Deus.

confiança e preferimos estar ausentes do
corpo e habitar com o Senhor. 9Por isso, te-
mos o propósito de lhe agradar, quer esteja-
mos no corpo, quer o deixemos. 10Pois todos
nós devemos comparecer perante o tribunal
de Cristo, para que cada um receba de acordo
com as obras praticadas por meio do corpo,
quer sejam boas quer sejam más.

O ministério da reconciliação

11Uma vez que conhecemos o temor ao Se-
nhor, procuramos persuadir os homens. O
que somos está manifesto diante de Deus,
e esperamos que esteja manifesto também
diante da consciência de vocês. 12Não estamos
tentando novamente recomendar-nos a vo-
cês, porém lhes estamos dando a oportuni-
dade de exultarem em nós, para que tenham
o que responder aos que se vangloriam das
aparências e não do que está no coração. 13Se
enlouquecemos, é por amor a Deus; se con-
servamos o juízo, é por amor a vocês. 14Pois
o amor de Cristo nos constrange, porque es-
tamos convencidos de que um morreu por
todos; logo, todos morreram. 15E ele morreu
por todos para que aqueles que vivem já não
vivam mais para si mesmos, mas para aquele
que por eles morreu e ressuscitou.

16De modo que, de agora em diante, a nin-
guém mais consideramos do ponto de vista
humano[a]. Ainda que antes tenhamos con-
siderado Cristo dessa forma, agora já não o
consideramos assim. 17Portanto, se alguém
está em Cristo, é nova criação. As coisas an-
tigas já passaram; eis que surgiram coisas
novas![b] 18Tudo isso provém de Deus, que
nos reconciliou consigo mesmo por meio de
Cristo e nos deu o ministério da reconcilia-
ção, 19ou seja, que Deus em Cristo estava re-
conciliando consigo o mundo, não levando
em conta os pecados dos homens, e nos con-
fiou a mensagem da reconciliação. 20Portan-
to, somos embaixadores de Cristo, como se
Deus estivesse fazendo o seu apelo por nosso
intermédio. Por amor a Cristo lhes suplica-
mos: Reconciliem-se com Deus. 21Deus tor-
nou pecado[c] por nós aquele que não tinha
pecado, para que nele nos tornássemos jus-
tiça de Deus.

6 Como cooperadores de Deus, insistimos
com vocês para não receberem em vão a
graça de Deus. 2Pois ele diz:

> "Eu o ouvi no tempo favorável
> e o socorri no dia da salvação"[d].

Digo-lhes que agora é o tempo favorável,
agora é o dia da salvação!

Os sofrimentos de Paulo

3Não damos motivo de escândalo a nin-
guém, em circunstância alguma, para que
o nosso ministério não caia em descrédito.
4Ao contrário, como servos de Deus, reco-
mendamo-nos de todas as formas: em mui-
ta perseverança; em sofrimentos, privações e
tristezas; 5em açoites, prisões e tumultos; em
trabalhos árduos, noites sem dormir e jejuns;
6em pureza, conhecimento, paciência e bon-
dade; no Espírito Santo e no amor sincero;
7na palavra da verdade e no poder de Deus;
com as armas da justiça, quer de ataque, quer
de defesa[e]; 8por honra e por desonra; por di-
famação e por boa fama; tidos por enganado-
res, sendo verdadeiros; 9como desconhecidos,
apesar de bem conhecidos; como morrendo,
mas eis que vivemos; espancados, mas não
mortos; 10entristecidos, mas sempre alegres;
pobres, mas enriquecendo muitos outros; na-
da tendo, mas possuindo tudo.

11Falamos abertamente a vocês, coríntios,
e lhes abrimos todo o nosso coração! 12Não
lhes estamos limitando nosso afeto, mas vo-
cês estão limitando o afeto que têm por nós.
13Numa justa compensação, falo como a meus
filhos, abram também o coração para nós!

O problema da associação com os descrentes

14Não se ponham em jugo desigual com
descrentes. Pois o que têm em comum a

[a] 5:16 Grego: *segundo a carne.*
[b] 5:17 Vários manuscritos dizem *eis que tudo se fez novo!*
[c] 5:21 Ou *uma oferta pelo pecado*
[d] 6:2 Is 49:8
[e] 6:7 Grego: *à direita e à esquerda.*

justiça e a maldade? Ou que comunhão pode
ter a luz com as trevas? 15Que harmonia en-
tre Cristo e Belial? Que há de comum entre o
crente e o descrente? 16Que acordo há entre o
templo de Deus e os ídolos? Pois somos san-
tuário do Deus vivo. Como disse Deus:

> "Habitarei com eles
> e entre eles andarei;
> serei o seu Deus,
> e eles serão o meu povo"[a].
> 17Portanto,
> "saiam do meio deles
> e separem-se",
> diz o Senhor.
> "Não toquem
> em coisas impuras,
> e eu os receberei"[b]
> 18"e lhes serei Pai,
> e vocês serão meus filhos
> e minhas filhas",
> diz o Senhor todo-poderoso[c].

7 Amados, visto que temos essas promes-
sas, purifiquemo-nos de tudo o que con-
tamina o corpo[d] e o espírito, aperfeiçoando
a santidade no temor de Deus.

A alegria de Paulo

2Concedam-nos lugar no coração de vocês.
A ninguém prejudicamos, a ninguém causa-
mos dano, a ninguém exploramos. 3Não digo
isso para condená-los; já lhes disse que vocês
estão em nosso coração para juntos morrer-
mos ou vivermos. 4Tenho grande confiança
em vocês, e de vocês tenho muito orgulho.
Sinto-me bastante encorajado; minha alegria
transborda em todas as tribulações.

5Pois, quando chegamos à Macedônia, não
tivemos nenhum descanso, mas fomos atri-
bulados de toda forma: conflitos externos,
temores internos. 6Deus, porém, que conso-
la os abatidos, consolou-nos com a chegada
de Tito, 7e não apenas com a vinda dele, mas
também com a consolação que vocês lhe de-
ram. Ele nos falou da saudade, da tristeza e
da preocupação de vocês por mim, de modo
que a minha alegria se tornou ainda maior.

8Mesmo que a minha carta lhes tenha cau-
sado tristeza, não me arrependo. É verdade
que a princípio me arrependi, pois perce-
bi que a minha carta os entristeceu, ainda
que por pouco tempo. 9Agora, porém, me ale-
gro, não porque vocês foram entristecidos,
mas porque a tristeza os levou ao arrepen-
dimento. Pois vocês se entristeceram como
Deus desejava, e de forma alguma foram pre-
judicados por nossa causa. 10A tristeza segun-
do Deus não produz remorso, mas sim um
arrependimento que leva à salvação, e a tris-
teza segundo o mundo produz morte. 11Vejam
o que esta tristeza segundo Deus produziu
em vocês: que dedicação, que desculpas,
que indignação, que temor, que saudade,
que preocupação, que desejo de ver a justiça
feita! Em tudo vocês se mostraram inocen-
tes a esse respeito. 12Assim, se lhes escrevi,

[a] 6:16 Lv 26:12; Jr 32:38; Ez 37:27
[b] 6:17 Is 52:11; Ez 20:34,41
[c] 6:18 2Sm 7:8,14
[d] 7:1 Grego: *a carne.*

A vida nos tempos da Bíblia

Envio de cartas

Muitos livros do Novo Testamento eram, na verdade, cartas que foram enviadas às igrejas. Paulo escrevia muitas cartas às igrejas que ele visitava, mas não havia correio. As pessoas enrolavam as cartas, amarravam-nas e pediam a um viajante que as levasse para os amigos.

não foi por causa daquele que cometeu o erro nem daquele que foi prejudicado, mas para que diante de Deus vocês pudessem ver por si próprios como são dedicados a nós. 13Por isso tudo fomos revigorados.

Além de encorajados, ficamos mais contentes ainda ao ver como Tito estava alegre, porque seu espírito recebeu refrigério de todos vocês. 14Eu lhe tinha dito que estava orgulhoso de vocês, e vocês não me decepcionaram. Da mesma forma como era verdade tudo o que lhes dissemos, o orgulho que temos de vocês diante de Tito também mostrou-se verdadeiro. 15E a afeição dele por vocês fica maior ainda, quando lembra que todos vocês foram obedientes, recebendo-o com temor e tremor. 16Alegro-me por poder ter plena confiança em vocês.

Incentivo à contribuição

8 Agora, irmãos, queremos que vocês tomem conhecimento da graça que Deus concedeu às igrejas da Macedônia. 2No meio da mais severa tribulação, a grande alegria e a extrema pobreza deles transbordaram em rica generosidade. 3Pois dou testemunho de que eles deram tudo quanto podiam, e até além do que podiam. Por iniciativa própria 4eles nos suplicaram insistentemente o privilégio de participar da assistência aos santos. 5E não somente fizeram o que esperávamos, mas entregaram-se primeiramente a si mesmos ao Senhor e, depois, a nós, pela vontade de Deus. 6Assim, recomendamos a Tito que, assim como ele já havia começado, também completasse esse ato de graça da parte de vocês. 7Todavia, assim como vocês se destacam em tudo: na fé, na palavra, no conhecimento, na dedicação completa e no amor que vocês têm por nós[a], destaquem-se também neste privilégio de contribuir.

8Não lhes estou dando uma ordem, mas quero verificar a sinceridade do amor de vocês, comparando-o com a dedicação dos outros. 9Pois vocês conhecem a graça de nosso Senhor Jesus Cristo que, sendo rico, se fez pobre por amor de vocês, para que por meio de sua pobreza vocês se tornassem ricos.

10Este é meu conselho: convém que vocês contribuam, já que desde o ano passado vocês foram os primeiros, não somente a contribuir, mas também a propor esse plano. 11Agora, completem a obra, para que a forte disposição de realizá-la seja igualada pelo zelo em concluí-la, de acordo com os bens que vocês possuem. 12Porque, se há prontidão, a contribuição é aceitável de acordo com aquilo que alguém tem, e não de acordo com o que não tem.

13Nosso desejo não é que outros sejam aliviados enquanto vocês são sobrecarregados, mas que haja igualdade. 14No presente momento, a fartura de vocês suprirá a necessidade deles, para que, por sua vez, a fartura deles supra a necessidade de vocês. Então haverá igualdade, 15como está escrito: "Quem tinha recolhido muito não teve demais, e não faltou a quem tinha recolhido pouco"[b].

A coleta para os crentes da Judeia

16Agradeço a Deus ter ele posto no coração de Tito o mesmo cuidado que tenho por vocês, 17pois Tito não apenas aceitou o nosso pedido, mas está indo até vocês, com muito entusiasmo e por iniciativa própria. 18Com ele estamos enviando o irmão que é recomendado por todas as igrejas por seu serviço no evangelho. 19Não só por isso, mas ele também foi escolhido pelas igrejas para nos acompanhar quando formos ministrar esta doação, o que fazemos para honrar o próprio Senhor e mostrar a nossa disposição. 20Queremos evitar que alguém nos critique quanto ao nosso modo de administrar essa generosa oferta, 21pois estamos tendo o cuidado de fazer o que é correto, não apenas aos olhos do Senhor, mas também aos olhos dos homens. 22Além disso, estamos enviando com eles o nosso irmão que muitas vezes e de muitas maneiras já nos provou que é muito dedicado, e agora ainda mais, por causa da grande

[a] 8:7 Alguns manuscritos dizem *e em nosso amor por vocês.*

[b] 8:15 Êx 16:18

Você sabia?

Por que os cristãos ofertam?

8:14 Paulo insistia com os cristãos para ajudarem os que estavam em necessidade. Não é *obrigatório* aos cristãos que ofertem, mas por causa de um coração generoso, eles deviam querer compartilhar o que tinham. O mais importante é a disposição, e não a quantia da oferta.

confiança que ele tem em vocês. [23]Quanto a
Tito, ele é meu companheiro e cooperador
entre vocês; quanto a nossos irmãos, eles são
representantes das igrejas e uma honra para
Cristo. [24]Portanto, diante das demais igrejas,
demonstrem a esses irmãos a prova do amor
que vocês têm e a razão do orgulho que te-
mos de vocês.

9 Não tenho necessidade de escrever-lhes a
respeito dessa assistência aos santos. [2]Re-
conheço a sua disposição em ajudar e já mos-
trei aos macedônios o orgulho que tenho
de vocês, dizendo-lhes que, desde o ano pas-
sado, vocês da Acaia estavam prontos a contri-
buir; e a dedicação de vocês motivou a muitos.
[3]Contudo, estou enviando os irmãos para que
o orgulho que temos de vocês a esse respeito
não seja em vão, mas que vocês estejam pre-
parados, como eu disse que estariam, [4]a fim
de que, se alguns macedônios forem comigo
e os encontrarem despreparados, nós, para
não mencionar vocês, não fiquemos enver-
gonhados por tanta confiança que tivemos.
[5]Assim, achei necessário recomendar que os
irmãos os visitem antes e concluam os prepa-
rativos para a contribuição que vocês prome-
teram. Então ela estará pronta como oferta
generosa, e não como algo dado com avareza.

Semeando com generosidade

[6]Lembrem-se: aquele que semeia pou-
co, também colherá pouco, e aquele que
semeia com fartura, também colherá farta-
mente. [7]Cada um dê[a] conforme determinou
em seu coração, não com pesar ou por obri-
gação, pois Deus ama quem dá com alegria.
[8]E Deus é poderoso para fazer que lhes seja
acrescentada toda a graça, para que em todas
as coisas, em todo o tempo, tendo tudo o que
é necessário, vocês transbordem em toda boa
obra. [9]Como está escrito:

> "Distribuiu, deu os seus bens aos
> necessitados;
> a sua justiça dura para sempre"[b].

[10]Aquele que supre a semente ao que se-
meia e o pão ao que come, também lhes su-
prirá e multiplicará a semente e fará crescer
os frutos da sua justiça. [11]Vocês serão enri-
quecidos de todas as formas, para que pos-
sam ser generosos em qualquer ocasião e, por
nosso intermédio, a sua generosidade resulte
em ação de graças a Deus.
[12]O serviço ministerial que vocês estão
realizando não está apenas suprindo as ne-
cessidades do povo de Deus, mas também
transbordando em muitas expressões de
gratidão a Deus. [13]Por meio dessa prova de
serviço ministerial, outros louvarão a Deus
pela obediência que acompanha a confissão
que vocês fazem do evangelho de Cristo e pe-
la generosidade de vocês em compartilhar
seus bens com eles e com todos os outros.
[14]E nas orações que fazem por vocês, eles es-
tarão cheios de amor por vocês, por causa da
insuperável graça que Deus tem dado a vo-
cês. [15]Graças a Deus por seu dom indescritível!

Paulo defende o seu ministério

10 Eu, Paulo, pela mansidão e pela bonda-
de de Cristo, apelo para vocês; eu, que
sou "humilde" quando estou face a face com
vocês, mas "audaz" quando ausente! [2]Rogo-
-lhes que, quando estiver presente, não me
obriguem a agir com audácia, tal como pen-
so que ousarei fazer, para com alguns que

[a] 9:7 Grego: *semeie*.

[b] 9:9 Sl 112:9

Dar com alegria

Deus quer que demos um pouco do nosso dinheiro para ajudar os outros e ele quer que façamos isso com alegria. Ele promete, então, sempre garantir que nós tenhamos o suficiente. Leia 2Coríntios 9:6-11.

Dar é algo que todos podem fazer. Você recebe mesada ou recebe dinheiro por algum serviço que faz? Após ler esses versículos, decida quanto dinheiro você pode dar com alegria.

Experimente!

2Coríntios 9:6-11

acham que procedemos segundo os padrões
humanos[a]. 3Pois, embora vivamos como ho-
mens[b], não lutamos segundo os padrões hu-
manos. 4As armas com as quais lutamos não
são humanas[c]; ao contrário, são poderosas
em Deus para destruir fortalezas. 5Destruímos
argumentos e toda pretensão que se levanta
contra o conhecimento de Deus, e levamos ca-
tivo todo pensamento, para torná-lo obedien-
te a Cristo. 6E estaremos prontos para punir
todo ato de desobediência, uma vez estando
completa a obediência de vocês.

7Vocês observam apenas a aparência das
coisas.[d] Se alguém está convencido de que
pertence a Cristo, deveria considerar no-
vamente consigo mesmo que, assim como
ele, nós também pertencemos a Cristo. 8Pois
mesmo que eu tenha me orgulhado um pou-
co mais da autoridade que o Senhor nos deu,
não me envergonho disso, pois essa autorida-
de é para edificá-los, e não para destruí-los.
9Não quero que pareça que estou tentando
amedrontá-los com as minhas cartas. 10Pois
alguns dizem: "As cartas dele são duras e for-
tes, mas ele pessoalmente não impressiona,
e a sua palavra é desprezível". 11Saibam tais
pessoas que aquilo que somos em cartas,
quando estamos ausentes, seremos em atos,
quando estivermos presentes.

12Não temos a pretensão de nos igualar ou
de nos comparar com alguns que se reco-
mendam a si mesmos. Quando eles se me-
dem e se comparam consigo mesmos, agem
sem entendimento. 13Nós, porém, não nos
gloriaremos além do limite adequado, mas
limitaremos nosso orgulho à esfera de ação
que Deus nos confiou, a qual alcança vocês
inclusive. 14Não estamos indo longe demais
em nosso orgulho, como seria se não tivés-
semos chegado até vocês, pois chegamos a
vocês com o evangelho de Cristo. 15Da mes-
ma forma, não vamos além de nossos limi-
tes, gloriando-nos de trabalhos que outros
fizeram.[e] Nossa esperança é que, à medida
que for crescendo a fé que vocês têm, nos-
sa atuação entre vocês aumente ainda mais,
16para que possamos pregar o evangelho nas
regiões que estão além de vocês, sem nos
vangloriarmos de trabalho já realizado em
território de outro. 17Contudo, "quem se glo-
riar, glorie-se no Senhor",[f] 18pois não é apro-
vado quem a si mesmo se recomenda, mas
aquele a quem o Senhor recomenda.

A preocupação de Paulo com a fidelidade dos coríntios

11 Espero que vocês suportem um pouco da
minha insensatez. Sim, por favor, sejam pa-
cientes comigo.[g] 2O zelo que tenho por vocês é
um zelo que vem de Deus. Eu os prometi a um
único marido, Cristo, querendo apresentá-los
a ele como uma virgem pura. 3O que receio,
e quero evitar, é que assim como a serpente
enganou Eva com astúcia, a mente de vocês
seja corrompida e se desvie da sua sincera e
pura devoção a Cristo. 4Pois, se alguém lhes
vem pregando um Jesus que não é aquele que
pregamos, ou se vocês acolhem um espírito
diferente do que acolheram ou um evangelho
diferente do que aceitaram, vocês o toleram
com facilidade. 5Todavia, não me julgo nem
um pouco inferior a esses "superapóstolos".
6Eu posso não ser um orador eloquente; con-
tudo tenho conhecimento. De fato, já manifes-
tamos isso a vocês em todo tipo de situação.

7Será que cometi algum pecado ao humi-
lhar-me a fim de elevá-los, pregando-lhes
gratuitamente o evangelho de Deus? 8Despo-
jei outras igrejas, recebendo delas sustento, a
fim de servi-los. 9Quando estive entre vocês
e passei por alguma necessidade, não fui um
peso para ninguém; pois os irmãos, quan-
do vieram da Macedônia, supriram aquilo
de que eu necessitava. Fiz tudo para não ser
pesado a vocês, e continuarei a agir assim.
10Tão certo como a verdade de Cristo está em
mim, ninguém na região da Acaia poderá pri-
var-me deste orgulho. 11Por quê? Por que não
amo vocês? Deus sabe que os amo! 12E conti-
nuarei fazendo o que faço, a fim de não dar
oportunidade àqueles que desejam encontrar
ocasião de serem considerados iguais a nós
nas coisas de que se orgulham.

13Pois tais homens são falsos apóstolos,
obreiros enganosos, fingindo-se apóstolos de
Cristo. 14Isto não é de admirar, pois o próprio
Satanás se disfarça de anjo de luz. 15Portan-
to, não é surpresa que os seus servos finjam
que são servos da justiça. O fim deles será
o que as suas ações merecem.

Paulo orgulha-se dos seus sofrimentos

16Faço questão de repetir: Ninguém me
considere insensato. Mas se vocês assim

[a] 10:2 Grego: *segundo a carne*; também no versículo 3.
[b] 10:3 Grego: *na carne.*
[c] 10:4 Grego: *carnais.*
[d] 10:7 Ou *Observem os acontecimentos evidentes.*
[e] 10:13-15 Ou *Nós, porém, não nos gloriaremos a respeito das coisas que não podem ser medidas, mas sim segundo o padrão de medida que o Deus de medida atribuiu a nós, a qual também se refere a vocês.* 14...15*Tampouco nos gloriamos no que não se pode medir quanto ao trabalho feito por outros.*
[f] 10:17 Jr 9:24
[g] 11:1 Ou *De fato, já estão suportando.*

me consideram, recebam-me como recebe-
riam um insensato, a fim de que eu me orgu-
lhe um pouco. 17 Ao ostentar este orgulho, não
estou falando segundo o Senhor, mas como
insensato. 18 Visto que muitos estão se vanglo-
riando de modo bem humano[a], eu também
me orgulharei. 19 Vocês, por serem tão sábios,
suportam de boa vontade os insensatos! 20 De
fato, vocês suportam até quem os escraviza
ou os explora, ou quem se exalta ou lhes fe-
re a face. 21 Para minha vergonha, admito que
fomos fracos demais para isso!
Naquilo em que todos os outros se atre-
vem a gloriar-se — falo como insensato —
eu também me atrevo. 22 São eles hebreus? Eu
também. São israelitas? Eu também. São des-
cendentes de Abraão? Eu também. 23 São eles
servos de Cristo? — estou fora de mim para
falar desta forma — eu ainda mais: traba-
lhei muito mais, fui encarcerado mais vezes,
fui açoitado mais severamente e exposto à
morte repetidas vezes. 24 Cinco vezes recebi
dos judeus trinta e nove açoites. 25 Três ve-
zes fui golpeado com varas, uma vez apedre-
jado, três vezes sofri naufrágio, passei uma
noite e um dia exposto à fúria do mar. 26 Es-
tive continuamente viajando de uma parte a
outra, enfrentei perigos nos rios, perigos de
assaltantes, perigos dos meus compatriotas,
perigos dos gentios[b]; perigos na cidade, pe-
rigos no deserto, perigos no mar, e perigos
dos falsos irmãos. 27 Trabalhei arduamente;
muitas vezes fiquei sem dormir, passei fo-
me e sede, e muitas vezes fiquei em jejum;
suportei frio e nudez. 28 Além disso, enfrento
diariamente uma pressão interior, a saber,
a minha preocupação com todas as igrejas.
29 Quem está fraco, que eu não me sinta fra-
co? Quem não se escandaliza, que eu não me
queime por dentro?
30 Se devo orgulhar-me, que seja nas coisas
que mostram a minha fraqueza. 31 O Deus e Pai
do Senhor Jesus, que é bendito para sempre,
sabe que não estou mentindo. 32 Em Damasco,
o governador nomeado pelo rei Aretas man-
dou que se vigiasse a cidade para me prender.
33 Mas de uma janela na muralha fui baixado
numa cesta e escapei das mãos dele.

A visão de Paulo

12 É necessário que eu continue a gloriar-
-me com isso. Ainda que eu não ganhe
nada com isso[c], passarei às visões e revelações
do Senhor. 2 Conheço um homem em Cristo
que há catorze anos foi arrebatado ao tercei-
ro céu. Se foi no corpo ou fora do corpo, não
sei; Deus o sabe. 3 E sei que esse homem — se
no corpo ou fora do corpo, não sei, mas Deus
o sabe — 4 foi arrebatado ao paraíso e ouviu
coisas indizíveis, coisas que ao homem não
é permitido falar. 5 Nesse homem me gloria-
rei, mas não em mim mesmo, a não ser em
minhas fraquezas. 6 Mesmo que eu preferisse
gloriar-me não seria insensato, porque esta-
ria falando a verdade. Evito fazer isso para
que ninguém pense a meu respeito mais do
que em mim vê ou de mim ouve.
7 Para impedir que eu me exaltasse por
causa da grandeza dessas revelações, foi-me

[a] 11:18 Grego: *segundo a carne.*
[b] 11:26 Isto é, os que não são judeus.
[c] 12:1 Vários manuscritos dizem *Embora não me seja vantajoso gloriar-me.*

Experimente!

Como ser forte

"Eu não consigo", gemia Artur, de 11 anos. "Eu simplesmente não consigo fazer isto." Artur poderia estar falando sobre várias coisas: contar aos vizinhos que ele quebrou a janela deles, fazer uma prova difícil na escola, decorar um grande trecho da Bíblia, voltar para a escola depois de todos terem zombado dele, ficar diante da igreja inteira para ler uma passagem da Escritura.

Se você dissesse: "Eu não consigo fazer isto", do que, provavelmente, você estaria falando?

Leia 2Coríntios 12:7-10 e entenderá que, quando se sente fraco, há mais chance de você pedir ajuda a Deus. O que acontecerá se Artur pedir a Deus que lhe ajude nas situações mencionadas anteriormente?

2Coríntios 12:7-10

dado um espinho na carne, um mensageiro de Satanás, para me atormentar. 8Três vezes roguei ao Senhor que o tirasse de mim. 9Mas ele me disse: "Minha graça é suficiente para você, pois o meu poder se aperfeiçoa na fraqueza". Portanto, eu me gloriarei ainda mais alegremente em minhas fraquezas, para que o poder de Cristo repouse em mim. 10Por isso, por amor de Cristo, regozijo-me nas fraquezas, nos insultos, nas necessidades, nas perseguições, nas angústias. Pois, quando sou fraco é que sou forte.

A preocupação de Paulo com os coríntios

11Fui insensato, mas vocês me obrigaram a isso. Eu devia ser recomendado por vocês, pois em nada sou inferior aos "superapóstolos", embora eu nada seja. 12As marcas de um apóstolo — sinais, maravilhas e milagres — foram demonstradas entre vocês, com grande perseverança. 13Em que vocês foram inferiores às outras igrejas, exceto no fato de eu nunca ter sido um peso para vocês? Perdoem-me esta ofensa!

14Agora, estou pronto para visitá-los pela terceira vez e não lhes serei um peso, porque o que desejo não são os seus bens, mas vocês mesmos. Além disso, os filhos não devem ajuntar riquezas para os pais, mas os pais para os filhos. 15Assim, de boa vontade, por amor de vocês, gastarei tudo o que tenho e também me desgastarei pessoalmente. Visto que os amo tanto, devo ser menos amado? 16Seja como for, não lhes tenho sido um peso. No entanto, como sou astuto, eu os prendi com astúcia. 17Porventura eu os explorei por meio de alguém que lhes enviei? 18Recomendei a Tito que os visitasse, acompanhado de outro irmão. Por acaso Tito os explorou? Não agimos nós no mesmo espírito e não seguimos os mesmos passos?

19Vocês pensam que durante todo este tempo estamos nos defendendo perante vocês? Falamos diante de Deus como alguém que está em Cristo, e tudo o que fazemos, amados irmãos, é para fortalecê-los. 20Pois temo que, ao visitá-los, não os encontre como eu esperava, e que vocês não me encontrem como esperavam. Temo que haja entre vocês brigas, invejas, manifestações de ira, divisões, calúnias, intrigas, arrogância e desordem. 21Receio que, ao visitá-los outra vez, o meu Deus me humilhe diante de vocês e eu lamente por causa de muitos que pecaram anteriormente e não se arrependeram da impureza, da imoralidade sexual e da libertinagem que praticaram.

Advertências finais

13 Esta será minha terceira visita a vocês. "Toda questão precisa ser confirmada pelo depoimento de duas ou três testemunhas"[a]. 2Já os adverti quando estive com vocês pela segunda vez. Agora, estando ausente, escrevo aos que antes pecaram e aos demais: quando voltar, não os pouparei, 3visto que vocês estão exigindo uma prova de que Cristo fala por meu intermédio. Ele não é fraco ao tratar com vocês, mas poderoso entre vocês. 4Pois, na verdade, foi crucificado em fraqueza, mas vive pelo poder de Deus. Da mesma forma, somos fracos nele, mas, pelo poder de Deus, viveremos com ele para servir vocês.

5Examinem-se para ver se vocês estão na fé; provem-se a si mesmos. Não percebem que Cristo Jesus está em vocês? A não ser que tenham sido[b] reprovados! 6E espero que saibam que nós não fomos reprovados. 7Agora, oramos a Deus para que vocês não pratiquem mal algum. Não para que os outros vejam que temos sido aprovados, mas para que vocês façam o que é certo, embora pareça que tenhamos falhado. 8Pois nada podemos contra a verdade, mas somente em favor da verdade. 9Ficamos alegres sempre que estamos fracos e vocês estão fortes; nossa oração é que vocês sejam aperfeiçoados. 10Por isso escrevo estas coisas estando ausente, para que, quando eu for, não precise ser rigoroso no uso da autoridade que o Senhor me deu para edificá-los, e não para destruí-los.

Saudações finais

11Sem mais, irmãos, despeço-me de vocês! Procurem aperfeiçoar-se, exortem-se mutuamente[c], tenham um só pensamento, vivam em paz. E o Deus de amor e paz estará com vocês.

12Saúdem uns aos outros com beijo santo. 13Todos os santos lhes enviam saudações.

14A graça do Senhor Jesus Cristo, o amor de Deus e a comunhão do Espírito Santo sejam com todos vocês.

[a] 13:1 Dt 19:15
[b] 13:5 Ou *que se considerem*
[c] 13:11 Ou *aceitem minha exortação*

Gálatas

Quem escreveu este livro?

Paulo.

Por que este livro foi escrito?

Esta carta ajudava os cristãos gálatas a confiarem em Jesus em vez de ficarem tentando guardar a lei de Deus.

Para quem este livro foi escrito?

Esta é uma carta enviada a várias igrejas na província da Galácia.

Quando este livro foi escrito?

A Carta aos Gálatas foi escrita por volta de 49 d.C., em Antioquia. (Veja o *Índice de mapas*, ao final desta Bíblia, para saber onde ficava a Antioquia.)

Alguns ensinamentos importantes deste livro:

Jesus morreu pelos nossos pecados	Gálatas 1:3-5
Jesus nos salva	Gálatas 3:6-14
Nós pertencemos a Cristo	Gálatas 3:26-29
Sirva aos outros em amor	Gálatas 5:13,14
O Espírito nos faz bons	Gálatas 5:22-25
Faça o bem a todas as pessoas	Gálatas 6:7-10

1 Paulo, apóstolo enviado, não da parte de homens nem por meio de pessoa alguma, mas por Jesus Cristo e por Deus Pai, que o ressuscitou dos mortos, 2 e todos os irmãos que estão comigo,

às igrejas da Galácia:

3 A vocês, graça e paz da parte de Deus nosso Pai e do Senhor Jesus Cristo, 4 que se entregou a si mesmo por nossos pecados a fim de nos resgatar desta presente era perversa, segundo a vontade de nosso Deus e Pai, 5 a quem seja a glória para todo o sempre. Amém.

Não há outro evangelho

6 Admiro-me de que vocês estejam abandonando tão rapidamente aquele que os chamou pela graça de Cristo, para seguirem outro evangelho 7 que, na realidade, não é o evangelho. O que ocorre é que algumas pessoas os estão perturbando, querendo perverter o evangelho de Cristo. 8 Mas ainda que nós ou um anjo dos céus pregue um evangelho diferente daquele que lhes pregamos, que seja amaldiçoado! 9 Como já dissemos, agora repito: Se alguém lhes anuncia um evangelho diferente daquele que já receberam, que seja amaldiçoado!

10 Acaso busco eu agora a aprovação dos homens ou a de Deus? Ou estou tentando agradar a homens? Se eu ainda estivesse procurando agradar a homens, não seria servo de Cristo.

Paulo, chamado por Deus

11 Irmãos, quero que saibam que o evangelho por mim anunciado não é de origem humana. 12 Não o recebi de pessoa alguma nem me foi ele ensinado; ao contrário, eu o recebi de Jesus Cristo por revelação.

13 Vocês ouviram qual foi o meu procedimento no judaísmo, como perseguia com violência a igreja de Deus, procurando destruí-la. 14 No judaísmo, eu superava a maioria dos judeus da minha idade, e era extremamente zeloso das tradições dos meus antepassados. 15 Mas Deus me separou desde o ventre materno e me chamou por sua graça. Quando lhe agradou 16 revelar o seu Filho em mim para que eu o anunciasse entre os gentios[a], não consultei pessoa alguma[b]. 17 Tampouco subi a Jerusalém para ver os que já eram apóstolos antes de mim, mas de imediato parti para a Arábia, e voltei outra vez a Damasco.

18 Depois de três anos, subi a Jerusalém para conhecer Pedro[c] pessoalmente, e estive com ele quinze dias. 19 Não vi nenhum dos outros apóstolos, a não ser Tiago, irmão do Senhor. 20 Quanto ao que lhes escrevo, afirmo diante de Deus que não minto. 21 A seguir, fui para as regiões da Síria e da Cilícia. 22 Eu não era pessoalmente conhecido pelas igrejas da Judeia que estão em Cristo. 23 Apenas ouviam dizer: "Aquele que antes nos perseguia, agora está anunciando a fé que outrora procurava destruir". 24 E glorificavam a Deus por minha causa.

[a] 1:16 Isto é, os que não são judeus; também em todo o livro de Gálatas.
[b] 1:16 Grego: *carne e sangue*.
[c] 1:18 Grego: *Cefas*.

Você sabia?

O que é o evangelho?

1:7 O evangelho são as boas notícias de que, se crermos em Jesus, Deus perdoará os nossos pecados. Qualquer outra crença ou religião não são as boas-novas de Deus.

Você sabia?

Em que Paulo era diferente dos outros apóstolos?

1:17 Um apóstolo é como um embaixador, alguém enviado em uma missão com autoridade para representar outra pessoa. Os discípulos eram embaixadores de Jesus e receberam o poder do Espírito Santo e foram enviados por todo o mundo para contar aos outros sobre Jesus. Os discípulos estiveram com Jesus quando ele estava na terra, mas Paulo tornou-se cristão depois que Jesus morreu, ressuscitou e subiu ao céu. Os outros apóstolos perceberam que Deus havia chamado Paulo para trabalhar como um apóstolo, por isso eles também o aceitaram como um apóstolo.

Paulo é aceito pelos apóstolos

2 Catorze anos depois, subi novamente a Je-
rusalém, dessa vez com Barnabé, levando
também Tito comigo. 2Fui para lá por causa de
uma revelação e expus diante deles o evan-
gelho que prego entre os gentios, fazendo-o,
porém, em particular aos que pareciam mais
influentes, para não correr ou ter corrido inu-
tilmente. 3Mas nem mesmo Tito, que estava
comigo, foi obrigado a circuncidar-se, ape-
sar de ser grego. 4Essa questão foi levantada
porque alguns falsos irmãos infiltraram-se
em nosso meio para espionar a liberdade que
temos em Cristo Jesus e nos reduzir à escra-
vidão. 5Não nos submetemos a eles nem por
um instante, para que a verdade do evange-
lho permanecesse com vocês.

6Quanto aos que pareciam influentes — o
que eram então não faz diferença para mim;
Deus não julga pela aparência — tais homens
influentes não me acrescentaram nada. 7Ao
contrário, reconheceram que a mim havia
sido confiada a pregação do evangelho aos
incircuncisos[a], assim como a Pedro, aos cir-
cuncisos[b]. 8Pois Deus, que operou por meio
de Pedro como apóstolo aos circuncisos, tam-
bém operou por meu intermédio para com os
gentios. 9Reconhecendo a graça que me fo-
ra concedida, Tiago, Pedro[c] e João, tidos como
colunas, estenderam a mão direita a mim e
a Barnabé em sinal de comunhão. Eles con-
cordaram em que devíamos nos dirigir aos
gentios, e eles, aos circuncisos. 10Somente pe-
diram que nos lembrássemos dos pobres, o
que me esforcei por fazer.

[a] 2:7 Ou *aos gentios*
[b] 2:7 Ou *aos judeus*; também nos versículos 8 e 9.
[c] 2:9 Grego: *Cefas*; também nos versículos 11 e 14.

Paulo repreende a Pedro

11Quando, porém, Pedro veio a Antioquia,
enfrentei-o face a face, por sua atitude con-
denável. 12Pois, antes de chegarem alguns
da parte de Tiago, ele comia com os gentios.
Quando, porém, eles chegaram, afastou-se
e separou-se dos gentios, temendo os que
eram da circuncisão. 13Os demais judeus tam-
bém se uniram a ele nessa hipocrisia, de mo-
do que até Barnabé se deixou levar.

14Quando vi que não estavam andando de
acordo com a verdade do evangelho, decla-
rei a Pedro, diante de todos: "Você é judeu,
mas vive como gentio e não como judeu. Por-
tanto, como pode obrigar gentios a viverem
como judeus?

15"Nós, judeus de nascimento e não gentios
pecadores, 16sabemos que ninguém é justi-
ficado pela prática da Lei, mas mediante a
fé em Jesus Cristo. Assim, nós também cre-
mos em Cristo Jesus para sermos justifica-
dos pela fé em Cristo, e não pela prática da
Lei, porque pela prática da Lei ninguém se-
rá justificado.

17"Se, porém, procurando ser justificados
em Cristo descobrimos que nós mesmos so-
mos pecadores, será Cristo então ministro
do pecado? De modo algum! 18Se reconstruo
o que destruí, provo que sou transgressor.
19Pois, por meio da Lei eu morri para a Lei, a
fim de viver para Deus. 20Fui crucificado com
Cristo. Assim, já não sou eu quem vive, mas
Cristo vive em mim. A vida que agora vivo no
corpo[d], vivo-a pela fé no Filho de Deus, que
me amou e se entregou por mim. 21Não anulo

[d] 2:20 Grego: *na carne*.

Posicione-se pelo que é certo

Muitas vezes queremos seguir nossos amigos, mesmo quando eles estão fazendo algo que não é certo. Você acha que é melhor apenas sair de perto quando isso acontece? Ou você deveria falar para seus amigos que o que eles estão fazendo é errado?

Leia Gálatas 2:11-16 e responda: "Qual foi a atitude de Paulo quando Pedro e seus amigos cristãos estavam fazendo algo errado? Se você seguir o exemplo de Paulo, o que fará quando seus amigos estiverem fazendo algo errado?".

Experimente!

Gálatas 2:11-16

Palavras para memorizar

"Cristo vive em mim."
(Gálatas 2:20)

a graça de Deus; pois, se a justiça vem pela
Lei, Cristo morreu inutilmente!"

Fé ou obediência à Lei?

3 Ó gálatas insensatos! Quem os enfeitiçou?
Não foi diante dos seus olhos que Jesus
Cristo foi exposto como crucificado? 2Gosta-
ria de saber apenas uma coisa: foi pela práti-
ca da Lei que vocês receberam o Espírito, ou
pela fé naquilo que ouviram? 3Será que vocês
são tão insensatos que, tendo começado pelo
Espírito, querem agora se aperfeiçoar pelo es-
forço próprio[a]? 4Será que foi inútil sofrerem
tantas coisas? Se é que foi inútil! 5Aquele que
lhes dá o seu Espírito e opera milagres entre
vocês realiza essas coisas pela prática da Lei
ou pela fé com a qual receberam a palavra?
6Considerem o exemplo de Abraão: "Ele
creu em Deus, e isso lhe foi creditado como
justiça"[b]. 7Estejam certos, portanto, de que
os que são da fé, estes é que são filhos de
Abraão. 8Prevendo a Escritura que Deus jus-
tificaria os gentios pela fé, anunciou primei-
ro as boas novas a Abraão: "Por meio de você
todas as nações serão abençoadas"[c]. 9Assim,
os que são da fé são abençoados junto com
Abraão, homem de fé.
10Já os que se apoiam na prática da Lei es-
tão debaixo de maldição, pois está escrito:
"Maldito todo aquele que não persiste em
praticar todas as coisas escritas no livro da
Lei"[d]. 11É evidente que diante de Deus nin-
guém é justificado pela Lei, pois "o justo vi-
verá pela fé"[e]. 12A Lei não é baseada na fé; ao
contrário, "quem praticar estas coisas, por
elas viverá"[f]. 13Cristo nos redimiu da maldi-
ção da Lei quando se tornou maldição em
nosso lugar, pois está escrito: "Maldito todo
aquele que for pendurado num madeiro"[g].

[a] 3:3 Grego: *pela carne.*
[b] 3:6 Gn 15:6
[c] 3:8 Gn 12:3; 18:18; 22:18
[d] 3:10 Dt 27:26
[e] 3:11 Hc 2:4
[f] 3:12 Lv 18:5
[g] 3:13 Dt 21:23

Você sabia?

Por que os gálatas eram insensatos?

3:1 *Insensato* significa "tolo". Os gálatas achavam que, tentando muito ser bons, eles conseguiriam se tornar cristãos melhores. Paulo disse a eles para confiarem apenas na ajuda de Deus. Nós conseguimos fazer o que é certo se acreditarmos que Deus vai nos ajudar, mas, se tentarmos ser bons pela nossa própria força, vamos falhar.

14Isso para que em Cristo Jesus a bênção de
Abraão chegasse também aos gentios, para
que recebêssemos a promessa do Espírito
mediante a fé.

A Lei e a promessa

15Irmãos, humanamente falando, ninguém
pode anular um testamento[h] depois de ratifi-
cado, nem acrescentar-lhe algo. 16Assim tam-
bém as promessas foram feitas a Abraão e
ao seu descendente. A Escritura não diz: "E
aos seus descendentes", como se falando de
muitos, mas: "Ao seu descendente[i]", dando a
entender que se trata de um só, isto é, Cristo.
17Quero dizer isto: A Lei, que veio quatrocen-
tos e trinta anos depois, não anula a aliança
previamente estabelecida por Deus, de modo
que venha a invalidar a promessa. 18Pois, se a
herança depende da Lei, já não depende de
promessa. Deus, porém, concedeu-a gratuita-
mente a Abraão mediante promessa.
19Qual era então o propósito da Lei? Foi
acrescentada por causa das transgressões,
até que viesse o Descendente a quem se re-
feria a promessa, e foi promulgada por meio
de anjos, pela mão de um mediador. 20Contu-
do, o mediador representa mais de um; Deus,
porém, é um.
21Então, a Lei opõe-se às promessas de
Deus? De maneira nenhuma! Pois, se tivesse
sido dada uma lei que pudesse conceder vi-
da, certamente a justiça viria da lei. 22Mas a
Escritura encerrou tudo debaixo do pecado,

[h] 3:15 Ou *uma aliança.* Veja o versículo 17.
[i] 3:16 Grego: *semente*; também nos versículos 19 e 29. Gn 12:7; 13:15; 24:7

Você sabia?

Por que Deus deu sua lei ao povo?

3:24 Deus queria que as pessoas soubessem a diferença entre o certo e o errado. A lei não consegue fazer ninguém bom; em vez disso, ela ajuda as pessoas a ver que fizeram errado e lhes mostra que precisam acreditar em Jesus para terem o perdão dos pecados.

a fim de que a promessa, que é pela fé em Jesus Cristo, fosse dada aos que creem.

23 Antes que viesse essa fé, estávamos sob a custódia da Lei, nela encerrados, até que a fé que haveria de vir fosse revelada. 24 Assim, a Lei foi o nosso tutor até Cristo, para que fôssemos justificados pela fé. 25 Agora, porém, tendo chegado a fé, já não estamos mais sob o controle do tutor.

Os filhos de Deus

26 Todos vocês são filhos de Deus mediante a fé em Cristo Jesus, 27 pois os que em Cristo foram batizados, de Cristo se revestiram. 28 Não há judeu nem grego, escravo nem livre, homem nem mulher; pois todos são um em Cristo Jesus. 29 E, se vocês são de Cristo, são descendência de Abraão e herdeiros segundo a promessa.

4 Digo porém que, enquanto o herdeiro é menor de idade, em nada difere de um escravo, embora seja dono de tudo. 2 No entanto, ele está sujeito a guardiães e administradores até o tempo determinado por seu pai. 3 Assim também nós, quando éramos menores, estávamos escravizados aos princípios elementares do mundo. 4 Mas, quando chegou a plenitude do tempo, Deus enviou seu Filho, nascido de mulher, nascido debaixo da Lei, 5 a fim de redimir os que estavam sob a Lei, para que recebêssemos a adoção de filhos. 6 E, porque vocês são filhos, Deus enviou o Espírito de seu Filho ao coração de vocês, e ele clama: "*Aba*[a], Pai". 7 Assim, você já não é mais escravo, mas filho; e, por ser filho, Deus também o tornou herdeiro.

A preocupação de Paulo com os gálatas

8 Antes, quando vocês não conheciam a Deus, eram escravos daqueles que, por natureza, não são deuses. 9 Mas agora, conhecendo a Deus, ou melhor, sendo por ele conhecidos, como é que estão voltando àqueles mesmos princípios elementares, fracos e sem poder? Querem ser escravizados por eles outra vez? 10 Vocês estão observando dias especiais, meses, ocasiões específicas e anos! 11 Temo que os meus esforços por vocês tenham sido inúteis.

12 Eu lhes suplico, irmãos, que se tornem como eu, pois eu me tornei como vocês. Em nada vocês me ofenderam; 13 como sabem, foi por causa de uma doença que lhes preguei o evangelho pela primeira vez. 14 Embora a minha doença lhes tenha sido uma provação, vocês não me trataram com desprezo ou desdém; ao contrário, receberam-me como se eu fosse um anjo de Deus, como o próprio Cristo Jesus. 15 Que aconteceu com a alegria de vocês? Tenho certeza que, se fosse possível, vocês teriam arrancado os próprios olhos para dá-los a mim. 16 Tornei-me inimigo de vocês por lhes dizer a verdade?

17 Os que fazem tanto esforço para agradá-los não agem bem, mas querem isolá-los a fim de que vocês também mostrem zelo por eles. 18 É bom sempre ser zeloso pelo bem, e não apenas quando estou presente. 19 Meus filhos, novamente estou sofrendo dores de parto por sua causa, até que Cristo seja formado em vocês. 20 Eu gostaria de estar com

Pessoas nos tempos da Bíblia

Guardiães

O filho de uma família grega abastada teria um guardião, que era um escravo que ia para todos os lugares com o garoto. A criança tinha de obedecer ao escravo, que recebia ordens do pai da criança. Quando o garoto tinha idade o bastante, ele se tornava, legalmente, um "filho" e não tinha mais um guardião.

[a] 4:6 Termo aramaico para *Pai*.

vocês agora e mudar o meu tom de voz, pois
estou perplexo quanto a vocês.

Sara e Hagar

21Digam-me vocês, os que querem estar de-
baixo da Lei: Acaso vocês não ouvem a Lei?
22Pois está escrito que Abraão teve dois filhos,
um da escrava e outro da livre. 23O filho da
escrava nasceu de modo natural, mas o filho
da livre nasceu mediante promessa.
24Isto é usado aqui como uma ilustração[a];
estas mulheres representam duas alianças.
Uma aliança procede do monte Sinai e gera
filhos para a escravidão: esta é Hagar. 25Hagar
representa o monte Sinai, na Arábia, e cor-
responde à atual cidade de Jerusalém, que
está escravizada com os seus filhos. 26Mas a
Jerusalém do alto é livre, e é a nossa mãe.
27Pois está escrito:

"Regozije-se, ó estéril,
você que nunca teve um filho;
grite de alegria,
você que nunca esteve
em trabalho de parto;
porque mais são os filhos
da mulher abandonada
do que os daquela
que tem marido"[b].

28Vocês, irmãos, são filhos da promessa, co-
mo Isaque. 29Naquele tempo, o filho nascido
de modo natural perseguiu o filho nascido
segundo o Espírito. O mesmo acontece ago-
ra. 30Mas o que diz a Escritura? "Mande em-
bora a escrava e o seu filho, porque o filho da
escrava jamais será herdeiro com o filho da
livre"[c]. 31Portanto, irmãos, não somos filhos
da escrava, mas da livre.

A liberdade em Cristo

5 Foi para a liberdade que Cristo nos liber-
tou. Portanto, permaneçam firmes e não
se deixem submeter novamente a um jugo
de escravidão.
2Ouçam bem o que eu, Paulo, lhes digo:
Caso se deixem circuncidar, Cristo de nada
lhes servirá. 3De novo declaro a todo homem
que se deixa circuncidar, que está obrigado a
cumprir toda a Lei. 4Vocês, que procuram ser
justificados pela Lei, separaram-se de Cris-
to; caíram da graça. 5Pois é mediante o Es-
pírito que nós aguardamos pela fé a justiça,
que é a nossa esperança. 6Porque em Cris-
to Jesus nem circuncisão nem incircuncisão
têm efeito algum, mas sim a fé que atua pe-
lo amor.
7Vocês corriam bem. Quem os impediu de
continuar obedecendo à verdade? 8Tal per-
suasão não provém daquele que os chama.
9"Um pouco de fermento leveda toda a mas-
sa." 10Estou convencido no Senhor de que vo-
cês não pensarão de nenhum outro modo.
Aquele que os perturba, seja quem for, sofre-
rá a condenação. 11Irmãos, se ainda estou pre-
gando a circuncisão, por que continuo sendo
perseguido? Nesse caso, o escândalo da cruz
foi removido. 12Quanto a esses que os pertur-
bam, quem dera que se castrassem!
13Irmãos, vocês foram chamados para a li-
berdade. Mas não usem a liberdade para dar
ocasião à vontade da carne[d]; ao contrário, sir-
vam uns aos outros mediante o amor. 14Toda a
Lei se resume num só mandamento: "Ame o
seu próximo como a si mesmo"[e]. 15Mas se vo-
cês se mordem e se devoram uns aos outros,
cuidado para não se destruírem mutuamente.

Vida pelo Espírito

16Por isso digo: Vivam pelo Espírito, e de
modo nenhum satisfarão os desejos da car-
ne. 17Pois a carne deseja o que é contrário ao
Espírito; e o Espírito, o que é contrário à car-
ne. Eles estão em conflito um com o outro, de
modo que vocês não fazem o que desejam[f].
18Mas, se vocês são guiados pelo Espírito, não
estão debaixo da Lei.
19Ora, as obras da carne são manifestas:
imoralidade sexual, impureza e libertina-
gem; 20idolatria e feitiçaria; ódio, discórdia,
ciúmes, ira, egoísmo, dissensões, facções 21e
inveja; embriaguez, orgias e coisas semelhan-
tes. Eu os advirto, como antes já os adverti:
Aqueles que praticam essas coisas não her-
darão o Reino de Deus.

[a] 4:24 Grego: *alegoria*.
[b] 4:27 Is 54:1
[c] 4:30 Gn 21:10

[d] 5:13 Ou *da natureza pecaminosa*; também 5:16-17,19,24 e 6:8.
[e] 5:14 Lv 19:18
[f] 5:17 Ou *o bem que desejam*; ou ainda *não podem fazer o que desejam*

Você sabia?

O que é a liberdade do cristão?

5:13 Os cristãos não são livres para fazer o que quiserem. Pelo fato de Deus nos ajudar, nós somos livres para fazer o que é certo.

Palavras para memorizar

"Mas o fruto do Espírito é amor, alegria, paz, paciência, amabilidade, bondade, fidelidade, mansidão e domínio próprio. Contra essas coisas não há lei."

(Gálatas 5:22-23)

22 Mas o fruto do Espírito é amor, alegria,
paz, paciência, amabilidade, bondade, fideli-
dade, 23 mansidão e domínio próprio. Contra
essas coisas não há lei. 24 Os que pertencem
a Cristo Jesus crucificaram a carne, com as
suas paixões e os seus desejos. 25 Se vivemos
pelo Espírito, andemos também pelo Espíri-
to. 26 Não sejamos presunçosos, provocando
uns aos outros e tendo inveja uns dos outros.

Façamos o bem a todos

6 Irmãos, se alguém for surpreendido em
algum pecado, vocês, que são espirituais,
deverão restaurá-lo com mansidão. Cuide-
-se, porém, cada um para que também não
seja tentado. 2 Levem os fardos pesados uns
dos outros e, assim, cumpram[a] a lei de Cris-
to. 3 Se alguém se considera alguma coisa, não
sendo nada, engana-se a si mesmo. 4 Cada um
examine os próprios atos, e então poderá or-
gulhar-se de si mesmo, sem se comparar com

[a] 6:2 Vários manuscritos dizem *cumprirão*.

Palavras para memorizar

"Façamos o bem a todos, especialmente aos da família da fé."

(Gálatas 6:10)

ninguém, 5 pois cada um deverá levar a pró-
pria carga.
6 O que está sendo instruído na palavra par-
tilhe todas as coisas boas com aquele que o
instrui.
7 Não se deixem enganar: de Deus não
se zomba. Pois o que o homem semear, is-
so também colherá. 8 Quem semeia para a
sua carne, da carne colherá destruição; mas
quem semeia para o Espírito, do Espírito co-
lherá a vida eterna. 9 E não nos cansemos de
fazer o bem, pois no tempo próprio colhere-
mos, se não desanimarmos. 10 Portanto, en-
quanto temos oportunidade, façamos o bem
a todos, especialmente aos da família da fé.

A nova criação substitui a circuncisão

11 Vejam com que letras grandes estou lhes
escrevendo de próprio punho!
12 Os que desejam causar boa impressão ex-
teriormente[b], tentando obrigá-los a se cir-
cuncidarem, agem desse modo apenas para
não serem perseguidos por causa da cruz de
Cristo. 13 Nem mesmo os que são circuncida-
dos cumprem a Lei; querem, no entanto, que

[b] 6:12 Grego: *na carne*.

Frutos na sua árvore

Experimente!

Leia Gálatas 5:22-25 e, em seguida, corte formatos de frutas em papéis de diferentes cores e escreva um fruto do Espírito em cada fruta. Repita cinco ou seis vezes cada tipo de fruto.

Em uma folha de papel bem grande, desenhe uma árvore enorme, com muitos galhos. Cada vez que você fizer algo que mostre amor, alegria, domínio próprio ou algum outro fruto do Espírito, escreva no verso de uma fruta correspondente o que você fez, e depois a cole na sua árvore. Veja quanto fruto você consegue ter em sua árvore depois de uma semana.

Gálatas 5:22-25

vocês sejam circuncidados a fim de se glo-
riarem no corpo[a] de vocês. 14Quanto a mim,
que eu jamais me glorie, a não ser na cruz de
nosso Senhor Jesus Cristo, por meio da qual[b]
o mundo foi crucificado para mim, e eu pa-
ra o mundo. 15De nada vale ser circuncidado
ou não. O que importa é ser uma nova cria-
ção. 16Paz e misericórdia estejam sobre todos
os que andam conforme essa regra, e tam-
bém sobre o Israel de Deus.

17Sem mais, que ninguém me perturbe,
pois trago em meu corpo as marcas de Jesus.

18Irmãos, que a graça de nosso Senhor Je-
sus Cristo seja com o espírito de vocês. Amém.

[a] 6:13 Grego: *na carne.*
[b] 6:14 Ou *de quem*

Efésios

Quem escreveu este livro?

Paulo.

Por que este livro foi escrito?

A Carta aos Efésios mostra que igreja não é um prédio, mas são as pessoas que amam e obedecem a Jesus.

Para quem este livro foi escrito?

Esta é uma carta de Paulo enviada aos cristãos em Éfeso.

Quando este livro foi escrito?

A Carta aos Efésios foi escrito por volta de 60 d.C., em Roma, onde Paulo estava preso. (Veja o *Índice de mapas*, ao final desta Bíblia, para saber onde fica Roma.)

Alguns ensinamentos importantes deste livro:

O que Deus fez para nos salvar	Efésios 1:3-14
Deus dá vida em Cristo	Efésios 2:1-10
Jesus dá paz	Efésios 2:11-18
Como viver uma vida santa	Efésios 4:20-32
Pais e filhos	Efésios 6:1-4

Você sabia?

O que Deus fez para abençoar o cristão?

1:3 Este capítulo conta que Deus Pai escolheu o cristão, que Cristo morreu para perdoar-lhe e que o Espírito Santo fica com ele para protegê-lo e ajudá-lo. Paulo queria que os cristãos efésios se lembrassem de que tinham essas maravilhosas "bênçãos espirituais". Essas bênçãos também são suas se você crer em Jesus.

1Paulo, apóstolo de Cristo Jesus pela vontade de Deus,

aos santos e fiéis[a] em Cristo Jesus que estão em Éfeso[b]:

2A vocês, graça e paz da parte de Deus nosso Pai e do Senhor Jesus Cristo.

As bênçãos espirituais em Cristo

3Bendito seja o Deus e Pai de nosso Senhor Jesus Cristo, que nos abençoou com todas as bênçãos espirituais nas regiões celestiais em Cristo. 4Porque Deus nos escolheu nele antes da criação do mundo, para sermos santos e irrepreensíveis em sua presença. 5Em amor nos predestinou[c] para sermos adotados como filhos, por meio de Jesus Cristo, conforme o bom propósito da sua vontade, 6para o louvor da sua gloriosa graça, a qual nos deu gratuitamente no Amado.

7Nele temos a redenção por meio de seu sangue, o perdão dos pecados, de acordo com as riquezas da graça de Deus, 8a qual ele derramou sobre nós com toda a sabedoria e entendimento. 9E nos[d] revelou o mistério da sua vontade, de acordo com o seu bom propósito que ele estabeleceu em Cristo, 10isto é, de fazer convergir em Cristo todas as coisas, celestiais ou terrenas, na dispensação da plenitude dos tempos. 11Nele fomos também escolhidos[e], tendo sido predestinados conforme o plano daquele que faz todas as coisas segundo o propósito da sua vontade, 12a fim de que nós, os que primeiro esperamos em Cristo, sejamos para o louvor da sua glória.

13Quando vocês ouviram e creram na palavra da verdade, o evangelho que os salvou, vocês foram selados em Cristo com o Espírito Santo da promessa, 14que é a garantia da nossa herança até a redenção daqueles que pertencem a Deus, para o louvor da sua glória.

Ação de graças e oração

15Por essa razão, desde que ouvi falar da fé que vocês têm no Senhor Jesus e do amor que demonstram para com todos os santos, 16não deixo de dar graças por vocês, mencionando-os em minhas orações. 17Peço que o Deus de nosso Senhor Jesus Cristo, o glorioso Pai, lhes dê espírito[f] de sabedoria e de revelação, no pleno conhecimento dele. 18Oro também para que os olhos do coração de vocês sejam iluminados, a fim de que vocês conheçam a esperança para a qual ele os chamou, as riquezas da gloriosa herança dele nos santos 19e a incomparável grandeza do seu poder para conosco, os que cremos, conforme a atuação da sua poderosa força. 20Esse poder ele exerceu em Cristo, ressuscitando-o dos mortos e fazendo-o assentar-se à sua direita, nas regiões celestiais, 21muito acima de todo governo e autoridade, poder e domínio, e de todo nome que se possa mencionar, não apenas nesta era, mas também na que há de vir. 22Deus colocou todas as coisas debaixo de seus pés e o designou cabeça de todas as coisas para a igreja, 23que é o seu corpo, a plenitude daquele que enche todas as coisas, em toda e qualquer circunstância.

A nova vida em Cristo

2Vocês estavam mortos em suas transgressões e pecados, 2nos quais costumavam viver, quando seguiam a presente ordem[g] deste mundo e o príncipe do poder do ar, o espírito que agora está atuando nos que vivem na desobediência. 3Anteriormente, todos nós também vivíamos entre eles, satisfazendo as vontades da nossa carne[h], seguindo os seus desejos e pensamentos. Como os outros, éramos por natureza merecedores da ira. 4Todavia, Deus, que é rico em misericórdia, pelo grande amor com que nos amou, 5deu-nos vida com Cristo, quando ainda estávamos mortos em transgressões — pela graça vocês são salvos. 6Deus nos ressuscitou com Cristo e com ele nos fez assentar nas regiões

[a] 1:1 Ou *crentes*
[b] 1:1 Alguns manuscritos mais antigos não trazem *que estão em Éfeso*.
[c] 1:4-5 Ou *presença no amor. 5Ele nos predestinou*
[d] 1:8-9 Ou *nós. Com toda a sabedoria e entendimento 9nos*
[e] 1:11 Alguns manuscritos dizem *feitos herdeiros*.
[f] 1:17 Ou *o Espírito*
[g] 2:2 Grego: *era*.
[h] 2:3 Ou *natureza pecaminosa*

Palavras para memorizar

"Pois vocês são salvos pela graça, por meio da fé, e isto não vem de vocês, é dom de Deus."
(Efésios 2:8)

celestiais em Cristo Jesus, 7para mostrar, nas
eras que hão de vir, a incomparável riqueza
de sua graça, demonstrada em sua bondade
para conosco em Cristo Jesus. 8Pois vocês são
salvos pela graça, por meio da fé, e isto não
vem de vocês, é dom de Deus; 9não por obras,
para que ninguém se glorie. 10Porque somos
criação de Deus realizada em Cristo Jesus para
fazermos boas obras, as quais Deus preparou
antes para nós as praticarmos.

A nova humanidade em Cristo

11Portanto, lembrem-se de que anteriormente vocês eram gentios[a] por nascimento[b] e
chamados incircuncisão pelos que se chamam circuncisão, feita no corpo[c] por mãos
humanas, e que 12naquela época vocês estavam sem Cristo, separados da comunidade de
Israel, sendo estrangeiros quanto às alianças
da promessa, sem esperança e sem Deus no
mundo. 13Mas agora, em Cristo Jesus, vocês,
que antes estavam longe, foram aproximados mediante o sangue de Cristo.

14Pois ele é a nossa paz, o qual de ambos fez
um e destruiu a barreira, o muro de inimizade, 15anulando em seu corpo a Lei dos mandamentos expressa em ordenanças. O objetivo
dele era criar em si mesmo, dos dois, um novo homem, fazendo a paz, 16e reconciliar com
Deus os dois em um corpo, por meio da cruz,
pela qual ele destruiu a inimizade. 17Ele veio
e anunciou paz a vocês que estavam longe e
paz aos que estavam perto, 18pois por meio
dele tanto nós como vocês temos acesso ao
Pai, por um só Espírito.

19Portanto, vocês já não são estrangeiros
nem forasteiros, mas concidadãos dos santos e membros da família de Deus, 20edificados sobre o fundamento dos apóstolos e
dos profetas, tendo Jesus Cristo como pedra
angular, 21no qual todo o edifício é ajustado
e cresce para tornar-se um santuário santo no Senhor. 22Nele vocês também estão
sendo edificados juntos, para se tornarem
morada de Deus por seu Espírito.

O apóstolo dos gentios

3 Por essa razão oro, eu, Paulo, prisioneiro
de Cristo Jesus, em favor de vocês, gentios.
2Certamente vocês ouviram falar da responsabilidade imposta a mim em favor de
vocês pela graça de Deus, 3isto é, o mistério
que me foi dado a conhecer por revelação,
como já lhes escrevi em poucas palavras. 4Ao
lerem isso vocês poderão entender a minha
compreensão do mistério de Cristo. 5Esse
mistério não foi dado a conhecer aos homens
doutras gerações, mas agora foi revelado pelo Espírito aos santos apóstolos e profetas de
Deus, 6significando que, mediante o evangelho, os gentios são co-herdeiros com Israel,
membros do mesmo corpo, e co-participantes da promessa em Cristo Jesus. 7Deste evangelho me tornei ministro pelo dom da graça
de Deus, a mim concedida pela operação de
seu poder.

8Embora eu seja o menor dos menores de
todos os santos, foi-me concedida esta graça
de anunciar aos gentios as insondáveis riquezas de Cristo 9e esclarecer a todos a administração deste mistério que, durante as épocas
passadas, foi mantido oculto em Deus, que
criou todas as coisas. 10A intenção dessa graça
era que agora, mediante a igreja, a multiforme sabedoria de Deus se tornasse conhecida
dos poderes e autoridades nas regiões celestiais[d], 11de acordo com o seu eterno plano que
ele realizou em Cristo Jesus, nosso Senhor,
12por intermédio de quem temos livre acesso
a Deus em confiança, pela fé nele. 13Portanto,
peço-lhes que não desanimem por causa das
minhas tribulações em seu favor, pois elas
são uma glória para vocês.

A oração de Paulo pelos santos

14Por essa razão, ajoelho-me diante do Pai,
15do qual recebe o nome toda a família[e] nos
céus e na terra. 16Oro para que, com as suas
gloriosas riquezas, ele os fortaleça no íntimo
do seu ser com poder, por meio do seu Espírito, 17para que Cristo habite no coração de
vocês mediante a fé; e oro para que, estando arraigados e alicerçados em amor, 18vocês possam, juntamente com todos os santos,

[a] 2:11 Isto é, os que não são judeus; também em 3:1,6,8 e 4:17.
[b] 2:11 Grego: *gentios na carne*.
[c] 2:11 Grego: *carne*; também no versículo 15.
[d] 3:10 Ou *no mundo espiritual*
[e] 3:15 Ou *do qual se deriva toda a paternidade*

Palavras para memorizar

"[Deus] é capaz de fazer infinitamente mais do que tudo o que pedimos ou pensamos."

(Efésios 3:20)

compreender a largura, o comprimento, a altura e a profundidade, 19e conhecer o amor de Cristo que excede todo conhecimento, para que vocês sejam cheios de toda a plenitude de Deus.

20Àquele que é capaz de fazer infinitamente mais do que tudo o que pedimos ou pensamos, de acordo com o seu poder que atua em nós, 21a ele seja a glória na igreja e em Cristo Jesus, por todas as gerações, para todo o sempre! Amém!

A unidade do corpo de Cristo

4 Como prisioneiro no Senhor, rogo-lhes que vivam de maneira digna da vocação que receberam. 2Sejam completamente humildes e dóceis, e sejam pacientes, suportando uns aos outros com amor. 3Façam todo o esforço para conservar a unidade do Espírito pelo vínculo da paz. 4Há um só corpo e um só Espírito, assim como a esperança para a qual vocês foram chamados é uma só; 5há um só Senhor, uma só fé, um só batismo, 6um só Deus e Pai de todos, que é sobre todos, por meio de todos e em todos.

7E a cada um de nós foi concedida a graça, conforme a medida repartida por Cristo. 8Por isso é que foi dito:

> "Quando ele subiu em triunfo às
> alturas,
> levou cativos muitos prisioneiros,
> e deu dons aos homens"[a].

9(Que significa "ele subiu", senão que também havia descido às profundezas da terra[b]? 10Aquele que desceu é o mesmo que subiu acima de todos os céus, a fim de encher todas as coisas.) 11E ele designou alguns para apóstolos, outros para profetas, outros para evangelistas, e outros para pastores e mestres, 12com o fim de preparar os santos para a obra do ministério, para que o corpo de Cristo seja edificado, 13até que todos alcancemos a unidade da fé e do conhecimento do Filho de Deus, e cheguemos à maturidade, atingindo a medida da plenitude de Cristo. 14O propósito é que não sejamos mais como crianças, levados de um lado para outro pelas ondas, nem jogados para cá e para lá por todo vento de doutrina e pela astúcia e esperteza de homens que induzem ao erro. 15Antes, seguindo a verdade em amor, cresçamos em tudo naquele que é a cabeça, Cristo. 16Dele todo o corpo, ajustado e unido pelo auxílio de todas as juntas, cresce e edifica-se a si mesmo em amor, na medida em que cada parte realiza a sua função.

O procedimento dos filhos da luz

17Assim, eu lhes digo, e no Senhor insisto, que não vivam mais como os gentios, que vivem na inutilidade dos seus pensamentos. 18Eles estão obscurecidos no entendimento e separados da vida de Deus por causa da ignorância em que estão, devido ao endurecimento do seu coração. 19Tendo perdido toda a sensibilidade, eles se entregaram à depravação, cometendo com avidez toda espécie de impureza.

20Todavia, não foi isso que vocês aprenderam de Cristo. 21De fato, vocês ouviram falar dele, e nele foram ensinados de acordo com a verdade que está em Jesus. 22Quanto à antiga maneira de viver, vocês foram ensinados a despir-se do velho homem[c], que se corrompe por desejos enganosos, 23a serem renovados no modo de pensar e 24a revestir-se do novo homem, criado para ser semelhante a Deus em justiça e em santidade provenientes da verdade.

25Portanto, cada um de vocês deve abandonar a mentira e falar a verdade ao seu próximo, pois todos somos membros de um mesmo corpo. 26"Quando vocês ficarem irados, não pequem"[d]. Apaziguem a sua ira antes que o sol se ponha, 27e não deem lugar ao Diabo. 28O que furtava não furte mais; antes trabalhe, fazendo algo de útil com as mãos, para que tenha o que repartir com quem estiver em necessidade.

29Nenhuma palavra torpe saia da boca de vocês, mas apenas a que for útil para edificar os outros, conforme a necessidade, para que conceda graça aos que a ouvem. 30Não

[a] 4:8 Sl 68:18
[b] 4:9 Ou *regiões mais baixas, à terra*
[c] 4:22 Isto é, da velha vida dos não regenerados.
[d] 4:26 Sl 4:4

Palavras para memorizar

"Sejam imitadores de Deus, como filhos amados, e vivam em amor."
(Efésios 5:1-2)

entristeçam o Espírito Santo de Deus, com
o qual vocês foram selados para o dia da re-
denção. 31Livrem-se de toda amargura, indig-
nação e ira, gritaria e calúnia, bem como de
toda maldade. 32Sejam bondosos e compas-
sivos uns para com os outros, perdoando-se
mutuamente, assim como Deus os perdoou
em Cristo.

5 Portanto, sejam imitadores de Deus, como
filhos amados, 2e vivam em amor, como
também Cristo nos amou e se entregou por
nós como oferta e sacrifício de aroma agra-
dável a Deus.

3Entre vocês não deve haver nem sequer
menção de imoralidade sexual como tam-
bém de nenhuma espécie de impureza e de
cobiça; pois essas coisas não são próprias
para os santos. 4Não haja obscenidade, nem
conversas tolas, nem gracejos imorais, que
são inconvenientes, mas, ao invés disso,
ações de graças. 5Porque vocês podem estar
certos disto: nenhum imoral, ou impuro,
ou ganancioso, que é idólatra, tem herança
no Reino de Cristo e de Deus[a]. 6Ninguém os
engane com palavras tolas, pois é por causa
dessas coisas que a ira de Deus vem sobre os
que vivem na desobediência. 7Portanto, não
participem com eles dessas coisas.

8Porque outrora vocês eram trevas, mas
agora são luz no Senhor. Vivam como filhos
da luz, 9pois o fruto da luz[b] consiste em toda
bondade, justiça e verdade; 10e aprendam a
discernir o que é agradável ao Senhor. 11Não
participem das obras infrutíferas das trevas;
antes, exponham-nas à luz. 12Porque aquilo
que eles fazem em oculto, até mencionar é
vergonhoso. 13Mas, tudo o que é exposto pe-
la luz torna-se visível, pois a luz torna visí-
veis todas as coisas. 14Por isso é que foi dito:

"Desperta, ó tu que dormes,
levanta-te dentre os mortos
e Cristo resplandecerá
sobre ti".

Vida em comunidade

15Tenham cuidado com a maneira como
vocês vivem; que não seja como insensatos,
mas como sábios, 16aproveitando ao máxi-
mo cada oportunidade, porque os dias são
maus. 17Portanto, não sejam insensatos, mas
procurem compreender qual é a vontade do
Senhor. 18Não se embriaguem com vinho,
que leva à libertinagem, mas deixem-se en-
cher pelo Espírito, 19falando entre si com
salmos, hinos e cânticos espirituais, cantan-
do e louvando de coração ao Senhor, 20dan-
do graças constantemente a Deus Pai por
todas as coisas, em nome de nosso Senhor
Jesus Cristo.

21Sujeitem-se uns aos outros, por temor a
Cristo.

[a] 5:5 Ou *Cristo e Deus*

[b] 5:9 Alguns manuscritos dizem *o fruto do Espírito*.

Aprender a linguagem de Deus

A maior parte do Antigo Testamento foi escrita em hebraico, o Novo Testamento foi escrito em grego, mas Deus tem uma linguagem especial para os cristãos.

Leia Efésios 4:29-32 e converse sobre estas questões com seus pais ou avós: "Quais são algumas coisas que um cristão que fala a linguagem de Deus nunca diria? Que coisas um cristão que fala a linguagem de Deus poderia dizer aos outros?".

Experimente!

Efésios 4:29-32

Você sabia?

Como os cristãos devem viver?

5:15 Os cristãos não devem ser como as outras pessoas. Eles devem ser amorosos, bondosos e perdoadores. Efésios 4—5 fala como viver para agradar a Deus.

Palavras para memorizar

"Filhos, obedeçam a seus pais no Senhor, pois isso é justo."
(Efésios 6:1)

Deveres conjugais

22 Mulheres, sujeite-se cada uma a seu ma-
rido, como ao Senhor, 23 pois o marido é o ca-
beça da mulher, como também Cristo é o
cabeça da igreja, que é o seu corpo, do qual
ele é o Salvador. 24 Assim como a igreja está
sujeita a Cristo, também as mulheres estejam
em tudo sujeitas a seus maridos.
25 Maridos, ame cada um a sua mulher,
assim como Cristo amou a igreja e entre-
gou-se por ela 26 para santificá-la, tendo-a
purificado pelo lavar da água mediante a
palavra, 27 e para apresentá-la a si mesmo co-
mo igreja gloriosa, sem mancha nem ruga
ou coisa semelhante, mas santa e inculpável.
28 Da mesma forma, os maridos devem amar
cada um a sua mulher como a seu próprio
corpo. Quem ama sua mulher, ama a si mes-
mo. 29 Além do mais, ninguém jamais odiou
o seu próprio corpo[a], antes o alimenta e dele
cuida, como também Cristo faz com a igreja,
30 pois somos membros do seu corpo. 31 "Por
essa razão, o homem deixará pai e mãe e se
unirá à sua mulher, e os dois se tornarão uma
só carne."[b] 32 Este é um mistério profundo; re-
firo-me, porém, a Cristo e à igreja. 33 Portanto,
cada um de vocês também ame a sua mulher
como a si mesmo, e a mulher trate o marido
com todo o respeito.

Deveres de pais e filhos

6 Filhos, obedeçam a seus pais no Senhor,
pois isso é justo. 2 "Honra teu pai e tua
mãe" — este é o primeiro mandamento com
promessa — 3 "para que tudo te corra bem e
tenhas longa vida sobre a terra"[c].
4 Pais, não irritem seus filhos; antes criem-
-nos segundo a instrução e o conselho do Se-
nhor.

Deveres de escravos e senhores

5 Escravos, obedeçam a seus senhores terre-
nos com respeito e temor, com sinceridade de
coração, como a Cristo. 6 Obedeçam-lhes, não
apenas para agradá-los quando eles os obser-
vam, mas como escravos de Cristo, fazendo de
coração a vontade de Deus. 7 Sirvam aos seus
senhores de boa vontade, como servindo ao
Senhor, e não aos homens, 8 porque vocês sa-
bem que o Senhor recompensará cada um pe-
lo bem que praticar, seja escravo, seja livre.
9 Vocês, senhores, tratem seus escravos da
mesma forma. Não os ameacem, uma vez
que vocês sabem que o Senhor deles e de
vocês está nos céus, e ele não faz diferença
entre as pessoas.

A armadura de Deus

10 Finalmente, fortaleçam-se no Senhor e no
seu forte poder. 11 Vistam toda a armadura de
Deus, para poderem ficar firmes contra as ci-
ladas do Diabo, 12 pois a nossa luta não é contra
seres humanos[d], mas contra os poderes e au-
toridades, contra os dominadores deste mun-
do de trevas, contra as forças espirituais do
mal nas regiões celestiais[e]. 13 Por isso, vistam
toda a armadura de Deus, para que possam
resistir no dia mau e permanecer inabaláveis,
depois de terem feito tudo. 14 Assim, mante-
nham-se firmes, cingindo-se com o cinto da
verdade, vestindo a couraça da justiça 15 e ten-
do os pés calçados com a prontidão do evan-
gelho da paz. 16 Além disso, usem o escudo da
fé, com o qual vocês poderão apagar todas as
setas inflamadas do Maligno. 17 Usem o capa-
cete da salvação e a espada do Espírito, que
é a palavra de Deus. 18 Orem no Espírito em
todas as ocasiões, com toda oração e súpli-
ca; tendo isso em mente, estejam atentos e
perseverem na oração por todos os santos.
19 Orem também por mim, para que, quan-
do eu falar, seja-me dada a mensagem a fim

[a] 5:29 Grego: *carne.*
[b] 5:31 Gn 2:24
[c] 6:3 Dt 5:16

[d] 6:12 Grego: *contra carne e sangue.*
[e] 6:12 Ou *no mundo espiritual*

de que, destemidamente, torne conhecido o
mistério do evangelho, [20]pelo qual sou em-
baixador preso em correntes. Orem para que,
permanecendo nele, eu fale com coragem,
como me cumpre fazer.

Saudações finais

[21]Tíquico, o irmão amado e fiel servo do
Senhor, lhes informará tudo, para que vocês
também saibam qual é a minha situação e o
que estou fazendo. [22]Enviei-o a vocês por es-
sa mesma razão, para que saibam como es-
tamos e para que ele os encoraje.

[23]Paz seja com os irmãos, e amor com fé da
parte de Deus Pai e do Senhor Jesus Cristo. [24]A
graça seja com todos os que amam a nosso
Senhor Jesus Cristo com amor incorruptível.

A vida nos tempos da Bíblia

Uma armadura de soldado

A armadura de soldado romano descrita pelo apóstolo Paulo mostra como ele estava familiarizado com os soldados romanos e o que eles vestiam. Cada parte da armadura era importante para defesa contra as armas dos inimigos. Leia Efésios 6:10-18 para ver todas as partes da armadura de soldado e agora compare essa armadura com a que você, como cristão, deve usar.

Filipenses

Quem escreveu este livro?

Paulo.

Por que este livro foi escrito?

Esta carta agradece às pessoas por seu amor e seus presentes, e lhes dá instruções sobre como viver uma boa vida cristã.

Para quem este livro foi escrito?

Esta é uma carta de Paulo enviada aos cristãos em Filipos.

Quando este livro foi escrito?

A Carta aos Filipenses foi escrita por volta de 61 d.C., em Roma, onde Paulo estava preso. (Veja o *Índice de mapas*, ao final desta Bíblia, para saber onde fica Roma.)

Alguns ensinamentos importantes deste livro:

Viva como bom cristão	Filipenses 1:27-30
Viva com humildade	Filipenses 2:1-4
A humildade de Jesus	Filipenses 2:5-11
O alvo do cristão	Filipenses 3:12-16
Como estar em paz	Filipenses 4:4-7
Pense em coisas boas	Filipenses 4:8-9

1 Paulo e Timóteo, servos[a] de Cristo Jesus, a todos os santos em Cristo Jesus que estão em Filipos, com os bispos[b] e diáconos:

2A vocês, graça e paz da parte de Deus nosso Pai e do Senhor Jesus Cristo.

Ação de graças e oração

3Agradeço a meu Deus toda vez que me lembro de vocês. 4Em todas as minhas orações em favor de vocês, sempre oro com alegria 5por causa da cooperação que vocês têm dado ao evangelho, desde o primeiro dia até agora. 6Estou convencido de que aquele que começou boa obra em vocês, vai completá-la até o dia de Cristo Jesus.

7É justo que eu assim me sinta a respeito de todos vocês, uma vez que os tenho em meu coração, pois, quer nas correntes que me prendem, quer defendendo e confirmando o evangelho, todos vocês participam comigo da graça de Deus. 8Deus é minha testemunha de como tenho saudade de todos vocês, com a profunda afeição de Cristo Jesus.

9Esta é a minha oração: Que o amor de vocês aumente cada vez mais em conhecimento e em toda a percepção, 10para discernirem o que é melhor, a fim de serem puros e irrepreensíveis até o dia de Cristo, 11cheios do fruto da justiça, fruto que vem por meio de Jesus Cristo, para glória e louvor de Deus.

Os sofrimentos de Paulo contribuem para a expansão do evangelho

12Quero que saibam, irmãos, que aquilo que me aconteceu tem, ao contrário, servido para o progresso do evangelho. 13Como resultado, tornou-se evidente a toda a guarda do palácio[c] e a todos os demais que estou na prisão por causa de Cristo. 14E os irmãos, em sua maioria, motivados no Senhor pela minha prisão, estão anunciando a palavra[d] com maior determinação e destemor.

15É verdade que alguns pregam Cristo por inveja e rivalidade, mas outros o fazem de boa vontade. 16Estes o fazem por amor, sabendo que aqui me encontro para a defesa do evangelho. 17Aqueles pregam Cristo por ambição egoísta, sem sinceridade, pensando que me podem causar sofrimento enquanto estou preso.[e] 18Mas, que importa? O importante é que de qualquer forma, seja por motivos falsos ou verdadeiros, Cristo está sendo pregado, e por isso me alegro.

De fato, continuarei a alegrar-me, 19pois sei que o que me aconteceu resultará em minha libertação[f], graças às orações de vocês e ao auxílio do Espírito de Jesus Cristo. 20Aguardo ansiosamente e espero que em nada serei envergonhado. Ao contrário, com toda a determinação de sempre, também agora Cristo será engrandecido em meu corpo, quer pela vida, quer pela morte; 21porque para mim o viver é Cristo e o morrer é lucro. 22Caso continue vivendo no corpo[g], terei fruto do meu trabalho. E já não sei o que escolher! 23Estou pressionado dos dois lados: desejo partir e estar com Cristo, o que é muito melhor; 24contudo, é mais necessário, por causa de vocês, que eu permaneça no corpo. 25Convencido disso, sei que vou permanecer e continuar com todos vocês, para o seu progresso e alegria na fé, 26a fim de que, pela minha presença, outra vez a exultação de vocês em Cristo Jesus transborde por minha causa.

27Não importa o que aconteça, exerçam a sua cidadania de maneira digna do evangelho de Cristo, para que assim, quer eu vá e os veja, quer apenas ouça a seu respeito em minha ausência, fique eu sabendo que vocês permanecem firmes num só espírito, lutando unânimes pela fé evangélica, 28sem de forma alguma deixar-se intimidar por aqueles que se opõem a vocês. Para eles isso é sinal de destruição, mas para vocês, de salvação, e isso da parte de Deus; 29pois a vocês foi dado o privilégio de não apenas crer em Cristo, mas também de sofrer por ele, 30já que estão

[a] 1:1 Isto é, escravos.
[b] 1:1 Grego: *epíscopos*. Palavra que descreve a pessoa que exerce função pastoral.

Você sabia?

De que modo Paulo demonstrava amor pelos filipenses?

1:9 Paulo mostrava seu amor pelos filipenses ao orar por eles. Ele orou para que eles crescessem e amadurecessem na caminhada com Deus e você também pode orar pelas pessoas que ama.

[c] 1:13 Ou *a todo o palácio*. Isto é, o Pretório, residência oficial do governador romano.
[d] 1:14 Alguns manuscritos dizem *a palavra de Deus*.
[e] 1:16-17 Alguns manuscritos apresentam os versículos 16 e 17 em ordem inversa.
[f] 1:19 Ou *salvação*
[g] 1:22 Grego: *na carne*; também no versículo 24.

passando pelo mesmo combate que me vi-
ram enfrentar e agora ouvem que ainda en-
frento.

A humildade cristã

2 Se por estarmos em Cristo nós temos al-
guma motivação, alguma exortação de
amor, alguma comunhão no Espírito, algu-
ma profunda afeição e compaixão, [2]comple-
tem a minha alegria, tendo o mesmo modo
de pensar, o mesmo amor, um só espírito e
uma só atitude. [3]Nada façam por ambição
egoísta ou por vaidade, mas humildemente
considerem os outros superiores a si mesmos.
[4]Cada um cuide, não somente dos seus inte-
resses, mas também dos interesses dos outros.
[5]Seja a atitude de vocês a mesma de Cris-
to Jesus,

[6]que, embora sendo Deus[a],
não considerou
que o ser igual a Deus
era algo a que devia apegar-se;
[7]mas esvaziou-se a si mesmo,
vindo a ser servo[b],
tornando-se semelhante
aos homens.
[8]E, sendo encontrado
em forma[c] humana,
humilhou-se a si mesmo
e foi obediente até a morte,
e morte de cruz!
[9]Por isso Deus o exaltou
à mais alta posição
e lhe deu o nome que está acima de
todo nome,

[a] 2:6 Ou *existindo na forma de Deus*
[b] 2:7 Ou *assumindo a forma de escravo*
[c] 2:8 Ou *figura*

Palavras para memorizar

"Façam tudo sem queixas nem discussões."

(Filipenses 2:14)

[10]para que ao nome de Jesus
se dobre todo joelho,
nos céus, na terra
e debaixo da terra,
[11]e toda língua confesse que Jesus
Cristo é o Senhor,
para a glória de Deus Pai.

Brilhando como estrelas

[12]Assim, meus amados, como sempre vocês
obedeceram, não apenas na minha presença,
porém muito mais agora na minha ausência,
ponham em ação a salvação de vocês com
temor e tremor, [13]pois é Deus quem efetua
em vocês tanto o querer quanto o realizar,
de acordo com a boa vontade dele.
[14]Façam tudo sem queixas nem discussões,
[15]para que venham a tornar-se puros e irre-
preensíveis, filhos de Deus inculpáveis no
meio de uma geração corrompida e depra-
vada, na qual vocês brilham como estrelas
no universo, [16]retendo firmemente a palavra[d]
da vida. Assim, no dia de Cristo eu me or-
gulharei de não ter corrido nem me esfor-
çado inutilmente. [17]Contudo, mesmo que eu

[d] 2:16 Ou *firmando-se na palavra*

Siga o exemplo de Jesus

Um cristão humilde não é egoísta ou convencido e considera o sentimento dos outros, e não apenas os seus próprios. Leia Filipenses 2:1-11 e responda: "De que modo Jesus mostrou humildade?". Pense em como você pode seguir o exemplo de Jesus nas situações a seguir:

1. Uma criança pequena cai e se machuca a caminho da escola;
2. Um estudante novo se esquece de levar lanche em um passeio da escola;
3. Você e seu irmão não concordam sobre o jogo de videogame que querem jogar.

Experimente!

Filipenses 2:1-11

esteja sendo derramado como oferta de bebida[a] sobre o serviço que provém da fé que vocês têm, o sacrifício que oferecem a Deus, estou alegre e me regozijo com todos vocês. 18Estejam vocês também alegres, e regozijem-se comigo.

Timóteo e Epafrodito

19Espero no Senhor Jesus enviar-lhes Timóteo brevemente, para que eu também me sinta animado quando receber notícias de vocês. 20Não tenho ninguém que, como ele, tenha interesse sincero pelo bem-estar de vocês, 21pois todos buscam os seus próprios interesses e não os de Jesus Cristo. 22Mas vocês sabem que Timóteo foi aprovado porque serviu comigo no trabalho do evangelho como um filho ao lado de seu pai. 23Portanto, é ele quem espero enviar, tão logo me certifique da minha situação, 24confiando no Senhor que em breve também poderei ir.

25Contudo, penso que será necessário enviar-lhes de volta Epafrodito, meu irmão, cooperador e companheiro de lutas, mensageiro que vocês enviaram para atender às minhas necessidades. 26Pois ele tem saudade de todos vocês e está angustiado porque ficaram sabendo que ele esteve doente. 27De fato, ficou doente e quase morreu. Mas Deus teve misericórdia dele, e não somente dele, mas também de mim, para que eu não tivesse tristeza sobre tristeza. 28Por isso, logo o enviarei, para que, quando o virem novamente, fiquem alegres e eu tenha menos tristeza. 29E peço que vocês o recebam no Senhor com grande alegria e honrem homens como este, 30porque ele quase morreu por amor à causa de Cristo, arriscando a vida para suprir a ajuda que vocês não me podiam dar.

Plena confiança em Cristo

3 Finalmente, meus irmãos, alegrem-se no Senhor! Escrever-lhes de novo as mesmas coisas não é cansativo para mim e é uma segurança para vocês.

2Cuidado com os "cães", cuidado com esses que praticam o mal, cuidado com a falsa circuncisão[b]! 3Pois nós é que somos a circuncisão, nós que adoramos pelo Espírito de Deus, que nos gloriamos em Cristo Jesus e não temos confiança alguma na carne, 4embora eu mesmo tivesse razões para ter tal confiança.

Se alguém pensa que tem razões para confiar na carne, eu ainda mais: 5circuncidado no oitavo dia de vida, pertencente ao povo de Israel, à tribo de Benjamim, verdadeiro hebreu; quanto à Lei, fariseu; 6quanto ao zelo, perseguidor da igreja; quanto à justiça que há na Lei, irrepreensível.

7Mas o que para mim era lucro, passei a considerar como perda, por causa de Cristo. 8Mais do que isso, considero tudo como perda, comparado com a suprema grandeza do conhecimento de Cristo Jesus, meu Senhor, por quem perdi todas as coisas. Eu as considero como esterco para poder ganhar Cristo 9e ser encontrado nele, não tendo a minha própria justiça que procede da Lei, mas a que vem mediante a fé em Cristo, a justiça que procede de Deus e se baseia na fé. 10Quero conhecer Cristo, o poder da sua ressurreição e a participação em seus sofrimentos, tornando-me como ele em sua morte 11para, de alguma forma, alcançar a ressurreição dentre os mortos.

Prosseguindo para o alvo

12Não que eu já tenha obtido tudo isso ou tenha sido aperfeiçoado, mas prossigo para alcançá-lo, pois para isso também fui alcançado por Cristo Jesus. 13Irmãos, não penso que eu mesmo já o tenha alcançado, mas uma coisa faço: esquecendo-me das coisas que ficaram para trás e avançando para as que estão adiante, 14prossigo para o alvo, a fim de ganhar o prêmio do chamado celestial de Deus em Cristo Jesus.

15Todos nós que alcançamos a maturidade devemos ver as coisas dessa forma, e, se em algum aspecto vocês pensam de modo diferente, isso também Deus lhes esclarecerá. 16Tão somente vivamos de acordo com o que já alcançamos.

17Irmãos, sigam unidos o meu exemplo e observem os que vivem de acordo com o padrão que lhes apresentamos. 18Pois, como já lhes disse repetidas vezes, e agora repito com lágrimas, há muitos que vivem como inimigos da cruz de Cristo. 19O destino deles é a perdição, o seu deus é o estômago e eles têm orgulho do que é vergonhoso; só pensam nas coisas terrenas. 20A nossa cidadania, porém, está nos céus, de onde esperamos ansiosamente o Salvador, o Senhor Jesus Cristo. 21Pelo poder que o capacita a colocar todas as coisas debaixo do seu domínio, ele transformará os nossos corpos humilhados, tornando-os semelhantes ao seu corpo glorioso.

[a] 2:17 Veja Nm 28:7.
[b] 3:2 Grego: *mutilação*.

4 Portanto, meus irmãos, a quem amo e de
quem tenho saudade, vocês que são a mi-
nha alegria e a minha coroa, permaneçam
assim firmes no Senhor, ó amados!

Exortações

2O que eu rogo a Evódia e também a Sín-
tique é que vivam em harmonia no Senhor.
3Sim, e peço a você, leal companheiro de ju-
go[a], que as ajude; pois lutaram ao meu la-
do na causa do evangelho, com Clemente e
meus demais cooperadores. Os seus nomes
estão no livro da vida.
4Alegrem-se sempre no Senhor. Novamen-
te direi: Alegrem-se! 5Seja a amabilidade de
vocês conhecida por todos. Perto está o Se-
nhor. 6Não andem ansiosos por coisa alguma,
mas em tudo, pela oração e súplicas, e com
ação de graças, apresentem seus pedidos a
Deus. 7E a paz de Deus, que excede todo o en-
tendimento, guardará o coração e a mente de
vocês em Cristo Jesus.
8Finalmente, irmãos, tudo o que for ver-
dadeiro, tudo o que for nobre, tudo o que
for correto, tudo o que for puro, tudo o
que for amável, tudo o que for de boa fa-
ma, se houver algo de excelente ou digno de
louvor, pensem nessas coisas. 9Ponham em
prática tudo o que vocês aprenderam, rece-
beram, ouviram e viram em mim. E o Deus
da paz estará com vocês.

Agradecimentos pelas ofertas

10Alegro-me grandemente no Senhor,
porque finalmente vocês renovaram o seu
interesse por mim. De fato, vocês já se in-
teressavam, mas não tinham oportunidade
para demonstrá-lo. 11Não estou dizendo is-
so porque esteja necessitado, pois aprendi a
adaptar-me a toda e qualquer circunstância.
12Sei o que é passar necessidade e sei o que é
ter fartura. Aprendi o segredo de viver con-
tente em toda e qualquer situação, seja bem
alimentado, seja com fome, tendo muito, ou
passando necessidade. 13Tudo posso naquele
que me fortalece.
14Apesar disso, vocês fizeram bem em par-
ticipar de minhas tribulações. 15Como vocês
sabem, filipenses, nos seus primeiros dias
no evangelho, quando parti da Macedônia,
nenhuma igreja partilhou comigo no que se
refere a dar e receber, exceto vocês; 16pois,
estando eu em Tessalônica, vocês me man-
daram ajuda, não apenas uma vez, mas duas,
quando tive necessidade. 17Não que eu este-
ja procurando ofertas, mas o que pode ser
creditado na conta de vocês. 18Recebi tudo,

[a] 4:3 Ou *leal Sízigo*

Palavras para memorizar

"Tudo posso naquele que me fortalece."

(Filipenses 4:13)

A vida nos tempos da Bíblia

Corrida

Nos jogos olímpicos gregos e em outros jogos, os corredores competiam para ver quem chegava primeiro a um alvo de madeira. Em vez de uma faixa, um alvo de madeira é que marcava o final da corrida.

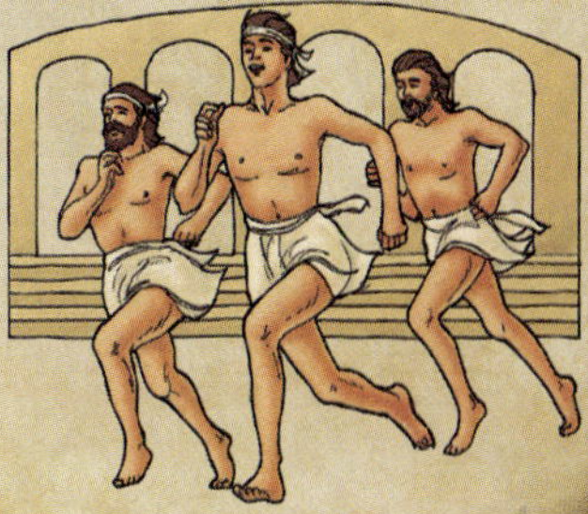

e o que tenho é mais que suficiente. Estou
amplamente suprido, agora que recebi de
Epafrodito os donativos que vocês enviaram.
São uma oferta de aroma suave, um sacri-
fício aceitável e agradável a Deus. 19 O meu
Deus suprirá todas as necessidades de vocês,
de acordo com as suas gloriosas riquezas em
Cristo Jesus.
20 A nosso Deus e Pai seja a glória para todo
o sempre. Amém.

Saudações finais

21 Saúdem a todos os santos em Cristo Jesus.
Os irmãos que estão comigo enviam sauda-
ções. 22 Todos os santos lhes enviam sauda-
ções, especialmente os que estão no palácio
de César.
23 A graça do Senhor Jesus Cristo seja com
o espírito de vocês. Amém.[a]

[a] 4:23 Alguns manuscritos não trazem *Amém*.

O que você está pensando?

Experimente!

Leia Filipenses 4:8-9. Em que Deus quer que nós pensemos?

É relativamente fácil que as pessoas pensem em coisas ruins, e muitas vezes temos pensamentos ruins porque colocamos coisas ruins na cabeça, talvez assistindo a um programa violento de TV, brincando com amigos que usam uma linguagem feia ou ouvindo certos tipos de música.

Agora pense em três maneiras de colocar coisas boas em sua mente, mostre a lista para seus pais e pergunte o que eles acharam?

Filipenses 4:8-9

Colossenses

Quem escreveu este livro?
Paulo.

Por que este livro foi escrito?
A carta aos Colossenses mostra que Jesus é supremo e que ele nos salva completamente.

Para quem este livro foi escrito?
Esta é uma carta de Paulo enviada aos cristãos em Colossos.

Quando este livro foi escrito?
A Carta aos Colossenses foi escrita por volta de 60 d.C., em Roma, onde Paulo estava preso. (Veja o *Índice de mapas*, ao final desta Bíblia, para saber onde fica Roma.)

Alguns ensinamentos importantes deste livro:

Jesus é supremo — Colossenses 1:15-20

Jesus perdoa nossos pecados — Colossenses 2:13-15

Como viver uma vida santa — Colossenses 3:12-17

1 Paulo, apóstolo de Cristo Jesus pela vontade de Deus, e o irmão Timóteo,

[2]aos santos e fiéis[a] irmãos em Cristo que estão em Colossos:

A vocês, graça e paz da parte de Deus nosso Pai e do Senhor Jesus Cristo[b].

Ação de graças

[3]Sempre agradecemos a Deus, o Pai de nosso Senhor Jesus Cristo, quando oramos por vocês, [4]pois temos ouvido falar da fé que vocês têm em Cristo Jesus e do amor que têm por todos os santos, [5]por causa da esperança que lhes está reservada nos céus, a respeito da qual vocês ouviram por meio da palavra da verdade, o evangelho [6]que chegou até vocês. Por todo o mundo este evangelho vai frutificando e crescendo, como também ocorre entre vocês, desde o dia em que o ouviram e entenderam a graça de Deus em toda a sua verdade. [7]Vocês o aprenderam de Epafras, nosso amado cooperador, fiel ministro de Cristo para conosco[c], [8]que também nos falou do amor que vocês têm no Espírito.

[9]Por essa razão, desde o dia em que o ouvimos, não deixamos de orar por vocês e de pedir que sejam cheios do pleno conhecimento da vontade de Deus, com toda a sabedoria e entendimento espiritual. [10]E isso para que vocês vivam de maneira digna do Senhor e em tudo possam agradá-lo, frutificando em toda boa obra, crescendo no conhecimento de Deus e [11]sendo fortalecidos com todo o poder, de acordo com a força da sua glória, para que tenham toda a perseverança e paciência com alegria, [12]dando graças ao Pai, que nos[d] tornou dignos de participar da herança dos santos no reino da luz. [13]Pois ele nos resgatou do domínio das trevas e nos transportou para o Reino do seu Filho amado, [14]em quem temos a redenção[e], a saber, o perdão dos pecados.

A supremacia de Cristo

[15]Ele é a imagem
do Deus invisível,
o primogênito
sobre toda a criação,
[16]pois nele foram criadas
todas as coisas
nos céus e na terra,
as visíveis e as invisíveis,
sejam tronos ou soberanias,
poderes ou autoridades;
todas as coisas foram criadas por ele e
para ele.
[17]Ele é antes de todas as coisas,
e nele tudo subsiste.
[18]Ele é a cabeça do corpo,
que é a igreja;
é o princípio e o primogênito
dentre os mortos,
para que em tudo tenha a supremacia.
[19]Pois foi do agrado de Deus
que nele habitasse toda a
plenitude,[f]
[20]e por meio dele reconciliasse
consigo
todas as coisas,
tanto as que estão na terra
quanto as que estão nos céus,
estabelecendo a paz
pelo seu sangue derramado na cruz.

[21]Antes vocês estavam separados de Deus e, na mente de vocês, eram inimigos por causa do mau[g] procedimento de vocês. [22]Mas agora ele os reconciliou pelo corpo físico de Cristo[h], mediante a morte, para apresentá-los diante dele santos, inculpáveis e livres de qualquer acusação, [23]desde que continuem alicerçados e firmes na fé, sem se afastarem da esperança do evangelho, que vocês ouviram e que tem sido proclamado a todos os que estão debaixo do céu. Esse é o evangelho do qual eu, Paulo, me tornei ministro.

Você sabia?

Jesus é realmente Deus?

1:15 Sim, Jesus é realmente Deus. O texto de Colossenses 1:15-20 nos diz que Jesus é a imagem de Deus Pai. Deus Pai é invisível, mas Jesus nos mostra como o Pai é — Jesus é "o resplendor da glória de Deus" (Hebreus 1:3), o que significa que ele é o reflexo claro e brilhante de Deus Pai. Além disso, Jesus criou todas as coisas e é mais poderoso do que qualquer outro ser.

[a] 1:2 Ou *crentes*
[b] 1:2 Vários manuscritos não trazem *e do Senhor Jesus Cristo*.
[c] 1:7 Vários manuscritos dizem *para com vocês*.
[d] 1:12 Alguns manuscritos dizem *os*.
[e] 1:14 Alguns manuscritos dizem *redenção por meio do seu sangue*.
[f] 1:19 Ou *Pois toda a plenitude agradou-se em habitar nele*,
[g] 1:21 Ou *conforme demonstrado pelo mau*
[h] 1:22 Grego: *corpo da sua carne*.

O trabalho de Paulo pela igreja

[24]Agora me alegro em meus sofrimentos por vocês, e completo no meu corpo[a] o que resta das aflições de Cristo, em favor do seu corpo, que é a igreja. [25]Dela me tornei ministro de acordo com a responsabilidade, por Deus a mim atribuída, de apresentar-lhes plenamente a palavra de Deus, [26]o mistério que esteve oculto durante épocas e gerações, mas que agora foi manifestado a seus santos. [27]A ele quis Deus dar a conhecer entre os gentios[b] a gloriosa riqueza deste mistério, que é Cristo em vocês, a esperança da glória.

[28]Nós o proclamamos, advertindo e ensinando a cada um com toda a sabedoria, para que apresentemos todo homem perfeito em Cristo. [29]Para isso eu me esforço, lutando conforme a sua força, que atua poderosamente em mim.

2 Quero que vocês saibam quanto estou lutando por vocês, pelos que estão em Laodiceia e por todos os que ainda não me conhecem pessoalmente. [2]Esforço-me para que eles sejam fortalecidos em seu coração, estejam unidos em amor e alcancem toda a riqueza do pleno entendimento, a fim de conhecerem plenamente o mistério de Deus, a saber, Cristo. [3]Nele estão escondidos todos os tesouros da sabedoria e do conhecimento. [4]Eu lhes digo isso para que ninguém os engane com argumentos que só parecem convincentes. [5]Porque, embora esteja fisicamente longe de vocês, em espírito estou presente, e me alegro em ver como estão vivendo em ordem e como está firme a fé que vocês têm em Cristo.

Livres do legalismo por meio de Cristo

[6]Portanto, assim como vocês receberam Cristo Jesus, o Senhor, continuem a viver nele, [7]enraizados e edificados nele, firmados na fé, como foram ensinados, transbordando de gratidão.

[8]Tenham cuidado para que ninguém os escravize a filosofias vãs e enganosas, que se fundamentam nas tradições humanas e nos princípios elementares deste mundo, e não em Cristo.

[9]Pois em Cristo habita corporalmente toda a plenitude da divindade, [10]e, por estarem nele, que é o Cabeça de todo poder e autoridade, vocês receberam a plenitude. [11]Nele também vocês foram circuncidados, não com uma circuncisão feita por mãos humanas,

Palavras para memorizar

"Ele nos perdoou todas as transgressões."
(Colossenses 2:13)

mas com a circuncisão feita por Cristo, que é o despojar do corpo da carne[c]. [12]Isso aconteceu quando vocês foram sepultados com ele no batismo, e com ele foram ressuscitados mediante a fé no poder de Deus que o ressuscitou dentre os mortos.

[13]Quando vocês estavam mortos em pecados e na incircuncisão da sua carne[d], Deus os[e] vivificou com Cristo. Ele nos perdoou todas as transgressões, [14]e cancelou a escrita de dívida, que consistia em ordenanças, e que nos era contrária. Ele a removeu, pregando-a na cruz, [15]e, tendo despojado os poderes e as autoridades, fez deles um espetáculo público, triunfando sobre eles na cruz.

[16]Portanto, não permitam que ninguém os julgue pelo que vocês comem ou bebem, ou com relação a alguma festividade religiosa ou à celebração das luas novas ou dos dias de sábado. [17]Estas coisas são sombras do que haveria de vir; a realidade, porém, encontra-se em Cristo[f]. [18]Não permitam que ninguém que tenha prazer numa falsa humildade e na adoração de anjos os impeça de alcançar o prêmio. Tal pessoa conta detalhadamente suas visões, e sua mente carnal a torna orgulhosa. [19]Trata-se de alguém que não está unido à Cabeça, a partir da qual todo o corpo, sustentado e unido por seus ligamentos e juntas, efetua o crescimento dado por Deus.

[20]Já que vocês morreram com Cristo para os princípios elementares deste mundo, por que, como se ainda pertencessem a ele, vocês se submetem a regras: [21]"Não manuseie!", "Não prove!", "Não toque!"? [22]Todas essas coisas estão destinadas a perecer pelo uso, pois se baseiam em mandamentos e ensinos humanos. [23]Essas regras têm, de fato, aparência de sabedoria, com sua pretensa religiosidade, falsa humildade e severidade com o corpo,

[a] 1:24 Grego: *na minha carne.*
[b] 1:27 Isto é, os que não são judeus.

[c] 2:11 Isto é, da velha vida dos não regenerados.
[d] 2:13 Ou *da sua natureza pecaminosa*; também no versículo 23.
[e] 2:13 Alguns manuscritos dizem *nos.*
[f] 2:17 Grego: *o corpo, porém, é de Cristo.*

Você sabia?

O que significa ser santo?

3:12 Ser santo significa viver de modo correto e fazer coisas boas porque amamos a Jesus. A passagem de Colossenses 3 nos dá algumas regras bem específicas para nos ajudar a viver uma vida santa.

Palavras para memorizar

"Perdoem as queixas que tiverem uns contra os outros. Perdoem como o Senhor lhes perdoou."

(Colossenses 3:13)

mas não têm valor algum para refrear os im-
pulsos da carne.

Instruções para um viver santo

3 Portanto, já que vocês ressuscitaram com
Cristo, procurem as coisas que são do al-
to, onde Cristo está assentado à direita de
Deus. 2 Mantenham o pensamento nas coisas
do alto, e não nas coisas terrenas. 3 Pois vocês
morreram, e agora a sua vida está escondida
com Cristo em Deus. 4 Quando Cristo, que é a
sua[a] vida, for manifestado, então vocês tam-
bém serão manifestados com ele em glória.
5 Assim, façam morrer tudo o que perten-
ce à natureza terrena de vocês: imoralidade
sexual, impureza, paixão, desejos maus e a
ganância, que é idolatria. 6 É por causa dessas
coisas que vem a ira de Deus sobre os que vi-
vem na desobediência[b], 7 as quais vocês pra-
ticaram no passado, quando costumavam
viver nelas. 8 Mas agora, abandonem todas
estas coisas: ira, indignação, maldade, ma-
ledicência e linguagem indecente no falar.
9 Não mintam uns aos outros, visto que vocês
já se despiram do velho homem[c] com suas
práticas 10 e se revestiram do novo, o qual es-
tá sendo renovado em conhecimento, à ima-
gem do seu Criador. 11 Nessa nova vida já não
há diferença entre grego e judeu, circunciso e
incircunciso, bárbaro[d] e cita[e], escravo e livre,
mas Cristo é tudo e está em todos.
12 Portanto, como povo escolhido de Deus,
santo e amado, revistam-se de profunda
compaixão, bondade, humildade, mansidão
e paciência. 13 Suportem-se uns aos outros e
perdoem as queixas que tiverem uns con-
tra os outros. Perdoem como o Senhor lhes
perdoou. 14 Acima de tudo, porém, revistam-
-se do amor, que é o elo perfeito.
15 Que a paz de Cristo seja o juiz em seu co-
ração, visto que vocês foram chamados para
viver em paz, como membros de um só cor-
po. E sejam agradecidos. 16 Habite ricamen-
te em vocês a palavra de Cristo; ensinem e
aconselhem-se uns aos outros com toda a sa-
bedoria, e cantem salmos, hinos e cânticos
espirituais com gratidão a Deus em seu co-
ração. 17 Tudo o que fizerem, seja em palavra
ou em ação, façam-no em nome do Senhor
Jesus, dando por meio dele graças a Deus Pai.

Responsabilidade social

18 Mulheres, sujeite-se cada uma a seu ma-
rido, como convém a quem está no Senhor.
19 Maridos, ame cada um a sua mulher e
não a tratem com amargura.
20 Filhos, obedeçam a seus pais em tudo,
pois isso agrada ao Senhor.
21 Pais, não irritem seus filhos, para que eles
não desanimem.
22 Escravos, obedeçam em tudo a seus se-
nhores terrenos, não somente para agradá-
-los quando eles estão observando, mas com
sinceridade de coração, pelo fato de vocês te-
merem o Senhor. 23 Tudo o que fizerem, façam
de todo o coração, como para o Senhor, e não

Palavras para memorizar

"Filhos, obedeçam a seus pais em tudo, pois isso agrada ao Senhor."

(Colossenses 3:20)

[a] 3:4 Alguns manuscritos dizem *nossa*.
[b] 3:6 Alguns manuscritos antigos não trazem *sobre os que vivem na desobediência*.
[c] 3:9 Isto é, da velha vida dos não regenerados.
[d] 3:11 Isto é, aquele que não possuía cultura grega.
[e] 3:11 Isto é, habitante da região ao norte do mar Negro, que não fazia parte do Império Romano.

para os homens, 24sabendo que receberão do
Senhor a recompensa da herança. É a Cristo,
o Senhor, que vocês estão servindo. 25Quem
cometer injustiça receberá de volta injustiça,
e não haverá exceção para ninguém.
4 Senhores, deem aos seus escravos o que
é justo e direito, sabendo que vocês tam-
bém têm um Senhor nos céus.

Outras instruções

2Dediquem-se à oração, estejam aler-
ta e sejam agradecidos. 3Ao mesmo tempo,
orem também por nós, para que Deus abra
uma porta para a nossa mensagem, a fim de
que possamos proclamar o mistério de Cris-
to, pelo qual estou preso. 4Orem para que eu
possa manifestá-lo abertamente, como me
cumpre fazê-lo. 5Sejam sábios no procedi-
mento para com os de fora; aproveitem ao
máximo todas as oportunidades. 6O seu falar
seja sempre agradável e temperado com sal,
para que saibam como responder a cada um.

Saudações finais

7Tíquico lhes informará todas as coisas a
meu respeito. Ele é um irmão amado, minis-
tro fiel e cooperador no serviço do Senhor.
8Eu o envio a vocês precisamente com o pro-
pósito de que saibam de tudo o que se passa
conosco[a], e para que ele lhes fortaleça o co-
ração. 9Ele irá com Onésimo, fiel e amado
irmão, que é um de vocês. Eles irão contar-
-lhes tudo o que está acontecendo aqui.
10Aristarco, meu companheiro de prisão,
envia-lhes saudações, bem como Marcos, pri-
mo de Barnabé. Vocês receberam instruções
a respeito de Marcos, e se ele for visitá-los,
recebam-no. 11Jesus, chamado Justo, tam-
bém envia saudações. Esses são os únicos da
circuncisão que são meus cooperadores em
favor do Reino de Deus. Eles têm sido uma
fonte de ânimo para mim. 12Epafras, que é
um de vocês e servo[b] de Cristo Jesus, envia
saudações. Ele está sempre batalhando por
vocês em oração, para que, como pessoas ma-
duras e plenamente convictas, continuem fir-
mes em toda a vontade de Deus. 13Dele dou
testemunho de que se esforça muito por vo-
cês e pelos que estão em Laodiceia e em Hie-
rápolis. 14Lucas, o médico amado, e Demas
enviam saudações. 15Saúdem os irmãos de
Laodiceia, bem como Ninfa e a igreja que se
reúne em sua casa.
16Depois que esta carta for lida entre vo-
cês, façam que também seja lida na igreja dos
laodicenses, e que vocês igualmente leiam a
carta de Laodiceia.
17Digam a Arquipo: "Cuide em cumprir o
ministério que você recebeu no Senhor".
18Eu, Paulo, escrevo esta saudação de pró-
prio punho. Lembrem-se das minhas alge-
mas. A graça seja com vocês.

[a] 4:8 Alguns manuscritos dizem *de que ele saiba de tudo o que se passa com vocês.*

[b] 4:12 Isto é, escravo.

Sua parte em uma família feliz

Experimente!

Todos têm uma parte a fazer para construir uma família feliz. Leia Colossenses 3:18-21 e responda: "Qual é a parte do papai? Qual é a parte da mamãe? Qual é a sua parte?".

Pense em como você poderia demonstrar obediência se seus pais dissessem:

1. É hora de ir para cama.
2. Comporte-se bem no transporte escolar.
3. Gostaria que você não reclamasse da comida que eu fiz.
4. Não seja respondão.
5. Primeiro, faça a lição de casa.

Colossenses 3:18-21

Converse com seus pais e pergunte a eles por que a família toda é mais feliz quando cada um faz sua parte.

Tessalonicenses

Quem escreveu este livro?
Paulo.

Por que este livro foi escrito?
Esta carta ensina aos cristãos de Tessalônica como agradar a Deus.

Para quem este livro foi escrito?
Esta é uma carta de Paulo enviada aos cristãos em Tessalônica.

Quando este livro foi escrito?
A Primeira Carta aos Tessalonicenses foi escrita por volta de 51 d.C., em Corinto. (Veja o *Índice de mapas*, ao final desta Bíblia, para saber onde fica Corinto.)

Alguns ensinamentos importantes deste livro:

Ser um cristão exemplar	1Tessalonicenses 1:4-10
Vida que agrada a Deus	1Tessalonicenses 4:3-12
Jesus voltará	1Tessalonicenses 4:13-18

1 Paulo, Silvano[a] e Timóteo,
à igreja dos tessalonicenses, em Deus Pai
e no Senhor Jesus Cristo:
A vocês, graça e paz da parte de Deus e de
nosso Senhor Jesus Cristo[b].

Ação de graças pela fé e pelo exemplo dos tessalonicenses

2 Sempre damos graças a Deus por todos
vocês, mencionando-os em nossas orações.
3 Lembramos continuamente, diante de nosso
Deus e Pai, o que vocês têm demonstrado: o
trabalho que resulta da fé, o esforço motiva-
do pelo amor e a perseverança proveniente
da esperança em nosso Senhor Jesus Cristo.
4 Sabemos, irmãos, amados de Deus, que ele
os escolheu 5 porque o nosso evangelho não
chegou a vocês somente em palavra, mas
também em poder, no Espírito Santo e em
plena convicção. Vocês sabem como proce-
demos entre vocês, em seu favor. 6 De fato,
vocês se tornaram nossos imitadores e do Se-
nhor, pois, apesar de muito sofrimento, re-
ceberam a palavra com alegria que vem do
Espírito Santo. 7 Assim, tornaram-se modelo
para todos os crentes que estão na Macedô-
nia e na Acaia. 8 Porque, partindo de vocês,
propagou-se a mensagem do Senhor na Ma-
cedônia e na Acaia. Não somente isso, mas
também por toda parte tornou-se conheci-
da a fé que vocês têm em Deus. O resultado
é que não temos necessidade de dizer mais
nada sobre isso, 9 pois eles mesmos relatam
de que maneira vocês nos receberam, e como

[a] 1:1 Ou *Silas*, variante de *Silvano*.
[b] 1:1 Vários manuscritos não trazem *da parte de Deus e de nosso Senhor Jesus Cristo*.

Você sabia?

De que modo os tessalonicenses mostravam que eram cristãos de verdade?

1:6 Eles pararam de adorar ídolos e começaram a adorar a Deus, e também começaram a falar de Jesus para as outras pessoas. Mesmo quando foram perseguidos, eles estavam alegres por causa da mensagem de Jesus.

Você sabia?

Que tipo de pessoa Paulo era?

2:7 Paulo era uma pessoa carinhosa e amável, e cuidava dos novos cristãos como uma mãe cuida dos filhos.

se voltaram para Deus, deixando os ídolos a
fim de servir ao Deus vivo e verdadeiro, 10 e
esperar dos céus seu Filho, a quem ressusci-
tou dos mortos: Jesus, que nos livra da ira
que há de vir.

O ministério de Paulo em Tessalônica

2 Irmãos, vocês mesmos sabem que a visi-
ta que lhes fizemos não foi inútil. 2 Ape-
sar de termos sido maltratados e insultados
em Filipos, como vocês sabem, com a ajuda
de nosso Deus tivemos coragem de anunciar-
-lhes o evangelho de Deus, em meio a muita
luta. 3 Pois nossa exortação não tem origem
no erro nem em motivos impuros, nem te-
mos intenção de enganá-los; 4 ao contrário,
como homens aprovados por Deus para nos
confiar o evangelho, não falamos para agra-
dar pessoas, mas a Deus, que prova o nosso
coração. 5 Vocês bem sabem que a nossa pa-
lavra nunca foi de bajulação nem de pretex-
to para ganância; Deus é testemunha. 6 Nem
buscamos reconhecimento humano, quer de
vocês quer de outros.
7 Embora, como apóstolos de Cristo, pu-
déssemos ter sido um peso, fomos bondosos
quando estávamos entre vocês, como uma
mãe[c] que cuida dos próprios filhos. 8 Sentin-
do, assim, tanta afeição por vocês, decidimos
dar-lhes não somente o evangelho de Deus,
mas também a nossa própria vida, porque
vocês se tornaram muito amados por nós.
9 Irmãos, certamente vocês se lembram do
nosso trabalho esgotante e da nossa fadiga;
trabalhamos noite e dia para não sermos pe-
sados a ninguém, enquanto lhes pregávamos
o evangelho de Deus.
10 Tanto vocês como Deus são testemu-
nhas de como nos portamos de manei-
ra santa, justa e irrepreensível entre vocês,
os que creem. 11 Pois vocês sabem que trata-
mos cada um como um pai trata seus filhos,

[c] 2:7 Grego: *ama*.

[12]exortando, consolando e dando testemunho, para que vocês vivam de maneira digna de Deus, que os chamou para o seu Reino e glória.

[13]Também agradecemos a Deus sem cessar o fato de que, ao receberem de nossa parte a palavra de Deus, vocês a aceitaram, não como palavra de homens, mas conforme ela verdadeiramente é, como palavra de Deus, que atua com eficácia em vocês, os que creem. [14]Porque vocês, irmãos, tornaram-se imitadores das igrejas de Deus em Cristo Jesus que estão na Judeia. Vocês sofreram da parte dos seus próprios conterrâneos as mesmas coisas que aquelas igrejas sofreram da parte dos judeus, [15]que mataram o Senhor Jesus e os profetas, e também nos perseguiram. Eles desagradam a Deus e são hostis a todos, [16]esforçando-se para nos impedir que falemos aos gentios[a], e estes sejam salvos. Dessa forma, continuam acumulando seus pecados. Sobre eles, finalmente[b], veio a ira[c].

Paulo deseja rever os tessalonicenses

[17]Nós, porém, irmãos, privados da companhia de vocês por breve tempo, em pessoa, mas não no coração, esforçamo-nos ainda mais para vê-los pessoalmente, pela saudade que temos de vocês. [18]Quisemos visitá-los. Eu mesmo, Paulo, o quis, e não apenas uma vez, mas duas; Satanás, porém, nos impediu. [19]Pois quem é a nossa esperança, alegria ou coroa em que nos gloriamos perante o Senhor Jesus na sua vinda? Não são vocês? [20]De fato, vocês são a nossa glória e a nossa alegria.

3 Por isso, quando não pudemos mais suportar, achamos por bem permanecer sozinhos em Atenas [2]e, assim, enviamos Timóteo, nosso irmão e cooperador de Deus[d] no evangelho de Cristo, para fortalecê-los e dar-lhes ânimo na fé, [3]para que ninguém seja abalado por essas tribulações. Vocês sabem muito bem que fomos designados para isso. [4]Quando estávamos com vocês, já lhes dizíamos que seríamos perseguidos, o que realmente aconteceu, como vocês sabem. [5]Por essa razão, não suportando mais, enviei Timóteo para saber a respeito da fé que vocês têm, a fim de que o tentador não os seduzisse, tornando inútil o nosso esforço.

As boas notícias trazidas por Timóteo

[6]Agora, porém, Timóteo acaba de chegar da parte de vocês, dando-nos boas notícias a respeito da fé e do amor que vocês têm. Ele nos falou que vocês sempre guardam boas recordações de nós, desejando ver-nos, assim como nós queremos vê-los. [7]Por isso, irmãos, em toda a nossa necessidade e tribulação ficamos animados quando soubemos da sua fé; [8]pois agora vivemos, visto que vocês estão firmes no Senhor. [9]Como podemos ser suficientemente gratos a Deus por vocês, por toda a alegria que temos diante dele por causa de vocês? [10]Noite e dia insistimos em orar para que possamos vê-los pessoalmente e suprir o que falta à sua fé.

[a] 2:16 Isto é, os que não são judeus.
[b] 2:16 Ou *plenamente*
[c] 2:16 Alguns manuscritos acrescentam *de Deus*.

[d] 3:2 Alguns manuscritos não trazem *de Deus*; outros manuscritos dizem *ministro de Deus*.

Mantenha contato

O apóstolo Paulo tinha amigos com os quais se importava e ele lhes escrevia cartas — leia 1Tessalonicenses 3:6-10.

Você tem um amigo com o qual troca mensagens? Se você se mudou, as crianças de onde você morava antes podem ser bons amigos para trocar mensagem, assim como um primo que vive em uma cidade ou um estado diferente. Se você não tem um amigo com quem troca mensagens, pode escrever para o filho de uma família missionária e ver se ele quer se comunicar com você.

Quando você se comunicar com seus amigos por mensagens, ore por eles, assim como Paulo orava pelos amigos enquanto escrevia.

Experimente!

1Tessalonicenses 3:6-10

11 Que o próprio Deus, nosso Pai, e nosso Senhor Jesus preparem o nosso caminho até vocês. 12 Que o Senhor faça crescer e transbordar o amor que vocês têm uns para com os outros e para com todos, a exemplo do nosso amor por vocês. 13 Que ele fortaleça o coração de vocês para serem irrepreensíveis em santidade diante de nosso Deus e Pai, na vinda de nosso Senhor Jesus com todos os seus santos.

Vivendo para agradar a Deus

4 Quanto ao mais, irmãos, já os instruímos acerca de como viver a fim de agradar a Deus e, de fato, assim vocês estão procedendo. Agora lhes pedimos e exortamos no Senhor Jesus que cresçam nisso cada vez mais. 2 Pois vocês conhecem os mandamentos que lhes demos pela autoridade do Senhor Jesus.

3 A vontade de Deus é que vocês sejam santificados: abstenham-se da imoralidade sexual. 4 Cada um saiba controlar o seu próprio corpo[a] de maneira santa e honrosa, 5 não dominado pela paixão de desejos desenfreados, como os pagãos que desconhecem a Deus. 6 Neste assunto, ninguém prejudique seu irmão nem dele se aproveite. O Senhor castigará todas essas práticas, como já lhes dissemos e asseguramos. 7 Porque Deus não nos chamou para a impureza, mas para a santidade. 8 Portanto, aquele que rejeita estas coisas não está rejeitando o homem, mas a Deus, que lhes dá o seu Espírito Santo.

9 Quanto ao amor fraternal, não precisamos escrever-lhes, pois vocês mesmos já foram ensinados por Deus a se amarem uns aos outros. 10 E, de fato, vocês amam todos os irmãos em toda a Macedônia. Contudo, irmãos, insistimos com vocês que cada vez mais assim procedam.

11 Esforcem-se para ter uma vida tranquila, cuidar dos seus próprios negócios e trabalhar com as próprias mãos, como nós os instruímos; 12 a fim de que andem decentemente aos olhos dos que são de fora e não dependam de ninguém.

A vinda do Senhor

13 Irmãos, não queremos que vocês sejam ignorantes quanto aos que dormem, para que não se entristeçam como os outros que não têm esperança. 14 Se cremos que Jesus morreu e ressurgiu, cremos também que Deus trará, mediante Jesus e com ele,

Palavras para memorizar

"Estaremos com o Senhor para sempre."
(1Tessalonicenses 4:17)

aqueles que nele dormiram. 15 Dizemos a vocês, pela palavra do Senhor, que nós, os que estivermos vivos, os que ficarmos até a vinda do Senhor, certamente não precederemos os que dormem. 16 Pois, dada a ordem, com a voz do arcanjo e o ressoar da trombeta de Deus, o próprio Senhor descerá dos céus, e os mortos em Cristo ressuscitarão primeiro. 17 Depois nós, os que estivermos vivos, seremos arrebatados com eles nas nuvens, para o encontro com o Senhor nos ares. E assim estaremos com o Senhor para sempre. 18 Consolem-se uns aos outros com essas palavras.

5 Irmãos, quanto aos tempos e épocas, não precisamos escrever-lhes, 2 pois vocês mesmos sabem perfeitamente que o dia do Senhor virá como ladrão à noite. 3 Quando disserem: "Paz e segurança", a destruição virá sobre eles de repente, como as dores de parto à mulher grávida; e de modo nenhum escaparão.

4 Mas vocês, irmãos, não estão nas trevas, para que esse dia os surpreenda como ladrão. 5 Vocês todos são filhos da luz, filhos do dia. Não somos da noite nem das trevas. 6 Portanto, não durmamos como os demais, mas estejamos atentos e sejamos sóbrios; 7 pois os que dormem, dormem de noite, e os que se embriagam, embriagam-se de noite. 8 Nós, porém, que somos do dia, sejamos sóbrios, vestindo a couraça da fé e do amor e o capacete da esperança da salvação. 9 Porque Deus não nos destinou para a ira, mas para recebermos a salvação por meio de nosso Senhor Jesus Cristo. 10 Ele morreu por nós para que, quer estejamos acordados quer dormindo, vivamos unidos a ele. 11 Por isso, exortem-se e edifiquem-se uns aos outros, como de fato vocês estão fazendo.

Instruções finais

12 Agora lhes pedimos, irmãos, que tenham consideração para com os que se esforçam no

[a] 4:4 Grego: *vaso*. Ou *aprenda como conseguir esposa*; ou ainda *aprenda a viver com sua própria mulher*

trabalho entre vocês, que os lideram no Se-
nhor e os aconselham. 13 Tenham-nos na mais
alta estima, com amor, por causa do traba-
lho deles. Vivam em paz uns com os outros.
14 Exortamos vocês, irmãos, a que advirtam
os ociosos[a], confortem os desanimados, au-
xiliem os fracos, sejam pacientes para com
todos. 15 Tenham cuidado para que ninguém
retribua o mal com o mal, mas sejam sem-
pre bondosos uns para com os outros e para
com todos.

16 Alegrem-se sempre. 17 Orem continua-
mente. 18 Deem graças em todas as circuns-
tâncias, pois esta é a vontade de Deus para
vocês em Cristo Jesus.

19 Não apaguem o Espírito. 20 Não tratem
com desprezo as profecias, 21 mas ponham à
prova todas as coisas e fiquem com o que é
bom. 22 Afastem-se de toda forma de mal.

23 Que o próprio Deus da paz os santifique in-
teiramente. Que todo o espírito, a alma e o cor-
po de vocês sejam preservados irrepreensíveis

[a] 5:14 Ou *insubordinados*

Palavras para memorizar

"Tenham cuidado para que ninguém retribua o mal com o mal, mas sejam sempre bondosos uns para com os outros e para com todos."

(1Tessalonicenses 5:15)

na vinda de nosso Senhor Jesus Cristo. 24 Aque-
le que os chama é fiel, e fará isso.

25 Irmãos, orem por nós. 26 Saúdem todos os
irmãos com beijo santo. 27 Diante do Senhor,
encarrego vocês de lerem esta carta a todos
os irmãos.

28 A graça de nosso Senhor Jesus Cristo se-
ja com vocês.

2Tessalonicenses

Quem escreveu este livro?

Paulo.

Por que este livro foi escrito?

A Segunda Carta aos Tessalonicenses fala para esses cristãos trabalharem duro até a volta de Jesus.

Para quem este livro foi escrito?

Esta é uma carta de Paulo enviada aos cristãos em Tessalônica.

Quando este livro foi escrito?

A Segunda Carta aos Tessalonicenses foi escrita por volta de 52 d.C., em Corinto. (Veja o *Índice de mapas*, ao final desta Bíblia, para saber onde fica Corinto.)

Alguns ensinamentos importantes deste livro:

Deus punirá o ímpio	2Tessalonicenses 1:5-10
Todos devem trabalhar	2Tessalonicenses 3:6-15

1 Paulo, Silvano[a] e Timóteo,
à igreja dos tessalonicenses, em Deus nosso
Pai e no Senhor Jesus Cristo:

2 A vocês, graça e paz da parte de Deus Pai
e do Senhor Jesus Cristo.

Ação de graças e oração

3 Irmãos, devemos sempre dar graças a
Deus por vocês; e isso é justo, porque a fé
que vocês têm cresce cada vez mais, e muito
aumenta o amor de todos vocês uns pelos ou-
tros. 4 Por esta causa nos gloriamos em vocês
entre as igrejas de Deus pela perseverança e
fé demonstrada por vocês em todas as per-
seguições e tribulações que estão suportan-
do. 5 Elas dão prova do justo juízo de Deus
e mostram o seu desejo de que vocês sejam
considerados dignos do seu Reino, pelo qual
vocês também estão sofrendo.

6 É justo da parte de Deus retribuir com tri-
bulação aos que lhes causam tribulação, 7 e
dar alívio a vocês, que estão sendo atribula-
dos, e a nós também. Isso acontecerá quando
o Senhor Jesus for revelado lá dos céus, com
os seus anjos poderosos, em meio a chamas
flamejantes. 8 Ele punirá os que não conhe-
cem a Deus e os que não obedecem ao evan-
gelho de nosso Senhor Jesus. 9 Eles sofrerão
a pena de destruição eterna, a separação da
presença do Senhor e da majestade do seu
poder. 10 Isso acontecerá no dia em que ele
vier para ser glorificado em seus santos e ad-
mirado em todos os que creram, inclusive vo-
cês que creram em nosso testemunho.

11 Conscientes disso, oramos constantemen-
te por vocês, para que o nosso Deus os faça
dignos da vocação e, com poder, cumpra todo
bom propósito e toda obra que procede da fé.
12 Assim o nome de nosso Senhor Jesus será
glorificado em vocês, e vocês nele, segundo a
graça de nosso Deus e do Senhor Jesus[b] Cristo.

O homem do pecado

2 Irmãos, quanto à vinda de nosso Senhor
Jesus Cristo e à nossa reunião com ele, ro-
gamos a vocês 2 que não se deixem abalar nem
alarmar tão facilmente, quer por profecia[c],
quer por palavra, quer por carta supostamen-
te vinda de nós, como se o dia do Senhor já
tivesse chegado. 3 Não deixem que ninguém
os engane de modo algum. Antes daquele dia
virá a apostasia e, então, será revelado o ho-
mem do pecado[d], o filho da perdição. 4 Este se
opõe e se exalta acima de tudo o que se cha-
ma Deus ou é objeto de adoração, chegando
até a assentar-se no santuário de Deus, pro-
clamando que ele mesmo é Deus.

5 Não se lembram de que quando eu ainda
estava com vocês costumava lhes falar essas
coisas? 6 E agora vocês sabem o que o está de-
tendo, para que ele seja revelado no seu de-
vido tempo. 7 A verdade é que o mistério da
iniquidade já está em ação, restando apenas
que seja afastado aquele que agora o detém.
8 Então será revelado o perverso, a quem o Se-
nhor Jesus matará com o sopro de sua boca
e destruirá pela manifestação de sua vinda.
9 A vinda desse perverso é segundo a ação de
Satanás, com todo o poder, com sinais e com
maravilhas enganadoras. 10 Ele fará uso de to-
das as formas de engano da injustiça para os
que estão perecendo, porquanto rejeitaram
o amor à verdade que os poderia salvar. 11 Por
essa razão Deus lhes envia um poder sedu-
tor, a fim de que creiam na mentira, 12 e sejam
condenados todos os que não creram na ver-
dade, mas tiveram prazer na injustiça.

Exortação à perseverança

13 Mas nós devemos sempre dar graças a
Deus por vocês, irmãos amados pelo Senhor,
porque desde o princípio Deus os escolheu[e]
para serem salvos mediante a obra santifi-
cadora do Espírito e a fé na verdade. 14 Ele os
chamou para isso por meio de nosso evan-
gelho, a fim de tomarem posse da glória de
nosso Senhor Jesus Cristo. 15 Portanto, irmãos,
permaneçam firmes e apeguem-se às tradi-
ções que lhes foram ensinadas, quer de viva
voz, quer por carta nossa.

[a] 1:1 Ou *Silas*, variante de *Silvano*.

[b] 1:12 Ou *Deus e Senhor, Jesus*
[c] 2:2 Grego: *espírito*.
[d] 2:3 Vários manuscritos dizem *da iniquidade*.
[e] 2:13 Vários manuscritos dizem *porque Deus os escolheu como seus primeiros frutos*.

Você sabia?

Quando Deus punirá as pessoas por seus pecados?

1:6-7 Deus punirá as pessoas ímpias quando Jesus voltar à terra. Até lá, as pessoas podem escolher acreditar em Jesus e ter os pecados perdoados. Quando uma pessoa se torna cristã, ela começa a amar Jesus e a fazer coisas boas.

Palavras para memorizar

"Que o próprio Senhor Jesus Cristo e Deus nosso Pai [...] deem ânimo ao coração de vocês e os fortaleçam para fazerem sempre o bem, tanto em atos como em palavras."

(2Tessalonicenses 2:16,17)

16 Que o próprio Senhor Jesus Cristo e Deus
nosso Pai, que nos amou e nos deu eter-
na consolação e boa esperança pela graça,
17 deem ânimo ao coração de vocês e os for-
taleçam para fazerem sempre o bem, tanto
em atos como em palavras.

Um pedido de oração

3 Finalmente, irmãos, orem por nós, para
que a palavra do Senhor se propague ra-
pidamente e receba a honra merecida, como
aconteceu entre vocês. 2 Orem também para
que sejamos libertos dos homens perversos
e maus, pois a fé não é de todos. 3 Mas o Se-
nhor é fiel; ele os fortalecerá e os guardará
do Maligno. 4 Confiamos no Senhor que vocês
estão fazendo e continuarão a fazer as coisas
que lhes ordenamos. 5 O Senhor conduza o
coração de vocês ao amor de Deus e à perse-
verança de Cristo.

Uma advertência contra a ociosidade

6 Irmãos, em nome do nosso Senhor Jesus
Cristo nós lhes ordenamos que se afastem
de todo irmão que vive ociosamente[a] e não
conforme a tradição que vocês receberam de
nós. 7 Pois vocês mesmos sabem como devem
seguir o nosso exemplo, porque não vivemos
ociosamente quando estivemos entre vocês,
8 nem comemos coisa alguma à custa de nin-
guém. Ao contrário, trabalhamos arduamen-
te e com fadiga, dia e noite, para não sermos
pesados a nenhum de vocês, 9 não porque não
tivéssemos tal direito, mas para que nos tor-
nássemos um modelo para ser imitado por
vocês. 10 Quando ainda estávamos com vocês,
nós lhes ordenamos isto: Se alguém não qui-
ser trabalhar, também não coma.

11 Pois ouvimos que alguns de vocês es-
tão ociosos; não trabalham, mas andam se
intrometendo na vida alheia. 12 A tais pes-
soas ordenamos e exortamos no Senhor Je-
sus Cristo que trabalhem tranquilamente e
comam o seu próprio pão. 13 Quanto a vocês,
irmãos, nunca se cansem de fazer o bem.

14 Se alguém desobedecer ao que dizemos
nesta carta, marquem-no e não se associem
com ele, para que se sinta envergonhado;
15 contudo, não o considerem como inimigo,
mas chamem a atenção dele como irmão.

Saudações finais

16 O próprio Senhor da paz lhes dê a paz em
todo o tempo e de todas as formas. O Senhor
seja com todos vocês.

17 Eu, Paulo, escrevo esta saudação de pró-
prio punho, a qual é um sinal em todas as
minhas cartas. É dessa forma que escrevo.

18 A graça de nosso Senhor Jesus Cristo seja
com todos vocês.

[a] 3:6 Ou *desregradamente*; também nos versículos 7 e 11.

Aprender a trabalhar

Experimente!

Leia 2Tessalonicenses 3:6-10 e veja como todo cristão adulto deveria se sustentar. É bom aprender a trabalhar e ser responsável enquanto você ainda é jovem. Você já pensou em ganhar dinheiro para poder comprar algumas coisas de que precisa?

Aqui vão algumas atividades que crianças da sua idade podem fazer: coletar garrafas retornáveis e latinhas recicláveis; trabalhar para seus pais na casa ou ajudar um vizinho; recolher papel reciclável; lavar carros; lavar janelas; levar um cachorro para passear.

Você consegue pensar em outras atividades que poderia fazer para ganhar dinheiro?

2Tessalonicenses 3:6-10

Timóteo

Quem escreveu este livro?

Paulo.

Por que este livro foi escrito?

Esta carta dá conselhos a Timóteo sobre como fazer seu importante trabalho.

Para quem este livro foi escrito?

Esta é uma carta de Paulo enviada a seu jovem ajudante Timóteo.

Quando este livro foi escrito?

A Primeira Carta a Timóteo foi escrita por volta de 65 d.C., na Macedônia. (Veja o *Índice de mapas*, ao final desta Bíblia, para saber onde ficava a Macedônia.)

Alguns ensinamentos importantes deste livro:

Cuidado com os falsos mestres	1Timóteo 1:3-11
Escolha de líderes	1Timóteo 3:1-16
Seja um exemplo	1Timóteo 4:11-16
A família cristã	1Timóteo 5:1-2
Não ame o dinheiro	1Timóteo 6:3-10
Aviso aos ricos	1Timóteo 6:17-21

1 Paulo, apóstolo de Cristo Jesus, por ordem
de Deus, nosso Salvador, e de Cristo Jesus,
a nossa esperança,

²a Timóteo, meu verdadeiro filho na fé:

Graça, misericórdia e paz da parte de Deus
Pai e de Cristo Jesus, o nosso Senhor.

Advertências contra falsos mestres da Lei

³Partindo eu para a Macedônia, roguei-lhe
que permanecesse em Éfeso para ordenar a
certas pessoas que não mais ensinem dou-
trinas falsas, ⁴e que deixem de dar atenção a
mitos e genealogias intermináveis, que cau-
sam controvérsias em vez de promoverem a
obra de Deus, que é pela fé. ⁵O objetivo desta
instrução é o amor que procede de um cora-
ção puro, de uma boa consciência e de uma fé
sincera. ⁶Alguns se desviaram dessas coisas,
voltando-se para discussões inúteis, ⁷queren-
do ser mestres da lei, quando não compreen-
dem nem o que dizem nem as coisas acerca
das quais fazem afirmações tão categóricas.

⁸Sabemos que a Lei é boa, se alguém a usa
de maneira adequada. ⁹Também sabemos
que ela não é feita para os justos, mas para
os transgressores e insubordinados, para os
ímpios e pecadores, para os profanos e irre-
verentes, para os que matam pai e mãe, para
os homicidas, ¹⁰para os que praticam imo-
ralidade sexual e os homossexuais, para os
sequestradores, para os mentirosos e os que
juram falsamente; e para todo aquele que se
opõe à sã doutrina. ¹¹Esta sã doutrina se vê
no glorioso evangelho que me foi confiado,
o evangelho do Deus bendito.

A graça de Deus concedida a Paulo

¹²Dou graças a Cristo Jesus, nosso Senhor,
que me deu forças e me considerou fiel,

Você sabia?

Uma pessoa má pode se tornar boa?

1:13 Sim. Paulo foi um homem violento, que perseguia os cristãos, mas, quando Deus o salvou, Paulo mudou. Deus pode salvar o pior pecador e transformá-lo em uma pessoa verdadeiramente boa.

Pessoas nos tempos da Bíblia

Timóteo

Timóteo era um jovem cristão forte que se tornou líder na igreja. Enquanto Paulo estava em suas viagens missionárias, ele treinou Timóteo. Há dois livros do Novo Testamento que são cartas de Paulo para Timóteo.

designando-me para o ministério, ¹³a mim
que anteriormente fui blasfemo, persegui-
dor e insolente; mas alcancei misericórdia,
porque o fiz por ignorância e na minha incre-
dulidade; ¹⁴contudo, a graça de nosso Senhor
transbordou sobre mim, com a fé e o amor
que estão em Cristo Jesus.

¹⁵Esta afirmação é fiel e digna de toda acei-
tação: Cristo Jesus veio ao mundo para salvar
os pecadores, dos quais eu sou o pior. ¹⁶Mas
por isso mesmo alcancei misericórdia, para
que em mim, o pior dos pecadores, Cristo Je-
sus demonstrasse toda a grandeza da sua pa-
ciência, usando-me como um exemplo para
aqueles que nele haveriam de crer para a vida
eterna. ¹⁷Ao Rei eterno, o Deus único, imortal
e invisível, sejam honra e glória para todo o
sempre. Amém.

¹⁸Timóteo, meu filho, dou-lhe esta instru-
ção, segundo as profecias já proferidas a seu
respeito, para que, seguindo-as, você comba-
ta o bom combate, ¹⁹mantendo a fé e a boa
consciência que alguns rejeitaram e, por isso,
naufragaram na fé. ²⁰Entre eles estão Hime-
neu e Alexandre, os quais entreguei a Sata-
nás, para que aprendam a não blasfemar.

Instruções acerca da adoração

2 Antes de tudo, recomendo que se façam
súplicas, orações, intercessões e ações de
graças por todos os homens; ²pelos reis e por
todos os que exercem autoridade, para que te-
nhamos uma vida tranquila e pacífica, com
toda a piedade e dignidade. ³Isso é bom e
agradável perante Deus, nosso Salvador, ⁴que
deseja que todos os homens sejam salvos e
cheguem ao conhecimento da verdade.

⁵Pois há um só Deus
e um só mediador
entre Deus e os homens:

o homem Cristo Jesus,
6 o qual se entregou a si mesmo
como resgate por todos.
Esse foi o testemunho dado
em seu próprio tempo.

7 Para isso fui designado pregador e apóstolo (Digo-lhes a verdade, não minto.), mestre da verdadeira fé aos gentios[a].

8 Quero, pois, que os homens orem em todo lugar, levantando mãos santas, sem ira e sem discussões.

9 Da mesma forma, quero que as mulheres se vistam modestamente, com decência e discrição, não se adornando com tranças e com ouro, nem com pérolas ou com roupas caras, 10 mas com boas obras, como convém a mulheres que declaram adorar a Deus.

11 A mulher deve aprender em silêncio, com toda a sujeição. 12 Não permito que a mulher ensine, nem que tenha autoridade sobre o homem. Esteja, porém, em silêncio. 13 Porque primeiro foi formado Adão, e depois Eva. 14 E Adão não foi enganado, mas sim a mulher que, tendo sido enganada, tornou-se transgressora. 15 Entretanto, a mulher[b] será salva[c] dando à luz filhos — se elas permanecerem na fé, no amor e na santidade, com bom senso.

Bispos e diáconos

3 Esta afirmação é digna de confiança: Se alguém deseja ser bispo[d], deseja uma nobre função. 2 É necessário, pois, que o bispo seja irrepreensível, marido de uma só mulher, moderado, sensato, respeitável, hospitaleiro e apto para ensinar; 3 não deve ser apegado ao vinho, nem violento, mas sim amável, pacífico e não apegado ao dinheiro. 4 Ele deve governar bem sua própria família, tendo os filhos sujeitos a ele, com toda a dignidade. 5 Pois, se alguém não sabe governar sua própria família, como poderá cuidar da igreja de Deus? 6 Não pode ser recém convertido, para que não se ensoberbeça e caia na mesma condenação em que caiu o Diabo. 7 Também deve ter boa reputação perante os de fora, para que não caia em descrédito nem na cilada do Diabo.

8 Os diáconos igualmente devem ser dignos, homens de palavra, não amigos de muito vinho nem de lucros desonestos. 9 Devem apegar-se ao mistério da fé com a consciência limpa. 10 Devem ser primeiramente experimentados; depois, se não houver nada contra eles, que atuem como diáconos.

11 As mulheres[e] igualmente sejam dignas, não caluniadoras, mas sóbrias e confiáveis em tudo.

12 O diácono deve ser marido de uma só mulher e governar bem seus filhos e sua própria casa. 13 Os que servirem bem alcançarão uma excelente posição e grande determinação na fé em Cristo Jesus.

14 Escrevo-lhe estas coisas, embora espere ir vê-lo em breve; 15 mas, se eu demorar, saiba como as pessoas devem comportar-se na casa de Deus, que é a igreja do Deus vivo, coluna e fundamento da verdade. 16 Não há dúvida de que é grande o mistério da piedade:

Deus[f] foi manifestado
em corpo[g],
justificado no Espírito,
visto pelos anjos,
pregado entre as nações,
crido no mundo,
recebido na glória.

Instruções a Timóteo

4 O Espírito diz claramente que nos últimos tempos alguns abandonarão a fé e seguirão espíritos enganadores e doutrinas de demônios. 2 Tais ensinamentos vêm de homens hipócritas e mentirosos, que têm a consciência cauterizada 3 e proíbem o casamento e o consumo de alimentos que Deus criou para serem recebidos com ação de graças pelos que creem e conhecem a verdade. 4 Pois tudo o que

[a] 2:7 Isto é, os que não são judeus.
[b] 2:15 Grego: *ela*.
[c] 2:15 Ou *restaurada*
[d] 3:1 Grego: *episcopo*. Palavra que descreve a pessoa que exerce função pastoral; também no versículo 2.
[e] 3:11 Ou *As esposas dos diáconos*; ou ainda *As diaconisas*
[f] 3:16 Muitos manuscritos dizem *Aquele que*.
[g] 3:16 Grego: *na carne*.

Você sabia?

Que tipo de pessoa os líderes na Igreja devem ser?

3:2 Os líderes na Igreja precisam se comportar como bons exemplos daquilo que os cristãos devem ser: respeitáveis, generosos, gentis e não devem ser amantes do dinheiro. Em 1Timóteo 3, Paulo lista outras características importantes dos líderes da Igreja.

Deus criou é bom, e nada deve ser rejeitado,
se for recebido com ação de graças, [5]pois é
santificado pela palavra de Deus e pela oração.
[6]Se você transmitir essas instruções aos
irmãos, será um bom ministro de Cristo Je-
sus, nutrido com as verdades da fé e da boa
doutrina que tem seguido. [7]Rejeite, porém,
as fábulas profanas e tolas[a], e exercite-se na
piedade. [8]O exercício físico é de pouco pro-
veito; a piedade, porém, para tudo é provei-
tosa, porque tem promessa da vida presente
e da futura.
[9]Esta é uma afirmação fiel e digna de ple-
na aceitação. [10]Se trabalhamos e lutamos é
porque temos colocado a nossa esperança no
Deus vivo, o Salvador de todos os homens,
especialmente dos que creem.
[11]Ordene e ensine estas coisas. [12]Ninguém
o despreze pelo fato de você ser jovem, mas
seja um exemplo para os fiéis na palavra, no
procedimento, no amor, na fé e na pureza.
[13]Até a minha chegada, dedique-se à leitura
pública da Escritura, à exortação e ao ensino.
[14]Não negligencie o dom que lhe foi dado por
mensagem profética com imposição de mãos
dos presbíteros.
[15]Seja diligente nessas coisas; dedique-se in-
teiramente a elas, para que todos vejam o seu
progresso. [16]Atente bem para a sua própria vi-
da e para a doutrina, perseverando nesses de-
veres, pois, agindo assim, você salvará tanto a
si mesmo quanto aos que o ouvem.

Conselhos acerca de viúvas, líderes e escravos

5 Não repreenda asperamente o homem ido-
so, mas exorte-o como se ele fosse seu pai;

[a] 4:7 Grego: *fábulas profanas e de velhas.*

Palavras para memorizar

"Ninguém o despreze pelo fato de você ser jovem, mas seja um exemplo para os fiéis na palavra, no procedimento, no amor, na fé e na pureza."

(1Timóteo 4:12)

trate os jovens como a irmãos; [2]as mulheres
idosas, como a mães; e as moças, como a ir-
mãs, com toda a pureza.
[3]Trate adequadamente as viúvas que são
realmente necessitadas. [4]Mas se uma viú-
va tem filhos ou netos, que estes aprendam
primeiramente a colocar a sua religião em
prática, cuidando de sua própria família e
retribuindo o bem recebido de seus pais e
avós, pois isso agrada a Deus. [5]A viúva real-
mente necessitada e desamparada põe sua
esperança em Deus e persiste dia e noi-
te em oração e em súplica. [6]Mas a que vi-
ve para os prazeres, ainda que esteja viva,
está morta. [7]Dê-lhes estas ordens, para que
sejam irrepreensíveis. [8]Se alguém não cui-
da de seus parentes, e especialmente dos de
sua própria família, negou a fé e é pior que
um descrente.
[9]Nenhuma mulher deve ser inscrita na
lista de viúvas, a não ser que tenha mais de
sessenta anos de idade, tenha sido fiel a seu

Experimente!

Seja um exemplo

Leia 1Timóteo 4:12 e responda: "Quais os cinco aspectos em que mesmo uma pessoa jovem pode ser um bom cristão e um modelo para os outros?".

Faça um "Pôster do Compromisso" para a sua parede. A seguir, apresentamos algumas frases para seu pôster:

Eu serei um exemplo.

Na palavra, eu não contarei fofoca nem falarei palavrão.

No procedimento, eu farei o que agrada a Deus.

No amor, eu me importarei com os outros.

Na fé, eu orarei e confiarei em Deus.

Na pureza, eu escolherei o que é certo.

1Timóteo 4:12

Você sabia?

O que era a lista de viúvas?

5:9 A lista de viúvas era uma relação de mulheres cristãs que não tinham família. A Igreja as sustentava e lhes dava um serviço especial de ministração aos outros cristãos.

marido[a] 10e seja bem conhecida por suas boas obras, tais como criar filhos, ser hospitaleira, lavar os pés dos santos, socorrer os atribulados e dedicar-se a todo tipo de boa obra.

11Não inclua nessa lista as viúvas mais jovens, pois, quando os seus desejos sensuais superam a sua dedicação a Cristo, querem se casar. 12Assim elas trazem condenação sobre si, por haverem rompido seu primeiro compromisso. 13Além disso, aprendem a ficar ociosas, andando de casa em casa; e não se tornam apenas ociosas, mas também fofoqueiras e indiscretas, falando coisas que não devem. 14Portanto, aconselho que as viúvas mais jovens se casem, tenham filhos, administrem suas casas e não deem ao inimigo nenhum motivo para maledicência. 15Algumas, na verdade, já se desviaram, para seguir a Satanás.

16Se alguma mulher crente tem viúvas em sua família, deve ajudá-las. Não seja a igreja sobrecarregada com elas, a fim de que as viúvas realmente necessitadas sejam auxiliadas.

17Os presbíteros que lideram bem a igreja são dignos de dupla honra[b], especialmente aqueles cujo trabalho é a pregação e o ensino, 18pois a Escritura diz: "Não amordace o boi enquanto está debulhando o cereal"[c], e "o trabalhador merece o seu salário"[d]. 19Não aceite acusação contra um presbítero, se não for apoiada por duas ou três testemunhas. 20Os que pecarem deverão ser repreendidos em público, para que os demais também temam.

21Eu o exorto solenemente, diante de Deus, de Cristo Jesus e dos anjos eleitos, a que procure observar essas instruções sem parcialidade; e não faça nada por favoritismo.

22Não se precipite em impor as mãos sobre ninguém e não participe dos pecados dos outros. Conserve-se puro.

23Não continue a beber somente água; tome também um pouco de vinho, por causa do seu estômago e das suas frequentes enfermidades.

24Os pecados de alguns são evidentes, mesmo antes de serem submetidos a julgamento, ao passo que os pecados de outros se manifestam posteriormente. 25Da mesma forma, as boas obras são evidentes, e as que não o são não podem permanecer ocultas.

6 Todos os que estão sob o jugo da escravidão devem considerar seus senhores como dignos de todo o respeito, para que o nome de Deus e o nosso ensino não sejam blasfemados. 2Os que têm senhores crentes não devem ter por eles menos respeito, pelo fato de serem irmãos; ao contrário, devem servi-los ainda melhor, porque os que se beneficiam do seu serviço são fiéis e amados. Ensine e recomende essas coisas.

O amor ao dinheiro

3Se alguém ensina falsas doutrinas e não concorda com a sã doutrina de nosso Senhor Jesus Cristo e com o ensino que é segundo a piedade, 4é orgulhoso e nada entende. Esse tal mostra um interesse doentio por controvérsias e contendas acerca de palavras, que resultam em inveja, brigas, difamações, suspeitas malignas 5e atritos constantes entre aqueles que têm a mente corrompida e que são privados da verdade, os quais pensam que a piedade é fonte de lucro.

6De fato, a piedade com contentamento é grande fonte de lucro, 7pois nada trouxemos para este mundo e dele nada podemos levar; 8por isso, tendo o que comer e com que vestir-nos, estejamos com isso satisfeitos. 9Os que querem ficar ricos caem em tentação, em armadilhas e em muitos desejos descontrolados e nocivos, que levam os homens a mergulharem na ruína e na destruição, 10pois o amor ao dinheiro é a raiz de todos os males. Algumas pessoas, por cobiçarem o dinheiro, desviaram-se da fé e se atormentaram com muitos sofrimentos.

Recomendação de Paulo a Timóteo

11Você, porém, homem de Deus, fuja de tudo isso e busque a justiça, a piedade, a fé, o amor, a perseverança e a mansidão. 12Combata o bom combate da fé. Tome posse da vida eterna, para a qual você foi chamado e fez a boa confissão na presença de muitas testemunhas. 13Diante de Deus, que a tudo dá vida, e de Cristo Jesus, que diante de Pôncio

[a] 5:9 Ou *tenha tido apenas um marido*
[b] 5:17 Ou *duplos honorários*
[c] 5:18 Dt 25:4
[d] 5:18 Lc 10:7

Pilatos fez a boa confissão, eu lhe recomen-
do: [14]Guarde este mandamento imaculado e
irrepreensível, até a manifestação de nos-
so Senhor Jesus Cristo, [15]a qual Deus fará se
cumprir no seu devido tempo.

Ele é o bendito e único Soberano,
o Rei dos reis
e Senhor dos senhores,
[16]o único que é imortal
e habita em luz inacessível,
a quem ninguém viu
nem pode ver.
A ele sejam honra e poder para sempre.
Amém.

[17]Ordene aos que são ricos no presen-
te mundo que não sejam arrogantes, nem
ponham sua esperança na incerteza da ri-
queza, mas em Deus, que de tudo nos provê
ricamente, para a nossa satisfação. [18]Ordene-
-lhes que pratiquem o bem, sejam ricos em
boas obras, generosos e prontos a repartir.
[19]Dessa forma, eles acumularão um tesouro
para si mesmos, um firme fundamento pa-
ra a era que há de vir, e assim alcançarão a
verdadeira vida.

[20]Timóteo, guarde o que lhe foi confia-
do. Evite as conversas inúteis e profanas e
as ideias contraditórias do que é falsamen-
te chamado conhecimento; [21]professando-o,
alguns desviaram-se da fé.

A graça seja com vocês.[a]

[a] 6:21 Vários manuscritos dizem *você*. Vários manuscritos acrescentam *Amém*.

Estar contente

Experimente!

Faça uma lista de todos os seus objetos favoritos e certifique-se de incluir coisas necessárias como sua cama e suas roupas.

Leia 1Timóteo 6:6-10 e veja que o que é realmente importante na vida é a compaixão (viver como Deus quer que vivamos) e ter o suficiente para comer e se vestir. As pessoas que acham que têm de ter mais coisas para serem felizes estão, geralmente, descontentes, não importa o quanto já tenham.

Volte a olhar para a lista que você fez e risque todas as coisas de que você não precisa de verdade para estar contente.

1Timóteo 6:6-10

2Timóteo

Quem escreveu este livro?

Paulo.

Por que este livro foi escrito?

Esta carta encorajava Timóteo a continuar trabalhando duro mesmo depois que Paulo morresse.

Para quem este livro foi escrito?

Esta é uma carta de Paulo enviada a seu jovem ajudante Timóteo.

Quando este livro foi escrito?

A Segunda Carta a Timóteo foi escrita por volta de 67 d.C., quando Paulo foi preso uma segunda vez.

Alguns ensinamentos importantes deste livro:

Ensine a verdade de Deus	2Timóteo 1:8-15
Ensine gentilmente	2Timóteo 2:22-26
Ensine fielmente	2Timóteo 4:1-5

1 Paulo, apóstolo de Cristo Jesus pela vontade
de Deus, segundo a promessa da vida que
está em Cristo Jesus,

[2]a Timóteo, meu amado filho:

Graça, misericórdia e paz da parte de Deus
Pai e de Cristo Jesus, nosso Senhor.

Um incentivo à fidelidade

[3]Dou graças a Deus, a quem sirvo com a
consciência limpa, como o serviram os meus
antepassados, ao lembrar-me constantemen-
te de você, noite e dia, em minhas orações.
[4]Lembro-me das suas lágrimas e desejo mui-
to vê-lo, para que a minha alegria seja com-
pleta. [5]Recordo-me da sua fé não fingida, que
primeiro habitou em sua avó Loide e em sua
mãe, Eunice, e estou convencido de que tam-
bém habita em você. [6]Por essa razão, torno a
lembrar-lhe que mantenha viva a chama do
dom de Deus que está em você mediante a
imposição das minhas mãos. [7]Pois Deus não
nos deu espírito[a] de covardia, mas de poder,
de amor e de equilíbrio.

[8]Portanto, não se envergonhe de testemu-
nhar do Senhor, nem de mim, que sou pri-
sioneiro dele, mas suporte comigo os meus
sofrimentos pelo evangelho, segundo o po-
der de Deus, [9]que nos salvou e nos chamou
com uma santa vocação, não em virtude das
nossas obras, mas por causa da sua própria
determinação e graça. Esta graça nos foi da-
da em Cristo Jesus desde os tempos eternos,
[10]sendo agora revelada pela manifestação
de nosso Salvador, Cristo Jesus. Ele tornou
inoperante a morte e trouxe à luz a vida e a
imortalidade por meio do evangelho. [11]Deste
evangelho fui constituído pregador, apóstolo
e mestre. [12]Por essa causa também sofro, mas
não me envergonho, porque sei em quem te-
nho crido e estou bem certo de que ele é po-
deroso para guardar o que lhe confiei até
aquele dia.

[13]Retenha, com fé e amor em Cristo Jesus,
o modelo da sã doutrina que você ouviu de
mim. [14]Quanto ao que lhe foi confiado, guar-
de-o por meio do Espírito Santo que habita
em nós.

[15]Você sabe que todos os da província da
Ásia me abandonaram, inclusive Fígelo e
Hermógenes.

[16]O Senhor conceda misericórdia à casa de
Onesíforo, porque muitas vezes ele me rea-
nimou e não se envergonhou por eu estar
preso; [17]ao contrário, quando chegou a Roma,
procurou-me diligentemente até me encon-
trar. [18]Conceda-lhe o Senhor que, naquele dia,
encontre misericórdia da parte do Senhor!
Você sabe muito bem quantos serviços ele
me prestou em Éfeso.

2 Portanto, você, meu filho, fortifique-se na
graça que há em Cristo Jesus. [2]E as palavras
que me ouviu dizer na presença de muitas
testemunhas, confie-as a homens fiéis que
sejam também capazes de ensinar outros.

[a] 1:7 Ou *o Espírito que Deus nos deu não é*

Palavras para memorizar

"Não se envergonhe de testemunhar do Senhor."

(2Timóteo 1:8)

Experimente!

O que você ouviu

A mãe e a avó de Timóteo, e depois Paulo, ensinaram-no sobre Deus e Jesus. Quem ensinou você sobre Deus? Seus pais? Avós? Professores? Professores da igreja? Ministros? Peça que cada um deles lhe conte qual é a coisa mais importante que gostaria que você aprendesse — algo de que você deveria se lembrar por toda a vida.

Anote o que eles lhe disserem e volte a olhar sua anotação em algumas semanas para lembrar-se do que você aprendeu.

2Timóteo 1:13-14

Você sabia?

Como são os bons cristãos?

2:3 Os bons cristãos são como soldados que obedecem a seu comandante, como atletas que treinam duro para vencer e como fazendeiros que trabalham bastante e estão dispostos a esperar pela recompensa.

3Suporte comigo os meus sofrimentos, co-
mo bom soldado de Cristo Jesus. 4Nenhum
soldado se deixa envolver pelos negócios da
vida civil, já que deseja agradar aquele que
o alistou. 5Semelhantemente, nenhum atle-
ta é coroado como vencedor, se não compe-
tir de acordo com as regras. 6O lavrador que
trabalha arduamente deve ser o primeiro a
participar dos frutos da colheita. 7Reflita no
que estou dizendo, pois o Senhor lhe dará
entendimento em tudo.

8Lembre-se de Jesus Cristo, ressuscitado
dos mortos, descendente de Davi, conforme
o meu evangelho, 9pelo qual sofro e até estou
preso como criminoso; contudo a palavra de
Deus não está presa. 10Por isso, tudo suporto
por causa dos eleitos, para que também eles
alcancem a salvação que está em Cristo Jesus,
com glória eterna.

11Esta palavra é digna de confiança:

Se morremos com ele,
com ele também viveremos;
12se perseveramos,
com ele também reinaremos.
Se o negamos,
ele também nos negará;
13se somos infiéis,
ele permanece fiel,
pois não pode negar-se
a si mesmo.

O obreiro aprovado por Deus

14Continue a lembrar essas coisas a todos,
advertindo-os solenemente diante de Deus,
para que não se envolvam em discussões
acerca de palavras; isso não traz proveito,
e serve apenas para perverter os ouvintes.
15Procure apresentar-se a Deus aprovado, co-
mo obreiro que não tem do que se envergo-
nhar e que maneja corretamente a palavra
da verdade. 16Evite as conversas inúteis e
profanas, pois os que se dão a isso prosse-
guem cada vez mais para a impiedade. 17O
ensino deles alastra-se como câncer[a]; entre
eles estão Himeneu e Fileto. 18Estes se desvia-
ram da verdade, dizendo que a ressurreição
já aconteceu, e assim a alguns pervertem a
fé. 19Entretanto, o firme fundamento de Deus
permanece inabalável e selado com esta ins-
crição: "O Senhor conhece quem lhe perten-
ce"[b] e "afaste-se da iniquidade todo aquele
que confessa o nome do Senhor".

20Numa grande casa há vasos não apenas
de ouro e prata, mas também de madeira e
barro; alguns para fins honrosos, outros pa-
ra fins desonrosos. 21Se alguém se purificar
dessas coisas, será vaso para honra, santifi-
cado, útil para o Senhor e preparado para to-
da boa obra.

22Fuja dos desejos malignos da juventude e
siga a justiça, a fé, o amor e a paz, com aque-
les que, de coração puro, invocam o Senhor.
23Evite as controvérsias tolas e inúteis, pois
você sabe que acabam em brigas. 24Ao servo
do Senhor não convém brigar mas, sim, ser
amável para com todos, apto para ensinar,
paciente. 25Deve corrigir com mansidão os
que se lhe opõem, na esperança de que Deus
lhes conceda o arrependimento, levando-os
ao conhecimento da verdade, 26para que as-
sim voltem à sobriedade e escapem da ar-
madilha do Diabo, que os aprisionou para
fazerem a sua vontade.

A impiedade dos últimos dias

3 Saiba disto: nos últimos dias sobrevi-
rão tempos terríveis. 2Os homens serão
egoístas, avarentos, presunçosos, arrogantes,
blasfemos, desobedientes aos pais, ingratos,
ímpios, 3sem amor pela família, irreconci-
liáveis, caluniadores, sem domínio próprio,

[a] 2:17 Grego: *gangrena.*
[b] 2:19 Nm 16:5

Palavras para memorizar

"Siga a justiça, a fé, o amor e a paz, com aqueles que, de coração puro, invocam o Senhor."

(2Timóteo 2:22)

cruéis, inimigos do bem, 4traidores, precipitados, soberbos, mais amantes dos prazeres do que amigos de Deus, 5tendo aparência de piedade, mas negando o seu poder. Afaste-se desses também.

6São esses os que se introduzem pelas casas e conquistam mulheres instáveis[a] sobrecarregadas de pecados, as quais se deixam levar por toda espécie de desejos. 7Elas estão sempre aprendendo, e jamais conseguem chegar ao conhecimento da verdade. 8Como Janes e Jambres se opuseram a Moisés, esses também resistem à verdade. A mente deles é depravada; são reprovados na fé. 9Não irão longe, porém; como no caso daqueles, a sua insensatez se tornará evidente a todos.

A recomendação de Paulo a Timóteo

10Mas você tem seguido de perto o meu ensino, a minha conduta, o meu propósito, a minha fé, a minha paciência, o meu amor, a minha perseverança, 11as perseguições e os sofrimentos que enfrentei, coisas que me aconteceram em Antioquia, Icônio e Listra. Quanta perseguição suportei! Mas, de todas essas coisas o Senhor me livrou! 12De fato, todos os que desejam viver piedosamente em Cristo Jesus serão perseguidos. 13Contudo, os perversos e impostores irão de mal a pior, enganando e sendo enganados.

14Quanto a você, porém, permaneça nas coisas que aprendeu e das quais tem convicção, pois você sabe de quem o aprendeu. 15Porque desde criança você conhece as Sagradas Letras, que são capazes de torná-lo sábio para a salvação mediante a fé em Cristo Jesus. 16Toda a Escritura é inspirada por Deus e útil para o ensino, para a repreensão, para a correção e para a instrução na justiça, 17para que o homem de Deus seja apto e plenamente preparado para toda boa obra.

4 Na presença de Deus e de Cristo Jesus, que há de julgar os vivos e os mortos por sua manifestação e por seu Reino, eu o exorto solenemente: 2Pregue a palavra, esteja preparado a tempo e fora de tempo, repreenda, corrija, exorte com toda a paciência e doutrina. 3Pois virá o tempo em que não suportarão a sã doutrina; ao contrário, sentindo coceira nos ouvidos, juntarão mestres para si mesmos, segundo os seus próprios desejos. 4Eles se recusarão a dar ouvidos à verdade, voltando-se para os mitos. 5Você, porém, seja moderado em tudo, suporte os sofrimentos, faça a obra de um evangelista, cumpra plenamente o seu ministério.

6Eu já estou sendo derramado como uma oferta de bebida[b]. Está próximo o tempo da

Palavras para memorizar

"Toda a Escritura é inspirada por Deus e útil para o ensino."

(2Timóteo 3:16)

[a] 3:6 Grego: *mulherezinhas*.

[b] 4:6 Veja Nm 28:7.

A vida nos tempos da Bíblia

Coroa de folhas

A pessoa que vencia em um evento atlético não ganhava dinheiro nem ouro; em vez disso, o prêmio era uma grinalda feita de folhas para usar sobre a cabeça. Em 2Timóteo 4:8, Paulo escreve sobre uma coroa que duraria mais do que uma coroa de folhas e diz que havia terminado a carreira e que receberia "a coroa da justiça".

minha partida. 7Combati o bom combate,
terminei a corrida, guardei a fé. 8Agora me
está reservada a coroa da justiça, que o Se-
nhor, justo Juiz, me dará naquele dia; e não
somente a mim, mas também a todos os que
amam a sua vinda.

Recomendações finais

9Procure vir logo ao meu encontro, 10pois
Demas, amando este mundo, abandonou-me
e foi para Tessalônica. Crescente foi para a
Galácia, e Tito, para a Dalmácia. 11Só Lucas es-
tá comigo. Traga Marcos com você, porque
ele me é útil para o ministério. 12Enviei Tí-
quico a Éfeso. 13Quando você vier, traga a capa
que deixei na casa de Carpo, em Trôade, e os
meus livros, especialmente os pergaminhos.

14Alexandre, o ferreiro[a], causou-me muitos
males. O Senhor lhe dará a retribuição pe-
lo que fez. 15Previna-se contra ele, porque se
opôs fortemente às nossas palavras.

16Na minha primeira defesa, ninguém apa-
receu para me apoiar; todos me abandona-
ram. Que isso não lhes seja cobrado. 17Mas o
Senhor permaneceu ao meu lado e me deu
forças, para que por mim a mensagem fosse
plenamente proclamada e todos os gentios[b] a
ouvissem. E eu fui libertado da boca do leão.
18O Senhor me livrará de toda obra maligna e
me levará a salvo para o seu Reino celestial. A
ele seja a glória para todo o sempre. Amém.

Saudações finais

19Saudações a Priscila[c] e Áquila, e à casa de
Onesíforo. 20Erasto permaneceu em Corinto,
mas deixei Trófimo doente em Mileto. 21Pro-
cure vir antes do inverno. Êubulo, Prudente,
Lino, Cláudia e todos os irmãos enviam-lhe
saudações.

22O Senhor seja com o seu espírito. A graça
seja com vocês.

[a] 4:14 Grego: *latoeiro*. Isto é, um artífice em bronze.

[b] 4:17 Isto é, os que não são judeus.

[c] 4:19 Grego: *Prisca*, variante de *Priscila*.

Tito

Quem escreveu este livro?

Paulo.

Por que este livro foi escrito?

Esta carta mostra a Tito como ser um bom mestre e líder.

Para quem este livro foi escrito?

Esta é uma carta de Paulo enviada a um jovem ajudante chamado Tito.

Quando este livro foi escrito?

Paulo escreveu esta carta por volta de 65 d.C., em Corinto. (Veja o *Índice de mapas*, ao final desta Bíblia, para saber onde fica Corinto.)

Alguns ensinamentos importantes deste livro:

Como viver a vida cristã	Tito 2:1-15
Os cristãos devem fazer o bem	Tito 3:3-8

1 Paulo, servo[a] de Deus e apóstolo de Jesus Cristo para levar os eleitos de Deus à fé e ao conhecimento da verdade que conduz à piedade; 2fé e conhecimento que se fundamentam na esperança da vida eterna, a qual o Deus que não mente prometeu antes dos tempos eternos. 3No devido tempo, ele trouxe à luz a sua palavra, por meio da pregação a mim confiada por ordem de Deus, nosso Salvador,

4a Tito, meu verdadeiro filho em nossa fé comum:

Graça e paz[b] da parte de Deus Pai e de Cristo Jesus, nosso Salvador.

A tarefa de Tito em Creta

5A razão de tê-lo deixado em Creta foi para que você pusesse em ordem o que ainda faltava e constituísse[c] presbíteros em cada cidade, como eu o instruí. 6É preciso que o presbítero seja irrepreensível, marido de uma só mulher e tenha filhos crentes que não sejam acusados de libertinagem ou de insubmissão. 7Por ser encarregado da obra de Deus, é necessário que o bispo[d] seja irrepreensível: não orgulhoso, não briguento, não apegado ao vinho, não violento, nem ávido por lucro desonesto. 8Ao contrário, é preciso que ele seja hospitaleiro, amigo do bem, sensato, justo, consagrado, tenha domínio próprio 9e apegue-se firmemente à mensagem fiel, da maneira como foi ensinada, para que seja capaz de encorajar outros pela sã doutrina e de refutar os que se opõem a ela.

10Pois há muitos insubordinados, que não passam de faladores e enganadores, especialmente os do grupo da circuncisão. 11É necessário que eles sejam silenciados, pois estão arruinando famílias inteiras, ensinando coisas que não devem, e tudo por ganância. 12Um dos seus próprios profetas chegou a dizer: "Cretenses, sempre mentirosos, feras malignas, glutões preguiçosos". 13Tal testemunho é verdadeiro. Portanto, repreenda-os severamente, para que sejam sadios na fé 14e não deem atenção a lendas judaicas nem a mandamentos de homens que rejeitam a verdade. 15Para os puros, todas as coisas são puras; mas para os impuros e descrentes, nada é puro. De fato, tanto a mente como a consciência deles estão corrompidas. 16Eles afirmam que conhecem a Deus, mas por seus atos o negam; são detestáveis, desobedientes e desqualificados para qualquer boa obra.

Instruções para vários grupos

2 Você, porém, fale o que está de acordo com a sã doutrina. 2Ensine os homens mais velhos a serem moderados, dignos de respeito, sensatos e sadios na fé, no amor e na perseverança.

3Semelhantemente, ensine as mulheres mais velhas a serem reverentes na sua maneira de viver, a não serem caluniadoras nem escravizadas a muito vinho, mas a serem capazes de ensinar o que é bom. 4Assim, poderão orientar as mulheres mais jovens a amarem seus maridos e seus filhos, 5a serem prudentes e puras, a estarem ocupadas em casa, e a serem bondosas e sujeitas a seus maridos, a fim de que a palavra de Deus não seja difamada.

6Da mesma maneira, encoraje os jovens a serem prudentes. 7Em tudo seja você mesmo um exemplo para eles, fazendo boas obras. Em seu ensino, mostre integridade e seriedade; 8use linguagem sadia, contra a qual nada se possa dizer, para que aqueles que se opõem a você fiquem envergonhados por não poderem falar mal de nós.

9Ensine os escravos a se submeterem em tudo a seus senhores, a procurarem agradá-los, a não serem respondões e 10a não roubá-los, mas a mostrarem que são inteiramente dignos de confiança, para que assim tornem atraente, em tudo, o ensino de Deus, nosso Salvador.

11Porque a graça de Deus se manifestou salvadora a todos os homens. 12Ela nos ensina a renunciar à impiedade e às paixões mundanas e a viver de maneira sensata, justa e piedosa nesta era presente, 13enquanto aguardamos a bendita esperança: a gloriosa manifestação de nosso grande Deus e Salvador, Jesus Cristo. 14Ele se entregou por nós a fim de nos remir de toda a maldade e purificar para si mesmo um povo particularmente seu, dedicado à prática de boas obras.

15É isso que você deve ensinar, exortando-os e repreendendo-os com toda a autoridade. Ninguém o despreze.

A conduta cristã

3 Lembre a todos que se sujeitem aos governantes e às autoridades, sejam obedientes, estejam sempre prontos a fazer tudo o que é bom, 2não caluniem ninguém, sejam pacíficos, amáveis e mostrem sempre verdadeira mansidão para com todos os homens.

[a] 1:1 Isto é, escravo.
[b] 1:4 Muitos manuscritos dizem *Graça, misericórdia e paz.*
[c] 1:5 Ou *ordenasse*
[d] 1:7 Grego: *epíscopo*. Palavra que descreve a pessoa que exerce função pastoral.

Palavras para memorizar

"Sempre prontos a fazer tudo o que é bom."

(Tito 3:1)

Palavras para memorizar

"Não por causa de atos de justiça por nós praticados, mas devido à sua misericórdia, ele nos salvou."

(Tito 3:5)

3 Houve tempo em que nós também éra-
mos insensatos e desobedientes, vivíamos
enganados e escravizados por toda espécie
de paixões e prazeres. Vivíamos na maldade
e na inveja, sendo detestáveis e odiando uns
aos outros. 4 Mas quando, da parte de Deus,
nosso Salvador, se manifestaram a bonda-
de e o amor pelos homens, 5 não por causa
de atos de justiça por nós praticados, mas
devido à sua misericórdia, ele nos salvou
pelo lavar regenerador e renovador do Es-
pírito Santo, 6 que ele derramou sobre nós
generosamente, por meio de Jesus Cristo,
nosso Salvador. 7 Ele o fez a fim de que, jus-
tificados por sua graça, nos tornemos seus
herdeiros, tendo a esperança da vida eterna.
8 Fiel é esta palavra, e quero que você afirme
categoricamente essas coisas, para que os
que creem em Deus se empenhem na prá-
tica de boas obras. Tais coisas são excelentes
e úteis aos homens.
9 Evite, porém, controvérsias tolas, genea-
logias, discussões e contendas a respeito da
Lei, porque essas coisas são inúteis e sem va-
lor. 10 Quanto àquele que provoca divisões,
advirta-o uma primeira e uma segunda vez.
Depois disso, rejeite-o. 11 Você sabe que tal
pessoa se perverteu e está em pecado; por si
mesma está condenada.

Observações finais

12 Quando eu lhe enviar Ártemas ou Tíqui-
co, faça o possível para vir ao meu encontro
em Nicópolis, pois decidi passar o inverno
ali. 13 Providencie tudo o que for necessário
para a viagem de Zenas, o jurista, e de Apo-
lo, de modo que nada lhes falte. 14 Quanto aos
nossos, que aprendam a dedicar-se à prática
de boas obras, a fim de que supram as ne-
cessidades diárias e não sejam improdutivos.
15 Todos os que estão comigo enviam-lhe
saudações. Saudações àqueles que nos amam
na fé.

A graça seja com todos vocês.

Diga não!

Experimente!

Leia Tito 2:11-14, que nos mostra que os cristãos devem dizer "não" quando forem estimulados a fazer algo errado. Agora responda: "Para o que as crianças devem dizer 'não'?".

Olhe em um espelho e pratique dizer "não". Tente dizer com um sorriso, depois tente parecer bem sério quando você diz "não", e também tente parecer bravo com o seu "não". Qual dessas você acha que é a melhor maneira de dizer "não"?

Conte a seus pais algumas coisas para as quais você planeja dizer "não" e pergunte a eles qual das caras que você praticou é a melhor para usar quando disser "não".

Tito 2:11-14

Filemom

Quem escreveu este livro?
Paulo.

Por que este livro foi escrito?
Esta carta pede a Filemom para receber de volta Onésimo, um escravo que havia fugido, mas que agora era um cristão.

Para quem este livro foi escrito?
Esta é uma carta pessoal enviada a um cristão chamado Filemom.

Quando este livro foi escrito?
A Carta a Filemom foi escrita por volta de 60 d.C., enquanto Paulo estava na prisão em Roma. (Veja o *Índice de mapas*, ao final desta Bíblia, para saber onde fica Roma.)

1Paulo, prisioneiro de Cristo Jesus, e o ir-
mão Timóteo,

a você, Filemom, nosso amado cooperador,
2à irmã Áfia, a Arquipo, nosso companheiro
de lutas, e à igreja que se reúne com você
em sua casa:

3A vocês, graça e paz da parte de Deus nos-
so Pai e do Senhor Jesus Cristo.

Ação de graças e intercessão

4Sempre dou graças a meu Deus, lembran-
do-me de você nas minhas orações, 5porque
ouço falar da sua fé no Senhor Jesus e do seu
amor por todos os santos. 6Oro para que a co-
munhão que procede da sua fé seja eficaz no
pleno conhecimento de todo o bem que te-
mos em Cristo. 7Seu amor me tem dado gran-
de alegria e consolação, porque você, irmão,
tem reanimado o coração dos santos.

A intercessão de Paulo em favor de Onésimo

8Por isso, mesmo tendo em Cristo plena
liberdade para mandar que você cumpra o
seu dever, 9prefiro fazer um apelo com ba-
se no amor. Eu, Paulo, já velho, e agora tam-
bém prisioneiro de Cristo Jesus, 10apelo em
favor de meu filho Onésimo[a], que gerei en-
quanto estava preso. 11Ele antes lhe era inú-
til, mas agora é útil, tanto para você quanto
para mim.
12Mando-o de volta a você, como se fosse o
meu próprio coração. 13Gostaria de mantê-lo
comigo para que me ajudasse em seu lugar
enquanto estou preso por causa do evan-
gelho. 14Mas não quis fazer nada sem a sua
permissão, para que qualquer favor que você
fizer seja espontâneo, e não forçado. 15Talvez
ele tenha sido separado de você por algum
tempo, para que você o tivesse de volta para
sempre, 16não mais como escravo, mas, aci-
ma de escravo, como irmão amado. Para mim
ele é um irmão muito amado, e ainda mais
para você, tanto como pessoa quanto como
cristão[b].
17Assim, se você me considera companhei-
ro na fé, receba-o como se estivesse receben-
do a mim. 18Se ele o prejudicou em algo ou
lhe deve alguma coisa, ponha na minha con-
ta. 19Eu, Paulo, escrevo de próprio punho: Eu
pagarei — para não dizer que você me deve a
própria vida. 20Sim, irmão, eu gostaria de re-
ceber de você algum benefício por estarmos
no Senhor. Reanime o meu coração em Cris-
to! 21Escrevo-lhe certo de que você me obede-
cerá, sabendo que fará mais do que lhe peço.
22Além disso, prepare-me um aposento,
porque, graças às suas orações, espero po-
der ser restituído a vocês.

23Epafras, meu companheiro de prisão por
causa de Cristo Jesus, envia-lhe saudações,
24assim como também Marcos, Aristarco, De-
mas e Lucas, meus cooperadores.
25A graça do Senhor Jesus Cristo seja com
o espírito de todos vocês.

[a] 10 *Onésimo* significa *útil*.

[b] 16 Grego: *tanto na carne quanto no Senhor*.

Pessoas nos tempos da Bíblia

Escravos

Havia milhares de escravos em Roma nos dias de Paulo, os quais exerciam várias funções diferentes: oleiros, caseiros, ferreiros, fazendeiros, pastores, construtores e escribas (as pessoas que escreviam em pergaminhos). A maioria dos escravos, se fossem obedientes e fizessem bem o trabalho, conseguia planejar e, ao final, sair livre. Paulo escreveu para Filemom pedindo-lhe que recebesse de volta Onésimo, um escravo que havia fugido, e também pede a Filemom que o receba como um irmão cristão, não como um escravo.

Palavras para memorizar

"Seu amor me tem dado grande alegria e consolação."

(Filemom 7)

Hebreus

Quem escreveu este livro?

O autor da Carta aos Hebreus é desconhecido.

Por que este livro foi escrito?

A Carta aos Hebreus mostra como a fé cristã é superior à fé dos tempos do Antigo Testamento.

Para quem este livro foi escrito?

Esta é uma carta enviada aos cristãos judeus.

Quando este livro foi escrito?

A Carta aos Hebreus foi, provavelmente, escrita por volta de 68 d.C.

Alguns ensinamentos importantes deste livro:

Jesus é superior aos anjos	Hebreus 1:1-14
Um ser humano de verdade	Hebreus 2:5-18
Precisamos crer	Hebreus 3:7-19
Jesus entende	Hebreus 4:14-16
Deus mantém suas promessas	Hebreus 6:13-20
O sangue de Cristo	Hebreus 9:11-28
Heróis da fé	Hebreus 11:1-40
Deus nos disciplina	Hebreus 12:1-13

O Filho é superior aos anjos

1 Há muito tempo Deus falou muitas vezes e
de várias maneiras aos nossos antepassa-
dos por meio dos profetas, 2mas nestes últi-
mos dias falou-nos por meio do Filho, a quem
constituiu herdeiro de todas as coisas e por
meio de quem fez o universo. 3O Filho é o res-
plendor da glória de Deus e a expressão exa-
ta do seu ser, sustentando todas as coisas por
sua palavra poderosa. Depois de ter realizado
a purificação dos pecados, ele se assentou à
direita da Majestade nas alturas, 4tornando-
-se tão superior aos anjos quanto o nome que
herdou é superior ao deles.

5Pois a qual dos anjos Deus alguma vez
disse:

"Tu és meu Filho;
eu hoje te gerei"[a]?

E outra vez:

"Eu serei seu Pai,
e ele será meu Filho"[b]?

6E ainda, quando Deus introduz o Primogê-
nito no mundo, diz:

"Todos os anjos de Deus
o adorem"[c].

7Quanto aos anjos, ele diz:

"Ele faz dos seus anjos ventos,
e dos seus servos,
clarões reluzentes"[d].

8Mas a respeito do Filho, diz:

"O teu trono, ó Deus,
subsiste para todo o sempre;

[a] 1:5 Sl 2:7
[b] 1:5 2Sm 7:14; 1Cr 17:13
[c] 1:6 Dt 32:43 (segundo a Septuaginta e os manuscritos do mar Morto).
[d] 1:7 Sl 104:4

Você sabia?

Como Jesus pode ser maior do que os anjos?

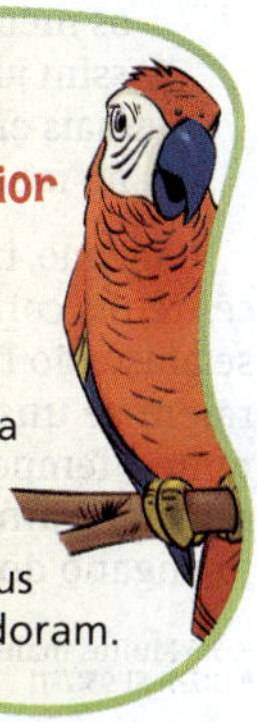

1:4 Os judeus pensavam nos anjos como seres exaltados, mas o autor de Hebreus conta para eles que Jesus é maior do que os anjos, porque ele é o Filho de Deus. E mais: Jesus criou os anjos, e os anjos o adoram.

cetro de equidade
é o cetro do teu Reino.
9Amas a justiça
e odeias a iniquidade;
por isso Deus, o teu Deus,
escolheu-te dentre
os teus companheiros,
ungindo-te com óleo de alegria"[e].

10E também diz:

"No princípio, Senhor,
firmaste os fundamentos
da terra,
e os céus são obras
das tuas mãos.
11Eles perecerão,
mas tu permanecerás;
envelhecerão como vestimentas.
12Tu os enrolarás como um manto,
como roupas
eles serão trocados.
Mas tu permaneces o mesmo,
e os teus dias jamais terão fim"[f].

13A qual dos anjos Deus alguma vez disse:

"Senta-te à minha direita,
até que eu faça
dos teus inimigos
um estrado para os teus pés"[g]?

14Os anjos não são, todos eles, espíritos mi-
nistradores enviados para servir aqueles que
hão de herdar a salvação?

O perigo da negligência

2 Por isso é preciso que prestemos maior
atenção ao que temos ouvido, para que
jamais nos desviemos. 2Porque, se a mensa-
gem transmitida por anjos provou a sua fir-
meza, e toda transgressão e desobediência
recebeu a devida punição, 3como escapare-
mos, se negligenciarmos tão grande salvação?
Esta salvação, primeiramente anunciada pelo
Senhor, foi-nos confirmada pelos que a ou-
viram. 4Deus também deu testemunho dela
por meio de sinais, maravilhas, diversos mi-
lagres e dons do Espírito Santo distribuídos
de acordo com a sua vontade.

Jesus é feito semelhante a seus irmãos

5Não foi a anjos que ele sujeitou o mundo
que há de vir, a respeito do qual estamos fa-
lando, 6mas alguém em certo lugar testemu-
nhou, dizendo:

[e] 1:8-9 Sl 45:6-7
[f] 1:10-12 Sl 102:25-27
[g] 1:13 Sl 110:1

"Que é o homem, para que
com ele te importes?
E o filho do homem,
para que com ele te preocupes?
7Tu o fizeste um[a] pouco menor
do que os anjos
e o coroaste de glória e de honra;
8tudo sujeitaste debaixo
dos seus pés"[b].

Ao lhe sujeitar todas as coisas, nada deixou
que não lhe estivesse sujeito. Agora, porém,
ainda não vemos que todas as coisas lhe este-
jam sujeitas. 9Vemos, todavia, aquele que por
um pouco foi feito menor do que os anjos, Je-
sus, coroado de honra e de glória por ter so-
frido a morte, para que, pela graça de Deus,
em favor de todos, experimentasse a morte.
10Ao levar muitos filhos à glória, convinha
que Deus, por causa de quem e por meio
de quem tudo existe, tornasse perfeito, me-
diante o sofrimento, o autor da salvação de-
les. 11Ora, tanto o que santifica quanto os que
são santificados provêm de um só. Por isso
Jesus não se envergonha de chamá-los ir-
mãos. 12Ele diz:

"Proclamarei o teu nome
a meus irmãos;
na assembleia te louvarei"[c].

13E também:

"Nele porei
a minha confiança"[d].

Novamente ele diz:

"Aqui estou eu com os filhos
que Deus me deu"[e].

14Portanto, visto que os filhos são pessoas
de carne e sangue, ele também participou
dessa condição humana, para que, por sua
morte, derrotasse aquele que tem o poder da
morte, isto é, o Diabo, 15e libertasse aqueles
que durante toda a vida estiveram escravi-
zados pelo medo da morte. 16Pois é claro que
não é a anjos que ele ajuda, mas aos descen-
dentes de Abraão. 17Por essa razão era neces-
sário que ele se tornasse semelhante a seus
irmãos em todos os aspectos, para se tornar
sumo sacerdote misericordioso e fiel com re-
lação a Deus, e fazer propiciação[f] pelos peca-
dos do povo. 18Porque, tendo em vista o que
ele mesmo sofreu quando tentado, ele é ca-
paz de socorrer aqueles que também estão
sendo tentados.

Jesus é superior a Moisés

3 Portanto, santos irmãos, participantes do
chamado celestial, fixem os seus pensa-
mentos em Jesus, apóstolo e sumo sacerdo-
te que confessamos. 2Ele foi fiel àquele que o
havia constituído, assim como Moisés foi fiel
em toda a casa de Deus. 3Jesus foi considera-
do digno de maior glória do que Moisés, da
mesma forma que o construtor de uma casa
tem mais honra do que a própria casa. 4Pois
toda casa é construída por alguém, mas Deus
é o edificador de tudo. 5Moisés foi fiel como
servo em toda a casa de Deus, dando teste-
munho do que haveria de ser dito no futu-
ro, 6mas Cristo é fiel como Filho sobre a casa
de Deus; e esta casa somos nós, se é que nos
apegamos firmemente[g] à confiança e à espe-
rança da qual nos gloriamos.

Advertência contra a incredulidade

7Assim, como diz o Espírito Santo:

"Hoje, se vocês ouvirem
a sua voz,
8não endureçam o coração,
como na rebelião,
durante o tempo da provação no
deserto,
9onde os seus antepassados
me tentaram,
pondo-me à prova,
apesar de, durante quarenta anos,
terem visto o que eu fiz.
10Por isso fiquei irado
contra aquela geração
e disse: O seu coração
está sempre se desviando,
e eles não reconheceram
os meus caminhos.
11Assim jurei na minha ira:
Jamais entrarão
no meu descanso"[h].

12Cuidado, irmãos, para que nenhum de vo-
cês tenha coração perverso e incrédulo, que
se afaste do Deus vivo. 13Ao contrário, enco-
rajem-se uns aos outros todos os dias, du-
rante o tempo que se chama "hoje", de modo
que nenhum de vocês seja endurecido pe-
lo engano do pecado, 14pois passamos a ser

[a] 2:7 Ou *por um*
[b] 2:6-8 Sl 8:4-6
[c] 2:12 Sl 22:22
[d] 2:13 Is 8:17
[e] 2:13 Is 8:18
[f] 2:17 Ou *desviar a ira de Deus dos pecados e removê-los*
[g] 3:6 Muitos manuscritos trazem *firmemente até o fim.*
[h] 3:7-11 Sl 95:7-11

Palavras para memorizar

"Cuidado, irmãos, para que nenhum de vocês tenha coração perverso e incrédulo, que se afaste do Deus vivo."

(Hebreus 3:12)

participantes de Cristo, desde que, de fato,
nos apeguemos até o fim à confiança que ti-
vemos no princípio. 15Por isso é que se diz:

"Se hoje vocês ouvirem
a sua voz,
não endureçam o coração,
como na rebelião"[a].

16Quem foram os que ouviram e se rebela-
ram? Não foram todos os que Moisés tirou do
Egito? 17Contra quem Deus esteve irado duran-
te quarenta anos? Não foi contra aqueles que
pecaram, cujos corpos caíram no deserto? 18E
a quem jurou que nunca haveriam de entrar
no seu descanso? Não foi àqueles que foram
desobedientes?[b] 19Vemos, assim, que por causa
da incredulidade não puderam entrar.

Um descanso sabático para o povo de Deus

4 Visto que nos foi deixada a promessa
de entrarmos no descanso de Deus, que
nenhum de vocês pense que falhou[c]. 2Pois as
boas novas foram pregadas também a nós,
tanto quanto a eles; mas a mensagem que
eles ouviram de nada lhes valeu, pois não foi
acompanhada de fé por aqueles que a ouvi-
ram[d]. 3Pois nós, os que cremos, é que entra-
mos naquele descanso, conforme Deus disse:

"Assim jurei na minha ira:
Jamais entrarão
no meu descanso"[e];

embora as suas obras estivessem concluí-
das desde a criação do mundo. 4Pois em cer-
to lugar ele falou sobre o sétimo dia, nestas
palavras: "No sétimo dia Deus descansou de
toda obra que realizara"[f]. 5E de novo, na pas-
sagem citada há pouco, diz: "Jamais entrarão
no meu descanso".

6Portanto, resta entrarem alguns naquele
descanso, e aqueles a quem anteriormente
as boas novas foram pregadas não entraram,
por causa da desobediência. 7Por isso Deus
estabelece outra vez um determinado dia,
chamando-o "hoje", ao declarar muito tem-
po depois, por meio de Davi, de acordo com
o que fora dito antes:

"Se hoje vocês ouvirem
a sua voz,
não endureçam o coração".

8Porque, se Josué lhes tivesse dado descan-
so, Deus não teria falado posteriormente a
respeito de outro dia. 9Assim, ainda resta
um descanso sabático para o povo de Deus;
10pois todo aquele que entra no descanso de
Deus, também descansa das suas obras, co-
mo Deus descansou das suas. 11Portanto, es-
forcemo-nos por entrar nesse descanso, para
que ninguém venha a cair, seguindo aquele
exemplo de desobediência.

12Pois a palavra de Deus é viva e eficaz, e
mais afiada que qualquer espada de dois gu-
mes; ela penetra até o ponto de dividir alma
e espírito, juntas e medulas, e julga os pen-
samentos e intenções do coração. 13Nada, em
toda a criação, está oculto aos olhos de Deus.
Tudo está descoberto e exposto diante dos
olhos daquele a quem havemos de prestar
contas.

Jesus, o grande sumo sacerdote

14Portanto, visto que temos um grande su-
mo sacerdote que adentrou os céus, Jesus, o

[a] 3:15 Sl 95:7-8; também em 4:7.
[b] 3:18 Ou *que não creram?*

[c] 4:1 Ou *que a promessa falhou*
[d] 4:2 Muitos manuscritos dizem *pois não compartilharam a fé daqueles que obedeceram.*
[e] 4:3 Sl 95:11; também no versículo 5.
[f] 4:4 Gn 2:2

Você sabia?

De que modo as pessoas demonstram incredulidade?

3:12 As pessoas que realmente acreditam em Deus fazem o que ele diz, mas aqueles que não acreditam não obedecem a Deus. Em vez disso, elas demonstram sua incredulidade ao se rebelarem e se afastarem de Deus.

Filho de Deus, apeguemo-nos com toda a fir-
meza à fé que professamos, 15pois não temos
um sumo sacerdote que não possa compa-
decer-se das nossas fraquezas, mas sim al-
guém que, como nós, passou por todo tipo de
tentação, porém, sem pecado. 16Assim, apro-
ximemo-nos do trono da graça com toda a
confiança, a fim de recebermos misericórdia
e encontrarmos graça que nos ajude no mo-
mento da necessidade.

5 Todo sumo sacerdote é escolhido dentre
os homens e designado para representá-
-los em questões relacionadas com Deus e
apresentar ofertas e sacrifícios pelos peca-
dos. 2Ele é capaz de se compadecer dos que
não têm conhecimento e se desviam, visto
que ele próprio está sujeito à fraqueza. 3Por
isso ele precisa oferecer sacrifícios por seus
próprios pecados, bem como pelos pecados
do povo.

4Ninguém toma esta honra para si mesmo,
mas deve ser chamado por Deus, como de fa-
to o foi Arão. 5Da mesma forma, Cristo não
tomou para si a glória de se tornar sumo sa-
cerdote, mas Deus lhe disse:

> "Tu és meu Filho;
> eu hoje te gerei"[a].

6E diz noutro lugar:

> "Tu és sacerdote para sempre,
> segundo a ordem
> de Melquisedeque"[b].

[a] 5:5 Sl 2:7
[b] 5:6 Sl 110:4

Você sabia?

O que um sumo sacerdote fazia?

5:10 O sumo sacerdote oferecia sacrifícios a Deus pelas pessoas que haviam pecado e também orava a Deus por elas. Deus indicava quem seriam os sumos sacerdotes de Israel, mas Jesus é o sumo sacerdote que Deus indicou para nós cristãos.

7Durante os seus dias de vida na terra, Je-
sus ofereceu orações e súplicas, em alta voz
e com lágrimas, àquele que o podia salvar da
morte, sendo ouvido por causa da sua reve-
rente submissão. 8Embora sendo Filho, ele
aprendeu a obedecer por meio daquilo que
sofreu; 9e, uma vez aperfeiçoado, tornou-se a
fonte da salvação eterna para todos os que
lhe obedecem, 10sendo designado por Deus
sumo sacerdote, segundo a ordem de Mel-
quisedeque.

Advertência contra a apostasia

11Quanto a isso, temos muito que dizer,
coisas difíceis de explicar, porque vocês se
tornaram lentos para aprender. 12Embora a
esta altura já devessem ser mestres, vocês
precisam de alguém que lhes ensine nova-
mente os princípios elementares da palavra

Misericórdia

Leia esta história sobre Alan.

O pai de Alan deu a ele dinheiro para comprar cadarços novos, mas, em vez disso, ele comprou doce e, quando chegou em casa, disse ao pai que havia perdido o dinheiro. Mais tarde, o pai descobriu a verdade, levou o garoto até a loja de sapatos e o fez usar a mesada para comprar os cadarços. Depois, ele abraçou Alan e disse que o filho havia errado, mas que o amava mesmo assim.

Leia Hebreus 4:14-16 e responda: "Você acha que Jesus aprovaria o que o pai de Alan fez? Por quê?".

Leia essa passagem da Bíblia para seus pais e depois encene a história de Alan, fazendo você o papel dele. Tente finais diferentes e decidam juntos o que Jesus faria se ele fosse o pai.

Experimente!

Hebreus 4:14-16

de Deus. Estão precisando de leite, e não de
alimento sólido! 13Quem se alimenta de lei-
te ainda é criança, e não tem experiência no
ensino da justiça. 14Mas o alimento sólido é
para os adultos, os quais, pelo exercício cons-
tante, tornaram-se aptos para discernir tanto
o bem quanto o mal.

6 Portanto, deixemos os ensinos elementa-
res a respeito de Cristo e avancemos para a
maturidade, sem lançar novamente o funda-
mento do arrependimento de atos que condu-
zem à morte[a], da fé em Deus, 2da instrução a
respeito de batismos, da imposição de mãos,
da ressurreição dos mortos e do juízo eterno.
3Assim faremos, se Deus o permitir.

4Ora, para aqueles que uma vez foram
iluminados, provaram o dom celestial, tor-
naram-se participantes do Espírito Santo,
5experimentaram a bondade da palavra de
Deus e os poderes da era que há de vir, 6e caí-
ram, é impossível que sejam reconduzidos
ao arrependimento;[b] pois para si mesmos[c]
estão crucificando de novo o Filho de Deus,
sujeitando-o à desonra pública.

7Pois a terra, que absorve a chuva que cai
frequentemente, e dá colheita proveitosa
àqueles que a cultivam, recebe a bênção de
Deus. 8Mas a terra que produz espinhos e er-
vas daninhas, é inútil e logo será amaldiçoa-
da. Seu fim é ser queimada.

9Amados, mesmo falando dessa forma, es-
tamos convictos de coisas melhores em re-
lação a vocês, coisas próprias da salvação.
10Deus não é injusto; ele não se esquecerá do
trabalho de vocês e do amor que demonstra-
ram por ele, pois ajudaram os santos e conti-
nuam a ajudá-los. 11Queremos que cada um
de vocês mostre essa mesma prontidão até
o fim, para que tenham a plena certeza da
esperança, 12de modo que vocês não se tor-
nem negligentes, mas imitem aqueles que,
por meio da fé e da paciência, recebem a he-
rança prometida.

A certeza da promessa de Deus

13Quando Deus fez a sua promessa a
Abraão, por não haver ninguém superior por
quem jurar, jurou por si mesmo, 14dizendo:
"Esteja certo de que o abençoarei e farei nu-
merosos os seus descendentes"[d]. 15E foi as-
sim que, depois de esperar pacientemente,
Abraão alcançou a promessa.

16Os homens juram por alguém superior
a si mesmos, e o juramento confirma o que
foi dito, pondo fim a toda discussão. 17Que-
rendo mostrar de forma bem clara a natu-
reza imutável do seu propósito para com os
herdeiros da promessa, Deus o confirmou
com juramento, 18para que, por meio de duas
coisas imutáveis nas quais é impossível que
Deus minta, sejamos firmemente encoraja-
dos, nós, que nos refugiamos nele para tomar

[a] 6:1 Ou *de ritos inúteis*
[b] 6:6 Ou *ao arrependimento enquanto estão crucificando de novo;*
[c] 6:6 Ou *para o seu próprio mal*
[d] 6:14 Gn 22:17

A vida nos tempos da Bíblia

Âncoras

Nos tempos antigos, todo navio carregava várias âncoras, que eram usadas não apenas para manter o navio no lugar em um porto, mas também para estabilizá-lo em uma tempestade. As âncoras eram feitas de materiais diferentes em épocas diferentes — pedra, ferro ou chumbo, e a maioria delas tinha dois braços (a parte da âncora que engancha no solo). Nossa esperança em Cristo é nossa "âncora da alma" (Hebreus 6:19).

posse da esperança a nós proposta. 19Temos esta esperança como âncora da alma, firme e segura, a qual adentra o santuário interior, por trás do véu, 20onde Jesus, que nos precedeu, entrou em nosso lugar, tornando-se sumo sacerdote para sempre, segundo a ordem de Melquisedeque.

O sacerdote Melquisedeque

7 Esse Melquisedeque, rei de Salém e sacerdote do Deus Altíssimo, encontrou-se com Abraão quando este voltava, depois de derrotar os reis, e o abençoou; 2e Abraão lhe deu o dízimo de tudo.[a] Em primeiro lugar, seu nome significa "rei de justiça"; depois, "rei de Salém" quer dizer "rei de paz". 3Sem pai, sem mãe, sem genealogia, sem princípio de dias nem fim de vida, feito semelhante ao Filho de Deus, ele permanece sacerdote para sempre.

4Considerem a grandeza desse homem: até mesmo o patriarca Abraão lhe deu o dízimo dos despojos! 5A Lei requer dos sacerdotes dentre os descendentes de Levi que recebam o dízimo do povo, isto é, dos seus irmãos, embora estes sejam descendentes de Abraão. 6Este homem, porém, que não pertencia à linhagem de Levi, recebeu os dízimos de Abraão e abençoou aquele que tinha as promessas. 7Sem dúvida alguma, o inferior é abençoado pelo superior. 8No primeiro caso, quem recebe o dízimo são homens mortais; no outro caso é aquele de quem se declara que vive. 9Pode-se até dizer que Levi, que recebe os dízimos, entregou-os por meio de Abraão, 10pois, quando Melquisedeque se encontrou com Abraão, Levi ainda não havia sido gerado[b].

[a] 7:2 Gn 14:17-20
[b] 7:10 Ou *estava no corpo do seu antepassado*

Jesus é semelhante a Melquisedeque

11Se fosse possível alcançar a perfeição por meio do sacerdócio levítico (visto que em sua vigência o povo recebeu a Lei), por que haveria ainda necessidade de se levantar outro sacerdote, segundo a ordem de Melquisedeque e não de Arão? 12Certo é que, quando há mudança de sacerdócio, é necessário que haja mudança de lei. 13Ora, aquele de quem se dizem estas coisas pertencia a outra tribo, da qual ninguém jamais havia servido diante do altar, 14pois é bem conhecido que o nosso Senhor descende de Judá, tribo da qual Moisés nada fala quanto a sacerdócio. 15O que acabamos de dizer fica ainda mais claro quando aparece outro sacerdote semelhante a Melquisedeque, 16alguém que se tornou sacerdote, não por regras relativas à linhagem, mas segundo o poder de uma vida indestrutível. 17Porquanto sobre ele é afirmado:

"Tu és sacerdote para sempre,
segundo a ordem
de Melquisedeque"[c].

18A ordenança anterior é revogada, porque era fraca e inútil 19(pois a Lei não havia aperfeiçoado coisa alguma), sendo introduzida uma esperança superior, pela qual nos aproximamos de Deus.

20E isso não aconteceu sem juramento! Outros se tornaram sacerdotes sem qualquer juramento, 21mas ele se tornou sacerdote com juramento, quando Deus lhe disse:

"O Senhor jurou
e não se arrependerá:
'Tu és sacerdote
para sempre' ".

[c] 7:17 Sl 110:4; também no versículo 21.

Jesus está vivo

Leia Hebreus 7:23-25 e verá que Jesus está vivo e ora (intercede) por você! Por estar vivo, Jesus cuidará sempre de você.

Faça um lembrete em um cartão e escreva estas três frases:

1. Jesus está vivo.
2. Jesus está orando por mim.
3. Jesus se importa comigo.

Agora, decore seu cartão e leve-o com você na mochila da escola.

Experimente!

Hebreus 7:23-25

22Jesus tornou-se, por isso mesmo, a garantia de uma aliança superior.

23Ora, daqueles sacerdotes tem havido muitos, porque a morte os impede de continuar em seu ofício; 24mas, visto que vive para sempre, Jesus tem um sacerdócio permanente. 25Portanto, ele é capaz de salvar definitivamente[a] aqueles que, por meio dele, aproximam-se de Deus, pois vive sempre para interceder por eles.

26É de um sumo sacerdote como este que precisávamos: santo, inculpável, puro, separado dos pecadores, exaltado acima dos céus. 27Ao contrário dos outros sumos sacerdotes, ele não tem necessidade de oferecer sacrifícios dia após dia, primeiro por seus próprios pecados e, depois, pelos pecados do povo. E ele o fez uma vez por todas quando a si mesmo se ofereceu. 28Pois a Lei constitui sumos sacerdotes a homens que têm fraquezas; mas o juramento, que veio depois da Lei, constitui o Filho perfeito para sempre.[b]

O sumo sacerdote de uma nova aliança

8 O mais importante do que estamos tratando é que temos um sumo sacerdote como esse, o qual se assentou à direita do trono da Majestade nos céus 2e serve no santuário, no verdadeiro tabernáculo que o Senhor erigiu, e não o homem.

3Todo sumo sacerdote é constituído para apresentar ofertas e sacrifícios, e por isso era necessário que também este tivesse algo a oferecer. 4Se ele estivesse na terra, nem seria sumo sacerdote, visto que já existem aqueles que apresentam as ofertas prescritas pela Lei. 5Eles servem num santuário que é cópia e sombra daquele que está nos céus, já que Moisés foi avisado quando estava para construir o tabernáculo: "Tenha o cuidado de fazer tudo segundo o modelo que lhe foi mostrado no monte"[c]. 6Agora, porém, o ministério que Jesus recebeu é superior ao deles, assim como também a aliança da qual ele é mediador é superior à antiga, sendo baseada em promessas superiores.

7Pois, se aquela primeira aliança fosse perfeita, não seria necessário procurar lugar para outra. 8Deus, porém, achou o povo em falta e disse:

"Estão chegando os dias, declara o
Senhor,
quando farei uma nova aliança
com a comunidade de Israel
e com a comunidade de Judá.
9Não será como a aliança
que fiz com os seus antepassados,
quando os tomei pela mão
para tirá-los do Egito;
visto que eles
não permaneceram fiéis
à minha aliança,
eu me afastei deles",
diz o Senhor.
10"Esta é a aliança que farei
com a comunidade de Israel
depois daqueles dias",
declara o Senhor.
"Porei minhas leis
em sua mente
e as escreverei
em seu coração.
Serei o seu Deus,
e eles serão o meu povo.
11Ninguém mais ensinará
o seu próximo,
nem o seu irmão, dizendo:
'Conheça o Senhor',
porque todos eles
me conhecerão,
desde o menor até o maior.
12Porque eu lhes perdoarei
a maldade
e não me lembrarei mais
dos seus pecados"[d].

13Chamando "nova" esta aliança, ele tornou antiquada a primeira; e o que se torna

Você sabia?

O que Jesus fez como nosso sumo sacerdote?

8:1 Jesus ofereceu a si mesmo como o sacrifício por todos nossos pecados. Os sacerdotes de Israel ofereciam animais como sacrifício pelo pecado, porém, mais pecado requeria mais sacrifício. Todavia, o sacrifício perfeito de Jesus cobriu nosso pecado de uma vez por todas, fazendo com que nada mais seja necessário!

[a] 7:25 Ou *eternamente*
[b] 7:28 Ou *constitui para sempre o Filho, que foi aperfeiçoado.*
[c] 8:5 Êx 25:40
[d] 8:8-12 Jr 31:31-34

antiquado e envelhecido está a ponto de desaparecer.

A adoração no tabernáculo terreno

9 Ora, a primeira aliança tinha regras para a adoração e também um santuário terreno. 2Foi levantado um tabernáculo; na parte da frente, chamada Lugar Santo, estavam o candelabro, a mesa e os pães da Presença. 3Por trás do segundo véu havia a parte chamada Lugar Santíssimo[a], 4onde se encontravam o altar de ouro para o incenso e a arca da aliança, totalmente revestida de ouro. Nessa arca estavam o vaso de ouro contendo o maná, a vara de Arão que floresceu e as tábuas da aliança. 5Acima da arca estavam os querubins da Glória, que com sua sombra cobriam a tampa da arca[b]. A respeito dessas coisas não cabe agora falar detalhadamente.

6Estando tudo assim preparado, os sacerdotes entravam regularmente no Lugar Santo do tabernáculo, para exercer o seu ministério. 7No entanto, somente o sumo sacerdote entrava no Lugar Santíssimo, apenas uma vez por ano, e nunca sem apresentar o sangue do sacrifício, que ele oferecia por si mesmo e pelos pecados que o povo havia cometido por ignorância. 8Dessa forma, o Espírito Santo estava mostrando que ainda não havia sido manifestado o caminho para o Lugar Santíssimo enquanto permanecia o primeiro tabernáculo. 9Isso é uma ilustração para os nossos dias, indicando que as ofertas e os sacrifícios oferecidos não podiam dar ao adorador uma consciência perfeitamente limpa. 10Eram apenas prescrições que tratavam de comida e bebida e de várias cerimônias de purificação com água; essas ordenanças exteriores foram impostas até o tempo da nova ordem.

O sangue de Cristo

11Quando Cristo veio como sumo sacerdote dos benefícios agora presentes[c], ele adentrou o maior e mais perfeito tabernáculo, não feito pelo homem, isto é, não pertencente a esta criação. 12Não por meio de sangue de bodes e novilhos, mas pelo seu próprio sangue, ele entrou no Lugar Santíssimo[d], de uma vez por todas, e obteve eterna redenção. 13Ora, se o sangue de bodes e touros e as cinzas de uma novilha espalhadas sobre os que estão cerimonialmente impuros os santificam, de forma que se tornam exteriormente puros, 14quanto mais o sangue de Cristo, que pelo Espírito eterno se ofereceu de forma imaculada a Deus, purificará a nossa consciência de atos que levam à morte[e], para que sirvamos ao Deus vivo!

15Por essa razão, Cristo é o mediador de uma nova aliança para que os que são chamados recebam a promessa da herança eterna, visto que ele morreu como resgate pelas transgressões cometidas sob a primeira aliança.

16No caso de um testamento[f], é necessário que se comprove a morte daquele que o fez; 17pois um testamento só é validado no caso de morte, uma vez que nunca vigora enquanto está vivo quem o fez. 18Por isso, nem a primeira aliança foi sancionada sem sangue. 19Quando Moisés terminou de proclamar todos os mandamentos da Lei a todo o povo, levou sangue de novilhos e de bodes, e também água, lã vermelha e ramos de hissopo, e aspergiu o próprio livro e todo o povo, dizendo: 20"Este é o sangue da aliança que Deus ordenou que vocês obedeçam"[g]. 21Da mesma forma, aspergiu com o sangue o tabernáculo e todos os utensílios das suas cerimônias. 22De fato, segundo a Lei, quase todas as coisas são purificadas com sangue, e sem derramamento de sangue não há perdão.

23Portanto, era necessário que as cópias das coisas que estão nos céus fossem purificadas com esses sacrifícios, mas as próprias coisas celestiais com sacrifícios superiores. 24Pois Cristo não entrou em santuário feito por homens, uma simples representação do verdadeiro; ele entrou nos céus, para agora se apresentar diante de Deus em nosso favor; 25não, porém, para se oferecer repetidas vezes, à semelhança do sumo sacerdote que entra no Lugar Santíssimo[h] todos os anos, com sangue alheio. 26Se assim fosse, Cristo precisaria sofrer muitas vezes, desde o começo do mundo. Mas agora ele apareceu uma vez por todas no fim dos tempos, para aniquilar o pecado mediante o sacrifício de si mesmo. 27Da mesma forma, como o homem está destinado a morrer uma só vez e depois disso enfrentar o juízo, 28assim também Cristo foi oferecido em sacrifício uma única vez, para tirar os pecados de muitos; e aparecerá

[a] 9:3 Grego: *Santo dos Santos*.
[b] 9:5 Isto é, o propiciatório.
[c] 9:11 Muitos manuscritos dizem *que estavam por vir*.
[d] 9:12 Várias traduções dizem *Santuário*.
[e] 9:14 Ou *de ritos inúteis*
[f] 9:16-17 O termo grego traduzido por *testamento* é traduzido por *aliança* nos outros versículos do capítulo.
[g] 9:20 Êx 24:8
[h] 9:25 Várias traduções dizem *Santuário*.

segunda vez, não para tirar o pecado, mas pa-
ra trazer salvação aos que o aguardam.

O sacrifício de Cristo é definitivo

10 A Lei traz apenas uma sombra dos bene-
fícios que hão de vir, e não a sua realida-
de. Por isso ela nunca consegue, mediante os
mesmos sacrifícios repetidos ano após ano,
aperfeiçoar os que se aproximam para ado-
rar. 2 Se pudesse fazê-lo, não deixariam de ser
oferecidos? Pois os adoradores, tendo sido
purificados uma vez por todas, não mais se
sentiriam culpados de seus pecados. 3 Contu-
do, esses sacrifícios são uma recordação anual
dos pecados, 4 pois é impossível que o sangue
de touros e bodes tire pecados.

5 Por isso, quando Cristo veio ao mundo,
disse:

"Sacrifício e oferta
não quiseste,
mas um corpo me preparaste;
6 de holocaustos e ofertas
pelo pecado
não te agradaste.
7 Então eu disse:
Aqui estou,
no livro está escrito
a meu respeito;
vim para fazer a tua vontade, ó Deus"[a].

8 Primeiro ele disse: "Sacrifícios, ofertas, ho-
locaustos e ofertas pelo pecado não quiseste,
nem deles te agradaste" (os quais eram feitos
conforme a Lei). 9 Então acrescentou: "Aqui
estou; vim para fazer a tua vontade". Ele can-
cela o primeiro para estabelecer o segundo.
10 Pelo cumprimento dessa vontade fomos
santificados, por meio do sacrifício do corpo
de Jesus Cristo, oferecido uma vez por todas.

[a] 10:5-7 Sl 40:6-8 (segundo a Septuaginta).

Palavras para memorizar

"Pelo cumprimento dessa vontade fomos santificados, por meio do sacrifício do corpo de Jesus Cristo, oferecido uma vez por todas."

(Hebreus 10:10)

11 Dia após dia, todo sacerdote apresenta-
-se e exerce os seus deveres religiosos; re-
petidamente oferece os mesmos sacrifícios,
que nunca podem remover os pecados. 12 Mas
quando este sacerdote acabou de oferecer,
para sempre, um único sacrifício pelos peca-
dos, assentou-se à direita de Deus. 13 Daí em
diante, ele está esperando até que os seus
inimigos sejam colocados como estrado dos
seus pés; 14 porque, por meio de um único sa-
crifício, ele aperfeiçoou para sempre os que
estão sendo santificados.

15 O Espírito Santo também nos testifica a
este respeito. Primeiro ele diz:

16 "Esta é a aliança que farei com eles,
depois daqueles dias,
diz o Senhor.
Porei as minhas leis
em seu coração
e as escreverei
em sua mente"[b];

17 e acrescenta:

"Dos seus pecados
e iniquidades
não me lembrarei mais"[c].

18 Onde esses pecados foram perdoados, não
há mais necessidade de sacrifício por eles.

Um apelo à perseverança

19 Portanto, irmãos, temos plena confiança
para entrar no Lugar Santíssimo[d] pelo san-
gue de Jesus, 20 por um novo e vivo caminho
que ele nos abriu por meio do véu, isto é,
do seu corpo. 21 Temos, pois, um grande sa-
cerdote sobre a casa de Deus. 22 Sendo assim,
aproximemo-nos de Deus com um coração
sincero e com plena convicção de fé, tendo
os corações aspergidos para nos purificar de
uma consciência culpada, e tendo os nossos
corpos lavados com água pura. 23 Apeguemo-
-nos com firmeza à esperança que professa-
mos, pois aquele que prometeu é fiel. 24 E
consideremos uns aos outros para nos incen-
tivarmos ao amor e às boas obras. 25 Não dei-
xemos de reunir-nos como igreja, segundo o
costume de alguns, mas procuremos encora-
jar-nos uns aos outros, ainda mais quando
vocês veem que se aproxima o Dia.

26 Se continuarmos a pecar deliberadamen-
te depois que recebemos o conhecimento da
verdade, já não resta sacrifício pelos pecados,

[b] 10:16 Jr 31:33
[c] 10:17 Jr 31:34
[d] 10:19 Várias traduções dizem *Santuário*.

27 mas tão somente uma terrível expectativa de juízo e de fogo intenso que consumirá os inimigos de Deus. 28 Quem rejeitava a Lei de Moisés morria sem misericórdia pelo depoimento de duas ou três testemunhas. 29 Quão mais severo castigo, julgam vocês, merece aquele que pisou aos pés o Filho de Deus, profanou o sangue da aliança pelo qual ele foi santificado, e insultou o Espírito da graça? 30 Pois conhecemos aquele que disse: "A mim pertence a vingança; eu retribuirei"[a]; e outra vez: "O Senhor julgará o seu povo"[b]. 31 Terrível coisa é cair nas mãos do Deus vivo!

32 Lembrem-se dos primeiros dias, depois que vocês foram iluminados, quando suportaram muita luta e muito sofrimento. 33 Algumas vezes vocês foram expostos a insultos e tribulações; em outras ocasiões fizeram-se solidários com os que assim foram tratados. 34 Vocês se compadeceram dos que estavam na prisão e aceitaram alegremente o confisco dos seus próprios bens, pois sabiam que possuíam bens superiores e permanentes.

35 Por isso, não abram mão da confiança que vocês têm; ela será ricamente recompensada. 36 Vocês precisam perseverar, de modo que, quando tiverem feito a vontade de Deus, recebam o que ele prometeu; 37 pois em breve, muito em breve

"Aquele que vem virá,
e não demorará.
38 Mas o meu justo[c]
viverá pela fé.
E, se retroceder,
não me agradarei dele"[d].

39 Nós, porém, não somos dos que retrocedem e são destruídos, mas dos que creem e são salvos.[e]

Exemplos de fé

11 Ora, a fé é a certeza daquilo que esperamos e a prova das coisas que não vemos. 2 Pois foi por meio dela que os antigos receberam bom testemunho.

3 Pela fé entendemos que o universo foi formado pela palavra de Deus, de modo que aquilo que se vê não foi feito do que é visível.

4 Pela fé Abel ofereceu a Deus um sacrifício superior ao de Caim. Pela fé ele foi reconhecido como justo, quando Deus aprovou as suas ofertas. Embora esteja morto, por meio da fé ainda fala.

5 Pela fé Enoque foi arrebatado, de modo que não experimentou a morte; "e já não foi encontrado, porque Deus o havia arrebatado"[f], pois antes de ser arrebatado recebeu testemunho de que tinha agradado a Deus. 6 Sem fé é impossível agradar a Deus, pois quem dele se aproxima precisa crer que ele existe e que recompensa aqueles que o buscam.

7 Pela fé Noé, quando avisado a respeito de coisas que ainda não se viam, movido por santo temor, construiu uma arca para salvar sua família. Por meio da fé ele condenou o mundo e tornou-se herdeiro da justiça que é segundo a fé.

8 Pela fé Abraão, quando chamado, obedeceu e dirigiu-se a um lugar que mais tarde receberia como herança, embora não soubesse para onde estava indo. 9 Pela fé peregrinou na terra prometida como se estivesse em terra estranha; viveu em tendas, bem como

[a] 10:30 Dt 32:35
[b] 10:30 Dt 32:36; Sl 135:14
[c] 10:38 Vários manuscritos não trazem *meu*.
[d] 10:37-38 Hc 2:3-4 (segundo a Septuaginta).
[e] 10:39 Grego: *retrocedem para a perdição, mas dos que creem para a preservação da vida.*
[f] 11:5 Gn 5:24

Mostre sua fé

Como Abraão fez para mostrar que tinha fé em Deus? Leia Hebreus 11:8-12 e descubra três coisas que Abraão fez pela fé.

Agora, escreva sobre a sua própria fé. Escreva três frases, preenchendo-as com seu nome, e comece cada frase com: "Pela fé ______", e fale sobre coisas que você fez por crer em Jesus.

Experimente!

Hebreus 11:8-12

Isaque e Jacó, co-herdeiros da mesma promessa. 10Pois ele esperava a cidade que tem alicerces, cujo arquiteto e edificador é Deus.

11Pela fé Abraão — e também a própria Sara, apesar de estéril e avançada em idade — recebeu poder para gerar um filho,[a] porque considerou fiel aquele que lhe havia feito a promessa. 12Assim, daquele homem já sem vitalidade originaram-se descendentes tão numerosos como as estrelas do céu e tão incontáveis como a areia da praia do mar.

13Todos estes viveram pela fé, e morreram sem receber o que tinha sido prometido; viram-no de longe e de longe o saudaram, reconhecendo que eram estrangeiros e peregrinos na terra. 14Os que assim falam mostram que estão buscando uma pátria. 15Se estivessem pensando naquela de onde saíram, teriam oportunidade de voltar. 16Em vez disso, esperavam eles uma pátria melhor, isto é, a pátria celestial. Por essa razão Deus não se envergonha de ser chamado o Deus deles, e lhes preparou uma cidade.

17Pela fé Abraão, quando Deus o pôs à prova, ofereceu Isaque como sacrifício. Aquele que havia recebido as promessas estava a ponto de sacrificar o seu único filho, 18embora Deus lhe tivesse dito: "Por meio de Isaque a sua descendência[b] será considerada"[c]. 19Abraão levou em conta que Deus pode ressuscitar os mortos e, figuradamente, recebeu Isaque de volta dentre os mortos.

20Pela fé Isaque abençoou Jacó e Esaú com respeito ao futuro deles.

21Pela fé Jacó, à beira da morte, abençoou cada um dos filhos de José e adorou a Deus, apoiado na extremidade do seu bordão.

22Pela fé José, no fim da vida, fez menção do êxodo dos israelitas do Egito e deu instruções acerca dos seus próprios ossos.

23Pela fé Moisés, recém-nascido, foi escondido durante três meses por seus pais, pois estes viram que ele não era uma criança comum, e não temeram o decreto do rei.

24Pela fé Moisés, já adulto, recusou ser chamado filho da filha do faraó, 25preferindo ser maltratado com o povo de Deus a desfrutar os prazeres do pecado durante algum tempo. 26Por amor de Cristo, considerou sua desonra uma riqueza maior do que os tesouros do Egito, porque contemplava a sua recompensa. 27Pela fé saiu do Egito, não temendo a ira do rei, e perseverou, porque via aquele que é invisível. 28Pela fé celebrou a Páscoa e fez a aspersão do sangue, para que o destruidor não tocasse nos filhos mais velhos dos israelitas.

29Pela fé o povo atravessou o mar Vermelho como em terra seca; mas, quando os egípcios tentaram fazê-lo, morreram afogados.

30Pela fé caíram os muros de Jericó, depois de serem rodeados durante sete dias.

31Pela fé a prostituta Raabe, por ter acolhido os espiões, não foi morta com os que haviam sido desobedientes[d].

32Que mais direi? Não tenho tempo para falar de Gideão, Baraque, Sansão, Jefté, Davi, Samuel e os profetas, 33os quais pela fé conquistaram reinos, praticaram a justiça, alcançaram o cumprimento de promessas, fecharam a boca de leões, 34apagaram o poder do fogo e escaparam do fio da espada; da fraqueza tiraram força, tornaram-se poderosos na batalha e puseram em fuga exércitos estrangeiros. 35Houve mulheres que, pela ressurreição, tiveram de volta os seus mortos. Uns foram torturados e recusaram ser libertados, para poderem alcançar uma ressurreição superior; 36outros enfrentaram zombaria e açoites; outros ainda foram acorrentados e colocados na prisão, 37apedrejados, serrados ao meio, postos à prova[e], mortos ao fio da espada. Andaram errantes, vestidos de pele de ovelhas e de cabras, necessitados, afligidos e maltratados. 38O mundo não era digno deles. Vagaram pelos desertos e montes, pelas cavernas e grutas.

39Todos estes receberam bom testemunho por meio da fé; no entanto, nenhum deles recebeu o que havia sido prometido. 40Deus havia planejado algo melhor para nós, para que conosco fossem eles aperfeiçoados.

[a] 11:11 Ou *Pela fé, Sara também, que era de idade avançada, pôde ter filhos,*
[b] 11:18 Grego: *semente.*
[c] 11:18 Gn 21:12
[d] 11:31 Ou *incrédulos*
[e] 11:37 Alguns manuscritos não trazem *postos à prova.*

Você sabia?

Que diferença faz a fé?

11:39 A fé ajuda os cristãos a fazerem coisas grandes. O texto de Hebreus 11 lista muitos heróis da fé e conta o que eles foram capazes de fazer por causa de sua confiança em Deus.

Deus disciplina os seus filhos

12 Portanto, também nós, uma vez que es-
tamos rodeados por tão grande nuvem
de testemunhas, livremo-nos de tudo o que
nos atrapalha e do pecado que nos envolve,
e corramos com perseverança a corrida que
nos é proposta, 2tendo os olhos fitos em Je-
sus, autor e consumador da nossa fé. Ele, pe-
la alegria que lhe fora proposta, suportou a
cruz, desprezando a vergonha, e assentou-se
à direita do trono de Deus. 3Pensem bem na-
quele que suportou tal oposição dos pecado-
res contra si mesmo, para que vocês não se
cansem nem desanimem.

4Na luta contra o pecado, vocês ainda não
resistiram até o ponto de derramar o próprio
sangue. 5Vocês se esqueceram da palavra de
ânimo que ele lhes dirige como a filhos:

"Meu filho, não despreze
a disciplina do Senhor,
nem se magoe
com a sua repreensão,
6pois o Senhor disciplina
a quem ama,
e castiga todo aquele
a quem aceita como filho"[a].

7Suportem as dificuldades, recebendo-as
como disciplina; Deus os trata como filhos.
Ora, qual o filho que não é disciplinado por
seu pai? 8Se vocês não são disciplinados, e a
disciplina é para todos os filhos, então vocês
não são filhos legítimos, mas sim ilegítimos.
9Além disso, tínhamos pais humanos que
nos disciplinavam, e nós os respeitávamos.
Quanto mais devemos submeter-nos ao Pai
dos espíritos, para assim vivermos! 10Nossos
pais nos disciplinavam por curto período,
segundo lhes parecia melhor; mas Deus nos
disciplina para o nosso bem, para que partici-
pemos da sua santidade. 11Nenhuma discipli-
na parece ser motivo de alegria no momento,
mas sim de tristeza. Mais tarde, porém, pro-
duz fruto de justiça e paz para aqueles que
por ela foram exercitados.

12Portanto, fortaleçam as mãos enfraque-
cidas e os joelhos vacilantes. 13"Façam ca-
minhos retos para os seus pés"[b], para que o
manco não se desvie, antes, seja curado.

Advertência contra a rejeição de Deus

14Esforcem-se para viver em paz com todos
e para serem santos; sem santidade ninguém
verá o Senhor. 15Cuidem que ninguém se ex-
clua da graça de Deus; que nenhuma raiz de
amargura[c] brote e cause perturbação, con-
taminando muitos; 16que não haja nenhum
imoral ou profano, como Esaú, que por uma
única refeição vendeu os seus direitos de he-
rança como filho mais velho. 17Como vocês
sabem, posteriormente, quando quis herdar
a bênção, foi rejeitado; e não teve como alte-
rar a sua decisão, embora buscasse a bênção
com lágrimas.

18Vocês não chegaram ao monte que se po-
dia tocar, e que estava em chamas, nem às
trevas, à escuridão, nem à tempestade, 19ao
soar da trombeta e ao som de palavras tais,
que os ouvintes rogaram que nada mais lhes
fosse dito; 20pois não podiam suportar o que

[a] 12:5-6 Pv 3:11-12
[b] 12:13 Pv 4:26
[c] 12:15 Isto é, raiz venenosa.

Disciplina: certo ou errado?

Experimente!

Hebreus 12:5-11

Faça de conta que você tem filhos, e eles lhe dizem que não acham certo que você os discipline. O que você consegue encontrar em Hebreus 12:5-11 que lhe ajude a explicar que a disciplina é boa, e não má?

Peça a seus pais que leiam essa passagem também e conversem sobre essas regras para uma boa disciplina:

- Discipline-me por me amar, não por estar bravo comigo.
- Discipline-me para me ajudar a fazer melhor; não se vingue de mim pelo que eu fiz.

lhes estava sendo ordenado: "Até um ani-
mal, se tocar no monte, deve ser apedreja-
do".[a] 21O espetáculo era tão terrível que até
Moisés disse: "Estou apavorado e trêmulo!"[b]
22Mas vocês chegaram ao monte Sião, à
Jerusalém celestial, à cidade do Deus vivo.
Chegaram aos milhares de milhares de an-
jos em alegre reunião, 23à igreja dos primo-
gênitos, cujos nomes estão escritos nos céus.
Vocês chegaram a Deus, juiz de todos os ho-
mens, aos espíritos dos justos aperfeiçoados,
24a Jesus, mediador de uma nova aliança, e
ao sangue aspergido, que fala melhor do que
o sangue de Abel.
25Cuidado! Não rejeitem aquele que fala.
Se os que se recusaram a ouvir aquele que
os advertia na terra não escaparam, quanto
mais nós, se nos desviarmos daquele que nos
adverte dos céus? 26Aquele cuja voz outro-
ra abalou a terra, agora promete: "Ainda uma
vez abalarei não apenas a terra, mas também
o céu"[c]. 27As palavras "ainda uma vez" indi-
cam a remoção do que pode ser abalado, isto
é, coisas criadas, de forma que permaneça o
que não pode ser abalado.
28Portanto, já que estamos recebendo um
Reino inabalável, sejamos agradecidos e,
assim, adoremos a Deus de modo aceitável,
com reverência e temor, 29pois o nosso "Deus
é fogo consumidor!"[d]

Exortações finais

13 Seja constante o amor fraternal. 2Não
se esqueçam da hospitalidade; foi pra-
ticando-a que, sem o saber, alguns acolheram
anjos. 3Lembrem-se dos que estão na prisão,
como se aprisionados com eles; dos que estão
sendo maltratados, como se vocês mesmos
estivessem sendo maltratados.
4O casamento deve ser honrado por to-
dos; o leito conjugal, conservado puro; pois

[a] 12:18-20 Êx 19:12-13
[b] 12:21 Dt 9:19
[c] 12:26 Ag 2:6
[d] 12:29 Dt 4:24

Palavras para memorizar

"Nunca o deixarei, nunca o abandonarei."

(Hebreus 13:5)

Palavras para memorizar

"O Senhor é o meu ajudador, não temerei."

(Hebreus 13:6)

Deus julgará os imorais e os adúlteros. 5Con-
servem-se livres do amor ao dinheiro e con-
tentem-se com o que vocês têm, porque Deus
mesmo disse:

"Nunca o deixarei,
nunca o abandonarei"[e].

6Podemos, pois, dizer com confiança:

"O Senhor é o meu ajudador,
não temerei.
O que me podem fazer
os homens?"[f]

7Lembrem-se dos seus líderes, que lhes fa-
laram a palavra de Deus. Observem bem o re-
sultado da vida que tiveram e imitem a sua
fé. 8Jesus Cristo é o mesmo, ontem, hoje e
para sempre.
9Não se deixem levar pelos diversos ensi-
nos estranhos. É bom que o nosso coração
seja fortalecido pela graça, e não por alimen-
tos cerimoniais, os quais não têm valor para
aqueles que os comem. 10Nós temos um al-
tar do qual não têm direito de comer os que
ministram no tabernáculo.
11O sumo sacerdote leva sangue de ani-
mais até o Lugar Santíssimo, como oferta
pelo pecado, mas os corpos dos animais são
queimados fora do acampamento. 12Assim,
Jesus também sofreu fora das portas da ci-
dade, para santificar o povo por meio do seu
próprio sangue. 13Portanto, saiamos até ele,
fora do acampamento, suportando a desonra
que ele suportou. 14Pois não temos aqui ne-
nhuma cidade permanente, mas buscamos
a que há de vir.
15Por meio de Jesus, portanto, ofereçamos
continuamente a Deus um sacrifício de lou-
vor, que é fruto de lábios que confessam o
seu nome. 16Não se esqueçam de fazer o bem
e de repartir com os outros o que vocês têm,
pois de tais sacrifícios Deus se agrada.

[e] 13:5 Dt 31:6
[f] 13:6 Sl 118:6

[17]Obedeçam aos seus líderes e submetam-se à autoridade deles. Eles cuidam de vocês como quem deve prestar contas. Obedeçam-lhes, para que o trabalho deles seja uma alegria e não um peso, pois isso não seria proveitoso para vocês.

[18]Orem por nós. Estamos certos de que temos consciência limpa, e desejamos viver de maneira honrosa em tudo. [19]Particularmente, recomendo-lhes que orem para que eu lhes seja restituído em breve.

[20]O Deus da paz, que pelo sangue da aliança eterna trouxe de volta dentre os mortos o nosso Senhor Jesus, o grande Pastor das ovelhas, [21]os aperfeiçoe em todo o bem para fazerem a vontade dele, e opere em nós o que lhe é agradável, mediante Jesus Cristo, a quem seja a glória para todo o sempre. Amém.

[22]Irmãos, peço-lhes que suportem a minha palavra de exortação; na verdade o que eu lhes escrevi é pouco.

[23]Quero que saibam que o nosso irmão Timóteo foi posto em liberdade. Se ele chegar logo, irei vê-los com ele.

[24]Saúdem a todos os seus líderes e a todos os santos. Os da Itália lhes enviam saudações.

[25]A graça seja com todos vocês.

Tiago

Quem escreveu este livro?

Tiago, o irmão de Jesus.

Por que este livro foi escrito?

Tiago mostra aos cristãos como praticar sua fé em Jesus.

Para quem este livro foi escrito?

Esta carta foi escrita para os cristãos de todos os lugares.

Quando este livro foi escrito?

A Carta de Tiago provavelmente foi escrita por volta de 48 d.C.

Alguns ensinamentos importantes deste livro:

Deus não nos tenta	Tiago 1:12-18
Devemos fazer o que Deus diz	Tiago 1:22-25
Não mostre favoritismo	Tiago 2:1-13
Tenha cuidado com o que diz	Tiago 3:1-12
Não critique os outros	Tiago 4:11-12
Tenha paciência quando sofrer	Tiago 5:7-11
Ore quando estiver doente	Tiago 5:13-16

1 Tiago, servo[a] de Deus e do Senhor Jesus Cristo,

às doze tribos dispersas entre as nações:

Saudações.

Provas e tentações

2Meus irmãos, considerem motivo de grande alegria o fato de passarem por diversas provações, 3pois vocês sabem que a prova da sua fé produz perseverança. 4E a perseverança deve ter ação completa, a fim de que vocês sejam maduros e íntegros, sem lhes faltar coisa alguma. 5Se algum de vocês tem falta de sabedoria, peça-a a Deus, que a todos dá livremente, de boa vontade; e lhe será concedida. 6Peça-a, porém, com fé, sem duvidar, pois aquele que duvida é semelhante à onda do mar, levada e agitada pelo vento. 7Não pense tal pessoa que receberá coisa alguma do Senhor, 8pois tem mente dividida e é instável em tudo o que faz.

9O irmão de condição humilde deve orgulhar-se quando estiver em elevada posição. 10E o rico deve orgulhar-se caso passe a viver em condição humilde, porque o rico passará como a flor do campo. 11Pois o sol se levanta, traz o calor e seca a planta; cai então a sua flor, e a sua beleza é destruída. Da mesma forma o rico murchará em meio aos seus afazeres.

12Feliz é o homem que persevera na provação, porque depois de aprovado receberá a coroa da vida, que Deus prometeu aos que o amam.

13Quando alguém for tentado, jamais deverá dizer: "Estou sendo tentado por Deus". Pois Deus não pode ser tentado pelo mal, e a ninguém tenta. 14Cada um, porém, é tentado pelo próprio mau desejo, sendo por este arrastado e seduzido. 15Então esse desejo, tendo concebido, dá à luz o pecado, e o pecado, após ter se consumado, gera a morte.

16Meus amados irmãos, não se deixem enganar. 17Toda boa dádiva e todo dom perfeito vêm do alto, descendo do Pai das luzes, que não muda como sombras inconstantes. 18Por sua decisão ele nos gerou pela palavra da verdade, a fim de sermos como que os primeiros frutos de tudo o que ele criou.

Praticando a palavra

19Meus amados irmãos, tenham isto em mente: Sejam todos prontos para ouvir, tardios para falar e tardios para irar-se, 20pois a ira do homem não produz a justiça de Deus. 21Portanto, livrem-se de toda impureza moral e da maldade que prevalece, e aceitem humildemente a palavra implantada em vocês, a qual é poderosa para salvá-los.

22Sejam praticantes da palavra, e não apenas ouvintes, enganando-se a si mesmos. 23Aquele que ouve a palavra, mas não a põe em prática, é semelhante a um homem que olha a sua face num espelho 24e, depois de

[a] 1:1 Isto é, escravo.

Palavras para memorizar

"Deus não pode ser tentado pelo mal, e a ninguém tenta."

(Tiago 1:13)

Diário de sabedoria

Leia Tiago 1:5-8 e veja que sabedoria na Bíblia significa saber qual é a coisa certa a fazer. "Com fé, sem duvidar" significa que, quando Deus mostra à pessoa o que é o certo a ser feito, ela deve fazê-lo. Um diário de sabedoria é um pequeno caderno no qual você escreve as decisões difíceis que precisa tomar. Ore sobre elas e, quando você achar que sabe o que Deus quer, faça isso. Depois, anote o que acontece quando você faz o que Deus quer. Quando você voltar a conferir seu caderno, descobrirá como você foi sábio ao pedir a Deus sabedoria e como é bom fazer o que é certo.

Experimente!

Tiago 1:5-8

Palavras para memorizar

"Sejam praticantes da palavra, e não apenas ouvintes, enganando-se a si mesmos."

(Tiago 1:22)

olhar para si mesmo, sai e logo esquece a sua
aparência. 25Mas o homem que observa aten-
tamente a lei perfeita, que traz a liberdade, e
persevera na prática dessa lei, não esquecen-
do o que ouviu mas praticando-o, será feliz
naquilo que fizer.
26Se alguém se considera religioso, mas
não refreia a sua língua, engana-se a si mes-
mo. Sua religião não tem valor algum! 27A
religião que Deus, o nosso Pai, aceita como
pura e imaculada é esta: cuidar dos órfãos e
das viúvas em suas dificuldades e não se dei-
xar corromper pelo mundo.

Proibida a acepção de pessoas

2 Meus irmãos, como crentes em nosso glo-
rioso Senhor Jesus Cristo, não façam di-
ferença entre as pessoas, tratando-as com
parcialidade. 2Suponham que na reunião de
vocês entre um homem com anel de ouro
e roupas finas, e também entre um pobre com
roupas velhas e sujas. 3Se vocês derem aten-
ção especial ao homem que está vestido com
roupas finas e disserem: "Aqui está um lugar
apropriado para o senhor", mas disserem ao
pobre: "Você, fique em pé ali", ou: "Sente-se
no chão, junto ao estrado onde ponho os meus
pés", 4não estarão fazendo discriminação, fa-
zendo julgamentos com critérios errados?
5Ouçam, meus amados irmãos: Não esco-
lheu Deus os que são pobres aos olhos do
mundo para serem ricos em fé e herdarem
o Reino que ele prometeu aos que o amam?
6Mas vocês têm desprezado o pobre. Não são
os ricos que oprimem vocês? Não são eles os
que os arrastam para os tribunais? 7Não são
eles que difamam o bom nome que sobre vo-
cês foi invocado?
8Se vocês de fato obedecerem à lei do Rei-
no encontrada na Escritura que diz: "Ame
o seu próximo como a si mesmo"[a], estarão

[a] 2:8 Lv 19:18

Pessoas nos tempos da Bíblia

Pessoas ricas

As pessoas ricas se vestiam bem e usavam joias de ouro, por isso todos conseguiam distinguir uma pessoa rica de uma pessoa pobre. Nesta carta, Tiago orienta os cristãos a não tratarem as pessoas ricas melhor do que aquelas que eram pobres, isto é, deveriam acolher os pobres assim como os ricos.

agindo corretamente. 9Mas se tratarem os
outros com parcialidade, estarão cometen-
do pecado e serão condenados pela Lei como
transgressores. 10Pois quem obedece a toda a
Lei, mas tropeça em apenas um ponto, tor-
na-se culpado de quebrá-la inteiramente.
11Pois aquele que disse: "Não adulterarás"[b],
também disse: "Não matarás"[c]. Se você não
comete adultério, mas comete assassinato,
torna-se transgressor da Lei.
12Falem e ajam como quem vai ser julgado
pela lei da liberdade; 13porque será exercido
juízo sem misericórdia sobre quem não foi
misericordioso. A misericórdia triunfa sobre
o juízo!

Fé e obras

14De que adianta, meus irmãos, alguém di-
zer que tem fé, se não tem obras? Acaso a fé
pode salvá-lo? 15Se um irmão ou irmã esti-
ver necessitando de roupas e do alimento de

[b] 2:11 Êx 20:14; Dt 5:18
[c] 2:11 Êx 20:13; Dt 5:17

Você sabia?

O que é fé?

2:14 Fé não é apenas acreditar em algo. Fé verdadeira é fazer coisas que mostram que nossa fé é de verdade. Abraão teve fé verdadeira e demonstrou-a fazendo o que Deus disse, e nós podemos fazer o mesmo.

cada dia [16]e um de vocês lhe disser: "Vá em
paz, aqueça-se e alimente-se até satisfazer-
-se", sem porém lhe dar nada, de que adian-
ta isso? [17]Assim também a fé, por si só, se não
for acompanhada de obras, está morta.
[18]Mas alguém dirá: "Você tem fé; eu tenho
obras".

Mostre-me a sua fé sem obras, e eu lhe
mostrarei a minha fé pelas obras. [19]Você crê
que existe um só Deus? Muito bem! Até mes-
mo os demônios creem — e tremem!
[20]Insensato! Quer certificar-se de que a fé
sem obras é inútil[a]? [21]Não foi Abraão, nosso
antepassado, justificado por obras, quando
ofereceu seu filho Isaque sobre o altar? [22]Vo-
cê pode ver que tanto a fé como as obras es-
tavam atuando juntas, e a fé foi aperfeiçoada
pelas obras. [23]Cumpriu-se assim a Escritura
que diz: "Abraão creu em Deus, e isso lhe foi
creditado como justiça"[b], e ele foi chamado
amigo de Deus. [24]Vejam que uma pessoa é
justificada por obras, e não apenas pela fé.
[25]Caso semelhante é o de Raabe, a prostitu-
ta: não foi ela justificada pelas obras, quando
acolheu os espias e os fez sair por outro cami-
nho? [26]Assim como o corpo sem espírito está
morto, também a fé sem obras está morta.

O domínio sobre a língua

3 Meus irmãos, não sejam muitos de vocês
mestres, pois vocês sabem que nós, os que
ensinamos, seremos julgados com maior ri-
gor. [2]Todos tropeçamos de muitas maneiras.
Se alguém não tropeça no falar, tal homem
é perfeito, sendo também capaz de dominar
todo o seu corpo.
[3]Quando colocamos freios na boca dos
cavalos para que eles nos obedeçam, po-
demos controlar o animal todo. [4]Tomem
também como exemplo os navios; embo-
ra sejam tão grandes e impelidos por fortes
ventos, são dirigidos por um leme muito pe-
queno, conforme a vontade do piloto. [5]Seme-
lhantemente, a língua é um pequeno órgão
do corpo, mas se vangloria de grandes coisas.
Vejam como um grande bosque é incendiado
por uma simples fagulha. [6]Assim também, a
língua é um fogo; é um mundo de iniquida-
de. Colocada entre os membros do nosso cor-
po, contamina a pessoa por inteiro, incendeia
todo o curso de sua vida, sendo ela mesma
incendiada pelo inferno.
[7]Toda espécie de animais, aves, répteis e
criaturas do mar doma-se e tem sido doma-
da pela espécie humana; [8]a língua, porém,
ninguém consegue domar. É um mal incon-
trolável, cheio de veneno mortífero.
[9]Com a língua bendizemos o Senhor e Pai,
e com ela amaldiçoamos os homens, feitos à
semelhança de Deus. [10]Da mesma boca pro-
cedem bênção e maldição. Meus irmãos, não
pode ser assim! [11]Acaso podem sair água doce e
água amarga da mesma fonte? [12]Meus irmãos,
pode uma figueira produzir azeitonas ou uma
videira, figos? Da mesma forma, uma fonte
de água salgada não pode produzir água doce.

Os dois tipos de sabedoria

[13]Quem é sábio e tem entendimento en-
tre vocês? Que o demonstre por seu bom

[a] 2:20 Vários manuscritos antigos dizem *morta*.
[b] 2:23 Gn 15:6

Conte primeiro até três

Experimente!

Sua língua alguma vez lhe causou problemas? Você diz coisas e então se arrepende de ter dito? Leia Tiago 3:1-8 e veja como o autor entendia esse problema. Ele disse que a língua é uma coisa tão pequena, mas que é a parte mais malvada do corpo.

Tiago comparou a língua a três coisas: com um pequeno freio, você pode fazer um cavalo ir para onde você quiser; com um pequeno leme, você pode dirigir um navio grande; e com uma pequena fagulha, você pode iniciar um incêndio florestal.

Tiago 3:1-8

Tente isso na próxima vez que você quiser dizer algo maldoso. Conte até três silenciosamente, dizendo: "Freio, leme, fagulha". Pense em como essas coisas pequenas controlam coisas grandes e veja se consegue evitar que sua língua o coloque em problemas!

procedimento, mediante obras praticadas com a humildade que provém da sabedoria. [14]Contudo, se vocês abrigam no coração inveja amarga e ambição egoísta, não se gloriem disso, nem neguem a verdade. [15]Esse tipo de "sabedoria" não vem dos céus, mas é terrena; não é espiritual, mas é demoníaca. [16]Pois onde há inveja e ambição egoísta, aí há confusão e toda espécie de males.

[17]Mas a sabedoria que vem do alto é antes de tudo pura; depois, pacífica, amável, compreensiva, cheia de misericórdia e de bons frutos, imparcial e sincera. [18]O fruto da justiça semeia-se em paz para[a] os pacificadores.

A submissão a Deus

4 De onde vêm as guerras e contendas que há entre vocês? Não vêm das paixões que guerreiam dentro de vocês[b]? [2]Vocês cobiçam coisas, e não as têm; matam e invejam, mas não conseguem obter o que desejam. Vocês vivem a lutar e a fazer guerras. Não têm, porque não pedem. [3]Quando pedem, não recebem, pois pedem por motivos errados, para gastar em seus prazeres.

[4]Adúlteros, vocês não sabem que a amizade com o mundo é inimizade com Deus? Quem quer ser amigo do mundo faz-se inimigo de Deus. [5]Ou vocês acham que é sem razão que a Escritura diz que o Espírito que ele fez habitar em nós tem fortes ciúmes?[c] [6]Mas ele nos concede graça maior. Por isso diz a Escritura:

"Deus se opõe aos orgulhosos,
mas concede graça
aos humildes"[d].

[7]Portanto, submetam-se a Deus. Resistam ao Diabo, e ele fugirá de vocês. [8]Aproximem-se de Deus, e ele se aproximará de vocês! Pecadores, limpem as mãos, e vocês, que têm a mente dividida, purifiquem o coração. [9]Entristeçam-se, lamentem-se e chorem. Troquem o riso por lamento e a alegria por tristeza. [10]Humilhem-se diante do Senhor, e ele os exaltará.

[11]Irmãos, não falem mal uns dos outros. Quem fala contra o seu irmão ou julga o seu irmão, fala contra a Lei e a julga. Quando você julga a Lei, não a está cumprindo, mas está se colocando como juiz. [12]Há apenas um Legislador e Juiz, aquele que pode salvar e destruir. Mas quem é você para julgar o seu próximo?

A incerteza dos planos humanos

[13]Ouçam agora, vocês que dizem: "Hoje ou amanhã iremos para esta ou aquela cidade, passaremos um ano ali, faremos negócios e ganharemos dinheiro". [14]Vocês nem sabem o que lhes acontecerá amanhã! Que é a sua vida? Vocês são como a neblina que aparece por um pouco de tempo e depois se dissipa. [15]Ao invés disso, deveriam dizer: "Se o Senhor quiser, viveremos e faremos isto ou aquilo". [16]Agora, porém, vocês se vangloriam das suas pretensões. Toda vanglória como essa é maligna. [17]Pensem nisto, pois: Quem sabe que deve fazer o bem e não o faz, comete pecado.

Advertência aos ricos opressores

5 Ouçam agora vocês, ricos! Chorem e lamentem-se, tendo em vista a desgraça que lhes sobrevirá. [2]A riqueza de vocês apodreceu, e as traças corroeram as suas roupas. [3]O ouro e a prata de vocês enferrujaram, e a ferrugem deles testemunhará contra vocês e como fogo lhes devorará a carne. Vocês acumularam bens nestes últimos dias. [4]Vejam, o salário dos trabalhadores que ceifaram os seus campos, e que vocês retiveram com fraude, está clamando contra vocês. O lamento dos ceifeiros chegou aos ouvidos do Senhor dos Exércitos. [5]Vocês viveram luxuosamente na terra, desfrutando prazeres, e fartaram-se de comida em dia de abate[e]. [6]Vocês têm condenado e matado o justo, sem que ele ofereça resistência.

Paciência nos sofrimentos

[7]Portanto, irmãos, sejam pacientes até a vinda do Senhor. Vejam como o agricultor aguarda que a terra produza a preciosa colheita e como espera com paciência até virem as chuvas do outono e da primavera. [8]Sejam

[a] 3:18 Ou *pelos pacificadores*
[b] 4:1 Grego: *nos seus membros*.
[c] 4:5 Ou *que Deus tem fortes ciúmes pelo espírito que ele fez habitar em nós?*; ou ainda *que o Espírito que ele fez habitar em nós nos ama zelosamente?*
[d] 4:6 Pv 3:34 (segundo a Septuaginta).

[e] 5:5 Ou *como em dia de festa*

Palavras para memorizar

"Aproximem-se de Deus, e ele se aproximará de vocês!"

(Tiago 4:8)

também pacientes e fortaleçam o seu coração,
pois a vinda do Senhor está próxima. 9Irmãos,
não se queixem uns dos outros, para que não
sejam julgados. O Juiz já está às portas!
10Irmãos, tenham os profetas que falaram
em nome do Senhor como exemplo de paciência diante do sofrimento. 11Como vocês
sabem, nós consideramos felizes aqueles que
mostraram perseverança. Vocês ouviram falar sobre a perseverança de Jó e viram o fim
que o Senhor lhe proporcionou. O Senhor é
cheio de compaixão e misericórdia.
12Sobretudo, meus irmãos, não jurem, nem
pelo céu, nem pela terra, nem por qualquer
outra coisa. Seja o sim de vocês, sim, e o não,
não, para que não caiam em condenação.

A oração da fé

13Entre vocês há alguém que está sofrendo? Que ele ore. Há alguém que se sente feliz? Que ele cante louvores. 14Entre vocês há
alguém que está doente? Que ele mande chamar os presbíteros da igreja, para que
estes orem sobre ele e o unjam com óleo,
em nome do Senhor. 15A oração feita com fé
curará o doente; o Senhor o levantará. E se
houver cometido pecados, ele será perdoado.
16Portanto, confessem os seus pecados uns
aos outros e orem uns pelos outros para serem curados. A oração de um justo é poderosa e eficaz.
17Elias era humano como nós. Ele orou fervorosamente para que não chovesse, e não
choveu sobre a terra durante três anos e
meio. 18Orou outra vez, e os céus enviaram
chuva, e a terra produziu os seus frutos.
19Meus irmãos, se algum de vocês se desviar da verdade e alguém o trouxer de volta,
20lembrem-se disso: Quem converte um pecador do erro do seu caminho salvará a vida
dessa pessoa e fará que muitíssimos pecados
sejam perdoados[a].

[a] 5:20 Grego: *cobrirá muitíssimos pecados.*

1Pedro

Quem escreveu este livro?
Pedro, o discípulo de Jesus.

Por que este livro foi escrito?
A Primeira Carta de Pedro encoraja os cristãos a viverem uma vida santa apesar do sofrimento.

Para quem este livro foi escrito?
Esta é uma carta enviada aos cristãos de todos os lugares.

Quando este livro foi escrito?
Esta carta foi escrita por volta de 64 d.C.

Alguns ensinamentos importantes deste livro:

A fé é preciosa	1Pedro 1:3-9
Deus nos escolheu	1Pedro 2:9-12
Amar uns aos outros	1Pedro 3:8-12
Sofrer como cristãos	1Pedro 4:12-19
Ser humilde	1Pedro 5:6-11

1 Pedro, apóstolo de Jesus Cristo,
aos eleitos de Deus, peregrinos dispersos no
Ponto, na Galácia, na Capadócia, na provín-
cia da Ásia e na Bitínia, 2escolhidos de acor-
do com o pré-conhecimento de Deus Pai, pela
obra santificadora do Espírito, para a obediên-
cia a Jesus Cristo e a aspersão do seu sangue:

Graça e paz lhes sejam multiplicadas.

Louvor a Deus por uma esperança viva

3Bendito seja o Deus e Pai de nosso Se-
nhor Jesus Cristo! Conforme a sua grande
misericórdia, ele nos regenerou para uma
esperança viva, por meio da ressurreição de
Jesus Cristo dentre os mortos, 4para uma he-
rança que jamais poderá perecer, macular-
-se ou perder o seu valor. Herança guardada
nos céus para vocês 5que, mediante a fé, são
protegidos pelo poder de Deus até chegar
a salvação prestes a ser revelada no último
tempo. 6Nisso vocês exultam, ainda que ago-
ra, por um pouco de tempo, devam ser en-
tristecidos por todo tipo de provação. 7Assim
acontece para que fique comprovado que a
fé que vocês têm, muito mais valiosa do que
o ouro que perece, mesmo que refinado pe-
lo fogo, é genuína e resultará em louvor, gló-
ria e honra, quando Jesus Cristo for revelado.
8Mesmo não o tendo visto, vocês o amam;
e apesar de não o verem agora, creem nele
e exultam com alegria indizível e gloriosa,
9pois vocês estão alcançando o alvo da sua
fé, a salvação das suas almas.

10Foi a respeito dessa salvação que os pro-
fetas que falaram da graça destinada a vocês
investigaram e examinaram, 11procurando sa-
ber o tempo e as circunstâncias para os quais
apontava o Espírito de Cristo que neles esta-
va, quando lhes predisse os sofrimentos de
Cristo e as glórias que se seguiriam àqueles
sofrimentos. 12A eles foi revelado que esta-
vam ministrando, não para si próprios, mas
para vocês, quando falaram das coisas que
agora lhes foram anunciadas por meio da-
queles que lhes pregaram o evangelho pelo
Espírito Santo enviado dos céus; coisas que
até os anjos anseiam observar.

Exortação à santidade

13Portanto, estejam com a mente preparada,
prontos para agir; estejam alertas e coloquem
toda a esperança na graça que lhes será dada
quando Jesus Cristo for revelado. 14Como fi-
lhos obedientes, não se deixem amoldar pelos
maus desejos de outrora, quando viviam na
ignorância. 15Mas, assim como é santo aquele
que os chamou, sejam santos vocês também
em tudo o que fizerem, 16pois está escrito: "Se-
jam santos, porque eu sou santo"[a].

17Uma vez que vocês chamam Pai aquele
que julga imparcialmente as obras de ca-
da um, portem-se com temor durante a jor-
nada terrena de vocês. 18Pois vocês sabem que
não foi por meio de coisas perecíveis como
prata ou ouro que vocês foram redimidos
da sua maneira vazia de viver, transmitida
por seus antepassados, 19mas pelo precioso
sangue de Cristo, como de um cordeiro sem
mancha e sem defeito, 20conhecido[b] antes da
criação do mundo, revelado nestes últimos
tempos em favor de vocês. 21Por meio dele vo-
cês creem em Deus, que o ressuscitou dentre
os mortos e o glorificou, de modo que a fé e a
esperança de vocês estão em Deus.

22Agora que vocês purificaram a sua vida
pela obediência à verdade, visando ao amor
fraternal e sincero, amem sinceramente uns

Você sabia?

Por que devemos ser santos?

1:15 Devemos ser santos porque somos filhos de Deus, e Deus é santo. As crianças querem ser como o pai, a quem observam e admiram. Santidade significa ser colocado à parte (ou separado) do pecado.

Você sabia?

Qual é a esperança do cristão?

1:3 A esperança do cristão é um dia estar com Jesus no céu. Os cristãos são tesouros especiais de Deus, e ele também tem um tesouro para eles no céu, por isso Pedro começa sua carta com um louvor a Deus.

[a] 1:16 Lv 11:44-45; 19:2; 20:7
[b] 1:20 Ou *escolhido*

Palavras para memorizar

"Amem sinceramente uns aos outros e de todo o coração."
(1Pedro 1:22)

aos outros e de todo o coração. 23Vocês fo-
ram regenerados, não de uma semente pe-
recível, mas imperecível, por meio da palavra
de Deus, viva e permanente. 24Pois

> "toda a humanidade[a]
> é como a relva,
> e toda a sua glória,
> como a flor da relva;
> a relva murcha e cai a sua flor,
> 25mas a palavra do Senhor
> permanece para sempre"[b].

Essa é a palavra que lhes foi anunciada.

2Portanto, livrem-se de toda maldade e
de todo engano, hipocrisia, inveja e to-
da espécie de maledicência. 2Como crianças
recém-nascidas, desejem de coração o leite
espiritual puro, para que por meio dele cres-
çam para a salvação, 3agora que provaram que
o Senhor é bom.

A pedra viva e o povo escolhido

4À medida que se aproximam dele, a pedra
viva — rejeitada pelos homens, mas escolhida
por Deus e preciosa para ele — 5vocês também
estão sendo utilizados como pedras vivas na
edificação de uma casa espiritual para serem
sacerdócio santo, oferecendo sacrifícios espi-
rituais aceitáveis a Deus, por meio de Jesus
Cristo. 6Pois assim é dito na Escritura:

> "Eis que ponho em Sião
> uma pedra angular,
> escolhida e preciosa,
> e aquele que nela confia
> jamais será envergonhado"[c].

7Portanto, para vocês, os que creem, esta pe-
dra é preciosa; mas para os que não creem,

> "a pedra que os construtores
> rejeitaram
> tornou-se a pedra angular"[d],

8e,

> "pedra de tropeço
> e rocha que faz cair"[e].

Os que não creem tropeçam, porque deso-
bedecem à mensagem; para o que também
foram destinados.
9Vocês, porém, são geração eleita, sacer-
dócio real, nação santa, povo exclusivo de
Deus, para anunciar as grandezas daquele que
os chamou das trevas para a sua maravilho-
sa luz. 10Antes vocês nem sequer eram povo,
mas agora são povo de Deus; não haviam re-
cebido misericórdia, mas agora a receberam.

Deveres sociais dos cristãos

11Amados, insisto em que, como estran-
geiros e peregrinos no mundo, vocês se

[a] 1:24 Grego: *carne*.
[b] 1:24-25 Is 40:6-8
[c] 2:6 Is 28:16
[d] 2:7 Sl 118:22
[e] 2:8 Is 8:14

Louvar a Deus

Às vezes, as pessoas louvam a Deus orando, cantando ou levantando as mãos para o céu. Leia 1Pedro 2:9-12 e responda: "De que modo viver uma vida boa louva a Deus?".

Peça que cada membro de sua família escreva o próprio nome em um cartão e fixe-o na geladeira. Toda noite, cada um deve pensar em uma coisa boa que fez naquele dia para agradar a Deus e deve escrever no verso do próprio cartão. Veja em quanto tempo cada um é preenchido.

Experimente!

1Pedro 2:9-12

Você sabia?

O que significa *submeter-se?*

2:13 *Submeter-se* significa fazer o que é certo ao obedecer à pessoa no comando. Os cristãos devem obedecer às leis do próprio país, os funcionários devem trabalhar arduamente para a pessoa que os supervisiona e as crianças devem obedecer aos pais e professores. Os capítulos 2 e 3 de 1Pedro tratam de submissão.

abstenham dos desejos carnais que guer-
reiam contra a alma. 12Vivam entre os pa-
gãos de maneira exemplar para que, mesmo
que eles os acusem de praticarem o mal,
observem as boas obras que vocês prati-
cam e glorifiquem a Deus no dia da sua
intervenção[a].

13Por causa do Senhor, sujeitem-se a toda
autoridade constituída entre os homens; seja
ao rei, como autoridade suprema, 14seja aos
governantes, como por ele enviados para pu-
nir os que praticam o mal e honrar os que
praticam o bem. 15Pois é da vontade de Deus
que, praticando o bem, vocês silenciem a ig-
norância dos insensatos. 16Vivam como pes-
soas livres, mas não usem a liberdade como
desculpa para fazer o mal; vivam como ser-
vos[b] de Deus. 17Tratem a todos com o devido
respeito: amem os irmãos, temam a Deus e
honrem o rei.

18Escravos, sujeitem-se a seus senhores
com todo o respeito, não apenas aos bons e
amáveis, mas também aos maus. 19Porque é
louvável que, por motivo de sua consciên-
cia para com Deus, alguém suporte aflições
sofrendo injustamente. 20Pois, que vanta-
gem há em suportar açoites recebidos por te-
rem cometido o mal? Mas se vocês suportam
o sofrimento por terem feito o bem, isso é
louvável diante de Deus. 21Para isso vocês fo-
ram chamados, pois também Cristo sofreu no
lugar de vocês, deixando-lhes exemplo, para
que sigam os seus passos.

22"Ele não cometeu
pecado algum,
e nenhum engano
foi encontrado em sua boca."[c]

23Quando insultado, não revidava; quando
sofria, não fazia ameaças, mas entregava-se
àquele que julga com justiça. 24Ele mesmo
levou em seu corpo os nossos pecados so-
bre o madeiro, a fim de que morrêssemos
para os pecados e vivêssemos para a justiça;
por suas feridas vocês foram curados. 25Pois
vocês eram como ovelhas desgarradas, mas
agora se converteram ao Pastor e Bispo de
suas almas.

Deveres conjugais

3 Do mesmo modo, mulheres, sujeite-se ca-
da uma a seu marido, a fim de que, se ele
não obedece à palavra, seja ganho sem pala-
vras, pelo procedimento de sua mulher, 2ob-
servando a conduta honesta e respeitosa de
vocês. 3A beleza de vocês não deve estar nos
enfeites exteriores, como cabelos trançados
e joias de ouro ou roupas finas. 4Ao contrário,
esteja no ser interior[d], que não perece, beleza
demonstrada num espírito dócil e tranquilo,
o que é de grande valor para Deus. 5Pois era
assim que também costumavam adornar-se
as santas mulheres do passado, que coloca-
vam sua esperança em Deus. Elas se sujei-
tavam cada uma a seu marido, 6como Sara,
que obedecia a Abraão e o chamava senhor.
Dela vocês serão filhas, se praticarem o bem
e não derem lugar ao medo.

7Do mesmo modo vocês, maridos, sejam
sábios no convívio com suas mulheres e tra-
tem-nas com honra, como parte mais frá-
gil e co-herdeiras do dom da graça da vida,
de forma que não sejam interrompidas as
suas orações.

Sofrendo por fazer o bem

8Quanto ao mais, tenham todos o mesmo
modo de pensar, sejam compassivos, amem-
-se fraternalmente, sejam misericordiosos e
humildes. 9Não retribuam mal com mal, nem
insulto com insulto; ao contrário, bendigam;
pois para isso vocês foram chamados, para re-
ceberem bênção por herança. 10Pois,

"quem quiser amar a vida
e ver dias felizes,
guarde a sua língua do mal
e os seus lábios da falsidade.

[a] 2:12 Grego: *visitação.*
[b] 2:16 Isto é, escravos.
[c] 2:22 Is 53:9
[d] 3:4 Grego: *no homem oculto do coração.*

Palavras para memorizar

"Tenham todos o mesmo modo de pensar, sejam compassivos, amem-se fraternalmente, sejam misericordiosos e humildes."

(1Pedro 3:8)

11Afaste-se do mal e faça o bem;
busque a paz com perseverança.
12Porque os olhos do Senhor
estão sobre os justos
e os seus ouvidos
estão atentos à sua oração,
mas o rosto do Senhor
volta-se contra
os que praticam o mal"[a].

13Quem há de maltratá-los, se vocês forem
zelosos na prática do bem? 14Todavia, mes-
mo que venham a sofrer porque praticam
a justiça, vocês serão felizes. "Não temam
aquilo que eles temem[b], não fiquem ame-
drontados."[c] 15Antes, santifiquem Cristo co-
mo Senhor em seu coração. Estejam sempre
preparados para responder a qualquer pessoa
que lhes pedir a razão da esperança que há em
vocês. 16Contudo, façam isso com mansidão
e respeito, conservando boa consciência, de
forma que os que falam maldosamente con-
tra o bom procedimento de vocês, porque es-
tão em Cristo, fiquem envergonhados de suas
calúnias. 17É melhor sofrer por fazer o bem,
se for da vontade de Deus, do que por fazer
o mal. 18Pois também Cristo sofreu pelos pe-
cados uma vez por todas, o justo pelos injus-
tos, para conduzir-nos a Deus. Ele foi morto
no corpo[d], mas vivificado pelo Espírito[e], 19no
qual também foi e pregou aos espíritos em
prisão 20que há muito tempo desobedece-
ram, quando Deus esperava pacientemente
nos dias de Noé, enquanto a arca era cons-
truída. Nela apenas algumas pessoas, a sa-
ber, oito, foram salvas por meio da água, 21e
isso é representado pelo batismo que agora

[a] 3:10-12 Sl 34:12-16
[b] 3:14 Ou *"Não temam as ameaças deles*
[c] 3:14 Is 8:12
[d] 3:18 Grego: *carne*; também no versículo 21.
[e] 3:18 Ou *no espírito*; também em 4:6.

também salva vocês — não a remoção da su-
jeira do corpo, mas o compromisso de[f] uma
boa consciência diante de Deus — por meio
da ressurreição de Jesus Cristo, 22que subiu
aos céus e está à direita de Deus; a ele estão
sujeitos anjos, autoridades e poderes.

Vivendo para Deus

4 Portanto, uma vez que Cristo sofreu corpo-
ralmente[g], armem-se também do mesmo
pensamento, pois aquele que sofreu em seu
corpo[h] rompeu com o pecado, 2para que, no
tempo que lhe resta, não viva mais para sa-
tisfazer os maus desejos humanos, mas sim
para fazer a vontade de Deus. 3No passado
vocês já gastaram tempo suficiente fazendo
o que agrada aos pagãos. Naquele tempo vo-
cês viviam em libertinagem, na sensualidade,
nas bebedeiras, orgias e farras, e na idolatria
repugnante. 4Eles acham estranho que vocês
não se lancem com eles na mesma torrente de
imoralidade, e por isso os insultam. 5Contudo,
eles terão que prestar contas àquele que está
pronto para julgar os vivos e os mortos. 6Por
isso mesmo o evangelho foi pregado também
a mortos, para que eles, mesmo julgados no
corpo segundo os homens, vivam pelo Espí-
rito segundo Deus.

7O fim de todas as coisas está próximo. Por-
tanto, sejam criteriosos e estejam alertas; de-
diquem-se à oração. 8Sobretudo, amem-se
sinceramente uns aos outros, porque o amor
perdoa muitíssimos pecados. 9Sejam mutua-
mente hospitaleiros, sem reclamação. 10Cada
um exerça o dom que recebeu para servir os
outros, administrando fielmente a graça de
Deus em suas múltiplas formas. 11Se alguém
fala, faça-o como quem transmite a palavra
de Deus. Se alguém serve, faça-o com a for-
ça que Deus provê, de forma que em todas as
coisas Deus seja glorificado mediante Jesus

[f] 3:21 Ou *a indagação de*; ou ainda *a súplica por*; ou ainda *o resultado de*
[g] 4:1 Grego: *na carne*; também em 4:6.
[h] 4:1 Grego: *em sua carne*.

Palavras para memorizar

"Sejam mutuamente hospitaleiros, sem reclamação."

(1Pedro 4:9)

Cristo, a quem sejam a glória e o poder para
todo o sempre. Amém.

Sofrendo por ser cristão

12Amados, não se surpreendam com o fogo
que surge entre vocês para os provar, como se
algo estranho lhes estivesse acontecendo.
13Mas alegrem-se à medida que participam
dos sofrimentos de Cristo, para que também,
quando a sua glória for revelada, vocês exul-
tem com grande alegria. 14Se vocês são insul-
tados por causa do nome de Cristo, felizes
são vocês, pois o Espírito da glória, o Espírito
de Deus, repousa sobre vocês. 15Se algum de
vocês sofre, que não seja como assassino, la-
drão, criminoso, ou como quem se introme-
te em negócios alheios. 16Contudo, se sofre
como cristão, não se envergonhe, mas glo-
rifique a Deus por meio desse nome. 17Pois
chegou a hora de começar o julgamento pela
casa de Deus; e, se começa primeiro conosco,
qual será o fim daqueles que não obedecem
ao evangelho de Deus? 18E,

"se ao justo é difícil ser salvo,
que será do ímpio e pecador?"[a]

19Por isso mesmo, aqueles que sofrem de
acordo com a vontade de Deus devem confiar
sua vida ao seu fiel Criador e praticar o bem.

Aos presbíteros e aos jovens

5 Portanto, apelo para os presbíteros que há
entre vocês, e o faço na qualidade de pres-
bítero como eles e testemunha dos sofrimen-
tos de Cristo, como alguém que participará da
glória a ser revelada: 2pastoreiem o rebanho
de Deus que está aos seus cuidados. Olhem
por ele, não por obrigação, mas de livre von-
tade, como Deus quer. Não façam isso por ga-
nância, mas com o desejo de servir. 3Não ajam
como dominadores dos que lhes foram con-
fiados, mas como exemplos para o rebanho.
4Quando se manifestar o Supremo Pastor, vo-
cês receberão a imperecível coroa da glória.
5Da mesma forma, jovens, sujeitem-se aos
mais velhos[b]. Sejam todos humildes[c] uns pa-
ra com os outros, porque

[a] 4:18 Pv 11:31
[b] 5:5 Ou *aos presbíteros*
[c] 5:5 Grego: *Vistam todos o avental da humildade.*

Palavras para memorizar

"Lancem sobre ele toda a sua ansiedade, porque ele tem cuidado de vocês."

(1Pedro 5:7)

"Deus se opõe aos orgulhosos,
mas concede graça
aos humildes"[d].

6Portanto, humilhem-se debaixo da po-
derosa mão de Deus, para que ele os exal-
te no tempo devido. 7Lancem sobre ele toda
a sua ansiedade, porque ele tem cuidado
de vocês.

8Estejam alertas e vigiem. O Diabo, o ini-
migo de vocês, anda ao redor como leão, ru-
gindo e procurando a quem possa devorar.
9Resistam-lhe, permanecendo firmes na fé,
sabendo que os irmãos que vocês têm em to-
do o mundo estão passando pelos mesmos
sofrimentos.

10O Deus de toda a graça, que os chamou
para a sua glória eterna em Cristo Jesus, de-
pois de terem sofrido durante um pouco de
tempo, os restaurará, os confirmará, lhes da-
rá forças e os porá sobre firmes alicerces. 11A
ele seja o poder para todo o sempre. Amém.

Saudações finais

12Com a ajuda de Silvano[e], a quem conside-
ro irmão fiel, eu lhes escrevi resumidamente,
encorajando-os e testemunhando que esta é
a verdadeira graça de Deus. Mantenham-se
firmes na graça de Deus.

13Aquela que está em Babilônia[f], também
eleita, envia-lhes saudações, e também Mar-
cos, meu filho. 14Saúdem uns aos outros com
beijo de santo amor.

Paz a todos vocês que estão em Cristo.

[d] 5:5 Pv 3:34
[e] 5:12 Ou *Silas*, variante de *Silvano*.
[f] 5:13 Muito provavelmente Roma.

2Pedro

Quem escreveu este livro?

Pedro, o discípulo de Jesus.

Por que este livro foi escrito?

A Carta de Pedro adverte os cristãos contra falsos mestres.

Para quem este livro foi escrito?

Esta é uma carta enviada aos cristãos de todos os lugares.

Quando este livro foi escrito?

Esta carta foi escrita por volta de 67 d.C.

Alguns ensinamentos importantes deste livro:

Como são os falsos mestres	2Pedro 2:1-22
Como o mundo vai acabar	2Pedro 3:1-13

1 Simão Pedro, servo[a] e apóstolo de Jesus
Cristo,

àqueles que, mediante a justiça de nosso
Deus e Salvador Jesus Cristo, receberam co-
nosco uma fé igualmente valiosa:

2Graça e paz lhes sejam multiplicadas, pe-
lo pleno conhecimento de Deus e de Jesus,
o nosso Senhor.

A certeza de nossa vocação e eleição

3Seu divino poder nos deu tudo de que ne-
cessitamos para a vida e para a piedade, por
meio do pleno conhecimento daquele que
nos chamou para a sua própria glória e virtu-
de. 4Dessa maneira, ele nos deu as suas gran-
diosas e preciosas promessas, para que por
elas vocês se tornassem participantes da na-
tureza divina e fugissem da corrupção que
há no mundo, causada pela cobiça.
5Por isso mesmo, empenhem-se para acres-
centar à sua fé a virtude; à virtude o conheci-
mento; 6ao conhecimento o domínio próprio;
ao domínio próprio a perseverança; à perse-
verança a piedade; 7à piedade a fraternida-
de; e à fraternidade o amor. 8Porque, se essas
qualidades existirem e estiverem crescendo
em sua vida, elas impedirão que vocês, no
pleno conhecimento de nosso Senhor Jesus
Cristo, sejam inoperantes e improdutivos.
9Todavia, se alguém não as tem, está cego,
só vê o que está perto, esquecendo-se da pu-
rificação dos seus antigos pecados.
10Portanto, irmãos, empenhem-se ainda
mais para consolidar o chamado e a eleição
de vocês, pois se agirem dessa forma, jamais
tropeçarão, 11e assim vocês estarão ricamen-
te providos quando entrarem no Reino eter-
no de nosso Senhor e Salvador Jesus Cristo.

[a] 1:1 Isto é, escravo.

Você sabia?

Como os cristãos crescem?

1:5 Os cristãos crescem ao aprender a serem santos e a serem mais como Deus. Os discípulos aprenderam a imitar Jesus, e nós também devemos tentar ser como ele. O texto de 2Pedro 1:3-11 conta outros segredos para crescer como cristão.

Você sabia?

Por que confiamos na Bíblia?

1:21 Confiamos na Bíblia porque sabemos que Deus falou por meio das pessoas que a escreveram, o que significa que nada na Bíblia é inventado ou fictício — é tudo verdade.

A glória de Cristo e a firmeza das Escrituras

12Por isso, sempre terei o cuidado de lem-
brar-lhes estas coisas, se bem que vocês já as
sabem e estão solidamente firmados na ver-
dade que receberam. 13Considero importante,
enquanto estiver no tabernáculo deste corpo,
despertar a memória de vocês, 14porque sei
que em breve deixarei este tabernáculo, co-
mo o nosso Senhor Jesus Cristo já me reve-
lou. 15Eu me empenharei para que, também
depois da minha partida, vocês sejam sempre
capazes de lembrar-se destas coisas.
16De fato, não seguimos fábulas engenho-
samente inventadas, quando lhes falamos a
respeito do poder e da vinda de nosso Senhor
Jesus Cristo; ao contrário, nós fomos teste-
munhas oculares da sua majestade. 17Ele re-
cebeu honra e glória da parte de Deus Pai,
quando da suprema glória lhe foi dirigida a
voz que disse: "Este é o meu filho amado, de
quem me agrado"[b]. 18Nós mesmos ouvimos
essa voz vinda dos céus, quando estávamos
com ele no monte santo.
19Assim, temos ainda mais firme a palavra
dos profetas, e vocês farão bem se a ela pres-
tarem atenção, como a uma candeia que bri-
lha em lugar escuro, até que o dia clareie e
a estrela da alva nasça no coração de vocês.
20Antes de mais nada, saibam que nenhuma
profecia da Escritura provém de interpretação
pessoal, 21pois jamais a profecia teve origem
na vontade humana, mas homens[c] falaram da
parte de Deus, impelidos pelo Espírito Santo.

Os falsos mestres e a sua destruição

2 No passado surgiram falsos profetas no
meio do povo, como também surgirão en-
tre vocês falsos mestres. Estes introduzirão

[b] 1:17 Mt 17:5; Mc 9:7; Lc 9:35
[c] 1:21 Muitos manuscritos dizem *homens santos*.

Você sabia?

O que é um falso mestre?

2:1 Em vez de ensinar o que a Bíblia diz, um falso mestre ensina coisas que não são verdadeiras. Pedro usa uma linguagem forte aqui para descrever o que ele pensa de falsos mestres e o que acontecerá com eles no final.

secretamente heresias destruidoras, chegan-
do a negar o Soberano que os resgatou, tra-
zendo sobre si mesmos repentina destruição.
2 Muitos seguirão os caminhos vergonhosos
desses homens e, por causa deles, será difa-
mado o caminho da verdade. 3 Em sua cobi-
ça, tais mestres os explorarão com histórias
que inventaram. Há muito tempo a sua con-
denação paira sobre eles, e a sua destruição
não tarda.
4 Pois Deus não poupou os anjos que peca-
ram, mas os lançou no inferno[a], prendendo-
-os em abismos tenebrosos[b] a fim de serem
reservados para o juízo. 5 Ele não poupou o
mundo antigo quando trouxe o Dilúvio so-
bre aquele povo ímpio, mas preservou Noé,
pregador da justiça, e mais sete pessoas.
6 Também condenou as cidades de Sodoma e
Gomorra, reduzindo-as a cinzas, tornando-as
exemplo do que acontecerá aos ímpios; 7 mas
livrou Ló, homem justo, que se afligia com o
procedimento libertino dos que não tinham
princípios morais 8 (pois, vivendo entre eles,
todos os dias aquele justo se atormentava em
sua alma justa por causa das maldades que
via e ouvia). 9 Vemos, portanto, que o Senhor
sabe livrar os piedosos da provação e man-
ter em castigo os ímpios para o dia do juízo[c],
10 especialmente os que seguem os desejos
impuros da carne[d] e desprezam a autoridade.
Insolentes e arrogantes, tais homens não
têm medo de difamar os seres celestiais;
11 contudo, nem os anjos, embora sendo maio-
res em força e poder, fazem acusações inju-
riosas contra aqueles seres na presença do
Senhor. 12 Mas eles difamam o que desconhe-
cem e são como criaturas irracionais, guiadas
pelo instinto, nascidas para serem captura-
das e destruídas; serão corrompidos pela sua
própria corrupção! 13 Eles receberão retribui-
ção pela injustiça que causaram. Consideram
prazer entregar-se à devassidão em plena luz
do dia. São nódoas e manchas, regalando-se
em seus prazeres[e], quando participam das
festas de vocês. 14 Tendo os olhos cheios de
adultério, nunca param de pecar, iludem os
instáveis e têm o coração exercitado na ga-
nância. Malditos! 15 Eles abandonaram o cami-
nho reto e se desviaram, seguindo o caminho
de Balaão, filho de Beor[f], que amou o salário
da injustiça, 16 mas em sua transgressão foi
repreendido por uma jumenta, um animal
mudo, que falou com voz humana e refreou
a insensatez do profeta.
17 Esses homens são fontes sem água e né-
voas impelidas pela tempestade. A escuri-
dão das trevas lhes está reservada, 18 pois
eles, com palavras de vaidosa arrogância e
provocando os desejos libertinos da carne,
seduzem os que estão quase conseguindo fu-
gir daqueles que vivem no erro. 19 Prometen-
do-lhes liberdade, eles mesmos são escravos
da corrupção, pois o homem é escravo daqui-
lo que o domina. 20 Se, tendo escapado das
contaminações do mundo por meio do co-
nhecimento de nosso Senhor e Salvador Je-
sus Cristo, encontram-se novamente nelas
enredados e por elas dominados, estão em
pior estado do que no princípio. 21 Teria si-
do melhor que não tivessem conhecido o ca-
minho da justiça, do que, depois de o terem
conhecido, voltarem as costas para o santo
mandamento que lhes foi transmitido. 22 Con-
firma-se neles que é verdadeiro o provérbio:
"O cão volta ao seu vômito"[g] e ainda: "A porca
lavada volta a revolver-se na lama".

O dia do Senhor

3 Amados, esta é agora a segunda carta que
lhes escrevo. Em ambas quero despertar
com estas lembranças a sua mente sincera
para que vocês se recordem 2 das palavras pro-
feridas no passado pelos santos profetas, e do
mandamento de nosso Senhor e Salvador que
os apóstolos de vocês lhes ensinaram.
3 Antes de tudo saibam que, nos últimos
dias, surgirão escarnecedores zombando e
seguindo suas próprias paixões. 4 Eles dirão:
"O que houve com a promessa da sua vinda?
Desde que os antepassados morreram, tudo

[a] 2:4 Grego: *tártaro.*
[b] 2:4 Alguns manuscritos dizem *em cadeias de escuridão.*
[c] 2:9 Ou *ímpios para punição até o dia do juízo*
[d] 2:10 Ou *da natureza pecaminosa*; também no versículo 18.
[e] 2:13 Alguns manuscritos dizem *nas suas festas de fraternidade.*
[f] 2:15 Vários manuscritos dizem *Bosor.*
[g] 2:22 Pv 26:11

Palavras para memorizar

"O Senhor não demora em cumprir a sua promessa [...] ele é paciente com vocês, não querendo que ninguém pereça, mas que todos cheguem ao arrependimento."

(2Pedro 3:9)

Você sabia?

Como o mundo vai acabar?

3:12 Depois que Jesus voltar, a terra será queimada, e então Deus criará um novo céu e uma nova terra para ser lar para as pessoas que seguiram e amaram a Jesus.

continua como desde o princípio da cria-
ção". 5Mas eles deliberadamente se esque-
cem de que há muito tempo, pela palavra
de Deus, existem céus e terra, esta formada
da água e pela água. 6E pela água o mundo
daquele tempo foi submerso e destruído. 7Pe-
la mesma palavra os céus e a terra que agora
existem estão reservados para o fogo, guar-
dados para o dia do juízo e para a destruição
dos ímpios.
8Não se esqueçam disto, amados: para o
Senhor um dia é como mil anos, e mil anos
como um dia. 9O Senhor não demora em
cumprir a sua promessa, como julgam al-
guns. Ao contrário, ele é paciente com vocês[a],
não querendo que ninguém pereça, mas que
todos cheguem ao arrependimento.
10O dia do Senhor, porém, virá como la-
drão. Os céus desaparecerão com um grande
estrondo, os elementos serão desfeitos pe-
lo calor, e a terra, e tudo o que nela há, será
desnudada[b].
11Visto que tudo será assim desfeito, que ti-
po de pessoas é necessário que vocês sejam?
Vivam de maneira santa e piedosa, 12espe-
rando o dia de Deus e apressando a sua vin-
da[c]. Naquele dia os céus serão desfeitos pelo
fogo, e os elementos se derreterão pelo ca-
lor. 13Todavia, de acordo com a sua promes-
sa, esperamos novos céus e nova terra, onde
habita a justiça.
14Portanto, amados, enquanto esperam
estas coisas, empenhem-se para serem en-
contrados por ele em paz, imaculados e
inculpáveis. 15Tenham em mente que a pa-
ciência de nosso Senhor significa salvação,
como também o nosso amado irmão Paulo
lhes escreveu, com a sabedoria que Deus lhe
deu. 16Ele escreve da mesma forma em to-
das as suas cartas, falando nelas destes as-
suntos. Suas cartas contêm algumas coisas
difíceis de entender, as quais os ignorantes

[a] 3:9 Alguns manuscritos dizem *por causa de vocês.*

[b] 3:10 Alguns manuscritos antigos dizem *será queimada.*

[c] 3:12 Ou *aguardando com ansiedade a vinda do dia de Deus*

O que acontecerá com a terra?

Experimente!

Leia 2Pedro 3:10-13 e, em seguida, desenhe uma imagem mostrando o que acontecerá com a nossa terra quando Jesus voltar (versículo 12).

A Bíblia diz que Deus criará um novo céu e uma nova terra. Na parte de trás do primeiro desenho, faça outro mostrando como você acha que será a nova terra (versículo 13).

O povo de Deus, que vive de modo santo e misericordioso, aproveitará o novo céu e a nova terra. Então, se você é um dos filhos de Deus, desenhe a si mesmo na sua ilustração da nova terra.

2Pedro 3:10-13

e instáveis torcem, como também o fazem
com as demais Escrituras, para a própria des-
truição deles.

17 Portanto, amados, sabendo disso, guar-
dem-se para que não sejam levados pelo erro
dos que não têm princípios morais, nem per-
cam a sua firmeza e caiam. 18 Cresçam, porém,
na graça e no conhecimento de nosso Senhor
e Salvador Jesus Cristo. A ele seja a glória,
agora e para sempre! Amém.

I João

Quem escreveu este livro?
João, o discípulo de Jesus.

Por que este livro foi escrito?
Esta carta mostra aos cristãos como viver perto de Deus e das outras pessoas.

Para quem este livro foi escrito?
A Primeira Carta de João é uma carta enviada por João aos cristãos de todos os lugares.

Quando este livro foi escrito?
João provavelmente escreveu esta carta por volta de 90 d.C.

Alguns ensinamentos importantes deste livro:

Deus perdoa os pecados	1João 1:5-10
Os filhos de Deus amam os outros	1João 2:7-11
Os filhos de Deus fazem o que é certo	1João 3:7-11
Jesus nos mostra o que é o amor	1João 3:16-20
O amor vem de Deus	1João 4:7-11
Deus nos dá a vida eterna	1João 5:10-12

A Palavra da vida

1 O que era desde o princípio, o que ouvimos,
o que vimos com os nossos olhos, o que con-
templamos e as nossas mãos apalparam —
isto proclamamos a respeito da Palavra da
vida. 2 A vida se manifestou; nós a vimos e de-
la testemunhamos, e proclamamos a vocês
a vida eterna, que estava com o Pai e nos foi
manifestada. 3 Nós lhes proclamamos o que
vimos e ouvimos para que vocês também te-
nham comunhão conosco. Nossa comunhão
é com o Pai e com seu Filho Jesus Cristo. 4 Es-
crevemos estas coisas para que a nossa ale-
gria[a] seja completa.

Andar na luz

5 Esta é a mensagem que dele ouvi-
mos e transmitimos a vocês: Deus é luz; ne-
le não há treva alguma. 6 Se afirmarmos que
temos comunhão com ele, mas andamos nas
trevas, mentimos e não praticamos a verda-
de. 7 Se, porém, andarmos na luz, como ele
está na luz, temos comunhão uns com os ou-
tros, e o sangue de Jesus, seu Filho, nos puri-
fica de todo[b] pecado.

8 Se afirmarmos que estamos sem pecado,
enganamos a nós mesmos, e a verdade não
está em nós. 9 Se confessarmos os nossos pe-
cados, ele é fiel e justo para perdoar os nossos
pecados e nos purificar de toda injustiça. 10 Se
afirmarmos que não temos cometido peca-
do, fazemos de Deus um mentiroso, e a sua
palavra não está em nós.

2 Meus filhinhos, escrevo-lhes estas coisas
para que vocês não pequem. Se, porém,
alguém pecar, temos um intercessor junto
ao Pai, Jesus Cristo, o Justo. 2 Ele é a propi-
ciação pelos nossos pecados, e não somente
pelos nossos, mas também pelos[c] pecados de
todo o mundo.

3 Sabemos que o conhecemos, se obede-
cemos aos seus mandamentos. 4 Aquele que
diz: "Eu o conheço", mas não obedece aos
seus mandamentos, é mentiroso, e a verda-
de não está nele. 5 Mas, se alguém obedece à
sua palavra, nele verdadeiramente o amor
de Deus[d] está aperfeiçoado. Desta forma sa-
bemos que estamos nele: 6 aquele que afir-
ma que permanece nele, deve andar como
ele andou.

7 Amados, não lhes escrevo um manda-
mento novo, mas um mandamento antigo,
que vocês têm desde o princípio: a mensa-
gem que ouviram. 8 No entanto, o que lhes
escrevo é um mandamento novo, o qual é
verdadeiro nele e em vocês, pois as trevas es-
tão se dissipando e já brilha a verdadeira luz.
9 Quem afirma estar na luz mas odeia seu
irmão, continua nas trevas. 10 Quem ama
seu irmão permanece na luz, e nele[e] não há
causa de tropeço. 11 Mas quem odeia seu irmão
está nas trevas e anda nas trevas; não sabe
para onde vai, porque as trevas o cegaram.

12 Filhinhos, eu lhes escrevo
porque os seus pecados
foram perdoados,
graças ao nome de Jesus.
13 Pais, eu lhes escrevo
porque vocês conhecem
aquele que é desde o princípio.
Jovens, eu lhes escrevo
porque venceram o Maligno.

[a] 1:4 Vários manuscritos dizem *a alegria de vocês.*
[b] 1:7 Ou *de cada*

[c] 2:2 Ou *Ele é o sacrifício que desvia a ira de Deus, tirando os nossos pecados, e não somente os nossos mas também os*
[d] 2:5 Ou *o amor a Deus*
[e] 2:10 Ou *nela*

Você sabia?

O que significa "andar na luz"?

2:9 "Andar na luz" (1João 1:7) significa ser honesto com Deus. Se estamos andando na luz, sabemos quando erramos e, então, confessamos nossos pecados a Deus. Mentir para os outros ou até para nós mesmos sobre o que estamos fazendo de errado é o que João chama de andar nas trevas.

Palavras para memorizar

"Se confessarmos os nossos pecados, ele é fiel e justo para perdoar os nossos pecados e nos purificar de toda injustiça."

(1João 1:9)

Você sabia?

O que é um "anticristo"?

2:18 Um anticristo é uma pessoa que é contra Jesus Cristo. Uma pessoa que é contra Cristo não acredita que Jesus realmente seja Deus; em outras palavras, esse tipo de pessoa não conhece a Deus.

14 Filhinhos[a], eu lhes escrevi
porque vocês conhecem o Pai.
Pais, eu lhes escrevi
porque vocês conhecem
aquele que é desde o princípio.
Jovens, eu lhes escrevi,
porque vocês são fortes,
e em vocês a Palavra de Deus
permanece
e vocês venceram o Maligno.

Não se deve amar o mundo

15 Não amem o mundo nem o que nele há.
Se alguém ama o mundo, o amor do Pai[b] não
está nele. 16 Pois tudo o que há no mundo —
a cobiça da carne[c], a cobiça dos olhos e a os-
tentação dos bens — não provém do Pai, mas
do mundo. 17 O mundo e a sua cobiça passam,
mas aquele que faz a vontade de Deus per-
manece para sempre.

Advertência contra os anticristos

18 Filhinhos, esta é a última hora e, assim
como vocês ouviram que o anticristo está
vindo, já agora muitos anticristos têm sur-
gido. Por isso sabemos que esta é a última
hora. 19 Eles saíram do nosso meio, mas na
realidade não eram dos nossos, pois, se fos-
sem dos nossos, teriam permanecido conos-
co; o fato de terem saído mostra que nenhum
deles era dos nossos.
20 Mas vocês têm uma unção que procede do
Santo, e todos vocês têm conhecimento[d]. 21 Não
lhes escrevo porque não conhecem a verdade,
mas porque vocês a conhecem e porque ne-
nhuma mentira procede da verdade. 22 Quem
é o mentiroso, senão aquele que nega que Je-
sus é o Cristo? Este é o anticristo: aquele que
nega o Pai e o Filho. 23 Todo o que nega o Filho
também não tem o Pai; quem confessa publi-
camente o Filho tem também o Pai.
24 Quanto a vocês, cuidem para que aquilo
que ouviram desde o princípio permaneça
em vocês. Se o que ouviram desde o prin-
cípio permanecer em vocês, vocês também
permanecerão no Filho e no Pai. 25 E esta é
a promessa que ele nos fez: a vida eterna.
26 Escrevo-lhes estas coisas a respeito da-
queles que os querem enganar. 27 Quanto a
vocês, a unção que receberam dele perma-
nece em vocês, e não precisam que alguém
os ensine; mas, como a unção dele recebida,
que é verdadeira e não falsa, os ensina acerca
de todas as coisas, permaneçam nele como
ele os ensinou.

Os filhos de Deus

28 Filhinhos, agora permaneçam nele pa-
ra que, quando ele se manifestar, tenhamos
confiança e não sejamos envergonhados
diante dele na sua vinda.
29 Se vocês sabem que ele é justo, saibam
também que todo aquele que pratica a jus-
tiça é nascido dele.

3 Vejam como é grande o amor que o Pai
nos concedeu: sermos chamados filhos de
Deus, o que de fato somos! Por isso o mun-
do não nos conhece, porque não o conheceu.
2 Amados, agora somos filhos de Deus, e ain-
da não se manifestou o que havemos de ser,
mas sabemos que, quando ele se manifestar[e],
seremos semelhantes a ele, pois o veremos

[a] 2:14 Grego: *Crianças;* também no versículo 18.
[b] 2:15 Ou *amor ao Pai*
[c] 2:16 Ou *da natureza pecaminosa*
[d] 2:20 Muitos manuscritos dizem *e vocês conhecem todas as coisas.*
[e] 3:2 Ou *quando isto for revelado*

Você sabia?

Como você sabe se alguém é filho de Deus?

3:1 Os filhos de Deus acreditam em Jesus e mostram que confiam nele ao obedecerem seus mandamentos e ao amarem os outros. Eles falam com os outros sobre sua crença de que Jesus Cristo morreu na cruz para tomar nosso castigo pelo pecado e de que ele ressuscitou do túmulo para derrotar o pecado e Satanás para sempre.

como ele é. 3 Todo aquele que nele tem esta
esperança purifica-se a si mesmo, assim co-
mo ele é puro.
4 Todo aquele que pratica o pecado trans-
gride a Lei; de fato, o pecado é a transgressão
da Lei. 5 Vocês sabem que ele se manifestou
para tirar os nossos pecados, e nele não há
pecado. 6 Todo aquele que nele permanece
não está no pecado[a]. Todo aquele que está
no pecado não o viu nem o conheceu.
7 Filhinhos, não deixem que ninguém os
engane. Aquele que pratica a justiça é justo,
assim como ele é justo. 8 Aquele que pratica
o pecado é do Diabo, porque o Diabo vem
pecando desde o princípio. Para isso o Fi-
lho de Deus se manifestou: para destruir as
obras do Diabo. 9 Todo aquele que é nasci-
do de Deus não pratica o pecado, porque a
semente de Deus permanece nele; ele não
pode estar no pecado[b], porque é nascido
de Deus. 10 Desta forma sabemos quem são
os filhos de Deus e quem são os filhos do
Diabo: quem não pratica a justiça não pro-
cede de Deus, tampouco quem não ama
seu irmão.

O amor fraternal

11 Esta é a mensagem que vocês ouviram
desde o princípio: que nos amemos uns aos
outros. 12 Não sejamos como Caim, que per-
tencia ao Maligno e matou seu irmão. E por
que o matou? Porque suas obras eram más e
as de seu irmão eram justas. 13 Meus irmãos,
não se admirem se o mundo os odeia. 14 Sa-
bemos que já passamos da morte para a vida
porque amamos nossos irmãos. Quem não
ama permanece na morte. 15 Quem odeia
seu irmão é assassino, e vocês sabem que
nenhum assassino tem a vida eterna em
si mesmo.
16 Nisto conhecemos o que é o amor: Jesus
Cristo deu a sua vida por nós, e devemos dar
a nossa vida por nossos irmãos. 17 Se alguém
tiver recursos materiais e, vendo seu irmão
em necessidade, não se compadecer dele, co-
mo pode permanecer nele o amor de Deus?
18 Filhinhos, não amemos de palavra nem de
boca, mas em ação e em verdade. 19 Assim
saberemos que somos da verdade; e tran-
quilizaremos o nosso coração diante dele
20 quando o nosso coração nos condenar. Por-
que Deus é[c] maior do que o nosso coração e
sabe todas as coisas.
21 Amados, se o nosso coração não nos con-
denar, temos confiança diante de Deus 22 e
recebemos dele tudo o que pedimos, por-
que obedecemos aos seus mandamentos e
fazemos o que lhe agrada. 23 E este é o seu
mandamento: Que creiamos no nome de
seu Filho Jesus Cristo e que nos amemos
uns aos outros, como ele nos ordenou. 24 Os
que obedecem aos seus mandamentos nele
permanecem, e ele neles. Do seguinte modo
sabemos que ele permanece em nós: pelo Es-
pírito que nos deu.

Como discernir os espíritos

4 Amados, não creiam em qualquer espíri-
to, mas examinem os espíritos para ver se
eles procedem de Deus, porque muitos fal-
sos profetas têm saído pelo mundo. 2 Vocês
podem reconhecer o Espírito de Deus[d] deste

[a] 3:6 Grego: *não peca*; também no final do mesmo versículo.
[b] 3:9 Grego: *não pode pecar*.
[c] 3:19-20 Ou *dele*, [20] *pois se o nosso coração nos condenar, Deus é*
[d] 4:2 Ou *espírito que vem de Deus*

Experimente!

Amor e ações

Leia 1João 3:16-20 e responda: "Como sabemos que Deus nos ama? Como os cristãos mostram que o amor de Deus está neles?". Proponha um jogo durante o jantar ou no carro em que cada pessoa deve dizer: "Amor é...", e depois descrever uma maneira de mostrar amor por meio de uma ação. Por exemplo: "Amor é ajudar com a louça". "Amor é orar comigo à noite." "Amor é cortar a grama para alguém com deficiência." Cada pessoa deve pensar em algo novo em até cinco segundos ou ela estará fora. Conte o número de ações "amor é" que sua família consegue nomear e veja quantas delas sua família consegue colocar em prática.

1João 3:16-20

Palavras para memorizar

"Amemos uns aos outros, pois o amor procede de Deus. Aquele que ama é nascido de Deus e conhece a Deus. Quem não ama não conhece a Deus, porque Deus é amor."

(1João 4:7-8)

Você sabia?

O que é o amor?

4:16 O próprio Deus é a melhor definição de amor. Se realmente conhecemos a Deus, entenderemos do que se trata o verdadeiro amor. Amor é Jesus morrer por nós, e, porque Deus nos ama, devemos amar os outros. Amor verdadeiro também é ajudar os outros quando eles precisam.

modo: todo espírito que confessa que Jesus
Cristo veio em carne procede de Deus; 3mas
todo espírito que não confessa Jesus não procede de Deus. Esse é o espírito do anticristo[a], acerca do qual vocês ouviram que está vindo, e agora já está no mundo.
4Filhinhos, vocês são de Deus e os venceram, porque aquele que está em vocês é maior do que aquele que está no mundo.
5Eles vêm do mundo. Por isso, o que falam procede do mundo, e o mundo os ouve. 6Nós
viemos de Deus, e todo aquele que conhece a Deus nos ouve; mas quem não vem de Deus não nos ouve. Dessa forma reconhecemos o Espírito[b] da verdade e o espírito do erro.

O amor de Deus

7Amados, amemos uns aos outros, pois o amor procede de Deus. Aquele que ama é nascido de Deus e conhece a Deus. 8Quem
não ama não conhece a Deus, porque Deus é amor. 9Foi assim que Deus manifestou o seu amor entre nós: enviou o seu Filho Unigênito[c] ao mundo, para que pudéssemos viver por meio dele. 10Nisto consiste o amor:
não em que nós tenhamos amado a Deus, mas em que ele nos amou e enviou seu Filho como propiciação pelos nossos pecados.[d]
11Amados, visto que Deus assim nos amou, nós também devemos amar uns aos outros.
12Ninguém jamais viu a Deus; se amarmos uns aos outros, Deus permanece em nós, e o seu amor está aperfeiçoado em nós.
13Sabemos que permanecemos nele, e ele em nós, porque ele nos deu do seu Espírito.
14E vimos e testemunhamos que o Pai enviou seu Filho para ser o Salvador do mundo. 15Se alguém confessa publicamente que
Jesus é o Filho de Deus, Deus permanece nele, e ele em Deus. 16Assim conhecemos
o amor que Deus tem por nós e confiamos nesse amor.

Deus é amor. Todo aquele que permanece no amor permanece em Deus, e Deus nele. 17Dessa forma o amor está aperfeiçoado
entre nós, para que no dia do juízo tenhamos confiança, porque neste mundo somos como ele. 18No amor não há medo; ao contrário o perfeito amor expulsa o medo, porque o medo supõe castigo. Aquele que tem medo não está aperfeiçoado no amor.
19Nós amamos porque ele nos amou primeiro. 20Se alguém afirmar: "Eu amo a Deus",
mas odiar seu irmão, é mentiroso, pois quem não ama seu irmão, a quem vê, não pode amar a Deus, a quem não vê.[e] 21Ele nos deu
este mandamento: Quem ama a Deus, ame também seu irmão.

[a] 4:3 Ou *espírito que vem do anticristo*
[b] 4:6 Ou *espírito*
[c] 4:9 Ou *Único*
[d] 4:10 Ou *sacrifício que desvia a ira de Deus, tirando os nossos pecados.*
[e] 4:20 Vários manuscritos dizem *como pode amar a Deus, a quem não vê?*

Palavras para memorizar

"Visto que Deus assim nos amou, nós também devemos amar uns aos outros."

(1João 4:11)

A fé no Filho de Deus

5 Todo aquele que crê que Jesus é o Cristo é
nascido de Deus, e todo aquele que ama o
Pai ama também o que dele foi gerado. 2As-
sim sabemos que amamos os filhos de Deus:
amando a Deus e obedecendo aos seus man-
damentos. 3Porque nisto consiste o amor a
Deus: em obedecer aos seus mandamentos.
E os seus mandamentos não são pesados. 4O
que é nascido de Deus vence o mundo; e es-
ta é a vitória que vence o mundo: a nossa
fé. 5Quem é que vence o mundo? Somente
aquele que crê que Jesus é o Filho de Deus.

6Este é aquele que veio por meio de água e
sangue, Jesus Cristo: não somente por água,
mas por água e sangue. E o Espírito é quem
dá testemunho, porque o Espírito é a verda-
de. 7Há três que dão testemunho: 8o Espírito,[a]
a água e o sangue; e os três são unânimes.
9Nós aceitamos o testemunho dos homens,
mas o testemunho de Deus tem maior valor,
pois é o testemunho de Deus, que ele dá acer-
ca de seu Filho. 10Quem crê no Filho de Deus
tem em si mesmo esse testemunho. Quem
não crê em Deus o faz mentiroso, porque não
crê no testemunho que Deus dá acerca de seu
Filho. 11E este é o testemunho: Deus nos deu
a vida eterna, e essa vida está em seu Filho.

[a] 5:7-8 Alguns manuscritos da Vulgata dizem *testemunho no céu: o Pai, a Palavra e o Espírito Santo, e estes três são um. 8E há três que testificam na terra: o Espírito,* (isto não consta em nenhum manuscrito grego anterior ao século doze).

Palavras para memorizar

"Escrevi-lhes estas coisas, a vocês que creem no nome do Filho de Deus, para que vocês saibam que têm a vida eterna."

(1João 5:13)

Palavras para memorizar

"Porque nisto consiste o amor a Deus: em obedecer aos seus mandamentos."

(1João 5:3)

12Quem tem o Filho, tem a vida; quem não
tem o Filho de Deus, não tem a vida.

Observações finais

13Escrevi-lhes estas coisas, a vocês que
creem no nome do Filho de Deus, para que
vocês saibam que têm a vida eterna. 14Esta
é a confiança que temos ao nos aproximar-
mos de Deus: se pedirmos alguma coisa de
acordo com a vontade de Deus, ele nos ouvi-
rá. 15E se sabemos que ele nos ouve em tudo
o que pedimos, sabemos que temos o que
dele pedimos.

16Se alguém vir seu irmão cometer pecado
que não leva à morte, ore, e Deus dará vida
ao que pecou. Refiro-me àqueles cujo peca-
do não leva à morte. Há pecado que leva à
morte; não estou dizendo que se deva orar
por este. 17Toda injustiça é pecado, mas há
pecado que não leva à morte.

18Sabemos que todo aquele que é nascido
de Deus não está no pecado[b]; aquele que nas-
ceu de Deus o protege[c], e o Maligno não o
atinge. 19Sabemos que somos de Deus e que
o mundo todo está sob o poder do Malig-
no. 20Sabemos também que o Filho de Deus
veio e nos deu entendimento, para que co-
nheçamos aquele que é o Verdadeiro. E nós
estamos naquele que é o Verdadeiro, em seu
Filho Jesus Cristo. Este é o verdadeiro Deus
e a vida eterna.

21Filhinhos, guardem-se dos ídolos.

[b] 5:18 Grego: *não peca.*
[c] 5:18 Ou *a si mesmo se protege*

2 João

Quem escreveu este livro?

João, o discípulo de Jesus.

Por que este livro foi escrito?

A Segunda Carta de João mostra aos cristãos como viver perto de Deus e das outras pessoas.

Para quem este livro foi escrito?

Esta é uma carta enviada por João aos cristãos em todos os lugares.

Quando este livro foi escrito?

João provavelmente escreveu esta carta por volta de 90 d.C.

1O presbítero

à senhora eleita e aos seus filhos, a quem
amo na verdade, — e não apenas eu os amo,
mas também todos os que conhecem a verdade
— 2por causa da verdade que permanece
em nós e estará conosco para sempre.

3A graça, a misericórdia e a paz da parte de
Deus Pai e de Jesus Cristo, seu Filho, estarão
conosco em verdade e em amor.

4Ao encontrar alguns dos seus filhos, muito
me alegrei, pois eles estão andando na
verdade, conforme o mandamento que recebemos
do Pai. 5E agora eu lhe peço, senhora
— não como se estivesse escrevendo um
mandamento novo, mas o que já tínhamos
desde o princípio — que amemos uns aos
outros. 6E este é o amor: que andemos em
obediência aos seus mandamentos. Como vocês
já têm ouvido desde o princípio, o mandamento
é este: Que vocês andem em amor.
7De fato, muitos enganadores têm saído
pelo mundo, os quais não confessam que
Jesus Cristo veio em corpo[a]. Tal é o enganador
e o anticristo. 8Tenham cuidado, para
que vocês não destruam o fruto do nosso
trabalho, antes sejam recompensados plenamente.
9Todo aquele que não permanece no
ensino de Cristo, mas vai além dele, não tem
Deus; quem permanece no ensino tem o Pai
e também o Filho. 10Se alguém chegar a vocês
e não trouxer esse ensino, não o recebam em
casa[b] nem o saúdem. 11Pois quem o saúda
torna-se participante das suas obras malignas.
12Tenho muito que lhes escrever, mas não
é meu propósito fazê-lo com papel e tinta.
Em vez disso, espero visitá-los e falar com
vocês face a face, para que a nossa alegria
seja completa.

13Os filhos da sua irmã eleita lhe enviam
saudações.

Palavras para memorizar

"Este é o amor: que andemos em obediência aos seus mandamentos [...] o mandamento é este: Que vocês andem em amor."

(2João 6)

[a] 7 Grego: *carne*.

[b] 10 Isto é, nas reuniões da igreja realizadas em casa.

3 João

Quem escreveu este livro?

João, o discípulo de Jesus.

Por que este livro foi escrito?

A Terceira Carta de João mostra aos cristãos como viver perto de Deus e das outras pessoas.

Para quem este livro foi escrito?

Esta é uma carta que João enviou a um cristão chamado Gaio.

Quando este livro foi escrito?

João provavelmente escreveu esta carta por volta de 90 d.C.

Palavras para memorizar

"Amado, não imite o que é mau, mas sim o que é bom."
(3João 11)

[1]O presbítero

ao amado Gaio, a quem amo na verdade.

[2]Amado, oro para que você tenha boa saú-
de e tudo lhe corra bem, assim como vai
bem a sua alma. [3]Muito me alegrei ao rece-
ber a visita de alguns irmãos que falaram
a respeito da sua fidelidade, de como você
continua andando na verdade. [4]Não tenho
alegria maior do que ouvir que meus filhos
estão andando na verdade.
[5]Amado, você é fiel no que está fazendo
pelos irmãos, apesar de lhe serem desconhe-
cidos. [6]Eles falaram à igreja a respeito deste
seu amor. Você fará bem se os encaminhar
em sua viagem de modo agradável a Deus,
[7]pois foi por causa do Nome que eles saíram,
sem receber ajuda alguma dos gentios[a]. [8]É,
pois, nosso dever receber com hospitalidade
irmãos como esses, para que nos tornemos
cooperadores em favor da verdade.
[9]Escrevi à igreja, mas Diótrefes, que gosta
muito de ser o mais importante entre eles,
não nos recebe. [10]Portanto, se eu for, chama-
rei a atenção dele para o que está fazendo
com suas palavras maldosas contra nós. Não
satisfeito com isso, ele se recusa a receber os
irmãos, impede os que desejam recebê-los e
os expulsa da igreja.
[11]Amado, não imite o que é mau, mas sim o
que é bom. Aquele que faz o bem é de Deus;
aquele que faz o mal não viu a Deus. [12]Quanto
a Demétrio, todos falam bem dele, e a pró-
pria verdade testemunha a seu favor. Nós
também testemunhamos, e você sabe que o
nosso testemunho é verdadeiro.
[13]Tenho muito que lhe escrever, mas não
desejo fazê-lo com pena e tinta. [14]Espero vê-lo
em breve, e então conversaremos face a face.

[15]A paz seja com você. Os amigos daqui lhe
enviam saudações. Saúde os amigos daí, um
por um.

[a] 7 Isto é, dos que não são judeus.

Experimente!

Grande alegria

Leia 3João 2-4 e peça que seus pais expliquem por que João diz: "Não tenho alegria maior do que ouvir que meus filhos estão andando na verdade" (3João 4).

João ficou feliz por seus amigos estarem seguindo Jesus e vivendo para ele. Como você acha que poderia fazer seus pais felizes? Seja específico em seus exemplos.

3João 2-4

Judas

Quem escreveu este livro?
Judas, irmão de Jesus.

Por que este livro foi escrito?
Judas alerta os cristãos sobre os falsos mestres.

Para quem este livro foi escrito?
Esta é uma carta escrita aos cristãos em todos os lugares.

Quando este livro foi escrito?
Judas foi escrito por volta de 65 d.C.

1Judas, servo[a] de Jesus Cristo e irmão de
Tiago,

aos que foram chamados, amados por
Deus Pai e guardados por[b] Jesus Cristo:

2Misericórdia, paz e amor lhes sejam mul-
tiplicados.

O pecado e o destino dos ímpios

3Amados, embora estivesse muito ansio-
so por lhes escrever acerca da salvação que
compartilhamos, senti que era necessário es-
crever-lhes insistindo que batalhassem pela
fé de uma vez por todas confiada aos santos.
4Pois certos homens, cuja condenação já es-
tava sentenciada[c] há muito tempo, infiltra-
ram-se dissimuladamente no meio de vocês.
Estes são ímpios, e transformam a graça de
nosso Deus em libertinagem e negam Jesus
Cristo, nosso único Soberano e Senhor.
5Embora vocês já tenham conhecimento
de tudo isso, quero lembrar-lhes que o Se-
nhor[d] libertou um povo do Egito mas, pos-
teriormente, destruiu os que não creram. 6E,
quanto aos anjos que não conservaram suas
posições de autoridade mas abandonaram
sua própria morada, ele os tem guardado em
trevas, presos com correntes eternas para o
juízo do grande Dia. 7De modo semelhante
a estes, Sodoma e Gomorra e as cidades em
redor se entregaram à imoralidade e a rela-
ções sexuais antinaturais[e]. Estando sob o cas-
tigo do fogo eterno, elas servem de exemplo.
8Da mesma forma, estes sonhadores con-
taminam o próprio corpo[f], rejeitam as au-
toridades e difamam os seres celestiais.
9Contudo, nem mesmo o arcanjo Miguel,
quando estava disputando com o Diabo acer-
ca do corpo de Moisés, ousou fazer acusação
injuriosa contra ele, mas disse: "O Senhor o
repreenda!" 10Todavia, esses tais difamam
tudo o que não entendem; e as coisas que
entendem por instinto, como animais irra-
cionais, nessas mesmas coisas se corrompem.
11Ai deles! Pois seguiram o caminho de
Caim, buscando o lucro caíram no erro de Ba-
laão, e foram destruídos na rebelião de Corá.
12Esses homens são rochas submersas[g] nas
festas de fraternidade que vocês fazem, co-
mendo com vocês de maneira desonrosa. São
pastores que só cuidam de si mesmos. São

Palavras para memorizar

"Mantenham-se no amor de Deus."
(Judas 21)

nuvens sem água, impelidas pelo vento; ár-
vores de outono, sem frutos, duas vezes mor-
tas, arrancadas pela raiz. 13São ondas bravias
do mar, espumando seus próprios atos vergo-
nhosos; estrelas errantes, para as quais estão
reservadas para sempre as mais densas trevas.
14Enoque, o sétimo a partir de Adão, profe-
tizou acerca deles: "Vejam, o Senhor vem com
milhares de milhares de seus santos, 15para
julgar a todos e convencer todos os ímpios a
respeito de todos os atos de impiedade que
eles cometeram impiamente e acerca de todas
as palavras insolentes que os pecadores ím-
pios falaram contra ele". 16Essas pessoas vivem
se queixando, descontentes com a sua sorte, e
seguem os seus próprios desejos impuros; são
cheias de si e adulam os outros por interesse.

Um chamado à perseverança

17Todavia, amados, lembrem-se do que
foi predito pelos apóstolos de nosso Senhor
Jesus Cristo. 18Eles diziam a vocês: "Nos úl-
timos tempos haverá zombadores que segui-
rão os seus próprios desejos ímpios". 19Estes
são os que causam divisões entre vocês, os
quais seguem a tendência da sua própria al-
ma e não têm o Espírito.
20Edifiquem-se, porém, amados, na san-
tíssima fé que vocês têm, orando no Espírito
Santo. 21Mantenham-se no amor de Deus, en-
quanto esperam que a misericórdia de nosso
Senhor Jesus Cristo os leve para a vida eterna.
22Tenham compaixão daqueles que duvi-
dam; 23a outros, salvem, arrebatando-os do
fogo; a outros ainda, mostrem misericórdia
com temor, odiando até a roupa contamina-
da pela carne.

Doxologia

24Àquele que é poderoso para impedi-los
de cair e para apresentá-los diante da sua gló-
ria sem mácula e com grande alegria, 25ao
único Deus, nosso Salvador, sejam glória, ma-
jestade, poder e autoridade, mediante Jesus
Cristo, nosso Senhor, antes de todos os tem-
pos, agora e para todo o sempre! Amém.

[a] 1 Isto é, escravo.
[b] 1 Ou *para*; ou ainda *em*
[c] 4 Ou *homens que estavam marcados para esta condenação*
[d] 5 Alguns manuscritos dizem *Jesus*.
[e] 7 Grego: *foram após outra carne*.
[f] 8 Grego: *sua própria carne*.
[g] 12 Ou *são manchas*

Apocalipse

Quem escreveu este livro?

João, o discípulo de Jesus.

Por que este livro foi escrito?

João escreveu este livro para contar às pessoas sobre uma visão que ele teve de Jesus e sobre "o que em breve há de acontecer".

Para quem este livro foi escrito?

Este livro foi escrito para todos os cristãos em todos os lugares.

Quando este livro foi escrito?

João escreveu este livro por volta de 90 d.C.

Alguns ensinamentos importantes deste livro:

Jesus é Deus	Apocalipse 1:9-18
Cartas para sete igrejas	Apocalipse 2—3
Deus está no seu trono	Apocalipse 4:1-11
Deus julgará Satanás	Apocalipse 20:7-10
Deus julgará os mortos	Apocalipse 20:11-15
Um novo mundo	Apocalipse 21:1—22:6

Introdução

1 Revelação de Jesus Cristo, que Deus lhe deu
para mostrar aos seus servos[a] o que em bre-
ve há de acontecer. Ele enviou o seu anjo para
torná-la conhecida ao seu servo João, 2que dá
testemunho de tudo o que viu, isto é, a pala-
vra de Deus e o testemunho de Jesus Cristo.
3Feliz aquele que lê as palavras desta profe-
cia e felizes aqueles que ouvem e guardam
o que nela está escrito, porque o tempo es-
tá próximo.

Saudação e doxologia

4João

às sete igrejas da província da Ásia:

A vocês, graça e paz da parte daquele que é, que era e que há de vir, dos sete espíritos[b] que estão diante do seu trono, 5e de Jesus
Cristo, que é a testemunha fiel, o primogênito dentre os mortos e o soberano dos reis da terra[c].

Ele nos ama e nos libertou dos nossos pecados por meio do seu sangue, 6e nos constituiu reino e sacerdotes para servir a seu Deus e Pai. A ele sejam glória e poder para todo o sempre! Amém.

7Eis que ele vem
com as nuvens,
e todo olho o verá,
até mesmo aqueles
que o traspassaram;
e todos os povos da terra
se lamentarão por causa dele.
Assim será! Amém.

[a] 1:1 Isto é, escravos; também em todo o livro de Apocalipse.
[b] 1:4 Ou *séptuplo Espírito*; também em 3:1; 4:5 e 5:6.
[c] 1:5 Veja Sl 89:27.

Palavras para memorizar

"[Jesus] nos ama e nos libertou dos nossos pecados por meio do seu sangue."

(Apocalipse 1:5)

8"Eu sou o Alfa e o Ômega", diz o Senhor
Deus, "o que é, o que era e o que há de vir, o
Todo-poderoso."

Alguém semelhante a um filho de homem

9Eu, João, irmão e companheiro de vocês
no sofrimento, no Reino e na perseverança
em Jesus, estava na ilha de Patmos por causa
da palavra de Deus e do testemunho de Je-
sus. 10No dia do Senhor achei-me no Espírito
e ouvi por trás de mim uma voz forte, como
de trombeta, 11que dizia: "Escreva num livro[d]
o que você vê e envie a estas sete igrejas: Éfe-
so, Esmirna, Pérgamo, Tiatira, Sardes, Filadé-
lfia e Laodiceia".
12Voltei-me para ver quem falava comigo.
Voltando-me, vi sete candelabros de ouro 13e
entre os candelabros alguém "semelhante a
um filho de homem"[e], com uma veste que
chegava aos seus pés e um cinturão de ouro
ao redor do peito. 14Sua cabeça e seus cabelos
eram brancos como a lã, tão brancos quanto a
neve, e seus olhos eram como chama de fogo.

[d] 1:11 Grego: *rolo*.
[e] 1:13 Dn 7:13

Jesus é Deus todo-poderoso

João era um amigo íntimo de Jesus. Mas o que aconteceu quando João viu Jesus no céu como ele realmente é? Leia Apocalipse 1:9-18.

Desenhe uma imagem de como Jesus poderia parecer quando bebê e outra de como ele poderia parecer quando adulto, ensinando e curando. Encontre ou desenhe uma imagem de Jesus no céu, como descrito pelo capítulo 1 de Apocalipse. Coloque as três imagens juntas em sua parede para lembrá-lo de que Jesus é Deus, bem como seu amigo amado.

Experimente!

Apocalipse 1:9-18

15 Seus pés eram como o bronze numa fornalha ardente e sua voz como o som de muitas águas. 16 Tinha em sua mão direita sete estrelas, e da sua boca saía uma espada afiada de dois gumes. Sua face era como o sol quando brilha em todo o seu fulgor.

17 Quando o vi, caí aos seus pés como morto. Então ele colocou sua mão direita sobre mim e disse: "Não tenha medo. Eu sou o Primeiro e o Último. 18 Sou Aquele que Vive. Estive morto mas agora estou vivo para todo o sempre! E tenho as chaves da morte e do Hades[a].

19 "Escreva, pois, as coisas que você viu, tanto as presentes como as que acontecerão.[b] 20 Este é o mistério das sete estrelas que você viu em minha mão direita e dos sete candelabros: as sete estrelas são os anjos das sete igrejas, e os sete candelabros são as sete igrejas.

Carta à igreja de Éfeso

2 "Ao anjo da igreja em Éfeso escreva:

"Estas são as palavras daquele que tem as sete estrelas em sua mão direita e anda entre os sete candelabros de ouro. 2 Conheço as suas obras, o seu trabalho árduo e a sua perseverança. Sei que você não pode tolerar homens maus, que pôs à prova os que dizem ser apóstolos mas não são, e descobriu que eles eram impostores. 3 Você tem perseverado e suportado sofrimentos por causa do meu nome, e não tem desfalecido.

4 "Contra você, porém, tenho isto: você abandonou o seu primeiro amor. 5 Lembre-se de onde caiu! Arrependa-se e pratique as obras que praticava no princípio. Se não se arrepender, virei a você e tirarei o seu candelabro do lugar dele. 6 Mas há uma coisa a seu favor: você odeia as práticas dos nicolaítas' como eu também as odeio.

7 "Aquele que tem ouvidos ouça o que o Espírito diz às igrejas. Ao vencedor darei o direito de comer da árvore da vida, que está no paraíso de Deus.

Carta à igreja de Esmirna

8 "Ao anjo da igreja em Esmirna escreva:

"Estas são as palavras daquele que é o Primeiro e o Último, que morreu e tornou a viver. 9 Conheço as suas aflições e a sua pobreza; mas você é rico! Conheço a blasfêmia dos que se dizem judeus mas não são, sendo antes sinagoga de Satanás. 10 Não tenha medo do que você está prestes a sofrer. O Diabo lançará alguns de vocês na prisão para prová-los, e vocês sofrerão perseguição durante dez dias. Seja fiel até a morte, e eu lhe darei a coroa da vida.

11 "Aquele que tem ouvidos ouça o que o Espírito diz às igrejas. O vencedor de modo algum sofrerá a segunda morte.

Carta à igreja de Pérgamo

12 "Ao anjo da igreja em Pérgamo escreva:

"Estas são as palavras daquele que tem a espada afiada de dois gumes. 13 Sei onde você vive — onde está o trono de Satanás. Contudo, você permanece fiel ao meu nome e não renunciou à sua fé em mim, nem mesmo quando Antipas, minha fiel testemunha, foi morto nessa cidade, onde Satanás habita.

14 "No entanto, tenho contra você algumas coisas: você tem aí pessoas que se apegam aos ensinos de Balaão, que ensinou Balaque a armar ciladas contra os israelitas, induzindo-os a comer alimentos sacrificados a ídolos e a praticar imoralidade sexual. 15 De igual modo você tem também os que se apegam aos ensinos dos nicolaítas. 16 Portanto, arrependa-se! Se não, virei em breve até você e lutarei contra eles com a espada da minha boca.

17 "Aquele que tem ouvidos ouça o que o Espírito diz às igrejas. Ao vencedor darei do maná escondido. Também lhe darei uma pedra branca com um novo nome nela inscrito, conhecido apenas por aquele que o recebe.

Carta à igreja de Tiatira

18 "Ao anjo da igreja em Tiatira escreva:

"Estas são as palavras do Filho de Deus, cujos olhos são como chama de fogo e os pés como bronze reluzente. 19 Conheço as suas obras, o seu amor, a sua fé, o seu serviço e a sua perseverança, e sei que você está fazendo mais agora do que no princípio.

20 "No entanto, contra você tenho isto: você tolera Jezabel, aquela mulher que se diz profetisa. Com os seus ensinos,

[a] 1:18 Essa palavra pode ser traduzida por inferno, sepulcro, morte ou profundezas.
[b] 1:19 Ou *você viu, as coisas presentes e as que acontecerão depois destas.*

ela induz os meus servos à imorali-
dade sexual e a comerem alimentos
sacrificados aos ídolos. 21Dei-lhe tem-
po para que se arrependesse da sua
imoralidade sexual, mas ela não quer
se arrepender. 22Por isso, vou fazê-la
adoecer e trarei grande sofrimento aos
que cometem adultério com ela, a não
ser que se arrependam das obras que
ela pratica. 23Matarei os filhos[a] dessa
mulher. Então, todas as igrejas sabe-
rão que eu sou aquele que sonda men-
tes e corações, e retribuirei a cada um
de vocês de acordo com as suas obras.
24Aos demais que estão em Tiatira, a
vocês que não seguem a doutrina dela
e não aprenderam, como eles dizem,
os profundos segredos de Satanás, di-
go: Não porei outra carga sobre vocês;
25tão somente apeguem-se com firme-
za ao que vocês têm, até que eu venha.
26"Àquele que vencer e fizer a minha
vontade até o fim darei autoridade so-
bre as nações.

27" 'Ele as governará
com cetro de ferro
e as despedaçará
como a um vaso de barro.'[b]

28"Eu lhe darei a mesma autoridade
que recebi de meu Pai. Também lhe
darei a estrela da manhã. 29Aquele que
tem ouvidos ouça o que o Espírito diz
às igrejas.

Carta à igreja de Sardes

3 "Ao anjo da igreja em Sardes escreva:

"Estas são as palavras daquele que
tem os sete espíritos de Deus e as sete
estrelas. Conheço as suas obras; você
tem fama de estar vivo, mas está mor-
to. 2Esteja atento! Fortaleça o que res-
ta e que estava para morrer, pois não
achei suas obras perfeitas aos olhos
do meu Deus. 3Lembre-se, portanto,
do que você recebeu e ouviu; obede-
ça e arrependa-se. Mas se você não es-
tiver atento, virei como um ladrão e
você não saberá a que hora virei con-
tra você.
4"No entanto, você tem aí em Sardes
uns poucos que não contaminaram
as suas vestes. Eles andarão comigo,

Você sabia?

Quem eram os anjos das igrejas mencionadas em Apocalipse 2—3?

3:1 A palavra anjo significa "mensageiro". Algumas pessoas acham que os anjos mencionados neste livro eram mensageiros celestiais, anjos que foram atribuídos a cada igreja; outras pensam que esses anjos eram mensageiros terrenos, líderes das igrejas; e outras ainda acreditam que esses anjos eram símbolo do tipo de igreja a qual se estava escrevendo. Todas as cidades mencionadas ficavam na província romana da Ásia Menor (atual Turquia) e não estavam longe da ilha onde João era prisioneiro quando escreveu Apocalipse.

vestidos de branco, pois são dignos. 5O
vencedor será igualmente vestido de
branco. Jamais apagarei o seu nome
do livro da vida, mas o reconhecerei
diante do meu Pai e dos seus anjos.
6Aquele que tem ouvidos ouça o que
o Espírito diz às igrejas.

Carta à igreja de Filadélfia

7"Ao anjo da igreja em Filadélfia escreva:

"Estas são as palavras daquele que é
santo e verdadeiro, que tem a chave
de Davi. O que ele abre ninguém po-
de fechar, e o que ele fecha ninguém
pode abrir. 8Conheço as suas obras.
Eis que coloquei diante de você uma
porta aberta que ninguém pode fe-
char. Sei que você tem pouca força,
mas guardou a minha palavra e não
negou o meu nome. 9Veja o que farei
com aqueles que são sinagoga de Sa-
tanás e que se dizem judeus e não são,
mas são mentirosos. Farei que se pros-
trem aos seus pés e reconheçam que
eu o amei. 10Visto que você guardou a
minha palavra de exortação à perseve-
rança, eu também o guardarei da ho-
ra da provação que está para vir sobre

[a] 2:23 Ou *discípulos*
[b] 2:27 Sl 2:9

Palavras para memorizar

“Eis que estou à porta e bato. Se alguém ouvir a minha voz e abrir a porta, entrarei e cearei com ele, e ele comigo.”
(Apocalipse 3:20)

todo o mundo, para pôr à prova os que
habitam na terra.
11“Venho em breve! Retenha o que vo-
cê tem, para que ninguém tome a sua
coroa. 12Farei do vencedor uma colu-
na no santuário do meu Deus, e dali
ele jamais sairá. Escreverei nele o no-
me do meu Deus e o nome da cida-
de do meu Deus, a nova Jerusalém,
que desce dos céus da parte de Deus;
e também escreverei nele o meu novo
nome. 13Aquele que tem ouvidos ouça
o que o Espírito diz às igrejas.

Carta à igreja de Laodiceia

14“Ao anjo da igreja em Laodiceia escreva:

“Estas são as palavras do Amém, a
testemunha fiel e verdadeira, o so-
berano da criação de Deus. 15Conheço
as suas obras, sei que você não é frio
nem quente. Melhor seria que você
fosse frio ou quente! 16Assim, porque
você é morno, não é frio nem quente,
estou a ponto de vomitá-lo da minha
boca. 17Você diz: ‘Estou rico, adquiri
riquezas e não preciso de nada’. Não
reconhece, porém, que é miserável,
digno de compaixão, pobre, cego, e
que está nu. 18Dou-lhe este conselho:
Compre de mim ouro refinado no
fogo, e você se tornará rico; compre
roupas brancas e vista-se para cobrir
a sua vergonhosa nudez; e compre
colírio para ungir os seus olhos e
poder enxergar.
19“Repreendo e disciplino aqueles que
eu amo. Por isso, seja diligente e ar-
rependa-se. 20Eis que estou à porta e
bato. Se alguém ouvir a minha voz e
abrir a porta, entrarei e cearei com ele,
e ele comigo.
21“Ao vencedor darei o direito de sen-
tar-se comigo em meu trono, assim co-
mo eu também venci e sentei-me com
meu Pai em seu trono. 22Aquele que
tem ouvidos ouça o que o Espírito diz
às igrejas”.

O trono no céu

4 Depois dessas coisas olhei, e diante de
mim estava uma porta aberta no céu. A
voz que eu tinha ouvido no princípio, falan-
do comigo como trombeta, disse: “Suba pa-
ra cá, e lhe mostrarei o que deve acontecer
depois dessas coisas”. 2Imediatamente me
vi tomado pelo Espírito, e diante de mim
estava um trono no céu e nele estava assen-
tado alguém. 3Aquele que estava assentado
era de aspecto semelhante a jaspe e sardô-
nio. Um arco-íris, parecendo uma esmeral-
da, circundava o trono, 4ao redor do qual
estavam outros vinte e quatro tronos, e as-
sentados neles havia vinte e quatro anciãos.
Eles estavam vestidos de branco e na cabeça
tinham coroas de ouro. 5Do trono saíam re-
lâmpagos, vozes e trovões. Diante dele esta-
vam acesas sete lâmpadas de fogo, que são
os sete espíritos de Deus. 6E diante do trono
havia algo parecido com um mar de vidro,
claro como cristal.

No centro, ao redor do trono, havia qua-
tro seres viventes cobertos de olhos, tanto
na frente como atrás. 7O primeiro ser parecia
um leão, o segundo parecia um boi, o terceiro
tinha rosto como de homem, o quarto pare-
cia uma águia em voo. 8Cada um deles tinha
seis asas e era cheio de olhos, tanto ao redor
como por baixo das asas. Dia e noite repe-
tem sem cessar:

“Santo, santo, santo
é o Senhor, o Deus todo-poderoso,
que era, que é e que há de vir”.

Você sabia?

O que João viu no céu?

4:2 João viu Deus no trono, sendo adorado, e então João viu Jesus, o Cordeiro de Deus. Na visão de João sobre o futuro, Jesus está prestes a punir os povos da terra pelos seus pecados.

9Toda vez que os seres viventes dão glória,
honra e graças àquele que está assentado no
trono e que vive para todo o sempre, 10os vin-
te e quatro anciãos se prostram diante da-
quele que está assentado no trono e adoram
aquele que vive para todo o sempre. Eles lan-
çam as suas coroas diante do trono, e dizem:

11"Tu, Senhor e Deus nosso,
és digno de receber
a glória, a honra e o poder,
porque criaste todas as coisas,
e por tua vontade elas existem
e foram criadas".

O livro e o Cordeiro

5 Então vi na mão direita daquele que está
assentado no trono um livro em forma
de rolo, escrito de ambos os lados e selado
com sete selos. 2Vi um anjo poderoso, pro-
clamando em alta voz: "Quem é digno de
romper os selos e de abrir o livro?" 3Mas não
havia ninguém, nem no céu nem na terra
nem debaixo da terra, que pudesse abrir o
livro, ou sequer olhar para ele. 4Eu chorava
muito, porque não se encontrou ninguém
que fosse digno de abrir o livro e de olhar
para ele. 5Então um dos anciãos me disse:
"Não chore! Eis que o Leão da tribo de Ju-
dá, a Raiz de Davi, venceu para abrir o livro
e os seus sete selos".

6Depois vi um Cordeiro, que parecia ter
estado morto, em pé, no centro do trono,
cercado pelos quatro seres viventes e pelos
anciãos. Ele tinha sete chifres e sete olhos,
que são os sete espíritos de Deus enviados a
toda a terra. 7Ele se aproximou e recebeu o
livro da mão direita daquele que estava as-
sentado no trono. 8Ao recebê-lo, os quatro
seres viventes e os vinte e quatro anciãos
prostraram-se diante do Cordeiro. Cada um
deles tinha uma harpa e taças de ouro cheias
de incenso, que são as orações dos santos; 9e
eles cantavam um cântico novo:

"Tu és digno de receber o livro
e de abrir os seus selos,
pois foste morto,
e com teu sangue compraste para
Deus
gente de toda tribo, língua, povo e
nação.
10Tu os constituíste reino
e sacerdotes
para o nosso Deus,
e eles reinarão sobre a terra".

11Então olhei e ouvi a voz de muitos anjos,
milhares de milhares e milhões de milhões.
Eles rodeavam o trono, bem como os seres vi-
ventes e os anciãos, 12e cantavam em alta voz:

"Digno é o Cordeiro
que foi morto
de receber poder, riqueza, sabedoria,
força,
honra, glória e louvor!"

13Depois ouvi todas as criaturas existentes
no céu, na terra, debaixo da terra e no mar,
e tudo o que neles há, que diziam:

"Àquele que está assentado
no trono
e ao Cordeiro

A vida nos tempos da Bíblia

Um rolo selado

Documentos importantes eram fechados com selos, e cera ou argila mantinham os papéis juntos. Uma marca era feita na cera ou argila quando estava macia, e ninguém poderia abrir os papéis sem romper o selo.

sejam o louvor, a honra,
a glória e o poder,
para todo o sempre!"

14 Os quatro seres viventes disseram: "Amém",
e os anciãos prostraram-se e o adoraram.

Os selos

6 Observei quando o Cordeiro abriu o pri-
meiro dos sete selos. Então ouvi um dos
seres viventes dizer com voz de trovão: "Ve-
nha!" 2 Olhei, e diante de mim estava um cava-
lo branco. Seu cavaleiro empunhava um arco,
e foi-lhe dada uma coroa; ele cavalgava como
vencedor determinado a vencer.
3 Quando o Cordeiro abriu o segundo selo,
ouvi o segundo ser vivente dizer: "Venha!"
4 Então saiu outro cavalo; e este era verme-
lho. Seu cavaleiro recebeu poder para tirar
a paz da terra e fazer que os homens se ma-
tassem uns aos outros. E lhe foi dada uma
grande espada.
5 Quando o Cordeiro abriu o terceiro selo,
ouvi o terceiro ser vivente dizer: "Venha!"
Olhei, e diante de mim estava um cavalo pre-
to. Seu cavaleiro tinha na mão uma balança.
6 Então ouvi o que parecia uma voz entre os
quatro seres viventes, dizendo: "Um quilo[a]
de trigo por um denário[b], e três quilos de ce-
vada por um denário, e não danifique o azei-
te e o vinho!"
7 Quando o Cordeiro abriu o quarto selo,
ouvi a voz do quarto ser vivente dizer: "Ve-
nha!" 8 Olhei, e diante de mim estava um
cavalo amarelo. Seu cavaleiro chamava-se
Morte, e o Hades[c] o seguia de perto. Foi-lhes
dado poder sobre um quarto da terra para
matar pela espada, pela fome, por pragas e
por meio dos animais selvagens da terra.
9 Quando ele abriu o quinto selo, vi debai-
xo do altar as almas daqueles que haviam
sido mortos por causa da palavra de Deus e
do testemunho que deram. 10 Eles clamavam
em alta voz: "Até quando, ó Soberano, santo e
verdadeiro, esperarás para julgar os habitan-
tes da terra e vingar o nosso sangue?" 11 Então
cada um deles recebeu uma veste branca, e
foi-lhes dito que esperassem um pouco mais,
até que se completasse o número dos seus
conservos e irmãos, que deveriam ser mor-
tos como eles.
12 Observei quando ele abriu o sexto se-
lo. Houve um grande terremoto. O sol ficou

[a] 6:6 Grego: *choinix*.
[b] 6:6 O denário era uma moeda de prata equivalente à diária de um trabalhador braçal.
[c] 6:8 Essa palavra pode ser traduzida por inferno, sepulcro, morte ou profundezas.

Você sabia?

O que são os selos em Apocalipse 6?

6:12 Os selos são as terríveis punições que virão sobre os milhões de pessoas que pecaram.

escuro como tecido de crina negra, toda a lua
tornou-se vermelha como sangue, 13 e as es-
trelas do céu caíram sobre a terra como figos
verdes caem da figueira quando sacudidos por
um vento forte. 14 O céu se recolheu como se
enrola um pergaminho, e todas as montanhas
e ilhas foram removidas de seus lugares.
15 Então os reis da terra, os príncipes, os ge-
nerais, os ricos, os poderosos — todos, es-
cravos e livres, esconderam-se em cavernas
e entre as rochas das montanhas. 16 Eles gri-
tavam às montanhas e às rochas: "Caiam so-
bre nós e escondam-nos da face daquele que
está assentado no trono e da ira do Cordei-
ro! 17 Pois chegou o grande dia da ira deles; e
quem poderá suportar?"

Cento e quarenta e quatro mil selados

7 Depois disso vi quatro anjos em pé nos
quatro cantos da terra, retendo os quatro
ventos, para impedir que qualquer vento so-
prasse na terra, no mar ou em qualquer árvo-
re. 2 Então vi outro anjo subindo do Oriente,
tendo o selo do Deus vivo. Ele bradou em alta
voz aos quatro anjos a quem havia sido dado
poder para danificar a terra e o mar: 3 "Não
danifiquem, nem a terra, nem o mar, nem
as árvores, até que selemos as testas dos ser-
vos do nosso Deus". 4 Então ouvi o número dos
que foram selados: cento e quarenta e quatro
mil, de todas as tribos de Israel.

5 Da tribo de Judá
foram selados doze mil,
da tribo de Rúben, doze mil,
da tribo de Gade, doze mil,
6 da tribo de Aser, doze mil,
da tribo de Naftali, doze mil,
da tribo de Manassés, doze mil,
7 da tribo de Simeão, doze mil,
da tribo de Levi, doze mil,
da tribo de Issacar, doze mil,
8 da tribo de Zebulom, doze mil,
da tribo de José, doze mil,
da tribo de Benjamim, doze mil.

A grande multidão com vestes brancas

9Depois disso olhei, e diante de mim esta-
va uma grande multidão que ninguém podia
contar, de todas as nações, tribos, povos e lín-
guas, em pé, diante do trono e do Cordeiro,
com vestes brancas e segurando palmas. 10E
clamavam em alta voz:

"A salvação pertence
ao nosso Deus,
que se assenta no trono,
e ao Cordeiro".

11Todos os anjos estavam em pé ao redor do
trono, dos anciãos e dos quatro seres viven-
tes. Eles se prostraram com o rosto em terra
diante do trono e adoraram a Deus, 12dizendo:

"Amém!
Louvor e glória,
sabedoria, ação de graças,
honra, poder e força
sejam ao nosso Deus
para todo o sempre.
Amém!"

13Então um dos anciãos me perguntou:
"Quem são estes que estão vestidos de bran-
co, e de onde vieram?"
14Respondi: Senhor, tu o sabes.
E ele disse: "Estes são os que vieram da
grande tribulação e lavaram as suas vestes
e as alvejaram no sangue do Cordeiro. 15Por
isso,

eles estão diante do trono
de Deus
e o servem dia e noite
em seu santuário;
e aquele que está assentado no trono
estenderá sobre eles
o seu tabernáculo.
16Nunca mais terão fome,
nunca mais terão sede.
Não os afligirá o sol,
nem qualquer calor abrasador,
17pois o Cordeiro que está
no centro do trono
será o seu Pastor;
ele os guiará às fontes
de água viva.
E Deus enxugará dos seus olhos toda
lágrima".

O sétimo selo e o incensário de ouro

8 Quando ele abriu o sétimo selo, houve si-
lêncio nos céus cerca de meia hora.
2Vi os sete anjos que se acham em pé diante
de Deus; a eles foram dadas sete trombetas.
3Outro anjo, que trazia um incensário de
ouro, aproximou-se e se colocou em pé jun-
to ao altar. A ele foi dado muito incenso para
oferecer com as orações de todos os santos
sobre o altar de ouro diante do trono. 4E da
mão do anjo subiu diante de Deus a fuma-
ça do incenso com as orações dos santos.
5Então o anjo pegou o incensário, encheu-
-o com fogo do altar e lançou-o sobre a ter-
ra; e houve trovões, vozes, relâmpagos e um
terremoto.

As trombetas

6Então os sete anjos, que tinham as sete
trombetas, prepararam-se para tocá-las.
7O primeiro anjo tocou a sua trombeta, e
granizo e fogo misturado com sangue foram
lançados sobre a terra. Foi queimado um ter-
ço da terra, um terço das árvores e toda a
relva verde.
8O segundo anjo tocou a sua trombeta, e
algo como um grande monte em chamas
foi lançado ao mar. Um terço do mar trans-
formou-se em sangue, 9morreu um terço
das criaturas do mar e foi destruído um ter-
ço das embarcações.
10O terceiro anjo tocou a sua trombeta, e
caiu do céu uma grande estrela, queimando
como tocha, sobre um terço dos rios e das
fontes de águas; 11o nome da estrela é Absin-
to[a]. Tornou-se amargo um terço das águas, e
muitos morreram pela ação das águas que se
tornaram amargas[b].
12O quarto anjo tocou a sua trombeta, e foi
ferido um terço do sol, um terço da lua e um
terço das estrelas, de forma que um terço de-
les escureceu. Um terço do dia ficou sem luz,
e também um terço da noite.
13Enquanto eu olhava, ouvi uma águia que
voava pelo meio do céu e dizia em alta voz:
"Ai, ai, ai dos que habitam na terra, por cau-
sa do toque das trombetas que está prestes
a ser dado pelos três outros anjos!"

9 O quinto anjo tocou a sua trombeta, e vi
uma estrela que havia caído do céu sobre
a terra. À estrela foi dada a chave do poço do
Abismo. 2Quando ela abriu o Abismo, subiu
dele fumaça como a de uma gigantesca forna-
lha. O sol e o céu escureceram com a fumaça
que saía do Abismo. 3Da fumaça saíram gafa-
nhotos que vieram sobre a terra, e lhes foi da-
do poder como o dos escorpiões da terra. 4Eles

[a] 8:11 Isto é, Amargor.
[b] 8:11 Ou *envenenadas*

receberam ordens para não causar dano nem
à relva da terra, nem a qualquer planta ou ár-
vore, mas apenas àqueles que não tinham o
selo de Deus na testa. 5Não lhes foi dado po-
der para matá-los, mas sim para causar-lhes
tormento durante cinco meses. A agonia que
eles sofreram era como a da picada do escor-
pião. 6Naqueles dias os homens procurarão
a morte, mas não a encontrarão; desejarão
morrer, mas a morte fugirá deles.
7Os gafanhotos pareciam cavalos prepara-
dos para a batalha. Tinham sobre a cabeça
algo como coroas de ouro, e o rosto deles pa-
recia rosto humano. 8Os cabelos deles eram
como os de mulher e os dentes como os de
leão. 9Tinham couraças como couraças de fer-
ro, e o som das suas asas era como o barulho
de muitos cavalos e carruagens correndo pa-
ra a batalha. 10Tinham caudas e ferrões como
de escorpiões, e na cauda tinham poder para
causar tormento aos homens durante cinco
meses. 11Tinham um rei sobre eles, o anjo do
Abismo, cujo nome, em hebraico, é Abadom
e, em grego, Apoliom[a].
12O primeiro ai passou; dois outros ais ain-
da virão.
13O sexto anjo tocou a sua trombeta, e ou-
vi uma voz que vinha das pontas[b] do altar de
ouro que está diante de Deus. 14Ela disse ao
sexto anjo que tinha a trombeta: "Solte os
quatro anjos que estão amarrados junto ao
grande rio Eufrates". 15Os quatro anjos, que
estavam preparados para aquela hora, dia,
mês e ano, foram soltos para matar um terço
da humanidade. 16O número dos cavaleiros
que compunham os exércitos era de duzen-
tos milhões; eu ouvi o seu número.
17Os cavalos e os cavaleiros que vi em mi-
nha visão tinham este aspecto: as suas coura-
ças eram vermelhas como o fogo, azuis como
o jacinto, e amarelas como o enxofre. A cabe-
ça dos cavalos parecia a cabeça de um leão,
e da boca lançavam fogo, fumaça e enxofre.
18Um terço da humanidade foi morto pelas
três pragas: de fogo, fumaça e enxofre, que
saíam das suas bocas. 19O poder dos cavalos
estava na boca e na cauda; pois as suas cau-
das eram como cobras; tinham cabeças com
as quais feriam as pessoas.
20O restante da humanidade que não
morreu por essas pragas, nem assim se ar-
rependeu das obras das suas mãos; eles não
pararam de adorar os demônios e os ídolos

Você sabia?

Bombas nucleares cairão na terra?

9:20 Algumas pessoas acreditam que Apocalipse 8—9 descreve o que poderia acontecer se houvesse uma guerra nuclear, mas os terríveis castigos que Deus trará à nossa terra serão muito piores do que qualquer guerra. Esses horríveis castigos serão para aqueles que rejeitaram a Deus, não para os que creram no seu Filho.

de ouro, prata, bronze, pedra e madeira, ído-
los que não podem ver, nem ouvir, nem an-
dar. 21Também não se arrependeram dos seus
assassinatos, das suas feitiçarias, da sua imo-
ralidade sexual e dos seus roubos.

O anjo e o livro

10 Então vi outro anjo poderoso, que descia
dos céus. Ele estava envolto numa nu-
vem, e havia um arco-íris acima de sua cabeça.
Sua face era como o sol, e suas pernas eram
como colunas de fogo. 2Ele segurava um livri-
nho, que estava aberto em sua mão. Colocou o
pé direito sobre o mar e o pé esquerdo sobre a
terra, 3e deu um alto brado, como o rugido de
um leão. Quando ele bradou, os sete trovões
falaram. 4Logo que os sete trovões falaram,
eu estava prestes a escrever, mas ouvi uma
voz dos céus, que disse: "Sele o que disseram
os sete trovões, e não o escreva".
5Então o anjo que eu tinha visto em pé so-
bre o mar e sobre a terra levantou a mão di-
reita para o céu 6e jurou por aquele que vive
para todo o sempre, que criou os céus e tudo
o que neles há, a terra e tudo o que nela há,
e o mar e tudo o que nele há, dizendo: "Não
haverá mais demora! 7Mas, nos dias em que
o sétimo anjo estiver para tocar sua trom-
beta, vai cumprir-se o mistério de Deus, da
forma como ele o anunciou aos seus servos,
os profetas".
8Depois falou comigo mais uma vez a voz
que eu tinha ouvido falar dos céus: "Vá, pe-
gue o livro[c] aberto que está na mão do anjo

[a] 9:11 *Abadom e Apoliom* significam *destruidor*.
[b] 9:13 Grego: *chifres*.

[c] 10:8 Grego: *rolo*.

que se encontra em pé sobre o mar e sobre a terra".

9Assim me aproximei do anjo e lhe pedi que me desse o livrinho. Ele me disse: "Pegue-o e coma-o! Ele será amargo em seu estômago, mas em sua boca será doce como mel". 10Peguei o livrinho da mão do anjo e o comi. Ele me pareceu doce como mel em minha boca; mas, ao comê-lo, senti que o meu estômago ficou amargo. 11Então me foi dito: "É preciso que você profetize de novo acerca de muitos povos, nações, línguas e reis".

As duas testemunhas

11 Deram-me um caniço semelhante a uma vara de medir, e me disseram: "Vá e meça o templo de Deus e o altar, e conte os adoradores que lá estiverem. 2Exclua, porém, o pátio exterior; não o meça, pois ele foi dado aos gentios[a]. Eles pisarão a cidade santa durante quarenta e dois meses. 3Darei poder às minhas duas testemunhas, e elas profetizarão durante mil duzentos e sessenta dias, vestidas de pano de saco". 4Estas são as duas oliveiras e os dois candelabros que permanecem diante do Senhor da terra. 5Se alguém quiser causar-lhes dano, da boca deles sairá fogo que devorará os seus inimigos. É assim que deve morrer qualquer pessoa que quiser causar-lhes dano. 6Estes homens têm poder para fechar o céu, de modo que não chova durante o tempo em que estiverem profetizando, e têm poder para transformar a água em sangue e ferir a terra com toda sorte de pragas, quantas vezes desejarem.

7Quando eles tiverem terminado o seu testemunho, a besta que vem do Abismo os atacará. E irá vencê-los e matá-los. 8Os seus cadáveres ficarão expostos na rua principal da grande cidade, que figuradamente é chamada Sodoma e Egito, onde também foi crucificado o seu Senhor. 9Durante três dias e meio, gente de todos os povos, tribos, línguas e nações contemplarão os seus cadáveres e não permitirão que sejam sepultados. 10Os habitantes da terra se alegrarão por causa deles e festejarão, enviando presentes uns aos outros, pois esses dois profetas haviam atormentado os que habitam na terra.

11Mas, depois dos três dias e meio, entrou neles um sopro de vida da parte de Deus, e eles ficaram em pé, e um grande terror tomou conta daqueles que os viram. 12Então eles ouviram uma forte voz dos céus que lhes disse: "Subam para cá". E eles subiram para os céus numa nuvem, enquanto os seus inimigos olhavam.

13Naquela mesma hora houve um forte terremoto, e um décimo da cidade ruiu. Sete mil pessoas foram mortas no terremoto; os sobreviventes ficaram aterrorizados e deram glória ao Deus dos céus.

14O segundo ai passou; o terceiro ai virá em breve.

A sétima trombeta

15O sétimo anjo tocou a sua trombeta, e houve fortes vozes nos céus que diziam:

"O reino do mundo
  se tornou de nosso Senhor
  e do seu Cristo,
e ele reinará
  para todo o sempre".

16Os vinte e quatro anciãos que estavam assentados em seus tronos diante de Deus prostraram-se sobre seus rostos e adoraram a Deus, 17dizendo:

"Graças te damos,
  Senhor Deus todo-poderoso,
que és e que eras,
porque assumiste
  o teu grande poder
  e começaste a reinar.
18As nações se iraram;
  e chegou a tua ira.
Chegou o tempo de julgares
  os mortos

Você sabia?

O que é um *apocalipse*?

10:11 Um *apocalipse* é uma descrição do fim do mundo e nele são usadas muitas palavras que representam outra coisa. Já que muitos desses símbolos são difíceis de entender, não conseguimos ter certeza do que tudo significa. O livro de Apocalipse é um *apocalipse* porque retrata o fim do mundo e o castigo de Deus para o pecado, mas este livro também nos dá uma imagem do lugar que Deus está preparando para as pessoas que o amam e o servem.

[a] 11:2 Isto é, os que não são judeus.

e de recompensares
os teus servos, os profetas,
os teus santos
e os que temem o teu nome,
tanto pequenos
como grandes,
e de destruir
os que destroem a terra".

19 Então foi aberto o santuário de Deus nos céus, e ali foi vista a arca da sua aliança. Houve relâmpagos, vozes, trovões, um terremoto e um grande temporal de granizo.

A mulher e o dragão

12 Apareceu no céu um sinal extraordinário: uma mulher vestida do sol, com a lua debaixo dos seus pés e uma coroa de doze estrelas sobre a cabeça. 2 Ela estava grávida e gritava de dor, pois estava para dar à luz. 3 Então apareceu no céu outro sinal: um enorme dragão vermelho com sete cabeças e dez chifres, tendo sobre as cabeças sete coroas[a]. 4 Sua cauda arrastou consigo um terço das estrelas do céu, lançando-as na terra. O dragão colocou-se diante da mulher que estava para dar à luz, para devorar o seu filho no momento em que nascesse. 5 Ela deu à luz um filho, um homem, que governará todas as nações com cetro de ferro. Seu filho foi arrebatado para junto de Deus e de seu trono. 6 A mulher fugiu para o deserto, para um lugar que lhe havia sido preparado por Deus, para que ali a sustentassem durante mil duzentos e sessenta dias.

7 Houve então uma guerra nos céus. Miguel e seus anjos lutaram contra o dragão, e o dragão e os seus anjos revidaram. 8 Mas estes não foram suficientemente fortes, e assim perderam o seu lugar nos céus. 9 O grande dragão foi lançado fora. Ele é a antiga serpente chamada Diabo ou Satanás, que engana o mundo todo. Ele e os seus anjos foram lançados à terra.

10 Então ouvi uma forte voz dos céus que dizia:

"Agora veio a salvação,
o poder e o Reino
do nosso Deus,
e a autoridade do seu Cristo,
pois foi lançado fora
o acusador
dos nossos irmãos,
que os acusa diante
do nosso Deus, dia e noite.

[a] 12:3 Grego: *diademas*.

11 Eles o venceram
pelo sangue do Cordeiro
e pela palavra do testemunho
que deram;
diante da morte,
não amaram a própria vida.
12 Portanto, celebrem-no, ó céus,
e os que neles habitam!
Mas, ai da terra e do mar,
pois o Diabo desceu até vocês!
Ele está cheio de fúria,
pois sabe que lhe resta
pouco tempo".

13 Quando o dragão foi lançado à terra, começou a perseguir a mulher que dera à luz o menino. 14 Foram dadas à mulher as duas asas da grande águia, para que ela pudesse voar para o lugar que lhe havia sido preparado no deserto, onde seria sustentada durante um tempo, tempos e meio tempo, fora do alcance da serpente. 15 Então a serpente fez jorrar da sua boca água como um rio, para alcançar a mulher e arrastá-la com a correnteza. 16 A terra, porém, ajudou a mulher, abrindo a boca e engolindo o rio que o dragão fizera jorrar da sua boca. 17 O dragão irou-se contra a mulher e saiu para guerrear contra o restante da sua descendência, os que obedecem aos mandamentos de Deus e se mantêm fiéis ao testemunho de Jesus.

18 Então o dragão se pôs em pé[b] na areia do mar.

A besta que saiu do mar

13 Vi uma besta que saía do mar. Tinha dez chifres e sete cabeças, com dez coroas[c], uma sobre cada chifre, e em cada cabeça um nome de blasfêmia. 2 A besta que vi era

[b] 12:18 Alguns manuscritos dizem *E eu estava em pé.*
[c] 13:1 Grego: *diademas*.

Você sabia?

Quem é a "besta que saía do mar"?

13:1 Muitos mestres da Bíblia entendem que a besta será um líder mundial que reivindicará o lugar de Deus, e Satanás o ajudará a tentar obter pessoas para lutar contra Deus.

semelhante a um leopardo, mas tinha pés como os de urso e boca como a de leão. O dragão deu à besta o seu poder, o seu trono e grande autoridade. [3]Uma das cabeças da besta parecia ter sofrido um ferimento mortal, mas o ferimento mortal foi curado. Todo o mundo ficou maravilhado e seguiu a besta. [4]Adoraram o dragão, que tinha dado autoridade à besta, e também adoraram a besta, dizendo: "Quem é como a besta? Quem pode guerrear contra ela?"

[5]À besta foi dada uma boca para falar palavras arrogantes e blasfemas, e lhe foi dada autoridade para agir durante quarenta e dois meses. [6]Ela abriu a boca para blasfemar contra Deus e amaldiçoar o seu nome e o seu tabernáculo, os[a] que habitam nos céus. [7]Foi-lhe dado poder para guerrear contra os santos e vencê-los. Foi-lhe dada autoridade sobre toda tribo, povo, língua e nação. [8]Todos os habitantes da terra adorarão a besta, a saber, todos aqueles que não tiveram seus nomes escritos no livro da vida do Cordeiro que foi morto desde a criação do mundo[b].

[9]Aquele que tem ouvidos ouça:

[10]Se alguém há de ir
para o cativeiro,
para o cativeiro irá.
Se alguém há de ser morto[c]
à espada,
morto à espada haverá de ser.

Aqui estão a perseverança e a fidelidade dos santos.

A besta que saiu da terra

[11]Então vi outra besta que saía da terra, com dois chifres como cordeiro, mas que falava como dragão. [12]Exercia toda a autoridade da primeira besta, em nome[d] dela, e fazia a terra e seus habitantes adorarem a primeira besta, cujo ferimento mortal havia sido curado. [13]E realizava grandes sinais, chegando a fazer descer fogo do céu à terra, à vista dos homens. [14]Por causa dos sinais que lhe foi permitido realizar em nome da primeira besta, ela enganou os habitantes da terra. Ordenou-lhes que fizessem uma imagem em honra à besta que fora ferida pela espada e contudo revivera. [15]Foi-lhe dado poder para dar fôlego à imagem da primeira besta, de modo que ela podia falar e fazer que fossem mortos todos os que se recusassem a adorar a imagem. [16]Também obrigou todos, pequenos e grandes, ricos e pobres, livres e escravos, a receberem certa marca na mão direita ou na testa, [17]para que ninguém pudesse comprar nem vender, a não ser quem tivesse a marca, que é o nome da besta ou o número do seu nome.

[18]Aqui há sabedoria. Aquele que tem entendimento calcule o número da besta, pois é número de homem. Seu número é seiscentos e sessenta e seis.

O Cordeiro e os cento e quarenta e quatro mil selados

14 Então olhei, e diante de mim estava o Cordeiro, em pé sobre o monte Sião, e com ele cento e quarenta e quatro mil que traziam escritos na testa o nome dele e o nome de seu Pai. [2]Ouvi um som dos céus como o de muitas águas e de um forte trovão. Era como o de harpistas tocando seus instrumentos. [3]Eles cantavam um cântico novo diante do trono, dos quatro seres viventes e dos anciãos. Ninguém podia aprender o cântico, a não ser os cento e quarenta e quatro mil que haviam sido comprados da terra. [4]Estes são os que não se contaminaram com mulheres, pois se conservaram castos[e] e seguem o Cordeiro por onde quer que ele vá. Foram comprados dentre os homens e ofertados como primícias a Deus e ao Cordeiro. [5]Mentira nenhuma foi encontrada em suas bocas; são imaculados.

Os três anjos

[6]Então vi outro anjo, que voava pelo céu e tinha na mão o evangelho eterno para proclamar aos que habitam na terra, a toda nação, tribo, língua e povo. [7]Ele disse em alta voz: "Temam a Deus e glorifiquem-no, pois chegou a hora do seu juízo. Adorem aquele que fez os céus, a terra, o mar e as fontes das águas".

[8]Um segundo anjo o seguiu, dizendo: "Caiu! Caiu a grande Babilônia que fez todas as nações beberem do vinho da fúria da sua prostituição!"

[9]Um terceiro anjo os seguiu, dizendo em alta voz: "Se alguém adorar a besta e a sua imagem e receber a sua marca na testa ou na mão, [10]também beberá do vinho do furor de Deus que foi derramado sem mistura no cálice da sua ira. Será ainda atormentado com enxofre ardente na presença dos santos anjos

[a] 13:6 Alguns manuscritos dizem *e os*.
[b] 13:8 Ou *escritos, desde a criação do mundo, no livro da vida do Cordeiro que foi morto*
[c] 13:10 Alguns manuscritos dizem *Todo aquele que mata*.
[d] 13:12 Ou *na presença*; também no versículo 14.
[e] 14:4 Grego: *virgens*.

e do Cordeiro, 11e a fumaça do tormento de
tais pessoas sobe para todo o sempre. Para
todos os que adoram a besta e a sua imagem,
e para quem recebe a marca do seu nome,
não há descanso, dia e noite". 12Aqui está a
perseverança dos santos que obedecem aos
mandamentos de Deus e permanecem fiéis
a Jesus.
13Então ouvi uma voz dos céus dizendo:
"Escreva: Felizes os mortos que morrem no
Senhor de agora em diante".

Diz o Espírito: "Sim, eles descansarão das suas fadigas, pois as suas obras os seguirão".

A colheita da terra

14Olhei, e diante de mim estava uma nu-
vem branca e, assentado sobre a nuvem, al-
guém "semelhante a um filho de homem"[a].
Ele estava com uma coroa de ouro na cabeça
e uma foice afiada na mão. 15Então saiu do
santuário um outro anjo, que bradou em al-
ta voz àquele que estava assentado sobre a
nuvem: "Tome a sua foice e faça a colheita,
pois a safra da terra está madura; chegou a
hora de colhê-la". 16Assim, aquele que estava
assentado sobre a nuvem passou sua foice
pela terra, e a terra foi ceifada.
17Outro anjo saiu do santuário dos céus,
trazendo também uma foice afiada. 18E ain-
da outro anjo, que tem autoridade sobre
o fogo, saiu do altar e bradou em alta voz
àquele que tinha a foice afiada: "Tome sua
foice afiada e ajunte os cachos de uva da vi-
deira da terra, porque as suas uvas estão
maduras!" 19O anjo passou a foice pela ter-
ra, ajuntou as uvas e as lançou no grande
lagar da ira de Deus. 20Elas foram pisadas
no lagar, fora da cidade, e correu sangue
do lagar, chegando ao nível dos freios dos
cavalos, numa distância de cerca de trezentos quilômetros[b].

Os sete anjos e as sete pragas

15 Vi no céu outro sinal, grande e maravi-
lhoso: sete anjos com as sete últimas pra-
gas, pois com elas se completa a ira de Deus.
2Vi algo semelhante a um mar de vidro mis-
turado com fogo, e, em pé, junto ao mar, os
que tinham vencido a besta, a sua imagem e
o número do seu nome. Eles seguravam har-
pas que lhes haviam sido dadas por Deus, 3e
cantavam o cântico de Moisés, servo de Deus,
e o cântico do Cordeiro:

"Grandes e maravilhosas
são as tuas obras,
Senhor Deus todo-poderoso.
Justos e verdadeiros
são os teus caminhos,
ó Rei das nações.
4Quem não te temerá, ó Senhor?
Quem não glorificará o teu nome?
Pois tu somente és santo.
Todas as nações virão à tua presença
e te adorarão,
pois os teus atos de justiça
se tornaram manifestos".

5Depois disso olhei e vi que se abriu nos
céus o santuário, o tabernáculo da aliança.
6Saíram do santuário os sete anjos com as
sete pragas. Eles estavam vestidos de linho
puro e resplandecente, e tinham cinturões
de ouro ao redor do peito. 7E um dos quatro
seres viventes deu aos sete anjos sete taças
de ouro cheias da ira de Deus, que vive para
todo o sempre. 8O santuário ficou cheio da
fumaça da glória de Deus e do seu poder, e
ninguém podia entrar no santuário enquan-
to não se completassem as sete pragas dos
sete anjos.

As sete taças da ira de Deus

16 Então ouvi uma forte voz que vinha do
santuário e dizia aos sete anjos: "Vão
derramar sobre a terra as sete taças da ira
de Deus".
2O primeiro anjo foi e derramou a sua ta-
ça pela terra, e abriram-se feridas malignas
e dolorosas naqueles que tinham a marca da
besta e adoravam a sua imagem.
3O segundo anjo derramou a sua taça no
mar, e este se transformou em sangue co-
mo de um morto, e morreu toda criatura
que vivia no mar.

[a] 14:14 Dn 7:13

[b] 14:20 Grego: *1.600 estádios.* Um estádio equivalia a 185 metros.

Palavras para memorizar

"Grandes e maravilhosas são as tuas obras, Senhor Deus todo-poderoso. Justos e verdadeiros são os teus caminhos, ó Rei das nações."
(Apocalipse 15:3)

4 O terceiro anjo derramou a sua taça nos
rios e nas fontes, e eles se transformaram em
sangue. 5 Então ouvi o anjo que tem autori-
dade sobre as águas dizer:

"Tu és justo,
tu, o Santo, que és e que eras,
porque julgaste estas coisas;
6 pois eles derramaram
o sangue dos teus santos
e dos teus profetas,
e tu lhes deste sangue
para beber,
como eles merecem".

7 E ouvi o altar responder:

"Sim, Senhor Deus todo-poderoso,
verdadeiros e justos
são os teus juízos".

8 O quarto anjo derramou a sua taça no
sol, e foi dado poder ao sol para queimar
os homens com fogo. 9 Estes foram queima-
dos pelo forte calor e amaldiçoaram o no-
me de Deus, que tem domínio sobre estas
pragas; contudo, recusaram arrepender-se
e glorificá-lo.
10 O quinto anjo derramou a sua taça sobre
o trono da besta, cujo reino ficou em trevas.
De tanta agonia, os homens mordiam a pró-
pria língua, 11 e blasfemavam contra o Deus
dos céus, por causa das suas dores e das suas
feridas; contudo, recusaram arrepender-se
das obras que haviam praticado.
12 O sexto anjo derramou a sua taça sobre
o grande rio Eufrates, e secaram-se as suas
águas para que fosse preparado o caminho
para os reis que vêm do Oriente. 13 Então vi
saírem da boca do dragão, da boca da besta e
da boca do falso profeta três espíritos imun-
dos[a] semelhantes a rãs. 14 São espíritos de de-
mônios que realizam sinais milagrosos; eles
vão aos reis de todo o mundo, a fim de reu-
ni-los para a batalha do grande dia do Deus
todo-poderoso.
15 "Eis que venho como ladrão! Feliz aquele
que permanece vigilante e conserva consigo
as suas vestes, para que não ande nu e não
seja vista a sua vergonha."
16 Então os três espíritos os reuniram no
lugar que, em hebraico, é chamado Arma-
gedom.
17 O sétimo anjo derramou a sua taça no
ar, e do santuário saiu uma forte voz que vi-
nha do trono, dizendo: "Está feito!" 18 Houve,
então, relâmpagos, vozes, trovões e um forte
terremoto. Nunca havia ocorrido um terre-
moto tão forte como esse desde que o ho-
mem existe sobre a terra. 19 A grande cidade
foi dividida em três partes, e as cidades das
nações se desmoronaram. Deus lembrou-
-se da grande Babilônia e lhe deu o cáli-
ce do vinho do furor da sua ira. 20 Todas as
ilhas fugiram, e as montanhas desaparece-
ram. 21 Caíram sobre os homens, vindas do
céu, enormes pedras de granizo, de cerca de
trinta e cinco quilos[b] cada; eles blasfemaram
contra Deus por causa do granizo, pois a pra-
ga fora terrível.

A mulher montada na besta

17 Um dos sete anjos que tinham as sete ta-
ças aproximou-se e me disse: "Venha, eu
lhe mostrarei o julgamento da grande pros-
tituta que está sentada sobre muitas águas,
2 com quem os reis da terra se prostituíram;
os habitantes da terra se embriagaram com
o vinho da sua prostituição".
3 Então o anjo me levou no Espírito para
um deserto. Ali vi uma mulher montada nu-
ma besta vermelha, que estava coberta de no-
mes blasfemos e que tinha sete cabeças e dez
chifres. 4 A mulher estava vestida de púrpura
e vermelho, e adornada de ouro, pedras pre-
ciosas e pérolas. Segurava um cálice de ouro,
cheio de coisas repugnantes e da impureza
da sua prostituição. 5 Em sua testa havia es-
ta inscrição:

MISTÉRIO:
BABILÔNIA, A GRANDE;
A MÃE DAS PROSTITUTAS
E DAS PRÁTICAS REPUGNANTES
DA TERRA.

[a] 16:13 Ou *malignos*

[b] 16:21 Grego: *1 talento*.

Você sabia?

O que é a Babilônia?

17:5 Babilônia no livro de Apocalipse não se refere à cidade histórica ou ao império da Babilônia; na verdade, é um símbolo que representa a civilização. Outros símbolos nestes capítulos, como a mulher em cima da besta, são difíceis de entender.

6 Vi que a mulher estava embriagada com
o sangue dos santos, o sangue das testemu-
nhas[a] de Jesus.
Quando a vi, fiquei muito admirado. 7 En-
tão o anjo me disse: "Por que você está ad-
mirado? Eu lhe explicarei o mistério dessa
mulher e da besta sobre a qual ela está mon-
tada, que tem sete cabeças e dez chifres. 8 A
besta que você viu, era e já não é. Ela está
para subir do Abismo e caminha para a per-
dição. Os habitantes da terra, cujos nomes
não foram escritos no livro da vida desde a
criação do mundo, ficarão admirados quan-
do virem a besta, porque ela era, agora não
é, e entretanto virá.
9 "Aqui se requer mente sábia. As sete cabe-
ças são sete colinas sobre as quais está senta-
da a mulher. 10 São também sete reis. Cinco já
caíram, um ainda existe, e o outro ainda não
surgiu; mas, quando surgir, deverá permane-
cer durante pouco tempo. 11 A besta que era,
e agora não é, é o oitavo rei. É um dos sete, e
caminha para a perdição.
12 "Os dez chifres que você viu são dez reis
que ainda não receberam reino, mas que por
uma hora receberão autoridade como reis,
junto com a besta. 13 Eles têm um único pro-
pósito, e darão seu poder e sua autoridade à
besta. 14 Guerrearão contra o Cordeiro, mas o
Cordeiro os vencerá, pois é o Senhor dos se-
nhores e o Rei dos reis; e vencerão com ele os
seus chamados, escolhidos e fiéis".
15 Então o anjo me disse: "As águas que você
viu, onde está sentada a prostituta, são po-
vos, multidões, nações e línguas. 16 A besta e
os dez chifres que você viu odiarão a prosti-
tuta. Eles a levarão à ruína e a deixarão nua,
comerão a sua carne e a destruirão com fogo,
17 pois Deus colocou no coração deles o dese-
jo de realizar o propósito que ele tem, levan-
do-os a concordarem em dar à besta o poder
que eles têm para reinar até que se cumpram
as palavras de Deus. 18 A mulher que você viu
é a grande cidade que reina sobre os reis
da terra".

A queda da Babilônia

18 Depois disso vi outro anjo que descia dos
céus. Tinha grande autoridade, e a terra
foi iluminada por seu esplendor. 2 E ele bra-
dou com voz poderosa:

"Caiu! Caiu a grande Babilônia!
Ela se tornou habitação
de demônios
e antro de todo espírito imundo[b],
antro de toda ave impura
e detestável,
3 pois todas as nações beberam
do vinho da fúria
da sua prostituição.
Os reis da terra
se prostituíram com ela;
à custa do seu luxo excessivo
os negociantes da terra
se enriqueceram".

4 Então ouvi outra voz dos céus que dizia:

"Saiam dela, vocês, povo meu,
para que vocês não participem dos seus
pecados,
para que as pragas
que vão cair sobre ela
não os atinjam!
5 Pois os pecados da Babilônia
acumularam-se até o céu,
e Deus se lembrou
dos seus crimes.
6 Retribuam-lhe
na mesma moeda;
paguem-lhe em dobro
pelo que fez;
misturem para ela uma porção dupla
no seu próprio cálice.
7 Façam-lhe sofrer tanto tormento
e tanta aflição
como a glória e o luxo a que ela se
entregou.
Em seu coração
ela se vangloriava:
'Estou sentada como rainha;
não sou viúva
e jamais terei tristeza'.
8 Por isso num só dia
as suas pragas a alcançarão:
morte, tristeza e fome;
e o fogo a consumirá,
pois poderoso é o Senhor Deus que a
julga.

9 "Quando os reis da terra, que se prosti-
tuíram com ela e participaram do seu luxo,
virem a fumaça do seu incêndio, chorarão e
se lamentarão por ela. 10 Amedrontados por
causa do tormento dela, ficarão de longe e
gritarão:

" 'Ai! A grande cidade!
Babilônia, cidade poderosa!

[a] 17:6 Ou *dos mártires*

[b] 18:2 Ou *maligno*

Em apenas uma hora
chegou a sua condenação!'

[11]"Os negociantes da terra chorarão e se lamentarão por causa dela, porque ninguém mais compra a sua mercadoria: [12]artigos como ouro, prata, pedras preciosas e pérolas; linho fino, púrpura, seda e tecido vermelho; todo tipo de madeira de cedro e peças de marfim, madeira preciosa, bronze, ferro e mármore; [13]canela e outras especiarias, incenso, mirra e perfumes; vinho e azeite de oliva, farinha fina e trigo; bois e ovelhas, cavalos e carruagens, e corpos e almas de seres humanos[a].

[14]"Eles dirão: 'Foram-se as frutas que tanto lhe apeteciam! Todas as suas riquezas e todo o seu esplendor se desvaneceram; nunca mais serão recuperados'. [15]Os negociantes dessas coisas, que enriqueceram à custa dela, ficarão de longe, amedrontados com o tormento dela, e chorarão e se lamentarão,
[16]gritando:

" 'Ai! A grande cidade,
vestida de linho fino,
de roupas de púrpura
e vestes vermelhas,
adornada de ouro,
pedras preciosas e pérolas!
[17]Em apenas uma hora,
tamanha riqueza
foi arruinada!'

"Todos os pilotos, todos os passageiros e marinheiros dos navios e todos os que ganham a vida no mar ficarão de longe. [18]Ao verem a fumaça do incêndio dela, exclamarão: 'Que outra cidade jamais se igualou a esta grande cidade?' [19]Lançarão pó sobre a cabeça e, lamentando-se e chorando, gritarão:

" 'Ai! A grande cidade!
Graças à sua riqueza,
nela prosperaram
todos os que tinham
navios no mar!
Em apenas uma hora
ela ficou em ruínas!
[20]Celebrem o que se deu com ela, ó
céus!
Celebrem, ó santos, apóstolos
e profetas!
Deus a julgou, retribuindo-lhe
o que ela fez a vocês ' ".

[a] 18:13 Ou *corpos, e até almas humanas*

[21]Então um anjo poderoso levantou uma pedra do tamanho de uma grande pedra de moinho, lançou-a ao mar e disse:

"Com igual violência
será lançada por terra
a grande cidade
de Babilônia,
para nunca mais
ser encontrada.
[22]Nunca mais se ouvirá em seu meio
o som dos harpistas, dos músicos,
dos flautistas e dos tocadores
de trombeta.
Nunca mais se achará dentro de seus
muros
artífice algum, de qualquer
profissão.
Nunca mais se ouvirá em seu meio
o ruído das pedras de moinho.
[23]Nunca mais brilhará dentro de seus
muros
a luz da candeia.
Nunca mais se ouvirá ali
a voz do noivo e da noiva.
Seus mercadores eram
os grandes do mundo.
Todas as nações
foram seduzidas
por suas feitiçarias.
[24]Nela foi encontrado sangue
de profetas e de santos,
e de todos os que foram assassinados
na terra".

Aleluia!

19 Depois disso ouvi nos céus algo semelhante à voz de uma grande multidão, que exclamava:

"Aleluia!
A salvação, a glória e o poder
pertencem ao nosso Deus,
[2]pois verdadeiros e justos
são os seus juízos.
Ele condenou
a grande prostituta
que corrompia a terra
com a sua prostituição.
Ele cobrou dela o sangue
dos seus servos".

[3]E mais uma vez a multidão exclamou:

"Aleluia!
A fumaça que dela vem,
sobe para todo o sempre".

Palavras para memorizar

"Louvem o nosso Deus, todos vocês, seus servos, vocês que o temem, tanto pequenos como grandes!"

(Apocalipse 19:5)

[4]Os vinte e quatro anciãos e os quatro seres viventes prostraram-se e adoraram a Deus, que estava assentado no trono, e exclamaram:

"Amém, Aleluia!"

[5]Então veio do trono uma voz, conclamando:

"Louvem o nosso Deus,
todos vocês, seus servos,
vocês que o temem,
tanto pequenos como grandes!"

[6]Então ouvi algo semelhante ao som de uma grande multidão, como o estrondo de muitas águas e fortes trovões, que bradava:

"Aleluia!,
pois reina
o Senhor, o nosso Deus,
o Todo-poderoso.
[7]Regozijemo-nos! Vamos alegrar-nos
e dar-lhe glória!
Pois chegou a hora
do casamento do Cordeiro,
e a sua noiva já se aprontou.
[8]Para vestir-se, foi-lhe dado
linho fino, brilhante e puro".

O linho fino são os atos justos dos santos.

[9]E o anjo me disse: "Escreva: Felizes os convidados para o banquete do casamento do Cordeiro!" E acrescentou: "Estas são as palavras verdadeiras de Deus".

[10]Então caí aos seus pés para adorá-lo, mas ele me disse: "Não faça isso! Sou servo como você e como os seus irmãos que se mantêm fiéis ao testemunho[a] de Jesus. Adore a Deus! O testemunho de Jesus é o espírito de profecia".

O Cavaleiro no cavalo branco

[11]Vi os céus abertos e diante de mim um cavalo branco, cujo cavaleiro se chama Fiel e Verdadeiro. Ele julga e guerreia com justi-
ça. [12]Seus olhos são como chamas de fogo, e em sua cabeça há muitas coroas[b] e um nome que só ele conhece, e ninguém mais. [13]Está
vestido com um manto tingido de sangue, e o seu nome é Palavra de Deus. [14]Os exércitos
dos céus o seguiam, vestidos de linho fino, branco e puro, e montados em cavalos bran-
cos. [15]De sua boca sai uma espada afiada, com

[a] 19:10 Ou *que mantêm o testemunho*
[b] 19:12 Grego: *diademas*.

A vida nos tempos da Bíblia

Cavalos

Os governantes montavam cavalos quando iam à guerra, mas, quando vinham em paz, montavam jumentos. Jesus é retratado aqui em Apocalipse como um guerreiro vindo em um cavalo para derrotar Satanás finalmente e para sempre.

Você sabia?

Como Jesus voltará?

19:11 Quando for a hora de julgar o mundo, Jesus voltará como um guerreiro, com todos os exércitos do céu, e então punirá os inimigos de Deus e derrotará Satanás.

a qual ferirá as nações. “Ele as governará com
cetro de ferro.”[a] Ele pisa o lagar do vinho do
furor da ira do Deus todo-poderoso. 16Em seu
manto e em sua coxa está escrito este nome:

REI DOS REIS
E SENHOR DOS SENHORES.

17Vi um anjo que estava em pé no sol e que
clamava em alta voz a todas as aves que voa-
vam pelo meio do céu: “Venham, reúnam-
-se para o grande banquete de Deus, 18para
comerem carne de reis, generais e podero-
sos, carne de cavalos e seus cavaleiros, car-
ne de todos — livres e escravos, pequenos
e grandes”.
19Então vi a besta, os reis da terra e os seus
exércitos reunidos para guerrearem contra
aquele que está montado no cavalo e con-
tra o seu exército. 20Mas a besta foi presa, e
com ela o falso profeta que havia realizado
os sinais milagrosos em nome dela, com os
quais ele havia enganado os que receberam
a marca da besta e adoraram a imagem de-
la. Os dois foram lançados vivos no lago de
fogo que arde com enxofre. 21Os demais fo-
ram mortos com a espada que saía da boca
daquele que está montado no cavalo. E todas
as aves se fartaram com a carne deles.

Os mil anos

20 Vi descer dos céus um anjo que tra-
zia na mão a chave do Abismo e uma
grande corrente. 2Ele prendeu o dragão, a
antiga serpente, que é o Diabo, Satanás, e o
acorrentou por mil anos; 3lançou-o no Abis-
mo, fechou-o e pôs um selo sobre ele, para
assim impedi-lo de enganar as nações, até
que terminassem os mil anos. Depois disso,
é necessário que ele seja solto por um pou-
co de tempo.
4Vi tronos em que se assentaram aque-
les a quem havia sido dada autoridade para
julgar. Vi as almas dos que foram decapita-
dos por causa do testemunho de Jesus e da
palavra de Deus. Eles não tinham adorado a
besta nem a sua imagem, e não tinham rece-
bido a sua marca na testa nem nas mãos. Eles
ressuscitaram e reinaram com Cristo durante
mil anos. 5(O restante dos mortos não voltou
a viver até se completarem os mil anos.) Esta
é a primeira ressurreição. 6Felizes e santos os
que participam da primeira ressurreição! A
segunda morte não tem poder sobre eles; se-
rão sacerdotes de Deus e de Cristo, e reinarão
com ele durante mil anos.

A destruição de Satanás

7Quando terminarem os mil anos, Satanás
será solto da sua prisão 8e sairá para enganar
as nações que estão nos quatro cantos da ter-
ra, Gogue e Magogue, a fim de reuni-las para
a batalha. Seu número é como a areia do mar.
9As nações marcharam por toda a superfície
da terra e cercaram o acampamento dos san-
tos, a cidade amada; mas um fogo desceu do
céu e as devorou. 10O Diabo, que as engana-
va, foi lançado no lago de fogo que arde com
enxofre, onde já haviam sido lançados a bes-
ta e o falso profeta. Eles serão atormentados
dia e noite, para todo o sempre.

Os mortos são julgados

11Depois vi um grande trono branco e aque-
le que nele estava assentado. A terra e o céu
fugiram da sua presença, e não se encontrou
lugar para eles. 12Vi também os mortos, gran-
des e pequenos, em pé diante do trono, e li-
vros foram abertos. Outro livro foi aberto, o
livro da vida. Os mortos foram julgados de
acordo com o que tinham feito, segundo o
que estava registrado nos livros. 13O mar en-
tregou os mortos que nele havia, e a morte e
o Hades[b] entregaram os mortos que neles ha-

[a] 19:15 Sl 2:9

[b] 20:13 Essa palavra pode ser traduzida por inferno, sepulcro, morte ou profundezas; também no versículo 14.

Você sabia?

O que acontecerá com Satanás?

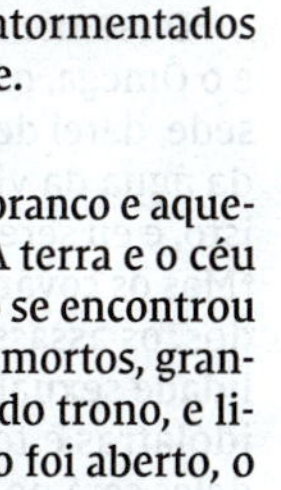

20:10 Satanás será lançado em um lago de fogo para ser punido lá para sempre, e as pessoas que não acreditam em Jesus também estarão no lago de fogo.

via; e cada um foi julgado de acordo com o que tinha feito. 14Então a morte e o Hades foram lançados no lago de fogo. O lago de fogo é a segunda morte. 15Aqueles cujos nomes não foram encontrados no livro da vida foram lançados no lago de fogo.

A nova Jerusalém

21 Então vi novos céus e nova terra, pois o primeiro céu e a primeira terra tinham passado; e o mar já não existia. 2Vi a Cidade Santa, a nova Jerusalém, que descia dos céus, da parte de Deus, preparada como uma noiva adornada para o seu marido. 3Ouvi uma forte voz que vinha do trono e dizia: "Agora o tabernáculo de Deus está com os homens, com os quais ele viverá. Eles serão os seus povos[a]; o próprio Deus estará com eles e será o seu Deus. 4Ele enxugará dos seus olhos toda lágrima. Não haverá mais morte, nem tristeza, nem choro, nem dor, pois a antiga ordem já passou".

5Aquele que estava assentado no trono disse: "Estou fazendo novas todas as coisas!" E acrescentou: "Escreva isto, pois estas palavras são verdadeiras e dignas de confiança".

6Disse-me ainda: "Está feito. Eu sou o Alfa e o Ômega, o Princípio e o Fim. A quem tiver sede, darei de beber gratuitamente da fonte da água da vida. 7O vencedor herdará tudo isto, e eu serei seu Deus e ele será meu filho. 8Mas os covardes, os incrédulos, os depravados, os assassinos, os que cometem imoralidade sexual, os que praticam feitiçaria, os idólatras e todos os mentirosos — o lugar deles será no lago de fogo que arde com enxofre. Esta é a segunda morte".

9Um dos sete anjos que tinham as sete taças cheias das últimas sete pragas aproximou-se e me disse: "Venha, eu lhe mostrarei a noiva, a esposa do Cordeiro". 10Ele me levou no Espírito a um grande e alto monte e mostrou-me a Cidade Santa, Jerusalém, que descia dos céus, da parte de Deus. 11Ela resplandecia com a glória de Deus, e o seu brilho era como o de uma joia muito preciosa, como jaspe, clara como cristal. 12Tinha um grande e alto muro com doze portas e doze anjos junto às portas. Nas portas estavam escritos os nomes das doze tribos de Israel. 13Havia três portas ao oriente, três ao norte, três ao sul e três ao ocidente. 14O muro da cidade tinha doze fundamentos, e neles estavam os nomes dos doze apóstolos do Cordeiro.

15O anjo que falava comigo tinha como medida uma vara feita de ouro, para medir a cidade, suas portas e seus muros. 16A cidade era quadrangular, de comprimento e largura iguais. Ele mediu a cidade com a vara; tinha dois mil e duzentos quilômetros[b] de comprimento; a largura e a altura eram iguais ao comprimento. 17Ele mediu o muro, e deu sessenta e cinco metros de espessura[c], segundo a medida humana que o anjo estava usando. 18O muro era feito de jaspe e a cidade era de ouro puro, semelhante ao vidro puro. 19Os fundamentos dos muros da cidade eram ornamentados com toda sorte de pedras preciosas. O primeiro fundamento era ornamentado com jaspe; o segundo com safira; o terceiro com calcedônia; o quarto com esmeralda; 20o quinto com sardônio; o sexto com sárdio; o sétimo com crisólito; o oitavo com berilo; o nono com topázio; o décimo com crisópraso; o décimo primeiro com jacinto; e o décimo segundo com ametista.[d] 21As doze portas eram doze pérolas, cada porta feita de uma única pérola. A rua principal da cidade era de ouro puro, como vidro transparente.

22Não vi templo algum na cidade, pois o Senhor Deus todo-poderoso e o Cordeiro são o seu templo. 23A cidade não precisa de sol nem de lua para brilharem sobre ela, pois a glória de Deus a ilumina, e o Cordeiro é a sua candeia. 24As nações andarão em sua luz, e os reis da terra lhe trarão a sua glória. 25Suas portas jamais se fecharão de dia, pois ali não haverá noite. 26A glória e a honra das nações

[a] 21:3 Alguns manuscritos dizem *o seu povo*.

Você sabia?

O que haverá de especial em relação ao céu?

21:4 O texto de Apocalipse 21—22 trata do céu, que será um lindo lugar onde tudo é novo e onde não haverá tristeza nem lágrimas. O melhor de tudo, porém, é que viveremos lá com Deus para sempre.

[b] 21:16 Grego: *12.000 estádios*. Um estádio equivalia a 185 metros.

[c] 21:17 Ou *metros de altura*. Grego: *144 côvados*. O côvado era uma medida linear de cerca de 45 centímetros.

[d] 21:20 A identificação precisa de algumas destas pedras não é conhecida.

lhe serão trazidas. 27Nela jamais entrará algo
impuro, nem ninguém que pratique o que é
vergonhoso ou enganoso, mas unicamente
aqueles cujos nomes estão escritos no livro
da vida do Cordeiro.

O rio da vida

22 Então o anjo me mostrou o rio da água
da vida que, claro como cristal, fluía
do trono de Deus e do Cordeiro, 2no meio
da rua principal da cidade. De cada lado do
rio estava a árvore da vida, que frutifica do-
ze vezes por ano, uma por mês. As folhas da
árvore servem para a cura das nações. 3Já
não haverá maldição nenhuma. O trono de
Deus e do Cordeiro estará na cidade, e os seus
servos o servirão. 4Eles verão a sua face, e
o seu nome estará em suas testas. 5Não ha-
verá mais noite. Eles não precisarão de luz
de candeia, nem da luz do sol, pois o Senhor
Deus os iluminará; e eles reinarão para todo
o sempre.

6O anjo me disse: "Estas palavras são dig-
nas de confiança e verdadeiras. O Senhor, o
Deus dos espíritos dos profetas, enviou o seu
anjo para mostrar aos seus servos as coisas
que em breve hão de acontecer[a].

Jesus vem em breve

7"Eis que venho em breve! Feliz é aque-
le que guarda as palavras da profecia des-
te livro".

8Eu, João, sou aquele que ouviu e viu estas
coisas. Tendo-as ouvido e visto, caí aos pés do
anjo que me mostrou tudo aquilo, para ado-
rá-lo. 9Mas ele me disse: "Não faça isso! Sou
servo como você e seus irmãos, os profetas,

[a] 22:6 Ou *que acontecerão rapidamente*

Palavras para memorizar

"Eis que venho em breve! A minha recompensa está comigo, e eu retribuirei a cada um de acordo com o que fez."

(Apocalipse 22:12)

e como os que guardam as palavras deste li-
vro. Adore a Deus!"

10Então me disse: "Não sele as palavras da
profecia deste livro, pois o tempo está próxi-
mo. 11Continue o injusto a praticar injustiça;
continue o imundo na imundícia; continue
o justo a praticar justiça; e continue o santo
a santificar-se".

12"Eis que venho em breve! A minha recom-
pensa está comigo, e eu retribuirei a cada um
de acordo com o que fez. 13Eu sou o Alfa e o
Ômega, o Primeiro e o Último, o Princípio
e o Fim.

14"Felizes os que lavam as suas vestes, e as-
sim têm direito à árvore da vida e podem en-
trar na cidade pelas portas. 15Fora ficam os
cães, os que praticam feitiçaria, os que come-
tem imoralidades sexuais, os assassinos, os
idólatras e todos os que amam e praticam
a mentira.

16"Eu, Jesus, enviei o meu anjo para dar
a vocês este testemunho concernente às

Como é o céu?

Experimente!

Leia Apocalipse 21:1—22:6 e verá que esses versículos nos falam muito sobre como o céu se parecerá. Nomeie três joias que serão encontradas no céu. Além disso, responda: "De que serão feitas as ruas? Haverá sol ou lua? Por quê?".

A passagem de Apocalipse 21:4 nos diz quatro coisas que não estarão presentes no céu. Você consegue encontrá-las?

Hoje, diga pelo menos a um amigo que você está feliz porque Jesus morreu para que você possa ir para o céu algum dia.

Apocalipse 21:1—22:6

igrejas. Eu sou a Raiz e o Descendente de
Davi, e a resplandecente Estrela da Manhã."

[17]O Espírito e a noiva dizem: "Vem!" E to-
do aquele que ouvir diga: "Vem!" Quem tiver
sede, venha; e quem quiser, beba de graça da
água da vida.

[18]Declaro a todos os que ouvem as pala-
vras da profecia deste livro: Se alguém lhe
acrescentar algo, Deus lhe acrescentará as
pragas descritas neste livro. [19]Se alguém ti-
rar alguma palavra deste livro de profecia,
Deus tirará dele a sua parte na árvore da vi-
da e na cidade santa, que são descritas nes-
te livro.

[20]Aquele que dá testemunho destas coisas
diz: "Sim, venho em breve!"

Amém. Vem, Senhor Jesus!

[21]A graça do Senhor Jesus seja com todos.
Amém.

Pesos e medidas

	Unidade bíblica	Equivalente atual aproximado
MEDIDAS DE PESO	talento (60 minas)	34 quilos
	mina (50 siclos)	560 gramas
	siclo (2 becas)	11,5 gramas
	beca (10 geras)	5,7 gramas
	gera	0,6 gramas
	dárico	8,4 gramas
MEDIDAS DE COMPRIMENTO	côvado	45 centímetros
	palmo	22 centímetros
	estádio	183 centímetros
MEDIDAS DE CAPACIDADE PARA SECOS	coro (10 efas)	220 litros
	léteque (5 efas)	110 litros
	efa (10 gômeres)	22 litros
	seá (1/3 do efa)	7,5 litros
	ômer (1/10 do efa)	2 litros
	cabo (1/18 do efa)	1 litro
PARA LÍQUIDOS	bato (1 efa)	22 litros
	him (1/6 do bato)	3,8 litros
	logue (1/72 do bato)	0,3 litros

Os valores da tabela são calculados tomando por base um siclo igual a 11,5 gramas; um côvado igual a 45 centímetros e um efa igual a 22 litros. Esses pesos são calculados com relação ao artigo em particular envolvido. Consequentemente, uma mesma medida de capacidade no texto pode ser convertida em diferentes pesos nas notas de rodapé.

Esta tabela baseia-se na melhor informação disponível, mas não tem a intenção de ser matematicamente precisa; como as medidas equivalentes nas notas de rodapé, ela dá meramente quantidades e distâncias aproximadas. Pesos e medidas diferiam um pouco nas várias épocas e lugares do mundo antigo. Há incerteza particularmente sobre o efa e o bato; descobertas futuras poderão lançar mais luz sobre essas unidades de capacidade.

Índice de assuntos

Este índice o ajudará a encontrar onde certos assuntos ou pessoas são tratados nas seções de comentários especiais da *Bíblia Aventura* (NVI). Se, por exemplo quiser saber mais sobre o rei Salomão e sua sabedoria, você pode procurar por **Salomão** ou por **sabedoria** neste índice. O número das páginas listadas o levará ao comentário que fala desses tópicos. Se estiver procurando pelo significado de uma palavra ou se você quiser saber onde encontrar um versículo da Bíblia sobre determinado tópico, procure por ele no Dicionário-concordância.

A

B

C

D

E

F

G

H

I

J

L

M

N

O

P

Q

R

S

T

U

V

X

Z

Atividades

Dicionário/ Concordância

Livro	Abreviação
Gênesis	Gn
Êxodo	Êx
Levítico	Lv
Números	Nm
Deuteronômio	Dt
Josué	Js
Juízes	Jz
Rute	Rt
1Samuel	1Sm
2Samuel	2Sm
1Reis	1Rs
2Reis	2Rs
1Crônicas	1Cr
2Crônicas	2Cr
Esdras	Ed
Neemias	Ne
Ester	Et
Jó	Jó
Salmos	Sl
Provérbios	Pv
Eclesiastes	Ec
Cântico dos cânticos	Ct
Isaías	Is
Jeremias	Jr
Lamentações	Lm
Ezequiel	Ez
Daniel	Dn
Oseias	Os
Joel	Jl
Amós	Am
Obadias	Ob
Jonas	Jn
Miqueias	Mq
Naum	Na
Habacuque	Hc
Sofonias	Sf
Ageu	Ag
Zacarias	Zc
Malaquias	Ml
Mateus	Mt
Marcos	Mc
Lucas	Lc
João	Jo
Atos	At
Romanos	Rm
1Coríntios	1Co
2Coríntios	2Co
Gálatas	Gl
Efésios	Ef
Filipenses	Fp
Colossenses	Cl
1Tessalonicenses	1Ts
2Tessalonicenses	2Ts
1Timóteo	1Tm
2Timóteo	2Tm
Tito	Tt
Filemom	Fm
Hebreus	Hb
Tiago	Tg
1Pedro	1Pe
2Pedro	2Pe
1João	1Jo
2João	2Jo
3João	3Jo
Judas	Jd
Apocalipse	Ap

A

Aba: palavra para "pai" em aramaico, uma das três línguas que Jesus falava.

Rm 8:15 por meio do qual clamamos: "*Aba*, Pai".
Gl 4:6 coração de vocês, e ele clama: "*Aba*, Pai".

abandonar: deixar o outro completamente sozinho; desertar.

Js 1:5 nunca o deixarei, nunca o *abandonarei*.
Is 55:7 Que o ímpio *abandone* o seu caminho
Mt 27:46 Meu Deus! Por que me *abandonaste*?"

abater: perder as forças ou desanimar por causa de sofrimento, miséria ou agonia.

Sl 57:6 fiquei muito *abatido*.

Abel: o segundo filho de Adão (Gn 4:2); ele ofereceu um sacrifício agradável a Deus (Gn 4:4; Hb 11:4), mas foi morto pelo irmão Caim (Gn 4:8; Mt 23:35; 1Jo 3:12).

abençoar: 1. tornar santo; 2. mostrar favor; 3. pedir a Deus para mostrar favor.

Gn 2:3 *Abençoou* Deus o sétimo dia
Gn 12:3 *Abençoarei* os que o abençoarem
Mc 10:16 impôs-lhes as mãos e as *abençoou*
Rm 12:14 *Abençoem* aqueles que os perseguem

Abigail: esposa de Nabal; ela ajudou a salvar a vida de Davi (1Sm 25:14-35) e, depois, tornou-se sua esposa (1Sm 25:36-42).

abismo: lugar dos mortos; lugar onde vivem os espíritos maus.

abolir: destruir completamente; colocar um fim a algo.

abominação: algo a ser odiado.

Abraão: o pai da nação judaica e de todos os crentes. Deus prometeu que faria dos filhos de Abraão uma nação poderosa e que lhes daria a terra de Canaã (Gn 15; 17; 22; Rm 4; Hb 6:13-15). Como um teste, Deus lhe disse que oferecesse o filho Isaque como sacrifício (Gn 22; Hb 11:17-19), mas retirou a ordem quando Abraão mostrou que confiava em Deus e lhe obedeceria.

Absalão: um dos filhos de Davi (2Sm 3:3); planejou tomar o trono de Davi. Absalão morreu quando seu longo cabelo se prendeu em um carvalho e Joabe, comandante de Davi, enfiou três dardos em seu coração (2Sm 14—18).

abster-se: deixar de fazer algo.

Acã: um israelita que guardou para si o espólio da conquista de Jericó; como resultado de Acã haver roubado o que pertencia a Deus, os israelitas foram vencidos em Ai, e ele e sua família foram apedrejados até a morte (Js 7; 22:20).

Acabe: um perverso rei de Israel e marido de Jezabel (1Rs 16:31). Ele levou Israel a adorar a Baal em lugar de Deus (1Rs 16:31-33) e foi combatido por Elias, um profeta de Deus (1Rs 17:1; 18; 21).

ação de graças: reconhecimento e gratidão àquele que deu um presente.

Sl 100:4 Entrem por suas portas com *ações de graças*
Fp 4:6 pela oração e súplicas, e com *ação de graças*

aclamar: aplaudir; louvar.

Sl 95:2 vamos *aclamá-lo* com cânticos de louvor.

açoitar: chicotear.

Pv 17:26 nem *açoitar* quem merece ser honrado.

acolher: receber alguém bem, fazendo com que se sinta em casa.

acordo: pacto entre duas pessoas, dois grupos ou nações.

Êx 34:12 Acautele-se para não fazer *acordo*

Adão: a primeira pessoa que Deus criou (Gn 1:26—2:25); ele pecou desobedecendo a Deus (Gn 3) e, desse modo, colocou todas as pessoas sob a maldição do pecado (Rm 5:12-21).

adivinhação: usar magia para ver o futuro.

Lv 19:26 Não pratiquem *adivinhação* nem feitiçaria

adoração: culto; reverência dada a Deus.

adorar: cultuar; dar louvor, honra e respeito a Deus.

Sl 95:6 Venham! *Adoremos* prostrados e
Jo 4:24 que os seus *adoradores* o adorem em espírito e

adornar: tornar mais bonito.

adulterar: cometer adultério.

Êx 20:14 Não *adulterarás*.

adultério: ato de ter relações sexuais com alguém que não o cônjuge. Adultério espiritual significa ser infiel a Deus (Jr 3).

Mt 5:28 cometeu adultério com ela no seu coração.

adversário: inimigo; oponente.

advertir: dar um aviso ou alertar de modo preocupado com a outra pessoa.

advogado: quem fala em favor de outra pessoa.

aflição: dificuldade; problema ou dor que dura muito tempo.

2Co 2:4 lhes escrevi com grande aflição e angústia

Ageu: profeta que encorajou os israelitas a retornarem do exílio na Babilônia para reconstruírem o templo (Ed 5:1; Ag 1—2).

agonia: dor extrema da mente ou do corpo.

ai: grande miséria; perturbação.
Is 6:5 *Ai* de mim! Estou perdido!
Lc 11:42 *Ai* de vocês, fariseus, porque

alabastro: um material duro como mármore, que era usado para fazer frascos, vasos e esculturas.

alegrar-se: ter prazer em algo.
Jz 19:9 Fique e *alegre-se*.
Fp 4:4 *Alegrem-se* sempre no Senhor.

alegria: muita felicidade; satisfação.
Pv 15:13 A *alegria* do coração transparece no rosto
2Co 9:7 pois Deus ama quem dá com *alegria*.

aleluia: significa "louve ao Senhor"; uma canção de louvor.
Ap 19:1 *Aleluia*! A salvação, a glória e o poder

alertar: avisar de antemão sobre um perigo ou mal.

aliança: 1. acordo entre duas pessoas ou dois grupos, no qual ambos normalmente fazem promessas específicas; 2. as promessas de Deus para salvação.
Gn 9:9 Vou estabelecer a minha *aliança* com vocês
Êx 19:5 obedecerem fielmente e guardarem a minha *aliança*
Jr 31:31 quando farei uma nova *aliança*
1Co 11:25 Este cálice é a nova *aliança* no meu sangue
Hb 9:15 Cristo é o mediador de uma nova *aliança*

alma: a parte espiritual de uma pessoa; a parte que não morre de uma pessoa.
Dt 6:5 de toda a sua *alma* e de todas as suas forças.
Sl 31:7 e conheceste a angústia da minha *alma*.
Mt 10:28 destruir tanto a *alma* como o corpo
Mt 11:29 encontrarão descanso para as suas *almas*.
Mt 16:26 poderá dar em troca de sua *alma*?
Mt 22:37 de toda a sua *alma* e de todo o seu entendimento

altar: uma plataforma elevada feita de pedras, metal, terra ou madeira, sobre a qual eram feitos sacrifícios.

altivo: orgulhoso.
Pv 16:18 o espírito *altivo*, antes da queda.

amaldiçoar: pedir a Deus que traga mal ou fira alguém.
Lv 20:9 Se alguém *amaldiçoar* seu pai ou sua mãe
Lc 6:28 abençoem os que os *amaldiçoam*

amar: querer bem a outra pessoa; estar preocupado e disposto a trabalhar pelo bem de outra pessoa.
Êx 20:6 até mil gerações aos que me *amam*
Mt 3:17 meu Filho *amado*, de quem me agrado
Mt 5:44 *Amem* os seus inimigos e orem
Mt 19:19 *Amarás* o teu próximo como a ti mesmo.
Jo 13:34 Como eu os *amei*, vocês devem amar-se
1Jo 3:10 tampouco quem não *ama* seu irmão.

amargura: sentimento desagradável ou de ódio.
Ef 4:31 Livrem-se de toda *amargura*, indignação
Hb 12:15 que nenhuma raiz de *amargura* brote e

amém: palavra hebraica que significa "assim seja" ou "que isto se torne verdade".

amigo: pessoa que ama e respeita outra.
Pv 18:24 *amigo* mais apegado que um irmão.
Jo 15:13 que dá a sua vida pelos seus *amigos*.
Tg 4:4 Quem quer ser *amigo* do mundo faz-se

amoldar: conformar; ser como alguém ou algo; fazer o que os outros dizem.
1Pe 1:14 não se deixem *amoldar* pelos maus desejos

amor: ato de amar.
Sl 25:10 Todos os caminhos do SENHOR são *amor*
Sl 136:1 O seu *amor* dura para sempre!
Jo 15:13 Ninguém tem maior *amor* do que
Rm 13:10 Portanto, o *amor* é o cumprimento da Lei.
Gl 5:22 Mas o fruto do Espírito é *amor*, alegria
Ef 1:5 Em *amor* nos predestinou para sermos
1Jo 3:16 Nisto conhecemos o que é o *amor*
1Jo 4:7 pois o *amor* procede de Deus.
1Jo 4:10 *amor*: não em que nós tenhamos amado
1Jo 4:16 Deus é *amor*.

Amós: um profeta de Israel que viveu por volta da mesma época de Oseias e Jonas; ele falou sobre a justiça de Deus.

Ana: ela orou pedindo um filho, e Deus lhe deu Samuel, que ela dedicou a Deus; Samuel viveu no templo desde criança e se tornou profeta e juiz (1Sm 1—2).

Ananias: 1. marido de Safira; ele foi fulminado por Deus (At 5:1-11); 2. discípulo que batizou Saulo (At 9:10-19); 3. sumo sacerdote diante de quem Paulo foi julgado em Jerusalém (At 22:30—24:1).

anciãos: os homens mais velhos em uma cidade ou nação; eles eram os líderes da comunidade e tomavam todas as decisões importantes.

andar: seguir um certo rumo.
Sl 1:1 Mesmo quando eu *andar* por um vale de trevas e morte
Is 2:5 *andemos* na luz do SENHOR!
Mq 6:8 e *ande* humildemente com o seu Deus.
2Jo 6 mandamento é este: Que vocês *andem* em amor.

André: um dos 12 apóstolos e irmão de Pedro (Mt 4:18; 10:2; At 1:13).

angústia: dor ou incômodo extremos da mente ou do corpo.
Jr 49:24 *angústia* e dor dela se apoderaram
Rm 2:9 Haverá tribulação e *angústia* para todo ser

animais limpos: animais que Deus permitia aos israelitas sacrificar e comer.

aniquilar: destruir completamente.

anjo: um ser celestial.
Sl 34:7 O *anjo* do SENHOR é sentinela
Hb 1:14 Os *anjos* não são, todos eles, espíritos
Hb 2:7 o fizeste um pouco menor do que os *anjos*
1Pe 1:12 coisas que até os *anjos* anseiam observar.

ansiar: desejar; querer muito.

ansiedade: preocupação.
1Pe 5:7 Lancem sobre ele toda a sua *ansiedade*

antepassado: ancestral; pessoa de quem alguém é descendente.
Sl 78:5 ordenou aos nossos *antepassados* que a ensinassem aos seus filhos,

anticristo: uma pessoa que é contra Cristo.
1Jo 2:18 vocês ouviram que o *anticristo* está vindo,
1Jo 2:22 Este é o *anticristo*: aquele que nega

antigo: muito velho.

anular: tornar sem valor, sem importância.
Mc 7:13 Assim vocês *anulam* a palavra de Deus,

apagar: raspar ou se livrar de.
Sl 51:1 *apaga* as minhas transgressões.

apanhar: pegar de repente, mais frequentemente, sem permissão ou direito.

apedrejar: matar ou tentar matar alguém atirando pedras.

apelar: fazer um pedido sincero.
1Pe 5:1 *apelo* para os presbíteros que há entre vocês

Apolo: um cristão de Alexandria que conhecia bem as Escrituras (At 18:24-28) e ajudou Paulo no ministério em Corinto (At 19:1; 1Co 1:12).

apóstolo: 1. qualquer um dos 12 homens que Jesus escolheu para trabalharem com ele durante seu ministério terreno; após serem equipados com o Espírito Santo, eles foram enviados para pregar sobre Jesus; 2. mais tarde, alguém que esteve com Jesus, que vira seus milagres e assim ensinava os outros sobre ele.
Mt 10:2 Estes são os nomes dos 12 *apóstolos*
1Co 12:28 Deus estabeleceu primeiramente *apóstolos*
1Co 15:9 Pois sou o menor dos *apóstolos*

Áquila: marido de Priscila; o casal era cooperador de Paulo em Corinto (At 18; Rm 16:3).

arado: instrumento que corta o solo fazendo linhas.
Mq 4:3 Das suas espadas farão *arados*

aramaico: a língua comumente falada nos países a leste do mar Mediterrâneo durante o ministério terreno de Jesus.

Arão: irmão de Moisés; ele serviu como porta-voz de Moisés diante de faraó (Êx 4:14-16,27-31; 7:1-2); ele foi o primeiro sumo sacerdote de Israel (Êx 28:1; Nm 17; Hb 5:1-4).

arca da lei da aliança: também chamada de arca da aliança; uma grande caixa coberta de ouro, que continha os Dez Mandamentos (tábuas da lei da aliança), um vaso com maná e a vara de Arão, e era mantida dentro do Lugar Santíssimo, no tabernáculo (tenda do encontro; Hb 9:3-4). Ela era um lembrete para os israelitas da presença de Deus com eles.

arco: uma arma feita de uma ripa de um material flexível com uma corda conectando as duas pontas e mantendo a ripa curvada; usada para atirar flechas.

arma: objeto usado em combate para atacar.

armadilha: cilada; algo perigoso que tenta ou coloca a pessoa em risco.

armadura: roupa protetora, geralmente feita de metal, usada em batalha.
Ef 6:11 Vistam toda a *armadura* de Deus

aroma: cheiro geralmente agradável.
Fp 4:18 São uma oferta de *aroma* suave

arrendatário: quem aluga terra ou casa de um proprietário.

arrepender-se: deixar o pecado; lamentar pelo que fez e prometer não fazer de novo.
Mt 4:17 *Arrependam-se*, pois o Reino dos céus

arrependimento: efeito de arrepender-se.
Lc 3:8 frutos que mostrem o *arrependimento.*
At 13:24 pregou um batismo de *arrependimento*

arrogante: orgulhoso; convencido.

ascender: subir.

assassinar: matar alguém.
Jz 9:24 o ajudaram a *assassinar* os seus irmãos.

Assíria: uma das poderosas nações dos tempos da Bíblia; ela com frequência atacava os israelitas; sua capital era Nínive.

astuto: esperto, maroto.
Gn 3:1 a serpente era o mais astuto de todos os animais

atacar: investir com força, como em uma batalha.

atormentar: causar dor ou angústia extrema.
2Co 12:7 mensageiro de Satanás, para me *atormentar.*

atos: obras; feitos.
Sl 71:15 e dos teus incontáveis *atos* de salvação.
Is 64:6 nossos *atos* de justiça são como trapo imundo.

atrair: seduzir ou tentar a alguém.

atribuir: pensar em algo como causado por, vindo de ou pertencendo a alguém ou algo.
Sl 32:2 Como é feliz aquele a quem o Senhor não *atribui* culpa

autoridade: o direito e o poder de dar ordens.
Mt 9:6 o Filho do homem tem na terra *autoridade*
Mt 28:18 toda a *autoridade* nos céus e na terra.
Rm 13:1 não há *autoridade* que não venha de Deus
Hb 13:17 e submetam-se à *autoridade* deles.

B

Baal: nome de muitos falsos deuses em Canaã.
1Rs 18:25 Elias disse aos profetas de Baal

Babel: cidade na qual uma torre foi construída, em algum momento após o dilúvio; seus construtores tentavam chegar até Deus, mas ele confundiu a língua deles, para que a construção parasse (Gn 11:1-9).

Babilônia: a bela capital do reino de mesmo nome; era uma cidade poderosa e influente no Oriente Médio, entre 18 e 6 a.C. No Novo Testamento, Babilônia representa a cidade ímpia, sem Deus.
Sl 137:1 Junto aos rios da *Babilônia* nós nos sentamos
Ap 14:8 Caiu! Caiu a grande *Babilônia*

Balaão: um vidente que tentou amaldiçoar Israel durante a jornada à Terra Prometida, mas Deus não o permitiu (Nm 22—24).

bálsamo: um creme de pele usado para curar feridas e aliviar dores.
Jr 8:22 Não há *bálsamo* em Gileade?

banir: forçar uma pessoa a afastar-se de um lugar.

banquete: uma refeição formal, geralmente, para um grande grupo de pessoas.

Barnabé: um apóstolo; ele foi cooperador de Paulo em sua primeira viagem missionária (At 9:27; 13—15).

Barrabás: os judeus escolheram este criminoso, em lugar de Jesus, para ser liberto por Pilatos (Mt 27:26).

Bartolomeu: um dos 12 apóstolos (Mt 10:3; At 1:13). Ele, provavelmente, também era conhecido como Natanael (Jo 1:45-49; 21:2).

Bate-Seba: esposa de Urias; ela cometeu adultério com Davi e depois se tornou sua esposa (2Sm 11); ela foi mãe de Salomão (2Sm 12:24).

batizar: ato de passar pelo batismo, uma cerimônia religiosa na qual a água é usada para simbolizar a purificação dos pecados. As igrejas hoje batizam aspergindo ou derramando água na pessoa ou mergulhando-a na água. Batismo é um sinal de que o pecado foi tirado pelo lavar.
Mc 1:9 e foi *batizado* por João no Jordão.
At 1:5 vocês serão *batizados* com o Espírito Santo
At 2:38 Arrependam-se, e cada um de vocês seja *batizado*

bêbado: uma pessoa que bebeu muita bebida alcoólica.
Pv 23:21 os *bêbados* e os glutões se empobrecerão

Belém: cidade na Judeia onde Jesus nasceu (Mt 2:1).

Belzebu: o príncipe dos demônios; Satanás.
Lc 11:19 Se eu expulso demônios por *Belzebu*

bem-aventurado: abençoado; feliz.
Mt 5:3 *Bem-aventurados* os pobres em espírito

bendizer: falar bem; louvar.
Sl 34:1 *Bendirei* o Senhor o tempo todo!

Benjamim: 1. o décimo segundo filho de Jacó. Raquel foi sua mãe, e ele era o irmão mais novo de José (Gn 35:16-24; 42—45); 2. tribo de Israel cujos membros eram descendentes de Benjamim.

Berseba: uma importante cidade que demarcava o limite sul de Judá.

bílis: fel; um líquido produzido pelo fígado.
Jó 16:13 e derramou na terra a minha *bílis*.

bispo: um dos termos usados para líder no começo da Igreja.
At 20:28 Espírito Santo os colocou como *bispos*
1Tm 3:2 que o *bispo* seja irrepreensível

blasfêmia: falar de modo descuidado, falso ou insultuoso sobre Deus ou coisas santas.
Mc 14:64 Vocês ouviram a *blasfêmia*.

boato: fofoca sobre outros, especialmente de maneira prejudicial.
Pv 16:28 que espalha *boatos* afasta bons amigos.

Boaz: um homem rico que viveu em Belém nos dias dos juízes; ele se casou com Rute (Rt 2; 4).

bode: animal criado por causa de sua carne e seu leite; algumas vezes usado em sacrifícios religiosos.

boi: animal forte usado de várias formas em comunidades rurais.

bondoso: cheio de bondade; atencioso, amoroso.
Ef 4:32 *bondosos* e compassivos uns para com

bronze: um metal, combinação de cobre e estanho, usado para fazer ferramentas, armas e artigos ornamentais.

buscar: seguir a fim de alcançar; perseguir um objetivo.
1Tm 6:11 *busque* a justiça, a piedade, a fé

C

caçoar: zombar; escarnecer.
Sl 2:4 o Senhor põe-se a rir e caçoa deles.

Caim: o primeiro filho de Adão e Eva; ele matou seu irmão Abel (Gn 4:1-16).

cajado: vara usada pelos pastores.
Sl 23:4 a tua *vara* e o teu cajado me protegem.

calamidade: desastre, geralmente causando grande perda e sofrimento.

Calebe: um dos 12 homens que foi enviado a espiar Canaã. Ele voltou com um relatório positivo e encorajou os israelitas a tomarem posse de Canaã (Nm 13:6—14:38; Dt 1:36).

calúnia: acusação falsa, má representação sobre outra pessoa.
Lv 19:16 Não espalhem *calúnias*

caluniar: dizer calúnias, coisas falsas sobre outra pessoa, a fim de feri-la.
Tt 3:2 não *caluniem* ninguém, sejam pacíficos

Cam: o mais novo dos três filhos de Noé (Gn 5:32).

camelo: um animal grande, capaz de viajar longas distâncias, usado para transporte de pessoas e mercadorias.

caminho: estrada; meio de se chegar a algum lugar.
2Sm 22:31 Este é o Deus cujo *caminho* é perfeito
Sl 1:6 o *caminho* dos ímpios leva à destruição!
Sl 37:5 Entregue o seu *caminho* ao Senhor
Is 53:6 se voltou para o seu próprio *caminho*
Jo 14:6 Eu sou o *caminho*, a verdade e a vida.
1Co 12:31 mostrar-lhes um caminho ainda mais excelente.

Canaã: a terra que Deus prometeu à nação de Israel; a Terra Prometida.

carne: 1. a parte macia do corpo de homens e animais; 2. a natureza pecaminosa.
Jó 6:12 Acaso a minha *carne* é de bronze?
Rm 8:13 vocês viverem de acordo com a *carne*
Rm 13:14 como satisfazer os desejos da *carne*.
Fp 3:3 não temos confiança alguma na *carne*

carneiro: o macho da ovelha.

carro: na antiguidade, um veículo de duas rodas, puxado por cavalos; carruagem
2Rs 6:17 e *carros* de fogo ao redor de Eliseu

carruagem: ver **carro**.

casamento: união, diante de Deus e dos outros, de um homem e uma mulher, para formarem uma nova família.
Gn 29:26 entregar em *casamento* a filha
Mt 22:30 casam nem são dadas em *casamento*
Hb 13:4 O *casamento* deve ser honrado por todos

castigar: ver **punir**; fazer alguém sofrer por algo que fez de errado.
Êx 20:5 Deus zeloso, que *castigo* os filhos pelos

cavalaria: um grupo de soldados montados em cavalos.

cego: quem é incapaz de ver. Cegueira espiritual é a incapacidade de entender as coisas de Deus.
Mt 11:5 os *cegos* veem, os aleijados andam
Jo 9:25 eu era *cego* e agora vejo!

censo: contagem da população de um grupo de pessoas.

centurião: oficial do exército romano responsável por cem soldados.

cercar: ver **sitiar**.

César: título de muitos imperadores romanos.
Mt 22:21 Então, deem a César o que é de *César*
Lc 2:1 *César* Augusto publicou um decreto

cetro: vara ou barra segurada por um rei ou rainha como sinal de poder e autoridade.
Gn 49:10 O *cetro* não se apartará de Judá

céu: 1. firmamento; 2. lugar onde Deus vive.
Gn 14:19 Criador dos *céus* e da terra.
Mt 19:23 entrará no Reino dos *céus*.
Lc 24:51 ele os deixou e foi elevado ao *céu*.
Fp 3:20 A nossa cidadania, porém, está nos *céus*
Ap 21:1 Eu vi novos *céus* e nova terra

chamado: uma convocação para algum propósito ou serviço em particular.
Rm 11:29 os dons e o *chamado* de Deus são irrevogáveis

chamar: 1. pedir para vir; 2. dar um nome a alguém.
2Cr 7:14 se o meu povo, que se *chama* pelo meu nome,
Is 43:1 eu o *chamei* pelo nome; você é meu
Mt 9:13 não vim *chamar* justos, mas pecadores
Rm 8:30 E aos que predestinou, também *chamou*
1Pe 2:9 *chamou* das trevas para a sua maravilhosa luz

chorar: lamentar; derramar lágrimas.
Mt 5:4 Bem-aventurados os que *choram*
Jo 11:35 Jesus *chorou*.

cidade de refúgio: uma das seis cidades separadas por Moisés e Josué para quem acidentalmente matasse alguém. Tal pessoa estaria a salvo ali, até que houvesse um julgamento justo (Nm 35:9-15).

cidadela: torre ou construção, especialmente em uma cidade, equipada para a guerra.

címbalos: um instrumento musical; discos de metal batidos um contra o outro ou batidos com uma vareta para produzir um som estridente.

cipreste: uma árvore sempre verde da família dos pinheiros.

circuncisão: cortar fora a dobra solta de pele na ponta do pênis; simbolizando o acordo que Deus fez com os israelitas, que passaram a ser conhecidos como "a circuncisão" (Ef 2:11).
Gn 17:10 os do sexo masculino entre vocês serão *circuncidados*

cisterna: poço cavado no chão para armazenar água da chuva.

ciúme: 1. medo de perder o amor ou afeição de outro; 2. raiva ou infelicidade pelo que outra pessoa tem; 3. cuidado para guardar ou manter o que se tem.
Gl 5:20 ódio, discórdia, *ciúmes*, ira, egoísmo

clã: um grupo de pessoas pertencentes à mesma parentela.
Gn 24:38 à família de meu pai, ao meu próprio *clã*
Mq 5:2 embora pequena entre os *clãs* de Judá

cobiçar: querer para si mesmo algo que pertence a outra pessoa.
Êx 20:17 Não *cobiçarás* a casa do teu próximo.
Pv 6:25 Não *cobice* em seu coração a sua beleza

cobre: um metal comum, de fácil manuseio; frequentemente usado para fazer moedas.

cochilar: dormir um pouco.

codorniz: passarinho pintado, similar à perdiz; Deus forneceu codorniz e maná aos israelitas quando eles peregrinaram no deserto.
Nm 11:32 o povo saiu e recolheu *codornizes*.

colheita: ato de pegar os frutos.
Gn 8:22 Enquanto durar a terra, plantio e *colheita*

colher: 1. tirar os grãos no tempo de colheita; ajuntar os frutos da colheita; 2. receber um resultado ou recompensa.
Rt 2:8 não vá *colher* noutra lavoura
Gl 6:7 o que o homem semear, isso também *colherá*.

compaixão: simpatia, pena ou tristeza pelo sofrimento de outro.
Sl 103:4 e o coroa de bondade e *compaixão*
Mc 9:22 tem *compaixão* de nós e ajuda-nos.
Mt 9:36 Ao ver as multidões, teve *compaixão*
Rm 9:15 terei *compaixão* de quem eu quiser ter compaixão
Cl 3:12 revistam-se de profunda *compaixão*, bondade

companheiro: alguém que é um amigo ou associado ou ajudador.

compromisso: acordo ou promessa que compromete quem o faz.
1Tm 5:12 rompido seu primeiro *compromisso*.

comunhão: companheirismo ou amizade.
1Jo 1:6 temos *comunhão* com ele
1Jo 1:7 temos *comunhão* uns com os outros

conceber: 1. engravidar; 2. pensar ou imaginar.
Sl 7:14 gera a maldade, *concebe* sofrimento
Tg 1:15 tendo *concebido*, dá à luz o pecado,

conceder: dar.

concubina: nos tempos da Bíblia, era uma mulher que pertencia a um homem, mas não tinha os direitos de uma esposa. Ela frequentemente era um espólio de guerra, e seu propósito principal era gerar filhos para o homem.

condenação: ato de condenar.
Rm 8:1 já não há condenação para os que estão em Cristo
Ap 18:10 Em apenas uma hora chegou a sua *condenação*!

condenado: alguém que foi provado culpado.
Tg 2:9 serão *condenados* pela Lei como transgressores.

condenar: declarar culpado; punir; arruinar; garantir que algo seja destruído.
Jo 3:17 não para *condenar* o mundo, mas para

confessar: 1. dizer em que você crê; 2. contar seus pecados para alguém; 3. saber e dizer que algo é verdade.
Mt 10:32 também o *confessarei* diante do meu Pai
2Tm 2:19 aquele que *confessa* o nome do Senhor
1Jo 1:9 Se *confessarmos* os nossos pecados
1Jo 4:3 mas todo espírito que não *confessa* Jesus

confiança: firme crença ou fé em alguém ou algo.
Sl 37:3 põe no SENHOR a sua *confiança*
Pv 11:13 quem merece *confiança* guarda o segredo.
Is 12:2 terei *confiança* e não temerei.
Is 30:15 na quietude e na *confiança* está o seu vigor
1Co 7:25 pela misericórdia de Deus, é digno de *confiança*.

confiável: que merece credibilidade, confiança.
Lc 19:17 Por ter sido *confiável* no pouco

conforme: que tem a mesma forma; de acordo com.
Rm 8:29 predestinou para serem *conformes* à imagem

congregação: reunião de um grupo de pessoas em um mesmo lugar.

conhecimento: a posse de fatos; entendimento.
Pv 1:7 do SENHOR é o princípio do *conhecimento*
Os 4:6 foi destruído por falta de *conhecimento*.
1Co 8:1 O *conhecimento* traz orgulho

consagrar: separar ou dedicar ao uso de Deus, para um ofício ou dever específicos.
Êx 13:2 *Consagre* a mim todos os primogênitos
Lv 20:7 *Consagrem-se*, porém, e sejam santos

consciência: o senso de saber se algo é bom ou mau; noção de certo e errado.
Rm 2:15 dão testemunho também a sua *consciência* e
Tt 1:15 a *consciência* deles estão corrompidas.
Hb 9:14 purificará a nossa *consciência* de atos que

conselheiro: 1. quem aconselha outra pessoa; 2. (Conselheiro) outro nome para o Espírito Santo.
Jo 14:16 pedirei ao Pai, e ele lhes dará outro *Conselheiro*
Jo 14:26 *Conselheiro*, o Espírito Santo, que o Pai enviará
Jo 15:26 Quando vier o *Conselheiro*

conselho: opinião dada sobre uma decisão a ser tomada.
1Rs 12:14 seguiu o *conselho* dos jovens e disse
Pv 15:22 Os planos fracassam por falta de *conselho*
Pv 20:18 Os *conselhos* são importantes

considerar: pensar cuidadosamente sobre algo.
Sl 28:5 não *consideram* os feitos do SENHOR

consolar: dar alívio das aflições; confortar.
Sl 86:17 tu, SENHOR, me ajudaste e me *consolaste*.
2Co 1:4 nos *consola* em todas as nossas tribulações
1Ts 4:18 *Consolem-se* uns aos outros com essas palavras.

conspirar: planejar junto para fazer o mau.

consternado: dominado pelo espanto ou horror.

consultar: pedir o conselho ou a opinião de alguém.

consumir: 1. usar ou comer; 2. destruir completamente.
Jo 2:17 O zelo pela tua casa me *consumirá*
Hb 10:27 fogo intenso que *consumirá* os inimigos de Deus

contaminar: tornar algo que é bom e puro em algo impuro e ruim.

contenda: amargura e, algumas vezes, conflito violento.
Pv 30:33 suscitar a raiva produz *contenda*

contender: lutar, como em uma disputa ou contra dificuldades.

contente: satisfeito.
Fp 4:11 Aprendi o segredo de viver *contente* em toda e
Jd 16 vivem se queixando, *descontentes* com a sua sorte

contrito: quem lamenta pelo seu pecado; quem sente arrependimento.
Sl 51:17 um coração quebrantado e *contrito*
Is 66:2 eu estimo: ao humilde e *contrito* de espírito

convertido: uma pessoa que mudou de uma crença para outra.
1Tm 3:6 Não pode ser recém *convertido*, para que

convocar: chamar para reunir, especialmente soldados para guerra.

convocar: emitir um chamado para vir; mandar trazer.

Êx 1:18 o rei do Egito *convocou* as parteiras

copeiro: um oficial de responsabilidade considerável, que provava a comida e o vinho do rei antes de lhe servi-los (Ne 1:11).

coração: o centro da vida de uma pessoa, incluindo mente, vontade e emoções.

Dt 6:5 SENHOR, o seu Deus, de todo o seu coração
1Sm 16:7 mas o SENHOR vê o *coração*
Sl 51:10 Cria em mim um *coração* puro, ó Deus
Sl 119:11 Guardei no *coração* a tua palavra
Sl 139:23 ó Deus, e conhece o meu *coração*
Ez 36:26 Darei a vocês um *coração* novo
Mt 5:8 Bem-aventurados os puros de *coração*

cordeiro pascal: cordeiro morto na Páscoa como sacrifício. Jesus é nosso Cordeiro pascal, porque ele foi sacrificado para a nossa libertação do pecado, da mesma forma que um cordeiro foi sacrificado quando os israelitas foram libertos do Egito.

1Co 5:7 Cristo, nosso Cordeiro pascal, foi sacrificado.

cordeiro: um dos principais animais sacrificados no Antigo Testamento. Uma vez que Jesus é o sacrifício supremo de Deus, ele é chamado de "Cordeiro de Deus".

Is 53:7 *cordeiro* foi levado para o matadouro
Jo 1:29 É o *Cordeiro* de Deus, que tira o pecado
1Co 5:7 Cristo, nosso *Cordeiro* pascal, foi sacrificado.
Ap 5:6 um *Cordeiro*, que parecia ter estado morto

Cornélio: um romano a quem Pedro pregou o evangelho; ele se tornou o primeiro cristão gentio (At 10).

coroa: objeto usado na cabeça para simbolizar glória, honra e vitória.

1Co 9:25 ganhar uma *coroa* que dura para sempre.
2Tm 4:8 Agora me está reservada a *coroa* da justiça
Ap 2:10 e eu lhe darei a *coroa* da vida.

corpo: 1. parte física de uma pessoa; 2. um grupo trabalhando em unidade.

Pv 3:8 Isso lhe dará saúde ao *corpo*
Rm 12:5 nós, que somos muitos, formamos um *corpo*
1Co 6:19 o *corpo* de vocês é santuário do Espírito
Ef 5:30 pois somos membros do seu *corpo*.

correção: dano ou punição a uma pessoa por algo errado que ela fez contra outra.

Pv 29:15 A vara da *correção* dá sabedoria

corromper: tornar mau algo bom; perverter.

Gn 6:11 a terra estava *corrompida* aos olhos de Deus
1Co 15:33 más companhias *corrompem* os bons costumes".

corrupção: resultado de se estragar ou perder boas qualidades originais.

2Pe 2:19 eles mesmos são escravos da *corrupção*

costume: uma prática comum a um lugar ou grupo de pessoas em particular.

Mc 15:6 era *costume* soltar um prisioneiro
At 17:2 Segundo o seu *costume*, Paulo foi à sinagoga

couraça: uma cobertura para o peito feita de metal ou couro, usada para proteger os soldados.

côvado: unidade de medida de comprimento usada nos tempos da Bíblia; aproximadamente 45 centímetros.

coxo: pessoa ou animal deficiente.

crer: aceitar como verdadeiro; acreditar; confiar; ter fé.

Mc 1:15 e *creiam* nas boas novas!
Mc 9:24 *Creio*, ajuda-me a vencer a minha
Jo 1:7 por meio dele todos os homens *cressem*
Jo 3:18 Quem nele *crê* não é condenado
Jo 20:27 Pare de duvidar e *creia*
At 16:31 *Creia* no Senhor Jesus, e serão salvos
Rm 3:22 fé em Jesus Cristo para todos os que *creem*
1Ts 4:14 *cremos* que Jesus morreu e ressurgiu, cremos também

crianças: pequenos.

Mt 19:14 Deixem vir a mim as *crianças*

criar: fazer; trazer à existência.

Gn 1:1 No princípio Deus *criou* os céus e a terra
Sl 51:10 *Cria* em mim um coração puro, ó Deus
Cl 1:16 pois nele foram *criadas* todas as coisas
Ap 10:6 que *criou* os céus e tudo o que neles há

crime: ato ilegal.

criminoso: alguém que comete um ato ilegal.

Lc 23:32 Dois outros homens, ambos *criminosos*

cristão: um crente em Cristo e seu seguidor.

At 11:26 foram pela primeira vez chamados *cristãos*.
1Pe 4:16 se sofre como *cristão*, não se envergonhe,

Cristo: ver **Messias**; título oficial de Jesus, significa "Ungido". É uma palavra grega e tem o mesmo significado que a palavra hebraica Messias.

Lc 9:20 Pedro respondeu: "O *Cristo* de Deus".
Jo 1:17 e a verdade vieram por intermédio de Jesus *Cristo*
At 3:6 Em nome de Jesus *Cristo*, o Nazareno
Rm 5:8 *Cristo* morreu em nosso favor quando ainda
Ef 5:23 como também *Cristo* é o cabeça da igreja
Fp 1:21 o viver é *Cristo* e o morrer é lucro.

crônicas: uma história de situações na ordem em que aconteceram.

crucificar: colocar uma pessoa para morrer pregando ou amarrando seu corpo a uma cruz.
Mt 27:22 Todos responderam: "*Crucifica-o!*"
1Co 1:23 nós, porém, pregamos a Cristo *crucificado*
Gl 2:20 Fui *crucificado* com Cristo.

cruel: sem misericórdia; impiedoso.
Sl 54:3 homens *cruéis* querem matar-me
Hc 1:6 os babilônios, nação *cruel* e impetuosa

cruz: trave alta com uma barra cruzada sobre si, na qual um criminoso era pregado ou amarrado para morrer.
Mt 10:38 e quem não toma a sua *cruz*
Gl 6:14 na *cruz* de nosso Senhor Jesus Cristo
Fp 2:8 foi obediente até a morte, e morte de *cruz*!
Cl 2:14 Ele a removeu, pregando-a na *cruz*
Hb 12:2 suportou a *cruz*, desprezando a vergonha

cuidar: mostrar preocupação por alguém.
Sl 145:20 O Senhor *cuida* de todos os que o amam
1Pe 5:7 porque ele tem *cuidado* de vocês

culpado: que merece punição por haver quebrado um mandamento ou lei.
Êx 34:7 não deixa de punir o *culpado*
Hb 10:22 purificar de uma consciência *culpada*
Tg 2:10 *culpado* de quebrá-la inteiramente.

cultual: referente a culto.

cumprimento: realização de um projeto ou promessa.
Rm 13:10 o amor é o *cumprimento* da Lei.

cumprir: completar um projeto ou promessa.
Sl 116:14 *Cumprirei* para com o Senhor
Mc 14:49 Escrituras precisam ser *cumpridas*.

curar: restaurar a saúde.
Lc 8:43 mas ninguém pudera *curá-la*.
At 28:27 e converter-se, e eu os *curaria*

D

Daniel: um jovem judeu exilado; ele viveu na Babilônia durante o reinado de vários reis, incluindo Nabucodonosor. Ele orou a Deus, em vez de obedecer a uma ordem para orar somente ao rei, e foi lançado na cova dos leões (Dn 1—6).

dar: 1. entregar; submeter algo; 2. produzir ou gerar fruto.
1Cr 16:28 *deem* ao Senhor glória e força!
Sl 67:6 Que a terra *dê* a sua colheita,
Is 48:11 Não *darei* minha glória a nenhum outro.

Davi: o filho mais novo de Jessé; ungido por Samuel para ser rei de Israel (1Sm 16:1-13); matou o gigante Golias (1Sm 17); durante seu reinado, o espaço de Israel na terra de Canaã ficou assegurado.

Débora: uma profetiza que conduziu Israel à vitória sobre os cananeus (Jz 4—5).

declarar: tornar conhecido formalmente; exprimir com força.
Sl 19:1 Os céus *declaram* a glória de Deus
At 24:20 *declarar* que crime encontraram em mim

decreto: ordem ou lei dada por alguém com poder e autoridade.
Et 2:8 a ordem e o *decreto* do rei foram proclamados,

dedicar: separar para uma finalidade especial, frequentemente, para o uso de Deus.

defeito: imperfeição; falha.

defender: proteger; implorar sinceramente em favor de outro.
Jó 16:21 *defende* a causa do homem perante Deus,

demônio: espírito mau. Uma pessoa possuída por demônio é alguém controlado por espíritos maus.
Mc 5:15 fora possesso da legião de *demônios*
Tg 2:19 Até mesmo os *demônios* creem — e tremem!

denário: pequena moeda romana feita de prata. Durante o ministério terreno de Jesus, um denário era o pagamento para um dia de trabalho.

denunciar: dizer que uma pessoa ou coisa é má.

depravado: mau, pecaminoso.
2Tm 3:8 A mente deles é *depravada*; são reprovados

desanimar: perder o ânimo ou a coragem.
Sl 142:3 Quando o meu espírito *desanima*

descendência: filhos; linha de descendentes.
Gn 3:15 sua descendência e o *descendente* dela;
Gn 12:7 "À sua *descendência* darei esta terra".

descendente: um membro de uma linhagem familiar em particular; da descendência de alguém.

descrente: incrédulo; alguém que não crê em Jesus.
2Co 6:14 Não se ponham em jugo desigual com *descrentes*.

desejar: querer muito; sentir uma necessidade profunda de algo.
1Pe 2:2 recém-nascidas, *desejem* de coração o leite

desgosto: falta de gosto, prazer; tristeza; pesar.
Jó 10:1 Minha vida só me dá *desgosto*

desgraça: um acontecimento que traz grande dano, perda ou destruição.
Dt 31:29 a *desgraça* cairá sobre vocês

designar: indicar alguém oficialmente para um trabalho ou posição.

desmaiar: perder as forças ou a coragem.
Lc 21:26 Os homens *desmaiarão* de terror

desmamar: ajudar criança ou animal a começar a comer alimentos sólidos em lugar do leite da mãe.

desobedecer: não obedecer.
1Pe 2:8 tropeçam, porque *desobedecem* à mensagem

desolado: desabitado; solitário; desértico.

desprezar: olhar com desconsideração.
Pv 1:7 mas os insensatos *desprezam* a sabedoria
Tt 2:15 Ninguém o *despreze*.

desprezo: ausência de respeito; olhar alguém ou algo como sendo sem valor.
Pv 17:5 Quem zomba dos pobres mostra *desprezo*
1Ts 5:20 Não tratem com *desprezo* as profecias

destinar: dividir em partes e dar. Nos tempos do Antigo Testamento, a terra de Canaã foi distribuída por sorteio às 12 tribos de Israel.

destino: curso predeterminado de acontecimentos.
Fp 3:19 O *destino* deles é a perdição

destituído: que não tem coisas necessárias, como dinheiro e comida.
Rm 3:23 pecaram e estão *destituídos* da glória de Deus,

destruir: arruinar completamente.

desviar: errar; não estar no caminho certo; perder-se.
Is 53:6 tal qual ovelhas, nos *desviamos*
Tg 5:19 se algum de vocês se *desviar* da verdade

detestar: odiar; aborrecer.
Sl 26:5 *detesto* o ajuntamento dos malfeitores,
Am 6:8 Eu *detesto* o orgulho de Jacó

Deus: o supremo Criador e a força poderosa do universo; aquele que deve ser adorado.
Gn 1:1 No princípio *Deus* criou
Êx 20:5 o Senhor, o teu *Deus*
Nm 23:19 *Deus* não é homem para que minta
Dt 6:4 o nosso *Deus*, é o único Senhor.
Dt 6:5 Ame o Senhor, o seu *Deus*,
Sl 46:1 *Deus* é o nosso refúgio e a nossa fortaleza
Jo 1:18 viu a *Deus*, mas o *Deus* Unigênito
Jo 3:16 Porque *Deus* tanto amou o mundo que deu
Jo 4:24 *Deus* é espírito, e é necessário que os
1Jo 4:16 *Deus* é amor.
Ap 4:8 santo é o Senhor, o *Deus* todo-poderoso

devassidão: viver uma vida imoral ou uma vida sem religião; viver para satisfazer apenas a si mesmo.

devasso: pessoa que é imoral, desregrada.
Dt 21:20 É *devasso* e vive bêbado

devastar: levar à ruína por uma ação violenta.
Jr 25:37 Os pastos tranquilos estão *devastados*

devorar: 1. comer com avidez ou esganação; 2. destruir.
1Pe 5:8 procurando a quem possa *devorar*.

devoto: religioso; quem dedica muito tempo à oração e adoração.

dia: 1. o período entre o alvorecer e a escuridão; 2. uma ocasião específica.
Gn 1:5 Deus chamou à luz *dia*
Ec 12:1 do seu Criador nos *dias* da sua juventude
Jl 2:31 o grande e temível *dia* do Senhor.
Mq 4:1 Nos últimos *dias* acontecerá que
Lc 11:3 Dá-nos cada *dia* o nosso pão cotidiano.
Lc 18:33 No terceiro *dia* ele ressuscitará
Hb 1:2 últimos dias falou-nos por meio do Filho
2Pe 3:8 para o Senhor um *dia* é como mil anos

Diabo: o grande inimigo de Deus e tentador das pessoas.
Lc 4:2 quarenta dias, foi tentado pelo *Diabo*.
Ef 6:11 ficar firmes contra as ciladas do *Diabo*
2Tm 2:26 escapem da armadilha do *Diabo*
Tg 4:7 Resistam ao *Diabo*, e ele fugirá de vocês.
1Pe 5:8 O *Diabo*, o inimigo de vocês, anda ao redor

diácono: um ministro da igreja, cujas qualificações são dadas em 1Tm 3:8-13.

digno: que merece; que tem valor; honrado.
1Cr 16:25 o Senhor é grande e muitíssimo *digno* de louvor
Sl 19:7 Os testemunhos do Senhor são *dignos* de confiança
At 5:41 considerados *dignos* de serem humilhados
Ef 4:1 vivam de maneira *digna* da vocação

1Tm 1:15 Esta afirmação é fiel e *digna* de toda aceitação
Ap 5:2 Quem é *digno* de romper os selos

diligência: trabalho duro ou esforço sincero.

dilúvio: grande quantidade de água que cobre a terra, como nos tempos de Noé (Gn 6—8).

dinheiro: um meio de troca.
Ec 5:10 Quem ama o *dinheiro* jamais terá o suficiente
Mt 6:24 não podem servir a Deus e ao *Dinheiro*.
1Tm 6:10 amor ao *dinheiro* é a raiz de todos os males.
Hb 13:5 Conservem-se livres do amor ao *dinheiro*

direito de filho mais velho: privilégio especial do primeiro filho que nascia. No Antigo Testamento, após a morte do pai, o filho mais velho recebia o poder e o direito do pai de tomar decisões para a família inteira. Ele também recebia o dobro de dinheiro e propriedades que cada um de seus outros irmãos.

discernir: entender; vir a saber a diferença entre duas ou mais coisas.
Fp 1:10 para *discernirem* o que é melhor

disciplinar: corrigir; ensinar o que é certo; moldar ou aperfeiçoar o caráter moral.
Pv 29:17 *Discipline* seu filho, e este lhe dará paz
Hb 12:6 pois o Senhor *disciplina* a quem ama, e
Ap 3:19 Repreendo e *disciplino* aqueles que eu amo.

discípulo: um seguidor ou aprendiz, especialmente alguém que acredita naquilo que o líder ensina. Qualquer um que crê em Jesus é seu discípulo.
Lc 14:27 não pode ser meu *discípulo*.
Jo 13:35 saberão que vocês são meus *discípulos*

dispersar: espalhar.

disputar: discutir de modo irritado por alguma coisa.

dissensão: desacordo que resulta em discórdia; contenda.

divertir-se: 1. ter alegria em algo; 2. olhar ou pensar sobre algo ou alguém com uma satisfação maliciosa.
Sl 35:26 se *divertem* à custa do meu sofrimento
Sl 38:16 que eles se *divirtam* à minha custa

dívida: algo que uma pessoa deve a outra.
Mt 6:12 Perdoa as nossas *dívidas*

divindade: Deus.
Cl 2:9 habita corporalmente toda a plenitude da *divindade*

divino: dado por Deus; pertencente a Deus.
Rm 1:20 seu eterno poder e sua natureza *divina*

divórcio: legalmente dissolver um casamento.
Ml 2:16 "Eu odeio o *divórcio*"
Mt 19:7 mandou dar uma certidão de *divórcio*

dízimo: oferta a Deus de um décimo de tudo que se ganha.
Lv 27:30 Todos os *dízimos* da terra
Ml 3:10 Tragam o *dízimo* todo ao depósito do templo

dom: 1. presente; 2. talento ou habilidade.
Rm 6:23 o *dom* gratuito de Deus é a vida eterna
1Co 12:4 Há diferentes tipos de *dons*
2Co 9:15 Graças a Deus por seu *dom* indescritível!

domínio próprio: habilidade de controlar as próprias ações e sentimentos.
Gl 5:23 mansidão e *domínio próprio*.
2Pe 1:6 ao conhecimento o *domínio próprio*

domínio: poder; governo.
Sl 145:13 teu *domínio* permanece de geração em geração.
Ef 1:21 acima de todo governo e autoridade, poder e *domínio*

doutrina: ensinamentos ou crenças sobre Deus.
1Tm 4:6 da fé e da boa *doutrina* que tem seguido.
Tt 2:1 o que está de acordo com a sã *doutrina*.

durar: continuar; manter-se.
Sl 136:1 O seu amor *dura* para sempre!

duvidar: não ter certeza.
Mt 21:21 se vocês tiverem fé e não *duvidarem*
Mc 11:23 e não *duvidar* em seu coração
Tg 1:6 Peça-a, porém, com fé, sem *duvidar*

E

Éden: localização do belo jardim que Deus criou para Adão e Eva (Gn 2:8-15).

edificar: 1. construir; 2. ensinar ou ajudar alguém a viver de modo misericordioso.
1Co 14:4 mas quem profetiza *edifica* a igreja.

éfode: um avental usado pelo sacerdote sobre a túnica. Ele era decorado com ouro, fio azul, púrpura e escarlate.

Efraim: 1. filho mais novo de José (Gn 41:52; 48); 2. tribo de Israel cujos membros eram descendentes de Efraim; 3. nome para o Reino do Norte (Israel), após as dez tribos de Israel e as duas tribos de Judá haverem se separado.

Egito: uma das nações mais poderosas da antiguidade, localizada na ponta noroeste da África; os israelitas estavam cativos no Egito no começo do livro de Êxodo.

egoísta: alguém centrado em si mesmo; que não se interessa pelos outros.

Fp 2:3 por ambição *egoísta* ou por vaidade

eira: lugar onde os grãos eram pisados por bois ou batidos com um bastão para separarem-se da palha.

Rt 3:6 Então ela desceu para a *eira*

eleição: escolha que Deus faz dos cristãos, como povo que pertence a ele. Os cristãos são chamados "os eleitos" (2Tm 2:10).

Rm 9:11 de Deus conforme a *eleição* permanecesse

2Pe 1:10 consolidar o chamado e a *eleição* de vocês

Eli: sumo sacerdote com quem Samuel passou os primeiros anos da vida (1Sm 2:11-26).

Elias: um profeta do Senhor que predisse uma fome em Israel (1Rs 17:1) e derrotou os profetas de Baalão no teste feito para saber se o deus deles ou o Deus de Elias enviaria fogo ao altar (1Rs 18:16-46).

Eliseu: o profeta que sucedeu Elias. Ele estava presente quando Deus tomou Elias ao céu, e assumiu seu lugar como profeta para Israel (2Rs 2:1-18).

elogiar: louvar.

2Sm 14:25 não havia homem tão *elogiado* por sua beleza

Emanuel: um nome de Jesus, significa "Deus conosco".

Mt 1:23 e o chamarão *Emanuel*

emboscar: o ato de se esconder a fim de atacar de surpresa.

encantador: mágico ou hipnotizador de cobra.

encomendar: entregar a alguém para que guarde.

At 14:23 *encomendaram* ao Senhor, em quem haviam confiado.

encorajar: inspirar com coragem ou esperança.

2Sm 19:7 Agora, vai e *encoraja* teus soldados!

Hb 10:25 procuremos *encorajar-nos* uns aos outros

enfermidade: fraqueza física; doença.

Mt 8:17 tomou sobre si as nossas *enfermidades*

enganar: fazer uma pessoa de boba, iludir; mentir.

Gn 3:13 "A serpente me *enganou*, e eu comi".

Gl 6:7 Não se deixem *enganar*: de Deus não se zomba

1Jo 1:8 *enganamos* a nós mesmos, e a verdade não está

engravidar: carregar dentro do corpo um bebê antes de este nascer.

Lc 1:24 Isabel, sua mulher, *engravidou*

Enoque: um homem que "andou com Deus" e, depois, foi arrebatado por Deus (Gn 5:18-24).

ensinar: instruir; ajudar alguém a aprender.

Sl 90:12 *Ensina-nos* a contar os nossos dias

Lc 11:1 lhe disse: Senhor, *ensina-nos* a orar

Jo 14:26 lhes *ensinará* todas as coisas e lhes fará lembrar

entesourar: guardar ou manter algo precioso, algo de valor; estimar.

entristecer: causar tristeza a alguém.

Jo 16:20 Vocês se *entristecerão*, mas a tristeza

Ef 4:30 Não *entristeçam* o Espírito Santo

enviado: uma pessoa que representa um governo em seu trato com outros.

Esaú: filho mais velho de Isaque e irmão gêmeo de Jacó (Gn 25:21-26). Ele vendeu seu direito de primogenitura para Jacó por um prato de ensopado (Gn 25:29-34) e foi trapaceado pelo mesmo irmão, perdendo sua bênção (Gn 27).

escarlate: cor vermelho brilhante.

escolher: selecionar.

Js 24:15 *escolham* hoje a quem irão servir

Jo 15:16 Vocês não me *escolheram*, mas eu os escolhi

Ef 1:4 Deus nos *escolheu* nele antes da criação

escolhido: eleito; quem é selecionado.

Mt 22:14 mas poucos são *escolhidos*.

Ap 17:14 os seus chamados, *escolhidos* e fiéis.

escorpião: animal como a aranha, com ferrão venenoso na ponta da cauda.

escravidão: servidão; estado de quem serve como escravo.

Ed 9:9 Deus não nos abandonou na *escravidão*.

escravo: 1. pessoa que é propriedade de outra; 2. pessoa que é dominada ou controlada por uma força externa.

Rm 7:14 fui vendido como *escravo* ao pecado.

Gl 3:28 *escravo* nem livre, homem nem mulher

escriba: pessoa com a importante tarefa de copiar cartas, livros e papéis legais.

Escritura: toda ou parte da Bíblia. Quando a Bíblia usa esta palavra, refere-se ao Antigo Testamento, uma vez que o Novo Testamento ainda não havia sido escrito. Hoje chamamos o Antigo e o Novo Testamentos de Bíblia ou Escritura.

Jo 10:35 (e a *Escritura* não pode ser anulada)
2Tm 3:16 Toda a *Escritura* é inspirada por Deus
2Pe 1:20 nenhuma profecia da *Escritura* provém

escudo: peça defensiva de armadura, geralmente carregado no braço; é, com frequência, uma figura de linguagem na Bíblia usada para descrever a proteção de Deus para seu povo.

Sl 7:10 O meu *escudo* está nas mãos de Deus

Esdras: um sacerdote e mestre da Lei; ele liderou um grupo de judeus exilados de volta para Israel, e os ajudou a reestabelecer o templo de Deus e restaurar um culto adequado de adoração (Ed 7—8).

espada: arma com lâmina longa para cortar ou perfurar.

espanto: respeito e admiração; um temor santo a Deus por causa de seu grande poder.

Lc 24:41: cheios estavam de alegria e de *espanto*

esperança: antecipação de algo bom.

Sl 42:5 Ponha a sua *esperança* em Deus!
Rm 8:24 *esperança* que se vê não é esperança.
1Co 15:19 esta vida que temos *esperança* em Cristo
Hb 3:6 e à *esperança* da qual nos gloriamos.

Espírito Santo: a terceira pessoa da Trindade; ele vive e trabalha no coração e na mente dos cristãos; ele desceu no Pentecostes de um modo poderoso (At 2). Também chamado de Espírito, Santo Espírito, Conselheiro e Consolador.

Sl 51:11 nem tires de mim o teu *Santo Espírito*.
Jo 14:26 Mas o Conselheiro, o *Espírito Santo*
Jo 20:22 e disse: Recebam o *Espírito Santo*.
At 2:4 Todos ficaram cheios do *Espírito Santo*

espírito: 1. a parte de uma pessoa que não é o corpo; a alma; 2. ser que não tem um corpo; 3. (Espírito) ver **Espírito Santo**.

Sl 31:5 Nas tuas mãos entrego o meu *espírito*
Ez 36:26 e porei um *espírito* novo em vocês
Mt 5:3 Bem-aventurados os pobres em *espírito*
Mt 26:41 o *espírito* está pronto, mas a carne é fraca
Gl 5:22 Mas o fruto do *Espírito* é amor, alegria
1Jo 4:1 Amados, não creiam em qualquer *espírito*

esplendor: algo magnífico, brilhante.

espólio: pilhagem, saque tomado de um inimigo na guerra.

estatutos: regras ou leis estabelecidas.

Sl 119:88 e obedecerei aos *estatutos* que decretaste.

estável: firme; que não muda nem vacila.

Sl 51:10 renova dentro de mim um espírito *estável*.

Ester: uma mulher judia que viveu na Pérsia (Et 2:7) e tornou-se rainha (Et 2:8-18). Após lhe contarem sobre um plano para matar os judeus, ela foi ao rei e implorou a favor do seu povo e, assim, os salvou (Et 3—4; 7—9).

estéril: 1. incapaz de gerar filhos; 2. incapaz de produzir frutos.

Estêvão: um dos primeiros sete homens a servirem na igreja em Jerusalém (At 6:5); ele se tornou o primeiro mártir cristão (At 7:60).

estima: ato de valorizar, considerar importante, ter muito respeito por alguém.

Pv 22:1 boa *estima* vale mais que prata e ouro.
Is 53:3 e nós não o tínhamos em *estima*.

eternidade: sempre; sem fim.

Sl 90:2 de eternidade a *eternidade* tu és Deus.

eterno: sem começo nem fim; para sempre; atemporal.

Dt 33:27 O Deus *eterno* é o seu refúgio
Is 9:6 Pai *Eterno*, Príncipe da Paz.
Is 55:3 Farei uma aliança *eterna* com vocês
Jo 3:16 não pereça, mas tenha a vida *eterna*.
Rm 6:23 o dom gratuito de Deus é a vida *eterna*
2Ts 1:9 sofrerão a pena de destruição *eterna*
1Jo 5:13 para que vocês saibam que têm a vida *eterna*.

eunuco: um homem cujos órgãos sexuais foram removidos para que não pudesse gerar filhos. Nos tempos da Bíblia, eles costumavam ser oficiais importantes nos palácios.

Eva: a primeira mulher que Deus criou (Gn 2:20-24). Seu nome significa "mãe de toda a humanidade" (Gn 3:20).

evangelho: 1. as boas-novas de que Jesus morreu pelos nossos pecados e ressuscitou; 2. (Evangelho) qualquer um dos quatro primeiros livros do Novo Testamento.

Rm 1:16 Não me envergonho do *evangelho*
1Co 9:16 prego o *evangelho*, não posso me orgulhar
1Co 15:2 deste *evangelho* vocês são salvos

evitar: manter-se longe de alguém ou algo.

Pv 20:19 por isso, *evite* quem fala demais.

exaltar: louvar; levantar a uma posição importante.

Sl 118:28 Ó meu Deus, eu te *exaltarei*!
Sl 148:13 pois somente o seu nome é *exaltado*

Pv 11:11 Pela bênção dos justos a cidade é *exaltada*

Mt 23:12 aquele que a si mesmo se *exaltar* será

examinar: olhar cuidadosamente; testar.

1Co 11:28 *Examine-se* cada um a si mesmo

exausto: 1. muito cansado; 2. alguém cuja paciência ou tolerância se esgotou.

Dt 25:18 Quando vocês estavam cansados e *exaustos*

Ec 12:12 e estudar demais deixa *exausto* o corpo.

exclamar: gritar ou falar de modo repentino ou com forte emoção.

Lc 1:42 Em alta voz *exclamou*

excluir: deixar de fora.

executar: mandar matar, especialmente como punição por um ato ilegal.

Lc 23:32 levados com ele, para serem *executados*.

exércitos celestes: estrelas e outros corpos celestes.

2Rs 21:3 Inclinou-se diante de todos os exércitos celestes

exilado: quem está no exílio, que foi forçado a deixar o lar.

Ed 6:19 os *exilados* celebraram a Páscoa.

exilar: mandar para o exílio; forçar alguém a deixar seu país ou lar.

êxodo: a partida de muitas pessoas de um lugar para outro. O livro de Êxodo é a história da jornada dos israelitas saindo do Egito e indo para Canaã.

exortar: repreender de modo severo.

2Tm 4:2 *exorte* com toda a paciência e doutrina.

2Co 13:11 Procurem aperfeiçoar-se, *exortem-se*

expiação: propiciação; pagamento que corrige o relacionamento entre Deus e os homens, que fora rompido pelo pecado.

Lv 23:27 O décimo dia deste sétimo mês é o Dia da *Expiação*.

expiar: acertar, pagando pela penalidade, o relacionamento entre Deus e os homens, que fora rompido pelo pecado. No Antigo Testamento, ao oferecerem sacrifícios a Deus, as pessoas faziam expiação simbólica por seus pecados. No Novo Testamento, ao morrer para tirar os pecados, Jesus corrigiu o relacionamento entre Deus e o povo de uma vez por todas.

explorar: tirar vantagem.

Pv 22:22 Não *explore* os pobres por serem pobres

extorquir: tirar algo de alguém por meio de engano ou violência.

extorsão: algo tirado de uma pessoa à força ou usando outros meios ilegais.

Ezequias: um rei de Judá; ele restaurou o templo, reinstituiu o culto apropriado e buscou a ajuda do Senhor contra os assírios (2Rs 18—20; 2Cr 29—32).

Ezequiel: um sacerdote que foi chamado para ser profeta ao povo judeu quando estava no exílio na Babilônia (Ez 1—3). Ele recebeu muitas visões do Senhor (Ez 37; 40).

F

falhar: ser malsucedido.

Js 23:14 Todas se cumpriram; nenhuma delas *falhou*.

Rm 9:6 Não pensemos que a palavra de Deus *falhou*.

falso: mentiroso.

Êx 20:16 Não darás *falso* testemunho contra o teu próximo

faltar: haver necessidade de algo.

Sl 34:9 pois nada *falta* aos que o temem.

família: um grupo de pessoas aparentadas entre si.

Sl 107:41 aumenta as suas *famílias* como

Lc 9:61 voltar e despedir-me da minha *família*

1Tm 3:4 deve governar bem sua própria *família*

faraó: título dado ao governador do Egito.

fardo: uma carga pesada.

Mt 11:30 e o meu *fardo* é leve.

Gl 6:2 Levem os *fardos* pesados uns dos outros

fariseus: grupo de judeus que obedeciam de modo muito estrito as leis de Deus e todas as próprias regras sobre as leis de Deus.

Mt 5:20 for muito superior à dos *fariseus* e

fé: crença e confiança em Deus; saber que Deus é real, mesmo não podendo ser visto.

Mt 17:20 *fé* do tamanho de um grão de mostarda,

Lc 7:9 nem em Israel encontrei tamanha *fé*

Rm 1:17 está escrito: "O justo viverá pela *fé*".

Rm 3:22 justiça de Deus mediante a *fé* em Jesus

1Co 13:2 uma *fé* capaz de mover montanhas

2Co 5:7 vivemos por *fé*, e não pelo que vemos.

Ef 6:16 Além disso, usem o escudo da *fé*

1Tm 6:12 Combata o bom combate da *fé*.

Hb 11:1 a *fé* é a certeza daquilo que esperamos e

Hb 11:8 Pela *fé* Abraão, quando chamado,

Hb 12:2 autor e consumador da nossa *fé*.

Tg 2:26 também a *fé* sem obras está morta.

feitiçaria: prática usando espíritos maus; magia ou adivinhação.

Mq 5:12 Acabarei com a sua *feitiçaria*

fel: ver **bílis**.
Mt 27:34 para beber vinho misturado com *fel*

fermento: ingrediente que faz a massa crescer. Algumas vezes é usado como figura de linguagem para falar da influência de uma pessoa sobre outras.
Mt 16:6 cuidado com o *fermento* dos fariseus e
Gl 5:9 Um pouco de *fermento* leveda toda a massa.

ferrugem: 1. efeito de corrosão em metal; 2. doença nas plantas que as faz secar e morrer.

fértil: que produz fruto em grande quantidade; produtivo.
Gn 1:22 "Sejam *férteis* e multipliquem-se!
Nm 13:20 se o solo é *fértil* ou pobre;

festa: uma celebração religiosa.
Nm 29:12 Celebrem uma *festa* ao SENHOR
Ed 6:22 alegria a *festa* dos pães sem fermento
Jo 4:45 por ocasião da *festa* da Páscoa

fidelidade: característica de quem é fiel.
Lm 3:23 grande é a sua *fidelidade*!

fiel: confiável, leal.
Sl 145:13 é *fiel* em todas as suas promessas
Mt 25:21 Muito bem, servo bom e *fiel*!
1Co 10:13 Deus é *fiel*; ele não permitirá que
Hb 3:2 foi *fiel* àquele que o havia constituído
1Jo 1:9 ele é *fiel* e justo para perdoar os nossos
Ap 1:5 Jesus Cristo, que é a testemunha *fiel*

figo: uma fruta arroxeada em formato de pera, comum nos países próximos ao mar Mediterrâneo.

figueira: árvore em que cresce o figo.
Jl 2:22 a *figueira* e a videira estão carregadas.

filha: uma descendente feminina.
Jó 1:2 Tinha ele sete filhos e três *filhas*

Filho do homem: título que Jesus usava para si mesmo para mostrar sua humanidade como distinta de sua divindade. Também era uma referência ao Messias profetizado em Daniel 7:13.
Mt 20:18 e o *Filho do homem* será entregue
Mc 14:62 E vereis o *Filho do homem* assentado
Lc 19:10 o *Filho do homem* veio buscar e salvar
Jo 3:14 que o *Filho do homem* seja levantado

filho: 1. um descendente masculino; 2. pode incluir filho e filha.
Pv 10:1 O *filho* sábio dá alegria ao pai
Jl 2:28 Os seus *filhos* e as suas filhas profetizarão
2Co 6:18 vocês serão meus *filhos* e minhas filhas
Hb 2:10 Ao levar muitos *filhos* à glória
1Jo 3:1 sermos chamados *filhos* de Deus,
1Jo 4:9 enviou o seu *Filho* Unigênito ao mundo

Filipe: 1. um dos 12 apóstolos (Mt 10:3); 2. um diácono (At 6:1-7) e evangelista em Samaria; ele testemunhou para um etíope (At 8:4-40).

filisteus: inimigos dos israelitas ao longo de boa parte da história do Antigo Testamento; eles foram especialmente poderosos durante o reinado de Saul e Davi.

firmamento: atmosfera, ou céu, como vista da terra.
Gn 1:8 Ao *firmamento* Deus chamou céu.

flagelar: bater com uma vara ou um chicote.

flecha: ver **arco**.

foice: ferramenta com uma lâmina longa e curva, e um cabo curto, usada para cortar cereais.

fome: 1. uma época em que não há comida suficiente; 2. qualquer falta severa.
Am 8:11 *fome* e sede de ouvir as palavras do
Mt 24:7 Haverá *fomes* e terremotos

fonte: local no solo de onde brota água.
Dt 8:7 *fontes* que jorram nos vales e nas colinas
Ap 7:17 ele os guiará às *fontes* de água viva.

força: poder.
Êx 15:2 O SENHOR é a minha *força* e a minha canção
Dt 6:5 de toda a sua alma e de todas as suas *forças*.
Sl 73:26 mas Deus é a *força* do meu coração
Is 40:31 esperam no Senhor renovam as suas *forças*.

fortaleza: cidade ou lugar que foi fortificado; lugar de segurança.
1Sm 24:22 seus soldados foram para a *fortaleza*.
Sl 28:8 a *fortaleza* que salva o seu ungido.

fortificar: tornar forte, como uma cidade com muros.

fragrância: odor doce ou agradável.
Ct 4:10 a *fragrância* do seu perfume supera

fúria: raiva intensa.
Pv 6:34 pois o ciúme desperta a *fúria* do marido

furor: forte sentimento de desprazer; grande raiva; fúria.
Gn 27:44 até que passe o *furor* de seu irmão.
Sl 2:5 Em sua ira os repreende e em seu *furor* os aterroriza,

furtar: roubar; pegar algo que pertence a outra pessoa.
Êx 20:15 Não *furtarás*.
Ef 4:28 O que *furtava* não furte mais;

G

Gabriel: o anjo que anunciou o nascimento de João Batista e de Jesus (Lc 1:11-20,26-38).

gafanhotos: insetos saltadores que devoram plantas. Quando se instalam em um campo, pomar ou outra área cultivada, eles podem destruir o plantio.

Galileia: parte norte da Palestina. Jesus cresceu, pregou e fez a maioria de seus milagres ali. Hoje essa área está no norte de Israel.

ganância: desejo egoísta por ter mais dinheiro ou possessões do que se precisa.

Lc 12:15 contra todo tipo de *ganância*

Cl 3:5 desejos maus e a *ganância*, que é idolatria.

garantia: 1. algo penhorado ou dado como parte do pagamento; 2. promessa de que algo acontecerá.

Ef 1:14 é a *garantia* da nossa herança até a redenção

genealogia: lista de ancestrais ou descendentes de uma pessoa; árvore genealógica.

gentio: qualquer um que não seja judeu.

Rm 3:9 judeus quanto *gentios* estão debaixo do

Rm 11:13 sou apóstolo para os *gentios*

geração: o número inteiro de pessoas que nasceram e cresceram por volta do mesmo tempo. Avós, pais e filhos são três gerações diferentes.

Sl 102:12 lembrado de *geração* em *geração*.

Lc 1:48 *gerações* me chamarão bem-aventurada

gerar: 1. produzir; 2. engravidar.

Mt 1:20 nela foi *gerado* procede do Espírito Santo.

Gideão: um juiz que libertou Israel do domínio e pavor dos midianitas (Jz 6—8). Ele pediu um sinal a Deus, e Deus mostrou-lhe sua vontade por meio de orvalho e lã (Jz 6:36-40).

glória: 1. honra; louvor; 2. fonte de orgulho ou mérito.

Sl 8:5 e o coroaste de *glória* e de honra.

Sl 19:1 Os céus declaram a *glória* de Deus

Lc 2:14 *Glória* a Deus nas alturas

Jo 1:14 a sua *glória*, *glória* como do Unigênito

1Co 10:31 façam tudo para a *glória* de Deus.

Ap 4:11 digno de receber a *glória*, a honra

gloriar-se: gabar-se; chamar atenção para algo ou alguém.

Sl 44:8 Em Deus nos *gloriamos* o tempo todo

Gl 6:14 que eu jamais me *glorie*, a não ser na cruz

glorificar: louvar e honrar em adoração.

Sl 86:12 Deus; *glorificarei* o teu nome

Jo 17:1 *Glorifica* o teu Filho

glutão: pessoa que come demais.

Pv 23:21 bêbados e os *glutões* se empobrecerão

Gólgota: o monte fora de Jerusalém no qual Jesus foi crucificado (Mt 27:33; Mc 15:22; Jo 19:17).

Golias: o gigante filisteu que foi morto por Davi (1Sm 17; 21:9).

graça: favor imerecido, dom; perdão, bondade e misericórdia imerecidos que Deus nos dá.

Rm 3:24 justificados gratuitamente por sua *graça*

Rm 5:20 aumentou o pecado, transbordou a *graça*

2Co 12:9 Minha *graça* é suficiente para você

Ef 2:5 pela *graça* vocês são salvos.

Tt 3:7 justificados por sua graça, nos tornemos

(dar) graças: agradecer, uma expressão de gratidão.

Sl 100:4 deem-lhe *graças* e bendigam o seu nome.

1Co 15:57 Mas *graças* a Deus, que nos dá a vitória

2Co 9:15 *Graças* a Deus por seu dom indescritível!

1Ts 5:18 Deem *graças* em todas as circunstâncias

guerreiro: soldado.

Is 9:3 convoquei os meus *guerreiros*, os que se regozijam

guiar: direcionar ou apontar o caminho.

Sl 23:3 *Guia-me* nas veredas da justiça

habitação: lugar no qual a pessoa vive; casa; nas Escrituras, comumente, refere-se ao lugar onde Deus vive.

1Rs 8:30 Ouve dos céus, lugar da tua *habitação*

Sl 84:1 Como é agradável o lugar da tua *habitação*

habitante: alguém que vive em um lugar em particular.

Nm 33:55 expulsarem os *habitantes* da terra

Ap 6:10 julgar os *habitantes* da terra e vingar

Hades: inferno; lugar onde vive o espírito dos mortos.

Mt 16:18 portas do *Hades* não poderão vencê-la.

Hagar: escrava de Sara e uma das esposas de Abraão; mãe de Ismael (Gn 16:1-6; 25:12).

harpa: instrumento musical com 12 cordas; frequentemente usada em cerimônias religiosas.

1Sm 18:10 enquanto Davi tocava harpa

hebraico: língua falada pelos judeus. Língua em que foi escrito o Novo Testamento.

hebreu: outro nome para israelita; descendente de Abraão.

herança: dinheiro, propriedade ou dádiva recebida de uma pessoa após sua morte.
Dt 4:20 para serem o povo de sua *herança*
Mt 5:5 eles receberão a terra por *herança*.
1Pe 1:4 para uma *herança* que jamais poderá perecer

herdar: receber dinheiro, propriedade ou dádiva de uma pessoa após sua morte.
Mc 10:17 que farei para *herdar* a vida eterna?

herdeiro: alguém que recebe propriedades ou bênçãos de uma pessoa que morreu.
Rm 8:17 herdeiros de Deus e *co-herdeiros*
Ef 3:6 os gentios são *co-herdeiros* com Israel

Herodes: o nome de família de cinco reis que governaram a Palestina sob o Império Romano: Herodes, o Grande (Mt 2:16); Herodes Antipas (Mc 6:14-29); Herodes Filipe (Mt 14:3; Mc 6:17); Herodes Agripa I (At 12:1-4,19-23); Herodes Agripa II (At 23:35; 25:13—26:32).

Herodias: esposa de Herodes Antipas; ela persuadiu a filha a pedir para Antipas a cabeça de João Batista (Mc 6:17).

hino: canção de louvor a Deus.
Ef 5:19 com salmos, *hinos* e cânticos espirituais

hipócrita: pessoa que finge ser melhor do que é.
Mt 6:5 orarem, não sejam como os *hipócritas*.
Mt 7:5 *Hipócrita*, tire primeiro a viga do seu olho

hissopo: planta usada para aspergir água ou sangue em purificação religiosa.
Sl 51:7 Purifica-me com *hissopo*, e ficarei puro

holocausto: no Antigo Testamento, era um sacrifício ao Senhor que expressava devoção e redenção completas (Gn 8:20; Êx 29:18).
Gn 22:8 Deus mesmo há de prover o cordeiro para o *holocausto*

honrar: mostrar honra, respeito a alguém; dar crédito.
Êx 20:12 *Honra* teu pai e tua mãe
Sl 50:15 eu o livrarei, e você me *honrará*

hordas: uma multidão mal organizada ou desorganizada de pessoas; geralmente cometendo atos maldosos.
Hc 1:9 *hordas* avançam como o vento do deserto

hosana: uma palavra hebraica de louvor, significa "salvar".
Mt 21:9 "*Hosana* ao Filho de Davi!"

hospitaleiro: quem pratica hospitalidade.
1Pe 4:9 mutuamente *hospitaleiros*, sem reclamação.

hospitalidade: bem receber alguém em casa; compartilhar casa e comida com outros.
Rm 12:13 Pratiquem a *hospitalidade*.

hostil: agir como um inimigo; não amigável.

humano: como pessoas, e não animais, nas ações, pensamentos ou aparência.

humildade: ausência de orgulho.
Fp 2:3 *humildemente* considerem os outros superiores

humilde: não orgulhoso; que não finge ser importante.
Sl 18:27 Salvas os que são *humildes*
Sl 37:11 Mas os *humildes* receberão a terra
Tg 4:6 mas concede graça aos *humildes*
1Pe 5:5 Sejam todos *humildes* uns para com os outros

humilhar: reduzir a uma posição mais baixa; envergonhar.
Sl 18:27 mas *humilhas* os de olhos altivos.
Mt 23:12 a si mesmo se exaltar será *humilhado*
1Co 11:22 e *humilham* os que nada têm?

I

idolatria: adoração a ídolos.
Cl 3:5 desejos maus e a ganância, que é *idolatria*.

ídolo: estátua feita por alguém e adorada como se tivesse o poder de um deus; tudo que toma o lugar de Deus na vida de alguém.
1Co 8:4 o ídolo não significa nada no mundo

igreja: todo o grupo de pessoas que creem em Cristo.
Mt 16:18 sobre esta pedra edificarei a minha *igreja*
Ef 5:23 como também Cristo é o cabeça da *igreja*
Cl 1:24 em favor do seu corpo, que é a *igreja*.

imagem: aparência; semelhança.
Gn 1:27 Criou Deus o homem à sua *imagem*
Dn 3:12 nem adoram a *imagem* de ouro

imolar: matar de modo violento ou em grande número.

imoral: ímpio; perverso; que não vive pelos padrões corretos.
Ef 5:5 nenhum *imoral*, ou impuro, ou ganancioso

imoralidade sexual: uso de sexo de maneiras que Deus diz serem erradas.
1Co 6:18 Fujam da *imoralidade sexual*.

1Ts 4:3 santificados: abstenham-se da *imoralidade sexual.*

imortal: livre da morte; que não morre.
1Tm 1:17 Rei eterno, o Deus único, *imortal*

imortalidade: qualidade do que é imortal.
1Co 15:53 aquilo que é mortal se revista de *imortalidade.*

impedir: impossibilitar ou não deixar que algo seja feito; atrasar.
Am 5:12 e *impedir* que se faça justiça ao pobre
Mt 19:14 a mim as crianças e não as *impeçam*

imperecível: que não morre nem é destruído.
1Pe 1:23 não de uma semente perecível, mas *imperecível*

ímpio: pecador; perverso.
Sl 1:1 que não segue o conselho dos ímpios
Is 55:7 Que o ímpio abandone o seu caminho

imposto: dinheiro que um governador requeria que seus cidadãos pagassem.
Mt 22:19 a moeda usada para pagar o *imposto*

impuro: que não é puro.
At 10:15 "Não chame *impuro* ao que Deus purificou"
1Ts 4:7 origem no erro nem em motivos *impuros*

imundo: 1. sujo; 2. desprezível; mal.
Ap 22:11 continue o *imundo* na imundícia

imundo: moral ou espiritualmente impuro; animais imundos eram aqueles que os israelitas não podiam comer nem sacrificar.

incensário: uma vasilha ou travessa usada para carregar brasas incandescentes ou queimar incenso.

incenso: 1. especiarias queimadas para fazer uma fumaça de aroma agradável, como modo de adorar a Deus; 2. o doce aroma ou a fumaça de especiarias queimando.
Sl 141:2 minha oração como *incenso* diante de ti
Ap 8:3 foi dado muito *incenso* para oferecer

incredulidade: ato de duvidar ou não crer.
Mc 9:24 a vencer a minha *incredulidade*!

indignação: ira.
Na 1:6 Quem pode resistir à sua *indignação*?
Ef 4:31 Livrem-se de toda amargura, *indignação*

infligir: causar (algo doloroso, penoso).
Ez 5:8 e lhe *infligirei* castigo à vista das nações.

inimigo: alguém que se opõe a outra pessoa ou causa.
Sl 61:3 uma torre forte contra o *inimigo.*
Mt 5:44 Amem os seus *inimigos* e orem
Fp 3:18 vivem como *inimigos* da cruz de Cristo.

inimizade: um sentimento de antagonismo, hostilidade ou ódio.
Gn 3:15 Porei *inimizade* entre você e a mulher,

iniquidade: pecado; impiedade.
Sl 51:9 e apaga todas as minhas *iniquidades.*
Sl 103:10 retribui conforme as nossas *iniquidades.*
Is 53:6 nossas *iniquidades* nos levam para longe.

injustiça: aquilo que não é justo.
Pv 22:8 semeia a *injustiça* colhe a maldade

inscrição: 1. o escrito em uma moeda; 2. mensagem ou título escrito.

insensatez: tolice; falta de sabedoria.
Pv 26:5 ao insensato como a sua *insensatez*
2Tm 3:9 sua *insensatez* se tornará evidente

insensato: tolo.
Lc 12:20 Contudo, Deus lhe disse: *Insensato*!

instrução: a ação de um professor; uma lição.
At 1:2 *instruções* por meio do Espírito Santo
2Tm 3:16 correção e para a *instrução* na justiça,

instruir: dar conhecimento ou informação; ensinar.
Pv 9:9 *Instrua* o homem sábio
1Ts 4:1 já os *instruímos* acerca de como viver

insultar: ofender, tratar com desprezo, por palavras ou por ações.
Mt 5:11 por minha causa, os *insultarem*

insulto: ato de insultar.
Sl 69:9 e os *insultos* daqueles que te insultam

insurreição: revolta, rebelião contra um governo.

integridade: honestidade completa.
Sl 25:21 a *integridade* e a retidão me protejam

integro: devotado sem reter nada; justo; sem culpa.
Gnoi 17:1 ande segundo a minha vontade e seja integro

interceder: clamar, implorar ou pleitear em favor de outra pessoa.
Is 53:12 e pelos transgressores *intercedeu.*
Rm 8:26 o próprio Espírito *intercede* por nós

interessar-se: prestar atenção; importar-se.
Sl 41:1 é feliz aquele que *se interessa* pelo pobre!

interpretar: explicar o significado.
Mt 16:3 não sabem *interpretar* os sinais
1Co 12:30 em línguas? Todos *interpretam*?

inútil: com falta de valor ou base.
Dt 32:47 Elas não são palavras *inúteis.*

invejar: querer para si algo que pertence a outra pessoa.
1Co 13:4 Não *inveja,* não se vangloria,

invocar: chamar por ajuda ou apoio.
At 19:13 tentaram *invocar* o nome do Senhor Jesus

invocar: chamar.
Sl 145:18 O Senhor está perto de todos os que o *invocam*

ira: raiva grande; a forte raiva que Deus tem.
Pv 15:1 mas a palavra ríspida desperta a *ira*.
Rm 5:9 por meio dele, seremos salvos da *ira* de Deus!
Tg 1:20 a *ira* do homem não produz a justiça de Deus.

irmão: homem que tem os mesmos pais da outra pessoa. Os cristãos se chamam uns aos outros de irmãos.
Gn 4:9 sou eu o responsável por meu *irmão*?
Mt 18:15 Se o seu *irmão* pecar contra você
2Co 13:11 Sem mais, *irmãos*, despeço-me de vocês!

irrepreensível: inculpável; em quem não há o que corrigir.
1Co 1:8 vocês serão *irrepreensíveis* no dia de

Isabel: mãe de João Batista. Quando foi visitá-la, Maria descobriu que também estava grávida (Lc 1:5-58).

Isaías: um profeta chamado por Deus (Is 6) para profetizar a Judá (Is 1:1). Algumas de suas profecias eram sobre o Messias que viria (Is 53).

Isaque: o filho prometido de Abraão e Sara (Gn 17:19; 21:1-7); oferecido como sacrifício por Abraão (Gn 22); casou-se com Rebeca (Gn 24) e foi o pai de Esaú e Jacó (Gn 25).

Ismael: filho de Abraão e Hagar (Gn 16); ele não era o filho da aliança (Gn 17:18-21).

Israel: 1. nome que Deus deu a Jacó (Gn 32:28); 2. nação formada pelos descendentes dos 12 filhos de Jacó; 3. as dez tribos ao norte, após se separarem de Judá e Benjamim.
Gn 37:3 Ora, *Israel* gostava mais de José
Dt 6:4 Ouça, ó *Israel*: O Senhor, o nosso Deus
Lc 22:30 julgando as 12 tribos de *Israel*.
Ef 3:6 os gentios são co-herdeiros com *Israel*

israelitas: o povo de Israel.
Êx 14:22 *israelitas* atravessaram pelo meio do mar
Rm 9:27 dos *israelitas* seja como a areia do mar

J

Jacó: filho mais novo de Isaque e Rebeca; irmão gêmeo de Esaú (Gn 25:21-26); ele comprou de Esaú o direito de filho mais velho por um prato de ensopado (Gn 25:29-34); ele lutou com Deus, e seu nome foi mudado para Israel (Gn 32:22-32); os descendentes de seus 12 filhos se tornaram a nação de Israel.

Jafé: um dos três filhos de Noé (Gn 5:32); ele foi abençoado porque cobriu a nudez de seu pai (Gn 9:18-28).

jejuar: ficar um período de tempo sem comida.
Mt 6:16 Quando *jejuarem*, não mostrem

Jeremias: um profeta chamado por Deus para profetizar a Judá (Jr 1:1-3). É conhecido como "profeta chorão", porque ele profetizava sobre a destruição de Judá e a lamentava.

Jericó: antiga cidade destruída por Josué quando os hebreus entraram em Canaã (Js 6).

Jeroboão: um oficial na corte de Salomão; ele se rebelou e se tornou o primeiro rei das dez tribos do norte de Israel (1Rs 11:26-40; 12:1-20).

Jerusalém: o centro político e religioso dos judeus; foi o local de muitos acontecimentos importantes na Bíblia; também chamada de "Sião" e "Cidade de Davi".
2Rs 23:27 *Jerusalém*, a cidade que escolhi
Ne 2:17 reconstruir os muros de *Jerusalém*
Sl 137:5 ó *Jerusalém*, se eu me esquecer de ti!
Jo 4:21 nem neste monte, nem em *Jerusalém*.
Ap 21:2 Vi a Cidade Santa, a nova *Jerusalém*

Jessé: pai de Davi, o rei de Israel (1Sm 16:10-13). Jesus ascendeu ao céu para retornar a Deus Pai (Mc 16:19).

Jesus: o Filho de Deus; o Salvador do mundo; o Messias, por meio de quem as pessoas podem ser salvas.
Mt 1:21 e você deverá dar-lhe o nome de *Jesus*
Mc 11:22 Respondeu *Jesus*: "Tenham fé"
Fp 2:10 ao nome de *Jesus* se dobre todo joelho

Jezabel: esposa do rei Acabe (1Rs 16:31). Ela promovia, em Israel, a adoração a Baal (1Rs 16:32-33), mandou matar muitos profetas de Deus (1Rs 18:4,13) e fez oposição ao profeta Elias (1Rs 19:1-2).

Jó: um homem rico, da terra de Uz, que temia a Deus (Jó 1:1-5). Sua retidão foi testada por meio de desastre (Jó 1:6-22) e aflição pessoal (Jó 2), mas, no final, Deus restaurou-lhe a riqueza e a honra (Jó 42).
2Rs 23:7 derrubou as acomodações dos prostitutos cultuais

Joabe: comandante dos exércitos do rei Davi (1Rs 8:16).

João Marcos: ver **(João) Marcos**.

João: 1. o Batista (Mc 1:2-8); filho de Zacarias e Isabel (Lc 1); ele pregou no deserto, preparando as pessoas para Jesus (Mt 3:11,12); batizou Jesus no rio Jordão (Mt 3:13-17); foi executado por Herodes (Mc 6:14-29); 2. um dos 12 apóstolos; irmão do apóstolo Tiago (Lc 5:1-10); escreveu o evangelho de João, as cartas de João (2Jo 1; 3Jo 1) e o livro de Apocalipse (Ap 1:1; 22:8).

Joás: foi rei de Judá ainda menino; ele restaurou o templo (2Rs 12).

Jonas: um profeta que foi chamado para pregar a Nínive, mas, em vez disso, fugiu para Társis (Jn 1:1-3). No mar, uma grande tempestade levantou-se por causa de sua desobediência; ele foi lançado ao mar e engolido por um grande peixe (Jn 1:4-17). Ele, então, arrependeu-se e foi a Nínive pregar e falar para o povo se arrepender (Jn 3).

Jônatas: filho do rei Saul (1Sm 13:16) que tinha uma amizade próxima com Davi (1Sm 18:1-4; 19—20; 23:16-18). Quando ele foi morto (1Sm 31), Davi lamentou grandemente (2Sm 1).

Jope: antiga cidade murada na costa da Palestina.

Jordão: rio na Palestina que flui entre o mar da Galileia e o mar Morto.

Js 4:22 Israel atravessou o *Jordão* em terra seca.
Mt 3:6 eram batizados por ele no rio *Jordão*.

José: 1. filho de Jacó e Raquel (Gn 30:24), era o favorito do pai mas odiado pelo irmãos (Gn 37:3-4). Ele foi vendido como escravo (Gn 37:12-36), levado para o Egito e, por fim, recebeu de Faraó uma alta posição (Gn 41:41-57); 2. marido de Maria, serviu de pai para Jesus na infância (Mt 1:16-24; 2:13-19); 3. discípulo de Jesus vindo de Arimateia; ele deu seu sepulcro para colocar Jesus (Mt 27:57-61); 4. o nome original de Barnabé (At 4:36).

Josias: foi, durante 31 anos, um rei misericordioso de Judá, pouco antes da destruição de Jerusalém (2Rs 22—23; 2Cr 34—35).

Josué: 1. filho de Num (Nm 13:8); ajudante de Moisés e, depois, seu sucessor (Dt 31:1-18); ele liderou os israelitas através do rio Jordão para dentro de Canaã (Js 3—4); foi o comandante na conquista de Jericó (Js 6), de Ai (Js 7—8) e de grande parte de Canaã (Js 10—12); supervisionou a divisão da Terra Prometida entre as 12 tribos de Israel (Js 13—22); 2. sumo sacerdote em Israel durante a reconstrução do templo (Ag 1—2) e do altar (Ed 3:2,8); também chamado de Jesua.

Judá: 1. quarto filho de Jacó (Gn 29:35); 2. tribo de Israel cujos membros eram descendentes de Judá; 3. nome para o Reino do sul, após Judá e Benjamim separarem-se das dez tribos do norte.

Gn 29:35 Assim deu-lhe o nome de *Judá*.
Zc 10:3 cuidará de seu rebanho, o povo de *Judá*
Mt 2:6 Belém, da terra de Judá
Ap 5:5 Eis que o Leão da tribo de *Judá*

judaísmo: ensinos da religião judaica.

Judas: 1. um dos 12 apóstolos (Lc 6:16; At 1:13); era provavelmente também chamado de Tadeu (Mt 10:3); 2. um dos irmãos de Jesus (Mt 13:55); autor da última carta do Novo Testamento (Jd 1); 3. um dos 12 apóstolos, também chamado de Iscariotes; ele traiu Jesus (Mc 3:19; 14:10-50) e, depois, enforcou-se (Mt 27:3-5).

Judeia: área da Palestina onde a tribo de Judá viveu após o exílio.

Mc 10:1 foi para a região da *Judeia* e para
Gl 1:22 igrejas da *Judeia* que estão em Cristo.

judeu: um israelita; um indivíduo do povo escolhido de Deus; um descendente de Abraão por meio de Jacó.

Mt 2:2 o recém-nascido rei dos *judeus*?
Rm 3:29 Deus é Deus apenas dos *judeus*?
Gl 3:28 *judeu* nem grego, escravo nem livre

jugo: barra de madeira que vai sobre o pescoço de dois animais, geralmente bois. O jugo mantém os animais juntos enquanto puxam um objeto, como um arado ou uma carroça.

Mt 11:29 Tomem sobre vocês o meu *jugo* e
2Co 6:14 Não se ponham em *jugo* desigual

juízo: ver **julgamento**.

Mt 12:36 Mas eu lhes digo que, no dia do *juízo*
Rm 2:3 pensa que escapará do *juízo* de Deus?

julgamento: 1. decisão ou opinião; 2. decisão de culpa ou inocência feita por um juiz em um tribunal de justiça; punição determinada por uma corte; 3. decisão de Deus, especialmente o Juízo Final, quando Deus recompensará aqueles que creem nele e condenará todos os outros ao inferno.

Is 66:16 o Senhor executará *julgamento*
Mt 5:21 quem matar estará sujeito a *julgamento*
Jo 5:22 mas confiou todo *julgamento* ao Filho

julgar: decidir se algo é bom ou mau; condenar.

Sl 9:8 Ele mesmo *julga* o mundo com justiça;
Mt 7:1 Não *julguem*, para que vocês não sejam julgados.
2Tm 4:1 que há de *julgar* os vivos e os mortos

juramento: promessa na qual alguém pede que Deus testemunhe que algo é verdadeiro.

Dt 10:20 seus *juramentos* somente em nome dele.

jurar: prometer de modo sincero e poderoso.
1Sm 30:15 *Jura*, diante de Deus, que não me matarás

justiça: característica de quem é justo.
Is 64:6 nossos atos de *justiça* são como trapo imundo.

justiça: retidão; equidade; qualidade do que é direito, justo.
Is 30:18 Pois o SENHOR é Deus de *justiça*.
Is 61:8 eu, o SENHOR, amo a *justiça*
Zc 7:9 Administrem a verdadeira *justiça*
Lc 11:42 desprezam a *justiça* e o amor de Deus!

justificação: resultado de justificar.
Rm 4:25 e ressuscitado para nossa *justificação*.

justificar: apagar os pecados de alguém; declarar alguém justo.
At 13:39 todo aquele que crê é *justificado*
Rm 3:24 *justificados* gratuitamente por sua graça
Rm 5:1 Tendo sido, pois, *justificados* pela fé
Gl 3:24 para que fôssemos *justificados* pela fé.

justo: que está em um relacionamento acertado com Deus; sem culpa diante de Deus.
Rm 3:10 Não há nenhum *justo*, nem um sequer

justo: reto, legalmente correto.
Sl 111:7 As obras das suas mãos são fiéis e *justas*
Ap 16:7 verdadeiros e justos são os teus *juízos*

juventude: mocidade; tempo em que uma pessoa é jovem.
Ec 12:1 Lembre-se do seu Criador nos dias da sua *juventude*

L

Labão: irmão de Rebeca (Gn 24:29-51); pai de Raquel e Lia (Gn 29—31).

labutar: trabalhar duro e muito; fazer um esforço extenuante e cansativo.
Is 65:23 Não *labutarão* inutilmente

lagar: tanque ou tina no qual as uvas são espremidas para sair o suco. Usado na Bíblia como símbolo da ira de Deus contra a impiedade.
Ap 14:19 lançou no grande *lagar* da ira de Deus.

lamento: lamentação; choro de tristeza.
Sl 35:13 usei vestes de *lamento*

lança: arma com um cabo longo e uma ponta afiada, geralmente era lançada, jogada.

lascívia: indecência; perversidade.

lavar: limpar.
Sl 51:7 *lava-me*, e mais branco do que a neve serei.
At 22:16 seja batizado e *lave* os seus pecados

Lázaro: 1. homem pobre em uma das histórias de Jesus (Lc 16:19-31); 2. irmão de Maria e Marta; Jesus o ressuscitou dos mortos (Jo 11:1—12:19).

lei: 1. as regras de Deus que ajudam seu povo a conhecer o certo e o errado (os Dez Mandamentos são parte da lei de Deus); 2. (Lei) os cinco primeiros livros da Bíblia, escritos por Moisés.
Sl 1:2 e nessa *lei* medita dia e noite.
Sl 19:7 A *lei* do SENHOR é perfeita
Sl 119:97 Como eu amo a tua *lei*!
Mt 22:40 dependem toda a *Lei* e os Profetas
Rm 8:3 aquilo que a *Lei* fora incapaz de fazer
Rm 13:10 o amor é o cumprimento da Lei.
Gl 3:24 a *Lei* foi o nosso tutor até Cristo

lepra: palavra usada na Bíblia para muitas diferentes doenças e infecções de pele.
Mc 1:42 Imediatamente a *lepra* o deixou

Levi: 1. o terceiro filho de José (Gn 29:34); 2. tribo de Israel cujos membros eram descendentes de Levi.

levita: um membro da tribo de Levi. Os levitas cuidavam do templo. Somente os levitas podiam ser sacerdotes, mas nem todos eles eram sacerdotes.

Lia: esposa de Jacó; ela teve seis filhos e uma filha (Gn 29:16—30:21).

liberdade: condição de quem é livre.
2Co 3:17 o Espírito do Senhor, ali há *liberdade*.

libertar: resgatar; tornar livre.

libertar: tornar livre; soltar.
Jo 8:32 a verdade, e a verdade os *libertará*.

ligar: 1. amarrar com uma corda ou um fio; 2. tornar apertado ou firme.
Mt 16:19 você ligar na terra terá sido *ligado* nos céus

língua: 1. órgão de fala localizado na boca; 2. linguagem.
Sl 119:172 A minha *língua* cantará a tua palavra
At 2:4 começaram a falar noutras *línguas*
Fp 2:11 toda *língua* confesse que Jesus Cristo é
Tg 1:26 religioso, mas não refreia a sua *língua*

linho: tecido feito da fibra da planta de mesmo nome.

lira: pequena harpa de colo, contendo de três a 12 cordas.
Sl 71:22 E eu te louvarei com a *lira*

livre: não preso; liberado.
Rm 7:3 ela estará *livre* daquela lei

Ló: sobrinho de Abraão (Gn 12:5). Ele escolheu viver em Sodoma (Gn 13); Abraão pleiteou com Deus pela vida de Ló, quando Deus estava para destruir Sodoma (Gn 19:1-29).

louco: 1. insano; 2. excessivamente entusiasmado.
2Rs 9:20 Jeú, neto de Ninsi; dirige como *louco*

louvar: glorificar; dizer coisas boas sobre alguém ou alguma coisa.
Êx 15:2 Ele é o meu Deus e eu o *louvarei*
Sl 119:175 Permite-me viver para que eu te *louve*

louvor: aprovação; adoração.
Ef 1:12 sejamos para o *louvor* da sua glória.

Lucas: um cooperador de Paulo; ele escreveu os livros de Lucas e Atos (Cl 4:14).

luz: forma de energia que possibilita a visão. No Antigo Testamento, ela simbolizava vida e bênção.
Gn 1:3 "Haja luz", e houve *luz*.
Sl 27:1 SENHOR é a minha *luz* e a minha salvação
Sl 119:105 e luz que clareia o meu caminho.
Is 9:2 caminhava em trevas viu uma grande *luz*
Mt 5:16 brilhe a *luz* de vocês diante dos homens
Jo 8:12 Jesus disse: Eu sou a *luz* do mundo.
1Jo 1:5 Deus é *luz*; nele não há treva alguma.

m

Macedônia: província romana; primeira parte da Europa a receber o cristianismo.

mãe: a genitora feminina.
Gn 2:24 deixará pai e *mãe* e se unirá à sua mulher
Dt 5:16 Honra teu pai e tua *mãe*

magia: uso de poderes sobrenaturais para o mal; feitiçaria.
Dt 18:10 se dedique à *magia*, ou faça presságios

magos: homens da Arábia e Pérsia que estudavam as estrelas. As pessoas achavam que eles possuíam o poder de saber o significado de sonhos.
Mt 2:1 *magos* vindos do oriente chegaram

majestade: qualidade do que é majestoso.
Sl 111:3 Os seus feitos manifestam *majestade*

majestoso: grande e poderoso.
Êx 15:6 Senhor, a tua mão direita foi *majestosa* em poder.
Sl 8:1 como é *majestoso* o teu nome

mal: perversidade; coisas contra a vontade de Deus.
Gn 2:9 árvore do conhecimento do bem e do mal.
Mt 6:13 mas livra-nos do *mal*
Rm 12:17 Não retribuam a ninguém *mal* por *mal*.
Ef 6:12 contra as forças espirituais do *mal*

maldade: desejar mal a alguém.
1Pe 2:1 livrem-se de toda *maldade*

maldição: efeito de amaldiçoar; uma oração ou um desejo de que mal ou dano sobrevenham a alguém.

maldito: quem foi amaldiçoado.
Gl 3:13 "*Maldito* todo aquele que for pendurado num madeiro".

malícia: maldade com engano.
Mt 10:16 e sem *malícia* como as pombas.

maná: comida especial que Deus dava diariamente para os israelitas até que alcançaram a Terra Prometida.
Êx 16:31 Israel chamou *maná* aquele pão.
Jo 6:49 seus antepassados comeram o *maná*

Manassés: 1. filho mais velho de José (Gn 41:51); 2. tribo de Israel cujos membros eram descendentes de Manassés (Nm 1:34); 3. rei de Judá, filho de Ezequias (2Rs 21:1).

mancha: um ponto ou uma marca que torna algo imperfeito.
1Pe 1:19 um cordeiro sem *mancha* e sem defeito

mandamento: ordem dada por Deus. Ele deu os Dez Mandamentos aos israelitas enquanto estavam acampados na área do monte Sinai.
Êx 20:6 que me amam e obedecem aos meus *mandamentos*.
Ec 12:13 Tema a Deus e obedeça aos seus *mandamentos*
Mt 22:38 Este é o primeiro e maior *mandamento*.

manjedoura: caixa usada para alimentar gado e outros animais.
Lc 2:7 e o colocou numa *manjedoura*

manso: paciente; humilde; gentil.
Sf 3:12 deixarei no meio da cidade os *mansos*
Mt 11:29 pois sou *manso* e humilde de coração

manto: casaco largo e sem mangas.

maravilhoso: algo que surpreende, que enche de admiração.
Sl 118:23 e é algo *maravilhoso* para nós.
Ap 15:3 e *maravilhosas* são as tuas obras

Maria: 1. mãe de Jesus (Mt 1:16-25); 2. Maria Madalena, mulher que Jesus libertou de demônios (Lc 8:2), ela esteve presente na crucificação (Mc 15:40) e foi na manhã de Páscoa ao sepulcro (Mt 27:61); 3. irmã de Marta e Lázaro; ela lavou os pés de Jesus com um perfume caro (Jo 12:1-8).

(João) Marcos: primo de Barnabé (Cl 4:10); ajudante de Paulo e Barnabé (At 13:5); posteriormente, um cooperador de Barnabé (At 15:39) e, depois, de Paulo (Fm 24); autor do segundo Evangelho, de acordo com a tradição da Igreja Primitiva.

Marta: irmã de Maria e de Lázaro, o qual Jesus ressuscitou (Jo 11; 12:2).

matança: 1. ato de abater gado para comer; 2. ato de matar um grande número de seres humanos, como em uma batalha.

Mateus: um cobrador de impostos que se tornou um dos 12 apóstolos (Mt 9:9-13); também chamado de Levi (Mc 2:14-17).

Matusalém: um homem no início da Bíblia que viveu 969 anos (Gn 5:27).

mediador: quem faz paz entre duas pessoas ou dois grupos que estão insatisfeitos e/ou bravos um com o outro. Jesus é o mediador entre nós e Deus.

1Tm 2:5 um só *mediador* entre Deus e os homens

Hb 9:15 Cristo é o *mediador* de uma nova aliança

meditar: pensar seriamente e cuidadosamente sobre algo.

Sl 1:2 e nessa lei *medita* dia e noite.

Sl 119:15 *Meditarei* nos teus preceitos

médium: pessoa que, supostamente, consegue falar com o espírito de alguém que já morreu.

1Sm 28:3 os *médiuns* e os que consultavam os espíritos.

Mefibosete: filho de Jônatas e neto de Saul; ele viveu sob a proteção do rei Davi (2Sm 9:11).

Melquisedeque: um sacerdote e rei da antiga Salém (Jerusalém) (Gn 14:18). Jesus é um sacerdote como Melquisedeque (Hb 5:6).

Messias: significa "Ungido"; Cristo; aquele que os judeus esperavam que viesse e fosse seu rei.

Jo 1:41 Achamos o *Messias* (isto é, o Cristo).

mestre: quem ensina a outros.

Mt 10:24 O discípulo não está acima do seu *mestre*

Jo 13:13 Vocês me chamam '*Mestre*' e 'Senhor'

Mical: filha de Saul e esposa de Davi, ambos reis de Israel (1Sm 14:49; 18:27).

milagre: acontecimento incomum, que vai contra as leis normais da natureza. Milagres são feitos pelo poder de Deus.

Sl 77:14 Tu és o Deus que realiza *milagres*

Mc 6:2 E estes *milagres* que ele faz?

At 2:22 *milagres*, maravilhas e sinais que Deus fez

Hb 2:4 de sinais, maravilhas, diversos *milagres*

ministrar: servir; cuidar ou dar atenção.

ministro: quem serve outros como Deus ordenou.

2Co 3:6 sermos *ministros* de uma nova aliança

1Tm 4:6 será um bom *ministro* de Cristo Jesus

Miriã: irmã de Moisés e Arão (Nm 26:59); após a abertura das águas do mar Vermelho, ela conduziu os israelitas em louvor a Deus, cantando e dançando (Êx 15:20,21); posteriormente, de modo temporário, ela foi atacada por lepra, por haver criticado Moisés (Nm 12).

mirra: doce aroma extraído do ramo da mirra. Ele era usado para fazer o óleo da unção sagrado.

Mt 2:11 deram presentes: ouro, incenso e *mirra*.

misericórdia: bondade e perdão, especialmente concedidos a uma pessoa que não os merece.

Jr 16:13 pois não terei *misericórdia* de vocês.

Rm 9:15 Terei *misericórdia* de quem eu quiser

1Pe 1:3 Conforme a sua grande *misericórdia*

Moabe: 1. filho de Ló (Gn 19:37), cujos descendentes se tornaram inimigos odiosos dos israelitas; 2. terra ocupada pelos moabitas, a leste do mar Vermelho.

Moisés: líder de Israel no êxodo do Egito, terminando na passagem através do mar Vermelho (Êx 12—14). Ele recebeu a lei de Deus no Sinai (Êx 19—23) e a deu ao povo de Israel. Foi permitido que Moisés visse a terra de Canaã a partir do monte Nebo, mas ele morreu sem entrar nela (Nm 20:1-13; Dt 34:5-12).

Mordecai: primo de Ester (Et 2:7), rainha da Pérsia; ele e Ester salvaram os judeus de um plano para matar todos eles.

morrer: 1. perder a vida; 2. tornar-se insensível, como morrer para a lei (Gl 2:19).

Gn 2:17 dela comer, certamente você *morrerá*

Ec 3:2 Tempo de nascer e tempo de *morrer*

Ez 18:4 Aquele que pecar é que *morrerá*.

Jo 11:26 e crê em mim não *morrerá* eternamente.

1Co 15:22 em Adão todos *morrem*, em Cristo todos

Fp 1:21 o viver é Cristo e o *morrer* é lucro.

mortal: 1. humano; que pode morrer. 2. que pode matar.

Sl 9:19 Não permitas que o mortal triunfe!

Sl 56:4 Que poderá fazer-me o simples *mortal*?

1Co 15:53 é *mortal* se revista de imortalidade.

morte: o fim da vida física; também a punição pelo pecado (Rm 6:23).

Ec 7:2 pois a *morte* é o destino de todos

Is 25:8 destruirá a *morte* para sempre

1Co 15:21 a *morte* veio por meio de um só homem

1Co 15:55 Onde está, ó *morte*, a sua vitória

Ap 21:4 Não haverá mais *morte*, nem tristeza

mudo: incapaz de falar.

Mt 9:33 o *mudo* começou a falar.

mundano: 1. que é do mundo; 2. que ama as coisas do mundo mais do que as coisas de Deus.

Tt 2:12 renunciar à impiedade e às paixões *mundanas*

mundo: 1. a terra e aqueles que vivem nela; 2. o que é secular, como oposto ao espiritual ou religioso.

Mt 5:14 Vocês são a luz do *mundo*.

Jo 1:29 Cordeiro de Deus, que tira o pecado do *mundo*!

Jo 3:16 Deus tanto amou o mundo que deu o seu Filho

Jo 8:12 Jesus disse: Eu sou a luz do *mundo*.

Rm 12:2 Não se amoldem ao padrão deste *mundo*

1Jo 2:15 Não amem o *mundo* nem o que nele há.

murchar: secar ou enrugar, geralmente por falta de umidade.

mutilado: defeituoso; que perdeu uma parte do corpo, como braço ou perna.

Lv 22:2 animal cego, aleijado, *mutilado*

N

Nabal: um rico pastor de gado, em Judá, que insultou Davi; quando Davi planejou vingar-se, a esposa de Nabal, Abigail, veio com presentes para acalmá-lo; Nabal morreu pouco tempo depois disso, e Abigail casou-se com Davi (1Sm 25:1-42).

Nabote: proprietário de uma vinha que o rei Acabe quis e conseguiu, acusando Nabote de blasfêmia e mandando apedrejá-lo (1Rs 21:1-29).

Nabucodonosor: rei da Babilônia que levou Judá ao cativeiro.

Naftali: 1. filho de Jacó; 2. tribo de Israel cujos membros eram descendentes de Naftali (Nm 1:42-43).

nardo: óleo caro e de aroma agradável, extraído do espicanardo, planta que cresce na Índia.

Mc 14:3 perfume muito caro, feito de *nardo*

nascer de novo: ser regenerado; refere-se à experiência de salvação; entrar para a família de Deus por meio da fé em Cristo.

Jo 3:7 É necessário que vocês *nasçam de novo*.

Natã: o profeta de Deus que expôs o pecado de Davi com Bate-Seba, levando Davi ao arrependimento (2Sm 12:1-25).

Natanael: um dos 12 apóstolos (Jo 1:45-49); era, provavelmente, também chamado de Bartolomeu (Mt 10:3).

nazareno: pessoa que viveu ou que veio da cidade de Nazaré, na Galileia.

Mc 16:6 estão procurando Jesus, o *Nazareno*

nazireu: pessoa que separou a si mesma ao fazer um voto de servir de modo especial a Deus. Isso incluía a promessa de não cortar o cabelo nem beber vinho.

Jz 16:17 sou *nazireu*, desde o ventre materno.

Neemias: copeiro judeu do rei Artaxerxes, da Pérsia (Ne 2:1); quando estava em Jerusalém, reconstruiu os muros da cidade (Ne 2—6) e, com Esdras, restabeleceu o culto de adoração a Deus ali, após o exílio na Babilônia (Ne 8).

negar: rejeitar alguém ou alguma coisa completamente.

Mt 26:34 três vezes você me *negará*

2Tm 2:12 Se o negamos, ele também nos *negará*

Neguebe: região desértica no sul da Judeia.

Gn 24:62 pois habitava no *Neguebe*.

Nicodemos: um fariseu que visitou Jesus à noite (Jo 3) e aprendeu sobre nascer de novo.

Nilo: o rio mais importante do Egito.

Nínive: cidade a qual Jonas foi enviado para pregar (Jn 1:2); antiga capital da Assíria.

Noé: homem justo e íntegro do começo da Bíblia; ele construiu uma arca como Deus lhe ordenara (Gn 6—8). Deus fez uma aliança com ele de que nunca mais cobriria a terra toda com um dilúvio (Gn 9).

Noemi: sogra de Rute (Rt 1); ela aconselhou Rute a buscar um casamento com Boaz (Rt 2—4).

noiva: uma mulher que está prestes a se casar. A Igreja é chamada de noiva de Cristo (Ap 19:7).

noivo: um homem que está prestes a se casar. Cristo é chamado de noivo da Igreja.

O

obedecer: fazer como é pedido; seguir ordens ou desejos de alguém.

Dt 6:3 *obedeça*, ó Israel! Assim tudo lhe irá bem

Jo 14:23 me ama, *obedecerá* à minha palavra.

At 5:29 É preciso *obedecer* antes a Deus do que

Ef 6:1 Filhos, *obedeçam* a seus pais no Senhor

obediência: ato de obedecer.

1Sm 15:22 *obediência* é melhor do que o sacrifício

obra: emprego; obra; dever, obrigação.
Jo 6:29 A *obra* de Deus é esta: crer naquele que ele enviou
2Tm 3:17 plenamente preparado para toda boa *obra*.

obstinado: teimoso.
At 7:51 Povo rebelde, *obstinado* de coração

ocioso: desocupado; preguiçoso.
1Ts 5:14 advirtam os *ociosos*

odiar: detestar; sentir extremo desgosto de algo ou de alguém.
Sl 5:5 *odeias* todos os que praticam o mal.
Mc 13:13 Todos *odiarão* vocês por minha causa

ofensa: ato que deixa alguém bravo pelo que foi feito.

oferta: 1. algo dado a Deus como um ato de adoração; 2. sacrifício de um animal para acertar o relacionamento entre Deus e ser humano. No Antigo Testamento, animais e grãos eram regularmente usados como ofertas na tentativa de trazer as pessoas para mais perto de Deus.
Is 53:10 da vida dele uma *oferta* pela culpa
Mc 12:33 importante do que todos os sacrifícios e *ofertas*
Ef 5:2 *oferta* e sacrifício de aroma agradável a Deus.

óleo: quase sempre se refere a azeite de oliva; usado para ungir alguém para benefício físico ou separando-o para um serviço.
2Rs 9:6 profeta derramou o óleo na cabeça de Jeú
Lc 7:46 não ungiu a minha cabeça com óleo

oliveira: árvore de azeitona, cujos frutos dão azeite de oliva, usado para várias finalidades.

oprimir: controlar as pessoas de modo injusto e cruel, usando poder ou força.
Sl 147:6 O SENHOR sustém o *oprimido*
Is 53:7 Ele foi *oprimido* e afligido
Zc 7:10 Não *oprimam* a viúva e o órfão

oráculo: 1. uma fala ou resposta; 2. palavra do Senhor.

orar: conversar com Deus.
2Cr 7:14 se humilhar e *orar*
Mt 6:5 E quando vocês *orarem*
Rm 8:26 pois não sabemos como *orar*
1Ts 5:17 *Orem* continuamente.

ordenança: 1. lei oficial; 2. lei feita ou ordenada por Deus.
1Sm 30:25 fez disso um decreto e uma *ordenança*

orgulho: 1. (negativo) a atitude de agir como se fosse melhor do que os outros; 2. (positivo) um respeito próprio ou senso de satisfação saudável.
Pv 16:18 e os pais são o *orgulho* dos seus filhos.
Fp 3:19 eles têm *orgulho* do que é vergonhoso

orgulhoso: que tem orgulho.
Rm 12:16 Não sejam *orgulhosos*, mas estejam dispostos
Tg 4:6 Deus se opõe aos *orgulhosos*

ornamento: enfeite; peça decorada e adornada.
Is 49:18 se vestirá deles todos como *ornamento*

ovelha: o animal mais mencionado nas Escrituras, provavelmente por ser o mais criado nos tempos da Bíblia; usado para consumo, para tecido e para sacrifícios religiosos.
Is 53:6 tal qual *ovelhas*, nos desviamos

P

paciência: calma enquanto espera.
Gl 5:22 alegria, paz, *paciência*, amabilidade

paciente: pessoa com paciência; alguém capaz de tolerar problema ou dor sem reclamar ou ficar bravo.
Rm 12:12 sejam *pacientes* na tribulação, perseverem
1Co 13:4 O amor é *paciente*, o amor é bondoso.

pagão: pessoa que não adora a Deus, especialmente alguém que adora ídolos.
1Pe 2:12 Vivam entre os *pagãos* de maneira exemplar

pai: 1. o genitor masculino; Deus também é conhecido como pai de alguns. 2. pai e mãe.
Gn 2:24 o homem deixará *pai* e mãe
Gn 17:4 Você será o *pai* de muitas nações.
Êx 20:12 Honra teu *pai* e tua mãe
Pv 17:6 e os *pais* são o orgulho dos seus filhos.
Mt 6:9 *Pai* nosso, que estás nos céus!
Lc 11:11 Qual *pai*, entre vocês, se o filho
Jo 10:30 Eu e o *Pai* somos um
Jo 14:6 Ninguém vem ao *Pai*, a não ser por mim.
Ef 6:1 Filhos, obedeçam a seus *pais* no Senhor
Cl 3:20 obedeçam a seus *pais* em tudo

paixão vergonhosa: um forte desejo por algo errado.
Rm 1:26 Deus os entregou a *paixões vergonhosas*.

palavra: 1. meio de se expressar por meio da linguagem; 2. a Bíblia, como a mensagem escrita de Deus para as pessoas; 3. (Palavra) Jesus é a Palavra enviada por Deus, pois sua vida na terra conta a mensagem de Deus.
Jo 1:14 a *Palavra* tornou-se carne e viveu entre nós.
Hb 4:12 Pois a *palavra* de Deus é viva e eficaz

palha: a cobertura da semente de um grão, como o trigo. Nos tempos da Bíblia, a separação do grão e da palha se fazia lançando-os para o ar, para que o vento carregasse a palha.

Sl 1:4 São como *palha* que o vento leva.

Mt 3:12 mas queimará a *palha* com fogo

pano de saco: tecido áspero, geralmente feito de pelo de cabra. A roupa feita de pano de saco era usada como sinal de luto em memória de alguém que morrera ou como sinal de que a pessoa lamentava pelos próprios pecados.

pão sem fermento: pão ázimo, que não deixaram fermentar. Ele costuma ser chapado, como uma panqueca ou bolacha.

Êx 12:17 Celebrem a festa dos *pães sem fermento*

pão: era a comida mais importante na dieta dos tempos da Bíblia.

Dt 8:3 nem só de *pão* viverá o homem

Mt 6:11 Dá-nos hoje o nosso *pão* de cada dia.

Jo 6:35 Eu sou o *pão* da vida

papiro: 1. grande planta aquática, similar ao junco, que cresce em pântanos e rios. A mãe de Moisés o colocou em um cesto feito de papiro (Êx 2:3); 2. papel feito desta planta.

parábola: história que conta uma lição ou verdade especial. Jesus contou muitas parábolas.

paralítico: pessoa incapaz de mover certas partes do corpo.

Mc 2:3 trazendo-lhe um *paralítico*, carregado

parteira: mulher que ajudava no nascimento de um bebê.

Êx 1:17 Todavia, as *parteiras* temeram a Deus

Páscoa: significa "passar sobre"; feriado anual que, até hoje, lembra aos judeus de como Deus os libertou da escravidão no Egito. O Senhor "passou sobre" as casas cuja porta estivesse marcada com sangue de cordeiro, mas ele matou todos os outros primogênitos no Egito.

Êx 12:11 Esta é a *Páscoa* do SENHOR.

pasto: terreno ou porção de terra gramada usada para apascentar o gado.

pastor: quem cuida de um rebanho de ovelhas. É frequentemente usado na Bíblia como figura de linguagem para alguém que cuida de um grupo de pessoas.

Sl 23:1 SENHOR é o meu *pastor*; de nada terei falta.

Jr 31:10 e, como *pastor*, vigiará o seu rebanho

Jo 10:11 O bom *pastor* dá a sua vida pelas ovelhas.

pastorear: o que um *pastor* faz.

At 20:28 para *pastorearem* a igreja de Deus,

patriarca: o pai e príncipe de uma família; o cabeça de uma tribo.

Paulo: um fariseu de Tarso (At 9:11), antes chamado Saulo (At 13:9). Jesus apareceu-lhe na estrada para Damasco (At 9:4-9), e ele se tornou um poderoso apóstolo (Gl 1). Seus escritos formam grande parte do Novo Testamento, abrangendo desde teologia intrincada a cartas apaixonadas para igrejas em dificuldade.

pavor: medo forte e doloroso.

Jr 8:21 e o *pavor* se apodera de mim.

paz: liberdade de perturbação; calma.

Is 9:6 Pai Eterno, Príncipe da *Paz*.

Lc 2:14 e *paz* na terra aos homens

Jo 14:27 Deixo-lhes a *paz*; a minha paz lhes dou.

Rm 5:1 justificados pela fé, temos *paz* com Deus

Gl 5:22 alegria, *paz*, paciência, amabilidade

pecado: ato de não fazer o que Deus quer.

Nm 32:23 vocês não escaparão do *pecado* cometido.

Sl 51:2 e purifica-me do meu *pecado*.

Is 1:18 *pecados* sejam vermelhos como escarlate

Mt 1:21 salvará o seu povo dos seus *pecados*

Lc 11:4 *Perdoa-nos* os nossos pecados

Jo 1:29 É o Cordeiro de Deus, que tira o *pecado* do mundo!

Rm 6:23 Pois o salário do *pecado* é a morte

2Co 5:21 tornou *pecado* por nós aquele que não tinha pecado

1Jo 1:9 Se confessarmos os nossos *pecados*, ele é fiel

pecador: quem quebra a lei de Deus.

Sl 1:1 não imita a conduta dos *pecadores*

Mt 9:13 não vim chamar justos, mas *pecadores*

Lc 15:7 no céu por um *pecador* que se arrepende

Lc 18:13 tem misericórdia de mim, que sou *pecador*

Rm 5:8 em nosso favor quando ainda éramos *pecadores*.

pecar: quebrar a lei de Deus.

Sl 119:11 para não *pecar* contra ti.

Rm 3:23 todos *pecaram* e estão destituídos da glória

pedra angular: a pedra que mantém dois muros juntos; a pedra que termina um muro.

1Pe 2:7 tornou-se a *pedra angular*

Ef 2:20 tendo Jesus Cristo como *pedra angular*

pedra de moinho: uma de um par de pedras usadas para moer grãos em farinha.

Lc 17:2 *pedra de moinho* amarrada no pescoço

Pedro: um dos 12 apóstolos; o irmão de André; também chamado de Simão (Lc 6:14) e Cefas (Jo 1:42); ele negou Jesus três vezes (Mc 14:66-72), mas se tornou um evangelista corajoso. Ele escreveu os livros de 1 e 2Pedro.

peitoral: um quadrado de linho decorado, usado pelo sumo sacerdote quando entrava no Lugar Santo.

Pentecostes: festa judaica celebrada cinquenta dias após a Páscoa. Hoje as igrejas cristãs celebram o Pentecostes por ter sido o dia em que o Espírito Santo veio habitar nos seguidores de Cristo (At 2:1-4).

perambular: andar errante, sem rumo.
Sl 59:15 À procura de comida *perambulam*

perdoar: inocentar; desculpar; não mais culpar ou estar bravo com alguém por aquilo que fez de errado.
Mt 6:14 se perdoarem as ofensas uns dos outros,
Lc 23:34 Jesus disse: "Pai, *perdoa-lhes*"
Cl 3:13 Perdoem como o Senhor lhes *perdoou*.
1Jo 1:9 e justo para *perdoar* os nossos pecados

perecer: ser arruinado, destruído.
Sl 102:26 Eles *perecerão*, mas tu permanecerás
1Co 13:8 O amor nunca *perece*

perfeito: sem falhas; sem defeito.
Mt 5:48 sejam perfeitos como *perfeito* é o Pai

perplexo: confuso; intrigado.

perseguir: tratar alguém continuamente de modo cruel e injusto, embora não tenha feito nada errado. Os primeiros cristãos foram perseguidos por crer em Jesus como o Filho de Deus.
Lv 26:7 Vocês *perseguirão* os seus inimigos
Jo 15:20 me *perseguiram*, também *perseguirão* vocês.
At 26:14 Saulo, por que você está me *perseguindo*?
Rm 12:14 Abençoem aqueles que os *perseguem*

perseverança: ato de perseverar.
Rm 5:3 a tribulação produz *perseverança*
Hb 12:1 corramos com *perseverança* a corrida

perseverar: recusar-se a desistir; continuar tentando; manter ações e crenças apesar dos problemas.
Hb 10:36 Vocês precisam *perseverar*, de modo

Pérsia: antiga região geográfica e reino localizado ao norte do Golfo Pérsico.

perverter: usar de modo errado; desviar-se do que é correto.

peste: praga; doença que se espalha de modo rápido e mata muitas pessoas.
Jr 21:6 eles morrerão de uma *peste* terrível.

petição: requisição formal.

piedade: qualidade de quem é misericordioso.
1Tm 4:7 e exercite-se na *piedade*.

piedoso: pessoa devotada, que ama a Deus e quer fazer sua vontade.
2Pe 3:11 Vivam de maneira santa e *piedosa*

Pilatos: governador da Judeia que interrogou Jesus (Lc 22:66—23:25) e, depois, o enviou para Herodes (Lc 23:6-12). Pilatos, por fim, consentiu na crucificação de Jesus, quando a multidão escolheu libertar Barrabás em vez de Jesus (Lc 23:13-25).

pisar: andar sobre algo.
Jó 24:11 *pisam* uvas nos lagares

pisoteará: andar de modo pesado, causando dano ou ferimento.
Sl 60:12 e ele *pisoteará* os nossos adversários.

pobre: que tem pouco dinheiro.
Dt 15:4 não deverá haver *pobre* algum no meio
Is 61:1 para levar boas notícias aos *pobres*.
Mt 26:11 os *pobres* vocês sempre terão consigo
1Co 13:3 Ainda que eu dê aos *pobres* tudo
2Co 8:9 sendo rico, se fez *pobre* por amor

porta: uma barreira que pode ser aberta e fechada. Os cristãos abrem a porta do coração para Jesus.
Mt 7:7 batam, e a *porta* lhes será aberta.
Ap 3:20 Eis que estou à *porta* e bato.

pórtico: alpendre, varanda, geralmente na parte da frente de uma construção.
2Cr 3:4 O *pórtico* da entrada do templo

poste à Aserá: poste de madeira honrando Aserá, a deusa canaanita do amor e da guerra.
Jz 6:25 e corte o *poste sagrado de Aserá*

povo: grupo de pessoas.
2Cr 7:14 meu *povo*, que se chama pelo meu nome
1Pe 2:10 mas agora são *povo* de Deus

praga: 1. doença que mata muita gente, como a praga das feridas purulentas; 2. situação que causa muito sofrimento e perda, tal como a praga dos gafanhotos.

pranto: ato de chorar muito.

prazer: algo que traz grande alegria e satisfação.
Sl 119:47 Tenho *prazer* nos teus mandamentos
Mt 12:18 o meu amado, em quem tenho *prazer*.

preceito: mandamento; lei; regra.
Sl 19:8 Os *preceitos* do Senhor são justos
Sl 119:69 mas eu obedeço aos teus *preceitos*

precioso: valioso; de grande valor.
Sl 139:17 *preciosos* para mim os teus pensamentos

predestinar: decidir ou decretar de antemão.
Rm 8:30 aos que *predestinou*, também chamou
Ef 1:5 nos *predestinou* para sermos adotados

pregar: contar a mensagem do evangelho em público; entregar um sermão.
Mt 11:1 Jesus saiu para ensinar e *pregar*
Rm 10:15 como *pregarão*, se não forem enviados?

preguiçoso: pessoa com preguiça, moleza.
Pv 19:24 O *preguiçoso* põe a mão no prato,

prender: 1. oficialmente ou legalmente fazer de alguém um prisioneiro; 2. amarrar.
Dt 6:8 *prenda-as* na testa

preocupar-se: sentir ansiedade e inquietação.
Mt 6:25 Não se *preocupem* com sua própria vida

presbíteros: os líderes da igreja.
1Tm 5:17 Os *presbíteros* que lideram bem a igreja
Tt 1:5 constituísse *presbíteros* em cada cidade,

prevalecer: triunfar ou ser bem-sucedido.

primeiros frutos: os primeiros vegetais, frutos e grãos colhidos no campo.
Êx 23:19 o melhor dos *primeiros frutos*

primogênito: o primeiro filho da família. Entre os israelitas, o filho primogênito se tornava o cabeça da família quando o pai morria, e ele recebia o dobro de dinheiro e propriedades que cada um dos irmãos.
Êx 11:5 os *primogênitos* do Egito morrerão

príncipe: membro masculino de uma família real.

prisão: construção onde as pessoas são mantidas por, em geral, cometer um crime.

proclamar: anunciar ou declarar.
1Cr 16:23 *Proclamem* a sua salvação dia após dia
Sl 19:1 firmamento *proclama* a obra das suas mãos.
Is 61:2 *proclamar* o ano da bondade do Senhor
1Co 2:1 para lhes *proclamar* o mistério de Deus.

profanar: tornar impura uma coisa santa ao tratá-la com desrespeito e irreverência.
Lv 22:32 Não *profanem* o meu santo nome.

profanar: tratar sem respeito ou reverência alguma.

profecia: mensagem de Deus levada às pessoas por um profeta.
1Co 13:8 mas as *profecias* desaparecerão,
2Pe 1:20 nenhuma *profecia* da Escritura provém

proferir: falar, pronunciar palavra.
Sl 78:2 *proferirei* enigmas do passado
Jo 8:20 *proferiu* essas palavras enquanto ensinava

profeta: quem recebe a mensagem de Deus para dar às pessoas. Um profeta é chamado por Deus para falar por ele.
Dt 18:18 do meio dos seus irmãos um *profeta*
Lc 24:25 crer em tudo o que os *profetas* falaram!
At 10:43 Todos os *profetas* dão testemunho dele
Hb 1:1 nossos antepassados por meio dos *profetas*

profetizar: transmitir às pessoas a mensagem de Deus.
Jl 2:28 seus filhos e as suas filhas *profetizarão*
1Co 14:39 busquem com dedicação o *profetizar*

profundezas: a parte mais funda de algo.
Sl 130:1 Das *profundezas* clamo a ti
Lm 3:55 das *profundezas* da cova.

propiciação: ver **expiação.**
Lv 17:11 é o sangue que faz *propiciação* pela vida.
Rm 3:25 Deus o ofereceu como sacrifício para *propiciação*
Hb 2:17 fazer *propiciação* pelos pecados do povo.

prosperar: ser bem-sucedido; alcançar sucesso econômico.
Pv 11:25 O generoso *prosperará*

prosperidade: estado de quem prosperou.
Jr 33:6 darei muita *prosperidade* e segurança.

prostituta: alguém que deixa outra pessoa usar seu corpo para relações sexuais em troca de dinheiro.
Js 2:1 *prostituta* chamada Raabe

prostrar-se: ajoelhar-se ou deitar-se com a face voltada para o chão.

provérbios: 1. sábios dizeres; 2. (Provérbios) livro da Bíblia que contém muitos sábios dizeres.
1Rs 4:32 Ele compôs três mil *provérbios*

provocar: deixar o outro irado; causar problemas; perturbar.

provocar: incitar; chamar para ação.

próximo: 1. alguém que vive nas proximidades; 2. qualquer ser humano.
Lv 19:18 ame cada um o seu *próximo* como a si
Lc 10:36 foi o *próximo* do homem que caiu

prudente: sábio.
Pv 19:14 a esposa *prudente* vem do Senhor.

punir: castigar; fazer alguém sofrer por algo que fez de errado.
Gn 42:21 estamos sendo *punidos* pelo que fizemos

purificar: tornar limpo; lavar.
1Jo 1:7 Jesus, seu Filho, nos *purifica* de todo pecado
1Jo 1:9 nos *purificar* de toda injustiça.

Purim: feriado judeu anual que celebra o resgate dos judeus feito pela rainha Ester, quando Hamã planejou destruí-los (Et 9:26).

puro: perfeitamente livre de falha ou culpa.
Sl 51:10 Cria em mim um coração *puro*, ó Deus

Q

querubim: um anjo, com a aparência quase que de ser humano.

Quis: pai de Saul, o primeiro rei de Israel (1Sm 9:1).

R

rabi: mestre da lei judaica.

rainha: 1. governante feminina de um país; 2. esposa de um rei.

ramo: uma extensão de outro corpo ou sistema.
Jo 15:5 Eu sou a videira; vocês são os *ramos*.

ranger: atritar uma coisa contra outra.
Mt 8:12 onde haverá choro e *ranger* de dentes

Raquel: filha de Labão (Gn 29:16); esposa de Jacó (Gn 29:28), com quem teve dois filhos, José e Benjamim (Gn 30:22-24; 35:16-24).

real: de ou pertencente ao regente de um país e sua família.

rebanho: conjunto de animais sobre o cuidado de um pastor.
Sl 65:13 Os campos se revestem de *rebanhos*
Is 40:11 Como pastor ele cuida de seu *rebanho*

Rebeca: esposa de Isaque (Gn 24); mãe de Esaú e Jacó (Gn 25:19-26). Com o encorajamento dela, Jacó enganou o pai para conseguir a bênção que pertencia a Esaú (Gn 27:1-17).

rebelar-se: desobedecer e virar-se contra os que são autoridade.
Rm 13:2 aquele que *se rebela* contra a autoridade

rebelde: pessoa que desrespeita e desobedece à autoridade.

recompensa: presente que alguém recebe por bom comportamento ou caráter.
Sl 127:3 uma *recompensa* que ele dá.
Mt 5:12 grande é a sua *recompensa* nos céus
Mt 6:5 eles já receberam sua plena *recompensa*.

recompensar: retribuir com bem algo que alguém fez.
Jr 17:10 *recompensar* a cada um de acordo

reconciliação: ato de reconciliar.
2Co 5:18 nos deu o ministério da *reconciliação*

reconciliar: retornar à amizade após um desentendimento. Seres humanos são reconciliados com Deus por meio de Jesus Cristo.
Mt 5:24 vá primeiro *reconciliar-se* com seu irmão
Rm 5:10 fomos *reconciliados* com ele mediante

redenção: efeito de comprar alguém ou algo de volta ou restituir sua liberdade.
Ef 1:7 temos a *redenção* por meio de seu sangue
Cl 1:14 temos a *redenção*, a saber, o perdão

redimir: 1. libertar do mal por pagar um preço (Gl 3:13); 2. comprar de volta.
Gl 3:13 Cristo nos *redimiu* da maldição da Lei

refúgio: lugar de abrigo e segurança.
Sl 46:1 Deus é o nosso *refúgio* e a nossa fortaleza

refugo: o resíduo impuro que boia na superfície de metais derretidos; algumas vezes usado como figura do ímpio.
Sl 119:119 destróis como *refugo* todos os ímpios

regozijar-se: expressar alegria, contentamento.
Sl 35:9 e *se regozijará* na sua salvação.
Lc 6:23 *Regozijem-se* nesse dia e saltem

regulamento: regra lidando com procedimento ou cerimônia.

rei: governador sobre um país ou reino. Cristo normalmente é citado como o Rei dos reis.
1Rs 22:2 *rei* de Judá, foi visitar o *rei* de Israel.
1Tm 6:15 o *Rei* dos *reis* e Senhor dos senhores

reinado: tempo durante o qual um rei ou outro oficial governa.

reino: área ou grupo de pessoas encabeçadas por um rei. O reino de Deus, ou reino dos céus, é composto por todos os crentes.
Êx 19:6 serão para mim um *reino* de sacerdotes
Mt 3:2 pois o *Reino* dos céus está próximo
Mt 5:3 pois deles é o *Reino* dos céus.
Mt 6:33 em primeiro lugar o *Reino* de Deus
Mt 16:19 lhe darei as chaves do *Reino* dos céus
Jo 18:36 O meu *Reino* não é deste mundo.
1Co 15:24 ele entregar o *Reino* a Deus, o Pai
Ap 11:15 O *reino* do mundo se tornou de nosso Senhor

remanescente: pequena parte restante; pequeno grupo sobrevivente.
Is 10:21 Um *remanescente* voltará,

renovo: ramo novo.
Jr 33:15 farei brotar um *Renovo* justo

repreender: criticar; reprovar.
Jó 27:6 minha consciência não me *repreenderá*.

reprovar: culpar; acusar; repreender.
Jz 2:11 israelitas fizeram o que o SENHOR *reprova*

requerer: demandar como necessário.
Lc 2:27 fazerem o que *requeria* o costume da Lei

resgatador: nos tempos do Antigo Testamento, era um parente masculino próximo que tinha a responsabilidade de casar-se com uma viúva e comprar a propriedade do falecido marido (Dt 25:5-6).
Rt 3:9 pois o senhor é *resgatador*.

resgatar: salvar ou libertar.
Êx 21:30 *resgatar* a sua vida pagando o que for
Sl 31:5 *resgata-me*, SENHOR, Deus da verdade.

resgate: preço pago para libertar uma pessoa que é escrava. Pelo fato das pessoas serem escravas do pecado, um resgate teve de ser pago, que foi a morte de Jesus, aquele que era sem pecado.
Mt 20:28 dar a sua vida em *resgate* por muitos
Hb 9:15 morreu como *resgate* pelas transgressões

respeito: consideração com grande estima.
1Pe 2:17 Tratem a todos com o devido *respeito*

respigar: pegar os grãos ou frutos deixados para trás após a colheita; geralmente uma maneira de um pobre conseguir comida.
Jó 24:6 e *respigam* nas vinhas dos ímpios.

ressurreição: ato de voltar à vida após ter morrido.
Jo 11:25 Disse-lhe Jesus: Eu sou a *ressurreição*
Rm 1:4 com poder, pela sua *ressurreição* dentre
1Co 15:12 estão dizendo que não existe *ressurreição*

restaurar: trazer de volta; retornar algo a sua condição anterior.
Sl 80:3 *Restaura-nos*, ó Deus!
At 3:21 que Deus *restaurará* todas as coisas

restituição: devolução, pagamento de volta por dano, perda ou ferimento.
Nm 5:7 pecado que cometeu, fará *restituição* total

reto: honesto; que faz o que é bom e certo.

retribuição: resultado de retribuir; punição por algo errado.
Jr 51:56 o SENHOR é um Deus de *retribuição*

revelação: ato de tornar conhecido ou falar sobre algo.
Gl 1:12 o recebi de Jesus Cristo por *revelação*.
Ap 1:1 *Revelação* de Jesus Cristo, que Deus

reverência: ato de reverenciar; profundo respeito, honra e admiração.
Jr 44:10 humilharam nem mostraram *reverência*

riscar: tirar; apagar.
Êx 32:32 se não, *risca-me* do teu livro que escreveste

Roboão: filho de Salomão; ele se tornou rei após a morte do pai (1Rs 11:43). Por causa de seu tratamento duro com o povo, Israel dividiu-se em dois reinos (1Rs 12:1-24; 14:21-31).

rolo: livro feito de um longo pedaço de couro ou papel, enrolado por uma vara em cada extremidade.
Js 18:9 Descreveram-na num *rolo*

Roma: 1. império que controlava grande parte do mundo conhecido no tempo de Cristo; 2. capital do Império Romano, localizada na Itália.

romã: fruta avermelhada, do tamanho de uma laranja, com muitas sementes e uma polpa suculenta.

Rúben: 1. filho mais velho de Jacó (Gn 29:32); 2. tribo de Israel cujos membros eram descendentes de Rúben.

Rute: uma viúva moabita que foi com a sogra Noemi para Belém (Rt 1). Ali ela apanhava os restos no campo de Boaz (Rt 2), com quem ela se casou depois (Rt 3:1—4:12). Ela foi ancestral de Davi (Rt 4:13-22) e de Jesus (Mt 1:5).

S

sábado: sétimo dia da semana; dia judeu de descanso e adoração. Ele se estendia do pôr do sol de sexta-feira até o de sábado.
Êx 20:8 Lembra-te do dia de *sábado*

sabedoria: entendimento que vem de Deus.
Lc 2:52 Jesus ia crescendo em *sabedoria*, estatura
Tg 1:5 tem falta de *sabedoria*, peça-a a Deus

sacerdócio: serviço do sacerdote levita que oferecia sacrifícios e orações a Deus pelo povo.
1Pe 2:9 são geração eleita, *sacerdócio* real

sacrificar: oferecer algo como presente a Deus

sacrifício: oferta dada a Deus. No Antigo Testamento Deus ordenava que as pessoas pagassem pelos pecados sacrificando o sangue de bois, cordeiros, bodes, pombas ou rolinhas. Esses sacrifícios eram figura da vinda de Jesus, como o sacrifício de uma vez por todas pelos pecadores.
Êx 12:27 É o *sacrifício* da Páscoa ao SENHOR
1Sm 15:22 obediência é melhor do que o *sacrifício*
Rm 12:1 se ofereçam em *sacrifício* vivo, santo
Hb 9:28 Cristo foi oferecido em *sacrifício* uma única vez

saduceus: grupo de líderes judeus, muitos dos quais eram sacerdotes. Ao contrário dos fariseus, os saduceus não criam na ressurreição dos mortos, mas eles concordavam com os fariseus quanto ao ódio por Jesus.

Mc 12:18 *saduceus*, que dizem que não há ressurreição

sagrado: santo; separado para Deus de um modo especial.

1Co 3:17 santuário de Deus, que são vocês, é *sagrado*

salário: pagamento recebido por um trabalho feito.

Rm 6:23 Pois o *salário* do pecado é a morte,

salmos: 1. poesia escrita para louvar a Deus; 2. (Salmos) livro da Bíblia que contém muitos salmos.

Ef 5:19 falando entre si com *salmos*, hinos

Salomão: filho de Davi e Bate-Seba (2Sm 12:24). Ele se tornou rei de Israel após a morte de Davi (1Rs 1). Ele pediu sabedoria a Deus, e a recebeu (1Rs 3), e construiu o templo (1Rs 5—7). Suas muitas esposas estrangeiras fizeram seu coração afastar-se de Deus (1Rs 11:1-13).

salvação: libertação da culpa e do poder do pecado. Por sua morte e ressurreição, Jesus trouxe salvação àqueles que creem nele.

Is 12:2 Deus é a minha *salvação*
Lc 2:30 meus olhos já viram a tua *salvação*
At 4:12 Não há *salvação* em nenhum outro
2Co 7:10 arrependimento que leva à *salvação*
Fp 2:12 *salvação* de vocês com temor e tremor
Hb 2:3 se negligenciarmos tão grande *salvação*?

Salvador: um nome para Jesus que significa que ele salva seu povo dos pecados.

Lc 1:47 espírito se alegra em Deus, meu *Salvador*
1Tm 4:10 Deus vivo, o *Salvador* de todos
1Jo 4:14 seu Filho para ser o *Salvador* do mundo.

salvo: 1. resgatado do perigo; 2. quem reconhece que, pela morte de Jesus, foi resgatado da punição da morte, que seus pecados mereciam.

Rm 10:13 invocar o nome do Senhor será *salvo*
Ef 2:8 Pois vocês são *salvos* pela graça

samaritano: pessoa que vivia ou vinha de Samaria. Pelo fato de os samaritanos serem apenas parcialmente judeus e adorarem a Deus de modo diferente deles, os judeus da Judeia e Galileia odiavam os samaritanos. Os judeus mudavam de rota para não passar por Samaria (Lc 10:30-37).

Samuel: frequentemente referido como o último juiz e o primeiro profeta de Israel (ver também Hb 11:32). Seu nascimento foi encarecidamente pedido em oração por sua mãe, Ana (1Sm 1:10-18), e, quando ele tinha idade o bastante, ela o levou ao templo e o dedicou ao Senhor (1Sm 1:21-28). Ali ele foi criado por Eli (1Sm 2:11,18-26) e foi chamado para ser profeta (1Sm 3).

sangue: sendo o fluido que dá vida ao corpo, ele representa a própria vida. No Antigo Testamento, o sangue dos sacrifícios simbolizava dar uma vida por outra. Por meio do sangue de Jesus na cruz, os cristãos são salvos da morte pelos pecados.

Êx 12:13 quando eu vir o *sangue*, passarei adiante
Lv 17:11 Pois a vida da carne está no *sangue*
Mt 26:28 Isto é o meu *sangue* da aliança
Ef 1:7 Nele temos a redenção por meio de seu *sangue*
Hb 9:12 mas pelo seu próprio *sangue*, ele entrou

Sansão: juiz israelita conhecido por sua grande força. Ele foi traído por Dalila, mas, no final, foi usado por Deus para punir os filisteus (Jz 16).

santificado: santo; sagrado.

Mt 6:9 *Santificado* seja o teu nome.

santificar: tornar santo. Santificação é o trabalho do Espírito Santo em andamento no coração dos cristãos.

Rm 15:16 *santificados* pelo Espírito Santo.
1Ts 5:23 Deus da paz os *santifique* inteiramente.
1Tm 4:5 *santificado* pela palavra de Deus e pela

santo: separado por Deus; pertencente a Deus; puro; misericordioso.

Lv 11:44 sejam *santos*, porque eu sou *santo*.
Is 6:3 *Santo, santo, santo* é o Senhor dos Exércitos
Rm 12:1 sacrifício vivo, *santo* e agradável a Deus
Ap 4:8 *Santo, santo, santo* é o Senhor, o Deus todo-poderoso

santuário: lugar onde Deus ou um ídolo é adorado; lugar santo. Em certo sentido, o corpo humano é chamado de santuário do Espírito Santo (1Co 6:19).

Sl 150:1 Louvem a Deus no seu *santuário*
At 17:24 *santuários* feitos por mãos humanas.

saque: espólio; propriedade tomada ao saquear.

saquear: pilhar ou roubar durante uma guerra.

Sara: esposa de Abraão e mãe de Isaque; antes chamada Sarai (Gn 11:29-31). Deus prometeu-lhe que, embora houvesse sido estéril a vida toda, ela, na velhice, daria à luz um filho (Gn 17:15-21; 18:10-15).

Satanás: Diabo; líder dos espíritos caídos; o mais poderoso inimigo de Deus e dos humanos.

Mc 4:15 *Satanás* vem e retira a palavra nelas
2Co 11:14 *Satanás* se disfarça de anjo de luz.
Ap 12:9 serpente chamada Diabo ou *Satanás*

satisfazer: 1. agradar, fazer feliz; 2. preencher uma condição.

Sl 107:9 e *satisfaz* plenamente o faminto.

sátrapa: governador de uma província na Pérsia antiga.

Saul: primeiro rei de Israel (1Sm 9—10). Ele foi ungido por Samuel, porém, mais tarde, foi rejeitado por Deus por causa de sua desobediência; Davi foi escolhido para ser seu sucessor.

Saulo: ver **Paulo**.

seca: um longo período sem chuva.

seita: grupo de pessoas com uma ou mais crenças em comum; especialmente um pequeno grupo religioso que foi separado de um grupo maior.

selo: 1. ferramenta com um desenho em alto ou baixo relevo; 2. marca feita ao pressionar essa ferramenta em cera, papel ou outro material macio. Um selo era usado para fechar uma carta ou papel legal ou para provar a autoridade do papel.

1Co 9:2 o *selo* do meu apostolado no Senhor.
Ap 5:2 Quem é digno de romper os *selos*

Sem: um dos três filhos de Noé (Gn 5:32). Ele, junto com o irmão Jafé, cobriu a nudez de seu pai (Gn 9:21-31). Abraão foi um de seus descendentes (Gn 11:10-32).

semear: plantar sementes. No tempo de Jesus, as sementes eram plantadas jogando-as com a mão no solo.

Jó 4:8 e *semeia* maldade, isso também colherá.
Mc 4:3 O semeador saiu a *semear*.
Gl 6:7 o que o homem *semear*, isso também colherá.

sempre: um tempo sem limite.

Sl 136:1 O seu amor dura para *sempre*!
Is 25:8 destruirá a morte para *sempre*.

Senaqueribe: rei assírio que invadiu Judá durante o tempo de Ezequias (1Rs 18:13).

SENHOR: Javé (YHWH); o nome íntimo e pessoal de Deus, enfatiza seu papel de Redentor de Israel e Senhor da aliança. Ver também **SENHOR**.

Gn 2:4 o *SENHOR* Deus fez a terra e os céus
Êx 20:2 Eu sou o *SENHOR*, o teu Deus
Sl 23:1 O *SENHOR* é o meu pastor
Sl 103:1 Bendiga o *SENHOR* a minha alma!
Pv 1:7 O temor do *SENHOR* é o princípio do
Is 6:3 Santo, santo, santo é o *SENHOR* dos Exércitos
Is 55:6 Busquem o *SENHOR* enquanto é possível

senhor: quem rege sobre outros.

Mt 6:24 Ninguém pode servir a dois senhores

Senhor: refere-se a Deus como o mestre. Ver também **SENHOR**.

Mt 3:3 Preparem o caminho para o *Senhor*
Lc 2:9 a glória do Senhor resplandeceu ao redor
At 16:31 Creia no *Senhor* Jesus, e serão salvos,
Rm 10:13 invocar o nome do *Senhor* será salvo.
Fp 2:11 confesse que Jesus Cristo é o *Senhor*
2Pe 1:16 vinda de nosso *Senhor* Jesus Cristo
Ap 17:14 o *Senhor* dos senhores e o Rei dos reis
Ap 22:20 Amém. Vem, *Senhor* Jesus!

sepulcro: lugar para sepultar, colocar o morto. Nos tempos da Bíblia, um sepulcro era quase sempre uma caverna ou um buraco cavado em uma penha rochosa, em frente ao qual se rolava uma grande pedra para fechamento.

Mt 27:65 mantenham o *sepulcro* em segurança
Lc 24:2 Encontraram removida a pedra do *sepulcro*
Jo 11:17 Lázaro já estava no *sepulcro* havia quatro dias.

Sião: 1. monte no qual a cidade de Jerusalém estava inicialmente; monte em que foram construídos o palácio real de Davi e o templo; 2. toda a cidade de Jerusalém.

Jr 50:5 Perguntarão pelo caminho para *Sião*
Rm 11:26 Virá de *Sião* o redentor

siclo: um peso específico de prata, usado como dinheiro.

Silas: um membro da igreja em Jerusalém; ele viajou com Paulo (At 15:22).

Simão: 1. ver Pedro; 2. um dos 12 apóstolos; também chamado de Zelote (Mt 10:4; At 1:13); 3. um adivinho em Samaria, que possuía grande influência sobre o povo samaritano durante os primeiros dias da Igreja; ele foi severamente repreendido por Pedro (At 8:9-24) por tentar comprar o poder do Espírito Santo.

símbolo: objeto ou ação que representa ou sugere algo mais. A cruz é um símbolo da morte de Jesus.

simpatia: favor; boa vontade; uma atitude positiva para com outra pessoa.

1Sm 20:3 eu conto com a sua *simpatia*,

sinagoga: lugar judaico de culto e ensino religioso.

Lc 4:16 no dia de sábado entrou na *sinagoga*
At 17:2 Segundo o seu costume, Paulo foi à *sinagoga*

(monte) Sinai: montanha onde Moisés recebeu os Dez Mandamentos (Êx 19—20).

Sinédrio: o conselho dos judeus que dominava nos tempos de Jesus. Era composto por setenta homens, e o sumo sacerdote era seu líder. O Sinédrio podia decidir se alguém era culpado ou inocente de quebrar uma lei judaica, mas ele não podia mandar matar ninguém sem a permissão do governador romano.

Mc 14:55 chefes dos sacerdotes e todo o *Sinédrio*

sinete: anel com um desenho. O desenho era estampado na cera para fechar uma carta ou um papel legal. Anel-sinete, ou anel-selo, era geralmente usado por pessoas em autoridade.

sitiar: com um exército, cercar completamente uma cidade ou povoado, para que ninguém consiga entrar ou sair.

soberano: que tem autoridade sobre todas as coisas; frequentemente usado nas Escrituras como um título descritivo de Deus, "Soberano SENHOR".

Sodoma e Gomorra: duas cidades destruídas por Deus por causa da grande perversidade das pessoas.

Gn 19:24 fez chover do céu fogo e enxofre sobre *Sodoma e Gomorra.*

sofrer: aguentar, suportar algo doloroso.

Mc 8:31 Filho do homem *sofresse* muitas coisas

Lc 24:26 devia o Cristo *sofrer* estas coisas

1Co 12:26 um membro *sofre*, todos os outros sofrem

sofrimento: experiência de dor.

Is 53:3 homem de dores e experimentado no *sofrimento.*

Rm 8:17 participamos dos seus *sofrimentos*

2Tm 1:8 os meus *sofrimentos* pelo evangelho

sonho: pensamentos, imagens ou emoções que ocorrem durante o sono. Deus, algumas vezes, falou às suas pessoas por meio de sonhos.

Dn 2:4 Conta o *sonho* aos teus servos

(lançar/tirar) sorte: uma das maneiras usadas nos tempos da Bíblia para descobrir a vontade de Deus sobre algo. É, de certa forma, como "tirar no palitinho".

Mt 27:35 dividiram as roupas dele, *tirando sortes.*

At 1:26 Então *tiraram sortes*, e a sorte caiu

subjugar: trazer para debaixo de seu controle; conquistar.

Sl 81:14 com rapidez eu *subjugaria* os seus inimigos

submissão: humildade; obediência.

1Cr 29:24 prometeram *submissão* ao rei Salomão.

1Co 14:34 permaneçam em *submissão*, como diz a Lei.

suborno: dinheiro ou favor dado para influenciar um julgamento ou uma conduta.

Êx 23:8 Não aceite *suborno*,

suceder: 1. acontecer; 2. substituir alguém como herdeiro ou sucessor de um título ou posição social.

sujeitar-se: voluntariamente estar em submissão a outro.

Ef 5:21 *Sujeitem-se* uns aos outros

Cl 3:18 Mulheres, *sujeite-se* cada uma a seu marido

1Pe 2:13 *sujeitem-se* a toda autoridade constituída

sumo sacerdote: principal oficial religioso na religião judaica. No Antigo Testamento, ele oferecia os sacrifícios mais importantes a Deus em favor do povo.

Hb 4:14 um grande *sumo sacerdote* que adentrou

Hb 7:26 *sumo sacerdote* como este que precisávamos

suportar: aguentar algo que é difícil ou doloroso.

Ml 3:2 Mas quem *suportará* o dia da sua vinda?

1Co 10:13 um escape, para que o possam *suportar.*

sustentar: dar apoio, suporte; ajudar; confortar.

Sl 18:35 tua mão direita me *sustém*

Sl 37:17 mas o SENHOR *sustém* os justos.

Sl 146:9 e *sustém* o órfão e a viúva,

suster: segurar firme.

Sl 139:10 mão direita me guiará e *me susterá.*

T

tabernáculo: tenda usada pelos israelitas para encontrarem-se com Deus; lugar onde Deus escolheu para mostrar sua presença. O tabernáculo foi feito por ordem de Deus e de acordo com seus planos. Ele é descrito em detalhes em Êxodo 26. Também chamado de Tenda do Encontro.

Êx 40:34 a glória do SENHOR enchia o *tabernáculo.*

Tadeu: um dos 12 apóstolos (Mc 3:18); filho de Tiago e, provavelmente, também conhecido como Judas (Lc 6:16; At 1:13).

talento: grande quantidade de prata ou ouro que valia muito dinheiro.

temer: 1. ter medo; 2. respeitar altamente; ter reverência e admiração.

Dt 6:13 *Temam* o SENHOR, o seu Deus, e só a ele

Sl 91:5 Você não *temerá* o pavor da noite

Is 41:10 Por isso não *tema*, pois estou com você

temor: 1. antecipação e consciência de perigo; 2. profunda reverência para com Deus.

Sl 111:10 O *temor* do SENHOR é o princípio da

Fp 2:12 a salvação de vocês com *temor* e tremor,

tempestade: chuva violenta; temporal.

templo: 1. lugar onde o povo judeu oferecia culto e sacrifício em Jerusalém; o primeiro templo foi construído pelo rei Salomão como uma casa para Deus;

2. qualquer lugar de adoração. Em certo sentido, o corpo humano é chamado de templo (2Co 6:16).

1Rs 8:27 Muito menos este *templo* que construí!
2Co 6:16 acordo há entre o *templo* de Deus e os ídolos?

tentação: ato de ser tentado.

1Co 10:13 Não sobreveio a vocês tentação que não fosse

tentar: buscar fazer alguém cometer um erro.

Mt 4:1 ao deserto, para ser *tentado* pelo Diabo.

terra: o lugar que Deus criou para os seres humanos viverem.

Gn 1:1 No princípio Deus criou os céus e a *terra*.
Sl 24:1 Do Senhor é a *terra* e tudo o que nela existe
Mt 6:10 tua vontade, assim na *terra* como no céu.
Mt 24:35 Os céus e a *terra* passarão
Lc 2:14 e paz na *terra* aos homens
Fp 2:10 nos céus, na *terra* e debaixo da *terra*
2Pe 3:13 esperamos novos céus e nova *terra*

terremoto: tremor de terra.

Ap 16:18 havia ocorrido um *terremoto* tão forte

terror: medo grande.

tesouro: riqueza que é guardada ou escondida.

Mt 6:21 Pois onde estiver o seu *tesouro*

testemunha: quem vê pessoalmente algo acontecer.

At 22:15 será *testemunha* dele a todos os homens

testemunho: declaração feita por uma testemunha, para provar que algo é verdadeiro.

Lc 18:20 não darás falso *testemunho*, honra teu pai

tetrarca: governador sobre a quarta parte de um reino.

Tiago 1. um dos 12 apóstolos; irmão de João (Mt 4:21-22); 2. um dos 12 apóstolos; filho de Alfeu (Mt 10:3); 3. irmão de Jesus (Mc 6:3); autor da carta de Tiago (Tg 1:1).

Timóteo: companheiro de viagem e representante oficial do apóstolo Paulo. Ele se juntou a Paulo na segunda viagem missionária (At 16—20) e, em certa altura da viagem, Paulo enviou-o a ministrar à igreja em Corinto (1Co 4:17; 16:10). Ele foi líder da igreja em Éfeso (1Tm 1:3) e coautor com Paulo (1Ts 1:1; 2Ts 1:1; Fm 1).

Tito: cooperador gentio de Paulo (Gl 2:1-3; 2Tm 4:10). Paulo enviou-o a Corinto para ajudar a solucionar os problemas de lá (2Co 2:13; 7—8; 12:18).

Todo-Poderoso: um nome usado para mostrar como Deus é forte e poderoso; às vezes traduzido como Senhor dos Exércitos.

Gn 17:1 Eu sou o Deus *todo-poderoso*

tolo: quem não é sábio.

Sl 14:1 Diz o *tolo* em seu coração:

Tomé: um dos 12 apóstolos (Lc 6:15; At 1:13); inicialmente ele duvidou da ressurreição de Jesus, mas, quando viu Jesus, ele creu (Jo 20:24-28).

trabalhar: fazer algo com uma finalidade; ocupar-se; tentar alcançar um objetivo.

Êx 20:9 *Trabalharás* seis dias e neles farás todos

trabalho: 1. tarefa; 2. trabalho de parto, o processo de a mulher dar à luz.

Gn 5:29 nosso *trabalho* e do sofrimento de nossas mãos
Êx 23:12 Em seis dias façam os seus *trabalhos*
Jr 13:21 de uma mulher em *trabalho* de parto?

tradição: informação ou crenças passadas de uma geração a outra.

Mt 15:2 transgridem a *tradição* dos líderes

traiçoeiro: não confiável; desleal; infiel.

trair: ser infiel a alguém; entregar um amigo aos seus inimigos.

Mt 27:3 Quando Judas, que o havia *traído*
1Co 11:23 na noite em que foi *traído*, tomou o pão

tramar: planejar, geralmente de modo secreto; esquematizar.

Sl 83:5 Com um só propósito *tramam* juntos

transfigurar: mudar a aparência; tornar brilhante e glorioso.

Mt 17:2 Ali ele foi *transfigurado* diante deles.

transgressão: pecado; desobediência à lei de Deus.

Sl 32:1 que tem suas *transgressões* perdoadas
Is 53:5 foi transpassado por causa das nossas *transgressões*
Ef 2:1 estavam mortos em suas *transgressões* e pecados

trapaceiro: quem engana outra pessoa para pegar seu dinheiro ou outras possessões.

1Co 6:10 nem *trapaceiros* herdarão o Reino de Deus.

tremer: sacudir ou agitar.

Sl 75:3 *treme* a terra com todos os seus habitantes

tribo: grupo social formado por uma linha em particular de uma família.

tributo: pagamento de um governador ou nação para outro, como ato de submissão ou a fim de garantir proteção.

Is 16:1 cordeiros como *tributo* ao governante da terra

triunfo: vitória; sucesso notável.
Pv 28:12 Quando os justos *triunfam*, há prosperidade

Tumim: ver **Urim e Tumim**.

túnica: camiseta longa usada pelos homens nos tempos da Bíblia.
Ed 9:3 Quando ouvi isso, rasguei a minha túnica

turbante: uma cobertura para a cabeça, feita enrolando-se um pano ao redor da cabeça.

U

ungir: derramar óleo sobre a cabeça de uma pessoa, quer para benefício físico (Tg 5:14), quer para separá-la para o serviço a Deus (Êx 28:41).

união: estar em unidade.
Sl 133:1 quando os irmãos convivem em união!

Urim e Tumim: objetos colocados na veste do sumo sacerdote, usados para determinar a vontade de Deus para a nação de Israel.

V

vadio: pessoa sem ocupação; pessoa sem valor, maligna.
Jz 9:4 contratar alguns desocupados e *vadios*

valente: corajoso.

vão: vazio; sem valor; malsucedido; tolo. "Em vão" significa sem sucesso ou resultado.

vara: bastão usado para apoiar-se; cajado usado pelos pastores.
Sl 23:4 a tua *vara* e o teu cajado me protegem.

vasto: muito grande em tamanho ou quantidade; enorme.

ventre: barriga; pode referir-se ao órgão interno da mulher no qual o bebê se desenvolve antes do nascimento.
Lc 1:44 o bebê que está em meu *ventre* agitou-se

verdade: que está de acordo com os fatos.
Sl 145:18 e a tua lei é a *verdade*.
Zc 8:16 Falem somente a *verdade* uns com os outros
Jo 8:32 E conhecerão a *verdade*, e a verdade os libertará
Jo 14:6 Eu sou o caminho, a *verdade* e a vida.
Rm 1:25 Trocaram a *verdade* de Deus pela mentira
1Co 13:6 mas se alegra com a *verdade*.
Ef 4:15 Antes, seguindo a *verdade* em amor
Hb 10:26 recebemos o conhecimento da *verdade*
1Jo 1:6 mentimos e não praticamos a *verdade*.
1Jo 1:8 enganamos a nós mesmos, e a *verdade* não está

verdadeiro: certo; precisamente correto.
Sl 19:9 As ordenanças do Senhor são *verdadeiras*
Jo 17:3 o único Deus *verdadeiro*, e a Jesus Cristo
Rm 3:4 Seja Deus *verdadeiro*, e todo homem mentiroso.
Fp 4:8 tudo o que for *verdadeiro*, tudo o que for nobre

veredicto: julgamento pronunciado por alguém.
Dt 1:17 pois o *veredicto* pertence a Deus.
Dn 4:17 os anjos declaram o *veredicto*

vergonha: emoção dolorosa causada por uma consciência de culpa ou deficiência.
Pv 19:26 é causador de *vergonha* e desonra.
1Co 15:34 digo isso para *vergonha* de vocês.

(mar) Vermelho: porção de água que os israelitas atravessaram, de modo miraculoso, quando escapavam da escravidão no Egito (Êx 14).

víbora: 1. cobra venenosa; 2. pessoa traiçoeira ou perversa.

vida: a completa essência da existência de uma pessoa; pode referir-se tanto à existência física quanto à espiritual.
Gn 2:7 soprou em suas narinas o fôlego de *vida*
Êx 20:12 a fim de que tenhas *vida* longa
Jo 3:16 não pereça, mas tenha a *vida* eterna.
Jo 11:25 Eu sou a ressurreição e a *vida*.
Jo 14:6 Eu sou o caminho, a verdade e a *vida*.
Rm 6:23 o dom gratuito de Deus é a *vida* eterna

vidente: profeta; pessoa que, com a ajuda de Deus, consegue ver o que acontecerá no futuro.
1Sm 9:19 Respondeu Samuel: Eu sou o *vidente*.

vigiar: estar de olhos abertos aguardando alguém ou alguma coisa.
Jr 31:10 e, como pastor, *vigiará* o seu rebanho
Mt 26:41 *Vigiem* e orem para que não caiam

vigor: força e saúde no corpo e em seu desenvolvimento.
Jó 20:11 O *vigor* juvenil que enche os seus ossos

vindicar: defender; fazer justiça; cobrar algo que era de direito a alguém.
Is 11:11 para *reivindicar* o remanescente do seu povo

vingança: retribuir a alguém, ferindo-o ou punindo-o por haver feito algo errado; dar o troco em quem lhe feriu.
Lv 19:18 Não procurem *vingança*,
Dt 32:35 A mim pertence a *vingança* e a retribuição.
Rm 12:19 Minha é a *vingança*; eu retribuirei

violar: 1. estuprar; 2. fazer algo profano; 3. falhar em obedecer.

virgem: pessoa, normalmente na Bíblia referindo-se a mulher, que nunca teve relação sexual.
Is 7:14 a *virgem* ficará grávida
Mt 1:23 A *virgem* ficará grávida

visão: sonho vindo de Deus.
Nm 12:6 a ele me revelo em *visões*
Jl 2:28 os jovens terão *visões*.
At 26:19 não fui desobediente à *visão* celestial.

viúva: mulher cujo marido morreu.

viver: estar vivo; pode referir-se tanto à existência física quanto à espiritual.
Rm 1:17 "O justo *viverá* pela fé".
2Co 5:7 *vivemos* por fé, e não pelo que vemos.
Fp 1:21 o *viver* é Cristo e o morrer é lucro.

vontade: desejo. Buscar a vontade de Deus significa buscar saber o que Deus quer que seja feito.
Sl 143:10 Ensina-me a fazer a tua *vontade*
Is 53:10 Contudo, foi da *vontade* do SENHOR
Mt 6:10 seja feita a tua *vontade*
Mt 26:42 faça-se a tua *vontade*
Rm 12:2 boa, agradável e perfeita *vontade* de Deus.
Ef 5:17 compreender qual é a *vontade* do Senhor.
1Jo 5:14 alguma coisa de acordo com a *vontade* de Deus
Ap 4:11 por tua *vontade* elas existem e foram criadas

voto: promessa solene feita diante de Deus ou para Deus.
Jz 11:30 E Jefté fez este *voto* ao SENHOR:
Sl 116:14 Cumprirei para com o SENHOR os meus *votos*

X

Xerxes: rei da Pérsia; que fez de Ester, uma jovem judia, sua rainha (Et 2:15-18).

Z

Zacarias: 1. um profeta e sacerdote que retornou a Jerusalém vindo do cativeiro babilônico; ele encorajou os judeus a reconstruírem o templo (Ed 5:1; 6:14; Zc 1:1); 2. sacerdote marido de Isabel e pai de João Batista (Lc 1:5,59).

Zaqueu: um publicano, ou cobrador de impostos, que escalou uma árvore para ver Jesus (Lc 19:2-9).

zelo: avidez; desejo forte; cuidado para guardar ou manter o que se tem.
Jl 2:18 Então o SENHOR mostrou *zelo*
Rm 12:11 Nunca lhes falte o *zelo*
2Co 11:2 por vocês é um *zelo* que vem de Deus.

zelote: membro de um grupo judeu que queria lutar contra o governo romano e derrotá-lo.

zombar: desprezar, rejeitar com ira e desprezo; caçoar.

zombaria: ato de zombar.
Sl 69:20 A *zombaria* partiu-me o coração

Zorobabel: um descendente de Davi (1Cr 3:19); ele liderou o retorno dos judeus vindos do cativeiro babilônico (Ed 1—3; Ne 7:7; Ag 1—2; Zc 4).

Índice de mapas

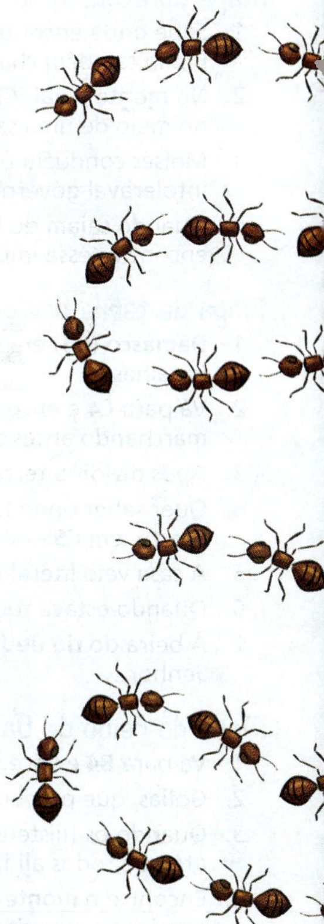

Mapa do mundo dos patriarcas

1. Vá para **E1** e você encontrará o **monte Ararate**, onde a arca de Noé atracou após o dilúvio.
2. Em **E3** você achará a **Babilônia**, uma cidade muito antiga, onde algumas pessoas estavam construindo uma torre para chegar até o céu... mas foram paradas por Deus.
3. Deus enviou Jonas a **Nínive (E2)**, mas este fugiu e foi engolido por um grande peixe.
4. Confira **F3** para encontrar o lugar onde Abraão nasceu, **Ur**.
5. **Harã**, em **D2**, era o nome do irmão de Abraão, assim como a cidade onde ele viveu.
6. Procure por **C3** e você encontrará **Betel**, onde Jacó sonhou com uma escada que ia até os céus.
7. Dê uma olhada em **C3** para saber onde fica **Berseba**, uma antiga cidade à margem do deserto, onde Hagar perambulou com Ismael, seu filho.
8. **Zoar** (não, sério, é esse o nome!), em **C3**, fica próxima a Sodoma, cidade de Ló e sua família, onde choveu fogo do céu.
9. O **golfo Pérsico (F4)**, sobre o qual lemos nos jornais de hoje em dia, era a praia mais próxima da cidade natal de Abraão, Ur.
10. Os filhos de Israel viveram como escravos durante quatrocentos anos antes de Deus tirá-los do **Egito**, que fica localizado entre **C3** e **C4**.

Mapa do êxodo e da conquista de Canaã

1. Sabe onde encontrar **Canaã**, a terra em que há leite e mel? Vá para **D1**, **D2** e **D3**. A Bíblia também chama esta área de Terra Prometida.
2. No **monte Sinai (C5)**, Moisés recebeu os Dez Mandamentos e Deus falou com ele no meio de uma sarça ardente.
3. Moisés conduziu o povo para fora do **Egito** (procure por **A3** e **A4**) e para fora do intolerável governo de Faraó.
4. Quando saiam do Egito, Deus ajudou Moisés a abrir o **mar Vermelho**. Você pode encontrar essa importante extensão de água em **C6**.

Mapa da terra das doze tribos

1. **Damasco (D1)** era a capital de Arã, uma nação que enfrentou Israel em muitas batalhas.
2. Vá para **C4** e encontrará **Jericó**, a cidade que Josué e suas tropas rodearam marchando antes de Deus derrubar suas muralhas.
3. Após dividir a terra com seu sobrinho Ló, Abraão se estabeleceu em **Hebrom (B4)**.
4. Quer saber onde fica a extensão de água mais salgada do mundo? Confira o **mar Morto**, em **C5** — é mais salgado que um oceano!
5. A casa veio literalmente abaixo com Sansão na cidade de **Gaza (A4)**.
6. Quando estava fugindo de Deus, Jonas pegou um navio em **Jope (A3)**.
7. À beira do **rio de Jaboque** (olhe em **C3**), Jacó lutou a noite toda com um anjo do Senhor.

Mapa do reino de Davi e Salomão

1. Vá para **B4** e você verá **Jerusalém**, a cidade mais importante em Israel.
2. Golias, que perdeu a luta contra Davi, cresceu em **Gate**, que fica em **B4**.
3. Quando os filisteus capturaram a arca de Deus, eles a guardaram em **Asdode (A4)**, até que todos ali ficaram doentes.
4. Encontre o **monte Hermom** em **B3**, uma montanha com três picos coberta de neve que inspirou muitos salmos (como Salmos 133:3).
5. O rei Hirão, de **Tiro (B3)**, foi um bom amigo de Davi e Salomão. Ele enviou madeira e pedras para a construção do templo.

6. O rei Saul nasceu em **Gibeá (B4)** e viveu ali durante seu reinado.
7. Procure por **B5**. Após Israel se estabelecer na Terra Prometida, o povo de **Moabe** com frequência invadia o território deles para roubar comida, cavalos e gado.
8. Saul e seus três filhos foram mortos em batalha na encosta do **monte Gilboa (B4)**.
9. O reino de Salomão era enorme! Ele se estendia de **Tifsa (D1)** até **Gaza (A4)**. Leia sobre isto em 1Reis 4:24).
10. Sísera, o comandante de **Hazor** (olhe em **B3**), lutou contra os exércitos de Israel até ser derrotado por uma dor de cabeça de matar (leia sobre isto em Juízes 4:14-22).
11. A família do rei Davi e do rei Salomão governou sobre o povo escolhido de Deus durante muitos anos na nação de **Judá**, a área em **B5**.

Mapa do ministério de Jesus

1. Qual é o nome da cidadezinha onde nasceram o rei Davi e Jesus? **Belém**! Encontre-a em **B5**.
2. Jesus cresceu em **Nazaré**, em **B3** (que fica na região chamada Galileia). Veja a que distância isso fica de **Jerusalém**, em **B5**, onde ele morreu.
3. Jesus levou seus discípulos para o topo de uma montanha na **Galileia** (entre **B2** e **B3**). Ali, de onde eles conseguiam ver muito da terra ao redor, Jesus ordenou-lhes que seguissem e fizessem discípulos (Mateus 28:16-20).
4. O **rio Jordão** fornecia água para beber, peixe para comer e lugar para batizar pessoas — inclusive Jesus! O rio começa nas montanhas ao norte, em **C1**, e segue para dentro do **mar Morto**, em **C5**.
5. Satanás tentou Jesus no deserto, provavelmente na região de **C5**. Observe que esta área é muito seca e muito próxima ao mar Morto, que é completamente sem vida.
6. Em seu primeiro milagre, Jesus foi a um casamento em **Caná (B2)** e transformou a água dentro de seis potes de pedra em um vinho delicioso.
7. Veja em João 6 onde Jesus andou sobre as águas. Você pode encontrar o **mar da Galileia** em **C2**. Foi na mesma área que Jesus acalmou a tempestade de Lucas 8.
8. Quando contou a história sobre o homem na estrada que foi resgatado pelo bom samaritano, Jesus estava, provavelmente, pensando na estrada que leva de **Jerusalém (B5)** a **Jericó (C5)**.
9. Jesus deu o Sermão do Monte na encosta de um monte (fácil de deduzir isso!). Foi provavelmente em **Corazim**, que você pode encontrar em **C2**.
10. Jesus passou um tempo em Samaria, uma região da qual algumas pessoas não gostavam. Procure por **Sicar (B4)**, a vila samaritana onde Jesus pediu a uma mulher um pouco de água e, em troca, ele lhe deu "água viva" (João 4).
11. Existiam duas cidades chamadas de Cesareia no tempo de Jesus: **Cesareia Marítima (A3)** e **Cesareia de Filipe (C1)**. A Marítima era a cidade de Cornélio, um dos primeiros cristãos gentios (leia sobre isto em Atos 10). Em Cesareia de Filipe, Pedro disse a Jesus: "Tu és o Cristo, o Filho do Deus vivo" (Mateus 16).

Mapa das viagens missionárias de Paulo

1. Paulo cresceu em **Tarso (C8)**, não longe de **Antioquia (D8)**, cuja igreja enviou-o a pregar o evangelho por todo o Império Romano.
2. Paulo estava viajando na estrada de Jerusalém para Damasco quando uma luz forte o derrubou no chão. Você vai achar **Jerusalém** em **E8** e **Damasco** em **D8**.
3. **Roma**, que você pode encontrar em **B2**, era a capital do Império Romano e o lar de Nero, o imperador. Paulo tinha esperança de compartilhar com ele o evangelho.
4. Procure por **Éfeso** em **C6**. Essa cidade serviu de lar para Paulo durante três anos. Mais tarde, tornou-se a cidade do apóstolo João.
5. Enquanto viveu na ilha de **Patmos (C5)**, João recebeu de Deus uma visão, que agora chamamos de livro de Apocalipse.

6. O livro de Apocalipse foi escrito para sete cidades de uma região chamada **Ásia** (procure em **C6**). Hoje, essa mesma região faz parte da Turquia.
7. Embora Roma governasse o mundo, **Atenas** (que você pode achar em **C5**) deu ao mundo as artes, a poesia, os livros e a educação. Paulo falou com alguns dos líderes de lá.
8. O mapa diz "**Acaia**", mas você provavelmente conhece a área pelo nome de **Grécia**. Paulo escreveu duas cartas, 1 e 2Coríntios, para o povo em Corinto, localizado ali. Encontre essa região em **C4** e **C5**.
9. Procure por **Listra** em **C7**. Enquanto estiveram ali, Paulo e Barnabé oraram por um homem aleijado, que foi curado. Depois disso, as pessoas achavam que esses dois homens eram deuses.
10. Confira **Corinto**, uma cidade portuária, em **C5**. Paulo enviou para lá duas cartas que agora fazem parte do Novo Testamento. A cidade tinha muitos marinheiros, muitos navios e muitos problemas!
11. Imagine como é estar em um naufrágio e depois flutuar na água durante uma tempestade até alcançar a terra. Isso aconteceu com Paulo perto da costa de **Malta**, que você pode ver em **D3**.
12. Um jovem escravo de **Colossos (C6)** fugiu de seu dono e acabou encontrando um amigo dele, Paulo, lá bem longe, em **Roma (B2)**. Paulo, então, escreveu uma carta ao amigo pedindo que recebesse de volta seu escravo, mas que agora o tratasse como um irmão. Você pode ler sobre isso em Filemom.
13. Paulo escreveu três cartas às igrejas que ele tanto amava na **Macedônia (B4** e **B5)**: 1 e 2Tessalonicenses e Filipenses.

Mapa de Jerusalém nos tempos de Jesus

1. O lugar mais importante na cidade mais importante de Israel (Jerusalém) era o **templo**. Encontre-o em **C3**.
2. Nas instalações do templo, aqueles que não eram judeus podiam ir apenas até o **pátio dos gentios (C3)**.
3. A **Fortaleza Antônia (C2)**, próxima ao templo, tinha quatro torres largas que abrigavam as tropas romanas. Elas viviam próximas ao templo para o caso de estourar um tumulto.
4. Quando Satanás tentou Jesus a pular da parte mais alta do templo, o **pináculo**, ele estava provavelmente se referindo a **D4**.
5. Uma vez por ano, um sacerdote entrava no **pátio interno** para queimar incenso e confessar os pecados de Israel a Deus. Zacarias fez isso em Lucas 1 e ele saiu sem palavras! Procure esse lugar em **C3**.
6. No **tanque de Betesda** Jesus curou um homem que não conseguia andar. Confira este lugar em **C2**.
7. A **fonte de Giom (D5)** era o único manancial em Jerusalém de água fresca e corrente.
8. Quando Jesus disse: "Eu sou a porta das ovelhas", em João 10:7, seus ouvintes provavelmente pensaram na **porta das Ovelhas**, em **C2**.
9. Herodes vivia em um grande palácio que ficava no outro lado de Jerusalém em relação ao templo. Confira o **palácio de Herodes** em **A4**.
10. Na noite anterior à crucificação, Jesus orou em um belo jardim chamado **Getsêmani (D2)**.
11. A Bíblia nos conta que Jesus foi crucificado fora de Jerusalém (Hebreus 13:12). Encontre o **Gólgota**, lugar onde Jesus morreu, foi sepultado e de onde ressuscitou, em **A3**.
12. É muito provável que Jesus tenha feito sua **última ceia** no mesmo lugar onde os discípulos oraram para receber o Espírito Santo, no **cenáculo**, uma ampla sala em um andar superior. E onde fica isso? Em **A5**.

MUNDO DOS PATRIARCAS

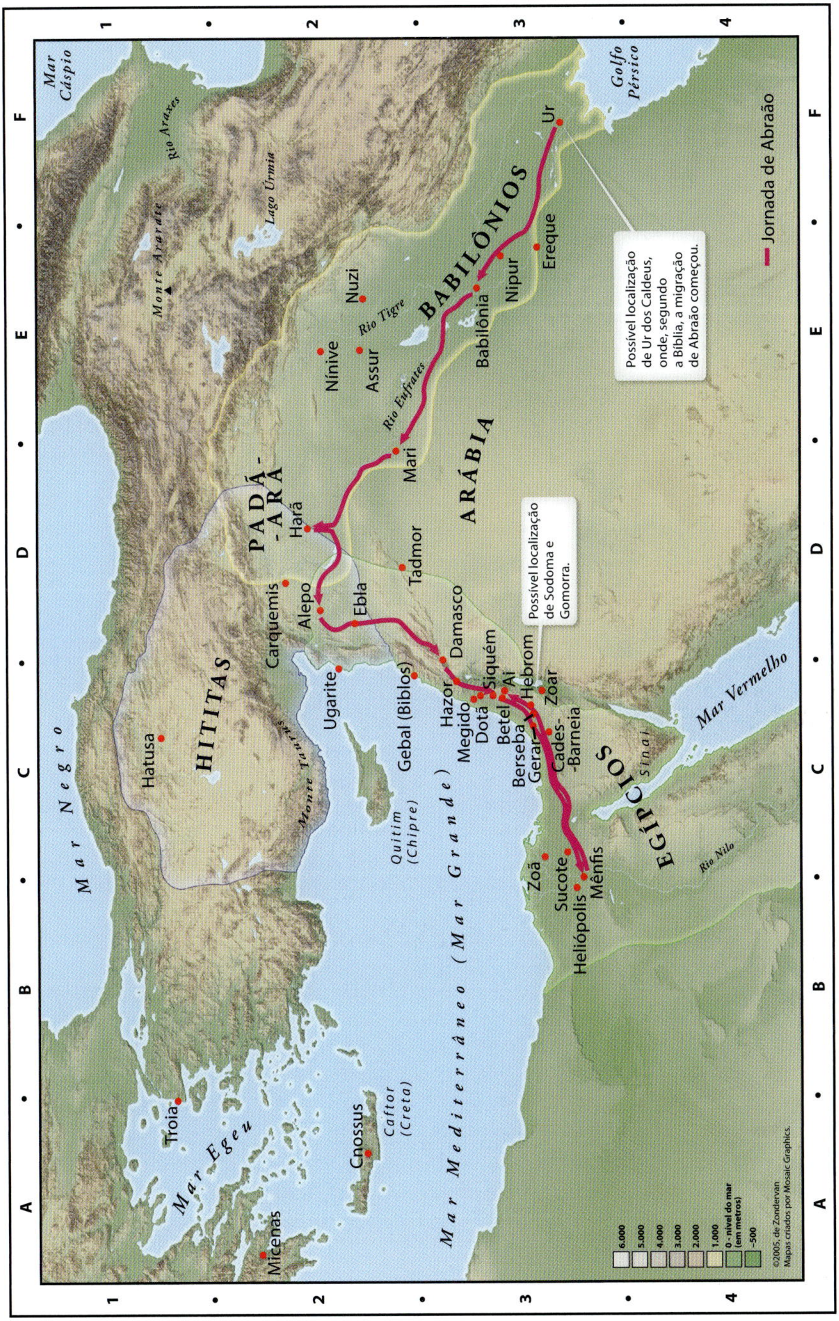

O ÊXODO E A CONQUISTA DE CANAÃ

TERRA DAS DOZE TRIBOS

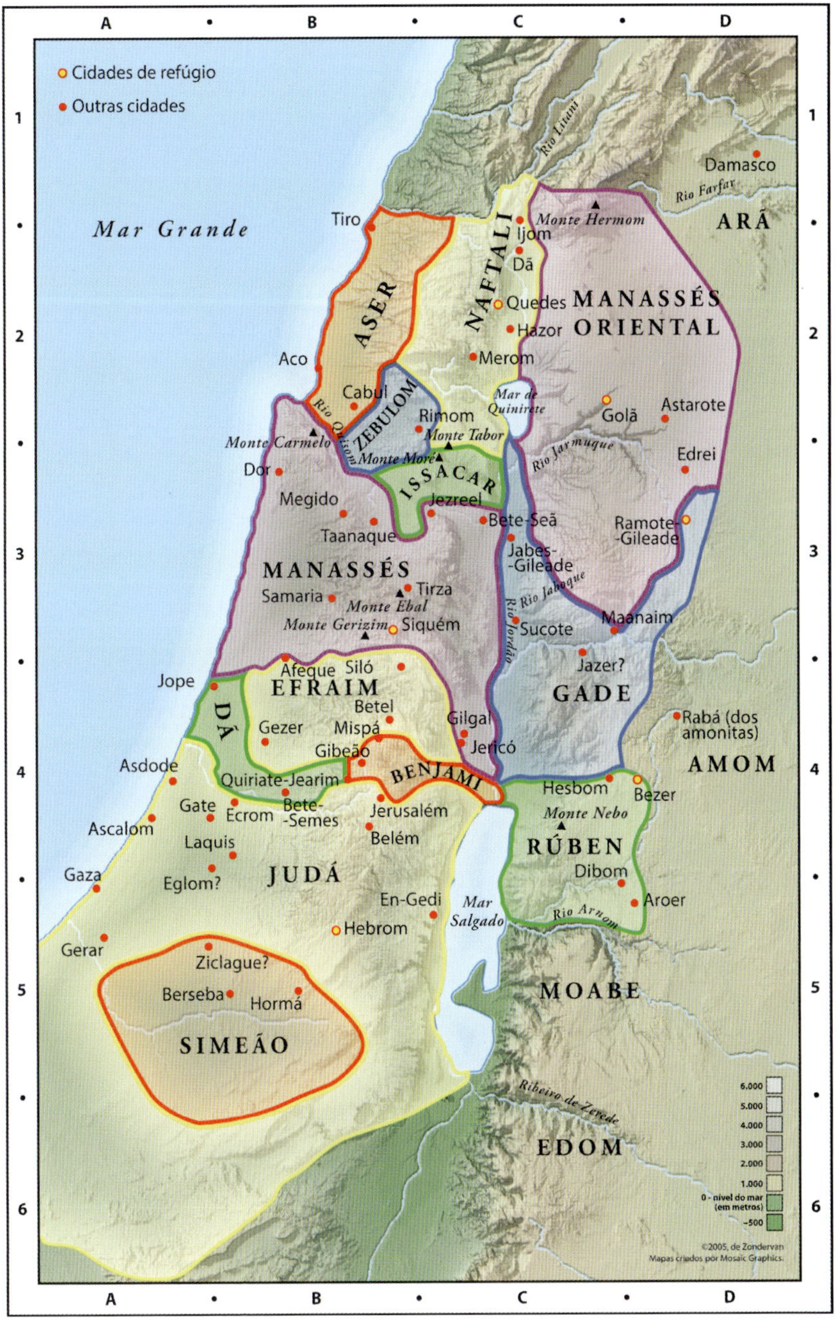

O REINO DE DAVI E SALOMÃO

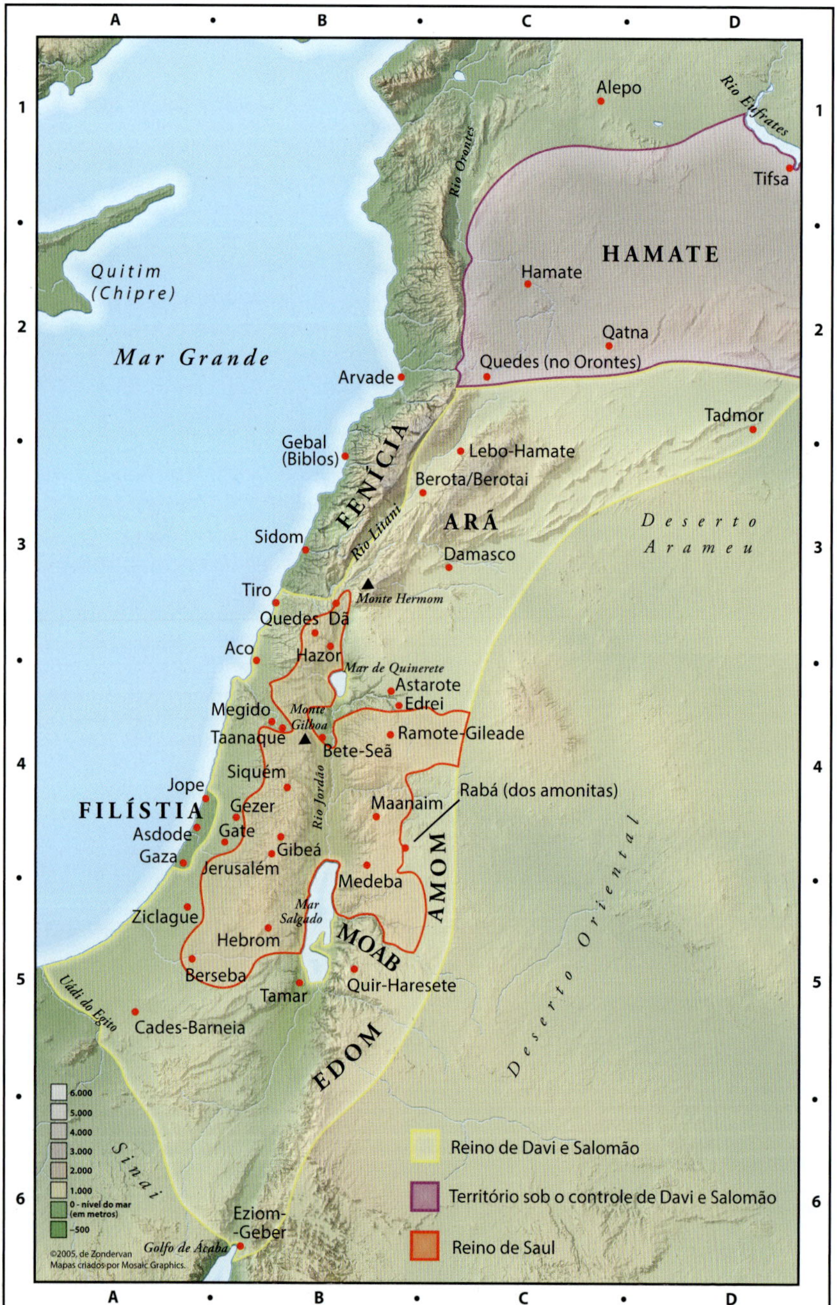

MINISTÉRIO DE JESUS

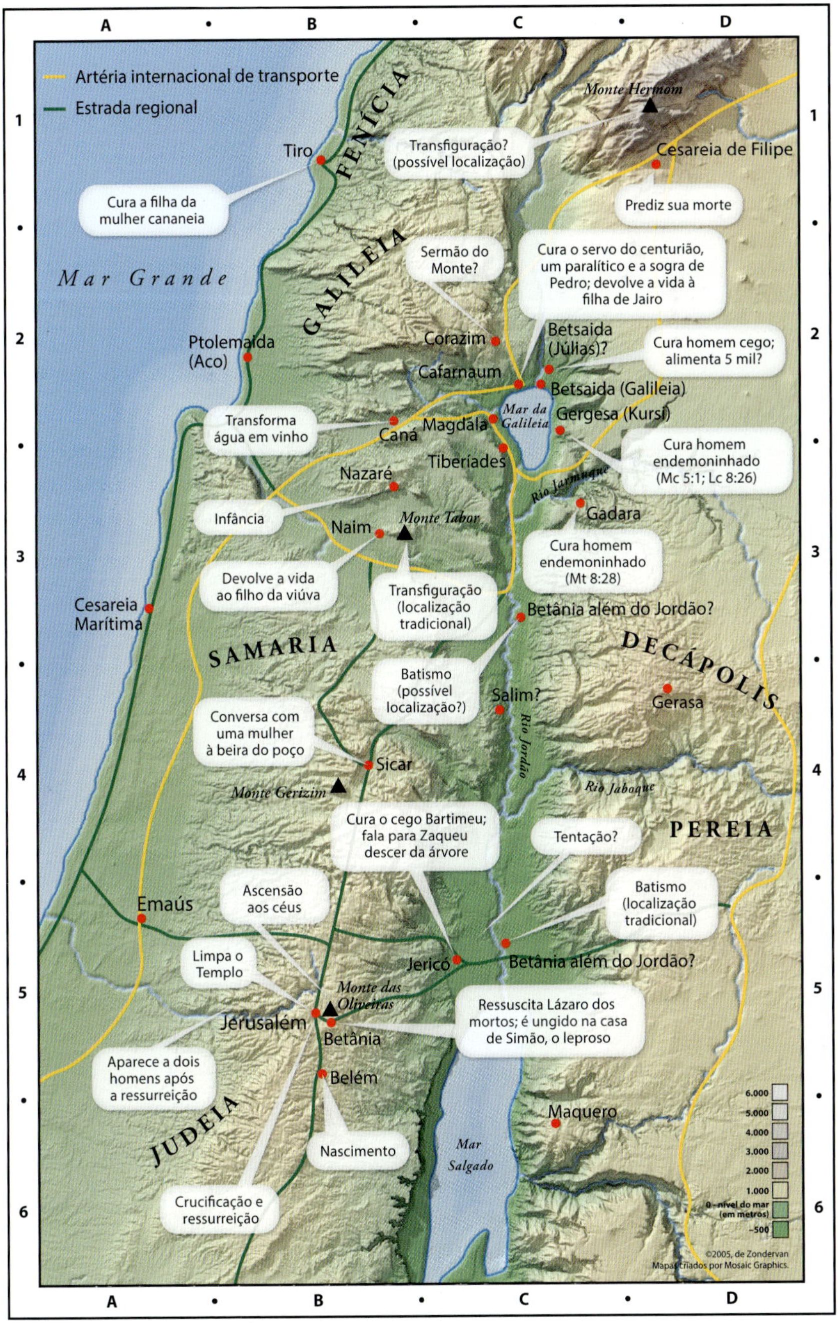

VIAGENS MISSIONÁRIAS DE PAULO

5
6
7
8
A
B
C
D
E
F
DÁCIA
MÉSIA
TRÁCIA
Mar Negro
NIA
Filipos
Anfípolis
Neápolis
lônica
Samotrácia
Apolônia
BITÍNIA E PONTO
GALÁCIA
Trôade
Monte Olimpo
MÍSIA
Assôs
Pérgamo
Antioquia
da Psídia
Mitilene
Mar Egeu
Tiatira
ÁSIA
CAPADÓCIA
Sardes
LICAÔNIA
Quio
Esmirna
Filadélfia
COMAGENA
Atenas
LÍDIA
Icônio
Samos
Laodiceia
PSÍDIA
Cencreia
Éfeso
Listra
Colossos
PANFÍLIA
Mileto
Derbe
CILÍCIA
Patmos
Rio Eufrates
Esparta
Cnido
LÍCIA
Isso
Pátara
Perge
Tarso
Cós
Atália
Antioquia da Síria
Aleppo
Mirra
Rodes
Selêucia
Piéria
SÍRIA
Creta
Fenice
Salmona
Chipre
Laseia
Salamina
Claudа
ABILENE
Pafos
Bons Portos
FENÍCIA
Sidom
Tiro
Damasco
Ptolemaida
JUDEIA
Mar Mediterrâneo
Cesareia Marítima
Rio Jordão
Jerusalém
Mar Salgado
ARÁBIA
CIRENE
6.000
5.000
4.000
3.000
2.000
1.000
0 - nível do mar (em metros)
-500
EGITO
Rio Nilo
Mar Vermelho
©2005, de Zondervan
Mapas criados por
Mosaic Graphics.

JERUSALÉM NO TEMPO DE JESUS

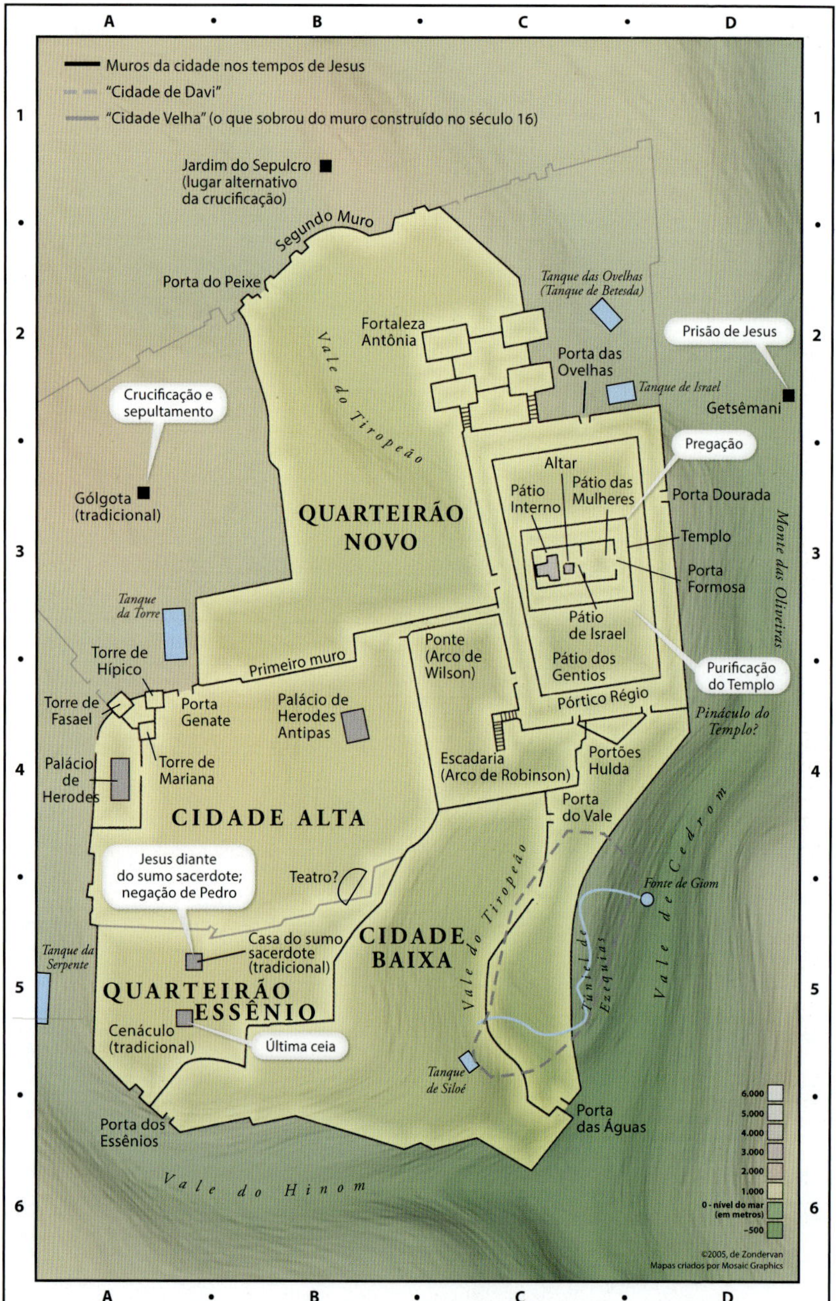